7. überarbeitete Auflage

W0095505

Richard Doring, Renate Loose,
Stefan Loose, Ursula Spraul-Doring

THAILAND
Der Süden
Von Bangkok bis Penang

STEFAN LOOSE
TRAVEL HANDBÜCHER

Inhalt

Die Umgebung von Bangkok 209

Ostküste 269

Die nördliche Golfküste 315

Die südliche Golfküste 667

Nord-Malaysia 695

Anhang 757

1 Bangkok

Die vielseitige Metropole wartet mit einzigartigen kulturellen Höhepunkten auf. S. 125

2 **Umgebung Kanchanaburi**

Am River Kwai, den kaum erschlossene Nationalparks säumen, verkehrt die berühmte „Eisenbahn des Todes". S. 220

3 **Ayutthaya**

Beeindruckende Ruinen und spannende Museen zeugen von der einst prunkvollen Königsstadt. S. 240

4 Ko Chang und die umliegenden Inseln

Die Bilderbuchstrände der Inselwelt werden von Kokospalmen und dschungelbedeckten Bergen gesäumt. S. 288

5 | Ko Samui

Die Urlaubsinsel mit den schönsten Sandstränden zum Entspannen hat das ganze Jahr über Saison. S. 363

6 Ko Tao

Die kleine Insel umgeben von Korallenriffen im kristallklaren Meer ist ein Paradies für Tauchschüler. S. 439

7 | **Phang Nga Bay**

Aus dem spiegelglatten Meer erheben sich pittoreske Karstfelsen mit Wasserhöhlen und Lagunen. S. 461

8 | **Similan**

Tauchgründe von Weltklasse überzeugen mit ihrer einmaligen Unterwasserlandschaft und Artenvielfalt. S. 464

9 Khao Lak

Die schönen Sonnenuntergänge sind an den kilometerlangen Stränden das abendliche Highlight. S. 466

10 Umgebung Krabi

Faszinierende Felstürme überragen Strände, die oft nur mit dem Boot zu erreichen sind. S. 622

11 Tarutao

Die bunte Inselvielfalt des Marine National Park eignet sich hervorragend zum Entspannen. S. 659

12 Georgetown

Britische Kolonialherren, chinesische Kaufleute und Einwanderer aus Indien prägen die Stadt, deren Zentrum man am besten per pedes erkundet. S. 713

13 | Kota Bharu

An der Ostküste geht das Leben einen geruhsamen Gang. Im Gelanggang Seni kann man einen Einblick in die malaiische Kultur bekommen. S. 739

KNF.7336

Reiseziele und Routen

Reiseziele

Palmenstrände mit Sonnengarantie, dschungelbedeckte Berge und glitzernde Tempelanlagen locken in grauen europäischen Wintermonaten Millionen Urlauber in das ehemalige Königreich. Sie genießen die vielfältige Küche, entspannende Thai-Massagen, luxuriöse Spas und sportliche Aktivitäten – vom Tauchen in tropischen Korallenriffen bis zum Klettern an steilen Felswänden.

Für einige ist es die erste Fernreise, andere kommen Jahr für Jahr oder haben sich hier niedergelassen. In idyllischen Hütten am Meer unter Palmen, die zwar selten geworden, aber immer noch zu finden sind, oder komfortablen Resorts in tropischen Gartenanlagen lässt es sich wunderbar entspannen. Eine hervorragende Infrastruktur erleichtert das Reisen im Land, ob mit öffentlichen Verkehrsmitteln oder dem eigenen Fahrzeug. Selbst Thailand-Kenner kehren von jeder Reise wieder mit neuen Eindrücken zurück, auch wir, die Autoren, die das Land bereits seit Jahrzehnten intensiv bereisen.

Die schönsten Strände und Inseln

Die tollen Strände sind die größte Attraktion Thailands. Strandnahe Unterkünfte, hervorragendes Essen, eine entspannte Atmosphäre und herrliches Wasser halten ausländische Touristen fast 14 Tage lang auf **Ko Samui** (S. 363), der Insel mit den unbestritten schönsten Stränden, die ganzjährig Saison hat. Kein Wunder, dass sie zu einer Urlaubsinsel für Mittelklasse- und Jetset-

Touristen geworden ist. Wer das einfache, weniger „zivilisierte" Leben sucht, zieht die Nachbarinsel **Ko Pha Ngan** (S. 407) vor. Zu einem angenehmen Reiseziel für Tauchschüler hat sich **Ko Tao** (S. 437) entwickelt, schließlich laden das klare Wasser und die leicht erreichbaren Korallenriffe neun Monate im Jahr zum Tauchen und Schnorcheln ein.

Auf der Westseite der Insel **Phuket** (S. 509) erstrecken sich herrliche Strände, gesäumt von Resorts und Hotels, die selbst anspruchsvolle Urlauber zufrieden stellen. In vielen wird Wellness groß geschrieben. Für Strandurlauber ist Phuket von November bis Mai eines der angenehmsten, wenn auch nicht billigsten Pauschalreiseziele in Asien.

Die Region von **Khao Lak** (S. 466) mit dem 12 km langen Strand hat sich nach dem Tsunami vom 26. Dezember 2004 schnell erholt. Heute zieht es wieder viele alte und neue Gäste, vor allem naturliebende Paare und Familien aus Deutschland und Schweden, in die nagelneuen, schön angelegten Bungalowanlagen und Ferienhäuser direkt am Strand.

Der natürlichen Schönheit der Insel **Ko Phi Phi** (S. 582) hat der Bauboom auf der zentralen Landbrücke nach dem Tsunami nicht gut getan. Andere Strandabschnitte sind hingegen noch recht ursprünglich. Das besonders bei Mittel- und Nordeuropäern beliebte Urlaubsziel **Krabi** (S. 594) bietet neben wunderschöner Landschaft einige traumhafte Strände, die nur mit Booten erreicht werden können.

Die Traveller-Szene zieht es mittlerweile auf die weniger bekannten Inseln entlang der Westküste, z. B. **Ko Siboya** (S. 625), **Ko Jum** (S. 626), **Ko Kradan** (S. 653), **Ko Bulon Lae** (S. 657), **Ko Lipe** (S. 659) , **Ko Phayam** (S. 502) oder das „an-

Erawan ★

MYANMAR

○ Bangkok

Chao Lao

Pattaya
Rayong
Pala-U ★ Cha-am ● ★ Krating
Hua Hin KO SAMET
Huai KO CHANG
Yang ● Prachuap Khiri Khan KO MAK
Ban Krut

Bang
Saphan

● Chumphon
★ Klong Prao

Stränd und Inseln

KO CHANG ♨ Ranong KO TAO
KO PHAYAM ★ Heo Lom KO PHA NGAN
Tam Nang
Ton Chongfah ★ Tang Nam KO SAMUI
KO KHO KHAO
Than Boke ● Khanom
Khao Lak ● Khorani ○ Sichon
Khok Kloi ●
Huay To ♨ ★ Karom
KO YAO NOI
Phuket ● ● Krabi ♨ Thung Tieo
Phraisawan
KO RACHA YAI ★ Toneteh
KO LANTA Nokrum ♨ Phattalung
KO H. KO MUK ○ Songkhla
KO BULON LAE
KO LIPE

PULAU
PERHEN-
TIAN
PULAU LANGKAWI
Kota
Bharu
MALAYSIA
Penang ○

● Strände
und Inseln

★ Badestellen an
Wasserfällen

♨ Heiße Quellen

einheimische Touristen mit gut gefüllter Reisekasse gebaut. Einen rasanten Aufschwung erlebte **Ko Chang** (S. 288) ganz im Osten. An den schönen Stränden der Insel finden billig reisende junge Leute, Individualreisende und Pauschaltouristen sowie Thais aus Bangkok geeignete Anlagen von Bambusmattenhütten über einzigartige Pfahlbauten im Meer bis zu luxuriösen Boutique-Resorts. Abgeschiedener liegen die Inseln **Ko Mak** (S. 308), **Ko Kut** (S. 312) und **Ko Wai** (S. 311), die ihren friedlichen Charakter bewahrt haben. Der Jetset bleibt auf ganz kleinen Privatinseln mit isolierten Luxusanlagen unter sich.

Entlang der 2600 km langen Festlandküste ziehen sich viele wunderschöne Sandstrände, die fast nur von Thais in den Ferien aufgesucht werden. Der traditionelle Badeort **Hua Hin** (S. 324) südlich von Bangkok hat sich auch zu einem Urlaubsziel für westliche Touristen, vor allem aus Skandinavien, entwickelt. In der Umgebung entstanden luxuriöse Strandhotels und Hochhäuser mit Eigentumswohnungen für betuchte Bangkoker und Ausländer.

Wer sich nach Einsamkeit ohne jeden Rummel sehnt, findet außerhalb der Ferienzeit in der Nähe von **Prachuap Khiri Khan** (S. 334), **Ban Krut** (S. 338), **Bang Saphan** (S. 340), **Chumphon** (S. 346) und **Khanom** (S. 668) hübsche Bungalows zu günstigen Preisen.

dere" **Ko Chang** (S. 497). Sie sind in der Saison immer leichter zu erreichen. Auf den schönen Inseln Ko Hai und Ko Lanta hat bereits ein gewisser Pauschaltourismus Einzug gehalten.

Massentourismus prägt **Pattaya** (S. 255), den Ferienort an der Ostküste der Bucht von Thailand, der mit einem breiten Angebot an Unterkünften, Restaurants und Freizeitmöglichkeiten sowie einem regen Nachtleben aufwartet. An Wochenenden und Feiertagen kommen Thais aus Bangkok nach **Ko Samet** (S. 272). Es gibt hier nur noch ganz wenige Unterkünfte für Traveller.

Die Strandhotels und Bungalowanlagen östlich von **Rayong** (S. 270) wurden vorwiegend für

Einmalige Kunst und Kultur

Bangkok (S. 125) allein wäre schon eine längere Reise wert, stehen hier doch auf engem Raum einige der schönsten Tempel Asiens. Allen voran der Königstempel **Wat Phra Keo** (S. 127) mit der unverwechselbaren Silhouette seiner so unterschiedlichen Bauwerke. Fast um die Ecke liegt das große Kloster **Wat Pho** (S. 135) mit einem großen liegenden Buddha. Wer abends noch den wunderschön erleuchteten Prang des **Wat Arun** (S. 138) auf der gegenüber liegenden

Flussseite bewundert hat, wird versucht zu sein, die anderen herrlichen Tempel von Bangkok zunächst links liegen zu lassen.

Der **Königspalast** (S. 127) mit seiner luftig leichten Bauweise zieht jeden in seinen Bann, und die **Dusit-Museen** (S. 154) tun ein Übriges, Besuchern das Leben am Königshof nahezubringen. Nicht entgehen lassen sollte man sich eine Vorstellung traditioneller **Tänze**, ob in einem Restaurant, im Theater oder an einem der berühmten Schreine.

An einem Tag lässt sich von Bangkok aus per Boot, Bahn oder Bus die einstige Königsstadt **Ayutthaya** (S. 240) mit ihren geschichtsträchtigen Ruinen besuchen oder in **Nakhon Pathom** (S. 217) einer der größten Chedis des Landes bestaunen. Oder man besichtigt die ruhige Stadt **Phetchaburi** (S. 316), in der es einige schöne Tempel gibt. Auf dem Weg liegt der schon sehr touristische „Schwimmende Markt" von **Damnoen Saduak** (S. 211).

Im Süden Thailands sind in **Chaiya** (S. 354) einige 1200 Jahre alte Ruinen aus der Sri Vijaya-Kultur erhalten. Aus noch früherer Zeit stammen die indischen Statuen der Stadt **Takua Pa** (S. 479). Das Wat Mahathat, ein hochverehrtes Kloster mit einem imposanten Chedi, steht in **Nakhon Si Thammarat** (S. 671).

Den besten Überblick über die Kunstschätze des Landes vermittelt das **Nationalmuseum** (S. 131) von Bangkok. Doch auch in der Provinz gibt es einige lohnenswerte **Museen**. Hier sind die Schätze ausgestellt, die bei Ausgrabungsarbeiten gefunden wurden (von Ratchaburi und Chaiya bis Songkhla). Auch vielen Tempeln ist ein kleines Museum angegliedert, so lagern zahlreiche Kunstschätze im **Wat Khao Sukim** (S. 280) bei Chantaburi und über 5000 Jahre alte Ausgrabungsstücke im **Wat Klong Thom** (S. 595) bei Krabi. **Wat Bang Riang** (S. 625), ein moderner Tempel mit allen traditionellen Stilelementen, erhebt sich in eindrucksvoller Berglandschaft bei Thap Phut in der Provinz Phang Nga. Über Geschichte, Architektur, Kunst und Kunsthandwerk von Süd-Thailand informiert das Folklore-Museum in **Songkhla** (S.685).

Über das ganze Land verstreut trifft man in Dorftempeln häufig auf plastische Darstellungen der **Volkskunst**. So sollen lebensgroße Gipsfiguren den leseunkundigen Dorfbewohnern die buddhistischen Legenden nahe bringen, grausige Höllenszenen die Gläubigen vom Sündigen abhalten oder groteske Tierfiguren die menschlichen Laster anprangern.

Ein kulturelles Erlebnis sind auch die traditionellen **Feste**, wie z. B. der Manohra Dance Contest in **Phattalung** (S.676). Bei allen religiösen Festen sind Touristen, die sich respektvoll verhalten, gern gesehene Gäste, so z. B. beim Fest des zehnten Monats in **Nakhon Si Thammarat** (S. 674) oder beim Vegetarierfest in **Phuket** (S. 520) und **Trang** (S. 644). Speziell für Touristen, einheimische wie westliche, werden ebenfalls einige eindrucksvolle Feste ausgerichtet.

Wer tiefer in das Wesen der buddhistischen Religion eindringen will, kann **Meditationskurse** in Klöstern besuchen, die speziell auf die Vorkenntnisse und Bedürfnisse von Westlern eingehen. Mehrwöchige Kurse werden von vielen Wats in Bangkok, vom Wat Khao Tham auf Ko Pha Ngan und vom Wat Suan Moke in Süd-Thailand angeboten (Näheres zu den Kursen auf S. 118).

Nationalparks und Naturschönheiten

Thailand besitzt einige Naturschönheiten und viele landschaftliche Anziehungspunkte, die Naturfreunde auf ihre Kosten kommen lassen. Wer das tropische Süd-Thailand besucht, will meist auch richtigen **Dschungel** erleben.

In Süd-Thailand wurden bisher sieben Nationalparks zum Schutz des tropischen Regen- und Monsunwalds eingerichtet. Die Parks und anderen Naturschönheiten sind selten ans öffentliche Verkehrsnetz angeschlossen. Ohne eigenes Fahrzeug können sie nur mühsam und zeitaufwändig oder aber kostenintensiv erreicht werden.

In allen Nationalparks sind begrenzte Gebiete rings um das Headquarter als Ausflugsziele erschlossen. An Wochenenden nutzen viele Einheimische die Wanderwege, Picknickplätze, Erfrischungsstände, Campingplätze und Bungalows, die meist auf Großfamilien und Gruppen ausgerichtet sind. Die massive Erhöhung der Eintrittspreise für Ausländer auf 400 Baht hält viele davon ab, Parks und andere Tierschutzgebiete zu besuchen. Weitere Informationen auf S. 61 und unter 🖥 www.dnp.go.th.

Wer Dickhäuter beim Training erleben möchte, kann bei Pattaya das **Elephant Village** (S. 267) besuchen. Auf Phuket, Ko Samui oder bei Khao Lak verdienen Elefanten ihren relativ teuren Lebensunterhalt, indem sie Touristen durch die Wälder schaukeln. Seit dem Verbot des Holzeinschlags wären sie sonst arbeitslos.

Thais lieben die zahllosen Badeplätze am Fuß klarer, kalter **Wasserfälle** und bevölkern sie vor allem an Wochenenden. Da sie hauptsächlich in Nationalparks mit hohem Eintritt für Ausländer liegen, werden sie von diesen nur wenig frequentiert. Ein Badevergnügen besonderer Art bieten **heiße Quellen**. Thermalhotels gibt es in der Provinz **Phang Nga** und **Ranong**.

Höhlenfreaks entdecken in ganz Thailand **Tropfsteinhöhlen**. Viele werden auch religiös genutzt wie die buddhisti-

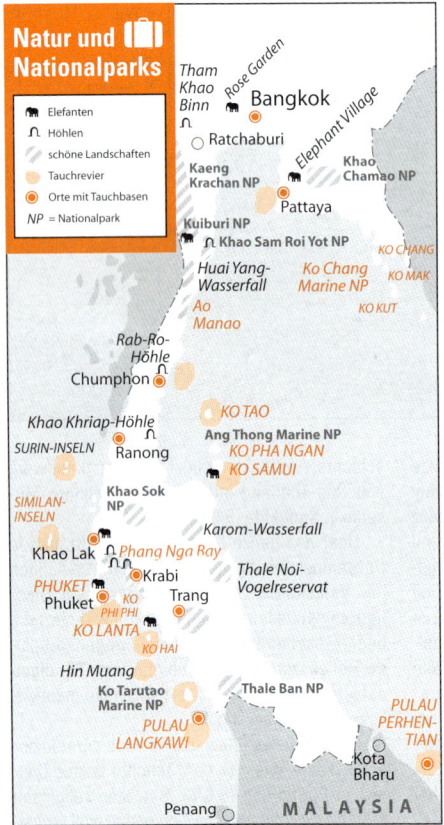

Natur und Nationalparks

Elefanten
Höhlen
schöne Landschaften
Tauchrevier
Orte mit Tauchbasen
NP = Nationalpark

Tham Khao Binn
Rose Garden
Bangkok
Ratchaburi
Kaeng Krachan NP
Elephant Village
Khao Chamao NP
Pattaya
Kuiburi NP
Khao Sam Roi Yot NP
KO CHANG
Huai Yang-Wasserfall
Ko Chang Marine NP
KO MAK
Ao Manao
KO KUT
Rab-Ro-Höhle
Chumphon
KO TAO
Khao Khriap-Höhle
Ang Thong Marine NP
SURIN-INSELN
Ranong
KO PHA NGAN
KO SAMUI
Khao Sok NP
SIMILAN-INSELN
Karom-Wasserfall
Khao Lak
Phang Nga Bay
Thale Noi-Vogelreservat
PHUKET
Krabi
Trang
Phuket
KO PHI PHI
KO LANTA
KO HAI
Hin Muang
Thale Ban NP
Ko Tarutao Marine NP
PULAU PERHENTIAN
PULAU LANGKAWI
Kota Bharu
Penang
MALAYSIA

Kaeng Krachan National Park bei Hua Hin, mit nahezu 3000 km² der größte von Thailand. Wer einen Englisch sprechenden Führer auftreibt, kann längere Trekkingtouren unternehmen. Allerdings ist Trekking in der fast weglosen Wildnis ein schweißtreibendes Abenteuer, das eine exzellente Kondition voraussetzt, S. 320.

Erawan National Park bei Kanchanaburi, ein äußerst beliebtes Ausflugsziel. In einer tropischen Dschungellandschaft rieseln malerische Wasserfälle die siebenstufigen Sinterterrassen herunter. Die Eintrittskarte gilt am selben Tag für alle Parks und Schutzgebiete in der Umgebung, S. 236.

Khao Sok National Park am H401 von Takua Pa nach Surat Thani. Einheimische Führer veranstalten Wanderungen und Dschungeltouren sowie außerhalb des Parks Tubing und Paddeln auf dem Khao Sok River. Mit etwas Glück kann die Rafflesia, die größte Einzelblüte der Welt, bestaunt werden. Auf dem Stausee des Rajjaprabha-Damms sind Bootsfahrten an turmhohen Felswänden entlang und Übernachtungen in schwimmenden Bungalows möglich, S. 481.

Kuiburi National Park 290 km südlich von Bangkok nahe der Grenze zu Myanmar. Hier haben Tierfreunde die Chance, am späten Nachmittag wild lebende Elefanten an einer natürlichen Tränke zu erleben, S. 334.

schen Grotten in **Phetchaburi** (S. 317). Bei Ratchaburi liegt eine der schönsten Tropfsteinhöhlen Thailands, die **Tham Khao Binn** (S. 215), die besonders leicht zugänglich ist. Ein fantastisches Naturschauspiel kann man jeden Abend bei der nahe gelegenen Fledermaushöhle miterleben, wenn Abermillionen Flattertiere zu ihren Futterplätzen ausfliegen. Die Umgebung von **Kanchanaburi** (S. 220) wartet mit einigen Meditationshöhlen und schönen naturbelassenen Höhlen auf. Reizvoll ist die **Rab Ro-Höhle** (S. 346) bei Chumphon, spektakulär gar die **Khao Khriap-Höhle** (S. 354) weiter südlich oder die **Phra Kayang-Höhle** (S. 497) weiter westlich – alle liegen außerhalb von Nationalparks und können

auf eigene Faust oder im Rahmen preiswerter Touren besucht werden.

Die pittoreske tropische Felsenlandschaft zwischen **Krabi** und **Phang Nga** (S. 622) besteht aus verwitterten Kegelkarsten und ist von vielen hundert Höhlen durchlöchert, von denen einige nur per Boot zu erkunden sind. Im Vogelreservat **Thale Noi** (S. 678) halten sich von Januar bis März viele große und kleine Wasservögel auf.

Um die unzähligen Inseln und die Korallenriffe zu schützen, wurden 18 **Marine National Parks** eingerichtet. Boote verkehren regelmäßig entlang der Andamanenküste zu den Nationalparks von **Ko Tarutao** (S. 659), **Ko Phi Phi** (S. 582), **Phang Nga Bay** (S.461), **Similan Islands** (S. 464) und **Ko Surin** (S. 489), die allesamt aus wunderschönen Inseln bestehen. Wirklich spektakulär sind die *Hongs* (Wasserhöhlen und Lagunen) in den Karstfelsen der Phang Nga Bay. Im Golf von Thailand wird der **Ang Thong Marine National Park** (S. 405) täglich von Ausflugsbooten ab Ko Samui angelaufen. Dagegen ist die vielfältige Inselwelt des **Ko Chang Marine National Parks** (S. 288) nur mit gecharterten Booten erreichbar.

Die Unterwasserwelt

Zu den weltbesten Tauchrevieren zählen die **Similan Islands** (S. 464), die von Phuket und Khao Lak angefahren werden, und die Unterwasserfelsen **Hin Daeng** und **Hin Muang**, zu denen von Ko Lanta und von Phuket Tauchboote ausfahren. Sie wurden vom Tsunami kaum beschädigt. Die übrigen Tauchgebiete können einem Taucher zumindest eine fantastische Bereicherung seines Thailand-Urlaubs bieten.

Mit Geräten kann man ab **Pattaya** (S. 263), **Ko Chang** (S. 292), **Ko Mak** (S. 310), **Ranong** (S. 496), **Ko Chang** (bei Ranong, S. 502), **Ko Phayam** (S. 507), **Khao Lak** (S. 470), **Phuket** (S. 522), **Ko Phi Phi** (S. 590, 592), **Krabi** (S. 610, 617), **Ko Lanta** (S. 630), **Ko Hai** (S. 651), **Trang** (S. 645), **Ko Lipe** (S. 663), **Ko Samui** (S. 406), **Ko Pha Ngan** (S. 412, 420, 428, 430, 434), **Ko Tao** (S. 439), **Ban Krut** (S. 338) und **Chumphon** (S. 349) auf Tauchtour gehen. Hier gibt es lohnende Tauchgebiete, sehr gute Tauchbasen und internationale Tauchlehrer.

Ort	Saison	Tiefe	Attraktionen
Andamanensee			
Similan Islands	Dez–April (v. a. Februar–März)	10–40 m	Weltklasse, Korallengärten, Riffe, Felsen, riesige Artenvielfalt, Fächerkorallen, Fassschwämme, Haie, Rochen, Mantas
Ko Tachai	dito	18–40 m	Vielfältiges Meeresleben, tolle Landschaft
Surin Islands	dito	6–35 m	Weichkorallen, Steinkorallen, Haie, weniger große Tropenfische
Richelieu Rock		6–32 m	Steilabfall, Stein- und Weichkorallen, Fassschwämme, viele große Fische
Burma Banks	dito	17–46 m	Felsen unter Wasser mitten im Ozean, makellose Korallen, Drifttauchen, Ozean- und Rifffische, große Haie
Phuket	dito	6–29 m	Korallen, Rifffische, Leopardenhaie
Ko Phi Phi	ganzjährig (v. a. Dez–April)	9–24 m	Weich- und Steinkorallen, Rifffische, Muränen, Wand- und Höhlentauchen
Krabi	ganzjährig (v. a. Nov–April)	5–20 m	Stein- und Weichkorallen, Riffhaie, Leopardenhaie, Höhlen
Trang	Nov–April (v. a. Feb–März)	10–35 m	Stein- und Weichkorallen, Rifffische, Wracks, Höhlen, unberührte Riffe
Hin Muang, Hin Daeng	dito	6–40 m	absolute Spitzenklasse, Großfische, Weichkorallenfelder, Walhaie, Mantas
Ko Adang	Dez–April	5–35 m	Vielfältiges Meeresleben, Rochen, Haie wenig bekanntes Tauchrevier
Golf von Thailand			
Ko Tao	Feb–Okt	6–32 m	Korallengärten, Riffe, Felsen, über 100 Korallenarten, Fische, Schildkröten, Walhaie (ca. Mai/Juni)
Chumphon	Feb–Okt	6–23 m	Sehr viele Fische, Felsen
Pattaya	Dez–Mai	18–27 m	Korallen, tropische Fische, Wracks, Inseln
Ko Chang, Ko Mak	Dez–April	10–25 m	Korallengärten, Anemonenfische, Stachelrochen, Ammenhaie

In den Gewässern zwischen **Chumphon** und **Ko Tao** kann man im Mai/Juni mit etwas Glück den bis zu 18 t schweren und 10 m langen **Walhai**, den größten Fisch der Erde, antreffen. Es werden Tauchausflüge zu diesen harmlosen Fischen organisiert, die zur Familie der Haie gehören, sich aber in erster Linie von Plankton ernähren.

Auch in der Andamanensee ist der Walhai während der Tauchsaison an einigen kleinen Inseln anzutreffen, besonders regelmäßig am **Richelieu Rock**, bei den Felsen **Hin Muang** und **Hin Daeng** und vor **Ko Adang**.

Da viele Riffe nur wenige Meter von der Küste entfernt liegen, lassen sich auch mit Schnorchel, Maske und Flossen schöne Eindrücke von der herrlichen Unterwasserwelt sammeln. Dabei brennt allerdings die Sonne unbarmherzig auf die Waden, den Rücken und den Nacken. Es empfiehlt sich, diese Körperregionen besonders durch eine wasserfeste Sonnencreme oder Kleidung zu schützen. Gute Schnorchelgebiete gibt es bei fast allen Touristen-Inseln, z. B. bei **Ko Samet**, **Ko Samui** (Ko Mat Sum), **Ko Tao** (Ostküste), **Ko Phi Phi** (Bamboo Islands) oder **Ko Lanta** (Ko Ha), außerdem im **Ko Tarutao Marine National Park** (Ko Adang und Ko Hin Ngam), vor der Küste von **Trang** (Ko Rok und Ko Kradan), beim **Ko Chang** Marine National Park (Ko Mak und Ko Rang) und in den Marine National Parks der **Similan** und **Surin Islands** (absolute Spitze).

Nur zwei Arten von Fischen können gefährlich werden, zum einen Steinfische, die sehr giftige Rückenstacheln besitzen und die man nur schwer vom Meeresboden unterscheiden kann, zum anderen Rochen, ebenfalls mit giftigen Stacheln. Giftige Muränen, Rotfeuerfische und Seeschlangen werden seltener gefährlich. Seeigel sind zwar nicht giftig, ein eingetretener Stachel verursacht aber lang eiternde Wunden. Die Berührung von Quallen und Feuerkorallen führt zu stark brennenden Hautreizungen.

Selbst fahren auf Nebenstraßen

Wer sich ein wenig abenteuerlich betätigen möchte, kann mit einem Mietwagen, dem Motorrad oder Fahrrad dem Land näher kommen. Im Süden gibt es herrliche Routen auf Nebenstraßen oder wenig befahrenen Hauptstraßen. Wir beschreiben detailliert die faszinierende Rundstrecke von **Krabi** nach **Phang Nga** und auf einer anderen Route zurück. Bei der „Kleinen Rundfahrt" ab **Phang Nga** kann man an einem Tag die „Leckerbissen" der Karstlandschaft genießen. Leichte Bikes und Mopeds werden in allen Touristenorten im Süden vermietet. Auch mit Mountainbikes lassen sich von Dezember bis Mai herrliche Rundfahrten durchführen. Ein Bike mieten und auf eigene Faust losziehen kann man z. B. in **Bangkok, Kanchanaburi, Khao Lak** sowie auf **Ko Pha Ngan** und **Ko Samui**. Ein- und mehrtägige Radtouren werden auf und ab **Phuket** durchgeführt. Auf dem Weg in den Süden können sich Abenteuerlustige auf herrlichen Beton- und Asphaltstraßen in Meeresnähe von **Ban Krut** über **Bang Saphan** und **Pathiu** nach **Chumphon** durchschlagen. Mit etwas Vorsicht sind die Nebenstraßen von **Lang Suan** nach **Surat Thani** problemlos zu bewältigen. Einfach zu befahren ist die Straße

Vor dem Tauchen klären

Die meisten Tauchschulen arbeiten korrekt und reagieren bei Problemen kulant. Ihre Geschäftsbedingungen sind klar formuliert und gut lesbar geschrieben auch im Internet abrufbar. Falls sie nicht eindeutig sind, sollte man vor dem Buchen von Schnorchel- und Tauchfahrten klären:

- Wird Entschädigung gewährt, wenn man zum Tauchausflug nicht abgeholt wird oder einzelne Tauchgebiete nicht angefahren werden?
- Ist man damit einverstanden, bei einem anderen Veranstalter mitzufahren?
- Was wird bei Stornierung zurückerstattet (z. B. bei Erkrankung oder wegen mangelhafter Ausrüstung)?
- Garantiert der Veranstalter schriftlich, dass ein Erste-Hilfe-Koffer an Bord ist?
- Gelten die Rechte des Kunden auch bei ermäßigten Preisen?

All diese Abmachungen sollten schriftlich auf der Rechnung mit Unterschrift und Stempel festgehalten werden. Das Original sollte höchstens gegen Quittung weggegeben werden, ggf. auf einer Fotokopie quittieren lassen.

der Wasserfälle bei **Trang**. Die Hauptstraße von **Phuket** nach **Ranong** führt durch eine schöne Landschaft; wirklich genießen kann sie nur, wer einige der zahllosen Abstecher macht.

Bootsfahrten

Selbst **Bangkok** (S. 199–201) lässt sich auf der „Mutter der Flüsse" genannten Menam Chao Phraya recht geruhsam durchqueren. Neben den beliebten Expressbooten verkehren Charterboote jeglicher Größe und abends sogar große Restaurantboote. Schön ist eine Bootsfahrt in **Thonburi** (S. 136), wo noch einige dem Wasser zugewandte Holzhäuser und Tempel die Ufer säumen. Bei **Kanchanaburi** (S. 227) kann man mit Kanus und Longtail-Booten auf dem Kwae Noi, Kwae Yai und Mae Klong die ländliche Umgebung erkunden.

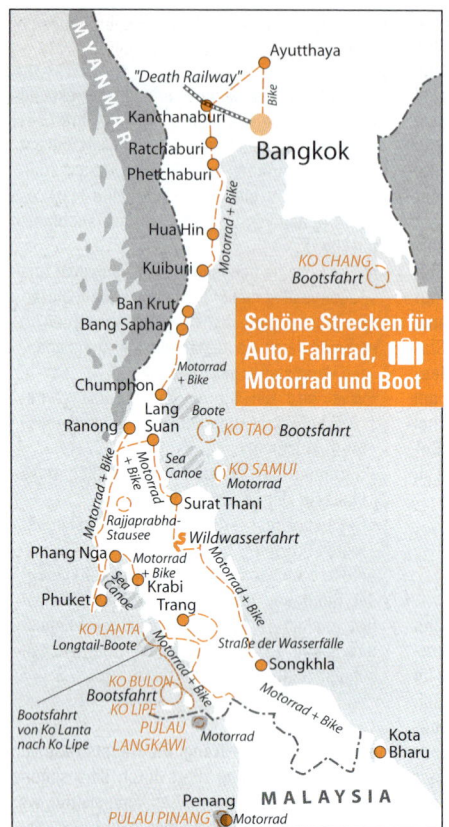

Schöne Strecken für Auto, Fahrrad, Motorrad und Boot

Map labels:
MYANMAR
Ayutthaya
"Death Railway" — Bike
Kanchanaburi
Ratchaburi
Phetchaburi
Bangkok
Hua Hin
Motorrad + Bike
Kuiburi
KO CHANG — Bootsfahrt
Ban Krut
Bang Saphan
Chumphon — Motorrad + Bike
Lang Suan — Boote
Ranong — KO TAO — Bootsfahrt
Motorrad + Bike
Sea Canoe — KO SAMUI — Motorrad
Surat Thani
Rajjaprabha-Stausee
Motorrad + Bike — Wildwasserfahrt
Phang Nga — Motorrad + Bike
Sea Canoe — Krabi
Phuket — Trang — Motorrad + Bike
KO LANTA — Longtail-Boote — Straße der Wasserfälle
Songkhla
KO BULON — Bootsfahrt
KO LIPE
Bootsfahrt von Ko Lanta nach Ko Lipe
PULAU LANGKAWI — Motorrad
Kota Bharu
Penang — MALAYSIA
PULAU PINANG — Motorrad

entlang. Vor **Krabi** (S. 594) und **Trang** (S. 642) können Traveller, die etwas Thai sprechen, Longtail-Boote chartern oder auf Versorgungsbooten mitfahren, um zu kaum besuchten Inseln zu gelangen.

Ein herrliches Abenteuer bieten die Bootstouren bei den kleinen Inseln **Ko Bulon** (S. 658) und **Ko Lipe** (S. 662) – inklusive Schnorcheln und Zelten an einsamen Stränden. Ein schöner Tagesausflug ist es, **Ko Tao** (S. 437) oder **Ko Phi Phi** (S. 582) mit dem Longtail-Boot zu umrunden. Auf den Trips werden mehrere Schnorchelstopps eingelegt.

Die beschriebenen Fahrten und Touren sollen vor allem Anregungen für **eigene Aktivitäten** liefern. In einer Gruppe von 4–8 Personen lässt sich für fast jede Tour zu einem erschwinglichen Preis ein Boot chartern.

Fahrten mit Booten können auch mal in ein unfreiwilliges **Abenteuer** ausarten. So erlebten wir in den letzten neunzehn Jahren einen Schiffbruch auf einem Riff, das Kentern eines Touristenbootes am Pier, vier Mal Motorschaden auf hoher See, plötzlichen Wassereinbruch durch eine geborstene Planke, zwei Zwangspausen wegen eines unerwarteten Sturms und eine Kenterung mit einem Longtail-Boot in den Brandungswellen. Zudem erhielten wir Briefe von Lesern, die auf Fahrten bei schwerer See Todesängste ausstanden, während sie ein leckes Boot leer zu pumpen versuchten. An diesen potenziellen Gefahren hat sich bis heute nichts geändert.

Routen

Vieles spricht dafür, sich erst einmal für einige Zeit am Strand zu erholen, denn nach einer Eingewöhnungsphase fällt es leichter, das Land zu entdecken. Die Infrastruktur der Badeorte ist auf Touristen eingestellt. Hier gibt es westliche wie lokale Restaurants, die meisten Menschen sprechen Englisch, und nach den ersten Ausflügen zum Strand ist man bereit, zunehmend größere Kreise zu ziehen. Wer nicht vorgebucht hat, wird

Ab **Phuket** (S. 510) starten täglich Passagierschiffe, Motor-, Longtail- und Segelboote zu den vorgelagerten Inseln. Zu empfehlen sind die Fahrten mit dem Sea Canoe in die Wasserhöhlen und Lagunen der Karstfelsen in der Bucht von Phang Nga – ein atemberaubendes Erlebnis, sofern man nicht in der Hochsaison mit hunderten anderer Kanuten unterwegs ist. Kanufahrten in den Mangrovenwäldern von **Krabi** (S. 616) können viel zum Verständnis dieser fragilen Ökosysteme beitragen.

Eindrucksvolle Kanutouren führen auch den **Khao Sok**-Fluss (S.487) hinunter. Beliebt sind die Bootstouren auf dem Stausee hinter dem **Rajjaprabha-Damm** (S. 487) an turmhohen Kalkfelsen bald, durch die Vielfalt des Angebots verführt, zum Inselhüpfer und wechselt nach einiger Zeit den Urlaubsort. Schließlich hat jeder Strand seinen eigenen Charakter.

Hingegen wird man mit Jetlag und nach einem im Winter extremen Klimawechsel einem anstrengenden Kulturprogramm, langen Rundfahrten oder einer quirligen Stadt wie Bangkok kaum etwas abgewinnen. Weißhäutige Neuankömmlinge sind zudem beliebte Opfer von Betrügereien und können sicher sein, beim Einkaufen auf den Märkten höhere Preise zu zahlen.

Die letzten Tage eignen sich dagegen hervorragend für einen Einkaufsbummel in **Bangkok** (S. 125), dessen Highlight der Besuch des Chatuchak Weekend Markets am Samstag oder Sonntag ist. Zudem steht dann der Königspalast mit dem Wat Phra Keo auf dem Programm, denn wer diese kulturellen Höhepunkte gleich zu Beginn seiner Reise ansteuert, wird vielleicht anderen Tempeln des Landes, die kaum weniger schön sind, nicht mehr so viel abgewinnen können. Also besser erst am Ende der Reise auf Kultur-Trip durch Bangkok gehen und den Abschied genussvoll mit einem Cocktail in einer der schicken Bars oder auf der lebendigen Khaosan Road feiern!

Die Zeit für eine Erkundungstour zwischen dem Erholungsurlaub am Strand und dem letzten Einkaufstrip in Bangkok kann je nach Interesse kurz oder auch etwas länger sein. Wer Land und Leute kennenlernen möchte, sollte frühzeitig aus den in den vergangenen drei Jahrzehnten an den schönsten Stränden entstandenen Urlaubswelten aufbrechen, denn Einheimische sind dort in der Minderheit. Die lokale Kultur und Lebensart erschließt sich vor allem in den Dörfern und Provinzstädten auf dem Festland. Hier sind Farang, wie die Besucher aus dem Westen genannt werden, eine Seltenheit und werden neugierig bestaunt.

An der Ostküste liegen die schönsten Strände zum Relaxen auf **Ko Chang** (S. 288) und den umliegenden Inseln. Auf dem Weg von Bangkok hierher lohnt es sich, eine Übernachtung in **Chantaburi** (S. 280) einzuplanen und die Kathedrale sowie das interessante Museum in **Wat Khao Sukim** (S. 280) zu besuchen. Wer die Kontraste liebt, fährt auf dem Rückweg von Ko Chang nach einer Nacht in **Pattaya** (S. 255) auf dem alten Sukhumvit Highway in den Thai-Badeort **Bang Saen** (S. 253)

und nach einem Besuch des Freilichtmuseums Ancient City und / oder der Krokodilfarm in **Samut Prakan** (S. 251) weiter nach Bangkok.

Breit gestreut sind die Urlaubsmöglichkeiten auf den südlichen Inseln. Die Andamanenküste zwischen **Ranong** und der multikulturellen malaysischen Insel **Penang** ist am besten von Dezember bis April zu bereisen. Fähren, Charterboote und Yachten verlocken zum Inselhüpfen: Von der angenehmen Provinzstadt **Ranong** (S. 492) nach **Ko Chang** (S. 497) oder **Ko Phayam** (S. 502), von **Phuket** (S. 509) zu den Inseln in der **Phang Nga Bay** (S. 579), weiter im Süden nach **Ko Phi Phi** (S. 582) und **Ko Lanta** (S. 628) sowie zu vielen kleineren Inseln. Nicht nur Taucher tummeln sich auf den Inseln der Marine-Nationalparks von **Surin** (S. 489), **Similan** (S. 464) und **Tarutao** (S. 659).

Von einer ganz anderen Seite zeigt sich der Süden auf dem Festland. Die landschaftlich schönste Strecke verläuft entlang der Küste von **Phang Nga** (S. 458) nach **Krabi** (S. 594).

Landeinwärts lockt der **Khao Sok National Park** (S. 481), der ein herrliches Dschungelgebiet umfasst. Kulturell Interessierte zieht es an die Golfküste, an der von Januar bis August die geringsten Niederschläge fallen. In **Ratchaburi** (S. 213) und **Phetchaburi** (S. 316) laden buddhistische Höhlen zur Erkundung ein. Neben interessanten Museen sind bei **Chaiya** (S. 354) Ruinen aus der Sri Vijaya-Zeit zu besichtigen. Alte Tempelanlagen locken in **Nakhon Si Thamarat** (S. 671). Doch nur wenige Urlauber besuchen diese durchaus reizvollen Provinzstädte. Die meisten steuern auf schnellstem Weg die Inseln **Ko Samui** (S. 363), **Ko Pha Ngan** (S. 408) und **Ko Tao** (S. 437) an.

Überlandbusse fahren alle Städte im Süden an, und die Eisenbahn verkehrt sogar bis Butterworth (Penang) in Malaysia. Wer es sich zutraut, kann ein Auto mieten und eine Runde durch den Süden oder gar zurück nach Bangkok fahren (auf *one way rental* achten!). Hat man sich an den Linksverkehr gewöhnt, stellt das Verkehrschaos der Hauptstadt das größte Hindernis dar. Dem entkommt, wer in einem großen Bogen um Bangkok herum – mit lohnenden Abstechern zu den Naturschönheiten rings um **Kanchanaburi** (S. 220) und in die alte Königsstadt **Ayutthaya** (S. 240) – zum internationalen Airport Suvarnabhumi fährt.

Reisezeit

Klima

Niemand plant einen Badeurlaub an der Nordseeküste im Dezember, doch viele vergessen, dass auch in Thailand Regen- und Trockenzeiten berücksichtigt werden sollten, obwohl die extremen klimatischen Schwankungen der letzten Jahre auch zu außergewöhnlichen Regenfällen und Hitzewellen geführt haben. Über das aktuelle Wetter informieren viele Thai- und Wetter-Websites sowie das Informationsministerium unter ▢ www.thaimet.tmd.go.th.

Die **Temperaturen** schwanken an der Küste im Verlauf des Tages meist zwischen 24 °C und 32 °C. Je näher der Äquator ist, umso geringer werden die Temperaturschwankungen. Besonders die Küsten haben ihre eigenen Windsysteme und **Regenzeiten**. Normalerweise treten von Juli bis Oktober auch mehrere Regentage hintereinander auf. Dann kann an einem Tag mehr Regen fallen als in mehreren trüben europäischen Monaten. **Winde** bringen Regen, wenn sie vom Meer her kommen – kommen sie vom Festland, sind sie hingegen trocken. Von Mai bis Oktober liegt Thailand im Einflussbereich des Südwest-Monsuns, der dem Land ab Mai hohe Niederschläge beschert. Von November bis Februar bringt der Nordost-Monsun der Ostküste von Prachuap Khiri Khan bis nach Malaysia Regen. Hierdurch kommt es zu **drei Jahreszeiten**, die regional verschieden ausgeprägt sind:

Die kühle Jahreszeit (November bis Februar)

Am „kältesten" ist es im Dezember und Januar. In diesen Monaten schwankt die Temperatur in Bangkok zwischen 20 °C am Morgen und 30 °C am Nachmittag. An der Westküste endet die Regenzeit, sodass Touristen aus Europa von Dezember bis April Sonnenschein genießen. Im Ko Samui-Archipel bringt der Nordostmonsun in unserem Winter viel Regen. Trotzdem ist über Weihnachten/Neujahr Hauptsaison.

Die heiße Jahreszeit (März bis Mai)

Die Temperaturen steigen ab Februar ständig an. Zu den hohen Temperaturen kommt eine Wasserknappheit, die sich vor allem in Bangkok bemerkbar macht. Mittagstemperaturen von über 40 °C im Schatten sind keine Seltenheit. Angenehm ist nur der Aufenthalt an der Küste bei maximal 34 °C im Schatten, wo in den traditionellen Badeorten Hochkonjunktur herrscht.

Die Regenzeit (Mai bis Oktober)

Der einsetzende Südwestmonsun bringt vom Indischen Ozean Niederschläge, vor allem für die Andamanenküste von Ranong bis Tarutao. Im Landesinneren regnet es wesentlich später und weniger. Die Niederschläge nehmen bis zum September / Oktober kontinuierlich zu. Dennoch kann es im Mai bereits zu Überschwemmungen in Bangkok kommen. Von Mai bis August kann man am Golf von Thailand gut Urlaub machen, an der Andamanenküste muss man mit Regenfällen rechnen. Im September und Oktober fallen fast überall hohe Niederschläge. Wann die Regenzeit beginnt und wie lange sie dauert, ist schwer vorhersehbar. Es kann selbst Mitte November noch stark regnen, und deshalb sind unsere Angaben durchschnittliche Werte. In Folge der Erderwärmung scheint sich auch der Monsun zu verschieben. In den letzten Jahren kam und endete er später. Vielen Gebieten brachte er weniger Regen, suchte aber den tiefen Süden mitten in der Trockenzeit mit schweren Überschwemmungen heim.

Reisezeiten

Die **ideale Reisezeit** ist die Trockenzeit (Dezember bis März). Nur in Ko Samui und an der Ostküste regnet es im November und Dezember häufig. Am sichersten ist es, die Reise einen Monat nach dem Ende der Regenzeit zu beginnen.

Wichtig für die Planung der Reise sind auch die **Schulferien**. Während der europäischen Sommer- und Weihnachtsferien herrscht Hochsaison, doch auch während der thailändischen Universitätsferien (Mitte März–Juni) und Schulferien (Mitte Mai–Mitte Juli). Es sind kaum Zimmer frei, Fähren und Busse sind tagelang ausgebucht.

Vor allem an **Feiertagen** wie dem Chinesischen Neujahr, dem Thai-Neujahr (*Songkran*, 13.–15. April) und den Brückentagen bis zum nächsten Wochenende, aber auch in der Zeit zwischen Weihnachten und dem 1. Januar, sind die Zimmer in Badeorten und Erholungsgebieten nicht nur ausgebucht, sondern häufig sogar überbucht. Viele Bus- und Zugtickets sind ausverkauft und die Preise steigen.

Ungeeignet für Ausflüge in die Umgebung von Bangkok sind zudem Feiertage und **Wochenenden**, denn dann sind sehr viele Thais unterwegs – häufig in großen Gruppen, Busse und Züge sind ausgebucht, viele Hotels belegt und die Naturattraktionen überlaufen.

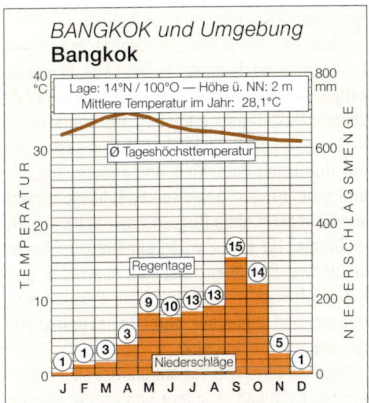

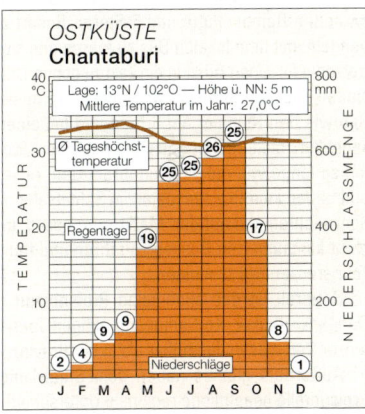

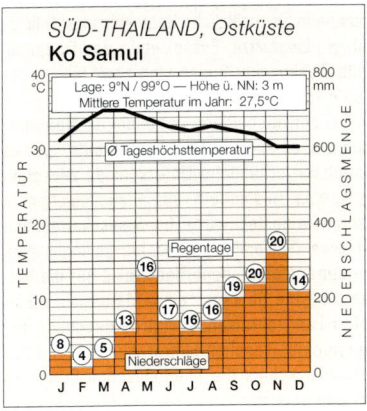

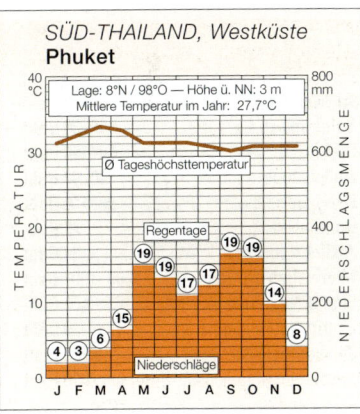

Reisekosten

Es ist möglich, an einem Tag in Thailand ebenso viel auszugeben wie in einem Monat. Das Angebot an Unterkünften, Restaurants, Transportalternativen, Sport- und Einkaufsmöglichkeiten ist sehr breit gefächert. Manch einer genießt es, zwischen Bambushütte und 5-Sterne-Resort zu pendeln, mit dem lokalen Bus zu fahren und sich trotzdem für einen Ausflug ein Taxi zu gönnen, die Nudelsuppe am Straßenstand ebenso zu genießen wie den Hummer am Strand und bei einem Tauchkurs nicht rechnen zu müssen. Andere wollen so lange wie möglich mit ihrem Geld reisen und haben kein Problem damit, in Schlafsälen zu übernachten und auf den Märkten zu essen, mit nicht klimatisierten Bussen zu fahren und teure Touristenzentren zu meiden.

Generell ist das allgemeine **Preisniveau** in Bangkok, Phuket, Ko Samui und einigen Touristenzentren wesentlich höher als in der Provinz.

Außerdem gibt es neben dem Stadt-Land-Preisgefälle beachtliche regionale Unterschiede.

Was kostet wie viel?	
Trinkwasser (1 l)	**10–20 Baht**
Softdrinks (0,4 l)	**10–30 Baht**
Bier (0,5 l)	**50–100 Baht**
Nudelsuppe	**20–40 Baht**
Curry-Gericht	**50–150 Baht**
Benzin (1 l)	**25 Baht**
Taxifahrt (bis 2 km in Bangkok)	**35 Baht**
Mietwagen pro Tag	**1000–1500 Baht**
Eintritt Nationalpark	**400 Baht**
Eintritt Nationalmuseum	**30 Baht**
Zimmer im Gästehaus	**ab 200 Baht**
Zimmer im Mittelklasse-Hotel	**um 2000 Baht**

Auf Ko Chang (Ranong) oder Ko Pha Ngan kann man bei anspruchsloser Lebensführung mit 500 Baht am Tag auskommen, wenn das Zimmer geteilt wird. Darin sind allerdings Souvenirs, Touren, Mieten von Motorrädern oder Autos und Foodtrips sowie Alkoholika nicht enthalten.

Wenn der Urlaub etwas komfortabler sein soll, braucht man mindestens das Doppelte. In diesem Budget sind etwas bequemere Bungalows und Essen in Restaurants enthalten. Wer regelmäßig ein Bier oder einen Cocktail trinkt, fein essen geht oder Hotels mit Pool, Spas und anderen luxuriösen Einrichtungen genießen will, braucht noch viele Baht mehr ohne Begrenzung nach oben. Da ein Zimmer für eine Person genauso viel kostet wie für zwei Personen, reist man zu zweit billiger. Unterkünfte im 4- und 5-Sterne-Bereich sind überwiegend günstiger über Reiseveranstalter oder das Internet buchbar.

Lokale öffentliche **Verkehrsmittel** sind außerhalb der Urlaubsorte immer noch recht günstig. Auf Langstrecken zahlt man bei Bussen wie der Eisenbahn für zusätzliche Bequemlichkeit (Klimaanlage, Liegesitze, Essen) etwa das Doppelte. Viele Backpacker-Busse sind zwar billig, aber weder sonderlich bequem noch sicher.

Bei Eintrittsgeldern, vor allem für **Nationalparks**, aber auch in **Thai-Restaurants**, gibt es manchmal erhebliche Unterschiede zwischen dem, was Ausländern und Einheimischen in Rechnung gestellt wird. Thai-Speisekarten sind oft wesentlich umfangreicher als die englischen, auf denen dann eigenartigerweise nur die teuren Gerichte übersetzt sind. Manch ein westlicher Langzeitreisender hat es geschafft, mit einem einheimischen Führerschein oder einer Arbeitserlaubnis die Einheimischen-Preise zu bezahlen.

Traveltipps von A bis Z

Anreise

Europäische und asiatische Airlines (z. B. Lufthansa, Air France, Swiss, KLM, Singapore Airlines, MAS, Emirates, Etihad, Royal Brunei, Thai Airways International) fliegen von Frankfurt, Düsseldorf und München nach Bangkok, Kuala Lumpur oder Phuket für 500–900 € hin und zurück. Zudem verkaufen einige Chartergesellschaften auch nur Flüge, z. T. sogar für Einzelstrecken. Einige Fluggesellschaften (Biman, China Airlines, Aeroflot) liegen mit ihren Preisen noch darunter.
Thai Airways, 60313 Frankfurt, Zeil 127, ✆ 069-92874444, ✉ 92874333, 80335 München, Bayerstr. 85A, ✆ 089-24207010, 💻 www.thaiair.com.
Bangkok Airways, 60311 Frankfurt, Bethmannstr. 58, ✆ 069-13377565-6, ✉ 13377567, 💻 www.bangkokair.com.
MAS, 60329 Frankfurt, Wilhelm-Leuschner-Str. 78, Baseler Arkaden, ✆ 069-13871910, ✉ 13871960, 💻 www.malaysiaairlines.com.my.

In Malaysia ist die Airport Tax normalerweise im Flugpreis enthalten, in Thailand nicht immer.

Statistiken über Flugsicherheit der Airlines finden sich unter 💻 www.aerosecure.de. Immer wieder trifft Gepäck nicht mit den Passagieren ein, meist wird es am nächsten Tag nachgeliefert.

Während der Hochsaison sind die Sitze der billigen Buchungsklassen schnell vergeben und man muss die z. T. erheblich teureren Klassen buchen. Zudem gibt es für die Abflugtermine zum Ferienbeginn und -ende schon viele Monate im Voraus keinen freien Platz, und viele Maschinen sind überbucht. Günstigste Monate zum Fliegen sind Februar, März, Juni und Oktober. Inlandflüge können unter Umständen als günstige Anschlussflüge mitgebucht werden.

Man sollte keine *open date tickets* kaufen, da Flüge von und nach Thailand häufig schon Monate im Voraus ausgebucht sind. Geht die Reise nicht nur nach Thailand, lohnen sich vielleicht Rundflugtickets. Sie werden von vielen Reisebüros zu einem günstigen Preis angeboten.

Flugbuchung im Internet

Um Flüge online zu buchen, muss man kein Reiseexperte sein. Am besten beschränkt man sich bei der Suche auf einige der etablierten Reiseportale. Auch die Seiten der Fluggesellschaften lohnen einen Blick, da es hier oft besondere Online-Tarife gibt. Grundsätzlich sollte man darauf achten, dass Kreditkartendaten verschlüsselt übertragen werden.

In verschiedenen Tests 2006 schnitten die folgenden Reiseportale gut ab: 💻 www.weg.de, 💻 www.opodo.de, 💻 www. travelchannel.de, 💻 www.expedia.de, 💻 www.flyloco.de

In den endlosen, verwirrenden Listen hunderter Anbieter sind günstige Offerten eher selten. Auch der Service lässt zu wünschen übrig, sodass sich die Seiten vor allem zum Recherchieren eignen. Wer dann weiß, welche Airline zu welchem Preis die günstigste Route fliegt und zudem noch Plätze verfügbar hat, kann diesen Preis als Obergrenze nehmen und in Reisebüros nach günstigeren Angeboten fahnden. Zudem hat das **Reisebüro** den Vorteil, dass es dort einen Ansprechpartner gibt, der bei Problemen kontaktiert werden kann. Wer flexibel ist oder schon bald losfahren möchte, findet auch Last-Minute-Angebote oder **Sondertarife** für Flüge, Hotelzimmer oder Tickets, die teils nur im Netz von Veranstaltern, Hotels oder Airlines offeriert werden.

Botschaften und Konsulate

Thailändische Botschaften und Konsulate

… in Europa
Botschaft in Deutschland:
12163 Berlin, Lepsiusstr. 64-66
✆ 030-7948 1117, ✉ 7948 1118
💻 www.thaiembassy.de
🕐 Mo–Fr 9–13 Uhr
Generalkonsulat:
60596 Frankfurt, Kennedyallee 109
✆ 069-698680, ✉ 6986 8228
Visa ✆ 069-6986 8205, 069-6986 8209
🕐 Mo–Fr 9–13 (telefonisch zudem 14–17 Uhr)
💻 www.thai-generalkonsulat-frankfurt.de
Honorargeneralkonsulate:
45130 Essen, Christopherstr. 18

📞 0201-9597 9334, 📠 9597 9445
🕐 Mo–Fr 9–12, Fr 14–17 Uhr
20099 Hamburg, An der Alster 85
📞 040-2483 9118, 📠 2483 9206
🕐 Mo–Fr 10–12 Uhr
80639 München, Prinzenstr. 13
📞 089-168 9788, 📠 1307 1180
🕐 Mo–Fr 9–12 Uhr

Honorarkonsulate:
40474 Düsseldorf, Cecilienallee 9
📞 0211-491 2632, 📠 491 2639
🕐 Mo–Do 9–12, Fr 14–17 Uhr
70499 Stuttgart, Pforzheimer Str. 381
📞 0711-226 4844, 📠 226 4856
🕐 Mo–Fr 9–12 Uhr
76137 Karlsruhe, Jollystr. 3
📞 0721-203 1456, 📠 203 1457
🖥 www.thaikonsulat.de
🕐 Mo–Fr 10–15 Uhr

Botschaft in der Schweiz:
3095 Bern-Liebefell, Kirchstr. 56
📞 031-970 3030-34, 📠 970 3038-39
🕐 Mo–Fr 9–11.30 Uhr
Generalkonsulate:
8001 Zürich, Löwenstr. 42
📞 043-344 7000, 📠 344 7001
🕐 Mo–Fr 9.30–11.30 Uhr
🖥 www.thai-consulate.ch
1211 Geneve 13, 75, rue de Lyon
📞 022-311 0723, 📠 345 1208
🖥 www.thaiconsulate.ch
4010 Basel, Aeschenvorstadt 71
📞 061-206 4565, 📠 206 4546
🕐 Mo–Do 9–11.30 Uhr
🖥 www.thai-consulatebasel.ch/

Botschaft in Österreich:
1180 Wien, Cottagegasse 48
📞 01-478 3335, 📠 478 2907
🖥 www.thaivienna.at
🕐 Mo–Fr 9–12 Uhr
Konsulate:
5020 Salzburg, Koch-Sternfeld-Gasse 7
📞 0662-840 0200, 📠 840 0201
🖥 www.thaiconsulate-salzburg.at
🕐 Mo–Fr 9–12 Uhr
6021 Innsbruck, Bozner Platz 2
📞 0512-580461, 📠 577250

Nicht vergessen!

Die **Airport Tax** von 50 Baht bei Inlandsflügen
sowie von 700 Baht bei Auslandsflügen wird
beim Ticketkauf mitbezahlt. Inland-Tickets sind
90 Tage gültig. Flugpreise sind bei den Abflugsorten angegeben. Gebuchte Flüge müssen bei
einigen wenigen Airlines noch spätestens drei
Tage vor Abflug **rückbestätigt** werden, was
auch telefonisch geschehen kann. Es empfiehlt
sich, rechtzeitig am Flughafen zu erscheinen.

🕐 Mo–Fr 8.30–12.30 Uhr.
6850 Dornbirn, Riedgasse 44
📞 05572-256146
🕐 Mo, Mi, Fr 9–12 Uhr

… in Asien
Generalkonsulat in Yunnan (VR China):
Kunming Hotel, 145 Dong Feng Dong Lu,
Kunming, Yunnan
📞 0871-316 8916, 📠 316 6891

Generalkonsulat in Hong Kong (VR China):
8th floor, Fairmont House, 8 Cotton Tree Drive,
Central, 📞 25216481-5, 📠 25218629,
🖥 www.thai-consulate.org.hk/

Botschaft in Indien:
56-N Nyaya Marg, Chanakyapuri, New Delhi
110021, 📞 011-2611 8103, 📠 2687 2029
🖥 www.thaiemb.org.in/
Konsulate:
Malabar View, 33 Marine Drive St., Chowpatty
Sea Face, Mumbai
📞 022-2363 1404, 📠 2363 2417
Kolkata, 18-B Mandeville Gardens, Ballygunge
📞 033-2440 7836, 📠 2440 6251

Botschaft in Indonesien:
74 Jl. Imam Bonjol, Jakarta
📞 021-390 4052, 📠 310 7469

Botschaft in Kambodscha:
196 Preah Norodom Boulevard, Phnom Penh
📞 023-726306, 📠 726303

Botschaft in Laos:
Phonekheng Rd., Vientiane, P.O. Box 128
Visastelle: Lane Xang Ave
☎ 021-214581-3, ✎ 214580

Botschaft in Malaysia:
206 Jl. Ampang, Kuala Lumpur
☎ 03-2148 8222, ✎ 2148 6527
🕐 Mo–Fr 9.30–13 Uhr
Konsulate:
1 Jl. Ayer Rajah, Ecke Jl. Tungku
Abdul Rahman, Penang
☎ 04-226 8029, 🕐 Mo–Fr 9–12 und 14–15 Uhr
Kota Bharu, 4426 Jl. Pengkalan Chepa
☎ 09-7482545, 🕐 So–Do 9–16 Uhr

Botschaft in Myanmar (Burma):
73 Manawhari St.,Dagon Township,
Yangon (Rangoon)
☎ 224647, ✎ 225929

Botschaft in Nepal:
167/4 Ward No. 3, Bansbari-Maharajgunj Road,
Kathmandu
☎ 01-437 1410, ✎ 437 1408.

Botschaft in Singapore:
370 Orchard Rd.
☎ 737 2158, ✎ 732 0778

Botschaft in Vietnam:
Hanoi, 63-65 Hoang Dieu St.
☎ 04-823 5092-4, ✎ 823 5088
Konsulat:
77 Tran Quoc Thao Street, District 3,
Ho Chi Minh City
☎ 932 7637-8. ✎ 932 6002
🖥 www.thaiembassy.org/hochiminhcity

Botschaften und Konsulate in Thailand

Deutsche Botschaft
Bangkok 10120, 9 Sathon Tai Rd., U-Bahnhof
Lumpini,
☎ 02-287 9000, ✎ 2871776,
🖥 www.german-embassy.or.th,
24-Std.-Notfallnummer (zumeist nur zu den
Dienstzeiten erreichbar), ☎ 01-845 6224

🕐 Mo–Fr 8.30–11.30, Visaanträge bis 10.30 Uhr
Deutsches Konsulat in Phuket (s. S. 521).

Botschaft der Schweiz
Bangkok 10330, 35 North Wireless Rd.
☎ 02-253 0156-60, ✎ 255 4481,
🖥 www.eda.admin.ch/bangkok_emb
🕐 Mo–Fr 9–11.30 Uhr

Botschaft von Österreich
Bangkok 10121, 14, Soi Nandha, off Soi 1,
Sathorn Tai Rd.
☎ 02-303 6057-59, ✎ 287 3925,
🖥 www.bmaa.gv.at
🕐 Mo–Fr 9–12 Uhr
Österreichisches Konsulat in Phuket (s. S. 521).

Malaysische Botschaften und Konsulate

Botschaft in Deutschland:
10785 Berlin, Klingelhöferstr. 6
☎ 030-885 7490, ✎ 8857 4950
🖥 www.kln.gov.my/perwakilan/berlin
🕐 Mo–Fr 9–12.30 Uhr

Botschaft in Österreich:
1040 Wien, Prinz-Eugen-Str. 18
☎ 01-505 1042-0, ✎ 505 7942
✉ malvienna@kln.gov.my
🕐 Mo–Fr 9–17 Uhr

Botschaft in der Schweiz:
3005 Bern, Jungfraustr. 1
☎ 031-350 4700, ✎ 350 4702
✉ malberne@kln.gov.my
🕐 Mo–Fr 9–13 und 14–17 Uhr

Einkaufen

Bangkok, Pattaya und Phuket sind **Shopping-Paradiese**. An Straßenständen, auf Märkten und Nachtmärkten wird alles verkauft, was ein Touristenherz höher schlagen lässt: Textilien, Silberschmuck, vermeintliche und „echte" Antiquitäten, Holzschnitzereien, Lackarbeiten und Keramik, Puppen und Masken, Bilder, Lederarbeiten und – nicht zu vergessen – Kopien von Markenwaren.

Bei Artikeln, die nur für Touristen hergestellt werden, sollte man sich und dem Verkäufer das Vergnügen des Feilschens gönnen. Als guter Startpreis gilt etwa die Hälfte des zuerst geforderten Preises.

Vor allem in Bangkok lassen sich Touristen von Schleppern in Läden zum **Kauf von Edelsteinen** überreden. Das funktioniert häufig so: Seriös aussehende, hilfsbereite Thais sprechen Touristen auf dem Weg zu einer Sehenswürdigkeit an. Nachdem sie erfahren haben, wohin man will, erklären sie, dass der Tempel aus irgendeinem Grund heute ausnahmsweise geschlossen sei und bieten als Alternative eine Tour zu einem Juwelier an, in dem ausgerechnet heute ein besonders günstiges Angebot gemacht wird. Zudem kann man die Steine in Deutschland zum vielfachen Preis verkaufen, manchmal soll sogar der dort studierende Neffe der Abnehmer sein, der sich damit sein Studium finanziert … Nichts davon stimmt! Am Ende hat man für einen weit überhöhten Preis **minderwertige Edelsteine** gekauft, die in Europa kein Juwelier anfasst, und es ist sehr schwierig, das Geld zurückzubekommen, da es sich ja um echte Steine und keine Fälschungen handelt.

Gesprächigen Tuk Tuk- und Taxifahrern, die einen super-günstigen Preis akzeptieren und unterwegs schnell noch an einem interessanten Juweliergeschäft, Seidenladen oder Schneider vorbeisehen wollen, sollte man grundsätzlich ebenso misstrauen. Sie wollen allerdings häufig nur eine Provision bzw. einen Benzingutschein kassieren.

Ein Gang über den **Markt** ist immer empfehlenswert. Hier werden die Waren des täglichen Bedarfs gehandelt, und man erhält einen Überblick über Angebot und Preise. Nebenbei kann man sich mit frischem Obst eindecken oder einen kleinen Snack zu sich nehmen.

Einkaufszentren und Superstores wie Tesco Lotus, Big C oder Carrefour verkaufen westliche und lokale Waren zu Festpreisen. In diesen klimatisierten Konsumtempeln haben sich preiswerte Essenmärkte, Fast Food und andere Restaurants, die von jungem Publikum bevorzugt werden, etabliert.

Prinzipiell werden **europäische Waren** in allen Touristenzentren verkauft. Wer Wegwerfwindeln, einen guten Käse oder neue Schuhe benötigt, der schaut sich am besten dort um. Selbst englisch- oder gar deutschsprachige Zeitschriften und Bücher gibt es hier.

Die **Mehrwertsteuererstattung** (*VAT Refund for Tourists*) lohnt nur bei größeren Beträgen ab 20 000 Baht, da die Mehrwertsteuer 7 % beträgt und die Bearbeitungsgebühren sowie die Bankgebühren abgezogen werden. Zudem müssen bei der Einreise Einkäufe in dieser Höhe beim Zoll wieder deklariert werden, wobei eine deutsche MwSt von 16 % fällig wird.

Essen und Trinken

Wer längere Zeit die **Thai-Küche** genossen hat, wird sie zu einer der Besten der Welt rechnen. Auf den ersten Blick hat sie viele Ähnlichkeiten mit der chinesischen Küche. Nach näherem Kennenlernen entdeckt man malaiische Einflüsse, denn vieles wird mit Kokosnussmilch gekocht. Auch die Wirkung indischer Currys ist nicht zu verleugnen. Im Allgemeinen sind Thai-Gerichte kräftig gewürzt. Nicht nur Chilis bestimmen den Geschmack, sondern die ausgewogene Zusammenstellung von frischem Gemüse, Knoblauch, Zitronengras, Currygewürzen, Shrimp-Paste, Tamarinde, Fischsoße, Koriander, Kokosmilch, Palmzucker und, nicht zu vergessen, den frischen Fischen, Shrimps, Krebsen, Langusten und Muscheln.

Grundnahrungsmittel ist Reis, *kao*, der mit verschiedenen Beilagen und Soßen gegessen wird. *Khin kao* ist auch der allgemeine Begriff für „essen", was auf die Bedeutung von Reis in Thailand schließen lässt. An Fischsoße und Glutamat wird beim Thai-Essen nicht gespart. Gute Informationen über Thai-Essen im Netz unter 🖳 www.leckerbisschen.de.

Wie essen?

Normalerweise wird in Thailand mit **Löffel** (rechts) und **Gabel** (links) gegessen, wobei man mit der Gabel, entsprechend unserem Messer, die Speisen auf den Löffel schiebt, mit dem man isst. Besonders in ländlichen Regionen benutzt man dafür die rechte Hand. Die linke gilt als unrein und sollte nie das Essen berühren.

Zu Nudelsuppen, die man hauptsächlich mittags isst, werden **Stäbchen** *(chop sticks)* und ein kurzer Suppenlöffel gereicht. Man befördert die Nudeln mit Hilfe der Stäbchen auf den Löffel. Nur in chinesischen Restaurants werden auch Reisgerichte mit Stäbchen gegessen, für Touristen werden aber immer Gabel und Löffel gebracht.

Da die meisten Frauen berufstätig sind, ist es üblich, dass die ganze Familie außer Haus isst. Vom Morgen bis zum frühen Abend nimmt man leichte Suppen und kleine Snacks zu sich. Erst nach Sonnenuntergang gibt es eine Hauptmahlzeit, die aus mehreren Gängen besteht, die zumeist ab 17 Uhr auf dem **Abendessenmarkt** zusammengestellt werden.

Um richtig Thai zu essen, geht man am besten mit mehreren Freunden in ein Restaurant und stellt verschiedene Gerichte zusammen. Es ist üblich, dass alle Gerichte gleichzeitig serviert werden und sich jeder nach Belieben in kleinen Happen bedient. Suppen isst man zum Hauptgericht und nicht vorher.

Wo essen?

Es ist selten ein Problem, zu jeder Tages- oder Nachtzeit irgendwo etwas Essbares zu bekommen. In vielen Orten werden **Essenstände** auf Straßen, großen Plätzen oder Märkten attraktiv aufgebaut. Dort sind die Gerichte am billigsten. Für wenige Baht gibt es eine klare Suppe mit Sojasprossen, Kräutern, Gemüse und Fleisch- oder Fischbällcheneinlage.

Meist werden die Gerichte vor aller Augen frisch zubereitet. Andere Stände verkaufen Getränke oder frische Fruchtsäfte.

Restaurants außerhalb der Touristenzentren

Sie haben meist keine englische Speisekarte. In einem typischen **Straßenrestaurant** empfiehlt es sich, einen Thai-Grundwortschatz (s. S. 41 und im Kapitel Anhang) bereit zu haben. Die rohen Zutaten wie Fleisch, Fisch und Gemüse liegen in einer Vitrine oder im Kühlschrank. Man braucht also nur darauf zu deuten und das Wort für gebraten oder gekocht zu sagen. Häufig stehen verschiedene fertige Currys in großen Töpfen oder Pfannen am Eingang, sodass man nur den Deckel zu lüften braucht, um eine Auswahl zu treffen. Nach dem Preis sollte man vor dem Essen fragen. Fast immer sind die Gerichte stark gewürzt, und die vielen kleinen Chilis sind der Grund, dass das Essen nicht schlecht wird. Wer nicht scharf essen kann oder will, deutet auf die Gerichte und fragt: *pät mai?* (ist's scharf?). Ist die Antwort *mai pät* (nicht scharf), kann nicht viel passieren. Lautet die Antwort allerdings *pät pät*, sollte man sich auf eine sehr scharfe Mahlzeit einstellen. Wer auf seine Gesundheit bedacht ist, vergewissert sich, ob die Küche einen sauberen Eindruck macht. Die Gesundheitsämter verleihen das Logo „Clean Food – Good Taste" an Restaurants, deren Küchen einen Test auf Bazillen bestanden haben – der Geschmack des Essens wird nicht geprüft.

Restaurants in Touristenzentren und großen Städten

Sie offerieren eine englische Speisekarte *(menu)* und sind, je nach Ausstattung, Lage und Qualität, manchmal etwas teurer. Zu Traveller-Unterkünften gehören meistens **einfache Restaurants**, in denen es europäisches Frühstück, gebratenen Reis, Standard-Gerichte, Traveller-Food und Softdrinks gibt. Bestellt man mehrere Gerichte oder geht mit einer Gruppe essen, kann es passieren, dass die Rechnung höher ausfällt als die Summe der Einzelgerichte. Wem es nichts ausmacht, in den Augen des Wirtes als geizig zu gelten, der kann versuchen, die Rechnung zu beanstanden.

Im Gegensatz zu den Hotels und **Restaurants der gehobenen Preisklasse**, wo zum Rechnungsbetrag 10 % Bedienung addiert wird, enthält die Rechnung in kleineren Restaurants kein Trinkgeld. Bei gutem Service sind einige Baht immer angebracht. In Traveller-Restaurants ist das jedoch nicht üblich.

Wem eine gewisse, manchmal ohrenbetäubend laute Kantinen-Atmosphäre nichts ausmacht, der kann sich in den **Food Centers** großer Kaufhäuser (meist im Ober- oder Untergeschoss) an vielen sauberen Essensständen ein billiges, mehrgängiges Menü zusammenstellen – bezahlt wird mit Coupons oder Chip-Karte.

Coffeeshops

Wer glaubt, hier ein gemütliches Café mit leckerem Kuchen gefunden zu haben, liegt völlig falsch. Kaffee und Kuchen bekommt man höchstens in einer Bakery oder in den großen Hotels, vor allem zum *high tea*. Der **Coffeeshop** hingegen, ein großer klimatisierter Raum, der manchmal Erinnerungen an sozialistische Massenabfütterungs-Restaurants aufkommen lässt, dient unterschiedlichsten Bedürfnissen, ist Frühstücksraum, Restaurant und Bar zugleich, wobei in den so genannten „Junggesellenhotels" Letzteres überwiegt. Die dort herumsitzenden jungen Mädchen sind auch in den seltensten Fällen Hotelgäste, sondern auf der Suche nach Kundschaft. In einigen Kaufhäusern und Einkaufszentren haben in den letzten Jahren Kaffee-Theken und Filialen internationaler und einheimischer Coffeeshop-Ketten aufgemacht, die mehrere Dutzend verschiedene Sorten Kaffee aus allen Kontinenten anbieten und frisch aufbrühen. In Touristenorten gibt es bereits Bäckereien, die auch feinen Kuchen und Torten anbieten, dazu Kaffee in vielen Variationen.

Was essen?

Entlang der ausgetretenen Pfade zwischen Bangkok und Krabi finden sich immer Restaurants, die ihre Küche dem europäischen Gaumen angepasst haben. In den Touristenzentren Ko Samui, Phuket oder Hua Hin braucht man selbst auf Pizza, Steaks oder Kartoffelsalat nicht zu verzichten. Auch wer die thailändische Küche schätzen gelernt hat, kann sich also immer mal wieder eine Abwechslung gönnen.

Der gängige Preis für ein **Thai-Gericht** liegt bei 40–80 Baht, in besseren Restaurants bei 70–100 Baht. Dafür gibt es in den meisten Fällen ausgezeichnete Gerichte und einen Super-Service. An den Straßen-Restaurants kann man sich schon für 25 Baht satt essen. Gebratener Reis mit Ei, Huhn, Schweinefleisch oder Krabben kostet in Traveller-Restaurants um 30–40 Baht.

Da das Meer nirgendwo weit entfernt ist, gibt es überall fantastischen **Fisch** und anderes **Seafood**. Die Palette der Zubereitung reicht von schärfsten Fisch-Curries bis zu frischen Garnelen oder delikat zubereiteten Krebsen in den Seafood-Restaurants an den Stränden. Vor allem frische Fische werden nach Gewicht bezahlt. Die einheimischen Gäste kennen die Preise. Wer sich noch nicht auskennt, fragt vorher nach dem Preis (meist 40–50 Baht pro 100 g inkl. Zubereitung und Beilagen). Auch in Thailand sind solch erlesene Köstlichkeiten wie Hummer relativ teuer. Während man einen etwa 40 cm langen Fisch bereits für 120 Baht bekommt, zahlt man für etwa 10 cm lange Langusten mindestens 40 Baht pro Stück und für einen mittelgroßen Hummer mindestens 800 Baht. Wer Fisch und Seafood mag, wird in Thailand bestimmt auf seine Kosten kommen.

Gewürze

Thais würzen ihre Speisen nach der Zubereitung selbst nach, und zwar aus den Plastikbehältern, die auf dem Tisch stehen und Zucker, zerstoßene, getrocknete, rote Chilis, Chilis in Essig und manchmal zerstoßene Erdnüsse enthalten. Frisch serviert wird **prik nam plah** – eine salzige Fischsoße mit Knoblauch, Limonensaft, Palmzucker, Sojasoße und vielen klein geschnittenen grünen oder roten Chilis. Übrigens: je kleiner die Chilis, desto schärfer sind sie.

Snacks

An Straßenständen werden viele leckere Zwischenmahlzeiten gebraten, gekocht oder gegrillt,

z. B. gefüllte süße oder salzige Kuchen, **gluei tord** (gebratene Bananen) oder **kanom dschiäb** (ausgebackene Teigtaschen mit Fleisch- oder Krabbenfüllung). Nach dem Preis sollte man allerdings vorher fragen. Jede Region hat ihre eigenen Snacks.

Eine Spezialität, die ursprünglich aus dem Nordosten stammt, ist **som tam** – ein scharfer Salat aus unreifen, grob geriebenen Papayas und getrockneten Shrimps.

Reis

Das Grundnahrungsmittel aller Thais, der Reis, wird in unterschiedlichen Formen serviert:

kao plao gekochter, körniger Reis (Englisch: *plain rice)* kommt als Beilage zu den meisten Gerichten

kao nieo Klebreis (Englisch: *sticky rice)* ist vor allem im Norden auf dem Land verbreitet und wird auch zu *som tam* oder im Süden als Dessert, z. B. zu frischen Mangoscheiben, gegessen.

Preiswert ist das Standardgericht vieler Traveller:

kao phat gebratener Reis (gesprochen *kao padd*, auf Englisch *fried rice)*

Es gibt Traveller, die während ihres Aufenthaltes in Thailand nichts anderes essen – und damit viel verpassen. Dieses Gericht gibt es in den verschiedensten Ausführungen, z. B. als **kao phat gung** (mit Krabben), als **kao phat gai** (mit Huhn) oder als *American Fried Rice* (mit gebratenem Ei). In einfacher Form wird z. B. **kao muh daeng** – mit kleinen Streifen Schweinefleisch, Zwiebeln und etwas Ei – gebraten.

Als Beilagen werden Gurken und die sauerscharfe Sauce mit Chilis, **prik nam plah**, serviert. In vielen Touristen-Restaurants ist diese nur auf speziellen Wunsch zu erhalten – stattdessen steht Ketchup auf dem Tisch.

Nudeln

gueh tiao (gespr. *göi tiao*) – weiße, ganz dünne oder breite Reisnudeln, werden hauptsächlich in die leckeren, süßsauren Suppen gegeben, die mittags an vielen Essensständen zubereitet werden.

bah mie gelbliche Weizenmehl-Nudeln, gibt es in verschiedensten Varianten.

phat thai (gespr. *padd tai*), ein sehr beliebtes, leckeres Gericht aus gebratenen Reisnudeln mit Tofu, Gemüse, Ei und Erdnüssen.

khanom chin auf einem Esstisch an Straßenständen stehen verschiedene Beilagen wie Trockenfischchen, Gurken, Pickles, rohe und eingelegte Sojasprossen, von denen sich die Gäste nach Belieben bedienen, um die Nudeln auf ihrem Teller zu garnieren. Nur ein gekochtes Ei *(khai)* als Beilage ist extra zu bezahlen. Besonders im Süden sehr beliebt.

Fleisch oder Fisch

Sie gehören neben Gemüse zu jeder kompletten Mahlzeit, sodass es Vegetarier, die keinen Fisch essen, schwer haben:

gai Hühnerfleisch
nüa Rindfleisch
gung Garnele, Krabben
ped Entenfleisch
gung tale Hummer
plah Fisch
muh Schweinefleisch
puh Krebse

Thai-Currys

Es gibt sie in verschiedenen Schärfegraden:

gäng garih ein mildes, indisches Curry.

gäng masaman die einheimische Variante mit Knoblauch, Ingwer, Zitronengras, Koriander, Kardamom, Muskatnuss, Muskatblüte, Zimt, Nelken, Tamarinde, Limonen, Zucker, Kokosmilch, Limonen und Chilis.

gäng pät sehr scharfes Curry *(gaeng phet gai =* Hühnchencurry; *gaeng ped* ist hingegen ein mildes Entengericht).

gäng khiau wahn extrem scharf, ein grünes Curry, das zusätzlich Shrimp-Paste *(blachan)* und viele Chilis enthält.

Suppen

kao tom Reissuppe mit Fleischeinlage, die zum Frühstück gegessen wird, z. B. mit Hühnchen = kao tom gai.

tom yam besonders würzig, Thai-Suppe mit Zitronengras, Zitronenblättern, Chilis, Tamarinde und anderen Zutaten sauer-scharf gewürzt. Beliebt als *tom yam gai* (mit Hühnchen) oder *tom yam gung* (mit Krabben).

Restaurant	*rahn ahahn*	ร้านอาหาร
essen	*gin / tahn*	กิน / ทาน
trinken	*dühm*	ดื่ม
essen gehen	*pai tahn ahahn*	ไปทานอาหาร
hungrig	*hiju*	หิว
durstig sein	*hiju nam*	หิวน้ำ
Das Essen schmeckt gut!	*ahahn a-roi*	อาหารอร่อย
Dasselbe noch einmal!	*ao ik*	เอาอีก
Ich mag ...	*pom / tschan tschoob*	ผม/ฉันชอบ
Die Rechnung, bitte!	*tschek bin khrap*	เช็คบิล
heiß	*rohn*	ร้อน
kalt	*jen*	เย็น
süß	*wahn*	หวาน
süß-sauer	*prio-wahn*	เปรี้ยวหวาน
scharf	*pät*	เผ็ด
gebraten	*tord*	ทอด
gekocht	*tom*	ต้ม
gegrillt	*yang*	ย่าง
getoastet	*ping*	ปิ้ง
Fisch	*plah*	ปลา
Fischküchlein	*tord man plah*	ทอดมันปลา
Garnele, Krabben	*gung*	กุ้ง
Hummer	*gung gam gram*	กุ้งก้ามกราม
Krebse	*puh*	ปู
Tintenfisch	*plahmük*	ปลาหมึก
Schweinefleisch	*muh*	หมู
Rindfleisch	*nüa*	เนื้อ
Hühnerfleisch	*gai*	ไก่
Entenfleisch	*ped*	เป็ด
Gemüse	*phak*	ผัก
gelbe Nudeln	*bah mie*	บะหมี่
weiße Nudeln	*göi tiao*	ก๋วยเตี๋ยว
Reis	*kao*	ข้าว
weißer Reis	*kao plao*	ข้าวเปล่า
gebratener Reis	*kao phat*	ข้าวผัด
Ei	*khai*	ไข่
Omelett	*khai dschiao*	ไข่เจียว
Wasser	*nam*	น้ำ
Tee	*tschah*	ชา
Kaffee	*gafä*	กาแฟ
Alkohol, Brandy	*lao*	เหล้า
vegetarisch	*mangsawirat*	มังสาวิรัต
vegetarisches Restaurant	*rahn ahahn mangsawirat*	ร้านอาหารมังสาวิรัต
vegetarische Kost	*ahahn jä*	อาหารเจ
kein Seafood	*mai gin ahahn thale*	ไม่กินอาหารทะเล
kein Fleisch	*mai sai nua*	ไม่ใส่เนื้อ
Pfannengemüse	*phat phak*	ผัดผัก
Verwenden Sie kein Glutamat!	*mai sai phong churot*	ไม่ใส่ผงชูรส

Salate

Aus gesundheitlichen Erwägungen sind Blattsalate in Thailand leider nicht zu empfehlen. Wir können allerdings auf eine unserer Lieblingsspeisen, **yam nüa** – Rindfleisch-Salat – nicht verzichten. Dieses kalte Gericht aus eingelegtem Rindfleisch, verschiedenen Salaten, Korianderblättern, Minze, Knoblauch, Chilis und einer sauren Sauce ist so scharf, dass hoffentlich keine Bakterien darin überleben.

Eier

Sie heißen *khai* (nicht zu verwechseln mit dem Eier legenden Huhn = *gai*).

khai tord gebratene Eier

khai luak weich gekochte Eier

khai tom hart gekochte Eier, die sich am Ende kaum voneinander unterscheiden, da es sich hierbei um eine typisch europäische Zubereitungsart handelt.

khai yad sai schmackhaftes Omelett mit Fleisch- oder Gemüsefüllung

Vegetarisch

Vegetarier haben es nicht einfach, denn die meisten Thais essen zu jedem Gericht etwas Fleisch oder Seafood. Nur an buddhistischen Feiertagen verzichten manche auf ihre geliebten Proteine. Trotzdem gibt es eine wachsende Zahl vegetarischer Restaurants (rahn ahahn mangsawirat), die sehr preisgünstig sind (10–20 Baht je Gericht). Sie haben aber meistens nur bis Mittag geöffnet. Neuere vegetarische Restaurants, die sich den Wünschen der Traveller angepasst haben, verlangen auch weit höhere Preise. Überall wo Wok-Gerichte angeboten werden, kann man sich problemlos eine reine Gemüsepfanne, **phat pak**, zubereiten lassen.

Europäische und andere Gerichte

In Touristenzentren und Großstädten findet, wer sich nicht dauerhaft mit der Thai-Küche anfreunden kann, eine breite Auswahl bekannter Gerichte – von Hamburger und Pizza in Filialen internationaler Fastfood-Ketten bis zum Steak und Eisbein wie bei Muttern. Allerdings werden auch europäische Preise verlangt, denn viele Zutaten, wie Käse oder Wein, müssen importiert werden, was die Kosten erheblich in die Höhe treibt.

Getränke

Wasser und Säfte

Nam Wasser, sollte nicht aus der Leitung getrunken werden.

nam dühm Trinkwasser in recyclebaren Plastikflaschen oder in Behältern in öffentlichen Gebäuden. Beim Kauf sollte man unbedingt auf einen versiegelten Verschluss achten. Vor allem bei Kleinanbietern kann das Wasser dennoch bakterienverseucht sein. Wem dieses Wasser zu wenig Mineralstoffe enthält, kann Elektrolytpulver darin auflösen (Champa für 6 Baht).

nam räh Mineralwasser

nam yen kaltes Wasser

nam manau Zitronen- oder Limonensaft, manchmal auch Limonade

nam som Orangensaft, ebenso wie Zitronensaft, wird oft mit Salz gewürzt, was zwar dem Körper gut tut, doch vielen europäischen Gaumen nicht schmeckt. Wer die Säfte pur möchte, bestellt: *mai glüa* – ohne Salz.

nam käng Eis zum Kühlen von Getränken. Die zerschlagenen Eisbrocken sind nicht immer hygienisch einwandfrei, bedenkenlos sind die glatten Eiszylinder.

Tee

Tschah der überall im Orient verstandene Name für Tee. Er ist in Thailand jedoch fast nur in Touristenzentren erhältlich als:

tschah ron heißer, schwarzer Tee, mit Milch und Zucker serviert.

tschah dam Tee nur mit Zucker, ohne Milch

tschah dam yen kalter Tee mit Zucker

tschah manau Tee mit Zitrone (*manau* = Zitrone).

nam tschah sehr dünner Tee, der in chinesischen Lokalen überall kostenlos bereitsteht.

Kaffee

Gafä Kaffee ist das am weitesten verbreitete Getränk, mit süßer Kondensmilch und Pulverkaffee angerührt, keine Ähnlichkeit mit unserem Kaffee.

gafä dam ron Kaffee ohne Milch

gafä yen Kaffee mit Eis, gibt es überall

oh liang der schwarze, süße Eiskaffee, erfrischend.

Weitere alkoholfreie Getränke

An kalten, alkoholfreien Getränken wird eine große Auswahl angeboten. Am beliebtesten und mit ca. 7–10 Baht recht billig sind die internationalen **Softdrinks** (an Stränden häufig 10–15 Baht). Zum Mitnehmen werden sie leider in Plastiktüten umgefüllt. Daneben gibt es Sodawasser und

nam maprao die klare Kokosmilch junger, grüner oder orangefarbener Kokosnüsse, die am besten gekühlt schmeckt und sehr erfrischt. Nicht bekömmlich ist dagegen das Wasser der reifen, braunen Kokosnuss

Vitamilk eine süße Sojabohnen-Milch

nohm sot H-Milch, die häufig gesüßt oder mit Aromastoffen (z. B. Erdbeergeschmack) angereichert ist, in 0,2-l Päckchen abgepackt.

Bier und Whisky

Singha-Bier (*bia*) gibt es überall in Flaschen, es ist ein Lagerbier mit 6 Vol-% Alkohol, jedoch verhältnismäßig teuer. Den Markt erobert hat das preiswerte **Chang**, ein Lagerbier mit 6,4 % Alkoholgehalt. Seltener erhält man die neueren **Ice**-Biere. Bei Ausländern beliebt ist **Carlsberg**, das auch vom Fass gezapft wird, sowie **Heineken** und **Kloster**. Zunehmend drängen weitere Marken auf den Markt, wie **Leo Beer**, **Amstel**, **Phuket Lager** oder **Erdinger**.

Die lokale Alkoholdroge Nr. 1 ist **Mekhong**, der Thai-Whisky, der zu allen Gelegenheiten aufgetischt wird und wie akzeptabler Weinbrand schmeckt. Die Thais fordern gerne andere Gäste zum Mittrinken auf. Wir empfehlen, ihn lieber mit Wasser oder Cola zu verdünnen.

Früchte

Wie alle tropischen Länder hat Thailand ein gewaltiges, preiswertes Angebot an uns fremden tropischen Früchten. Auf jeden Fall probieren sollte man:

A-ngun – Weintrauben, die auch in den Tropen, v. a. in den Provinzen westlich von Bangkok wachsen, werden von April bis September angeboten.

Äppen – unser Apfel wird das ganze Jahr über importiert: 7–14 Baht pro Stück.

Chom-phu – der Rosenapfel, eine glockenförmige, säuerliche Frucht mit grünlicher bis roter Schale ist nur kurzzeitig von April bis Juni zu bekommen.

Durian – die Zibetfrucht, auch Stachelfrucht genannt, gilt als Königin der Früchte. Diese grüne, stachlige Frucht ist auch für Uneingeweihte nicht zu verwechseln, da sie penetrant riecht. Am besten lässt man sich von einem Kenner eine Frucht aussuchen. Auch während der Saison von April bis August sind Durian teuer. Beim Bauern kostet eine kleine etwa 20 Baht.

Farang – Guaven, die „Fremden", die ursprünglich aus Spanien kamen, erfreuen sich großer Beliebtheit. Die grüne, apfelähnliche Frucht kann reif als Obst oder grün mit Salz und Zucker gegessen werden.

Gluei – Bananen gibt es das ganze Jahr über auf den Märkten in 20 verschiedenen Größen und Geschmacksrichtungen. Auf Straßen und Busbahnhöfen werden gebackene Bananen verkauft.

Kanun – Jackbaumfrucht, riesige, grünlichgelbe Früchte mit runden Stacheln, die 30–90 cm lang und 25–50 cm breit werden. Die festen, gelben, herausgelösten Fruchtsegmente werden portionsweise auf den Straßenmärkten verkauft. Saison ist von Januar bis Mai.

Lakmut (Sawo) – der Breiapfel, eine ovale, kartoffelfarbige Frucht, die ähnlich wie Birne schmeckt, wird von Februar bis April angeboten.

Lamut – Sapodilla, kleine, ovale Frucht, süß-saurer Geschmack, von Juli bis September.

Lamyai – Longan (besonders gut in Chiang Mai), eine dünne, feste, bräun-liche Schale umgibt das weiße, leicht säuer-lich-saftige Fruchtfleisch. Die kleinen, runden Früchte werden ebenfalls büschelweise verkauft. Saison ist von Juni bis August.

Langsat – Lansat, die murmelgroßen, süß-säuerlichen Früchte mit hellbrauner Schale und bitterem Kern werden büschelweise von Mai bis Juli verkauft.

Ais Kacang – Gelee-Würfel aus Agar-Agar in verschiedenen Farben, süße, rote Bohnen und Mais werden auf geraspeltem Eis angerichtet und mit einer dicken Kokosmilch-Sauce übergossen.

Gado-Gado – kalter Salat aus gekochtem Mischgemüse, der mit Erdnusssoße angemacht und zu dem Krupuk serviert wird.

Gebratene Nudeln – Mie Goreng, eine Abwechslung zu gebratenem Reis stellen gebratene Nudeln dar, die mit grünem Blattgemüse gemischt und mit Oystersoße serviert werden.

Gebratener Reis – Nasi Goreng, auf Englisch Fried Rice. Das bekannteste Gericht, bei dem Reis mit Gemüse, Chilis und Fleisch oder Krabben gemischt wird – manchmal mit Ei.

Laksa – eine dicke Fischsuppe mit Nudel- und Gemüseeinlagen. Eine Spezialität der Nonyas ist Penang Laksa, eine zusätzlich mit Fischpaste gewürzte, saure Suppe.

Lontong – in Bananenblätter gewickelter Klebreis. Beilage zu Sate oder Gado-Gado.

Nasi Rames – zum Reis gibt es unterschiedliche kalte Beilagen, meist verschiedene Gemüse, geröstete Erdnüsse, Kokosraspeln, Rindfleisch oder Huhn, Fisch und Ei.

Nasi Lemak – ein preiswertes Gericht, das aus weißem, in Kokosmilch gekochtem Reis und verschiedenen Beilagen besteht, meist gekochte Eier, kleine Trockenfische (Ikan Bilis), Gurken

(Mentimun) und Erdnüsse (Kacang Tanah).

Otak-Otak – ein typisches Nonya-Gericht. Fein gemahlenes, scharf gewürztes Fisch- und Krabbenfleisch wird in Bananenblätter gewickelt über Holzkohlenfeuer gegrillt.

Rendang – eine Art malaiischer Gulasch. Rindfleisch-Würfel werden in einer dicken, sehr würzigen Sauce gekocht. Das Fleisch kann sehr zäh sein.

Rojak – Ananas, Gurken und Sengkuang (eine braune, knollige Wurzel) werden mit einer sauer-scharfen Sauce aus Chilis, Shrimp-Paste, Tamarinde und Palmzucker angemacht. Sind die hygienischen Umstände suspekt, sollte auf den kalten Salat wegen der Gefahr von Durchfallerkrankungen verzichtet werden.

Sate – Kleine Fleischspieße werden eingelegt und über Holzkohle gegrillt. Dazu gibt es eine würzig-süße Erdnusssoße. Die Spieße, die man im 10er-Bündel kauft, sind recht günstig. Allerdings ist das Fleisch vielfach fett, zäh oder besteht z. T. aus Hühnerhaut.

Sayur Goreng – wie die chinesische Cap Cai-Variante, gebratenes Gemüse. Soll es etwas anderes als das grüne Blattgemüse sein, bestellt man eine oder mehrere Gemüsesorten.

Soto – eine dicke Suppe; verdickte Kokosmilch wird zusammen mit Gemüse, Fleisch und Reis gekocht. Klare Suppen werden unter dem Begriff *sop* zusammengefasst.

Linchi – Litschipflaumen (Lychee) sind vor allem bei Chinesen als Desserts aus der Konserve beliebt. Frisch gibt es sie von April bis Juni.

Makham wan – süße Tamarinde des Nordostens, von Dezember bis Februar.

Malakor – Papaya, die 7–60 cm langen, grünen bis orange-roten Früchte enthalten viel Vitamin A und Calcium. Sie schmecken besonders gut mit frischen Limonen zum Frühstück. Zudem sind sie – zusammen mit Bananen, Ananas und Wassermelonen – ein wesentlicher Bestandteil des Obstsalates. Grüne Papaya, in dünne Streifen geschnitten und mit Chilis, getrockneten Krabben und Knoblauch gemischt, wird als *som tam* vor allem im Nordosten gegessen. Sie reifen das ganze Jahr über.

Mamuang – Mango, länglich-ovale Früchte. In unreifem Zustand sehen sie grün aus, man isst das säuerliche, feste Fruchtfleisch als Gemüse mit einer scharfen Sauce. Reif sehen sie rötlich-gelb aus, das Fruchtfleisch ist gelb, saftig und süß. Saison von März bis Juni.

Mangkut – Mangostanenfrucht, die 6–7 cm großen, violett-roten Früchte mit weicher, dicker Schale enthalten 5–8 weiße, leicht säuerliche Frucht-Segmente (Vorsicht – sie färben stark). Von Mai bis Oktober werden sie im Süden des Landes geerntet.

Maprao – Kokosnüsse, das ganze Jahr über.

Ngoh – Rambutan, auch Zwilligspflaume genannt, etwa 5 cm große, runde, rote Früchte, deren haariges Aussehen ihnen den Namen gegeben hat. Unter der weichen Schale liegt das weiße Fruchtfleisch um einen großen Kern. Sie werden büschelweise verkauft und sind oft von Ameisen bevölkert. Saison von März bis September.

Noina – Netzanone, gibt es von Juni bis Sep.

Phutsa – Jujube, die kleine, runde Frucht aus dem Osten des Landes findet man von August bis Februar auf den Märkten. Sie ist süß und wird normalerweise ungeschält gegessen.

Sapparot – Ananas, gibt es von April bis Juli und im Dezember/Januar für wenige Baht geschält auf der Straße. Die Gegend um Hua Hin in Süd-Thailand mit seinen sandigen Böden ist eines der größten Ananas-Anbaugebiete.

Som-tra – Süßorange, eine Mischung zwischen den uns bekannten Orangen und Mandarinen, schlecht zu schälen, aber gut für Säfte. Es gibt sie das ganze Jahr über, v. a. zwischen September und November, der Kilopreis richtet sich nach der Größe.

Som-o – Pomelos, riesige Grapefruits, deren Fruchtfleisch etwas trocken und manchmal recht sauer ist. Es gibt sie vor allem von August bis November.

Strawberry – Erdbeeren, aus dem Norden von Dezember bis März.

Taeng-mo – Wassermelone, sollte nur frisch aufgeschnitten verzehrt werden, da die Schnittflächen in kürzester Zeit hochgradig von Bakterien verseucht werden.

Feste und Feiertage

Viele Feste in Thailand sind buddhistischen Ursprungs und richten sich nach dem religiösen Kalender. Da sich diese Zeitrechnung am Mondzyklus orientiert, schwankt der exakte Termin der Feiertage innerhalb von 29 Tagen. Das Jahr 2007 ist das Jahr 2550 nach Buddha, 2008 = 2551 und 2009 = 2552.

Für staatliche Feste gilt der westliche Kalender. Fällt ein gesetzlicher Feiertag auf ein Wo-

Die Vollmondtage		
(Sie können um einen Tag abweichen)		
2007: 26.10.	24.11.	24.12.
2008: 22.1.	21.2.	21.3.
20.4.	20.5.	18.6.
18.7.	16.8.	15.9.
14.10.	13.11.	12.12.
2009: 11.1.	9.2.	11.3.
9.4.	9.5.	7.6.
7.7.	6.8.	4.9.
4.10.	2.11.	2.12.

chenende, wird am darauf folgenden Montag ein *Bank Holiday* gefeiert. Die Büros von Privatfirmen sind meist geschlossen und Behörden spärlich besetzt. Dadurch gibt es in Thailand etwa ein Dutzend lange Wochenenden pro Jahr. Die angegebenen Termine können sich um 1 bis 2 Tage verschieben.

Eine schöne Website zu Thailands Festen: 🖳 www.asien-feste.de.

Islamische Feiertage werden vor allem in den drei Südprovinzen, aber auch in anderen Provinzen des Südens mit einer starken moslemischen Minderheit begangen, s. S. 48.

Nationale Fest- und Feiertage

Januar

1.1.: Langes Wochenende, das zumeist auf die folgende Woche ausgedehnt wird, wo viele Geschäfte geschlossen bleiben.

Neumondtag zwischen 21.1. und 19.2. – Chinesisches Neujahr (7.2.2008, 26.1.2009): Das chinesische Neujahrsfest findet im Familienkreis statt. Das Fest beginnt am ersten Tag des zunehmenden Mondes im zweiten Mondmonat nach der Wintersonnenwende, dauert drei Tage und wird zu mehrtägigen Familienausflügen genutzt.

März / April

Vollmondtag im März – Makha Bucha (21.3.2008, 11.3.2009): Es finden Lichterprozessionen um die Tempel statt, die an Buddhas Predigt vor 1250 Zuhörern erinnern. Mit Blumen und Kerzen in gefalteten Händen umrunden die Gläubigen dreimal das Gebäude, im Tempel predigen Mönche die Lehre Buddhas. Große Feierlichkeiten im Marmortempel von Bangkok.

6.4. – Chakri-Tag: Inthronisation des ersten Chakri-Königs und Begründers der Königsstadt Bangkok, Feier im Wat Phra Keo.

13.–15.4. – Thai-Neujahr: Es ist besser bekannt unter dem Namen *songkran*. Wenn das ganze Land über die Hitze klagt und auf den einsetzenden Monsun wartet, beginnt für die Bauern auf dem Land das Erntejahr. Schon einige Tage vor Songkran bespritzen sich die Menschen auf den Straßen mit Wasser. Eine angenehme Erfrischung, sofern man darauf vorbereitet ist und

Schon Tage vor dem Neujahrsfest scheint sich das ganze Land in einem Kaufrausch zu befinden. Eine Woche vor Beginn des neuen Jahres werden die Wohnungen geputzt, denn der Küchengott wird im Himmel über jede Familie berichten. Ein besonders süßer, klebriger Kuchen aus Melasse wird gekocht, damit dem Gott nur Süßes über die Lippen kommt. Andere meinen, dass ihm durch die Kuchen der Mund so verklebt wird, dass er nichts mehr sagen kann. Am Abend des letzten Tages des alten Jahres versammelt sich die Großfamilie zu einem Festessen. Den Kindern werden kleine, rote Umschläge mit Geldbeträgen überreicht. Bei der Größe einer durchschnittlichen chinesischen Familie können die Neujahrsfeierlichkeiten teuer werden, sodass das 13., 14. oder gar 15. Monatsgehalt, das zu diesem Zeitpunkt ausgezahlt wird, gelegen kommt.

sich nicht in Bangkok befindet, wo man ab und an mit einer Dusche Klong-Wasser rechnen muss. Zu Hause badet man die Buddha-Figuren, hält Hausputz und erweist den älteren Familienmitgliedern durch eine zeremonielle Handwaschung und kleine Geschenke seine Hochachtung. Alles pilgert nach Chiang Mai, wo das Fest vom 13. bis 15. April mit Veranstaltungen besonders prunkvoll und pudelnass begangen wird. Etwa eine Woche nach Songkran feiern die Mon in Phra Pra Daeng, südlich von Bangkok, das Fest (s. S. 251). Es finden Umzüge statt mit der Wahl einer Schönheitskönigin und mit jungen Mädchen, die Fische in Behältern zum Fluss tragen, um ihnen dort die Freiheit zurückzugeben.

Ein besonders langes Wochenende wird vom 6.–17.4. gefeiert.

Mai

1.5. – Tag der Arbeit: Nur Banken sind geschlossen.

5.5. – Krönungstag: Der jetzige König Rama IX. wurde am 5.5.1950 zum König gekrönt, obwohl er bereits 1946 die Regentschaft übernommen hatte. Langes Wochenende.

Vollmondtag im Mai – Visakha Bucha (20.5.2008, 9.5.2009): Heiligstes buddhistisches Fest. Am Abend oder Vorabend finden zur Feier der Geburt, der Erleuchtung Buddhas und seines endgültigen Eintretens ins Nirvana in allen Tempeln Lichterprozessionen um den Bot statt. Zentrale Feiern im Wat Phra Keo.

Mitte Mai – Die Königliche Zeremonie des Pflügens: Ein Stellvertreter des Königs, heute meist der Landwirtschaftsminister, führt eine symbolische Aussaat auf dem Sanam Luang aus, zu der viele Bauern aus dem ganzen Land anreisen. Für sie ist es das Zeichen, mit der Feldarbeit zu beginnen. Ein Reiskorn von der Zeremonie, das der eigenen Saat untergemischt wird, soll eine gute Ernte gewährleisten.

Juli / August

Vollmondtag im Juli – Asanha Bucha, Khao Phansa (18./19.7.2008, 7./8.7.2009): Fest im Juli, das an die erste Predigt Buddhas in der Öffentlichkeit erinnert. Prozessionen mit Blumen und Kerzen um den Bot. Die Fastenzeit Khao Phansa beginnt am Tag nach Asanha Bucha und dauert drei Monate bis zum Ende der Regenzeit. Während dieser Zeit dürfen die Mönche das Kloster nachts nicht verlassen und unterliegen strengeren Regeln. Im Allgemeinen ist dieses die Zeit, während der junge Männer ins Kloster gehen. Entsprechend finden zu Beginn des Fastenmonats überall Ordinationsfeierlichkeiten statt.

12.8. – Geburtstag der Königin: Königin Sirikit ist seit 1950 First Lady in Thailand. Der Tag wird als Thai-Muttertag begangen. Langes Wochenende.

Oktober

Thot Kathin, Ok Phansa (13./14.10.2008, 3./4.10. 2009): Nach dem Ende der Fastenzeit reisen während der folgenden Wochen die Menschen aus allen Landesteilen in ihren Heimat-Tempel, um den Mönchen neue Roben und Opfergaben zu überbringen.

23.10. – Chulalongkorn-Tag: Todestag von König Rama V. (Chulalongkorn). Er gilt als der Herrscher, der das Land westlichen Einflüssen öffnete. Langes Wochenende.

November / Dezember

Vollmondtag im November – Loy Krathong (24.11.2007, 13.11.2008, 2.11.2009): Im November, am Ende der Regenzeit, wird das große Lichterfest gefeiert. Kleine Boote, traditionell aus Bananenstrünken gefertigt und mit brennenden Kerzen, Räucherstäbchen und Blumen geschmückt, treiben auf den Flüssen, Seen und Klongs – eine Opfergabe an die Göttin des Wassers, *Mae Khingkhe*.

5.12. – Geburtstag des Königs: Nationalfeiertag. Paraden und Feiern in Bangkok und auf dem Land. Langes Wochenende.

10.12. – Verfassungstag: Langes Wochenende.

31.12. – Silvester: Langes Wochenende.

Regionale Feste und Festivals

Bei jedem Tempel in Thailand wird einmal im Jahr ein großes, **religiöses Fest** veranstaltet, das von den Einheimischen begangen wird. Einige davon haben wegen der Berühmtheit des Tempels überregionale Bedeutung erlangt. Tausende von Pilgern versammeln sich mehrere Tage lang, um gemeinsam zu feiern. Religiöse Zeremonien, farbenprächtige Prozessionen, Bootsrennen oder andere Veranstaltungen begleiten die Feierlichkeiten.

In jeder Provinzhauptstadt wird einmal im Jahr eine *fair* veranstaltet, eine Art **Volksfest** und Jahrmarkt, wo lokale handwerkliche oder landwirtschaftliche Erzeugnisse vorgestellt werden.

Weitere **Festivals** wurden erst in den letzten Jahren von der *Tourist Authority* ins Leben gerufen, um eine Region touristisch zu fördern. Für zwei oder drei Tage im Jahr überschwemmen vor allem einheimische Touristen ansonsten ruhige Provinzstädte. Die Termine der religiösen Feste variieren nach dem Mondkalender (S. 45), die anderen Feste und Festivals werden meist auf ein bestimmtes Wochenende in einem bestimmten Monat gelegt.

Die genauen Termine der Festtage sind in der Werbebroschüre *Major Events and Festivals* aufgelistet, die es in jedem *Tourist Office* gibt. Im Internet sind unter 🖳 www.tatnews.org einige aktuelle Feste beschrieben.

Feste in Malaysia

Der islamische Kalender

Im Vielvölkerstaat Malaysia benutzt man im Alltagsleben den westlichen Kalender, an dem sich staatliche Feiertage, Geburtstage und offizielle Veranstaltungen orientieren. Hingegen werden moslemische Feste wie z. B. der Ramadan nach dem islamischen Kalender festgelegt. Dieser beginnt mit der Flucht Mohammeds aus Mekka am 16. Juli 622 n.Chr. Da diesem Kalendersystem der Mondzyklus zugrundeliegt, besteht jedes Jahr aus 12 Mond-Monaten mit 29 oder 30 Tagen und ist mit 354–355 Tagen normalerweise 10–11 Tage kürzer als das Sonnenjahr. Ein neues Jahr beginnt mit dem Erscheinen des 13. neuen Mondes.

2007 beginnt der Ramadan, der 9. Fastenmonat, am 13. September und endet mit dem Hari Raya-Fest am 11. Oktober (2008: 1.–29. Sep, 2009 22. Aug bis 22. Sep).

Nationale Feiertage

1. Januar – Neujahr
Neumondtag zwischen 21. Januar und 19. Februar – Chinesisches Neujahr
Januar / Februar – Ma'al Hijrah (Awal Muharam), islamisches Neujahrsfest
April / Mai – Mohammeds Geburtstag
1. Mai – internationaler Tag der Arbeit
Vollmondtag im Mai – Wesak, größter buddhistischer Feiertag
2. Juni – Geburtstag des Königs
31. August – Nationalfeiertag
August / September (s. o.) – Beginn des Ramadan
September / Oktober (s. o.) – Hari Raya Puasa, das Ende des Ramadan
Ende Oktober / Anfang November – Deepavali, hinduistisches Lichterfest
25. Dezember – Weihnachten
Dezember / Januar – Hari Raya Haji

Fotografieren

Dass man die Kamera wie eine Waffe handhaben kann und sie auch wie eine solche empfunden werden kann, wissen wir nicht erst, seitdem der Tourismus die Dritte Welt entdeckt hat.

Gerade das Fotografieren von Menschen erfordert Respekt und Sensibilität. Oft genügt es schon, sich vorzustellen, wie das ist, eine Kamera auf sich gerichtet zu fühlen, noch dazu bei so privaten Tätigkeiten wie essen, schlafen, beten oder Feste feiern. Sich wegen eines guten Schnappschusses dazwischen zu drängen, ist mehr als grob und unhöflich. Die elementaren Regeln der Gastfreundschaft sollten auch hier eingehalten werden, sich diskret im Hintergrund zu halten, ist nur eine davon.

Mit Geld oder Geschenken Bilder zu erkaufen, ist eine entwürdigende Instrumentalisierung und wird auch so empfunden. Wenn man schon meint, unbedingt ganz nah herangehen zu müssen, so ist es das Mindeste, sein Gegenüber um Erlaubnis zu fragen. Und auch hier bewahrheitet sich die asiatische Regel, dass ein Lächeln und ein paar freundliche Worte die Situation enorm entspannen und viele Hindernisse aus dem Weg räumen.

Frauen

Wer in Nordafrika oder dem Vorderen Orient als Frau unterwegs war, mag vor der Anmache der Einheimischen Angst haben. Doch in Thailand sind die Frauen weder verschleiert noch müssen sie ihre Schultern bedeckt halten. Männer sind also an den Anblick weiblicher Haut gewöhnt. Die Frauen sind rechtlich gleichgestellt, wenn es auch im praktischen Leben einige Einschränkungen gibt. Das Nirvana bleibt Frauen unzugänglich. Frauen ist der Zutritt zu dem heiligen Bereich *(Bot)* einiger buddhistischer Tempelanlagen verboten oder begrenzt. Auch dürfen Frauen keine buddhistischen Mönche berühren.

Frauen werden in Thailand weitaus weniger belästigt als in vielen anderen Ländern, doch wer das kostenlose Übernachtungsangebot eines selbst ernannten Guides annimmt, spielt überall mit dem Feuer. Wer dagegen nachts bekleidet an einsamen Stränden spaziert oder durch unbelebte Stadtviertel schlendert, muss kaum etwas befürchten. Es empfiehlt sich, einen großen Bogen um Männergruppen zu machen, die betrunken oder in ausgelassener Stimmung sind. Wenn Frauen in Thailand angemacht werden, dann häufig von betrunkenen Männern.

Thais berühren gerne die Haut von Europäern und bewundern die helle Farbe oder zupfen an den Härchen. Das ist zwar keine direkte Anmache, man sollte aber wissen, dass sich einheimische Frauen solche Berührungen von fremden Männern nicht gefallen lassen würden.

Frauen, die sich „unfraulich" verhalten, z. B. rauchen und trinken, werden toleriert. Die jungen Thailänderinnen kämpfen um Selbstbestimmung und bewundern selbstbewusste, alleinreisende Touristinnen. Trotzdem trauen sich die meisten nicht, im Badeanzug oder gar Bikini am Strand zu baden. Verständnis für hüllenloses Sonnenbaden kann man auch von aufgeschlossenen Thais nicht erwarten. Ansonsten benehmen sich thailändische Frauen in Touristengegenden sehr europäisch. Traditionelles Handeln und Denken schwindet mehr und mehr.

Asiaten auf dem Land sind in ihren Ansichten oft viel konventioneller. Frauen, die nicht dem gängigen Bild von Ehefrau oder Mutter entsprechen, verunsichern thailändische Männer. Lockere Umgangsformen und allzu luftige Kleidung können einiges dazu beitragen.

Das Schönheitsideal der meisten Thai-Männer wird durch das zierliche Mädchen von Nord-Thailand bestimmt. Die große westliche Frau gilt nicht gerade als begehrenswert. Es gibt zwar einige Männer, die einsamen Westlerinnen ihre Liebesdienste anbieten, aber nur ganz wenige stehen wirklich auf Weiße. Weitaus unkomplizierter gestaltet sich der Kontakt zu männlichen Travellern. Um sich gegen lästige Typen aus dem eigenen Kulturkreis zu wehren, hat jede Touristin ihre eigenen Tricks auf Lager. Wer sich bereits in heimischen Gefilden alleine unsicher fühlt, tut sich am besten mit einer Freundin zusammen, mit der frau auch das Zimmer teilen kann. Wird man gegen seinen Willen von Fremden angemacht, genügt meist ein: *Hau ab!, Piss off!* oder auf Thai: *Bai! Bai!*

Touristinnen, die Einheimische kennen lernen möchten, haben sicher bei Frauen mehr Glück. Da in Thailand die meisten Frauen berufstätig sind und eine aktive Rolle in der Gesellschaft spielen, fällt es nicht schwer, trotz Sprachbarriere Bekanntschaften zu schließen. Hier ist das leichte gegenseitige Berühren, vor allem am Arm, durchaus üblich.

Es besteht also keinerlei Grund, sich als Frau davon abhalten zu lassen, Thailand ohne männlichen Begleitschutz zu entdecken. Viele Frauen, die allein unterwegs waren, können bestätigen, dass eine derartige Reise sehr intensiv ist und viel Spaß macht.

Geld

Bargeld

Bargeld birgt das größte Risiko, da bei Diebstahl alles weg ist. Doch mit ein paar Dollar kann man z. B. schnell ein Taxi bezahlen. Neben US$ werden zunehmend Euro-Scheine akzeptiert. 100-Dollar-Noten werden wegen zahlreicher im Umlauf befindlicher Fälschungen häufig nicht akzeptiert, Gleiches gilt für beschädigte Scheine. Bargeld immer in Plastiktüten packen, vor allem wenn sie am Körper getragen werden, um Verfärbungen durch die Einwirkung von Feuchtigkeit zu vermeiden.

Reisechecks

Sicherheit bieten Reisechecks (Travellers Cheques), die gegen 1 % Provision bei jeder Bank erhältlich sind. **Euro-Reisechecks** werden überall in Thailand gewechselt. Wer nach Laos weiterreist, sollte Reisechecks nur in US$ mitnehmen. Manche Banken wechseln nicht mehr als 300 € bzw. 500 €. Da die Gebühr beim Einlösen pro Scheck berechnet wird, sollte man lieber weniger Schecks mit einem höheren Wert mitnehmen. In Thailand ist der Wechselkurs für Schecks günstiger als für Bargeld. Es wird allerdings eine Provision von 23 Baht pro Scheck verlangt.

Bei Verlust oder Diebstahl werden sie im nächsten Vertragsbüro ersetzt. Wichtig ist, dass für den Nachweis die Kaufabrechnung an einer anderen Stelle aufbewahrt wird als die eigentlichen Schecks. Außerdem hilft eine Aufstellung aller bisher bereits eingelösten Schecks, denn diese werden nicht ersetzt. Unsere Leser hatten wiederholt Schwierigkeiten, gestohlene AMEX-CO-Reisechecks in Thailand ersetzt zu bekommen.

Sicher bezahlen mit der Kreditkarte

Die Kreditkarte darf beim Bezahlen nicht aus den Augen gelassen werden, damit kein zweiter Kaufbeleg erstellt werden kann, auf dem später die Unterschrift gefälscht wird! Sie darf auch niemals in einem Safe, der auch anderen zugänglich ist, verwahrt werden.

Schon viele Reisende mussten zu Hause den Kontoauszügen entnehmen, dass während ihrer Abwesenheit hemmungslos „eingekauft" worden war.

Professionell werden weltweit, in Thailand v. a. in Phuket, mit Hightech-Geräten Telefonleitungen angezapft, über die Daten bzgl. einer Transaktion mit Kreditkarten ausgetauscht werden. Die Ganoven entschlüsseln die Daten, erstellen Duplikate der Kreditkarten und versuchen irgendwann und irgendwo, damit hochpreisige Waren zu kaufen. Die Kreditkartenorganisationen verweigern verdächtige Käufe und sperren die Kreditkarte. Auf Nachfrage erhält man problemlos eine neue.

Seit Anfang 2007 erhält man beim Wechseln von Bargeld und beim Einlösen von Reiseschecks einen günstigeren Kurs als beim Abheben von Bargeld mit Kreditkarte oder Maestrokarte (früher EC-Karte).

Bankkarten

Mit der Bankkarte und Geheimzahl kann man an fast allen Geldautomaten mit *Maestro*- bzw. *Cirrus*-Symbol in Thailand und Malaysia Bargeld abheben. Umgerechnet wird zum Briefkurs, die Gebühr beträgt zumeist pro Transaktion 4,50 €, ist bei einigen Banken aber kostenlos. Der Maximalbetrag beläuft sich auf 20 000 Baht, gut 400 €. Bei einigen Automaten ist er aus technischen Gründen geringer. Laut Angaben von Maestro Card gibt es in Thailand über 10 000 Geldautomaten und etwa die gleiche Zahl von elektronischen Kassen, die die Karte akzeptieren.

Kreditkarten

Mit Kreditkarten wie *American Express, Visa, MasterCard* oder *Diner's Card* kann man im oberen Preisniveau bargeldlos bezahlen und Bargeld abheben (Inhaber der Postsparkarte mit Visa-Plus-Funktion bis zu viermal im Jahr gebührenfrei). In Thailand und Malaysia sind Auszahlungs- und Akzeptanzstellen sowie Geldautomaten (ATM) weit verbreitet.

Geschäfte verlangen entgegen den Vertragsvereinbarungen oft die Verkäufergebühr (3–5 %) vom Kunden. In diesem Fall sollte man sich diesen Betrag auf der Rechnung extra ausweisen lassen und ihn beim Kreditkartenunternehmen zurückfordern.

Es ist ratsam, eine bestimmte Summe als Guthaben auf dem Kreditkarten-Konto zu deponieren, damit man nicht auf den vorgegebenen Kreditrahmen angewiesen ist, denn sobald dieser überzogen ist, wird die Karte gesperrt. Auf vielen Kreditkarten-Konten werden sogar Zinsen gezahlt. Verlust oder Diebstahl sind sofort zu melden, um gegen den Missbrauch der Karte abgesichert zu sein. Bei Mietwagen oder Flügen, die mit der Karte bezahlt werden, ist in der Regel automatisch eine Unfallversicherung inklusive, bei einigen Karten eine Mietwagen-Vollkaskoversicherung.

Informationen und Notrufnummern:
American Express: ℰ +49-69/97971000 (auch bei Verlust für Ersatzkarten zuständig), ⌨ www.americanexpress.com/germany.
Maestro Card: ℰ +49-69/740987, ⌨ www.maestrocard.com.
MasterCard: ℰ +49-69/79331910, Karte sperren: ℰ 001-3142756690 (international gebührenfrei), ⌨ www.mastercard.com/de/.
Thomas Cook: Für den Verlust von Schecks s. S. 193, Bangkok.
Visa: Karte sperren: 001-4105813836 (international gebührenfreies R-Gespräch), ⌨ www.visa.de.
Western Union, ℰ +49-180/3030330, ⌨ www.westernunion.com. Wird in Deutschland von allen Zweigstellen der Postbank angeboten.

Wechselkurs

1 €	=	46,02 Baht	10 Baht	=	0,22 €
1 sFr	=	27,95 Baht	10 Baht	=	0,36 sFr
1 US$	=	34,39 Baht	10 Baht	=	0,29 US$
1 €	=	4,55 RM	1 RM	=	0,22 €
1 sFr	=	2,93 RM	1 RM	=	0,34 sFr
1 US$	=	3,80 RM	1 RM	=	0,26 US$

Aktuelle Wechselkurse unter
www.oanda.com/convert/classic

Währung

Währungseinheit in Thailand ist der **Baht** mit 100 **Satang**. In Umlauf sind Banknoten in Höhe von 1000, 500, 100, 50 (neu mit durchsichtigem Fenster) und 20 Baht sowie Münzen zu 10 (innen golden, außen silbrig), 5, 2 (sehr selten) und 1 Baht. Nur auf der Post werden gelegentlich 50 und 25 Satang herausgegeben und angenommen. Angekündigt wurde die Ausgabe von 10 000 Baht-Scheinen. Es gibt zudem verschiedene Sondermünzen und -scheine.

In Malaysia ist die Währungseinheit der malaysische **Ringgit** (RM) mit 100 sen (¢) im Umlauf sind Banknoten zu 5, 10, 20, 50, 100, 500 und 1000 RM sowie Münzen zu 1, 5, 10, 20, 50 sen und 1 RM (alte 1 RM-Scheine sind kaum noch im Umlauf).

Der Wechselkurs des Baht schwankt derzeit gemäß Angebot und Nachfrage zwischen 44 und 48 Baht/€.

Banken

Banken in **Thailand** sind an hohen Schildern mit den jeweiligen Symbolen zu erkennen. **Öffnungszeiten der Banken**: Mo–Fr (außer feiertags) 8.30–15.30 Uhr. In Bangkok und in den Touristenorten haben einige Schalter *(currency exchange service)* täglich von 8.30–22 Uhr geöffnet, sodass es hier keine Probleme gibt. Nachts wechseln im Notfall die *money changer* in den Hotels, meist zu schlechten Kursen. Geldautomaten, s. S. 50.

Vorsicht bei der Einreise nach **Malaysia**: In Kelantan und Terengganu (Ostküste), Kedah und Perlis (Westküste) sind die Banken am Do nur von 9.30–11.30 Uhr geöffnet und Fr geschlossen, am Sa und So jedoch geöffnet. Ansonsten öffnen Banken in Malaysia Mo–Fr 10–15 und Sa 9.30–11.30 Uhr.

Gepäck und Ausrüstung

Die folgende Liste dient uns als Hilfe beim Packen. Sie ist keineswegs vollständig und kann nach individuellen Bedürfnissen ergänzt werden.

Der Wickelrock und das „gute Stück"

Das meistgetragene Kleidungsstück auf dem Land ist, neben Gummisandalen, der Wickelrock (Thai: *phasin*, malaiisch: *sarong*). Auch Touristen können ihn außer zum Baden an nicht abgeschirmten Waschplätzen als Rock im Haus oder am Strand tragen und sich damit zudecken. Als Bekleidung außerhalb der Strände ist er ungeeignet.

Während einer Reise wird man evtl. von Einheimischen eingeladen. Handelt es sich um eine Hochzeit oder ein anderes Familienfest, wird erwartet, dass Gäste sich dem Anlass entsprechend kleiden. Deshalb sollte auch ein gutes Stück im Gepäck sein, das längere Reisen unbeschadet übersteht. Bei chinesischen Festen (außer bei Begräbnissen) trägt man keine weiße, blaue oder schwarze Kleidung.

Bei der Auswahl der Kleidung empfiehlt sich eine Kombination aus lässig-bequemer und gut aussehender, „ordentlicher" Kleidung. In Thailand beurteilt man die Menschen weit mehr als in Europa nach ihrem Äußeren. Ein schmuddeliges Outfit stößt unmerklich auf Ablehnung. Auch allzu weit ausgeschnittene und eng anliegende Kleidung wird vor allem bei Frauen als obszön angesehen. Wäsche wird fast überall innerhalb von 24 Stunden für wenig Geld gewaschen und gebügelt. In vielen Traveller-Hotels gibt es zudem die Möglichkeit, selbst zu waschen.

Kleidung

- [ ] **Feste Schuhe** (für Trekking-Touren reichen Turnschuhe meist aus)
- [ ] **Sandalen** (in die man leicht hinein und herausschlüpfen kann)
- [ ] **Gummi-*** oder **Trekkingsandalen** (unter Duschen Pilzgefahr!)
- [ ] **Hosen** bzw. **Röcke** aus Baumwolle, die nicht zu eng sitzen sollten.
- [ ] **Kurze Hosen** (bei Männern bis zum halben Oberschenkel, bei Frauen bis zum Knie)
- [ ] **Hemden*** oder **Blusen***
- [ ] **T-Shirts*** / **Polo-Shirt*** mit Ärmel (mit Kragen fürs Schnorcheln)
- [ ] **Jacke** (für die An- und Abreise, kühle Nächte in den Bergen und ac-Busse)
- [ ] **Pullover**
- [ ] **Unterwäsche** (aus Baumwolle)
- [ ] **Regenschirm** (keine Gummijacke wegen Wärmestau!)
- [ ] **Sonnenschutz**: Hut / Brille* (in unzerbrechlicher Box) / Sonnencreme
- [ ] **Socken** (für den Abend dichte, nicht allzu kurze Socken als Moskitoschutz)
- [ ] **Badekleidung**, für Frauen außerhalb der Touristenzentren einteiliger Badeanzug

Hygiene und Pflege

- [ ] **Zahnbürste***, **Zahnpasta*** in stabiler Tube, Zahnseide
- [ ] **Shampoo** / Haarpflegemittel
- [ ] **Nagelschere*** und Nagelfeile
- [ ] **Rasierer** (in abgelegenen Gebieten ist ein Nassrasierer zu bevorzugen)
- [ ] **Kosmetika** / Hautpflegemittel
- [ ] **Papiertaschentücher**
- [ ] **Feuchties** (zur Hygiene unterwegs und wo es kein Wasser gibt)
- [ ] **Tampons** (Nachschub in internationalen Hotels oder Supermärkten teuer)
- [ ] **Plastiktüten** (für schmutzige Wäsche und als Nässeschutz)
- [ ] **Nähzeug** (Zwirn / Nadeln / Sicherheitsnadeln)
- [ ] **Toilettenpapier*** (auf öffentlichen Toiletten oft nicht vorhanden)

Sonstiges

- [ ] **Adapter** (da manche Steckdosen Flachstecker nicht aufnehmen)
- [ ] **Taschenlampe***
- [ ] **Reisewecker** (oder Handy / Armbanduhr mit Wecker)
- [ ] **Taschenmesser** (z. B. Schweizer Messer)
- [ ] **Reiseapotheke**
- [ ] **Notizbuch*** / Stifte*
- [ ] **Reisepass** (evtl. Internationaler Studentenausweis und Personalausweis)
- [ ] **Impfpass** (oder als Kopie für den Notfall)
- [ ] **Führerschein**
- [ ] **Geld** (Bargeld / Reiseschecks / Kreditkarte)
- [ ] **Flugtickets**
- [ ] **Kopien der Dokumente** (nach der Einreise wegen Einreisestempel anfertigen)
- [ ] **Reiseführer**, **Landkarten**
- [ ] **Reiselektüre**
- [ ] **Kleine Geschenke** (Postkarten, Münzen, Fotos von Daheim, Murmeln oder Haargummis statt Bonbons für Kinder …)

Wer in einfachen Unterkünften wohnen wird, braucht zudem

- [ ] **Seife*** oder Waschlotion im bruchsicheren Behälter
- [ ] dünne **Handtücher***, die schnell trocknen* (in Hotels vorhanden)
- [ ] **Waschmittel** in der Tube
- [ ] **Plastikbürste*** (für Wäsche und Schuhe)
- [ ] **Kordel*** (als Wäscheleine oder zum Aufspannen des Moskitonetzes)
- [ ] **Klebeband*** (um zu packen und Löcher im Moskitonetz zu verschließen)
- [ ] **kleine Nägel*** oder Reißzwecken (zum Befestigen des Moskitonetzes)
- [ ] **Vorhängeschloss*** (und kleine Schlösser* fürs Gepäck)
- [ ] **Moskitonetz***
- [ ] **Schlafsack** (Leinenschlafsack, Bettbezug oder 2 dünne Tücher) In billigen Hotels gibt es keine Decken, und Laken werden nicht häufig gewechselt.

* Diese Gegenstände sind unterwegs preiswerter zu erwerben.

Eine **Fototasche** sollte möglichst nicht schon von außen auf den wertvollen Inhalt schließen lassen, aus festem Material bestehen, gut verschließbar sein und Platz für weiteres Handgepäck haben.

Wertsachen, wie Geld, Pässe, Schecks und Tickets, lassen sich am besten nah am Körper in einem breiten Hüftgurt aus Baumwollstoff aufbewahren. Unter Hosen und locker fallenden Kleidern kann man ihn um die Hüfte gebunden unauffällig tragen. Alle Papiere – auch das Geld – werden zusätzlich durch eine Plastikhülle geschützt, denn Schweiß ist zerstörerisch, und unleserliche Bankbescheinigungen oder Flugtickets machen Ärger.

Fotos von allen Gepäckstücken im Handgepäck sind eine große Hilfe bei der Verlustmeldung, wenn bei einem Flug Gepäck verloren gegangen ist.

Gesundheit

Die gesundheitlichen Risiken sind in Thailand und Nord-Malaysia relativ gering. Wenn man auf die Gerichte fahrender Händler, die oft in den Slums zubereitet werden, verzichtet und ungeschältes Obst und rohe bzw. nicht ausreichend gekochte oder gebratene Speisen meidet und sich möglichst vor Mückenstichen schützt, braucht man keine Angst vor schweren Krankheiten zu haben. Ein Europäer, der in abgelegenen Grenzgebieten Hilfsprojekte betreut oder Feldforschung betreibt, sollte sich ausführlicher mit Tropenkrankheiten beschäftigen. Ein normaler Tourist, selbst ein Langzeit-Traveller, muss sich gesundheitlich auf eine Thailandreise kaum mehr vorbereiten als auf einen Europa-Urlaub.

Gesundheitsrisiken

Ärzte aus Thailand haben uns die wenigen Gesundheitsrisiken, die einen Touristen in Thailand treffen können, wie folgt aufgezählt. Weitere Infos und Tipps für die Reiseapotheke, S. 767.

Unfälle

Die meisten Unfälle passieren ungeübten Touristen beim Motorradfahren. Hautabschürfungen, Prellungen und Brüche sind in Touristenzentren an der Tagesordnung.

Durchfallerkrankungen

Verdorbene Lebensmittel, nicht kontinuierlich gekühlte Meeresfrüchte, zu kurz gegartes Rindfleisch, ungeschältes oder schon länger aufgeschnittenes Obst, vor allem Melonen, Salate oder schlecht gekühlte Eiscreme sind oft die Verursacher von Diarrhöe. Am häufigsten holen sich Touristen einen Durchfall bei den sehr in Mode gekommenen Buffets.

Verstopfung

Kann durch eine große Portion geschälter Früchte, z. B. Ananas oder eine halbe Papaya (mit Kernen essen), behoben werden.

Erkältungen

Sie kommen in den Tropen häufiger vor, als man denkt. Schuld sind vor allem Ventilatoren und Klimaanlagen, die krasse Temperaturwechsel und zu viel Zugluft bescheren.

Hauterkrankungen

Durch starkes Schwitzen kann es zu Hitzebläschen kommen. Immer wieder müssen auch Hautinfektionen behandelt werden, die durch aufgekratzte Stiche, durch Barfußgehen oder durch zu engen Kontakt mit Korallen verursacht wurden. Wie überall kann es auch durch Unvorsichtigkeit zu Sonnenbrand kommen.

Pilzinfektionen

Ungepflegte Swimming Pools in den Tropen sind Brutstätten für Pilze aller Art. Frauen leiden im tropischen Klima häufiger unter Pilzinfektionen. Vor der Reise sollten sie sich entsprechende Medikamente verschreiben lassen.

Immer mehr Ausländer kommen nach Thailand, um sich untersuchen, nachbehandeln oder verschönern zu lassen. In den großen, internationalen Krankenhäusern Bangkoks, Chiang Mais oder Phukets gehört der medizinische Standard zur Weltklasse. Vorsorgeuntersuchungen werden nach unseren Erfahrungen gründlicher und kostengünstiger durchgeführt.

Die besten Resultate der Plastischen Chirurgie und Zahnmedizin sind bereits seit Jahrzehnten in Travestieshows zu bestaunen. Zudem stimmt das Preis-Leistungs-Verhältnis vor allem in Bereichen, die nicht von der heimischen Krankenkasse abgedeckt werden. Beispielsweise kostet eine Zahnreinigung maximal 1500 Baht und eine Porzellankrone etwa 10 000 Baht. Auch Angebote der traditionellen chinesischen und indischen Medizin wie Akupunktur und Ayurveda werden gern in Anspruch genommen. Weitere Informationen in einem umfangreichen Prospekt der TAT, der in Frankfurt erhältlich ist. Adresse S. 55.

Ohrenentzündungen

Bakterien in Pools können bei Empfindlichen zu Entzündungen der Ohren führen.

Tropenkrankheiten

Mit Malaria, Gelbsucht, Typhus / Paratyphus muss ein normaler Tourist in Thailand nicht rechnen und auch keine speziellen Vorkehrungen treffen. Denguefieber, eine durch die Aedes-aegypti-Mücke übertragene Viruskrankheit, kann überall epidemieartig auftreten, am ehesten während der Regenzeit. Sie verläuft meist harmlos wie eine Grippe. Wer Mückenstichen auch tagsüber vorbeugt, ist am besten geschützt.

Eine Auflistung der wichtigsten Symptome dieser und anderer Krankheiten findet sich im Anhang auf S. 767.

Medikamente

Von allen regelmäßig benötigten Medikamenten sollte man einen ausreichenden Vorrat mitnehmen. In den Apotheken Thailands erhält man alle Medikamente wesentlich billiger und ohne Rezept.

Wer in einem Krankenhaus oder einer Privatklinik behandelt wird, erhält die Medikamente dort passend abgezählt.

Medizinische Hilfe

Das Gesundheitswesen in Thailand ist gut entwickelt. Von allen Stellen in Thailand kommt man innerhalb von 2 Stunden in ein Krankenhaus oder ein Gesundheitszentrum, innerhalb von 4 Stunden in ein internationales Krankenhaus. Generell findet man in den Provinzhauptstädten Krankenhäuser, in vielen Dörfern Erste-Hilfe-Stationen oder Gesundheitszentren, wo natürlich nicht in drei 8-Stunden-Schichten gearbeitet wird. In den Gesundheitszentren sind oft nur Krankenschwestern tätig. Die Provinzkrankenhäuser sind sauber, gut ausgestattet und die Mitarbeiter hilfsbereit. Ist man ernsthaft erkrankt oder steht gar eine Operation an, ist es besser, in ein internationales Krankenhaus zu fahren. In allen Touristenorten sind sie in diesem Buch unter Medizinische Hilfe aufgeführt. Empfehlenswert sind die privaten Krankenhäuser, in denen der Patient die recht niedrigen Kosten allerdings selbst tragen muss.

Die Krankenbehandlung in staatlichen Krankenhäusern ist, bis auf eine geringe Aufnahmegebühr, frei. Die Medikamente müssen selbst bezahlt werden. In Touristenzentren finden sich viele private *clinics*. Es empfiehlt sich, bei ernsten Krankheiten ortsansässige Ausländer oder die Botschaft zu Rate zu ziehen.

Informationen

Die Fremdenverkehrsämter und diverse Websites können vor der Reise Informationen liefern. Wir bitten insbesondere darum, sich schon vor der Reise die Warnungen des TAT und der Touristenpolizei bezüglich der Betrügereien mit wertlosen Edelsteinen einzuprägen, da vor allem Neuankömmlinge zu den häufigsten Opfern der psychologisch äußerst gewieften Gauner zählen. **Achtung**: Gewisse betrügerische Reisebüros in Bangkok mit Namen T.A.T. haben absolut nichts mit dem TAT zu tun!

Thailand

Thailändisches Fremdenverkehrsbüro (TAT)

D 60311 Frankfurt, Bethmannstraße 58
📞 069-1381390, 📠 13813950
✉ info@thailandtourismus.de
🖥 www.tourismthailand.org
🖥 www.thailandtourismus.de (allgemeine Infos auf Deutsch)
🖥 www.tatnews.org (News Room: u. a. aktuelle Feste)

Thailand-Infos (deutsch)

🖥 www.baanthai.com
🖥 www.siam.de
🖥 www.siam-info.de
🖥 www.thailand-community.de
🖥 www.thailand-interaktiv.de
🖥 www.thailand2000.de/dneues.htm
🖥 www.visa-express.de/thailand

Thailand-Infos (englisch)

🖥 www.amazing-thailand.com
🖥 www.khaosanroad.com
🖥 www.thailandforvisitors.com
🖥 www.travelfish.org

Thailand-Hotelbuchung (englisch)

🖥 www.asiatravel.com/thailand.html
🖥 www.hostelbookers.com/hostels/thailand/
🖥 www.hotelstravel.com/thailand.html
🖥 www.hotelthailand.com
🖥 www.passplanet.com/thailand
🖥 www.planetholiday.com/country/106.htm
🖥 www.sawadee.com
🖥 www.welcomethai.com
   Weitere Adressen in den regionalen Kapiteln.

Thai lernen

🖥 www.clickthai.de/_LEXIKON/lex.html (Online-Wörterbuch)
🖥 www.thaitrainer111.de/index-de.html

Malaysia

Malaysisches Fremdenverkehrsamt (Tourism Malaysia)

60311 Frankfurt, Weissfrauenstr. 12–16
📞 069-460923420, 📠 460923499
💻 www.tourismmalaysia.de.
💻 www.tourism.gov.my (englisch, allgemeine touristische Infos und zahlreiche Links)

Internet (englisch)

💻 www.cari.com.my (exzellente Malaysia-Suchmaschine)

Malaysia Hotelbuchung (englisch)

💻 asiatravel.com/malaysia.html
💻 www.hotelstravel.com/malaysia.html
💻 www.planetholiday.com/Hotels/General/malaysia.asp
💻 www.regit.com/regitel/malaysia/regitel.htm

Malaysia Medien (englisch)

💻 www.nst.com.my (New Straits Times)
💻 thestar.com.my (The Star)

Internet und E-Mail

Internet-Cafés und Gästehäuser, in denen auch Traveller E-Mails abfragen und versenden können, gibt es bereits in allen Städten und Touristenzentren. Vielerorts stehen für Laptops geeignete Anschlüsse zur Verfügung. Preise in Orten und auf Inseln, die ans Festnetz angeschlossen sind, betragen meist 1 bis 2 Baht pro Minute, aber auch weniger. Selbst auf abgelegenen Inseln ist es teilweise möglich, E-Mails per Satellitentelefon zu checken, was jedoch seinen Preis hat. Highspeed WLAN wird von vielen Gästehäusern als Service kostenfrei angeboten, manche Hotels bieten WLAN gegen Gebühr an.

CS-Loxinfo, Inet Easy u. a. verkaufen Karten mit PIN-Code für einige 100 Baht, mit denen man für ca. 10 Baht pro Stunde im Internet surfen kann, selbst mit Handy und Notebook. Der Zugangscode 1222 von TOT-Online gilt landesweit.

Auf der Webseite 💻 www.kropla.com findet man nützliche Infos über den Zugang ins Internet mit einem Laptop, eine weltumfassende Auflistung der Landesvorwahlen sowie Angaben über elektrische Systeme in verschiedenen Ländern.

Kinder

Thailand eignet sich für einen Urlaub mit Kindern jeglichen Alters. Egal ob die Kleinen noch nicht selber laufen können oder bereits eifrig ihre Umgebung erkunden, ob es die Eltern eher zu kulturellen Orten, den Stränden oder in die Berge zieht. Fast überall wird sich eine Familie wohlfühlen, denn Kinder sind sehr beliebt. Thailändische Kinder sind traditionell immer dabei, auch wenn die Eltern arbeiten. Sie krabbeln durch Läden und Restaurants, werden von Eltern, Großeltern, Geschwistern und Freunden herumgetragen, die sich auch ausländischer Kinder gerne annehmen. Nahezu immer wird sich eine hilfreiche Hand und ein Kind in der Nähe des Gästehauses als Spielgefährte finden.

Kinder genießen in Thailand und Nord-Malaysia vor allem die **Natur**. Es gibt tropische Blumen anzuschauen, leckere Früchte zu probieren, Muscheln in allen Farben und Größen zu sammeln und Tiere zu beobachten. Sie sind fasziniert von träge kauenden Wasserbüffeln, farbenprächtigen Vögeln, Kokosnuss erntenden Affen oder den Hühnern und Enten mitsamt ihrer kleinen Küken, von Stränden und Märkten, wo Händler, Fischer und Bauern sich ihnen zuwenden und ihnen ihre Welt zeigen. Besonders für die Älteren ist ein Besuch in den Werkstätten interessant, wo sie den Handwerkern und Künstlern bei der Arbeit zusehen können. Natürlich gibt es auch in Thailand **Zoos und Vergnügungsparks**, vor allem in Bangkok und Pattaya. Und immer wieder finden im ganzen Land **Tempelfeste** statt, auf denen es viel Plastikspielzeug zu kaufen gibt und Karussells zum Mitfahren einladen.

Bereits die Wahl der Fluglinie entscheidet, wie entspannt die reisende Familie in Thailand ankommt. Für die ganz Kleinen empfiehlt sich das von vielen Airlines angebotene schwebende Kinderbettchen (für Kinder bis etwa 10 kg). Zudem bietet der dazugehörende Platz den Erwachsenen mehr Beinfreiheit. Wenn der Nachwuchs viel Bewegung braucht, empfiehlt sich ein **Flug** mit Zwischenstopp, wo sich alle die Beine vertreten können und die Waschräume sich besser für einen Kleiderwechsel eignen als die engen Flugzeugtoiletten. Eine Nachfrage lohnt, wenn Eltern und Kind Wert auf ein Kindermenü legen, denn dieses wird vor dem der Erwachsenen ausgegeben, sodass man beim Essen helfen kann. Babynahrung gibt es fast nie, daher sollte diese ebenso ins Handgepäck gehören wie Wechselkleidung und Windeln. Es empfiehlt sich, diese Ausrüstung für eine 3-tägige Reise einzupacken, um für einen unvorgesehenen Aufenthalt gewappnet zu sein.

Fast jede Airline hat Spielzeug, Bücher oder Bastelmaterial an Bord, die für Zerstreuung sorgen. Vor allem Alleinreisende mit Kind sollten sich nicht scheuen, Mitreisende oder das Flugpersonal um Hilfe zu bitten. Bewährt haben sich aufstellbare Rückentragen oder ein Maxi Cosi. Beide leisten nicht nur beim Aufenthalt im Flughafen, im Flieger selbst und beim Zu- und Aussteigen gute Dienste, sondern sind während der ganzen Reise hilfreich. Da Kinder unter zwei Jahren zwar 10–20 % der Flugkosten eines nicht reduzierten Tickets zahlen, ihnen aber kein eigener Sitzplatz zusteht, bleibt den Eltern nur die Hoffnung, dass der Flug nicht ausgebucht ist und ein Sitzplatz frei ist. Kinder zwischen 2 und 12 Jahren zahlen für einen eigenen Platz etwas mehr als die Hälfte des Flugpreises. Wer auf besondere Behandlung Wert legt, sollte eine renommierte Airline buchen, denn nur hier wird z. B. Kindern beim Zusteigen Vorrang vor allen anderen Gästen gewährt.

Die etwa 11-stündige Anreise mit dem Flugzeug, die **Zeitverschiebung** und die Klimaveränderung sind in den ersten Tagen etwas beschwerlich, doch bei ruhiger Herangehensweise gut zu meistern. Es ist empfehlenswert, sich nach der Ankunft ein ruhiges Zimmer zu nehmen und die ersten Tage keine großen Anstrengungen zu planen. Es ist aufregend genug, die nähere Umgebung zu erkunden, das fremde Essen zu probieren und die Menschen kennen zu lernen.

Viele **Unterkünfte** haben Familienzimmer, in denen eine vierköpfige Familie gut schlafen kann. Zudem gibt es Doppelbungalows oder nebeneinander liegende Hotelzimmer mit Verbindungstür, die sich für Familien mit älteren Kindern eignen. Auf den Inseln werden größere Bungalows mit Terrasse, Küche, Badezimmer und 1–2 Zimmern vermietet („House for rent", z. B. auf Ko Samui und Ko Pha Ngan), die sich besonders für Familien eignen, die länger an einem Ort verweilen möchten.

Gerade in den ersten Tagen haben viele Kinder Probleme mit der **Hitze** und der feuchten Luft und neigen zu Hautausschlag, der sich in Form von roten Pusteln über den ganzen Körper ausbreitet. Wickelkinder haben besonders im Windelbereich damit zu kämpfen. Dagegen hilft das Talcum-Baby-Puder „New Born", welches es in jeder Apotheke und vielen Supermärkten gibt. Das Puder hilft auch gegen vermehrtes Schwitzen. Größere und reisegewohnte Kinder kommen mit der Umstellung im Allgemeinen besser zurecht. Gegen Durst sollte in der Nacht viel zu trinken bereit stehen und in der Zeit des Jetlag vielleicht der eine oder andere Snack.

Keiner braucht sich vor Schmutz, **Krankheiten** und der fremden Sprache übermäßig zu ängstigen! Kinder haben meist gute Abwehrkräfte, finden leicht Anschluss und regeln vieles nonverbal. Meist sehen sie sehr schnell ein, dass sie sich öfter als zu Hause die Hände waschen, kein Leitungswasser trinken und kein ungeschältes Obst essen sollten. Trotzdem sollte jedes Kind vor der Reise gründlich untersucht werden und gegebenenfalls spätestens einen Monat vor der Abreise geimpft sein (einschließlich aller Kinderkrankheiten). Sollte sich das Kind einmal verletzen, muss jede offene Wunde und jeder Kratzer – sei er auch noch so klein – desinfiziert werden. Dafür eignet sich am besten alkoholfreies, farbloses Desinfektionsspray (aus der deutschen Apotheke, denn in Thailand sind sie eingefärbt, was eine Beurteilung der Wundheilung erschwert).

Gegen **Mücken** empfiehlt sich für Babys oder empfindliche Kleinkinder die in deutschen Apotheken erhältliche Bio-Lotion Zanzarin (etwa 7 €). Für die ganze Familie und Kinder ab 2 Jahren hat sich auch das in Thailand erhältliche Autan Family bewährt. Empfehlenswert ist ein Moskitonetz, vor allem in den Strandbungalows. Meist sind diese vorhanden, wenn nicht, kann man sie recht günstig erstehen. Sollte doch mal eine Mücke zugestochen haben oder auch eine Prellung schmerzen, empfehlen erfahrene Thai-

Nicht vergessen!

- ☐ Reisepass (Kinder jeden Alters brauchen für Thailand einen eigenen Reisepass oder müssen im Pass eines Elternteils eingetragen sein)
- ☐ Impfpass
- ☐ SOS-Anhänger mit allen wichtigen Daten
- ☐ Kleidung – möglichst strapazierfähige, leichte Sachen
- ☐ Babynahrung
- ☐ Fläschchen für Säuglinge
- ☐ Walkman und Kassetten
- ☐ Spiele und Bücher
- ☐ Fotos von wichtigen Daheimgebliebenen gegen Heimweh
- ☐ Kuscheltier (muss gehütet werden wie ein Augapfel, denn ein verloren gegangener Liebling kann allen den Rest der Reise verderben – reiseerprobte Kinder beugen vor, indem sie nur das zweitliebste Kuscheltier mitnehmen)
- ☐ Sonnencreme mit hohem Lichtschutzfaktor
- ☐ Kopfbedeckung

Mütter kühlenden Kräuterbalsam aus der Apotheke.

Das **Reisen in Thailand und Nord-Malaysia** ist einfach und gut organisiert. Kinder, die keinen eigenen Sitzplatz beanspruchen, nicht älter als vier Jahre sowie unter 1 m groß sind (Zug), reisen in Bussen, Booten und Bahnen generell umsonst. Zwischen 4 und 12 Jahren bzw. bei einer Größe bis 1,50 m zahlen sie den halben Preis. Dieser Preis beinhaltet, wenn man darauf besteht, einen Sitzplatz. In Zügen ohne Sitzplatzausgabe findet sich meist Platz für die Kleinen. Sobald aber ein Backpackerbus gebucht wird oder man in Zügen mit Sitzplatzausgabe reist, ist es ratsam, dem Kind einen eigenen Platz zu bezahlen. Im Maxi Cosi sitzt das Kleinkind nicht nur entspannter, sondern auch wesentlich sicherer als auf dem Schoß der Eltern, und jedes etwas größere Kind ist sicherlich dankbar für einen eigenen Platz. Sinnvoll ist es, im Reisegepäck immer etwas Spielzeug bereit zu halten, auch ein Walkman mit Kinderkassetten hat sich auf längeren Strecken als Zeitvertreib bewährt. Auf jeder noch so kurzen Strecke sollte im Handgepäck immer etwas zu trinken, zu essen und ein Set Wechselgarderobe mitgenommen werden. Kindern verdirbt eine unfreiwillige Hungerkur oder Durststrecke oft nachhaltig die Lust aufs Reisen.

Keine Probleme gibt es normalerweise mit dem **Essen**. Besonders in chinesischen Restaurants finden Kinder viel Leckeres auf der Karte. Hingegen sind einige Thai-Gerichte und malaiische Currys scharf, werden jedoch auf Nachfrage mild gewürzt. Kindgerecht sind vor allem das vegetarische Nudelgericht Pad Thai oder eine milde Reissuppe mit Huhn. In touristisch erschlossenen Orten werden zudem in fast allen Restaurants Burger, Pommes und Spaghetti-Gerichte zubereitet. Wenn das Kind noch zu klein zum Mitessen ist, findet sich meist ein Angestellter, ein Gast oder gleich eine ganz Gruppe, die sich des Babys annimmt und es unterhält, solange die Eltern essen. Als Mahlzeit für die ganz Kleinen kann man – außer in abgelegenen Orten – Fertig-Baby-Milch und Babynahrung kaufen. Es ist ratsam, die Packung sorgfältig zu lesen, denn vielfach wird genmanipulierter Mais beigegeben. Besser eignet sich natürlich auf Reisen Muttermilch. Lecker und nahrhaft sind Babybananen, die sich leicht zerdrücken lassen. Äpfel, Birnen, Karotten und Kartoffeln sind oft gespritzt, sodass sie auf jeden Fall geschält werden sollten. Sticky Rice *(khao niau)* ist bei Kindern besonders beliebt und unterwegs gut zu essen. Viel Spaß macht ein Picknick, vor allem wenn man vorher alles gemeinsam auf dem Markt besorgt hat.

Als Getränk eignet sich frisches kühles Wasser. Für Abwechslung sorgen eine große Auswahl an 0,2-Tetra-Packungen oder kleinen Flaschen mit Tee, Milch, Kakao, Saft oder Joghurt. Meist sind die Getränke sehr süß, doch setzt sich auch in Thailand immer mehr die Erkenntnis durch, dass zu viel Zucker schlecht für Zähne und Figur ist. Vermehrt werden daher Tees, Sojagetränke und Säfte ohne Zuckerzusatz angeboten. Generell sollte man Nahrungsmittel in Plastikdosen aufbewahren, denn nur so sind sie vor Ameisen und anderen Kleinsttieren sicher.

Wegwerfwindeln gibt es fast überall, da sich die Ketten „7-Eleven", „FamilyMart" und „Tesco /

Lotus" rasant über das ganze Land ausbreiten. Alle diese Läden führen Pampers, meist in sehr kleinen Packungen à 3–4 Windeln. Beobachtet man thailändische Kinder, fällt auf, dass sie recht selten Windeln tragen. Es ist selbst im Restaurant kein Problem, wenn sich eine kleine Pfütze auf dem Boden bildet (diese wird schnell mit einem Lächeln weggewischt), und eingenässte Kleidung trocknet schnell oder kann durch mitgenommene Ersatzkleidung ersetzt werden. Am Strand braucht das Kind nur dann eine Windel, wenn es wirklich einmal kühl sein sollte (vor allem Mädchen neigen bei nass-feuchtem Sand zu Blasenentzündungen).

Sehr wichtig ist die **Einbeziehung der Kinder** bei der Planung und beim Kofferpacken. Am Familientisch kann man prima Bilder von Thailand und Nord-Malaysia betrachten und gemeinsam überlegen, was man sich anschauen möchte.

Eine große Reise ist ein besonderes Erlebnis für jedes Kind, denn hier finden sich Blätter so groß wie man selbst, Elefanten, die einen schüchtern beschnuppern und stolz herumtragen, hier klingen kleine Glocken in geheimnisvollen Tempeln, und nicht nur die lustig orangefarben gekleideten Mönche lächeln milde – egal was man angestellt hat. Thailand und Malaysia sind Länder, die Kinder eine besonders schöne Erfahrung von Freundlichkeit und Nachsicht erleben lassen.

Maße und Elektrizität

Am 17. Dezember 1923 wurde in Thailand das metrische System eingeführt. Die Länge wird überall mit Meter und Kilometer gemessen, als Raummass ist der Liter gebräuchlich, nur bei der Fläche stößt man auf Ungewohntes, den Rai: 1 Rai = 1600 Quadratmeter. Thailand hat 220 V Wechselstrom. Europäische Stecker passen nur in modernen Gebäuden. In älteren und einfachen Hotels gehen nur amerikanische Flachstecker. Adapter sind im Handel erhältlich.

Medien

Mit dem zunehmenden Ausbau der Infrastruktur haben sich die Medien selbst die abgelegenen Bergregionen erschlossen. Der Fernseher gehört als Statussymbol zur selbstverständlichen Einrichtung fast jedes Haushalts. Zudem wuchs mit dem Anstieg der Alphabetisierungsquote (Anteil der Erwachsenen über 14 Jahre mit Lese- und Schreibkenntnissen) auf über 90 % der mögliche Leserkreis für gedruckte Medien beachtlich an. Die Konzentration auf den Großraum Bangkok ist auch in der Presse festzustellen. Fast alle Tageszeitungen werden in der Hauptstadt produziert.

Presse

Der überwiegende Teil aller Presseorgane erscheint in Thai, daneben gibt es eine chinesische Morgen- und Abendzeitung mit einer Auflage von je 60 000 Exemplaren.

Zwei englischsprache Tageszeitungen, **The Nation** und die **Bangkok Post** (je 20 Baht), haben eine tägliche Auflage von jeweils um die 75 000 Exemplaren. Sie zeichneten sich bis vor einigen Jahren durch eine kritische Berichterstattung aus. Unter der vorangegangenen Thaksin-Regierung wurde die Pressefreiheit stark eingeschränkt und regierungskritische Journalisten der *Bangkok Post* verloren ihren Job. Seit September 2006 hat die Tradtionszeitung aber ihren Biss wieder erlangt. Leser dieser Presseorgane sind neben den zahlreichen in Thailand lebenden Ausländern vor allem Angehörige der westlich gebildeten Oberschicht, wie Intellektuelle oder

---

Deutschsprachige Zeitungen in Thailand

In deutscher Sprache erscheinen wöchentlich bzw. monatlich
Der Farang (30 Baht), 🖥 www.der-farang.com
Südostasien-Zeitung (50 Baht),
🖥 www.suedostasien-zeitung.com/
Pattaya Blatt, 🖥 www.pattayablatt.com/
Reisen in Thailand (gratis)
Tip-Zeitung für Thailand (gratis),
🖥 www.tip-thailand.org
Bangkok aktuell und **Phuket aktuell**,
🖥 www.thaiaktuell.com.

Geschäftsleute. ▭ www.bangkokpost. net/ und ▭ www.nationmultimedia.com.

Thai Rath und **Daily News** sind die beiden größten thaisprachigen Tageszeitungen mit Boulevardcharakter. Ereignisse der höheren Gesellschaft, Verbrechen oder andere ungewöhnliche Geschehnisse werden mit viel Werbung und großen Fotos verkauft. Thai Rath hat eine Auflagenhöhe von etwa 1 Mio., Daily News liegt etwas darunter.

Fernsehen

1955 wurde in Thailand als erstem asiatischem Land das Fernsehen eingeführt. Heute senden landesweit fünf kommerzielle Gesellschaften, Kanal 3 und iTV (privat, Thaksin-Netzwerk), Kanal 5 und 7 (Militär) und Kanal 9 (staatlich), mit viel Werbung durchsetzt japanische Zeichentrickfilme, Talk- und Spielshows sowie Serien, in denen die Probleme der modernen thailändischen Gesellschaft thematisiert werden. Aber ähnlich wie bei den Presseorganen mussten einige kritische TV-Journalisten und Talk-Show-Moderatoren bereits ihren Hut nehmen.

Alle ausländischen Filme und Serien werden in Thai synchronisiert, der Originalton ist auf UKW Radios zu empfangen: Kanal 3: 105,5 MHz; Kanal 7: 103,75 MHz; Kanal 9: 107 MHz. Das in Hongkong beheimatete StarTV und viele andere asiatische Satellitenprogramme können auch in Thailand gesehen werden. Daneben sind durch den Satelliten ASEA Sat 2 weitere internationale Fernsehprogramme zu empfangen, darunter das Programm der Deutschen Welle in Deutsch und Englisch.

Radio

480 Stationen senden landesweit, wobei lokale und internationale Nachrichtensendungen vom staatlichen Sender Radio Thailand übernommen werden müssen. Außer Radio Thailand und dem Sender des Bildungsministeriums sind es sämtlich kommerzielle Sender. Die Websites und Frequenzen findet man unter ▭ www.ithailand.com/media/radio/.

In Bangkok senden einige Radiostationen ein englisches Programm. Zudem sind die deutschen und englischen Sendungen der Deutschen Welle zu empfangen. Das aktuelle Radio- und Fernsehprogramm ist der Bangkok Post oder Nation zu entnehmen.

Video und DVD

Wie in anderen asiatischen Ländern sind auch in Thailand Filme aus der Konserve „in". Nach der Abfahrt wird in allen großen, klimatisierten Überlandbussen sofort ein amerikanischer B-Film, chinesischer Action-Thriller, ein Thai-Melodram oder eine indische Musik-Schnulze eingelegt. In den Gästehäusern und Restaurants der Touristenzentren wird an einem Anschlag das tägliche Film-Programm angekündigt. Durch Video und DVD, vielfach illegal kopiert, wird jede Altersgruppe erreicht, und kein Jugendschutzgesetz schreitet ein, wenn die Kinder die brutalsten Szenen auf dem Bildschirm verfolgen.

Deutsche Sender

Mit einem guten Weltempfänger ist die **Deutsche Welle** über Kurzwelle auf verschiedenen Frequenzen zu empfangen. Die aktuellen Frequenzen sind erhältlich von der Deutschen Welle, 53113 Bonn, ☎ 0228-4290, ✉ 429 3000, ▭ www.dw-world.de.

Die Deutsche Welle strahlt ihr 24-stündiges Fernsehprogramm **DW TV** in Deutsch, Englisch und Spanisch sowie verschiedene Hörfunkprogramme über den Satelliten AsiaSat 2 aus. Einige Hotels speisen das Programm in das hoteleigene Netz ein. Zu jeder vollen Stunde wird ein halbstündiges Nachrichtenjournal à la CNN ausgestrahlt, zur geraden Weltzeit-Stunde in Englisch, zur ungeraden in Deutsch, außer um 21 und 2 Uhr, wo es in Spanisch läuft. Es folgen halbstündige Features mit deutschlandbezogenen Themen in der jeweiligen Sprache.

Nationalparks

Großflächige Regenwälder gibt es zwar in Thailand nicht mehr, doch die verbliebenen Reste werden ebenso wie die Laub abwerfenden Monsunwälder weiter im Norden in über 100 Nationalparks, 37 Wildschutzgebieten, 55 Nichtjagdgebieten und Waldparks in ganz Thailand geschützt. Sie bedecken knapp 12 % der Landesfläche, können aber nur auf Dauer erhalten bleiben, wenn sie „Geld einbringen", also von Touristen besucht werden. Beschreibungen von 148 Parks veröffentlicht die Nationalparkbehörde in gutem Englisch unter 🖳 www.dnp.go.th/parkreserve/nationalpark.asp?lg=2.

Ausländer zahlen in allen, selbst den unattraktivsten Nationalparks 400 Baht **Eintritt**, Einheimische nur 40 Baht, Kinder die Hälfte. Vielfach lassen die Parkangestellten kräftig mich sich handeln und drücken den Besuchern Secondhand- oder Kinder-Tickets in die Hand – Korruption im Kleinen. Doch wer will den armen Park Guides diesen Zuverdienst verdenken? Wir raten vom Besuch der vielen dritt- und viertklassigen Nationalparks ab, da für diesen extrem hohen Eintrittspreis kein Gegenwert zu erkennen ist. Für einige wenige Parks wurden zwischen den Park Rangern und den lokalen Behörden Sonderabmachungen getroffen, so kann man z. B. mit einem Ticket an einem Tag mehrere Parks besuchen, oder das Ticket gilt, wie im Khao Sok National Park, für mehrere Tage.

In allen Nationalparks sind begrenzte Gebiete als Ausflugsziele für Thais erschlossen. An Wochenenden werden die Wanderwege, Picknicktische, Ruhebänke, Erfrischungsstände und Bungalows rege genutzt. Am Montag wird meistens der Abfall zusammengekehrt (Styropor-Verpackung darf nicht in Nationalparks gebracht werden!), und dann beginnt die Zeit, in der die Touristen in Ruhe die Natur genießen können.

In vielen Nationalparks gibt es **Tourist Centers**, in denen eine kleine Bücherei, ein Informationsraum und eine Ausstellung über die Sehenswürdigkeiten im Park untergebracht sind (🕐 8.30–16.30 Uhr). Hier sind Erste-Hilfe-Material und ein Notfall-Sender vorhanden. Mindestens ein Englisch sprechender Ranger sollte auch ausländischen Touristen behilflich sein können.

Übernachtung in Nationalparks

In 87 der 148 Parks in Thailand werden Bungalows oder Zelte angeboten. Reservierung per Internet ist bis zu 60 Tage im Voraus möglich unter 🖳 www.dnp.go.th/parkreserve/reservation.asp?lg=2, allerdings ist der Zimmerpreis innerhalb von 5 Tagen bei der Krung Thai Bank einzuzahlen. Die **Zimmer** sind zumeist kahl und nur mit Matratzen bestückt, aber geräumig und relativ teuer (von 600 bis 2000 Baht), hinzu kommt der Eintritt von 400 Baht pro Person und Tag (Studenten mit Ausweis 200 Baht pro Tag). Dafür können in einem Bungalow bis zu 10 Personen auf Matratzen übernachten – keineswegs ungewöhnlich, da Thais meist in Gruppen unterwegs sind. Allein oder zu zweit lassen sich in Nationalparks, die keine kleinen Bungalows für 2 Personen haben, für die großen Bungalows Preise von 200 Baht p. P. aushandeln. In seltener besuchten Parks kann das Erscheinen eines *farang* zu einem großen Ereignis werden und heftige Aktivität der Angestellten auslösen. Alleinreisende männliche Traveller haben den Vorteil, für einige Baht bei den Rangern privat unterkommen zu können.

In der Praxis ist es kaum wahrscheinlich, dass ein Parkangestellter Englisch spricht oder dass ein Ausländer die Informationen entziffern kann, aber ein aufgeschlossener Naturfreund wird immer zurechtkommen.

Öffnungszeiten

Geschäfte in Thailand sind normalerweise tgl. von 8 bis gegen 21 Uhr geöffnet, Kaufhäuser ab 10 Uhr. Manche Läden öffnen sonntags etwas später. Auf den meisten Märkten herrscht kurz nach Sonnenaufgang Hochbetrieb, denn dann ist das Obst und Gemüse noch taufrisch. Gegen 10 Uhr befinden sich die meisten Marktfrauen auf dem Heimweg.

In Malaysia sind sie normalerweise tgl. von 9.30–19 Uhr geöffnet, Supermärkte von 10–22 Uhr. Viele Läden verkaufen auch am Sonntag bzw. Freitag.

Ämter und Behörden öffnen in Thailand Mo–Fr von 8.30–12 und 13–16.30 Uhr. Die Mittagspause kann allerdings variieren. Deshalb empfiehlt es sich, möglichst nicht zwischen 11.30 und 13 Uhr hinzugehen. Auch kurz vor Büroschluss ist möglicherweise niemand mehr ansprechbar.

In Malaysia sind sie Mo–Do 8–12.45 und 14–16.15 Uhr geöffnet, Fr 8–12.15 und 14.45–16.15 Uhr (die Mittagspause wird wegen der Gebetszeiten verlängert) und Sa 8–12.45 Uhr. Es kann passieren, dass bereits eine halbe Stunde vor Büroschluss die zuständigen Leute nicht mehr zu erreichen sind.

Banken sind in Thailand Mo–Fr (außer feiertags) von 8.30–15.30 Uhr geöffnet. In Bangkok und den wichtigsten Touristenorten gibt es einen *currency exchange service* täglich von 8.30 bis ca. 22 Uhr.

In Malaysia sind sie Mo–Fr von 10–15 Uhr und Sa 9.30–11.30 Uhr geöffnet. In Kelantan, Terengganu, Kedah und Perlis sind die Bankschalter am Do nur von 9.30–11.30 Uhr besetzt, am Freitag geschlossen und am Sonntag geöffnet.

Portogebühren

Von Thailand nach Europa

Postkarten (Luftpost)	12 Baht
große Postkarten	15 Baht
Aerogramme	15 Baht
Briefe bis 10 g Luftpost)	24 Baht
EMS bis 250 g (Minimum)	950 Baht
bis 500 g	1050 Baht
bis 1 kg	1250 Baht
Fax (A4-Seite) erste Seite	118 Baht
jede weitere Seite	80 Baht

EMS-Gebühren innerhalb von Thailand

bis 20 g	15 Baht
bis 100 g	17 Baht
bis 250 g	20 Baht
bis 500 g	30 Baht

Von Malaysia nach Europa
Postkarten / Briefe (Luftpost)

bis 20 g	1,50 RM
Jede zusätzlichen 10 g	50 sen

Post

Nach unseren Erfahrungen ist die Post zwischen Thailand oder Malaysia und Europa recht zuverlässig.

Briefe, Karten und Faxe

Für längere Mitteilungen nach Europa sind **Aerogramme** preisgünstiger als Briefe. Urlaubsgrüße auf **Postkarten** erreichen den Empfänger in 5–10 Tagen, wenn sie mit Luftpost verschickt und dem entsprechenden Sticker versehen werden.

Wichtige Post sollte man per **Einschreiben** *(registered mail)* oder mit dem Kurierdienst der Post **EMS** (in Malaysia auch Speedpost) versenden. Auch innerhalb von Thailand oder Malaysia ist ein Brief mit EMS kaum länger als 2–3 Tage unterwegs.

Soll ein Brief nach Europa schnell ankommen, lohnt es sich nicht, ihn „**Express**" zu senden, da er erst im Ankunftsland bevorzugt behandelt wird. Solche Briefe sollten immer in Bangkok oder einer anderen größeren Stadt am Hauptpostamt aufgegeben und per EMS versandt werden.

Von den Postämtern und vielen Hotels aus kann man auch **faxen**, wobei nachts die Leitungen nach Europa am wenigsten belastet sind. Die Postämter haben entsprechende Vordrucke, Preise s.u.

Kurierdienste: Nicht billig, aber schnell und zuverlässig ist der Versand per Kurierdienst. Der private Kurierdienst DHL verlangt z. B. für ein bis zu 250 g schweres Päckchen nach Deutschland 1200 Baht. Er lohnt sich also nur bei ebenso wichtigen wie leichtgewichtigen Dingen.

Päckchen, Pakete, Fracht

Thailand ist ein Einkaufsparadies, und so dauert es nicht lange, bis Rucksäcke und Koffer aus allen Nähten platzen und beim Heimflug die Freigepäckgrenze überschritten ist. Kauft man größere Gegenstände ein, übernimmt das Geschäft häufig den Versand nach Europa. Was aber tun mit all den Souvenirs und Kleinigkeiten, die man gern mit nach Hause nehmen möchte, für die im Gepäck aber kein Platz ist?

Viele große Postämter, wie in Bangkok, bieten einen Packservice an. Entsprechend der zu versendenden Gegenstände erhält man am Schalter für 5–35 Baht einen Karton, in den hilfsbereite Postbeamte gegen eine geringe Gebühr alles fachmännisch verpacken. Nur die Zollerklärung (s. u.) muss man selbst ausfüllen. Was Zeit hat, kann auf dem Land-/Seeweg gemächlich nach Hause schippern, wobei die Pakete aus Bangkok am schnellsten ankommen, während sie aus der Provinz häufig 4 Wochen länger unterwegs sind und bis zu 16 Wochen brauchen.

Soll ein Paket möglichst schnell und sicher nach Europa gelangen, lohnt es sich, auf den Kurierdienst EMS der Post zurückzugreifen. Die Paketgebühren nach Österreich und in die Schweiz sind zum Teil etwas niedriger.

Bei schwereren Gegenständen benötigt man eine teure **Spedition**, falls sich nicht schon der Händler darum kümmert (in diesem Fall immer auf einer exakten Quittung bestehen). Die Speditionskosten schlüsseln sich nach Seefracht (bis zum jeweiligen Hafen) und Landfracht (Hafen – Heimatort) auf, wobei Letzteres ein Vielfaches der Seefracht betragen kann.

Eine übergewichtige Kiste kann auch bei der **Luftfracht** als *unaccompanied baggage* aufgegeben werden. In diesem Fall schickt die Fluggesellschaft, bei der das Ticket gebucht ist, sie mit der nächsten, unausgebuchten Maschine nach.

Pattaya Cargo, 179/86 Naklua Road, Pattaya, verlangt beispielsweise dafür eine Grundgebühr von 1500 Baht plus 90 Baht pro Kilo. Die Fracht muss mindestens 4 Tage vor dem Abflug aufgegeben werden.

Post empfangen

Falls man keine feste, zuverlässige Adresse hat, kann man Post **postlagernd** an ein Postamt schicken lassen. Ein Brief müsste folgendermaßen adressiert sein:
Name (hervorgehoben!),
Vorname (ohne Herr/Frau/Mr./Mrs.)
General Post Office (G.P.O.)
Poste Restante
Stadt
Thailand bzw. Malaysia

Unter Vorlage des Passes werden an den **Poste-Restante-Schaltern** die Briefe ausgegeben, wofür manchmal eine geringe Gebühr zu zahlen ist. Wichtig ist, dass die Postbeamten auch unter dem Vornamen nachsehen. Das Gleiche gilt für Doppelnamen. Viele Postämter heben Briefe drei Monate auf und schicken sie erst danach an den Absender zurück. Telegramme werden schon nach vier Wochen wieder zurückgesandt. Zudem sind sie in einigen Postämtern an anderen Schaltern abzuholen (Bangkok).

Wer Post erwartet, aber schon weiterreisen will, kann kostenlos einen **Nachsendeantrag** stellen. Das klappt allerdings nur mäßig – die Post bleibt entweder liegen oder reist im Acht-Wochen-Abstand von Stadt zu Stadt hinterher.

Grundsätzlich kann man auch die Post an die jeweilige **Botschaft** schicken lassen, was die Beamten jedoch nicht sonderlich mögen, denn sie sind mit anderer Arbeit gut ausgelastet. Der Brief muss in diesem Fall hinter dem Namen mit dem Zusatz: c/o Embassy of … versehen sein.

Thailand und Malaysia haben fünfstellige **Postleitzahlen**. Wer eine **American Express**-Karte oder zumindest AE-Schecks besitzt, kann das Büro in Bangkok als Anlaufadresse nehmen. In diesem Fall lautet der Zusatz: c/o American Express.

Paketgebühren nach Deutschland

(in Baht)	Land-/Seeweg	SAL	Luftpost	EMS (Paket)
Dauer	8–12 Wo.	3–4 Wo.	1–2 Wo.	3–5 Tg.
1 kg	850	900	1100	1250
2 kg	970	1180	1450	1650
5 kg	1330	2020	2500	2850
10 kg	1930	3420	4250	4850
20 kg	3130	6220	7750	8850
30 kg	4330	9020	11250	–

Reisende mit Behinderungen

Einfach zu bereisen ist Thailand für Behinderte sicher nicht. Nur in ganz wenigen Einrichtungen ist man auf behinderte Gäste eingerichtet. Selbst die Toiletten in den Flughäfen sind nicht nach behindertengerechten Standards gebaut. Trotzdem sind Rollstuhlfahrer, die nach Thailand reisen, meistens begeistert. Ohne Begleitung gehört viel Mut dazu, mit Begleitung ist es aber durchaus machbar. Seit 9 Jahren veranstaltet **RollOn Travel** Reisen für Rollstuhlfahrer nach Asien, mit Schwerpunkt Thailand. Behinderte können sich auf ihrer Homepage 🖳 www.rollontravel.de informieren. Weitere Informationen gibt es bei **Disabled Peoples' International**, 15/223 Moo 2 Tivannond 54 Rd., Thasai, Muang Nonthaburi 1100, Thailand, ✆ 02-5915649, ✉ dpiapro@loxinfo.com.

Schwule und Lesben

Thais sind Homosexuellen gegenüber sehr tolerant, ob männlich oder weiblich. Gerade aus Servicebetrieben wie Hotels, Gaststätten und Bars sind Schwule nicht wegzudenken. Besonders auffällig sind die Transvestiten, die so genannten Katoeys. Ob Mannfrau oder Fraumann, sie bedienen an Bars, in Restaurants oder arbeiten im Showgeschäft. Händchenhalten von Gleichgeschlechtlichen ist in Thailand ganz normal und hat mit Homosexualität nichts zu tun.

Sicherheit

Thailand und Malaysia können insgesamt als sichere Länder angesehen werden. Es wurden nur sehr wenige Überfälle auf Touristen bekannt, diese Fälle behandelte die Presse dann immer sehr ausführlich.

Tricks und Betrügereien

Nur noch ganz selten passiert es, dass Touristen im Zug oder Bus durch freundlich angebotene Kekse eingeschläfert und ausgeraubt werden. Häufiger hört man über Betrügereien mit Kreditkarten, die während Ausflügen in Gästehäusern zurückgelassen werden. Auch ist Thailand dafür bekannt, dass in Restaurants und Geschäften zusätzliche **Belege für Kreditkarten** erstellt werden (s. S. 50).

Besonders oft werden in Bangkok (vor allem in der Nähe des Königspalastes) Touristen mit angeblich einmalig günstigen Angeboten von **Edelsteinen** zum „Geschäft ihres Lebens" verführt, was nach wie vor, trotz überall publizierter Warnungen, funktioniert (s. S. 190). Unter 🖳 www.geocities.com/thaigemscamgroup/DE/Intro/Intro de.html versucht eine Selbsthilfegruppe, aufzuklären und Opfern zu helfen – **bitte vor einem Kauf lesen**!

Auch mit folgender Methode zocken **Trickbetrüger** erfolgreich ab: Ein freundlicher, junger Mann spricht Touristen auf der Straße an, erkundigt sich nach deren Herkunft und vermeldet erfreut, dass seine Schwester (…) in Deutschland lebt. Bei einem Drink in einem Café kommt man sich näher, wobei der junge Mann geschickt die finanziellen Verhältnisse des Touristen auskundschaftet und ihn zu einem Spielchen überredet, das der Fremde zunächst natürlich gewinnt. Anschließend wird in einem Privathaus mit höheren Einsätzen **Black Jack** gespielt, und plötzlich ist es aus mit der Glückssträhne, und es besteht keine Möglichkeit, auszusteigen.

Selbst *farang* versuchen mit Betrügereien andere Touristen abzuzocken.

Einbruch und Diebstahl

Vor allem in Schlafsälen und billigen Gästehäusern kommt es hin und wieder zu Diebstählen, zumeist durch Mitreisende. Manchmal wird das Gepäck auch von unehrlichen Mitarbeitern durchwühlt oder Geld aus dem Safe gestohlen.

Außerhalb der Hotels besteht eine gewisse Gefahr in überfüllten Bussen sowie auf Schiffen, die regelmäßig von Touristen genutzt werden, an Stränden und in den Traveller-Zentren. Auch aus Ablagekörben von Mofas wurde während der Fahrt von überholenden Mofafahrern das Handgepäck mit allen Wertsachen entwendet.

Gepäck sollte immer beaufsichtigt werden, was in der Praxis für allein Reisende schlichtweg unmöglich ist. Die **Gepäckaufbewahrung** an Bahnhöfen ist eine billige und sichere Möglichkeit, dies gilt leider nicht für den Hauptbahnhof in Bangkok. Auch das Reisebüro, bei dem man sein Ticket kauft, verwahrt das große Gepäck bis zur Abfahrt. Ein leichtes Fahrradschloss reduziert das Risiko gegen Null.

Gegenüber Reisebekanntschaften ist eine natürliche Skepsis angebracht, besonders im Fall der *„I want to practise my English"*-Freunde. Manche nette Typen sind plötzlich samt der „gut" bewachten Sachen verschwunden.

Wertsachen gehören auf Reisen ausschließlich ins Handgepäck. Rucksäcke und Reisetaschen sollten mit kleinen Vorhängeschlössern verschlossen sein. Nette Nachbarn im Bus oder Zug verringern das Diebstahl-Risiko.

Nach der Ankunft im Hotel können Wertgegenstände im **Hotelsafe** verschlossen oder gegen Quittung deponiert werden (Schecks einzeln mit Nummern auflisten und quittieren lassen und niemals Kreditkarten abgeben!). Bei der Rücknahme sollten alle Reiseschecks einzeln gezählt und kontrolliert werden.

Manchmal sind Türschlösser oder vorhandene Vorhängeschlösser schon mit den einfachsten Werkzeugen oder Zweitschlüsseln zu öffnen. Dann ist ein eigenes, starkes **Vorhängeschloss** als zusätzliche Sicherung von Nutzen. In Schlafsälen sollte der Rucksack mit einem leichten Fahrradschloss gesichert werden, sofern keine abschließbaren Schränke vorhanden sind.

Nächtliche, einsame Spaziergänge mit einer sichtbar umgehängten, teuren **Kamera** sind nirgends zu empfehlen. Sie gehört zumindest in eine Plastiktüte. Sicherer ist es zu zweit oder in kleinen Gruppen. Auch der Einfluss von Drogen (dazu gehört auch Alkohol!) bedeutet ein erhöhtes Risiko.

Es ist nicht ratsam, wertvollen **Schmuck** zu tragen oder mit großen Geldbeträgen zu prahlen. Schon US$500 sind für viele Menschen, denen man in Thailand begegnet, mehr als ein Jahreseinkommen.

In Handtaschen oder Portemonnaies gehört nur Kleingeld. Scheine sind besser in innen eingenähten, tiefen, vorderen Hosentaschen oder in

doppelt gesicherten Brusttaschen aufgehoben. Besonders gefährdet sind dicke Bauch- oder Nierentaschen.

Die Schecks wurden gestohlen: Die Abrechnung über die Reiseschecks und die Schecks selbst sollten ohnehin stets getrennt aufbewahrt werden. Nur wer die Abrechnung bei Verlust oder Diebstahl vorzeigen kann, bekommt die Schecks ersetzt. Außerdem hilft eine Aufstellung aller bisher bereits eingelösten Schecks, denn diese werden natürlich nicht ersetzt. Soforthilfe gibt es bei AMEXCO (American Express, s. S. 50 und 193) – Leser hatten wiederholt Schwierigkeiten, gestohlene American-Express-Reisechecks in Thailand ersetzt zu bekommen, da in manchen Orten zu viele Schecks auf dem Schwarzmarkt verkauft werden. Reiseschecks von Thomas Cook werden in ihrer Vertretung in Bangkok ersetzt, s. S. 193).

Der Pass ist weg: Von allen wichtigen Papieren sollten schon vor der Reise Fotokopien gemacht werden oder die wichtigsten Seiten eingescannt und an die eigene E-Mail-Adrese geschickt werden, nach der Einreise auch von der Passseite mit dem Einreisestempel.

Den Reisepass muss man in Thailand nicht überallhin mitnehmen, so genügt bei Treks oder nassen Bootsfahrten durchaus eine gute Fotokopie. Zudem kann man den Personalausweis mitnehmen und ihn an einer anderen Stelle aufbewahren. Es ist damit viel leichter, im Notfall in der Botschaft die Identität zu belegen (Adressen s. S. 36). In jedem Fall kostet der Verlust dieser Papiere viel Zeit und Rennerei (Polizei (Verlustmeldung) – Botschaft (2 Passbilder + Identitätsnachweis) – Immigration). Da man Reiseschecks nur mit Pass einlösen kann, ist es ratsam, immer etwas Bargeld dabeizuhaben.

Wenn etwas passiert ist, muss auf jeden Fall die Polizei verständigt werden. Eine Reisegepäckversicherung zahlt nur, wenn ein Polizeiprotokoll vorliegt. In allen Touristenzentren gibt es eine Englisch sprechende Touristenpolizei, meist in der Nähe der *Tourist Information*, die im Notfall helfen sollte.

Drogen

Unter Abhängigen von harten Drogen herrscht in aller Welt eine hohe Beschaffungskriminalität, und Drogen sind in vielen Regionen Thailands ohne größere Probleme zu beschaffen, sie werden Touristen manchmal von Händlern geradezu aufgedrängt. Zudem ist die Polizei darauf aus, Erfolge in der Drogenszene nachzuweisen. Dabei werden nicht selten Taxifahrer angeheuert, um ahnungslosen Touristen Drogen anzubieten. Bei der Übergabe schnappt die Falle zu.

Die ausgelassene Urlaubsstimmung bewirkt vielfach ein geradezu naives Verhältnis zu Drogen, was nicht selten mit einem bösen Erwachen in Polizeihaft endet. Nach Full Moon Partys auf Ko Pha Ngan war schon manch einer gezwungen, durch finanzielle Zuwendungen für die Erstellung des Polizeiberichts und eine hohe Kaution seine Freilassung aus einem der nicht gerade gastlichen thailändischen Gefängnisse zu erwirken. Dann will auch noch der Rechtsanwalt bezahlt werden, und so sind im günstigen Fall einige Tausend Euro fällig, bevor man vom *Immigration Detention Center* in Bangkok abgeschoben wird. Weniger Zahlungskräftige dürfen ihre Strafe absitzen.

Reisende nach Malaysia werden ab und zu gefragt, ob sie ein Geschenk für einen Verwandten oder Freund, der dort lebt, mitnehmen können. Wenn sich an der Grenze herausstellt, dass in dem „Geschenk" Drogen versteckt sind, hat der Kurier wider Willen große Probleme, der Anklage zu entgehen, und auf Drogenbesitz steht in Malaysia die Todesstrafe!

Sprache

Die **Thai-Sprache** gehört zur sino-tibetischen Sprachfamilie. Wie Chinesisch ist Thai eine einsilbige Tonsprache. In diesem für uns Europäer völlig fremden Sprachmodell liegt auch die größte Schwierigkeit.

In Thai kann theoretisch das gleiche Wort fünf verschiedene Bedeutungen haben, je nachdem, in welchem Ton es ausgesprochen wird. In der Thai-Hochsprache unterscheidet man fünf **Tonhöhen** (Tonlagen): steigend, fallend, hoch, mittel und niedrig. In Nord-Thai (Lanna) existieren 7 verschiedene Tonhöhen, und das *r* wird wie *l* ausgesprochen. In Zentral-Thailand haben viele Khmer- und Pali-Worte Eingang in die Sprache gefunden. Nur wenige Touristen schaffen es, sie einigermaßen korrekt auszusprechen. In der Praxis erkennen Thais ein falsch betontes Wort meist aus dem Sinnzusammenhang. Sie machen sich allerdings oft einen Riesenspaß daraus, einem falsch ausgesprochenen Satz einen witzigen, meist sexuellen Sinn unterzuschieben.

Die Kompliziertheit liegt aber nicht nur in der Aussprache, sondern auch in der **Schrift**. Seit dem 13. Jh. benutzen die Thai die schwungvolle Dewanagari-Schrift, die aus dem Mon entwickelt wurde, das wiederum auf der südindischen Pali-Schrift basiert.

Eine kleiner Sprachführer findet sich am Ende dieses Buches (s. S. 758).

Viel Spaß macht ein Flash-Kurs im Internet, der Grundlagen und die wichtigsten Worte vermittelt, unter 🖳 www.thaisouth.com/English/LearnThai. Einzelne Lektionen eines umfangreichen Trainingskurses kann man herunterladen unter 🖳 www.siam-info.de.

Im Süden Thailands werden verschiedene malaiische Dialekte gesprochen.

Telefon

Thailand

Orts- und Ferngespräche

Obwohl das Telefonnetz in Thailand gut ausgebaut ist, kann es manchmal zu Überlastungen kommen. Von öffentlichen Fernsprechern aus kostet ein 3 Minuten-Ortsgespräch 1–5 Baht, von öffentlichen Telefonen in Hotelhallen aus mehr, von privaten Apparaten aus kann unbegrenzt für 3 Baht telefoniert werden.

Von roten Telefonen sind nur Ortsgespräche möglich, während von blauen, die 1- und 5-Baht-Münzen akzeptieren, auch nationale Gespräche geführt werden können. Zudem können von grünen Kartentelefonzellen Inlandsgespräche und von gelben Auslandsgespräche geführt werden. Vor allem die grünen Telefonzellen sind häufig kaputt, sodass man sich vor dem Kauf einer **Telefonkarte** vergewissern sollte, ob sie auch einsetzbar ist. Einige Leser haben mit den Karten schlechte Erfahrungen gemacht.

Ferngespräche kosten je nach Entfernung 5–20 Baht pro Minute. Bei Münztelefonen muss, wenn sich der Teilnehmer meldet, ein Knopf gedrückt werden, um das Gespräch freizuschalten.

Internationale Gespräche

Man kann von Fernsprechämtern *(Telecommunication Centers)*, mit internationalen Telefonkarten oder mit der Thaicard internationale Ferngespräche führen. Zudem bieten private *oversea telephones* und Hotels ihre Dienste an. Am billigsten sind Gespräche übers Internet, wenn es auf die Qualität nicht ankommt.

Bei den Fernsprechämtern, den Telefonkarten und der Thaicard wird im **internationalen Selbstwähldienst** im Block zu 6 Sekunden abgerechnet, bei Telefonkarten in Blocks zu 25 Baht. In die meisten europäischen Länder kosten 6 Sekunden 4,5 Baht. Auf diesen Preis gewähren die Fernsprechämter nachts einen Abschlag: so kosten 6 Sekunden von 21–24 Uhr und 5–7 Uhr nur 80 % (3,6 Baht) sowie von 0–5 Uhr 70 % (3,2 Baht).

Die PhoneNet Card (nur in Bangkok) und die **Thaicard** für 300, 500 oder 1000 Baht sind an Postämtern und einigen Kiosken erhältlich. Sie ist ein Jahr gültig und kann auch für Gespräche aus dem Ausland nach Thailand verwendet werden. Auf der Rückseite der Karte findet sich eine genaue Gebrauchsanweisung. Nach dem Wählen einer Zugangsnummer wird die Geheimnummer eingegeben, die auf der Karte nach dem Abrubbeln einer aufgeprägten Schicht sichtbar wird, und dann die Telefonnummer. Die Kommunikationssprache ist Thai oder Englisch. Bei privaten Telefonanschlüssen berechnet die thailändische *Telecom* bereits nach dem zweiten Rufzeichen eine Einheit, selbst wenn nicht abgehoben wird. Es ist also keine Schikane von Gästehausbesitzern, wenn sie für nicht zustande gekommene Gespräche eine Gebühr verlangen.

Eine Seite nach Mitteleuropa zu faxen, kostet bei der *Telecom* etwa 118 Baht, bei privaten Anbietern auch das Doppelte.

Wer unbedingt mit einer bestimmten Person sprechen will, kann beim Fernsprechamt ein **person to person-Gespräch** führen, was für 3 Minuten 216 Baht kostet. Für ein *collect call* (**R-Gespräch** = der Gesprächspartner bezahlt) nach Deutschland wählt man 📞 001-999-49-1000 und erreicht eine Telefonvermittlung in Frankfurt, die das Gespräch weitervermittelt. Für diesen Service kassiert die Deutsche Telekom eine heftige Zusatzgebühr. In vielen Unterkünften ist dieser *Home Direct Service* nicht zugelassen, da er das Telefon blockiert, ohne den Besitzern etwas einzubringen.

Die privaten **oversea telephones** in vielen Touristenorten haben völlig unterschiedliche Preise. Einige verlangen zusätzlich eine nicht unerhebliche *service charge* (Preise vorher schriftlich geben lassen). Andere nutzen das Internet (ab 15 Baht, manchmal schlechte Verbindungen) oder preiswerte Anbieter. Ab und an wird falsch abgerechnet oder auf die nächste volle Minute aufgerundet.

Wichtige Telefonnummern

Internationale Vorwahlen

Deutschland	00149
Indonesien	00162
Malaysia	09
Niederlande	00131
Österreich	00143
Schweiz	00141

Von D, A und CH ist die Vorwahl nach Thailand 0066 + Ortsvorwahl ohne 0, z. B. Bangkok: 0066 2

Wichtige Telefonnummern in Thailand

Vor allem in Bangkok gültig:

Notruf (Polizei)	191
Notruf (Feuerwehr)	199
Tourist Service Line	1155
Touristenpolizei (landeseinheitlich)	1699
Vermittelte Ferngespräche innerhalb Thailands	101
Vermittelte Ferngespräche (Ausland)	100
Auskunft national	183
Auskunft international	100
Internationaler Selbstwähldienst	001
Zeitansage	181

Wichtige Telefonnummern in Malaysia

Polizei	999
Notruf (Feuerwehr, Krankenwagen)	994
Vermittlung international	108
Auskunft national	103
Auskunft international	102

Wer von seinem **Hotelzimmer** aus telefonieren möchte, muss diesen Luxus teuer bezahlen, denn die Hotels berechnen pro Minute 100 Baht und mehr, wobei sie häufig eine Mindestgesprächsdauer zugrunde legen, die auch dann bezahlt werden muss, wenn kürzer telefoniert wird.

Mobiltelefone

In Thailand und Malaysia kann man mit dem eigenen Handy telefonieren. Alle modernen Handys sind dafür geeignet. Alle deutschen Mobilfunkanbieter kooperieren mit zahlreichen Netzbetreibern in der ganzen Welt.

Wer sein Mobiltelefon mitnehmen möchte, sollte sich vor der Reise bei seiner Telefongesellschaft erkundigen, ob der Handy-Vertrag „International Roaming" einschließt und über welches Netz das Mobiltelefon vor Ort betrieben werden kann. Für Handys mit Prepaid-Karten gelten Sonderregelungen.

Beim **Roaming** fallen auch bei eingehenden Anrufen aus Europa sehr hohe Gebühren für den Handy-Besitzer an, daher kauft man sich besser eine geeignete SIM-Card von DTAC (Happy) oder 1-2-call für ca. 200 Baht in einem der vielen Telefon-Shops. Das Installieren und Anmelden ist eine selbstverständliche Service-Leistung. Nutzt man die günstigen Sondervorwahlen, z. B. 009, kann man schon für unter 9 Baht pro Min. (ca. 18 Cent) nach Europa telefonieren. Innerhalb von Thailand kostet eine Minute je nach Prepaid-Tarif 1,5 bis 5 Baht pro Minute. Weitere Prepaid-Karten zum Auffüllen bekommt man überall, z. B. bei 7eleven, die Verkäufer aktivieren die neue Karte gern.

Mit der International Calling Card von Cat-PhoneNet haben Leser schlechte Erfahrungen gemacht. Sie mussten die Anrufe mit ihrer Handy-Rechnung als Auslandsgespräche teuer bezahlen. Durch die interessanten Tarife der konkurrierenden Telefongesellschaften in Deutschland kann es für Anrufe in die Heimat unter Umständen am preiswertesten sein, sich zurückrufen zu lassen. Da die Tarife ständig wechseln, informiert man sich am besten vor der Abreise über den derzeit günstigsten Anbieter, z. B. über ⌨ www.teltarif.de. Zurzeit kann man mit 01066 oder 010012 schon für 2,5 Cent pro Minute ein Handy in Thailand anrufen.

In Thailand muss die **Vorwahl** immer mitgewählt werden, also auch bei Ortsgesprächen. Wir geben die Vorwahl bei jeder Telefonnummer mit an, was das lästige Blättern erspart.

Malaysia

Von **öffentlichen Fernsprechern** kann man in Malaysia für 10 sen lokale Telefonate führen. Überregionale Gespräche sind zwischen 19 und 7 Uhr um die Hälfte billiger. Normaltarif: Für 10 sen kann man bis 50 km – 1 Min., bis 150 km –

20 Sek., bis 550 km 7 1/2 Sek. und darüber 4 Sek. telefonieren. Von Kartentelefonen sind internationale Gespräche mit der üblichen internationalen Vorwahl (Deutschland 0049) möglich. Ein Gespräch nach Deutschland und in die Schweiz kostet 1,80 RM pro Minute.

In Malaysia konkurrieren mehrere **Telefongesellschaften** miteinander. Am weitesten verbreitet sind die blauen Telefone der Telekom, die mit der Phonecard, auch kadfon genannt betrieben werden, während die gelben und orangefarbigen Telefone von Uniphone eine *uniphonekad* benötigen. Telefonkarten im Wert von 5–100 RM sind am Zeitungskiosk, in kleinen Geschäften, bei einigen Money Changern sowie bei der Post erhältlich. Mit der TimeKontact Calling Card, 🖳 www.time.com.my, für 20, 30, 50 oder 100 RM, die nach dem ersten Gebrauch 6 Monate gültig ist, können auch Auslandsgespräche geführt werden. Vor dem Gespräch ist eine Zugangsnummer zu wählen und ein Karten- sowie PIN-Code einzugeben. Inzwischen gibt es auch zahlreiche Kartentelefone, die Kreditkarten annehmen, dafür jedoch erhöhte Gebühren berechnen.

In Malaysia kann man problemlos mit dem **Handy** telefonieren. Beim „Roaming" fallen auch bei eingehenden Anrufen aus Europa sehr hohe Gebühren an. Daher kauft man sich besser eine geeignete Prepaid-SIM-Karte von *Hotlink (Maxis)* oder den *X-Pax* von *Celcom* für ca. 10 RM in einem der vielen Telefon-Shops. Das Installieren und Anmelden ist eine kostenlose Service-Leistung. Nutzt man die günstigen Sondervorwahlen, z. B. 132 (bei Hotlink), kann man schon ab 20 sen pro Min. (ca. 5 Cent) Festnetzanschlüsse in Europa erreichen. Anrufe auf deutsche Handynummern kosten zurzeit 1 RM pro Min. (ca. 20 Cent). Innerhalb von Malaysia kostet eine Minute je nach Prepaid-Tarif ca. 40 sen. Prepaid-Karten zum Auffüllen des Kontos bekommt man überall. Infos unter 🖳 www.hotlink.com.my oder 🖳 www.celcom.com.my.

Durch die interessanten Tarife der konkurrierenden Telefongesellschaften in Deutschland gibt es für Anrufe aus der Heimat auch sehr preiswerte Alternativen. Da die Tarife ständig wechseln, informiert man sich am besten vor der Abreise über den derzeit günstigsten Anbieter, z. B. über 🖳 www.teltarif.de oder www.billiger-telefonieren.de.

Transport

Thailand und West-Malaysia sind insgesamt verkehrstechnisch gut erschlossene Länder. Besonders das Eisenbahnnetz ist auf den Knotenpunkt Bangkok ausgerichtet. Das Straßennetz im Großraum Bangkok ist autobahnmäßig ausgebaut, die Metropole selbst wird von mehreren mautpflichtigen Stadtautobahnen durchzogen. Die wichtigste Fernstraße nach Süden, die fast durchweg vier- bis sechsspurig ausgebaut wurde, ist der Petchkasem Highway H4 / H41 Bangkok – Chumphon – Surat Thani – Hat Yai – Sadao – Butterworth (Penang). Ab malaysischer Grenze besteht eine durchgehende, mautpflichtige Autobahn bis nach Johor Bharu (Singapore). Zur Ostküste führt der Sukhumvit Highway H3 über Rayong nach Trat.

Flüge

Das Inlandsflugnetz der **Thai Airways** (TG), 🖳 www.thaiair.com (mit Online-Buchung), ist zentral auf Bangkok (DMK) ausgerichtet. Internationale Flüge in der Region führen nach Yangon, Vientiane, Hanoi, Saigon, Phnom Penh, Singapore, Bangkok und Kunming. Auf allen Flügen gilt Rauchverbot. Ticket-Änderungen kosten eine geringe Gebühr. Bei verspäteter Ankunft in Bangkok kann man problemlos auf einen anderen als den gebuchten Flug wechseln.

An vielen Provinzflughäfen besteht ein Zubringerservice im Auftrag von Thai Airways zwischen Airport und Stadt-Büro (meist 40–80 Baht, nicht in Bangkok), sodass man nicht auf teure Taxen angewiesen ist. Thai Airways bietet den Airpass „Discover Thailand" an, nähere Infos unter 🖳 www.thaiair.de.

Bangkok Airways (PG), 🖳 www.bangkokair.com (mit Online-Buchung), fliegt mit Boeing 717 von Bangkok (BKK) u. a. nach Trat und Ko Samui sowie von Ko Samui nach Phuket, Hong Kong und Singapore. In der Nebensaison von April bis Oktober wird mit *Special Fares* geworben, die ei-

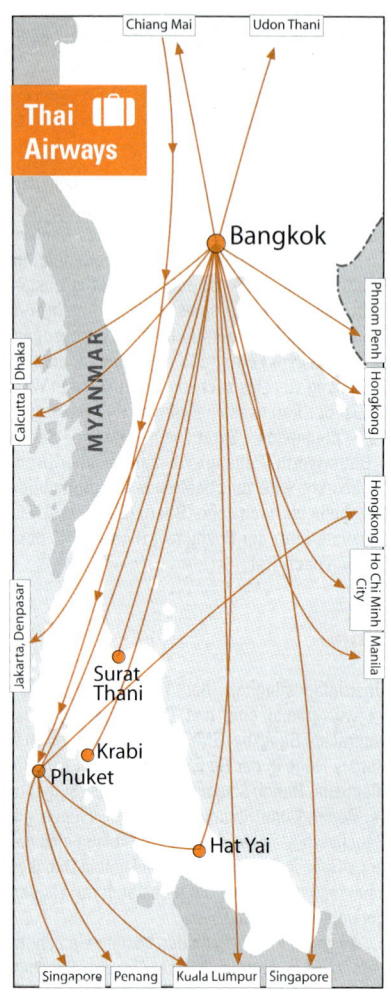

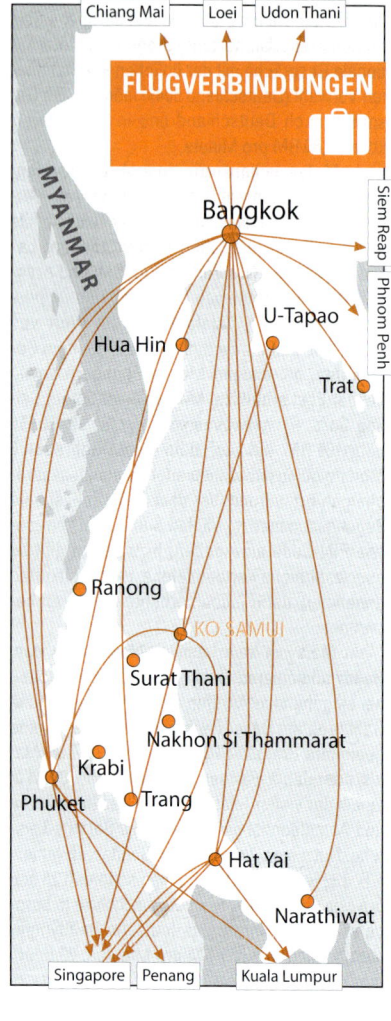

nen relativ geringen Abschlag gewähren und nur auf wenigen Flügen gelten. Bangkok Airways bietet einen *Discovery Airpass* an, bei dem man 3 bis 6 Coupons für Inlandsflüge zu je US$55 und für Auslandsflüge zu je US$90 kaufen kann (2 Monate gültig).

Die folgenden Billigflieger werben mit variablen Discount-Preisen. Es kommen aber zumeist noch Gebühren bis zu 700 Baht hinzu. Buchun-

gen übers Internet sind problemlos möglich, das e-Ticket druckt man selbst aus.

Thai Air Asia (FD), 🖳 www.airasia.com, fliegt mehrmals täglich von Bangkok (BKK) nach Surat Thani, Phuket, Krabi, Nakhon Si Thammarat, Hat Yai und Narathiwat. Zu den annoncierten Preisen kommen Zuschläge von ca. 700 Baht hinzu. Das aufgegebene Gepäck darf nur 15 kg wiegen. Bei Übergepäck werden heftige 160 Baht/kg berechnet. Wegen häufiger Verspätungen ist Air Asia für knappe Verbindungen nicht geeignet. Die Änderung eines Tickets ist nicht möglich. Ab Phuket und Bangkok gibt es Verbindungen in viele andere Orte Südostasiens.

Nok Air (DD), 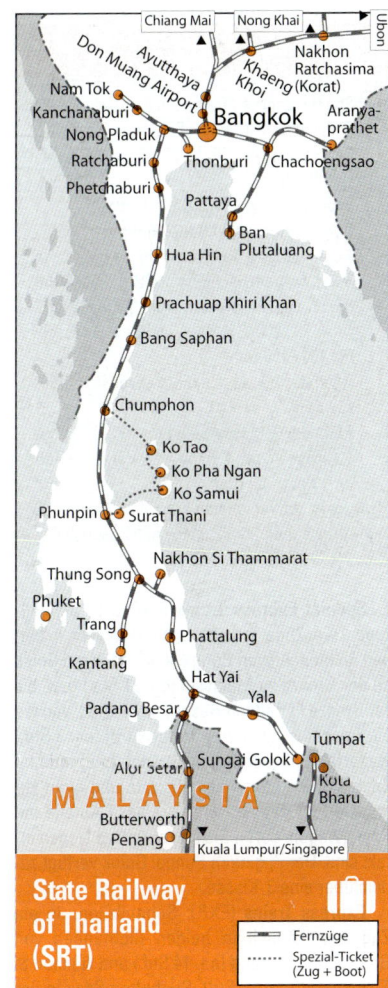 www.nokair.com, die billige Tochtergesellschaft von Thai Airways, fliegt mehrmals täglich von Bangkok (DMK) nach Phuket, Krabi, Trang, Nakhon Si Thammarat und Hat Yai. Variable Preise ab 950 Baht, Freigepäck 15 kg. Der Tarif „Nok Plus" kostet 500 Baht mehr, Freigepäck 30 kg.

Orient Thai (one-two-go) (OX), www.fly 12go.com, fliegt mehrmals täglich von Bangkok (DMK) nach Surat Thani, Phuket, Krabi, Nakhon Si Thammarat und Hat Yai für den Festpreis von 1750 Baht, Freigepäck 20 kg.

Die *Airport Tax* von 50 Baht bei Inlandsflügen sowie von 700 Baht bei Auslandsflügen wird beim Ticketkauf mitbezahlt. Inland-Tickets sind 90 Tage gültig. Flugpreise sind bei den Abflugsorten angegeben.

Malaysia Airlines (MAS), ℡ 02-2630565 (Bangkok), ℡ 03-78433000 (in Malaysia), www. malaysiaairlines.com.my, fliegt mit modernen Maschinen innerhalb Malaysias, in die Nachbarländer und nach Europa. Das Flugnetz ist auf Kuala Lumpur ausgerichtet.

Firefly, Menara KWSP, 38 Jalan Sultan Ahmad Shah, ℡ 03-78454543, www.fireflyz.com. my, die neue Billig-Airline, eine Tochter der MAS, fliegt ab Penang u. a. nach Phuket. Buchungen im Internet zu sehr attraktiven Preisen.

Eisenbahn

Die thailändische Eisenbahn ist ein zuverlässiges und sicheres Verkehrsmittel, das sich gerade auf längeren Strecken lohnt. Das einspurige Streckennetz der *State Railway of Thailand (SRT)* umfasst 4487 km. Sämtliche Eisenbahnlinien gehen sternförmig von Bangkok aus Richtung Norden, Nordosten, Osten, Süden und Westen bis in die äußersten Landesteile. Die Züge unterscheiden sich nach Komfort und Geschwindigkeit.

Express Diesel Railcar (EXP. DRC., auch *Sprinter*): Teurer und schneller als alle anderen Züge. Sie verkehren tags und nachts Richtung

State Railway of Thailand (SRT)

▬▬	Fernzüge
⋯⋯	Spezial-Ticket (Zug + Boot)

Süden zwischen Bangkok und Surat Thani (2x pro Tag, 9 Std.). In den klimatisierten Großraumwaggons können die bequemen Sitze wie im Flugzeug zurückgeklappt werden. Die Stewardess verteilt zu Mittag Fertiggerichte in Pappschachteln und Wasser mit Eis, am Nachmittag Kaffee und Gebäck Die Züge sind oft ausgebucht, Reservierung empfehlenswert.

Bahnzuschläge

- [ ] Special Express Trains um 80 Baht (von Februar–Mai von Fr–So um 100 Baht)
- [ ] Special Express 35, 36, 37, 38 um 100 Baht (120 Baht)
- [ ] Express Trains um 60 Baht (80 Baht)
- [ ] Rapid Trains um 40 Baht (60 Baht)
- [ ] AC in der 2. / 3. Klasse um 50–80 Baht
- [ ] Schlafwagenzuschläge pro Bett oben / unten im Special Express Train 2. Klasse um 130–150 / 200–240 Baht, im Rapid 2. Klasse um 100 / 150 Baht
- [ ] AC in der 2. Klasse mit Stewardess + 100–130 Baht
- [ ] AC in der 2. Klasse Sleeper + 120–140 Baht
- [ ] 1. Klasse ac pro Kabine für 2 Pers. 400 Baht, für 1 Pers. 300 Baht

Unsere in den regionalen Kapiteln angegebenen Fahrpreise enthalten zumeist alle Zuschläge.

Special Express Trains (EXP. SP.): Schnellzüge. Zwei Züge verkehren einmal täglich in beiden Richtungen von Bangkok nach Sungai Golok an der Grenze zu Malaysia (ca. 21 Std.) bzw. bis zur Grenze in Padang Besar (ca. 17 Std.), von wo ein Anschlusszug nach Butterworth (ca. 3 Std.) weiterfährt (dieser Zug heißt auch **International Express**). Sie haben klimatisierte und nicht klimatisierte 1. Klasse- und 2. Klasse-Abteile mit Schlafwagen, deren Sitze bzw. untere Liegen intakt sind. Der Zug nach Sungai Golok verfügt zudem über eine 3. Klasse.

Express Trains (EXP.): Schnellzüge. Je ein Zug fährt täglich in beiden Richtungen von Bangkok nach Trang (ca. 14 Std.) und Nakhon Si Thammarat (ca. 15 Std). Sie haben Sitze in der 2. und 3. Klasse, Schlafwagen mit etwas durchgesessenen Sitzen in der zweiten Klasse (Zuschläge s. u.) und sind in einem Teil der 2. Klasse klimatisiert.

Rapid Trains (RAP.): Eilzüge. Recht betagte Züge mit 2. und 3. Klasse-Waggons, die mehrmals täglich in den Süden und zurück fahren. Sie haben in der 2. Klasse Schlafwagen, einige wenige sind sogar klimatisiert. Die Sitze sind durchgesessen, das Essen ist billiger.

Ordinary Trains (ORD.): Bummelzüge, die an jeder Haltestelle anhalten. Sie haben nur 3. Klasse-Waggons z. T. mit Holzbänken und sind zur Hauptverkehrszeit meist überfüllt. Auf dem englischsprachigen Fahrplan sind sie nicht aufgeführt. Verspätungen sind relativ häufig, da sie anderen Zügen Platz machen müssen.

Diesel Railcars (DRC.): Diese langsamen Triebwagen (nur 3. Klasse mit Holzbänken) verkehren in Richtung Kanchanaburi und Nam Tok (River Kwae).

In der 1. (nur in Express-Zügen) und 2. Klasse entsprechen die **Nachtzüge** einem rollenden Hotel. Das 2-Personen-Abteil der 1. Klasse ist etwas schmaler als die 6er-Abteile in deutschen Zügen und besteht aus einer Sitzbank, die in ein oberes und ein unteres Bett umgewandelt wird, und einem Mini-Handwaschbecken. Bettwäsche und AC sind vorhanden, das Fenster ist nicht zu öffnen. Morgens kommen Kellner/-innen und verkaufen Kaffee.

In der 2. Kl. werden ab 20 Uhr die Betten heruntergeklappt (ca. 1,85 m lang in Fahrtrichtung), mit sauberer, weißer Bettwäsche bezogen und mit Vorhängen abgeteilt. In Express-Zügen sind die teureren unteren Betten 75 cm breit (oben nur 60 cm), bieten volle Sitzhöhe, und es rotiert kein Fan neben dem Kopf. Da in den älteren Rapid-Zügen die Sitze durchgesessen sind, kann unten kaum eine ebene Fläche entstehen – oben schläft es sich besser. Die **Sitze** der 2. Klasse ohne Schlafwagen sind zwar gepolstert, ansonsten aber miserabel – nur für den Notfall ratsam. Waschgelegenheiten sind ausreichend vorhanden, in einigen Wagen sogar eine Dusche, sie werden jedoch nicht immer geputzt.

Das **Essen** ist dürftig und nicht besonders gut, die Preise variieren mit der Zugklasse – am billigsten im Rapid, am teuersten im Special Express. Neben der freundlich überreichten Menükarte (im Express z. B. Abendessen für 120 bzw. 150 Baht, Frühstück für 75 Baht) verbirgt der Kellner evtl. auch eine Speisekarte mit billigeren Einzelgerichten (ab 25 bzw. 60 Baht). Von jedem Menü bleibt viel Plastikmüll zurück. Zwischen den Mahlzeiten werden die Fahrgäste tagsüber von zwei Stewardessen mittels kleiner Wägelchen (wie im Flugzeug) am Platz mit Getränken und Imbissen versorgt.

Nur wenige Züge führen einen Speisewagen (rechtzeitig reservieren!), ansonsten wird das Essen am Sitzplatz serviert. Hierfür wird extra ein Tisch aufgeklappt. Zur Essenszeit bieten auf vielen Bahnhöfen Verkäuferinnen einfache Currys oder gebratene Hähnchenteile mit Klebreis sehr preiswert an.

Getränke werden von fliegenden Händlern tagsüber laufend angeboten. Trinkwasser aus großen Plastikflaschen steht in vielen Wagen zur Verfügung.

In allen Zügen besteht **Rauchverbot**. Die erste und ein Teil der zweiten Klasse ist mit dichten Fenstern und Klimaanlage versehen, die aber häufig viel zu kalt ist. In Waggons mit Fan stehen tagsüber die Fenster offen, was dem Fahrgast bei vielen Stunden Fahrt zu einer dicken Staubschicht verhilft.

Leider ist die Bahn nicht sehr schnell, was bei nächtlichen Langstreckenfahrten aber kaum ins Gewicht fällt. Ihr großer Vorteil ist wie überall: sie ist bequemer und sicherer. Motorradtransport ist möglich.

Die aktuellen englischsprachigen Eisenbahnfahrpläne für die wichtigsten Züge erhält man umsonst an vielen Bahnhofsschaltern oder gegen eine geringe Gebühr vom **Fahrplancenter**, S. Rachdi, Tellstr. 45, CH-8400 Winterthur, ✆/📠 0041-52-2131220, 🖥 www.fahrplancenter.com. In unserem Anhang (s. S. 782–783) finden sich die Fahrpläne von unseren Autoren überarbeitet.

Unter 🖥 http://www.railway.co.th/English/Time_PDF.asp kann man die Fahrpläne herunterladen und ausdrucken. Unter 🖥 www.thailand2000.de/kursbuch werden die für Traveller interessanten Fahrpläne von unserem Autor regelmäßig überarbeitet.

Es ist ratsam, Tickets für längere Strecken einige Tage im Voraus zu buchen, denn die Nachtzüge sind häufig voll. Mit dem **Computerreservierungssystem** geht das ganz einfach: An jedem größeren Bahnhof werden alle Tickets bis zu 60 Tagen im Voraus verkauft. Allerdings wird bei Stornierungen nur der halbe Fahrpreis erstattet.

Bereits aus dem Heimatland kann man Tickets für AC-Züge über die Firma **Asia Discovery** per Internet unter 🖥 www.asia-discovery.com/train.htm bestellen. Gegen Vorkasse werden die

Für ausländische Touristen wird für 1100 Baht (*Pass A*, ohne Zuschläge) bzw. 2000 Baht (*Pass B*, inkl. Schlafwagen und Zuschläge) ein 20 Tage für die 2. Klasse gültiger **Thailand Rail Pass** angeboten. Schon bei 3 Langstreckenfahrten lohnt sich der Kauf des *Pass B*.
Infos unter 🖥 www.amazing-thailand.com/SRT.html und im Bahnhof von Bangkok, ✆ 02-2237 010, 2237020.

Tickets besorgt und gegen eine Servicegebühr von 200 Baht pro Ticket zu einem Hotel der Wahl innerhalb Bangkoks gebracht. Versand ins Ausland per DHL kostet extra.

Windige Reisebüros haben schon Sitzplätze reserviert, die es im Zug gar nicht gab (berüchtigt sind vor allem Reisebüros auf Ko Samui und Ko Lanta). Wer sichergehen will, sollte deshalb rechtzeitig an einem Bahnhof reservieren. Es ist besser, das Gepäck (vor allem Handgepäck) immer im Auge zu behalten, da es schon zu Diebstählen gekommen ist. Mit einem einfachen Fahrrad-Ringschloss lässt sich das Gepäck leicht an den Metallleitern und Gepäcknetzen festschließen.

Wer bereit ist, mindestens 1680 € für die 2000 km lange Fahrt von Bangkok nach Singapore auszugeben, kann einen Platz im nostalgischen **Eastern & Oriental Express** buchen, der einmal wöchentlich 130 betuchten Gästen eine Luxusreise im Stil von Somerset Maugham ermöglicht. Informationen und Buchungen über 🖥 www.orient-express.com/web/eoe/eoe_c1a_home.jsp.

Bereits 1923 war es möglich, mit der malaiischen Eisenbahn von Singapore nach Bangkok zu fahren. Auf der Hauptlinie Singapore–Kuala Lumpur–Penang (787 km) verkehren nur noch wenige Züge, da die einspurige Trasse komplett erneuert wird. Die Plätze sind reserviert, und man hat die Wahl zwischen einer klimatisierten 1. und einer klimatisierten bzw. nicht klimatisierten 2. Klasse.

Da die Klimaanlage auf Hochtouren läuft, sollte man warme Sachen dabei haben. Es kann auch nicht schaden, etwas zu essen mitzunehmen, denn das Angebot im Speisewagen ist sehr spärlich.

Für längere Strecken und mit viel Gepäck empfiehlt es sich, die schnelleren Züge und auf längeren Nachtfahrten ein Bett zu buchen. Es kostet in der 2. Klasse AC 11,50 RM oben und 14 RM unten, sowie in der 1. Klasse 50 bzw. 70 RM.

Der **International Express** verkehrt zwischen Bangkok und Butterworth (Penang), der Ekspres Langkawi zwischen Kuala Lumpur und Hat Yai. Man kann 30 Tage für die 1., 2. und 3. Klasse im Voraus das Ticket buchen, wenn eine Platz- bzw. Bett-Reservierung vorgenommen wird. Fahrtunterbrechungen sind nur bei Reisen über 200 km möglich.

Über die gute Homepage der *Kereta Api Tana Melayu*, der malaysischen Eisenbahnen (🖥 www.ktmb.com.my) kann man nicht nur die neuesten Fahrpläne und -preise abrufen, sondern auch Buchungen vornehmen, die prompt per E-Mail und einer Buchungsnummer bestätigt werden.

Busse

Das System der **öffentlichen Verkehrsmittel** auf der Straße ist in Thailand hervorragend ausgebaut. Vom Luxusbus mit 24 Sitzen bis zum Motorradtaxi greifen alle Transportmittel nahtlos ineinander über. Selbst wer mitten in der Nacht auf dem Busbahnhof einer Provinzstadt aussteigt, kann darauf vertrauen, dass ihn eine Rikscha zu einem freien Hotelzimmer bringt, wenn auch nicht unbedingt zum gewünschten. Einen Anschlussbus in die nächste Stadt bekommt man allerdings schon ab dem späten Nachmittag nur noch selten.

Non-AC-Busse (Normal-Busse, no-air, Thammada oder Standard 3): Zumeist rote Staatsbusse der *Transport Co.* und Busse privater Konzessionäre fahren zum Festpreis von ca. 0,41 Baht/km (kürzere Strecken bis 0,45 Baht/km) nahezu jede Stadt des Landes an. Zu festen Zeiten fahren sie in unterschiedlicher Anzahl von den Bus Terminals ab, werden jedoch immer häufiger durch 2. Klasse AC-Busse ersetzt. Für Personen über 1,70 m sind sie meist ein Gräuel, weil die Beine nicht zwischen die Sitze passen, die nur einen Abstand von 60 cm haben. Die hinterste Sitzbank sollte man meiden.

AC-Busse (Klimatisierte Busse, Aircon-Busse, Air 1, Bus air oder Standard 1B): Vorwiegend blaue, klimatisierte Busse mit Toilette und etwa 40 Sitzen. Sie sind mit ca. 0,72–0,78 Baht/km nicht ganz doppelt so teuer wie non-AC Busse und verkehren auf längeren Strecken. Die Preise können aufgrund unterschiedlicher Serviceleistungen, Routen und der Konkurrenzsituation um 10–20 % variieren. Für Unterhaltung mit Videos ist während der Fahrt gesorgt. Getränke und kleinere Mahlzeiten sind häufig im Preis inbegriffen. Die AC-Busse fahren entweder von den Büros der privaten Bus-Companies oder den Bus Terminals ab. Manchmal werden die Passagiere sogar vom Hotel abgeholt.

Nachtbusse haben den Nachteil, dass man wenig sieht, leicht einschläft und es daher vermehrt zu Diebstählen kommt, Wachsamkeit ist also angebracht! Bei der ständig laufenden Klimaanlage wird es v. a. nachts sehr kalt. Nur wenige Busse haben Decken, und viele AC-Düsen lassen sich nicht abstellen. Da hilft viel Klopapier oder ein breites Klebeband und warme Kleidung, sonst droht trotz Tropen und Sonne eine Erkältung.

Die orangen **2. Klasse AC-Busse** (2.Kl. AC-Bus, Air 2, second class AC-Bus oder Standard 2) ohne Toilette und Essen sind mit ca. 0,56 Baht/km billiger als die blauen Varianten. Sie besitzen 47 engere Sitze und werden immer häufiger anstelle von non-AC-Bussen eingesetzt.

VIP-Busse (gesprochen: wie-ei-pie; VIP-32, Bus air, Standard 1 B, Standard 1 C): Vorwiegend blaue, neuere AC-Busse mit 32 bzw. 40 bequemen Sitzen. Sie sind mit ca. 0,85 Baht/km etwas teurer als AC-Busse, können bei den privaten Busgesellschaften und in den jeweiligen Busbahnhöfen gebucht werden und fahren zu festen Zeiten ab. Die Toiletten im Bus funktionieren, ei-

Fahrpreise

Aufgrund der fluktuierenden Diesel-Preise können die Preise der Busse etwas steigen.

ne Stewardess reicht Getränke und Snacks, ein Essengutschein ist im Preis enthalten. Die etwas übertriebene Bezeichnung VIP führt häufig zu (gewollten!) Verwechslungen mit den echten VIP-24 Bussen.

Die ausschließlich staatlichen **VIP-24 Busse** (999-Busse, VIP-24, Standard 1A) mit 24 Sitzen (8 Reihen à 3 Sitze) fahren von Bangkok in viele Städte im Süden in 7–16 Std., überwiegend nachts. Sie sind sehr bequem und mit 1,13 Baht/ km ca. 50 % teurer als AC-Busse. Tickets kann man nur in den Büros an den Bus Terminals kaufen, ab 3 Tage vor Abfahrt. Die Sitze haben ausreichend Platz für lange Beine und lassen sich, mit Ausnahme der letzten Reihe, so weit wie im Flugzeug zurückstellen. Es werden häufig Decken gegen die kühle AC-Brise ausgeteilt. Viele Passagiere kommen ausgeschlafen an.

In **Malaysia** fahren generell vormittags mehr Busse als nachmittags. Wer größere Entfernungen zurücklegen möchte, sollte deshalb früh aufstehen. Mit Nahverkehrsbussen lässt sich jedes Dorf erreichen, sofern es eine Straße gibt. Da sie überall halten, um Passagiere aufzunehmen oder abzusetzen, kann eine Fahrt von 30 km durchaus eine Stunde und länger dauern. Tickets sind am Automaten im Bus erhältlich. Da dieser kein Wechselgeld herausgibt, sollte man Kleingeld bereithalten! Minibusse verkehren nur in der Umgebung einiger großer Städte. Sie fahren zumeist ohne festen Fahrplan ab, wenn sie voll sind. Fernbusse sind wesentlich schneller und zuverlässiger. Zwischen den großen Städten West-Malaysias verkehren klimatisierte Expressbusse zahlreicher privater Gesellschaften und der staatlichen *Transnasional* zum Einheitspreis. Nur die bequemeren Business-Busse, auch Luxus- oder VIP-Busse genannt, mit weniger Sitzplätzen sind teurer. Tickets werden an zahlreichen Schaltern der Busgesellschaften verkauft, die sich zumeist am Busbahnhof befinden.

Minibusse

In verschiedenen Provinzhauptstädten haben Privatunternehmer einen Liniendienst mit klimatisierten, 16-sitzigen Minibussen (auch: *Microbus, Minivan* oder *Microvan*) aufgezogen. Sie

fahren alle ein bis zwei Stunden, zumeist zur vollen Stunde, von bestimmten Stellen in der Stadt zu benachbarten Provinzhauptstädten und anderen festen Zielen. Tickets gibt es an einem Tisch am Straßenrand, nur wenig teurer als für AC-Busse. Sind alle Fahrgäste da, wird auch früher abgefahren. Der Fahrstil der Fahrer ist dem Verkehr angemessen.

Für Traveller interessante Routen sind z. B. Chumphon – Ranong, Chumphon – Surat Thani, Trang – Ko Lanta, Krabi – Ko Lanta, Trang – Pakbara, Hat Yai – Pakbara.

Sammeltaxis

In manchen Städten Süd-Thailands sind Sammeltaxis eine Alternative zum Bus. Die alten Benz-Limousinen fahren los, sobald 6 Passagiere (2 vorn, 4 hinten) zum selben Ziel wollen. Sie sind etwa 50 % teurer als die weit langsameren Busse und haben für unterschiedliche Richtungen verschiedene Startplätze am Straßenrand.

In Malaysia dürfen Überlandtaxis *(Kereta Sewa)* laut Gesetz vier Personen befördern. Heute wartet allerdings kaum noch jemand am Taxihalteplatz, bis vier Personen mit gleichem Fahrtziel eingetroffen sind, sondern mietet das gesamte Taxi und zahlt die frei gebliebenen Plätze mit. Die Fahrpreise liegen leicht über denen einer 2.-Klasse-Eisenbahnfahrt. Bei langen Strecken oder abgelegenen Zielen muss man oft einen Teil der Rückfahrt bezahlen. Das Gleiche gilt auch für Fahrten am Nachmittag.

Boote

Nur wenige Flussboote fahren in Thailand den Menam Chao Phraya (auch: Mae Nam Chao Phraya) hinauf. Für Touristen ist die Bootstour nach Ayutthaya und Bang Pa In interessant (s. S. 201). Regelmäßig verkehren vom Festland Boote nach Ko Samui, Ko Pha Ngan, Ko Tao, Ko Samet, Ko Chang, Ko Mak, Ko Bulon Lae, Ko Lipe, Ko Lanta, Ko Phi Phi und auf die Pattaya, Phuket und Krabi vorgelagerten Inseln.

Longtail-Boote – 5–10 m lange, offene Boote, die von einem beweglich gelagerten Motor angetrieben werden, dessen Schraube weit nach hinten übers Boot hinausragt. Das Standard-Boot in Thailand: sehr schnell, sehr nass, sehr laut. Touristen benutzen sie auf den Klongs und dem Chao Phraya in Bangkok, auf dem Stausee im Khao Sok National Park sowie zwischen vielen Inseln.

Passagierboote – umgebaute Fischkutter mit Sitzbänken und Sonnendach. Bedienen zu festen Zeiten an wenigen Tagen der Woche die größeren Dörfer auf Inseln, um den Bewohnern die Fahrt zum Markt zu ermöglichen, und transportieren vor allem Waren. Zudem werden sie von Tauchbasen verwandt und an Touristen für Ausflüge auf die vorgelagerten Inseln vermietet.

Nachtboote – mehrstöckige, langsame Schiffe, die nachts zwischen Surat Thani und Ko Samui, Surat Thani und Ko Pha Ngan sowie Surat Thani und Ko Tao verkehren. Sie sind bei Travellern als „schwimmende Jugendherberge" sehr beliebt, hatten aber schon mehrere schwere Zusammenstöße mit dem Gegenboot. Keine Unfälle hatte dagegen das Nachtboot von Chumphon nach Ko Tao, das nur manchmal umdreht, wenn dem Kapitän die Wellen vor der Flussmündung zu hoch erscheinen.

Expressboote – schnelle Passagierboote, die zwischen Surat Thani, Ko Samui, Ko Pha Ngan, Ko Tao und Chumphon eingesetzt werden. Sie sind bei normalen Witterungsverhältnissen recht sicher, aber nicht absolut pünktlich. Das Ko Samui-Boot wird häufig gnadenlos überladen. Das Ko Tao-Boot bringt bei Wellengang von über 2 m die Fahrgäste, die nicht auf die Fahrt verzichten wollen, in echte Lebensgefahr. Eine gute Alternative ist auf dieser Strecke der kentersichere Lomprayah-Katamaran, der bei Wellengang aber auch Probleme hat. Daneben bedienen mehrere Gesellschaften in hartem Wettbewerb die Routen zwischen Krabi, Phuket, Ko Phi Phi und Ko Lanta. Auch Tagesausflüge zu den Similan-Inseln werden mit Expressbooten durchgeführt.

Speedboote – große, schnelle Außenborderboote, die Gäste von teuren Inselhotels nach Bedarf befördern oder von Tauchschulen zu entfernteren Tauchgebieten eingesetzt werden. Einige verkehren regelmäßig zwischen Pakbara bzw. Satun und Ko Lipe sowie zu den Inseln des Ko Chang-Archipels. Ein großer Erfolg ist die neue Linie von Ko Lanta über Ko Hai und Ko Muk nach Ko Bulon und Ko Lipe. Sie führt durch eine herrliche Inselwelt. Bei kräftigem Wind wird die Fahrt über Land von Pakbara nach Trang per Minibus durchgeführt.

Autofähren – transportieren Fahrzeuge und Passagiere zwischen Ko Samui bzw. Ko Pha Ngan und Don Sak, zwischen Chumphon und Ko Tao sowie zwischen dem Festland und Ko Chang (Trat). Sie sind sehr sicher und zuverlässig, erfordern manchmal allerdings lange Wartezeiten.

Motorräder und Mopeds

Humpelt in Phuket oder auf Ko Samui ein braun gebrannter *farang* mit dem Arm in der Schlinge über die Straße, dann handelt es sich meist um ein Motorrad-Unfallopfer – leider kein seltener Fall. Allein in Pattaya verunglückt während der Hochsaison fast täglich ein Motorradfahrer tödlich.

In fast allen Touristenorten und vielen Provinzstädten gibt es **Motorräder** (ab 250 Baht) und **Mopeds** (ab 180 Baht) zu mieten. Die kleinen Hondas sind zwar für Tagesausflüge bestens geeignet, aber keinesfalls für lange Strecken, zu zweit oder mit Gepäck. Die Verkehrssicherheit vieler Leihmotorräder lässt zu wünschen übrig. Es besteht **Helmpflicht**, und Helme sind in vielen Verleihstellen auch zu haben, denn das Fehlen des Sturzhelms wird inzwischen fast überall mit 500 Baht Geldstrafe geahndet und strikt kontrolliert. Da aber Handschuhe und Brille nicht gebräuchlich sind, und sich so mancher (wegen der Bräune) gern nur mit Shorts und Gummisandalen bekleidet in den Sattel schwingt, kommt es selbst bei leichten Stürzen zu bösen Hautabschürfungen. Gelegentlich wird der Internationale Führerschein und häufig die Hinterlegung des **Passes** verlangt, wovon in Ko Samui abzuraten ist, da so mancher Verleiher schon beim kleinsten Kratzer den Pass nicht mehr herausrückt. Besser ist es dort, nur den **Personalausweis** abzugeben.

Wer vorhat, öfter Motorräder zu leihen, sollte auch den Jethelm von zu Hause mitbringen, da die geliehenen häufig nicht passen. Mit eingeschaltetem Scheinwerfer wird man nicht so leicht übersehen. Vor allem in Kurven gilt es, so weit wie möglich links zu fahren. Die Tasche oder der Tagesrucksack im Korb sollte immer befestigt werden, da es einige motorisierte Langfinger gibt.

Haftpflichtversicherungen für Leihmotorräder decken in Thailand nur Personenschäden bis max. 50 000 Baht ab, jedoch keine Sachschäden. Auch als Motorradfahrer sind Ausländer bei einem Unfall zur Zahlung einer Entschädigung verpflichtet. Der Unfallgegner wird praktisch niemals zahlen können (s. u.). An jedem vierten Verkehrsunfall in Thailand ist ein Motorrad beteiligt.

Wer sein **eigenes Bike** nach Thailand mitnehmen will, sollte sich bei *Lufthansa* nach den speziellen Motorradbedingungen erkundigen. Das Bike kann voll beladen auf eine Palette gefahren werden. Am Flughafen in Bangkok kommt es mit derselben Maschine an und kann sofort benutzt werden.

In ländlichen Regionen **Malaysias** sind Fahrräder und kleine Motorräder ideale Transportmittel, um gemütlich das Land und seine Menschen kennen zu lernen. Allerdings kann man kaum noch Fahrräder mieten. Ungeübte Motorradfahrer sollten viel befahrene Straßen meiden, da Bus- und LKW-Fahrer keine Rücksicht nehmen. Zu beachten ist die Helmpflicht für Motorradfahrer auch auf kleinen Maschinen! Generell sollten Motorradfahrer bedenken, dass die Fahrzeuge trotz gegenteiliger Behauptungen nicht versichert sind.

Fahrräder

In vielen Tourismuszentren kann man **Fahrräder** mieten, die meist jedoch nicht verkehrssicher und wenig komfortabel sind. Auch **Mountainbikes** vergammeln beim Vermieten schnell. Wer vorhat, nicht nur am Strand entlang zu radeln, sollte sich besser ein Rad mitbringen oder kaufen. Mit einer guten Karte und unseren Kurzbeschreibungen können engagierte Biker vorwiegend auf verkehrsarmen Routen von Bangkok in den Süden fahren. Unsere Kartenskizzen verdeutlichen die empfohlenen Bikerouten, i.b. die Nebenstraßen von Kanchanaburi nach Ratchaburi, von Phetchaburi über Cha-am und Hua Hin

nach Kuiburi, von Ban Krut über Bang Saphan bis Chumphon sowie von Lang Suan nach Surat Thani oder über die Berge an die Andamanensee nach Takua Pa. Weitere Anregungen sind im Kapitel Reiseziele unter Bootsfahrten und Biketouren zu finden (s. S. 27). Im Internet stehen Fahrradinfos zu Thailand unter 🖳 www.radfahren. mynetcologne.de/rad_thai.htm

Man kann für kürzere Strecken ein Pickup chartern oder das Bike im Gepäckwagen eines Zuges abgeben (nicht in *Express* und *Special Express*). Auch einige Busse nehmen unverpackte Bikes im Gepäckraum oder auf dem Dach mit, sofern ausreichend Platz ist. Notfalls müssen sie zerlegt werden.

Nur die ärmeren Thais auf dem Land fahren Rad. Wer es sich leisten kann, kauft sich ein Motorrad oder gar ein Auto. Ein Rad fahrender Tourist wird entsprechend geringschätzig betrachtet und ohne weiteres von einem heranbrausenden LKW rücksichtslos von der Fahrbahn gedrängt.

Generell eignen sich die Großstädte, besonders Bangkok, nicht zum Rad fahren, da die Straßen gefährlich und die Bürgersteige belebt und voller Fallstricke sind. Am Meisten Spaß macht eine Tour während der kühlen Jahreszeit (Nov–Feb) abseits der Hauptstraßen.

Mietwagen

Um ein Auto in **Thailand** zu mieten, benötigt man nur den internationalen Führerschein und etwas Geld. Es ist aber nicht ratsam, die ersten Erfahrungen im asiatischen Straßenverkehr in Bangkok zu machen.

Außer dem obligatorischen **Linksverkehr** gibt es noch andere **Verkehrsregeln**, die aber nicht sehr ernst genommen werden. Das Chaos von Bangkok ist nur der Anfang. Auf dem Land haben große Fahrzeuge wie Busse und Lastwagen immer Vorfahrt, und man muss immer bereit sein, das Fehlverhalten anderer zu akzeptieren. Der Seitenstreifen wird von langsamen Verkehrsteilnehmern und zum Ausweichen bei entgegenkommenden überholenden Fahrzeugen genutzt. Die Geschwindigkeit ist auf den Highways auf 90 km/h begrenzt, auf den Autobahnen darf bis zu 120 km/h gefahren werden. Thais, die von der Polizei bei einem Verkehrsvergehen erwischt werden, kommen oft mit 200 Baht davon. Auch der Papierkrieg kann häufig durch kleinere Zuwendungen beschleunigt werden.

Wenn Verkehrspolizisten behaupten, das Radar hätte eine überhöhte Geschwindigkeit gemessen, sollte man die geforderte Strafe bezahlen. Normalerweise sind es bei Geschwindigkeitsübertretungen 200 Baht. Eine Quittung erhält man natürlich nicht.

Eine hilfreiche Ausschilderung der Highways und Hauptstraßen mit lateinischen Buchstaben ist in abgelegenen Regionen nicht vorhanden. Dann hilft eine **Straßenkarte**, auf der die Orte in Thai- und lateinischen Buchstaben bezeichnet sind. Brauchbar fanden wir die *Thailand Highway Map A to Z Atlas*, ein Atlas mit zweisprachigen Karten im Maßstab 1 : 1,1 Mio. und zahlreichen Stadtplänen.

Normalbenzin kostet an großen Tankstellen ca. 25–27 Baht pro Liter. Bis zu 30 Baht verlangen kleine Tankstellen, wo das Benzin aus Fässern gepumpt wird.

Mietwagen der Mittelklasse sind landesweit für ca. 1500–2200 Baht pro Tag zu haben, ab 7 Tagen Mietdauer für 1300–1900 Baht. Die preiswerten lokalen Autovermietungen in Phuket verlangen nur 1000–1500 Baht. In den Touristenzentren werden auch Jeeps (ca. 1000 Baht pro Tag) und Pickups (800 Baht, gut für Kleingruppen bis 10 Personen) vermietet. Zumeist kann bei längerer Mietdauer um den Preis gehandelt werden. Von der Kreditkarte wird häufig ein Blankobeleg als Sicherheit hinterlegt, was bei renommierten Firmen kein Problem darstellt. Seinen Pass zu hinterlegen gilt jedoch als grob fahrlässig.

Avis (🖳 www.avisthailand.com) und Hertz bieten *one way rental service* zwischen Phuket, Ko Samui, Bangkok, Pattaya und Chiang Mai an, Budget (✆ 1800-283438, gebührenfrei, 🖳 www.budget.co.th) zwischen allen Niederlassungen ab sieben Tagen Mietdauer ohne Aufpreis. Adressen der Autovermietungen im lokalen Teil unter „Sonstiges".

Eine Probefahrt empfiehlt sich auf alle Fälle, keinesfalls sollte man den gesamten Preis im Voraus bezahlen, sondern lieber eine Sicherheit hinterlegen. Falls das Fahrzeug unterwegs zu-

sammenbricht, hat man so eine günstigere Ausgangsposition. Eine Haftpflichtversicherung ist gesetzlich vorgeschrieben. Internationale Versicherungsunternehmen bieten auch Touristen die Möglichkeit, Autos mit einer geringen Selbstkostenbeteiligung zu versichern. Nach thailändischem Recht müssen Unfallverursacher bei Personenschäden an die Betroffenen Entschädigungen von 10 000–200 000 Baht bezahlen, je nach Schwere der Verletzungen. Ein Ausländer muss immer damit rechnen, bei einem Unfall als der alleinlein Schuldige zu gelten. Wird eine Rechtsberatung benötigt, kann man sich an den von der Deutschen Botschaft empfohlenen **Rechtsanwalt** wenden:

Mr. Bhuttree Kuwanon, ✆ 02-2368790-1, Sataporn Building Suite 304, 70 Pan Rd. Silom; eine Beratungsstunde (auf Englisch) kostet 1500 Baht.

Leider kann man bisher nicht mit einem Mietwagen die Grenze nach Malaysia, überschreiten. Das Gleiche gilt auch in umgekehrter Richtung.

West-Malaysia lässt sich gut mit dem eigenen Fahrzeug erkunden. Renommierte Firmen vermieten Autos in allen größeren Städten Malaysias. Neben den internationalen Gesellschaften Avis und Budget bieten auch lokale Firmen, die in den regionalen Kapiteln gelistet sind, Mietwagen an. Alle haben unterschiedliche Tarife, es gibt spezielle Tages- oder Wochenendtarife mit begrenzter Kilometerzahl oder Ausflugstarife ohne Kilometerbegrenzung.

Viele Firmen besitzen an den Flughäfen Langkawi, Penang und Kota Bharu einen Schalter und gegebenenfalls einen Zubringerdienst, womit man zusätzliche Wege spart. Zudem besteht die Möglichkeit, das Auto am Ort A zu mieten und am Ort B abzugeben. Kleinere Firmen verlangen eine Rückgabe am selben Ort, sind allerdings dafür oft etwas billiger.

In Malaysia genügt für Deutsche, Österreicher und Schweizer der nationale Führerschein. Es empfiehlt sich, für täglich 10–12 RM eine Zusatzversicherung *(collision damage waiver)* abzuschließen, um die Eigenbeteiligung in Höhe von 2000 RM bei Schäden am Mietwagen aufzuheben. Man sollte sich den Mietwagen genau

Songthaew – der Minibus

ansehen. Fahrer und Beifahrer, die sich nicht anschnallen, müssen mit hohen Strafen von 200 RM Geldstrafe oder bis zu 6 Wochen Haft rechnen.

Nahverkehr

Das Verkehrswesen zeichnet sich durch eine Vielzahl billiger, konkurrierender Nahverkehrsmittel aus. Nach 18 Uhr ist es praktisch unmöglich, aus kleinen Orten wegzukommen. Dann muss man teuer chartern. Wer passend zahlt, umgeht Probleme mit dem Wechselgeld.

Samlor – ein dreirädriges Fahrrad-Taxi (auch: Fahrradriksca) mit überdachter Sitzbank für 2 Personen für kurze Strecken. Der Fahrpreis muss vorher ausgehandelt werden. In Penang sind Fahrradrikschas bei Touristen beliebt.

Tuk Tuk – ein dreirädriger Motorroller (Vespa) mit überdachter Sitzbank, manchmal auch *samlor* genannt. Mit mehr als 2 Personen oder mit Gepäck wird es in dem kleinen Aufbau recht eng. Tuk Tuks fahren nicht auf langen Strecken. Der Fahrpreis muss vorher ausgehandelt werden (3 Finger ausgestreckt = 30 Baht, 4 Finger = 40 Baht, etc.). Eingesetzt in Bangkok, Trang (eine besonders umweltfeindliche Version) und in vielen

weiteren Städten, in Phuket abgelöst durch einen viersitzigen, umweltfreundlichen Viertakter.

Motorradtaxi – normales Motorrad oder Moped, das bis zu 2 Fahrgäste zu beliebigen Zielen mitnimmt. Der Fahrpreis ist recht niedrig, muss aber vorher ausgehandelt werden. Sieht im Stadtverkehr äußerst gefährlich aus, besonders wenn Damen freihändig und quer auf dem Sozius sitzen. Eingesetzt in vielen Städten, auf Inseln ohne PKWs und in ländlichen Gegenden.

Taxi – klimatisierter PKW, in Bangkok überwiegend mit, ansonsten ohne Taxameter. Der Fahrpreis beträgt bei Taxameter-Taxen für die ersten beiden Kilometer 35 Baht, ansonsten muss er vorher ausgehandelt werden. Ein unbedarfter Tourist bezahlt für ein Flughafen-Taxi häufig überhöhte Preise. Taxifahrer sprechen meist kein Englisch. Sie erhalten normalerweise kein Trinkgeld, außer für besondere Gefälligkeiten.

Ähnliches gilt in Malaysia. Besondere Vorsicht ist an Busbahnhöfen und Bahnhöfen geboten, wo Taxifahrer versuchen, Ortsunkundige zu neppen. An großen Flughäfen wurde dem Missbrauch ein Riegel vorgeschoben. Hier kauft man an einem Schalter einen Taxi-Coupon zum Festpreis ins gewünschte Hotel bzw. den entsprechenden Stadtteil. Wer frühmorgens ein Taxi benötigt, sollte es über das Hotel oder telefonisch vorbestellen.

Songthaew (gesprochen: *song-täo*) – ein privat betriebener Kleinlaster (manchmal sogar ein großer LKW, der auch Minibus heißt) mit zwei niedrigen Sitzbänken, auf denen sich die Passagiere gegenübersitzen. Das Dach ist nicht ganz heruntergezogen, sodass es vor allem bei schneller Fahrt stark zieht. Sie haben feste Preise, für Sitz- wie für Stehplätze dieselben. Nach Sonnenuntergang kann man das Fahrzeug in der Regel nur für mehrere hundert Baht chartern. Songthaews fahren nach unterschiedlichen Prinzipien:

☐ In größeren Städten bedienen sie relativ feste Routen zu einem Einheitstarif (5–20 Baht), bringen jedoch in der Zielgegend die Passagiere bis vor die Tür. Für *farang,* die kein Thai sprechen, ist es schwierig, ihren Zielort zu erfahren. Anzutreffen in Bangkok und Chiang Mai (auch vom Flughafen zur Unterkunft).

☐ In mittleren Städten kurven sie ständig durch die Stadt auf der Suche nach Fahrgästen. Man nennt das Ziel und erhält ein Handzeichen, einzusteigen oder zu warten. Wer viel Zeit hat und ganz hinten sitzt, kann so die halbe Stadt kennen lernen. Fahrpreis meist 5–7 Baht.

☐ In vielen Städten fahren Songthaews in regelmäßigen Abständen zu bestimmten Orten in der Umgebung. Sie haben einen festen Startplatz am Straßenrand. Der Tarif richtet sich nach der Entfernung und ist auch für Touristen fest. In Ko Samui und Phuket sind die Strände angeschrieben.

☐ Zweigt von einer großen Straße eine kleinere ab, die nicht von großen Bussen bedient wird, übernehmen Songthaews die Verteilung der Fahrgäste in die kleinen Orte. Dasselbe gilt für Bahnhöfe auf dem Land. Die Preise sind fest.

Pickup – ein Songthaew, der überall Passagiere mitnimmt.

Minibus (auch: Microbus oder Microvan) – eine komfortablere Einrichtung auf dem Lande anstelle der halboffenen Songthaews. In Bangkok werden sie zusätzlich zu den festen Buslinien eingesetzt und bedienen einige Busstrecken in der Nacht. In manchen Städten werden auch ganz normale Songthaews modisch Minibus genannt.

Stadtbus – normaler, farblich gekennzeichneter Bus mit Nummer, der eine bestimmte Route befährt. Eine beliebige Strecke kostet je nach Stadt 2–5 Baht. In Bangkok gibt es über 170 Routen.

Nur in der Metropole gibt es klimatisierte Busse (6–16 Baht) und Microbusse (20 Baht). Stadtbusse verkehren auch in Georgetown und auf der gesamten Insel Penang sowie in Kota Bharu und Umgebung.

Personenfähren, **Klongboote** und **Expressboote** übernehmen speziell in Bangkok auf dem Menam Chao Phraya einen Teil des öffentlichen Nahverkehrs.

Übernachtung

Hütten, Gästehäuser und Bungalows

Die romantischen **Hütten** am Strand von Ko Pha Ngan, Ko Tao, Ko Lanta, Ko Phayam, Ko Samet oder Ko Chang und die modernen **Gästehäuser** in Kota Bharu, Krabi oder Bangkok sind sehr einfach ausgestattet und überwiegend billiger als die preiswertesten thailändischen Hotels. Ihre Ausstattung beschränkt sich meist auf eine dünne Matratze, eine Lampe und (wichtig, aber selten!) ein Moskitonetz. Wenn der Strom von einem Generator erzeugt wird, herrscht oft schon ab 22 Uhr Dunkelheit. Um Duschen und Toiletten aufzusuchen, braucht man eine gute Taschenlampe.

Besonders hellhörig sind Holzhäuser mit dünnen Bretterwänden, wie sie in der Khaosan Road in Bangkok und an vielen Stränden üblich sind.

Die allereinfachste Bambushütte ist auf Ko Pha Ngan schon für 100 Baht zu haben, auf Ko Chang (bei Ranong) kostet der gleiche Standard 200 Baht, auf Ko Phi Phi mindestens 180 Baht. In Süd-Thailand kostet die billigste Hütte mit eigener Dusche und WC je nach Lage mindestens 150–250 Baht.

Für einen **Bungalow** aus festen Materialien, mit Glasfenstern und guten Matratzen sind 300 Baht und mehr fällig. Kommen ein Ventilator (englisch *fan*, auf Thai *patlom*) und einige Möbelstücke dazu, werden es über 400 Baht. Liegt die Hütte in einem teuren Gebiet (Ko Phi Phi, White Sand Beach auf Ko Chang, Klong Dao Beach auf Ko Lanta) oder an Stränden, die nur am Wochenende von Thai-Touristen frequentiert werden, zahlt man für denselben Standard einige hundert Baht mehr. Ein Touristen-Bungalow mit Klimaanlage (ac) kostet ab 600 Baht (auf Ko Samui ab 800 Baht).

Das Personal der Bungalowanlagen und Gästehäuser sorgt auch für das leibliche Wohl der Gäste. Tee und Kaffee gibt es fast überall, häufig auch ein Frühstück, oder es befindet sich gleich nebenan ein Restaurant mit Frühstück, Getränken und gutem Thai-Essen. Das Diebstahlrisiko, vor allem in Schlafsälen, verringert ein eigenes Vorhängeschloss oder ein abschließbarer Rucksack. Immer häufiger monieren unsere Leser den unangenehmen Geruch, der von unzulänglicher Abwasserentsorgung durch Resorts, Restaurants und ganze Touristenorte herrührt, was die Verursacher natürlich nicht gern hören. Dezente Hinweise auf preiswerte alternative Technologien, die es in Thailand durchaus gibt, können vielleicht einen Denkprozess in Gang setzen.

In Penang kosten einfache DZ in Gästehäusern um 25 RM, in Kota Bharu etwas weniger. Dort sind Betten im Schlafsaal bereits ab 8 RM zu bekommen.

Ferienwohnungen und -häuser werden nur selten angeboten, z. Zt. in Pattaya, Ban Krut, Ko Samui, Phuket, Khao Lak und Sichon. Der Standard entspricht internationalem Niveau, die Preise liegen niedriger. Die voll ausgestatteten Küchen werden zumeist nur fürs Frühstück oder zur Zubereitung von Babynahrung genutzt, da das Essen außerhalb bekannt billig und schmackhaft ist.

Hotels

Internationalem Standard entsprechende **Luxushotels** gibt es u. a. in Bangkok, Pattaya, Cha-am, Hua Hin, Khao Lak, Phuket, Ko Phi Phi und Ko Samui; im Norden Malaysias auf Langkawi, in Georgetown und Batu Ferringhi auf der Insel Penang. Das *Oriental* in Bangkok, das zu den fünf besten Hotels der Welt gehört, verlangt Zimmer-

Preise der Unterkünfte

Wir haben die Unterkünfte in acht Kategorien unterteilt, wobei die Preise jeweils für ein Doppelzimmer *(double room)* gelten:

❶	bis	150 Baht	30 RM
❷	bis	300 Baht	60 RM
❸	bis	600 Baht	100 RM
❹	bis	1200 Baht	150 RM
❺	bis	2400 Baht	220 RM
❻	bis	3600 Baht	300 RM
❼	bis	4800 Baht	400 RM
❽	über	4800 Baht	400 RM

In der gehobenen Kategorie wird in Thailand auf den Zimmerpreis 10 % Government Tax und 7 % Service Charge, in Malaysia 5 % Tax und 10 % Service Charge aufgeschlagen.

preise von US$200–2000 für *die Author's Residence* pro Nacht.

Wer in **mittleren Hotels** (ab 600 Baht aufwärts) nach einem *discount* fragt, erhält häufig Rabatt. Immer populärer wird es, die Unterkunft von zu Hause oder unterwegs per Internet zu buchen, direkt beim Hotel oder über Vermittler. Thailandweite Buchungsdienste offerieren nur teure Hotels. Viele lokale oder regionale Buchungsdienste, zumeist von Ausländern gemanagt, bieten auch Unterkünfte im mittleren Preisbereich an. Eine Anzahlung von ca. 30 %, per Überweisung oder mit Kreditkarte, sichert den gewünschten Bungalow, was vor allem zur Hochsaison vorteilhaft sein kann. In Malaysia sind die Hotelpreise der mittleren Kategorie etwas höher, aber auch hier sollte man immer nach *promotion rates* fragen.

In der Provinz werden Hotels mit ordentlichem Standard recht billig angeboten. Für 150–250 Baht bekommt man ein meist sauberes Doppelzimmer mit Dusche und Fan, Einzelzimmer (Zimmer mit nur einem, aber großen Bett) sind etwa 30–40 % billiger. Vielfach gibt es inzwischen die *New Generation Hotels,* die aufgelockert gebaut und angenehm eingerichtet sind und nur 400 bis 600 Baht kosten.

Provinz-Hotels, oft nur in Thai-Schrift gekennzeichnet, werden meist auch stundenweise vermietet. Abseits der Touristenpfade gibt es zu diesen lauten Unterkünften kaum Alternativen. Wer relativ ungestört schlafen will, besorgt sich am besten ein Zimmer nach hinten (wegen des Straßenverkehrs) und im obersten Stockwerk (wegen des anderen Verkehrs). Der Preis richtet sich nach der Art des Zimmers und nicht nach der Anzahl der Personen, die dort übernachten.

In Malaysia gelten in Mittelklasse- bzw. Provinz-Hotels für Einzel- oder Doppelzimmer jeweils die gleichen Preise. Es gibt in den seltensten Fällen einen Abschlag.

Reservierung und Vorausbuchung

Normalerweise ist immer ein freies Zimmer zu bekommen. Schwierig wird es nur in den Urlaubsorten an Feiertagen, vor allem Weihnachten, zum westlichen, chinesischen und thailändischen Neujahr (Songkran). Auch während der europäischen Sommer- und Weihnachtsferien sind viele Zimmer ausgebucht. Abends kann es schwierig sein, in dem gewünschten Gästehaus noch einen Platz zu bekommen. Wer sicher gehen will, ruft am Vormittag im Zielort an und reserviert ein Zimmer. Wer während der Hochsaison anreist, kann für die ersten Nächte bereits zu Hause über Reisebüros, bei Veranstaltern oder im Internet Zimmer buchen. Die thailändische Jugend zieht es in den Universitätsferien (Mitte März – Juni) und Schulferien (Mitte Mai – Mitte Juli) vorwiegend an Strände, die bei ausländischen Touristen weniger beliebt sind. In der

---

Toiletten

WCs *(hong nahm)* gibt es fast überall, v. a. in Tankstellen, Busbahnhöfen, Kaufhäusern, an Piers und in der Nähe von Restaurants und Essenständen, wo sich oft mehrere eine Toilette teilen. Sie sind überwiegend sauber und kostenlos, aber oft fehlt Toilettenpapier und Seife (für Notfälle im Handgepäck mitnehmen). Edle öffentliche Toiletten mit Warmwasser, guter Seife und Musikbeschallung, wie an der Taksin-Brücke in Bangkok, verlangen bis zu 5 Baht.

Nebensaison kann man ab Mitte April immer nach einem Off-Season-Discount fragen.

Spartipp: Touristenhotels mittleren und gehobenen Standards lassen sich wesentlich günstiger vor der Abreise über Reiseveranstalter buchen, die komfortable Zimmer zu Preisen um 30–50 € p. P. anbieten, nur in der Luxuskategorie (Sukhothai, Shangri-La und natürlich Oriental) sind sie teurer. Günstigere Preise erhält häufig auch, wer direkt per Internet oder vor Ort über Reisebüros bucht.

Weitere Übernachtungsmöglichkeiten

Klöster bieten Männern einen einfachen Schlafplatz (gegen eine Spende in Höhe des Übernachtungspreises im Gästehaus), während sie Frauen überwiegend verschlossen bleiben. Sie sind keine Hotels, Service oder nennenswerter Komfort kann dort nicht erwartet werden.

Zelten ist nicht nur in Nationalparks sehr beliebt, sondern auch bei Gästehäusern am Strand sehr gut möglich, wenn man freundlich fragt.

Verhaltenstipps
Sitten und Gebräuche in Thailand

Der **Kopf** gilt als heilig und sollte nie, auch nicht in europäisch-freundschaftlicher Geste, berührt werden. Der **Fuß** ist der unedelste Körperteil und darf deshalb nie einem anderen Menschen oder gar einer Buddhastatue entgegengestreckt werden, was bei der asiatischen Sitzweise manchem Europäer Schwierigkeiten bereitet.

Die **linke Hand** gilt als unrein; deshalb benutzt man die rechte Hand, um zu essen, etwas zu geben oder in Empfang zu nehmen. Große Achtung und so manches strahlende Lächeln erwirbt sich ein Ausländer, der beim Geben oder Überreichen die typische „Gebe-Geste" der Thai anwendet: Während die rechte Hand den Gegenstand übergibt, berührt die linke Hand leicht den rechten Unterarm, um anzudeuten, dass man mit ganzem Herzen gibt.

Thais **begrüßen** sich normalerweise nicht per Handschlag, sondern mit einer Geste, bei der die (eigenen) Handinnenflächen gegeneinander gelegt werden: dem *wai*. Doch ist ein *wai* nicht nur eine Begrüßung, sondern auch ein Zeichen des Respekts, das zuerst dem höher gestellten Menschen dargeboten wird, der es zurückgibt. Ausländer können sich durchaus mit einem Kopfnicken aus der Affäre ziehen oder zumindest darauf achten, dass sie kein falsches *wai* benutzen. Es existieren bestimmte Regeln, wie ein *wai* anzuwenden ist: Mönche: gefaltete Hände vor der Stirn; Ältere: Hände vor der Nase; eindeutig niedriger gestellte Person (Kinder, Hausangestellte, Kellner usw.): Hände vor der Brust; Höhergestellte: Hände vor dem Mund.

Wenn Thais jemanden **heranwinken**, wird das von Europäern oft gegenteilig verstanden, denn das Winken mit der abgewinkelten Handfläche ähnelt stark unserer „Hau ab"-Geste.

Wenn ein Thai im Haus oder Tempel zwischen stehenden oder hockenden Menschen hindurchgehen muss, beugt er leicht den Oberkörper nach vorn und hält den rechten Arm schräg nach unten gestreckt, als ob er die Verbindung zwischen den anderen durchschneiden wolle. Wendet ein Ausländer diese respektvolle Geste an, so erntet er viele freundliche Blicke.

Man beurteilt Fremde weitgehend nach der **Kleidung** – sehr lässige Kleidung oder gar Badekleidung wird außerhalb der Strände nicht geschätzt. Das gilt vor allem für den Besuch von religiösen Stätten. Vor dem Betreten eines Hauses zieht man die Schuhe aus ebenso wie in buddhistischen Tempeln. Besonders während religiöser Zeremonien sollte man sich zurückhalten und um Erlaubnis fragen, ehe man fotografiert. Es gilt als unhöflich, vor betenden Gläubigen herumzulaufen, sich über ihre Köpfe zu erheben oder die religiösen Statuen und Anlagen zu erklimmen.

Natürlich kann ein Tourist nicht alle sozialen Verhaltensweisen und religiösen Sitten der Einheimischen praktizieren, und das wird auch nicht erwartet. Aber schon das Bemühen und das Interesse, das traditionelle Leben der Menschen zu verstehen, werden freundlich aufgenommen

Normalerweise wird kein Trinkgeld erwartet. In Hotels und besseren Restaurants addiert man auf den Rechnungsbetrag ein Trinkgeld von 10 %. Ansonsten gibt man ein Trinkgeld, dessen Höhe vom Rechnungsbetrag und dem Standard des Restaurants abhängen sollte. In einfachen Restaurants braucht man nichts zu geben oder lässt einige Münzen vom Wechselgeld liegen, während in besseren Häusern mindestens 10 Baht gegeben werden sollten. Taxifahrer und Hotelpersonal sollten für besondere Dienstleistungen entlohnt werden, z. B. mit 10 Baht oder 1 RM pro getragenem Gepäckstück, in teueren Hotels entsprechend mehr.

und honoriert. Eine Hilfestellung zum richtigen Verhalten kann der Band *Land und Leute, Thailand,* von Polyglott sein.

Vom Umgang mit Geld

In Touristenläden und an Souvenirständen gehört zum Einkaufen auch das **Handeln**. Wer größere Mengen kauft, kann am ehesten mit Preisnachlässen rechnen. Vor allem in Bangkok und Phuket werden häufig höhere Touristenpreise verlangt. Nicht gehandelt wird in Kaufhäusern (hier ist evtl. ein *discount* möglich), Hotels, Restaurants und in öffentlichen Verkehrsmitteln mit festen Preisen. Unsinnig ist es etwa, den Preis eines Essens vorher herunterzuhandeln – kann dadurch viel schlechter werden. Wer Obst gar zu billig einkauft, findet schnell ein paar weniger gute oder unreife Stücke in seinem Einkauf.

Jeder Tourist gilt als reich. Wie sonst könnte er sich diese weite Reise leisten? Dennoch sieht man es nicht gern, wenn die westlichen Besucher allzu freigebig ihr Geld verteilen, denn nur gezielte, langfristige Hilfen, und nicht einige Münzen in einer ausgestreckten Hand, können die Lebenssituation der Menschen verändern.

Betteln sollte nicht gefördert werden. Eine Ausnahme sind körperbehinderte Bettler und alte Menschen. Wenn an den Tempeltoren um eine Spende gebeten wird oder in buddhistischen Ländern morgens die Mönche durch die Straßen ziehen, um die Gaben der Gläubigen entgegenzunehmen, sollte man das nicht mit Betteln gleichsetzen. Denn es ist für die Gläubigen eine besondere Gunst, sich durch die freiwillige Gabe einen Verdienst erwerben zu können, wofür sie sich bei den Mönchen bedanken. Hilfreicher ist es, durch Spenden Projekte in Thailand zu unterstützen. *Terre des hommes* unterstützt z. B. Kindergärten in burmesischen Flüchtlingslagern, politische Flüchtlinge in Chiang Mai sowie Schulen für Shan-Kinder. Zudem erhalten verschiedene Organisationen finanzielle Hilfe. Im Norden versucht *Econorth* der Zerstörung der Lebensgrundlagen in den Dörfern und der Landflucht entgegenzuwirken und betreut eine Vielzahl von Projekten im ländlichen Raum, z. B. Ausbildungsprojekte für Mädchen als Vorbeugung gegen die Prostitution oder Bauernkooperativen für ökologischen Landbau. In Bangkok kümmert sich die „Stiftung für menschenwürdiges Wohnen" um die Verbesserung der Lebensbedingungen der Slumbewohner und die „Stiftung für ein besseres Leben von Kindern" um Straßenkinder. SOS-Kinderdörfer befinden sich in Bangkok und Hat Yai.

Sitten und Gebräuche in Malaysia

Malaysia ist ein Vielvölkerstaat, in dem Malaien, Chinesen, Inder und andere Völker, Moslems, Hindus, Buddhisten und Christen Tür an Tür miteinander leben.

Alle Lebensbereiche der **malaiischen Bevölkerung** werden vom Islam geprägt. Die strengen islamischen Regeln erfordern es, dass Frauen sich in der Öffentlichkeit verhüllen, sodass nur Gesicht, Hände und Füße zu sehen sind. Ausschließlich der Genuss von Lebensmitteln, die unter islamischen Riten zubereitet wurden, also *halal* sind, ist erlaubt. Der Verzehr von Alkohol und Schweinefleisch ist verboten, wie auch das Glücksspiel. In einem malaiischen Restaurant nach einem Bier oder einem *sate babi* zu fragen, wird daher nur ungläubiges Erstaunen hervorrufen. Ebenso ist die Berührung mit dem Speichel oder den Exkrementen von Hunden tabu, daher gibt es in moslemischen Dörfern kaum Hunde.

Es ist äußerst unhöflich, vor den betenden Gläubigen in der Moschee herumzulaufen oder sich über ihre Köpfe zu erheben. Viele Moscheen sind Frauen nicht zugänglich. Der Kopf gilt als heilig und sollte nie, auch nicht in europäisch-freundschaftlicher Geste, berührt werden. Wie in Thailand gilt auch in Malaysia die Rechte-Hand-Regel.

Der **chinesische** Buddhismus ist sehr mit der Verehrung der Ahnen verwoben. Man betritt einen Tempel durch die rechte Tür und verlässt ihn durch die linke. Wer in eine chinesische Familie eingeladen wird, sollte sich möglichst nicht in Blau, Schwarz oder Weiß kleiden, denn diese Farben sind an besondere Anlässe gebunden.

Geschenke sind beim ersten Besuch nicht üblich. Als Geschenk für gute Freunde sind Lebensmittel – möglichst paarweise – am besten geeignet. Das gemeinsame Essen spielt eine große Rolle und wird ausgiebig genossen. Einen „Anstandsrest" auf dem Teller zu lassen, gilt traditionell erzogenen Chinesen als Verschwendung, die auf den Platten verbliebenen Reste mit nach Hause zu nehmen hingegen als normal. Die materielle Not, die die Chinesen einst zum Verlassen ihres Heimatlandes zwang, zeigt noch ihre Auswirkungen. Angestrebt wird finanzieller Wohlstand für die Familie.

Versicherungen

Reiserücktrittskostenversicherung

Bei einer Pauschalreise ist eine Rücktrittskostenversicherung meist im Preis inbegriffen (zur Sicherheit nachfragen). Wer individuell plant, muss sich um die Absicherung dieses Risikos selbst kümmern. Reiserücktrittskostenversicherungen müssen in der Regel bis 14 Tage nach der Reisebuchung abgeschlossen werden. Bei Krankheit oder Tod eines Familienmitglieds oder Reisepartners ersetzt die Versicherung die Stornokosten der Reise. Eine Reiseunfähigkeit wegen Krankheit muss ärztlich nachgewiesen werden.

Die Kosten der Versicherung liegen in der Regel bei 15–90 € pro Person. Zum Teil gibt es eine Selbstbeteiligung.

Reisegepäckversicherung

Viele Versicherungen bieten die Absicherung des Verlustes von Gepäck an, einige haben sich sogar darauf spezialisiert (z. B. Elvia, ☏ 089-624240, ⌨ www.elvia.de). Die Bedingungen, unter denen das Gepäck abhanden kommen „darf", sind sehr eng gefasst. Bei vielen Versicherungen ist z. B. das Gepäck in unbewacht abgestellten Kraftfahrzeugen zu keinem Zeitpunkt versichert. Kameras oder Fotoapparate müsssen wegen möglicher Mopedräuber am Körper befestigt sein, sonst zahlt die Versicherung nicht (so Gerichtsurteile). Ohnehin sind sie meist nur bis zu einer bestimmten Höhe oder bis zu einem bestimmten Prozentsatz des Neuwertes versichert, auch Schmuck unterliegt Einschränkungen, ebenso wie Bargeld. Für eine wertvolle Fotoausrüstung kann eine Fotoversicherung abgeschlossen werden. Diese ist zwar relativ teuer, aber die Geräte sind so gegen alle möglichen Risiken versichert. Die Kosten richten sich nach dem Wert der Ausrüstung bzw. der Versicherungssumme. Bei der Victoria beläuft sich der Jahresbeitrag bei einem Neuwert von 2500 € auf 130 €.

Eine Reisegepäckversicherung sollte Weltgeltung haben, die gesamte Dauer der Reise umfassen und in ausreichender Höhe abgeschlossen sein. Tritt ein Schadensfall ein, muss der Verlust sofort bei der Polizei gemeldet werden. Eine **Checkliste**, auf der alle Gegenstände und ihr Wert eingetragen sind, ist dabei hilfreich. Ansonsten sollte alles, was nicht ausreichend versichert ist, im Handgepäck transportiert werden. Eine Reisegepäckversicherung mit einer Deckung von rund 2000 € kostet für 24 Tage ca. 30 €, als Jahresvertrag etwa 60–70 €.

Reisekrankenversicherung

Es ist ratsam, eine Reisekrankenversicherung abzuschließen. Nur wenige private Krankenkassen schließen den weltweiten Schutz im Krankheits-fall ein. Die meisten Reisebüros und Kreditkartenorganisationen bieten derartige Versicherungen an. Bei Krankheit – speziell Krankenhausaufenthalten – kann sehr schnell eine erhebliche Summe zusammenkommen, die aus eigener Tasche bezahlt werden müsste. Ist man versichert, kann man die Kosten gegen Vorlage der Rechnungen zu Hause geltend machen. Einschränkungen gibt es besonders bezüglich Zahnbehandlungen (nur Notfallbehandlung) und chronischen Krankheiten (Bedingungen durchlesen).

Die später bei der Versicherung einzureichende **Rechnung** sollte folgende Angaben enthalten:

- Name, Vorname, Geburtsdatum, Behandlungsort und -datum
- Diagnose
- erbrachte Leistungen in detaillierter Aufstellung (Beratung, Untersuchungen, Behandlungen, Medikamente, Injektionen, Laborkosten, Krankenhausaufenthalt)
- Unterschrift und Stempel des behandelnden Arztes

Wer im Ausland schwer erkrankt, wird zu Lasten der Versicherung mit Linienmaschinen oder auch mit eigens losgeschickten Ambulanzflugzeugen heimgeholt, aber nur, wenn er plausibel darlegen kann, dass am Urlaubsort keine ausreichende Versorgung gewährleistet ist. Die meisten Versicherungen haben den Passus „wenn medizinisch notwendig" in das Kleingedruckte aufgenommen. Aber gerade die medizinische Notwendigkeit ist nicht immer leicht zu beweisen. Ist der Passus „wenn medizinisch sinnvoll und vertretbar" formuliert, kann man wesentlich besser für eine Rückholung argumentieren.

Die Universa versichert Reisende auf allen Auslandsreisen, die nicht länger als zwei Monate dauern, zu einem Preis von 8 € p. P. bzw. 17,80 € ab Eintrittsalter 60 pro Jahr. Die Auslands-Krankenschutz-Versicherung des ADAC gilt ein Jahr lang für Reisen von jeweils maximal 45 Tagen und kostet für Mitglieder 11,70 €, Nicht-Mitglieder zahlen 12,80 €. Weitere Anbieter sind u. a. Debeka, Europa und HUK-Coburg. Wer länger verreisen möchte, sollte nach Langzeittarifen für bis zu 3 Jahren fragen.

Versicherungspakete

Sie schließen neben der Reisekrankenversicherung eine Gepäck-, Reiserücktrittskosten- und Reise-Notruf- (oder Rat&Tat-) Versicherung ein. Mit Letzterer erhält man über eine Notrufnummer Soforthilfe während der Reise. Krankenhauskosten werden sofort von der Versicherung beglichen, und bei ernsthaften Erkrankungen übernimmt sie den Rücktransport. Ist der Versicherte nicht transportfähig und muss länger als 10 Tage im Krankenhaus bleiben, kann eine nahe stehende Person auf Kosten der Versicherung einfliegen. Auch beim Verlust der Reisekasse erhält man über den Notruf einen Vorschuss.

Die Pakete sind jedoch auf maximal 5–8 Wochen begrenzt. Da bei längeren Reisen bis zu einem Jahr nur Einzelversicherungen möglich sind und der Versicherungsschutz teurer wird, sollte man in diesem Fall die Leistungen verschiedener Unternehmen vergleichen. Wer sich optimal absichern möchte, schließt eine separate Kranken-, Reise-Notruf- (Rat & Tat-), Unfall- und Gepäckversicherung ab. Bei häufigen Auslandsreisen können die Einzelversicherungen oder das Paket auch für ein ganzes Jahr abgeschlossen werden. Dann besteht auf allen Reisen Versicherungsschutz, sofern diese nicht länger als 6 Wochen dauern. Versicherungspakete lassen sich über Reisebüros abschließen, wobei die Kosten von der Dauer und dem Wert der Reise abhängen.

Visa

Thailand

Für **deutsche, österreichische und Schweizer Touristen** ist die Visumerteilung bei Ankunft („Visa on Arrival") auf dem Flughafen für einen Aufenthalt bis maximal 30 Tage kostenfrei möglich. Voraussetzungen: Gültiger Reisepass (mind. 6 Monate gültig), Nachweis eines Rück- oder Weiterreisetickets mit bestätigter Flugbuchung, Nachweis ausreichender Geldmittel für den Aufenthalt (10 000 Baht). Normalerweise wird die Aufenthaltsgenehmigung bei der Einreise problemlos in den Pass gestempelt (Stempeldatum kontrollieren). Für einen längeren Aufenthalt wird ein **Touristenvisum** von einer thailändischen diplomatischen Vertretung im Ausland ausgestellt. Für bis zu 60 Tage kostet es 30 € (90

Tage gültig), für zwei / drei Einreisen 60 / 90 € (180 Tage gültig).

Mit Thailändern verheiratete Ehepartner und Rentner können ein **Non-Immigrant-Visum „O"** und Geschäftsreisende ein **Non-Immigrant-Visum „B"** beantragen. Sie gelten entweder für eine einmalige Einreise von 90 Tagen (50 €) oder für mehrere Einreisen innerhalb von 365 Tagen jeweils für max. 90 Tage (120 €). Die Konsulate verlangen unterschiedliche Belege.

Das für den **Visum-Antrag** erforderliche Antragsformular ist auf der Website der Botschaft (🖳 www.thaiembassy.de oder 🖳 www.mfa.go.th) oder des Konsulats (🖳 www.thaikonsulat.de) herunterzuladen oder wird nach schriftlicher Anforderung zusammen mit einem frankierten Rückumschlag (3,49 €) vom jeweils zuständigen Konsulat oder der Botschaft zugeschickt. Für die Beantragung benötigt man ein Passbild (manchmal auch zwei), den Reisepass, der bei der Einreise noch mindestens sechs Monate gültig sein muss, und eine Reisebestätigung oder eine Kopie des Tickets. Kinder benötigen einen eigenen EU-Reisepass, der deutsche Kinderausweis wird nicht anerkannt. Vom Ausstellungsdatum an muss innerhalb von 90 Tagen die Einreise erfolgt sein. In begründeten Fällen wird die Frist um wei-

---

Das Visum nicht überziehen!

Wird die Aufenthaltsgenehmigung oder das Visum um wenige Tage überzogen (bei Maschinen, die erst nach Mitternacht abfliegen, zählt auch der Abflugtag!), ist bei der Ausreise für den zweiten überzogenen Tag eine Geldstrafe von 1000 Baht und für jeden weiteren Tag 500 Baht in einheimischer Währung fällig. Es sind vor der Abreise von einem Grenzbeamten mehrere Formulare auszufüllen, was einige Zeit dauern kann, daher rechtzeitig am Immigrationsschalter erscheinen. Das Visum zu überziehen, wird nicht als Bagatelle angesehen und kann schon nach mehreren Tagen zu gravierenden Problemen führen. Bei längerem Aufenthalt ohne Visum kommt es zur Gerichtsverhandlung, und wer dann seine Strafe nicht zahlen kann, muss ins Gefängnis.

---

tere 90 Tage verlängert. Wer nicht mindestens US$500 und ein Ausreiseticket besitzt, dem kann die Einreise verweigert werden (das Personal der Airlines ist beim Einchecken verpflichtet, das Ausreiseticket zu prüfen). Auch sind allzu nachlässig gekleidete Besucher nicht gern gesehen.

Es ist möglich, das 60-Tage-Touristenvisum bei jedem Immigration Office in Thailand für 1900 Baht um 30 Tage zu **verlängern**, ein weiteres Mal um 14 Tage und ein letztes Mal um 7 Tage. Dabei sollte man ordentlich gekleidet sein und ggf. einen größeren Geldbetrag vorweisen können. Die 30 Tage gültige visafreie Aufenthaltsgenehmigung kann normalerweise nur im Falle von Krankheit um max. 7 Tage verlängert werden. Mit einem **Double-Entry-Visum** kann man in die Nachbarländer ausreisen und problemlos innerhalb von Minuten nach Thailand zurückkehren. Das „Visa on Arrival" wird max. 3 Mal hintereinander ausgestellt, danach müssen mindestens 90 Tage im Ausland verbracht werden, bevor wieder ein „Visa on Arrival" ausgestellt wird. Wer wieder ein Visum für 60 oder 90 Tage benötigt, kann bei den konsularischen Vertretungen in den Nachbarländern ein neues beantragen.

Wer von Bangkok in ein Nachbarland fliegen möchte, kann mit einem noch nicht abgelaufenen Touristenvisum in der Abflughalle für 500 Baht ein Re-Entry-Permit erhalten, das jedoch das 60-Tage-Touristenvisum nicht verlängert.

Immigration Office
Soi Suanphlu, Sathon Tai Rd., Bangkok 10120, 📞 02-2873101-9, 📠 2871310.

One-Stop Service Center
Krisda Plaza 207, 3rd Floor, Rachadapisek Rd., Bangkok 10310, 📞 02-6939333-9.

Malaysia

Für die Einreise nach Malaysia benötigt man einen Pass, der noch mindestens sechs Monate nach Einreisedatum gültig sein muss. Bei der Einreise wird Deutschen, Schweizern und Österreichern ein **Visit Pass** ausgestellt, der zum dreimonatigen visafreien Aufenthalt berechtigt.

Zeit und Kalender

Zeitverschiebung

Die Zeitverschiebung zur Mitteleuropäischen Zeit (MEZ) beträgt in Thailand 6 Std., zur Sommerzeit 5 Std., zu Malaysia eine Std. mehr.

MEZ	Sommerzeit	Thailand	Malaysia
17	18	23	24 Uhr
20	21	2	3 Uhr
23	24	5	6 Uhr
2	3	8	9 Uhr
5	6	11	12 Uhr
8	9	14	15 Uhr
11	12	17	18 Uhr
14	15	20	21 Uhr

Kalender

Thais kennen drei Kalender: den westlichen, den buddhistisch-thailändischen und den chinesischen. So feiern sie auch dreimal im Jahr Neujahr, und jedes Mal recht ausführlich. Am 1. Januar (Geschäftsneujahr), am 13. April (Songkran, Thai-Neujahr) und am Neumondtag im Januar oder Februar (Chinese New Year). Im täglichen Leben wird der **westliche Kalender** benutzt.

Das Jahr 543 v. Chr. ist das 1. Jahr des **thailändischen Kalenders**. Da dieser sich nach dem Mond richtet, muss alle 4–5 Jahre ein Monat eingeschoben werden. Das Jahr 2007 ist das Jahr 2550 nach Buddha, 2008 = 2551 und 2009 = 2552.

Im **chinesischen Kalender** wird das Jahr im Rhythmus von 12 Jahren jeweils nach einem Tier benannt, dem bestimmte Eigenheiten zugeschrieben werden. So ist 2007 das Jahr des Schweins, 2008 das Jahr der Ratte, dann folgen die Tiere Büffel, Tiger, Hase (Katze), Drachen, Schlange, Pferd, Ziege, Affe, Hahn, Hund und wiederum Schwein. Zum **islamischen** Kalender s. S. 48.

Zoll

Thailand

Zollfrei sind neben den üblichen Gegenständen des täglichen Bedarfs 200 Zigaretten bzw. 250 g Tabak, 1 l Wein oder 1 l Spirituosen, ein Fotoapparat, eine Film- oder Video-Kamera und 5 Filme. Alle weiteren Dinge müssen bei der Einreise deklariert und verzollt werden. Für unbelichtetes Filmmaterial beträgt der selten erhobene Satz 40 % des Gesamtwertes.

Verboten ist die Einfuhr von Waffen, Porno-Literatur und Drogen bzw. die Ausfuhr von Buddhastatuen und echten Antiquitäten. Der Handel mit Antiquitäten ist in Thailand verboten. Gelegenheit macht auch Drogen-Schmuggler. Es sitzen bereits viele Touristen wegen Drogenbesitz in den Gefängnissen Thailands.

Ausländische Währung darf in beliebiger Höhe ohne Deklaration ein- und ausgeführt werden. Die Ein- und Ausfuhr thailändischer Währung ist auf 50 000 Baht p. P. begrenzt. Bei der Ausreise nach Malaysia, Myanmar, Laos, Kambodscha und Vietnam können 500 000 Baht mitgenommen werden.

Wer am Flughafen von Bangkok, Phuket oder Hat Yai Waren im Wert von mindestens 5000 Baht (pro Quittung ab 2000 Baht) gekauft hat, erhält die Mehrwertsteuer von zzt. 7 % gegen Vorlage der Quittungen in bar zurück. Bei der Einreise nach Deutschland gilt für Waren eine Freigrenze von 175 € p. P.

Malaysia

Zollfrei sind 200 Zigaretten, 1 l alkoholische Getränke, Lebensmittel bis zu einem Wert von 75 RM und andere Geschenke bis zu einem Wert von 200 RM. Teurere Geschenke müssen verzollt werden. Normalerweise müssen 50 % des Neuwertes (Kaufbeleg hilfreich) gegen Quittung als Pfand hinterlegt werden, und bei der Ausreise mit dem Objekt bekommt man das Geld zurück.

Land und Leute

Geografie

Beim Anflug auf Bangkok erblickte man einst ein Mosaik aus Reisfeldern, das je nach Jahreszeit in hellem Grün, sattem Gelb oder lehmigem Braun leuchtete. Die Ebene, durchzogen von einem schimmernden Netz von Kanälen und Flüssen, an deren Ufern die Dörfer wie Perlen an einer Schnur lagen, ist mittlerweile mit endlos scheinenden Reihenhaussiedlungen für die neue Mittelschicht und riesigen Fabrikhallen bebaut. Rings um Bangkok, vor allem im Norden und Südosten, hat sich der weitaus größte Teil der verarbeitenden Industrie Thailands angesiedelt. Bei einer Reise in den Norden oder Süden zeigt sich das Land von einer ganz anderen Seite.

Thailand, mit 514 000 km² um 43 % größer als Deutschland, liegt südlich des nördlichen Wendekreises, zwischen 6° und 20° nördlicher Breite und 97° und 106° östlicher Länge. Vom Norden bis in den südlichen „Rüssel" des so genannten „Elefantenkopfes" beträgt die Entfernung über 1800 km, was der Entfernung Kopenhagen – Rom entspricht, von Westen nach Osten sind es 800 km, fast so weit wie von Paris nach Berlin. Hingegen ist das Land an seiner schmalsten Stelle nur 15 km breit.

Das gesamte Flussnetz von Thailand ist 3 Millionen Kilometer lang. Davon sind etwa 10 000 km schiffbar. Durch Wasserkraft wird mehr als ein Drittel des Energiebedarfs gedeckt.

Die Zentralregion

Die weite, ebene Landschaft ist vom Menam Chao Phraya, dem mit 365 km größten Fluss des Landes, seinen Nebenflüssen und dem weiten Delta geprägt. Der *Menam* (= Mutter des Wassers / Fluss) *Chao Phraya* (= hoher Adelstitel) windet sich durch ein Tiefland, das weniger als 80 m über dem Meeresspiegel liegt. Sand, Kies und andere verwitterte Materialien wurden von den Wassermassen im Laufe der Jahrmillionen in der Ebene Schicht für Schicht abgelagert. Jahr für Jahr werden weitere Mengen an Sedimentgestein und fruchtbaren Mineralstoffen aus den Bergen des Nordens in Richtung Meer transportiert. Mit dem Einsetzen der Regenzeit steigen die Wassermassen der Flüsse bis auf das Hundertfache an und überfluten weite Landstriche.

Viele Staudämme haben die Flüsse im Oberlauf gebändigt. Doch noch immer stehen monatelang weite Gebiete des Kernlandes unter Wasser. Diese fruchtbare alluviale Ebene, die – sofern nicht bebaut – intensiv für den Reisanbau genutzt wird, geht in ihren Randbereichen in eine hügelige Landschaft über, die zum Teil aus älteren Gesteinsablagerungen besteht.

Die Nordregion

Die in Nord-Süd-Richtung verlaufenden Höhenketten sind Ausläufer des Himalaya. Der große Gebirgszug erstreckt sich von Indien über Burma, China und Thailand weiter Richtung Süden entlang der Westgrenze des Landes bis zur Malaiischen Halbinsel. Nur selten erreicht das Gebirge in Thailand Höhen über 2000 m. Mit 2565 m ist der Doi Inthanon, 60 km südwestlich von Chiang Mai, der höchste Berg des Landes.

Zwischen den durch Faltung und Hebung entstandenen Gebirgszügen haben die Flüsse tiefe Täler gegraben. Außer den Nebenflüssen des Mekong im Osten (z. B. der Mae Kok, an dem Chiang Rai liegt) und des Salween im Westen (z. B. Menam Pai – bei Mae Hong Son) fließen vor allem die Quellflüsse des Menam Chao Phraya durch die breiten Täler des Nordens: im Westen der Ping (Chiang Mai), der sich nördlich von Tak mit dem Wang (Lampang) vereinigt, im Osten der Yom (Phrae, Sukhothai), der flussabwärts in den Nan (Nan, Phitsanulok) mündet. Bei Nakhon Sawan entsteht am Zusammenfluss dieser Ströme der Menam Chao Phraya. Die alluvialen Flusstäler werden landwirtschaftlich intensiv genutzt und waren bereits besiedelt, als die Thai aus Yünnan kommend hier eintrafen.

Die Nordostregion

Das Zentrum bildet eine 100–300 m über dem Meeresspiegel sich schalenförmig erhebende, leicht hügelige Ebene, das so genannte Korat-Plateau, das von Höhenzügen und Flüssen begrenzt wird: die bis zu 1700 m hohe Petchabun-

Kette im Westen, die Phanom Dongrak-Kette im Süden, der Mekong im Osten und Norden. Im Erdmittelalter (Mesozoikum) lagerten sich hier Sedimente eines urzeitlichen Meeres ab, die später gehoben und gefaltet wurden. Die nährstoffarmen Böden können Wasser nur schlecht speichern, sodass sie landwirtschaftlich nicht intensiv genutzt werden können. Während der Regenzeit, wenn der Menam Mun mit seinen Nebenflüssen die Wassermassen kaum fassen kann, kommt es zu großen Überflutungen. Nur wenige Monate später leidet das Land unter Trockenheit und Dürre.

Die Südregion

Thailand besitzt eine über 2600 km lange Küste, überwiegend am Golf von Thailand und zu einem geringeren Teil am Indischen Ozean (Andamanensee). Im Südosten erstrecken sich die Ausläufer der Bilauktaung-Bergkette bis zum Meer. In der frühen Erdneuzeit (Tertiär) hatte sich hier Sandstein abgelagert, den später basaltische Laven, die aus dem Erdinneren nach oben drangen, überlagerten. Auf der Malaiischen Halbinsel im Süden trennen staffelförmig versetzte Bergketten (Tenasserim-, Phuket-, Nakhon- und Kalakiri-Kette) die West- und Ostküste. Während an der Westküste die schroffen Karstfelsen steil ins Meer abfallen und Inselgruppen aus bizarren Kalkformationen (Bucht von Phang Nga) bilden, läuft das Gebirge im Osten in eine weite Küstenebene aus.

Natur

Elefanten und Teakwälder, die beiden typischsten Vertreter der thailändischen Fauna und Flora, werden die meisten Besucher des Landes kaum noch in ihrem natürlichen Umfeld sehen können. Das Bild des Landes prägen stattdessen Felder, Gärten und domestizierte Tiere.

Flora

Während im Süden immergrüne Wälder einen Teil des Landes bedecken, muss sich die Pflanzenwelt weiter im Norden an eine deutlich zunehmende Trockenperiode und stärkere Temperaturschwankungen anpassen. In den Bergregionen, wo Temperaturen bis in die Nähe des Gefrierpunktes absinken können, findet man eine völlig andere, kälteren Temperaturen angepasste Pflanzenwelt.

Immergrüne Regenwälder

Immergrüne Regenwälder findet man in Thailand nur im Süden (etwa ab Chumphon) vor, wobei Primärwälder nur noch etwa 3 % der Landesfläche bedecken. In bis zu 70 m Höhe erstreckt sich das dichte Blätterdach ihrer höchsten Bäume, das die anderen Pflanzen vor direktem Sonnenlicht, Temperaturschwankungen und Änderungen der Luftfeuchtigkeit schützt. Andererseits müssen sich die niedrigeren Bäume, in der Konkurrenz um das Licht, dem Himmel entgegenstrecken. Im Dämmerlicht zwischen den breiten Brettwurzeln und herabhängenden Lianen wachsen verschiedene Büsche und Sträucher, die eine hohe Luftfeuchtigkeit benötigen, aber mit wenig Licht auskommen. Das Laub und andere organische Stoffe werden am Boden von Kleinstlebewesen zersetzt und in Humus umgewandelt. Er bildet auf dem zumeist unfruchtbaren, tropischen Lehmboden eine dünne Auflage und ist die überwiegende Nährstoffquelle der Pflanzen.

In Bodennähe wird das Grün der Wälder nur selten von farbigen Blumen unterbrochen. Viele Orchideenarten sind Epiphyten und leben wie Schmarotzerpflanzen auf anderen Pflanzen in den oberen Stockwerken des Waldes. An einer Lichtung, wo die Sonne bis auf den Boden vordringen kann, ändert sich die Vegetation. Lianen, Sträucher und andere Pflanzen wachsen im Überfluss und bilden ein undurchdringliches Dickicht.

Sobald dieser Wald abgeholzt wird, fehlt es an organischen Stoffen für den natürlichen Kreislauf von Pflanzenwachstum und Humusproduktion. Zudem ist der lockere Humusboden durch das Wurzelwerk der Pflanzen nicht mehr geschützt und rasch ausgewaschen. Wird das Land nicht bebaut, entwickelt sich nach langer Zeit ein Sekundärwald, der weitaus weniger Artenfülle aufweist und aus niedrigen Bäumen, Büschen und Lianen besteht.

Monsunwälder

Ausgeprägte Trockenzeiten bestimmen den Pflanzenwuchs in den meisten Landesteilen. Wie in unserem Winter werfen die Bäume in der regenarmen Zeit ihre Blätter ab. Bereits im Dezember und Januar leuchten die Blätter in herbstlichen Farben. Bis zum Einsetzen der Regenzeit im Mai sind sie unbelaubt mit Ausnahme einiger Bäume, die gerade jetzt in kräftigen Farben blühen.

Da während der heißen Jahreszeit kein Schatten spendendes Blätterdach die untere Bodenregion der Wälder vor direkter Sonneneinstrahlung schützt, überleben dort nur Pflanzen, die sich dem jahreszeitlichen Klimawechsel angepasst haben. Mit dem Einsetzen der Regenzeit entwickelt sich dann wieder eine üppige Belaubung. Im Gegensatz zu vielen Bäumen werfen die niedrigen Büsche und Pflanzen ihre Blätter nicht ab, da diese durch eine verdunstungshindernde Schicht vor zu starkem Austrocknen geschützt sind.

Die Artenvielfalt der Monsunwälder ist wesentlich geringer und der Bestand ist lichter als im immergrünen Regenwald. In trockenen Monsunwäldern überwiegen die *Dipterocarpaceen,* lichte Bäume mit immergrünen, ledrigen Blättern, deren Blüten und Harz einen aromatischen Duft verbreiten.

Ein typischer Vertreter der Laub abwerfenden Wälder ist der **Teakbaum** *(Tectona grandis),* dessen hartes, haltbares Edelholz bereits seit Jahrhunderten geschätzt wird. Er zeichnet sich sogar unter tropischen Bedingungen durch extreme Langlebigkeit aus. Auf wasserdurchlässigen Böden in den unteren Bergwäldern (bis zu 900 m Höhe) von Indien bis Thailand beheimatet, gedeiht er am besten bei einer mittleren Jahrestemperatur von 24–27 °C und einer jährlichen Niederschlagsmenge um 1500 mm. In Plantagen werden die spärlich Samen tragenden Bäume mit den bis zu einem halben Meter großen Blättern kultiviert. Dabei erreichen unter optimalen Bedingungen die geraden, hohen Stämme bereits in 15 Jahren eine Höhe von nahezu 20 Metern, während sie unter natürlichen Bedingungen hierfür bis zu 200 Jahre benötigen.

Bambuswälder

In einigen Flusstälern Nord-Thailands stehen Bambuswälder von unterschiedlicher Dichte und Höhe. Die den Gräsern zugehörigen bis zu baumhohen Pflanzen wachsen extrem schnell und sind universell nutzbar. Wie kaum eine andere Pflanze werden sie in allen Ländern Ost- und Südostasiens sowohl als Nahrungsmittel als auch für den Hausbau und die Herstellung verschiedenster Gegenstände im praktischen wie ästhetischen und religiösen Bereich genutzt.

Mangrovenwälder

An den flachen Küsten im tropischen Süden bilden Mangrovenwälder manchmal einen kilometerlangen, nur schwer durchdringlichen, schmalen Saum.

Die unterschiedlichen Baumarten dieser bis zu 20 m hohen Wälder haben sich an das Leben im Salzwasser angepasst und finden mit ihren Stelzwurzeln Halt im Schlick und Schlamm der Gezeitenzone. Häufig bilden sich vor den Mangroven Sandbänke im Meer, wodurch die Sümpfe verlanden. Vor allem dort, wo Mangroven abgeholzt wurden, wachsen in ausgedehnten, sumpfigen Deltagebieten Nipapalmen (*Nypa fruticans*), deren große Palmwedel zum Dach decken und für Matten verwendet werden und aus deren Früchten eine Art Bier für den Eigenbedarf gebraut wird.

In einem halben Jahrhundert ist bereits die Hälfte aller Mangrovenwälder verschwunden. Immer noch werden Mangroven zu Holzkohle verarbeitet. Zudem belastet die zunehmende Zersiedlung aber vor allem die Anlage von Shrimp-Farmen das Ökosystem der Küste (s. S. 97). Das Gleichgewicht wird dadurch nachhaltig gestört, und der Ufersaum ist schutzlos der Meeresbrandung ausgesetzt, sodass das Land vom Meer überspült wird.

Wasserhyazinthen

Viele Flüsse und Klongs sind mit großen Inseln dickblättriger, tiefgrüner Wasserpflanzen bedeckt, die den Schiffsverkehr behindern. Erst 1901 wurden die Wasserhyazinthen aus Java nach Thailand eingeführt, wo sie sich rasant vermehrten.

Nach vergeblichen Versuchen, die Ausbreitung der zählebigen Pflanze zu verhindern, hat man ihre Vorteile erkannt. Die Wasserhyazinthe kann nicht nur – wie eine natürliche Kläranlage – das Wasser sauber halten, sondern auf Grund ihres hohen Proteingehalts auch als Futter, Dünger und auf andere Art wirtschaftlich genutzt werden. Sogar Möbel werden mittlerweile aus ihren Fasern hergestellt.

Der Gummibaum (Hevea brasiliensis)

Er war ursprünglich am Amazonas beheimatet und hatte den Kautschukbaronen der brasilianischen Urwaldstadt Manaus einen beispiellosen Boom beschert. Um das Monopol zu schützen, war die Ausfuhr der wild wachsenden Pflanze bei Todesstrafe verboten. Dennoch kamen 70 000 Samen 1876 auf dunklem Wege nach London, wo sie im Kew Garden Früchte trugen, die den Grundstein von Malaysias Kautschukindustrie bildeten. Henry Nicholas Ridley, Leiter der Forstverwaltung des Straits Settlements und des Botanischen Gartens in Singapore, führte viele Experimente durch, entwickelte eine neue Zapfmethode und propagierte den Plantagenanbau des Gummibaums unter den britischen Pflanzern. Bereits 1896 entstanden die ersten Kautschukplantagen, und schon bald hatte der billigere Malaya-Kautschuk den brasilianischen vom Weltmarkt verdrängt.

Vor allem Dunlops Erfindung des pneumatischen Fahrradreifens und die Einführung der Fließbandproduktion bei Automobilen durch Henry Ford ließen den Bedarf an Naturkautschuk in die Höhe schnellen, sodass in Gebieten mit entsprechenden Klima- und Bodenverhältnissen immer mehr Plantagen entstanden (s. S. 642, Trang). Fast 40 % der Weltproduktion an Kautschuk wird mittlerweile in Thailand erzeugt. Ein Gummibaum muss fünf bis sechs Jahre alt sein, um zum erstenmal angezapft werden zu können. Dabei wird mit einem besonderen Messer ein spiralförmig nach unten laufender Schnitt in die Baumrinde geritzt. In einer Schale wird der milchige Kautschuksaft aufgefangen und später vom Zapfer in einen Sammelbehälter gegossen. Unter Zusatz von Chemikalien wird der frisch gezapfte Latex zu dünnen Fladen verarbeitet, anschließend mit einer Handmangel zu Fußabstreifern ähnelnden Lappen ausgewalzt, getrocknet und in größeren Betrieben verarbeitet.

Fauna

Im Übergangsbereich zwischen China und der malaiischen Halbinsel verfügt Thailand über eine besonders artenreiche Fauna. Durch den Menschen sind aber 37 Säugetierarten von der Ausrottung bedroht. Obwohl seit 1961 zum Schutz der Tiere immer mehr Naturparks eingerichtet werden, sind vor allem die Großsäugetiere der tropischen Wälder stark gefährdet – so das Sumatra-Nashorn (das nur noch im Umphang Distrikt in der Provinz Tak vorkommen soll), Tapir, Leopard und Tiger.

Raubtiere oder anderes Großwild bekommt man in den seltensten Fällen tatsächlich zu Gesicht. Neben der Jagd und dem illegalen Tierfang wurde durch das Abholzen der Wälder der Lebensraum der Tiere eingeengt. Auch die Meeresfauna ist durch die gnadenlose Überfischung massiv gefährdet.

Die Welt-Artenschutz-Konferenz CITS, die im Oktober 2004 in Bangkok stattfand, hat in Thailand die Wahrnehmung des Naturschutz-Gedankens gestärkt.

Säugetiere

Kleinere Tiere, die noch relativ häufig auftreten, sind die Wildrinder **Banteng** und **Kating**. Die Monsunwälder sind der Lebensraum der Hirsche, des **Sambar** (Cervus unicolor), ein dunkelbraunes, verhältnismäßig großes Tier, und des Schweinshirsches.

Oft sind auch Affen zu hören und zu sehen, vor allem **Gibbons** und **Makaken**. Von einer rotbraunen Makakenart mit kurzem Schwanz, die überwiegend auf dem Dschungelboden lebt, werden junge, männliche Tiere gefangen, gezähmt und in den Dörfern bei der Kokosnuss-Ernte (z. B. auf Ko Samui) eingesetzt.

Im immergrünen Regenwald sind relativ häufig so genannte Gleiter zu sehen. Das größte unter ihnen, das **Riesenflughörnchen**, erreicht voll ausgestreckt eine Länge von beinahe einem Meter, wobei der Rumpf etwa 50 cm lang ist. Daneben gibt es **Flattermakis** *(flying lemur),* die zur Familie der Halbaffen gehören und etwa die Größe einer Hauskatze erreichen.

In vielen dunklen Höhlen leben Schwärme von bis zu mehreren Millionen **Fledermäusen**, die

Selbst der von den Thais seit Jahrhunderten verehrte und wegen seiner Kraft geschätzte Elefant ist gefährdet. Man nimmt an, dass wilde Elefanten, sofern man sie nicht stärker schützt, in 30–40 Jahren ausgerottet sein werden. In ganz Thailand leben laut WWF etwa 1200–1500 wilde Elefanten, überwiegend im Tenasserim-Gebirge entlang der burmesischen Grenze. Zudem wurden etwa 3000 gezähmte Elefanten für den Abtransport der Bäume aus dem Dschungel gehalten (1955 waren es noch über 13 000). Mit dem 1989 ausgesprochenen Verbot, Bäume für kommerzielle Zwecke zu fällen, wurden viele Elefanten in Thailand arbeitslos. Einige sind jetzt in Shows im Einsatz, unterhalten Touristen oder ziehen bettelnd durch Bangkok und die Touristenzentren.

Doch die Tage der Dickhäuter sind gezählt, da auch Bambus und andere einheimische Pflanzen, von denen sie sich ernähren, mehr und mehr von Eukalyptusplantagen verdrängt werden.

Ein ausgewachsenes, kräftiges Tier von 16–40 Jahren hebt mit den Stoßzähnen bis zu 400 kg und zieht bis zu 1,5 Tonnen. Die Stoßzähne des asiatischen Elefanten sind zwar kleiner als die des afrikanischen, dennoch wird ein Paar der bis zu 80 cm langen und 24 cm starken Zähne für 20 000 Baht und mehr verkauft. Seit dem weltweiten Verbot des Elfenbeinhandels ist der Markt weitgehend zusammengebrochen. Ein ausgewachsener Arbeitselefant, der ein 6-jähriges Training hinter sich hat, wird mit 400 000 Baht gehandelt.

Wer einen Eindruck von der Arbeitsleistung dieser Tiere erhalten möchte, kann ein Trainingscamp für junge Elefanten besuchen oder sogar in Lampang im National Elephant Institute oder am Doi Inthanon im Camp von Bodo Förster, 🖳 www.elephant-tours.de/, eine Kurzausbildung zum Mahout machen. Verschiedene Organisationen in Thailand engagieren sich für Elefanten, z. B.:

Friends of the Asian Elephant,
🖳 www.elephants-soraida.com.

abends fast gleichzeitig aufbrechen, um auf Insektenfang zu gehen oder sich an reifen Früchten gütlich zu tun. Die 1,5 bis 2 g schwere Hummel-Fledermaus *(Craseonycteris thonglongyai),* die erst 1973 entdeckt wurde, gilt als das kleinste Säugetier der Welt.

Amphibien und Reptilien

Thailands Gewässer sind nicht nur die Heimat zahlloser Fische und Frösche, sondern auch die von Schildkröten und Krokodilen. Das größte Reptil, das bis zu 10 m lange **Leistenkrokodil**, ist jedoch ebenso wie das weniger seltene, kleine Siamesische Krokodil zumeist nur in Krokodilfarmen zu sehen.

Unter den über 100 Schlangenarten Thailands gibt es sechzehn giftige, aber nur sechs, deren Biss tödlich sein kann – die **Königskobra** *(Naja hannah),* **Kobra** *(Naja naja),* **Russel's Viper** *(Vipera russelli),* die **Gestreifte Krait** *(Bungarus fasciatus),* die **Malaiische Viper** *(Ancistrodon rhodostoma)* und die **Grüne Pit Viper** *(Trimeresurus popeorum)* sowie einige Arten von **Seeschlangen**. Während die Kobra beim Biss ein Nervengift überträgt, wirkt das Gift der Vipern auf Blut und Blutgefäße.

Auch die längste Schlange Asiens, der **Netz-Python**, kommt in Thailand vor. Pythons können bis zu 10 m lang werden und bei dieser Länge etwa 140 kg wiegen. Sie umschlingen und erdrücken ihre Beute, die aus kleineren Säugetieren, Affen oder Vögeln besteht. Mitunter verirren sich Pythons sogar in Städte.

Zu den besonders exotischen Reptilienarten gehören **Flugdrachen** *(flying lizard)* und **Flugfrösche**, die eine enorme Gleitfähigkeit entwickelt haben, die es ihnen erlaubt, sich im Blätterdach des Dschungels schnell fortzubewegen.

Weitere Wassertiere

In den Mangrovensümpfen leben Schlammspringer, etwa 15 cm lange Knochenfische, die auch auf dem Land leben können. Sie stellen die Atmung auf Hautatmung um und benutzen ihre Brustflossen, die wie Arme ausgebildet sind, um sich durch den Schlamm zu bewegen.

In den Gewässern zwischen Chumphon und Ko Tao und in der Andamanensee treffen Taucher häufig den größten Fisch der Erde, den

Walhai, an. Er kann bis zu 18 m lang werden und über 10 Tonnen wiegen. Der Fisch gehört zur Familie der Haie und ernährt sich hauptsächlich von Plankton. (Wale sind bekanntlich Säugetiere.)

Die sehr seltenen **Seekühe,** Dugong genannt, sind walzenförmige Säugetiere, die das Wasser nie verlassen. Sie können bis zu 4 m lang und 400 kg schwer werden. Schätzungen gehen von einer Population von etwa 40–60 Exemplaren aus, die zwischen den Inseln vor Trang leben.

Insekten

Unüberschaubar ist die Vielfalt an Insekten – Grillen, Grashüpfer und Gottesanbeterinnen gibt es ebenso wie die weniger angenehmen oder sogar gefährlichen Ameisen, Anopheles-Mücken, Wespen, Hornissen, Hundertfüßler und Tausendfüßler. Allein von den Schmetterlingen kommen in Thailand 500 verschiedene Arten in allen Größen und Farben vor.

Beeindruckend ist der **Nashornkäfer,** der bis zu 5 cm lang werden kann. Unter der Vielzahl an Käferarten existieren auch winzige Käfer, die mit Ameisen in ihren Nestern zusammenleben und mit ihnen eine Symbiose eingegangen sind. Die **Riesenameise,** der man häufig auf Dschungelpfaden begegnet, wird über 2,5 cm lang. Die **Rote Baumameise** baut Nester aus Blättern oder Blattstücken, die durch ein fadenähnliches Sekret zusammengefügt werden. Wenn man durch Zufall an eines ihrer Nester stößt, reagiert diese Ameisenart äußerst aggressiv.

Vögel

In Thailand wurden über tausend Vogelarten gezählt, Zugvögel eingeschlossen. Während man an den Stränden vergebens nach Seevögeln Ausschau hält, kann man an den flachen Binnenseen Süd-Thailands viele asiatische Wasservögel beobachten. Auch auf wenig besiedelten Inseln oder an Dschungelflüssen und -lichtungen kommt der Vogelfreund auf seine Kosten. Im Urlaub kann so mancher Vogelfreund mehr als hundert Vögel abhaken.

Vögel, die sich vor allem in den oberen Baumkronen der Wälder aufhalten, sind am ehesten frühmorgens in der Nähe Früchte tragender Bäume zu beobachten. Schon von weitem ist das laut klatschende Fluggeräusch der **Nashornvögel** zu hören, deren Flügel Spannweiten bis zu drei Metern erreichen.

An den Flussläufen huschen die grünblau schillernden **Eisvögel** auf ihrer Jagd nach Insekten und kleinen Fischen entlang, während die weißen **Reiher** auf dem Rücken der Wasserbüffel und in den Reisfeldern ihre Nahrung suchen. Auch **Kraniche** und **Störche** leben in dieser offenen, überschaubaren Landschaft. Vogelparadiese sind vor allem die Feuchtgebiete, die mit über 250 000 km² knapp 5 % der Landesfläche bedecken, wie z. B. das Vogelschutzgebiet Thale Noi.

Haustiere

Neben dem Wasserbüffel, dem Rückgrat der südostasiatischen Landwirtschaft, werden in

Leben im Korallenriff

Die Riffe sind ein wichtiges Ökotop der tropischen Meere, der Lebensraum mit der größten Artenvielfalt an Meeresfauna und -flora. Die Grundlage dieser Tierstöcke wird vor allem von Steinkorallen gebildet. Ein einzelnes dieser Kleinstlebewesen, das sich auf einem Felsen oder Stein festsetzt und langsam heranwächst, liefert die Grundlage für das Entstehen einer Kolonie. An der Unterseite des zylindrischen Körpers produziert das Tier mit seinen Ausscheidungen eine Kalkplatte, durch die es auf der Unterlage haftet. Dann werden von weiteren Kalkausscheidungen strahlenförmig auf der Platte stehende Leisten ausgebildet, deren Außenwände wiederum miteinander verbunden sind. Durch fortgesetztes Knospen und Ausscheiden des Kalks entsteht im Laufe der Jahrhunderte ein **Korallenriff,** das etwa 0,5–2,8 cm pro Jahr wächst und zu kilometerlangen „Gärten" zusammenwachsen kann. Die lebenden Korallen nehmen, im Gegensatz zu dem weißen, abgestorbenen Skelett, die verschiedensten Farben an. Im Riff finden zahllose Korallenfische, Muscheltiere, Krebse, Quallen, Seeanemonen, Seesterne und Kleinstlebewesen ihren Lebensraum. Korallen und Algen leben nicht in dunklen Meerestiefen, sondern nur in einer Tiefe von etwa 3–50 m.

dem überwiegend buddhistischen Land viele Tiere für die Fleischproduktion gehalten. Traditionell leben unter den auf Stelzen errichteten Häusern und in den umliegenden Gärten Schweine, Enten und Hühner. Vereinzelt grasen auf den Weiden höher gelegener, kühlerer Regionen große Rinderherden. Um den Fleischbedarf zu decken, ist auch in Thailand Massentierhaltung erforderlich. In den Tempeln finden Dutzende herrenloser Hunde und Katzen Zuflucht, die durchaus wohlgenährt sind, aber überall, auch am Strand, als gefährliche Überträger von Tollwut, Hakenwürmern und anderen z. T. lebensgefährlichen Krankheiten gelten. Ganz ungefährlich hingegen sind die Geckos, kleine Eidechsen, die mit Vorliebe abends an den Zimmerdecken rings um die Lampen Insekten auflauern, um sie zu verspeisen.

Landschaften

In den abwechslungsreichen Landschaften Thailands zeigen und verbergen sich überaus viele Naturschönheiten, wie überwucherte Kalksteinfelsen, herrliche Tropfsteinhöhlen und vielfältige Wasserfälle.

Kalksteinfelsen

Vor allem in Süd-Thailand ragen die subtropischen **Kegelkarstfelsen** aus der Ebene auf. Diese Landschaftsform kommt ansonsten nur noch in Malaysia, Vietnam und Südchina vor.

Sie entstanden während einer regenreichen Kaltzeit (Pluvialzeit) durch Lösungsverwitterung (Korrosion) einer ehemals zusammenhängenden Kalktafel. An der Grenze von Kalkgestein zu undurchlässigem Nebengestein blieben diese steilwandigen Türme als Reste der ehemals höhergelegenen Landoberfläche erhalten. Im Meeresnationalpark von Phang Nga und in der Gegend von Krabi sind die bizarren, von wild wuchernder Strauchvegetation und einzelnen Schirmbäumen überzogenen Felsen am leichtesten zugänglich.

Höhlen

Durch Auswaschung wurde das Kalkgestein durchlöchert und bildete Höhlen, in denen stetig tropfendes Wasser Stalagmiten (von unten) und Stalaktiten (von oben) formt. Manche dieser Höhlen besitzen mehrere Ausgänge, einige werden von Bächen oder sogar Flüssen durchflossen. Viele Höhlen im ganzen Land enthalten buddhistische Heiligtümer oder dienen als Meditationsklausen.

Wasserfälle

Die Thais lieben Wasserfälle, ob sie steile Felswände herunterrauschen, hundertfache **Kaskaden** bilden oder **Sinterterrassen** herunterrieseln. Fast immer gibt es Badeplätze oder sogar Swimming Pools, in denen sich die Einheimischen vor allem am Wochenende vergnügen.

Das Wasser ist meistens völlig klar und rein, da es aus unbewohnten Wäldern stammt. Nur in der Regenzeit nimmt es eine erdbraune Farbe an. Die freie Fallhöhe der Wasserfälle beträgt nur selten mehr als 20 m. Doch die Thais messen die Höhe einschließlich aller Zwischenstufen, dadurch kursieren gewaltige Werte. So mancher Tourist ist deshalb enttäuscht von den Wasserfällen und übersieht ihre Reize.

In vielen Restaurants hängen Poster der schönsten Wasserfälle, die ihr Aussehen zumeist bizarren Kalktuffen verdanken. Sie entstehen durch Kalkablagerung auf feinen Pflanzenhaaren der im kalkhaltigen Wasser wachsenden Algen, Moose und Blütenpflanzen. Durch das Entweichen der Kohlensäure bilden sich poröse **Kalktuffe**, die nachträglich durch Kalksubstanz ausgefüllt werden. Die festen Kalknasen werden vom Moos überwuchert und bilden Barrieren, auf denen weiterer Kalk abgelagert wird und so kleine, poröse Terrassen ausbildet, die pro Jahr 2–3 cm wachsen können.

Strände

Thailand ist berühmt für seine wunderschönen Sandstrände. Entlang der 2600 km langen Küste und auf Hunderten von Inseln wurden in Jahrtausenden Muschelkalk, Korallengestein oder Sandstein zerrieben. So entstanden mannigfaltige Strände, die einheimische und westliche Touristen anziehen.

Thais lieben vor allem sehr flache, feste Strände, an denen sie bis über die Knöchel im Wasser flanieren können. Sie sammeln Muscheln, Krebse, Seesterne und anderes Meeresgetier, rasten unter den Schatten spendenden Kasuarinen *(Casuarina equisetifolia)* und vertilgen große Mengen von Mekhong Whisky zu scharfen Snacks. Westliche Touristen ziehen rasch abfallende Badestrände vor, über die sich Kokospalmen neigen. So kommt man sich nur selten ins Gehege.

Ein seltsames Phänomen stellen die **Gezeiten** im Golf von Thailand dar. Sie verlaufen völlig anders als etwa an der Nordsee, vor allem scheint es nur einmal am Tag eine Flut zu geben. Es kann viel Spaß bereiten, sich die jeweiligen lokalen Erklärungen anzuhören.

Umwelt

Die Vernichtung der Wälder

Mit der Ausweitung der landwirtschaftlichen Anbaufläche seit Beginn der 60er-Jahre von knapp 8 Millionen Hektar auf über 20 Mill. Hektar nahm die **Waldfläche** Thailands von nahezu 30 Mill. Hektar auf etwas mehr als 10 Mill. Hektar ab. Jährlich wurden 2 Mill. m^3 Holz geschlagen. Hierdurch verlor das Land seine wasserspeichernden und klimatisch ausgleichend wirkenden Wälder – die Folgen sind überall zu erkennen. Das unkontrollierte Abholzen von Bergregionen im Süden des Landes führte 1988 zu Erdrutschen, bei denen über 700 Menschen starben.

Ein königliches Dekret stoppte daraufhin 1989 alle kommerziellen Holzfällerarbeiten. Seither wird mehr als zuvor Holz aus Laos und Myanmar importiert. Dennoch geht die **Waldvernichtung** weiter, illegal und mit höheren Kosten, aber fast unvermindert. Durch das Fehlen der natürlichen Wasserspeicher kommt es zu Beginn der Trockenzeit zu ungewöhnlich frühem **Wassermangel**, die künstlichen Wasserspeicher füllen sich nur noch selten, und die Bevölkerung ist gezwungen, verstärkt Grundwasser anzuzapfen. Zudem hat der Boden durch das fehlende Wurzelwerk der Bäume keinen Halt mehr und wird von den Wassermassen während der Regenzeit weggespült. **Bodenerosion**, Überschwemmungen und lange Dürreperioden sind das Ergebnis, denn Lalang-Gräser und Nutzpflanzen können weitaus weniger Wasser speichern als der Wald und den Boden kaum vor Erosion schützen.

Shrimp-Farmen

Im vergangenen Jahrzehnt setzte eine Art Wettlauf um das große Geld ein, ohne Rücksicht auf die Umwelt, auf gewachsene Sozialstrukturen und die technischen Voraussetzungen. So wurden im Süden Tausende von Hektar Land zu Shrimp-Farmen umgewandelt, die kurzfristig zwar Gewinne abwarfen, aber nach wenigen Jahren vergiftet waren. Die Reisfelder in der weiteren Umgebung können nicht mehr genutzt werden, das Grundwasser ist mit Pestiziden belastet und das abgepumpte Wasser aus den Teichen schädigt die Ökologie der Uferzonen und verunreinigt Badestrände. Der Schlamm in den Teichen ist hochgradig verseuchter Sondermüll, der von niemandem entsorgt werden kann.

Kein Thai fühlt sich für die Beseitigung der Schäden zuständig oder gar verantwortlich – und schon kommen ausländische Entwicklungshilfeorganisationen, die an einigen Symptomen herumkurieren wollen. Die Verursacher dieser Katastrophen legen derweil weitere Shrimp-Farmen in bisher intakten Gebieten an, z.B. in unmittelbarer Nähe von Badestränden, in den gefährdeten Mangrovenwäldern oder gar in Nationalparks, die eigentlich unter besonderem Schutz internationaler Verbände stehen.

Weitere Informationen zum Thema unter ⌨ www.heureka.clara.net/gaia/shrimps.htm.

Die Folgen der Industrialisierung

Mit zunehmender Industrialisierung und steigendem Lebensstandard nehmen die **Umweltprobleme** dramatisch zu. Die so genannten Schwellenländer weisen bereits Züge unserer Wegwerfgesellschaft auf. Man entledigt sich des Mülls auf die bequemste Weise – Bahndämme, Strände, Picknickplätze, Nationalparks und Wanderwege zeugen davon. Aus Wohnhäusern, Fabriken und Hotels werden bedenkenlos Abfälle ungeklärt in die Flüsse und ins Meer gekippt – in Bangkok werden die Klongs zu Kloaken und verschwinden unter Straßen.

Organische Abfallstoffe brauchen den Sauerstoff des Wassers auf, der Fluss kippt um, und die Fische verenden im faulig stinkenden Wasser. Besonders die Lebensmittel-Industrie belastet bei der Verarbeitung von Tapioka und Zuckerrohr die Gewässer, ebenso die petrochemische, Leder- und Papierindustrie. Der zunehmende Einsatz von Pestiziden und Düngemitteln fördert diese Entwicklung. Hinzu kommt die Belastung mit Schwermetallen, vor allem im relativ flachen Golf von Thailand.

Umweltbewusstsein

Doch auch ein gegenläufiger Trend ist zu erkennen. Während der letzten Jahre ist das Umweltbewusstsein in verschiedenen Kreisen der Bevölkerung gestiegen. Mittlerweile sind 13 % der Landesfläche unter **Naturschutz** gestellt worden. Man beginnt, sich gegen die Zerstörung der Natur durch die zunehmende Industrialisierung ohne umweltschützende Auflagen zu wehren. Es entstehen Netzwerke, die gemeinsam gegen industrielle Großprojekte und Staudämme aufbegehren wie jüngst die Bewegung gegen den Pak Moon-Damm. Auch die Umweltschäden durch Staudammprojekte und Sprengungen von Strom-

schnellen im Oberlauf des Mekong in China sowie in Laos und Thailand werden nicht mehr unwidersprochen hingenommen. Beispiele hierfür finden sich im Inernet, z. B. Foundation for Ecological Recovery, 🖳 www.terraper.org, Southeast Asia Rivers Network, 🖳 www.searin.org oder Mekong Info, 🖳 www.mekonginfo.org.

Bereits 1986 stürmten in Phuket aufgebrachte **Demonstranten** die erste Tantalum-Fabrikationsstätte und brannten sie nieder. Tantalum wird u. a. aus Rückständen der Zinn-Produktion gewonnen und bei der Herstellung von Kondensatoren, im Maschinenbau, in der Chemie und bei der Reaktor-Herstellung benötigt.

In den Jahren 1988/89 verhinderten engagierte Studenten den Bau eines weiteren Staudammes nördlich von Kanchanaburi. Auch das einzigartige Gesetz zum Schutz der Wälder wurde durch den massiven Protest der Bevölkerung erstritten. 1990 gründete Phoruthep Phoruprapha (Siam Motors) das Projekt Think Earth, das ein Bewusstsein für die Erhaltung der natürlichen Ressourcen fördern und entsprechende Projekte unterstützen möchte, um der kommenden Generation eine grüne Welt zu hinterlassen. Bisher wurden über eine halbe Million Bäume gepflanzt, Schildkröten gerettet und die Dugongs vor Trang vor dem Aussterben bewahrt.

Auch im touristischen Bereich haben einige Hotelbesitzer damit begonnen, Abwässer umweltschonend mit biologischen Kläranlagen zu reinigen und in den natürlichen Kreislauf zurückzuführen (s. Kasten), Müll getrennt zu entsorgen und Zimmer durch bessere Dämmung und standortangepasste Solararchitektur mit geringerem Energiebedarf zu kühlen. Die Basis für mehr Umweltschutz hat die Regierung mit entsprechenden Gesetzen geschaffen. Es mangelt allerdings vielfach noch an der Umsetzung.

Um die Zunahme von Ödland zu stoppen, fördert die thailändische Regierung, und vor allem der König, Aufforstungsprogramme. Die regenerierten Waldflächen sind allerdings wesentlich kleiner als die gerodeten Flächen, doch neue Gesetze beschleunigen diese Projekte, um einen großen Teil der verlorenen Wälder in den nächsten Jahren zurückzugewinnen. So verschenken die lokalen Forstbehörden Stecklinge von Bäumen, Gebüsch und Leguminosen. Gleichzeitig hat

Abwasserentsorgung

Besonders in der **Tourismusindustrie** liegt das Umweltbewusstsein im Argen, vor allem bei Hoteliers und Restaurantbesitzern. Nur ganz wenige Hotels, Resorts und Bungalowanlagen entsorgen ihre Abwässer ökologisch unbedenklich. An einem der attraktivsten Strände werden z. B. Abwässer ohne ausreichende Klärung in die dahinter liegende Lagune geleitet, von wo sie über einen Klong wieder am Strand verteilt werden. Der zeitweilig unerträgliche Gestank wird von den Anrainern hilflos hingenommen.

Restaurants am Strand werden meistens auf kurzzeitig gepachtetem Land gebaut, fast immer unter unzulänglichen sanitären und ökologischen Bedingungen, da sich der Bau von Kläranlagen und Filtern angeblich nicht rechne. Gesetze, die strikte Auflagen verlangen, gelten bisher nur für große Unternehmen, werden häufig umgangen und berücksichtigen nur unzureichend neue Technologien.

- Generell gilt im Dschungel wie am Strand der Grundsatz: *take nothing but pictures, leave nothing but footprints* – und in dieser Hinsicht können Touristen Vorbilder sein. Dass die Thais selbst sich häufig nicht an diese Devise halten, ist keine Entschuldigung. Guides und Bootsleute kann man durchaus darum bitten, nicht kompostierbaren Müll von einer Tour mit zurückzunehmen.
- Für manche Völker ist die Jagd lebensnotwendig – für uns ist sie ein unnützes Vergnügen, das nur Schaden anrichtet.
- Souvenirs von bedrohten Pflanzen und Tieren (z. B. Schildkröten, Krokodile) werden nur hergestellt, wenn sich dafür auch Abnehmer finden. Der Import nach Europa ist auf Grund des Washingtoner Artenschutzabkommens verboten!
- Taucher, die sich auf Korallen stellen oder sie gar abbrechen, haben bereits ganze Riffe zerstört. Auch für Schmuck und andere Souvenirs wurden viele Korallenbänke abgetragen, wodurch der Lebensraum zahlloser Fische, Krebse und anderer Weichtiere zerstört wurde.

- Wer bei Touren in entlegene Gebiete feststellen muss, dass noch irgendwo Holz geschlagen wird, sollte dieses Wissen nicht für sich behalten, sondern Forstbehörden, Zeitungen oder engagierte Umweltschutzgruppen darüber informieren.
- Soft Drinks und Wasser gibt es auch in Pfandflaschen, Restaurantbesitzer kann man gezielt danach fragen. Auf Plastiktüten und überflüssige Verpackungen kann man verzichten. Auch unterwegs sollte man darauf achten, dass Müll nicht achtlos in die Landschaft geworfen wird.
- Touristen gelten in den Tropen als die größten Wasserverschwender. Da der Wassermangel in Thailands Touristenzentren von Jahr zu Jahr dramatischer wird, sollte sich jeder bemühen, sorgsam mit dem kostbaren Nass umzugehen.
- Wer mit der Entsorgung von Abwasser nicht einverstanden ist, kann die Besitzer und Betreiber von Resorts und Restaurants darauf ansprechen: *Steter Tropfen höhlt den Stein.*

man den Bergvölkern andere Anbaumethoden nähergebracht und den auf Brandrodungsfeldbau basierenden Mohnanbau durch das Anpflanzen von Blumen, Gemüse und anderen Nahrungsmitteln abgelöst.

Einige schwere Niederlagen mussten Umweltschützer allerdings hinnehmen. Beim Bau der 700 km langen Gasleitung von der Küste Myanmars bis nach Ratchaburi wurde in den ursprünglichen Waldgebieten in der Provinz Kanchanaburi auf fast 300 km Länge eine breite Schneise gerodet. Trotz aktiver Proteste mehrerer Umweltschutzgruppen wurde damit der Wald für Wilderer und illegale Holzfirmen geöffnet. Weitere Proteste konnten auch den Bau der neuen Gas-Pipeline nach Malaysia nicht stoppen.

Einige Staudammprojekte im Nordosten endeten trotz jahrelanger Proteste in sozialen, finanziellen und ökologischen Katastrophen, alles gut dokumentiert – aber von den Verursachern rundweg abgestritten.

Bevölkerung

Bevölkerungsstruktur

In Thailand leben etwa 65 Mio. Menschen. Waren 1970 noch 16,5 % der Bevölkerung jünger als 5 Jahre, sind es mittlerweile weniger als 9 %. Die Lebenserwartung liegt in Thailand bei 73 Jahren (1960: 52 Jahre, in Westeuropa heute etwa 78 Jahre).

Vor allem in den ländlichen Räumen lebt etwa ein Drittel der Bevölkerung unter dem Existenzminimum, in Gesamt-Thailand sind es ca. 10 %. Entgegen der populären staatlichen Familienplanungspolitik sind die **Bergvölker** noch immer in traditionellem Denken verhaftet. Man wünscht sich viele Kinder, denn sie steigern das soziale Ansehen und sind die einzige Alterssicherung. Hingegen praktizieren die meisten Thai-Familien auch auf dem Land Geburtenplanung. Noch leben 69 % der Bevölkerung auf dem Land. Dennoch ist die **Verstädterung**, wie überall auf der Welt, nicht zu übersehen. Die Bevölkerung der Metropole Bangkok hat sich während der letzten 20 Jahre mehr als verdoppelt. Die Stadt wirkt wie ein Magnet auf die junge, arbeitslose Landbevölkerung. Die Träume von einem besseren Leben enden nicht selten in menschenunwürdigen Fabriken oder Massagesalons.

Die Bevölkerungsdichte der städtischen Region Bangkok liegt bei 5111 Einwohnern pro km^2, was über dem Wert entsprechender europäischer Großstädte liegt. Im Gegensatz zu den westeuropäischen Städten leben die meisten Menschen in Bangkok allerdings in ein- bis zweistöckigen Häusern – ähnlich wie in den Kleinstädten. Neben der Hauptstadt Bangkok (inkl. Umland je nach Schätzungen 9–12 Millionen Einwohner) gibt es keine weiteren Millionenstädte.

Die Thai

75 % der Gesamtbevölkerung Thailands sind Thai, sodass das Land relativ homogen ist. Über Jahrhunderte wanderte das Volk der Thai aus Yünnan Richtung Süden. Während die „großen Thai", die heutigen Shan, ins östliche Burma zogen, ließen sich die „kleinen Thai" im Gebiet des heutigen Nord-Thailands nieder.

Von den alten Hochkulturen der Mon und Khmer übernahm man die Grundzüge für eine eigene Schrift, aus dem ceylonesischen Raum brachten Mönche den Theravada-Buddhismus und aus China kamen Handwerker und Künstler ins Land. Da die Thai niemals kolonisiert wurden, haben sie ihre eigene kulturelle Identität bis heute weitgehend bewahrt.

Während der Ayutthaya-Periode festigte sich die Rolle des Königs als Staatsoberhaupt. Obwohl Thailand 1932 in eine konstitutionelle Monarchie umgewandelt wurde, kommt dem vom ganzen Volk verehrten König noch immer eine große Bedeutung zu. Ebenso wie die prunkvollen Tempel das Bild der Städte und Dörfer bestimmen, prägt der Buddhismus das gesellschaftliche Leben der Thai. Wenn auch staatliche Schulen mittlerweile die meisten Kinder ausbilden, so gehen doch viele männliche Thai mindestens einmal in ihrem Leben als Mönch ins Kloster. Neben buddhistischen Traditionen haben zahllose Riten und Bräuche hinduistischen oder animistischen Ursprungs einen festen Platz im Leben der Menschen.

Ethnische Minderheiten

Vor allem in den südlichen und nördlichen Provinzen leben ethnische Minderheiten. Die Südprovinzen an der Grenze zu Malaysia (Pattani, Yala, Narathiwat und Satun) werden von **islamischen Malaien** bewohnt, die dort bis zu 80 % der Bevölkerung ausmachen. Aber auch in den anderen südlichen Provinzen bis hinauf nach Ranong stellen Moslems eine beachtliche Minderheit dar, allein 30 % in der Provinz Phuket.

In den Nordprovinzen leben als weitere ethnische Minderheit des Landes etwa 550 000 **Angehörige der Bergvölker**. Ihre Zahl nimmt zu, da einerseits die Lebenserwartung steigt und andererseits viele Menschen über die Grenze aus Myanmar nach Thailand kommen. Die sieben größten Völker sind die sino-tibetischen Karen, Hmong, Yao, Lahu, Lisu und Akha sowie die zur Mon-Khmer Gruppe gehörenden Lawa. Während die Lawa bereits im 11. und 12. Jh. von den einwandernden Thai in die Berge gedrängt wurden, sind die Karen wahrscheinlich im 17. und 18. Jh. aus Nord-China über das südöstliche Burma in ihr heutiges Siedlungsgebiet im Norden gezogen.

Andere Völker folgten verstärkt seit der Mitte des 19. Jhs. Innenpolitische Wirren in Süd-China waren einer der Gründe für die Wanderungsbewegungen in Richtung Süden. 1880 gelangten die ersten Akha-Stämme in das heutige thailändische Staatsgebiet, 1920 waren Hmong bereits bis in die Provinz Tak vorgedrungen. Nach dem Ende des 2. Weltkriegs verstärkte sich die Einwanderung. Jetzt kamen Truppenreste der geschlagenen Kuomintang aus Süd-China. Man schätzt ihre Zahl heute auf etwa 10 000. Ein ähnlicher Schub erfolgte nach 1975 aus Laos, als vor allem Yao und Hmong das Land verließen.

Die alteingesessenen Völker (Lawa, Karen) siedeln weitgehend in den Tälern, wo sie sich in festen Dorfverbänden organisiert haben und überwiegend vom Nassreis-Anbau leben. Hingegen sind die Berghänge in 800–1200 m Höhe der Lebensraum später zugewanderter Völker, die Brandrodungsfeldbau betreiben und vom Bergreis- wie Opiumanbau leben. Eine staatliche Politik gegenüber den Bergvölkern wurde erst in den 50er-Jahren in Bangkok formuliert. Heute geht es um den Ersatz von Opium durch *cash crops* (Kaffee, Blumen, Gemüse, Obst), die Verfeinerung der Anbaumethoden von Bergreis, Mais usw. sowie um die Verhinderung der Bodenerosion. Der von den Bergvölkern und zugewanderten Thais bevorzugte Brandrodungsfeldbau hat unermessliche Schäden angerichtet.

Zudem leben in Thailand hunderttausende illegaler **Immigranten** aus Myanmar und Indochina. Während seit Mitte der 70er-Jahre vor allem billige Arbeitskräfte aus Myanmar in den Süden des Landes strömen, haben sich viele Vietnamesen im Osten und Nordosten niedergelassen. Die illegalen Arbeitskräfte waren die ersten, die aufgrund der Wirtschaftskrise ihren Job verloren und ausgewiesen wurden.

Eine andere, wirtschaftlich einflussreiche Minderheit sind die ca. 9 Mill. **Chinesischstämmigen** in Thailand. Obwohl die wirtschaftlichen Beziehungen zwischen Thailand und China bis ins 13. und 14. Jh. zurückreichen, sind die meisten Chinesen erst in jüngerer Zeit eingewandert. Zwischen dem Beginn des 19. Jhs. und 1950 flüchteten etwa 4 Mill. Chinesen aus ihrer krisengeschüttelten Heimat nach Thailand, wo ihre Arbeitskraft geschätzt wurde und sie in Handel und Wirtschaft zu Wohlstand gelangten. Eine Untersuchung der Thammasat-Universität stellte fest, dass 63 der 100 größten Industriebetriebe von Chinesen kontrolliert werden. Zudem sind 23 der 25 einflussreichsten Männer der Wirtschaft chinesischstämmige Thais.

Die moslemische Minderheit

Seit dem 13. Jh., als die Herrscher Sukhothais die malaiischen Sultanate im Süden der Halbinsel zu Vasallenstaaten erklärten, war diese Region zwar unter der formalen Oberhoheit Siams, aber praktisch blieb sie sich selbst überlassen. Mit der Ausbreitung des Islam in indonesischen Raum wurde auch die malaiische Bevölkerung der Halbinsel bis hinauf nach Chumphon islamisiert.

1909 mussten unter britischem Druck die Sultanate Kedah, Perlis, Kelantan und Terengganu abgetreten werden. In den verbleibenden malaiischen Gebieten Süd-Thailands begann eine radikale Assimilierungspolitik, die von Unverständ-

nis, Vorurteilen und kulturellem Chauvinismus gekennzeichnet war und die bis zum heutigen Tag die Beziehungen zwischen dem Staatsvolk der Thai und den Thai Moslems, wie sie von Bangkok euphemistisch genannt werden, bestimmt.

Von den über 3 Mill. Moslems des Landes leben drei Viertel im Süden des Landes, vor allem in den Provinzen Yala, Narathiwat, Pattani und Satun. Immer wieder gibt es Auseinandersetzungen zwischen Moslems und den von Bangkok eingesetzten Verwaltungsbeamten um eine regionale Autonomie.

In Bangkok hat man nicht vergessen, dass über Jahrzehnte kommunistische und separatistische Guerilla (neben ganz gewöhnlichen Banditen) den Süden mit Überfällen, Entführungen und Morden terrorisierten. Leekpai, der aus Trang stammt und mit der Situation im Süden vertraut ist, hatte während seiner Regierungszeit wichtige und mutige Schritte in allen politischen Bereichen unternommen oder zumindest in die Wege geleitet, um die politische, kulturelle und wirtschaftliche Situation der malaiischen Minderheit zu verbessern. Hingegen war in der ersten Amtszeit seines Nachfolgers Thaksin die Situation in den südlichen Provinzen von Untätigkeit, Thai-Chauvinismus und militärischen Lösungsversuchen geprägt. Man verhängte in den Provinzen Yala, Narathiwat und Pattani das Kriegsrecht, verlagerte starke Militärverbände in den Süden und regierte mit harter Hand. Diese Politik bewirkte nur eine weitere Radikalisierung der Separatisten. Bombenanschläge, Überfälle auf Polizei- oder Militärposten und Mordanschläge auf buddhistische Thai in den Südprovinzen sind fast schon an der Tagesordnung. Auch nach dem Sturz von Thaksin und der Machtergreifung der Militärs im September 2006 ist, trotz diverser Deeskalationsversuche der Regierung, die Spirale der Gewalt nicht aufzuhalten. Wie es scheint, sind auch Verbindungen zur islamistischen *Jemaah Islamiyah* nicht mehr ausgeschlossen.

Weitere Informationen über die Entstehung und den Verlauf der Unruhen im Süden unter 🖳 www.saag.org oder www.globalsecurity.org/ military/world/war/thailand2.htm. Aktuelle Berichte über die Situation in den Südprovinzen findet man täglich in einer der beiden englischen Tageszeitungen *The Nation* und *Bangkok Post*.

Natürlich kann man sich während einer Reise durch Thailand damit begnügen, am Strand zu liegen, Landschaften und Bauwerke zu bestaunen, und die Menschen, die hier leben, nur am Rande als Kellner, Dienstmädchen, Schalterbeamte oder Hotelpersonal wahrzunehmen. Aber die bleibenden Eindrücke, die unser Leben bereichert und unseren Horizont erweitert haben, sind in der Rückschau oft ganz andere gewesen. Meistens sind es Begegnungen, Situationen mit anderen Menschen, mit neuen, ungewohnten, unbekannten, vielleicht auch extremen Verhaltensweisen, an die wir uns am besten erinnern und von denen wir am liebsten erzählen.

Zum besseren Verständnis hier ein paar allgemeine Hintergrundinformationen:

Die **Religion** spielt im täglichen Leben der Menschen eine große Rolle – so der Buddhismus bei den Thais und Chinesen und der Islam bei den Malaien im Süden von Thailand. Daneben ist selbst bei den Anhängern der „Hochreligionen" der Glaube an hinduistische Schutzgötter, Naturgeister, Hexen und Magie immer noch lebendig.

In den **Städten** haben sich die Traditionen vermischt und sind von westlichen Einflüssen überlagert worden, während sie auf dem Lande noch weitgehend ihre Eigenheiten bewahren konnten. In den Großstädten prallen die Kontraste zwischen westlicher und östlicher Kultur, aber auch zwischen Armut und Reichtum aufeinander. Traditionell bietet der **Familienverband** jedem Sicherheit und Geborgenheit und ist die Grundlage der Gesellschaft. Die jüngeren Mitglieder werden angehalten, die ältere Generation zu ehren und zu unterstützen. Wer gegen ihre traditionellen Regeln verstößt, schließt sich aus der Gemeinschaft aus und verliert damit jede soziale Absicherung. Der Bau von Tempeln und die Vorbereitung der großen Feste ist, wie die Wahrnehmung anderer übergeordneter Interessen, Aufgabe der ganzen Dorfgemeinschaft. Das zumeist auch räumlich enge Familienzusammenleben lässt – völlig im Gegensatz zur westlichen Gesellschaft – keinen Platz für **individuelle Bedürfnisse**, Absonderung und Ruhe.

Körperkontakt ist normal und selbstverständlich, und selbst fremden Besuchern gegenüber scheut man davor nicht zurück. Es ist ein Zeichen enger Freundschaft, wenn Männer oder Frauen Hand in Hand durch die Straßen bummeln. **Körperkontakte zwischen Männern und Frauen** in der Öffentlichkeit sind in traditionellen Gesellschaften tabu, trotz der scheinbaren Freizügigkeit in den Touristenzentren. Nach den überlieferten Verhaltensmustern gilt es als äußerst unschicklich, Gefühle zwischen Mann und Frau in der Öffentlichkeit zu zeigen.

Kinder werden einerseits besonders liebevoll umsorgt, andererseits zu Pflicht und Gehorsam den Eltern gegenüber angehalten. Sie sind bei unzureichender Renten- und Krankenversorgung die einzige Absicherung und Stütze im Alter. Ebenso wie die Eltern genießen auch Lehrer, religiöse und politische Oberhäupter, oft auch Vorgesetzte in Betrieben, unumstößliche Autorität. Kinder aus ärmlichen und zumeist kinderreichen Familien sind oft schon in jungen Jahren gezwungen, die Schule zu verlassen und zum Familieneinkommen beizutragen.

Wo viele Menschen auf engem Raum aufeinander angewiesen sind, ist das Streben nach **Harmonie** eine mehr oder weniger zentrale Grundlage des Gesellschaftssystems. Konflikte werden, so weit es geht, vermieden. Wer Auseinandersetzungen in der Öffentlichkeit austrägt, gilt als rüde und verliert Gesicht. Das gilt auch für Touristen, die allzu leicht ihren Ärger zeigen oder ihre Gastgeber kritisieren. Direkte Ablehnung zu vermeiden ist eine Höflichkeitsgeste, die Europäer oft falsch deuten.

Wer Thai um etwas bittet, wird zum Beispiel selten eine Absage bekommen, selbst wenn es nicht möglich ist, der Bitte zu entsprechen. Statt „nein" sagt man aus **Höflichkeit** lieber „vielleicht" und zeigt durch zögerndes Verhalten seine Ablehnung. Auch die Frage nach dem Weg wird eher falsch als gar nicht beantwortet, was zu einer Odyssee oder völliger Ratlosigkeit führen kann. Ein Lächeln hilft, manche problematische oder unsichere Situation zu überstehen, ebenso wie die häufig verwandte Formel *mai pen rai* – was so viel heißt wie „das macht nichts!". Ein anderes Phänomen, das Reisenden vor allem in ländlichen Regionen deutlich wird, ist, dass die Menschen mit einem völlig anderen **Zeitbegriff** arbeiten. Planung und Vorausdenken sind nicht so wichtig, wie in der Gegenwart zu leben. Es spielt keine Rolle, ob ein Bus in fünf Minuten oder später abfährt. Geduld ist eine der wichtigsten Tugenden. Was sich hier und jetzt abspielt, ist von größerer Bedeutung – selbst wenn es nur das Warten am Busbahnhof ist – als ein imaginäres Ziel in der Zukunft. Die Zukunft ist genauso wenig real wie die Vergangenheit, also schenkt man beiden wenig Aufmerksamkeit.

Um so unverständlicher erscheint es uns lärmgeplagten Europäern, dass für den Thai auch noch so großer **Lärm** nicht als unangenehm empfunden wird. Schon um 5 Uhr morgens dröhnen die Dorflautsprecher und senden bis 7 Uhr Nachrichten und Musik. Bei Festen und Feierlichkeiten wird das gesamte Dorf bis tief in die Nacht beschallt, ohne dass sich ein Thai darüber beschwert. Im Gegenteil: Ruhe und Dunkelheit gelten als unheimlich und werden vermieden.

Viele Fischer glauben, dass die laut knatternden Motoren der Longtail-Boote die bösen Geister des Meeres vertreiben, je lauter desto wirkungsvoller.

Der Buddhismus spielt im Alltag der Thailänder eine große Rolle

Geschichte

Im Gegensatz zu allen anderen Staaten Südostasiens kam Thailand **nie unter direkte koloniale Herrschaft**. Zwischen den Einflussgebieten Großbritanniens im Westen und Süden (Britisch-Indien, Burma, Malaya) und den französischen Kolonien im Osten (Laos, Kambodscha, Vietnam) gelegen, musste Thailand einer vorsichtigen **Balance-Politik** zwischen den Großmächten folgen, und vor allem im 19. Jh. große Gebiete abtreten.

1896 garantierten beide rivalisierenden Großmächte die immer währende Neutralität des zentralen Teils Siams, wie die damalige offizielle Staatsbezeichnung lautete, ohne dabei zu vergessen, sich gegenseitig wirtschaftliche und strategische Einfluss- und Interessensphären zuzuschanzen. Militärisch aber wurde das Land nie unterworfen.

Bis zum 13. Jahrhundert

Archäologische Keramik- und Waffenfunde in Ban Chiang und in der Nähe von Kanchanaburi weisen eine **Besiedlung** des Landes vor über 7000 Jahren nach. Nach neueren Funden in Grotten bei Krabi lebten sogar schon vor 43000 Jahren viele Menschen als Sammler und Jäger im Süden Thailands.

Die eigentliche Herkunft der Thai-Völker ist wissenschaftlich umstritten. Historisch nachweisbar sind ihre **Wanderungsbewegungen** seit Beginn unserer Zeitrechnung. Im 8.–11. Jh. waren die Thai-Siedler bereits aus dem heutigen Süd-China in ein Gebiet vorgedrungen, das sich von Assam im äußersten Westen bis nach Vietnam erstreckte. Häufig traten sie dabei in Kontakt mit bereits hinduisierten Bevölkerungsgruppen. Andererseits besaßen sie genügend sozialen Zusammenhalt und politische Ordnung, um kleine Fürstentümer zu gründen. Weiter im Süden erstreckte sich das Khmer-Reich von Angkor (Kambodscha) vom 10.–13. Jh. bis weit in das heutige Thai-Staatsgebiet hinein.

Die ersten **Reiche der Thai** entstanden in Chiang Mai und Chiang Rai, aber auch in Nord-Burma und Yünnan. Im 13. Jh. wuchs die Bedeutung mehrerer dieser Staaten, da sie als Vasal-

Gäste in einem fremden Land

Schon seit Jahrhunderten sind Weiße in Thailand bekannt. In der Königsstadt Ayutthaya lebten Europäer, Chinesen und Japaner im 17. und 18. Jh. in eigenen Stadtvierteln. Europäische Missionare, Händler, Politiker und Ingenieure dienten den Königen Thailands als Berater und Geschäftspartner. Die Könige Rama IV. und V. waren westlichen Einflüssen gegenüber aufgeschlossen. Da Thailand niemals unter Kolonialherrschaft geriet, lernten die Thai Europäer nur als Gäste in ihrem Land kennen. Es ist daher nicht erstaunlich, dass auch Touristen in traditionell strukturierten Gebieten als **Gäste** betrachtet werden, während in den Urlaubsgebieten das kommerzielle Interesse überwiegt. Ehen werden nicht selten als Versorgungsgemeinschaft angesehen, was einige Ausländer, die einheimische Frauen heiraten, oft schmerzhaft erfahren müssen.

len der Mongolen an deren Siegen über Burma und dem Reich Champa (in Vietnam) teilhatten.

13. / 14. Jh.: Unter der Herrschaft von Sukhothai

Im Zentrum der indochinesischen Halbinsel waren zwei Völker vom Einfluss Indiens geprägt. Die Khmer im Mekong-Delta und die Mon in Zentral-Thailand und Nieder-Burma hatten mächtige Reiche und hoch entwickelte Kulturen geschaffen. Der Einfluss beider Völker war jedoch im 13. Jh. stark zurückgegangen. In diesem Macht-Vakuum gelang es den Thai, den Mon-Staat Haripunchai (Lamphun) zu besiegen und 1296 Chiang Mai zu gründen. Nachdem schon 1220 die Khmer aus der zentralen Ebene verdrängt worden waren, wurde 1228 Sukhothai gegründet.

Beide Thai-Fürstentümer übernahmen viele Kulturelemente der Mon und Khmer. Die wichtigsten waren die Annahme des Theravada Buddhismus aus Ceylon, in den viele Elemente des Hinduismus und des alten animistischen Glaubens eingingen, und die Übernahme der Schrift.

Sukhothai gelangte zum Ende des 13. Jhs. unter König Ramkhamhaeng zu kultureller Blüte. Er verband die Fähigkeit einer effizienten Herrschaft mit militärischer Stärke und trat gleichzeitig als Befürworter des Buddhismus und der Künste auf. Heute wird er als „Vater Thailands" betrachtet.

15.–18. Jh.: Unter der Herrschaft von Ayutthaya

Der Nachfolgestaat Sukhothais war das um 1350 entstandene Königreich Ayutthaya im Zentrum der fruchtbaren Chao Phraya-Ebene. Zum Beginn des 15. Jhs. wurde Sukhothai unterworfen und das Khmer-Reich besiegt bzw. zum Vasallen degradiert. Gegen die nördlichen Kleinstaaten Laos und Chiang Mai führten König Trailoks Truppen zahlreiche Kriege. Um die militärische Position gegenüber dem nördlichen Nachbarn zu verbessern, wurde vorübergehend die Hauptstadt nach Phitsanulok verlegt. Chiang Mai konnte jedoch nicht unterworfen werden, da es sich zeitweise mit dem Königreich Burma verbündete, das zum Erzrivalen des Ayutthaya-Reiches wurde. Erst zum Ende des 18. Jhs. gelang die Eroberung Chiang Mais.

Waren die Sukhothai-Könige noch volksverbunden, so wurden jetzt am Hof Zeremonien eingeführt, die dem Herrscher göttliche Eigenschaften zusprachen. Damit war die absolute Monarchie geboren. Am weitesten gingen die Veränderungen in der Administration des Reiches. Mitglieder der königlichen Familie, die bisher die verschiedenen Landesteile als quasi eigene Ländereien verwalteten, wurden durch ernannte Adlige ersetzt. Eine Rangordnung der Mitglieder des Königshauses und des Adels wurde festgelegt und die gesellschaftliche Funktion jedes Einzelnen definiert. An der Spitze der Hierarchie stand der König. Die Masse der Menschen, die Bauern, waren in zwei Klassen unterteilt: Freie und Sklaven. Freie hatten das Recht, Land bis zu einer Größe von 25 rai (1 rai = 1600 m^2) zu bestellen. Durch ein hierarchisches Abgabenrecht bekam jeder Bürger Ayutthayas eine „soziale Wertigkeit" (*sakdi na*), die durch den Landbesitz definiert war. Die des Königs war

unendlich, die eines durchschnittlichen freien Bauern war 25 *sakdi na*, die des Thronfolgers 100 000 usw.

Stärkster Rivale Ayutthayas war das benachbarte Königreich Burma. 1569 wurden die Thai besiegt, burmesische Garnisonen eingerichtet und ein neuer König ernannt, der die Oberhoheit Burmas anerkannte. 15 Jahre war Ayutthaya ein Vasall Burmas, bis es dem Prinzen Naresuan in fünf Kriegszügen zwischen 1584 und 1592 gelang, die burmesische Herrschaft abzuschütteln. Die Außenbeziehungen Ayutthayas mit den meisten anderen asiatischen Staaten waren durch intensiven Handel geprägt. Handelsschiffe segelten nach Malacca, zu Häfen in Indien, China und Java. Besondere Beziehungen bestanden mit China, das als „älterer Bruder" angesehen wurde.

Bedeutsam waren die Kontakte Ayutthayas mit den europäischen Großmächten. Seit im Jahr 1511 das Sultanat Malacca von Portugal erobert worden war, kamen portugiesische Händler, Missionare und Diplomaten auch nach Ayutthaya, portugiesische Söldner dienten im Heer. Im 17. Jh. trafen Holländer und Engländer ein, die Handelsstützpunkte nahe der Hauptstadt und in den Häfen des Südens einrichteten. 1664 erzwang Holland unter der Androhung militärischer Gewalt den Abschluss eines Vertrags, der ihm ein Monopol in den wichtigsten Bereichen des Außenhandels einräumte. Um den holländischen Einfluss zu vermindern, wurden zwischen 1665 und 1690 diplomatische Kontakte zwischen Ayutthaya und Frankreich aufgenommen. 1687 traf eine französische Gesandtschaft mit mehr als 600 gut ausgerüsteten Soldaten ein. König Narai, beraten durch den griechischen Abenteurer Konstantin Phaulkon, geriet in den Augen des Thai-Adels und der königlichen Familie mehr und mehr unter europäischen Einfluss. 1688 gelang eine Palast-Revolte, Phaulkon wurde geköpft und die französischen Soldaten wurden vertrieben. Damit begann für 150 Jahre eine Politik der Abschottung gegenüber den westlichen Großmächten.

Mitte 18. bis Mitte 19. Jh.: Beginn der Chakri-Dynastie

Nachdem 1767 Ayutthaya vom Erzfeind des Reiches, Burma, völlig niedergebrannt und dem Erdboden gleichgemacht worden war, versank das Land im Chaos. Wie bei damaligen Kriegen üblich, wurden alle qualifizierten Handwerker, die noch am Leben gebliebene königliche Familie und weitere 106 000 Bewohner Ayutthayas nach Burma verschleppt. Der Provinz-Gouverneur Taksin sammelte die verbliebenen Soldaten und versuchte, das Land politisch wiederzuvereinigen, da sich Provinzen und Vasallenstaaten nach der Invasion Burmas losgesagt hatten. 1768 wurde er in der neuen Hauptstadt Thonburi zum König ausgerufen. Im Zeitraum von 14 Jahren gelang es ihm in zahlreichen Kriegen, das Land wieder zusammenzufügen. Wichtigster Heerführer wurde General Chakri, der Taksin entmachtete und sich zum König Rama I. krönen ließ. Damit war er der erste König der noch heute herrschenden Dynastie.

Die Chakri-Könige verfolgten bis zur Mitte des 19. Jhs. eine Politik der Restauration. Der vergangene Glanz Ayutthayas sollte wieder hergestellt werden. Für die neuen Tempel und Paläste in Bangkok verwendete man sogar Ziegelsteine aus den Ruinen der alten Hauptstadt. Veränderungen sozialer und wirtschaftlicher Natur wurden unumgänglich, als sich die Handelsbeziehungen zu China ausweiteten und die europäischen Großmächte neues Interesse an Ostasien zeigten. Chinesische Einwanderer, meist Händler oder Unternehmer, siedelten sich vor allem in Bangkok an. Mitte des 19. Jhs. waren mehr als die Hälfte der 400 000 Einwohner der Stadt Chinesen.

Ende 19. Jh.: Reformen unter Mongkut und Chulalongkorn

König Mongkut wird als Erneuerer und Reformer des Reiches angesehen. Seine Außenpolitik war von der Vormachtstellung der westlichen Großmächte bestimmt. Deshalb wurden England, den Vereinigten Staaten, Frankreich und anderen Ländern Handels-Privilegien eingeräumt und Territorien abgetreten. Das Schicksal Burmas –

nach drei Kriegen vollständig Britisch-Indien einverleibt – war für Siam eine traumatische Erfahrung.

Sein Sohn Chulalongkorn führte diese Politik fort. Französische Kanonenboote auf dem Menam Chao Phraya ließen Chulalongkorn keine andere Möglichkeit, als territoriale Konzessionen an Frankreich und Großbritannien zu machen. Alle laotischen Vasallenstaaten und große Gebiete in Kambodscha fielen an Frankreich. Diese Beschwichtigungspolitik wurde ergänzt durch ein innenpolitisches Reformprogramm, dessen Durchsetzung auf große Schwierigkeiten stieß, da es alte Privilegien des Adels und der königlichen Familie beschnitt. 1909 mussten die nordmalaiischen Sultanate Perlis, Kedah, Terengganu und Kelantan an das britische Kolonialreich abgegetreten werden.

Die Verwaltung wurde zentralisiert. An der Spitze standen Ministerien nach europäischem Vorbild. Steuergesetze ersetzten die alte hierarchische Abgabenstruktur, und mit der entscheidenden Verbesserung der Infrastruktur entstanden die Eisenbahnlinien nach Malaya und Chiang Mai. Im Rahmen der Umgestaltung des Erziehungssystems wurden Universitäten nach westlichem Vorbild gegründet.

Unter Chulalongkorn wurde ein Dekret erlassen, dass niemand mehr als Sklave geboren werden könne, was die Abschaffung der Sklaverei einleitete. Der König öffnete das Land europäischen Nationen und beschäftigte in seiner zivilen und militärischen Verwaltung Briten, Belgier und Italiener. Deutsche projektierten die Eisenbahnlinie nach Norden.

Zweck aller Reformen war es, Thailand innen zu stärken, um der westlichen Herausforderung standzuhalten. Chulalongkorn veränderte die althergebrachte Gesellschaftsordnung, hielt aber gleichzeitig an bestimmten Traditionen fest und gilt dadurch als Begründer des modernen Siam.

Die 30er- und 40er-Jahre: Konstitutionelle Monarchie

1932 wurde Siam, wie die offizielle Staatsbezeichnung bis dahin lautete, durch einen unblutigen Staatsstreich eine konstitutionelle Monarchie. Westlich ausgebildete Intellektuelle und große Teile des Bürgertums waren mit der Herrschaft König Prajadhipoks unzufrieden, da er, im Gegensatz zu seinem Großvater Chulalongkorn, kaum Interesse an der Erneuerung des Landes zeigte und sich Vettern- und Misswirtschaft ausbreitete. Pridi Phanomyong, ein in Frankreich ausgebildeter Rechtsanwalt, war der politische Kopf der radikaldemokratischen Bewegung, die, zusammen mit den mehr konservativen Militärs, den Coup durchführte. Pibul Songgram, Führer des konservativen Flügels, wurde bald zum stärksten Mann der Nation, die nun Thailand hieß.

1940 war das Land Alliierter der Achsenmächte Nazi-Deutschland, Japan und Italien. Mit japanischer Unterstützung annektierte Thailand Teile von Laos, Kambodscha und Malaya. 1944 wurde Pibul Songgram gestürzt, und Thailand verbündete sich mit seinen ehemaligen Gegnern. Pridi Phanomyong, der Führer der antijapanischen Bewegung während des Krieges, arbeitete mit seinen Freunden eine neue Verfassung aus. Er wurde 1947 durch einen Militärputsch unter der Führung von Songgram gestürzt und ging ins Exil. Später wurde er Sprecher der Bewegung Freies Thailand in der Volksrepublik China.

Die 50er- und 60er-Jahre: Diktatur

Unter der Führung Songgrams wurde das Land streng antikommunistisch und Mitglied in der SEATO (South East Asia Treaty Organization), dem asiatischen Gegenstück zur NATO. 1957 stürzten Militärs unter Marschall Sarit die Einmann-Diktatur. Sarit, eine umstrittene Figur der neueren Geschichte, war beim Volk beliebt, während viele Landeskenner ihn als korrupten Diktator einstufen. Feldmarschall Thanom Kittikachorn wurde neuer Premier und führte Thailand noch enger in die Arme der USA. Während des Vietnam-Krieges war das Land von einem Netz von US-Militärstützpunkten überzogen. Von Udon Thani, Ubon Ratchathani oder U-Tapao aus wurden viele verheerende B52-Bombereinsätze in Vietnam und Laos geflogen. Nach den Wahlen

Die wichtigsten Könige Thailands		
?	–1317	Mengrai (Lanna)
1275–1317		Ramkhamhaeng
1350–1369		U-Thong
1388–1395		Ramesuan
1590–1605		Naresuan
1630–1656		Prasat Thong
1657–1688		Narai
1767–1782		Taksin
1782–1809		Rama I. (General Chakri)
1809–1824		Rama II. (Phra Phutthalaetla Naphalai)
1824–1851		Rama III. (Phra Nangklao)
1851–1868		Rama IV. (Mongkut)
1868–1910		Rama V. (Chulalongkorn)
1910–1925		Rama VI. (Vichiravudh)
1925–1935		Rama VII. (Prajadhipok)
1935–1946		Rama VIII. (Anand Mahidol)
seit 1946		Rama IX. (Bhumipol)

von 1969 wurde zwar ein Parlament gebildet, doch die Macht lag weiterhin in den Händen von Kittikachorn und seinen Generälen.

Die 70er-Jahre: Demokratische Erneuerung

Die fortwährenden Auseinandersetzungen zwischen Parlament und den Militärs führten im November 1971 zur Auflösung der Nationalversammlung, Aufhebung der Verfassung und Erklärung des Kriegsrechts. Fast zwei Jahre lag die eigentliche Macht in den Händen der Armee- und Polizeioffiziere, die sich durch Korruption auszeichneten.

Im Oktober 1973 protestierten Hunderttausende gegen die Verhaftung oppositioneller Studentenführer. 71 Menschen wurden wahllos erschossen und mehrere Hundert verletzt; erbitterte Straßenkämpfe folgten. Das Ende der herrschenden Militärclique war gekommen, als Kittikachorn, Prapas und Narong ins Ausland flohen. König Bhumipol verkündete den Rücktritt des Militärregimes und die Einsetzung des Rektors der Thammasat-Universität, Sanya Dharmasakti, als neuen Premier, was man als Sieg der Studenten-bewegung verstand.

Sanya hatte die undankbare Aufgabe, das dem Ruin zustrebende Land zu regieren. Streiks, Kriminalität, Inflation und die sich zuspitzenden Auseinandersetzungen mit kommunistischen Guerillas im Norden und Nordosten sowie die militante Bewegung der Moslem-Minderheit im Süden waren nur einige Probleme.

In der folgenden Zeit wechselten sich die Parteien mit der Bildung von Regierungen ab, bis im Oktober 1976 das Militär wiederum die Macht übernahm. Ab 1977 war General Kriangsak Premier, der sich durch eine Reformpolitik nach innen und eine realistische Ausgleichspolitik von seinen Vorgängern unterschied.

Die 80er-Jahre: Wirtschaftsboom

Im Frühjahr 1980 wurde Kriangsak gestürzt, und das Parlament bestimmte General Prem Tinsulanond zu seinem Nachfolger, der das Land mit einer demokratisch legitimierten Mehrparteien-koalition regierte. Thailand wurde wiederum streng antikommunistisch, die Auseinandersetzungen an der Grenze zu Kambodscha waren Anlass für verstärkte Waffenlieferungen und gemeinsame Manöver mit den USA. Viele innenpolitischen Reformen verliefen im Sande. Die moslemische Separatistenbewegung im Süden verlor 1987 durch die Kapitulation von 650 Guerillas stark an Einfluss.

1988 ging die Chart Thai Partei aus allgemeinen Parlamentswahlen als Sieger hervor. Ihr Vorsitzender, Chatichai Choonhavan, führte als Ministerpräsident eine 7-Parteien-Koalition. Daneben hatte die Armee großen Einfluss. Durch populäre Anordnungen (z. B. Amnestie für politische Gefangene, Erhöhung der Gehälter der Staatsangestellten und des Reispreises für die Bauern) und den wirtschaftlichen Boom konnte die Regierung die anfängliche Skepsis in der Bevölkerung überwinden. Doch schon bald kam es durch den Anstieg der Verbraucherpreise, die ungleiche Einkommensentwicklung, Bodenspekulation und Korruption zu Spannungen, die vor allem im Militär zu Unmutsäußerungen führten.

Die 90er-Jahre: Politisierung der Massen

Es überraschte nicht, als im Februar 1991 die Armee in einem unblutigen Putsch Chatichai Choonhavan absetzte. Ein *National Peace Keeping Council* (NPKC) übernahm die Macht und beauftragte Zivilisten unter der Leitung von Premierminister Anand Panyarachun mit der Ausarbeitung einer neuen Verfassung.

Im März 1992 wurden wiederum Wahlen abgehalten, bei denen die dem Militärs nahe stehenden Parteien vor allem im ländlichen Raum die Mehrheit der Stimmen erhielten oder kauften. Als im Mai der Anführer des Putsches, General Suchinda Kraprayoon, der nicht dem Parlament angehörte, zum Ministerpräsidenten ernannt wurde, kam es zu Massendemonstrationen. Sie gipfelten in gewalttätigen Auseinandersetzungen mit zahlreichen Toten und der Verhaftung des charismatischen Leiters der Palang Dharma-Partei, Chamlong Srimuang, sowie 4000 seiner Anhänger. Nach der Intervention des Königs wurden die Gefangenen freigelassen, und General Suchinda ("Big Su") musste zurücktreten.

Unter dem Druck der Straße kam es im September 1992 zu Neuwahlen, aus denen eine 5-Parteien-Koalition unter dem demokratischen Premierminister Chuan Leekpai hervorging. Viele gut gemeinte Reformversuche der Regierung scheiterten am Widerstand der Opposition und einiger Mitglieder aus den eigenen Reihen. Auch die Palang Dharma-Partei verlor 1994 durch innerparteilichen Streit an Ansehen. Auf der anderen Seite hatten die Mai-Unruhen zu einem verstärkten demokratischen Bewusstsein geführt, sodass außerparlamentarische Gruppen die Politiker unter Druck setzten, die Reformen fortzuführen und vor allem die Lebensbedingungen auf dem Land zu verbessern.

Aufgrund von Korruptionsvorwürfen im Zusammenhang mit einer Landreform zerbrach die 5-Parteien-Koalition im Mai 1995, Premierminister Chuan Leekpai verlor die Neuwahlen, bei denen viel über Stimmenkäufe in den ländlichen Regionen gemunkelt wurde. Der Führer der Chart Thai-Partei, Banharn Silpa-archa, wurde zum 21. Premierminister Thailands ernannt. Aber auch diese 7-Parteien-Koalition ging schnell in die

Brüche, sodass bereits Ende 1996 wieder Neuwahlen anstanden, aus denen Chavalit Yongchaiyudh, ein ehemaliger General, als Sieger hervorging. Die überwältigende Mehrheit der Wähler in Bangkok stimmte jedoch für die Opposition. Die wankelmütige Palang Dharma-Partei wurde nahezu aufgerieben.

Zu dieser Zeit kündigte sich bereits mit dem Verfall der Immobilienpreise und dem Zusammenbruch einiger Grundstücksgesellschaften die Wirtschaftskrise an. In der ersten Jahreshälfte 1997 begann sie sich auch in anderen Bereichen bemerkbar zu machen. Die Regierung, die sich bislang mehr um die Verteilung persönlicher Pfründe als um eine solide Wirtschaftspolitik gekümmert hatte, reagierte anfangs panisch mit Steuererhöhungen, die kurz darauf jedoch wieder zurückgenommen werden mussten. Der Rücktritt zweier Finanzminister, ein rapider Währungsverfall und der Vertrauensverlust beim IWF wie bei der Bevölkerung zwangen Chavalit schließlich, im November 1997 sein Amt niederzulegen.

In dieser schwierigen Situation wurde der ehemalige demokratische Ministerpräsident Chuan Leekpai vom König mit der Bildung einer neuen Koalition beauftragt, die mit einer dünnen Mehrheit wichtige Reformen durchsetzen musste. Im Zentrum der Politik des Premiers stand die Bekämpfung von Pleiten, Arbeitslosigkeit und sozialen Problemen. Im Gegensatz zur boomenden Exportwirtschaft konnte sich in den folgenden Jahren die Binnennachfrage aufgrund des niedrigen Lohnniveaus nicht erholen.

Aufstieg und Fall der Thaksin-Regierung

Unter diesen Bedingungen fand Thaksin von der neu gegründeten Partei Thai Rak Thai *(Thais lieben Thais)* mit seinen großzügigen finanziellen Versprechungen und offener Polemik gegen westliche Ausländer und Minderheiten Gehör und gewann am 6.1.2001 mit einer überwältigenden Mehrheit die Wahlen. Thaksin bildete eine Drei-Parteien-Koalition, um mit einer 2/3-Mehrheit Gesetze schnell verabschieden zu können, und berief in sein Kabinett viele alte Gesichter aus mehreren gescheiterten Regierungen. Als eine der ersten, vom Wahlvolk kaum wahrgenommenen Maßnahmen, wurden Firmen mit ausländischer Beteiligung unter die Lupe genommen und die Arbeitsgenehmigungen von tausenden von Ausländern, die zum Großteil im Tourismusgewerbe arbeiten, nicht oder nur unter verschärften Bedingungen erneuert.

Im Februar 2005 gelang es Thaksin dennoch, mit einer absoluten Mehrheit wiederum die Regierung zu bilden. *Thais lieben Thais* schien bei fast 2/3 der Bevölkerung immer noch gut anzukommen, wobei man nicht vergessen sollte, dass in vielen ländlichen Regionen der Kauf von Wählerstimmen Tradition hat. Nach den Wahlen verstärkte sich hauptsächlich in der städtischen Bevölkerung der Widerstand gegen die zunehmend autokratischer und diktatorischer herrschende Thaksin-Regierung. Die Einschränkung der Pressefreiheit, die persönliche Bereicherung des Thaksin-Clans und das selbstherrliche Herrschaftssystem waren Anlässe, um auf die Straße zu gehen und die Wiederherstellung der Demokratie zu fordern. Nach monatelangen Protesten kam es im April 2006 zu Neuwahlen, die allerdings von allen wichtigen Oppositionsparteien boykottiert wurden. In vielen Wahlkreisen wurden nicht genügend Stimmen abgegeben, sodass trotz des Wahlsiegs der Thai Rak Thai deren Abgeordnete als nicht gewählt galten. Der Oberste Gerichtshof Thailands erklärte die Wahlen im Mai für ungültig und legte einen neuen Wahltermin im Oktober 2006 fest.

Thaksins Fall begann mit dem Verkauf seines Telefonkonzerns Shin Corp. an die staatliche Singapurer Temasek Holdings Ltd. Thaksins Familie hatte knapp 50 % der Firma für fast 2 Milliarden Dollar verkauft und musste dabei, dank entsprechend geänderter Gesetze, keine Steuern zahlen. Seine Firma hatte beim Aufbau der Mobilfunknetze von staatlichen Zuschüssen profitiert. Das war dann für den größten Teil der Mittelklasse doch zu viel und so wurden die Militäreinheiten in Bangkok freundlich begrüßt, die am 19. September 2006 unter General **Sonthi Boonyaratkalin** gegen das Thaksin-Regime putschten. Aller Wahrscheinlichkeit nach geschah der unblutig verlaufene Staatsstreich mit Duldung des Kronrats unter dem früheren Ministerpräsidenten Prem. Der König bestätigte ebenfalls in einer im

Radio übertragenen Rede Sonthi als Vorsitzenden des neuen *Rates für demokratische Reformen*. Er erklärte das Parlament, die Regierung und das Verfassungsgericht für aufgelöst und die Verfassung für außer Kraft gesetzt. Schon im Oktober wurde von Sonthi eine zivile Regierung eingesetzt. Verschiedene Ausschüsse befassen sich seitdem mit Korruptionsfällen, Steuerhinterziehung und persönlicher Bereicherung des Thaksin-Clans und anderer Regierungsmitglieder. Eine neue Verfassung soll ausgearbeitet und Neuwahlen vorbereitet werden. Thaksin befindet sich seit dem Putsch im Ausland und seine Thai Rak Thai-Partei wurde per Gerichtsbeschluss im Mai 2007 aufgelöst.

Regierung

Die Verfassung

Nach der Revolution von 1932 wurde die erste Verfassung des Landes in Kraft gesetzt. Danach liegt die oberste Gewalt in der Hand des Volkes. Der Monarch, die Nationalversammlung, der Staatsrat und die Gerichte üben die **Staatsgewalt** im Namen des Volkes aus. War damit die Souveränität des Volkes gegeben, so wurden außerdem die Gleichheit vor dem Gesetz wie auch die allgemeinen Grundfreiheiten westlicher Verfassungen garantiert. Seit 1932 sind zwar 16 neue Verfassungen erstellt worden, die aber alle diese Grundsätze beibehielten. In der ersten Jahreshälfte 1997 arbeitete eine **verfassunggebende Versammlung** (*CDA = Constitution Drafting Assembly*) aus 99 indirekt gewählten Persönlichkeiten wieder einmal eine neue Verfassung für Thailand aus, die aber erst unter massivem Druck der Öffentlichkeit und des Militärs im September 1997 vom Parlament gebilligt wurde. Sie soll das politische Leben reformieren, Machtmissbrauch des Staates verhindern und die Korruption in der Politik und Verwaltung eindämmen. Nach dem Putsch im September 2006 wurde auch diese wieder außer Kraft gesetzt und eine weitere neue Verfassung ist seitdem in Arbeit. Das wäre dann immerhin die 18. seit 1932.

Die Königsfamilie

Obwohl die Revolution von 1932 das Ende der absoluten Monarchie bedeutete, verehrt die Bevölkerung in hohem Maße die Königsfamilie und sieht in ihr ein die Nation einigendes Element.

Der König ist Staatsoberhaupt, Oberbefehlshaber der Streitkräfte und religiöses Oberhaupt zugleich. Die Intensität der Verehrung der königlichen Familie ist für Europäer kaum nachvollziehbar. Das Portrait von **König Bhumipol** und der Königin findet sich in jedem Haus, in jedem Laden, selbst in den einfachsten Hütten armer Bauern, in den Büros der Staatsangestellten ebenso wie in Restaurants oder Coffeeshops. Der König steht über dem politischen Tagesgeschehen, und so hat Bhumipol seit seinem Amtsantritt 1946 insgesamt 19 Militärputsche oder gewaltsame Regierungswechsel erlebt. Das Königshaus wirkte in all den Wirren immer als stabilisierende Kraft. Entsprechend prunkvoll wurden sein 50-jähriges Thronjubiläum und alle Geburtstage der Königsfamilie gefeiert.

König Bhumipol und Königin Sirikit haben einen Sohn, **Kronprinz Maha Vajrakingkorn**, und drei Töchter, Prinzessin Chulabhorn, Prinzessin Sirindhorn und Ubol Ratana, die bis 1998 mit einem Amerikaner verheiratet war und keine repräsentativen Funktionen mehr wahrnimmt.

Vor allem Prinzessin **Sirindhorn**, die bei der Bevölkerung große Beliebtheit genießt, unterstützt unermüdlich die Arbeit ihres Vaters, wofür sie den neuen Titel Maha Chakri erhielt. Zudem wurde 1974 zum erstenmal in der Geschichte des Landes die Thronfolge dahingehend geändert, dass unter bestimmten Bedingungen auch königliche Töchter die Nachfolge übernehmen können.

Die Königsfamilie gibt sich volksverbunden und besucht selbst abgelegene Provinzen. In vielen königlich initiierten und unterstützten **Projekten** werden vor allem in der Land- und Forstwirtschaft neue Maßstäbe gesetzt. Auf dem Gelände des Chitralada Palastes, in dem die königliche Familie residiert, wurde eine Experimentier-Milchfarm errichtet, in der bestimmte, klimageeignete Rinderarten für die Milchproduktion gezüchtet werden. Ebenfalls bekannt ist die Fischzuchtstation. Die sich schnell vermehrenden Tilapia-Fische ernähren sich von Unkraut und Insektenlarven und können in den Reisfeldern zu einer Verringerung des Einsatzes von Chemikalien beitragen. Gleichzeitig wird der Landbevölkerung dadurch proteinhaltige Nahrung zur Verfügung gestellt.

Die in den Gebirgen des Nordens ansässigen Bergvölker sind ein besonderes Ziel königlicher Entwicklungshilfe. Beispiel dafür ist die Ersetzung des bisher traditionellen Mohnanbaus im Hmong-Dorf auf dem Doi Inthanon durch so genannte *cash crops* wie Blumen, Pfirsiche, Äpfel, Kaffee oder Erdbeeren.

Die ausgeprägte Verehrung des Königs kommt zum Beispiel im täglichen Abspielen der Königshymne zum Ausdruck. Morgens um 8 Uhr steht die Nation still, wenn aus öffentlichen Lautsprechern die Königshymne erklingt. Ähnliches geschieht im Kino – vor dem Beginn der Vorstellung erscheinen die Fahne und der König auf der Leinwand, die Hymne wird abgespielt und alle Kinobesucher erheben sich von ihren Stühlen.

Die Innenpolitik

Der größte Teil der Bevölkerung lebt auf dem Land, allerdings drängen immer mehr, wie überall auf der Welt, in die Städte. Die Einwohnerzahl der Metropole Bangkok hat sich seit Beginn der 60er-Jahre mehr als verdoppelt. Die Stadt wirkt wie ein Magnet auf die Landbevölkerung. In früheren Jahrzehnten suchten die Bauern nur während der Regenzeit zusätzliche Verdienstmöglichkeiten in den Städten. Seit den 90er-Jahren siedeln sich immer mehr Arbeitskräfte vom Land dauerhaft im Großraum Bangkok und den angrenzenden Industriezentren an, die während des wirtschaftlichen Aufschwungs entstanden sind.

In vielen Dörfern des Nordostens und den nicht-touristischen Gebieten des Südens, wo die Armut landesweit am größten ist, haben sich die Lebensbedingungen kaum geändert. Insbesondere im Nordosten vergreisen die Dörfer. Um der Abwanderung entgegenzuwirken, sind rings um einige Provinzhauptstädte wie Korat oder Khon Kaen neue Fabrikanlagen v. a. der Lebensmittel verarbeitenden Industrie entstanden, die das Arbeitskräftepotenzial des Nordostens nutzen. Im

Süden hat die Umorientierung auf den Tourismus zumindest einigen Regionen einen beachtlichen Wohlstand, aber auch nicht zu übersehende Probleme beschert.

Mitte der 80er-Jahre kam es durch den Preisverfall bei traditionellen Agrarprodukten, wie Tapioka, Kautschuk, Kopra und Schweinefleisch, und gleichzeitigen Misserfolgen bei der Einführung neuer Erzeugnisse wie Cashewnüsse und Maulbeerbäume zu Einkommensverlusten, was zu Unruhen unter den Bauern führte. Als dann noch die Lebensmittelpreise stiegen und große Staudammprojekte die Existenz ganzer Dörfer bedrohten, kam es 1993/94 zu massiven Protestaktionen.

Seither wehrt sich die ländliche Bevölkerung gegen Ungerechtigkeiten bei der Landreform oder beim Bau von Staudämmen, wenn das überspülte fruchtbare Ackerland durch minderwertige Böden kompensiert werden soll. Während der die Auseinandersetzungen um die neue Verfassung noch breite Bevölkerungsschichten mobilisierten, kommen unter Thaksin die basisdemokratischen Bewegungen fast zum Erliegen. Er führt den Kampf um die Moral des Landes mit harten Bandagen. So starben 2001/02 während des 10-monatigen Kriegszugs gegen Drogen über 2000 Menschen, was ausländische Regierungen wie Menschenrechtsorganisationen zu Protesten veranlasste. Im Land wird es kritischen Stimmen in den Medien zunehmend schwer gemacht, zu Wort zu kommen, und die einst freie Presse wird von der internationalen Organisation *Freedom House* nur noch als „teilweise frei" eingestuft.

Nach jahrelanger Arbeit zeigt seit den 90er-Jahren die staatlich propagierte **Familienplanung** Erfolge und kann anderen asiatischen Ländern als Vorbild dienen, denn das Bevölkerungswachstum von einstmals über 3 % ist mittlerweile bei nur 1 % angelangt. Aufklärungskampagnen und Maßnahmen gegen Aids (Meldepflicht, Verpflichtung der Prostituierten zum Gebrauch von Kondomen) sind zwar im Vergleich zu anderen Ländern Asiens vorbildlich, wurden allerdings zu spät initiiert und können das rasant wachsende Problem nicht an der Wurzel packen.

Die Außenpolitik

In der Außenpolitik war Thailand seit dem Ende des 2. Weltkriegs bis in die 70er-Jahre auf streng antikommunistischem Kurs und mit den USA militärisch verbündet. Thai-Soldaten kämpften in Korea und Vietnam. Unter Kriangsak begann eine vorsichtige Annäherung an die Nachbarn im Osten: Vietnam, Laos und Kambodscha. Damit wurde dem traditionellen Ziel der Außenpolitik Thailands, die Unabhängigkeit durch realistische Beziehungen zu den drei wichtigen Großmächten Sowjetunion, China und den USA zu bewahren, Rechnung getragen.

Zudem ist Thailand Mitglied in der Bewegung der Blockfreien Staaten und im südostasiatischen Staatenverband ASEAN. Die Auflösung des Ostblocks erleichterte in den 90er-Jahren den Ausbau der Wirtschaftsbeziehungen zu den ehemals sozialistischen Nachbarstaaten. 1994 konnte die erste Mekong-Brücke zwischen Thailand und Laos eröffnet werden, 2007 folgte die zweite Brücke zwischen den beiden Ländern. Zudem wurden in den vergangenen Jahren die Beziehungen zu China ausgebaut.

Wirtschaft

Spätestens während der Wirtschaftskrise 1997/98 wurde vielen Menschen in Thailand die Bedeutung der internationalen finanziellen Verflechtungen deutlich. Die hohe **Auslandsverschuldung** von 1999 noch 86 Milliarden US$, strikte Auflagen des IWF und zahlreiche Pleiten machten sich auch im Alltag bemerkbar. Nicht nur zahlungsunfähige Reiche mussten ihre Mercedes-Karossen und Landhäuser abstoßen, auch die weniger Begüterten schnallten den Gürtel enger. Viele Restaurants blieben leer, und Luxusboutiquen schlossen ihre Pforten.

Die Auslöser für die Wirtschaftskrise 1997 waren bereits 1996 zu erkennen, als einige Immobiliengesellschaften auf Grund fallender Preise und unverkäuflicher Bauprojekte Konkurs anmelden mussten. Durch ausstehende fällige Kredite und die Flucht von ausländischem Kapital kam es zu finanziellen Engpässen bei Banken und Finanzierungsgesellschaften. Kreditzinsen

und Auslandsverschuldung stiegen so rapide an wie die Börsenkurse fielen, sodass im August 1997 der IWF mit Kreditzusagen in Höhe von 17,2 Milliarden US$ und strikten Auflagen eingreifen musste. Zum Jahresende wurden von der Regierung 56 Finanzierungsgesellschaften geschlossen. Anderen Forderungen des IWF stand die Regierung kritisch gegenüber, war aber generell bemüht, sie zu erfüllen.

Um die Kassen der Banken und Firmen zu füllen, offerierte man einerseits finanzkräftigen internationalen Unternehmen Beteiligungen, wollte aber andererseits die Kontrolle und Entscheidungsgewalt behalten. Die Folge waren Pleiten, zunehmende Arbeitslosigkeit und höhere Preise. Ein Großteil der Menschen, die ihre Arbeitsplätze in der Industrie verloren hatten und aus den armen ländlichen Regionen stammen, kehrte in die Dörfer zurück, wo ein Fleckchen Land auch eine größere Familie wenigstens notdürftig ernähren kann.

2002 kam die Wirtschaft wieder in Schwung und erreichte schnell imposante Zuwachsraten – 2003 stieg das Bruttoinlandsprodukt bereits um 6,7 %, und auch im folgenden Jahr kam es zu weiteren Zuwächsen. Dies ist einem verstärkten Binnenkonsum, öffentlichen und privaten Investitionen sowie einem starken Anwachsen der Exporte zu verdanken.

Hingegen schwanken die Zahlen im **Tourismus**, einer der wichtigsten Devisenquellen. 2003 gingen die Einnahmen um 7 % zurück. Maßgebliche Ursachen hierfür waren der Irak-Krieg, Warnungen vor Anschlägen und SARS. 2004 gingen sie um mehr als 16 % nach oben, um 2005 wieder abzufallen. Der Tsunami mit seinen Folgen hatte in der Hauptsaison viele potenzielle Besucher von einer Thailandreise abgehalten. Weitere Gründe waren Unruhen in den überwiegend moslemischen Südprovinzen und die Hühnergrippe. Bereits in der Saison 2006/07 waren die Strände selbst in den vom Tsunami betroffenen Regionen so voll wie noch nie.

Knapp die Hälfte der thailändischen Bevölkerung lebt von der **Landwirtschaft**. Neue Arbeitsplätze werden seit Jahren aber nur von der Industrie geschaffen, in der etwa 15 % arbeiten. Mittlerweile liegt der Anteil der industriellen Produktion am Bruttoinlandsprodukt bei 45 %. Während das Bruttoinlandsprodukt 1990 bei US$2000 pro Person lag, betrug es 2006 bereits US$9100 (zum Vergleich: Indien US$3700, Deutschland US$31 400) – ein Resultat des durchschnittlichen jährlichen Wirtschaftswachstums von 8 % zwischen 1990 und 1996. Nach dem Rückgang bzw. Nullwachstum Ende der 90er-Jahre stieg es danach wieder um 4–6 % an.

In der Landwirtschaft werden nur 10 % des Bruttoinlandsproduktes erwirtschaftet. Landwirtschaft heißt in Thailand hauptsächlich Feldbau. Fleischproduktion wird nur in relativ kleinem Umfang betrieben. Andererseits ist die Zahl kommerziell betriebener Tierzuchtbetriebe im letzten Jahrzehnt enorm gestiegen. Noch bis in die 50er-Jahre wurde in erster Linie Nassreis angebaut, das Haupt-Nahrungsmittel in Thailand. Um die rasch anwachsende Bevölkerung zu ernähren, wurden nach dem 2. Weltkrieg Berghänge und schlechte Böden kultiviert, die sich nicht für den Reisanbau eignen. Hier pflanzte man neue Kulturpflanzen mit geringeren Ansprüchen an Bodenqualität an wie Zuckerrohr, Mais, Cassava, Tapioka und Kenaf. In der Umgebung der Städte stieg die Produktion von Obst und Gemüse. Vor allem im Süden erstrecken sich riesige Ananas- und Gummibaumplantagen. Mittlerweile ist Thailand der weltgrößte Kautschukproduzent.

Zwischen 1985 und 1994 verdoppelte sich das durchschnittliche Einkommen der Thai auf 2321 Baht pro Haushalt im Monat. Mittlerweile liegt es im Durchschnitt bei 12 500 Baht pro Monat, wobei die Preissteigerungen der vergangenen Jahre und erheblichen regionalen Unterschiede zu berücksichtigen sind. Dank der Maßnahmen der von den Demokraten geführten Regierung von 1992–94, die den Wohlstand aus dem Zentrum aufs Land verteilen sollten, halbierte sich von 1988–94 der Anteil der unter der Armutsgrenze lebenden Menschen. Dennoch gibt es vor allem auf dem Land noch Menschen, die sich nicht ausreichend ernähren können.

Über die Hälfte der **industriellen Produktionsstätten** konzentriert sich im Großraum Bangkok, einer Region, deren Ausläufer bis Ayutthaya und Pattaya reichen und die den neuen Tiefseehafen Laem Chabang an der Ostküste umfasst. Die bedeutendsten Zweige stellen die Computer- und Halbleiterindustrie, die arbeitsin-

Arbeitslöhne

Der staatlich festgelegte Mindestlohn eines Industriearbeiters beträgt seit 2004 im Großraum Bangkok 175 Baht pro Tag, in anderen Landesteilen noch weniger – und das bei einer offiziellen 48–54-Stunden-Woche! Bauarbeiter können hier über 200 Baht verdienen. Insgesamt sind die Einkommen in der Hauptstadt wesentlich höher als in den Provinzen. Laut der Tageszeitung *Bangkok Post* zahlt man hier im Durchschnitt neunmal so viel Lohn wie im Nordosten, wo viele Bauern gerade einmal 40 Baht am Tag verdienen.

Die Mindestlöhne gelten nur für gewerbliche Arbeitnehmer und werden von der Industrie häufig unterlaufen. Vor allem Frauen und Kinder beschäftigt man gleichermaßen zu Hungerlöhnen. Zum Vergleich: Pro Tag gibt ein Durchschnittstourist fast 4000 Baht aus.

Trotz steigender Konsumgüterpreise sind aus Angst vor Arbeitslosigkeit Forderungen nach Lohnerhöhungen nur selten zu vernehmen. Stattdessen vertraut man aufs Glück, was der Lotteriegesellschaft stattliche Gewinne beschert und den Staatshaushalt erheblich aufbessert.

tensive Textilindustrie sowie die Verarbeitung von Nahrungsmitteln und anderer agrarischer Erzeugnisse dar. So erreichte Thailand innerhalb weniger Jahre die Weltspitze als Exporteur von Schalentieren. Relativ neu ist die Zement- und Automobilindustrie, die hauptsächlich im Ausland gefertigte Teile montiert.

Die zunehmende Industrialisierung lässt den **Energiebedarf** des Landes ansteigen. Nur ein Viertel des Bedarfs kann das Land aus eigenen Öl- und Gasvorkommen im Golf von Thailand und dem Indischen Ozean decken. Der Vertrag mit dem Regime in Yangon über die Lieferung von Gas aus den Vorkommen bei Yetagun ist bei Menschenrechtlern und Umweltschützern auf Kritik gestoßen. Durch eine 700 km lange Pipeline, davon 346 km in Thailand, die über das Tenasserim-Gebirge und Kanchanaburi nach Ratchaburi verlegt wurde, soll Thailand 30 Jahre lang mit Gas aus dem Nachbarland versorgt werden.

Reis

Der Reisanbau bildete seit der Einwanderung der Thai-Stämme die Grundlage der Gesellschaft. Im Laufe der Jahrhunderte wurden die Flussniederungen kultiviert, die durch die alljährlich über die Ufer tretenden Flüsse neue Nährstoffe erhielten. Mitte des 19. Jhs. begann Siam Reis zu exportieren, was zu einer Umstrukturierung der auf Selbstversorgung orientierten Landwirtschaft führte. Anbau, Transport und Verarbeitung von Reis bestimmte das wirtschaftliche Geschehen der 20er und 30er-Jahre. Der Handel ließ in Bangkok einige Reisbarone chinesischen Ursprungs zu Wohlstand gelangen. Obwohl sich das Land rasch zu einem der größten Reisexporteure der Welt entwickelte, behielt man die überlieferten landwirtschaftlichen Anbaumethoden bei. Investitionen in die Intensivierung der Landwirtschaft hielten sich in Grenzen, sodass die Hektarerträge gleich blieben oder gar sanken, was zwangsläufig zu einer Ausdehnung der Anbauflächen führte. Vor allem im Nordosten, wo das Land durch fehlende Niederschläge zunehmend versteppt, gingen die Hektarerträge zurück. Bauern, die durch den Einsatz von Düngemitteln und Pestiziden diese Entwicklung aufzuhalten versuchten, verschuldeten sich zunehmend. Die sich verschärfenden Probleme wurden besonders von der *Thai Rice Foundation under Royal Patronage* erkannt und es werden Lösungsmodelle erarbeitet. Weitere umfangreiche Informationen unter 🖳 www.thairice.org/eng/

Exporte spielen für die thailändische Wirtschaft eine große Rolle. Weit mehr als die Hälfte Bruttosozialproduktes wird ausgeführt, wobei ein Wandel von Rohstoffen und Nahrungsmitteln zu Fertigwaren und Industrieprodukten festzustellen ist. 1980 kam noch der überwiegende Teil aller Exporte aus dem agrarischen Bereich, hingegen produziert seit Mitte der 1990er-Jahre der industrielle Sektor die Mehrheit aller ausgeführten Güter. Reis, bis 1986 auf Platz eins, ist mittlerweile weit zurückgefallen und von Computerteilen (mit dem stärksten Wachstum), Textilien, Edelsteinen, integrierten Schaltkreisen, Schuhen, Elektroartikeln, Konserven und Garnelen überrundet worden.

Tourismus

Über 13 Millionen Touristen kamen 2006 nach Thailand. Da etwa 56 % der Touristen auf eigene Faust reisen (bei den Deutschen sind es sogar 73 %), fließt nur ein geringer Teil der Einnahmen ins Ausland zurück. Der größte Teil der Einnahmen von ca. 9 Milliarden € bleibt als Devisenreserve im Land und macht den Tourismus zur größten Deviseneinnahmequelle. Mit diesem Geld wird der Import vieler Güter finanziert, die für die wirtschaftliche Stabilisierung des Landes benötigt werden, vor allem elektronische Bauteile, Maschinen, Chemikalien, Stahl und Öl.

Ein internationaler Tourismus im größeren Maßstab begann während des Vietnamkriegs, als viele US-Soldaten ihren R&R (*rest and recuperation*) Urlaub in Thailand verbrachten. Bisheriges Ziel der thailändischen Tourismuspolitik war es, neue Gebiete zu erschließen und mit touristischer Infrastruktur auszustatten. Ein Vorteil für jeden Besucher, der nicht wie ein Thai leben will oder kann. Mittlerweile gibt es viele Reiseziele, deren Hotels und Restaurants sich auf die Bedürfnisse der fremden Gäste eingestellt haben. Priorität haben seit 1994 die Bewahrung der Umwelt und der Ausbau der Infrastruktur von touristischen Zielen, die vor allem durch den Massentourismus an ihre Grenzen gestoßen sind. Im Kampf um den Touristen-Dollar hat Thailand den anderen Mitbewerbern im asiatischen Raum den Rang abgelaufen. Da auch zunehmend Umwelt-Kriterien bei der Auswahl des Reiseziels eine Rolle spielen, verabschiedete der Innenminister bereits 1989 eine strenge Regelung für Gebäude an den Stränden. So dürfen Neubauten, die bis zu 75 m vom Strand entfernt liegen, nur noch 6 m hoch sein. Bis zu 200 m vom Strand beträgt die maximale Höhe 12 m, also niedriger als die Kokospalmen. Von der Lücke, die zwischen Gesetz und Realität klafft, kann sich jeder Tourist selbst überzeugen.

Zudem sieht sich Thailand als ideale Drehscheibe für Touristen, die Indochina, Südchina oder Myanmar besuchen wollen. Es gilt allerdings noch, das schlechte Image aufzupolieren, das durch Schlagzeilen über Kinderprostitution, Kriminalität oder Aids im Ausland entstanden ist. Dabei kann Thailand auf ein großes Plus verweisen: Dank der ausreichenden Kapazitäten bietet es Hotels und andere touristische Dienstleistungen zu einem äußerst guten Preis-Leistungs-Verhältnis an. Für Anspruchsvolle lässt der Service jedoch in manchen Bereichen durch einen Mangel an qualifizierten Arbeitskräften zu wünschen übrig. Während der Wirtschaftskrise lockte der günstige Wechselkurs v. a. europäische Urlauber an. Der Aufwärtstrend von 2003 zu 2004 von 16 % war 2005 auf ein leichtes Minus von 1,5 % gesunken. Da allerdings Reisende nach Laos, Kambodscha und Myanmar doppelt und dreifach gezählt werden, verfälschen sie die Statistik.

Der Anteil von Touristinnen liegt bei 42 % und ist damit am höchsten von allen Reisezielen in Asien. Etwa die Hälfte aller Besucher kam nicht zum ersten Mal nach Thailand.

Buddhismus

Thailand gehört neben Myanmar, Sri Lanka, Kambodscha und Laos zu den buddhistischen Ländern der Theravada-Richtung, die der ursprünglichen, manchmal abwertend „kleines Fahrzeug" genannten Lehre zugehören. Während der Mahayana-Buddhismus (das „große Fahrzeug") der nördlichen Länder China, Japan, Korea und Vietnam viele Wege zur Erlösung akzeptiert, orientieren sich die Lehren des Theravada-Buddhismus streng an den überlieferten Pali-Schriften.

Obwohl in Thailand die Freiheit der Religionsausübung garantiert wird, ist der Buddhismus eine Art Staatsreligion. In Thailand bekennen sich 85 % der Bevölkerung zum Buddhismus, darunter eine konfuzianistische, chinesische Minderheit. Vor allem im Süden konzentriert sich die moslemische Minderheit, während Christen und Animisten überwiegend bei den Bergvölkern im Norden zu finden sind.

Buddha

Um 563 vor unserer Zeitrechnung wurde in Lumbini (heute Süd-Nepal), am Fuße des Himalaya,

ein Prinz geboren – Siddhartha Gautama. Seine Mutter Mahamaya, die sieben Tage nach der Geburt starb, hatte während ihrer Schwangerschaft einen Traum, dass ein silber-weißer Elefant seitlich in ihren Körper eingedrungen war. Hindu-Priester interpretierten ihn als Hinweis auf die Geburt eines großen Herrschers oder Buddhas. Sein Vater erzog ihn zu seinem Nachfolger und umgab ihn mit allem Luxus.

Im Alter von 16 Jahren heiratete er seine Cousine, eine hübsche Prinzessin, die einen Sohn bekam. Dennoch blieb ihm das menschliche Leid nicht verborgen. Die Legende berichtet, dass er nach dem Anblick eines alten, eines kranken und eines toten Mannes an seinem 29. Geburtstag beschloss, den irdischen Genüssen zu entsagen und als Bettelmönch durch Nord-Indien zu ziehen. Nach sechs Jahren der Meditation und Selbstkasteiungen erlangte er während einer Vollmondnacht 528 v. Chr. während einer Meditation unter einem Bodhi-Baum *(Ficus religiosa)* in dem heutigen Bodh Gaya die Erleuchtung, das Erwachen *(bodhi)*. Er begann, im Hirschpark Isipatana nahe Varanasi, den ersten fünf Jüngern seine Erkenntnis von den **Vier Edlen Wahrheiten**: vom Leiden *(dhukha)*, seiner Ursache *(samudaya)*, der Aufhebung des Leidens *(nirodha)* und dem Weg dorthin darzulegen.

Seine Lehre

Die Überwindung des menschlichen Leidens erreicht man weder durch Selbstkasteiung noch durch ein ausschweifendes Leben, sondern auf dem „Mittleren Weg". Da sich die Welt in ständiger Veränderung befindet, kann nichts von Dauer sein. Entsprechend gibt es keine unveränderlichen Dinge – aus Altem entspringt ständig etwas Neues, das durch das Vorangegangene bedingt ist. Die menschliche Wirklichkeit beginnt schon mit der Geburt als ein schmerzhaftes Dasein, und Leiden bestimmt das weitere Leben bis zum Tod. Mit dem Tod ergibt sich die Möglichkeit der Wiedergeburt, die einen neuen Leidenszyklus einleitet. Nur die Erkenntnis vom Ursprung des Leidens und den Möglichkeiten seiner Veränderung ermöglicht es dem Menschen, sich aus diesem Daseinskreislauf *(samsara)* zu befreien.

Kurz nach Sonnenaufgang ziehen die in safrangelben Roben gekleideten Mönche durch die Straßen, um Opfergaben von den Gläubigen – meist in Form von Lebensmitteln – entgegenzunehmen. Mit ihren Spenden erwerben sich die Geber Verdienste für ihr zukünftiges Leben, sodass sie sich ehrfürchtig und wortlos bei den Mönchen für die erwiesene Gunst bedanken. Ist ein Haus fertig gestellt oder wird ein Geschäft eröffnet, lädt man eine Gruppe von Mönchen ein, die durch ihre Anwesenheit und Gebete Glück bringen sollen. Für die Ausstattung der Tempel ist die Bevölkerung bereit, große finanzielle Opfer zu bringen. Zumindest für einige Monate nehmen die meisten Männer, einschließlich des Königs, und einige Frauen freiwillig das entbehrungsreiche, strenge Klosterleben auf sich. Auch außerhalb der Klostermauern prägt der Buddhismus das Leben.

Der Ursprung allen Leidens liegt in der Begierde nach weltlichen Genüssen und der Unzulänglichkeit, Egoismus und Stolz, die Schwächen seines eigenen Ich, zu beherrschen. Wer ausschließlich nach weltlichen Genüssen strebt, wird die zerstörerischen Kräfte von Hass, Gier, Begehren und Verblendung erfahren. Menschen sind ein Produkt ihrer Umwelt. Da sie durch individuelle Erfahrungen und Handlungen geprägt sind, sollten sie die Entwicklung der eigenen Persönlichkeit nicht dem Zufall überlassen, sondern selbst in die Hand nehmen. Das Ziel des geistigen Reifeprozesses liegt im **Nirvana**, in dem man sich von allen Voreingenommenheiten befreit hat. Mit der Loslösung von weltlichen Genüssen und egoistischen Bedürfnissen und dem Bemühen, geduldig, liebevoll, wohltätig, mitfühlend und gütig zu sein, wird man zufrieden und erreicht einen emotional positiven Zustand. Damit ist jeder Mensch in der Lage, zu einem höheren Wissen über den Zustand der Welt zu gelangen und sein Karma zu verbessern.

Dem Ziel nähert man sich durch ständiges Einüben der acht Regeln vom **Edlen Achtfältigen Pfad**: **Richtige Erkenntnis** – indem man seine geistigen Fähigkeiten nutzt, um die wahren Probleme der menschlichen Existenz zu verstehen. **Rechtes Denken** – ohne Hass, Zorn, Begierde, Grausamkeit und Stolz. **Rechte Rede** – bei der man Lügen und eitle Selbstdarstellung meidet. **Rechte Tat** – Mönche unterliegen strengeren Verhaltensregeln als Laien, die nicht töten, lügen und stehlen sowie Drogen und sexuelle Ausschweifungen meiden sollten. **Rechter Lebenserwerb** – man soll sein Geld verdienen ohne anderen Menschen zu schaden. **Rechte Anstrengung** – um mit seinem Willen und seiner Selbstbeherrschung eine unheilvolle geistige Verfassung zu überwinden. **Rechte Achtsamkeit** – um durch Vertiefung und Meditation Selbsterkenntnis zu erlangen. **Rechte Konzentration** – damit man lernt, sich in Gedanken zu vertiefen ohne abzuschweifen.

Nur so nähert man sich dem Nirvana, dem vollendeten Zustand der Ruhe und des Glücks im Leersein jenseits der erfahrbaren räumlichen wie zeitlichen Realität. Die Legende berichtet, dass Buddha 500 Lebenszyklen benötigte, um als **Shakyamuni Buddha** das Nirvana, die letzte Realität, zu erreichen. Diese Lehre von der Wahrheit (*dharma*) gab Buddha, der Erleuchtete, an seine Mönchsgemeinde (*sangha*) weiter, was im Buddhismus als die **Drei Kostbarkeiten** bezeichnet wird. Er verbreitete zusammen mit seinen Jüngern in vielen Städten des Ganges-Tales seine Erkenntnis, bis er im Alter von 80 Jahren starb.

Buddhismus in Thailand

256 Jahre nach Buddhas Tod nahm der über den indischen Kontinent herrschende, mächtige Kaiser Ashoka die Lehre an. Er sorgte für ihre Verbreitung weit über Indien hinaus. Die mündlich überlieferten Regeln wurden erst 400 Jahre nach Buddhas Tod schriftlich auf Palmblätter in der Pali-Schrift festgehalten. Diese Aufzeichnungen sind als *Tripitaka*, Dreikorb, bekannt, da sie in drei Körben aufbewahrt wurden. Bereits während der ersten 300 Jahre nach Verkündung der Lehre spaltete sich der Buddhismus in die so genannten 18 Schulen. Als Überlieferer der alten Schule gilt der **Theravada-Buddhismus**.

Buddhistische Mönche verbreiteten ihre Lehre des Mahayana-Buddhismus bei den Mon, deren Reiche sich von Süd-Burma bis in die Gegend von Nakhon Pathom erstreckten. Im 8. Jh. entstand in Lamphun das buddhistische Mon-Königreich Haripunchai, weitere große Zentren befanden sich in Thaton und Pegu.

In Thailand erlangte der Buddhismus erst Bedeutung unter König Ramkhamhaeng. Der König ließ Mönche aus Ceylon kommen, um die reine buddhistische Lehre der Theravada-Richtung zu verbreiten. Während der folgenden Jahrhunderte waren die Könige bedeutende Förderer des Buddhismus, und noch heute bestehen enge Verbindungen zwischen dem Staat und der Sangha. Der thailändische König ernennt das religiöse Oberhaupt des Landes, wobei der Patriarch allerdings zuvor von Vertretern der beiden buddhistischen Sekten des Landes, Mahanikaya und Dhammayuttika-Nikaya, gewählt wird. Auch bei den großen religiösen Festen kommt dem König eine wichtige Rolle zu.

Geisterglaube

Neben der streng an den Pali-Schriften orientierten Lehre wurden vom Volksglauben Geister, mystische Einflüsse, Erzählungen und Legenden aus vorbuddhistischer Zeit mit übernommen, was besonders in der religiösen Kunst und Literatur zum Ausdruck kommt. Nats, die als Verkörperung unheilverbreitender Seelen von Verstorbenen gelten, findet man in vielen Tempeln. Neben jedem Haus wird für die Schutzgeister ein eigenes kleines „Geisterhäuschen" errichtet. Sogar in buddhistischen Tempeln haben Amulett-Verkäufer und Handleser ihren festen Platz.

Das Klosterleben

Doch noch immer stellt die Gemeinschaft der Mönche *(sangha)* die Verkörperung der reinen Lehre dar. Viele männliche Thai treten mindestens einmal in ihrem Leben ins Kloster ein. Mit Beginn der Regenzeit bereiten sich die jungen Männer, die im Idealfall das 20. Lebensjahr vollendet haben, auf das Klosterleben vor. Für sie ist die mit der Ordination beginnende dreimonatige Zeit als Mönch der symbolische Übergang in die Welt der Erwachsenen. In 40 000 Tempeln leben über 240 000 Mönche und 100 000 Novizen (junge, noch nicht volljährige Mönche) und unterwerfen sich den 227 strengen buddhistischen

Buddhismus und Tourismus

• Prinzipiell sollte jeder die Religion seines Gastlandes respektieren, egal welche Meinung man selbst darüber hat. Es sollte selbstverständlich sein, dass man einen Tempel nur ordentlich bekleidet betritt und die Schuhe auszieht.

• Buddha ist immer heilig, und es gilt als äußerst unschicklich, eine Buddhastatue an einem ihr nicht angemessenen Ort zu platzieren.

• Im Tempel darf man keine Buddhastatuen berühren und schon gar nicht für Erinnerungsfotos darauf posieren.

• Es ist üblich, dass Besucher eines Tempels eine Spende für den Erhalt der Anlage hinterlassen.

• Mönche werden verehrt. Man grüßt sie mit einem besonders höflichen, tiefen *wai,* lässt ihnen den Vortritt, bietet ihnen im voll besetzten Bus seinen Sitzplatz an und geht nicht neben, sondern einen Schritt hinter ihnen.

• Frauen sollten Mönchen gegenüber zurückhaltend sein, ihnen nichts direkt überreichen, sie nicht berühren, sich nicht neben sie setzen oder mit ihnen fotografieren lassen.

• Während morgens zur Zeit des Sonnenaufgangs die Mönche durch die Straßen ziehen, um Opfergaben einzusammeln, sollte man sie nicht stören.

• Gibt man einem Kloster oder einem Mönch eine Spende, sollte man sie mit beiden Händen geben. Einen Dank darf man nicht erwarten. Normalerweise danken die Gläubigen für die Annahme der Spende, da ihnen so eine gute Tat ermöglicht wurde.

• Für Buddhisten ist der Kopf (im Gegensatz zum Fuß) ein heiliger Körperteil. Deshalb sollte man nie einem erwachsenen Thai an den Kopf fassen, ihm die Füße entgegenstrecken, die Füße aufs Armaturenbrett im Bus legen oder Gepäckstücke ins Gepäcknetz über die Köpfe der Mitreisenden wuchten, ohne sie vorher zu fragen.

Regeln. Sie verzichten unter anderem auf jedes Eigentum, dürfen weder Menschen noch Tiere verletzen, nicht in bequemen Betten schlafen, singen oder tanzen, kein Parfüm benutzen und

Die folgenden Klöster in Thailand nehmen Ausländer auf. Jeder der Tempel hat unterschiedliche Unterkünfte, Gerichte und verschiedene Restriktionen im Tagesablauf – alle besitzen ein Vipassana-Meditationszentrum.

Wat Mahathat: Bangkok (Sanam Luang)

Wat Dharma Mongkol, Wat Vajira Dharma Sathit: Bangkok (Sukhumvit Soi 101)

Wat Bovonives (Wat Bovorn): Bangkok (Banglampoo)

Wat Pak Nam Phasi Charoen: Thonburi (Therdai Rd.)

Wat Pleng Vipassana: Thonburi (Charoen Sahitwong Rd.)

Wat Sanghathan: Thonburi (www.vimokkha.com)

Wat Cholaphratan Rangsarit: Pak Kret, Provinz Nonthaburi

Wat Vivekasrom: Chonburi

Wat Bunkanjanaram: Pattaya

Wat Asokaram: Samut Prakan

Wat Trai Ngaam: Don Masang, Suphanburi

Wat Muang Mang, Wat Umong, Wat Ram Poeng: Chiang Mai

Wat Pah Ban Tart: Ban Tart in der Nähe von Udon Thani

Wat Paa Nanachat, Wat Nong Pa Pong u. a.: Warin, in der Nähe von Ubon

Wat Suan Moke: bei Chaiya (www.suanmokkh.org/)

Wat Sukontawas: Nasan, in der Nähe von Surat Thani

Wat Khao Tham: Ban Tai auf Ko Pha Ngan www.watkowtahm.org/

Zudem werden Meditationskurse in verschiedenen Zentren angeboten, s. S. 186. Bangkok. Detaillierte Infos: www.retreat-infos.de oder www.hdamm.de/buddha/mdtctr01.htm.

Dorfklöster sind nicht nur religiöse Zentren, sondern auch kostenlose Herbergen für die Alten, Waisen und Reisenden. Zudem stellen sie eine Alternative zum öffentlichen Schulsystem dar. Viele Bauernsöhne werden Novizen, um neben der 4–6-jährigen Grundschulzeit eine weiterführende Bildung zu erhalten. Gerade im 20. Jh. ist es zu einer zunehmenden Verschulung des Mönchsordens gekommen. Die Sangha unterhält in Bangkok zwei buddhistische Universitäten, wo auch weltliche Studienkurse angeboten werden, so weit sie mit dem Leben der Mönche in irgendeinem Zusammenhang stehen. So macht man zum Beispiel die Mönche mit den sozialen Problemen der ländlichen Entwicklung vertraut.

Mit der Ordination zum Mönch wird jeder Thai zu einer respektierten Persönlichkeit, und es entspricht selbst der Würde des Königs, einem Bauernsohn als Mönch Respekt zu bezeugen. Das beruht auf der Tatsache, dass der Mönch nicht als Individuum, sondern als Vertreter des buddhistischen Ideals angesehen wird. Um ihre individuellen Züge zu verbergen, halten Mönche bei bestimmten Ritualen fächerartige Schirme vor ihr Gesicht.

Das Klosterleben steht Frauen nur eingeschränkt offen. Buddhistische Nonnen gehören weder einem Orden an noch können sie Rechte und Privilegien beanspruchen. Während es im ursprünglichen Buddhismus dafür keinerlei Rechtfertigung gibt, ist zu späteren Zeiten versucht worden, die Lehre entsprechend zu interpretieren.

Buddhismus im modernen Thailand

In der modernen großstädtischen Gesellschaft spielt Religion eine immer geringere Rolle. Wenige Jugendliche lassen sich ordinieren. Man schätzt die philosophische Komponente des Buddhismus, die Meditation als geistige Erneuerung, die den Alltagsstress leben hilft, und charismatische Mönche für ihre geistige Macht. In der schnelllebigen Gesellschaft bleibt wenig Zeit für Tempelbesuche, man verlässt sich lieber auf religiöse Amulette, die neben Buddha oder berühmten Mönchen auch König Chulalongkorn – den westlich orientierten Reformer – darstellen. Die Verbesserung des Karmas tritt dabei häufig hinter der Aufstockung des Bankkontos zurück.

müssen ein striktes Zölibat befolgen. Ihre Mahlzeiten, die sie nur vor 12 Uhr mittags einnehmen dürfen, erhalten sie am frühen Morgen von den Gläubigen. Mönche sollen sich von allen irdischen Verlockungen lösen, so durften sie ursprünglich nicht einmal mit einer Frau sprechen.

Kunst und Kultur
Kunstepochen

Die traditionelle Kunst und Kultur Thailands ist vom Buddhismus geprägt. Daneben haben animistische und hinduistische Überlieferungen aus früherer Zeit ebenso die Entwicklung der Künstler beeinflusst wie die alten chinesischen und indischen Kulturreiche. Künstler waren in erster Linie für die Ausschmückung der Tempel zuständig. Entsprechend bestehen die Sammlungen der Museen aus religiösen Gegenständen. Vieles ist im Laufe der Geschichte dem zersetzenden tropischen Klima, Bränden oder Kriegen zum Opfer gefallen, vor allem Holzschnitzereien, Textilien und Holzgebäude, während steinerne Tempel und aus Metall gefertigte Buddha-Figuren überlebt haben.

Daneben wurden zu allen Zeiten alte Bauwerke und Skulpturen wieder bearbeitet und dem Zeitgeschmack angepasst oder verblichene Wandmalereien übermalt. Nicht selten wurden mehrere Chedis übereinander errichtet, denn mit der Produktion von Neuem erwarb man sich einen größeren Verdienst als mit dem Restaurieren verfallener Werke. Dennoch zeugen zahlreiche Skulpturen und Tempelruinen von dem ästhetischen Empfinden der Menschen vergangener Jahrhunderte und beeindrucken die Betrachter durch ihre hohe künstlerische Qualität und Ausdruckskraft.

Vor der Gründung des Thai-Reiches

Früheste **steinzeitliche Funde**, die bis zu 1 Million Jahre alt sind, wurden in der Provinz Kanchanaburi gemacht. Nahe dem Dorf Ban Chiang im Nordosten Thailands entdeckte man bis zu 7000 Jahre alte Tonscherben, Waffen, Schmuck und andere Hinterlassenschaften einer der ältesten Siedlungen Südostasiens. Bereits vor 4500 Jahren, früher als in China und Indien, stellte man hier Werkzeuge und Waffen aus Bronze her.

Im ersten Jahrtausend unserer Zeitrechnung hatten sich bereits kulturell hoch stehende Reiche entwickelt. Der Süden Thailands stand im 8. Jh. unter dem Einfluss des **Srivijaya**-Reiches von Palembang (Süd-Sumatra), eines der ersten buddhistischen Reiche, dessen Kunst stark von

Kunstepochen in Thailand	
1.– 6. Jh.	Indische Einflüsse
6.–11. Jh.	Dvaravati / Mon
8.–13. Jh.	Srivijaya
8.–13. Jh.	Srivijaya (Süden)
8.–14. Jh.	Lopburi / Khmer
	(8.–10. Jh. früh; 11.–13. Jh. mittel; 13.–14. Jh. spät)
13.–15. Jh.	Sukhothai
	(13.–14. Jh. früh, 14.–15. Jh. spät)
? –14. Jh.	Haripunchai (Norden)
? –13. Jh.	Lanna (Norden)
14.–16. Jh.	Chiang Saen (Norden)
14.–15. Jh.	U Thong
	(A: Lopburi-Stil, B: verfeinerter Lopburi-Stil, C: Sukhothai-Einfluss)
14.–18. Jh.	Ayutthaya
18.–20. Jh.	Bangkok / Ratanakosin

indischen Einflüssen geprägt war. Bereits früher hatten sich in Zentral-Thailand (Nakhon Pathom, Lopburi, U Thong), im Irrawaddy-Delta und Tenasserim-Gebirge zahlreiche Mon-Fürstentümer zu einem lockeren Verband im **Dvaravati**-Reich zusammengeschlossen. Die Skulpturen und Bauwerke aus jener Zeit sind durch eine klare Linienführung sowie symmetrische, stark stilisierte Muster gekennzeichnet. Die Buddhastatuen, überwiegend in stehender Haltung, wirken recht massiv und breitflächig. Typisch sind die spiralenförmigen, großen Locken der Köpfe sowie die zusammenlaufenden, wellenförmig geschwungenen Augenbrauen.

Die erstarkenden Khmer in Kambodscha begannen im 9. Jh. ihren Machtbereich zu festigen und nach Westen hin auszudehnen. Sie verdrängten die Mon und beherrschten die Flussebene des Menam Chao Phraya, bis sie im 13. Jh. von den Thai zurückgedrängt wurden. In Phimai, Lopburi, Sukhothai und an anderen Orten sind Zeugnisse der vom Mahayana-Buddhismus beeinflussten Khmer-Architektur erhalten geblieben, die als **Lopburi**-Stil bezeichnet wird. Typisch sind reich dekorierte, phallusförmige Tempeltürme, die Prangs, die auf einem rechteckigen Unterbau sitzen und in deren Nischen Buddha-

Figuren stehen. Türstürze und Fenster sind mit figürlichen Darstellungen reich dekoriert. Die Buddha-Bildnisse aus jener Epoche weisen, ebenso wie die Bildnisse anderer Gottheiten, stark individuelle Züge auf. Häufig tragen sie Hals- und Armketten sowie einen kegelförmigen Kopfschmuck, dessen Abschluss am Haaransatz parallel zu den fast geraden Augenbrauen verläuft. Die wulstigen, großen Lippen und flachen, breiten Nasen geben dem rechteckig geformten Gesicht einen strengen Ausdruck.

Parallel dazu entwickelte sich im nördlichen **Lanna**-Reich ein eigener Kunststil. Bereits vor der Gründung von Sukhothai hatten die Thai in der Gegend von **Chiang Saen** unter dem Einfluss der benachbarten Burmesen und des Mon-Reiches **Haripunchai** einen indisch beeinflussten Stil entwickelt.

Sukhothai-Periode

Mit der Gründung von Sukhothai durch den Thai-König Ramkhamhaeng war die Grundlage für die Entwicklung einer eigenen Thai-Kultur geschaffen. Typisch für die Tempelarchitektur der Sukhothai-Zeit ist der Lotosknospen-Turm. Die Buddha-Skulpturen vollziehen einen deutlichen Wandel, wobei der Khmer-Stil fast völlig umgekehrt wird. Die Gesichter erhalten einen fast weiblichen, verklärten Gesichtsausdruck. Die spiralförmigen Haarlocken türmen sich über dem ovalen Gesicht in Form einer Stupa und enden in einer stilisierten Flamme. Über einer langen, spitzen Nase vereinigen sich die hochgeschwungenen Augenbrauen, die Lider sind halb geschlossen, während die Mundwinkel leicht nach oben gezogen sind. Die harmonisch fließenden Linien zwischen Kopf und Körper werden durch die langen, nach außen geformten Ohrläppchen unterstützt.

U-Thong- und Ayutthaya-Periode

Nach dem Zerfall von Sukhothai übernahm vom 14.–18. Jh. das Königreich Ayutthaya im zentralen und südlichen Thailand auch in der Kunst die führende Rolle. In der frühen Ayutthaya-Periode bis zum 15. Jh., auch U-Thong-Periode genannt, nahm man Elemente des Khmer- und Sukhothai-Stils wieder auf, die aber mit dem Erstarken der Großmacht in den Hintergrund traten. Deutlich wirkte sich der Einfluss des Königshofs auf die buddhistische Kunst in einem prunkvollen Stil aus. Zudem griff man europäische Einflüsse auf. Tempel wurden mit überdimensionalen Wandmalereien ausgestattet. Ornamente, Gold und Edelsteine schmückten die Buddha-Skulpturen, die im 18. Jh. sogar in kopierte Königsgewänder gekleidet wurden. Sie veränderten ihren Ausdruck von der religiösen Entrücktheit der Sukhothai-Periode zu einer majestätischen, erhabenen Distanz. Allerdings wurden Kunstwerke vielfach bereits in großen Mengen hergestellt und verloren an künstlerischer Ausdruckskraft.

Bangkok-Periode

Nach der Zerstörung von Ayutthaya durch die Burmesen 1767 wurden nicht nur viele Kunstwerke und Schätze, sondern auch Handwerker und Künstler nach Burma verschleppt, die dem Land zu einer erneuten Blüte verhalfen. Die Chakri-Dynastie in Siam begann damit, der neuen Hauptstadt Bangkok wieder etwas Pracht der zerstörten Königsstadt zu verleihen. 1785 begann man mit dem Bau des Königstempels, Wat Phra Keo. Chinesische und europäische Einflüsse werden seit der Mitte des 19. Jhs. aufgenommen und wie selbstverständlich integriert. Gutes Beispiel ist der Königspalast von Bangkok – ein Bauwerk in neoklassizistischer Bauweise mit einem gestaffelten Dach im typischen Ratanakosin-Stil, dem Bangkok-Stil der vergangenen 200 Jahre.

Buddhistische Tempel

Der buddhistische Tempel hat verschiedene Funktionen zu erfüllen: Er dient den Gläubigen als Ort für Meditationen, religiöse Zeremonien, Feierlichkeiten und Gebete, den Mönchen als Wohnbereich und Bibliothek, der Dorfbevölkerung als Versammlungsort, Wanderern als Ruhestätte und Übernachtungsmöglichkeit. Die Anlage steht Frauen und Männern, Gläubigen wie Ungläubigen offen, sofern sie die religiöse Stätte respektieren.

Entsprechend der vielfältigen Funktion besteht normalerweise eine Tempelanlage, in Thailand **Wat** genannt, aus mehreren Gebäuden, die von einer Mauer umschlossen sind: Schon von weitem erkennt man einen Tempel an dem glockenförmigen, spitz zulaufenden Turm, dem **Chedi** (Thailand) – je nach Region und Kultur-Epoche auch **Pagode** (Burma), **Dagoba** (Sri Lanka), **Stupa** (Indien, Nepal) oder **Prang** (Khmer) genannt. Er geht auf hinduistische Ursprünge zurück und beherbergt häufig eine Reliquie Buddhas. Man umschreitet ihn immer im Uhrzeigersinn. Manche Tempeltürme sind begehbar, wobei Frauen in bestimmten Bereichen oft nicht zugelassen sind.

Das religiöse Zentrum bildet die Gebetshalle **Bot**. Der weite Innenraum ist mit vielen, kleineren Skulpturen dekoriert, und die Wände schmücken häufig Wandmalereien oder Ornamente. Im Mittelpunkt dieses heiligen Bezirkes steht eine große Buddhastatue. Im Bot werden religiöse Zeremonien abgehalten. Die Gläubigen sitzen dabei auf dem Boden, die Füße weisen respektvoll nach hinten. In Nord-Thailand gilt ein Bot manchmal als so heilig, dass er von Frauen nicht betreten werden darf. Daneben gibt es eine oder mehrere Seitenkapellen, **Viharn**, in denen sich Mönche versammeln und die Gläubigen beten sowie ein kleines Bibliotheksgebäude, **Mondhop** genannt, das zum Schutz häufig auf einem hohen Unterbau steht und **Sala**, offene Pavillons, die Tempelbesuchern einen schattigen Rastplatz und Schutz vor Regen bieten. Der Klosterbezirk, in dem die Mönche leben, ist von diesen Gebäuden abgetrennt oder grenzt an sie an.

Während man in Myanmar bereits die Schuhe auszieht, wenn man eine Tempelanlage betritt, wird das in Thailand erst notwendig, wenn man in ein Tempelgebäude geht.

Buddhastatuen

Jahrhundertelang wurden Buddhastatuen in Stein gemeißelt, aus Holz geschnitzt, aus Ziegelstein gefertigt und mit Gips überzogen, aus Bronze, Kupfer oder Gold gegossen. Daneben wurden auch hinduistische Götter und animistische Geister in Plastiken und Reliefs dargestellt, blieben jedoch zweitrangig.

Obwohl sich die künstlerischen Stilrichtungen und technischen Möglichkeiten im Laufe der Jahrhunderte gewandelt haben, ist die Darstellung von Buddha, dem Erleuchteten, an strengen Prinzipien aus der überlieferten indischen Kunst orientiert. Mit den Buddha-Bildnissen will man, entsprechend der Theravada-Lehre, nicht die

Mudra – Handhaltungen Buddhas

Dhyana: Der in Meditation versunkene Buddha. Im Schoß ineinander verschränkte Hände mit nach oben weisenden Handflächen.

Abhaya: Der furchtlose, segen- und Schutz spendende Buddha. Die rechte in Schulterhöhe erhobene offene Hand mit der nach außen gekehrten Handfläche.

Bhumisparsa: Der die Erdgöttin als Zeugin anrufende Buddha. Die offene herabhängende Hand bei nach innen gekehrter Handfläche.

Vara: Der segengewährende, barmherzige Buddha. Die gleiche Handhaltung wie bei Bhumisparsa mit nach außen gekehrter Handfläche.

Vitarka: Die erklärende, argumentierende Handhaltung. Die Handfläche zeigt nach außen, die Finger sind leicht gebeugt, wobei sich der Daumen und Zeigefinger berühren und einen Kreis bilden.

Dharmacakra: Buddha dreht das Rad der Lehre, des endlosen kosmischen Zyklus, womit an seine erste Predigt im Hirschpark von Isipatana erinnert wird. Beide Hände sind in ähnlicher Haltung wie bei Vitarka vor der Brust mit nach innen gekehrten Handflächen ineinander verschränkt.

Person darstellen, sondern an die Lehre erinnern.

Von besonderer Bedeutung ist hierbei **Asana**, die Körperhaltung, und **Mudra**, die Handhaltung, als Ausdruck bestimmter Ereignisse und Lebenssituationen Buddhas.

Traditionell werden vier Körperhaltungen dargestellt: sitzend, liegend, stehend und schreitend, wobei die erste am weitesten verbreitet ist und in verschiedenen Variationen vorkommt.

Die symbolischen Handhaltungen haben unterschiedliche Bedeutungen.

Mythologische Figuren

In einigen Plastiken wird der meditierende Buddha auf einer siebenköpfigen Schlange sitzend dargestellt, die ihn mit ihren fächerartig angereihten Köpfen vor einem Unwetter schützt. Die buddhistische Lehre erscheint häufig im Gewand der hinduistischen Mythologie.

Naga, Diener Buddhas, sind halbgöttliche Schlangenwesen, die eine Zwischenwelt bewohnen, ein prächtiges, unterirdisches Königreich. Sie können sich mit ihren magischen Kräften in Menschen verwandeln und mit ihnen Kinder zeugen, die stark und mächtig werden. Schlangen, manchmal auch Krokodile (das Naga-Symbol der Mon), schmücken Treppenaufgänge und Tempeldächer.

Manchmal werden sie in den Klauen ihres erbitterten Erbfeindes, des **Garuda**, abgebildet. Die in Südostasien und Indien verbreitete Darstellung des Königs der Vögel hat die Flügel, Klauen und den Kopf eines Raubvogels, aber den Körper eines Menschen. Er ist das Reittier des Gottes Vishnu und daher auch das königliche Wappentier, denn die thailändischen Könige gelten als Inkarnation Vishnus auf Erden. Entsprechend findet man den Garuda auf Geldscheinen und im thailändischen Wappen.

Ein weiteres königliches Tier ist **Erawan**, der dreiköpfige Elefant, Reittier von Gott Indra und gleichzeitig der hinduistische Gott der Künste und Wissenschaft. Am siamesischen Hof wurden weiße Elefanten als Symbole der königlichen Macht gehalten. Auch der jetzige König besitzt elf weiße Elefanten, die sich überwiegend in Lampang aufhalten. Aus Teakholz geschnitzte Elefanten wer-den an Schreinen und in Tempeln als Opfergaben dargebracht.

Weitere mythologische Figuren dienen als Tempelwächter, so die **Yaksha**, riesige Figuren mit grimmigen Gesichtern, **Kinnara** und **Kinnari**, himmlische Vogelmenschen, oder **Singha**, die zähnefletschenden, burmesischen Löwen, die vor allem in Nord-Thailand die Tempeleingänge bewachen.

Geisterhäuschen

Außerhalb der Tempelbezirke huldigt die thailändische Bevölkerung Schutzgeistern, den Nats. So besitzt jede Stadt einen eigenen Tempel, den **Lak Muang**, in dem der Schutzgeist des Ortes verehrt wird. Jedes Haus hat sein eigenes **Chao Thi**, ein Geisterhäuschen, in dem der Hausgeist wohnen kann. Es wird nach bestimmten Riten er-

richtet, so darf es beispielsweise niemals im Schatten des zu beschützenden Hauses stehen. Auf einem kleinen Vorbau werden regelmäßig Opfergaben niedergelegt. Je nach Wohlstand und Schutzbedürfnis der Hausbesitzer kann das Geisterhäuschen beachtliche Formen annehmen. So ist der Haustempel des Erawan Hotels in Bangkok (s. S. 149) zu einer Wallfahrtsstätte für die gesamte Bevölkerung geworden. Zudem werden für die Ahnen kleine Tempel erbaut.

Kunsthandwerk

Viele künstlerische Fähigkeiten wurden von Generation zu Generation weitergegeben. Während alte Lackarbeiten, Seidenstoffe oder Seladonporzellan kaum erhalten blieben, hat sich die Methode ihrer Fertigung in einer ungebrochenen Tradition bis heute bewahrt. Von den Einheimischen werden diese handgefertigten Einzelstücke keineswegs ausschließlich als Souvenirs gekauft, sondern finden noch immer bei Festen und im Alltag Verwendung. Die meisten Formen des Kunsthandwerks, die ursprünglich nicht in Süd-Thailand verbreitet waren, wurden von der Tourismusindustrie dorthin importiert. In einigen Touristenzentren können Besucher die Handwerker bei ihrer Arbeit beobachten.

Seidenweberei

Vor allem in den ärmeren ländlichen Regionen des Nordens und Nordostens weben die Frauen in den Dörfern auf einfachen Webstühlen Seidenstoffe, die für besondere Festgewänder oder als Geschenke der Ehrerbietung verwendet werden.

Die Seidenraupen werden mit Blättern von Maulbeerbäumen gefüttert, bis sie sich in Kokons einspinnen. Nachdem die Reisernte eingebracht ist, beginnt die Zeit zum Weben, und in einigen Dörfern ist dann noch immer das monotone Schlagen der Webstühle zu hören. Die Frauen sitzen im Schatten ihrer Häuser und spinnen die feinen Seidenfäden, die anschließend bunt eingefärbt werden. Jim Thompson, ein Amerikaner (s. S. 149), begann mit der industriellen Seidenproduktion und der weltweiten Vermarktung.

Naturfarben werden nur noch selten benutzt, das Blau der Indigo-Pflanze, Rot aus dem Sekret eines Insektes und Gelb aus einer Wurzel. Besonders kostbar ist die thailändische „Mut-Mee"-Seide, deren Muster entstehen, indem man die Fäden spannt, abbindet und mehrfach einfärbt, bevor sie gewoben werden.

Silberarbeiten

Burmesische Handwerker, die bereits seit dem 13. Jh. Silber bearbeiteten, brachten diese Kunst auch nach Nord-Thailand, wo neben Schmuck und modernen Gegenständen noch immer die traditionellen Schalen und Gefäße für den religiösen Gebrauch hergestellt werden. Das Silber schmilzt man zusammen mit alten, überwiegend indischen Münzen ein. Die ausgekühlten, dünnen Silberplatten werden anschließend mit Meißeln verschiedenster Größe bearbeitet, bis die entsprechende Form und Dicke erreicht ist. Die feinen Reliefs und Ornamente der Schalen und Gefäße werden anschließend in wochenlanger Arbeit mit feinen Meißeln über einer hölzernen Form herausgearbeitet.

Holzschnitzereien

Schon vor Jahrhunderten wurden die Fassaden und das Innere der Tempel und Wohnhäuser mit plastischen Holzschnitzereien verziert. Besonders schöne Arbeiten findet man an den Giebeln, Türen und Fenstern der Tempel. Monatelang arbeiten Frauen und Männer aus einzelnen Holzstämmen tiefe Reliefs heraus, unter ihren Händen entstehen dreidimensionale Bilder, die von Buddhas Leben oder alten Heldenepen berichten. Für wertvolle Dekorationen, wie die berühmten Elefanten, und für Möbel wird das harte Teak-Holz verwendet, das einige Jahre ablagern muss, bevor es bearbeitet werden kann.

Sawankhalok-Keramik

Die Technik des unter hohen Temperaturen gebrannten Steinguts war in Nord-China bereits vor 2000 Jahren bekannt. König Ramkhamhaeng von Sukhothai brachte 1294 von einem Besuch in China dreihundert chinesische Töpfer mit. Sie produzierten in den Brennöfen von Sukhothai Sawankhalok-Keramik, die bis in den Vorderen Orient exportiert wurde. Mit dem Untergang von Sukhothai ging auch die Herstellung der Keramik zurück. Nach einem Krieg zwischen Ayutthaya und

Lanna wurden alle Künstler aus Sukhothai, einschließlich der Töpfer, nach Chiang Mai gebracht, wo sich noch heute das Zentrum der Keramik-Produktion befindet. Noch immer verwendet man für die Keramik mit der grünlich schimmernden, eisenhaltigen Glasur keine chemischen Zusätze, sondern nur Material aus der Erde und dem Dschungel.

Lackarbeiten

Die Yun oder Kern aus den nördlichen Bergen Myanmars sollen diese Kunst auch nach Nord-Thailand (Chiang Mai) gebracht haben, wo sie noch heute praktiziert wird. Die Herstellung von Schalen, Dosen und anderen Gegenständen erfolgt in einem langwierigen Prozess. Zuerst wird eine Grundform hergestellt, die entweder aus Holz oder bei qualitativ hochwertigeren Gegenständen aus geflochtenem Bambus besteht. Diese wird mit einem Lack bestrichen, der aus Asche, Kalk und dem Saft des so genannten Schwarzen-Lack-Baumes (Melanorrhoea usitatissima) besteht. Nachdem er getrocknet und glatt geschliffen ist, werden weitere Lackschichten aufgetragen, wobei sich dieser Vorgang bis zu fünfzehnmal wiederholen kann. Einige Lackarbeiten werden mit Goldfarbe dekoriert, andere Arbeiten sind mehrfarbig verziert, wobei die Muster durch das Anbringen farbiger Lackschichten oder -ornamente entstehen, die anschließend graviert oder abgeschliffen werden.

Tanz, Theater und Musik

Tanz und Theater

Die Heldenepen Ramayana (in Thailand Ramakien) und Mahabharata liefern den Stoff für zahllose klassische Tanz- und Theateraufführungen.

Dem thailändischen Maskentanz der Götter und Dämonen, **Khon,** liegt das Ramakien zu Grunde. Bei den regelmäßig stattfindenden Aufführungen zeigen die farbenprächtig kostümierten und maskierten Tänzer nur einzelne Episoden aus dem großen Heldenepos, einer dramatischen Liebesgeschichte zwischen dem tapferen Prinzen Rama, seiner anmutigen Frau Sita und dem ewigen Kampf gegen den heimtückischen Widersacher Ravana. Besonders beim Khon sind

Theater, Tanz und Musik auf das Engste miteinander verbunden, denn die klassischen Vorlagen erfordern ein gutes Zusammenspiel von Orchester, Tänzern und Rezitatoren.

Während der Maskentanz in früheren Zeiten nur am Königshof aufgeführt wurde, unterhielt man mit weniger stilisierten, humorvollen und lebensnahen **Lakon-Nok**-Aufführungen im Freien bei Dorf- und Tempelfesten die gesamte Bevölkerung. Aus dem Lakon Nok entwickelte sich im 18. Jh. der **Lakon Nai**, ein höfisches Tanztheater, das von den Frauen des Königs in graziösen, anmutigen, Bewegungen getanzt wurde. Sie wurden von Orchestern, Sängern und Rezitatoren begleitet, die in getragener Form romantische Epen vortrugen. Das beliebteste Motiv war das von Rama II. geschaffene, 20 000 Verse umfassende Epos *Inao*.

Die älteste Form des Tanztheaters, **Lakon Jatri**, entstammt aus dem Süden Thailands und wurde ursprünglich nur von Männern getanzt. Beliebtestes Motiv ist die Geschichte der liebreizenden Vogelprinzessin Manohra, in die sich Prinzen Suton verliebt, und der er mit Hilfe des Schlangenkönigs an den Hof des Königs Atityawong entführt.

Traditionelle Musik

Schon immer gab es vielfältige Anlässe, um Menschen mit Musik und Tanz zu unterhalten – zu religiösen Feierlichkeiten gehört eine musikalische Umrahmung ebenso wie zu Staatszeremonien, Dorf- und Familienfesten. Die ersten bekannten Musikinstrumente aus frühester Zeit sind Bronze-Gongs, die sowohl in Thailand als auch in Indonesien und Vietnam ausgegraben wurden. Bronze-Gongs gehören neben Trommeln, Becken, Oboe, Bambus-Flöte und Bambus-Xylophon zu den wichtigsten Musikinstrumenten in Thailand.

Man unterscheidet drei Orchester-Typen: Am Königshof wird bei Zeremonien und Theateraufführungen das **Pi Phat** gespielt, das aus Gongs, Xylofonen, Metallophonen und Oboe oder Flöte besteht. In Süd-Thailand kann man es heute auch häufig bei Tempelfesten hören und sehen. Im **Mahori-Orchester,** das Solo- und Chorgesänge begleitet, kommen Laute, Zither und andere Saiteninstrumente hinzu. Das **Kruang Sai** hingegen, das ländliche Orchester, verwendet ausschließlich Saiten- und Blasinstrumente.

Populäre Musik

Da fast jeder Haushalt einen Kassettenrecorder besitzt, sind die populären Songs der Hitparade im ganzen Land bekannt. Viele Texte bringen das Lebensgefühl der jungen Generation zum Ausdruck, das noch in den 80er-Jahren stark von den ländlichen Wurzeln und der Musik des Nordostens bestimmt war. Die berühmteste Band Carabao griff 1985 mit ihrem Lied „Made in Thailand" die Situation der Jugendlichen vom Lande auf, die, mit den Werten der Großstadt konfrontiert, auf der Suche nach ihrer eigenen Identität sind.

In den 90er-Jahren wandelte sich das Bild, und die neue Generation der Stars unterscheidet sich kaum von ihren Kollegen in Hong Kong oder den USA. Besonders erfolgreich sind bei der urbanen Jugend Musiker mit europäischen Zügen, deren Lieder von individuellen Problemen der städtischen Jugend handeln, die sich kaum noch von denen anderer Jugendlicher im Westen unterscheiden.

Bangkok  **HIGHLIGHT**

Stefan Loose Traveltipps

Wat Phra Keo   Den prachtvollen Tempel und die Schätze des größten Museums Thailands bewundern. S. 127 und S. 131

Chinatown   Sich durch das Gewühl der schmalen Gassen treiben lassen. S. 142

Siam Paragon   Durch das gigantische Einkaufszentren bummeln. S. 149

Baiyoke II Tower   Bei klarem Wetter das Häusermeer der Millionenstadt überblicken. S. 150

Chatuchak Weekend Market   Auf dem Wochenendmarkt außergewöhnliche Souvenirs erstehen. S. 155

Restaurantboot   Beim Abendessen durch die erleuchtete Stadt schippern. S. 180

Bangkok กรุเทพฯ

Erst 220 Jahre alt ist diese lebendige 7-Millionen-Stadt, deren Ballungsgebiet über 10,8 Mill. Menschen umfasst. In kaum einer anderen Stadt treten die Gegensätze, die sich im Spannungsfeld zwischen einer traditionellen asiatischen und modernen westlichen Gesellschaft aufbauen, deutlicher hervor. Dicht beieinander liegen Armut und Reichtum, Hektik und Ruhe, Glanz und Elend. In den Straßen pulsiert das Leben: Mitten im Verkehrsgewimmel wird gekauft und verkauft, Bürgersteige werden zu Märkten, Menschenmassen strömen zu den Bussen und in die Geschäfte, während in den schmalen Gassen nebenan Kinder unbehelligt spielen. Nur noch gedämpft dringt der Verkehrslärm in die von Mauern umgrenzten Tempelanlagen, deren prunkvoll dekorierte Bauten im Schatten weit ausladender Bäume Oasen der Ruhe sind, sofern ihre Freiflächen nicht als Parkplätze vermietet werden.

Die Stadt scheint endlos, es gibt viele Zentren, hier das Touristenviertel (Sukhumvit Road), dort das historische Zentrum (Sanam Luang), in einem ganz anderen Gebiet die Einkaufs- und Verwaltungszentren. Eine unübersichtliche Stadt, in der die meisten Ziele nicht zu Fuß zu erreichen sind. Entsprechend wälzt sich ein Strom laut hupender Taxis, qualmender Busse, knatternder Tuk Tuks und Motorräder sowie anderer Fahrzeuge durch die Stadt und verleiht der Luft von Bangkok das typische „Aroma".

Bangkok ist das Zentrum, aber auch der Wasserkopf Thailands. Über diese Stadt läuft 90 % des Außenhandels, hier wird die Hälfte des Bruttosozialproduktes des Landes erwirtschaftet, hier konzentrieren sich Industrie, Administration und die Hoffnungen vieler Thais auf ein besseres Leben. Mittlerweile lebt bereits jeder achte Thai in der Metropole. Daneben gibt es das andere Bangkok, das kulturelle und religiöse Zentrum. Nirgendwo sonst sprechen so viele Thais Englisch, erhält man so viele Informationen über die Geschichte und Kultur der Nation. Über 400 Tempel gibt es in der Stadt, viele Märkte und ein interessantes Nationalmuseum. Die Restaurants sind international, und nach Sonnenuntergang wird sich niemand langweilen – selbst wenn man keine Hostessen sucht –, denn die Musikkneipen, Discos, Kinos und Biergärten haben durchaus Weltstadt-Niveau, was von der Theaterszene nicht behauptet werden kann.

Orientierung

Bangkok hat sich entlang der 4–6-spurigen, stark befahrenen Ausfallstraßen weit ins Land hinaus ausgedehnt. Die wichtigsten Verkehrsadern verlaufen in Nord-Süd-Richtung, u. a. der Menam Chao Phraya, die Eisenbahn und zwei Expressways.

Im Zentrum werden diese Trassen von breiten, in West-Ost-Richtung verlaufenden Straßen und Expressways gekreuzt. Zwischen Bangkok und der Schwesterstadt **Thonburi** im Westen stellt der breite Menam Chao Phraya eine natürliche Barriere dar. Die sieben Brücken sind während der Rushhour ständig verstopft. Ein Großteil des Personenverkehrs wird von Fähren und Booten bewältigt.

Einen Kontrast zur modernen Stadt mit ihren Hochhäusern und Baustellen bildet die **Altstadt** mit dem Königspalast am großen, ovalen Platz Sanam Luang. Nördlich davon liegt das Traveller-Zentrum **Banglampoo**. Im **indischen Viertel** und der **Chinatown** bietet die Charoen Krung Road, die ehemalige New Road, die parallel zum Fluss verläuft, eine Orientierungshilfe. Die modernen Geschäftszentren mit internationalen Hotels, Restaurants und Geschäften konzentrieren sich rings um die **Silom Road** im Südosten und um die **Ploenchit** und **Sukhumvit Road** im Osten.

Der erste Tag in Bangkok

- Erst mal ankommen, sich an einen Essenstand, in einen Tempel oder ein Restaurant in der Khaosan Road setzen und das Treiben beobachten.
- Sich einen Überblick verschaffen vom Expressboot (s. S. 199) oder einem Aussichtspunkt (s. S. 152) aus.
- Den Besuch vom Wat Phra Keo und Einkäufe auf später verschieben.
- Schlepper am Königspalast (s. S. 127) und Bahnhof abweisen und sich nicht übers Ohr hauen lassen.

Von den Hauptstraßen zweigt ein verwirrendes Netz von schmalen Wegen ab, die so genannten **Sois**, zum großen Teil Sackgassen, die vielfach nur von Fußgängern genutzt werden können. Sie sind meist nach der Hauptstraße, von der sie abgehen, benannt und durchnummeriert. Bei Adressen wie 236/1–5 Soi 29 Sukhumvit Rd. sorgen neben der Nummer der Soi (29) zudem Blocknummern (236) und Hausnummern (1–5) für Verwirrung.

Königspalast und Wat Phra Keo

Wer für Bangkok nicht viel Zeit hat, wird direkt zum Sanam Luang fahren, dem kulturellen Zentrum der Stadt. Der Bereich südlich des Platzes bis zum Fluss beherbergt die Bauten des Königspalastes und des Königstempels Wat Phra Keo, die von hohen, weißen Mauern umgeben sind. Eine ungeheure, märchenhafte Prachtentfaltung erwartet den Besucher. Schon allein deswegen gilt das Palastgelände für jeden Thailandreisenden als Muss, denn etwas Vergleichbares gibt es im ganzen Land nicht noch einmal.

Als 1782 der Königspalast nach Bangkok verlegt wurde, wählte man dafür das am höchsten gelegene Gebiet, da es vor Überschwemmungen sicher war. Die hier siedelnden chinesischen Händler mussten in die heutige Chinatown weichen. Der Palast wurde mehrfach erweitert und mit Bauten in verschiedenen Stilrichtungen ergänzt. Nur der nördliche Bereich des Palastes und das königliche Wat Phra Keo können besichtigt werden. Während offizieller Staatsempfänge bleibt der gesamte Palastbereich geschlossen.

Das bewachte Eingangstor zum Palast, der von einer hohen Mauer umgeben ist, befindet sich am südlichen Ende des Sanam Luang. ⏲ tgl. 8.30–15.30 Uhr, Führung in Englisch um 10, 10.30, 11, 13, 13.30 und 14 Uhr, 250 Baht inkl. Informationsbroschüre in Deutsch oder Englisch sowie Eintritt innerhalb von einer Woche zum Dusit-Palast mit dem Vimanmek Teakwood Mansion (s. S. 153, dorthin mit Bus 70), zum Tempelmuseum sowie zu den Königlichen Münzsammlungen und Dekorationen. Ein Audio-Guide kostet für 2 Std. 200 Baht, bei längerer Nutzung +100 Baht. Die Wachen am Eingang lassen Besucher in Hosen,

die nicht knöchellang sind, kurzen Röcken, schulterfreier Kleidung, hinten offenen Sandalen (!) u. Ä. nicht hinein bzw. verpassen ihnen gegen Hinterlegung des Passes oder einer Leihgebühr angemessene Kleidung.

In den ersten Gebäuden hinter der Kasse sind die **Königlichen Kroninsignien, Münzsammlungen und Dekorationen** in 12 Zimmern untergebracht – juwelenbesetzte Orden, Fahnen, Münzen vom 11. Jh. bis heute, Wappen u. a. Interessant sind die prächtigen Gewänder aus Gold und Edelsteinen für den Jadebuddha, die zum Beginn der Regenzeit, der heißen und der kalten Jahreszeit gewechselt werden, und die königliche Wiege. ⏲ Mo–Fr 8.30–16 Uhr, 10 Baht, im Eintritt für den Königspalast enthalten. Führung in Englisch um 10 Uhr.

Wat Phra Keo

Hinter diesem Gebäude liegt das herrliche Wat Phra Keo. Durch die Eingangstore, die von riesigen Dämonen, den *Yaks*, bewacht werden, gelangt man in den Tempelbezirk. Er ist von einem überdachten **Wandelgang** umgeben, der mit besonders schönen **Wandmalereien** geschmückt ist, die auf 178 Bildern Szenen aus dem thailändischen Ramayana-Epos, dem Ramakien, darstellen. Die in Thai durchnummerierte Bildgeschichte beginnt hinter dem Viharn Yot.

Im Zentrum der Anlage erhebt sich der über und über dekorierte **Bot** des Jadebuddhas. Ordner sorgen dafür, dass man die Schuhe vor dem Eingang abstellt und sich im Inneren des Bot (Fotografieren verboten!) auf den kühlen Boden setzt, wobei die Füße nach hinten zeigen sollten.

Die Wandmalereien, die den gesamten Innenraum bedecken, stellen das Leben Buddhas dar. Auf einem mehrstufigen Altar thront die mit einem goldenen Gewand bekleidete, 66 cm hohe Buddhastatue aus Nephrit, einer Jadeart. Sie gilt als Beschützerin des Landes und der Dynastie.

Gegenüber dem Haupteingang zum Bot stehen auf einer hohen Marmor-Plattform verschiedene Gebäude. In wohl keinem Bildband fehlt das von zwei vergoldeten Chedis umgebene Königliche Pantheon, dessen mehrfach gestaffeltes Dach von einem Prang gekrönt wird. Goldene Kinaras, mythische Wesen, halb Vogel, halb Mensch, bewachen das Gebäude. Daneben ragt

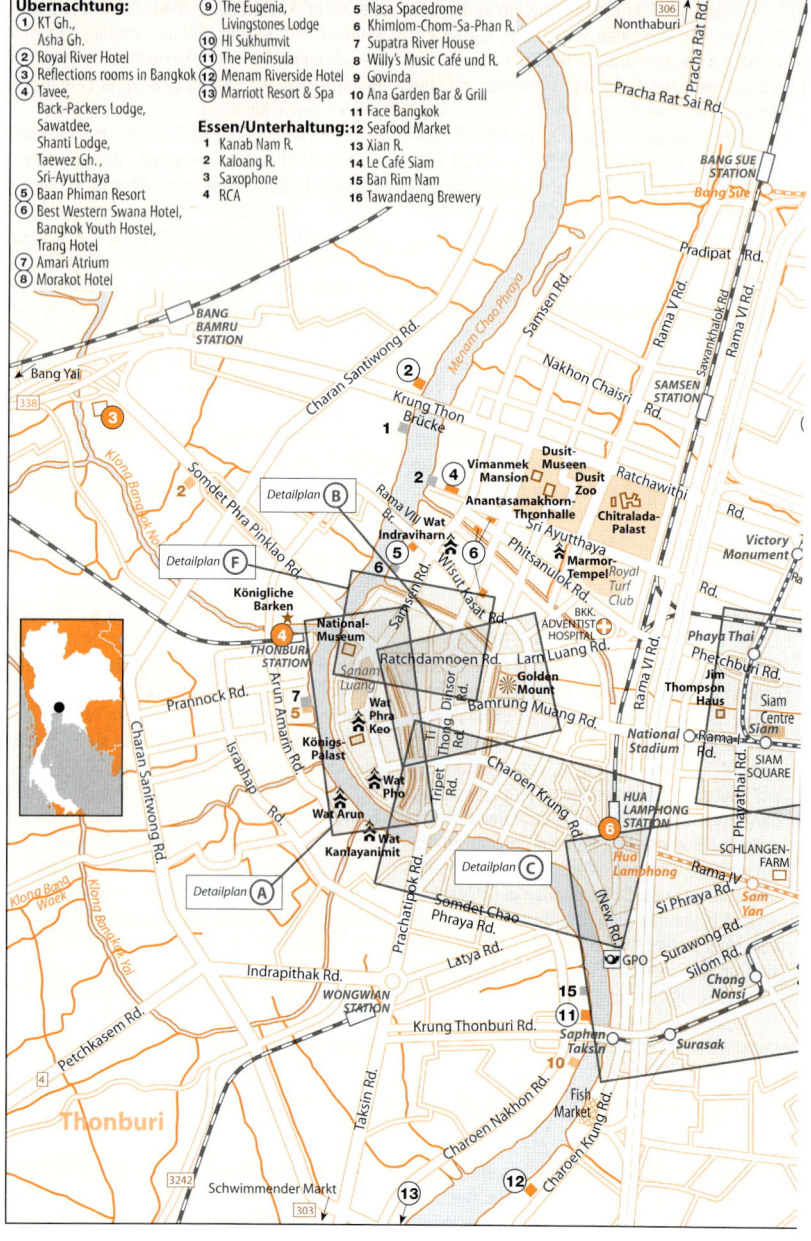

Bangkok

Übernachtung:
1. KT Gh.,
   Asha Gh.
2. Royal River Hotel
3. Reflections rooms in Bangkok
4. Tavee,
   Back-Packers Lodge,
   Sawatdee,
   Shanti Lodge,
   Taewez Gh.,
   Sri-Ayutthaya
5. Baan Phiman Resort
6. Best Western Swana Hotel,
   Bangkok Youth Hostel,
   Trang Hotel
7. Amari Atrium
8. Morakot Hotel
9. The Eugenia,
   Livingstones Lodge
10. HI Sukhumvit
11. The Peninsula
12. Menam Riverside Hotel
13. Marriott Resort & Spa

Essen/Unterhaltung:
1. Kanab Nam R.
2. Kaloang R.
3. Saxophone
4. RCA
5. Nasa Spacedrome
6. Khimlom-Chom-Sa-Phan R.
7. Supatra River House
8. Willy's Music Café und R.
9. Govinda
10. Ana Garden Bar & Grill
11. Face Bangkok
12. Seafood Market
13. Xian R.
14. Le Café Siam
15. Ban Rim Nam
16. Tawandaeng Brewery

Sonstiges:
1. Royal Forestry Department
2. Central Pinklao Department Store
3. Thailand Cultural Centre
4. Phoebus Amphitheatre Complex
5. Patravadi Theatre
6. Elite Books, Villa Market
7. Washington Square
8. Mambo Cabaret
9. Queen Sirikit Convention Centre
10. Chao Phraya Cultural Centre

Bangkok

N

0   1000 m

Detailpläne:

A Rings um d. Sanam Luang (S. 133)
B Rings um d. Golden Mount (S. 140)
C Indisches Viertel und Chinatown (S. 143)
D Rings um die Silom Road (S. 147)
E Siam Square, Ploenchit Rd. und Umgebung (S. 151)
F Banglampoo (S. 159)
G Sukhumvit Rd. (S. 165)

Transport:
1. Don Muang Airport
2. Northern Bus Terminal
3. Southern Bus Terminal
4. Bahnhof Thonburi
5. Suvarnabhumi Airport
6. Hauptbahnhof Hua Lamphong
7. Eastern Bus Terminal

Um den Smaragd-Buddha, oft auch Jadebuddha genannt, ranken sich zahlreiche Legenden. Man vermutet, dass er aus Indien stammt. 1434 schlug ein Blitz in den Chedi eines Tempels in Chiang Rai ein. Dabei kam unter einer Hülle aus Gips die grüne Figur zum Vorschein. Da Chiang Rai damals von Chiang Mai aus regiert wurde, wollte man die von der Bevölkerung verehrte Statue dem König übergeben. Doch der Elefant, der die Statue in die Hauptstadt bringen sollte, lief nach Lampang. Als sich dies mehrfach wiederholte, beließ man den Smaragd-Buddha 32 Jahre lang dort. Erst 1468 wurde er nach Chiang Mai gebracht und in der östlichen Nische des Chedi Luang aufgestellt. 1551 nahm ihn der befreundete König von Laos mit nach Luang Prabang, und als die Hauptstadt unter dem Druck der angreifenden burmesischen Truppen nach Vientiane verlegt wurde, transportierte man die Buddhastatue dorthin. 1778 brachten die Thais den Jadebuddha als Kriegsbeute nach Thonburi und sechs Jahre später an ihren jetzigen Platz im Wat Phra Keo.

die Bibliothek für die Heiligen Schriften des Therawada-Buddhismus (Triptaka) mit pyramidenförmigem Mondhop-Dach empor.

Der große, goldene **Chedi** hinter der Bibliothek enthält eine Reliquie Buddhas. Das steinerne **Modell des Tempels von Angkor Wat** nördlich der Bibliothek entstand zu einer Zeit, als Kambodscha ein Vasallenstaat Siams war.

Dahinter, auf der unteren Ebene, steht die mit glasierten Ton-Blumen verzierte Gebetshalle **Viharn Yot**. In der **Viharn Phra Nak**, im Nordwesten, wird die Asche der verstorbenen Angehörigen der Chakri-Dynastie aufbewahrt. Das Gebäude **Ho Monthien Dhamma**, in der nordöstlichen Ecke der Anlage, diente zur Aufbewahrung heiliger Schriften.

Die Palastbauten

Zum Königspalast gelangt man durch das südwestliche Tor hinter dem Bot. Das erste Gebäude im Thai-Stil, die **Amarin Winitchai-Thron-**halle, ließ Rama I. als Gerichtshalle erbauen, später wurde sie für Krönungsfeierlichkeiten und Empfänge genutzt. In einer feierlich wirkenden rotgoldenen Halle steht ein Thron mit dem neunstufigen, weißen Schirm des Herrschers sowie ein Thron mit einem mehrfach gestaffelten Dach, in dem noch heute Buddhastatuen bei religiösen Zeremonien ausgestellt werden. Beide sind reich dekorierte Herrschaftssymbole und wurden von König Rama I. genutzt.

Am großen Platz erhebt sich der **Chakri Maha Prasad-Palast**, dessen Fassade im Renaissance-Stil so gar nicht zu den siamesischen Spitzdächern und Türmen passt. Die großen Empfangshallen im ersten Stock und die zentralen Räume, in denen die Urnen der letzten Könige verwahrt werden, sind ebenso wie alle anderen Räume nicht zugänglich.

Der kleine, graziöse **Umkleidepavillon** nebenan gilt als typisches Beispiel thailändischer Architektur. Dahinter steht der von Rama I. als Krönungshalle geplante **Dusit Maha Prasad-Palast**, der seit dem Tod dieses Königs nur für Totenfeiern genutzt wird.

Im westlichen Bereich wird im **Tempelmuseum** eine interessante Ausstellung über die Restaurierungsarbeiten Anfang der 1980er-Jahre gezeigt. Im 1. Stock sind steinerne Buddhastatuen aus Java und andere Votivgaben, ein großer, gelackter Wandschirm und der Manangasila-Thron zu sehen.

Obwohl 1932 die absolute Monarchie abgeschafft wurde, genießt König Bhumipol immer noch hohes politisches Ansehen. Er erfüllt nicht nur repräsentative Funktionen, sondern ist auch das religiöse Oberhaupt des Landes. Der König wird hoch verehrt, und überall hängen Bilder der königlichen Familie, deren Geburtstage von der gesamten Nation gefeiert werden. Wenn täglich um 8 und 18 Uhr die Königshymne auf öffentlichen Plätzen, im Radio und Fernsehen ertönt, halten die Menschen inne. Man erwartet von Touristen, dass sie respektvoll über die Königsfamilie reden und ihre Bilder ehren.

Nationalmuseum

Ein Rundgang durch das größte Museum Thailands vermittelt einen guten Überblick über die Geschichte des Landes – von prähistorischen Funden bis zur jüngeren Bangkok-Periode. Ursprünglich stand hier der Palast des „Zweiten Königs", der eine Art Stellvertreterfunktion hatte. Teile dieser Anlage, zu der auch der Tempel am Eingang gehört, sind erhalten geblieben.

🕐 Mi–So außer feiertags 9–16 Uhr, 40 Baht, ☎ 02-2241370, ausführliche Infos unter 🖥 www.thailandmuseum.com. Fotografieren verboten. Am Eingang ist eine Broschüre erhältlich, die durch die Ausstellung leitet. Kostenlose einstündige deutschsprachige Führung zur Thai-Kunst und -Kultur sowie englischsprachige Führungen zur Thai-Kunst und zum Buddhismus am Mi und Do um 9.30 Uhr. Ein kleines, ruhig gelegenes Restaurant mit preiswerten Getränken und leckeren Gerichten befindet sich hinter dem Haus Nr. 17 mit den Wagen für Verbrennungszeremonien. Eine Gepäckaufbewahrung und ein kleiner Laden, der Bücher und Souvenirs verkauft, sind links vom Eingang hinter dem Informationsschalter angesiedelt. In der Trockenzeit werden So um 17 Uhr im Museumsgarten traditionelle Tanzvorführungen dargeboten, Eintritt 20 Baht.

Die **Buddhaisawan-Kapelle** rechts vom Eingang wurde für eine der am meisten verehrten Buddhastatuen, Phra Buddha Singh, errichtet. Die über 200 Jahre alten restaurierten Wandmalereien stellen 28 Szenen aus Buddhas Leben dar. Im hinteren Tempelbereich stehen einige schöne, alte Bücherschränke.

In der ehemaligen **Audienzhalle** links von der Kapelle führen Bilder in die Thai-Geschichte ein. In dem so genannten **Roten Haus** links von der Kapelle lebten mehrere Prinzessinnen und Konkubinen. Das gut erhaltene Gebäude im traditionellen Thai-Stil ist mit Gegenständen aus der frühen Bangkok-Periode eingerichtet.

Der zentrale Bau des Museums, das **alte Palastgebäude** des 2. Königs, beherbergt dekorative Kunst aus der jüngeren Bangkok-Periode und eine ethnologische Sammlung. Der ehemalige Thronsaal des jüngeren Bruders von Rama I. bietet Platz für wechselnde Ausstellungen und Gegenstände aus der königlichen Sammlung.

Dahinter sind prunkvoll dekorierte Sänften und Elefantensättel (Howdah) ausgestellt. Von hier ist der 1. Stock mit den königlichen Insignien und dekorative Objekte aus Elfenbein zu erreichen. Im Erdgeschoss nach links gelangt man zu Khon-Masken, Puppen und Spielen, dahinter enthalten drei kleinere Räume Keramiken und Silber aus Thailand, Japan und China, Porzellan, Sawankhalok-Keramik, Muscheln und Modelle.

Von dem im Erdgeschoss angrenzenden Waffensaal geht es links zum Perlmuttraum, geradeaus zu den Holzschnitzereien, u. a. einer Tür aus dem Wat Suthat und Wat Phra Keo, und rechts zu Steininschriften. Der nächste Saal vermittelt einen guten Überblick über die thailändischen Textilien (Brokat, Ikat, Chintz, Stickereien) und die Entwicklung der Mode. Im 1. Stock sind buddhistische Objekte ausgestellt. Im Erdgeschoss gelangt man weiter zum Saal mit Musikinstrumenten.

Der alte Bereich wird von neuen Museumsgebäuden umrahmt. Der Rundgang beginnt im **Mahasurasinghanat Building** links vom Eingang. Die Kunstgegenstände in beiden Stockwerken stammen aus der Zeit vor der Einwanderung der Thais in diese Region: Die prähistorische Sammlung enthält unter anderem ein neolithisches Grab, das bei Kanchanaburi gefunden wurde, und schöne Exemplare der Ban Chiang-Keramik. Zudem umfasst dieser Bereich Lopburi- und Khmer-Kunst aus dem 10.–13. Jh., frühe Hindu-Skulpturen aus dem thailändischen Gebiet, Dvaravati- / Mon-Kunst , u. a. das große, steinerne „Rad der Lehre", javanische hinduistische Skulpturen aus dem 7.–11. Jh. , darunter ein schöner Ganesha (der Elefantengott), sowie brahmanische und buddhistische Kunst des Srivijaya-Reiches aus Chaiya, im Süden Thailands, aus dem 13. Jh.

In den Sälen im Erdgeschoss des nördlichen **Prapat Phiphitthaphan Buildings** sind u. a. Skulpturen, Keramik, Textilien und Münzen der Bangkok-Periode untergebracht. Im 1. Stock gelangt man zu Kunstobjekten aus Chiang Saen und Chiang Mai. Der angrenzende Saal beherbergt Kunst aus Sukhothai. Zudem sind Skulpturen und Sawankhalok-Keramiken aus der Sukhothai-Periode und Kunstobjekte aus der Ayutthaya-Periode sowie der vorangegangenen U-Thong

(Mon-)Periode zu sehen, u. a. Lackarbeiten und mit Schnitzereien verzierte Bücherschränke. Wer nach diesem Rundgang noch aufnahmefähig ist, kann sich im benachbarten Gebäude die prunkvollen Sänften und Trauerkutschen für Verbrennungsfeierlichkeiten und einige hübsche Pavillons ansehen.

Weitere Gebäude rings um den Sanam Luang

Auf dem ovalen Phra Mane-Platz vor dem Königspalast, bekannt als Sanam Luang (= Königswiese), finden in der Trockenzeit **Drachenwettkämpfe** und an großen Feiertagen zentrale Veranstaltungen statt.

Nationaltheater und Nationalgalerie

Im Nationaltheater werden **klassische Tänze**, aber auch populäre Khon-Dramen aufgeführt. Programminformationen Mo–Fr 8.30–16.30 Uhr unter ✆ 02-2241342. Von November bis Mai finden Sa und So ab 16.30 Uhr im Garten des Nationalmuseums Aufführungen statt, Eintritt 40 Baht.

Die **Nationalgalerie** (National Gallery of Art), 4 Chao Fa Road, im Gebäude der ehemaligen königlichen Münze, stellt Werke moderner Künstler aus und beherbergt das nationale Filmarchiv. Die ständige Ausstellung vermittelt auf zwei Stockwerken einen Einblick in die Entwicklung der Darstellenden Kunst Thailands während der vergangenen hundert Jahre und der religiösen und höfischen Malerei. Daneben ist Raum für Sonderausstellungen. ⏲ Mi–So 9–16 Uhr, 30 Baht, 🖳 www.thailandmuseum.com, ✆ 02-2822639.

Silpakorn-Universität

In den alten Universitätsgebäuden neben dem Palast wird u. a. Kunst unterrichtet und ausgestellt. Besuchern zugänglich sind das **Silpakorn Art Centre** ⏲ Mo–Fr 9–19 Uhr, ✆ 02-2213 841, 🖳 www.art-centre.su.ac.th, sowie die **Art Gallery** in der Faculty of Painting, ⏲ Di–So 9–16.30 Uhr, die **Gallery of Art and Design** in der Faculty of Decorative Arts, ⏲ Mo–Sa 10–18 Uhr, und die **Phrapromphijit Gallery** in der Faculty of Architecture, ⏲ Mo–Sa 10–18 Uhr.

„Guter" Rat kann teuer werden

Besonders am Sanam Luang wird man von Taxi- und Tuk-Tuk-Fahrern, seriös aussehenden Einheimischen und sogar von Europäern zum Kauf von Edelsteinen oder überteuerter Seide sowie von überteuerten Reisen und Visa bei „TAT" überredet. Da bereits seit Jahren viele Touristen auf diese Tricks hereinfallen und große Mengen Geld verlieren, möchten wir noch einmal eindringlich vor solchen Schleppern warnen (s. S. 191). Es ist kein Fehler, resolut aufzutreten und mit der Polizei zu drohen.

Thammasat-Universität

Die Thammasat-Universität, ✆ 02-6133333, eine der größten Universitäten der Stadt, wurde 1976 als Zentrum des politischen Widerstands von Polizei und Militär mit Waffengewalt gestürmt. Auf dem Campus kann man Englisch sprechende Studenten kennen lernen. In regionalen Fachbereichen für den Norden und Nordosten wird von Studenten unter anderem die Kultur dieser Regionen (z. B. die Musik auf traditionellen Instrumenten) gepflegt. Die meisten Studenten werden auf dem neuen Campus weit außerhalb, nahe dem alten Don Muang Airport, unterrichtet.

Wat Mahathat

In der schmalen Seitenstraße hinter der Nationalbibliothek, gegenüber der Universität, liegt Wat Mahathat, die buddhistische **Mahachulalongkorn University**, ⏲ tgl. 8–17 Uhr. An dieser Stelle stand bereits vor der Gründung von Bangkok ein Tempel, der von Rama I. ausgebaut und zu einem der wichtigsten religiösen Zentren umgestaltet wurde. Das Wat, eines der größten von Thailand, ist das Zentrum für Studien der Pali-Schriften und alter religiöser Überlieferungen. Es beherbergt in seinem abgegrenzten Klosterbereich zwischen 300 und 400 Mönche. Im Wandelgang, der das Heiligtum umgrenzt, stehen zahlreiche Buddhastatuen. In die dahinter liegenden Wände sind die Urnen Verstorbener eingelassen.

Das auf Englisch ausgeschilderte **Meditationszentrum** (Section 5), ✆ 02-2226011, 🖳 www. Section-5.org (nur Thai), im südwestlichen Tempelbereich steht auch ohne Voranmeldung Ausländern und Ausländerinnen (!) offen. Täglich um 7, 13 und 18 Uhr beginnen zwei- bis dreistündige Meditationsübungen mit einer kurzen Einführung, die sich auch für Anfänger eignen. Von 20–21 Uhr kann man zudem an religiösen Unterweisungen in Englisch teilnehmen. An der Rezeption erhält man überdies Informationen über Meditationszentren und -kurse.

In den Läden in der Phra Chan Road und in einem überdachten Markt in der Mahatat Rd. hinter dem Tempel werden Heilkräuter, Schutz- und Glücksamulette sowie andere Dinge für religiöse Zeremonien, wie Buddhastatuen, Götterbilder aus dem hinduistischen Pantheon sowie Fotos der beliebten Könige verkauft (Handeln nicht üblich). Vom Phra Chan Pier hinter dem Wat fahren Fähren zum Bahnhof in Thonburi ab. Vom Chang Pier, noch weiter im Süden, legen neben den Expressbooten (nördlicher Pier) auch Klongboote nach Thonburi (südlicher Pier) ab (s. S. 201.).

Lak Muang

Nordöstlich vom Wat Phra Keo, jenseits des Verteidigungsministeriums (mit Kanonen im Garten), wurde am 21.4.1782 um 6.54 Uhr, dem astronomisch berechneten „Geburtstermin" der neuen Königsstadt, der Grundstein Bangkoks gesetzt. Er markiert nicht nur das Zentrum des Landes, von dem aus alle Entfernungen gemessen werden, sondern ist auch Sitz des Schutzgeistes der Stadt. Den phallusförmigen, aus Holz geschnitzten Grund„stein" schützt ein neues Gebäude, dessen Dach von einem Prang gekrönt wird. Auch der Lak Muang von Thonburi hat hier seit dem Zusammenschluss der beiden Städte seinen Platz gefunden.

Besucher bekleben Repliken des Grundsteins mit Goldplättchen, umwickeln sie mit bunten Tüchern und stellen Kerzen und Blumen auf. Zu Ehren des Schutzgottes werden Opfergaben dargebracht und zum Dank für erfüllte Wünsche auf einer kleinen Bühne **traditionelle Tänze** aufgeführt. Besonders Lotteriespieler und kinderlose Paare bitten um das große Glück, dem zudem mit der Freilassung von Vögeln und Schildkröten, die auf der Straße verkauft werden, nachgeholfen werden kann.

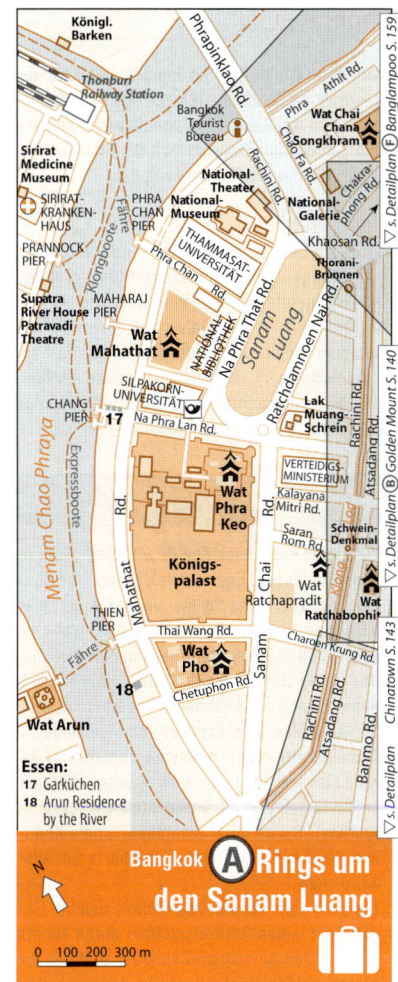

Bangkok (A) **Rings um den Sanam Luang**

0 100 200 300 m

Essen:
17 Garküchen
18 Arun Residence by the River

Weniger interessant ist der **Thorani-Brunnen** im Nordosten des Platzes. Die indische Göttin der Erde wringt ihr Haar aus, sodass das Wasser herausfließt. Sie soll, nach einer Legende, durch die Wasserfluten, die sich aus ihrem Haar ergossen, Buddhas Feinde vertrieben haben.

Banglampoo

Wer genug von Kultur und Tempeln hat, kann die Chakraphong Road hinauflaufen und in Banglampoo, einem traditionellen Einkaufsbezirk, stöbern gehen, in dessen Zentrum sich die Khaosan Road zum Taveller-Treff entwickelt hat.

Wat Bovonives

In diesem berühmten Tempel wurde von Kronprinz Mongkut 1827 das Zentrum der strengen Regeln folgenden Dhammayuti-Sekte gegründet. Der Kronprinz lebte 14 Jahre hier, bevor er 1851 nach dem Tod seines Bruders König wurde.

Auch Rama VI. und Rama VII. sowie der heutige König verbrachten vor ihrer Krönung einige Zeit als Mönche in diesem Kloster.

Im Tempel befindet sich das Studienzentrum für Heilkräuter sowie die Pali-Schule, die Mahamonkut Buddhist University. ☉ tgl. 8–21 Uhr.

Im Bot, ☉ tgl. 8–8.40 Uhr, steht eine berühmte, 4 m hohe bronzene Buddhafigur aus der Sukhothai-Periode. Die Wandmalereien berichten von den Verfehlungen der Menschen, ihrer zunehmend besser werdenden Lebensführung unter dem Einfluss des Buddhismus, bis sie am Ende die gelbe Robe tragen. Es ist interessant, dass hier die europäischen Einflüsse positiv dargestellt werden – westliche Gebäude, Pferderennen, Schiffe mit Missionaren, ja sogar Kirchgänger in westlicher Kleidung.

Die beiden Viharn und der Bot sind nur an besonderen Festtagen geöffnet.

Khaosan Road

Zu Beginn des Filmes *The Beach* streift Richard alias Leonardo di Caprio durch die quirlige Khaosan Road und macht sie weltberühmt. Zwar wird man hier das Guesthouse aus dem Film vergeblich suchen, denn es handelt sich um das On On Hotel in Phuket Town, aber die voll gepackten Straßenstände, Zöpfchenflechter, Straßencafés und exotisch-bunt gekleideten Traveller aus dem Film wiedererkennen. Während sich hier noch vor Jahren selten Urlauber sehen ließen und die internationale Rucksacktouristen-Szene unter sich blieb, ist die Khaosan Road mittlerweile eine etablierte Sehenswürdigkeit.

Bis 1980 unterscheidet sich diese belebte Gegend mit vielen Stoffgeschäften durch Nichts von anderen Altstadtstraßen. Dann eröffnen die ersten beiden Gästehäuser in den schmalen Seitengassen, und schon bald kommen weitere hinzu. Es folgen Musik- und Bücherläden, Reisebüros, Geldautomaten, Restaurants, Schmuckgeschäfte und andere Läden, die den aktuellen Bedürfnissen der Traveller Rechnung tragen. Nur illegale Drogengeschäfte sind unter den aufmerksamen Blicken der Polizei, deren Zentrale mitten im Geschehen liegt, weniger offensichtlich.

Hunderte von Gästehäusern füllen sich Abend für Abend mit Neuankömmlingen, die mit Rucksäcken und Rollkoffern auf Zimmersuche gehen.

Ab 17 Uhr wird die Khaosan Road für den Durchgangsverkehr gesperrt und zur Flaniermeile. Dann kommen auch Einheimische, um die bunte, exotische Traveller-Welt zu bestaunen. Selbst Modedesigner sollen sich hier Anregungen holen. Mutige lassen sich Zöpfchen und bunte Strähnen ins Haar flechten oder ein mehr oder weniger permanentes Tatoo machen. Zudem lockt das einst verrufene Backpacker-Quartier mit immer schickeren Restaurants, Gästehäusern und Einkaufszentren, wie Buddy. Edel präsentiert sich auch die kleine Seitengasse Sunset Street mit einigen chromglänzenden Bars und Cafés.

Nicht weniger gut besucht sind die Gassen rings um das Wat Chana Songkhram. Hinter der Tempelmauer werden Essenstände aufgebaut und in einem umgebauten VW-Bus Cocktails gemischt. Auch in einer ehemaligen Tankstelle auf der Hauptstraße schlürft man mittlerweile Cocktails oder lässt sich massieren.

Weitere Infos über die Khaosan Road auf der Website ▣ www.khaosanroad.com.

Im Wat Mahathat, einem der größten Tempel Thailands

Wat Indraviharn

Ein Abstecher zum Thewet-Markt, nördlich von Banglampoo (s. S. 189), lässt sich mit einem Besuch von Wat Indraviharn verbinden. Eingang über die Wisut Kasat Road oder von der Samsen Road über Soi 10 Trok Wat In. Durch diese schmale Gasse gelangt man nach etwa 100 m auf einen kleinen, freien Platz mit einem restaurierten Tempel, der von einer 32 m hohen, stehenden Buddhastatue überragt wird. ☾ tgl. 8.30–17 Uhr, ✆ 02-2811406. Die großen Füße, auf denen Gläubige Blumen niederlegen, sind ein beliebtes Fotomotiv.

An der Einmündung des Klong Banglampoo in den Menam Chao Phraya stehen Reste der Stadtmauer und das achteckige **Phra Sumen Fort**. Rama I. ließ die neue Stadt mit einer Mauer, 14 Forts und Kanonen befestigen. Bis auf zwei Forts wurden die Mauern unter Rama V. geschleift und an ihrer Stelle Straßen errichtet. Rings um das Fort lädt ein kleiner **Park** mit Bänken, Sitzterrassen und dem kleinen **Santichaiprakarn Pavillon** zum Ausruhen ein. Über die neue Fußgängerpromenade gelangt man am Flussufer entlang zur Phrapinklao-Brücke.

Wat Pho

Südlich vom Königspalast gelangt man über die Sanam Chai Road zum Wat Pho oder Wat Phra Chetuphon, dem Tempel mit dem liegenden Buddha, einem der wichtigsten Tempel des Landes. Bereits 1789 begann man unter Rama I. mit dem Bau dieses Klosters auf dem Areal eines Wats, das aus dem 16. Jh. stammen soll. Rama III. ließ die Anlage renovieren und für die schreibunkundige Bevölkerung das Allgemeinwissen jener Zeit an den Tempelwänden bildhaft darstellen.

In den weitläufigen östlichen Tempelbezirk mit dem Bot gelangt man durch den Eingang in der Chetuphon Road. Die meisten Touristen, die nur den Viharn mit dem ruhenden Buddha sehen wollen, werden vor den nordwestlichen Eingang in der Thai Wang Road gefahren. ☾ tgl. 9–17 Uhr, ✆ 02-2229595, 🖵 www.watpho.com/index_e.html.

Der Viharn mit dem **ruhenden Buddha**, Eintritt 50 Baht, nimmt den nordwestlichen Bezirk ein. Die vergoldete, 45 m lange, liegende Statue symbolisiert Buddha bei seinem Eingang ins Nirwana. An den Fußsohlen stellen 108 Tafeln aus Perlmutt-Einlegearbeiten die Tugenden eines wahrhaften Buddhisten dar. Es bringt Glück, in jede der 108 Almosenschalen vor der Statue 25 Satang zu werfen (Schalen mit Kleingeld werden angeboten).

Südlich des Viharn, hinter dem chinesischen Pavillon, steht die Bibliothek, an die ein Teich mit einem kleinen Aussichtsberg angrenzt. Östlich davon umschließt ein Wandelgang mit zahlreichen Buddhastatuen die vier großen, mit farbigen Kacheln bedeckten **Chedis** in Grün, Orange, Gelb und Blau. Durch zwei von Tempelwächtern bewachte Tore erreicht man den westlichen Tempelbezirk.

Gleich dahinter stehen zwei kleine **Pavillons**. Die Innenwände des nördlichen Gebäudes sind mit medizinischen Motiven bemalt. Hier befindet sich seit 1955 die **Massageschule**, ✆ 02-2254771, 2212974, 🖵 www.watpomassage.com und www.watpho.com/mas_study_e.html, ⏲ tgl. 8–18 Uhr. Während der Regentschaft von Rama III. wurde im Wat Pho eine Medizinschule gegründet, in der bereits vor 150 Jahren die ersten Studenten unterrichtet wurden. Noch heute werden die traditionellen Methoden gelehrt (verschiedene, meist 30-stündige Kurse für 8500 Baht) und in zwei Pavillons beiderseits des Eingangs von der Sanam Chai Rd. Massagen durchgeführt (220 Baht für 30 Min., 360 Baht für 1 Std., Fußmassage 45 Min. für 360 Baht. Man bekommt nach der Anmeldung eine Nummer und wird dann aufgerufen, professionelle Massenabfertigung). Etwa 20 steinerne Figuren im Hof zeigen Positionen dieser von indischen „Rischi" verbreiteten Massageart.

In den Galerien, die an den Kardinalpunkten von vier **Viharn** unterbrochen werden, sind etwa 400 Buddhafiguren aus unterschiedlichen Epochen hinter schützendem Glas untergebracht. Die Eingänge zum zentralen **Bot** werden von Bronzelöwen bewacht. Die 152 Marmor-Reliefs auf dem Sockel und die mit Intarsienarbeiten verzierten Eingangstore stellen detailliert Episoden aus dem Ramayana dar. Szenen aus dem Leben Buddhas zieren die Innenwände.

Das südlich der Chetuphon Road an die Sakralbauten angrenzende Kloster ist mit über 300 Mönchen das größte von Bangkok. Auch außerhalb des Klosters Richtung Fluss werden professionelle Massagen angeboten.

Thonburi

Die Schwesterstadt westlich des Flusses wurde 1767 nach der Zerstörung von Ayutthaya die erste Zufluchtsstätte der zersprengten Armee unter König Taksin, bis Rama I. 1782 nach Bangkok übersiedelte. Seither konzentriert sich nicht nur das politische Leben, sondern auch Handel und Industrie am östlichen Flussufer. Auch wenn heute die beiden Millionenstädte zu einem dicht besiedelten Großraum mit gemeinsamer Verwaltung zusammengewachsen sind, scheint die Verstädterung in Thonburi noch nicht so weit fortgeschritten zu sein wie in Bangkok. Da mittlerweile ständig verstopfte Schnellstraßen die Stadt durchziehen, bewegt sich nur noch ein geringer Teil des Verkehrs auf den **Klongs**.

Empfehlenswert ist die Tour mit dem Linienboot vom Chang Pier hinter dem Königspalast nach **Bang Yai**. Allerdings fahren mittlerweile die Boote fast nur noch morgens rein und von 16–18.30 Uhr raus, aber man kann für die Rückfahrt auch den Bus nehmen. Es geht den breiten Klong Bangkok Noi hinauf, vorbei am Bahnhof von Thonburi und den Königlichen Barken. Hinter dem Chao Phraya Hospital passiert man mehrere Autobahnbrücken sowie eine Eisenbahnbrücke. Beide Ufer des Klongs sind noch von einigen Holzhäusern gesäumt, zwischen denen vereinzelt Tempel stehen. Der erste Ort in der Provinz Nonthaburi ist **Bang Kruai**. Linienboote fahren bis zum Wat an der Gabelung des Klong Bangkok Noi und Klong Bang Kruai. Nach 14 km ist nach einer knappen Stunde die Endstation in Bang Yai erreicht, hier kann man etwas essen und von den Brücken herab das Treiben auf dem Klong beobachten.

Die Königlichen Barken

Am Klong Bangkok Noi sind vor der Arun-Amarin-Brücke in einer Bootshalle am Nordufer die Königlichen Barken untergebracht, 51 Boote, die mit Holzschnitzereien und Lackarbeiten kunstvoll verziert sind. Allerdings können nur einige der prunkvollsten besichtigt werden. Aus einem einzigen Teakbaum ist die 46 m lange, graziöse königliche Barke *Suwana Hongsa* gearbeitet, deren Bug der kampfbereit aufgerichtete Kopf des *Hamsa* (mythischer Vogel, Transportmittel des Gottes Brahma) ziert und die in einem hoch aufgerichteten Schwanz endet. Die zweite königliche Barke ist die 45 m lange *Ananta Nagaraj* mit dem siebenfachen Schlangenkopf, dem Symbol des Wassers. In ihr befand sich während der letzten Prozessionen eine heilige Buddhastatue. Das älteste dritte Boot *Anekajati Bhujonga*, das aus der Zeit von König Rama V. stammt, ist mit filigranen Nagaschlangen verziert. Diese großen Boote werden von zahlreichen kleineren Barken eskortiert, die mit Hanumanfiguren, grimmigen Wächtern, Tigerköpfen, gehörnten Drachen und anderen mythischen Fabelwesen geschmückt sind. Einige transportieren das Orchester, andere sind mit Kanonen bestückt.

Zu den Königlichen Barken gelangt man auf zwei verschiedenen Wegen: zum einen über einen schmalen Weg nach der Brücke hinter dem Bahnhof in Thonburi (leicht zu übersehender Wegweiser), zum anderen vom Wat Dusitaram hinter der Phrapinklao-Brücke aus. Beide sind mit Hinweisschildern markiert. Von der Endstation des AC-Busses 3 ist es nicht weit zu den Königlichen Barken (Royal Barges). An der Brücke hält auch der non-AC-Bus 19 ab Sanam Luang. Zudem fährt ein Shuttleboot vom Phra Athit Pier von 10–16 Uhr für 20 Baht, hin und zurück 40 Baht. ⏲ tgl. 9–16.30 Uhr, 30 Baht, Fotoerlaubnis 100 Baht, Videoerlaubnis 200 Baht, ✆ 02-4240004, 🖳 www.thailandmuseum.com.

Gerichtsmedizinisches Institut

An der Mündung des Klong Bangkok Noi in den Menam Chao Phraya ist der alte **Bahnhof von Thonburi** ab dem Phra Chan Pier zu erreichen.

Das **Siriraj Hospital** südlich vom Bahnhof, das über 100 Jahre alte, erste westliche Krankenhaus des Landes, hat in **Sirirat Medicine Museum** etwas makabre Ausstellungsstücke zusammengetragen. Im Gerichtsmedizinischen Institut im 2. Stock des Adulayadejvikrom Building sind im Songkran Niyomsane Forensic Medicine Museum Skelette, konservierte Organe und Körper von Mördern und deren Opfern einschließlich der Mordwerkzeuge zur Besichtigung freigegeben. Das Ellis Pathological Museum umfasst 4000 Präparate von Kranken und alte Laboreinrichtungen. Im Parasitology Museum sind tropische Parasiten und Tiere zu sehen, die für den Menschen gefährlich werden können. In einer neuen Ausstellung Siriraj And Tsunami, die in Zusammenarbeit mit dem Krankenhaus in Takua Pa entstanden ist, wird von der Katastrophe, der Arbeit der Forensiker und den Hilfsleistungen berichtet. Ein Video über den Tsunami wird jede halbe Stunde außer mittags gezeigt. Zudem sind weiter südlich im Anatomy Building im 3. Stock des 1927 gegründeten Congdon Anatomical Museums allerlei Präparate, missgebildete Föten, in Streifen geschnittene oder auf einzelne Aspekte reduzierte komplette Körper, Organe und Skelette zu bewundern. Die angestaubte prähistorische Sammlung im Erdgeschoss ist hingegen weniger interessant ebenso wie die Abteilung über die Geschichte der Thai-Medizin im Ouay Ketusingh Museum of History of Thai Medicine, da die Mo-

Bootsprozessionen

Diese Tradition geht bis ins 14. Jh. zurück, als Flüsse die einzigen Transportwege und Kriegsschiffe die wichtigsten Waffen waren. Kunstvoll ausgestaltete Boote wurden während religiöser und königlicher Zeremonien sowie bei Reisen des Königs eingesetzt. Während der Ayutthaya-Herrschaft soll es, laut Überlieferung, 200 000 Boote gegeben haben, und es fanden königliche Prozessionen mit 300–400 Booten und bis zu 14 000 Mann Besatzung statt. Seit zur 200-Jahr-Feier Bangkoks 1982 die königlichen Barken restauriert und erstmals wieder eingesetzt wurden, werden zu allen großen Feierlichkeiten wieder Bootsprozessionen abgehalten. Anlässe sind seither die wichtigen Geburtstage des Königs und der Königin sowie das 50-jährige Thronjubiläum des Königs im November 1996 gewesen. An den heutigen Prozessionen sind immer noch über 2000 Mann Besatzung beteiligt. Eine kleine Ausstellung in der Halle vermittelt allen, die nicht dabei sein konnten, einen kleinen Eindruck von der prunkvollen Prozession.

delle nur auf Thai beschriftet sind. ⊙ Mo–Sa 9–16 Uhr, Eintritt 40 Baht, ✆ 02-4197000, 🖥 www.si.mahidol.ac.th/museums.

Wat Arun

Vom Thien Pier fahren Fähren für 3 Baht zum Wat Arun, dem Tempel der Morgenröte. Die aufgehende Sonne lässt die mit chinesischem Porzellan bedeckten Prangs in vielen Farben erstrahlen. Die verschieden hohen Türme symbolisieren das buddhistische Universum, in der Mitte der heilige Berg Meru, den die Weltmeere umgeben. Innerhalb der Tempelmauern stehen steinerne Figuren – unter anderem ein europäischer Kapitän –, die als Schiffsballast aus China nach Thailand gelangten. Sie sind auch in anderen Tempeln zu finden. Immer steiler werdende Treppen führen den höchsten Prang (86 m) hinauf. Die oberen Plattformen sind Touristen nicht mehr zugänglich.

Auch der Bot lohnt einen Besuch. Ist der Zugang vom Tempel aus geschlossen, gelangt man über einen weiteren Eingang von der Gasse nördlich des Tempels in den Hof. Hier sind steinerne chinesische Statuen ähnlicher Art in großer Zahl aufgereiht. Der Wandelgang ist mit bunten Blumenmotiven bemalt, und auch das Innere des Bot ist mit Wandmalereien bedeckt. Rings um den Tempel lauern Fotografen und Souvenirhändler auf Touristen. Eintritt 20 Baht, ✆ 02-8911149, ⊙ 8.30–17.30 Uhr.

Das südliche Thonburi

Das riesige **Wat Kanlayanimit** steht 500 m südlich vom Wat Arun, am Ende der Soi Wat Kanlaya, zu erreichen über die Israphap und Thetsaban Sai 1 Road. Von Bangkok fahren einige Fähren ab Rachini Pier hierher – vom selben Pier verkehren auch Fähren zur Santa Cruz-Kirche (s. u.).

Im Glockenturm im Hof hängt die größte Bronzeglocke Thailands. Weit beeindruckender ist die riesige sitzende Buddhafigur im höchsten Viharn der Stadt, vor der die überwiegend chinesischen Besucher winzig wirken. Die verblichenen Wandgemälde weisen starke chinesische Einflüsse auf. Nur wenige Touristen kommen hierher, und alles macht einen etwas verwahrlosten Eindruck. ⊙ tgl. 6–18 Uhr.

Die Klongs

Schnellboote transportieren am späten Nachmittag adrett gekleidete Büroangestellte und Schulkinder nach Hause, auf breiten Lastkähnen werden Zement und Holzkohle selbst durch die schmalsten Kanäle manövriert, und der schwimmende Supermarkt versorgt die Daheimgebliebenen mit dem Notwendigsten. Noch vor einer Generation orientierte sich alles zum Wasser hin, sogar Geschäfte, die ihre Waren am Ufer feilboten. Jedes Haus hat seine eigene Anlegestelle, die gleichzeitig der ganzen Familie als Bade- und Waschplatz diente. Die Toilette befindet sich hingegen an Land. Dennoch verwunderte manchen europäischen Besucher der Anblick fröhlich badender Kinder im trüben, träge dahinfließenden Wasser. Man muss schon weit hinausfahren, bis in den Außenbezirken die Bebauung lichter wird, Bäume die Kanäle überschatten, und kleine, intensiv genutzte Gärten der Stadt ein ländliches Gepräge geben.

Im Gegensatz zu den erholsamen Fahrten auf den Klongs von Thonburi ist man während einer Tour auf den Abwässerkanälen von Bangkok ständig besorgt, möglichst nicht mit dem Wasser in Berührung zu kommen oder gar zu kentern, was bei den hohen Wellen der entgegenkommenden Boote durchaus passieren kann. Die Fahrt auf den stinkenden Kanälen durch die Hinterhöfe der Stadt lohnt nicht als Sightseeing-Tour, sondern nur, um während der Rushhour schneller voranzukommen. Auf einigen Routen wird der Verkehr während der Regenzeit eingestellt, wenn das Wasser so hoch ist, dass die Boote die Brücken nicht passieren können. Zudem werden immer mehr Klongs mit Schnellstraßen oder der Hochbahn überbaut, und es wird nicht mehr lange dauern, bis neue Straßen die alten Wasserwege in Vergessenheit geraten lassen.

800 m weiter im Süden (zurück zur Thetsaban Sai 1 Road und nach links zur Soi Kuti Cheen) erreicht man die **Santa Cruz-Kirche** (Wat Kuti Cheen) inmitten des ehemaligen portugiesischen

Viertels, des ersten europäischen Geschäftszentrums, von dem kaum noch etwas zu sehen ist. Seit dem 16. Jh. lebten portugiesische Diplomaten, Händler und Missionare im Land. Nach der Zerstörung von Ayutthaya ließen sie sich hier nieder und errichteten eine kleine Kirche, die 1913 durch das heutige Bauwerk ersetzt wurde, ⊙ tgl. 6–20 Uhr. In der Kirche finden tgl. um 6 und 19 Uhr Gottesdienste statt. Die Grotte neben der Kirche wird von Gläubigen mit Jasminkränzen geschmückt. Von der Anlegestelle, wenige Meter östlich der Kirche, legen die Fähren zum Rachini Pier ab.

In Richtung Memorial-Brücke liegt nach 400 m etwas versteckt ein weiterer kleiner Tempel aus der Zeit von Rama III., **Wat Prayun Wong Sawat**. Im östlichen Bereich, nahe der Memorial-Brücke, erhebt sich eine bizarre, künstliche Felseninsel, die mit Miniaturhäusern, -tempeln und -pagoden bebaut ist. Sogar eine Grotte mit Buddhastatue und der Nachbau einer gotischen Kirche finden sich darunter. Die Gebäude wurden zum Gedenken an zahlreiche Verstorbene errichtet, deren Namen auf Plaketten verewigt sind. In dem Teich werden Schildkröten, Symbol für ein langes Leben, von Besuchern mit Früchten und anderen Leckereien fast zu Tode gefüttert. ⊙ tgl. 6–18 Uhr.

Am jenseitigen Bangkok-Ufer erstreckt sich die Halle des Lebensmittel- und Blumen-Großmarktes **Pak Klong Talaat**, in dem früh am Morgen am meisten los ist.

Der ehemalige große **Schwimmende Markt** nahe Wat Sai hat so sehr unter den anstürmenden Touristenmassen gelitten, dass mittlerweile die angeblichen Marktfrauen mit 30 Booten nur für die Kameras der Touristen ihr Gemüse auf und ab paddeln. Abfahrt der Touristenboote jederzeit ab Oriental Hotel Pier.

Die Bootstouren, die gegen 7 Uhr beginnen und 400 Baht kosten, halten auch an der **Thonburi Snake and Crocodile Farm**. Besuchern wird eine Schlangenshow geboten, außerdem befindet sich auf dem Gelände ein kleiner Zoo mit traurigen Tieren, ⊙ tgl. 8.30–17 Uhr, 100 Baht.

Lohnenswerter ist sicher die Fahrt zum Schwimmenden Markt nach Damnoen Saduak und Amphawa.

Rings um den Golden Mount

Ratchdamnoen Road

Zu Beginn dieses Jahrhunderts wurde die Ratchdamnoen Klang und Ratchdamnoen Nok Road angelegt, ein prunkvoller, breiter Boulevard vom Sanam Luang zur ehemaligen Thronhalle (s. S. 154), der von Regierungs- und Verwaltungsgebäuden gesäumt ist. An der Ecke Tanao Road erinnert das **14. Oktober 1973 Memorial** mit Fotos und Zeitungsausschnitten an die blutigen Auseinandersetzungen an jenem Tag (s. S. 107). Inmitten eines Kreisverkehrs erhebt sich das **Demokratie-Denkmal**, das an den Staatsstreich im Jahre 1932 und das Ende der absoluten Monarchie erinnert. Wer die Reliefs aus der Nähe bewundern möchte, muss jedoch erst durch den dichten Verkehr kommen, was fast unmöglich ist.

Einstmals umgrenzte eine **Stadtmauer** entlang des Klong Banglampoo und Klong Ong Ang das Stadtgebiet. Ein Teil davon ist an der Brücke restauriert worden. Vom dahinter liegenden Phanfa Pier legen Boote ab, die durch den Klong Saen Saeb in die östlichen Vororte fahren.

Die von Queen Sirikit geförderte **Queen's Gallery**, 101 Ratchdamnoen Klang Rd., stellt in ihren hellen, klimatisierten Räumen moderne Gemälde und Skulpturen zeitgenössischer einheimischer Künstler aus. Ihr ist ein kleiner Shop und ein Café angeschlossen. ⊙ tgl. außer Mi 10–19 Uhr, 20 Baht, ✆ 02-2815360-1, 🖥 www.queengallery.org. Jenseits der Mahachai Road wurde ein kleiner Park mit einer **Gedenkstätte für König Rama III.** und einem Pavillon errichtet. Dahinter erheben sich mehrere Tempel.

Loha Prasat und Wat Ratchanatda

Hinter dem Park erhebt sich 36 m hoch der eigentümliche Metallpalast **Loha Prasat**, der eher an indische Tempelbauten erinnert. Viele kleine Türmchen sind auf drei quadratischen Ebenen pyramidenförmig angeordnet. ⊙ tgl. 9–17 Uhr. Manchmal ist es möglich, über die zentrale Wendeltreppe bis zur obersten Plattform hinaufzusteigen.

Hinter der Gedenkstätte für Rama III. steht **Wat Ratchanatda**. ⊙ tgl. 9–17 Uhr, ✆ 02-2248807. Sein Viharn ist allerdings nur gegen 16 Uhr zum Gebet geöffnet. Die Anlage wurde für eine Nich-

te Ramas III. errichtet. Im Viharn befindet sich eine Statue des Königs. Im angrenzenden Astrologiezentrum lassen sich Besucher aus der Hand lesen. Im südlichen Vorhof sowie in der Gasse jenseits des überbauten Klongs vor Wat Theptidaram (s. u.) werden an zahlreichen Ständen eines **Amulettmarktes** religiöse Statuen und Glücksbringer sowie Aphrodisiaka verkauft. Vor einem zerfallenen, überwucherten Mondhop neben dem Markt bringt man Opfergaben dar.

Golden Mount

Den Zusammenfluss der drei Klongs überragt der 79 m hohe, von 1782–1800 künstlich aufgeschüttete **Golden Mount** mit dem goldglänzenden Chedi von **Wat Saket**. Der Chedi enthält eine Reliquie Buddhas, die hoch verehrt wird – vor allem während des Tempelfestes im November. Zum Golden Mount gelangt man durch den Eingang an der südlichen Borpat Road, östlich des Klongs, sowie an der Chakraphadipong Road durch eine schmale Palmenallee zwischen einer kleinen Schule und dem Wat Saket. Vor dem Aufgang zur oberen Plattform des Chedi, von der sich eine schöne Aussicht bietet, sind 10 Baht Eintritt zu zahlen. ◷ tgl. 7.30– 17.30 Uhr, ✆ 02-2334561.

Südlich des Klongs steht ein weiterer großer, aber einfacher Tempel, **Wat Theptidaram**. Der Bot und die Prangs sind mit Mosaiken geschmückt. Im Hof stehen Figuren, die als Schiffsballast aus China hierherkamen. Inmitten der Mönchsquartiere kann das Wohnhaus des berühmten thailändischen Dichters **Sunthon Phu** besichtigt werden. Es ist weitaus angenehmer, die ruhige Gasse zwischen den Mönchsquartieren hindurch nach Süden zu laufen als auf der belebten Mahachai Road entlang der Stadtmauer.

Wat Suthat und Umgebung

Anschließend geht es auf der Bamrung Muang Road Richtung Westen. In mehreren Geschäften wird eine faszinierende Sammlung von vergoldeten Buddhastatuen, Almosenschalen und anderem Tempelzubehör verkauft. In einem Kreisverkehr auf der verkehrsreichen Straße steht die restaurierte, etwa 25 m hohe **Riesenschaukel** *(giant swing)*. Bei einem hinduistisch-brahmanischen Fest wurden lebensgefährliche Schaukel-Wettkämpfe ausgetragen, bis sie unter Rama VII. 1933 verboten wurden.

Südlich der Schaukel erhebt sich **Wat Suthat**. Dieser Tempel, dessen besonders schöne **Wand-**

malereien zu den bedeutendsten Zeugnissen thailändischer Kunst gehören, entstand vor etwa 150 Jahren. Bronzepferde, Pagoden und steinerne Figuren im chinesischen Stil umgeben den großen Viharn, auf dessen wunderschönen, mit Schnitzereien verzierten Teakholztüren Themen aus dem Ramayana dargestellt sind. Die Innenwände sind bemalt mit Szenen aus den Leben der legendären 28 Buddhas, während die Motive auf den acht Säulen der hinduistisch-buddhistischen Kosmologie entnommen sind. Sie wurden vor einigen Jahren aufwändig restauriert, sind aber bereits wieder dabei zu bröckeln. Im Zentrum des Raumes steht die große **Buddhastatue Sri Sakyamuni** aus der Sukhothai-Periode. Den Viharn umgrenzt ein Wandelgang mit 156 Buddhastatuen. Auch der **Bot**, weiter südlich, beeindruckt durch seine Größe und hübsche Wandmalereien. König Rama VIII., dessen **Bronzestatue** im Vorhof steht, wurde im Tempel beigesetzt. Ihm zu Ehren findet alljährlich am 9. Juni eine königliche Zeremonie statt. ☉ tgl. 9–21 Uhr, 20 Baht.

Östlich vom Tempel auf dem Mittelstreifen der Unakan Road steht der kleine **Hinduschrein Vishnu Mandir** unter Schatten spendenden Bäumen, die mit Glöckchen behängt sind. Der Gottheit Vishnu opfern Gläubige Teller mit Opfergaben und Blumenkränze. Zudem steht nordwestlich von Wat Suthat etwas versteckt in der Dinsor Road der **brahmanische Bot Phram**. Zu den mit gelben Blumenkränzen geschmückten Schreinen der Gottheiten Vishnu vor dem Tempel, Shiva, der schwarzen Statue im Tempel, Ganesha (Elefantengott) und Skanda (Kriegsgott, kleiner Schrein links vom Eingang) kommen Thai-Brahmanen, um zu beten. Die ursprünglich aus Südindien stammenden Mitglieder der obersten Hindukaste sind für die Durchführung von überlieferten brahmanischen Riten am Königshof zuständig.

Wat Ratchabophit

Die Bamrung Muang Road führt weiter im Westen durch einen alten, fast unzerstörten Stadtteil. Auf der Atsadang Road geht es am Klong Lod entlang zum Sanam Luang zurück, vorbei an vielen Läden, die Musikinstrumente und Outdoor-Ausrüstung verkaufen. Zuvor sollte man sich

Bangkok

Amulette

Nicht wenige Thais glauben an die starke Kraft von Schutzamuletten, wie sie auf vielen Amulettmärkten und sogar in Einkaufszentren angeboten werden. Die Preise sind hoch, und entsprechend kritisch nehmen potenzielle Käufer die Amulette unter die Lupe. Die Anhänger aus verschiedenen Materialien sind teils von beachtlicher Größe und stellen nicht nur Buddha dar, sondern auch ehemalige Könige, berühmte Mönche und hinduistische Gottheiten, die in ihrer stärkeren Weltzugewandtheit manche Wünsche besser erfüllen können. Einige dienen dem körperlichen Schutz, andere erhöhen die sexuelle Potenz oder vermehren den Reichtum. Der Preis eines Amuletts richtet sich nach seiner Wirksamkeit, aber auch nach Angebot und Nachfrage. Es gibt mehrere Zeitschriften, die diesen Markt bedienen und Modetrends aufgreifen. Derzeit hoch gehandelt wird Jatukam, ein Prinz des Srivijaya-Reichs, der in unsicheren wirtschaftlichen Zeiten den Reichtum mehrt – zumindest den der Verkäufer dieser Amulette, deren Erstauflagen im sechsstelligen Bereich gehandelt und die in hunderten von Versionen für mehrere tausend Baht angeboten werden.

einen Abstecher zum hübschen Wat Ratchabophit am Ostufer des Klong Lod nicht entgehen lassen. Er wird von einem 43 m hohen, mit goldfarbenen Keramikkacheln bedeckten Chedi überragt. Die Eingangstore sind mit geschnitzten Soldaten unterschiedlicher Einheiten verziert. ☉ tgl. 5–18 Uhr.

In der südöstlichen Ecke des Tempelareals befindet sich das Grab der Frau Ramas V. und im Tempelbereich an der Atsadang Road, der meist nur von der Straße aus zu besichtigen ist, die Gräber der königlichen Familie, die zum Teil gotischen Kirchen nachempfunden sind.

Westlich des Tempels, jenseits der Fußgängerbrücke über den Klong, steht ein **Schwein-Denkmal**. Das vergoldete Tier wurde zur Erinnerung an die im Jahr des Schweins geborene Ehefrau Ramas V. errichtet.

Chinatown

Die endlos lange Straße vom Wat Pho Richtung Osten, die New Road oder **Charoen Krung Road**, wurde als erste Straße der Stadt unter Rama IV. 1851–1868 entlang eines ehemaligen Elefantenpfades gebaut. Zu dieser Zeit wurde in Bangkok noch alles auf dem Wasser transportiert. Europäische Händler, die ihre Lagerhallen am Fluss hatten, forderten vom König eine Straße, um einen besseren Warentransport zu gewährleisten. Europäischer Einfluss ist im zentralen Bereich rings um das Hauptpostamt noch immer zu spüren.

Im Block, der von der Charoen Krung Road, Pahurat, Tripet und Burapha Road umgrenzt wird, wurde die ehemalige Ming Muang-Markt zum **Old Siam Plaza** umgebaut, einem fünfstöckigen Einkaufszentrum. Viele Geschäfte, die v. a. Textilien, Porzellan, Waffen und Schmuck anbieten, sind rings um drei überglaste Innenhöfe angeordnet. In einem der Höfe lockt ein Foodmarket vor allem mit einheimischen Süßigkeiten. Sala Chalerm Krung an der Tripet Rd., Ecke Charoen Krung Rd., war in den 1930er-Jahren das größte und modernste Kino des Landes. Es ist nun zum **Königlichen Khon-Theater** umgebaut worden, das Gastspielen traditioneller und moderner Künstler einen gediegenen Rahmen bietet.

Entlang der Pahurat Road und in den schmalen Gängen zwischen den alten Holzhäusern werden auf dem **Pahurat-Markt** Textilien, von Saris bis zu Brokatstoffen für Tempeltänzer, Schmuck, Kurzwaren in ungekannter Vielfalt und vieles mehr angeboten – günstig, aber ohne viel Exotik. Dazwischen verkaufen Essensstände indische Currys und Snacks.

Die Wohn- und Geschäftshäuser hinter dem indischen Markt überragt die goldene Kuppel des Gurdwara Siri Guru Singh Sabha **Sikh-Tempels**. Besucher, die sich in dem modernen, sehr sauberen, etwas kühl wirkenden Gebäude umsehen wollen und um Erlaubnis fragen, sind willkommen und bekommen das erforderliche Kopftuch ausgeliehen.

Östlich von Pahurat erstreckt sich die quirlige Chinatown. Etwa 6 Millionen Chinesen leben in Thailand, zum Teil schon seit mehreren Generationen. Weitaus stärker als in anderen Ländern haben sie sich in die Thai-Gesellschaft integriert oder wurden assimiliert. Besonders interessant ist die Chinatown während großer chinesischer Feste (Fest der hungrigen Geister im 7. Monat des chinesischen Jahres, Mondkuchenfest Mitte des 8. Monats) und der Neujahrsfeierlichkeiten. Dann wandelt sich die Yaowarat Road zu einer riesigen Festmeile mit Verkaufs- und Essenständen, Küchenchefs zeigen ihre Künste, und es finden Umzüge mit Löwentänzen, Chinesische Opernaufführungen und andere kulturelle Veranstaltungen statt.

Von der Pahurat Road Richtung Osten gelangt man in die 1 km lange und nur 4–5 m breite **Sampeng Lane** (Soi Wanit 1), durch die sich Lastkarren, Motorräder und Einkäufer drängen. In dem einstigen verruchten Hafenviertel voller Opiumhöhlen, Spielsalons und Bordelle quellen die kleinen offenen Läden über mit preiswerten Artikeln, von Knöpfen und Modeschmuck bis zu Textilien und Schuhen. Da die Häuser eng zusammenstehen und zum Teil durch ein hohes Dach vor der Sonne abgeschirmt sind, ist es selbst mittags relativ kühl.

Auf der Chakrawat Road lohnt ein Abstecher zum etwas von der Straße zurückversetzten **Wat Chakrawat**, dessen ergrauter Prang den Tempel überragt. Zwischen dem Prang und dem sanierungsbedürftigen Bot leben seit einem halben Jahrhundert Krokodile in einem kleinen Becken, seit eines, das einen Menschen attackiert hatte, im Fluss gefangen wurde. Heute blicken zwei dieser gigantischen Leistenkrokodile ausgestopft auf ihre letzten beiden Nachkommen herab.

Weniger interessant als sein viel versprechender Name „Diebesmarkt" ist der Block **Nakhon Kasem** südlich der Charoen Krung Road, zwischen Chakrawat und Boriphat Road, denn hier haben sich keine Hehler, sondern vor allem Maschinenhändler angesiedelt.

In den parallel verlaufenden Hauptstraßen, der **Yaowarat** und **Charoen Krung Road**, wo sich ein Geschäft an das nächste reiht, bauen fliegende Händler auf den schmalen Bürgersteigen ihre Stände auf und verkaufen Kleinkram, wie Süßigkeiten, Batterien und Scheren. Welch ein Kontrast zu den dahinter liegenden, mit Gold und Jade voll gepackten Schmuckläden und den großzügigen, klimatisierten Verkaufsräumen für

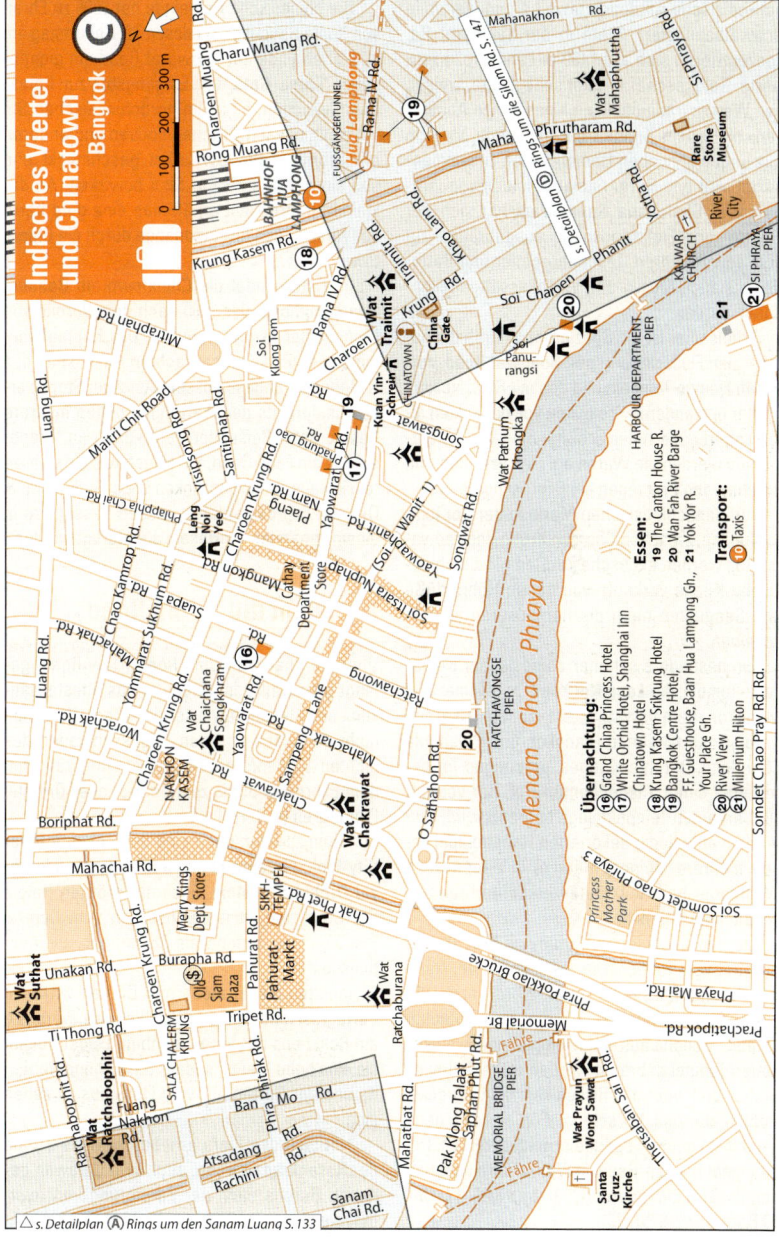

Indisches Viertel und Chinatown
Bangkok

0 100 200 300 m

Übernachtung:
⑯ Grand China Princess Hotel
⑰ White Orchid Hotel, Shanghai Inn, Chinatown Hotel
⑱ Krung Kasem Srikrung Hotel
⑲ Bangkok Centre Hotel, F.F. Guesthouse, Baan Hua Lampong Gh., Your Place Gh.
⑳ River View
㉑ Millenium Hilton

Essen:
⑲ The Canton House R.
⑳ Wan Fah River Barge
㉑ Yok Yor R.

Transport:
⑩ Taxis

△ s. Detailplan Ⓐ Rings um den Sanam Luang S. 133

aphrodisische Antilopengeweihe und wertvolle Schwalbennester! Allein in der Yaowarat Rd. konzentrieren sich auf 1430 m Länge 132 lizenzierte Goldgeschäfte. Exotische Düfte weisen den Weg zu traditionellen chinesischen Apotheken, die jedem Kunden die passende Medizin aus ungewöhnlichen Bestandteilen zusammenmixen. Auf den Bürgersteigen östlich vom großen **Wat Chaichana Songkhram** hat sich der Elektro- und Elektronikmarkt ausgebreitet, auf dem sowohl Uhren, Taschenrechner und Batterien als auch Musik- und Videokassetten feilgeboten werden.

Erholsamer ist ein Spaziergang durch die parallel zum Fluss verlaufende **Songwat Road**, vorbei an kleinen Tempeln und den mit Reis, Nelken, Pfeffer und anderen Produkten voll gepackten alten Lagerhäusern der Großhändler. Von Frachtkähnen werden die Waren auf Lkw verladen. Am **Ratchawong Pier** legen die Expressboote an.

Auf dem chinesischen Markt in der **Soi Itsara Nuphap**, zwischen Charoen Krung und Yaowarat Rd., werden exotische Zutaten für die chinesische Küche verkauft, von denen Hühnerfüße und Seegurken noch die harmloseren zu sein scheinen.

Ein besonders schöner chinesischer Mahayana-Tempel, der **Leng Noi Yee** (Thai-Name: Wat Mangkon Kamalawat), steht an der Charoen Krung Road zwischen Mangkon und Phlapphla Chai Road. Durch ein hohes, prächtiges Tor betritt man einen ausgedehnten Hof, der von der 1871 erbauten Tempelanlage begrenzt wird. Hinter dem aufwändig dekorierten Haupttempel liegen mehrere kleinere Räume, in denen auch Wahrsager und Heilkräuterverkäufer ihren Geschäften nachgehen.

Der massiv goldene Buddha im **Wat Traimit** wiegt etwa 5 Tonnen. Die aus dem 14. Jh. stammende eindrucksvolle Statue wurde erst 1955 durch Zufall entdeckt: Als ein vermeintlicher „Stuck"-Buddha aus einer Tempelruine in diesen neuen Tempel gebracht werden sollte, fiel er zu Boden, und unter den Rissen kam die versteckte Goldstatue zum Vorschein. Für sie soll demnächst ein neues Gebäude errichtet werden. Unter einem Banyan-Baum im Vorhof wird dem Hindugott Brahma geopfert. ⊙ tgl. 8.30–17 Uhr, 20 Baht, ✆ 02-6231279.

Die chinesische Gemeinde hat 1999 zu Ehren von König Bhumipol zu dessen 72. Geburtstag am südlichen Ende der Yaowarat Road ein gigantisches **China Gate**, ein Eingangstor zur Chinatown, errichtet. Es ist im nordchinesischen Stil mit traditionellen Drachenmotiven und anderen glücksbringenden Symbolen geschmückt und soll ein günstiges Feng Shui bewirken. An der kleinen Information erhält man eine gute Karte mit Vorschlägen für Rundgänge durch die Chinatown.

Im Osten endet die Chinatown am **Bahnhof Hua Lamphong**, der 1890 nach dem Vorbild von Manchester errichtet wurde. Der Kopfbahnhof mit seiner großen, überdachten Halle ist an das U-Bahnnetz angeschlossen. Auf zwei Stockwerken beiderseits der Wartehalle bieten mehrere Restaurants Reisenden Stärkung, im Erdgeschoss ein Food Court. Ein Hauch von Luxus breitet sich aus, wenn vom linken Gleis der Eastern & Oriental Express abfährt, dessen Passagiere in einem separaten Wartesaal abgefertigt werden.

Rings um die Silom Road

Über die Charoen Krung Road (New Road) gelangt man weiter im Süden in das älteste Banken- und Geschäftsviertel der Stadt. Wer sich nicht dem Lärm und den Abgasschwaden des dichten Verkehrs aussetzen möchte, kann mit dem Expressboot bis zum Central oder Oriental Pier fahren (s. S. 199).

Kaum zu übersehen sind das beliebte **River City-Einkaufszentrum** und das angrenzende **Royal Orchid Sheraton**, eines der größten Hotels der Stadt, am Flussufer nördlich vom Central Pier. Von hier starten viele Restaurant- und Ausflugsboote.

Inmitten dieser modernen Bauten wirkt die **Portugiesische Botschaft** südlich des Piers wie ein Relikt aus der Vergangenheit. Leider umgibt sie eine hohe Mauer, sodass das schöne Gebäude und der Garten nur vom Fluss aus zu sehen sind.

Nördlich des Piers erheben sich die Türme der **Rosenkranz-Kirche**, auch Wat Galawan genannt. Bereits nach der Zerstörung von Ayutthaya errichteten Portugiesen hier eine katholi-

Sonntags im Lumpini Park, einem beliebten Ausflugsziel für Familien

sche Kirche. Das heutige Gebäude mit schönen Bleiglasfenstern stammt allerdings aus dem Jahre 1897. ⏲ tgl. 6– 21 Uhr.

Das **Rare Stone Museum**, 1048-1054 Charoen Krung Rd., südlich der Brücke zwischen Soi 26 und 28, ✆ 02-2456397, stellt über 10 000 Stücke aus, von denen einzelne tonnenschwer sind. Auch das Ashtray Museum im 3. Stock enthält einige interessante Objekte. ⏲ tgl. 10–17 Uhr, Eintritt 100 Baht.

Vom Fluss her nicht zugänglich ist das große **Hauptpostamt** an der Charoen Krung Road. König Rama V., dessen Denkmal vor dem Hauptgebäude steht, führte 1883 das Postsystem in Thailand ein und wenig später auch das Telefon.

Vom Oriental nach Süden

Das traditionelle **Oriental Hotel** zählt zu den Hotel-Legenden Asiens und hat nach wie vor seinen Platz unter den Weltbesten. Wer einen Blick in den alten Flügel (Garden Wing) werfen möchte, sollte sich ordentlich anziehen und den Nebeneingang über die Einkaufspassage oder durch den Garten benutzen, denn die Portiers wimmeln Gäste, die nicht im Hotel wohnen, ab. Im Hotel ist fast alles noch so wie zu der Zeit, als

Joseph Conrad, Somerset Maugham oder Noel Coward hier abstiegen. Bei einem *Sundowner* auf der Terrasse hat man einen herrlichen Blick auf den Sonnenuntergang über dem Fluss.

Vorbei am kolonialen Gebäude der **East Asiatic Company**, das zur Jahrhundertwende von einem dänischen Geschäftsmann errichtet wurde, gelangt man zu einem freien Platz, der von den Schulgebäuden des Assumption College und einer der größten Kirchen der Stadt, der katholischen **Assumption Cathedral** (Mariae Himmelfahrts-Kathedrale) im englischen Kolonialstil umgeben ist. Durch bunte Bleiglasfenster wird das in Ockertönen gehaltene Innere der Kirche erleuchtet. Der Altar ist aus französischem Marmor. Sonntags um 10 Uhr findet ein englischsprachiger Gottesdienst statt. Das kirchliche College gilt als eines der besten des Landes.

Weiter im Süden bietet sich von der Lobby des **Shangri-La Hotels**, eines hellen, großzügigen Luxushotels, ein schöner Ausblick auf den Fluss. Hinter der Taksin-Brücke steht der eigenartige Tempel **Wat Yannawa**. Zwischen den beiden Chedis liegt ein 43 m langes und 17 m hohes, massives Zementboot, Sinnbild des Lebens, das ebenso wie das Boot Höhen und Tiefen überwinden muss. ☉ tgl. 5–23 Uhr. Auf dem **Fischmarkt**, noch weiter südlich, in der Soi 58, herrscht gegen 2 Uhr morgens am meisten Betrieb.

Silom Road

Mehrere Straßen verlaufen von der Charoen Krung Road unter dem neuen Highway hindurch Richtung Osten. Die interessanteste ist die belebte Silom Road, die Hauptgeschäftsstraße. Hier findet sich ein Heiligtum ganz besonderer Art, der **Sri Mariamman-Tempel**, ein Hindutempel der Shakti-Sekte, der 1879 von südindischen Tamilen erbaut wurde (Fotografierverbot). Neben der Urmutter Uma Devi, Krishna, Kali, Rasmi, Khandakumara, einem Shiva-Lingam, Ganesha und anderen hinduistischen Gottheiten hat auch Buddha hier seinen Platz. Während des größten Hindufestes Thaipusam Ende Januar / Anfang Februar steht der Tempel im Mittelpunkt des Geschehens. Gäste sind gern gesehen. Gegenüber in der Soi 20 erhebt sich hinter der Markthalle die **Masjid Mirasuddeen**, eine der fast hundert Moscheen der Stadt im orientalischen Baustil. ☉ tgl. 6–20 Uhr, ✆ 02-2384007. Die Straße ist von zahlreichen Essensständen gesäumt.

Am östlichen Ende der Silom Road liegt eine der berühmt-berüchtigten Amüsiermeilen, die **Patpong Road**. Auf den ersten Blick wirkt sie mit ihrem touristischen Straßenmarkt ab 17 Uhr fast wie eine Flaniermeile. Die Go-go-Bars im Erdgeschoss werden sogar von Reisegruppen angesteuert, denn Patpong gehört zu den „Sehenswürdigkeiten" der Stadt (s. S. 182).

Die über 100 Jahre alte, kleine anglikanische **Christ Church** in der Convent Road, Ecke Sathorn Nua Road, liegt in einem großen Garten mit altem Baumbestand.

Lumpini-Park

Am Ende der Silom Road erstreckt sich eine der wenigen Grünflächen der Stadt, der Lumpini-Park, der vor allem am Sonntag ein beliebtes Familien-Ausflugsziel ist. Vor dem Park steht das **Denkmal von König Rama VI.** Im Schatten der Bäume halten Angestellte aus den benachbarten Büros ihr Mittagsschläfchen, und am frühen Morgen (5.30–7.30 Uhr) praktiziert man Schattenboxen, Tai Chi. Während Kinder auf den Spielplätzen und über den Rasen toben, zieht es andere ins Fitnesscenter, auf den Fitness Parcours, die Fußball- oder Takraw-Plätze. An den Kanälen kann man große Warane bestaunen, die sich in der Sonne aufwärmen. Während der Trockenzeit finden So von 15–17 Uhr im zentralen Pavillon klassische Konzerte statt. Tretboote können für 30 Baht / 30 Min. gemietet werden. Gegen Abend öffnet der Food Court am südlichen Rand des Parks gegenüber dem Senior Citizen Club. Allerdings sind nach Einbruch der Dunkelheit auch viele zwielichtige Gestalten unterwegs, und es ist besser den Park zu meiden. Von der nordöstlichen Ecke des Parks führt ein Fußgänger-Hoch-

Bangkok

Übernachtung:
㉒ Mandarin H.
㉓ T.T. Gh.
㉔ Royal Orchid Sheraton
㉕ Manohra
㉖ New Road Gh.
㉗ Oriental
㉘ Shangri-La
㉙ Holiday Inn
㉚ Silom Village Inn
㉛ Unico,
     Triple Two Silom H.,
     Sofitel Silom
㉜ La Residence
㉝ Tawana Ramada H.
㉞ Montien Hotel
㉟ Pan Pacific H.
㊱ Dusit Thani
㊲ Bangkok Christian,
     The Swiss Lodge
㊳ Sukhothai,
     Banyan Tree,
     YWCA,
     Metropolitan
㊴ Pinnacle
㊵ Honey House,
     Malaysia
㊶ Sala Thai

Essen:
22 Whole Earth Restaurant
23 Thang Long R., Metal Zone
24 Brown Sugar
25 Neil's Tavern
26 Sala Thai
27 Harmonique
28 Indian Hut
29 All Gaengs
30 Großer Essensmarkt
31 The Mango Tree
32 Coca R.
33 Radio City
34 La Fiesta R.
35 Charuvan Duck Shop
36 O'Reilly's Irish Pub
37 The Dome, Skybar, Destil, breeze
38 Maria Pizzeria & R.
39 Ta-Ling-Pling R.
40 Ban Chiang
41 Bussaracum
42 Irish Xchange
43 Chinoisérie
44 Blue Elephant R.
45 Moon Bar & Vertico Grill
46 Ratsstube
47 Just One
48 Le Café Siam

Transport:
⓫ Thai Airways

Sonstiges:
11 Botschaft USA
12 AUA Language Center
13 Probke Shop
14 Relax one hour
15 Utopia
16 Jim Thompson Shop
17 Botschaft Myanmar
18 Botschaft Australien
19 Alliance Francaise
20 Deutsche Botschaft
21 Goethe-Institut
22 Österreichische Botschaft
23 Immigration

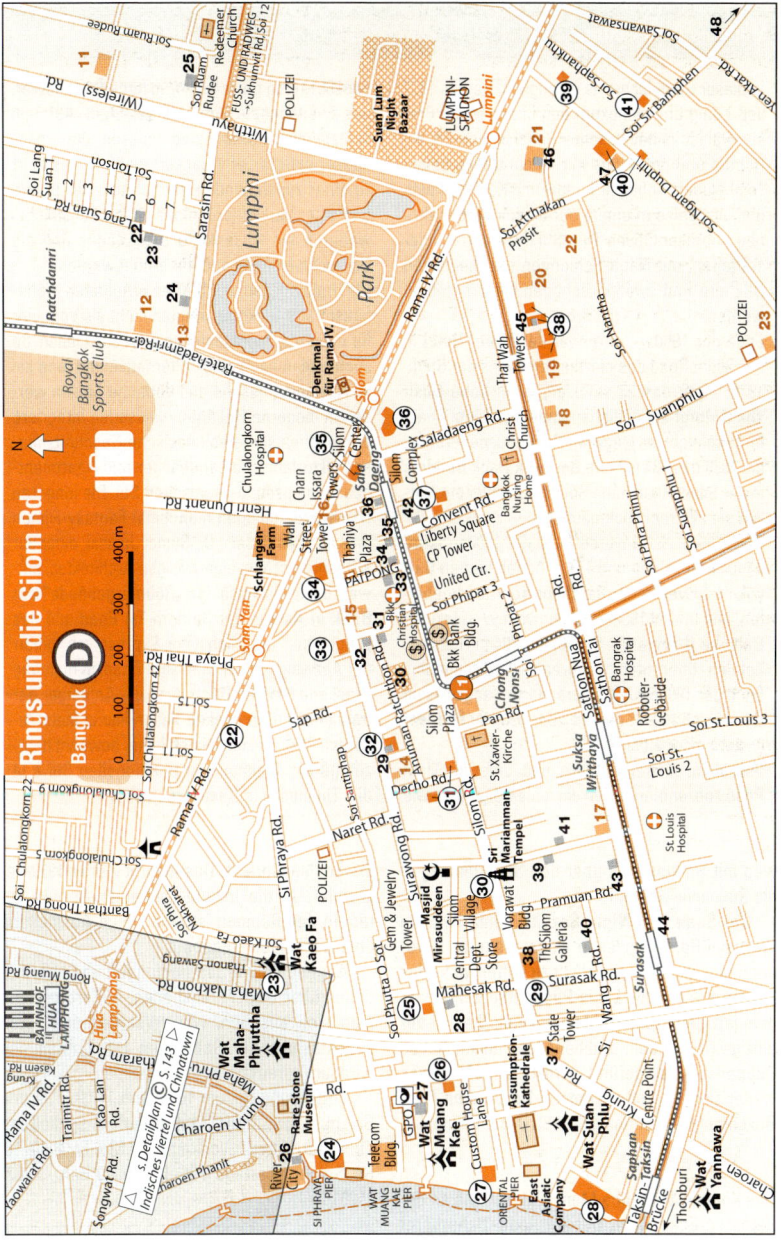

Rings um die Silom Rd.

Bangkok D

0 100 200 300 400 m

Bangkok

Rings um die Silom Road   147

In dieser Stadt ist nichts unmöglich. Bereits 1877 ließ König Chulalongkorn den Chakri Maha Prasad-Palast im italienischen Renaissance-Stil errichten und krönte ihn mit einem traditionellen Tempeldach – obwohl Tempel und Königspaläste üblicherweise in einem nur diesen vorbehaltenen, repräsentativen Thai-Stil mit mehrfach gestaffelten, mit Naga-Schlangen geschmückten Dächern und symbolträchtigen Dekors gebaut wurden.

Ende der 1960er-Jahre war das **Narai Hotel** in der Silom Road das einzige Hochhaus der Stadt. 1970 folgte das 23-stöckige, 82 m hohe **Dusit Thani Hotel** am östlichen Ende der Silom Road. Im Vergleich zur jüngeren Hochhausgeneration, die 1983 das 134 m hohe **Bangkok Bank Building** in der Silom Road nahe Soi Phipat einleitete, wirken sie alle recht schmächtig.

Der Höhenrekord wurde Ende der 1980er-Jahre vom 44-stöckigen und 140 m hohen bunten **Baiyoke I Tower** in der Ratchaprarop Road gehalten, und in den 1990er-Jahren vom 97-stöckigen **Baiyoke II Tower** (s. S. 150) mit 304 m Höhe erheblich überboten. Während des Baubooms Ende der 1990er-Jahre veränderte Bangkok sein Gesicht und zählt derzeit über 920 Hochhäuser (www.emporis.com).

Vor allem in der Sathorn und unteren Silom Road konzentrieren sich die neuen Giganten, wie der 2001 fertig gestellte 247 m hohe **State Tower**, das zweithöchste Gebäude der Stadt. Auf dem schlammigen Untergrund müssen die Hochhäuser extrem tief verankert werden. Das führt zu einer zunehmenden Verdichtung der Böden und einer Verkleinerung der Absorptionsfläche, wodurch die Absenkung des Landes und die Überschwemmungsgefahr erhöht werden.

Die traditionellen, auf Stelzen errichteten Wohnhäuser aus Teakholz konnten nicht als Vorbilder für moderne, repräsentative Gebäude dienen. So suchte man nach einer Alternative und fand sie im Ausland. Ionische und dorische Säulen werden in moderne Hochhaus-Fassaden integriert, dazwischen stehen chinesische Geschäftshäuser, viktorianische Landhäuser und Apartmenthäuser im pseudo-spanischen Stil. Die jüngeren Bauwerke scheinen manchmal Fantasy-Filmen entsprungen zu sein. Dr. Sumet Jumsai, einer der zeitgenössischen, eigenwilligen Architekten, entwarf beispielsweise das „Robotergebäude" der **Bank of Asia** in der Sathorn Tai Road und das „Legohaus" westlich vom Expressway, hinter der Abzweigung der Suthisarn Road, in Richtung Weekend Market. Doch auch die Anhänger der traditionellen Architektur finden immer mehr Zuspruch. Wer es sich leisten kann, bewohnt heutzutage ein Teakhaus im traditionellen Stil à la Jim Thompson (s. Kasten rechts).

weg mit Spielplätzen über den Slum hinweg in die Sukumvit-Gegend.

Der **Suan Lum Night Bazaar**, Rama IV, Ecke Witthayu Rd., muss leider einem weiteren Bürohochhaus weichen. Es bleibt zu hoffen, dass das hervorragende **Joe Louis-Puppentheater** an seinem jetzigen Standort bleiben kann. Dies ist der einzige Ort, an dem traditionelles thailändisches Puppenspiel aufgeführt wird (s. S. 187). Etwas weiter sind im großen **Lumpini-Boxstadion** Thai-Boxkämpfe zu sehen (s. S. 186). U-Bahn Lumpini.

Schlangenfarm

Das Königin Saorapha Memorial Institute an der Rama IV, Ecke Henri Dunant Road, beherbergt die Schlangenfarm. Das Institut wurde 1922 gegründet, um die Tollwut-Epidemien zu bekämpfen. In den Räumen ist eine kleine Ausstellung über Schlangen aufgebaut.

Angeboten werden Impfungen und Informationen über Tropenkrankheiten. Außerdem kann man sich ansehen, wie verschiedenen Arten südostasiatischer Schlangen Gift entnommen wird, um daraus Serum herzustellen.

Vorführung tgl. um 10.30 und 14 Uhr, Sa und So nur vormittags, außerdem anschließend ein informativer Vortrag. ⏰ Mo–Fr 8.30–16, Sa, So und feiertags 8.30–12 Uhr. 70 Baht, ✆ 02-2520161-4.

Siam Square, Sukhumvit Road und Umgebung

Gläserne, chromglitzernde Einkaufspaläste, Hotel- und Bürokomplexe haben sich in den ehedem so beschaulichen Wohngegenden östlich des alten Stadtkerns ausgebreitet.

Zwischen **Siam Square** und **Siam Center**, einem eher traditionellen Einkaufszentrum der Büroangestellten und Jugendlichen, liegt über der Rama I Road der quirlige Umsteigebahnhof der Hochbahn, die sich vor dem Erawan-Schrein verzweigt. Zwischen der Central und Chit Lom Station kann man unter der Hochbahn über der verkehrsreichen Straße über den **Skywalk** flanieren, eine Fußgängerzone mit direktem Zugang zu den großen Einkaufszentren und dem Skytrain.

Jim Thompson-Haus

Das hübsche, traditionelle Jim Thompson-Haus liegt eingequetscht zwischen modernen Allerwelts-Fassaden etwas versteckt am Ende der Soi Kasemsan 2 direkt am Klong, Zugang ab Rama I Road, BTS-Station National Stadium. In seinem ehemaligen Wohnhaus, das aus sechs bis über 200 Jahre alten Teakhäusern besteht, hat Jim Thompson südostasiatische Kunstschätze zusammengetragen. Die kleineren Häuser, teils ehemalige Reisspeicher, können auch ohne Guide besichtigt werden. Sie enthalten u. a. chinesisches Porzellan und Gemälde aus der Ayutthaya-Periode. Die wahren Schätze verbergen sich jedoch im Haupthaus, das nur im Rahmen einer hervorragenden Führung zugänglich ist. ☉ tgl. 9–17 Uhr, letzter Einlass um 16.30 Uhr, die freundlichen, englisch- und französischsprachigen halbstündigen Führungen beginnen alle 10 Min., 100 Baht, Studenten bis 25 Jahre 50 Baht, ✆ 02-2167368, 6328100. Ein deutschsprachiges Buch über das Haus für 250 Baht ist an der Kasse erhältlich. Im Inneren der Häuser darf nicht fotografiert werden.

Siam Paragon

An der Stelle des einstigen Siam Intercontinental Hotels mit dem königlichen Park wurde Ende 2005 das 500 000 Quadratmeter große, exklusive Einkaufszentrum Siam Paragon eröffnet. Außer

Jim Thompson

Kurz vor dem Ende des Zweiten Weltkriegs setzte der amerikanische Geheimdienst den ehemaligen Architekten Jim Thompson als Verbindungsmann zur „Bewegung der freien Thai" ein. Er blieb nach dem Krieg in Bangkok, managte das Oriental Hotel und gründete 1948 die Thai Silk Company. Damit erweckte er die vom Aussterben bedrohte Seidenweberei in Thailand zu neuem Leben. In den 1950er-Jahren ließ er alte Teakhäuser nach Bangkok bringen und als Wohnhaus umbauen. Ostern 1967 verschwand der 61-Jährige spurlos im Dschungel der Cameron Highlands (Malaysia).

dem Siam Paragon Department Store und zahlreichen Boutiquen locken eine Luxus-Autogalerie, der größte Buchladen Thailands, Kinokuniya, mit einer guten deutschsprachigen Abteilung, 14 Kinos mit bis zu 1100 Plätzen, ein IMAX mit 500 Plätzen, ein großes Theater, eine Bowlingbahn und ein Fitnessclub sowie ein Messe- und Veranstaltungszentrum. ☉ tgl. 10–22 Uhr, Restaurants bis 23 Uhr, 🖳 www.siamparagon.co.th.

Eine besondere Attraktion ist **Siam Ocean World** im 2. Untergeschoss, das größte Aquarium Südostasiens mit 4000 Spezies und 30 000 Tieren, darunter Mantras, Tintenfische, Haie und Pinguine. In das größte Becken mit einem Korallenriff steigen Taucher hinab. Besucher können es durch gläserne Tunnel oder mit dem Glasbodenboot erkunden. Ein künstlicher Regenwald beheimatet Süßwasserfische und Wasserratten. Alles ist auch auf Englisch beschriftet. ☉ tgl. 9–22 Uhr, letzter Einlass um 21 Uhr, Eintritt 450 Baht, Fahrt mit einem Glasbodenboot und Audioguide extra. Lohnend ist zudem die Gourmet-Etage darüber, in deren Restaurants und Food Centre westliche und östliche Delikatessen teils vor den Augen der Gäste frisch zubereitet werden und deren großer Lebensmittel-Supermarkt kaum Wünsche offen lässt.

Erawan-Schrein

An der Ecke Ratchadamri Road steht vor dem Erawan Bangkok umrahmt von massigen Sky-

Skytrain – schnell, sauber, zuverlässig

train-Trassen der kleine Erawan-Schrein (Thao Maha Brahma), der sich seit seinem Bau 1956 großer Beliebtheit erfreut. Er ist einer von vielen Haustempeln der Stadt. Gott Brahma ist vor allem nach Geschäftsschluss das Ziel vieler Verehrer. Sie opfern Räucherstäbchen, Früchte und Kerzen, behängen die Statue mit Blumenkränzen und erbitten den Segen der Götter, oder sie engagieren Tänzerinnen, die begleitet von traditioneller Musik klassische Tänze vorführen. Ist ein Wunsch in Erfüllung gegangen, opfert man einen Teakholz-Elefanten – den herumstehenden Tieren nach zu urteilen, müssen es einige wahrhaft große Wünsche gewesen sein. Besonders lebhaft geht es am 9. November, dem Jahrestag der Einweihung, zu.

Schräg gegenüber dem Erawan-Schrein erhebt sich der massive Block des **Central World**, nach seinem Umbau das größte Einkaufszentrum des Landes mit dem Zen Department Store, das vor allem die Bedürfnisse der wohlhabenden Schicht befriedigt. Allerdings ist in den riesigen Hallen noch viel Platz.

Beiderseits der Phetchaburi Road

Im quirligen Stadtviertel **Pratunam** rings um das Amari Watergate und Indra Regent Hotel wird ein Großteil des Textilhandels abgewickelt. Entlang der Bürgersteige, in den überdachten Markthallen und schmalen Sois drängen sich die Verkaufsstände. Auch in vielen Geschäften und selbst im Untergeschoss des Baiyoke II Tower stapeln sich bunte Kleidungsstücke. Inmitten der T-Shirts, Jeans, Tücher und Kleider werden Kleidungsstücke nach Maß gefertigt und Pailletten-kleider aufwändig bestickt.

Der **Baiyoke II Tower** ist mit 309 m Gebäudehöhe plus 34 weiteren Antennen-Metern zurzeit das höchste Gebäude des Landes. Zudem schmückt es sich mit dem Superlativ, das höchste Hotel der Welt zu sein. Für das 84-stöckige Hochhaus mussten Pfeiler 65 m tief in die Erde gerammt werden. Etwa tausend Besucher pro Tag fahren von 10–22 Uhr zur Aussichtsplattform im 77. Stock hinauf. Theoretisch ist diese auch über 2060 Treppenstufen nach einem über einstündigen Aufstieg zu erreichen. Eintritt 200 Baht, ☏ 02-6563000, 🖳 www.baiyokehotel.com. Wer ein Buffet in einem der Restaurants auf den beiden oberen Etagen genießen möchte, zahlt mittags 700 Baht und abends 900 Baht inkl. Aufzugfahrt. Zudem kann man sich bei einem Drink an der Bar den Eintrittspreis anrechnen lassen. Ein weiterer Aufzug fährt aufs Dach hinauf. Bei gu-

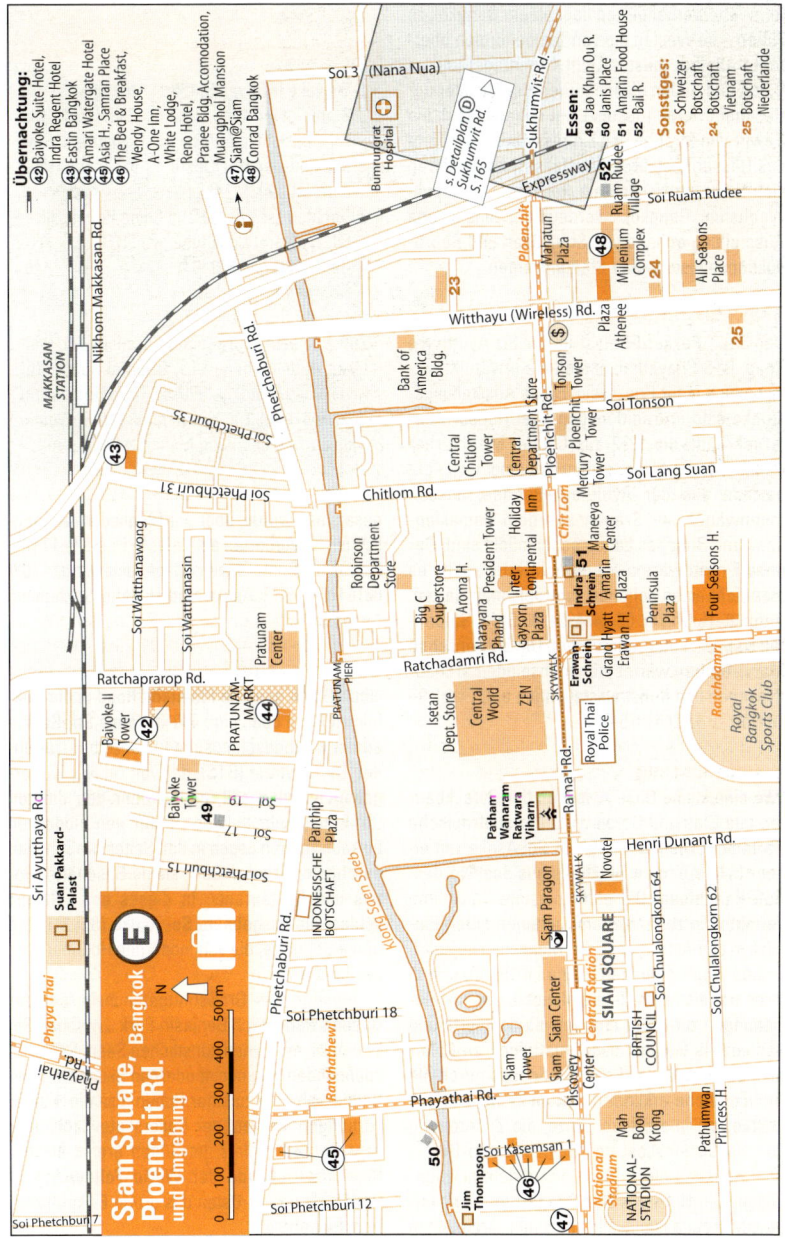

Übernachtung:
- ㊷ Bayoke Suite Hotel,
- ㊸ Indra Regent Hotel
- ㊹ Eastin Bangkok
- ㊹ Amari Watergate Hotel
- ㊺ Asia H., Samran Place
- ㊻ The Bed & Breakfast,
  Wendy House,
  A-One Inn,
  White Lodge,
  Reno Hotel,
  Pranee Bldg. Accomodation,
  Muangphol Mansion
- ㊼ Siam@Siam
- ㊽ Conrad Bangkok

Essen:
- 49 Jao Khun Ou R.
- 50 Janis Place
- 51 Amarin Food House
- 52 Bali R.

Sonstiges:
- 23 Schweizer
  Botschaft
- Vietnam
  Botschaft
- 24 Botschaft
- 25 Botschaft
  Niederlande

Soi 3 (Nana Nua)

Bumrungrat
Hospital

s. Detailplan Ⓓ
Sukhumvit Rd.
S. 165

Sukhumvit Rd.

Expressway

㊵ Ruam Rudee
Village

Soi Ruam Rudee

Mahatun
Plaza

Milenium
Complex

All Seasons
Place

Ploenchit

㊽

24

Witthayu (Wireless) Rd.

Plaza
Athenee

25

Bank of
America
Bldg.

Ⓢ

Chit Lom

Central
Department Store

Tonson
Tower

Mercury

Ploenchit
Tower

Soi Tonson

Nikhom Makkasan Rd.

MAKKASAN
STATION

Phetchaburi Rd.

Soi Phetchaburi 35

Soi Phetchaburi 31

Central
Chitlom
Tower

Ploenchit Rd.

Soi Lang Suan

Chitlom Rd.

㊸

Soi Watthanawong

Soi Watthanasin

Robinson
Department
Store

Big C
Superstore

Aroma H.

Narayana
Phand

President Tower

Inter-
continental

Holiday
Inn

Maneeya
Center

Amarin
Plaza

Peninsula
Plaza

Four Seasons H.

51
Indra-
Schrein

Erawan-
Schrein

Grand Hyatt
Erawan H.

Gaysorn
Plaza

Pratunam
Center

Ratchaprarop Rd.

PRATUNAM-
MARKT

㊹

Bajoke II
Tower

㊷

Bajoke
Tower

49

Soi 19

Soi 17

Soi Phetchaburi 15

PRATUNAM
PIER

Ratchadamri Rd.

Isetan
Dept. Store

Central
World

ZEN

Royal Thai
Police

SKYWALK

Ratchdamri

Royal
Bangkok
Sports Club

Sri Ayutthaya Rd.

Suan Pakkard-
Palast

Panthip
Plaza

INDONESISCHE
BOTSCHAFT

Klong Saen Saeb

Patham
Wanaram
Ratwara
Viharn

Rama I Rd.

SKYWALK

Novotel

Henri Dunant Rd.

Phaya Thai

Phetchaburi Rd.

Soi Phetchaburi 18

Siam Paragon

Siam
Tower

Siam Center

Discovery
Center

Central Station

SIAM SQUARE

BRITISH
COUNCIL

Soi Chulalongkorn 64

Soi Chulalongkorn 62

Ⓔ

Siam Square,
Bangkok
Ploenchit Rd.
und Umgebung

Ⓝ

0 100 200 300 400 500 m

Phaya Thai
Phayathai Rd.

Soi Phetchaburi 7

Ratchathewi

Phayathai Rd.

45

50

㊻

㊼

Jim
Thompson-

Soi Kasemsan 1

Mah
Boon
Krong

Pathumwan
Princess H.

Pathum-
wan

*National
Stadium*

NATIONAL-
STADION

Soi Phetchaburi 12

ten Wetterverhältnissen liegt einem Bangkok zu Füßen – im Westen die von Tempeltürmen überragte Altstadt (bestes Licht vormittags) und im Osten und Süden die modernen Hochhäuser der Geschäftsviertel (bestes Licht nachmittags). Ein Gewirr von Straßen und Expressways durchzieht das Häusermeer, breite Ausfallstraßen verlieren sich Richtung Norden am Horizont. Das rapide Wachstum Bangkoks verdeutlicht eine kleine Ausstellung anhand von Statistiken und Reproduktionen historischer Stadtansichten.

Suan Pakkard-Palast

Der Suan Pakkard-Palast in der Sri Ayutthaya Road, BTS Phayathai, enthält die private Kunstsammlung einer Prinzessin. Einige Ausstellungsstücke sind in traditionellen Thai-Häusern untergebracht, die 1952 aus Chiang Mai hierher transportiert wurden. Zudem steht hier ein Lackpavillon aus der Ayutthaya-Periode, dessen Innenwände mit Szenen aus dem Ramakien-Epos und Buddhas Leben geschmückt sind. Der hohe Eintritt wäre nicht gerechtfertigt, gäbe es hier nicht einen schönen subtropischen Garten. ⊙ tgl. 9–16 Uhr, ✆ 02-2454934, 80 Baht, Studenten 50 Baht, Fotografierverbot. Die angrenzende **Marsi Gallery** wartet mit wechselnden archäologischen und Kunstausstellungen auf, ⊙ tgl. 9–16 Uhr, ✆ 02-2461775-6.

Ban Kamthieng

Wie eine kleine Oase zwischen den Zweckbauten aus Glas und Beton wirkt der subtropische Garten der **Siam Society**, 131 Soi Asoke, mit einem 1848 erbauten Teakhaus aus dem Norden, **Ban Kamthieng**. Die ethnologische Sammlung vermittelt in zeitgemäßem Stil einen guten Einblick in das Alltagsleben der Menschen im abgeschiedenen nördlichen Lanna im 19. Jh. und in ihren traditionellen Geisterglauben, der ihre Beziehungen zur Natur und Umwelt definierte und das soziale Gefüge dieser matrilinearen Kultur bestimmte. Während des Rundgangs durch die fünf Bereiche erklingt traditionelle Musik, teils animierte Filme zeigen Tänze, die Zubereitung von Hausmannskost und das Leben im Dorf – vom Hausbau bis zu Ritualen. In dem hinzugekommenen Holzhaus **Ban Sangaroon** ist Kunstgewerbe ausgestellt, das von einem Architekten

Die besten Aussichtspunkte

1. Baiyoke II Tower. S. 150
2. State Tower nahe Oriental Pier (ab 18 Uhr zur Aussichtsplattform mit Restaurant, Skybar und der Bar Destil im 63. Stock, Kleiderordnung). S. 148
3. Dachterrasse des Grand China Princess Hotel, Yaowarat Rd., Chinatown. S. 168
4. Golden Mount. S. 140
5. Skytrain. S. 197

Zudem bieten sich schöne Ausblicke von weiteren Hotels: Shangri-La, Oriental Hotel oder River View (Blick auf Fluss), Tiara Restaurant im Dusit Hotel, Bai Yun Restaurant im Westin Banyan Tree und Rang Mahal im Rembrandt.

gesammelt wurde, aber nur Mitgliedern zugänglich ist. Im Vorgarten ein Café. ⊙ Di–Sa 9–17 Uhr, Eintritt 100 Baht, 💻 www.siam-society.org, ✆ 02-6616470-7, BTS Asoke und U-Bahn Sukhumvit, Ausgang 1.

Sukhumvit Road

Nach Osten geht die Ploenchit Road in die Sukhumvit Road über, eine 400 km lange Straße, die an der kambodschanischen Grenze bei Trat endet. Der Skytrain (BTS), der von On Nut weitergebaut werden soll, gleitet über den dichten Straßenverkehr hinweg. Hinter den modernen Einkaufszentren liegen in den Seitenstraßen, den durchnummerierten Sois, kleine Geschäfte, Hotels und Restaurants. In dieses enge Gewirr schlägt die ausgebaute **Soi Asoke** (Soi 21) eine breite Schneise, die von modernen Hochhäusern gesäumt wird.

Inmitten des Großstadtgetümmels lädt der **Queen's Park**, auch Benjasiri Park, zwischen Soi 22 und 24, mit seinen künstlichen Seen, Schatten spendenden Bäumen, modernen Skulpturen und Blumenrabatten zu einer Ruhepause ein. Kinder vergnügen sich auf der Rollerskate-Bahn oder dem Basketballplatz. Im Süden grenzt an den Park das Gebäude der **World Fellowship of Buddhists** und im Osten das große Einkaufszentrum **Emporium**.

In einer weiteren Durchgangsstraße, der **Thong Lo** (Soi 55), konzentrieren sich viele japanische und koreanische Restaurants, Apartmenthäuser, Friseure, Optiker und diverse medizinische Einrichtungen, die sich auf ausländische Kunden spezialisiert haben.

Das **Planetarium** zwischen Soi 40 und dem Ekamai-Busbahnhof und das **Science-Museum** werden von einer weitläufigen Gartenanlage umgeben, die neben dem lauten, geschäftigen Busbahnhof eine Oase der Ruhe ist. Zum Komplex gehören naturwissenschaftliche Ausstellungen, ein Aquarium und Planetarium. ⏱ tgl. außer Mo und feiertags 8.30–16.30 Uhr, 40 Baht, ✆ 02-3925951-9, BTS Ekamai.

Wat Thammamongkhon

Im Wat Thammamongkhon, Punnawitthi 20, Soi 101 Sukhumvit Road, steht Bangkoks größter, fast 100 m hoher Chedi. Die Menschen kommen nicht wegen seiner zu vernachlässigenden äußeren Form hierher, sondern wegen anderer Schätze. Das Erdgeschoss des Chedi, das einem Bürogebäude ähnelt, vereint scheinbar Widersprüchliches wie eine Designschule und künstliche Meditationshöhle. Auf der äußeren Plattform im 2. Stock stehen einige hübsche Buddhastatuen. Ein Aufzug fährt zu den oberen Stockwerken hinauf, wo neben weiteren Büros auch eine Radiostation untergebracht ist. Die letztem Stockwerke darüber sind Meditationshallen und Museum zugleich. Hier stapeln sich Buddhastatuen, Ban Chiang-Keramiken, chinesisches Porzellan und andere Keramiken sowie eine Reliquie Buddhas in der Spitze des Chedi. Die größte Attraktion ist ein Jadebuddha, für den ein neuer Bot neben dem Chedi gebaut wird. Er gilt mit einer Länge von 2,20 m, einer Breite von 1,70 m und einem Gewicht von 15 t als weltweit größter seiner Art. Eine moderne Begräbnisstätte verbirgt sich unter der domförmigen Kuppel. ⏱ tgl. 8–18 Uhr. Informationen und Broschüren über das Willpower Institute, Meditationskurse und den Gründungsabt Luangphor Viriyang an der Information im Erdgeschoss.

Von der BTS-Endstation On Nut mit einem der Busse, die die Sukhumvit Road hinauffahren (non-AC-Bus 25 ab Hauptbahnhof, 48 ab Wat Pho), bis zur Soi 101/1. In der Soi verkehren ab

der Schule kleine Silor. Ansonsten läuft man durch dieses völlig untouristische Bangkok, vorbei an vielen preiswerten Friseurläden und Restaurants, 1 km bis zum „Lotos-Minimarkt" an der Soi 19 und folgt rechts der Ausschilderung „Wat Dhammamongkol" und „Willpower Institute".

Dusit

König Chulalongkorn (Rama V.) und sein Vater König Mongkut waren die ersten Herrscher, die europäischen Einflüssen offen gegenüberstanden. Nach einer Europareise ließ sich der König von westlichen Architekten Straßen, Brücken und Paläste errichten. Als Verlängerung der Ratchdamnoen Klang Road in nordöstlicher Richtung entstand so die **Ratchdamnoen Nok Road**, eine breite Prachtstraße, die der König 1904 jeden Nachmittag mit einem der ersten Automobile Südostasiens entlangtuckerte. Hier finden am Nationalfeiertag und zum Geburtstag des Königs die großen Paraden statt. Der Boulevard endet am **Denkmal von König Rama V**. Noch heute lebt die Königsfamilie im weitläufigen, von einer Mauer umgrenzten **Chitralada-Palast**, der nicht besichtigt werden kann.

Nördlich der Kreuzung mit der Wisut Kasat Road finden im **Ratchdamnoen-Stadion** Thai-Boxkämpfe statt, bei denen nicht nur mit den Fäusten gekämpft wird (s. S. 185).

Vimanmek-Palast

Das Highlight der Anlage. König Rama V. residierte 1901–7 in diesem luftigen, sehenswerten Teakholzpalast, der ursprünglich auf Ko Si Chang vor Si Racha stand. In den 1930er-Jahren wurde er nur kurzzeitig von einer der Nebenfrauen des Königs bewohnt und aus Anlass der 200-Jahr-Feier Bangkoks 1982 wieder hergerichtet. Der Rundgang durch einige der 31 im originalen Stil eingerichteten Zimmer und Galerien vermittelt einen guten Eindruck von den Lebensverhältnissen am königlichen Hof. Historische Fotos von der langen Europareise des Königs, Möbel, Porzellan und Kristall aus Europa und China sowie die erste westliche Schreibmaschine und Badewanne des Landes zeugen von der weltoffenen Haltung des Monarchen. Das kleine Gästehaus hinter

Inmitten einer weitläufigen, gepflegten Parkanlage mit altem Baumbestand liegen der Vimanmek-Palast, die Anantasamakhom-Thronhalle und 15 weitere als Museen umgestaltete historische Gebäude. Sie vermitteln einen guten Überblick über die Zeit der Herrschaft der Bangkok-Könige und lohnen einen mehrstündigen Besuch. ☉ tgl. außer feiertags 9.30–16 Uhr, Einlass bis 15.15 Uhr. Die Eintrittskarte zum Königspalast und Wat Phra Keo berechtigt auch zum Besuch aller Museen in diesem Komplex und bleibt eine Woche lang gültig, ✆ 02-6286300 ext. 5119–21, 🖥 www.vimanmek.com. Wer nur die Museen sehen will, zahlt 100 Baht. Kleiderordnung beachten! Mehrere Selbstbedienungs-Restaurants sorgen für das leibliche Wohl. Eine Karte des Parks gibt es auch auf Deutsch. Taxi ab BTS-Station Victory Monument ca. 40 Baht, ab Khaosan Road ca. 50 Baht. Eingänge gegenüber dem westlichen Zoo-Eingang und von der Ratchawithi Road. Verbindungen vom östlichen Sanam Luang mit non-AC-Bus 3, 30–33 oder 64 bis Ratchawithi Road. Dort umsteigen in den non-AC-Bus 18 oder 28 Richtung Victory Monument.

dem Palast wurde in einer Bauzeit von nur 7 Monaten aus Teakholz errichtet, wobei nur für den Fußboden Nägel verwendet wurden.

Die lohnenden Innenräume können nur im Rahmen einer Führung besichtigt werden. Englische Touren beginnen zwischen 9.45 und 15.15 Uhr jede halbe Std. und dauern ca. 90 Min. Es gilt die gleiche Kleiderordnung wie für den Königspalast (s. S. 127). Taschen und Kameras müssen in Schließfächern verstaut werden.

Anantasamakhom-Thronhalle

Im Auftrag von König Rama V. wurde von italienischen Architekten ein Kuppelbau im neo-venezianischen Renaissance-Stil als Thronhalle entworfen. Das Deckengemälde im Inneren des Doms stellt historische Ereignisse dar. Als 1932 die absolute Monarchie abgeschafft wurde, zog in das neue Gebäude das Parlament ein. Einige

Räume sind zudem buddhistischen Zeremonien vorbehalten. Mittlerweile ist ein neues Parlamentsgebäude errichtet worden, und die ehemalige Thronhalle dient ausschließlich repräsentativen Zwecken. So fanden hier Ende 1996 die prächtigen Feierlichkeiten zum 60. Thronjubiläum von König Bhumipol statt. Die Räumlichkeiten können, sofern keine Veranstaltungen stattfinden, im Rahmen einer Führung besichtigt werden. Frauen in Hosen und Männer in kurzen Hosen bekommen einen Wickelrock.

Weitere Museen

Textil- und Muschelmuseum (HRH Princess Orathai Thep-kanya Residential Hall): Die qualitativ hochwertigen, größtenteils weit über hundert Jahre alten **Textilien** stammen aus königlichem Besitz. Das breite Spektrum umfasst Mut Mee-Seidenstoffe aus dem Nordosten und Kambodscha, Songket-Stoffe von der malaiischen Halbinsel, die mit Gold- und Silberfäden durchwirkt sind, farbenfrohe indische Stoffe sowie feine Stempelbatiken und einen großen Bettüberwurf. Fotos von überwiegend weiblichen Mitgliedern des Hofes in traditioneller Kleidung schmücken die Wände. Ausführliche Beschreibungen auch in englischer Sprache machen diese Ausstellung zu einem Muss für Textilfans. Im Nachbargebäude, das durch einen Übergang zu erreichen ist, sind in Vitrinen und Glastischen **Muscheln** aus aller Welt ausgestellt – sehr dekorativ, aber ohne Erläuterungen.

Royal Elephant National Museum: Das kleine Museum befindet sich in zwei unter Rama V. und Rama VII. errichteten ehemaligen Ställen für königliche weiße Elefanten. Diese sind nun unter besseren Bedingungen in Lampang, Sakhon Nakhon und Hua Hin untergebracht. Fotos, Modelle, Elfenbeinschnitzereien, Ganesha-Statuen und andere Gegenstände belegen, dass Elefanten nicht nur als Wappentier Thailands eine große Bedeutung beigemessen wird.

Abhisek Dusit Thronhalle: Hier sind kunsthandwerkliche Produkte ausgestellt, darunter Mut Mee-Seide, Niellowaren und fein geflochtene Körbe, die in vom König initiierten Projekten entstanden sind.

Suan Bua Residenz: Es lohnt sich, zwischen vielen historischen Fotos, Bootsmodellen und

Buddhastatuen nach dem Stammbaum von Chulalongkorn Ausschau zu halten.

Fotogalerie (HRH Princess Bussaban Buaphan Residential Hall und **HRH Princess Arunwadi Residential Hall):** In den beiden Häusern sind Fotos des Königs zu sehen, der ein leidenschaftlicher Hobbyfotograf war. Interessant sind einige Privatfotos, aber auch Fotos von seinen Reisen durch das Land, die aus seiner Perspektive einen ganz neuen Blick vermitteln. Weitere Fotos vom König ergänzen die Ausstellung.

Old Clock Museum (HRH Princess Puang Soi Sa-ang Residential Hall): In der ehemaligen Residenz von König Chulalongkorn, die später von Offizieren bewohnt wurde, zeigt das Museum Standuhren und andere königliche Souvenirs aus Europa und Amerika sowie Präsente.

Krom Luang Vorased Thasuda Residential Hall: Sie beherbergt eine prähistorische Ausstellung, darunter ausgezeichnet erhaltene Ban Chiang-Keramik aus dem Besitz der Prinzessin Maha Chakri Sirindhorn.

Marmortempel (Wat Benchamabopitr)

Südöstlich des Museumsbereichs steht Wat Benchamabopitr, allgemein als Marmortempel bekannt, da er unter König Chulalongkorn weitgehend aus weißem Carrara-Marmor erbaut wurde. Er liegt in einem hübschen Park mit einem Kanal, in dem zahlreiche Schildkröten leben. Der Haupteingang zum Bot, der von zwei weißen Marmorlöwen bewacht wird, ist nur an Festtagen geöffnet. Ansonsten gelangt man durch einen Seiteneingang in den Innenraum, in dem eine große Buddhastatue steht. Der mit Marmorplatten gepflasterte Innenhof ist von einer Galerie umgeben, in der 52 lebensgroße Buddhastatuen stehen, die man zu den schönsten des Landes zählt. ⊙ tgl. 8–17 Uhr, 20 Baht, ✆ 02-2813277.

Dusit-Zoo

Der Zoo wartet nicht gerade mit großen Sensationen auf. Am späten Nachmittag bummeln junge Thais durch die Parkanlage und genießen einen der wenigen ruhigen, erholsamen Gärten der Stadt. Im Restaurant am See werden in einer angenehm ruhigen Umgebung zu akzeptablen Preisen Seafood- und andere Thai-Gerichte serviert. ⊙ tgl. 8–18 Uhr, 30 Baht, ✆ 02-2812000.

Im Norden

Mit dem Skytrain und der U-Bahn kommen vor allem am Wochenende tausende von Touristen in diese ansonsten kaum besuchte Gegend der Stadt und erliegen einem Kaufrausch, der seinesgleichen sucht.

Suan Chatuchak Weekend Market (auch Jatujak oder JJ Maket)

Bereits am Freitagnachmittag, aber vor allem am Samstag oder Sonntag zwischen 7 und 18 Uhr drängen sich bis zu 400 000 Besucher auf dem quirligen Wochenendmarkt am Suan Chatuchak, nördlich des Zentrums. Zudem findet am Mi und Do im hinteren Bereich ein Pflanzenmarkt statt. Wer sich auf dem 18 ha großen, L-förmigen Platz mit 15 000 Ständen zurechtfinden möchte, orientiert sich anhand der Karte, die es manchmal beim Tourist Office (Sektion 27) nahe dem Eingang 1 gibt, oder der Market Map von Nancy Chandler, die es in Buchhandlungen gibt. Der Platz ist zur besseren Orientierung in 27 Sektionen (S1–S27) aufgeteilt. Eingang 1 ist an der Kamphaengphet 2 Rd., nahe der U-Bahn-Station Kamphaeng Phet, Eingang 2 im Norden an der Kamphaengphet 3 Rd. und Eingang 3 am Busstopp und nahe der BTS-Station Mo Chit an der Paholyothin Rd. Vorsicht vor Taschendieben! Anreise mit dem Skytrain oder der U-Bahn (s. S. 198), ✆ 02-2724440-1, 🖥 www.jatujakguide.com (Thai).

Durch die Eingänge gelangt man auf den Platz, der von Ständen mit Büchern und Amuletten (S1), Pflanzen, Blumen, Gartenutensilien (S3+4), dekorativen Haushaltsgegenständen (S2+7+8), Schmuck und Textilien (S5+6) umrahmt wird. Der zentrale Bereich scheint überzuquellen von Textilien und Taschen (S10–21+23), Vögeln, Fischen (Do großer Zierfischmarkt), Hunden, Küken und anderen Tieren (S9–15). Lädt dieser Teil des Marktes mehr zum Schauen und Fotografieren ein, so fällt es im südwestlichen Bereich nicht schwer, Geld auszugeben. Kunstgewerbe aus allen Landesteilen stapelt sich neben Stickereien aus Myanmar (Birma), Sarongs aus Indonesien, Lackarbeiten, Holzschnitzereien, Keramiken und T-Shirts mit ausgefallenen Motiven (S22–25) sowie Antiquitäten (S26). Selbst sperrige Möbel oder schwere Keramiken (S17+19) können gleich vor Ort Speditionen übergeben werden, die ebenfalls auf dem Platz vertreten sind. Zudem kann man sich mit frischen Früchten oder an zahllosen Essenständen (v. a. S17+19) stärken und an den Geldautomaten (S27) mit Nachschub versorgen. Auch die Tourist Police (S27) hat hier Sa und So von 9–17 Uhr einen Stand besetzt. Wer etwas nicht gleich kauft, wird Schwierigkeiten haben, den Laden später wiederzufinden.

Nach dem Einkaufen bietet sich der angrenzende **Queen Sirikit Park** für eine Rast an. Im **Children's Museum** können Kinder die Bereiche Natur und Umwelt, Wissen und Technik, Kultur und Gesellschaft sowie Körper erkunden und dabei vieles anfassen und selbst ausprobieren. ⏱ Di–So 9.30–17.30 Uhr, Eintritt für Ausländer 150 Baht, Kinder 120 Baht, ✆ 02-6186509.

Kuan-Im-Palast (Chao Mae Kuan Im)

Dieser fantastische chinesische Tempel mit einer 12-stöckigen Pagode wurde für über 500 Mill. Baht zu Ehren der Göttin der Barmherzigkeit errichtet. Er ist mit zahllosen farbigen Buddhastatuen geschmückt, von denen eine sogar das Dach ziert. Daneben finden sich Schreine im chinesischen und thailändischen Stil, hohe, mit bunten Schnitzereien verzierte Säulen, Verbrennungsöfen, Ruhepavillons, ein Souvenirladen und mehr. ⏱ tgl. 7–21 Uhr. Während der chinesischen Neujahrsfeiern und des Vegetarierfestes kommen viele Besucher hierher. Von der Endstation des Skytrain Mo Chit oder der U-Bahn mit dem Taxi Richtung Norden, nach 1,5 km rechts in die Latphrao Rd. abbiegen, nach 4,5 km links in die Soi 53 und nach weiteren 2 km links in die Soi Suk San 7.

Safari World

In Minburi, nordöstlich vom Zentrum, jenseits der Ring Road H9, ca. 1 Std. Fahrt mit dem Taxi vom Zentrum, erstreckt sich dieser Vergnügungspark mit einem großen **Freigehege**, in dem Tiger, Nashörner, Büffel, Bären und andere Tiere aus aller Welt leben. Zahlreiche Vogelarten können in mehreren Vogelfreifluggehegen aus der Nähe betrachtet werden. Im **Marine Park** führen stündlich Delphine, Seelöwen, Elefanten, Affen oder Vögel ihre Kunststücke vor. Zudem gibt es Bootstouren durch eine künstliche Dschungelwelt, Wasserski-Darbietungen, eine Adventure Show und eine Stunt Show in Wild-West-Umgebung. Die Orang-Utan-Box-Show ist allerdings ein zweifelhaftes Vergnügen und sollte boykottiert werden. ⏱ tgl. 9–16.30 Uhr, 700 Baht, ✆ 02-5181 000-19, 🖳 www.safariworld.com.

Ko Kret Ban und Bua Thong

Nördlich der Stadt wurde vor über 200 Jahren eine Flussschleife des Menam Chao Phraya durch den Bau eines Kanals begradigt. Auf der kleinen Flussinsel, die dadurch entstand, siedelten sich Mon an. Viele nutzten die feine Tonerde für die Produktion von Wasserkrügen und anderen Töpferwaren. Getöpfert wird hier noch immer, allerdings wird der Ton mittlerweile aus anderen Gegenden hierher gebracht. Wegen ihrer ländlichen Atmosphäre, die sie sich bis heute bewahrt hat, ist die Insel ein beliebtes Ausflugsziel. Nahe dem Pier steht der größte Tempel der Insel, **Wat Paramai Yikawat**. Das kleine **Töpfereimuseum** in einem Holzhaus 150 m weiter westlich ist nur auf Thai ausgeschildert, ⏱ tgl. bis gegen 15 Uhr. Expressboote fahren bis Pak Kret. Südlich der dortigen Anlegestelle fahren vom Pier am Wat Sanam Nuea Fähren für 3 Baht auf die Insel.

Weiter westlich am Klong werden in **Bang Bua Thong** morgens zwischen 9 und 10 Uhr traditionelle Süßigkeiten für den Verkauf auf dem Großmarkt hergestellt. In das Dorf gelangt man mit einem gecharterten Boot ab Pak Kret.

Übernachtung

Bei der Wahl der Bleibe sollte in erster Linie die Lage entscheiden, denn jedes Viertel hat seine eigene Atmosphäre. Zudem ist man bei den großen Entfernungen und dem zähen Verkehr lange unterwegs. Mittelklasse- und Luxushotels können günstiger übers Internet oder über Reisebüros gebucht werden (Preise vergleichen, da einige Reisebüros in Bangkok überhöhte Preise verlangen). Die Websites einiger großer Hotels sind über 🖳 www.bangkok.com direkt erreichbar.

Banglampoo

Rings um die Khaosan Rd. konzentrieren sich Gästehäuser und ein breites Angebot an Restaurants, Reisebüros, Geldautomaten, Wäschereien, Internet-Cafes und anderen Versorgungseinrichtungen. Die Einkaufsmöglichkeiten und anderen Angebote für Backpacker – vom Zöpfchenflechten bis zu Tatoos – sind überwältigend und die Hauptsehenswürdigkeiten leicht zu Fuß zu erreichen. In der Khaosan Road bieten sich zwielichtige Gestalten leichtgläubigen Touristen als Geldwechsler, Visabeschaffer oder „Retter in der Not" an, um ihre Kunden um die Reisekasse zu erleichtern. Expressboote auf dem Menam Chao Phraya sind eine Alternative zu den verstopften Straßen. Der Weg Richtung Ekamai (Eastern) Bus Terminal erfordert tagsüber viel Geduld. Traveller-Busse fahren zum Airport und zu anderen Zielen in Thailand, Taxi zum Airport ca. 350 Baht. Weitere Infos unter 💻 www.khaosanroad.com.

Gästehäuser

In der Umgebung der Khaosan Rd. wurden viele Wohn- und Geschäftshäuser zu Gästehäusern umgewandelt, wobei neuere Häuser Hotelstandard aufweisen und wesentlich teurer sind als die alten. Eine Übersicht über die Unterkünfte mit Adresse und Telefonnummer bietet die Karte. Nur einige sind hier beschrieben. In der Saison ist es schwer, abends ein freies Zimmer zu finden.

In den Gassen **rings um Wat Chanasongkhram** ist es etwas weniger turbulent. Der Durchgang durch das Wat wird abends geschlossen.

Rambuttri Village Inn ⑤, 95 Soi Rambuttri, 📞 02-2829162-3, 💻 www.khaosan-hotels.com, im neueren Einkaufszentrum. Saubere Zi mit Du/WC, z. T. mit Fan oder mit AC, TV und Warmwasser, einige mit Balkon. Pool auf dem Dach. ❸–❹

Lamphu House ㊴, 75-77 Soi Rambuttri, 📞 02-6295861, 💻 www.lamphuhouse.com, Guesthouse in einem etwas zurückversetzten und daher ruhig gelegenen Haus. Mit modernen Bambusmöbeln eingerichtete Zi mit Fan oder AC und Du/WC, einige mit Balkon. Billige Zi mit Gemeinschafts-Du/WC und Fan. ❸–❹

Sawasdee House ㊶, 147 Soi Rambuttri, 📞 02-2818138, ✉ sawasdee_house@hotmail.com, kleine, stickige Zi mit Fan oder AC und Du/WC, z. T. mit Balkon, in einem vierstöckigen Haus, dem eine Renovierung gut täte. Internationaler Telefonservice, großes, rund um die Uhr geöffnetes Restaurant mit netter Terrasse zur Straße hin, gut zum Ausruhen und Lesen, Verkauf von Secondhand-Büchern. ❷–❸

New Siam 1 ㊸, 21 Soi Chana Songkhram, in der nächsten Seitengasse etwas weiter nördlich, 📞 02-2824554, 📠 2817461, 💻 www.newsiam.net, helle Zi auf drei Stockwerken mit und ohne Du/WC, die Fan-Zi können sehr heiß sein, zudem AC, nach vorn laut. Im offenen Restaurant im Erdgeschoss gutes Essen, 🕐 ab 6 Uhr. ❷–❺

Erawan House ㊸, 17/1-2 Soi Chana Songkhram, 📞 02-6292121, 💻 www.erawanhouse.net, neues, ruhiges Guesthouse im modernen Stil über einem Internet-Café. Kleine und größere Zi mit AC, Du/WC und TV. Nette Sitzecken im Treppen- und Flurbereich. ❹

Gecko ㊸, 25/3 Soi Chana Songkhram, 📞 02-2816888, 9 sehr saubere Zi mit Gemeinschafts-Du/WC, nettes Management. ❷

Merry V. ㊺, 33 Soi Chana Songkhram, 📞 02-2829267-8, ✉ merryV@loxinfo.co.th. 20 neue Zi mit AC und Du/WC und 20 etwas laute, enge, ältere DZ und 3-Bett-Zi mit Etagen-Du/WC, unfreundliche Rezeption. Beliebtes Restaurant, Schließfächer. ❷–❸

New My House ㊺, 37 Soi Chana Songkhram, 📞 02-2829263-4, schmuddelig, manchmal sehr überfüllt und das Personal unfreundlich. Zimmer mit Du/WC und Fan oder AC sowie mit Fan und Gemeinschafts-Du/WC, mit Hinterhofblick ruhiger. Gemütliches Restaurant mit Liegen, manchmal etwas laut eingestellter Fernseher, leckere Currys, Wäscherei. ❷–❸

Roofgarden ㊿, 62 Soi Rambuttri, 📞 02-6290626, 📠 2824724, 30 saubere, neue Zi mit AC oder Fan und Du/WC, freundliches Personal. ❷–❸

No.	Name	Cat.	Address	Phone
49	Twin, Three O, Jungle News / Blue, Bamboo Gh.	6	78 Prachathipathai Rd.	02-2822831
50	De Moc Hotel	5	Soi Samsen 2	02-2822831
51	New World Lodge	3	100 Phra Athit Rd.	02-2805910
52	Four Son's House	3	95 Soi Rambuttri	02-2829162-3
53	Ramburtri Village Inn	3–4	37 Soi Rambuttri	02-2820636
54	Banglumpoo	2	5 Soi Rambuttri	02-2807435
54	Thai Thai (Tuk)	2	75–77 Soi Rambuttri	02-6295861
54	Lamphu House	3–4	147 Soi Rambuttri	02-2818138
55	Sawasdee House	2–3	Tani Rd.	02-6295870
56	Thai Cozy House	2–3	21 Soi Chana Songkhram	02-2824554
57	New Siam 1	2–5	17/1-2 Soi Chana Songkh.	02-6292121
57	Erawan House	2	25/3 Soi Chana Songkhram	02-2816888
58	Gecko	2	27 Soi Chana Songkhram	02-6293025
58	Green	3	33 Soi Chana Songkhram	02-2829267
58	Merry V.	2–3	37 Soi Chana Songkhram	02-2829263-4
59	New My House	3	21 Phra Athit Rd.	02-6293535
59	Siam Riverside	4–5	62 Soi Rambuttri	02-6290626
59	Roofgarden	2–3	30 Soi Rambuttri	02-2814783
60	Mango Lagoon Place	4	54/1 Soi Chana Songkhram	02-6295390
60	Four Sons Village	3–4	74 Soi Chana Songkhram	02-6293090-1
60	Bella Bella House	2–3	3 Soi Chana Songkhram	02-6294378
60	Wild Orchid Villa	2–4	46 Soi Chana Songkhram	02-2803301
60	Happy House	3	22 Phra Athit Rd.	02-2800744-8
61	Phra Athit Mansion	3	18–20 Phra Athit Rd.	02-2803315
61	New Merry V	1–3	10 Phra Athit Rd.	02-2816471
61	Peachy	2–3	50 Trok Rongmai	02-6290101
62	New Siam 2	4	28/2 Trok Rongmai	02-2821114
62	Place Inn	1	30 Soi Rongmai	02-6290072
63	Sawas. Krungthep Inn	5	42 Tani Rd.	02-2805434
63	Viengtai Hotel	5	323/2-3 Soi Rambuttri	02-2802691-2
63	Orchid	3	327/2-4 Soi Rambuttri	02-6295812
64	Four Son's Inn	4	150 Soi Rambuttri	02-2825576
64	Pannee	2	78 Soi Rambuttri	02-6292872
65	Au-Thong	2	82 Soi Rambuttri	02-6291535
65	Tuptim Bed & Breakf.	4	88/1 Soi Rambuttri	02-2819572
66	Green House	2 3	104/1 Soi Rambuttri	02-6291136
67	Star Dome Inn	3–4		
68	Hello	2–3	63–65 Khaosan Rd.	02-2818579
69	Lek	2–3	125–127 Khaosan Rd.	02-2818441
70	Khaosan Palace H.	3–5	139 Khaosan Rd.	02-2813272
70	Center Point Plaza	4	183/185 Khaosan Rd.	02-6293232
70	Wally House	2	189/1-2 Khaosan Rd.	02-2827067
71	Nat	2–3	217–219 Khaosan Rd.	02-2826401
71	Marco Polo	2–3	108/7-10 Soi Rambuttri	02-2811715
71	Classic Inn	2–3	259 Khaosan Rd.	02-2817129
72	Buddy Lodge	5	265 Khaosan Rd.	02-6294477
72	VS	3	136 Khaosan Rd.	02-2812078
72	Shambara Boutique H.	3	138 Khaosan Rd.	02-2827968
73	Harn	2–3	140/1 Khaosan Rd.	02-2802129
73	O-Bangkok	3–4	28/1 Soi Rambuttri	02-2814777
74	Baan Sabai	2	12 Soi Rongmai	02-6291599
75	Sawasdee Smile Inn	3	35 Soi Rongmai	02-6292340
75	Welcome Sawas. Inn	3	5–7 Soi Rongmai	02-6292321
75	U.T.C. Gh.	2–3	49/4-8 Soi Rongmai	02-2814901-2
76	Sitdhi	2–3	45 Soi Rambuttri	02-2826858
77	Sugar	2–3	3 Soi Rambuttri	02-2823090
78	Chart	3	45 Chakraphong Rd.	02-6293902
78	D&D Inn	5	62 Khaosan Rd.	02-2820171
79	Kawin Place	5	68–70 Khaosan Rd.	02-6290526-8
80	Mom Gh.	3	86 Khaosan Rd.	02-2817512
80	Sawas. Bangkok Inn	3–4	98 Khaosan Rd.	02-2827191
81	Sawas. Banglump. Inn	4	126/2 Khaosan Rd. *(Top Etage)*	02-2801251
81	Siam Oriental Inn	3–4	162 Khaosan Rd.	02-6292526
83	Sawas. Khaosan Inn	3–4	190 Khaosan Rd.	02-6290312-3
84	New Joe	3	18 Chakraphong Rd.	02-6294798-9
84	Nana Plaza Inn	4	81 Trokmayom Chakraph. Rd.	02-2812948
86	C.H. 1	2–3	202 Khaosan Rd.	02-2816402
86	7 Holder	2–3	216 Khaosan Rd.	02-2825619
87	Chada	2	216/2-3 Khaosan Rd.	02-2813682-3
87	First	2–3	216/6 Khaosan Rd.	
88	Sweety	2	149–151 Tanao Road	02-6293201
88	CH II	2	49 Ratchdamnoen Klang Rd.	02-2802191
88	Nat II	2	85–87 Soi Damn. Klang Nua	02-2806284
89	Royal Hotel	4–5	91–95 Soi Damn. Klang Nua	02-2820211
			2 Ratchdamnoen Klang Rd.	02-2229111

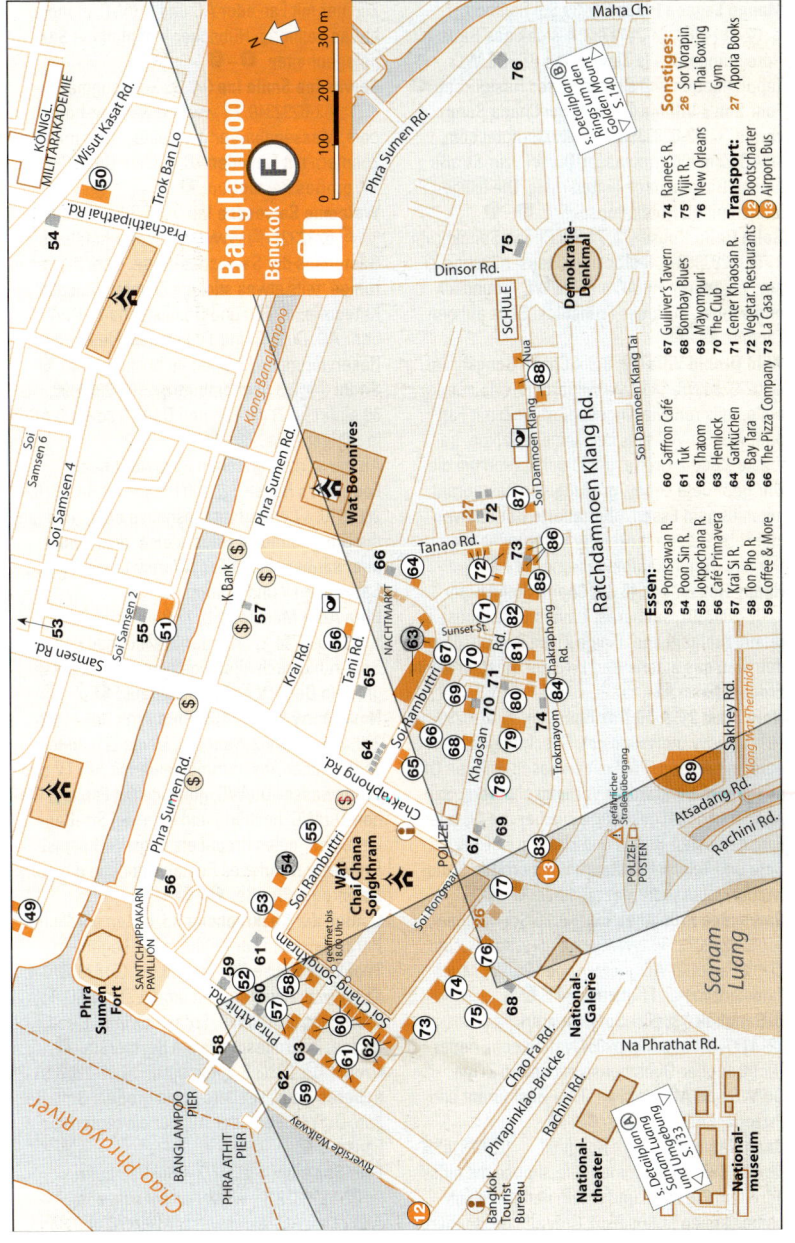

Banglampoo

F

Bangkok

N

0 100 200 300 m

Sonstiges:
26 Sol Vorapin Thai Boxing Gym
27 Aporia Books

Transport:
Bootscharter
Airport Bus

74 Ranee's R.
75 Vijit R.
76 New Orleans

Essen:
53 Pornsawan R.
54 Poon Sin R.
55 Jokpochana R.
56 Café Primavera
57 Krai Si R.
58 Ton Pho R.
59 Coffee & More
60 Saffron Café
61 Tuk
62 Thatom
63 Hemlock
64 Garküchen
65 Bay Tara
66 The Pizza Company
67 Gulliver's Tavern
68 Bombay Blues
69 Mayompuri
70 The Club
71 Center Khaosan R.
72 Vegetar. Restaurants
73 La Casa R.

s. Detailplan B um den Rings Mount Golden R. S. 140

Maha Cha

76

75

Dinsor Rd.

Demokratie-Denkmal

Phra Sumen Rd.

KÖNIGL. MILITÄRAKADEMIE

Wisut Kasat Rd.

Trok Ban Lo

Prachathipatrai Rd.

54

50

Soi Samsen 6

Soi Samsen 4

Soi Samsen 2

Samsen Rd.

53

55

51

K Bank

57

Wat Bovonives

Phra Sumen Rd.

SCHULE

Soi Damnoen Klang Nua

Soi Damnoen Klang

88

87

Tanao Rd.

27

72

66

64

NACHTMARKT

Soi Damnoen Klang Tai

Ratchdamnoen Klang Rd.

73

85

86

71

82

81

84

52

63

67

70

80

79

78

74

89

Sakhey Rd.

Khong Wat Thenthida

Atsadang Rd.

Rachini Rd.

Sanam Luang

Soi Rambuttri

Soi RamButtri

Khaosan

Trokmayom

Chakraphong Rd.

Chakraphong Rd.

Tani Rd.

Krai Rd.

56

65

69

68

77

83

13

26

76

75

73

74

68

Soi Chana Songkhram

Wat Chai Chana Songkhram

POLIZEI

geöffnet bis 18.Uhr

gefährlicher Straßenübergang

POLIZEI POSTEN

National-Galerie

Chao Fa Rd.

Rachini Rd.

Phra Athit Rd.

49

56

55

54

53

59

52

61

60

57

58

63

62

59

60

61

62

Santichaiprakarn Pavillion

Phra Sumen Fort

58

BANGLAMPOO PIER

PHRA ATHIT PIER

Riverside Walkway

Chao Phraya River

12

Bangkok Tourist Bureau

Phrapinklao-Brücke

Na Phrathat Rd.

National-theater

National-museum

Sanam Luang und Umgebung S. 133

s. Detailplan A

Klong Banglampoo

Mango Lagoon Place ⑥⓪, 30 Soi Rambuttri, ☎ 02-2814783, ✆ 2814783, 4-stöckiges Haus mit Hotelstandard, alle Zimmer mit AC, Du/WC, Teppichboden und Balkon, gutes Restaurant. ❹

Four Son's Village ⑥⓪, 54/1 Soi Chana Song-khram, ☎ 02-6295390, 💻 www.fs-hotel.com, 40 AC-Zi mit Warmwasser-Du/WC, zur Straße hin mit Balkon, nach hinten ruhig. Die billigen Zi lohnen nicht. Hotelatmosphäre. ❸–❹

Bella Bella House ⑦⓸, 74 Soi Chana Songkhram, ☎ 02-6293090-1, 5-stöckiges Haus, günstige Zi mit Fan, teurer mit AC und Du/WC, freundlich und sauber, dürftiges Frühstück. Blick auf den Tempel. ❷–❸

Wild Orchid Villa ⑥⓪, 8 Soi Chana Songkhram, ☎ 02-6294378, 💻 www.wildorchid-villa.com, helle, teils renovierungsbedürftige Zi mit Fan oder AC, Du/WC teils mit kleinem Balkon, ge-flieste Böden. Große, gemütliche, rund um die Uhr geöffnete Lobby, großzügiges Restaurant mit mäßigem Essen, überteuerte Bar und von mehreren Lesern beklagter unfreundlicher Service. Gepäckaufbewahrung. ❷–❹

Happy House ⑥⓪, 46 Soi Chana Songkhram, ☎ 02-2803301, sauberes, kleines Guesthouse in relativ ruhiger Lage. Einige Zi mit Balkon, über den man das eigene Bad erreicht. Restaurant im Erdgeschoss. ❸

New Siam 2 ⑥⓶, 50 Trok Rongmai, ☎ 02-6290 101, 💻 www.newsiam.net, Geschäftiges Klein-hotel mit Aufzug, Pool mit eingeschränk-ten Öff-nungszeiten und vielen Verbotsschil-dern. Sau-bere, funktional gestaltete Zimmer mit AC oder Fan, gefliesten Böden und kleinem Balkon, TV, Safe und Telefon. Restaurant mit großen Sand-wiches. Übers Internet buchbar. ❸–❹

Sawasdee Krungthep Inn ⑥⓶, 30 Soi Rongmai, ☎/✆ 6290072, 💻 www.sawasdee-hotels.com, Zi mit Fan oder AC und winziger Du/WC, auch Familienzimmer. Frühstück inkl. ❸

O-Bangkok ⑦⓷, 28/1 Soi Rambuttri, ☎ 02-2814777, ✉ o_bangkok05@yahoo.com, neues Nichtraucher-Guesthouse mit netten Zi mit Du/WC und AC oder Fan, Thai-Restaurant und Pizzeria, Frühstück inkl. ❸–❹

Baan Sabai ⑦⓸, 12 Soi Rongmai, ☎ 02-6291599, ✆ 6291595, angenehmes Guesthouse mit hilfs-bereitem Personal und einem netten Pub im chinesischen Kolonialstil. Ordentliche, saubere

Zimmer mit Fan oder AC und Du/WC, manche etwas hellhörig. Hübscher Innenhof mit Sitz-gelegenheiten. ❷–❸

Sawasdee Smile Inn ⑦⓸, 35 Soi Rongmai, ☎/✆ 02-6292340, 💻 www.sawasdee-hotels. com, Massenquartier mit kleinen, teils muffigen Zimmern mit Fan oder AC, z. T. mit Du/WC und TV, großes Restaurant. ❸

Welcome Sawasdee Inn ⑦⓹, 5-7 Soi Rongmai, ☎/✆ 6292321, 💻 www.sawasdee-hotels.com, Gästehaus der Sawasdee-Kette. Über 70 kleine, ruhige, teils etwas stickige Zi unterschiedlicher Kategorie mit Fan und Gemeinschafts-Du/WC oder AC, Du/WC und TV in einem Neubau. Reservierungen klappen nicht immer. ❷–❸

Sitdhi ⑦⓺, 2/3 Soi Rambuttri, ☎ 02-2823090, 60 einfache Zi mit Fan und Du/WC sowie 6 AC-Zi in ruhiger Lage. ❷–❸

An der verkehrsreichen **Phra Athit Road**:

Four Son's House ⑤⓶, 100 Phra Athit Rd., ☎ 02-2805910, 💻 www.foursonshouse.com, rund um die Uhr geöffnetes Haus, kleine, teils dunkle, aber saubere Zi mit Fan, Warmwasser-Du/WC, Satelliten-TV und Telefon. ❸

Phra Athit Mansion ⑥⓵, 22 Phra Athit Rd., ☎ 02-2800744-8, ✉ praarthit@hotmail.com. Sehr ruhig nach hinten gelegene AC-Zi mit großem Bad, TV und Kühlschrank. ❹

New Merry V. ⑥⓵, 18-20 Phra Athit Rd., ☎ 02-2803315, 6290462. Saubere, kleine Zi in unter-schiedlicher Ausstattung, teure mit AC, TV und Warmwasser-Du/WC, günstige mit Fan und Eta-gen-Du/WC, hellhörig und vorn viel Straßen-lärm, aber gutes Preis-Leistungs-Verhältnis. Preiswertes, offenes Restaurant nahe der stark befahrenen Straße. ❶–❸

Östlich der Chakraphong Rd. in den nördlichen Parallelstraßen zur Khaosan Rd. liegen:

Thai Cozy House ⑤⓺, Tani Rd., ☎ 02-6295870-4, 💻 www.thaicozyhouse.com, 54 Zi mit AC, TV, Warmwasser-Du/WC, Frühstück inkl., Dach-garten, im Erdgeschoss ein Restaurant. ❹

Orchid ⑥⓷, 323/3 Soi Rambuttri, ☎ 02-2802691-2, neueres Haus, saubere Zi mit großem Bett, Bal-kon, Du/WC, Fan oder AC, nur die teuren mit Fenster. ❸

Four Son's Inn ⑥⓷, 327/2-4 Soi Rambuttri, ☎ 02-6295812, 💻 www.foursonsinn.com. Alle Zi mit AC, Warmwasser-Du/WC und Satelliten-TV, nur die teureren mit Fenster. ❸–❹

Pannee (P.) Gh. 🄬, 150 Soi Rambuttri, ✆ 02-2825576, 4-stöckiges Haus nahe dem Platz. Zi mit Fan und Gemeinschafts-Du/WC, Restau-rant. ❷

Tuptim Bed & Breakfast 🄬, 82 Soi Rambuttri, ✆ 02-6291535, 🖳 www.tuptimb-b.com, kleines Haus mit 24 sauberen, sehr ruhigen AC-Zi und Gemeinschafts-Du/WC. Frühstück im kleinen Restaurant im Erdgeschoss inkl. ❹

Star Dome Inn 🄬, 104/1 Soi Rambuttri, ✆ 02-6291136, 🖳 www.stardomegroup.com, neues Guesthouse in einem 5-stöckigen Neubau über einem Restaurant, Zi mit Fan oder AC und Du/WC, die billigen ohne Fenster. ❸–❹

In der **Khaosan Road**, im Zentrum des Gesche-hens:

Khaosan Palace Hotel 🄬, 139 Khaosan Rd., ✆ 02-2820578. Kleine, helle Zi mit Fan oder AC, TV und Warmwasser-Du/WC, sauber, plastik-überzogene Matratzen, wegen der angrenzen-den Kneipen laut, Neubau, winziger Pool, Schließfach. ❸–❺

Center Point Plaza 🄬, 183/185 Khaosan Rd., ✆ 02-6293232, 🖳 www.centerpointplaza.co.th, neues Backpacker-Hotel im modernen Stil mit rund um die Uhr geöffneter Rezeption. Alle Zi mit AC, Du/WC, TV, Safe und Internet-Zugang. Sitzecken im Treppen- und Flurbereich. Früh-stück inkl. ❹

Marco Polo 🄬, 108/10 Khaosan Rd., ✆ 02-2811 715, über dem Pub, dessen laute Musik bis 2 Uhr überall zu hören ist, Zi mit AC oder Fan und Du/WC, z. T. Warmwasser. ❷–❸

VS 🄬, 136 Khaosan Rd., ✆ 02-2812078,ein-faches kleines Gh. in einem alten Haus, fami-liäre Atmosphäre. ❷

Shambara Boutique Hostel 🄬, 138 Tanao Rd., ✆ 02-2827968, 🖳 www.shambarabangkok.com. Mit etwas historischem Flair eingerichtetes Gh. mit kleinem Restaurant im Vorhof. 9 Zi mit Fan oder AC, freundliches Management. ❸

Harn Gh. 🄬, 140/1 Tanao Rd., ✆/🖷 2802129-30, am östlichen Ende der Khaosan Rd. in der ers-ten Gasse Richtung Norden. Sehr saubere, renovierte und ruhige Zi mit Fan und Du/WC, freundliches, hilfsbereites Personal, gutes Preis-Leistungs-Verhältnis. ❷

D&D Inn 🄬, 68-70 Khaosan Rd., ✆ 02-6290526-8, 🖳 www.khaosanby.com, etwas kühles Hotel,

in 3 Gebäuden 150 Zi mit plastiküberzogenen, harten Matratzen, Du/WC, AC, TV, Telefon, teure Suiten und billige Zi ohne Fenster, zur Straße hin laut. Auf dem Dach kleiner Pool mit Bar und Lie-geflächen, guter Ausblick. Der Service könnte aufmerksamer sein. Frühstücksbuffet im ange-nehm gestalteten Gartenrestaurant mit kleinem Lotosteich, das an die Trokmayom Chakraphong grenzt. ❺

Kawin Place 🄬, 86 Khaosan Rd., ✆ 02-2817512, ✉ kawinplace@yahoo.com, sehr sauberes Kleinhotel zurückversetzt in einer ruhigen Gasse, hellhörige Zi mit Fan oder AC, einige mit Gemeinschafts-Du/WC. Rezeption rund um die Uhr. Gesellige Atmosphäre. ❸

Sawasdee Bangkok Inn 🄬, 162/2 Khaosan Rd., ✆ 02-28012, 🖳 www.sawasdee-hotels.com, mehrstöckiges Haus in einer schmalen Gasse südlich der Khaosan Rd., Zi mit Du/WC und Fan oder AC und Safe, fast alle gehen von umlau-fenden Innenbalkons im Südstaatenstil ab. Im Innenhof Restaurant mit Fernseher, der gut in den Zimmern zu hören ist. ❸–❹

Sawasdee Banglumpoo Inn 🄬, 162 Khaosan Rd., ✆ 02-6292526, 🖳 www.sawasdee-hotels. com, Kleinhotel mit Biergarten und Restau-rant. Alle Zi mit AC, TV und Warmwasser-Du/WC. ❹

In der schmalen Gasse **Trokmayom Chakra-phong**, die im Süden parallel zur Khaosan Rd. verläuft:

Sawasdee Khaosan Inn 🄬, 18 Chakraphong Rd., ✆ 02-6294798-9, 🖳 www.sawasdee-hotels. com, Ecke Ratchdamnoen Klang Rd. 70 große AC-Zi mit TV und Kühlschrank, teils ohne Fens-ter oder laut, Restaurant. ❸–❹

New Joe Gh. 🄬, 81 Trokmayom Chakraphong, ✆ 02-2812948, 🖳 www.newjoe.com, Kleinhotel, teils renovierte Zi mit Fan oder AC und Du/WC, einige mit Warmwasser, Restaurant mit vielen vegetarischen Gerichten und Bar, kompetente Mitarbeiter. ❸

In einer Gasse **östlich der Tanao Rd.** liegen einige einfache Gästehäuser. In einigen warten Mädchen auf Kunden. Von der nahen Moschee wird man morgens geweckt.

First Guest House 🄬, 149-151 Tanao Rd., ✆ 02-6293201, sauberes Haus, Zimmer mit Gemeinschafts-Du/WC und AC. ❷–❸

Sweety ⑧⑧, 49 Ratchdamnoen Klang Rd., ✆ 02-2802191, Eingang auch von der Ratchdamnoen Rd. Einfache Zi mit Fan oder AC, z. T. mit Du/WC, Dachgarten. ❷

Nat II ⑧⑧, 91-95 Soi Damnoen Klang Nua (Soi Post Office), ✆ 02-2820211, saubere Zi mit Fan oder AC, einige mit Du/WC, die preiswerteren ohne Fenster, Schließfächer. Im Erdgeschoss Restaurant mit Bar. ❷

Weitere Gästehäuser nahe dem Fluss **nördlich vom Klong Banglampoo**, 10–20 Fußminuten von der Khaosan Rd.

Baan Phiman Resort ⑤, 123 Soi Samsen 5, ✆ 02-2825594, ✉ baanphiman@hotmail.com, am Fluss hinter Wat Samphraya nahe dem Pier Rama VIII in völlig untouristischer Umgebung. 17 Zi mit Gemeinschafts-Du/WC und einfache A-frame-Hütten am Fluss, Hängematten, etwas laut wegen des Bootsverkehr und der nahen Brücke, hochwassergefährdet. Sehr freundliche, hilfsbereite Besitzer. ❷

Twin ㊾, 20/2 Soi Samsen 1, ✆ 02-2815757, ✉ twinguesthouse@thaimail.com, 14 saubere, kleine, hellhörige Zimmer mit Fan in ruhiger Umgebung, Gemeinschafts-Du/WC, familiäre Atmosphäre, geleitet von den Schwestern Usanee und Emon. ❷

Bamboo Gh. ㊾, 67 Soi Samsen 1, ✆ 02-2823412, nettes Haus im Thai-Stil, Zi mit Fan und Gemeinschafts-Du/WC, großer Aufenthaltsraum. ❷ In der Nähe: **Jungle News / Blue Gh.**, unter koreanischer Leitung, sowie das **Three O Gh.** ㊾, 20/5 Soi Samsen 1, ✆ 02-2818888, ruhiges, kleines Haus mit großen, komfortablen Fan-Zi. ❷

Hotels

In der Khaosan Rd. und Umgebung entstehen zunehmend teurere Unterkünfte:

Siam Riverside ㊾, 21 Phra-Athit Rd., ✆ 02-6293535, 🖥 www.newsiam.net, neues Kleinhotel am Fluss, sehr schöne AC-Zi mit Du/WC, TV, Kühlschrank und Safe, teils mit Flussblick, sowie preiswertere Standard-Zi. Trotz zentraler Lage ruhig gelegen. Übers Internet buchbar. ❹–❺

Viengtai Hotel ⑥③, 42 Tani Rd., ✆ 02-2805434-5, 🖥 www.viengtai.co.th, älteres Mittelklassehotel mitten in Banglampoo, 200 renovierte Zi, Frühstücksbuffet inklusive. Einfacher, sauberer Pool im Innenhof in 3. Stock. ❺

Buddy Lodge ⑦②, 265 Khaosan Rd., ✆ 02-6294477, 🖥 www.buddylodge.com. Das große Hotel in der Einkaufspassage, die einen großen Teil der nordöstlichen Khaosan Rd. einnimmt, wirkt wie absoluter Luxus. Alles entspricht dem Hotelstandard, von der Lobby bis zu den 76 Zi mit AC, Bad, Minibar und Safe, z. T. mit Balkon. Pool, Spa, Fitnesscenter, gutes Frühstück inkl. In der Einkaufspassage McDonald's, Restaurants und eine riesige Bar im Kolonialstil. Einen Blickfang am Eingang bilden mehrere alte Triumph-Motorräder, Oldtimer oder ein neuer BMW, die aus der Sammlung des Besitzers Taifah, des „Königs der Khaosan Rd.", stammen. ❺

Royal Hotel ⑧⑨, 2 Ratchdamnoen Rd., ✆ 02-2229111-26, 📠 2242083, ✉ reservation@rattanakosin-hotel.com. Sein größtes Plus ist die zentrale Lage am Sanam Luang, 140 renovierungsbedürftige, zweckmäßig eingerichtete Zi, Pool, mehrere Restaurants, angenehme, belebte Lobby, Rabatt bei längerem Aufenthalt. ❹–❺

Thewet

Weiter nördlich zwischen Banglampoo und Ratchawithi Rd. wohnt man in einer ruhigen, zentralen Wohngegend nahe dem Fluss mit viel Lokalkolorit. Außer einigen billigen Gästehäusern locken farbenprächtige Märkte. Der Sanam Luang ist mit Bussen und Expressbooten gut zu erreichen, die Anfahrt zu den Busbahnhöfen ist hingegen mühsam.

Gästehäuser

Mehrere nette Gästehäuser hinter der Nationalbibliothek.

Tavee Gh. ④, 83 Soi 14 Sri Ayutthaya Rd., ✆ 02-2801447, saubere Zi, Gemeinschafts-Du/WC, geräumiges Haus mit gutem Restaurant und angenehmem Aufenthaltsraum, nettes Personal. ❷–❸

Back-Packers Lodge ④, 85 Soi 14 Sri Ayutthaya Rd., ✆ 02-2823231, am Ende der Soi, Haus mit 12 Zimmern, Gemeinschafts-Du/WC, nette familiäre Atmosphäre. ❷–❸

Sawatdee ④, 71 Sri Ayutthaya Rd., ✆ 02-2810757, dunkle Zi mit Fan oder AC, mit und ohne Du/WC, kleiner Vorhof. ❷–❸

Shanti Lodge ④, 37 Sri Ayutthaya Rd., ✆ 02-2812497, saubere, stilvoll und nett eingerichtete

Zi in allen Kategorien, vom Schlafsaalbett für
100 Baht über kleine Zi mit Fan bis zu größeren
mit AC, mit kleinem Garten, viele Stammgäste.
Angenehmer Aufenthaltsraum im Erdgeschoss.
Im Restaurant gibt es gutes Essen, auch vegetarisch. Freundliches, kompetentes Management. ❷–❹

Taewez Gh. ④, 23/12 Sri Ayutthaya Rd., ✆ 02-
2808856, in einem einfachen Wohnhaus Zi mit
Fan oder AC, Etagen-Du/WC, Bett im Schlafsaal
150 Baht. ❷–❸

Sri-Ayutthaya ④, 23/11 Sri Ayutthaya Rd.,
✆ 02-2825942, Zimmer mit Fan und einige mit
AC, Restaurant im Erdgeschoss. ❸

Bangkok Youth Hostel (BYH) ⑥, 25/2 Phitsa-
nulok Rd., ✆ 02-2820950, 🖥 www.tyha.org,
Ermäßigung mit Jugendherbergsausweis,
Schlafsaalbetten 120 Baht (+50 Baht für Nicht-
Mitglieder), sterile, ungemütliche Zi mit Du/WC
und AC, die sich nicht ausstellen lässt, nach
vorn hin ziemlich laut. Dafür sicher, freundliches
Management. ❷–❸

Hotels

Vor allem in dieser Gegend gibt es einige Cur-
tain-Hotels, die stundenweise von einheimischen Männern besucht werden – zu erkennen
an den Autoparkplätzen mit Vorhang.

Best Western Swana Hotel ⑥, 332 Wisut Kasat
Rd., ✆ 02-2828899, 🖥 www.swanabangkok.com.
Neues Hotel mit relativ kleinen AC-Zi, alles sehr
stylish und trotzdem relativ günstig, eher mäßiges Frühstück, schöner Innenhof. ❺–❻

Trang ⑥, 99/1 Wisut Kasat Rd., ✆ 02-2822141-4,
✆ 2803610, günstig übers Internet. Ein älteres,
einfaches, aber ordentliches Hotel in einer ruhigen Sackgasse. Zi mit Du/WC, AC, Telefon, TV,
teilweise Kühlschrank, guter Zimmerservice.
Großes chinesisches Restaurant mit Terrasse,
Frühstücksbuffet, Pool im Innenhof. ❺

Royal Princess Hotel ⑭, 269 Larn Luang Rd.,
✆ 02-2813088, 🖥 www.royalprincess.com, das
beste zur Dusit-Gruppe gehörige 4-Sterne-Hotel
im historischen Stadtkern mit stilvollen Zimmern
liegt etwas versteckt abseits der lauten Straße.
Gutes Restaurant, Pool. ❻

Prince Palace Hotel ⑮, 488/800 Tamrongrak
Rd., im Bo Bae Tower, ✆ 02-6281111, 🖥 www.
princepalace.co.th. In einem Neubaublock im
11.–32. Stock 310 luxuriöse Zi in hellen Farb-
tönen mit allen Annehmlichkeiten, schöner Pool
im 11. Stock mit toller Aussicht und ein gutes
Textilien-Angebot im Untergeschoss. ❺–❻

De Moc Hotel ㊿, 78 Prachathipathai Rd.,
✆ 02-2822831-3, ✆ 2801299, kostenloser Tuk
Tuk-Shuttle in die Khaosan Rd. Ordentliches

Mittelklassehotel aus den 1960er-Jahren, 100 AC-Zi mit TV und Minibar, Frühstück inkl., Pool an der Straße und Biergarten. ❺

Sukhumvit Road und Umgebung

In dieser Gegend sind die meisten Europäer zu Hause – Touristen wie Geschäftsleute. Entsprechend groß ist die Auswahl an Hotels der mittleren und gehobenen Kategorie. Hier braucht man auf nichts zu verzichten, internationale Restaurants und vielfältige Einkaufsmöglichkeiten machen das Geldausgeben zum Vergnügen. Während der Hauptverkehrszeit wird die Sukhumvit Rd. zu einem kilometerlangen Parkplatz, über den man mit dem Skytrain problemlos hinübergleitet. Über den Expressway sind die Verkehrsanbindungen zum Flugplatz im Norden recht gut, und auch der Ekamai (Eastern) Bus Terminal liegt vor der Tür.

In der Preisklasse bis 800 Baht ist das Angebot mäßig. Hingegen werden in der Soi 9 sowie in den Sois 11 und 13 von vielen Kleinhotels für 800–1000 Baht zweckmäßig eingerichtete Zi mit AC, Du/WC, TV und Kühlschrank offeriert. Teure Hotels sind günstiger über Internet, Reisebüros und Veranstalter zu buchen.

Kleinhotels und Gästehäuser

HI Sukhumvit (YHA) ⑩, 23 Soi 38 Sukhumvit Rd., 02-23919338, www.tyha.org, 150 m von der Skytrain-Station Thong Lo, Exit 4. Neues Hostel, Betten in nach Geschlechtern getrennten und gemischten AC-Schlafsälen für 300 Baht, saubere AC-Zi mit und ohne Du/WC, Küchenbenutzung, Waschmaschine, Gepäckaufbewahrung und Internetzugang, familiäre Atmosphäre. ❹

Thai House Inn (91), 1/1 Soi 7 Sukhumvit Rd., 02-2554698, 2531780. In einem alten Haus 24 saubere Zi mit Du/WC, Kühlschrank und Teppichböden. ❹

World Inn (91), 131/5-7 Soi 9 Sukhumvit Rd., 02-2535391-2, 2537728, etwas ältere, abgewohnte Zi mit AC, Bad/WC, TV und Kühlschrank. ❹

Star Inn Hotel (91), 131/40-41 Soi 9 Sukhumvit Rd., 02-6510760, über dem Havanna Club Room, einem Zigarrenclub. 33 ruhige,neue Zi mit Bad, Satelliten-TV, DVD-Player, gefliesten Böden und viel Holz, unter belgischer Leitung. ❺

Maxim's Inn (91), 131/21-23 Soi 9 Sukhumvit Rd., 02-2529911-2, maximinn@loxinfo.co.th, Zi mit Du/WC und AC, inkl. Frühstück, zweckmäßige Ausstattung, ruhig gelegen, von einigen Zimmern blickt man neidisch auf den Pool des benachbarten Luxushotels. ❹

City Lodge (92), 137/1-3 Soi 9 Sukhumvit Rd., 02-2537705, www.amari.com, 28 saubere Zi mit AC, Bad/WC, Telefon, TV und Kühlschrank an der Sukhumvit (Schallschutzfenster). Weitere 35 Zimmer in der etwas ruhigeren Soi 19, 02-2544783, 2557340. Dort auch das italienische Restaurant La Gritta mit Mittagsbuffet. ❺

Suk 11 Hostel (92), 1/33 Soi 11 Sukhumvit Rd., 02-2535927, www.suk11.com, nur mit kleinen Schildern versehen, aber am Restaurant und Souvenirshop im Holzhaus zu erkennen. Familiäres Gästehaus für Nichtraucher in zwei im traditionellen Stil restaurierten Geschäftshäusern. In einem Block AC-Zi mit Gemeinschafts-Du/WC sowie Dorm-Betten für 300 Baht, im anderen Haus AC-Zi mit Du/WC, hübsch gestalteter Innenhof, Dachterrasse und Aufenthaltsräume, Wäscheservice, Gepäckaufbewahrung, Internet, Frühstück inkl. ❹

Bangkok Inn (94), 155/12-13 Soi 11 Sukhumvit Rd., 02-2544834-7, www.bangkok-inn.com, 18 saubere Zi mit AC, Du/WC, Safe, Satelliten-TV, Kühlschrank, unter Leitung von Franziska aus Deutschland, aufmerksamer Service, ruhig. ❹

President Inn (94), 155/14-16 Soi 11 Sukhumvit Rd., 02-2554230-4, www.cv100.com, ruhig und relativ preiswert, AC-Zi mit Du/WC, TV und Safe, freundliches indisches Management. ❹

Comfort Lodge (94), 153/11-14 Soi 11 Sukhumvit Rd., 02-2519250, 2543562, in die Jahre gekommenes Kleinhotel, Zi mit AC, TV und Kühlschrank. ❹

Sam's Lodge (96), 28-28/1 Soi 19 Sukhumvit Rd., 02-22532993, www.samslodge.com, neue Zi mit Fan und dicken Matratzen, Gemeinschafts-Du/WC, Dachterasse. ❹

Stable Lodge (101), 39 Soi 8 Sukhumvit Rd., 02-6530017-9, www.stablelodge.com, nettes Kleinhotel unter dänischer Leitung. Relativ kleine Zi mit AC, Du/WC, z. T. mit Balkon, Pool in kleinem Garten. Restaurant mit abendlichem Bar-B-Q. ❺

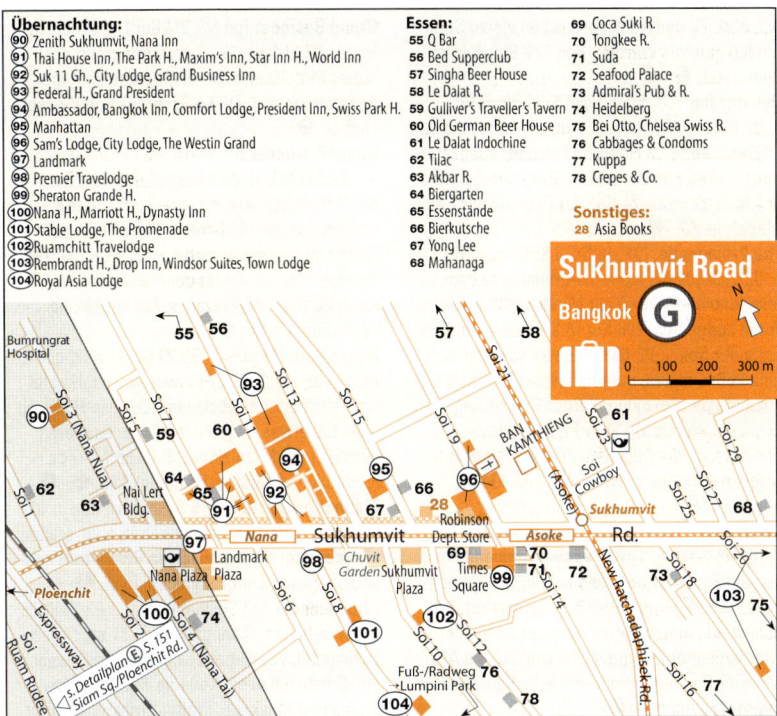

Übernachtung:
90 Zenith Sukhumvit, Nana Inn
91 Thai House Inn, The Park H., Maxim's Inn, Star Inn H., World Inn
92 Suk 11 Gh., City Lodge, Grand Business Inn
93 Federal H., Grand President
94 Ambassador, Bangkok Inn, Comfort Lodge, President Inn, Swiss Park H.
95 Manhattan
96 Sam's Lodge, City Lodge, The Westin Grand
97 Landmark
98 Premier Travelodge
99 Sheraton Grande H.
100 Nana H., Marriott H., Dynasty Inn
101 Stable Lodge, The Promenade
102 Ruamchitt Travelodge
103 Rembrandt H., Drop Inn, Windsor Suites, Town Lodge
104 Royal Asia Lodge

Essen:
55 Q Bar
56 Bed Supperclub
57 Singha Beer House
58 Le Dalat R.
59 Gulliver's Traveller's Tavern
60 Old German Beer House
61 Le Dalat Indochine
62 Tilac
63 Akbar R.
64 Biergarten
65 Essenstände
66 Bierkutsche
67 Yong Lee
68 Mahanaga
69 Coca Suki R.
70 Tongkee R.
71 Suda
72 Seafood Palace
73 Admiral's Pub & R.
74 Heidelberg
75 Bei Otto, Chelsea Swiss R.
76 Cabbages & Condoms
77 Kuppa
78 Crepes & Co.

Sonstiges:
28 Asia Books

Sukhumvit Road

Bangkok Ⓖ

0 100 200 300 m

Bangkok

Ruamchitt Travelodge (102), 11/1 Soi 10 Sukhumvit Rd., ☎ 02-6531314, ✉ rcbangkok@ hotmail.com, einfaches Haus in einer ruhigen Soi mit zweckmäßigen AC-Zi mit kleiner Du/WC, schattenloser Pool im Vorhof und Café. ❺
Drop Inn (103), 392/28-31 Soi 20 Sukhumvit Rd., ☎ 02-2580071-4, 🖥 www.dropinnbangkok.com. Kleines, freundliches Haus in guter Lage, saubere, gut eingerichtete Zi mit AC und Du/WC, Frühstück inkl. ❹–❺

Einfache Hotels
Livingstones Lodge (9), 7 Soi 33 Sukhumvit Rd., ☎ 02-2612800, 🖥 www. living stones.co.th, BTS-Station Phrom Phong, 31 nett eingerichtete, komfortable Zi mit TV, Internet, Safe und Minibar, teils mit Jacuzzi-Wanne und Balkon. Steakhouse, Restaurant, Biergarten und Pub. Rattan und Bambus sorgen rings um den Pool für Urlaubsatmosphäre. ❺

Nana Inn (90), 13/9 Soi 3 Sukhumvit Rd., ☎ 02-255 4404-5, ✆ 2544317, Kleinhotel, alle Zi mit AC, Du/ WC und TV. Die niedrige Decke in der Lobby wirkt auf große Europäer etwas beklemmend. ❹
Federal Hotel (93), 27 Soi 11 Sukhumvit Rd., ☎ 02-2530175-6, 🖥 www.federalbangkok.com, etwas abseits der Hauptstraße, ruhig gelegenes, älteres Hotel mit Pool, gepflegte Zimmer mit AC, Bad/WC, Satellitenfernsehen, Minibar. Gutes Preis-Leistungs-Verhältnis. Günstiges Restaurant mit langsamem Service. Vorbuchung empfehlenswert. ❹
Premier Travelodge (98), 170-170/1 Soi 8 Sukhumvit Rd., ☎ 02-2513031, ✉ premierlodge@ yahoo.com, einfache Zi mit Du/WC, AC, TV und Kühlschrank nahe der Sukhumvit Rd., daher etwas laut. ❹–❺
Nana Hotel (100), Soi 4 Sukhumvit Rd., ☎ 02-2552525, 🖥 www.nanahotel.co.th, älterer Hotelblock mitten im Trubel, dessen 349 Zimmer mit

AC, Bad, TV und Kühlschrank von vielen Stammgästen gebucht werden, Pool, 24-Std.-Bar vor
dem Hotel. ❺–❻

Dynasty Inn 100, 5/4-5 Soi 4 Sukhumvit Rd.,
📞 02-6568100-6, 🖳 www.dynastyinn.com, etwas
älteres, sauberes Hotel, 50 komplett ausgestattete Zi, einige an der lauten Straße im Zentrum
des Nachtlebens, 24-Std.-Coffeeshop mit vielen
Mädchen. ❹–❺

The Promenade 101, 18 Soi 8 Sukhumvit Rd.,
📞 02-2534309, 🖳 www.psi-promenade.com,
teils renovierte AC-Zi mit Minibar. ❹

Town Lodge 103, 106 Soi 18 Sukhumvit Rd., am
Ende der Soi, 📞 02-6637712, 📧 townlodge@
gmail.com, neues, aufgemöbeltes Kleinhotel
am Ende der Soi mit moderner Einrichtung.
Zi mit AC, kleiner Du/WC, TV, DVD-Player und
Minibar u. a. mit Alka Seltzer sowie einer Auswahl an Kondomen. Frühstück inkl. Kleine,
nette Bar. ❺

Royal Asia Lodge 104, 91 Soi 8 Sukhumvit Rd.,
📞 02-2515514-6, 🖳 www.royalasialodge.com,
fast am Ende der Soi, rund um die Uhr kostenloser, hoteleigener Tuk-Tuk-Transport zur Sukhumvit Rd., angenehmes Hotel unter hilfsber
eiter indischer Leitung, Zi mit Du/WC und AC,
winziger Pool auf dem Dach. Günstiger übers
Internet zu buchen. ❺

Hotels mit gehobenem Standard

The Eugenia ⑨, 267 Soi 31, Sukhumvit Rd.,
📞 02-2599017-9, 🖳 www.theeugenia.com,
ein besonders schönes Boutique-Hotel. Die
12 Suiten sind ganz im Stil des neokolonialen
Hauses stimmungsvoll mit vielen Antiquitäten
eingerichtet. Im Innenhof ein Pool, zudem ein
Café. Der Service ist dem Preis entsprechend
perfekt. ❽

Zenith Sukhumvit ⑨⓪, 29/117 Soi 3 Sukhumvit
Rd., 📞 02-6554999, 🖳 www.zenith-hotel.com,
Hotel in den oberen Stockwerken eines Neu-
baus mit Executive Floor für Geschäftsleute.
160 kleine, nett eingerichtete Zimmer, freundlicher Service, Pool auf dem Dach mit toller
Aussicht, Frühstück inkl. ❻

The Park Hotel ⑨①, 6 Soi 7 Sukhumvit Rd.,
📞 02-2554300, 📠 2554309, Mittelklassehotel,
das von außen mehr verspricht als die Zimmer
halten können. Frühstück inkl., Pool. ❺–❻

Grand Business Inn ⑨②, 2/4 Soi 11 Sukhumvit
Rd., 📞 02-2547981-4, 🖳 www.awgroup.com,
neues Mittelklasse-Hotel mit zweckmäßiger
Ausstattung inkl. TV, Kühlschrank und Wasserkocher. ❺

Grand President ⑨③, 14-16 Soi 11 Sukhumvit Rd.,
📞 02-6511200, 🖳 www.grandpresident.com. In
den 3 Hochhäusern mit jeweils eigenem Pool
und Fitnesscenter können 437 Studios und
Suiten gemietet werden, die sich vor allem für
Familien lohnen, die länger bleiben wollen.
Auch Suiten mit 2 Zimmern, Kochecke und
Wohnzimmer. ❺–❼

Swiss Park Hotel ⑨④, 155/23 Soi 11 Sukhumvit
Rd., 📞 02-2540228-9, 🖳 www.swissparkhotel
bangkok.com. 18-stöckiges Business-Hotel mit
über 100 etwas abgenutzten, aber sauberen
Zimmern der Mittelklasse. Pool im 7. Stock.
Freundlicher Service. Frühstück inkl. ❺–❻

Manhattan ⑨⑤, 13 Soi 15 Sukhumvit Rd., 📞 02-
2550166, 🖳 www.hotelmanhattan.com, etwas
älteres Hotel mit japanischem Restaurant und
Urlaubern wie Langzeitgästen, Pool. ❺

Landmark ⑨⑦, 138 Sukhumvit Rd, 📞 02-2540404,
🖳 www.landmarkbangkok.com, 31-stöckiges
Luxushotel, 415 elegant eingerichtete Zimmer
und Suiten mit allem Komfort, Pool, Jacuzzi,
Sauna und Massage, großes Frühstücksbuffet
inkl., 5 Restaurants und zahlreiche Geschäfte.
❽

Rembrandt ⑩③, 19 Soi 18 Sukhumvit Rd., 📞 02-
2617100, 🖳 www.rembrandtbkk.com. 4-Sterne-
Hotel mit über 400 Zimmern und Suiten auf 26
Stockwerken. Aufmerksamer Service. Pool im
4. Stock, Frühstücksbuffet, sonntags indischer
Brunch. Das indische Restaurant unterm Dach
ist das beste Thailands. ❻–❽

Windsor Suites ⑩③, 8-10 Soi 20, Sukhumvit Rd.,
📞 02-2621234, 🖳 www.windsorsuiteshotel.com,
über Veranstalter buchbar, 460 Minisuiten auf
32 Stockwerken, sehr guter Service, Frühstück
mit Körnerbrot, netter Pool. ❽

Siam Square und Umgebung

In diesem Gebiet gibt es einige günstige Kleinhotels etwas abseits vom Trubel und dennoch
absolut verkehrsgünstig am Skytrain und in der
Nähe vieler Restaurants und guter Einkaufsmöglichkeiten.

Kleinhotels

Muangphol Mansion ⑯, 931/9 Rama I Rd., ✆ 02-2194445, ✉ mpm@loxinfo.co.th, einfaches Hotel über einem 24 Std. geöffneten Restaurant, Zi mit AC, Warmwasser-Du/WC und Kühlschrank, zur Straße hin laut. ❹

Pranee Bldg. Accommodation ⑯, 931/12 Soi Kasemsan 1, Ecke Rama I Rd., ✆ 02-2163181, ✺ 2150364, einfache Zi mit Du/WC und AC, zur Hauptstraße hin laut. ❸

White Lodge ⑯, 36/8 Soi Kasemsan 1, ✆ 02-2168867, ✺ 2168228, kleine Zi mit Warmwasser-Du/WC und AC. Die Zimmer im Erdgeschoss können wegen der angrenzenden Waschküche sehr laut sein. Im Vorhof ein einfaches Restaurant, das zum Frühstück und Abendessen öffnet. ❸

A-One Inn ⑯, 25/13-15 Soi Kasemsan 1, ✆ 02-2153029, 🖳 www.aoneinn.com, ältere Zi mit AC, Du/WC, TV und Telefon. ❸

Wendy House ⑯, 36/2 Soi Kasemsan 1, ✆ 02-2141149-50, 🖳 www.wendyguesthouse.com, die AC-Zi mit Du/WC, TV und Kühlschrank werden auch langfristig vermietet. Café. ❹ – ❺

The Bed & Breakfast ⑯, 36/42-43 Soi Kasemsan 1, ✆ 02-2153004, ✺ 2152493, kleine Zi mit einem oder 2 Betten, AC und Warmwasser-Du/WC, inklusive Frühstück. ❸

Hotels

Amari Atrium ⑦, 1880 New Phetchaburi Rd., ✆ 02-7182000, 🖳 www.amari.com, großes Hotel mit 568 Zi, das manchmal mit attraktiven Sonderangeboten aufwartet. ❽

Morakot Hotel ⑧, 2802 New Phetchaburi Rd., ✆ 02-3140761-3, ✺ 3191461, etwas außerhalb gelegen, kleines Hotel mit gutem Preis-Leistungs-Verhältnis, Zi mit AC, Swimming Pool, Disco. ❺ – ❽

Eastin Bangkok ㊸, 1091/343 New Phetchaburi Rd., ✆ 02-6517600, 🖳 www.eastinbangkokhotel.com, günstig über Reisebüros zu buchendes, etwas abseits gelegenes Mittelklasse-Hotel nahe Pratunam-Markt mit 299 Zi, schöner Pool, Restaurant mit mäßigem Essen. ❻

Samran Place ㊺, 302 Phetchaburi Rd., ✆ 02-6111245-54, 🖳 www.samran.com, 78 saubere Zi mit AC, zur Straße hin sehr laut. Gutes Essen, unbedingt Tom Yam probieren. Freundlicher Service. ❺

Reno Hotel ⑯, 40 Soi Kasemsan 1, ✆ 02-2150026-7, 🖳 www.renohotel.co.th, hübsche Lobby und relativ große, gefliese Zi mit AC, teurere mit TV, Kühlschrank und Safe, einige mit durchgelegenen Matratzen und abgenutzter Einrichtung, im Hinterhof Pool mit kleiner Sonnenterrasse, kleines Frühstück inkl., ansonsten teures Restaurant, Parkplatz. Gutes Preis-Leistungs-Verhältnis. ❹ – ❻

Siam@Siam ㊼, 865 Rama I Rd., ✆ 02-2173000, 🖳 www.siamatsiam.com, Designerhotel mit 203 in kräftigen Farben gestalteten Zi mit allen technischen Raffinessen. In gleicher Art sind das Restaurant mit Pub sowie die Lobby Bar, zudem ein Pool, Spa und Fitnesscenter. ❼

Conrad Bangkok ㊽, 87 Witthayu Rd., ✆ 02-6909999, 🖳 www.conradbangkok.com. Großes 5-Sterne-Hotel mit allen Einrichtungen im Hochhauskomplex des All Seasons Place. ❽

Baiyoke Sky Hotel ㊾, im Baiyoke II Tower, 222 Ratchaprarop Rd., ✆ 02-6563000, 🖳 www.baiyokehotels.com, 673 großzügige, saubere Zi vom 22.–74.Stock in einem der höchsten Hotels der Welt, übertroffen vom Burj Al Arab, dem Super-Luxushotel in Dubai. Die Preise steigen mit der Geschosszahl. Frühstücksbuffet im Baiyoke Sky Restaurant im 78.Stock, von 18–22.30 Uhr riesiges Buffet mit über 100 Gerichten für etwa 500 Baht, ⊙ bis 22 Uhr. Weitere Zi im Baiyoke Suite Hotel ㊷ im älteren Baiyoke I Tower, Ratchaprarop Rd., ✆ 02-2557755. ❻ – ❼

Chinatown

Neben den Billighotels im „Bahnhofsviertel" rings um den Hauptbahnhof Hua Lamphong gibt es einige gute chinesische Mittelklassehotels in der Yaowarat Rd. Touristen sind zumeist froh, das Viertel, in dem die Konzentration von Lärm und Luft verpestenden Verkehrsmitteln ein unerträgliches Ausmaß angenommen hat, schnell wieder zu verlassen. Die Nähe zum Hauptbahnhof, der U-Bahn und Menam Chao Phraya sind allerdings Gründe, hier zu wohnen.

Gästehäuser

Baan Hua Lampong Gh. ⑲, 336/20, 21 Soi Chalong Krung, Rama IV Rd., in einer Gasse gegenüber vom Bahnhof nahe Expressway, ✆ 02-6398054, 🖳 www.baanhua lampong.com. Saubere, nette Zi mit Fan, schöne Gemeinschafts-Du/WC, Aufenthaltsraum mit TV, Gemeinschaftsküche, Waschmaschinen, Dachterrasse, freundliches, aber kaum Englisch sprechendes Personal. ❸

Your Place Gh. ⑲, gegenüber, 336/17 Soi Chalong Krung, Rama IV Rd., ☎ 02-6398034, 🖥 www.yourplaceguesthouse.com, hat 15 saubere Zi mit Fan und Gemeinschafts-Du/WC oder AC und Warmwasser-Du/WC. Frühstück inkl. Zudem Wäscheservice und Gepäckaufbewahrung. Beliebt bei japanischen Backpackern. ❷–❹

F.F. Guesthouse ⑲, 340/1 Trok La-O, Rama IV Rd., ☎ 02-2334168. 10 ruhig gelegene, preiswerte Zi mit Gemeinschafts-Du/WC in einem kleinen Haus am Ende der Soi, familiäre Atmosphäre. ❷

River View ⑳, 768 Soi Panunrangsi Songwat Rd., südwestlich vom Wat Traimit, 8 Min. vom Harbour Department Pier, ☎ 02-2345429, ✉ riverviewbkk@hotmail.com, Eingang auch über die Soi Duang Rawang weiter südlich. 45 schöne Zi mit Telefon, TV, Fan und kleinem Balkon mit Flussblick, aber ohne Du/WC, oder auf der Rückseite mit AC und Du/WC, Zi am lauten Aufzug meiden – bei der Buchung auf die richtige Zimmerkategorie achten. Das Dachrestaurant im 8. Stock wartet von 7–22 Uhr mit mäßigem Essen aber einem schönen Ausblick auf den Fluss und einer kühlen Brise auf. ❸–❹

Hotels

Grand China Princess Hotel ⑯, 215 Yaowarat Rd., ☎ 02-2249977, 🖥 www.royal princess.com, gutes, 22-stöckiges 4-Sterne-Hotel der Dusit-Gruppe, 155 Zi im modernen chinesischen Stil, traumhafter Ausblick von der Dachterrasse mit einem kleinen Pool, die ab 19 Uhr geschlossen ist. ❻–❽

White Orchid Hotel ⑰, 409-421 Yaowarat Rd., ☎ 02-2260026, ✆ 2218101, im 1. Stock renovierte, saubere AC-Zimmer, Frühstück inkl. ❹–❺

Shanghai Inn ⑰, 479-481 Yaowarat Rd., ☎ 02-6780101, 🖥 www.shanghai-inn.com. Boutique-Hotel mit 55 Zi und Suiten im etwas schrillen traditionell-chinesischen Stil eingerichtet und mit moderner Technik ausgestattet, kostenloser Internet-Zugang. ❺–❼

Chinatown Hotel ⑰, 526 Yaowarat Rd., ☎ 02-2250204-6, 🖥 www.chinatownhotel.co.th, mitten

in Chinatown liegt dieses chinesisch gestaltete Mittelklassehotel. Billige Zi ohne Fenster, bessere im 5. Stock, Frühstück inkl. Freundlicher Service. ❹

Krung Kasem Srikrung Hotel ⑱, 1860 Krung Kasem Rd., ☎ 02-2250132, ✆ 2254705. Der größte Vorteil dieses Hotels ist seine Lage gegenüber dem Bahnhof. Etwas vergilbte, aber akzeptable Zi mit AC, Du/WC, Coffeeshop. ❸–❹

Bangkok Centre Hotel ⑲, 328 Rama IV Rd., ☎ 02-2384848-57, 🖥 www.bangkokcentrehotel.com, großes, von der Straße zurückversetztes Hotel, große Zi, Preis inkl. Frühstücksbuffet, langsamer Service. Nichtraucher-Etage, aus den oberen Stockwerken Blick über die Chinatown. Überwiegend asiatische Reisegruppen, Pool. ❺

In Flussnähe und an der Silom Road

Am Ufer des Menam Chao Phraya erheben sich einige der teuersten Hotels der Stadt. Die Mittelklassehotels in der unteren Silom und Surawong Rd. werden von asiatischen Geschäftsleuten, Kurzzeitkunden und Reisegruppen bevorzugt. Die Lage in der Nähe des Flusses und des Skytrains ist das größte Plus. Vor allem in der schmalen Charoen Krung Rd. stauen sich Lärm und Abgase, aber auch Spaziergänge durch die Surawong und Silom Rd. stellen eine gesundheitliche Belastung dar.

Gästehaus: T.T. Gh. ㉓, 516-518 Soi Sawang, Si Phraya Rd., 10 Min. südlich vom Bahnhof, ☎ 02-2362946, ✆ 236 3054, etwas versteckt in einer Nebenstraße. 25 kleine, saubere Zi mit Fan, Etagen-Du/WC. Das Restaurant serviert Traveller-Food. Viele Bücher, Gepäckaufbewahrung. Ab Mitternacht geschlossen. ❷

Hotels: **Manohra** ㉕, 412 Surawong Rd., ☎ 02-2345070-88, ✆ 2377662, sanierungsbedürftiges 1960er-Jahre- Hotel mit winzigem Pool neben der Lobby. Überwiegend einheimische Geschäftsleute. Dachterrasse, Bäckerei und Restaurant, einfaches Frühstück inkl. ❺

New Road.Gh. ㉖, 1216/1 Soi Charoen Krung, ☎ 02-2371094, ✆ 2371102, dreistöckiges, relativ ruhig gelegenes Haus, Zi mit AC, Telefon und TV, nachträglich eingebaute Du/WC hinter einer

Falttür, Restaurant, skandinavisches Reise-büro. **❺**

Silom Village Inn ㉚, 286/1 Silom Rd., im Silom Village, ☎ 02-6356810-6, ✆ 6356817, 🖳 www.silomvillage.co.th, 34 kleine Zi mit Kühlschrank, moderner AC, Safe und Bad/WC, nett eingerich-tet, was für den wenig begeisternden Ausblick entschädigt. Mittelklasse, Rabatt möglich. Res-taurant im 2. und Weinbar im 3. Stock. **❺**

Unico ㉛, 533 Silom Rd., ☎ 02-2378300-4, 🖳 www.towerinnbangkok.com. In dem ge-pflegten Hochhaus werden im 7.–11. Stock komfortable Mittelklasse-Zimmer und im 12.–18. Stock Luxusapartments angeboten. Alle Gäste können das Fitnesscenter, die Sauna und den Pool auf dem Dach (gute Sicht!) nutzen. Guter Service. **❻**

La Residence ㉜, 173/8-9 Surawong Rd., ☎ 02-2665400, 🖳 www.laresidencebangkok.com. Neues, in farbenfrohen Tönen gestaltetes Hotel, dessen 23 großzügige, gepflegte Zimmer unter-schiedlich eingerichtet sind und sich für Lang-zeitaufenthalte anbieten. Im Erdgeschoss ein Thai-Curry-Restaurant. **❻**

Hotels mit gehobenem Standard

The Peninsula ⑪, 333 Charoennakorn Rd., auf der Thonburi-Seite, ☎ 02-8612888, 🖳 www.peninsula.com, 39-stöckiges Luxushotel in er-staunlich ruhiger Lage mit ausgezeichnetem, unaufdringlichem Service. Sehr gut eingerichte-te Zimmer und Flussblick, großer Pool und Spa. Restaurants, sehr gute Dim Sum im chinesi-schen Restaurant, traditioneller Afternoon Tea, Shuttle-Boote zur Skytrain, River City und Orien-tal Pier. **❽**

Millenium Hilton ㉑, 1213 Charoen Nakhon Rd., ☎ 02-4422000, 🖳 www1.hilton.com, neues Hochhaus jenseits vom Fluss mit großzügigen Zi und einem hervorragenden Steakhouse. **❽**

Luxx ㉒, 6/11 Dencho Rd., ☎ 02-6358800, 🖳 www.staywithluxx.com, modernes, 5-stöckiges Boutique-Hotel mit 13 unterschiedlich großen AC-Zi im minimalistischen Zen-Stil, hölzernen Badezubern und moderner Technik wie Flachbild-schirm, DVD-Player und Internet. **❻–❽**

Mandarin Hotel ㉒, 662 Rama IV Rd., nahe Ein-mündung Si Phraya Rd., ☎ 02-2380230, 🖳 www.mandarin-bkk.com, in die Jahre gekommenes

Hotel, gepflegte Zi und üppiges Frühstücksbuf-fet. Gutes Preis-Leistungs-Verhältnis. **❻**

Royal Orchid Sheraton ㉔, 2 Captain Bush Lane, Si Phraya Rd., ☎ 02-2660123, 🖳 www.royal orchidsheraton.com. Großes 4-Sterne-Hotel am Fluss, 742 Zi mit Flussblick, besonders empfeh-lenswert die luxuriösen, teureren Zi im Tower Wing, 2 Pools in einer Gartenanlage am Fluss, abends klassische Thai-Tänze. **❽**

Oriental ㉗, 48 Oriental Ave., ☎ 02-6599000, 🖳 www.mandarinoriental.com. Man zählt es zu den besten Hotels der Welt. Aufmerksamer, etwas elitärer Service, Gartenterrasse mit 2 Pools und Blick auf den Fluss. Zimmer im River Wing mit Flussblick, sehr teure Zi im histori-schen Garden Wing im Kolonialstil. Seafood-Restaurant Lord Jim's mit großem Aquarium. Auf der anderen Flussseite kann man sich in einem der besten Spas verwöhnen lassen. Shuttleboot zum River City. **❽**

Shangri-La ㉘, 89 Soi Wat Suan Plu, Charoen Krung Rd., ☎ 02-2367777, 🖳 www.shangri-la.com. Großes 5-Sterne-Luxushotel am Fluss, das in seinen besseren Zi selbst verwöhnte Gäste zufrieden stellt. Sehr gutes Essen, abends Thai-Tänze, Shuttleboot zum River City. **❽**

Holiday Inn ㉙, 981 Silom Rd., ☎ 02-2384300, 🖳 www.holidayinn.bangkok.ichotelsgroup.com, 726 komfortable Zi im Plaza und neueren Crowne Tower, am besten nicht zur Schnell-straße hin wohnen. Mehrere Restaurants, gro-ßes Frühstücksbuffet. Überdachter Pool. **❻**

Triple Two Silom Hotel ㉛, 222 Silom Rd., ☎ 02-6272222, 🖳 www.tripletwosilom.com, schickes Boutique-Hotel neben dem Narai unter glei-chem Management, zuvorkommender Service, DVD-thek, empfehlenswertes Dhara-Spa. **❻–❼**

Sofitel Silom ㉛, 188 Silom Rd., ☎ 02-2381991, 🖳 www.sofitel.com. Das gläserne Hochhaus des modern und kühl gestalteten 5-Sterne-Ho-tels bietet vor allem Geschäftsleuten jeglichen Service. Hervorragendes Frühstücksbuffet, klei-ner Pool, Fitnesscenter, Filiale der Feinkostkette Lenôtre Paris mit exzellentem Kuchen. **❻**

Montien Hotel ㉞, 54 Surawong Rd., ☎ 02-2337060-9, 🖳 www.montien.com, 475 Zi gegen-über der Patpong. Angenehmer Service und gutes Frühstücksbuffet. Pool im 3. Stock, u. a.

ein chinesisches Restaurant und gute Bäckerei. Schwesterhotel im Süden am Fluss, mit dem Shuttleboot ab River City zu erreichen. **⑦** Winzige Boutique-Hotels am Fluss:

Ibik Resort, 256 Soi Wat Rakhang, nahe dem Patravadi Theatre, ☎ 02-8489220, 🖥 www.ibrikresort.com. **⑥ – ⑦**

Arun Residence, 36-38 Soi Pratoo Nok Yoong am Ende der Soi Chetuphon südlich vom Wat Pho, ☎ 02-2219158, 🖥 www.arunresidence.com. **⑥ – ⑦**

Südlich des Lumpini Parks

Vor allem Stammkunden und Langzeitgäste bewohnen seit den 1970er-Jahren die meisten Gästehäuser in der Soi Sri Bamphen rings um das Malaysia Hotel. Sie scheinen sich an den mittlerweile heruntergekommenen Räumlichkeiten nur wenig zu stören, solange Drogen und Prostituierte zu haben sind. Aufgrund der Drogenszene ist mit häufigen Razzien zu rechnen. Welch ein Kontrast zu den luxuriösen Hotels und christlich geführten Gästehäusern in der Nähe! Rings um die Patpong konzentrieren sich nicht nur Go-go-Bars und andere Nachtclubs, sondern auch gute Restaurants und Einkaufsmöglichkeiten. Der Airport ist über den Highway schnell zu erreichen, und zum Bahnhof geht es mit der U-Bahn.

Gästehäuser

Bangkok Christian Gh. ㉝, 123 Saladaeng Soi 2, nahe Convent Rd., ☎ 02-2336303, 🖥 www.bcgh.org, zweckmäßig eingerichtete, saubere, überteuerte Zi mit AC und Du/WC. Wer sich an der christlich geprägten Umgebung nicht stört, kann sich im ruhigen Idyll mit großem Garten, einem Relikt aus dem alten Bangkok, wohl fühlen. Frühstück inkl., mittags und abends wird ein europäisches, relativ geschmackloses Essen gekocht, das von Lesern aber auch gelobt wurde. **⑤**

YWCA ㉚, 13 Sathorn Tai Rd., ☎ 02-2861936, 🖥 www.ywcabangkok.com, auf seinem einstigen großen Grundstück steht nun das Hochhaus einer Versicherungsgesellschaft, in dem sich das YWCA-Restaurant befindet. Zudem erhielt das alte Gebäude eine neue Fassade. Die Zimmer sind allerdings noch so einfach und klein wie zuvor. **④ – ⑤**

Honey House ㊵, 35/1-4 Soi Ngam Duphli, ☎ 02-6798112-3, 📠 2872035, 5 kleinere Zi mit Fan und 43 etwas teurere, größere mit Du/WC, Fan oder AC, Preisnachlass bei längerer Mietdauer. **③**

Sala Thai ㊶, 15 Soi Sri Bamphen, ☎ 02-2871436, von einer netten Familie werden 18 sehr ruhige, saubere Zimmer mit Gemeinschafts-Du/WC und Fan v. a. an Dauergäste vermietet, auch Familienzimmer. **②**

Weitere Gästehäuser nahe dem Malaysia Hotel sind abgewirtschaftet und nicht zu empfehlen.

Hotels

Tawana Ramada ㉝, 80 Surawong Rd., ☎ 02-2360361, 🖥 www.tawanahotel.com, angenehmes 4-Sterne-Hotel nahe Patpong, saubere, hübsch eingerichtete Zi, kleiner Pool, sehr gutes Frühstücksbuffet. Günstig über deutsche Reiseveranstalter buchbar. **⑦**

Dusit Thani ㊱, 946 Rama IV Rd., ☎ 02-2360450-9, 🖥 www.dusit.com, das gepflegte Hotel der Luxusklasse war noch in den 1970er-Jahren das höchste Haus der Stadt. Nun wirkt es in seiner Nachbarschaft winzig. **⑧**

The Swiss Lodge ㊲, 3 Convent Rd., ☎ 02-233 5345, 🖥 www.swisslodge.com, geschmackvoll eingerichtetes kleines First-Class-Hotel, das umweltbewusst ausgestattet, aber auch recht teuer ist. Rabatt bei Buchungen über Reisebüros. **⑧**

Sukhothai ㊳, 13/3 Sathorn Tai Rd., ☎ 02-3448888, 🖥 www.sukhothai.com, gleich daneben. Im Gegensatz zu dem angrenzenden kühlen Riesen besitzt dieses modern und sachlich gestylte Hotel asiatisches Flair. Das Luxushotel ist eine der exklusivsten Unterkünfte der Stadt. **⑧**

Westin Banyan Tree ㊳, 21/100 Sathorn Tai Rd., ☎ 02-6791200, 6791052, 🖥 www.banyantree.com, modernes Luxushotel mit Suiten in einem schmalen, zerbrechlich wirkenden 64-stöckigen Hoch-haus, im 60. Stock das noble chinesische Bai Yun Restaurant und die Vertigo Moon Bar. Über mehrere Stockwerke erstreckt sich eines der größten Wellness Center mit europäischen und asiatischen Massagen, Themenbädern und Saunen. **⑧**

Metropolitan ㊳, 27 Sathorn Tai Rd., ☎ 02-6253333, 🖥 www.metropolitan.como.bz, Designerhotel im west-östlichen Mix mit 171 modernen, komfortablen Zi und einem Fusion-Restaurant mit Bio-Lebensmitteln. **❽**

Pinnacle ㊴, 17 Soi Ngam Duphli, ✆ 02-2870111-31, 🖥 www.pinnaclehotels.com, anonymes Mittelklassehotel mit 170 komfortablen AC-Zimmern mit Kühlschrank und TV. Günstige Preise über Reisebüros. Reichhaltiges Frühstücksbuffet inklusive, Jacuzzi. **❺**

Malaysia ㊵, 54 Soi Ngam Duphli, ✆ 02-6797127-36, 🖥 www.malaysiahotelbkk.com, traditionelles Travellerhotel, das seine Popularität der Nostalgie ehemaliger Gäste und zahlreichen leichten Jungen und Mädchen verdankt, die auch den 24-Std.-Coffeeshop bevölkern. Wen das nicht stört, der bekommt relativ saubere Zimmer mit einem guten Preis-Leistungs-Verhältnis. Außerdem 4 Restaurants. **❹**

In den Außenbezirken

Im Norden der Stadt in wenig touristischer Umgebung:

Asha Gh. ①, 4 Soi Intamara 3, Suthisarn Rd., südlich vom Chatuchak Weekend Market, 10 Min. von der BTS-Station Saphan Khwai, ✆ 02-2711417, 2714811, 🖥 www.ashaguest house. com. Gepflegtes, nettes Guesthouse in ruhiger Seitenstraße, 60 Zi mit Fan oder AC und Gemeinschafts-Du/WC, kleiner Pool und Garten, DVD, Büchertausch, Waschmaschinen, Internet, Fitnessraum, Parkplätze, Airport Pick-up, gutes, nicht ganz billiges Restaurant, thai-europäisches Management. **❸**

KT Gh. ①, Sutthisan Rd., ✆ 02-2763462. 🖥 www.ktguesthouse.com, nahe Suan Chatuchak Weekend-Markt und Mo Chit (Northern Bus) Terminal. 30 geräumige, saubere Zi mit AC und Du/WC. Freundliches Personal, gutes, preiswertes Essen. **❸**

Reflections – rooms in Bangkok ③, 81-85 Soi Ari, Paholyothin 7 Rd., ✆ 02-2703344, 🖥 www.reflections-thai.com, westlich der BTS-Station Ari, in einer Umgebung mit viel Lokalkolorit. Das Designerhotel lenkt von seiner unspektakulären Aussicht mit einer fantasievollen Inneneinrichtung ab. Im Internet kann man sich eines der von Designern fantasievoll gestalteten 28 AC-Zi mit Satelliten-TV, DVD-Player, Internet-Zugang, Wasserkocher und Minibar aussuchen und

buchen, sofern man keine Scheu vor schrillen Farben und Plastik hat. Beim Dinner am Pool fühlt man sich wie in einer grünen Oase. **❻**

In **Thonburi** sind Hotelzimmer der gehobenen Preisklasse häufig günstiger als in Bangkok zu bekommen. Einige liegen sogar verkehrsgünstig nahe dem Fluss oder einer Brücke:

The Artists' Place, 61-63 Soi Tiem Boon Yang, ab Soi Krung Thonburi 1, Krung Thonburi Rd., westlich der Taksin-Brücke, ✆ 02-8620056, 🖥 www.geocities.com/theartistsplace. Kleines Haus mit 12 Zi. **❷–❸**

Royal River Hotel ②, 219 Charan Santiwong Rd., jenseits der Krung Thon-Brücke, ✆ 02-4330300, 📠 4335880, 🖥 www.royalrivergroup.com. 436 Zi mit Flussblick, günstiger übers Internet, hilfsbereites Personal. 2 gute Restaurants am Fluss. Durch das Expressboot sehr gut zu erreichen, Shuttleboot zum River City. **❺**

Menam Riverside Hotel ⑫, 2074 Charoen Krung Rd., ✆ 02-6881000, 🖥 www.menamriverside-hotel.com, großes 711-Zi-Hotel am Fluss. Hellhörige Zi, teils mit wunderbarer Aussicht über den Fluss auf die Stadt, freundlicher Service, opulentes Frühstücksbuffet, mehrere Restaurants, Pool, nahe dem Expressboot-Pier 2 Stationen südlich der Taksin-Brücke, unzuverlässiges Shuttleboot zum River City. **❺**

Marriott Resort & Spa ⑬, 257 Charoen Nakhorn Rd., ✆ 02-4760022, 🖥 www.marriotthotels.com, bei Buchungen über Veranstalter noch bezahlbarer 5-Sterne-Luxus am Fluss in einer großzügigen Gartenanlage mit Pool unter Palmen, abends Thai-Tanzshow zum Buffet, sehr gutes Essen, alle 15 Min. kostenloser Shuttle zum Skytrain an der Taksin-Brücke. **❽**

The Thai House, siehe Umgebungsplan, 32/4 Moo 8, Tambol Bang Muang, Bang Yai, Nonthaburi, ✆ 02-9039611, 9975161, 🖥 www.thaihouse.co.th. Übernachtung bei einer liebenswerten Familie in einem wunderschönen, traditionellen Teakhaus, in dem man sich schnell wie zu Hause fühlt. Zi im Thai-Stil mit moderner Gemeinschafts-Du/WC, Frühstück und Transport inkl. Das Haus am Klong ist von Bangkok aus sowohl mit dem Boot (ca. 1 1/2 Std.) als auch mit dem AC-Bus 516 zu erreichen. Letzterer fährt alle 15 Min. ab Sanam Luang bis Bang Buatong, hinter dem Mitsubishi-Gebäude und der Brücke

aussteigen und 10 Min. laufen oder ein Motorradtaxi für 10 Baht nehmen. Wer möchte, kann
bei Pip die Geheimnisse der Thai-Küche erkunden. Der ideale Ort zum Ankommen, Relaxen
und um das Leben auf dem Land kennen zu lernen. Frühstück inkl. ❺

Essen

Aus kulinarischer Sicht ist Bangkok ein wahrhaft kosmopolitisches Paradies. Neben den asiatischen Küchen von Japan bis zum Vorderen
Orient gibt es deutsche, französische, italienische und spanische Restaurants. Essen zu
gehen kostet kein Vermögen, denn auch die
meisten Einheimischen gehen außerhalb essen,
zumeist an Straßenständen. Hier gibt es schon
ab 20 Baht eine kräftige Suppe, in Restaurants
zahlt man für ein Thai-Gericht meist um
100 Baht, in Hotels und Touristenvierteln mehr.
Westliche Gerichte können wesentlich teurer
sein. In AC-Restaurants darf nicht geraucht
werden. Restaurant-Reviews für eine kulinarische Bangkok-Reise unter: 🖥 www.bangkok
post.com/entertainment/restaurants.

Banglampoo und Thewet

Zu den Traveller-Restaurants in der Khaosan Rd.
und ihrer Umgebung gibt es auch Alternativen.
Das Essen an einigen Garküchen und in diversen Restaurants kann richtig gut sein. Allerdings ändert sich die Szene schnell.

Fast Food und Essenstände

Den Traveller-Bedürfnissen tragen mehrere
Fastfood-Restaurants in der Khaosan Road und
ihrer Umgebung Rechnung. Mehrere Garküchen
in der Soi Rambuttri, nahe der Chakraphong Rd.
Beliebt ist der Nachtmarkt am östlichen Ende
der Tani Rd., die sich zunehmend zu einer
Schlemmermeile entwickelt.

Tim, ein witziger, freundlicher Thai, grillt auf
dem Bürgersteig in der Tani Rd. von 18–24 Uhr
sehr guten gesalzenen Fisch für 80–100 Baht
und Shrimps für 10 Baht pro Stück. Auch eis-
kaltes Bier.

Nach dem Besuch im Königspalast sitzt man an
den Garküchen am Chang Pier ruhig unter Bäumen. Hier gibt es leckeren Saft und gutes, preiswertes Essen.

Ein Einkaufsbummel ist eine gute Gelegenheit,
Snacks zu probieren, die an Straßenständen,
auf Märkten und in Supermärkten überwiegend frisch zubereitet werden. Da hier niemand Englisch spricht, schaut man einfach in
die Töpfe oder bestellt, was am Nachbartisch
lecker duftet. Die beliebtesten Gerichte für Ein-
steiger, die vor allem in Backpackerzentren angeboten werden, sind beispielsweise Klebreis
mit Mango und gefüllte Pancakes oder etwas
deftiger gegrillte Hähnchenspieße sowie
Fische in Salzkruste.

Buffet Lunch

Große Hotels bieten Buffet Lunch um 500 Baht
an, bei dem man so viel essen kann wie man
will. Häufig gibt es nicht nur Thai-Gerichte, sondern auch europäische, chinesische oder japanische Spezialitäten. Spitzenqualität bei entsprechenden Preisen bietet in stilvoller Atmosphäre das **Royal Princess Hotel**, 269 Larn
Luang Rd., ✆ 02-2813088, das beste Hotel der
Gegend mit einem empfehlenswerten Mittagsbuffet.

Cafés

Ricky's Coffeeshop, Phra Athit Rd., unter dem
Pra Athit Mansion, ein winziges Café, geschmackvoll im chinesischen Kolonialstil gestaltet, mit sehr gutem Kaffee und einer großen Auswahl an Käse-Sandwiches sowie Baguettes.

Saffron, Phra Athit Rd., kleines Café mit leckeren westlichen Kuchen (v. a. die Schwarz-
wälder-Kirschtorte) und gutem Kaffee. ⏰ tgl. 8–
21 Uhr.

Coffee & More, Phra Athit Rd., etwas weiter
südlich, großes Café im Seitenflügel des alten,
von Mauern und Wächtern abgeschirmten Gebäudes.

Coffee World in der Buddy Lodge, 265 Khaosan
Rd. Im modernen amerikanischen Stil einge-
richtetes Café mit klassischer, entspannender
Hintergrundmusik. Espresso-, verschiedene
Kaffee- und Teesorten, zudem leckere Kuchen,
Torten, Pasta und Salate. Internet-Terminals.

Ein Ableger der internationalen Kette. ◷ tgl. 7.30–2 Uhr.
Starbuck's ist ebenfalls mit einer Filiale in der Sunset Street in die Gegend vorgedrungen.

Chinesisch

Poon Sin, 460 Prachathipathai Rd., ✆ 02-2822728, einfaches, etwas steriles Restaurant gegenüber dem De Moc Hotel, berühmt für leckere chinesische geröstete Enten- und Schweinefleisch-Gerichte, die traditionell kalt serviert werden, aber auch aufgewärmt zu bekommen sind.

Indisch

Bombay Blues, Soi Rambuttri, nahe der Nationalgalerie, ✆ 02-6293590. In dem gemütlichen, nett eingerichteten Restaurant kann man auf Kissen sitzend leckeres Chicken Tandoori oder anderes kosten und danach eine Shisha rauchen. ◷ tgl. 15–1 Uhr.

Italienisch

Café Primavera, 56 Phra Sumen Rd., nettes, zweistöckiges italienisches Restaurant unter österreichischer Leitung, das zu Jazzmusik, Pizza und eine große Auswahl an Nudelgerichten sowie italienisches Eis und leckeren Apfelstrudel serviert. ◷ tgl. 9–23 Uhr.
Ranee's Restaurant, 77 Trokmayom Chakraphong, ✆ 02-2824072, in einem teils überdachten, ruhigen Innenhof werden hausgemachte Nudeln in leckeren Soßen, Pizza und Thai-Gerichte ohne Glutamat zubereitet, auch Vegetarisches, Baguette aus der eigenen Bäckerei sowie guter Kaffee.
La Casa, 210 Khaosan Rd., hier schmeckt es wie beim Italiener um die Ecke, Gerichte von guter Qualität mit teils original italienischen Zutaten zu einem günstigen Preis. ◷ tgl. 12–24 Uhr.

Japanisch

Wer japanisches Essen liebt, kommt in Bangkok ganz bestimmt auf seine Kosten. Frische Zutaten aus dem nahen Meer machen die Tempura, Sushi und Sashimi besonders schmackhaft. Zudem sind sie verhältnismäßig preiswert.
Taketei, im 1. Stock des Nana Plaza Inn, 202 Khaosan Rd., hübsch ausgestattetes japani-

sches Restaurant. Leckere Gerichte von hervorragender Qualität zu günstigen Preisen. Der gegrillte Aal ist ein Gedicht. Gute Fruchtsäfte und andere Getränke. ◷ tgl. 11.30–24 Uhr.
Krai Si, 214 Phra Sumen Rd., bietet Nudelsuppen und anderes japanisches Essen zu akzeptablen Preisen. Es schließt allerdings bereits gegen 19 Uhr.

Thai

Im **Pannee Gh.**, 150 Soi Rambuttri, wird lecker gekocht. Abends sind die Plätze im Freien hoch begehrt.
Baan Pla Sod, 114 Phra Athit Rd., ✆ 02-6293339, hier stehen Fisch- und Pilzgerichte sowie Kräutergetränke auf der Karte. ◷ tgl. 11–14 und 17–23 Uhr.
Center Khaosan Restaurant und das gegenüber liegende **Lucky Beer**, im Zentrum der Khaosan Road, eignen sich bestens, um sich inmitten des Trubels auszuruhen und das Treiben zu beobachten. Das Essen im Center ist mäßig.
Mayompuri, 22 Chakraphong Rd., ✆ 02-6293883, ▯ www.mayompuri.com, die edle Khaosan-Alternative. Schickes Restaurant mit Wasserfall, guten, etwas teureren westlichen und Thai-Gerichten sowie gepflegten Cocktails.
Bay Tara, Tani Rd., etwas versteckt gelegenes, ganz in Weiß gehaltenes Restaurant mit Pool.
New Orleans, 522 Phra Sumen Rd., ✆ 02-2826800, großes Haus im Südstaaten-Stil mit unterschiedlich dekorierten Räumen. Das Essen ist asiatisch-international und die Musik überwiegend Thai. Am besten sind die Thai-Gerichte um 100 Baht, günstige Mittagsmenüs. ◷ tgl. 11–1 Uhr.
Angenehme Restaurants, die v. a. von einheimischen Studenten besucht werden, haben sich in kleinen Geschäftshäusern rings um das Phra Sumen Fort niedergelassen. Viele sind nur abends geöffnet.
Hemlock, 56 Phra Athit Rd., ✆ 02-2827507, mit winzigem Schild, 10 m nördlich von Phra Athit Mansion, Treffpunkt von Intellektuellen und Künstlern, fast 200 z. T. traditionelle Thai-Gerichte – wahre geschmackliche Abenteuer – zu günstigen Preisen in gepflegter Atmosphäre, französische und kalifornische Weine, klassische Musik. ◷ Mo–Fr 16–24, Sa ab 17 Uhr.
Vijit Restaurant, 77/2 Ratchdamnoen Klang Rd.,

am Demokratie-Denkmal, ☎ 02-2816472, sei Mutigen empfohlen. Großes, beliebtes, lautes Restaurant mit Thai-Live-Musik. Bebilderte Karte mit vielen Gerichten von 80–250 Baht, die alle superscharf sind.

Jokpochana, Talad Nana, Ecke Soi Samsen 2, Restaurant, das Seafood und preiswertes Bier verkauft. ⏲ 18–4 Uhr.

Unterhaltsam ist ein Essen **am Ufer des Menam Chao Phraya** oder in einem schwimmenden Restaurant:

Ton Pho, 43 Phra Athit Rd., ☎ 02-2800452, ⏲ bis 22 Uhr. Restaurant mit Blick auf den Fluss.

Thatom, südlich vom Phra Athit Pier, authentisches Thai-Essen, aber nicht so gut wie im Ton Pho, Blick auf den Fluss.

Khimlom-Chom-Sa-Phan, 11/6 Soi Samsen 3, ☎ 02-6288382-3, am Fluss hinter Wat Samphraya, neues, großes, beliebtes Szene-Restaurant mit einer großen Auswahl an Seafood-Gerichten um 200 Baht, kein Glutamat, englische Karte, aber noch wenige Touristen. Kleine Bäckerei mit leckeren Kuchen. Der Name bedeutet übersetzt: „Frischluft schnuppern und die Brücke bewundern".

Kaloang, in Thewet, am Flussufer zwischen Bootsschuppen am absoluten Ende der Sri Ayutthaya Rd., ☎ 02-2819228, Seafood und Isan-Küche, überwiegend Einheimische und westliche Familien, ruhige Atmosphäre. ⏲ tgl. 11–23 Uhr.

Kanab Nam, ☎ 02-4336611, weiter nördlich auf der Thonburi-Seite, an der Krung Thong-Brücke. Von 20–22.30 Uhr tuckern Restaurantboote den Fluss hinauf, wofür 70 Baht Zuschlag berechnet wird. Gutes Essen zu günstigen Preisen, die Kellner sprechen kaum Englisch, sind aber sehr aufmerksam.

Arun Residence by the River, am Ende der Soi Chetuphon südlich vom Wat Pho direkt am Fluss, ☎ 02-2219158, 🖥 www.arunresidence. com, gegenüber von Wat Arun mit traumhaftem Blick auf das erleuchtete Wat am Abend. Ein romantisches Restaurant mit hervorragendem Essen und trotz weißer Tischdecken und fantastischer Lage relativ günstigen Preisen. ⏲ tgl. 11–22 Uhr.

River Bar, Soi Chao Phraya Siam, Ratchawithi Rd., ☎ 02-8791747, 🖥 www.riverbar.com. Etwas

versteckt, aber sehr schön liegt diese Bar direkt am Fluss nahe der Krung Thon-Brücke. Leckere Flusskrebse, Thai-Live-Musik, lockere Atmosphäre, kostenloser Internet-Zugang.

Auf der Thonburi-Seite direkt am Fluss:

Ban Rim Nam, 723 Charoen Nakhon Rd., ☎ 02-8604500, die Auswahl an Thai-Gerichten ist so groß, dass die Speisekarte so dick wie ein Kochbuch ist. ⏲ tgl. 10.30–24 Uhr.

Supatra River House, 226 Soi Wat Rakhang, Arun Amarin Rd., ☎ 02-4110305, stilvoll restauriertes Thai-Haus mit Garten und Bühne. Im angrenzenden Theater sind Fr–So abends klassische Tänze, Theaterstücke oder Musikaufführungen zu sehen. Es ist von einem Kulturzentrum mit dem Patravadi Theatre umgeben. Gehobenes Preisniveau, ordentliche Kleidung erwünscht, keine Sandalen. Kostenlose hauseigene Fähren ab Maharaj Pier von 11–14 und 17.30–23 Uhr.

Vegetarisch

Im **Sor Nor Banglumpoo**, 179-181 Soi Rambuttri, werden auch günstige vegetarische Gerichte aufgetischt, preiswerter Internetzugang.

Pornsawan, 80 Samsen Rd., neben Soi 4, kleines, nettes Restaurant, das preiswerte Gerichte mit braunem Bergreis serviert. ⏲ tgl. 7–18.30 Uhr.

May Kaidee Vegetarian Restaurant, östlich der Tanao Rd. und in der Samsen Rd., nördlich des Klong Banglampoo, ☎ 02-2817137, 🖥 www. maykaidee.com. Gesunde, vegetarische Kost, lecker der schwarze Klebreis, preiswerte vegetarische Sandwiches und andere Snacks, bebilderte Speisekarte, Kochkurse von 9–13 Uhr für 1000 Baht. ⏲ tgl. 9–21 Uhr.

Weitere vegetarische Restaurants am östlichen Ende der Khaosan Rd., über die Tanao Rd. geradeaus und links in eine kleine Gasse abbiegen. Sie sind alle ok, aber nichts Besonderes.

Siam Square und Umgebung
Fast Food und Essenstände

Internationale Ketten sind nahezu komplett am Siam Square, im Mah Boon Krong Shopping Center, Discovery Center, Siam Paragon und Siam Center vereint. Wer sich für etwas ande-

Gourmet-Paradies

Die Leidenschaft der Thais fürs Essen kommt im Untergeschoss des Siam Paragon in einer Vielfalt zum Ausdruck, die ihresgleichen sucht. Internationale Ketten sind ebenso vertreten wie lokale Nudelküchen. In lupenrein sauberem Edelstahl-Ambiente wird an den Essenständen gekocht und gebraten. Im Essbereich sorgen Aquarien für Abwechslung. Zudem umwerben Delis und Restaurants mit asiatischen wie europäischen Küchen die Kunden. Die leckeren Kuchen von Lenôtre aus Paris kann man sogar draußen auf einer Terrasse genießen.

An Verkaufsständen werden Kekse gebacken und Thai-Süßigkeiten zubereitet. Selbst die 5-Sterne-Hotels Conrad und Oriental sind mit Verkaufsständen vertreten. Im großen Gourmet-Supermarkt entdeckt man so manche ausgefallene Spezialität, und die klimatisierte Weinabteilung birgt einige Schätze. Sogar Gewürze werden in einem Laden optisch ansprechend präsentiert.

res entscheidet, findet verschiedene Alternativen, z. B. Steakhäuser, japanische, vietnamesische, chinesische und italienische Restaurants.
Mah Boon Krong Shopping Center, Phayathai Rd., Ecke Rama I Rd., östlich vom Siam Square, 🖥 www.mbk-center.co.th, ⏱ tgl. bis 22 Uhr. The Fifth Food Avenue im 5. Stock ist besser als das Food Center im 6. Stock. Beide offerieren eine breite und preiswerte Auswahl an asiatischen Gerichten. Außerdem Filialen mehrerer internationaler Ketten sowie Restaurants.
Central World, Ratchadamri, Ecke Rama I Rd., Food Center und diverse Restaurants in unterschiedlichen Preislagen.

Chinesisch

Coca Suki Restaurant, 416/3-8 Henri Dunant Rd. am Siam Square, ✆ 02-2516337, ⏱ tgl. 11–22 Uhr. Relativ preiswerte, beliebte chinesische Kette. Spezialität Steamboat: Alle Zutaten werden separat bestellt und in einer kochenden Brühe am Tisch gegart. Filialen in vielen Einkaufszentren.

Indonesisch

Bali, 15/3 Soi Ruam Rudee, ✆ 02-2500711, im netten, kleinen Haus gegenüber dem Ruam Rudee Village wird sehr gut indonesisch gekocht. Leckere Saté oder Fisch in Bananenblättern gegrillt. Gutes Preis-Leistungs-Verhältnis. ⏱ Mo–Sa 11–22, So ab 17 Uhr.

Thai u. a.

Curries & More by Baan Khanitha, 63/3 Soi Ruam Rudee, ✆ 02-253 54 08-9, ✉ curriesandmore @hotmail.com. In einem Designerlokal mit schönem Garten, bewässertem Glasdach und Brunnen werden viele leckere Curry-Gerichte und einige Kreationen der Fusion-Küche angeboten, mittlere Preisklasse, sehr netter Service.
Janis Place, 334 Soi Thamasarot, nahe Phayathai Rd., nördlich vom Klong Saen Saeb, ✆ 02-6111122, ⏱ tgl. 11–23 Uhr. In geschmackvoller Umgebung sitzt man vor dem alten viktorianischen Haus im verglasten Pavillon oder am Seerosenteich. Die Auswahl einheimischer und westlicher Gerichte umfasst auch ungewöhnliche Angebote sowie Kuchen.
Jao Khun Ou-Gallery Restaurant (Once upon a time), 32 Soi 17, Petchaburi Rd., ✆ 02-2528629, 🖥 www.onceuponatimeinthailand.com, in der Soi gegenüber dem Pantip Plaza, ein gutes Thai-Restaurant, das auch vietnamesische Gerichte anbietet. In drei hübsch gestalteten alten Häusern, eines mit AC und dunklen Holzmöbeln, ein anderes mit historischen Fotos, kann man ebenso wie im tropischen Garten und auf der Terrasse auf niedrigen Kissen sitzend ein fantastisches Dinner genießen, Mückenmittel mitnehmen. ⏱ tgl. 11–23, Mo ab 17 Uhr.
Pisces, 36 Soi Kasemsan 1, neben Wendy House. Familiäres, freundliches Restaurant mit 10 kleinen Tischen auf einer überdachten Terrasse. Gute Thai-Gerichte für unter 100 Baht sowie günstiges Frühstück. ⏱ tgl. 8–13 und 17–22.30 Uhr.

Sukhumvit Road

Viele Cafés und internationale Restaurants haben sich sowohl auf Touristen als auch auf die hier lebenden Europäer eingestellt. In den meisten werden für kleine Portionen hohe Preise verlangt, und der Service in der billigen Kategorie zeugt vom Stress des Personals. Ein

Abendessen in einem Restaurant kann 80 aber auch 1800 Baht kosten, wobei in den Hotels und Restaurants der gehobenen Preisklasse noch Steuer und Bedienung aufgeschlagen werden. Dafür bieten sie neben einem einmaligen Ambiente auch eine hervorragende Küche. Einige Spitzenköche großer Hotels haben sich von der europäischen und thailändischen Küche anregen lassen und neue, überraschend schmackhafte Gerichte kreiert. Die Umgebung der Sukhumvit Rd. eignet sich zudem hervorragend für eine Reise durch die Küchen der Nachbarländer.

Fast Food und Essenstände

Am preiswertesten sind die Straßenküchen und Essensmärkte, von denen viele in die Einkaufszentren verlagert wurden. In der Soi 7 locken überdachte Essenstände mit frischem Seafood und bebilderten Speisekarten v. a. Touristen an. **Robinson Department Store**, Sukhumvit Rd., zwischen Soi 19 und 21. Der Food Court im Untergeschoss findet guten Zuspruch. Zahlreiche Stände verkaufen Nudelsuppen, Entenund andere Thai-Gerichte, außerdem Steamboat, japanisches, vietnamesisches und westliches Essen sowie Kuchen und Eiscreme. ⊕ tgl. 11–24 Uhr.

Im **Emporium**, 622 Sukhumvit Rd., am (Benjasiri) Queen's Park, wartet tgl. von 10–22 Uhr die Food Hall im 5. Stock mit einem fantastischen Angebot und einer guten Sicht auf die City auf. Zudem eine Filiale von **Fuji**, einer guten japanischen Restaurant-Kette.

Cafés

Eine Alternative zu den Hotels und internationalen Ketten ist:
Crepes & Co., 18/1 Soi 12, Sukhumvit Rd., ✆ 02-6533990, 🖳 www.crepes.co.th, kinderfreundliches Restaurant mit Terrasse und einem großen Angebot an Crêpes sowie anderen mediterranen Spezialitäten.

Chinesisch

Yong Lee, Sukhumvit Rd., Ecke Soi 15, seit Jahrzehnten eine Institution. Allerdings sollte man keine Ansprüche an die Sauberkeit stellen, keine Preise auf der Speisekarte, aber die meisten Gerichte um 120 Baht.

Xian Restaurant, 10/3 Soi 40, Sukhumvit Rd., ✆ 02-7135288, die chinesischen Spezialitäten sind nicht teuer, der Service ist freundlich, ⊕ tgl. 11–14 und 16–22 Uhr.
Coca Suki Restaurant, 246 Sukhumvit Rd., zwischen Soi 12 und 14, im Untergeschoss des Times Square. Günstige chinesische Restaurant-Kette. Steamboat u. a. asiatische Spezialitäten, ⊕ tgl. 11.30–14 und 17–20 Uhr.
Im **Tongkee** an der Abzweigung der Soi 14 von der Sukhumvit Rd., ✆ 02-2294420, einem alteingesessenen China-Restaurant, werden von 11–14 Uhr chinesische Teigtaschen, Dim Sum, frisch zubereitet serviert. Das sonstige Essen ist eher mäßig.

Deutsch u. a. mitteleuropäische Küchen

In den europäischen Restaurants wird zumeist wohl bekannte Kost serviert, wobei das Preis-Leistungs-Verhältnis nach europäischen Maßstäben stimmt. Vor allem in der Sukhumvit Rd. konzentrieren sich mehrere kleinere deutsche Restaurants, z. B.: die bayerisch angehauchte **Bierkutsche** in Soi 15 sowie **Heidelberg**, Soi 4, kleine Kneipe, in der reichhaltiges Frühstück serviert wird. Auch das Fondue und die Bratkartoffelgerichte sind bei Stammgästen beliebt. ⊕ tgl. 8–24 Uhr.
Tilac, 38 Soi 1 Sukhumvit Rd., ✆ 02-2556881, gepflegtes, freundliches, klimatisiertes Restaurant mit deutschen und einheimischen Gerichten. Die Auswahl reicht von der Schweinshaxe bis zu belegten Broten. Bei Kaffee und Kuchen kann man in aktuellen deutschen Zeitschriften schmökern. ⊕ tgl. 8–24 Uhr.
Old German Beer House, Grand President Tower III, 11 Soi 11 Sukhumvit Rd., 🖳 www. old-german-beerhouse.com, modernes, etwas hochpreisigeres Restaurant mit verschiedenen lokalen und deutschen Biersorten sowie deutschen Gerichten.
Bei Otto, 1 Soi 20 Sukhumvit Rd., ✆ 02-2620892, ✆ 2581496, 🖳 www.beiotto.com, seit 1984 eine Institution in Bangkok. Neben dem Restaurant mit deutschen Gerichten (⊕ tgl. 11–24 Uhr) und der Schwarzwaldstube, einer großzügigen Gaststätte mit Tischen und Bänken im Freien sowie Bier vom Fass verkauft ein Laden Brot

und Wurst aus eigener Herstellung sowie andere deutsche Spezialitäten und Zeitungen. Filiale in Penny´s Balcony, Thong Lo (Soi 55).

Chesa Swiss Restaurant, 5 Soi 20 Sukhumvit Rd., hinter Otto, ☎ 02-2616650, ✆ 6634376, 🖳 www. chesa-swiss.com, in der Küche dieses Schweizer Restaurants steht der ehemalige Küchenchef des Rembrandt Thomas Nowak. Günstige Tagesmenüs, aber auch Raclette für 480 Baht.

Schnurrbart, 128/46 Soi 23 Sukhumvit Rd., am Rong Phak rechts abbiegen. In der Seitengasse wird österreichisch gekocht.

Admiral's Pub, 20 Sukhumvit Soi 18, ☎ 02-6634 396-7, skandinavisches Restaurant, auch Thai-Küche von gehobenem Niveau, entsprechende Preise, maritime Innenausstattung, hervorragender Service und ein toller Bambusgarten.

Fusion Cuisine

Face Bangkok, 29 Soi 38 Sukhumvit Rd., ☎ 02-7136048, 🖳 www.facebars.com, wunderschön gestalteter Komplex in verschiedenen asiatischen Stilrichtungen mit dem Thai-Restaurant Lan Na, ⊕ tgl. 11.30–14.30 und 18.30–23.30 Uhr, dem indisch-afghanischen Hazara, ⊕ tgl. 18.30–23.30 Uhr, der französischen Visage Bakery, ⊕ tgl. 8–24 Uhr, und der mit Anklängen an die Seidenstraße eingerichteten Face Bar mit klassischen Cocktails, ⊕ tgl. 17–2 Uhr.

Mahanaga, 2 Soi 29 Sukhumvit Rd., ☎ 02-6623060, 🖳 www.mahanaga.com, kostümierte Kellner servieren einem trendbewussten Publikum Thai-Gerichte mit westlichem Einschlag in einem mit Plüsch und chinesischen Fliesen in Rot und Orange eingerichteten Neubau im Kolonialstil. Weitere Tische stehen im ruhigen Garten unter mit Lampen und Bändern dekorierten Bäumen. Vegetarisches, Fisch und Steaks 400–1000 Baht. ⊕ tgl. 11.30–14.30 und 17.30–23 Uhr.

Indisch

Rang Mahal, im obersten Stock des Rembrandt Hotels, das beste nordindische Restaurant des Landes. Eine fantastische Speisekarte, hervorragende Menüzusammenstellungen, prachtvolle Räumlichkeiten mit guter Aussicht und die Live-Musik machen das Essen zu einem Erlebnis, das aber auch seinen Preis hat. Reservierung empfohlen, ☎ 02-2617100, ⊕ tgl. 11.30–14.30 und 18.30–22.30 Uhr.

Mexikanisch

Señor Pico im hinteren Flügel des Rembrandt Hotels, 19 Soi 18 Sukhumvit Rd., ☎ 02-2617100, gilt derzeit zu Recht als der beste Mexikaner Bangkoks. Selbst Mitglieder des Königshauses waren hier zu Gast. Abends Live-Musik aus Mittelamerika. Reservierung erforderlich, ⊕ tgl. 17–1 Uhr.

Seafood

Teuer ist der Fisch im **Seafood Palace** an der Sukhumvit, Ecke New Ratchadaphisek Rd., ☎ 02-6531145-8, dafür darf man in palastähnlichen Räumen mit Kristalllüstern dinieren.

Seafood Market, 89 Soi 24 Sukhumvit Rd., etwa 1 km südlich der Sukhumvit, von dort mit dem Motorradtaxi oder Tuk Tuk, ☎ 02-2612071-4, ⊕ tgl. ab 11 Uhr. Ein einmaliges Einkaufs- und Essenserlebnis, sofern man bereit ist, gehobene Touristenpreise zu bezahlen. Nachdem die Zutaten, vor allem frischer Fisch und anderes Seafood, aber auch Gemüse und Getränke, in einer Art Supermarkt eingekauft und bezahlt sind, werden sie nach individuellen Wünschen in einer riesigen, von außen einsehbaren Küche zubereitet.

Thai u. a.: Suda, 6 Soi 14 Sukhumvit Rd., nahe der Sukhumvit Rd., ☎ 02-2294664, in dem einfachen, familiären thai-chinesischen Restaurant werden seit Jahrzehnten jeden Abend große Portionen zu günstigen Preisen serviert, z. B. leckeres Hühnchen in Palmblättern. Es ist fast immer voll mit Touristen. ⊕ zum Mittag- und Abendessen, So erst ab 16 Uhr.

Cabbages & Condoms, Soi 12 Sukhumvit Rd., 200 m von der Sukhumvit Rd., ☎ 02-2294611-28. Mit viel Humor hat Meechai Virayaidya Methoden zur Geburtenkontrolle im ganzen Land populär gemacht. Hier eröffnete er ein Restaurant mit dschungelartigem Biergarten, aber weniger attraktivem Innenbereich, das kreative einheimische und westliche Gerichte zu hohen Preisen serviert. Dem Namen entsprechend werden an der Kasse statt Bonbons Kondome kostenlos ausgegeben, und im Andenkenladen finden sich einige kuriose Souvenirs. ⊕ tgl. 11–22 Uhr.

Ana Garden Bar & Grill, Soi 55 Sukhumvit Rd., ☏ 02-3911762, ▢ www.anagarden.com, in der von japanischen und koreanischen Restaurants dominierten Straße lockt dieses hübsche, überdachte Gartenrestaurant mit moderner Thai-Küche. Auf einem Grill werden im hinteren Gartenbereich auch frische Fische zubereitet. Auf der Karte stehen weitere innovative Gerichte und knackige Salate. Hauptgerichte 200–300 Baht. ⊙ tgl. 17–24 Uhr, zudem ein Pub, das ab 21 Uhr öffnet.

Vegetarisch

Govinda, 65-66 Soi 22 Sukhumvit Rd., ☏ 02-6634971, italienisch-vegetarisches Restaurant in einer ruhigen Soi, das bei Fami-lien beliebt ist. ⊙ tgl. außer Di 11.30–15 und 18–23.30 Uhr.

Vietnamesisch

Le Dalat Indochine, 14 Soi 23 Sukhumvit Rd., ☏ 02-6617967-8, das geschmackvoll eingerichtete Holzhaus in einem tropischen Garten, die französische Musik und gepflegte Atmosphäre machen das Essen zum Vergnügen. Englische Speisekarte mit Fotos von allen Gerichten, leckere Rippchen in Zitronengras, Hauptgerichte 100–200 Baht. ⊙ tgl. 11.30–14.30 und 18–22 Uhr. **Le Dalat**, 47/1 Soi 23 Sukhumvit Rd., ☏ 02-2584 192, auf der gegenüberliegenden Seite 300 m weiter die Soi hinein, das ältere und größere Schwester-Restaurant im Kolonialstil, mit Antiquitäten eingerichtet.

Westliche Küche u. a.

Bourbon Street, 29/4-6 Soi 22 Sukhumvit Rd., am Ende des Washington Square, ☏ 02-2590328, ▢ www.bourbonstbkk. com, Cajun-Küche mittlerer Preisklasse, von einer sättigenden Gumbo für 150 Baht bis zu leckeren Pecan Pies, in Südstaaten-Atmosphäre mit entsprechender Musik und Sportprogramm auf den Bildschirmen. Das als bestes amerikanisches Restaurant der Stadt ausgezeichnete Lokal bietet Hungrigen dienstags einen Cajun Brunch mit unbegrenztem Nachschlag. ⊙ tgl. 7–1 Uhr. Manchmal ist die Bedienung allerdings überfordert. **Stable Lodge**, Soi 8 Sukhumvit Rd., bietet von 18–22 Uhr ein Barbecue am Pool des Hotels mit viel Fleisch, bei dem man so viel essen kann, wie man will. Es ist aber ziemlich teuer. Auch gutes Frühstück und ein breites Angebot an belegten Broten sowie anderen Gerichten, die im Garten oder Restaurant serviert werden.

Rings um die Silom Rd.

Vor allem in der Silom Rd. dürfte es kein Problem sein, ein Restaurant zu finden. Viele sind auf das flanierende Touristenpublikum eingestellt und entsprechend teuer.

Fast Food und Essenstände

In den Nebenstraßen finden sich noch einige Essenstände, z. B. östlich der Moschee, zwischen Silom und Anuman Raichon Rd., neben dem Bangkok Bank Building und vom Fluss kommend in den ersten Gassen links der Silom Rd. Es gibt Suppen für 20–25 Baht, gegrillten Fisch, Meeresfrüchte u. a. Sehr gute Nudelgerichte an den Essenständen am Beginn der Soi Convent.
Auch westliche Küche ist vor allem mit Fastfood-Ketten in der oberen Silom Rd. und rings um die Patpong Rd. vertreten, v. a. im Untergeschoss des Silom Complex und im CP Tower. Neben zahlreichen Hamburger-Läden hat sich hier die amerikanische Kette **Sizzler's** mit einer fantastischen Salatbar und gutem Blick auf das Treiben in der Patpong Rd. niedergelassen.

Chinesisch

Charuvan Duck Shop, offenes Restaurant in der Silom Rd., nahe Patpong Rd., das preiswerte, einfache Entengerichte anbietet.
Hai Tien Lao, Pan Pacific Hotel, 22. Stock, 952 Rama IV Rd., ☏ 02-6329021, gutes und teures kantonesisches Essen, mittags Dim Sum. ⊙ tgl. 11.30–14.30 und 18.30–22.30 Uhr.
Coca Suriwongse, Soi Tantawan, Surawong Rd., ☏ 02-2369323, das größte Restaurant und die Zentrale der Kette. Relativ preiswertes, beliebtes Steamboat und andere chinesische Gerichte.
Chinoisérié, 142 Sathon Nua Rd., ☏ 02-6345398, BTS Surasak. Shanghai-Spezialitäten und exquisite Weine in einem renovierten chinesischen Kolonialhaus von 1910. Hauptgerichte ab 200 Baht. ⊙ tgl. 11–14 und 18–23 Uhr.

Deutsch u. a.

Ratsstube im Goethe-Institut, Soi Goethe, ℡ 02-2864258, das nett eingerichtete, etablierte Restaurant hält ein breites Angebot an europäischen und einheimischen Gerichten bereit. ⊙ tgl. 10–22 Uhr.

Französisch

Le Café Siam, 4 Soi Sri Akson, ℡ 02-6710030-1, in der originalgetreu restaurierten, alten Villa werden in stilvoller Atmosphäre einheimische und französische Gerichte serviert und Antiquitäten zum Verkauf angeboten, teuer. ⊙ tgl. 18–1 Uhr.

Indisch

Indian Hut, 311/2-5 Surawong Rd., gegenüber dem Manohra Hotel, ℡ 02-6357876. Wie die weißen Tischdecken und das edle Ambiente signalisieren ist dies kein Billig-Inder, doch das preisgekrönte Restaurant mit Gerichten von 100–350 Baht lohnt die Geldausgabe. Auf der Karte stehen neben vielen lokalen, mit frischen Gewürzen abgeschmeckten Spezialitäten auch ausgefallene Gerichte, wie Jain Food. Abends ist es fast immer voll, aber es gibt auch Essen zum Mitnehmen. ⊙ tgl. 11–22.30 Uhr.

Italienisch

Maria Pizzeria & Restaurant, 907 Silom Rd., nicht weit vom Holiday Inn, modernes, geschmackvoll gestaltetes Restaurant mit großer Fensterfront. Breites Pizza- und Weinangebot, Internet-Zugang.

Mexikanisch

La Fiesta, Silom Rd, Ecke Patpong, ℡ 02-6327898-9, mexikanisches Restaurant im modernen Design, Gerichte 200–400 Baht, abends Live-Musik, ⊙ tgl. 11–2 Uhr.

Thai

Bussaracum, 135 Pan Rd., zwischen Silom Rd. und Sathorn Nua Rd., ℡ 02-2666312-8. Erstklassiges Thai-Restaurant, vornehm und teuer. ⊙ tgl. 11–14 und 17–22 Uhr.

Ta-Ling Pling, 60 Pan Rd., ℡ 02-2344872, authentische Thai-Küche, die meisten Gerichte um 100 Baht, geschmackvolle, moderne Einrichtung. ⊙ tgl. 11–22 Uhr.

Buffets in Hotels

Zahlreiche große Hotel-Restaurants veranstalten Aktionswochen mit Brunch-, Lunch- und Dinner-Buffets, die in den Tageszeitungen und einigen Magazinen angekündigt werden. Auch wenn sie nicht gerade billig sind, lohnen sie wegen der exquisiten Speisen, großen Auswahl in schier endlosen Mengen und der einmaligen Atmosphäre. Die Gerichte sind überwiegend Thai, aber auch europäisch, chinesisch, indisch und japanisch. Zudem werden in Hotelgärten oder auf Terrassen stilvolle Dinner mit Barbecue (z. B. im Oriental) veranstaltet. Wer kann schon zu Hause bei einem lauen Wind am Pool unter Palmen tafeln? Mit entsprechendem Outfit und der Bereitschaft, gern auch etwas mehr zu zahlen, wird solch ein Abend zu einem unvergesslichen Erlebnis. Mit rohem Fisch, z. B. Sushi, sollte man allerdings vorsichtig sein.

Blue Elephant, 233 Sathorn Tai Rd., 🖥 www. blueelephant.com, ℡ 02-6739353, schönes, stilvoll eingerichtetes Haus einer internationalen Kette mit viel Atmosphäre. Hervorragende, mehrfach ausgezeichnete, moderne königliche Thai-Küche, aufmerksamer Service. Vorspeisen ab 200 Baht, Hauptgerichte um 500 Baht. Auch Kochschule. ⊙ tgl. 11.30–14.30 und 18.30–22.30 Uhr.

Harmonique, 22 Soi 34 Charoen Krung Rd., Richtung Wat Muang Kae Pier, ℡ 02-2378175, Lokal in einem alten, geschmackvoll und gemütlich eingerichteten Haus, eine Oase der Ruhe. Im schmalen Innenhof und drinnen gibt es Mo–Sa von 11–22 Uhr Thai-Gerichte. Bebilderte Karte, Menüs 200–450 Baht. Außerdem werden Antiquitäten verkauft.

All Gaengs, im La Residence Hotel, 173/8-9 Surawong Rd., wie der Name verspricht, werden im kleinen, mit schwarzen und weißen Kacheln gefliesten Restaurant nur Gaeng, Thai-Currys, serviert, ⊙ tgl. abends, Mo–Fr auch mittags.

Ban Chiang, Si Wang Rd., ℡ 02-23670445, in einem alten Thai-Haus kann man in ungezwungener Atmosphäre preiswert essen.

Hotel-Buffets

Das abendliche Buffet auf der Flussterrasse des **Oriental Hotels** ist ein besonderes Erlebnis.
Marriott Resort & Spa, **Sunday Jazzy Brunch**, 257 Charoen Nakhorn Rd., ✆ 02-4760022, etwas weiter im Süden am Fluss in einer großen Gartenanlage. In gepflegter, entspannter Atmosphäre kann man für 1000 Baht vom Buffet mit europäischen und asiatischen Gerichten so viel essen, wie man kann.

Thai-Dinner mit Tänzen

In der endlosen Liste der Thai-Restaurants gibt es weitere, in denen klassische Thai-Tänze bei traditionellem Dinner vorgeführt werden. Sie sind allerdings recht teuer, aber auch entsprechend stilvoll, wie z. B.:
Thai Pavilion im Holiday Inn, Silom Rd., ✆ 02-2384300. Sehr gute Thai-Gerichte in großer Auswahl, ab 20 Uhr Khon-Tänze. Eine preiswerte Alternative ist das fast ausschließlich von Touristen besuchte Gartenrestaurant im **The Mango Tree**, 37 Soi Tantawan, Surawong Rd., ✆ 02-2362820, in dem nahe der Patpong gelegenen Restaurant in einem älteren Haus werden Mi–Sa ab 20 Uhr traditionelle Tänze aufgeführt (dann reservieren). Die Terrasse ist bei Touristen beliebt. Gerichte um 200 Baht. ◷ tgl. 11.30–23.30 Uhr.
Silom Village, 286 Silom Rd., ✆ 02-2339447, ▯ www.silomvillage.co.th, ◷ tgl. 10–22 Uhr, die meisten Gerichte 150–300 Baht, gute Auswahl, leckere Speisen und professioneller Service. Abends zwischen 19.30 und 20.30 Uhr (Anfangszeiten schwanken etwas) werden im Garten kostenlos etwa 1 Std. klassische Thai-Tänze mit Musik vorgeführt. Danach treten die Tänzer im Restaurant **Ruen Thep** im 1. Stock des gleichen Komplexes für Gruppen auf, Dinner ab 19 Uhr, Show von 20.30–21.30 Uhr. Die Restaurants sind von einem Einkaufskomplex umgeben.
Chao Phraya Cultural Centre, 94 Soi Charoen Nakorn 21, Charoen Nakorn Rd., ✆ 02-4393477, das zur Yok Yor-Gruppe gehört, offeriert abends ein Menü, das von klassischen Thai-Tänzen begleitet wird.

Was gibt es Schöneres, als nach der Rückkehr aus Thailand Freunde zu einem selbst gekochten Thai-Essen einzuladen? Wer das vorzügliche Thai-Essen auch zu Hause selbst zubereiten möchte, dem bieten Hotels, Restaurants und andere Organisationen Kochkurse an, u. a.: **The Thai House**, ✆ 02-9039611, 9975161, ▯ www.thaihouse.co.th, Kochkurs inkl. Unterkunft, s. S. 171, Transport, Vollverpflegung und Marktbesuch 5000 Baht, ohne Übernachtung 3500 Baht, auch mehrtägige Kurse. Pip, die Chefin, bringt ihren Schülern auf liebenswerte Art die lokale Küche nahe.
Gut sind zudem die 4-tägigen Kurse der **Thai Cooking School** im Oriental Hotel, ✆ 02-4376211, die aus 12 Einheiten bestehende **Benjarong Cooking Class** des Dusit Thani, ✆ 02-2366400, und der 7-tägige Kurs im **Nipa Restaurant** im Landmark Hotel, ✆ 02-2540404.
Zudem im **Modern Women Institute** (Mae Baan Tan Samai), nahe dem Samsen-Bahnhof, ✆ 02-2792831, 9-tägige Kurse, und in der **UFM Baking & Cooking School**, Soi 33 Sukhumvit Rd., ✆ 02-2590620, jeden zweiten Monat 10-tägige Kurse.

Vegetarisch

Whole Earth Restaurant, 93/3 Soi Lang Suan, Ploenchit Rd., ✆ 02-2525574, ◷ tgl. 11.30–14 und 17.30–23.30 Uhr, ist das größte, nicht ausschließlich vegetarische Restaurant. In verschiedenen Räumen werden Thai-, indische und vegetarische Gerichte serviert, Di–Sa 19.30– 22.30 Uhr bei klassischer Gitarrenmusik. Sehr touristische Atmosphäre, am Eingang ist es nicht so kalt wie hinten.

Vietnamesisch

Thang Long, 82/5 Soi Lang Suan, ✆ 02-2513504, nördlich vom Lumpini Park, ein angesagtes vietnamesisches Restaurant im Stil des modernen Minimalismus, gutes Essen und angenehme Musik. ◷ tgl. 11–14 und 17–23 Uhr.

Restaurantboote

Mehrere starten abends zwischen 18 und 19 Uhr ab River City Pier, z. B. **Chao Phraya Chartered**, ✆ 02-6390704, **Chao Phraya Princess**, ✆ 02-4379667, **Pearl of Siam**, ✆ 02-2256179, von 19.15-21.30 Uhr ab River City, 1300 Baht.

Manohra, 🖳 www.manohracruises.com, ✆ 02-4760770, ab dem Marriott Resort & Spa fährt diese umgebaute Reisbarke, auf der um 18 Uhr einstündige Cocktail Cruises für 740 Baht und von 19.30–22 Uhr Dinner Cruises für 1600 Baht möglich sind. Zusteigen am Taksin und Oriental Pier möglich.

Yok Yor, 885 Somdej Chao Phraya 17 Rd., ab der Marina auf der Thonburi-Seite, schräg gegenüber dem River City, 🖳 www.yokyor.co.th, ✆ 02-863 0565, ist bekannt für scharfes Essen. Das Restaurantboot legt um 20 Uhr ab und kostet 800–1100 Baht inkl. Seafood-Dinner. Die Filiale im Chao Phraya Cultural Centre liegt noch weiter im Süden, zu erreichen mit dem Shuttleboot ab River City.

Wan Fah, ✆ 02-6227657-61, tgl. von 19–21 Uhr, Menü auf einer umgebauten Reisbarke für 1300 Baht inkl. Thai-Tänze, Getränke extra. Restaurant am Ratchavongse Pier.

Chinatown
Chinesisch
The Canton House, 526 Yaowarat Rd., neben dem Chinatown Hotel, großes, modernes Dim Sum-Restaurant. ⏰ tgl. 11–22 Uhr.

Indisch
In der Gegend um das GPO und östlich vom Sikh-Tempel gibt es einige einfache indische Restaurants.

Unterhaltung und Nachtleben

Am Abend gibt es mittlerweile außerhalb der internationalen Hotels weit interessantere Ziele als die Etablissements, die einheimischen und ausländischen Männern das Geld aus der Tasche ziehen. Neben den schummrigen Tanzbars mit und ohne Go-go-Tänzerinnen, finsteren, unterkühlten Thai-Nachtclubs und Massagesalons findet sich in Bangkok eine große Aus-

Informationen über Veranstaltungen

Am besten ist das Guru Magazine, die Freitagsbeilage der Bangkok Post. The Nation publiziert am Freitag die Beilage Best of the Week. Aktuelle Infos über Konzerte, sportliche Veranstaltungen und mehr unter 🖳 www.thai ticketmaster.com.

wahl an Kneipen, Veranstaltungsorten mit Live-Musik, Bars, Biergärten, Kinos und Discotheken, die einen Vergleich mit Europa nicht zu scheuen brauchen. Jedes Stadtviertel hat abends seinen völlig eigenen Charakter. So verbringt man in Banglampoo den Abend in den Restaurants bei aktuellen Videos oder Hits der letzten Jahre, plaudert mit anderen Travellern, surft im Internet oder schreibt Postkarten und beobachtet das Treiben. Auch viele junge Thais kommen hierher, um Farangs zu beobachten und sich zu vergnügen, denn auch bei Einheimischen ist die Khaosan Rd. angesagt. Hingegen zieht in die Silom Rd.-Gegend die Patpong Nachtschwärmer magisch an, während man in der Sukhumvit Rd. bis zum späten Abend die sehr guten Einkaufsmöglichkeiten nutzt.

Bars

„Bar" ist ein weitläufiger Begriff in einer Stadt, die für ihr Nachtleben berühmt ist. Allerdings wird seit 2002 strikt darauf geachtet, dass alle Bars und Restaurants spätestens um 2 Uhr schließen und nur Gäste, die älter als 20 Jahre sind, eingelassen werden. Da Ausweispflicht besteht, sollte man zumindest immer eine Passkopie dabeihaben.

Wer sich in irgendwelchen zwielichtigen Spelunken landen möchte, kann die Bars der internationalen Hotels aufsuchen, was vor allem für allein reisende Frauen die beste Alternative ist. Allerdings sind dort Drinks kaum unter 150 Baht zu bekommen, zudem werden 17 % tax und service charge aufgeschlagen. Günstige Getränke während der Happy Hour, meist zwischen 17 und 20 Uhr. Bars ohne Anmache sind:

Bamboo Bar, Oriental Hotel, 48 Oriental Avenue. Das Image, eines der besten Hotels der Welt zu

Patpong

Ein Patpong-Besuch gehört mittlerweile zum Programm der meisten Reisegruppen. Seit hier abends einer der größten Touristenmärkte aufgebaut wird, scheint die Gasse nicht nur für Männer attraktiv. Die verspiegelten, dunklen Go-go-Bars mit bis zu 100 Tänzerinnen sind von Ständen mit Seidentüchern und -krawatten, DVDs, Designertaschen und -sonnenbrillen fast völlig verdrängt worden, und es gibt nur noch wenige Bars im Erdgeschoss. Nicht zu ignorieren sind die Schlepper, die Touristen mit Sex-Shows in die oberen Stockwerke locken. Dort werden viele Gäste übervorteilt und mit saftigen Getränkerechnungen konfrontiert. Vor allem die Transvestiten-Szene ist bekannt dafür zu übervorteilen. Die Touristenpolizei rät, auf einer Quittung zu bestehen und sie anschließend zu benachrichtigen. Die Gegend um die Patpong hat auch einige akzeptable Restaurants und Pubs aufzuweisen.

Die **Soi Cowboy** parallel zur Sukhumvit Rd., zwischen Soi 21 und 23, ist voll gepackt mit Go-go-Bars wie früher die Patpong, weniger touristisch und origineller. Auch im **Nana Plaza**, Soi 4, konzentrieren sich die Bars, wobei Letztere alle Vorurteile zu bestätigen scheinen, die gegen dieses Gewerbe bestehen. Bevor Mann sich ins Vergnügen stürzt, sollte er bitte S. 767 lesen.

sein, pflegt man mit hohen Preisen, gute Live-Musik Mi–So 17.30–1 Uhr, Fr ab 21.30 Uhr.

Lobby Lounge, Shangri-La Hotel, 89 Soi Wat Suan Plu. Der ideale Platz für einen Drink zum Sonnenuntergang mit Blick auf den Menam Chao Phraya. Wer etwas früher ankommt, kann sich auch zum high tea buffet in der Lobby Lounge einfinden, deren hohe Fenster ebenfalls einen wunderbaren Ausblick auf den Fluss ermöglichen.

The Dome, im State Tower, 1055 Silom Rd., 🖳 www.thedomebkk.com, im 64. Stock befindet sich die **Skybar**, angeblich die höchste Freiluftbar der Welt. Die schicke Bar mit spektakulärem Ausblick auf die Stadt und den Fluss ist der beste Platz, um sich zum Sonnenuntergang bei

Lounge-Musik zu entspannen. ☉ ab 18 Uhr, Cocktails um 380 Baht, zum Essen ist eine Reservierung erforderlich. Bereits früher öffnet **Destil**, die Bar gegenüber mit einem etwas weniger spektakulären Außenbereich mit breiten Sitzkissen. Zudem das edle Open-air-Restaurant **breeze** im 51. und 52. Stock, www.breezebkk. com. Männer mit Sandalen und ärmellosen Shirts werden nicht eingelassen, auch Daypacks sind nicht erlaubt.

Moon Bar & Vertico Grill, im 61. Stock des Luxushotels Banyan Tree Hotels, 21/100 Sathorn Tai Rd., ✆ 02-6791200, 🖳 www.banyantree.com. Schicke Freiluftbar mit leckeren Cocktails, ab 18.30 Uhr BBQ. ☉ tgl. 17–23 Uhr.

Huntsman Pub, Landmark Plaza, 138 Sukhumvit Rd., gutes Essen bei angenehmer Musik in ei- ner gemütlichen Kneipe. In der Piano Bar im 31. Stock des Hotels gute Cocktails und ein noch besserer Ausblick. ☉ 11.30–2 Uhr, Musik ab 21 Uhr.

Bobby's Arms, über dem Parkhaus in Patpong 2, ✆ 02-2336828, englisches Pub mit typischen Gerichten wie Fish 'n' Chips oder diverse Pies und Biersorten von der Insel. Billardtische, überwiegend Stammpublikum.

Irish Xchange, Sivadon Bldg., 1 Convent Rd., ✆ 02-2667160, angesagter irischer Pub, kommunikationsfreundlicher Treffpunkt der Expats in Schlips und weißem Hemd, mittags Buffet, Happy Hour Mo–Fr 17–21 Uhr, Live-Musik ab 21.30 Uhr, im Obergeschoss Pool-Billard, auch Essen, Gerichte um 300 Baht. ☉ tgl. 11.30–2 Uhr.

O'Reilly's Irish Pub, 62 Silom Rd., ✆ 02-6327515, irisches Pub, Gerichte 150–350 Baht, All-you-can-eat-BBQ und diverse Biersorten, Happy Hour von 16–21 Uhr, ab und an Live-Musik, ☉ 11–2 Uhr.

Neil's Tavern, 58/4 Soi Ruam Rudee, zwischen Ploenchit und Witthayu Rd., ✆ 02-2566875, 🖳 www.neil.co.th, BTS Ploenchit. Im englischen Landhausstil eingerichtet, ☉ tgl. 11.30–14 und 17.30–22.30 Uhr. Neben dem Pub auch ein Restaurant gehobener Preisklasse und eine Bäckerei, ☉ Mo–Sa 9–19 Uhr.

In der **Royal City Avenue**, kurz RCA, einer gewundenen Straße zwischen Rama IX und Phetchaburi Rd. (U-Bahn Rama IX), ist das Angebot an Pubs und Discos breiter gestreut. In

Auch in Bangkok wird Live-Jazz geboten

den zahlreichen Bars trifft man v. a. junge Thai, die gesehen werden wollen.

Pranakorn Bar & Art Gallery, 58/2 Soi Ratchdamnoen Klang Tai, in der ersten Gasse westlich der Tanao Rd. Im 1. Stock des klimatisierten Gebäudes Poster und Musik der 50er- und 60er-Jahre, im 2. Stock monatlich wechselnde Ausstellungen, im 3. Stock Billard und Darts, zudem Techno-Musik, Jazz und gute Aussicht vom Dach. Überwiegend Einheimische erfreuen sich der günstigen Preise und der Auswahl an Essen.

Pubs mit Musik

In Bangkok gibt es auch mehrere Pubs, in denen man (und auch Frau) einen Drink nehmen und Musik hören kann. Da meist kein Eintritt verlangt wird, sind die Getränkepreise mit beispielsweise 100–150 Baht pro Bier höher als in den normalen Kneipen.

Banglampoo und Thewet

In der Khaosan Rd. und ihren schmalen Gassen finden sich diverse preiswerte Pubs, die vor allem von Travellern besucht werden und sich auf deren Musikgeschmack eingestellt haben. Allerdings ändert sich diese Szene recht schnell.

Brick Bar, Khaosan Rd., große Bar im hinteren Teil der Buddy Lodge, ab 20 Uhr Live-Jazz und -Blues.

Gulliver's Traveller's Tavern, 2/2 Khaosan Rd., gegenüber der Polizei, große, modern dekorierte AC-Kneipe mit Musikbox und Großbildschirmen für Fußballübertragungen, serviert auch westliches und einheimisches Essen, besonders günstig zur Happy Hour von 15–21 Uhr. Filiale in der Soi 5, Sukhumvit Rd., großes Pub mit Terrasse, englischen und einheimischen Gerichten, ⏰ tgl. 11–1 Uhr.

Siam Square, Sukhumvit Rd.

Kneipen und Biergärten für Männer aller Nationen finden sich entlang der Sois der Sukhumvit Rd. Bundesliga-Ergebnisse, Blasmusik, Bratwurst und (Boulevard-)Zeitung – hier gibt es alles, was Mann so braucht, inklusive Thai-Mädels, versteht sich. Alternativen dazu sind:

Hard Rock Cafe, 424/3-6 Soi 11, Siam Square, ✆ 02-2540830-1, 🖥 www.hardrockcafe.co.th. Eine amerikanische Idee, die begeistert angenommen wird, 3 Stockwerke voller Musik-Memorabilien, ab 22 Uhr meist recht professionelle Live-Bands, zumeist Popmusik, am Wochenende sogar 2 Bands. Teure Tagesgerichte und Snacks, wie wäre es mit Elvis Presley's Apple Pie oder Madonna's Shake? ☉ tgl. 11–2 Uhr.

The Living Room, im Sheraton Grande, 250 Sukhumvit Rd., gegenüber Soi 19, ☎ 02-6530333. Die offene Bar im 1. Stock ist eine gute Adresse für Jazz-Fans. Live-Musik ab 21 Uhr.

Rund um den Lumpini Park, Patpong

Brown Sugar, 231/19-20 Sarasin Rd., ☎ 02-2500103, der Klassiker nördlich vom Lumpini Park. Jazz, Country oder Rhythm & Blues, Live-Bands ab 21.30 Uhr, nette, gemütliche Musik-kneipe, kein Eintritt, dafür sind die Getränke etwas teurer.

In der Straße und um die Ecke gibt es weitere Musikkneipen und Pubs, deren Namen und Besitzer häufig wechseln.

Metal Zone, Lang Suan Rd., ☎ 02-2551913, hier wird zu Heavy Metal getanzt. ☉ Mo–Sa 21–2 Uhr.

Radio City, 76/1-6 Patpong, kleine, im 60er-Jah-re-Stil eingerichtete Musikkneipe mit Oldies live, der abendliche Höhepunkt ist Mo–Sa von 23–1 Uhr der Auftritt einer Elvis- und Tom Jones-Kopie. ☉ tgl. 18–1 Uhr.

Im Norden

Saxophone, 3/8 Victory Monument, Phayathai Rd., ☎ 02-2465472, ein gemütlich mit viel Holz und Ziegeln eingerichtetes Pub mit großer Bar südöstlich vom Victory Monument. ☉ tgl. 18–3 Uhr, ab 21 Uhr treten hier jede Nacht einige der besten Jazz-, Rock- und Bluesmusiker auf. Gute Atmosphäre.

Discos / Clubs

Discos gibt es in jedem größeren Hotel. Vor 22 Uhr ist meist nicht viel los. Voll wird es Fr und Sa nachts. Neben westlichen Hits wird auch Thai-Pop zum Mitsingen gespielt. Meist ist kein Ein-tritt zu zahlen, dafür sind die Getränke relativ teuer.

The Club, 123 Khaosan Rd., ☎ 02-6292255, ein neuer Club im Herzen der Khaosan Rd., in dem House, Hip Hop, Trance und Tribal House Music aufgelegt wird. ☉ So–Do 22–1, Fr, Sa 20–1 Uhr.

Bed Supperclub, 26 Soi 11 Sukhumvit Rd., ☎ 02-6513537, 🖥 www.bedsupperclub.com, schickerClub mit einer Lounge-Bar wie aus einem Stanley Kubrick-Film, Events mit internationalen DJs, Gourmet-Restaurant, wo man im Liegen essen kann. Je nach Programm bis zu 1000 Baht Eintritt, keine kurzen Hosen, ☉ abends.

Q Bar, 34 Soi 11 Sukhumvit Rd., ☎ 02-2523274, 🖥 www.qbarbangkok.com, ☉ tgl. 19–1 Uhr, kleiner Club, in dem internationale DJs bevor-zugt schwarze Musik auflegen. Angeschlossen ist die japanische Sushi-Bar Wasabi. Alles ist ziemlich dunkel.

Concept CM2, im Novotel, Soi 6 Siam Square, ☎ 02-2098888, 🖥 www.cm2bkk.com, ☉ tgl. 19–2 Uhr, neben Live-Musik auch Karaoke, The-menbars, viele Prostituierte, ordentliche Klei-dung erforderlich (Schuhe, Hemd …). Eintritt.

Barsu, im Sheraton Grand, 250 Sukhumvit Rd., ☎ 02-6498888. Neue, modern gestaltete Hotel-bar. Pop-Rock der 70er- und 80er-Jahre.

La Lunar, 38/1-2 Soi 26, Sukhumvit Rd., ☎ 02-2613991-4, in diesem Komplex ist neben einem Pub und Thai-Restaurant auch eine Disco untergebracht, teure Drinks, ☉ ab 18 Uhr.

Weitere Clubs in der Royal City Avenue (kurz: RCA), Rama IX Rd., die allerdings von einem überwiegend jugendlichen einheimischen Publikum frequentiert werden, z. B. in Block C **Jazz It** und **Club Astra**, 🖥 www.club-astra.com, oder die Lesben-Bar **Zeta**, Soi Soonvijai.

Schwule und Lesben

Neben der Prostitutionsszene finden sich in der Stadt auch einige Clubs und Bars sowie einige schwulenfreundliche Restaurants und Unterkünfte. Informationen über ganz Thailand erteilt **Utopia**, Tarntawan Place Hotel, 119/5-10 Surawong Rd, 🖥 www.utopia-tours.com, ☎ 02-2383227. ☉ tgl. 10–18 Uhr.

Anjaree Group, die lesbische Organisation ist zu erreichen über ☎ 086-677-9009, 🖥 www.utopia-asia.com/womthai.htm, zudem die Internet-Plattform 🖥 www.lesla.com.

Travestieshows

Calypso Cabaret, im Asia Hotel, 294/1 Phayathai Rd., zwischen 9 und 18 Uhr an der Theaterkasse oder Reservierungen unter ☎ 02-6533960-2, danach unter ☎ 02-2168937, für die Shows um 20.15 oder 21.45 Uhr, 🖳 www.calypsocabaret. com. Travestie-Revue der gehobenen Klasse für 1000 Baht inklusive eines Drinks (außerhalb der Saison günstiger, Rabattcoupons in Zeitungen). In diesem Theater, das kleiner ist als die Bühnen in Pattaya, treten u. a. verblüffende Kopien berühmter Stars auf.

Mambo, im Washington Theatre, Washington Square, ☎ 02-2595128, 2595715, Travestieshow um 20.30 und 22 Uhr für 650 und 850 Baht.

Biergärten und Brauhäuser

Singha Beer House, Soi 21 Sukhumvit Rd., in dem Biergarten zwischen den Höchhäusern wird das lokale Bier von Thais im Dirndl v. a. an Angestellte aus den umliegenden Büros ausgeschenkt.

Just One, Soi Ngam Duphli, Ecke Soi Atthakan Prasit, einfaches Gartenrestaurant und Musikpub, Essenstände und Tische unter Schatten spendenden Bäumen.

Tawandaeng Brewery, 462/61 Rama III Rd., ☎ 02-6781114-6. Trotz der 1600 Sitzplätze kann das Brauhaus am Wochenende nach 21 Uhr so voll werden, dass sich draußen eine Schlange bildet. Gute Live-Musik sowie leckere einheimische und deutsche Gerichte ziehen ein überwiegend einheimisches Publikum an, was vielleicht an der Lage abseits der Touristenmeilen liegt. ◷ tgl. 11–2 Uhr.

Kinos

Amerikanische Blockbuster, chinesische Action-Filme und einheimische Produktionen stehen auf dem Programm. Viele Filmimporte sind in Thai synchronisiert, einige mit englischen Untertiteln versehen. Große Kinos im Zentrum von Bangkok und in den Einkaufszentren zeigen häufig englischsprachige Filme. Das aktuelle Programm ist in der *Bangkok Post* und in der *Nation* abgedruckt sowie im Internet überwiegend auf Thai unter 🖳 www.majorcineplex.com und 🖳 www.egv.com für die entsprechenden Kinos zu finden. Generell sind Kinos stark gekühlt, sodass ein Pullover nicht schaden kann. Die Eintrittspreise liegen zwischen 80 Baht (in alten Häusern) und 200 Baht (in Multiplex-

Kinos). Vor dem Film ertönt die Königshymne. Es wird erwartet, dass alle Zuschauer als Zeichen des Respekts aufstehen.

APEX am Siam Square, zu ihnen gehören das Lido Multiplex, Siam und Scala.

EGV im Siam Discovery Centre zeigt viele aktuelle englischsprachige Filme. Zudem warten die großen, kühlen Säle der gold class mit einem wahrhaft luxuriösen Kinoerlebnis auf. Hier kann man es sich in paarweise aufgestellten Liegesitzen mit Decken, Kissen und Socken bequem machen und zuvor in der Lounge einen teuren Drink oder Snack einnehmen oder sogar etwas ordern, das vor dem Film am Platz serviert wird, allerdings ist der Preis um einiges teurer als eine normale Kinokarte.

Major Cineplex, z. B. im Central World (Vorführungen nur tagsüber) oder in der Sukhumvit Rd., BTS-Station Ekamai (Exit 1), ☎ 02-5115555,wartet ebenfalls mit komfortablen Sitzen auf.

Dem **Paragon Cineplex** im Siam Paragon ist auch ein **IMAX-Theater** angeschlossen.

Krung Thep IMAX-Theater mit 600 Sitzplätzen, Großleinwand und 3D-Technologie im 6. Stock des Major Cineplex, Ratchayothin Rd., nahe dem Mo Chit (Northern Bus) Terminal, ☎ 02-5115810, 🖳 www.imaxthai.com, für Touristen 300 Baht inkl. Popcorn und Drink, ◷ tgl. 11–22 Uhr.

Deutsche Filme zeigt einmal wöchentlich das Goethe-Institut, englische der British Council und französische die Alliance Française (s. u.).

Thai-Boxen

Kampf-Atmosphäre mit Begeisterung und viel Wetten, ein thailändisches Männervergnügen. Hinten auf der Tribüne ist am meisten los. Freundliche Ticketverkäufer lassen Touristen schon mal reingehen, um die Plätze in Augenschein zu nehmen. Ausländern werden in den Touristenflügel verwiesen, wo sie angeblich vor möglichen Schlägereien sicher sind, die Sicht auf den Ring und die Wetten abschließenden Thai aber nicht gut ist.

Ratchdamnoen Stadium, Ratchdamnoen Nok Rd., ☎ 02-2814205. Kämpfe So, Mo, Mi 18, Do 17 und 21 Uhr, Eintritt 500 / 1000 Baht, am Ring 1500 Baht.

Lumpini Stadium, östlich des Lumpini Parks, ☎ 02-2514303. Kämpfe Di, Fr 18.30, Sa 14 und 18.30 Uhr, Eintritt 800 Baht im Touristenflügel und am Ring 1500 Baht, bei berühmten Boxern noch mehr. Ac-Loge im 3. Stock. Die besten Kämpfer treten erst gegen 21 Uhr auf.
Wer selbst Thai-Boxen erlernen möchte, wendet sich an: **Sor Vorapin Thai Boxing Gym**, 13 Trok Kasap, am Ende der Soi südlich vom Wat Chai Chana Songkhram, gegenüber der Khaosan Rd., 🖳 www.thaiboxings.com. Übungsstunden tgl. 7.30–9.30 und 15–17 Uhr. Weitere Trainingscamps außerhalb in Taling Chan. Sie sind auf Ausländer eingestellt und verlangen 400 Baht pro Trainingseinheit, 30 Einheiten für 8000 Baht.

Vergnügungszentren

Fast jedes Einkaufszentrum beherbergt unter seinem Dach einen Vergnügungspark, eine Mischung aus Spielsalon und Rummelplatz.
Dream World, ☎ 02-5331152, liegt noch weiter außerhalb, nördlich des Don Muang Airports an der Nakhon Nayok Rd., dem H305, zwischen H1 und Outer Ring Road. Riesige Wasserrutsche und vieles mehr. Auf dem Klong schwimmen zahlreiche Restaurantboote. ⏲ tgl. 10–17 Uhr, 450 Baht, 🖳 www.dreamworld-th.com.

Kunst und Kultur

Buddhistische Meditation

Informationen über buddhistische Zentren in Thailand sowie aktuelle Infos über Retreats und Unterweisungen hat die:
World Fellowship of Buddhists, 616 Benjasiri (Queen's) Park, Soi 24 Sukhumvit Rd., ☎ 02-6611284-9, 🖳 www.wfb-hq.org, an. Infos über den Buddhismus, Einführung in die Meditation und Meditation jeden ersten So im Monat von 13–16 Uhr.
Das **International Buddhist Meditation Center**, House of Dhamma, Wat Mahathat, ☎ 02-2226011, 🖳 www.Section-5.org (nur Thai), offeriert neben Vipassana-Meditationen auch Seminare zum Buddhismus in Englisch. Im selben Tempel werden in der Section 5, den blauen Schildern folgen, tgl. um 7, 13 und 18 Uhr 2–3-stündige Vipassana-Meditationen und um

20 Uhr 2-stündige Unterweisungen angeboten (s. S. 132), Retreats sind möglich. Im Mahachula Bldg. Zi 105 finden an jedem 2. und 4. Sa im Monat buddhistische Unterweisungen statt. Die Englisch sprechende Nonne Tipsuda ist zu erreichen unter ☎ 02-6235685. Weitere Infos unter 🖳 www.mcu.ac.th/IBMC.
House of Dhamma, 26/9 Soi 15, Lat Prao, nahe Chatuchak, 🖳 www.houseofdhamma.com, ☎ 02-5110439.
Mehr über buddhistische Meditationen s. S. 115.

Konzerthallen

Viele große Musikkonzerte, aber auch Theater- und Tanzaufführungen, Ausstellungen und Festivals finden in der **Impact Arena** im Norden von Bangkok, 🖳 www.impact.co.th, statt.
Weitere Veranstaltungsorte: **Thailand Cultural Centre**, Ratchadaphisek Rd., ☎ 02-2470028, 🖳 www.thaiculturalcenter.com. Das Kulturzentrum liegt von der gleichnamigen U-Bahn-Station 1 km entfernt und umfasst ein Theater mit 2000 Plätzen, eine Freilichtbühne für 1000 Zuschauer, eine Bücherei und ein Sprachlabor.
Royal Paragon Hall, im 5. Stock des Siam Paragon, Rama I Rd., www.royalparagonhall.com.

Kulturinstitute

Goethe-Institut (German Cultural Institute), 18/1 Soi Goethe, Sathorn Tai Rd., nahe dem Malaysia Hotel, ☎ 02-2870942-4, 📠 2871829, 🖳 www. goethe.de/bangkok, U-Bahn Lumpini. Bibliothek mit deutschsprachigen Büchern (auch Kinderbücher), aktuellen Zeitungen (Süddeutsche, FAZ, Die Zeit) und diversen Magazinen (Spiegel, Stern, Brigitte), ⏲ Di, Mi 9.30– 18, Do 9.30–17, Fr 9.30–13, Sa, So 8–13 Uhr. Außerdem ein Restaurant, eine Cafeteria und die Clubräume der Thai-Deutschen Gesellschaft. Einmal wöchentlich werden deutsche Filme gezeigt und andere kulturelle Veranstaltungen angeboten. In der 6x jährlich veröffentlichten Broschüre sind alle Veranstaltungen aufgelistet.
Alliance Française, 29 Sathorn Tai Rd., ☎ 02-6704200, 🖳 www.alliance-francaise.or.th, ⏲ Mo–Fr 8–18.30, Sa 8.30–17, So 8.30–12.30 Uhr.
British Council, 254 Chula Soi 64, hinterer Siam Square, gegenüber ECC, ☎ 02-2526136, 🖳 www.britishcouncil.org/th.

Kunstausstellungen

Aktuelle Informationen und Adressen von Galerien in den Freitagsbeilagen der Tageszeitungen. Wechselnde Ausstellungen zudem in den Kulturinstituten, im Nationalmuseum und in der Nationalgalerie.

Theater und Tanz

Karten können über **Thai Ticket Master**, ℡ 02-2623456, 🖳 www.thaiticketmaster.com, bestellt werden.
Im **Nationaltheater**, Na Phratat Rd., am Sanam Luang, werden moderne Stücke und die bei Touristen beliebten klassischen Shows gezeigt, Reservierungen unter ℡ 02-2241342.
Weitere Theater- und Tanzaufführungen im **Thailand Cultural Centre**, Ratchadaphisek Rd., 🖳 www.thaiculturalcenter.com, und im Winter im **Salachalermkrung**, Old Siam Plaza, 66 Charoen Krung Rd., ℡ 02-22244499, Fr und Sa um 20.30 Uhr, Khon-Maskentanz von der Acme of Thai Dramatic Arts, 1000 und 1200 Baht.
Im **Joe Louis Theatre (Lakhon Khon Lek)**, auf dem Gelände des ehemaligen Suan Lum Night Bazaar, 1875 Rama IV Rd., ℡ 02-2529683-4, ✆ 2529685, 🖳 www.thaipuppet.com. U-Bahn Lumpini, werden historische Epen und andere Stücke als thailändisches Puppenspiel aufgeführt. Vor der Aufführung werden die traditionellen Figuren vorgestellt. Drei Künstler agieren mit bunten, aufwändig bestickten Stabpuppen, die vom Familienoberhaupt Sakorn Yanghiawsod (Joe Louis) seit über 50 Jahren angefertigt werden. Der Ausstellungsraum neben der Kasse in der Lobby ist immer zugänglich. Shows tgl. 19.30–20.45 Uhr. Eintritt für Nicht-Thais 600 Baht.
Patravadi Theatre, auf der Open-Air-Bühne neben dem Supatra River House, 69/1 Soi Wat Rakhang, Arun Amarin Rd., ℡ 02-4127287-8, 🖳 www.patravaditheatre.com, wird in der Trockenzeit ab 19 Uhr ein interessantes Kulturprogramm geboten, Eintritt je nach Show 200–500 Baht. Vor der Bühne werden an den Ständen des Lan Hin Tak-Theaterrestaurants preiswerte Snacks verkauft. Auch Kunstausstellungen.
Siam Niramit, Ratchada Theatre, 19 Tiam Ruammit Rd, ℡ 02-6499222, 🖳 www.siamniramit.com.

In dem 2000 Zuschauer fassenden Theater wird von 150 Darstellern auf einer 65 m breiten Panorama-Bühne ein Spektakel dargeboten, das die Geschichte Thailands, seine Mythologie und Feste thematisiert. ⏰ tgl. 18–22 Uhr, Showbeginn um 20 Uhr. Vom U-Bahnhof Thailand Cultural Centre, Ausgang 1, kostenloser Shuttlebus, als Sonderangebot 1500 Baht inkl. Dinner.
In verschiedenen Restaurants werden klassische Thai-Tänze zu einem festen Menü (s. S. 172) aufgeführt.
Kostenlos sind die Vorführungen am Lak Muang-Schrein am Sanam Luang (s. S. 133 sowie am Erawan-Schrein an der Ratchadamri, Ecke Ploenchit Rd. (s. S. 149). Auch im Garten des Nationalmuseums (s. S. 153) werden traditionelle Tänze aufgeführt.

Einkaufen

Besonders Straßenhändler vor teuren Hotels, in der Patpong, Khaosan und vor einigen Einkaufszentren, die Touristen gefälschte Markenwaren, Kunsthandwerk und andere Souvenirs offerieren, verlangen häufig total überhöhte Preise. Hingegen sind die meisten Preise in der Sukhumvit Rd., auf dem Pratunam-Markt und außerhalb der Touristenhochburgen realistischer. Während man hier um das Handeln nicht herumkommt, ist es in den Geschäften, in denen Thais einkaufen, kaum üblich zu feilschen.

Shopping Center

Wahre Konsumtempel konzentrieren sich in der unteren Sukhumvit Rd., der Ploenchit Rd. und Silom Rd. In ihnen sind Boutiquen, Dienstleistungsunternehmen, Büros, Restaurants, Kinos, Internet-Terminals, Supermärkte und Kaufhäuser untergebracht. Weitere Einkaufspaläste, die zu den größten der Welt zählen, liegen an den Ausfallstraßen außerhalb, z. B. **Seacon Square** und **Seri Center** in der Srinakarin Rd. östlich des Zentrums, 🖳 www.seaconsquare.com.

Chinatown

Old Siam Plaza, 66 Charoen Krung Rd., eine restaurierte Markthalle, die noch etwas historisches Flair ausstrahlt, was sie vor allem ihren überglasten Höfen, den im traditionellen Design gefliesten Böden und dem sparsamen Einsatz von Klimaanlagen verdankt. Eine Augenweide ist der Food Market in einem der Höfe.

River City am Menam Chao Phraya, neben dem Royal Orchid Sheraton Hotel, ⌨ www.rivercity.co.th. Rings um eine weite Halle, in der offene Stände Kunsthandwerk anbieten, reihen sich kleine Läden, u. a. viele Antiquitäten- und Seidengeschäfte. In der Halle finden monatlich wechselnde Ausstellungen statt. Die Qualität der in den Läden angebotenen Waren ist so hoch, dass man sich in ein Museum versetzt fühlt. Ein Shuttleboot verkehrt zum Oriental Hotel.

Nahe Siam Square

Mah Boon Krong Center, Rama I Rd., Ecke Phayathai Rd. Großer Block, viele kleine Läden bieten eine breite Palette von Waren zu günstigen Preisen an, außerdem der Tokyu Department Store und im Obergeschoss ein Food Center, Internet im 4. und 7. Stock und ein Postamt im 2. Stock. ◷ tgl. 10– 20 Uhr.

Siam Square, hier gehen vor allem junge Leute aus den benachbarten Sprachenschulen und nahe gelegenen Büros einkaufen. Entsprechend besteht das Angebot aus preiswertem Modeschmuck, Taschen und anderen Accessoires sowie Textilien in kleinen Größen.

Siam Discovery, der Komplex ist durch eine überdachte Brücke mit dem Siam Center verbunden. Im 4. Stock Asia Books. Runde Formen und der Einsatz von Chrom und Glas geben dem Gebäude eine futuristische Note und den Geschäften internationaler Möbeldesigner einen eleganten Rahmen. Zudem mehrere Kinos. Dahinter erhebt sich der **Siam Tower**.

Siam Center, Shopping Center für Jugendliche mit vielen Modeboutiquen, 3 Kinos, dem British Council, Restaurants und Essenständen.

Siam Paragon, ein Shopping-Paradies der jüngeren Generation, das aufgrund seiner Architektur und einmaligen Läden eine Sehenswürdigkeit ist (s. S. 175, 190 und S. 193). Hier gibt es auch Ausgefallenes wie Luxusautos, Kunstgalerien und den größten Buchladen der Stadt. ◷ Geschäfte: tgl. 10–22 Uhr, Restaurants: bis 23 Uhr.

Central World, Ratchadamri, Ecke Rama I Rd., ein mondäner Gebäudekomplex mit dem Zen und Isetan Department Store sowie zahlreichen Geschäften. Er wurde 2006 komplett umgebaut zum flächenmäßig größten Einkaufszentrum in Südostasien und Hongkong, hat aber noch viel Luft und freie Flächen. Gegenüber weitere Einkaufszentren:

Gaysorn Plaza, mit Edelboutiquen internationaler Designer, vielen interessanten Geschäften mit Kunsthandwerk im 3. Stock.

Narayana Phand, das große Handicraft Center mit einer großen Auswahl, im Untergeschoss ein Souvenirmarkt für alle, die nicht gern an den Straßenmärkten handeln, und

Amarin Plaza, Ploenchit Rd., beherbergt viele Seidengeschäfte und im 3. Stock den Sogo Department Store.

Peninsula Plaza, Ratchdamri Rd., viele Luxusboutiquen. Hier gibt es die originalen Gucci-, Louis Vuitton-, Lacoste- oder Ellesse-Markenwaren, außerdem Asia Books.

Sukhumvit Rd.

Times Square, 246 Sukhumvit Rd., zwischen Soi 12 und 14, beherbergt zahlreiche Boutiquen, ein kleines Postamt, Restaurants sowie Asia Books.

Emporium, 622 Sukhumvit Rd., am Queen's (Benjasiri) Park, elegantes Einkaufszentrum mit Designer-Boutiquen, dem Emporium Department Store, dem Kinokuniya Bookshop im 3. Stock, Internet-Terminals und einer Food Hall im 5. Stock mit tollem Ausblick über den Park auf die Silhouette der Stadt.

Tesco Lotus Super Center, an der BTS On-Nut, der Endstation des Skytrain in der Sukhumvit Rd., die landesweite Kette hat viele günstige Waren, aber keine Edelmarken-Artikel im Angebot. Sogar Air Asia ist hier vertreten.

Nahe Silom Rd.

Silom Complex, nahe Dusit Thani Hotel, wird überwiegend vom Central Department Store eingenommen. Im Tiefgeschoss einige Fastfood-Restaurants.

Silom Centre, gegenüber, am nördlichen Ende der Silom Rd., beherbergt den Robinson Department Store, eine weitere Filiale in der Sukhumvit Rd. im The Westin Grand Sukhumvit Hotel, zwischen Soi 17 und 19.

Thaniya Plaza, nahe Patpong, zwischen Silom und Surawong Rd., kleiner Komplex mit mehreren Kunsthandwerksläden, Asia Books, einer Filiale des Silom Village und einem Kaffeehaus.
Silom Village, kleines Einkaufszentrum mit Restaurant, Hotel und einem guten Angebot an Kunsthandwerk.
Central Department Store, das älteste Kaufhaus Bangkoks in der Ploenchit Rd. Filialen u. a. im Silom Plaza und der unteren Silom Rd.

Im Norden
Panthip Plaza, Phetchaburi Rd., gigantischer Einkaufskomplex für Computerfans, Hardware und legale wie kopierte Software (immer erst mit einem aktuellen Virusprogramm checken!).
Suan Chatuchak Weekend Market, s. links.

Märkte

In der Millionenstadt Bangkok haben einige Märkte mit ländlichem Charakter überlebt, auf denen frisches Obst und Gemüse, Fisch und Fleisch angeboten wird. Die legendären schwimmenden Märkte gibt es allerdings nur noch außerhalb der Metropole. Auf den meisten Märkten Bangkoks werden vor allem Textilien und Drogerieartikel verkauft, aber auch Pflanzen und – natürlich – Souvenirs für die zahlreichen Touristen.
Weekend Market, Suan Chatuchak. Jeden Sa und So von 7–18 Uhr lockt der große, interessante Markt über 200 000 Besucher und auch einige Diebe an. An 15 000 Ständen gibt es Textilien (kreative T-Shirts), Souvenirs und Kunsthandwerk aus allen Landesteilen, Schmuck, Porzellan, Haushaltswaren, Lebensmittel, Tiere, Musik, Bücher (auch in Englisch), Elektroartikel, Pflanzen und sogar Wechselstuben, Geldautomaten und einen Stand der Tourist Police, wo es manchmal einen Plan vom Markt gibt. Mi und Do werden überwiegend Pflanzen verkauft.
Thewet-Blumenmarkt, am nördlichen Ende der Luk Luang Rd., an der Mündung des Klong Phadung Krung Kasem. Hier werden täglich Blumen und Pflanzen verkauft. Auf der anderen Seite des Klong erstreckt sich ein Obst- und Gemüsemarkt, der sich in der Samsen Rd. fortsetzt. Textilien und Essenstände gibt es auf der gegenüber liegenden Straßenseite.

Pak Klong Talaat, nahe der Memorial-Brücke findet täglich am frühen Morgen in der großen Halle am Fluss ein sehenswerter Großmarkt statt, auf dem mit Obst und Gemüse, Fisch und Fleisch gehandelt wird. Begrenzter Verkauf auch an Endverbraucher.
Sampeng Lane, von der Pahurat Rd. über den Klong Richtung Südosten und in den Seitengassen. In der schmalen Gasse wird in zahllosen offenen Geschäften eine Vielfalt von Waren angeboten.
Pahurat-Markt, südlich der Pahurat Rd. Dieser überdachte Markt, auf dem vor allem Textilien angeboten werden, weist einen deutlich spürbaren indischen Einfluss auf. Hier findet man alles, von Saris bis zu Brokatstoffen für Tempeltänzer, Schmuck, Betelnüsse, Kurzwaren, Schreibwaren u. a. Feilschende Touristen sind nicht gern gesehen.
Pratunam-Markt, entlang der Ratchaprarop Rd sowie im und um den Baiyoke II Tower. Unzählige Stände v. a. mit Textilien und Souvenirs zu sehr günstigen Preisen. Nichts für Leute mit Platzangst. Die Verkäufer lassen mit sich handeln.
Amulettmarkt, neben dem Wat Ratchanatda, westlich vom Golden Mount, Schutz- und Glücksamulette und religiöse buddhistische und hinduistische Statuen sowie Abbildungen der Könige werden hier verkauft. Handeln nicht üblich.
Soi Bank Market, hinter der Bangkok Bank in der Silom Rd. werden Mo–Fr mittags auf dem quirligen Markt Blumen, Textilien und andere Alltagsgegenstände verkauft. Vorsicht, die Soi hat auch den Beinamen „Gasse, die das Geld hinwegschmelzen lässt".

Antiquitäten

Der Handel mit echten Antiquitäten ist in Thailand seit 1989 **verboten**. Deshalb lebt eine ganze Branche von der Produktion täuschend echter Antiquitäten. Informationen erteilt das Fine Arts Department unter ☎ 02-2241370.

Brillen

Mit einer Sehstärken-Bestimmung eines Augenarztes kann man sich günstig neue Gläser in eine vorhandene Brille einsetzen lassen. Auch Fassungen sind billiger, Handeln möglich. Empfehlenswert die Kette **Charong Krung Optical**

Shop, Filiale in der Chakraphong Rd., etwas nördlich der Einmündung der Khaosan Rd.

Bücher und Landkarten

Eine große Auswahl hat **Kinokuniya**, 🖥 www. kinokuniya.com, die große japanische Kette hat 3 Filialen in Bangkok. Die größte im 3. Stock des Siam Paragon, Siam Square, ☎ 02-6109500, 🖥 www.siamparagon.co.th, mit einer großen fremdsprachigen Abteilung, vielen Reiseführern und anderen Büchern zu Thailand und Südostasien sowie zu anderen Sachgebieten. In der deutschsprachigen Abteilung gibt es sogar die Loose-Bücher. Hier findet man fast alles! Weitere Filialen im Isetan Department Store, 6. Stock, Central World, ☎ 02-2559834, und im Emporium Shopping Complex, 3. Stock, 622 Sukhumvit Rd, ☎ 02-6648554.

Aporia Books, 131 Tanao Rd., ☎ 02-6292919, der kleine Laden in Banglampoo überrascht mit einer guten Auswahl an englischsprachigen Reiseführern, Kunstbänden und Romanen.

Asia Books, 🖥 www.asiabooks.com, 221 Sukhumvit Rd., außer dem Mutterhaus zwischen Soi 15 und 17 Filialen u. a. im 1. und 3. Stock des Landmark Plaza zwischen Soi 4 und 6 Sukhumvit Rd., im Times Square, zwischen Soi 12 und 14, im Peninsula Plaza, Ratchadamri Rd., Central World, im Siam Discovery Center und vielen anderen Einkaufszentren. Alle sind bis 20 Uhr, das Central World sogar bis 21 Uhr geöffnet.

Bei Otto, Soi 20, ein kleiner Buchladen mit vielen deutschsprachigen Titeln, auch An- und Verkauf von Secondhandbüchern.

Bookazine, Siam Square, der kleine zweistöckige Laden hat eine gute Auswahl an Reiseführern und Karten. Filialen im Sogo Department Store im 3. Stock, Ploenchit Rd., Silom Complex im 2. Stock, CP Tower im 1. Stock, nahe Patpong und All Seasons Place, Witthayu Rd.

White Lotus, 🖥 thailine.com/lotus, hat sich auf Bücher über Thailand und Südostasien in Englisch und Deutsch spezialisiert und verschickt Kataloge.

In Secondhand-Buchläden in der Khaosan Rd. und Umgebung, z. B. im **Shaman Bookstore**, 71 Khaosan Rd., oder **Moonlight Bookshop**, 46/1 Khaosan Rd., werden neben englischsprachigen Romanen auch viele gebrauchte Reiseführer verkauft.

Computer-Software

Im **Panthip Plaza**, Phetchaburi Rd., auf 5 Stockwerken zahllose Läden mit Hard- und Software, legalen wie kopierten Programmen, Musik-CDs und Film-DVDs zu günstigen Preisen. An Computern kann gecheckt werden, ob es sich um lizenzierte Software handelt.

Edelsteine

Bangkok ist das weltweite Zentrum für die Aufarbeitung minderwertiger und die Herstellung synthetischer Steine. Relativ gering sind die im eigenen Land geförderten Saphire und Rubine, das meiste wird importiert.

Potenzielle Käufer sollten bedenken, dass zurzeit auf dem Weltmarkt eine Saphirschwemme herrscht, die angebotene Ware zumeist nur von minderer Qualität ist und man fast jeden Stein künstlich herstellen kann. Der Verkauf von Ramsch ist schließlich nicht verboten. Wer kein Experte ist, lässt besser die Finger von lukrativ erscheinenden Geschäften. Ansonsten sollten Schmuckstücke immer mit einer Echtheitsbescheinigung versehen sein, mit der Angabe von Größe, Gewicht und Preis sowie einer Rückgabegarantie (innerhalb von 30 Tagen ohne Einschränkungen) und einer Quittung.

Die **Thai Gem & Jewellery Traders' Association**, 942/152 Chan Issara Tower, Rama IV Rd., ☎ 02-2353039, schätzt gegen eine Gebühr Schmuckstücke und Edelsteine.

Wer Betrügern auf den Leim gegangen ist, wendet sich an die Tourist Police. Weitere Tipps für Geschädigte enthält ein Merkblatt der Deutschen Botschaft. Die Verarbeitung der Steine ist kostenlos in einigen Gem Cutting Factories zu beobachten.

Kameras / Filme

Sie sind teurer als in Deutschland. Offiziell dürfen nur 5 Filme importiert werden, was nicht kontrolliert wird. Papierabzüge kann man an jeder Straßenecke machen lassen. Diafilme sind selten. Papierabzüge von digitalen Speichermedien werden überall sofort gemacht. Kamerareparaturen bei **VIMON**,

835 Sukhumvit Rd., zwischen Soi 45 und 47, ℡ 02-2587402.

Kopien von Markenartikeln

Beliebte Souvenirs sind Hemden, Socken, Uhren, Lederwaren und viele weitere Markenartikel, die eines gemeinsam haben – sie sind gefälscht, nicht immer von guter Qualität, aber billig. Obwohl der Verkauf illegal ist, interessiert sich die Polizei kaum dafür. Allerdings ist es verboten, Raubkopien nach Deutschland einzuführen. Zwischen 17 und 23 Uhr bauen fliegende Händler ihre Stände in der Patpong Rd. und der angrenzenden Silom Rd. sowie in der unteren Sukhumvit Rd. auf. Relativ günstige Preise bieten die Händler an Straßenständen in der Khaosan Road. Die Atmosphäre in den Geschäften und an den Ständen ist allerdings manchmal ziemlich aggressiv.

Kunsthandwerk

Auf dem Chatuchak Weekend Market gibt es fast alles.
Von allen Einkaufszentren hält der staatliche Verkaufsraum **Narayana Phand**, Ratchadamri Rd., 🖳 www.naraiphand.com, gegenüber dem Central World, das größte Angebot bereit. ⊙ tgl. 10–21 Uhr.
Der **Thai Craft Museum Shop** im 2. und 3. Stock des Gaysorn Plaza offeriert in einer ansprechenden Umgebung hübsches Kunsthandwerk aus allen Landesteilen. ⊙ tgl. 10–21 Uhr.

Musik

Vor allem CDs und DVDs aus internationaler und einheimischer Produktion werden in den großen Musikläden und in der Khaosan Rd. angeboten. Die größten sind die Filialen von **Tower Records** im Emporium.

Schmuck

Moderner Silber-Modeschmuck in großer Auswahl in Banglampoo in der östlichen Trokmayom Chakraphong, der Gasse südlich der Khaosan Rd. Siehe auch „Edelsteine".

Schneider

Schneider, die alle Englisch, wenn nicht sogar Deutsch sprechen, nähen nach Vorlage (Kata-

logbilder reichen aus, die eigene Lieblingshose ist aber besser!) Hemden, Kleider oder gar Anzüge. Selbst wenn die Kleidung innerhalb von 24 Stunden fertig sein könnte, lohnt es sich, 3 Tage und mehrere Anproben zu investieren, Details genau abzusprechen, nicht auf superschnelle, superbillige Sonderangebote hereinzufallen, Änderungen zu verlangen und dafür genügend Zeit einzuplanen. Einige Leser haben sich über Betrügereien beschwert (falsche Stoffe, schlechte Verarbeitung, Drohungen bei Änderungswünschen), andere empfahlen:
Arena's Fashion, 292/3 Silom Rd., nahe Silom Village, ℡ 02-2681112, ✉ arena_007@yahoo.com.
Aria Fashion, Shop 3 Khaosan Rd., ℡ 02-28173700, wo man auch Deutsch spricht.
Esquire, 1 Soi 11 Sukhumvit Rd., ℡ 02-2534648.
Handsome, 312 Silom Rd., alteingesessener Herrenschneider.
Jackie's, 137 Sukhumvit Rd, Ecke Soi 9, ✉ jacktailor@yahoo.com.
Pierre Boutique, Viengtai Hotel, 42 Tani Rd., ℡ 02-6291516, 🖳 www.pierreboutique.com.
President Tailor, 147 Sukhumvit Rd., nahe Soi 11, 🖳 www.presidenttailor.com.

Sunny Fashion, 70 Khaosan Rd., ✆ 02-6292585, ✆ 6290137, ✉ sunnyfashions@hotmail.com.
Toms Fashion, 19 Soi 8 Sukhumvit Rd., ✆ 02-22533301, 🖳 www.tomsfashion.com, alteingesessener, auch Deutsch sprechender Schneider. Auch hier ist Handeln angebracht. Je nach verarbeitetem Material variieren die Kosten. Als Anhaltspunkt könnten folgende Preise dienen: 3-teiliger Nadelstreifenanzug inkl. maßgeschneidertem Hemd oder Hosenanzug plus Rock und Bluse 5000–9000 Baht.

Seide

Seide wird in vielen Geschäften in verschiedenen Qualitäten und Farben angeboten – als Kissen, Krawatten, Kleider usw. oder am laufenden Yard (1 Yard = 91,44 cm) in einer Breite von meist 1 m. Jim Thompson, 🖳 www.jimthompson.com, ist das führende Geschäft in der 9 Surawong Rd., nahe Rama IV Rd., ⏰ tgl. 9–21 Uhr, Filiale u. a. im Isetan-Kaufhaus im Central World, ⏰ tgl. 10–21 Uhr, im Emporium und in vielen Luxushotels. Preiswerte Seide gibt es auf dem Wochenendmarkt. Allerdings wird viel Kunstseide oder eine Mischung mit hohem Kunstfaseranteil als angeblich echte Seide angeboten.

Textilien

Kleidung, vor allem T-Shirts, gibt es nicht nur auf dem Chatuchak Weekend Market, sondern auch auf Straßenmärkten. Eine große Auswahl in der Sukhumvit Rd., in Patpong und in Banglampoo, dem traditionellen Textilzentrum der Stadt. Großhändler kaufen auf dem Pratunam-Markt, wo die Auswahl am größten und die Preise am niedrigsten sind. Auch im Untergeschoss des **Bo Bae Tower**, 488/800 Tamrongrak Rd., in der Chinatown, kann man günstig Jeans, T-Shirts und andere Textilien einkaufen.
Bangkoker (CRXDBKKER), 113 Samsen Rd., ✆ 02-6289722, 🖳 www.bkker.com, der freundliche Bangkoker Designer und seine Mutter verkaufen einzigartige, kreativ bedruckte Shirts.

Sonstiges

Autovermietungen

Es ist kein Vergnügen, einen Wagen durch Bangkok zu steuern. Neben der großen Verkehrsdichte und dem ungewohnten Linksverkehr fordert ein verwirrendes System von Einbahnstraßen und Busspuren, die zu unterschiedlichen Zeiten in Betrieb sind, die ganze Aufmerksamkeit des Fahrers. Wer das Verkehrschaos umgehen will, kann sein Auto am Suvarnabhumi Airport mieten und von dort gleich auf der Ring Road weiterfahren. Auch sind Sonntage gut zum Fahren, da v. a. vormittags wenig los ist. Informationen über Mietwagen s. S. 77. Expressways in Bangkok kosten pro Abschnitt 30–40 Baht Gebühren. In der günstigen Preisklasse kosten Autos je nach Firma und Mietdauer 1000–2000 Baht pro Tag:
Avis, 22 Witthayu Rd., ✆ 02-2555300-4, ✆ 2546 718-9, 🖳 avisthailand.com. Filialen u. a. im Dusit Thani und Grand Hyatt Erawan Hotel sowie außerhalb von Bangkok in Hua Hin, Pattaya, Phuket, Ko Samui und Hat Yai.
Budget, 19/23 New Phetchaburi Rd., 🖳 www.budget.co.th, ✆ 02-2030250 ✆ 2030249. Filialen in Hua Hin, Phuket, Ko Samui, Krabi und anderen Orten. Nach Tarifen für *one-way-rental* aus den Provinzstädten nach Bangkok fragen. Bei Vorlage unseres Buchs bekommt man Rabatt.
Grand Car Rent, Asoke Din Daeng, ✆ 02-2482991.
Hertz, Thai Tower, 87 Witthayu Rd., ✆ 02-6541 105, ✆ 6541110, Büros in Pattaya, Ko Samui und Phuket.
Klong Toey Car Rent, 1921 Rama IV Rd., ✆ 02-2519856.
National, 727 Srinakarin Rd., ✆ 02-7228487, ✆ 7228492, 🖳 www.smtrentacar.com.

Botschaften

Adressen und Öffnungszeiten ausländischer Botschaften in Bangkok im Praktischen Teil, s. S. 34. Visa für Laos, Vietnam, Myanmar und Kambodscha sind manchmal in Bangkok preiswerter und schneller zu bekommen als in Europa. Sie können über Reisebüros organisiert werden, die zudem Visa für China, Indien, Nepal und Indonesien besorgen. Ein Visum für Myanmar ist so kompliziert zu beantragen, dass es lohnt, eine Agentur für ca. 1100 Baht einzuschalten. Ansonsten sollte man bereits um 8 Uhr bei der Botschaft sein, obwohl sie erst um 9 Uhr öffnet, denn es werden nicht mehr als 30 Anträge pro Tag bearbeitet. Am besten gleich in die Stuhlreihe setzen und den Antrag erst dann ausfüllen. Die Bearbeitungsdauer beträgt 4–5 Tage.

Christliche Kirchen

Deutschsprachige Gemeinden: Evangelisch, 🖥 www.die-bruecke.net, katholisch, 🖥 www. gemeinde-bangkok.com.

Fahrräder

Für Bangkok ist ein eigenes Rad auf keinen Fall zu empfehlen. Selbst „Radwege" wie der vom Lumpini Park zur Sukhumvit Soi 12 mit seinen Treppen und Steigungen sind kein Vergnügen. **Bike & Travel**, 802/756 River Park, Moo 12, Kookot, Lamlookka, Pratumthani, ✆ 02-9900274, ✉ 9900900, 🖥 www.cyclingthailand.com. 1–12-tägige Fahrradtouren ab 2 Teilnehmern in ländlichen Regionen Thailands, die unterschiedliche Anforderungen an die Fitness der Teilnehmer stellen.
Velo Thailand, 88 Soi Samsen 2, ✆ 089-2017782, 🖥 velothailand.com, organisiert für maximal 6 Pers. je nach Fitness 2–4-stündige Touren durch Bangkok und Thonburi. Sie starten tgl. um 13 Uhr für 800 Baht und um 18 Uhr für 900 Baht. Die ordentlichen Fahrräder werden auch vermietet (50 Baht pro Std. bzw. 300 Baht pro Tag).
Pro Bike, Sarasin Rd., ✆ 02-2533384, 🖥 www. probike.co.th, großer Fahrradladen mit Werkstatt. ☉ Mo–Fr 10–19, Sa 8.30–19, So 8.30–17 Uhr.
Informationen für Biker s. S. 77.

Feste und Festivals

Staatliche Feiertage und große religiöse Feste werden in Bangkok besonders prunkvoll begangen: Zum Geburtstag der Königin oder des Königs finden Paraden und Umzüge in den geschmückten Straßen statt. Bei großen Festen werden sogar die Königlichen Barken zu Wasser gelassen. Auch das chinesische Neujahrsfest ist Anlass zu 3-tägigen Feierlichkeiten in der Chinatown (s. S. 142).
Visakha Bucha, das größte buddhistische Fest, wird im Wat Phra Keo und auf dem Sanam Luang begangen. Bereits ab 8 Uhr ziehen 30–40 liebevoll dekorierte Wagen mit Statuen, die

Szenen aus dem Leben Buddhas darstellen, durch die Ratchdamnoen Rd. zum Königspalast. Während der kühlen Jahreszeit von Mitte Februar bis Ende März finden auf dem Sanam Luang **Drachenwettkämpfe** statt.
Zur **Pflugzeremonie** auf dem Sanam Luang Mitte Mai strömen Bauern aus dem ganzen Land nach Bangkok.
Während der **Songkran**-Feiern werden in Bangkoks Straßen wahre Wasserschlachten ausgetragen, wobei Touristen ein beliebtes Ziel darstellen. Wer nicht ständig bis auf die Haut nass werden und mit schmierigem Wasser übergossen werden möchte, sollte die Stadt während dieser Zeit meiden. Zudem führen zahlreiche Absperrungen zum Verkehrschaos, vor allem in der Altstadt, hingegen ist es in der Chinatown ruhig.

Fitnesscenter / Yoga

Fitnessstudios sind generell relativ teuer, bieten aber auch einiges, wie eigene DJs und ein breites Spektrum an Kursen von Pilates bis Yoga. Auch kürzere Mitgliedschaften sind möglich bei **California Wow**, Filialen in mehreren Einkaufszentren, wie Siam Paragon, und in der Sukhumvit Rd., nahe Soi 23, ✆ 02-7893222, 🖥 www. californiaWOWX.com. ☉ Mo–Fr 8.30–20.30, Sa, So 10–19 Uhr. Eine Woche Mitgliedschaft 1500 Baht.
Buddy Health Center, im 3. Stock der Buddy Lodge, 265 Khaosan Rd., ✆ 02-6294477.
Iyemgar Yoga Studio, 55th Plaza Bldg., Soi 55, Sukhumvit Rd., 🖥 www.iyengar-yoga-bangkok. com, ✆ 02-7149924.
Yoga Elements Studio, 1/18 Patpong, Kitpanit Bldg., ✆ 02-6343095, 🖥 www.yogaelements. com, hier wird Vinyasa- und Ashtanga-Yoga gelehrt.

Frisöre

Ein Besuch beim Frisör ist wegen der entspannenden Kopf- und Nackenmassage äußerst angenehm und kostet normalerweise um 150 Baht, in Einkaufszentren mehr. Beim Haareschneiden müssen vor allem Männer darauf achten, dass ihnen der Barbier nicht den Thai-Einheitsschnitt verpasst. Für komplizierte Schnitte, Dauerwellen, Färben und Tönen sollte man in größere, teure Läden gehen. Generell wer-den die Haare im Liegen mit kaltem Wasser gewaschen.

Geld

Der Nachschub an Bargeld ist durch zahlreiche Geldautomaten und Wechselstuben in den Touristenvierteln gesichert.

Kreditkartenorganisationen

American Express, 388 Paholyothin Rd., ✆ 02-2735544, ◷ Mo–Fr 8.30–17 Uhr, Vertretung: Sea Tours, Suite 88-92 Phayathai Plaza, 128 Phayathai Rd., ✆ 02-2165 934, 2165783, ◷ Mo–Fr 8.30–17, Sa 8.30–12 Uhr, kein Einlösen von Schecks.
Visa, Bank of America Building, 2/2 Witthayu Rd., ✆ 02-2737448-9, ◷ Mo–Fr 8.30–12.30 Uhr. Außerdem bei Filialen der Kasikorn Bank, der Siam Commercial Bank und der Bank of America.
Master, bei den Filialen der Bank of Ayutthaya, Bank of America, Siam Commercial Bank, Thai Military Bank und Kasikorn Bank.
Diners Club, 191 Silom Rd., während der Bürozeiten Mo–Fr 8–17 Uhr ✆ 02-2383660, ansonsten ✆ 02-2335775-6, bei Verlust ✆ 02-2313500.
Thomas Cook, 12.Stock, Sathorn City Tower, 175 Sathorn Tai Rd., ✆ 02-6795521.

Immigration

507 Soi Suanphlu, Sathorn Tai Rd., ✆ 02-2873101-10, ◷ Mo–Fr 8.30–16 Uhr, zudem am Airport. Das 60-Tage-Visum kann für 500 Baht um 14 Tage verlängert werden (es wird ein Foto benötigt), die Aufenthaltsgenehmigung für 30 Tage jedoch nur in Ausnahmefällen. Wird das Visum überzogen, müssen bei der Ausreise ab dem zweiten Tag 500 Baht pro Tag bar bezahlt werden. In diesem Fall rechtzeitig am Airport erscheinen! Besucher mit einem gültigen, aber noch nicht abgelaufenen Visum können am Airport eine Wiedereinreise-Genehminnung erhalten, die allerdings die Visadauer nicht verlängert oder verkürzt. Für eine Reise sind 500 Baht, für mehrere 1000 Baht zu zahlen, zudem ist der *boarding pass* des internationalen Fluges vorzulegen. Einige Ausländer, die sich über längere Zeit in Thailand aufhalten, bevor-

zugen den so genannten **Visa Run**, der sogar von Reisebüros organisiert wird: Von Bangkok fährt man meist nach Aranyaprathet, dort kurz über die Grenze nach Kambodscha und mit einem neuen Visum wieder zurück, was aber nur noch max. 2-mal geht.

Informationen

Einige „Touristeninformationen" werden privat betrieben und verdienen sich eine Provision durch die Vermittlung von Hotels und Touren im Zielgebiet. Als angebliche TAT-Reisebüros ködern sie Kunden mit der falschen Behauptung, Lizenzunternehmen des staatlichen Fremdenverkehrsamtes zu sein. Besonders vor dem Königspalast und am Bahnhof sprechen sie Ausländer an, um ihnen überteuerte Reisen, Visa und Geldwechsel zu schlechten Kursen anzudrehen.
Tourist Authority of Thailand (TAT), nahe dem Demokratie-Denkmal, 4 Ratchdamnoen Nok Avenue, ✆ 02-2829773-6, ◷ tgl. 8.30–16.30 Uhr. Am Informationsschalter gibt es einen Stadtplan und aktuelle Publikationen. Weitere Informationen geben die Angestellten auf Anfrage heraus. Die Zentrale befindet sich in der New Phetchaburi Rd., ✆ 02-2505500, ✆ 2505511, ✉ center@tat.or.th, 🖥 www.tourismthailand.org, ◷ Mo–Fr 8.30–16.30 Uhr.
Auch im Untergeschoss des Airport, gegenüber der Polizeistation am westlichen Ende der Khaosan Rd., vor dem Ambassador Hotel, Soi 11, Sukhumvit Rd., und am Chatuchak Weekend Market, ◷ Sa, So 9–17 Uhr, verteilen TAT-Filialen Infomaterial und Stadtpläne.
Bangkok Tourist Bureau, 17/1 Phra Athit Rd., 🖥 www.bangkoktourist.com, ✆ 02-2257612-5, ✆ 2257616, nordwestlich vom Sanam Luang, am Treppenaufgang zur Phrapinklao-Brücke, informiert nur über Bangkok, ◷ tgl. 9–19 Uhr. Falls vorhanden, gibt es am Counter gute Straßen-, Bus- und Klongkarten. Das Büro organisiert Veranstaltungen und Aktivitäten, wie geführte Fahrradfahrten (4–5 Pers.) durch die Altstadt. Vor dem Robinson Department Store in der Silom Rd., nahe Rama IV, zudem kleine Stände, die ein paar allgemeine Broschüren verteilen.
Tourist Service Line, touristische Informationen und Hilfe in Englisch, ✆ 1672.

Im Internet: ⌨ www.bangkok.com, ⌨ www.bangkokmag.infothai.com.

Internet

Zahlreiche Internet-Cafés in den Gästehäusern in Banglampoo und viele weitere kleine Läden in den Nebenstraßen bieten für 30–60 Baht pro Std. (min. 10 Baht) an überwiegend recht schnellen Rechnern die günstigste Möglichkeit, eine Mail zu versenden oder zu surfen. In anderen Stadtvierteln gibt es in Restaurants, Cafés und Einkaufszentren ebenfalls zahlreiche Anbieter. Sie sind aber oft etwa doppelt so teuer. Einige Restaurants und Hotels werben mit WLAN-Zone oder Hotspots. **KSC**, ⌨ www.ksc.net, z. B. bei Starbucks, verlangt allerdings 250 Baht pro Tag bzw. 150 Baht pro Std.

Massagen / Spas

Traditionelle Thai-Massage für 200 Baht pro Stunde im Wat Pho (s. S. 135) und dessen Umgebung. Im Tempel selbst finden Massage-Kurse statt, s. S. 136.

Fast alle internationalen Hotels verfügen über Wellnesscenter mit einem breiten Angebot an Massagen und Behandlungen.

Auch in der Khaosan Rd. und ihren Seitengassen, v. a. in der Soi Rambuttri und rings um das Viengtai Hotel, und in anderen Straßen bieten Masseure ihre teils unprofessionellen Dienste an. 1 Std. kostet hier etwa 200–300 Baht. Einige Massage-Salons dienen mehr sexuellen Vergnügungen mit (möglicherweise) weniger gesunden Nachwirkungen.

The Sense of Spa, 323 United Center Bldg., 1. Stock, Silom Rd., Ecke Soi Pipat 3, ✆ 02-6355488-9. Blitzsauberes, gut eingerichtetes Spa, exzellente Massagen ab 500 Baht und Kosmetikbehandlungen, gutes Preis-Leistungs-Verhältnis.

Relax one hour, 173 Surawong Rd., ✆ 02-6349500, ⌨ www.relaxonehour.com, wurde im April 2007 von drei Berliner Spa-Spezialisten eröffnet. Auf drei Stockwerken wird eine einzigartige, kreative Mixtur aus europäischen und asiatischen Anwendungen geboten, die in gediegenem Ambiente ab 1200 Baht pro Std. zu genießen sind.

Entspannen in Bangkok

- Im nächstgelegenen Tempel (außer dem Wat Phra Keo)
- Bei einem Spaziergang durch die Parkanlage der Dusit-Museen oder den Lumpini Park
- Bei einer Fahrt mit dem Expressboot bis zur Endhaltestelle und zurück
- Im Kino
- Bei einer Massage

Medizinische Hilfe

Ein großes Krankenhaus ist das **Bangkok Christian Hospital**, 124 Silom Rd., ✆ 02-2336981-9, Dr. Yuthana Budsayavith spricht Deutsch.

Auf europäische Patienten eingestellt sind das **Samitivej Hospital**, 133 Soi 49 Sukhumvit Rd., ✆ 02-3920010-9, und

Bangkok Hospital, 2 Soi Soonvijai 7, nahe Soi 47, New Phetchburi Rd., ✆ 02-310300, ⌨ www.bangkokhospital.com, viele Spezialisten und eine neue Zahnklinik.

BNH Hospital, 9 Convent Rd., zwischen Silom und Sathorn Nua Rd., ✆ 02-2332610-9, ⌨ www.bnhhospital.com, neues Gebäude, zuverlässiges, freundliches, Englisch sprechendes Personal.

Bangkok Adventist Hospital, 430 Phitsanulok Rd., ✆ 02-2811422, ⌨ www.mission-hospital.org, ist gut, aber relativ teuer. Wird von Missionaren geleitet. Im 4. Stock ein vegetarisches Restaurant.

St. Louis Hospital, 215 Sathorn Tai Rd., ✆ 02-2120033-48, ⌨ www.saintlouis.or.th, ein katholisches Krankenhaus.

Bumrungrat Hospital, 33 Soi 3 Sukhumvit Rd., ✆ 02-2667-1000, ⌨ www.bumrungrad.com, kurzfristig Terminvereinbarung unter -1234 (internationale Patienten) oder -1555 (ambulant). In Asiens größtem und modernstem Krankenhaus werden jährlich etwa 700 000 Ausländer behandelt und effektiv bedient. Einge der 700 Ärzte sprechen auch Deutsch. Der größte Teil der Angestellten spricht Englisch.

Saorapha Memorial Institute, besser bekannt als Schlangenfarm, Rama IV, Ecke Henri Dunant Rd., informiert über Tropenkrankheiten und Impfungen.

In allen Krankenhäusern praktizieren auch **Zahnärzte**, die mit ihren Patienten wesentlich sanfter umgehen, als diese es von zu Hause gewohnt sind. Allerdings behandelt man Patienten nur, wenn sie genügend Bargeld haben oder die Kreditkartennummer hinterlassen. Notfalls wird der Pass als Pfand einbehalten!

Müll

Die Sauberkeit der Stadt ist hart erkämpft worden, sodass Schilder, die für die Verunreinigung der Straßen drastische Strafen von bis zu US$100 androhen, durchaus ernst zu nehmen sind. Schon viele Touristen hatten für eine weggeworfene Zigarettenkippe 200 oder gar 2000 Baht zu zahlen.

Nationalparks

Royal Forestry Department, 61 Paholyothin Rd., in der Straße Richtung Don Muang Airport, ☎ 02-5791151/60. Hier ist auch die National Parks Division untergebracht, die unter ☎ 02-5620760, zu erreichen ist. Sie erteilt Informationen über die Parks und nimmt Reservierungen für Übernachtungsmöglichkeiten vor. Infos unter 🖳 www.dnp.go.th.

Post

General Post Office (GPO) in der 1160 Charoen Krung Rd. (New Rd.), ☎ 02-2331050-9, ⏰ Mo–Fr 8–20, Sa, So und feiertags bis 13 Uhr. Packing service im Hauptpostamt, ⏰ Mo–Fr 8–16.30 und Sa 9–12 Uhr. Im Telecom Bldg. langsamer Internet-Service für 1 Baht pro Min. von 7–22 Uhr. Andere Postämter ⏰ Mo–Fr 8.30–16.30, Sa 9–12 Uhr.
In den Touristenzentren befinden sie sich:
• in Banglampoo am großen Platz nördlich der Tani Rd. und in der Soi Damnoen Klang Nua, schräg gegenüber dem Sweety Gh., Packing service Mo–Fr 8.30–16.30, Sa 9–12 Uhr.
• am Hauptbahnhof links vom Haupteingang,
• versteckt im östlichem Siam Center am Parkhaus, im Mah Boon Krong Center, 2.Stock,
• in der Sukhumvit Rd. nahe Soi 4, ⏰ Mo–Fr 8.30–17.30, Sa 9–12 Uhr,
Außer dem Express-Postservice EMS gibt es folgende Kurierdienste: **DHL**, Grand Amarin Tower, 1550 New Phetchaburi Rd., ☎ 02-

2070636, **TNT**, 599 Chong Non Si Rd., ☎ 02-2490242-6.

Radio

Eine englischsprachige Radiostation sendet auf der Frequenz 95,5 FM überwiegend Popmusik und informiert über aktuelle Veranstaltungen. Die aktuellen Frequenzen anderer englischsprachiger Sender (u. a. BBC, Voice of America, Radio Australia) und der Deutschen Welle sind der Nation zu entnehmen.

Rauchen

Verstöße gegen das Rauchverbot werden mit einem Bußgeld von 2000 Baht geahndet. Es gilt für alle AC-Restaurants, AC-Wartehallen, AC-Geschäfte und AC-Einkaufszentren, öffentlichen Verkehrsmittel (Busse, Taxis, AC-Eisenbahnwagen, Fähren, Flugzeuge), Tempel, Aufzüge, öffentliche Toiletten und Fähranlegestellen und mit wenigen Ausnahmen auch für alle öffentlichen Gebäude, Banken und Flughäfen.

Telefonieren

Auslandsgespräche sind möglich von Telefonzellen, die mit Telefonkarten betrieben werden (nicht immer zuverlässig), Münzfernsprechern und privaten Telefonbüros (den Preis schriftlich geben lassen). In der Khaosan Rd. werden günstig Auslandsgespräche übers Internet angeboten. Eine Thai-SIM-Card fürs Handy und Telefonkarten gibt es in allen 7 Eleven und anderen Läden. Die Gebühren für Auslandsgespräche vom Thai-Handy sind niedrig und ändern sich laufend.

Touristenpolizei

Tourist Police, Hotline ☎ 1155, 🖳 www.tourist.police.go.th (Thai), Zentrale im 23. Stock des TPI Tower, 26/56 Chan Tat Mai Rd., ☎ 02-6786800, 📠 6786 869. Eine Außenstelle befindet sich an der Rama IV Rd., Ecke Ratchadamri Rd., am Lumpini Park, ☎ 02-2539560, und neben dem Tourist Office nahe dem Demokratiedenkmal. Zudem steht abends ein Auto an der Patpong.

Wäschereien

Wäsche wird in nahezu allen Hotels und Guesthouses innerhalb von 24 Stunden kalt gewa-

schen. In den Wäschereien der Gästehäuser wird sie allerdings nur selten
gebügelt. Der Preis beginnt bei 25 Baht pro Kilo
und steht in direktem Verhältnis zum Zimmerpreis.

Zeitungen

Tgl. erscheinen drei englischsprachige
Zeitungen, die Bangkok Post und die empfehlenswerte The Nation, beide 20 Baht, sowie
eine thailändische Ausgabe der Herald Tribune.
Touristeninfos sind diversen Anzeigenblättern
zu entnehmen.

Das Verkehrschaos während der Rushhour
(6–9 und 16–20 Uhr) ist bekannt. In den 70er-
Jahren haben Stadtplaner versucht, das Übel
mit modernen Brückenkonstruktionen zu be-
seitigen. In den 80er-Jahren wurde ein umfangreiches Einbahnstraßensystem eingerichtet.
Schließlich sollte der Skytrain und die U-Bahn
Abhilfe schaffen – vergeblich.

Skytrain (BTS)

Die Hochbahn, ☎ 02-6176000, 🖥 www.bts.co.th,
ist schnell, sauber und zuverlässig. Beide Linien

kreuzen sich am Umsteigebahnhof Central Station am Siam Square, Umsteigemöglichkeit in die U-Bahn in Mo Chit / Chatuchak Park, Asoke / Sukhumvit und Sala Daeng / Silom. Die 6,5 km lange **Silom Line** führt vom National Stadium über den Siam Square, die Ratchdamri Rd., obere Silom Rd. und untere Sathorn Rd. bis Saphan Taksin (= Taksin-Brücke nach Thonburi), die **Sukhumvit Line** 17 km von der Endstation Mo Chit am Weekend Market über die Paholyothin Rd., am Victory Monument vorbei, über Phayathai Rd., Ploenchit und Sukhumvit Rd. bis zur Endstation On Nut an der Soi 77. Der weitere Ausbau zum Flughafen und über den Fluss hinüber nach Thonburi ist geplant.

Tickets gibt es am Automaten. Sie kosten je nach Anzahl der Stopps 15–40 Baht, der Tourist Pass für 1 Tag 120 Baht, 30-Tage-Pässe mit 20/30 Fahrten 440/600 Baht. Züge fahren tgl. von 6–24 Uhr, Ansagen in den klimatisierten Wagen erfolgen in Thai und Englisch. In einigen Gegenden verkehren kostenlose Zubringerbusse, deren Routen auf der BTS Map eingezeichnet sind. Hierfür werden kostenlose Coupons benötigt, die an den Schaltern der Stationen zu bekommen sind.

U-Bahn (MRT)

Neben dem Skytrain wird ein eigenständiges U-Bahnsystem ausgebaut. Fertig gestellt ist die 20 km lange Strecke vom Hauptbahnhof Hua Lamphong nach Norden über die Ratchadaphisek Rd. bis Bang Sue. Tickets kosten je nach Entfernung 15–39 Baht. Die insgesamt 19 von Siemens gebauten Züge verkehren alle 2–6 Min. von 5–24 Uhr und halten an 18 Bahnhöfen. Umsteigemöglichkeit in den Skytrain an den Stationen Silom (Exit 2 + Fußweg), Sukhumvit (direkt) und Mo Chit (Exit 4 + Fußweg). Die Geschichte des U-Bahn-Baus wird auf Infotafeln in der Passage in der Station Hua Lamphong, Exit 2 zum Bahnhof, auch mit englischen Beschriftungen dargestellt.

Stadtbusse

Stadtbusse sind je nach Komfort unterschiedlich teuer und zunehmend mit Automaten ausgestattet, also Fahrgeld passend bereithalten!

Fahrpreise für Stadtbusse:

non-AC-Busse	8 Baht
AC-Busse	10–20 Baht
Micro-Busse	20 Baht

Einen **Stadtplan** mit Buslinien, den *Latest Tour Guide to Bangkok and Thailand,* erhält man für 50 Baht am Bahnhof, in einigen Reisebüros, Buchhandlungen und Gästehäusern. Da die Zielorte nur in Thai auf den Stadtbussen stehen, orientiert man sich an den Nummern. Dabei ist zu beachten, dass man nicht in die falsche Richtung fährt. Infos unter ⌨ www.bmta.co.th.

Non-AC-Stadtbusse haben blaue Schilder. Stadtbusse mit rotem Schild weichen von der normalen Route ab. Die wichtigsten non-AC-Busse (+ Busse verkehren rund um die Uhr.):

2: Ekamai (Eastern) Bus Terminal – Ratchdamnoen Klang Rd. +

3: Bangkampoo (Phra Athit Rd.) – Mo Chit (Northern Bus) Terminal

25: Samut Prakan – Sukhumvit Rd. – Hauptbahnhof – Sanam Luang +

30: Nonthaburi – Banglampoo – Sanam Luang – Southern Bus Terminal (–21.30 Uhr)

40: Ekamai (Eastern) Bus Terminal – Hauptbahnhof – South. Bus Terminal (–21.45 Uhr)

47: Ratchadamnoen Rd. nahe Khaosan Road – Silom / Patpong.

53: Hauptbahnhof – Khaosan Road.

136: Mo Chit (Northern Bus) Terminal – Soi 21 Sukhumvit Rd. (Soi Asoke) Klong Toei

Ac-Stadtbusse haben geschlossene Türen und Fenster sowie zwei Buchstaben vor der Busnummer. Die wichtigsten AC-Busse (bis gegen 20 Uhr):

501: Minburi – Ekamai (Eastern) Bus Terminal – Hauptbahnhof

503: Rangsit – nahe Suan Chatuchak (Weekend Market) – Banglampoo Phra Athit Rd.) – Nationalmuseum

507: Rama IV Rd. – Hauptbahnhof – Sanam Luang – Southern Bus Terminal

508: Samut Prakan – Ekamai (Eastern) Bus Terminal – Chinatown – Sanam Luang (–20.30 Uhr)

511: Samut Prakan – Sukhumvit Rd. – Banglampoo – Southern Bus Terminal

Mercedes-Micro-Busse sind vor allem für Pendler gedacht und verkehren von 5–22 Uhr zwischen den Vororten und dem Zentrum. Die wichtigsten Micro-Busse (Route nicht auf Busplänen verzeichnet):

4: Southern Bus Terminal – Krung Thon Brücke – Zoo – Rama IX Rd.

5: Petchkasem Rd (Thonburi) – Hauptbahnhof – Phayathai Rd. – Victory Monument – Mo Chit (Northern Bus) Terminal

6: Pak Nam – Ekamai (Eastern) Bus Terminal – Phayathai Rd. – Siam Square – River City

8: Taling Chan – Southern Bus Terminal – Ratchdamnoen Rd. – Khaosan Rd. – Victory Monument – Suan Chatuchak (Weekend Market)

10: Khaosan Rd. – Rama Khamhaeng Rd.

Taxis

Durch Bangkok fahren viele Taxis auf der Suche nach Fahrgästen. Sie sind mit Taxameter ausgestattet. In den meisten Touristenzentren sind Taxifahrer nicht bereit, die Uhr einzuschalten, und verlangen häufig überhöhte Festpreise oder behaupten, der Tempel am Ziel sei geschlossen, und versuchen ihre Gäste zu teuren Touren oder Einkäufen zu überreden. Man sollte darauf bestehen, dass das Taxameter eingeschaltet wird, oder ein anderes Taxi nehmen. Manchmal wird auch kurz vor dem Ende der Fahrt oder beim Gepäckausladen das Taxameter ausgeschaltet und ein überhöhter Preis verlangt. Für derartige Fälle Kleingeld passend bereithalten. Nachts sind einige illegale Fahrer im Einsatz, also aufpassen, wo man einsteigt. Da viele Autos mit Gas fahren, ist der Kofferraum oft zu klein für viel Gepäck.

Die Einschaltgebühr beträgt 35 Baht (beim Einsteigen darauf achten) einschließlich der ersten 2 km, jeder folgende Kilometer kostet bis zu 12 km 4,5 Baht, danach 5,5 Baht, zudem werden bei Stau (Geschwindigkeit unter 6 km/h) 1,25 Baht pro Minute fällig. Am besten während der Rushhour gar nicht erst losfahren.

Vom Airport ist ein Aufschlag von 50 Baht zu zahlen. Die Gebühren für die Benutzung der Expressways, pro Strecke 30 oder 40 Baht, sind von den Passagieren zu bezahlen. Wenn ein Fahrer das Fahrziel nicht versteht, hilft eine Straßenkarte mit thailändischer Beschriftung, eine Postkarte von der Sehenswürdigkeit, die Visitenkarte des Hotels, oder man lässt sich vorher das Ziel in Thai aufschreiben.

Radio Taxis können rund um die Uhr unter ☎ 1681, 02-8800888 für zusätzliche 20 Baht telefonisch bestellt werden. Beschwerden über Taxis unter Angabe des Datums, der Uhrzeit und der Registrierungsnummer unter ☎ 1661.

Motorradtaxis

Die Fahrer, an den farbigen Westen mit Nummern zu erkennen, warten an den Abzweigungen der Sois. Kurze Strecken kosten 20 Baht. Auf Hauptstraßen und für längere Strecken sind sie nicht zu empfehlen, da sie sehr gefährlich sind. Sie dürfen nur eine Person befördern. Es besteht Helmpflicht.

Tuk Tuks

Die offenen Motorroller mit Sitzbank verlangen mindestens 30 Baht, sind meist teurer als Taxis und im dichten Verkehr ein Gesundheitsrisiko. Zudem sind viele Fahrer nicht mehr bereit, Touristen zu einem fairen Preis zu befördern, oder versuchen, mit falschen Behauptungen ihre Passagiere zu „Einkaufstouren" zu überreden, um eine entsprechende Provision in Form von Benzingutscheinen zu kassieren, sodass Touren für 10 Baht unter Garantie den Besuch von Geschäften mit einschließen. Auch an Betrügereien mit Edelsteinen (s.o.) sind einige Tuk-Tuk-Fahrer beteiligt.

Sprechen die Fahrer kein Englisch, sollte man sich vergewissern, dass sie das Fahrtziel richtig verstanden haben.

Aufgrund zahlreicher Beschwerden raten wir, besser ein Taxi zu nehmen.

Personenfähren

Mit den relativ hohen Booten mit Dach kann man von zahlreichen Piers aus zwischen 8 und 18 Uhr den Menam Chao Phraya überqueren. Die meisten Passagiere stehen. Fahrpreis 3 Baht.

Expressboote

Die langen Boote mit vielen Sitzplätzen verkehren auf dem Menam Chao Phraya über 18 km zwischen Nonthaburi (Norden) und Rajburana (Süden) von 6–18.40 Uhr alle 20 Min. Nicht an allen Piers halten Expressboote mit roten und blauen Flaggen, die Mo–Sa zur Rushhour (6–9 und 15–19 Uhr)im Einsatz sind, sowie mit gelben Flaggen, die Mo–Fr alle 10–20 Min. verkehren. Boote mit grünen Flaggen fahren flussaufwärts über Nonthaburi hinaus bis Pak Kret und die mit gelber im Süden bis Rajburana.

Fahrpreis, je nach Bootsflagge und Entfernung, 9–32 Baht. Tickets aufheben, da sie an manchen Piers bei der Ankunft kontrolliert werden. Das **Chao Phraya Tourist Boat**, ☎ 02-6177340, 🖥 www.chaophrayaboat.co.th, das halbstündlich von 9.30–15 Uhr zwischen Sathon und Phra Athit mit Zwischenstopps an 7 touristisch interessanten Piers pendelt, kostet 18 Baht und ist etwas komfortabler. Die englischsprachigen Erläuterungen sind teils fehlerhaft und unverständlich. Das Tourist- Tagesticket für 100 Baht p. P. für unbegrenzte Fahrten lohnt nicht. An den Piers informieren Schautafeln über die Boote.

Linienboote auf den Klongs

Rua hang yao – schmale Boote mit Sitzplätzen für etwa 15 Personen, die von einem Außenborder an einer langen Stange angetrieben werden – verkehren immer seltener auf einigen Klongs. Sie werden vor allem von Pendlern genutzt, um in die Vororte zu gelangen. Bei Ausflugsfahrten lohnt es sich, erst nach 9 Uhr loszufahren, wenn die Rushhour vorüber ist. Vor Spritzwasser schützt eine Plane oder ein Schirm.

In Thonburi: Die Boote fahren in Bangkok von separaten Anlegestellen neben den Expressboot-Stopps meist dann ab, wenn sie voll sind. Während der Fahrt setzen die Boote die Passagiere einzeln an privaten Bootsstegen ab, auf die die diese zuvor gewiesen haben. Der Fahrpreis variiert je nach Boot, Tageszeit und Entfernung, von Ausländern werden 40–60 Baht verlangt. Da diese Boote von Pendlern genutzt werden, verkehren sie morgens stadteinwärts, spät nachmittags stadtauswärts und nicht am Sonntag. Ab **Chang Pier** auf dem Klong Bangkok Noi und Klong Bangkok Yai fahren Boote ab 16 Uhr je nach Bedarf mit Pendlern nach Bang Kruay oder weiter ins ländliche Bang Yai für 50 Baht (einfach), am besten vorn im Boot sitzen. Tickets links auf der Plattform des Piers (zum versteckt liegenden Schalter vom linken Eingang geradeaus und rechts um den Tourstand herum gehen).

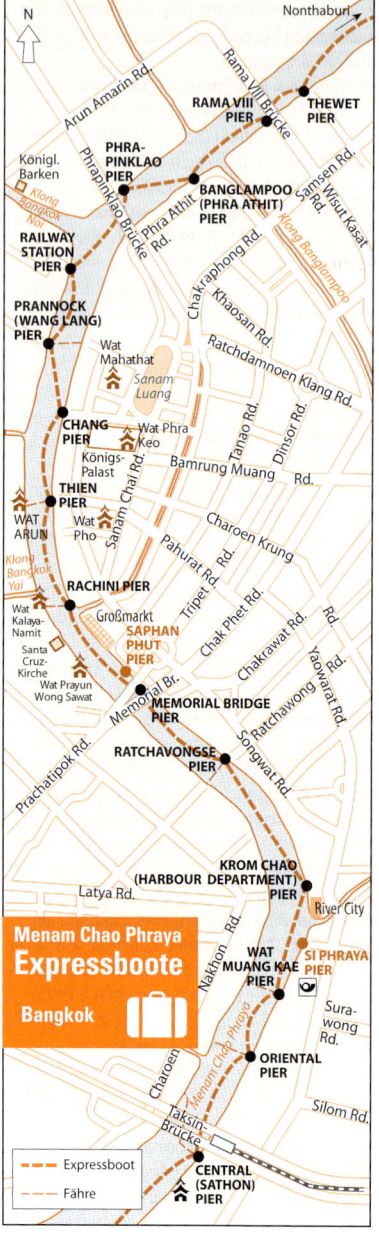

Bang Yai selbst ist ohne Reiz, man kann sich aber mit dem Taxiboot durch die Kanäle fahren lassen. Da die Boote nur morgens zurück in die Stadt fahren, nimmt man für den Rückweg ein Taxi oder einen Bus vom 200 m entfernten Busstopp nach Nonthaburi. Von dort mit der Fähre über den Fluss setzen und mit dem Expressboot (vor 18 Uhr!) zurück.

Ab **Thien Pier** vor allem während der Rushhour für Pendler auf dem Klong Mon entlang.

Ab **Phibul 1 Pier** auf dem Klong Om, während der Rushhour bis Bang Yai.

In Bangkok: Vom **Phanfa Pier** an der Ratchdamnoen Rd. am Golden Mount verkehren Boote auf dem **Klong Saen Saeb** in die östlichen Vororte und halten z. B. am Jim Thompson House, an der Phayathai Rd. nördlich vom Siam Square, der Ratchadamri Rd. am Pratunam-Markt, der Chitlom und Witthayu Rd. und in der Soi 3 und 23 Sukhumvit Rd. Sie kosten je nach Entfernung 10–30 Baht. Mit glitschigen Stegen, Gedränge und wegen des dreckigen Spritzwassers seitlich hochgezogenen Planen rechnen.

Ein Shuttleboot fährt von 10–16 Uhr vom Phra Athit Pier zu den **Königlichen Barken** für 20 Baht einfach.

An der Endstation der Linienboote auf den Klongs können kleine Taxiboote für bis zu 5 Personen gechartert werden.

Charterboote

Größere und kleinere Klongboote, in denen 6–10 Personen Platz haben, werden ab 800 Baht für die erste Stunde und 500 Baht für jede weitere, Expressboote ab 1200 Baht, an verschiedenen Piers vermietet, unter anderem an der Phrapinklao-Brücke (Bangkok-Seite), Tha Chang (hinter dem National Museum, große Auswahl), Tha Thien (hinter Wat Pho), Central Pier (River City Pier, am Royal Orchid Sheraton, teure Charterboote), Oriental Pier (viele Touristen und Schlepper, Touren zur Snake and Crocodile Farm in Thonburi und zum Schwimmenden Touristenmarkt am Wat Sai) und Central Pier (Shangri-La). Allerdings versuchen auch Bootsfahrer, Touristen während der Tour zu Restaurantbesuchen, Einkaufstouren und anderen Fahrtpausen zu überreden. Beim Anlegen an den Expressboot-Piers wird eine Landegebühr von 20 Baht p. P. verlangt.

Touren

Bustouren

In vielen Gästehäusern, Hotels und Reisebüros werden Tagesfahrten mit dem Bus angeboten. Bei diesen Touren erhält man nur einen flüchtigen Eindruck, denn die Fahrt selbst dauert recht lange, sodass wenig Zeit für Sehenswertes bleibt. Zudem hält der Fahrer auf dem Rückweg meist vor einer Orchideenfarm, einem Juwelenladen oder einer „Fabrik", um mit der Provision sein Gehalt aufzubessern. Von den preiswerten Touren der Reisebüros in der Khaosan Rd. sollte man nicht viel erwarten.

Bootstouren

Einen Überblick über fast alle Touren mit Buchungsmöglichkeit: 🖳 www.thairivercruise.com.

Chao Phraya Express Boat Service, 78/24-29 Maharat Rd., 🖳 www.chaophrayaboat.co.th, ✆ 02-6236001, fährt So um 8 Uhr ab Mahathat Pier (8.05 Uhr ab Phra Athit Pier) auf dem Menam Chao Phraya zum Royal Folk Arts & Crafts Center in Bang Sai, nach Bang Pa In und zum Wat Phailom für 390 Baht, Rückkehr gegen 18 Uhr.

Sa und So fährt ein anderes Boot nach Ko Kred, zu zwei Tempeln mit schönen Wandmalereien, dem Wat Poramaiyikawas aus der Ayutthaya-Periode und dem jüngeren Wat Chalermprakiet, einer Töpferei in einem Mon-Dorf und zum Ban Khanom (Süßigkeitenhaus) für 300 Baht, Abfahrt um 9 Uhr am Central Pier und 9.30 Uhr am Maharaj Pier.

Tgl. gegen 8 Uhr fahren folgende Luxusschiffe zu einer Tagestour nach Ayutthaya ab, wobei der Transfer ab Bang Pa In mit dem Bus erfolgt. Die Bootsfahrt ist entweder als Hin- oder Rückfahrt buchbar. Rückkehr gegen 16.30 Uhr. Im relativ hohen Preis um 2000 Baht ist ein kaltes Buffet auf dem Schiff enthalten:

River Sun Cruise, ✆ 02-2669316, ab River City Shopping Complex.

New Horizon Cruise, ✆ 02-2369952, ab Shangri-La Hotel.

Weitere Möglichkeiten für Flusstouren bieten die Restaurant- und großen Ausflugsboote, die meist auf dem Menam Chao Phraya flussaufwärts fahren.

Bangkok

A Chao Phraya Chartered Co., 2 Ratchawong Rd., ✆ 02-6227657-61, veranstaltet tgl. von 14.30–16.30 Uhr für 450 Baht Touren ab River City mit dem Speedboot zu einer Reisbarke, auf der Früchte und Drinks serviert werden.

Mekhala, ✆ 02-6519101, 🖷 6519766, 🖳 www. ewsiam.com, Fahrt auf einer der umgebauten Reisbarken der Mekhala-Flotte für max. 42 Passagiere inkl. einer Übernachtung auf dem Schiff und Essen ab 5680 Baht.

Transport – Anreise

Busse und Eisenbahn

Nähere Infos am Abfahrtsort sowie im Kapitel Weiterreise.

Flüge

(Weiterreise s. S. 203)

Der neue **Suvarnabhumi Airport** (ausgesprochen: Su-wanna-puhm, Abkürzung BKK), 🖳 www.airportthai.co.th, allgemeine Auskunft ✆ 02-1321888, Help Desk ✆ 02-1323888, Fluginformation ✆ 02-132000, hat 2006 seinen Betrieb aufgenommen. Er liegt 32 km außerhalb des Zentrums, östlich der Outer Ring Road zwischen Buraphawithi Expressway (H34 nach Chonburi) und dem Motorway H7 in der Provinz Samut Prakan, 55 km vom bisherigen Airport entfernt. Das US$3,7 Milliarden teure Großprojekt ist für 45 Mill. Passagiere pro Jahr und 76 Flüge pro Stunde ausgelegt. Um das architektonisch interessante, mit Shops und Restaurants vollgepackte mehrstöckige Terminalgebäude von 444 m Länge und 111 m Breite zu durchqueren, sollte ausreichend Zeit eingeplant werden.Lange Schlangen bilden sich während der belebten Stunden vor den Immigration-Schaltern und vor allem am internationalen Transfer Counter. Eine Aussichtsplattform findet man auf Level 7, Restaurants auf Level 6, Airline-Büros auf Level 5, die Abflughalle auf Level 4, Shops und noch mehr Restaurants auf Level 3, die Ankunftshalle, Shops, Geldautomaten und am äußersten Ende (wenn man ankommt, links) eine TAT-Information auf Level 2, eine preiswerte Kantine, Bushaltestellen und Taxis auf Level 1 und die zukünftige Bahnstation im Untergeschoss. Vor dem Terminal ist über einen 300 m

langen Fußgängertunnel das Novotel Suvarnabhumi Airport Hotel mit 612 Zimmern zu erreichen.

Weiterreise vom neuen Suvarnabhumi Airport: Das teuerste Transport-Angebot sind private Limousinen, die Ankommenden direkt am Ausgang aufgedrängt werden. Sie verlangen ein Vielfaches dessen, was ein Bus oder selbst ein Taxi kostet, und man kann sie getrost ignorieren. Taxis ab Level 1 fahren mit Meter und verlangen ab dem Airport 50 Baht Zuschlag. Zudem fährt der **Airport Express Bus** für _Gate 10_ 150 Baht ab Level 1 vor Gate 8. AE 1 führt über die Ratchadamri Rd. zur Silom Rd., AE 2 nach Banglampoo (Khaosan Rd.), AE 3 in die untere Sukhumvit Rd., Soi 3, und AE 4 über den Siam Square zum Hauptbahnhof.

Weitere Busse vom Bus Terminal (kostenloser 5–10-minütiger Shuttle vom Level 1 vor Gate 3): Am Bus Terminal gibt es einen Infoschalter mit Englisch sprechendem Personal. Nach Bangkok fahren für 35 Baht u. a. Nr. 551 zum Victory Monument in knapp 1 Std. (Haltestelle im Nordosten des Platzes), Nr. 552 nach On Nut (Endstation Skytrain), Nr. 553 nach Samut Prakan, Nr. 554 zum alten Airport und Nr. 556 zum Southern Bus Terminal. Zudem Nr. 825 nach NONG KHAI um 21 Uhr für 448/569 Baht, Nr. 389 und 9905 nach PATTAYA 9x tgl. für 112/130 Baht. Auch einige Busse vom Mochit (Northern) Bus Terminal zur Ostküste halten hier, z. B. nach CHANTABURI 6x tgl. überwiegend nachmittags für 161/242 Baht oder TRAT 8x tgl. für 311 Baht. Die 28 km lange Skytrain-Verbindung nach Bangkok soll 2008 fertig sein. Dann wird der Airport Express non-stop in 14 Min. zum Makkasan Terminal, östlich der jetzigen Skytrain-Station Phaya Thai, fahren, wo für die Weiterreise auch das Gepäck eingecheckt werden kann. Zudem wird ein langsamerer Zug der City Line an 8 Stationen entlang der Strecke halten. Wegen der durch Konstruktionsmängel erforderlichen Reparaturarbeiten am neuen Flugplatz werden vorübergehend einige Inlandsflüge von Thai Airways, Nok Air und one-two-go am **Don Muang Airport** (Abkürzung DMK) abgefertigt. Diese Thai Airways-Flüge erkennt man an der Flugnummer (TG 1xxx). Der Check-in erfolgt im Inlandsterminal, Ebene 2, Ankunft am Inlandsterminal, Ebene 1. Zur U-Bahnstation Lat Phrao verkehrt ein kostenloser Bus ab Don Muang Airport. Zum neuen Airport braucht der Bus etwa 1 1/2 Std.

Weiterreise vom Don Muang Airport: Von der Bushaltestelle an der Hauptstraße (ca. 400 m links vom Hauptausgang der Internationalen Ankunftshalle) fahren Stadtbusse in die Innenstadt. Nr. 29 fährt zum Hauptbahnhof, Nr. 59 zum Sanam Luang, AC-Bus Nr. 4 zur Silom Rd. und Nr. 13 zum Eastern Bus Terminal.

Bequemer und preiswert ist die Eisenbahn ab dem Don Muang-Bahnhof gegenüber dem Internationalen Airport. Taxis verlangen 50 Baht Aufschlag. Evtl. wird der Airport Express Bus wieder eingesetzt (Infos s. neuer Airport).

Transport – Weiterreise

Backpacker-Busse

Reisebüros verkaufen Bustickets zu beliebten Touristenzielen. Einige Traveller fühlten sich bei diesen Touren abgezockt, da ihnen z. B. am Zielort eine Unterkunft oder eine Tour aufgedrängt wurde. Andere fanden es sehr bequem, abgeholt zu werden und sich damit die Fahrt zum Busbahnhof zu ersparen sowie das auf Touristen abgestellte Videoprogramm statt der ansonsten üblichen Horrorstreifen zu genießen. Die Busse über Surat Thani auf die Inseln haben oft „Verspätung". Zudem sind sie wegen Diebstahlgefahr nicht zu empfehlen. In einigen Hotels werden übertuere VIP-Bustickets verkauft, die den Mehrpreis nicht lohnen.
Folgende Preise können als Anhaltspunkt dienen.
HAT YAI 600–700 Baht
HUA HIN 250–400 Baht
KANCHANABURI 150–200 Baht
KO CHANG 300–400 Baht
KO LANTA 600–800 Baht
KO SAMET 400 Baht
KO SAMUI 400–700 Baht
KO PHA NGAN 500–800 Baht
KO PHI PHI 700–800 Baht
KO TAO 500–800 Baht
KRABI 350–600 Baht
PHUKET 500–600 Baht
Kombi-Tickets Bus + Katamaran bis Ko Samui, Ko Pha Ngan und Ko Tao bei 🖳 www.lomprayah.com.

Minibusse in die Nachbarländer:
KUALA LUMPUR 1200–1600 Baht
PENANG (Butterworth) 800–1300 Baht
SINGAPORE 1200–1800 Baht
SIEM REAP (Angkor, Kambodscha) morgens ab Khaosan Rd. für 250–400 Baht über Aranyaprathet in 10–12 Std. oder über Kap Choeng/O'Smach in 12–17 Std. Billiganbieter meiden, da sie auf andere Art zu Geld zu kommen versuchen. Auf der thailändischen Seite werden zumeist recht komfortable Busse eingesetzt. In Kambodscha sind allerdings bisher nur wenige richtige Busse im Einsatz. Leser berichten von „rostzerfressenen Seelenverkäufer(n) jenseits jeglicher (auch kambodschanischer) Sicherheitsstandards". Es scheint, dass vielfach unerfahrene Busfahrer eingesetzt werden. Viele Busse kommen erst abends an, sodass man gezwungen ist, im Gästehaus des Busunternehmens zu übernachten. In jedem Fall ist mit langen Wartezeiten und einer unbequemen Reise zu rechnen, und man sollte sich überlegen, nur bis Aranyaprathet zu fahren und dort die Weiterfahrt zu organisieren. Visa können bereits in Bangkok organisiert oder zum gleichen Preis an der Grenze beantragt werden. Billiganbieter zwingen ihre Passagiere vor der Grenze zum Kauf überteuerter Visa zum Preis von bis zu US$30.

Busse

Mit Ausnahme einiger AC- und Minibusse fahren die meisten von 3 Busbahnhöfen ab. Die Busse verschiedener privater Companies fahren alle zum gleichen Preis zu den ausgehängten Abfahrtszeiten ab. Bereits 30 Min. vor Abfahrt dort sein, da Busse, die voll sind, früher losfahren.

Richtung Ostküste

Ekamai (Eastern) Bus Terminal, Sukhumvit Rd., gegenüber Soi Ekamai, ✆ 02-3912504, 3918097. Gepäckaufbewahrung: 35 Baht pro Gepäckstück, ⏱ So–Fr 8–20 Uhr, Sa bis 18 Uhr. Anreise mit dem Skytrain oder Stadtbussen, s. S. 198. Einige Busse an die Ostküste halten auch am Airport Bus Terminal.
1.Kl. AC-Busse / 2.Kl. AC-Busse / andere Busse nach: BAN PHE, 189 km, Fährhafen für Ko Samet, etwa stdl. von 7–10, 12–17, 18.30 und 20.30 Uhr für 157 Baht / – in 3 1/2 Std.

CHANTABURI, 239 km, alle 30 Min. bis 24 Uhr für 187 Baht / stdl. von 6–15 Uhr für 146/183 Baht in 4 Std.
LAEM NGOP, 331 km, Fähre nach Ko Chang, um 7.45 und 9.45 Uhr für 250 Baht / – in 5 Std.
PATTAYA, 141 km, alle 30 Min. von 5–23 Uhr für 113/121 Baht / alle 15 Min. bis 21 Uhr für 94 Baht in 2 Std. Weitere AC-Busse ab Mo Chit (Northern) und Southern Bus Terminal, ab Airport und den großen Hotels.
TRAT, 317 km, von 6–8 und 9.30–23.30 Uhr für 230/248 Baht / etwa stdl. von 5–9, 11–17.30 und 24 Uhr für 188/225 Baht / non-AC um 5.30, 8, 9 und 14.30 Uhr für 161 Baht in 5 Std.

Richtung Süden und Westen

Southern Bus Terminal (Thai: Sai Tai) am Hwy 338 zieht 5 km weiter in die Nähe der Outer Ring Road um, ☎ 02-4385605.
Anreise mit dem Stadtbus s. S. 198. 1.Kl. AC-Busse / 2.Kl. AC-Busse / weitere Busse nach:
BANG SAPHAN, 367 km, um 7.30, 9.30, 11.30, 12.30, 15.30, 17 und 22.30 Uhr für 290 Baht / um 11.05 und 14.30 Uhr für 214 Baht in 5 1/2 Std.
CHUMPHON, 468 km, um 14, 21, 21.40 und 22 Uhr für 347 Baht / um 5, 6.50, 8 und 14.15 Uhr je nach Strecke für 270/281 Baht / VIP-32 um 14 und 22 Uhr für 405 Baht / VIP-24 um 21.40 Uhr für 540 Baht in 9 Std.
DAMNOEN SADUAK, 96 km, alle 30 Min. von 8.30–21 Uhr für 81 Baht / alle 20 Min. von 5.40–21 Uhr für 60 Baht in 2 Std.
HAT YAI, 954 km, häufig von 6.30–7.30 und 15.30–20.30 Uhr für 731 Baht / um 5.30, 7, 17 und 21.45 Uhr je nach Strecke für 535/568 Baht / VIP-32 um 5.30, 15.30, 17.30, 19 und 20 Uhr für 802 Baht / VIP-24 um 7 und 5x von 17–20 Uhr für 1065 Baht in 14–15 Std.
HUA HIN, 201 km, etwa stdl. bis 15.40, um 17.40, 19.40 und 21 Uhr für 160 Baht in 3 Std.
KANCHANABURI, 149 km, alle 20 Min. von 5–22 Uhr für 99 Baht / alle 20 Min. bis 18 Uhr für 84 Baht in 2 1/2–3 Std.
KO PHA NGAN, VIP-24 um 19.50 Uhr für 844 Baht.
KO SAMUI, über Surat Thani (s.u.) oder direkt um 8.30, 19.30 und 20 Uhr für 551 Baht / um 7, 19.30 und 20.30 Uhr für 430 Baht / VIP-24 um 7.30, 19, 19.30 und 20.20 Uhr für 849 Baht in 13 Std.
KRABI, 867 km, um 7, 17.30 und 4x von 19–

20.20 Uhr je nach Strecke für 592/626 Baht / um 7.30, 16.40, 17, 19, 19.30, 20 und 21 Uhr je nach Strecke für 461/487 Baht / VIP-24 4x von 18.10–19.30 Uhr für 920 Baht in 12 Std.
NAKHON PATHOM, 56 km, alle 15 Min. bis 20.30, alle 20 Min. bis 23.20 Uhr je nach Strecke für 41/49 Baht / alle 15 Min. bis 20.30 Uhr für 30 Baht in 1 1/2 Std.
NAKHON SI THAMMARAT, 805 km, 12x von 7–20.50 Uhr für 583 Baht / um 6.40, 12.30, 16.30, 18, 22 und 23 Uhr für 454 Baht / VIP-32 5x von 17–20.30 Uhr für 680 Baht, VIP-24 um 18.50 und 19 Uhr für 905 Baht in 12 Std.
PADANG BESAR, 1020 km, um 18.20 und 19.40 Uhr für 734 Baht in 14 Std.
PATTAYA, 141 km, alle 30–40 Min. um 5.30, 7 und alle 2 Std. bis 19.30 Uhr für 117 Baht in 2 Std.
PHANG NGA, 815 km, 4x um 18.10–20 Uhr für 569/607 Baht / um 6.30, 7.30, 16.30 und 19 Uhr für 442 Baht / VIP-24 um 18.45 und 19.30 Uhr für 880 Baht in 12 Std.
PHETCHABURI, 135 km, bis 21 Uhr alle 30 Min. für 112 Baht / alle 30 Min. bis 18 Uhr für 92 Baht in 2 Std.
PHUKET, 891 km, um 7 und 11x von 17.30–20 Uhr für 626–644 Baht / stdl. von 5–7 und 14–18, um 9.30, 20, 21.30 und 22 Uhr für 487 Baht / VIP-32 um 19.45 Uhr für 731 Baht / VIP-24 um 7.30, 17.30, 18, 18.30 und 19 Uhr für 970 Baht in 13 Std.
PRACHUAP KHIRI KHAN, 292 km, etwa stdl. bis 20.30 und um 22 Uhr für 223 Baht / alle 30 Min. von 5–18 und um 20 Uhr für 174 Baht in 5 Std.
RANONG, 583 km, um 9, 9.30, 20.20, 21 und 21.10 Uhr für 428 Baht / um 7.10, 8.40, 10.30, 13.50, 15.30 und etwa stdl. von 18.50–21.45 Uhr für 333 Baht / VIP-32 um 20.20 Uhr für 500 Baht / VIP-24 um 20 und 21 Uhr für 665 Baht in 10 Std.
RATCHABURI, 96 km, alle 20 Min. bis 22.30 Uhr für 83 Baht / alle 20 Min. bis 20 Uhr für 66/71 Baht in 1 1/2 Std.
SUNGAI GOLOK (malaysische Grenze), 1227 km, um 17, 18 und 18.30 Uhr für 880 Baht / um 21 Uhr für 706 Baht / VIP-24 um 17.15 Uhr für 1365 Baht in 15 Std.
SURAT THANI, 668 km, häufig von 8.15–10 und 19.30–20.20 und um 13 Uhr für 488 Baht / um 9.20, 10.50 und 20.45 Uhr für 379 Baht / VIP-32 um 19 und 20.20 für 569 Baht / VIP-24 um 20 Uhr für 755 Baht in 10 Std.

TAKUA PA (umsteigen nach Khao Lak oder Khao Sok), 757 km, um 19 Uhr für 551 Baht in 11 Std. TRANG, 862 km, von 19.30–20.10 Uhr für 623 Baht / um 7.10, 7.30, 16, 17 und 19 Uhr für 484 Baht / VIP-32 um 19.30 Uhr für 727 Baht / VIP-24 um 19, 19.30 und 20 Uhr für 965 Baht in 12 Std.

Eisenbahn

Von **Hua Lamphong**, dem Hauptbahnhof, ☎ 02-2237010, fahren die meisten Züge Richtung Norden, Nordosten, Osten und Süden. Verbindungen mit der U-Bahn sowie mit Stadtbussen s. S. 198. Richtung Kanchanaburi / River Kwae sowie langsame Züge in den Süden ab Bahnhof in **Bangkok Noi**. Dort starten die Züge von der New Station, 2 km westlich vom alten Bahnhofsgebäude, zu der ein kostenloser Shuttle in 5 Min. ab dem alten Bahnhofsgebäude fährt. Frühzeitig da sein, denn in Thonburi können Tickets nur am Abfahrtstag gekauft werden.

Tickets erhält man bis zu 60 Tage vor der Abreise im **Advance Booking Office** im Hauptbahnhof Hua Lamphong, ☎ 02-2220175, 2204272, 2204268, ⏰ tgl. 8.30–16 Uhr, danach sind Buchungen an den Schaltern möglich. Schalter 2 ist für Ausländer reserviert. Kreditkarten werden akzeptiert. Tickets gibt es auch in jedem anderen thailändischen Bahnhof mit Computer-Reservierungssystem. Aus dem Ausland können sie u. a. über ✉ reservation@royal-exclusive.com gebucht werden.

Für zurückgegebene, nicht genutzte Tickets werden 50 % und ab dem 5. Tag nur 20 % des Fahrpreises zurückerstattet, Umbuchungen kosten 100 Baht. Wer vorhat, viele Langstrecken mit der Bahn zurückzulegen, kann sich den Thailand Rail Pass besorgen (s. S. 73). Reservierungen sind vor allem für den Zug nach Butterworth zu empfehlen und aus dem Ausland per Brief mit Bankscheck möglich. Sitzplätze werden nur bis zur Grenze reserviert. Adresse: **Passenger Division**, Bangkok Railway Station, Bangkok 10330, Thailand.

An einem Informationsschalter vor der Bahnhofshalle sind, falls vorhanden, Fahrpläne erhältlich, Fahrplanauskunft rund um die Uhr ☎ 02-2204334 und unter 🖥 www.railway.co.th. Die englischsprachigen Anzeigetafeln in der Haupthalle erleichtern die Orientierung.

Mehrere Restaurants im 1. Stock und ein Food Court im Erdgeschoss sorgen für das leibliche Wohl. Am besten lässt sich das Treiben vom Balkon von Annas Restaurant aus bei einem guten Thai-Essen beobachten, ⏰ tgl. 11–21 Uhr, Gerichte um 100 Baht. Weiterhin gibt es im Bahnhof einen Schalter der Tourist Police, Geldautomaten, eine Gepäckaufbewahrung, ⏰ tgl. 4–23 Uhr, pro Gepäckstück und Tag je nach Größe 20–80 Baht (keine Wertsachen im Gepäck lassen), und ein Postamt mit Pack- und Faxservice, ⏰ tgl. 7–19 Uhr. Kalte Duschen können für 10 Baht in der Bahnhofshalle neben dem Reservierungsbüro genutzt werden.

Die Abfahrtszeiten und Haltepunkte der vier Linien sind den Fahrplänen auf S. 782 zu entnehmen. Die Pläne sind allerdings nicht immer zuverlässig, da sich die Abfahrtszeiten kurzfristig ändern können.

Fahrpreis in der 1. Klasse Sleeper / 2. Klasse Sitzplatz Fan (AC +70–180 Baht, Bett oben/unten +100/150 Baht) / 3. Klasse Fan (AC, falls vorhanden, +60–100 Baht):

ARANYAPRATHET, 255 km, (nur 3. Kl.) 48 Baht
AYUTTHAYA, 71 km, – / 40 / 20 Baht
BUTTERWORTH, 1230 km, (nur Sleeper oben / unten) 1120 / 1210 Baht
CHUMPHON, 485 km, 7–8 Std., 1134 / 380 / 272 Baht
HAT YAI, 945 km, 16 Std., 1494 / 535 / 339 Baht
HUA HIN, 229 km, 3–4 Std., 922 / 292 / 234 Baht
KANCHANABURI, 133 km, (nur 3. Kl.) 100 Baht
NAKHON PATHOM, 64 km, ca. 1 Std., – / 181 / 164 Baht
NAKHON SI THAMMARAT, 832 km, 15 Std., 1412 / 498 / 323 Baht
NAM TOK (nur 3. Kl.) 100 Baht
PADANG BESAR, 990 km, 17 Std., 1527 / 550 / 346 Baht
PATTAYA, 155 km, (nur 3. Kl.) 31 Baht
PHETCHABURI, 167 km, 3 Std., – / 228 / 184 Baht
PRACHUAP KHIRI KHAN, 318 km, 4 1/2–5 1/2 Std., 992 / 325 / 248 Baht
RATCHABURI, 117 km, 2–3 Std., – / 207 / 175 Baht
SUNGAI GOLOK, 1159 km, 20 Std., 1653 / 607 / 370 Baht
SURAT THANI, 651 km, 9–11 Std., 1279 / 438 / 297 Baht

Im und um den Bahnhof gibt es neben den mit Namensschildern versehenen hilfsbereiten Hostessen auch selbst ernannte Tourist Guides privater Reisebüros, die vorgeben, Lizenznehmer der staatlichen Tourist Information zu sein. Mit der Begründung, die Züge seien ausgebucht, verkaufen Reisebüros im und um den Bahnhof überteuerte Bustickets, Trekkingtouren und Zimmer. Zudem hat es in einem Reisebüro gegenüber dem Bahnhof Betrügereien mit Kreditkarten gegeben, und ein anderes Büro in der Rong Muang Rd. hat völlig überhöhte Preise für Zimmerbuchungen verlangt. Bei Problemen wendet man sich an die Tourist Police, die im Wartesaal patrouilliert.

Da alle Züge Richtung Süden auch in Nakhon Pathom halten, kann man dort umsteigen, ohne nach Bangkok fahren zu müssen. Nach Ko Samui und Ko Pha Ngan bis Surat Thani. Hier warten am Bahnhof auch Anschlussbusse nach Krabi. Nach Ko Tao bis Chumphon.

Der Luxuszug **Eastern & Oriental Express** verkehrt mehrmals monatlich zwischen Bangkok, Singapore, Nam Tok (Brücke am Kwai) und Chiang Mai. Informationen in Bangkok ☏ 02-2168661, in Deutschland unter ☏ 02-0221-3380 300, 🖥 www.orient-express.com. Er kostet nach Chiang Mai mindestens 1000 € und nach Singapore 1500 €.

Flüge

Informationen über die Airports siehe Anreise.
Transport zum Airport: Ein **Taxi** aus der Innenstadt kostet zu beiden Flughäfen etwa 250–300 Baht plus Gebühr für die beiden Expressways (25+40 Baht). Es empfiehlt sich, auch außerhalb der Rushhour etwa 1 1/2 Std. für die Anfahrt einzukulieren. Wer nahe dem Skytrain oder der U-Bahn wohnt, kann nach Don Muang bis Mo Chit bzw. Kamphaeng Phet fahren und dort für knapp 100 Baht ein Taxi nehmen. Zum Suvarnabhumi Airport führt die günstigste Verbindung über Victory Monument (siehe Anreise), solange die Skytrain-Verbindung noch nicht fertig ist.

Zudem fährt der Airport Express Bus etwa alle 30–60 Min. von verschiedenen Haltestellen in der Stadt (s. Anreise).

Wer Großeinkäufe getätigt hat (mind. 5000 Baht und 2000 Baht pro Rechnung) kann sich in der Abflughalle gegen eine Gebühr von 100 Baht die Mehrwertsteuer zurückerstatten lassen. Geld spart man auch, wenn Übergepäck vor Gate 8, ☏ 02-1342090, als unbegleitetes Gepäck eingecheckt wird.

Inlandsflüge: Man kann schon mehrere Wochen im Voraus Flüge reservieren lassen und später die Tickets in jedem Reisebüro kaufen. Am Stand-By-Schalter im Domestic Terminal des Airports werden freie Plätze auf den nächsten Maschinen verkauft. Private Reisebüros versuchen Hotels und Touren am jeweiligen Zielort zu vermitteln – ignorieren!

Thai Airways fliegt häufig nach: HAT YAI 3390 Baht, KRABI 3360 Baht, PHUKET 3025 Baht, SURAT THANI 3140 Baht, teils ab Don Muang Airport.

Die private Fluggesellschaft **Bangkok Airways** fliegt nach: KO SAMUI sehr häufig und dennoch oft voll, 4000 Baht, PHUKET 3x tgl. 3270 Baht, TRAT 2–3x tgl. 3070 Baht, manchmal Sonderangebote.

Orient Thai Airlines (one-two-go) fliegt vorübergehend ab Don Muang nach: PHUKET 2–3x tgl., SURAT THANI 1–2x tgl., KRABI 2x tgl., NAKHON SI THAMMARAT 1–3x tgl. und HAT YAI 2x tgl. Aktuelle Preise im Internet.

Air Asia fliegt nach: KRABI 3x tgl., HAT YAI 6x tgl., PHUKET 5x tgl., SURAT THANI 1x tgl. jeweils meist ab 400 Baht und NARATHIWAT für 700 Baht. Frühzeitig buchen, da nur eine begrenzte Zahl von günstigen Plätzen im Internet angeboten wird. Ähnliches gilt für

Nok Air. Sie fliegt vorübergehend ab Don Muang nach PHUKET 3x tgl., TRANG 1x tgl., NAKHON SI THAMMARAT 2–3x tgl. und HAT YAI 5x tgl. Zudem sind Flüge nach Krabi und Hua Hin geplant.

Flüge in die Nachbarländer: Besucher mit einem gültigen, aber noch nicht abgelaufenen Visum erhalten am Schalter Re-Entry-Permit eine Wiedereinreise-Genehmigung. Die von Billig-Büros reservierten Plätze sollte man bei den Airlines selbst noch einmal checken, da manche Reisebüros in Bangkok Tickets für ausgebuchte Flüge mit Bestätigung (OK) verkaufen.

Vietnam: Thai Airways, Air France, Air Asia, Bangkok Airways und Vietnam Airlines fliegen nach Ho Chi Minh City, Danang und Hanoi. Die Flüge sind häufig auf lange Zeit ausgebucht.

Myanmar (Burma): Es bestehen Verbindungen mit Thai Airways, Myanmar Airways International, Bangkok Airways und Air Asia nach Yangon.

Kambodscha: Cambodia Airlines, Thai Airways, Air Asia, Siem Reap Airways und Bangkok Airways fliegen mehrmals tgl. nach Phnom Penh, Bangkok Airways bietet 6–9x tgl. Flüge nach Siem Reap an.

Laos: Lao Airlines und Thai International fliegen von und nach Vientiane, Bangkok Airways auch nach Luang Prabang.

China: Nach KUNMING tgl. mit Thai Airways, teils über Chiang Mai, nach JINGHONG (via Chiang Mai), SHENZEN, HANGZHOU und XI'AN mit Bangkok Airways, weitere Flüge mit Yunnan Airlines. Zudem direkte Verbindungen nach Peking und Shanghai. Nach Hong Kong und Guangzhou (Kanton) fliegen verschiedene Airlines, auch die Billigfluggesellschaften Orient Thai Airlines (one-two-go) und Air Asia, die auch nach Xiamen verkehrt.

Malaysia / Singapore: Nach Penang 1–2x tgl. für 700–900 Baht, Langkawi 3x wöchentl. für 700–1000 Baht sowie zu anderen Zielen werden Tickets von Air Asia im Internet angeboten. Zudem fliegen weitere Billigairlines nach Singapore, z. B. Jetstar, 🖳 www.jetstarasia.com, und Tiger Airways, ✆ 001-800-656752, 🖳 www. tigerairways.com.

Europa: Wer kein Rückflugticket hat, kann in Reisebüros, die sich in den Touristenzentren konzentrieren, und im Internet die Preise vergleichen. Im Winter fliegt auch LTU nonstop nach Düsseldorf und München.

Reisebüros werben in Touristenbroschüren. Viele befinden sich in der Khaosan Rd. und in der Soi 4 Sukhumvit Rd. Unter den Reisebüros, v. a. in der Khaosan Rd., gibt es auch schwarze Schafe, die Anzahlungen kassieren, das Büro schließen und anschließend unter anderem Namen wieder eröffnen.

Bangkok

Fluggesellschaften in Bangkok: Hier können auch Flüge rückbestätigt werden.

Aeroflot, Regent House, 183 Ratchadamri Rd., ✆ 02-22541180-2, 🖳 www.aeroflot.ru/eng

Air Asia, ✆ 02-5159999, 🖳 www.airasia.com

Air France, Vorawat Bldg., 849 Silom Rd., ✆ 02-6351191, 🖳 www.airfrance.co.th

Air India, 1 Pacific Place, 140 Sukhumvit Rd., ✆ 02-2350557-8, 🖳 www.airindia.com

Austrian Airlines, 33/90 Wall Street Tower, Surawong Rd., ✆ 02-2670873-9, 🖳 www.aua.com

Bangkok Airways, 99 Moo 14, Wiphawadi Rangsit Rd., ✆ 02-2265 5555, 🖳 www.bangkokair.com

Biman Bangladesh, 56 Surawong Rd., ✆ 02-2333896, 2357643-4, 🖳 www.bimanair.com

British Airways, Abdulrahim Place, 990 Rama IV Rd., ✆ 02-6361747, 🖳 www.britishairways.com

Cathay Pacific, Ploenchit Tower, 898 Ploenchit Rd., ✆ 02-2630606, 🖳 www.cathaypacific.com

China Airlines, Peninsula Plaza, 153 Ratchadamri Rd., ✆ 02-2534242, 2535733, 🖳 www.china-airlines.com

China Southern Airlines, Silom Plaza, 491/35-37 Silom Rd., ✆ 02-2667888, 🖳 www.cs-air.com/en/

Egypt Air, CP Tower, 313 Silom Rd., ✆ 02-2310 504-8, 🖳 www.egyptair.com.eg

Emirates, Bangkok Bank Building, 54 Soi Asoke, Sukhumvit Rd., ✆ 02-6641040, 🖳 www.emirates.com

EVA Airways, Green Tower, 3656/4-5 Rama IV Rd., ✆ 02-3673388, 2400890, 🖳 www.evaair.com

Garuda, Lumpini Tower, 1168 Rama IV Rd., ✆ 02-6797371, 🖳 www.garuda-indonesia.com

Gulf Air, Maneeya Center, 518/5 Ploenchit Rd., ✆ 02-2547931-4, 🖳 www.gulfairco.com

Indian Airlines, S.S. Bldg., 10/12-13 Convent Rd., ✆ 02-2334038, 2355534-5, 🖳 indian-airlines.nic.in

KLM, Thai Wah Tower II, 133-4 Sathorn Tai Rd., ✆ 02-6791100-11, 🖳 www.klm.com

Kuwait Airways, R.S. Tower, 121l50-51 Ratcha-dapisek Rd., 🖳 www.kuwait-airways.com, ✆ 02-6412864-7

Lao Airlines, 491/17 Silom Plaza, Silom Rd., ✆ 02-2369822-3, 5353786, 🖳 www.laoairlines.com

LTU, Vorawat Bldg., 849 Silom Rd., ✆ 02-2671202-4, ext. 501/502, 🖳 www.ltu.de

Lufthansa, Q-House Asoke Bldg., 66 Soi 21 Suk-humvit Rd., ✆ 02-2642400, 🖳 www.lufthansa.de

Mahan Air, Gem and Jewellery Towers, Sura-wong Rd., ✆ 2631 4561-5, 🖳 www.mahan-air.de

Malaysia Airlines, Ploenchit Tower, 898 Ploen-chit Rd., ✆ 02-2630520, 2630565-71, 🖳 www.malaysia-airlines.com.my

Myanmar Airways, 919/298 Jewelry Trade Center Bldg., Silom Rd., ✆ 02-6300334, 🖳 www.maiair.com

Nok Air, ✆ 1318, 02-9009955, 🖳 www.nokair.co.th

Orient Thai Airline (one-two-go), 18 New Ratchadapisek Rd., ✆ 1126, 🖳 www.orient-thai.com, www.fly12go.com

Pakistan Airlines, Chongolnee Bldg., 56 Sura-wong Rd., ✆ 02-2342961-5, 🖳 www.piac.com.pk

P.B. Air, UBC II Bldg., 591 Sukhumvit Rd., ✆ 02-2610220-5, 🖳 www.pbair.com

Qatar Airways, P.S. Tower, 36/74 Soi Asoke (21), Sukhumvit Rd., ✆ 02-259 2701-5, 🖳 www.qatarairways.com

Quantas Airways, Charn Issara Towers 1, 942/160–163 Rama IV Rd., ✆ 02-6361747, 🖳 www.qantas.com

Royal Brunei, U Chu Liang Bldg., 968 Rama IV Rd., ✆ 02-6375151, 🖳 www.bruneiair.com

Royal Air Cambodge, 17/F Pacific Place Bldg., 142 Sukhumvit Rd., ✆ 02-6532261

Royal Jordanian, C.P. Tower, 313 Silom Rd., ✆ 02-6382960, 🖳 www.rja.com.jo

Royal Phnom Penh Airways, Two Pacific Place, 142 Sukhumvit Rd., ✆ 02-5354849, 🖳 royalpnhair.com

SAS (Scandinavian Airlines), Glas Haus Bldg., 1 Soi 25 Sukhumvit Rd., ✆ 02-2600444, 🖳 www.flysas.com

SIA (Singapore Airlines), Silom Center Bldg., 2 Silom Rd., ✆ 02-2365301, 2360440, 🖳 www.singaporeair.com

Sri Lankan Airlines, Charn Issara Tower, 942/34-35 Rama IV Rd., ✆ 02-2369292, 2364981, 🖳 www.srilankan.lk

Swiss International Airlines, Abdulrahim Place, 990 Rama IV Rd., ✆ 02-6362150, 🖳 www.swiss.com

Thai Airways Head Office, 89 Wiphawadi Rang-sit Rd., ✆ 02-5453690, Reservierungen unter ✆ 1566 (in Bangkok ohne 02 wählen), 🖳 www.thaiair.com und www.thaiair.de. Weitere Büros: 485 Silom Rd., ✆ 02-2328000, ☉ Mo–Sa 8–17, feiertags 9–16 Uhr, und 6 Larn Luang Rd., ✆ 02-2887000 (für Rückbestätigung in Engl.).

Turkish Airlines, CP Tower, 313 Silom Rd., ✆ 02-2310300-7, 🖳 www.thy.com

Turkmenistan Airlines, Saha Thai Building, Bamrung Muang Rd., ✆ 02-2244401.

Uzbekistan Airways, CTI Tower, 191/68 Ratcha-dapisek Rd., ✆ 02-2615084, 🖳 www.uzairways.com

Vietnam Airlines (Hang Khong Vietnam), Wave Place Bldg., 55 Witthayu Rd., ✆ 02-6554420, 🖳 www.vietnamairlines.com

BIKER – Während eines Bangkok-Aufenthalts ist ein Fahrrad kein empfehlenswertes Trans-portmittel. Einige Veranstalter organisieren Touren durch die schmalen Seitenstraßen und Gassen der Stadt, die ohne Guide nicht zu fin-den sind. Auch das gesamte Umland ist stark industrialisiert, und selbst auf schmalen Land-straßen herrscht starker LKW-Verkehr, sodass eine Radtour kein Vergnügen ist. Am besten transportiert man sein Rad auf einem Pickup und im Zug. Weitere Infos für Radfahrer im Internet, u.a. 🖳 www.kutu.com/thai/bike/bybike.htm sowie S. 77.

Die Umgebung von Bangkok

Stefan Loose Traveltipps

Damnoen Saduak   Auf dem Schwimmenden Markt ein zweites Frühstück einnehmen. S. 211

Wat Khao Chong Pran   Bei Ratchaburi das Ausschwärmen der Fledermäuse am Abendhimmel bestaunen. S. 217

2 **River Kwai Brigde**   Am River Kwai, den kaum erschlossene Nationalparks säumen, verkehrt die berühmte Eisenbahn des Todes. S. 220

Bang Pa In   Im vielfältig gestalteten, weitläufigen Sommerpalast mit der Kamera auf Motivsuche gehen. S. 238

3 **Ayutthaya**   Beeindruckende Ruinen und spannende Museen zeugen von der einst prunkvollen Königsstadt. S. 240

Viele in diesem Kapitel beschriebenen Ziele eignen sich für einen Tagesausflug. Da es aber nicht selten zwei Stunden dauert, aus dem Großraum Bangkok heraus oder wieder hinein zu kommen, lohnt es sich, Übernachtungen außerhalb der Stadt einzuplanen und in Kanchanaburi, Ayutthaya, im Khao Yai oder in Pattaya einige angenehme Tage zu verbringen. An Wochenenden und Feiertagen sind viele Großstädter auf der Suche nach Grün und frischer Luft, sodass dann das Verkehrschaos auch das Umland erreicht und viele gute Hotels ausgebucht sind.

Im folgenden Kapitel fehlen „Sehenswürdigkeiten", die auf einheimische Touristen ausgerichtet sind.

Richtung Westen

Eine schöne Tagestour führt am Morgen zum schwimmenden Markt von Damnoen Saduak, von wo es weiter nach Nakhon Pathom und Kanchanaburi geht. Reisebüros in Bangkok bieten Tagestouren an. Es lohnt sich, in Kanchanaburi zu übernachten und von dort aus einige Touren zu unternehmen.

Alternativ kann man nach dem morgendlichen Besuch des schwimmenden Marktes die Umgebung erkunden oder nach Ratchaburi weiterfahren, die eindrucksvollen Höhlen besichtigen und am Abend den Flug der Fledermäuse beobachten.

Im Gegensatz zur industrialisierten Küste westlich von Thonburi birgt das von Klongs durchzogene Hinterland einige reizvolle Ziele. Der so genannte „Garten Thailands", ein großes Obst- und Gemüseanbaugebiet, versorgt die städtische Bevölkerung mit frischen Nahrungsmitteln. Entlang der Klongs erstrecken sich noch wahrhaft idyllische Plätze, die in starkem Kontrast zu den dicht bebauten Ausfallstraßen, weiten Salinenfeldern rings um Samut Songkhram und gigantischen Fabriken der Lebensmittelindustrie stehen. Während einer Tour erahnt man etwas von der Ruhe und Abgeschiedenheit dieser grünen Gärten und kühlen, von Obstbäumen und Palmen überwachsenen Kanäle.

Samphran สามพราน

Jenseits der Außenbezirke von Bangkok erstreckt sich südlich vom H338 das riesige Parkgelände des **Wat Phuttamonthon**. Das größte buddhistische Zentrum des Landes beherbergt Repliken verschiedener Bauwerke, die für den Buddhismus von großer Bedeutung sind, ein kleines Museum, eine Sammlung von Pali-Schriften, Meditationshallen sowie im Zentrum eine über 15 m hohe Buddhastatue aus Bronze. In einem Teil des Parks wachsen über hundert Bambusarten, in einem anderen über hundert verschiedene Mangobäume. Zudem ein Palmenhain und Kräutergarten. An buddhistischen Feiertagen finden sich Tausende von Gläubigen zum Gebet ein.

38 km westlich von Bangkok, am H4 nach Nakhon Pathom, liegt vor der Brücke über den Mae Nam Nakhon Chai Si der **Rose Garden**, eines der touristischen Ausflugsziele, das auf dem Programm vieler Pauschalurlauber steht, die hier in einer Stunde Thailand in Instant-Form erleben können. Inmitten eines Parks mit künstlichen Seen, Restaurants u. a. steht das so genannte *Thai Village*. Hier werden traditionelle Handwerkskünste demonstriert. Um 14.45 Uhr beginnt die einstündige Show (300 Baht). ☺ tgl. 8–18 Uhr, ✆ 034-322588-93. Den Park, Eintritt 10 Baht, kann man mit gemieteten Fahrrädern erkunden.

Etwa 1 km vor dem Rose Garden werden im **Samphran Elephant Ground & Zoo** um 12.45 und 14.20 Uhr eine Krokodil-Show, um 13.15 und 15 Uhr eine Zaubershow und um 13.45 und 15.30 Uhr eine Elefanten-Show gezeigt (außerhalb der Saison seltener, am Wochenende und feiertags zusätzliche Shows). Als Sensation wartet die Farm mit einem Albino-Krokodil auf. Zudem ein Orchideengarten und Restaurant. ☺ tgl. 8.30–17.30 Uhr, 400 Baht, ✆ 02-2952938, 🖳 www.elephantshow.com.

Vom Markt in **Samphran** werden verschiedene Bootstouren auf dem Jeen-Fluss angeboten.

Don Waai Travel, ✆ 081-446856, fährt zu verschiedenen Tempeln, **Wat Klang Bang Kaew Cruises**, ✆ 081-4821107, zu einem Museum und **Sri Sawat Yan Yook Tours**, ✆ 081-6595805, 034-393637, mit einer ehemaligen Reisbarke zu Tem-

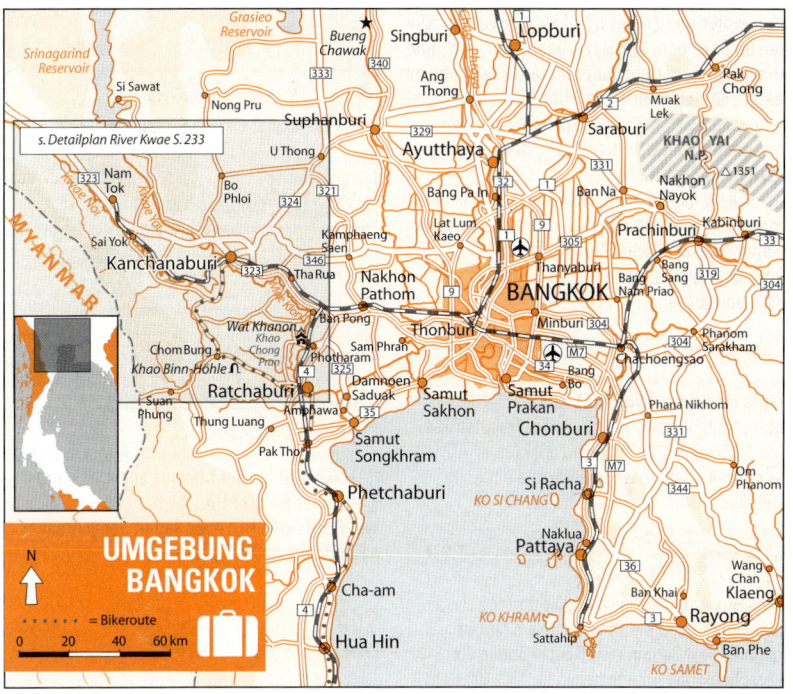

peln und zum Rose Garden. Die 1 1/2–2-stündigen Touren kosten 100 Baht.

Übernachtung

Riverside Hotel, 21 Moo 2, Phetchkasem Rd., ☎ 034-322588-93, 🖥 www.rose-garden.com. Komfortable Zi in einem Hotelblock und teure alte Thai-Häuser. Ab ❻

Transport

Am Wat Phuttamonthon halten alle Busse von BANGKOK nach Nakhon Pathom. Der AC-Bus 84 fährt von Bangkok, gegenüber dem Peninsula Hotel, für 20 Baht in 40 Min. nach Samphran. Der Rose Garden und Samphran Elephant Ground & Zoo am H4, 37 bzw. 38 km westlich von Bangkok, werden überwiegend im Rahmen von organisierten Touren besucht.

Damnoen Saduak ดำเนินสะดวก

Der **schwimmende Markt** im ansonsten uninteressanten Ort Damnoen Saduak in der Provinz Ratchaburi ist ein Touristenmagnet. Den ganzen Vormittag werden Reisegruppen durch die Kanäle und über die Brücken des Marktes von **Tonkem** geschleust. Zum Schutz der „Händlerinnen" wurden Brücken und Fußwege erbaut, von denen aus sich das Treiben am besten beobachten lässt. Durch die vielen Souvenir-, Essen- und Kaffeestände sowie die unattraktiven Ladenzeilen beiderseits des Kanals hat der Markt seine einst ländliche Atmosphäre eingebüßt. Vorteilhaft ist hingegen die Regelung, dass im Bereich des Marktes nur Boote ohne Motor fahren dürfen. Es sind überwiegend Touristen, die Obst und Gemüse, Snacks und Souvenirs kaufen. Ein Hit sind Hüte, die vor der prallen Sonne schützen. Vor allem Tourgruppen können sich der Souvenirhändler und Fotografen kaum erwehren. Die beste Zeit, den Markt zu besuchen und eine frisch auf dem Boot zubereitete Nudelsuppe zu essen, ist zwischen 7 und 9 Uhr, bevor die Touristenmassen ankommen. Einige Händlerinnen verlassen den Klong gegen 13 Uhr, doch es bleiben genügend für gute Fotos.

Sobald man vom geschäftigen Markt in einen Seitenkanal abbiegt, findet man sich in ruhigen Gegenden mit hübschen Holzhäusern wieder und kann die liebenswürdige Seite des Landes kennenlernen.

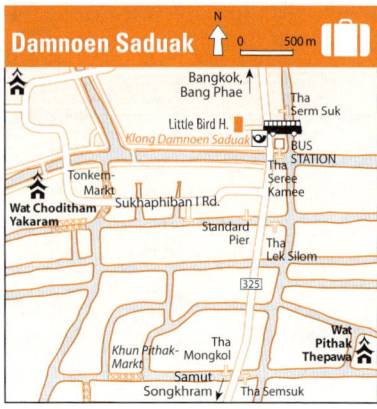

Übernachtung und Essen

Little Bird Hotel (Nok Noi), ☎ 032-254382, in einer Seitengasse, 100 m von der Hauptstraße, große Zi mit Du/WC und Fan oder lauter AC, viele Kurzzeitgäste. Essenstände und einfache Restaurants an der Hauptstraße. ❷ – ❸

Nahverkehr

Vom Busterminal zum 1,8 km entfernten schwimmenden Markt von Tonkem fahren nach Bedarf Songthaew. Boote können von verschiedenen Anlegestellen für 150–400 Baht pro Std. je nach Saison und Bootsgröße gechartert werden.

Transport

Talat Nam, der schwimmende Markt von Damnoen Saduak, liegt 97 km westlich von Bangkok. Wer mit einem eigenen Fahrzeug unterwegs ist, kann den gut ausgeschilderten, 18 km langen Weg von Samut Songkhram aus zum Markt nicht verfehlen.

Von BANGKOK, Southern Bus Terminal, 1. und 2.Kl. AC-Busse von 5.40–21 Uhr alle 15–30 Min. für 81/60 Baht in 2 Std., zurück bis 18 Uhr. Es werden organisierte Touren ab 400 Baht angeboten.

Von KANCHANABURI zuerst nach BANG PHAE mit gelbem Bus Nr. 461 alle 15 Min. für 35 Baht in 90 Min. Weiter nach Damnoen Saduak mit Bus 78 für 30 Baht in 20 Min.

Von und nach NAKHON PATHOM mit AC-Bus 78 ab 6 Uhr alle 20 Min. für 30/50 Baht in 1 Std.

RATCHABURI gelber Minibus ab 6 Uhr in gut 1 Std. über BANG PHAE, 50 Baht.

Von PHETCHABURI über Samut Songkhram nach Damnoen Saduak.

Von Damnoen Saduak nach Samut Songkhram

Durch die Obstgärten Thailands geht es mit einem eigenen Fahrzeug am **Mae Klong** entlang von Amphawa über Bang Konthi (5 km) nach Samut Songkhram. Die Wasserwege säumen Mango- und Zitrusbäume, Kokospalmen und Bananenstauden. Der Agrotourismus lockt vor allem Städter hierher, die das üppige Grün genießen, in Homestays übernachten und im **Agro Tourism Visiting Centre** in **Bang Phrom** das frisch geerntete Obst kosten.

In **Bang Konthi**, 5 km nördlich von Amphawa, überrascht eine große katholische **Kathedrale** im neogotischen Stil. Sie wurde 1890 von französischen Missionaren am ältesten Bischofssitz von Siam anstelle einer ehemaligen Holzkirche erbaut und besitzt noch die originalen, aus Frankreich importierten Bleiglasfenster. Südlich der Kirche überspannt eine neue Brücke den Mae Klong.

Amphawa ist eine von der Abwanderung bedrohte, landwirtschaftlich orientierte Kleinstadt. Sie wurde als Geburtsort von König Rama II. auf

Initiative des Königshofes hin touristisch entwickelt. Überwiegend Einheimische besuchen den ihm gewidmeten **Tempel** und den **Rama II Park**, in dem ein kleines Museum in einem traditionellen Thai-Haus den Werken des Dichterkönigs gewidmet ist. Park ⏰ tgl. 9–18 Uhr, Eintritt 20 Baht, Museum ⏰ Mi–So 9–16 Uhr. Interessant ist ein Besuch während des großen Volksfestes im Februar. Auch zu anderen Zeiten lohnen die alten Holzhäuser und kleinen Geschäfte entlang der Kanäle sowie die Fr, Sa und feiertags von 18–21 Uhr stattfindende **schwimmende Nachtmarkt** vor dem Wat Amphawa. Er ist weit weniger touristisch als der in Damnoen Saduak. Weitere schwimmende Morgenmärkte finden in der Umgebung in **Ban Tha Ka** 6x monatlich (abhängig von den Gezeiten, und damit vom Mondkalender) statt.

Weiter Richtung Bangkok, in der Nähe von Samut Sakhon, kann im Rahmen einer Führung die **Siam Winery**, ein Weingut mit schwimmenden Weingärten besichtigt werden. Auskunft unter ☎ 02-5335600.

Homestays, Ban Tha Ka, ☎ 034-766208, wohnen bei Familien in einem von Kanälen durchzogenen Dorf nördl. von Amphawa. Allerdings wird nur sehr wenig Englisch gesprochen. ❷–❸
Riverside Resort, 2,5 km nördl. von Bang Konthi, ☎ 089-1031033, 🖳 www.aumpornriverside.com, hübsche Holzbungalows in einem Garten am Fluss, Bootstouren. ❹
Baan Amphawa Resort & Spa, 22 Bangkapom–Kaewfah, am Ufer des Mae Klong, südl. von Amphawa, ☎ 034-752222, 🖳 www.baanamphawa. com. Die zweistöckigen Holzhäuser sind ebenso wie die Einrichtung im traditionellen Thai-Stil gehalten. AC-Zi mit allen Annehmlichkeiten inkl. Safe und Internet-Zugang. Die teuersten Suiten mit eigenem Pool. Restaurant, Pool und Spa, Fahrradvermietung und Touren. ❻–❽

Boote können von den Resorts und an den Piers in Amphawa und den anderen Orten gechartert werden.

Von BANGKOK, Southern Bus Terminal, nach SAMUT SONGKHRAM 2. Kl. AC-Busse bis 17.30 Uhr alle 30 Min. für 60 Baht in 2 Std., zurück bis 20.30 Uhr. Von der Bus Station nahe dem Markt fahren Songthaew und lokale Busse weiter nach AMPHAWA, 6 km, und in die anderen Orte.

Ratchaburi   ราชบุรี

Die Provinzhauptstadt mit 95 000 Einwohnern liegt 96 km westlich von Bangkok in der fruchtbaren Mündungsebene des 520 km langen Mae Klong. Archäologen entdecken bei Ausgrabungen und Restaurierungsarbeiten immer wieder Zeugnisse einer tausend Jahre alten Kultur, z. B. im **Wat Mahathat** (Wat Na Phratat) mit seinem hohen Prang, der mit Stuckornamenten verziert ist, und der Dvaravati-Stadt **Ku Bua**, von der nur noch Fundamente innerhalb eines Wallgrabens zu sehen sind.

Das lohnende **National Museum** präsentiert in 12 Räumen des ehemaligen Rathauses mit englischen Schrifttafeln einen kurzen Abriss der Natur, Tier- und Pflanzenwelt sowie Geschichte der Region. Interessant ist die Ausstellung über die verschiedenen ethnischen Gruppen. ⏰ Mi–So außer feiertags 9–16 Uhr, 30 Baht. Der zu einem Tempel umgewidmete ehemalige Königspalast **Khao Wang**, auf einem Hügel 3 km südwestlich des Zentrums, wurde 1871 für Rama V. gebaut und ist noch gut erhalten; ⏰ tgl. 5.30–18 Uhr. Pickup ab Polizeistation 7 Baht.

Ratchaburi ist für die riesigen irdenen **Wassertöpfe** mit Drachenmotiven bekannt, die auch im Museum stehen. Sie werden in Handarbeit in vielen Manufakturen hergestellt, z. B. am H4 Richtung Süden, am H3087 Richtung Chom Bung und neben dem Westin Grand Hotel. Interessierte können den Handwerkern zuschauen.

Golden City ①, außerhalb am H4, 2 km östl. der Abzweigung des H3087, ☎ 032-338444, 317140-4, kein Hinweisschild in lateinischer Schrift. Der

7-stöckige Neubaublock lockt mit guten, relativ preiswerten Zi, Restaurant und Pool. ❹
Numsin Hotel ②, 2-16 Kraipet Rd., ✆ 032-337551, ✉ 337633, Zi mit Fan oder AC und TV, bestes Hotel in der Innenstadt mit einem guten Preis-Leistungs-Verhältnis, häufig voll. Die angebotenen Touren sind überteuert. ❸
Araya Hotel ③, 187/1-12 Kraipet Rd., ✆ 032-337781-2, ✉ 338022, ✉ k-suthvanich@yahoo.com, große, saubere Zi mit Fan, AC und TV, z. T. mit Warmwasser-Du/WC. ❷–❸
Western Grand Hotel ④, 105/1 Old Petchkasem Rd., ✆ 032-337777, 🖥 www.westerngrandhotel.com. Ein neues 5-stöckiges Businesshotel mit 75 komfortablen AC-Zi und Thai-Restaurant. WLAN in der Lobby, Frühstück inkl. ❹

Essen

Im Café der **Nice Bakery** in der Ratsadonyindee Rd. wird ab 9 Uhr Kuchen verkauft, ebenso im **Ban Kanom**, 187/27-28 Kraipet Rd., ✆ 032-322923, von 7–21 Uhr. Im **Ratchaburi 100 km Coffeeshop**, Kraipet Rd., servieren junge Leute Milchshakes, Kaffee und Snacks.

Nahverkehr und Touren

Rikschas gibt es fast nur noch in der Amarin Road, der Chinatown. **Motorradtaxis** verkehren in der Stadt ab 20 Baht, **Tuk Tuks** 30 Baht. Eine Fahrt zu den in der Nähe gelegenen Höhlen kostet 70–100 Baht.
In den Hotels werden abendliche Touren zur Fledermaushöhle ab 700 Baht angeboten. Wer ein **Tuk Tuk** oder **Songthaew** chartert, zahlt je nach Tour 100–200 Baht pro Std.
P.Y. Travel, ✆ 081-7948511, offeriert Rundfahrten zu Attraktionen in der Umgebung.

Transport

Busse
Der neue **Busbahnhof** im Süden der Stadt wird kaum genutzt. Stattdessen halten die Busse weiterhin im Zentrum. Die Abfahrtsstellen sind auf dem Ortsplan eingezeichnet.
Von BANGKOK (Southern Bus Terminal) AC-Bus von 7–22.30 Uhr alle 20 Min, 83 Baht, 2 Kl. AC-

Leckere Nudeln!

Das große **Food Center** neben dem Uhrturm betört die Sinne mit einer fantastischen Auswahl an Gemüse, Obst, Snacks und Leckereien; ⏱ 24 Std. Vor allem am frühen Abend herrscht dichtes Gedränge, und die Tische an vielen Ständen sind gut belegt. Die leckeren Nudeln an **Stand Nr. 100** sollte sich niemand entgehen lassen. Allein schon die Geschwindigkeit der Zubereitung ist sehenswert.

Bus von 9.50–16.20 Uhr alle 30–60 Min., 71 Baht, in 1 1/2 Std. Nach Bangkok fährt der AC-Bus bis 20.30 Uhr vor dem Büro neben dem Namsin Hotel ab, hält aber auch an der Fußgängerbrücke in der Sathani Rotfai Rd., nördlich der Einmündung der Kraipet Rd. Hier hält auch zu jeder Std. Bus 8154 nach BAN PONG, Bus 8154 Abfahrt zu jeder vollen Std. (1 1/2 Std.) für 20 Baht. Er passiert nach 45 Min. den Fledermaustempel.
Nach:
NAKHON PATHOM AC-Bus 76 für 40 Baht in 45 Min.
DAMNOEN SADUAK gelber Minibus ab 6 Uhr in gut 1 Std. über BANG PHAE, 50 Baht. Man kann sich direkt am Markt absetzen lassen.
SAMUT SONGKHRAM AC-Bus 415 und Songthaew für 30 Baht.
PHETCHABURI AC-Bus 73 alle 20 Min. in 1 Std. für 40 Baht.
KANCHANABURI laufend bis 18 Uhr 2. Kl. AC-Bus 41 für 54 Baht in 2 Std. ab Kraipet Rd.
Mit dem Bus 8161 nach CHOM BUNG (20 Baht, 40 Min.) erreicht man die Chompon-Höhle (2 km zu Fuß) und passiert die Zufahrt zur Khao Binn-Höhle (1,7 km zu Fuß).

Eisenbahn
Fahrplan s. S. 782/783. Der Bahnhof liegt 1 km südlich der Innenstadt. Hier halten alle Züge zwischen Bangkok und dem Süden. An der Haltestelle bei der Brücke halten zudem lokale Züge.

Selbstfahrer
Wer auf dem Weg Richtung Kanchanaburi die Höhlen besichtigen möchte, fährt auf dem stark

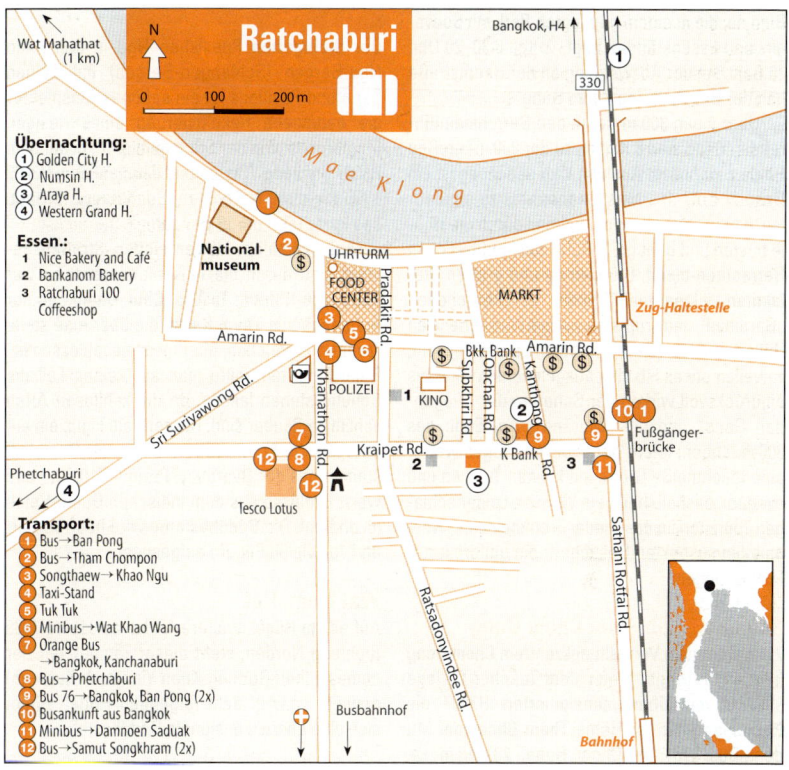

Map content (Ratchaburi):

Ratchaburi

N

Bangkok, H4

330

Wat Mahathat (1 km)

0   100   200 m

Mae Klong

Übernachtung:
1. Golden City H.
2. Numsin H.
3. Araya H.
4. Western Grand H.

Essen.:
1. Nice Bakery and Café
2. Bankanom Bakery
3. Ratchaburi 100 Coffeeshop

National-museum

UHRTURM
FOOD CENTER
Pradakit Rd.
MARKT
Zug-Haltestelle

Amarin Rd.

Khanathon Rd.
Sri Suriyawong Rd.
POLIZEI
KINO
Bkk. Bank
Amarin Rd.
Onchan Rd.
Subkhiri Rd.
Kanthang Rd.
Fußgänger-brücke

Phetchaburi

Kraipet Rd.
K Bank
Sathani Rotfai Rd.

Tesco Lotus

Transport:
1. Bus→Ban Pong
2. Bus→Tham Chompon
3. Songthaew→Khao Ngu
4. Taxi-Stand
5. Tuk Tuk
6. Minibus→Wat Khao Wang
7. Orange Bus →Bangkok, Kanchanaburi
8. Bus→Phetchaburi
9. Bus 76→Bangkok, Ban Pong (2x)
10. Busankunft aus Bangkok
11. Minibus→Damnoen Saduak
12. Bus→Samut Songkhram (2x)

Ratsadonyindee Rd.
Busbahnhof
Bahnhof

---

befahrenen H3087 ohne Seitenstreifen (für Fahrradfahrer kein Vergnügen) bis zu den Khao Ngu-Höhlen und dann bei abnehmendem Verkehr an der Pipeline-Trasse entlang bis Chom Bung. 1 km hinter der Chompon-Höhle auf den gut ausgebauten H3274 Richtung Tha Maka abbiegen. Durch die dünn besiedelte, schattenlose Ebene ist nach 16 km Ban Thap Tako erreicht und nach 9 km die Straßengabelung, auf der es links auf dem H3209, einer anfangs schlechten Straße, durch Zuckerrohrfelder und die Orte Dan Makham Tia (13 km) und Yang Ko (8 km) nach Kanchanaburi (29 km) geht. 17 km vor Kanchanaburi wird man mit einer schattigen Allee belohnt. Schattiger und kühler ist die Fahrt auf schmalen Landstraßen am Westufer des Mae Klong entlang.
Richtung Süden siehe Phetchaburi.

Die Umgebung von Ratchaburi

Am einfachsten sind die Höhlen im Westen der Stadt und der Fledermaustempel bei einer Rundfahrt mit einem gecharterten Minibus, Tuk Tuk oder Taxi zu besuchen. Man sollte jedoch nicht nach 14 Uhr starten, um rechtzeitig an der Kang Khao-Höhle anzukommen. Für eine Tagestour mit dem Songthaew werden etwa 1000 Baht verlangt. Mit langen Fußwegen und Wartezeiten verbunden sind Touren mit lokalen Bussen. Da alles gut ausgeschildert ist, werden Selbstfahrer keine Probleme haben.

Tham Khao Binn

Am KM 20 des H3087 zweigt die 1,7 km lange Zufahrtstraße zur besonders schönen Tham Khao

Binn ab, die in einem gepflegten Park mit Souvenir- und Essensständen liegt, ◷ tgl. 8.30–20 Uhr, 10 Baht. An der Abzweigung an der Hauptstraße hält der Bus Richtung Chom Bung.

Über einen 300 m tief in den Berg hineinführenden Gang sind 8 Kammern der 800 m² großen Höhle zugänglich. Auch an Wochenenden ist ein Besuch trotz des Massenansturms zu empfehlen, da die Gruppen recht schnell durch die Höhle hasten und genügend Ruhe zum genüsslichen Betrachten bleibt. Die kleinen und großen Stalaktiten, eleganten Säulen, durchbrochenen „Gardinen" und Tropfsteinwasserfälle in riesigen Hallen werden von z. T. farbigen Lampen dezent, zuweilen etwas kitschig ausgeleuchtet. Überaus eindrucksvoll wirken die Schatten der „fliegenden Gans" und die „Muräne". Am Ende des 300 m langen, leicht begehbaren Weges wartet eine feuchtheiße Grotte mit kleinen Teichen und ewigem, deshalb heiligem Wasser. Leider schlagen Touristen immer wieder Tropfsteine ab, weshalb bei suspekten Besuchern ein uniformierter Führer mitgeht.

Chompon-Höhle bei Chom Bung

2 km hinter dem Verwaltungszentrum **Chom Bung** liegt 400 m rechts hinter dem Teacher College südlich vom überdimensionierten H3087 die Parkanlage mit der Höhle **Tham Chompon**. Mit dem Bus 8161 bis Chom Bung, 28 km, in ca. 40 Min. für 20 Baht und dann etwa 2 km laufen. Ein Taxi oder Tuk Tuk sollte um 200 Baht kosten und eine halbe Stunde warten.

Unter schattigen Bäumen und zwischen schönen Bonsais laden Suppen-, Snack- und Obststände zu einem Imbiss ein. Viele, normalerweise nicht aggressive Affen baden in kleinen Teichen und warten auf ein paar Leckerbissen, sollten aber nicht gefüttert werden. In der Höhle ist Essen, Trinken und Rauchen nicht gestattet. Über 57 Stufen erreicht man durch einen schmalen Eingang die 240 m lange, bis 25 m hohe und 30 m breite Halle. Den Abschluss bildet ein Dom mit einem Loch, durch das malerisch das Mittagslicht fällt. Ein ruhender Buddha und der bärtige Heilige Phra Russi mit seinem seltsamen Hut sind die am meisten verehrten Statuen. Geringer Eintritt, ◷ 9–16.30 Uhr.

Khao Ngu-Berge

Der **Steingarten** Ruesikhao Ngu in den Khao Ngu-Bergen (Schlangen-Bergen) mit seinen Seen und Pavillons ist ein schönes Beispiel für die gelungene Rekultivierung eines riesigen Steinbruchs. Von der Stadt geht es 7 km auf dem H3087 Richtung Westen und dann auf dem H3089 1 km Richtung Nordosten, Songthaew 15 Baht, das letzte fährt um 18 Uhr zurück.

Auf schmalen, kurvenreichen Straßen gelangt man durch die Felsenlandschaft zu vier **Khao Ngu-Höhlen: Ta Tho**, **Chin**, **Cham** und der Eremitenhöhle **Tham Russi**, die über eine steile Treppe zu erreichen, aber meist geschlossen ist. Beim Eintreten sollte man auf keinen Fall die Schuhe stehen lassen, da die zahllosen Affen schlimme Räuber sind. Die zentrale Figur, ein auf europäische Art sitzender Buddha als Basrelief, stammt aus der Dvaravati-Periode (10. Jh.) und weist Einflüsse aus dem indischen Gupta-Reich (5. Jh.) auf. Die Buddhastatue wird hoch verehrt und von vielen Pilgern aufgesucht.

Wat Nong Hoi

Auf einem Hügel, weitere 4,4 km auf dem H3089 Richtung Norden, steht dieser Tempel, der der chinesischen Gottheit Kuan Yin (auch Kuan Im) geweiht ist. Auf dem folgenden Hügel erhebt sich eine überdimensionale Buddhastatue.

Wat Khanon

Alte, hohe Laubbäume umgeben das Wat Khanon, ☎ 032-233386, eine weitläufige Klosteranlage, deren schöne, alte Teakhäuser für eine besondere Atmosphäre sorgen. Eines davon beherbergt ein **Museum** mit wunderschönen, großen Nang Yai-Schattenspielfiguren, die nur am königlichen Hof gespielt werden durften. Die prächtigsten, aus Büffelleder ausgestanzten Figuren werden in großen Schaukästen ausgeleuchtet und beschrieben. Ein Faltblatt informiert über die Tradition des Schattenspiels und die Herstellung der Figuren. Anfahrt von Photharam auf dem H3090, den Fluss überqueren und hinter der Brücke rechts auf einer schmalen Landstraße 2,5 km bis zum Tempel. Das Wat kann im Rahmen einer Rundfahrt mit einem gecharterten Pickup besucht werden. Eintritt frei, eine Spende wird erwartet.

Klettern in den Khao Ngu-Bergen

Im **Khao Ngu Adventure Park** in den südlichen Bergen am See kann man in den steilen Felsen Sa und So von 9–16.30 Uhr Geübten beim Abseilen und Freiklettern auf 15 verschiedenen Routen zusehen und beobachten, wie sie auf einem Drahtseil das Tal überqueren oder am 170 m langen Flying Fox durch die Lüfte gleiten. Wer teilnehmen will, meldet sich bei **Pro Climber Adventure**, 🖥 www.proclimbingthai.com, ✆ 02-2115053. Tagestouren ab Bangkok ab 2000 Baht.

Fledermaus-Höhle am Khao Chong Pran

Aus der Kang Khao-Höhle am Fledermaustempel **Wat Khao Chong Pran**, die mit anderen durch Gänge verbunden ist, quillt jeden Abend, sobald die Sonne untergeht, ein endloses, dunkles Band heraus, zieht sich in die Breite und verwirbelt sich. Schon bald bedecken den dunklen Abendhimmel in etwa 50 m Höhe flatternde Punkte, ein hohes Zirpen liegt in der Luft, und man glaubt, sie riechen zu können: etwa 600 Millionen kleiner Fledermäuse, die sich auf den Weg zu den Obstbäumen im „Garten Thailands" an der Küste machen. Das Schauspiel soll zwei bis drei Stunden bis tief in die Dunkelheit andauern. Diese Zeit nutzen in der Höhe kreisende Raubvögel für einen Festschmaus. Noch vor dem Morgengrauen kehren die Flattertiere ab etwa 4 Uhr wieder in die Höhle zurück. Links vom Tempel führen Stufen auf den Berg hinauf. Nach einem 20-minütigen Aufstieg bietet sich ein schöner Ausblick. Es ist auch möglich, in die Höhle hinein zu gehen, sofern es einem nicht den Atem verschlägt.

Die Höhle liegt 24 km nordwestlich von Ratchaburi am H3089 Richtung Bang Phae hinter der Abzweigung des H3357 und ist mit dem Ban Pong-Bus zu erreichen. Man sollte den Beginn des Schauspiels zwischen 17 und 18 Uhr (bei dunklem Himmel eher früher) nicht versäumen und sich am besten vor dem großen Parkplatz postieren, an dem Essenstände und Restaurants die wartenden Touristen bedienen. Zurück nach Ratchaburi gelangt man nur mit etwas Glück mit dem letzten Bus gegen 18.15 Uhr, am So bereits um 17.20 Uhr. Danach fahren weder Taxis noch Tuk Tuks zurück. Wem es gelingt, ein Fahrzeug zu finden, der zahlt etwa 400 Baht.

Ku Bua

Die für Amateurarchäologen interessante Ruinenstadt **Muang Boran Ku Bua**, etwa 8 km südlich, ist am besten mit dem Tuk Tuk oder Motorradtaxi für 50 Baht zu erreichen. Die ausgegrabenen Figuren aus der späten Dvaravati-Periode (10.–11. Jh.) sind im National Museum in Bangkok und Ratchaburi zu bewundern. Zu besichtigen sind die bis zu 2 m hohen Grundmauern von Stupen und Tempelmauern des Wat Klong und Wat Ku Bua.

Nakhon Pathom   นครปฐม

Vor über 2000 Jahren zogen Mönche aus dem buddhistischen Ceylon nach Osten und errichteten den ersten buddhistischen Tempel dieser Region an der Stelle, wo heute **Phra Pathom Chedi**, eine der größten Pagoden des Landes, steht. Wegen der beeindruckenden Konstruktion der frühen Bauten nimmt man an, dass Mönche aus Ceylon hier das erste Zentrum des Theravada-Buddhismus auf thailändischem Boden gründeten. Archäologen entdeckten unter der heutigen Pagode einen 39 m hohen Chedi aus dem 4. Jh. im Mon-Stil. Im 11. Jh. errichteten die Khmer über diesem Heiligtum einen Prang, der wiederum vor über 100 Jahren mit einem prunkvollen, über 127 m hohen Chedi überbaut wurde. Er gilt als eines der höchsten buddhistischen Bauwerke der Welt.

König Mongkut unternahm während seiner Zeit als Prinz mehrere Pilgerfahrten zu der Tempelruine im Dschungel. Nachdem er zum König gekrönt worden war, beschloss er, einen mächtigen Chedi über der Ruine errichten zu lassen. Als die Pagode nach 17-jähriger Bauzeit 1870 fertig gestellt war, siedelte man Menschen aus dem 20 km weiter östlich gelegenen Ort Nakhon Chaisi rings um die Anlage an. Um den zentralen Chedi sind auf einer Plattform in allen vier Himmelsrichtungen Viharn errichtet worden, die neben anderen Kunstwerken jeweils eine Buddhafigur

Im November, nach dem Loi Krathong-Fest, findet rings um die Pagode ein zehntägiges, großes **Tempelfest** statt. Die Stände auf dem großen Markt offerieren ein buntes Sortiment von Textilien, Schuhen, Haushaltswaren und Möbeln, aber auch Leckereien wie Pizza, Hamburger, geröstete Wasserkäfer und Heuschrecken.

in unterschiedlichen Positionen beherbergen (N: stehender Buddha, S: Buddha wird von der Schlange geschützt, O: Buddha unter dem Bodhi-Baum, W: ruhender Buddha). Vom Haupteingang im Norden führt eine Treppe hinauf bis zur zweiten Plattform. Hier steht eine große Buddhastatue umgeben von zahlreichen Pflanzen, Ruhebänken, chinesischen Tempelfiguren u. a. Eintritt ins **Tempelmuseum** im Inneren des Chedi (Eingang im Norden) 40 Baht.

Im angeschlossenen **National Museum**, ⏱ Mi–So 9–16 Uhr, 30 Baht, sind einige Funde von 1934 durchgeführten Ausgrabungsarbeiten im Tempelbezirk ausgestellt. Die Ausstellungsstücke aus der Dvaravati-Periode geben einen Einblick in das Alltagsleben der Menschen vor über tausend Jahren, ihre Religion, Kunst und Architektur. Ein steinernes Rad, das die Lehre Buddhas symbolisiert, wurde auf 150 v. Chr. datiert.

An der Kasse ist ein guter zweisprachiger Museumskatalog erhältlich.

Sanam Chandra-Palast

Während der Bauarbeiten wohnte König Mongkut in einem kleinen Palast östlich des Chedi, der heute jedoch weitgehend zerstört ist. Auch sein Nachfolger, König Rama VI., hielt sich oft in Nakhon Pathom auf, um dem Training seiner hier stationierten paramilitärischen Einheit beizuwohnen. Er ließ sich 2 km westlich der Pagode 1902–11 den kleinen Sanam Chandra-Palast erbauen. Dieser liegt in einem gepflegten Park mit Pavillons, Teichen und kleinen Brücken sowie dem Denkmal seines Lieblingshundes Yalae und des Elefantengottes Ganesha aus dem hin-

duistischen Pantheon. 2003 wurde die Anlage auf Wunsch einer Tochter von Rama VI. restauriert und der Öffentlichkeit zugänglich gemacht.

In der **Chaleemongkolasana-Residenz**, einem zweistöckigen Gebäude nahe dem Kreisverkehr, das wie ein zu klein geratenes Märchenschloss wirkt und vor dem das Denkmal des Hundes steht, ist ein Museum mit Fotografien und persönlichen Gegenständen aus dem Besitz König Ramas VI. untergebracht. Ebenfalls besichtigt werden können die **Bhimarn Prathom-Residenz** im westlichen Kolonialstil mit den einstigen Privatgemächern des Königs sowie die **Samakkeemukamartaya-Halle**, die für Theatervorstellungen und Empfänge genutzt wurde. ⏱ tgl. 9–16 Uhr, ☏ 034-244236-7. Eintritt in den Park frei, in die Museen 50 Baht. Es gilt die Kleiderordnung wie im Königspalast in Bangkok (s. S. 127).

In einer kleinen Kantine werden einfache Thai-Gerichte und Getränke verkauft. Am Wochenende um 13.30 Uhr klassische Tanzvorführungen.

Übernachtung

Mitpaisal ①, am Bahnhof, 120-30 Phaya Phan Rd., ☏ 034-255444, ✉ mitpaisal@hotmail.com, hellhörige Zi mit AC oder Fan sowie Du/WC in einem älteren Hotelblock mit Aufzug und einer museumsreifen Telefonanlage. Einziger Vorteil ist die Nähe zum Bahnhof. ❷–❸

Whale ②, 151/79 Ratchavithi Rd. Soi 19, ☏ 034-253855-63, 🖳 www.whale.co.th, das größte Hotel des Ortes, etwa 1 km westlich der Pagode, etwas abseits der Hauptstraße, aber von dort leicht zu sehen. Gute Zi mit Fan und AC, Nightclub, am Wochenende Disco. Das chinesische Restaurant lässt zu wünschen übrig. Frühstück inkl. Mit dem Bus von Kanchanaburi kommend an der Thai Bank und ab Bangkok vor der Siam Bank aussteigen. ❹

Nakhorn Inn Hotel ③, 55 Ratchavithi Rd. Soi 3, ☏ 034-251152-4, ✆ 254998, nahe der Pagode am Ende der Sackgasse. In einem zurückversetzten Hotelblock 70 nicht mehr ganz neue Zi mit AC, TV und Kühlschrank. ❸

Map labels:

Übernachtung:
1. Mitpaisal
2. Whale
3. Nakhorn Inn H.

Transport:
1. Bus Stop→Bangkok
2. Lokale Busse
3. Busse→Kanchanaburi, Damnoen Saduak

3095
3036
BAHNHOF
Phaya Phan Rd.
Phaya Kong Rd.
Pizza Company, Swensen's
Saipra Rd.
MARKT
Tempelmuseum
Sanam Chandra-Palast
Ratchadamri Rd.
Nawang Rd.
Ratchdamnoen Rd.
Langora Rd.
Thesaban Rd.
Phra Pathom Chedi
Nationalmuseum
Tesa Rd.
CHIN. TEMPEL
4 (2,5 km)
Sanamjun Park
K Bank
Kwapra Rd.
Napra Rd.
MARKT
SILPAKORN UNIVERSITÄT
Suphanburi
321
Ratchavithi Rd.
AMPEL
Soi 3
POLIZEI
LOKALER BUSBAHNHOF
4
Bangkok (56 km)

Nakhon Pathom
N
0 100 200 300 400 500 m

Ratchaburi (46 km)
Petchkasem Rd.
4

Essen und Nahverkehr

Auf dem tollen Markt zwischen Bahnhof und Chedi gibt es leckeren *kao larm,* Klebreis, der mit Kokos und Palmzucker gesüßt in Bambus gebacken wird. Vor allem abends laden viele Essenstände zum Schlemmen ein.
Das beste und günstigste Transportmittel innerhalb der Stadt sind Motorradtaxis.

Transport

Busse
Sie fahren auf dem Weg zu den außerhalb gelegenen Busbahnhöfen durchs Zentrum und lassen Touristen an der Pagode ein- oder aussteigen. Überlandbusse halten südlich des Zentrums am Highway, lokale Busse, z. B. nach Damnoen Saduak, an der Bus Station im Süden der Stadt oder in einer der Straßen rings um die Pagode. Ortsunkundige sollten sich bei Einheimischen nach den Bus Stops im Zentrum erkundigen, da diese nicht ausgezeichnet sind.

Von BANGKOK, 56 km, ab Southern Bus Terminal, 1. und 2. Kl. AC-Busse von 6–20.30 Uhr alle 15 Min. für 30–49 Baht, zurück bis gegen 21 Uhr. Minibusse ab der Straße vor der Silpakorn Universität nach Bangkok (Phrapinklao-Brücke nahe Banglampoo) für 40 Baht.
Ab der Polizeistation südlich des Chedi nach KANCHANABURI AC-Bus Nr. 81 aus Bangkok kommend alle 20 Min. für 55 Baht in 2 Std.
DAMNOEN SADUAK (Talat Nam) AC-Bus 78 ab 6.30 Uhr alle 30 Min. für 30/50 Baht in 1 Std.
RATCHABURI Bus Nr. 76 für 40 Baht in 45 Min.

Eisenbahn
Fahrplan s. S. 782/783. Der Bahnhof liegt 500 m nördlich des Chedi. Gepäckaufbewahrung hinter dem Ticketschalter.
Vom Hauptbahnhof in BANGKOK fahren ein Dutzend Züge in 1–1 1/2 Std., die wegen der Zuschläge überwiegend teurer sind als Busse. Günstig der DRC um 9.20 Uhr für 14 Baht.
Ab Thonburi und weiter nach KANCHANABURI kosten alle Züge trotz 3. Kl. für Touristen 100 Baht.

Kanchanaburi กาญจนบุรี

Die Umgebung von Bangkok

Nicht nur die weltberühmte Brücke am Kwai, die Vorlage zu Pierre Boulles Roman und dem gleichnamigen Film, zieht einheimische wie ausländische Touristen in diese Provinzhauptstadt mit 67 000 Einwohnern, die häufig nur Kan oder Kanburi genannt wird. Japanische und alliierte Kriegsveteranen kommen wegen der Kriegsmuseen, Soldatenfriedhöfe und anderen Spuren, die der 2. Weltkrieg hinterlassen hat. Thailändische Familien flüchten am Wochenende aus der Metropole, um in den luxuriösen Resorts flussaufwärts von Kanchanaburi aufzutanken. Traveller schließlich finden hier ausgesprochen preiswerte Gästehäuser und Restaurants sowie vielfältige Möglichkeiten für Touren, die weit günstiger sind als ähnliche Angebote in Touristenhochburgen.

Die Stadt hat viele Gesichter: Rings um den Busbahnhof liegt das planmäßig angelegte neue Geschäftszentrum. Es wird von der vierspurigen Fernstraße, die als Schneise mitten durch die Stadt verläuft, vom alten, chinesisch geprägten, quirligen Kern getrennt. Am Fluss konzentrieren sich die Touristen, südlich der neuen Brücke frequentieren asiatische Reisegruppen die schwimmenden Karaoke-Restaurants, während sich die Farangs in den Gästehäusern weiter nördlich in der ruhigeren, ländlichen Umgebung wohl fühlen. Dazwischen liegen weit verstreut die Sehenswürdigkeiten – die Friedhöfe, die Brücke und die Museen.

Die berühmte **Brücke am Kwae**, besser bekannt als „River Kwai Bridge" bzw. „Brücke am Kwai", liegt 4 km nordwestlich des Busbahnhofs. Sie wird von Zügen überquert, die durch das Tal des Kwae Noi bis zur heutigen Endstation Nam Tok fahren. Sie machen durch lautes Pfeifen auf sich aufmerksam, sodass sich Passanten rechtzeitig in Sicherheit bringen können. Die Bahnlinie über die 1943 errichtete Brücke am Kwae stellte für die Japaner eine strategisch wichtige Verbindung nach Myanmar dar und wurde im Juni 1945, am Ende des Krieges, von amerikanischen Bomben teilweise zerstört, nach dem Krieg jedoch

415 km war die Strecke lang, die die Japaner während des Krieges zur Sicherung des Nachschubs als Verbindung zwischen dem thailändischen und burmesischen Eisenbahnnetz durch die Wildnis treiben ließen. Innerhalb von 17 Monaten, von Juni 1942 bis Oktober 1943, hatten 200 000 asiatische Zwangsarbeiter und 62 000 Kriegsgefangene unter großen Opfern die Trasse durch den Dschungel, die noch immer lakonisch Death Railway genannt wird, fertig gestellt. Zwangsarbeiter aus Thailand, Myanmar, China, Indonesien und Malaysia sowie alliierte Kriegsgefangene lebten und arbeiteten unter unmenschlichen Bedingungen im Dschungel. Allein von den Kriegsgefangenen starben über 12 000 durch Unfälle, Unterernährung und Krankheiten, bei den Zwangsarbeitern waren es sogar über 80 000. Die meisten fielen der noch heute weit verbreiteten Malaria zum Opfer. Die Gleise führten am River Kwae entlang, über den Three Pagodas Pass (Chedi Sam Ong) bis nach Thanbyuzayat in Burma und wurden 21 Monate bis zum Juni 1945 benutzt. Die Briten demontierten später einen Teil der Bahnlinie in Burma und entlang der Grenze. Die restliche Strecke hinter Nam Tok wurde nach dem Krieg von der Eisenbahnbehörde stillgelegt. Heute ist die Grenze nach Burma geschlossen, und der Dschungel hat die Trasse ab Nam Tok überwuchert.

wieder repariert. Die schlichte Stahlträgerkonstruktion sieht ganz und gar nicht so aus wie im Film und Roman beschrieben. Dennoch wird sie von zahllosen Touristen fotografiert. Auf dem von Souvenirständen umgebenen Platz vor der Brücke stehen neben einer Informationstafel eine alte Draisine und zwei historische Lokomotiven.

Von dem privaten **World War II Museum** südlich der Brücke, ✆ 034-512596, ◷ tgl. 8–18 Uhr, 30 Baht, sollte man keine historische Aufarbeitung der Kriegsereignisse erwarten. Die Sammlung reicht von prähistorischen Faustkeilen bis zu Gebrauchsgegenständen aus jüngster Vergangenheit. Neben einer Galerie der Helden Thailands („Unsere Grenzen werden von den Gebeinen Gefallener geschützt.") haben auch die des 2. Weltkriegs, von Stalin bis Einstein, ihren Platz – kurzum: bizarr und voller Fehler!

Wesentlich kleiner, aber angenehmer ist das **JEATH-Kriegsmuseum** (JEATH = die in den Krieg verwickelten Länder: Japan, England, Australien, Amerika, Thailand und Holland) im Wat Chai Chumphon am Mae Klong-Fluss, das Ende der 1970er-Jahre vom damaligen Abt in der rekonstruierten Unterkunftsbaracke eines Kriegsgefangenenlagers eingerichtet wurde. Anhand von Fundstücken, Fotos und anderen Dokumenten vermittelt es einen Eindruck vom Leben der Gefangenen und der asiatischen Zwangsarbeiter, die 1942/43 am Bau der Eisenbahnlinie beteiligt waren. ☉ tgl. 8–18 Uhr, 30 Baht, Fotografierverbot.

Ein Teil der Toten wurde auf den beiden **Soldatenfriedhöfen** *(war cemetery)* beigesetzt. Der größte, auf dem 6982 Soldaten begraben sind, befindet sich etwa 300 m südlich vom Bahnhof. An ihn grenzt ein chinesischer Friedhof. Der zweite, auf dem 1750 Soldaten begraben sind, liegt 2 km südlich der Stadt in **Kao Pun**, am Westufer des Kwae Noi, inmitten einer schönen Landschaft.

Wer an einer guten Aufarbeitung der Geschichte interessiert ist, sollte unbedingt zum Museum am Hellfire Pass fahren (s. S. 234).

Im **Thailand Burma Railway Centre**, ☉ tgl. 9–17 Uhr, ☏ 034-510067, 🖳 www.tbrconline.com, einem informativen, mit ausländischer Hilfe aufwändig erbauten Museum, wird der Bau der Death Railway und der Kriegsverlauf in Asien in vielen Details und durch Videofilme dargestellt. Im Erdgeschoss wird aus der japanischen Expansion im 2. Weltkrieg die Notwendigkeit des Eisenbahnbaus abgeleitet und den Besuchern die mühsamen Bauarbeiten und das Lagerleben vor Augen geführt. Die Ausstellungen im Obergeschoss widmen sich den Angriffen der Alliierten, der Zerstörung der Brücke und der nach Kriegsende erfolgten Repatriierung der Kriegsgefangenen sowie dem Bau der Friedhöfe. Eintritt 60 Baht.

Übernachtung

Kanchanaburi überrascht mit zahlreichen guten, preiswerten Gästehäusern. Die meisten Besitzer vermieten Fahrräder und Motorräder und bieten einen Wäscheservice. Kleine Restaurants sorgen für das leibliche Wohl der Traveller. Samlorfahrer erhalten von einigen Unterkünften eine Provision für neue Gäste, sodass sie nur diese Gästehäuser anfahren und falsche Informationen über die anderen erteilen.

Vor dem Einchecken sollte man in den Häusern am Fluss sichergehen, dass das Wasser im Badezimmer nicht aus dem Fluss gepumpt wird. Zudem machen nahe gelegene Restaurants und auf dem Fluss vor allem am Wochenende vorbeibrausende Ausflugsboote viel Lärm, weshalb in hellhörigen Häusern an Schlaf kaum zu denken ist.

Gästehäuser

Die meisten Gästehäuser konzentrieren sich südlich der berühmten **Brücke**: Die Lage am Fluss mit Blick auf das Wasser ist sehr beruhigend, wären da nicht die Boote, die den ganzen Tag über Touristen zwischen Brücke, Friedhof, Museum und Höhlen hin und her befördern. Auch die ungeklärten Abwässer der Bewohner der schwimmenden Bambusrafts verschmutzen den Fluss. Überwiegend von Prostituierten und ihren Kunden werden einige der so genannten Gästehäuser auf der dem Fluss abgewandten Straßenseite hinter den Bars genutzt.

Bamboo House ①, 5 Soi Vietnam, Maenam Kwae Rd., ☏ 034-624470, 300 m südlich der Brücke, in einem Garten drei hellhörige, einsehbare, „schwimmende" Bambushütten und hübsche Doppelbungalows mit Du/WC und Terrasse, im Haupthaus auch einige Zi mit AC. Kleines Restaurant. ❷–❹

Sugar Cane II ②, 7 Soi Cambodia, ☏ 034-514988, 🖳 www.sugarcaneguesthouse.com, Zi im Reihenhaus nahe dem Fluss mit Fan, AC-Zi in steinernen Bungalows mit Warmwasser-Du/WC und geräumige Hütten mit AC, die leider etwas dicht aneinander stehen. Auch schwimmende AC-Zi mit Warmwasser-Du/WC. Restaurant am Fluss mit schönem Ausblick und Traveller-Food. ❷–❸

Tard Tong ②, vor Sugar Cane II, ☏ 034-624836, lässt Atmosphäre missen. ❸

Camelia Resort ②, 9 Soi Cambodia, ☏ 034-624884, schickes, größeres Resort nahe dem Fluss, das gar nicht in die ansonsten ländliche

Umgebung passt. Oberhalb einer großen Wiese mit Pool stehen 7 dreistöckige Häuser mit jeweils 6 komfortablen AC-Zi mit Balkon. Zudem ein Spa und Restaurant, dessen Speisekarte mit koscheren Gerichten auf Gäste aus Israel abzielt. ❹

Mister Tee Gh. ③, 12 Soi Laos, Maenam Kwae Rd., ✆ 034-624074, 1 km südlich der Brücke. Auf einem ziemlich kahlen Grundstück einstöckige Reihenhäuser mit AC und zweistöckige Bambusreihenhäuser am Fluss, Zi im Erdgeschoss mit und oben ohne Du/WC. Einfaches Restaurant mit Raft. ❷ – ❸

C&C River Kwai Gh. ④, 265/2 Soi England, Maenam Kwae Rd., ✆ 034-624547, ✎ 624548, 100 m von der Straße stehen unter Kokospalmen auf einem weitläufigen Grundstück mit Teichen und vielen Fröschen etwas abgewohnte Häuschen mit Fan und Moskitonetz. Restaurant, Boots- und andere Touren. ❶ – ❷

Der in Ufernähe von Wasserhyazinthen bedeckte Fluss bietet im folgenden Abschnitt einen wunderschönen Anblick.

Blue Star ⑤, 241 Mae Nam Kwae Rd., ✆ 034-512161, ✉ bluestar_guesthouse@yahoo.com, ältere aber saubere, einfache Doppelbungalows und Reihenhaus beiderseits eines kleinen Gartens. Zi mit Fan oder AC, Du/WC und TV, urige, teils 2-stöckige Bungalows mit Veranda auf Stelzen im Fluss. Traveller-Restaurant auf einer Bambusplattform mit Blick in den Garten. Freundliche, hilfsbereite Familie, entspannte Atmosphäre. ❷ – ❹

Sam's House ⑥, 14/2 Moo 1, Maenam Kwae Rd., 🖵 www.samsguesthouse.com, ✆ 034-515956, ✎ 512023, in einem Garten mit vielen Pflanzen und Steinfiguren gruppieren sich einstöckige Reihenhäuser nahe dem Restaurant mit Flussblick. Wenige einfache, kleine Zi und etwas größere mit Fan und Du/WC. Am Fluss komfortable Holzhäuser auf Stelzen mit AC und Du/WC oder Fan. ❶ – ❸

Pong Phen (P. P.) Gh. ⑦, 5 Soi Bangklated, ✆ 034-512981, 🖵 www.pongphen.com, hoch über dem Fluss L-förmig angeordnete Reihenhäuser mit kleinen, hellhörigen, sauberen Zi mit Fan oder AC und Terrasse, die teuren mit AC und Warmwasser, günstige mit Gemeinschafts-Du/WC. Neues 3-stöckiges Haus mit sehr großen, teuren AC-Zi mit Warmwasser-Du/WC und

TV (ohne 50 Baht weniger) für 2–3 Pers. Zudem AC-Bungalows. Zum Fluss hin ein Garten mit vielen Orchideen, eine Terrasse mit Tischen, Stühlen und Liegen. Restaurant, freundliches Personal. ❶ – ❹

Ploy River Kwai ⑧, ✆ 034-515804, 081-8077475, 🖵 www.ploygh.com, geschmackvolle, kleine Anlage im modernen Thai-Stil. Hinter dem Restaurant mit Dachterrasse stehen senkrecht zum Fluss ein 1- und 2-stöckiges Reihenhaus. AC-Zi mit kleinen, privaten Gärten und nicht einsehbarer Warmwasser-Du/WC im Freien, im 1. Stock etwas preiswerter ohne Garten. Einfaches Frühstück inkl. Übers Internet günstiger. ❹

Sugar Cane Gh. ⑩, 22 Soi Pakistan, Maenam Kwae Rd., 🖵 www.sugarcaneguesthouse.com, ✆ 034-624520, einfache größere und kleine Bungalows mit Du/WC, 2 große Rafts mit großen AC-Zi und Warmwasser-Du/WC, Sonnenterrasse. Gutes Essen, vom Restaurant Blick auf den Fluss. ❷ – ❸

Tamarind Gh. ⑩, 29/1 Maenam Kwae Rd., ✆ 034-518790, 089-8377256, auf einem schmalen Grundstück am Fluss in einem 2-stöckigen Reihenhaus 15 Zi mit Warmwasser-Du/WC und Fan oder AC und TV gegenüber dem Restaurant, in dem ein lauter Fernseher läuft. Weitere Zi auf einer Raft. Alles wirkt etwas steril. ❸

Chitanun Gh. ⑪, 47/3 Menam Kwae Rd., ✆ 034-624785, 089-7439223, von der Straße zurückversetzte große, solide 4-Zi-Bungalows mit und ohne AC, Warmwasser-Du/WC und größerer Terrasse sowie Reihenhäuser mit kleineren Zi

---

Beliebte Backpacker-Unterkunft

Jolly Frog Backpacker's ⑫, 28 Soi China, Mae Nam Kwae Rd., ✆ 034-514579, größere Backpacker-Unterkunft unter Leitung der Deutschen Christa und ihres Mannes. 50 einfache, gemütliche Zi mit dicken Matratzen, Fan oder AC mit und ohne Du/WC, die billigsten auf Rafts, andere in zweistöckigen Reihenhäusern in einem netten Garten. Auch Familien-Zi und günstige EZ. Liegewiese mit Liegestühlen und Hängematte, hübscher Flussblick und Badeplattform. Günstige Tagestouren. Restaurant. ❶ – ❸

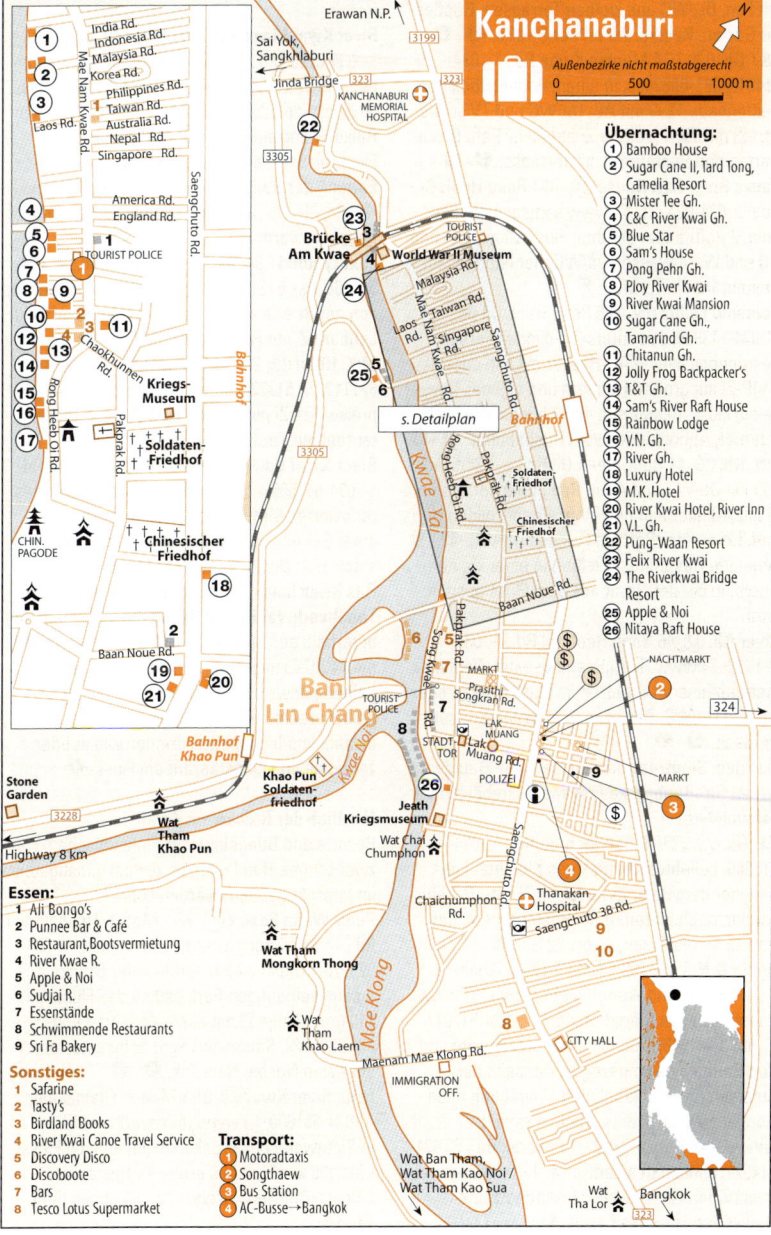

Kanchanaburi

Außenbezirke nicht maßstabgerecht

0   500   1000 m

Erawan N.P.

Sai Yok,
Sangkhlaburi

Jinda Bridge

KANCHANABURI
MEMORIAL
HOSPITAL

India Rd.
Indonesia Rd.
Malaysia Rd.
Korea Rd.
Philippines Rd.
Taiwan Rd.
Australia Rd.
Nepal Rd.
Singapore Rd.
America Rd.
England Rd.

TOURIST POLICE

Chaokhunnen Rd.

Kriegs-
Museum

Pakrok Rd.

Soldaten-
Friedhof

Pong Heeb Oi Rd.

CHIN.
PAGODE

Chinesischer
Friedhof

Baan Noue Rd.

Brücke
Am Kwae

World War II Museum

TOURIST
POLICE

Malaysia Rd.
Mae Nam Kwae
Laos Rd.
Taiwan Rd.
Singapore Rd.

Saengchuto Rd.

Bahnhof

Soldaten-
Friedhof

Chinesischer
Friedhof

Baan Noue Rd.

Ban
Lin Chang

TOURIST
POLICE

Song Kwai Rd.

MARKT

Prasithi
Songkran Rd.

NACHTMARKT

Pakprak Rd.

LAK
MUANG

STADT-
TOR

Lak
Muang Rd.

POLIZEI

MARKT

s. Detailplan

Stone
Garden

Wat
Tham
Khao Pun

Highway 8 km

Bahnhof
Khao Pun

Khao Pun
Soldaten-
friedhof

Jeath
Kriegsmuseum

Wat Chai
Chumphon

Chaichumphon
Rd.

Thanakan
Hospital

Saengchuto 38 Rd.

Wat Tham
Mongkorn Thong

Wat
Tham
Khao Laem

Mae Klong

Maenam Mae Klong Rd.

IMMIGRATION
OFF.

CITY HALL

Wat Ban Tham
Wat Tham Kao Noi /
Wat Tham Kao Sua

Wat
Tha Lor

Bangkok

Übernachtung:
1. Bamboo House
2. Sugar Cane II, Tard Tong, Camelia Resort
3. Mister Tee Gh.
4. C&C River Kwai Gh.
5. Blue Star
6. Sam's House
7. Pong Pehn Gh.
8. Ploy River Kwai
9. River Kwai Mansion
10. Sugar Cane Gh., Tamarind Gh.
11. Chitanun Gh.
12. Jolly Frog Backpacker's
13. T&T Gh.
14. Sam's River Raft House
15. Rainbow Lodge
16. V.N. Gh.
17. River Gh.
18. Luxury Hotel
19. M.K. Hotel
20. River Kwai Hotel, River Inn
21. V.L. Gh.
22. Pung-Waan Resort
23. Felix River Kwai
24. The Riverkwai Bridge Resort
25. Apple & Noi
26. Nitaya Raft House

Essen:
1. Ali Bongo's
2. Punnee Bar & Café
3. Restaurant, Bootsvermietung
4. River Kwae R.
5. Apple & Noi
6. Sudjai R.
7. Essenstände
8. Schwimmende Restaurants
9. Sri Fa Bakery

Sonstiges:
1. Safarine
2. Tasty's
3. Birdland Books
4. River Kwai Canoe Travel Service
5. Discovery Disco
6. Discoboote
7. Bars
8. Tesco Lotus Supermarket

Transport:
1. Motoradtaxis
2. Songthaew
3. Bus Station
4. AC-Busse→Bangkok

mit Fan, Du/WC und kleinen Terrassen. Gepflegter Garten. Restaurant an der Straße. ❷–❹

T&T Gh. ⑬, 1/14 Menam Kwae Rd., ✆ 034-514846, 081-8562400, in einem doppelstöckigen Reihenhaus 12 Zi mit AC, Du/WC und TV sowie Fan-Zi mit TV. 4 weitere Zi auf einer Raft. Großer Garten und Restaurant mit Terrasse. ❶–❸

Sam's River Raft House ⑭, 48/1 Rong Heeb Oil Rd., ✆ 034-624231, 🖳 www.samsguesthouse.com, 2 Rafthäuser auf dem Fluss, Zi mit Fan oder AC und Warmwasser-Du/WC. Rechnungen im Restaurant überprüfen. ❷–❸

Rainbow Lodge ⑮, 48/5 Rong Heeb Oil Rd., ✆ 034-513976, 9 in unterschiedlichen Farben gestrichene, kleine AC-Häuser mit Fan oder AC, 3 VIP-Zi mit großen Fenstern und eigener Terrasse am Fluss. Restaurant mit schönem Ausblick, Internet, Abholservice vom Busbahnhof. ❸–❹

V.N. Gh. ⑯, 44 Rong Heeb Oil Rd., ✆ 034-514082, 4 Zi mit Du/WC und AC in Reihenhäusern, zudem Zi mit AC oder Fan und TV in einem soliden Haus und 3 Zi auf der Raft mit Fan und Du/WC. ❶–❸ Folgende Gästehäuser liegen in einer kleinen Bucht, in die der Unrat aus dem Fluss gespült wird.

River Gh. ⑰, 46 Rong Heeb Oil Rd., ✆ 034-511637, 🖳 www.riverguesthouse.net, Bambusmattenhäuser auf Stelzen im Fluss mit Fan oder AC und Du/WC. Restaurant, Internet, Sonnenterrasse. ❷–❸

Aus dem **Stadtzentrum** sind seit dem Bau der neuen Straßenbrücke fast alle Gästehäuser verschwunden.

V.L. Gh. ㉑, 277/45 Saengchuto Rd., ✆ 034-513546, beliebtes, 3-stöckiges Kleinhotel gegenüber dem River Kwai Hotel, Zi mit AC, sehr sauber, nach hinten ruhig. Restaurant an der Straße, gutes Essen, ⊙ bis 22 Uhr. ❸

Apple & Noi ㉕, 153/4 Moo 4 Thamakham, 🖳 www.applenoi-kanchanaburi.com, 🖳 www.guesthousekanchanaburi.com, ✆ 034-512017, ✆ 081-9484646. Sind mit ihrem Restaurant und den Bungalows umgezogen. Jenseits der Straßenbrücke in ländlicher Umgebung neue Bungalows mit 16 Zi (s. auch „Essen").

Nitaya Raft House ㉖, 27/1 Pakprak Rd., ✆ 034-514521, südlich des Zentrums, 4 Pfahlhäuser auf dem trüben Fluss, Zi mit Moskitonetz und Du/WC, preiswertes Essen. ❷

Hotels

River Kwai Mansion ⑨, 77 River Kwai Rd., ✆ 034-625335-6, 🖳 www.riverkwaimansionhotel.com, ✉ 625313, 6-stöckiger Betonklotz am Fluss, 50 Zi mit Fan oder AC und TV, winziger, über den Balkon zu erreichender Du/WC. Neubau am Fluss mit 9 teuren Luxus-Zi. ❸–❹

Entlang der Hauptstraße gibt es einige billige Hotels, die vor allem von Einheimischen frequentiert werden.

Luxury Hotel ⑱, 284/1 Saengchuto Rd., ✆ 034-511168, Fax 512494, kleines Hotel in einem etwas von der Straße zurückversetzten Neubau. Sehr saubere Zi mit Fan oder AC und TV. ❹

M.K. Hotel ⑲, 277/41 Saengchuto Rd., ✆ 034-621143, ✉ 513233, mehrstöckiger Neubau, preiswerte Zi mit AC und Du/WC, im EG Restaurant mit Karaoke. ❸

River Kwai Hotel ⑳, 284/3-16 Saengchuto Rd., ✆ 034-511565, 🖳 www.riverkwai.co.th, großes, renoviertes Mittelklassehotel in einem Block, guter Service, häufig Sonderangebote mit Frühstück inkl.; Disco, Pool, Spa. ❺–❻ Das **River Inn** nebenan ist ein Stundenhotel.

The Riverkwai Bridge Resort ㉔, 8 Vietnam Rd., unterhalb der Brücke, ✆ 034-514522, ✉ 624395, die 34 AC-Zi in großen, soliden Einzel- und Doppelbungalows sind mit modernen, dunklen Holzmöbeln recht hübsch eingerichtet. Leider fehlt es an Sitzgelegenheiten drinnen wie auf der Terrasse. Edles Restaurant am Fluss. ❹

Nördlich der Brücke am Kwai

Resorts und Bungalows für Einheimische sowie zwei schöne Hotelanlagen, die am günstigsten im Internet gebucht werden können:

Pung-Waan Resort ㉒, 72/1 Moo 2, Thamakham Rd., 🖳 www.pungwaanriverkwai.com, ✆ 034-625270-5. Resort 2 km nördlich der Brücke in einem weitläufigen Park östlich des Flusses. 110 großzügige Zi mit allem Komfort, Landschaftspool, Sauna und Spa. Schwesterresort am Kwae Noi bei Nam Tok. ❺–❻

Felix River Kwai ㉓, 91/1 Moo 3, Thamakham, ✆ 034-551000, 🖳 www.felixriverkwai.co.th, in Sichtweite der Brücke am jenseitigen Flussufer. 255 komfortable, große Zi, Restaurants, 2 Pools. Der Service lässt zu wünschen übrig. ❺–❻

Essen

Den meisten Gästehäusern ist ein kleines Restaurant angegliedert, in dem es Frühstück und Traveller-Food gibt. An der Song Kwae Rd. werden abends **Essenstände** aufgebaut, die ein gutes Angebot bereithalten. Hier kann man preiswert essen, z. B. gegrillte Hähnchenschenkel oder die leckere Reissuppe *choke*. In zahlreichen **schwimmenden Restaurants** im Zentrum und beiderseits der Brücke kann man abends in der Gesellschaft der Reisegruppen essen und bei Sonnenuntergang die tolle Atmosphäre genießen. Die **Essenstände** an der Song Kwae Rd. werden vor allem von Thais besucht.

Apple & Noi, 153/4 Moo 4 Thamakham, ✆ 034-512017, 081-9484646, 🖥 www.applenoi-kanchanaburi.com, 🖥 www.guesthousekanchanaburi.com. Neues, gemütliches Gartenrestaurant jenseits der Brücke am Fluss in ländlicher Umgebung, 500 m von der geschäftigen Straße entfernt. Apple und Noi servieren ordentliche Portionen sehr schmackhafter einheimischer und europäischer Gerichte, großes vegetarisches Angebot, freundlicher Service. Wer mehr über Apples Kochkünste erfahren möchte, kann an einem eintägigen Kochkurs teilnehmen.

Sudjai Restaurant, nebenan, Moo 4 Thamakham, serviert gutes Essen und wird vor allem am Wochenende von Thais besucht.

Jolly Frog Backpacker's, 28 Mae Nam Kwae Rd., großes, gut besuchtes Traveller-Food-Restaurant mit Video. Gutes Frühstück, billiges Bier, selbst gebackenes Brot und preiswerte Thai- und europäische Gerichte, die ein geteiltes Echo finden.

Ali Bongo's, 232 Mae Nam Kwae Rd., ✆ 081-1944858, das einzige indische Restaurant mit Curries, Tandoori-Gerichten und leckerem Nan, auch Vegetarisches für 80–200 Baht. Nach dem Essen kann man in einer Sitzecke gemütlich zu Shakes, Lassi und indischem Tee rauchen (150 Baht) und bei Hindi-Musik entspannen. Das offene, nett eingerichtete Restaurant dient auch als Kunstgalerie. ⏰ tgl. 11.30–23.30 Uhr.

Rings um den **Busbahnhof** bestehen mehrere Möglichkeiten zu essen.

Sri Fa Bakery, die große, sehr gute Bäckerei verkauft sogar richtige Baguettes. Am preiswertesten sind die Essenstände und Nudelläden südlich und westlich des Busbahnhofs – auf Sauberkeit achten! Neben dem Bahnhof findet jeden Abend von 18–22 Uhr ein Nachtmarkt statt.

Sonstiges

Die Uferstraße in der Nähe der Gästehäuser säumen Bars, Wäschereien, Internet-Cafés, Motorrad- und Fahrradvermietungen, Büros der Tourveranstalter, Massage-Angebote und Bars.

Autovermietungen

Viele Mietwagen werden in der Nähe der Gästehäuser angeboten. **Wisut**, Menam Kwae Rd., ✆ 089-8009225.

Einkaufen

Ein **Tesco Lotus Supermarket** erstreckt sich unübersehbar 2,1 km südlich vom Tourist Office, ⏰ tgl. 9–23 Uhr. Secondhand-Bücher kaufen und tauschen einige Bars, das Jolly Frog und **Birdland Books** nahe dem Jolly Frog.

Fahrräder

Sie werden von und in der Nähe von Gästehäusern für 50 Baht pro Tag vermietet, Mountainbikes 80 Baht. Auf der Fähre werden sie kostenlos befördert.

Feste

Ende Nov / Anfang Dez findet das einwöchige **River Kwai Bridge Festival** statt. Höhepunkt ist die bombastische Sound-and-Light-Show über die Geschichte der Brücke, die trotz der vielen Darsteller und dem Feuerwerk wenig fasziniert. Tickets über 🖥 www.thaiticketmaster.com. Zu dieser Zeit fährt sogar der legendäre Eastern & Orient Express nach Kanchanaburi.

Geld

Bangkok Bank an der Saengchuto, Ecke U-Thong Rd., nördlich vom Markt, ✆ 034-511111. **K Bank** an der Haltestelle der Busse nach Bangkok. **Siam Commercial Bank** südlich des River Kwae Hotels, alle mit Geldautomaten.

Kochen in Kanchanaburi

Vergnügliche englischsprachige Tageskurse für 950 Baht von 10.30–15 Uhr bei **Apple & Noi**, ✉ applesguesthouse@hotmail.com, bei denen alle gemeinsam über den Markt streifen, 5 Gerichte kochen und essen. Weitere Kochkurse bei **Tasty's**, neben dem Tamarind Gh.

Immigration

100/22 Mae Klong Rd., ✆ 034-564265, in Pak Praek, 3,5 km Richtung Bangkok, an der City Hall (bis dorthin mit dem Stadtbus) 800 m nach rechts, neues Haus links. Eine Visumverlängerung geht schnell. ⏰ Mo–Fr 8.30–16.30 Uhr.

Informationen

Tourist Office, Saengchuto Rd., ✆ 034-623 691, 512500, 📠 511200, ⏰ tgl. 8.30–16.30 Uhr. Die deutsche Website 🖥 www.kanchanaburi-info.com/de von Edgar König informiert über Sehenswertes in der Stadt und die angrenzenden Provinzen. Ebenso die englischsprachige Site 🖥 www.kanchanaburiguide.com.

Internet

In Kanchanaburi bieten zahlreiche Internet-Cafés für 30–50 Baht pro Std. die Möglichkeit, Mails zu verschicken und zu surfen.

Massagen

Mehrere Läden in der Maenam Kwae Rd. verlangen 200 Baht pro Behandlung.
Suan Nanachaat, ✆ 034-633356, 081-6999052 (Ms. Helen), 🖥 www.suan-nanachaat.com, etwas teurer, aber ein wunderbarer Luxus. Massagen mit einheimischen Produkten in einem schönen Thai-Haus etwas außerhalb. Abholung inklusive.

Medizinische Hilfe

Kanchanaburi Memorial Hospital, am H323, der Hauptstraße, im Norden der Stadt, ✆ 034-624184-93, Songthaew 40 Baht, sehr sauber und freundlich. Englisch sprechende Ärzte, trotzdem sehr preiswert. **Thanakan Hospital** an der Straße nach Bangkok, ✆ 034-622366, ist ebenfalls gut.

Motorräder

In mehreren Gästehäusern und vielen Läden in der Gästehaus-Gegend werden kleinere Maschinen für 150–250 Baht vermietet.

Polizei

Ein Stand der **Tourist Police** nahe der Brücke, der Bus Station und in der Song Kwae Road. Büro nördlich des Zentrums in der Saengchuto Rd., nahe dem Isuzu Building, ✆ 034-512795, ⏰ rund um die Uhr.
Polizeizentrale an der zentralen Kreuzung nahe dem Tourist Office.

Post

Hauptpostamt 1 km südlich vom Tourist Office Richtung Bangkok.

Schwimmen / Tennis

Im **Felix River Kwai Hotel** können auch Nichtgäste für 300 Baht den Pool benutzen. Zudem im **Club House Phruek-Sa-Kann**, 3–4 km nördlich der Brücke hinter der Tankstelle in einem Sportzentrum. Pool 40 Baht, außerdem Tennisplatz für 100 Baht / Std. ⏰ tgl. 10–20 Uhr.

Nahverkehr

Da es weder Taxis noch Tuk Tuks gibt, ist man bei größeren Entfernungen oder bei schwerem Gepäck auf eines der folgenden Transportmittel angewiesen:

Samlor

Die Fahrrad-Rikschas kosten für kurze Strecken mindestens 30 Baht, zu den zentralen Gästehäusern 50 Baht, zur Brücke 80 Baht. Zum Felix besser mit einem Songthaew, ansonsten 200 Baht.

Stadtbusse

Entlang der Hauptstraße verkehren zwischen 6 und 19 Uhr alle 15 Min. orangefarbene Stadtbusse für 8 Baht, die an festen Haltestellen stoppen, z. B. gegenüber der Einmündung der U-Thong Rd. Bus Nr. 2 fährt an der Brücke vorbei. Zu den Gästehäusern bis zum Friedhof mitfahren und dann laufen.

Songthaew

Innerhalb des Stadtgebietes kostet eine Strecke zu chartern 50 Baht. Eine Kleingruppe kann mit einem Songthaew für max. 100 Baht zur Brücke fahren.

Motorradtaxis

Im Stadtgebiet 20–30 Baht, vom Tourist Office zur Brücke 60 Baht.

Touren

Etwa 20 Veranstalter unterbieten sich mit preiswerten Tagestouren zur Brücke, den Höhlen und in die nähere Umgebung. Zudem werden Bahn- und Bootsausflüge, Trekkingtouren mit Elefantenreiten und Bambus-Rafting-Trips angeboten, teilweise alles an einem Tag, sodass zwischen den Fahrten kaum Zeit bleibt, die schöne Natur zu erleben. Nach der Erhöhung der Eintrittspreise für die Nationalparks wurden einige Ziele wie der Tham Than Lot National Park und die Saphirminen kaum noch angeboten. Einfache Tagestouren kosten um 600 Baht, 2-Tages-Touren mit Elefanten und Rafting um 2000 Baht.

A.S. Mixed Travel, 034-512017, 514958, www.applenoi-kanchanaburi.com, Tagestouren mit guter Betreuung.

R.S.P. Jumbo Travel Center, 3/13 Chaokhunnen Rd., www.jumboriverkwai.com, 034-514906, 512280; bis zu 3-tägige Trekkingtour mit Elefantenritt, Bootsfahrt, Rafting, Schwimmen, Jeepfahrten, Besuch einer Höhle und von Wasserfällen.

Good Times Travel, 63/1 Mae Nam Kwae Rd., 034-624441, www.good-times-travel.com, günstige Preise und gute Betreuung.

Toi's Tours, 45/3 Rong Heeb Oil Rd., 034-514209, Touren in Englisch und Französisch.

Bootstouren

Hinter den schwimmenden Restaurants und an der Eisenbahnbrücke werden Boote vermietet. Sie lohnen sich für eine Stadtrundfahrt auf dem Kwae Noi, dem Kwae Yai und flussabwärts auf dem Mae Klong (= Zusammenfluss von Kwae Yai und Kwae Noi). Eine zweistündige Tour ab der Brücke zur Höhle, dem Friedhof und Museum

Hinweis zu den Nationalparks

Der **Nationalpark-Eintritt** von 400 Baht ist für die 7 Parks in der Kanchanaburi-Region beim Besuch mehrerer Parks nur einmal täglich zu entrichten.

kostet etwa 500 Baht pro Boot, eine einstündige Rundfahrt 200 Baht, kurze Touren 150 Baht.

Kanutouren

Folgende Veranstalter organisieren Tagestouren auf dem Kwae Yai und Kwae Noi in Stadtnähe inkl. Ausrüstung, Boote, Mittagessen, Guides und Transfer.

Safarine, 4 Taiwan Rd., 034-624140, www.safarine.com, Mo–Sa 8–17 Uhr.

River Kwai Canoe Travel Services, 13 Mae Nam Kwae Rd., 034-512346, 087-0019137, riverkwaicanoe@yahoo.com, ein ehemaliger Mitarbeiter von Safarine organisiert ähnliche Touren.

Die kürzesten Touren gehen in 1 1/2 Std. von der Jinda zur River Kwae Bridge und kosten 300 Baht p. P., 3 Std. ab Nongbua Bridge 350 Baht, Tagestouren inkl. Besuch eines Elefantencamps oder Nationalparks ab 1000 Baht. Individuelle und mehrtägige Touren ab 2 Pers. um 1500 Baht pro Tag.

Rafting

Kurze Rafting-Trips sind Bestandteil vieler Touren und werden von Elefantencamps in Verbindung mit Ausritten auf Elefanten organisiert. Das Rafting mit großen Bambusflößen auf dem Mae Klong hat an Beliebtheit eingebüßt. Vor allem durch die Staudämme hat sich die Wasserqualität verschlechtert, sodass ein Bad im Fluss nicht immer empfehlenswert ist.

Transport

Ankommende Touristen werden von Samlor-Fahrern abgepasst, die nachher von den Gästehäusern eine Provision verlangen und daher nicht jedes gewünschte Gästehaus gern anfahren.

Die Umgebung von Bangkok

Busse

In Kanchanaburi halten die Busse an der Bus Station nördlich vom Tourist Office. Busse Richtung Norden stoppen auf Wunsch an der Hauptstraße zur Brücke. Busse nach Nordwesten kann man am Friedhof anhalten.

Von BANGKOK (Southern Bus Terminal), 149 km, 2.-Kl.-AC-Bus 81 alle 20 Min. von 5–18 Uhr für 84 / 88 Baht in 3 Std., 1. Kl. AC-Bus alle 20 Min. 5–22 Uhr für 99 / 106 Baht in 2 1/2 Std., zurück bis 20 Uhr. Backpacker-Minibusse in die Khaosan Rd. gegen 13 Uhr für 120–150 Baht. Sie sind nicht immer zuverlässig, daher besser den AC-Bus nehmen.

Nach NAKHON PATHOM mit dem Bangkok-Bus für 55 Baht in 2 Std. Von dort weiter nach DAMNOEN SADUAK (Floating Market). Schneller über BANG PHAE, gelber Bus 461 alle 15 Min. für 35 Baht.

RATCHABURI 2. Kl. AC-Bus 41 von 5–18 Uhr etwa alle 15 Min. für 54 Baht in 2 Std. Von dort weiter nach Süden.

AYUTTHAYA non-AC-Bus bis SUPHANBURI alle 20 Min. bis 18.10 Uhr für 45 Baht in 1 1/2 Std. Von dort nach Ayutthaya Bus 703 für 50 Baht in 1 1/2 Std. Backpackerbus um 13.30 Uhr für 350 Baht in 2 1/2 Std.

In die Umgebung:

BO PHLOI, 50 km, Bus 325 alle 25 Min. bis 18.30 Uhr in 1 Std. für 30 Baht, weiter zum THAM THAN LOT NATIONAL PARK (Ban Nong Pru) für 45 Baht in 2 Std.

ERAWAN NATIONAL PARK, 65 km, Bus 8170 alle 50 Min. bis 17.20 Uhr (zurück bis 16 Uhr) in 1 1/2 Std. für 40 Baht.

SAI YOK YAI, 104 km, Bus 8203 alle 30 Min. bis 18.30 Uhr (zurück bis 16.30 Uhr) in 2 Std. für 48 Baht. Weiter nach THONG PHA PHUM, 147 km, in 3 Std. für 70 Baht.

SANGKHLABURI, 220 km, von der Haltestelle hinter der Bus Station non-ac Bus um 6, 8.40, 10.20 und 12 Uhr in 5 Std. für 100 Baht, zurück um 6.45, 8.15, 10.15 und 13.15 Uhr. AC-Minibus oder VIP-24-Bus etwa stdl. bis 16.30 Uhr in 3 1/2 Std. für 146 / 180 Baht; zurück bis 15.30 Uhr.

Eisenbahn

Fahrplan s. S. 782/783. Beliebt ist die gemächliche Fahrt mit dem Zug nach Nam Tok, die für Touristen unabhängig von der Strecke 100 Baht kostet. An den Vormittagszug wird ein Touristenwaggon angehängt, in dem weitere 200 Baht für Essen und Getränke gezahlt werden müssen. Einheimische bezahlen vom Bahnhof in THONBURI nach Kanchanaburi 28 Baht und NAM TOK 39 Baht. Allerdings dauert der interessanteste Teil der Fahrt über das Wang Po-Viadukt kurz vor Nam Tok nur wenige Minuten, die restliche Zeit geht es durch eine eher eintönige Landschaft. An der Brücke wird ein kurzer Stopp eingelegt. In der Hochsaison sind die Züge manchmal so überfüllt, dass man nichts sieht. Ein gelber Zug fährt manchmal nur für Touristen über die Brücke für 20 Baht, ein weiterer über das Viadukt für 50 Baht. Weitere Infos unter ☎ 02-620699-700 oder am Bahnhof in Kanchanaburi, ☎ 034-511285. Richtung Süden steigt man am besten in NAKHON PATHOM um. Plätze im Schlafwagen Richtung Süden frühzeitig reservieren.

Selbstfahrer

Richtung Süden: Siehe Ratchaburi.
Richtung Osten: Siehe Ayutthaya.

Die Umgebung von Kanchanaburi

Folgende Touren verlaufen überwiegend auf Straßen mit befestigten Seitenstreifen und sind gut mit dem Zweirad zu fahren. Mit Fahrrädern sind die Touren zwar machbar, aber wegen der Hitze sehr anstrengend. Besser eignen sich Motorräder. Die Strecke auf dem H3228 nördlich des Kwae Noi: Kanchanaburi – Kao Pun (Friedhof) – Wat Tham Kao Pun – Stone Garden und zurück beträgt ca. 22 km, die Tour zwischen Kwae Noi und Mae Klong: Kanchanaburi – Wat Tham Mongkorn Thong – Wat Ban Tham – Kao Noi – Tham Sua – Kanchanaburi ist ca. 38 km lang. Frauen sollten aus Gründen der Sicherheit nicht alleine fahren. Während der Zuckerrohrernte im Dez / Jan können voll beladene Lkw vor allem Radfahrern gefährlich werden.

Wat Tham Kao Pun

Die Tempelanlage liegt auf einem Berg am KM 55,8 des wenig befahrenen H3228 etwa 4 km südwestlich von Kanchanaburi hinter dem Friedhof. In einigen der sechs Kammern der **Kao Pun-Höhle** versammelt sich ein Kaleidoskop von brahmanischen, chinesischen und buddhistischen Gottheiten, Heiligen und Buddha-Statuen sowie viele Rinder, Hirsche und anderes Viehzeug. Trotz elektrischer Beleuchtung ist eine Taschenlampe empfehlenswert. Vom Hügel vor dem Tempel schaut ein riesiger Buddha auf den Fluss und die dahinter liegende Bergwelt herab. Man erreicht ihn, wenn man gegenüber vom Höhleneingang am kleinen chinesischen Pavillon vorbei eine kleine Anhöhe hinaufgeht.

Stone Garden (Somdechphrasrinaka)

Der Steingarten am KM 51,1 des H3228 ist kaum mehr als ein netter Picknickstopp auf einer Fahrradtour, etwa 9 km südwestlich von Kanchanaburi. 3 km vom Eingangstor des Parks kommt man hinten links zu einem sehr lichten Hain mit Tausenden urig geformter Steine, zwischen die Pflanzen gesetzt wurden.

Wat Tham Mongkorn Thong

Diese Tempelanlage liegt 9 km außerhalb der Stadt an einem Kalkfelsen. 3,4 km südlich des Tourist Office zweigt man vom H323 Richtung Bangkok hinter der großen Klinik nach rechts auf eine breite Straße ab und überquert nach 1 km auf einer Brücke den Fluss. Links geht es zum Wat Tham Kao Noi und Wat Tham Sua (s. u.). Weiter geradeaus liegt nach 2 km 500 m links der Straße der kleine, ruhige Höhlentempel **Khao Laem**. Fährt man weiter geradeaus, taucht links hinter einer Schule das weiße Eingangstor zum **Wat Tham Mongkorn Thong** auf. 700 m hinter diesem Tor erhebt sich die Tempelanlage zum Teil auf einem Berg. In einem kleinen überdachten Pool am Fuß des Berges zeigt eine Nachfolgerin der bekannten, verstorbenen *floating nun* gegen eine Spende von 200 Baht (ab 10 Pers. 20 Baht p. P.) ihre Fähigkeit, meditierend auf dem Wasser zu schweben.

Eine steile Treppe führt zum Höhlentempel hinauf, von dessen Eingang aus sich ein schöner Ausblick bietet. Gegen eine Spende für die Beleuchtung der Höhle kann man durch die teils enge, niedrige Höhlenpassage klettern. Am Ende führt eine Leiter ins Freie und zu einem weiteren

kleinen Heiligtum hinter der Haupthöhle. Zurück geht es dann auf dem einfacheren Weg durch einen Bambushain hinab zum Kloster mit vielen Tieren rechts vom Eingang zum Höhlentempel.

Die Straße verläuft weiter am Fluss entlang an mehreren Ausflugsrestaurants vorbei zum H3209, der nicht nach Kanchanaburi führt. Vom Wat Tham Mongkorn Thong geht es daher zurück bis zur großen Brücke. Vor der Brücke zweigt eine schmale, teilweise von Schlaglöchern übersäte Straße Richtung Südosten ab und führt 5,5 km parallel zum Fluss an Steinbrüchen, chinesischen Friedhöfen (nach 3 km) und mehreren Tempeln vorbei.

Wat Ban Tham

Bemerkenswert ist der Höhlentempel Wat Ban Tham nach 5,8 km. Nach 115 Stufen ist der Eingang durch das 3 m hohe Maul eines riesigen Drachen erreicht, der sich den Berg hinabzuschlängeln scheint. Nach weiteren 40 Stufen durch seinen „Körper" erstreckt sich eine halb offene, natürlich erleuchtete Haupthöhle mit einer großen Buddhastatue und der Statue einer Frau, die als Mrs. Bua Khlee bekannt ist und als wundertätig angesehen wird. Körbe voller Spielzeug und Kleidung sollen sie günstig stimmen. Steigt man die Wendeltreppe am Höhleneingang weiter hinauf, gelangt man durch einen Bambushain zu einer hübschen Tropfsteinhöhle und nach einer halbstündigen Wanderung zum Gipfel.

Wat Tham Kao Noi / Wat Tham Sua

Nach weiteren 2 km auf der Uferstraße überquert man einen Kanal und erblickt bereits in der Ferne die roten und goldenen, mehrfach gestaffelten Tempeldächer des Bot im modernen, dekorativen Thai-Stil. Eine überdimensionale Buddhafigur blickt auf das Land hinab. Es geht 2 km weiter zum Teil am Fluss entlang und durch das Dorf bis zu einem schmalen Zufahrtsweg, der nach 500 m am großen Parkplatz am Fuß der beiden Tempel **Wat Tham Kao Noi** und **Wat Tham Sua** endet. Alternative Anreise: Vom H323 Richtung Bangkok in Tha Muang am KM 115,5 rechts abbiegen und hinter einer Brücke nach 1,3 km rechts über den Damm und nach weiteren 3 km nochmals nach rechts weitere 2,5 km auf einer schmalen Landstraße und durch ein Dorf zum Tempel.

Die beiden großen buddhistischen Tempel liegen auf zwei Hügeln und sind nur separat zugänglich. Von den kleinen Tempeln am Fuße des Berges führt eine steile, dreigeteilte Treppe über 158 Stufen schnurgerade zum Thai-Tempel hinauf, oder man kann für 15 Baht die kleine Seilbahn in Betrieb setzen lassen. Auf halber Höhe zum Thai-Tempel befindet sich rechts der Treppe ein kleiner Höhlentempel, dessen Eingang jedoch meist verschlossen ist. Von oben eröffnet sich ein fantastischer Ausblick über die Reisfelder und die Flusslandschaft. Neben dem Bot und gigantischen Buddha des Thai-Tempels erhebt sich ein riesiger, brauner Chedi. In den Fensternischen stehen zahlreiche Buddhastatuen. Der südliche taoistische Tempel ist ganz im chinesischen Stil gehalten und wird ständig erweitert. Löwen bewachen das mit chinesischen Schriftzeichen verzierte Eingangstor, dahinter begrüßt ein lächelnder chinesischer Buddha die Besucher. Die Dächer sind mit rot glänzenden Ziegeln gedeckt und die kahlen Betonwände an vielen Stellen mit Mosaiken geschmückt. Treppenaufgänge führen durch die Anlage hinauf zur runden, siebenstöckigen Pagode, deren Innenwände mit Hunderten von Votivtafeln bedeckt sind.

Ban Nong Khao

11 km nordöstlich der Stadt am H324 nach U-Thong werden von einigen Dorfbewohnern von Ban Nong Khao Baumwollstoffe mit traditionellen Mustern gewebt und verkauft. Andere haben sich auf die Produktion von Schmuck aus Halbedelsteinen spezialisiert und verarbeiten auch Saphire und Onyxe aus Bo Phloi.

Von Kanchanaburi zum Sai Yok National Park

Mit einem eigenen Fahrzeug bieten sich mehrere Möglichkeiten für interessante Abstecher vom breit ausgebauten H323. Mehrere Abzweigungen, die von öffentlichen Verkehrsmitteln nicht befahren werden, führen nach Süden Richtung Kwae Noi-Fluss. Am H3305, der am KM 2 hinter der Brücke links zum H3305 hinab führt, liegen verschiedene Resorts, die vor allem von Thai-Familien bewohnt werden.

Ban Kao

Auf dem H3229, 18 km von Kanchanaburi am KM 0 des H323 nach links, erreicht man nach insgesamt 34 km Ban Kao. Etwas schöner, aber länger ist die Strecke über den H3228 vorbei am Wat Khao Pun und Dan Makham Tia. Auf diese biegt man vom H323 bereits hinter der Bahnlinie links auf den H3228 ab. Die 1 km lange Abzweigung zum lohnenswerten **Ban Kao National Museum am** Fluss ist ausgeschildert. Hierher verirrt sich nur selten ein Tourist. Ein holländischer Archäologe hatte als Kriegsgefangener einige bedeutsame Funde gemacht, die er allerdings bis zum Ende des Krieges geheim hielt. Weitere Ausgrabungen förderten menschliche Skelette, Tonscherben und andere Gegenstände zu Tage, die beweisen, dass dieses Gebiet schon vor über 5000 Jahren besiedelt war. Das Museum zeigt Ausgrabungen von 44 menschlichen Skeletten, Waffen, Werkzeugen, Schmuck, Keramiken und vielen Grabbeigaben, den Fundorten in der Nähe und in entfernteren Höhlen, die u. a. den Jägern und Sammlern der steinzeitlichen Hoabinhian-Kultur (1000–400 v. Chr.) als Wohnung dienten. Interessant sind auch der Kopf einer Brahma-Statue und andere Funde aus Muang Sing, die nur auf Thai beschriftet sind. ☉ tgl. außer feiertags 9–16 Uhr, 30 Baht.

Muang Sing

6,5 km weiter auf dem H3228 am Fluss entlang Richtung Nordwesten zweigt 500 m hinter dem Bahnhof Tha Kilen der Weg zu den verwitterten **Khmer-Ruinen** der „Löwenstadt" Muang Sing ab. In einer Flussschleife ließ im 13. Jh. ein Nachfahre des Khmer-Königs Yayavaraman VII. zu Ehren seines Vaters in dieser rechteckigen Befestigungsanlage eine bedeutende Bodhisattva-Statue aufstellen. Der Wassergraben und die 880 m langen Befestigungsmauern sind noch zu erkennen. Mit riesigen Steinen gepflasterte Wege führen durch vier hohe Eingangstore zum zentralen Prang, der ebenso wie die anderen Gebäude aus Lateritgestein errichtet wurde. Bei Ausgrabungsarbeiten wurden Buddha- und Bodhisattva-Skulpturen, Keramiken und andere Kunstwerke im Lopburi-Stil sowie prähistorische Gräber mit Beigaben freigelegt, die teilweise in einem kleinen Museum rechts des Prangs ausgestellt sind,

Seit Bilder des Abtes Phra Acharn Phoosit Khanthidaro und seiner Mönche mit ihren Tigern auch in der europäischen Presse zu sehen waren, ist der Tempel ein begehrtes Ziel. Viele Veranstalter bieten Ausflüge für 100–120 Baht plus 300 Baht Eintritt p. P. für den Tempel an sowie Kombi-Touren in Verbindung mit dem Besuch des Sai Yok National Parks. Vom H323, 40 km nordwestlich von Kanchanaburi, weist an KM 21 rechts ein Schild (nur aus Richtung Kanchanaburi kommend zu sehen!) auf die 3 km lange unbefestigte Abzweigung zum Tempel hin.

Das Feedback ist extrem widersprüchlich und reicht von totaler Begeisterung bis Ablehnung. Besucher müssen eine Haftungsausschlusser-klärung unterschreiben, sodass sie bei einem Unfall keine Ansprüche an den Tempel geltend machen können. Die Tiger werden zwischen 15 und 17 Uhr von Mönchen und freiwilligen Helfern in eine Schlucht geführt. Bis zu 100 Besucher können sich gegen eine weitere Spende mit ihnen fotografieren lassen. Zeitweise werden einige Tiger von der Leine befreit und toben im hinteren Bereich der Schlucht im Wasser herum. Wer sie fotografieren will, braucht ein gutes Teleobjektiv. ☽ tgl. 13–17 Uhr, ☎ 034-531557, 🖳 www.tigertemple.org.

Der Kommerzialisierung sind keine Grenzen gesetzt, und so können als Souvenirs sogar Tiger-zähne erworben werden.

allerdings meist als Kopien. Schilder weisen den Weg zur prähistorischen Ausgrabungsstätte am Flussufer, einem Begräbnisplatz mit freigelegten Skeletten.

☽ tgl. 8–16.30 Uhr, Eintritt zu dieser gepflegten, unspektakulären Anlage 40 Baht, Autos 50 Baht, Motorräder 20 Baht und Fahrräder 10 Baht. Vom H3228 gelangt man über den nördlich der Ruinenstadt rechts abzweigenden H3455 nach 6 km zurück zur Hauptstraße am KM 15,6. Von der Bahnstation Ban Tha Kilen sind es 1,4 km zu Fuß bis zum Eingang.

Sai Yok

Am KM 29,2 geht es auf einer kurvenreichen Strecke 5 km steil in den Ort hinab und 1 km südlich des winzigen Bahnhofs hinter dem Verwaltungsgebäude rechts über eine Brücke. 1 km weiter im **Sai Yok Elephant Park** am Fluss leben 20 Elefanten, auf denen Besucher reiten können. ☽ tgl. 8–16.30 Uhr, ☎ 034-591255, 081-8789979.

Bong Ti

Über den Bong Ti und Three Pagoda Pass im schwer zugänglichen Tenasserim-Gebirge zogen in der Ayutthaya-Periode die Heere der miteinander verfeindeten Nachbarländer Myanmar und Siam in den Kampf. Noch ist der Grenzübergang geschlossen. Die 28 km lange Fahrt von Sai Yok in den Grenzort Bong Ti führt durch Bambuswälder, Obstplantagen, Gemüsefelder und vereinzelte Karen-Dörfer. Das **Karen Cultural Centre** in Bong Ti leidet sichtlich unter Besuchermangel. Oberhalb der Straße werden handgewebte Baumwollstoffe und Holzarbeiten aus Myanmar verkauft.

Wang Po-Viadukt (Tham Krasae)

Kurz vor Nam Tok führt die *Death Railway* auf einer zum Teil abenteuerlichen Strecke von 500 m zwischen steilen Felsen und dem Fluss entlang. Höhepunkt der Eisenbahnfahrt ist die Überquerung des Wang Po-Viadukts, einer Holzbrücke, die sich eng an die steilen Felswände schmiegt und über die die Bahn im Schritttempo fährt. Kaum vorstellbar, unter welchen unsäglichen Anstrengungen dieser Streckenabschnitt von Kriegsgefangenen mit einfachsten Werkzeugen erbaut wurde. Wer am Viadukt an der Haltestelle Tham Krasae aussteigt, kann über die Holzbrücke laufen und die tolle Aussicht genießen, die sich vor allem von der kleinen **Krasae-Höhle** in der Felswand bietet, in der ein großer Buddha steht.

In den Restaurants kann man sich bis zur Ankunft des Zuges stärken. Mit dem eigenen Fahrzeug geht es von Sai Yok über die Brücke und dann nach links.

Die Umgebung von Bangkok

Nam Tok

Die Endstation der Eisenbahnlinie, 77 Bahn- und 58 Straßenkilometer von Kanchanaburi, hat als Versorgungszentrum der Dorfbewohner im Hinterland an Bedeutung eingebüßt. Viele Holzhäuser sind unbewohnt, und selbst der Markt und die kleinen Läden haben wenig zu bieten. Der verschlafene Ort erwacht nur zum Leben, wenn der Touristenzug einfährt und Guides, Händler, Busse, Taxis und Elefanten mit ihren Mahouts zum Bahnhof strömen.

Von Nam Tok führt ein beliebter Ausflug zum **Sai Yok Noi-Wasserfall**. Man läuft die Gleise entlang vorbei an einer **alten Lokomotive**, die von den Japanern im 2. Weltkrieg für Truppentransporte in Thailand gebaut und bis 1976 im Passagierverkehr genutzt wurde. Am H323 geht es von der Polizeistation 800 m Richtung Norden. Am großen Parkplatz verkaufen mehrere Stände gesalzene Tamarinde, die hier besonders gut sein soll, und andere Snacks. Der am Wochenende gut besuchte Wasserfall am eingefassten Pool (Baden verboten!) ist nur während der Regenzeit (Juni–Okt) wirklich schön. Wer der Ausschilderung zur „Water Source" folgt, kommt nach 900 m zu einer **Quelle** an einem Felsen, aus dem kristallklares Wasser sprudelt. In den von hohen Bäumen, Picknickplätzen und einem Getränkestand umgebenen Strudellöchern kann man herumwaten und sich abkühlen. Oberhalb der Quelle am Headquarter beginnt ein 1350 m langer Nature Trail durch ein kleines Tal zur großen **Badan Cave** (auch *Wang Ba Dahl).* Parkranger kassieren am Beginn des Fußpfads manchmal 50 Baht Eintritt und führen Besucher mit einer starken Lampe durch die Höhle. An steilen Stellen sind Bambusleitern angebracht, die sehr schlüpfrig sind, an anderen Stellen muss man sich durch enge Passagen zwängen. Vor allem während der Regenzeit sind die Wände sehr feucht. Auf alle Fälle sind feste Schuhe mit gutem Profil und alte Kleidung angeraten.

Vom **Pak Saeng Pier**, 2 km südwestlich vom Bahnhof, am KM 44,5, werden Boote für eine 2-stündige Tour zu den größten Tropfsteinhöhlen in dieser Gegend, den **Lawa-Höhlen**, für 900–1000 Baht hin und zurück vermietet. Sie sind auch auf der Straße zu erreichen. Der Weg über den 16 km langen H6037 jenseits des Flusses ist ausgeschil-

dert. Es geht beim Pak Seng Pier über eine Brücke und nach 1,5 km nach rechts, vorbei am **Somnuk Elephant Camp**, ☏ 034-565131. Eintritt wegen der Lage der Höhlen im Nationalpark 400 Baht. Trotzdem eine lohnende Tour, vor allem am frühen Morgen, wenn noch keine Reisegruppen unterwegs sind. Vom Pier sind es 200 m bis zur Treppe, auf der es 140 Stufen hinauf zur 485 m langen Höhle geht. Essen und Getränke gibt es im nahen Resotel.

Cola Hotel, 241 Moo 3, Tha Sao, ☏ 034-634380, einfaches Hotel an der lauten Hauptstraße für Notfälle. Zi mit Fan oder AC. **❷**
Sai Yok Noi Blue Mountain Resort, 3/2 Moo 3, Tha Sao, ☏ 034-565123, die Alternative hält nicht, was der Name suggeriert. AC-Zi in 4-stöckigem Block sowie Bungalows dahinter. **❸**
Pai Kiau Raft, am Pak Seng Pier: ☏ 034-634172, 07-9219228, einfache Unterkünfte auf Flößen mit Fan oder AC. **❸**

Weiter nördlich

River Kwai Village Hotel, ☏ 034-9184562-3, 634454, ✆ 8805206, Zufahrt am KM 54. 69 km nördlich von Kanchanaburi, komfortables Resort für westliche Reisegruppen, auch Einzelreisende sind willkommen. 190 große AC-Zi im 3-stöckigen Haupthaus mit Balkon, in Bungalows am Fluss und auf Rafts. Restaurant, Pool. Zu erreichen über die Straße. Touren ab Bangkok, Buchungen unter ☏ 02-2517552, ✆ 2552350. **❺**
Kitti Raft House, ☏ 034-516130, nahe dem River Kwae Village Hotel. 14 Zi mit AC und Du/WC. Vom schwimmenden Restaurant am Pak Saeng Pier fahren kostenlos Boote in 20 Min. **❹**
River Kwai Resotel, in Bangkok ☏ 02-6425497, 🖳 www.riverkwairesotel.com, kurz vor den Lawa-Höhlen am Hang, 40 Min. vom Pak Seng Pier, Boot 900–1000 Baht, Gäste werden kostenlos von einem eigenen Pier weiter nördlich, 5 Min. vom Resort, abgeholt. Einzel- und Doppel-Bungalows, 81 Zi mit AC, TV, Du und separatem WC. Hübscher Pool, Restaurant mit abgemilderten, leckeren Thai-Gerichten, Frühstück inkl. Boots- und Kanutouren zum Schwesterresort River Kwae Jungle Raft. Der

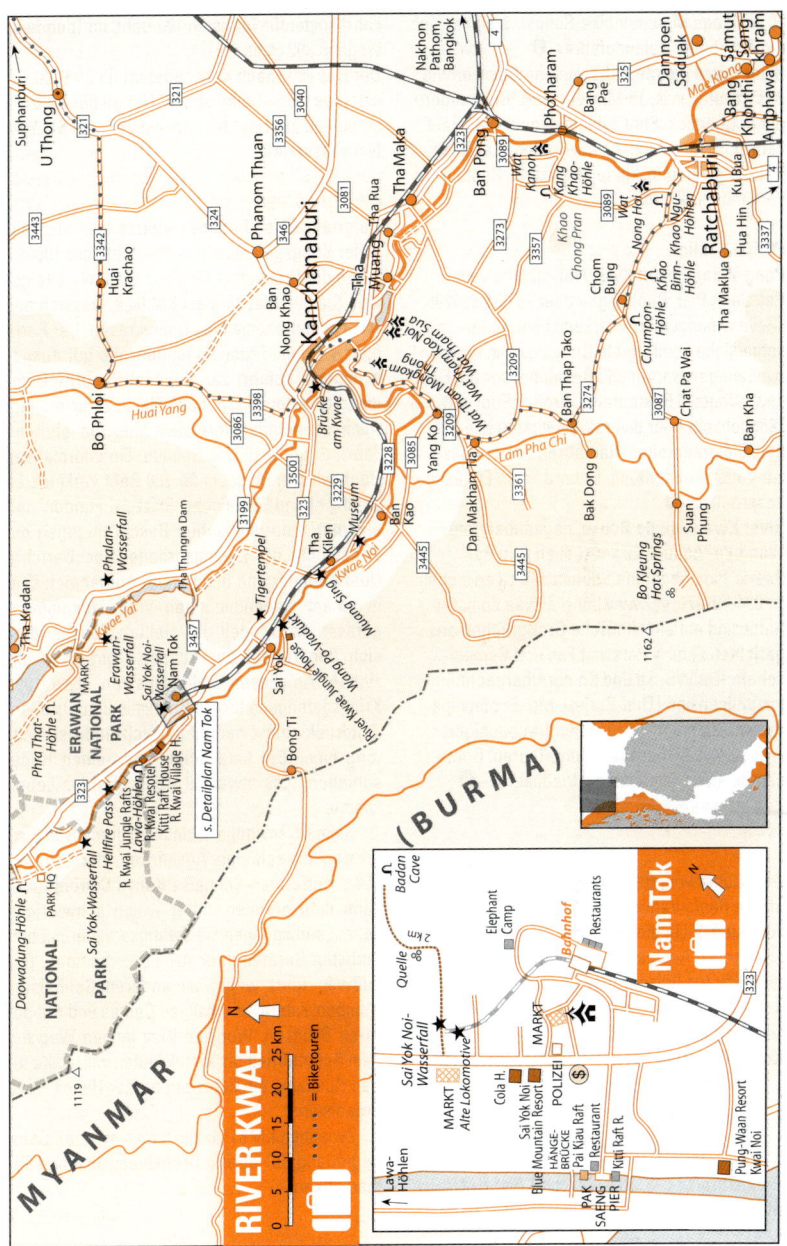

Die Umgebung von Bangkok

RIVER KWAE

N

0 5 10 15 20 25 km

▪▪▪ = Biketouren

Nam Tok

N

Von Kanchanaburi zum Sai Yok National Park   233

20 km lange Mountainbike-Rundkurs eignet sich nur für geübte Geländefahrer. ❺

River Kwae Jungle Rafts, gleiche Besitzer wie das Resotel. s. o., 10 Min. von dort. Buchungen nur in Bangkok. Sehr ruhig gelegene Rafts auf dem Fluss hinter den Lawa-Höhlen, 100 Zi mit Petroleumlampen, keine Elektrizität, Restaurant vorhanden. ❹–❺

Weiter südlich

Pung-Waan Resort Kwai Noi, südlich vom Pak Seng Pier, Buchungen über ☎ 034-634295, 🖳 www.pungwaan-riverkwai.com. Unterschiedliche komfortable Bungalows in einem weitläufigen Garten und Reihenhäuser am Fluss sowie Rafts, 3 Restaurants, großer Pool und Möglichkeiten für diverse Aktivitäten wie Rafting, Elefantenreiten, Radfahren und vor allem zur Vogelbeobachtung. Es wird kaum Englisch gesprochen. ❺

River Kwae Jungle House, gegenüber dem Wang Po-Viadukt, 20 km südlich vom Pak Saeng-Pier, über eine Stichstraße zu erreichen. ☎ 034-591071, 🖳 www.banrimkwae.com. Die Rafts sind auf einheimische Großgruppen ausgerichtet. Zi für 4 Pers. mit Fan und Gemeinschafts-Du/WC. Sa und So nur Übernachtung mit Vollpension (Thai-Buffet). Mo–Fr günstige Preise. Zudem AC-Zi in einem Neubaublock, Frühstück inkl. Aktivitäten und Touren. Bootsshuttle ab Bahnstation am Viadukt. ❸–❺

Essen und Sonstiges

Gegenüber vom Bahnhof in Nam Tok sorgen offene Restaurants für das leibliche Wohl der Touristen. Viele einheimische Gäste und günstige Preise. Auch am Pier gibt es einige Restaurants, wo Reisegruppen essen (müssen). Ansonsten ist die Auswahl außerhalb der Resorts sehr begrenzt.

Krung Thai Bank in Nam Tok am Highway mit Geldautomat.

Transport

Bahnfahrplan s. S. 782/783. Von KANCHANABURI brauchen die Züge bis Nam Tok 2 Std. Die Fahrt kostet für Touristen 100 Baht, im Touristenwaggon 300 Baht.

Der Bus 8203 nach Kanchanaburi für 35 Baht hält jede halbe Stunde bis 17 Uhr an der Polizeistation an der Hauptstraße und vor dem Sai Yok Noi-Wasserfall.

Hellfire Pass

Aufgrund einer Initiative ehemaliger australischer Kriegsgefangener wurde Mitte der 1980er-Jahre der Grundstein für diese Gedenkstätte gelegt. Sie befindet sich am KM 64,8, westlich des H323 an der ehemaligen Bahnstrecke. Der Parkplatz vor dem Museum ist über die gut ausgeschilderte Zufahrt zur National Security Command Livestock Farm nach 500 m zu erreichen. Allein schon das informative **Museum** lohnt die Fahrt, 🕑 tgl. 9–16 Uhr, Spende. Ein informatives Buch wird im Museum für 200 Baht verkauft. Es stellt anhand von Fotos, Skizzen, Funden und ausführlichen englischen Beschreibungen die Geschichte der Zwangsarbeiter dar. Berichte Überlebender und historische Aufnahmen sind in einem siebenminütigen Video zusammengefasst. Am Modell des Hellfire Passes lässt sich der Verlauf der Schneise gut nachvollziehen. An dieser Stelle mussten etwa 1000 Kriegsgefangene für die Bahnlinie unter großem Zeitdruck selbst nachts bei Holzfeuerbeleuchtung eine 10 m tiefe Schneise in einen Hügel schlagen, was etwa 400 Menschen das Leben kostete.

Beim 4,5 km langen Rundweg durch Bambuswälder mit schönen Ausblicken, der u. a. zur 500 m entfernten Schneise **Konyu Cutting** führt, kann man erahnen, unter welch schwierigen Lebensbedingungen die Zwangsarbeiter mit einfachsten Geräten ihrer Arbeit nachgingen. Der Fußweg führt weiter zu anderen Schneisen, Bombenkratern, ehemaligen Camps und temporären Brücken. Wer den 4 km langen Weg auf dem Schotterbett bis Hintok laufen will, sollte für den Rückweg ein Fahrzeug an der Hintok Road organisieren.

Zwischen KM 61 und 65 bieten mehrere Stände entlang der Straße Orchideen, Obst und Tamarinde an.

Die Umgebung von Bangkok

Sai Yok National Park

Dieser 958 km² große Nationalpark erstreckt sich im Grenzgebiet zu Myanmar und ist über die 3 km lange Zufahrt, die am KM 80,8 abzweigt, zu erreichen. An der Kontrollstelle nach 700 m sind 200 Baht Eintritt zu entrichten, ⊙ tgl. 6–18 Uhr, ✆ 034-516163. Neben dem Headquarter informiert eine Ausstellung im Visitor Center über die Topografie, die Höhlen und ihre Bewohner sowie den Bau der Eisenbahn.

Die Attraktion des Parks ist der 10 m hohe **Sai Yok Yai-Wasserfall**, der durch die Einmündung eines Nebenflusses in den Kwae Noi entsteht. Durch die Ableitung des Nebenflusses wurde ein zweiter Wasserfall künstlich geschaffen, der **Sai Yok Lek-Wasserfall**. Während der Trockenzeit entfalten beide ihre ganze Schönheit, denn dann ist der Wasserspiegel des Kwae Noi wesentlich niedriger als während der Regenzeit. Von der **Hängebrücke**, die 300 m hinter dem Headquarter zum Westufer führt, hat man den besten Blick. Am Westufer lädt ein Pool zum Baden ein.

Auf dem Parkgelände wurden **prähistorische Ausgrabungen** gemacht, u. a. fand man das Skelett einer Frau aus dem Neolithikum. In jüngerer Vergangenheit befand sich in einem mittlerweile vom immergrünen tropischen Dschungel überwucherten Areal nahe dem Wasserfall 400 m vom Headquarter ein japanisches Militärcamp, das an der Bahnlinie stand und von dem noch die Feuerstellen zu sehen sind. Dort abzweigende Wanderwege, die teils als Waldlehrpfad ausgebaut sind, enden an verschiedenen Höhlen. Der insgesamt 2 km lange Hauptweg führt zur **Fledermaushöhle** (Bat Cave), in der das kleinste Säugetier der Welt lebt – die Hummel-Fledermaus (Craseonycteris thonglongyai). Sie ist 2,5–3 cm lang, wiegt nur 1,5–2 g und wurde erst 1973 entdeckt, nachzulesen auf einigen Schautafeln. Im Headquarter werden Fahrräder für 30 Baht pro Std. für den Besuch der **Daowadung-Höhle** vermietet, die 10 km nördlich vom Headquarter über die Hauptstraße zu erreichen ist. In ihren 8 Räumen beeindrucken die Stalaktiten und Stalagmiten.

Der Nationalpark ist kaum besiedelt und nur schwer zugänglich. In dem zum Tenasserim-Gebirge gehörenden Gebiet mit bis zu 1327 m hohen Bergen, ca. 30 km westlich vom Headquar-

ter hinter dem **Checkpoint Nr. 5**, leben noch Tiger und wilde Elefanten. Bis zum 15 km entfernten Checkpoint gelangt man auf einer Straße. Von dort aus muss man in Begleitung eines Rangers weitere 10 km auf einer Straße und 5 km zu Fuß zurücklegen.

In den Läden am Parkplatz werden **Rafts** angeboten, mit denen man kürzere und längere Touren inkl. Übernachtung unternehmen kann. Sie bieten etwa 10 Personen Platz und kosten 300 Baht pro Std. bzw. 1200–2000 Baht pro Nacht.

Übernachtung und Essen

Bungalows von unterschiedlicher Größe mit Fan und Du/WC hinter dem Parkeingang, 1 km abseits des Headquarters in Flussnähe, buchen in Bangkok bei der National Park Division, ✆ 02-5620760, 💻 www.dnp.go.th, Mo–Fr außerhalb der Feiertage bei freiem Platz auch direkt. ❹–❺ Zudem Zelte für 270 Baht und Schlafsäcke, mit denen man auch bei den 9 Checkpoints im Dschungel übernachten kann.
Essenstände am Ende der Straße beim Visitor Center.

Transport

Mit dem Bus 8203 bis zur Abzweigung an der Hauptstraße, 48 Baht, auf den letzten 3 km fahren manchmal Songthaew.

Von Kanchanaburi nach Nordwesten

Beliebt ist der Ausflug zum Erawan National Park, 64 km nordwestlich von Kanchanaburi. Da der H3199 nur wenig befahren ist, eignet sie sich auch für eine Motorradtour. Am KM 4 passiert man den Chon Kai Mountain mit einem kleinen Tempel. Vorbei an Resorts für Thai-Familien und dekorativen, bizarren Steinen, die als Gartenschmuck verkauft werden, gelangt man am KM 24 zum **Nine Army Battle Historic Park**. Hier wird der Sieg der siamesischen Truppen über den Erzfeind Myanmar gefeiert. Hinter der Abzweigung des H3457, der Verbindungsstraße nach Sai Yok und Nam Tok, am KM 25 und dem Thatungna-Staudamm (KM 26) geht es am Ostufer des Stausees entlang durch eine zunehmend bewaldete Berglandschaft. Der kleine Phalan-Wasserfall ist über eine 3 km lange Abzweigung am KM 47 zu erreichen. Der weitere Weg über den Markt mit vielen Essensständen und den Parkeingang zum Headquarter ist gut ausgeschildert. Danach geht es nur zu Fuß 720 m zum Beginn des Wasserfalls.

Erawan National Park

Der attraktive, bereits 1975 gegründete Nationalpark erstreckt sich entlang eines schmalen, bewaldeten Tals beiderseits eines Nebenflusses des Kwae Yai. Er bildet eine Reihe von sieben sehr schönen **Wasserfällen** mit Sinterterrassen, an denen man weit hinauflaufen kann. Am schönsten sind die zweite, dritte und fünfte Stufe, die dritte eignet sich am besten zum Baden. Nach einem 1 1/2-stündigen, schweißtreibenden Aufstieg bis zur 7. Stufe, die nur Trittfesten zu empfehlen ist, kehren alle Wanderer um. Es ist nicht möglich, weiter hinauf zu klettern. Zwei interessante Naturlehrpfade verlaufen beiderseits des Wasserfalls vom Campingplatz und Parkplatz zur zweiten Stufe, der erste durch immergrünen Monsunwald und der zweite durch Bambushaine. Weitere Touren von bis zu 4 km Länge sind nur in Begleitung von Rangern nach Voranmeldung unter ☏ 034-574222, möglich.

Lebensmittel dürfen nur bis zur ersten Stufe mitgenommen werden, wo sich auch Toiletten und Umkleidekabinen befinden. Der Morgen ist die beste Zeit, um gleich ganz hinaufzuklettern und dann langsam hinabzuwandern. Am Wochenende wird es sehr voll. Die meisten Besucher kommen von 11–14 Uhr. Ab 16 Uhr sind die Wasserfälle oberhalb der zweiten Stufe und ab 17 Uhr auch die unteren geschlossen. ⊙ Parkeingang tgl. 8–16.30 Uhr. Eintritt 400 Baht, Auto 50 Baht. Im Headquarter werden Schlauchboote für 100 Baht / Std. vermietet.

Die **Phra That-Höhle** ist vom Park über eine 11 km lange Schotterstraße nur mit einem eigenen Fahrzeug oder einem gecharterten Bus zu erreichen. Man braucht eine starke Taschenlampe und etwas Vorsicht, um die Gänge in der Höhle zu erkunden.

Eine Nacht im Park

Die beste Übernachtungsalternative sind die Bungalows im Erawan National Park. So kann man abends und morgens vor dem Eintreffen der Besuchermassen den Park genießen. Wer tagsüber andere Nationalparks besucht hat und nachmittags zum Übernachten hier eintrifft, braucht nur einmal Eintritt zu zahlen.

Im Park gibt es **Bungalows** unterschiedlicher Größe ab 2 Pers., günstige Bambushütten nahe dem Campingplatz ohne Du/WC,. Zelte für 90–225 Baht je nach Größe. Matten, Kissen und Decken extra. Buchungen über die National Park Division in Bangkok, ☏ 02-5620760, evtl. auch direkt unter ☏ 034-574222, 🖥 www.dnp. go.th. ❸ – ❹

Das Restaurant mit guter Thai-Küche hat von 7–20 Uhr geöffnet.

Sri Nakharin National Park (Srinagarind National Park)

Oberhalb des Erawan National Parks erhebt sich der riesige Staudamm des **Srinagarind Reservoirs**, der im Nationalpark liegt, Eintritt 400 Baht . Das Park Headquarter, ☏ 034-516667, befindet sich am Westufer des Stausees. Es kann bei Trockenheit über eine 40 km lange Erdstraße mit dem Motorrad oder Geländewagen erreicht werden. Ansonsten fährt man vom Staudamm 24 km bis Tha Kradan und mietet sich dort ein Boot. Die einstündige Fahrt für max. 12 Personen kostet mindestens 1500 Baht. Zudem verkehrt 2x tgl. eine Fähre über den See nach Si Sawat und weiter in den Nationalpark hinein.

Eine etwa 140 km lange, kaum beschilderte, sehr schlechte Straße, für die man mit Stopps 7 Std. Fahrtzeit einrechnen sollte, führt am 7-stufigen **Huay Khamin-Wasserfall** vorbei durch das **Thung Yai Naresuan Wildlife Sanctuary** und endet am H32 nach Sangkhlaburi. Hier sollen noch Tapire leben. Für die Fahrt durch das Sanctuary ist ein Permit des Forestry Departments notwendig. Man sollte mindestens eine Übernachtung im Zelt einplanen. Zuerst geht es geradeaus bis zum Headquarter, an der folgenden Kreuzung muss man sich links halten und an der nächsten geradeaus weiterfahren. Sobald man an die Schranke kommt, links abbiegen und sich auf der letzten Strecke zum H32 an den Strommasten orientieren.

Übernachtung und Essen

Erawan Resort, 140 Moo 4,5 km vor dem Park, ☎ 034-574098, 081-8387360, kleine Bungalows am Hang in einem Dorf mit Du/WC, Fan oder AC. Nebenan ein Restaurant. ❹
Auf dem Stausee kann man auf Flößen herumfahren und übernachten. Die meisten liegen in Tha Kradan. ❸–❺

Transport

Durch die Verbindungsstraße zwischen dem H323 und H3199 ist es möglich, mit einem eigenen Fahrzeug von Nam Tok direkt zum Erawan National Park zu fahren.
Von KANCHANABURI, 65 km, Bus 8170 von 8–17.20 Uhr alle 50 Min. für 40 Baht in 1 1/2 Std. bis zum Markt im Dorf vor dem Erawan National Park und weiter zum Wasserfall. Die Busse um 12, 14, 15 und 16 Uhr zurück fahren vom Parkplatz vor dem Eingang zum National Park ab.

Suphanburi

Wer auf dem Weg zwischen Kanchanaburi und Ayutthaya hier einen Zwischenstopp einlegt, kann sich etwa 2 km westlich vom Bus Terminal im **Chalerm Phatara Rachini Park** erholen. Eintritt 10 Baht, ab 18 Uhr 40 Baht ◷ Di–Fr 10–19, Sa, So 10–20.30 Uhr. Zwischen den in Tierformen getrimmten Büschen, Springbrunnen und einem künstlichen Wasserfall erhebt sich der 123 m hohe Banharn Tower, von dem sich eine gute Aussicht bietet. Eintritt 30 Baht, ab 18 Uhr 40 Baht, ◷ wie Park. Am H340 Richtung Norden sind im **National Museum** im modernen Western Art and Cultural Centre Exponate aus der langen Geschichte und von verschiedenen Bevölkerungsgruppen dieser Region zu sehen. ◷ Mi–So 9–16 Uhr.

Transport

Nach AYUTTHAYA gelber non-AC-Bus 703 für 50 Baht in 1 1/2 Std.

KANCHANABURI non-AC-Bus 411 für 45 Baht, 1 1/2 Std.
NAKHON SAWAN non-AC-Bus 487 für 70 Baht in 3 Std. Von dort nach Sukhothai.

Bueng Chawak

Nahe dem H340 Richtung Chainat liegt an den Ufern eines großen Sees ein **Zoo**, dessen interessanteste Teile das riesige Aquarium mit über 50 Becken sowie die Sumpflandschaft mit Krokodilen sind. Er macht vor allem Kindern Freude, ist aber am Wochenende wegen zahlreicher Tagesausflügler nicht zu empfehlen. ☎ 035-439208-9, ◷ Mo–Fr 10–17, Sa, So 9–18 Uhr, Eintritt 30 Baht. Von Suphanburi mit dem Bus bis Duembang Nangbuat, 50 km nördlich, weitere 12 km mit dem Motorradtaxi für 100 Baht. Autofahrer folgen der Ausschilderung vom H340 am KM151, am Ende der Straße nach rechts und kurz darauf wieder nach links abbiegen.

Richtung Norden

Vier- bis achtspurige Highways durchqueren nördlich der Metropole die fruchtbare Menam-Ebene, die „Reiskammer" des Landes. Allerdings werden bis weit über Ayutthaya hinaus immer mehr Felder mit Industrieanlagen und neuen Wohngebieten bebaut. In den verbliebenen ländlichen Regionen durchziehen Dämme und baumgesäumte Kanäle die Ebene. Zahlreiche Wasservögel finden reichlich Nahrung.

Vom 10. bis 13. Jh. wanderte das Volk der Thai von Norden in dieses Gebiet, das bereits von den Mon und Khmer besiedelt war. Vor allem für Kulturinteressierte lohnt sich ein Besuch der Ruinenstädte Ayutthaya, Lopburi und der weiter im Norden liegenden Städte Sukhothai, Si Satchanalai und Kamphaeng Phet.

Bang Sai บาไทร

Der Grundstein für das Ausbildungszentrum für traditionelles Kunsthandwerk bei Bang Sai wurde 1976 durch die Gründung der Stiftung „Support" unter der Schirmherrschaft der Königin gelegt, um vom Aussterben bedrohtes Kunsthandwerk zu retten. Etwa 500 junge Leute aus ländlichen Regionen werden hier in 30 verschiedenen Handwerkskünsten unterrichtet, deren traditionelle Formen sie entsprechend den Bedürfnissen des modernen Marktes weiter entwickeln. Nach der Ausbildung, die 6 Monate bis 3 Jahre dauert, gehen die jungen Leute zurück in ihre Dörfer und eröffnen kleine Betriebe. Das Zentrum unterstützt die Handwerker finanziell bei der Betriebsgründung und der Anschaffung von Maschinen und Geräten und schult sie in kaufmännischem Grundwissen.

Die Gebäude liegen in einer weitläufigen Parklandschaft. Im **Arts and Crafts Village**, dessen Häuser verschiedene Baustile des Landes repräsentieren, werden Glasarbeiten, Möbel, Flechtarbeiten, Seidenstoffe und Textilien gefertigt. Die besten Produkte werden in den *Chitralada Handicraft Shops* (z. B. am Airport oder im Königspalast hinter der Kasse) verkauft.

Für die Königsfamilie wurden einige Gebäude im traditionellen Stil, darunter ein **Elefantenhaus**, errichtet. Zur Anlage gehören u. a. ein buddhistisches Zentrum, eine Krankenstation, der **Bananengarten** mit 300 verschiedenen Sorten, der **Vogelpark** (Eintritt 20 Baht), das große **Süßwasseraquarium Wang-Pla** mit riesigen Welsen und anderen einheimischen Fischen (◷ Di–Fr 10–16.30, Sa, So und feiertags 10–18 Uhr), ein Restaurant und natürlich Souvenirshops. Was wie ein großer Tempel aussieht, entpuppt sich als Einkaufszentrum. Von 17.30–20 Uhr werden kulturelle Shows dargeboten mit traditioneller Musik, Schwertkämpfen und anderen Wettbewerben.

Zum westlichen, chinesischen und Thai-Neujahr, zu Loi Krathong und an anderen Feiertagen finden Veranstaltungen statt.

◷ Di–So 9–17 Uhr, Mo keine Vorführungen, kostenlose Kleinbahn auf dem Gelände. ✆ 035-366252-4, 🖳 www.bangsaiarts.com, Eintritt ins Dorf für Ausländer 100 Baht. Kombi-Ticket inklusive Kulturshow, Aquarium, Mittagessen und Transport ab Bangkok 950 Baht.

Transport

Selbstfahrer nehmen auf der Outer Ring Road H9 die Abfahrt kurz vor der Menam-Brücke, ca. 14 km westlich vom großen Autobahnkreuz mit dem H1, und fahren auf dem ausgeschilderten H3309 parallel zum Fluss 5,4 km Richtung Norden.
Vom Backpackerzentrum Banglampoo in BANGKOK (78 km) mit AC-Stadtbus 503 bis Rangsit (nahe Chatuchat-Wochenendmarkt) und von dort mit Bus Nr. 383 bis Bang Sai für 15 Baht. Ab AYUTTHAYA zuerst mit dem Bus bis Bang Pa In, von wo aus alle 15–30 Min. Songthaew für 15 Baht zum Ausbildungszentrum fahren.

Bang Pa In – Der Sommerpalast พระราชวังบางปะอิน

Im 17. Jh. wurde dieser Sommerpalast der Könige von Ayutthaya auf einer Insel im Menam Chao Phraya erbaut. Er geriet in Vergessenheit, als Bangkok Königsstadt wurde. Erst König Mongkut nutzte ihn wieder und baute ihn aus. Damals entstand die Mischung verschiedener Baustile aus China, Europa und Siam. Im 2. Weltkrieg erfuhr der Palast eine dritte Blüte, als sich die Königsfamilie hierher zurückzog.

Für den Rundgang durch die gepflegte Gartenlandschaft mit ihrer vielseitigen Bebauung sollte man sich mindestens 2 Std. Zeit lassen. Durch den Haupteingang betritt man einen weitläufigen Park. Rechts am Flussufer steht ein kleiner Schrein in Form eines Khmer-Prangs, der **Ho Hem Monthian Thewat**. Er enthält die Statue des Königs Prasat Thong von Ayutthaya, des „Königs des Goldenen Palastes".

Am gegenüberliegenden Ufer steht **Saphakhan Ratchprayun**, das eine textlastige Ausstellung über die Geschichte des Palastes und seiner Bewohner enthält. Nachzulesen ist u. a. die Geschichte von der ertrunkenen Königin (S. 239). ◷ 8.30–15.30 Uhr.

In zahlreichen Prospekten abgebildet ist der Wasserpavillon **Aisawan Thippa-at**, eine Holzkonstruktion aus dem Jahr 1876 inmitten eines Teiches. Besonders fotogen ist das dem Umkleidepavillon im Königspalast von Bangkok nachempfundene Gebäude in der Nachmittagssonne, wenn es sich im Wasser spiegelt und der im Inneren als Bronzestatue verewigte König Chulalongkorn in die Kamera blickt.

In der Thronhalle **Warophat Phiman**, links vom Pavillon, finden noch immer königliche Zeremonien statt. Die Halle des neoklassischen Gebäudes, die mit Wandmalereien geschmückt ist, die Szenen aus der thailändischen Geschichte und Literatur darstellen (Ramakien, I-nau u. a.), ist nur in angemessener Kleidung zugänglich. Fotografieren ist verboten. Einige der Zimmer werden vom König bei dessen Besuchen genutzt und sind nicht geöffnet. Eine überdachte Brücke führt zum **Thewarat Khanlai**, dem Tor zum Inneren Palast.

In der Gartenanlage des Inneren Palastes stehen verschiedene Bauwerke. Am interessantesten ist das von Chinesen gestiftete zweistöckige Gebäude **Wehat Chamrun**, das 1889 im Stil einer ihrer Herrscherresidenzen errichtet wurde. Es ist mit Möbeln mit Perlmutt-Einlegearbeiten und prächtigen Knochen- und Holzschnitzereien ausgestattet, u. a. dem Bett von König Chulalongkorn.

Die **Uthayan Phumisathian Residential Hall** mit ihren Jungendstilelementen könnte durchaus in einem noblen Ostseebad stehen. Sie ist ein Nachbau des 1938 abgebrannten Originals und dient heute als königliche Residenz und Audienzhalle.

Auf einer kleinen Insel steht der Aussichtsturm **Ho Withun Thatsana**, den Chulalongkorn 1881 errichten ließ. Von oben bietet sich ein schöner Blick über die Gartenanlage. Im hinteren Bereich können eine im europäischen Stil eingerichtete Bungalows ehemaliger Prinzessinnen und Königinnen besichtigt werden. Zwei **Gedenksteine** neben einem Pavillon erinnern an Königin Sunanda Kumariratanas (1860–1880), die erste Frau von Chulalongkorn und Tochter von Mongkut, sowie an deren Tochter. Sie ertranken auf dem Weg von Bangkok in die Sommerresidenz in einem gekenterten Boot vor den Augen ihrer Begleiter, denen es verboten war, die Königin und Prinzessin zu berühren.

⊙ tgl. 8–16 Uhr, 100 Baht (inkl. Infobroschüre). ✆ 035-261548. Im Palastbereich herrscht eine strikte Kleiderordnung: Frauen müssen ihre Schultern und Knie bedecken, im Thronsaal dürfen sie keine Hosen tragen. Bei Männern sind kurze Hosen nicht angebracht. Angemessenes Outfit wird ausgeliehen.

Hinter dem Parkplatz verkehrt eine von Mönchen betriebene einfache, kleine Seilbahn auf die **Flussinsel**. Hier steht ein Wat im Stil einer europäischen Kirche, auf dessen Glasfenstern König Chulalongkorn zu sehen ist. Nebenan im Klostermuseum wird eine bunte Sammlung aufbewahrt. Auch die Mönchsquartiere sind im neoklassizistischen Stil erbaut.

Transport

Selbstfahrer

Mit einem eigenen Fahrzeug fährt man von Bangkok aus (61 km) auf dem H32 Richtung Norden und biegt 22 km südlich von Ayutthaya nach links ab. Vom Bahnhof in Bang Pa In führt eine schmale Straße zwischen Fluss und Eisenbahn zum Palast.

Minibusse können am Bahnhof für 250 Baht pro Std. gechartert werden. Nach Ayutthaya kosten sie 150 Baht.

Viele Tagesausflüge ab Bangkok schließen neben Ayutthaya auch Bang Pa In ein.

Busse

Vom Mo Chit (Northern Bus) Terminal in BANGKOK fahren 2.Kl. AC-Busse alle 20 Min. bis 20 Uhr für 50 Baht in 2 Std., zurück bis 19.30 Uhr. Von AYUTTHAYA fahren Songthaew über die Straße / den Highway für max. 30 Baht in ca. 1 Std.

Eisenbahn

Fahrplan s. S. 782/783. Alle lokalen Züge halten am kleinen Bahnhof, 1,7 km nördlich des Palastes. Mit dem Samlor weiter für 30 Baht.

Boote

Am schönsten ist die Fahrt nach Bang Pa In mit dem Boot. **Chao Phraya Express Boat Service**, 78/24-29 Maharat Rd., 🖥 www.chaophrayaboat.co.th, ✆ 02-6236001, fährt So um 8 Uhr ab Mahathat-Pier und um 8.05 Uhr ab Phra Athit-Pier in BANGKOK zum Royal Folk Arts & Crafts Center in Bang Sai, nach Bang Pa In und zum Wat Phai Lom für 390 Baht, Rückkehr gegen 18 Uhr. Weitere Boote, die auch Ayutthaya im Programm haben, s. S. 250.

Ayutthaya อยุธยา

Die historische Stadt Ayutthaya (gesprochen: Ayut-tha-ja), mit vollem Namen Phra Nakhon Si Ayutthaya, gehört seit 1991 zum UNESCO-Weltkulturerbe, 🖥 whc.unesco.org. Sie erstreckt sich über ein weites Areal innerhalb und außerhalb der heutigen Stadt, die durch den Zusammenfluss dreier Flüsse umgrenzt wird. Die Ruinen wurden ausgegraben und die meisten von ihnen restauriert. Viele haben dabei an Charakter eingebüßt, vor allem die großen Tempel mit ihren gepflegten Rasenflächen und asphaltierten Parkplätzen. Fast alle Tempelruinen ⏰ 8–18.30 Uhr, Einlass bis 18 Uhr.

Das Zentrum der neuen 83 000 Einwohner zählenden Stadt Ayutthaya östlich der Ruinenstadt ist nicht sonderlich attraktiv, eignet sich jedoch gut als erstes Reiseziel, denn hier ist es weitaus ruhiger als im chaotischen Bangkok. Im Schatten der Ruinen und im weitläufigen Rama Park kann man sich entspannt akklimatisieren.

Ayutthaya Historical Study Center

Zu Beginn einer Rundfahrt durch die historische Stadt sei ein Besuch im Ayutthaya Historical Study Center empfohlen. Das moderne Gebäude, das von japanischen und thailändischen Architekten entworfen wurde, dient dem Studium der Ayutthaya-Periode und beherbergt ein lohnenswertes Museum sowie eine Bibliothek. Im Museum wird die Vergangenheit mit Hilfe von Modellen, Schautafeln und Dioramen zum Leben erweckt. Vier Themenschwerpunkte zeigen Ayutthaya als Hauptstadt, als Handelszentrum, als zentralistischen Staat sowie das traditionelle Dorfleben. Der fünfte Bereich, der die Beziehungen Ayutthayas zum Ausland darstellt, ist in einer Außenstelle in der japanischen Siedlung zu sehen (s. S. 243).

📞 035-245123, ⏰ Mo–Fr 9–16.30, Sa, So 9–17 Uhr, 100 Baht, Studenten 50 Baht.

Chao Sam Phya National Museum

Das traditionell gestaltete Chao Sam Phya National Museum ist in mehreren Gebäuden in einem

417 Jahre lang war Ayutthaya die Königsstadt des siamesischen Reiches, bis sie 1767 von burmesischen Truppen zerstört wurde. Hier regierten 33 Könige. Auf dem Höhepunkt ihrer Macht hatten die absoluten Monarchen im 17. Jh. eine Stadt errichten lassen, die es mit allen europäischen Metropolen ihrer Zeit aufnehmen konnte. 375 prunkvolle Tempel, 29 Festungen und 94 Tore zählte man auf dem riesigen Areal, dessen Ausmaße sich heute zwischen Wohnhäusern, Feldern und Gärten nur noch erahnen lassen. Ein umfangreicher Beamtenapparat, geschützt von einer einflussreichen Militärmacht, verwaltete die im Reich eingetriebenen Steuern und pflegte regen internationalen Handel. Schiffe aus aller Welt segelten den Menam Chao Phraya hinauf, und Europäer, Chinesen und Japaner siedelten in eigenen Stadtvierteln. Die Pracht bei Hofe und die Ausstattung der Heiligtümer waren legendär – was davon heute noch zu sehen ist, sind nur kümmerliche Überreste.

Die Zerstörung Ayutthayas haben die Thais den Burmesen bis heute nicht verziehen. Das Gold von Ayutthaya, so heißt es, bedeckt seitdem die Shwedagon-Pagode in Yangon. Was von den Bauten nicht zerstört wurde, verfiel und wurde vom Dschungel überwuchert. Die Könige kehrten nicht an den Ort der Niederlage zurück – die neue Hauptstadt hieß Bangkok.

kleinen Park untergebracht; der Eingang befindet sich in der Rotchana Rd.

Im Erdgeschoss werden Funde aus verschiedenen Epochen gezeigt, die in den 1950er-Jahren ausgegraben wurden. Beeindruckend sind die Goldschätze aus dem Wat Ratburana im 1. Stock, darunter goldene Amulette, Statuen, Schmuck und ein königliches Schwert. Ein weiterer Raum enthält Votivgaben aus dem Wat Mahathat. Im zweiten Gebäude sind Funde aus verschiedenen Regionen und Epochen zu sehen. In den Thaihäusern werden Alltagskunst und Gebrauchsgegenstände ausgestellt. ⏰ Mi–So außer feiertags 9–16 Uhr, 📞 035-241587, 30 Baht.

Tourist Information Center

Eine modern gestaltete Ausstellung im Obergeschoss des Tourist Information Center (TIC) informiert über Ayutthayas Geschichte, seine Architektur und das Alltagsleben der früheren Bewohner. Zudem eine Kunstgalerie. Lohnend ist das Einführungsvideo, das manchmal am Informationsschalter gestartet wird. ⏰ tgl. außer Mi 8.30–16.30 Uhr, Eintritt frei.

Rings um den Rama Park

Der Rama Park mit seinem kühlenden See, über den sich steile Brücken spannen, stellt die ihn umgebenden Tempel in einen ansprechenden Rahmen.

Südwestlich des Parks erhebt sich der hohe Prang des **Wat Phra Ram**, das 1369 unter dem zweiten König Ramesuan als Begräbnisstätte für dessen Vater, U-Thong, den Gründer von Ayutthaya, erbaut wurde. Eintritt 30 Baht.

Östlich des Parks erstreckt sich die weitläufige Anlage von **Wat Mahathat**, einem 1374 gegründeten und mehrfach erweiterten Tempel. Aus der frühen Zeit sind Grundmauern erhalten. Die Ruine des zentralen Prangs, der 250 Jahre später erbaut wurde und 44 m hoch war, lässt seine ursprüngliche Größe nur noch erahnen. An seinem Fuß sitzt ein großer, steinerner Buddha. Die Umgrenzung des Prangs zieren zahlreiche kopflose, ursprünglich dreiteilige Buddhafiguren, die in „Massenproduktion" gefertigt wurden. Im südöstlichen Bereich findet man den viele Prospekte und Postkarten zierenden, in einen Feigenbaum eingewachsenen Buddhakopf. Eintritt 30 Baht.

Gegenüber überragt ein stark restaurierter Prang die große Halle des **Wat Ratburana** (auch Ratchaburana). 1424 ließ der 7. König von Ayutthaya diesen Tempel als Begräbnisstätte für seine beiden älteren Brüder bauen. Es lohnt, die steilen Treppen zu erklimmen (rückwärts hinuntergehen!). Oben sind Fotos der geraubten Königsinsignien und Goldbuddhas sowie anderer Goldschätze zu sehen, die in den Krypten unter dem Prang entdeckt und im Obergeschoss des Museums ausgestellt sind. Durch einen schmalen Gang geht es hinab in die Grabkammer, wo noch die originalen Wandgemälde zu erkennen sind. ⏰ tgl. 7.30–18.30 Uhr, Eintritt 30 Baht.

Diese drei Wats werden zwischen 19 und 21 Uhr angestrahlt und bei einer Nachttour angefahren.

Nördlich des Rama Parks an der Ostseite des Palastes befindet sich **Wat Thammikarat**. Die erhaltenen Löwenskulpturen deuten darauf hin, dass dieses Wat in der frühen Ayutthaya-Periode entstanden ist. Auch die hier gefundene Bronzestatue, die heute im Phraya National Museum ausgestellt ist, wird dem U-Thong Stil zugeordnet. ⏰ tgl. 6–18 Uhr.

Der Palastbereich

Nordwestlich des **U-Thong Memorials** mit einer Statue des ersten Königs von Ayutthaya sind auf einem weitläufigen, baumbestandenen Gelände die Mauerreste seines ehemaligen Palastes zu besichtigen. Er war 1350 erbaut worden, wurde aber bereits 100 Jahre später vom 8. König aufgegeben, als dieser seine Residenz weiter nach Norden verlegte. Die zweistöckige **Suriyat Amarin-Halle** nutzte König Narai zur Beobachtung der Prozession königlicher Barken auf dem Fluss. Die angrenzende **San Phet Prasat-Halle**, von der nur die Fundamente erhalten sind, wurde 1448 als Empfangsgebäude für Staatsgäste erbaut. Eine nach alten Plänen gestaltete Kopie kann in Muang Boran / Ancient City (s. S. 252) besichtigt werden. Unter dem 24. König von Ayutthaya entstand Anfang des 17. Jhs. die Zeremonienhalle **Viharn Somdet** und die **Chakravatphaichayon-Halle** am östlichen Ende des Palastes, von der aus der König Paraden und Umzüge abnahm. Der offene, hölzerne **Trimuk Pavillon**, westlich der San Phet Prasat-Halle, wurde erst 1907 unter König Chulalongkorn errichtet.

Im Süden erstreckt sich **Wat Phra Si San Phet**. Mit dem Bau der prunkvollen Tempelanlage wurde 1448 begonnen. Sie wurde mehrfach erweitert, bis die burmesischen Eroberer sie 1767 niederbrannten. Der 16 m hohe vergoldete Bronzebuddha Phra Sri San Phet, der im Viharn stand, wurde dabei zerstört. Die Anlage mit ihren vielen halb verfallenen Tempeltürmen wird von drei großen, restaurierten Chedis dominiert, die die Asche verstorbener Könige und eine Reliquie Buddhas enthalten. Rechts davon ragen die Säulen des früheren Viharn in den Himmel. ⏰ tgl. 7–18.30 Uhr, Einlass bis 18 Uhr, Eintritt 30 Baht.

Wat Yai Chai Mongkol

Wat Yai Chai Mongkol liegt südöstlich des historischen Stadtkerns und lohnt einen Besuch (bestes Fotolicht am Morgen). Der Tempel in seiner heutigen Form mit einem 62 m hohen Chedi, den zahlreichen Buddha-Statuen und der gepflegten Gartenanlage wurde unter Naresuan zur Erinnerung an den historischen Sieg über seinen burmesischen Widersacher umgestaltet. Naresuan hatte 1592 bei Nong Sarai (Provinz Saraburi) in einem Zweikampf auf dem Rücken eines Kriegselefanten eigenhändig den burmesischen Herrscher Phra Maha Uparacha besiegt. Ihm zu Ehren wurde neben dem Tempel ein über Betonbrücken zugänglicher Park angelegt. In seinem Zentrum erhebt sich ein großer gläserner Schrein mit einer von Hähnen und Kunstblumen umgebenen, überlebensgroßen Statue des Herrschers. ⊙ tgl. 8–18.30 Uhr, Einlass bis 17 Uhr, 20 Baht.

Der Innenraum des rekonstruierten **Viharn Phra Mongkol Bophit** wird von einem der größten Bronzebuddhas Thailands ausgefüllt – die Rekonstruktion einer Statue aus dem 15. Jh. Der Viharn wurde 1956 originalgetreu nachgebaut, die Figur 1991/92 anlässlich des Königin 60. Geburtstags der Königin vergoldet. ⊙ Mo-Fr 8.30–16.30, Sa, So, feiertags bis 17.30 Uhr, Eintritt frei. Am Wochenende ist hier viel los. Um den Tempel herum warten Souvenir- und Getränkehändler auf Kunden.

Im Westen der Stadt

Etwas versteckt liegt **Wat Lokayasutha**. Hier blieb eine der größten liegenden Buddha-Figuren aus Stuck erhalten, die nun, nachdem das Kloster abgebrannt ist, unter freiem Himmel ruht.

Im Südwesten steht am anderen Flussufer **Wat Chai Wattanaram**, eine große Anlage im Khmer-Stil mit einem zentralen Prang, der von einem Kreuzgang mit acht kleineren Prangs umgeben ist. In ihnen stehen große Buddhas aus Ziegel und Stuck, deren Holzgerüste noch zu erkennen sind. Auch einige bemalte Deckenpaneele sind gut erhalten. Das Wat wurde als zeitweilige Residenz von König Prasat Thong um 1690 erbaut. Der Tempel wird von 19–21 Uhr angeleuchtet. Eintritt 30 Baht.

Chandra Kasem-Palast und Wat Senatsanaram

Im Nordosten der Insel befindet sich der rekonstruierte Palast des Kronprinzen Naresuan aus dem Jahre 1577. Den zerstörten Palast ließ König Mongkut neu erbauen, um zeitweise hinter den hohen Mauern zu leben. Den großen Platz umgeben mehrere Gebäude; das erste Gebäude links vom Eingang, der **Chantura Mukh Pavillon**, enthält das kleine **Chandra Kasem-Nationalmuseum**, u. a. mit Keramiken, Buddhafiguren und Holzschnitzereien aus dem Besitz von König Mongkut. Im dahinter liegenden **Piman Rajaja Pavillon**, der ehemaligen königlichen Residenz, sind weitere Buddhastatuen und andere Gegenstände ausgestellt. Den **Pisai Salak-Turm** hinter der Residenz ließ sich Mongkut für seine astronomischen Studien erbauen. ⊙ Mi–So außer feiertags 9–16 Uhr, ✆ 035-251586, 30 Baht.

Im Südosten

Südöstlich des Zentrums erstreckt sich zwischen Fluss und Straße das weitläufige **Wat Phanan Choeng**, das in früheren Jahren als Exerzierplatz diente. Möglicherweise gab es den Tempel bereits vor der Gründung von Ayutthaya, denn die 20 m hohe Buddha-Statue Phra Chao Phananchoeng (Luang Po To) im hinteren hohen Viharn soll bereits 1325 gefertigt worden sein. Sie gilt als Beschützerin der Seeleute und wird vor allem von Chinesen verehrt. Im ruhigen Bot steht eine aus der frühen Ayutthaya-Periode stammende Buddha-Statue im Sukhothai-Stil. Sie wurde 1357 angefertigt, aber erst 1965 unter Stuck, der sie vor Plünderungen schützen sollte, entdeckt. Die Wandmalereien wurden aufwändig restauriert. Direkt daneben geben sich diverse Statuen Buddhas und chinesischer Gottheiten ein Stelldichein. Hinter dem großen Gebäude im Thai-Stil werden in einem großen Tempel im chinesischen Stil sowie in zwei weiteren Schreinen verschiedene Schutzgottheiten mit Blumen, Kerzen und Geld günstig gestimmt und nach der Zukunft befragt. Das Wat wird von zahlreichen Gläubigen besucht; es herrscht ein reges Treiben. ⊙ tgl. 8–17 Uhr, 20 Baht. Von der

Bootsanlegestelle hinter dem Wat verkehren Fähren über den Fluss.

Am anderen Ufer, im **Wat Suwandararam** (früher: Wat Thong), ist ein kleiner Teil der Wandmalereien, die unter anderem den 1592 stattgefundenen Kampf zwischen den beiden verfeindeten Herrschern darstellen, 1931 unter König Rama VII. restauriert worden. Die Tore zum Bot und Viharn sind allerdings meist verschlossen, evtl. hat man während der Gebetszeit gegen 16 Uhr die Gelegenheit, einen Blick hineinzuwerfen.

An der Einmündung des Klong in den Menam Chao Phraya, etwas weiter westlich, wurden 1959 Teile der bereits unter U-Thong errichteten alten **Stadtbefestigung** rekonstruiert. Die Ziegel der ursprünglichen Anlage waren auf Frachtkähne verladen und beim Aufbau der neuen Hauptstadt Bangkok verwendet worden.

Weiter außerhalb

Nördlich des ehemaligen Königspalastes erhebt sich jenseits des Klong Sabua **Wat Na Phra Meru** (auch: Wat Narh Pramain) eine wahrscheinlich bereits 1504 gegründete Tempelanlage. Dieser Tempel diente den angreifenden Burmesen als Basislager und verdankt diesem Umstand, dass er nicht zerstört wurde. Der mit schönen Holzschnitzereien geschmückte, imposante Bot mit dem mehrfach gestaffelten Dach wurde restauriert. Er enthält einen 6 m hohen, vergoldeten Bronzebuddha, der im Stil eines Ayutthaya-Herrschers gekleidet ist. Das Innere des daneben liegenden kleinen Viharn, dessen Wände mit verblichenen Wandmalereien bedeckt sind, wird von einem aus schwarzem Stein gehauenen Buddha im Dvarati-Stil dominiert. Wahrscheinlich stammt die im europäischen Stil sitzende Statue ursprünglich aus Nakhon Pathom. Die eindrucksvollen Skulpturen, die prunkvolle Ayutthaya-Architektur der Tempelanlage und ihre landschaftlich reizvolle Umgebung machen einen Besuch lohnenswert. ⏲ Mo–Fr 8–17, Sa, So 8–18 Uhr, Eintritt 20 Baht.

2,5 km nordwestlich der Stadt liegt **Chedi Phu Khao Thong**. Der 80 m hohe Chedi ist – im Gegensatz zu den anderen Bauten – im burmesischen (Mon-)Stil erbaut. Als die Burmesen 1569 erstmals Ayutthaya eingenommen hatten, errichteten sie diesen Tempel zur Erinnerung an ihren Sieg auf einer bereits 1387 erbauten Anlage. 15 Jahre später wurden sie wieder vertrieben, und der Chedi erhielt ein neues Äußeres im Thai-Stil. Aus Anlass des 2500-jährigen Bestehens des Buddhismus wurde 1956 eine 2,5 kg schwere Goldkugel auf der Spitze der Pagode angebracht. Vor dem Chedi befinden sich ein **Monument** zu Ehren von König Naresuan und eine große Parkanlage.

6 km außerhalb, nördlich der historischen Stadt, steht der **Elefantenkraal** (Paniad). Innerhalb der Umzäunung aus Teakpfosten wurden die königlichen Elefanten gezähmt. Heute sind hier wieder 30–40 Elefanten untergebracht, die gefüttert und geritten werden können.

Südlich von Wat Phanan Choeng befand sich die **japanische Siedlung**. Hier ist die Außenstelle des Ayutthaya Historical Study Center untergebracht. ⏲ tgl. 8–17 Uhr, Eintritt 20 Baht.

Die ehemalige **portugiesische Siedlung**, in der die ersten Europäer lebten, kann ebenfalls besichtigt werden. Bis auf die Reste der Sankt-Petrus-Kirche, einige Skelette, Münzen und chinesisches Porzellan ist kaum etwas erhalten.

Schiffsmuseum

Einen weiteren Blick in die Geschichte erlaubt dieses private Museum, das das Herz jedes Modellbauers höher schlagen lässt. Äußerst aufwändig gestaltete Modelle mittelalterlicher Königsbarken und vieler anderer traditioneller Schiffe sind in einem stilvollen Thai-Haus untergebracht. ⏲ 8.30–17 Uhr, es wird eine Spende erwartet. ☎ 035-241195.

Übernachtung

Gästehäuser

The Old Palace Resort ①, 1/25 Moo 5, Klong Srabua Tavasukree, ☎ 035-251572, nördlich der Altstadt in einer Nebenstraße liegt die von drei hilfsbereiten Schwestern geleitete, sehr ruhige Anlage. Auf einem großen Grundstück stehen Einzel- und Doppel-AC-Bungalows. Insgesamt 9 kleinere und größere Zi mit AC, Warmwasser-Du/WC, Kühlschrank, großer Fensterfront und Terrasse. Einfaches Frühstück inkl. Auf Wunsch wird auch Abendessen zubereitet. ❸–❹

Amporn Floatel ②, Floating House, 76 U-Thong Rd., ☎ 035-251570, ✉ amporn_floatel@yahoo.

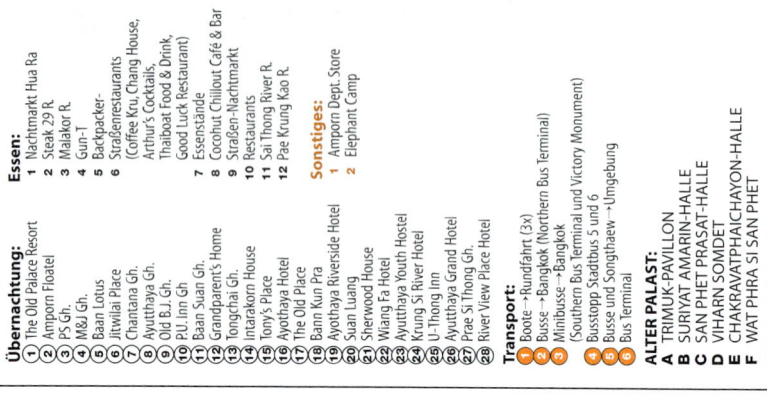

Übernachtung:
1 The Old Palace Resort
2 Amporn Floatel
3 PS Gh.
4 M&J Gh.
5 Baan Lotus
6 Jitwilai Place
7 Chantana Gh.
8 Ayutthaya Gh.
9 Old B.J. Gh.
10 P.U. Inn Gh
11 Baan Suan Gh.
12 Grandparent's Home
13 Tongchai Gh.
14 Intarakorn House
15 Tony's Place
16 Ayothaya Hotel
17 The Old Place
18 Bann Kun Pra
19 Ayothaya Riverside Hotel
20 Suan Luang
21 Sherwood House
22 Wiang Fa Hotel
23 Ayutthaya Youth Hostel
24 Krung Si River Hotel
25 U-Thong Inn
26 Ayutthaya Grand Hotel
27 Prae Si Thong Gh.
28 River View Place Hotel

Essen:
1 Nachtmarkt Hua Ra
2 Steak 29 R.
3 Malakor R.
4 Gun-T
5 Backpacker-Straßenrestaurants
6 (Coffee Kru, Chang House, Arthur's Cocktails, Thaiboat Food & Drink, Good Luck Restaurant)
7 Essenstände
8 Cocohut Chillout Café & Bar
9 Straßen-Nachtmarkt
10 Restaurants
11 Sai Thong River R.
12 Pae Krung Kao R.

Sonstiges:
1 Amporn Dept. Store
2 Elephant Camp

Transport:
1 Boote→Rundfahrt (3x)
2 Busse→Bangkok (Northern Bus Terminal)
3 Minibusse→Bangkok (Southern Bus Terminal und Victory Monument)
4 Busstopp Stadtbus 5 und 6
5 Busse und Songthaew→Umgebung
6 Bus Terminal

ALTER PALAST:
A TRIMUK-PAVILLON
B SURIYAT AMARIN-HALLE
C SAN PHET PRASAT-HALLE
D VIHARN SOMDET
E CHAKRAVATPHAICHAYON-HALLE
F WAT PHRA SI SAN PHET

com, das Floatel besteht aus vier einfach möblierten, sauberen Zi auf einem Hausboot, 2 DZ und 2 EZ Gemeinschaftsbad, Terrasse mit Blick auf den Fluss (Moskitoschutz nicht vergessen). ②–③

PS Gh. ③, in einer Soi nördlich der Pa Maphrao Rd., altes Haus mit 5 billigen EZ, 3 DZ und Gemeinschafts-Du/WC für Billigreisende. Geleitet von einer pensionierten Lehrerin. ①

M&J Gh. ④, Jakrapard Rd., ☎ 035-252175, 10 Zi mit Fan und Gemeinschafts-Du/WC in 2-stöckigem Holzhaus abseits der Straße hinter einer Bar. ②

Baan Lotus ⑤, 20 Pa-Maphrao Rd., ☎ 035-251988, restauriertes, großzügiges, aber etwas hellhöriges Thai-Holzhaus mit zwei 3-Bett-Zi und 7 DZ mit Fan, teils mit Du/WC, teils eine Du/WC für 2 Zi. Sehr schön die Zi nach hinten raus und im 1. Stock. Nebenan in einem neuen 3-stöckigen Haus im traditionellen Stil 10 Zi mit AC und Du/WC. Veranda mit Tischen und Stühlen zum Frühstücken und großer Garten mit Palmen und Lotosteich. Sehr nette, geschäftstüchtige Vermieterin. Touren und Fahrradverleih. ③ In der Naresuan Rd. konzentrieren sich die einfachen Gästehäuser. Daneben haben Internet-Cafés und Restaurants eröffnet, die abends ihre Tische auf die Straße stellen.

Chantana Gh. ⑦, 12/22 Naresuan Rd., ☎ 035-323200, 089-8850257, ✉ chantanahouse@yahoo.com, neueres Haus für nichtrauchende, ruhebedürftige Traveller. Saubere Zi mit Fan und

Du/WC oder 3 mit AC und Warmwasser-Du/WC, dicke Matratzen. In den Zi hinten rechts stört der Lärm einer Wasserpumpe. Große, überdachte Terrasse im 1. Stock. Frühstücken möglich. ③

Ayutthaya Gh. ⑧, 12/34 Naresuan Rd., ☎ 035-232658, ✉ ayutthaya_guesthouse@yahoo.com. 30 saubere Zi, nach vorn hin laut. Ältere mit Fan und Gemeinschafts-Du/WC, neuere mit teils offenem Bad und AC. Gutes Restaurant im EG, Fahrrad- und Mopedvermietung. Internet. Die Besitzer vermieten auch Zi in den Nachbarhäusern, vormals **Toto** und **T.M.T. Gh.**, mit einfachen, z. T. hellhörigen und dunklen Zi. ②–③

Old B.J. Gh. ⑨, 16/7 Naresuan Rd., in der Seitengasse links des Ayutthaya Gh., ☎ 035-251526, 8 sehr einfache Zi mit Gemeinschafts-Du/WC, Zi mit Fan und Du/WC, Schlafsaalbetten 90 Baht. Freundliche Besitzer. Fahrradvermietung. ②

P.U. Inn Gh (Ubonpon Gh.) ⑩, 20/1 Mou 4, ☎ 035-251213, ausgebautes, auf japanische Backpacker ausgerichtetes Gästehaus. 22 Zi mit Warmwasser-Du/WC und Fan oder AC, Familienzimmer, klimatisiertes Restaurant mit thailändischer und japanischer Küche, Schließfächer, Fahrradvermietung, Waschservice. Geleitet von der geschäftstüchtigen Ubonpon, die viele Informationen bereithält und Touren anbietet. Gäste, die nicht im Haus gefrühstückt hatten, wurden vor die Tür gesetzt. ②–③

Baan Suan Gh. ⑪, 23/1 Jakrapard Rd., ☎ 035-242394, 🖥 www.baansuanguesthouse.com, in

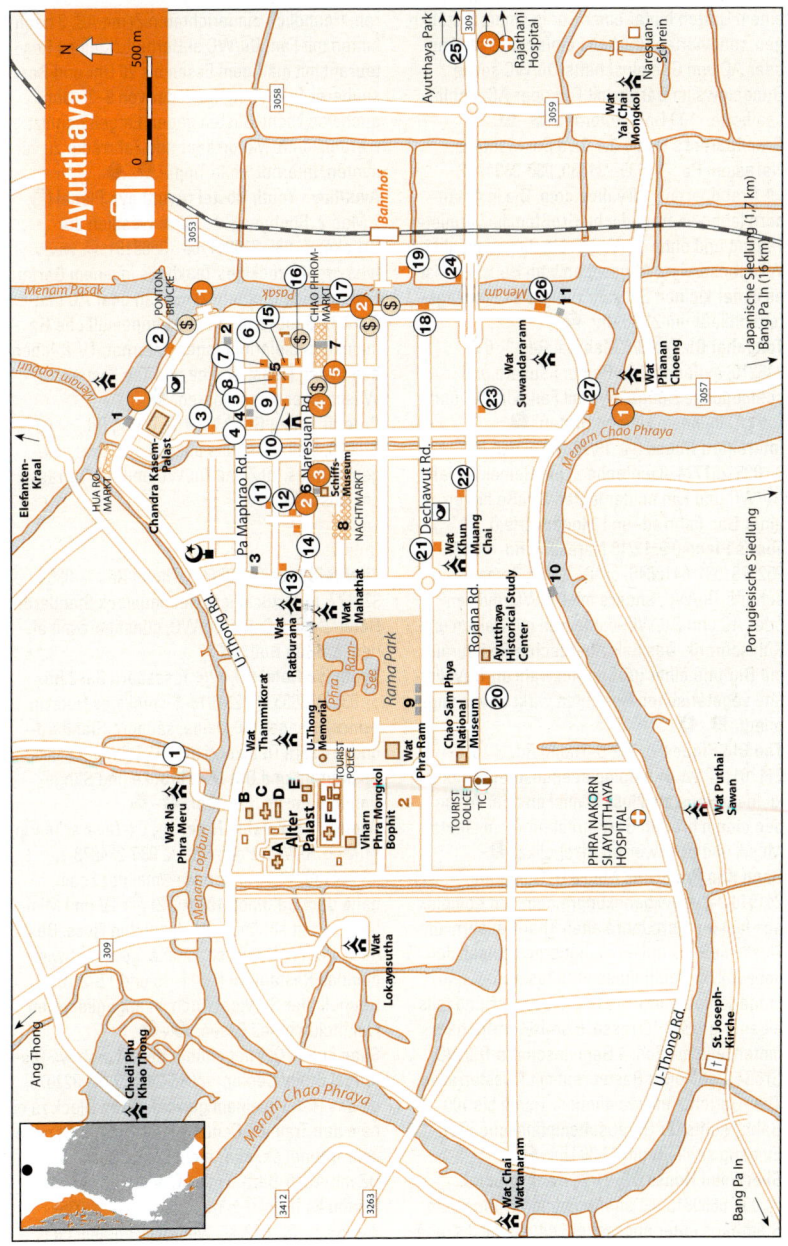

Ayutthaya

N

500 m

0

Menam Pasak

Menam Lopburi

Menam Lopburi

Elefanten-Kraal

HUA RO MARKT

Chandra Kasem-Palast

PONTON-BRÜCKE

Pa Maphrao Rd.

Naresuan Rd.

Schiffs-Museum

NACHTMARKT

Wat Ratburana

Wat Mahathat

Pra Ram See

Rama Park

Wat Thammikorat

U-Thong Memorial

TOURIST POLICE

Alter Palast

Viharn Phra Mongkol Bophit

Wat Phra Ram

Chao Sam Phya National Museum

Rojana Rd.

Ayutthaya Historical Study Center

Dechawut Rd.

Wat Khun Muang Chai

TOURIST POLICE

TIC

U-Thong Rd.

Wat Lokayasutha

PHRA NAKORN SI AYUTTHAYA HOSPITAL

Wat Puthai Sawan

Wat Na Phra Meru

Bahnhof

Menam Pasak

CHAO PHROM-MARKT

Menam

Wat Suwandararam

Menam Chao Phraya

Wat Phanan Choeng

Ayutthaya Park

Rajathani Hospital

Naresuan-Schrein

Wat Yai Chai Mongkol

Japanische Siedlung (1,2 km)
Bang Pa In (16 km)

Portugiesische Siedlung

Ang Thong

Chedi Phu Khao Thong

Menam Chao Phraya

Wat Chai Wattanaram

Bang Pa In

St. Joseph-Kirche

3053

3058

3059

309

3057

309

3412

3263

Die Umgebung von Bangkok

einem Garten hinter einer Bar in einem 2-stöcki-
gen, renovierten Holzhaus einfache Zi mit Fan
oder AC und Gemeinschafts-Du/WC sowie
Bungalows im Garten mit Fan oder AC, Schlafsaalbetten 100 Baht. Internet. ❷–❸

Grandparent's Home ⑫, 22/6 Soi Mantana,
Naresuan Rd., ✆ 035-231480, 086-3834791,
✉ Grandparent_1@yahoo.com. Die in 4 Häusern lebende, freundliche Großfamilie vermietet
7 Zi mit und ohne Du/WC. Frühstücken möglich,
Wäscheservice. Abgesehen vom Haushund ist
es in der kleinen Soi sehr ruhig. Das Eingangstor schließt um 21.30 Uhr. ❷

Tongchai Gh. ⑬, 9/6 Maharaj Rd., ✆ 035-
245210, einfache Zi in Reihenhäusern und
schmuddlige Bungalows mit Fan oder AC und
Du/WC in einem kleinen Garten. ❷

Intarakorn House ⑭, 19/29 Naresuan Rd.,
✆ 035-251774, 8 einfache Zi mit Gemeinschafts-
Du/WC und Fan an der lauten Straße hinter
einer Bar. Fahrrad- und Mopedverleih. ❷

Tony's Place ⑮, 12/18 Naresuan Rd., ✆ 035-
252578, 081-6418646, große Zi mit Gemein-
schafts-Du/WC, andere mit Du/WC und Fan
oder AC und Du/WC, die teuren mit Balkon und
Kühlschrank. Das teils überdachte Restaurant
mit Bar und einer großen Auswahl an Traveller-
und vegetarischen Gerichten wirkt etwas ungepflegt. ❷–❹

The Old Place ⑰, 102 U-Thong Rd., ✆ 035-
211161, 🖳 www.theoldplaceguesthouse.com. In
kleinem Haus am Fluss Zi mit Fan oder AC neben einem großen Gartenrestaurant mit lauter
Musik und preiswerten Alkoholika. ❸

Bann Kun Pra ⑱, 48 Moo 3 U-Thong Rd., ✆ 035-
241978, 🖳 www.bannkunpra.com. Ein Komplex
aus fast hundert Jahre alten Thai-Häusern am
Fluss mit Blick auf einen neueren Tempel, der
liebevoll im traditionellen Stil restauriert und
eingerichtet wurde. 4 Zi mit Flussblick und teils
eigener großer Terrasse, 6 preiswertere nach
hinten, alle mit Fan, 4 Gemeinschafts-Du/WC.
Großes, stilvolles Restaurant mit Flussterrasse,
Thai-Gerichte mit westlichem Touch bis 100
Baht. Nichts für Geräuschempfindliche. Der
Eingang schließt um 22.30 Uhr. ❸

Sherwood House ㉑, 21/25 Dechawut Rd.,
✆ 086-6660813, ✉ sherwoodmm@yahoo.com,
Stadthaus unter englischer Leitung mit 3 saube-

ren, freundlich eingerichteten Zi mit AC, 2 nach
hinten mit Fan, Du/WC außerhalb. Kleines Restaurant mit mäßigem Essen bis 20 Uhr und Bar;
sauberer Swimming Pool, der von 9–20 Uhr
auch von Nicht-Gästen gegen Entgelt genutzt
werden kann. Motorräder und Fahrräder zu vermieten, Internet, viele Tipps. ❷–❸

Ayutthaya Youth Hostel (Ayutthaya Place) ㉓,
7 Moo 2, Rochana Rd., 200 m westlich der
Brücke, ✆ 035-210941, 081-3668161, 🖳 www.
tyha.org. 2-stöckiges Teakhaus in einem Garten.
Einfach eingerichtete Zi mit Fan oder AC und
Du/WC. Sauber, aber etwas ungemütliche Ge-
meinschaftseinrichtungen: Internet, TV, Küchenbenutzung (Toast, Kaffee und Tee kostenlos),
Waschmaschinen, Touren. ❸

Prae Si Thong Gh. ㉖, 8/1 U-Thong Rd., ✆ 035-
246010, kleines, etwas abseits am Fluss gelegenes Haus, 10 Zi mit Du/WC und AC, Terrasse
am Fluss. ❸

Hotels

Jitwilai Place ⑥, 38/7 U-Thong Rd., ✆ 035-
328177, in 4-stöckigem Neubaublock Standard-
Hotel-Zi mit AC und Du/WC, günstigere mit einem großen Bett. ❸

Ayothaya Hotel ⑯, 12/4 Tessabarn Sai 2 Rd.,
✆ 035-232855, ✇ 251018, 5-stöckiges Hotel in
zentraler Lage. 100 kleine, saubere Standard-
und größere Deluxe-Zi mit AC, Frühstück inkl.
Restaurant und Bar mit Karaoke und Sänge-
rinnen, Pool im Innenhof. ❹–❺

Ayothaya Riverside Hotel ⑲, Ex-Tevaraj Tanrin,
91 Moo 10, Wat Pako Rd., ✆ 035-234873-7,
✇ 244139, ✉ ayuriverside@maildozy.com,
nahe dem Bahnhof. 102 AC-Zi mit TV und Minibar, z. T. mit schönem Blick auf den Fluss. Busi-
ness-Center, Konferenzräume, gutes schwimmendes Restaurant (🕐 11–15 und 17–21 Uhr),
freundlicher Service. Auch im angegliederten
Nachtclub gutes Essen. ❹–❻

Suan Luang ⑳, gegenüber dem Ayutthaya Historical Study Center, ✆ 035-245537, ✇ 322076,
da das Hotel in einem gesichtslosen Block zu einem Job Training Center gehört, ist der Service
sehr freundlich, aber nicht immer perfekt.
DZ mit AC, 6-Bett-Zi mit AC oder Fan. ❸

Wiang Fa Hotel ㉒, 1/8 Rojana Rd., ✆ 035-
241353, ✇ 321572, ✉ wiangfa@hotmail.com,

in 2-stöckigem Haus im Motelstil mit Innenhof AC-Zi mit Du/WC und TV, einige mit Kühlschrank und Warmwasser, sauber und recht ruhig, freundliche Leute, Internet, mäßiges Frühstück möglich. ❸

Krung Si River Hotel ㉔, 27/2 Moo 11, Rojana Rd., ✆ 035-244333, ✆ 243777, westlich der Brücke am Fluss, angenehmes, gepflegtes Hotel. Komfortable Zi mit Marmorbad, großes Frühstücksbuffet inkl. Im beliebten Restaurant mit Flussterrasse und vorwiegend westlicher Live-Musik leckere einheimische und italienische Gerichte, gehobenes Preisniveau. Zudem Bowlingbahn, Pub und Pool. ❺

U-Thong Inn ㉕, 210 Rojana Rd., ✆ 035-242236, ✆ 242235, 🖥 www.uthonginn.com, 1 1/2 km östlich vom Fluss links der Straße zum Highway, großes Mittelklasse-Hotel mit 200 guten AC-Zi, Blick auf Wat Ratburana. Viele Reisegruppen. Gutes Essen im Malakor-Restaurant. ❹–❺

Ayutthaya Grand Hotel ㉖, 55/5 Rojana Rd., ✆ 035-335483, ✆ 335492, der Betonklotz des Mittelklassehotels hinter dem Busbahnhof, 4 km östlich der Stadt, lohnt nicht die hohen Zimmerpreise. Der Pool kann von Nicht-Gästen für 50 Baht genutzt werden. ❹–❺

River View Place Hotel ㉗, 35/5 U-Thong Rd., ✆ 035-241444, ✆ 241110, spartanisch eingerichtete Apartments und Zi mit Balkon, z. T. Blick auf Fluss und Tempel, asiatisches Frühstück inkl. Vorwiegend asiatische Reisegruppen und Tagungsteilnehmer. Mäßiges Restaurant mit angenehmer Flussterrasse, wo man bei einem Drink den Sonnenuntergang genießen kann. Kleiner Pool. ❺

Essen

Weitere Essenstände vor dem **Bahnhof** und dem **Amporn Department Store**. In diesem älteren Einkaufszentrum und seiner Umgebung haben sich Filialen internationaler Fastfood-Ketten und ein Supermarkt eingemietet. Im **Rama Park** laden offene Restaurants mittags zu einer Pause ein. Die Preise sind moderat. Nette Atmosphäre inmitten von Blumen und Palmen, hinter denen die Tempeltürme hervorschauen.

Malakor Restaurant, nordöstlich vom Wat Ratburana, in einem kleinen Holz- und Bambushaus

Wer in Ayutthaya übernachtet, sollte sich den abendlichen Bummel über den **Nachtmarkt Hua Ra** am Fluss gegenüber dem Chandra Kasem-Palast oder den abendlichen **Straßenmarkt** östlich vom Rama Park direkt südlich vom hohen Sendemast nicht entgehen lassen. An zahlreichen Ständen wird von 18–23 Uhr gekocht und gebraten. Frische Zutaten stehen bereit, die nach Wunsch zubereitet werden – zum Mitnehmen oder an Tischen serviert.

mit Terrasse und einigen Sitzkissen werden Thai- und europäische Gerichte serviert. Manchmal längere Wartezeiten. Alle Speisen auf Wunsch mit Tofu statt Fleisch. Nebenan tagsüber Essenstände.

Sai Thong River Restaurant, 45 Moo 1, U-Thong Rd., ✆ 035-241449, 087-1213936, auf dieses große, hervorragende Restaurant weist eine Leuchtreklame nur in Thai-Schrift hin. Die englische Speisekarte listet eine große Auswahl leckerer, teils ungewöhnlicher Thai- und Isarn-Gerichte. Einige Tische auf einer Terrasse im Freien am Fluss. Von hier legt tgl. um 13.30 und 19 Uhr die umgebaute Reisbarke Siam Thanee ab (s. u.). ⏰ tgl. 10.30–22 Uhr. In der Umgebung weitere ähnliche Thai-Restaurants ohne Boot.

Pae Krung Kao Restaurant, südlich der Brücke, ist z. T. klimatisiert. Schöner ist es draußen auf der Terrasse oder dem schwimmenden Restaurant. Englische, etwas schwer verständlich geschriebene Speisekarte.

Steak 29, Pa Maphrao Rd., leckere Thai-Gerichte und Steaks in allen Variationen, aber nichts für Vegetarier. Angenehme Atmosphäre, viele thailändische Gäste, freundlicher Service und reelle Preise. ⏰ tgl. 17–22.30 Uhr.

Fuji, Filiale der guten, günstigen japanischen Kette im Ayutthaya Park im Eingangsbereich zum Tesco Lotus, die auch bei Einheimischen sehr beliebt ist. Im Einkaufszentrum zudem diverse Fast Food-Restaurants. Endstation des grünen Stadtbusses Nr. 5.

Rund um den Busbahnhof gibt es zahlreiche Isarn-Restaurants, z. B. das **Roi Et 2 Restaurant**.

Coffee Kru, Chang House, Arthur's Cocktails, Thaiboat Food & Drink sowie das **Good Luck Restaurant**, die kleinen Backpacker-Straßenrestaurants, Open-Air-Cafés und Bars in der Naresuan Rd. in der Umgebung der Gästehäuser, haben ihr Angebot auf das westliche Publikum eingestellt. Bei Reggae und anderen angesagten Klängen oder Sportübertragungen auf dem Großbildschirm schlürft man mit Blick auf die Vorbeiflanierenden einen Cocktail oder italienischen Kaffee. Die Atmosphäre ist lässig-locker, das Essen eher mäßig, aber die Preise sind niedrig. Zudem werden Fahrräder vermietet und Touren angeboten.

Cocohut Chillout Café & Bar, 1/1 Moo 1, Naresuan Rd., an der Abfahrtstelle der Minibusse zum Victory Monument in Bangkok. Kleine Bar im balinesischen Stil mit Cocktails, Thai-Gerichten und Chill-out-Musik.

Gun–T, 22 Pa Maphrao Rd., neben dem Gästehaus Baan Lotus, ☎ 089-227-9913, Open-Air-Bar mit freundlichem englischsprachigem Personal. Frische Shakes und Cocktails werden stilvoll in einem kleinen Urwald serviert.

Weitere Pubs, Discos und Karaoke-Bars überwiegend für Einheimische hinter dem Busbahnhof gegenüber dem Ayutthaya Grand Hotel, z. T. mit Live-Musik. In derselben Straße Essenstände, die rund um die Uhr geöffnet sind. Am Wochenende findet hier ein **Straßenmarkt** statt.

Autovermietungen

Tanayut, ☎ 086-3802970, und **Atipat Tour**, ☎ 035-232517-9, 252104, vermieten Autos. Viele Straßen im Ort sind neu ausgebaut, es herrscht viel weniger Verkehr als in Bangkok, aber die Vorfahrtsregelung ist ziemlich chaotisch.

Einkaufen

Auf dem **Chao Phrom-Markt** werden Lebensmittel und Haushaltswaren verkauft. Der **Amporn Department Store**, ein Warenhaus gegenüber dem Markt, erhielt durch ein riesiges Einkaufszentrum östlich der Stadt an der Umgehungsstraße Konkurrenz. Der große **Ayutthaya**

Park, 126 Moo 3, Asia Rd., ☎ 035-229234, am H32, südlich der Abzweigung des H309, beherbergt den Robinson Department Store, einen Tesco Lotus, eine große Elektronikabteilung, Kinos und viele Restaurants. Stadtbus Nr. 5 für 7 Baht fährt gegenüber dem Ayothaya Hotel ab.

Elefanten

Elefanten mit kostümierten Mahouts stehen im **Elephant Camp**, ☎ 035-211001, im ausgebauten östlichen Bereich des Rama Parks, um vor allem japanische Touristen zum alten Palast und Wat Phra Ram zu bringen. Eine Besichtigung der zentralen Tempel auf dem Elefantenrücken mag zwar sehr romantisch sein und hilft den Mahouts, ihre Tiere zu ernähren, aber man kommt nicht weit. 20 Min. kosten 400 Baht.

Fahrräder

Fahrräder kann man u. a. in Gästehäusern für 30–50 Baht und bei der Touristenpolizei für 50 Baht pro Tag mieten. Eine schöne Radtour führt von der Altstadt Richtung Westen und dann nach Süden zum Wat Chai Wattanaram, einer großen Ruinenanlage mit Prangs im Khmer-Stil. Weiter am Fluss entlang geht es dann nach Südosten, wo man kurz vor dem Wat Phanan Choeng mit der Fähre übersetzen kann. **Vorsicht**: Diebe stehlen Taschen aus Fahrradkörben, und es empfiehlt sich, die weiter außerhalb gelegenen Tempel nur in Gruppen zu besuchen. Es wird von Überfällen und Betrügereien berichtet, in denen Touristen Geld verloren haben.

Feste und Feiertage

Am **chinesischen Neujahrstag** findet am Wat Phanan Choeng im Süden der Stadt ein großer Jahrmarkt mit Musik und Tanz statt.

Songkran (13. April) wird mit einem Umzug in der Nähe des Haupt-Wats gefeiert.

Ayutthaya – World Heritage Site Celebrations, 10.–25. Dezember, Markt und verschiedene Veranstaltungen, darunter eine empfehlenswerte Light & Sound Show über die Geschichte der Stadt. Während der Festtage kostenloser Eintritt zu allen Tempeln. Die Veranstaltung, die sich hauptsächlich an Thais richtet, kann auch mit englischer Übersetzung angesehen werden. Eintritt 200 Baht.

Loi Krathong, im November, wird besonders prächtig im und um den Rama Park begangen.

Geld
Nahe beim Busbahnhof mehrere Banken. Zudem überall in der Stadt Geldautomaten.

Informationen
TAT-Tourist Office, ✆ 035-3227301, ☼ 8.30–16.30 Uhr. In der ehemaligen Stadthalle Infoschalter mit Broschüren, einem Stadtplan, aber wenigen weiteren Infos. Die Englischkenntnisse der Angestellten lassen Wünsche offen.

Medizinische Hilfe
Phra Nakorn Si Ayutthaya Hospital, Neubau im Süden in der U-Thong Rd., ✆ 035-242987, 241027. **Rajathani Hospital**, Rojana Rd., östlich des Zentrums, ✆ 035-355555-61.

Motorräder
Ab 250 Baht pro Tag in einigen Gästehäusern zu mieten, z. B. im **Sherwood House** oder im **Ayutthaya Gh.** Auch am Bahnhof oder bei **Zin Pol Suzuki**, 90/1-3 U-Thong Rd., ✆ 035-252678, 252505.

Post
Nahe dem Chandra Kasem-Palast und in der Dechawut Rd.

Schwimmen
Der Pool im **Sherwood House** kann auch von Nichtgästen besucht werden, ☼ tgl. 9–20 Uhr, Eintritt 45 Baht, Kinder 30 Baht.

Touren
Die Gästehäuser organisieren **Rundfahrten** ohne Guide morgens und abends durch die von 19–21 Uhr ausgeleuchteten Ruinen. Die Fahrt dauert 2–2 1/2 Std. und kostet mit dem Bus 100–150 Baht, mit dem Auto 400 Baht. Obwohl die Tempel nur von außen zu sehen sind, lohnt es. Insektenschutz nicht vergessen!
Bootstouren ab Wat Na Phra Meru oder Wat Phanan Choeng zu 6 Tempeln am Fluss von verschiedenen Anbietern für 250–300 Baht p. P. 2-stündige Bootstouren der Gästehäuser für 200 Baht.

Tourist Police
Am Wat Phra Si San Phet und neben dem Tourist Information Center, ✆ 035-241446, 035-242352.

Nahverkehr

Tuk Tuks, Motorradrikschas, Songthaew
Innerhalb des Stadtgebietes kostet eine Kurzstrecke mit dem Tuk Tuk oder Songthaew 20 Baht, vom Bus Terminal am Highway in die Stadt 60 Baht. Motorradrikschas 10–30 Baht.
Für ein Besichtigungsprogramm des weitläufigen historischen Ayutthaya benötigt man mit einem Tuk Tuk oder Songthaew etwa einen Tag. Touren kosten ca. 200 Baht pro Stunde.
Fahrer, die am Zug- oder an den Busbahnhöfen Touristen als Kunden zu gewinnen suchen, haben meist wenige Informationen. Besser lässt man sich vom Gästehaus einen Fahrer empfehlen.

Stadtbusse
Der AC-Stadtbus Nr. 5 pendelt für 7 Baht zwischen dem großen Einkaufszentrum Ayutthaya Park, der Bus Station und dem Zentrum und hält ebenso wie Bus Nr. 6 am Markt.
Letzterer fährt von der City Hall und dem Tourist Office zum Hua Ro-Markt und Chandra Kasem-Palast.

Fähren
Vom Bahnhof kann man mit 2 Fähren für 3 Baht in die Stadt übersetzen.
Zudem verkehren Fähren über den Fluss zum Wat Phanan Choeng.

Boote
An der Bootsanlegestelle hinter dem Wat Phanan Choeng und gegenüber dem Chandra Kasem-Palast werden Boote für 6–10 Pers. für Rundfahrten vermietet; sie kosten ca. 300–400 Baht pro Std. Nur die kleinen können den flachen Menam Lopburi befahren.
Vom Sai Thong River Restaurant legt tgl. um 13.30 und 19 Uhr die umgebaute Reisbarke **Siam Thanee** zu einer einstündigen Rundfahrt ab, 100 Baht p. P. Sie kann auch gechartert werden.

Busse

Expressbusse halten am **Bus Terminal** westlich vom Highway, an der Einmündung der Rojana Rd., ca. 4 km östlich der Stadt, ☎ 035-355304. Plätze für die Weiterfahrt sollten in 1. Kl. AC- und VIP-Bussen mindestens 1 Tag im Voraus gebucht werden. Von hier aus fahren Stadtbusse etwa alle 15 Min. für 7 Baht ins Zentrum. Busse Richtung Norden sind häufig voll, wenn sie aus Bangkok kommen.

Ab BANGKOK, 75 km, Mo Chit (Northern Bus) Terminal 2. Kl. AC-Bus teils über Bang Pa In alle 15 Min. bis 19.30 Uhr für 50 Baht in 1 1/2 Std., 1. Kl. AC-Bus direkt alle 20 Min. bis 20.40 Uhr für 56 Baht. Zurück ab **Bus Stop** in der Naresuan Rd. bis gegen 19 / 20.30 Uhr.

Schräg gegenüber Minibusse für 50 Baht nach Bangkok bis 17.30 Uhr etwa stdl. zum Southern Bus Terminal. Von dort weiter nach Kanchanaburi. Weitere etwa alle 20 Min. zum Victory Monument .

Vom Bus Terminal nach SUKHOTHAI (keine Vorbuchung möglich) 2. Kl. AC-Bus 9x tgl. von 7–20.30 Uhr für 216 Baht, 1. Kl. AC-Bus um 11.30 und 21 Uhr für 308 Baht in 5 1/2 Std. Alternative: bis Kamphaeng Phet fahren und dort umsteigen. PHITSANULOK 2. Kl. AC-Bus 10x tgl. von 7–19 Uhr für 178 Baht in 5 Std.

NAN 2. Kl. AC-Bus um 7, 8.45, 19, 20.20 und 21.20 Uhr für 344 Baht, 1. Kl. AC-Bus um 9.30 und 21.30 Uhr für 499 Baht, VIP-24 um 21 Uhr für 775 Baht in 8 Std.

CHIANG MAI 2. Kl. AC-Bus 11x tgl. von 6.30–20.50 Uhr für 365 Baht, 1. Kl. AC-Bus um 19.30 Uhr für 605 Baht, VIP-24 um 21 Uhr für 805 Baht in 9 Std.

Ab **Bus Stop am Chao Phrom-Markt** in der Naresuan Rd. Songthaew nach BANG PA IN für max. 30 Baht. Von dort weiter nach BANG SAI. LOPBURI, grüner Bus 607 bis 17 Uhr in 2 1/2 Std. für 40 Baht. Auf der Landstraße H3057 nach Bang Pa In, die 16 km am Fluss entlangführt, verkehren auch Songthaew. Ein Taxi kostet für diese Strecke 500 Baht, Minibus 150 Baht. KANCHANABURI: Minibus zum Southern Bus Terminal in Bangkok und von dort mit dem AC-Bus oder über SUPHANBURI, gelber non-AC-

Bus 703 für 50 Baht in 1 1/2 Std. Von dort weiter mit Bus 411 nach Kanchanaburi, 45 Baht, 1 1/2 Std. Direkter Minibus von den Gästehäusern um 9.30 Uhr in 3 1/2 Std. für 350 Baht. Richtung Nordosten zuerst mit dem roten Bus 1001 vom Markt bis zur Kreuzung in WANG NOI, alle 30 Min., 20 km, 14 Baht.

Eisenbahn

Fahrplan s. S. 782/783. Ab dem Bahnhof, ☎ 035-241521, fahren Songthaew zu den Ruinen. Für Tagesbesucher Gepäckaufbewahrung am Bahnhof 10 Baht.

Von BANGKOK etwa 20 Züge ab Hauptbahnhof Hua Lamphong für 40 / 20 Baht in der 2. / 3. Kl. in 90 Min. Nach LOPBURI für 40 / 20 Baht. Für die kurzen Strecken sind wegen der ansonsten hohen Zuschläge nur die ORD-Züge zu empfehlen. Nach CHIANG MAI sind die Nachtzüge sehr beliebt. Da Züge Richtung Nordosten ebenfalls in Ayutthaya halten, kommt man gut nach PAK CHONG (Khao Yai National Park) in 2–3 Std. und KORAT in 3–4 Std.

Boote

Von BANGKOK bieten verschiedene Gesellschaften Tagestouren mit dem Boot nach Bang Pa In und weiter mit dem Bus nach Ayutthaya an (s. S. 201).

Selbstfahrer

Ayutthaya eignet sich gut als erste Zwischenstation auf dem Weg nach Norden und ist vom Airport aus über die Ring Road leicht zu erreichen.

Radtour Richtung Süden: Nach Bang Pa In geht es vom Bahnhof unter der großen Straßenbrücke hindurch, dann auf dem H3477 18 km auf schmalen Seitenstreifen an der japanischen Siedlung vorbei und unter dem Ayutthaya Bypass hindurch. In Bang Pa In sind die Straßen schmal, kurvenreich und teils unübersichtlich. Hinter Bang Pa In geht es am Ostufer auf dem H3309 nach Bang Sai. Wer weiter zum Wat Phailom will, muss kurz darauf die Ring Road H9 überqueren. Eine Unterführung befindet sich 1 km nördlich und ein U-Turn 500 m südlich der Einmündung. Vom mit Schlaglöchern übersäten H3469 am Westufer des Menam Chao Phraya führen weder Brücken noch Fähren nach Bang Pa In.

Richtung Westen (weniger für Radfahrer geeignet): Nach Kanchanaburi auf dem monotonen, relativ dicht befahrenen H3263 41 km an vielen Fabriken vorbei zum breiten H340. Auf diesem weiter 12 km nach Norden und südwestlich von Bang Pla Ma über den Suphanburi River. Richtung Norden am Fluss entlang zum H3318, auf dem es 32 km durch ein Reisanbaugebiet zum H321 und auf diesem 10 km bis U Thong geht. 5 km südlich der Stadt rechts auf den wenig befahrenen, schnurgeraden H3342 nach Bo Phloi abbiegen. H3086 und H3398 führen dann aus der zentralen Tiefebene 41 km stetig hinauf nach Kanchanaburi.

Auf der Sukhumvit Road nach Südosten

Von Bangkok Richtung Südosten scheint die Stadt kein Ende zu nehmen. Bis Pattaya gehen die Küstenstädte Samut Prakan (390 000 Einw.), Chonburi (230 000 Einw.) und Si Racha (200 000 Einw.) fast nahtlos ineinander über. Auf dem alten H3 gelangt man in das Mündungsgebiet des Menam Chao Phraya, das sich immer weiter nach Süden verschiebt. Die letzten Mangrovengebiete und traditionellen Holzhäuser an schmalen Kanälen werden von gigantischen Industriekomplexen umrahmt, die sich trotz der häufigen Überschwemmungen hier ansiedeln.

Der gebührenpflichtige Motorway M7 und der Buraphawithi Expressway (H34 / H3), eine kreuzungsfreie Hochstraße von Bang Na nach Chonburi, verkürzen die Fahrtzeit an die Ostküste erheblich. Zwischen ihnen erstreckt sich 30 km vom Zentrum von Bangkok entfernt, östlich der Outer Ring Road, der neue Suvarnabhumi Airport. Dahinter verläuft der Motorway M7 durch das dünn besiedelte Hinterland vorbei an gigantischen neuen Industrieparks. Etwas überdimensioniert wirkt der Rastplatz mit zahlreichen Restaurants und Läden hinter der großen Brücke zwischen KM 49 und 50.

Samut Prakan (Pak Nam)

สมุทรปราการ

An der Flussmündung hatten sich lange vor den Thais bereits die Mon niedergelassen. Inmitten der geschäftigen Straßen und Wohnsiedlungen sind die Reste einer einst bedeutenden Befestigungsanlage kaum noch zu erkennen. Um 1600 lag Samut Prakan direkt am Meer und war von großer strategischer Bedeutung. Seit dem frühen 17. Jh. ließen die Könige von Ayutthaya von hier aus den Schiffsverkehr auf dem Menam Chao Phraya kontrollieren. 1767 wurde die Stadt von den Burmesen zerstört. Als Bangkok die neue Hauptstadt wurde, ließen die Chakri-Könige die Flussmündung durch mehrere **Forts** befestigen. Durch die Öffnung des Landes und neue Verkehrsmittel wurden die Anlagen überflüssig und zerfielen.

Wat Chedi Klang Nam (Phra Samut Chedi), das eine hoch verehrte Reliquie Buddhas enthält, war 1826 von König Rama III. auf einer Insel mitten im Fluss errichtet worden. Der Chedi sollte die eintreffenden Schiffe auf die Bedeutung des Buddhismus in Siam hinweisen. Nun liegt er am Westufer in **Phra Pra Daeng** und ist über die Suksawat Road von Thonburi aus zugänglich. Vom Ostufer hat man den besten Blick auf den Chedi von dem Tempel mit dem Big Ben nachempfundenen Uhrturm aus.

Im Oktober / November wird mit einem großen Jahrmarkt, Prozessionen und Bootsrennen das berühmte **Tempelfest** das Wat Chedi Klang Nam gefeiert. In Phra Pra Daeng begehen Mon im April das **Songkran-Fest** besonders feierlich.

Erawan Museum

Im Ort hat der Gründer von Muang Boran (S. 252.) Khun Lek Viriyapant das Elefanten-Museum erbauen lassen, das von der 29 m hohen Statue des dreiköpfigen Elefanten Airavata, Reittier des hinduistischen Gottes Indra, gekrönt wird. Auch das Innere des ungewöhnlichen Gebäudes ist aufwändig mit mythologischen Figuren ausgeschmückt und voller Symbolik. Es soll der Kultur und den Kulturschätzen des Landes einen würdigen Rahmen bieten. Aus dem Untergeschoss, der Unterwelt (Möbel), geht es durch die menschliche Welt (Antiquitäten aus aller Welt) und den Elefantenkörper (Buddhastatuen) auf eine Aussichtsplattform. Das Innere ist nur im Rahmen einer Führung zugänglich. Für englischsprachige Guides sind 300 Baht extra zu zahlen. Schön ist die kleine Gartenanlage, die das Museum umgibt. ⏰ tgl. 8–17 Uhr, Eintritt (so lange es noch nicht fertig ist) 150 Baht, Außenanlagen ohne Museum 50 Baht, ✆ 02-3713135-6, 🖥 www.erawan-museum.com.

Samutprakarn Crocodile Farm & Zoo

Von Samut Prakan geht es weiter nach Süden. Beim KM 28 führt eine Abzweigung rechts zur weltgrößten Krokodilfarm mit über 100 000 Reptilien. Eigentlich werden die 21 einheimischen und importierten Arten wegen ihres Leders gezüchtet. Doch auch lebendig bringen sie eine Menge Geld, wie etwa tausend Besucher pro Tag unter Beweis stellen. Schautafeln und Ausstellungen informieren über die Reptilien. Neben Krokodilen (darunter das weltweit größte) werden viele andere Tiere in einem weitläufigen Areal gehalten und gezüchtet, darunter weiße Tiger, Flusspferde, Elefanten, Kamele und Pythons. Auf das Foto „Ich und der kleine Puma" kann man sicherlich verzichten. In einem **Dinosaurier-Museum** sind Skelette und lebensgroße Modelle zu besichtigen. Wer Krokodilleder kauft, erhält ein CITES-Zertifikat, dass es aus einem Zuchtbetrieb stammt. Die Einfuhr dieser Produkte in die EU ist dennoch genehmigungspflichtig, siehe 🖥 www.zoll.de, Stichwort „Artenschutz". ⏰ tgl. 8–18 Uhr, ✆ 02-7035144-8, 🖥 www.crocodilesworld.com, Eintritt 300 Baht, Thais 60 Baht, Fütterung etwa stdl. Krokodilshow, die Europäer meist nicht sonderlich begeistert, Mo–Fr stdl. zwischen 9 und 11 sowie 13 und 17 Uhr, zudem Sa und So um 12 Uhr. 30 Min. später gibt es eine Elefanten- und Affenshow.

Transport

Nach Samut Prakan (Pak Nam)

Von BANGKOK AC-Bus 508 ab Sanam Luang über den Hauptbahnhof und Southern Bus Terminal bis Pak Nam, Endstation an der Krokodilfarm. Zudem Bus 511 ab Demokratie-Denkmal, der auch am Erawan Museum hält. Vom und zum nahe gelegenen Airport mit Bus 553.

Muang Boran (Ancient City)

Etwa 6 km südlich der Krokodilfarm liegt das über 100 Hektar große, lohnende Freilichtmuseum Ancient City, ein Thailand in Miniaturausgabe, das sogar die Form des Landes hat. In dem weitläufigen Gelände, das hervorragend mit dem Fahrrad zu erkunden ist, sind 116 sehr fotogene Modelle in 1/3 der Originalgröße mit englischen Erläuterungen versehen. Sie repräsentieren typische Baustile, Szenen aus der Literatur sowie berühmte oder typische Gebäude. In einem kleinen Museum sind Kunstgegenstände ausgestellt und ein Garten der Götter informiert über die verschiedenen Religionen. In diesem schönen, keineswegs überlaufenen Areal kann man inmitten von viel Grün, an kleinen Wasserfällen und Seen vorbei, all die Sehenswürdigkeiten erkunden, die man während einer Thailand-Reise verpasst hat.

Fahrräder können am Eingang gemietet werden. Zudem gibt es dort ein informatives Buch in Englisch für 300 Baht. ⏰ tgl. 8–17 Uhr, ✆ 02-3239253, 🖥 www.ancientcity.com, Ausländer zahlen inkl. Fahrrad oder Bahnfahrkarte und Thai-Guide 300 Baht (Englisch sprechender Guide + 75 Baht, Vorbuchung empfehlenswert), wer mit dem Auto herumfahren will, zahlt dafür 50 Baht, Taxi kostenlos.

Nach Muang Boran (Ancient City)

Von Paknam Market fährt der Minibus 36 für 7 Baht, Tuk Tuk 50 Baht. Der Bus hält nach Bedarf, deshalb muss man klingeln, wenn links der große, rote Torbogen erscheint. Ein Taxi für einen Tagesausflug ab Bangkok inkl. Rundfahrt durch den Park kostet 1200 Baht.

Mit dem eigenen Fahrzeug verlässt man an der Ausfahrt Samut Prakan den Ostküsten-Highway und fährt auf der alten Sukhumvit Road Richtung Bang Pu bis zum KM 33.

Nach Phra Pra Daeng

Von BANGKOK mit dem Stadtbus 82 ab Banglampoo über die Memorial Brücke und die Suk Sawat Rd. hinab bis zur Abzweigung, die links zu dem Ort in der Flussschleife führt. Vom Northern Bus Terminal fährt der Stadtbus 138 über den Expressway.

Chonburi ชลบุรี

Diese boomende, laute Industriestadt an der Küste wartet mit keinerlei touristischen Attraktionen auf. Im Stadtzentrum erhebt sich **Wat Yai Intraram**, das König Taksin erbauen ließ. Sein Denkmal steht am Eingang des Tempels. Im Inneren sind schöne Wandmalereien zu sehen. Vom H3 fährt man an der Kreuzung mit dem H344 nach Westen und dann in die nächste Straße nach rechts.

Transport

Bus Terminal im südl. Zentrum an der Gabelung des H3 und H3131. Vom Eastern Bus Terminal in BANGKOK, 85 km, 1. Kl. AC-Bus alle 30–40 Min. bis 23.30 Uhr, 68–72 Baht in 1 1/2 Std. Zurück bis 17.30 Uhr. 2. Kl. AC-Bus alle 20 Min. bis 20 Uhr für 53 Baht. Non-AC-Bus alle 20 Min. für 38 Baht. Ab Suwarnabhumi Airport um 9.10, 10.40, 13.30, 15.30 und 18.30 Uhr. Lokale Busse fahren weiter nach Ang Sila, Bang Saen und Pattaya.

Rund um Ang Sila อ่าศิลา

Im Süden von Chonburi führen verschiedene Straßen zur Küste hinab, z. B. beim KM 100, wo der H3134 nach Ang Sila abzweigt. Der traditionelle Fischerort westlich der Hauptstraße, auch Zentrum der Baumwollweberei, bietet ideale Voraussetzungen für die Austern- und Muschelzucht, denn das Meer ist ruhig.

Entlang der 4 km langen Straße vom H3 zur Küste kann man Steinmetzen beim Meißeln von Skulpturen für Gärten und Mörsern, die in Thai-Küchen zum Zerstampfen von Gewürzen benötigt werden, zusehen. An der Küstenstraße werden Mörser und Trockenfisch verkauft. An der Hauptstraße Richtung Bang Saen erhebt sich auf einer Hügelkuppe der riesige chinesische **Nha Ja Sa Tai Jue-Schrein** („Das Haus aller Götter"), der mit vielen bunten Drachen verziert ist.

Essenstände mit frischem Seafood direkt am Meer und die Seafood-Restaurants im Dorf sind das Ziel zahlreicher Ausflügler. Von der Küstenstraße führt südlich von Ang Sila auf der felsigen Halbinsel eine schmale Abzweigung am KM 9 über einen Hügel zum **Sri Samuk Ground** mit dem Schrein der Göttin Samuk. Hier werden zahlreiche Makaken von Touristen mit Früchten gefüttert. Von einem Aussichtspunkt blickt man über die von Austernfarmen bedeckte Bucht Richtung Norden, von einem weiteren in die andere Richtung.

Über eine Treppe gelangt man hinab zum **Wat Saensuk** an der Küstenstraße, das von der überdimensionalen Statue der Göttin Kuan Yin überragt wird. Bizarre, bunt angemalte buddhistische, hinduistische und konfuzianistische Skulpturen, Himmel- und Höllendarstellungen zieren den Park.

Bang Saen บางแสน

Schon seit Jahrzehnten verbringen Familien aus Bangkok die Wochenenden am kilometerlangen Strand und genießen das Essen in den zahlreichen Fischrestaurants. Die freundliche Atmosphäre lockt auch einige westliche Urlauber an. Beim Bummel über die kilometerlange, gepflegte **Strandpromenade** erhält man einen Einblick in thailändisches Urlaubsvergnügen. Im Schatten zahlloser Kokospalmen und bunter Sonnenschirme haben kleine Souvenir- und Essenstände ihr Angebot ausgebreitet. Am sauberen Sandstrand stehen Liegestühle und Tische für ein Picknick unter Palmen bereit. Das Wassersportangebot beschränkt sich auf Autoreifen als Schwimmhilfe und Bananenboote. Kinder vergnügen sich im seichten Wasser, das die meiste Zeit des Jahres überraschend sauber ist. Im Sommer nimmt allerdings das Meer aufgrund des starken Algenwachstums periodisch eine bräunliche Farbe an und stinkt zum Himmel.

Die Promenade endet an der felsigen Küste im Norden der Stadt, wo Pavillons zu einer Rast einladen. Vorbei an kleinen chinesischen Tempeln und Austernzuchtbetrieben geht es hinauf zu einem weiteren **Aussichtspunkt**, von dem man Bang Saen überblickt. Aufgrund der Umweltbelastung durch die chemische Industrie ist Seafood aus strandnahen Gewässern allerdings mit Schwermetallen und Giften belastet.

In der südlichen Stadt liegt etwa 1 km landeinwärts am H3137 auf dem Campus der Burapha-Universität im Institute of Marine Science ein **Aquarium**, zur Orientierung kann der große, gegenüberliegende Einkaufskomplex dienen. Vom H3 kommend fährt man 41 km nördlich von Pattaya auf dem H3137 1,2 km Richtung Küste. Das Aquarium mit einem großen und vielen kleinen Becken beherbergt tropische Nutzfische, Korallenfische, Seeigel, Schildkröten, Krebse, Langusten, Schildkröten und einige seltene sowie kuriose Meeresbewohner. Ihm ist ein **Marine Museum** angeschlossen. ◷ Di–So 8.30–16.30 Uhr, ✆ 038-391671-3, Eintritt 20 Baht.

S.S. Bangsaen Beach Hotel, 68 Bangsaen Rd., ✆ 038-381670, ✉ 381963, gepflegtes 3-stöckiges Hotel im nördlichen Zentrum an der Küstenstraße. AC-Zi mit Minibar, TV, Kühlschrank und kleinem Balkon, teurere mit Meerblick. Die hohen Fensterfronten zum Meer hin geben dem Restaurant und Pub ein mediterranes Flair, kein Pool. ❺
Bangsaen Resort, 325 Bangsaen Rd., ✆ 038-383221, ruhig gelegenes Hotel hinter dem Kreisverkehr am Strand mit Restaurant und Pool in einem kleinen Garten. Kleine Zi mit AC, Bad, TV und Kühlschrank, etwas teurere mit Seeblick, auch einige Bungalows. ❺
The Tide Resort, 44/1 Bangsaen Rd., 🖳 www.thetide-resort.com, ✆ 038-383221. Großes, neues Hotel im Zentrum. Komfortable Zi im modernen Thai-Stil mit Balkon. Großer Pool mit Liegen, Fitnesscenter, Spa und Restaurant mit Fusion-Küche. Bar und Bäckerei. Rabatte möglich. ❼–❽
An der Strandpromenade verkaufen viele Stände Fisch vom Grill und Som Tam. Weitere Essensstände und kleine Restaurants an der Strandstraße, v. a. zwischen Soi 1 und 2.

Am Sukhumvit Highway verkaufen viele Läden und Stände Fischprodukte: Fischpaste, Fisch-

sauce, Trockenfisch und Krabbenchips. Ein großes Einkaufszentrum gegenüber dem Aquarium.

Geldautomat an der Strandstraße nahe Soi 1 und 500 m östlich vom Bangsaen Resort und am zentralen Kreisverkehr.

Tourist Office an der Küstenstraße zwischen Soi 2 und 3. In dem wunderbaren, modernen Gebäude ist leider nur eine allgemeine Broschüre erhältlich, und das Personal spricht kaum Englisch.

Von BANGKOK, 97 km, mit Bussen, die auf dem H3 Richtung Pattaya verkehren, bis zur Abzweigung nach Bang Saen, 10 km hinter Chonburi. Von hier fahren Songthaew 2,5 km bis zur Küste. Direkt vom Eastern Bus Terminal 1. Kl AC-Busse alle 2 Std. von 7–17 Uhr für 81 Baht in 1 1/2 Std.

Khao Khiew Open Zoo

18 km östlich des Highway erstreckt sich am südwestlichen Hang des gleichnamigen Berges der Khao Khiew Open Zoo, der 1974 als Ableger des Zoos von Bangkok gegründet wurde. Er ist flächenmäßig mit 8 km² zwar der größte Zoo Asiens, aber nicht der mit den meisten Tieren. Im zentralen Bereich sind Gehege mit insgesamt 8000 Tieren aus allen Kontinenten zu sehen (Bisons, Antilopen, Gibbons, Bären, Flusspferde, Hirsche, Wasserbüffel, Tapire), die aus dem zu engen Dusit Zoo von Bangkok umziehen mussten. Sechs Bengalische Tiger wurden zur Paarung aus den USA hierher gebracht, und auch Nebelparder werden unter gemeinsamer wissenschaftlicher Aufsicht gezüchtet.

Am interessantesten ist das große Gehege mit etwa 6800 asiatischen Vögeln. Zwei Drittel des Parks dienen einheimischen wilden Tieren als Refugium zum Zweck der Fortpflanzung und sind nicht zugänglich. ✆ 038-338390, ◷ tgl. 8–18 Uhr, Eintritt 50 Baht, Auto 50 Baht, Nachtsafari

100 Baht. Fahrräder können gemietet werden. Zudem fährt ein Shuttlebus über das Gelände.

Transport

Es gibt keine öffentlichen Transportmittel. Vom H3 in Bang Phra, 35 km nördlich von Pattaya, Richtung Bang Phra Golf Club und am nördlichen Ufer des Reservoirs entlang sind es 18 km zum Zoo.

Si Racha　　ศรีราชา

Die Handelsstadt 24 km südlich von Chonburi hat sich im Sog des neuen Tiefseehafens und Industriezentrums **Laem Chabang** am KM 128, auf einer Landzunge südlich des Ortes, zu einem modernen Versorgungszentrum mit einem großen Krankenhaus, Apartmenthäusern und Banken entwickelt. Der Tiefseehafen ist eines der ehrgeizigsten Industrialisierungsprojekte des Landes. Um die Hafenanlagen mit einer Werft sind zahlreiche Großbetriebe, v. a. der chemischen Industrie, angesiedelt worden.

Auf einer Abzweigung vom H3 (ausgeschildert: Samitivej Hospital und Ko Si Chang) geht es hinab zur Küste. Vom **Koh Loy Park** eröffnet sich ein schöner Blick auf die Felseninsel **Ko Loy** mit dem **Wat Sri Maharaja** und einem kleinen chinesischen Tempel, zu der ein Damm hinaus führt. Der Felsen diente früher Mönchen als Meditationsinsel. Eine der Frauen von König Chulalongkorn, die von ihrem Anwesen am Strand auf dem Festland die Mönche mit aller Regelmäßigkeit hinüber- und herüberpaddeln sah, beschloss, den Damm anzulegen und einen Tempel zu errichten. Von oben bietet sich eine schöne Aussicht auf Bang Saen im Norden, Si Racha und die gebirgige Insel Si Chang.

Unterhalb des Tempels liegen Boote vor Anker. Hier legen 6x tgl. von 8–17 Uhr Ausflugsboote ab, die für 40 Baht auf die Insel **Si Chang** fahren, letztes Boot zurück um 16 Uhr. Auf der gebirgigen Insel 12 km vor der Küste liegen ein Fischerdorf und ein Resort. Rama V. ließ hier eine kleine Villa für seinen kranken Sohn errichten. Auf einem Felsen im Norden erhebt sich ein kleiner Tempel mit einer schönen Aussicht. Zudem ein kleiner Höhlentempel.

2 km weiter auf dem H3 Richtung Osten ist der alte Ortskern am Meer erreicht (Abzweigung Thanon Surasak 3 gegenüber der Jet-Tankstelle). Hier sind viele Geschäfte nur mit chinesischen Zeichen beschriftet. Am Ende der Soi 14 ist nach 500 m der **alte Fischereihafen** erreicht, vom Busbahnhof oder Bahnhof mit dem Tuk Tuk für 20–30 Baht.

Im **Si Racha Tiger Zoo**, einer privaten Forschungs- und Aufzuchtstation, werden ca. 200 Königstiger und viele Krokodile gehalten. Zudem Kamele, Kängurus, Strauße und andere Vögel sowie von 9–17 Uhr diverse Shows. Zum Zoo, 341 Moo 3, Nongkham, Si Racha, ☏ 038-296556-8, 🖳 www.tigerzoo.com, vom Hwy 36 am KM 21 auf den H3241 Richtung Norden abbiegen. ⏱ tgl. 9–18 Uhr, Eintritt 250 Baht, Thais 80 Baht.

Transport

Vom Eastern Bus Terminal in BANGKOK, 104 km, mit AC-Bussen ständig bis 21 Uhr bis zur Abzweigung am Sukhumvit Highway für 70 Baht, 2.Kl. AC-Bus bis 19.50 Uhr 55 Baht. Zurück bis 20 Uhr.

Pattaya　　พัทยา

Entlang der Bucht von Pattaya und der angrenzenden Strände erstreckt sich eines der größten Urlaubszentren Südostasiens. Die internationale Schlemmer-, Shopping-, Strand-, Spaß- und Sport-Metropole lockt jährlich über 4 Mill. einheimische und ausländische Touristen. Trotzdem scheiden sich an dieser Stadt die Geister: Aufgrund unzähliger Schmuddelberichte, ihres Rufs als Sex-Paradies und Verbrecher-Fluchtburg bleibt sie für viele Touristen eine No-Go-Area. Einige machen sogar Pattaya-Urlaub, ohne daheim davon zu erzählen. Immer mehr Deutsche, Österreicher und Schweizer (auch Ehepaare) jedoch kehren jedes Jahr zum Überwintern in das offiziell 101 378, aber in Wirklichkeit längst über 300 000 Einwohner zählende Seebad zurück.

Das Image mag strittig bleiben, der Boom ist es nicht: Mit atemberaubender Geschwindigkeit verdichtet sich der Küstenort mit neuen Hotels (auch renommierte Ketten), Apartment-Häusern,

Restaurants, Geschäften und Einkaufszentren, während sich die Vororte immer weiter ins Hinterland ausdehnen. Unmengen an Geld sind in Infrastrukturmaßnahmen und die Verschönerung des Stadtbildes geflossen: Eine Großkläranlage hat das Meer sauberer werden lassen und eine Vielzahl neuer Straßen den Verkehrsfluss verbessert. Eine gediegene Strandpromenade mit Sitzbänken und einer Fülle an Skulpturen erfreut das Auge genauso wie bunt gepflasterte Bürgersteige, der umgestaltete Busbahnhof, bunte Blumenrabatten oder der 200 m lange **Bali Hai-Pier** mit dem ansehnlichen Passagier-Terminal im Thai-Stil.

Bizarr geht es im amerikanischen Museum **Ripley's Believe it or not** im Royal Garden Plaza zu, ✆ 038-710294-8, 🖳 www.ripleysthailand.com, 🕑 11–23 Uhr: mit 250 unterhaltsamen Kuriositäten, einer Dinosaurier- und Hai-Galerie, faszinierenden optischen Täuschungen und einer DC 3 aus Zeiten des Vietnamkriegs, Eintritt 380 Baht, Kinder 280 Baht. Dazu gehören auch die angrenzenden avantgardistischen Erlebniswelten **Moving Theater** (4-D-Filme mit Spezialeffekten), **Infinity Maze** (bizarre Spiegelwelten) und **Haunted Adventure** (Gruselkabinett). Alle Attraktionen für 670 Baht, Kinder 550 Baht. Zu den Attraktionen der neuesten Generation zählt ein 48-sitziges **U-Boot**, mit dem man 3x tgl. bei der vorgelagerten Insel Ko Sak in die Tiefen des Meeres hinabtauchen kann. 🖳 www.thaisubmarine.com, ✆ 038-415234, 1800 Baht, Kinder 1350 Baht.

Am Südende der Stadt führt eine Serpentinenstrecke auf den Berg **Phra Tamnak**, die um einige hübsche Panorama-Straßen erweitert wurde. Am Westhang des Hügels erstreckt sich der bei Joggern beliebte **Rama IX Memorial Park**. Von einem Tempel auf der Spitze eröffnet sich ein eindrucksvoller Panoramablick auf das einstige Fischerdorf Pattaya, dessen Name sich mit „Südwestwind" übersetzen lässt. Vom **Wat Phra Yai** auf dem benachbarten Hügel blickt ein riesiger sitzender Buddha auf das Treiben von Pattaya hinab. Der Weg dorthin führt an einem **Skulpturengarten** mit Kuan Yin, der Göttin der Barmherzigkeit, und dem Philosophen Lao-tze vorbei.

Den besten Ausblick bietet jedoch der 240 m hohe **Pattaya Park Tower**, ✆ 038-364110-20,

🖳 www.pattayapark.com, mit seinen beiden Dreh-Restaurants in der 52. und 53. Etage, 🕑 9–22 Uhr. Für 200 Baht (inkl. Dinner-Buffet 550 Baht) kann man mit dem Lift nach oben gelangen und dann ohne Aufpreis über Seilzüge mit dem **Sky Shuttle** (8 Personen), dem **Space Shuttle** (2 Personen) oder dem **Tower Jump** (allein am Flaschenzug) wieder nach unten gelangen. Schon bald könnte dieser Turm als Miniatur erscheinen, denn der Kulisse Pattayas steht Großes bevor: Megaprojekte wie der **Ocean one Tower** z. B., der mit 611 Apartments und 327 m das höchste Wohngebäude der Welt werden soll.

Hinsichtlich der Horizontale kann Pattaya nach wie vor alle Vorurteile bestätigen: Wenn das südliche Ende der **Beach Road**, auch Walking Street, Strip oder Goldene Meile genannt, von 19–2 Uhr zur Fußgängerzone wird, stürzen sich betagte Männer mit jungen Liebesdienerinnen in ein Nachtleben, das ihre Kräfte zu übersteigen scheint, und machen der Stadt als Vergnügungshochburg für allein reisende Männer alle (zweifelhafte) Ehre. Ständig eröffnen neue Freiluft-Barcenter, aber auch stilvolle Szene-Pubs mit Live-Musik, die dem Nachtleben mehr Vielfalt und Niveau verleihen. Trotz häufiger Klagen über das Sex-Geschäft, wilde Müllkippen, angeschwemmten Dreck, Fäkaliengeruch oder aggressive Anmache von Mopedtaxi- und Baht-Bus-Fahrern können sich die zahlreichen Unterkünfte einer recht guten Auslastung erfreuen.

Das ist nicht zuletzt den neuen Urlauberscharen aus den Ländern der ehemaligen Sowjetunion zu verdanken. Sie landen mit Chartermaschinen auf dem Flughafen U-Tapao, von dem amerikanische B-52-Bomber einst zu Kampfeinsätzen nach Vietnam starteten und mit dem die Geschichte des Seebads als *Rest & Recreation Center* begann.

In den entlegenen Sois des Stadtteils **Naklua**, wo einige alte Holzhäuser überlebt haben, geht es ruhiger zu. Der schöne **Wongamat Beach** mit vielen kleinen Seafood-Restaurants, wenigen Scootern und relativ sauberem Wasser ist fest in der Hand deutschsprachiger Urlauber. Südlich von Pattaya lädt der lang gestreckte **Jomtien Beach** (Chomtien-Strand) zum Sonnenbad oder Windsurfen ein. Hier finden sich weniger Bierbars und Massagesalons, doch Südseeträume kommen angesichts der Hochhäuser trotzdem nicht auf.

Übernachtung

Derzeit gibt es in Pattaya rund 350 Hotels mit etwa 40 000 Zi. Die starke Konkurrenz drückt so sehr auf die Preise, dass komfortable Unterkünfte bereits ab 300 Baht zu haben sind (Monatsmieten schon ab 6000 Baht).

Im Norden (Pattaya Naklua)

The Cottage ④, 78/36 Second Rd., nahe Soi 2, ☎ 038-425660, 🖷 425650. Beliebtes Bungalow-Resort mit 70 Zi in bester Lage. Angenehme anachronistische Atmosphäre mit zwei Pools in altem, tropischem Garten, viele Stammgäste. ❹

BJ Holiday Lodge ⑤, 115/7 Moo 9, Beach Rd. Soi 3, ☎ 038-488572-3, 🖷, 488574, 🖵 www.bjpattaya.com. 50 recht schön eingerichtete Zi, einige mit Meerblick. ❹

Moonlight on Sea ⑩, 207 Moo 5, Soi Naklua 12, ☎ 038-225251, 🖷 225253. Mit rund 50 Jahren die älteste Bungalow-Anlage der Stadt. 9 etwas muffige Zi und 12 betagte Bungalows, abgelegen und ruhig am Strand zwischen altem Baumbestand. ❹

Siam City Park Hotel ⑪, 119/102 Naklua Rd., ☎ 038-421678, 🖷 426304. Hell, sauber aber gelegentlich etwas laut. Gutes Preis-Leistungs-Verhältnis. ❸

Sawasdee Place ⑫, 272/75 Moo 5 Naklua Rd., ☎ 038-225480-2, 🖷 225616. Nettes, ruhiges Hotel. 60 geräumige Zi, die schönsten zum Innenhof mit Balkon. ❸

The Beach Garden Resort ⑬, 164/9 Moo 5, Soi Naklua 20, ☎ 038-371200-4, 🖷 371205. 🖵 www.thebeachgarden.com. Nette, ruhige Anlage mit 56 Zi, Pool, Restaurant und freundlichem Personal. ❹

Thai Garden Resort ⑭, 179/168 Moo 5, North Rd., ☎ 038-426009, 🖷 426198, 🖵 www.thaigarden.com. 182 komfortable, saubere Bungalows und Zi mit allen Annehmlichkeiten in weitläufiger, hübscher Gartenanlage mit 2 Pools. ❺

In der Mitte (Pattaya Klang)

Palm Garden Hotel ②, 204/1 Moo 9, Second Rd., ☎ 038-429386, 🖷 429188. In den 115 Zi quartieren sich besonders gern deutsche Gäste ein. ❸–❹

Flipper Lodge ⑥, 520/1 Soi 8, Beach Rd., ☎ 038-411655-6, 🖷 426403, 🖵 www.flippergroup.com. Beliebt und mitten im Geschehen mit 100 guten Zi. ❸–❺

Sawasdee Sea View ⑦, 302/1 Moo 10, Beach Rd. Soi 10, ☎ 038-711079, 🖷 711078, 🖵 www.sawasdee-hotels.com. 150 Zi in zwei Flügeln in Meeresnähe. Recht gutes Preis-Leistungs-Verhältnis wie auch bei den anderen 4 Unterkünften der Sawasdee-Gruppe im Innenstadtbereich. ❹

Apex Hotel ⑧, 216/1 Moo 10, Second Rd., nahe Soi 11, ☎ 038-428281-2, 🖷 421184. Beliebtes Hotel mit 109 etwas abgewohnten Zi. Üppiges Frühstücks- und Abendbuffet (ähnliches Angebot im Lek Hotel). ❸

Radi Mansion I und II ⑮, 10/50 Moo 9, ☎ 038-424608, 🖷 038-716386, 150 recht komfortable, geräumige und saubere Zi in ruhiger Lage und mit schönem Pool. Chef Radi entpuppt sich als agiler Deutsch-Jugoslawe. ❷–❸

Im Süden (Pattaya Tai und Jomtien-Strand)

The Penthouse ⑨, Soi Pattayaland 2, ☎ 038-429639, 🖷 421747, 🖵 www.penthousehotel.com. Mit 56 plüschigen Party-Zi, Babylon-Suiten und einem originellen Exotic-Spa-Pool-Gym das urigste Hotel der Stadt. ❹–❺

Cabbages & Condoms ⑱, am Asia-Beach, ☎ 038-250035, 🖷 250034. Kinderfreundliches, ruhiges Hotel mit 57 komfortablen Zi an einer schönen Bucht mit tropischem Garten. Die Anlage des früheren Ministers Meechai Viravaidya (Spitzname: Mr. Condom) ist umweltfreundlich konzipiert. Die Gewinne kommen teilweise Hilfsprojekten zugute. ⑤–⑥

Koenig Mansion ⑲, 568/18 Moo 10, Soi Yensabai, ✆ 038-713636, ✉ 713637, 🖥 www.hotelkoenig.com. 25 saubere, geräumige Komfort-Zi. Der deutsche Besitzer Eddy überlässt nichts dem Zufall. ③–④

Eurostar ㉑, Jomtien Beach Rd., 152 Soi 1, ✆ 038-233333, ✉ 233332, 🖥 www.eurostarhotel.com. 32 Komfort-Zi, schönes Restaurant und gutes Preis-Leistungs-Verhältnis nahe Strand. Besitzer aus Österreich. ④

Luxus-Anlagen

Die Resorts mit schönen Gartenanlagen und allem Komfort gibt es über Internet und Agenturen oft erheblich günstiger:

Dusit Resort ①, 240/2 Beach Rd., ✆ 038-425-611-7, ✉ 428239, 🖥 www.pattaya.dusit.com. 472 Zi mit schönem, riesigem Tropengarten und Wasserfall im Innenhof sowie beliebtem Fitnesscenter. ⑧

Amari Orchid Resort ③, 240 Moo 5, Beach Rd., ✆ 038-428161, ✉ 428165, 🖥 www.amari.com. Stilvolles Foyer und 228 Zi. Hat durch Abholzen seiner tropischen Gartenanlage und diverse Neubauten leider viel von seinem Flair verloren. ⑦

Royal Cliff Beach Resort ⑯, 353 Moo 12, Cliff Rd., ✆ 038-250421-30, ✉ 250511, 🖥 www.royalcliff.com. Das größte Resort mit 1200 Zi in 4 Komplexen, 10 Restaurants und Bars, 7 Tennisplätzen, 3 Pools und etwa 1500 Angestellten wurde mehrfach zum besten Beach-Resort der Welt gewählt. ⑧

Sheraton Pattaya Resort ⑰, 437 Pratamnak Rd., ✆ 038-259888, ✉ 259899, 🖥 www.sheraton.com/Pattaya. Mit herrlicher Architektur und 153 Zi die edelste Herberge der Stadt. Es lohnt sich, zumindest zu einem Sundowner vorbeizuschauen. ⑧

Rabbit Resort ⑳, Dongtan/Jomtien-Beach, ✆ 038-303303-4, ✉ 251628, 🖥 www.rabbitresort.com. Charmantes, tropisch begrüntes Resort im Stil eines Thai-Dorfes mit 49 durchdacht dekorierten Villen und Suiten, stilvoll geführt von Khun Paisan und seiner Frau Deborah. ⑦–⑧

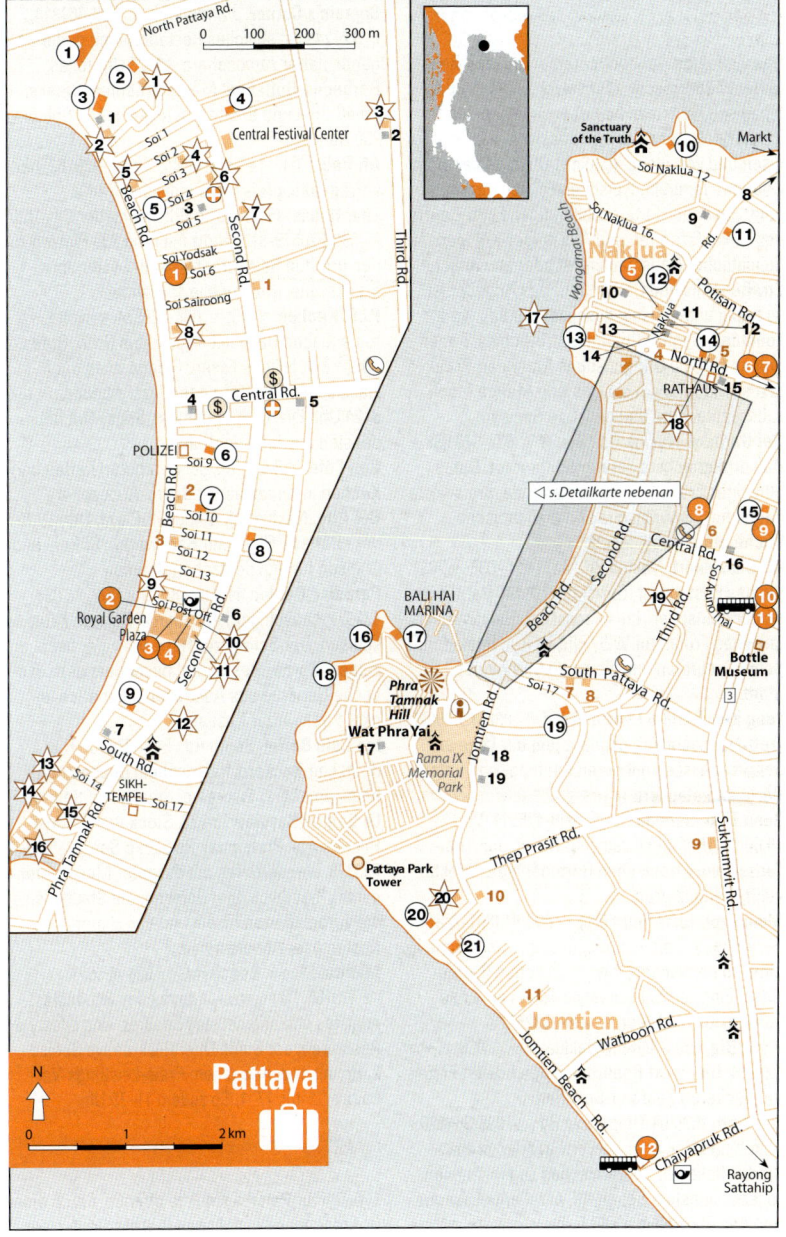

Pattaya

North Pattaya Rd.

0 100 200 300 m

Central Festival Center

Soi 1
Soi 2
Soi 3
Soi 4
Soi 5

Beach Rd.

Soi Yodsak
Soi 6

Soi Sairoong

Second Rd.

Third Rd.

Central Rd.

POLIZEI
Soi 9

Beach Rd.

Soi 10
Soi 11
Soi 12
Soi 13

Second Rd.

Royal Garden Plaza

Soi Post Off. Rd.

South Rd.

Soi 14

SIKH-TEMPEL
Soi 17

Phra Tamnak Rd.

BALI HAI MARINA

Phra Tamnak Hill
Wat Phra Yai

Rama IX Memorial Park

Pattaya Park Tower

Jomtien Rd.

South Pattaya Rd.

Soi 17

Thep Prasit Rd.

Jomtien

Watboon Rd.

Jomtien Beach Rd.

Chaiyapruk Rd.

Rayong Sattahip

Sanctuary of the Truth

Markt

Soi Naklua 12

Soi Naklua 16

Wongamat Beach

Naklua

Naklua

Potisan Rd.

North Rd.

RATHAUS

s. Detailkarte nebenan

Second Rd.

Beach Rd.

Central Rd.

Third Rd.

Soi Arun Thai

Bottle Museum

Sukhumvit Rd.

N

0 1 2 km

Das vielfältige Angebot der über tausend Restaurants überrascht. Chinesisch, indisch oder japanisch kann man hier ebenso essen wie französisch, italienisch, libanesisch, mexikanisch und vor allem: deutsch! Ob in gediegenen Gourmet-Tempeln, typischen Filialen internationaler Fastfood-Ketten, weitläufigen Food-Courts der Einkaufszentren und Aussteiger-Kneipen mit heimatlicher Hausmannskost oder an einfachen Straßengrills und Garküchen: Das Angebot ist so üppig und günstig, dass jeder fündig wird.

Foodland, Central Rd. Am Bistro-Imbiss-Tresen gibt es bis 8.30 Uhr günstiges American Breakfast sowie rund um die Uhr jede Menge frisch zubereitete, gute und günstige Speisen.

Bei Gerhard, Naklua Rd., Soi 33 ✆ 038-370 698. Das erfolgreichste Farang-Restaurant. Gutes, günstiges Frühstück, hervorragende, preiswerte deutsche, schwäbische und thailändische Küche. Häufig voll besetzt.

Alt Düsseldorf, Naklua Rd., Soi 14, ✆ 038-367031. Kleines Restaurant (Gerichte 110–140 Baht) mit bester deutscher Hausmannskost. Bei der westfälischen Frohnatur Willy gibt es u. a. Rouladen, Schweinebraten und die beste Currywurst der Stadt.

Leng Kee, 341/3-6 Central Road, ✆ 038-426290-1. Trotz Neonlicht-Atmosphäre und der Lage an der Straße ist es mit guten Seafood- und Enten-Gerichten etabliert.

Ruen Thai, Second Rd., ✆ 038-425911. Von 19.30–23 Uhr mit klassischer Musik und Thai-Tanz in einer tropischen Gartenanlage. Spektakuläres Flambieren.

Mum Aroi, 15/14 Third Rd., ✆ 038-414801-2, ausgezeichnete, relativ preisgünstige Thai-Küche in einer romantischen, landestypischen Garten-Oase. Eine reizvolle Lifestyle-Filiale am Ende von Naklua am Meer, ✆ 038-233252.

Pizza Big, 668/9 Moo 5, Naklua Rd., ✆ 038-427314. Hier lockt Roberto mit den besten Pizzen und leckeren Seafood-Spaghettis.

Bar Non, 162/204 Thappraya Rd., ✆ 038-364136, unscheinbarer, aber hervorragender, preiswerter Italiener. Spartanisches Laden-Ambiente, aber günstige Spaghetti, exzellente Lasagne und das Glas Wein ab 80 Baht.

Captain's Corner, Jomtien Rd., ✆ 038-364314, ◷ 12–24 Uhr, stilvolles Restaurant mit gediegener, netter Atmosphäre. 18–23 Uhr tolles Barbecue-Buffet mit Meeresfrüchten, Steaks, Spießchen und Salaten im texanischen Stil für 350 Baht.

Ali Baba, 1/13-14 Central Rd, ✆ 038-429262, hervorragende, preiswerte indische Küche.

Thai House, 171/1 North Rd., neben der City Hall, ✆ 038-370579-81, gehört mit rund 800 Plätzen zu den größten Restaurants, ◷ 19–24 Uhr eindrucksvolle, traditionelle Tanzshow.

P.I.C. Kitchen, Soi 5, ✆ 038-428374, stilvolle, romantische Oase mit tropischem Grün. Gutes, aber nicht billiges Essen. Gelegentlich auch klassischer Thai-Tanz oder Jazz- Abende. ◷ tgl. 8–24 Uhr. Ein Ableger namens **Sugar Hut** befindet sich am Jomtien Beach.

Bon Café, Naklua Rd., serviert guten Kaffee und Kuchen in klimatisierter Bistro-Atmosphäre.

Bei Otto, Naklua Rd., Windmill-Plaza. Otto Duffners Pattaya-Filiale mit Backwaren, Süßem und Speisen für den deutschen Gaumen.

Paradise Garden, Naklua Rd. Soi 16/2, ✆ 038-422871. Lauschiger kann man in Pattaya kaum speisen. Der Schweizer Hans Bänziger tischt in seinem Garten-Restaurant besonders gern exotische Gerichte aus Australien, aber auch leckere Schweizer Kost auf.

Ice Cafe Berlin, South Rd., Ecke Beach Rd., deutsche Bäckerei mit frischem Kuchen und hausgemachter Eiscreme, Steaks und Salaten.

Le Saigon Bayview, im 23. Stock des Pattaya Hill Resorts, Pratamnak Rd., Ecke Soi 2, ✆ 038-250329, wunderbarer, mit dezenter Musik untermalter Rundblick über Jomtien, die Stadtkulisse, die vorgelagerten Inseln und das Hinterland. Kostenloser Abholservice.

Mantra, Moo 5, Beach Rd., ✆ 038-429591, ✆ 428165, ▭ mantra-pattaya.com. Schönstes, edelstes und originellstes Erlebnis- und Lifestyle-Restaurant der Stadt. Überaus kreative Speisekarte mit angemessenem Preis-Leistungs-Verhältnis. ◷ tgl. 17–1, So zudem 11–15 Uhr.

Typisch für Pattaya sind die offenen, durch eine Überdachung geschützten Bierbar-Center, wo

Frisch Gegrilltes vom Pick-Up

käufliche Mädchen auf Kundschaft warten. Aufgrund der großen Konkurrenz relativ preiswerte Getränke. Auch wer sich nur umschauen möchte, wird meist freundlich behandelt.

Diskotheken

In den meisten Tanzschuppen geht es erst ab Mitternacht richtig los.

Xzyte, Third Rd. Moderne Mega-Diskothek mit Live-Konzerten bekannter Stars, Shows und Video-Wänden.

Star Dice, Naklua Rd. Landestypisches, lautstarkes Programm aus Live-Musik, Show-Einlagen und Disco. Stets gut besucht.

Marine Disco, Walking St. Seit Jahrzehnten legendärer Ruf wegen der ausgelassenen Tanz-Stimmung (ab 1 Uhr nachts garantiert) sowie dem lasziv bis bizarren Publikum.

Tony's, Walking St. Etablierter, oft seine Aufmachung wechselnder Tanzschuppen, in dem die penetrante Kommerzialisierung schon fast Kult ist. Gehört dem agilen Thai-Amerikaner Tony.

Lucifer, Walking St., beliebtester und daher auch stets voller Szene-Treff. Urig als Höhle durchgestylter Tanzschuppen mit Live-Musik. Zweite Band im Eingangsbereich.

Kinos

Im obersten Stockwerk des **Pattaya Festival Centers**, ✆ 038-361500-1, finden sich 6 moderne Kinosäle (tgl. 5–7 Vorstellungen von überwiegend westlichen Filmen, 100–120 Baht). Im ebenfalls an der Second Rd. gelegenen **Royal Garden Plaza**, ✆ 038-428057, werden in zwei Kinosälen aktuelle internationale Streifen gezeigt (80 Baht).

Live-Musik

In den meisten Etablissements wird die Musik mit hervorragenden Speisen garniert.

The Blues Factory, Beach Rd. Soi Lucky Star, gegenüber der Marine Bar. Beste Unterhaltung für Blues-, Oldie- und Rockmusik-Fans – allein schon wegen Thailands Rock-Legende und Gitarren-König Lam Morrison, ☉ tgl. außer Mo ab 21 Uhr.

Kum Punn, Soi 2. Empfehlenswerter Szene-Pub im typisch thailändischen Musikkneipen-Stil. Fetzige Bands, leckeres Essen und stets gute Stimmung.

Slim, Second Rd. Neuer, angesagter Fashion-Club mit Hip-Hop-DJs, fetzigen Live-Bands und Coyote-Tänzerinnen. Bier und Cocktails 250 Baht.

Cottage, Third Rd. (am Mum Aroi), beliebter Trend-Schuppen im Bangkok-Stil mit Auftritten bekannter Bands.

Moon River Pub, am Thai Garden Resort, North Rd., hier spielen Bands Country-Musik, internationale Hits, Evergreens und populäre Thai-Musik. Gelegentlich treten legendäre Thai-Musiker wie Lek oder Ed Carabao auf. Stilechtes Western-Ambiente. ☉ ab 18 Uhr.

Hopf Brew House, Beach Rd., Ecke Soi Yamato, seit 1997 die erste Mikrobrauerei Pattayas mit exzellentem Bier, deftigen Gerichten und sehr guter Musik sowie Auftritten eines beliebten italienischen Tenors.

Shenanigans, Second Rd., Höhe Soi Post Office, 🖳 www.shenanigans-pattaya.com. Stilechter, irischer Pub mit Dunkelbieren und landestypischer Speisekarte. ☉ tgl. 9–1 Uhr.

Green Tree Pub, nördliche Beach Rd., bunte Mischung aus Thai-Songs, Jazz und Rock. Gute Stimmung in romantischem, bunt beleuchtetem Garten mit Bühne, Meerblick und Grill.

Green Bottle Pub, südliche Second Rd., bietet seit vielen Jahren eine gediegene Atmosphäre und ein gutes, gekühltes Ambiente.

Henry J. Beans and Grill, am Amari Orchid Resort, Beach Rd., stilvoller, gediegener Pub, Meerblick, Live-Musik und gehobene Preise, ☉ tgl. ab 17 Uhr.

Hard Rock Cafe, Beach Rd. Heiße Live-Rhythmen bei eisgekühltem, leider etwas teurem Bier.

Travestie-Shows

Selbst Thai-Familien mit Kind und Kegel besuchen die sehenswerten, farbenprächtigen Travestieshows. Sie sind nicht billig, haben aber ein relativ hohes Niveau:

Alcazar Show, Second Rd., ✆ 038-410225-7, ✆ 424939, tgl. 18.30, 20 und 21.30, Sa auch um 23 Uhr, reservierte Plätze 500–600 Baht.

Tiffany Show, Second Rd., ✆ 038-421700-5, ✆ 421711, tgl. 18, 19.30 und 21 Uhr, 500–700 Baht, VIP 800 Baht.

Dolce Vita, Jomtien-Komplex, Thappraya Rd. ✆ 087-0587734. Unter Schweizer Leitung, keine Reisegruppen und gemütliche Atmosphäre. Travestie-Cabaret um 22.30 Uhr. 200 Baht inkl. Freigetränk.

Malibu Bar, Second Rd., Ecke Soi Post Office,

kleinere, weniger durchorganisierte Travestieshows – wie sie auch auf Bühnen in so manchem Bar-Center dargeboten werden.

Der Urlaubsort bietet vielfältige Sportmöglichkeiten wie Tauchen, Segeln, Bungy Jumping, Sky Diving, Go-Kart-Rennen, Fallschirmsegeln, Windsurfen, Taekwondo, Reiten, Bowling, Minigolf, Schießen usw.

Boxen

Muay Thai-Boxen für Anfänger und Fortgeschrittene im **Sitpholek Muaythai Sportscenter**, 217/10 Moo 6 Sukhumvit Rd., ✆ 086-5610838, 089-9345001, ✉ sitpholek_frank@hotmail.com, ☉ 9–24 Uhr, oder im **Yodthong Senanan Thai Boxing Camp**, Nongprue, ✆ 038-249018.

Bungy Jumping

Jomtien Rd., Soi 14, ✆ 086-3783880, 🖳 www.thaibungy.com, ☉ tgl. 9–18 Uhr, an einem hübschen See wird von Neuseeländern betrieben, Sprunghöhe 50 m.

Fitness

Gut ausgestattet sind die Fitness-Clubs in den Hotels Dusit, Montien, Royal Garden oder Hard Rock. Neueste Geräte, ein großes Schwimmbad und Box-Training bietet **Tony's Gym** an der Third Rd., ✆ 038-414058-9.

Reiten

Horseshoe Point Resort & Country Club, 100 Moo 9, Tambon Pong, nahe Pattaya, 🖳 www.horseshoepoint.com, ✆ 038-253500, ✆ 735051. Reiterhof von Weltklasse. Unterricht, Dressur-Wettbewerbe, Springen, Polo und Military sowie Shows, Reitausflüge, Kutschfahrten und Pony-Reiten. Leitung durch Willi Netzer.

Outdoor Stables Pattaya, ca. 18 km östl. der Stadt, ✆ 081-3020814, 🖳 www.horsepattaya. com. Seit 1988 älteste Reitfarm, Unterricht für 1200 Baht pro Std.

Segeln

Die reizvolle Inselwelt lockt jeden Segler. Entlang des Jomtien Beach werden Laser, Hobie

Cats oder Optimists für 400–800 Baht pro Std. angeboten, z. B. vom **Pattaya Sailing Center**. Interessenten sollten mal für einen Drink im legendären, 1957 gegründeten **Royal Varuna Yacht Club** (in eigener Bucht nahe Grand View Hotel) vorbeischauen, ✆ 038-306290, 🖥 www. royal-varuna-yacht-club.com, oder im gediegenen **Ocean Marina Yacht Club**, 15 km östlich der Stadt, 🖥 www.oceanmarinayachtclub.com, ✆ 038-247310.

Tauchen

Mehrere Tauchbasen bieten Kurse und Touren nach Ko Larn, Ko Sak und Ko Khrok an. Sehr schön ist das in 27 m Tiefe gelegene, mit Korallen bewachsene Wrack *Harddeep* mit vielen Fischen. 4-tägiger Open-Water-Kurs mit Zertifikat ab 14 500 Baht. Für zwei Tauchgänge mit Ausrüstung, Boot und Guide zahlt man um 3000 Baht. **Paradise Scuba Divers**, Siam Bayview Hotel, 310/2 Soi 10, Second Rd., ✆/🖥 038-710567, 🖥 www.tauchen-thailand.de. Etablierte Tauchschule des Deutschen Leander Salinski. **The Dive Site**, 315/166-167 Thapraya Rd., Jomtien, 🖥 www.divesiteasia.com, ✆ 038-303333, 🖥 252120. Professionell geleitet von Paul Guthrie.

Wassersport

Pattaya ist nach Phuket das größte Wassersportzentrum Thailands. Internationale Wettbewerbe und ideale Bedingungen zum Windsurfen, Parasailing oder Wasserskifahren gibt es am Jomtien Beach, wo höchstens mal zwischen November und Januar mit stärkeren Winden und hohen Wellen zu rechnen ist. **Sailing Center** (5 Std. Equipment-Verleih inkl. 2 Std. Unterricht für 1800 Baht) von Thailands Surf-Legende

---

Man spricht Deutsch

Da Pattaya bei deutschsprachigen (Langzeit)-Touristen, Aussteigern und Rentnern beliebt ist, reicht das Angebot deutschsprachiger Dienstleistungen von Zahnbehandlungen und Brillen-Anfertigungen über Schneider, Zeitungen und Videotheken bis hin zu Anwaltskanzleien und sogar ganzen Wohnanlagen.

Amara Wichithong (seit 23 Jahren im Geschäft) am Pattaya Park Beach Hotel, ✆ 081-8629958, 038-233276, 🖥 www.windsurfing-thailand.com. Zu den Alternativen zählt der **Blue Lagoon Water Sport Club**, Richtung Sattahip, ✆ 038-255115-6, 🖥 www.clubloongchat.com. Es werden aber auch nervtötende Waterscooter und Jetskis angeboten, deren Wucherpreise leider nicht alle abschrecken.

Sonstiges

Autovermietungen

An der Beach Rd. werden Jeeps ab 600 Baht pro Tag vermietet. Diese haben aber manchmal nur eine Zulassung für die Stadt bzw. Provinz Chonburi. Wagen mit ausreichendem Versicherungsschutz gibt es ab 1000 Baht. **Yao Service & Car Rent**, 25/63 Central Park 4, Sukhumvit Rd., ✆ 086-3221785, 086-1134566, ✉ mekdaeng@hotmail.com. Neue Autos ab 1000 Baht pro Tag, 6300–7700 Baht pro Woche. **Budget**, Tipp Plaza, Beach Rd., ✆ 038-710717, 🖥 www.budget.co.th. Große Auswahl an Neuwagen mit Bring- und Abholservice. **Avis**, Dusit Resort, ✆ 038-361627-8, 🖥 www.avisthailand.com.

Einkaufen

Die meisten Läden haben tgl. von 11–23 Uhr geöffnet. Überall bieten Schneider und Porträtmaler ihre Dienste an. Souvenirstände und fliegende Händler versuchen vor allem an der Beach Rd., ihr üppiges Angebot – von Sonnenbrillen bis zu Film- und Musik-CDs – an den Kunden zu bringen. Zudem entstehen immer mehr große Einkaufszentren wie:
Royal Garden Plaza, zwischen Beach und Second Rd., gilt mit seinen vielen Boutiquen als edelstes Einkaufszentrum.
Central Festival Center (Big C), an der nördlichen Second Rd., mit großem Supermarkt, Kino, vielen Geschäften und Restaurants. Big C-Filiale an der Sukhumvit Rd. Anfang 2009 eröffnet die Gruppe an der Beach Rd. das riesige **Central Grand Festival**.
Lotus Supercenter, Sukhumvit Rd. und North Rd. **Carrefour Center**, Central Rd., Ecke Soi Solakpet. Riesig, das größte Thailands.

Best Supermarket North Rd., ☺ 8–1 Uhr, gutes Sortiment, beliebt bei Ausländern.
Foodland, Central Rd., ☺ rund um die Uhr mit gutem Warenangebot und hervorragendem, preiswertem Bistro-Restaurant.
Friendship, South Rd., ☺ tgl. 7.30–2.30 Uhr, u. a. ein erstaunliches Sortiment an Importwaren.
Mike Shopping Mall, Beach Road. Beliebtes und ältestes Einkaufszentrum der Stadt.
Tukcom Center, South Rd., ☺ bis ca. 21 Uhr, alles rund um die Computertechnik.
Outlet Mall, Sukhumvit, Ecke Thepprasit-Rd., gut für den Kauf von günstigen Marken-Klamotten, wie auch das **Factory Outlet** an der Sukhumvit in Höhe Naklua.
Sonntags findet ein großer **Markt** in Naklua, nahe Postamt, statt. Genauso bunt und lebendig ist der am Di und Fr stattfindende Markt in der South Rd., Ecke Soi Bokao oder der große, lohnende Wochenendmarkt am Fr, Sa, So an der Thepprasit Rd.

Feste

Zu den wichtigsten, offiziell organisierten zählen der **Pattaya Marathon** im Juli und das **Pattaya International Music Festival** im März.

Geld

Wechselstuben v. a. in der Beach Rd. ☺ meist bis 22 Uhr. Für kompliziertere Transaktionen empfehlen sich die Haupt-Niederlassungen der **Bangkok Bank**, Second Rd., **Kasikorn Bank**, Central Rd., und **Siam Commercial Bank**, Second Rd.

Immigration

Jomtien Beach Rd., Soi 5, ✆ 038-252750-1, die Verlängerung des 60-Tage-Visums kostet 1900 Baht. Ausländer, die sich über längere Zeit in Thailand aufhalten, machen den *Visa-run* über die kambodschanische Grenze, der von den örtlichen Reisebüros für rund 2000 Baht inkl. Gebühren komfortabel organisiert wird.

Informationen

Die besten Infos gibt es in den vielfältigen örtlichen Publikationen und unter der Hotline ✆ 1337 des **Pattaya City Call Centers**, das über 32 (teilweise deutschsprachige) Mitarbeiter ver-

fügt. Das **TAT Office** versteckt sich mit seinen etwas ahnungslosen Praktikanten in einem abgelegenen Haus am Rama IX Memorial Park, 609 Moo 10, Pratamnak Rd., ✆ 038-428750, 🖳 038-423990, ✉ tatchon@tat.or.th, ☺ Mo–Fr 8.30–16.30 Uhr.

Medien

Pattaya, wo es sogar stundenweise deutsche Fernseh-Unterhaltung gibt, 🖳 www.pattaya-radio.de, hat sich zum wichtigsten Zentrum deutschsprachiger Thailand-Medien entwickelt. Hier erscheinen jeden Di das **Pattaya Blatt**, 🖳 www.pattayablatt.com, und die **Südostasien Zeitung**, alle zwei Wochen **Der Farang**, 🖳 www.der-farang.com, und monatlich **Pattaya Focus, Hallo** und das Spaßmagazin **Eiermann**, 🖳 www.hallo-das-magazin.de. Zudem gibt es eine Unmenge englischsprachiger Gratis-Broschüren und dicker Immobilienmagazine. Deutsche Secondhand-Bücher kauft und tauscht das **Swan Book House**, Soi Buakaow, ✆ 038-720402.

Medizinische Hilfe

Große Privat-Krankenhäuser:
Bangkok Pattaya Hospital, Sukhumvit Rd., ✆ 038-427777, Notfall-Nr. 038-259911, 🖳 www.pattayahospital.com, moderne Klinik mit über 200 Betten, allen Fachrichtungen und 24-stündigem Übersetzungsdienst.
Pattaya Memorial, ✆ 038-429422-4, und **Pattaya International Clinic** (P.I.C), ✆ 038-428374. Deutschsprachig ist unter anderem die Praxis des Schweizers **Dr. Olivier Meyer**, Soi LK Pavillon, Third Rd., Ecke South Rd., ✆ 038-723521, Notfall: ✆ 377463.
Pattaya hat sich zum preisgünstigen Zentrum für chiropraktische Behandlungen und Schönheitsoperationen entwickelt. Mehrere Betriebe, viele unter deutscher Leitung, haben sich auf Zahnpflege und Zahnersatz oder Brillen spezialisiert. Unter anderem:
Euro Dental Clinic, ✆ 038-966811, 🖳 www.travel-dental.com, mit den deutschen Zahnärzten / Implantologen Dr. Ramin und Robert Fischer.
Dental Clinic, ✆ 038-370213, ✉ pdc_pattaya@hotmail.com, 4 Filialen in Naklua.
Pattaya Dental Clinic, ✆ 038-252670, 🖳 www.pdcclinic.com, 3 Filialen.

Dental Care Center, Central Rd., ✆ 038-720079.
Der freundliche, gute und günstige einheimische Zahnarzt Dr. Warin Leekpai ist empfehlenswert.
Central Optic, Central Rd., ✆ 038-421822.
Euro Optic, Second Rd. gegenüber dem Royal Garden Plaza, ✆ 038-426275.

Motorräder

100er Hondas oder Suzukis werden ab 120 Baht pro Tag oder 3000 Baht pro Monat vermietet. Keiner fragt nach einem Motorrad-Führerschein, obwohl er offiziell erforderlich ist. Die Fahrzeuge sind nur haftpflichtversichert. Tödliche Motorrad-Unfälle gehören leider zum Alltag. Die Anbieter stehen entlang der Beach Rd. Neuere Maschinen hat das bewährte **Radi Mansion,** ✆ 038-424608, 716386.

Polizei

Beach Rd., Ecke Soi 9, ✆ 038-420802, 424186, Notruf 191. **Tourist Police** an der Second Rd., nahe Soi 6, ✆ 038-425937, 429371, **Notruf:** 1155. Bei Problemen hilft eine Hilfstruppe aus 15 westlichen Freiwilligen der Tourist Police.

Post

Hauptpost in der Soi Post Office, ✆ 038-429340. Weniger überlaufene Filialen in Naklua, nahe dem Markt, und am Jomtien Beach, Soi Chaiyapruk.

Reisebüros

Achtung – die billigsten sind nicht immer die besten!
Lee Tours, 183/40 Soi Post Office, ✆ 038-423253, 429738, ✆ 410014. Reisebüro mit Erfahrung und Einsatzfreude, Mrs. Su spricht gutes Deutsch, der freundliche Khun Boon Englisch.
Sea-Air-Land-Tours, 183/3 Soi Post Office, ✆ 038-710829-30, ✆ 710831, 🖥 www.sal-thailand-tours.de, hat sich als Spezialist für Abstecher nach Kambodscha und Myanmar etabliert. Der Deutsche Joe Hoffmann bietet kompetente Beratung.
Arare Tavel, 437/37 Moo 9, Soi 6, ✆ 038-361696, 081-9305469, ✉ araretra@loxinfo.co.th, Mrs. Siriluck (Khun Muu) ist engagiert, zuverlässig

und spricht gutes Englisch. Tickets, Touren und komfortable Charter-Taxis für Flughafen-Transfers.

Nahverkehr

Sammeltaxis / Motorradtaxis

Mehr als 500 blaue Baht-Busse verstopfen die Straßen von Pattaya. Die offenen Sammeltaxis mit zwei durchgehenden Bänken auf der Ladefläche kosten 5–20 Baht, wenn sie auf ihrer festen Route entlang der Hauptstraßen fahren, oder bis zu 100 Baht, wenn sie im Stadtgebiet gechartert werden. Es gibt häufig Beschwerden über Wucherpreise und unfreundliche Fahrer. Zwischen SI RACHA und SATTAHIP verkehren entlang der Sukhumvit Rd. weiß-hellblaue Baht-Busse, die als preisgünstige Sammeltaxis für 10–20 Baht überall angehalten werden können. Motorrad-Taxis kosten im Stadtgebiet rund 20–60 Baht.

Linienbusse

Zwischen 7 und 24 Uhr rollen klimatisierte Kleinbusse der *Red Line* und *Green Line* quer durch die Stadt. Einzelfahrten 20 Baht, Tagestickets 90 Baht.

Boote

Vom Bali Hai-Pier starten Boote nach Ko Larn. Die offizielle Fähre verkehrt von 7–18.30 Uhr ca. alle 1–2 Std. für 20 Baht.
Pickup- oder Moped-Taxis vom Anleger über den Hügel zum Samae Beach 30–50 Baht. Schnellboote lassen sich ab 2000 Baht chartern. Ein Platz auf größeren Charterbooten, die unterwegs Inselstopps zum Baden, Schnorcheln oder Angeln einlegen, gibt es ab 600 Baht. Empfehlenswert sind Tagestouren des freundlichen Hamburgers Hermann Hansen, ✆ 08-47795456, für 999 Baht inkl. aller Mahlzeiten und Getränke.

Transport

Bangkok ist in knapp 2 Std. über den Bang Na–Trat Highway und den Motorway 7 erreichbar, der neue Suvarnabhumi-Airport in 1 1/2 Std.

Busse

Richtung Bangkok

141 km ab Busterminal von **Rong Reuang Coach**, ✆ 038-429877, North Rd., nahe Sukhumvit Rd. Da die hier wartenden Fahrer meist überhöhte Charter-Preise verlangen, halten Ankommende am besten außer Sichtweite vorbeifahrende Baht-Busse oder Moped-Taxis an. Busse zum Eastern Busterminal (Ekamai) und Northern Bus Terminal (Morchit) von 5–21 bzw. 20 Uhr je nach Andrang alle 10–40 Min. in gut 2 Std. für 113–121 Baht. Zum Southern Busterminal (Sai Tai) von 6–18 Uhr alle 2 Std. für 113 Baht. Wer in Chonburi aussteigen will, muss es vorher anmelden, da die Busse sonst die Autobahn benutzen.

Entlang der Ostküste

Nach RAYONG über Sattahip non-AC-Bus von 3.30–10 Uhr für 50 Baht, AC-Bus 75 Baht und VIP 24-Bus 90 Baht ab dem Unterstand mit dem grünen Dach, 50 m vom Nakhonchai Air-Terminal. Einige Busse fahren bis nach Chantaburi und Trat. Nach BAN PHE, dem Fährhafen für KO SAMET, mit dem Minibus von **Malibu Travel**, 158/4 Soi 16, Naklua Rd., ✆ 038-370259, 🖷 415104, ◷ tgl. 7–23 Uhr. Tagesausflüge 580 Baht nur für Bus und Boot plus 400 Baht Nationalpark-Eintritt oder alles zusammen plus Mittagessen am Wonduan Beach für 900 Baht. Start um 7.30, 11.30 und 15.30 Uhr, zurück um 8.30, 12 und 16 Uhr. Nach LAEM NGOP, dem Fährhafen für KO CHANG, mit dem Minibus von **Koh Chang Travel**, 183/72 Soi Post Office, ✆ 038-710145-8, 🖷 421343, ◷ 7.30–22 Uhr. Hin und zurück für 1200 Baht inkl. Minibus und Fähre oder für 1400 Baht inkl. Transfers auf Koh Chang. Start um 7.30 Uhr, zurück um 10 Uhr.

Richtung Norden und Nordosten

Ab Nakhonchai Air-Terminal, Sukhumvit Rd., Richtung Rayong, kurz hinter der Einmündung Central Rd., ✆ 038-424871, Hotline ✆ 02-9363355.
Nach CHIANG MAI über Phitsanulok, Uttaradit und Lampang AC-Bus um 14.45 und 18.15 Uhr für 517–668 Baht sowie VIP 24-Bus um 14.30, 17.25, 18.30 und 19 Uhr für 710 Baht.
Nach MAE SAI über Uttaradit, Phrae, Phayao und Chiang Rai AC-Bus um 15.15 Uhr für 760 Baht

oder VIP 24-Bus um 15 und 17 Uhr für 832 Baht.
Nach UBON RATCHATHANI über Korat, Buriram, Surin und Si Saket AC-Bus um 7.45, 16.45, 17.45, 18 und 19.45 Uhr für 500 Baht oder VIP 24-Bus um 17.15, 18.35, 20.15, 20.30 und 20.45 Uhr für 584 Baht.

Sri Mong Kon, 245/82-83 Third Rd., ✆ 038-424085, fährt von der unscheinbaren Townhouse-Busstation mit schicken VIP-Bussen nach KORAT um 7, 10 und 20 Uhr für 290 Baht, der letzte fährt bis UBON für 500 Baht. 1. und 2. Kl. AC-Busse um 7.30, 9 Uhr, 17, 18, 19 und 20 Uhr über Korat (200 Baht) nach Ubon (390 Baht).

407, ✆ 038-421535, fährt ab Petronas-Tankstelle, Sukhumvit Rd., Richtung Bangkok, kurz hinter der Einmündung der Central Rd., mit 1. Kl. AC um 8.10, 14.40, 19, 19.35, 20.10, 20.40, 20.50, 21, 21.30 und 22 Uhr, mit 2.Kl AC um 7.40, 14.10, 15.40, 16,40, 18, 18.20, 18.55, 19.50, 20.45 und 21.40 Uhr nach NONG KHAI (393–506 Baht) über KORAT (199–356 Baht), KHON KAEN (301–387 Baht) und UDON THANI (365–470 Baht).
Über Chonburi, Chachoengsao, Kabinburi, Sakaeo, Aranyaprathet, Buriram, Surin (228 Baht) und Yasothon nach MUKDAHAN mit *Rong Reuang Coach* (s. o.) um 7.30 Uhr, 17.30 und 19.45 Uhr für 576 Baht sowie VIP 24-Bus um 20.30 Uhr mit weniger Zwischenstopps für 657 Baht in 13–14 Std.

Eisenbahn

Von BANGKOK um 6.55 Uhr nach Pattaya in rund 3 1/2 Std. für 31 Baht, zurück um 14.21 Uhr. Der winzige Bahnhof von Pattaya ist mit einem Computer ausgestattet und kann Bahntickets landesweit ausstellen, ◷ tgl. 8–16 Uhr, ✆ 038-429285.

Flüge

Der ehemalige Militär-Flugplatz U-Tapao, rund 40 km südlich von Pattaya, wird vorwiegend für Flüge nach Koh Samui und Phuket genutzt.
Bangkok Airways, 75/8 Second Rd., gegenüber Montien-Hotel, ✆ 038-412382, 🖷 411965, ◷ 8–17 Uhr. 1x (in der Hochsaison 2x) tgl. Flug nach KO SAMUI in 1 Std., Rückflugticket ca. 7500 Baht. Zum gleichen Preis 4x wöchentlich (in der Hochsaison tgl.) nach PHUKET. Minibus-Service

vom und zum Flughafen U-Tapao für 250 Baht, ✆ 038-722290.

Thai Airways International, am nördlichen Beginn der Beach Rd., ☉ 9–17, So und feiertags 9–16 Uhr, ✆ 038-420995-7, 🖷 420998.

Zum Suvarnabhumi Airport: Die Strecke vom / zum Flughafen wird von **Bell Travel Service**, ✆ 089-4498843 (Airport), ✆ 038-370055-6 (Pattaya), bedient. Nach Pattaya von 8–18 Uhr alle 2 Std. bis zum gewünschten Hotel, um 6, 9, 11, 13, 15, 17 und 19 Uhr vom Hotel zum Flughafen. Charter-Taxis inkl. Autobahngebühren ab 900 Baht (meist zurückfahrende Meter-Taxis) bis 1300 Baht (neuere Limousinen, s. Arare Travel).

Die Umgebung von Pattaya

Nicht weit vom Stadtzentrum finden sich jenseits des Sukhumvit Highway etliche Touristen-Attraktionen wie das **Bottle Museum** des Holländers Pieter mit mehr als 300 originellen Miniaturen in Flaschen, ✆ 038-422957, ☉ 8–20 Uhr, Eintritt 150 Baht; das **Monkey Trainings Center**, ✆ 038-756570, mit 5 Shows zwischen 9 und 17 Uhr, Eintritt nur mit Monkey-Show 250 Baht, Sammel-Ticket für alles 650 Baht; die **Snake Show**, ✆ 038-731586, ☉ 8–18 Uhr, mit ständigen Vorführungen, Eintritt 200 Baht; **Mini Siam**, ✆ 038-727333, mit seinen Parkanlagen und Miniaturen thailändischer und internationaler Sehenswürdigkeiten, ☉ 7–22 Uhr, Eintritt 250 Baht.

Underwater World

An der Sukhumvit-Rd. Richtung Sattahip steht das architektonisch auffällige Aquarium. Über 4500 Meereslebewesen sind aus gläsernen Unterwassertunneln zu beobachten. ✆ 038-756879, ☉ tgl. 9–18 Uhr, Eintritt 400 Baht, Kinder 200 Baht.

Elephant Village

Bei diesem rund 7 km außerhalb Pattayas gelegenen Touristen-Spektakel, 🖳 elephant-village-pattaya.com, ✆ 038-249818, Abholservice gratis, führen Mahouts schon seit 1973 ihre einst in der Holzindustrie ausgebildeten, arbeitslosen Dickhäuter vor. Zudem gibt es 1 1/2-stündige Ausritte auf Elefanten für 900 Baht und 3 1/2-stündige Touren mit Trekking, Rafting und Ochsenkarren-

Alangkarn Show

Diese atemberaubende Extravaganza-Show zählt mit ihrer 70 m langen Bühne und vielfältigen Spezialeffekten – darunter ein simulierter Vulkan-Ausbruch und monumentale Prozessionen – zu den imposantesten Attraktionen. Das 2000 Besucher fassende Unterhaltungs-Zentrum, zu dem auch Geschäfte und Handwerksbetriebe gehören, liegt an der Sukhumvit Rd. vor dem Ambassador Hotel, ✆ 038-256000, 🖳 www.alangkarnthailand.com, Show tgl. außer Mi um 18.30 Uhr, 1000 Baht, inkl. Gala-Dinner ab 17.30 Uhr für 1200 Baht, Abholservice 100 Baht.

Fahrt für 1800 Baht. Show von 14.30–16 Uhr 500 Baht.

The Million Years Stone Park & Crocodile Farm

Zwischen hübschen weißen Felsformationen leben in Gehegen Tiere, die in Südostasien fast ausgestorben sind, u. a. Elefanten, Tiger, Bären, der große Mekong-Fisch Pla Buk sowie tausende Krokodile in allen Größen. Sieben Krokodil-Shows am Tag. 🖳 www.thaistonepark.org, ✆ 038-249347-9, ☉ tgl. 8–18 Uhr, 350 Baht inkl. Abholservice.

Baan Sukhawadee

Zwischen Blumenbeeten, Teichen und Springbrunnen lockt eine einzigartige Sammlung von Kitsch, Kunst und Kultur, die in eine Orgie an Formen und Farben ausartet. Der illustre Fantasie-Park im Stadtteil Naklua am Meer wurde von einem der größten Hühner-Farmer Thailands gegründet. ✆ 038-425598, ☉ tgl. 9–20 Uhr.

Wat Yansangwararam

Kurz vor dem Nong Nooch Tropical Garden, ca. 11 km südlich von Pattaya, zweigt von der Sukhumvit Road links eine ausgeschilderte Straße ab, auf der man nach 4 km die Anlage erreicht. Auf einem riesigen Gelände wurden – und werden noch immer – buddhistische Tempelanlagen zu Ehren von König Bumiphol errichtet. In einem

See spiegeln sich einige Wasserpavillons im Stil der jeweiligen Stifterländer Indien, Korea, Japan, China und der Schweiz (eine Art Bergkirche). Die chinesische Gemeinde hat eine riesige Palastanlage gestiftet. Auf einem Hügel erhebt sich eine buddhistische Pagode im modernen Stil, die Buddhas Fußabdruck enthält. Von hier öffnet sich ein weiter Blick bis zum Meer. Spektakulär ist das 130 m hohe Buddhabildnis (Khao Chee Chan Image), das mithilfe von Lasertechnik an einer Felswand entstand.

Nong Nooch Tropical Garden

Er zählt nicht zuletzt wegen seines wunderschönen Parks zu den beliebtesten Attraktionen. In gezähmter, exotischer Natur kann man Affen, Wild und Pfaue beobachten und sich mit ruhig gestellten Raubtieren fotografieren lassen, was oft kritisiert wird. Außerdem gibt es eine beeindruckende Orchideenzucht und eine der größten Kakteen- und Palmensammlungen Asiens. Die Kulturshow um 9.45, 10.30, 15 und 15.45 Uhr, in der Nebensaison nur zwei Aufführungen, ist extrem touristisch. Die anschließende Elefantenshow zeigt dressierte Dickhäuter beim Fußballspielen, Radfahren oder Tauziehen. Auf dem Sukhumvit Highway sind es 14 km nach Süden, dann am KM 163 auf einer Abzweigung nach links weitere 3,5 km.

🔌 038-709358-62, 🖥 www. nongnoochtropicalgarden.com, ⏱ tgl. 8–18 Uhr. Eintritt 400 Baht

inkl. Show, Kinder unter 12 Jahren 200 Baht. Pattaya-Büro im Hotel Nova Lodge, 🔌 038-429321, 422958, 4-stündige Touren ab Pattaya um 8.30 und 13.15 Uhr für 650 Baht (Kinder die Hälfte).

Vorgelagerte Inseln

Besonders beliebt sind Schiffstouren nach Koh Larn oder zu kleinen, unbewohnten Inseln wie Ko Pai oder Ko Sak. Die meisten unterstehen dem Militär und dürfen nur tagsüber besucht werden. Bei **Ko Larn** (Coral Island) ist das Wasser weitaus klarer als in der Bucht von Pattaya. Wer jedoch ein Tropenparadies erwartet, wird zumindest in der Hochsaison vom Lärm zahlloser Jetski und Boote sowie den saftigen Preisen in den Strandrestaurants enttäuscht.

Am schönsten ist der weiße **Samae Beach** an der Westküste, wo das Meer türkisblau schimmert.

Der nördliche **Tha Waen Beach** ist zumeist von asiatischen Reisegruppen überlaufen. Ruhiger ist die Atmosphäre auf **Ko Pai** – einer unter Naturschutz stehenden Insel mit einem hohen Kalkfelsen, etwa 1 1/2 Std. vor der Küste. Östlich von Ko Pai wurde das 1945 von der US-Navy gebaute, 60 m lange Landungsschiff *HTMS Kram* versenkt, um Taucher anzulocken.

Die besten Tauchgebiete liegen vor **Ko Krok**. Leider sind viele weitere kleine Koralleninseln militärisches Sperrgebiet.

Die Ostküste

Stefan Loose Traveltipps

Chantaburi Beim Schleifen von Edelsteinen zusehen. S. 280

Khlong Yai Auf wackligen Stegen durch die Gassen des Fischerortes Khlong Yai balancieren. S. 286

4 Ko Chang und die umliegenden Inseln Die Bilderbuchstrände der Inselwelt werden von Kokospalmen und dschungelbedeckten Bergen gesäumt. S. 288

Bang Bao Das Leben in einem Pfahldorf miterleben. S. 305

Ko Mak In einer Hängematte die Seele baumeln lassen. S. 308

Die Ostküste Thailands erstreckt sich über die Provinzen Rayong, Chantaburi und Trat bis hinunter nach Hat Lek an der kambodschanischen Grenze. Da die Strände der Ostküste am nächsten zu Bangkok liegen, wurden sie hauptsächlich für den einheimischen Wochenend-Tourismus entwickelt. Westliche Reisende trifft man fast nur auf der Durchreise nach Kambodscha, beim Visa-Run oder im Ko Chang-Archipel. Ko Chang, die zweitgrößte Insel Thailands, hat für jeden etwas zu bieten, von der einfachsten Bambushütte bis zum luxuriösen Hotelschiff. Doch das richtige Insel-Feeling vermitteln die kleineren Inseln an der Peripherie.

Touristisch erschlossen, aber noch kaum von Westlern entdeckt, sind die unter der Woche recht einsamen Strände der Provinz Chantaburi. Auch das Hinterland mit seinen Nationalparks und Wasserfällen hat einiges zu bieten.

Wer ein beschauliches Städtchen sucht, in dem man einiges besichtigen, bummeln oder auch mal stilvoll essen gehen kann, wird sich in Trat wohlfühlen.

Rayong ระยอง

Rayong ist geprägt von riesigen Anlagen der chemischen Industrie. Entsprechend hoch ist der Lebensstandard, und das Angebot in den Einkaufstempeln und Märkten quillt über. Rayong gilt unter Thais als Essensparadies. Das Angebot auf den Essensmärkten ist größer als anderswo in Thailand. Sehr zu empfehlen ist der saubere Nachtmarkt hinter Lotus Supercenter, vor dem Star-Computer-Center. Der überdachte Markt, ca. 200 m vom AC-Busbahnhof, mit Restaurants, Obst, Gemüse usw., hat bis nach 22 Uhr geöffnet.

Die Strände in der Umgebung werden vor allem am Wochenende massenhaft von Erholung suchenden Thais aus Bangkok aufgesucht und für fröhliche Picknicks genutzt.

Übernachtung

Kaum ein Tourist übernachtet in Rayong. Wer trotzdem bleiben will oder muss, geht im Zentrum an der lauten Sukhumvit Rd., ins **Rayong Otani**, Nr. 69, schräg gegenüber vom

Uhrturm, ☎ 038-611161, geräumige, saubere Zi mit Fan oder AC. ❷–❹
Asia Hotel, Nr. 84, ☎ 038-611022, nordöstlich vom Uhrturm, miese, billige Zi mit Fan. ❶–❷
Romantic Hotel, am östlichen Ortsausgang rechts, 100 m vom H3, ☎ 081-6582541, saubere Reihenbungalows mit Fan oder AC und Du/WC, wird auch stundenweise vermietet. ❷–❸
Vier weitere Hotels liegen am H3. ❶–❸

Informationen

Tourist Office, 153/4 Sukhumvit Rd. (6 km außerhalb), ☎ 038-655420-1, 📠 655422, ✉ tatry@infonews.co.th, ⏰ tgl. 8.30–16.30 Uhr.

Transport

Busse

Nach BANGKOK (Eastern Bus Terminal Ekamai, 182 km) non-AC-Busse jede Std. bis 18.30 Uhr für 72 Baht, 2. Kl. AC-Busse alle 40 Min. bis 18 Uhr für 101 Baht, AC-Busse alle 30 Min. bis 21 Uhr für 117 Baht in 3 1/2 Std.
Von PATTAYA non-AC-Bus für 50 Baht, AC-Bus 75 Baht und VIP 24-Bus 90 Baht.
Nach CHANTABURI AC-Busse um 10.30 Uhr ab Bus Station für 77 Baht in 2 1/2 Std.
Nach BAN PHE (Hafen für Ko Samet) Minibusse vom Uhrturm von 7–19 Uhr jede halbe Std. für 21 Baht, weiter nach LAEM MAE PHIM bis 15 Uhr für 35 Baht.
Es gibt mehrere private Busgesellschaften mit Sitz in den Seitenstraßen Richtung Lotus Center. Preise wie oben und teurer.

Flüge

Der Flugplatz U-Tapao liegt 31 km westlich.
Bangkok Airways fliegt in der Saison nach KO SAMUI. Informationen unter 💻 www.bangkok air.com.

Ban Phe บ้านเพ

Hinter Rayong biegt am KM 230 eine gut ausgebaute und wenig befahrene Straße vom H3 zur Küste ab. Sie führt oft dicht am schmalen, mit Felsen durchsetzten Sandstrand **Mac Rom**

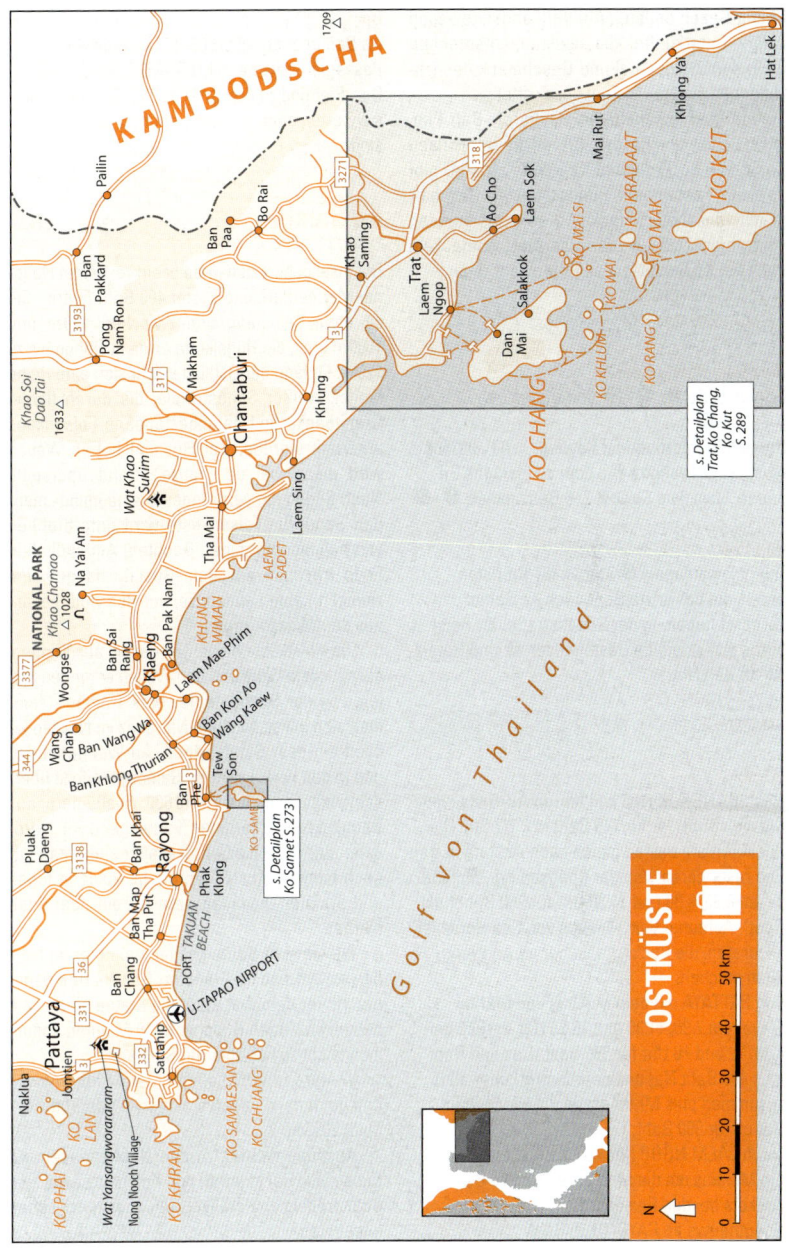

KAMBODSCHA

1709 △

Pailin

Ban Pakkard

1633 △
Khao Soi
Dao Tai

Bo Rai

Ban
Paa

3271

318

Hat Lek

Khlong Yai

Mai Rut

Ao Cho

Laem Sok

KO KUT

KO KRADAAT

KO MAI SI

KO MAK

Khao
Saming

Trat

Laem
Ngop

Salakkok

KO WAI

Dan
Mai

KO KHLUM

KO RANG

s. Detailplan
Trat, Ko Chang,
Ko Kut
S. 289

3193

Pong
Nam Ron

317

Makham

Chantaburi

3

Khlung

KO CHANG

Wat Khao
Sukim

Laem Sing

Na Yai Am

NATIONAL PARK
Khao Chamao
△ 1028

Tha Mai

LAEM
SADET

3377

Wongse

Ban Sai
Rang

Klaeng

Ban Pak Nam

KHUNG
WIMAN

Laem Mae Phim

Golf von Thailand

344

Wang
Chan

Ban Wang Wa

Ban Khlong Thurian

Ban Kon Ao
Wang Kaew

Tew
Son

Ban 3
Phe

KO SAMET

s. Detailplan
Ko Samet S. 273

Pluak
Daeng

3138

Ban Khai

Rayong

Phak
Klong

36

Ban Map
Tha Put

TAKUAN
BEACH

PORT
TAKUAN

Ban
Chang

U-TAPAO AIRPORT

331

Pattaya

Jomtien

Naklua

3

KO
LAN

332

Sattahip

Wat Yansangworaram

Nong Nooch Village

KO PHAI

KO KHRAM

KO SAMAESAN
KO CHUANG

OSTKÜSTE

50 km

40

30

20

10

0

N

Phung Beach entlang. Auf der Landseite liegen einige Unterkünfte, die meisten entsprechen nicht dem Geldbeutel und Geschmack der Traveller und sind nur in Thai beschriftet.

Von dem geschäftigen Fischerort Ban Phe, 18 km östlich von Rayong, fahren die Boote nach Ko Samet, Ko Thalu und Ko Kudee ab. Hier gibt es einige Restaurants, Hotels und viele Geschäfte mit Muschelschmuck. An den Obstständen sollte man sich vor der Überfahrt eindecken, denn auf Ko Samet ist das Essen sehr teuer.

Übernachtung

Mae Rom Phung Beach
Es gibt 34 Hotels ❹–❺ und Bungalow-Anlagen ❹.

Hostelling International Rayong, ☏ 081-9835081, ✉ sukyaw@yahoo.com, doppelstöckiges Gebäude, 50 m vom Strand, 2–6 Bettzimmer. ❶–❸

Ban Phe
Bungalowanlagen ❸ stehen für Touristen bereit, die das letzte Boot nach Ko Samet verpasst haben. In der Seitenstraße der Reisebüros gibt es einige Gästehäuser ❶ und Hotels ❷ für den Notfall.

Transport

Busse
Nach BANGKOK (196 km) fahren AC-Busse jede Std. von 8–18 Uhr für 175 Baht in 3 1/2 Std. Die Rückfahrt am besten gleich nach Ankunft in Ban Phe reservieren. Von der Khaosan Rd. Minibusse um 8.30, 9.30 und 14.30 Uhr für 250 Baht (inkl. Boot). Achtung: Vom Minibus von Sea Horse ist abzuraten, die Rückfahrt ist nur ab Ao Wongduan möglich.
Von PATTAYA mit dem Minibus von **Malibu Travel** um 7.30, 11.30 und 15.30 Uhr, zurück um 8.30, 12 und 16 Uhr für 580 Baht (Bus und Boot plus 400 Baht Nationalpark-Eintritt) oder alles zusammen plus Mittagessen am Wongduan Beach für 900 Baht.
Nach LAEM NGOP (für Ko Chang) in der Saison ein Minibus um die Mittagszeit für 340 Baht (Tickets bei den Reisebüros).
Songthaews ab RAYONG 25 Baht.

Boote
Ab Ban Phe fahren von 8–17 Uhr jede Std. Passagierboote nach KO SAMET zum Na Dan-Pier und zu den Stränden für 70–150 Baht, sie warten aber, bis ausreichend Passagiere da sind.

Ko Samet   เกาะเสม็ด

Die Insel gehört zum Khao Laem Ya-Samet National Marine Park und kostet 400 Baht Eintritt. Sie ist etwa 6 km lang und zwischen 400 m und 1000 m breit, die Hügelkette erreicht Höhen bis zu 125 m. Entlang der Ostküste zieht sich eine Reihe langer, weißer Sandstrände, die durch flache Granitbänke und baumbestandene Felsenkaps unterteilt werden. Bei Flut und hohen Wellen wird manchmal der ganze Strand überspült. Nach Süden hin verdrängen Steine immer mehr den Sand, die Felsenküste wird unterbrochen von halbmondförmigen Buchten. Am südlichen Ende tritt man aus dem Buschwald auf eine ziemlich kahle Landspitze, vor der viele Felsen aus dem Wasser ragen.

Die Westküste besteht vor allem aus Klippen, die sich dem Wind und den Wellen entgegenstellen, von der Sonne gebleichtes Treibholz sammelt sich in Felsnischen. Nur ganz im Norden locken ein paar Sandstrände. An Wochenenden und in den Ferien wird Ko Samet geradezu überschwemmt von bis zu 10 000 Ausflüglern aus Bangkok, die allerdings vorwiegend im Nordosten der Insel bleiben. Traveller sieht man nur noch wenige. Ausländer, die in Thailand leben und arbeiten, kommen gern für ein paar Tage hierher.

Die meisten Boote kommen am Pier im Norden an, wo sich der Hauptort **Ban Na Dan** befindet. Hinter dem Wat steht die Statue eines 12 m hohen, sitzenden Buddha. In 10 Minuten kommt man leicht zu Fuß zum Hat Sai Kaeo.

Weitere Informationen unter 🖳 http://www.dnp.go.th/park reserve/asp/style1/default.asp?npid=205&lg=2.

Ausflüge werden zu den Nachbarinseln Ko Kudee (400 Baht Eintritt) und Ko Thalu sowie zum Schnorcheln an Korallenriffen oder zum Fischen angeboten.

Sonstiges

Eintritt

Am Eingang zum Nationalpark 400 Baht.

Geld

Automaten finden sich am 7eleven am Pier in Nadan und zwei andere in der Nähe von 7eleven außerhalb des Nationalparkeingangs in Had Sai Kaew.

Motorräder

Überall für 150 Baht/Std. oder 500 Baht/Tag zu mieten.

Reisezeit

Hauptsaison ist von Nov bis März. Völlig überrannt wird der Nordosten der Insel an den Feiertagen und während der Ferien von Nov bis Mai.

Wasser

Die Wasserversorgung ist nur an den nördlichen Stränden gesichert, die über die Straße vom Paradise Beach zum Ao Hin Khok mit rasenden Tankwagen versorgt werden. Es wird aus dem künstlichen See in der Mitte der Insel herangefahren. Ansonsten sieht das Wasser häufig schon im Dezember sehr schmutzig aus. Wer es trinkt, muss mit Dauerdurchfall rechnen.

Nahverkehr

Bis zu 70 Pickups bringen die Gäste auf 3 km Naturstraße an die Strände. Wollen mindestens 8 Passagiere zum selben Ziel, kostet es nach Hat Sai Kaeo 25 Baht, nach Ao Phai 30 Baht, nach Wongduan, zum Paradise Beach und nach Ao Thian 60 Baht. Charter kostet 170–300 Baht, zu den südlichen Stränden bis 700 Baht.

Transport

Ab BAN PHE (Anfahrt siehe dort) fahren Boote von Nuanthip von 8–17 Uhr jede Std. für 70 Baht zum Pier von Ban Na Dan, zurück jede Std. von 8–18 Uhr.
Nach WONGDUAN fahren Boote (mind. 7 Pers.) ab 8 Uhr für 85 Baht (plus 10 Baht für die Anlandung), zurück alle 2 Std. von 8.30–16.30 Uhr.

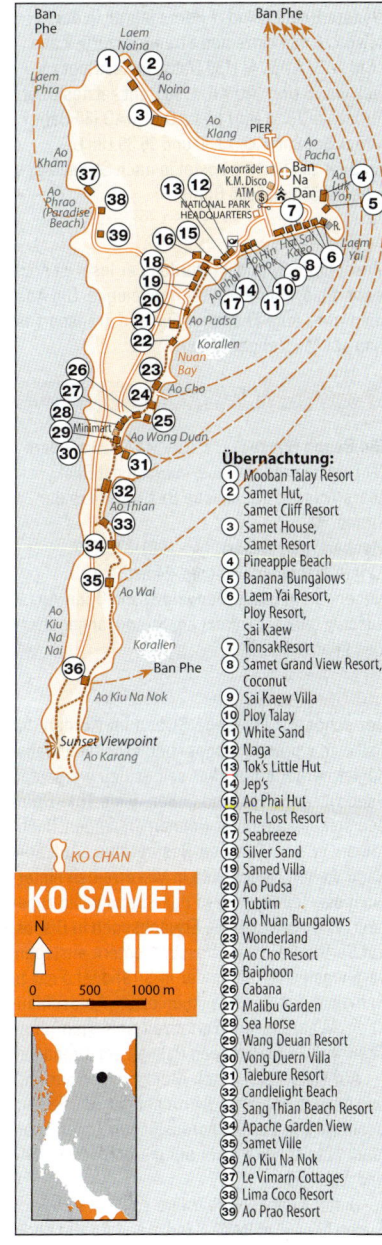

KO SAMET

Übernachtung:

① Mooban Talay Resort
② Samet Hut, Samet Cliff Resort
③ Samet House, Samet Resort
④ Pineapple Beach
⑤ Banana Bungalows
⑥ Laem Yai Resort, Ploy Resort, Sai Kaew
⑦ Tonsak Resort
⑧ Samet Grand View Resort, Coconut
⑨ Sai Kaew Villa
⑩ Ploy Talay
⑪ White Sand
⑫ Naga
⑬ Tok's Little Hut
⑭ Jep's
⑮ Ao Phai Hut
⑯ The Lost Resort
⑰ Seabreeze
⑱ Silver Sand
⑲ Samed Villa
⑳ Ao Pudsa
㉑ Tubtim
㉒ Ao Nuan Bungalows
㉓ Wonderland
㉔ Ao Cho Resort
㉕ Baiphoon
㉖ Cabana
㉗ Malibu Garden
㉘ Sea Horse
㉙ Wang Deuan Resort
㉚ Vong Duern Villa
㉛ Talebure Resort
㉜ Candlelight Beach
㉝ Sang Thian Beach Resort
㉞ Apache Garden View
㉟ Samet Ville
㊱ Ao Kiu Na Nok
㊲ Le Vimarn Cottages
㊳ Lima Coco Resort
㊴ Ao Prao Resort

Weitere Boote (mind. 7 Pers.) fahren in der Saison zu den einzelnen Stränden, zurück alle 2 Std., z.B. AO WAI (150 Baht, letztes Boot zurück um 16 Uhr), AO KIU (150 Baht, letztes Boot zurück um 15.30 Uhr) und AO PHRAO (80 Baht, zurück nur um 9.30, 13.30 und 16.30 Uhr). Ein Boot zu chartern kostet je nach Strand zwischen 1000 und 2000 Baht.

Ao Noina (Ao Wiang Wan)

Dieser nette Strand im Norden der Insel ist noch recht ruhig, aber auch sehr abgelegen. Die Aussicht geht aufs Festland. Für den Transport ist man auf Taxis angewiesen.

Übernachtung

The Beach House ①, ✆ 038-644205, 6 saubere Zi in einem großen Haus, manche mit Blick übers Wasser, freundliche Besitzer, steiniger Strand. ❺
Mooban Talay Resort ①, ✆ 081-8388682, ✉ info@moobantalay.com, 24 ästhetisch eingerichtete Luxus-Bungalows mit Open-Air-Dusche, teilweise direkt am Strand, angenehmes Pool-Areal. ❼

Hat Sai Kaeo

Der schöne, 1 km lange Strand im Norden der Ostküste wurde für Tages- und Wochenendausflügler hergerichtet. Hier soll es den weißesten Sand von ganz Thailand geben. Viele Thai-Gruppen schlemmen unter Palmen an langen Tischreihen in den Seafood-Restaurants. Auf dem Sand stehen Liegestühle in Viererreihen hintereinander. Teilweise wird der Strand völlig zugebaut. Während sich die Erwachsenen in Discos, auf Surfbrettern und Wasserscootern austoben, vergnügen sich die Kinder in Strandnähe mit zu Schwimmringen umfunktionierten Autoschläuchen. Während der Ferienzeit schlagen junge Thais ihre Zelte unter den Palmen am Strand auf.

Auf Fußwegen durch Müllkippen, Sperrmüll und giftigen Sondermüll erreicht man die Felsenbucht **Ao Luk Yon** am nordöstlichen Zipfel. Er erlaubt eine schöne Sicht auf die nördliche Küste und auf Inseln.

Hinter einer Felsenbarriere schließt sich nach Süden der 400 m lange Sandstrand **Ao Hin Khok**,

einer der schönsten Ko Samets, an den Hat Sai Kaeo an. Schrottreife Tankwagen missbrauchen die Straße durch den Wald zwischen Strand und Bungalowanlagen als Rennstrecke.

Übernachtung und Essen

In kaum einer der Bungalowanlagen von **Hat Sai Kaeo** wurden jemals Traveller gesehen. Angenehm erschien uns:
Tonsak Resort ⑦, ✆ 038-644314, 🖳 www.tonsak.com, holzverkleidete, hübsch ausgestattete Bungalows unter Bäumen in der Mitte der Bucht. AC ❺ – ❻
In **Ao Luk Yon**: **Pineapple Beach Resort** ④, ✆ 038-995505, 🖳 www.pineappleresort.com, einsam gelegenes, nettes Resort mit großen Steinbungalows, Felsstrand mit kleinem Sandfleck. ❸, AC W
In **Ao Hin Khok** mischen sich Traveller und Bangkok-Studenten zu einem fröhlichen Party-Volk.
Naga ⑫, ✆ 038-644035, sehr einfache Bambusbungalows mit und ohne Fan und Gemeinschafts-Du/WC; eng am Hang jenseits der Straße hinter der Post, Videos den ganzen Tag. Bei gewissen Travellern recht beliebt. Kurse in Kickboxing. ❸
Tok's Little Hut ⑬, ✆ 038-644072, 38 eng stehende, recht geräumige Hütten mit Fan und Du/WC, Restaurant, Strandbar und Tische am Strand, freundliches Personal, keine Buchung möglich. ❸ – ❹
Jep's ⑭, ✆ 038-644112, 🖳 www.jepbungalow.com, beliebteste Anlage am Strand, 50 verschiedenartige Bungalows am Hang, vorzügliches Restaurant und Bar am Strand, gute Musik, meistens Jazz. ❸, AC ❺

Ao Phai

Die Bucht von Ao Phai wird auch Bamboo Bay genannt. An dem mit vielen Kokospalmen bestandenen Strand mit dem feinsten Sand der Insel kann man Surfbretter und Segelboote mieten. In fast allen Anlagen stehen die überteuerten Bungalows viel zu dicht aufeinander (gesetzlicher Mindestabstand ist 4 m). Jet-Skis flitzen am Strand entlang, gefährden die Schwimmer und verpesten die Luft.

Die Ostküste

An den Klippen entlang sind es 100 m zur **Pud-sa-** und **Tubtim-Bucht.** An dem 100 m langen, feinen, weißen Sandstrand stehen viele Palmen und Laubbäume. Vom **Ao Tubtim** führt ein schmaler Pfad über das Kap zum von Felsen durchsetzten, kleinen Sandstrand **Ao Nuan.** Hier liegt noch eine echte Travellerunterkunft.

Übernachtung

Ao Phai

Die Resorts sind nicht direkt am Strand, mittlerweile recht teuer und werden mit Disco-Musik beschallt.

Silver Sand ⑱, ✆ 038-644300, 💻 www.silver sandresort.com, weiß gestrichene, saubere, eng stehende Bungalows mit AC, mäßiges Restaurant mit Video, Service nicht berauschend, internationaler Telefonservice. Disco mit weithin dröhnender Musik bis 2 Uhr nachts. AC ❺
Samed Villa ⑲, ✆ 038-644094, 081-4948090, 💻 www.samedvilla.com, am südlichen Ende des Strandes hinter dem Bach, schöne, komfortable Doppelbungalows mit Fan oder AC, einige Familienbungalows, Restaurant ohne Video; viele Infos und Preise für Touren hängen aus, Speedboot-Service, Schnorchelausrüstung 100 Baht; unter engagierter Schweizer Leitung, für Ko Samet günstige Preise. ❺
Ao Pudsa (Ao Tubtim) **Tubtim Resort** ㉑, ✆ 038-644025, 💻 www.tubtimresort.com, alteingesessenes Resort am südlichen Ende des Strandes, ältere Bungalows weiter hinten und schöne neue weiter vorn, beliebt bei Europäern und Thais aus Bangkok. Freundliches Management. ❹, AC ❺

Nuan Bay

Ao Nuan Bungalows ㉒, schöne, saubere und ruhige Anlage am Hang mit einer kleinen Badebucht, einfache, aber gute Holzbungalows mit und ohne Du/WC. Die freundliche Besitzerin spricht gut Englisch. Ein echter Lichtblick für Traveller. ❸—❹

Ao Wongduan

Die halbkreisförmige Bucht, in der zu viele Boote ankern, wird auch Full Moon Bay genannt. Am feinen Sandstrand wird tagsüber eine Liege-

stuhlparade aufgebaut, um die Bedürfnisse des gehobenen Publikums zu befriedigen. Restaurants, Souvenirläden und Imbissstände komplettieren den Eindruck eines überlaufenen Strandes.

Eine Tauchbasis bietet Kurse und Tauchfahrten bis Ko Chang an, Windsurfer kosten 100 Baht pro Stunde. Eine Straße führt durch das Landesinnere zu den übrigen Stränden der Insel.

Über einen schmalen Felsrücken erreicht man von Ao Wongduan auf einem gut ausgetretenen Fußpfad den nördlich anschließenden Strand **Ao Cho.** In der südlichen Hälfte ist er mit Steinen übersät, der schönere Sandstrand im Norden ist recht schattig.

Übernachtung

Ao Wongduan

Malibu Garden Resort ㉗, ✆ 038-644020, ausgedehnte Anlage im Hinterland, hauptsächlich große Bungalows für Familien oder Gruppen, Pool. ❺—❻
Vong Duern Villa ㉚, ✆ 038-644260, 💻 www.vongduernvilla.com, geschmackvoll eingerichtete Bungalows in guter Lage am südlichen Ende des Strandes, Restaurant mit freundlichem Personal am Strand. ❹—❻

Ao Cho

Wonderland ㉓, ✆ 081-9968477, am nördlichen Strand, riesige Anlage mit 70 Bungalows, manche schmuddlig, manche renoviert, und 2 Restaurants; auf Touren und Thai-Gruppen eingerichtet; laute Gruppen und Barmusik. Am sonst sauberen Strand wird über Nacht viel Plastikmüll angespült. ❹, AC ❺—❻
Ao Cho Resort ㉔, ✆ 038-644070, 081-8654676, am südlichen Steinstrand, Anlage mit Hütten und Doppelbungalows, nicht sehr einladend; beeindruckende Rezeption und Bar; Speedboot-Service. ❹, AC ❺

Transport

Ab BAN PHE fahren Boote von Nuanthip (mind. 7 Pers.) ab 8 Uhr für 60 Baht (plus 10 Baht für Anlandung), zurück alle 2 Std. von 8.30–16.30 Uhr.

Die Ostküste

Der Speedboot-Service von Ao Cho bietet Insel- und Schnorcheltouren für 180–250 Baht sowie *Sunset Tours* ab 16 Uhr, Transport nach Ban Phe für 50 Baht.

Die südlichen Strände

Ein 300 m langer Fußweg führt von Ao Wongdu- an über die Klippen zum großen Sandstrand **Ao Thian** (Lung Dam Beach). Der saubere Strand ohne Palmen wird von Felsbändern unterteilt. Das Wasser wird entweder aus Tiefbrunnen hoch gepumpt und ist brackig oder muss in Kanistern gekauft werden. Über den mit niedrigen Gehölzen bewachsenen Bergrücken gelangt man zum Sunset Point an der Westküste.

Ein immer schlechter werdender Fußweg führt von Ao Thian am Strand entlang und über entsetzlich vermüllte Felsen bis zur Südspitze der Insel. Der Weg im Inselinneren verläuft durch uninteressanten Buschwald, ist sehr ausgewaschen und an schattigen Stellen voller Moskitos – nichts für eine Inselwanderung!

Der halbmondförmige Strand **Ao Wai** hat feinen, weißen Sand und urige Bäume, an den Seiten Felsen mit Korallen, schön zum Schnorcheln.

Am **Ao Kiu Na Nok** ist Ko Samet so schmal, dass man den Sonnenaufgang vom feinen Sandstrand, den Sonnenuntergang von der Felsenküste genießen kann. Beliebtes Ausflugsziel der Thais am Wochenende. Am **Ao Karang** (Coral Bay) an der Südspitze gibt es vor allem schöne Felsen. Die Sicht beim Schnorcheln am nördlichen Riff beträgt nur 3–5 m. Malerisch wirkt die vorgelagerte Insel **Ko Chan** (Moon Island) mit den kahlen Granitflanken und den windzerzausten Bäumen.

Übernachtung

Ao Thian

Beide Anlagen gehören nicht zu den besten der Insel, haben aber eine gemütliche Atmosphäre. **Candlelight Beach** ㉜, ℡ 081-2186934, große Anlage im Zentrum der Bucht, geräumige Holz- und Steinbungalows mit Fan oder AC, direkt am Strand, freundliches Personal. Restaurant. ❹, AC ❺
Sang Thian Beach Resort ㉝, ℡ 081-2959567, nette Bungalows mit Fan oder AC hoch oben in den Bäumen am Hang. ❹, AC ❺

Ao Wai

Samet Ville ㉟, ℡ 081-9495394, 🖳 www. sametville.com; unterschiedlichste Unterkünfte für jeden Geschmack, sogar Zi in einem Boot. Management nicht zuvorkommend. AC ❺

Ao Kiu Na Nok

Hier gibt es nur ein Resort:
Ao Kiu Na Nok ㊱, ℡ 038-644283, 2006 neu eröffnetes Luxushotel, extrem teure Villen mit eigenem Pool und allen Annehmlichkeiten. ❽

Transport

Vormittags fährt ein Boot von Ao Thian nach BAN PHE und gleich wieder zurück.
Ab BAN PHE fahren Boote von Nuanthip (mind. 7 Pers.) zum Ao Wai und zum Ao Kiu, zurück alle 2 Std., letztes Boot um 16 bzw. 15.30 Uhr.

Paradise Beach (Ao Phrao)

An der Westküste gibt es nur diesen einen 250 m langen, schönen Sandstrand in einer von Felsen begrenzten, palmenbestandenen Bucht. Bei Ebbe kann er allerdings mit den Stränden an der Ostküste nicht mithalten, da er stark mit Steinen und Korallen durchsetzt ist. Hier treffen sich die VIPs Bangkoks in den luxuriösesten Resorts. Für Tagesgäste ist Ao Phrao am besten mit dem Boot oder zu Fuß von Ao Phai über den Berg (30 Min.) zu erreichen.

Übernachtung

Le Vimarn Cottages ㊲, ℡ 038-644104, Luxusanlage, Bungalows mit Meersicht; 50 m zum Riff, unter der Woche fast leer. ❽
Lima Coco Resort ㊳, ℡ 089-1057080, 🖳 www.limacoco.com, 26 renovierte, gut ausgestattete Bungalows am Hang mit Meerblick; Restaurant. ❻
Ao Prao Resort ㊴, ℡ 038-644100, 🖳 www. aopraoresort.com; Tauchresort am sauberen Strand, sehr gepflegte Anlage mit bestem Rundumservice; den Hang hoch ziehen sich Bungalows und einige Reihenhäuser, gepflegtes Restaurant, u. a. deutsche Speisekarte, Bar, Shop, Internet; gut geschultes Personal mit Niveau; Fr und Sa Live-Musik. Ao Prao Tauch-

schule, PADI 5 Sterne. Mountainbikes ab
100 Baht/Std. ❽

Transport

Ab BAN PHE fahren Boote von Nuanthip (mind.
7 Pers.) zum Ao Phrao für 70 Baht, zurück nur
um 9.30, 13.30 und 16.30 Uhr.

Von Ban Phe nach Laem Mae Phim

Wer ein eigenes Fahrzeug und etwas Zeit hat,
sollte hinter Ban Phe nicht auf den H3 zurückkehren, sondern an der Küste entlangfahren und
erst bei Klaeng wieder auf den Highway stoßen.
Gleich hinter Ban Phe führt der H3145 durch einen 1500 m langen, schönen „Tunnel" von Kasuarinen (Suan Son). Picknick-Tische und Imbissstände laden zum Verweilen ein, Spezialität ist
gekochte Kokosnuss. Auf der 29 km langen Strecke nach Laem Mae Phim gibt es über 40 Bunga-
lowdörfer und Hotels an verschiedenen, schön
gelegenen Stränden. Thai-Kenntnisse sind von
Vorteil. An Wochentagen ist ein Rabatt möglich.

Die meisten Strände werden nur von einheimischen Urlaubern besucht. Etwa 10 km hinter Ban
Phe macht der H3145 einen Bogen durch ein Dorf.
An der anschließenden Kreuzung mit dem H3192
nach rechts kommt man nach einem knappen Kilometer rechts zu einigen Reihenhauscondos an
einem schönen Strand. Der berühmteste Strand
ist **Wang Kaeo** (auch Vang Kaew, Kristallpalast),
Eintritt 20 Baht, 17 km östlich von Ban Phe. Weiter
östlich wird das Meer zunehmend sauberer. Hier
entstanden mehrere luxuriöse Anlagen.

Am **Laem Mae Phim** gibt es für lange Zeit die
letzte Gelegenheit, direkt am Meer zu essen. Viele nette Restaurants bieten Seafood an. Man
kann Pferde mieten und am Strand entlang reiten. Boote fahren zu den vorgelagerten **Mun-In-
seln** und zum Raya Island Resort. Dort gibt es
eine Schildkrötenfarm. Der Laem Mae Phim-
Strand ist bei Thais sehr beliebt. Am Wochenende kommen Tourbusse mit Jugendgruppen
und viele Familien mit Kind und Kegel.

Von Rayong kommt man mit dem offenen Minibus bis 15 Uhr für 35 Baht her, von Klaeng mit

dem Pickup für 30 Baht. Die Straße verlässt nun
die Küste. Nach 16 km ist in Klaeng wieder der
H3 (am KM 267) erreicht. Die Bus Station befindet sich am östlichen Ortsausgang rechts.

Übernachtung und Essen

Zwischen Ban Phe und Wang Kaeo

Tamnanpar Restaurant, ein Restaurant im
Grünen, das gekonnt Dschungelatmosphäre mit
gepflegtem Speisen in Einklang bringt.
Souan-Son-Beach-Resort, ☎ 038-647561, 081-
8381781, 🖥 www.souan-son-beach.com, sehr
angenehme, liebevoll gestaltete Anlage in ruhiger Umgebung, 1,1 km von der Straße entfernt,
28 Räume in Reihenhäusern und Bungalows um
den Pool oder im Garten, Restaurant mit Thai-
und exquisiten französischen Gerichten, Fahrräder vorhanden, Touren zum Fischen und
Schnorcheln werden organisiert, geleitet vom
engagierten Franzosen Eric und seiner Frau
Sopha. AC ❺

Etwa 10 km östlich von Ban Phe: **Ban Phe
Cabana**, ☎ 081-2114888, eine allgemein bekannte Luxusanlage.

Thale Ngam Resort, kein Tel., ruhige Bungalows. ❹

Ban Tew Son, originelle Bungalows und
Baumhütten, hübsch unter Kasuarinen verteilt;
sehr harte Betten, herzliches Personal.
Reservierung: ☎ 038-662725. ❸ – ❹

Wang Kaeo

17 km östlich von Ban Phe:
Suan Wang Kaeo, 204 Moo 2, Charkpong, Klaeng,
☎ 01-2111527. Auf einem weitläufigen, parkähnlichen Areal stehen an 3 kleinen Stränden sehr
viele Bungalows mit 2–6 Betten und Fan oder AC.
Ausgezeichnetes, teures Seafood! Pickups fahren um 6, 8, 10 und 14.15 Uhr für 17 Baht von Ban
Phe nach Wang Kaeo, ansonsten per Motorradtaxi oder Charter-Pickup für 150 Baht. ❹ – ❺
Hinsuei Namsai Resort, Hochhäuser auf dem
Berg, schon von weitem erkennbar. Pool mit
super Sicht auf Ko Thalu. ❹ – ❺

2 km östlich von Wang Kaeo, 7 km östlich von
Ban Phe:
Pat Lodge, ☎ 038-638100, relativ preiswerte
Bungalows im Dschungel am Meer in ruhiger

Die Ostküste

Anlage. Unter der Woche kein Restaurantbetrieb. Empfehlenswert für Selbstversorger mit eigenem Fahrzeug während der Woche. ❸–❹
Ban Sai Kaew, 1 km weiter, Schild nur in Thai-Schrift, schöne, von Rhododendron überwachsene Häuser in gepflegtem Umfeld. ❹

Direkt am Laem Mae Phim

Sea View, ☏ 038-638046, an der Linkskurve, wo die Straße den Strand verlässt, sehr gepflegte Anlage mit Garten, Bungalows und Reihenbungalows mit AC und Du/WC für 2–4 Pers., wochentags ❸ (gutes Preis-Leistungs-Verhältnis); nette Besitzerin, die perfekt Deutsch spricht; Restaurant gegenüber am Strand, Frühstück und deutsches Essen möglich. ❹
Porn Phim, direkt am Strand, viele Doppelbungalows, etwas abgewohnt, einige billigere Zi. ❷–❹

Direkt am Strand gibt es viele Restaurants mit Seafood und lebenden Fischen. Als das beste gilt **Pla-O Seafood**, ☏ 038-638676, leckeres Essen, günstige Preise.

Klaeng

Klaeng Palace Hotel, 179 Sukhumvit Rd., ☏ 038-671553, saubere AC-Zi mit Kühlschrank und Warmwasser-Du/WC, parken im Innenhof. ❸
Green House Hotel, ☏ 038-671980, 6 km nördlich am H344, saubere AC-Zi und AC-Bungalows mit Garage. ❸

Khao Chamao National Park วนอุทยานเขาชะเมา

Nur ein einziges Waldgebiet, das Granitmassiv des Khao Chamao, ist in der Provinz Rayong vom tropischen Dschungel übrig geblieben. Für riesige landwirtschaftliche Entwicklungsprojekte, neue Fernstraßen, z. B. von Chachoengsao nach Klaeng, für Neusiedlerdörfer und aus reiner Geldgier wurden die Wälder abgeholzt. Wegen der massiven Zerstörung des Lebensraums von Fauna und Flora wird vermutet, dass sich zumindest ein Großteil der Tiere in dieses Schutzgebiet zurückgezogen hat. Informationen unter 🖥 www.dnp.go.th/parkreserve/asp/style1/default.asp?npid=108&lg=2

7 km hinter Klaeng zweigt vom H3 am KM 275,7 die 16 km lange Straße H3377 nach Norden zum Dorf Ban Nam Sai ab, dort am Hinweisschild in Thai rechts abbiegen. Das Headquarter des Nationalparks ist dann nur noch 1 km entfernt. Der zweite Eingang des Parks befindet sich ca. 2 km weiter. Hier gibt es einige Essenstände und einen Campingplatz. Am Wochenende sind viele Besucher im Park, die sich hauptsächlich an den beiden kleinen Wasserfällen vergnügen. Eine Karte am Parkplatz neben dem Visitor Center hilft bei der Orientierung. Eintritt 400 Baht.

Nur 200 m oberhalb liegt der **Khao Chamao-Wasserfall** und 2 km weiter am Fluss entlang der interessantere Wasserfall **Chong Laep**. In einem Naturbecken schwimmen Karpfenschwärme.

Eine anstrengende Tour führt auf den Berg hinauf. Sie sollte nur mit Guide gemacht werden. Wer schon andere Parks im Norden gesehen hat, wird diesen nicht sonderlich interessant finden.

Am **Khlong Prakang-Wasserfall** befindet sich der zweite Parkeingang. Auf 2 km fällt er in sieben Stufen in meist hüfttiefe Pools, der Weg bis zu den besten Stufen (6 und 7) ist leicht. Vom H3 am KM 286,4 nach links auf den H3433 abbiegen (Motorradtaxi 100 Baht) und nach 11,5 km an Schule und Gemeindezentrum parken. Dort nach einem Führer fragen oder sich den Weg zum versteckt liegenden National Park Office zeigen lassen.

Khao Wong Caves

Die Khao Wong Caves gehören ebenfalls zum Khao Chamao National Park. Sie sind nur vom National Park Office her zu erreichen. Ein steiler, glitschiger Pfad führt in die interessante Höhle **Tham Lakhon**. Nachdem man sich mühsam durch ein dunkles, tunnelartiges Gewölbe gearbeitet hat, kommt einem der lichtdurchflutete Dschungel auf der anderen Seite ganz märchenhaft vor. Von dort sind es noch wenige hundert Meter zum Eingang der **Tham Samit**, deren zweiter Ausgang zwar schöne Sicht über den Dschungel eröffnet, aber nicht zum Ausgangspunkt zurückführt.

Übernachtung und Essen

Im Parkhauptquartier gibt es Bungalows für 5 Pers., ❸, zu zweit sicher billiger. Camping

Die Ostküste

50 Baht p. P. Das Visitor Center und die Essen-stände davor sind meist nur am Wochenende geöffnet. Lebensmittel sind im Park nicht er-laubt.

In KLAENG kann man Pickups für die Strecke zum Park mieten.

Khung Wiman, Laem Sadet und Chao Lao Beach
กุ้งวิมานแหลมเสด็จ

Die Küste in der Provinz Chantaburi ist durch tie-fe Meeresarme zerklüftet, weshalb noch keine durchgehende Straße an ihr entlangführt. Einige Brücken sind jedoch schon errichtet, andere im Bau.

Der nördlichste der erschlossenen Strände, der hellsandige **Khung Wiman**, ist ca. 100 m lang. Vom H3 geht es am KM 301,9 nach rechts auf den H3399, danach folgt man den Wegwei-sern etwa 18 km. Von den beiden Buddhastatuen auf halber Höhe hat man einen schönen Aus-blick. 3 km vor Khung Wiman biegt ein Weg nach links zum Strand **Laem Sadet** ab, der noch weit-gehend von Schatten spendenden Kasuarinen gesäumt ist. Eine Brücke verbindet ihn mit dem nächsten Strand, dem palmenbestandenen **Chao Lao Beach**.

An allen drei Stränden laden kleine und gro-ße Restaurants direkt am Meer zum Speisen ein. An Wochenenden, vor allem an den langen, herrscht hier richtiger Rummel. Überall gibt es Unterkünfte, einige wurden schön in die Na-tur integriert, andere wirken eher wie lieblose Klötze.

Wer genug von westlichen Touristen hat und sich lieber unter Thais bewegt, ist an den Strän-den der Provinz Chantaburi bestens aufgeho-ben. Alle Anlagen sind auf Familien eingestellt. Kleine europäische Kinder werden hier sicher verhätschelt. Am Wochenende kann es recht betriebsam und auch teuer werden, umso ruhi-ger und billiger ist es unter der Woche. Die Ge-gend eignet sich hervorragend zum Fahrrad-fahren.

Khung Wiman

Freundlich sind die Leute im **Chaolao Beach Re-sort**, ☏ 039-369123, das neben einem großen Ho-telgebäude viele Bungalows am Strand und ei-nen Pool besitzt; wochentags gibt es Rabatt. ❹
Khung Wiman Resort, ☏ 039-417300, riesige Anlage mit verschiedenartigen Bungalows und Häusern. ❹–❻.
Faa Sai Resort & Spa, ☏ 039-417404, 🖥 www.faasai.com, neue Häuser und Bungalows am Hang mit Aussicht auf dschungelige Hügel, 300 m vom Meer. ❺–❽

Laem Sadet

Laem Sadet Resort, ☏ 081-2124960, schönes Resort mit 9 Zi. ❹–❺
Maldives Beach Resort, ☏ 039-369100, 🖥 www.maldivesbeachresort.net, großer Hotelklotz, wo man garantiert keine westlichen Touristen trifft. ❺–❻ **Sand & Sea Resort**, ☏ 039-388052, gefäl-lig eingerichtete Reihenbungalows, eng aufein-anderstehend, Tische am Strand. ❹
Jungle Bay, ☏ 039-388034, 🖥 www.jungle-bay-resort.com, sehr ansprechende, friedlich wirkende Anlage am Ende des Strandes, gekonnt in den Dschungel integrierte, geschmackvoll eingerichtete Einzel- und Doppelbungalows, auch Familienzimmer, Pool mit Meersicht. Die Besitzerfamilie wohnt über dem Restaurant, wochentags 20 % Rabatt. ❺

Chao Lao Beach

Ocean Beach Resort (Had Tuen Resort), ☏ 034-369333, rosa Reihen- und Doppelbungalows, Pool am Meer. ❺
New Chaolao Resort, ☏ 039-369190, nette, kleine Bungalows in liebevoll angelegtem Gar-ten hinter der Tankstelle, kein englisches Schild. ❸, AC ❹
New Travel Beach, ☏ 039-301888, 🖥 www.newtravelbeach.com, saubere Zi mit Balkon im 4-stöckigen Hotelgebäude oder Bungalows mit Meer-, Pool- oder Gartensicht, geleitet von einem freundlichen Franzosen, der die ökologi-schen Obstbau betreibt. ❺
Changchaolao Beach Resort, ☏ 039-369222, 🖥 www.clbeach.com, zweistöckiges Hotel-

gebäude, Reihenhäuser und Bungalows mit geschmackvoll eingerichteten Zimmern mit offenem Bad. ❺

Sonstiges

Mangrovenlehrpfad

Im Hinterland von Laem Sadet wurde vom **Kung Krabaen Bay Nature Center** ein **Mangrovenlehrpfad** angelegt. Auf einem 1600 m langen Boardwalk, einem Plankenweg, bekommt man einen Einblick ins Ökosystem der Mangroven. Leider sind die Tafeln nur in Thai-Schrift, die Bäume sind aber mit lateinischen Namen beschriftet.

Delphine

In der **Oasis World,** 🖥 swimwithdolphins.infor mation.in.th, kann man einer Delphinshow zuschauen oder sogar mit den Delphinen in einem großen Becken schwimmen. Am KM 347 des Sukhumvit Highway nach rechts nach Laem Sing abbiegen und der Straße 15 km folgen (ausgeschildert). Show ab 9 Uhr alle 2 Std., Eintritt 180 Baht, Swimming with the Dolphins: 400 Baht. Eine Tour zur Oasis World kann man in vielen Reisebüros und Hotels buchen.

Wat Khao Sukim   วัดเขาสุกิม

Wat Khao Sukim ist ein modernes Kloster von riesigen Dimensionen. Ein vierstöckiges Klostergebäude, viele Museums- und Versammlungshallen, wertvolle Antiquitäten, unglaublich lebensechte Nachbildungen ehemaliger Äbte, ein kleiner Zoo, ein Teich mit riesigen Schildkröten und Fischen und eine schöne Aussicht in die grüne Ebene machen den Abstecher lohnenswert. Liebhaber von Keramik finden in vier Sälen viele 2–3 m hohe Vasen. Viele Thais aus dem ganzen Land besuchen dieses Kloster wegen seines berühmten Abtes, dem übernatürliche Kräfte zugeschrieben werden. Im Hof steht mittags kostenloses Essen und kaltes Wasser zur Selbstbedienung bereit. Interessierte Besucher müssen vom H3 am KM 305,8 nach links auf den H3322 abbiegen und ihm 13 km folgen. Eine kostenlose Bergbahn erspart den Aufstieg zum Hügel. Angemessene Kleidung erforderlich.

Chantaburi   จันทบุรี

In der interessanten Stadt mit 86 000 Einwohnern herrscht ein reges Treiben. Ein großer Markt, schöne Holzhäuser, einige Wats und repräsentative Gebäude sind sehenswert. Zahlreiche Villen entlang der Zufahrtsstraße zeugen von einem gewissen Wohlstand. Chantaburi ist in Thailand berühmt für sein Obst. Saison für Durian ist von Mai bis August, für Rambutan und Mangosteen von Mai bis September und für Mango von März bis Juni.

Viele christliche Vietnamesen haben sich hier niedergelassen, als sie in ihrer Heimat verfolgt wurden. Sie leben vor allem in der Nähe des Flusses. In einigen Geschäften werden von ihnen die typischen roten Flechtarbeiten verkauft.

Eine 1880 erbaute **Kathedrale** im Stil französischer Kirchen liegt auf der anderen Flussseite. Zu erreichen über die Fußgängerbrücke südöstlich vom Markt, etwas versteckt hinter den Holzhäusern. Schlüssel im Pfarrhaus.

Am Freitag-, Samstag- und Sonntagnachmittag findet in der Soi Krachang, von der Sri Chan Road abgehend, ein Juwelenmarkt statt.

Die Straße H3146 führt Richtung Süden nach Laem Sing an der Flussmündung. In **Pak Nam** und **Ka Chai** stehen noch die Reste ehemaliger Befestigungsanlagen, die vor feindlichen Angriffen vom Meer her schützen sollten.

Übernachtung

Arunsawat Hotel ④, ✆ 038-311082, 239 Sukha Phiban Rd., kein englisches Schild außen, gegenüber vom Chantra Hotel, 18 heruntergekommene, laute Zi mit Fan und Du/WC, kleines, hervorragendes Restaurant am Fluss direkt daneben. ❶–❷
The River Gh. ⑪, 3/5-8 Srichan, ✆ 039-328211, mehrstöckiges, sauberes Gebäude direkt an der Flussbrücke zum Edelsteinmarkt, günstige Zi mit Etagendusche, freundliches Personal, Internet, internationale Traveller, trotz Verkehrslärm empfehlenswert. ❷–❸.
Chantra Hotel ③, 248 Sukha Phiban Rd., ✆ 039-312310, einige Zi renoviert, die besseren mit Flussblick. ❶–❷

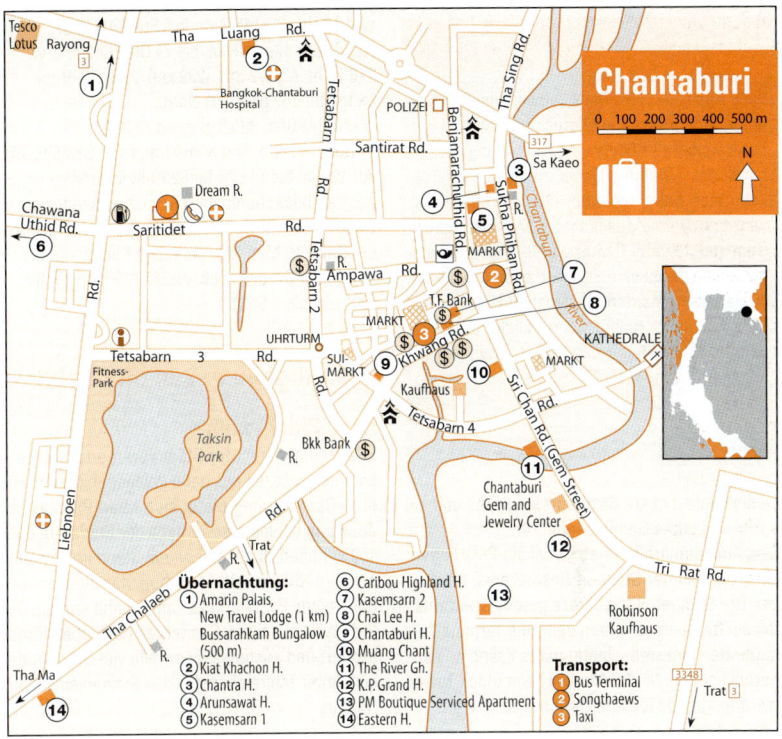

Übernachtung:
1. Amarin Palais,
   New Travel Lodge (1 km)
   Bussarahkam Bungalow
   (500 m)
2. Kiat Khachon H.
3. Chantra H.
4. Arunsawat H.
5. Kasemsarn 1
6. Caribou Highland H.
7. Kasemsarn 2
8. Chai Lee H.
9. Chantaburi H.
10. Muang Chant
11. The River Gh.
12. K.P. Grand H.
13. PM Boutique Serviced Apartment
14. Eastern H.

Transport:
1. Bus Terminal
2. Songthaews
3. Taxi

Amarin Palais ①, Raksakchamoon Rd., ✆ 039-323160, kein englisches Schild, an der Ausfallstraße rechts neben der Shell-Tankstelle, etwas zurückversetzt, 30 gut eingerichtete, saubere Zi, sehr gutes Preis-Leistungs-Verhältnis. AC ❸

New Travel Lodge ①, 14 Raksakchamoon Rd., 1 km nördlich vom Busbahnhof, ✆ 038-351300, renovierte AC-Zi, Pool. ❹

Bussarahkam Bungalow ①, Raksakchamoon Rd., ✆ 039-321563, 500 m weiter, 200 m von der Ausfallstraße, sehr ruhige Lage, gut für Motorradfahrer; wird auch stundenweise vermietet. AC ❸

Muangchan ⑩, 257-9 Sri Chan Rd., ✆ 039-321037, an der Hauptstraße in einem Hintergebäude, macht einen gepflegten Eindruck, Personal spricht Englisch, relativ ruhig; ordentliche Zi. ❷, AC ❸

Kasemsarn 1 ⑤, 98/1 Benjamarachuthid Rd., ✆ 039-311100; sauber, AC-Zi mit Kühlschrank, TV und Warmwasser, nach hinten ruhiger. Im 1. Stock das Chanthon Restaurant. ❷, AC ❸

K.P. Grand Hotel ⑫, 35/200 Tri Rat Rd., ✆ 039-323201-13, ✉ 323214, Hochhaus, luxuriöse Zi. ❸, AC ❼

Eastern Hotel ⑭, 899 Tha Chalaeb Rd., ✆ 039-312218-20, ✉ 311985, saubere, gute Zi; empfehlenswert, aber etwas weit außerhalb. ❹–❻

Caribou Highland Hotel ⑥, 14 Chawana Uthid Rd., ✆ 039-323431, ✉ 321584, Luxushotel im Westen der Stadt, oft ist Discount möglich, Pool, Bäckerei. ❹–❺

PM Boutique Serviced Apartment ⑬, 30/31 Tri Rat Rd., ✆ 039-321916, Apartmenthaus mit Blick auf Fluss und Park, hübsch gestaltete AC-Räume. ❹

Viele Ausländer und Thais kommen nach Chantaburi, um in den Juweliergeschäften entlang der Hauptstraße Edelsteine, vor allem den Roten Saphir *(Thapthim Siam)*, zu kaufen. Überall kann man beim Schleifen oder Sortieren der winzigen Steine zuschauen. Das **Chantaburi Gem and Jewelry Center** wurde 2003 in einem modernen Gebäude etabliert. Hier sind mehr als 40 Händler registriert und Qualität wird garantiert. Ansonsten sollten nur wirkliche Experten kaufen: Echte Steine zum halben Preis gibt es in ganz Thailand nicht.

Essen

Es gibt viele leckere Straßenrestaurants und ein auffallend gutes Gemüseangebot.
Rings um den großen See im Taksin Park liegen eine Reihe netter Seafood-Restaurants, entlang der Tha Chalaeb Rd. mehrere gute Restaurants. **Dream Restaurant**, neben dem Bus Terminal hinter der Tankstelle, bietet gutes Essen an sauberen Tischen. Im **Sui Market** beim Clock Tower werden abends leckere Gerichte zubereitet.

Sonstiges

Feste
Die **Fruit Fair** mit Umzug und Jahrmarkt findet am 2. Mai-Wochenende statt.

Informationen
In der Tetsabarn 3 Road gibt es eine Touristeninformation.

Medizinische Hilfe
Bangkok-Chantaburi Hospital, ✆ 039-319888.

Transport

Wesentlich schneller als über den Sukhumvit Highway entlang der Küste ist die 70 km kürzere Straße H344 von Chonburi via Ban Bung und Klaeng nach Chantaburi. Nach BANGKOK (Eastern Bus Terminal) non-AC-Busse um 7.30

und 13 Uhr für 145 Baht in 5 Std. (309 km), AC-Busse alle 30 Min. bis 24 Uhr für 209 bzw. 216 Baht in 3 1/2 Std. (239 km), 2.Kl. AC-Bus 9x tgl. für 162 bzw. 203 Baht.
Nach RAYONG AC-Busse ab 10.30 Uhr für 77 Baht in 2 Std. Nach TRAT non-AC-Bus 59 Baht, AC-Busse bis 14 Uhr für 82 Baht in 90 Min. Zur kambodschanischen Grenze entweder mit Songthaew (50 Baht, 80 Min.) und Motorradtaxi (30 Baht, 10 Min.) oder mit dem Minibus, z. B. von Pailin Group, ✆ 081-9826282 (150 Baht hin und zurück, 1 Std.).

Die Umgebung von Chantaburi

Khao Phloi Waen

Edelsteine, die in der Stadt verarbeitet werden, kommen zum Teil aus nahe gelegenen Minen. Für eine Besichtigung bietet sich Khao Phloi Waen an, wenige Kilometer nördlich der Stadt. Auf dem 150 m hohen Hügel stehen ein Stupa im ceylonesischen Stil und ein Mondhop, der die Nachbildung eines Fußabdrucks von Buddha enthält. Die Erde wird aus tiefen Schächten nach oben transportiert und ausgewaschen. Mit viel Glück findet sich unter zahlreichen dunklen Steinen ein blauer Saphir.

Krating-Wasserfall

Leicht zu erreichen (28 km) ist der Nam Tok Krating. Ein steiler Pfad schlängelt sich durch üppiges Bambusdickicht den Berg hinauf, vorbei an vielen Kaskaden und kleinen Pools. Der Fall Nr. 8 stürzt ca. 50 m über 4 Stufen in einen großen, hüfttiefen Badepool. An Wochenenden sitzen viele Bewohner Chantaburis in voller Bekleidung in den Wasserbecken und picknicken. Eindrucksvoller sollen die Fälle Nr. 9 und 10 sein. Auf dem H316 stadtauswärts erreicht man den H3 beim KM 324 und überquert diesen auf den H3249, auf dem es weitergeht bis zum KM 21,6. Hier noch 800 m nach rechts zum Eingang des **Kitchakut National Parks**, ◷ 6–18 Uhr, Eintritt. Übernachtungsmöglichkeit in Park-Bungalows, ❹. Zelte sind für 40 Baht zu mieten, Aufstellen des eigenen kostet 5 Baht. Songthaew vom Markt in Chantaburi für 25 Baht in 1 Std., plus 20 Min. zu Fuß.

Trat ตราด

Die Provinzhauptstadt Trat (20 000 Einwohner) liegt 317 km von Bangkok entfernt in der Nähe der kambodschanischen Grenze. Schon in der Ayutthaya-Zeit galt Trat als wichtiger Seehafen. Im 19. Jh. war die Stadt kurzzeitig von Franzosen besetzt. Heute präsentiert sich die Marktstadt modern und wohlhabend, die Geschäfte mit Kambodscha bringen viel ein. Kaum ein Reisender würde sich nach Trat verirren, wäre die Stadt nicht der Ausgangspunkt für die vorgelagerte Inselwelt und für den Grenzübergang nach Kambodscha.

So mancher Traveller bleibt in Trat hängen oder kommt jedes Jahr wieder, weil man in dem ruhigen, beschaulichen Städtchen mit seinen liebenswürdigen Menschen sehr preisgünstig leben und trotzdem mit Stil essen gehen kann.

Wer in der Regenzeit hier ist, sollte sich das Schauspiel der Fireflies in den Mangroven nicht entgehen lassen.

Auf dem neuen, 2 km langen **River Walkway**, einem ins Flussufer gebauten Betonsteg, lässt es sich abends und morgens gut joggen oder promenieren. Vor der Markthalle wird eine goldene Statue in einem Schrein vor allem abends mit vielen Opfergaben verehrt.

Schräg gegenüber liegt das **Wat Chai Mongkol** mit malerischen alten Chedis, die von drei Schweizern frisch gestrichen wurden, und einem Museum, das einem die Mönche gern zeigen. An der Ampel nach Westen kommt man nach 2 km zum 350 Jahre alten **Bupharam-Tempel**, der Asche Buddhas beherbergt.

Auch in der Provinz Trat wachsen auf fruchtbarem Boden Durian, Rambutan, Langsat und Mangosteen, große Flächen werden für Gummiplantagen genutzt.

Übernachtung

Gästehäuser

Fast alle Gästehäuser liegen in einem Umkreis von 2 Min. zu Fuß um das N.P. Gh. Alle sind sehr einfach und haben Du/WC außen.

Jame Gh. ④, 45-1 Lak Muang Rd., ☏ 039-530458, ✉ Jamegh@hotmail.com, zurückversetzt von der Straße, schönes Holz- und Bambushaus, saubere Zi mit Moskitonetz, gutes Essen, freundliche Familie; Internet. ❶

Sawaddee Gh. & Cafe Net ⑥, ✆ 039-520075, saubere Zi. ❶-❷

Friendly Gh. ⑦, Lak Muang Rd., ✆ 039-524053, schräg gegenüber, wenige saubere, hellhörige Verschläge. Bootstouren, Minibus-Service nach Sihanoukville für 500 Baht. ❶

N.P. Gh. ⑪, Lak Muang Rd., 10 Soi Yai On, ✆ 039-512270, Stadthaus mit 12 einfachen, sauberen Zi, Du/WC außen, Schlafsaal mit 3 Betten; angenehme Atmosphäre, viele Informationen. Die freundliche Managerin spricht gutes Englisch. ❶

Trat Gh. ⑨, ✆ 039-511152, Soi Khunpoka, Lakmuang Rd., in einer kleinen Seitenstraße, sehr ruhig, saubere Gemeinschafts-Du/WC, kleine Zi. ❶

Pop Gh.1 ⑫, Thana Charoen Rd., ✆ 039-512392, ✉ popson1958@hotmail.com, saubere Zi, Warmwasser-Du/WC. Im Biergarten gibt es europäisches Frühstück und Thai-Essen in kleinen Portionen, unter Leitung der geschäftstüchtigen Sunny. ❶

Pop Gh.2 ⑫, Thana Charoen Rd., ✆ 086-3743003, gegenüber Pop 1, hellhörige Reihenhäuser in einem ruhigen Garten und am Fluss, beste Lage, auf Sauberkeit wird kein großer Wert gelegt. ❷, AC ❸

Pop Gh.3 ⑫, Thana Charoen Rd., einige Häuser weiter, Zi überm Internet-Café. ❶

Windy Gh. ⑬, 64 Thana Charoen Rd., liegt schön am Fluss, traditionelles, ältliches Haus mit Veranda, 8 hellhörige Zi mit Moskitonetz, relaxte Atmosphäre. ❶-❷

Guy Gh. ⑭, Thana Charoen Rd., ✆ 039-524556, 081-7821007, ✉ guy_gh2001@gmail.com, saubere, helle Zi bei freundlicher Familie, Warmwasser; Internet. ❶-❷, AC ❸

Residang House ⑮, Thana Charoen Rd., ✆ 039-530103, modernes, vierstöckiges Steinhaus, verschiedenartige, saubere, luftige Zi, mit und ohne Du/WC, z. T. mit Balkon, freundliches Thai-deutsches Management. ❷, AC ❸

Hotels

S.A.-Hotel ①, ✆ 039-524572, Zi mit guten Betten, AC, Kabel-TV, Warmwasser und Kühlschrank. ❷, AC ❸-❹ **Muang Trat Hotel** ③, 24 Vijijanya Rd., ✆ 039-511091, zwischen Markthalle und Nachtessen-Markt, einfache, saubere Zi, ruhig im 4. Stock Richtung Innenhof, Parkmöglichkeiten. ❷, AC ❸

Muang Trat O.K. ②, 4/4 Chaimongkol Rd., ✆ 039-512657, große Bungalowanlage östlich der Stadt. ❷, AC ❷-❸

Essen und Unterhaltung

Abends isst man am besten und billigsten auf dem **Nachtessen-Markt,** genannt Trat Food Safety Street, neben dem Muang Trat Hotel. Exzellent sind hier die Varianten von Nachtisch, sehr gut schmeckt *tao tung,* eine Eisspezialität. Im **Trat Department Store** gibt es im 2. Stock ein AC-Restaurant mit Blick auf die Markthalle und die Hauptstraße.

Die **Cool Corner** ist eine beliebte Bar zum Relaxen mit Restaurant und gutem Kaffee.

Die **Woodland Bar** hat gute Musik und billiges Bier.

Bei **Joy Pizza** herrscht eine gute Atmosphäre.

Das **Klua Rim Klong Restaurant** serviert sehr gute und auch ungewöhnliche Gerichte in einem gepflegten, klimatisierten Raum oder in einem idyllischen Garten.

Sonstiges

Bücher

Tratosphere Book Shop, ✉ tratospherebookshop @yahoo.fr, guter Platz zum Kaufen, Tauschen und Verkaufen von Büchern. Hier wird auch das in Trat produzierte Yellow Oil verkauft, ein ätherisches Öl, das bei Wunden, Verbrennungen, Übelkeit und Seekrankheit Wunder wirkt.

Internet

Mehrere Internet Shops in der Sukhumvit Rd. in der Nähe der Bushaltestelle, im **Pop Internet** und im **Cafe Net** vom Sawaddee Gh. für 1 Baht/Min.

Medizinische Hilfe

Bangkok-Trat Hospital, am Highway, ✆ 039-532735.

Government Hospital, ✆ 039-511040.

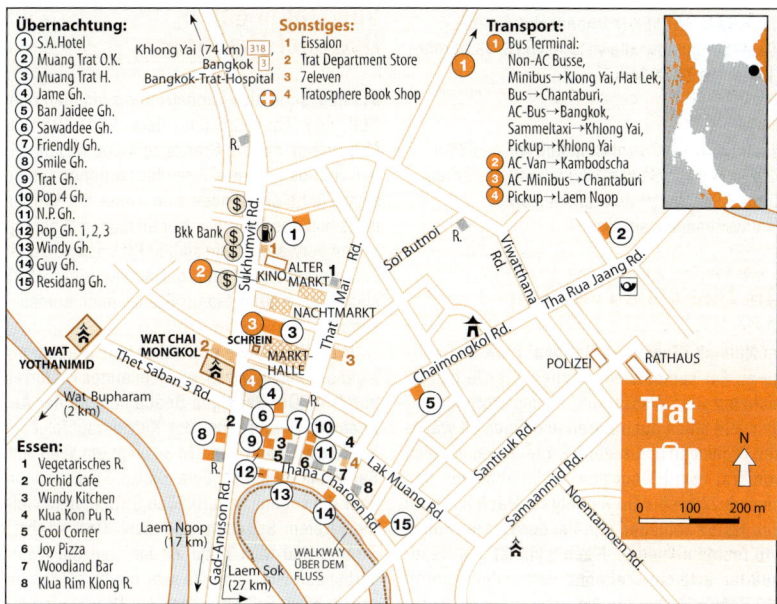

Trat

Übernachtung:
1 S.A.Hotel
2 Muang Trat O.K.
3 Muang Trat H.
4 Jame Gh.
5 Ban Jaidee Gh.
6 Sawaddee Gh.
7 Friendly Gh.
8 Smile Gh.
9 Trat Gh.
10 Pop 4 Gh.
11 N.P.Gh.
12 Pop Gh. 1, 2, 3
13 Windy Gh.
14 Guy Gh.
15 Residang Gh.

Sonstiges:
1 Eissalon
2 Trat Department Store
3 7eleven
4 Tratosphere Book Shop

Transport:
1 Bus Terminal:
   Non-AC Busse,
   Minibus→Kiong Yai, Hat Lek,
   Bus→Chantaburi,
   AC-Bus→Bangkok,
   Sammeltaxi→Khlong Yai,
   Pickup→Kiong Yai
2 AC-Van→Kambodscha
3 AC-Minibus→Chantaburi
4 Pickup→Laem Ngop

Essen:
1 Vegetarisches R.
2 Orchid Cafe
3 Windy Kitchen
4 Klua Kon Pu R.
5 Cool Corner
6 Joy Pizza
7 Woodland Bar
8 Klua Rim Klong R.

Mopeds

Sie werden rechts vom Markt, gegenüber dem Schrein, ab 150 Baht vermietet.

Nahverkehr

Motorradtaxis

Sie fahren ab 15 Baht, Mini-Pickups (genannt Mazda) können bis zu 5 Passagiere befördern (ab 50 Baht).

Pickups und Taxis

Zu den Ko Chang-Piers bei LAEM NGOP (30 km)

Hinweis

Nach 17 Uhr lohnt es sich nicht, nach Ko Chang aufzubrechen, weil der Transport im Dunkeln sehr teuer werden kann. Besser eine Nacht in Trat bleiben, Shops anschauen, in netten Restaurants relaxen und Infos einholen.

fahren Pickups, die auf 6–8 Passagiere warten, bis 17 Uhr für 40 Baht, danach 60 Baht, Charter bis 1000 Baht. Blaue Taxis zu den Piers kosten 170 Baht pro Wagen.

Transport

Busse

Der neue Bus Terminal mit einem kleinen Food Center liegt 2 km außerhalb der Stadt. 4 große Busgesellschaften verkehren zu identischen Preisen zwischen Trat und Bangkok. Nach BANGKOK zum **Eastern Bus Terminal**, 317 km, fahren AC-Busse laufend zwischen 6.30 und 24 Uhr für 207 bzw. 266 Baht, VIP-32-Bus für 311 Baht, in 5 Std., genauso von Bangkok nach Trat. Nach CHANTABURI im AC-Bus Richtung Bangkok für 82 Baht (non-AC 59 Baht) in 1 1/2 Std., blaue Taxis zwischen 6 und 18 Uhr für 500 Baht.

Minibusse

Nach KHLONG YAI (75 km) Songthaew für 80 Baht in 1 Std.

Nach BAN HAT LEK (Kambodscha-Grenze, 90 km) Songthaew alle 45 Min. von 6–18 Uhr für 110 Baht in 70–90 Min.

Flüge

Nach BANGKOK fliegt **Bangkok Air**, ✆ 039-525299, je nach Saison 4x wöchentl. bis 3x tgl. für ca. 1960 Baht, Informationen unter 🖥 www.bangkokair.com.

Die Umgebung von Trat

Die Ostküste

Im **Namtok Klongkaeo National Park** im Gebirge an der kambodschanischen Grenze gibt es nicht nur viele Wasserfälle, im immergrünen Regenwald leben auch Bären und Tiger, es wachsen Orchideen und seltene Farne. 17 km nördlich von Trat vom H3 auf den H3159 abbiegen und diesem 27 km bis Bo Rai folgen. Nach links auf den H3157 abbiegen und bei der Border Police 116 nochmals abbiegen. Nach 9 km ist das Headquarter erreicht. Zeltplatz vorhanden. Eintritt 400 Baht.

Auf dem H3155 nach Süden kommt nach 27 km der hübsche Picknickplatz **Laem Sok** am Strand (40 Baht mit Songthaew). Unterwegs geht es an den Fischerdörfern **Ban Ao Cho** (von hier gehen Boote zu den südlichen Inseln) und **Ban Laem Hin** vorbei.

Übernachtung

Ban Pu Resort & Spa, ✆ 039-512400, luxuriöse Bungalows auf Stelzen im See oder am Meer, große Familienzimmer, Seafood-Restaurant, Swimming Pool. Unter der Woche herrlich für Naturliebhaber. Zwischen Laem Ngop und Trat auf den H3155 abbiegen. ❹–❺

Boote

Vom **Laem Sok Pier** (auch Siriwhite Pier), ✆ 086-1267860, fährt das Siriwhite Speedboot (30 Passagiere) tgl. um 9 und 13 Uhr über KO MAK (40 Min.) nach KO KUT (Klong Mard Pier, 90 Min.) für 400 bzw. 500 Baht, von Ko Mak nach Ko Kut 300 Baht, zurück ab Ko Kut um 10 und 14 Uhr.

Von Trat in den Ostzipfel Thailands

Auf dem schmalen Landstreifen zwischen dem Golf von Thailand und dem Khao Bantal-Gebirgszug, der die Grenze zu Kambodscha bildet, gibt es mehrere Strände, an denen einige Unterkünfte entstanden sind. Unter der Woche ist es hier absolut ruhig. Nur an langen Wochenenden verwandeln sie sich in Picknickplätze für Einheimische. Auf dem gut ausgebauten H318 sind es noch 90 km bis zur Grenze nach Kambodscha.

Wer die Strände entdecken will, braucht ein eigenes Fahrzeug (z. B. ein gemietetes Motorrad aus Trat). Der **Sai Ngen Beach** liegt an der Abzweigung zu Ban Laem Klat. Kurz darauf folgt der **Sai Kaew Beach**. Am KM 37 biegt ein Weg zum **Sai Ngam Beach** ab. Eine rustikale Brücke führt über die Lagune zum ruhigen Strand, dem viele Kasuarinen Schatten spenden. Der nächste Strand, **Had Muk Kaeo**, ist mit Had Sai Ngam verbunden und ebenfalls sehr friedlich. Man erreicht ihn zu Fuß oder über die Abzweigung am KM 41,6. Hier wachsen neben Kasuarinen auch Kokospalmen,

Ein Schild weist am KM 47 auf den **Tub Tim Beach** hin, einen längeren Strand mit verwildertem Hinterland. Am schönsten, aber nicht immer sauberen Sandstrand **Ban Chuen Beach**, 60 km hinter Trat, 14 km vor Khlong Yai, kann man in einem Restaurant während der Woche sehr einfach essen, aber am Wochenende schlemmen. Wer auch an Wochenenden die Einsamkeit sucht, braucht nur über die Lagune zu schwimmen.

Die Straße nach **Khlong Yai** biegt beim KM 74 nach rechts ab. In Khlong Yai spricht kaum jemand Thai oder Englisch, die Bevölkerung besteht vorwiegend aus Kambodschanern. Etwa die Hälfte dieses sehenswerten Fischerdorfes steht auf Pfählen. Alle Gassen bestehen aus wackligen Stegen aus rohen Brettern und grob behauenen Ästen mit vielen Lücken. Wer hier einen Spaziergang unternimmt, sollte schwindelfrei und trittsicher sein. Selbst die Straßen verlaufen auf rauen Stegen. Bei Ebbe lastet ein penetranter Gestank von Schlick, Abfall und Fisch über den Holzhäusern, bei Flut wird aller Unrat weggespült.

In dem Grenzort **Ban Hat Lek** (KM 85) kann man auf dem Border Market vietnamesische, russische oder chinesische Produkte kaufen, aber auch französischen Wein. Grenzübergang nach Kambodscha s. S. 313.

Grenzübergang nach Kambodscha s. S. 313.

Had Muk Kaew Resort, ℂ 039-511777, KM 41, einsam gelegenes Resort am Sai Kaew Beach Mit 30 Zi. ❹–❻
Chanchon Resort, ℂ 039-581173, 35 schöne Bungalows am Ban Chuen Beach, offenes Restaurant auf dem Strand. ❹
Suksamran, Khlong Yai, ℂ 039-581109, ✆ 581311, 37 Zi. ❷, AC ❸
Bang Inn Villa, an der Straße nach Trat, ℂ 039-581401, ✆ 581403, 44 Zi mit Fan. ❷–❸
Had Lek Hut, Hat Lek, ℂ 039-588198, ✉ hadlek hut@yahoo.com, 26 Zi, Restaurant. ❷–❹

Transport

Ein Taxi von TRAT zum Ban Chuen Beach kostet 200 Baht, ein Pickup von Trat Richtung Khlong Yai nur 50 Baht, es bleiben dann aber noch 5 km Fußweg. Möglicherweise lässt sich der Fahrer überreden, für einen kleinen Aufschlag (ca. 15 Baht) von der Abzweigung bis zum Strand zu fahren.
Von Trat nach KHLONG YAI mit dem Songthaew für 80 Baht in 1 Std.
Von Trat nach BAN HAT LEK (90 km) am besten mit dem ersten Minibus um 6 Uhr für 110 Baht, zurück alle 45 Min. von 7–17 Uhr (umsteigen in Khlong Yai). Charter-Pickup 500 Baht.
Von Khlong Yai nach BAN HAT LEK mit dem Songthaew für 30 Baht in 25 Min.

Laem Ngop   แหลมงอบ

17 km südwestlich von Trat liegt Laem Ngop. Der Ort wirkt wie ein schmuddeliges, billiges Amüsierdörfchen, in dem sich viele Thais vergnügen. Von drei Piers westlich von Laem Ngop fahren die Boote nach Ko Chang und auf die anderen Inseln. Traveller übernachten hier nur noch, wenn sie das letzte Boot um 19 Uhr verpasst haben.

Übernachtung

Laem Ngop Inn, ℂ 039-597044, 31 gut eingerichtete Bungalows mit Fan und AC. ❸–❹
Paradise Hotel, ℂ 039-597031, am Dorfeingang links, saubere Bungalows mit Bad und AC (auf Wunsch ohne Benützung der AC); an einem künstlichen Wasserbecken. ❷–❸
Pha Nu Gh., ℂ 039-538099, 5 Zi bei einer moslemischen Familie. ❶–❷

Transport

Von TRAT mit dem Songthaew für 20 Baht in 30 Min. zu einem der 4 Piers.

Busse
Über Trat zurück nach BANGKOK zunächst mit dem Songthaew nach Trat, dort umsteigen in den non-AC- bzw. AC-Bus (148–311 Baht) nach Bangkok zum Eastern Bus Terminal (6 bzw. 4 1/2 Std.).
Minibusse fahren ab 10.30–11.30 Uhr nach Bangkok und ARANYAPRATHET.

Boote nach Ko Chang
Von 4 Piers fahren laufend Boote nach Ko Chang: Krom Luang Pier, Center Point Pier, dem Pier von Koh Chang Ferry und dem Pier von Ferry Koh Chang.
Vom **Krom Luang-Pier** (=New Laem Ngop Pier) starten jeden Werktag um 13 Uhr Passagierboote nach DAN MAI (30 Min., 50 Baht), zurück werktags um 16 Uhr.
Vom **Center Point Pier**, ℂ 039-538196, fährt die Autofähre von 6–19 Uhr ca. jede Std. in 45 Min. zum Dan Kao Pier für 90 Baht p. P. (hin und zurück 140 Baht), der PKW ist frei.
Von **Thammachat Bay** fahren von zwei Piers **Koh Chang Ferry**, ℂ 039-518588, und **Ferry Koh Chang**, ℂ 039-518528, von 6.30–19 Uhr jede Std. zum Ao Sapparot Pier. Beide verlangen 60 Baht p. P., 100 Baht fürs Motorrad und 150 Baht pro PKW, sie benötigen ca. 30 Min.
Einige Resorts von Ko Chang haben eigene Boote für den Transport. Dieser sollte bei Vorbuchung der Übernachtung kostenlos sein.
Vom **Laem Ngop-Pier** fahren nur noch Fischerboote ab.

Boote zu den anderen Inseln

Vom **Krom Luang-Pier** (=New Laem Ngop Pier) fahren regelmäßig Transportboote (ohne Verpflegung) zu den südlichen Inseln: von Nov bis Juni um 15 Uhr u. a. nach KO WAI (250 Baht), KO KHAM (300 Baht) und KO MAK (300 Baht) in 2 1/2 bzw. 3 1/2 Std. Sie fahren um 8 Uhr zurück. Nach KO KUT fährt das 150-sitzige Seatrans-Boot, ✆ 083-9597646, jeden Di, Fr, Sa um 9 Uhr zum Hin Dam Pier in 3 Std. für 500 Baht, zurück Do, Sa und So um 11 Uhr.

Einige Resorts von den vorgelagerten Inseln haben eigene Boote für den Transport. Dieser sollte bei Vorbuchung der Übernachtung kostenlos sein.

Weitere Speedboote fahren zu allen möglichen Inseln für ca. 400–500 Baht.

---

4 | HIGHLIGHT

Ko Chang   เกาะช้าง

Ko Chang (Elefanten-Insel), die zweitgrößte Insel des Landes, liegt im Südosten des Golfs von Thailand, im Grenzgebiet zu Kambodscha. Sie ist 30 km lang, 8 bis 13 km breit und bis zu 744 m hoch. Der Regenwald im Inneren wirkt wild und undurchdringlich, Wolken durchwabern ihn häufig. In den Bergen leben Wildschweine, Affen und Schlangen. Der Wald gilt als einer der am besten erhaltenen in Südostasien. Nur an den Küsten und in den Tälern liegen einige kleine Dörfer, deren Bewohner (ca. 3000) vom Fischfang oder vom Anbau von Kokosnüssen und Gummibäumen leben.

1982 wurden das gesamte Bergland von Ko Chang und 46 kleinere Inseln zum Ko Chang National Marine Park erklärt. Bis 1987 kamen nur wenige Touristen auf die Insel. Aber in jüngster Vergangenheit hat eine rasante touristische Entwicklung stattgefunden, deren Höhepunkt noch längst nicht erreicht ist.

Nach dem wirtschaftlichen Aufschwung in Thailand leisten sich seit der Jahrtausendwende immer mehr Thais einen Wochenend- oder Kurzurlaub. Gern fahren sie mit dem eigenen Wagen auf die Insel, die von drei Autofähren bedient

wird. An den Feiertagen wird Ko Chang geradezu überrannt, v. a. über Silvester. Thais haben eine etwas andere Vorstellung von Urlaub als westliche Touristen und genießen ihre wenigen Urlaubstage mit lautstarker Geselligkeit.

Die Regierung erschließt die Inseln systematisch für den First-Class-Tourismus. Viele Resortbetreiber wurden mit günstigen Krediten animiert, ihre alten Hütten abzureißen und zu einem vielfachen Preis Komfortübernachtungen zu schaffen. Der ehemalige Ministerpräsident, der im Süden von Ko Chang angeblich selbst ein Resort besitzt, hat einige hundert Millionen Baht für die Infrastruktur locker gemacht. So wurde Ko Chang ans Stromnetz angeschlossen, ein Pier gebaut und ein gut funktionierender Fährbetrieb eingerichtet. Die Uferstraße ist zweispurig asphaltiert, und ein Seekabel fürs Telefon wurde gelegt. Der östliche Teil der Insel wurde speziell für Thai-Urlauber erschlossen. Neben vielen Plazas (Einkaufspassagen), Bars und Restaurants wurde auch ein Flughafen auf dem Festland gebaut. Er ist optisch stark an die schönen Flughafen auf Ko Samui angelehnt.

Die Strände

Die Insel wird hauptsächlich ihrer Strände wegen besucht. Die fünf **Hauptstände, White Sand Beach, Pearl Beach, Klong Prao Beach, Kai Bae Beach** und **Lonely Beach** liegen an der Westküste.

Der **White Sand Beach** ist der geschäftigste und bietet neben Strandleben auch jede Menge Unterhaltung.

Am **Pearl Beach** geht es noch recht ruhig zu, aber der Strand ist eher steinig.

Am **Klong Prao Beach** liegen die Resorts für europäische und thailändische Pauschaltouristen, am **Kai Bae Beach** fühlen sich nicht nur Thai-Touristen wohl. **Lonely Beach** und **Bailan Beach** haben sich zu Party-Stränden mit unterschiedlichem Publikum entwickelt.

Die **Salak Phet-Bucht** ist noch ein echter Geheimtipp. Hier und in der **Bang Bao-Bucht** kann man noch unerschlossene Traumstrände finden. Die Ostküste hat zwar keine weißen Sandstrände zu bieten, lohnt aber mit ihren Mangrovenwäldern und ursprünglichem Dorfleben durchaus einen Besuch.

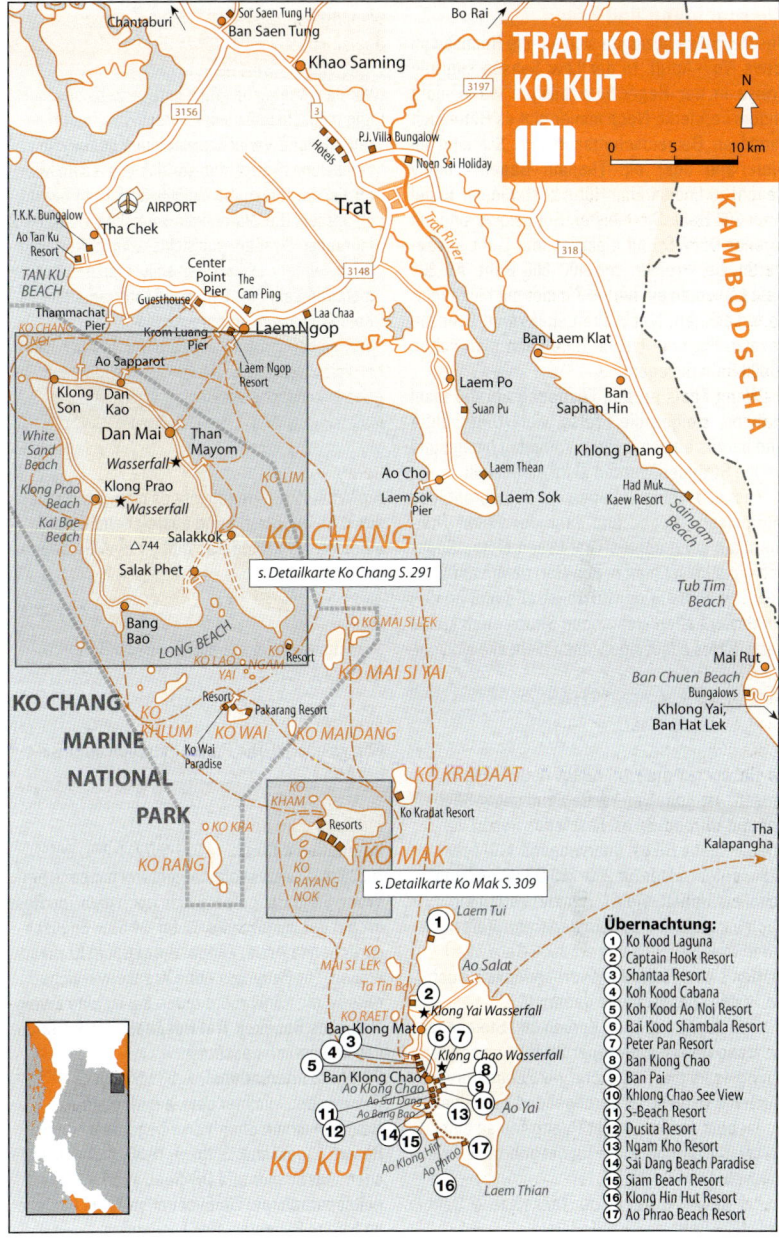

Chantaburi
Sor Saen Tung H.
Ban Saen Tung
Bo Rai
Khao Saming
3197
3156
3
P.J. Villa Bungalow
Hotels
Noen Sai Holiday
T.K.K. Bungalow
AIRPORT
Ao Tan Ku Resort
Tha Chek
Trat
318
Trat River
3148
TAN KU BEACH
Center Point Pier
The Cam Ping
Thammachat Pier
Guesthouse
Laa Chaa
KO CHANG NOI
Krom Luang Pier
Laem Ngop
Ban Laem Klat
Ao Sapparot
Laem Ngop Resort
Laem Po
Ban Saphan Hin
Klong Son
Dan Kao
Suan Pu
Dan Mai
Than Mayom
Khlong Phang
White Sand Beach
★ Wasserfall
KO LIM
Ao Cho
Laem Thean
Had Muk Kaew Resort
Klong Prao Beach
Klong Prao
★ Wasserfall
Laem Sok Pier
Laem Sok
Saingam Beach
Kai Bae Beach
△ 744
Salakkok
KO CHANG
Tub Tim Beach
Salak Phet
s. Detailkarte Ko Chang S. 291
Bang Bao
LONG BEACH
O KO MAI SI LEK
Mai Rut
Ban Chuen Beach
Bungalows
KO CHANG
KO LAO NGAM YAI
Resort
KO MAI SI YAI
Khlong Yai, Ban Hat Lek
MARINE
Resort
Pakarang Resort
KO KHLUM
KO WAI
KO MAIDANG
NATIONAL
Ko Wai Paradise
PARK
O KO KRA
KO KHAM
Resorts
KO KRADAAT
Ko Kradat Resort
Tha Kalapangha
KO RANG
KO RAYANG NOK
KO MAK
s. Detailkarte Ko Mak S. 309
KO MAI SI LEK
Laem Tui
①
Ko Kood Laguna
Ao Salat
KO RAET
Ta Tin Bo
②
Klong Yai Wasserfall
Ban Klong Mato
③
④
⑥ ⑦
Klong Chao Wasserfall
⑤
Ban Klong Chao
⑧
Ao Klong Chao
⑨
Ao Yai
⑪
⑩
Ao Sai Dang
⑬
⑫
Ao Bang Bao
⑭ ⑮
Ao Klong Hin
⑰
KO KUT
Ao Phrao
⑯
Laem Thian

KAMBODSCHA

Die Ostküste

Übernachtung und Essen

Unsere Preise beziehen sich auf die Hochsaison (etwa Nov–April). In der Low Season sind die Preise in der Regel 50 % billiger, wenn nicht anders vermerkt. Noch immer gibt es Hütten mit sanitären Gemeinschaftsanlagen. Sie sind im Hinterland oder am Thanam Beach (Lonely Beach) zu finden. Eine Hütte kostet in der Regel unter 300 Baht. Die meisten Bungalows sind mit eigener Du/WC und elektrischem Licht ausgestattet, bei Preisen von 400–800 Baht. Ab 800 Baht kann man ein nettes Zimmer mit Klimaanlage bekommen. Nach oben sind keine Grenzen gesetzt. Für eine Luxus-Suite kann man schon 20 000 Baht hinlegen.

Wenn Thais an den Festtagen auf die Insel strömen, steigen die Preise, viele Unterkünfte sind bereits ab dem späten Vormittag belegt, und an den Stränden werden Zelte aufgestellt.

Fast alle Anlagen haben ein Restaurant, das europäische Küche und dank der vielen Thai-Touristen auch echtes Thai-Essen bietet. Super und günstig isst man in den Garküchen am Straßenrand. Entlang der Küstenstraße und an den Zufahrten haben sich neben Shops auch kleine Restaurants angesiedelt, doch nicht alle sind gut.

Sonstiges

Bikes

Es gibt überall gute, oft relativ neue Bikes zu mieten. Am Ende von White Sand sogar Shopper und Offroad-Bikes. Fast jedes Resort vermietet eigene Bikes, überwiegend 110- bzw. 125ccm-Viertakter für 200–250 Baht, bei Langzeitmiete Rabatt. Viele Vermieter verlangen nach einem Unfall zu dem Reparaturpreis noch einen Unfall-Obulus von ca. 1000 Baht. Werkstätten sind ausreichend vorhanden und auch bis in den späten Abend geöffnet.
Die Westseite mit ihren Kurven und Steigungen bis Bang Bao ist eine super Strecke und zweispurig asphaltiert. Vorsicht: viele enge Kurven! Auch die Ostseite ist durchgehend asphaltiert, endet aber am Pier hinter Ruang Tan an einer Felswand, durch die ein Tunnel gebrochen werden soll.
1 Liter Benzin kostet an der Tankstelle 27 Baht, Diesel 25 Baht.

Motorradfahren auf Ko Chang

Vor dem Mieten das Bike genauestens ansehen und möglichst aus jeder Perspektive fotografieren. Manche Vermieter verdienen gut an immer demselben Kratzer, den sie sich von jedem Mieter bei der Rückgabe mit 500–2000 Baht bezahlen lassen. Die Warnungen vor schwierig zu befahrenden Straßen, rücksichtslosen Fahrern und ungewohntem Linksfahren sollte man ernst nehmen. Die Zahl der tödlichen Motorradunfälle in Ko Chang nimmt erschreckend zu.
Wer nicht rechtzeitig eine Tankstelle findet, kann in vielen Geschäften an der Strandstraße Sprit in Getränkeflaschen kaufen.

Geld

Am White Sand Beach gibt es mehrere Banken direkt an der Straße und ausreichend Geldautomaten. In Bang Bao gibt es zwei Geldautomaten.

Immigration

Sprechstunde immer mittwochs im Ban Phu Resort.

Internet

Gibt es überall. Die Preise betragen ca. 1 Baht pro Min.

Medizinische Hilfe

International Clinic, ☎ 039-557211-2, ☎ 081-8633609, 🖥 www.kohchanginterclinic.com, am White Sand Beach ca. 500 m nach dem Top Resort auf der linken Seite, ⏰ tgl. 24 Std., Englisch sprechende Ärzte, Zahnarztpraxis, ein Krankenwagen. Für Patienten ohne Krankenversicherung ist die Klinik recht teuer. Sie ist eine Zweigstelle des **Bangkok Trat Hospital**, ☎ 039-532735, das wesentlich besser ist.
PP Clinic international, ☎ 039-551151-2, 🖥 www.ppclinicinter.com, am Klong Prao Beach in einem Shophouse gegenüber Amari Resort, Tagesklinik ⏰ tgl. 9–18.30 Uhr mit Untersuchungszimmer und OP-Saal, auch Schönheitsoperationen. Ein Evacuation Team begleitet im Notfall Patienten aufs Festland.

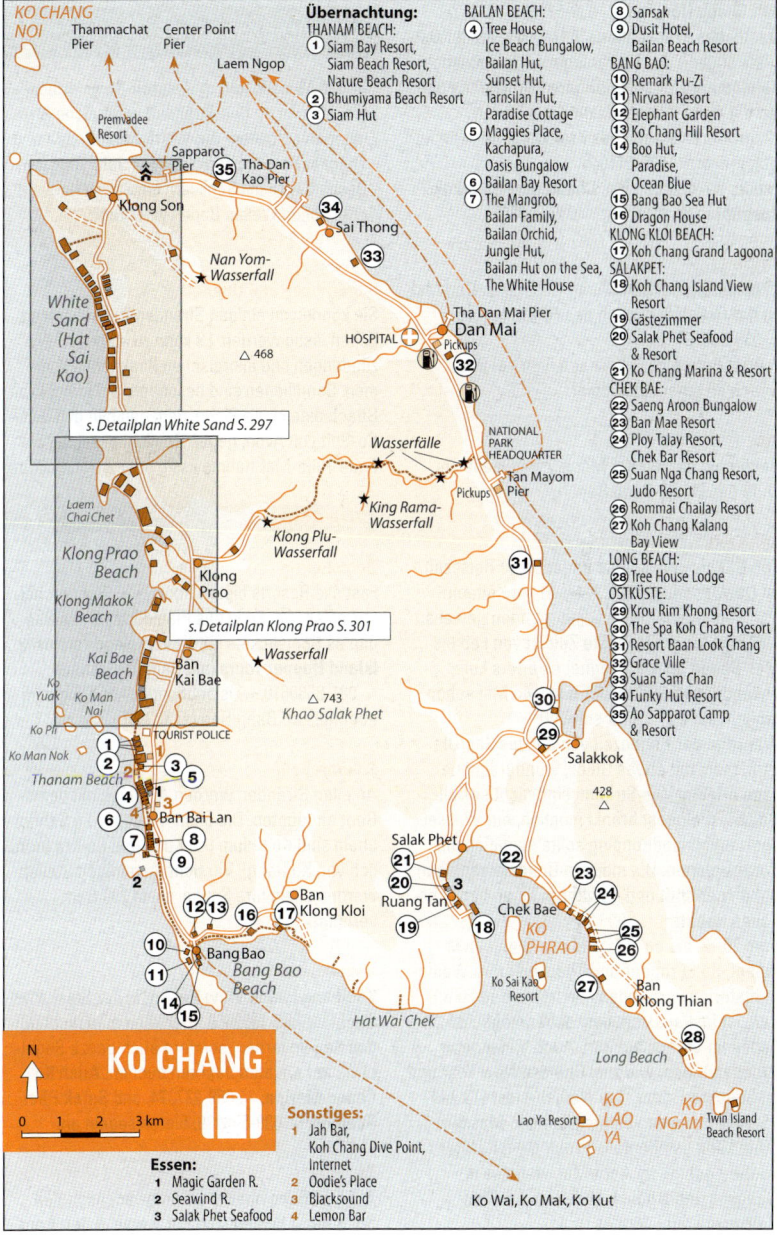

Übernachtung:

THANAM BEACH:
① Siam Bay Resort,
   Siam Beach Resort,
   Nature Beach Resort
② Bhumiyama Beach Resort
③ Siam Hut

BAILAN BEACH:
④ Tree House,
   Ice Beach Bungalow,
   Bailan Hut,
   Sunset Hut,
   Tarnsiian Hut,
   Paradise Cottage
⑤ Maggies Place,
   Kachapura,
   Oasis Bungalow
⑥ Bailan Bay Resort
⑦ The Mangrob,
   Bailan Family,
   Bailan Orchid,
   Jungle Hut,
   Bailan Hut on the Sea,
   The White House
⑧ Sansak
⑨ Dusit Hotel,
   Bailan Beach Resort

BANG BAO:
⑩ Remark Pu-Zi
⑪ Nirvana Resort
⑫ Elephant Garden
⑬ Ko Chang Hill Resort
⑭ Boo Hut,
   Paradise,
   Ocean Blue
⑮ Bang Bao Sea Hut
⑯ Dragon House

KLONG KLOI BEACH:
⑰ Koh Chang Grand Lagoona

SALAKPET:
⑱ Koh Chang Island View
   Resort
⑲ Gästezimmer
⑳ Salak Phet Seafood
   & Resort
㉑ Ko Chang Marina & Resort

CHEK BAE:
㉒ Saeng Aroon Bungalow
㉓ Ban Mae Resort
㉔ Ploy Talay Resort,
   Chek Bar Resort
㉕ Suan Nga Chang Resort,
   Judo Resort
㉖ Rommai Chailay Resort
㉗ Koh Chang Kalang
   Bay View

LONG BEACH:
㉘ Tree House Lodge

OSTKÜSTE:
㉙ Krou Rim Khong Resort
㉚ The Spa Koh Chang Resort
㉛ Resort Baan Look Chang
㉜ Grace Ville
㉝ Suan Sam Chan
㉞ Funky Hut Resort
㉟ Ao Sapparot Camp
   & Resort

Die Ostküste

KO CHANG

0 1 2 3 km

N

Essen:
1 Magic Garden R.
2 Seawind R.
3 Salak Phet Seafood

Sonstiges:
1 Jah Bar,
   Koh Chang Dive Point,
   Internet
2 Oodie's Place
3 Blacksound
4 Lemon Bar

Ko Wai, Ko Mak, Ko Kut

Koh Chang Hospital, ✆ 039-521660, 521657, staatliches Krankenhaus in Dan Mai an der Ostküste südlich des Fähranlegers. Preisgünstige Behandlung, für schwierigere Krankheiten gelten die Ärzte jedoch als unterqualifiziert.
Ein größeres staatliches **Krankenhaus** befindet sich in Trat, ✆ 039-511040.
Expats bevorzugen das **Chantaburi-Bangkok Hospital** in Chantaburi, ✆ 039-319888.

Polizei

2 km hinter dem Koh Chang Hospital in Dan Mai an der Ostküste südlich des Fähranlegers, ✆ 039-586191.
Tourist Police ca. 1 km nach dem Kai Bae Beach an einem Viewpoint, ✆ 1155.

Post

Hauptpost am Hat Kai Mook, Zweigstelle am Ende des White Sand Beach.

Reisezeit

Von Okt bis Jan ist eine angenehme Reisezeit. Im Dez/Jan muss man 2–4-mal mit Kälteeinbrüchen und heftigem Wind rechnen (jeweils 4–5 Tage lang). Die beste Zeit ist von Feb bis Mai. Schon ab März regnet es öfters kurz, besonders im Südteil der Insel, im Mai schon täglich und es ist sehr schwül!
Während der Regenzeit von Juli bis Sep/Okt kann man, mit etwas Glück, wunderschöne Tage erleben. Die Strände sind nicht so voll, Baden ist eingeschränkt möglich, nur Wassersport und Islandhopping sollte man nicht im Voraus planen. Die meisten Bungalowanlagen haben geöffnet und gewähren einen beträchtlichen Rabatt.
Vom 20.12. bis ca. 5.1. sind alle Bungalows belegt, da Europäer und Thais hier ihre Weihnachtsferien verbringen. Ein freies Bett zu finden, ist fast aussichtslos, daher möglichst schon im Voraus buchen. Auch an langen Wochenenden, wie zum Chinese New Year und zu Songkran, dem Thai-Neujahrsfest (13. bis 15. April) kommen Einheimische in Massen, dann kann es ebenfalls Probleme mit Unterkünften geben. Im April/Mai, wenn es in Bangkok unerträglich heiß wird, ist Thai-Saison, ab Juni wird es ruhig.

In der Monsunzeit, in unseren Sommermonaten, können an den Stränden gefährliche Strömungen auftreten. Am White Sand Beach und Thanam Beach ertrinken jedes Jahr Touristen. Deshalb wird mit Schildern am Strand gewarnt: „Bei hohen Wellen Baden verboten".

Sandfliegen und Quallen

Sie können an einigen Stränden zu bestimmten Zeiten lästig werden. Es kann zu starken Entzündungen und allergischen Reaktionen kommen. Sandfliegen sind besonders am Klong Prao Beach eine echte Plage, dagegen hilft evtl. *Skin*-*So-Soft* von Avon, gegen Quallenausschlag als Erste-Hilfe-Maßnahme Essig oder Zitronensäure.

Aktivitäten

Bootstouren

Fast alle Resorts bieten Boots- und Schnorcheltouren an. Am Ende des Pfahldorfes Bang Bao gibt es Bootstickets für die vorgelagerten Inseln. **Island Hopper Tours** (mit Captain Graham), ✆ 081-8650610, 🖳 islandhopper-kochang.com, ebenfalls ab Bang Bao (s. S. 305).

Schnorcheln

An allen Stränden werden Ausflüge mit dem Boot angeboten. Die besten Inseln zum Schnorcheln sind Ko Khlum (Ko Kum) und Ko Kra (nördlich von Ko Rang). Vorsicht: An einigen Stellen werden allein fürs Schnorcheln 200 Baht verlangt!

Segeltouren

Ko Chang Island View Resort, in der Salak Phet-Bucht, ✆ 089-1552669. Hier kann man nicht nur das Segeln lernen, sondern auch ganze Segeltörns auf privaten Jachten buchen. Auch **Ko Chang Marina**, ✆ 039-237374, und **Salak Phet Seafood**, ✆ 039-553099, bieten segeln an.

Tauchen

Auf Ko Chang operieren viele Tauchschulen. Sie unterscheiden sich nur wenig in den Ange

boten und haben an jedem Strand ihre Stütz-
punkte, z. B.:

Atlantis Adventures, ☎ 086-0939346, ✉ Qatartime
@hotmail.com, an der Salak Phet Bucht.

Dive Point Ko Chang, Lonely Beach, ☎ 087-
1422948, ✉ arnhelm@gmx.de, geleitet vom deutschen Arni, bietet auch Behindertentauchen an.

Eco-Divers, ☎ 081-9836486, hat ein eigenes
Resort südlich des White Sand am Hang mit
Meersicht.

Koh Chang Divers im Bamboo Bungalow, White
Sand Beach, 🖥 www.wintinet.ch/kcd, wird von
Willy aus der Schweiz betrieben, zuverlässiger
Betrieb, entspannte und doch seriöse Atmo-
sphäre.

Paradise Scuba Divers, ☎ 081-2914732,
✉ kaybrunkau@yahoo.com, am White Sand
Beach, Pickup von jedem Resort.

Scubadive-Thailand, ☎ 039-558028, 🖥 www.
koh-chang-divers.com, ist ein englisch geführtes PADI- und BSAC-Tauchcenter, das Tauchkurse und Tauchtrips mit Speedboot von Bang
Bao aus anbietet.

Seahorse, ☎ 089-9967147, 🖥 www.ede.ch/
seahorse, im Kai Bae Hut, hat schon über
1500 Taucher ausgebildet.

Gutes Tauchen ermöglichen einige korallen-
überzogene Unterwasserfelsen in Tiefen von
10–25 m, insbesondere: Hin Luk Bat, Hin Rap,
Hin Kaduang.

Ploy Scuba Diving, Klong Klo Beach, ☎ 086-
1551331.

BB Diver, Klong Kloi Beach, ☎ 086-1556212,
🖥 www.bbdivers.com.

Vogelbeobachten

Mongkol Wongkalasin bietet für interessierte
Touristen *Birdwatching* im Innern der Insel und
in den Mangroven an. Oft werden Hornbills gesehen. Tagestour ab 1000 Baht. Tickets verkauft
Trekkers of Koh Chang, ☎ 039-525029, 089-
1647940.

Nahverkehr

Umgebaute weiße Pickups, Jeeps und relativ
teure Motorradtaxis haben den Transport entlang der Ost- und Westküste sowie zu den Piers
übernommen.

Wellness auf Ko Chang

Entspannende Massage und andere Spa-Anwendungen werden in Thailand immer beliebter. Auch in Ko Chang haben sich einladende,
fein ausgestattete Spas mit qualifizierten, gut
ausgebildeten Angestellten etabliert. Die meisten sind an ein Hotel angeschlossen, manche
operieren in eigenen Läden. Eine Behandlung
kostet zwischen 800 und 3500 Baht.

Eine kleine Auswahl von Unternehmen, von denen wir nichts Schlechtes gehört haben:

Bodiwork Spa, ☎ 039-557221, im Paradise Resort in Klong Prao und Koh Chang Hillside in
White Sand Beach. Sie bieten neben den üblichen Anwendungen auch Lymphdrainage an.

In der **Bodiwork Spa Academy** im V.J. Plaza in
Chai Chet kann man Massagekurse belegen.

Spa Koh Chang Resort, ☎ 039-553091, in Salakkok offeriert neben den Spa-Anwendungen
auch Cleansing, Fasten und Meditieren.

Sita Spa, ☎ 039-551033, im Ramayana Resort
am Klong Phrao Beach. Hier werden auch
Schönheitsbehandlungen durchgeführt.

Aiya Spa, ☎ 039-555111, im Aiyapura Resort,
Klong Son, ist besonders stolz auf seine Ruhe
und Gediegenheit.

Herbal Sauna, ☎ 086-2524744, in Bailan Beach,
hat recht moderate Preise. Die Sauna selbst, in
einem wunderschönen Adobe-Gebäude, kostet
nur 100 Baht, auch alle anderen Anwendungen
werden professionell durchgeführt und sind erschwinglich.

Freischaffende Masseusen bieten ihre Dienste
an allen Stränden oder in kleinen Shops an den
Straßen für 200–250 Baht an.

Das volle **Pickup** (ca. 12 Pers.) kostet von jedem
Pier zum White Sand Beach 40 Baht, weiter
südlich 50–100 Baht p. P.

Zum Thanam Beach (80 Baht) geht es bis zur
Siam Hut, wo man von den südlichen Resorts
abgeholt wird. Die Pickups fahren auch in der
Dunkelheit von Strand zu Strand für 30–50 Baht,
ab 20 Uhr kann es 100 bis heftige 400 Baht kosten.
Nach Ban Bang Bao kostet die Fahrt gegen
16 Uhr 100 Baht. Ansonsten wird das Pickup

Die Ostküste

selten voll, sodass hohe Charterpreise zu zahlen sind.

Vom Dan Mai Pier bzw. vom Than Mayom Pier fährt das Pickup gegen 14 Uhr nach Salak Phet für 40 bzw. 30 Baht, nach Ruang Tan für 10 Baht mehr.

Vorsicht: Schwarze Schafe gibt es immer noch, dann besser auf die nächste Mitfahrgelegenheit warten!

Die Ostküste

Boote

Vom Center Point Pier und von den Thammachat Piers auf dem Festland fahren 3 **Autofähren** alle 30 Min. (s. S. 288), zurück von 8–18.30 Uhr.

Achtung: Am Thammachat Pier gibt es nach 18 Uhr keine öffentlichen Verkehrsmittel. Im Notfall helfen Bedienstete der Fähren weiter. Schnellboote, die überall gebucht werden können, sind etwas teurer.

Zu den **südlichen Inseln** geht es ab Bang Bao (s. S. 305).

Nach KO KUT fährt von **Dan Kao** tgl. das Mark House Speedboot, ✆ 086-1330402, um 9 Uhr in 90 Min. für 500 Baht, zurück um 13 Uhr.

Busse

Von der **Khaosan Rd.** fahren so genannte VIP-Busse von 7.30–8 Uhr für 250–350 Baht, wegen langer Zwangspausen kommen sie erst um 15 Uhr an, zurück um 11.30 Uhr ab Thammachat Pier.

Vom **Ekamai Bus Terminal** in Bangkok (gut mit dem Skytrain zu erreichen) fahren AC-Busse um 7.45 und 9.45 Uhr für 280 Baht in 5 1/4 Std. direkt zum Center Point-Pier, zurück um 14 und 16 Uhr. Alle anderen Busse sowie die Busse vom Northern Bus Terminal (Morchit) fahren nur nach Trat (s. S. 283).

Am Sapparot Pier wird ein Kombiticket „Fähre-Taxi-Bus" nach Bangkok angeboten: um 8, 10.30 und 14 Uhr geht es per Fähre los (30 Min.), weiter mit dem Taxi (30 Min.) und schließlich ab Trat mit dem Big Bus (AC, Drink, Snack, Toilette) in 5 Std. zum Bus Terminal **Morchit** (ca. 320 Baht). Dasselbe geht um 9, 12.30 und 15.30 Uhr zum Bus Terminal **Ekamai**.

Minibusse

Von BANGKOK fahren viele Traveller direkt von der Khaosan Rd. (Nähe Vieng Tai Hotel) um 8 Uhr mit einem Ko Chang AC-Minibus für 500 Baht bis zum Pier am Festland in ca. 5–6 Std., zurück um 11 Uhr.

Ein AC-Minibus fährt von PATTAYA (7.30 Uhr, 600 Baht) und BAN PHE (Anleger für Ko Samet, 11 Uhr, 400 Baht) in 4 bzw. 2 1/2 Std. bis auf die Insel (also Fähre inkl.) und gegen Mehrkosten sogar zum Resort, zurück um 13 Uhr.

Flüge

Von BANGKOK zum Flugplatz Trat fliegt **Bangkok Air**, ✆ 039-525299, mit Propellermaschinen je nach Saison 1–2x tgl. für 2700 Baht (plus ca. 400 Baht Gebühren).

Der schöne Flugplatz, ✆ 039-525767, ist eine Attraktion. Er liegt nahe an den Fähren. Transfer per Flughafen-Minibus für 200 Baht inkl. Fähre zu allen Resorts auf Ko Chang. Abholung für die Rückfahrt mindestens einen Tag vorher vereinbaren.

Klong Son

Das typische Thai-Dorf liegt am nördlichsten Ende der Insel in einer tiefen Bucht, die als Fischerhafen dient. Durch die Palmen hindurch kann man das Meer auf der östlichen Seite der schmalen Halbinsel sehen. Am Sapparot-Pier gibt es frischen Fisch zu kaufen.

Im Ort findet man einige Nudelstände und ein kleines Hospital, mehrere Restaurants und einen 7eleven. Vom Dorf führt eine schöne Wanderung zum **Nan Yom-Wasserfall** (1/2 Tag).

Ban Klong Son ist vom Pier mit dem Taxi in etwa 15 Min. für 30 Baht zu erreichen.

In den schön angelegten **Orchid Gardens** in der Nähe des Fährenlegers kann man kostenlos herumspazieren und natürlich Orchideen kaufen.

Premvadee Resort ①, ✆ 081-2998982, an der Zufahrt nördlich des Dorfes Bungalows und mehrere große Häuser. Das Personal hat wenig zu tun und ist nur auf Thai-Gruppen eingerichtet. ❹

Elefantenreiten

Auf dem Rücken eines Elefanten durch den Dschungel zu schaukeln ist ein großartiges Erlebnis, das sich niemand entgehen lassen sollte. Das Elefantencamp **Ban Kwan Chang**, ✆ 081-9193995, bietet 1 Std. Reiten für 500 Baht. Der Ritt führt durch ein romantisches Tal. Auch Baden mit den Elefanten (1000 Baht, 3 Std.) ist möglich. Das Camp erreicht man nach 3 km auf einer Seitenstraße von Klong Son.

Garden Lodge ⑤, ✆ 081-8634090, 5 hübsche Zi mit Fan und Bad in großem Haus, tropischer Garten. ❸
Aiyapura Resort & Spa ⑥, ✆ 039-555111, 🖥 www.aiyapura.com; sehr ruhig gelegene Luxusanlage mit herrlichem Blick auf die Klong Son-Bucht, künstlich angelegter Strand. ❼
Jungle Way Restaurant & Bungalows ⑩, ✆ 089-2234795, beim Elefantencamp, an der Kreuzung Richtung Wasserfall abbiegen, Pick-up-Transport frei. ❸

White Sand Beach (Hat Sai Kao)

Der gut 2 km lange, schöne Sandstrand wird durch einige Felsen im Norden aufgelockert. Im Hinterland ragen steile Berge mit dichtem Regenwald auf, der teilweise bis ans Meer reicht.

Der immer noch schöne Strand wurde im Zentrum fast völlig zugebaut, viele Palmen mussten weichen, aber nach wie vor sorgen große Laubbäume für natürlichen Schatten. Im mittleren und südlichen Teil stehen die Bungalows dicht auf dicht. Auch in zweiter Reihe hinter der Straße stehen schon Anlagen und Apartmenthäuser. Der Geräuschpegel hat zugenommen, vor allem am Wochenende sind Ruhesuchende vor Techno-Gedröhn nicht sicher. Discos und Amüsierbars finden hier ihr Publikum. Leute, die das Nachtleben lieben oder abends gern noch etwas bummeln gehen, fühlen sich hier wohl.

Auch am Strand, der bei Flut recht schmal werden kann, herrscht reges Leben. Bei Ebbe ist er breit genug zum Fußball spielen. Strandverkäufer, Masseusen, Nagelpflegerinnen und Zöpfchenflechter bieten ihre Dienste an. Bei Ebbe und Flut kann man im klaren Wasser gut schwimmen. In der Monsunzeit lässt es sich prächtig in den Wellen hüpfen. Aber Vorsicht, es können sich gefährliche Strömungen bilden. Das Wasser kann in dieser Zeit bei Flut bis an die Gebäude kommen, sodass ein Strandspaziergang nur bedingt möglich ist. Das Sonnenbad wird nur selten von Sandfliegen verleidet.

Die Straße vom Pier windet sich über den steilen Hügel, von dem man am chinesischen Tempel eine tolle Aussicht hat, in die Ebene herunter und kommt auf 40–100 m an den Strand heran.

Übernachtung

In den 50 Anlagen gibt es nur noch wenige einfache Bungalows. Immer mehr bessere Unterkünfte entstehen, die einige Möbel, Klimaanlage und TV bieten. In der Regenzeit von Juli bis Nov gewähren die meisten Anlagen bis 50 % Rabatt. Auch bei längerem Aufenthalt sollte man einen Rabatt bekommen. Die Anlagen hinter der Straße haben z. T. doppelt so guten Service zum halben Preis.

Von Nord nach Süd liegen am Strand entlang:
White Sand Beach Resort ⑦, ✆ 081-8637737, riesige Anlage mit über 100 Bungalows am schönen, 600 m langen, ideal abfallenden Sandstrand. Unterschiedliche Bungalows aller Kategorien in zwei Reihen parallel zum Strand, viele recht schäbig, aber beliebt, in 2. Reihe neuere Bungalows. Obwohl die Anlage recht ungepflegt wirkt, fühlen sich hier Traveller und Familien aus aller Welt wohl, die das Ursprüngliche suchen. ❹–❺
Maylamean Bungalow ⑧, ✆ 089-5192204, ✉ neung08@hotmail.com, wenige gemütliche Holzbungalows, manche mit Meerblick, durch Holztreppen miteinander verbunden, Hängematten; Musikbar. Zufahrt über White Sand Beach, bei Flut im Monsun schwer erreichbar. ❸
Rock Sand Bungalow ⑧, ✆ 039-551456, urig gestaltete Anlage mit 15 bunten, renovierten Holzbungalows, in die Felsen gebaut. Im Restaurant kann man zwar nicht gut und günstig essen, aber herrlich auf einer Terrasse überm Meer sitzen. Bei Flut im Monsun schwer erreichbar. Europäischer Besitzer. Musikbar. ❸–❺

Star Beach Bungalows ⑨, ℡ 081-9402195, ✉ starbeachbungalows@hotmail.com, wenige Holzhütten am Felsen.

K.C. Grande Resort ⑪, ℡ 081-8331010, 💻 www.kcresortkohchang.com; große Anlage mit 3 Arten von Bungalows, gemischtes Publikum verschiedener Nationen, kinderfreundliches Personal, überhöhte Preise. ❻–❽

Yakah ⑫, ℡ 081-2193897, schmuddelige Anlage unter Palmen am Strand, 8 eng gebaute, einfache Bambushütten mit Veranda, mit und ohne Du/WC; kein Essen; geleitet von einem Thai und einer Engländerin; familiäre Atmosphäre; nachts Techno-Sound von der KC Bar. ❷–❸

Sangtawan Resort ⑫, ℡ 089-0923500, sterile Steinbungalows in Reih und Glied, laute Live-Musik von Oodie's Place, Motorrad 250 Baht/Tag; kleines Restaurant. ❸

Cookies Hotel ⑮, ℡ 039-551105-6, 551463, ✉ cookieshotel@yahoo.com, Hotelgebäude diesseits und jenseits der Straße, Pool am Strand. ❺–❻

Sabay Entertainment Resort ⑯, ℡ 039-551098, kleine, saubere Bungalows in engem Compound, hier werden Partys gefeiert bis 2 Uhr nachts, besonders beliebt ist die Full Moon Party. ❺

Jinda ⑬, auf der Landseite der Straße, ℡ 081-8620853, 17 sehr kleine, Bungalows mit Fan und bessere mit AC. ❹, AC ❺

Der folgende, sehr schöne Strandabschnitt weist feinen, hellen Sand auf.
Die Straße verläuft bis zu 100 m entfernt im Landesinneren.

Koh Chang Lagoon Resort ⑰, ℡ 081-8631530, gut ausgestattete AC-Zi im Haupthaus und z. T. renovierungsbedürftige Häuschen; Restaurant zurückversetzt, Minimarkt, Autovermietung. ❹–❺

Sang Arun ⑱, ℡ neue, dicht beieinander stehende Shera-Bungalows mit AC und alte Bambushütten in nettem Garten. ❹, AC ❺

Bamboo Bungalow ⑱, ℡ 081-9454106, holzverkleidete, nett angeordnete Bungalows direkt am Strand und dahinter, Restaurant. AC ❺

Apple Resort ⑱, ℡ 039-551228, 081-3740944, 30 eng stehende Bungalows mit Fan oder AC, 5 Zi im Haus, wirkt etwas heruntergekommen, Steinrestaurant am Strand, Beachbar. ❹, AC ❺

Koh Chang Kacha Resort & Spa ㉑, ℡ 039-551421-5, www.kohchangkacha.com, Bungalows im Garten und am steinigen Strand, Hotelgebäude weiter hinten, Deluxe-Villen mit Außenbadewanne, Pool mit Meersicht, Nebensaison 20 % Rabatt, familienfreundlich, europäische Pauschaltouristen. ❺–❼

Jenseits der Straße

Sai Rung ⑳, 💻 www.Kohchang-Hotels.com, ℡ 081-8296721, 7 nette Bambusbungalows mit Fan und Du/WC, z. T. für Familien, am Hügel in einem kleinen Tal, unter Leitung von Klaus Schmidtpeter und seiner Frau. Gutes Essen, auch deutsche Schnitzel. ❸

Island Lodge ⑲, ℡ 081-8650610, ✉ islandlodge@hotmail.com, neue Anlage ca. 250 m von der Straße am steilen Hang, 10 Hütten und 9 Cabins mit Gemeinschafts-Du/WC, ganz oben AC-Deluxe-Räume und Familienzimmer mit toller Sicht. Unter Leitung von Mr. Graham und Fon vom Island Hopper. ❸, AC ❹

Am steinigen Strand

Ban Pu Koh Chang Hotel ㉒, ℡ 081-8637314, 💻 www.banpuresort.com, viele Bungalows aus Naturmaterialien und Hotelgebäude in sehr gepflegter Anlage mit vielen Blumen, kleiner Pool; beliebt bei älteren Touristen. Kein Sandstrand, bei Ebbe schaut man auf Steine, und es kann unangenehm riechen. Europäische Pauschaltouristen. ❻

Alina Grande Hotel & Resort ㉓, ℡ 039-551135, 💻 www.alinaresort.com; großes Haus mit 20 AC-Zimmern sowie 13 Bungalows mit Fan oder AC in unterschiedlichen Größen, eine große Wohnung mit Kühlschrank und TV ❻, alles sauber und gepflegt. Restaurant mit sehr gutem, preiswertem Essen, nettes Personal, geleitet von Ek & Dave und ihrer Tochter Alina. Beiderseits der Straße. AC ❺

Ban Thai ㉔, ℡ 039-551108, 11 kleine, nett eingerichtete Räume in einem Gebäude mit viel Thai-Dekoration; Restaurant mit Terrasse zur See. AC ❺

Koh Chang Grand View Resort ㉕, ℡ 081-8637802, mit Steinen und Beton befestigter Strand, Steinbungalows in breiter, recht großzügiger Anlage unter jungen Palmen und Laub-

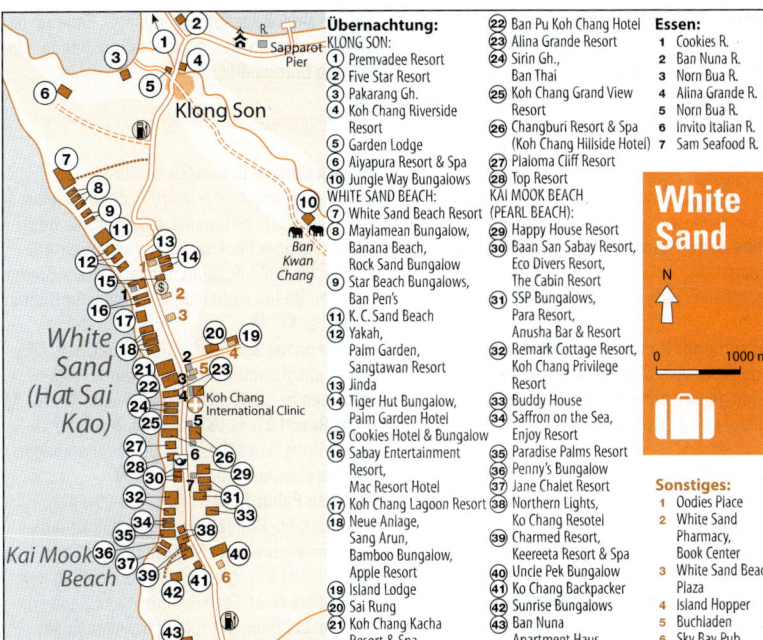

Übernachtung:

KLONG SON:
1. Premvadee Resort
2. Five Star Resort
3. Pakarang Gh.
4. Koh Chang Riverside Resort
5. Garden Lodge
6. Aiyapura Resort & Spa
10. Jungle Way Bungalows

WHITE SAND BEACH:
7. White Sand Beach Resort
8. Maylamean Bungalow, Banana Beach, Rock Sand Bungalow
9. Star Beach Bungalows, Ban Pen's
11. K. C. Sand Beach
12. Yakah, Palm Garden, Sangtawan Resort
13. Jinda
14. Tiger Hut Bungalow, Palm Garden Hotel
15. Cookies Hotel & Bungalow
16. Sabay Entertainment Resort, Mac Resort Hotel
17. Koh Chang Lagoon Resort
18. Neue Anlage, Sang Arun, Bamboo Bungalow, Apple Resort
19. Island Lodge
20. Sai Rung
21. Koh Chang Kacha Resort & Spa
22. Ban Pu Koh Chang Hotel
23. Alina Grande Resort
24. Sirin Gh., Ban Thai
25. Koh Chang Grand View Resort
26. Changburi Resort & Spa (Koh Chang Hillside Hotel)
27. Plaloma Cliff Resort
28. Top Resort

KAI MOOK BEACH (PEARL BEACH):
29. Happy House Resort
30. Baan San Sabay Resort, Eco Divers Resort, The Cabin Resort
31. SSP Bungalows, Para Resort, Anusha Bar & Resort
32. Remark Cottage Resort, Koh Chang Privilege Resort
33. Buddy House
34. Saffron on the Sea, Enjoy Resort
35. Paradise Palms Resort
36. Penny's Bungalow
37. Jane Chalet Resort
38. Northern Lights, Ko Chang Resotel
39. Charmed Resort, Keereeta Resort & Spa
40. Uncle Pek Bungalow
41. Ko Chang Backpacker
42. Sunrise Bungalows
43. Ban Nuna Apartment Haus

Essen:
1. Cookies R.
2. Ban Nuna R.
3. Norn Bua R.
4. Alina Grande R.
5. Norn Bua R.
6. Invito Italian R.
7. Sam Seafood R.

Sonstiges:
1. Oodies Place
2. White Sand Pharmacy, Book Center
3. White Sand Beach Plaza
4. Island Hopper
5. Buchladen
6. Sky Bay Pub

White Sand

N

0   1000 m

Die Ostküste

---

bäumen; Restaurant (◷ 6–22 Uhr), Bootsausflüge, Schnorcheln; freundlicher Betreiber Mr. Pook. ❸–❺

Chang Buri Resort (Koh Chang Hillside) ㉖, ☏ 039-551242, www.changburi.com, 2- und 3-stöckige Hotelgebäude um den Pool herum, AC-Zi mit Balkon und z. T. Meerblick, beiderseits der Straße, großes Pauschaltouristenhotel. ❺–❼

Plaloma Cliff Resort ㉗, ☏ 039-551119, ⌨ www.plaloma-cliff.com, sehr sauberer, gepflegter tropischer Garten über den Klippen, kein Sandstrand, 29 große, gemauerte Doppel-Bungalows sowie 2- und 3-stöckiges Reihenhaus mit kieselsteinbesetzten Außenmauern, schöne Zi; Rund-Restaurant und Swimming Pool mit Blick aufs Meer, gutes Personal. Motorradvermietung, Geldwechsel, Schweizer Management. ❺–❻.

Top Resort ㉘, ☏ 039-551364, gut möblierte Hotelzimmer und Bungalows, Pool auf dem Berg. ❹–❻

Essen und Unterhaltung

Es gibt sehr viele Restaurants, deren Qualität wechselt. Für jeden Geschmack und Geldbeutel lässt sich etwas Passendes finden. Beliebt sind die kleinen Fisch-Restaurants am Strand.

Im **Alina Grande** gibt es außer günstigen, leckeren moslemischen Gerichten auch billiges Bier.

Ban Nuna, ☏ 081-8214202, Open-Air-Restaurant direkt an der Straße. Thai-deutsches Essen sowie Pizza.

Oodie's Place, alteingesessen und immer noch beliebt, mit Thai- und französischem Essen. Ab ca. 18 Uhr läuft ein Video, später gibt's Live-Musik.

Cookies Restaurant, beim gleichnamigen Hotel, gediegen und preiswert, beliebt bei Thais und Ausländern, schöner Blick aufs Meer.

Norn Bua Restaurant, gegenüber Ban Pu Hotel und Chang Buri Resort, einfache, saubere Straßenlokale mit günstigen Thai-Gerichten, chinesischem Schweinefleisch und leckerem Dim Sum.

Es gibt einige **Bars** am Strand und an der Straße, die Bars vor den nördlichen Felsen sind nur zu Fuß erreichbar.

Apotheken
White Sand Pharmacy, gegenüber vom Mac Resort.

Bücher
Gut sortierter Buchladen im **Book Center** gegenüber vom Mac Resort oder im kleinen Laden gegenüber vom Ban Pu Hotel, auch Ankauf von gelesenen Büchern.

Einkaufen
Minimärkte und mehrere etwas größere Shopping Centers.
Wochenmarkt jeden Sa schräg gegenüber vom Ploaloma Cliff Resort.
White Sand Beach Plaza, **Sabai Plaza**, **White Sand Plaza** mit Läden aller Art sowie Restaurants und Bars.

Informationen
Im Web unter 🖳 www.whitesandsthailand.com.

Wassersport
Einige Anlagen vermieten Kajaks und Windsurfer.

Die Taxifahrer haben das lukrative Geschäft fest in der Hand. Wer von außerhalb nach White Sand Beach will, muss für Hin- und Rückfahrt 500 Baht bezahlen, dafür wird man auch wieder abgeholt. Eine Einzelfahrt ist kaum zu bekommen.

Hat Kai Mook (Pearl Beach)
An diesem ca. 1 km langen, steinigen Strandabschnitt liegen einige nette, kleine Resorts, 500 m von der Straße entfernt. Hier fühlen sich Menschen wohl, die etwas abseits vom Massentourismus Urlaub machen wollen. Teilweise wurde Sand für Sonnenliegen aufgeschüttet. Fürs

Baden sind Badeschuhe ratsam. Entlang der Straße oder an den Stichstraßen liegen einfachere Unterkünfte.

Remark Cottage Resort ㉜, ✆ 039-551261, 🖳 www.remarkcottage.com, 7 schöne, kleine Bungalows aus Naturmaterialien, nettes Restaurant, kleiner Pool, schöner Palmengarten, sauber, Strand aufgeschüttet, im Wasser Steine, bei Ebbe Baden nicht möglich, deutsche Bücher im Office. ➎–➏

Saffron on the Sea ㉝, ✆ 039-551235, nette Zimmer in unkonventionell gestalteten 1- bis 2-stöckigen Bungalows direkt am Meer. ➌, AC ➎

Enjoy Resort ㉝, ✆ 081-7333788, 20 kleine Shera-Bungalows, Restaurant; davor steiniger, steil abfallender Strand. ➌, AC ➍

Paradise Palms Resort ㉞, ✆ 089-0946023, 4 komfortable Bungalows in kleinem, schattigem Garten direkt am Meer in ruhiger Lage; UBC TV mit 60 Programmen, unter Leitung des Engländers Matt. Steinstrand, etwas Sand wurde aufgeschüttet, gut zum Schwimmen und Schnorcheln. Kaffee, Tee und Schnorchelausrüstung frei. AC ➎

Penny's Bungalow & Resort ㉞, ✆ 081-5959750, 039-551122, 🖳 www.penny-thailand.com, große AC-Doppel- und Einzelbungalows mit TV, Pool mit Blick aufs Meer, familiäre Anlage in gepflegtem Garten, kein Sandstrand, unter deutscher Leitung. AC ➎–➏

Jane Chalet Resort ㉞, ✆ 086-6010199, ✉ Janes_chalet@hotmail.com, 20 originelle, halbe A-Frame-Bungalows, mit offener oder wassergekühlter Glasterrasse in tropischem Garten, Holzterrasse überm Meer, unter Leitung des Franzosen Stephane und seiner Thai-Partnerin Jane, Pool, kein Sandstrand. AC ➎

Sunrise Restaurant & Bungalows ㊷, ✆ 081-8615540, wenige Bungalows unter Thai-deutscher Leitung, Bar, gute Bikes. ➋–➌

Ban Nuna Apartment Haus ㊸, ✆ 081-8214202, 🖳 www.koh-chang.de; mehrere 30-m²-Apartments, Terrasse mit Meerblick, sehr ruhig und abgeschieden, kein Strand, geleitet von Nuna und Harald. Im Ban Nuna Restaurant melden. ➍

Entlang der Straße

Buddy House ㉝, 100 m von der Straße auf der Landseite, einige Bungalows auf Stelzen am Hang mit Fan und Du/WC, relativ einfach und preiswert. Der Besitzer spricht gut Englisch. ❷–❸

Northern Lights ㊳, ✉ northernlights@ thailand.com, Komfortbungalow mit DVD an einer Stichstraße zum Strand, Motorrad zu mieten. ❸–❺

Charmed Resort ㊴, an einer Stichstraße zum Strand, originelle, schwemmholzverkleidete Container. AC ❸

Ko Chang Backpacker ㊶, an der Straße, Strandseite, nette, einfache Zi, Minipool. ❸

Nahverkehr

Pickups fahren von 7–17.30 Uhr bis zum Kai Bae Beach Pier für 40 Baht in etwa 25 Min. Ab Sonnenuntergang ist es etwas teurer.

Klong Prao Beach

Der 4 km lange Sandstrand (oft auch: Klong Plao) wird durch zwei Flussmündungen in drei Teile gespalten und im Norden vom Felsvorsprung Laem Chai Chet begrenzt. Vor allem im mittleren Teil ist der Strand extrem flach und das Wasser nicht so sauber. Eine echte Plage sind die aggressiven Sandfliegen von Chai Chet bis Fisherman's Camp an der Flussmündung. Im mittleren Teil der halbkreisförmigen Bucht herrscht noch eine ruhige Atmosphäre.

Am südlichen Klong Prao Beach (oft auch Klong Makok Beach genannt) liegt ein Resort am andern. Hier verbringen hauptsächlich Pauschaltouristen ihren Urlaub, auch Thai-Touristen mieten sich an langen Wochenenden ein. Dann wird auch am Strand gezeltet. Doch findet man zwischen den First-Class-Resorts noch einige Unterkünfte mit Traveller-Atmosphäre.

Zum **Klong Prao-Wasserfall** (auch: Klong Plu-Wasserfall) führt eine Betonstraße. Sie endet an der Zahlstelle des Nationalparks (Eintritt 400 Baht), mit bewachtem, gebührenpflichtigen Parkplatz. An der Brücke gibt es ein Motorradtaxi (50 Baht), und es werden Kanus vermietet. Ein Dschungelpfad führt zum etwa 22 m hohen Wasserfall, der in eine enge Schlucht stürzt. Gegen die Strömung kann man bei ausreichend Wasser bis zum Fuße des Wasserfalls schwimmen. Ein Pfad rechts am Fall vorbei führt in 10 anstrengenden Minuten zum Beginn des Wasserfalls (feste Schuhe erforderlich). Oben hat man einen herrlichen Blick bis zum Meer. In den kleinen Wannen kann man stundenlang relaxen. Engagierte Dschungelwanderer können sich in 2–5 Tagen am Fluss entlang über den Berg bis zum **Than Mayom-Wasserfall** an der Ostküste durchschlagen.

Übernachtung

Laem Chai Chet

Thai Garden Hill Resort ①, ✆ 039-551573-5, ✉ thai-gardenhillresort@hotmail.com, neue, zweistöckige Bungalows am Hang mit großen, Suite-artigen Zimmern, Pool. ❺

Coconut Beach Resort ⑤, ✆ 081-9493838, 🖳 www.webseiten.thai.Li/coconut, ansprechende Anlage, Bungalows und Hotelgebäude mit geschwungenen, grünen Dächern, Zimmerdeko in authentischem Thai-Stil, in tropischem Garten, Pool. ❹, AC ❺–❻

The Royal Coconut Resort ④, ✆ 039-551175, 081-7817078, Bungalows am Strand sowie 2-stöckiges Hotelgebäude an der Landseite, großes Restaurant. AC ❺

Chai-Chet Bungalows (Chai-Chet Resort) ③, ✆ 081-8623430, www.kochangchaichet.com, über eine 300 m lange Stichstraße zu erreichen, schöne Anlage auf der Felsnase unter Palmen, kein Sandstrand, hübsche Bungalows in weitläufigem Gelände im Tal und am Hang, großzügig angelegt, Blick auf Fischerboote. Seekajaks zu mieten. ❹, AC ❺

Ko Chang Paradise Resort ⑥, ✆ 039-551100, 🖳 www.kohchangparadise.com, sehr saubere Anlage mit großen und kleineren Bungalows, für Pauschaltouristen, freundliches Personal. Am Strand hohe Palmen und ein Restaurant, 🕐 7–22 Uhr. ❻

Klong Prao Beach

Koh Chang Resort & Spa ⑦, ✆ 039-551080-2, 🖳 www.kohchangresortandspa.com, schöne Anlage mit Hotel und romantisch überwucherten Bungalows mit AC, TV und Mini-Bar, diesseits und jenseits der Straße, gutes Restaurant, 2 kleine Pools. ❻

Klong Prao Resort ⑧, ✆ 081-8300126, 💻 www.klongprao.com, in der Mitte des schönen Strandes, viele Bungalows um eine Lagune, Hotel in zwei Reihenhäusern am Strand; gutes Restaurant, Pool mit Bar und Aussicht aufs Meer. Sehr beliebt bei Thais, Speedboot-Vermietung. ❺–❻

Aana Resort & Spa ⑨, ✆ 663-9551539, 💻 www.aanaresort.com, attraktive Anlage im Kerala-Stil am Klong Prao-Fluss, umgeben von Mangrovenwäldern, Villas mit großen Balkonen, ca. 250 m vom Strand, 2 Pools, europäische Pauschaltouristen. ❼–❽

Tale Bungalow ⑪, Palmblattbungalows im älteren Stil ohne Du/WC, in gepflegtem Palmengarten, unter Leitung von sympathisch lockeren Typen. Bis 2008 ist die Existenz der Anlage gesichert. ❷

Panviman Kohchang Resort ⑫, ✆ 039-551290-6, www.panviman.com, ✉ reservation@panviman.com, exklusive First-Class-Anlage im Thai-Stil, luxuriös eingerichtete Bungalows ohne Meerblick, Pool mit kleinem Wasserfall und Jacuzzi direkt am Strand, Restaurants. Kochschule. Vorwiegend Pauschaltouristen. Davor feiner, grauer Sand. Daneben eine kleine Strandbar. ❽

Tiger Hut ⑬, ✆ 084-1099660, ganz neue Bambusmatten-Bungalows, vorn am Strand stehen noch alte. Freundliche Mama. ❷–❸

K.P. Huts ⑭, ✆ 084-0995100, große, naturbelassene Anlage mit viel Freiraum unter Palmen, 34 Hütten und bessere Bungalows, 2 große Bungalows für 4–8 Pers. ❷–❸

Barali Beach Resort ⑯, ✆ 039-557238, 💻 www.barali-beach-resort.th66.com; sehr gepflegte Anlage mit modernem Ambiente, viele exotische Blütenpflanzen, Poollandschaft mit Überlauf zum Strand, zuvorkommendes und hilfsbereites Management, üppiges Frühstücksbuffet, europäische Pauschaltouristen. ❼–❽

Ko Chang Tropicana ⑰, ✆ 039-551184-5, ein- und zweistöckige palmblattgedeckte Luxusbungalows, üppiger tropischer Garten, schöne, rustikale Anlage, Pool mit Jacuzzi, europäische Pauschaltouristen. ❻–❽

Blue Lagoon ⑱, 💻 www.kohchangcookery.com, ✆ 081-9400649, Bungalows mit Fan oder AC und Du/WC, schön gelegen an der nicht gerade einladenden Lagune. Schattiger Garten mit vielen Moskitos, Restaurant, Kochkurse; Traveller-Atmosphäre; zum Strand geht es über einen langen Steg. ❹

Amari Emerald Cove Resort ㉑, ✆ 039-552000, edel gestaltete Holzkästen mit thailändischen Stilelementen, mit soliden Holzmöbeln eingerichtet, 50 m langer Pool, separater Poolbereich für Kinder, europäische Pauschaltouristen. ❼

V.J. Hotel & Health Spa ⑳, ✆ 039-557163-5, 💻 www.vjkohchang.com, Hotelgebäude und Pool direkt am Strand, für Thai- und europäische Touristen. ❼

Magic Resort ㉓, ✆ 039-551064, ✉ magicresort_kc@yahoo.com, am schmalen Sandstrand unter Palmen, Bungalows mit Fan und Du/WC sowie AC-Bungalows, gutes Restaurant auf Pfählen über dem Strand; Speedboot. Viele Thai-Touristen, die mit eigenem Wagen anreisen. ❸, AC ❺

Chokdee Bungalow ㉔, ✆ 081-9109052, am Felsenkap, kein eigener Sandstrand, Steinbungalows in drei Reihen, Restaurant über dem Wasser. Vor allem an Wochenenden und Feiertagen von motorisierten Thai-Touristen stark frequentiert. ❷ und ❹

Essen

The Taj, ✆ 039-551450, an der Hauptstraße bei den Plazas, exquisite nordthailändische Gerichte in passendem Ambiente. Kostenlose Abholung vom Hotel.

Phu Talay Restaurant, an der Lagune, 400 m von der Hauptstraße, Gerichte um 80–100 Baht.

Iyara Seafood Restaurant, an der Lagune, 500 m von der Hauptstraße, Gerichte um 100 Baht, gehobenes Preisniveau, erlesene Weine, exklusiver Service, offene Terrasse, schöne Sicht über die Lagune aufs Meer, am Wochenende viele Thais. Im **Chokdee Restaurant** sitzt man schön über dem Wasser.

Sonstiges

Elefantenreiten

Das **Elephant Jungle Trekking Camp** (Chang Chutiman), ✆ 089-9396676, veranstaltet viel

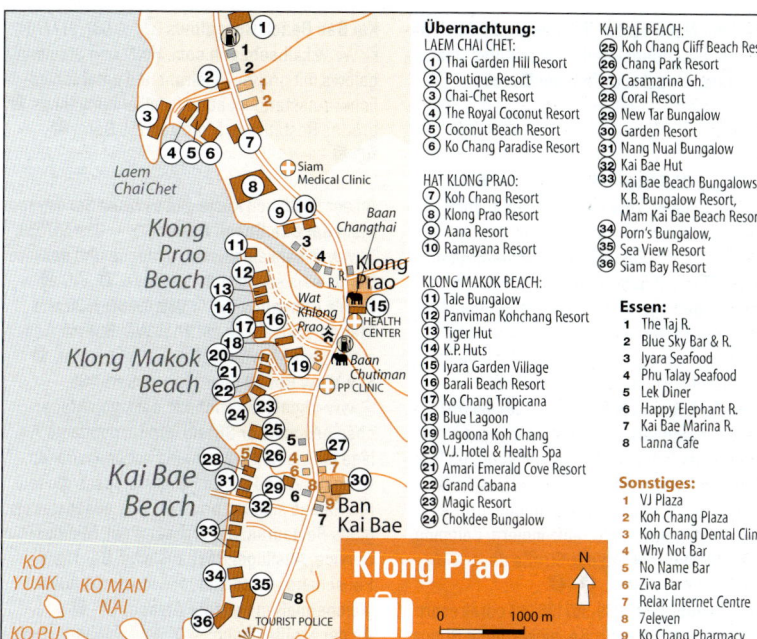

Übernachtung:

LAEM CHAI CHET:
1. Thai Garden Hill Resort
2. Boutique Resort
3. Chai-Chet Resort
4. The Royal Coconut Resort
5. Coconut Beach Resort
6. Ko Chang Paradise Resort

HAT KLONG PRAO:
7. Koh Chang Resort
8. Klong Prao Resort
9. Aana Resort
10. Ramayana Resort

KLONG MAKOK BEACH:
11. Taie Bungalow
12. Panviman Kohchang Resort
13. Tiger Hut
14. K.P. Huts
15. Iyara Garden Village
16. Barali Beach Resort
17. Ko Chang Tropicana
18. Blue Lagoon
19. Lagoona Koh Chang
20. V.J. Hotel & Health Spa
21. Amari Emerald Cove Resort
22. Grand Cabana
23. Magic Resort
24. Chokdee Bungalow

KAI BAE BEACH:
25. Koh Chang Cliff Beach Resort
26. Chang Park Resort
27. Casamarina Gh.
28. Coral Resort
29. New Tar Bungalow
30. Garden Resort
31. Nang Nual Bungalow
32. Kai Bae Hut
33. Kai Bae Beach Bungalows, K.B. Bungalow Resort, Mam Kai Bae Beach Resort
34. Porn's Bungalow,
35. Sea View Resort
36. Siam Bay Resort

Essen:
1. The Taj R.
2. Blue Sky Bar & R.
3. Iyara Seafood
4. Phu Talay Seafood
5. Lek Diner
6. Happy Elephant R.
7. Kai Bae Marina R.
8. Lanna Cafe

Sonstiges:
1. VJ Plaza
2. Koh Chang Plaza
3. Koh Chang Dental Clinic
4. Why Not Bar
5. No Name Bar
6. Ziva Bar
7. Relax Internet Centre
8. 7eleven
9. Ko Chang Pharmacy

gelobte Touren in die Berge, 1 Std. 500 Baht, Wasser, Fernglas, Obst inkl. Auch Baden mit Elefanten im Fluss ist möglich.
Baan Changthai neben der Brücke, bietet 1- oder 2-stündiges Elefantenreiten für 500 und 900 Baht, inkl. Baden mit Elefanten.

Kochkurse
KA-TI Culinary, ✆ 081-9030408, bietet Kochkurse unterschiedlicher Länge an.

Motorräder
In den meisten Resorts werden Motorräder vermietet, Werkstätten im Dorf.

Plazas
Im **V.J Plaza** und **Koh Chang Plaza** gibt es Läden aller Art sowie Restaurants und Bars.

Kai Bae Beach
Der bei mittlerem Wasserstand optisch ansprechende, fast 2 km lange Strand, wird von z. T.

überhängenden Palmen und Laubbäumen gesäumt. Die Hügel im Hinterland bedeckt dichter Dschungel. Drei Inseln sind malerisch vorgelagert. Am nördlichen und südlichen Ende ist bei Flut vom Strand nichts mehr zu sehen, bei tiefer Ebbe zieht sich das Wasser hingegen weit zurück (bis zu 300 m). Beim Versuch, Schwimmtiefe zu erreichen, hat sich so mancher an Korallenschrott und spitzen Steinen schon die Füße aufgerissen. Schnorcheln kann man hervorragend bei der Insel Ko Man Nai, die man bei Niedrigwasser zu Fuß erreichen kann. Gegen die zeitweiligen Sandfliegenattacken am Strand kann man mit Kokosnussöl vorbeugen.

An diesem Strand trifft man auf viele Thai-Touristen, aber auch europäische Pauschal- und Individualtouristen verbringen in einigen Anlagen ihren Urlaub. Entlang der Straße gibt es Bars und Restaurants, Internet-Cafés, Tankstellen, Massage- und Souvenirshops sowie Supermärkte.

Der zum Kai Bae Beach gehörende **Wasserfall** ist nicht leicht zu finden, besser einen Guide anheuern. Nach Süden führt ein kaum noch begangener Dschungelpfad in 30 Minuten über einen grünen Hügel zum **Thanam Beach**.

Übernachtung

Koh Chang Cliff Beach Resort ㉕, ☎ 081-9455827, 🖳 www.kohchangcliffbeach.com; 33 große Luxusvillas am nördlichen Hang mit toller Meersicht; kastellartiges Restaurant mit Bar und Pub auf dem Hügel mit fantastischer Aussicht, gediegene Atmosphäre, formale Kleidung nach 18 Uhr; guter Pool, Schnorcheln direkt vor der Anlage möglich. Bei Voranmeldung Transfer vom Bangkok Airport. ❼–❽
Chang Park Resort & Spa ㉖, ☎ 081-8532572, 🖳 www.changpark.co.th, um eine Lagune herum gebaute, gestylte Anlage mit schönen Gärten bis zum Meer, saubere Bungalows, Villen mit eigenem Pool und Hotelgebäude, große Häuser mit mehreren Schlafzimmern. Camping, großes Restaurant. An der Straße davor viele Restaurants und Bars. ❻–❽
Coral Resort ㉘, ☎ 039-557136, ✉ coralresort @hotmail.com, viele große, pinkfarbene Bungalows am steinigen Ufer mit Fan und Du/WC, einige Palmen, Camping, Pool; Restaurant mit französischen Gerichten, Internet, unter Thai-französischer Leitung. Schöne Aussicht, der Strand wurde mit Steinen aufgeschüttet und durch eine hohe Mauer begrenzt. ❸–❺
Nang Nual ㉛, ☎ 087-1477064, 12 ältliche Bungalows mit Fan mit und ohne Du/WC, z. T. Warmwasser, sowie Luxusbungalows mit AC; Restaurant. Richtet sich mit diversen Shows an langen Wochenenden vor allem an Thai-Touristen. ❷–❸, AC ❺
Kai Bae Hut Resort ㉜, ☎ 081-8628426, 039-557142, direkt südlich vom Hafen, 25 feste, nicht gerade hübsche Bungalows mit Fan und Du/WC, aber ohne Moskitonetz, sowie Komfort-Bungalows aus Stein. Restaurant mit Barbecue, hauptsächlich Thai-Touristen. Steiniger Strand. ❸–❹, AC ❺
K.B. Resort ㉜, ☎ 039-557125, 🖳 www.kbresort. com, 46 verschiedene, eng stehende Bungalows; schmaler, teils mit Steinen aufgeschütteter Strand. Hier gefällt es einheimischen Wochenendtouristen. ❺, AC ❻

Kai Bae Beach Bungalows ㉜, ☎ 081-9177704, 🖳 www.kaibaebeach.com, Holz- und Steinbungalows mit großer Glasfront und unterschiedlicher Ausstattung, auch Familienbungalows ❺, großes Restaurant, Motorrad 250 Baht. ❹, AC ❺

An der folgenden Küste gibt es kaum Sandstrand:
Mam Kai Bae Beach Resort ㉜, ☎ 039-557060, 🖳 www.mankaibae.com, einfache und bessere Bungalows sowie Hotelgebäude. ❹, AC ❺
Porn's Bungalow ㉝, ☎ 089-0998757, 20 alte Matten-Bungalows mit Thai-WC, Bar mit Aussichtsplattform, ungepflegtes Restaurant. ❸
Sea View Resort Spa ㉜, ☎ 039-552888, 🖳 www.seaviewkohchang.com, von Mäuerchen geschützter Strand, große, gepflegte Anlage mit vielen Pflanzen und schönem Rasen, Bungalows und große Familienhäuser, die teuren Räume sind mit privatem Spa ausgestattet; gutes Restaurant am Wasser, Pool. Minibus-Service, Ausflüge, Buchausleihe. Bei Thais, Pauschaltouristen und Individualreisenden gleichermaßen beliebte Anlage. ❻–❽
An der Straße liegen:
Casamarina Gh. ㉗, ☎ 039-557027, auf der Landseite neben 7eleven, saubere Zi mit Terrasse in gepflegtem Innenhof. Ed und sein Personal geben sich viel Mühe. ❸, AC ❹
New Tar Bungalow ㉙, ☎ 039-557171, neue, kleine Doppelbungalows, zurückversetzt, hinter Coral.
Garden Resort ㉚, ☎ 039-557260, 🖳 www. gardenresortkohchang.com, hinter der Ladenzeile, Zimmerservice auf Knopfdruck. Hier bekommt man auch dann noch ein gepflegtes Zimmer, wenn es am Strand voll ist. ❺
Mai Pen Lai, 039-557115, zweistöckiges Gästehaus, saubere Zi mit Balkon. ❸

Essen und Unterhaltung

Entlang der Straße und an den Zufahrtsstraßen gibt es ausreichend Restaurants und Bars, z. B.:
Happy Elephant Restaurant, mit Speiseeis, Snacks, Cocktails und echtem Kaffee, unter holländischer Leitung.
Kai Bae Marina, internationales Restaurant mit deutschem Frühstück und deutschen Filmen.

Lanna Cafe, am Ende des Strandes, mit Fair Trade-Kaffee und -Tee.

Zudem haben die meisten Bungalowanlagen ein offenes Restaurant.

Noname Bar, originell gestaltet, zwischen den Coral Bungalows.

Paradise Bar mit Live-Musik.

Bootstouren

Ganztägige Schnorcheltrips zu drei unbewohnten Inseln (u. a. Ko Yuak mit ziemlich zerstörten Korallen und wenig Fischen) werden von fast allen Resorts angeboten (Start 7 Uhr). Am Hafen ist die Miete einer Schnorchelausrüstung genauso teuer wie ein Schnorcheltrip mitsamt Ausrüstung, ca. 200–300 Baht.

Plaza

Kai Bae Plaza mit Koh Chang Wine Gallery, Bars und Läden.

Thanam Beach (Lonely Beach)

Dieser etwa 1 km lange Strand ist im Norden bei Ebbe und Flut gut zum Schwimmen geeignet. In der Monsunzeit können gefährliche Strömungen auftreten. An diesem früher einsamen Bilderbuchstrand entstanden viele Bungalowanlagen. Abends herrscht am Strand eine tolle Atmosphäre mit lauter Musik und vielen Partys, tagsüber wirkt er häufig verschmutzt. Urlauber, die hier in einem Pauschaltouristenhotel Ruhe suchen, sind fehl am Platz. Wer sich unter partybegeisterten Engländern wohlfühlt, ist hier genau richtig.

Im südlichen Teil ist der Strand steinig und von Mangroven durchsetzt.

Die Straße nach Süden verläuft steil und kurvenreich durch den Dschungel, ist aber zweispurig asphaltiert und mit Leitplanken versehen. Die Zufahrtswege zu den Resorts sind teilweise schlecht bis gefährlich. Die Straße führt am Bailan Beach und an schönen Buchten vorbei nach Bang Bao.

Siam Bay Resort ①, ✆ 081-9224495, 5-stöckiges Hotelgebäude mit Lift, verschiedenartige Bungalows und Häuser, ältere Bungalows am Kap am steilen Hang; Restaurant mit Meersicht, davor kleiner Pool. Durch Stacheldraht vom Nachbarn getrennt. Für Thai-Touristen. ❸–❹

Siam Beach Resort ①, ✆ 089-1616664, 🖳 www.siambeachkohchang.com, große Anlage direkt an Straße am herrlichen Strand unter Palmen und am steilen Hang mit guter Sicht. Große Hütten aus Naturmaterialien mit Moskitonetz, großer Veranda, Fan und Du/WC sowie Hotelgebäude; großes, etwas unsauberes, teureres Restaurant mit lauter Musik, Pool. Abholung vom Pier bei Voranmeldung. Hier kam es mehrfach zu Diebstählen. Hohe Parkgebühren am kleinen Parkplatz. ❷, AC ❻

Nature Beach Resort ①, ✆ 039-558027, am schönen Strand unter Palmen, stabile, saubere Holzhütten mit Du/WC, Nature Bar mit heißer Musik schon am Nachmittag; viele Bücher, gutes Restaurant am Strand. Beliebt bei Leuten, die gern Pary machen. Unter Leitung von Arnold Kübler. ❸–❹, AC ❺

Bhumiyama Beach Resort ②, ✆ 039-558067, 🖳 www.bhumiyama.com, luxuriöses Hotel und komfortable Bungalows in großer Anlage mit Pool, davor Steinstrand, meistens Pauschaltouristen. Leidet unter Lärmpegel von nebenan. ❻–❼

Siam Hut ③, ✆ 089-8334747, 77 Bungalows aus Naturmaterialien im schattenlosen Garten und am Strand, alles recht alt, eng, aber ordentlich, das Personal ist langsam, aber bemüht. ❷–❹

Die schöne **Jah Bar** am Hang ist nach wie vor beliebt. Jeden Abend Party mit Rock, Reggae und Pop.

Oodie's Place, am Ende des Strandes, urige Bar mit urigen Leuten, wo abends bis spät nachts Live-Musik (Pop, Oldies, Blues, Reggae) in wechselnder Besetzung gespielt wird. Der nette Chef spielt selbst E-Gitarre.

Bailan Beach

Diese Bucht sieht weniger attraktiv aus. Ein steiniger Strand und einige schmale Sandabschnitte bestimmen das Bild. Zum Baden ist der Strand auch bei Flut kaum geeignet. Die älteren Anlagen wirken z. T. verwahrlost, die unbefestigten Anfahrtswege sind versandet. Es entstanden aber auch neue Billigunterkünfte. Immer wieder gibt es Bestrebungen, die kleinen Anlagen auszumerzen und durch bessere zu ersetzen, aber noch scheint sich Bailan als Partystrand für junge Leute halten zu können.

Nur im Süden, und vom Partygewimmel abgeschirmt, entstanden teure Pauschaltouristenanlagen.

An der Straße befinden sich einige kleine Restaurants, Bars und eine Motorradvermietung.

Die Ostküste

Übernachtung

Tree House ④, 🖳 www.tree-house.org, ✆ 081-88478215, verschiedenartige, einfache Bambushütten, z. T. zweistöckig, Gemeinschafts-WC mit Kübeldusche, Restaurant überm Wasser; beliebt bei Travellern und jungen Familien, gute Party-Atmosphäre, *Kidscorner*, Familienausflüge. Motorrad 400 Baht/Tag. Der Pachtvertrag des beliebten Resorts wurde bis Sommer 2008 verlängert. Wie es weitergeht, ist der Webseite zu entnehmen. **❶–❸**

Ice Beach Bungalow ④, wenige eng stehende Bungalows in familiärer Traveller-Anlage. Strom, Fan, Moskitonetz, 1 WC für 2 Hütten. **❷–❸**

Bailan Hut ④, ✆ 070-280796, wenige eng stehende Mattenbungalows in familiärer Traveller-Anlage ohne Strand. Restaurant auf Pfählen im Wasser mit viel gelobten Thai- und westlichen Gerichten, Bar mit guter Musik. Tik und ihr Rasta-Mann kümmern sich liebevoll um die Gäste. Abholservice vom Taxihalteplatz bei Siam Hut, ansonsten nicht leicht zu finden. Es werden Schnorchel- und Dschungeltouren angeboten. **❷**

Maggies Place ⑤, ✉ Maggies125@hotmail.com, ✆ 081-8741151, einige Bungalows um das Restaurant auf hohen Pfählen an der Zufahrt zum Tree House. **❶**

Sunset Hut ④, ✆ 081-8187042, verschiedenartige Bungalows mit und ohne Du/WC, vorn am Strand sehr einfach, ohne Strom, weiter hinten etwas solider. Restaurant auf Stelzen mit toller Sicht; beliebt bei jungen Travellern, gute Atmosphäre. Motorrad 400 Baht/Tag. **❷–❸**

Tarnsilan Hut ④, ✆ 081-6691300, sehr einfache Bambus- und Holzbungalows am Steinstrand ohne Du/WC, weiter hinten mit Elektrizität und Fan. **❶–❷**

Paradise Cottage ④, ✆ 081-7739377, sehr einfache Bungalows am Steinstrand mit Moskitonetz, freundliches Personal, stimmungsvolles Restaurant mit niedrigen Tischen und Sitzpolstern. **❶–❷**

Bailan Bay Resort ⑥, palmblattgedeckte Holzbungalows am Strand und am Hang in gepflegtem Garten. Restaurant oben am Berg mit atemberaubendem Ausblick über die Bucht. **❸**

The Mangrob ⑦, ✆ 081-9497888, nette, geräumige Hütten mit wenigen Möbeln. **❹**

Bailan Family ⑦, ✆ 089-0512701, saubere Räume und familiäre Atmosphäre. Fischen, Schnorcheln und Elefantenreiten wird angeboten. **❸**, AC **❹**

Bailan Orchid ⑦, ✆ 084-7439798, 🖳 www.koh changorchid.com, Bungalows aus Naturmaterialien in tropischem Garten, kleiner Sandstrand über Privatpfad zu erreichen. Es wird Englisch, Deutsch, Französisch und Thai gesprochen. **❸**

Sansak (Sansuk) ⑧, ✆ 089-9727584, sehr einfache Hütten und Räume in größerem Gebäude im Hinterland. Restaurant mit Pizza und Internet. **❶**

Jungle Hut ⑦, ✆ 084-0051008, Bretterhütten mit und ohne Du/WC, gut unterhaltene, ruhige Anlage mit Restaurant überm Wasser. **❷**

Bailan Hut on the Sea ⑦, ✆ 087-0280769, ganz neue Mattenbungalows mit Du/WC am befestigten Ufer. **❷**

The White House, ⑦ ✆ 039-558112, weiße Häuschen am Strand und am Pool sowie Zi im Haupthaus am Parkplatz mit Balkon. **❸**, AC **❹–❺**

Dusit Hotel ⑨, riesige Anlage am Strandende im Bau.

Bailan Beach Resort ⑨, ruhig gelegene, familiäre Anlage, Hütten mit breiter Matte und Warmwasser. Mr. Khai bietet Bootstouren und Angeln an. **❸**

Essen und Unterhaltung

In allen Anlagen gibt es Restaurants, häufig auch Bars. Es werden zwar noch keine

Wucherpreise verlangt, aber besonders billig ist es auch hier nicht.

Magic Garden, **Restaurant and Chillspace**, Liegerestaurant.

Lemon Bar & Restaurant, hier finden die Full Moon Partys statt.

Blacksound, hier finden zu Neumond die Black Moon Partys statt.

Seawind Restaurant, nettes Lokal unten auf der Halbinsel.

Sonstiges

Motorräder
In den meisten Resorts werden Motorräder vermietet.

Kochkurse
Chilli Garden Cooking School, am Weg zum Tree House.

Nahverkehr

Von den Piers ist der Bailan Beach mit dem Songthaew für 80 Baht in ungefähr 1 Std. zu erreichen. Das Bootstaxi fährt von 8–9 Uhr und von 11–14 Uhr.

Bang Bao Bay
Im Südwesten Ko Changs liegt gut geschützt die halbkreisförmige Bucht Bang Bao. Bei Ebbe läuft sie zu einem großen Teil trocken. Bekannt ist sie vor allem durch das Pfahldorf, **Fisherman's Village** genannt. Es ist weit in die Bucht hinein gebaut und hat sich zu einem beliebten Ausflugsziel entwickelt. Besonders die Seafood-Restaurants mit ihren fangfrischen Meeresfrüchten locken Thais und Ausländer an. Aber auch Unterkünfte, Tauchbasen, Souvenirshops, eine Bäckerei und andere Läden haben sich hier etabliert. Am Ende des Piers warten viele Boote, die zu den vorgelagerten Inseln oder zum Tauchen fahren.

Dieser kleine Ort im Südwesten ist auf der Asphaltstraße gut zu erreichen. Schon allein die Fahrt durch Berge und Täler ist eine Reise wert. An der **Landzunge,** die die Bucht im Westen begrenzt, sind einige Unterkünfte entstanden. Die Strände auf beiden Seiten sind steinig oder schlammig und nicht zum Baden geeignet.

Etwas östlich liegt hinter einer Lagune ein Bilderbuchstrand. Er ist recht schmal, einige 100 m lang und über eine Brücke erreichbar. Direkt am Strand gibt es nur eine Snack-Bar. Zwischen Lagune und Berg entstehen Unterkünfte.

Der **Klong Kloi Beach** am östlichen Ende der Bucht ist ein Privatstrand, für dessen Betreten man 100 Baht Eintritt bezahlen muss.

Übernachtung

Fisherman's Village
Boo Hut ⑭, Verschläge mit Du/WC und Fan im Langhaus. ❷

Paradise ⑭, 4 kleine Hütten ohne WC. ❷

Ocean Blue ⑭, großes neues Haus am Ende des Stegs, saubere Räume mit Du/WC, Matratzen auf dem Boden, große Gemeinschaftsterrasse. ❸

Bang Bao Sea Hut ⑮, ✆ 081-2850570, 🖳 www.bangbaoseahut.com, am Ende des Stegs, grüne, sehr geschmackvoll eingerichtete Designer-Holzbungalows, mit Stegen verbunden. AC ❹–❺

Bang Bao-Bucht
Elephant Garden ⑫ ✆ 087-1432286, neue Anlage links an der Straße, große Bungalows mit Du/WC in exotischem Obstgarten, DVDs, Bücher, Playstation, entspannte Atmosphäre, unter schottischer Leitung. Gutes Preis-Leistungs-Verhältnis. ❷

Ko Chang Hill Resort ⑬, wenige Bungalows in einem Garten am Hang etwas außerhalb des Dorfes. ❹

Dragon House ⑯, ✆ 081-9450498, 21 Bambushütten mit und ohne Du/WC, Terrassen-Restaurant mit Thai-Essen. Sehr ruhige Lage abseits vom Strand, steiler Anfahrtsweg. Hier fühlen sich Traveller und alleinreisende Frauen wohl; es werden Schnorcheltouren organisiert. ❷–❸

Bang Bao-Landzunge
Nirvana Resort ⑪, ✆ 039-558061, 🖳 www.nirvanakohchang.com, umweltfreundliche Luxusanlage auf einer Halbinsel und somit an 2 Buchten gelegen, Häuschen mit 1 und 2 Zi, Felspool und Normalpool, Mangroven, Stein-

und Felsufer, Jungle Walk, Cliff Walk, Restaurants auf Stelzen im Wasser. ❼–❽

Remark Pu-Zi ⑩, ✉ remarkpuzihut@yahoo. com, ✆ 039-558166, einfachste neue Palmblatthütten im Palmenhain mit Blick auf die Bucht und Fischerboote. ❷

Klong Kloi Beach

Ko Chang Grand Lagoona ⑰, ✆ 039-814150, 🖳 www.grandlagoona.com, Hotelanlage mit umgebauten Dschunken. Das Herzstück ist ein 7-stöckiges, auf der Lagune schwimmendes Hotelschiff mit 125 Luxuskabinen, Restaurant und Konferenzräumen, das zuvor in Kambodscha und Vietnam vor Anker lag, aber auch exklusive Landhäuser am Wasserfall oder ein Lanna Style-Haus auf dem Hügel mit viel Privatatmosphäre stehen den reichen Gästen zur Verfügung. Privatstrand, Eintritt 100 Baht. ❼–❽

Essen

Chowlay Bang Bao Restaurant in Bang Bao, auf Stelzen gebautes Lokal mit guter Aussicht, bei Einheimischen und ansässigen Europäern sehr beliebt. Man kann lebende Fische aus Aquarien aussuchen und nach Wunsch zubereiten las sen. Frischer geht es nicht.

Das **Kruwa Bang Bao** hat ein ähnliches Angebot, Cocktailbar, Sonnendeck.

Im Chai Shop gibt es Tee aus aller Welt.

Nahverkehr

Nach Bang Bao kommt man von den Piers mit dem Pickup um 16 Uhr entlang der Westküste für 100 Baht in 1–1 1/2 Std. Während der Saison fahren sie häufiger.

Das Pickup zum Dan Kao Pier fährt tgl. um 7 Uhr für 100 Baht, recht unzuverlässig.

Transport

Der Island Hopper von **Captain Graham**, ✆ 081-8650610, ✉ islandhopper@koh-chang.ch, fährt tgl. um 8 und 12 Uhr nach KO WAI für 300 Baht, KO MAK 400 Baht und KO KUT für 700 Baht. Zubringer mit dem grün-gelben Taxi für 50 Baht. Im Fischerdorf gibt es **Boote** zu mieten, ein klei-

nes kostet 300 Baht für 3 Std., ein größeres mit Dach 500 Baht.

Die Südküste

Am hervorragenden **Hat Wai Chek** gibt es keine Unterkunft und kein Essen. Hier leben nur einige Kokosnuss-Farmer.

Die **Salak Phet-Bucht** im Südosten der Insel entwickelt sich zum Ausgangspunkt zu den vorgelagerten Inseln des Ko Chang National Parks. Hier liegt das Dorf **Ruang Tan**, auch Homestay Village genannt. Familien bieten in ihren Häusern, die z. T. auf Stelzen im Wasser stehen, Fremdenzimmer an. Beliebt ist die Bay, dank ihrer Lage, bei Seglern. Draußen in der Bucht steht ein komfortables Resort mitten im Wasser, das Ko Chang Island View Resort. Das letzte Stück der Ringroad von Salak Phet nach Bang Bao über Ruang Tan und Hat Wai Chek wird in Kürze fertiggestellt.

Im traditionellen Fischerdorf **Salak Phet**, am Anfang der Bucht, gibt es hervorragendes Seafood.

Chek Bae (auch Jek Bae) ist ein Fischerdorf, in dem ebenfalls Kokosnuss- und Kautschukfarmer leben und einige Resorts angesiedelt sind.

Am idyllischen **Long Beach** kann man zeitweise schwimmen. Bei Ebbe zieht sich das Meer einige hundert Meter zurück. Leider ist der Strand oft verschmutzt. Hier gibt es die Tree House Lodge. Die Fahrt auf der abenteuerlichen Straße über teils unbefestigte Abschnitte sollten nur Schwindelfreie mit dem Motorrad wagen.

Tantawan erreicht man auf der neu gebauten Straße zum Südostzipfel. Dort gibt es einige Stellen, die gut zum Schnorcheln geeignet sind.

Übernachtung und Essen

Salak Phet

In der tiefen Bucht gibt es nur wenige Unterkünfte:

Homestay ⑲, verschiedene Häuser in **Ruang Tan** vermieten Gästezimmer, sie werden in den Shops und Restaurants angeboten. ❷–❹

Ko Chang Marina & Resort ㉑, ✆ 039-237374, 081-7826040, sterile Steinbungalows am Hang mit Blick auf die Marina, jedes Zimmer mit VCD

Ein Resort auf dem Wasser

Ko Chang Island View Resort ⑱, ✆ 089-1552 669, 🖳 www.erlebnisreisen-thailand.de, außergewöhnliches Resort mitten in der malerischen Bucht von Salak Phet, auf massiven Stelzen gebaut, durch einen 100 m langen Steg mit dem Land verbunden. 10 komfortable AC-Zi mit traumhaftem Blick auf die vorgelagerten Inseln, Restaurant mit frischen Meeresfrüchten und internationaler Küche. Vermietung von Segeljollen und Seekanus; Sportfischen, Tauchen, Segeltörns, Segelschule, Inseltouren. Liegeplatz für Segeljachten, kostenloser Transfer zu einsamem Sandstrand auf unbewohnter Insel, Abholservice vom Pier. Unter Thai-deutscher Leitung, sehr gutes Preis-Leistungs-Verhältnis. ❹

Player, Seafood-Restaurant und Segelbootverleih. ❹–❼

Salak Phet Seafood & Resort ⑳, ✆ 039-553099, am Ende der Straße, Restaurant und sehr einfache Zi auf einer Plattform im Wasser; die Bungalows am Hang sind besser, Shop, Bootsausflug zu Stränden auf vorgelagerten Inseln möglich. ❹, AC ❺–❻

Chek Bae

Ban Mae Resort ㉓, verschiedenartige Bungalows im Garten, an einem kleinen See und am Meer, auch Familienbungalows mit Matratzen; gleich hinter dem Dorf Ban Chek Bae. Gutes Restaurant über dem See. Zum Baden ist der Strand nicht geeignet, Kajaks zu vermieten. AC ❺

Rommai Chailay Resort & Seafood ㉖, ✆ 081-8657424, ältere Fan-Bungalows mit Gemeinschaftsbad im hübschen Garten und bessere AC-Bungalows um das beliebte Seafood-Restaurant, am Ende der Bucht von Chek Bae; Schnorchelausrüstung zu vermieten. ❸, AC ❺

Long Beach

Tree House Lodge ㉘, ✆ 081-7617655, 🖳 www.tree-house.org, Ableger des bekannten Tree House beim Lonely Beach, mit 1 km langem, weißem Sandstrand, ca. 150 einfache Bambus-

und Palmblatthütten ohne Fan, schön gestaltete Gemeinschafts-Du/WC, gemütliches Restaurant auf Holzplattform, Sonnenterrasse, viele Bücher, Strom ab 18 Uhr. Die beliebten Besitzer vom Lonely Beach verbreiten auch hier echte Traveller-Atmosphäre. Taxiservice 100 Baht pro Std., tgl. zum Lonely Beach um 8 Uhr, zurück um 10 Uhr. ❶–❷

Minibusse fahren vom Dan Kao Pier und Ao Sapparot für ca. 100 Baht nach Salak Phet. Es gibt Boote zu den Stränden und Inseln zu chartern, was um die 2000 Baht pro Tag kosten dürfte.

Die Ostküste

Salakkok ist ein originales Thai-Dorf mit einem der besten Mangrovenwälder in Thailand. Zwischen den Häusern kann man sich nur per Boot fortbewegen. Die nächste Unterkunft liegt in Chek Bae.

Ungefähr in der Mitte der Ostküste von Ko Chang liegt **Than Mayom** mit dem Headquarter des Nationalparks. Die Attraktion ist der **Than Mayom-Wasserfall**, (Nationalparkeintritt 400 Baht), der auf einem Dschungelpfad in etwa 10 Minuten vom Strand aus erreichbar ist. In zwei Pools kann man schwimmen. Auf der rechten Seite führt ein schwieriger, abenteuerlicher Pfad zu zwei weiteren Wasserfällen hinauf.

Der dritte heißt **King Rama-Wasserfall**. Er wird von den Einheimischen als der erste bezeichnet. In 2 bis 5 Tagen können sich engagierte Regenwald-Wanderer zur Westküste durchschlagen. Das Meer ist hier schlammig und nicht zum Baden geeignet. Das kleine Tourist Center ist recht informativ. Ein Relief der Inselwelt gibt einen guten Eindruck von ihrer Vielfalt.

Dan Mai ist ein Fischerdorf an der Ostküste mit großem Pier. Hier gibt es Lebensmittel, Getränke und Treibstoff, eine kleine Motorradwerkstatt sowie das staatliche Krankenhaus Koh Chang Hospital.

Die **Strände** an der Ostküste wirken auf westliche Touristen wenig attraktiv. Die Unterkünfte

Mangrove Walkway

Bei einem 15-minütigen Spaziergang durch die Mangroven in der Salakkok-Bucht bekommt man Einblick in dieses besondere Ökosystem. Dass der Weg aus Beton ist, stört so manchen, aber dadurch hält er länger.

werden hauptsächlich von Thai-Touristen an Wochenenden und Feiertagen frequentiert. Es gibt ca. 10 Bungalowanlagen, bei einigen kann man auch campen, z. B.:

Ao Sapparot Camp & Resort ㉟, ✆ 081-9114 595, unterschiedliche Bungalows mit Du/WC zwischen vielen Grünpflanzen, Camping 100 Baht. Strand mit gelbem, grobkörnigem Sand. ❸–❹

Suan Sam Chan ㉝, ✆ 039-586028, AC-Bungalows unter hohen Bäumen am privaten Watt-Strand, für Naturliebhaber. Am Dan Kao Beach, 2,7 km von Center Point Ferry. Trotz deutscher Leitung hauptsächlich Thai-Touristen. ❹

The Spa Koh Chang Resort ㉚, ✆ 039-553091, 🖳 www.kohchangresortandspa.com, hier werden nicht nur alle Arten von Spa-Anwendungen durchgeführt, hier kann man auch sehr ruhig übernachten, hervorragend vegetarisch speisen und in der Salakkok-Bucht Kajak fahren. ❻

Ko Mak   เกาะหมาก

Die „Betelnuss-Insel" ist eine flache Insel mit seichten Buchten und schönen, weißen, aber schmalen Stränden. Eigentlich besteht sie aus vier Halbinseln, die sich von Ost nach West über 7 km, von Nord nach Süd über 5,5 km ausdehnen.

Auf der westlichen Halbinsel erhebt sich ein Höhenzug mit zwei Gipfeln. Rotbraunes Lavagestein tritt an vielen Stellen zu Tage und bildet im Meer schöne „Badewannen". Auf der Insel werden Kokospalmen und Gummibäume angebaut. Im Zentrum der Insel befindet sich ein Dorf mit Schule, Minimärkten, kleinen Restaurants und einer Gesundheitsstation. Ständig leben ca. 800 Menschen auf der Insel. An der Südostseite ragt der Ao Nid Pier in die Bucht. Fußpfade und betonierte Fahrwege (für Pickups und Jeeps) durchziehen die Insel.

Die Strände vor den Bungalowanlagen sind zwar sehr schön, aber es gibt zeitweise angeschwemmten Müll, hauptsächlich von Fischerbooten. Der Müll wird leider nicht vor allen Anlagen jeden Morgen entsorgt. Die saisonal auftretenden Sandfliegen können das Sonnenbaden am Strand unmöglich machen. Schnorcheln und Tauchen ist im Südwesten und Norden gut bis akzeptabel.

Mehrere ganz kleine Inseln sind vorgelagert. Noch immer finden nicht allzu viele Touristen auf diese entspannende Insel. In der Regenzeit bleiben die meisten Anlagen offen. Da sich Ko Mak zu 95 % in Familienbesitz befindet, kann man fast ausschließen, dass sich hier Massentourismus entwickelt. Seit 2006 ist Ko Mak ans Stromnetz angeschlossen.

Ko Kham

Diese herrliche, private Südseeinsel mit tollem Sandstrand und herrlichen Felsen hängt westlich vor der Nordspitze von Ko Mak. Bei tiefer Ebbe ist sie über eine Sandbank mit Ko Mak verbunden. Ein Denkmal erinnert an einen französischen Arzt, der hier wirkte. Vom Sunset Point kann man schöne Sonnenuntergänge erleben. Die tiefen Brunnen liefern für intensiven Tourismus zu wenig Wasser.

Ko Rayang

Die in Privatbesitz befindliche hügelige Insel **Ko Rayang Nok** liegt vor der Südwestküste Ko Maks und ist ca. 400 x 200 m groß. Der wunderschöne, steil abfallende Hauptstrand liegt im Norden. Der kleine Sandstrand an der Ostküste ist nur mit dem Boot zu erreichen. Im glasklaren Wasser lässt es sich herrlich schwimmen, schnorcheln und tauchen. Wasser wird von Ko Mak hergeschafft, Strom von einem Generator ab 18 Uhr geliefert.

Übernachtung

Ko Mak

Ko Mak Resort ②, ✆ 039-597296, 🖳 www. KohMakResort.com, schöne Anlage im Nordwesten. Viele unterschiedliche Bungalows mit

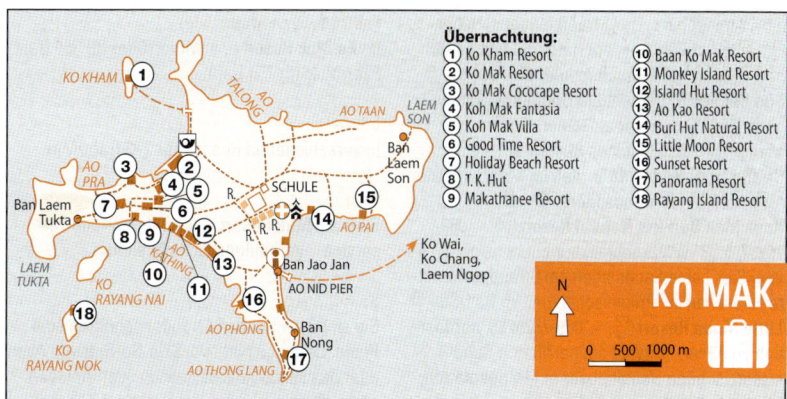

Übernachtung:
1. Ko Kham Resort
2. Ko Mak Resort
3. Ko Mak Cococape Resort
4. Koh Mak Fantasia
5. Koh Mak Villa
6. Good Time Resort
7. Holiday Beach Resort
8. T. K. Hut
9. Makathanee Resort
10. Baan Ko Mak Resort
11. Monkey Island Resort
12. Island Hut Resort
13. Ao Kao Resort
14. Buri Hut Natural Resort
15. Little Moon Resort
16. Sunset Resort
17. Panorama Resort
18. Rayang Island Resort

KO MAK

N

0   500   1000 m

Du/WC am Strand entlang, großes Restaurant, Minimarkt, Tauchschule. ❹–❺

Ko Mak Cococape Resort ③, ✆ 081-8102679, schöne, aus Naturmaterialien gebaute, aber weniger beliebte Bungalows am und im Meer zwischen Mangroven, Schlafsäle in umgebauten Dschunken am Hang (ab 2300 Baht), angenehme Umgebung. Boots-Restaurant, Bootssteg. ❹, AC ❺

Koh Mak Villa ⑤, ✆ 086-8370305, 🖥 www.kohmakvilla.com, 2 Villas stehen wunderschön auf einem Hügel, Suiten und Doppelzimmer im modernen Thai-Stil, kleines Frühstücksrestaurant mit Blick auf Ko Kham. WLAN, Gäste können den Pool nebenan benutzen. Thai-deutsche Leitung. ❺–❼.

Good Time Resort ⑥, ✆ 081-2070203, 🖥 www.goodtime-resort.com, 10 verschiedenartige ein- und zweistöckige Villen im Thai-Stil mit antiken Teakholz-Möbeln und großen Terrassen auf einem Höhenzug, großer, gepflegter Garten mit Pool. Zum Suan Yai Beach sind es etwa 300 m, zum Khao Beach 500 m. Gut geeignet für Familien und Ruhesuchende. Kostenloser Bootsshuttle nach Ko Rayang. ❺–❻

Holiday Beach Resort ⑦, ✆ 081-8185943, 02-3196714, 🖥 www.kohmakholiday.com, neue, weiße Bungalows in 2 Größen mit Fan und Du/WC, Terrasse mit Hängematte, angenehme, sehr ruhige Gartenanlage, schöne Sicht auf die vorgelagerten Inseln; gutes, aber nicht billiges

Essen im Thai-Stil-Restaurant; flacher Strand mit vielen Steinbrocken. Als Paket viel teurer. ❹

T.K. Hut ⑧, ✆ 039-521631, qualitativ gute Bungalows aus Stein und Naturmaterialien mit Fan und Du/WC. Naturbelassener Strand, gut zum Baden. Restaurant mit gutem, etwas teurerem Essen, deutsches Frühstück, guter Kaffee, Fassbier, Internet, unter Leitung eines Berliners. ❸–❹

Makathanee Resort ⑨, ✆ 081-8639400, 🖥 www.makathanee.com, neue, großzügige, weiße Holzbungalows mit tiefen Fenstern und Terrasse, TV, AC und Warmwasser-Du/WC, halbkreisförmig um eine Wiese direkt am Meer. ❻

Baan Ko Mak ⑩, ✆ 039-524028, 🖥 www.baan-koh-mak.com, 18 bunte, saubere Bungalows mit Fan oder AC, schönes Bad, freundliche Leute. Professionell geführtes Café. Gutes Preis-Leistungsverhältnis. ❹, AC ❺

Monkey Island Resort ⑪, ✆ 087-6921001, 🖥 www.monkeyislandkohmak.com, 29 Bungalows im balinesischen Stil, Fan-Zi mit und ohne Bad, wenig Schatten; Tauchschule unter Palmen, Internet. Hier fühlen sich Alt-Hippies wohl. Das ganze Jahr geöffnet. ❸–❹, AC ❺

Ao Kao Resort ⑬, ✆ 039-501000, 🖥 www.kohmaak.com, schöne Anlage unter Palmen, neue, hübsche Bungalows mit Fan und Du/WC, die teureren sehr schön und komfortabel, bei längerem Aufenthalt Rabatt. Gutes, rundes Restaurant am Meer, gemütliche Bar; Somchai und sein freundliches Personal schaffen eine familiäre Atmosphäre. Der Strand eignet sich bei Flut zum Schwimmen, am Hausriff lässt es sich nett schnorcheln, Tauchschule. ❹–❺

Sun Set Resort ⑯, wenige Bungalows mit und ohne Du/WC an einer einsamen Felsen- und Mangrovenküste, kleines Restaurant; kein Strand, aber Badeplattformen im Meer; Internet, Mopeds. Hippie-Atmosphäre. ❷–❸

Kooh Mak Buri Hut Natural Resort ⑭, ☎ 089-7525285, 🖳 www.koohmakburihut.com, nördlich vom Pier, keine Sandfliegen am Strand, sehr nette Häuschen im afrikanischen und im Bali-Stil. ❹

Little Moon Resort ⑮, ☎ 089-7525285, nordöstlich vom Pier, im Wald am herrlichen Sandstrand, schöne Baumhäuser mit Hängematten, fantastisches Essen bei Mum. ❷

Ko Kham

Ko Kham Resort ①, ☎ 081-3031229, 039-501144, 🖳 www.kohkhamisland.com. 19 Hütten aus Naturmaterialien mit Du/WC, Moskitonetze über den Matratzen, gut für Familien geeignet, freundliche Leute, gut Englisch sprechender, hilfsbereiter Manager Khun Toti, Generatorstrom ab 19 Uhr; das Wasser für die sanitären Anlagen kommt täglich per Boot von Ko Mak; gutes Essen, allerdings nicht immer ausreichend verfügbar, Schnorchelausrüstung und Kajaks werden vermietet. Geöffnet von Nov–April, in der Regenzeit vorher anrufen. Wer vorbucht, wird mit Privatboot vom Festland abgeholt, Fähre 70 Baht hin und zurück, Landegebühr 60 Baht inkl. Softdrink. ❹–❺

Ko Rayang Nok

Rayang Island Resort ⑱, 🖳 www.rayang-island.com, am Hang der kleinen Insel, 15 renovierte Ein- und Zwei-Zimmer-Bungalows aus Holz mit schöner Meersicht, kleiner Strand mit grobem Korallensand, keine Sandfliegen, Schnorchelriff. Transfer mehrmals tgl. nach Ko Mak, auf Bestellung mit Speedboot nach Laem Ngop. Einziges Resort auf der Insel, einfaches Restaurant. Landegebühr 60 Baht inkl. Softdrink. ❺–❻

Sonstiges

Bäckerei, **Boutique** und **Souvenirs** von Jens & Lutz 1 km westlich vom Ao Kao Resort.

Fahrräder und Motorräder

Im **Ko Mak Resort** u. a. Motorräder für 350 Baht, Fahrräder für 150 Baht.

Internet

In verschiedenen Resorts für 2–3 Baht/Min.

Post

Beim **Ko Mak Resort**, auch Telefon- und Faxservice – Verbindung ist nicht sicher.

Sandfliegen

Sie sind an manchen Strandabschnitten eine Plage. Dagegen hilft evtl. Skin-So-Soft von Avon oder das lokale Kokosöl, das in allen Anlagen verkauft wird.

Tauchen

Ploy Scuba Diving, ☎ 039-558033, 🖳 www.ployscuba.com, im Monkey Island Resort, u. a. Kurse zum Open Water Diver.

Paradise Divers, 🖳 www.komak-divers.com, beim Ao Kao Resort, Schnuppertauchen, unter deutscher Leitung.

Wassersport

Fast jedes Resort vermietet Kanus und bietet Touren und Schnorcheltrips an.

Transport

Mit dem Fischerboot von LAEM NGOP um 15 Uhr (und evtl. um 8 Uhr) in ca. 3 1/2 Std. für 300 Baht, zurück um 7.30 Uhr (und evtl. um 14 Uhr).
Vom KROM LUANG PIER mit dem Taxi-Speedboot um 9, 10.30, 16 und 16.30 Uhr in 1 Std. für 450 Baht, zurück von 7.45–14 Uhr.
Am Ao Nid Pier von Ko Mak warten die Pickups oder Jeeps der Resorts – da heißt es schnell entscheiden, in welcher Anlage man die erste Nacht verbringen will.
Vom Krom Luang Pier zum **Koh Mak Pier** mit dem Taxi-Speedboot um 10.20 und 16.20 Uhr in 1 Std., zurück um 8 und 13 Uhr.
Vom Bang Bao Pier auf KO CHANG zum **Koh Mak Pier** mind. 3x tgl. von 8–12 Uhr in 2–2 1/2 Std., zurück mit dem **Island Hopper**, ☎ 081-8650610, um 10.30 und 14.30 Uhr für 400 Baht, nach KO WAI und KO KUT für 300 Baht.

Die Insel Ko Mak befindet sich zu 95% in Familienbesitz

Ko Wai   เกาะห

Die recht große Insel mit vier Hügeln, vier Resorts, Kokos- und Gummiplantagen besitzt mehrere kleine Strände. Sie eignet sich sehr gut zum Entspannen und zum Schnorcheln auf der Nordseite. Die Korallen wachsen schon in 6 m Tiefe, allerdings sind viele bereits abgestorben. Achtung vor Seeigeln! Beim Paradise gibt es einen Weg auf die Südseite.

Ko Wai ist noch nicht ans Stromnetz angeschlossen. Es gibt Internet-Zugang, z. B. im Good Feeling nach 18 Uhr für 5 Baht/Min. Von Juni bis Oktober sind alle Anlagen geschlossen.

Übernachtung

Koh Wai Paradise, ✆ 039-597031, 081-7622548, Bungalows auf Stelzen, größere für Familien, an einem 800 m langen, schönen Strand, am westlichsten Ende der Insel, zum Schnorcheln nicht so gut; viel gelobtes Restaurant ohne Musik und kleiner, teurer Laden, idyllische Anlage in der Nähe des 1. Piers, viele Verbotsschilder und lästige Hunde. ❷

Good Feeling Gh., ✆ 081-8503410, einfache, saubere Hütten ohne Fan am Strand und am Hang, Familienhaus, preiswertes Essen, freundliches Personal; direkt am Hauptpier. Strand davor vermüllt, aber sehr gutes Schnorcheln. ❷

Pakarang Resort (Ko Wai Resort), ✆ 084-1138945, im Osten der Insel am Hügel, in der Nähe von Pier Nr. 2, 50 gut eingerichtete Holz- und Steinbungalows mit Glasfenstern, Moskitonetz, Fan, Strom von 18–24 Uhr, preiswertes Essen; der Strand davor ist nicht sehr schön, besonders bei Ebbe, aber gut zum Schnorcheln. Unter Thai-französischer Leitung. ❸–❹

Ao Yai Ma (Grandma Resort), ✆ 081-8413011, einfache Bungalows ohne Fan am Hügel an der östlichsten Spitze der Insel, nettes Restaurant. Hier fühlen sich Leute wohl, die Ruhe und Abgeschiedenheit suchen und gern schnorcheln. ❸

Transport

Ab LAEM NGOP um 15 Uhr in 2 1/2 Std. für 250 Baht zum Hauptpier auf Ko Wai mit Zwischenstopp bei Bedarf an Pier 2 und 3, zurück um 8 Uhr.

Island Hopper nach KO CHANG 300 Baht, KO MAK 100 Baht und KO KUT 400 Baht.

Ko Kut (auch Koh Kood, Ko Kud)

Diese 130 km² große, gebirgige Insel ist die östlichste Thailands, am nächsten an der Grenze zu Kambodscha. Die 1500 Einwohner leben in Dörfern an der Küste. Die Insel hat viele schöne Strände zu bieten, alle an der Westküste. Die Buchten im Osten sind tief eingeschnitten und schlammig.

Einige Wasserfälle machen die Insel besonders attraktiv: Der **Klong Chao-Wasserfall** hat einen herrlichen Pool zum Schwimmen. Auch der Pool des etwas kleineren **Nam Tok Klong Yai** ist lohnend. Durch den Dschungel führen etliche Pfade und eine Straße. Malaria soll stark verbreitet sein.

Es gibt insgesamt über 30 Bungalowanlagen. Die meisten sind relativ teuer und werden von Thai-Gruppen als Paket gebucht. Doch auch für Individualtouristen entstanden die ersten netten Bungalowanlagen, denn immer mehr Europäer verirren sich hierher.

Übernachtung

Von Nord nach Süd liegen an der Westküste u. a.:
Shantaa Resort ③, ✆ 081-8179648, 🖥 www.shantaakohkood.com, am Ao Tapao, 10 elegante, fein eingerichtete AC-Bungalows unter Palmen auf einem Hügel, schöne Meersicht, i. b. bei Sonnenuntergang, Beach Bar, großes 8-eckiges Restaurant (🕐 7–22 Uhr). Freundliche Atmosphäre. ❻

Koh Kood Ao Noi Resort ⑤, ✆ 089-3418844, viele Bungalows auf einem Hügel mit Blick aufs Meer, wenige direkt am Strand. Komfortable, moskitosichere Räume. ❸, AC ❹

Bai Kood Shambala Resort ⑥, ✆ 087-1477055, 🖥 www.kohkood.com, 33 luxuriöse Bungalows

im Thai- und Bali-Stil, fast alle mit AC (20 Std. pro Tag), alle mit fantastischem Blick auf die Lagune. Open-Air-Restaurant am weißen Sandstrand, Asian Fusion und Seafood-Spezialitäten (🕐 7–22 Uhr). Wird meist als Paket verkauft. ❹, AC ❺ – ❻

Khlong Chao Sea View ⑩, kein Tel., sehr einfache, billige Bungalows mit offenem Bad, keine Meersicht, aber nicht weit vom Strand. Restaurant mit geringer Auswahl. ❷

Dusita Resort ⑫, ✆ 081-8643351, hübsche Holzbungalows mit Fan oder AC in einem Palmengarten am Sandstrand, an Wochenenden meist ausgebucht. ❹, AC ❺

Ngamkho – Koh Kood Resort ⑬, ✆ 084-6534644, 5 nette Hütten und Bungalows mit Bambusmatten sowie Zelte im Palmengarten am Hang über dem Strand, netter Besitzer Uncle Jo. Speedboot zu mieten. ❸ – ❹

Sai Dang Beach Paradise ⑭, ✆ 02-5113313, 086-3292580, am kleinen, ruhigen Red Sand Beach, dessen Farbe eher golden wirkt, einige einfache, nette Bambushütten und ein großes Familienhaus mit 5 Zi. ❸

Siam Beach Resort ⑮, ✆ 081-9455789, große Holzbungalows mit Fan oder AC an einem weißen Sandstrand. Kajaks und Schnorchelausrüstung zu mieten. Hier fühlen sich auch Individualreisende wohl. ❸, AC ❺

Transport

Boote

Vom LAEM SOK PIER (auch Siriwhite Pier), ✆ 086-1267860, fahren tgl. um 13 Uhr Taxiboote (30 Passagiere) über KO MAK (40 Min.) nach Ko Kut (Klong Mat Pier, 70 Min.) für 400 bzw. 500 Baht, von Ko Mak nach Ko Kut 300 Baht, zurück um 10 bzw. 10.30 Uhr.

Vom KROM LUANG PIER (Laem Ngop) fährt das Seatrans-Boot jeden Di, Fr, Sa um 9 Uhr zum Hin Dam Pier an der Westküste von Ko Kut in 3 Std. für 500 Baht, zurück Do, Sa und So um 11 Uhr.

Von DAN KAO (Ko Chang) fährt tgl. das Mark House Speedboot, ✆ 086-1330402, um 9 Uhr in 90 Min. für 500 Baht, zurück um 13 Uhr.

Von BANG BAO (Ko Chang) fährt der Island Hopper tgl. um 8 und 12 Uhr über Ko Wai und Ko Mak für 700 Baht, zurück um 14 Uhr.

Vom AO NID PIER (Ko Mak) fährt ein Speedboot (falls sich ausreichend Passagiere einfinden) um 11.45 Uhr in 30 Min.

Alle diese Boote fahren nur in der Saison von Nov–April.

Flüge

Einen privaten Flugplatz baut die Evason-Hotelgruppe auf der kleinen Insel Ko Mai Si Lek.

Weitere Inseln vor Trat

Die folgenden Inseln sind touristisch erschlossen. Übernachten in den teuren Anlagen ist nur möglich, wenn man die Unterkunft zuvor bucht und die Besitzer ein Boot bereitstellen. In der Regel logieren hier nur Thai-Gruppen. Auf allen Inseln wird über Stechmücken, Sandfliegen und Quallen geklagt.

Ko Phrao Nai – Ko Phrao Nok

Zwei kleine, geschützt gelegene Inseln in der Bucht von Salak Phet; Wasser kommt in einer Leitung von Ko Chang. Beide Inseln sind bewohnt. Auf Ko Phrao Nok gibt es einen kleinen Sandstrand an der nördlichen Spitze und ein Resort, das hauptsächlich von Thai-Touristen besucht wird: Ko Sai Kao Resort, ✆ 039-511824, 63 Luxus-Bungalows mit AC, Paket ab 1500 Baht p. P.

Ko Lao Ya

Die kleine, attraktive Insel mit kristallklarem Wasser und schönen Korallen liegt so geschützt, dass sie ganzjährig besucht werden kann. An der Ostküste gibt es einen etwa 200 m langen, wunderschönen Sandstrand. Zwei kleinere Inseln, **Ko Lao Ya Klang** mit fantastischen Korallen und **Ko Lao Ya Nok** liegen direkt davor. Für 200 Baht kann man in Salak Phet ein Boot hierher chartern. Es gibt ein Resort, Lao Ya Paradise Island Resort, ✆ 039-531838-40, das hauptsächlich von Thai-Touristen besucht wird.

Ko Ngam

Die kleine Insel liegt an der Südostspitze von Ko Chang. Die sehr tiefe Bucht im Süden sieht sehr schön aus, ist aber zum Baden nicht gut geeignet, dafür soll Schnorcheln vor der Südspitze möglich

sein. Es gibt eine First-Class-Anlage, Twin Island Beach Resort, ✆ 039-520420, 25 Bungalows am Hang mit 30 Zimmern, als Paket buchbar.

Ko Kradaat (Papier-Insel)

Eine sehr flache, fast vollständig mit Kokospalmen bewachsene und von Korallen umgebene Privat-Insel. Gutes Schnorcheln vor allem im Süden und Westen. Außer den Plantagenarbeitern wohnen keine Einheimischen hier. Es gibt eine First-Class-Anlage, Ko Kradat Resort, ✆ 01-354 0016, 40 Bungalows, als Paket buchbar, unter der Woche oft verwaist.

Ko Rang

Auf der steilen, unbewohnten Insel ohne Trinkwasser, mit mehreren Buchten und vielen Inselchen drum herum werden Schwalbennester geerntet, Schildkröteneier und Fledermauskot gesammelt. Ausflügler angeln am Wochenende gerne vor der Insel. Eindrucksvolle Felsformationen unter Wasser und Korallen in größeren Tiefen bilden ein fantastisches Schnorchel- und Tauchrevier, das mit den Tauchschulen zu erreichen ist.

Nach Kambodscha

Für Visaverlängerungen ab Trat ist der Grenzübergang Ban Hat Lek am besten geeignet.

Grenzübergang Ban Hat Lek – Koh Kong

Von Trat führt der H318 bis Ban Hat Lek. Die Grenze zu Kambodscha ist von 7–20 Uhr geöffnet. Für Ausländer kostet das 30-tägige Kambodscha-Visum direkt an der Grenze derzeit US$20 oder 1000 Baht. Dollars werden in Kambodscha gern genommen. Über eine gebührenpflichtige Brücke gelangt man zur angrenzenden Inselprovinz Koh Kong.

In Kambodscha geht es 8 km per Taxi (60–80 Baht) oder Motorradtaxi (50 Baht) weiter, vorbei an Casinos und Vergnügungsvierteln, zum Ort Koh Kong. Ein großes Speedboot fährt tgl. um 8 Uhr in 4 Std. für 600 Baht nach **Sihanoukville** (gern wird behauptet, das Boot sei kaputt, man müsse ein Taxi nehmen), von wo man auf guter

Straße per Bus oder Sammeltaxi bis **Phnom Penh** fahren kann. Auf dem Landweg kommt man jetzt über **Sre Ambel** nach Sihanoukville. Wer hängen bleibt, findet in **Koh Kong** leicht eine Unterkunft. Thais errichteten auf Koh Kong, das sich touristisch stark entwickelt, ein Casino und Resorts, die vor allem männlichen Besuchern billiges Amüsement bieten. Traveller können sich in Otto's Gh. ein Moped mieten und durch den Dschungel zu Wasserfällen fahren.

Übernachtung und Essen in Koh Kong

Otto's Restaurant & Gh., einfache, hellhörige Zi aus Holz mit Moskitonetz, z. T. mit Du/WC, viele Informationen, deutsche Leitung. Angenehmes Restaurant. ➊

Nokor Reach Hotel, Ziel der Motorradtaxis. ➋ Das Restaurant **Koh Kong Kitchen** ist nicht schlecht, der Fisch sogar lecker.

Grenzübergang Pak Kard (Provinz Chantaburi) – Psah Prum (Pailin)

Ein weiterer Grenzübergang befindet sich in der Provinz Chantaburi. Von Chantaburi auf dem H317 nach Norden bis Wat Nam Khao. Dort auf den H3210 abbiegen und über den H3193 zur Grenze. Immer dem Schild Thai Cambodian Market folgen. Die Grenze zu Kambodscha ist von 7–20 Uhr geöffnet. Die Visagebühr beträgt US$20 oder 1000 Baht. Man sollte vor 16 Uhr an der Grenze sein.

Auf thailändischer Seite gibt es keinen Ort und keine Übernachtungsmöglichkeit. Nach der Passkontrolle fährt man mit dem Taxi (200 Baht pro Auto) oder Motorradtaxi (US$2/80 Baht) ca. 20 km nach Pailin.

Übernachtung und Essen in Pailin

Hang Neas Pailin Hotel, ☎ 012-787546, etwas muffige Zimmer. AC US$14.

Bamboo Restaurant & Gh., ☎ 012-405818, neue Unterkunft mit Zi im Haupthaus und rustikalen Holzhütten, 1 km außerhalb der Stadt Richtung Grenze, schönes Restaurant. Fan US$10, AC US$14

Kim Young Heng Gh., ☎ 016-727343, neues, ordentliches Hotel in Marktnähe, Zi z. T. ohne Fenster. US$5

Die nördliche Golfküste

Stefan Loose Traveltipps

Von Bangkok in den Süden führen zwei Hauptverkehrswege: der vierspurige Petchkasem Highway Nr. 4 und die einspurige Südlinie der Thailändischen Staatseisenbahn. Auf den 530 km von Phetchaburi bis Surat Thani verlaufen die Gleise immer in der Nähe der Küste, erlauben aber nur selten einen Blick aufs Meer. Sie durchqueren kleine und größere Städte, von denen nur Hua Hin und Prachuap Khiri Khan direkt am Golf von Thailand liegen. Die Autobahn verläuft zumeist noch einige Kilometer weiter im Landesinneren und lässt fast alle Städte links liegen. Doch das Meer ist nie weit. Schon kurze Abstecher führen zu kleinen Buchten und herrlichen Badestränden. Je weiter südlich, umso üppiger wirkt die Landschaft. An vielen schönen Stränden entstanden in den letzten Jahren einfache und komfortable Strandhotels, vorwiegend für einheimische Touristen.

Von den schnellen Bussen und angenehmen Nachtzügen sollte man sich nicht zum Durchbrausen verleiten lassen. Auch wenn Abstecher Zeit erfordern, so ermöglichen sie doch einen guten Einblick in ein noch kaum vom Tourismus verändertes Land. Mit den langsamen lokalen Zügen lässt sich die Reise leicht unterbrechen, da spätestens am nächsten Tag zur selben Zeit ein Anschlusszug durchkommt. Die großen AC-Busse fahren von Bangkok aus nur zu den Provinzhauptstädten und zu den Hauptreisezielen. So müssen Reisende nach Zwischenstopps häufig auf lokale Transportmittel umsteigen.

Auf der Kammlinie des zentralen Tenasserim-Bergmassivs verläuft die Grenze zwischen Myanmar und Thailand. Diese Bergkette ist zwar nur 800–1500 m hoch, doch während des Südwest-Monsuns regnen sich die Wolken an ihrer Westflanke ab. Daher bieten die Strände von Hua Hin bis Surat Thani auch in der Regenzeit meist schönes Badewetter. An dieser Küste des Golfs von Thailand fallen die höchsten Niederschläge von Oktober bis Dezember.

Phetchaburi เพชรบุรี

Eine traditionelle, wenig besuchte Stadt mit 40 000 Einwohnern ist Phetchaburi (auch Phetburi, Bhetchaburi), 135 km südlich von Bangkok.

Wer auf Englisch sprechende Guides und europäisches Essen verzichten kann und kulturell interessiert ist, kann hier einige anregende Tage verbringen. Auch als Tagesausflug von Hua Hin bietet sich diese Stadt der vielen Wats an.

Im Stadtzentrum

In der Stadt selbst gibt es an die 30 Tempelanlagen zu erkunden. Im Zentrum erhebt sich **Wat Mahathat**, ein über tausendjähriger Tempel, der in jüngerer Zeit restauriert und erweitert wurde. Von außen beeindruckt der Prang mit seinen fünf hohen, maiskolbenförmigen Stupas sowie der Chedi mit dem vierfachen Brahma-Kopf. In der mit Szenen aus dem Ramayana ausgemalten Hauptkapelle wird eifrig gebetet und geopfert. Vor diesem Gebäude werden fast täglich vormittags von verschiedenen Gruppen Tempeltänze aufgeführt. Dem Tempelbezirk sind ein großer Klosterbereich und eine Schule angeschlossen.

Im **Wat Yai Suwannaram**, das aus der Ayutthaya-Periode stammt, stehen schöne Holzgebäude. Den zentralen, fensterlosen Bot, dessen Innenwände mit über 300 Jahren alten Wandmalereien geschmückt sind, die u. a. mythische Fabelwesen darstellen, kann man sich aufschließen lassen. Der Viharn besitzt besonders schöne Eingangstore, die mit vergoldeten, aus Holz geschnitzten Blumenmotiven geschmückt sind.

Die fünf Prangs in **Wat Kamphaeng Laeng** wurden während der Khmer-Herrschaft 1157–1207 errichtet. Jeder der vier erhalten gebliebenen Türme beherbergte eine brahmanische Gottheit, vermutlich Indra, Narain, Brahma sowie Uma, deren Statue man 1956 in dem zerstörten Prang fand. Die aus Sandstein errichtete alte Anlage wurde zu einem buddhistischen Tempel umgestaltet.

Khao Wang

Im Westen liegt der 92 m hohe, von aggressiven Affenhorden bevölkerte Hügel **Khao Wang**, ein National Historical Park. Im Jahre 1860 ließ König Mongkut auf dem Gipfel den königlichen Sommerpalast **Phra Nakhon Khiri** bauen. In der Haupthalle befindet sich das kleine **Museum**. Von der Observationsstation, die dem König zu astronomischen Beobachtungen diente, eröffnet sich eine gute Sicht auf die Stadt und ihre Umgebung.

Der Eintritt in den Park beträgt 40 Baht, mit der Seilbahn 70 Baht inkl. Museum, Kinder 10 Baht. ☉ tgl 9–16 Uhr.

Nördlich vom Palast wurde Ende des 19. Jhs. das **Wat Maha Samanaram** erbaut. Von der Einmündung der Ratchavithi Road führt über mehrere von Nagas flankierte Rampen ein halbstündiger Fußpfad unter schönen Frangipani-Bäumen hindurch auf den Hügel. Es wird überall Futter für die vielen Affen angeboten. Im angrenzenden Tempel **Wat Phra Putthaya Saiyat** imponiert ein 34 m langer liegender Buddha.

Buddhistische Grotten

Die bedeutende **Khao Luang**-Tropfsteinhöhle liegt 3 km nördlich der Stadt Phetchaburi. Auf steilen Treppen steigt man zunächst hinab in den großen, zentralen Dom, in dem viele Buddhafiguren und Chedis zwischen malerischen Tropfsteinen stehen. Weitere Statuen verbergen sich in zahlreichen Nischen und Nebenhöhlen. In der Sonnen- und Mondhöhle fällt das Tageslicht jeweils durch entsprechend geformte Öffnungen, die den Höhlen die Namen gaben. ☉ 9–15 Uhr, Eintritt frei, Führer verlangen 100 Baht. Zwischen 11 und 14 Uhr wird die Szenerie besonders eindrucksvoll von der Sonne beleuchtet. Am Eingang wartet eine Affenhorde auf Bananen. Rikschas ab der Stadt kosten ca. 50 Baht, Motorradtaxis 30 Baht.

Interessant ist auch **Wat Khao Bandai It**, 3 km westlich der Stadt. Am Ende der Stichstraße liegt rechts die Tempelanlage, die gegen Ende der Ayutthaya-Periode ein berühmtes Meditationszentrum war. Ein Fußpfad führt den 121 m hohen Berg hinauf. Auf halber Höhe befindet sich der Eingang zu einem Labyrinth aus Tropfsteinhöhlen, in dem früher Mönche ihre Meditationsübungen abhielten und in denen zahlreiche Buddhastatuen stehen. Auf dem Berg hat ein reicher Thai einen Bot für seine verstorbene Frau, einen Viharn für seine Geliebte und eine Pagode für sich selbst errichten lassen. Nun neigt sich die Pagode eindeutig in Richtung Viharn, was einige Deutungen zulässt. Wer vor der Tempelanlage rechts in den Schotterweg einbiegt und am Ende die Felsen hoch steigt, gelangt den Pfeilen folgend zu einem alten, kleinen Tempel und kann sich an einem tollen Ausblick auf die Stadt erfreuen.

VON BANGKOK NACH SURAT THANI

0   50   100 km

N

Der Höhlentempel **Khao Yoi** liegt ca. 20 km nördlich der Stadt direkt am H4. Die Haupthöhle beherbergt eine liegende Buddhastatue und einen Fußabdruck Buddhas. Weiter unten stehen in einer weiteren Höhle zahlreiche Statuen von Buddha, der chinesischen Göttin der Barmherzigkeit Kuan Yin und von König Rama VIII.

In der Nähe des Höhlentempels leben Chinesen der Thai Song Dam-Minorität, die vor 200 Jahren nach Thailand einwanderte. Sie haben ihre Traditionen bewahrt und veranstalten regelmäßig Kulturprogramme mit Tänzen und Musik sowie ein Dorffest am 18. April. Auch ein Aufenthalt in einer Familie ist möglich (℡ 032-499208).

Südlich der Stadt

Der **Phra Ram Ratcha Niwet-Palast** im Süden der Stadt wurde 1909–16 von einem deutschen Architekten im europäischen Stil für König Rama V. als Aufenthaltsort für die Regenzeit erbaut. Man plant, das National Museum von Phetchaburi hier unterzubringen. Eintritt 100 Baht. ⏲ tgl 9–16 Uhr.

16 km südöstlich erstreckt sich der nächstgelegene Strand, **Hat Chao Samran**, der „Strand des dritten glücklichen Königs". Hier liegt ein neu erschlossenes Naherholungsgebiet mit mehreren Hotels. Offene Busse fahren auf dem H3177 laufend zum Strand für 12 Baht.

Die nördliche Golfküste

Übernachtung

Rabieng Gh. ⑥, 1 Chisa Rd., ℡ 032-425707, angenehmes 2-stöckiges, traditionelles Haus, sehr schöne, saubere, etwas teure, z. T. kleine Zi ohne und mit Bad, Moskitonetz notwendig, wegen der Straße ziemlich laut; gutes Restaurant (s. u.); Infos über die Umgebung, nur mit der freundlichen Besitzerin ist die Verständigung einfach. Touren in die Umgebung werden angeboten, z. B. ein dreitägiges Nature-Exploring. ❷
Chom Klao Hotel ⑤, Pongsuriya Rd., ℡ 032-425398, am Fluss, relativ ruhiges Hotel, abgewohnte Zi, schlechte Matratzen, Fan, mit/ohne Du/WC; vom Balkon z. T. schöne Sicht. Die nette, hilfsbereite Managerin spricht gut Englisch und liebt Hunde. ❷
Royal Diamond Hotel ②, 555 Petchkasem Rd., ℡ 032-411062-9, am Highway, sehr saubere AC-Zi mit Teppichboden, TV und großem Bad; Restaurant mit Musik ab 19 Uhr. ❹
Khao Wang Hotel ③, 123 Ratchavithi Rd., ℡ 032-425167, ein lautes Hotel mit großen, verwohnten Zi und Gucklöchern zum Flur. ❷–❹ Einige weitere Hotels sind heruntergekommen und nicht zu empfehlen.

Hat Chao Samran

Nördlich der Zufahrtsstraße liegen ein halbes

Dutzend sehr schöne und entsprechend teure Resorts.
Ca. 200 m vom Strand führt eine Stichstraße nach Süden. **Haad Chao Hut** ⑦, ℡ 032-478421, ältliche Hütten unter Kasuarinen und Palmen, hilfsbereiter Besitzer, Strand über den Parkplatz des Hochhauses gegenüber zu erreichen. ❸
Wang Chan Bungalow ⑦, ℡ 081-2115479, 1 km weiter, 11 gute Bungalows. ❹

Ban Krog

8 km nördlich der Stadt an einem Nebenfluss des Phetchaburi River.
Dato Farm, 84 Moo 4, ℡ 032-450295, 087-1164504, 🖥 www.datofarm.com; Fisch- und Kokosnuss-farm in einem kleinen Thai-Dorf, geleitet von Thomas Krey; 4 Zi mit Moskitonetz und Fan im Teakhaus inmitten der Großfamilie; Rundumversorgung. Man kann Fische fangen und füttern, wilden Honig suchen, Bootstouren auf dem Fluss unternehmen, in der Küche beim Kochen helfen, und vor allem am Alltagsleben des Dorfes teilnehmen. ❸–❹

Essen

Das gemütliche, aber laute **Rabieng Restaurant** des gleichnamigen Gästehauses liegt schön am Fluss, umfangreiche englische Speisekarte, viele ungewöhnliche, günstige Thai-Gerichte und Seafood, gute Auswahl an vegetarischen Gerichten. Öko-Touren in die Umgebung.
Auf dem neuen Nachtmarkt am AC-Busbahnhof gibt es hervorragendes Seafood.

Sonstiges

Feste

Rund um den Vollmond im Februar findet die 9-tägige **Phra Nakhon Khiri Fair** mit klassischen Thai-Tänzen und einer Light & Sound Show auf dem Khao Wang statt.

Internet

Internet-Cafés in der Stadt (Schulnähe).

Post

An der Kreuzung Ratchavithi Rd. und Damnoen Kasem Rd., ⏲ Mo–Fr 8.30–16.30 Uhr, am Sa/So

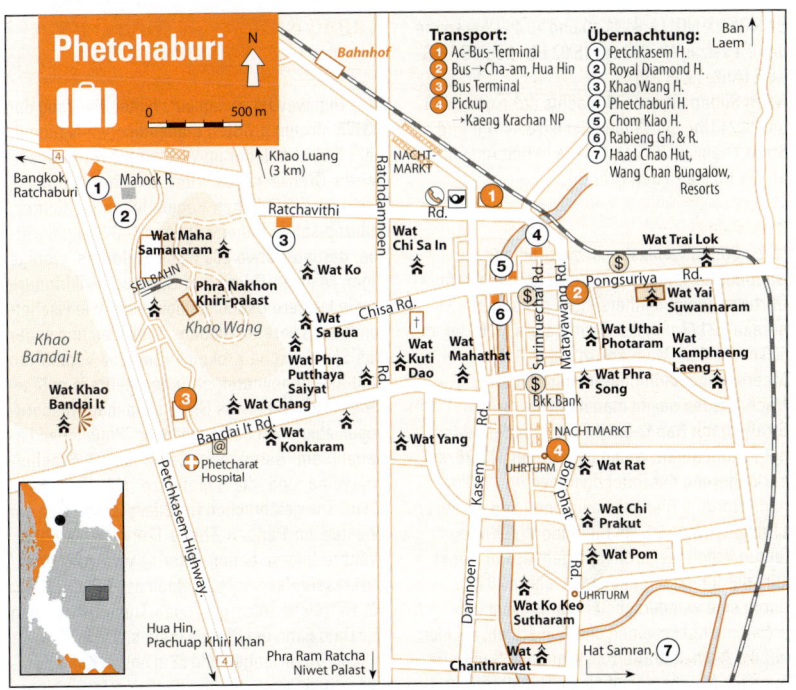

Phetchaburi N

0   500 m

Bahnhof

Transport:
1 Ac-Bus-Terminal
2 Bus→Cha-am, Hua Hin
3 Bus Terminal
4 Pickup
→Kaeng Krachan NP

Übernachtung:
1 Petchkasem H.
2 Royal Diamond H.
3 Khao Wang H.
4 Phetchaburi H.
5 Chom Klao H.
6 Rabieng Gh. & R.
7 Haad Chao Hut,
Wang Chan Bungalow,
Resorts

Ban Laem

Bangkok, Ratchaburi

Mahock R.

Khao Luang (3 km)

NACHT-MARKT

Ratchadamnoen Rd.

Ratchavithi

Wat Chi Sa In

Wat Trai Lok

Wat Maha Samanaram

Wat Ko

Pongsuriya Rd.

Wat Yai Suwannaram

Phra Nakhon Khiri-palast

SEILBAHN

Chisa Rd.

Surinruechai Rd.

Matayawong Rd.

Khao Wang

Wat Sa Bua

Wat Uthai Photaram

Wat Kamphaeng Laeng

Khao Bandai It

Wat Phra Putthaya Saiyat

Wat Kuti Dao

Wat Mahathat

Wat Khao Bandai It

Wat Chang

Wat Phra Song

Bkk.Bank

Bandai It Rd.

Wat Konkaram

Wat Yang

NACHTMARKT

UHRTURM

Wat Rat

Phetcharat Hospital

Kasem Rd.

Bon phat Rd.

Wat Chi Prakut

Petchkasem Highway

Damnoen Rd.

Wat Pom

Hua Hin, Prachuap Khiri Khan

UHRTURM

Wat Ko Keo Sutharam

Phra Ram Ratcha Niwet Palast

Wat Chanthrawat

Hat Samran, 7

und an Feiertagen 9–12 Uhr. Internationale Ferngespräche und Internet ☉ Mo–Fr 8.30–18 Uhr, Sa/So 9–16 Uhr.

Rikschas
Ab 20–30 Baht.

Songthaew
Ab 10 Baht p. P.

Transport

Busse
Das AC-Bus Terminal (Rot Tour) liegt direkt am neuen Nachtmarkt gegenüber der Post.
Nach BANGKOK (150 km) mit AC-Bus 977, 72 und 74 alle 30 Min. bis 20 Uhr für 92/112 Baht.
Nach CHA-AM 2.Kl. AC-Busse laufend für 30 Baht, HUA HIN 45 Baht, ab Phetcharat Hospital oder BIG C-Kaufhaus am H4.
Weiter nach Süden (Chumphon, Surat Thani,

Phuket etc.) ganztägig 2.Kl. AC-Busse ab dem Busbahnhof am Khao Wang (Nähe H4). Von dort auch nach KANCHANABURI: mit Bus Nr. 73 nach RATCHABURI (50 Baht, 1 Std.), weiter mit Bus 461 (47 Baht).
Auch im Anschluss an den Besuch des Schwimmenden Marktes in DAMNOEN SA-DUAK kann man über SAMUT SONGKHRAM (Bus 12 Baht) nach Phetchaburi (2.Kl. AC-Bus 50 Baht) fahren.

Eisenbahn
Fahrplan „Southern Line" s. S. 782/783.
Der *Sprinter* 43 fährt um 8.05 Uhr ab BANGKOK für 250 Baht, Ank. 10.28 Uhr. Er fährt weiter nach SURAT THANI (Ank. 16.20 Uhr, 2.Kl. AC 480 Baht).
Aus BANGKOK fahren 4 weitere Tageszüge zwischen 9.20 und 15.35 Uhr ab, die nach gut 3 Std. ankommen. Sie kosten ab 184 Baht (3. Kl. *Rapid*).
Zurück fahren tagsüber nur die Bummelzüge Nr. 252 und 254 um 7.29 und 12.37 Uhr nach

BANGKOK NOI (Ank. 11.10 und 15.45 Uhr) sowie der Dieselzug Nr. 262 um 15.02 Uhr nach BANGKOK (Ank. 18.45 Uhr).
Nach Süden eignet sich nachts der *Express* 85 um 22.24 Uhr, der Chumphon um 3.44 Uhr und Surat Thani um 6.11 Uhr erreicht (mit Anschluss an die Busse zu den Fähren).

Selbstfahrer

Nach **Süden** verlässt man die Stadt auf der Boriphat Rd. Einige hundert Meter nach dem Uhrturm zweigt unübersehbar der schnurgerade H3177 zum Hat Chao Samran (16 km) ab. 500 m vor dem Meer kreuzt die H3187, der in Meeresnähe nach Cha-am führt (26 km).
Nach **Norden** nimmt man nicht die direkte Straße nach Ban Laem (37 km), sondern den gut ausgebauten, wenig befahrenen H3176, die Verlängerung der Ratchdamnoen Rd., 10 km nach Norden. Hier links einbiegen und vorbei an Shrimp-Farmen 3,5 km Richtung Wat Khao fahren. Nach weiteren 3 km geht es nach links, kurz darauf nach rechts und weitere 10 km durch eine wunderschöne Mangrovenlandschaft mit Kokoshainen und Köhlereien, bis man auf die Asphaltstraße zum Wat Khao Samro Rabung (im Nordosten auf einem Hügel) trifft. Auf dieser 5 km nach links, über die Bahnlinie zum H4 fahren. Aber schon nach 4,5 km auf dem H4 geht es in Khao Yoi wieder auf schmalen Landstraßen Richtung Norden durch idyllische kleine Dörfer bis zum Höhlentempel **Khao Yoi** (s. o.). 700 m östlich der Höhle führt von der Asphaltstraße ein Erdweg, der nur bei trockenem Wetter befahrbar ist, in Sichtweite des H4 an einem Kanal entlang ca. 13 km Richtung Norden zurück zum H4, der für die folgenden 9 km die einzige Alternative ist. Erst ab Ban Puey geht es wieder über schmale Beton- oder Erdstraßen, auf denen höchstens einige landwirtschaftliche Fahrzeuge unterwegs sind, ca. 500 m östlich vom Highway durch kleine Dörfer mit traditionellen Häusern bis man hinter Ban Khim (im Zentrum ein chinesischer Tempel) nach 5,3 km, jenseits des großen Thai-Tempels mit dem weißen Chedi, den H35 Richtung Bangkok erreicht. Links sind es 500 m bis zum H4 und geradeaus liegt jenseits des H35 und der Reisfelder Pak Tho, wo eine Nebenstraße nach Ratchaburi beginnt.

Kaeng Krachan National Park
อุทยานแห่งชาติแก่งกระจาน

Vom Highway H4 zweigt kurz hinter Tha Yang der H3175 ab zum größten thailändischen Nationalpark (2920 km²), der im Westen bis zur burmesischen Grenze reicht. Dort, in einer bergigen, schwer zugänglichen Region leben im dichten, subtropischen Regenwald noch 40 Säugetierarten, darunter etwa 200 wilde Elefanten, wenige Tiger, Malaien-Bären und Banteng (Wildrinder), sowie kleinere Dschungelbewohner wie Fischotter, Riesenwarane, Gibbons, Makaken und sogar das Siamesische Krokodil. Über 250 Vogelarten sind hier beheimatet, darunter mehrere gefährdete Arten. Mit etwas Glück sieht man Nashornvögel, aber auch Schlangenadler, Pfauen und Fasanen, am Bangkrang Camp sogar Stachelschweine und die Zibetkatze *(Masced Palm Civet)*. Die gefährlichen Großtiere lassen sich am ehesten im Panoen Thong Camp beobachten. Weitere Informationen unter 🖳 www.dnp.go.th/parkreserve/asp/style2/default.asp?npid=113&lg=2. Hilfreiche Infos gibt auch Thomas Krey von der Dato Farm bei Phetchaburi, s. S. 318.

Zum 760 m langen und 58 m hohen **Kaeng Krachan-Staudamm**, der hier das La-u Reservoir auf ca. 25 km Länge staut, führt eine gut ausgebaute Straße. Wer richtigen Dschungel erleben möchte, fährt zunächst zum Headquarter am Stausee. Das Eintrittsticket gibt es ab 5 Uhr morgens bzw. 15 Uhr am Vortag. Es kostet für Ausländer happige 400 Baht, für dieses echte Naturerlebnis aber durchaus gerechtfertigt, zudem fürs Fahrzeug 30 Baht. Ein Mietfahrzeug mit Fahrer kommt auf ca. 1500 Baht (Allrad-Pickup, bis 10 Pers.). Eine Straße führt nach 20 km zum Eingang des Parks. Dann geht es einspurig noch 36 km weiter (Einfahrt morgens nur von 5–8 Uhr, am Wochenende ist die Anzahl der Fahrzeuge limitiert, Ausfahrt 16–17 Uhr). Die Piste ist in sehr schlechtem Zustand und ganzjährig nur mit Allradfahrzeug passierbar.

Es empfiehlt sich, im **Headquarter**, ✆ 032-459293, einen Guide (200 Baht/Tag) zu organisieren. **Trekking-Touren** zu Höhlen und schönen Wasserfällen (z. B. Tho Thip-Wasserfall, 3 Std. ab KM 33 am Fahrweg) sowie Floß- oder Bootsfahrten sind möglich, wenn Essen und Getränke (ein

Tipp für eine Tagestour

In einem der Resorts rund um den Stausee übernachten, nachmittags im Headquarter alle Details für den Tages-Trek erfragen (u. a. ob ein Guide zur Verfügung steht). Zwischen 5 und 6 Uhr ab Headquarter losfahren, da der 1. Kontrollpunkt nach 20 km vor 8 Uhr passiert sein muss.

Kanister Wasser 30 Baht) – auch für den Guide – mitgebracht werden. Allerdings haben Englisch sprechende Mitarbeiter der Forstbehörde, die im Headquarter anzutreffen sind, nicht immer Zeit, Touristen zu begleiten. Eine Karte und ein Leuchtkasten mit Fotos der Highlights eines Treks hängen dort an der Wand. Von März bis Mai, am Ende der Trockenzeit, ist die Landschaft völlig ausgetrocknet, und der Wasserspiegel des Stausees sinkt beträchtlich ab. Beste Besuchszeit ist von November bis Mai, Mitte August bis Mitte November ist der Park geschlossen.

Übernachtung und Essen

Übernachten kann man 100 m hinter dem Headquarter in den **Nationalpark-Bungalows**, ❹, nach vorheriger Reservierung im Web (s. o.). **Zelten** ist auf einer schattenlosen Wiese beim Headquarter gegen geringe Gebühr möglich, Mietzelte kosten 100 Baht pro Nacht. **Kaeng Krachan Resort**, schwimmende Häuser, die an den Inseln im Stausee liegen. Reservierungen in Bangkok, ☏ 02-5133238. ❹ Das Restaurant unten am See ist die ganze Woche geöffnet, mit Fernglas gut zum Beobachten von Vögeln geeignet.
Im Nationalpark sind zwei **Zeltplätze** eingerichtet, im Bang Krang Camp nur mit Naturdusche. Feuerholz ist von den Wildhütern erhältlich. Beim Trekking ist freies Zelten erlaubt. Trinkwasser kann aus den Bächen entnommen werden.

Transport

Von BANGKOK mit Bus 977 oder 72 jede volle Std. bis THA YANG, 18 km südlich von Phetcha-

Die nördliche Golfküste

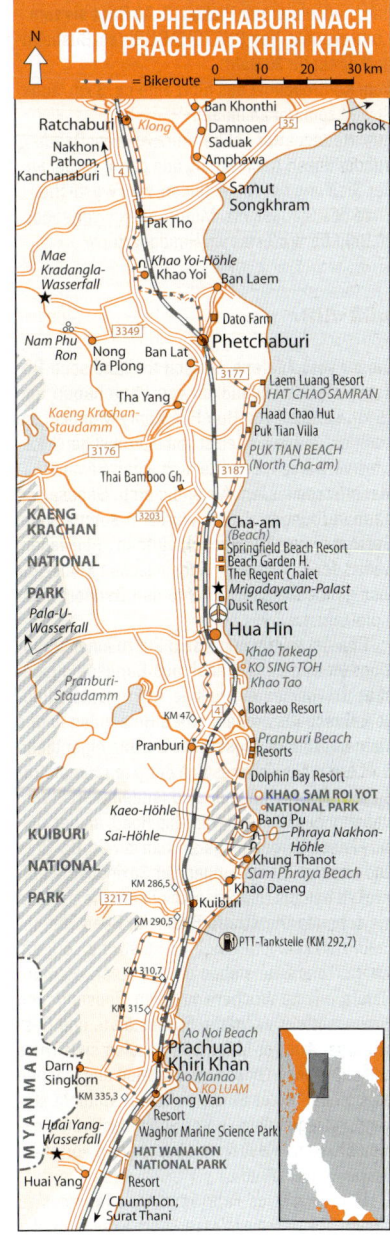

buri, und weiter per Pickup für 40 Baht bis zum Kontrollpunkt. Von PHETCHABURI (ac-Busbahnhof) direkt für 30 Baht.

Vom Kontrollpunkt aus führt eine ca. 3 km lange Straße zum Damm hinauf.

Zum Headquarter geht es kurz vor dem Damm auf der linken Abzweigung und dann, vorbei an der Siedlung der Angestellten, zum westlichen Ende des Staudamms. Motorradtaxis verlangen 50 Baht für die 3 km zum Headquarter.

Cha-am ชะอำ

Dieser verschlafene, typisch thailändische Badeort liegt 40 km südlich von Phetchaburi und 25 km nördlich von Hua Hin. König Mongkut, so heißt es, wurde hier einst von blutrünstigen Moskitos vertrieben. Er hatte sich einen Sommerpalast erbauen lassen. Als er die erste Badesaison darin verbringen wollte, wurde er samt seinem Gefolge von Mückenschwärmen überfallen. Selbst der Einsatz aller einheimischen Kinder zur Insektenbekämpfung konnte den Badeort nicht mehr retten.

Cha-am wurde in großem Stil zu einem Erholungszentrum für Familien aus Bangkok ausgebaut. Davon zeugen riesige Apartmentsiedlungen, Geschäftsstraßen, große Hotelanlagen und die neue Umgehungsautobahn. Das eigentliche Dorf erstreckt sich westlich der alten Hauptstraße und Eisenbahnlinie, also landeinwärts. Vom Bahnhof aus führt die Narathip Road, an der sich ein kleines Vergnügungszentrum mit Go-Go-Bars und anderen Einrichtungen der Sexindustrie entwickelt hat, bis zum Strand hinunter. Sie trifft auf die schmale Uferstraße Ruamchit Road, die parallel zum kilometerlangen Sandstrand verläuft. An der Landseite stehen dicht an dicht kleinere Hotels, private Wochenend-Villen, Souvenir- und Lebensmittel-Geschäfte, Essenstände und Restaurants. Auf der Meerseite erholen sich Thais beim Picknicken oder Kartenspielen und machen es sich bei lauter Musik auf dicht an dicht stehenden Liegestühlen unter Sonnenschirmen gemütlich. Hohe Kasuarinen beschatten vor allem die parkenden Autos.

Überall gibt es Fahrräder oder Tandems zu mieten. Da sich die Wassersport-Aktivitäten der meisten Thais auf kurze Spaziergänge im knöcheltiefen Wasser beschränken, gibt es weder Surfbrett-Verleih noch Bootsvermietung, doch aufgepumpte Autoreifen werden zu Tausenden vermietet. Leider stören auch hier bereits Jet Skis die friedliche Atmosphäre. So mancher Europäer fühlt sich hier, vor allem am Wochenende, fehl am Platz. Norweger dagegen scheinen dieses Flair zu lieben.

Nördlich des Fischerdorfes mit dem weit hinausreichenden Pier stehen weitere Hotelanlagen. Recht isoliert liegen auch die großen Hotelanlagen südlich des Flusses, ca. 15 km vor Hua Hin, die über Stichstraßen von der Hauptstraße aus zu erreichen sind.

Übernachtung

Während der Woche ist ein Zimmer mit Du/WC und Fan schon ab 250 Baht zu haben, ein schönes Zimmer mit AC für 500 Baht. Die großen Bungalows sind teurer. In den kleinen Hotels haben die Zimmer meist einen Balkon, auf dem man die ruhigen Abende genießen kann – die Moskito-Coils nicht vergessen!

Nördlich der Einmündung der Narathip Rd. liegt ein gutes Dutzend Hotels in der Ruamchit Rd. mit Zimmern in derselben Preisklasse.

Beach Bungalows ③, ✉ kjelle@cha-am-beach.com, 🖥 www.cha-am-beach.com; am nördlichen Strandende beim Pier, mehrere unterschiedliche, saubere Bungalows mit AC, Kühlschrank, Bad/WC und Terrasse mit Meersicht, Strandduschen, Restaurant am Strand. Hilfsbereite Besitzer. ❹–❺

Südlich der Narathip Rd. liegen an der Ruamchit Rd. mehrere Bungalowanlagen dicht nebeneinander, in denen es Zimmer mit Fan oder AC für 300–800 Baht gibt.

Baan Laan Suan Resort ㉓, ✆ 032-433171, gefällige, 2–3-stöckige Reihenhäuser, neue, geschmackvolle Zi, empfehlenswert. ❹

Saeng Thong Condotel ㉕, ✆ 032-471462, Hochhaus mit Pool, einige sehr gute Zi zu vermieten, vor Einzug am besten mehrere anschauen, gutes Preis-Leistungs-Verhältnis. ❸–❹

Richtung Norden verläuft die Küstenstraße H3187 bis zum Hat Chao Samran bei Phetchaburi. Viele komfortable, z. T. sehr teure Bunga-

Der längste Teakholz-Palast Thailands

Südlich der Hotels liegt direkt am Strand der **Mrigadayavan-Palast**. Das luftige Gebäude wurde 1925–27 nach Plänen des Königs errichtet. Während die 1080 hohen Säulen aus Teakholz für eine gute Belüftung sorgen, schirmen Fensterläden die Sonne ab. Besonders prächtig ist die über zwei Stockwerke reichende Thronhalle mit verspielten Balustraden und Erkern. Doch auch die privaten Gemächer, einschließlich des Badezimmers, können von außen besichtigt werden. Über die abgeschlossenen, umfangreichen Renovierungsarbeiten informiert eine Ausstellung. Obwohl der Palast auf militärischem Gebiet steht, ist eine Besichtigung möglich. Da sich vom Eingangstor am KM 216,4 des H4 der Zufahrtsweg 2,5 km durch das fast baumlose Gelände schlängelt, ist es ratsam, sich ein Fahrzeug zu mieten. ⊕ tgl. 8.30–16 Uhr.

lowanlagen werden fast ausschließlich von einheimischen Touristen an Wochenenden und in den Ferien aufgesucht.

Richtung Süden stehen erstklassige Hotel- und Bungalowanlagen für Pauschaltouristen am langen Sandstrand, u. a.:

Springfield Beach Resort ㉚, KM 210 Petchkasem Rd., ✆ 032-451181-3, 🖳 www.springfield resort.com, Luxusresort mit Golfplatz, 72 erstklassig ausgestattete Suiten und Zi mit Balkon zum Strand. ➐–➑

The Regent Chalet ㉚, 849/21 Petchkasem Rd., ✆ 032-508140–3, 🖳 www.regent-chaam.com; 8 km südlich von Cha-am am Regent Beach, 18 km von Hua Hin; eine friedvolle Öko-Anlage, 142 rustikale, nett eingerichtete Holzbungalows für größere Familien; 2 Restaurants am Strand und am Pool mit internationaler und Thai-Küche, Internet, Massage, Fahrräder. Umweltbewusstes Management. ➐–➑

Dusit Resort & Polo Club ㉚, 1349 Petchkasem Rd., ✆ 032-520009, 🖳 http://huahin.dusit.com/; 8 km nördlich von Hua Hin, am langen Sandstrand, 5-Sterne-Hotel mit riesiger Pool-Landschaft, 300 Luxus-Zi und -Suiten, 5 Restaurants,

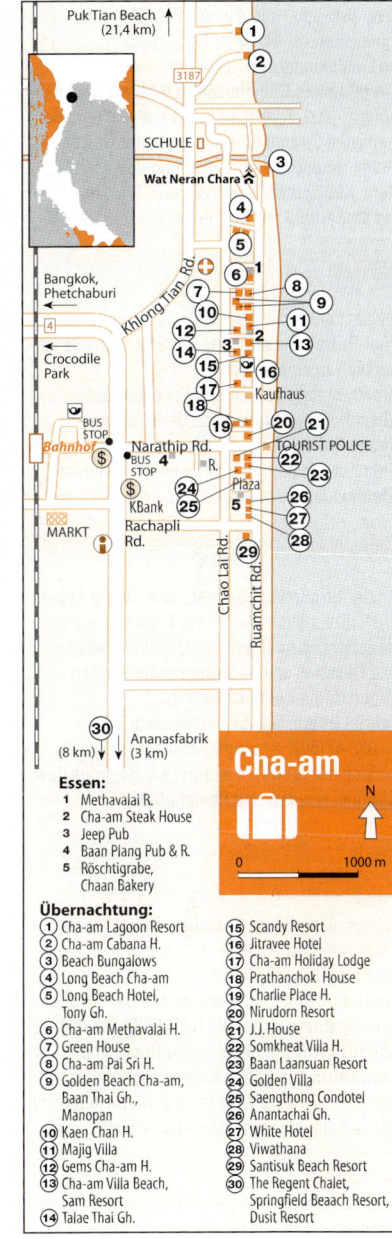

Cha-am

Essen:
1 Methavalai R.
2 Cha-am Steak House
3 Jeep Pub
4 Baan Plang Pub & R.
5 Röschtigrabe, Chaan Bakery

Übernachtung:
① Cha-am Lagoon Resort
② Cha-am Cabana H.
③ Beach Bungalows
④ Long Beach Cha-am
⑤ Long Beach Hotel, Tony Gh.
⑥ Cha-am Methavalai H.
⑦ Green House
⑧ Cha-am Pai Sri H.
⑨ Golden Beach Cha-am, Baan Thai Gh., Manopan
⑩ Kaen Chan H.
⑪ Majig Villa
⑫ Gems Cha-am H.
⑬ Cha-am Villa Beach, Sam Resort
⑭ Talae Thai Gh.
⑮ Scandy Resort
⑯ Jitravee Hotel
⑰ Cha-am Holiday Lodge
⑱ Prathanchok House
⑲ Charlie Place H.
⑳ Nirudorn Resort
㉑ J.J. House
㉒ Somkheat Villa H.
㉓ Baan Laansuan Resort
㉔ Golden Villa
㉕ Saengthong Condotel
㉖ Anantachai Gh.
㉗ White Hotel
㉘ Viwathana
㉙ Santisuk Beach Resort
㉚ The Regent Chalet, Springfield Beaach Resort, Dusit Resort

Live-Jazz und -Blues in der Polo Bar, Spa, Fitnesscenter. ❼–❽

Im Landesinneren:

Thai Bamboo Guesthouse, 100 Moo 9 Bankhao-pong, ✆ 032-470616, 🖳 www.thai-bamboo.de; 5 km vom Strand, großer, gepflegter Garten mit vielen Bäumen, 4 saubere Bungalows mit AC, Safe, Kühlschrank, Bad/WC und Terrasse; Pool mit Kinderbecken. Thai-deutsche Besitzer. ❺

Essen

Es gibt zahlreiche Essenstände, aber keines der Thai-Restaurants entlang der Strandstraße ist wirklich zu empfehlen.
Am Plaza hat das Schweizer Restaurant **Röschtigrabe** aufgemacht, daneben die **Chaan Bakery** von einem Norweger.
Sehr gut isst man zu gehobenen Preisen im *Methavalai Restaurant*.

Sonstiges

An der Straße vom Bahnhof zum Strand liegen die Polizeistation und an der Kreuzung mit der Hauptstraße zwei Banken. Umkleidekabinen und Duschen an der Strandstraße können gegen Gebühr genutzt werden.
Tourist Office, 500/51 Petchkasem Rd., ✆ 032-471502; ✉ tatphet@tat.or.th, 700 m südlich der großen Kreuzung am H4; Infos über Cha-am, Hua Hin und Phetchaburi.

Transport

Busse

Alle direkten Busse halten am Bus Stop am Plaza, 300 m südlich der Straßeneinmündung. Nach BANGKOK (175 km) mit AC-Bus um 8, 10, 12, 13.45, 16 und 17.30 Uhr für 145 Baht in 3 Std. Nur AC-Busse nach PHETCHABURI für 30 Baht und HUA HIN für 35 Baht. Alle Busse von Bangkok in den Süden halten bei Bedarf in Cha-am am H4; zum Strand per Motorradtaxi für 20–30 Baht oder mit Pickup für 10 Baht.

Selbstfahrer

Nach **Süden** können Selbstfahrer und Biker eine schmale, recht stark befahrene Straße nach HUA HIN (30 km) an einem Kanal entlang nutzen, etwa 2–3 km im Landesinneren.

Hua Hin   หัวหิน

Die Stadt Hua Hin mit über 50 000 Einwohnern liegt nur 188 km von Bangkok entfernt an der südlichen Eisenbahnlinie. Als diese Strecke fertig gestellt war, ließ 1921 der Direktor der Eisenbahn, Prinz Purachatra, ein Sohn des damals regierenden Königs, das **Railway Hotel** errichten. Direkt am Strand entstand nach europäischen Vorbildern ein modernes Resort mit Tennis-Anlagen und dem ersten Golfplatz des Landes. Während der heißen Jahreszeit kam die High Society angereist, um den kühlen Seewind zu genießen.

Wer heute palmenumsäumte, einsame Strände erwartet, sollte lieber weiter Richtung Süden fahren, auch ein Nachtleben à la Pattaya wird hier (noch) nicht geboten, ebenso wenig exotische Tempel und andere traditionelle Sehenswürdigkeiten. Der älteste Badeort Thailands hat sich zu einem Ort des (nicht nur Wochenend-) Massentourismus entwickelt, den auch in der Nebensaison Billigtouristen überschwemmen. Deutsche Individualreisende werden nur noch selten gesichtet. Wer in dieser relativ teuren Stadt Urlaub macht, findet sowohl gute Seafood-Restaurants als auch am westlichen Geschmack orientierte Restaurants, viele laute Bars und Biergärten vor. Von November bis April bewegt man sich vorwiegend unter skandinavischen Paaren. Da die neue Autobahn weiträumig um Hua Hin herumführt, ist der lokale Verkehr auf der Hauptstraße durchaus erträglich. 2 km südlich der Stadt hat sich an einem schöneren Strandabschnitt eine kleine Traveller-Enklave gebildet. Noch weiter südlich liegen die Luxushotels, die nur über Reiseveranstalter gebucht werden.

Der 6 km lange, von Felsen durchsetzte, mit Liegen und Sonnenschirmen bestückte Sandstrand ist bis zu 100 m breit. Erst ab dem Sofitel Hotel Richtung Süden eignet er sich zum Baden. Er wird nur einmal pro Woche gereinigt und dafür stellenweise abgesperrt. Ein tropisches Flair verbreiten die auf dem Strand eingepflanzten Palmenhaine. Zu manchen Zeiten des Jahres verleiden Quallen das Badevergnügen. In der

Die Ananas-Firma **Dole**, ☏ 032-571177, bietet Mo–Sa Führungen von 90 Min. durch die Produktionsanlagen und umliegende Ananasplantagen für 250 Baht. Zu erreichen mit einem Songthaew vom Nordrand des Marktes (13 km). Die Früchte reifen zwischen April und Juli auf den Feldern.

Thai-Saison von Juni bis Oktober kann man noch thailändisches Strandleben beobachten. Dazu gehört auch ein Ausritt auf einem der 30 Ponys am Strand entlang (200 Baht/halbe Stunde). Entsprechend verschmutzt sieht der Strand aus – eine echte Gesundheitsgefährdung für die vielen Kinder. Nach Süden wird der Strand von einer Landzunge begrenzt, auf der sich mehrere buddhistische Tempel an die Spitzen felsiger, kleiner Hügel schmiegen.

Nach Norden ist der Strand vom Hafen durch eine felsige Landzunge getrennt, auf der ein Hochhaushotel hochgezogen wurde, das jetzt zu Hilton gehört. Morgens von 7–8 Uhr und abends kommen die Fischer mit ihren Booten in den **Hafen** zurück, um den Fang zu entladen, der sofort verkauft wird. In den schmalen Gassen um den Hafen prägt noch immer der Fischfang das Leben der Menschen.

2 km nördlich vom Hafen liegt die **Sommerresidenz Klai Kangwon** („ohne Sorgen"), die Rama VI. errichten ließ. Noch heute ist die königliche Familie hier zu Gast. Die Residenz kann besichtigt werden, ☉ tgl. 9–16 Uhr, Ticketverkauf bis 15.15 Uhr. Auch die Bungalows anderer Mitglieder der königlichen Familie stehen in und um Hua Hin. Der **Sommerpalast der Königin** (Rampaiphani) liegt etwas landeinwärts, ca. 3 km Richtung Süden.

Knapp 2 km westlich der Stadt wurde auf dem **Khao Hin Lek Fai** ein kleiner Park eingerichtet, von dem man eine schöne Aussicht über die Stadt und die Umgebung hat, in der Dutzende von Hochhäusern, darunter viele Spekulationsruinen, ins Auge springen.

Eindrucksvolle Tempelanlagen mit riesigen Buddha-Statuen sind im Nordwesten der Stadt im Bau, kurz vor dem Elefantencamp und gegenüber einem chinesischen Friedhof.

Gästehäuser

Nur noch wenige preiswerte Gästehäuser liegen im schmalen Streifen zwischen der Poonsuk Road und der Naretdamri Road. Gehobene Gästehäuser, bevorzugt von alleinreisenden Herren, überwiegen.

Nur in diesem Stadtviertel dürfen auch Bars für Ausländer öffnen. Da Go-Go-Bars noch nicht zugelassen sind, produzieren sich die Damen an Billardtischen.

In der **Naretdamri Road** und den lauten Seitengassen gibt es ein gutes Dutzend Gästehäuser mit einfachen Zimmern, deren Preise laufend angehoben werden, wodurch das Preis-Leistungs-Verhältnis einfach nicht mehr stimmt. Hier steigen nur noch Nachtschwärmer ab. Ein gewisses Traveller-Flair verbreiten noch:

All Nations Gh. ⑦, 10 Dechanuchit Rd., ☏ 032-512747, ✉ cybercafehuahin@hotmail.com; 12 kleine und sehr große Zi mit Fan oder AC, z. T. Balkon, Gemeinschafts-Du/WC für 3 Zi; recht laut; Restaurant mit Thai und europäischen Gerichten, Bar mit Bier vom Fass, Cyber-Café. Vermietet billigere Zi (❷) in einem weiteren Gästehaus nahebei. ❸

Pattana Gh. ④, 52 Naretdamri Rd., ☏ 032-513393, altes Thai-Teakhaus in einer sehr ruhigen Gasse, 13 Zi mit und ohne Du/WC; gemütliche Pergola. ❷–❹

Über dem Strand östlich der Naretdamri Rd. gibt es noch 6 alte Gästehäuser auf Pfählen, die abgerissen werden sollen. Bald werden hier evt. nur noch Restaurants erlaubt sein.

Bird Gh. ⑭, Nr. 31/2, ☏ 032-511630, ruhiges Haus mit schöner Terrasse am Meer, feuchte Zi mit Teppichboden und Fan oder AC, nette Besitzerin. ❸

Karoon Hut ⑤, Nr. 80, ☏ 032-511429, die Zimmer auf der linken Seite sind sauber und ordentlich, die AC-Zimmer rechts sind dunkel; große, schöne Seeterrasse, vor Safe-Benutzung wurde gewarnt. ❷–❸

Südlich der Damnoen Kasem Rd. liegen in der ruhigen **Soi Kasemsomban** einige angenehme

<table>
<tr><td colspan="3">Übernachtung:</td><td>Vorwahl 032</td></tr>
</table>

① Top Mark's Hotel	❹–❺	530404	
② Cha-Le-Larn Hotel	❹	531288	
③ Damrong H.	❷–❸	511574	
④ Pattana Gh.	❷–❹	513393	
⑤ Karoon Hut	❷–❸	511429	
⑥ Chat Chai H.	❷	511461	
⑦ All Nations Gh.	❸	512747	
⑧ Rom Ruen Gh.	❷–❸	530300	
⑨ Memory Gh.	❷–❸	511816	
⑩ Fulay Gh.	❷–❸	513145	
⑪ 21 Gh.	❷	531243	
⑫ Fulay Hotel	❹	513670	
⑬ Mod Gh.	❷–❹	512296	
⑭ Bird Gh.	❸	511630	
⑮ K. Place Gh.	❹	511396	
⑯ Siripetchkasem H.	❸	511394	
⑰ Sand Inn H.	❸–❹	533667	
⑱ Subhamitra H.	❷–❹	511208	
⑲ Fresh Inn	❹	511389	
⑳ Sukwilai Gh.	❷–❹	513523	
㉑ Ban Pak Hua Hin	❷–❸	511653	
㉒ The Appletree Gh.	❸	531103	
㉓ Cha-ba Chalet	❹	521181	
㉔ Tanawit H. & Condo	❹	530420	
㉕ HI-Hua Hin	❹	513130	
㉖ Thipurai City	❺–❻	533555	
㉗ Lucky	❷	532062	
㉘ Som Waan Gh.	❷	532062	
㉙ Ban Boosarin	❸–❹	512076	
㉚ Srichan H.	❸	513130	
㉛ Sirin H.	❹	511150	
㉜ Mercure Resort	❽	512036	
㉝ Golf Inn	❹–❺	512473	
㉞ Jed Pee Nong H.	❹	512381	
㉞ Baanjedpeenong H.	❹	516163	
㉟ Puangpen Villa H.&Gh.	❹	533785	
㉟ P. P. Villa Hotel	❺	533785	
㊱ All Seasons Gh.	❹	515151	
㊲ Patchara House H.	❹	511788	
㊳ Baan Somboon	❸, AC ❹	511538	
㊴ Soontree Gh.	❸	513265	
㊵ Peony Hotel	❻	533491	
㊶ Noodles H.	❸–❹	512687	
㊷ Royal Beach Gh.	❹	532210	
㊷ Leng Gh.	❹	513546	
㊷ A&B Gh.	❹	513271	
㊷ Nilawan Gh.	❹	512751	
㊷ Chanphen Beach Gh.	❹	533406	
㊷ New Beach Gh.	❹	532635	
㊷ Jinning Beach Gh.	❹	513950	
㊷ Thipurai Gh.	❺	532731	
㊷ OK	❹	532825	
㊷ Sunshine Gh.	❹	515309	
㊷ Janchai Bungalow	❹	511461	
㊸ Baan Bayan	❼–❽	533544	
㊸ Sailom	❺–❻	5118901	
㊸ Chiva Som	❽	536536	
㊹ Royal Asia Lodge	❺	533778	
㊹ Prinz Garden Villa	❺	511720	

Die nördliche Golfküste

Gästehäuser. Wer in Stadtnähe logieren möchte, findet saubere Zimmer für 400 bis 1200 Baht: **All Seasons Gh.** ㊱, Nr. 77/18, ✆ 032-515151, ✉ allseasons_thai@hotmail.com, in der Gasse gleich rechts, angenehme AC-Zi mit Du/WC, freundliche Besitzerin. ❹

Baan Somboon ㊳, Nr. 13/4, ✆ 032-511538, sehr schöne, saubere Zi (außer Nr. 2), geschmackvoll und mit Liebe eingerichtet, mit Fan oder AC; gemütlicher Innenhof, Restaurant. Viel gelobt und preiswert. ❹

Patchara House Hotel ㊲, Nr. 13/5, ✆ 032-511787, Stadthaus mit AC-Zi, freundliche Besitzerin. ❹

Soontree Gh. ㊴, Nr. 13/2, ✆ 032-513265, im letzten Haus der Gasse, einfache, saubere Zimmer mit Fan, freundliche Familie, Prostituierte verboten. ❸

2 km südlich des Zentrums (am KM 232,7), in der **Soi 67** der Petchkasem Rd. (nach dem Marriott Hotel) hat sich eine neue Gästehaus-Szene etabliert. Alle verlangen Preise zwischen 1000 und 1300 Baht, bieten saubere Zi mit Du/WC, ähnlichen Service, haben ein Restaurant, Zugang zum Swimmingpool am Anfang der Gasse, gewähren 30–40 % Rabatt in der Nebensaison und liegen nahe am ziemlich zugebauten, aber durchaus schönen Strand, u. a.:
Leng Gh. ㊷, Nr. 113/14-15, ✆ 032-513546, 🖥 www.lenghotel.com, unterschiedliche AC-Zi, WLAN, Dachterrasse mit Sala, Familienbetrieb. Thai-schwedisches Management. ❹

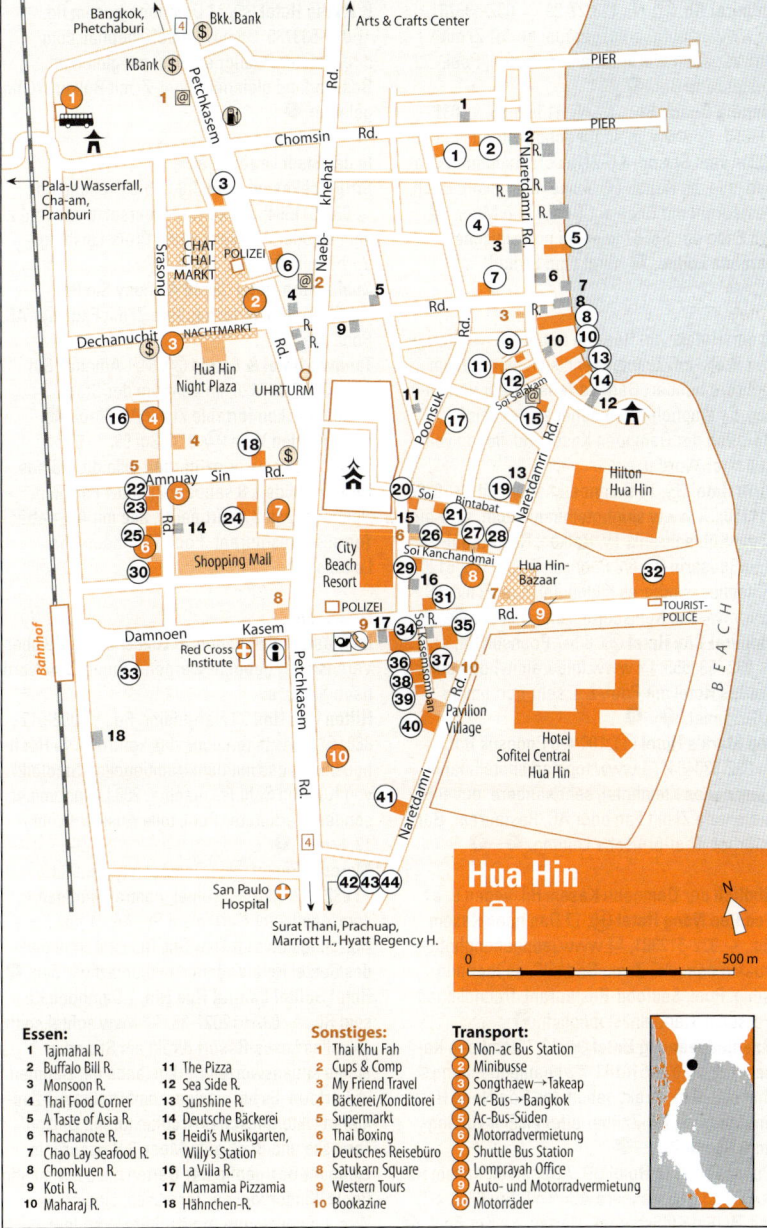

Hua Hin

0 —————————— 500 m

Essen:
1 Tajmahal R.
2 Buffalo Bill R.
3 Monsoon R.
4 Thai Food Corner
5 A Taste of Asia R.
6 Thachanote R.
7 Chao Lay Seafood R.
8 Chomkluen R.
9 Koti R.
10 Maharaj R.
11 The Pizza
12 Sea Side R.
13 Sunshine R.
14 Deutsche Bäckerei
15 Heidi's Musikgarten, Willy's Station
16 La Villa R.
17 Mamamia Pizzamia
18 Hähnchen-R.

Sonstiges:
1 Thai Khu Fah
2 Cups & Comp
3 My Friend Travel
4 Bäckerei/Konditorei
5 Supermarkt
6 Thai Boxing
7 Deutsches Reisebüro
8 Satukarn Square
9 Western Tours
10 Bookazine

Transport:
1 Non-ac Bus Station
2 Minibusse
3 Songthaew →Takeap
4 Ac-Bus →Bangkok
5 Ac-Bus-Süden
6 Motorradvermietung
7 Ac-Bus →Bangkok
8 Lomprayah Office
9 Auto- und Motorradvermietung
10 Motorräder

Thipurai Gh. ㊷, Nr. 113/27-29, ☏ 032-532731, 🖳 www.thipurai.com; geräumige AC-Zi mit Du/WC, auch Vierbettzimmer. Garten, Pool, Restaurant, Bar. ❺
Jinning Beach Gh. ㊷, Nr. 113/25-26, ☏ 032-513950, 🖳 www.jinningbeachguesthouse.com, 100 m vom Strand, AC-Zi in verschiedenen Größen, alle mit Kabel-TV, einige mit Balkon. Dach-Restaurant mit Blick auf Berge und Meer. ❹
Am Ende der Soi 67 liegt die nostalgische **Veranda Lodge**, ❻, direkt am Strand.

Hotels

In den Hotels von Hua Hin regelt die Nachfrage den Preis, ein Zimmer kann sich plötzlich um mehrere hundert Baht verteuern oder verbilligen. Es empfiehlt sich daher zu handeln!
Nördlich der Damnoen Kasem Rd. liegen von Süd nach Nord u. a.:
Sirin Hotel ㉟, 10 Damnoen Kasem Rd., ☏ 032-511150, 🖳 www.sirinhotelhuahin.com, sehr gute Zi mit Kühlschrank, TV, Balkon; Restaurant. ❻
Ban Boosarin ㉛, 8/8 Poonsuk Rd., ☏ 032-512076, einfaches, sauberes Kleinhotel, gute Zi mit AC, Warmwasser, Kühlschrank und Balkon. ❹
Thipurai City Hotel ㉖, 8/5-7 Poonsuk Rd, ☏ 032- 533555, 🖳 www.thipuraicityhotel.com, großes Hotel mit Pool, z. T. sehr geräumige AC-Zimmer. ❺−❻
Top Mark's Hotel ①, 100/4-6 Poonsuk Rd., ☏ 032-530404, 🖳 www.topmarkshotelhuahin. com; neues Kleinhotel, sehr saubere, gut eingerichtete Zi mit Fan oder AC, Restaurant, Bar, Internet. Thai-britische Leitung. ❹−❺

Südlich der Damnoen Kasem Rd. liegen u. a.:
Jed Pee Nong Hotel ㉞, 17 Damnoen Kasem Rd., ☏ 032-512381, 🖳 www.jedpeenonghotel-huahin.com, AC-Zi mit Bad/WC, sauber und ruhig; Pool; Seafood-Restaurant; freundliches Personal. Handeln ist möglich. ❺
Baanjedpeenong Hotel ㉞, 13/7 Damnoen Kasem Rd., ☏ 032-516163, ✉ baanjedpeenong@ thaimail.com, direkt neben Jed Pee Nong Hotel, im Hinterhof, AC-Zi über offenen Flur zugänglich, kleiner Pool. ❹
Puangpen Villa Hotel ㉟, 7 Damnoen Kasem Rd., ☏ 032-533785, saubere AC-Zi mit Bad/WC, z. T. mit TV und Kühlschrank; Garten, großer Pool. ❹

P. P.Villa Hotel ㉟, 11 Damnoen Kasem Rd., ☏ 032-533785, ✉ ppvillhotel@hotmail.com, direkt hinter Puangpen Villa, mit gleichem Besitzer und gleichem Pool, Zi mit Balkon, ruhig gelegen. ❺

In der Stadt liegen u. a.:
Siripetchkasem Hotel ⑯, 7/5-8 Srasong Rd., ☏ 032-511394, etwas zurückversetzt, saubere Zi mit Fan oder AC. Sehr gutes Preis-Leistungs-Verhältnis. ❸
Subhamitra Hotel ⑱, 19 Amnuay Sin Rd., ☏ 032-511208, gute, saubere Zi mit Fan oder AC, Pool. ❷−❹
Tanawit Hotel & Condo ㉔, 64/1 Amnuay Sin Rd., ☏ 032-530420, im Zentrum der Stadt, 71 schöne, komfortable Zi mit AC, Pool. ❹
Prinz Garden Villa ㊹, 8/30 Soi 98, ☏ 032-511720, 🖳 www.prinz-garden-villa.de, kleines Hotel im Süden, 8 saubere Zi und 4 Familienzimmer sowie 2 Apartments, alle mit AC, nettes Terrassenrestaurant, Pool. Thai-deutsche Leitung. ❺

Luxushotels

Im Stadtbereich liegen 20 Luxushotels, die über Veranstalter gebucht werden können. Von Nord nach Süd u. a.:
Hilton Hua Hin, 33 Naretdamri Rd., ☏ 032-512 888, 🖳 www.hilton.com; das kontroverse Hochhaushotel, das mit dem traditionellen Stadtbild von Hua Hin Schluss machte. 296 Luxuszimmer, sonnenüberfluteter Pool, tolle Aussicht vom 17. Stock. ❽
Mercure Resort ㉜, 1 Damnoen Kasem Rd., ☏ 032-512036-8, ✉ sofitel_central@hotmail. com; gepflegter Garten am Strand, 41 luxuriöse Holzbungalows im Thai-Stil. Die Einrichtungen des Sofitel Hotels können mitbenutzt werden. ❽
Hotel Sofitel Central Hua Hin, 1 Damnoen Kasem Rd., ☏ 032-512021-38, 🖳 www.sofitel.co.th; stilvolles Luxus-Resort direkt am Strand in einem sehenswerten Parkgelände mit Bäumen in Tierform. Es hat riesige, komfortable AC-Zimmer in viktorianischer Architektur mit Balkon/Terrasse und Blick aufs Meer. 3 Restaurants, Elephant Bar, gepflegter Garten mit 3 Swimming Pools, Kinderbecken, Terrassen, Liegewiese. Wer auf gediegene Atmosphäre Wert legt, sollte

wenigstens um 17 Uhr in der offenen Teehalle einen Tee einnehmen. ❽

Royal Asia Lodge ㊹, 120/22 Soi 78, ✆ 032-533778, 💻 www.royalasiahuahin.com, neues Hotel mit 50 komfortablen Zi, Restaurant, kleiner Pool auf dem Dach, WLAN gratis. Für den gebotenen Luxus recht günstig. ❺

Baan Bayan ㊸, 119 Petchkasem Rd., ✆ 032-533544, 💻 www.baanbayan.com; 2 km südlich der Stadt, Boutique-Resort mit historischem Flair, hübsche Anlage, 24 luxuriöse Zi und Suiten, vorzügliches Restaurant The Cafe Bayan mit Blick über den Pool aufs Meer. ❽

Sailom ㊸, 29 Petchkasem Rd., ✆ 032-511890, 💻 www.sailomhotelhuahin.com, 2,5 km südlich der Stadt, 64 geräumige Komfort-Zi mit 2 großen Betten, Pool mit Kinderbereich. ❻

Chiva Som ㊸, 73/4 Petchkasem Rd., ✆ 032-536536, 💻 www.chivasom.com, 3 km südlich der Stadt am Strand, ein international führendes *Health Resort*, bietet in luxuriöser Atmosphäre Anwendungen aller Art, v. a. Massage, Reflexologie, Aromatherapie, Kneipp-Therapie. Pauschalarrangements ab US$900 für 3 Tage. ❽

Essen

Billige, leckere **Thai-Gerichte** bekommt man auf dem erstaunlich sauberen, von Touristen belebten **Nachtmarkt** (bis ca. 24 Uhr) und kann sie geruhsam an Tischen mit Stühlen verzehren. Besonders gut sind Fischgerichte (i.b. vor dem kleinen 7eleven), aber auch andere Snacks, wie Sate, sowie frisches Obst. Doch das Angebot wird immer mehr dem Geschmack der Touristen angepasst. Wer sich am westlichen Ende der Straße rechts hält, entdeckt weitere Essenstände, die überwiegend an einheimische Kunden verkaufen.

Auf dem **Chat Chai--Markt** gibt es morgens leckere Reissuppe und tagsüber ausgezeichnetes Thai-Essen, vor allem **Seafood**.

Günstig sind die chinesischen Restaurants, z. B. das **Khoung Seng** an der Hauptstraße. In den Restaurants direkt am Meer ist Seafood gut, aber teuer. Schön sitzt man auf der Terrasse des **Sea Side** über dem Strand, die Familie ist sehr freundlich, das Essen schmeckt lecker, aber die Preise sind der Lage entsprechend hoch.

Viele Restaurants wurden in den letzten Jahren von Europäern, meist Deutschen, Skandinaviern und Briten, eröffnet. Sie inserieren im *Observer*.

Willy's Station (auch: Ban Lan Sao), ✆ 081-9875768, deutsche Küche, jeden Abend Live-Musik von 20–2 Uhr, beliebt bei älteren Herren, ein Abend pro Woche Thai-Boxen.

Heidi's Musikgarten, Poonsuk Rd., Gartenrestaurant mit deutscher Küche, Schweizer Spezialitäten und Thai-Essen, gemütliche Bar, häufig Cabaret-Shows; eigener Taxi-Service mit Tuk Tuk (✆ 032-532367), 🕐 11–24 Uhr.

La Villa, Poonsuk Rd., ✆ 032-513435, italienisches Restaurant mit original italienischem Essen, gute Pizza und Wein, aber nicht billig.

Pasta Factory, 129/5 Petchkasem Rd., Soi 73, ✆ 089-9181827, stilvoll und hübsch gestaltet, sehr gute Gerichte, Schweizer Management. Im indischen Restaurant **Taj Mahal** ist das Essen recht ordentlich, im nordindischen **Maharaja** sogar durchaus authentisch.

In der **Deutschen Bäckerei**, Srasong Rd., gibt es täglich frisches Brot, Kuchen, Wurstwaren und bestes deutsches Frühstück sowie europäische Küche, 🕐 8–22 Uhr.

In einem gemütlichen **Gartenrestaurant** 300 m südlich vom Bahnhof (geschnitztes Holzschild in der Hecke: *Krua Kanniga*) werden Hähnchen auf 10 verschiedene Arten zubereitet. 🕐 bis 17.30 Uhr.

Unterhaltung

Anzeigen und aktuelle Informationen über das Nachtleben stehen im *Observer*.

In verschiedenen Restaurants, Hotels, Cafés (z. B. Chill-Out-Cafe) und im Hua Hin Night Plaza wird **Live-Musik** geboten.

Ein Szenetreff ist das **Rockestra-Cafe**, etwas außerhalb Richtung Pala-U-Wasserfall.

In Willy's Station, 20/4 Poolsuk Rd., finden 1x pro Woche ab 21.30 Uhr **Thai-Boxkämpfe** statt, Eintritt 200 Baht.

Sonstiges

Autovermietungen

Avis, ✆ 032-512021-38, 💻 www.avisthailand.com, im Hotel Sofitel und im Chiva Som Resort.

Mr. Somsak Jaroenphon, 4/21 Hua Hin Bazar, ✆ 032-513614, vermietet Jeeps, PKWs und Motorräder.

Bücher

Bookazine hat Bücher, Karten, europäische Zeitungen und Zeitschriften, ☉ tgl. 9.30–21 Uhr.

Einkaufen

Auf dem interessanten **Nachtmarkt** wird alles verkauft, von Obst und Fischen bis zu T-Shirts und Souvenirs. Tagsüber findet in mehreren Straßen des Stadtzentrums ein großer **Markt** statt. Über 100 Schneider bieten ihre Dienste an.

Fahrräder / Motorräder

Beim Souvenir-Markt und gegenüber (besonders zuverlässig) werden für einen Tag Fahrräder (70 Baht) und Motorräder (200 Baht) vermietet, ✆ 081-8034606. Für eine Stunde kostet eine Honda in der 87/7 Petchkasem Rd. z. B. 50 Baht, von 10–19 Uhr 150 Baht. Schwere Maschinen kosten 500– 1200 Baht pro Tag, Jeeps ab 800–1000 Baht.

Feste

Mitte Juni findet das **Hua Hin Jazz Festival** statt, auf 3 verschiedenen Bühnen, gratis. Am Wochenende sind kaum Zimmer zu bekommen.

Geld

Banken und Wechselstellen, ☉ bis 21 Uhr, z. T. auch So. Viele Geldautomaten.

Informationen

Ein städtisches **Tourist Office** an der Damnoen Kasem Rd., Ecke Petchkasem Rd., ✆ 032-512120, 532433; hier auch das neueste *Official Guide Book*; ☉ tgl. 8.30–20 Uhr.
Die meisten Webseiten über Hua Hin sind veraltet und werden nicht regelmäßig aktualisiert. Handverlesene Informationen und viel Werbung unter ⌨ www.huahin-tourist-information.com, besser www.webtravelhuahin.net.
Webseite über sportliche Aktivitäten: ⌨ www.huahinsport.com.
Hilfreich bei der Auswahl von Restaurants und aktueller Abendunterhaltung ist das informative, englischsprachige Monatsheft *Observer* (gratis).

Internet

Anfang 2007 gab es über ein Dutzend Internet-Shops, zumeist 1 Baht/Min.

Kochkurse

Hua Hin Thai Cooking Course, ✆ 081-8582217, südlich der Stadt, max. 10 Kochschüler lernen von 9 bis 16 Uhr 6 Gerichte zu kochen, englischsprachige Kochlehrer, freier Transport.

Massagen

Seriös und kompetent bei **Elephant Massage** und **Royal Thai** nahe dem Hilton. In den Resort Spas soll die Massage nur teurer sein.

Medizinische Hilfe

Krankenhaus Thonburi, 5 km nördlich der Stadt am H4 (Motorradtaxi 15 Baht). Sehr freundlich und hilfsbereit sind die Leute im **Red Cross Institute** neben dem Tourist Office.

Post

Damnoen Kasem Rd., nahe der Kreuzung, ☉ Mo–Fr 8.30–16.30 Uhr, am Wochenende und an Feiertagen 9–12 Uhr. Internationale Ferngespräche tgl. 6–22 Uhr.

Rechtsanwalt

Im Notarbüro der **German-Thai Group**, 19/2 Damnoen Kasem Rd., ✆ 032-532498.

Reisebüros

Western Tours, 11 Damnoen Kasem Rd., ✆ 032-512560, bietet Taxi-Service zu allen Airports und akzeptable Touren in die Umgebung.
My Friend Travel, 98 Naretdamri Rd., ✆ 032-512439, setzt abends direkte VIP 32-Busse zu den Touristenorten im Süden ein (s. u.) und hat gute Halbtags- und Tages-Touren in der Umgebung im Programm (i.b. mit Mr. Varee).
Ken Diamond Tour Travel, 162/6 Naretdamri Rd., ✆ 032-513870, ⌨ www.travel-huahin.com; deutsches Reisebüro, bietet neben normalen Reisebüro-Diensten viele Touren ab 4 Pers. sowie Transfers nach Bangkok (690 Baht p. P.), BKK Airport (1190 Baht p. P.). ☉ tgl. 9–22 Uhr.

Saison

Von Juni bis Okt sowie während der Feiertage

Die nördliche Golfküste

ist Hochsaison der Thais, von Nov bis April Hochsaison der Ausländer.

Sprachkurse
Baan Pasa, Soi Bintabat, ✆ 511770, bietet Thai-Sprachkurse in Thai-Englisch und Thai-Deutsch an.

Wäschereien
Viele in der Naretdamri Rd.

Nahverkehr

Fahrrad-Rikschas
Für kürzere Strecken zahlt man 20–30 Baht, für längere, z. B. vom Bahnhof zum Strand, 40–50 Baht. Viele Fahrer verlangen für die Fahrt zum Gästehaus von Touristen 80 Baht und vom Besitzer nochmals 150 Baht. Wer diese Abzockerei nicht mitmachen will, geht besser zu Fuß.

Songthaew
Sie fahren von 6–17.45 Uhr von der Petchkasem Rd., gegenüber Chat Chai Hotel, für 7–10 Baht p. P. in die nähere Umgebung der Stadt, zum Takeap-Felsen 20 Baht.

Taxis
Ein Taxi kostet für eine Tagestour etwa 800 Baht, in der Saison mehr – zum Khao Sam Roi Yot 800–1200 Baht, mit dem Tuk Tuk 800 Baht.

Transport

Busse
Die non-AC- und 2.Kl. AC-Busse halten am Busbahnhof an der Bahnlinie, AC-Busse vor dem Siripetchkasem Hotel (Ticketkauf bis 24 Std. im Voraus). Busse von Bangkok in den Süden stoppen zwischen 19 und 24 Uhr.
Nach BANGKOK (201 km) fahren 2.Kl. AC-Busse alle 30 Min. ab 17.30 Uhr für 124 Baht, AC-Busse alle 45 Min. bis 21 Uhr für 160 Baht in 3 1/2 Std. Nur AC-Busse fahren bis 17.30 Uhr nach CHA-AM für 35 Baht und PHETCHABURI für 45 Baht; jede Std. nach PRANBURI für 30 Baht und PRA-CHUAP KHIRI KHAN für 65 Baht in 1 1/2 Std. Weitere AC- und VIP-Busse nach Chumphon, Surat Thani, Phuket und Krabi.

Von der Seidenherstellung

An der Naebkhehat Rd., 2 km nördlich vom Uhrturm, ist eine Seidenfabrik, in der man bei einer Führung die Seidenherstellung von der Raupe bis zum Tuch erklärt bekommt – gratis. Kauf ist möglich, aber man wird nicht gedrängt.

VIP-32-Busse von **My Friend Travel** (s. Reisebüros) fahren um 21.30 Uhr direkt in alle Touristenorte im Süden für 700 bis 1000 Baht (auf die Inseln inkl. Speedboot).

Taxis
Nach Cha-am 200 Baht, nachts 250 Baht. Zum neuen Flughafen Bangkok (224 km, 3 Std.) 1300–1500 Baht (z. B. an einem Straßenstand an der Ecke Damnoen Kasem Rd./Naretdamri Rd.), 1190 Baht p. P. bei Ken Diamond (s. Reisebüros).

Eisenbahn
Fahrplan „Southern Line" s. S. 782/783.
Der *Sprinter* 43 fährt um 8.05 Uhr ab BANGKOK, Ank. 11.11 Uhr. Weitere 10 Züge fahren zwischen 13 und 22.50 Uhr in ca. 4 Std. nach Hua Hin (ab 292 / 234 Baht in der 2./3. Kl.).
Von BANGKOK NOI um 7.25, 13.05 und 19.15 Uhr für 44 Baht in der 3.Kl., Ank. um 11.50, 17.44 und 22.32 Uhr.
Nach BANGKOK fahren die Schnellzüge in der Nacht ab, tagsüber nur der *Sprinter* 40 um 16.01 Uhr (Ank. 19.45 Uhr).
Nach BANGKOK NOI fährt ein lokaler Zug um 11.28 Uhr (Ank. 15.45 Uhr), nach BANGKOK der Dieselzug 262 um 14.10 Uhr (Ank. 18.45 Uhr). Wer **aus dem Süden** bei Tag fahren möchte, nimmt von SURAT THANI den *Sprinter* 40 um 10.40 Uhr für 234 Baht (Ank. 16.01 Uhr), von CHUMPHON und PRACHUAP den lokalen Zug 254 um 6.42 bzw. 9.46 Uhr für 49 / 19 Baht (Ank. 11.28 Uhr).
Richtung Süden tagsüber am besten mit dem *Sprinter* 43 um 11.11 Uhr über CHUMPHON (14.19 Uhr) nach SURAT THANI, Ank. 16.30 Uhr. Nachts am besten mit dem *Rapid* 167 um 22.02 Uhr oder dem *Express* 85 um 23.19 Uhr, bei deren Ankunft in SURAT THANI bereits die

Die nördliche Golfküste

Busse zu den Fähren nach Ko Samui und Ko Pha Ngan warten.

Weiter nach Süden fahren der *Rapid* 171 um 17.10 Uhr und der *Special Express* 37 um 19.08 Uhr bis zur Grenze nach SUNGAI GOLOK (ab 328 / 177 Baht), der *Special Express* 35 um 18.11 Uhr bis nach Malaysia (ab 423 Baht).

Ein Bummelzug fährt um 11.50 Uhr bis CHUMPHON für 49 Baht (3.Kl.), Ank. 16.54 Uhr. Rechtzeitige Reservierung der Schnellzüge wird empfohlen.

Flüge

Vom neuen Flughafen im Norden der Stadt fliegt *SGA* 3x tgl. mit 12-sitzigen Cessnas nach BANGKOK Suvarnabhumi für 3400 Baht in 45 Min. (5800 Baht hin und zurück).

Selbstfahrer

Anstatt nach **Süden** den stark befahrenen H4 zu nehmen, kann man Hua Hin auf der Chomsin-Thu Rd. nach Westen verlassen und sich auf ländlichen, aber asphaltierten Straßen Richtung Süden durchschlagen.

Mit etwas Glück kommt man nur 400 m von der Einmündung des H4 auf die Autobahn heraus (KM 251). Nun sind es noch wenige Kilometer bis Pranburi, wo man am KM 254,3 abbiegt, um zum Khao Sam Roi Yot National Park zu fahren (60 km ab Hua Hin).

Die Umgebung von Hua Hin

Takeap-Felsen

6 km am Strand entlang nach Süden kommt man zu den Takeap-Felsen am südlichen Ende der Bucht. Direkt am Meer steht eindrucksvoll auf der Klippe ein Tempel mit aggressiven Affen. Vom Fuße des Felsens blickt ein riesiger stehender Gold-Buddha aufs Meer. Daneben liegen im Schatten eines Hochhaus-Condominiums ein paar Seafood-Restaurants sowie Essenstände, in denen fast überall Blue Crabs gedämpft und Tintenfische gegrillt werden. Über 128 Treppenstufen kann man den Krilas-Felsen erklimmen und viele kleine Höhlen und Felsmalereien sowie Buddhafiguren entdecken. Sofern es nicht dunstig ist, hat man von oben eine gute Aussicht,

auch auf die 18 Hochhäuser. Die Bungalows entlang der Straße zum Strand sind ohne Charakter und relativ teuer. Zurück in die Stadt geht es per Minibus für 20 Baht.

Suan Son

Der ruhige, pinienumsäumte **Suan Son Beach** ist an Wochentagen immer noch empfehlenswert. Er schwingt sich 8 km südlich von Hua Hin sanft südwärts zu den Tao-Felsen. Hier liegt ein Fischerdorf. Muschelketten, Anhänger und andere Souvenirs aus Muscheln werden angeboten. Wer sich den Fischern verständlich machen kann, könnte Boote zur vorgelagerten, winzigen Insel Singh To mieten. Hin mit dem Bus ab der Dechanuchit Road alle 20 Min. für 10 Baht.

Am KM 240,1 biegt die Zufahrtsstraße zum **Suan Son Pradipat** (auch Sea Pine Tree Garden) ab, einem großen Erholungspark des Militärs, aber für jedermann zugänglich. Unter hohen Pinien liegen etwa 50 unterschiedliche Bungalows mit Fan und AC des Suan Son Pradipat Resorts, ✆ 032-511239, nahe am langen, schönen Strand, ❸–❹. Auch Restaurants und Essenstände laden zu einer Zwischenmahlzeit ein. Am südlichen Ende können durchreisende Selbstfahrer auf einem Parkplatz mit Dusche rasten und ein Bad im Meer nehmen.

Pala-U-Wasserfall

65 km westlich von Hua Hin plätschert in eindrucksvollem Dschungel der Pala-U-Wasserfall über viele kleine Stufen, anstrengender Spaziergang für teure 200 Baht Eintritt. ⊙ bis 16 Uhr.

Pranburi

Am KM 246 zweigt ein Fahrweg zum **Pranburi Forest Park** ab, der sich nördlich der Mündung des Pranburi-Flusses erstreckt. Unter Kasuarinen kann man sein Zelt für 20 Baht aufschlagen oder für 100 Baht eines mieten. 1,4 km nördlich des Waldes liegt das Borkaeo Resort, ✆ 032-621713, eine weitläufige Anlage mit 16 Bungalows, ❷–❹. Busse fahren nach Bangkok für 146 Baht, nach Hua Hin für 20 Baht.

Östlich der Stadt Pranburi liegen am Strand mehrere Pauschalhotels, z. B. das Evason Resort & Spa, ⌨ www.sixsenses.com/evason-huahin, ✆ 032-632111; die sehenswerte, großflächige

Anlage eines indischen Besitzers mit reizvoller Architektur. Es wird viel Wert auf umweltbewusste Einrichtung und umweltschonenden Betrieb gelegt. ❽

Etwas südlicher liegen mehrere Bungalow- und Hotelanlagen, ❹–❺, zwischen der Strandstraße und dem Strand, durchweg auf Wochenend-Touristen eingestellt.

Khao Sam Roi Yot National Park
วนอุทยานเขาสามร้อยยอด

Südlich von Pranburi erheben sich die so genannten „Berge der 300 Gipfel" – ein rund 130 km² großer Marine National Park an der Küste zwischen Hua Hin und Prachuap Khiri Khan. Die bizarren Kalksteinformationen ragen steil bis zu 605 m aus einer weiten, grünen Ebene. In den Wäldern hausen dreiste Affenherden, die sich gern auch mal über die Essensvorräte der Besucher hermachen. Die Küste des Nationalparks zieren mehrere schöne, weiße Strände. Etwa 30–40 Delphine sollen in den Küstengewässern zuhause sein, darunter vielleicht noch 5 oder 6 fast weiße *Indo Pacific Humpback Dolphins*. Zu sehen sind sie evtl. ab Dezember, wenn das Meer ruhig ist.

Ohne sich darum zu scheren, dass dieser Park von der World Conservation Union (IUCN) als Ort von globaler Bedeutung ausgewiesen war, hat sich die ökonomisch orientierte Regionalverwaltung erfolgreich gegen Naturschutz und Tourismus durchgesetzt. Alte Weiderechte wurden ausgegraben, um Thung Sam Roi Yot, das größte Süßwassersumpfland Thailands, mit 165 Shrimp-Farmen zu überziehen. Nun bleiben viele Vögel weg. Dazu lesen sich die Informationen der Nationalparkbehörde unter 🖳 www.dnp. go.th/parkreserve/asp/style1/default.asp?npid= 8&lg=2 wie eine Märchenstunde und kollidieren mit der traurigen Realität.

Regenzeit ist zwischen August und Oktober, günstigste Zeit zum Besuch des Parks von November bis Juni. Allerdings ist es ab März so heiß, dass man sich tagsüber kaum noch am Strand aufhalten mag und Klettertouren anstrengend werden. Die beste Zeit zum Beobachten der Vögel sind die Monate November bis Januar. Im Park gibt es sehr viele Moskitos, die aber keine Malariaüberträger sein sollen.

Höhlenenthusiasten, denen die 400 Baht Eintritt nicht zu viel sind, können drei Höhlen aufsuchen: die relativ kleine, z. T. recht enge Tropfsteinhöhle **Kaeo Cave**, die große Felsenhöhle **Phraya Nakhon Cave** und die **Sai Cave** mit bis zu 15 m hohen Stalagmiten und Stalaktiten. Auch der weite **Laem Sala Beach** mit Schatten spendenden Kasuarinen und der **Sam Phraya Beach** reißen für diesen Eintrittspreis niemanden vom Hocker.

Rund um das Headquarter

Im Headquarter informiert eine kleine Ausstellung über die Tierwelt des Parks, Unterkünfte und Ausflugsmöglichkeiten. Informationsmaterial gibt es nicht. Im Dorf **Khao Daeng**, in der Nähe des Headquarters, kann man von Fischern Boote mieten (für bis zu 10 Pers. 250 Baht pro Std.), um die Strände und Inseln entlang der Küste zu entdecken. Besonders schön ist eine Fahrt durch den **Klong Khao Daeng** kurz vor Sonnenuntergang.

Übernachtung

Im Fischerdorf Bang Pu

Ban Pu La Khorn, 📞 081-5483950, 🖳 www. banphulakhorn.com; auf dem Kap am Nordende des Bang Pu Beach, kleines Boutique-Resort im Bali-Stil mit Privatstrand, Pool, Restaurant, Liegewiese. ❻–❼

Bang Pu Bay Resort, 📞 032-622165, modernes, zweistöckiges Haus, 21 Zi, unterhalb des Felsens am Dorfrand. ❸–❹

Am Phu Noi Beach

(38 km von Hua Hin)

Terra Selisa, vor dem NP-Eingang am Tempel nach links, 📞 032-559359, 🖳 www.terraselisa. com; am kilometerlangen, flachen, von Kasuarinen und Palmen bestandenen Strand, komfortable AC-Doppel-Bungalows, Meer- und Bergsicht von der Terrasse; teures Restaurant, Swimming Pool, Touren auf Inseln und ins Hinterland. ❺–❻

Dolphin Bay Resort, kurz vor dem NP-Eingang links abbiegen, ✉ info@dolphinbayresort.com, 🖳 www.dolphinbayresort.com; 24 Bungalows

Kuiburi National Park

Beim KM 290,5 zweigt Richtung Berge die Straße H3217 ab. Sie führt zum neuen Nationalpark, in dem über 100 wilde Elefanten leben. Ungefähr 30 kommen oft in der Trockenzeit abends zu einem Fluss, ca. 20 km vom Headquarter entfernt, wo sie leicht beobachtet werden können. Wer dieses Glück hat, wird die 400 Baht Eintritt plus 500 Baht für die 3-stündige Geländewagen-Tour nicht bereuen. Ab Kuiburi (30 km) kostet ein Motorrad-Taxi 200 Baht. Zelt, Matten und Schlafsäcke können für 270 Baht/Tag ausgeliehen werden. Kaum jemand spricht Englisch. Informationen unter www.dnp.go.th/parkreserve/asp/style2/default.asp?npid=117&lg=2.

sowie Zimmer und Wohnungen im Hauptgebäude, Open-Air-Restaurant, 2 große Pools, Fitnessraum, Massage-Center, Kajaks, Fahrräder, Motorräder (200 Baht/Tag), Bootstrip um Monkey Island (300 Baht). Amerikanisch-Schweizer Leitung. ❺

Transport

Mit dem Mofa benötigt man von Hua Hin bis zum Park 1 1/2 Std. für die 60 km.

Busse

Busse fahren für 20 Baht von HUA HIN bis PRANBURI, Taxi von Pranburi 250 Baht, von Hua Hin 500 Baht.
Die Pickups von Bang Pu zurück nach Pranburi fahren nur bis Mittag.

Touren

Ein Taxi für eine Tagesfahrt ab Hua Hin kostet 800–1200 Baht. Zudem werden organisierte Touren angeboten.

Selbstfahrer

Von Norden kommend nimmt man in Pranburi am KM 254,3 bei der Polizei die Abzweigung nach links und folgt dem Straßenverlauf (nach 3,7 km kurz rechts und wieder links halten).

Von Süden zweigt vom H4 am KM 286,5 eine Straße nach Osten ab zum Headquarter (13 km). Weiter nach Süden gibt es eine schöne Alternative zum H4: Ein wenig westlich vom Headquarter des Nationalparks zweigt nach links eine neue Asphaltstraße ab, die ca. 15 km in Meernähe nach Süden führt und dann die Bahnlinie und den H4 (etwa am KM 294) kreuzt. Entdeckernaturen können nun Richtung Berge weiterfahren (ca. 10 km) und auf einer Landstraße parallel zum H4 gemütlich Richtung Süden strampeln. Mehrere Verbindungsstraßen führen zum H4 zurück.
Wer dagegen auf dem H4 bleibt, fährt schließlich am KM 310,7 nach links ab und gleich wieder rechts Richtung Prachuap Khiri Khan (14 km).

Prachuap Khiri Khan
ประจวบคีรีขันธ์

Am südlichen Ende einer weiten Bucht liegt die kleine, gemütliche Provinzhauptstadt mit 27 000 Einwohnern. In ihrem natürlichen Hafen, der durch die vorgelagerten Felseninseln kreisrund wirkt und gut geschützt ist, ankern viele Fischerboote. Ein malerisches Bild, doch zum Baden lädt der Strand nicht gerade ein. Die Uferstraße wurde auf 2 km Länge zu einer gepflegten Promenade mit einer Kette von Laternen ausgebaut, wo abends Essenstände mit bestem Seafood aufgebaut werden.

In der Nähe des Strandes erhebt sich der „Spiegelberg", Khao Chong Krachok, der ein Loch hat, das aus einiger Entfernung gut zu sehen ist und dem Berg zu seinem Namen verhalf. Seine Hänge sind von zahlreichen dreisten Affen bevölkert, die sich oft nur mit einem Stock auf Distanz halten lassen. Wer über die 415 Stufen den kleinen Tempel auf dem Gipfel erklommen hat, wird mit einer sehr schönen Aussicht belohnt. Man kann nicht nur die Bucht mit den vorgelagerten Inseln und die Stadt überblicken, sondern im Westen bis zu einer Bergkette sehen, die bereits zu Burma gehört. Thailand ist an dieser Stelle nur wenige Kilometer breit. Ananas-Plantagen ziehen sich über die weiten Hügel des Hinterlandes.

In Prachuap leben außergewöhnlich freundliche Menschen, die nicht an die wenigen Touristen gewöhnt sind und kaum ein Wort Englisch sprechen. Ansonsten besitzt das nette Städtchen nicht genügend Attraktionen für einen längeren Aufenthalt.

Herrlich ist allerdings der 3 km lange Strand in der malerischen Bucht **Ao Manao**, 3 km südöstlich der Stadt am Militärgelände. Viele Sonnenschirme, Liegestühle und aufgepumpte Autoreifen warten im mittleren Strandabschnitt auf Tagesausflügler. Die Atmosphäre ist ganz angenehm und unkommerziell. Auf der Landseite der Straße stehen Duschen, Toiletten, Umkleidekabinen und Restaurants bereit. Bei einem Bootstrip (300 Baht pro Boot) lässt sich die besonders schöne Landschaft am besten genießen. Bei einem kleinen Tempel hinterm Rollfeld leben Languren in den Bäumen. Am nördlichen Tor der Kaserne muss man sich an der Schranke in ein Buch eintragen (mit Moped unbedingt Helm tragen). Am besten per Tuk Tuk für 20 Baht p. P. zu erreichen.

Das südlich anschließende Dorf **Klong Wan** (2 km) ist einen Stopp wert, i. b. der Tempel mit einem schönen Park. Sonntags findet ab 17 Uhr ein uriger Wochenmarkt statt.

Interessant ist ein Ausflug nach **Darn Singkorn** (25 km westlich) an der Grenze zu Myanmar wegen des bunten „Schmugglermarktes". Anreise per Tuk Tuk oder Leihfahrrad.

Vom neuen **Waghor Marine Science Park**, auch **King Mongkut Memorial Park of Science & Technology**, sind bereits einige Museen fertig gestellt. Im Transportmuseum kann man an lehrreichen Modellen, die auf Thai und z. T. Englisch beschriftet sind, sein Verständnis von den Grundlagen der Aerodynamik praktisch vertiefen (Eintritt frei). Gebäude für Insekten und Vögel, für Energie und für Küstenökologie sowie ein Aquarium sind eröffnet. Mit dem Bummelzug steigt man an der Haltestelle Waghor (auch Wha Kor) aus (12 km südlich von Prachuap), mit eigenem Fahrzeug fährt man über Ao Manao.

Von Süden her biegt die Zufahrtsstraße am KM 335,3 vom H4 ab. Der lange, einsame, von Kasuarinen bestandene Strand lädt zum Picknicken ein.

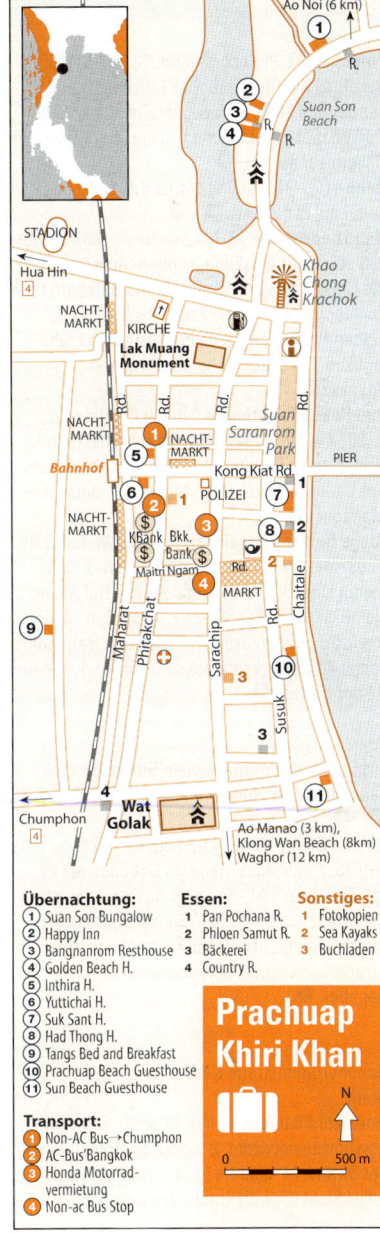

Die nördliche Golfküste

Übernachtung:
1. Suan Son Bungalow
2. Happy Inn
3. Bangnanrom Resthouse
4. Golden Beach H.
5. Inthira H.
6. Yuttichai H.
7. Suk Sant H.
8. Had Thong H.
9. Tangs Bed and Breakfast
10. Prachuap Beach Guesthouse
11. Sun Beach Guesthouse

Essen:
1. Pan Pochana R.
2. Phloen Samut R.
3. Bäckerei
4. Country R.

Sonstiges:
1. Fotokopien
2. Sea Kayaks
3. Buchladen

Transport:
1. Non-AC Bus →Chumphon
2. AC-Bus'Bangkok
3. Honda Motorradvermietung
4. Non-ac Bus Stop

Prachuap Khiri Khan

N

0   500 m

Yuttichai ⑥, 35 Kong Kiat Rd., ✆ 032-611055, beliebtes älteres, einfaches Holzhaus, sehr sauber und billig, einige Zi mit Gemeinschafts-Du/WC. Sehr freundliche Familie. Erste Wahl für Billigreisende. ❷–❸

Inthira ⑤, 118-120 Phitakchat Rd., Holzhaus, schäbige Zi mit Bad. ❹–❺

Had Thong Hotel ⑧, 7 Susuk Rd., ✆ 032-601051-7, 6-stöckiges Gebäude, schöne Sicht über die Bucht, moderne Zi mit AC und Balkon, Zimmer im Keller ohne Fenster gibt es zum halben Preis; Swimming Pool. Gut zum Frühstücken. Ein Laden nebenan vermietet Sea Kayaks. ❹

Sun Beach Guesthouse ⑪, 160 Chaitale Rd., ✆ 032-604770, 🖥 www.sunbeach-guesthouse.com, kleines Boutique-Hotel in orientalischem Stil, saubere AC-Zi, Pool, Meersicht, deutscher Manager. ❹

Tangs Bed and Breakfast ⑨, 133/7 Maharat Rd., ✆ 032-611377, ✉ boonmal@dailynews.co.th, gemütliches Kleinhotel jenseits der Bahnlinie, kleine, saubere Fan/AC-Zi, z. T. mit Balkon, nette Besitzer, „kostenloser" Transfer zum Bahnhof kostet 40 Baht, „kostenloses" Frühstück bedeutet nur Kaffee. ❺

Suan Son Beach

2 km nördlich der Stadt: viele Bungalows mit Fan und Du/WC, für einheimische Urlauber. ❸–❹

Golden Beach Hotel ④, 35 Suanson Rd., ✆ 032-601626, 2-stöckiges, neueres Gebäude mit 20 AC-Zi, saubere AC-Reihenbungalows dahinter, Schattendach am Kanal, Frühstücksrestaurant, Internet; einfaches Restaurant nebenan und Strandrestaurants mit fantastischem Fisch nahebei. ❺

Aow Noi Beach

Schöner Sandstrand 6 km nördlich der Stadt.

Aow Noi Seaview, ✆ 081-4016001, 🖥 www.aownoiseaview.com, 2-stöckiges Hotelgebäude am Strand, 11 saubere, große AC-Zi, z. T. mit toller Sicht über die Bucht. Freundliche Besitzerin. ❹

Aow Noi Beach Resort, ✆ 032-601350, verwahrlostes Grundstück, aber ordentliche Bungalows mit Fan am Strand, mit AC dahinter, 2 Zi mit Verbindungstür für Familien. ❹

Klong Wan Beach

8 km südlich der Stadt: Kokosplantagen am langen Strand, darunter mehrere kleine Resorts mit Sicht auf 2 kleine Inseln.

Araya Resort, ✆ 032-661252, 1- und 2-stöckige Reihenhäuser am Dorfstrand. ❹

Baan Chow Lae Resort, ✆ 032-338820, direkt danach, Reihenhaus mit Dachterrasse und Pflanzen. ❹–❺

Baan Forty, ✆ 032-661437, am Ortsende, 3 Suite-Bungalows mit Kochecke, 8 Zi im 2-stöckigen Reihenhaus. ❹

Viele gute Restaurants, v. a. an der Uferstraße und in der Sarachip Rd., bieten frisches **Seafood** an, für das Prachuap berühmt ist.

Einige **Essenstände** bereiten an der Strandpromenade in der Nähe vom Pier abends Seafood zu.

Auch zu empfehlen sind die abendlichen Essenstände beim Bahnhof. Besonders gut ist ein Stand am nördlichen Ende, der leckeres „Moo Yang Korea", eine Art Mongolentopf, für 69 Baht am Tisch kredenzt, weitere Zutaten können einzeln dazubestellt werden.

Gutes Essen zum Mitnehmen gibt es außerdem auf dem **Nachtmarkt**, s. u.

Informationen

Im kleinen städtischen **Tourist Information Service Center**, ✆ 032-611491, geben nette Angestellte kompetente Auskünfte (nicht immer auf Englisch); ⏰ tgl. 8.30–16.30 Uhr. Hier kann ein guter Guide vermittelt werden: Mr. Pinit Ounope, der gut Englisch spricht und sich hervorragend auskennt.

Motorräder

Bei **Honda** für 200 Baht pro Tag, zuzüglich Benzin.

Nachtmarkt

Nördlich des Bahnhofs Mi und So, südlich Mo und Do, Essen zum Mitnehmen, Obst, Kleidung etc.

Transport

Busse

Überlandbusse halten am H4 westlich der Stadt. Nach BANGKOK (292 km) AC-Busse jede Std. bis 18 Uhr für 174 / 223 Baht in 5 Std. Nach HUA HIN AC-Bus für 65 Baht. Nach CHUMPHON non-ac-Bus 426 vor dem Inthira Hotel jede Std. von 7.20–13.20 Uhr für 85 Baht (2.Kl. AC-Bus ab Highway 95 Baht, AC 120 Baht). Nach SURAT THANI für 124 Baht (ac-Bus ab Highway 261 Baht) in 6 1/2 Std. Nach THAP SAKAE (24 Baht) und BANG SAPHAN (33 Baht) muss man am H4 aussteigen und mit Motorradtaxi in den Ort fahren (40 bzw. 60 Baht).

Eisenbahn

Fahrplan „Southern Line" s. S. 782/783. Der *Sprinter* 43 fährt um 8.05 Uhr ab BANGKOK, Ank. 12.05 Uhr. Er fährt weiter nach SURAT THA-NI (Ank. 16.30 Uhr). Ansonsten von BANGKOK mit dem *Rapid* 171 oder dem *Special Express* 37 um 13 bzw. 15.10 Uhr (ab 323 / 247 Baht in der 2./3. Kl. im *Rapid*), Ankunft 18.25 bzw. 20.31 Uhr; die anderen Züge kommen erst in der Nacht an. Von BANGKOK NOI mit dem Bummelzug um 7.25 und 13.05 Uhr in 6 Std. für 58 Baht (nur 3. Kl.), zurück um 9.46 Uhr. Die Schnellzüge aus dem Süden passieren Prachuap in der Nacht. Nur der *Sprinter* 40 (Abf. in Surat Thani um 10.40 Uhr) hält um 15.04 Uhr, 265 Baht nach Bangkok. Nach CHUMPHON fährt der Bummelzug 255 um 13.31 Uhr für 34 Baht in gut 3 Std.

Selbstfahrer

Von **Norden** kommend macht man einen Zwischenstopp an der PTT-Tankstelle am KM 292,7. Bei den schön angelegten, günstigen Essensständen staunt man über die sauberen Toiletten im Stil der „New Generation" sowie über das geschmackvoll eingerichtete, klimati-sierte Kleincafé mit Springbrunnen. Am KM 310,7 biegt man nach links auf den H1047 ab und nach 900 m wieder nach rechts. Das Sträßchen führt in 9 km zur Abzweigung zum Ao Noi Beach. Nach weiteren 5 km liegen rechts die ersten Bungalowanlagen von Pra-chuap gegenüber vom Strand. Auf der Ufer-promenade geht es durch Prachuap hindurch, dann durchs Militärgelände zum schönen Strand Ao Manao (3 km) und zum Südtor hinaus auf schlechter Strandstraße durchs lang ge-streckte Fischerdorf Klong Wan (8 km). Den Waghor Marine Science Park lässt man links liegen und erreicht nach 33,5 km Fahrt auf Landstraßen wieder den H4 am KM 335,3. Die nächsten 37,6 km gibt es keine Alternative zum breiten H4. Am KM 372,9 beginnen die schönen Nebenstraßen (s. S. 344) nach Chumphon.

Die Umgebung von Prachuap Khiri Khan

Ao Noi Beach

Am nördlichen Ende der Bucht von Prachuap zweigt die Straße nach links ab zu einem 6 km entfernten Fischerdorf am schönen Ao Noi Be-ach (Tuk Tuk 30 Baht). Wegen der Nähe zur Stadt treibt relativ viel Strandgut an. Auf dem hohen Felsen Khao Khan Bandai hinter der Bucht steht das mit vielen Muschelschalen geschmückte Kloster **Wat Phra That Khoa**, von dem man einen guten Ausblick hat.

289 Stufen sind es zur Felshöhle **Tham Khan Kradai** mit einem 16 m langen liegenden Buddha und vielen sitzenden Buddhas (den Mönchen un-ten Bescheid sagen, dann schalten sie das Licht an). Auf einem Sandweg geht es entlang einer sehr flachen Bucht noch ein paar Kilometer wei-ter nach Norden.

Wanakon Beach

22 km südlich von Prachuap biegt am KM 345,6 eine Straße nach Osten zum **Hat Wanakon Ma-rine National Park** ab. Für 400 Baht Eintritt lohnt sich der Abstecher von 3,2 km nicht. Informatio-nen unter 🖳 www.dnp.go.th/parkreserve/asp/style1/default.asp?npid=55&lg=2. Zum Sukta Resort am Meer geht es am KM 348,8 ab.

Huai Yang-Wasserfall

In **Ban Huai Yang** fahren von der Abzweigung am KM 350,6 Motorradtaxen zum 7 km entfernten **Nam Tok Huai Yang National Park**, der sich nur für Naturfreaks lohnt, denen 400 Baht Eintritt nicht zu viel ist. Sie können sich informieren unter 🖥 www.dnp.go.th/parkreserve/asp/style2/default.asp?npid=210&lg=2.

Von Prachuap nach Bang Saphan

Richtung Süden zeigt sich die Landschaft zunehmend tropischer. Die Berge sind nun von dichtem Dschungel bedeckt. Allerdings wird der Wald, trotz Verbot, laufend dezimiert. In den küstennahen Regionen wachsen Kokospalmen und auf den großen Plantagen im Hinterland Ölpalmen und Kautschukbäume.

Thap Sakae

50 km südlich von Prachuap Khiri Khan zweigt beim KM 363,4 die Straße nach Thap Sakae ab. Dieser Marktflecken mit vielen alten Holzhäusern zieht sich 2 km an der Straße entlang bis zum Bahnhof. Danach führt eine schlechte Straße noch gut 1 km weiter durch Felder bis zum für Touristen unattraktiven Strand, der von vielen Fischern genutzt wird.

Kee Ree Wong Beach und Ban Krut Beach

Wer am KM 372,9 auf die Straße H1029 zur Küste abzweigt, kann bis Chumphon (160 km) auf Nebenstraßen in Strandnähe nach Süden fahren. Zunächst passiert man den schönen **Haad Kaeo Beach**, dann kommt man zum langen, sehr schönen und herrlich ruhigen **Kee Ree Wong Beach** (gesprochen: Kic Rie Wong), an dem kleine Pinienwäldchen Schatten spenden. Davor liegt die Insel **Ko Lam Ra** (Boot 15 Min.), wo es einen Strand und Korallen zum Schnorcheln geben soll. Nach Süden schließt den Strand der Berg **Khao Thong Chai** ab, der 13 km vom H4 entfernt liegt. Von oben blickt eine große Buddha-Statue über den herrlich weißen **Ban Krut Beach** und die Kokoshaine im Hinterland bis zu den schroffen Bergen in Myanmar. Auf dem Gipfel erhebt sich kreuzförmig der neue **Tempel Maha Chedi**,

zu dem Treppen und eine schmale Straße hinaufführen – herrliche Sicht nach Norden.

Am Fuße des Berges liegt das Fischerdorf **Ban Krut** mit bunt bemalten Booten, dahinter zwischen Palmen das **Wat Don Samran**, bei dem man am besten gleich zum Meer abbiegt. Einige nette Strandrestaurants, sogar mit englischer Speisekarte, und aufgelockerte, preiswerte Bungalowanlagen zwischen den Wohnhäusern laden zum Verweilen ein. Geradeaus geht es weiter auf ein Betonsträßchen, das malerisch direkt am schönen Strand entlangführt. Es folgen fünf teure Resorts auf der Landseite und nach 8 km am Ende einer pittoresken **Lagune** hinter stinkendem Brackwasser das Siam Garden Beach Resort, das schon bessere Tage gesehen hat. An der nächsten Asphaltstraße hält man sich nochmals links. Nach insgesamt 36 km ist Bang Saphan erreicht.

Thap Sakae

Wer den Ort durchquert, sich am Meer nach Norden wendet, kommt nach 1 km zum **Chan Ruen Hotel**, 📞 032-671930, viele Reihenbungalows im Motel-Stil mit sehr sauberen Zimmern und allen Annehmlichkeiten. Während der Woche sind hohe Rabatte möglich, allerdings spricht niemand Englisch. ❸–❹

Im Ort liegt u. a. das **Thap Sakae Hotel**, ☎ 032-671273, saubere Zi mit Fan oder AC. ❸
Im Ort Ban Donsai liegen 3 Resorts, u. a.
Malai Asia Resort, ☎ 081-9161217, 🖳 www.malaysiahotelbkk.com/malaiasia.html, mit AC-Zi und AC-Bungalows, Restaurant am Strand in Pavillons. ❹–❺

Kee Ree Wong Beach

Haad Sai Kaew Resort, ☎ 086-1782423, sehr kleine, spärlich eingerichtete AC-Doppelbungalows auf großem Gelände. Nicht direkt am Strand. ❸–❹
Bayview Beach Resort, ☎ 032-695566, 🖳 www.bayviewbeachresort.com, gepflegte Anlage direkt am sauberen Strand, gut ausgestattete Doppelbungalows mit AC, Du/WC, TV und Kühlschrank, AC-Zimmer im Haupthaus oben. Luftiges Restaurant, Pool, Schnorcheltouren, Fahrradverleih, kostenlose Abholung vom Bahnhof, gut Englisch sprechende Managerin. ❹–❺
Kasaemsuk Resort, ☎ 032-695030, schöne, kleine Anlage direkt am ruhigen Strand, AC-Bungalows und geräumige, palmholzverkleidete Häuser mit AC, Kühlschrank, Du/WC. Der hintere Bungalow links lässt sich als einziger richtig lüften. Sehr schöner Strand, bei jedem Wasserstand gut zum Baden. ❸–❻

Ban Krut Beach

12 km langer, schöner Sandstrand mit mehreren Restaurants und Uferpromenade. Alle Bungalowanlagen im Dorf und die guten Resorts am Strand liegen auf der Landseite der Strandstraße. Pauschaltouristen haben Einzug in die teureren Resorts gehalten, die ansonsten unter der Woche fast leer sind.
Ban Kaew Resort, ☎ 032-695112, aufwändig gebaute, gepflegte Bungalows und Reihenbungalows mit AC, Kühlschrank; Strandrestaurant an der Straße unter Bäumen; die Managerin spricht gut Englisch. ❹
Ban Rim Haad Resort, ☎ 032-695205, 🖳 www.banrimhaad.com, in einem schönen Garten stehen über 20 hübsche AC-Häuschen mit Kühlschrank, z.T für 4 Pers., sowie neue, preiswerte Fan-Bungalows; Pool, fahrbereite Räder, Restaurant. ❹

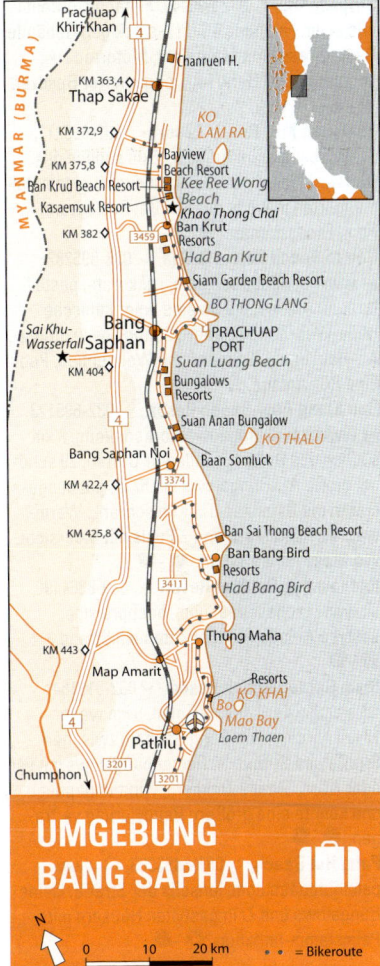

UMGEBUNG BANG SAPHAN

0   10   20 km   • • = Bikeroute

Salathai, ☎ 032-695181, unterschiedlich große Holzbungalows für 2–6 Pers. ❹
Coconut Garden, ☎ 081-9161722, kleine Hütten mit Fan oder AC und größere Bungalows im Palmenhain, ruhig gelegen, 300 m von der Straße. ❸–❹
Ruanchan Seaview Resort, ☎ 032-695061, einige Bungalows und großes Restaurant. ❹–❺

Siripong Gh., ✆ 032-695464, einfache, ordentliche Zi mit Fan oder AC im 3-stöckigen Gebäude, Dachterrasse mit Meersicht, Motorrad zu vermieten (250 Baht/Tag), engagierter Besitzer. ❷–❸

Suan Ban Krut Beach Resort, ✆ 032-695217, 🖳 www.suanbankrut.com, 1 km südlich des Dorfes, 28 gute, große Bungalows in einem Palmengarten jenseits der Straße; Restaurant, Pool, Fitnesscenter. ❺

Banito Beach Resort & Spa, ✆ 032-695282, 🖳 www.banitobeach.com, ; akkurate, pastellfarbene Anlage, die an eine amerikanische Heile-Welt-Soap erinnert, 2-stöckige luxuriöse AC-Häuser mit Zimmern und Wohnungen, Pool. Eine RCI-Anlage. ❺

Ban Klang Aow Beach Resort, ✆ 032-695123, 🖳 www.baanklangaowresort.com/eng; 3 km südlich des Dorfes, gepflegter Garten, 29 schöne, große AC-Bungalows mit 57 Zi, gut ausgestattet mit Satelliten-TV, Kühlschrank, Warmwasser; Restaurant und 2 Pools mit Meersicht. Werktags hoher Rabatt. ❺–❻

Rachavadee Bankrut Resort, ✆ 089-8364498, 🖳 www.rachavadeel.com, hochpreisige, gestylte Anlage, Hängematten am Strand. ❻–❽

Siam Garden Beach Resort, ✆ 032-619154, ✉ siamgarden@hotmail.com, 5 km weiter, 12 km nördlich von Bang Saphan; zwischen Straße und Strand, 30 Reihenbungalows mit Fan oder AC, z. T. mit 2 Zimmern; wirkt ungepflegt und könnte eine größere Renovierung vertragen. ❸–❹

Palm Hut Beach, ✆ 081-6453363, 🖳 www.palmhutbeach.com, jenseits der Straße, kleine Bungalows und Zi in gestylten Häusern mit Palmstamm-Imitation. ❹–❺

Transport

Busse

Zum KEE REE WONG BEACH kann man jeden Bus nach Süden nehmen (i.b. die Bang Saphan- und Chumphon-Busse) und am H4 beim Dorf Ban Sida Ngam (KM 375,8) oder Si Yaek Ban Krut (KM 382) aussteigen. Weiter mit Motorradtaxi für 60 Baht p. P. (nachts 80 Baht). Entsprechendes gilt für THAP SAKAE (Motorradtaxi

40 Baht) und BAN KRUT (Motorradtaxi 70–80 Baht, nachts 100 Baht, ca. 10–14 km). Vom BANGKOK Southern Bus Terminal (Schalter 10) fährt nur ein VIP 40-Bus um 12.30 Uhr für 245 Baht direkt nach Ban Krut (Ank. 18 Uhr).

Eisenbahn

Fahrplan „Southern Line" s. S. 782/783.
Von BANGKOK am besten mit dem Bummelzug 255 ab BANGKOK NOI um 7.25 Uhr, Ankunft an der Haltestelle Ban Krut um 14.50 Uhr, 65 Baht. Von Bangkok Hauptbahnhof mit dem *Sprinter* 43 um 8.05 Uhr für 400 Baht (Ank. 12.47 Uhr). Vier weitere Züge kommen in der Nacht an.
Von CHUMPHON fährt der Zug 254 um 6.42 Uhr (Ankunft 8.45 Uhr) sowie der Sprinter 40 um 12.46 Uhr (Ankunft 14.24 Uhr).
Vom Bahnhof Ban Krut mit dem Motorradtaxi für 50 Baht p. P. (nachts 60 Baht) ca. 5–10 km zu den Resorts.

Bang Saphan   บางสะพาน

76 km südlich von Prachuap zweigt am KM 399 der H3169 ab, der nach 10 km die Kleinstadt Bang Saphan (auch: Bang Saphan Yai) erreicht. Der Ort wird von einem Tempel auf einem Hügel überragt. Er hat nichts Aufregendes zu bieten, aber in der Umgebung liegen einige nette Naturschönheiten.

3 km hinter Bang Saphan kommt man auf dem H3169 zur Maerumphung Bay, die einen tiefen Dreiviertelkreis bildet, der durch die Insel **Ko Thalu** optisch zu einem Vollkreis ergänzt wird. In diese malerische Bucht mit einigen Fischerdörfern und vielen Fischerbooten, die offenbar häufig Altöl ablassen, verirrt sich nur selten ein westlicher Tourist, denn der graue, schmutzige Strand ist zum Baden nicht geeignet. Doch für den Thai-Tourismus an langen Wochenenden und in den Ferien stehen viele Bungalows zur Verfügung.

Bo Thong Lang-Bucht

Zu den schönen Stränden nördlich der Bungalows führen asphaltierte Straßen am **Hafen** vorbei. Für ein Stahlwalzwerk wurden große Gebiete eingezäunt und überbaut. In nur drei Jahren wurden ein großer Hafen und die Industrieanlage fer-

(Seitenrand: Die nördliche Golfküste)

tig gestellt. Dennoch lohnt sich ein Ausflug (7 km) zur hübschen, kleinen Bucht **Bo Thong Lang** (auf Englisch: *Pretty Bay*). Laubbäume spenden Schatten, das Wasser lädt zum Schwimmen ein, der Hügel zum Besteigen, an Ausflugstagen servieren Imbiss-Buden Leckereien. Leider ist auch die große Hafenmole zu sehen.

Nördlich erstreckt sich eine weitere kreisrunde, fast abgeschlossene Bucht, die sich auch gut zum Baden eignet. 600 m weiter ragt ein großer Holzpier für Fischerboote ins Meer hinaus, 400 m dahinter liegt die Fischfabrik mit mehreren Piers.

Biegt man nach weiteren 1,8 km von der Uferstraße nach links ins Inland ab und hält sich nach 800 m wieder links, erreicht man nach weiteren 3,5 km die Hauptstraße H3169 an KM 11,8. Wer sich jedoch nach den 800 m Richtung Inland rechts hält, gelangt auf einer schönen Straße am Sandstrand entlang nach Ban Krut (18 km) und 4 km weiter zum Kee Ree Wong Beach (s. S. 338).

Weitere Naturschönheiten

In den Bungalows kann man sich zeigen lassen, wo es zu schönen Stränden oder den roten Klippen weiter südlich geht sowie zu zwei kleinen Seen und einer heißen Quelle. Reizvoll sind zudem hinter dem **Wat Tham Ma Rong** die Höhlenkomplexe **Nam Thip** (hinter dem großen Buddha runter) und **Phlerng Chit** (kurz vorher rechts die steile und schlüpfrige Treppe hoch); 20 Baht Spende für die farbige Beleuchtung.

Wer Wasserfälle liebt, kann den schönen 13-stufigen **Thap Mon-Fall** aufsuchen, etwa beim KM 393 vom H4 abbiegen. Mehrere kleine Pools zum Schwimmen bietet der 9-stufige **Sai Khu-Fall** (beim KM 404 vom H4 abbiegen), durch wirklichen Dschungel geht es hoch hinauf, über Felsen und an Lianen entlang.

Goldfunde

Ein Halbtagsausflug führt zum **Gold Field Bang Saphan**, wo in kleinen Mengen 99 % reines, und deshalb teures, Gold gefunden wird, das zu Blattgold für religiöse Zwecke verarbeitet wird. Zu erreichen vom H4 am KM 397 in Richtung Berge, dann noch ca. 4 km.

Übernachtung

Bang Saphan Yai

Rama Inn, ✆ 032-548219, 400 m südlich vom Bahnhof, eine passable, aber relativ teure Notunterkunft, wenn man mitten in der Nacht mit dem Zug ankommt. ❸

Maerumphung Bay

An der Maerumphung Road liegen auf der Landseite 7 Hotels, u. a.:
Haad Somboon Seaview, Nr. 33/2, ✆ 032-548345, links an der Abzweigung der Uferstraße, 5-stöckiges Stuckhotel, große, preiswerte Zi, die besten mit TV; sehr günstiges Frühstück; Restaurant jenseits der Straße am Strand, Bungalows, ❸, gegenüber. ❷, AC ❸
Nipa Beach Bungalow, ✆ 032-691583, rechts an der Abzweigung der Uferstraße, AC-Steinbungalows in einem geschotterten Grundstück. ❸
Vanveena Hotel, Nr. 163, ✆ 032-691251, saubere, sehr preiswerte Zi mit TV, Kühlschrank, Du/ WC und Fan oder AC; Restaurant, Café, freundlicher Besitzer; ein weiteres Restaurant am Strand mit gutem Seafood; vermittelt Minibus (800 Baht/ Tag). Tagesausflug zur Insel 500 Baht p. P. inkl. Essen (400 Baht ohne Essen). ❷, AC ❸
Sailom Resort, ✆ 032-691003, neue Steinbungalows im weiten Garten, gepflegter Rasen, gutes Restaurant, freundliches Personal. ❺

Suan Luang Beach

In Bang Saphan biegt die Straße H3374 an der Ampel nach Süden ab. Die Resorts liegen 5 km südlich am KM 5, sehr ruhig in Kokosplantagen an einem schönen, gepflegten Strand. Bei Wellengang wirkt das Wasser grau. Motorrad-Taxen vom Bahnhof zur Suan Luang Area für 50 Baht, nachts 80 Baht, vom H4 100 Baht. Von Nord nach Süd liegen direkt am Strand:
Deng's Bungalow, ✆ 089-2078917, 4 einfache Bungalows in grünem Garten, Restaurant. Deng spricht etwas Englisch. ❸
Poi Bungalow, 4 neuere Steinbungalows direkt vorn am Meer in einer Kokosplantage, der linke, älteste gehört der Großmutter und kostet mehr. ❸
Boon Glov, ✆ 032-691656, 200 m südlich, Palmengarten und gepflegter Rasen, 2 kleine Stein-

bungalows mit Du/WC. Montri gibt der Coco Bar sein persönliches Flair, **der** Treffpunkt. ❸

Lola's Bungalow, ✆ 032-691963, großer Palmengarten am Strand, viele Laubbäume, 10 sehr kleine, einfache, hübsch bemalte Hütten, z. T. mit Bett und Moskitonetz, z. T. mit eigener Du/WC; Lola wird müde und kann sich nur noch morgens um ihre Gäste kümmern. ❷

Why Not Bar, gemütliche, kleine Bar direkt am Strand unter Kasuarinen, Satelliten-TV für Sport und Nachrichten; weiter hinten 10 sehr einfache Bambushütten mit Du/WC, Restaurant mit guter Moslemküche. ❷

Coral Hotel, 171 Moo 99, ✆ 032-691667, 🖳 www.coral-hotel.com; schöner, tropischer Garten unter Palmen nahe am Strand, komfortable Zi und Suiten für 2–4 Pers. in 1- und 2-stöckigen Bungalows mit AC, TV, Mini-Bar und Telefon; Restaurant mit gehobenen Preisen, Pool (50 Baht für Nichtgäste); Windsurfing, Tauchen und Ausflüge, Abholservice. Professionelles französisches Management. ❺–❻
Dahinter direkt am Strand das gediegene I TA LAY Restaurant mit normalen Preisen. Durchs Inland erreicht man 300 m südlich

Suan Luang Beach, 5 gut eingerichtete Bungalows mit AC, TV, Warmwasser; gutes, preiswertes Restaurant mit scharfem Essen; beliebt bei Thais am Wochenende und feiertags. ❹

Bang Saphan Beach Resort, direkt nebenan, 10 große Bungalows ohne Flair in einer Reihe senkrecht zum Strand, mit Fan oder AC, Terrasse mit wenig Schatten; Restaurant. ❸–❹

Suan Luang Resort, ✆ 032-691663, 🖳 www.suanluangresort.com; 700 m vom Strand entfernt, 10 Holz- und Steinbungalows (z. T. AC), 3 Familienbungalows; etwas teures, aber gutes Restaurant, Video, Billard; Moped. ❸

Bang Saphan Noi

Suan Anan Resort, ✆ 032-699118, am KM 13 des H3374, 10 hübsche AC-Bungalows mit TV und Kühlschrank, nicht weit vom sauberen Sandstrand. ❸

Baan Somluck, ✆ 032-699344, 🖳 www.somluck.de.vu; am KM 13,2 des H3374 (bei der Schule), nahe am Sandstrand in einem üppigen, ummauerten Garten, saubere Steinbungalows sowie Zi mit und ohne Du/WC, winziger Pool, Tischtennis,

Wer es richtig einsam haben will, kann Vorräte besorgen und sich zu der kleinen Korallen-Insel **Ko Thalu** vor der Küste bringen lassen; Unterkunft in Fischerhütten oder im sehr teuren Ban Maphraw – Koh Talu Resort, ✆ 081-8577314, 🖳 www.kohtalu.com, in Chalets aus kostbarem Holz im Thai-Stil oder Familienhäusern unter Palmen am Sandstrand, Transfer per Speedboot (10 Min.), Pauschalarrangements ab 2600 Baht p. P. Schnorcheln für Anfänger okay, Kajaks. ❼

Restaurant mit leckerem Essen, Mopeds, Internet-Zugang, Touren; kostenlose Abholung, freundliche Thai-deutsche Leitung. Zwei Rottweiler und weitere Hunde. Plus 3 Bungalows am Strand. ❷–❹

Essen

Tae Restaurant, nettes Gartenrestaurant, sehr gute, preiswerte Thai-Küche, 100 m südlich vom Bahnhof; Moped zu vermieten (200 Baht). ⏰ ab 17 Uhr.

Lek's Pizza, 300 m südlich der Ampel, gute Pizza und Spaghetti mit selbst gemachtem Ketchup in rustikalem Restaurant; Lek spricht auch Englisch.

Sonstiges

Guides

Wer die oben genannten Ausflüge mit einem exzellenten Führer machen will, sucht den Motorradtaxi-Fahrer Mr. Pia, Nr.26, auf. Dieser angenehme Zeitgenosse spricht freundliches Englisch und fährt ab 300 Baht/Tag; bei mehreren Personen benützt er ein Dreirad mit Dach. Auch Mr. Sofa, im Markt, ✆ 032-691535, macht Touren aller Art.

Motorräder

Mrs. Jang im **Yamaha-Shop** (gegenüber vom Markt) vermietet Mopeds für 300 Baht pro Tag, zudem bekommt man gute Infos und einen Plan von der Umgebung. Im Tae Restaurant gibt es eine Honda Wave schon für 200 Baht.

Busse

Nach BANGKOK (367 km) fährt der 2.Kl. AC-Bus um 6.30, 9 und 12.30 Uhr für 214 Baht, der direkte AC-Bus 7x tgl. von 10.30 bis 19 Uhr für 290 Baht in 5 Std.

Hält der Bus aus dem Norden oder Süden nur am H4, geht es 10 km weiter mit Motorradtaxi für 60 Baht (zur Suan Luang Area für 100 Baht, nachts 200 Baht).

Eisenbahn

Fahrplan „Southern Line" s. S. 782/783.

Ab BANGKOK am besten mit dem Sprinter 43 um 8.05 Uhr, Ankunft 13 Uhr, für 422 Baht. Die beiden *Rapid*-Züge um 13 und 15.35 Uhr sowie die Special Express 35 und 37 um 14.45 und 15.10 Uhr kommen erst in der Dunkelheit zwischen 19.25 Uhr und 22.47 Uhr an, alle anderen Züge noch später.

Zurück am besten im AC-Schlafwagen des *Express* 86 um 22.29 Uhr, der um 6.05 Uhr ankommt, ab 585 / 1007 Baht (2. bzw. 1. Kl.). Tagsüber eignet sich der Sprinter 40 um 14.11 Uhr (Ank. 19.45 Uhr).

Ab BANGKOK NOI mit dem Bummelzug um 7.25 Uhr für 68 Baht (ab HUA HIN um 11.50 Uhr), Ankunft 15.08 Uhr.

Von CHUMPHON mit dem Bummelzug 254 um 6.42 Uhr für 20 Baht, Ankunft um 8.27 Uhr.

Selbstfahrer

Nach **Süden** geht es 119 km auf Nebenstraßen bis Chumphon (Beschreibung s. S. 344).

Von Bang Saphan nach Chumphon

Auf dem H4 Richtung Süden fällt der Wechsel von Kokospalmen zu Plantagen mit Tapioka, Bananen, Kautschuk und Ölpalmen ins Auge. Sie wurden angelegt, nachdem der Taifun „Gay" im Herbst 1989 die ausgedehnten Palmenplantagen vernichtet hatte.

Vom H4 biegt am KM 422,4 eine 9 km lange Straße Richtung Küste nach **Bang Saphan Noi** ab. Am KM 425,8 zweigt nach links die Straße zum Dorf und Bahnhof Huai Sak ab und erreicht nach 17 km Ban Bang Bird am Nordende eines optisch schönen Strands.

Had Bang Bird

Der 10 km lange, von Pinien gesäumte Sandstrand wird im Süden von hohen Dünen begrenzt und von steilen Bergen eingerahmt. Die Bewohner des kleinen Dorfes Ban Bang Bird haben noch nicht gelernt, ihren Müll umweltschonend zu entsorgen. Das Resort hat es nicht leicht, den Strand sauber zu halten. Der größere Teil der Strandgrundstücke gehört der Königsfamilie und darf nicht bebaut werden.

Pathiu

Die kleine Stadt Pathiu wird von einer großen Buddha-Statue und dem weißen Chedi auf einem Felsenhügel überragt. Hier wurde der Flugplatz von Chumphon gebaut, auf dem aber keine Linienflugzeuge landen. An der **Bo Mao-Bucht** liegen einige nette Bungalowanlagen und Restaurants unter Kasuarinen und Palmen am schönen Sandstrand.

Ein selten besuchtes Ausflugsziel ist die kleine, vorgelagerte Insel **Ko Khai** mit Höhlen (z. B. Tham Yai Ai) und Schwalbennestern. Am feinen Sandstrand Virgin Beach können Schnorchler schöne Korallen bewundern (mit dem Boot hin und zurück für 1500 Baht). Zu Fuß kann man das **Kap Laem Thaen** erkunden.

Had Bang Bird

Es gibt mehrere Resorts, die hauptsächlich von Thais aufgesucht werden.

Ban Sai Thong Beach Resort, ✆ 081-8583350, 🖳 www.bansaithong.com, in Schiffsform gebautes Hotel am weiten Strand, große, saubere AC-Zimmer, unter der Woche leer, Rabatt möglich. ❹–❺

Bangburd Resort, im Dorf, wird verkauft.

Boonchu Bangburd Resort (BBR), ✆ 032-619112, 🖳 www.bangburd.com; direkt am Strand, große, helle, saubere Zi in Reihenhäusern und Bungalows mit Meerblick, gutes Restaurant, freundlicher, motivierter, gut Englisch sprechender Besitzer. ❹

Recht abenteuerlich gestaltet sich die Fahrt von Bang Saphan (Yai) nach Süden bis zum Strand von Pathiu (86 km), da kaum einmal Hinweisschilder Richtung Süden weisen. Auf der wenig befahrenen Straße H3374 geht es zunächst in Strandnähe 27 km nach Süden. An der Straßenkreuzung am KM 27,1 nicht geradeaus auf dem langweiligen H3411 über Map Amarit (25 km) fahren, sondern nach links, um in Meernähe die herrliche Landschaft zu genießen. Nach 4,1 km scharf nach rechts auf die Querstraße H1015 abbiegen. Nach 4 km zweigt links ein Fahrweg (800 m) zum Ban Sai Thong Beach mit einem Thai-Resort ab. Ein weiterer Fahrweg geht 100 m danach hinunter zu schwarzem Vulkangestein am Meer, wo ein weiteres Resort mit blauen Dächern steht. Geradeaus kommt man nach 2,4 km zur Querstraße, die nach Osten zum Fischerdorf Ban Bang Bird (500 m) führt und im Westen nach 16,5 km den H4 am KM 425,8 erreicht. Nach einem Abstecher zum Strand fährt man 700 m nach Westen und biegt dann nach links Richtung Pathiu ab. Die 9 km lange Straße H4015 quert eine Sanddüne.
Nach einem Fischerpier geht es durch landwirtschaftlich genutztes Land. Nach 1 km weist ein

Schild nach links zum Ko Teap Beach (5 km). Von der Straße eröffnen sich schöne Ausblicke auf steile Felsen und herrliche Buchten. Nach 4 km bietet ein Aussichtspunkt beim Chinesischen Tempel mit einer Statue der Goddess of Mercy einen herrlichen Blick auf eine lang gestreckte Halbinsel aus Schwemmsand, bewachsen mit Kasuarinen. Nach weiteren 9 km biegt man auf dem H4015 nach links ab in Richtung des Fischerhafens **Thung Maha**. Nach 5 km knickt die Straße als H3253 nach rechts ab (Schild „Pathiu 25 km"), kurz davor liegt eine kleine Hotelanlage. Durch Palmöl- und Gummiplantagen geht es weiter. Nach 11 km nicht mit dem H3253 nach rechts Richtung Pathiu abzweigen, sondern geradeaus Richtung Airport und Chumphon auf dem H4004 weiterfahren, bis nach 10 km der Strand von Pathiu auftaucht, wo man in kleinen Bungalowanlagen übernachten kann (86 km von Bang Saphan).
Die restlichen 33 km bis Chumphon geht es im Wesentlichen geradeaus (nach 7 km aber nach links abbiegen!) auf den guten Straßen H3201 und H3180, wenn man keinen Umweg über den Thung Wua Laen Beach (s. u.) vorhat.

Jenseits der Straße das zugehörige **B.J. Bungalow**. ❹

Pathiu

Hatsuay Resort, ☎ 081-8948480, an der Bo Mao-Bucht, 9 neue Bungalows mit Fan oder AC; Gay spricht gut Englisch. Einfache Restaurants nahebei am Strand. ❸

Thung Wua Laen Beach

Vom H4 führt am KM 476,6 die 18 km lange Straße H3180 zum herrlichen, ruhigen Thung Wua Laen Beach (auch Tung Wualan Beach). Der 2 km lange, weiße Strand liegt 16 km nördlich von Chumphon und bietet viele preisgünstige, gemütliche Restaurants, die von Dezember bis April erstklassiges Seafood zubereiten, z. B. *Prasit Sregrat*. Die Atmosphäre unter lauter Einheimischen ist sehr schön und angenehm. Der süd-

liche Strandabschnitt vor den *Cabanas*, bepflanzt mit Kasuarinen und jungen Palmen, wird von einem mit Büschen bedeckten Hügel begrenzt. Bei Ebbe wird der feine Sandstrand von einer schmalen Lagune geteilt, bei Flut ist er recht breit. Das Wasser scheint ständig klar zu sein. Selbst in der Regenzeit kann man hier bei leichtem Wellengang fast immer baden, dann muss man sich allerdings vor Sandfliegen in Acht nehmen, auch Quallen wurden mehrfach gesichtet.

Eine Straße führt 1 km am Meer entlang zum schönen nördlichen Strandabschnitt, der auch **Chuanphun Beach** (gesprochen *Tschuan-fahn*) genannt wird. Am mit Palmen bestandenen Sandstrand tummeln sich am Wochenende viele Thai-Familien und belegen alle Zimmer, ansonsten ist es sehr ruhig.

Nach Norden erstreckt sich hinter dem Fluss das Fischerdorf Sapli.

Thung Wua Laen Beach (North)

K-Had Resort, ☎ 032-560208, Bungalows in 2 Reihen mit türkisblauen Dächern mit Veranda und AC. ❹

Chuan Phun Lodge, 54/3-6 Chuanphun Beach, ☎ 032-560230, modernes Hotel, gute AC-Zi, relativ preiswertes Seafood-Restaurant, durch die Straße von der Strand-Terrasse unter Palmen getrennt, Englisch sprechender Manager; Windsurfen ab 100 Baht. ❸

Clean Wave Resort, ☎ 032-560151-2, Reihenhaus hinter der Straße, 10 saubere Zi mit kleinem Bad; preiswertes Restaurant mit Tischgruppen unter Palmen am Meer. ❷–❹

View Resort, ☎ 032-560214, 20 m vom Strand stehen einige hübsche Bungalows, kleines Schlafzimmer mit Doppelbett, Vorraum, Du/WC (EZ reicht für 2 Pers.), hinter der Straße liegen mehrere große, saubere, achteckige Bungalows mit Kühlschrank, AC und Bad; wochentags Rabatt; hervorragendes View Seafood Restaurant. Mopeds 200 Baht/Tag. ❸–❹

Sea Beach Bungalows, ☎ 032-560115, 600 m weiter nördlich, größere Anlage jenseits der Straße, verschiedenartige Bungalows mit Moskitofenstern und Fan oder AC; Restaurant. ❸

Resort Sapee Beach, 200 m nördlich der Brücke im Fischerdorf, Reihenhäuser mit 6 Zi. ❹

Thung Wua Laen Beach (South), auch Cabana Beach

Thungwualaen Resort, ☎ 081-9701387, neue Bungalows in 2 Reihen senkrecht zum Strand (ohne Meersicht) und Zi im Reihenhaus. Nebenan einige Restaurants mit Bar. ❹

Seaside Garden Gh., ☎ 077-560178, saubere AC-Zi in einem neuen Stadthaus. 300 m vom Strand. ❸

Miao House, ☎ 081-6912266, 085-7840119, 500 m vom Strand, gegenüber vom Mini-Market, Gästehaus in ländlicher Umgebung für Traveller, die längere Zeit bleiben wollen, 8 große Zi mit Fan und Du/WC, Kühlschrank, TV, z. T. in Bungalows aus Naturmaterialien, Monatsmiete ab 5000 Baht, Fahrräder gratis. Geleitet von einer liebenswerten, alten Dame. ❷

Chumphon Cabana Resort, ☎ 077-560245–7, 🖳 www.cabana.co.th (deutsch und englisch); hervorragendes, viel gelobtes Mittelklasse-Resort an der schönsten Stelle des Strandes, üppig grüner tropischer Garten; 6 gemütliche Cottages mit Fan und begrüntem Bad unter freiem Himmel, 25 hübsche Bungalows mit AC; ein 3-stöckiges, eindrucksvolles Hotel wurde in umweltfreundlicher Technologie errichtet, 108 schöne Zi mit Balkon, die komfortabel eingerichtet sind mit Klimaanlage, Satelliten-TV, Kühlschrank, Minibar und Warmwasser-Du/WC; nettes, nicht billiges Strandrestaurant, leckere Gerichte mit organisch erzeugtem Gemüse, fantastisches Frühstücksbuffet (Thai und international); Beach Bar, Kiosk, Thai-Massage, Internet, lizenzierter Geldwechsler, deutschsprachige Tauchschule, großer Pool, Sea Kayak, Mountainbike, interessante Ausflüge. Ein Shuttle-Bus fährt 4x am Tag nach Chumphon für 50 Baht p. P. Er hält am Bahnhof, Busbahnhof und an der Shopping Mall. Beliebt bei Thais am Wochenende und in den Ferien. Mit Loose-Handbuch auf AC-Zi meist 10 % Rabatt. ❹–❺

Die Tauchbasis **Chumphon Diving Center**, ☎ 032-560245-7, ist bemüht, das schöne Tauchrevier zu bewahren. Bootstouren bei gutem Wetter kosten 650 Baht, für Taucher 1800 Baht p. P. inkl. 2 Tauchgänge, Ausrüstung und Lunch. Lohnende Tauchgründe bieten 8 außenliegende Inseln in 6–23 m Tiefe bei 3–20 m Sicht; besonders beindruckt die enorme Artenvielfalt und Dichte der Meerestiere. Es stehen 20 Sets mit 100 Flaschen zur Verfügung; 4-tägiger PADI-Tauchkurs kostet 9500 Baht. Ein Live-aboard-Wochenende um Ko Tao für 3 Tage/2 Nächte wird von Mai bis Okt angeboten.

Der Thung Wua Laen Beach ist von CHUMPHON alle 40 Min. mit dem Songthaew für 30 Baht zu

Die nördliche Golfküste

erreichen. Fantasiepreise verlangen Motorradtaxis (150 Baht) und Taxifahrer in der Stadt.

Chumphon   ชุมพร

Die lebhafte Provinzhauptstadt Chumphon (auch:
Chumporn, gesprochen: Tschum-pohn) mit 56 000
Einwohnern liegt 506 km südlich von Bangkok,
7 km vom Meer entfernt. Der Name stammt von
chumnumphon, was etwa „freundschaftlicher
Treffpunkt" bedeutet. Thais kennen Chumphon
als „Tor zum Süden". Die Provinz unterliegt dem
Südwest-Monsun, wird aber auch vom Nordost-
Monsun beeinflusst, was dem Tenasserim-Gebirge die zweithöchsten Regenfälle von Thailand
beschert. Obwohl es im Flachland weitaus weniger regnet, wurde die Stadt in der Regenzeit (i. b.
im August/September) schon mehrmals von den
Fluten aus dem Grenzgebirge mannshoch überschwemmt. Im Hinterland wurden in den letzten
Jahren viele Plantagen angelegt: Kaffee, Früchte und Palmöl.

In der weiteren Umgebung von Chumphon,
die für ausländische Touristen kaum erschlossen
ist und keinen Massentourismus kennt, laden
den Naturliebhaber schöne Strände, Korallen-
und Felseninseln, unberührter Dschungel, spektakuläre Höhlen und Wasserfälle zu Ausflügen
ein. Um die herrliche Natur von Chumphon zu erkunden, mietet man am besten ein Motorrad. Gute Gästehäuser helfen dabei, den Weg zu sehenswerten Landschaften und Tropfsteinhöhlen
zu finden. Auch auf einer Tour, wenn es nicht gerade die 08/15-Minibusversion für Thai-Touristen
ist, kann man viel entdecken. Dabei lohnt für
Tempelfreunde durchaus auch **Wat Tham Khwan
Muang** (der Marmortempel), **Wat Tham Nam Lot**
oder **Big Buddha** einen Besuch.

Die Stadt selbst bietet neben dem fantastischen abendlichen **Essenmarkt** in der Krom Luang Rd. als touristische Sehenswürdigkeit noch
das **National Museum** links der Straße zum
Thung Wua Laen Beach. Die lokale Kultur wird in
Szenen dargestellt, u. a. mit einem Film über
Schattentheater. Es gibt dort örtliche Andenken
und schönes Kunsthandwerk zu kaufen (Tuch-
waren, Figuren u. Ä.). ⊙ Mi–So 9–16 Uhr, Eintritt
30 Baht.

Rab Ro-Höhle

21 km nordwestlich der Stadt liegt die Höhle
Tham Rab Ro. Hinter dem Tempel Thep Charoen
erhebt sich ein durchlöchertes, von vielen Pflanzen überwuchertes Kliff. Treppen führen zu den
vier unterschiedlichen, nicht besonders spektakulären Höhlen hinauf, die miteinander verbunden sind. Einige der Höhlen enthalten Tropfsteine, andere Buddha-Statuen. Eine gute
Taschenlampe ist erforderlich. Im halboffenen
Tempelgebäude ist ein mumifizierter Mönch in
einem Glassarg aufgebahrt. Über 100 Jahre alte
Riesenschildkröten leben hinter einer Mauer am
Fuße der Felsen. Man erreicht die Anlage vom
KM 490,0 des H4 (4 km nach Westen).

Übernachtung

Die **Strandhotels** werden bei den Stränden beschrieben: Thung Wua Laen Beach (s. S. 345)
sowie Paradonpap, Sai Ri und Thung Kam Noi
Beach (s. S. 351).

Gästehäuser

Chumphon Gh. (Kae House) ①, 27 Krom Luang
Rd. Soi 1, ✉ kakaekookik@hotmail.com, ✆ 077-
502900, 083-1810082, 600 m östlich vom Bahnhof
links in einer ruhigen Gasse, recht einfaches,
2-stöckiges Holzhaus mit spartanisch eingerichteten, hellhörigen Zimmern, 3 Gemeinschafts-
Du/WC im EG, kleines Reihenhaus mit Du/WC.
Frühstücksrestaurant im Hof. Internet, Mopeds
zu vermieten. Die neue Besitzerin Kae (Käi)
schafft eine angenehme Atmosphäre. ❷
Sooksamer Gh. ④, 118/4 Sooksamer Rd.,
✆ 077-502430, 900 m östlich vom Bahnhof
rechts in einer Seitengasse; kleine Zi, Schlafsaal, 3 kleine Gemeinschafts-Du/WC; Restaurant und Bar, guter Service. ❷
Siam Dreams Gh. ⑤, 116/31 Soi Sooksamer,
✆ 077-571790, 087-2693668, 4 einfache, saubere
Zi mit Fan, familiär geführt von Ying und dem
Bayern Sepp. Restaurant mit europäischen und
thailändischen Gerichten. Auf Anruf Abholung
von Bus oder Bahn. ❷
Fame Tour Gh. ⑥, ✉ akeychumphon@hotmail.
com, 🖥 www.chumpon-kohtao.com, ✆ 077-
571077, sehr saubere, schlichte Zi mit und ohne
Du/WC und Fan, unten nettes Bar-Restaurant

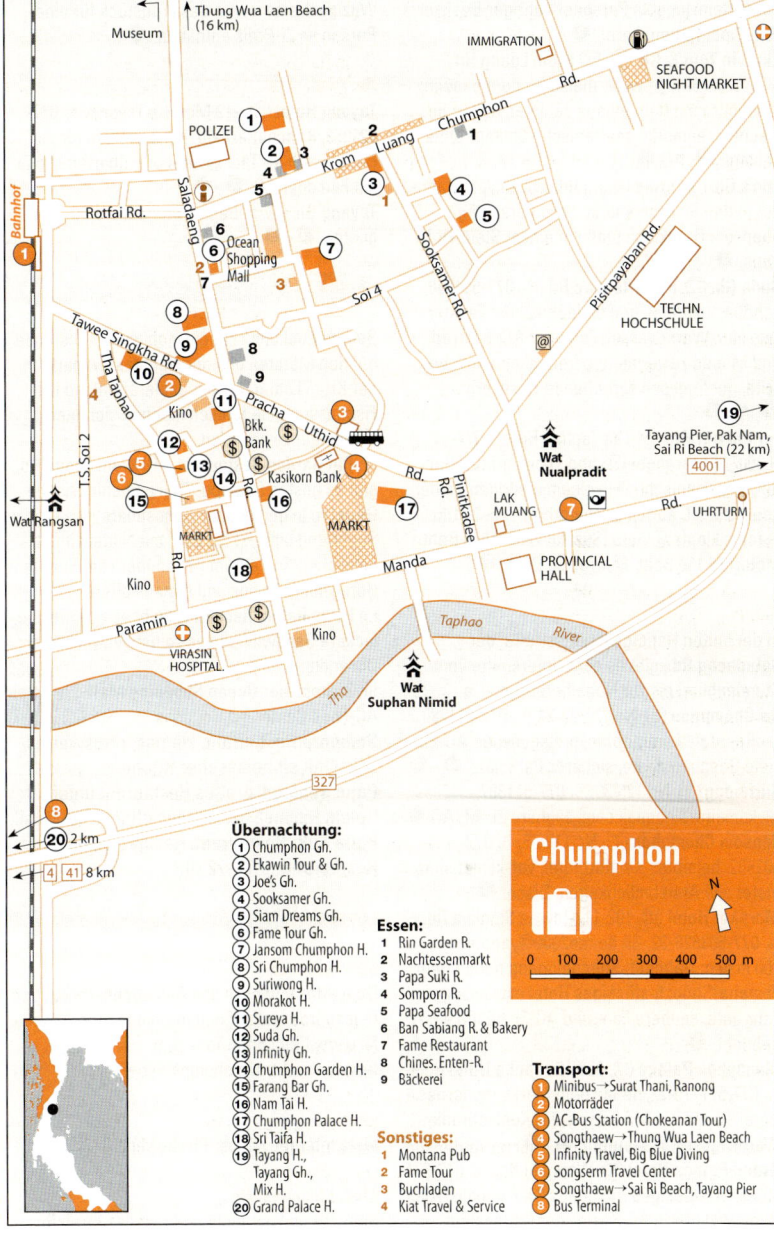

Thung Wua Laen Beach
(16 km)

Museum

IMMIGRATION

SEAFOOD
NIGHT MARKET

POLIZEI

Chumphon

Krom Luang Rd.

Saladaeng

Rotfai Rd.

Bahnhof

Ocean
Shopping
Mall

Sooksamer Rd.

Soi 4

Pisitpayaban Rd.

TECHN.
HOCHSCHULE

Tawee Singkha Rd.

Tha Taphao

T.S. Soi 2

Pracha

Kino

Bkk.
Bank

Uthid Rd.

Kasikorn Bank

Wat Rangsan

MARKT

Kino

Pinitkadee Rd.

Wat
Nualpradit

Tayang Pier, Pak Nam,
Sai Ri Beach (22 km)

4001

LAK
MUANG

Rd.

UHRTURM

MARKT

PROVINCIAL
HALL

Paramin

Manda

Kino

Taphao River

VIRASIN
HOSPITAL.

Tha

Wat
Suphan Nimid

327

8 2 km

20

4 41 8 km

Chumphon

N

0   100   200   300   400   500 m

Die nördliche Golfküste

mit nettem, jungem Personal, rühriger Besitzer (Mr. Pipat Rattanakorn). **❷**

Ekawin Tour & Gh. ②, 5/3 Krom Luang Rd., ✆ 077-501821, 🖳 www.thaisouth.com/ekawin; Reisebüro mit Reihenhaus dahinter, mitten im Nachtessenmarkt, spartanische Zimmer ohne Fenster. **❷**, AC **❸**

Joe's Gh. ③, Krom Luang Rd., 800 m vom Bahnhof mitten im Essenmarkt, zwei Verschläge oben, ein Dreckloch unten in einem Stein-Holz-haus. **❶**

Suda Gh. ⑫, 8 Tha Taphao Rd., ✆ 077-504366, schöne, luxuriöse und einfache Zi mit Fenster zum Flur, Warmwasser, Fan oder AC; Fahrrad und Moped zu vermieten; freundliche, hilfsbereite, gut Englisch sprechende Besitzerin. **❷**, AC **❸**

Farang Bar Gh. ⑮, Tha Taphao Rd., ✆ 077-503001, ✉ farangbar@yahoo.com, grüner Garten, 9 spartanische Zi in einem niedrigen Reihenhaus, Du/WC außen im Hinterhof; ⊙ 6–24 Uhr (nachts klopfen); Auto (Suzuki) 1200–1500 Baht, Motorrad 150 Baht, Fahrrad 50 Baht. **❷**

Hotels

In der lauten Hauptgeschäftsstraße, der **Saladaeng Rd.**, gibt es acht Unterkünfte vom Stundenhotel bis zur Nobelherberge, u. a.:

Sri Chumphon ⑧, Nr. 127/22-24, ✆ 077-511280, große, recht komfortable, preisgünstige AC-Zi; viele Geschäftsleute, sicherer Parkplatz. **❷ – ❸**

Suriwong ⑨, Nr. 125/30, ✆ 077-511397, ✉ kamairat@hotmail.com, saubere Zi. **❷**, AC **❸**

Jansom Chumphon ⑦, Nr. 118/65, ✆ 077-502502, beliebtes Komforthotel, voll klimatisiert, bietet alle Annehmlichkeiten. Disco. **❹**

Morakot Hotel ⑩, 102-112 Tawee Singkha Rd., ✆ 077-503628-32, ✉ boaee2000@yahoo.com, 400 m vom Bahnhof, Seiteneingang neben dem Yamaha-Shop; 5-stöckiges Hotel mit Aufzug, sehr gute, saubere Fan- und AC-Zi; häufig ausgebucht. **❸**

Chumphon Palace ⑰, 328/15 Pracha Uthid Rd., ✆ 077-571715-22, neben dem Markt, modernes Hotel, komfortable AC-Zi mit TV, Kühlschrank, Warmwasser; Restaurant. **❸ – ❹**

Grand Palace Hotel ⑳, Wangpai Rd., ✆ 077-574 800-9, 21-stöckiges Hochhaus 2 km westlich der Stadt, 300 große AC-Zi, riesiger Coffeeshop.

Witzigerweise ist nur das Frühstück für eine Person im Zi-Preis enthalten. **❸**

Am Pier

Tayang Hotel ⑲, 212 Moo 10, Tayang, ✆ 077-521953, 8 km außerhalb, bei den Piers für die Boote nach Ko Tao, 24 saubere, überteuerte Zi mit Fan oder AC. **❸ – ❹**

Tayang Gh. ⑲, nebenan, stundenweise zu mieten. **❷ – ❸**

Essen

Sehr verlockend sind die mobilen Essensstände auf den Märkten und der **Nachtessenmarkt** in der Krom Luang Rd., ein Schlaraffenland für Fischesser; gelegentlich machen sich hier Langfinger zu schaffen.

Im **Rin Garden Restaurant**, 118 Krom Luang Rd., gibt es bestes Seafood, Thai und chinesische Gerichte in gediegener Atmosphäre.

Super und billig ist die Ente mit Nudeln im chinesischen Restaurant gegenüber vom Suriwong Hotel, nur morgens und mittags offen.

Im **Fame Italian Restaurant** gibt es u. a. riesige, leckere Sandwiches aus selbst gebackenem Olivenölbrot.

Im 3. Stock der **Ocean Shopping Mall** gibt es ein AC-Food Center mit Coupons.

Somporn Restaurant, kleines, preiswertes Lokal mit einheimischer Küche.

Papa Seafood, großes Restaurant unter freiem Himmel, nur abends offen, Live-Musik.

Papa Suki Restaurant, riesiges Sukiyaki-Restaurant, ⊙ 11–22 Uhr.

Sonstiges

Informationen

Gute Infos gibt es in den Gästehäusern, einigen Reisebüros und auf neuen Homepages, z. B.
🖳 www.Chumphon Tour.com,
🖳 www.webtravelchumphon.net.

Internet

Viele Internet-Shops: 1 Baht/Min.

Medizinische Hilfe

Sehr gut und gar nicht teuer ist das **Virajsilp**

Hospital. Gegen die gelegentlich in Massen an den Stränden auftauchenden Sandfliegen (v. a. bei bedecktem Himmel) half einigen Travellern Kokosöl, anderen *Skin-So-Soft* von Avon. *Autan* war wirkungslos.

Motorräder

Gibt es in den Gästehäusern und in der Stadt für 200 Baht, z. B. in einem Laden in der Tawee Sinkha Rd., gegenüber vom Suriwong Hotel.

Reisebüros

Die Angebote und Serviceleistungen der Reisebüros unterscheiden sich kaum, sie verkaufen wie die Gästehäuser Tickets für die Boote nach Ko Tao und besorgen ein Fahrzeug zum Pier, 60 Baht p. P.

Infinity Travel Service, 68/2 Tha Taphao Rd., ✆ 077-501937, Transport zum Pier, individuelle Touren in der Umgebung, unzuverlässige Informationen, Mopeds für 150 Baht gegen Ausweis. Günstiges Frühstück im Hof. Eigenes Gästehaus, freier Transport hin.

Kiat Travel & Service, 115 Tha Taphao Rd., ✆ 077-502127, 🖥 www.chumphonguide.com; veranstaltet Tagestouren und einen komfortablen Visa-Run von 12.20–19 Uhr, macht Buchungen, vermietet Minibus und Mopeds.

Songserm Travel Center, 66/1 Tha Taphao Rd., ✆ 077-502764, hier übernachten auch Fahrgäste, die per Zug oder Minibus mitten in der Nacht ankommen, ⏲ 24 Std.

Fame Tour & Service, ✆ 077-571076-7, 🖥 www. chumphon-kohtao.com, ⏲ bis 24 Uhr, Restaurant mit sehr guten Snacks und ohne Verzehrzwang, Internet, Büchertausch, Touren, Transport sowie Buchung von Bus und Minibus, Visa-Run von 5.30–12 Uhr. Sehr rühriger Besitzer.

Tauchen

Big Blue Diving, 68/3 Tha Taphao Rd., ✆ 077-504441, Buchungsbüro für die Tauchschule auf Ko Tao.

Touren

Fame Tour & Service, ✆ 077-571076-7, bietet u. a. eine Nightsafari und White Water Rafting.
Trekkingtouren durch den Dschungel zu Wasserfällen und Höhlen organisiert Ooh von Miaos

House, ✆ 085-7840119, für 1000 Baht p. P. und Tag (ab 3 Pers.), Übernachtung in einer Bambushütte, 1 km vom Wasserfall entfernt. Rafting ist nur bei ausreichend Wasser möglich.
Auf einer anstrengenden 3-tägigen **Elefantenpirsch** (ca. 6 Std. zu Fuß) mit Ooh und 2 bewaffneten Guides kann man mit etwas Glück wilde Elefanten im Dschungel erleben und evtl. sogar sehen.
Weitere Touranbieter s. Reisebüros.
Mit einigem Aufwand können viele Ziele in der Umgebung auch auf eigene Faust und billiger erreicht werden.

Visa

Reisebüros bieten den *Visa-Run* nach Myanmar über Ranong als Tagesausflug an (500–1500 Baht p. P. je nach Personenzahl), inklusive Essen.

Nahverkehr

Songthaews zum Thung Wua Laen Beach (30 Baht, 30 Min.) fahren hinter dem großen Markt in der Pracha Uthid Rd. von 6–16 Uhr alle 40 Min. ab, zum Sai Ri Beach (20 Baht, 45 Min.) bei der Post.
Songthaew für 30 Baht fahren bis 18 Uhr zum Nachtboot-Pier von Chumphon; später per Taxi für 50 Baht p. P.
Motorradtaxis kosten für Ausländer innerhalb der Stadt generell 15 Baht, nachts 20 Baht, nachts zum Pier 50 Baht (gefährliche Fahrt).

Transport

Busse

Auf dem 4-spurigen H4 ist das Busfahren nach Bangkok jetzt sicher und angenehm. Die meisten Busse fahren vom Bus Terminal ab, einige AC-Busse nach Bangkok vom AC-Bus Terminal in der Pracha Uthid Rd., viele weitere von der Kreuzung Pathomphon Junction am H4.
Nach BANGKOK (468 km) 2.Kl. AC-Bus um 5.30, 6 und 7 Uhr sowie um 21 Uhr für 270/281 Baht, AC-Bus um 14, 21, 21.30 und 22 Uhr für 373 Baht in 7 Std., um 9.30, 14 und 21.30 Uhr mit Chokeanan Tour vom Markt in der Pracha Uthid Rd. (2 Fahrer wechseln sich ab). Neue VIP-Busse fahren gegen 21.30 Uhr: VIP-32 für 404 Baht,

VIP-24 sowie der Super-VIP-Bus von *Sri Suthep Tour* für 540 Baht (Essen-Stopp in Hua Hin um 1 Uhr) in 6 1/2 Std.
Nach HUA HIN und BANGKOK direkt vom Pier mit einem VIP-Bus um 13 Uhr (nach Ankunft der Boote) in 4 bzw. 7 Std. für 850 Baht (Preis ab Ko Tao), zurück ab Bangkok um 21.30 Uhr (Ank. 5 Uhr).
Nach Hua Hin AC-Bus für 152 Baht in 4 1/2 Std.
Nach PRACHUAP mit 2.Kl. AC-Bus jede Std. von 6–14 und um 20 Uhr für 95 Baht (ac 120 Baht) über BANG SAPHAN (hält nur an H4) für 55 Baht.
Nach SURAT THANI AC-Bus ca. jede Std. für 200 Baht in 4 Std.
Nach HAT YAI am Vormittag non-ac- und AC-Busse für 227 / 392 Baht in 9 Std.
Nach RANONG ca. alle 90 Min. von 7–17.30 Uhr für 120 Baht in gut 2 Std. auf der landschaftlich reizvollen Strecke zur Westküste.
Nach PHUKET (über Ranong) mit dem 2.Kl. AC-Bus um 14 und 16 Uhr für 260 Baht, AC-Bus um 8 und 13 Uhr für 330 Baht.

Minibusse

Nach BANGKOK direkt vom Pier mit dem AC-Minibus um 13.30 bzw. 17 Uhr (nach Ankunft der Boote) für 400 Baht in 7 Std.
Mit AC-Minivan nach RANONG alle 30 Min. bis 18 Uhr für 100 Baht, nach SURAT THANI ebenso für 130 Baht in 2 1/2 Std., zum Flugplatz von Surat Thani für 160 Baht in 2 Std.

Eisenbahn

Fahrplan „Southern Line" s. S. 782/783.
Der *Sprinter* 43 fährt um 8.05 Uhr ab BANGKOK, Ank. 14.19 Uhr. Er fährt weiter nach SURAT THANI (Ank. 16.30 Uhr). Ansonsten von BANG-KOK 10x tgl. von 13–22.50 Uhr ab 380 / 272 Baht in der 2. / 3. Klasse; das Nachtboot nach Ko Tao erreicht man sicher mit dem *Rapid* 171 um 13 Uhr (Ank. 21.01 Uhr), mit dem *Special Express* 35 um 14.45 Uhr nur, wenn er tatsächlich um 21.47 Uhr ankommt. Etwas Schlaf kann man im *Express* 85 um 19.30 Uhr finden (2.Kl. Sleeper oben 440 Baht), der um 3.44 Uhr eintrifft.
Von BANGKOK NOI fährt der Bummelzug 255 um 7.25 Uhr in 9 Std.
Nach BANGKOK fahren die *Rapid*- und *Express*-

Züge zwischen 19.24 und 23.53 Uhr ab. Der *Sprinter* 40 um 12.46 Uhr ist der einzige schnelle Tageszug, der es erlaubt, etwas vom Land zu sehen. Mit dem Speed-Katamaran von Ko Tao erreicht man ihn normalerweise, aber nicht immer, daher das Ticket erst am Bahnhof kaufen. Nach Norden fährt ein Bummelzug um 6.42 Uhr (Ank. in BANGKOK NOI um 15.45 Uhr); er erreicht Hua Hin um 11.28 Uhr, 49 Baht.
Von SURAT THANI fahren *Rapid*-Züge um 16.46 und 17.42 Uhr in 3 Std. Der lokale Zug 446 fährt um 13.16 Uhr für 34 Baht (Ank. 16.25 Uhr). Die Fernzüge in den Süden fahren nachts zwischen 21.01 und 0.35 Uhr ab.
Nach SURAT THANI fährt zudem der lokale Zug 445 um 6.35 Uhr (Ank. 9.45 Uhr).

Boote

Drei Boote nach KO TAO fahren tgl. beim Tayang-Pier des Hafens Pak Nam Chumphon an 2 verschiedenen Stellen ab (von Nov–Jan abhängig vom Wetter), der Katamaran fährt ab Thung Kam Noi. Den Transfer (13 km) übernehmen die Gästehäuser oder die Reisebüros rechtzeitig vor der Abfahrt, falls man ihn nicht selbst organisiert.
Minibus- und Pickup-Zubringer für 50 Baht p. P., Motorradtaxi 80 Baht p. P., Tuk Tuk 50–150 Baht.

Nach Ko Tao u. zurück
Seatran Speedboat, hin: 7–9.30 Uhr, zurück: 16–19.30 Uhr, Preis p. P.: 550/450 Baht, ✆ 077-521052
Songserm Expressboot, hin: 7–10 Uhr, zurück: 14.30–17.30 Uhr, Preis p. P.: 400 Baht, ✆ 077-506205
Lom Lakh Speedboot, hin: 7–8.30 Uhr, zurück: 10–11.30 Uhr, Preis p. P.: 550/450 Baht, ✆ 077-558212-3
Lomprayah Katamaran, hin: 7–8.45 Uhr, zurück: 10–11.45 Uhr, Preis p. P.: 550 Baht, ✆ 077-558212
Lomprayah Katamaran, hin: 13–14.45 Uhr, zurück: 14.30–16.15 Uhr, Preis p. P.: 550/450 Baht, 🖵 lomprayah.com
Lom Lakh Speedboot, hin: 13–14.30 Uhr, zurück: 14.30–16.30 Uhr, Preis p. P.: 550/450 Baht, ✆ 077-456176
Autofähre (Mo–Sa), hin: 23–5 Uhr, zurück: 23–5 Uhr, Preis p. P.: auf Anfrage, ✆ 077-580030
Night Boat, hin: 24–6 Uhr, zurück: 22–3 Uhr, Preis p. P.: 200/250 Baht, ✆ 077-553052-4

Am bequemsten ist der Lomprayah Katamaran, der nach Ko Pha Ngan (800 Baht) und Ko Samui (1100 Baht, mit Gratis-Transfer) weiterfährt, bei Buchung im Internet zahlt man nur 750 bzw. 850 Baht.

Auch das Songserm-Expressboot fährt weiter nach Ko Pha Ngan (650 Baht) und Ko Samui (750 Baht).

Das mit Bastmatten ausgelegte Nachtboot (das Transportboot für Ko Tao) dreht bei „unvorhersehbar" hohem Wellengang nur eine Ehrenrunde auf dem Fluss, dann müssen die Passagiere notgedrungen wieder eine Unterkunft suchen.

Bei der Ankunft der Boote warten Pickups, Busse und/oder ein AC-Minibus auf Passagiere nach Bangkok.

Flüge

Der Flugplatz liegt 35 km nördlich der Stadt bei Pathiu, zurzeit keine Flüge.

Selbstfahrer

Nach **Süden** gibt es für 60 km keine Alternative zum autobahnmäßig ausgebauten H41. Erst am KM 57,8 biegt der H4097 zum Lang Suan Beach ab (s. S. 353) und ermöglicht eine herrliche, gemütliche Fahrt auf ebenen Landstraßen bis Chaiya und auf der schönen Nebenstraße H4112 weiter bis Surat Thani (insgesamt 210 km).

Zur **Westküste** hinüber eignet sich der H4 nach Ranong. Unterwegs kann man in Kraburi übernachten, dann sind es noch 55 km nach Ranong und weitere 58 km bis zum Bike Stay Wasana Resort am Bang Baen Beach.

Die Strände südlich von Chumphon

Paradonpap Beach und Sai Ri Beach

Am 3 km langen **Paradonpap Beach** 17 km südlich von Chumphon, in der Nähe der Flussmündung, gibt es nette, teure Fischlokale und ein Fischerdorf. Zum Baden ist er nicht geeignet.

Sai Ri Beach, der beliebte Ausflugs- und Picknickplatz für Thais liegt 5 km weiter (Pickup 20 Baht). Am Wochenende haben alle Strandres-taurants offen und vermieten massenhaft Liegestühle, Sonnenschirme und aufgepumpte Autoreifen. Das Seafood-Restaurant Karakhed am Strand ist besonders gut, wirklich lecker schmecken die frischen Shrimps mit Soße und die *Prawn Cakes*. Am Anfang der Bucht liegt das ausgediente Torpedoboot *HTMS Chumphon* am Strand. Darüber steht der **Prince of Chumphon Shrine** in exponierter Lage. Hier wird der Begründer der Thai Navy wie ein Heiliger verehrt. Ein Festival zu seinen Ehren findet vom 19. bis 25. 12. statt.

Vom **Chao Muang Hill** am Ende der Straße hat man eine schöne Sicht über die Küste und die vorgelagerten Inseln.

Ao Makham

Die traumhafte Bucht liegt noch weiter südlich, 26 km von Chumphon (Pickup 30 Baht). Am schönen, friedlichen Strand **Thung Kam Noi** liegt ein Gästehaus, das auch gern von Thais aufgesucht wird. Häufig stören Massen von Sandfliegen (ein Repellent mitbringen).

Der Küste ist die Schnorchelinsel **Ko Klaep** vorgelagert. Ein Boot steht zur Verfügung (ab 1200 Baht pro Tag).

Übernachtung

Paradonpap Beach

Baan Ing Thalae, ✆ 077-521663, sauberes Reihenhaus am Meer, schöne Sicht. ❹

Sai Ri Beach

Sai Ree Lodge, ✆ 077-502023, 20 AC-Bungalows, etwas heruntergekommen, Tauchausrüstung verfügbar. ❹

Nongmai Resort, ✆ 077-558022, Bungalows und spartanische Zi im Reihenhaus. ❸

Thung Kam Noi

M.T. Resort, 🖳 www.mt-chumphon.com, ✆ 081-5366808, direkt am Strand neben dem langen Pier der Lomprayah Ferry, 9 schön im Garten verteilte, mit Bambus dekorierte Bungalows mit Du/WC und AC, Kaffee gratis, gutes, gepflegtes Strandrestaurant, von der freundlichen Chai geleitet. Kajak und Fahrräder gratis. ❹

Die Inseln vor Chumphon

13 km südöstlich der Stadt an der Mündung des Klong Tha Taphao liegt der betriebsame Fischerhafen **Paknam Chumphon**. Auf mehreren Werften werden neue Fischerboote gebaut. Man kann ein Boot mieten, um die ca. 33 vorgelagerten Inseln zu erkunden, die im 317 km² großen **Mu Ko Chumphon National Park** liegen (Eintritt 400 Baht). Einigermaßen erschwinglich ist ein Boot nur zu mehreren und mit entsprechendem Verhandlungsgeschick. Viele Traveller kommen begeistert von den Touren zurück, die von den Reisebüros oder von den Gästehäusern veranstaltet werden.

Die meisten Inseln bestehen nur aus Felsen und sind für Robinsonaden nicht geeignet. An zwei Inseln kann man sehr schön schnorcheln. Interessant ist **Ko Lang Ka Chiu** (auch: Langaching) südlich vom Hafen. In ihren Höhlen und Kliffs wohnen Tausende von Schwalben (Salangane) und bauen ihre Nester, die dreimal jährlich von schwindelfreien Burschen geerntet werden, die dort leben (zurzeit kostet ein Kilo um 100 000 Baht). Ganz in der Nähe liegt die lange und schmale **Ko Thong Lang**. Sie hat an einem Ende schöne Strände; bei einem Wassertank nebst Toilette und Sala kann man picknicken. Die schlammige Thungka-Bucht beherbergt zahlreiche Möwen. Die 30-minütige Fahrt mit einem Fischerboot sollte 500 Baht (hin und zurück) kosten.

Nahe an der Flussmündung liegt **Ko Mattra**, von den Einheimischen *Tang Kuay* genannt. Sie eignet sich zum Fischen und Zelten (Genehmigung des Nationalparks erforderlich) und ist meist von vielen Fischern belegt. Um die Insel herum gedeihen Korallenriffe, allerdings ist das Wasser manchmal nicht klar genug zum Schnorcheln.

Von Chumphon nach Chaiya

Bei Chumphon wendet sich der H4 an der Pathomphon Junction am KM 499 nach Westen und durchschneidet den schmalen Isthmus von Kra, um nach 60 km den Kra Buri-Fjord zu erreichen. Nach Süden setzt der H41 die direkte Nord-Süd-Verbindung fort. Auf 320 km Länge berührt der

zur Autobahn ausgebaute Highway keine einzige Stadt. Stichstraßen erschließen die von Kokosplantagen gesäumte Küste im Osten und das fruchtbare Flachland im Westen, das von vielen schönen Bergketten durchzogen wird. Links und rechts der Straße erstrecken sich ausgedehnte Reisfelder, in die Ende Juli / Anfang August die Setzlinge gesteckt werden. Am Fuße des Berglands wurden in den letzten Jahren große Dschungelgebiete gerodet, um Obst- und Kaffee-Plantagen anzulegen.

Am KM 34,1 lädt rechts ein schwimmendes Restaurant auf dem von schöner Ufervegetation gesäumten Khlong Sawi zu einer Pause ein. Etwas weiter zweigt links eine Straße ab zum Ort **Sawi** und rechts (KM 35) zum eindrucksvollen Marmortempel **Wat Tham Khwan Muang** (500 m). Am H41 locken Obststände, die Früchte der Saison zu probieren.

Arunothai Beach

Am KM 44,8 biegt nach links der H4096 nach Ban Paknam Tako ab. Nach 12 km kommt der 5 km lange, einsame Arunothai Beach. Am naturbelassenen Strand gibt es feinen Sand. Das Resort bietet vom Restaurant aus eine schöne Sicht auf fünf Inseln.

Es werden Bootsausflüge nach **Ko Phithak** (Fischerdorf), **Ko Rangtat** (Korallen) und **Ko Prao** (schöner Strand) veranstaltet. Sie starten in **Paknam Tako** (2 km). Dort gibt es neben einem großen kommerziellen Fischerhafen auch einen **Schrein des Prinzen von Chumphon** und einen Picknick-Strand.

Khao Thalu

Ebenfalls am KM 44,8 biegt nach rechts der H4139 nach **Ban Khao Thalu** (23 km) ab, zum „Berg mit dem Loch". Dieses Loch hat einen Durchmesser von etwa 90 m und ist in der gewaltigen Felsenkette schon vom H41 klar zu erkennen. Für Höhlenforscher interessant ist vielleicht die **Tham Nam Lod Noi**, 5 km nordwestlich vom Dorf beim Wat Khao Nam Thip Wa La Lam. In der engen Kalksteinhöhle hat ein Bach Granitfelsen glatt geschliffen. Ohne Führer hat man kaum eine Chance, die im Wasser versteckten Passagen zu finden. Vom steilen Kalksteinberg belohnt eine schöne Aussicht den anstrengenden Aufstieg. Leicht verirren kann man sich in der schönen **Tham Nam Lod Yai**.

Klong Prao National Park

Nur Abenteurer und erfahrene Bike-Offroad-Freaks sollten am KM 57,8 nach rechts zum Klong Prao National Park (19 km) abbiegen. Nach 33 km Betonstraße kommt ein schlechter, kaum ausgeschilderter Erdweg (5 km), der durch mehrere Bäche führt und auf z. T. grobem Schotter sehr steil aufwärts geht. Ohne Guide kann es echt gefährlich werden. An der Straße entlang erstrecken sich vor allem Kaffee- und Durianplantagen.

500 m unterhalb des *Headquarters* liegt der 5-stufige **Klong Prao-Wasserfall** mit einem tiefen, natürlichen Schwimmbecken im Dschungel.

Zum 30 m hohen **Krathing-Wasserfall** muss man mit einem Führer durch den Dschungel wandern, wo wilde Büffel leben sollen. Ein weiterer schöner Wasserfall mit 15 Stufen ist noch 6 km weiter im Dschungel versteckt.

Lang Suan Beach

Am KM 57,8 biegt der H4097 am Hinweisschild *Phitak Island 28* nach Osten ab. Nach 11 km ist ein nicht ganz sauberer Fischerstrand mit einem Seafood-Restaurant erreicht. 700 m weiter liegt das *P.N. Seafood & Resort* am Strand mit grauem Sand. 1,5 km weiter südlich beginnt der Vergnügungsstrand von Lang Suan mit vielen kleinen Strand-Restaurants. Mittendrin liegt am KM 0 ein großes Kloster, in dem ein mumifizierter Mönch mit einer ausgestopften Kobra in einem Glasschrein südlich vom Bot aufbewahrt wird. Über einen Lotusteich gelangt man zum **Schrein des Prinzen von Chumphon** am Meer.

Schließlich erreicht man das Dorf **Pak Nam Lang Suan** (Hafen von Lang Suan), wo Ende Oktober/Anfang November Bootsrennen stattfinden. Die gepflegt wirkende Kleinstadt **Lang Suan** (Pickup 10 Baht) liegt 8 km landeinwärts. Die Zufahrtsstraße wird von blühenden Bäumen gesäumt, der Mittelstreifen ist bepflanzt. Im Zentrum stehen noch viele schöne, alte Holzhäuser.

Vom H41 zweigt die Straße nach Pak Nam Lang Suan (12 km) am KM 63,5 ab. An derselben Kreuzung beginnt auch die wenig befahrene Straße H4006 nach Ratchakrut (72 km), die sich

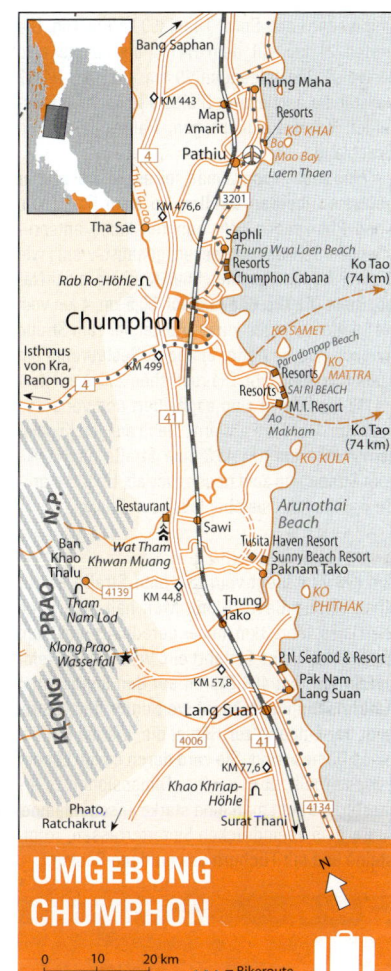

UMGEBUNG CHUMPHON

0   10   20 km

• • • = Bikeroute

Die nördliche Golfküste

besonders gut für Biker eignet, die zur Westküste hinüber wollen. Am KM 66 zweigt die Straße zur Stadt Lang Suan (2 km) nach links ab. Das **Wat Tham Khao Ngoen** an der Kreuzung nach rechts ist einen Abstecher wert.

Alternative Fahrt auf der Landstraße

Von Lang Suan kann man auf einer schönen, wenig befahrenen Nebenstraße nach Chaiya (73 km) und weiter nach Surat Thani (53 km) fahren. Die ersten 21 km auf dem H4134 bis Lamae sind teilweise, die folgenden 29 km auf dem H4112 vollständig asphaltiert. Die Straße säumen Reisfelder, Kautschukplantagen, Palmenhaine und Brachland.

7 km südlich von Lamae soll es die drei sauber gefassten, **heißen Quellen** Bo Nam Ron Tham Khao Phlu geben. Wir konnten keine entsprechenden Schilder entdecken, genauso wenig wie die vier **Tropfsteinhöhlen** Khun Krathing in der Nähe. Beim Ort **Tha Chana**, nach 50,5 km, 4 km vom H41 entfernt, ist ein kurzer Abstecher zum Strand möglich, wo es nette, einfache Restaurants mit gutem Seafood gibt. Die restlichen 23 km auf dem H4112 bis Chaiya sind asphaltiert und verlaufen weit von der Küste entfernt. Nach einigen Kilometern zweigt am KM 45,3 eine Straße nach links zum Strand und zum neuen Pier ab. Über die große Brücke führt sie ebenfalls nach Chaiya.

Khao Khriap-Höhle

Am KM 77,6 biegt vom H41 eine Straße ab zur Khao Khriap Cave (6 km). Man hält sich nach 2 km links, fährt 3 km immer geradeaus und biegt dann links in eine Einfahrt ein. Vom kleinen Tempel führen fast 400 Stufen auf den imposanten **Kalkfelsen** hinauf. Nicht weit unter dem Gipfel liegt der Eingang zur Höhle, die wie die Kuppel eines Domes wirkt. Sie wird durch einige Löcher etwas erhellt, aber um ihre Dimensionen zu erfassen, braucht man eine starke Taschenlampe. Außerdem beeindrucken Sinterterrassen, Tropfsteine und mit Tüchern umwundene Säulen.

Übernachtung

Sawi

Sawi Garden Inn, 156 Tambon Napo, Sawi, ✆ 077-531220, 9 Zi mit Fan. ❷

Arunothai Beach

Tusita Haven Resort & Spa, ✆ 077-579073, 🖳 www.tusitaresort.com, Boutique-Hotel, 300 m vom Strand, 17 wunderschöne, sehr geräumige Villen mit allem Komfort und erlesener Dekoration, herrlich eingefügt in den Wassergarten, erstklassiges Restaurant, Pool, Spa, WLAN; freundliches Personal. ❽

Chumphon Sunny Beach Resort, ✆ 077-579148, 🖳 www.sunnybeachresort.com, große, schöne, saubere Bungalows mit Fan oder AC unter Palmen und Kasuarinen, Mo–Do Rabatt; Restaurant; niemand spricht Englisch. ❸—❹
Rung Aroon Villa Beach Resort, ✆ 077-579161, auf der Landseite, 42 neue, geräumige Bungalows mit Fan oder AC im frisch angelegten Garten, Pool, Restaurant am Meer. ❹

Lang Suan Beach

P.N. Seafood & Resort, ✆ 077-551138, hübsche, sehr saubere Bungalows und Familienhäuser aus Stein, schön angelegter Garten mit einem Bachlauf, nette Terracotta-Figuren, Restaurant am Meer. ❸—❺

Lang Suan

Im Zentrum beim Markt liegt das **Thawat**, 55 Khao Ngoen Rd., ✆ 077-541341, 100 Zi mit Fan oder AC; Restaurant. ❷—❸
Jan, 26/5 Khao Ngoen Rd., ✆ 077-541330, am westl. Stadtrand, Zi mit Fan oder AC. ❷—❸

Chaiya ไชยา

Der kleine Ort unweit der Straße nach Surat Thani besteht vorwiegend aus Holzhäusern, die zwei kurze Straßen und deren Seitengassen flankieren. Chaiya war bis vor etwa 1000 Jahren ein Zentrum des Sri Vijaya-Reiches, das weite Teile des Landes beherrschte. Es reichte von Java bis zum Isthmus von Kra, wo das Reich der Khmer begann. Doch wer erwartet, großartige Zeugen der großen Vergangenheit bewundern zu können, wird enttäuscht sein. Man muss sich mit wenigen Überresten begnügen und das Bewusstsein genießen, auf dem historischen Boden eines längst verflossenen Reiches zu stehen.

Im **Wat Phra Boromathat**, einem sehr verehrten Tempel 1 km westlich der Stadt, sind Ähnlichkeiten mit den Tempelanlagen und Chandis in Zentral-Java unverkennbar. Die aufwendig restaurierte, über 1200 Jahre alte Pagode beherbergt Reliquien von Buddha.

In der Umgebung gibt es weitere Tempel im Sri Vijaya-Stil, **Wat Wieng**, **Wat Long** und **Wat Kaeo**, das einst einen mächtigen Stupa besaß.

Ein kleines, gut geführtes **National Museum** etwa 1 km westlich der Stadt zeigt Repliken von Statuen, die jetzt im Nationalmuseum von Bangkok stehen, sowie viele weitere Funde aus der Gegend um Chaiya. ☉ Mi–So 9–16 Uhr, außer feiertags, Eintritt 30 Baht.

Fährt man durch Chaiya hindurch 3 km weiter, so weist das Schild *Beach 2 km* nach rechts zum Restaurant *Plub Pla Seafood*. Es ist auf Stelzen zwischen Mangroven errichtet; Pickup ab Chaiya 10 Baht. Eine Straßenbrücke führt über den Fluss zum Laem Pho mit einigen Seafood-Restaurants.

Übernachtung und Essen

Im Ort liegt 300 m nordöstlich vom Bahnübergang an einer schmalen, lauten Straße das äußerst einfache **Hotel Udomlap**, ☎ 077-431123, ganz aus Holz gebaut; gute, ruhigere AC-Zi im Steinanbau. ❷ – ❸
Ein Frühstücksrestaurant liegt in der ersten Querstraße vom Bahnhof kommend.

Transport

Eisenbahn
Fahrplan „Southern Line" s. S. 782/783.
Chaiya ist mit der Bahn von SURAT THANI zu erreichen. 8 Züge halten von 17.18–21.41 Uhr an. Praktisch ist der *Rapid* 174 um 16.46 Uhr, Ankunft 17.18 Uhr, sowie der lokale Zug 446 um 13.16 Uhr (8 Baht), Ankunft 13.56 Uhr. Die Schnellzüge von Norden kommen alle nachts an.

Sammeltaxis
Von SURAT THANI mit Sammeltaxi für 60 Baht, mit dem orangen Songthaew für 50 Baht in 45 Min. Zurück fahren Sammeltaxis am Bahnhof ab, das blaue Songthaew fährt zum Bahnhof Phunpin. Songthaew zum WAT PHRA BOROMA-THAT 10 Baht, zum WAT SUAN MOKE 25 Baht.

Selbstfahrer
Nach Süden geht es auf der schönen Nebenstraße H4112 weiter bis Surat Thani (53 km). Unterwegs kann man nach ca. 18 km beim Dorf Klong Sai zuschauen, wie Affen dazu ausgebildet werden, Kokosnüsse zu pflücken.

Wat Suan Moke   วัดสวนโมกข์

6 km westlich von Chaiya an der Straße nach Surat Thani steht in einem schönen dschungeligen Park das moderne Wat Suan Moke. Früher kamen Pilger aus dem In- und Ausland hierher, um einen der berühmtesten Mönche des Landes kennen zu lernen, **Achaan Buddhadasa**, der 1993 verstorben ist.

Die Architektur und Ausschmückung der Klostergebäude ist sehenswert. Der Bot z. B. ist in Schiffsform gebaut, was das Hinübergleiten ins Nirwana symbolisiert. Das Zentralgebäude wird außen von Flachreliefs geschmückt, die die Geschichte Buddhas erzählen und nach indischen Originalen gearbeitet worden sind. Das Innere wirkt wie eine großartige Gemäldesammlung, nur dass die verschiedenen Künstler ihre Bilder nicht auf Leinwand, sondern direkt auf die Mauern gemalt haben. Alle Künstler setzten sich auf die verschiedenste Art mit dem Weg zur Vervollkommnung auseinander. Der wandernde, sur-

Meditieren im Wat Suan Moke

Jeden Monat werden vom 1. bis 11. Kurse in **Dhamma-Meditation** abgehalten. In einem Kokospalmenhain bekommen die Teilnehmer eine Zelle zugewiesen. Nach der Methode Anapanasati (Achtsamkeit durch Atmen) herrscht strenges Rede-, Schreib-, Lese-, Rauch- und Alkoholverbot. Durch den Kurs lernt man, auf den Grundlagen der buddhistischen Lehre Ruhe und Stärke in sich selbst zu finden. Gute Englischkenntnisse sind hilfreich. Anmeldung persönlich ein bis zwei Tage vor Beginn. Kosten: 1200 Baht. Weitere Infos: 🖥 www.suanmokkh.org, ☎ 077-431596.
Achtung: Die Regenzeit ist wegen der vielen Moskitos weniger gut geeignet. Sarong zum Duschen und Baden in heißen Quellen mitbringen! Die 12-seitige Schrift *Ten Day Buddhist Meditation Course at Suan Mokkh – Basic Information* kann Entscheidungshilfe dazu geben, ob man den Kurs wirklich mit allen Konsequenzen absolvieren will. Während der kursfreien Zeit werden weitere Meditationsmöglichkeiten angeboten.

Die nördliche Golfküste

realistisch angehauchte Zen-Buddhist Emanuel Schermann verlieh dem Gebäude mit seinen Sinnsprüchen und Illustrationen das besondere Image. Im 2. Stockwerk gibt es noch freie Wandstellen für künstlerisch Begabte. Östlich der Straße liegen 1200 m entfernt sehr angenehme heiße Quellen.

Übernachtung und Essen

Es gibt einen Frauen- und einen Männerschlafsaal (gegen Spende) und während der kursfreien Zeit (11.–30. eines jeden Monats) vegetarisches Gemeinschaftsessen (50 Baht täglich). Außerhalb der Klosteranlage haben sich viele kleine Essenstände angesiedelt, die vor allem die Spezialität dieser Gegend, in Salz eingelegte, gekochte Enteneier, anbieten.

Transport

Vom Bahnhof fahren Songthaews für 25 Baht zum Wat Suan Moke. Busse nach SURAT THANI kosten ca. 40 Baht.

Surat Thani สุราษฎร์ธานี

Die Provinz Surat Thani ist die größte im Süden und zählt 127 000 Einwohner. Die Provinzhauptstadt hieß früher Ban Don und wird von vielen Einheimischen auch heute noch so genannt. Surat, wie sie kurz genannt wird, ist an sich eine wenig interessante Stadt, meist nur Durchgangsstation auf dem Weg nach Ko Samui. Es gibt für die meisten Touristen keinen Grund, länger hier zu bleiben, außer auf den Anschluss zu warten.

Während langer Wartezeiten kann man auf der Insel Lamphu in einem Park ausspannen und etwas Thai-Freizeit-Flair genießen oder sich einer Tour durch die Kanäle der Stadt anschließen und dabei schwimmende Dörfer und winzige Kokosnuss-Inseln im Tapi-Fluss besuchen; Informationen dazu in den Reisebüros (außer dort spricht hier kaum jemand Englisch!).

Schräg gegenüber von Samui Tour liegt ein großes, interessantes Wat mit freundlichen Mönchen.

Übernachtung

Gästehäuser

Web Gh. ⑭, Talat Mai Rd., ✆ 089-6459128, über dem Internet-Café, sehr einfache Zi nur mit Bett, die Fenster zur lauten Straße schließen nicht, saubere Du/WC auf dem Flur, Schlafsaal. Nettes Thai-dänisches Management. ❷

Hotels

Surat Hotel ⑦, 496 Na Muang Rd., ✆ 077-272287, billiges Hotel, große, saubere, sehr einfache Zi mit Du/WC und Fan; freundliches Personal. ❷
Grand City Hotel ⑥, 428/7-10 Chon Kasem Rd., ✆ 077-272960, etwas enge, aber saubere, günstige Zi mit Du/WC und Fan oder AC; relativ netter Empfang; trotz der gewerbetreibenden Damen im 3. Stock ist es ruhig. Mehrere Empfehlungen. ❷, AC ❸
Tapee Hotel ⑩, 100 Chon Kasem Rd., ✆ 077-272575, ordentlich, saubere, einfache Zi mit TV, Warmwasser-Du/WC, Fan oder AC. Das Ploypailin Restaurant bietet gute Thai-Küche. ❸
Thai Tani ⑮, 442/306-8 Talat Kaset 2, ✆ 077-273586, am Bus Terminal Kaset 2, Rezeption im 3. Stock (dort laut), riesige, abgewohnte, im 4. Stock ruhigere Zi mit Du/WC und AC oder Fan; desinteressiertes Personal. Vegetarisches Restaurant, 🕐 bis 13.30 Uhr. ❷, AC ❸
Rajthani Hotel ⑨, 293/96 Talat Kaset 1, ✆ 077-272143, etwas verwohnte, kleinere Zi mit Fan oder AC. ❷, AC ❸
K.R. Mansion ⑰, Tri-Anusarn Rd., ✆ 077-217727, Zi mit Fan und AC in mehreren Stockwerken. ❷–❸
T.H. Mansion ⑧, 70/1-4 Mitr Kasem Rd., ✆ 077-212701, 5-stöckiges Apartmenthaus mit Aufzug, 50 saubere AC-Zi mit Du/WC, TV, Telefon, auch monatlich zu mieten; freundliche Besitzer. ❸
Thai Rung Ruang ⑪, 191-199 Mitr Kasem Rd. (Soi 12), ✆ 077-273249, nahe der Busstation, großes Hotel, saubere, große Zi mit Du/WC und Fan oder AC; im Hinterhof ruhig; chinesischer Besitzer, arrogantes Personal. ❷–❸
Intown Hotel ⑤, 276/1 Na Muang Rd., ✆ 077-210145, recht neues Gebäude, saubere Zi. ❸
Southern Star ⑱, 253 Chon Kasem Rd., ✆ 077-216414, 120 AC-Zi mit Teppichboden, TV, Minibar und Warmwasser. Riesige Disco. ❹

100 Islands Resort ⑫, ✆ 077-201150,
🖳 www. roikoh.com; an der großen Kreuzung
der Bypass Rd., gegenüber von Tesco Lotus,
komfortables Hotel mit gut eingerichteten Zi, toll
angelegter Pool, Spa, Frühstücksbuffet 50 Baht;
freundliche Atmosphäre. Hervorragendes
Preis-Leistungs-Verhältnis. ❸–❺

Queen, ✆ 077-311003, z. T. muffige Zi, 200 m vom
Bahnhof in Phunpin entfernt. ❷, AC ❸

Essen

Im Viertel am Hafen verpflegen sich wartende
Passagiere in Restaurants mit thailändischen
und westlichen Gerichten und abends auf dem
hervorragenden Essenmarkt.

Die **Straßenmärkte** sind fantastisch. Gute,
lebhafte Essen-Märkte von 18–23 Uhr in der
Tee Lek Rd. und von 23 Uhr bis kurz vor
Sonnenaufgang am Fluss entlang.

Im klimatisierten **Future@Internet** gibt es gutes
Thai-Essen und frischen Kaffee.

Das **Milano**, 128 Bandon Rd., ist ein echtes
italienisches Lokal mit Backstube, sehr gute,
dünne Pizza und leckere Nudelgerichte gibt es
von 11–22 Uhr.

Das **Ploypailin**, 100 Chon Kasem Rd., im EG des
Tapee Hotels bietet gute Thai-Küche,
amerikanisches Frühstück und ein anständiges
Club-Sandwich zu günstigen Preisen.
Gemütliche Bar. ☉ 7.30–23 Uhr.

Beim **Bahnhof Phunpin** geht es 200 m nach
links zu **Oum's Restaurant** und zum **Pann
Restaurant**.

Sonstiges

Feste

Zu Ok Phansa findet, gewöhnlich Mitte Okt,
das **Chak Phra Festival** zu Ehren von Buddha
statt. Höhepunkte sind eine Prozession mit
Buddha-Statuen und ein Langbootrennen mit
bis zu 50 Paddlern.

Am 1. Wochenende im Aug wird das
Rambutan Festival gefeiert.

Immigration

Office in der Surat Thani City Hall, Don Nok Rd.,
✆ 077-273217; ☉ Mo–Fr 8.30–12 und 13–16 Uhr.

Informationen

Tourist Office, Na Muang Rd., ✆ 077-288817-9,
✉ tatsurat@samart.co.th; im Westen der Stadt,
☉ tgl. 8.30–16 Uhr.

Eine Zweigstelle der TAT hat in Phunpin, 300 m
links (nördlich) vom Bahnhof, aufgemacht.

Internet

Internet-Café im **Web Gh.**, Talat Mai Rd., 2 Baht/
Min. (Minimum 15 Min.).

Zwei weitere Internet-Cafés liegen am Pier der
Nachtboote.

Markt

Neben dem Bahnhof in Phunpin liegt eine
interessante Markthalle.

Medizinische Hilfe

Das **Surat Hospital**, 2 km westlich (nach der
Brücke rechts), ist gut ausgestattet und billig.

Moskitonetze

Sehr gute, große Moskitonetze aus leichtem
Kunststoff gibt es billig in einem kleinen Laden
schräg gegenüber vom Jula Department Store,
der 5. Laden links der Kreuzung.

Reisebüros

Ein halbes Dutzend in der Nähe vom Pier.

Zug-Tickets gibt es in einem Shop zwischen den
Bus Terminals Kaset 1 und 2 (siehe Karte).
Bus-Service zur Fähre inkl. Fährtickets bei
Phantip Travel, Talat Mai Rd., vor dem Bus
Terminal Kaset 1, und bei **Samui Tour**,
326/12 Talat Mai Rd., ✆ 077-282352, ☉ 6–19 Uhr,
auch Verleih von Motorrädern.

In **Phunpin**, 200 m links vom Bahnhof, verkauft
Surat Gateway Travel alle Tickets für nur
30 Baht Provision, daneben **Wut Travel**, ✆ 077-
311532, ✆ 081-9783928, hat einen Minibus für
die Fahrt nach Khao Lak.

Die negativen Berichte über Chaw Wang Tours
gehen weiter (s. Kasten). Wenn möglich, die
Polizei einschalten.

Tourist Police

Am Bahnhof Phunpin links bei den Taxiständen,
ist behilflich, den richtigen Bus Stop zu finden
und aufdringliche Schlepper los zu werden.

Nahverkehr

Blaue Minibusse in der Stadt 10 Baht.
Tuk Tuks vom Busbahnhof zum Tha Thong Pier für Expressboote 15 Baht.
Kleinbusse verkehren alle 5 Min. von 5–17.15 Uhr zwischen Bahnhof und Bus Terminal 1, Zwischenstopp am neuen Bus Terminal (regulär 10–15 Baht).
Motorradtaxis ab 20 Baht, zum Bahnhof Phunpin 100 Baht.

Transport

Busse
Terminals
Die Bangkok-Busse kommen am New Bus Terminal an, private AC-Busse beim Pier, alle anderen Busse halten in der Stadt am Terminal 1 oder 2. Viele Busse warten an den Piers auf ankommende Boote bzw. am Bahnhof auf die ankommenden Nachtzüge. AC-Busse von Phantip nach Phuket und Krabi fahren am Büro in der Talat Mai Rd. ab.

Nach Ko Samui
Die Busse zur Autofähre in Don Sak starten u. a. bei Samui Tour um 6.50, 8.30, 12.30, 14.30, 15.30 und 16.30 Uhr für 170 Baht (inkl. Fähre), an Bord muss man den Bus verlassen, das Gepäck wird

währenddessen häufig gefilzt und Wertsachen entwendet. Bei den Terminals warten aufdringliche Schlepper, um die ankommenden Touristen in Reisebüros mit *special price* zu führen – besonders teuer. Bei der Ankunft des Expressbootes um 10.30 Uhr warten am Tha Thong-Pier Busse nach Penang, Hat Yai und Phuket sowie ein Bus zum Airport und zum Bahnhof. Es ist ratsam, sich rasch einen Platz im Anschlussbus zu kümmern.

Nach Ko Pha Ngan
Die Busse zur Autofähre in Don Sak starten bei Phangan Tour jeweils 90 Min. vor Abfahrt der *Raja Ferry* für 290 Baht (inkl. Fähre).

Vom Bahnhof Phunpin
Hier warten bei Ankunft der Nachtzüge bereits private Busse, die nach Ko Samui um 7.30 Uhr (170 Baht), Ko Pha Ngan um 8 Uhr (290 Baht), Phuket (220 Baht) oder Krabi (180 Baht) fahren. Lokale Busse fahren, von Surat Thani startend, 30 Min. später am Bahnhof vorbei, z. B. Bus 474 nach Chumphon, Bus 469 nach Ranong, Bus 490 nach Hat Yai, Bus 708 nach Phang Nga sowie der Bus 465 11x tgl. von 6.20–15.30 Uhr nach Khao Sok (75–120 Baht), Khao Lak (120–160 Baht) und Phuket (140–200 Baht). Tickets gibt es rechts (südlich) vom Bahnhof an einem Tisch vor dem Sintawee Coffee Shop.

Übernachtung:
① Thai H.
② Seree H.
③ Phan Fa H.
④ Bandon H.
⑤ Intown H.
⑥ Grand City H.
⑦ Surat H.
⑧ T.H. Mansion
⑨ Rajthani H.
⑩ Tapee H.
⑪ Thai Rung Ruang H.
⑫ Wang Tai H., 100 Islands Resort (Roi Koh)
⑬ Muang Tai H.
⑭ Web Gh.
⑮ Thai Tani H.
⑯ Siam Thara H.
⑰ K.R. Mansion
⑱ Southern Star H.

Essen:
1 Milano R.
2 Ploypailin R

Sonstiges:
1 Meskitonetze
2 Jula Kaufhaus
3 Swansens
4 Sahathai Kaufhaus
5 FuLure Internet

Transport:
① Nachtboot →Ko Tao
② Bus →Express-Boot-Pier
③ VIP-Bus →Bangkok
④ Pakdee Tour
⑤ Nachtboot →Ko Samui
⑥ S.Travel Express (Songserm)
⑦ Chaw Wang Tours
⑧ Nachtboot →Ko Pha Ngan
⑨ Bus Station Kaset 1
⑩ New Bus Station (Takub)
⑪ Phantip Travel: Zugtickets, Bus →Phuket, Krabi
⑫ Bus →Ko Samui (via Autofähre)
⑬ Samui Tour + Coffee House
⑭ Busse zu den Inseln
⑮ Phangan Tour
⑯ Minibusse
⑰ Bus Station Kaset 2
⑱ Sammeltaxi
⑲ Thai Airways

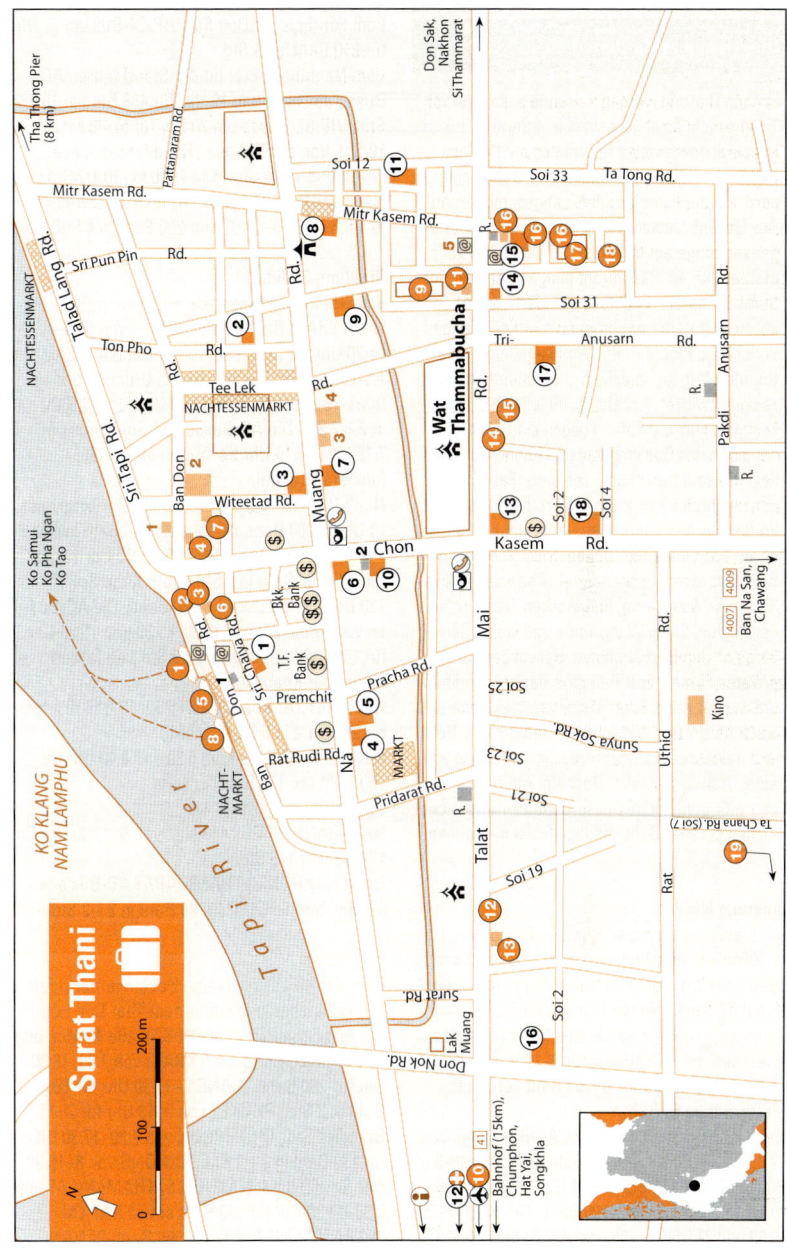

Surat Thani

200 m

N

Tha Thong Pier (8 km)

Pattanaram Rd.

Mitr Kasem Rd.

Sri Pun Pin Rd.

Talad Lang Rd.

NACHTESSENMARKT

Ton Pho Rd.

Tee Lek NACHTESSENMARKT

Ban Don

Sri Tapi Rd.

Ko Samui
Ko Pha Ngan
Ko Tao

Witeetad Rd.

Muang Rd.

Chon

Bkk. Bank

T.F. Bank

Don Sak Rd.

Sri Chaiya Rd.

Premchit

Rat Rudi Rd.

Pridarat Rd.

Pracha Rd.

MARKT

KO KLANG
NAM LAMPHU

Tapi River

NACHT-MARKT

Soi 12

Soi 33

Ta Tong Rd.

Mitr Kasem Rd.

Wat Thammabucha

Tri-Anusarn Rd.

Soi 31

Anusam Rd.

Pakdi

Kasem Rd.

Soi 2

Soi 4

Mai

Ban Na San, Chawang

4007 4009

Sunya Sok Rd.

Soi 25

Soi 23

Soi 21

Talat Rd.

Soi 19

Ta Chana Rd. (Soi 7)

Uthid Rd.

Rat Rd.

Kino

Surat Rd.

Lak Muang

Don Nok Rd.

Bahnhof (15km),
Chumphon,
Hat Yai,
Songkhla

41

Don Sak, Nakhon Si Thammarat

Die nördliche Golfküste

Die Klagen reißen nicht ab

In ganz Thailand werden Reisende beim Kauf von Tickets nicht so abgezockt wie in Surat Thani (in Kooperation mit vielen Reisebüros auf Ko Samui. Es werden miserable Busse und Boote eingesetzt, auf der Fähre aus dem „abgeschlossenen" Bus Gepäck entwendet, absichtlich lange Wartepausen eingelegt (natürlich an einem Vertragsrestaurant), ein Restaurant einige Kilometer vor Surat Thani zur Endstation erklärt, am Abend übeteuerte Übernachtungen für Krabi gegen Vorkasse gebucht (unter Vorspiegelung „voller" Unterkünfte), Kombitickets „versehentlich" vorzeitig entwertet, Tickets für einen VIP-Bus verkauft und kurz vor Abfahrt gegen ein Ticket für einen normalen Bus umgetauscht (ohne Ausgleich der Preisdifferenz) und reguläre Fahrscheine ganz einfach für ungültig erklärt, natürlich ohne Erstattung des Fahrpreises. Alle paar Wochen hören wir von einem neuen Trick. Die meisten Beschwerden kommen über Andaman Wave Master (= Songserm), den größten Transporteur der Region, Chaw Wang Tours und kleine Reisebüros an den Busbahnhöfen. Bei einigen Bussen privater Firmen von Bangkok nach Chumphon und weiter nach Surat Thani versteckt sich ein Bursche im Gepäckfach und sucht nach Geld und Reiseschecks. Viele Traveller sprechen von einer Transport-Mafia. Deshalb: Am besten die von uns genannten Busse benutzen und nicht wegen ein paar Baht unnötige Risiken eingehen.

Richtung Norden

Der New Bus Terminal (BoKoSo Takub), ✆ 200032-3, liegt 7 km westlich an einer Seitenstraße der Umgehungsstraße. Die staatlichen Bangkok-Busse halten hier, die meisten anderen machen einen Stopp. Von der Stadt zu erreichen mit Songthaew für 8–12 Baht (von Touristen wird häufig 50–200 Baht verlangt), Motorradtaxi 50 Baht.
Nach BANGKOK (668 km) 2.Kl. AC-Bus 5x tgl. von 12 bis 19.30 Uhr für 379/407 Baht, AC- und VIP-34-Bus um 7.30, 8.45, 9.15 und 11 Uhr, sowie 14x von 19 bis 19.50 Uhr für 452–700 Baht, VIP-24 um 19.20, 19.50 und 21 Uhr für 755 bzw. 810 Baht in 10 Std.

Vom Fähranleger Don Sak VIP-24-Bus um 17 Uhr für 810 Baht in 11 Std.
Vom Nachtboot-Pier (in der Stadt) fahren AC-Busse um 18.30 und 19 Uhr für 488 Baht in 10 1/2 Std., VIP-32-Busse um 20 Uhr für 524 Baht in 10 Std. Von der Khaosan Road fahren diese um 17 und 19.30 Uhr in 12 1/2 bzw. 10 1/2 Std. Nach CHUMPHON vom Terminal 2 AC-Bus 474 9x tgl. von 5.30–14 Uhr für 200 Baht in 4 Std.

Richtung Süden

Vom Terminal 2 (Kaset 2)
Nach KRABI Bus 462 alle 45 Min. von 5.30–16.30 Uhr für 120 Baht (ac 156 Baht) in 3 Std.; AC-Busse von Phantip sind in Ordnung und fahren 8x tgl. von 6.30–17.10 Uhr für 130 Baht in 2 1/2 Std. Die AC-Busse von *Songserm* um 7.15, 11 und 18 Uhr benötigen oft 4–7 Std. (unklare Gründe).
Nach PHANG NGA non-ac-Bus 708 10x tgl. bis 15 Uhr für 80 Baht, AC-Bus für 140 Baht in 4 Std.
Nach PHUKET Bus 465 von 5.30–15 Uhr 11x tgl. für 140–200 Baht in 6 Std. (über Khao Sok 75–120 Baht, Khao Lak 120–160 Baht). Die AC-Busse von *Phantip* um 7, 10.30, 13.30 und 15.30 Uhr für 160 Baht benötigen 4 1/2 Std.; sie fahren nicht über Khao Lak.
Nach HAT YAI Bus 490 von 5.30–15 Uhr 10 x tgl. für 250 Baht in 5 1/2–6 1/2 Std.
Nach TRANG Busse um 6.20 und 8.40 Uhr für 150 Baht (ac 170 Baht) in 4 Std.
Vom Terminal 1 (Kaset 1):
Nach RANONG Bus 469 stdl. von 6–13.30 Uhr für 170 Baht in 4–5 Std.
Nach NAKHON SI THAMMARAT AC-Bus alle 30 Min. bis 16.10 Uhr für 80 Baht in 2 1/2 Std.

Minibusse

Gute AC-Minibusse (keine Beschwerden!) fahren stdl. neben und hinter dem Thai Tani Hotel ab: zum Ferry Pier bei DON SAK alle 40 Min. bis 18 Uhr für 60 Baht, nach KRABI von 7.30–16.30 Uhr für 200 Baht, TRANG 7–17.30 Uhr für 200 Baht in 3 Std., PHUKET von 8–18 Uhr für 250 Baht in 4 Std., CHUMPHON von 7.30–17.30 Uhr für 130 Baht in 2 1/2 Std., RANONG von 8–16.30 Uhr für 180 Baht, NAKHON SI THAMMARAT von 6.30–17.30 Uhr für 130 Baht sowie HAT YAI 270 Baht, SUNGAI GOLOK 550 Baht, PENANG

850 Baht, KUALA LUMPUR 1100 Baht, SINGAPORE 1300 Baht.

Taxis

Ein Stand mit großer Preistafel nördlich vom Bahnhof Phunpin, z. B. in die Stadt 120 Baht, nach WAT SUAN MOKE 600 Baht, DON SAK 1000 Baht, KHAO SOK 1200 Baht, KHAO LAK 2000 Baht, KRABI 2000 Baht. Die Preise gelten natürlich pro Taxi, nicht pro Person.
Vom Bus Terminal Kaset 1 fahren Sammeltaxis z. B. zum Ferry Pier bei DON SAK für 100 Baht p. P.

Eisenbahn

Fahrplan „Southern Line" s. S. 782/783.
Der Bahnhof Phunpin liegt 15 km westlich von Surat Thani, mit dem orange-roten Bus Nr.1831 vom Bus Terminal 1 (*Kaset 1*) laufend bis gegen 20 Uhr für 20 Baht zu erreichen, mit dem Taxi für 100 Baht. Die Gepäckaufbewahrung hat 24 Std. Dienst. Zugtickets erhält man auch in Surat Thani im Reisebüro beim Bus Terminal 1.
Wer mit dem Kombi-Ticket ankommt, wird auf diesem Travellerumschlagplatz gleich in den Bus zum Pier verfrachtet. Aufdringliche Schlepper versuchen, müden Reisenden eine Bungalowanlage aufzuschwatzen.
Ab BANGKOK fährt tagsüber der *Sprinter* 43 um 8.05 Uhr (Ank. 16.20 Uhr).
Zur Nachtfahrt fahren von BANGKOK 8 Fernzüge zwischen 13 und 19.30 Uhr ab (Ank. 0.09–6.11 Uhr), Preise ab 438 / 297 Baht (2./3. Kl. Sitzplatz im *Rapid*), ab 498 / 548 Baht (oberes/unteres Bett ohne AC im 2.Kl. *Sleeper* in allen *Rapid* Zügen) und ab 758 / 848 Baht (oberes/unteres Bett mit AC im 2.Kl. *Sleeper* in den *Rapid*-Zügen 169 und 171) sowie 1279 Baht im 1.Kl. *Sleeper* (nur die *Express*-Züge 83 und 85).
Außerdem fahren die beiden *Sprinter* 39 und 41 ohne Schlafwagen, aber mit bequemen Sitzen, um 22.50 Uhr in gut 9 Std. für 578 Baht.
Nach BANGKOK fahren 8 Fernzüge zwischen 16.43 und 23 Uhr ab, zudem 2 *Sprinter*, Nr.44 um 20.25 Uhr, Nr.40 um 10.40 Uhr (der einzige Tageszug, der es erlaubt, etwas vom Land zu sehen; 578 Baht). Diese 10 Züge unbedingt vorher reservieren.
Nach CHUMPHON mit lokalem Zug um 13.16 Uhr für 34 Baht in 3 1/2 Std.

Von HAT YAI fahren 4 Fernzüge zwischen 14.18 und 18.05 Uhr für 204 Baht (2.Kl.) in 5 Std., lokale Züge um 6.20 und 11 Uhr für 57 Baht in 7 Std.
Nach HAT YAI nach Mitternacht lokale Züge um 6.20 und 9.45 Uhr.
Nach BUTTERWORTH mit dem *Special Express* um 0.46 Uhr ab 424 Baht in 10 Std.
Von BUTTERWORTH (PENANG) um 14.10 Uhr (Ankunft 23 Uhr).

Boote

Express- und Nachtboote sowie Auto-/ Personenfähren fahren laufend von den Piers in Surat Thani, Tha Thong (8 km) und Don Sak (68 km) nach Ko Samui, Ko Pha Ngan und Ko Tao.

Von Surat Thani nach Ko Samui
Songserm Expressboot (ab Tha Thong Pier), hin: 8–10 Uhr, zurück: 8–10.30 Uhr, Preis p. P.: 200 Baht, ✆ 077-205418-9
Nachtboot (ab Ban Don Pier), hin: 23–5 Uhr, zurück: 21–4 Uhr, Preis p. P.: 150 Baht
Seatran Ferry (Autofähre, Don Sak– Nathon), hin: stdl. 6–19 Uhr (1 1/2 Std.), zurück: stdl. 5–18 Uhr (1 1/2 Std.), Preis p. P.: 180 Baht, ✆ 077-426000-2
Raja Ferry (Autofähre Don Sak–Lipa Noi), hin: stdl. 5–19 Uhr (1 1/2 Std.), zurück: stdl. 5–19 Uhr (1 1/2 Std.), Preis p. P.: 180 Baht, ✆ 077-415230-3

Von Surat Thani nach Ko Pha Ngan
Songserm Expressboot (ab Tha Thong Pier), hin: 8–11.45 Uhr, Preis p. P.: 350 Baht, ✆ 077-205418-9
Raja Ferry (ab Don Sak, 2 1/2 Std.), hin: 7, 10, 12, 14, 16, 18 Uhr, 6, 7, 10, 13, 15, 17 Uhr, Preis p. P.: 200 Baht, ✆ 077-377425
Nachtboot (ab Ban Don Pier), hin: 23–5 Uhr, 22–4 Uhr, Preis p. P.: 250 Baht, ✆ 077-284928

Von Surat Thani nach Ko Tao
Songserm Expressboot (ab Tha Thong Pier), hin: 8–13.30 Uhr, Preis p. P.: 550 Baht, ✆ 077-205418-9
Nachtboot (ab Ban Don Pier), hin: 20.30–5.30 Uhr, 23–8 Uhr, Preis p. P.: 400 Baht
Songthaews fahren zum Tha Thong Pier für 25 Baht, Busse nach Don Sak ab *Kaset 1* für 30 Baht.

Flüge

Der Flugplatz liegt 29 km westlich von Surat Thani (AC-Bus 70 Baht). Für die lästige Anreise nach

Ko Samui per Bus und Fähre (ca. 350 Baht, ca. 3–5 Std., Abfahrt nach jeder Landung) taugt er nur bedingt. Das Restaurant ist gut und billig.

Thai Airways, fliegt vormittags und abends von/nach BANGKOK (DMK), 75 Min., 3140 Baht.

Thai Airways Office, 3/27-28 Karun Rat Rd., ✆ 077-272610.

Air Asia fliegt 1x tgl. um die Mittagszeit von/nach BANGKOK für 399–999 Baht plus Gebühren von ca. 700 Baht.

Orient Thai, ✆ 077-441270-4, 1–2x tgl. gegen Mittag nach BANGKOK (DMK) für 1750 Baht. Taxistand mit Festpreis, z. B. zum Thung Wua Laen Beach 2500 Baht (2 Std.).

Selbstfahrer

Nach **Westen** führt der H401 durch eine schöne Berglandschaft beim Khao Sok National Park (123 km) nach Takua Pa (163 km).

Nach **Südwesten** Richtung Krabi verlässt man Surat Thani auf der Chon Kasem Rd., die als H4007 und H4009 nach Ban Na San führt. Auf dem H4035 fährt es sich mit wenigen Anstiegen gut zur Ao Luk Junction (180 km), von wo es auf unserer ausführlich beschriebenen Rundtour (s. S. 622) noch 60 km nach Krabi sind.

Nach **Süden** fährt man von Ban Na San auf dem H4015 weiter nach Chawang und um das Khao Luang Massiv herum auf dem H4016 nach Nakhon Si Thammarat (ca. 140 km).

Nach **Norden** biegt man 500 m vor dem Bahnhof Phunpin nach rechts auf die schöne Nebenstraße H4112 nach Chaiya ab (53 km). Unter „Alternative Fahrt auf der Landstraße" (s. S. 353) und unter Chumphon wird die 2-tägige Etappe (insgesamt 210 km) weiter beschrieben.

Die Umgebung von Surat Thani

Monkey Training School

Wie wäre es mit einem Besuch in der Monkey Training School? Hier werden Affen dazu ausgebildet, reife Kokosnüsse von den Palmen zu ernten. 7 km östlich der Stadt vom H401 nach Süden abbiegen (7 km), die Schule ist ausgeschildert. Vorführungen werden schon für 300 Baht für 1 Pers., 150 Baht p. P. bei 2 Pers. durchgeführt, bei größeren Gruppen billiger. Sehr nette Leute. Buchung unter ✆ 077-227351, Khun Somphon.

Tai Rom Yen National Park

Der Park liegt 55 km südlich der Stadt und bietet einen Bambuswald, Klippen, Höhlen, mehrere schöne Wasserfälle und frühere unterirdische Camps der Kommunisten.

Die Schule für Affen

Wer mit offenen Augen durch Süd-Thailand reist, wird sicher das Glück haben, einen Affen auf dem Soziussitz eines Motorrads zu erspähen. Touristen finden das lustig, und nur wenige wissen, dass der Affe eine abgeschlossene Ausbildung hinter sich hat und gerade auf dem Weg zur Arbeit ist. Zwei Ausbildungszentren für Affen gibt es in der Umgebung Surat Thanis. Das älteste und bekannteste ist die **Monkey Training School** bei Kanchanadit. Dort werden die Schüler schon seit den 70er-Jahren ausgebildet.

Die rotbraunen **Makaken** mit dem kurzen Schwanz (*pig-tailed macaque,* auch Schweinsaffe) werden im Alter von ein bis drei Jahren direkt aus dem Dschungel geholt. Ihre Besitzer bringen sie zur 3- bis 5-monatigen Ausbildung in die Schule und bezahlen 2500–3000 Baht dafür. Täglich müssen die Schüler 30–60 Minuten trainieren, insgesamt 3–6 Monate lang. Erst als Fünfjährige werden sie zur Arbeit eingesetzt. Weibchen können 300–500 Nüsse pro Tag ernten, Männchen 700–1000. Nach etwa 15 Arbeitsjahren treten die Affen in den Ruhestand, sterben aber erst mit 25–30 Jahren.

Während einer **Vorführung**, die mindestens eine Stunde dauert, werden Fertigkeiten demonstriert, die Affen in ihrem Leben als Kokosnusspflücker benötigen: auf die Palme klettern, mit den Füßen die reife Nuss abdrehen, die Nuss entschalen, die Nüsse ein- und ausladen, die Nüsse aus dem Wasser holen und auf dem Motorrad mitfahren.

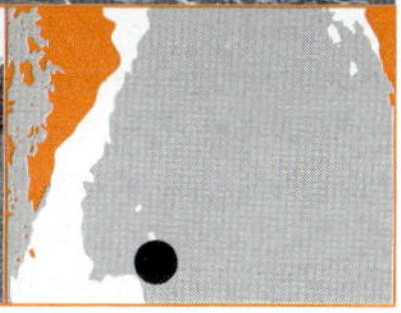

Ko Samui [5] **HIGHLIGHT**

Stefan Loose Traveltipps

Ko Samui Die Urlaubsinsel mit den schönsten Sandstränden zum Entspannen hat rund ums Jahr Saison. S. 364

Chaweng Im Reggae Pub von Chaweng eine heiße Nacht durchfeiern. S. 386

Bo Phut In einer Strandbar im Fisherman's Village einen Mai Tai schlürfen. S. 380

Choeng Mon Im familiären Island View Restaurant ein fantastisches Seafood-Dinner zelebrieren. S. 385

Nathon Einen dramatischen Büffelkampf miterleben. S. 368

Lamai Sich im Tamarind Springs eine entspannende Spa-Anwendung gönnen. S. 401

Ang Thong Marine Park Auf den Aussichtspunkt Utthayan Hill klettern, um die betörende Rundsicht zu genießen. S. 405

Ko Samui ist die Hauptinsel eines Archipels von ca. 80 Inseln im Südwesten des Golfs von Thailand. Mit 247 km² ist sie die drittgrößte Insel Thailands, 14 km breit und 20 km lang. Auf dem 5 bis 12 m tiefen Meeresboden liegt sie 20 km vor der Küste. Ein Viertel der Insel besteht aus Flachland, das hauptsächlich mit Kokospalmen bepflanzt ist. Das Innere der Insel, von dichtem Wald bedecktes Hochland, wird nur wenig landwirtschaftlich genutzt. An den äußeren Hängen wachsen in den Gärten, die ein ungeübtes Auge nicht vom Dschungel unterscheiden kann, Baumfrüchte wie Durian, Rambutan, Langsat und Mangosteen. Auch einige Kautschukplantagen sind in Betrieb.

Die Zeiten, in denen Ko Samui als Geheimtipp gehandelt wurde, in denen die Traveller mit Fischerbooten die Insel erreichten und zu Fuß die Strände eroberten, sind längst vorbei. Heute bedienen Flugzeuge, Autofähren und Schnellboote die Insel. Die 50 km lange Ringstraße wird von Einkaufszentren, Möbelhäusern und Baumärkten flankiert.

Ko Samui hat sich zu einem bekannten internationalen Ferienzentrum mit guter Infrastruktur entwickelt, das von fast allen Reiseveranstaltern weltweit angeboten wird.

Sicher sollte man hier kein authentisches Thaileben mehr erwarten. Der Massentourismus ist eingezogen, die Preise sind gestiegen, und dennoch hat sich die Insel, von den Hauptständen Chaweng und Lamai einmal abgesehen, noch erstaunlich viel von ihrem ursprünglichen Charme bewahren können. Der moderne Urlauber weiß den Komfort der oft recht schönen Hotels und die abwechslungsreichen Freizeitangebote, gepaart mit herrlichen Stränden und malerischen Landstrichen, zu schätzen.

Viele der ca. 40 000 Einheimischen gehen übrigens trotz Tourismus nach wie vor ihren traditionellen Berufen als Fischer und Bauern nach. Immer noch werden jeden Monat über eine Million Kokosnüsse nach Bangkok verschifft.

Strände

Insgesamt besitzt Ko Samui 26 km Sandstrand. Die bekanntesten Strände, Chaweng und Lamai, liegen an der Ostküste. Sie glänzen mit weißem Sand, sauberem Wasser und Palmen im Hintergrund und sind entsprechend beliebt. Mitte 2007 gab es auf Ko Samui 388 registrierte Bungalow- und Hotelanlagen mit ca. 14 000 Zimmern. In Chaweng überwiegen die Pauschaltouristen, die abwechslungsreiches Nachtleben und gutes Essen schätzen, während sich am Lamai Beach eher noch ein individuelles Publikum bewegt.

Die Strände im Norden sind ruhiger, da sie weiter von der Hauptstraße entfernt liegen. Entlang der Ringstraße sind unzählige Ladenzeilen entstanden. Im Westen oder Süden gibt es immer noch richtige Einsamkeit. Hier werden nicht Hotels, sondern vorwiegend Privathäuser für Ausländer gebaut.

Klima und Reisezeit

Ko Samui besitzt ein eigenes Mikroklima. Fast immer ist **gute Reisezeit**, wenn man die richtige Gegend aussucht. Selbst wenn im übrigen Thailand der Südwestmonsun herrscht und von Juli bis Oktober viel Regen bringt, regnet es auf Ko Samui höchstens am Mittag oder Nachmittag für eine halbe oder ganze Stunde, was die Badefreude aber kaum schmälert. Im Gegenteil, durch die aufgelockerte Bewölkung wird es nicht so stechend heiß. Der kleinere Nordostmonsun bringt dagegen von Mitte November bis Mitte Februar viel Regen auf der ganzen Insel. Bessere Bademöglichkeiten bestehen zu dieser Zeit im Norden, Westen oder Süden, in den übrigen neun Monaten an den Superständen der Ostküste. Von April bis Juni schwächt der Wind ab und es wird z. T. unerträglich heiß. Von Mai bis Juli ist mit abendlichen Wärmegewittern zu rechnen, die jedoch kaum Abkühlung bringen.

Die Monate August bis Oktober sind eigentlich eine **ideale Reisezeit**, werden aber von einigen Reiseveranstaltern und in touristischen Werbeschriften fälschlich als Regenzeit bezeichnet und von vielen Reisenden gemieden. Neben der **Hauptsaison**, die – trotz der Regenzeit – normalerweise von Mitte Dezember bis Ende März dauert, wird Ko Samui auch von April bis Mai gut besucht. Wer tagsüber direkt vom Strand weg ins Meer hüpfen will, sollte sich an den flachen Stränden am besten zur Neumondzeit einquartieren. Dann findet die hohe Flut nämlich um die Mittagszeit statt. Um **Vollmond** (s. S. 45) kann sich das Meer dagegen tagsüber sehr weit zu-

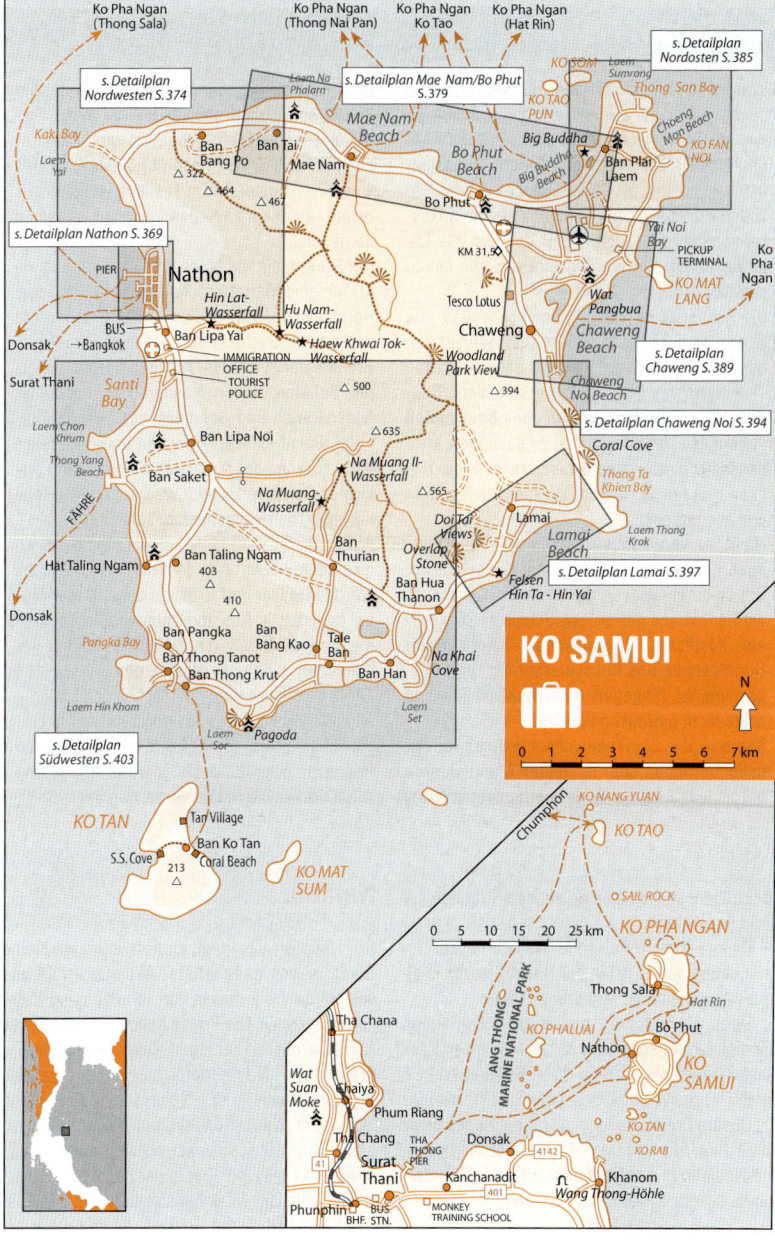

Ko Pha Ngan (Thong Sala)

Ko Pha Ngan (Thong Nai Pan)

Ko Pha Ngan Ko Tao

Ko Pha Ngan (Hat Rin)

s. Detailplan Nordwesten S. 374

s. Detailplan Nordosten S. 385

s. Detailplan Mae Nam/Bo Phut S. 379

Kaki Bay

Laem Na Phalarn

KO SOM

Laem Sunrang

Thong Son Bay

KO TAO PUN

Choeng Mon Beach

KO FAN NOI

Laem Yai

Ban Bang Po

Ban Tai

△ 322

△ 464

△ 467

Mae Nam

Mae Nam Beach

Bo Phut Beach

Big Buddha

Big Buddha Beach

Ban Plai Laem

Bo Phut

s. Detailplan Nathon S. 369

PIER

Nathon

KM 31,5

Yai Noi Bay

PICKUP TERMINAL

Ko Pha Ngan

Donsak

BUS →Bangkok

Hin Lat-Wasserfall

Hu Nam-Wasserfall

Ban Lipa Yai

Haew Khwai Tok-Wasserfall

Tesco Lotus

Chaweng

Wat Pangbua

KO MAT LANG

Chaweng Beach

s. Detailplan Chaweng S. 389

Surat Thani

Santi Bay

Laem Chon Khrum

IMMIGRATION OFFICE

TOURIST POLICE

△ 500

Woodland Park View

△ 394

Chaweng Noi Beach

s. Detailplan Chaweng Noi S. 394

Thong Yang Beach

FÄHRE

Ban Lipa Noi

Ban Saket

Na Muang II-Wasserfall

△ 635

△ 565

Coral Cove

Thong Ta Khien Bay

Na Muang-Wasserfall

Doi Tai Views

Lamai

Lamai Beach

Laem Thong Krok

Hat Taling Ngam

Ban Taling Ngam

403 △

410 △

Ban Thurian

Overlap Stone

Ban Hua Thanon

s. Detailplan Lamai S. 397

Donsak

Pangka Bay

Ban Pangka

Ban Thong Tanot

Ban Thong Krut

Ban Bang Kao

Tale Ban

Ban Han

Na Khai Cove

Felsen Hin Ta - Hin Yai

Laem Hin Khom

Laem Sor

Pagoda

Laem Set

s. Detailplan Südwesten S. 403

KO SAMUI

N

0 1 2 3 4 5 6 7 km

KO TAN

Tan Village

Ban Ko Tan

Coral Beach

KO MAT SUM

S.S. Cove

213 △

Chumphon

KO NANG YUAN

KO TAO

○ SAIL ROCK

0 5 10 15 20 25 km

KO PHA NGAN

Thong Sala

Hat Rin

Tha Chana

ANG THONG MARINE NATIONAL PARK

KO PHALUAI

Bo Phut

Nathon

KO SAMUI

Wat Suan Moke

Chaiya

Phum Riang

Tha Chang

THA THONG PIER

Donsak

KO TAN

KO RAB

41

Surat Thani

Kanchanadit

401

4142

Khanom

Wang Thong-Höhle

Phunphin

BHF. STN.

BUS

MONKEY TRAINING SCHOOL

Was wäre Thailand für den Touristen ohne die sachte im Wind wiegenden Kokospalmen an weißen Stränden? Für die Einheimischen bedeuten sie mehr als romantische Urlaubsstimmung, sie gelten als der „Baum des Lebens". In vielen Provinzen Süd-Thailands stellen Kokospalmen die Existenzgrundlage dar. Fast alle Teile dieser Pflanze werden fürs tägliche Leben benötigt.

Die kulinarische Nutzung der Kokosnuss, wie könnte es in Thailand anders sein, genießt den höchsten Stellenwert. Viele der schmackhaften Thai-Gerichte, wie Currys, verschiedene Suppen und Süßspeisen, wären ohne **Kokosmilch** undenkbar. Um Kokosmilch zu gewinnen, wird das Fleisch der reifen Nuss geraspelt, die Flocken werden in heißem Wasser eingeweicht und ausgepresst.

Nicht zu verwechseln ist diese Kokosmilch, auch Kokoscreme genannt, mit **Kokoswasser**. Die trübe Flüssigkeit der unreifen Kokosnuss wird direkt aus der grünen Schale getrunken – ein köstlicher, hygienischer, kalorienfreier Durstlöscher. Das Kokoswasser der reifen Kokosnuss ist hingegen nicht bekömmlich und sollte nicht getrunken werden.

Kopra wird in Süd-Thailand nur in primitiven Familienbetrieben oder in kleinen Manufakturen hergestellt. Aus Kopra, der getrockneten Nuss,

wird Kokosöl gewonnen, das als Haut- und Haaröl, sowie als Grundlage für Margarine, Seifen und Cremes sehr geschätzt wird. Zum Kochen wird es seines hohen Cholesterinwertes wegen in jüngster Zeit in Thailand weniger verwandt. Aus Kopra werden auch Kokosraspeln hergestellt.

Die **Fasern**, die die Nuss umhüllen, dienen als Kissen- und Matratzenfüllung oder werden zum Herstellen von Seilen und zur Orchideenzucht verwendet. Getrocknet werden sie auch als Brennmaterial benützt. Aus den harten, polierten **Schalen** stellen Handwerker Haushaltsgegenstände und Schmuck her, wie Schöpflöffel, Salatbesteck, Broschen und Haarspangen. Eine halbe Kokosnussschale kann als kleines Gefäß verwendet werden, zum Beispiel um Latex, den Rohgummi, zu sammeln.

Außer der Frucht findet auch der Rest des Baumes Verwendung. Aus dem **Holz** des Stammes werden Häuser und Brücken gebaut oder Möbel hergestellt. Aus den **Palmwedeln** flechten die Frauen Matten, mit denen die Dächer der einfachen Hütten gedeckt werden.

Eine Kokospalme wird durchschnittlich 60 Jahre alt und trägt zwischen 25 und 75 Nüsse pro Ernte. Auf ganz besondere Weise wird in manchen Provinzen Süd-Thailands geerntet: Dressierte Affen drehen die reifen Nüsse vom Stiel.

---

rückziehen, sodass man an einigen Stränden gar nicht baden kann.

Da immer mehr Reisende das Internet zur Hotelbuchung nutzen, ist in der Hauptreisezeit in allen Anlagen eine Reservierung ratsam.

Über Weihnachten und Neujahr verlangen die meisten Anlagen vom 20.12.–10.1. einen Peak Season-Aufschlag von ca. 25 %. Hinzu kommt ein relativ teures Weihnachts- oder Silvestermenü.

Unsere Preiseinteilung gilt für die **Hochsaison**, Mitte Juni–Aug und Dez–März, außer Weihnachten/Neujahr. In der **Nebensaison** sind die Unterkünfte billiger, in der **Peak Season** teurer.

Nathon   หน้าทอน

Der Hauptort der Insel, mittlerweile eine kleine Stadt, ist von geschäftiger Aktivität erfüllt und voll auf die Bedürfnisse von Touristen und Hoteliers eingestellt. Die Preise haben ein gehobenes Niveau erreicht. Hier legen einige Fähren, die Express- und Nachtboote sowie die meisten Speedboote an. In der Nebensaison versuchen Schlepper, Neuankömmlingen bei der Ankunft einen Bungalow aufzuschwatzen, andere Aufdringlichkeiten sind aber in der Regel nicht zu erwarten. Die Einkaufsmöglichkeiten sind, mit Ausnahme von Obst und Gemüse, kaum besser als an den Stränden. Allerdings kann man gemütlicher von Laden zu Laden schlendern als z. B. in Chaweng, da die Fußwege noch relativ breit sind. Die Strandpromenade wurde recht nett ausgebaut.

Übernachtung

In der Uferstraße **Chonvithi Rd.** liegen:
Seaside Palace Hotel ④, ✆ 077-421079, gute, saubere, geräumige Zi mit Fan oder AC, z. T. mit Terrassen. ❸, AC ❹
Win Hotel ⑤, ✆ 077-421500, alle Räume mit AC, Coffeeshop. ❹
Jinta Hotel / Residence ⑦, ✆ 077-420630-1, ✉ jinta@samart.co.th, südlich vom Win Hotel, gepflegte Cottages mit Fan oder AC und Du/WC, z. T. mit Satelliten TV, in einer schönen Gartenanlage mit Blick über die Straße zum Meer. ❸–❹
An der Hauptstraße **Tawirat Pakdi Rd.**:
Seaview Gh. ③, ✆ 077-420052, Stadthaus, 30 Zi mit Fan und AC, mit oder ohne Du/WC, recht schmutzig, keine Meersicht. ❷–❸
Damrong Town Hotel ②, ✆ 077-420359, 32 Zi mit Fan oder AC, Du/WC und rotem Teppichboden, der schon bessere Tage gesehen hat, aber durchaus akzeptabel; Restaurant. ❸
Nathon Residence ④, ✆ 077-236058, AC-Zi mit TV, preiswertes Restaurant, an der Hauptstraße neben Siam City Bank, leicht zu übersehen; gutes Preis-Leistungs-Verhältnis. ❸

Essen

An der Uferstraße Chonvithi Rd. und an der Amphoe Rd. gibt es eine Menge Restaurants, hauptsächlich mit europäischem Essen.
R. T. Bakery (auch Hot Bread Shop), hier gibt es mehr als nur Brot und Kuchen.
Mumthong Restaurant bietet eine umfangreiche und preiswerte Küche.
Tang's Restaurant & Bakery, Pizza und andere italienische Gerichte, Kuchen und hausgemachte Nudeln.
Mai Tai Restaurant, ✆ 077-235488, ⏰ bis 21 Uhr; Treffpunkt der auf der Insel lebenden Deutsch sprechenden „Diaspora". Wer im Urlaub irgendwann Appetit auf deutsche Gerichte und

Wurstwaren bekommt, die original auf der Insel hergestellt werden, sollte mal einkehren. Auch wer eines der vielen Thai-Gerichte bestellt, wird zufrieden sein.
Coffee Island Restaurant, mit Bäckerei, modernes, westliches Ambiente.
Zheng Teck, vegetarisches Restaurant in ruhiger Lage, hinter dem Samui Mart.
Sunset Seafood Restaurant, in einem netten Garten am Meer, leckere Gerichte.
Krua Savoiey Restaurant, gleich um die Ecke, mit Thai-chinesischer Küche.
Silent Flute, vegetarisches Little Buddha Restaurant mit der Zen Gallery, ⏰ 9–17 Uhr, ca. 2 km nördlich von Nathon beim KM 48.

Sonstiges

Affenshows
Viele Kleinunternehmer lassen ihre Affen, die zum Kokosnusspflücken trainiert wurden, vor Touristen auftreten.

Alternative Medizin
Im **Samui Dharma Healing Center** bieten Greg und Hillary Hitt, ✆ 077-234170, verschiedene therapeutische Techniken und geleitete Meditation; links vor dem Hospital beim Sawai Home.

Geld
Banken und Wechselstuben in der Tawirat Pakdi Rd. und an der Uferstraße haben zum Teil recht unterschiedliche Kurse, sodass sich ein Vergleich lohnt.
Siam City Bank, ⏰ tgl. 8.30–15.30 Uhr.

Immigration
1,7 km südlich von Nathon, an der Kreuzung rechts (mit Songthaew 10 Baht), ✆ 077-421069, ⏰ Mo–Fr 8.30–12 und 13–16 Uhr. Das 30-Tage-Visum kann um 15 Tage, das zweimonatige Touristenvisum um 30 Tage verlängert werden (1900 Baht); 1 Passfoto und Rückflugticket mitbringen. Der Verlängerungsservice durch Agenturen ist illegal.
Verschiedene Reisebüros organisieren den so genannten **Visa Run** nach Malaysia oder Myanmar. Man trifft sich bei der Morgenfähre um

Ko Samui

Büffelkampf

Eine traditionelle Form der Unterhaltung, die für die Einheimischen organisiert wird, ist der Büffelkampf. Im Gegensatz zum spanischen Stierkampf fließt beim Ko Samui-Büffelkampf kaum Blut, und es ist kein Torero in den Kampf verwickelt. Nach langer Vorbereitung rasen zwei Büffel aufeinander los, die Köpfe stoßen mit Getöse zusammen, sie kämpfen mit ihren Hörnern und ihrem vollen Körpergewicht, bis einer aufgibt und davonrennt. Das kann schon nach einigen Sekunden der Fall sein, soll aber auch schon einmal zwei Stunden gedauert haben. Den Einheimischen kommt es bei diesem Sport aufs Wetten an, und am Ende jedes Kampfes wechselt viel Geld die Besitzer. Kampfplätze gibt es u. a. in Bo Phut und Ban Saket. Die Kämpfe finden nicht an bestimmten Tagen statt, doch bietet jedes Fest einen Anlass. Am besten in der Unterkunft oder einem Restaurant nachfragen. Eintritt 200 Baht für Männer, 100 Baht für Frauen.

5 Uhr, fährt mit dem Minibus und ist spätestens um 18.30 Uhr wieder in Nathon.

Informationen
TAT-Office hinter dem Postgebäude, ✆ 077-420504.
Aktuelle Informationen auf Deutsch unter 🖳 www.webtravelkosamui.net. Gute Infos auf Englisch unter 🖳 www.kohsamui-info.com; Online-Hotelbuchung unter 🖳 www.sawadee.com. Fast alle Buchungsseiten im Internet sind an Sawadee (=r24) angeschlossen.
Online-Führer über Spitzenrestaurants und Spas: 🖳 www.siamdiningguide.com

Internet
In den Orten und an den Stränden 1–2 Baht/Min.

Jeeps
Sie werden an mehreren Stellen ab 800–1000 Baht (inkl. Versicherung) vermietet. Bei Billiganbietern ist der Versicherungsschutz oft mangelhaft und der Pass wird als Sicherheit einbehalten. Das Tragen von Sicherheitsgurten ist

Pflicht. Auch der Führerschein muss bei Kontrollen vorgezeigt werden.

Kirche
In der Katholischen Kirche St. Anna wird sonntags um 8.30 Uhr Messe abgehalten.

Massagen
An allen Stränden bieten freischaffende Damen oft billig ihre Massagekünste an. Fast jedes Hotel hat Massagepavillons aufgestellt, in denen Frauen oder ältere Männer als Angestellte oder auf Kommissionsbasis arbeiten. Einige haben einen Massagekurs absolviert, andere die Technik von ihrer Mutter gelernt. Die Hoteliers wollen damit den armen Landsleuten aus dem Zentrum zu Arbeit, den Gästen zu Wohlbehagen und sich selbst zu einem Zusatzeinkommen verhelfen.

Medizinische Hilfe
Empfehlenswert sind die privaten Kliniken, in denen sofort bezahlt werden muss. Die Behandlungen sind im Vergleich zu Europa nicht teuer.
Samui International Hospital (s. S. 392).
Bandon International Hospital (s. S. 381).
Bangkok Samui Hospital (s. S. 392).
Thai International Hospital (s. S. 392) mit einer Dialyse-Station.
Wer nicht versichert ist, kann sich im staatlichen Krankenhaus behandeln lassen:
Nathon Hospital, ✆ 077-421230-2, 2 km südlich von Nathon, Aufnahme Mo–Fr 8.30–16.30 Uhr. Ärzte praktizieren in ihren privaten *Clinics* nur von 7–8 Uhr und von 17–19 Uhr außer an Sonn- und Feiertagen. Sonst arbeiten sie im Krankenhaus.
Gut sortierte **Apotheken** finden sich in jedem Ort.

Mopeds
Sie werden an allen Stränden und in Nathon vermietet. Man beachte, dass durchweg kaum Benzin im Tank ist, sodass man sofort einige Liter braucht. Wegen schlechter Erfahrungen verlangen Vermieter häufig Passhinterlegung, wovon wir abraten müssen. Der Pass ist ein Dokument, das bei nichtstaatlichen Stellen nur vorgezeigt, **niemals** abgegeben werden darf.

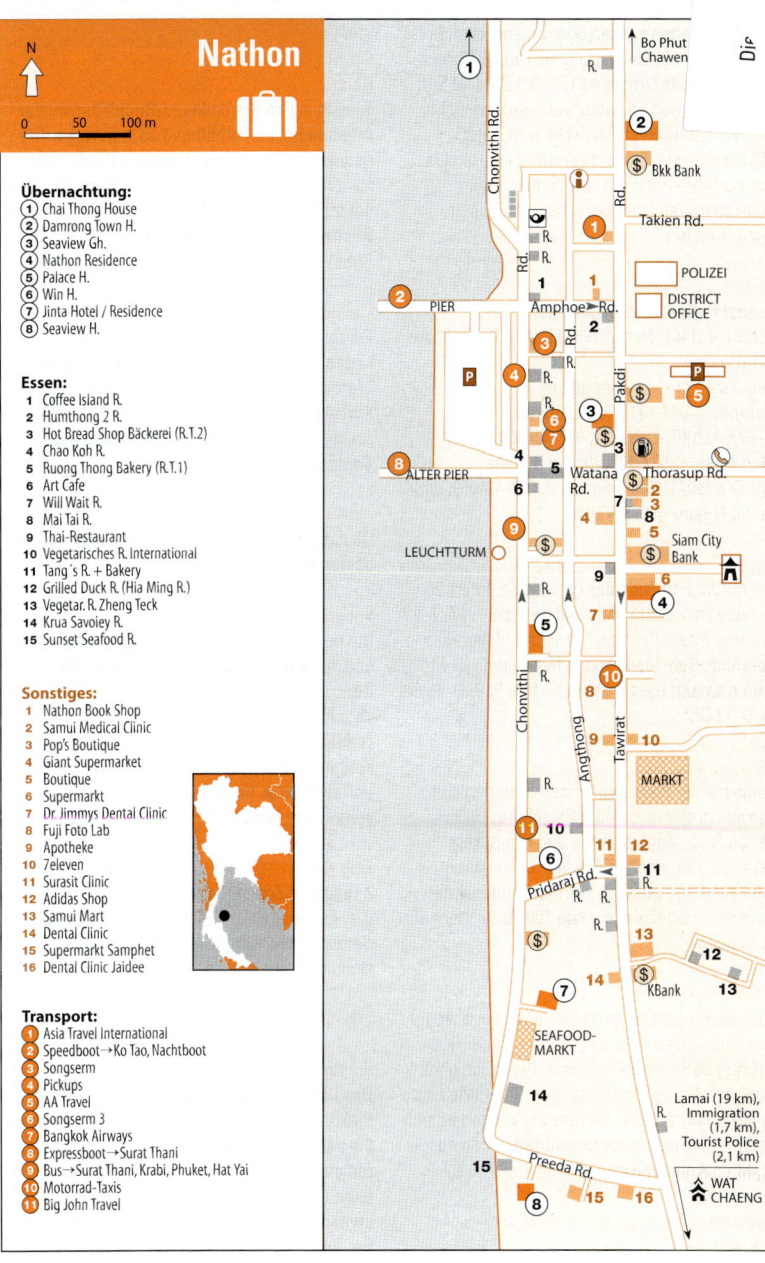

Nathon

N

0   50   100 m

Übernachtung:
1. Chai Thong House
2. Damrong Town H.
3. Seaview Gh.
4. Nathon Residence
5. Palace H.
6. Win H.
7. Jinta Hotel / Residence
8. Seaview H.

Essen:
1. Coffee Island R.
2. Humthong 2 R.
3. Hot Bread Shop Bäckerei (R.T.2)
4. Chao Koh R.
5. Ruong Thong Bakery (R.T.1)
6. Art Cafe
7. Will Wait R.
8. Mai Tai R.
9. Thai-Restaurant
10. Vegetarisches R. International
11. Tang´s R. + Bakery
12. Grilled Duck R. (Hia Ming R.)
13. Vegetar. R. Zheng Teck
14. Krua Savoiey R.
15. Sunset Seafood R.

Sonstiges:
1. Nathon Book Shop
2. Samui Medical Clinic
3. Pop's Boutique
4. Giant Supermarket
5. Boutique
6. Supermarkt
7. Dr. Jimmys Dental Clinic
8. Fuji Foto Lab
9. Apotheke
10. 7eleven
11. Surasit Clinic
12. Adidas Shop
13. Samui Mart
14. Dental Clinic
15. Supermarkt Samphet
16. Dental Clinic Jaidee

Transport:
1. Asia Travel International
2. Speedboot→Ko Tao, Nachtboot
3. Songserm
4. Pickups
5. AA Travel
6. Songserm 3
7. Bangkok Airways
8. Expressboot→Surat Thani
9. Bus→Surat Thani, Krabi, Phuket, Hat Yai
10. Motorrad-Taxis
11. Big John Travel

Ko Samui

Botschaften wissen über entsprechende Dummköpfe ein Lied zu singen. Der Mietpreis für eine Honda Dream ist 150–200 Baht/24 Std. Versicherungen für Motorräder taugen nicht viel. Wer ohne Helm erwischt wird, zahlt 500 Baht Strafe. Es wird vermehrt kontrolliert. Der Beifahrer ist nicht verpflichtet, einen Helm zu tragen, sollte es aber zur eigenen Sicherheit tun.

Polizei

Tourist Police, 2 km südlich der Stadt, ✆ 077-421281, 421441, Notruf 1699 (Tourist Police) bzw. 191 (Polizei).
Reguläre Polizeireviere gibt es in Nathon, ✆ 077-421095-8, Chaweng, ✆ 077-422067, Lamai, ✆ 077-424068, Mae Nam, ✆ 077-425070, Big Buddha, ✆ 077-425071, Hua Thanon, ✆ 077-424069, und Taling Ngam, ✆ 077-423009.

Post

Am nördlichen Ende der Uferstraße, Internet-Service im 1. Stock. Auslandstelefon ⏰ tgl. 7–20 Uhr und *Poste Restante Service,* hilfsbereites Personal. Sea-Mail-Pakete benötigen vier Monate bis nach Deutschland. ⏰ Mo–Fr 8.30–15.30, Sa 9–12 Uhr.

Reisebüros

Rings um die Piers und an den Stränden gibt es viele große und kleine Reisebüros, in denen Bus-, Zug-, Schiffs- und Flugtickets verkauft, Flüge gegen Gebühr rückbestätigt oder Ausflüge gebucht werden können. Internationale Flüge kosten etwa 1000 Baht mehr als in Bangkok.

Rolli

Laut einem Leserbrief ist Ko Samui auch wegen des Flugplatzes rollstuhlgeeignet. Jeder Rolli-Fahrer mit Begleitperson kann hier auch ohne Reiseerfahrung Urlaub machen. Trainierte Leute in guter körperlicher Verfassung können es sich allein zutrauen. Am besten vorher in den ausgewählten Anlagen anrufen.

Tauchen

s. S. 406.

Bücher

Tausch in den Secondhand-Buchläden an der Amphoe Rd. im Verhältnis 1 zu 2. In vielen Touristenanlagen liegen gebrauchte Bücher zur freien Verfügung aus. Im **Nathon Book Shop** findet man selbst deutsche Klassiker. Gebrauchte Bücher werden relativ teuer (fast zum vollen Preis) verkauft.

Landkarten

Pläne von Ko Samui liegen in allen Hotels und Läden kostenlos aus. Sie dienen vor allem der Werbung und erheben keinen Anspruch auf Korrektheit. Als übersichtlichste Karte gelten zurzeit die blaue *Samui Guide Map* und die *Community-info-map.*

Markt

Obst, Gemüse und frischen Fisch kauft man am besten vormittags auf dem Markt.

Supermärkte

Die größten Supermärkte sind der **Samui Mart** und der **Samphet Supermarket** in der Preeda Rd.

Textilien

Kleidung gibt es mehr als genug. Wer nichts Vorfabriziertes findet, kann sich günstig etwas schneidern lassen.

Zeitungen

2 Tage alte Zeitungen aus Europa gibt es u. a. gegenüber vom Pier, die lokale Zeitung *Samui Community* kostenlos, 🖥 www.samuicommunity.com.

Pickups

Das übliche öffentliche Transportmittel sind Pickups mit Bänken (Songthaews). Sie haben die jeweiligen Strände angeschrieben und fahren ihre Ziele von 6–18 Uhr (z. T. auch später) laufend an. Wer unsicher ist, ob er das richtige erwischt hat, sollte vorher den Fahrer fragen. Bei Ankunft eines Bootes sind sie am Pier ver-

Ko Samui

sammelt, ihre Ziele werden ausgerufen. Ansonsten kreisen sie hupend durch die Straßen von Nathon und stoppen auf ein Zeichen überall. Man kann um die ganze Insel fahren. Von den Anlegestellen zu allen Stränden werden 50–100 Baht verlangt. Geld passend bereithalten. Oft wird von Touristen mehr abverlangt. Selbst Forderungen nach 500 Baht sind an der Tagesordnung.
Unser Tipp: Nach der Ankunft das Preisniveau checken, wie die Einheimischen selbstbewusst hinten einsteigen und nach dem Aussteigen das abgezählte Geld dem Fahrer geben. Nach 18 Uhr verdoppelt sich der Preis.

Taxis
Die Fahrer haben sich noch nicht angewöhnt, das Taxameter einzuschalten und verlangen Fantasiepreise. Um eine Änderung dieses Verhaltens zu bewirken, sollte man auf Taxameter bestehen.

Motorradtaxis
Sie warten nördlich vom Markt auf Fahrgäste zum Busbahnhof (20 Baht), zum Immigration Office (20 Baht) und zum Krankenhaus (30 Baht); zu einigen Stränden sind die Preise von 50–150 Baht vorgeschrieben.

Transport

Kommt man abends auf Ko Samui an, ist es ratsam, für die erste Nacht die Dienste der Schlepper anzunehmen oder in Nathon im Nathon Residence oder Jinta Hotel/Residence zu bleiben.

Busse
Von BANGKOK (Southern Bus Terminal) mit 2.Kl. AC-Bus um 7, 19.30 und 20.30 Uhr für 430 Baht, AC-Bus um 8.30, 19.30 und 20 Uhr für 551 Baht in 13 Std., VIP-24-Bus um 7.30, 19, 19.30 und 20.20 Uhr für 849 Baht (Ank. 17.30 und 9 Uhr).
Von BANGKOK aus gibt es kombinierte Bus/Fähre-Tickets von mehreren Unternehmen. Meistens wird man in Surat Thani „umgeladen". Ac-Busse ab der **Khaosan Road** kosten 400–700 Baht. Ticket nur bei guten Reisebüros kaufen und vor dem Einsteigen fotokopieren. Wer ein Ticket für spottbillige 250–300 Baht kauft,

Achtung

Wir raten davon ab, bei Reisebüros in Ko Samui Tickets für einen Bus oder Minibus zu kaufen, der erst in Surat Thani losfährt. Zu oft fuhr er nicht und das Geld war weg.
Auf der Fähre verschwanden mehrfach Wertsachen aus dem Gepäck, das im „abgeschlossenen" Fahrgastraum des Samui Tour-Busses zurückgelassen worden war. Touristen, die dies beobachteten, wurden anschließend aus dem Bus geworfen.

benutzt möglicherweise einen Bus, in dem Rucksack, Geld oder Reiseschecks abhanden kommen. Bitte vorher lesen: 🖳 www.talesof asia. com/thailand-getaround.htm.
Bequem und sicher ist die Reise über Chumphon mit der Firma **Lomprayah**, 🖳 www.lomprayah. com, für 850 Baht (Internet-Preis) bzw. 1250 Baht: Um 6 Uhr mit dem Bus nach Chumphon, um 13 Uhr weiter mit dem Lomprayah-Katamaran über Ko Tao, Ko Pha Ngan nach Ko Samui (an 16.40 Uhr). Oder ab Bangkok um 21 Uhr, an in Ko Samui um 11.20 Uhr.
Von PHUKET AC-Bus um 8, 9, 10 und 12 Uhr für 375 Baht in 7–8 Std.
Von KRABI mit AC-Bus und Fähre um 9 und 11 Uhr direkt für 600 Baht in 8 Std. sowie um 16 Uhr (mit Nachtboot) in 13 1/2 Std. für 470 Baht.
Von HAT YAI AC-Bus 729 um 8 und 10.40 Uhr für 355 Baht in 7 Std.
Die staatlichen AC-Busse nach BANGKOK fahren an der Bus Station, ☎ 077-421125, 1,5 km südlich von Nathon, ab: der 2.Kl. AC-Bus um 7.30, 13.30 und 16.30 Uhr für 486 Baht, AC-Bus um 15.30 und 16.30 Uhr für 598 Baht, VIP-24 Bus um 7.30, 15.30 und 16.30 Uhr für 875 Baht in 12 Std. Mit **Sophon Tour**, ☎ 077-420275, und **Srisuthep Tour**, ☎ 081-0859241, zu denselben Zeiten für 486 / 612 / 696 Baht. Witzigerweise steigt man am Pier gleich wieder aus, um das Fährticket separat zu kaufen.
Nach SURAT THANI non-AC-Bus laufend von 7.30–16.30 Uhr für 300 Baht (inkl. Fähre), AC-Bus für 350 Baht (inkl. Fähre). In Surat hat man bis 15.30 Uhr Anschluss an den öffentlichen Bus

Ko Samui

465, der alle 60–75 Min. nach KHAO SOK (75–120 Baht) und KHAO LAK (100–160 Baht) fährt. Das Kombiticket lohnt sich nicht.

Busse von **Phantip**, ☎ 077-421221, fahren um 7.30 und 11.30 Uhr für 400–500 Baht (inkl. Boot) in ca. 7–9 Std. nach Krabi, Hat Yai, und Phuket (nach Khao Lak in Khok Kloi umsteigen).

Eisenbahn

Nach BANGKOK fahren ab Surat Thani tgl. 10 Züge. Jedes Reisebüro bucht per Telefon mit ca. 60 Baht Aufschlag. Direkt am Bahnhof gibt es häufig noch einzelne Schlafwagenplätze. Nach Süden fahren alle Schnellzüge mitten in der Nacht ab, nur 2 lokale Züge tagsüber. In Bangkok ein „Zug-Bus-Boot-Kombiticket" für 250 Baht zu kaufen, lohnt nicht.

Boote

Von SURAT THANI fahren jeden Tag unterschiedliche Boote von 3 Piers ab: Ban Don (direkt in Surat), Tha Thong (8 km östlich) und Don Sak (68 km östlich).

Von Surat Thani nach Ko Samui
Songserm Expressboot (Tha Thong Pier), hin: 8–10 Uhr, zurück: 8–10.30 Uhr, Preis p. P.: 200 Baht, ☎ 077-205418-9
Nachtboot (Ban Don Pier), hin: 23–5 Uhr, zurück: 21–4 Uhr, Preis p. P.: 150 Baht
Seatran Ferry (Bus+Fähre, via Don Sak), hin: stdl. 5.30–17.30 Uhr (3 Std.), zurück: stdl. 5–18 Uhr (2 1/2 Std.), Preis p. P.: 180 Baht, ☎ 077-426000-2
Seatran Ferry (Autofähre, Don Sak– Nathon), hin: stdl. 6–19 Uhr (1 1/2 Std.), zurück: stdl. 5–18 Uhr (1 1/2 Std.), Preis p. P.: 180 Baht, ☎ 077-426000-2
Raja Ferry (Autofähre Don Sak Lipa Noi), hin: stdl. 5–19 Uhr (1 1/2 Std.), zurück: stdl. 5–19 Uhr (1 1/2 Std.), Preis p. P.: 180 Baht, ☎ 077-415230-3

Von **Samui Tour** in Surat, ☎ 077-421221, fährt jeweils 1 1/2 Std. vorher ein Bus ab (170 Baht). Auch **Seatran Ferry** setzt von 5.30–17.30 Uhr einen Zubringerbus ein (180 Baht). Die Seatran Ferry ist weitaus beliebter als die Raja Ferry. Auf den Fähren liegen die Preise für ein Motorrad bei 150 Baht, für einen PKW bei 300 Baht

(inkl. Fahrer). An Wochenenden in den thailändischen Ferien können Wartezeiten bis zu 5 Std. entstehen.

Expressboot und Fähre können bei hohem Wellengang nicht anlegen!

Das Nachtboot wird von sparsamen Travellern benutzt (eine „Schwimmende Jugendherberge", in der man ausschlafen kann).

Von Ko Samui nach Ko Pha Ngan (+ Ko Tao)
Lomprayah Katamaran (ab Mae Nam), hin: 8–8.20 (9.45) Uhr, zurück: 7–7.20 Uhr, Preis p. P.: 250 (580) Baht, ☎ 077-238411-2
Seatran Speedboat (ab Bangrak Pier), hin: 8–8.30 (10) Uhr, zurück: (9.30) 11–11.30 Uhr, Preis p. P.: 250 (550) Baht, ☎ 077-246086-88
Frachtboote (nicht jeden Tag), hin: 9.30–11.30 (14.30) Uhr, zurück: (9.30) 12.30–14.30 Uhr, Preis p. P.: ab 120 Baht, Info am Pier
Had Rin Queen (ab Big Buddha), hin: 10–11.15 Uhr, zurück: 9.30–10.15 Uhr, Preis p. P.: 120 Baht, ☎ 077-427650
Songserm Expressboot (ab Nathon), hin: 11–12 (14) Uhr, zurück: (10) 12–13 Uhr, Preis p. P.: 150 (350) Baht, ☎ 077-377046
Lomprayah Katamaran (ab Mae Nam), hin: 12–12.30 (14) Uhr, zurück: 11–11.20 Uhr, Preis p. P.: 250 (580) Baht, ☎ 077-238981-2
Had Rin Queen (ab Big Buddha), hin: 13–13.45 Uhr, zurück: 11.40–12.25 Uhr, Preis p. P.: 120 Baht, ☎ 077-375113
Seatran Speedboat (ab Bangrak Pier), hin: 13.30–14 (15.30) Uhr, zurück: (15) 16.30–17 Uhr, Preis p. P.: 250 (550) Baht, ☎ 077-246086-88
Had Rin Queen (ab Big Buddha), hin: 16–16.45 Uhr, zurück: 14.30–15.15 Uhr, Preis p. P.: 120 Baht, ☎ 077-375122
Lomprayah Katamaran (ab Mae Nam), hin: 17–17.20 Uhr, zurück: 16–16.40 Uhr, Preis p. P.: 250 Baht, ☎ 077-427765-6
Songserm Expressboot (ab Nathon), hin: 17–17.45 Uhr, zurück: 11–11.45 Uhr, Preis p. P.: 200 Baht, ☎ 077-420157
Had Rin Queen (ab Big Buddha), hin: 18.30–19.15 Uhr, zurück: 17.30–18.15 Uhr, Preis p. P.: 120 Baht, ☎ 077-375122

Von Ko Samui nach Ko Tao direkt
Phangan Cruise (ab Nathon), hin: 12–14 Uhr,

Die Unfallstatistik der Krankenhäuser von Ko Samui zeigt, dass die Verkehrsunfälle auf der Insel drastisch zugenommen haben. Viel zu viele Verkehrsteilnehmer, vor allem Motorradfahrer, wurden zum Teil schwer verletzt! In der kommunalen Zeitschrift *Community* werden diese Zahlen monatlich veröffentlicht.

Als Grund wird an erster Stelle genannt: Trunkenheit am Steuer. Danach kommt schon der schlechte Zustand des Fahrzeugs, gefolgt von Unkenntnis und Nichtbefolgung der Verkehrsregeln, vor allem durch Touristen. Zu schnelles Fahren trifft auf Thai wie auf Farang zu. Die Überschätzung der eigenen Fahrkünste auf der unbekannten Betonstraße führte vor allem bei Touristen zu Unfällen, und zwar wegen der vielen scharfen Kurven, den plötzlichen Straßenverengungen, dem Rollsplitt und Sand auf der Straße sowie wegen geringer Sicht durch weit in die Straße hängende Äste.

Folgende Empfehlungen sollten dringend eingehalten werden:
• nicht unter Alkoholeinfluss fahren
• vor dem Fahren das Fahrzeug checken (Bremsen, Beleuchtung etc.)
• nicht schneller als 60 km/h, in Ortschaften max. 30 km/h fahren
• einen Sturzhelm tragen, auch der Beifahrer, bei Nacht helle Kleidung
• Verkehrsregeln und Verkehrszeichen beachten
Große Schilder warnen: *Please remember to drive on the LEFT.*
Fußgänger sind vor allem bei Dunkelheit auf der Ringstraße gefährdet. Sie sollten helle Kleidungsstücke tragen und beim Herannahen von Fahrzeugen, die häufig mit nur einem Scheinwerfer fahren, die Taschenlampe anschalten.

9.30–11.30 Uhr, Preis p. P.: 550 Baht, ☎ 077-377274

Flüge
Der privat betriebene Flugplatz gleicht einer tropischen Parkanlage und ist eine Attraktion.

Viele Info-Broschüren liegen aus. Tickets für den teuren Minibus-Shuttle und die Airport-limousinen zu den Stränden kauft man im Flughafen. Wer sparen will, geht ca. 300 m bis zur Hauptstraße, um dort ein Taxi anzuhalten.
Bangkok Airways, Internet-Buchung über ⌨ www.bangkokair.com oder Reservierung in Bangkok, ☎ 02-2293456–63, fliegt von Bangkok, Phuket und U-Tapao (Pattaya).
Bangkok Airways in Ko Samui: ☎ 077-420133, am Flughafen ☎ 077-522513.
Nach BANGKOK ca. 20x tgl. in 80 Min. für 4100 Baht (inkl. Gebühren), Sonderangebote möglich.
Nach PHUKET 2x tgl. in 50 Min. für 3170 Baht (inkl. Gebühren).
Nach PATTAYA 1x tgl. in 65 Min. für 3605 Baht (inkl. Gebühren).
Nach SINGAPORE 1x tgl. in knapp 2 Std. für 6145 Baht (inkl. Gebühren).
Nach Hongkong 5x wöchentlich in 3 Std. für 13660 Baht (inkl. Gebühren), Sonderangebote möglich.
Thai Airways, **Air Asia** und **Orient Thai** fliegen 1–2 x tgl. von BANGKOK (BKK) bzw. BANGKOK (DMK) zum Flugplatz 29 km westlich von Surat Thani (s. S. 356), Zubringerbusse fahren für ca. 450 Baht hin und zurück.

Der Nordwesten von Ko Samui

Umfährt man die Insel im Uhrzeigersinn, kommt man zunächst an der äußerst flachen Küste der **Bang Makham-Bucht** vorbei, die zum Baden nicht geeignet ist. Dennoch gibt es hier nach 2 km Bungalowanlagen. Auch der erste Strand im Norden, **Bang Po Beach**, ist nicht zum Baden geeignet. Wer einen leichten Schlaf hat, wird durch die Fischerboote gestört, die die ganze Nacht rein und raus fahren. Hier liegen einige Wellness-Anlagen und viele Ferienhäuser der Coconut-Gruppe. Gleich anschließend kommt der **Ban Tai Beach** mit einem schmalen, seichten Strand.

Med Sai Bungalow ③, ☎ 077-420475, komfortable Bungalows am flachen Strand. ❸, AC ❹

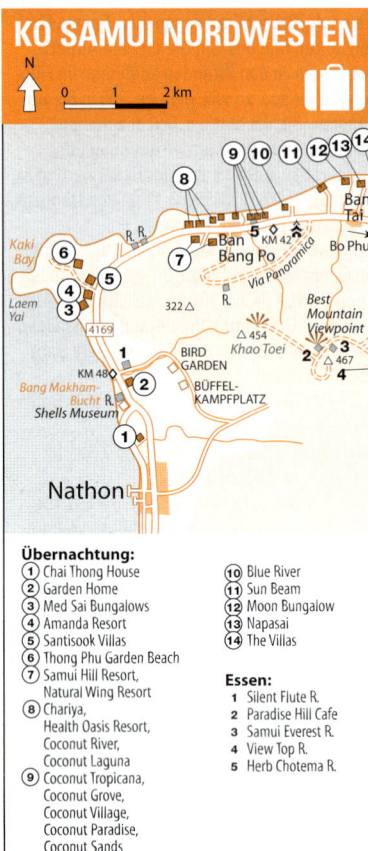

KO SAMUI NORDWESTEN

N

0   1   2 km

Kaki Bay

Laem Yai

Nathon

Übernachtung:
1. Chai Thong House
2. Garden Home
3. Med Sai Bungalows
4. Amanda Resort
5. Santisook Villas
6. Thong Phu Garden Beach
7. Samui Hill Resort, Natural Wing Resort
8. Chariya, Health Oasis Resort, Coconut River, Coconut Laguna
9. Coconut Tropicana, Coconut Grove, Coconut Village, Coconut Paradise, Coconut Sands
10. Blue River
11. Sun Beam
12. Moon Bungalow
13. Napasai
14. The Villas

Essen:
1. Silent Flute R.
2. Paradise Hill Cafe
3. Samui Everest R.
4. View Top R.
5. Herb Chotema R.

Amanda Resort ④, ✆ 077-421721, 🖳 www.samuiamandaresort.com, 4 km von Nathon, neues Resort, 73 verschiedene Bungalows mit Palmblattdächern, großer Pool, großes Restaurant. Die Bungalows sind mit Fußwegen verbunden und haben z. T. nur eine kleine Stufe, sodass sie Rolli-geeignet sind. ❻–❼

Natural Wing Health & Spa Resort ⑦, ✆ 077-420871-2, 🖳 www.naturalwing.com; sehr gepflegte Bungalowanlage im Thai-Stil, jenseits der lauten Hauptstraße, kein Meerblick, Spa. ❻–❼

Health Oasis Resort & Healing Child Center ⑧, ✆ 077-420124, 🖳 www.healthoasisresort.com;

eine alternative, gesundheitsorientierte New Age-Kuranlage.Dicht stehende Bungalows und Schlafsaal, innen und außen in rosa oder orange gehalten, viele Häuser an der lauten Hauptstraße. Fast alle Kunden belegen hier Therapien oder Kurse, z. B. Reiki, Healing Tao oder Heilfasten. ❹, AC ❺

Blue River ⑩, ✆ 077-421357, schöner Garten, 19 Bungalows mit Kochgelegenheit. ❹

Sun Beam ⑪, ✆ 077-421061, schöne Anlage am friedlichen Strand, große Bungalows mit Fan und Du/WC, weit weg von der Straße, viele einheimische Gäste. ❸

Napasai ⑬, ✆ 077-429200, 🖳 www.napasai.com, Luxusanlage mit Cottages, Villen, Spa, gutem Restaurant, alles vom Feinsten – auch die Preise. ❽

Herb Chotema, exzellentes kleines Restaurant mit ausgefallenen Gerichten wie *Banana flower salad* und hervorragende Fischgerichte, reichliche Portionen, günstige Preise.

Wer das nötige Kleingeld besitzt, kann sich z. B. in den Ferienhausanlagen **Coconut River** ⑧, **Coconut Grove** ⑨ oder **Coconut Sands** ⑨ ein Häuschen am Strand bauen lassen (ab 3 Mill. Baht). Mietpreis ab 5000 Baht. Angeboten werden auch Eigentumswohnungen am Strand und hübsche Häuser am Hügel (ab 2 Mill. Baht). Infos bei **Coconut Land & House**, ✆ 077-420613, 🖳 www.coconut-land-house.com.

Sonstiges

Massagen, Dampfbäder, Massagekurse im **Health Oasis** (s. o.). Traditionelle Massage im **Garden Home Herbal Health Center**, ✆ 077-421311, 2 km nördlich von Nathon an der Ringstraße. Modernes Spa in gepflegtem Ambiente, jedoch direkt an der Straße, im **Natural Wing Resort** (s. o.).

Mae Nam Beach

Die leicht geschwungene, 4 km lange Bucht ist von tausenden von Kokospalmen gesäumt. Die Bungalow-Siedlungen liegen in lockerer Folge am sauberen Strand und sind von der weit entfernten Straße nicht einsehbar. Obwohl auch hier einige luxuriöse Hotels gebaut wurden, herrscht noch längst kein Massentourismus.

Die ruhige, erholsame Atmosphäre bleibt bewahrt. Kaum Liegestühle, die das Strandbild verschandeln könnten. Das leidige Video gibt es jedoch fast überall. Das Preisniveau in den Bungalowanlagen ist das niedrigste von Ko Samui. Der schmale Strand mit gelbem Sand fällt ziemlich steil ab, sodass schnell Schwimmtiefe erreicht ist. Vor allem im östlichen Bereich ist der Sand relativ grobkörnig, im zentralen Abschnitt beim Dorf eher fein. Bei Ebbe schauen an einigen Stellen Felsen heraus. Das ruhige Wasser eignet sich fast ganzjährig zum Baden, aber nicht zum Schnorcheln. Neben den wenigen Sonnenanbetern liegen auch einige Fischerboote am Strand. Die Ruhepavillons *(sala)* unter den vordersten Palmen gehören den Fischern. Am Mae Nam Beach empfindet man wegen des vergleichsweise geringen Windes die Hitze stärker, vor allem in der heißen Jahreszeit.

Das ruhige Fischerdorf **Ban Mae Nam** liegt in der Mitte des Strandes. Hier gibt es alles Lebensnotwendige zu kaufen. Man findet sogar einen Arzt, ein Fotolabor und diverse Schneider. Am Abend wirkt das Dorf wie ausgestorben, nur ein paar kleine Bars haben geöffnet.

Übernachtung

Etwa 35 Bungalow-Siedlungen liegen 300–800 m von der Straße entfernt. Hier kann man noch günstige Bungalows für 300–500 Baht finden. Doch viele Anlagen haben höherpreisige und besser ausgestattete Bungalows dazu gebaut. Neue Luxushotels und Villen verändern den Charakter des Strandes.

Westlich vom Dorf

Home Bay ①, ℡ 077-247214-5, am westlichen Ende der Bucht unter Palmen, nette Anlage, 40 unterschiedliche Bungalows, vor allem die Beachfront Bungalows werden gelobt, gutes Restaurant im Zentrum, etwas unpersönliches Personal, viele Deutsche. Ruhestörung durch benachbarte Bar. ❸–❹, AC ❺

Pinnacle ②, 🖳 www.pinnaclehotels.com, ℡ 077-247308, eng aufeinander stehende AC-Bambusmattenbungalows und 3-stöckiges Hotelgebäude, Pool, pauschal oder übers Internet buchbar. ❺

Nebenan entsteht ein neues Luxus-Resort.**Coco Palm Samui** ②, 🖳 www.cocopalmsamui.com, ℡ 077-247288, vornehm hergerichtete Anlage in einem hübschen Garten, AC-Bungalows in 5 verschiedenen Preiskategorien mit steigendem Komfort; feines Restaurant, desinteressiertes Personal, Swimming Pool. ❹–❻

Phalarn Inn ③, ℡ 077-247111, 🖳 www. phalarn-inn.com, ca. 100 m vom Meer entfernt, hinter der Anlegestelle der Lomprayah Ferry, großer Garten, renovierte und neuere Bungalows, sehr gutes Essen, nette, familiäre Atmosphäre. ❷–❸

Naplarn Villa ③, ℡ 077-247047, weiter hinten gelegen, netter Garten, normale Bungalows und extra große für Familien. ❷–❸

O.K. Village ④, vor dem Eingang zur Tempelanlage, saubere Steinbungalows mit Du/Thai-WC, gutes Restaurant, junges, freundliches Personal, Mopedverleih. Zum Strand geht es 100 m durch das Tempelgelände. ❷

Harry's Bungalows ④, ℡ 077-425447, 🖳 www. harrys-samui.com, landeinwärts hinter einer imposanten Empfangshalle im Thaistil, 20 solide gebaute Bungalows, z. T. mit AC und Kochnische, z. T. extra Kinderzimmer; Swimming Pool, nicht mehr in Schuss gehalten. ❹

Sea Fan Beach Resort ⑤, ℡ 077-425204-5, 🖳 www.seafanresort.com, sehr große, etwas ältere, gut ausgestattete Holz-Bungalows mit AC; teures Restaurant; Pool mit Bar, Whirl Pool, verschiedene Sportarten; Motorräder, Jeeps. Grober Sand am Strand. ❻

Anong Villa ⑥, ℡ 247256, 32 z. T. noch einfache Bungalows, Restaurant; Frau Anong und Sohn kümmern sich selbst um die Anlage, das Personal ist etwas lethargisch. Mofas, Massagen. ❸, AC ❹

Shangri-Lah ⑥, ℡ 077-425189, schöne Anlage, verschiedenartige, saubere, gut ausgestattete Bungalows, die billigsten direkt am Strand, Restaurant mit schleppendem Service, distanziertes bis unhöfliches Personal. ❸, AC ❹

New Sunrise Village ⑥, ℡ 077-247219, 🖳 www.new-sunrise.com, verschiedenartige, dicht stehende Bungalows, die vorderen neuer und mit Meersicht, die hinteren älter und düster;

gutes Essen, aber kleine Portionen. Moped-verleih. ❷–❸

Palm Point Village ⑥, ✆ 077-247372, saubere Steinbungalows, die AC-Bungalows stehen hinten, freundliches Personal, familiäre Atmosphäre, gutes Essen. ❸, AC ❹

Shady Shack Resort ⑥, ✆ 077-425392, verwahrloste Anlage, marode Holzbungalows, etwas bessere Seaview Bungalows. Strandterrasse mit Bar, ☉ bis nach Mitternacht. Restaurant. Geringer Service, lustlose Besitzer. ❹, AC ❺

Thiptara Resort ⑦, ✆ 077-425311, von einer Mauer umgebene, sehr geschmackvolle und gepflegte Anlage hinter Shady, 14 neue AC-Steinbungalows, um einen kleinen Pool und einen japanischen Teich herum, nach außen offenes Bad (Mauern und Hecken als Sichtschutz) mit Du/WC. ❺

Mae Nam Resort ⑧, ✆ 077-247286, 🖳 www.maenamresort.com, saubere Anlage mit schönem Garten, von einer Thai-Familie betreut; eng stehende Bungalows mit großen Zi und Terrasse, schön mit Rattan möbliert, auch Extra-Betten und Familienbungalows, sehr ruhig, Restaurant am Strand, Internet, Mopedverleih, viele Stammgäste, beliebt bei Familien. ❺, AC ❺

Santiburi Resort ⑨, ✆ 077-425031-38, 5-Sterne-Hotel in einem gepflegten Palmengarten am Strand, luxuriöse Thai-Pavillons und Suiten, 2 Restaurants, 2 Bars, 50-m-Pool, Spa, Tennis, Squash, Wassersport, Tauchschule, alle Einrichtungen eines Luxus-Hotels. ❽

Lolita ⑩, ✆ 077-425134, ✉ lolitakohsamui@ yahoo.com, am feinsandigen Dorfstrand, verschiedenartige, saubere Bungalows mit Bad/WC und Terrasse, die billigsten sowie die AC-Bungalows stehen direkt am Strand; hoch liegendes Restaurant mit tollem Blick auf das Meer. ❸–❹, AC ❺

Baan Fah Resort ⑬, ✉ victoria@loxinfo.co.th, ✆ 077-425675, im Dorf, neues Hotel mit Zi und Suiten, nett, aber zu teuer. Internetpreise günstiger. ❻–❽

Östlich vom Dorf

Die nächsten 6 Anlagen haben einen schönen, aber steilen Strand mit mittelfeinem Sand.

Mae Nam Village Bungalows ⑬, ✆ 077-425151, Reihenhäuser mit Fan in einer Reihe zum Strand hin, gut eingerichtet, im Hinterland große Bungalows mit AC, Kühlschrank, Spülbecken, freundliches Personal, hilfsbereiter Besitzer. Restaurant Chok Dee am Strand. ❷–❸, AC ❹

Moon Hut ⑭, 🖳 www.moonhutsamui.com, ✆ 077-425247, schöne, hufeisenförmig zum Strand ausgerichtete Bungalowanlage unter thailändisch-britischer Führung. Die auf Stelzen stehenden, gemauerten Bungalows, einige noch mit Fan, haben alle eine Loggia mit Blick auf Garten und Meer. Restaurant mit europäischer und sehr guter Thai-Küche. Mopeds mit Helmen, internationales, ruhiges Publikum jeden Alters, freundliche Atmosphäre. ❸, AC ❹–❺

Nature ⑮, schmale Anlage zwischen Lagune und Sandstrand, 12 saubere, kleine Bungalows mit Du/WC, Fan und Moskitonetz, Hängematte, freundliche Familie, Box-Fans. Im hier befindlichen Trainingsring üben Thaiboxer äußerst lautstark ihre Kicks und Schläge, teils schon morgens um drei. ❷–❸

Östlich des Friedhofs wird der Sand grober, das Meer ist wegen abgestorbener Korallen nicht zum Baden geeignet. Der recht miese Strandabschnitt ist mit z. T. meterhohen, unansehnlichen Stützmauern befestigt. Aus der Lagune kommt trübes Wasser. Hier drängen sich direkt am Strand auf 700 m:

Sea Shore 1 ⑯, ✆ 077-425280, Steinstrand, saubere, gepflegte Anlage, Holzbungalows und kühle Steinhäuser, gutes Essen, freundliche Leute. ❷–❹ **Sea Shore 2** ⑯, ✆ 077-425280, ganz einfache Hütten und schöne Bungalows mit Meersicht; Tour-Info und Internet vorn am Strand, gutes Restaurant, kleine Bar. ❷, AC ❸–❹

New Lapaz Villa ⑰, ✆ 425296, ✆ 425402, 🖳 www.newlapaz.com, Sandstrand, komfortable, eng zusammenstehende, saubere Doppelbungalows am Strand; kleiner Pool, Restaurant direkt über der hohen Mauer; älteres Publikum. ❸, AC ❹

Paradise Beach Resort ⑰, ✆ 077-247227-32, 🖳 www.samuiparadisebeach.com, Best Western angeschlossen; tropischer Garten, vornehme Luxus-Anlage, viele Pauschalurlauber; Villas im Thai-Stil und große, gediegen möblierte Zi mit 3 Betten und Terrasse, Tür zum Nebenbungalow; 2 superteure Restaurants; 2 Pools mit

Sprudelbecken und Liegestühlen, Strandbar, Babysitting; *Watersport Center* mit Tauchschule *Diving in Paradise* unter deutscher Leitung, besonders engagiert im Familientauchen. Schweizer Management. ❽

Friendly ⑱, ✆ 077-425484, einige Bungalows stehen absturzgefährdet über einer 4 m hohen, bröckelnden Mauer aus Betonrohren. Ziemlich verwaist, was auch auf den Mindestaufenthalt von 3 Nächten zurückzuführen ist. ❷

Das östliche Ende des Strands wirkt wieder attraktiver:

Morning Glory Village ⑲, ✆ 081-8918934, eng stehende Palmholzhütten mit und ohne Du/WC, denen man ihr Alter ansieht; Restaurant mit schöner Veranda und Bühne, wo immer wieder Musiker auftreten, guter Espresso; seit Jahren unter österreichischer Leitung. ❷

Magic View Bungalow ⑲, ✆ 087-8955008, 7 einfache Bambusmattenhütten am Strand entlang in 2 Reihen unter Palmen, alle mit Meersicht. ❷

Mae Nam Villa ⑳, ✆ 077-425501, ruhige, schöne, saubere Anlage, recht eng stehende pastellfarbene Bungalows sowie einige bessere mit AC; wenig Schatten, freundliche, hilfsbereite Leute; gute Küche; Mopedverleih. ❸, AC ❹

S.R. Bungalow ⑳, ✆ 077-427530, kleine Steinhäuschen mit Balkon, etwas heruntergekommen, sehr eng in 2 Reihen senkrecht zum Strand, ruhige Anlage. Strandrestaurant mit akzeptablen Preisen und gutem Coffee-Shake. ❸–❹

Maenam Cheer ㉑, ✆ 089-5913200, relativ neue Anlage mit netten Bungalows dicht am Strand – dichter geht's nicht. ❹

Essen

Sea View Restaurant, am Strand, geschmackvolle Gerichte und Vollkornbrot.

Cupid Restaurant, wird von Lesern v. a. wegen seiner guten Fischgerichte und Milchshakes empfohlen.

Pane e Vino, italienisches Essen in netter Atmosphäre, wenn auch an der Straße bei der PTT-Tankstelle.

Sunshine Gourmet, 20 m neben dem Ticket Office des Ferry Speed Boats. Moo ist nicht nur eine hervorragende Köchin, die für jeden Gast

individuell kocht, sie kann auch Brot und Kuchen backen und Small Talk führen. **Mummy's Restaurant**, beim Maenam Resort, wurde uns als besonders gut empfohlen.

Multi Kulti, ✆ 084-7444365, in der Gasse zum Mae Nam Resort, deutsche Bäckerei und Restaurant mit bestem deutschem Frühstück; der Besitzer Carsten steht ständig unter Dampf und hat immer wieder etwas Neues auf Lager. ☉ 7.30–14 und 17–22 Uhr.

Angelas Bakery, direkt am H4169, bietet neben selbst gebackenem Brot auch leckeren Kuchen, Torten und Kaffee zu deutschen Preisen im heißen, lauten Straßencafé. ☉ 8.30–18 Uhr.

John's Garden, beim Napralan-Tempel, gutes Essen zu normalen Preisen, locker aufgestellte Tische in einem wunderbaren Garten.

In **Eddy's Bar** gibt es neben den üblichen Getränken auch nette Kleinigkeiten zu essen.

Sonstiges

Ausflüge

U. a. werden folgende Tagesausflüge ab Mae Nam Pier angeboten:

Zum Angthong Marine N.P. von 8.30–17.30 Uhr, nach Ko Pha Ngan von 8.30–17.30 Uhr, nach Ko Tao von 9–17 Uhr, zur Full Moon Party am Hat Rin Beach von 20.30–7.30 Uhr.

Grand Sea Tours, ✆ 077-427001, ⌨ www. grandseatour.com; Rundfahrten zum Schnorcheln ab 1400 Baht (inkl.).

Fahrräder

Am H4169 bei der Abfahrt zum Laem Sai Village, 70 Baht/Tag.

Golf

Im **Santiburi Samui Country Club**.

Medizinische Hilfe

Im **Health Center** wird kostenlos behandelt, aber eine Spende erwartet.

In **Gai's Pharmacy** mit Lebensmittelladen rechts vor dem westlichen Pier arbeitet eine gut Englisch sprechende Apothekerin.

Thai-Massagen

Eine Massage kostet in AC-Zimmern beim Strand 200 Baht und soll professionell gut sein.

Boote

Von Mae Nam nach Ko Pha Ngan (+ Ko Tao)
Lomprayah Katamaran, hin: 8–8.20 (9.45) Uhr, zurück: 7–7.20 Uhr, Preis p. P.: 250 (580) Baht, ☏ 077-238411-2
Speedboot, hin: 8.30–9 (10) Uhr, zurück: (15) 16–16.30 Uhr, Preis p. P.: 250 (550) Baht, ☏ 077-247146
Slow Boat, hin: 9.30–11.30 (14.30) Uhr, zurück: (9.30) 12.30–14.30 Uhr, Preis p. P.: 120 (280) Baht, ☏ 077-377231

Boot nach Thong Nai Pan, hin: 12–13.30 Uhr, zurück: 8–9.30 Uhr, Preis p. P.: 250 Baht, Info am Pier
Lomprayah Katamaran, hin: 12.30–12.50 (14.15) Uhr, zurück: 11–11.20 Uhr, Preis p. P.: 250 (580) Baht, ☏ 077-238981-2
Lomprayah Katamaran, hin: 17–17.20 Uhr, zurück: 16–16.40 Uhr, Preis p. P.: 250 Baht, ☏ 077-427765-6

Das Thong Nai Pan-Boot fährt nur von Jan–Sep bei ruhiger See. Es legt Stopps an den Stränden Hat Rin, Hat Tien und Sadet Beach ein.
Mit dem Speedboot kann ein Schnorcheltrip um Ko Tao arrangiert werden (ab 1600 Baht inkl.). Der Lomprayah Katamaran fährt ab dem Schwimmpier im Westen, Tickets gibt es auch beim Einsteigen. Bei der Ankunft wartet ein Dutzend Minibusse, um die Fahrgäste kostenlos zu allen Stränden und zum Ko Samui Airport zu fahren. In der Nebensaison fährt nur ein Boot pro Tag.

Bo Phut Beach

Die 2,5 km lange, weit geschwungene Bucht erstreckt sich im Norden der Insel und beginnt 15 km hinter Nathon. Sie weist einen relativ steil abfallenden Strand mit recht grobem, gelbem Sand auf und ist ganzjährig gut zum Schwimmen und Windsurfen geeignet. Kurz vor dem nordwestlichen Ende der Bucht ist der Strand am schönsten, in der Mitte geht er in das Dorf Ban Bo Phut über, im Osten wird er äußerst flach. Bei Flut bleibt nur ein schmaler Strandstreifen übrig.

Noch gibt es einige billige kleine Familienbetriebe, allerdings an den weniger attraktiven Stellen. Es überwiegen Mittelklasseanlagen. In Bo Phut quartieren sich viele Urlauber ein, die zwar weg vom Rummel sein wollen, aber dennoch nicht allzu weit von den Unterhaltungsmöglichkeiten von Chaweng.

Im **Fisherman's Village**, am östlichen Ende der Bucht, sieht man zwar keine Fischer, aber mit seiner attraktiven hölzernen Ladenfront und den romantischen, hochpreisigen Restaurants, Boutiquen, Cafés und Bars wirkt es auf Expats und Touristen wie ein Magnet. Die hier angesiedelten Gästehäuser und Kleinhotels sind alle relativ neu.

Ban Bo Phut ist ein kleines Thai-Dorf mit typisch ländlicher Atmosphäre. In Dorfnähe fühlen sich vor allem Franzosen wohl. So entstanden u. a. einige französische und belgische Restaurants. Es gibt Boote zu mieten, kleine Geschäfte und einen Buchladen. Touristenlokale und Unterkünfte sind ins Dorf integriert – einzigartig auf Ko Samui.

Übernachtung

Im westlichen Bereich ist der Strand vor Zazen und Sandy schlecht: Geröll, Abfall, Steine, öldurchtränkter Sand – also nichts zum Baden. Dort stört Empfindliche auch der Straßenlärm.
Zazen Boutique Resort ㉒, ☏ 077-425085, 🖥 www.samuizazen.com, schöne gelbe Strand- und Gartenbungalows mit AC, Thai-mediterraner Stil, feines Ambiente, Pool, Shop, Internet, ansprechendes Restaurant. ❽
Sandy ㉓, ☏ 077-425353, 🖥 www.sawadee. com/samui/sandy; AC-Zi in 2-stöckigen, renovierungsbedürftigen Häusern und große Bunga-

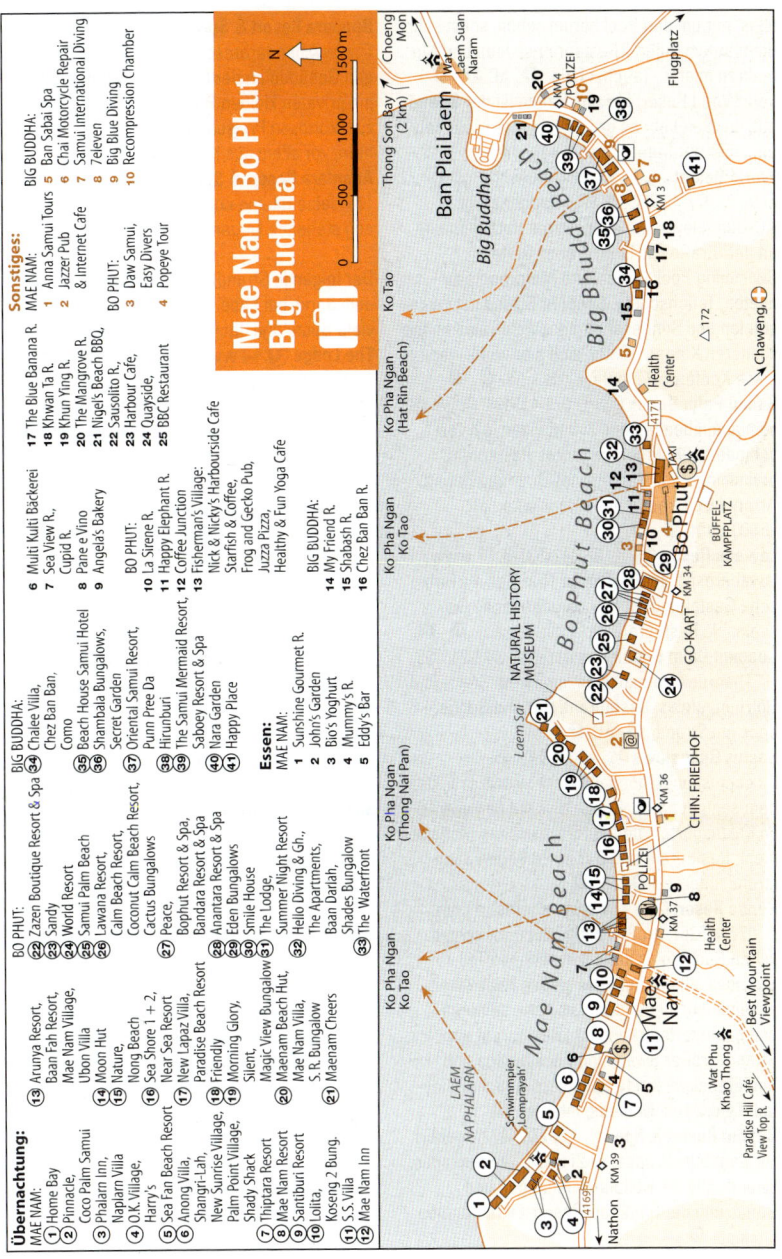

Mae Nam, Bo Phut, Big Buddha

Übernachtung:

MAE NAM:
1. Home Bay
2. Pinnacle, Coco Palm Samui
3. Phalarn Inn, Napjarn Villa
4. O.K. Village, Harry's
5. Sea Fan Beach Resort
6. Among Villa, Shangri-Lah, New Sunrise Village, Palm Point Village, Shady Shark
7. Thiptara Resort
8. Mae Nam Resort
9. Santiburi Resort
10. Lolita, Koseng 2 Bung.
11. S.S. Villa
12. Mae Nam Inn

13. Arunya Resort, Baan Fah Resort, Mae Nam Village, Ubon Villa
14. Moon Hut
15. Nature, Nong Beach
16. Sea Shore 1 + 2, Near Sea Resort
17. New Lapaz Villa, Paradise Beach Resort
18. Friendly
19. Morning Glory, Silent,
20. Magic View Bungalow Maenam Beach Hut, Mae Nam Villa, S. R. Bungalow
21. Maenam Cheers

BO PHUT:
22. Zazen Boutique Resort & Spa
23. Sandy
24. World Resort
25. Samui Palm Beach
26. Lawana Resort, Calm Beach Resort, Coconut Calm Beach Resort, Cactus Bungalows
27. Peace, Bophut Resort & Spa, Bandara Resort & Spa
28. Eden Bungalows
29. Anantara Resort & Spa
30. Smile House
31. The Lodge, Summer Night Resort
32. Hello Diving & Gh., The Apartments, Baan Dariah, Shades Bungalow
33. The Waterfront

BIG BUDDHA:
34. Chalee Villa, Chez Ban Ban, Como
35. Beach House Samui Hotel Shambala Bungalows, Secret Garden
36.
37. Oriental Samui Resort, Punn Pree Da
38. Hirunburi
39. The Samui Mermaid Resort, Saboey Resort & Spa
40. Nara Garden
41. Happy Place

Essen:

MAE NAM:
1. Sunshine Gourmet R.
2. John's Garden
3. Bio's Yoghurt
4. Mummy's R.
5. Eddy's Bar
6. Multi Kulti Bäckerei
7. Sea View R., Cupid R.
8. Pane e Vino
9. Angela's Bakery

BO PHUT:
10. La Sirene R.
11. Happy Elephant R.
12. Coffee Junction
13. Fisherman's Village: Nick & Nicky's Harbourside Cafe Starfish & Coffee, Frog and Gecko Pub, Juzza Pizza, Healthy & Fun Yoga Cafe

BIG BUDDHA:
14. My Friend R.
15. Shabash R.
16. Chez Ban Ban R.
17. The Blue Banana R.
18. Khwan Ta R.
19. Khun Ying R.
20. The Mangrove R.
21. Nigel's Beach BBQ.
22. Sausolito R.
23. Harbour Cafe,
24. Quayside,
25. BBC Restaurant

Sonstiges:

MAE NAM:
1. Anna Samui Tours
2. Jazzer Pub & Internet Cafe

BO PHUT:
3. Daw Samui, Easy Divers
4. Popeye Tour

BIG BUDDHA:
5. Ban Sabai Spa
6. Chai Motorcycle Repair
7. Samui International Diving
8. 7eleven
9. Big Blue Diving
10. Recompression Chamber

Ko Samui

lows, nur um den Pool herum schön, sonst sehr dicht aufeinander; 2 Restaurants; Jeep und Mopeds zu mieten; Tauchschule. ❹, AC ❹–❺
Vom World Resort bis zum Peace ist der Strand gut, der Sand etwas grobkörnig, das Meer sauber, aber der Meeresboden schlammig.
World Resort ㉔, 🖥 www.samuiworldresort.com, 📞 077-425355; 45 verschiedenartige AC-Bungalows und ein neueres Hotelgebäude an der Straße mit 12 Zi, großer Garten; Swimming Pool; Ruder- und Motorboote zu mieten, Tauchschule. Schöner Strand mit Liegestühlen und Sonnenschirmen. Viele Familien mit kleineren Kindern fühlen sich hier wohl, wenn keine Konferenzteilnehmer da sind. ❺–❽
Samui Palm Beach ㉕, 📞 077-425494, 🖥 www.samuipalmbeach.com, Zi und Villen in 6 verschiedenen Kategorien, teures Restaurant, Swimming Pool. Bei Internet-Buchung Rabatt. Arrangieren traditionelle Hochzeiten ab 45 000 Baht. ❻–❽
Lawana Resort ㉖, 📞 077-425631-3, 🖥 www.lawanaresort.com, Villas im Thai-Stil, die farbliche Gestaltung trifft nicht jedermanns Geschmack. Restaurant, Pool mit Jacuzzi. ❻–❽
Coconut Calm Beach Resort ㉖, 📞 077-245965, ✉ Thanrug@hotmail.com, gepflegte Stein- und Holzbungalows, Restaurant, Bar und Sonnendeck am Strand. ❹, AC ❹
Cactus Bungalows ㉖, 📞 077-245565, ✉ cactusbung@hotmail.com, 🖥 www.sawadee.com/samui/cactus, Bungalows mit Fan und AC im Kaktusgarten, nettes französisches Management, Restaurant und Bar am schönen Sandstrand, Internet. ❹, AC ❺
Peace Resort ㉗, 🖥 www.peaceresort.com, 📞 077-425357; große Anlage mit unterschiedlichen Bungalows an einem schönen Teil des Strandes, alle Bungalows stehen relativ weit auseinander, besonders familien-, senioren- und behindertenfreundlich; Restaurant am Strand, großer Swimming Pool mit Spa und Kinderbecken, Kinderspielplatz, Beach-Volleyball-Feld, Jeep, Mopeds, Internet. ❽
Bophut Resort & Spa ㉗, 📞 077-245777, gehört zur Santiburi-Gruppe, 61 Zi und Villen zwischen 50 und 180 km², Golfplatzbuchungen und Benutzung der Santiburi-Resort-Einrichtungen möglich. ❽

Bandara Resort & Spa ㉗, 📞 077-245795, 🖥 www.bandararesort.com, 123 Zi im 3-stöckigen Gebäude an der Straße, 28 Cottage-Villen mit privaten kleinen Pools. Jede Menge Luxus zu luxuriösen Preisen. Beliebt bei Flitterwöchnern, vor allem aus Korea. ❽
Anantara Resort & Spa ㉘, 📞 077-428300, 106 kleine Räume und Suiten. Großer Pool, eng stehende Liegen. ❼

Der folgende Strandabschnitt besteht aus grobem Sand, bei Ebbe schaut feiner Sand heraus, viele Boote und Jachten liegen im Wasser.
The Lodge ㉚, 🖥 www.apartmentssamui.com, 📞 077-425337, schönes, älteres Haus am Strand, im Zentrum des quirligen Ortes, alle 10 Zi mit AC, Bad und schöner Meersicht, Satelliten-TV in allen Räumen; familiär geführt, netter Service; Tauchschule. ❺
The Apartments ㉜, 🖥 www.apartmentssamui.com, 5 Apartments zwischen 345 und 540 US$ pro Nacht, im Fisherman's Village, zur Lodge gehörend. ❽
Hello Diving & Gh. ㉜, 📞 077-427608, 🖥 www.hello-diving.com, im Fisherman's Village, schönes, altes, renoviertes Holzhaus, Schlafsaal mit Stockbetten, AC und Fan, Snacks, Dive Center. ❷
Baan Darlah ㉜, 📞 077-246220, neue, gut eingerichtete Apartmentzimmer im Fisherman's Village. ❹
Shades Bungalows ㉜, 📞 077-430475, ✉ info@transun.co.th, renovierte Teakholz-Bungalows mit AC hinter der Straße beim Fisherman's Village. ❺

Östlich vom Dorf ist der Strand nicht zum Baden geeignet.
The Waterfront ㉝, 📞 077-427165, 🖥 www.thewaterfrontbophut.com, kleines Boutique-Resort, 14 Zi in Bungalows und Familienbungalows mit Seeblick, u-förmig um den Pool angelegt, englische Leitung. ❻, ❽

Essen

An der Strandstraße zwischen dem Bophut Resort und dem Ort liegen mehrere gute Restaurants für jeden Geschmack, zumeist von

Europäern geführt. Einige Restaurants bieten eine luftige Veranda über dem Strand.

Happy Elephant Restaurant, ☏ 077-245347, am Meer, hübsch eingerichtet mit thailändischen Statuen und nordthailändischen Kissen.

Coffee Junction, ☏ 089-8661085, am Pier, bester Platz, um aufs Boot zu warten und Leute zu beobachten.

Fisherman's Village, mit vielen netten, nicht ganz billigen Restaurants, z. B. Nick & Nicky's Harbourside Cafè, Starfish & Coffee, Villa Bianca (nicht gerade toll), Steve's Inn, Alla Baia, Juzza Pizza, Tropicana und Billabong Surf Club.

Frog and Gecko Pub, gemütlicher Pub mit Sport-TV und internationalen Gerichten, jeden Mittwoch Trivia Night.

Healthy & Fun Yoga Cafe, bietet außer Yoga sehr gute Salate. Wöchentlich wird ein besonderer Film gezeigt und passend zu dem Land, aus dem er kommt, gekocht.

Sonstiges

Affentheater

Vom Monkey Theatre muss abgeraten werden. Westliche Touristen können das unwürdige Schauspiel nur schwer ertragen. Zudem werden die Tiere unter nicht artgerechten Bedingungen in viel zu engen Käfigen gehalten.

Boote

Für Charter und Wassersport bei **Daw Samui,** ☏ 081-0830572.

Go-Kart

Man kann sich von 9–21 Uhr austoben, ☏ 077-245041.

Medizinische Hilfe

Auf halbem Weg von Bo Phut nach Chaweng liegt am KM 31,6 links das private **Bandon International Hospital,** 123/1 Moo 1, Bo Phut, ☏ 077-245236-9, 🖥 www.bandonhospital.com, westlicher Standard, 24-Std.-Notdienst, Hausbesuche.

Viele deutsche Reiseversicherungen können direkt abrechnen. Eine Liste ist verfügbar. Wer keine Versicherung oder kein großes Scheckbuch hat, wird von dem kommerziellen Verhalten abgestoßen.

Motorräder

Im Dorf: 100cc Honda 150 Baht, 125er Enduro 200 Baht.

Diverse Speedboote fahren morgens ab Bo Phut nach THONG SALA (Ko Pha Ngan, 15 Min.) und weiter nach MAE HAT (Ko Tao, 90 Min.). Rückfahrt am Nachmittag. Auf Wunsch kann ein Schnorcheltrip um Ko Tao arrangiert werden. Dann kostet die Fahrt inkl. Hotel-Transfer, Frühstück, Mittagessen, Englisch sprechendem Führer und Versicherung ab 2000 Baht.
Zu den Booten von BIG BUDDHA nach HAT RIN BEACH (Ko Pha Ngan) fahren 30 Min. vor Abfahrt Zubringer-Taxis, 30 Baht.

Big Buddha Beach

Ko Samui

(Auch: Bang Rak Beach und Phra Yai Beach) 19 km hinter Nathon beginnt die relativ kleine Bucht mit gut 2 km Küste, davon 1,3 km Strand. Sie wird überragt von der Buddha Kolossal-Statue auf der kleinen Insel **Ko Fan**. Manchmal dröhnt bis spät in die Nacht laute Musik übers Wasser. In Ban Plai Laem wird ein großer, neuer Tempel gebaut.

Wenn der Wind im europäischen Sommer von Westen weht, erstreckt sich hier ein schöner, gräulicher Sandstrand mit leicht abfallendem Ufer. Bei starkem Wind wird die See jedoch aufgepeitscht. Bei Ostwind im europäischen Winter zieht sich das Meer zurück, und der breite Strand sieht mit dem dunklen Matsch und den glitschigen Steinen bei Ebbe wenig einladend aus. Zum Baden ist er in dieser Jahreszeit nur bei Flut geeignet, dann wird der Sandstrand jedoch schmal. An diesem Strand soll es keine gefährlichen Strömungen geben, sodass er bestens für Kinder geeignet ist.

Das östliche Ende der Bucht liegt direkt unter der Einflugschneise des Samui Airports. Dort kann Fluglärm zum Problem werden.

Trotz der dicht vorbeiführenden Straße ist dieser Strand recht beliebt. Die meisten Bungalow-Siedlungen haben ein gehobenes Niveau, sind z. B. aus Backsteinen gebaut, mit Ventilator und gekacheltem Badezimmer ausgestattet, im-

mer häufiger sogar mit AC. Die meisten Anlagen sind zum Strand hin abgeschottet. Das höhere Preisniveau lässt in der Nebensaison Spielraum fürs Handeln. Im Hinterland wurden viele Villen gebaut, die zu kaufen oder zu mieten sind. Es stehen etwa ein Dutzend Anlagen mit unterschiedlichem Preisniveau zur Verfügung.

Der westliche Strand

Die ersten 4 Anlagen wirken auf den 20 m zwischen Straße und Strand eingequetscht. Die Bungalows stehen dicht aufeinander, die Grundstücke sind mit Stützmauern oder Betonrohren zum Strand gesichert. Schwimmen kann man nur bei hohem Wasserstand.

Chalee Villa (34), ✆ 081-8954780, einfache Holz- und Steinhütten, die noch an die gute, alte Zeit erinnern, leider an einem Strandabschnitt, der nicht sehr einladend wirkt. ❸, AC ❹

Chez Ban Ban (34), ✆ 077-245135, einfache, saubere Bungalows unter französischer Leitung, bekanntes Restaurant. ❸, AC ❹

Como Resort, (34), ✆ 077-425210, 🖳 www.como. yucom.be, sehr kinderfreundliches Resort mit 11 sauberen, netten Bungalows mit Fan und AC, Kühlschrank, einige direkt am flachen Strand, ein Familienbungalow mit 2 Zi und 2 Bädern, Kinderpool, schattige Terrasse, gutes Essen, brackiges Wasser, belgisches Management. ❺

Der zentrale Strand

Hier sind die Grundstücke etwa 30–40 m lang. Auch an diesem Abschnitt kann man meist nur bei hohem Wasserstand schwimmen.

Beach House Samui Hotel (35), ✆ 077-245124, neueres, dreistöckiges Hotel mit 33 gut ausgestatteten Zi auf der anderen Straßenseite und Bungalows auf der Strandseite, z. T. mit Meersicht. Pool, Dachterrasse. ❺

Shambala Bungalows (36), ✆ 077-425330, 🖳 www.samui-shambala.com, Bungalows im großen Halbkreis um das Restaurant am Strand, verwilderter Garten, tieferes Wasser. Die Anlage schneidet bei Travellern ganz unterschiedlich ab, englisches Management. ❹

Der nördliche Strand

Am KM 3,2 beginnt der schönere Teil des Strandes, zumeist gutes Schwimmen.

Oriental Samui Resort ㊲, ✆ 077-427192, 💻 www.sawadee.com/samui/oriental/. Hübsche Steinbungalows und doppelstöckiges Reihenhaus um den Pool herum, Kinder unter 10 Jahren frei; Fisherman's Village Restaurant. AC ❹–❺
Saboey Resort & Villas ㊴, ✆ 077-304508, 💻 www.saboey.com, 12 Villen, 2 Penthäuser und 11 Zi, mit allem Luxus, hinter einer hohen Mauer, die den Straßenlärm abhalten soll. ❽.
The Samui Mermaid Resort ㊴, ✆ 077-427547, 💻 www.samuimermaid.com, große, saubere Zi in Bungalows und Reihenhäusern, die billigeren jenseits der Straße, relativ schattiger Pool. Verkehrslärm. ❹–❺.
Nara Garden Beach Resort ㊵, ✆ 077-425364, 💻 www.naragarden.com, gepflegtes Hotel im Reihenhaus-Stil, 43 AC-Zi mit Meersicht, Pool. ❺–❻
Happy-Place ㊶, 💻 www.happy-place.de, ✆ 077-245530, Ferienanlage in einer ruhigen Palmenplantage unter deutscher Leitung, 8 Ferienhäuser mit 1 bzw. 2 Schlafzimmern ab 35 (EU)/Tag, Restaurant mit Chef Achim und Frau, Bar, Kinderspielplatz, Pool, 10 Min. vom Strand. Vermietung von Moped und Jeep, Fahrten mit der Dschunke *Ayoli*. ❺

Essen

My Friend Restaurant, äußerlich wenig ansprechend, bietet aber Seafood, das von Kennern als das beste der Insel bezeichnet wird.
Shabash, ✆ 077-245035, links vom Como, asiatische Küche aus Singapore sowie Gerichte aus dem Mittleren Osten, auch vegetarisch.
Chez Ban Ban, europäisches Essen mit französischem Einschlag, beliebt bei Expats.
The Mangrove, an der Flughafenstraße, feine Menüs, belgisches Chef-Paar.

Sonstiges

Kochkurs

Im **Blue Banana Restaurant**, ✆ 077-245080, bei Khun Toy Panya Suwan, traditionelles Kochen 2x tgl. 3 Std. lang mit max. 4 Pers. für 450–600 Baht, je nach Gericht. Der Chef mischt die richtigen Gewürze und seltenen Zutaten meisterhaft ab. Eine zweite Person kann zum Essen mitgebracht werden.

Das Resort für Musikfreunde

Secret Garden ㊱, ✆ 077-245255, 💻 www.secretgarden.co.th (wunderschöne Webseite), 8 unterschiedliche, gut ausgestattete AC-Bungalows im Garten und am Strand, ein Ferienhaus für Langzeitaufenthalt. Erstklassiges Restaurant mit europäischer und Thai-Küche sowie bestes Seafood (v. a. die Riesengarnelen in Zitronengras-Sauce), häufig Grillabend. Kostenloses WLAN für Laptops. Im Beach Pub So ab 17 Uhr Live-Blues und -Rock, manchmal mit internationalen Musikern. Immer freundliche Atmosphäre. Selten ist ein Bungalow frei, daher frühzeitig buchen. ❺

Wellness

Im **Ban Sabai Spa**, ✆ 077-245175, 💻 www.ban-sabai.com, verschiedene Gesundheitsanwendungen und Massagen in ansprechend dekorierten Räumlichkeiten und gediegener Atmosphäre.

Boote

Vom neuen, langen Bang Rak-Pier fährt das **Seatran Speedboot**, ✆ 077-246086-88, um 8 und 13.30 Uhr für 250 Baht in 30 Min. nach THONG SALA und in 90 Min. weiter nach KO TAO für 550 Baht, zurück ab Ko Tao um 9.30 und 15 Uhr, ab Thong Sala um 11 und 16.30 Uhr.
Die **Had Rin Queen**, ✆ 077-375122, fährt um 10.30, 13, 16 und 18.30 Uhr in 45 Min. nach HAT RIN WEST für 120 Baht, zurück um 9.30, 11.40, 14.30 und 17.30 Uhr.

Thong Son Bay

Ganz im Norden (2,5 km von Big Buddha, 24 km von Nathon) liegen zwei kleine Buchten mit schöner Sicht in Richtung Ko Pha Ngan, die Samrong Bay und die Thong Son Bay. Auf dem Hügel dazwischen wurden Privathäuser gebaut.

Auf dem westlichen Hügel entstanden zwei Super-Luxusresorts, ein weiteres in der Thong Son Bay. Baden kann man nur bei hohem Wasserstand oder an wenigen Stellen, die nicht von Korallenstöcken bedeckt sind. Dagegen können sich Schnorchler bei ruhigem Wasser der Unterwasserwelt auf Armeslänge nähern. Von September bis November treibt der heftige Wind hohe Wellen über den Sandstrand.

Sila Evason-Hideaway-Samui ①, ✆ 077-245678, 🖳 www.sixsenses.com/hideaway-samui, wunderschöne Anlage, 66 Villen aus edlen Naturmaterialien, von 130 bis 300 km², ab 17 000 Baht pro Nacht! ❽
Arayaburi Boutique Resort ②, ✆ 077-230350, 📠 422466, 🖳 www.sawadee.com/samui/sbv/, 4-Sterne-Luxusanlage mit 64 Bungalows am sandigen Secret Beach in der Samrong Bay. Recht ruhig. ❻–❽
Melati Beach Resort & Spa ②, 🖳 www.melati resort.com, neues Luxusresort in völlig neu gestalteter Landschaft, Eröffnung im August 2007, Bungalows ab 13 000 Baht. ❽
Thong Son Bay Bungalow ④, ✆ 081-8914640, am östlichen Hang der Bucht, 18 verschiedenartige Bungalows ohne AC, auch Familienbungalows, der teuerste in super Lage, über Stege erreichbar, mit toller Sicht übers Meer; Restaurant am Strand unter Palmen mit Blick auf Ko Pha Ngan. Einer der wenigen Familienbetriebe, die täglich Kaufangebote von Investoren ausschlagen. ❸–❹
Ein paar Meter weiter am Strand sind viele Privathäuser mit einer großen Mauer entstanden.

Choeng Mon Beach

Die wunderschöne, kleine Bucht am Nordzipfel von Ko Samui (auch: Cherng Mon) liegt 23 km von Nathon entfernt. Kokospalmen und Kasuarinen säumen den weißen Strand mit feinem Sand. Am linken Rand liegen Fischerboote und Speedboote im Wasser. Neben den alten Bungalowanlagen sind einige Hotels für Pauschalurlauber entstanden.

Die Bucht bietet in ihrem mittleren Teil zu jeder Saison optimalen Strand und gute Bademöglichkeiten, sie ist auch für Kinder bestens geeignet. Das im Westen vorgelagerte Inselchen **Ko Fan Noi** reizt zu einer Erkundungstour, was bei der Unwegsamkeit des Geländes gar nicht ohne ist. Man erreicht es bei Ebbe trockenen Fußes, bei Flut schwimmend. Teile des Strandes sind mit Liegestühlen und Sonnenschirmen bis ins Wasser hinein zugepflastert. Auch die Tische und Stühle der Restaurants sind auf dem Strand aufgebaut. Die Haupt- und Zufahrtsstraße säumen Minimarts, Souvenirläden, Schneider, Restaurants und andere Dienstleister. In der Bucht tummeln sich Jetskis, Wasserskis und etliche Jachten.

Hier gibt es hauptsächlich pauschal zu buchende Mittelklasse- und Luxushotels, aber auch der Individualreisende findet noch ansprechende Anlagen. Öffentliche Songthaews kommen nicht allzu oft in diesen abgelegenen Zipfel, und Taxis verlangen horrende Preise. Wer flexibel sein will, ist hier mit einem Mietauto oder Motorrad gut beraten.

Tongsai Bay Cottages & Hotel ⑤, ✆ 077-425015-28, 🖳 www.tongsaibay.co.th, Luxus-Resort an einer kleinen, privaten Bucht mit grobem Sand, völlig abgeschlossen hinter einer Felsbarriere. Mit seinen weiß gestrichenen Bungalows am Hang und dem kleinen, 3-stöckigen Hotelkomplex wirkt es wie ein mediterranes Dorf, verteilt in 10 ha Garten. Die 24 großen Hotelsuiten und 44 riesigen Bungalows (ab 13 000 Baht) sind exklusiv möblierte, voll klimatisierte Suiten mit großer Terrasse und herrlicher Aussicht. Auch die 15 Grand Villas mit 135–200 m² Fläche haben nicht einsehbare, 81 m² große Veranden mit privater Badewanne und Bar. 3 Luxus-Restaurants, geleitet von preisgekrönten Chefs, Meerwasser-Pool. Süßwasser wird aus 5 km Entfernung herbeigepumpt. ❽
Sala Samui Resort & Spa ⑥, ✆ 077-245888, 🖳 www.salasamui.com; 69 Villas, 53 davon mit 100 bis 326 km² Wohnfläche und kleinen, eigenen Pools, ab 10 000 Baht. ❽
O Soleil ⑦, ✆ 077-425232, ✉ osoleil@loxinfo. co.th, ordentliche Bungalows unterschiedlicher

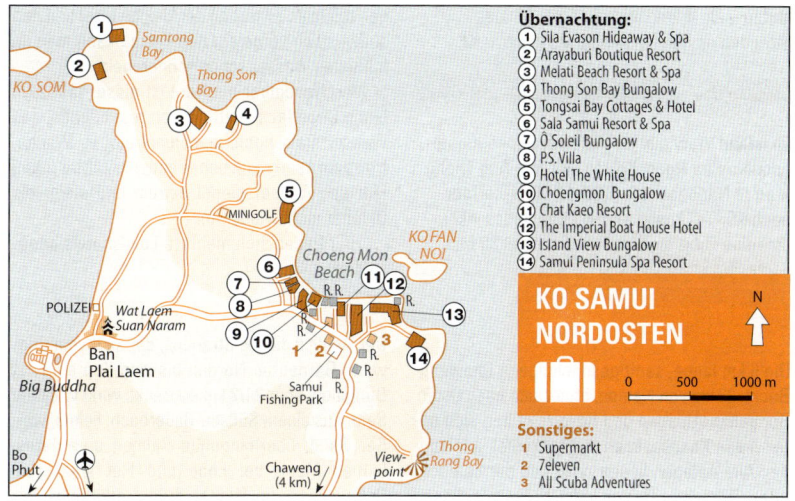

Ausstattung mit Fan oder AC und Du/WC, teurere mit Warmwasser, TV und Kühlschrank, gutes Restaurant, kleiner Kinderspielplatz, von einem Belgier geleitet. ❸, AC ❹

P.S. Villa ⑧, ✆ 077-425160-1, ✉ samsuwan@hotmail.com, verschiedenartige Bungalows in gepflegtem, großem Garten, z. T. mit AC, Warmwasser und Kühlschrank, neues zweistöckiges Gebäude am Strand, nettes Restaurant mit Beachbar. ❸, AC ❹

The White House ⑨, ✆ 077-245315, 🖥 www.hotelthewhitehouse.com; ein Boutique Hotel, sehr gepflegte, schmale Anlage mit vielen Antiquitäten, 12 Komfort-Bungalows mit 40 AC-Zi, schönes Restaurant im Thaihaus-Stil, Swimming Pool. Die Schweizer Besitzer kümmern sich um alles. Der Strand davor ist mit Liegen und Sonnenschirmen vollgestellt. ❼–❽

Choengmon Bungalow ⑩, ✆ 077-425372, einfache und bessere AC-Bungalows, an der schönsten Stelle des Strandes, der Garten könnte besser gestaltet werden, nette Besitzer. Das Restaurant am Strand veranstaltet hervorragende Seafood-Barbecues. ❸–❺

Chat Kaeo Resort ⑪, ✉ chatkaeo@hotmail.com, ✆ 077-425109, üppig grüne Anlage, 6 Holzbungalows, 6 weiße, komfortable Bungalows im mediterranen Stil mit Dachterrasse; die Preise schwanken enorm je nach Saison. Die Chefin, Mrs. Hong, ist eine lebhafte, nette Gastgeberin, die bisher allen Kaufangeboten widerstanden hat, weil ihr die Arbeit im Resort großen Spaß macht. ❹–❺

Imperial Boat House Hotel ⑫, ✆ 077-425041, 🖥 www.imperialhotels.com/boathouse/, originelle Suiten in 34 komfortabel hergerichteten, klimatisierten Reisbarken und 176 Zi und Suiten im einfallslosen, riesigen Hotelkomplex. Einer der beiden Pools ist in Form eines Bootes angelegt, von Liegestühlen umringt. Vom Turm aus schöner Ausblick. Tauchschule. ❼–❽

Island View Bungalow ⑬, ✆ 077-245031, angenehmer Familienbetrieb, schöne Bungalows mit Fan oder AC auf großem Gelände, die Besitzer lassen sich durch Touristen nicht in ihren traditionellen Gewohnheiten stören und sind wirklich sehr freundlich, auch das Personal ist nett, mehrere gute Restaurants. Die Honey Cottages und Island View 2 gehören zur selben Familie. ❸, AC ❹–❼

Samui Peninsula Spa Resort ⑭, ✆ 428100, 🖥 www.peninsula.com; Luxus-Anlage der Time-Sharing-Firma RCI, 44 Apartments und 21 Villas für US$250–750/Tag. Die netten Schlepper laufen – als Interviewer getarnt – an den Stränden umher, um Kunden zu ködern. ❽

Im **Island View** gibt es Tickets für Speedboote nach Ko Pha Ngan, Ko Tao und zum Ang Thong Marine National Park (8.30–17 Uhr). Die Tour nach KO TAO kostet ab 2000 Baht (alles inkl.), die reine Fahrt hin 600 Baht, Fahrtzeit 80 Min.

Chaweng

Die 6 km lange, sanft geschwungene Chaweng-Bucht, 23 km von Nathon, öffnet sich nach Osten. Bungalow-Anlagen und Resorts reihen sich unter vielen Kokospalmen fast lückenlos aneinander. Alle Anlagen liegen zwischen der beleuchteten Betonstraße und dem breiten, schönen Sandstrand, den viele Weltreisende als einsame Spitze bezeichnen. Das Preisniveau ist höher, die Ausstattung vornehmer, das Drumherum touristischer als an den anderen Stränden. In der Saison ist der Strand oft wochenlang ausgebucht.

Chaweng gliedert sich in mehrere Teile, die Ya Noi Bay, Chaweng Yai Beach, Chaweng Beach Zentrum und Chaweng Noi Beach.

Yai Noi Bay

An dieser kleinen Bucht am nördlichen Ende der Chaweng Bay (25 km von Nathon) geht es sehr ruhig zu. Es gibt zwar keinen langen Sandstrand, aber zwischen den Steinen verlocken immer wieder Sandflecken zum Sonnenbaden.

Chaweng Yai Beach

Am nördlichen Ende der beliebten Bucht fühlen sich Sandstrand-Liebhaber so richtig wohl. Hier ist das Meer so flach, dass der Strand bei Ebbe weit über hundert Meter breit werden kann – hervorragend geeignet fürs Frisbee-Spielen und einen Spaziergang zur Insel **Ko Mat Lang**. Im Spätsommer bilden sich mitten in der Lagune flache, klare Pools zwischen den Sandbänken, dann reicht das Wasser gerade noch zum Plantschen. Leider sieht die nördliche Hälfte dann auch ziemlich verschmutzt aus, dagegen lassen die Besitzer der südlichen Anlagen den Strand jeden Morgen reinigen. Zwischen der kleinen Insel und den südwestlich vorgelagerten Felsen kann man im hüfttiefen Wasser schön schnorcheln.

Von November bis April ist dieser fast 2 km lange Strandabschnitt optisch recht schön, das Wasser steht hoch, manchmal gibt es Wellen, trotzdem kann man sicher baden. Ab Mai / Juni fällt der Wasserspiegel extrem und steigt bis Oktober nicht wieder an.

Hier haben sich mehrere Luxushotels angesiedelt.

Chaweng Beach, Zentrum

Der Anblick dieses Strandes, der sich vom Chaweng Garden im Norden bis zum Kap am First Bungalow über 2 1/2 km erstreckt, wirkt wie eine Seite aus einem Südsee-Bilderbuch: Feiner, weißer Sand, überhängende Palmen und klares, blaues Meer, bei Ebbe und Flut ideal zum Schwimmen. Im Winter drückt allerdings der Wind das Wasser gegen die Küste, und der Strand wird relativ schmal. Wer empfindlich ist, sollte sich zu manchen Zeiten wegen der Sandfliegen nicht unbedingt in den Sand legen.

Dieser Strandabschnitt hat sich touristisch enorm entwickelt. Einige der Hotelanlagen gehören zu den teuersten auf Ko Samui. Immer mehr Bungalowanlagen müssen Schicki-Micki-Hotels weichen. Nur wenige Anlagen sind in einheimischer Hand. Internationale Ketten und Konzerne aus Bangkok vertrauen das Management ausländischen Experten an. Viele Hotels haben nichts Ko Samui-Spezifisches mehr an sich. Sie könnten genau so woanders auf der Welt stehen. Trotzdem, oder gerade deshalb, werden viele Touristen von diesem Strand angezogen. Um weiterhin Gäste anzulocken, die nicht so viel Geld ausgeben wollen, sind diverse Pensionen im Hinterland oder an der Hauptstraße entstanden. Hier verhilft nur Ohropax zu einer guten Nachtruhe.

Auf betriebsame Urlauber warten zahlreiche Strandrestaurants mit Video, Musikbeschallung aus mehreren Lautsprechern gleichzeitig, Strandverkäufer, die mehr oder weniger aufdringlich ihre Waren oder Dienste anbieten. Langweilig wird hier keinem. Auch entlang der Straße wird etwas geboten: viele einfache und originelle Lokale, Thai-Dinner mit klassischen

Ko Samui

Tänzen, mehrere Discos sowie unzählige Bars und Pubs. Man trifft sich im Tropical Murphy's, bei Green Mango, im Reggae Pub oder in Santa Fé – alle sorgen für gute Stimmung und lohnen einen Besuch. Selbst auf McDonald's muss man nicht verzichten. Supermärkte, Bäckereien, Reisebüros, Fotoshops, Telefon-Service, Galerien mit kopierten Originalen, Apotheken, Goldläden und ein Posten der Touristenpolizei runden das Angebot entlang der Hauptstraße ab. Morgens herrscht noch absolute Ruhe auf dieser Straße, mittags und vor allem abends kämpfen sich Autos und Touristen durch das Gewühl, nachts übernehmen Transvestiten die Szene. Wer für komfortable Unterkünfte, Sportangebote und abendliche Unterhaltung gerne etwas mehr bezahlt, ist am richtigen Platz. Leider vermieten einige Unternehmer massenhaft Wasser-Scooter. Viele Touristen fühlen sich dadurch sehr gestört und gefährdet. Doch Abhilfe ist, trotz mehrerer tödlicher Unfälle, nicht in Sicht.

Chaweng Noi Beach

Durch ein kleines Kap ist der 1 km lange Chaweng Noi Beach vom Chaweng Beach getrennt. Der schöne, stellenweise breite, saubere Sandstrand mit den abgeschliffenen Felsen im Meer wirkt recht malerisch. Am südlichen Ende liegen viele Korallenblöcke im flachen Wasser. Von dort ziehen sich große, abgeschliffene Steine im Wasser bis zum Impiana Resort hin.

Während man im Sommer jederzeit gut schwimmen kann, ist Baden im Winter aufgrund der starken Brandung zu gefährlich. Pauschaltouristen sind hier bei weitem in der Mehrheit.

Übernachtung

In Chaweng stehen hauptsächlich Hotels für Pauschaltouristen im mittleren und gehobenen Preissegment. Sie sind über Kataloge der Reiseveranstalter oder übers Internet buchbar. Wir beschreiben sie nicht im Einzelnen, nennen sie aber in unserer Hotelliste. Seriös beschriebene werden alle unter ⌨ www.sawadee.com. Im Folgenden geben wir Kurzbeschreibungen zu Unterkünften, die ein Nischendasein führen und aus der Flut der Angebote nicht leicht herauszufiltern sind.

Für Budget-Globetrotter

Nur noch wenige Hütten aus der guten, alten Zeit haben am Chaweng Beach überlebt. Man muss sie wie eine Stecknadel im Heuhaufen suchen, kann sie nicht vorbuchen und kann nicht sicher sein, dass sie im nächsten Monat überhaupt noch existieren.

Matlang Resort ⑤, ✆ 077-230468, ✉ matlang @loxinfo.co.th, noch einige einfache Bungalows, aber auch AC-Bungalows im schönen Garten. ❸–❺

Marine Bungalows ⑧, ✆ 077-422416, billige Hütten, von denen man nicht viel erwarten darf, im hinteren Teil der Anlage gute AC-Bungalows. Das unter Backpackern beliebte Restaurant wird von den Bars der Umgebung mitbeschallt. ❸, AC ❹ **Your Place** ⑩, ✆ 077-230039, recht voll gestopfte Anlage, Bungalows mit Fan oder AC, nette Bar. ❸–❹

Lucky Mother ⑲, ✆ 077-230931, einige dunkle, muffige Hütten im alten Stil , nachts kann es laut werden, keinerlei Komfort, aber wegen der Lage und des Preises beliebt. ❸, AC ❹

The Chaweng Gardens Beach, ㉒, ✆ 077-422265, schöner, ursprünglicher Garten, ältliche Holzbungalows und bessere, geräumige Bungalows aus Ziegelsteinen, freundliches Personal, nette Besitzerfamilie; Restaurant. Sehr schöner Strand. Viele Gäste, die wiederkommen. ❹–❺

Best Beach Bungalows, ㉓, ✆ 077-422410, zentrale Lage, einfache, billige Holzhütten mit Fan und unangemessen teure mit AC, einfaches Bad. Kleines Restaurant am Strand. ❸, AC ❹

Für Ruhesuchende

Abseits des Hauptstrandes liegen:
Coral Bay Resort ②, ✆ 077-422223-4, 🖥 www. coralbay.net; in der Yai Noi Bay, nördlich von Chaweng, weiter Palmengarten mit tropischen Pflanzen und nostalgischen Bungalows aus Naturmaterialien, 52 geräumige, komfortable First-Class-Bungalows mit Fan, AC, Kühlschrank und großer Terrasse, z. T. mit Meersicht, einige Familien-Bungalows mit 2 Schlafzimmern; Bar, Pool; Jeep und Mopeds zu mieten, Touren, Buchungen, Tauchschule; E-Mail-Service. Rabatt in der Nebensaison. Umweltbewusstes Management. Geeignet zur Erholung, aber nicht für einen Badeurlaub. ❻–❽

Ko Samui

Vorwahl ist immer 077, wenn nichts anderes angegeben ist.

Chaweng – Yai Noi Bay

①	Nora Beach R. & Spa	❼–❽	✆ 429400
②	Coral Bay R.	❻–❽	✆ 422223-4
③	Chaweng Bay View	❻–❽	✆ 414069

Chaweng – Chaweng Yai Beach

④	Papillon R.	❺–❻	✆ 231169
⑤	Samui Island R.	❻–❼	✆ 422355
⑤	Matlang R.	❸–❹	✆ 422172
⑥	Moonlight H.	❸–❺	✆ 413794
⑥	Blue Lotus	❹–❺	✆ 231122
⑦	Baan Haad Ngam	❽	✆ 231500
⑦	Chaba Cabana R.	❼–❽	✆ 230350
⑧	Kanda Buri R. & Spa	❽	✆ 414425
⑧	Briza Beach R. & Spa	❽	✆ 231997
⑧	Marine Bungalows	❸–❹	✆ 422416
⑨	Family Bungalow	❺	✆ 422470
⑨	Le Chablis	❺	✆ 422601
⑨	Corto Maltese	❺–❽	✆ 230041
⑩	Your Place	❸–❹	✆ 230039
⑪	Muang Kulaypan H.	❼–❽	✆ 422305
⑪	Amari Palm Reef R.	❽	✆ 422015-8
⑫	Chaweng Blue Lagoon	❽	✆ 422037-40
⑬	Palm Island R.	❺–❻	✆ 422298
⑬	Samui Natien H.	❻–❼	✆ 231340-9
⑭	Iyara Beach H. & Plaza	❽	✆ 231629
⑭	O.P. Bungalow	❸–❹	✆ 422424-5
⑮	Muang Samui Spa R.	❽	✆ 413221
⑯	Samui Country R.	❸–❹	✆ 422186
⑰	The Island	❺–❻	✆ 230751
⑰	Chaweng Regent	❽	✆ 422008-10
⑱	Chaweng Villa	❺–❻	✆ 231123-4
⑱	Montien House	❺–❻	✆ 422169
⑲	Lucky Mother	❸	✆ 230931
⑳	Al's Hut	❺	✆ 230761
⑳	Suneast Bungalow	❺–❻	✆ 422145
⑳	Ark Bar Gar. Beach R.	❺	✆ 422042
㉑	Samui Coral R.	❹–❺	✆ 231005
㉑	P&P Samui R.	❹	✆ 422540

Chaweng Beach Zentrum

㉒	The Chaw. Gar. Beach	❹–❺	✆ 422265
㉒	Baan Chaw. Beach R.	❻–❽	✆ 422403
㉒	Evergreen R.	❸–❹	✆ 230051
㉓	Anchor House R.	❹–❺	✆ 230586
㉓	Best Beach Bungalow	❸–❹	✆ 422410
㉓	Al's R.	❺	✆ 422154
㉔	Malibu Beach R.	❺–❻	✆ 231546-9
㉕	Chaweng Buri R.	❼–❽	✆ 422465-6
㉕	Longbeach Lodge	❺	✆ 422372
㉖	Baan Samui R.	❻–❽	✆ 422415
㉗	King´s Bungalow	❺	✆ 230430
㉘	Chaba Samui R.	❻–❼	✆ 230407
㉙	Beachcomber H.	❽	✆ 422041-3
㉚	Buri Rasa Village	❽	✆ 414328-9
㉚	Banana Fan Sea R.	❼–❽	✆ 413483-6
㉛	Central Bay R.	❸–❹	✆ 422118-9
㉜	Green H.	❹–❺	✆ 413858
㉜	Tradewinds R.	❻	✆ 230602-4
㉝	The Central Samui R.	❽	✆ 230500
㉞	Chaweng R.	❺–❼	✆ 422230
㉟	Green Life H.	❺	✆ 413789
㉟	Chaweng PR Gh.	❹	✆ 422703
㉟	Bay Breeze Gh.	❹–❻	✆ 422198
㊱	Chaweng Cabana	❻	✆ 231350
㊱	Chaw. Cove Resotel	❺–❻	✆ 230642
㊲	Poppies Samui R.	❽	✆ 422419
㊲	Seascape R.	❺–❻	✆ 422681-4
㊲	Samui Lagoon Bay	❺	✆ 413740
㊳	Baan Talay R.	❻–❼	✆ 413555
㊳	Samui Resotel	❻–❼	✆ 422374
㊳	Sans Souci Samui	❺–❻	✆ 422044
㊴	Samui Paradise Chaw.	❺–❻	✆ 230294
㊴	Sea Side Bungalows	❹–❺	✆ 422364-5
㊵	First Bungal. Beach R.	❻–❽	✆ 422327
㊶	Nova Samui R. (Merc.)	❺	✆ 422472
㊷	Baan Suan Sook	❺	✆ 230817
㊸	City H.	❸	✆ 422345
㊹	Big Blue Bungalows	❸–❹	✆ 231389
㊺	Lucky Home R.	❹	✆ 081-7285582

The Jungle Club (51), ✆ 081-8942327, Zufahrt gegenüber Imperial Samui Hotel, Chaweng Noi Beach, perfekte Bungalows mit einfacher Einrichtung, zum Teil mit umwerfender Sicht oben am Hang. Pool in fantastischer Lage, angenehmes Restaurant. Die Zufahrt ist nichts für Motorradneulinge. Liebenswerte Besitzer, herzliches Personal, gute Atmosphäre. ❸, AC ❹

Samui Bayview Villa & Resort (57), ✆ 077-230358, ✉ samuibayview@loxinfo.co.th, ange-

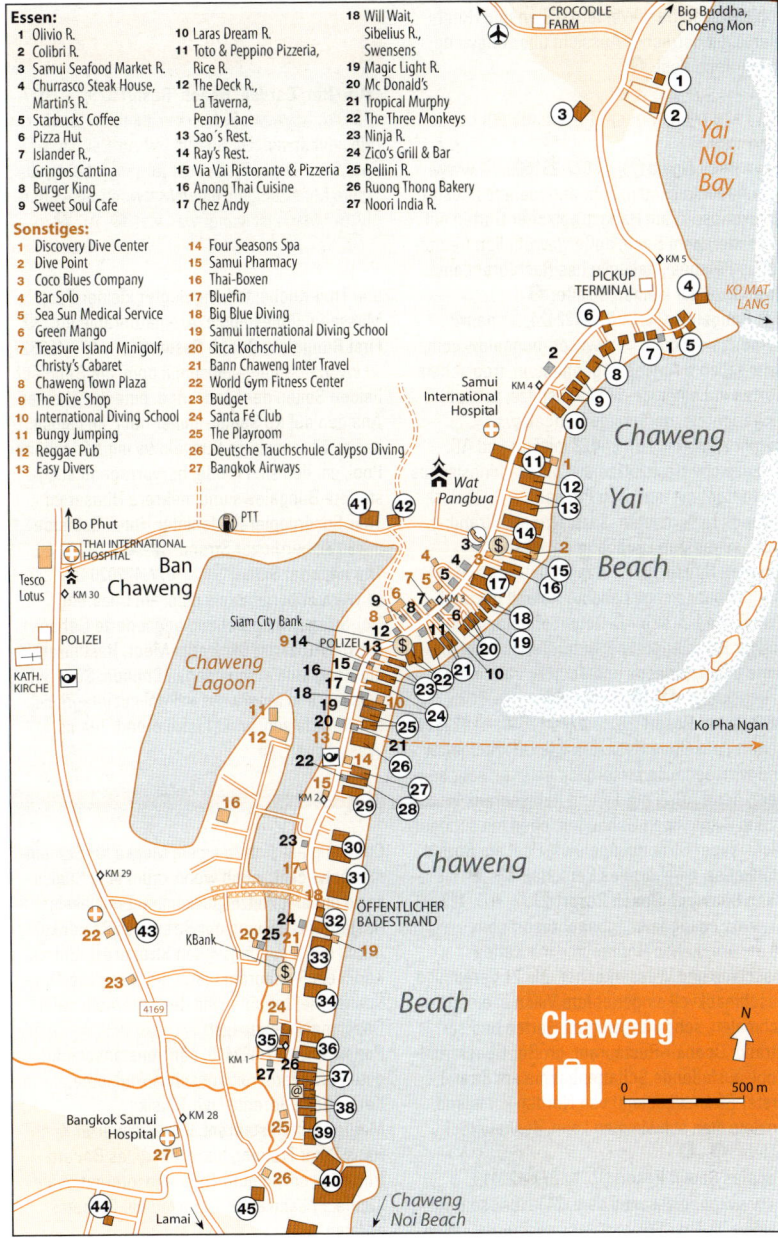

Essen:

1 Olivio R.
2 Colibri R.
3 Samui Seafood Market R.
4 Churrasco Steak House, Martin's R.
5 Starbucks Coffee
6 Pizza Hut
7 Islander R., Gringos Cantina
8 Burger King
9 Sweet Soul Cafe
10 Laras Dream R.
11 Toto & Peppino Pizzeria, Rice R.
12 The Deck R., La Taverna, Penny Lane
13 Sao's Rest.
14 Ray's Rest.
15 Via Vai Ristorante & Pizzeria
16 Anong Thai Cuisine
17 Chez Andy
18 Will Wait, Sibelius R., Swensens
19 Magic Light R.
20 Mc Donald's
21 Tropical Murphy
22 The Three Monkeys
23 Ninja R.
24 Zico's Grill & Bar
25 Bellini R.
26 Ruong Thong Bakery
27 Noori India R.

Sonstiges:

1 Discovery Dive Center
2 Dive Point
3 Coco Blues Company
4 Bar Solo
5 Sea Sun Medical Service
6 Green Mango
7 Treasure Island Minigolf, Christy's Cabaret
8 Chaweng Town Plaza
9 The Dive Shop
10 International Diving School
11 Bungy Jumping
12 Reggae Pub
13 Easy Divers
14 Four Seasons Spa
15 Samui Pharmacy
16 Thai-Boxen
17 Bluefin
18 Big Blue Diving
19 Samui International Diving School
20 Sitca Kochschule
21 Bann Chaweng Inter Travel
22 World Gym Fitness Center
23 Budget
24 Santa Fé Club
25 The Playroom
26 Deutsche Tauchschule Calypso Diving
27 Bangkok Airways

CROCODILE FARM

Big Buddha, Choeng Mon

Yai Noi Bay

KO MAT LANG

PICKUP TERMINAL

KM 5

Samui International Hospital

KM 4

Chaweng

Yai

Beach

Wat Pangbua

Bo Phut

PTT

THAI INTERNATIONAL HOSPITAL

Ban Chaweng

Tesco Lotus

KM 30

POLIZEI

KATH. KIRCHE

Siam City Bank

POLIZEI

Chaweng Lagoon

Ko Pha Ngan

KM 29

KBank

ÖFFENTLICHER BADESTRAND

Chaweng

KM 2

KM 1

4169

Beach

Bangkok Samui Hospital

KM 28

Lamai

Chaweng Noi Beach

Chaweng

N

0 _____ 500 m

schlossen an Best Western, Villen und Hotelräume mit herrlicher Aussicht über Chaweng;
Restaurant, Pool. ❻

Von Lesern empfohlene Ferienanlagen am Strand

Baan Haad Ngam ⑦, ☎ 077-231500, 💻 www.
baanhaadngam.com, sehr angenehmes Resort,
40 luxuriöse Zi am Hang, tropischer Garten mit
plätscherndem Bach, außergewöhnlich freundliches Personal, italienisches Restaurant am
Strand vor der kleinen Straße. ❽

O.P. Bungalow ⑭, ☎ 077-422424, ✉ pan@
op-bungalow.com, 💻 www.op-bungalow.com,
sehr beliebte Anlage in gepflegtem, tropischem
Garten auf einer kleinen Landspitze, schlicht
eingerichtete, geräumige Bungalows.
Es gibt Zi nur mit Fan und Zi mit Fan und AC.
Chinesische Besitzerfamilie, gutes chinesisches
Restaurant mit mittleren Preisen (☉ 8–22 Uhr);
Mopeds zu vermieten. Sitzplätze am Strand
unter schattigen Laubbäumen. ❹–❺

Montien House ⑱, ☎ 077-422169, 💻 www.
montienhouse.com; beliebte Anlage mit schönem Garten; große AC-Betonbungalows mit
solider Holzeinrichtung; guter Service, kompetente Leute; Mopeds und Jeep zu vermieten,
Tauchschule. ❺–❻, Suiten ❽

P&P Samui Resort ㉑, ☎ 077-422540, 📠 422324,
gehört denselben Besitzern wie O.P. Bungalow
und wird genauso fürsorglich geleitet; sehr saubere, nette AC-Zi mit TV und Kühlschrank in
1- und 2-stöckigen Gebäuden, oben mit schöner
Sicht, super Strandbungalows, Pool am Strand.
Fröhliches, hilfsbereites Personal. ❹–❺

Baan Chaweng Beach Resort ㉖, ☎ 077-422403,
💻 www.baanchawengbeachresort.com,
39 ansprechende Hotelräume mit Kaffee-
maschine und Wasserkocher und 21 geräumige,
geschmackvoll eingerichtete Villen in einem
schmalen, schön angelegten Garten und am
Strand, Openair-Restaurant, großer Beachfront-
Pool, ausladende Schattenbäume am Strand.
Erster Strandabschnitt von Norden kommend,
an dem man schwimmen kann, deshalb recht
belebt. ❻–❽

Poppies Samui Resort ㊲, ☎ 077-422419,
💻 www.poppiessamui.com; 24 luxuriöse Bungalows im Thai-Stil, erstklassige internationale

und Thai-Küche; toll angelegter kleiner Pool.
Massage, Reflexologie, Aromatherapie etc. ❽

First Bungalow Beach Resort ㊵, ☎ 077-422327,
💻 www.firstbungalowsamui.com; am Bach auf
beiden Seiten der Landzunge, eine der ältesten
Anlagen auf Ko Samui, immer noch im Familienbesitz. 67 renovierte Bungalows mit AC; schöner
Pool, um den sich große, hervorragend ausgestattete Bungalows und mehrere Häuser im
Thai-Stil gruppieren, dahinter Hotel-Gebäude
mit 80 Zi; herrlicher Strand. ❻–❽

The Imperial Samui ㊿, ☎ 077-422020-36,
💻 www.imperialhotels.com; am Chaweng
Noi-Strand, ansprechend gegliederte Gebäude, 155 AC-Zi mit Blick aufs Meer; Restaurant
am Hang auf verschiedenen Ebenen; Süß-
wasser- und Meerwasser-Pool mit integrierten Naturfelsen, wirkt faszinierend. Tennis,
Wassersport. ❽

Essen

Chaweng hat sich zu einem Mekka für Schlem-
mer entwickelt, auch wenn kaum eine Speise-
karte ohne Schnitzel auskommt. Erstklassige
Restaurants entlang der Strandstraße konkur-
rieren mit stimmungsvollen Strandrestaurants.
Kaum ein Restaurant bietet authentische Thai-
Küche. Die Gerichte sind dem internationalen
Geschmack angepasst.

Poppies, ☎ 077-422419, hält konstant seinen
guten Standard, romantisches Ambiente,
Kerzenlicht, dezente Live-Musik.

Magic Light Restaurant, vom Schweizer Koch
Hans Peter Frutiger, bietet ein tolles Bauern-
frühstück sowie gute Thai- und internationale
Küche. Er kann auch Touristen mit Diabetes
beraten.

Ko Samui

Drop In, ✆ 077-413221, in einem großen, offenen Thai-Haus mit immensem Andrang, sehr umfangreiche Speisekarte und Weinliste.

Bellini, in der Soi Colibri, raffinierte italienische Küche, nur abends geöffnet.

Three Monkeys, nette Stimmung, Internetzugang kostenlos, 🖥 www.3-monkeys.com.

Empfohlen wurden uns diese Restaurants:

Chez Andy, ✆ 081-8916148, Schweizer Küche, Steakhouse, unten Taverne, hinten Biergarten mit besten Preisen für deutsches Bier.

Toto & Peppino Pizzeria, ✆ 081-8917764.

Chill, mit italienischen und japanischen Gerichten.

Noori India, indisches Restaurant mit authentischer Küche, auch vegetarische Gerichte, große Portionen, sehr gutes Lassi.

Tropical Murphy, irischer Pub mit irischer Stimmung, irischem Essen und Guinness vom Fass. Viel Entertainment, klimatisierter 1. Stock.

Sibelius, am Malibu Plaza, internationale Küche, europäischer Chef, ✆ 087-8830527.

Zico's, gegenüber vom Central Beach Resort, brasilianisches Restaurant mit Bar.

Einige Dutzend mehr oder weniger einfache **Thai-Restaurants** laden zum Essen ein, die Qualität der Speisen und des Services nimmt mit schöner Regelmäßigkeit schon wenige Monate nach der Eröffnung drastisch ab. Mehrfach empfohlen wurde uns jedoch die **Anong Thai Cuisine**. Viele **Seafood-Restaurants** präsentieren ihre Meeresfrüchte dekorativ auf Eis in kleinen Booten. Man sollte jedoch bedenken, dass alles langsam auftaut und am nächsten Tag wieder angeboten wird. Ob dann noch alles so frisch und gesund ist, wie es aussieht? Lebensmittelvergiftungen durch Seafood rangieren bei Urlaubserkrankungen in Thailand jedenfalls ganz oben. Empfehlenswert ist jedoch das schöne Restaurant **Samui Seafood Market**.

Will Wait Bakery hat in mehreren Filialen leckere Backwaren, flinken Service und Video in bester Bild- und Tonqualität.

Vor allem bei Kindern beliebt sind **McDonalds** und **Burger King** an der Strandstraße.

Via Vai ✆ 077-4 13 431, hier servieren 2 Brüder aus Neapel Pizzas, die als beste der Insel gelten. Auch die Pasta-Gerichte sind nicht zu verachten.

Ninja Crepes Restaurant, bekannt gute Küche zu günstigen Preisen, 24 Std. geöffnet. Am Abend muss man etwas Zeit einplanen und kurz anstehen, bis man einen Platz bekommt.

Unterhaltung

Die Unterhaltungsszene ändert sich noch schneller als das Angebot an Restaurants.

Sweet Soul Café, zieht jüngere Leute ab 23 Uhr an; kein Techno-Schuppen, hier hört man Funk, Soul, Hip Hop etc.

Green Mango, wird ab 24 Uhr interessant. Die große, ohrenbetäubend laute Disco ist bis 2 Uhr geöffnet.

Reggae Pub, ✆ 077-422331-2, schon eine Institution auf Ko Samui; die Live-Band spielt zwar nicht allzu viel Reggae, aber die Klangqualität ist toll; romantische Sitzgruppen mit Blick auf den See oder den künstlichen Wasserfall, 5 Bars, Biergarten, Freilichtkino unter Palmen, Eintritt frei, unter Insidern nicht mehr in, bei Touristen immer noch sehr beliebt.

Santa Fé, ✆ 077-230570, eindrucksvolle Anlage mit riesigem Palisadentor, auf Thai-Publikum ausgerichtet, bis 2 Uhr dröhnen die Techno-Bässe an den Strand.

Full Circle, ✆ 077-413061, auf Techno getrimmte, innen total versilberte Anlage, gegenüber Central Samui, DJs aus UK.

Christy's Cabaret, Transvestiten-Shows um 23 Uhr, anschließend werden einem Getränke aufgedrängt, und es geht recht ordinär zu.

Sonstiges

Apotheken

Es gibt sehr viele moderne Apotheken, empfehlenswert ist:

Samui Pharmacy mit Deutsch sprechender Apothekerin, die auch gut beraten kann.

Autovermietungen

Gute Angebote bei **CH Tours,** ✆ 077-230431, Autos werden zum Hotel gebracht. Auch mit **Queen PK Car Rental,** ✆ 077-422619, werden gute Erfahrungen gemeldet. **Budget,** ✆ 077-413384, erlaubt ab einer Mietdauer von 5 Tagen die Rückgabe in ganz Thailand.

Ko Samui

Einkaufen

Viele Super- und Minimärkte entlang der Strandstraße. Besonders preisgünstig für den Großeinkauf ist das Einkaufszentrum **Tesco Lotus** an der Hauptstraße H4169.

Fitness

Das **World Gym Fitness Center**, ✆ 077-231174, am H4169 hat recht neues Hightech-Equipment, kostenlose Unterweisung auf Englisch und Deutsch; ⏰ 9–21 Uhr.

Kinderbetreuung

The Playroom, ✆ 077-230626, betreut Kinder von 9.30 Uhr bis Mitternacht für 150 Baht pro Std., Wasser und frische Früchte inklusive.

Kleidung

Zahllose Schneider, Boutiquen und Klamottenläden verkaufen Kleidung. Wenn man schneidern lässt, sollte man ein paar Tage Zeit haben, da meistens mehrere Anproben nötig sind.

Medizinische Hilfe

Samui International Hospital, ✆ 077-230781-2, 422272, 🖳 www.sih.co.th; ⏰ 24 Std., mit Labor, Zahnarzt und Krankenwagen.

Im **Sea Sun Medical Service**, Nr.166/7 in einer Ladenzeile, hat ein fähiger Arzt auch tagsüber Bereitschaft.

Thai International Hospital, gegenüber von Tesco, ✆ 077-414400, 🖳 www.thaiinterhospital.com; einzige Dialyse-Station auf Samui, deutsche Koordinatorin.

Bangkok Samui Hospital, am südl. Ortsanfang von Chaweng, ✆ 077-429500, ✉ 429505, 🖳 www.samuihospital.com.

Motorräder

Sie werden überall für 150–200 Baht/Tag angeboten, in unterschiedlichem Zustand.
Achtung: Motorradfahren auf Ko Samui ist auch bei vorsichtiger Fahrweise nicht ungefährlich.

Pickups

Der Terminal liegt am **Samui International Hospital**. Alle Chaweng-Pickups fahren rund um die Insel. Für kurze Strecken zahlt man 20 Baht, für längere 30–50 Baht. Am Abend nehmen die Forderungen manchmal unverschämte Ausmaße an.

Reisebüros

Etwa 100 Reisebüros bieten in Chaweng ihre Dienste an. Alle sind mit aktuellen Daten auf 🖳 www.samuiinformation.com/touroperators.html.

Im **Bann Chaweng Inter Travel**, ✆ 077-422153, 089-7293405, gegenüber Central Samui, bekommt man nicht nur deutschsprachige Beratung, sondern auch Hotel-Vouchers mit hohen Rabatten, Gruppen- oder Individualausflüge mit Deutsch sprechendem Führer, Flugrückbestätigung und günstige Flüge nach Europa.

Strandverkäufer

Die vielen Verkäufer verhalten sich relativ friedlich. Kleine Dienstleistungen sind besonders „in": Maniküre, Pediküre, Zöpfchen flechten, Perlen in die Haare flechten.

Adrenalin-Pusher

Bungy Jumping & Entertainment mit großem Pool, Bar und Grill. Ein Sprung kostet 1400 Baht, Hoteltransfers und ein Getränk inkl., ✆ 081-8913314.

Canopy Adventures, ✆ 077-414150, für 1750 Baht wird man viermal an eine 300 m lange Kabelbahn gehängt und schwebt durch den Dschungel, Transfers inkl.

Elefantenritte

Mehrere Elefantencamps ermöglichen das besondere Reitvergnügen, z. B. **Island Safari**, ✆ 077-230567, bietet Elefanten-Trekking, Elefanten- und Affen-Shows oder eine Fahrt mit Mini-Jeeps, je 2 Std. für 800 Baht p. P., 600 Baht pro Kind.

Full Moon Party

Zur **Full Moon Party** auf Ko Pha Ngan fahren die Speedboote für 500 Baht von 18–24 Uhr jede Std. ab, Rückkehr am Morgen von 6–8 Uhr; Reservierung bis 16 Uhr. Man kann bereits im Hotel buchen, da man dann abgeholt und zurückgebracht wird.

T.W.C. Travel, ☎ 077-2300747, fährt ebenfalls mit Speedbooten für 400 Baht um 20.30, 21.30 und 22.30 Uhr, zurück um 6 und 7 Uhr; buchen bis 17 Uhr. Preis für einfache Fahrt: 200 Baht p. P.

Jungle Safaris
Mr. Ung's Magical Safari Tours, ☎ 077-230114, 🖥 www.ungsafari.com, bietet Attraktionen wie Elefantenritte, Krokodilshows und eine abenteuerliche Jeep-Fahrt zum höchsten Punkt der Insel. Tagestour 1700 Baht, Kinder bis 10 Jahren 1100 Baht inkl. Essen.

Kanutouren
Blue Stars, ☎ 077-413231, 🖥 www.bluestars. info, paddelt von Weihnachten bis August mit Seekajaks im **Angthong Marine National Park** für 2000 Baht p. P. (1 Tag), 4750 Baht p. P., Kinder 3250 Baht (2 Tage), bei Direktbuchung 10 % Rabatt, Anfahrt mit Speedboot. Bei den nördlichen Inseln Ko Wao und Ko Tungku kann man mit dem Kanus in Höhlen fahren.

Kochkurse
Sitca (Samui Institute of Thai Culinary Art), Soi Colibri, ☎ 077-413172, 🖥 www.sitca.net; erfahrene Köche unterrichten Mo–Sa ab jeweils 11 Uhr und 16 Uhr (jeweils vier Gerichte, 1850 Baht), max. 10 Schüler bereiten in der klimatisierten Kochschule an eigenen Kochern Thai-Gerichte zu und verspeisen das Menü anschließend gemeinsam (Partner gratis); inkl. Kochbuch (englisch). In einem Kurs von 3 Tagen zu je 3 Std. kann man von einem Meisterschnitzer die Thai-Kunst erlernen, Früchte und Gemüse dekorativ zu schnitzen und zu garnieren; 4950 Baht p. P. Im 2. Stock des Gebäudes ist ein Restaurant.

Minigolf
Treasure Island, ☎ 081-8921416, 18 Löcher, es können auch nur 9 gespielt werden.

Mountainbikes
Sie werden beim **World Gym Fitness Center**, ☎ 077-231174, am H4169, und im **Discovery Dive Center**, ☎ 413196, North Chaweng, vermietet. Auch mehrere Hotels bieten sie an, z. B. Impiana oder Blue Lagoon.

Samui Mountain Bikes, ☎ 081-9823715, führen Tagestouren durch: Die Gäste werden von 9–9.30 Uhr vom Hotel abgeholt und von 17.30–18 Uhr zurück gebracht.

Tauchen / Wassersport
Mehrere Tauchschulen (s. S. 406) haben in Chaweng ihre Basis, z. B.:
Calypso Diving, deutsche Tauchschule, ☎ 077-422437, 🖥 www.calypso-diving.com; an der südlichen Zufahrtsstraße.
Big Blue Diving, 🖥 www.bigbluedivingsamui. com, ☎ 077-422617, beim Central Bay Resort. Wassersportbegeisterte finden außerdem Surfboard- und Wasserski-Anbieter am Strand und entlang der Straße.

Coral Cove

2 km südlich von Chaweng Noi (25 km von Nathon) liegt zwischen zwei Pässen der Küstenstraße ein kleiner Strand mit weißem, sehr grobkörnigem Sand, umrahmt von runden Felsblöcken. Bei ruhigem Wasser macht es Spaß, durch die bizarren Felskanäle zu schwimmen, am besten mit Maske und Schnorchel. Bei starkem Wellengang ist Baden nicht ganz ungefährlich.

Übernachtung

Baan Hin Sai Resort ⑤⑧, ☎ 422624-7, 🖥 www. kohsamui.com/baanhinsai. Sehr gepflegte, weitläufige Anlage am Hang mit 78 Räumen und Chalets. 2 Pools, 2 Restaurants, Spa und Englisch sprechende Mitarbeiter. Bekam einen Preis für „Harmonie von Architektur, Landschaft und natürlicher Umgebung". ❻–❼
Coral Cove Resort ⑥⓪, ☎ 077-422126, ✉ coral @samart.co.th, im schmalen Streifen zwischen Straße und Meer. 30 neuere Bungalows, größtenteils mit AC, direkt am Strand oder am Hügel unter Palmen; freundliche Leute, gutes Essen. ❹, AC ❺–❻
Coral Cove Chalet ⑥①, ☎ 077-422260-1, 🖥 www. coralcovechalet.com, gepflegte Anlage, 67 Zi in Komfort-Bungalows mit Balkon, Openair-Restaurant mit guter internationaler und Thai-Küche, Swimming Pool mit Terrasse, schöne Aussicht;

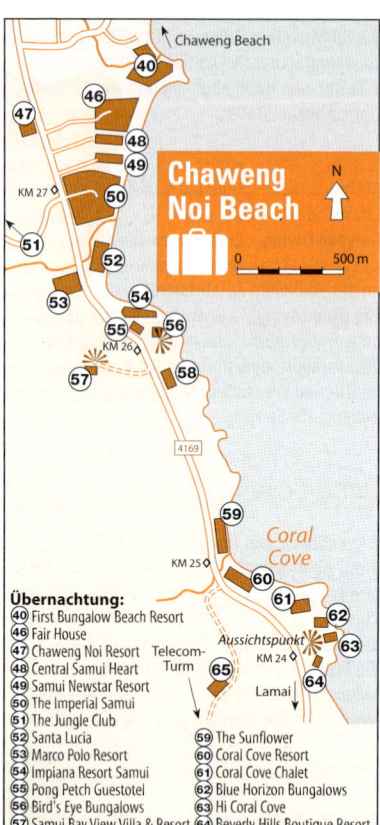

Chaweng Beach

Chaweng Noi Beach

N

KM 27

0   500 m

KM 26

KM 25

4169

Coral Cove

Aussichtspunkt
KM 24

Telecom-
Turm

Lamai

Übernachtung:
40 First Bungalow Beach Resort
46 Fair House
47 Chaweng Noi Resort
48 Central Samui Heart
49 Samui Newstar Resort
50 The Imperial Samui
51 The Jungle Club
52 Santa Lucia
53 Marco Polo Resort
54 Impiana Resort Samui
55 Pong Petch Guestotel
56 Bird's Eye Bungalows
57 Samui Bay View Villa & Resort
58 Baan Hin Sai Resort

59 The Sunflower
60 Coral Cove Resort
61 Coral Cove Chalet
62 Blue Horizon Bungalows
63 Hi Coral Cove
64 Beverly Hills Boutique Resort
65 Samui Mountain Village

fest in den Händen von Pauschalurlaubern; Jeep 800–1000 Baht (auch für Nicht-Gäste). ❻

Blue Horizon 62, ✆ 077-422426, ✉ bluehorizon @samuitourism.com, renovierte Bungalows am Hang. ❹

Hi Coral Cove 63, 🖥 www.sawadee.com/samui/ hicoral/, ✆ 077-422495, gepflegter Palmengarten, 10 AC-Bungalows mit schöner Aussicht; Restaurant an der Straße; vermietet Schnorchelausrüstung und Mopeds. ❺

Beverly Hills Boutique Resort 64, ✆ 077-422232, 🖥 www.samuibeverlyhills.com, auf dem Pass neben dem Viewpoint, 16 neuere AC-Bungalows mit offener Du/WC und Balkon mit herrlicher Aussicht. Swimming Pool über steile

Treppen erreichbar. Restaurant in 3 Etagen in herrlicher Lage, freundliches, bemühtes Personal und gute Küche. Die felsige Küste davor eignet sich kaum zum Baden. Nebensaison 50 % Discount. ❽

Thong Ta Khien Bay

Gut 1 km weiter (23 km von Nathon) liegt unterhalb der Straße die schöne Thong Ta Khien Bay. Bei Ebbe ist Baden nur eingeschränkt möglich, Schnorcheln recht gut. Der weiße Sand ist fein wie Mehl und knirscht unter den Füßen.

Übernachtung

Crystal Bay Resort ①, ✆ 077-422677, 🖥 www. sawadee.com/samui/crystalbay/, unterschiedliche Bungalows und weniger einladende Zi in einem kleinen Hotelgebäude, Verkehrslärm, aber billig. ❸, AC ❹

Silver Beach Resort ②, ✆/☎ 077-422478, 🖥 www.go2silverbeach.com, terrassenartige Anlage, 35 Bungalows mit Fan oder AC, Restaurant am Strand. ❸–❻

Thong Ta Khian Villa ③, ✆ 077-230978, ✉ thongtakianvilla@hotmail.com, 14 günstige, saubere Bungalows, einige mit TV/Kühlschrank, etwas versetzt, mit mehr Privatsphäre, netter Besitzer. ❸, AC ❹

Samui Yacht Club ④, ✆ 077-422225-6, 🖥 www. samuiyachtclub.com; weitläufige Anlage unter Palmen und Schatten spendenden Bäumen in einem dschungelartig überwucherten Garten, 43 gut ausgestattete, renovierte AC-Bungalows; etwas dunkles Restaurant mit Unterhaltungsprogramm, Swimming Pool, Fitnesscenter, Kinderspielzimmer. ❺–❻

Lamai Bay

Die sichelförmige, 4 km lange Bucht wird von vielen, zum Teil überhängenden Kokospalmen gesäumt. Individualreisende und Pauschalurlauber aus allen Ländern kommen in etwa 90 Hotels und Bungalowsiedlungen mit mehr als 2700 Zimmern unter. Jede Anlage verfügt über ein eigenes Restaurant. Die insgesamt guten Strände wirken nicht überfüllt. Überall gibt es noch Unterkünfte zu passablen Preisen. Die Strandhändler sind zurückhaltend und freundlich.

Die **östliche Bucht** beginnt 22 km entfernt von Nathon. Die malerische Bucht mit vorgelagertem Korallenriff ist flach, bei Ebbe ist das Wasser weniger als hüfttief. Der weiße Sandstrand ist mit glatten Felsen durchsetzt. Die schweren Brecher im Winter werden vom vorgelagerten Kap größtenteils abgehalten, sodass auch dann gebadet werden kann. Diese Bucht reicht bis zum Jungle Park Resort. Im Juli / August fällt die Bucht bei Ebbe fast ganz trocken. Die wenigen, sehr gepflegten Bungalowanlagen liegen am Hang in Kokosplantagen, in denen man auch schön spazieren gehen kann. Diese Gegend ist relativ weit von der Straße entfernt und wird von Urlaubern geschätzt, die die Ruhe in der Nähe vom Trubel suchen.

Dem 1 km langen **nördlichen Strand**, nahe an der Straße, ist bis zur Höhe des Dorfes **Ban Lamai** ein Riff vorgelagert. Bei Ebbe schauen hier die Felsen heraus. An der Laguna werden während der Saison Bootsfahrten zur Insel **Ko Tan** angeboten. Hier gibt es noch viele kleine Anlagen im mittleren und unteren Preissegment, manche sogar noch aus der guten, alten Globetrotterzeit.

Der gut 2 km lange, schöne **zentrale Strandabschnitt** ist am südlichen Ende mit malerischen Felsen durchsetzt und bei Ebbe und Flut gut zum Baden geeignet. Der Sand ist an vielen Stellen recht grob. Im Winter herrscht starke Brandung, und der hohe Wasserstand reduziert den Strand beträchtlich. Am südlichen Ende findet man selbst im Sommer noch Stellen, wo man in den Wellen schwimmen kann.

Das Leben spielt sich an der Parallelstraße im Hinterland ab. Lamai wird von Familien, Paaren und befreundeten Cliquen besucht. Sie schlendern abends durch die Straßen und haben einfach Spaß an Musik, Essen, Trinken und Shopping. Die Bars mit jungen Damen werden immer weniger frequentiert, viele mussten schon schließen.

Etwa 60 Bungalowsiedlungen, Reihenhäuser und Hotels liegen am Strand und an der Parallelstraße, wo noch Zimmer ab 300 Baht zu bekommen sind. Im Gegensatz zu Chaweng sind in Lamai noch viele Unterkünfte in einheimischer Hand, jedes Jahr um ein, zwei bessere Bungalows erweitert, uneinheitlich im Stil und noch liebenswürdig unprofessionell geführt. Einige haben allerdings hochpreisigeren Resorts Platz gemacht. Von den Werbungsbooten, die über Lautsprecher Thai-Box-Veranstaltungen ankündigen, fühlen sich viele Touristen belästigt.

Der Wonderful Rock schließt die Lamai-Bucht nach Süden ab. Die noch südlicheren Bungalows (21 km von Nathon) liegen eigentlich schon in der **Bang Nam Chuet Bay**, zehren aber von dem bekannten Namen Lamai. Der Strand ist meistens zu flach zum Schwimmen. Bei starkem Ostwind ist es allerdings gerade hier besonders angenehm.

Übernachtung

In Lamai gibt es viele Hotels für Pauschaltouristen, vor allem im mittleren Preissegment. Sie sind über Kataloge der Reiseveranstalter oder übers Internet buchbar. Wir beschreiben deshalb nicht alle detailliert. Seriös dargestellt werden alle unter 🖵 www.sawadee.com. Im Folgenden nennen wir Unterkünfte, die ein Nischendasein führen und aus der Flut der Angebote nicht leicht herauszufiltern sind.

Für Budget-Globetrotter

Einige Anlagen aus der guten, alten Globetrotterzeit haben an diesem Strand überlebt. Oft wurden bessere Bungalows hinzugebaut. Sie sind nicht über Buchungsdienste buchbar.
Rose Garden ⑪, ✆ 077-424115, am nördlichen Strand, ältere Anlage mit vielen Pflanzen, 13 Bungalows mit Fan oder AC aus Holz und Ziegelsteinen, preiswertes Restaurant, Familienbetrieb. Nur in der Hochsaison geöffnet. ❸–❹
No Name ⑭, ✆ 086-2686216, am nördlichen Strand, recht kleine, eng stehende Bungalows, alle mit Fan und Du/WC. Hier trifft man europäische, koreanische und Thai-Traveller. Personal ist schwer zu finden. Der Strand davor ist ordentlich. ❸–❹
Surat Palm ⑯, ✆ 077-418608, 🖵 www.sawadee. com/suratpalm, Holzbungalows in einer netten

Vorwahl ist immer 077, wenn nichts anderes angegeben ist.

Thong Ta Khien Bay:

①	Crystal Bay R.	④	422677
②	Silver Beach R.	③–⑥	422478
③	Thong Ta Khian Villa	③–④	230978
④	Samui Yacht Club	⑤–⑥	422225-6

Lamai, östliche Bucht:

⑤	Renais. Koh Samui	⑧	429300
⑥	Bay View R.	④–⑥	418429
⑦	Jungle Park R.	⑤–⑦	418034-7
⑧	Flower Paradise	④	09-2888362
⑨	Starbay Beach R.	⑤	424546
⑨	Long Island R.	④–⑦	424202

Lamai, nördlicher Strand:

⑩	Tamarind Hill	⑧	424221
⑪	Rose Garden	③–④	424115
⑫	Weekender Villa	④–⑥	424116
⑬	The Spa	③–⑤	230855
⑭	Sukasem Bungalow	③–④	424119
⑭	No Name	③–④	458116
⑮	My Friend Bungalow	②–③	424120
⑯	Tapee	②–④	424096.
⑯	Aree Bungalows	④–⑤	232297
⑯	Surat Palm R.	③–⑤	3 424297
⑰	New Hut	②–③	230473
⑱	Beer's House	③	230467
⑱	Wish	③	230299
⑲	Lamai R.	③–④	424124
⑳	Sand Sea R.	⑤–⑦	424026

Lamai, Zentrum:

㉑	Samui Laguna R.	⑤–⑥	424215
㉒	Pavilion Boutique R.	⑧	424420
㉓	Mui Bungalows	③–④	424224
㉓	Utopia	④–⑤	233113
㉔	Samui Jasmine R.	⑥–⑧	232446

㉔	Thai House Beach R.	⑥–⑦	418005
㉔	Lamai Coconut R.	④–⑤	232169
㉕	Saman's GH	②–③	
㉖	Lily House	③	424231
㉗	Magic R.	③	424229
㉘	Weekender R.	⑤–⑥	424429
㉙	Coconut Beach R.	③–④	424209
㉙	Bonny H.	④	232079
㉚	Lamai Inn 99	④–⑤	424427
㉚	Rich R.	④–⑤	424208
㉛	Best R.	③–④	233341
㉜	Lamai Wanta	⑤–⑥	424550
㉜	Marina Villa	⑤	424426
㉝	Galaxy R.	⑤–⑦	424441
㉞	Miramare	③–④	424262
㉞	Sea Breeze	③–⑤	424258
㉟	Golden Sand Beach R.	⑤–⑦	424031
㉟	Som Thong R.	③	424156
㉟	Aloha R.	⑥–⑧	424014
㊱	Orchid Suites	④–⑤	233088
㊱	Koeng	②–③	424285
㊲	Amadeus	②–④	424568
㊳	Varinda R.	⑤–⑥	424284
㊴	Lamai Pearl	②–④	424294
㊴	Bill R.	④–⑦	424403
㊵	Paradise Bungalow	③–⑤	424290
㊶	Green Villa	③–⑤	424296
㊷	Amity	②–④	424084
㊷	White Sand	②–④	424298
㊸	Samui Beach R.	④–⑥	424033
㊸	Baan Rim Had	④–⑤	424432
㊹	Thai-Ayodhya Villas	⑥–⑧	424702
㊺	Sunrise Bungalow	③–⑤	424433
㊺	Grand Rock R.	③–④	233194

Lamai, südliche Küste:

㊻	Samui Park R.	⑤–⑥	424008
㊼	Noi Bungalow	③–④	424562
㊽	Floral House	⑤	424319
㊾	Mango Village	⑤–⑦	418958
㊿	Rocky's Boutique R.	⑧	233020

Gartenanlage, die teureren in Strandnähe sind besser in Schuss. Restaurant an der Straße. Häufig Geruchsbelästigung durch die Lagune. ③–⑤
New Hut ⑰, 089-7298489, primitive A-Frame-Hütten, z. T. mit Gemeinschaftsdusche, zwischen schönem Strand und einem stehen-

den Gewässer; ein Hang-out für junge Freaks, die mit dem Rucksack auf Weltreise hier mehrere Monate den Sinn des Lebens suchen. Beliebtes Restaurant mit großen Portionen. ②–③
Beer's House ⑱, 077-230467, eng stehende, aber sehr nette Hütten mit sauberen Toiletten und Platz für Hängematten, eine Reihe direkt

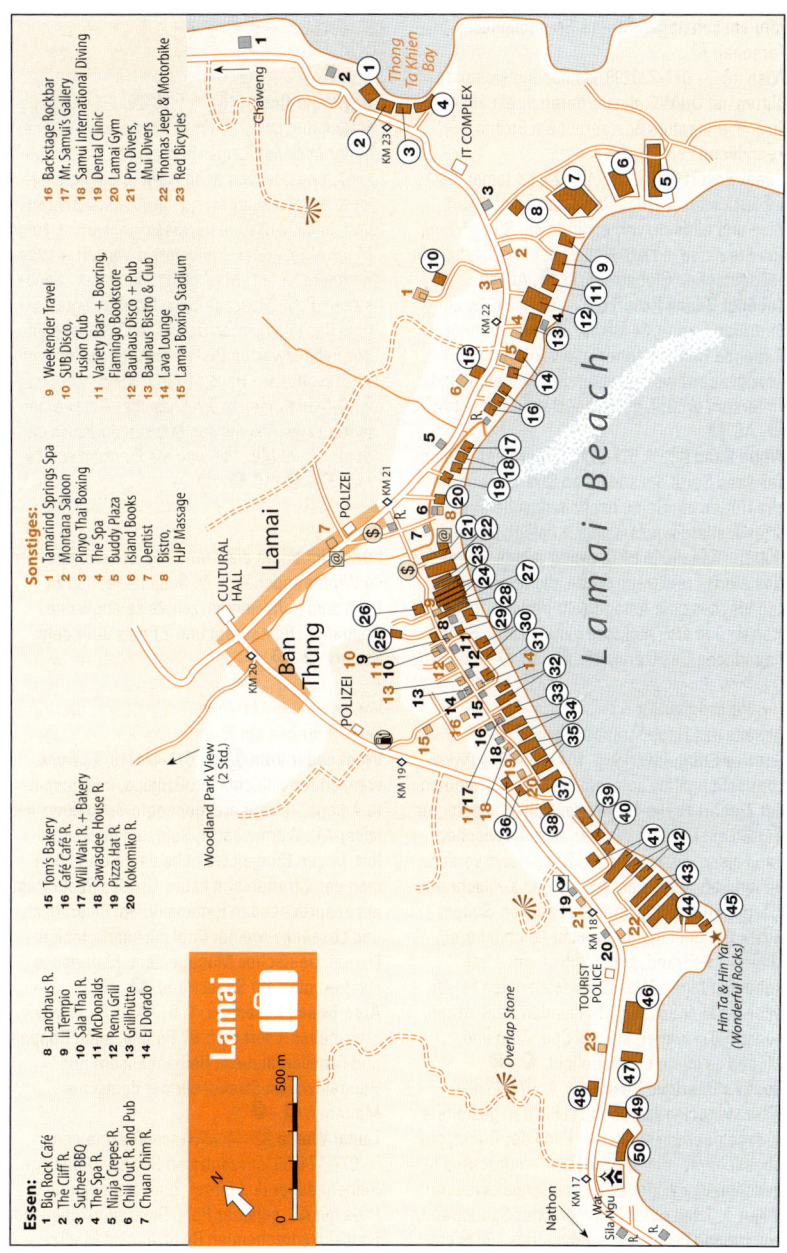

Essen:

1 Big Rock Café
2 The Cliff R.
3 Suthee BBQ
4 The Spa R.
5 Ninjä Crepes R.
6 Chill Out R. and Pub
7 Chuan Chim R.

8 Landhaus R.
9 Il Tempio
10 Sala Thai R.
11 McDonalds
12 Renu Grill
13 Grillhütte
14 El Dorado

15 Tom's Bakery
16 Café Café R.
17 Will Wait R. + Bakery
18 Sawasdee House R.
19 Pizza Hat R.
20 Kokomiko R.

Sonstiges:

1 Tamarind Springs Spa
2 Montana Saloon
3 Pinyo Thai Boxing
4 The Spa
5 Buddy Plaza
6 Island Books
7 Dentist
8 Bistro,
HJP Massage

9 Weekender Travel
10 SUB Disco.
11 Variety Bars + Boxring,
Flamingo Bookstore
12 Bauhaus Disco + Pub
13 Bauhaus Bistro & Club
14 Lava Lounge
15 Lamai Boxing Stadium

16 Backstage Rockbar
17 Mr. Samui's Gallery
18 Samui International Diving
19 Dental Clinic
20 Lamai Gym
21 Pro Divers,
Mui Divers
22 Thomas Jeep & Motorbike
23 Red Bicycles

Lamai

500 m

Woodland Park View
(2 Std.)

CULTURAL HALL

Lamai

Ban Thung

POLIZEI

POLIZEI

Overlap Stone

Nathon

TOURIST POLICE

Hin Ta & Hin Yai
(Wonderful Rocks)

Thong Ta Khien Bay

Chaweng

IT COMPLEX

Lamai Beach

Ko Samui

vorn am schattigen Strand. Freundliches Personal. ❸

Wish ⑱, ☎ 077-230299, kleine, eng stehende Hütten mit Du/WC, die vorderen direkt am Strand, einfaches Restaurant am Strand, freundliche Familie. ❸

Lamai Resort ⑲, ☎ 077-424124, ✉ lamai_re@samart.co.th, 30 Bungalows, hinten noch alt, billig und einfach, vorne, direkt am Strand, neu, aus Stein und mit AC. Nette Thai-Familie, beliebt bei deutschen Globetrottern. ❸, AC ❹

Coconut Beach Resort ㉙, ☎ 077-424209, am zentralen Strand, 34 kleine, eng aufeinander stehende Bambushütten, die vorderen recht winzig, überteuert, aber am Strand gelegen, die hintersten größer, gut ausgestattet und mit AC. ❸, AC ❹

White Sand ㊷, ☎ 077-424298, berühmte Anlage der alten Sorte am südlichen Strand, ganz einfache Hütten mit Gemeinschaftsdusche direkt am Strand, allerdings fast immer belegt; bessere Hütten, manche mit AC, weiter hinten. Etwas für Nostalgiker und treue Gäste, die übersehen können, dass die Anlage sehr heruntergekommen ist und als Truckstop genutzt wird. Sehr freundliche Besitzerin. ❷–❸, AC ❹

Für Ruhesuchende

Abseits des Hauptstrandes liegen:

Sunrise Bungalow ㊺, ☎ 077-424433, 🖥 www.sunrisebungalow.com; am südlichen Strand an der Zufahrt zu Hin Ta–Hin Yai, schön angelegter Garten mit kleinem Wasserfall, z. T. zwischen den Felsen, ansprechende Bungalows verschiedenen Stils, einige mit AC, TV und Kühlschrank, z. T. gute Aussicht, 2 neuere Familien-Suiten, Restaurant mit umfangreicher Leihbücherei, Liegen am Strand, gutes Schwimmen bei hohem, ruhigem Wasser zwischen den Felsen oder am kleinen, steil abfallenden Sandstrand, sonst 100 m weiter; kleines Spa, Auto und Moped zu mieten, sehr beliebt. ❸–❺

Rocky's Boutique Resort ㊿, ☎ 077-233020, 🖥 www.rockyresort.com, völlig neu gestaltete Anlage ganz am südlichen Ende der Bucht, gut abgeschirmt vom Straßenlärm, eindrucksvolle, geschmackvoll eingerichtete Bungalows und Villen, z. T. mit guter Sicht, privater Sandstrand, von runden Felsen eingerahmt. Das 100 m ent-

Bay View Resort ⑥, ☎ 418429, ✉ wolfgang@samuinet.com, 🖥 www.bayviewsamui.com, in der östlichen Lamai-Bucht, gute Holzbungalows, angemessen ausgestattet, sowie exzellente Komfortbungalows mit AC, Kühlschrank und toller Aussichtsterrasse, locker im zum Meer abfallenden Palmenhain verteilt, nettes Restaurant mit Meerblick; einsamer Sandstrand, Pool, Massage-Sala, Internet; unter Leitung des engagierten Deutschen Wolfgang und der liebenswerten Pu. Vermietet auch ein voll ausgestattetes Haus, Grand View Villa, mit 2 AC-Schlafzimmern, Wohnzimmer etc. in exzellenter Lage. Abseits des Massentourismus und doch nur 20 Min. Fußweg ins Zentrum von Lamai. ❹–❺, AC ❺–❻

fernte Riff bricht die Brandung, daher ist es hier im Winter angenehm, im Sommer jedoch zu flach zum Schwimmen, zeitweise englische Animation. Restaurant und 2 Pools über dem Strand. ❼–❽

Von Lesern empfohlene Ferienanlagen am Strand

Weekender Villa ⑫, ☎ 077-424116, 🖥 www.weekender-villa.com, großzügige, neu gestaltete Anlage, 10 saubere, gepflegte Bungalows mit leiser AC, Warmwasser, Safe und allem Komfort. In den Bungalows nahe dem Strand hört man den Straßenlärm kaum. Großes Restaurant mit ansprechenden Rattanmöbeln, Billardtisch und Leseecke, kleiner Pool mit komfortablen Liegen. Deutsches Management. Malerische Fischerboote am Sandstrand. ❹–❻

Aree Beach Resort ⑯, ☎ 077-424676, 🖥 www.aree-beachresort.com, 27 Räume, auch Doppel- und Familienräume in Reihenhäusern und Bungalows am Strand, eifriger deutscher Manager. ❹–❺

Lamai Wanta ㉜, 🖥 www.lamaiwanta.com, ☎ 077-424550, am zentralen Strand, 2-stöckige Reihenhäuser und Einzel- oder Doppelbungalows mit AC, schöner Pool. Die freundlichen, gut Englisch sprechenden Besitzer sind Mediziner.

Gutes Preis-Leistungs-Verhältnis. Wird von Okt–Dez 2007 renoviert. ⑤–⑥

Utopia ㉓, ✆ 077-233113, 🖳 www.utopia-samui.com; am zentralen Strand, 33 gute Bungalows, Suiten mit Du/WC und Fan, z. T. AC, etwas eng stehend; täglicher Zimmerservice, in einem bunten, tropischen Garten; Restaurant am hier schönen Strand, freundliches Personal; Bar (🕐 19–24 Uhr). C@fe Network neben der Rezeption. Gutes Preis-Leistungs-Verhältnis. ④–⑤

Thai House Beach Resort ㉔, ✆ 077-418005, 🖳 www.thaihousebeach-resort.com, etwas ganz Besonderes am Lamai Beach: 60 original Thai-Häusern nachempfundene Bungalows, 14 direkt am Strand, mit allen modernen Annehmlichkeiten ausgestattet, halboffenes Badezimmer mit eigenem Gärtchen; Pool, Restaurant (🕐 6.30–24 Uhr), *Theme Nights* mit Shows und Live-Bands. ⑥–⑦

Samui Park Resort ㊻, ✆ 077-424008, 🖳 www.samuiparkresort.com; im Süden hinter dem Felsvorsprung beim Wonderful Rock, nahe an der Straße, 60 mittelgroße, nicht mehr neue AC-Zi in 5-stöckigen Hotelgebäuden und etwas größere Bungalows. Gut für Familien mit kleinen Kindern geeignet, mit Spielplatz, Spielzeug, Planschbecken und sogar einem Kindermenü. ⑤–⑥

Es gibt jede Menge Restaurants und Straßenküchen, die durchweg gelobt werden.

Landhaus, Michael aus Kärnten serviert seit mehr als 14 Jahren deftiges europäisches Essen in großen Portionen; viele Stammgäste.

Sala Thai, Thai- und europäische Gerichte, beliebt bei Thais und Touristen, vor allem für Fisch und Seafood. Normale Preise.

El Dorado, leckere europäische und Thai-Küche, wird von einem Schweden sehr ansprechend serviert, Mi Grillabend. Für Gäste steht ein großer Billardtisch zur Verfügung.

Suthee BBQ and Restaurant, täglich preisgünstiges Barbecue („Eat as much as you can"), Nord-Lamai, Samui Ring Road, 100 m südlich des IT Complex.

Il Tempio, alteingesessenes italienisches Restaurant mit guter Pizza und fabelhafter Pasta.

Mui Bungalow ㉓, ✆ 077-424224, Reihen- und kleine Einzelbungalows in einer Seitengasse, trinkfeste Stammgäste, deutsches Management. ❸–❹ sowie **Saman's Gh.** ㉕, einfache, saubere Zi mit Kühlschrank und TV, tagsüber laut, nachts ruhig, neben Eisfabrik, gutes Preis-Leistungs-Verhältnis. ❷, AC ❸

Mr. Samui's Gallery and Art Café, ein Genuss nicht nur für die Sinne, lokale Küche und künstlerische Objekte.

Montana Saloon, an der Straße beim Long Island Resort, bietet gute Thai-Küche und Steaks zu vernünftigen Preisen.

Ninja Crepes Restaurant, sehr gutes Traveller-Frühstück und exzellente Nachspeisen.

The Spa, ✆ 077-230855, Strandrestaurant mit vielen leckeren vegetarischen Gerichten und Vollkornküche.

Will Wait Bakery, gutes Frühstück.

Kokomiko Restaurant, kleines gemütliches Restaurant mit Thai- und deutschen Gerichten, an der Ring Road nahe beim Wonderful Rock.

McDonald´s lässt auch in Lamai Kinderherzen höher schlagen.

Eine Unmenge Shops, Restaurants, Bierbars und Discos ziehen dem Touristen das Geld aus der Tasche, doch meist in recht freundlicher, kaum aufdringlicher Weise. Go-Go-Bars konnten sich bisher nicht durchsetzen. Für alle Pubs gilt jetzt die Polizeistunde um 2 Uhr. Bekannte Einrichtungen sind:

Bauhaus, ✆ 077-233147, Disco mit gemütlicher Architektur, zieht auch Gäste von anderen Stränden an, wird ab 24 Uhr richtig voll. Die Schaum- und Cocktailpartys werden von Lautsprecherwagen angekündigt.

Backstage Rockbar, der Schwede Kris bietet Rockmusik vom Feinsten und schafft es jeden Abend, dass sich seine Gäste wohlfühlen.

SUB, große Disco hinter Il Tempio, für Techno-Fans.

Ko Samui

Lava Lounge, der Ire Frank hat eine nette Bar in der Straße zum Strand aufgezogen.
Variety Bars veranstaltet samstags Lady Boxing.

Sonstiges

Airport Transfer

Verschiedene Reisebüros bieten Abholservice vom Hotel, als besonders zuverlässig gilt **Weekender Travel**.

Bücher

Flamingo Bookstore, riesige Auswahl auch an deutschen Taschenbüchern zum Tauschen oder Ausleihen; Telefon- und Faxservice, Flug- und Transportbuchungen.
Island Books, Paul aus Liverpool kauft, verkauft und verleiht immer wieder neue Bücher in vielen Sprachen. Auf einen Kaffee oder ein Bier kann man sich in einem netten Rattanstuhl niederlassen.

Fitness / Thai-Boxen

Lamai Gym bietet einen Fitnessraum mit einfacher Ausstattung und eine Thai-Boxschule.
Pinyo, gegenüber der Weekender Villa, unterrichtet ebenfalls Thai-Boxen und hat einen einfachen Fitnessraum.

Geld

Viele ATMs und Banken, ⊙ 10–20 Uhr.

Dschungeltouren

Sie werden von mehreren Veranstaltern in Chaweng angeboten, die Gäste von Lamai-Hotels abholen.

Kajak

Sea Canoe, ✆ 077-230484, bietet geführte Paddeltouren entlang der Küste oder im Ang Thong Marine Park an.

Motorräder / Mountainbikes

Motorräder werden entlang der Straßen und bei den meisten Resorts angeboten. Besonders gut gewartet sind die Maschinen von **Thomas**, ✆ 081-8914953. **Mountainbikes** verleiht **Red Bicycles**, ✆ 077-232136, gegenüber von Noi

Bungalows. Sie veranstalten auch geführte Touren, wo man zu Plätzen kommt, die sonst kaum zu erreichen sind.

Reisebüros

In Lamai bieten ca. 60 Reisebüros ihren Service von recht unterschiedlicher Qualität an. Das deutschsprachige Reisebüro **Weekender Travel**, ✆/✉ 077-424225, ✉ joergg@samart. co.th; ⌨ www.weekender-travel.com, hat sich seit Jahren als sehr zuverlässig und kompetent erwiesen: Schnelle Online-Buchung von Bangkok Airways, von Thai Airways und internationalen Fluglinien mit Sofortausstellung von Tickets, Flugrückbestätigung, Individualtouren auf der Insel, Speedbootfahrten etc.; bucht auch günstige Flüge vieler Airlines von Deutschland nach Thailand unter ⌨ www. thaifluege.de.

Wellness

The Spa, ✆ 077-230855, ⌨ www.spasamui.com; Gesundheitsprogramme wie Reflexologie, Reiki, Dampfsauna, Yoga und Fasten ohne die vornehme, moderne Spa-Atmosphäre.

Südküste

Hier findet man keine kilometerlangen Südseestrände, sondern kleine, versteckte Buchten mit nur wenigen Bungalowanlagen. Allerdings ist das Wasser oft sehr flach oder bei Ebbe das Meer so weit entfernt, dass Baden und Schwimmen nicht immer möglich ist. Wem Ruhe und Natur mehr bedeuten als makellose, doch kommerzialisierte Sandstrände, ist hier besser aufgehoben. Allerdings haben mehrere Besitzer von unrentablen Bungalowanlagen die Hütten abgerissen und mit mehr oder weniger geschmackvollen Häuschen für Langzeiturlauber bebaut. An der Küste entlang führt keine Straße. Die Buchten sind nur über Stichstraßen vom H4170 erreichbar.

Hua Thanon

Das traditionelle moslemische Fischerdorf mit seinem tollen Markt lohnt einen intensiveren Blick, denn die Hauptstraße säumen noch viele

Tamarind Springs, ☎ 077-424436, 🖳 www.tamarindsprings.com; sehr gepflegte, saubere, schön in die Natur integrierte Spa-Anlage am Lamai Beach mit verschiedensten Gesundheitsanwendungen, gut ausgebildetes Personal, gehobenes Preisniveau; über dem Tamarind Hill Resort. ⊙ 11–20 Uhr.

traditionelle Holzhäuser. Hinter den vollflächigen Fassadenöffnungen der 2–3-geschossigen, luftig gebauten Häuser verbergen sich Läden und kleine Werkstätten, während die Obergeschosse als Wohnraum genutzt werden. Die für eine natürliche Ventilation sorgenden Öffnungen unter den Dächern und Geschossdecken sind mit kunstvoll geschnitzten Friesgittern verkleidet. Weit auskragende Dächer und überdachte Veranden schützen vor heftigen Monsunregenfällen ebenso wie vor starker Sonneneinstrahlung. Auch hier setzt sich der Neubau im Garagenstil langsam durch.

Na Khai Cove

Biegt man hinter dem Dorf auf den H4170 ab, so weisen nach etwa 400 m einige Schilder nach links. Durch Palmenplantagen kommt man zu einem sehr flachen, ruhigen Strand (16 km von Nathon), der bei Ebbe weit hinaus trocken liegt.

Bang Kao Bay

Jenseits des 135 m hohen Hügels Khao Tale liegt die sehr flache Bang Kao Bay (17 km von Nathon). Ein Riff zieht sich mehrere hundert Meter weit draußen entlang. Im **Baanthale Riverside** kann man Fischerboote anschauen und mieten.

An der südlichsten Spitze von Ko Samui (1,2 km vom H4170) steht der gelb gestrichene **Chedi Laem Sor**, auch **Pagoda** genannt. Er gehört zum gegenüberliegenden Wat mit freundlichen Mönchen und Nonnen. Direkt davor schaut ein breites Riff aus dem Wasser heraus. Bei geeignetem Wasserstand kann man hier gut schnorcheln und sieht viele bunte Korallenstöcke, allerdings kaum Fische. Beim Ein- und Ausstieg kann man sich sehr leicht an den scharfen Korallen verlet-

zen. Richtung Osten vergrößert sich der Abstand zwischen Riff und Strand, sodass dazwischen eine Lagune entsteht, in der man bei Ebbe in noch knietiefem Wasser baden kann.

Thong Krut

Wo der H4170 dem Meer am nächsten kommt, liegt das Dorf Thong Krut an einer flachen Sandbucht. Vom Dorf aus fahren um 9.30 Uhr mehrere Boote auf die vorgelagerte Insel **Ko Tan** für 250 Baht in ca. 30 Minuten, zurück gegen 14 Uhr. Songthaews nach Nathon fahren mehrmals am Tag.

Pangka Bay

In der Pangka Bay (15 km von Nathon) liegen unter Palmen und schattigen Laubbäumen verstreut viele Fischerhäuser und eine Bungalow-Siedlung. Private Villen entstanden und ein Jachthafen ist geplant. Bei Ebbe kann man 1 km übers steinige Watt zum Wasser wandern, immer mit Blick auf die fünf skurrilen Felsen im Meer. Auch bei Flut erreicht das Wasser höchstens Brusttiefe. Kajakfahren ist möglich.

Na Khai Cove

Samui Marina Cottage ①, ☎ 077-233394-6, 🖳 www.samuimarina.com, 40 eng nebeneinander stehende, schön eingerichtete AC-Bungalows mit TV, Minibar und Safe, alle mit freiem Blick auf den großen Garten, großer Pool, in dem auch Tauchanfänger unterrichtet werden. Sehr guter Service, ideal für Familien, die nicht viel auf der Insel unterwegs sein wollen. Ansonsten ist ein Fahrzeug unerlässlich. ❹

Samui Orchid Resort ②, ☎ 077-424017-8, 🖳 www.sawadee/samui/orchid/, ausgedehntes Resort, das ungepflegt wirkt. 1-, 2- und 3-stöckige Gebäude, Zi im Hotelgebäude. Palmengarten mit Restaurant, 2 Swimming Pools und Poolbar. Durch den angeschlossenen Samui Tiger Zoo ist hier immer viel los. Bei Ebbe schauen aus dem groben Sand Felsen und Korallenbrocken heraus, auch bei Flut kann man nur selten schwimmen. AC ❹

Central Samui Village ③, ☎ 077-424020, 🖳 www.centralhotelsresorts.com, am Hang zwischen vielen Bäumen, schöne Villas, teures Restaurant, 2 Pools, Spa, Liegestühle am Strand, der sich nur zum Sonnenbaden eignet; daneben die Samui Butterfly Farm. Autotransport nach Chaweng. **❼**–**❽**

Laem Set ④, ✆ 077-424393, 🖥 www.laemset. com; familienfreundliche Anlage mit verschiedensten Häusern: aus alten Teakhäusern konstruierte Suiten mit eigenem Pool, Zi mit internationalem Standard im Hotelgebäude und einfache Strandhütten für Nostalgiker. Schwimmkanal zur Bucht, großer Pool, Spa, Restaurant. Unter neuer thailändischer Leitung. **❺**–**❽**

Banburee Resort und Spa ⑦, ✆ 077-429600, 🖥 www.banbureeresort.com; Räume in einem Hotelbau und Villas z. T. für Familien. Großzügige Poolanlage mit Blick aufs Meer, das bei Ebbe dem Wattenmeer gleicht. **❽**

Thong Krut

Hier kommt der H4170 dem Meer am nächsten.
Thong Krut Bungalow (=TK Bungalow) ⑧, ✆ 077-423117, einfache Hütten und große, gepflegte Bungalows mit Minibar an einer flachen Sandbucht, gutes Restaurant, freundlicher Besitzer. **❸**, AC **❹**

Thong Tanot

Hier wurde ein Pier weit ins Meer hinaus gebaut.
Coconut Villa ⑨, 🖥 www.sawadee.com/samui/ coconutvilla, ✆ 077-423151; etwas gebaute, gepflegte Anlage am sehr flachen Strand, 20 einfache, saubere Holzbungalows mit unterschiedlichen Außenanstrichen wie lila und blau, mit Fan oder AC, 23 Steinhäuser mit AC, davon 9 sehr große für 3–4 Pers. Restaurant, Strandbar, Billardtisch, schöner Swimming Pool am Strand, nette Sicht auf Ko Tan; Jeep und Motorräder zu mieten. Sehr ruhig. **❹**, AC **❺**

Pangka Bay

Emerald Cove Resort ⑩, ✆ 077-334100, ✆ 081-9708794, ✉ wesinac@hotmail.com, einfache und bessere Bungalows in schöner Lage und in familiären Händen. Wer zu den Nostalgikern gehört, sollte ein paar Tage bei Wesina Urlaub machen. **❷**–**❸**

Baan Lamom Restaurant, Na Khai Cove, ✆ 077-233146, am H4170, großes, offenes Restaurant, leckere Thai-Gerichte, Spezialität: *tom yam gung*; nette Leute. In der Nähe liegt ein kleiner Supermarkt mit Bänken, gut für ein Bier unter freundlichen Menschen.

Das Hafen-Restaurant **Ban Bangkao Seafood** in Bang Kao Bay verlangt normale Touristenpreise, schmutzige Umgebung. In Thong Krut gibt es viele Restaurants am Ufer, z. B.: **Kung Kaew Restaurant**, gutes Seafood direkt vom Fischer, sehr nette, hilfsbereite Leute. Bootstouren (s. u.) und **Yara Restaurant**, modernes Ambiente.

Ausflüge

Reguläre Boote nach KO TAN (s. S. 406) gibt es in der Na Khai Cove beim Baan Lamom Restaurant um 10 und 15 Uhr.

Wellness

Laem Set Spa, ✆ 077-418063, qualifizierte Entspannungs- und Schönheitsbehandlungen in gepflegtem Ambiente.

Banburee Spa, ✆ 077-429600, hohe Preise: 1 1/2 Std. Thai-Massage 1000 Baht!

Westküste

Die flachen Strände der Westküste sind nicht so berauschend wie die der Ostküste und nicht überlaufen. Liebhaber von Sonnenuntergängen kommen hier voll auf ihre Kosten. Wenn im Winter am Chaweng und Lamai Beach das Baden unmöglich wird, bleibt das Meer auf der Westseite im Windschatten der Insel ruhig.

Zum Dorf **Taling Ngam** (10 km von Nathon) zweigt am KM 3 des H4170 durch das Elefantentor eine Schotterstraße (1 km) ab zum Strand. Hier stehen noch viele Fischerhäuser.

Der ruhige, schmale **Santi Beach** (6 km von Nathon) ist ganzjährig bei hohem Wasserstand zum Schwimmen und für kilometerlange Wanderungen geeignet. Kein Rummel. Pickups kommen nur voll beladen vorbei.

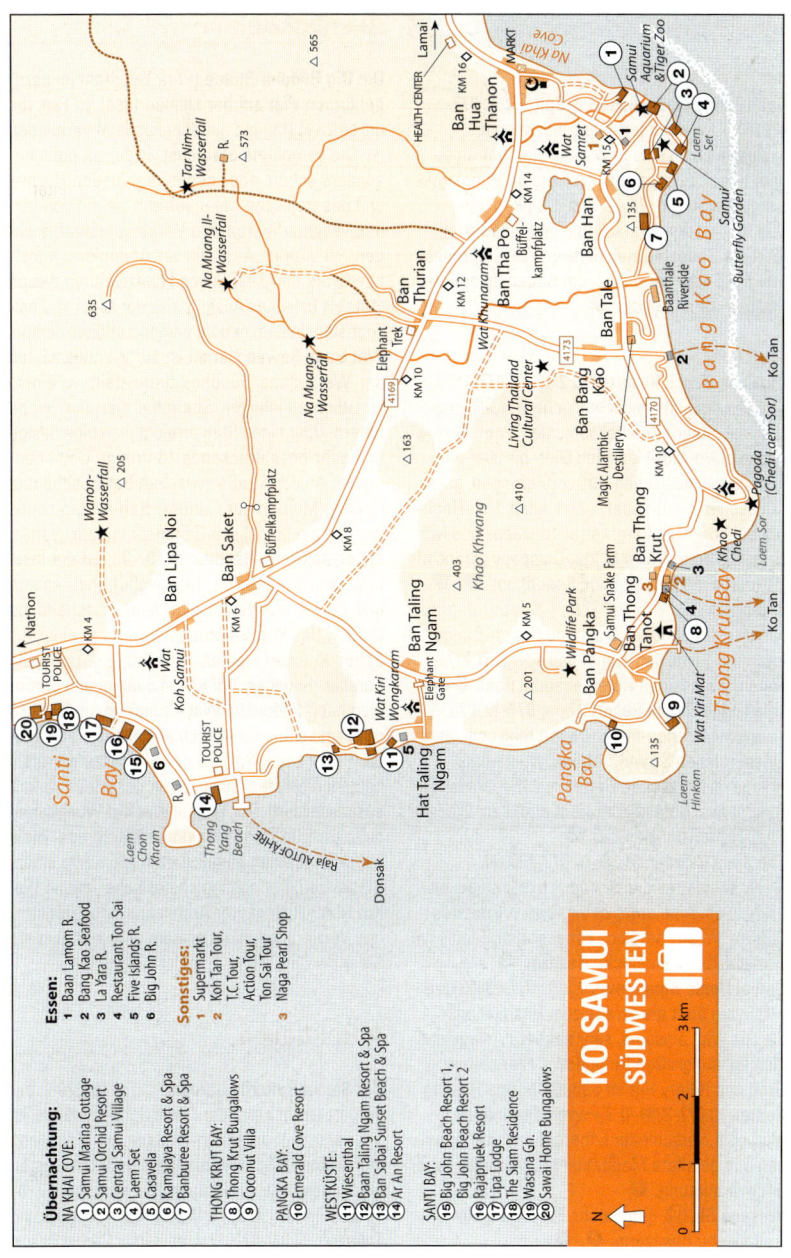

Übernachtung:

MA KHAI COVE:
① Samui Marina Cottage
② Samui Orchid Resort
③ Central Samui Village
④ Laem Set
⑤ Casavela
⑥ Kamalaya Resort & Spa
⑦ Banburee Resort & Spa

THONG KRUT BAY:
⑧ Thong Krut Bungalows
⑨ Coconut Villa

PANGKA BAY:
⑩ Emerald Cove Resort

WESTKÜSTE:
⑪ Wiesenthal
⑫ Baan Taling Ngam Resort & Spa
⑬ Ban Sabai Sunset Beach & Spa
⑭ Ar An Resort

SANTI BAY:
⑮ Big John Beach Resort 1,
     Big John Beach Resort 2
⑯ Rajapruek Resort
⑰ Lipa Lodge
⑱ The Siam Residence
⑲ Wasana Gh.
⑳ Sawai Home Bungalows

Essen:
① Baan Lamom R.
② Bang Kao Seafood
③ La Yara R.
④ Restaurant Ton Sai
⑤ Five Islands R.
⑥ Big John R.

Sonstiges:
① Supermarkt
② Koh Tan Tour,
     T.C. Tour,
     Action Tour,
     Ton Sai Tour
③ Naga Pearl Shop

KO SAMUI SÜDWESTEN

N

0   1   2   3 km

Hat Taling Ngam

Baan Taling Ngam Resort & Spa ⑩, ☎ 077-429100, 🖥 www.baan-taling-ngam.com; exklusive Luxusanlage weithin sichtbar ar einem Hügel, 72 separate, großzügige Bungalows, einige am Strand, 76 AC-Zi mit Balkon (ab US$300); da der Strand kaum mittelmäßig ist, führt ein Badesteg zum tieferen Wasser, zudem bringen Boote die Gäste zum Baden an andere Strände. Tauchschule. ❽

Santi Beach

Big John Beach Resorts 1 & 2 ⑮, ☎ 077-415537 🖥 www.bigjohnsamui.com, neuere AC-Bungalows mit integrierten Kokospalmen, Pool, Restaurant mit Live-Musik aus den 60er- bis 80er-Jahren und polynesische Tanzvorführungen, gute Atmosphäre; nette Chefin, arrangiert Thai-Hochzeit auf Voranmeldung; vermietet Jeeps und Mopeds. Big John Travel & Tour Company veranstaltet Touren mit dem eigenen Speedboot. ❺–❻

Rajapruek ⑯, ☎ 077-423115, 🖥 www.rajapruek samuiresort.com/en/, 9 schöne Beach-Bungalows und 1 Familien-Bungalow sowie 57 Zi im neuen, 2-stöckigen Hotelgebäude, Pool. ❻–❼

Lipa Lodge Beach Resort ⑰, ☎ 077-423028, 🖥 www.lipalodge-beach-resort.th66.com, an einem ruhigen Strand, schöne, weitläufige Anlage im tropischen Garten mit 15 renovierten Bungalows. Gutes Restaurant direkt am Wasser, Pool. Nette Thai-Besitzer. ❻

The Siam Residence ⑱, ☎ 077-420008, 🖥 www.siamresidence.com, Luxusanlage mit exklusivem Ambiente; 20 Villas von 80 m²; Restaurant am Strand, Pool, Fitnessraum, Tennis mit Flutlicht, österreichische Besitzer. ❽

Sawai Home Bungalows ⑳, ☎ 077-234031, zu erreichen über die Straße zum Hospital oder durchs Wat; einsame, sehr saubere Anlage mit kleinen und großen Bungalows. Hier bieten Greg und Hillary Hitt im Samui Dharma Healing Center, ☎ 077-234170, 🖥 www.dharmahealin gintl.com, verschiedene therapeutische Techniken und geleitete Meditation an. Motorrad- und Jeepvermietung. ❹

Wasana Gh. ⑲, gegenüber, 5 AC-Bungalows, freundliche Besitzerin. ❸–❹

Ausflugsziele

Die **Big Buddha-Statue** (Phra Yai) steht im dazugehörigen Wat auf der kleinen Insel Ko Fan, die durch zwei Dämme mit dem Festland verbunden ist. Die vergoldete Statue ist weder alt noch besonders schön, aber gegen den blauen Himmel und das tropische Meer verfehlt sie mit den beiden Wächterfiguren ihre Wirkung nicht. Die Läden mit großer Auswahl an Andenken, Kunsthandwerk und Thai-Essen kennzeichnen diesen Platz als beliebtes Ausflugsziel, vor allem für Thai-Touristen. In dem neuen, wunderschönen Tempel **Wat Laem Suwan Naram** ist auf Wandgemälden der Werdegang Buddhas dargestellt. In einem künstlich angelegten See kann man die Fische füttern. Über einen Steg erreicht man eine riesige und sehr beeindruckende 18-armige Göttinnenstatue. An der Straße zwischen Big Buddha und Choeng Mon. In der **Cultural Hall** in Ban Lamai werden hauptsächlich Gegenstände ausgestellt, die chinesische Händler im 19. Jh. auf die Insel brachten, wie Waffen, Teegeschirr, Instrumente und Uhren, aber auch alte, landwirtschaftliche Geräte. Das **Wat Samret** beherbergt in einer Art Scheune einen weißen Jade-Buddha und viele Korallen-Buddhas. Am KM 14,5 auf einem Betonweg nach Süden. Im **Wat Khunaram** am KM 12,9 ist ein mumifizierter Mönch ausgestellt. Die **Pagoda** (Chedi Laem Sor) an der Südspitze der Insel hebt sich eindrucksvoll gegen das Meer ab (gut ausgeschildert). Der Tempel **Wat Kiri Wongkaram** beim Dorf Hat Taling Ngam im Westen der Insel beherbergt einen mumifizierten Mönch in einem Glaskasten. Der schöne chinesische Tempel **Wat Kiri Mat** mit eleganter Architektur und farbenfrohen Verzierungen liegt einsam und versteckt am Meer bei Ban Thong Tanot im Südwesten.

Attraktionen

Der **Samui Butterfly Garden**, ☎ 077-424020-2, beherbergt nicht besonders viele Schmetterlinge, ist aber eine wunderschöne Anlage. Im März kann man lebende Schmetterlinge sehen (ansonsten nur aufgespießt, als Raupen oder verpuppt). ⏱ 9–18 Uhr, Eintritt 150 Baht. Das **Samui Aquarium** und **Tigerzoo**, ☎ 077-424017-8, im Samui Orchid Resort ist nicht jedermanns Geschmack, aber viele Kinder haben Freude daran. Das Aquarium mit tropischen Fischen besteht aus mehreren Becken (insgesamt 120 m lang). In Käfigen vegetieren Tiger und Leoparden dahin, die gegen Gebühr als Fotostaffage zur Verfügung stehen. Interessant soll die Dressur täglich um 14 Uhr sein. In Zusammenarbeit mit einer Seelöwen-Forschergruppe wird angeboten, für 3400 Baht einen Seelöwen-Trainingsschein an einem Tag zu erwerben. ⌨ www.sealionsearch-rescue. com, ✆ 077-418987. ⏱ tgl. 9–17 Uhr, Eintritt 350 Baht, Kinder bis 12 Jahre 200 Baht. Die **Samui Snake Farm**, ✆ 077-334120, führt um 11 und 14 Uhr Schlangen, Skorpione und Hahnenkämpfe auf liebenswürdig unprofessionelle Art vor. Eintritt 300 Baht, Kinder 200 Baht. **Crocodile Farm,** hinter der Brücke am Flughafen nach rechts, 1 km. Eintritt 200 Baht, geleitet von Hans und Dim; soll zur Arterhaltung der Krokodile dienen, Shows 14 und 16 Uhr, nicht jedermanns Geschmack. Im **Samui Seashell Museum**, 2 km nördlich von Nathon links, sind einige schöne Muscheln ausgestellt.

Wasserfälle

Der **Tar Nim-Wasserfall** besteht aus mehreren Stufen von insgesamt ca. 60 m Höhe und bildet einige kleine Pools zum Erfrischen. Am KM 12,9 zweigt ein sehr steiler und schlechter Fahrweg durch Palmen ab, der nach ca. 2 km im dichten Wald den Wasserfall erreicht. Der **Na Muang-Wasserfall** ist ein Bächlein, das in einigen Stufen 20 m herunter plätschert. Im Pool baden viele Thais ausgiebig. Am KM 11,1 führt der 1 km lange Weg durch viele Souvenirstände zum Wasserfall.

Der **Hin Lat-Wasserfall** besteht aus mehreren Fällen. Zum eigentlichen Fall **Haew Khwai Tok** geht es vom Parkplatz rechts an den Hütten vorbei auf einem schmalen, etwa 2 km langen Dschungelpfad nach oben. Bei dem kleinen Getränkestand (nur in der Saison geöffnet) kann man hinabsteigen und in dem großen Pool unterhalb des Hu Nam-Wasserfalls schwimmen oder sich vom fallenden Wasser massieren lassen. Kletterer können hinter der kleinen Brücke noch 500 m höher steigen. Am KM 2 zweigt die Zufahrtsstraße H4172 zum Hin Lat-Wasserfall ab.

Ang Thong Marine National Park   หมู่เกาะอ่างทอง

Während einer Tagestour (8.30–17 Uhr) werden zwei Inseln des 40 Inseln umfassenden Archipels nordwestlich von Ko Samui angefahren. Auf der Insel **Ko Mae** kann man den grün schimmernden **Thale Noi** bewundern, auch Blue Lagoon genannt, einen kristallklaren Salzwassersee. Schnorcheln an den Riffen endet wegen des meist trüben Wassers oft enttäuschend.

Auf **Wua Talap**, einer Insel mit Süßwasser, lohnt es sich unbedingt, auf den **Utthayan Hill** zu klettern, auch wenn das 30 Min. schweißtreibende Anstrengung bedeutet. Die Aussicht auf die vielen dschungelbewachsenen Inselchen und das in allen Blautönen schimmernde Meer ist einfach betörend. Festes Schuhwerk ist ratsam.

Während einige Traveller von der Tour schwärmen, empfinden andere sie als üblen Nepp. Wer auf Wua Talap übernachtet, gewinnt sicher schöne Eindrücke. Vom 1. November bis 23. Dezember geschlossen. Weitere Informationen unter ⌨ www.dnp.go.th/parkreserve/asp/style1/ default.asp?npid=192&lg=2.

Transport

Die Touren werden von verschiedenen Veranstaltern angeboten und kosten inkl. Hoteltrans-

Aufenthalt im Ang Thong Marine NP

Auf der Insel Wua Talap steht das Park Headquarter. Hier kann man in den **Park Bungalows** ❺ (eigenes Moskitonetz ist ratsam) oder in Zelten ❶ (gegen Aufpreis mit Matratzen und Bettwäsche) übernachten. Ein Restaurant ist vorhanden, Essen auf Vorbestellung.
Wer einen Aufenthalt plant, sollte sich gleich beim Ticket-Kauf den Termin für die Rückfahrt angeben. Eventuell muss eine Genehmigung erteilt werden. Um den Archipel zu erkunden, kann man sich beim Headquarter Sea Canoes ausleihen oder mit etwas Glück mit Fischern gegen Bezahlung Bootsausflüge machen.

Ko Samui

fer, Parkeintritt (400 Baht), Schnorchelausrüstung, Soft Drinks, Snacks und einfachem
Lunch zwischen 1400 und 2000 Baht. Insgesamt
ist man von 7–19.30 Uhr unterwegs, davon ca.
7 Std. im Nationalpark.

Mit **Blue Stars Sea Kayaking**, Chaweng Zentrum, können Touren mit **Seekajaks** durch die
nördlichen Inseln unternommen werden.

Südliche Inseln

Südlich von Ko Samui bilden sieben Inseln den
Katen-Archipel. Die größte, **Ko Tan**, ist eine nette, kleine Insel zum Entspannen, aber nichts Be-

sonderes – absolut tote Hose. Der Ort **Ban Ko
Tan** liegt am 1 km langen Sandstrand im Osten
der Insel.

Ko Mat Sum besitzt einen Kiesstrand (gut zum
Schwimmen) und mehrere kleine, von Korallen-
und Muschelstücken durchsetzte Sandstrände
(Strandschuhe mitbringen!). Die Korallenriffe vor
dieser Insel sind für Anfänger gut zum Schnorcheln geeignet (falls die Sicht mal gut ist).

Die Inseln **Ko Mod Dang**, **Ko Rab** und **Ko Mat
Kong** sind für ihre schneeweißen Strände berühmt. Informationen über Transport und Unterkunft gibt es in Ban Thong Krut u. a. bei T.K.
Tours, ✆ 334052-3, sowie in der Na Khai Cove
beim Baan Lamom Restaurant.

Tauchen von Ko Samui aus

Von Mitte Februar bis Ende Oktober ist Tauchsaison auf Ko Samui. Im November werden die
Boote gewartet. Direkt um die Insel herum gibt
es mehrere nette Riffe, doch es lässt sich nie
voraussagen, wo und wann das Wasser klar ist.
Tauchtrips und Tauchkurse können bei mehreren
Reisebüros, an den Stränden und in den Stadtbüros der Tauchbasen gebucht werden. Es gibt
Dutzende von Tauchschulen, von denen viele
nur ein paar Jahre existieren. Gute Erfahrungen
machten wir und unsere Leser wiederholt mit:
Calypso Diving, deutsche Tauchschule, ✆/✆ 077-
422437, ✉ info@calypso-diving.com, 🖥 www.
calypso-diving.com; am Südende vom Chaweng
Beach an der südlichen Zufahrtsstraße, enga-
giertes deutschsprachiges Team; PADI 5 Sterne
IDC Center, diverse preiswerte Kurse auf Ko Samui und Tagesfahrten auf der schwimmenden
Tauchbasis *MV Calypso* (3400 Baht/Tauchtag).
Big Blue Diving, ✆/✆ 077-422617, ✉ samui@
bigbluediving.com, 🖥 www.bigbluedivingsamui.
com; bietet Kurse, exklusive Tauchfahrten (z. B.
„Photo/Video Dive") mit der Tauch-Jacht „Chon-
ticha" (bis 18 Taucher, 4500 Baht p. P.) zum Sail
Rock, Hin Samran und nach Ko Tao sowie professionelles Tauchen (z. B. Erkundung neu
entdeckter Wracks aus dem 2. Weltkrieg).

Samui International Diving School, ✆ 077-
233223, ✉ info@planet-tec.net, 🖥 www.planet-
tec.net; 8 Büros, u. a. in Chaweng (Malibu Resort) und in Lamai (gegenüber vom Galaxy Resort). PADI 5 Sterne IDC Center, alle Kurse vom
Anfänger bis zum Instructor sowie Nitrox, u. a.
auf Deutsch. Tauchboote, Live-aboard, tgl. mit
Speedboot nach Ko Tao.
Dive Point, ✆/✆ 077-230478, 🖥 www.divepoint-
thailand.com; am Chaweng Beach, PADI-Kurse
u. a. auf Deutsch, bietet 25-m-Boot bei Ko Tao für
Live-aboard.
Easy Divers, ✆ 077-413372-3, 🖥 www.easy
divers-thailand.com; PADI 5 Sterne IDC Center,
5 Büros in Ko Samui. Ein PADI Go ECO Operator.
Die aktuellen Preise der Tauchschulen bitte de-
ren Website entnehmen.
Die häufigsten **Touren** von Ko Samui (inkl.
2 Tauchgänge) gehen nach:
Sail Rock – Felswand-Tauchen, Großfische,
interessante Kamin-Höhle; von superschnellen
30 Min. bis zu 2 1/2 Std. Anfahrt.
Marine National Park – bunte Korallenriffe und
Rifffische an kleinen Inseln.
Südliche Inseln – recht gute Riffe, aber selten
gute Sicht.
Ko Tao – große Auswahl an Tauchplätzen.

Ko Pha Ngan und Ko Tao

Stefan Loose Traveltipps

Ko Pha Ngan Mit dem Moutainbike die wilde Landschaft erkunden. S. 410

Ban Tai Fischer bei einer nächtlichen Ausfahrt begleiten. S. 415

Hat Rin Beach Die Full Moon Party mitfeiern. S. 418

6 Tauchen um Ko Tao Die kleine Insel umgeben von Korallenriffen im kristallklaren Meer ist ein Paradies für Tauchschüler. S. 439

Ko Tao Auf den Berg- und Talpfaden wandern – und die atemberaubenden Aussichten genießen. S. 439

Ko Pha Ngan

20 km nördlich von Ko Samui liegt **Ko Pha Ngan** (häufig auch Koh Phangan). Mit 19 km Länge, 12 km Breite und 168 km^2 Fläche ist die Insel etwa 2/3 so groß, hat aber einen völlig anderen Charakter. Während Ko Samui weich und einschmeichelnd wirkt, zeigt sich ihr kleineres Gegenüber eher von der rauen, ungezähmten Seite. Ein Drittel der Insel besteht aus von Dschungel bewachsenen Bergen, die sich bis zu 630 m hoch erheben. Die gut 12 000 Einheimischen sprechen Ko Pha Ngan ungefähr „Ko Pa-hahn" aus.

Strände

Auf der Insel sind mittlerweile 26 Strände erschlossen. Die leicht erreichbare Westküste mit ihren hellen, palmengesäumten Sandstränden bietet bei hohem Wasserstand einen Anblick, der den Träumen aus dem Südseebilderbuch nahekommt. Bei niedrigem Wasserstand wird eine Wattebene freigelegt, die bis zum weit vorgelagerten Riff mit Muschel- und Korallenschrott durchsetzt ist. Bedeutend schöner wirken die kleinen Buchten im Nordwesten, die sich wenigstens bei Flut sehr gut zum Schwimmen und Schnorcheln eignen. Der beliebte, einst traumhafte Hat Rin Beach an der Südspitze ist total überlaufen, von der Drogenszene heimgesucht und für Ästheten und Ruhesuchende nicht zu empfehlen. Die schönen Sandbuchten an der felsigen Ostküste sind recht abgelegen und lassen sich fast nur per Boot erreichen.

Eine Ringstraße ist seit langer Zeit im Bau, aber es wird noch Jahre dauern, bis sie vollendet ist. Einige Teile sind schon wieder abgerutscht. Eine betonierte Straße führt von Thong Sala quer durch die Insel nach Chalok Lam, eine weitere an der Westküste entlang. Um diese kleine Runde abzufahren, benötigt man mit dem Moped etwa eine Stunde. Einige Strände der nördlichen Westküste sind nur auf steilen, schlecht ausgebauten Stichstraßen zu erreichen.

Bungalows

Unter den ca. 400 Bungalowanlagen von Ko Pha Ngan kann man immer noch einige mit günstigen Hütten in ursprünglichen, unkommerzialisierten Familienbetrieben finden. Doch es werden laufend komfortable Resorts mit Klimaanlage, Satellitenfernsehen und sogar Swimming Pool gebaut, die pauschal oder übers Internet gebucht werden. Trotzdem konnte sich der Charakter von Ko Pha Ngan bewahren. Die ganz einfachen Bambusmattenhütten mit dünner Matratze und Außentoilette unter 150 Baht gibt es kaum noch. Die etwas besseren Bungalows mit Fan, eigener Dusche, WC und Moskitonetz ab 150 Baht sind noch an vielen Stränden vertreten. Auch größere Bungalows für Familien, Ferienhäuser und -wohnungen (wochen- und monatsweise zu mieten) gibt es schon vielerorts, teils mit Resortanschluss, teils abgelegen. Viele Anlagen warten mit einem ganzen Sammelsurium unterschiedlicher Bungalows auf, das von der Billighütte bis zum teuren Komfortbungalow reicht und ein Preisspektrum von 150 bis 2500 Baht abdeckt. In AC-Bungalows gibt es immer eine Warmwasserdusche.

Jede Bungalowanlage hat ihr eigenes Restaurant, z. T. mit wechselhafter Qualität. Viele Anlagen auf der Insel leiden in der Trockenzeit unter Wasserproblemen. An vielen Stränden muss man am Abend mit amerikanischer Video-Berieselung rechnen. Wer auf dieses „Bildungsangebot" verzichten möchte, muss wirklich suchen.

Klima und Reisezeit

Hauptsaison ist von Dezember bis Februar und – weit weniger – im Juli und August. Dauerregen gibt es in manchen Jahren vor allem im November, seltener auch im September oder Oktober. Von Juli bis Oktober ist zumeist schönes Wetter mit leichter Bewölkung, häufig ziehen aber nachmittags Regenwolken auf, die sich nur manchmal für 1–2 Stunden abregnen; allerdings können Monsunstürme tagelang gefährlich hohe Wellen verursachen. Von Januar bis Mai regnet es nur selten. Die Temperatur schwankt nur zwischen 23 und 35 Grad.

Während im Juli und August das Wasser an den breiten Stränden der West- und Südküste kaum Hüfttiefe erreicht, überspült sie das Meer zumeist im Oktober bis Februar – nun ist die ideale Zeit zum Schwimmen.

Zur Fullmoon Party am Hat Rin Beach kommen Tausende Jugendlicher aus aller Herren

Länder an den Strand gedüst, und die Bootsbe-sitzer fahren Sonderschichten.

Thong Sala

Der Hauptort der Insel, früher ein kleines Fi-scherdorf, hat sich zu einem Traveller-Ort mit al-len entsprechenden Möglichkeiten entwickelt: Telefon- und Postamt, Hospital, Supermärkte, Bäckereien und einige Buchläden sowie Reise-büros. Selbstverständlich haben sich auch Ban-ken mit Wechselschalter und Geldautomat, Inter-net-Cafés, Kleiderläden und Restaurants mit Tra-veller-Food niedergelassen. Auf dem Markt kann man sich mit frischem Obst, Gemüse und Sea-food eindecken. Es macht richtig Spaß, hier ein-zukaufen.

Übernachtung

Pha Ngan Chai Hotel ⑥, ✆/✆ 077-377068-9, renovierungsbedürftige AC-Zimmer mit allen modernen Einrichtungen und Teppichboden im größten Gebäude der Insel. Ab ❹
Sea Mew Gh. ⑦, ✆ 081-4777076, einfache Zi im Stadthaus beim neuen Pier, davor das Restau-rant Sea Mew Hut, Vermietung von Mopeds 150–200 Baht/Tag, Auto und Jeep 800–1500 Baht/Tag. ❸, AC ❹
Thong Sala Gh. ⑨, ✆ 077-377252, neues, dreistöckiges Gebäude, saubere Zi mit Balkon. AC ❸
Asia Hotel ②, ✆ 077-238378, etwas zurückver-setzt von der Hauptstraße, die günstigen Zi sind winzig, die teureren haben Hotelstandard. AC ❸
Bua Kao Inn ③, ✆ 077-377226, 🖥 www.samui. 50megs.com/buakao.html; verschiedene gute Zi mit Fan oder AC. Restaurant mit frischem Filterkaffee; die Bar ist bei Ausländern beliebt, gutes Preis-Leistungs-Verhältnis, Thai-amerikanische Leitung. ❸, AC ❹
Hotel Plaza, ⑤, ✆ 077-377232, im 2. Stock der kleinen Centerpoint Shopping Mall, ruhig gelegen. Neue, helle, große Zimmer mit TV, warme Dusche. AC ❹
Poonumpatana ⑩, ✆ 077-377089, sauberes, chinesisches Gästehaus mitten im Ort bei der Post. Falls der Besitzer, Mr. Prakong, nicht an-wesend ist, kann man ihn vielleicht gegenüber in der Siripun Bakery finden. ❷, AC ❸
Suan Inn ①, ✆ 077-238248, einige kleine und große, weit auseinander stehende Bungalows mit Fan und Heißwasser, nette Anlage mit vielen Pflanzen, freundliches, Englisch sprechendes Personal; 500 m nördlich von Thong Sala. ❸, AC ❹

Essen

Preiswert ist das **Vantana Restaurant**, ✆ 077-377024, mit Früchtemüsli, tollen Currys und vielen Cocktails. MTV in dezenter Lautstärke, britischer Besitzer.
Exzellentes Essen im **Khun Phen Restaurant**, wo sich vor allem Thais treffen.
Im **Yoghurt Home 4** gibt es u. a. gute vegetari-sche Gerichte und super Milchshakes.
Im **Green Restaurant**, ein paar Häuser weiter, wird gutes Essen und preiswertes, leckeres Frühstück serviert.
In der **Bottle Beach Bakery** kann man leckeres Gebäck kaufen.
Yellow Café, unter englischer Leitung, bietet angenehmes Ambiente, gute Betreuung, echten Käse, Bohnenkaffee und vieles mehr.
Das **Jardin Secret** (Swiss Bakery) hat leckeres Gebäck.
Im **Ton Sai Restaurant**, ✆ 077-238371, an der Straße nach Ban Tai kochen zwei Schwestern ganz ausgezeichnete Thai-Gerichte. Unter einem riesigen Ton Sai-Baum am Fluss haben sie ein schönes Ambiente geschaffen.
Nachtmarkt beim 7eleven, 18–24 Uhr, bietet alle möglichen Thai-Gerichte und gutes Seafood.

Sonstiges

Autovermietungen

Jeeps und Autos sind vielerorts zu mieten, meist kleine Allrad-Suzuki-Jeeps für 800 Baht/24 Std. oder teurere 4WD bis 1200 Baht. Vorsicht, es ist nie eine Versicherung dabei!

Drogen

Das Gerücht, auf Ko Pha Ngan sei der Kauf und Konsum von Drogen (z. B. Marihuana) legal, ist gefährlicher Unsinn. Zivilfahnder verschaffen

Übernachtung:

HAT YUAN:
1. Good Hope
2. Ocean Stone Bungalows
3. Haad Yuan Bungalows
4. Barcelona Resort
5. Pariya
6. Big Blue
7. Pirat Corner
8. Bamboo Huts
9. Eden Garden
10. Horizon

HAT TIEN:
11. The Sanctuary
12. Haad Tien Resort
13. World Nature Resort
14. Family Shop & Bungalow
15. Love & Lips
16. Beam Bungalows

HAT WAI NAM:
17. Why Nam Huts

HAT YAO (Ost):
18. Ploy Beach

HAT NAMTOK:
19. Than Prapat Resort
20. Kung Bungalows

HAT SADET:
21. Than Sadet Resort
22. Mai Pen Rai
23. J.S. Hut
24. Silver Cliff
25. Plaa's Thansadet Resort
26. Seaview Thansadet
27. Grookoo

BOTTLE BEACH:
28. Bottle Beach 2
29. Bottle Beach 3
30. Bottle Beach 1
31. Smile Bungalows

KHOM BEACH:
32. Coconut Beach
33. Had Khom
34. Ocean View
35. Coral Bay

CHALOK LAM:
36. Try Thong Resort
37. Fanta
38. Belvedere
39. North Beach
40. Sarisa
41. Rose Villa
42. Seaside Resort

43. Malibu Bungalow
44. Chaloklam Bay Resort
45. Wattana Resort
46. Hin Ngam View Bungalows

SRI THANU BEACH:
47. Lake Side Resort
48. Laem Son 2
49. Laem Son
50. Sea View Rainbow
51. The Beach Resort
52. Nice Sea Resort
53. Ladda
54. Loy Fa
55. Chai Country
56. Chills
57. Moon Beach
58. Fullmoon Resort
59. Banana Beach
60. Nantakarn

HIN KONG BEACH:
61. Lipstick Cabana
62. Ananda Yoga Resort
63. Pha-Ngan Twilight

WOK TUM BEACH:
64. Sukho
65. O.K.
66. Golden Hill

PLAAYLAEM BEACH:
67. Darin
68. Sabai Beach
69. Sea Scene
70. Road Side
71. Blue Sea
72. Sunset Beach
73. Porn Sawan
74. Pimada Hut
75. Cookie
76. Beach 99

NAI WOK BAY:
77. Grand Sea Resort
78. Tranquil
79. Siripun
80. Joon
81. Phangan Bungalow

Essen:
1. Peper's Corner R.
2. Chill Out
3. Menu R.

Sonstiges:
1. Lotus Diving
2. Chalok Lum Diving School
3. Elephant Trekking
4. Ananda Yoga
5. Amsterdam Bar
6. Monte Vista Retreat

Uneinsichtigen häufig eine Nacht im Knast und einen weltweit entlarvenden Stempel im Pass.

Einkaufen

Der **Deli Shop 31** hat Käse und Salami am Stück sowie europäische Lebensmittel.
Big A ist der neueste Supermarkt, er hat auch europäische, vakuumverpackte und gefrorene Fleisch- und Wurstprodukte.

Geld

Banken: ⊙ Mo–Fr 8.30–15.30 Uhr. Geldautomaten bei allen Banken.

Informationen

Im Internet 🖳 www.kohphangan.com (informativ), 🖳 www.phangan.info (gute Karten), 🖳 www.phangan.net. Laufend aktualisiert wird 🖳 www.webtravelkophangan.net.
Häuser zur Miete: 🖳 www.phanganisland.de.

Internet

Koh Pha Ngan ist die Insel mit den wohl meisten Internet-Cafés, 1–3 Baht/Min. je nach Lage.

Meditation

Monte Vista, ✆ 089-2129188, 🖳 www.monte vistathailand.com; Fasten, Krisenbewältigung, ganzheitliche Heilungsmethoden. Friedliche Lage mit spektakulärem Ausblick; deutsch-amerikanische Leitung.

Medizinische Hilfe

Hospital, ✆ 077-377034, 3 km nördlich von Thong Sala. Gegen das häufig grassierende Denguefieber (auch „Dandy-Fieber") gibt es keinen chemischen Schutz (s. S. 54). Sandfliegen sind je nach Jahreszeit an einigen Stränden eine Plage. Die Entzündungen können in jeder Apotheke behandelt werden. Im Notfall helfen angeblich Kokosöl oder Skin-So-Soft von Avon.

Motorräder

Ein akzeptables Motorrad wird für 150–350 Baht pro Tag vermietet. Eine 125er Enduro kann man für 250 Baht pro Tag mieten. Außerhalb der Fullmoon-Zeit lässt sich bei Langzeitmiete gut handeln. Aber Vorsicht: Einige Straßen der Insel sind noch holprige Naturwege und übelste Berg-

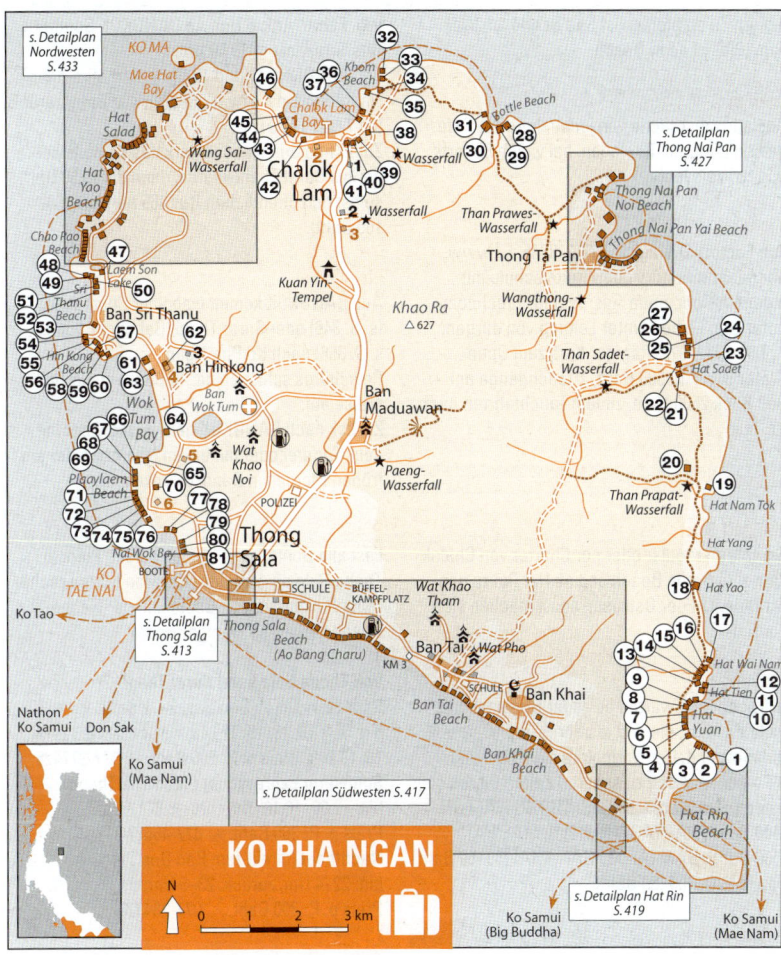

KO PHA NGAN

N

0 1 2 3 km

pfade, auf die sich nur geübte Fahrer wagen sollten! Viele Bikes sind nicht funktionstüchtig. Es gibt keine Straßenbeleuchtung. Motorradfahren auf dem Strand kostet 2000 Baht Strafe!

Mountainbikes
In mehreren Shops, 50–80 Baht/Tag.

Post
Poste Rest.: ◷ Mo–Fr 8.30–12, 13–16, Sa 9–12 Uhr.

Reisebüros
Viele Büros nahe der Piers verkaufen Boot-, Eisenbahn- und Flugtickets aller Art, machen Rückbestätigung von Tickets, bieten Auslandsgespräche, Fax-Service, Geldwechsel, Gepäckaufbewahrung, Motorrad- und Jeep-Vermietung.

Rolli
Fahrer und Rollstuhl sollten reiseerprobt und geländetauglich sein. Hat Rin ist für Rolli unge-

eignet. Zu empfehlen ist Sea Scene am Wok Tum (Plaay Laem) Beach.

Telefon

Auslandsgespräche von jedem Internet-Café, gelben Oversea-Telefonen, bei vielen Resorts und bei 7eleven.

Tauchen

Fun Factory Diving, ☎ 077-238745, ▯ www.phanganfunfactory.com, Tauchschule mit eigenem Boot, neue Ausrüstung, Tauchcomputer zum Leihen, unter Leitung von Jürgen, ☎ 081-6772101, 4-tägiger Kurs zum Open Water Diver 10 500 Baht, 2 Tauchgänge am Sail Rock 2500 Baht, zudem Tauchfahrten nach Ko Tao.

Nahverkehr

Longtail-Boote

Sie fahren regulär oder per Charter von Chalok Lam zum Bottle Beach und ab Hat Rin zu den Stränden an der Ostküste, sonst machen sie Touren.

Pickups

In Thong Sala warten bei jeder Bootsankunft viele Pickups, die erst losfahren, wenn sie voll beladen sind. Der Normalpreis gilt bei mind. 4 Personen. Auch zu anderen Zeiten fahren sie zu den Stränden, z. B. nach THONG NAI PAN (100 Baht), HAT YAO (100 Baht), MAE HAT (100 Baht), BAN TAI und BAN KHAI (30–50 Baht) sowie HAT RIN (50 Baht).

Transport

Busse

Von der Khaosan Rd. in BANGKOK fahren AC-Busse um 18 Uhr in 12–14 Std. für 500–800 Baht inkl. Fähre, zurück um 12.30 Uhr ab 450 Baht. Viel niedrigere Preise sind nicht reell, höchste Vorsicht ist geboten. ☎ 02-2808073 in Bangkok, ☎ 077-377096 in Ko Pha Ngan. Die Bus-Tickets von Seatran und Lomprayah beinhalten die Bootsfahrt (s. u.).
Nach BANGKOK mit dem VIP-24-Bus um 17 Uhr für 1035 Baht, mit dem VIP-40-Bus für 738 Baht

inkl. Fähre, Ank. 6 Uhr. Ab BANGKOK Southern Bus Terminal um 19.50 Uhr.
Von KRABI um 11 und 18 Uhr (inkl. Fähre oder Nachtboot) in 8 bzw. 12 Std. für 400 Baht, zurück um 7 und 12.30 Uhr.
Zum Khao Sok-Nationalpark das Kombiticket nur bis Surat Thani kaufen, dann bis 15.30 Uhr selbst den öffentlichen Bus 465 nehmen (60–100 Baht).

Eisenbahn

Aus BANGKOK kommt man über Chumphon (s. S. 346) oder Surat Thani (Bahnhof Phunpin, s. S. 356) nach Ko Pha Ngan.
Reisebüros schlagen ca. 40 Baht auf die Ticketpreise auf.
Zurück nach BANGKOK geht es tagsüber mit dem *Sprinter* oder mit einem Nachtzug, der am frühen Morgen in Bangkok ankommt.

Boote

Fast alle Boote legen an den beiden Piers in Thong Sala an. Von den Stränden fahren rechtzeitig Pickups zu den Booten. In der Nebensaison verkehren weniger Boote.

Von Thong Sala nach Surat Thani
Raja Ferry (nach Don Sak, 2 1/2 Std.), hin: 6, 7, 10, 13, 15, 17 Uhr, zurück: 7, 10, 12, 14, 16, 18 Uhr, Preis p. P.: 200 Baht, ☎ 077-377425
Songserm Expressboot (nach Tha Thong), hin: 12.30–16.10 Uhr, zurück: 8–12 Uhr, Preis p. P.: 300 Baht, ☎ 077-456274
Nachtboot (direkt zum Ban Don Pier), hin: 22–4 Uhr, zurück: 23–5 Uhr, Preis p. P.: 300 Baht, ☎ 077-284928

Auf der *Raja Ferry* kostet ein Moped 320 Baht, Auto (inkl. Fahrer) 550 Baht.
Der Zubringerbus von **Phangan Tour** ab Surat Thani um 5.30, 8.30, 10.30, 12.30, 14.30 und 16 Uhr kostet inkl. Fähre 290 Baht, ab Bahnhof Phunpin um 8 Uhr für 350 Baht, ab Flughafen 450 Baht.
Mit Zubringerbus kostet das *Songserm Expressboot* ab Bahnhof Phunpin 350 Baht, ab Airport 450 Baht.
Auf dem Nachtboot kann man nach der Ankunft ausschlafen.

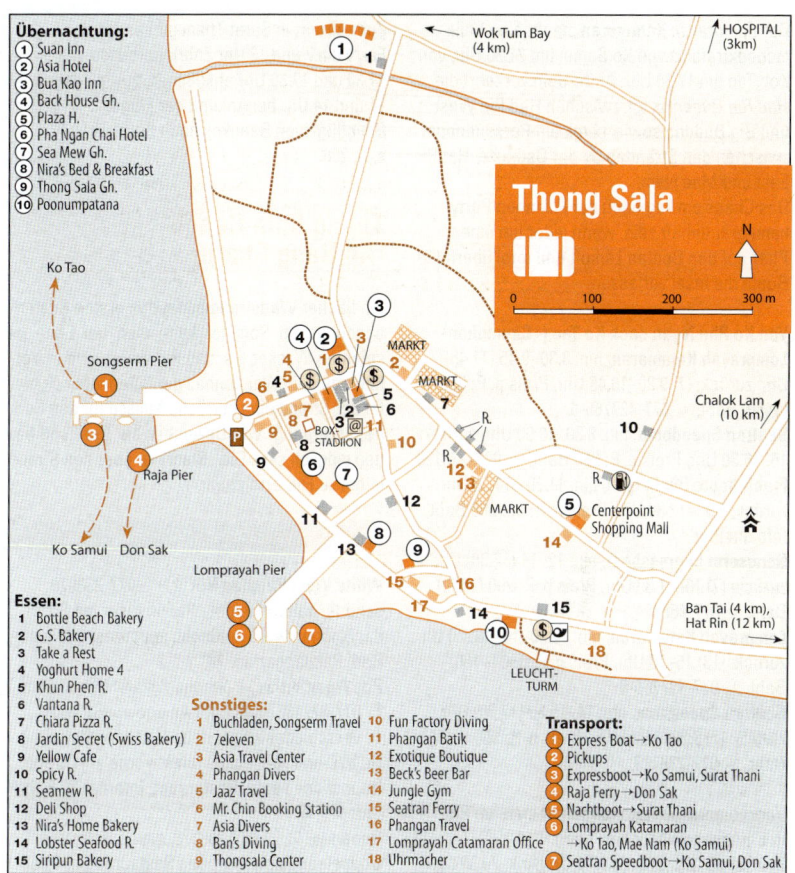

Übernachtung:
1. Suan Inn
2. Asia Hotel
3. Bua Kao Inn
4. Back House Gh.
5. Plaza H.
6. Pha Ngan Chai Hotel
7. Sea Mew Gh.
8. Nira's Bed & Breakfast
9. Thong Sala Gh.
10. Poonumpatana

Thong Sala

Essen:
1. Bottle Beach Bakery
2. G.S. Bakery
3. Take a Rest
4. Yoghurt Home 4
5. Khun Phen R.
6. Vantana R.
7. Chiara Pizza R.
8. Jardin Secret (Swiss Bakery)
9. Yellow Cafe
10. Spicy R.
11. Seamew R.
12. Deli Shop
13. Nira's Home Bakery
14. Lobster Seafood R.
15. Siripun Bakery

Sonstiges:
1. Buchladen, Songserm Travel
2. 7eleven
3. Asia Travel Center
4. Phangan Divers
5. Jaaz Travel
6. Mr. Chin Booking Station
7. Asia Divers
8. Ban's Diving
9. Thongsala Center
10. Fun Factory Diving
11. Phangan Batik
12. Exotique Boutique
13. Beck's Beer Bar
14. Jungle Gym
15. Seatran Ferry
16. Phangan Travel
17. Lomprayah Catamaran Office
18. Uhrmacher

Transport:
1. Express Boat →Ko Tao
2. Pickups
3. Expressboot →Ko Samui, Surat Thani
4. Raja Ferry →Don Sak
5. Nachtboot →Surat Thani
6. Lomprayah Katamaran →Ko Tao, Mae Nam (Ko Samui)
7. Seatran Speedboot →Ko Samui, Don Sak

Thong Sala nach Ko Samui (+ Surat)

Lomprayah Katamaran (nach Mae Nam)
hin: 7–7.30 Uhr, zurück: 8–8.30 Uhr, Preis p. P.:
250 Baht, ☏ 077-238411

Songserm Expressboot (nach Nathon), hin:
7–8 Uhr, zurück: (8) 11–12.00 Uhr, Preis p. P.:
200 Baht, ☏ 077-377046

Lomprayah Katamaran (nach Mae Nam), hin:
11–11.30 Uhr, zurück: 12–12.30 Uhr, Preis p. P.:
250 Baht, ☏ 077-238981

Seatran Speedboat (nach Big Buddha), hin:
11–11.30 Uhr, zurück: 13.30–14 Uhr, Preis p. P.:
250 Baht, ☏ 077-246086

Frachtboote (nicht tgl.), hin: 12.30–14.30 Uhr,
zurück: 9.30–11.30 Uhr, Preis p. P.: ca.200 Baht,
Info am Pier

Songserm Expressboot (nach Nathon), hin:
12.30–13 (16.10) Uhr, zurück: 17–17.45 Uhr,
Preis p. P.: 200 (300) Baht, ☏ 077-456274

Lomprayah Katamaran (nach Mae Nam), hin:
16–16.30 Uhr, zurück: 13.30–14 Uhr, Preis p. P.:
250 Baht, ☏ 077-427765

Seatran Speedboat (nach Big Buddha), hin:
16.30–17 Uhr, zurück: 8–8.30 Uhr, Preis p. P.:
250 Baht, ☏ 077-246086

Der *Lomprayah* **Katamaran** macht eine Voll-
mondextrafahrt von Ko Samui um 21.30 Uhr, von
Koh Tao um 17.30 Uhr. Außerdem verkehrt die
Had Rin Queen 4x tgl. zwischen Had Rin West
und Big Buddha sowie 1x tgl. ein Personenboot
zwischen den Stränden an der Ostküste, Hat Rin
East und Mae Nam.

Das Chaos am Tag nach der Fullmoon Party
kann grauenhaft sein, wenn jeder um einen
Platz auf den Booten kämpft und total überfüllte
Boote die Insel verlassen.

Von Ko Pha Ngan nach Ko Tao (+Chumphon)
Lomprayah Katamaran, hin: 8.30–9.45 (11.45)
Uhr, zurück: (7) 9.30–10.45 Uhr, Preis p. P.: 350
(+450) Baht, ✆ 077-427765-6
Seatran Speedboat, hin: 8.30–10.00 Uhr, zurück:
15–16.30 Uhr, Preis p. P.: 350 Baht, ✆ 077-238129
Frachtboote (nicht tgl.), hin: 11.30– 14.30 Uhr,
zurück: 9.30–12.30 Uhr, Preis p. P.: ca. 200 Baht,
Info am Pier
Songserm Expressboot, hin: 12–14 (17.30) Uhr,
zurück: (7) 10–11.30 Uhr, Preis p. P.: 200 (+450)
Baht, ✆ 077-456274
Lomprayah Katamaran, hin: 12.30–14 (16.15) Uhr,
zurück: (13) 15–16 Uhr, Preis p. P.: 350 (+450)
Baht, ✆ 077-427765-6
Seatran Speedboat, hin: 14–15.30 (17.30) Uhr,
zurück: (7) 9.30–11.00 Uhr, Preis p. P.: 350 (+450)
Baht, ✆ 077-238129

Vom Lomprayah **Katamaran** hat man am Pier
in Chumphon Anschluss nach HUA HIN (Ank. 17
bzw. 21.30 Uhr) und BANGKOK (Ank. 20.30 bzw.
0.30 Uhr) für 900 Baht. Ab BANGKOK fährt der
Lomprayah-Bus, ✆ 02-6292569, um 6 bzw. 21
Uhr, ab HUA HIN um 8.30 bzw. 24 Uhr für 850–
1200 Baht an den Pier in Chumphon und weiter
per Katamaran nach Ko Pha Ngan. Auch Seatran und Songserm bieten Bus-Transfer
nach/von Hua Hin und Bangkok.

Flüge

Mit **Bangkok Airways** nach Ko Samui (s. S. 69),
mit dem Pickup-Taxi zum Big Buddha Pier für
50 Baht, dann bis 18.30 Uhr mit der *Had Rin
Queen* nach Hat Rin West (s.S. 421) für 150 Baht
und mit dem Pickup nach Thong Sala (50 Baht)
oder zu den Stränden (bis 150 Baht).

Zum Airport in Surat Thani gibt es mit der *Raja*
Ferry um 7 und 13 Uhr Zubringerbusse, die um
11.30 und 17.30 Uhr ankommen, zurück gegen
11 und 14 Uhr bei Ankunft der Flüge.
Billigflüge von Bangkok nach Surat Thani
s. S. 206.

Thong Sala Beach (Ao Bang Charu)

Ein flacher Wattstrand bildet den ersten Küstenabschnitt. Im Sommer kann man bei Ebbe im
seichten Wasser bis zum Riff waten und in Ver-
tiefungen ein Wannenbad genießen, abends bietet der Strand eine herrliche Kulisse für den Sonnenuntergang. Von Dezember bis April soll baden möglich sein. Die „Stadt" ist über den Strand
leicht zu Fuß erreichbar.

Übernachtung

White West Punglae Hut ②, ✆ 077-238070
schöne, holzverkleidete Steinhäuser mit Stroh-
dach, innen weiß getüncht, sauberes, gefliestes
Bad, Palmengarten. ❸
Pha Ngan Villa ③, phanganvilla@hotmail.com,
✆ 077-377408, gepflegte Anlage am Strand,
18 verschiedenartige, nette Holzbungalows mit
Du/WC und Fan, einige direkt vorne am Strand,
freundliche Leute. Restaurant, Internet 30 Baht/
Std. ❶–❷
Oceanus ⑤, ✆ 077-238378, einige Holz- und
Doppelbungalows, großes Restaurant im Obergeschoss. ❹, AC ❺
Sea Gate Resort ⑥, ✆ 077-377341, geräumige
Holzbungalows in 2 Reihen senkrecht zum
Strand, ein großes Familienhaus mit 5 Betten di-
rekt am Strand, Sandgarten mit jungen Palmen
und Laubbäumen; gutes, gemütliches Restau-
rant, vielfältige Musik; freundliche Familie. ❸
Weangthai Bungalow ⑦, ✆ 077-377247,
🖳 www.weangthai.com, Fan-Zimmer in ein-
stöckigem Reihenhaus senkrecht zum Strand,
AC-Zimmer in 2-stöckigem Reihenhaus, hinten
einige Bungalows, Pool. ❸–❺
Coco Garden ⑧, ✆ 077-377721, 🖳 http://
coco-garden-bungalows.th66.com, hübsche
Bungalows mit eindrucksvollen Balkongelän-

dern, vorne mit Fan, hinten AC; Sandgarten mit Palmen, Restaurant mit Bodensitzpolstern, Bar, freundliche Leute. ❸, AC ❹

Boom's GH ①, ✆ 077-377262, Gästehaus, auffälliger Klotz direkt an der Straße, nicht für Urlaub geeignet. ❸, AC ❹

Or Rawarn Resort ⑨, ✆ 077-377713, 💻 www.or-rawarn.20m.com, gestrichene Bretterbungalows mit grünen Dächern und offener Du/WC, günstige Zi im Gh. hinten, Restaurant mit Bodensitzpolstern vorne, Sandgarten mit Palmen, Bar. ❷–❸, AC ❸-❹

Golden Light ⑩, ✆ 077-377468, Bungalows verschiedensten Alters und Stils, auch Doppelbungalows, in großem Gelände zwischen Strand und Straße, manche hinter der Lagune, die Gartenanlage zeigt guten Willen, familienfreundlich, Volleyballnetz am Strand. ❸, AC ❹–❺

Charm Beach ⑪, ✆ 077-377165, 💻 www.charmbeachresort.com; verschiedenartigste Einzel- und Doppelbungalows; sehr schöne Thai-Stil-Häuschen stehen zwischen Billighütten und alten Steinhäuschen im Sandgarten mit großen Laubbäumen. Sauberes Restaurant weiter hinten, gute Küche, freundliche, hilfsbereite Leute, viele Hunde, Kinderspielplatz, angenehme Atmosphäre; Boot und Schnorchelausrüstung kostenlos. ❸, AC ❹–❺

Chokana Resort ⑫, ✆ 077-238085, verschiedenartige Bungalows sowie ein Familienhaus mit AC und Warmwasser. Sandgarten mit Palmen und Schattenbäumen, hinten Rasen; Strandrestaurant. ❷–❸, AC ❹

Essen

Keda Kew Restaurant, an der Abzweigung zum Sea Gate Resort; der offene Gastraum ist um die Küche angeordnet, sodass man beim Kochen zuschauen kann.

Ban Tai Beach

Dieser schöne, ruhige Strandabschnitt in der Mitte der Sunset-Küste besteht aus etwas grobem, aber sauberem Sand. Das flache Riff vor dem fast ebenen Wattstrand zieht sich weit draußen entlang. Im Sommer ist Baden nur bei hohem Wasserstand an wenigen Stellen möglich. Im Ort Ban Tai (4 km von Thong Sala) gibt es eine Tankstelle, eine Sanitätsstation, mehrere Restaurants, Internet-Cafés und einen kleinen Shop mit Mopedverleih. Im kleinen Fischerhafen kann man Boottrips arrangieren. Songthaews von Thong Sala kosten 50 Baht.

Auf dem Hügel liegt das **Wat Khao Tham** mit schöner Aussicht und 10-tägigen Meditationskursen (s. u.), etwas weiter landeinwärts das **Wat Nai**.

Übernachtung

First Villa ⑬, ✆ 077-377225, ✉ firstvilla@kohphangan.com, 💻 www.firstvilla.com; solide Einzel- und Doppelbungalows mit AC und z. T. Jacuzzi, natursteinverkleidet, in gepflegtem Garten; dicht am Strand 2-stöckiges Hotelgebäude mit gut ausgestatteten AC-Zimmern; großer Pool direkt am Strand. Satelliten-TV; Jeeps, Mopeds, ❹–❼

Power Beach Resort ⑭, ✆ 077-238937, neue Anlage mit Matten- und Betonbungalows eng um Pool und Restaurant. ❹–❺, AC ❺–❻

Rung Arun Resort ⑮, ✆ 077-238624, 💻 www.rungarunresort.com; fein eingerichtete AC-Bungalows am Strand, mit Badewanne, TV und tlw. Kühlschrank, sowie ein Doppel-Holzhaus weiter hinten. ❺

Phangan Beach Resort ⑯ ✆ 077-238809, nette Stangenholzbungalows am Strand und dahinter, Pool, TV-Raum, Billard. Unter Thai-englischer Leitung. ❸, AC ❹

Garden Lodge ⑰, ✆ 077-377446, 💻 www.gardenlodge.info, große, fein eingerichtete Zi mit Kühlschrank, TV, DVD, gratis WLAN, Gartenanlage mit Pool, Villas mit eigenem Pool. Für Familien geeignet. AC ❺

Field Paradise Village ⑱, ✆ 077-377338, Holz- und Bambusmattenbungalows, 2 originelle Baumhäuser mit Du/WC; Sauberkeit und Freundlichkeit lassen zu wünschen übrig; schattiger Garten mit Hängematten. Manche Gäste fühlen sich durch falsche Preisangaben betrogen. ❷–❸, AC ❹–❺

Tiu Resort ⑲, ✆ 077-238319, saubere Beton-Bungalows zwischen den Fischerhäusern, gutes Preis-Leistungs-Verhältnis. ❸

Two Rocks Hut ⑳, ✆ 077-377544, Holz- und Betonbungalows in sauberer Anlage, Fullmoon-BBQ-Buffet, beliebte Strandbar; Thai-Schweizer Leitung. ❸, AC ❹

Milky Bay ㉑, 🖥 www.milkybay.com, ✆ 077-238566, gepflegte, clubähnliche Anlage mit Pool, Billard, Tischtennis, Bar und Unterhaltungsabenden; Thai-südafrikanische Leitung. ❺–❻

Dew Shore ㉓, 🖥 www.phangan.info/dewshore, ✆ 077-238128, saubere Bungalows, AC-Bungalows mit zwei Doppelbetten, liebevoll angelegter Garten; Hängematten und Schnorchelausrüstung gratis, freundlicher Familienbetrieb; Swimming Pool; Abholservice von Thong Sala. ❸–❹, AC ❺–❻

Life Style ㉔, 6 einzigartige Holzhütten, gutes Essen, gemütliche Strandbar, nette junge Leute, sprechen gut Englisch. ❷

Ban Tai Resort ㉒, ✆ 077-238596, hübsche Holzbungalows und gut ausgestattete AC-Bungalows an der Hauptstraße, vor dem Dorf Ban Tai. ❸, AC ❹

My Palace GH ㉕, ✆ 077-238231, nette Anlage mit Garten, mitten im Dorf. Große, saubere Zi, freundliche Familie. ❸–❹

Orchard House ㉖, ✆ 077-377754, hotelähnliche Anlage direkt an der Straße. Saubere AC-Zi mit Kabel-TV. ❺

Hansa Resort ㉗, ✆ 077-377494, 🖥 www.hansaresort.com, gut ausgestattete, große AC-Bungalows und Restaurant direkt am Dorfstrand. ❹–❺

S.P. Resort ㉘, ✆ 077-238442, schlichte Hütten z. T. ohne Du/WC und Bungalows, am Dorfstrand; ausgezeichnetes, billiges Essen, nette Familie. ❶–❸

Triangle Lodge ㉚, ✆ 077-377432, ältere Fan- und gute, saubere AC-Bungalows, sehr ruhig. ❸–❹, AC ❺

Liberty ㉜, ✆ 077-238171, kleine Anlage, nette Atmosphäre, gute Küche, Familienbetrieb. ❷–❸

Mac's Bay Resort ㉝, ✆ 077-238443, 🖥 www.macbayresort.com, gemauerte Bungalows mit Terrasse direkt am Strand, passables Restaurant. Hier fühlen sich die Freaks von dazumal noch wohl. Viele Langzeitgäste, jeden Monat Blackmoon Party. ❷–❸, AC ❹

Somtum-Inter, günstiges nordost-thailändisches Essen: Sticky Rice, mehrere Arten leckerer Papaya-Salat etc.

Boat Ahoi, stilvolles Thai Restaurant mit gehobenem Niveau, alle möglichen Gerichte.

Kräuterdampfbad

Im Tempel Wat Pho (400 m links in Richtung Thong Nai Pan) von 15–18 Uhr (Schild „Sauna").

Meditationen

10-tägige Kurse in Vipassana- (Einsichts-)Meditation finden einmal pro Monat von Dez bis März und Juni bis Aug im **Wat Khao Tham** bei Ban Tai statt. Der Kurs ist ähnlich aufgebaut wie derjenige im Wat Suan Moke (s. S. 355) Weckzeit um 4 Uhr, Mittagessen um 11 Uhr, Freizeit bis 13 Uhr; absolutes Rauch-, Sprech-, Lese- und Schreibverbot. Er wird von Steve und Rosemary Weisman, einem australisch-amerikanischen Ehepaar, geleitet. Sie sind in der Lage, auch Leuten, deren Englisch nicht so gut ist, viel über Buddhismus und Meditation beizubringen. Es liegen auch deutsche Übersetzungen des Kurses vor. Für Essen und Unterkunft sind 4000 Baht zu zahlen. Informationen und Anmeldung (am besten mehrere Tage zuvor) im Wat auf dem Hügel, 🖥 www.watkowtahm.org.

Zahnarzt

Frau Dr. Taeng, ✆ 077-238820, ⏰ Mo–Fr 17–20 Uhr und Sa–So 9–17 Uhr, arbeitet im staatlichen Krankenhaus, nette, saubere und günstige Zahnklinik, empfehlenswert.

Ban Khai Beach

Dieser Wattstrand beginnt 1 km hinter Ban Tai und erstreckt sich über mehr als 2 km. Kurze Sandstrände wechseln mit flachen Felsbänken ab. Kokospalmen säumen die flache Küste. Die Straße entlang der Südküste führt durch **Ban Khai**. Motorräder und Jeeps können auf der sehr steilen Straße über die Hügel bis zum Hat Rin

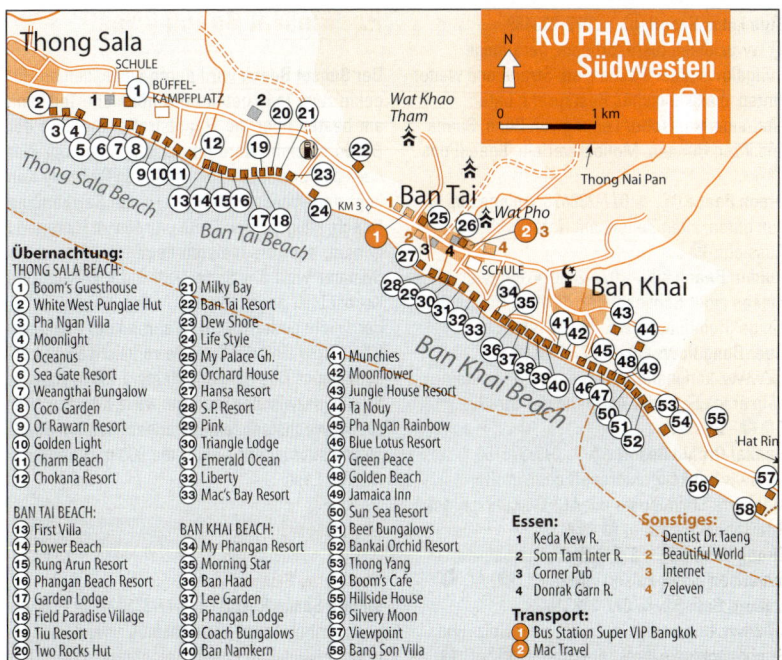

Übernachtung:

THONG SALA BEACH:
1. Boom's Guesthouse
2. White West Punglae Hut
3. Pha Ngan Villa
4. Moonlight
5. Oceanus
6. Sea Gate Resort
7. Weangthai Bungalow
8. Coco Garden
9. Or Rawarn Resort
10. Golden Light
11. Charm Beach
12. Chokana Resort

BAN TAI BEACH:
13. First Villa
14. Power Beach
15. Rung Arun Resort
16. Phangan Beach Resort
17. Garden Lodge
18. Field Paradise Village
19. Tiu Resort
20. Two Rocks Hut

21. Milky Bay
22. Ban Tai Resort
23. Dew Shore
24. Life Style
25. My Palace Gh.
26. Orchard House
27. Hansa Resort
28. S.P. Resort
29. Pink
30. Triangle Lodge
31. Emerald Ocean
32. Liberty
33. Mac's Bay Resort

BAN KHAI BEACH:
34. My Phangan Resort
35. Morning Star
36. Ban Haad
37. Lee Garden
38. Phangan Lodge
39. Coach Bungalows
40. Ban Namkern

41. Munchies
42. Moonflower
43. Jungle House Resort
44. Ta Nouy
45. Pha Ngan Rainbow
46. Blue Lotus Resort
47. Green Peace
48. Golden Beach
49. Jamaica Inn
50. Sun Sea Resort
51. Beer Bungalows
52. Bankai Orchid Resort
53. Thong Yang
54. Boom's Cafe
55. Hillside House
56. Silvery Moon
57. Viewpoint
58. Bang Son Villa

Essen:
1. Keda Kew R.
2. Som Tam Inter R.
3. Corner Pub
4. Donrak Garn R.

Sonstiges:
1. Dentist Dr. Taeng
2. Beautiful World
3. Internet
4. 7eleven

Transport:
1. Bus Station Super VIP Bangkok
2. Mac Travel

Beach fahren. Pickup von Thong Sala kostet 50 Baht p. P., abends 100 Baht.

My Phangan Resort (34), 077-377302, schön eingerichtete Stein- und Holzbungalows. ❸–❹, AC ❹–❺

Morning Star (35), 🖳 www.morning-star-resort. th66.com, ✆ 077-377756, sehr schöne Holz- und Steinbungalows um einen gepflegten Garten mit Pool, Restaurant und Internet. ❹, AC ❺

Ban Haad (36), ✆ 077-238332, einfache Hütten, relaxte Atmosphäre. ❷–❸

Lee Garden (37), ✆ 077-238150, große Anlage, Mattenhütten in 3 Reihen unter Palmen, familiär, bei Deutschen sehr beliebt, gutes Essen. ❸

Phangan Lodge (38), ✆ 077-238643, dicht beieinander stehende Steinhütten. ❸

Coach Bungalows (39), einige Holzhütten, gemütliches Restaurant. ❷

Ban Namkern (40), ✆ 089-0302409, Steinbungalows ohne Schatten in 3 Reihen. ❸

Munchies (41), gute Bungalows und einfache Hütten. ❷–❸

Moonflower Bungalows (42), ✆ 085-7879480, Anlage mit verschiedenen, renovierten Holzhütten. Thai-holländische Leitung, Live-Rockkonzerte. ❷–❸

Jungle House Resort (43), ✆ 077-238485, geräumige, schön gestaltete Holzbungalows im schattigen Wald, oberhalb der Straße gelegen, gutes Restaurant, bei Vollmond laut. 3 Min. vom Strand entfernt. ❷–❸

Ta Nouy (44), ✆ 077-238044, Holz- und Stein bungalows für 2 und 3 Pers., bei Vollmond laut. ❸, AC ❹

Pha Ngan Rainbow (45), ✆ 077-238236, 🖳 www. rainbowbungalows.com, kleine, ruhige Anlage mit ordentlichen Bungalows, australische Leitung. ❶–❸, AC ❺

Blue Lotus Resort ㊻, ✆ 077-238489, 🖳 www. bluelotusresort.com; geräumige Bungalows unter Palmen, am Strand und weiter hinten; mexikanisches Restaurant; unter Thai-amerikanischer Leitung von Pong, Shana und ihren Hunden. Monoskiverleih, Speedboot. ❸

Green Peace ㊼, ✆ 077-238436, Anlage aus den guten, alten Zeiten, am Hafen, schöne Aussicht. ❸

Golden Beach ㊽, ✆ 077-238074, auf dem Kap an einer Schlickbucht, dürftige Hütten und einige Steinbungalows. ❸, AC ❹

Beer Bungalows ㊿, ✆ 077-238488, 🖳 www. kohphanganbeer.com, Doppelsteinhäuser mit Fan oder AC, nahe der Straße. AC ❹–❺

Bankai Orchid Resort 52, ✆ 077-375156, 🖳 www.bankaiorchidresort.com, große, möblierte Steinhäuser mit AC, TV, Kühlschrank, Pool; ohne Schatten. ❺–❼

Thong Yang 53, ✆ 077-238192, Bungalows, malerisch hinter Felsen versteckt. ❸, AC ❹

Boom's Cafe 54, ✆ 077-238318 , 🖳 www. boomscafe.com, ein paar Holz- und Steinbungalows direkt am Strand. ❸, AC ❹

Silvery Moon 56, ✆ 077-238563, 🖳 www. silvery-moon-bungalow.th66.com, einfache und bessere Hütten, recht malerisch unter Palmen. ❷–❸, AC ❹

Auf den folgenden 2 km treten die Berge und Felsen bis ans Meer heran, nur an wenigen Stellen von Sandstränden unterbrochen.

Hillside House 55, an der Straße nach Hat Rin, vermietet ganze Häuschen mit herrlichem Ausblick.

Viewpoint 57, ✆ 077-375021, wenige Hütten unterhalb der Straße. ❷

Blue Lotus Restaurant serviert mexikanische und amerikanische Gerichte, gut und preiswert, 🕙 9.30–21.30 Uhr.

Tom Yam Kung, schön gestaltetes Aussichtsrestaurant.

Hat Rin Nai Beach (West)

Der **Sunset Beach** wird durch einen kleinen Hügel in zwei Teile geteilt. Der nördliche Teil kann am besten über die Hauptstraße am Fuße der Berge erreicht werden, der südliche vom Pier über den Strand, Weiter im Süden Richtung Kap liegt der abgeschiedene, reizvolle **Sarikantang Beach**. Einige Unterkünfte wurden im Hinterland gebaut, aber die meisten liegen am Strand. Im Sommer wird am Sunset-Strand viel Müll und Kokosabfall angeschwemmt, der von den Anliegern nicht entfernt wird. Während der Regenzeit (Okt / Nov) sind die Strände zumeist völlig überschwemmt. Das Riff verläuft etwa 100 m vor dem Strand, dazwischen wachsen viele Korallen. Wer zur Abwechslung einen langen, feinen Sandstrand sucht, geht zu Fuß die 800 m rüber nach Hat Rin East.

Nördlicher Strand

Vimarn Samut Resort ③, 077-375027, 🖳 www. phanganhotel.com/vimarnsamut, zweistöckiges Hotelgebäude auf hohen Betonpfählen, sauber, gute Sicht, Restaurant am Strand, freundlicher Manager. ❺–❽

Bird ③, ✆ 077-375191, Stein- und Holzbungalows ums Restaurant gruppiert. ❷, AC ❹

Star Light ③, ✆ 077-445026, etwas gepflegtere Anlage. ❸, AC ❹

Sun Beach ④, ✆ 077-375192, blaugrün gestrichene Holzbungalows in gepflegtem Garten in drei Reihen senkrecht zum Strand. ❸, AC ❹

Sandy ④, ✆ 077-375138, grau gestrichene Mattenbungalows, sauber, kleiner Garten. ❷–❸, AC ❹

Rainbow ⑤, ✆ 077-375293, hellblau gestrichene Steinbungalows, freundliche Familie. ❸

Coral Bungalows ⑤, ✆ 077-375023, 🖳 www. coralbungalow.net, renovierte Anlage mit Steinbungalows, Pool, Bar, TV-Raum, Liegen am Strand. ❸, AC ❹

Laid Back ⑤, ✆ 077-375190, Holzverschläge und bessere Bungalows. ❷–❸, AC ❹

Phangan Buri Resort & Health Spa ⑥, ✆ 077-375481, 🖳 www.phanganburiresort.net, neue, luxuriöse Bungalows in einer tropischen

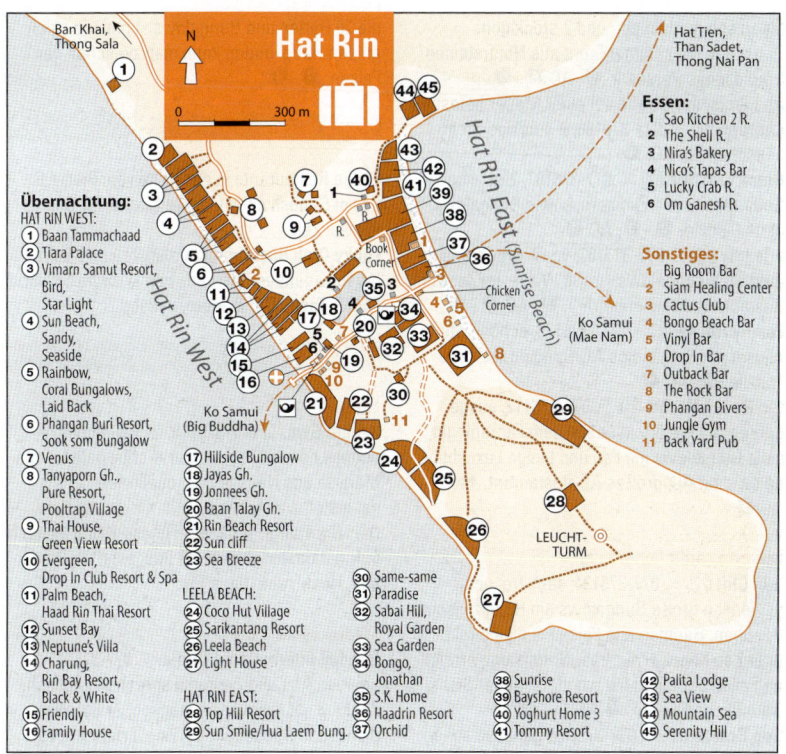

Hat Rin

N

0 — 300 m

Ko Pha Ngan und Ko Tao

Gartenanlage, exzellentes Restaurant, schöner Pool vorn am Strand. ⑤–⑥

Im Hinterland

Pooltrap Village ⑧, ✆ 077-375104, mit und ohne Du/WC, liebenswürdige Besitzer, Lehrer der Dorfschule. Ruhig gelegen. ②–③

Tanyaporn GH ⑧, ✆ 077-375174, möblierte, saubere Zi, große Gemeinschaftsterrasse, 2 große Thai-Bungalows. AC ④

Pure Resort ⑧, ✆ 077-375175, geräumige AC-Zimmer für 3 Personen. ④

Evergreen ⑩, Bungalows an der Straße. ②

Drop In Club Resort & Spa ⑩, ✆ 077-375444, 🖵 www.dropinclubresortandspa.com, luxuriös anmutende, aufgelockerte Hotelanlage im Thaistil um einen Pool herum; große, gut eingerichtete Zi und Suiten ohne Meersicht, Pent-

house, Restaurant, Spa, Sauna, Coffee Shop, Internet, guter Service. AC ⑥–⑧

Thai House ⑨, ✆ 077-375139, nette Bungalows in den Bergen, über Fußpfad zu erreichen. ③

Venus ⑦, ✆ 077-375011, Bungalows in den Bergen, mit Aussicht, Internet. ④

Südlich der Anhöhe

Palm Beach ⑪, ✆ 077-375240, ganz alte und sehr schöne Holzbungalows. ①–②

Haad Rin Thai Resort ⑪, ✆ 089-7702290, schöne Bambusbungalows am Hang mit guter Sicht. ③

Sunset Bay ⑫, ordentliche, saubere Bungalows vorne am Strand, nette Atmosphäre. ①–②

Neptune's Villa ⑬, ✆ 077-375251, 🖵 www. phangan.info, verschiedenartige Bungalows, von der Bretterhütte über einfache Bungalows bis zu schmucken ein- und 2-stöckigen Häuschen mit schöner Front aus Natursteinen, freundliches Personal. ❸, AC ❹–❻

Ab hier ist der Strand mit einer Mauer befestigt.

Charung ⑭, ✆ 077-375168, 2-stöckige Steinhäuschen mit AC. ❹

Black & White ⑭, ✆ 077-375187, 2-stöckige Gebäude mit je 4 Zimmern, sowie Bungalows, nette Familie. ❷–❸, AC ❹

Friendly ⑮, ✆ 077-375167, vorne am Strand gute Steinbungalows, große Wiese, im Zentrum Restaurant, Familienbetrieb. ❸, AC ❹–❺

Family House ⑯, ✆ 077-375173, schöne Steinhäuser mit Bad, einige AC-Bungalows; nette Familie. ❸, AC ❹

Rin Beach Resort ㉑, ✆ 077-375112, ausgedehnte Anlage direkt neben dem Fähranleger, viele Bungalows mit Fan und einige Luxusbungalows mit AC; großes AC-Restaurant. ❸, AC ❺

Auf dem südlichen Hügel

Sun Cliff ㉒, ✆ 077-375134, saubere, unterschiedlich große Bungalows am Hang zwischen Büschen, Bäumen und Felsen, einige direkt über den Klippen, nur über Betonstege erreichbar, alle mit Balkon mit wunderschöner Sicht; freundliche Familie. ❸ AC ❹–❺

Sea Breeze ㉓, ✆ 077-375162, genauso schön auf dem Hügel gelegen. ❷–❹

Sarikantang Beach (Leela Beach)

Am abgeschiedenen Sandstrand liegen 3 Anlagen:

Coco Hut Village ㉔, ✆ 077-375368, 🖳 www.cocohut.com, ❹–❺, AC ❻–❽

Sarikantang Resort ㉕, ✆ 077-375056, 🖳 www.sarikantang.com; Einzelbungalows aus Holz und Stein sowie ein Reihenhaus in einem weitläufigen Palmengarten, offenes Restaurant am Strand, Pool. ❸–❹, AC ❺–❼

Leela Beach ㉖, ✆ 077-375094, einfache und bessere Hütten, weitläufig verteilt unter Palmen an einem schönen Sandstrand. ❷–❹

Auf dem Kap unterhalb des Leuchtturms

Light House ㉗, 🖳 www.lighthousebungalows.com, ✆ 077-375075; auf einem 250 m langen Plankensteg über dem Wasser zu erreichen,

die 20 Hütten und Bungalows schmiegen sich an den Hang; baden kann man zwischen den Felsen. ❷–❹

Einige Restaurants in der Nähe vom Pier, z. B. das **m Ganesh** mit indischer Küche, für Gäste mit viel Zeit.

Lucky Crab Restaurant, einfallsreiche Küche, hervorragendes Seafood, Tipp: *Sizzling Seafood*.

Nico's Tapas Bar & more, beliebt.

Fitness

Jungle Gym, ✆ 077-375115, ✉ junglegym25@hotmail.com; 50 m vom Pier rechts; geleitet von Marissa aus Neuseeland, qualifiziertes Personal bietet u. a. Aerobic, Thai-Kickboxen (inkl. Diät-Beratung), Yoga; der Fitness-Raum ist nach internationalen Standards ausgestattet, Dampfbad, Health und Juice Bar.

Medizinische Hilfe

Bandon International Clinic, ✆ 077-375471-2, am Pier, Arzt und Personal sprechen Englisch, Zahlung mit Kreditkarte möglich, 24 Std. Notdienst und Speedboat Service; Erfahrung vor allem bei Wundversorgung und Motorradunfällen. Krankheiten, die warten können, besser in Ko Samui oder Bangkok behandeln lassen.

Phangan Rescue Service, ✆ 081-6989493, 07-7377500, 077-077194, kostenlose Überführung ins Krankenhaus in Thong Sala oder aufs Speedboot nach Ko Samui, Fahrer und Krankenschwester sind in Erster Hilfe ausgebildet.

Tauchen

Phangan Divers, ✆ 077-375117, ✉ info@phangandivers.com, 🖳 www.phangandivers.com; beim Pier, PADI 5-Sterne-Tauchschule, geleitet vom Deutschen Torsten Ewers, Kurse vom *Beginner* bis zum *Instructor*, z. B. *Open Water Diver* u. a. auf Deutsch 12 500 Baht; fröhliche Atmosphäre, eigenes Boot mit Sonar, tägliche Tauchausfahrten u. a. zum Sail Rock für 2500 Baht, zum Marine Park und nach Ko Tao für 2800 Baht inkl. Ausrüstung.

Ab THONG SALA mit dem Sammeltaxi für 50 Baht auf einer sehr steilen Straße.
Nach BIG BUDDHA auf Ko Samui mit der *Haad Rin Queen* 4x tgl. um 9.30, 11.40, 14.30 und 17.30 Uhr für 150 Baht in 45 Min. Sie legt am Pier neben dem Family House ab. Zurück um 10.30, 13, 16 und 18.30 Uhr.
Von BAN KHAI dauert es zu Fuß am Strand entlang eine gute Stunde.

Hat Rin Beach

(Auch: Hat Rin East, Rin Nok Beach, Sunrise Beach) Vor einigen Jahren war bei vielen Travellern Ko Pha Ngan identisch mit diesem herrlichen, durch steile, grüne Hügel begrenzten Strand im Südosten der Insel. Berühmt wurde er in ganz Thailand durch die Fullmoon Partys, über die in der Thai-Presse jeden Monat ausschweifend berichtet wird – mit Details, die häufig der Fantasie der Reporter entspringen, aber das Blut rechtschaffener Thais in Wallung bringen. Orgien werden jedoch fast nur von Sandfliegen gefeiert, die im feinen, weißen Sand hausen.

Das ehemalige Fischerdorf Hat Rin hat sich zu einer touristischen Stadt entwickelt. Die Preise sind doppelt so hoch wie in Nathon auf Ko Samui, die Verkäufer sind nicht gerade freundlich und lassen nicht mit sich handeln. Auf der Landbrücke entstand ein richtiges Zentrum. Die beiden Hauptstraßen säumen lückenlos mehrere Diskotheken, viele Restaurants und Bars, Tattoo-Shops, Supermärkte, Internet-Cafés und Reisebüros, eine Bäckerei mit großer Auswahl, Wechselstuben, Geldautomaten, Mopedvermieter und massenhaft Müll. Restaurants ohne Video-Berieselung sind kaum noch zu finden. Abends sitzen junge Frauen in den Bars herum und warten auf Kunden.

Die Hat Rin Bucht wird rechts und links von Korallen begrenzt. Man kann hier den größten Teil des Jahres gut schwimmen, von Oktober bis Februar kann es jedoch wegen der sehr hohen Wellen gefährlich sein. Die an diesem Strand arbeitenden Thais dulden zwar aus Geschäftsgründen „oben ohne" und den Mini-Tanga, dennoch

Seit 15 Jahren verwandelt sich der Hat Rin Beach jeden Monat in eine gewaltige Party-Zone. Schwarzlicht, Deko in fluoreszierenden Farben, der tolle Strand und das irre Meer bilden die Kulisse. Tausende von Menschen tanzen im Sand und feiern auf Bastmatten unter dem Vollmond. Gespielt wird alles, von Popsongs bis Rap, von Psy-Trance bis Techno, von R'n'B bis Drum and Bass. Überall auf den Straßen sind Stände aufgebaut, bei denen man 1-l-Eimer *(buckets)* mit verschiedenen Getränken kaufen kann: Smirnoff Vodka, Shark, Redbull, Rum, Cola usw.

Junge Traveller kommen aus ganz Südostasien nach Ko Pha Ngan gereist, um in Hat Rin eine der populärsten Strandpartys der Welt mitzuerleben.

An den Tagen vor Vollmond werden die Unterkünfte voll und die Preise höher. Auf der Zufahrtsstraße muss man mit Polizeikontrollen rechnen. Richtig los geht es erst am späten Abend. **Vorsicht:** Es werden immer wieder mal K.O.-Tropfen in offene oder unbeaufsichtigte Getränke getan.

Gewarnt werden muss vor jungen Burschen, die sich als Polizisten ausgeben und versuchen, Travellern Drogen unterzuschieben, vor allem nach der Full Moon Party. Das ganze Jahr über finden zahlreiche Verhaftungen statt, vor allem durch junge Polizisten in Zivil, die zu diesem Zweck aus Bangkok kommen.

gefällt ihnen beides nicht. So manche säuerliche Miene lässt sich damit besser verstehen. Auch wer Hippie-mäßig auftritt, kann nicht mehr mit Sympathien rechnen.

Wer Ruhe sucht, ist fehl am Platz. Die ehemaligen Freaks kennen ihr geliebtes Hat Rin kaum mehr und suchen sich andere Strände.

Übernachtung

Viele Anlagen liegen z. T. sehr eng am Strand, weitere im Hinterland. Die Bungalows sind durchweg teurer als an den anderen Stränden.

Vor Vollmond (s. S. 421) gibt es keine freien Zimmer, aber 2 Tage danach mehr als genug. Strand und Anlagen sind für Rollis ungeeignet. Zwischen den Bungalows drängen sich viele, z. T. 2-stöckige Bars am Strand.

Top Hill Resort ㉘, ✆ 077-375327, wunderschön auf dem Hügel im Süden gelegen, saubere, geräumige Bungalows mit Fan und Bad, herrlicher Meerblick, preisgünstiges Essen, nette Familie, Fahrservice zum Strand. ❸–❹

Same-Same ㉚, 🖳 www.same-same.com, ✆ 077-375200, geräumige Zimmer in sauberem GH, Küche und Leitung dänisch. ❸–❹

Paradise ㉛, ✆ 077-375244, am südlichen Ende, einige schön gelegene, nette Hütten auf den Felsen, keine Strandbedröhnung. ❸, AC ❹

Sea Garden ㉝, 🖳 www.phangan.info/seagarden, ✆ 077-375284, unattraktive Reihenhäuser, nicht am Strand. ❸–❹, AC ❺

Haad Rin Resort ㊱, ✆ 077-375259, Zimmer im Hauptgebäude und saubere, ältere Bungalows. ❸–❹, AC ❺

Bis hierher ist eine schmale Korallenbank vorgelagert, in deren Lagune viele Boote ankern.

Phangan Orchid ㊲, im Zentrum des Strandes, große, saubere AC-Bungalows mit 3 Betten. AC ❺

Bayshore Resort ㊳, ✆ 077-375224, 🖳 www.phanganbayshore.com, 2 Luxusbungalows am Strand, 30 schöne AC-Steinbungalows und 30 Fan-Bungalows im hinteren Bereich, dazwischen gepflegter Garten. Visa- und Mastercard werden akzeptiert. ❸–❹, AC ❹–❻

Tommys Resort ㊶, ✆ 077-375215, 🖳 www.phangantommyresort.com, neu gebaute Bungalows mit TV, Minibar, Heißwasser. AC ❹–❻

Palita Lodge ㊷, ✆ 077-375170, 35 einfache, etwas vergammelte Holzhütten, ebenfalls am schönsten Strandabschnitt. ❹, AC ❺–❽

Sea View ㊸, ✆ 077-375160, etwas teure Bungalows am Strand; hier sind schon wieder Steine im Wasser. ❸–❹, AC ❹

Mountain Sea ㊹, ✆ 077-375347, Hütten am Hang, steile Pfade und Betontreppen. ❷–❸

Serenity Hill ㊺, am steilen Nordhang, wacklige Hütten und komfortable Bungalows mit herrlicher Aussicht, voll den Bässen der Stereoanlagen ausgesetzt. Viel Müll trübt den Genuss. ❸

S.K. Home ㉟, ✆ 077-375375, Guesthouse im 2. Stock einer Geschäftspassage. ❷–❸, AC ❹–❺

Yoghurt Home 3 ㊵, ✆ 077-375131, Guesthouse 50 m vom Strand, im Viereck angeordnete Reihenhäuser. ❸, AC ❹

Essen

An der Zufahrtsstraße lädt die internationale Küche ein: Spanisch, Italienisch, Indisch, Japanisch, Nepalesisch, Thai … und auch Vegetarisch. Empfehlenswert sind das italienische Restaurant **The Shell** hinter dem Teich und **Mama's Schnitzel** gegenüber vom Chicken Corner. **Nira's Bakery** in der Mitte der Durchgangsstraße bietet leckere Backwaren und mehr.

Sonstiges

Bootstouren

Sie werden überall angeboten, z. B. von Cactus Trip oder Reggaeboat; nach Than Sadet, Thong Nai Pan, Bottle Beach und Ko Ma für 500 Baht p. P. ab 4 Pers. inkl. Maske, Schnorchel, Soft Drinks, Früchte und Dinner.

Einkaufen

Am Hat Rin Beach haben sich viele Berufstraveller niedergelassen, die Kleidung und Schmuck aus Nepal, Indien, Indonesien etc. verkaufen, z. T. wirklich schöne Sachen. Aber natürlich muss auch mit ihnen gefeilscht werden.

Klamotten und Taschen sind im großen **Oasis Supermarket** an der Hauptstraße recht billig, ebenso Dinge des täglichen Bedarfs. Zwei **7eleven** haben rund um die Uhr geöffnet und verkaufen das übliche Sortiment zu den üblichen Preisen.

Geld

An den Hauptstränden gibt es viele Geldautomaten.

Medizinische Hilfe

Mehrere kleine Arztpraxen und die **Bandon International Clinic**, am Pier von Hat Rin West (s.S. 418).

Motorräder

Ein akzeptables Motorrad wird bei vielen Vermietern für 250–450 Baht pro Tag vermietet. Am günstigsten ist ein Roller. Man bekommt ihn ab 150 Baht pro Tag. Eine 125er Enduro kann man für 250 Baht pro Tag mieten. Außerhalb der Fullmoon-Zeit lässt sich bei Langzeitmiete gut handeln. Die Maschinen sind oft in keinem guten Zustand. Ungeübte Fahrer sollten sich nicht auf die Pisten wagen.

Unterhaltung

In der Saison werden fast jede Nacht am Strand Feten gefeiert oder Raves improvisiert. Die allabendliche Beschallung auf voller Lautstärke mit völlig uninspiriertem Einheitsbrei, meist eine Hit-CD von vor fünf Jahren rauf und runter, ist für viele Traveller unerträglich.
Zu einer Institution für den abendlichen Treff hat sich der **Cactus Club** entwickelt.
Im **Back Yard Club** ist 3x pro Woche Party.

Transport

Ab THONG SALA mit dem Pickup nach Ankunft der Boote und Fähren für 50 Baht ab 4 Personen.
Von Jan–Sep fährt von MAE NAM auf Ko Samui jeden Tag um 12 Uhr bei ruhiger See ein Boot nach Hat Rin (150 Baht, Ankunft 12.40 Uhr) und weiter nach Hat Tien (ab Hat Rin 80 Baht), Sadet Beach und Thong Nai Pan (ab Hat Rin 100 Baht). Zurück geht es um 8 Uhr. Bei Wellengang fährt ein Speedboot für 100 Baht mehr. Achtung: Direkt am Wasser auf Höhe der Cactus Bar warten!
Am Stand rechts werden Taxi-Boote angeboten, die jenseits von Hat Tien sehr teuer werden.

Hat Yuan, Hat Tien, Hat Wai Nam

Hat Yuan, der schöne Strand nördlich von Hat Rin, lockt mit seinem feinen, hellen Sand und dem flach abfallenden Ufer viele Tagestouristen und junge Traveller an. Erst in den letzten Jahren entstanden hier einige Bungalowanlagen, immer mehr kommen hinzu. Hier sind keine Partys erlaubt. Einige teurere Resorts haben 24 Std. Strom mit entsprechendem Generatorenlärm. Schwimmen soll ganzjährig möglich sein.

Hat Tien, nur einen halben Kilometer von Hat Yuan entfernt, hat einen vollkommen anderen Charakter. Der Strand ist mit Korallenbrocken durchsetzt, das Wasser erreicht man am besten am südlichsten Ende, aber selbst hier ist Vorsicht geboten. Gesundheitsbewusste und spirituell Orientierte bestimmen die Szene. Jeden Freitag steigt eine Party in der schönen Guy's Bar.

Hat Wai Nam, ein kleiner, unattraktiver Strand mit grauem, grobem Sand, nur durch einen Hügel vom Hat Tien getrennt, wird hauptsächlich für Yoga und Meditation genutzt.

Alle drei Strände sind autofrei und durch Fußpfade verbunden, die zwar steil, aber stark frequentiert sind.

Übernachtung

Hat Yuan

Good Hope ①, weit abgelegen, auf den Felsen, über einen Holzsteg erreichbar,, renovierte Bambusmattenhütten. ❸
Ocean Stone Bungalows ②, neue und renovierte Bambushütten, umwerfende Sicht. ❷
Haad Yuan Bungalows ③, 8 renovierte Bambushütten mit fantastischem Ausblick, viele Langzeittraveller. Saras Kitchen ist berühmt für leckeres Essen zu günstigen Preisen, unter Thai-österreichischer Leitung. ❷
Barcelona Resort ④, ✆ 077-375113, geräumige Bungalows am Hang. Restaurant am Strand. ❸
Pariya ⑤, 🖥 www.pariyahaadyuan.com, ✆ 081-8951337, AC-Rundbaubungalows am Hang mit großem Balkon. Geschmackvolle Anlage mit Internet, WLAN, Spa, Pool, Frühstückbuffet. ❻–❽
Big Blue ⑥, ✆ 086-4702625, gut ausgestattete Holz- und Familienbungalows ums Restaurant am Hang, Minimarkt, Kajak, Bar, Video ab 19 Uhr. ❸–❹
Pirat Corner ⑦, Bambusbungalows mit 2 Betten und Glasfenstern, auf die Felsen gebaut. ❷
Bamboo Huts ⑧, ✆ 087-8888592, Holz- und Bambusmattenbungalows oben auf den Felsen um einen gepflegten Garten. Restaurant mit super Aussicht und preiswertem, gutem Essen. Unter Leitung des freundlichen Mr. Tee. ❸

Eden Garden ⑨, Bambusmattenhütten mit originellem Gemeinschaftsbad, renoviertes Restaurant mit weitem Blick über die Bucht. ❷–❸
Horizon ⑩, ✆ 089-5881241, Anlage an der
höchsten Stelle zwischen den beiden Stränden.
Einfache Bungalows, tolle Sicht vom renovierten Restaurant. Ausgerichtet auf junge Leute,
Boxtraining. ❸

Hat Tien

The Sanctuary ⑪, 🖥 www.thesanctuary-kpg.
com; am Hang zwischen Felsen, Bungalows und
Schlafsaal (80 Baht), luxuriöse Familienhäuser;
vorzügliches vegetarisches Restaurant am
Strand mit riesiger Speisekarte, Spa und Wellness Center, Kurse für alternative Techniken
werden angeboten, u. a. Massage, Meditation,
Reiki, Tai Chi, Fasten. Meditationshalle auf einem Hügel mit herrlicher Sicht; umfangreiche
Osho-Bücherei. Die häufigen Wasserprobleme
und die stinkende Kloake und Moskitobrutstätte
neben dem Wellness Center schrecken viele
Besucher nicht ab. ❸–❹, Häuser ❺–❽
Haad Tien Resort ⑫, weitläufige Anlage der
Yoghurt Home-Familie, verschiedenartige, ältere
und neuere Bungalows am Strand, im Hinterland und auf dem Hügel; ungemütliches Restaurant mit Essenszwang, kleiner Minimart. ❶–❸
World Nature Resort ⑬, ✆ 089-5308827, nette
Anlage in der Ebene, kleine Hütten; unter
Leitung einer Thai-Familie. ❶–❷
Family Shop+Bungalow ⑭, ✆ 084-827238,
10 Holzhütten mit Bad im Tal, Minimarkt. ❷–❸
Love & Lips ⑮, ✆ 089-8732257, Bungalows
ohne Du/WC, im Hinterland, in der Ebene und
am Hügel, beliebtes, preisgünstiges Restaurant
mit Video. ❸
Beam Bungalows ⑯, ✆ 086-9473205, große,
saubere Bungalows, weit verstreut am
bewaldeten Hügel im Norden, Restaurant mit
viel gepriesenem Essen, unter Leitung einer
engagierten Engländerin und ihres einheimischen Mannes; 3 Min. zum Strand. ❸

Hat Wai Nam

Why Nam Huts ⑰, einsam gelegen, schöne,
große, ruhige Bungalows mit gefliestem Bad
und guten Matratzen, ein Haus mit TV+DVD,
Restaurant mit Essenszwang, viele Langzeit-

gäste, Generatorstrom bis die Familie ins Bett
geht. ❸–❺

Von Jan–Sep fährt von MAE NAM auf Ko Samui
jeden Tag um 12 Uhr bei ruhiger See ein Boot
über Hat Rin nach Hat Tien (200 Baht, ab Hat Rin
80 Baht) und weiter nach Sadet Beach und
Thong Nai Pan. Zurück geht es ca. um 8.40 Uhr.
Bei Wellengang fährt vielleicht ein Speedboot.
Bei hohem Wellengang kann das Boot in Hat
Tien nicht anlanden.
Zum HAT YUAN und HAT TIEN fahren außer bei
hohem Wellengang viele Taxi-Boote ab HAT RIN
direkt am Strand vor der Cactus Bar für 150
Baht.
Zu Fuß erreicht man Hat Yuan auf einem 5 km
langen Bergpfad in etwa 2 Std. ab Hat Rin.
Zwischen den Stränden führen Pfade über die
Kaps.

Hat Yao (East), Hat Yang, Hat Thong Reng, Hat Sadet

Zwischen felsige Kaps schmiegt sich der pal-
menbestandene Sandstrand **Hat Yao**, an dem
erst wenige Bungalows stehen.

In der Mitte der Ostküste liegt der kleine, pal-
menbestandene **Yang Beach,** auch **Hat Namtok**
genannt. Er dient als Ausgangspunkt zum Than
Prapat-Wasserfall, der sich nur von November
bis Januar eindrucksvoll präsentiert.

Hat Thong Reng bildet mit seiner größeren
Schwester Hat Sadet eine malerische Doppel-
bucht. Hier geht es noch ruhig zu, Schwimmen
ist möglich.

Hat Sadet liegt an der Mündung des Flusses
Than Sadet. Der kleine, weiße Sandstrand wird
von grünen Hügeln flankiert. Der relativ steil abfallende Strand erlaubt ganzjährig herrliches
Schwimmen, in der Regenzeit kann es jedoch
hohe Wellen geben. Zum Schnorcheln bieten
sich die felsigen Seiten an. Viele Bungalows liegen zwischen malerischen Felsen und Fischerhütten am kleinen Sandstrand und auf dem Felsenhang. Abends sorgt ein Generator für Strom.
Die meisten Anlagen sind im November ge-

Bungalows in den Bergen

Kung Bungalows ⑳, ☏ 081-8915592, wenige Bungalows auf ehemaligem Farmland in den Bergen, wunderbare Ausblicke in Dschungellandschaft; Kung bekocht die Gäste mit Gemüse aus eigenem Anbau. Freundliche Atmosphäre; auf Piste erreichbar, 2 km südlich von Hat Sadet, ca. 20 Min. zu Fuß zum Strand. Kostenlose Mitfahrgelegenheit nach Thong Sala und Abholservice, auch von den Stränden. ❶–❷

schlossen. Von hier aus kommt man zu Fuß zum Than Sadet-Wasserfall, der seit über 100 Jahren ein beliebtes Ausflugsziel der Könige von Thailand ist, was mehrere Steininschriften bezeugen.

Übernachtung

Hat Yao (Ost)

Ploy Beach ⑱, am Südende des Strandes, Bungalows zwischen Palmen. Der Strand darunter ist steinig, aber zum Sandstrand ist es nicht weit. ❷

Hat Yang

Than Prapat Resort ⑲, ☏ 081-3268917, in der Mitte der Bucht, große, gemauerte Bungalows auf dem Kamm mit fantastischer Sicht, 20 Min. von Kung Bungalows, Pickup 50 Baht. ❸, AC ❹

Hat Sadet

Than Sadet Resort ㉑, ☏ 084-8509788, Bungalows auf dem Kap, zwischen großen Felsen versteckt, zeitweise geschlossen. ❷

Mai Pen Rai ㉒, ☐ www.thansadet.com, ☏ 077-445158; an der Flussmündung, schöne, renovierte Bungalows mit originellem Bad und teils 2-stöckigem Balkon am Strand, am Fluss und auf den Felsen. Tolle Sicht, uriges Restaurant mit leckerem Essen, bekannt als Reggae Bar. Schnorcheltrips mit dem *Reggae Boat* bis nach Ko Ma. ❹

J.S. Hut ㉓, wenige geräumige, saubere Fan-Bungalows am nördlichen Hang mit sehr schöner Sicht. Die liebenswerten Besitzer Song und

Jit kümmern sich um ihre Gäste; gutes Essen, Generatorstrom ab 18 Uhr, Motorradverleih (nur für geübte Fahrer). ❷

Silver Cliff ㉔, ☏ 089-2907546, einfache Hütten und Bungalows in den Felsen, großes Terrassenrestaurant. ❸

Plaa's Thansadet Resort ㉕, ☏ 077-445192, ☐ www.plaa-thansadetresort.com; renovierte Bambus- und neue Holzbungalows am steilen Hang zwischen Felsen, Aussichtsrestaurant mit gutem und reichlichem Essen; freundliche, familiäre Atmosphäre; 5 Min. zum Strand hinunter. ❸

Seaview Thansadet ㉖, ☏ 077-238227, recht geräumige Holzbungalows am steilen Hang zwischen Felsen, Terrasse mit toller Sicht übers Meer; halb offenes Restaurant; zum Strand geht es 12 Min. hinunter. ❸

Transport

Von Jan–Sep fährt von MAE NAM auf Ko Samui jeden Tag um 12 Uhr bei ruhiger See ein Boot über Hat Rin zum Sadet Beach (ca. 200 Baht, ab Hat Rin ca. 100 Baht) und nach Thong Nai Pan. Zurück geht es ab Than Sadet um ca. 8.30 Uhr. Ansonsten fährt ein Speedboot für 300 Baht. Ab THONG SALA um 13 Uhr für 100 Baht mit Teep Thansadet Travel, zurück um 10 Uhr.

Thong Nai Pan Yai Beach

Die große Bucht Thong Nai Pan (auch „Thong Ta Pan") besteht aus zwei sichelförmigen, hellgelben Sandstränden, die durch einen steilen Hügel getrennt sind. Beide Strände liegen so geschützt, dass man auch im Monsun immer irgendwo baden kann. Je nach Windrichtung schwimmen manchmal ekelhafte, aber kaum gefährliche Quallen in der südlichen Bucht. Leser berichten von vielen Sandfliegen und Moskitos. Der schöne, 1 km lange Thong Nai Pan Yai hat sich zu einem Party Strand entwickelt, an dem fast jeden Abend irgendwo etwas los ist. Besonders beliebt sind Feuerwerke an Geburtstagen der Gäste, also fast täglich. Sportliche finden hier viele Volleyball-Felder. Wer Ruhe sucht, ist in den südlichen Anlagen am besten aufgehoben.

Der Ort **Ban Thong Nai Pan** liegt verstreut unter Palmen im Hinterland der weit geschwungenen südlichen Bucht. Eine Schule, ein Health Center, ein Tempel und mehrere Läden bilden die öffentlichen Einrichtungen. Der Verbindungsweg nach Ban Tai an der Westküste ist 13 km lang, extrem steil und stellenweise schon betoniert. Zum nördlichen Strand läuft man entweder ca. 2 km auf der Verbindungsstraße, klettert über den steilen Hügel des Panviman, chartert ein Boot – oder schwimmt durch die Bucht. Viele Unterkünfte und Restaurants sind nur in der Saison ab Mitte Dezember geöffnet.

Übernachtung

White Winds ⑨, kleine Häuser mit und ohne Du/WC kleben am Hang des Hügels, fantastische Aussicht, freundliche Leute; gutes, preiswertes Essen. ❷

Candle Hut ⑩, 🖳 www.candlehutbungalow.com, ✆ 077-445118, 30 wunderschöne Holzbungalows mit Glasfront und großer Terrasse mit Meersicht, erstklassiges Essen. Betrieben von sehr nettem, jungem Ehepaar. ❸, AC ❹

Dreamland ⑪, 🖳 www.thongnaipan.com, ✆ 077-238549, am schönsten und besonders lauten Teil des Strandes, über 50 verschiedenartige Bungalows aus Holz (ganz vorn), Stein und Beton, Reisebüro Dreamland Travel, Bootservice nach Mae Nam (Ko Samui) um 8 Uhr. ❸, AC ❹

Paradise Garden ⑳, ✆ 077-238113, Eternitplattenbungalows mit Fan und Bad, ein Haus monatlich zu mieten. ❸

Pingjun ⑫, ✆ 077-445062, große Holzbungalows mit richtigen Fenstern und Fan. Komplettabriss und Neubau geplant für 2008. ❸

Bamboo Bungalows ㉑, ✆ 077-238540, 🖳 www.thongnaipan.com, eng beieinander stehende Bambus- und Holzhütten mit Fan und Bad, in zweiter Reihe, laute Musik im Gartenrestaurant, betrieben von dem freundlichen Thai-Rasta Bob. ❸

Pen ⑬, ✆ 077-238592, 🖳 www.thongnaipan.com, Stein- und Holzbungalows mit großer Terrasse und sauberer Du/WC direkt am Strand und beim Restaurant; sehr nettes Personal, familiäre Atmosphäre. ❸, AC ❹–❺

Central Cottage ⑭, ✆ 077-445128, 🖳 www.centralcottage.net, Fan- und AC-Zimmer in Reihenhaus aus Stein und Bambusmattenhütten. Große Bäume am Strand, darunter Restaurant. Viele Beschwerden über die unfreundliche Chefin und das Personal. ❸, AC ❹–❻

Starlight Resort ⑮, ✆ 077-238542, 🖳 www.starlight-thongnaipan.com; 20 Steinbungalows und Supermarkt, Internet, Telefon, Geldwechsel, geleitet von Frau und Herrn Dow, gehören zur Familie von Nice Beach. ❸, AC ❹

Nice Beach ⑯, ✆ 077-238547, viele verschiedenartige Bungalows, einfache Holzhütten mit Fan und bessere Steinbungalows mit Bad, einige mit AC. ❷–❹, AC ❺
Ab hier ist der Sand bei Ebbe schlickig.

A.D. View ⑰, ordentliche Bungalows mit und ohne Fan, z. T. Blockhütten. ❸

Dolphin ⑱, bessere Bungalows, Bar und gutes Restaurant mit Sitznischen im schattigen Strandgarten, Thai-neuseeländische Leitung, Feuerwerk unerwünscht. ❸

White Sand ⑲, 🖳 www.thongnaipan.com, ✆ 077-445123, Holz- und Steinbungalows, auch große Thai-Stil-Bungalows unter Palmen, am ruhigen, natürlichen Ende des Sandstrands. Davor eine Korallenbank, in der Lagune der Bootshafen; gutes Restaurant, dezente Musik, nettes Ehepaar. ❸–❹

Thong Nai Pan Noi Beach

Der 700 m lange Strand (auch Thong Ta Pan Beach genannt) besteht aus herrlich feinem, weißem Sand. Leider kommen im Meer zeitweise Quallen vor. So warnen sogar einige Resorts ihre Gäste: „Please beware of jelly fish while swimming." In der Regenzeit können die Wellen hier recht hoch werden. Vom nördlichen Ende können Unternehmungslustige in 1 1/2 Std. über *Ban Fai Mai* auf einem gut ausgetretenen, aber anstrengenden Pfad zum Bottle Beach wandern.

Übernachtung

Panviman Resort ⑧, ✆/✆ 077-445100, 🖳 www.panviman.com; große Anlage unter Kokospalmen am Hang, 40 weiße AC-Komfort-Steinvillen

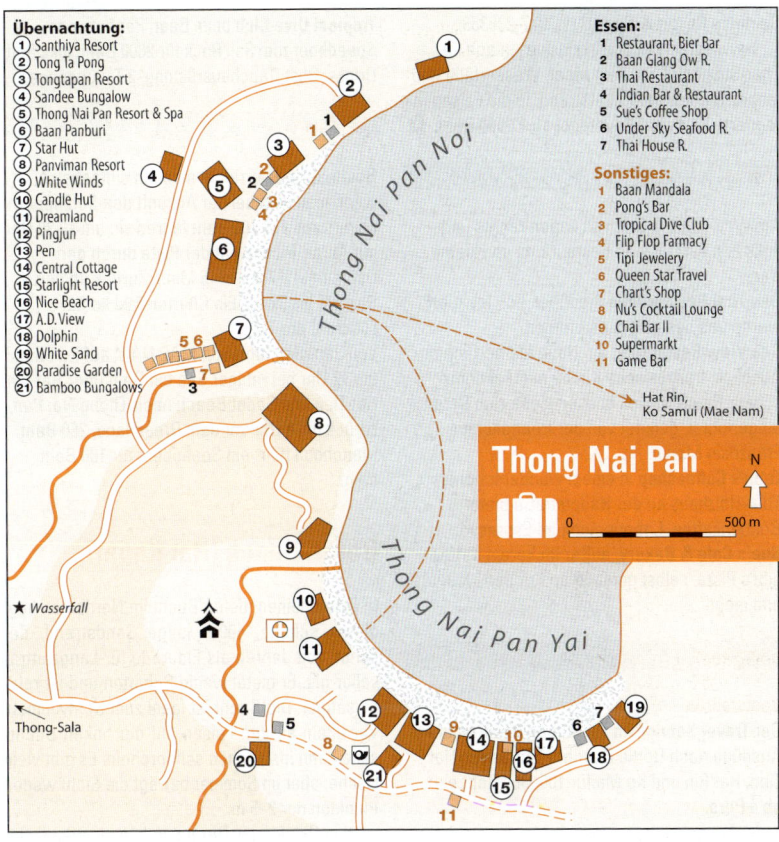

Übernachtung:
1. Santhiya Resort
2. Tong Ta Pong
3. Tongtapan Resort
4. Sandee Bungalow
5. Thong Nai Pan Resort & Spa
6. Baan Panburi
7. Star Hut
8. Panviman Resort
9. White Winds
10. Candle Hut
11. Dreamland
12. Pingjun
13. Pen
14. Central Cottage
15. Starlight Resort
16. Nice Beach
17. A.D. View
18. Dolphin
19. White Sand
20. Paradise Garden
21. Bamboo Bungalows

Essen:
1. Restaurant, Bier Bar
2. Baan Glang Ow R.
3. Thai Restaurant
4. Indian Bar & Restaurant
5. Sue's Coffee Shop
6. Under Sky Seafood R.
7. Thai House R.

Sonstiges:
1. Baan Mandala
2. Pong's Bar
3. Tropical Dive Club
4. Flip Flop Farmacy
5. Tipi Jewelery
6. Queen Star Travel
7. Chart's Shop
8. Nu's Cocktail Lounge
9. Chai Bar II
10. Supermarkt
11. Game Bar

Hat Rin,
Ko Samui (Mae Nam)

Thong Nai Pan
N
0 — 500 m

Thong Nai Pan Noi

Thong Nai Pan Yai

★ Wasserfall

Thong-Sala

sowie ein 2-stöckiges Hotel mit Fan-Zimmern; 3 Restaurants, eines oben mit herrlichem Panoramablick, eines unten am Strand und am 5-stufigen Pool. Abholservice gegen Gebühr. ❼–❽

Star Hut ⑦, ✆ 077-445006, ✉ star_hut@ hotmail.com, eng beieinander stehende neue Bungalows zwischen viel Grün direkt am Strand, exzellentes Essen, netter Service, gute Atmosphäre, Infos, Supermarkt, Telefonzelle, Internet. ❹, AC ❺

Baan Panburi ⑥, ✆ 077-238599, 🖥 www. baanpanburivillage.com; 63 ältere und neuere Bungalows aus Naturmaterialien in 3 Reihen unter Palmen, sehr sauber, nettes Personal;

großes Restaurant, zuverlässiges Reisebüro, Buchverkauf und Internet. ❸–❹, AC ❹–❼

Thong Nai Pan Beach Resort & Spa ⑤, eng zusammengepferchtes Steinhaus-Village mit Pool. Völlig überteuert für die mittelmäßigen Zimmer und den unzureichenden Service. ❺, AC ❻

Tongtapan Resort ③, ✆ 077-445067, 🖥 www. thongtapan.com, gepflegte Steinbungalows unter Bäumen, auch größere für Familien. Internet-Zugang, Telefon, Travel Service, Kajak, Bodyboard. ❸–❹, AC ❺

Tong Ta Pong ②, ✆ 077-445079, ältere Holzbungalows wunderschön auf runden Felsen am Ende des Strandes, stimmungsvolles Restaurant mit guter Küche. ❶–❷

Santhiya Resort & Spa ①, ✆ 077-238333,
🖳 www.santhiya.com, exklusive Anlage im
Thai-Stil hoch über dem Meer, Wasserfälle und
mehrere Pools am Privatstrand, in die Felsen integrierte Villas mit Privatpool ab 12 000 Baht. ❽

Essen

Am Weg hinterm Star Hut liegen rechts und
links fast ein Dutzend Restaurants und kleine
Bars.
Das **Thai Restaurant** gegenüber Tipi Jewelery
wurde uns besonders empfohlen.
Sea View Restaurant, am Hang mit herrlichem
Ausblick, französische Küche mit thailändi-
schem Touch, stilvoll und mit Liebe zum Detail
eingerichtet, geleitet von der freundlichen
Französin Manu.
Tann's Coffeeshop in einem wunderschönen
Thai-Holzhaus an der Hauptstraße bietet
Bohnenkaffee, Cappuccino und Espresso.
Sue´s Cafe & Bakery, außer leckerem Kaffee
gibt's Pizza, selbst gemachten Kuchen, Joghurt
und mehr.

Sonstiges

Bootstouren
Der **Travel Service** im Tongtapan Resort macht
Ausflüge nach Bottle Beach, Than Sadet, Hat
Tien, Hat Rin und Ko Ma für 100–350 Baht p. P.
ab 4 Pers.

Motorräder
Vermieten fast alle Anlagen für 250 Baht/Tag.
Aber Achtung: Wer hier einen Unfall baut, ist
übel dran; die Polizei kommt leider nie zum
Schlichten her.

Schnorcheln
Der **Tropical Dive Club,** 077-445081, und
Dreamland Divers machen Tagestouren nach
Ko Ma für 900 Baht inkl. Lunch, Soft Drinks und
Schnorchelausrüstung.

Tauchen
Dreamland Divers, 077-238735, beim Dreamland,
mit eigenem Boot, geleitet vom Deutschen
Torsten.

Tropical Dive Club beim Baan Panburi, per
Speedboot zum Sail Rock für 2800 Baht, inkl. Soft
Drinks, Obst, Tauchausrüstung, 2 Tauchgänge.

Transport

Beide Strände erreicht man am einfachsten,
wenn man sich bei der Ankunft den Schleppern
anvertraut. Für 100 Baht fahren sie um 12.30 Uhr
mit Allrad-Pickup auf der Piste durch den
Dschungel (17 km in 45 Min.). Zurück den
Resorts bis 3x tgl. Ein Charter-Taxi kostet
600 Baht pro Trip.
Von Jan–Sep fährt von MAE NAM auf Ko Samui
um 12 Uhr bei ruhiger See ein Boot über Hat Rin,
Hat Tien und Sadet Beach nach Thong Nai Pan,
zurück um 8 Uhr vor dem Dreamland, 250 Baht.
Manchmal fährt ein Speedboot für 100 Baht
mehr.

Bottle Beach (Hat Khuat)

In einer kleinen, tiefen Bucht im Nordosten liegt
dieser schöne, 400 m lange Sandstrand, der
schon seit Jahren als Eldorado für Langzeittraveller gilt. Er bietet wenig Schatten und ist relativ sauber. Die Bucht ist ideal zum Schwimmen.
Vor allem an den Felsen auf der linken Bucht-
seite kann man schön schnorcheln. Es gibt viele
Fische, aber im Sommer beträgt die Sicht wegen
Plankton nur 2–5 m.
Von Oktober bis Dezember können wegen der
hohen Wellen keine Boote in die Bucht fahren,
deshalb bleiben die Anlagen in dieser Zeit geschlossen. Die Tümpel hinter dem Strand wurden stümperhaft zugeschüttet. Im September
und Oktober scheint es am Strand besonders
viele Sandfliegen zu geben.
Ein Generator liefert ab 18 Uhr Strom, bei Bedarf früher.

Übernachtung und Essen

Smile Bungalows ㉛, ✆ 077-445155, komfortable Bambusmatten- und Holzbungalows,
z. T. für 4 Personen, schön gestalteter Garten
zwischen den Felsen. Hilfsbereite junge Leute,
leckeres Essen direkt am Strand. ❸

Bottle Beach 1 ㉚, ✆ 077-445126, einige ältere und schöne neue Stein- und Holzbungalows direkt am Strand und dahinter im Garten, neues 2-stöckiges Gebäude mit Zi direkt am Strand, großes Restaurant. ❸–❹

Bottle Beach 3 ㉙, ✆ 077-445153, schöne Holzbungalows beim Restaurant am Strand und Steinbungalows am Bach; Travelservice. ❷–❸

Bottle Beach 2 ㉘, ✆ 077-445156, einfache, renovierte Hütten mit und ohne Du/WC, am Strand und am Bach, relaxte Atmosphäre, mäßige Küche. ❶–❸

<h3 style="color:orange">Transport</h3>

Mit dem Taxi von THONG SALA für 100 Baht nach Chalok Lam. Von CHALOK LAM fährt nur bei ruhiger See tgl. um 13 und 16 Uhr ein Boot für 100 Baht, zurück um 9.30 und 15 Uhr, bei Bedarf auch häufiger.

Der Fußweg ist von Chalok Lam (4–5 km) recht beschwerlich und dauert mindestens 2 Std., von THONG NAI PAN (5 km) braucht man auf schlechtem Fahrweg etwa 1 1/2 Std.

Chalok Lam Bay

An dieser tiefen Bucht ganz im Norden der Insel liegt das Dorf **Chalok Lam**. Was die einen als unattraktiven, stinkenden Fischerort bezeichnen, wirkt auf andere als ursprüngliches, malerisches Thai-Dorf. Wenn auch nicht direkt auf Touristen ausgerichtet, findet man hier Läden, Restaurants, Geldwechsel, Mopedverleih, Internet-Zugang, einen Geldautomaten bei 7eleven und einige Bungalowanlagen. Viele Fischerboote ankern in der Bucht. Es werden Tintenfische gefangen und am Strand getrocknet. Der Strand liegt geschützt und eignet sich gut zum Sonnenbaden. Schwimmen kann man fast das ganze Jahr, von April bis Oktober nur bei Flut.

Am kleinen, weißsandigen **Khom Beach** im Nordosten, vor dem sich Ko Pha Ngans schönstes Korallenriff hinzieht, gibt es erst vier Bungalowanlagen. Hier kann man immer schnorcheln und von März bis Oktober gut schwimmen. Über den Hügel ist der Ort in 40 Min. zu Fuß erreich-

bar, ein Fußweg führt zu einem Wasserfall. Strom liefert ein Generator ab ca. 18 Uhr.

<h3 style="color:orange">Übernachtung</h3>

<h3 style="color:orange">Khom Beach</h3>

Coconut Beach ㉜, ✆ 077-374298, gemauerte Doppelhäuser am Strand und Holzbungalows hinterm originellen Restaurant. Sehr freundlicher Familienbetrieb. ❸
Hier beginnt der Pfad zum Bottle Beach (1 Std.).

Had Khom ㉝, ✆ 077-374246, weit auseinander liegen die Bungalows vorn am Hang, sogar ein Doppelbungalow am Strand für Familien. Restaurant mit schöner Sicht. ❸

Ocean View ㉞, ✆ 077-377231, ✉ ocean_view99@hotmail.com, nette Bungalows aus Holz und Stein sowie Reihenhaus unter vielen Bäumen am Strand; abends Strom; Restaurant am Strand. Freundliche Besitzerin und nettes Personal. ❸

Coral Bay ㉟, ✆ 077-374345, verschiedenartige, wenig gepflegte Bungalows mit und ohne Du/WC, locker verteilt in terrassiertem Garten. Die teuersten haben 2 Doppelbetten und tollen Meerblick; in der Saison sind die Bungalows oft belegt; Zelten für 50 Baht möglich. ❶–❸

<h3 style="color:orange">Chalok Lam</h3>

Try Thong Resort ㊱, ✆ 077-374115, verschiedenartige Bungalows an der Bachmündung, am Strand oder auf dem Hügel, zum Teil mit schöner Aussicht; gute Küche; davor kleiner, steiniger Strand; sehr freundlicher Familienbetrieb; über eigenen Zufahrtsweg oder durch den Bach erreichbar. ❸, AC ❹

Fanta (gesprochen *Fänta*) ㊲, ✆ 077-374132, dicht gedrängte Anlage zwischen dem flachen Meer und der Lagune, pflegebedürftige Hütten am Strand, dahinter Holzbungalows, neue Steinbungalows; Restaurant mit uninteressiertem Personal. Bei Flut schöner Strand, Volleyball. ❶

Belvedere ㊳, ✆ 077-374214, hübsche Bungalows am Berg mit guter Sicht, großzügig angelegte, relaxte Anlage, Restaurant mit großer Auswahl. ❸

North Beach ㊴ ✆ 077-374258, einige Bambusmattenbungalows in einer Reihe mit Sicht auf

Ko Pha Ngan und Ko Tao

die Bucht. Nette Familie, beliebtes Restaurant. ❸, AC ❹

Sarisa ㊵, ☏ 081-6069591, Reihenhaus mit 8 Zimmern und 3 Thaistil-Häuser. ❷

Rose Villa ㊶, ☏ 077-374013, hübsche Backsteinbungalows, z. T. mit 2 großen Betten, Garten mit Rasen; davor Strandstraße zum nahe gelegenen Dorf. Vor dem weißen Strand liegen Fischerboote. ❸, AC ❹

Seaside Resort ㊷, ☏ 077-374104, große und kleinere Thai-Stil-Bungalows im Ort direkt an der Zufahrtsstraße. ❸

Malibu Bungalow ㊸, ☏ 077-374057, neue Bungalows direkt am Strand, der auch von Fischern benutzt wird. ❷

Chaloklam Bay Resort ㊹, ☏ 077-374147, 🖳 www.chaloklumbay.com, verschiedenartige Bungalows mit 1, 2 oder 3 Betten, teils mit TV und Kühlschrank, in sandigem Palmengarten, familiengerecht; protziges Restaurant mit mäßigem Essen, darunter 4 Zi, Swimmingpool. ❸–❹, AC ❹–❼

Wattana Resort ㊺, ☏ 077-374022, Holzhütten in weitläufiger, ungepflegter Anlage am westlichen Ende der Bucht, bei Ebbe reicht die weite Sandfläche fast bis zum frei stehenden Riff, enger Zugang zum Meer, neue Steinhäuser mit TV und Kühlschrank, großes Restaurant am Strand, langsamer Service, keine Atmosphäre. ❸– ❹, AC ❹

Essen

Sea Side Restaurant am Ende der Beach Road im Ort, besonders gut die Gerichte, die nicht auf der Karte stehen.

Nongnook Restaurant, 50 m von Chaloklum Diving, auf derselben Straßenseite. Günstige Preise, super Essen, freundliche Leute.

Niau's Restaurant neben der Tauchschule, typisches Thai-Essen zu günstigen Preisen.

Tauchen

Chalok Lum Diving School, ☏/☏ 077-374025, 🖳 www.chaloklum-diving.com; zuverlässige Tauchschule auf Ko Pha Ngan. Michael und Nick bieten Tauchausbildung nach PADI auf Deutsch und Englisch (max. 4 Teilnehmer pro

Kurs.), Ein- und Zweitagestrips mit großem Boot sowie Beach- und Nachttauchgänge.

Lotus Diving, ☏ 077-374097, Thai-Leitung, u. a. deutsche Tauchlehrer. Großzügig geschnittene, moderne Tauchbasis, Trainings-Pool mit Sonnenliegen, Tauchboot mit herrlichem Oberdeck und super Service.

Transport

Pickups fahren ab THONG SALA für 100 Baht. Boote fahren nur bei ruhigem Seegang 2x tgl. von und nach BOTTLE BEACH für 100 Baht.

Mae Hat Bay

Die 500 m weite Bucht von Mae Hat liegt im Nordwesten von Ko Pha Ngan. Sie wird beherrscht von der steilen, waldigen **Ko Ma**. Der flache, breite Strand besteht aus feinem, weißem Sand und ist zeitweise stark verschmutzt. Die Bucht wurde zum Marine National Park erklärt, kommerzielles Fischen und Harpunieren ist nicht erlaubt. Je nach Wind und Wasserstand muss man zum Schwimmen weit hinauslaufen. Aber Vorsicht: viel Korallenschrott! Schnorcheln kann man schon nach 50 m, aber richtig gut ist es im Westen von Ko Ma, zu der man bei Niedrigwasser auf einer Sandbank hinüber laufen kann.

Obwohl es in Mae Hat jetzt Supermarkt, Bank, Geldautomaten, Internet, Mopedverleih und 24 Stunden Strom gibt, kann man hier noch das „alte" Ko Pha Ngan finden.

Zum **Wang Sai-Wasserfall**, der in der Trockenzeit kaum zu erkennen ist, kann man in etwa 40 Min. spazieren.

Übernachtung

Ko Ma Resort ①, ☏ 084-8458391, gepflegte Anlage auf der Insel, die bei Ebbe zu Fuß erreichbar ist. Wenige schöne, geräumige Holzbungalows, geschickt an und in den Dschungel gebaut; Restaurant mit guter Küche. ❷

Royal Orchid Resort ②, ☏ 077-374182, schöne, Holzbungalows, preislich gestaffelt nach Abstand zum Strand, netter Chef, Restaurant kaum mittelmäßig. ❸, AC ❹

Mae Haad Bay Resort ③, ✆ 077-374171, schöne, geräumige Holzbungalows in 2 weit auseinander liegenden Reihen senkrecht zum Strand. Gutes Restaurant mit Blick auf Ko Ma, netter Familienbetrieb. ❸, AC ❹

Island View Cabana ⑤, ✆ 077-374172, saubere, gestrichene Holzbungalows in mehreren Reihen parallel zum Ufer, an dem große, schattige Bäume wachsen, davor breiter Sandstrand. Schönes Restaurant mit Blick in beide Buchten. Sehr gutes und preiswertes Essen, große Portionen, nettes Personal. ❸

Wang Sai Resort ⑥, ✆ 077-374238, hübsche, einfache Mattenbungalows im Tal, am Hang und hinter der Lagune sowie gut ausgestattete Thai-Häuschen. Über einen Steg gelangt man zum Strand. Restaurant an der Lagune. Der Besitzer, Mr. Prathan, ist sehr um seine Gäste bemüht. Tauchschule. ❷–❹, AC ❺

Pim's Bungalow ⑦, ✆ 081-0816768, wenige Holzbungalows hinter gemütlichem Restaurant, gutes, preiswertes Essen, große Portionen, riesiger Obstsalat. ❷

Mae Had View Resort ⑧, ✆ 077-374122, Holzbungalows hinter der Lagune am Hügel mit sehr gutem Blick auf Ko Ma, etwas vor Mae Hat, auf dem Weg zum Wang Sai-Wasserfall; flinkes, aufmerksames Personal, bemüht freundlicher Chef. Nachts häufig Technomusik von der Bar Same Same. Tauchschule Haad Yao Divers. ❷

Mae Haad Cove ⑨, ✆ 077-374254, wenige geschmackvolle, saubere Holzbungalows am Strand, kleiner Garten. Nette, korrekte Besitzer; Nob bereitet die Mahlzeiten je nach Vorräten und Wunsch, auch selbst gefangenen Fisch; Kajak zu vermieten. Die Bar Same Same nebenan macht häufig Technomusik bis 3 Uhr morgens. ❸

Utopia ④, ⌨ www.phanganutopia.com, ✆ 077-374093; hübsche Holzbungalows und Reihenhäuser hoch oben auf dem Berg, neue Steinbungalows direkt am Hang, umwerfende Aussicht in zwei Buchten, vor allem vom Restaurant, guter Service, Pool; schwer erreichbar über steile, enge Betonpiste. ❹, AC ❺–❼

Transport

Ab THONG SALA per Pickup für 100 Baht in 30 Min. Zurück geht es um 10 und 13 Uhr.

Hat Salad

Abseits und ruhig liegt die schöne, 400 m lange Hat Salad-Bucht (= Piratenbucht, auch Had Salat, gesprochen Sa-latt). Das winzige Fischerdorf und die in der Bucht dümpelnden Boote verleihen der Bucht Lokalkolorit. Nur bei hohem Wasserstand in den Wintermonaten kann man zwischen dem feinen Sandstrand und dem südlich vorgelagerten Riff gut schwimmen und vor den nördlichen Felsen schnorcheln. Die Sicht ist allerdings nicht umwerfend. Im Sommer eignet sich der flache Strand mit vielen Korallen und Sandbänken eher zum Spazierengehen und für ein entspannendes „Wannenbad" in einem der natürlichen Pools.

Es gibt einen Supermarkt und ein Reisebüro mit Internet. Trips zum Schnorcheln und Fischen können fast überall gebucht, Motorroller an mehreren Stellen für 150 Baht pro Tag gemietet werden.

Yoga, Pilates und Alexander-Techniken lehrt die englische Teresa im **Hata Yoga Retreat**, ✆ 077-374310, ⌨ www.Yogaretreat-kohphangan. com.

Ein Pickup von Thong Sala nach Hat Salad kostet 100 Baht.

Übernachtung

Alle billigen Anlagen verbreiten eine ausgesprochen angenehme, freundliche Atmosphäre. Die meisten sind durch eine Mauer zum Strand begrenzt.

Sunset View Bungalows ⑩, wenige Bambusmattenbungalows am Strandende, Restaurant direkt über den Felsen. ❷

Haad Lad Resort ⑪, ✆ 077-374220, ⌨ www. haadladresort.com; renovierte Holz- und Steinbungalows, Pool. AC ❹–❻

Hope ⑫, einige einfache Holzbungalows am Hang hinter Haad Lad Resort. ❷–❸

Reggae Bar & Bungalows ⑬, ✆ 077-374253, einige geräumige Steinbungalows am Hang mit schöner Sicht, relaxte Atmosphäre, UBC-TV, englischer Manager, 10 Min. vom Strand. ❷, AC ❹

Green Papaya Resort ⑭, ✆ 077-349280, ⌨ www.greenpapayaresort.com, gepflegte

Anlage mit AC-Bungalows, Bootsrestaurant, Pool; französische Besitzerin. ❺–❽

Salad Beach Resort ⑮, ✆ 077-349149, luxuriöse AC-Stein-Bungalows und Zi mit TV und Kühlschrank, gepflegter Garten mit Pool, Dampfbad, Massageplattform im Teich. ❺–❽

My Way ⑯, ✆ 077-349267, neue Stein- und Bambusbungalows auf hohen Stelzen, gemütliches Restaurant, Bodensitzpolster, Möglichkeit, eigene Musik zu spielen, kein TV, Büchertausch (viele deutsche). ❷–❸, AC ❹–❻

Asia Bungalows ⑱, ✆ 077-377288, 🖥 www.kohphangan.com/asia; Familien- und Doppelbungalows, teils mit Kühlschrank und Warmwasser. ❹, AC ❺

Smile Beach Resort, ⑲, ✆ 089-8758656, kleine neue Anlage mit Holzbungalows, Restaurant, sehr freundlich, für Familien geeignet. ❸–❹, AC ❹

Coral Beach ⑳, ✆ 087-2809815, gemütliche Anlage, 7 nette, geschwungen angeordnete Bungalows, schön dekoriertes Restaurant mit vielen Pflanzen, Ruheplätze mit Matten und Kissen, überhängende Palmen am Strand. ❸

Salad Hut ㉑, ✆ 077-349246, Holzbungalows und -häuser, z. T. mit Kühlschrank, für bis zu 4 Personen, alle mit Strandsicht; Restaurant am Strand unter Palmen, preiswerte Gerichte, kleine Strandbar, separates TV-Zimmer, ein Kajak. ❹–❺, AC ❺

Dubble Duke ㉒, ✆ 086-2793185, am Südende des Strandes, nette Bungalows unter Leitung vom freundlichen Mr. Pong und seiner Frau; Restaurant direkt am Strand mit z. T. gutem, billigem Essen. TV-Berieselung wird auf Wunsch ausgemacht. ❸, AC ❹

Hat Kruat, Hat Thian (West), Hat Yao (West) und Hat Son

Einsamkeitsfanatiker fühlen sich am winzigen Strand **Hat Kruat** trotz grobem Sand und Korallenschutt wohl. Der ebenfalls kleine **Hat Thian (West)** glänzt dagegen mit feinem Sand.

Der 500 m lange, flache Sandstrand **Hat Yao** wirkt insgesamt sehr schön, der Sand ist so fein wie Mehl. Er wird gesäumt von hohen Kasuarinen, dahinter wachsen Palmen und im hinteren

Bereich liegt der Müll. Das etwa 40 m vorgelagerte Riff bildet eine Lagune mit vorwiegend glattem Sandboden und ist bei Flut gut zum Schnorcheln geeignet. Während der Wintermonate kommt das Meer, vor allem bei Vollmond, bis zu den Palmen, bei Sturm sogar noch weiter. Der feine Sand enthält anscheinend nur selten Sandfliegen. Supermärkte, Reisebüros und E-Mail-Cafés bieten ihre Dienste an, die Zufahrtsstraße ist ausgebaut. Fast jede Nacht sind Partys angesagt. Einige Bars dröhnen um die Wette, v. a. **Eagle Pub** und **The 9 Bar**, sodass viele Bungalows fluchtartig verlassen werden.

Wenige Minuten südlich von Hat Yao liegt der kleine Strand **Hat Son**. Viel Korallenschutt sieht bei Ebbe unschön aus und erlaubt Baden auch bei Flut erst 50 m vom Ufer entfernt.

Übernachtung

Hat Kruat

Lucky Resort ㉓, ✆ 077-349007, neue Bambushütten am Hang und schöne Holzbungalows in der Bucht, z. T. für Familien geeignet. ❷–❸, AC ❹

High Life 1 ㉔, ✆ 077-349125, gepflegte Holzbungalows, die sich zwischen die runden Felsen am Nordhang des Hügels schmiegen, 15 Min. zu Fuß von Hat Yao. ❷

Haad Gruad Resort ㉕, kohtaotour@hotmail.com, ✆ 081-0857251, neue Bambusmatten- und Steinbungalows mit Naturdach am Kleinstrand der Bucht. Ruhiger Familienbetrieb. ❷–❸, AC ❹

Hat Thian (West)

Am kleinen Strand liegt **Hat Tian Beach Resort** ㉖, ✆ 077-349009, gepflegte, Anlage mit Holz- und neuen Steinbungalows, teils mit TV und Kühlschrank, Internet, Pool, Volleyball, Kajak. ❸–❹, AC ❹

Hat Yao

Dream Hill ㉗, ✆ 077-349138, saubere Hütten mit Du/WC aus Stein und Holz, einige Familienbungalows, teils mit Kühlschrank und TV, 100 m vom Strand entfernt, Pool, Restaurant mit bester Sicht durch Palmen auf Hat Yao; freundliche Familie. ❸, AC ❹–❺

Ben Jawaan ㉘, ✆ 087-8964392, einfache

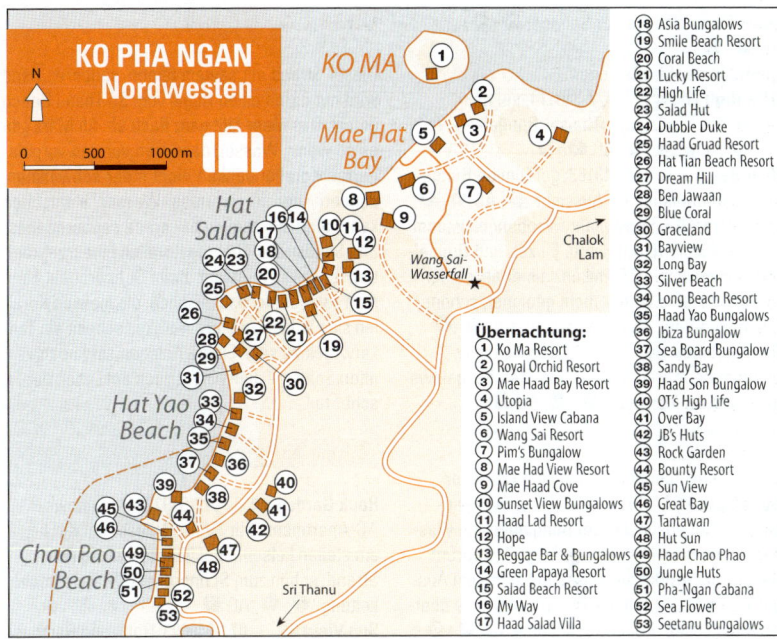

KO PHA NGAN Nordwesten

N

0   500   1000 m

KO MA

Mae Hat Bay

Hat Salad

Hat Yao Beach

Chao Pao Beach

Sri Thanu

Wang Sai-Wasserfall ★

Chalok Lam

Übernachtung:
1. Ko Ma Resort
2. Royal Orchid Resort
3. Mae Haad Bay Resort
4. Utopia
5. Island View Cabana
6. Wang Sai Resort
7. Pim's Bungalow
8. Mae Had View Resort
9. Mae Haad Cove
10. Sunset View Bungalows
11. Haad Lad Resort
12. Hope
13. Reggae Bar & Bungalows
14. Green Papaya Resort
15. Salad Beach Resort
16. My Way
17. Haad Salad Villa
18. Asia Bungalows
19. Smile Beach Resort
20. Coral Beach
21. Lucky Resort
22. High Life
23. Salad Hut
24. Dubble Duke
25. Haad Gruad Resort
26. Hat Tian Beach Resort
27. Dream Hill
28. Ben Jawaan
29. Blue Coral
30. Graceland
31. Bayview
32. Long Bay
33. Silver Beach
34. Long Beach Resort
35. Haad Yao Bungalows
36. Ibiza Bungalow
37. Sea Board Bungalow
38. Sandy Bay
39. Haad Son Bungalow
40. OT's High Life
41. Over Bay
42. JB's Huts
43. Rock Garden
44. Bounty Resort
45. Sun View
46. Great Bay
47. Tantawan
48. Hut Sun
49. Haad Chao Phao
50. Jungle Huts
51. Pha-Ngan Cabana
52. Sea Flower
53. Seetanu Bungalows

Bambus-Eternit-Hütten mit Du/WC am steilen Hang, tolle Sicht. ❷

Blue Coral ㉙, ✆ 077-349131, 9 Bungalows in nettem Garten am Fuß des Hügels, Restaurant mit Sitzpolstern. ❸

Graceland ㉚, Bungalows oberhalb vom Supermarkt; nette, junge Vermieter. ❶

Bayview ㉛, ✆ 077-349235, Bungalows aller Art am Strand und kühn auf Felsen gebaut, z. T. tolle Sicht; Restaurant mit schöner Aussicht. ❷–❸, AC ❹

Long Bay ㉜, ✆ 077-349057, 🖳 www.long-bay.com, viele geschmackvolle Bungalows in gestylter Anlage mit Pool, Supermarkt, Tour Counter; 6-eckiges Restaurant mit teuren Möbeln, kostenlose Kajaks, Liegen am Strand. AC ❹–❺

Silver Beach ㉝, ✆ 077-349171, Bambusmatten- und neue Steinbungalows, daneben großer Palmengarten. ❷–❸, AC ❹–❺

Long Beach Resort ㉞, ✆ 077-377147, viele bessere Bungalows aus Holz oder Bambusmatten, einige Räume mit 3 Betten, für Familien geeignet; unfreundliche Leute, Geldwechsel, Flugbestätigung, Auslandstelefon, Internet. ❷–❸, AC ❸

Haad Yao Bungalows ㉟, ✆ 077-349152, verschiedene Bungalows am schönsten Teil des Strandes, großes Restaurant mit Bar, Dachrestaurant, Laden, Reisebüro mit Information, Speedboot zu vermieten. ❸, AC ❹–❺

Ibiza Bungalow ㊱, ✆ 077-349121, alte Bambusmattenhütten und neue, große, saubere Bungalows in gepflegtem Palmengarten, angenehme Anlage mit preiswertem Restaurant im Zentrum, freundlicher Service, Geldautomat. ❷–❸, AC ❹–❺

Sea Board Bungalow ㊲, ✆ 077-349157, eng beieinander stehende neue Stein- und ältere Eternitbungalows mit Holzfassade, z. T. Warmwasser. ❸, AC ❺

Sandy Bay ㊳, ✆ 077-349119, viele unterschiedliche Bungalows von der einfachen Hütte bis zum guten AC-Steinbungalow an schönem, gepflegtem Strand, am Hang und im Hinterland;

gutes Essen, langsamer Service. ❸–❹, AC ❹–❺

Oberhalb der Straße liegen:

OT's High Life ㊵, ✆ 077-349114, auf dem Felsen der Landzunge, Thaistil-Bungalows, teils mit Kühlschrank. ❸, AC ❺–❻

Over Bay ㊶, ✆ 077-349163, geräumige Bungalows mit fantastischer Aussicht. ❷, AC ❹–❺

Tantawan ㊼, 🖳 www.tantawanbungalow.com, ✆ 077-349108, 10 renovierte Einzel- und Doppelbungalows sowie 2 Familienzimmer am steilen Hang, für kleine Kinder nicht geeignet, schöner Swimming Pool, Aussichtsrestaurant. ❸–❹

Bounty Resort ㊹, ✆ 077-349105, 🖳 www.phanganbounty.com, Holz- und Steinbungalows am Hang, kleiner Pool. ❸–❹, AC ❺

Hat Son

Am eigenen schönen Strand liegt **Haad Son Bungalow** ㊴, ✆ 077-349103, 🖳 www.haad-son.net, gut ausgestattete Bungalows am Wasser, oben an den Felsen und beim Restaurant, Restaurant erhöht am Felsen mit schönem Ausblick aufs Meer, schmackhaftes, teilweise überteuertes Essen, Pool, Tauchschule. AC ❹–❻

Essen

Over Bay ist in der Hochsaison für sein Seafood berühmt, **Tantawan** serviert nicht nur Thai-Essen, sondern auch französische Küche, Pizza und Baguette.

Tauchen

Haad Yao Divers, ✆ 086-2793085, 🖳 www.haadyaodivers.com; geleitet von Daniel und Heike Frutig, ruhige und entspannte Atmosphäre, Hauptbüro bei Sandy Bay, Tauchshops am Strand in Hat Chao Pao und Mae Hat. Tauchkurse, Tauchen vom Strand und Tagestrips, auch für Schnorchler.

Transport

Von THONG SALA mit dem Pickup nach HAT KRUAT, HAT THIAN und HAT YAO für 100 Baht, mittags. Ab HAT YAO um 9.30 Uhr, Charter ca. 500 Baht.

Chao Pao Beach

Dieser Strand mit seinem feinen, sauberen Sand wird nur durch einen Hügel vom Sri Thanu Beach geteilt. Das Meer fällt ganz flach ab. Ab März gibt es so wenig Wasser, dass man vor den vorgelagerten Korallenbänken nicht mehr schwimmen, sondern nur im warmen Wasser plantschen kann. Sich auf dem nicht gerade sauberen Kies- und Sandstrand über die Korallen hinauszuarbeiten, ist etwas mühsam. Beim Schnorcheln kann man zwar bunte Fische sehen, die meisten Korallen sind jedoch zerstört. Attraktiv scheint ein Tankerwrack zu sein. Einige Anlagen sind noch vom alten Schlag – man nimmt noch am Leben der Fischer teil.

Übernachtung

Rock Garden ㊸, ✆ 077-349225 Bungalows, AC-Apartments mit TV und Häuser mit Küche, am steilen Felsenhügel über einem kleinen Strand, schön zum Schnorcheln. Thai-deutsche Leitung. ❷–❸, AC ❺

Sun View ㊺, ✆ 077-349099, Holz- und Bambusmattenbungalows am steilen Hang mit tollem Sonnenuntergangsblick, unten Steinstrand mit der Freedom Bar. ❷–❸, AC ❹

Great Bay ㊻, ✆ 077-349261, neuere und ältere Bungalows im Flachland; TV-Restaurant. ❶–❷, AC ❸

Hut Sun ㊽, ✆ 077-349097, kleine und große Holz-Bambus-Bungalows mit großer Veranda, neue Steinbungalows, auf schmalem Grundstück, Restaurant hinten. ❷–❸, AC ❹

Haad Chao Phao ㊾, ✆ 077-349273, Bungalows auf schmalem Grundstück, vorne Restaurant, Familienbetrieb; Jeep und Bike zu mieten. ❷

Jungle Huts ㊿, ✆ 077-349087, Holz-Bambus-Bungalows, Restaurant an der Straße. ❷, AC ❹

Pha-Ngan Cabana (51), ✆ 077-349184, 🖳 www.kohphangan.com/; einfache, eng aneinander gebaute Bungalows und kleine Zi in Reihenhäusern; kleiner Pool, vorn teures Restaurant mit Video. ❹, AC ❺

Sea Flower (52), ✆ 077-349090, seit Jahren beliebte, schöne, parkähnliche Anlage, einfache, in die Jahre gekommene und bessere

Bungalows im Halbkreis in einem breiten Palmengarten; gutes Essen; *Sea Trekking* zum Marine Park. ❷–❹, AC ❺
Seetanu Bungalows (53), ✆ 077-349113, ältere Bungalows eng ums restaurierte Restaurant gebaut, vorn am Strand große, gemauerte Thaistil-Häuser; viele Stammgäste. ❸, AC ❹–❻

Yoga

Tantra, Agama- und Hatha Yoga im **Bovy** und **Ananda Resort**, von Dez bis Aug mit Swami Vivekananda; 💻 www.tantricyoga.net.

Sri Thanu Beach

Der lange, gelbe Sandstrand in der weit geschwungenen, mit Palmen und Mangroven bestandenen Bucht fällt ganz flach ab. Schwimmen soll immer möglich sein, wenn man den richtigen Kanal kennt, am tiefsten ist es an der felsigen Halbinsel Laem Niad.

Im Hinterland liegt der idyllische Laem Son-Baggersee, in dem man auch schwimmen kann.

Übernachtung

Lake Side Resort (47), ✆ 077-349031, große Steinhäuser mit Terrasse zum See. ❸, AC ❹
Laem Son 2 (48), ✆ 077-349123, einfache Hütten, alle mit direkter Strandsicht. ❷
Laem Son (49), ✆ 077-349032, Hütten in einer ausgedehnten Anlage, Restaurant am Strand. ❷–❸
Sea View Rainbow (50), ✆ 077-349084, einfache Hütten und gut ausgestattete Bungalows auf beiden Seiten des Baches; beliebte Anlage, freundliche Leute; Boot zum Schnorcheln und Fischen. ❷–❸
The Beach Resort (51), ✆ 077-349085, nett gemachte Bungalows am Strand, wirken innen recht heimelig. ❷–❸
Nice Sea Resort (52), ✆ 077-349177, neue Holzbungalows. ❸, AC ❺
Am südlichen Strandende: Ladda (53), ✆ 077-349021, Bungalows an der Straße beim Ladda Shop. Wird gerne monatlich vermietet, günstige Gerichte, Internet. ❸, AC ❹
Auf dem Kap: Loy Fa (54), ✆ 077-377319, viele verschiedenartige Bungalows in großem Gelände, die einfacheren Bungalows am Hang, die besseren Steinbungalows direkt am kleinen Privatstrand, alle mit guter Aussicht; nachlässiger Service, Internet. ❸, AC ❺
Chai Country (55), ✆ 081-2716967, kleine Bungalows auf dem Kap mit guter Sicht, Chai und seine Familie verbreiten eine herzliche Atmosphäre; Aussichtsrestaurant. ❷
Chills (56), ✆ 087-2674016, 💻 www.chillsbay.com, neue, schöne Bungalows, Salzwasserpool, deutsches Essen und Management. ❹, AC ❺
Moon Beach Bungalows (57), ✆ 077-349027, kleines Resort mit neuen Holzbungalows. ❸, AC ❹–❺
Banana Beach (59), ✆ 077-349070, saubere Bungalows in einer süßen, kleinen Anlage am südlichen Ende des Kaps; Thai-deutsche Leitung; neben Thai-Gerichten werden auch ausgezeichnete europäische serviert. ❷
Nantakarn (60), wenige saubere Bungalows mit Fan, Restaurant am Sandstrand mit Sonnenuntergangssicht. Familienbetrieb. ❸

Essen und Unterhaltung

Pirate Bar, in Bootsform gebaut, zwischen Sri Thanu und Chao Pao.
Peppercorn Steaks & Salads, ✆ 087-8964363, westliche Gerichte à la Friddi, einem ausgebildeten deutschen Koch. Leckere Spätzle, Gulasch, Steak und mehr in gemütlicher Atmosphäre mit Bar. ⏲ tgl. außer Di ab 14 Uhr.

Transport

Die Sri Thanu-Strände erreicht man von Thong Sala mit dem Pickup für 100 Baht.

Hin Kong Beach, Wok Tum Beach und Plaaylaem Beach

Hin Kong Beach und **Wok Tum Beach** bilden eine weite, flache Bucht, die nur durch die Mündung eines Baches geteilt wird. Die Strände sind noch großteils unentwickelt, das Korallenriff liegt 300 m vor dem Ufer und Schwimmen ist nur in den Wintermonaten bei Flut möglich. Die Straße verläuft in geringem Abstand parallel zum Strand. Viele Traveller zieht es zu den alten Anlagen dieser Bucht, weil in den meisten die Atmosphäre stimmt, das Essen schmeckt und sich die Besitzer um ihre Gäste kümmern.

Der **Plaaylaem Beach** duckt sich am Fuße des Hin Nok-Hügels, von dessen Hängen man eine fantastische Sicht über den Anthong Marine Park hat.

Dieser Küstenabschnitt ist leicht zu erreichen, ab Thong Sala (2,5 km) mit dem Pickup für 80 Baht.

Übernachtung

Hin Kong Beach

In der Strandmitte liegen

Lipstick Cabana ⑥①, ✆ 077-349252, kleine Anlage mit gut ausgestatteten, sauberen Bungalows. Oi kocht hervorragend. ❷–❸

Ananda Yoga Resort ⑥②, ✆ 077-377788, 🖥 www. anandaresort.com, neues Yoga-Resort mit Pool, Sauna (50 Baht), am Hang unweit vom Strand. Verschiedene Kurse und Workshops, z. B. Detox. Schöne Zimmer und Bungalows mit Warmwasser, griechische Leitung. ❸, AC ❹

Wok Tum Beach

Am flachen Strand liegen

Sukho ⑥④, ✆ 077-238455, wenige Hütten, meist Langzeittraveller. ❷–❸

O.K. ⑥⑤, ✆ 077-377141, Bungalows mit großer Terrasse, preiswertes, schmackhaftes Essen, liebevolle Familie. ❷–❸, AC ❸–❹

Golden Hill ⑥⑥, ✆ 077-238608, Steinbungalows mit Fan und AC am Hang an der Straße, Pool. ❸, AC ❹–❺

Plaaylaem Beach

Darin ⑥⑦, ✆ 077-377705, suttiwan_ c@yahoo. com, saubere Hütten, versteckt zwischen den Felsen an kleinen Stränden, gutes Essen; Mama umsorgt ihre Gäste, herrliches Schnorcheln. ❷–❸

Sea Scene ⑥⑨, ✆ 077-377516, 🖥 www.seascene. com, idyllische Anlage, gemauerte, geräumige Bungalows mit Hängematte; langsamer Service, gutes Essen; nette Leute. Oversea & Domestic

Call, Internet, Motorrad zu vermieten. Ein spezieller Bungalow für Behinderte mit Rolli. ❸, AC ❹

Blue Sea ⑦①, ✆ 081-9012853, neue Holzbungalows mit großer Terrasse und Warmwasser. ❸

Porn Sawan ⑦③, ✆ 077-377599, einfache, billige Hütten am Strand mit Fan, sauber, freundlich, gutes Essen; Mopeds zu mieten, Taxi-Service, Internet. ❷

Cookie ⑦⑤, ✆ 077-377499, nette einfache Hütten und einige bessere Bungalows am Strand und am Hang, Restaurant, gute Atmosphäre. ❷–❹

Beach 99 ⑦⑥, ✆ 077-377518, schöne Lage, netter Garten, preiswerte Hütten, gutes Essen; Windsurfer zu mieten. ❷–❸

Nai Wok Bay

Dieser 1000 m lange, unattraktive Strand schließt an den Fluss nördlich von Thong Sala an, man kann ihn nur auf der Straße erreichen. Das Meer ist äußerst flach, das Korallenriff liegt weit vor der Küste. Wer die Bequemlichkeit des nahen Thong Sala schätzt, findet hier angenehme Bungalows. Viele Leser schwärmen von den Sonnenuntergängen und dem guten Essen.

Übernachtung

Grand Sea Resort ⑦⑦, ✆ 077-377776, 🖥 www. grandsearesort.com, traditionelle Thai-Häuser im Lanna-Stil und Gästehaus mit AC, Kabel-TV, Minibar, Pool, Internet; freundliches Personal. ❹–❻

Tranquil ⑦⑧, ✆ 077 377 433, Holzbungalows, senkrecht zum Strand in einer schmalen Anlage, Restaurant vorn am Strand, Kajaks zu vermieten. ❷, AC ❹

Siripun ⑦⑨, ✆ 077-377140, ausgedehnte Anlage, bessere Fan- und komfortable AC-Bungalows, mit Steinen gebaut, bekannt für die großen Portionen im Restaurant. Viele Langzeittouristen, vor allem Franzosen. Freundliche Besitzerin Yupa. ❸, AC ❹–❺

Phangan Bungalow ⑧①, ✆ 077-377191, Holzbungalows mit Du/WC in 2 Reihen auf großer Wiese mit Palmen; Restaurant. ❷–❸, AC ❺

Ausflüge auf Ko Pha Ngan

Die auf den Landkarten eingezeichneten Fußwege im Inneren der Insel sind in der Realität kaum vorhanden. Ohne Führer kann man sich leicht verirren! Die meisten Wasserfälle haben nur von November bis Januar viel Wasser. Dennoch können diese Ausflüge auch sonst die Mühe lohnen.

Zum **Paeng Waterfall Forest Park** fährt man ca. 4 km auf betonierter Straße von Thong Sala. Zum meist kaum erkennbaren **Paeng-Wasserfall** sind es noch 200 m zu Fuß, zum schönen, lohnenswerten Aussichtspunkt 500 m den Berg hinauf. Essen und Getränke dürfen nicht mit hoch genommen werden, doch am Parkplatz sorgt in der Saison ein Shop für Snacks und Erfrischungen. Zum **Wang Sai-Wasserfall** im Nordwesten spaziert man zu Fuß in 15 Min. von der Mae Hat Bay. Den schwierigen Pfad zum **Than Sadet-Wasserfall** im gleichnamigen Nationalpark können nur erfahrene Off-Road-Fahrer mit dem Motorrad bewältigen, besser mit einem Jeep.

Vom **Khao Ra**, mit 627 m der höchste Punkt der Insel, hat man eine herrliche Aussicht, (Aufstieg ca. 2 Std.), aber der Pfad ist nicht leicht zu finden. Ab und zu gibt's Schilder, sicherer ist es, sich am Fuße des Berges einen Führer zu nehmen.

Auf der Spitze eines Hügels, 10 Min. vom Dorf Ban Tai entfernt, liegt der Meditationstempel **Wat Khao Tham**. In seinem Mondon wird ein Fußabdruck Buddhas verehrt. Von der Pagode hat man einen schönen Blick auf den Strand und das Meer. Die **Wat Nai Pagoda** am Fuße des Berges stammt aus der Ayutthaya-Periode und ist über 200 Jahre alt. Die 12 m hohe Pagode im **Wat Khao Noi** (gegenüber dem Hospital) bietet einen tollen Ausblick.

Für Abenteuerlustige ist eine Inselumrundung in mehreren Tagen möglich, zu Fuß, versteht sich. Wegen des schwierigen Geländes entlang der Ostküste dauern die vorgesehenen Etappen dort weitaus länger, als die meisten Wanderer vorausplanen.

Zum **Ang Thong Marine National Park** (s. S. 405) bieten mehrere Veranstalter lohnenswerte Tagesausflüge per Schiff an. Mo, Mi, Fr um 9 Uhr, zurück um 16 Uhr für 1800 Baht inkl. Essen, Getränke, Parkeintritt, Kajak- und Schnorchelausrüstung. Nach **Ko Tao** und **Ko Nang Yuang** geht es um 9 Uhr, zurück um 16 Uhr für 1300 Baht inkl. Essen, Getränke, Eintritt und Schnorchelausrüstung.

Ko Tao   เกาะเต่า

Die kleine, felsige Insel Ko Tao (Schildkröteninsel) liegt 38 km nördlich von Ko Pha Ngan und 74 km von Chumphon entfernt. Sie ist knapp 8 km lang und 3 km breit und hat eine Fläche von ca. 21 km^2. Bewaldete Berge reichen bis auf 379 m Höhe. Auf Ko Tao leben etwa 550 Einheimische, die früher aus dem Anbau von Kokosnüssen ein mageres Einkommen erzielten. Fischfang wurde vorwiegend für den Eigenbedarf betrieben. Heute beziehen die meisten einen Teil ihres Einkommens aus dem Tourismus. Kaum ein Bewohner der Insel sehnt sich nach dem mühsamen Leben in den alten Zeiten zurück. Touristen kommen heute vorwiegend in Kontakt mit Thailändern, die nicht von Ko Tao stammen, sowie mit jungen burmesischen Gastarbeitern, die als besonders freundlich gelten.

Der natürliche Charakter der Insel geht langsam, aber sicher verloren: Hanggrundstücke werden gerodet, in die Lichtungen werden weithin sichtbar knallweiße Gebäude gesetzt. Unbefestigte Fahrwege, rücksichtslos durch den Hang gefräst, verursachen katastrophale Erosion, die manchem umweltbewussten Touristen die Haare zu Berge stehen lässt.

Honig und Tintenfisch

Engagierte Leute in der Provinzverwaltung hatten die Idee, den Touristen etwas mehr Einsicht in das Leben der Inselbewohner zu ermöglichen. So riefen sie „Points of Interest" ins Leben, zu denen Wegweiser führen und die gut beschildert sind: Die Bee processing Group in Maduwa zeigt, wie Honig gewonnen wird, das Ko Pha Ngan Culture Work Center in Thong Sala führt traditionelles Handwerk vor, und bei der Sea Processing Group in Chalok Lam kann man Fischern beim Putzen und Auslegen von Tintenfischen zusehen.

In der unmittelbaren Umgebung von „Ko Taoch" liegen viele schöne Korallenriffe und Felsformationen, in denen über 100 Korallenarten verbreitet sind. Die fischreichen Gewässer sind als Schutzzone ausgewiesen, die auch tatsächlich überwacht wird. So können neben vielen Riff-Bewohnern auch Schildkröten, Delphine, Wale und sogar **Walhaie** beobachtet werden. Im klaren Wasser macht schon der erste Tauchgang Spaß. Es ist also kein Wunder, dass hier über 40 Tauchschulen mit einigen hundert Tauchlehrern operieren. Sie fahren mit eigenen oder gemieteten Booten (bis zu 50 Taucher pro Boot) zu 25 Tauchplätzen, die für **Tauchanfänger** überaus vielfältige und eindrucksvolle Erlebnisse bereit halten. So mancher **Tauchexperte** fühlt sich unter den Massen von Tauchschülern nicht besonders wohl und wird nur mit viel Glück großartige, neue Erfahrungen sammeln können.

Zum Schutz der Riffe wurden 50 Bojen installiert, an denen die Tauchboote anlegen. Die Sicht beträgt von Januar bis Mai 25–35 m, in den übrigen Monaten 15–20 m. **Tauchsaison** ist das ganze Jahr außer während der Regenzeit von Okt–Mitte Dez. Trocken und heiß ist es vor allem im April und Mai. Von Mai–Juli veranstalten die Tauchschulen Tauchausflüge zu Walhaien, den größten Fischen der Erde. Die schönsten **Tauchplätze**, ihre Tauchtiefe und Hauptattraktionen sind:

- **South West Pinnacle**, 5–33 m, Seeanemonen, weiße und purpur Weichkorallen, **Walhaie**
- **Chumphon Pinnacles**, 14–36 m, große Grouper und andere Fische, **Walhaie**
- **Red Rock/Shark Island**, 2–24 m, größte Korallenvielfalt, starke Strömung
- **Green Rock**, 2–18 m, viele Drückerfische, gut für Nachttauchen
- **Hin Wong Pinnacle**, 2–18 m, große Fächerkorallen, verschiedene Weichkorallen
- **Sail Rock**, bis 40 m, Kamin von 18–8 m, Walhaie, viel besucht ab Ko Samui

Der erste Tauchgang kostet 1000 Baht (mit eigenem Gerät ca. 15 % Rabatt), 800 Baht ab 6 Tauchgänge, 700 Baht ab 10 und 600 Baht ab 20 Tauchgänge (verhandelbar), s. S. 454.

Ko Tao ist eine Taucherinsel, die in der Tauchausbildung weltweit führend ist. Doch kommen immer mehr Touristen hierher, die weder tauchen lernen noch schnorcheln wollen, denn die Insel hat viel mehr zu bieten.

Die Strände von Ko Tao

An den zwei langen Sandstränden im Westen reiht sich unter Kokospalmen eine Bungalowanlage an die andere. Die tiefen, von runden Felsen eingerahmten Buchten im Süden wirken bei Flut romantisch, bei Ebbe sehen die mit Korallenschrott bedeckten Strände jedoch weniger einladend aus. Der Osten und Nordosten sind rau und schwer zugänglich, nur kleine Sandstrände tauchen bei Ebbe zwischen den Felsen auf.

Bungalows

Schon über 100 Bungalowanlagen wurden auf der Insel gebaut, sowohl an den bekannten Stränden als auch an den kleinen Buchten und im Hinterland. Am Mae Hat und Sai Ri Beach überwiegen saubere, gepflegte Anlagen mit hübschen, bereits recht teuren Bungalows mit Du/WC und Fan ab 400 Baht. Auch auf Klimaanlage muss man nicht mehr verzichten, was ab 1000 Baht möglich ist. Immer mehr Resorts bauen komfortable Bungalows mit Aircondition dazu, die etwa das Doppelte kosten, aber es entstehen auch neue Luxusanlagen mit Zimmern für mehrere Tausend Baht. Mit einem Tauchpaket kosten Zimmer nur die Hälfte.

An allen anderen Stränden werden selbst in der Saison noch einfache Hütten aus Bambusmatten, Holz oder Sperrholz für weniger als 200 Baht angeboten. Das übrige Preisniveau ist wegen des extrem teuren Stroms höher als auf den Nachbarinseln. In der Trockenzeit leiden viele Anlagen unter Wassermangel, und das kostbare Nass muss für viel Geld vom Festland gekauft werden. Fast alle Anlagen verfügen über ein eigenes Restaurant. Einige servieren bereits erstklassiges Essen.

Ein Müllwagen und drei Müllverbrennungsanlagen sollen umweltschonend entsorgen. Aber schon beim oberflächlichen Hinschauen fällt auf, dass die Insel das Müllproblem noch lange nicht im Griff hat. Obwohl die Einweg-Plastikflaschen inzwischen auf dem Festland recycled werden, landen noch allzu viele in der Landschaft. Auf der Insel wird auch Trinkwasser in Glasflaschen verkauft, das qualitativ sicherer sein soll als das lokal produzierte Trinkwasser. An allen Stränden gibt es Strom. Es empfiehlt sich, vor allem in der Hauptsaison, die Unterkunft im Voraus zu buchen; viele Unterkünfte werden nur an Tauchschüler vergeben.

6 HIGHLIGHT

Tauchen und Schnorcheln

Ko Tao besitzt unter Tauchanfängern einen hervorragenden Ruf, daher der Spitzname „Ko Taoch". Kaum sonst wo kann man so preisgünstig direkt neben der Strandhütte das Tauchen lernen, wenn man die niedrigen Kosten für die Unterkunft und das Essen mitrechnet. Näheres zum Tauchen s. S. 438.

Auch fürs Schnorcheln ist Ko Tao hervorragend geeignet. Vor allem an der Ostküste existieren intakte Biotope mit vielerlei Korallen und farbenfrohen Fischen, z. B. vor Ao Tanote. Vor der ruhigen, einsamen Hin Wong sind tolle Muscheln zu sehen. An der Südküste müssen sich Schnorchler erst über flache Korallenriffe oder durch Felsbarrieren quälen, ehe sie eine geeignete Wassertiefe erreichen. Wer zu den vorgelagerten Taucherfelsen **Shark Island** schwimmen will, sollte laut Gezeitentabelle ruhiges Wasser abwarten, da die Strömungen um die Insel gefährlich werden können.

Wandern auf Ko Tao

Auf einigen Berg- und Talpfaden kann man herrlich wandern, während einem Schmetterlinge um die Nase flattern. Genügend Wasser mitnehmen! Bei starkem Wind sollte man nicht durch Kokosplantagen laufen, denn Kokosnüsse und Palmwedel haben schon Menschen erschlagen. Zu empfehlen sind die durchaus anstrengenden Wanderungen auf den Fahrwegen zu den Buchten an der Ostküste. Von der Tanote Bay führt ein Pfad auf den zweithöchsten Gipfel (313 m) der Insel mit Teehaus und Meditationszentrum oder quer über die Insel, am Moonlight und Mountain View vorbei, zur Westküste.

Ko Tao aktiv

An verschiedenen Stellen werden **Fishing Trips** angeboten. Etwas Besonderes ist eine Nachttour. In Hat Sai Ri oder Chalok Ban Kao kann man sie für ca. 1000 Baht buchen. Sie startet um 18 Uhr und kommt um Mitternacht zurück.

Wer mit einem **Meeres-Kajak** (Sea Kayak) die Küste entlang paddelt, kann die felsigen Ufer mit ihren tollen Steinformationen in aller Ruhe vom Meer aus betrachten. Kajaks werden für 100 Baht/Std. oder 500 Baht/Tag vermietet.

Auch andere Wasseraktivitäten wie **Segeln, Bananaboot** oder **Wasserski** werden angeboten. An Land kann man Kurse in **Thai-Boxen, Yoga, Meditation** oder **Klettern** belegen. **Motorräder** oder **Mountainbikes** gibt es an vielen Stellen zu mieten. Und was niemand verpassen sollte ist eine echte **Thai-Massage**.

Klima und Reisezeit

Die beste Reisezeit ist von Ende Dezember bis April und im August und September. In der Hauptsaison von Dezember bis Ende März wird die Insel total voll. Jeden Tag kommen 400 neue Gäste an, die z. T. an den Stränden oder in den Büros auf dem Boden nächtigen.

Mitte April (Songkran) überfluten Thais für einige Tage die Insel – manche Bungalowpreise steigen etwas an. Im November und Anfang Dezember wird die Insel von so schweren Stürmen heimgesucht, dass schon Gäste nach einer Woche Sturm von der Marine evakuiert werden mussten. In der Nebensaison werden die meisten Bungalows eine Preisklasse tiefer angeboten.

Ban Mae Hat   บ้านแม่หาด

In eine malerische Bucht eingebettet, begrenzt von faszinierenden Granitfelsen, liegt im Südwesten das Hauptdorf der Insel, Ban Mae Hat. An den neuen Piers können auch größere Boote anlegen. Außer mehreren Restaurants, Bars, kleinen Supermärkten und einem Wat haben sich in diesem staubigen Ort auch Tauchschulen, Geldautomaten, Internet-Cafés, Reisebüros, die Post und ein Oversea-Telefonservice niedergelassen. Mit den vielen aufdringlichen Kundenfängern, den An- und Abreisenden und der wild wachsenden Architektur wirkt der Ort nicht gerade gemütlich.

Übernachtung

Crystal Dive Resort ①, ✆ 077-456107, gute Steinbungalows mit Balkon, einige mit AC. Tauchschule. ❹
Sea Lodge ③, ✆ 077-456111, gut eingerichtete Deluxe-Zimmer und Suiten im OG von Planet Scuba. AC ❺
Koh Tao Garden Resort ④, ✆ 077-456258, saubere Bungalows in einer Reihe, bevorzugt längere Mietdauer. Hinter dem Health Center. ❸

Essen

Die Auswahl ist groß und meist sehr gut. Die besten Insidertipps können die Tauchlehrer geben. Bei **Farango**, das von dem Franzosen Stephane Taulaigo geleitet wird, bekommt man nicht nur Pizza, sondern auch Steaks und mediterrane Spezialitäten.
Das **Baan Yaay** serviert milde Thai-Gerichte und sehr große Portionen in netter Umgebung.
Lucky, gleich daneben. Auf netter Terrasse am Meer kann man hier einfach, gut und billig essen. Etwas langsamer Service, direkt neben dem Fährhafen.
Teuer ist das **Mae Haad Restaurant**, wo schon eine Reissuppe 40 Baht kostet.
Yang Restaurant, wenig Ambiente, aber viele Gerichte um 40 Baht.
Vegetarische Gerichte gibt es bei **Mr. J.** am Weg zum Sai Ri Beach.
Im **Zest Coffee House**, einem beliebten Straßencafé, kann man gut frühstücken, Kuchen oder Eis essen.
Chopsticks am Mae Haad Boulevard serviert Peking-Ente und Dim Sum.
Sehr beliebt ist **Dirty Nelly's Irish Pub** mit seinen riesigen Bildschirmen, mehrmals pro Woche gibt es Live Musik.

Sonstiges

Batterien
Sie werden bei den meisten Tauchschulen gesammelt und aufs Festland gebracht.

Einkaufen
Sie werden bei den meisten Tauchschulen gesammelt und aufs Festland gebracht.

Geld
Die Banken tauschen Reiseschecks und Bargeld, solange der Vorrat an Thai-Baht reicht (oft nur bis 10 Uhr!). Es gibt mehrere Geldautomaten: in Mae Hat (7), Sai Ri Village (3), Sai Ri Beach (2), Chalok Ban Ko (1). An den Buchten der Ostküste gibt es keine Geldautomaten oder Banken.

Informationen
Vorab kann man sich im Internet über Ko Tao informieren oder ein Resort buchen: 🖵 www.kohtao.com, 🖵 www.kohtaoonline.com, 🖵 www.koh-tao.ws; Unterkünfte, die auch Nichttaucher gern aufnehmen, stehen unter 🖵 www.on-koh-tao.com (mit Buchung). Laufend aktualisiert wird 🖵 www.webtravelkotao. net.
Aktuelle Informationen und brauchbare Karten bietet das kostenlose Werbeheft *Koh Tao Info.*

Internet
Viele Internet-Cafés, ca. 2 Baht/Min.

Klettern
Zen Gecko Rock Climbing, 🖵 www.zengecko. com, Kurse in Bouldern und Verleih von Ausrüstung im Büro am Beginn der Straße nach Tanote Bay.

Medizinische Hilfe
Mehrere Arztpraxen und Health Centers mit Krankenschwestern gibt es in Mae Hat, Chalok Ban Kao und Sairee Village. Am besten ausgerüstet ist das **Koh Tao Health Center** in Mae Hat, ✆ 077-456007. Bei Tauchunfällen wendet man sich an die **SSS Koh Tao Emergency Station**, ✆ 01-0830533, 077-456577, mit 24 Std. Erste-Hilfe-Service, Sauerstofftherapie und Transport-

hilfe. Auch eine Mono-Dekokammer ist installiert.

Motorräder
Ab 150 Baht für 24 Std. Schäden am Bike vor der Rückgabe reparieren lassen, sonst kann es übermäßig teuer werden. Gute Vermieter schreiben die Reparaturkosten detailliert in den Vertrag.

Polizei
Polizeistation in Mae Hat, ✆ 077-456631.

Post
Mit Poste Restante, ⏰ tgl. 8.30–16 Uhr.

Reisebüros
Alle 30 Reisebüros gelten als hilfsbereit, korrekt und zuverlässig, u. a.
Ko Tao Booking Center, ✆ 456187, am Pier.
Nang Yuan Travel, ✆ 456009, macht Fotokopien.

Schnorcheln
Die besten Schnorchelreviere liegen im Südosten an den Bai Sai Daeng-Felsen, bei Shark Islands und in der Tanote Bay. Ausrüstung, meist in schlechtem Zustand, wird von einigen Anlagen kostenlos verliehen, sonst jeweils 50–100 Baht für Maske, Schnorchel und Flossen. Bei der Inselumrundung ab Sai Ri um ca. 9 Uhr wird etwa 5-mal zum Schnorcheln gestoppt, Rückkehr ca. 16 Uhr, Preis 300 Baht p. P. (bei rauer See keine Tour).

Supermarkt
7eleven und viele weitere.

Thai-Boxen
In zwei Stadien einmal pro Monat, Eintritt 250 Baht.

Unterhaltung
Viele Restaurantbesitzer verzichten auf Video-Berieselung.
Am Sai Ri Beach liegen mehrere Bars, die manchmal bis weit in die Nacht lärmen, vor allem an Neumond und Vollmond (s. S. 421). Ansonsten ist es auf Ko Tao am Abend friedlich und ruhig.

Wäschereien
Wäsche waschen für 40–50 Baht/kg an mehreren Stellen im Ort.

Nahverkehr

Auf Ko Tao geht man vorwiegend zu Fuß oder fährt Motorroller. Aber auch hier bieten sich **Motorradtaxis** (ab 40 Baht) und **Pickups** (ab 50 Baht p.P.) an. Der Allrad-Pickup von Mae Hat nach Tanote Bay fährt um 10.30, 15.30 und 17.30 Uhr für mindestens 100 Baht p.P. (mindestens 200 Baht pro Auto), zurück um 11, 16 und 18 Uhr. In der Dunkelheit können sich die Preise drastisch erhöhen.
Ein breiter „Highway" wurde von Süden nach Norden gebaut.
Nach KO NANG YUAN fährt um 10 und 16.30 Uhr ein **Taxiboot** für 30–50 Baht, hin u. zurück 60–100 Baht.

Transport

Bei Ankunft der Boote warten viele Schlepper und einige Bungalowbesitzer mit ihren Pickups am Pier. Kostenlos oder für 20–30 Baht bringen sie ihre Gäste an die Strände. Jedes Jahr werden neue Bootslinien in Dienst gestellt. Bei hohem Seegang fahren auch die großen Boote nicht von/nach Ko Tao, was jederzeit einmal passieren kann.

Busse
Ein AC-**Bus** ab der Khaosan Rd. fährt um 21 Uhr über Chumphon für 600 Baht (Ankunft gegen 2 Uhr, ungemütliche Notunterkunft im Reisebüro bis zum Transfer zum Songserm Expressboot um 7 Uhr). Auch die Busse zu den Booten von Seatran und Lomprayah fahren um 21 Uhr ab für 850 Baht (inkl. Boot).

Übernachtung:

KO NANG YUAN:
① Nang Yuan

SAI RI BEACH (SAIREE BEACH):
② Here and Now Resort
③ Thipwimarn Resort
④ Sairee View Resort,
Eden Resort
⑤ Sun Sea
⑥ Sun Lord
⑦ Silver Cliff,
Golden Cape,
⑧ Ko Tao Cabana,
Bow Thong Beach
⑨ Ko Tao Coral Grand Resort,
Pranee
⑩ Mama O-Chai Bungalow,
Crystal Dive Resort Sairee,
Blue Wind
⑪ Sai Ree Hut Dive Resort,
Sunset Buri Resort
⑫ Simple Life Villa,
Big Blue Diving Resort
⑬ Silver Sand Resort,
Lotus Resort,
Sea Shell Resort
⑭ Sairee Cottage
⑮ Sabai Sabai Resort
⑯ S.B. Cabana,
Marina Resort,
S.B. Cabana 2
⑰ Koh Tao Island Resort,
Ban's Diving Resort
⑱ AC Resort,
AC Two,
In Touch Resort,
Ocean View
⑲ Moonlight
⑳ Mountain View
㉑ OK View
㉒ Clear View Bungalows

MAE HAT BEACH:
㉓ View Cliff,
D. D. Hut,
View Cliff 2
㉔ Tommy's Dive Resort,
Queen Resort
㉕ Beach Club Dive Resort
㉖ Baan Tao Bungalows,
Mr. J.'s Bungalows
㉗ Chamaiporn Gh.
㉘ Tao Siam Gh.,
Save Bungalow,
Blue Diamond Resort,
Koh Tao Royal Resort
㉙ Sensi Paradise Resort,
㉚ Jansom Bay Bungalows,
Charm Churee Villa

SAI NUAN BEACH:
㉛ Sai Thong
㉜ Siam Cookie
㉝ Char Resort
㉞ Tao Thong Villa

CHUN CHUA-BUCHT:
㉟ Moon Dance
㊱ Sunset
㊲ Orchid Cliff Resort

CHALOK BAN KAO BAY:
㊳ Viewpoint Resort,
Big Bubble Dive Resort
㊴ Laem Klong Resort
㊵ Sunshine Resort 2,
Sunshine Resort 1
㊶ Buddha View Dive Resort,
Carabao Dive Resort
㊷ Ko Tao Tropicana,
J.P. Resort
㊸ Bhora Bhora Resort,
Big Fish Dive Resort

㊹ Ko Tao Dive Resort
㊺ Ko Tao Cottage,
Aud Bungalow
㊻ Taa Toh Lagoon Dive Resort,
Freedom Beach

ROCKY BEACH (AO THIAN):
㊼ New Heaven,
OK 2 Bungalow
㊽ Rocky Resort,
Jamahkiri Resort
㊾ Eagle View,
Happy House

SAI DAENG BEACH:
㊿ Coral View Resort
51 New Heaven Resort

AO LEUK:
52 Nice Moon
53 Aow Leuk 2 Resort
54 Aow Leuk Resort
55 Bay View Bungalows

AO LANG KHAAY:
56 Omsara Resort
57 Island Hill Resort
58 Pahnun View
59 Nok's Garden Restaurant
60 Lang Khaay Bay Bungalows

AO TANOTE:
61 Mountain Reef Resort
62 Poseidon Bungalows
63 Diamond Resort
64 Black Tip Dive Resort
65 Bamboo Hut
66 Family Tanote Bay Resort
67 Belle Vue Camping,
Tanote View Resort
68 Two View

LAEM THIAN BEACH:
69 Laem Thian Bungalows

HIN WONG:
70 Hin Wong Resort
71 Green Tree Resort
72 View Rock Resort

MANGO BAY:
73 Ao Muang Resort
74 Mango Bay Grand Resort

Essen:
1 Rim Lae R.
2 Happy Snapper R.
3 Marava R.
4 Coffee Corner,
New Heaven Deli,
Papa"s Tapas R.
5 Portobello Bistro
6 Pon Bakery
7 Koppee Bakery

Sonstiges:
1 Here & Now
2 Wal-Skelett
3 Sun Smile Travel
4 Physician Clinic
5 Planet Scuba, Sairee Minimart
6 Scuba Junction
7 Car Bar
8 Ban's Diving & Travel
9 AC Party Pub
10 In Touch Beach Bar
11 Calypso Diving
12 Black Tip Diving
13 Chintana Clinic
14 Whitening Bar
15 Zen Rock Climbing
16 Jamahkiri Spa
17 Tiger Bar

Für die Rückfahrt warten am Pier bereits die Busse nach Hua Hin (ca. 5 Std.) und zur Khaosan Road in Bangkok (ca. 9 Std.). Ein VIP-Bus ist dem unbequemen AC-Minibus vorzuziehen. Reelle Tickets für AC- und VIP-32-Busse kosten 600–850 Baht (inkl. Boot).

Achtung

Wer in der Khaosan Road ein Kombi-Ticket Bangkok–Chumphon–Ko Tao für sagenhafte 150 Baht kauft, muss damit rechnen, professionell bestohlen zu werden; im Gepäck dürfen absolut keine Wertsachen sein, Rucksäcke müssen abgeschlossen werden.

Eisenbahn

Aus BANGKOK kommt man am besten über Chumphon (s. S.350) nach Ko Tao. Reisebüros schlagen ca. 40 Baht auf die Ticketpreise auf. Bei einem Kombi-Ticket ist meist eine ungemütliche Notunterkunft, Transfer zum Hafen und das *Songserm*-Expressboot nach Ko Tao inklusive. Billiger kommt weg, wer ein anderes Zugticket nach Chumphon kauft und mit einem anderen Boot nach Ko Tao fährt. In Chumphon verbringt man den Rest der Nacht besser in einem Gästehaus und überlässt diesem den Transfer zum Hafen.
Zurück nach BANGKOK geht es tagsüber mit dem *Sprinter* um 12.46 Uhr oder mit einem Nachtzug ab 19.24 Uhr, der am frühen Morgen in Bangkok ankommt.

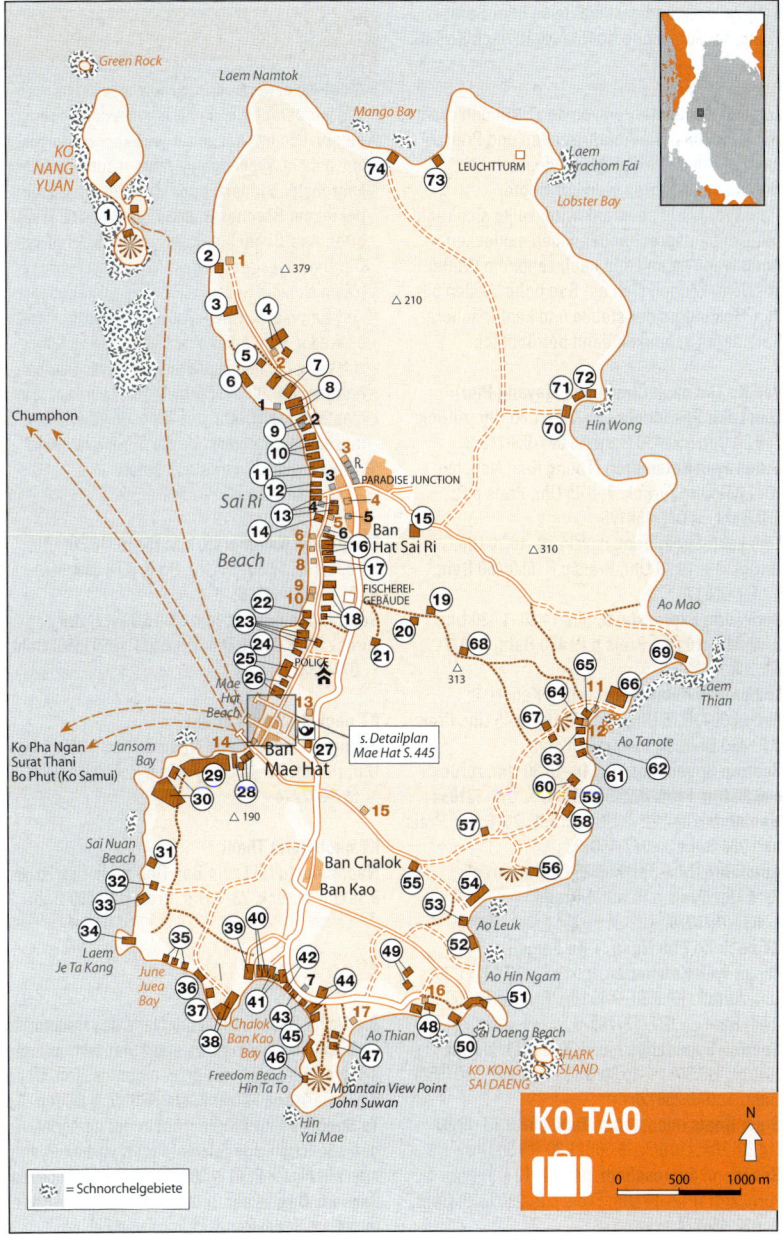

KO TAO

Sehr zeitaufwändig ist die Reise über Surat Thani, Ko Samui und Ko Pha Ngan nach Ko Tao.

Boote
Zu allen Booten fahren von den Stränden rechtzeitig Pickups. Die Abfahrtszeiten und Preise werden relativ flexibel gehandhabt. In der Nebensaison fahren weniger Boote.

Tipp: Wer leicht seekrank wird, sollte sich rechtzeitig mit entsprechenden Pillen eindecken. Auch wenn es an Land nach schönem Wetter aussieht, können sich auf See hohe Wellen bilden. Besonders der stabile und kentersichere Katamaran schaukelt dann beträchtlich.

Von Ko Tao nach Chumphon (Tayang Pier)
Lom Lakh Speedboot, hin: 10–11.30 Uhr, zurück: 7–8.30 Uhr, 550/450 Baht, ☎ 077-558212-3

Lomprayah Katamaran (Thung Kam Noi), hin: 10–11.45 Uhr, zurück: 7–8.45 Uhr, Preis p.P.: 550 Baht, ☎ 077-456176

Lom Lakh Speedboot, hin: 14.30–16.30 Uhr, zurück: 13–14.30 Uhr, Preis p.P.: 550/450 Baht, ☎ 077-456176

Songserm Expressboot, hin: 14.30–17.30 Uhr, zurück: 7–10 Uhr, Preis p.P.: 450 Baht, ☎ 077-506205

Lomprayah Katamaran (Thung Kam Noi), hin: 14.30–16.15 Uhr, zurück: 13–14.45 Uhr, Preis p.P.: 450 Baht, 🖳 lomprayah.com

Seatran Speedboot, hin: 16–19.30 Uhr, zurück: 7–9.30 Uhr, Preis p.P.: 550 Baht, ☎ 077-521052

Nachtboot, hin: 22–3 Uhr, zurück: 24–6 Uhr, Preis p.P.: 300 Baht, ☎ 077-456133

Autofähre (Mo–Sa), hin: 23–5 Uhr, zurück: 23–5 Uhr, Preis p.P.: auf Anfrage, ☎ 081-7970276,

KT nach Ko Pha Ngan (+ Ko Samui)
Lomprayah Katamaran, hin: 9.30–10.45 (11.30) Uhr, zurück: (8) 8.30–9.45 Uhr, Preis p.P.: 350 (580) Baht, ☎ 077-427765-6

Seatran Speedboot, hin: 9.30–11 (11.30) Uhr, zurück: (13.30) 14–15.30 Uhr, Preis p.P.: 350 (550) Baht, ☎ 077-238129

Slow Boats (nicht jeden Tag), hin: 9.30–12.30 (14.30) Uhr, zurück: (9.30) 11.30–14.30 Uhr

Songserm Expressboot, hin: 10–12 (13) Uhr, zurück: (11) 12–14 Uhr, Preis p.P.: 250 (350) Baht, ☎ 077-456274

Warnung
Aufgrund eines eindringlichen Leserbriefs weisen wir darauf hin, dass sich in akute Lebensgefahr begibt, wer mit dem Expressboot bei 2m hohem Wellengang fährt. Nicht nur die Fahrgäste, sondern auch das Personal steht bei jedem Brecher Höllenängste aus. Passagiere und Gepäck werden völlig durchnässt. Der Dieselgestank im geschlossenen Fahrgastraum ist nicht auszuhalten. Notausgänge lassen sich nicht öffnen. Auf dem Oberdeck gibt es weder Sitze noch eine Reling, um sich festzuhalten. Einheimische meinen, dass alle bisherigen Unfälle verschwiegen wurden. Sie empfehlen, während des Monsuns die Vormittagsboote zu nehmen, da die Stürme normalerweise am Nachmittag zunehmen.

Lomprayah Katamaran, hin: 15–16 (16.30) Uhr, zurück: (12) 12.30–14 Uhr, Preis p.P.: 350 (580) Baht, ☎ 077-427765-6

Seatran Speedboot, hin: 15–16.30 (17) Uhr, zurück: (8) 8.30–10 Uhr, Preis p.P.: 250 (550) Baht, ☎ 077-238129

KT nach Ko Samui direkt
Phangan Cruise (nach Nathon), hin: 9.30–11.30 Uhr, zurück: 12–14 Uhr, Preis p.P.: 550 Baht, ☎ 077-377274

KT nach Surat Thani
Nachtboot (direkt zum Ban Don Pier), hin: 20.30–5.30 Uhr, zurück: 23–8 Uhr, Preis p.P.: 400 Baht

Mae Hat Beach

Die kleine Badebucht in der Nähe des Hauptortes ist ziemlich verschmutzt und kann sich mit den anderen Stränden der Insel nicht messen. Doch die malerische Felsenküste Richtung Süden, **Ao Ta Saeng**, ist fürs Schnorcheln gut geeignet. An den südlichen Bungalowanlagen vorbei gelangt man auf einem Pfad in 20 Min. über den Hügel zur **Jansom Bay**, einer hübschen, privaten Badebucht mit Sandstrand, Palmen und Felsen.

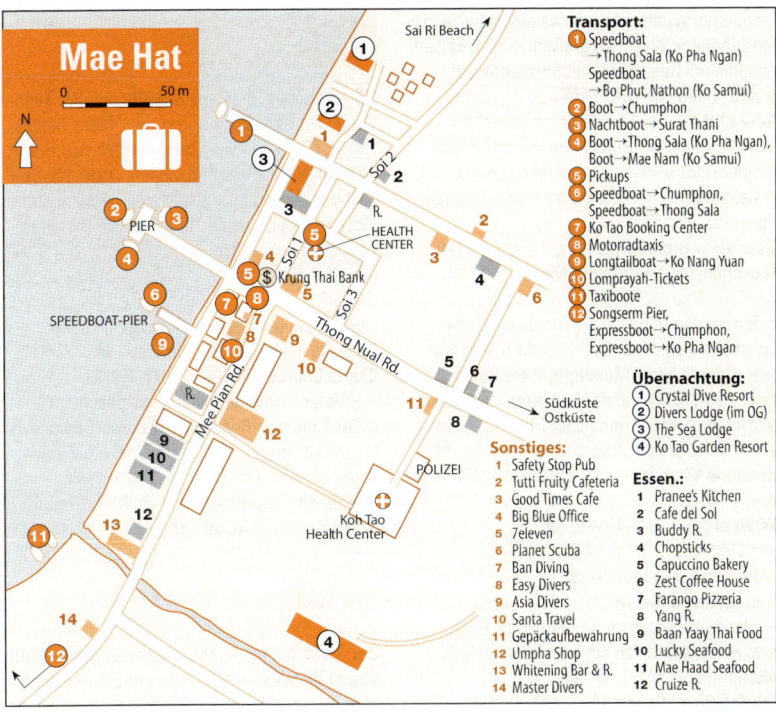

Mae Hat

0 — 50 m

N

PIER

SPEEDBOAT-PIER

Sai Ri Beach

R.

HEALTH CENTER

$ Krung Thai Bank

Thong Nual Rd.

Mae Pian Rd.

R.

Südküste
Ostküste

POLIZEI

Koh Tao
Health Center

Transport:
1 Speedboat
→Thong Sala (Ko Pha Ngan)
Speedboat
→Bo Phut, Nathon (Ko Samui)
2 Boot→Chumphon
3 Nachtboot→Surat Thani
4 Boot→Thong Sala (Ko Pha Ngan),
Boot→Mae Nam (Ko Samui)
5 Pickups
6 Speedboat→Chumphon,
Speedboat→Thong Sala
7 Ko Tao Booking Center
8 Motorradtaxis
9 Longtailboot→Ko Nang Yuan
10 Lomprayah-Tickets
11 Taxiboote
12 Songserm Pier,
Expressboot→Chumphon,
Expressboot→Ko Pha Ngan

Übernachtung:
1 Crystal Dive Resort
2 Divers Lodge (im OG)
3 The Sea Lodge
4 Ko Tao Garden Resort

Sonstiges:
1 Safety Stop Pub
2 Tutti Fruity Cafeteria
3 Good Times Cafe
4 Big Blue Office
5 7eleven
6 Planet Scuba
7 Ban Diving
8 Easy Divers
9 Asia Divers
10 Santa Travel
11 Gepäckaufbewahrung
12 Umpha Shop
13 Whitening Bar & R.
14 Master Divers

Essen.:
1 Pranee's Kitchen
2 Cafe del Sol
3 Buddy R.
4 Chopsticks
5 Capuccino Bakery
6 Zest Coffee House
7 Farango Pizzeria
8 Yang R.
9 Baan Yaay Thai Food
10 Lucky Seafood
11 Mae Haad Seafood
12 Cruize R.

Ko Pha Ngan und Ko Tao

Übernachtung

Beach Club Dive Resort ㉕, ℘ 077-456222, ✉ info@kohtaobeachclub.com; gepflegte Anlage, senkrecht zum Strand stehen 12 komfortable Doppelbungalows mit Fan bzw. AC, 9 Hütten mit/ohne Du/WC für Tauchschüler dahinter, überhöhte Preise; Restaurant; Tauchschule von Easy Divers. ❺

Mr J.'s Bungalow ㉖, ℘ 077-456067, Terrassenhäuser am Hang, Zi mit und ohne Du/WC, vegetarisches Restaurant, Bücher, Minimart, Western Union, Uhrmacher; Fahrräder und vieles mehr. Viele witzige Slogans hängen herum. ❷, AC ❺

Baan Tao Bungalows ㉖, ℘ 077-456201, ✉ hammykohtao@hotmail.com, nette, saubere, eng stehende Bungalows am Hang mit Du/WC und Veranda, teilweise Blick aufs Meer. Sehr

ruhig und trotzdem nur 5 Min. vom Zentrum von Mae Hat. ❸, AC ❹

Auf dem Kap aus großen, glatten Granitfelsen liegen von Süd nach Nord: **Queen Resort** ㉔, ℘ 077-456002, viele Hütten ohne Du/WC und Steinbungalows am Felsenhang; Restaurant oben mit schöner Sicht übers Meer, freundlicherBesitzer, Video. Tauchschule. ❷–❸

Tommy's Dive Resort ㉔, ℘ 077-456039, ✉ tommy_resorts@hotmail.com; z. T. große Bungalows sowie Zi im 2-stöckigen Hauptgebäude; Restaurant mit Abwassergestank. Tauchschule LV Diving. ❸, AC ❹

View Cliff 2 ㉓, ℘ 077-456353, große, saubere AC-Bungalows, z. T. mit schöner Sicht, Fan-Zi im OG des Apartmenthauses. ❸–❹, AC ❺

D.D. Hut ㉓, ℘ 077-456077, verdorrte Wiese am Hang, links und rechts Matten-, Holz- und Steinbungalows in unterschiedlichem Zustand, winziger Sandfleck zwischen großen, runden Felsen; gemütliches Restaurant mit Sitzmatten am Boden, Video. ❷–❸ AC ❹

View Cliff ㉓, ☎ 077-456353, ✉ viewcliff@hotmail.com, komfortable Matten- und Steinbungalows zwischen runden Felsen, saubere Zi im Reihenhaus; Restaurant mit Video, freundliche Leute. ❷–❹

Clear View Bungalows ㉒, gut eingerichtete Häuschen, 5500–6000 Baht/Monat.

In den Bergen liegen drei ganz ruhige Bungalowanlagen, zu denen man wandern oder teilweise fahren kann: **Moonlight View Bungalows** ⑲, ☎ 089-2917417, einfache Hütten mit Moskitonetz hoch oben am Hang über Mae Hat, umwerfende Sicht. Steile Zufahrt, Abhol-Service. ❷
Mountain View ⑳, ☎ 077-456094, 15 Min. vom Strand. ❷
OK View ㉑, ☎ 077-456138. ❷

Südlich von Ban Mae Hat

Blue Diamond Resort ㉘, ☎ 077-456255, ✉ bluediamond_resort@yahoo.com, Bungalows mit Bad und Fan am Hang; 2-stöckiges Restaurant am Meer. ❸–❹
Koh Tao Royal Resort ㉘, ☎ 077- 456156, 🖳 www.koh-tao-royal-resort.com, verschiedenartige Bungalows in tropischem Garten am Strand. ❸–❹, AC ❺
Sensi Paradise Resort ㉙, ☎ 077-456244, 🖳 www.kohtaoparadise.com; weitläufige, Anlage am Hang mit verschiedensten, relativ teuren Bungalows und Häusern, Bäder ohne Warmwasser; Swimming Pool. Das gepflegte Restaurant liegt schön über den Felsen am Strand und ist relativ günstig; hier gibt es Early-Morning-Tea und Afternoon-Coffee. Unterhalb eine nette Steinbucht mit grobem Korallensand, nichts zum Baden, aber gutes Schnorcheln zwischen Korallen und einem Wrack, Meerwasserentsalzungsanlage; recht laut durch permanenten Bootsverkehr. ❺, AC ❻–❽

Jansom Bay

Jansom Bay Bungalows ㉚, ☎ 089-0315324, große Bungalows am Strand, in einer hübschen Felsenbucht und am Hang, einige heruntergekommen, gutes Restaurant mit gemütlicher Terrasse mit fantastischem Blick. ❸
Charm Churee Villa ㉚, ☎ 077-456393, ✉ info@charmchureevilla.com; geschmackvolles Boutique-Resort mit 32 Luxus-Bungalows in großem, gepflegtem Garten, nahe bei einem hübschen, von Felsen eingerahmten Mini-Strand, Seafood-Restaurant am Meer, freundliches Personal. AC ❻–❼

Cocktails zum Sonnenuntergang

In der netten, gepflegten **Whitening Bar** kann man auf dem Balkon, der aufs Meer hinaus geht, pfiffig gemixte Cocktails (120–150 Baht) schlürfen und das angenehme Ambiente genießen, besonders schön zum Sonnenuntergang. Die originalen Thai-Gerichte kosten etwas mehr als sonst.

Sai Ri Beach (Sairee Beach)

Der 2 km lange, leicht geschwungene Sandstrand im Westen der Insel erlaubt nur bei hohem Wasserstand problemloses Schwimmen, ansonsten müssen Korallenstöcke und Steine umwatet werden, um tieferes Wasser zu erreichen. Die meiste Zeit des Jahres kann man hier gut schnorcheln, das Wasser ist recht klar und die Bucht liegt geschützt. Nur 100 m vom Ufer entfernt beginnt das Riff. Am schönen, breiten Strand hausen manchmal blutrünstige Sandfliegen. Zwischen Strand und Betonweg liegen viele nette, kleine Restaurants und Bars, die Bungalowanlagen vorwiegend auf der anderen Seite. Es ist bedeutend angenehmer, am Strand entlang zu wandern, als auf dem Betonweg dauernd den Mopeds auszuweichen. Trotzdem schätzen Kinderwagenschieber und Rollifahrer diesen Betonweg sehr. Im Hinterland liegt das kleine, vom Bauboom heimgesuchte Dorf **Sairee Village**. Der Sai Ri Beach, der längste und beliebteste Strand der Insel, hat sich in seinem südlichen und mittleren Teil zu einem Party-Strand entwickelt. Vor allem die Umgebung vom AC Resort ist nichts für Ruhesuchende.

Im nördlichen Teil mit seinen kleinen Buchten und steilen Hängen geht es ruhig zu. Hier fühlen sich Naturgenießer noch wohl.

Übernachtung

Alle Anlagen liegen unter hohen Palmen, am Strand stehen vielfach schattige Laubbäume. Nicht alle Resorts halten ihren Strandabschnitt sauber. An langen Wochenenden und Feiertagen strömen Erholung suchende Thais an diesen Strand. Fast alle Unterkünfte gehören zu einer Tauchschule, viele gute Zimmer sind mit Tauchkurs spottbillig (z. B. 100 Baht anstatt 400 Baht).

In Touch Resort ⑱, ✆ 077-456514, romantischer, tropischer Garten, ältere Bungalows, durch viele Pflanzen vom Weg abgeschirmt; Beach Bar und Restaurant. ❷–❸

AC Two ⑱, ✆ 077-456195, schöne Holz- und Mattenbungalows mit Du/WC, im Halbkreis um eine Palmenwiese, umgeben von vielen Büschen, gut ausgerüstete Terrasse; nettes Restaurant am Strand. Hier sind Nicht-Taucher willkommen. ❸, AC ❺

AC Resort ⑱, ✆ 077-456197, 🖥 www.acresort. com, gepflegte Anlage, hübsche Bungalows im Halbkreis ums Restaurant an der Straße (Video), z.T. am Hang und auf dem Hügel (80 m vom Betonweg entfernt), 2-stöckige Reihenhäuser; Pool, Bars und lauter Pub am Strand, gutes Restaurant. Tauchbasis. ❸–❹

Ban's Diving Resort ⑰, ✆ 077-456466, 🖥 www. amazingkohtao.com, mehrstöckiges, auffälliges Hotelgebäude mit moderner Einrichtung, auch Familienzimmer, ansprechender Pool. ❸, AC ❹

Koh Tao Island Resort ⑰, ✆ 077-456295, saubere Steinbungalows, z.T. am Strand, nette, gepflegte Gartenanlage; Restaurant. Trotz zentraler Lage recht ruhig. ❺, AC ❻

S.B. Cabana 1 ⑯, ✆ 077-456005, weitläufige Anlage, Bungalows im Halbkreis und in mehreren Reihen in Palmenplantagen, große Bungalows mit AC und Warmwasser; Restaurant am Strand. ❸–❹, AC ❺

Sairee Cottage ⑭, ✆ 077-456126, ✉ nitsairee @hotmail.com, gepflegter Palmengarten, nette, einfachere und bessere Bungalows im Halbkreis; gutes Strand-Restaurant mit flinkem

Service, von einem netten, jungen Team gemanagt. Gute Atmosphäre. Häufig voll, keine Reservierung möglich. ❹, AC ❺

Sea Shell Resort ⑬, ✆ 077-456299, 🖥 www. kohtaoseashell.com, gute Holz- und Mattenbungalows mit Fan in einem nett angelegten, weitläufigen Palmengarten, AC-Betonbungalows für große Familien geeignet, Service mit Mängeln; Strandrestaurant. Tauchschule. ❸, AC ❺

Lotus Resort ⑬, 🖥 www.siamscubadive.com, ✆ 077-456297, große, gut eingerichtete Bungalows jenseits des Strandwegs, keine Strandsicht, Tauchschule. ❸, AC ❹

Silver Sand Resort ⑬, ✆ 077-456603, saubere, gut unterhaltene Bungalows im alten Stil; Restaurant am Strand, Tauchschule. ❷–❹, AC ❺

Big Blue Diving Resort ⑫, ✆ 077-456415, 🖥 www.bigbluediving.com (mit WebCam), 2-stöckiges Reihenhaus und 5 Bungalows mit Du/WC und Fan oder AC; erstklassiges Restaurant am Strand mit super Pizza, nette Beach Bar zum Entspannen. Tauchschule Big Blue, 4 große AC-Schulungsräume, Kurse finden auf Wunsch auf der Terrasse unter dem großen Baum am Strand statt. Gratis Wireless Internet. Vermieten auch Sea Canoes. ❸–❹, AC ❺

Simple Life Villa ⑫, ✆ 077-456142, schmale Anlage mit einem sauberen Reihenhaus aus Stein, beliebt bei Backpackern, freundliches Personal; Bambusrestaurant am Strand. ❸

Sunset Buri Resort ⑪, ✆ 077-456266, überteuerte Steinbungalows in gepflegtem, schattigem Garten mit Rasen, Büschen und kleinen Palmen, schmuddelige Badezimmer, unmotiviertes Personal; Restaurant, Mini-Pool, Minimart mit Internet am Strand; sehr laut, Strand schmutzig. ❹, AC ❺

Sai Ree Hut Dive Resort ⑪, ✆ 077-456000, ✉ saireehutresort@hotmail.com, ältere und sehr hübsche neuere Bungalows dicht auf dicht; tolle, niedrige Kokospalmen. ❸–❹, AC ❹

Blue Wind ⑩, ✆ 077-456116, ✉ bluewind_wa @yahoo.com, viele einfache Hütten in schattigem, ungepflegtem Garten; 2-stöckiges Restaurant am Strand mit bemerkenswertem Essen; Bäckerei. ❸–❹, AC ❹

Crystal Dive Resort Sairee ⑩, ✆ 077-456954, gut erhaltene Holzbungalows; Restaurant vorn. ❸

Mama O'Chai Bungalows ⑩, ✆ 077-456352, saubere Bungalows aus Zementplatten am Strand. ❸

Pranee ⑨, ✆ 077-456080, Bambusbungalows in schöner Anlage; nette Leute. ❸

Ko Tao Coral Grand Resort ⑨, ✆ 077-456431, 🖥 www.kohtaocoral.com, 78 witzig aussehende AC-Bungalows aus modernen Baumaterialien, Wände aus Zementplatten, Dach mit Dachpappe gedeckt. Pool. AC ❻–❽

Bow Thong Beach ⑧, ✆ 077-456 351, alte, heruntergekommene und neuere, überteuerte Bungalows in schöner Anlage; brackiges Wasser; Restaurant am Strand, malerische Felsen; die nicht sehr freundliche Besitzerin ist ab 21 Uhr nicht mehr erreichbar. ❸–❹, AC ❺

Ko Tao Cabana ⑧, ✆ 077-456250, 🖥 www. kohtaocabana.com, Komfort-AC-Bungalows weiter im Inland, wirken von außen recht ansprechend, die Inneneinrichtung ist betoniert und geweißelt, offenes Bad, professionelles Personal. AC ❻

An den nördlichen Hängen gibt es einige Anlagen, die mit dem Motorradtaxi für 30 Baht zu erreichen sind.
Vorsicht: Der steile Betonweg ist nichts für Anfänger auf dem Moped! Auf der gefährlichen Auffahrt, die unter Franzosen als Mutprobenstrecke gilt, ereignen sich jeden Tag Unfälle.

Golden Cape ⑦, ✉ golden_cape @hotmail. com, ✆ 077-456 609, 10 einfache, etwas heruntergekommene Hüttchen mit/ohne Du/WC; Restaurant am Palmenhang. ❶–❷

Silver Cliff ⑦, ✆ 09-2907546, unterschiedliche Stein- und Holzbungalows am steilen Hang zwischen tollen Felsen; schöne Meersicht; einfaches Restaurant oben auf dem Kamm, freundliches Personal. ❸

Sun Sea ⑤, ✆ 087-7456579, einsam gelegen, Hütten mit toller Aussicht, teures Trinkwasser, freundliche Leute. 10 Min. zum Strand. ❷

Sairee View Resort ④, ✆ 077-456649, gepflegte Bungalowanlage unter Palmen auf einem Hügel mit schöner Aussicht auf Sai Ri, im Restaurant sind mittägliche Gäste nicht willkommen, Wal-Skelett. ❸

Ko Pha Ngan und Ko Tao

Sabai Sabai Resort ⑮, ✆ 077-456473, wunderschöne Anlage der Tauchschule Scuba Junction, abgelegen in einem ruhigen Tal mit schattigen Bäumen und vielen Blumen, großzügig verteilte, große Bungalows aus Naturmaterialien, mit Balkon, Hängematten und Warmwasser-Du/WC. Preis nach der Anzahl der Tauchgänge, zumeist gratis. ❷–❹

Thipwimarn Resort ③, ✆ 077-456409, 🖥 www. thipwimarnresort.com, kleine, gestylte Anlage am Hang, Ried-gedeckte Stein-Holzbungalows mit Fan oder AC, herrliche Sicht, tolle Landschaftsarchitektur, kleiner Strand, teures Restaurant mit klasse Ambiente. ❺, AC ❻–❼

Here and Now Resort ②, ✆ 077-456730, 🖥 www.hereandnow.be, Center For Taichichuan, 13 schattige Hütten im alten Stil mit und ohne Du/WC, am Ende des öffentlichen Weges herrlich zwischen Felsen gelegen, tolle Aussicht auf Ko Nang Yuan, Strom von 8–22.30 Uhr, kein Strand. ❶–❹

Die Auswahl an netten Restaurants am Strand ist riesig. Einige sind zwar sehr touristisch und einige haben gesalzene Preise, aber jeder findet etwas Passendes. Allerbeste Qualität bietet das fast schon luxuriöse **Papa's Tapas**; die Köche aus Schweden haben einige Preise gewonnen, z. B. mit ihren Beeren-Cocktails.
Das sehr beliebte **Portobello Bistro** serviert erstklassige italienische Kost.
Im **New Heaven Deli** bekommt man Kuchen, Brötchen und guten Kaffee (Caffe Latte für 50 Baht). Sehr schön eingerichtet ist das **Coffee Corner**, neben 7eleven.
Im **AC Party Pub** vor dem AC Resort geht das laute Leben erst nach Mitternacht los.

Geld
Es gibt mehrere Geldautomaten.

Medizinische Hilfe

Sairee Clinic, ✆ 077-456412, neben 7eleven, untersucht gründlich, erfahren in Wundbehandlung, ⏰ 8–22 Uhr.

Physician Clinic, ✆ 077-456037, in Sairee Village, Arzt für Allgemeinmedizin, Erste Hilfe, Krankentransport.

Yoga

Here & Now, 🖥 www.HEREandNOW.be, bietet traditionelle Thai Yoga-Massage und Kurse in Qigong /Taijiquan mit Martin, einem Lehrer aus Deutschland (10 Lektionen für 2800 Baht).

Transport

Boote nach KO NANG YUAN fahren auf der Höhe vom Sea Shell Resort ab.

Sai Nuan Beach und June Juea Beach

Auf einem recht schwierigen Pfad Richtung Süden, gespickt mit scharfkantigen Felsen, hartem Gebüsch und trügerischen Wurzeln, erreicht man vom Pier nach gut 2 km den kleinen Sandstrand **Sai Nuan**. Nur durch ein Kap getrennt liegt der abgeschiedene **June Juea Beach,** der zu Fuß von der Chalok Ban Kao-Bucht zu erreichen ist. Leider verlieren die Strände in dieser Gegend jährlich immer mehr Sand. 300 m weiter schiebt sich das Kap **Laem Je Ta Kang** ins Meer hinaus. Normalerweise passt ein Longtail-Boot neue Gäste am Pier ab.

Übernachtung

Sai Thong ㉛, ✆ 077-456476, 🖥 www.sai-thong. com, viele schöne Bungalows mit Du/WC; eigener Pier, Spa mit Salzwasserpool. ❸–❺
Siam Cookie ㉜, ✆ 077-456231, an einer schönen, kleinen Sandbucht, Bungalows mit und ohne Du/WC, denen eine Auffrischung guttun würde; reserviertes Personal. ❶–❹
Char ㉝, ✆ 077-456450, beliebte, etwas heruntergekommene Anlage am steilen Hang, einfach, ruhig und freundlich, aber mit Video. ❷–❸

Tao Thong Villa ㉞, ✆ 077-456078, kleines gemütliches Familienresort, malerisch auf einer Felsnase, zwei kleine Buchten mit ein wenig Strand, einfache, saubere Bungalows, z. T. tolle Sicht; kleines, günstiges Restaurant auf dem Kap; schönes Schnorcheln, Touren werden angeboten; Safes stehen zur Verfügung, in der Nebensaison geöffnet. ❶–❸
Moon Dance ㉟, ✆ 077-456762, einfache, gut unterhaltene, etwas kleine Bambus- und Holzhütten, gefliestes Bad, Restaurant direkt am weißen Sand. Ruhe pur. Eigener, kleiner Sandstrand, von dem aus man schnorcheln kann. ❷
Zwei weitere Anlagen in einer kleinen Bucht rechts und links, durch große, runde Steine getrennt: **Sunset** ㊱, ✆ 077-456761, ✉ lovelysunset @hotmail.com, 500 m hinter dem Kap an einer kleinen, von Felsen eingerahmten Sandbucht, einfache, blau gestrichene Mattenhütten mit Gemeinschaftsbad und bessere, saubere Holzbungalows unter Palmen; einige sehr gute Gerichte, nettes Schnorcheln am rechten Rand, Ausrüstung zu mieten; freundliche Familie. ❶–❹
Orchid Cliff Resort, ✆ 085-7824838, wenige, dem Wind ausgesetzte, saubere Bungalows auf einem Cliff mit spektakulärem Blick. ❸–❹

Chalok Ban Kao Bay

Die tiefe Bucht im Süden wird malerisch von Palmen und Felsen begrenzt. Sie weist bei hohem Wasserstand einen sehr schönen Sandstrand auf. Bei Ebbe ragen viele Korallenfelsen aus dem Wasser. Wer schwimmen will, muss 100–300 m durchs Wasser waten oder 15 Min. zum kleinen, hübschen **Freedom Beach** wandern, der allerdings privatisiert und um eine Bungalowanlage bereichert wurde. An den schmalen Stränden mit feinem Sand hausen manchmal Sandfliegen. Ein Ausflug zum östlichen Kap mit den vorgelagerten, bizarren Felsen **Hin Ta To** und **Hin Yai Mae**, von Einheimischen als „Geisterfelsen" bezeichnet, lohnt sich. Auch der **Mountain View Point John Suwan** ist reizvoll, festes Schuhwerk ist sehr empfehlenswert.

Die beliebte Bucht ist etwa 2 km auf dem „Highway" von Ban Mae Hat entfernt. Entlang der Straße haben sich Restaurants, Bars, Tauchbasen, Reisebüros und Läden angesiedelt. Es gibt sogar schon einen 7eleven mit Geldautomat. Auch vom Meer her ist es nicht gerade ruhig. Viele Tauch- und Touristenboote starten und landen in der Bucht. Alle 7–14 Tage findet eine laute Beach-Party statt. Immer mehr Palmen müssen modernen Bungalows weichen, das Bild der Bucht wandelt sich.

Übernachtung

Viewpoint Resort ③⑧, ✆ 077-456666, 🖥 www. kohtaoviewpoint.com, einfache, baufällige Hütten und AC-Luxusbungalows in balinesischem Stil mit umwerfender Sunset-Sicht, akzeptables Essen; verwaltet von Big Bubble. ❷, AC ❺

Big Bubble Dive Resort ③⑧, ✆ 077-456669, 🖥 www.bigbubble.info, am rechten Rand der Bucht, über einen Steg zu erreichen, große Bungalows mit oder ohne Du/WC am Hang und am Sandstrand, nur für Taucher; die billigen sind nur Abenteuer-Urlaubern zumutbar. Preiswertes Restaurant auf Pfählen über dem Wasser. Deutsche Leitung. ❷–❸

Laem Klong Resort ③⑨, ✆ 077-456333, weißer, 2-stöckiger Betonbau ohne Atmosphäre; gelobt werden das Essen und das freundliche Personal. Tauchschule. ❸

Sunshine Resort 2 ④⓪, ✆ 077-456154, schön angelegte, gute Bungalows in 4 Reihen unter wenigen Palmen (sehr laut je nach Abstand zum Video-Restaurant), Reihenhaus sowie neuere Hütten jenseits vom Weg bei der Müllkippe (20–30 m vom lauten Generator); zur Bucht offenes Restaurant neben Bar, Sala und Ruhezone, sehr flaches Meer; unfreundlicher Manager. ❸

Sunshine Resort 1 ④⓪, ✆ 077-456155, Steinbungalows sowie 2-stöckiges Reihenhaus in üppigem Garten, Restaurant und Shops am Strand. ❷–❸, AC ❹

Buddha View Dive Resort ④①, ✆ 077-456074, 🖥 buddhaview-diving.com; schmale Anlage, Doppelbungalows und ein 2-stöckiges Reihenhaus, nur für Tauchschüler; Restaurant und Shops am Strand, freundliches Personal. Pool. Tauchschule. ❷–❸, AC ❹–❺

Carabao Dive Resort ④①, ✆ 077-456635, ✉ carabao69@hotmail.com, 2-stöckiges

Reihenhaus in der Mitte des mit Rohren gesicherten Strandes unter Palmen, oben Sicht aufs Meer, Restaurant mit Sitzpolstern und Video, Tauchschüler. ❷

Ko Tao Tropicana ④②, ✆ 077-456167, ✉ wantropicana1@hotmail.com, 🖥 www. on-koh-tao.com/tropicana-resort.htm; Doppelbungalows und Fan-Zimmer im 2-stöckigen Reihenhaus, schneeweiße Fliesen in Zimmer und Bad, Moskitofenster, keine Palmen, freundliches Personal, gemütliches Strandrestaurant, gute Schnorcheltouren. Vorwiegend Tauchschüler von Buddha View. ❸, AC ❹

J.P. Resort ④②, ✆ 077-456099, 🖥 www.on-koh-tao.com/jp-resort.htm; große Anlage diesseits und jenseits der Straße, saubere Fan-Zimmer im 2-stöckigen Reihenhaus am Hang und, saubere AC-Bungalows hoch oben mit toller Aussicht, Restaurant am Meer mit amerikanischen Videos, Pool, Tauchschule. ❸, AC ❹

Bhora Bhora Resort ④③, ✆ 077-456045, 🖥 www.bhorabhora.com, gepflegte Steinbungalows am steilen Hang jenseits der Straße, traumhafter Blick auf die Bucht. Neue Leitung. ❹

Big Fish Dive Resort ④③, ✆ 077-456290, 🖥 bigfishresort.com; Bungalows und Reihenhäuser (fast nur für Tauchschüler, z.T. gratis) nahe am Strand, mit Fan und Bad/WC, sowie einige geräumige AC-Bungalows; Restaurant am Strand, jeden Abend Barbecue, Satelliten-TV, E-Mail, guter Service, PADI-Tauchschule unter amerikanischer Leitung. ❷–❸

Ko Tao Cottage ④④, ✆ 456134, 🖥 www.kotao resort.com, unter Palmen am Strand und am Hang, geräumige, saubere, gemauerte AC-Bungalows mit Bad und Terrasse sowie Reihenhäuser. Gepflegte, überteuerte Anlage mit höflichem Personal; Restaurant, Pool, E-Mail. Kajaks, Tauchschule, hoher Rabatt für Tauchschüler, nehmen aber auch Nichttaucher auf. ❹, AC ❻

Aud Bungalow ④⑤, ✆ 456453, einfache, nette Hütten am linken, windigen Rand des schmutzigen Sandstrands, große Bungalows für Kleingruppen auf dem Palmenhügel dahinter; Reggae-Bar ⊙ bis 2 Uhr. ❷

Taa Toh Lagoon Dive Resort ④⑥, ✆ 077-456192, ✉ info@taatohdivers.com, 600 m nach Süden über den Hügel Richtung Kap, schön gelegene, solide Holz- und Steinbungalows in gepflegtem, weitläufigem Gelände am steilen Hang und auf den Klippen; eigene kleine Bucht mit trübem Wasser und kleinem Sandstrand. Wird vorzugsweise mit Rabatt an Tauchschüler vermietet. Tauchschule mit deutschen Instrukteuren, gepflegtes Gerät. ❷–❹, AC ❺

Freedom Beach

Freedom Beach ㊻, ✆ 077-456593, wenige große, einfache Bungalows ohne Du/WC, am Hang mit schöner Sicht, ruhig und idyllisch; Restaurant auf halber Höhe. ❸

Essen und Unterhaltung

New Heaven auf dem westlichen Hügel von Ao Thian mit super Aussicht, gutes, teures Essen, langsamer, freundlicher Service, man sitzt auf dem Boden oder auf einer offenen Veranda mit Tischen und Stühlen.
Last Paradise, Panorama-Bar auf einem Hügel mit umwerfender Aussicht, einmal im Monat findet hier eine Blackmoon Party statt.
Taraporn Restaurant im Westen von Chalok Ban Kao Bay, direkt überm Wasser gebaut, über einen Betonsteg erreichbar, tolle Aussicht, abends immer voll, etwas unaufmerksamer Service. Es bietet Schnorcheltrips rund um Ko Tao.
Miramar Restaurant, auf dem Gipfel eines steilen Hügels, ist bekannt für seine spektakuläre Sicht und seine guten Tapas.

Rocky Beach (Ao Thian Ok) und Sai Daeng

Der Privatstrand **Rocky Beach** wird durch eine Schranke abgesperrt, nur Fußgänger und registrierte Fahrzeuge dürfen durch. In einem gepflegten Garten am westlichen Ende ergehen sich Truthähne und Perlhühner. Liegestühle und Sonnenschirme werden von der Beach Bar verwaltet. Der etwa 200 m lange, feine Sandstrand ist stark mit Korallenbrocken durchsetzt. Bei Ebbe bedecken abgestorbene Korallen und viel Müll die ganze Bucht. Schwimmen kann man nur bei

Die luxuriöseste Anlage der Insel

Das **Jamahkiri Resort & Spa**, ✆ 077-456400, 🖥 www.jamahkiri.com, ist eine traumhafte Anlage an einem felsigen Abhang: 12 große, einzeln stehende Bungalows mit gekonnt in die Felsen integrierten Zi, beste Ausstattung, unschlagbare Aussicht, viele Treppen, Pool im Felsen. Hoteleigener Strand, bei Flut wunderbar zum Schnorcheln. Erreichbar mit Jeep über eine abenteuerliche Piste mit vielen Schlaglöchern in ca. 15 Min. von Mae Hat, stündlicher kostenloser Transfer. ❽ Der **Wellnessbereich** (Massagen, Dampfbad) steht auch Tagesgästen offen. Aussichtsrestaurant, junge, dynamische Mitarbeiter, Abholservice bei telefonischer Anmeldung; ⏱ 10–20 Uhr.

hoher Flut sowie links und rechts an den bizarren, runden Felsen.

Vor dem Korallenriff kann man schnorcheln (Verleih an der Strandbar), aber die Sicht ist nicht gut. Oft kann man Schwarzspitzenhaie sehen.

Die **Sai Daeng-Bucht** erreicht man auf einem Fußpfad (1 km) vom Rocky Beach etwas landeinwärts über den Hügel oder per Motorrad auf einer 1,5 km langen Piste (Vorsicht, nicht ungefährlich). Mit etwas Glück bekommt man auch ein Taxiboot.

Am vorgelagerten Kap und am Rande der Bucht, bekannt als **Shark Bay**, kann man bei Flut schön schnorcheln.

Übernachtung

New Heaven ㊼, ✆ 077-456462, 🖥 www.newheavenresort.com, toll gelegene, beliebte Aussichtsbungalows für Paare und Kleingruppen am steilen Hang, auf der westlichen Seite der Bucht. Restaurant mit frischem Kuchen und fantastischer Sicht; schräg gegenüber der Auffahrt zum Taa Toh Lagoon. Zugang zum Meer über einen steilen Pfad. ❹–❺, AC ❻
OK 2 Bungalow ㊼, ✆ 077-456506, große Holzbungalows am Hang zwischen schattigen Laubbäumen, einige renovierungsbedürftig, viele Stammgäste, gute Aussicht. ❸

Rocky Resort ㊽, ✆ 077-456035, große Anlage am Ostende der Bucht mit Bungalows aller Generationen, auf, zwischen und unter den Felsen, am Hang und über dem Wasser. Direkter Zugang zum Meer über Treppen; nettes Personal, zufriedenstellendes Essen, Schnorchelverleih. Sehr unterschiedliche Lesermeinungen. ❸–❹
Coral View Resort ㊿, ✆ 077-456058, Sai Daeng Beach, schöne Holzhütten mit Du/WC und Steinbungalows am Hang, kein Zimmerservice; gutes Restaurant mit herrlicher Aussicht auf die Bucht und Shark Island; Schnorcheltouren. ❷–❹
New Heaven Huts ㉜, ✆ 077-456462, 🖥 www. newheavenresort.com, Sai Daeng Beach, schöne Bungalows, z. T. direkt auf den Felsen mit schönem Meeresblick, abseits der Massen, Yoga, Detox, Meditation, eigene Bäckerei, Tauchshop. ❷

Die Ostküste

Ao Leuk

Ao Leuk oder Ao Luk (gesprochen wie Glück ohne G) ist ein kleiner Strand im Südosten, ungefähr 200 m lang, mit einigen Palmen. Dem schmalen, weißen Sandstreifen ist ein steiniger Ufersaum vorgelagert. Es geht relativ steil ins klare Wasser, so dass man sehr gut schwimmen kann. Auch Schnorcheln ist schön. Im Sommer drängen sich viele junge Touristen auf dem kleinen Strand, der von den starken Boxen der Beach Bar beschallt wird. Die großen Fischerboote vor und der Müll am Rand der Bucht sorgen für Lokalkolorit. Zu Fuß, mit dem Motorrad oder Jeep gelangt man ab Ban Mae Hat nach 3 km durchs Innere der Insel zu dieser Bucht. Auch die Tanote Bay Taxis machen auf Verlangen einen Umweg hierher. Ein steiler Fußweg von 1,5 km führt zum Rocky Beach.

Ao Lang Khaay

Die kleine, ruhige, abgelegene Steinbucht mit den großen runden Felsen und dem fantastischen Blick auf den Shark Point eignet sich gut zum Schnorcheln. Um die Bungalows und das Meer zu erreichen, sollte man geländegängig sein.

Ao Tanote

Die malerische Bucht an der Ostküste ist auf einer extrem abschüssigen, abenteuerlichen Piste zu erreichen (4,5 km von Ban Mae Hat, 80 Baht). Unter Palmen und auf den Felsen stehen die Bungalows verschiedener Anlagen. Der etwa 200 m lange Strand ist von schönen Felsen durchsetzt. Um die großen Felsen in der Bucht tummeln sich viele Fische zwischen den unterschiedlichen, intakten Korallen. Wer zum Laem Thian hinüber schnorchelt, kann große Fische beobachten, z. B. Barrakudas und bis zu 2 m lange, nicht aggressive Riffhaie, die sich vorwiegend am Fuße des Riffs bewegen.

In Ao Tanote kann man direkt vom Ufer aus schnorcheln und tauchen. Im August ist das Wasser ideal ruhig, im Winter rau. Im August sind oft alle Bungalows in der Bucht belegt.

Laem Thian

Dieser winzige Strand liegt in der Mitte der Ostküste. Er besteht aus feinem Sand und ist von Felsformationen eingerahmt. Bei einer Wassertiefe von 2–12 m kann man gut schnorcheln, obwohl das Wasser relativ unruhig und wellig sein kann. Häufig beobachteten Schnorchler schon 3–7 bis zu 2 m lange Schwarzspitzenhaie! In Thailand ist bisher kein Hai-Angriff auf Schnorchler bekannt, dennoch sollte man sich vorsichtig verhalten.

Laem Thian liegt auf einer Jeep-Piste etwa 6 km von Ban Mae Hat entfernt. Der zum Teil recht steile, aber gut ausgebaute Pfad erfordert etwa 2 Std. Fußmarsch. Der Fußweg von Laem Thian nach Tanote Bay ist zur Zeit kaum begehbar.

Hin Wong

Am Ende eines engen Tales im Nordosten (4,5 km von Mae Hat) liegt diese idyllische Palmenbucht. Es gibt so gut wie keinen Strand, aber insbesondere an den Felsen links kann man sehr schön schnorcheln, deshalb legen auch viele Schorchelboote hier an. Zu erreichen über eine schlechte Piste von der Paradise Junction am Ende des Sai Ri Beach (ca. 40 Min. zu Fuß).

Mango Bay

An der breiten Bucht (auch: Mamuang Bay) im Norden mit ganz wenig Sandstrand kann man bei ruhigem Wasser schön schnorcheln. Zu erreichen per Boot oder über eine Straße von Sairee Village.

Übernachtung

Ao Leuk

Nice Moon ⑤, ☎ 077-456737, ✉ nicemoon43 @hotmail.com, am Hang über der Bucht, ältere Hütten in steilem Gelände, Du/WC z.T. unter dem Schlafraum, Balkone mit toller Sicht; mit dem Restaurant haben die freundlichen Besitzer ihren Traum von Schönheit verwirklicht. 4 Min. zum Strand. ❷

Aow Leuk 2 Resort ⑤, ☎ 077-456779, wenige Bungalows aus Zementplatten oben am Hang, heruntergekommen, einfache Restaurant-terrasse mit Blick über die Bucht. Der Service lässt zu wünschen übrig. ❸

Aow Leuk Resort ⑤, ☎ 077-456692, einfache alte und bessere neue Bungalows in einer Kokosplantage, Restaurant am Strand, in dem Gäste häufig essen sollten, um nicht verabschiedet zu werden. Die mangelnde Verständnisfähigkeit der Familie darf nicht als Böswilligkeit ausgelegt werden. Der Sohn an der Beach Bar sorgt dafür, dass Ruhesuchende schnell flüchten. ❷–❸

Ao Lang Khaay

Pahnun View ⑤, ☎ 077-456484, 081-0905910, einsam gelegene Holzbungalows mit blauen Dächern und großer Terrasse, gute Sicht auf die Bucht, etwas ungepflegt; gutes, aber relativ teures Essen. Weg zum Wasser sehr beschwerlich über hohe Felsbrocken, gutes Schnorcheln, kaum eine Liegemöglichkeit. ❷

Nok's Garden Resort ⑤, ☎ 077-456350, gepflegte, familiär geführte Anlage mit kleinen, frei stehenden Bungalows. Restaurant mit guter Sicht. Der Besitzer ist sehr um seine Gäste bemüht. Felsiger Strand. Die Anlage ist etwas schwer zu erreichen, aber mit Geländefahrzeug oder Motorroller ohne Probleme zugänglich. ❷

Lang Khaay Bay Bungalows ⑥, einfache Hütten hoch oben in den Bergen. ❶

Ao Tanote

Mountain Reef Resort ⑥, ☎ 077-456699, am südlichen, nachmittags schattigen Ende,

einfache, saubere Bungalows am steilen Hang sowie große Bungalows z.T. direkt am Meer; Restaurant mit schöner Aussicht auf die Bucht; freundliche, hilfsbereite Familie, gutes Schnorcheln rechts an den Felsen; Schnorcheltrips rund um die Insel werden angeboten. ❸–❹

Poseidon Bungalows ⑥, ☎ 077-456735, verschiedene Holzbungalows und größere Steinbungalows mit Balkon und schöner Sicht am flachen Hang unter Palmen; Restaurant vorn am Felsenstrand, manchmal laute Boxen; Abholung vom Pier per Jeep. Fan ❸–❺

Diamond Resort ⑥, ☎ 077-456591, ✉ diamond-tanote@hotmail.com, saubere Bungalows am Strand und am Hang; gutes Restaurant am Strand, Relax-Area unter Schatten spendenden Bäumen; davor breiter Strand mit grobem Sand. Schnorchelausrüstung 100 Baht/Tag. ❸ AC ❹

Black Tip Dive Resort ⑥, ☎ 077-456488, 🖳 www.blacktipdiving.com, Designer-Holzbungalows am Hang, einige Doppelbungalows mit gemeinsamem Bad. Tauchschüler bezahlen die Hälfte. Die futuristische Tauchbasis dominiert die Bucht. Gutes Restaurant, vor allem köstlich zubereiteter frischer Fisch und Seafood. ❸–❹, AC ❹–❺

Bamboo Hut ⑥, ☎ 077-456531, am Hang unter Palmen mit schöner Aussicht auf die Bucht, 15 saubere Bungalows am Hang und nette, geräumige Holzbungalows am Strand; Restaurant, gute Küche, unmögliches Personal. ❷–❸

Family Tanote Bay Resort ⑥, ☎ 077-456757, ✉ tanotebay@hotmail.com, 🖳 www.thaisouth. com/tanote; schöne, saubere Anlage am steilen Felsenhang mit vielen blühenden Büschen und Bäumen, kleiner Sandstrand zwischen runden Felsen, vorwiegend große Bungalows; Restaurant. Die z. T. einfache Ausstattung und der hohe Preis der Bungalows werden durch die einzigartige Lage wettgemacht; im August auf Tage im Voraus ausgebucht; das Management wird als unhöflich bis freundlich beurteilt. Daneben die Tauchschule Calypso unter straffer Leitung von Eugen Müllerschön. ❸–❹, AC ❺

Am Zufahrtsweg: **Island Hill Resort** ⑤, ☎ 077-456691, ❶.

Tanote View Resort ⑥, ☎ 077-456542, sechseckige, gemütliche Steinbungalows verschiedener Größe, die besseren mit DVD und Kühl-

Auf Ko Tao gab es Mitte 2007 über 40 Tauchschulen und Tauchresorts. Auf keiner anderen Insel der Welt werden so viele junge Menschen ins Tauchen eingeführt wie auf Ko Tao („Ko Taoch"). Der Standard aller von Ausländern geleiteten **Tauchschulen** ist generell sehr hoch, das Gerät wird laufend erneuert und in der Regel gut gewartet, Tauch-Unfälle hat es bei ihnen fast noch nie gegeben. Unfallopfer waren vor allem nicht ausreichend ausgebildete Instruktoren (*Dive Master*), die in Tauchschulen unter Thai-Leitung arbeiten – anscheinend zu viel und zu lange.

Achtung: In den Tropen ist es äußerst wichtig, zwischen den Tauchgängen viel zu trinken, da sonst Dehydrierung und Erschöpfung drohen. Es gab deswegen nach dem Tauchen schwerwiegende Unglücksfälle.

Sollte trotz aller Vorsicht ein Tauchunfall passieren, steht die **SSS Koh Tao Emergency Station,** 010-830533, 077-456577, mit 24 Std. Service zur Ersthilfe, Sauerstofftherapie und Transporthilfe zur Verfügung.

In Ko Samui gibt es eine **Dekompressionskammer** und Tauchärzte: **SSS Koh Samui Recompression Chamber,** 010-848485, 077-427427, www.sssnetwork. com. Auf Ko Tao steht eine Mono-Dekokammer bei Badalveda zur Verfügung, die Nutzung ist teuer, eine Versicherung vor Ort ratsam. Gute Tauchversicherungen gibt es unter https://www.daneurope.org. Verantwortungsvolle Tauchschulen beraten kostenlos. Die Tauchkurse kosten ab 9000 Baht für den Open Water Diver plus 800 Baht für das Manual. Unterschiedlich ist die Zahl der Tauchschüler pro Kurs, die Dauer des Kurses, der Spaßanteil und der Preisnachlass bei der Unterkunft. Bei manchen Tauchschulen kann man zum halben Preis wohnen.

Beständig hören wir Gutes über:
Big Blue Diving Center, 077-456415, info@bigbluediving.com, www.bigbluediving. com; in Mae Hat am Pier und am Sai Ri Beach; PADI 5-Sterne-IDC-Center, TUSA-Agentur, Instructor-Kurse alle 2 Monate. 140 Scubapro- bzw. US Divers-Sets (200 bar), Tauchcomputer zu mieten, sowie 142 Alu-Flaschen mit DIN- und INT-Anschluss, Befüllung auf 180 bar. 3 eigene Tauchboote für 15 bzw. 30 Taucher sind mit Satellitennavigation und 3D-Sonar ausgerüstet und erlauben eine große Vielfalt an Tauchtrips. Es werden Ganztags-, Frühstücks-, Sunset, Nacht- und Übernacht-Trips durchgeführt, um den Massen zu entgehen. 4 ständige und 15 temporäre Instruktoren aus Europa geben in 4 Schulungsräumen laufend PADI- und SSI-Kurse u. a. in Deutsch, 6 Tauchgänge sind normal: 2 sehr wichtige in Flachwasser, 2 mal bis 12 m Tiefe, 2 mal bis 18 m Tiefe. Eigenes Big Blue Dive Resort mit erstklassigem Restaurant. Engagierte schwedische Leitung.

Calypso Diving, 077-456745, eugentao@yahoo.de, www.calypso-diving-kohtao.de, kleines Tauchunternehmen (PADI und CMAS Thailand) in der Tanote Bay, unter Leitung von Eugen Müllerschön; hier werden Kurse von engagierten Tauchlehrern in sehr kleinen Gruppen abgehalten, in denen man wirklich etwas

schrank, Restaurant mit umwerfender Sicht auf die tief unten liegende Tanote Bay. ❸ – ❹
Belle Vue Camping ⑥⑦, 077-456788, einsam gelegen, der mühsame Anstieg beginnt beim Island Hill Resort. ❶

Laem Thian Beach
Laem Thian Bungalows ⑥⑨, 077-456477, pingpong-laemthian@hotmail.com, an einem steilen Hang, zum Teil mit Felsen, inmitten schö- ner Blumen. Unterschiedliche, renovierte Bungalows, mit Bad/WC; das große, von Weitem ins Auge fallende 2-stöckige Bauwerk direkt am Strand trübt die einstige Idylle. Es beherbergt unten ein Restaurant, oben Zimmer und auf dem Dach den Wäschetrockenplatz. ❶, AC ❹

Hin Wong
Hin Wong Resort ⑦⓪, 077-456006, schöne, gepflegte Anlage, einfache, geräumige Holzhütten

lernt. Geübte Taucher können paarweise ohne Guide direkt vom Ufer aus in einem herrlichen Revier bis ca. 15 m Tiefe tauchen oder sich von Eugen in seinem kleinen, leisen Schnellboot in andere Buchten fahren lassen.

Black Tip Diving, 🖥 www.blacktipdiving.com, 📞 077-456488, PADI 5-Sterne-IDC-Tauchschule, an der Tanote Bay, geleitet vom Thai Dam, der sehr gut deutsch spricht. Große Boote, beliebt.

Scuba Junction, 🖥 www.scuba-junction.com, 📞 077-456164; in Mae Hat und am Sai Ri Beach, kleine PADI 5-Sterne-Tauchschule (SSI Platinum), verantwortungsvoll geleitet vom viersprachigen Koen. Eigenes Resort Sabai Sabai in einem ruhigen Tal, mit Tauchkurs halber Preis.

Big Fish Dive Resort, 📞 077-456290, 🖥 www.bigfishresort.com; Chalok Ban Kao Bay. PADI 5-Sterne-Tauchschule, Kurse u. a. auf Deutsch, nette, persönliche Atmosphäre, amerikanische Leitung, Bezahlung mit Kreditkarte möglich. Mehrere gute Kritiken unserer Leser.

Weitere Tauchschulen u. a.:

New Way Diving, 📞 077-456527, 🖥 www.newwaydiving.com, Sai Ri Beach; kleine Gruppen, Übernachtung während des Kurses kostenlos.

Asia Divers, 📞 077-456055, 🖥 www.asiadivers.com, PADI 5 Sterne IDC-Center, Kurse und Tauchtrips, Tauchschule in Mae Hat, eigene Bungalows am Sai Ri Strand (freier Transport).

Dive Point, 📞 077-456231, 🖥 www.divepoint-kohtao.com, am Strand von Mae Hat, Tauchbasis ist ein voll bestücktes 27 m Tauchschulschiff, Besitzer aus Deutschland, Österreich und Australien. Tauchkurse nach PADI, CMAS und SSI Standards.

Planet Scuba (=Samui International Diving School), 📞 077-456110, 🖥 www.planet-scuba.net; PADI 5 Star CDC Center, Büro in Mae Hat, alle Kurse vom Anfänger bis Instruktor.

Ban's Diving Center, 📞 077-456061, 🖥 www.amazingkohtao.com; Sai Ri Beach, PADI 5 Sterne IDC-Center und CDC-Center, größte Thai-Tauchschule. Im „Diving Career College" werden zukünftige Tauchlehrer ausgebildet.

Crystal Dive, 📞 077-456107, 🖥 www.crystaldive.com/deutsch; u. a. deutsche Tauchlehrer, gute Ausrüstung, gute Stimmung. Schnorchler können mit aufs Boot, nicht unbedingt ein tolles Erlebnis. Mehrere Tauchresorts.

Big Bubble, 📞 077-456669, 🖥 www.bigbubble.info; PADI-Tauchschule an der Chalok Ban Kao Bay. Schnelle Video-Tauchkurse mit 4 Tauchgängen, u. a. in Deutsch, entspannte Atmosphäre.

4- bis 4 1/2-tägige PADI-Kurse zum *Open Water Diver* werden für 8500–9800 Baht angeboten, es gibt unterschiedliche Rabatte. Die **Tauchkurse** sollten 6 Tauchgänge, davon mind. 2 im tieferen Wasser, enthalten und mind. 4 volle Tage dauern (viele Tauchschulen bieten nur noch 3- bis 3 1/2-tägige Kurse mit 4 Tauchgängen an, was absolut zu wenig ist; auch am schriftlichen Begleitmaterial wird gespart). Das Zertifikat soll international anerkannt sein, PADI, CMAS oder SSI. Ein Tauchlehrer sollte max. 4–6 Schüler betreuen. Schriftliches Begleitmaterial ist absolut notwendig und viel Tauch-Theorie lebenswichtig. Jeder Tauchschüler kann sich an umweltfreundlichen Putzaktionen seiner Tauchschule beteiligen.

mit Du/WC und Balkon, gutes Essen, Schnorchelausrüstung zu mieten; geleitet vom netten Sahat und seiner freundlichen Familie. Tauchschule Hin Wong Divers, 🖥 www.hinwongdivers.com. ❷

Green Tree Resort ⑦1, 📞 077-456742, 🖥 www.shopart.com/thailand/greentree.html; Haupthaus und 3 Bungalows, z. T. mit Gemeinschafts-Du/WC, weitere sollen gebaut werden, steile Pfade, auch zum Bad; Noi und Joe pflegen eine familiäre Atmosphäre. ❶–❷

View Rock Resort ⑦2, 📞 077-456548, schöne Bungalows am steilen Hang mit traumhafter Aussicht, kleines Restaurant, kostenloser Abholservice. ❷

Mango Bay

Ao Muang Resort ⑦3, 📞 077-456665, schöne, neue Bungalows am Hang. AC ❺

Mango Bay Grand Resort ⑦4, 📞 01-5978395, ✉ mangobaytao@yahoo.com, 14 verschiedene schöne, romantische Bungalows am steilen Hang zwischen knorrigen Bäumen und großen Steinen, Restaurant, unter italienischer Leitung, verschiedenster Wassersport. ❹, AC ❺–❻

der Südinsel hochsteigen und die herrliche Aussicht genießen, das Motiv vieler Postkarten. Auch auf der Nordinsel gibt es einen Aussichtspunkt. Billig ist der Ausflug nach Ko Nang Yuan nicht.

Ko Nang Yuan   เกาะนางยวน

Reizvolle Korallenriffe gibt es an der nordwestlich vorgelagerten Insel Ko Nang Yuan, die von den Bewohnern *Hang Tao* (Schwanz der Schildkröte) genannt wird. Eigentlich besteht sie aus drei kleinen Inseln. Die mittlere und kleinste Insel ist bei Ebbe durch zwei Sandbrücken mit den anderen beiden verbunden und erzeugt so einen 3-zackigen Stern. Die Flut löscht das hübsche Bild zweimal am Tag wieder aus. Zurück bleibt die von herrlich runden Felsen umlagerte, zentrale Insel, die ein wenig an die Seychellen erinnert. Berge voll Korallenschutt hat der Taifun Gay 1988 an den Felsen aufgetürmt.

Einige hundert Taucher und Schnorchler bevölkern an manchen Tagen die 3–12 m tiefe Bucht **Japanese Gardens** und zerstören auch noch die letzten Korallen. Besonders faszinieren die Anemonenfische an den **Twins**, für Schnorchler gibt es ansonsten nicht mehr viele Fische zu sehen.

Auch an der Westküste der beiden größeren Inseln kann man schnorcheln. Mit etwas Glück sieht man sogar eine Muräne oder den Kugelfisch. Am nördlich vorgelagerten **Green Rock** locken Schildkröten und Höhlenlandschaften in 2–18 m Tiefe. Schwer zu ertragen sind die Abgase der Tauchboote und der großen Ausflugsschiffe. Tagsüber sind die Inseln völlig touristisch, ruhige Stimmung kommt erst nach 16 Uhr auf. Mit ordentlichem Schuhwerk kann man auf Betonstufen an vielen Bungalows vorbei zum Viewpoint

Übernachtung

Nang Yuan Dive Resort ①, ✆ 077-456088-93, 🖥 www.nangyuan.com, auf den drei Inseln liegen 50 gute, teure Bungalows mit Fan oder AC, z. T. Kühlschrank und Balkon sowie 30 einfache Hütten (Service alle 2 Wochen). Die schattenlosen Bungalows können im April unerträglich heiß werden. Auf der kleinen, mittleren Insel liegt das riesige, teure Restaurant, schleppender Service. Waschwasser ist rationiert, da es mühsam von Ko Tao gebracht werden muss. Auslandsgespräche sind möglich. Das Preis-Leistungs-Verhältnis halten viele Leser für unakzeptabel, für andere ist die kleine Insel die Krönung ihres Thailand-Urlaubs. Tauchschule. ❺, AC ❻

Transport

Man erreicht die Insel ab BAN MAE HAT bei ruhiger See mit dem Taxiboot um 10 und 16.30 Uhr für 30–50 Baht (hin und zurück 60–100 Baht); zurück um 8.30 und 16 Uhr, Eintritt 100 Baht. Auch vom SAI RI BEACH fahren Boote hinüber (50 Baht), individuelle Abholung vor 16 Uhr ist möglich (Preis ist Verhandlungssache). Im Restaurant rechts vom Anlegesteg kann man die Tickets buchen. Plastikflaschen und Getränkedosen dürfen nicht auf die Insel mitgenommen werden, da zu viele uneinsichtige Traveller ihren Abfall nicht mit zurücknehmen.

Die Nördliche Andamanenküste

Stefan Loose Traveltipps

7 **Phang Nga Bay** – Aus dem spiegelglatten Meer erheben sich pittoreske Karstfelsen mit Wasserhöhlen und Lagunen. S. 461

8 **Similan** Tauchgründe von Weltklasse überzeugen mit ihrer einmaligen Unterwasserwelt und Artenvielfalt. S. 464

9 **Khao Lak** Die schönen Sonnenuntergänge sind an den kilometerlangen Stränden das abendliche Highlight. S. 466

Khao Sok In Baumhäusern oder schwimmenden Bambushütten den nächtlichen Dschungelgeräuschen lauschen. S. 481

Surin Vor den Inseln beim Schnorcheln mit Korallenfischen spielen. S. 489

Mangrove Forest Reserve Center Auf einem Plankensteg durch einen Mangrovenwald wandern. S. 491

Ranong In den Mineralquellen ein paar heiße Stunden genießen. S. 494

Ko Chang Sich in der Abgeschiedenheit von Mama's Restaurant an feinen Gerichten aus aller Welt laben. S. 501

Dieser kaum 300 km lange Küstenabschnitt hat landschaftlich erstaunlich viel zu bieten. Allein das Meer kann mit den verschiedensten Facetten aufwarten. In der bizarren Landschaft des Phang Nga Bay National Parks ragen 40 Inseln aus dem milchigen Grün, einige mit steilen Karstfelsen, über 300 m hoch. Weiter nördlich, am beliebten Badestrand von Khao Lak, zeigt sich das Meer, wie man es von einem Südseeparadies erwartet: azurblaues Wasser, mit goldgelbem, palmengesäumtem Sandstrand und netten, oft naturnahen Hotels und Bungalowanlagen. Im Norden überwiegen die Mangrovenküsten, die Brutplätze der Meeresfische, die im Laem Son National Park besonders geschützt werden.

Die der Küste vorgelagerten Inseln haben ebenfalls einige Superlative zu bieten. Die Similan-Inseln zählen zu den zehn besten Tauchplätzen der Welt, Ko Surin gilt als Weltklasse für Schnorchelexpeditionen, Ko Kho Khao wird unter Inselfreaks noch als Geheimtipp gehandelt, aber schon gibt es fünf einsame Beach Resorts. Ko Phayam ist aus seinem Dornröschenschlaf erwacht und weist bereits eine gewisse touristische Expansion auf. Und Ko Chang – das andere Ko Chang – schläft noch immer und hoffentlich noch lange: Nur Rucksackreisende mit geringen Ansprüchen genießen seinen verträumten Charme.

Auch im Landesinneren mangelt es nicht an Attraktionen. Viele kleine Nationalparks schützen Flora und Fauna und locken Touristen auf Dschungelpfade und an Wasserfälle. Der größte und wirklich lohnende Park heißt Khao Sok: ein Regenwald im Gebirge, mit überwucherten Kalkfelsen durchsetzt, voller Höhlen, Wasserfälle und mit einem Stausee, dessen Schönheit der Phang Nga Bay in nichts nachsteht.

Ein nettes Städtchen darf nicht unerwähnt bleiben. Die von Chinesen gegründete Stadt Ranong, ganz im Norden, an der Grenze zu Myanmar, hat sich touristisch gemausert und bietet nicht nur ungewöhnlich attraktive Stadthotels der neuen Generation, sondern auch gepflegte Kurbäder und eine temporäre Fußgängerzone für einen abendlichen Stadtbummel.

Erst auf den zweiten Blick zeigt sich, dass es in dieser Region keinerlei Industrie gibt. Und nirgendwo sonst in Thailand konnten engagierte Umweltschützer so viel Einfluss auf die touristische Entwicklung nehmen wie entlang der nördlichen Andamanenküste.

Phang Nga

Die saubere Provinzhauptstadt Phang Nga (gesprochen ungefähr Pang-ga) liegt 38 km östlich vom Verkehrsknotenpunkt Khok Kloi, 84 km von Krabi und 92 km von Phuket entfernt. Berühmt ist sie für die wunderschöne Bucht mit den steil aus dem Wasser aufragenden Kalkfelsen, ansonsten wirkt sie eher verschlafen. Auch im Stadtgebiet erheben sich viele Kalkfelsen, einige von Höhlen durchzogen. Die erst kürzlich entdeckte **Tham Pung Chang** gehört zu den eindrucksvollsten Höhlen Thailands. Am südwestlichen Ortsanfang von Phang Nga (KM 36,2 des H4) ragen einige markante Kalkfelsen auf. Sie sind unten völlig durchlöchert und enthalten **Tham Russi**, die Höhle des Eremiten. Mit viel Beton wurden Pfade hindurchgebaut und der **Srinakarin Park** ringsherum angelegt.

Der Tempel **Wat Phrachumyothi** am nördlichen Stadtrand ist vor allem wegen der hübschen Bonsai-Bäumchen einen Besuch wert. Im **Wat Thamtapan** werden ungewöhnliche, moderne Figuren in Lebensgröße in schauerlichen Höllenszenen für ihre Sünden bestraft. Man gelangt durch ein Drachenmaul in das Innere des Tieres. Der Weg führt in eine Höhle, in der Holzstege und Brücken bis ans Ende führen.

Interessant ist auch der chinesische Friedhof mit seinen aufwändigen Gräbern zwischen der moslemisch geprägten Stadt und dem Pier.

Zur heiligen Grotte **Tham Sawan Khuha** biegt man Richtung Phuket beim KM 29,7 nach rechts ab (1 km), Eintritt 10 Baht. Hinter dem Wat sind in einer überwucherten Felswand die große Grotte mit dem liegenden Buddha und viele weitere Buddha-Statuen zu sehen. Am Abend fliegt ein riesiger Schwarm von Fledermäusen hinein. Schön und friedlich ist das Gebiet zwischen dem Felsen und dem Fluss dahinter.

Übernachtung

Alle Unterkünfte liegen an der lauten Hauptstraße, der **Petchkasem Rd.**:

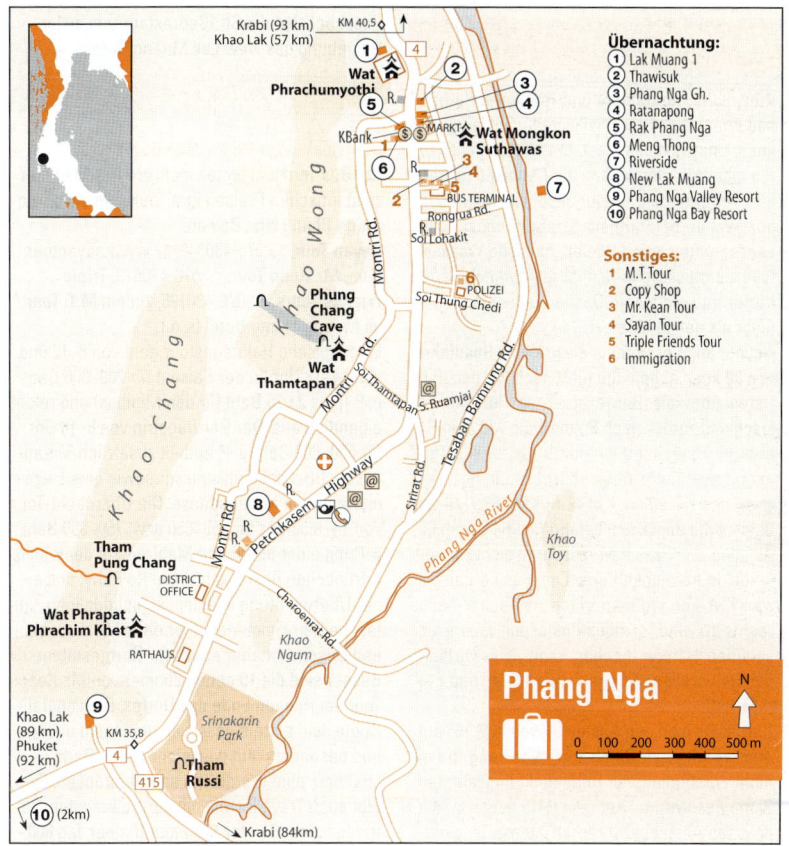

Die nördliche Andamanenküste

Übernachtung:
1. Lak Muang 1
2. Thawisuk
3. Phang Nga Gh.
4. Ratanapong
5. Rak Phang Nga
6. Meng Thong
7. Riverside
8. New Lak Muang
9. Phang Nga Valley Resort
10. Phang Nga Bay Resort

Sonstiges:
1. M.T. Tour
2. Copy Shop
3. Mr. Kean Tour
4. Sayan Tour
5. Triple Friends Tour
6. Immigration

Phang Nga

N

0 100 200 300 400 500 m

Phang-nga Gh. ③, Nr. 99/1, ✆ 076-411358, saubere, kleine Zi mit und ohne Du/WC, in zwei Stockwerken eines schmalen, langen Hauses, die hinteren Zi sind ruhiger. ❷, AC ❸–❹

Lak Muang 1 ①, Nr. 1/2, ✆ 076-412125, 700 m nordöstlich (rechts) vom Bus Terminal am Stadtrand, 24 Zi mit Fan und Du/WC, zur Straße recht laut, Personal etwas gleichgültig. Das beste Hotel beim Stadtzentrum. ❷ ❸

Thawisuk ②, Nr. 77-79, ✆ 076-412100, hellblaues Gebäude, 12 sehr preiswerte, z. T. schmuddelige und muffige Zi mit Fan. ❷

Rattanapong ④, Nr. 111, ✆ 076-411247, 30 große und kleine, relativ saubere Zi mit Fan oder

AC, laut, nach hinten besser. Freundliche Managerin, viele lobende Briefe. ❷–❸

Muang Thong ⑥, Nr. 128, ✆ 076-412132, 14 große Zi mit Fan oder AC, laut. Touren veranstaltet der freundliche Mr. Hassim von M.T. Tour, ✆ 089-2892566. ❷–❸

New Lak Muang (auch: Lukmuang 2) ⑧, Nr. 540, ✆ 076-411500, 1,6 km südlich, 24 Zi mit AC (nur mit Fan 60 Baht billiger) und Bad mit Badewanne, gut, komfortabel und nach hinten ruhig; freundliches Personal. ❸–❹

Phang Nga Valley Resort ⑨, Nr. 5/5, ✆ 076-412201, 3 km südlich am KM 35,4 in einer ruhigen Nebenstraße. Thai-Hotel mit sauberen AC-

Eine kleine Rundfahrt

Wer nichts für Tempel und Höhlen übrig hat, hält Phang Nga Stadt vielleicht für ein langweiliges, unattraktives Nest, in dem es nichts zu tun gibt. Wer sich jedoch ein **Motorrad** mietet, kann in der völlig untouristischen Umgebung auf wenig befahrenen Straßen malerische Landschaften, urige Höhlen, hübsche Wasserfälle, eindrucksvolle Tempel, idyllische Bauerndörfer und ein wenig Dschungel entdecken – mehr als genug für einen Tag.

Appetit auf mehr könnte diese kleine **Rundfahrt von 80 km** machen: Sie führt nach Norden und Osten über die Berge bis Thap Put und im Flachland zurück nach Phang Nga. Auf dem H4 geht es zunächst 9 km durch fast ebene Talauen (zwei nette Abstecher) bis zur Abzweigung des H4090 am KM 48 (= KM 187,7). Bald beginnt auf dem kaum befahrenen H4 der steile Aufstieg zum **Pass** (KM 185) durch dichte Vegetation. In herrlichen Kurven geht es bergab bis zum KM 179, wo man einen Abstecher nach rechts zu einem **Felsenkloster** mit mehreren schönen Höhlen machen kann. Nun verläuft der H4 vorwiegend eben weiter bis Thap Put (KM 169).

Dort sollte man den Abstecher vom KM 168 auf dem H4118 nach Osten zum **Wat Bang Riang** nicht versäumen, ein Höhepunkt im wahrsten Sinne des Wortes. Auf dem H415 geht es – mit diversen Abstechern – durch intensiv landwirtschaftlich genutzte Ebenen nach Westen zurück nach Phang Nga, wo man am KM 35,8 an einigen markanten Kalkfelsen wieder den H4 erreicht. Einige Abstecher haben wir am Ende der **Rundtour** „Zwischen Krabi und Phang Nga" beschrieben (s. S. 622).

Bungalows und Gästehaus, Restaurant, Thai Dance Show, Fischteich. ❸–❹

Essen

Zum Moslem-Restaurant **Bismilla** erreichen uns unterschiedliche Stimmen: sauber und gemütlich, aber auch mieses Essen und unfreundlich.

Passabel sind die Straßenrestaurants in der Umgebung des New Lak Muang Hotels.

Sonstiges

Bootstouren zur Phang Nga Bay

Am Bus Terminal bieten mehrere Unternehmer zu identischen Preisen ihre Touren in die einzigartige Phang Nga Bay an:

Sayan Tour, ☎ 076-430348, 🖥 www.sayantour.com, **Mr. Kean Tour**, ☎ 076-430619, **Triple Friends Tour**, ☎ 076-430195, zudem **M.T. Tour** im Muang Thong Hotel (s. o.).

Eine typische Halbtagestour geht von 8–12 und von 14–18 Uhr (in der Saison) für 200–300 Baht p. P. (plus 2 x 25 Baht für den Minibus) und reicht eigentlich aus. Der Ganztagstrip von 8–16 Uhr für 500–600 Baht p. P. enthält zusätzlich Mittagessen, Obst und Trinkwasser sowie eine Liegematte für die Mittagspause. Die Übernacht-Tour von 14–9.30 Uhr für 450–550 bzw. 750–850 Baht p. P. mit einer einfachen Mahlzeit auf der wenig erfreulichen Restaurant-Insel Ko Panyi und einer Übernachtung in einem schmuddeligen, lauten, heißen Zimmer am Pier ohne Moskitonetz und Dusche ist eher etwas für Hartgesottene. Besser sind die 10 neuen Zimmer von Mr. Kean Tour am ruhigen Ende des Dorfes. Die Longtail-Boote sind extrem nass, von unten und oben, und besonders laut (vielleicht helfen Badelatschen, eine Windjacke und Ohrstöpsel). Es gibt auch Traveller, die mit der Halbtagstour zufrieden sind. Bei der Kanutour (halber Tag 600–750 Baht, ganzer Tag 900–950 Baht) müssen auch Anfänger evtl. selbst paddeln. Alle Preise zzgl. Eintritt in den Nationalpark.

Sehr gelobt wird die Phang Nga Bay Tour der Khao Lak Guide Co. ab Khao Lak (s. S. 468).

Motorräder

Bei **Sayan Tour** und **Mr.Kean Tour** für 200 Baht/Tag.

Transport

Busse

Bustickets gibt es am Schalter der Transport Co. und im Bus.

Nach BANGKOK (815 km) mit 2. Kl. AC-Bus 61

um 14 und 16.30 Uhr für 442 Baht in 12 Std., AC-Bus 61 um 17 Uhr für 569 Baht, AC-Bus 99 um 17 Uhr für 607 Baht über Takua Pa in 11 Std., VIP-24-Bus um 17.30 Uhr für 880 Baht.
Von und nach PHUKET stdl. mit dem AC-Bus für 85 Baht in 2 1/2 Std., Minibus für 250 / 350 Baht in 2 Std.
Von und nach KRABI stdl. mit dem 2. Kl. AC-Bus für 74 Baht.
Nach SURAT THANI non-AC-Bus um 11 und 14 Uhr für 80 Baht, AC-Bus um 9.30, 11.30, 13.30 und 17 Uhr für 140 Baht.
Nach KO SAMUI AC-Bus und Fähre um 11.30 Uhr für 330 Baht, KO PHA NGAN für 480 Baht.
Nach TAKUA PA jede Stunde für 50 Baht, stdl. weiter mit dem Surat Thani-Bus nach KHAO SOK für 40 Baht.
Nach RANONG direkt per H4090 über Takua Pa um 8.30, 10.30, 11.30 und 13.30 Uhr für 160 Baht in 4 1/2 Std.
Nach KHAO LAK erst mit dem Phuket-Bus zur Bus Station nach KHOK KLOI (30 Baht), dort umsteigen Richtung Takua Pa (45 Baht).
Zum Hafen mit Songthaew für 25 Baht.

Selbstfahrer

Nach **Süden**: Wer auf einer kaum befahrenen Asphaltstraße 2 km die Berge hochklettern möchte, verlässt Phang Nga nach Osten auf dem H4 und erreicht nach 12 km den Pass am KM 185. Von hier sind es auf unserer ausführlich beschriebenen Rundtour über Nebenstraßen (s. S. 460, Kasten) noch 94 km nach Krabi. Wer ebene Straßen bevorzugt, verlässt Phang Nga nach Westen und nimmt erst den H415 nach Osten Richtung Thap Phut, bevor er ebenfalls unserer Rundtourstrecke nach Krabi folgt (insgesamt 100 km).

Nach **Norden** verlässt man Phang Nga zunächst nach Osten auf dem H4 und biegt nach 9 km auf den H4090 ab. Weiter geht es mit der Beschreibung unter Takua Pa (s. S. 481).

7 HIGHLIGHT

Bootsfahrt durch die Bucht von Phang Nga

Die weltberühmte Bucht mit ihren bizarren Kegelkarstfelsen wurde 1981 zum Nationalpark erklärt. Dieser umfasst mit seinen 400 km² einen großen Teil der flachen Bucht, die steilen Inseln und die angrenzenden Felsen. Das Wasser ist fast immer ruhig, sodass eine Bootsfahrt nahezu ganzjährig möglich ist. Tausende von Touristen drängen sich am Ziel der Bootsfahrt, dem Nadelfelsen Ko Tapu – für die einen ein Horrortrip, für die anderen ein einmaliges Naturerlebnis. Es kommt wohl auf die Einstellung an. Am eindrucksvollsten ist die Fahrt von Dezember bis April, wenn der Himmel blau und das Licht klar ist. Nicht vergessen, einen Sonnenhut, Sonnencreme, Ohrenstöpsel und etwas zu trinken mitzunehmen.

Zuerst geht es mit dem lauten Longtail-Boot auf dem breiten **Klong Khao Thalu-Fluss** immer geradeaus, vorbei an Mangrovensümpfen und markant geformten, mit tropischen Bäumen bewachsenen Felsen, z. B. dem „Kleinen Hund" **Khao Ma Chu**. Dann erreicht man die Bucht von Phang Nga: steile Kalkfelsen im Meer, die scheinbar nur durch die Wurzeln der wild wuchernden tropischen Vegetation zusammengehalten werden, dunkle Höhlen und Grotten mit herabhängenden Stalaktiten.

Aufregend wird es, wenn das Boot auf eine Felswand zufährt, in der sich dann aber noch rechtzeitig ein Höhleneingang auftut, in dem das Boot verschwindet. Die Felsmalereien am **Khao Khian** sind 3000 Jahre alt.

Das auf Stelzen gebaute Moslemdorf, das sich an die Insel **Ko Panyi** anschmiegt, hat sich zu einem fast ausschließlichen, teuren Restaurant- und Souvenirdorf gewandelt. Alle Tourgruppen werden hier mittags mit Meeresfrüchten ab-

Die nördliche Andamanenküste

James Bond machte die bizarren Felsformationen durch den Film „Der Mann mit dem goldenen Colt" berühmt. Gegenüber vom malerischen Nadelfelsen wird auf einer kleinen Insel an Betonpiers angelegt. Wer nicht frühzeitig dran ist, muss das berühmte Fotomotiv gleichzeitig mit hundert anderen Touristen ablichten. Viele Erfrischungs- und völlig überteuerte Souvenirstände werden belagert. Der gelegentliche, penetrante Geruch soll von den Mangroven stammen.

Anfang 1998 wurden Risse am Fuß des Felsen entdeckt. Die Nationalparkbehörden befürchten, dass er zusammenbrechen könnte, und legten eine Sicherheitszone um den Felsen fest.

gefüttert (je nach Anbieter üppig bis miserabel). Wer selbst zahlt, sollte nur Gerichte bestellen, die auf der Karte mit Preisen ausgezeichnet sind, da bei Fisch nach Gewicht schon mancher eine böse Überraschung erlebte.

Zuletzt geht die Fahrt durch eine intakte Mangroven-Landschaft, und man durchfährt eine Höhle, die **Tham Lot** (gezeitenabhängig kann dieser Abstecher auch zu Beginn der Fahrt erfolgen).

Wer sich mehr für Mangroven interessiert, kann den schönen, kostenlosen **Mangrovenlehrpfad** beim Phang Nga Bay Resort begehen.

Übernachtung

Phang Nga Bay Resort ⑪, ✆ 076-412067; ein großer Kasten am Klong Khao Thalu, etwas verwohnte AC-Zi; Restaurant; großer, sauberer Pool, tolle Aussicht. Reiseschecks werden gewechselt. In der Empfangshalle des Hotels verschafft eine große Reliefkarte einen guten Überblick über die Bucht und die Ziele der Bootsfahrt. ❹

Camping im Park ist möglich, doch die Strände fürs Aufschlagen der Zelte sind sehr schmal. Erlaubnis erteilt: **National Park Division**, Bangkok, ✆ 02-5790529.

Transport

Die 3 km lange Zufahrtsstraße zur Bucht geht am KM 33,7 ab. Von Phang Nga fährt ein Songthaew für 25 Baht zum Hafen. An der Anlegestelle gleich neben dem Hotel kostet ein langsames, überdachtes Boot für max. 10 Pers. (3–4 Std.) 500–700 Baht (handeln!). Touren ab PHANG NGA kosten 200–600 Baht, z. T. mit Übernachtung, ab PHUKET 850–1500 Baht, ab KRABI 750–900 Baht, ab KHAO LAK 2000–2300 Baht (bei 2–8 Pers.). Bei Touren am Nachmittag sind weniger Boote unterwegs.

Khok Kloi

Die Kleinstadt Khok Kloi hat Touristen nichts zu bieten. Erst in den letzten Jahren wurden zwei Strände für den Tourismus erschlossen. Eine kurvige Straße führt nach Südwesten in 6 km zum **Pilai Beach**, an dem einige Hotels für Pauschaltouristen entstanden, nach Nordwesten in 9 km zum **Natai Beach**.

Übernachtung und Essen

The Hotspring Beach Resort & Spa, Natai Beach, ✆ 076-580000-4, 🖥 www.thehotspringbeach.com, 24 luxuriöse, wunderschön eingerichtete Bungalows mit eigenem Badebecken in einem herrlich angelegten Garten, 51 große Zimmer mit Meersicht in mehreren Gebäuden, schöner Pool mit warmem Mineralwasser, Spa mit vielen Anwendungen, sehr freundliches Personal. Gratis-Bus zum Badestrand, 2 km entfernt. ❼–❽

Außerhalb im **Blue Roof** ist das Essen sehr lecker und günstig.

Khok Kloi Inn, ✆ 076-581703, kleines Hotel im Ort, für den Notfall gut.

Das tolle **Woodhouse Restaurant** (1 km nördlich der Kreuzung) ist in jeder Hinsicht eine Attraktion und immer einen Stopp wert. Der Bäcker nebenan hat leckere süße Stückchen.

Transport

Der kleine Bus Terminal **Khok Kloi** liegt 600 m südlich der Kreuzung in einer Nebenstraße hinter der PTT-Tankstelle. Hier kommen staatliche Busse durch, die von Phuket Richtung Norden, Osten und Süden fahren, daher eignet er sich sehr gut zum Umsteigen. Die Angestellten sprechen kaum Englisch, helfen Touristen aber immer freundlich weiter. Tickets für AC-Busse gibt es am Terminal, die für non-AC-Busse werden im Bus verkauft. Wegen der vielen Busse, die nur kurz halten, ist es ratsam, sich die Busnummer zu merken. Zwischen 13.30 und 15 Uhr kommen nur wenige Busse vorbei.

Nach BANGKOK mit 2. Kl. AC-Bus 63 und AC-Bus 949 um 9.25, 13.35, 15.15 sowie von 17.20 bis 20.30 Uhr für 472 bzw. 607 Baht, VIP-24-Bus 999 um 18 und 19 Uhr für 944 Baht in 12 Std.; diese Busse machen in Takua Pa ca. 1 1/2 Std. später an der Bus Station etwa 15 Min. Rast.

Nach TAKUA PA mit non-AC-Bus 436, 430 oder 465 jede volle Std. bis 19 Uhr für 51 Baht in ca. 2 Std., bis KHAO LAK (50 km) und BANG NIANG für 45 Baht in ca. 70 Min.

Nach RANONG über Khao Lak mit AC-Bus 430 um 9, 13, 15 und 17 Uhr für 200 Baht in 4 1/2 Std.

Nach SURAT THANI über Phang Nga mit AC-Bus 727 für 170 Baht, über Khao Lak und Khao Sok mit non-AC-Bus 465 um 6.15, 7, 8.30, 9.50, 11.10, 12.30, 13.50 und 15.10 Uhr für 108 Baht in 5 Std., AC-Bus 465 um 8.30 und 10 Uhr für 180 Baht in 4 Std.

Nach PHANG NGA Bus 437 um 11.40, 13.30, 15.10, 17 und 18 Uhr für 30 Baht.

Nach KRABI non-AC-Bus 437 um 12.30 und 17 Uhr für 70 Baht in 3 Std., AC-Bus 438 jede halbe Std. bis 19.30 Uhr für 106 Baht.

Nach TRANG AC-Bus 411 16x tgl. bis 19.30 Uhr für 203 Baht in 4–5 Std.

Nach HAT YAI AC-Bus 12x tgl. für 308 Baht.

Nach SATUN mit AC-Bus um 9.15, 11.15, 13.15 und 20 Uhr für 317 Baht.

Nach KHAO LAK kann man zur Not auch ein Songthaew für 500–700 Baht chartern.

Von Khok Kloi bis Khao Lak

An der zentralen Kreuzung wendet sich der Petchkasem Highway H4 nach Norden und führt durch Reisfelder, Gummi- und Ananas-Plantagen nach Khao Lak (50 km). Bananen, Mango-, Jack-

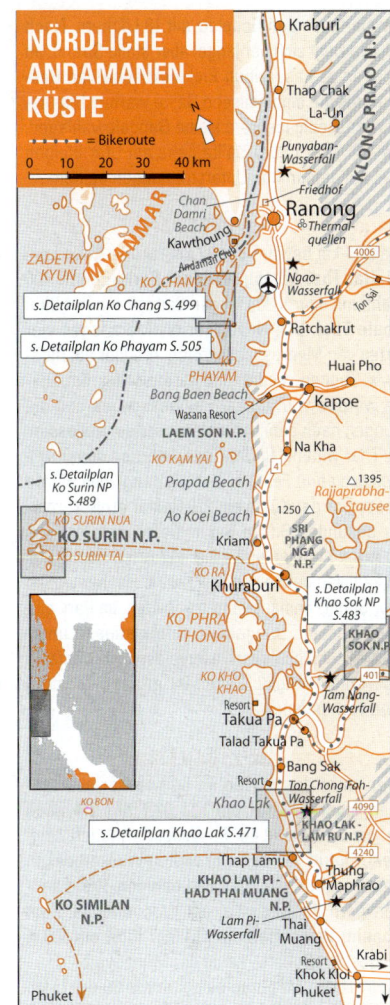

frucht- und Durian-Bäume verstärken neben den vielen blühenden Büschen das Bild einer üppigen Tropenlandschaft.

Beim KM 24 zieht sich die chinesisch wirkende Stadt **Thai Muang** (auch Thai Mueang) an der Straße entlang. Es gibt viele Läden, gute, einfache Restaurants, einen Obstmarkt und auffallend viele nette Menschen. Geradeaus Richtung Meer passiert man den Golfplatz mit 18 Löchern. Nach 1000 m zeigt sich der lange, aber steile Strand, dem unter Kasuarinen Picknicktische und Restaurants auf einheimische Gäste warten. Hier liegen landseitig mehrere kleine Bungalowanlagen, ❷–❸. Wer badet, sollte nahe am Ufer bleiben und auf gefährliche Unterströmungen achten.

Khao Lam Pi National Park

Nach 4 km beginnt der 72 km² große **Khao Lam Pi–Hat Thai Muang National Park** (Eintritt 400 Baht) mit dem 13 km langen Sandstrand **Hat Chai Thale Thai**. Von November bis März legen vier Arten von Meeresschildkröten ihre Eier ab: Riddley's, Suppen-, Leder- und Karettschildkröte. Diese werden von Rangern eingesammelt und die Jungen nach dem Schlüpfen ins Meer entlassen. In Thai Muang findet Ende Februar das *Turtle Conservation Festival* statt. Anfang 2006 wurde knapp vor der Küste ein 270 Hektar großes, relativ gesundes Riff in 6–8 m Tiefe entdeckt, das 30 Arten Korallen und mind. 112 Arten Fische aus 56 Familien aufweisen soll. Lokale Fischer wollen hier Schnorchelausfahrten anbieten. Im Park gibt es 6 einsame Bungalows, Informationen unter 🖥 www.dnp.go.th/parkreserve/asp/style1/default. asp?npid=43&lg=2. Zelten ist erlaubt, Toiletten sind vorhanden.

Weiterfahrt nach Thap Lamu

Wer unter der Woche im Süßwasser schwimmen möchte, fährt am KM 32,7 des H4 nach rechts 2 km zum **Lam Pi-Wasserfall** (auch *Lumpee*), Eintritt 400 Baht. Im weiten Wasserbecken unter dem dreistufigen Fall nehmen Thai-Familien gern ihr Bad, v. a. am Wochenende. Zum **Khanim-Wasserfall** am KM 36,7 führt ein 500 m langes Sträßchen – kaum der Mühe wert.

In Thung Maphrao biegt am KM 39 die 15 km lange, landschaftlich schöne Straße H4240 nach rechts zum H4090 ab, auf dem man den östlichen Flügel des Khao Lak–Lamru National Parks und die Provinzhauptstadt Phang Nga (28 km) erreicht. Nach einer Fahrt durch Plantagen und Obstgärten zweigt am KM 51,4 links die Straße H4147 zum Hafen **Thap Lamu** (5 km) ab. Hier liegt ein Büro des Similan National Parks, von dem Boote zu den unter Tauchern weltbekannten **Similan Islands** fahren.

 **8** **HIGHLIGHT**

Similan Islands หมู่เกาะสิมิลัน

Rings um diese Inselgruppe von neun unbewohnten Inseln ca. 75 km vor der Küste wurde ein 128 km² großes Gebiet 1982 zum **Mu Ko Similan Marine National Park** erklärt. Unter Tauchern gilt die Inselgruppe aufgrund ihrer Vielfalt als eines der zehn schönsten Tauchgebiete der Erde. Erfahrene Gerätetaucher genießen bei ca. 25 m Sicht die herrlichen Unterwasserlandschaften in 12–40 m Tiefe, wo eine riesige Artenvielfalt gedeiht. Schnorchler erfreuen sich an Korallengärten und -riffen, die bei 2 m Tiefe beginnen, jedoch vorwiegend etwa 9 m tief liegen.

Fürs Gerätetauchen sind die Inseln Nr. 1, 4, 7, 8 und 9 am besten geeignet. Die besten Monate zum Tauchen sind November bis April. Die auf vielen Postkarten abgebildete **Insel Nr. 8** (auch Similan Island) besitzt eine wunderschöne Bucht mit herrlichem Sandstrand und schönen Korallenstöcken in 8–10 m Tiefe sowie ein optimales Schnorchelgebiet. Der Strand wird begrenzt von fantastisch geformten Felsen, wie man sie von den Seychellen kennt – allerdings ohne Kokospalmen. Bestes Tauchen bieten Riffe in 12–40 m Tiefe. Eine Bucht auf der anderen Seite der Insel ist sehr schön zum Schnorcheln.

Auf der **Insel Nr. 4** (Miang Island) gibt es Nationalpark-Unterkünfte (s. u.). Der Norden und Osten eignen sich besonders gut zum Schnorcheln im etwa 28 Grad warmen Wasser, weshalb die vorwiegend einheimischen und japanischen Tagesausflügler hier zu Wasser gelassen werden. Gerätetaucher, die auf Großfische scharf sind, kommen voll auf ihre Kosten. Wir haben z. B. im Februar auf 5 von 10 Tauchgängen Haie gesehen, und zwar Weißspitzen-, Leoparden- und Ammenhaie sowie riesige Rochen, vorwiegend in 25–30 m Tiefe. Andere Taucher sahen allerdings auf 11 Tauchgängen nur einen Hai. Außerdem kann man auf allen Tauchgängen Zackenbarsche, fast alle im Indischen Ozean vorkommenden Korallenfische, Schnecken, Muscheln, Riesengorgonien, Federsterne, Röhrenwürmer und eine große Vielfalt an Korallen sehen, gelegentlich auch Mantas und Walhaie.

Bei mehrtägigen Tauchfahrten auf Tauchbooten *(Live-aboards)* werden regelmäßig auch die Inseln **Ko Tachai** und **Ko Bon** sowie der Unterwasserfelsen **Richelieu Rock**, mit guten Chancen auf Sichtung eines Walhais, angesteuert, gelegentlich auch die kaum kartografierten unterseeischen Fleckenriffe der **Burma Banks**.

Hinweis

Für einen Badeurlaub sind die Inseln ungeeignet, da es auf keiner Insel Trinkwasser und nur wenige einfache Unterkünfte gibt. Während der Regenzeit bleiben die Bungalows und Zelte auf den Inseln vom 15.5.–15.11. geschlossen.

Übernachtung

Auf der Insel Nr. 4 (Miang Island) gibt es Zelte (z. T. mit schmalen Feldbetten), ❸, und 25 Bungalows, ❹, sowie 15 neue Häuser ❺, Generator bis 23 Uhr. Das teure Restaurant ist vor allem auf Reisegruppen eingestellt. Reservierungen im Internet unter 🖥 http://www.dnp.go.th/park reserve/asp/style1/default.asp?npid=212&lg=2. In Khao Lak bucht **Happy Lagoon Travel Tour**, ✆ 076-485694, zuverlässig Bungalows auf der Insel Nr. 4 und den nötigen Transfer.

Sonstiges

Eintritt
Die **Nationalparkbehörde**, ✆ 076-421365 (Insel Nr. 4), 422136 (Insel Nr. 8), 595045 (Thap Lamu), kassiert 400 Baht Eintritt plus von Tauchern eine Nutzungsgebühr von 200 Baht pro Tag.

Touren
Alle Tauchbasen in Khao Lak bieten Tagesfahrten oder Live-aboard-Touren zu den Similan Islands an (s. S. 464). Auch viele Tauchbasen in Phuket (s. S. 509) haben die Similans im Programm, oft in Verbindung mit anderen Tauchgebieten (Surin, Burma Banks).

Transport

Von THAP LAMU fahren in der Saison tgl. gegen 9 Uhr mehrere Boote zur Insel Nr. 4 für 950 Baht einfach.
Metsine Tours, ✆ 076-443276, 🖥 www.similan thailand.com, fährt in der Saison tgl. zwischen 8.30 und 9 Uhr ab (über 2 Std. Fahrzeit), Rückkehr gegen 17–18 Uhr (1700 Baht reiner Bootstransfer). Die Ganztagstour kostet 2500 Baht, inkl. Transfer ab Khao Lak, Lunch, Getränke, Schnorcheln an 4 Stellen, die 2-tägige Tour

inkl. Übernachtung im Zelt auf Insel Nr. 4 kostet 4300 Baht p. P., die 3-tägige Tour 5300 Baht. Tauchpakete werden ab 4900 Baht für 1 Tag bis 22 900 Baht für 5 Tage angeboten.
Jack Similan Travel, ✆ 076-232460, 🖥 www. jacksimilan.com, Transfer mit Speedboot in 75 Min. für 1800 Baht sowie Ein- und Mehrtagesfahrten zu ähnlichen Preisen.
Thaplamu Andaman Tours, ✆ 076-443411, hat ähnliche Programme und Preise.
Von der Insel Nr. 4 fahren langsame Longtail-Boote in 1 Std. weiter zur Insel Nr. 8 (250 Baht).

Khaolak Beach (South)

Am KM 53,5 geht es vom H4 1,5 km nach links ab zu einem bei der lokalen Bevölkerung sehr beliebten Sandstrand mit schönen, glatten Felsen.

Am KM 54,1 geht rechts ein Schotterweg ab zum kleinen **Ton-Pling-Wasserfall** (800 m, kein Eintritt). Unterwegs liegt das sehenswerte **Elephant Village** von Asia Safari. Geboten werden u. a. Elefantenreiten, Krokodile, Wasserbüffel und ein Orchideengarten.

Am KM 54,5 zweigt eine kurze Straße zum **Khaolak Beach (South)** ab, dessen Nordende gut gegen den Monsun geschützt ist, sodass Baden fast ganzjährig möglich ist. Der herrliche Strand ist ideal für Urlauber, die Ruhe und Abgeschiedenheit suchen. Außer dem Merlin Resort wurden alle Resorts durch den Tsunami zerstört. Nach der Brücke kurvt der H4 zwischen schönen Tropenbäumen einen Berg hoch zum **Khao Lak–Lamru National Park**. An den neuen Parkplätzen führt ein 500 m langer Pfad durch herrliche Vegetation zum wunderschönen, kleinen Sandstrand Hat Lek. Auf dem Hügel rechts daneben sollte für eine Milliarde Baht ein gigantomanisches Tsunami Memorial errichtet werden (Entwürfe unter 🖳 www.tsunamimemorial.or.th). Es scheint etwas ruhig um dieses Projekt mitten im Nationalpark geworden zu sein – zur großen Erleichterung der Einheimischen.

Poseidon ⑫, ✆ 076-443258, 🖳 www.similan tour.nu, am KM 53,5 ausgeschildert (1,3 km), 15 schöne, saubere Bungalows aus Holz oder Stein mit Du/WC, Fan und Moskitonetz, z. T. malerisch am Fluss, mit Meerblick, außerdem 2 Zi im Haupthaus. Vom Restaurant bietet sich ein herrlicher Blick über die Flussmündung aufs Meer. Olof, der schwedische Besitzer, veranstaltet Schnorcheltouren zu den Similan-Inseln. ❹

Pramote Bungalows ⑪, ✆ 089-5929660, 300 m vom H4, 8 schöne Bungalows aus Stein und Naturmaterialien in einem netten, grünen Garten, angenehme Leute. ❸

Merlin Resort ⑩, ✆ 076-428300, ✉ khaolak merlin@merlinphuket.com, 🖳 www. merlin phuket.com; herrlich in die Natur integrierte Hotelgebäude am Hang, 200 große Zi, sehr freundliches Personal, mehrere Pools, Restaurant, Liegewiese, sehr schöner, 190 m langer Strand. Umweltbewusster Manager Krisda. ❼–❽

Im **Baan Khaolak Seafood**, ✆ 076-428300, genießen vorwiegend Thais auf einer luftigen Plattform über einem kleinen See die ausgezeichneten Fischgerichte.

Bei **Jo Seafood** werden Meeresfrüchte super zubereitet, eine Delikatesse sind die rohen Garnelen mit *Nam Pla* auf fein geschnittenem Kraut. Dazu mundet das leckere Wasser einer jungen Kokosnuss.

Khao Lak   เขาหลัก

Der Strand von Khao Lak wurde ganz bewusst zu einem Refugium für Naturfreunde und Ruhe suchende Touristen entwickelt. Vom Khao Lak View Restaurant (KM 57,2) bietet sich eine fantastische Aussicht auf das goldbeige Band des Sandes, die malerischen Felsrippen und das blaue Wasser der Andamanensee, gesäumt von üppig grünen Palmenhainen. Im 600–2000 m breiten Flachland erstrecken sich Kautschuk- und Kokosplantagen, Felder und kaum erkennbare kleine Dörfer. Dazwischen verteilen sich viele Baggerseen, Überreste einer Zeit, in der hier intensiv Zinn geschürft wurde. Dahinter ragen die bewaldeten Berge des Khao Lak–Lamru National Parks auf. 2 km weiter entsteht entlang des H4 langsam eine kleine Stadt mit vielen Ladenzeilen.

Nach Khao Lak kommen vor allem Paare jeden Alters und immer mehr Familien aus deutschsprachigen und skandinavischen Ländern. Einzelreisende finden – nach der obligatorischen Tauchfahrt – Khao Lak eher langweilig und ziehen zu Stränden weiter, wo mehr geboten wird.

Um den natürlichen Charme zu erhalten, hat die Vereinigung der Hoteliers mit Unterstützung des Gouverneurs von Phang Nga festgelegt, dass es an den Stränden keine Jetskis und andere Motorsportboote sowie keine lauten Bars geben darf. Zudem dürfen die Resorts keine Sonnenschirme und Liegestühle auf dem Sandstrand platzieren. Auch ambulante Strandverkäufer haben hier nichts zu suchen. Leider umgehen professionelle „Spendensammler" dieses Verbot und ziehen gutgläubigen Touristen Geld aus der Tasche, das ihrem Boss in Bangkok zu einem angenehmen Leben verhilft.

Übernachtung

Fast alle **Resorts** wurden zunächst von Geschäftsleuten aus Takua Pa gebaut, für die Tourismus ein völlig neues Betätigungsfeld darstellte. Billige Bungalowanlagen wurden bewusst nicht gebaut, da die Dorfältesten alles vermeiden wollten, was die Drogenszene nach Khao Lak locken könnte – bis jetzt mit Erfolg.

Die meisten Resortbesitzer wollen ihr Personal nun ganzjährig halten und müssen es auch in der Nebensaison bezahlen – so bleiben viele Resorts in der Regenzeit geöffnet. Dann gibt es Zimmer zum halben Preis.

Essen und Unterhaltung

Die **Restaurants** der Resorts liegen ausnahmslos schön und sind gut eingerichtet, aber relativ teuer. Billigere Strandrestaurants servieren Thai-Gerichte direkt am Wasser. Entlang des H4 haben sich viele, meist einfach ausgestattete, preisgünstige Restaurants angesiedelt. Sie bereiten dem westlichen Gaumen angepasstes Thai- und Seafood. Aber auch mehrere Restaurants mit westlichen Gerichten haben eröffnet.

Es gibt einige kleine Bars am Strand und ein gutes Dutzend am H4, z. B. **Happy Snapper** (abends Live-Musik), **Funky Gekko** (beliebt bei Tauchern), **Tarzan Bar** (Pub-Atmosphäre), **Discovery Cafe** (dezente Musik, nette Terrasse im OG).

In der **P&Y Bar** an der Bang Niang-Strandzufahrt herrscht um den Billardtisch herum immer gute Laune, ⏰ 11–1 Uhr.

Alle Bars werden unter 🖥 www.mykhaolak.de/bars/khao-lak-bars.html beschrieben.

Einkaufen

Der klimatisierte **Nang Thong Supermarket** am H4 hat das größte Angebot an westlichen Waren, wie Joghurt, Kekse, Wein und Kaffee, aber auch deutsche und englischsprachige Zeitungen und Zeitschriften. Beim **7eleven** kaufen vorwiegend Thais.

In **Bang Niang** gibt es ebenfalls einen klimatisierten **7eleven** an der Abzweigung und mehrere weniger gut sortierte Minimärkte am H4. Eine echte Attraktion ist der **Nachmittagsmarkt** am Mo, Mi und Sa in Bang Niang. Unter Sonnenschirmen, Plastikplanen oder Palmblattdächern werden alle Produkte des täglichen Bedarfs angeboten: Obst, Gemüse, Kleidung …

Aktivitäten

Elefantenreiten

Ausritte im Wald vermitteln Tourunternehmer und die Resorts. Elefantencamps liegen z. B. am

KM 54,5 am H4, **Asia Safari & Elephant Village** und **Eco Elephant Trekking** (ab 700 Baht für 1/2 Std.), und in Bang Sak (relativ eben und daher auch für kleine Kinder geeignet, 700 Baht).

Fischen

Ausfahrten zum Fischen arrangieren viele Restaurants für ca. 4 Std., anschließend wird der Fang in der Küche zubereitet.

Schnorcheln

Vom Ufer aus ist Schnorcheln nur bedingt möglich, evtl. an den Felsen südlich vom Sunset Beach oder an den Felsen vom Nang Thong Beach. 1,5 km vor dem Bang Niang Beach ragt das z. T. abgestorbene Korallenriff **Karang Haeng** bei Ebbe aus dem Wasser. Während des Gezeitenwechsels kann man im 2–5 m tiefen, nicht besonders klaren Wasser an einigen Stellen schön schnorcheln (i.b. am südwestlichen Außenriff) und erstaunlich viele Fische beobachten. Am Vormittag ist das Meer normalerweise am ruhigsten. Eine 2–3-stündige Tour zum Riff muss man mit einem Fischerboot selbst organisieren, bei 5–6 Pers. sollte sie max. 400 Baht p. P. kosten.

Von den Ausflügen zur Insel **Ko Na Yak** (ab 700 Baht p. P.) sind Schnorchler meistens enttäuscht.

Poseidon Similan Island Tours, 📞 076-443258, 🖥 www.similantour.nu; macht empfehlenswerte 3-tägige Live-aboard-Schnorcheltouren zu den Similan Islands für 6900 Baht (alles inkl., aber nicht üppig).

Tagestrips zu den Similan Islands werden von den Reisebüros ab ca. 2200–2500 Baht angeboten. Durchgeführt werden sie meist von **Metsine**, Thap Lamu (s. S. 464). Unsere Leser empfehlen die Tagestouren von **D. time travel** (S. 468). Auf den mehrtägigen Tauchtrips der Tauchbasen erhalten Schnorchler ca. 35 % Rabatt.

Touren

Verschiedenste Ausflüge in die Umgebung werden angeboten, wie Phang Nga Bay, Elefantentrekking, Kanufahren auf Fluss, See oder Meer, Tempeltouren zu historischen und modernen Klöstern, Höhlentouren oder ein Ausflug nach Phuket. Die Touren können über alle Resorts ge-

Die nördliche Andamanenküste

Alle Tauchschulen in Khao Lak bieten Bootstouren vom nahen Hafen Thap Lamu auf speziell ausgerüsteten Tauchbooten an. Ob im bequemen, aber langsamen Fischkutter oder im schnellen, aber engen Speedboot – freie Plätze sind immer knapp. Einige Tauchbasen buchen auch bei den Kollegen ein oder zur Not auf Transportbooten. Tagesfahrten zu den **Similan-Inseln** (etwa 70 km westlich von Khao Lak) kosten ab 3800 Baht (2 Tauchgänge). Weitere Tagesfahrten mit jeweils 2 Tauchgängen gehen zum Richelieu Rock (ab 4200 Baht) und zum nahen, schön besiedelten Boonsung-Wrack in einer Tiefe von 12–20 m (ab 1700 Baht, Nachttauchen ab 2300 Baht). Mehrtagesfahrten mit Übernachtung in Bungalows auf der Insel Nr. 4 oder auf dem Tauchboot gibt es ab 8300 Baht (2 Tage, 6 Tauchgänge) und als Live-aboard-Cruises für Anspruchslose ab 10 800 Baht (3 Tage, 9 Tauchgänge) bis zu 29 000 Baht (4 Tage, 12 Tauchgänge) für Komforttaucher.

Zu diesen Preisen kommt der Eintritt in den Similan-Nationalpark von 400 Baht und eine Benutzungsgebühr von 200 Baht pro Tag.

Die Tauchfahrten zur Insel Ko Na Yak vor Thap Lamu taugen bestenfalls zum Eingewöhnen (ca. 1600 Baht für 2 Tauchgänge).

Einige erfahrene Taucher sind irritiert, dass in Khao Lak kein Tauchveranstalter ein Logbuch sehen will.

Alle 20 Tauchschulen bieten auch 4-tägige PADI-Kurse zum *Open Water Diver* ab 7700–11 000 Baht in kleinen Gruppen an, fast alle haben Deutsch sprechende Tauchlehrer. Im lockeren Stil unterscheiden sie sich kaum.

In der Nebensaison von Mai–Okt auf den Similan Islands zu tauchen, ist nach den Erfahrungen unserer Leser ein Glücksspiel mit der Chance auf einen Hauptgewinn.

Bewährt haben sich u. a. folgende Tauchbasen:

Big Blue, ☏ 076-423544, 🖥 www.bigbluediving.com/en/khaolak; PADI Gold Palm, deutsche Instruktoren, Tagesausflüge zu den Similan Islands für Taucher 3800 Baht, Schnorchler 2500 Baht; 2 Tage/1 Nacht 9000 Baht für 6 Tauchgänge.

Khao Lak Fun Divers, ☏ 076-485685, 🖥 www.khao-lak-fun-divers.com; Tagesausflüge mit je 2 Tauchgängen zum Wrack für 2000 Baht und zu den Similan Islands für 4000 Baht, auch mit Übernachtung möglich. Freundliche deutsche Leitung.

Loma Diving, ☏ 076-485612, 🖥 www.loma-diving.com, Tauchfahrten zu den Similans und Richelieu Rock. Thai-deutsche Leitung.

Sea Bees, ☏ 076-485174, 🖥 www.sea-bees.com; Ableger der vielfach ausgezeichneten Tauchschule aus Phuket, Tagestouren mit dem schnellen Katamaran *Stingray* ab 105 Euro und Tauchpakete bis zu 635 € für 12 Tauchgänge.

Sea Dragon, 🖥 www.seadragondivecenter.com, ☏ 076-485420; unter langjähriger englisch-deutscher Leitung. Eigene Boote für 3- bis 4-tägige Live-aboard-Trips ab Ko Surin für 10 800–19 800 Baht für Taucher alles inkl., guter spartanischer Service, ideal für Taucher mit geringem Budget.

Wetzone, 🖥 www.wetzonedivers.com, ☏ 076-485806; kleine Tauchbasis; neben Touren nach Similan ab 4000 Baht wird als Spezialität Tauchen im See des Khao Sok-Parks angeboten: 6100 Baht (2 Tage, 2 Tauchgänge). Freundlich-familiäre deutsche Leitung.

bucht werden, bei Reisebüros oder direkt bei einem der vielen Veranstalter.

Khao Lak Guide Co., ☏ 076-485177, ✉ KhaoLak Guide@gmx.net, 🖥 www.khaolakguide.de; viel gelobte, häufig ausgebuchte Touren mit kleinen Gruppen (max. 8 Pers.) für 1900–2300 Baht, geleitet vom freundlichen Berliner Olaf Schomber; Büro am H4 am KM 60 neben dem Fotoladen.

Khaolak Tour Information, ☏ 076-485255, ✉ Khaolaktour_@hotmail.com. Touren, Tickets, Taxi-Service.

D. time travel, ☏ 081-8942499, ✉ d_timetravel @hotmail.com. Die üblichen Touren und vielfach gelobte Schnorchelfahrten zu den Similan Islands (ab 2400 Baht).

Happy Lagoon Travel Tour, ☏ 076-485694, 30 m neben dem Nang Thong-Supermarkt, bietet die üblichen Touren an und bucht zuverlässig die

Khuk Khak Beach:

Kempinski B. R.	①	Fertigst. 2008	❽
Khao Lak City Hotel	②	076-423192	❺
Khaolak Orchid B. R.	③	076-486141	❻–❼

Ban Bang Niang:

Mohintara Hotel	④	076-485830	❺
Khaolak Your House 1	⑤	076-486518	❷, AC ❸
Motive Cottage R.	⑥	076-486820	❺
Tony Lodge	⑦	076-443500	❹
Sinee Guesthouse	⑧	076-486772	❹
Joe and Tanya's G. H.	⑨	089-0142104	❸–❹
P&Y Guesthouse	⑩	087-1642431	❸
Emerald Guesthouse	⑩	076-486513	❸
Baan Bang Niang	⑩	076-420411	❹
Taveesub Apartment	⑪	076-486770	❹
Chanita Mansion	⑫	076-485561	❸
Khaolak Residence	⑬	076-485171	❺
Palm Garden R.	⑭	076-485072	❻
Highway Inn	⑮	076-485485	❸

Bang Niang Beach:

Thupthong Gh.	⑯	084-8444402	❹
Ayara Villas	⑰	076-486478	❻–❼
Amanusa R.	⑱	081-6351225	❺
Sanuk Bungalows	⑲	076-486800	❹
Cousin R.	⑳	076-486681	❺
Sudala B. R.	㉑	076-000000	❻–❽
Ladda R.	㉒	076-486294	❹
Amsterdam R.	㉓	076-486634	❸–❹
Jasmin R.	㉔	076-486695	❺
Chong Fah B. R.	㉕	076-486858	❻–❽
New Sita Garden	㉖	kein Tel.	❻
Mukdara B. R.	㉗	076-429999	❽
La Flora	㉘	076-428000	❽
The Sandy House	㉙	076-486224	❸–❹
Ramada R.	㉚	076-427777	❽

Nang Thong Beach (Khao Lak Center):

Andaburi R.	㉛	076-485255	❻
Sri Guest House	㉜	089-8670807	❸
Fasai House	㉝	076-485867	❸
Sunflower Bungalow	㉞	087-9065944	❺

Khao Lak Family H.	㉟	076-485318	❸
Jai Bungalow	㊱	076-485390	❸
Kh. L. Andaman R.	㊲	076-485135	❺
Krathom Khao Lak	㊳	076-485149	❹, AC ❺
Gerd & Noi Kh. L. Bu.	㊴	076-485145	❺–❻
Kh.L.Bhand.R.&Spa	㊵	076-485751	❼
Khao Lak Green B. R.	㊶	076-485845-6	❺
Holiday Inn	㊷	076-485045	❹
Father & Son	㊸	076-485277	❸
Happy Lagoon	㊹	076-485141	❹
Nang Thong Bay R.	㊺	076-485088-9	❺–❻
Countryside R.	㊻	076-485475-6	❺
Kh. L. Seav. R. & Spa	㊼	076-429800	❽
Jerung G. H.	㊽	076-485815	❹
Khaolak Inn	㊾	076-423056	❹
Khaolak Palm Hill R.	㊿	076-485138	❺
Suwan Palm R.	51	076-485830	❺–❻
Khaolak Grand City	52	076-485569	❹
Nang Thong 2	53	076-485088	❻
Baan Khao Lak R.	54	076-485199	❻–❽
Khao Lak Laguna	55	076-485000	❼–❽
Phu Khao Lak	56	076-485141	❸–❹
Kh. L. Viewpoint R.	57	076-443433	❺

Sunset Beach:

Khao Lak R.	58	076-428111	❻–❽
Khaolak Wanab. R.	59	076-485333	❽
Khaolak Paradise R.	60	076-429100-28	❼–❽
Khao Lak Bayfront R.	61	076-485641-4	❻–❽
Khao Lak Palm B. R.	62	076-429200	❽
Khao Lak Sunset R.	63	076-485075-7	❻
Baan Krating R.	64	076-485188	❼
National Park Bu.	65	076-485243	❹

Khao Lak South:

Coconut Waterfall R.	66	089-5882842	❸–❹
Numtana R.	67	076-595182	❸
Max Gh.	68	081-0826560	❹
Kh. L. Emerald B. R.	69	kein Tel.	❼–❽
Merlin R.	70	076-428300	❼–❽
Pramote Bungalows	71	089-5929660	❸
Poseidon	72	076-443258	❹

Die nördliche Andamanenküste

Similan-Nationalpark-Bungalows auf der Insel Nr. 4 sowie den nötigen Transfer.

Sonstiges

Autovermietungen
Vermieter, Reisebüros und Resorts bieten ein kleines Kontingent an Mietwagen an, z. B. **Noi's Travel Centre**, Jeeps ab 1000 Baht pro Tag inkl. minimaler Versicherung.

Geld
Mehrere Wechselstuben und Banken am H4, ⊙ in der Saison 10.30–20 Uhr. Viele Geldautomaten für Maestro-/ Cirrus-, Mastercard und Visa.

Informationen
Unter 🖳 www.khaolak.de stehen im Web gute, laufend aktualisierte Informationen zum Strand und seinen Unterkünften (mit Sonderpreisen bei Buchung vieler Bungalowanlagen).
Unter 🖳 www.khaolakmap.com findet man detaillierte Luftaufnahmen und recht gute Karten, die auf Satellitenaufnahmen basieren und vor Ort nachrecherchiert wurden.
Unter 🖳 www.mykhaolak.de informiert Heinrich Grosskopf (Radarheinrich) über Khao Lak und bucht die großen Hotels. Gute Infos auch unter 🖳 www.khaolak-infonet.de und 🖳 www.khaolak-today.com.

Internet
Mehrere Internet-Shops entlang des H4, 2–3 Baht por Minute.
Immer mehr Resorts bieten WLAN mit DSL an.

Karten
Sie werden gratis von Resorts und Läden verteilt, die Qualität schwankt sehr.

Kino
Im **1. Europäischen Kino**, ✆ 087-8283976, zeigt Sven Filme nach Wunsch.

Kochkurse
Im **Baan Khao Lak Resort** gibt es einen Thai-Cooking-Crashkurs (1500 Bath / 2 Personen), wobei man selbst 3 Thai-Gerichte aussuchen kann, diese zubereitet und natürlich auch verspeisen darf. Die erfahrene Thai-Köchin leitet an, begleitet von der Simultan-Übersetzung einer englischsprachigen Kolle-gin.
Auch bei einigen Köchinnen der familiären Restaurants kann man, ganz unprofessionell, die wichtigsten Gerichte kochen lernen.

Massagen
Entlang der Strände gibt es einfache oder komfortablere Massagehütten, ab 250 Baht/Std. Alle

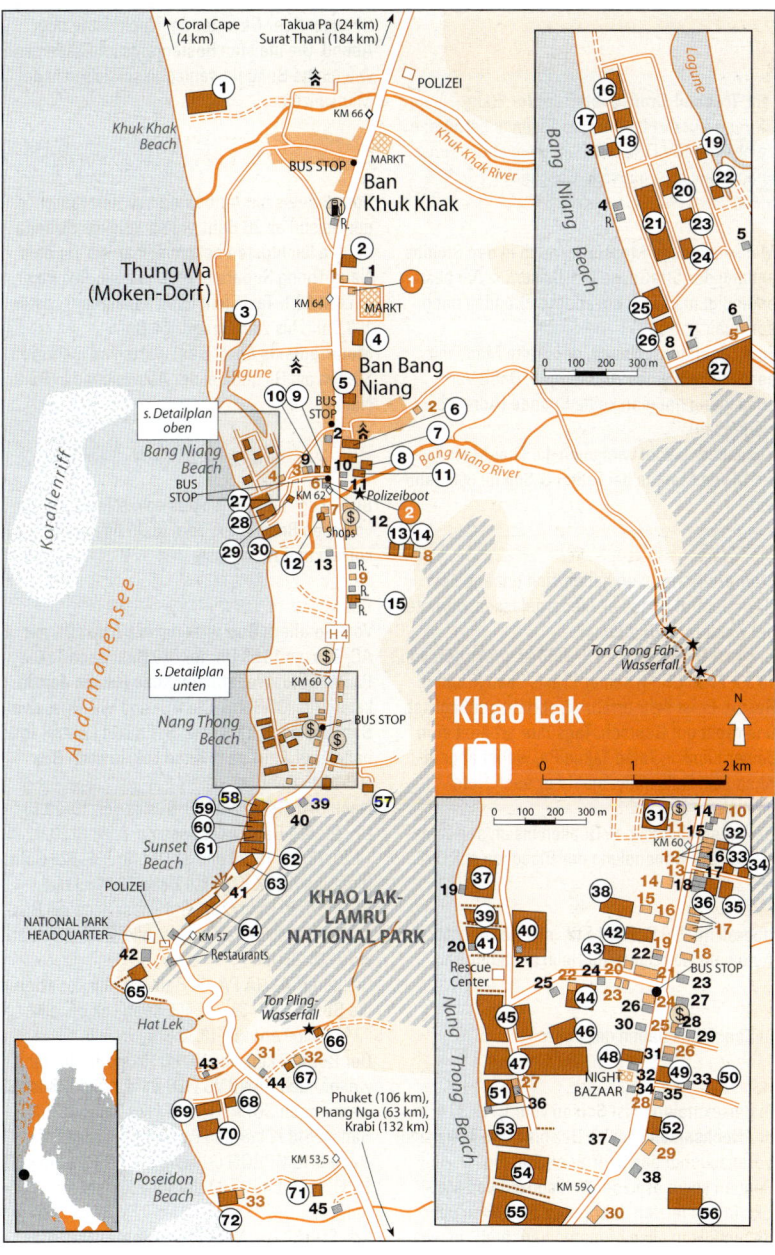

Khuk Khak Beach

Coral Cape (4 km)

Takua Pa (24 km)
Surat Thani (184 km)

POLIZEI

KM 66

BUS STOP

MARKT

Ban Khuk Khak

Thung Wa (Moken-Dorf)

KM 64

MARKT

Ban Bang Niang

s. Detailplan oben

Bang Niang Beach

BUS STOP

Lagune

Korallenriff

Andamanensee

BUS STOP

KM 62

Polizeiboot

Shops

Bang Niang River

H 4

KM 60

Nang Thong Beach

BUS STOP

Ton Chong Fah-Wasserfall

Sunset Beach

POLIZEI

NATIONAL PARK HEADQUARTER

KM 57

Restaurants

KHAO LAK-LAMRU NATIONAL PARK

Hat Lek

Ton Pling-Wasserfall

Phuket (106 km),
Phang Nga (63 km),
Krabi (132 km)

KM 53,5

Poseidon Beach

Khao Lak

N

0   1   2 km

Bang Niang Beach

Laguna

MARKT

Rescue Center

NIGHT BAZAAR

KM 60

BUS STOP

KM 59

Im **Tsunami Craft Center** an der Bang Niang Strand-Zufahrt bieten vom Tsunami betroffene einheimische Frauen selbst gemachtes Kunsthandwerk an – hübsche Geschenke.

Masseusen und Masseure, auch in den Studios entlang der Straße, gelten als seriös. Am besten erkundigt man sich bei anderen Kunden nach der Qualität.

Eine Legende ist **Nuang**, der uralte Mann mit den Muskeln eines 20-Jährigen. Ohne Voranmeldung hat man keine Chance (Adresse siehe Plan).

Besonders gelobt wird auch die Thai-Massage mit Öl von Manote bei **Father & Son** für 300 Baht/Std.

Medizinische Hilfe

Mehrere Arztpraxen haben sich entlang des H4 in Central Khao Lak niedergelassen, darunter der Kinderarzt **Dr. Chusak**.

Der Arzt **Dr. Seree**, ✆ 076-485149, praktiziert von 16.30–21.30 Uhr in seiner Praxis beim Krathom Resort. Er ist sehr erfahren, spricht gut Englisch und recht gut Deutsch. Tagsüber arbeitet er in seiner Klinik in Talad Takua Pa, wohnt aber in Khao Lak. Falls nötig, macht er auch Hotelbesuche.

Gelegentlich kommen Quallen bis an den Badestrand. Zur Behandlung der Bläschen s. S. 770.

Mopeds

Überall für 200 Baht/24 Std. inkl. Benzin, mit Automatik 300 Baht. Auf Helm bestehen.

Post

In Khuk Khak neben der Polizei.

Reisezeit

In Reisekatalogen ist **Saison** vom 1.11.–30.4. In der **Hochsaison** vom 20. Dez bis Mitte März sind Vorausbuchungen sehr zu empfehlen.

Regnen sollte es in der **Monsunzeit** von Mai–Okt. In den letzten Jahren wurde jedoch über Regenfälle in allen Monaten berichtet, zumeist Schauer oder Gewitter am Nachmittag oder Abend. Die meisten Restaurants und Läden sowie einige Bungalowanlagen schließen in der Monsunzeit.

Nahverkehr

Songthaews mit Aufbauten aus Holz fahren in der Saison ab 20 Baht regelmäßig die Strände an. Am leichtesten bekommt man sie vor dem Nang Thong Supermarket und beim Taxi Point am KM 62,1. Taxis (mit Edelstahlaufbau) kosten 100 Baht, bis zum Strand 150 Baht.

Motorradtaxis ab 20 Baht warten an mehreren Stellen am H4 und bei der Abzweigung in Bang Niang.

Transport

Bus-, Zug- und Flugtickets sowie Taxis werden von allen Reisebüros vermittelt. Alle gelten als korrekt und zuverlässig.

Busse

Vom Southern Bus Terminal in BANGKOK mit AC-Bus um 18.50 Uhr für 580 Baht nach Takua Pa in 11 Std. Weiter nach Khao Lak mit dem lokalen Bus (30 Baht). Die AC- und VIP-Busse von Bangkok nach Phuket (z. B. Phuket Central Tour) halten auf Anfrage in Khao Lak, je nach Bus 580–1045 Baht.

Nach BANGKOK mit VIP-Bus 4x von 19–20.10 Uhr für 895 Baht, AC-Busse ca. 8.30, 10.20, 12.30, 14.20, 16, 18, 19, 20 und 21 Uhr für 539–626 Baht. Richtung KHOK KLOI (40 Baht, 70 Min.) und PHUKET (55 Baht, 2 1/2 Std.) passieren die Busse 436 und 465 Khao Lak ca. alle 40 Min. von etwa 7–18.20 Uhr.

Richtung TAKUA PA (40 Baht, 50 Min.) passieren die Busse 430, 436 und 465 Khao Lak ca. alle 40 Min. von etwa 7–19.30 Uhr.

Der Bus 430 kurz vor 10, 14, 16 und 18 Uhr fährt weiter nach RANONG (160 Baht, 4 Std.), Bus 465 weiter nach SURAT THANI (120 Baht, AC 160 Baht, 4 Std.) über den Bahnhof Phunpin.

Nach CHUMPHON (319 km) mit AC-Bus um 9.30, 13.30, 15.30 und 17.30 Uhr für 280 Baht in 5 1/2 Std.

Von SURAT THANI fährt der Phuket-Bus 465

von 5.30–15 Uhr 14x tgl. ca. jede Std. über den Bahnhof Phunpin (30–40 Min. später) und Khao Sok nach Khao Lak für 120 Baht, AC 140 bzw. 160 Baht, in 4 Std.

Wer zum Bang Niang Beach will, steigt am KM 62,1 aus und fragt am Taxi Point nach einem Songthaew.

Gut geeignet fürs Umsteigen Richtung Krabi und zum Süden ist die Bus Station in Khok Kloi, wo viele Überlandbusse halten.

Minibusse
Gegen 8 und 11 Uhr AC-Minibus über Krabi und Hat Yai nach Malaysia (770–1500 Baht) und Singapore (1700 Baht).

Taxis
Mehrere Taxiunternehmen am H4. Auch das Nang Thong Bay Resort betreibt einen Taxi-Service (Preise für 2 Pers.): THAP LAMU 200 Baht, TAKUA PA 500 Baht, zum AIRPORT in Phuket 1200–1600 Baht bzw. 300 Baht p. P. (1 Std.), PHUKET 1200 Baht, PHANG NGA 1000 Baht, KRABI 2500 Baht und SURAT THANI 2000 Baht.

Flüge
Ab Phuket (s. S. 524). Vom Flughafen gibt es keine öffentlichen Busse nach Khao Lak. Ein Airport-Taxi kostet 1500 Baht (1 Std.). Die billigere Alternative bis 16 Uhr: Mit dem Airport Bus für ca. 40 Baht in Richtung Phuket bis Thalang fahren und den Busfahrer bitten, an irgendeiner Bushaltestelle Richtung Khao Lak anzuhalten. Dann auf der gegenüberliegenden Seite einen vorbeifahrenden Bus Richtung Ranong (Nr. 430), Surat Thani (Nr. 465) oder Takua Pa (Nr. 436) heranwinken (50 Baht, 2–2 1/2 Std.).

Sunset Beach
Der 500 m lange, schöne Sandstrand wird von zwei grünen Hügeln begrenzt, auf dem südlichen liegt das Büro des Nationalparks. Der relativ schmale Strand ist mit einzelnen Felsen, z. B. dem **Elephant Rock**, bestückt und für Kinder geeignet. Unterhalb der Straße schmiegen sich die sechs Resorts für Pauschalurlauber an den Hang. Die Vegetation des Nationalparks steigt wie in einem Amphitheater hinter der Straße an.

Im Monsun ist dieser Strandabschnitt sehr feucht und zum Baden kaum geeignet.

Alle 7 Resorts an diesem Strandabschnitt gehören der gehobenen Preiskategorie an und sind, wenn pauschal gebucht, durchaus ihren Preis wert, z. B.:

Baan Krating Resort (64), ✆ 076-485188, 🖥 www.baankrating.com/khaolak, am Hang unterhalb der Straße, beste Sicht über den Strand von Khao Lak bis zum Laem Pakarang, 23 große AC-Bungalows aus Naturmaterialien, schönes Restaurant, Pool, sehr kleiner Strand mit großen Bäumen. ❼

Khao Lak Sunset Resort (63), ✆ 076-485075-7, 🖥 www.khaolaksunset.com, 4-stöckiges Terrassenhotel in Hanglage sowie 3-stöckiger Hotelkomplex mit lautstarker AC, 60 große, saubere Zi, z. T. gemauerte Einzelbetten, Balkon Richtung Strand, teilweise fantastische Sicht, einige Zi mit Verbindungstür; gutes Restaurant am Strand. ❻

Khao Lak Resort (58), ✆ 076-428111, 🖥 www.khaolakresort.com, große Anlage am Hang, mit mehrstöckigen Hotelgebäuden in Straßennähe und Bungalows am Strand und dahinter. 2 schöne Pools. ❻ – ❽

Nang Thong Beach (Khao Lak)
Einige Felsenbänder (Hin Nang Thong) unterteilen den 2,5 km langen, feinen Sandstrand und ragen malerisch bis zu 50 m ins Meer hinaus. In der Saison ist er auch bei niedrigem Wasserstand bestens zum Schwimmen geeignet, dann bilden sich bei den Felsen kleine und große „Badewannen", an denen z. T. scharfkantige Muscheln wachsen. Der Bang Niang Fluss schließt diesen Strandabschnitt nach Norden ab. Bei Ebbe ist er kaum als Hindernis zu erkennen, doch bei hohem Wasserstand muss er brusttief durchwatet werden, falls kein Fährmann hinüberhilft (20 Baht). Am H4, der 200–600 m vom Strand verläuft, liegen viele neue Geschäfte und mehrere Ladenpassagen, in denen sich Restaurants, Tauchshops, Schneider, Tourunternehmer, Taxidienste, Reisebüros, Souvenirläden, Minimärkte, Wechselstuben etc. angesiedelt haben. Der Ort heißt

Die nördliche Andamanenküste

eigentlich Bang La On, wird aber Central Khao Lak oder Khao Lak genannt.

Während des Monsuns von Mai bis Oktober rollen große Wellen an diesen Strandabschnitt, und die salzige Gischt stäubt weit ins Land hinein. Baden ist dann nur sehr eingeschränkt möglich.

Übernachtung

Fast alle Resorts, z. T. mit 3-stöckigen Hotelbauten, liegen direkt am Strand, einige kleinere Bungalowanlagen und Gästehäuser weiter im Hinterland. Neben dem Nang Thong Supermarket geht eine 600 m lange Straße ab, die auf die Strandstraße mündet.

Baan Khao Lak Resort ⑤④, ☎ 076-485199, 🖳 www.baankhaolak.com; sehr beliebte Anlage mit geschmackvoll eingerichteten Einzel-, Doppel- oder Vierer-Bungalows sowie Hotelgebäude, alle mit AC. Pool und großer Liegenbereich am Strand, ruhige, familiär geführte Anlage; Restaurant. Sehr beliebt. ❻–❽

Nang Thong 2 ⑤③, ☎ 076-485088; ✉ info07@ nangthongbayresort.de, 25 neue Einzelbungalows am Meer und im Garten, Pool, Restaurant. ❻

Suwan Palm Resort ⑤①, ☎ 076-485830, 🖳 www. suwanpalm.com; direkt am herrlichen Strand, 3-stöckiges Resort, alle Zi mit Meersicht; zudem sehr günstige Familienzimmer in separaten, hinteren Bereich beim Pool; Frühstücks-Restaurant im Hotel, Pub, Bar, Spa; vorn am Strand das Khaolak Friends-Restaurant; WLAN. Geleitet vom sozial engagierten Mr. Sam. ❺–❻

Khao Lak Seaview Resort & Spa ④⑦, ☎ 076-429800, 🖳 www.khaolakseaview.de; das luxuriöse Strandhotel mit 197 Zi besteht aus einem Lagoon Wing hinter der Beach Rd. und einem Beach Wing am Strand, dessen Zi im 3. OG 2 Doppelbetten für Familien und eine tolle Meersicht haben. ❽

Nang Thong Bay Resort ④⑤, ☎ 076-485088-9, 🖳 www.nangthongbayresort.de, parkähnliche, von einem Bach durchflossene, äußerst beliebte Anlage; 25 Einzelbungalows mit Meersicht, geräumige Komfort- und Familienzimmer in Apartmenthäusern vor und hinter der Strandstraße. Mit stabiler Mauer befestigter Strand,

Liegestühle oberhalb im Resort und am schönen Pool, Strandrestaurant. Qualifiziertes, Englisch sprechendes Management. ❺–❻

Happy Lagoon ④④, ☎ 076-485141, Steinreihenhäuser 250 m vom Strand, 28 saubere Zi mit Fan oder AC und Minibar, neue Bungalows entlang der Straße. Nettes, luftiges Restaurant mit guter Thai-Küche, leckere Trinkkokosnüsse. Sehr gutes Preis-Leistungs-Verhältnis. ❹

Khao Lak Bhandari Resort & Spa ④⓪, ☎ 076-485751, 🖳 www.khaolakbhandari.com; sehr schöne Anlage im originalen Thai-Stil, viele Wasserläufe mit Lotosblumen, 29 geräumige Teak-Bungalows, 48 Zi in doppelstöckigen Chalets, gutes Open-Air-Restaurant unter dem „Big Tree", gediegenes Spa, sehr freundliches Personal. Buchung im Internet günstiger. ❼

Khao Lak Green Beach Resort ④①, ☎ 076-485845-6, 🖳 www.greenbeach.de; schön in die

Natur integrierte Anlage mit Teich und großen Bäumen am Strand, 40 hübsche, nett eingerichtete Einzelbungalows und Doppelbungalows, z. T. mit Verbindungstür, aus Stein und Bambusmatten, mit viel Platz dazwischen. Im hinteren Bereich ist der Garten noch nicht fertig. Billiges Strandrestaurant mit kleinen Portionen. Preiswerteste Anlage am Strand, sehr beliebt, Vorausbuchung ratsam. ❺

Khao Lak Andaman Resort ㊲, ✆ 076-485135, ✉ fonandaman@hotmail.com, vereinigt mit Garden Beach Resort, 36 geräumige, saubere Steinbungalows mit ac, großer Du/WC, Meerblick von allen Terrassen. Sehr preisgünstiges Restaurant am Strand, ◷ bis 21 Uhr. ❺

Beim H4

Phu Khao Lak ㊶, ✆ 076-485141, ✉ phukhaolak @hotmail.com, der herrlich gepflegte Palmenhain ist eine Augenweide, ebenerdige Steinhäuser mit 20 sauberen Fan-Zimmern sowie 10 Einzelbungalows, 10 Min. zum Strand. Die Anlage liegt zurückversetzt auf der Landseite des H4. Gutes Restaurant mit schöner Sicht aufs Meer, geleitet von der freundlichen Familie Ko Chin. ❸–❹

Khaolak Palm Hill Resort ㊿, ✆ 076-485138, 🖥 www.khaolakpalmhill.com, in einer ruhigen Seitenstraße, sauberes, zweistöckiges Resort um einen großen Pool hufeisenförmig angelegt, 35 große Zi mit AC, 7 Min. zum Strand. WLAN. Restaurant, kleines Spa. Engagierte Chefin. ❺

Khao Lak Viewpoint Resort ㊸, ✆ 076-443433, ✉ info@khaolak-viewpoint.com, auf einem steilen Hügel am Wald, 34 hübsche AC-Bungalows mit toller Sicht, 12 Min. zum Strand, aber beschwerlich zurück. ❺

Father & Son ㊸, ✆ 076-485277, ✉ mycatsleep @hotmail.com, 10 unterschiedliche, sehr saubere Bungalows aus Stein, Bambus und Holz hinter Nom's Family Restaurant in einem weitläufigen, ruhigen Garten. ❸

Krathom Khao Lak ㊳, ✆ 076-485149, ✉ krathom_khaolak@hotmail.com, 20 einfache Holzbungalows mit Fan und nette Steinbungalows mit AC in einem Palmengarten, Zufahrt vom H4; Restaurant; sehr nette Familie, der Va-

ter ist Arzt und hat eine Abend-Praxis auf dem Gelände. ❹, AC ❺

Fasai House ㉝, ✆ 076-485867, 2-stöckige Gästehäuser in einer ruhigen Seitengasse hinter Happy Snapper, 20 schön eingerichtete Zi mit bequemen Betten, Fan oder AC, großes Bad, sehr guter Service, freundliche Besitzer. ❸

Andaburi Resort ㉛, ✆ 076-485255, 🖥 www. theandaburiresort.com, ruhiges, angenehmes Hotel in 2. Reihe hinter einer Ladenzeile, 68 Zi in 2-stöckigen Häusern und 18 Bungalows, um den Pool ist ein üppig grüner Garten angelegt, Restaurant. ❻

Essen

Das **Phu Khao Lak Restaurant**, in neuer Lage, hat eine angenehme Atmosphäre und gute Thai-Gerichte, dazu professionellen Service. Im familiären **Lamuan Seafood** ist das Thai-Essen beständig gut, dazu trinkt man super leckere, frische Kokosnuss.

Immer wieder gelobt wird das einfache **Thai Seafood Restaurant** links vor dem Palm Hill Resort: Der eigene Fang wird exzellent und preiswert zubereitet.

Das neue **Ga Restaurant** überzeugt durch besonders große, leckere Portionen.

Nom's Family bietet hervorragende, preiswerte Fischgerichte am Abend sowie eine große Auswahl an vegetarischem Essen.

Im **Khao Lak Seafood** gibt es erstklassigen Fisch, absolute Spitze ist das gedünstete Barrakuda-Filet im Bananenblatt für 100 Baht. Im **Happy Lagoon** ist das Essen preiswert und gut.

Das **Khao Lak Andaman Restaurant** und das **Green Beach** haben die günstigsten Preise am Strand.

Auch einige europäische Restaurants finden guten Anklang, i.b. das **Khao Lak Restaurant** mit heimatlichen Gerichten und Bier vom Fass, das immer voll besetzte **Viking Steakhouse** mit – für Khao Lak – exorbitanten Preisen und die **Pizzeria-Spaghetteria** von Marco.

Jui bietet tgl. exzellenten Kaffee und frischen Kuchen nach original europäischen Rezepten. Das **Cafe Stempfer** hat bestes Frühstück und leckere Thai-Gerichte, zum Kaffee am Nachmittag

Die nördliche Andamanenküste

bietet Eddi, der deutsche Konditor, eine große Auswahl an Torten, Käse- und Sahnekuchen, nach deutschen Rezepten mit adaptierten Thai-Zutaten.

Einige Restaurants am H4 bieten kostenlosen Abholservice von den Resorts. Von Mai–Okt sind mehrere Restaurants geschlossen.

Bang Niang Beach

Der schöne, 2 km lange Sandstrand liegt 2,5 km nördlich vom Nang Thong Beach (Abzweigung am KM 62,1). Der goldbeige, feine Sand ist auch unter Wasser frei von Steinen, Felsen oder Korallenblöcken. Das Meer eignet sich bei Ebbe und Flut zum Baden und Schwimmen. Schon bei leichtem Wellengang wirkt das Wasser nicht völlig klar, da feine Sedimente aufgewirbelt werden, die beim jahrzehntelangen Zinnschürfen und -sieben entstanden. Am Strand gibt es einfache Restaurants und kleine Cocktailbars, in denen man zur Happy Hour den Sonnenuntergang genießen kann. Selbst in der Hochsaison wirkt der Strand meist recht leer.

Wer morgens den Strand entlang nach Norden zum Coral Cape (8 km) oder sogar zum Bang Sak Beach (14 km) wandert, kann stundenlange Einsamkeit erleben. Wer sich dagegen nach etwas mehr Umtrieb sehnt, kann in 40 Min. am Strand entlang nach Süden den Nang Thong Beach erreichen.

Im Hinterland entwickelt sich am H4 und an der Zufahrtsstraße zum Strand eine touristische Infrastruktur mit Minimärkten, Reisebüros, Restaurants, Schneider etc. Die 60 Häuser des Dorfes **Ban Bang Niang** verteilen sich entlang des H4, um den Tempel und in den Gärten entlang der Straße zum Chong Fah-Wasserfall, wo am Ortsende rechts der schöne **Orchid Garden Khaolak**, ✆ 085-2111488, liegt.

Das **Polizeiboot** gegenüber vom Bang Niang-Markt wurde vom Tsunami 1,3 km weit ins Land gespült, obwohl es mit voller Kraft dagegen an fuhr. Es ist frei zugänglich und ein beliebtes Fotomotiv.

Selbst während des Monsuns von Mai bis Oktober kann man am Bang Niang Beach manchmal baden, da das Korallenriff die Wellen bricht.

Nach dem Tsunami wurden innerhalb von zwei Jahren mit unglaublicher Energie ein gutes

Dutzend Strandresorts aller Preisklassen wieder aufgebaut. Links von der Zufahrtsstraße liegen am Strand die großen Hotelanlagen für Pauschalreisende, rechts die bei Individualreisenden beliebten Bungalowanlagen und Restaurants.

Übernachtung

Mukdara Beach Resort ㉗, ✆ 076-429999, ⬛ www.mukdarabeach.com, ausgedehnte Anlage mit vielen Wasserflächen, 56 große Bungalows, mehrere Hotelgebäude mit 92 Zi, imposantes Empfangsgebäude, Restaurants, Spa. Pauschal weitaus billiger buchbar. ❽

Chong Fah Beach Resort ㉕, ✆ 076-486858, ✉ chongfah@usa.net; neues Resort direkt am Strand, 14 eindrucksvolle Zi in 7 Doppelbungalows, 16 Zi in 4 doppelstöckigen Häuschen. Restaurant, Pool aus schwarzem Granit. ❻ ❽

Jasmin Resort ㉔, ✆ 076-486695, ⬛ www.jasminresort.com, üppig grüner Garten mit 5 Doppelbungalows in 3. Reihe; Restaurant; Thai-schweizerische Leitung. ❻

Amsterdam Resort ㉓, ✆ 076-486634, ✉ keeshuahinth@hotmail.com, kleine Anlage in 3. Reihe; Restaurant im OG mit Meersicht, kleine Bar; engagierte holländische Leitung. Gutes Preis-Leistungs-Verhältnis. ❸–❹

Ladda Resort ㉒, ✆ 076-486294, ⬛ www.ladda.net, 13 Zi im kleinen Apartmenthaus und in 5 Bungalows, in 4. Reihe; Pool, Restaurant. Hilfsbereite Thai-dänische Familie. ❹

Cousin Resort ⑳, ✆ 076-486681, 081-4532733, ⬛ www.cousinresort.com; 150 m vom Strand, 20 saubere Zi in modernen Einzel- und Doppelbungalows mit Fan oder AC; üppig grüner Garten, Restaurant, sauberer Pool; engagierte, freundliche Leitung von Saeng und San. ❺

Sanuk Bungalows ⑲, ⬛ sanukresort.com, ✆ 076-486800, in 4. Reihe, 5 kleine Fan-Bungalows aus Stein mit Teeküche. Deutsche Leitung. ❹

Amanusa Resort ⑱, ✆ 081-6351225, ✉ minniphool@hotmail.com, 2 zweistöckige, mit Bambus verkleidete Häuser mit 8 netten AC-Zi im Bali-Stil, mit Minibar, Wasserkocher, oben tolle Sicht aufs Meer. Gutes Restaurant und kleine Bar am Strand. Liebenswerte Leute. ❺

Ayara Villas ⑰, ✆ 076-486478, ⬛ www.ayara-villas.com; große Palmenwiese direkt am

Strand, beidseits der wenig befahrenen Strandstraße AC-Zi in Einzel- und Doppelbungalows im Thai-Stil, nett eingerichtet, Kitchenette, große, z. T. nach oben offene Bäder, Meersicht von jeder Terrasse. Restaurant am Strand, Pool an der Straße. ❻–❼

Thupthong Guesthouse ⑯, ✆ 084-8444402, ✉ thupthong@ gmail.com, 3-stöckiges Gästehaus mit bester Meersicht, gemütliches Restaurant, freundliche Thai-dänische Familie. ❹

Beim H4 und entlang der Zufahrtsstraße zum Strand gibt es ein Dutzend kleine Hotels und Gästehauser mit sauberen Zimmern für 250 bis 1500 Baht, z. B.:

P&Y Guesthouse ⑩, ✆ 087-1642431, in 2-stöckiger Ladenzeile über der P&Y Bar an der Soi Bang Niang, schöne Zi mit Fan oder AC. ❸

Taveesub Apartment ⑪, ✆ 076-486770, 11 geräumige Zi mit Kühlschrank, TV, AC und großem Bad; für Langzeitmiete geeignet. ❹

Tony Lodge ⑦, ✆ 076-443500, 🖳 www.tony lodge.com, kleines, 3-stöckiges, schmuckes Hotel mit nostalgischem Flair. ❹

Khaolak Your House ⑤, ✆ 076-486518, Gästehaus am H4 in einer Ladenzeile, im OG. 13 kleine, saubere Zi mit ac oder Fan, Minibar, TV, Warmwasser-Du/WC; freundliche Leute. Sehr gutes Preis-Leistungs-Verhältnis. ❷, AC ❸

Essen

Auf dem Mittwochs- und Samstagsmarkt sowie dem kleineren Montagsmarkt gibt es preiswert u. a. marinierte und gegrillte Hähnchenstücke, dazu Kleberreis und *Som Tam* – ein super Essen. Große Obstauswahl.

In **Mama's Restaurant** vor dem Markt kocht Geo hervorragend und scheint immer gut drauf zu sein. Ihr selbst erfundenes Rezept für *Spring Rolls* muss man einfach probieren.

Im **Mae Ban Restaurant** an der Hauptstraße stellt man mittags sein Essen aus den Pfannen hinter Glas zusammen – sehr lecker und sehr billig.

Im **Bread and More**, der deutschen Bäckerei an der Strandzufahrt, gibt es frische Brötchen und gutes Brot sowie herzhafte Wurst. Die Beilagen des *German Breakfast* reichen manchem für den ganzen Tag.

Am **Bang Niang-Strand** ist das rustikale **Coconut Grove** besonders beliebt, Daeng sorgt für gute Stimmung, vor allem, wenn er einen frisch gefangenen Marlin oder Schwertfisch präsentieren kann. 🕐 ganzjährig.

Weniger geschäftig geht es im **Amanusa Restaurant** am Strand zu. Die nette Besitzerin Minni schafft es, jeden Gast persönlich zu betreuen. Das überaus beliebte **Ton Son Restaurant** wird an einer neuen Stelle wieder aufmachen.

Das **Talay Thai Seafood Restaurant** am Eingang zum Mukdara ist jeden Abend voll besetzt, denn es gibt bestes Thai-Essen, leckeres Seafood in allen Variationen und eine gut verständliche, deutschsprachige Speisekarte. Wer anschließend einen Platz in der **Piranha Bar** findet, lässt sich vom immer strahlenden Alleinunterhalter Mr. Pak einen Drink mixen.

Im **Joe Steakhouse** bereitet Ludwig abends exzellente Steaks und Schnitzel aus lokalem Frischfleisch zu; sehr preiswert, daher ab 18 Uhr immer voll; Mo Ruhetag.

Khuk Khak Beach

Der Sitz der Gemeindeverwaltung Ban Khuk Khak liegt 4 km nördlich von Ban Bang Niang. Einige einfache Läden, die Tankstelle, eine Health Station und die Polizeistation sind dort angesiedelt.

Vom H4 geht es am KM 65,5 durch das Dorf Ban Khuk Khak und dann nochmals 1000 m zum feinen, flachen Sandstrand.

Übernachtung

Khaolak Orchid Beach Resort ③, ✆ 076-486141, ✉ reservation@khaolakorchid.com, 🖳 www.khaolakorchid.com, schöne Hotelanlage mit sehr großer Liegewiese, 2 Familienzimmer, großer Pool mit integrierten Palmen. ❻–❼

Sofitel Magic Lagoon ①. Wird 2008 als ein Kempinski-Hotel wieder auferstehen. ❽

Coral Cape (Laem Pakarang)

Vom H4 biegt am KM 68,4 die Straße zum Coral Cape (Laem Pakarang) ab. Nach 3,5 km Fahrt durch Kokosplantagen und Krabbenfarmen erreicht man das Meer. Bei Niedrigwasser schaut eine ausgedehnte Korallenplatte heraus. Nach rechts kommt nach 1,3 km das **Coral Cape**. Picknickplätze laden zur Rast ein – schöne Sicht auf den Bang Sak Beach. Der Sandstrand ist von totem Korallengestein bedeckt. Einige Resorts am Strand werden bald wieder aufgebaut.

Pakarang Villa, ☎ 076-487096, 089-9731141, 🖳 www.pakarangbungalows.com, an der Zufahrtsstraße zum Strand, 20 gut eingerichtete Zi mit Fan oder AC in 2 Reihenhäusern, Restaurant, schöner Pool mit Bar. Familiäre Atmosphäre. ❹–❺

Die Umgebung von Khao Lak

Khao Lak-Lamru National Park

Der H4 durchquert am Pass beim KM 56,8 einen Zipfel des Khao Lak-Lamru National Parks, der 1991 eingerichtet wurde. Er umfasst 125 km^2 und besteht aus mehreren, von immergrünem Monsunregenwald bedeckten Bergketten, die nach Osten auf über 500 m Höhe ansteigen.

Neben einem Schrein, an dem die Busfahrer hupen, liegen beim Pass ein Polizeiposten, das Headquarter des Nationalparks mit mehreren Bungalows und 3 einfache Restaurants. Ein Fußweg führt vom **Laem Hin Chang** zu zwei schönen Stränden hinunter. Nur wer zum Restaurant will, muss nicht die 400 Baht Eintritt bezahlen.

Im östlichen Flügel des Parks, jenseits des H4090, liegt 10 km südlich der ruhigen Kleinstadt Kapong der bei Einheimischen beliebte **Lamru-Wasserfall** in einer schönen Landschaft (kein Eintritt). Der Wald ist reich an Epiphyten (z. B. Orchideen), Farnen, Lianen und Kletterpflanzen (z. B. Rattan). Für seine geringe Fläche leben ungewöhnlich viele Säugetiere im Park, vor allem Languren, Makaken, Wildschweine, Muntjakhirsche und mehrere Arten von Eichhörnchen.

Ton Chong Fah-Wasserfall

Am KM 62,5 des H4 biegt eine Straße nach Osten ab zum Ton Chong Fah-Wasserfall. Nach 100 m hält man sich links und fährt 5,5 km durchs Dorf, dann durch Kautschukplantagen und Gärten bis zum Eingang des Nationalparks (400 Baht Eintritt). Auf einem Erdweg durch schönen Wald erreicht man nach 1 km den 10 m über eine Felswand herabrauschenden Wasserfall. In einem natürlichen Becken kann man in kaltem Wasser baden, umgeben von hohen Bäumen, umschwirrt von zahlreichen Schmetterlingen und Libellen. Am Ende der Trockenzeit versiegt das Wasser bereits weiter oben, dann ist die Schranke nur selten besetzt.

Bang Sak ··· บางสัก

Vom H4 zweigt am KM 71,5 ein Weg ab zu aufgegebenen Zinnminen und zum **Pakweep Beach**. Den feinen, weißen Sandstrand der weit geschwungenen Bucht begrenzen Kasuarinen, aus dem Wasser schauen einige Felsbänder heraus. Am Strand entlang kann man 4 km weit zum Bang Sak Beach wandern. Nach rechts führt am KM 71,5 eine landschaftlich schöne Straße nach **Talad Takua Pa**, der alten Stadt (17 km). Der **Sai Rung-Wasserfall** (Rainbow Waterfall, 2,5 km) lohnt evtl. für ein Picknick.

Bei der Police Box am KM 82,5 führt die Asphaltstraße zum Fischerhafen **Ban Nam Khem**, der durch den Tsunami fast vollständig zerstört, aber mit ungeheurem Einsatz schnell wieder aufgebaut wurde. Vom Pier verkehren laufend drei Fährboote zur nördlich vorgelagerten Insel **Ko Kho Khao** (10 Baht p. P., Auto 500 Baht hin und zurück). Die hügelige Insel ist z. T. mit Gras und Avicennia-Wald bedeckt. Am Nordende der Straße beginnt ein Naturschutzgebiet.

Wer Ban Nam Khem ganz durchquert, gelangt zum **Tsunami Memorial**, das von Thyssen-Krupp sehr sinnhaltig gebaut wurde. Ein kleiner Parcours, der symbolhaft das Leben zurückbringt, und ein Denkmal runden den guten Gesamteindruck ab.

Pakweep Beach

Similana Resort, 🖳 www.similanaresort.com, ☎ 076-487166; am KM 70,2 abbiegen, recht einsame, gepflegte Anlage in einer üppig grünen Kautschukplantage auf einem Hügel; 51 Holzbungalows und Pfahlhäuser mit Fan und AC; offenes Restaurant mit hohem Preisniveau; Pool am Strand. Über Veranstalter günstig zu buchen. Der Strand ist gespickt mit Felsen. ❻–❽

White Sand Beach, am feinsandigen, steinlosen Strand südlich vom Similana, ✆ 076-487580, 081-8950380, 3 gute Restaurants der Familien Prayod, etwas zurückversetzt stehen 5 AC-Bungalows aus Stein, sehr sauber mit Du/WC. ❺

The Sarojin Resort, ✆ 076-427906, 🖳 www.sarojin.com; das beste, mehrfach ausgezeichnete Resort von ganz Khao Lak, ein echtes 5-Sterne-Resort für Genießer, mit allem Luxus und exzellentem Service. Professionell und dennoch menschlich geleitet von Mrs. Kemp. ❽

Le Meridien Khaolak Beach Resort & Spa, ✆ 076-427500, 🖳 www.lemeridien.com/khaolak; riesige Luxusanlage der internationalen Kette mit entsprechendem Standard und Service. ❽

Nam Khem

Love to the Andaman, ✆ 081-8120388, ✉ mgrueneberger@yahoo.de, gegenüber vom Nam Khem Health Center, aus ökologischen Ziegelsteinen gebautes Gästehaus mit voll eingerichteten Zi und Hausservice, auch Monatsmiete (ab 7000 Baht). ❸

Nur 100 m entfernt hinter dem Tsunami-Memorial liegt ein Seafood-Restaurant, das bei Einheimischen sehr beliebt ist. Die Bediensteten lachen nur und verstehen kein Wort Thai – sie sind aus Myanmar.

Ko Kho Khao

Von den 5 Resorts auf der Insel gefiel uns am besten:

Amandara Island Resort, ✆ 076-417068, 🖳 www.amandararesort.com; sehr schöne, gepflegte Bungalowanlage in sehr ruhiger Lage am einsamen Badestrand, die Deluxe-Bungalows vorn am Strand sind relativ preiswert, v. a. bei Buchung übers Internet. Die Anlage ist viel schöner als die alten Fotos von der Webseite vermuten lassen. ❻

Koh Kho Khao Resort (KKK Resort), ✆ 076-417168, 🖳 www.kohkhokhao-resort.com; 3-Sterne-Resort, 300 m südlich, große Hotelanlage mit einigen Bungalows, 94 ordentliche Zi, Restaurant, Pool. ❺–❼

400 m vom Pier entfernt liegt das nette Restaurant **Taco Time**, ✆ 081-8913248, es bietet von 10 bis 22 Uhr mexikanisches und europäisches Essen sowie gutes Eis und frischen Kaffee.

Takua Pa   ตะกั่วป่า

Die Zinnstadt Takua Pa, 134 km nördlich von Phuket, hat eine bewegte Vergangenheit hinter sich. Schon im 3. Jh. v. Chr. kamen zahlreiche Siedler aus Indien an, die sich vor den Kriegszügen von König Ashoka in Sicherheit brachten. In der Umgebung der Stadt wurden Schmuckstücke, Statuetten und Keramik aus jener Zeit entdeckt.

Der größte Schatz der Stadt sind die drei großen indischen Statuen **Pra Narai** (der stehende Hindugott Brahma mit vier Armen, der Schöpfer, der alles Böse in der Stadt zerstört), **Pra Luk** (Laksamana, der Bruder Ramas aus dem Ramayana-Epos, der Helfer aus der Not) und **Nang Srida** (Sita, die Frau Ramas und Helferin aus der Not). Sie sind in einem kleinen Park neben der südlichen Ampelkreuzung aufgestellt.

Von der großen Vergangenheit der Stadt als Zentrum des Zinnabbaus (siehe Kasten) sind die kosmopolitische Gesinnung ihrer Bewohner und ihre Ausländerfreundlichkeit geblieben.

Am Ortseingang nach rechts geht es auf dem H4032 zur 7 km entfernten „Alten Stadt" **Talad Takua Pa** (Talad Kao), einem Städtchen mit einem schönen, aber zunehmend verfallenden, chinesischen Ortskern. Mit ein wenig Fantasie kann man sich durchaus vorstellen, dass dies einst ein wohlhabendes Geschäftszentrum war. Vom Ort aus kann man auf wenig befahrenen Straßen schön durch Obstgärten wandern.

Übernachtung

In der Neustadt **Takua Pa (Yan Yao)**:

Extra, 46 Sena Rat Rd., hinter der Esso-Tankstelle am H4, ✆ 076-421412. Schlichtes, 4-stöckiges Hotel für Geschäftsleute und deren Freundinnen, 75 große, etwas schmuddlige Zi mit Du/WC, Fan, Mückengitter, nach hinten ruhig. ❸–❹

In der alten Stadt **Talad Takua Pa** gibt es 3 einfache Stadthotels. ❶–❸

Gut und billig isst man im **Food Market** an der Bus Station. Ab 22 Uhr sind alle Restaurants geschlossen.
Bestes **Dim Sum** bereitet morgens das Restaurant links neben der PTT-Tankstelle.
Das **Palm Suan Nam**, ℘ 076-422304, ist ein nettes Gartenrestaurant östlich der Bus Station.
Ein Erlebnis ist der **Nachtessenmarkt** bei der südlichen Ampelkreuzung, ◷ tgl. 17–21.30 Uhr.

Sonstiges

Geld

Die sehr tief gekühlte **Kasikorn Bank** und die **Bangkok Bank** wechseln Geld und geben Bargeld auf Kreditkarte. Beide Banken haben einen Geldautomaten.

Medizinische Hilfe

Dr. Seree Pathanapichai in der privaten **Seree Clinic** in Talad Takua Pa (Talad Kao) spricht recht gut Deutsch. Nach 16.30 Uhr praktiziert er zu Hause in Khao Lak.

Telefon

Telecom Office an der Straße nach Talad Takua Pa: ◷ tgl. 24 Std. Telefonieren nach Europa kostet 47 Baht/Min.

Transport

Busse

Die Bus Station Yan Yao von Takua Pa liegt 1 km östlich vom Zentrum am H4 (KM 168,3), ein angenehm luftiger Platz zum Umsteigen. Die aktuellen Abfahrtszeiten und Preise sind auf eine Wand gepinselt. Tuk Tuk-Fahrer verlangen ab 18 Uhr hohe Preise.
Nach BANGKOK (757 km) 2.Kl. AC-Bus 63 tgl. 10x von 10.40–20.30 Uhr für 428 Baht, direkter AC-Bus um 17.30 und 18 Uhr für 551 Baht in 11 Std., VIP-24-Bus (von Phuket kommend) um 18 Uhr (Reservierungen unter ℘ 076-421686) für 857 Baht.
Nach PHUKET (134 km) non-AC-Bus 436 und 465 zwischen 5 und 17.15 Uhr ca. jede Std. in 3 Std. für 70 Baht (bis KHAO LAK 30 Baht in ca. 50 Min.), AC-Bus 465 um 10 und 13 Uhr in

Die Stadt des Zinns

Im 3.–8. Jh. war Takua Pa unter dem Namen **Takola** ein bedeutendes Handelszentrum unter der Oberhoheit von Nakhon Si Thammarat. Neben Indern kamen auch Griechen, Araber, Perser und Chinesen auf ihren Handelsreisen durch die Stadt.
Wegen der reichen **Zinnvorkommen** wurde die freie Stadt später Takua Pa genannt (*takua* heißt auf Thai „Zinn"). Im 13. Jh. wurde die Stadt unter König Ramkhamhaeng dem Reich von Sukhothai einverleibt. Zu Beginn des 17. Jhs. konnte sie wieder ihre Unabhängigkeit erringen, wurde jedoch später von burmesischen Truppen zerstört.
Anfang des 19. Jhs. kamen chinesische Einwanderer und kurbelten den Zinnabbau im gesamten Distrikt an. Im Jahre 1843 wurde aus Ziegeln die einige Meter hohe **Schutzmauer Senanuchit** errichtet, deren Reste heute noch, z. T. von Kletterpflanzen überwuchert, an mehreren Stellen von Talad Takua Pa zu sehen sind. Als Anfang des 20. Jhs. die Geschäfte blühten, wurde Takua Pa zur Provinz erhoben.
Alte Männer erinnern sich noch an einen Zinnminenbesitzer aus Holland, bei dem jeder gern arbeitete, da er seine Arbeiter sehr menschlich behandelte und sie jeden Sonntag ruhen ließ. Als die Gewinne zurückgingen, wurde Takua Pa zur Distrikthauptstadt degradiert und der Provinz Phang Nga einverleibt.

2 1/2 Std. für 100 Baht (bis KHAO LAK 50 Baht).
Nach KRABI (162 km) non-AC-Bus 435 um 9.40, 10.30, 13 und 15 Uhr für 65 Baht.
Nach PHANG NGA mit kleinen Bussen stdl. ab 6.30 Uhr für 30 Baht.
Nach SURAT THANI (157 km) non-AC-Bus 465 von 6.45–17 Uhr ca. alle 60–75 Min. für 100 Baht, AC-Bus 465 um 10 und 11.45 Uhr für 140 Baht (zum KHAO SOK für 35 Baht, AC 50 Baht).
Nach RANONG (168 km) non-AC-Bus 430 um 9.45, 12, 13.30 und 15 Uhr für 65 Baht in 3 Std., über KHURA BURI (25 Baht, 45 Min.), 2. Kl. AC-Bus um 16 Uhr für 120 Baht, AC-Bus um 12.30 und 14.30 Uhr für 140 Baht.

Nach CHUMPHON (289 km) mit AC-Bus um 10, 14, 16 und 18 Uhr für 260 Baht in 5 Std.

Selbstfahrer

Nach **Norden** sind es auf dem anspruchsvollen H4 bis zum Bang Baen Beach 133 km. In Khura Buri (55 km) ist ein Zwischenstopp möglich. Direkt nach **Osten** führt der auf der ersten Hälfte relativ wenig befahrene H401 durch eine schöne Berglandschaft beim Khao Sok National Park (43 km) nach Surat Thani (157 km).

Nach **Süden** geht es auf dem H4 an den Stränden von Bang Sak (14 km) und Khao Lak (ca. 30 km) vorbei bis Thung Maphrao (50 km), wo der 15 km lange, schöne H4240 nach Osten zum H4090 abbiegt. Darauf erreicht man nach 14,5 km den H4 und nach weiteren 13 km Phang Nga.

Khao Sok National Park วนอุทยานเขาสก

4 km hinter Takua Pa zweigt der H401 (KM 145,5) nach rechts ab Richtung Surat Thani (152 km). Die Straße führt zunächst am Rande des weiten Takua Pa-Tals entlang und schwingt sich anschließend in eleganten Kurven ins Hügelland. Am KM 119,4 geht es ab zum *Elephant Trekking* und zu einem Wasserfall im Regenwald. Jenseits des Passes am KM 113 lädt ein Aussichtspunkt ein, die herrliche Landschaft von überwucherten Kalkfelsen zu bewundern. Geologisch entspricht sie der „trockenen Halong Bay" bei Ninh Binh im Norden Vietnams. Die einzeln stehenden, dicht bewachsenen Kalksteinhöhenzüge und Felsen mit ihren kahlen Steilwänden sind ehemaliger, punktuell gehobener Meeresboden – eine optische Augenweide.

Beim KM 109,1 führt nach links eine Straße (2 km) zum 646 km² großen Regenwald-Nationalpark (Eintritt 400 Baht, Studenten mit Ausweis 200 Baht, zurzeit 7 Tage gültig). Viele Traveller machen diesen Stopp zwischen den Küsten, denn nur beim Khao Sok können sie so preiswert in angenehmen, romantischen Gästehäusern übernachten, den immergrünen Monsunwald direkt vor der Tür. Der Park liegt zwischen 300 und 600 m Höhe, die höchste Erhebung ist 960 m. Der Park ist keineswegs überlaufen – insgesamt besuchen ihn nur wenige tausend Touristen pro Jahr.

Den Naturliebhaber erwarten dichter Dschungel, kleine, eher mittelmäßige Wasserfälle, schöne Wanderwege an Bächen entlang und ein Naturlehrpfad. In den Wäldern des Parks leben auch viele seltene Säugetiere, darunter Elefanten, einige Tiger, Leopard, Asiatischer Schwarzbär, Gaur und Serow, die nur bei mehrtägigen Dschungeltreks angepirscht werden können. Leichter zu sehen sind mit etwas Glück Warane, Gibbons, Wildschweine, Flughörnchen, Eichhörnchen, Otter und Nashornvögel.

Ein 6 km langer Wanderweg führt zu sechs Wasserfällen und zur **Tang Nam-Schlucht**, in der man herrlich schwimmen kann. Er verläuft am Sok River entlang die ersten 3 km auf einem Sand-/Erdweg (danach gibt es Toiletten und einen Getränkeverkauf) und wird erst jenseits von Bang Hua Raed interessant, daher rechtzeitig losgehen. Am schönsten ist der **Badeplatz** am **Bang Liap Nam-Wasserfall**. Der Heimweg (dieselbe Strecke zurück) zieht sich sehr.

Anspruchsvoll ist der 4 km lange Aufstieg vom Headquarter nach Norden am Bang Laen River

Die Rafflesia

Vor einigen Jahren wurden innerhalb und außerhalb des Parks die ersten Exemplare der **Rafflesia** (Rafflesia kerrii meijer, auf Thai *Buah Poot*) gefunden, einer parasitären Pflanze, die auf den Wurzeln einer Lianenart wächst. Die topfförmige, ziegelrote Blüte hat innen einen gelbroten Blütenstand. Sie gehört mit 60–80 cm Durchmesser zu den größten Einzelblüten auf der Erde. Die Rafflesia kann das ganze Jahr über blühen, benötigt aber 9 Monate, bis die kleine Knolle heranwächst und sich entfaltet. An einigen Stellen ist sie durch zu regen Besuch bereits vernichtet. Wer Interesse an dieser Pflanze hat, kann in den Gästehäusern nach einer Tour fragen (Festpreis 600 Baht). Lokale Botaniker bezeichnen diese Pflanze als **Wasser-Lotus** (Sapria Himalayana, auf Thai *Buah Toom*).

entlang zum elfstufigen **Sip-et-Chan-Wasserfall**, in dessen Pool man von Mai bis Dezember ebenfalls schwimmen kann. Vom Wasserfall lädt ein neuer, nicht allzu anstrengender Pfad zu einem 2-stündigen Rundweg zurück zum Headquarter ein (v. a. für ältere Naturfreunde empfehlenswert).

Die schöne **Palme** *Kerridoxia elegans* (auch Langkow-Palme) ist neben der Rafflesia (siehe Kasten) eine weitere Attraktion für Botaniker.

Wer gern in einem aufgepumpten Autoschlauch den Fluss hinabtreiben möchte, hat dazu nach der Regenzeit die beste Möglichkeit. Den Dschungel in diesem Park kann man entlang der Hauptwege leicht auf eigene Faust erkunden. Wer es sich nicht allein zutraut, kann einen kundigen Führer aus einem der Gästehäuser anheuern.

Während der feuchten Zeit von Mai bis Dezember lohnt sich der Park nur für Leute, denen die vielen Blutegel (auf Thai *Tahk*) nichts ausmachen oder denen eines der Hausmittelchen hilft, wie z. B. Tabaksaft oder Tiger Balsam. Gegen Zecken (auf Thai *Hep*), die von Januar bis April Warmblütler befallen, hilft es schon, die Hosenbeine in die Socken zu stecken und ein Mücken abweisendes Mittel zu verwenden. In den Nächten kann es empfindlich kalt werden. Von Juni bis August reifen in der Umgebung die stinkenden, aber leckeren Durian.

Rajjaprabha-Damm

Zum östlichen Teil des Nationalparks, der per Boot über den Rajjaprabha-Stausee (auch Chiew Lan Reservoir) zu erreichen ist, gelangt man vom Dorf Ta Khun am KM 58,2 des auf 12 Spuren verbreiterten H401 (83 km westlich von Surat Thani). An der Abzweigung liegt ein Hotel, ✆ 077-261 192, ❷–❸. Wer Glück hat, kann eines der unregelmäßigen Songthaews für 20 Baht p. P. nehmen (da oben keine Songthaews warten, gleich die Rückfahrt ausmachen, ab 70 Baht/2 Pers.), ansonsten ist es ein zeitaufwändiges Abenteuer. Selbstfahrer biegen links ab, erreichen nach 9 km die Schranke und nach 12 km die Dammkrone, die von einem beliebten Park mit dichtem Rasen bedeckt ist und eine tolle Aussicht auf den See und die pittoreske Bergszenerie ermöglicht. Ein Imbiss verkauft Erfrischungen. Man kann ein

Waterfalls & Gibbon Calls

Jeder Naturfreund, der den Khao Sok kennen lernen will und einigermaßen Englisch lesen kann, sollte sich die Broschüre von Thom Henley, *Waterfalls & Gibbon Calls – Exploring Khao Sok National Park*, zulegen (520 Baht). Mit interessanten Texten, Zeichnungen und Fotos stellt der kanadische Ökologe den Nationalpark, seine Flora und Fauna gekonnt vor. Hobby-Ornithologen finden alle 355 im Park identifizierten Vogelarten akribisch auf Latein und Englisch aufgelistet. Auch eine Liste aller Säugetiere, Reptilien und Amphibien im Park ist enthalten.

Longtail-Boot chartern (1700 Baht für 1–10 Pers.) und sich 2 Std. über den See fahren lassen. Die Boote liegen am Damm rechts unten bei den Verkaufsständen, an denen auch riesige Fische angeboten werden. Zum Eingang des Nationalparks und zur Landestelle der Tourboote geht es nach links 4 km weiter Richtung Nordwesten.

Der Stausee ist vollkommen von steilen Kalksteinfelsen und dichtem Monsunwald eingefasst. Nur an wenigen Stellen reicht flacheres, begehbares Gelände an den See heran. Am bequemsten lässt sich der Stausee mit den Gästehäusern oder den Tour-Veranstaltern erkunden. Romantisch übernachten kann man in vier schwimmenden Bungalowanlagen (S. 486).

Höhlen

Im Umkreis von Khao Sok gibt es mehrere Höhlen. Leicht zu Fuß erreichbar ist die Höhle beim **Wat Tham Phanturat**, wo häufig eine Horde Affen für Leben sorgt. Ein ebenerdiger Gang, ca. 60 m beleuchtet, führt hinter dem Zeremonienplatz mit dem einbalsamierten Gründerabt in den Berg hinein bis zu einem Steilabfall. Über eine Leiter gelangt man in eine untere Etage mit einem See, in dem man nicht schwimmen sollte, da das Wasser als heilig gilt. Eine obere Etage kann über 126 Stufen erreicht werden. Von dem Höhlensystem sind 1000 m mit einer guten Taschenlampe relativ leicht zu erkunden. Das Wat ist zu erreichen vom H401 beim KM 108,7 oder auf dem Dschungelweg hinterm Nature Resort.

Die nördliche Andamanenküste

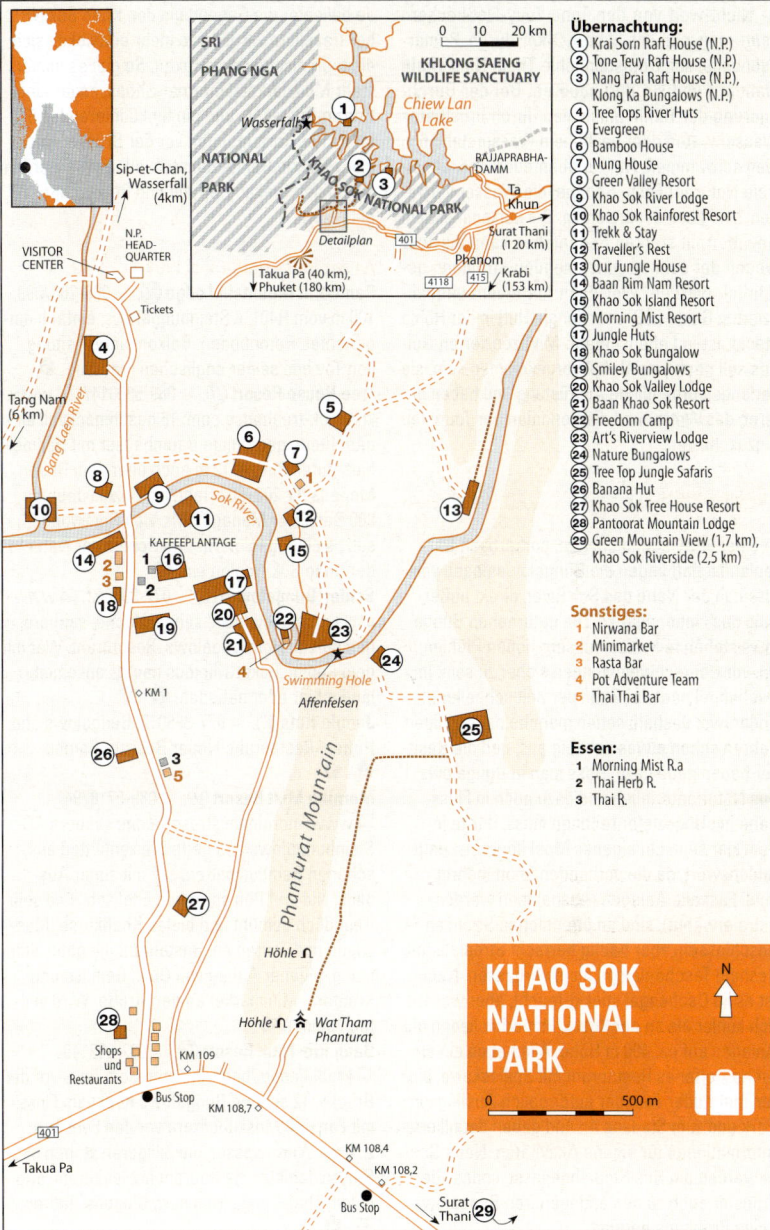

Übernachtung:
1. Krai Sorn Raft House (N.P.)
2. Tone Teuy Raft House (N.P.)
3. Nang Prai Raft House (N.P.), Klong Ka Bungalows (N.P.)
4. Tree Tops River Huts
5. Evergreen
6. Bamboo House
7. Nung House
8. Green Valley Resort
9. Khao Sok River Lodge
10. Khao Sok Rainforest Resort
11. Trekk & Stay
12. Traveller's Rest
13. Our Jungle House
14. Baan Rim Nam Resort
15. Khao Sok Island Resort
16. Morning Mist Resort
17. Jungle Huts
18. Khao Sok Bungalow
19. Smiley Bungaiows
20. Khao Sok Valley Lodge
21. Baan Khao Sok Resort
22. Freedom Camp
23. Art's Riverview Lodge
24. Nature Bungalows
25. Tree Top Jungle Safaris
26. Banana Hut
27. Khao Sok Tree House Resort
28. Pantoorat Mountain Lodge
29. Green Mountain View (1,7 km), Khao Sok Riverside (2,5 km)

Sonstiges:
1. Nirwana Bar
2. Minimarket
3. Rasta Bar
4. Pot Adventure Team
5. Thai Thai Bar

Essen:
1. Morning Mist R.a
2. Thai Herb R.
3. Thai R.

Die nördliche Andamanenküste

KHAO SOK NATIONAL PARK

N

0   500 m

Nicht weit von den Tone Teuy-Floßhäusern kann man nur mit Führer 3 km durch Primärdschungel zur Tropfsteinhöhle **Tham Nam Thalu** wandern und sie durchqueren. Bei der Durchquerung der Höhle muss man durch brusttiefes Wasser waten oder bei hohem Wasserstand 6 m weit schwimmen. Nur für abenteuerliche, angstfreie Naturen! Feste Schuhe, die Wasser vertragen, sind absolut notwendig. Bei aufkommendem Gewitter mit starken Regenfällen kann die Tour wegen der schnell zunehmenden Strömung gefährlich werden. Wer dann mit einem unqualifizierten Guide (z. B. vom Jungle Hut) in der Höhle steckt, ist in Lebensgefahr. Mit lizenzierten Guides soll noch kein Unfall vorgekommen sein, sie verlangen ordentliche Ausrüstung und haben gelernt, das Wetter und die Kondition der Touristen einzuschätzen.

Übernachtung

In einer vorwiegend ebenen, parkartigen Gartenlandschaft liegen die Bungalowanlagen verstreut in der Nähe des Sok River, direkt außerhalb des Nationalparks. Die naturnahen Bungalows stehen teilweise auf sehr hohen Pfählen; um vor Überschwemmungen sicher zu sein. Im Dschungel nagt der Zahn der Zeit schneller als anderswo, deshalb sehen manche nach einigen Jahren schon etwas schäbig aus, und die Besitzer bauen neue dazu. Dass man in Bungalows aus Naturmaterialien und dazu noch in Flussnähe mit Ungeziefer rechnen muss, dürfte jedem klar sein. Ein eigenes Moskitonetz ist empfehlenswert, da die vorhandenen oft löchrig sind. Fast alle Anlagen (Ausnahmen werden extra erwähnt), sind an öffentlichen Strom angeschlossen, aber häufig herrscht Stromausfall, deshalb Taschenlampe nicht vergessen. Nachts ist es im Dschungel stickig-feucht, aber wesentlich kühler als an der Küste. Immerhin liegen die Anlagen auf ca. 400 m Höhe. Alle haben ein einfaches, offenes Restaurant mit Speisekarte, bieten mehr oder weniger aufdringlich Ausflüge im Park und zum Stausee an und geben detaillierte Informationen für eigene Aktivitäten. Neue Gäste werden am Bus Stop abgepasst, sodass der Transfer auch zu den entlegeneren Bungalows keine Probleme bereitet.

Je beliebter die Gegend um den Khao Sok NP bei Travellern wird, desto mehr entwickelt sich die touristische Infrastruktur. So gibt es immer mehr Minimarkets, Internet-Shops, sogar eine Benzin-Zapfsäule und ein funktionierendes öffentliches Kartentelefon vor der Brücke. Noch gibt es keine Geldautomaten, allerdings werden an einigen Stellen Bargeld und Reiseschecks getauscht.

An der Hauptstraße zum Park

Pantoorat Mountain Lodge ㉘, ☎ 086-2687399, 100 m vom H401, 4 Steinbungalows, einfach eingerichtet, Betonboden, Balkon; unter Leitung von Toy und seiner englischen Frau Sue. ❸

Tree House Resort ㉗, ☎ 089-5906147, 🖳 www.khaosok-treehouse.com; 18 geschmackvoll eingerichtete, geräumige Baumhäuser mit Himmelbett, gutes Bad, 4–12 m hoch über dem Boden. Mopeds für 200–300 Baht, ein Suzuki Jeep für 800 Baht. Der Manager, Mr. Vipa Somwong, setzt sich engagiert für den Schutz der Natur in der Khao Sok-Region ein. ❸

Smiley Bungalows ⑲, ☎ 077-395003, 🖳 www.smileybungalow.com; sehr einfache, saubere, gemütliche Holzbungalows. Restaurant. Wer mit dem Kombi-Ticket-Minibus nachts ankommt, landet hier oder nebenan. ❷–❸

Jungle Huts ⑰, ☎ 077-395017, Bungalows und Hütten, Restaurant. Neuer Besitzer Rambo. ❶–❸

Morning Mist Resort ⑯, ☎ 089-9718794, 🖳 www. morningmistresort.com; saubere AC-Steinbungalows und nette Stelzenhütten aus schönen Bambusmatten, z. T. mit super Ausblick. Nid und Pon sprechen Englisch, sind sehr freundlich bemüht und bieten Kochkurse, Massagen und Touren an. Restaurant mit guter Stimmung, eigener Anbau von Obst, Gemüse und Kräutern. Minimarket an der Straße. Wird vielfach gelobt. ❸

Baan Rim Nam Resort ⑭, ☎ 077-395140, 🖳 krabidir.com/baanrimnamresort, links vor der Brücke, 12 schöne Bungalows direkt am Fluss, mit Fan und Moskitogittern vor den Fenstern, z. T. mit Warmwasser, die billigeren stehen im Garten dahinter; Restaurant mit leckerem, originalem Thai-Essen; Minimart, Mopeds, Touren. ❸–❹

Khao Sok Rainforest Resort ⑩, ✆ 077-395135, 🖥 krabidir.com/ khaosokrainforest, Bungalows verschiedener Bauart und Ausstattung, manche älter, idyllisch gelegen im Primärdschungel am Hang über dem Fluss; beste Sicht vom *Honey Bear*-Bungalow; schönes Restaurant mit offener Terrasse. Der freundliche Manager Mr. You gibt gute Informationen über den Regenwald. Preise je nach Auslastung. ❸–❹

Green Valley Resort ⑧, ✆ 077-395145, 🖥 www.khaosokgreenvalley.com, schöne, neue Anlage mit sauberen, nett eingerichteten, moskitosicheren Steinbungalows mit Fan und Du/WC, kleine Terrasse, schöner Garten nach hinten hinaus. Freundlicher Besitzer. ❸

Tree Tops River Huts ④, ✆ 077-395129, 🖥 www.treetopsriverhuts.com, verschiedenartige Bungalows aus Stein und Bambus, hoch in den Bäumen oder auf der Wiese, zwischen einfach, baufällig und komfortabel; freundliche Leute. ❷–❹

Flussabwärts am linken Flussufer

Bamboo House ⑥, ✆ 081-7877484, 🖥 krabidir.com/bamboohouse, Obstwiese mit schönen Bäumen und Büschen, 17 verschiedene ältere und neue Bungalows; nette Hütten im Garten, neuere Steinbungalows für Familien, abenteuerliche Baumhäuser am gestauten Fluss; davor ist Schwimmen im Fluss möglich; geleitet vom freundlichen Sao, der die längste Erfahrung im Touristenbusiness von Khao Sok hat. Tour-Info-Kiosk, Ticket-Verkauf, hervorragende Touren, zwar minimal teurer, aber zuverlässig. Sao ist Vorsitzender der Tourguide-Vereinigung. ❷–❹

Nung House ⑦, ✆ 077-395024, 🖥 www.nunghouse.com; einfache Bambushütten, Steinbungalows und Baumhäuser auf gepflegtem Gartengrundstück, nettes Personal; schönes Restaurant mit super Frühstück. ❷–❸

Traveller's Rest ⑫, ✆ 081-968243, 4 saubere Bungalows auf hohen Pfählen, Restaurant, Thai-englische Leitung. ❷

Khao Sok Island Resort ⑮, ✆ 086-2828560, 🖥 www.khaosokisland.com, saubere Bungalows und ein Familienbungalow in gepflegtem Blumengarten auf der Flussinsel, geleitet von der liebenswürdigen Rattana, die gut Englisch spricht und sehr gut kocht. ❸

Freedom Camp ㉒, ✆ 081-8954297, auf einer Insel im Sok River, über eine tolle Hängebrücke erreichbar, uriger Zeltplatz (100 Baht pro Zelt), 2 Baumhäuser für Tour-Teilnehmer, im einfachen Restaurant wird auf Wunsch *Jungle Food* in Bambusgeschirr gekocht. Ein in Thailand einzigartiges Erlebnis für anspruchslose, abenteuerlustige, junge Leute, die etwas für Pfadfinderromantik übrig haben. In der Regenzeit hochwassergefährdet. ❶

Art's Riverview Jungle Lodge ㉓, ✆ 086-2822677, 🖥 www.krabidir.com/artsriverview lodge, hochpreisige Einzelbungalows auf Stelzen und zweigeschossige Doppelbungalows, Restaurant am Fluss mit Blick auf den Affenfelsen und das Swimming Hole. ❸–❹

Nature Resort ㉔, ✆ 086-1200588, ✉ nature@tashihandmade.com, Bungalows und Baumhäuser, davon ein Familienhaus, etwas abenteuerlich über einen Bambussteg zu erreichen, ein echtes Naturerlebnis. Tee und Aer bemühen sich um ihre Gäste und kochen auf Wunsch Reis in Bambus. ❸–❹

Our Jungle House ⑬, ✆ 089-9096814, 🖥 www.losthorizonsasia.com, weit weg von allem, einzelne Bungalows und 3 Baumhäuser mit Moskitonetz liegen verstreut im Dschungel, am Fluss oder auf der Flusswiese; kleine Badepools im Fluss. Gehört zu Lost Horizons, das fast jedes Jahr die Leitung auswechselt, wodurch sich der Service und die Atmosphäre ändern. ❸–❹

Am Pantoorat Mountain

Baan Khao Sok Resort ㉑, ✆ 081-9580185, ✉ baankhaosok@yahoo.com, 8 Bungalows entlang des Weges, Moskitonetz, Bambusdusche; Restaurant nah am Fluss; unter freundlicher Leitung von Nui. ❸

Khao Sok Valley Lodge ⑳, ✆ 081-3972007, ✉ valleylodgekhaosok@hotmail.com, 5 Bungalows aus Bambus und Stein im Garten, 1200 m vom H401, nette Besitzer, zuverlässige Informationen. ❷

Weiter nach Osten

Khao Sok Green Mountain View ㉙, am KM 106,8 nach Norden abbiegen, geräumige, saubere Bungalows mit Fan und abgeschlossenem, dachfreiem Bad nach hinten raus, schön angelegter Garten; der Park Guide Tawee ist sehr engagiert und organisiert Touren, seine nette Frau kocht ausgezeichnet. ❷

Khao Sok Riverside Cottages ㉙, ✆ 077-395027, 🖥 www.khaosok.net; am KM 106,8 nach Norden abbiegen (2,5 km). 30 große, gut eingerichtete, unterschiedliche Holzbungalows mit Glasfenstern und Moskitonetz im gezähmten Dschungelgarten, wunderschönes Restaurant direkt am Khao Sok River, Zelten gegen geringe Gebühr auf der Flusswiese, bemühter, perfekt Englisch sprechender Manager. ❹

The Cliff & River Jungle Resort, ✆ 077-201150, 🖥 www.roikoh.com; am KM 97,4 nach Süden abbiegen (300 m). In herrlicher Landschaft in ein weites Tal eingebettet, 30 große, sehr gut eingerichtete Holzbungalows mit Bambusdekoration, großen Glasfenstern und Moskitonetz, Restaurant mit toller Sicht über das Tal. Völlig ruhig. ❺

Nationalpark-Bungalows auf dem Stausee

Alle Floßhäuser liegen in einer grandiosen, traumhaft ruhigen Landschaft inmitten üppiger Natur. Die Preise sind in allen identisch: Vollpension 500 bzw. 750 Baht p. P.

Krai Sorn Raft House ①, am offenen See; 8 luftige Bambushüttchen und eine Gruppenunterkunft, Toiletten am Land, wacklige Stege; gutes Restaurant; Nationalpark-Büro und Unterkünfte der Angestellten an Land; links hinten in einem Seitenarm lohnt ein Wasserfall. ❸

Tone Teuy Raft House ②, in einem flachen Seitenarm mit warmem Wasser; 7 extrem einfache, luftige, schwankende Bambushüttchen, Toiletten am Ufer, über wacklige Stege erreichbar; sehr gutes Restaurant. Am Spätnachmittag kommen häufig Affen an die Uferhänge zum Fressen. ❸

Nang Prai Raft House ③, schwimmende Bungalows für über 50 Pers. in einem 300 m tiefen Seitenarm mit kühlem Wasser; große Holzhäuser auf stabilen Flößen, jeweils mit 3 ordentlichen Zimmern und einem WC, sowie primitive Bambushüttchen; Restaurant mit exzellenten Fischgerichten am Abend; kipplige Paddelboote zu mieten (250 Baht/Tag). ❹

Klong Ka Bungalows ③, nahebei am Ende des Seitenarms, 4 schwimmende Bungalows,

10 schöne Bungalows, jeweils für 8 Pers., am steilen Hang mit toller Sicht von den Terrassen, 2x Du/WC im Haus, Restaurant. ❹

Essen und Unterhaltung

Einige Restaurants liegen an der Hauptstraße, z. B.: **Thai Herb Restaurant**, ✆ 089-2890018, abends hervorragende Gerichte, frischer Kaffee, nettes Ambiente.

Rasta Bar, gegenüber im OG. Auf einer gemütlichen Terrasse mit Matten, Ruhekissen und Tischen rund um eine Feuerstelle herum lässt es sich bei halblauter Musik herrlich entspannen.

Morning Mist Restaurant, kurz vor der Brücke rechts, wurde uns vielfach empfohlen. Leckeres Essen, auch mit Dschungelgemüse zubereitet. Sehr zu empfehlen sind die Currys, probieren sollte man den Lemongrass-Shake. Die Portionen sind reichlich, die Preise niedrig.

Nirwana Bar, an der Abzweigung zu Our Jungle House, täglich BBQ. Platz findet man auf Matten an einem der niedrigen Baumscheibentische, die um ein großes Lagerfeuer angeordnet sind. Die meisten Touristen genießen, auf ihrem Balkon sitzend, die nächtlichen Dschungelgeräusche.

Aktivitäten

Dschungeltrekking

Geführte **Wanderungen** im und außerhalb des Nationalparks, 1 Tag bei 2 Pers. ca. 700 Baht p. P. inkl. Lunch.

Empfohlen werden die Touren von **Bamboo House 1** (mit den erfahrenen Guides Gang und Kiam, Anfahrt mit Minibus oder Pickup). *Night Safaris* begleitet der ehemalige Jäger Keau, der zwar kaum Englisch spricht, aber mehr zeigen kann als jeder andere, 2 Std. für 600 Baht, 4 Std. 800 Baht.

Andere Tourunternehmer bieten Ähnliches zu z. T. niedrigeren Preisen an. In der Qualität gibt es aber himmelweite Unterschiede, so geht z. B. mancher Führer mit bis zu 16 Touristen los!

Elefantenreiten

Drei Elefantencamps haben sich in der Nähe von Khao Sok niedergelassen. Alle Gästehäuser und Tourunternehmen vermitteln einen Elefantenritt außerhalb des Parks, z. B. zum Wasserfall in 2 Std. für 800 Baht p. P. (2 Pers.).

Höhlentouren
Mit Guide und Transport außerhalb des Parks für 500 Baht p. P. inkl. Lunch.

Kanufahren
In großen, aufblasbaren Kanus können sich 2–3 Personen den Sok River hinunterpaddeln lassen. Bei hohem Wasserstand wird bei der Brücke an der Hauptstraße eingesetzt, bei niedrigem einige Kilometer weiter unterhalb am H401. Unterwegs sieht man schöne Flusslandschaft, wenn man Glück hat Schlangen, Affen, seltene Blüten oder Früchte. Abholung und Rücktransport mit Auto, 2-stünd. Tour 600 Baht p. P., zu buchen bei allen Gästehäusern und Tourunternehmern.

Schwimmen
kann man sehr schön im *Swimming Hole*, einem natürlichen Becken im Sok River, in dem allerdings einige glatte Felsen bis knapp unter die Wasseroberfläche hochragen. An den Felsen dahinter turnt manchmal nach der Mittagszeit eine Horde **Affen** in der Vegetation herum, für eine Banane stürzen sich einige sogar mit Kopfsprung ins Wasser. Die vielen kleinen Fische kann man mit etwas Toastbrot füttern.

Stausee-Touren
In fast allen Gästehäusern wird die *Lake Tour* angeboten, 1 Tag inkl. Lunch für 1500 Baht p. P., 2 Tage 2500 Baht, 3 Tage 3900 Baht (Preise jeweils bei 4 Pers.; sollte die Tour wesentlich billiger angeboten werden, den Preis schriftlich bestätigen lassen). Man wird mit Pickup oder Minibus zum Rajjaprabha-Damm gefahren (90 Min.), mit dem Longtail-Boot geht's zu den schwimmenden Bungalows zum Mittagessen (90 Min.), anschließend folgt eine Wanderung durch Primärdschungel (1 Std.) mit Durchquerung der Höhle Tham Nam Thalu (1 Std.), Rückfahrt mit Boot und Auto. Bei mehrtägigen Touren wird das Programm erweitert: Man kann durch Sekundärdschungel in 3–4 Std. zum See wandern, macht abendliche und morgendliche

Pirschtouren am Ufer, um Affen und Hornbills zu sehen, fährt Kanu, badet im See oder besteigt einen Aussichtsberg (90 Min.). Übernachtet wird in den schwimmenden Bungalows.

Tubing
Es ist eine Gaudi, sich bei gutem Wasserstand 2 Std. in aufgepumpten Autoschläuchen den Fluss hinab treiben zu lassen, 300 Baht. Dabei kann man mit ziemlicher Sicherheit Schlangen sehen. Wegen der Stromschnellen ist es ratsam, bei der ersten Fahrt einen Guide zu nehmen.

Wandern
Nachdem man an der Schranke seinen Eintritt bezahlt hat, erhält man im Visitor Center das informative Faltblatt *Trails in Khao Sok National Park*, in dem die gut markierten, aber nicht korrekt kilometrierten Wanderwege beschrieben sind. Man kann sie auch ohne Faltblatt leicht selbständig gehen. Für glitschige Flussdurchquerungen sind Wasserschuhe ratsam. Getränke und Verpflegung mitnehmen.

Einkaufen
Mind. 3 Minimärkte entlang der Hauptstraße.

Guides
Nur 15 Tourguides arbeiten mit Lizenz, einige Veranstalter setzen billigere Guides ohne Lizenz ein. Fast alle Touristen sind mit den lizenzierten Guides zufrieden.

Informationen
Im **Visitor Center** informieren in Thai und Englisch beschriftete Grafiken und Fotos kostenlos über den Park, ⏱ 8–16.30 Uhr. Sehr informativ ist die Broschüre von Thom Henley, *Waterfalls & Gibbon Calls – Exploring Khao Sok National Park* (520 Baht, erhältlich in den Minimärkten).

Internet
Mindestens 4 Shops (2 Baht/Min.).

Massagen
Nach anstrengenden Aktivitäten entspannt eine Massage, 200 Baht, die überall angeboten wird.

Die nördliche Andamanenküste

Mopeds

vermieten z. B. die Minimärkte **Backpack Minimart** und **Jungle Huts** für 200 Baht/Tag, mit Automatik 300 Baht/Tag.

Touren

Einige Reiseunternehmen aus Krabi, Phuket und Ko Samui bieten relativ teure, mehrtägige Touren zum See im Khao Sok-Park an. Übernachtet wird auf dem See. Eine typische Tagestour offeriert im Schnelldurchgang Elefantenreiten, heiße Quellen, eine Tropfsteinhöhle, einen Wasserfall und einen Tempel.

Transport

Die Pickups der meisten Gästehäuser warten an der Straße auf die Busse und werben neue Gäste an. Sie bringen ihre Gäste auch rechtzeitig zu den Bussen in beide Richtungen zurück. Von SURAT THANI non-AC-Busse ca. stdl. und einige AC-Busse von 6.20–15.30 Uhr für 75 bzw. 120 Baht in 3 Std. über PHUNPIN (60 bzw. 100 Baht in gut 2 Std.), zurück von 8–18 Uhr. Nach TAKUA PA non-AC-Bus von 8.30–17.20 Uhr ca. stdl. für 25 Baht in 1 Std., AC-Bus um 9 und 12.30 Uhr für 50 Baht, weiter nach KHAO LAK für 35 Baht (AC 50 Baht) und PHANG NGA für 40 Baht.

Die privaten Busse von Songserm und Phantip zwischen Surat Thani und Phuket fahren nicht auf dieser Route.

Von SURAT THANI kostet Taxi- oder Tuk Tuk-Charter 700–800 Baht (oft sogar 1500 Baht), von TAKUA PA ein gechartertes Pickup 300 Baht. Von KRABI mit dem Ranong-Bus bis Takua Pa, von dort mit dem Surat Thani-Bus 40 km zum Park, 30 Baht.

Ein **Minibus** fährt um 8.30 Uhr von Khao Sok nach HAT YAI (570 Baht), KRABI (220 Baht), TRANG 570 Baht; bis 18 Uhr jede Std. nach SURAT THANI (150 Baht) mit Anschluss nach KO SAMUI (430 Baht), KO PHA NGAN (550 Baht) und KO TAO (770 Baht), um 13.30 Uhr mit Anschluss zum Flug (18 Uhr), Zug (18.30 Uhr, 898 Baht) und Bus (19 Uhr, 500 Baht) nach Bangkok. Wer den Minibus von Surat Thani nach Khao Sok nimmt, landet automatisch im Jungle Huts oder Smileys, von Krabi bei Tree Tops River Huts.

Von Takua Pa nach Khura Buri

An der Straßengabelung am KM 165,3 beginnt die Kilometrierung Richtung Ranong mit KM 776,8 (die alte Entfernung von Bangkok). Am KM 756 zweigt eine Straße nach rechts ab zum 246 km² großen **Sri Phang Nga National Park**. Nach 4,7 km kommt die Schranke, 1 km weiter ein Parkplatz mitten im Dschungel: überdachte Picknicktische, Salas, ein Toilettenhaus unter riesigen Bäumen und ein Flussbecken mit tausenden von heiligen Fischen. Ein guter Pfad führt in 500 m zum **Tam Nang-Wasserfall**, der aus einer Rinne mit mehreren Stufen in einen schönen Pool mit klarem Wasser 20 m herabstürzt – hervorragend zum Schwimmen geeignet. In der Regenzeit rauschen jedoch gewaltige Wassermassen herunter. Die 400 Baht Eintritt ist dieser Nationalpark kaum wert.

Entlang des H4 tauchen Dutzende von Krabben-Farmen auf. Daneben beherrschen Gummi- und Mangoplantagen, Wassermelonenfelder, Palmöl- und Betelnusspalmen die Landschaft. Einige wenige Kokosnusspalmen, Maniokpflanzungen, Bananenstauden und ein paar Papaya für den Hausgebrauch runden das Bild ab. In fast jeder Ortschaft weist ein Schild *Masjid* auf eine kleine Moschee hin.

Am KM 747 zweigt eine Straße (17 km) ab zum Hafen für den Transfer zu den vorgelagerten Inseln Surin, Similan, Pow Morgan, Ko Ta Chai, Sud Kob Fah, Ko Phra Thong, Ko Ra und Ko Nok. Auf der Insel **Ko Phra Thong** legen drei Arten von Meeresschildkröten (Suppenschildkröte, Bastardschildkröte und die seltene Lederschildkröte) vor allem zwischen Dezember und März ihre Eier ab.

In der Distrikthauptstadt **Khura Buri** (auch Khuraburi oder Kuraburi) werden im Zentrum (KM 727) in der Bus Station Bustickets nach Bangkok, Richtung Ranong und Phuket verkauft. Gegenüber bei Tom and Am Tour bekommt man Informationen und Bootstickets zu den Surin-Inseln.

Beim Dorf Hin Lad (KM 720,8) biegt man nach Westen 2 km zum Hafen mit dem wichtigen Fischmarkt ab (Motorradtaxi von der Stadt 40 Baht, von der Abzweigung 10–20 Baht). Am Pier steht ein Büro des Mu Ko Surin National Parks. Kuraburi Greenview Travel fährt von hier zu den Surin Islands und anderen Inseln.

Greenview Resort, ✆ 076-401400, am KM 739 in einer Kurve, 25 komfortable AC-Bungalows aus Holz am Hang über einem Stausee. Gepflegtes Restaurant, Pool. ❺

Boon Piya Resort, ✆ 076-491464, 081-7525457, in Khura Buri zwischen Bus Station und Brücke. 20 neue, kleine, saubere AC-Bungalows mit warmer Du/WC. Wer sein Bootsticket nach Ko Surin für 1200 Baht beim Besitzer, Mr. Panich, kauft, bekommt freien Transport zum 8 km entfernten Hafen. ❸–❹

Tararin River Hut, ✆ 076-491789, vor der Brücke rechts, 10 liebevoll dekorierte, altersschwache Hütten mit Palmblattdach, drei davon mit Balkon über dem Fluss, unter Leitung von Mama Aporn, Restaurant. ❷–❸

Country Hut Riverside, ✆ 076-491385, nach der Brücke rechts am Fluss, 5 einfache Bambushütten mit Fan und ein Haus mit 3 Zi mit AC. ❷–❸

Surin Islands   หมู่เกาะสุรินทร์

Die Inselgruppe, ca. 60 km vor Khura Buri, besteht vor allem aus zwei großen Inseln, der nördlichen **Ko Surin Nua** und der südlichen **Ko Surin Tai**, die von ca. 240 Seenomaden (Moken) polynesischen Ursprungs bewohnt ist. Die mit hohem, dichtem Wald überzogenen Inseln besitzen wunderschöne Sandstrände. Deutsche Sandsammler fanden hier „den weißesten Sand der Erde". Sandfliegen sind noch nicht gesichtet worden. Die Inselgruppe wurde 1981 zum Marine National Park erklärt. Auf einem schönen Pfad von 2 km kann man auf der Nordinsel von der Chong Kad Bay (Hauptverwaltung) zur Mai Ngam Bay durch herrlichen Dschungel und entlang einsamer Buchten wandern.

Fantastische, vielfältige Korallenriffe laden zum Schnorcheln und Tauchen ein. Die Sicht erreicht nur selten über 20 m. Die Anzahl der Fische ist nicht überwältigend, doch Schwarzspitzenhaie, Schildkröten und Seeschlangen sieht man häufig. An Werktagen ist es auf der Insel angenehm ruhig, lediglich an Wochenenden und Thai-Feiertagen wird die Insel von hunderten einheimischen Touristen regelrecht überschwemmt.

KO SURIN NATIONAL PARK

0 1 2 3 km

KO REE

KO SURIN NUA

Ao Mai Ngam

KO GLANG

Ao Chong Kad

KO HIN PUA

KO SURIN TAI

KO KUI

KO CHI

▫ Restaurant
△ Camping
⌇ gute bis sehr gute Schnorchelplätze
--- Dschungelpfad
⌂ Bungalowcamp
● Seenomaden (Chao Le)

Schon wenn man sein Bootsticket kauft, muss man sich entscheiden, wo man unterkommen will, denn jedes Boot fährt zu einem anderen Camp. Auf der Nordinsel Ko Surin Nua gibt es zwei Möglichkeiten (auf der Südinsel kann man nicht übernachten).

In **Ao Chong Kad** finden sich der Sitz der Parkverwaltung, Bungalows, ein Campingplatz und Restaurant. Die **16 Bungalows** für 2 Personen sind ausgestattet mit 2 Betten, Fan, Moskitonetz und Du/WC und kosten 2000 Baht pro Nacht, Extrabett 100 Baht. Unter der Woche kann man an der Rezeption nach freien Bungalows fragen. Buchungen per Internet unter ⌨ www.dnp.go.th/parkreserve/asp/style1/default.asp?npid=202&lg=2.

Ao Mai Ngam verfügt über einen Campingplatz und ein Restaurant.

Auf beiden Campingplätzen der Nordinsel kann man Zelte mieten. Ein großes Zelt (3–4 Pers.) kostet 450 Baht, ein kleines Zelt (2–3 Pers.)

Die nördliche Andamanenküste

300 Baht, wer sein eigenes Zelt mitbringt, zahlt 80 Baht.

An der Rezeption kann man für 60 Baht pro Tag Isomatte, Schlafsack und Kopfkissen ausleihen. Die Gemeinschaftsduschen und WCs sind ordentlich und sauber.

Vorsicht: Täglich streifen hungrige und neugierige Affen (Makaken) durch das Camp. Bitte keine Früchte oder Kekse offen herum liegen lassen!

Warnung an Ruhesuchende: Thais stehen gewöhnlich lautstark um 5 Uhr auf!

Essen und Einkaufen

Beide Restaurants sind von 7.30–20.30 Uhr geöffnet. Als **Set Menu** kostet das Frühstück 80 Baht, das Mittagessen 140 Baht und das Abendessen 180 Baht, wird aber nur für mind. 2 Pers. ausgegeben. Wer sein Essen selbst aussuchen möchte, findet auf der 4-seitigen Speisekarte alle gängigen Thaigerichte.

Ein **Kiosk** verkauft den ganzen Tag warme und kalte Getränke, Kekse, Batterien, T-Shirts etc., manchmal auch Obst.

Heißes Wasser (für Tee oder Kaffee) gibt es von 7.30–10 Uhr kostenlos.

Im Dorf der Seenomaden auf Ko Surin Tai gibt es schöne **Flechtarbeiten** zu kaufen.

Sonstiges

Feste

Um Vollmond im März halten die Moken (Seenomaden) wichtige Zeremonien zur Ahnenverehrung ab. Während dieser Zeit ist Ko Surin Tai zumeist nicht zugänglich. Auch Songkran wird von den Moken ausgiebig gefeiert.

Parkgebühr

Bevor man die Insel wieder verlässt (nicht bei Ankunft), wird die Parkgebühr von 400 Baht erhoben. Sie gilt normalerweise für eine Woche Aufenthalt.

Reisezeit

Beste Zeit ist Dezember bis Ende April. Im März und April wird es jedoch heiß: im Durchschnitt bis 34 °C. Wer Trubel scheut, sollte die Thai-

Ferien im März und April meiden. Von Mai bis Mitte Nov peitscht der Südwestmonsun das Wasser auf, der Park ist deshalb vom 16. Mai bis 14. Nov geschlossen.

Schnorcheln

Nach einem dramatischen Unfall hat die Parkverwaltung das Schwimmen im Kanal zwischen den Inseln offiziell verboten – Gezeitenströmung! Geübte Schwimmer und Schnorchler lassen sich davon aber nicht abhalten. Sehr empfehlenswert sind die um 9 und 14 Uhr angebotenen Schnorchelausflüge mit jeweils 2–3 Stopps für jeweils 70 Baht.

Ansonsten kann man zu mehreren ein Boot mieten (1500 Baht pro Tag). Schnorchelausrüstung und Schwimmwesten gibt es für 80 Baht zu mieten.

Tauchen

Mehrere Tauchbasen auf Phuket (s. S. 530, 541, 555) und in Khao Lak (s. S. 470) bieten im Rahmen ihrer 4- bis 7-tägigen Similan-Törns auch einen Tauchausflug nach Ko Surin an.

Das beste Tauchrevier liegt 15 km südöstlich von Surin beim Richelieu Rock, der mehrere lohnende Tauchgänge und hervorragende Sichtverhältnisse in einer Tauchtiefe von 6–30 m bietet. Auch Walhaie werden hier gelegentlich gesichtet.

Transport

Beim Hafen von Khura Buri (s. o.) steht ein Büro des Mu Ko Surin National Parks, ☎ 076-491378. Die freundlichen Angestellten sprechen kaum Englisch. Informationen hängen aus.

Tgl. um 9 Uhr fährt ein Boot für 1200 Baht hin und um 13 Uhr zurück. Fahrtdauer 2 1/2–3 Std. In Khura Buri bekommt man Tickets im Boon Piya Resort (s. S. 489) oder bei **Tom and Am Tour**, ☎ 086-2720588, ✉ tammarat@yahoo.co.th, für 1100 Baht p. P., mit Speedboot 1700 Baht, oder man bucht den kompletten Ausflug für z. B. 3300 Baht p. P. (4 Tage/3 Nächte), am Hafen auch direkt gegenüber dem Nationalparkbüro bei **Sabina Tours**.

Von den Camps zum Seenomadendorf auf Ko Surin Tai mit dem Moken-Boot (20 Baht).

Laem Son National Park

วนอุทยานแหลมสน

Am KM 711,1 weist ein Schild zum **Suan Mai-Wasserfall**. 5 km weiter beginnt die Provinz Ranong, die als die regenreichste des Landes gilt.

Zum **Prapad Beach** biegt am KM 702 eine Straße ab, die durch dschungelbedeckte Hügel, Gummiplantagen und Krabbenfarmen zum Headquarter Nr. 2 des **Laem Son National Parks** führt (3 km). Er zieht sich über 50 km an der Küste entlang und schließt in über 300 km² Fläche fast nur Strand, Mangrovenwald, Meer und ein gutes Dutzend Inseln ein. Feiner, grauer Sand bedeckt den 2 km langen Strand am Headquarter, außerdem viel Strandgut, Holz und Blätter – alles wirkt natürlich und angenehm ungepflegt. In der Ferne sind einige Inseln zu erkennen. In einem parkähnlichen Gelände machen Thais unter schattigen Laubbäumen und einer Reihe Kasuarinen gern ein Picknick – beäugt von Büffeln und Milchkühen. Am nördlichen Ende liegt ein Fischerdorf an einer Lagune.

Zum **Khlong Na Kha Wildlife Sanctuary** geht es am KM 685,9 nach rechts ab. Durch schönen Dschungel führt ein *Nature Walk* zu einem kleinen Wasserfall (500 m). Die Passhöhe ist beim KM 673,5 erreicht. Selbst in der Trockenzeit ist der Dschungel hier unglaublich grün.

Beim KM 657,4 biegt man beim Dorf Sam Nak nach Westen zum **Bang Baen Beach** ab. Wer mit dem Bus kommt, steigt hier aus und wartet auf ein Pickup. Die 10 km lange Straße führt über mehrere Brücken durch Mangrovensümpfe zur Schranke des Laem Son National Parks. Dahinter (400 Baht Eintritt) erstreckt sich ein parkähnlicher, lichter Kasuarinen-Hain, der 2 km lang und bis zu 100 m breit ist, davor ein breiter Strand mit feinem Sand. Eine vorgelagerte Sandbank bricht die Wellen, sodass das warme Wasser an den markierten Stellen sicher zum Baden ist. Die Strömung zwischen Strand und Inseln ist gefährlich.

Im Südwesten sieht man die Inseln Ko Kam Noi, Ko Kam Yai, Ko Khao Khwai und Ko Lu Kam Tok, die vom neuen Pier mit einem Longtail-Boot in zwei Stunden erreicht werden können (ca. 1500 Baht plus Eintritt). Weitere Ausflüge arrangiert Bo vom Wasana Resort (s. u.) ab 4 Pers. für

300–450 Baht. Rings um die Inseln gibt es einige mickrige Korallenriffe. Wer Natur pur und Einsamkeit liebt, ist an diesem Strand bestens aufgehoben.

Wasana Resort, ☎ 077-828209; 500 m links vor dem Parkeingang. Ein beliebtes, von einer freundlichen Familie geleitetes Resort. 4 kleine, 4 große und 2 Familien-Bungalows, alles neu; Restaurant; Taxi-Service, Bootstouren. Thai-holländische Leitung. ❸–❹

Andaman Peace Resort, ☎ 077-821796, 2 km nördlich vom Parkeingang an einem grauen, festen Sandstrand mit vielen Muscheln (kein Eintritt). 15 kleine und große Bungalows mit Fan oder AC; Restaurant unter Kasuarinen am Strand. Wochentags geeignet für Leute, die es einsam mögen. Nahebei liegt eine Moschee. ❸ Entlang der Straße gibt es Läden und Essenstände.

Weiter nach Ranong

Bei der Weiterfahrt nach Ranong kann man am KM 641,0 zum **Ton Phet-Wasserfall** abbiegen (2 km). Am KM 638,5 biegt im Dorf Ratchakrut der H4006 Richtung Lang Suan ab (72 km). Busse fahren von 6–13 Uhr jede Stunde ab. Die gute Straße führt durch Dschungel, Bambushaine, Kaffee- und Palmölplantagen. Sie eignet sich besonders gut für Biker, die zur Ostküste hinüber wollen. Die Passhöhe ist bereits nach 4,7 km erreicht, anschließend geht es immer auf und ab. Im Juli werden an Straßenständen hervorragende, billige Durian angeboten. Am KM 10,8 zweigt die Straße zum **Haew Loam-Wasserfall** ab. Am KM 22,6 geht es nach rechts ab zu den Ton Sai Bungalows, per Motorradtaxi von Ratchakrut für 50 Baht zu erreichen.

Das **Mangrove Forest Reserve Center** erreicht man vom KM 626,1 durch das lange Dorf Ngao hindurch, nach 3 km am 24-Std.-Resort scharf rechts und nach 4,7 km in die Einfahrt nach links hinein (nur Thai-Beschriftung, Eintritt frei). Im Besucherzentrum verteilen die freundlichen Angestellten informative Broschüren über

Die nördliche Andamanenküste

das Mangrovenprojekt, das vor allem der Wiederaufforstung dient. Ein 800 m langer Lehrpfad führt durch einen intakten Mangrovenwald, in dem eine große Horde von Langschwanzmakaken zu Hause ist, die den maroden Plankensteg anscheinend nicht gern mit Menschen teilt.

Rechts voraus stürzt in der Regenzeit recht dramatisch der **Ngao-Wasserfall** in vielen Kaskaden einen glatten Felshang hinunter. Die Zufahrtsstraße zum **Ngao National Park** beginnt am KM 625 und führt nach 700 m zu einem Parkplatz am *Information Center*. Hinter der Kantine rauschen kleinere Fälle in Badepools mit klarem Wasser. Für Biologen könnte der Chao Fa-Krebs interessant sein, eine neue Art, die erst vor kurzem an diesem Wasserfall entdeckt wurde. Vor allem in der Regenzeit ist der purpur-weiße Krebs häufig zu sehen. In der Trockenzeit wirkt der Wasserfall unscheinbar. Eintritt 400 Baht (nur für Biologen lohnend).

Der **Grass Hill Bald Mountain**, mit saftigem Gras bedeckte Hügel am KM 624, stellt eine *scenic area* für Thai-Touristen dar. Vom Wat am Fuße der Hügel führt ein Pfad zu einem Aussichtspunkt hinauf. Am KM 620,1 zweigt eine Straße (2 km) zu den **Pornrang Hot Springs** mit einer gepflegten Bungalowanlage (s. S. 493) ab. Zu den **Phru Lum Phi Hot Springs** zweigt eine weitere Straße am KM 618,6 ab.

Nach 258 km ab Phuket ist am KM 614 die Abzweigung zur Innenstadt von Ranong erreicht.

Ranong ระนอง

Die Kleinstadt Ranong (24 000 Einwohner) am Petchkasem Highway ist eine überaus geschäftige Provinzhauptstadt mit stark chinesischem Einschlag. Die Stadt wurde vor etwa 250 Jahren von eingewanderten Hokkien-Chinesen gegründet, die sich wegen der nahen Zinnminen hier niederließen. Viele Burmesen aus Kaw Thaung (Victoria Point) kommen zum Einkaufen oder als Gastarbeiter nach Ranong, und die Stadt profitiert offensichtlich davon. Victoria Point bildet den südlichsten Punkt Myanmars. Ein Besuch ist möglich (S. 508).

Die eigentliche Quelle des Reichtums der Stadt war neben dem Fischfang das Zinn. Seit

Regenreiches Ranong

Ranong ist eine der regenreichsten und waldreichsten Provinzen in Thailand, was auch gleich an der üppigen Vegetation auffällt. Wegen seiner unzugänglichen, steilen Berge sind noch immer 70 % der Region mit Dschungel bedeckt. Von Mitte April bis Anfang Dezember ist Regenzeit, von Juni bis August gießt es in Strömen.

das Meer und die Minen immer weniger hergeben und die Preise auf dem Weltmarkt verfallen, schaut man sich nach anderen Einkommensmöglichkeiten um, z. B. Kaffee und Cashewnüsse *(kayu)*, die für ihre gute Qualität bekannt sind. Zudem werden mehr und mehr Fischerboote umgerüstet, um einheimische Touristen auf die Inseln Ko Surin, Ko Phayam und Ko Rayam oder zum Fischen zu fahren.

Ranong besteht im Wesentlichen aus einer langen „Einkaufsmeile" über einen Hügel, der **Ruang Rat Road**. Schön ist der weitläufige (Nacht-)Markt im Zentrum. Rucksackreisende kommen vorwiegend nach Ranong, um ein Songthaew zum Hafen **Sapan Pla** zu nehmen, wo die Boote zu den Traveller-Inseln Ko Chang und Ko Phayam sowie nach Kaw Thaung in Myanmar abfahren. Es lohnt, morgens früh aufzustehen und an den Piers die heimkehrenden Fischer zu beobachten. Dass es in weiten Teilen der Stadt nach Fisch riecht, gehört zum Lokalkolorit.

Viele einheimische Besucher der Stadt sind Geschäftsleute, die sich bei „Konferenzen" an den heißen Quellen erholen oder zum Luxus-Hotel Andaman Club mit Spielcasino auf der burmesischen Insel Thahtay Kyun pilgern, oder Touristen mit etwas größerem Reisebudget, die sich den Luxus des Jansom Thara Hotels leisten können. Denn die große Attraktion der Stadt ist die **Thermalquelle**, eine 65 °C heiße, schwefelfreie Mineralquelle, die am Fuße eines bewaldeten Berges im **Wat Tapotharam** entspringt. Man erreicht sie am Fluss entlang etwa 2 km nordöstlich der Stadt. Bäume im gepflegten Raksawarin-Park überschatten das Areal mit den drei Quellen, kleinen Bächen und Pools mit unterschiedlichen Wärmegraden. Hier kann man in aller Öffentlichkeit kostenlos die Füße baden und sich auf der großen, warmen Abdeckung des Pumpwerks braten lassen (wirkt wie eine Fango-Packung!).

Gegenüber dem Park bietet das neue, klinisch saubere Mineralbad **Siam Hot Spa** gepflegtes Badevergnügen mit Sprudelbecken, Sauna, Dampfbad und diversen Massagen (S. 494), alles nach Geschlechtern getrennt.

Übernachtung

Gästehäuser

Kiwi Orchid Gh. (PL Guesthouse) (21), ✆ 077-832812, 🖳 www.kiwiorchid.com; das große, gelbe Haus direkt hinter dem Busterminal, einfache Zi mit Fenster zum Flur und Bad außerhalb, Restaurant; macht Visa-Service, gute Informationen, vermittelt Bungalows auf Ko Phayam (v. a. im Bamboo Bungalow am Ao Yai); unter neuer Thai-Leitung. ❷

Tanatwan Palace (5), ✆ 077-812212, ✉ tanatwan @hotmail.com, Apartmenthaus mit schönem Swimming Pool, Zi mit ein oder zwei Betten, Fan oder AC, Du/WC, einige Apartments mit Küche, sehr ruhig sind die Zi mit Balkon im hinteren Haus 4; Monatsmiete 2700–13000 Baht; freundliche Managerin. Internet. Vermieten auch Häuser (❸, mind. 3 Tage) in La-Un, 35 km nordöstlich in den Bergen. ❷–❸

Casa Theresa (20), ✆ 077-811135, 119/30 Tha Muang Rd., hinter der Siam Commercial Bank; saubere kleine Zi mit Fan, sehr ruhig, Gartenambiente, das an Bali-Resorts erinnert, gutes Restaurant. ❷

Von den folgenden Gästehäusern ist abzuraten:
The Wood House (7), ❶–❷,
Boat Gh. (6), ❷–❸,
The Springs Gh. (12), ❷.

Bungalows, Resorts

Die folgenden Unterkünfte bieten ein Preis-Leistungs-Verhältnis, das für den touristischen Süden unschlagbar ist.

Suta House Bungalows (4), ✆ 077-832707, hübsche, kleine, saubere Bungalows in einer ruhigen Sackgasse der Ruang Rat Road, mitten in der Bar- und Discomeile. Restaurant. Motorradverleih 200 Baht/Tag. Der Manager, Mr. Ood, ist sehr um seine Gäste bemüht. Sehr beliebt, daher voriger Anruf ratsam. ❷, AC ❸

Le Sarin Chalet (2), 306 Ruang Rat Rd., ✆ 077-825725, 🖳 www.lesarinchalet.com, 300 m weiter, sehr ansprechende Hotelanlage, auch für gehobene Ansprüche, gediegene AC-Zi mit Kühlschrank, schönes Bad mit Du/WC und Warmwasser, reichliches Frühstück inklusive. Sehr empfehlenswert. ❸

Thansila Resort (18), ✆ 077-823405, 🖳 www.geocities.com/thansilaresort, direkt am Fluss, ruhig gelegenes Stadthaus, saubere Zi mit Du/WC und Fan oder AC, Flusszimmer mit schöner Sicht in die Natur gegenüber; angenehme Relax Corner, freundliche Besitzerin. Sehr zu empfehlen. ❷–❹

Rim Tarn Resort (13), ✆ 077-833792, 300 m hinter den heißen Quellen, nette, kleine, saubere Bungalows hübsch am Fluss inmitten üppiger Pflanzen. Parkmöglichkeit direkt vor dem Bungalow. ❸, AC ❸

Pathu Resort (23), 🖳 www.pathuresortranong.com, ✆ 077-823749, am KM 614 neben dem Ranong Inn, zurückversetzt in einem ruhigen, exotischen Garten, 12 schöne, saubere AC-Zi in einem 2-stöckigen Reihenhaus, in einem separaten Häuschen 4 wunderschöne Suiten mit hübschen, halboffenen Bädern mit Moskitonetz, viele Sitzgelegenheiten, separates Frühstücksrestaurant, neuer Pool, Internet gratis, Visa Run für 500 Baht, Spa Discount für das Siam Hot Spa, sicheres Parken im Innenhof. Der freundliche Mr. Pusit spricht sehr gutes Englisch. Absolut empfehlenswert. Zimmer ❸, Suiten ❹

Pornrang Hot Spring Resort (25), ✆ 077-825946, 8 km südlich der Stadt, beim KM 620,1 in die Seitenstraße hineinfahren und noch 2 km geradeaus, 10 schöne, gepflegte Bungalows mit Terrasse direkt über dem Steilufer des Flusses, Du/WC mit Mineralwasser, wenige Meter zu gefassten heißen Quellen (200 Baht/Pers.), absolut ruhige Lage. AC ❹

Hotels

Die 4 Stadthotels an der lauten Hauptstraße, der Ruang Rat Rd., haben ihre beste Zeit hinter sich. Die besten großen Hotels liegen am H4 oder weiter außerhalb: **Ranong Inn** (24), 29/9 Petchkasem Rd., ✆ 077-822777, Zi mit Fan oder AC.

Die nördliche Andamanenküste

Ordentlich und preiswert, beliebt bei Fernfahrern. ➋–➌

Eiffel Inn Hotel ㉕, 160/1 Petchkasem Rd., ☎ 077-823271, ✉ eiffelinn@yahoo.com, südlich der Stadt am H4 am KM 619,4. Auf vornehm gestyltes AC-Hotel mit 37 hervorragend eingerichteten Zi und 10 Bungalows. Hoher Rabatt möglich. ➍–➎

Jansom Hot Spa Ranong Hotel ⑰, 2/10 Petchkasem Rd., ☎ 077-822516-9, 🖥 www.Jansom HotSpaRanong.com, am H4; hat seine besten Tage hinter sich, 220 ältliche Zi und Bungalows mit AC, TV, Bad. Restaurant mit Live-Musik, Café, Nachtclub, Pool (🕑 6–9 Uhr und ab 16 Uhr, 300 Baht für Nicht-Gäste). 2 heiße Sprudelbäder, nach Geschlechtern getrennte Jacuzzis. ➍–➏

Royal Princess Ranong ⑩, 41/144 Tha Muang Rd., ☎ 077-835240, 🖥 www.royalprincess.com, 4-Sterne-Hotel, 139 AC-Zi, Restaurant und Pool. ➎

Essen

Wer aus den Touristenorten nach Ranong kommt, stellt überrascht fest, dass es in allen Restaurants nur die Hälfte der gewohnten Preise zu kosten scheint, und das bei hervorragender Qualität.

Am nördlichen Ende der Ruang Rat Rd. hat sich eine abendliche Flaniermeile mit preiswerten, guten Restaurants, netten Bars und Pubs etabliert. Am Sonntagabend von 17 bis 22 Uhr wandelt sie sich zur *Walking Street Ranong*.

Sehr zu empfehlen ist **DD Coffee**, 299/1 Ruang Rat Rd., wo es neben bestem Kaffee und tollem Eis auch sehr günstiges Essen in gemütlicher Atmosphäre gibt. Beim Indianerzelt.

Sophon's Hideaway, 🖥 www.sophonshideaway. com, nebenan, ist ein nettes Gartenrestaurant mit Bar und angenehmer Rattan Lounge, viele exzellente europäische Gerichte. Ein Gedicht ist das *Gegrillte Steak mit Pilzen und Pfeffersauce* für 120 Baht. Die Cocktails kosten nur 40 bis 75 Baht.

In der **Taxi Pizzeria** gegenüber gibt es neben fantastisch dekorierten Gerichten auch gute Pizza.

Kay Kai Internet and Cafe, 293/6 Ruang Rat Rd., bietet preiswertes Essen und tolle Shakes. Vermietet Mopeds für 200 Baht/Tag.

Baden kann man in öffentlichen Pools im Park an den Quellen kostenlos; im Badehaus an den Quellen, in Gemeinschaftsbecken, nach Geschlechtern getrennt, oder in Einzelkabinen. Alles penibel sauber, mit Orchideen geschmückt. 100 Baht inkl. Handtuch und Dampfbad.

Gepflegtes, preiswertes Badevergnügen bietet das neue, klinisch saubere Mineralbad **Siam Hot Spa**, ☎ 077-813551, gegenüber dem Park mit Sprudelbecken, Sauna, Dampfbad (300 Baht), Thai Massage (300 Baht), Aroma Body Oil Massage (500 Baht) und Foot Reflexology (200 Baht), alles nach Geschlechtern getrennt.

In der Stadt liegt das neue **Chao Ruen Spa**, ☎ 077-812524, Eintritt für 120 Min. 450 Baht, wo auch therapeutische Anwendungen angeboten werden: z. B. 90 Min. Thai Massage (300 Baht), 90 Min. Aroma Body Oil Massage (350 Baht), 60 Min. Reflexology (150 Baht), 45 Min. therapeutische Massage (150 Baht), 30 Min. Hydrotherapie (300 Baht), ebenfalls nach Geschlechtern getrennt.

Außerdem im **Jansom Hot Spring Hotel** für 300 Baht inkl. Pool.

Im **Gad Jio Pub & Restaurant**, 204 Ruang Rat Rd., gibt es beim Franzosen Jeff und seiner Frau Mattana gute westliche Gerichte, v. a. „Continental Pizza", Steaks, Salate und Hamburger.

Das **Coffee House** (Ban Gafae), 173 Ruang Rat Rd., ☎ 077-822447, zwischen dem Sintavee Hotel und 7eleven, ist ein schöner Platz zum Frühstücken. Es gibt gutes Thai Essen für 40–50 Baht, leckere Baguettes für 50–70 Baht. Die Besitzerin spricht gut Englisch und kümmert sich um ihre Gäste.

Auch in **Pon's Place**, 🖥 www.ponplace-ranong. com, einem gemütlichen Backpackerzentrum mit Motorradvermietung und Reisebüro, ist das Thai-Essen lecker.

Der **Center Mart** besitzt im Obergeschoss einen sauberen Coffeeshop mit Eissalon.

Gegenüber vom Jansom Hot Spa gibt es ein **Korean-BBQ** mit „all you can eat" für 80 Baht –

Die nördliche Andamanenküste

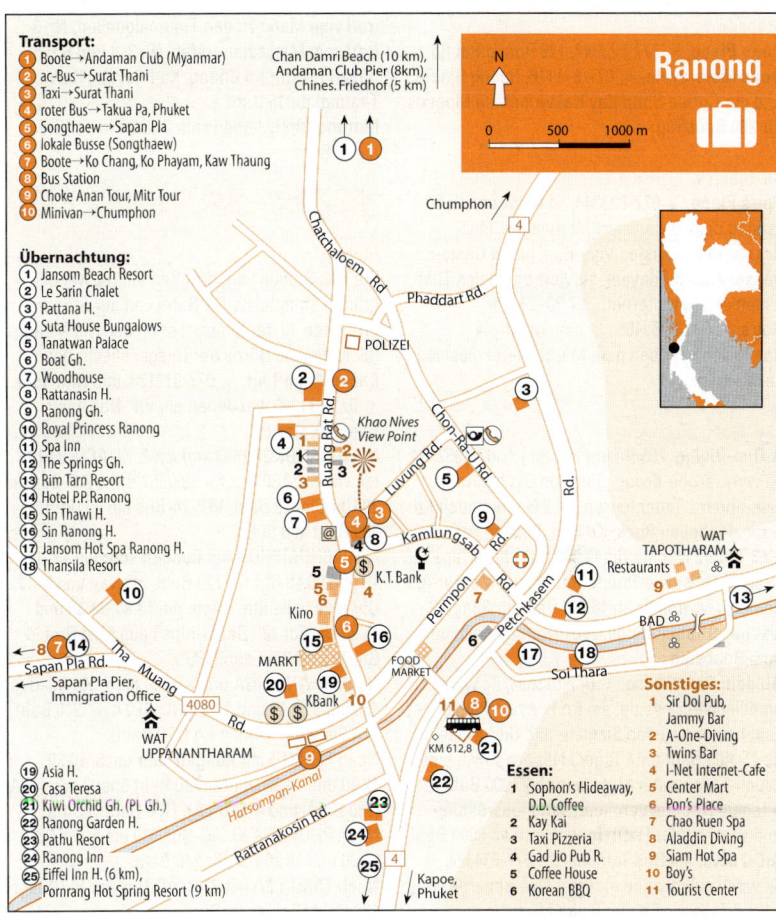

Transport:
1. Boote→Andaman Club (Myanmar)
2. ac-Bus→Surat Thani
3. Taxi→Surat Thani
4. roter Bus→Takua Pa, Phuket
5. Songthaew→Sapan Pla
6. lokale Busse (Songthaew)
7. Boote→Ko Chang, Ko Phayam, Kaw Thaung
8. Bus Station
9. Choke Anan Tour, Mitr Tour
10. Minivan→Chumphon

Übernachtung:
1. Jansom Beach Resort
2. Le Sarin Chalet
3. Pattana H.
4. Suta House Bungalows
5. Tanatwan Palace
6. Boat Gh.
7. Woodhouse
8. Rattanasin H.
9. Ranong Gh.
10. Royal Princess Ranong
11. Spa Inn
12. The Springs Gh.
13. Rim Tarn Resort
14. Hotel P.P. Ranong
15. Sin Thawi H.
16. Sin Ranong H.
17. Jansom Hot Spa Ranong H.
18. Thansila Resort
19. Asia H.
20. Casa Teresa
21. Kiwi Orchid Gh. (PL Gh.)
22. Ranong Garden H.
23. Pathu Resort
24. Ranong Inn
25. Eiffel Inn H. (6 km),
   Pornrang Hot Spring Resort (9 km)

Ranong

N

0   500   1000 m

Chan Damri Beach (10 km),
Andaman Club Pier (8km),
Chines. Friedhof (5 km)

Chumphon

Chatchaloem Rd.

Phaddart Rd.

POLIZEI

Ruang Rat Rd.

Khao Nives
View Point

Chon-Pa-U Rd.

Luvung Rd.

Kamlungsab Rd.

Permpon Rd.

Petchkasem Rd.

K.T. Bank

Kino

MARKT

FOOD
MARKET

KBank

Soi Thara

Sapan Pla Rd.

Sapan Pla Pier,
Immigration Office

Tha Muang Rd.

4080

WAT
UPPANANTHARAM

Hatsompan-Kanal

Rattanakosin Rd.

Kapoe,
Phuket

KM 612,8

WAT
TAPOTHARAM
Restaurants

BAD

Essen:
1. Sophon's Hideaway,
   D.D. Coffee
2. Kay Kai
3. Taxi Pizzeria
4. Gad Jio Pub R.
5. Coffee House
6. Korean BBQ

Sonstiges:
1. Sir Doi Pub,
   Jammy Bar
2. A-One-Diving
3. Twins Bar
4. I-Net Internet-Cafe
5. Center Mart
6. Pon's Place
7. Chao Ruen Spa
8. Aladdin Diving
9. Siam Hot Spa
10. Boy's
11. Tourist Center

Die nördliche Andamanenküste

gegrillt und gekocht wird auf einem in den Tisch eingelassenen, kohlebefüllten Topf.

Sonstiges

Geld

Geldautomaten gibt es am Anfang der Ruang Rat Road, die am Markt vorbeiführt.

Informationen

Im Internet: 🖵 www.kiwiorchid.com (englisch).

Gute Hintergrundinformationen bietet 🖵 www.ranong.go.th/english/index.htm (aber veraltete Preise).
Kompetent beraten die netten Leute im **Tourist Center** am Bus Terminal, ☎ 077-812788. ⏱ Mo–Fr 8.30–20, Sa 8.30–16.30 Uhr.

Immigration

800 m vor dem Hafen Sapan Pla rechts, schließt pünktlich um 18 Uhr. Ein weiteres Büro am Pier für den Andaman Club schließt um 17 Uhr.

Mopeds

Pon's Place, ✆ 077-823344, 129 Ruang Rat Rd., **Boy's Motorcycle**, ✆ 077-811116, Ruang Rat Rd., und der Coffee Shop **Kay Kai** vermieten Mopeds für 200 Baht/Tag.

Reisebüros

Pon's Place, ✆ 077-823344, 🖳 www.ponplace-ranong.com, organisiert Mietwagen, Flug-tickets, Inseltransfer, Visa-Run, bucht Gäste-häuser auf Ko Phayam, serviert originales Thai-Essen und hat Internet. ⊙ 7.30–21 Uhr.
Boy's, ✆ 081-3269466, ✉ boy_ranong@ hotmail.com, neben dem Markt, bietet dieselben Leistungen.

Tauchen

A-One-Diving, 256 Ruang Rat Rd., ✆ 077-832984, 🖳 www.a-one-diving.com; von Okt bis April Live-aboard-Tauchtouren mit 3 Booten nach Ko Surin, Richelieu Rock, Ko Bon, Similan Islands ab 3 Tage/2 Nächte für 11 900 Baht bis 5 Tage für 18 900 Baht sowie Tauchfahrten zum Mergui-Ar-chipel in Myanmar ab 16 900 Baht für 3 Tage/2 Nächte, 9 Tauchgänge. PADI-Kurse finden auf dem Boot statt.
Aladdin Dive Cruise, ✆ 077-813698, 🖳 www.aladdindivecruise.de, am Ko Phayam Pier, bietet Tauchsafaris zu den Similan- und Surin-Inseln ab 15 400 Baht für 4 Tage/3 Nächte sowie eine Tauch-Safari nach Myanmar ab 27 900 Baht für 5 Tage/6 Nächte, vermietet Tauchausrüstung und veranstaltet PADI-Tauchkurse ab 8900 Baht.
AIDC Dive, am Bus Terminal, ✆ 077-834824, 🖳 www.aidcdive.com, bietet Live-aboards von 1 bis 8 Tagen in Thailand und Myanmar.

Visa-Run

Big Boat Visa-Run, Sapan Pla Rd., 🖳 www.visa-tour.com, 200 m hinter dem Immigration Office, Abfahrt um 8.30, 10, 11.30 und 13 Uhr, 300 Baht p. P. (mind. 4 Pers.), 500 Baht inkl. Ab-holung vom Hotel, Charter 1500 Baht.

Nahverkehr

In Ranong verkehren von 6–18 Uhr mehrere **Minibuslinien** (Songthaews) für 11 Baht pro Strecke: Nr. 1 zwischen Markt und Bank, Nr. 2 (rot) vom Markt zu den Thermalquellen, Nr. 3 (rot) vom Markt zum Hafen, Nr. 3, 4 und 6 zum Sapan Pla (für Ko Chang, Ko Phayam, Kaw Thaung) für 15 Baht.
Motorradtaxis finden sich überall in der Stadt für 30 Baht.

Transport

Busse

Die Bus Station liegt draußen am H4. Mit dem grünen Songthaew (11 Baht) von der Stadt zu erreichen. In der Innenstadt an der Tha Muang Rd. liegen die Büros der Busgesellschaften **Choke Anan Tour**, ✆ 077-812128, und **Mitr Tour**, ✆ 077-811140, bei denen ein VIP-Bus nach Bangkok startet.
Nach BANGKOK (583 km) mit 2. Kl. AC-Bus 10x tgl. von 5–20.30 Uhr für 333/357 Baht, AC-Bus um 20 Uhr für 428 Baht, VIP-24-Bus um 20 Uhr für 665 Baht in 8 Std.
Nach CHUMPHON mit **Rungkit Tour** um 13, 17, 19 und 20.50 Uhr für 120 Baht, mit Van von 7–12 Uhr jede volle Std. sowie um 13.30, 14.30 und 15.30 Uhr für 120 Baht (Infos beim Kiwi Orchid Gh., wo der Van auch hält).
Nach PHANG NGA und KRABI mit 2. Kl. AC-Bus 435 um 6, 7, 10 und 12 Uhr für 150 bzw. 210 Baht in 6 Std. über TAKUA PA (120 Baht).
Nach PHUKET mit **Rungkit Tour** um 8, 10.30, 12.30 und 14.30 Uhr für 230 Baht über TAKUA PA (140 Baht) und KHAO LAK (160 Baht, 3 Std.).
Nach PHUKET 2. Kl. AC-Bus 430 um 5, 6, 14.30, 16.30 und 18.30 Uhr für 240 Baht.
Nach TAKUA PA mit 2. Kl. AC-Bus um 14 Uhr für 120 Baht (Tickets im Bus).
Nach SURAT THANI AC-Bus um 8.30 und 14 Uhr für 170 Baht in 4 Std.; AC-Minibus (Van) von 6–11 Uhr jede volle Std. sowie um 13.30, 14.30 und 15.30 Uhr für 180 Baht.
Nach HAT YAI AC-Bus um 6, 10 und 20 Uhr für 410 Baht in 8 Std.
Vom lokalen Songthaew-Stopp an der Ruang Rat Rd. fahren Minibusse u. a. zum Hafen von Khura Buri.

Flüge

Der Flugplatz liegt 20 km südlich direkt am H4 (KM 634). Zurzeit gibt es keine Flüge nach Ranong.

Die Umgebung von Ranong

Chan Damri-Strand

12 km nordwestlich der Stadt, an der Flussmündung und Grenze zu Myanmar, liegt ein schlammiger Strand mit dem luxuriösen Jansom Thara Resort.

Auf der anderen Seite des Flusses erkennt man die kleine burmesische Stadt **Kaw Thaung**. Auch die nächste Insel **Pulu Ru** vor dem Festland gehört zu Myanmar.

Ranong Canyon

Flussaufwärts von der heißen Quelle liegt das Dorf **Som Ben** (7 km). 3,2 km nach dem Dorf ist in einer ehemaligen Zinnmine ein idyllischer Badeplatz mit Liegewiese entstanden. Die alte Grube wurde mit sauberem Grundwasser gefüllt, ein Rasen angelegt, und auch Imbissstände fehlen nicht. Den Rahmen bilden pittoreske Felsformationen. Nur am Wochenende von Thais besucht. Ein netter Ausflug mit dem geliehenen Moped.

Die Straße Richtung Chumphon

Am Ortsausgang von Ranong (KM 609) weist ein Schild am H4 auf die Höhle **Phra Kayang Cave** hin (47 km), zu der es am KM 564 ca. 1 km nach links geht. Sie ist voller Fledermäuse, die einen ohrenbetäubenden Lärm machen, entsetzlich stinken und überall ihren Kot hinterlassen. Am Elektromast gegenüber dem Höhleneingang die Sicherung eindrehen, dann hat man Licht in der Höhle.

Bis **Kraburi** (55 km) zieht sich der tief eingeschnittene Fjord ins Land hinein, der Thailand von Burma trennt. Von einem Flussrestaurant am Hafen von Kraburi kann man ins Nachbarland hinüberschauen – nichts Spektakuläres. In der kleinen Stadt fallen die Taxis ins Auge: Motorräder mit Beiwagen.

Kurz vor Kraburi liegen rechts Bungalows, ❷–❸.

Der viel besuchte **Punyaban-Wasserfall** stürzt direkt neben der Straße 14 km von Ranong am KM 597,7 herunter, Sitzgruppen und ein Restaurant laden zur Rast ein (kein Eintritt). Wer ganz für sich sein will, muss nur eine Weile auf dem ausgezeichneten Fußweg hochgehen, der links vom Straßenstand beginnt. Am KM 595,2 geht es

nach links 1 km zum **Kraburi National Park**, wo man den Fjord schön überblicken kann. Zum **Bok Krai-Wasserfall** im Lam-Nam-Kraburi National Park muss man am KM 557,5 noch 9 km nach rechts fahren. Im dichten Regenwald soll er über 13 Stufen herabstürzen. Leser meinen: Die 100 Baht Eintritt sind eine Unverschämtheit, denn der Park hat keinerlei Einrichtungen für Touristen und versorgt diejenigen, die sich trotzdem hinwagen, im Wald mit zahllosen kleinen Blutegeln – nicht sehr empfehlenswert.

Ko Chang เกาะช้า

Das „andere" Ko Chang liegt 18 km südlich von Ranong in der Andamanensee. Nur 80 Familien, deren Vorfahren vor zwei Generationen von Ko Samui und Ko Pha Ngan kamen, etwa 300 Thais sowie 30 in den Bungalowanlagen tätige burmesische Gastarbeiter, leben dauerhaft auf der hügeligen Insel. Sie ist im Tiefland von Gummiplantagen und an den Berghängen von Dschungel bedeckt.

An der seichten Ostküste wachsen Mangroven, während die felsige Westküste eine große, flache Bucht und sieben kleine Buchten bildet, an denen Cashew- und Kokosplantagen gedeihen. Dort liegen auch die Sandstrände, die seit einigen Jahren immer mehr Reisende anziehen. Sie suchen friedliches, uriges Leben und verzichten gern auf die Annehmlichkeiten der Zivilisation, denn auf der abgelegenen Insel gibt es weder Straßen noch elektrische Leitungen. Strom wird stundenweise mittels Generatoren oder kleinen Solaranlagen erzeugt – eine Spende der Regierung.

Von Dezember bis April können genügsame Traveller in einfachen Bungalowsiedlungen für 200 bis 400 Baht billig unterkommen. Während des Monsuns sind nicht alle Anlagen geöffnet, da die kleinen Boote bei Wellengang nicht fahren können.

In der Trockenzeit sind in manchen Jahren alle Strände mit grauen Schlieren (Zinnoxyd) durchsetzt, sodass sie „schmutzig" aussehen. In der Regenzeit zeigen sie sich wieder in ihrer natürlichen Schönheit. Bei aufgewühltem Meer wirkt das Wasser recht trüb. Auch Sandfliegen

Auf Ko Chang kultivieren die meisten Gäste ihre Auszeit von der Zivilisation. Sie sind keine Traveller, sondern *Regulars*, die monatelang hier leben. Sie haben die naturbelassene Einfachheit zum Kult erhoben. Der Bungalow wird auf die Basis reduziert: kein Handtuch, kein Klopapier, zumeist kein Licht, aber Kerzen. In allen Bungalowanlagen, betrieben von lokalen Familien, wird der Gast als Mensch wahrgenommen.

Reisende, deren erste Frage dem Internet gilt, die gleich ein Moped mieten wollen und sich über das fehlende elektrische Licht mokieren, sind hier nicht willkommen.

Die Einheimischen möchten den einfachen, naturnahen Charakter der Insel im Einklang mit ihren Gästen bewusst bewahren. Für weitere Bungalows gibt es keine Arbeitskräfte und für mehr als 300 Bewohner keinen Platz auf Ko Chang. Weitere Zuwanderer und anspruchsvolle Touristen benötigen auch mehr Wasser, das schon heute nur gerade so ausreicht. Deshalb besteht durchaus die Hoffnung, dass die Insel noch lange so bleibt, wie sie ist.

trüben manchmal den vergnüglichen Aufenthalt am Strand.

Etwa 10 km südlich liegt die neue Ferieninsel **Ko Phayam**. Vor der Westküste liegen in einer Entfernung von 25–30 km weitere Inseln, die bereits zu Myanmar gehören.

Übernachtung und Essen

Es gibt 30 einfache Bungalowanlagen mit ähnlichen Preisen: Ein Bungalow mit Terrasse, Moskitonetz und einfacher Du/WC kostet 200–300 Baht, in der Nebensaison bei längerem Aufenthalt 20 % Rabatt. Die Preise in den Restaurants sind nicht hoch, das Essen ist gut bis hervorragend, die Portionen machen satt. Keine Musikbox, kein Fernseher und kein Video stören die angenehme Atmosphäre. Dies ist weder eine Insel für Drogenkonsumenten noch für anspruchsvolle Gäste.

Nordwestliche Strände

Hier gibt es einige kleine, abgelegene Strände mit herrlich weißem Sand.

Sea Eagle Resort ①, ☎ 081-8945665, ✉ amnat8 @hotmail.com; nahe an der Nordspitze, einige einfache Hütten mit Du/WC unter riesigen, schattigen Bäumen, Sport-Zone mit Beach Volleyball, Windsurfbrettern, Banana-Booten, Kanus und Schnorchelausrüstung, Internet per Satellit; kleiner Strand, Vorsicht beim Schwimmen. ❷

Hornbill Bungalows ②, ☎ 077-820134, gute Anlage mit wenigen Hütten, z. T. am Hang, kleiner Strand, viele vorgelagerte Felsen. ❷

Contex Resort ③, ☎ 077-820118, an einem kleinen, von Felsen eingerahmten Sandstrand mit muschelbesetzten Steinen, der bei Flut sehr schmal wird und zum Baden nicht empfehlenswert ist. 5 kleine A-frame-Hütten, die teils nur kletternd erreichbar sind; Restaurant in schöner Lage am Hang mit gutem Ausblick, Speisekarte, sehr gutes Essen; Strom gibt es noch nicht; es werden Trips rund um die Insel mit dem Longtail-Boot angeboten. Nur zu erreichen per Boot oder auf einem Fußweg von 20 Min. über einen Berg durch Dschungel und Plantagen zum Ao Yai. Etwas für Robinson-Liebhaber. ❷

Ao Yai

Die meisten Anlagen liegen an dieser 3 km langen Bucht, deren nördlicher Teil aus einem 1,5 km langen, recht festen, gelblichen Sand besteht. Der daran angrenzende felsige Abschnitt ist mit kleinen Stränden durchsetzt. Am südlichen Ende wird der Strand flacher. In der Mitte des Strandes ragen noch Pfeiler des verfallenen Piers heraus. Dahinter erstrecken sich ein alter, aus Holz erbauter Tempel und ein steinerner Neubau. Schräg dahinter gibt es einen Minimarkt und ein Restaurant, das sich zum Traveller-Treff entwickelt hat. Die Getränke sind hier etwas billiger als in den Bungalowanlagen.

Andaman Hill Beach Resort ④, ☎ 087-9345912; an den nördlichen bewaldeten Hügel hinauf gebaut, 8 neue, schöne Stein-Bungalows mit Du/WC, angenehmes Hangklima; offenes Restaurant direkt am Strand. Von der freundlichen Dame Q geführt, die gut Englisch spricht. ❸

Die nördliche Andamanenküste

Long Beach Resort ⑤, ☏ 087-2830108; 9 Holz-Bungalows mit Du/WC; Essplatz direkt am Strand, laotische Küche, Kaffeebar mit Selbstbedienung. Familienbetrieb. Ganzjährig geöffnet. ❷–❸

Eden Bungalows ⑥, ☏ 077-835375 (Ranong Office); 8 kleine, einfache, eng beieinander stehende Bambusbungalows, Hocktoilette mit Wassertonne. 6 billigere Zimmer mit Gemeinschaftsbad über dem Restaurant. Der Chef spricht gut Englisch. ❷

Sunset Bungalow ⑦, ☏ 077-820171, 16 einfache, nette, unterschiedlich große Bungalows mit und ohne Du/WC, geleitet von Mr. Moo und seiner Familie; Restaurant mit viel Platz, leckerem Essen und guter Musik; gute Ausrüstung zum Fischen. ❷

Danach kommt die nette **Mai Pen Rai Bar** am Strand.

Im **Om Tao** bieten Ralf und Andrea aus Norddeutschland Hatha Yoga von 8.30–10.30 Uhr und 16–18 Uhr, Tai Chi (Taiji) und Qi Gong. Wir hörten viel Lob über die beiden.

Bei der gemütlichen Tauchbasis **Aladdin Dive Safari** (s. u.) kann man u. a. Tauchausflüge buchen.

Cashew Bungalow ⑧, ☏ 077-820116, die älteste, größte, gut organisierte Anlage am Strand, 40 billige, unterschiedliche Bungalows mit Du/WC liegen verstreut in einer Cashew-Plantage. Das Essen im betonierten Restaurant ist ordentlich. Viele Service-Leistungen. ❷

Little Italy ⑨, ☏ 077-820116, ✉ daniel060863@yahoo.it; 200 m weit vom Strand. Spaghetti Bar und 2 große Steinbungalows, weit auseinander, einer mit Internet-Anschluss. Der freundliche Daniel spricht gut Englisch, Italienisch und Deutsch. Wiranut backt gutes Rosmarinbrot, selbstverständlich gibt es auch leckere Pasta-Gerichte und besten Espresso. Sehr ruhige Lage. ❸

Minimarket & Bungalows ⑩, ☏ 077-820083, hinter dem Tempel, mit Seafood-Restaurant. ❷

Golden Bee Bungalow ⑪, ☏ 087-8899613, liebevoll gestaltete Anlage mit 20 hübschen, z. T. baufälligen Hütten mit und ohne Du/WC unter Leitung der netten Mrs. Doi. Restaurant mit großer Auswahl an gutem, preisgünstigem Essen, auch vegetarisch. Mrs. Doi kocht gern mit den

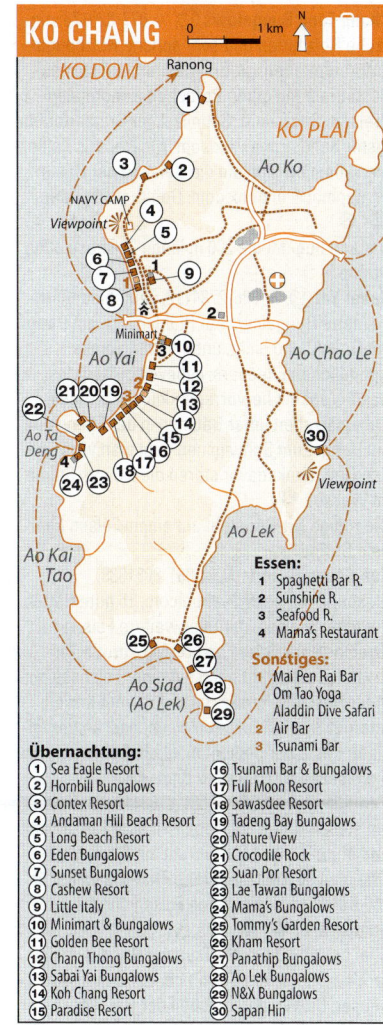

KO CHANG

Essen:
1 Spaghetti Bar R.
2 Sunshine R.
3 Seafood R.
4 Mama's Restaurant

Sonstiges:
1 Mai Pen Rai Bar
  Om Tao Yoga
  Aladdin Dive Safari
2 Air Bar
3 Tsunami Bar

Übernachtung:
① Sea Eagle Resort
② Hornbill Bungalows
③ Contex Resort
④ Andaman Hill Beach Resort
⑤ Long Beach Resort
⑥ Eden Bungalows
⑦ Sunset Bungalows
⑧ Cashew Resort
⑨ Little Italy
⑩ Minimart & Bungalows
⑪ Golden Bee Resort
⑫ Chang Thong Bungalows
⑬ Sabai Yai Bungalows
⑭ Koh Chang Resort
⑮ Paradise Resort
⑯ Tsunami Bar & Bungalows
⑰ Full Moon Resort
⑱ Sawasdee Resort
⑲ Tadeng Bay Bungalows
⑳ Nature View
㉑ Crocodile Rock
㉒ Suan Por Resort
㉓ Lae Tawan Bungalows
㉔ Mama's Bungalows
㉕ Tommy's Garden Resort
㉖ Kham Resort
㉗ Panathip Bungalows
㉘ Ao Lek Bungalows
㉙ N&X Bungalows
㉚ Sapan Hin

Die nördliche Andamanenküste

Gästen zusammen. Viele Informationen, Ausflüge zu vorgelagerten Inseln und zum Fischen. Schatten spendende Bäume und flacher Sandstrand ohne Steine, gut für Kinder geeignet. Wer anfällig gegen Sandfliegen ist, muss sich vorsehen. Thai Bar. Boot nach Ko Phayam 1200 Baht. ❷

Chang Tong Bungalows ⑫, ✆ 077-820178, einfache Holzhütten und sehr schöne Holzbungalows unter alten, großen Kasuarinen; kleines Restaurant mit guten Portionen zu normalen Preisen, Spezialität: Schnitzel mit Bratkartoffeln; fester Sandstrand. Taxiboot. Mr. Nat aus Kalifornien kümmert sich um die Belange der Gäste: ✉ napmon@onebox.com. Geöffnet Okt–Mai. ❶–❷

Danach beginnt die 200 m lange Felsnase ohne Strand.

Sabai Yai ⑬, ✆ 086-2784112, verschiedenartige, nette Bungalows auf Pfählen, z. T. am Hang, mit Du/WC und Licht, unter Leitung eines freundlichen Ehepaars, liebevoll gestaltetes Restaurant mit hervorragendem Essen, viele Ruheplätzchen unter Bäumen in der Ebene und am Hang. Zum Schwimmen geht man vors Golden Bee, direkt davor stören die kleinen Steine im Wasser. ❷

Die ruhige **Air Bar** steht auf einem Felsen über dem Strand.

Koh Chang Resort ⑭, ✆ 081-8961839, ✉ sound_of_sea9@yahoo.com, 15 gute Hütten auf einem Felsen, nur über weitere Felsen zu erreichen, mit Strom und Du/WC, große Terrassen. Restaurant hoch auf einer Felsnase mit guter Aussicht, große Relax-Area mit Kissen, Internet 3 Baht/Min.; Schwimmen ist an der felsigen Küste nur bedingt möglich. Bootsfahrt um die Insel ab 600 Baht pro Boot. ❷

Paradise Resort ⑮, ✆ 081-0783143, 11 Hütten am steilen Hang, mit Neonlicht oder Kerzen, mit und ohne Du/WC, Restaurant am Strand, gutes Essen ab 50 Baht, sehr gute Thai-Massage für 200 Baht/Std.; kleiner, von Felsen durchsetzter Sandstrand. ❶–❷

Chai betreibt die nette **Tsunami Bar**, ⑯, in die großen Bäume am Strand baut er einige Baumhäuser, Du/WC unten neben der Bar. ❷

Full Moon ⑰, ✆ 077-820130, sehr einfache Holzbungalows mit Moskitonetz, Kerzen, sehr einfachem Bad ohne Waschbecken, ein Family Bungalow mit 2 Zi, Freedom Restaurant vorn am Strand, gutes Essen, Strom geplant; betrieben von Daeng und seiner Familie, die Tochter spricht gut Englisch. ❶–❷

Tadeng Bay Bungalows ⑲, einfache Hütten jenseits des Bachs, über den eine Holzbrücke

führt, am Hang mit wunderschönem Blick über die Bucht. Restaurant neben der Brücke. ❶–❷

Nature View ⑳, wenige saubere, geräumige Holzbungalows auf den Felsen am Ende des Strandes mit gutem Meerblick, unter Leitung von Lek und ihrem kanadischen Mann, Restaurant im dreistöckigen, weithin sichtbaren Steinhaus, hier gibt es leckeren Cashew Nut Wine; Bootsanlegeplatz. ❷

Crocodile Rock ㉑, ✆ 084-8375089, einfache Hütten am Hang mit schöner Sicht, berühmt ist der *Italian Espresso*. Hier wirkt ein begabter Holzschnitzer – das artistische Highlight der Insel. Es ist noch ruhiger als sonstwo. Auf dem Hügel dahinter ist die einzige Stelle im Süden der Bucht mit Handy-Empfang. ❷

Ao Ta Daeng

Über einen kleinen Hügel gelangt man durch lichten Wald nach 10 Min. zur kleinen Ao Ta Daeng-Bucht. Der etwa 200 m lange, flache Strand mit gelbgrauem Sand wird von Felsen eingerahmt. In der Regenzeit ist er ungeschützt gegen Wind und Wellen und sehr einsam. Regelmäßiger Bootsverkehr in der Saison, Abholung um 7.30 und 13.30 Uhr. Transfer nach Ao Siad (Ao Lek) für 150 Baht.

Suan Por Resort ㉒, 10 einfache, hübsche Bambusbungalows auf Pfählen mit Du/WC, alle mit Meersicht, kein Strom, kleines Restaurant mit gutem Essen, z. T. unter freiem Himmel; nette Leute. ❷

Lae Tawan Bungalows ㉓, ✆ 086-9539453, ✉ dawane2002@hotmail.com, etwa 15 ebenerdige, ältliche Stein-Holz-Bungalows mit Du/WC am Strand und versteckt in den Bäumen am Hang, über steile Treppen erreichbar, sehr freundliche Besitzerin Miss Oi. Gute Thai-Küche im strandnahen Restaurant. Eigenes Boot von Loong Lin fährt gegen 8 Uhr nach Ranong und kommt zwischen 11 und 15 Uhr zurück. ❷

Mama's Bungalows ㉔, ✆ 077-820180, ✉ mamasbungalows@yahoo.com, in toller Natur am Ende der Bucht, 12 liebevoll gestaltete Holz-Bambus-Stein-Bungalows am Hang mit europäischer Toilette, ausgestattet mit Moskitonetz, Kerzen und Lampe, gemütliches Restaurant (mit Solarstrom) auf den Klippen mit super Aussicht aufs Meer. Mrs. Soi bereitet exzellente

Mama's Drei-Sterne-Restaurant

Wer Mama's Speisekarte zum ersten Mal aufschlägt, meint zu träumen: Da stehen fein säuberlich fantastische Gerichte aus aller Welt zu typischen Thai-Preisen. Gäste kommen von der ganzen Insel, Thais wie Touristen, um Mrs. Sois Kochkunst zu frönen. Beigebracht hat ihr die feine Küche ein waschechter Bayer, Franz, genannt Lung Chang, wegen seiner kräftigen Gestalt. Ob Shrimps-Tempura, Cordon Bleu vom Kartoffelpuffer, Steak mit grünem Pfeffer und Zwiebeln auf französische Art oder ein Fondue Bourguignonne, jedes Gericht für nur 100 Baht ist eine kulinarische Offenbarung. So schwärmen die Gäste, die schon zig Mal zum offenen Restaurant in den Felsen hochstiegen. Wer deftigere Kost liebt, kann sich über Kartoffelsuppe, Swiss Sausage Salad, Krautsalat oder Ungarisches Paprikagulasch, alles für 50–80 Baht, her machen. Dass auch Vienna Schnitzel, Lentil Stew und Sukiyaki Cantonese Style, für 60–80 Baht, auf der Speisekarte stehen, verwundert da nicht mehr. Dazu trinkt man ein Lassie für 50 Baht oder gleich ein Kaipirinha im Maßkrug für 120 Baht, während man die Sonne hinter den burmesischen Inseln untergehen lässt. Ein herzhafter Radi, auf original bayrische Art von Mr. Pok geschnitten, krönt ein gelungenes Insel-Dinner. Übrigens: 100 Baht sind gerade mal 2,20 €.

Thai- und internationale Küche zu. Mr. Pok kann einen Radi echt bayrisch schneiden, sein Bruder Jai fängt die Tintenfische selbst. Aus dem nahen Wald kommen immer wieder Affen oder Nashornvögel zu Besuch. 6 Monate im Jahr geöffnet. ❷

Ao Siad

Eine kleine, halbrunde, mit Felsen durchsetzte Bucht im Süden der Insel (von den Einheimischen auch Ao Lek genannt). An der südlichsten Spitze herrschen lebensgefährliche Strömungen. Am besten zu erreichen mit dem Ko Phayam-Boot, von dem man auf Anruf per Longtailboot abgeholt wird.

Tommy's Garden Resort ㉕, ✆ 086-2698752, an einem eigenen kleinen Strand, wenige Bungalows mit Du/WC. ❶ – ❷
Panathip Bungalows ㉗, ✆ 086-2781288, 100 m weiter, einsame, sehr ruhige Anlage, 6 Bambusmattenbungalows direkt am Strand, großes Bett mit guter Matratze, dichtes Moskitonetz sowie Bad mit Dusche, Thai-Bad und westlicher Toilette, Terrasse mit Hängematte; Noi kocht exzellent, Jeap ist eine hervorragende Gastgeberin, beide sind sehr nett und hilfsbereit. Bei Anruf Abholung vom Pier in Ranong. ❷
Ao Lek Bungalows ㉗, ✆ 089-2915831, einfache Bungalows. ❶ – ❷
N&X Bungalows ㉙, ✆ 077-825752, einfache, sehr ruhige Hütten, ziemlich hohe Preise für Essen und Getränke, herzliche Familie. Speedboot-Service. ❷

Sapan Hin

Diese Felsbucht unterhalb eines Berges mit ganz kleinem Sandstrand ist bei Mondaufgang beliebt. Ein gerodeter Weg führt durch die Dschungelvegetation hin.
Sapan Hin ㉚, einige Hütten und ein liebevoll gestaltetes Restaurant mit Backwaren, nette Leute, sehr einsam; davor ein Steinstrand und daneben ein kleiner Sandstrand. Der aufgeschüttete Steinwall eignet sich bestens zum Fischen. ❷

Sonstiges

Dorfladen

Hier gibt es außer Zigaretten und Seife auch leckeres Essen und ein Telefon.

Fahrräder

Um die Ruhe der Insel zu erhalten, gibt es keine Motorräder zu mieten, wohl aber Fahrräder.

Gesundheit

Ko Chang gilt seit 2005 als malariafrei.
Die Schlangen, die sich manchmal auch in Hütten verstecken, sollte man besser nicht melden. Die Einheimischen erschlagen sie sonst. Sie können zwar giftig sein, sind aber nicht angriffslustig. Am besten vorsichtig vertreiben und nicht in die Enge drängen!

Tauchen

Aladdin Dive Safari, ✆ 077-820472, 🖥 www.aladdindivesafari.com, am Ao Yai, bietet 3- bis 9-tägige Tauchtouren nach Ko Surin und Similan, bei denen auch Schnorchler mitgenommen werden. Das flache Boot soll besonders langsam und wellenempfindlich sein.

Telefon

In fast allen Anlagen wird Telefon-Service angeboten.

Transport

In der Saison fahren mehrere **Longtail-Boote** für 100 Baht p. P. von 9–14 Uhr (manchmal bis 16 Uhr) am Hafen SAPAN PLA ab. Die zumeist sehr nasse, aber schöne Fahrt (1 Std.) geht zu allen Bungalowanlagen an der Westküste bis Ao Ta Deng, zurück von den Bungalowanlagen ab 7–8 Uhr. Man steigt ins Wasser aus und wird schon mal bis zur Hose nass.

Während der Saison fährt das **Taxiboot** von **Rungamarin**, ✆ 089-2599251, vom und zum Ko Chang New Pier, ab RANONG um 13 Uhr, ab Ko Chang um 8.30 Uhr, 100 Baht p. P.

Wer am Nachmittag zu spät am Hafen ankommt, kann ein Boot chartern für 1200 Baht.

Das große **N&X-Boot** fährt zur Ostküste und zum AO SIAD (auf Wunsch Stopp am Sapan Hin), dann weiter nach KO PHAYAM. Wer zur Westküste will, zahlt weitere 100 Baht für den Transport.

Das **Ko Phayam-Boot** hält auf Anfrage vor der Ao Lek-Bucht, wo man in ein herbeigerufenes Longtailboot umsteigt.

Zum Hafen SAPAN PLA fährt man mit dem Songthaew Nummer 3, 4 oder 6 ab Ranong (4 km), steigt vor dem Tor am Gebührenhäuschen (Toll Booth) aus, geht nach links 300 m die Straße durch Wohngebiet bis zum Pier am Fluss runter, wo die Boote liegen.

Ausflüge von Ko Chang nach KO PHAYAM und zu kleineren Inseln werden ab 200 Baht p. P. angeboten.

Golden Bee, ✆ 089-8733442, bietet Transport nach Ko Phayam für 1200 Baht pro Boot.

Ko Phayam เกาะพยาม

Die Insel Ko Phayam (gesprochen: Ko Pa-**yahm**) ist landschaftlich sehr schön und beliebt bei Reisenden, die nicht ständig Ablenkung brauchen, sondern sich auch selbst beschäftigen können. Die Insel hat an den drei bergigen Landenden noch sehr schön erhaltenen, dichten tropischen Urwald, das Mittelland ist bedeckt von langsam wachsendem, knorrigem Baumbestand, relativ niedrigen Palmen und vielen Cashewbäumen. In der Trockenzeit liegt ein arttypischer, süßlicher Geruch nach Cashew-Früchten über der Insel. Jedes Jahr am 16. März findet das Cashew Nut Festival statt. Dabei erfreuen sich die Einheimischen an typischen Veranstaltungen wie Hahnenkämpfen, Thaiboxen und der Wahl der Miss Cashew. Die Fischer der Insel fangen in den umliegenden Gewässern vor allem Garnelen, v. a. die besonders leckeren Black Tiger Prawns.

Die langen Sandstrände sind recht sauber und laden zum Baden und Schnorcheln sowie zu Kajakfahrten ein. Ko Phayam erweckt den Eindruck wie Ko Samui in den 80er- oder Phuket in den 70er-Jahren, aber im Kleinformat – so wird sie auch im Internet beworben. Die Insel kann das ganze Jahr über besucht werden, doch im Monsun fährt von Mai bis Mitte Oktober nur das Nachmittagsboot.

Das nette Dorf im Osten ist das soziale Zentrum der Insel. Hier gibt es eine Post, das Bürgermeisteramt, eine Tempelanlage und den Pier, an dem die Boote anlanden. In Internet-Cafés kann man Kontakt zur Außenwelt halten, man kann Obst und Gemüse einkaufen (relativ teuer, da alles vom Festland hertransportiert werden muss) und andere Reisende bei einem Bier in Oscar's Bar treffen. Auch Restaurants mit Thai-Essen, einige Mopedvermieter, ein Reisebüro mit Internet und eine Tauchschule fehlen nicht. Vom Pier führt eine autobreite Betonstraße fast bis in den Norden der Buffalo Bay, an der zentralen Kreuzung beim J.P. Minimart biegt sie nach links zum südlichen Buffalo Beach ab. Alle anderen Betonstraßen sind kaum 1 m breit. Einziges Transportmittel sind Motorradtaxis, die Traveller mit Rucksäcken meisterhaft und sicher zu allen Stränden bringen. Kofferträger haben es schwer, zu ihrem Bungalow zu gelangen.

Die nördliche Andamanenküste

Auf Ko Phayam gibt es insgesamt 30 Bungalowanlagen, die sich locker auf alle Strände verteilen. Fast alle Bungalows sind aus Naturmaterialien, Stein oder Erdziegeln gebaut. Alle verfügen über einen Balkon oder eine Terrasse und ein Bad mit Dusche und Sitzklo. Sie kosten 200 bis 800 Baht pro Nacht, die teuren besitzen Solarstrom. Sie liegen ruhig im Schatten von Palmen oder Laubbäumen, zumeist mit Meersicht. Alle Anlagen haben ein Restaurant mit gutem, nicht ganz billigem Essen, häufig kommen frisch gefangener Fisch oder frische Garnelen auf den Tisch. Die Preise auf den Speisekarten beginnen zumeist bei 90 bis 100 Baht für ein Gericht.

In der Hauptsaison von November bis April kann es durchaus vorkommen, dass alle Bungalows belegt sind, eine telefonische Voranmeldung ist v. a. über Weihnachten/Neujahr und zu Ostern angeraten.

Übernachtung

Ao Khao Kwai (Nord)

Die tiefe Bucht im Norden der Westküste (unter Travellern *Buffalo Bay* genannt) wird durch zwei Felsenhügel mit malerischen Felsdurchbrüchen in zwei unterschiedliche Hälften geteilt. Nur bei tiefer Ebbe kann man über die Felsen von einer Bucht zur anderen klettern. Die nördliche Hälfte bietet einen breiten, idealen Badestrand mit weißem, feinem Sand, wo Baden fast immer möglich ist. Sonnenbaden ist hingegen weniger angesagt, da der Sand auch bei Ebbe meist feucht bleibt. Die Bungalows liegen durchweg am Hang über dem Strand. Viele bieten einen tollen Blick auf die Inseln von Myanmar, hinter denen die Sonne oft herrlich untergeht.

Archanpan Bungalow ①, ✆ 086-4703321, ✉ archanpan@yahoo.com, sehr schöne Anlage unter urigen, alten Bäumen am nördlichen Hang, die junge, sehr freundliche Nan führt die naturnahe Anlage mit ihrer Mutter und spricht sehr gutes Englisch, sie stammen von Ko Phayam. Unterschiedliche Bungalows, 5 kleine, 3 große, ein Baumhaus sowie ein Good View Bungalow erhöht in herrlicher Einzellage am Buchtende; einfaches Restaurant mit schönem Meerblick, morgens gibt es frische Baguettes, gutes Thai-Essen. Kleine Solaranlage. Manch

mal sieht man Hornbills, Affen und große Geckos. ❷–❸

Mountain Resort ②, friedliche Anlage am besten Abschnitt des Strandes, 5 solide, geräumige Steinhäuschen mit Fan und sehr kleinem Bad, jedoch etwas feucht und muffig, daher selten voll; etwas zurückversetzt unter hohen Kokospalmen, die freundliche Frau Kanung kümmert sich fürsorglich um alles, spricht aber wenig Englisch. Überdachter Restaurant-Platz mit prächtigem Meerblick, der Banana Pancake ist besonders lecker. Schnorchelausrüstung vorhanden, Bootstour für 1200 Baht. Weit weg liegender Generator, der um 22 Uhr abschaltet. ❸ Daneben liegt die **Hippie Bar**, die oft gegen 23 Uhr schließt.

Sunset Bungalow ③, ✆ 077-823278, schmale Anlage am Hang, einfache Bungalows aus Bambus und Schwemmholz; schöner Strand. ❸

Gold Key Bungalow ④, ✆ 086-4705572, nette, ruhige Anlage am Hang, 12 gute Holz- und Bambusbungalows mit weitem Abstand, Hängematten, Fan, harte Matratzen; köstlich frisches Seafood- und Muschelessen, direkt vom Besitzer. Freundlicher Familienbetrieb, Solaranlage. Sehr schöner Strand ohne Steine im Wasser. Freier

Mr. Gao Bungalow ⑥, ✆ 077-823995, 🖥 www.mr-gao-phayam.com, 12 Jahre alte, nette Anlage auf großem Grundstück, 5 kleine Bambushütten am Hang und 3 größere Bungalows unter üppig exotischer Vegetation, weit auseinander stehend, viele Ablagen. Angenehmes Restaurant direkt am schönen Strand, mit Stützmauer, Sitzgruppen; beste Küche unter Leitung der erfahrenen Weena, fangfrischer Fisch, leckere Salate, schmackhafte Sandwiches, köstliche Shakes, tolle Trinkkokosnuss. Angenehmer Service mit Early Morning-Tee auf der eigenen Terrasse, Spezialität ist grüner Tee, gute Kuchenauswahl, bestens der Spicy Yoghurt Cake. Satelliten-Internet. Mountainbikes, Kajaks (500 Baht pro Std.). Der freundliche Mr. Gao offeriert Schnorcheltouren nach Ko Chang (6 Std., 1800 Baht) und Ko Kam (8 Std., 3000 Baht ohne Essen), *Fishing and Snorkelling* (1800 Baht, Leihausrüstung), Charterboot nach Ranong (2500 Baht). Tickets aus Ranong werden gegen 50 Baht Gebühr auch für Nicht-Gäste organisiert. ❷–❸

Transfer vom Pier. Büro in Ranong, ✆ 077-812202. ❸

Cashewnut Garden ⑤, ✉ jansombeach@yahoo.com, ✆ 077-835317; breite Anlage unter mediterran wirkenden Bäumen, 20 Holzbungalows mit Naturdächern in 2 Reihen am Hang, schönes, geräumiges, gefliestes Bad, möblierte Terrasse mit Meersicht; weitab gelegener Generator, Restaurant in luftiger Hanglage mit traumhaftem Meerblick, sehr gutes Essen, große Portionen, beschränkte Auswahl. Satelliten-Internet 2 Baht/Min. ❸

Sai Thong Bungalow ⑦, ✆ 077-820466, ✉ saithong_ranongth@yahoo.com, direkt daneben, 5 einfache Bungalows, oben Bambusmatten, unten Stein, die vorderen haben tollen Meerblick. Die jungen Besitzer Aew und Sha sind sehr freundlich und engagiert, sprechen gut Englisch. Essplatz mit Frühstück und gutem Thai-Food, auf Wunsch Barbecue-Partys. Schöner Strand. Motorradverleih, Internet. ❷

Contact Bungalow ⑧, 5 neue Hütten aus Holz und Bambus auf dem südlichen Hügel, schöner Ausblick vom Restaurant, Ruheplattform mit Kissen und natürlicher Brise; kurzer, steiler Fußweg zum Strand, nette Mama. ❷

Ao Khao Kwai (Süd)

Die südliche Hälfte der tiefen Bucht fällt bei tiefster Ebbe am Vollmond bis zu 700 m weit hinaus trocken, das lädt zu Wattwanderungen ein. Auch das Land, auf dem die Bungalows stehen, ist ganz flach. Der weiße, feine Sandstrand ist 1 km lang. Zu Fuß sind es 40 Min. ins Dorf; während der Regenzeit ist der Weg oft überflutet.

Khao Kwai Hill Bungalow ⑪, einige betagte Hütten auf dem Hügel im Schatten großer Laubbäume, vom Restaurant schöner Ausblick übers Meer; kurzer, steiler Fußweg mit 30 Stufen zum Strand, nette Leute, sehr ruhig. ❷

Payam Cottage Resort ⑫, ✆ 077-870200, 🖥 www.payamcottage.com, entsetzliche Anlage auf einem großen, kahl geschlagenen Grundstück, wo die 31 identischen Bungalows in zwei exakt ausgerichteten Reihen in der Sonne braten und auf Gäste warten, die 24 Std. Generatorstrom brauchen. ❹–❺

Vijit Bungalows ⑬, ✆ 077-834082, 081-2704801 (Mr. Pot), 🖥 www.kohpayam-vijit.com, 24 saubere Bambusbungalows mit Fan, Moskitonetz, Hängematte, teils auch aus Holz und aus selbst gepressten Erdziegeln; ab Februar wird das Duschwasser brackig; gutes Essen zu sehr günstigen Preisen (ab 60 Baht) im Restaurant am Strand. Sehr schöner Sandstrand mit weit ausladenden, Schatten spendenden Laubbäumen. Schnorchel-, Kanu- und Kayak-Trips, Tauchausflüge nach Ko Surin, Similan und Ko Bon, Satelliten-Internet. Sehr freundliche Ko Phayam-Familie, Mr. Kim bietet besten Service. Eigenes Boot mit Transfer von Ranong, zurück nach Ranong für Gäste, die länger bleiben, gratis. ❷–❸

Lotus Bungalow ⑯, ✆ 087-1183504, 🖥 www.waterlilyresort.com, hinter Vijit 200 m vom Strand auf einem Hügel, 18 nette Bungalows aus Bambusmatten und Holz mit schöner Aussicht über die Bucht, gut ausgestattet mit Fan und Moskitonetz, kleines Restaurant über dem Fisch- und Wasserlilienteich. Satelliten-Internet. Slogan: „Your happiness comes first". ❷

Buffalo Bay Vacation Club ⑭, ✆ 077-870208, 🖳 www.buffalobayclub.com, das Tauch- und Abenteuer-Resort eines Thai-russischen Paares, exklusiv für Gruppenreisende gebaut, die Managerin Ann heißt auch Individualreisende willkommen und gibt hohen Rabatt. 16 sehr geschmackvoll gestylte, höherpreisige Bungalows mit guter Ausstattung und schönen Dekorationsstücken aus ganz Thailand. ❹–❺

Payam Cabana ⑮, ✆ 086-0231304, 🖳 www.payamcabana.com, ruhige Anlage am Ende der Bucht, 15 Bungalows aus groben Bambusmatten und Stein, mit Moskitonetz. Sehr freundliche Besitzer Yok und Jimmy, die sich um alles kümmern. Restaurant am Strand mit schöner Sicht über die Bucht, hervorragendes Essen, riesige Portionen, toll sind die selbstgemachten Pommes. Hi-Speed-Internet, Transfer, Fishing. Breiter Strand für Beach Volleyball etc. Strom vom Generator, der nicht stört. Hier beginnt der Fußweg zum Sea Gypsy-Dorf. ❷

Ao Yai

2,5 km lange, flache Bucht an der Westküste mit einem breiten, schönen, weißen Sandstrand mit niedrigem Wald dahinter. An den felsigen Enden der Bucht und bei der kleinen Insel kann man gut schnorcheln. Bei hoher Flut ist das Wasser recht trüb, sonst etwa 6–10 m Sicht. Häufig gibt es an diesem Strand größere Wellen, auf denen man mit Body-Surf-Brettern, die viele Anlagen zur Verfügung stellen, gut reiten kann. Auf dem festen Sand nahe am Wasser fahren gelegentlich Motorradtaxis vorbei, was sensible Naturen nerven kann.

Baan Suan Kayoo Cottage ⑳, ✆ 081-7612561, 🖳 www.gopayam.com, am nördlichen Ende der Bucht, herrlicher, weiter Blick über die Bucht aufs Meer, sehr ruhig gelegen, 14 Hütten aus Bambusstangen mit Palmblattdach und 6 bessere Bungalows aus Holz, Balkon mit Hängematte, weit verteilt im urwüchsigen Baumgarten mit viel Schatten, urige Sitzgruppen, offenes Restaurant mit schöner Sicht. Reservierung in Ranong unter ✆ 077-820133. ❷–❸ Daneben liegen die **Ollo Art Gallery** und die **Rasta Baby Bar**, die Dauer-Reggae-Musikrieselung bietet, aber einen Besuch wert ist.

Long Beach Bungalow ㉑, ebenerdige, mini-

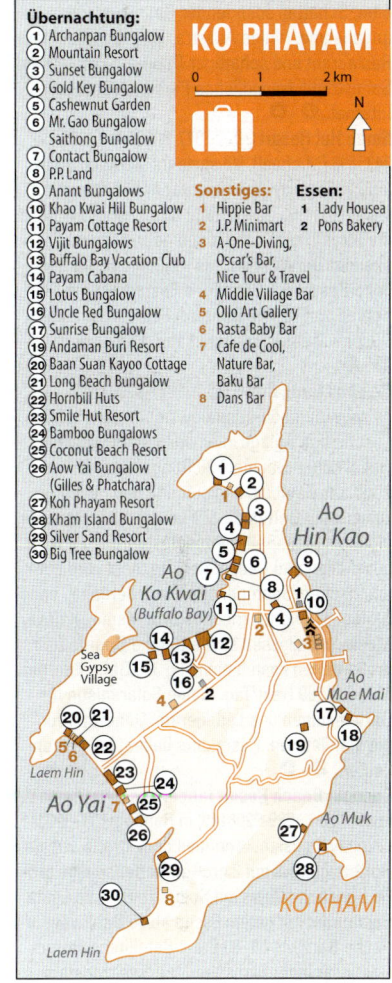

Übernachtung:
① Archanpan Bungalow
② Mountain Resort
③ Sunset Bungalow
④ Gold Key Bungalow
⑤ Cashewnut Garden
⑥ Mr. Gao Bungalow Saithong Bungalow
⑦ Contact Bungalow
⑧ P.P. Land
⑨ Anant Bungalows
⑩ Khao Kwai Hill Bungalow
⑪ Payam Cottage Resort
⑫ Vijit Bungalows
⑬ Buffalo Bay Vacation Club
⑭ Payam Cabana
⑮ Lotus Bungalow
⑯ Uncle Red Bungalow
⑰ Sunrise Bungalow
⑲ Andaman Buri Resort
⑳ Baan Suan Kayoo Cottage
㉑ Long Beach Bungalow
㉒ Hornbill Huts
㉓ Smile Hut Resort
㉔ Bamboo Bungalows
㉕ Coconut Beach Resort
㉖ Aow Yai Bungalow (Gilles & Phatchara)
㉗ Koh Phayam Resort
㉘ Kham Island Bungalow
㉙ Silver Sand Resort
㉚ Big Tree Bungalow

KO PHAYAM

0   1   2 km

N

Sonstiges:
1 Hippie Bar
2 J.P. Minimart
3 A-One-Diving, Oscar's Bar, Nice Tour & Travel
4 Middle Village Bar
5 Ollo Art Gallery
6 Rasta Baby Bar
7 Cafe de Cool, Nature Bar, Baku Bar
8 Dans Bar

Essen:
1 Lady Housea
2 Pons Bakery

Ao Hin Kao

Ao Ko Kwai (Buffalo Bay)

Sea Gypsy Village

Ao Mae Mai

Laem Hin

Ao Yai

Ao Muk

Laem Hin

KO KHAM

malistisch ausgestattete Bambushütten, eng nebeneinander in 2 Reihen direkt am Strand, Hock-Toilette, kein Schatten, Essplatz; Ruhestörung durch die Rasta Bar. ❷

Hornbill Hut ㉒, ✆ 077-825543, ✉ hornbill_hut @hotmail.com, 🖳 www.hornbillhut.com, viele hübsche, individuell gestaltete Bambusbungalows, Hütten und Steinhäuser mit Meerblick, alter, Schatten spendender Baumbestand, sehr angenehme, ruhige Ausstrahlung, überdachtes Restaurant und schattiger Open-air-Essplatz am Sandstrand, freundliches Personal. Satelliten-Internet. ❷–❹

Smile Hut Resort ㉓, ☏ 077-820335, ☏ 081-3425896 (Michael), ✉ smilehut1@yahoo.co.uk, lang gestreckte Anlage unter hohen Bäumen, viele hübsche, ebenerdige Bambushütten direkt am Strand, sehr nah beieinander, mit abschreckender Du/WC; überaus freundliche, mütterliche Besitzerin. Günstiges Restaurant mit Gerichten von 70–100 Baht. Ab Februar wird das Duschwasser knapp und kann brackig sein. ❷–❸

Bamboo Bungalows ㉔, ☏ 077-820012, 🖳 www.bamboo-bungalows.com, sehr schöne, geschäftige Anlage in einem lichten Wald mit vielen hohen Bäumen, 30 Bungalows, vorwiegend aus Bambus, eng stehend und hellhörig, zumeist mit Betten für 3–4 Leute, die großen mit eigenem Safe. Sehr nettes Restaurant mit Bambusstühlen und Bastmatten, gekocht wird nur mit frischem Seafood, direkt von der Insel, ohne Glutamat, eigenes frisches Brot. Kanus, Kajaks, Maske und Flossen sowie Boogie Boards zum Wellenreiten kosten einmalig 350 Baht. Internet, Mopeds 200 Baht/Tag. Kleine Solaranlage für Gartenlampen und Ladegeräte, Generator für die Ventilatoren. Besonders beliebt bei jungen Leuten. ❷–❹

Coconut Beach Resort (auch: Coconut Bungalows) ㉕, ☏ 089-9208145, in Ranong: 077-820011, ✉ phayam_island@hotmail.com, große, ruhige Holzbungalows mit 2 großen Betten, einige große Steinbungalows mit Solarstrom, nette Leute, Restaurant mit gutem Essen ab 90 Baht, vegetarische Gerichte 50–80 Baht. Satelliten-Internet. Häufig läuft der Fernseher. Die Besitzer stammen von der Insel. ❷–❹

Aow Yai Bungalow (Gilles & Phatchara) ㉖, ☏ 077-821753, ✉ gilles_phatchara@hotmail.com, erholsames, gemütliches Resort einer Thai-französischen Familie. Unterschiedlich ausgestattete Holz- und Steinbungalows liegen unter niedrigen Palmen und Kasuarinen weit auseinander. Es gibt auch Familienhäuser mit 2 Zimmern und einem Bad mit westlicher Toilette. Es wird besonderer Wert auf Sauberkeit

gelegt; die Ventilatoren laufen auch tagsüber, da von Solaranlage gespeist. Im angenehmen Restaurant mit Meersicht wird gutes Essen, i. b. Seafood, angeboten. High Speed Internet 1 Baht/Min. Gilles kennt die besten Stellen zum Schnorcheln. Verleih von Boards zum Wellenreiten und Schnorchelausrüstung. ❷–❸

Silver Sand Resort ㉙, ☏ 077-825543, ✉ horn bill_hut@hotmail.com, am südlichsten Ende der Bucht. Saubere Bungalows aus Stein zwischen jungen Kasuarinen und 2 zweistöckige Baumhäuser, deren Balkon in die Bäume integriert ist, Bad unten. Sehr gutes Essen, serviert auf einer erhöhten, überdachten Ruheplattform mit Liegekissen. Hängematten, Schaukeln, Liegestühle und Sitzgruppen unter hohen Kasuarinen. Freies Satelliten-Internet von 18.30 bis 22 Uhr. Betrieben von einem freundlichen Oklahoma-Thai. Anfahrt über eine haarsträubende Piste. ❸–❹

Big Tree Bungalow ㉚, am südlichen Hang direkt am Dschungel, 14 nicht besonders saubere Bungalows auf den Klippen, Restaurant mit gutem Thai-Essen am Strand. Davor kann man sehr gut schnorcheln, häufig klares Wasser. Die freundlichen Besitzer stammen von Ko Phayam. ❷

Ostküste

Im Osten liegt das Fischerdorf mit dem Dorf-Pier und dem Tempel, ebenfalls mit Pier. Hier werden Lebensmittel und Obst verkauft, zudem gibt es einige Läden, Minimärkte und Essenstände. Die Bungalowanlagen nahe am Dorf sind laut und geschäftig.

P. P. Land ⑨, ☏ 081-6784310, 🖳 http://ppland. cabanova.de, neue, sehr ruhige Bungalowanlage am nördlichen Strand Hin Kao, Paul aus Belgien und Pearl haben sie mit kompletter Solartechnik ausgerüstet, die 24 gut gewarteten Batterien geben selbst bei bedecktem Himmel für mehrere Tage Strom, die schön möblierten Holz-Stein-Bungalows mit offener Du/WC und großer Terrasse sind riedgedeckt und gut in die Natur integriert, Restaurant mit makelloser Küche, Satelliten-Internet 1 Baht/Std., Strand nicht immer zum Baden geeignet. Sehr nette, hilfsbereite Besitzerfamilie, angenehme Atmosphäre. Wegen großem Andrang möglichst vorausbuchen. ❸

Anant Bungalows ⑩, 5 Bungalows mit Du/WC,

nördlich vom Tempel, nicht weit vom Strand. ❷
Uncle Red Bungalow ⑰, 5 Hütten aus Bambus und Holz mit Bad, ca. 9 Min. südlich vom Dorf. ❷
Sunrise Bungalow ⑱, 4 Hütten mit Bad, ca. 10 Min. südlich vom Dorf. ❷
Andaman Buri Resort ⑲, noble klimatisierte Anlage mit Pool, nicht am Strand. Großes Restaurant auf dem Hügel, Meersicht. Kaum Gäste. ❹–❻
Koh Phayam Resort ㉗, ☎ 077-812297, an einem einsamen Sandstrand an der südlichen Ostküste in einer Cashew-Plantage, einfache und bessere schöne Holzbungalows (für bis zu 4 Pers.) mit Du/WC und Fan, auch zweistöckige, gut ausgestattete Häuschen mit 3 Zimmern und Küche; gutes Restaurant. Der Besitzer, Mr. Piak, ein erfahrener Fischer, organisiert Bootstouren und Angelausflüge. 25 Min. zum Dorf. ❷–❹

Essen und Unterhaltung

Beliebt ist **Oscars Bar** im Dorf. Der nette Barkeeper Richard weiß alles über die Insel. Etwas ganz Besonderes ist die **Middle Village Bar** mitten im Nichts an der Zufahrtstraße zum Ao Yai Beach. Hier gibt es Karaoke für Thai-Familien.
Im **Lady House** gegenüber von Anant Bungalows verkauft Sukhon selbst gemachtes Brot, leckere Kuchen, Cookies und Joghurt.
In **Pons Bakery** in der Nähe der Middle Village Bar gibt es auch Baguettes.
J.P. Minimart an der zentralen Kreuzung bei der Schule.
Dans Bar am Strand, hat erst am Abend geöffnet. Betrieben von sehr netten Sea Gypsy-Burschen.
Weiter südlich kommen drei ruhige Strand-Bars aus Naturmaterialien, die nur abends geöffnet haben: **Cafe de Cool**, **Nature Bar** (ohne Musik), **Baku Bar** (Thai Pop).

Sonstiges

Geld
Nice Tour & Travel, wechselt auch Reiseschecks.

Internet
Bei Nice Tour & Travel und in einigen Bungalowanlagen.

Malaria
Kam seit einigen Jahren nicht mehr vor.

Medizinische Hilfe
Im neuen Hospital am Pier.

Mopeds und Fahrräder
Im Dorf, beim **J.P. Minimart** und in einigen Bungalowanlagen für 200 Baht pro Tag zu mieten, Fahrräder für 100 Baht pro Tag.

Polizei
Ein Polizeiposten am Pier.

Reisebüros
Nice Tour & Travel, im Dorf nahe bei Oscar's Bar, ☎ 077-828093, ✉ nicetour@web.de, geleitet von Walter und Noi, organisiert Tickets aller Art, allerdings mit bis zu 5 Tagen Vorlauf, Auslandsgespräche, Moped-Vermietung, Tauchausflüge, Geldwechsel, Internet für 1 Baht/Min.

Tauchen
A-One-Diving hat einen Ableger nahe am Pier (s. Ranong).

Transport

Große, überdachte Boote fahren von RANONG um 9 und 14 Uhr für 150 Baht in 2 Std. zum Dorf mit Pier an der Ostküste. Sie sind manchmal heillos überladen und fahren auch mal 30 Min. früher ab. Zur Westküste geht es per Motorradtaxi auf Betonwegen und einigen Moto-Cross-Pisten für 70–100 Baht direkt zu den Anlagen, ein Abenteuer für sich!
Zurück fahren die Boote um 8.30 und 14 Uhr. Die Ablegestelle in Ranong erreicht man genauso wie die für Ko Chang (S. 502). Vertreter der Resorts fahren die Gäste kostenlos vom Busbahnhof zum Pier.
Ein Speedboot fährt um 14.30 Uhr für 350 Baht in 50 Min. von Ranong nach Ko Phayam, zurück um 9 Uhr; ☎ 077-828087.
Selbst ein Boot zu mieten kostet etwa 1200 Baht, was sich lohnen kann, wenn man zu spät dran ist und mehrere Personen zusammen kommen.

Die nördliche Andamanenküste

Wer von Ko Phayam nach KO CHANG wechseln will, findet oft kein Boot, oder es ist sehr teuer (bis 2000 Baht). Am besten ruft man in Ko Chang bei **Golden Bee** an, ✆ 089-8733442, und lässt sich abholen (ab 200 Baht).

Kaw Thaung (Myanmar)

Es ist möglich, einen Tagesausflug (oder den *Visa Run* für einen neuen Einreisestempel nach Thailand) per Boot nach **Victoria Point** zu machen. Die Anlegestelle in **Kaw Thaung** (gesprochen Ko Sohng) liegt nahe am Stadtzentrum mit dem großen, schönen Markt.

Bei gebuchten Ganztagsausflügen kann zusätzlich die schöne Insel **Pulu Basin Island** besucht werden.

Wer den *Visa Run* macht, also nur wegen eines neuen Thai-Visums nach Myanmar fährt, kann dies sehr bequem mit einem Ausflug zum schönen Luxus-Hotel Andaman Club auf der burmesischen Insel **Thahtay Kyun** verbinden.

Übernachtung

Im **Honey Bear Hotel** in **Kaw Thaung** kostet ein AC-Zi ungefähr 700 Baht pro Nacht, im ältlichen **Victoria Point Motel** etwa 1000 Baht.
Andaman Club, ✆ 077-835223, in **Thahtay Kyun** (Myanmar), 205 AC-Zi und alle Einrichtungen eines Luxushotels sowie ein schöner botanischer Garten mit Spazierwegen und ein hervorragender Golfplatz. Die Sicht aus dem hochgelegenen Restaurant auf 8 burmesische Inseln ist fantastisch, das Essen lecker und erschwinglich. Man merkt kaum, dass zum Hotel ein großes Casino gehört. ➎

Sonstiges

Geld
Im Grenzgebiet werden Thai-Baht akzeptiert, es ist allerdings günstiger, in Kyat zu bezahlen.

Grenzformalitäten
Auf der Thai-Seite wird das **Thai-Visum** vom Immigration Office (1 km vor dem Hafen rechts, gegenüber Kasikorn Bank, ◷ tgl. 8–18 Uhr) regulär aus dem Pass gestempelt.
Bei der Rückkehr wird im selben Immigration Office wieder ein **Einreisevisum** erteilt, mit dem man sich erneut 30 Tage (bzw. 60 oder 90 Tage mit Multiple-Entry-Visum) in Thailand aufhalten kann.
Der 3 Tage gültige, räumlich begrenzte **Border Pass** für Myanmar, den man auf der burmesischen Seite der Grenze bekommt, kostet für Touristen mit Thai-Visum US$10 oder 600 Baht, für Touristen ohne Thai-Visum (d. h. nur mit 30-Tage-Stempel) US$15 oder 750 Baht. Zudem werden 4-wöchige **Burma-Visa** ausgestellt, in denen auf Wunsch Kaw Thaung als Einreiseort eingetragen wird. Damit kann man bei Kaw Thaung regulär nach Myanmar einreisen und sogar mit dem täglichen Flugzeug nach Yangon weiterfliegen (ca. US$120).

Transport

Das Boot von RANONG nach Kaw Thaung benötigt 30–40 Min. (50 Baht pro Strecke) und wartet, bis ausreichend Passagiere eingetroffen sind. Charter für 2 Personen (hin und zurück) 300–650 Baht (Vorsicht: burmesische Boote fahren manchmal nur den Hinweg und lassen die Touristen stehen!). Der Zeitunterschied beträgt 30 Min.
Wer einen Visa-Service wie **Visa Quick**, ✆ 089-7758787, für 300 Baht nutzt, bekommt alle Formalitäten geregelt und hat freien Transfer vom/zum Hotel.
Die Überfahrt vom Andaman Club Pier im Nordwesten von Ranong mit einem großen, klimatisierten Boot zum Andaman Club ist zu jeder vollen Stunde möglich, dauert 20 Min. und kostet 850 Baht inkl. Ausreisestempel und Border Pass, die von den Angestellten des Hotels besorgt werden. Mit dem nächsten Boot kann man zum Pier zurückfahren und sich an der dortigen Immigration (◷ tgl. 8.30–17 Uhr) den neuen Einreisestempel nach Thailand holen.

Die nördliche Andamanenküste

Phuket und Umgebung

Stefan Loose Traveltipps

Phuket Town   Im Hauptort der Insel das koloniale Erbe erkunden. S. 512

Patong   Auf einem der Essensmärkte köstliches Seafood genießen. S. 552

Phuket FantaSea   Die einzigartige Bühnenshow dieses Themenparks erleben. S. 557

Inseln   Auf den kleinen Inseln vor Phuket den persönlichen Lieblingsstrand entdecken. S. 571

Ko Phi Phi   Vom Aussichtspunkt die einzigartige Form der Insel bewundern. S. 583

Die mit 543 km² größte Insel Thailands (gesprochen: Pu-kett) am Rande der Andamanensee im Indischen Ozean geriet am 26.12.2004 durch einen verheerenden Tsunami ins Blickfeld der Weltöffentlichkeit. Von der Katastrophe betroffen waren nicht nur Einheimische, sondern auch Touristen aus aller Welt. Die Insel, deren Wohlstand früher auf Gummiplantagen, Kopra, Perlenzucht, Fischerei und vor allem auf umfangreichen Zinnerzvorkommen basierte, hat sich seit den 1980er-Jahren überwiegend auf den Tourismus konzentriert, der viel Geld auf die Insel brachte. Der Tsunami unterbrach diese Entwicklung nur für kurze Zeit, denn schon bald nachdem die Schäden behoben waren, kehrten die Urlauber in Scharen zurück, sodass in der Saison 2006/07 die Insel einen absoluten Boom erlebte. 4,7 Mio. Besucher sollen 2006 nach Phuket gekommen sein und die mittlerweile fast 80 000 Betten belegt haben.

Kleine und größere Buchten mit weißen Sandstränden, schöne Tauchgründe und herrliche Segelreviere, Luxus-Hotels und Seafood-Restaurants machen Phuket zu einem Fernwehziel par excellence. Wer teures Remmidemmi und Vergnügen sucht, findet hier genauso seinen Platz wie der Urlauber, der einen ruhigen Strand oder kleinere Inseln vorzieht. An fast jedem Strand stehen mittlerweile komfortable Resorts und große Hotels internationalen Standards mit eleganten Empfangshallen, Swimming Pools, mehreren Restaurants und Bars, Spielzimmern, Einkaufsarkaden und Unterhaltungsangeboten. Der malaiische Einfluss ist auf Phuket (abgeleitet von *bukit* – malaiisch „Hügel") deutlich spürbar – von etwa 300 000 offiziell registrierten Einwohnern sind ein Drittel Moslems. Buddhistische Thai und Chinesen dominieren dennoch das Bild.

Ko Phi Phi, eine der schönsten Inseln der Erde, wurde nicht erst durch die Wucht der Riesenwelle verwüstet. Bereits zuvor hatten unkontrollierte Bebauung, Tiefbrunnen und der Müll, den etwa eine halbe Million Besucher pro Jahr zurückließen, die tropische Schönheit der Insel zerstört, obwohl sie zum größten Teil in einen Nationalpark integriert ist.

Reisezeit

Das Wetter – sofern noch vorhersehbar – ist von Dezember bis März am besten. Im April und Mai kann es an windstillen Tagen heiß werden, nachts kühlt es jedoch immer ab. Im Mai / Juni setzen die zeitweise stürmischen Südwestwinde ein, die feuchte Luft und viele, zumeist kurze Regenschauer bringen. Drei bis vier Tage mit Dauerregen kommen vor allem im September und Oktober vor. Auf sein Badevergnügen braucht auch im Monsun keiner zu verzichten – fast überall warten Swimming Pools auf Gäste. Generell ist von November bis April mit etwa doppelt

Übernachtung:

MAI KHAO BEACH
① JW Marriott
   Marriott's Phuket Beach Club
② Phuket Camp Ground

NAI THON BEACH:
③ Naithon Beach Villa
   Naithon Beach Resort & R.,
   Naithon Beach House,
   Phuket Naithon Resort,
   Naithon Seaview Hotel,
   Naithonburi Beach Resort

LAYAN BEACH:
④ Trisara,
   Andaman White Beach Resort
⑤ Layan Beach Resort,
   Bundarika Villa

LAGUNA BEACH:
⑥ Phuket Banyan Tree
⑦ Allamanda Laguna
⑧ Hotel Sheraton Grande
⑨ Dusit Laguna Resort
⑩ Laguna Beach Resort

BANG TAO BAY:
⑪ Bangtao Beach Resort & Spa,
   Bangtao Beach Chalet,
   Bangtao Lagoon Bungalows,
   Bangtao Village Resort,
   Sunwing Resort & Spa,
   Amora Resort

SURIN BEACH/PANSEA BEACH:
⑫ The Chedi,
   Amanpuri Resort
⑬ Surin Beach,
   Capri Beach Resort,
   Surin Bay Inn,
   Benyada Lodge,
   Manathai,
   Twin Palms,
   Surin Beach Resort,
   Surin Sweet Hotel
   Tiw & Too Gh.
   Sun Set View Inn
   Pen Villa

AO CHALONG UND UMGEBUNG:
⑭ The Evason Phuket Resort
⑮ Vighit Resort
⑯ The Mangosteen Resort & Spa
⑰ Friendship Beach
   Waterfront Resort
⑱ The Father Bungalow
⑲ Youth Hostel Phuket,
   Shanti Lodge

PANWA-HALBINSEL:
⑳ Novotel Beach Resort
㉑ Cape Panwa Hotel,
   The Bay Hotel,
   Sri Panwa

KO LONE:
㉒ Baan Mai Cottage,
   Cruiser Island Resort

KO HAY:
㉓ Coral Island Resort

Sonstiges:

1 Cable Jungle Adventure
2 Phuket Water Ski Cableways
3 Deutsches Konsulat
4 Tourist Police
5 Mission Hospital Phuket
6 Jungle Bungy Jump
7 Tesco-Lotus Supercenter
8 Bangkok Hospital Phuket
9 Vachira Phuket Hospital
10 Phuket International Hospital
11 Central Festival
12 Phuket Zoo
13 Green Man Pub

Phuket und Umgebung

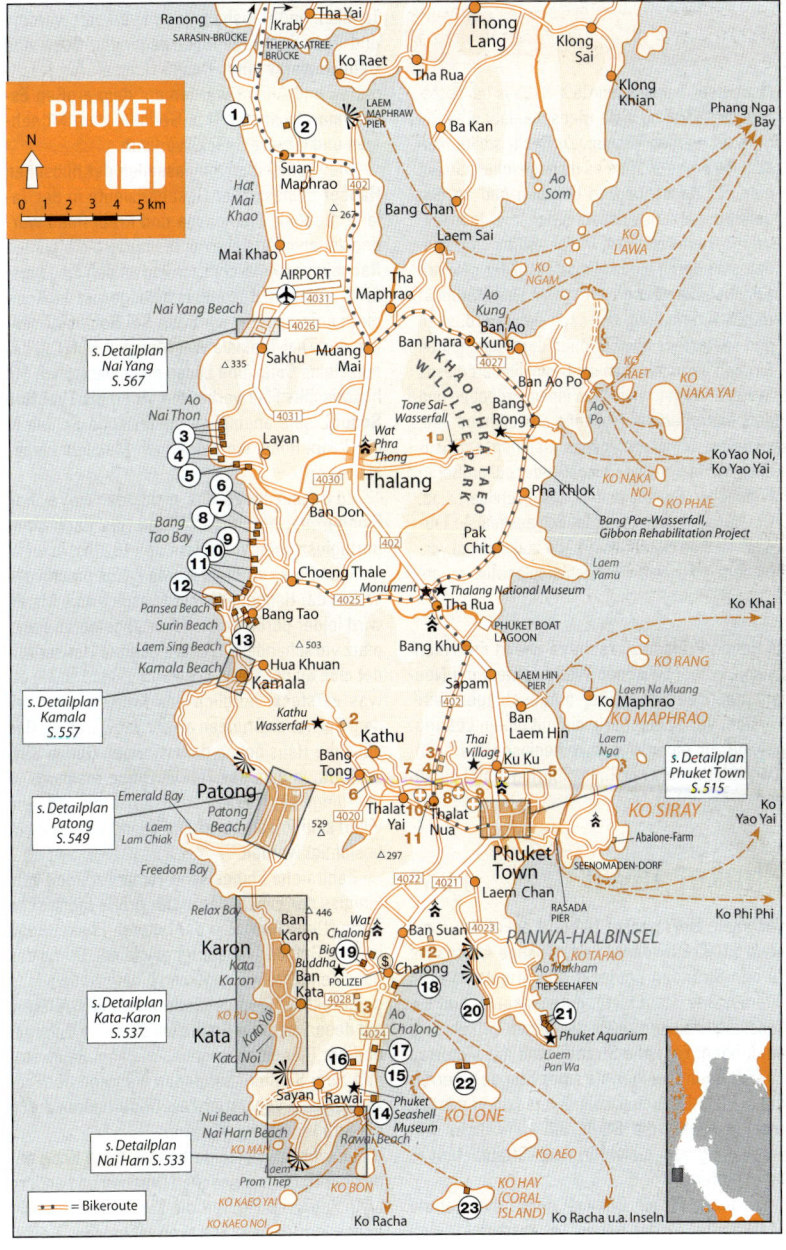

PHUKET

N

0 1 2 3 4 5 km

Ranong
SARASIN-BRÜCKE
Krabi
THEPKASATREE-BRÜCKE
Tha Yai
Ko Raet
Tha Rua
Thong Lang
Klong Sai
Klong Khian
Phang Nga Bay
LAEM MAPHRAO PIER
Ba Kan
Ao Som
Suan Maphrao
402
Bang Chan
Laem Sai
Ao Kung
Ban Ao Kung
KO LAWA
Mai Kao
Hat Mai Khao
AIRPORT
4031
Nai Yang Beach
4026
s. Detailplan Nai Yang S. 567
Sakhu
335
Muang Mai
Tha Maphrao
Ban Phara
Ban Ao
KO NGAM
402
Ban Ao Po
Ao Po
KO RAET
KO NAKA YAI
Ao Nai Thon
4031
Layan
Tone Sai-Wasserfall
Wat Phra Thong
Bang Rong
KO NAKA NOI
KO PHAE
KAHO PHRA TAEO PARK
Thalang
Ko Yao Noi, Ko Yao Yai
4030
Bang Tao Bay
Ban Don
Pha Khlok
Bang Pae-Wasserfall, Gibbon Rehabilitation Project
Choeng Thale
402
Pak Chit
Laem Yamu
Pansea Beach
Surin Beach
Bang Tao
S03
Monument
4025
Thalang National Museum
Tha Rua
PHUKET BOAT LAGOON
Ko Khai
Laem Sing Beach
Kamala Beach
Hua Khuan
Bang Khu
Sapam
402
LAEM HIN PIER
KO RANG
s. Detailplan Kamala S. 557
Kamala
Kathu Wasserfall
Kathu
Ban Laem Hin
Ko Maphrao
Laem Na Muang
KO MAPHRAO
Bang Tong
Thai Village
Ku Ku
Laem Nga
s. Detailplan Phuket Town S. 515
Emerald Bay
Patong
Patong Beach
529
4020
Thalat Yai
Thalat Nua
Phuket Town
KO SIRAY
KO SIRAY
KO Yao Yai
s. Detailplan Patong S. 549
Laem Lam Chiak
Freedom Bay
297
4022
4021
Laem Chan
Abalone-Farm
SEENOMADEN-DORF
Ko Phi Phi
Relax Bay
446
Wat Chalong
Ban Suan
4023
PANWA-HALBINSEL
RASADA PIER
Ban Karon
Big Buddha
Chalong
KO TAPAO
Ao Mukham
TIEF-SEEHAFEN
Karon
Kata Karon
Ban Kata
POLIZEI
Ao Chalong
Laem Panwa
s. Detailplan Kata-Karon S. 537
4028
4024
Phuket Aquarium
Kata
Kata Noi
Nui Beach
Sayan
Rawai
Phuket Seashell Museum
KO LONE
s. Detailplan Nai Harn S. 533
Nai Harn Beach
KO MAN
Rawai Beach
KO AEO
Prom Thep
KO KAEO YAI
KO BON
KO HAY (CORAL ISLAND)
Ko Racha
Ko Racha u.a. Inseln
KO KAEO NOI

= Bikeroute

1 2 3 4 5 6 7 8 9 10 11 12 13

14 15 16 17 18 19 20 21 22 23

Tsunami-Warnsystem

Nach dem Tsunami wurde klar, dass bei rechtzeitiger Warnung viele Menschenleben hätten gerettet werden können. Zu Recht stellte man sich die Frage, warum es nicht geschah. So hat man die Konsequenzen gezogen und an den gefährdeten Küstenabschnitten ein Tsunami-Warnsystem installiert. Die betreffenden Regionen sind durch blaue Hinweisschilder gekennzeichnet, die über die optimalen Evakuierungsrouten informieren, die nach einem Erdbeben und spätestens beim Ertönen der aufgestellten Sirenen einzuschlagen sind. Funktioniert dieses System, hat man zwischen einem Erdbeben und dem Eintreffen der Flutwelle ausreichend Zeit, sicheres, höher gelegenes Gelände aufzusuchen, wo in Schulen, Tempeln oder auf größeren Freiflächen Sammelpunkte ausgeschildert sind. Der durch ein starkes Erdbeben ausgelöste Tsunami ist eine Naturkatastrophe und nicht zu verhindern – die vielen Menschenopfer aber schon.

so hohen Preisen zu rechnen wie in der Nachsaison, wobei zwischen Weihnachten und Neujahr noch einmal kräftig aufgeschlagen wird. Vorsicht vor Schleppern, die mit einem Lotteriegewinn von einer Woche kostenloser Übernachtung Kunden für ein Time-Sharing-Hotel zu ködern versuchen!

Phuket Town

Vor allem Backpacker haben Phuket Town mit etwa 60 000 Einwohnern als günstige Alternative zu den Stränden entdeckt. Die architektonisch interessante Stadt bietet gute Einkaufs- und Essensmöglichkeiten sowie die besten Verkehrsanbindungen. Fast alle Strände sind mit Motorrad oder Auto in weniger als einer Stunde zu erreichen. Viele Besucher kommen tagsüber mit den Inselbussen in die Stadt, um sich etwas Abwechslung vom gleichförmigen Strandleben zu verschaffen.

Lohnend ist ein Bummel durch die zentrale **Markthalle**, in der neben Lebensmitteln auch Textilien und Haushaltswaren verkauft werden, und über den gegenüber liegenden **Obst- und Gemüsemarkt** unter freiem Himmel. Am Nachmittag und Abend werden auf dem großen **Essensmarkt** günstig Thai-Gerichte zum Mitnehmen und leckere Snacks verkauft.

Die repräsentativen Fassaden der hübschen **Häuser** chinesischer Geschäftsleute in der Talang, Deebuk, Phang Nga und Krabi Road werden zunehmend liebevoll restauriert, die bunten Kacheln und Holzschnitzereien an den Eingangstoren erneuert. Besonders gelungen ist die Komplettsanierung der winzigen **Soi Rommani** südlich des Thai-Tempels **Wat Mongkol Nimit**, in der nun kleine Cafés und Läden im chinesischen Stil historisches Flair verbreiten. Auch die **Thai Hua School**, eine ehemalige chinesische Schule in der Krabi Road, wird zu einem Museum umgestaltet.

Zu Beginn des 20. Jhs. residierten die reichen Zinnbarone in schönen **Villen**, die nach sinoportugiesischen Vorbildern des 19. Jhs. in weitläufigen Parks errichtet wurden. Eine prachtvolle Villa in der Ranong Rd., nordwestlich vom Markt, wird leider durch einen davor angelegten Parkplatz verschandelt. Weitere schöne Häuser findet man an der Krabi, Ecke Satun Road sowie etwas versteckt nördlich des Kreisverkehrs mit dem Suriyadet-Brunnen an der Yaowarat Rd. Das hübsche Haus neben dem winzigen **Queen Sirikit Park**, in dem das Tourist Office residiert, ist allerdings ein Neubau im historischen Stil. Alle Villen sind Privathäuser und können daher nicht besichtigt werden.

Zahlreiche chinesische Tempel zeugen vom Einfluss der Einwanderer. Der große taoistische **Bang Niaw-Tempel** in der unteren Phuket Road ist dem Gott der Vegetarier gewidmet. Durch das hohe Tempeltor gelangt man hinauf zu dem lang gestreckten Hauptgebäude mit sechs Altären, auf denen mehrere Gottheiten über den Opfergaben der Gläubigen thronen. In einem Raum stehen zwei Sänften, auf denen während der Prozession zum Vegetarier-Fest Götterfiguren durch die Straßen getragen werden.

Im wesentlich kleineren **Hok Huan Kong** nahe dem Uhrturm bewachen Drachen und andere mythologische Figuren die Eingänge des recht fotogenen Tempels. Er ist von zahlreichen Garküchen umgeben, die vor allem tagsüber geöffnet sind. Der **Sanjao Sam San** in der Krabi Road wurde 1853 für den Schutzgott der Seeleute erbaut.

Reisegruppen werden zur **Methee Cashew Factory,** 9 Tilok Uthit 2 Rd., ✆ 076-219622-3, und 26/3 Surin Rd., gekarrt, wo sie zwischen 7 und 19.30 Uhr beobachten können, wie Cashewnüsse mühsam geknackt, sortiert, geröstet, geschält und verpackt werden. Im Verkaufsraum werden viele Geschmacksvarianten zu völlig überhöhten Preisen angeboten.

An der südlichen Tilok Uthit 2 Rd. erstreckt sich ein weiterer kleiner **Markt**. Während auf der östlichen Straßenseite Haushaltsgegenstände, Trockenobst und andere Lebensmittel verkauft werden, stehen gegenüber Steinmetzarbeiten, Keramiken, Möbel und Pflanzen zum Verkauf. Ein Groß- und Nachtmarkt sowie zwei Einkaufszentren komplettieren das innerstädtische Einkaufsviertel, das mit mehr Lokalkolorit daherkommt als die riesigen Einkaufszentren am Stadtrand.

Das hundert Jahre alte imposante Gebäude der Provinzverwaltung, **Provincial Hall** *(Sala Klang)* im Nordosten der Stadt stellte im Film „Killing Fields" die französische Botschaft in Phnom Penh dar. Nordwestlich davon steht das ebenso beeindruckende Gerichtsgebäude der Provinz (Provincial Court).

Vom **Rang Hill** im Nordosten der Stadt, auf den eine 2 km lange Asphaltstraße führt, eröffnet sich eine gute Aussicht (Fotos am besten vor 10 Uhr). Auf dem Gipfel steht in einem gepflegten Park das Denkmal des ersten Gouverneurs von Phuket Town, zudem befinden sich hier Picknickplätze, Restaurants und ein Fitness-Parcours.

Auch der **Rama IX Park** an der Chao Fa Rd., der Straße Richtung Rawai, lädt mit seinen Spazierwegen und dem Fitness-Parcours zwischen Seerosen-Teichen, Blumenbeeten und Bäumen zu einer Pause ein. Das Regional Mineral Resource Centre, schräg gegenüber, beherbergt neben der Verwaltung und den Labors der Zinnschürfer auch einen Park mit alten Dampffloks, Dinosaurierfiguren und ein kleines Museum, das auf Anfrage besichtigt werden kann.

Nördlich des Zentrums

Im **Thai Village**, ✆ 076-237400, sehen sich vor allem Gruppenreisende eine Show mit Volkstänzen, Thai-Boxen, traditionellen Zeremonien und verschiedenen Bräuchen an. Auch Vorführungen des traditionellen Handwerks wie Seidenweben, Töpfern, Schirmmachen und stehen neben Elefantenreiten auf dem Programm. Einstündige Shows tgl. um 11 und 17.30 Uhr, Eintritt 550 Baht. Die Produkte von Bergvölkern in den Souvenirläden sind alles andere als billig. Im zugehörigen **Phuket Orchid Garden** sollen bis zu 45 000 Orchideen blühen. Man fährt von Phuket Town Richtung Flughafen und biegt beim KM 2,4 nach links ab. Nach 1,4 km ist das Thai Village erreicht.

5 km westlich vom Thai Village zweigt die Straße zum **Phuket Butterfly Garden & Insect World** ab. Im tropischen Garten schwirren Schmetterlinge frei umher; zudem sind in viel zu kleinen Becken Fische, Echsen, Skorpione, Spinnen und andere Insekten sowie Fischotter zu sehen. ◷ tgl. 9–17 Uhr, Eintritt 300 Baht, 🖳 www.phuketbutterfly.com, ✆ 076-210861.

Ko Siray

Diese Halbinsel (auch Ko Sire) an der Ostküste ist über eine Straße, die wenig einladend durch vermüllte Mangroven führt, mit Phuket verbunden. Überall sind Bagger und Planierraupen unterwegs, denn auch dieses bislang vernachlässigte Fleckchen wird nun erschlossen. Hinter der Schule geht es links 1 km hinab zu einem kleinen Strand mit einer **Abalonefarm**, ✆ 076-252944, 🖳 www.phuketabalone.com, dem Ziel chinesischer Reisegruppen. In den Becken reifen über 18 Monate lang die begehrten Meeresohren-Muscheln heran, die im dazugehörigen Restaurant einen wichtigen Bestandteil der recht ungewöhnlichen Speisekarte bilden. Zudem werden in einem kleinen Laden diverse Abalonesoßen und andere Produkte verkauft, und es wird ein Film gezeigt.

Nach rechts gelangt man zum **Tempel** auf der höchsten Erhebung der Halbinsel. Hier wurde eine große, ruhende Buddhastatue errichtet. Im Süden liegt ein touristisch vermarktetes **Dorf mit Seenomaden** *(Chao Leh)*. An der Ostküste gibt es jenseits der Kautschukplantagen am seichten, schmutzigen Sandstrand mehrere Restaurants und Picknickplätze, die fast nur von Thais am Wochenende frequentiert werden. Keine öffentlichen Verkehrsmittel.

Essen:
1 Thung-Ka Café, Phuket View R.
2 Raja Thai Cuisine
3 China Inn Cafe
4 Tea House
5 Siam Bakery
6 Siam Indigo
7 Food Center
8 Salvatore's
9 The Circle Café
10 Michael's Bar
11 Ka Jok See R.
12 Boonma R.
13 Tamachart Natural R.
14 Nudelstände
15 Laem Thong Seafood
16 The Pizza Company, Swensen's
17 Coca R.
18 McDonald's

Transport:
1 Bangkok Airways
2 Thai Airways
3 Bus →Kata, Karon, Panwa, Chalong, Patong, Central, Marko und Big C
4 Tuk Tuk
5 Motorradtaxis
6 Bus → Rawai, Nai Harn, Kamala, Thalang
7 Pure Car Rent
8 Bus Terminal

Sonstiges:
1 Timber & Rock
2 O'Malley's Irish Pub
3 Seng Ho Bookstore
4 Ban Boran Textiles
5 South Wind Books
6 Rasada Center
7 The Books
8 Kor Tor Mor
9 X Zone
10 Österreichisches Konsulat

Nr.	Name	Marker	Telefon
①	Phuket Merlin	❹–❻	076-212866
②	Thara H.	❷	076-216208
③	Suk Sabai	❷	076-216089
④	Sino House Apartm. H.	❺	076-221398
⑤	Imperial 2 H.	❺	076-216683
⑥	Summer H.	❹	076-211353
⑦	Old Town Gh.	❷–❸	076-258272
⑧	Talang Gh.	❸	076-214225
⑨	Montree Resotel	❸	076-211941
⑩	Phuket Backpacker H.	❹	076-256680
⑪	Wasana Gh.	❷	076-211754
⑫	The Taste	❺	076-222812
⑬	On On Hotel	❷–❸	076-211154
⑭	Sinthavee H.	❹	076-211186
⑮	Thavorn H.	❷–❸	076-211154
⑯	Boonma Restaurant	❷	076-233449
⑰	Imperial 1 H.	❹	076-212311
⑱	Pearl H.	❹–❺	076-211044
⑲	Royal Phuket City	❻–❼	076-233333
⑳	Thanaporn Gh.	❸	076-216504
㉑	Nana Chart Mansion	❷–❸	076-230041
㉒	Crystal Gh.	❷	076-222774
㉓	P.K. Mansion	❷	076-224800
㉔	Metropole H.	❺–❼	076-215050
㉕	Phuket Garden H.	❹–❺	076-216900
㉖	Pure Mansion	❹	076-211709
㉗	Crystal Inn Hotel	❷	076-230071
㉘	Thavorn Grand Plaza	❹	076-222240

Übernachtung

Gästehäuser bieten nicht nur in der Hochsaison billig Reisenden preiswertere Alternativen. Nur während des Vegetarier-Festes im Oktober und des chinesischen Neujahrsfestes sind die meisten Hotels ausgebucht.

Gästehäuser

An einigen Restaurants und Geschäften hängen Schilder mit der Aufschrift „Zimmer zu vermieten" – eine der preiswertesten Möglichkeiten, auf der Insel Unterschlupf zu finden. Eine bewährte Adresse ist die Zimmervermietung hinter dem **Boonma Restaurant** ⑯, ✆ 076-233449, gegenüber dem Imperial 1 Hotel. Große, saubere Zi mit Fan und Du/WC in einer ehemaligen Ladenzeile, Fenster zum Gang hin. ❷

Old Town Gh. ⑦, 42 Krabi Rd., ✆ 076-258272, 081-5692 518, in einem Geschäftshaus ohne Aufenthaltsräume einfache Zi mit Fan oder AC und Fenster zum Flur, Gemeinschafts-Du/WC mit Warmwasser. ❷–❸
Talang Gh. ⑧, 37 Talang Rd., ✆ 076-214225, 🖥 www.talangguesthouse.com, umgebautes chinesisches Geschäftshaus, saubere Zi mit Du/WC, die billigen ohne Fenster, etwas teurere mit Terrasse. AC 100 Baht extra. Kaffee, Tee und Toast inkl. ❸
Phuket Backpacker Hostel ⑩, 167 Ranong Rd., 🖥 www.phuketbackpacker.com, ✆ 076-256680, ✉ 256682, neben dem Markt. Ein Juwel unter den Gästehäusern: professionell gemanagt, freundlich und sehr sauber. Schlafsäle mit 32 Betten mit Fan, die durch Trennwände unterteilt sind, für 250 Baht p.P., ein weiterer

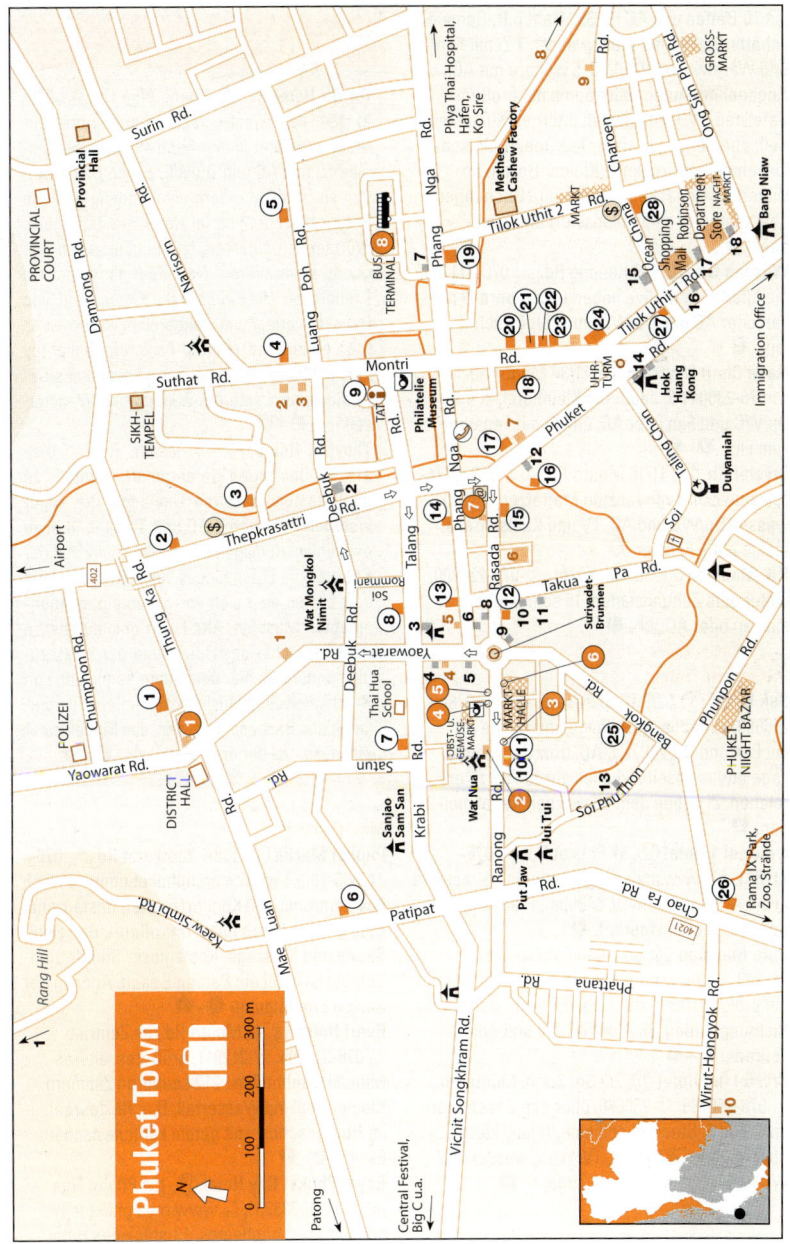

Phuket Town

N

0   100   200   300 m

Rang Hill

PROVINCIAL COURT

Provincial Hall

Surin Rd.

Naisoun

Poh Rd.

Luang Rd.

Damrong Rd.

SIKH-TEMPEL

Suthat Rd.

Airport

Thepkrasattri Rd.

Thung Ka Rd.

Chumphon Rd.

FOLIZEI

Yaowarat Rd.

402

DISTRICT HALL

Krabi Rd.

Satun Rd.

Ranong Rd.

Mae Luan Rd.

Kaew Simbi Rd.

Patipat Rd.

Vichit Songkhram Rd.

Central Festival, Big C u.a.

Patong

Phang Nga Rd.

Deebuk Rd.

Talang Rd.

Montri Rd.

Wat Mongkol Nimit

Soi Rommani

Deebuk Rd.

Thai Hua School

Wat Nua

Sanjao Sam San

Put Jaw

Jui Tui

Phang Nga Rd.

Rasada Rd.

Takua Rd.

Yaowarat Rd.

OBST-, GEMÜSE-MARKT

MARKT-HALLE

Suriyedet-Brunnen

Bangkok Rd.

Pa Rd.

Phunpon Rd.

Soi Phu Thon

Phuket Rd.

UHR-TURM

Talang Chan Rd.

Hok Huang Kong

Duiyamiah

Soi

Chao Fa Rd.

Phattana Rd.

Wirut-Hongyok Rd.

4021

Rama IX Park, Zoo, Strände

Phya Thai Hospital, Hafen, Ko Sire

Methee Cashew Factory

Tilok Uthit 2 Rd.

Charoen Rd.

Ong Sim Phai Rd.

GROSS-MARKT

Bang Niaw

NACHT-MARKT

Ocean Shopping Mall

Department Store

Robinson

Tilok Uthit 1 Rd.

Immigration Office

P-HUKET NIIGHT BAZAR

TAT

Philatelie Museum

Phuket und Umgebung

Phuket Town   515

mit 10 Betten und AC für 350 Baht p.P., Gemeinschafts-Du/WC mit Warmwasser. 7 Zi mit Fan und Warmwasser-Du/WC, 5 weitere mit AC. Angenehme Aufenthaltsräume mit großem Satelliten-TV, kostenlosem Internet, Küche mit Selbstbedienung (Kaffee, Tee, Toast), Waschmaschine und Trockner. Kleiner Garten im Hinterhof, Gepäckaufbewahrung. Buchungen übers Internet empfehlenswert und günstiger. ❹

Wasana Gh. ⑪, 159 Ranong Rd., ✆ 076-211754, die ältere Alternative nebenan; saubere Zi mit Fan oder AC und Du/WC, im 1. Stock sehr laut. ❷

Nana Chart Mansion ㉑, 41/34 Montri Rd., ✆ 076-230041-2, sauberes Kleinhotel, Zi mit Du/WC und Fan oder AC, einige mit Fenstern zum Flur. ❷–❸

Crystal Gh. ㉒, 41/16 Montri Rd., ✆ 076-222774-5, kleine Zi mit verwanzten Matratzen, Warmwasser-Du/WC und AC, TV und Kühlschrank, einige ohne Fenster. ❸

P.K. Mansion ㉓, 58 Montri Rd., ✆ 076-224800, hinter dem Zeitungsladen. 15 sehr saubere Zi mit Fan oder AC. ❷–❸

Preiswerte Hotels

Suk Sabai ③, 82/9 Thepkrasattri Rd., ✆ 076-216089, einfache, geräumige und ruhige Zi mit Fan und Du/WC, z.T. AC, trotz der ruhigen Lage etwas abseits ist alles gut zu Fuß zu erreichen. Zi neben dem stinkenden Kanal meiden. ❷

Imperial 1 Hotel ⑰, 51 Phuket Rd., ✆ 076-212311, 🖳 www.imperialphuket.com, akzeptable Zi mit AC, Satelliten-TV, Minibar. Freundlicher Service, kein Restaurant. ❹

Pure Mansion ㉖, 3/7 Chao Fa Rd., ✆ 076-211709, 🖳 www.puremansion.purethailand.com, ein preiswertes 2-stöckiges Hotel an der Straße Richtung Süden, 66 Zi mit AC, TV und Kühlschrank. ❸–❹

Crystal Inn Hotel ㉗, 2/9 Soi Surin, Montri Rd., ✆ 076-256789, ✆ 256666, über den Geschäften im 4. und 5. Stock 36 geflieste, relativ kleine, aber saubere Zi mit AC, TV, Warmwasser-Du/WC und Minibar, Internet-Zugang. ❹

Hotels mit Geschichte

On On Hotel ⑬, 19 Phang Nga Rd., ✆ 076-211154, das älteste, 1929 erbaute Hotel der Stadt vermietet immer noch 49 einfache Zimmer, z.T. mit AC und Du/WC. Einige Gäste fanden sie sauber, andere schmuddelig und von Ratten bewohnt vor. Im Hotelsafe deponierte Wertsachen auflisten, bestätigen lassen und genau kontrollieren. Nachdem das Hotel als Drehort von *The Beach* in die Khaosan Rd. von Bangkok verlegt und weltberühmt wurde, ist es für Leonardo di Caprio-Fans ein beliebtes Ziel. Im Eingangsbereich ein angenehmes Café, Reisebüro, Internet-Zugang und Wäscheservice. ❷–❸

Thavorn Hotel ⑮, 74 Rasada Rd., ✆ 076-211154. Das große Hotel gehört ebenfalls zu den ältesten im Süden Thailands. Die abgewohnten Zimmer mit AC und TV sind nicht zu empfehlen. Hingegen lohnen die Lobby und der Sportpub im Erdgeschoss einen Besuch, denn dort kommt man sich vor wie in einem angestaubten Museum. Alte Fotos dokumentieren die Geschichte des Hotels und der Insel, zudem findet sich hier eine bunte Sammlung von Blechspielzeug, Musikinstrumenten, Filmplakaten und Rechenmaschinen, das Modell einer Zinnmine und der erste Hotelsafe. ❷–❸

Mittelklasse

Phuket Merlin ①, 158/1 Yaowarat Rd., ✆ 076-212866-70, 🖳 www.merlinphuket.com, nördlich des Zentrums, 180 Komfortzimmer, Restaurant, Blue Marina Disco (bis 2 Uhr offen!), Bar, Pool, Sauna und Massage. Kostenloser Shuttle zum Schwesterhotel am Patong Beach. Auch in der Saison Ermäßigung. ❹–❻

Pearl Hotel ⑱, 42 Montri Rd., im Zentrum, ✆ 076-211044, ✆ 212911, größeres, älteres Mittelklassehotel mit 212 sauberen Zimmern. Kleiner Pool mit Wasserfall, Bar, Restaurant im Obergeschoss mit gutem kantonesischem Essen. ❹–❺

Royal Phuket City Hotel ⑲, 154 Phang Nga Rd., ✆ 076-233333, 🖳 www.royalphuketcity.com, großes, gepflegtes, 19-stöckiges Hotel.

250 Zi mit allem Komfort wie Satelliten-TV, Safe, Internet-Zugang, 2 Restaurants, darunter das gute chinesische White Palm, Bar, Lava Nightclub (⏰ tgl. 18.30–1 Uhr), eine gute Bäckerei mit leckeren Brownies, Pool, Fitnesscenter, Massage und Sauna. Shuttle zum Laem Ka Beach nördlich von Chalong, wo Hotelgästen Duschen, Liegestühle und ein Restaurant zur Verfügung stehen. In der Nebensaison Rabatt. ❻–❼

Metropole Hotel ㉔, 1 Soi Surin, Montri Rd., ☎ 076-215050, 🖥 www.metropolephuket.com, elegantes, 18-stöckiges Hotel, 248 luxuriöse Zi mit AC, viele Geschäftsleute, aufmerksamer Service, z.T. behindertengerecht ausgebaut; Restaurant, Pool mit Kinderbecken. Sehr gutes Mittagsbuffet (s.Essen). Shuttle zum Airport und Strand, traditionelle Massage, Frühstücksbuffet bei Sonderangeboten inkl. Vor dem Hotel der beliebte Club T-2, ⏰ bis 2 Uhr. ❺–❼

Phuket Garden Hotel ㉕, 40/12 Bangkok Rd., ☎ 076-216900, 📠 216909, 📧 pghkt@hotmail. com, großes Mittelklassehotel südlich vom Zentrum, saubere Zi mit lauter AC, Du/WC und Badewanne, Restaurant, Dachgarten mit Panorama-Sicht. Großes Frühstücksbuffet inkl. Abends Live-Musik und Tanz. Die Busse zu den Stränden halten vor der Tür. ❹–❺

Thavorn Grand Plaza ㉘, 40/5 Chana Charoen Rd., 🖥 www.tavorngrandplaza.com, ☎ 076-222240-50, im Süden der Stadt. Der Neubau des alten Stadthotels beherbergt in kleinen Zi vor allem chinesische Reisegruppen, die die Nähe zu den Einkaufszentren schätzen. Zäher Service, Frühstück inkl. ❹

Etwas Besonderes

Sino House Apartment Hotel ④, 1 Montree Rd., ☎ 76-221398, 🖥 www.sinohousephuket.com, von der Straße zurückversetztes, wunderschönes Apartment-Hotel im modernen sinoportugiesischen Stil. Große, helle Zi, teils mit Küchenzeile, Geschirr und Esstisch, bei Monatsmieten mit Microwelle. Ein kleines Frühstück wird aufs Zimmer gebracht. Ideal für Langzeiturlauber, günstige Monatsmieten. Mit Café und Spa. ❺

The Taste ⑫, 16-18 Rasada Rd., beim Kreisel,

☎ 076-222812, 🖥 www.thetastephuket.com. 12 komfortable Zi im modernen Design in zwei alten chinesischen Reihenhäusern über der stilvollen Cocktailbar. Einige mit Veranda zum Innenhof und DVD-Player. Zudem eine Dachterrasse. ❺

Essen

Essenstände mit echten Thai-Gerichten sind nachmittags und abends auf dem **Obst- und Gemüsemarkt** gegenüber dem zentralen Markt zu finden.

Nahe dem Bus Terminal bietet das **Food Center** in der Phang Nga Rd. eine große Auswahl preiswerter Gerichte.

Neben dem Hok Huang Kong-Tempel in der Phuket Rd. werden an Garküchen die bei Thais beliebten Phuket-Nudelsuppen *Mee Thonpo* zubereitet.

Rings um die **Ocean Shopping Mall** in der Tilok Uthit 1 Rd. konzentrieren sich mehrere Fastfood-Restaurants wie **The Pizza Company, KFC** und **McDonald's** sowie das **Coca Restaurant**, Tilok Uthit 1 Rd., in dem Zutaten einzeln bestellt und am Tisch gegart werden können. Bebilderte Speisekarte, recht preiswert.

Tamachart Natural Restaurant, 62/5 Soi Phu Thon, ☎ 076-224287, in dem urigen, mit vielen Pflanzen und Trödel eingerichteten Haus sind besonders die Thai-Salate zu empfehlen. Auch die anderen Gerichte der bebilderten Speisekarte sind sehr lecker. Hauptgerichte um 100 Baht, ⏰ tgl. 10.30–23.30 Uhr.

Ka Jok See, 26 Takua Pa Rd., ☎ 076-217903, in diesem edel-rustikal eingerichteten kleinen Lokal mit gehobenen Preisen und übersichtlichen Portionen zeigt man sich gern im besten Kleidungsstück des Urlaubskoffers. Auch wenn alle Tische drinnen wie draußen und bis in den benachbarten Antiquitätenladen hinein belegt sind, lässt sich das professionelle Serviceperson al nicht aus der Ruhe bringen. ⏰ Di–So ab 18 Uhr, Reservierung empfohlen.

Salvatore's, Rasada Rd., 076-225958, alteingesessener Italiener mit einem interessanten Angebot an original italienischen Speisen und guten Weinen. Nudelgerichte unter 300 Baht, Hauptgerichte bis 500 Baht.

Phuket und Umgebung

China Inn Café, 20 Thalang Rd., ✆ 076-356239, ◷ tgl. außer Mo 9–23 Uhr. Das schönste chinesische Geschäftshaus ist originalgetreu restauriert und mit Antiquitäten ausgestattet worden. Zwar ist die Speisekarte nicht sehr umfangreich, aber alle Gerichte werden liebevoll und frisch zubereitet. Weitere Tische im Innenhof, einem hübschen Garten. Gehobenes Preisniveau.

Raya Thai Cuisine, 48/1 Debuk Rd., östlich vom Klong, gute thailändische Gerichte zu akzeptablen Preisen werden von Madame Rose in einem luftig-kühlen Raum im Erdgeschoss und 1. Stock einer alten, gelb-grün gestrichenen Villa hinter dem japanischen Restaurant serviert. Hier ist noch etwas Atmosphäre aus der Zeit der Zinnbarone zu spüren. Empfehlenswert ist *muh hong, steamed pork,* Schweinefleisch nach Art des Hauses, und Krebsfleisch in Kokoscurry, *gaeng pu bai chaplu.* ◷ tgl. 10–23 Uhr.

Siam Indigo, 8 Phang Nga Rd., ✆ 076-256697, 🖳 www.siamindigo.com, auch hier wurde ein altes chinesisches Haus sehr geschmackvoll renoviert. In dem von einer Französin geführten kleinen Restaurant gibt es gutes Essen sowie Cocktails. Thai-chinesische Gerichte unter 200 Baht, westliche Fleischgerichte um 500 Baht. ◷ Mi–Mo 11.30–14 und 18.30–23 Uhr.

Boonma Restaurant, Montri Rd., serviert ein einfaches Frühstück und Thai-Gerichte zwischen 50 und 100 Baht, ◷ 6–22 Uhr. Nebenan wird abends guter Fisch gegrillt.

Metropole Hotel, 1 Soi Surin Montri Rd., das europäisch-asiatische Mittagsbuffet von 11–14.30 Uhr im 1. Stock der großzügigen Lobby mit über 150 Gerichten und Spezialitäten aus China, Thailand und Europa für ca. 200 Baht ist seinen Preis wert.

Laem Thong Seafood, 31-39 Chana Charoen Rd., nahe Robinson Department Store, traditionelles, großes chinesisches Restaurant, in dem neben Lobster und anderen teuren Delikatessen auch Spezialitäten wie gedünstete Ziege oder Gänsefüße auf der Karte stehen.

Kaffeetrinken ist auch in Phuket angesagt, weshalb überall neue Cafés entstanden sind:

Siam Bakery, 13 Yaowarat Rd., ✆ 076-355947, die französische Bäckerei verkauft sehr leckere Kuchen und Desserts von hoher Qualität. Zusammen mit einem guten Kaffee kann man sie hier auch essen. ◷ Mo–Sa 7.30–19 Uhr.

Tea House, 55 Yaowarat Rd., ✆ 089-6549654, eine Alternative zum Kaffee-Boom bietet der kleine, gemütliche Teeladen im chinesischen Stil.

Vom **The Circle Café** am zentralen Kreisverkehr nahe dem Markt kann man auf einem Großbildschirm Fußballspiele sehen und das Treiben beobachten. Essen sollte man allerdings besser woanders.

NC Bakery, am Eingang zur Busstation, hier kann man bei Kaffee, Tee und Gebäck auf den Bus warten.

Vom **Thung-Ka Café** auf dem Khao Rang, ✆ 076-211500, bietet sich eine schöne Aussicht. Das Essen ist allerdings teuer und nicht sehr gut. ◷ tgl. 11–23 Uhr.

Phuket View Restaurant, unterhalb des Gipfels auf dem Rang Hill, ✆ 076-216865, ◷ tgl. 11–23.30 Uhr. Auch wenn das Essen nicht billig ist, sind die Bar und das darunter liegende Restaurant mit Terrasse wegen der schönen Aussicht bei Einheimischen wie Touristen beliebt.

Unterhaltung

Kinos

Im **C.E. Paradise Multiplex Cinema** in der Ocean Shopping Mall werden auch Filme im englischen Original oder mit Untertiteln gezeigt. Auch das **SFX Cinema Coliseum** im Einkaufskomplex Central Festival, ✆ 076-209000, zeigt englische Filme. Karten fürs normale Kino kosten um 150 Baht. Wer den Film auf einem Sofa oder einem Liegesitz unter einer kuscheligen Decke mit Snacks und Getränken genießen will, zahlt fürs Sofa etwa das Doppelte und für die First-Class-Lounge mindestens 500 Baht.

Pubs und Live-Musik

Timber Hut Pub & Restaurant, 118/1 Yaowarat Rd., ✆ 076-211839, ◷ tgl. 20–2 Uhr. Die Hausband spielt ab 22.30 Uhr überwiegend Rock. Das 2-stöckige Pub ist nicht unterkühlt. Man kann auch an einer Bar draußen sitzen.

O'Malleys Irish Pub & Restaurant, 2/20-21 Montree Rd., ✆ 076-220170, im AC-Restaurant wird abends Live-Musik gespielt, zudem Pool-

Phuket und Umgebung

Billard und Fußball auf Großbildschirm. ☉ tgl. 17–2 Uhr.

Das **Sinthavee Hotel**, Phang-Nga Rd., wartet mit einer Disco auf. Auch in den Lounges anderer Hotels wird abends Live-Musik gespielt.

X-Zone und **Kor-Tor-Mor** sind beliebte Pubs mit Live-Musik am Nimith Circle, östlich des Zentrums.

Michael's Bar, Takua Pa Rd., westliche Bar mit Pool-Billard, Internet, Sportübertragungen und Happy Hour bis 19 Uhr.

Einkaufen

Die Straßen von Phuket, besonders die Yaowarat und Phang Nga Rd., säumen viele kleine Läden, in denen chinesische und moslemische Händler Haushaltswaren, Textilien und Lebensmittel verkaufen. Zunehmend öffnen Boutiquen, Kunstgalerien und Antiquitätenläden, Juwelier- und Goldshops. Das Angebot wird abgerundet von modernen Shopping Centers vor den Toren der Stadt. Die Auswahl an Souvenirs ist an den Stränden, insbesondere in Patong, größer, die Preise der angebotenen Waren sind aber in Phuket Town fast immer niedriger, und das Einkaufen ist entspannter.

Bücher

Englische und wenige deutsche Bücher verkaufen

The Books, 53-55 Phuket Rd., ☏ 076-224362, Zeitungen, Zeitschriften vor dem Laden, drinnen Reiseführer, Bildbände und eine Auswahl englischer Paperbacks. Filiale in der Ocean Shopping Mall.

Seng Ho Book Store, 2/14-16 Montri Rd., nahe Deebuk Rd., der 1925 gegründete, älteste Buchladen Thailands hat seine Räumlichkeiten erweitert. Neben Schreibwaren auch Reiseführer, Paperbacks, Kochbücher und Magazine auf zwei Stockwerken.

South Wind Books, 9 Phang Nga Rd., ☏ 076-258302, hat die größte Auswahl an Secondhand-Büchern, auch viele in Deutsch. Rücknahme ausgelesener Bücher.

Einkaufszentren

In der **Ocean Shopping Mall** und den Geschäften in der Nachbarschaft lässt sich gut bummeln. Neben vielen kleinen Geschäften mit teils hohen Preisen auch ein Big One Supermarkt und ein Food Center, das Black Canyon Coffee und C.E. Paradise Multiplex Cinema. **Central Festival** (☏ 076-29111, ⌨ www.central.co.th), **Tesco Lotus Supercenter, Index Living Mall** sowie **Big C** (⌨ www.bigc.co.th) sind gigantische Einkaufszentren nordwestlich der Stadt am H402, Vichit Songkhram Rd., nahe Chalerm Prakiet Rd., ☉ tgl. 9–24 Uhr, (Tuk Tuk 50 Baht, Stadtbus Nr. 1). In der Index Living Mall v. a. Möbel, im Tesco Lotus vor allem Lebensmittel, aber auch Textilien, Haushaltswaren, eine Apotheke und ein Food Court. Im Central Festival auf 3 Stockwerken neben 150 Läden, einem Kaufhaus und einem Supermarkt auch 7 Kinosäle, ein Spa, der Buchladen The Books, mehrere Banken und andere Serviceeinrichtungen sowie das asiatische Themenrestaurant Phuja Nirvana und Ableger internationaler Fastfood-Ketten.

Nachtmarkt

Jeden Abend 3 km südlich des Zentrums an der Straße 4021 Richtung Rawai gegenüber Wat Naka. Auf dem großen, teils überdachten Markt kann man essen und Kleidung sowie diverse „Markenartikel" einkaufen.

Textilien

Ban Boran Textiles, 51 Yaowarat Rd., ☏ 076-211563, 100 m vom Kreisel, ein kleiner Laden mit hübscher, selbst entworfener Kleidung aus einheimischer Seide und Baumwolle. ☉ Mo–Sa 10.30–18.30 Uhr.

Sonstiges

Autovermietungen

Mietwagen werden in der Stadt Phuket ab 1200 Baht pro Tag ohne Benzin, inkl. Versicherung vermietet. Internationale Firmen verlangen 1500–2000 Baht. Rabatte bei längerer Mietzeit. Alte Jeeps gibt es an der Rasada Rd. und an den Uferstraßen der Strände für unter 1000 Baht. Darauf achten, dass die Autos von Billiganbietern und v. a. die Jeeps in gutem Zustand sind (auf einer Probefahrt bestehen!). Leser haben schlechte Erfahrung mit Nine Car Rent gemacht.

Phuket und Umgebung

Alle Fahrzeuge sollten versichert sein. Bei der CDW-Versicherung auf die Höhe der Eigenbeteiligung achten!

Pure Car Rent, 75 Rasada Rd., ✆ 076-211002, 🖥 www.purecarrent.com, ⏱ tgl. 8–19 Uhr, die alteingesessene Firma vermietet Autos und Motorräder.

Avis, ✆ 076-351243, 🖥 www.avisthailand.com, **Budget**, ✆ 076-205396-7, 🖥 www.budget.co.th, am Airport, offerieren einen *one way service* in andere Touristenorte, wo sie Filialen besitzen.

Fahrradtouren

Action Holidays Phuket, 10/195 Jomthong Thani, 5/4 Kwang Rd., Phuket Town, ✆ 076-263575, 🖥 biketoursthailand.com, offeriert halb- und eintägige Radtouren im Nordosten und Süden der Insel sowie mehrtägige Touren rings um die Phang Nga Bay ab 1400 / 2100 Baht.

Feste

Das **Vegetarian Festival** (Vegetarier-Fest) im Oktober ist ein altes, wiederbelebtes chinesisches Ritual, bei dem tausende qualmender Chinakracher lautstark in den Straßen explodieren. Es wird seit 1825 auf Phuket und ansonsten nur noch in Krabi und Trang begangen. Während der 9-tägigen Feierlichkeiten sind die Teilnehmer in Weiß gekleidet und nehmen nur vegetarische Speisen zu sich.

An den letzten Tagen lassen sich junge Männer in Trance zur zeremoniellen Reinigung Speere durch die Wangen stecken oder Haken an Wangen, Armen und Rücken befestigen, ohne dass Blut fließt.

Am achten Tag werden die Mönche in der Stadt empfangen. Das Fest endet am neunten Tag mit der Vertreibung des Übels, indem Männer in Trance über glühende Kohlen gehen.

Den Abschluss bildet eine lärmende Mitternachtsprozession durch die Stadt und nach Saphan Hin ans Meer. Die Termine werden von einem Komitee etwa 6 Monate vorher festgelegt und sind über das Tourist Office zu erfragen. Für Reisen in die Fischerdörfer ist es wichtig Rücksicht auf die moslemischen Feiertage zu nehmen und vor allem den **Ramadan** im Auge zu behalten.

Immigration

Office in der 482 Phuket Rd. kurz vor der Halbinsel, ✆ 076-212108, 221905, ⏱ Mo–Fr 8.30–12 und 13–16.30 Uhr. 30 Tage Visaverlängerung für 1900 Baht. Der sogenannte *visa run*, eine von Reisebüros angebotene Tagestour nach Myanmar über Ranong, für eine zweite und maximal dritte visafreie Einreise kostet 1500 Baht inkl. der Gebühren bei der Einreise. Das nächste Konsulat für die Beantragung eines Visums ist Penang. Auch dorthin werden zweitägige Touren organisiert.

Informationen

Tourist Authority of Thailand (TAT), 191 Talang Rd., 🖥 www.tourismthailand.org, ✆ 076-212213, 211036, ⏱ tgl. 8.30–16.30 Uhr. In dem großzügigen orangefarbenen Gebäude mit grünen Fensterläden gibt es Karten, Prospekte, Werbezeitschriften und weitere Informationen. Zahlreiche mehr oder weniger aktuelle Websites informieren über Phuket, u. a.:
🖥 www. phukettourism.org/phuket (informative Site des Phuket Phangnga Krabi Tourism Clubs mit Infos von TAT),
🖥 www.phuketgazette.com (umfangreich, aktuelle Artikel aus dem gleichnamigen Magazin),
🖥 phuket-hotels.com (Hotel-Buchungen),
🖥 www.phuket-island.de (umfassende deutsche Website, viele alte Infos; Hotels nicht über andaman-highlights buchen!),
🖥 www.suedthailand.de und
🖥 www.phuket-travel.com (Reisebüros),
🖥 www.phuket.com (1995 gegründetes, aktuelles Internetportal mit Buchungsservice),
🖥 www.travel-phuket.com (mit Artikeln des Benjarong-Magazins).

Internet

An fast jeder Ecke ab 20 Baht pro Std. Teurer ist das Angebot an den Stränden, v. a. in den Hotels und auf den Inseln, mit 2 Baht/Min. und mehr.

Kochkurse

Pat's Home Thai Cooking Classes, 26/4 Kwang Rd., 🖥 phuketdir.com/patscooking/index.htm, ✆ 076-263366, englischsprachige halbtägige Kochkurse in Pats Privathaus am Stadtrand.

Immer mehr Ausländer kommen nach Phuket, um sich nachbehandeln oder verschönern zu lassen. Schließlich sind die besten Resultate der Plastischen Chirurgie und Zahnmedizin bereits seit Jahrzehnten in Travestieshows zu bestaunen. Zudem stimmt das Preis-Leistungs-Verhältnis vor allem in Bereichen, die nicht von der heimischen Krankenkasse abgedeckt werden. Beispielsweise kostet eine Zahnreinigung maximal 1500 Baht und eine Porzellankrone etwa 10 000 Baht.

Auch Angebote der traditionellen chinesischen und indischen Medizin wie Akupunktur und Ayurveda werden gern in Anspruch genommen.

Mission Hospital Phuket, 4/1 Thepkrasattri Rd., ✆ 076-237220-6, Notruf 076-211173, Ext. 130, ✆ 211907, 🖵 www.missionhospitalphuket. com. Seit 1940 bietet dieses Krankenhaus der Adventisten eine medizinische Rundum-Betreuung, auch Zahn- und Augenärzte.

Bangkok Hospital Phuket, 2/1 Hongyok Uthit Rd., 🖵 www.phukethospital.com, ✆ 076-254425, Notruf: 1719. Auf internationale Patienten zugeschnitten, dementsprechend ist das Personal englisch- und teils auch deutschsprachig, 150 Betten für stationäre Patienten und ein Zentrum für Tauchmedizin.

Phuket International Hospital, 44 Chalerm Phra Kiat Rd., 🖵 www.phuket-international-hospital. com, ✆ 076-249400, Notruf 076-210935; an der Umgehungsstraße; auf Ausländer ausgerichtetes Krankenhaus, auch eine große zahnmedizinische Abteilung sowie Spezialisten für traditionelle asiatische Heilmethoden.

Thalang Hospital, 358 Moo 1, Thepkrasattri Rd., Thalang, 🖵 www.thalanghospital.go.th (nur Thai), ✆ 076-311111, 311033. Großes Angebot im Bereich alternativer und traditioneller Heilmethoden.

Vachira Phuket Hospital, 353 Yaowarat Rd., 🖵 www.vachiraphuket.go.th (nur Thai), ✆ 076-211114, 217294. Spezialist für Unterwasser-Medizin mit großer Dekompressionskammer.

Konsulate

Deutsches Konsulat, Dirk Naumann, 100/425 Moo 3, Chalermprakiat Rd, ✆ 076-354119, 089-6683635, ✆ 354602, ⏰ Mo–Fr 9–13 Uhr.
Österreichisches Konsulat, c/o Anuphas Manorom Co. Ltd., 2 Moo 4, Wirut-Hongyok Rd., ✆ 076-248334-6, ✆ 248337, ⏰ Di, Do, Fr 10–12 Uhr.

Medizinische Hilfe

Notruf 191. Auf der Ferieninsel sind modern ausgestattete Privatkrankenhäuser auf Patienten aus aller Welt ausgerichtet (s. Kasten).

Motorräder

Motorräder sind in Phuket ein beliebtes, aber extrem gefährliches Transportmittel. Wer ohne ausreichende schützende Kleidung fährt, geht ein sehr großes Risiko ein, und wer keinen Helm trägt, muss 400 Baht Strafe zahlen. Auch der Führerschein wird kontrolliert. Zweiräder werden in Phuket bei Pure Car Rent, Rasada Rd., und an den Stränden in vielen Bungalows für 150–500 Baht vermietet. Je näher am Strand der Vermieter angesiedelt ist, umso höher sind die Preise. Eine Haftpflichtversicherung für Motorräder gibt es nicht, sodass man für eventuelle Schäden selbst aufkommen muss.

Post

Hauptpost, Montri, Ecke Talang Rd., ✆ 076-211010, ⏰ Mo–Fr 8.30–16.30, Sa, So und feiertags 9–12 Uhr.
In dem **Philaterie-Museum** vor der Post im kleinen, ehemaligen Postamt gibt es Sonderbriefmarken und -stempel.

Spas

Im Gegensatz zu den allgegenwärtigen Massage-Angeboten benötigen Spas eine Lizenz des Gesundheitsministeriums, sodass dort nur qualifizierte Kräfte arbeiten dürfen. Neben Massagen werden kosmetische Behandlungen und traditionelle Anwendungen wie Bäder und Ölaufgüsse angeboten. Auch die Räumlichkeiten sind ein Erlebnis. Entsprechend höher sind die Preise.
The Royal Spa, 367/63-64 Yaowarat Rd., ✆ 076-236663, 🖵 www.theroyalspa.com, Filiale einer Spa-Kette mit Pool, Fitnesscenter und Sauna.

Phuket und Umgebung

Sukko Spa, 100/497-499 Chalerm Prakiet Rd., ℘ 076-261111, 🖥 www.sukkospa.com, großes Spa im Westen der Stadt, bietet zudem Kochkurse an.

Tauchen
Zahlreiche Tauch-Shops an den Stränden bieten Tauchausrüstung und Kurse an (s. dort).

Tourist Police
Falls etwas passiert, wendet man sich zuerst an die **Tourist Police**, Chalerm Kiat Rd., westlich der Stadt, ℘ 076-355015, 254693, im Notfall ℘ 1155.

Nahverkehr

Tuk Tuks
Innerhalb der Stadt kosten Tuk Tuks 20 Baht, in die Außenbezirke mehr. Nach Sonnenuntergang muss mit einem Aufschlag von 20–30 % gerechnet werden. Offizielle Charterpreise, für die viele Fahrer allerdings nicht bereit sind zu fahren:

AIRPORT	32 km, 340 Baht
BANG TAO	34 km, 220 Baht
CHALONG	11 km, 160 Baht
KAMALA	26 km, 360 Baht
KARON	20 km, 270 Baht
KATA	17 km, 240 Baht
NAI HARN	18 km, 240 Baht
NAI YANG	30 km, 320 Baht
PATONG	15 km, 210 Baht
RAWAI	17 km, 230 Baht
SURIN	24 km, 340 Baht

Motorradtaxis
Kosten in der Stadt 20–30 Baht pro Person; Preis vor der Abfahrt aushandeln. Die Fahrer tragen rote oder grüne Westen mit Nummern.

Microbusse
Innerhalb von Phuket Town verkehren Linienbusse für 10 Baht auf 2 verschiedenen Routen. Nr. 1 fährt vom Südosten über die Phuket Rd., am Kreisverkehr am Uhrturm vorbei, durch die Phang Nga Rd. und Bangkok Rd. hinaus zum Lotus und Big C. Bus Nr. 2 fährt vom Norden

Der öffentliche Nahverkehr auf der Insel leidet unter der sogenannten „Tuk-Tuk-Mafia", die viele Ansätze verhindert hat, ein funktionierendes öffentliches Nahverkehrssystem an und zwischen den Stränden einzurichten. Schließlich müssen Fahrer die teuren Lizenzen abbezahlen, und das trotz starker Konkurrenz. Einigermaßen zuverlässig sind die Verbindungen mit Inselbussen zwischen Phuket Town und den Stränden sowie die Airport-Busse. An den Stränden wird man jedoch mit stark überhöhten Forderungen der Tuk-Tuk-Fahrer konfrontiert, die für kurze Strecken in Patong statt der üblichen 20 in der Saison 100 Baht und mehr verlangen. Zudem lauern viele vor den Hotels und versuchen potenzielle Kunden zu Einkaufs- und Sightseeing-Touren zu überreden, bei denen sie Provision erhalten, auch wenn nichts gekauft wird. Wer sich damit nicht abfinden will, mietet selbst ein Fahrzeug. Leider sind viele Touristen unerfahrene Mopedfahrer, und es kommt häufig zu teils schweren Unfällen. Alternativen sind an einigen Stränden Motorradtaxis, oder man geht zu Fuß.

über die Thepkrasatri Rd., die Phang Nga Rd., den Markt und weiter Richtung Süden auf der Chao Fa und Sakdidej Rd.

Inselbusse (Songthaew)
Sie fahren etwa alle 30 Min. und kosten ab der Haltestelle in der Nähe vom Markt / ab dem Bus Terminal:

BANG TAO	25 / 35 Baht, 7–17 Uhr
CHALONG	20 / 30 Baht, 8–17.30 Uhr
KAMALA	30 / 40 Baht, 7–17 Uhr
KARON	25 / 40 Baht, 7.30–18 Uhr
KATA	25 / 40 Baht, 7.30–18 Uhr
MAKHAM BAY	20 / 30 Baht, 7–15.30 Uhr
NAI HARN	30 / 45 Baht, 7–17 Uhr
NAI YANG	30 / 40 Baht, 7–17 Uhr
PATONG	20 / 30 Baht, 8–18 Uhr
RAWAI	25 / 40 Baht, 7–17 Uhr
SURIN	25 / 35 Baht, 7–17 Uhr

Phuket und Umgebung

Es gibt keine Busse, die von Strand zu Strand fahren, und das wird von Tuk Tuk-Fahrern gnadenlos ausgenutzt. Manchmal fährt sogar der letzte Bus an wartenden Touristen vorbei oder nimmt sie mit Gepäck nicht mit, sodass sie überteuerte Tuk Tuks chartern müssen.

Taxis

Phuket Taxi Meter, ✆ 076-232192, sind günstiger als alle anderen Taxis. Sie verlangen für die ersten 2 km 50 Baht und für jeden weiteren 7 Baht, bei telefonischer Bestellung in Phuket Town kostet es 20 Baht extra. Ihr Nachteil: Es gibt sie bislang nur in der Umgebung des Airport.

Andere Taxifahrer verlangen mehr. Manchmal sind die Preise, die sehr stark variieren, angeschlagen. Zum Flughafen kostet es etwa 400 Baht, zu den Stränden liegen die Preise etwas höher als die der Tuk Tuks. Auch Taxifahrer verlangen nach Sonnenuntergang einen Aufschlag und versuchen, Neuankömmlinge zu Hotels zu bringen, von denen sie eine Provision kassieren.

Transport

Busse

Bus Terminal, ✆ 076-211977, im Osten der Stadt, hier halten fast alle Busse. Bei der Ankunft der Überlandbusse stehen Tuk Tuks bereit, die Fahrgäste zu den Stränden bringen. Die Fahrer erhalten von vielen Unterkünften eine Provision, sodass diese dann bevorzugt angefahren werden. Wer sich nicht abschleppen lassen will, nimmt ein Songthaew.

Bangkok

Es fahren folgende Gesellschaften: **Transport Co.,** ✆ 076-211480, **Phuket Central Tour,** ✆ 076-213615, **Thai Transport,** ✆ 076-221736, **Phuket Travel Service,** ✆ 076-222107. Die meisten Busse fahren über Surat Thani in 12 Std., 7 2.Kl. AC-Busse auch über Ranong in 14 Std. Nach BANGKOK, 891 km, 1.Kl. AC-Bus um 7 und von 15–18 Uhr für 626–731 Baht, 2.Kl.-Ac-Busse häufig von 8.20–19.30 Uhr für 487–539 Baht, VIP-24-Bus um 7.30 und von 16–18.30 Uhr für 970 / 1045 Baht.

In die Nachbarorte

Nach PHANG NGA 1.Kl.
AC-Bus 5x tgl. von 10.10–16.30 Uhr für 85 Baht in 2 1/2 Std.
TAKUA PA via KHAO LAK non-AC-Bus alle 1–2 Std. bis 18 Uhr für 70 Baht in 3 Std., bis Khao Lak 55 Baht in 2 1/2 Std. Weitere Möglichkeiten mit 2.Kl. AC-Bussen Richtung Bangkok, die via Ranong fahren, und Bussen Richtung CHUMPHON via RANONG 1.Kl. AC-Bus um 8.10, 11.50 und 14 Uhr für 330 Baht in 6 1/2 Std., bis Ranong 240 Baht, 5 Std.
KRABI 2.Kl. AC-Bus um 10.50, 12.50 und 14.30 Uhr für 113 Baht, 1.Kl. AC-Bus um 11.25 und 15.50 Uhr für 155 Baht in knapp 4 Std.

Zu den übrigen Orten im Süden

SURAT THANI 1.Kl. AC-Bus um 12, 14 und 15.30 Uhr für 203 Baht, 2.Kl. AC-Bus 6x tgl. für 195 Baht.
Non-AC-Bus 6x tgl. für 113 Baht. Einige Busse fahren über Khao Lak und Khao Sok.
KO PHA NGAN 1.Kl. AC-Bus um 10 Uhr für 520 Baht in 8 Std.
KO SAMUI 1.Kl. AC-Bus um 8, 9, 10 und 12 Uhr für 375 Baht in 7–8 Std.

Weitere Busse nach

NAKHON SI THAMMARAT 1.Kl. AC-Bus um 6, 7.15, 13 und 16.30 Uhr für 295 Baht, 2.Kl. AC-Bus um 8.20, 9.20 und 10.50 Uhr für 240 Baht in 7–8 Std.
SUNGAI GOLOK 1.Kl. AC-Bus um 6, 8 und 20 Uhr für 598 Baht in 11 Std.
SATUN 1. Kl. AC-Bus um 8.15, 10.15, 12.15 und 20.15 Uhr für 374 Baht in 7 Std., ansonsten in Trang umsteigen oder über Hat Yai.
HAT YAI 1.Kl.-ac-Bus 6x am Vormittag, um 19.30, 21 und 21.30 Uhr für 371 Baht, 2.Kl. AC -Bus überwiegend vormittags und um 17.30 und 20.30 Uhr für 288 Baht; VIP-24-Bus um 21.45 Uhr für 575 Baht in 6–7 Std.
TRANG 1.Kl. AC-Bus 11x tgl. von 5.15–18.30 Uhr für 257 Baht in 5 Std.

Backpacker-Busse

AC-Minibusse sind nicht immer zuverlässig und bequem. Daneben verkehren auch große Privatbusse auf den wichtigsten Routen. Passagiere werden an Sammelpunkten oder von der Unterkunft in Patong, Kata – Karon und Phuket Town abgeholt.

Nach BANGKOK in die Khaosan Rd. über Surat Thani, dort mit teils längeren Wartezeiten umsteigen in einen VIP-Bus, um 5 Uhr für 600 Baht. Um 8 und 13 Uhr fährt ein AC-Minibus über KHAO LAK (280 Baht) nach SURAT THANI für 300 Baht mit Anschluss an den Zug. Er kostet inkl. Fähre nach KO SAMUI 450 / 550 Baht und nach KO PHA NGAN 550 / 650 Baht, KO TAO 800 Baht. Minibus gegen 8 Uhr über PHANG NGA, 2 Std., 250 / 350 Baht, KRABI, 3 Std., 300 Baht, KO LANTA, 7 Std., 500 Baht inkl. Fähre, TRANG, 6 Std., 450 / 500 Baht, SATUN, 9 Std., 600 Baht, und SUNGAI GOLOK, 10 Std., 750 / 800 Baht. Direkt nach HAT YAI um 8 und 20.30 Uhr für 450 / 500 Baht in 7 1/2 Std.

Nach Malaysia und Singapore: Gegen 8 und 20.30 Uhr AC-Minibus über Hat Yai und Sadao nach PENANG 770–950 Baht in 17 Std., KUALA LUMPUR 1100–1500 Baht in 23 Std., SINGAPORE 1300–1700 Baht in 28 Std.

Flüge

Der **Phuket International Airport**, nach Bangkok zweitgrößter Flughafen des Landes, liegt 31 km nördlich von Phuket Town. Information ☎ 076-327230-5. In der Ankunftshalle Geldautomaten, Vertreter großer Hotels mit aktuellen Broschüren, eine Gepäckaufbewahrung, eine kommerzielle Hotelvermittlung und die Tourist Police. Minibusse nach Phuket Town 100 Baht, Patong 150 Baht, Kata oder Karon 180 Baht.

Zudem fährt ein Airportbus, 🖥 www.airportbus phuket.com, um 6.30 (außer So), 8.30, 10, 11.30, 12.30, 13.30, 14.30, 16, 17, 18, 19 und 20.30 Uhr in 1 Std. über Nai Yang und Talang nach Phuket Town bis zum Bus Terminal, je nach Entfernung für 10–85 Baht.

An einem Schalter in der Ankunftshalle werden Coupons für Fahrten mit Taxis oder Minibus verkauft, wobei Minibusse das Doppelte eines Taxis kosten:

BANG TAO 400 Baht, CHALONG 500 Baht, KAMALA 500 Baht, KARON 650 Baht, KATA 650 Baht, KHAO LAK 1300 Baht, KRABI 2500 Baht, NAI HARN 650 Baht, PATONG 550 Baht, PHANG NGA 900 Baht, PHUKET TOWN 400 Baht, PHUKET PIER 450 Baht, RAWAI 650 Baht, SURIN 450 Baht

Für frühe Flüg, rechtzeitig ein Taxi vorbestellen. Gegenüber dem Flughafengebäude mehrere Autovermietungen. **Budget** vermietet PKW und Jeeps. **Airport Car Rent**, ☎ 076-327484, 🖥 www.airportcarrent.com, günstige Jeeps. Richtung Takua Pa (für Khao Lak) oder Krabi auch mit dem Bus Richtung Phuket Town und an einer Haltestelle der Überlandbusse an der Hauptstraße aussteigen. Auf der gegenüberliegenden Straßenseite einen vorbeifahrenden Bus zum Zielort stoppen.

Inlandflüge

Mit Thai Airways nach BANGKOK 11–13x tgl. für 3025 Baht.

Mit Bangkok Airways nach KO SAMUI 1–2x tgl. in 50 Min. für 2610 Baht und BANGKOK 3x tgl. für 3270 Baht und Pattaya 4x wöchentl. für 4440 Baht.

Air Asia, Nok Air und Orient Thai Airline (One Two Go) fliegen ebenfalls nach Bangkok.

Internationale Flüge

Mehrmals tgl. nach KUALA LUMPUR mit Air Asia, Thai und MAS, SINGAPORE mit Thai, Jet + Tiger Airways und PENANG 1x tgl. mit Firefly.

Airlines

Air Asia, www.airasia.com, nur 15 kg Freigepäck, jedes weitere Kilo 80 Baht.
Bangkok Airways, 158/2-3 Yaowarat Rd., ☎ 076-225033-4, 📠 356029, 🖥 www.bangkokair.com. Passagiere von Bangkok Airways bekommen nach dem Check-in gegenüber Gate 1 kostenlos einen Imbiss und Getränke. Zwei Internet-Zugänge stehen zur Verfügung.
Viele der Billigfluggesellschaften haben kein Büro in Phuket. Sie können übers Internet gebucht werden. **Firefly**, 🖥 www.fireflyz.com.my.
Jet, ☎ 02-2675125, 🖥 www.jetstar.com.
Malaysia Airlines, am Airport, ☎ 076-216675.
Nok Air, ☎ 1318, 🖥 www.nokair.co.th.
Orient Thai Airline (one two go), ☎ 076-351238, 🖥 www.orient-thai.com, www.fly12go.com.
Singapore Airlines und **Silk Air**, Bypass Square, Bypass Rd., gegenüber Tesco Lotus, ☎ 076-351236, 📠 341333, 🖥 www.silkair.com.

Thai Airways, 78 Ranong Rd., ✆ 076-211195, 🖥 www.thaiairways.com.
Tiger Airways, 🖥 www.tigerairways.com.
Destination Air, 🖥 www.destinationair.com, mit dem Wasserflugzeug von Phuket zu Inseln und Stränden in der Umgebung.

Boote

Alle Boote starten am **Rasada Pier** im Mündungsgebiet des Klong Tha Chin östlich von Phuket Town. Bei Buchungen von Tickets und Touren über Reisebüros vor Ort ist der Hoteltransfer im Preis inbegriffen. Ansonsten kosten Tuk Tuks ab Phuket Town 120 Baht, ein Minibus 80 Baht p.P. Minibusse fahren zudem für 150–200 Baht p.P. zu den Stränden, Taxis verlangen 500–700 Baht.

Nach KO PHI PHI, 48 km, starten tgl. mehrere große Passagierboote zur Tonsai Bay (1 1/2–2 Std.) für 400–600 Baht einfach, eine Tour inkl. Hoteltransfer, Mittagessen, Schnorchelausrüstung und Besuch der Maya Bay kostet je nach Komfort 900–1500 Baht:

Andaman Wave Master, ✆ 076-232095, um 8.30 und 13.30 Uhr. Zurück um 9 und 14.30 Uhr.
Chao Koh, ✆ 076-246512, um 8.30, 10.30 und 14.30 Uhr. Zurück um 9.30, 13.30 und 14.30 Uhr. Das erste Boot fährt weiter nach Krabi.
Phi Phi Cruiser, ✆ 076-211253, **Phi Phi Family**, ✆ 076-225831, **Phi Phi Marine**, ✆ 076-214941, **Patcharat One**, ✆ 076-296855, und **Sea Angle Cruise**, ✆ 076-220832, um 8.30 Uhr, zurück um 14.30 Uhr.
Nach KRABI und zum Ao Nang Beach über Ko Phi Phi um 8.30 Uhr mit Chao Koh und Phi Phi Family (s. o.) für 900–1000 Baht, zurück um 10 und 15 Uhr.
Nach KO LANTA um 12.30 Uhr mit **Ao Nang Travel**, ✆ 075-637152, für 750 Baht.

Biker

Generell ist auf der Insel in der Saison so viel Verkehr, dass das Radfahren kaum noch Spaß macht und ziemlich gefährlich ist, vor allem entlang der bergigen Westküste. Gut geeignet für Touren ist der Nordosten der Insel. Wer vom Festland kommend nach Phuket Town fahren will, kann auf dem breiten Rad- und Motorradweg des 4-spurigen H402 fahren. Er wird allerdings auch von anderen langsamen Fahrzeugen und verwegenen Autofahrern zum Überholen genutzt. Zudem ist er innerhalb der Ortschaften ein idealer Platz zum Parken und für den Aufbau von Verkaufsständen. Andere Straßen haben vielfach keine Seitenstreifen, oder diese sind zugeparkt.

Die Strände der Insel Phuket

Die Strände im Osten der Insel, Chalong, Laem Ka und Rawai, sind sehr flach und zum Schwimmen nicht gut geeignet. Die attraktiven Sandstrände mit ihren Touristenenklaven liegen im Westen. Sie sind in mehreren Reihen mit Sonnenschirmen und Liegen vollgestellt. Mit dem eigenen Fahrzeug geht es vom Nai Harn Beach im Süden über Kata, Karon, Patong, Kamala, Surin, Bang Tao bis zum Nai Yang Beach, Busse verkehren nicht auf dieser Strecke.

Panwa-Halbinsel

Die hügelige Halbinsel erstreckt sich südlich von Phuket Town und begrenzt im Norden die seichte Chalong Bay. In der Nachbarschaft moslemischer Dörfer sind Luxusresorts entstanden, deren größtes Plus die wunderschöne Aussicht über eine der landschaftlich schönsten Küsten der Insel ist. Das Meer ist zum Baden allerdings weniger geeignet.

Hinter dem Dorf **Ao Makham** an der seichten **Makham Bay** führt vom H4129 eine 400 m lange Stichstraße links zum kleinen **Ko Tapao Pier**, von dem Boote in 10 Min. auf die kleine vorgelagerte **Ko Tapao** fahren.

Hinter dem Dorf und der großen Ölraffinerie geht es weiter auf dem H4129 vorbei am großen **Hafen** (Port of Phuket) und dem Dorf **Ban Lampana** an der seichten Thang Khem Bay.

Am **Phuket Aquarium** und **Marine Biological Research Center** endet nach insgesamt 10 km die Straße. Vorbei an einem Touch Pool, in dem Seesterne und Seegurken gestreichelt werden können, gelangt man in das sehenswerte, neu gestaltete Gebäude. In 22 Becken tummeln sich Süßwasserfische aus aller Welt. Der Schwerpunkt liegt jedoch auf der einheimischen Unterwasserwelt der Andamanensee, die von einem Tunnel aus betrachtet werden kann. Eintritt 100 Baht, ⏰ tgl. 8.30–16 Uhr, ✆ 076-391041. Inselbusse fahren ab dem Markt in Phuket Town für 20 Baht, Tuk Tuks für 140 Baht, zum Aquarium.

Zurück geht es mit dem eigenen Fahrzeug auf der Abzweigung 1,5 km hinter dem Aquarium nach links am hügeligen westlichen Kap entlang (ausgeschildert: Tripech Farm und Novotel). Die schmale Straße verläuft durch Kautschukplantagen hinab zur Küste, wo in einer Bucht die **Tripech-Fischfarm** ihre Zuchtbecken hat. Jenseits des Novotel Hotels wurde hoch über der Küste eine Uferpromenade mit Aussichtspunkten über die Chalong Bay angelegt.

Im ersten Dorf wendet man sich nach links und gelangt auf einer schmalen Landstraße in ein Mangrovengebiet, das sich entlang der Flussmündung erstreckt und auf organisierten Paddeltouren erkundet werden kann. Von der Uferpromenade aus kann man Bootsbauern zusehen. In **Klong Chalong** erreicht man den H4021, die Hauptstraße nach Phuket Town.

Etwas weiter im Süden zweigt in Ban Suan eine Stichstraße ab, die nach 1 km zum **Phuket Zoo** und weiter bis zu den Mangroven verläuft. Der **Privatzoo**, 🖥 www.phuketzoo.com, ✆ 076-381227, ⏰ tgl. 8.30–18 Uhr, 500 Baht, bietet Tierschützern manch traurigen Anblick, wie z.B. Tiger, denen die Zähne und Krallen gezogen wurden, damit sich Besucher mit ihnen fotografieren lassen können.

Übernachtung

Cape Panwa Hotel, 27 Moo 8 Sakdidej Rd., ✆ 076-391123-5, 🖥 www.capepanwa.com, 100 m vor dem Aquarium zweigt links die steile Straße zu diesem 4-Sterne-Luxushotel ab, 232 großzügige Zi und 14 Bungalows mit allem Komfort, auch 6 Villen mit eigenem Pool, mehrere Restaurants und Bars, Pool. Der schöne, kleine Privatstrand ist über eine Zahnradbahn von den höher liegenden Gebäuden erreichbar. Französisches und Seafood-Restaurant. Früh-

stücksbuffet inkl. Über Veranstalter und das Internet günstiger. ❼

Zu diesem Hotel gehört zudem unten kurz vor dem Aquarium

The Bay Hotel, 31/11 Moo 8 Sakdidej Rd., ✆ 076-391514, 🖥 www.thebay-phuket.com, mit Studios und 1–2-Zi-Apartments mit Küchenzeile. Italienisches Restaurant. Shuttle alle 10 Min. zum Cape Panwa Hotel. ❺

Rings um die beiden Hotels konzentrieren sich einige kleine Restaurants, ein Minimarkt und kleine Läden, darunter viele Schneider und Reisebüros.

Sri Panwa, 88 Moo 8 Sakdidej Rd., ✆ 076-371000, 🖥 www.sripanwa.com, vor dem Aquarium geht es links die steile Straße hinauf zu diesem kleinen, exklusiven Luxus-Resort mit Pool-Villen ab 36 000 Baht plus Steuer und Service pro Nacht und privaten Luxushäusern. Auch Nichtgäste können das gute Essen im edlen Restaurant Baba und den atemberaubenden Ausblick genießen. Angeboten wird Fusion-Küche, Gerichte um 300 Baht. ⏰ 11–16 und 17.30–24 Uhr. ❽

Novotel Beach Resort, 5/3 Moo 8, Ao Yon, ✆ 076-393300, 🖥 www.accorhotels.com/asia, hübsches, komfortables 4-Sterne-Resort der Acor-Kette, 77 Zi mit Balkon oder Terrasse und Suiten im modernen Thai-Stil in 2- und 3-stöckigen Häusern an einem abgelegenen Strand an der Westküste des Kaps mit Blick auf Chalong. Großer Pool, Sauna, Fitnesscenter, Wassersport-Angebote. ❻

Nahverkehr

Die Inselbusse (Songthaew) ab dem Markt in PHUKET TOWN kosten bis zum Aquarium 20 Baht, kürzere Strecken 15 Baht. In die Stadt fahren sie nur bis 15.30 Uhr.

Chalong und Umgebung

Der Pier ist das Herz dieses gesichtslosen Ortes. Morgens, wenn Tagesausflügler und Taucher anreisen, herrscht 11 km südlich von Phuket Town bereits am großen Kreisverkehr, wo die Stichstraße abzweigt, Verkehrschaos. Sobald sich die

Von Chalong legen die meisten Ausflugsboote ab

Boote Richtung Inseln entfernen, kehrt Ruhe ein. Dann sind es Jachties aus aller Welt und Langzeiturlauber aus dem Hinterland – darunter viele Deutsche –, die in den kleinen Restaurants und Bars Gesellschaft suchen. Die seichte **Chalong Bay** wird von der vorgelagerten Insel **Ko Lone** geschützt und grenzt im Süden an die kleine Felsformation **Laem Ka** (16 km). Den 750 m langen Pier – ein zweiter ist bereits geplant – umgeben gesichtslose Neubaublocks mit Geschäften, Büros und Apartments. Die Strände beiderseits

der Anlegestelle in der Chalong Bay sind zu schmutzig und seicht zum Schwimmen.

Am **Mittrapab Beach**, auch Friendship Beach genannt, weiter im Süden ist das Meer ebenfalls sehr seicht. Daher sind die Bungalowanlagen kaum ausgelastet.

Phuket Sea Shell Museum, gegenüber der Einfahrt zum The Evason Phuket Resort, ist eine Privatsammlung in einem unübersehbaren, modernen Gebäude mit einem großen Souvenirshop. Die Sammlung der Brüder Patmakanthin

Wat Chalong – der größte Thai-Tempel der Insel

8 km südwestlich von Phuket Town liegt 2,7 km vom großen Kreisverkehr entfernt am H4022 der bekannteste Thai-Tempel der Insel, dessen Viharn die verehrten Statuen der beiden Mönche Luang Pho Chaem und Luang Pho Chuaing enthält, die sich unter Rama V. große Verdienste erwarben: Während des Aufstandes der chinesischen Zinnminenarbeiter retteten sie durch heilende magische Kräfte (sagen die einen) bzw. natürliche Heilmethoden und geschickte Diplomatie (sagen

die anderen) Verletzte auf beiden Seiten und trugen zur Beendigung des Aufstandes bei.

Pilger entzünden hier gern Kracher, lassen sich wahrsagen oder erfragen Glückszahlen für die Lotterie. In einem neuen Viharn stehen Buddhastatuen in unterschiedlichen Haltungen. Viele Opfer des Tsunami wurden im Krematorium dieses Tempels eingeäschert. Ruhesuchende finden einen hübschen Platz im hinteren Bereich an einem Teich.

umfasst über 200 Muschelarten aus aller Welt, darunter viele einheimische Muscheln, Schneckenhäuser und Perlen in allen Größen. ⏱ tgl. 8–18 Uhr, ☎ 076-381266. Mit 200 Baht ist der Eintritt überhöht. Auch die Muscheln im Museumsshop sind überteuert, zudem stammen sie aus Indonesien oder den Philippinen, da das Sammeln und Verkaufen von Muscheln und Korallen in Thailand verboten ist.

Übernachtung

Chalong

The Father Bungalow, 46/16 Chaofa Rd., 🖥 www. geocities.com/fatherbungalows, ☎ 076-281282, trotz der Nähe zur Anlegestelle ruhig gelegen, einstöckige Reihenhäuser mit 4 sehr sauberen Zi mit Fan und 12 Zi mit AC, Du/WC und TV. ❹

Nahe Wat Chalong

Hier werden preiswerte Unterkünfte vor allem für Langzeiturlauber angeboten. Außerdem 2 Billigunterkünfte. Die Busse von Phuket Town Richtung Kata / Karon fahren daran vorbei. Songthaew ab Phuket Town zum Wat Chalong 25 Baht.

Youth Hostel Phuket, 73/ Chaofa Rd., 1 km vor dem Wat Chalong, 🖥 www.phukethostel.com, ☎ 076-281325. Frei stehendes Haus, saubere Zi mit Balkon, Fan oder AC und Gemeinschafts-Du/WC, auch Schlafsaalbetten für 180 Baht, Frühstück inkl. Leider ziemlich weit abseits der Strände und jeglicher touristischer Infrastruktur gelegen. Mopeds für 200 Baht pro Tag. ❸

Shanti Lodge, 1/2 Soi Ban Rae, Chaofa Nok Rd., ☎ 076-280233, 🖥 www.shantilodge.com, vom Kreisverkehr 1,5 km Richtung Wat Chalong auf der linken Seite. Hübsch gestaltete, etwas hellhörige Zi mit Fan oder AC, teilweise mit Du/WC, Tolle Anlage mit freundlichem, gut englisch sprechendem Management, das für eine angenehme, ruhige und lockere Atmosphäre sorgt. Gutes Restaurant, das gesund und ohne Glutamat kocht. Zudem kostenloser Hotspot, viele Pflanzen, kleiner Pool, hervorragende Massagen und Mopedverleih. ❸–❹

Sai Yuan

Friendship Beach Waterfront Resort, 27/1 Soi Mittrapap, 🖥 www.friendshipbeach.com, ☎ 076-288996. Unter Kokospalmen 23 renovierte Häuser mit 1–2 Schlafzimmern, die sich gut für Familien eignen, sowie 12 Zi mit AC, TV, Tel. und Warmwasser-Du/WC. 4 Tage Mindestaufenthalt. In einer weitläufigen Gartenanlage großer Pool mit Blick aufs Meer, der auch von Gästen des angrenzenden offenen Restaurants genutzt werden kann. Der amerikanische Küchenchef serviert internationale und Thai-Gerichte ohne Glutamat zu moderaten Preisen. Fr und Sa ab 16 Uhr Live-Jazz im Garten am Pool. Gute Atmosphäre. ❺

Vighit Resort, 16/1 Vichit Rd., ☎ 076-381342-4, 🖥 www.vighitresort.com, hinter einer Gummiplantage. Am Hang und rings um das Restaurant und den Pool an der kleinen Bucht stehen 43 Steinhäuser unterschiedlicher Größe und Ausstattung mit AC, TV, Kühlschrank, Du/WC und Balkon. Die teuren stehen direkt am Meer. Kostenloser Transport zum Nai Harn Beach. ❺–❻

The Mangosteen Resort & Spa, 99/4 Moo 7, Soi Mangosteen, 🖥 www.mangosteen-phuket.com, ☎ 076-289399, 300 m abseits der Hauptstraße auf einem Hügel mit Rundumsicht über das Kap und die Inseln bis Phuket Town. Exklusives Resort mit viel Privatsphäre. 40 in einer weitläufigen Gartenanlage locker verteilte, einzeln stehende Villas im modernen Thai-Stil mit allen Annehmlichkeiten und großer Terrasse. Mit vielen Naturmaterialien gestaltete Bäder, z. T. mit Jacuzzi. Ein hübscher Salzwasser-Pool mit kleinen Wasserfällen umgibt das hervorragende, aber auch teure Restaurant, zudem Bar und Spa. ❼–❽

Laem Ka

Auf dem felsigen Laem Ka erhebt sich das **The Evason Phuket Resort**, 100 Vichit Rd., ☎ 076-381010-7, 🖥 www.sixsenses.com, das älteste internationale Hotel der Insel. Von den 282 Zi mit Balkon und teils Open-air-Bädern in den doppelstöckigen Reihenhäusern um den Pool bietet sich ein schöner Rundblick. Dafür liegt der Strand nicht vor der Tür. Die Gäste können zur 15 Min. entfernten Bon Island hinausfahren, die exklusiv zum Resort gehört. 3 Restaurants, Poseidon Diving, Spa und Tennisplatz. ❻–❽

Kan Eang, direkt am Meer südlich vom Pier, 📞 076-381323, 🖥 www.phuket-seafood.com, ein großes Seafood-Restaurant, das durch seine Luxusrenovierung etwas von seiner ursprünglichen Atmosphäre eingebüßt hat. Man sitzt an weiß gedeckten Tischen in modern gestylter Umgebung, teils unter Kasuarinen, und blickt aufs Meer. Die Phuket-Spezialität ist für viele Einheimische *nahm prik kung siab*, gegrillte Shrimps in Chilipaste. ⏱ tgl. 10–22 Uhr.

Mani's German Bakery 2, an der Zufahrtstraße zum Pier, wartet mit wunderbar frischen Brötchen und einem unschlagbaren deutschen Frühstück mit Wurst und Käse auf. ⏱ tgl. 7–14.30 Uhr, So bis 13 Uhr.

Anchor Inn, 1/3 Moo 9, Vichit Rd., im gleichen Gebäude wie Sea Bees, ist bei Tauchern beliebt. Thai-Gerichte ab 50 Baht sowie europäische Speisen ab 120 Baht, leckere frische Fruchtsäfte. Speisekarte auf Englisch und Deutsch. Einzig der Service könnte etwas freundlicher sein.

Jimmy's Lighthouse, **Bar & Grill**, 45/33 Moo 9, 📞 076-381709, der Seglertreff unter dem Leuchtturm wurde in den 1980er-Jahren vom Amerikaner Jimmy erbaut, wechselte jedoch jüngst mehrmals den Besitzer. Unter den vergilbten Fotos von Booten treffen sich Yachties und genießen den Ausblick aufs Meer. Die Küche ist amerikanisch angehaucht. Schwarzes Brett, auch Zimmervermietung. ❺

La Canabe, vom Chalong-Kreisel 1 km Richtung Rawai auf der rechten Seite. Hier zaubert ein französischer Koch riesige Portionen für 350 Baht.

Friendship Beach Waterfront Resort, das Restaurant im Resort (s. „Übernachtung") lohnt vor allem Fr und Sa nachmittags die Anreise.

Nachtmarkt, ein großer Essensmarkt an der Hauptstraße nahe der Zufahrt zum Vighit Resort. Allerdings gibt es keine Sitzgelegenheiten.

Zwischen dem Lighthouse und Pier reihen sich entlang der Strandstraße mehrere Bars und kleine Restaurants, die häufig die Namen wechseln.

Eine große Attraktion sind Safaris auf Elefantenrücken durch Gummiplantagen. Halbstündige Touren kosten etwa 700 Baht (1 Std. ca. 900 Baht) und werden bis kurz vor Sonnenuntergang durchgeführt. Die Mahouts sehen darin die einzige Möglichkeit, ihren Elefanten am Leben zu halten. Denn seit dem Baumeinschlagverbot sind hunderte der Dickhäuter ohne Arbeit. Mittlerweile leben etwa 200 Elefanten auf der Insel vom Tourismus, die meisten in den Camps. Ein verantwortungsvoller Veranstalter ist **Siam Safari Nature Tours**, 45 Chao Fa Rd., Chalong, 🖥 www.siamsafari.com, 📞 076-280116, ✆ 280107.

The Green Man Pub, 82/15 Moo 4, Patak Rd., 📞 076-281445, 🖥 www.the-green-man.net. Großes Pub im Tudor-Revival-Stil auf der grünen Wiese, 1 km vom Kreisverkehr Richtung Kata. Vor allem So mittags zum Roast Lunch treffen sich hier die auf der Insel lebenden europäischen Familien. Fr ist Curry Night und am Do wird abends Live-Musik gespielt. Im Pub das mediterrane Restaurant **Carte Blanche**, gehobenes Preisniveau. ⏱ tgl. 11–2 Uhr.

Boote

Mehrere Veranstalter bieten Tagestouren nach Ko Racha zum Schnorcheln oder Tauchen an. Preise variieren zwischen 1000 und 1500 Baht. Selbst organisierte Tagestouren zur CORAL-IS-LAND mit dem Longtail-Boot 1200 Baht, Speedboot für 6–8 Pers. 2500 Baht hin und zurück. Nach KO LONE kostet das Speedboot ca. 2000 Baht, ein Longtail etwa die Hälfte.

Touren durch die **Mangroven** mit dem Boot von **River Rover**, 🖥 www.riverrovers.com, 📞 076-280420, max. 9 Passagiere für 2950 Baht (Tagestour) bzw. 1750 Baht (Halbtags- und Sunset-Tour).

Geld

Ein Geldautomat befindet sich nördlich vom Kreisverkehr.

Post

1 km südlich des Kreisverkehrs, sowie eine Poststelle im Post Café an der Zufahrtstraße zum Pier.

Reiten

Phuket Riding Club, 95 Moo 4, Vichit Rd., westlich vom Kreisverkehr, ✆ 076-288213, erteilt Reitunterricht und bietet Ausritte mit oder ohne Begleitung an. Die Reitwege führen durch Plantagen, Wälder und bei Ebbe am Strand entlang.

Tauchen

Ocean Rover & **Fantasea Divers**, 43/20 Moo 5, Vichit Rd, ✆ 076-281388, ✉ 281389. 🖥 www.ocean-rover.com, www.fantasea-divers.com. Für professionelle Taucher hervorragend ausgerüstetes Tauchboot Ocean Rover, Live-aboard Cruises zu den Burma Banks, auf die Similan-Inseln und auf die Andamanen, in den Sommermonaten entlang der Ostküste Malaysias und nach Nord-Sulawesi (Indonesien). Hier findet man vorwiegend US-amerikanische Taucher, gehobenes Preisniveau.
Sea Bees, 1/3 Moo 9, Vichit Rd., ✆ 076-381765, 🖥 www.sea-bees.com, unter deutscher Leitung, Ableger am Khao Lak, günstig über LTU zu buchen, Kurse und Live-aboard Cruises.
Sea King, 20/23 Moo 4, Soi Suksan, Vichit Rd., ✆ 076-280319, 🖥 www.seaking-diving.com, britische Tauchschule, auch Live-aboard Cruises.
Poseidon, im The Evason Phuket Resort, ✆ 076-289401, 🖥 www.poseidondiving.com.

Thai-Boxen

Wer Thai-Boxen lernen möchte, kann sich an das **Suwit Boxing Camp** wenden, 15 Moo 1, Chao Fa Rd., ✆ 081-7376072, 🖥 www.bestmuaythai.com.

Nahverkehr

Die Inselbusse ab dem Markt in PHUKET TOWN kosten bis CHALONG 20 Baht, weiter nach RAWAI 20 Baht und KATA ebenfalls 20 Baht. Tuk Tuks können nach PHUKET TOWN für 160 Baht gechartert werden. Rückkehrer von den Inseln müssen 200 Baht zahlen.
Nach KARON 150 Baht, PATONG 300 Baht.

Phuket und Umgebung

Rawai

Der Strand im Süden der Insel, 17 km von Phuket Town, ist die Seafood-Schlemmermeile der Einheimischen. Unter den Kasuarinen am Meer mit schönem Blick auf die Inseln wird frisch zubereitetes Seafood serviert, das teils aus Restaurantküchen oder direkt vom Grill der Garküchen über die Straße getragen wird. Allerdings ist der schmale Sandstrand häufig verschmutzt und sieht wenig einladend aus, das Meer fällt flach ab und ist auch wegen der vielen Boote nicht zum Schwimmen geeignet. Durch die Coral Island ist die Bucht gut geschützt, sodass selbst während der Monsunzeit das Meer ruhig ist.

Dort, wo die Straße nach Westen abzweigt, geht es geradeaus zum **Seenomaden-Dorf**, einer ärmlichen Siedlung, deren Bewohner sich nicht gern von Touristen bestaunen lassen. Am Ortsende wird am Strand fangfrischer Fisch zum Verkauf angeboten. Jenseits des Seenomaden-Dorfes und der Kokosplantage erreicht man einen angenehmen, schmalen **Strand** mit vereinzelten Felsgruppen. Hier kann man auch bei Ebbe schwimmen und sich unter schattigen Bäumen ausruhen.

Übernachtung

Rawai

Alle Anlagen liegen direkt an der belebten Straße und sind durch diese vom Meer getrennt.
Siam Phuket Resort ⑪, 24/24 Vichit Rd., ✆ 076-381346, 🖥 www.siamphuketresort.com, beliebte und gepflegte Anlage mit einstöckigen, soliden Häusern; neben 40 AC-Zimmern mit TV und Kühlschrank 10 Standard-Zi und 4 Deluxe-Zi um einen kleinen Garten mit Pool und Liegen. Satelliten-TV in der Lobby, Internet. Bar und relativ günstiges Restaurant mit asiatischen und westlichen Gerichten an der Straße, Frühstück inkl. ❹–❺
Pornmae Bungalow ⑫, 58/1 Vichit Rd., ✆ 076-381300, einfache, zweckmäßig eingerichtete Bungalows in einem ruhigen Garten hinter dem Seafood-Restaurant mit Fan und Du/WC, familiäre Atmosphäre. ❷–❸ ❹–❺

Porn Sri Bungalows ⑬, 52/8 Vichit Rd., ✆ 084-8521450, 🖂 288043, einstöckige Bungalows in ruhiger Lage abseits der Straße und trotzdem zentral, kein Restaurant. ❹–❺

Saiyan

In diesem Ort im Hinterland zwischen Rawai und Nai Han werden Bungalows und Apartments an Langzeiturlauber überwiegend auf monatlicher Basis vermietet. Restaurants, Wäschereien und Läden haben sich auf diese Gäste eingestellt.

Essen

An zahlreichen Essenständen an der Strandstraße werden die scharfen nordostthailändischen Salate *som tam* und andere Snacks zubereitet.

Baan Had Rawai Seafood, 57/5 Rawai Beach Rd., am südlichen Ende der Bucht, ✆ 076-383838, 288171. Sehr gutes, großes, schlichtes Seafood-Restaurant, teils überdacht und teils unter Bäumen direkt am Meer in ruhiger Lage. Thai-Gerichte, vor allem Seafood sowie Gemüse und etwas Geflügel, große Portionen zu günstigen Preisen. Aus Wasserbecken kann man lebende Fische aussuchen, die kurz darauf gegrillt serviert werden. Entspannte Atmosphäre, v. a. nach Einbruch der Dunkelheit beliebt bei Einheimischen, kleiner Spielplatz am Strand.

Salaloi Seafood, eines der größten Restaurants in Rawai. Gutes, preiswertes Seafood und andere Thai-Gerichte, freundlicher Service, sehr beliebt bei Einheimischen und vor allem am Wochenende voll.

Mama Klong Seafood, Normandie Café und andere liegen nebenan. Das Essen ist allerdings nicht so gut wie bei der Konkurrenz.

Nikita Café, kleine Bar unter Schatten spendenden Bäumen direkt am Meer. Wegen seiner ruhigen, entspannten Atmosphäre ist es bei Ausländern sehr beliebt. Es gibt westliches Frühstück mit gutem Kaffee, Thai-Gerichte und eine große Auswahl alkoholischer Getränke. Mittleres Preisniveau, ⊙ tgl. ab 9 Uhr.

Freedom Bar, an der Hauptstaße, So nachmittags manchmal Live-Musik, Pool-Billard.

Flintstone Bakery, Filiale der Bäckerei Richtung Phuket Town, Brot, Brötchen und Kuchen sowie Pizza, Pasta, Steaks und Eiscreme.

Mimmi's, 43/48 Saiyuan Rd., ✆ 076-289095, westlich von Saiyan, modern eingerichtetes Restaurant der gehobenen Preisklasse mit einheimischen und europäischen Gerichten.

Norbu's Steakhouse, 148 Soi Wat Rawai, Moo 6, etwas versteckt nahe dem Tempel von Rawai, ✆ 081-3675416, hier hat ein aus der Schweiz stammender Tibeter, der früher das Mimmi's leitete, ein neues Restaurant mit hervorragender Küche eröffnet. ⊙ tgl. 18–23 Uhr.

Don's Foods, 48/5 Moo 7, ✆ 076-289314, 🖥 www.phuket-dons.com, großes Restaurant, das ordentliche Portionen amerikanischer Hausmannskost serviert, leckere Ribs für 200 Baht, manchmal abends Buffet, außerdem ein gut sortierter Weinkeller und Supermarkt. ⊙ tgl. 8.30–22.30 Uhr.

Sonstiges

Bootstouren

Am Strand können **Longtail-** und **Speedboote** für Tagestouren gemietet werden. Longtail-Boote, nur bei ruhiger See zu empfehlen, kosten nach KO BON oder KO KAEO YAI 700 Baht, CORAL ISLAND in 20–25 Min. 1000 Baht, nach Ko Mai Thon, Ko Khai oder Racha Yai sollte man wegen der Entfernung nur mit dem Speedboot fahren. Weitere Boote fahren ab Chalong Bay.

Geld

Geldautomat neben dem Minimarkt, um die Ecke am 7-Eleven und bei Don's Food.

Thai-Boxen

Gut organisiert ist das **Rawai Muay Thai Camp**, 43/42 M.7 Soi Sai Yuan 1 Rd., ✆ 076-381167, 🖥 www.rawaimuaythai.com.

Nahverkehr

Inselbusse zum Markt in PHUKET TOWN 25 Baht, bis CHALONG 20 Baht. Tuk Tuks zu chartern kostet nach PHUKET TOWN 230 Baht, KARON 150 Baht, PATONG 300 Baht, abends mehr. Taxi zum AIRPORT 650 Baht.

Phuket und Umgebung

Nai Harn und Umgebung

Der herrliche Nai Harn Beach liegt in einer tiefen Bucht an der südlichen Westküste, 21 km von Phuket Town. Der feine, weiße Sand ist umrahmt von felsigen, teilweise mit Kokos- und Palmyrapalmen bewachsenen Hügeln und einer befestigten, von Kasuarinen gesäumten Lagune; schöne Sonnenuntergänge. Während der Regenzeit von Mai bis November ist man jedoch voll dem Monsun ausgeliefert, und es kommt zu starken Unterströmungen.

Das einstige Eldorado der Traveller ist jetzt Badestrand betuchterer Feriengäste aus dem vornehmen Yacht Club und zahlreicher Urlauber aus den Ferienanlagen im Hinterland. Für viele Gäste, die Bars und Trubel nicht schätzen, ist Nai Harn eine Alternative, und so wird es langsam auch hier voll. Das Hinterland überrascht mit reizvollen Plätzchen und vielen neuen Ferienhäusern, die zum Verkauf oder zur Vermietung stehen.

Richtung Laem Promthep

Auf der schmalen, kurvenreichen Straße östlich der Lagune zu den **Windmühlen** hinauf bietet sich ab und an eine schöne Sicht auf Nai Harn. Nach 3 km geht es hinab zum kleinen **Yanui Beach**, einem sauberen, von Felsen und abgestorbenen Korallen durchsetzten Sandstrand. Das seichte Wasser mit vielen Fischen eignet sich gut für erste Schnorcheltrips. Ein gutes Res-

Der schönste Platz zum Sonnenuntergang

Die wunderschönen Sonnenuntergänge auf dieser felsigen, regenarmen und mit Palmyrapalmen (Zuckerpalmen) bewachsenen Südspitze der Insel locken Abend für Abend hunderte Schaulustiger an. Eine Serpentinenstraße schlängelt sich vom Rawai Beach durch Kokoswälder zum Parkplatz unter dem Leuchtturm, der von Essen- und Souvenirständen gesäumt ist. Neben dem Leuchtturm an einem Denkmal verehren Einheimische den Hindugott Brahma, dessen Namen das Kap trägt, und bringen ihm Elefantenstatuen als Opfergaben dar.

taurant, Sonnenschirme und Liegen (150 Baht) tragen mit zur Beliebtheit dieses kleinen Strandes bei.

Richtung Kata

Zum kleinen **Nui Beach** geht es auf der schmalen, kurvenreichen Straße 4233 Richtung Kata und hinter Sayan auf einer ausgeschilderten, steilen Lehmstraße, die nur von geübten Motorradfahrern befahren werden sollte, etwa 2 km hinab. Die saubere Bucht mit Restaurant, Bar und Du/WC wird wie ein Privatstrand verwaltet. Für 250 Baht Eintritt erhält man einen Drink, eine Liege und einen Sonnenschirm. Essen und Getränke sind sehr teuer.

Einen knappen Kilometer weiter Richtung Kata eröffnet sich vom **Khao San Had View Point** ein schöner Ausblick auf die Buchten von Kata Noi, Kata Yai und Karon. Essen- und Getränkestände und WC sind vorhanden.

Übernachtung

Nördlich vom Hauptstrand

In Strandnähe bzw. direkt am Strand ist nur Hochpreisiges zu finden:
The Sands Boutique Resort & Spa ⑧, 🖥 www.mangosteen-phuket.com, ✆ 076-383366, 📧 289184, großzügige Suiten und Villen, Pool im 2. Stock, Restaurant. ❽
Laem Promthep – der beste Platz zum
Sabana Resort ⑦, 14/53 Moo 1, ✆ 076-289327, 🖥 www.sabana-resort.com, 154 Zi in Apartment-Reihenhäusern mit Terrasse oder Balkon, zudem Suiten, renovierungsbedürftiger Pool, teures Restaurant, Spa, im unteren Bereich der Anlage riecht es unangenehm nach Abwasser. ❻–❼
Le Royal Meridien Yacht Club ⑥, ✆ 076-380200, 🖥 www.lemeridien.com, diese gepflegte Anlage der Luxusklasse, die sich in Stufen den Hang hinaufzieht, scheint hinter den mit Blumen bepflanzten Terrassen fast völlig zu verschwinden. 110 Zi mit großen Terrassen, teure Restaurants, vom Spa Blick über die Bucht. ❽

Hinter dem Yacht Club

Die Straße führt durch das Parkhaus des Yacht Clubs:

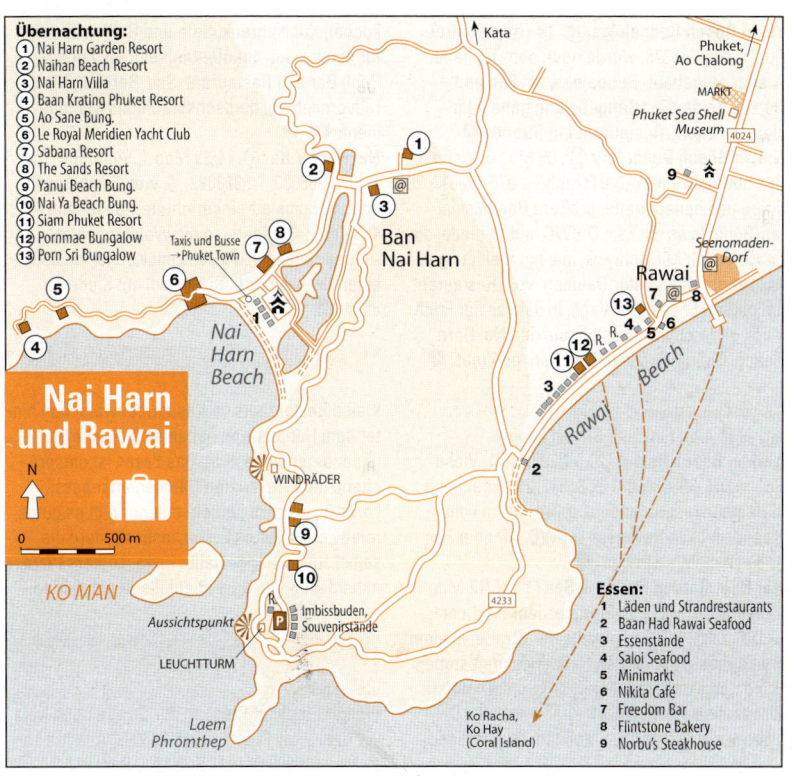

Übernachtung:
1 Nai Harn Garden Resort
2 Naihan Beach Resort
3 Nai Harn Villa
4 Baan Krating Phuket Resort
5 Ao Sane Bung.
6 Le Royal Meridien Yacht Club
7 Sabana Resort
8 The Sands Resort
9 Yanui Beach Bung.
10 Nai Ya Beach Bung.
11 Siam Phuket Resort
12 Pornmae Bungalow
13 Porn Sri Bungalow

Essen:
1 Läden und Strandrestaurants
2 Baan Had Rawai Seafood
3 Essenstände
4 Saloi Seafood
5 Minimarkt
6 Nikita Café
7 Freedom Bar
8 Flintstone Bakery
9 Norbu's Steakhouse

Kata
Phuket, Ao Chalong
MARKT
Phuket Sea Shell Museum
4024
Ban Nai Harn
Seenomaden-Dorf
Rawai
Nai Harn Beach
Rawai Beach
Taxis und Busse →Phuket Town
WINDRÄDER
KO MAN
N
0   500 m
Aussichtspunkt
Imbissbuden, Souvenirstände
LEUCHTTURM
4233
Laem Phromthep
Ko Racha, Ko Hay (Coral Island)

Nai Harn und Rawai

Ao Sane Bungalows ⑤, 11/2 Nai Harn Beach, ☎ 081-1244687, ✆ 076-288306, an einem kleinen, groben Sandstrand, nach 1 km auf der Straße über den Hügel (herrliche Aussicht) zu erreichen. Neuere Bungalows am Ende des Strandes mit Fan und Warmwasser-Du/WC sowie alte, renovierungsbedürftige Bungalows mit Du/WC, Moskitonetz und winziger Veranda stehen direkt am Meer. In dem traditionellen Familienbetrieb geht es sehr geruhsam zu, und es ist noch etwas von der alten Traveller-Atmosphäre zu spüren. Das offene Ausflugsrestaurant wurde nach dem Tsunami wieder aufgebaut und ist das Ziel vieler Spaziergänger und Motorradfahrer. Zudem dient es einigen Jachties als Nachschubbasis. Das von Felsen durchsetzte Meer eignet sich zum Schnorcheln und Schwimmen. Kleine deutschsprachige Tauchbasis. ❸–❺

Baan Krating Phuket Resort ④, 11/3 Moo 1 Vichit Rd., ☎ 076-288341, ☎/✆ 388108, 🖥 www.baankrating.com, 200 m weiter, komplett renovierte Anlage völlig abseits an einem Hang mit altem Baumbestand. 65 komfortable, aber überteuerte Holz-Bungalows mit Terrasse, die heiß werden können, wenn sie nicht im Schatten der Bäume stehen, und neue, luxuriöse Steinhäuser auf Stelzen am steilen Hang, in Strandnähe sehr teuer. Nettes Restaurant mit Terrasse. Das Meer vor dem kleinen Strand ist zum Schnorcheln, aber nicht zum Schwimmen geeignet, dafür bietet sich der kleine Pool an. Shuttle zum Nai Harn Beach. Frühstück inkl. ❼–❽

Yanui Beach
Eine schmale Bucht 1 km Luftlinie südlich von Nai Harn Beach, aber 3 km auf der Straße:

Yanui Beach Bungalows ⑩, 13 Thepkasatree Rd., ✆ 076-288278, wurde nach dem Tsunami wieder aufgebaut. Bungalows mit Fan und Du/WC an der Straßengabelung nahe dem kleinen Strand. Restaurant am Strand. ❸
Nai Ya Beach Bungalow ⑪, 99 Moo 6, Vichit Rd., oberhalb vom Yanui Beach, ✆ 076-288817, 20 ältere und neuere nette, größere Bambusmatten-Bungalows mit Fan, Du/WC und Veranda, die größeren mit Kühlschrank, in einer weitläufigen Anlage am Hang unter Bäumen. Vom Restaurant am oberen Ende der Anlage, in dem es nur Frühstück gibt, schöne Aussicht auf den Nai Harn Beach. Bungalows von Nov–April geöffnet. ❹

Hinter der Lagune

Ca. 10 Min. zu Fuß zum Strand liegen:
Naihan Beach Resort ②, 14/29 Moo 1, Vichit Rd., ✆ 076-388058, 081-9580542, 20 einfache Zi in Reihenhäusern an der Straße, 600 m vom Strand, mit Warmwasser-Du/WC, AC oder Fan und minimalem Service. ❹
Nai Harn Garden Resort & Spa ①, 15/12 Moo 1, Vichit Rd., 🖳 www.naiharngardenresort.com, ✆ 076-288319, 200 m abseits der Straße, in einer weitläufigen, gepflegten Parklandschaft stehen Bungalows und Häuser mit 1–3 Schlafzimmern für Familien sowie Einzelbungalows mit AC, Warmwasser-Du/WC, Satelliten-TV, Wasser-

Big Buddha

Vom Gipfel des **Naga Kerd Hill** im Süden der Insel blickt eine gewaltige Buddhastatue über das Land. Mit dem 30 Mill. Baht teuren Bau der 25 m breiten und 45 m hohen Statue mit Namen **Phra Buddha Ming Mongkhol Ake Naga Khiri** wurde 2002 begonnen. Zudem wurde ein über 12 m hoher Buddha auf einer Nagaschlange sitzend aus 22 Tonnen Messing gegossen. In dem sie umgebenden Park finden regelmäßig Veranstaltungen statt, über die man sich im Internet unter 🖳 www.mingmongkolphuket.com informieren kann. Vom Kreisverkehr in Chalong geht es Richtung Wat Chalong und nach ca. 2 km auf einer Abzweigung links 6 km den Berg hinauf.

kocher, Kühlschrank, Safe und Balkon, die sich für einen Langzeitaufenthalt eignen. Zudem Pool, Bar und Restaurant, Spa-Bereich, Motorradvermietung, deutschsprachiges Management. ❹–❻
Nai Harn Villa ③, 14/29 Moo 1, Vichit Rd., ✆ 076-388080, 📠 388082, 🖳 www.naiharnvilla.com, 19 komplett eingerichtete Häuser mit 3–4 Zi und 2–3 Bädern sowie Wohnungen mit AC und Satelliten-TV, teils mit Küche, ideal für einen Langzeitaufenthalt, Pool mit Kinderbecken. ❺–❻

Essen

Kleine Restaurants im Kasuarinenwäldchen hinter dem Hauptstrand haben sich auf die Sonnenanbeter eingestellt. Das Essen ist entsprechend dem westlichen Gaumen angepasst. **Lorenzo**, bei dem jungen Italiener gibt es gutes, relativ preiswertes Essen, insbesondere die selbst zusammengestellte Pizza. **Lothars Pizza** nahe dem Sabena ist ebenfalls zu empfehlen.

Sonstiges

Elefantenreiten

Phuket Elephant Ride, an der Straße nach Kata vor dem View Point, ✆ 076-289099, Ausritte von 30 Min. für 800 Baht, 1 Std. 1200 Baht.

Geld

Ein mobiler Geldautomat steht in der Saison am Ende der Zufahrtstraße zum Hauptstrand.

Liegen

Mit Sonnenschirm für 100–150 Baht pro Tag.

Nahverkehr

Bis 18 Uhr fahren Inselbusse für 30 Baht nach PHUKET TOWN. Tuk Tuks nach PHUKET TOWN für 240 Baht, Taxi zum FLUGHAFEN 650 Baht.

Kata Beach

Der Kata Beach, 17 km von Phuket Town, besteht aus zwei Buchten an der Westküste, die relativ

Origineller Geldautomat am Nai Harn Beach

schöne, saubere **Kata Noi** und die angenehme, vom Club Med dominierte **Kata Yai**, an deren südlichem Ende sich ein kleines Zentrum herausgebildet hat. Sie sind durch einen Felsvorsprung getrennt, von dem sich malerische Aussichten eröffnen. Das Korallenriff mit vielen Fischen am nördlichen Ende der weit ausladenden Kata Yai-Bucht, rings um die Felsen und die kleine Insel **Ko Pu**, eignet sich gut zum Schnorcheln und für erste Tauchversuche, allerdings ist die Sicht oft schlecht. Während der Regenzeit entstehen am Kata Noi aufgrund eines Steilabfalls des Meeresbodens sehr gefährliche Unterströmungen. Dagegen ist es am Kata Yai sicher und es gibt schöne Wellen, bereits ab September eignet sich dieser Strand gut zum Wellenreiten. Der Ferienclub nimmt mehr als die halbe Bucht von Kata Yai ein. Ein abgegrenzter Badebereich schützt Schwimmer vor Scootern und Booten. In der Saison sind bereits früh alle Liegen am Strand belegt.

Beiderseits der Taina Rd. liegt das zweite Zentrum mit vielen Geschäften, Unterkünften, einigen Bars, Restaurants, Reisebüros, Motorrad- und Jeep-Verleih sowie Tauchstationen. Mit Fertigstellung der Kläranlage hat sich die Wasser-

qualität etwas verbessert, aber es gelangt immer noch viel ungeklärtes Wasser ins Meer. Der Tsunami hat an allen südlichen Buchten viele Gebäude im Strandbereich stark beschädigt. Schon wenige Monate später war alles wieder mit noch moderneren, größeren und dichter aneinander stehenden Anlagen bebaut.

Eine beliebte Attraktion in Kata-Karon ist der **Dino Park**, ✆ 076-330625, 💻 www.dinopark. com, 🕐 tgl. 10–22, in der Saison bis 24 Uhr, eine mit steinernen Dinosauriern bestückte Minigolf-Anlage, die nicht nur Kindern Spaß macht. Das nette Restaurant mit einer höhlenartigen Burger Bar und steinernen Sitzplätzen in einem künstlichen Tropengarten mit Wasserfall ist vor allem bei Familien beliebt. Eine Runde spielen kostet 240 Baht, Kinder 200 Baht, nur Besichtigung 190 Baht.

Ein großer **Markt** an der Umgehungsstraße, südlich des Zentrums, lohnt einen Besuch. Hier gehen vor allem Einheimische Lebensmittel und Textilien einkaufen.

Wen am Kata Beach der Lärm der Boote und Scooter stört, der fühlt sich am **Kata Noi** wohl, der ebenfalls mit vielen Liegestühlen und Schirmen bestückt ist. Die Atmosphäre am Strand

①	Karon Hill Bungalows	❹	✆ 076-341343
②	Le Meridien Phuket	❽	✆ 076-370100
③	Central Karon Village	❼	✆ 076-286300
③	Ocean Terrace Hotel	❻	✆ 076-286100
③	On the Hill	❹	✆ 076-286469
④	Ramada Resort	❼–❽	✆ 076-396666
⑤	In on the Beach	❻	✆ 076-398220
⑥	Lume & Yai Bungalows	❹	✆ 076-396382
⑦	Phuket Ocean Resort	❻	✆ 076-396599
⑧	Phuket Heritage	❺	✆ 076-396690
⑨	Golden Sand Inn	❺	✆ 076-396493
⑩	C.S. Resort	❺	✆ 076-398041
⑪	Karon Whale Resort	❻	✆ 076-398139
⑫	Beshert Hostel u.a Gh.	❸	✆ 076-396751
⑬	The Islandia Park Res.	❻–❼	✆ 076-396200
⑭	Little Mermaid at Crys. B.	❸	✆ 076-396580
⑮	Karon Sea Sand	❽	✆ 076-286464
⑮	South Sea Resort	❽	✆ 076-370888
⑯	Mövenpick Resort & Spa	❽	✆ 076-396139
⑰	Woraburi	❽	✆ 076-396638
⑱	Baan Karonburi	❽	✆ 076-286481
⑱	Karon Princess Hotel	❺–❻	✆ 076-286484
⑲	The Old Phuket	❻–❼	✆ 076-396353
⑳	Hilton Phuket Arcadia H.	❽	✆ 076-396038
㉑	Thavorn Palm B. H.	❻–❼	✆ 076-396090
㉒	Phuket Orchid Resort	❽	✆ 076-396519
㉓	Karon Place	❺	✆ 076-396863
㉔	Bazoom Hostel	❸	✆ 076-396913
㉕	Casa Brazil	❺	✆ 076-396317
㉕	Karon Silver Resort	❹–❺	✆ 076-396185
㉖	Kasemsuk Gh.	❹	✆ 076-396480
㉗	Phuket Island View	❺–❻	✆ 076-396452
㉘	Karon View Resort	❺	✆ 076-396272
㉘	Divers Inn	❹	✆ 076-398296
㉙	Sangsawang Gh.	❹	✆ 081-787652
㉙	Karon Center Inn	❹	✆ 076-398296
㉚	Baan Porn Tawan	❸–❹	✆ 081-398299
㉛	Andaman Seaview H.	❼	✆ 076-398111
㉜	Prayoon Bungalows	❹	✆ 076-396196
㉝	Ruam Thep Inn	❺	✆ 076-330281
㉞	Kata Villa	❺	✆ 076-333030
㉟	Karona Resort	❻–❽	✆ 076-286406
㊱	Merit Hill Bung.	❹	✆ 076-333300
㊱	Horizon Karon Beach	❽	✆ 076-284555
㊲	Karon Beach Resort	❽	✆ 076-330006
㊳	Marina Cottage	❽	✆ 076-330625
㊴	S.P. Inn	❺	✆ 076-330722
㊵	Kata On Sea Bung.	❹–❺	✆ 076-330549
㊶	Kata Garden Resort	❺	✆ 076-330627
㊷	Diamond Cottage	❻	✆ 076-286447
㊷	Fantasy Hill Bungalow	❸–❺	✆ 076-330106
㊸	Peach Hill Hotel	❺–❼	✆ 076-330520
㊹	Family Smile Inn	❺	✆ 076-330926
㊺	Kata Center Inn	❸–❹	✆ 076-330873
㊻	Rose Inn	❹	✆ 076-330591
㊼	The Little Mermaid Gh.	❸–❺	✆ 076-330730
㊽	3rd Street Café	❺	✆ 076-284510
㊾	Bougainvillea Terr. Hs.	❺–❻	✆ 076-330087
㊿	Laem Sai Bungalow	❹	✆ 076-285255
㊿	Karon Sea Hill Spa & R.	❼–❽	✆ 076-284485
㊿	Aspasia	❽	✆ 076-333033
(51)	Central Kata Resort	❽	✆ 076-370300
(52)	Club Med	❽	✆ 076-330456
(53)	Sawasdee Gh.	❹	✆ 076-330979
(53)	Sawasdee Village	❽	✆ 076-330979
(53)	The Kata Orient House	❹	✆ 076-285176
(54)	Sumitra Thai House	❹	✆ 076-330515
(54)	Kata Seabreeze Resort	❻	✆ 076-284300
(54)	Kata Palm Resort	❼–❽	✆ 076-284334
(55)	Capriccio Inn	❹	✆ 076-333176
(55)	Kata Poolside Resort	❻	✆ 076-333177
(55)	Maleena Bungalows	❹	✆ 076-330296
(55)	Phuket Kata Resort	❻–❽	✆ 076-330581
(56)	Kata Beach Resort	❽	✆ 076-330530
(57)	Mom Tri's Boathouse	❽	✆ 076-330015
(58)	Kata Delight Villas	❻–❼	✆ 076-330636
(58)	Kata Sun Beach Inn	❺	✆ 076-284265
(59)	Cool Breeze	❹	✆ 076-330484
(59)	Flamingo	❹–❺	✆ 076-330776
(59)	Kata Rock Inn Seav.	❹–❺	✆ 076-330677
(59)	Tropical Garden Resort	❺	✆ 076-285211
(60)	Kata Hill Residence	❹–❺	✆ 076-333042
(61)	Friendship	❹	✆ 076-330499
(62)	Serene (Seawind) Res.	❺	✆ 076-330148
(63)	Kata Minta	❻–❼	✆ 076-333283
(64)	Kata House	❹	✆ 076-284140
(65)	Kata View Gh.	❹	✆ 076-330815
(66)	K Gh.	❸–❹	✆ 076-333067
(67)	P&T Kata House	❷–❹	✆ 076-284203
(68)	Orchidacea Resort	❻–❽	✆ 076-284083
(69)	Andaman Cannacia	❼–❽	✆ 076-284211
(70)	Katathani Hotel	❽	✆ 076-330124
(71)	Kata Noi Pavilion	❺	✆ 076-284346
(72)	Katanoi Bay Inn	❹	✆ 076-333308
(73)	Kata Noi Club Hotel	❺	✆ 076-284025
(74)	Seashore Beach Cottage	❼	✆ 076-330433

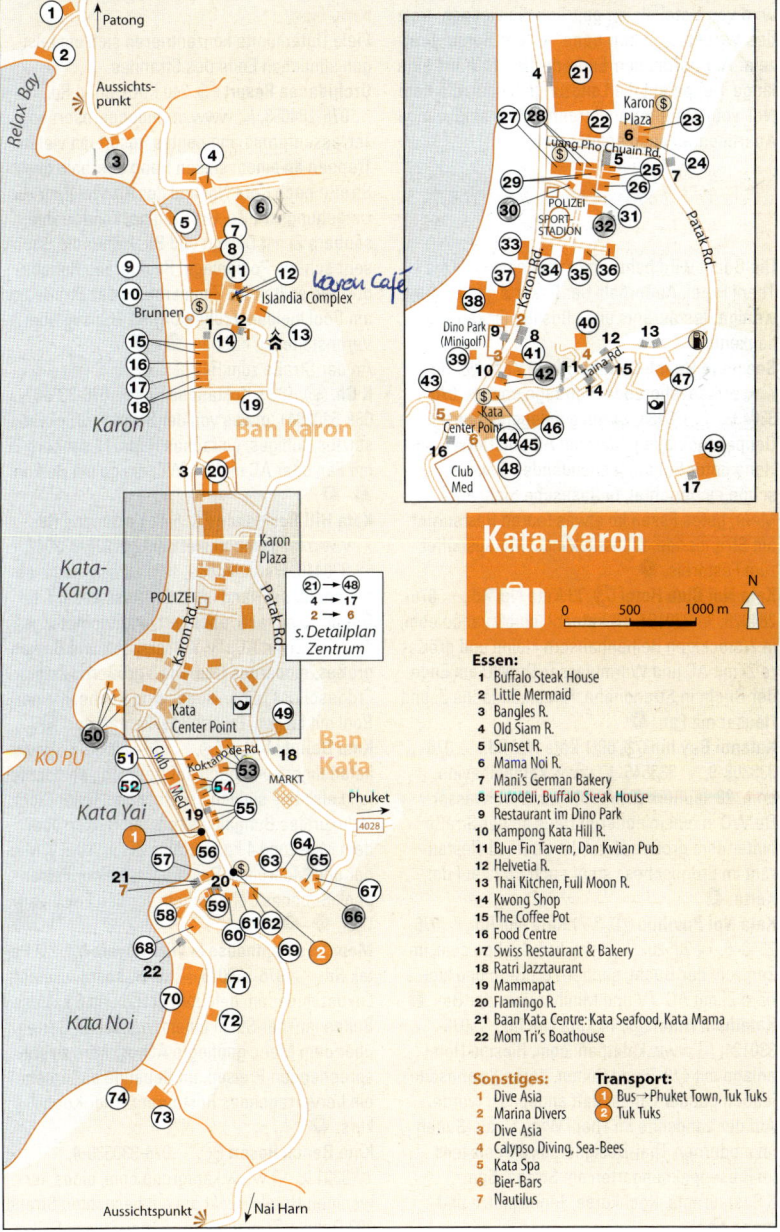

Karon Café

Kata-Karon

0   500   1000 m

N

Essen:
1 Buffalo Steak House
2 Little Mermaid
3 Bangles R.
4 Old Siam R.
5 Sunset R.
6 Mama Noi R.
7 Mani's German Bakery
8 Eurodeli, Buffalo Steak House
9 Restaurant im Dino Park
10 Kampong Kata Hill R.
11 Blue Fin Tavern, Dan Kwian Pub
12 Helvetia R.
13 Thai Kitchen, Full Moon R.
14 Kwong Shop
15 The Coffee Pot
16 Food Centre
17 Swiss Restaurant & Bakery
18 Ratri Jazztaurant
19 Mammapat
20 Flamingo R.
21 Baan Kata Centre: Kata Seafood, Kata Mama
22 Mom Tri's Boathouse

Sonstiges:
1 Dive Asia
2 Marina Divers
3 Dive Asia
4 Calypso Diving, Sea-Bees
5 Kata Spa
6 Bier-Bars
7 Nautilus

Transport:
1 Bus →Phuket Town, Tuk Tuks
2 Tuk Tuks

wird von Hotelgästen geprägt, die vielfach, trotz des Verbotes, „oben ohne" in der Sonne brutzeln. Am nördlichen Ende der Bucht führt eine lange Treppe auf die Landzunge hinauf, die Kata Noi vom Hauptstrand trennt. Hier sind einige Apartmentanlagen entstanden.

Übernachtung

Kata Noi

Die Bucht wird beherrscht vom riesigen Kata Thani Hotel. Außerhalb der Resorts gibt es nur wenige Restaurants und günstige Einkaufsmöglichkeiten.

Seashore Beach Cottage ⑦⑷, 18 Kata Noi Rd., 🖥 www.seashorebeachcottage.com, ☎ 076-330433, 🖷 330435, 24 ruhig gelegene, teure Doppel-Steinbungalows mit AC und Du/WC am Hang unter Schatten spendenden Bäumen, schön eingerichtet, fantastische Sicht aufs Meer, gutes Essen im etwas teuren Restaurant am Strandende, Frühstück inkl., Mittagsbuffet zum Festpreis. ❼

Kata Noi Club Hotel ⑦⑶, 73 Kata Noi Rd., ☎ 076-284025, 🖷 330194, ✉ katanoi_club@yahoo.com, in 2-stöckigen Reihenhäusern kleine und größere Zi mit AC und Warmwasser-Du/WC am Ende der Bucht in Strandnähe. Hinten einfache Zi und Häuser mit Fan. ❺

Katanoi Bay Inn ⑦⑵, 69/1 Kata Noi Rd., ☎ 076-333308-9, 🖷 333545, 🖥 www.katanoibayinn. com, 28 saubere Zi mit AC und Warmwasser-Du/WC in einem neueren Haus an der Straße hinter dem großen Hotel. Im Seafood-Restaurant im Erdgeschoss steht auch Pizza auf der Karte. ❹

Kata Noi Pavilion ⑦⑴, 3/71 Kata Noi Rd., ☎ 076-284346, 🖷 285202, ✉ kpavilion@yahoo.com, im Zentrum der Bucht, saubere größere und kleinere Zi mit AC, TV und Minibar über der Bar. ❺

Katathani Hotel ⑺⓪, 14 Kata Noi Rd., ☎ 076-330124, 🖥 www.katathani.com. Riesige Hotelanlage mit 479 Zi und Suiten, deren Strandseite jedoch gut der Landschaft angepasst wurde. Auf der Landseite im Thani Wing Luxus-Suiten im modernen Thai-Designerstil; 3 Pools teils im Riesenpalmengarten am Strand, Spa. 6 Restaurants, Kochkurse, Tennisplätze und mehr. ❽

Kata Yai

Viele Unterkünfte konzentrieren sich am felsigen südlichen Ende des Strandes.

Orchidacea Resort ⑹⑻, 210 Khoktanod Rd., ☎ 076-284083, 🖥 www.orchidacearesort.com. Terrassenförmig angelegtes Resort mit vielen Treppen an einem steilen Hang oberhalb der Straße nach Kata Noi und der Abzweigung zur Umgehungsstraße. Großzügige, komfortable, saubere Zi mit Balkon und Blick über die Bucht, sehr schöne Poolanlage, Restaurant. Ruhebedürftige sollten die Zimmer nahe der Straße und am Pool meiden. Frühstück inkl. Günstig über Veranstalter zu buchen. ❻–❽
An der Straße zum H4028 u. a.:

K Gh. ⑹⑹, 106/5 Koktanode Rd., ☎ 076-333067, 089-5902941, etwas von der Straße zurückversetztes, ruhiges, einfaches Haus, 12 saubere Zi mit Fan oder AC und Du/WC, einige mit Balkon. ❸–❹

Kata Hill Residence ⑹⓪, 5/42 Koktanode Rd., 🖥 www.familyinnphuket.com, ☎ 076-333042, 🖷 330446. Freundliches, sehr ruhig gelegenes Kleinhotel am Hang mit toller Aussicht auf die Bucht. 15 einfach, aber nett eingerichtete, geräumige Zi mit AC, TV, Kühlschrank und Balkon, großes, modernes Bad. Die 3 größeren Zi im Erdgeschoss haben sogar eine Küche. Kleiner Pool mit Liegen, Frühstücks-Restaurant. ❺

Kata Delight Villas ⑸⑻, ☎ 076-330636, 🖥 www. katadelight.com (auch auf Deutsch), an der steilen Felsküste südlich der Bucht mit toller Sicht, 12 luxuriöse Bungalows teils mit Balkon über dem Meer und 4 komfortable Zi mit AC, TV, Minibar und Meerblick, Restaurant, kleiner Felsenpool. Schönes Schnorcheln vor den Felsen am Ufer. ❻–❼

Mom Tri's Boathouse & Villa Royale ⑸⑺, 2/2 Pa tak Rd., ☎ 076-330015, 🖥 www.boathouse.net, Luxuszimmer am belebten Stand und 6 exklusive Suiten im Thai-Stil in einem tropischen Garten über dem Meer, gepflegte Atmosphäre zu entsprechenden Preisen. Im Gebäude außerdem ein hervorragendes Restaurant. Thai-Kochkurs. ❽

Kata Beach Resort ⑸⑹, ☎ 076-330530-4, 🖷 330128, 🖥 www.katagroup.com, eines der wenigen Hotels direkt am gut besuchten Strand, 262 Deluxe-Zi im modernen Thai-Stil mit Balkon,

Phuket und Umgebung

die teureren mit Meersicht, 3 Restaurants. Großer Pool, aber zu wenige Liegen. ❽

Kata Poolside Resort Ⓢ, 36, 38 Kata Rd., ✆ 076-333177, 🖥 www.katapoolsinde.com, am Ende der Bar-Gasse Soi Sanuk, 3-stöckiger Neubaublock mit 72 im modernen Thai-Stil eingerichteten Zi mit AC, Du/WC, Safe, Minibar, kleinem Balkon, im EG z.T. Blick auf eine Mauer, z.T. mit direktem Zugang zur Pool-Landschaft. Frühstück inkl. ❻

Phuket Kata Resort Ⓢ, 30/9 Kata Rd., ✆ 076-330581, 🖥 www.phuketkataresort.net, Eingang durch ein Tor, das einem Khmer-Tempel nachempfunden ist. In einstöckigen Reihenhäusern rings um den großen, etwas schattenlosen Pool 39 sehr schön im modernen Thai-Stil eingerichtete Zi mit 2 Duschen (innen und außen), TV, Kühlschrank und kleiner Terrasse mit Poolblick, mit Poolzugang teurer. ❻–❽

The Kata Orient House Ⓢ, 68/102 Moo 2, Patak Rd., 🖥 www.phuketdir.com/thekataorienthouse, ✆ 076-285176, ✆ 285177, 10 Min. abseits vom Strand, große, saubere und angenehm eingerichtete Zi mit Fan oder AC in soliden, steinernen Doppelbungalows in einem Garten, Frühstück inkl., unter thai-belgischer Leitung. ❹

Sawasdee Village Ⓢ, 38 Katekwan Rd., ✆ 076-330979, 🖥 www.phuketsawasdee.com, romantische, kleine Bungalowanlage im Thai-Stil. Rings um den von Skulpturen und Pflanzen umgebenen Pool gruppieren sich die hübsch mit viel Holz und traditionellen Textilien eingerichteten Bungalows. Nebenan das große, fantasievoll gestaltete Baray Spa und das romantische, ausgezeichnete Restaurant Sawasdee, gehobenes Preisniveau. ❽

Sawasdee Gh., gegenüber, ist billiger. ❹

Bougainvillea Terrace House Resort Ⓐ, 47/1 Patak Rd., ✆ 076-330087, 🖥 www.villea.com, am Hügel über Kata, 1 km vom Strand, 35 Studios und Apartments mit 1 und 2 Schlafzimmern, voll möbliert und mit Küche; Pool. Im guten Restaurant Laconda Schweizer und einheimische Küche mit großem BBQ und Weinkeller, Abholservice von Kata und Karon. ❺–❻

Kata Center

Im neuen Zentrum wurden zwischen Läden, Banken, Bars und Restaurants entlang der Taina Rd. (auch Moo 4, Patak Rd. genannt) Gästehäuser aufgemacht:

3ʳᵈ Street Café Ⓐ, 100/3-4 Kata Rd., im Barviertel über dem Restaurant und der Bar, ✆ / ✆ 076-284510, 🖥 www.3rdstreetcafe.com. Ansprechendes Boutique-Guesthouse, in der Saison 3 Tage Mindestaufenthalt. Alle AC-Zi und Suiten mit Flachbildschirm, Kühlschrank und Warmwasser-Du/WC, Poolbenutzung und Frühstück inkl. ❺

The Little Mermaid Ⓐ, 94/23-25 Taina Rd., ✆ 076-330730, 🖥 www.littlemermaidphuket.net, 4-stöckiges, bunt gestrichenes Hotel. Bungalows rings um den Pool mit teils riesigen Betten oder gar separatem Schlafbereich. Im neuen Haus AC-Zi und Suiten für bis zu 4 Pers. mit Kabel-TV, Kühlschrank und Warmwasser-Du/WC. Im preiswerten Guesthouse für Backpacker kleine, saubere Zi mit AC oder Fan und extrem kleiner Du/WC, mit Kühlschrank +100 Baht; Pool. Skandinavisches Restaurant. ❸–❺

Family Smile Inn Ⓐ, 147/151 Taina Rd., im Kata Center Point, 🖥 www.familyinnphuket.com, ✆ 076-330926-8, zentral gelegenes Hotel, 28 Zi mit AC und Warmwasser-Du/WC, TV, Telefon und Kühlschrank. ❺

Peach Hill Hotel Ⓐ, 2 Laemsai Rd., 🖥 www.peach-hill.com, ✆ 076-330520-1, mehrere 2–4-stöckige Hotelblocks und Bungalows erstrecken sich vom Zentrum über den Hang, ruhig gelegen abseits der Straße mit teils schöner Aussicht, offenes Restaurant mit kühler Brise, aber schlechtem Service und mäßigem Essen. 211 AC-Zi mit Balkon und TV, teurere im neueren Flügel. 3 Pools, Santi Spa, Frühstück inkl. ❺–❼

Laem Sai Bungalow Ⓢ, 8 Laemsai Rd., 🖥 www. phuketdir.com/laemsaibungalow, ✆ 076-285255, ✆ 330464, an der Stichstraße 500 m vom Zentrum, oberhalb der Aspasia Apartments, 10 einfache, große Bungalows mit AC oder Fan, Du/WC und Terrasse am Hang, z. T. mit Blick aufs Meer. ❹

Durch die Anlage zu erreichen:

Karon Sea Hill Spa & Resort Ⓢ, 10/3 Laem Sai Rd., ✆ 076-284485-6, ✆ 284486, 🖥 phuketindex. com/karonseahill. Hinter einer garagenähnlichen Zufahrt verbirgt sich ein kleines Boutique Resort mit 7 komfortablen Zi mit TV, Kühlschrank und tollem Ausblick, Restaurant, Spa und Pool. ❼–❽

Am Hügel über Kata Center erreicht man nach einem steilen Anstieg u. a.:

Fantasy Hill Bungalow ㊷, 112/1 Patak Rd., ☎ 076-330106, 28 große, saubere, teils etwas hellhörige Bungalows im Thai-Stil mit Fan und Du/WC, 2-stöckiges Haus mit AC-Zi und schöne Familien-Zi mit AC, freundlicher Service. Mopedvermietung. ❸–❺

Kata Garden Resort ㊶, 32 Karon Rd., 🖳 www.katagardenphuket.com, ☎ 076-330627-8, 📠 330466, eine der ersten Anlagen mit Bungalows im Thai-Stil unter großen Bäumen. 50 AC-Bungalows, neuere teure Deluxe-Bungalows und 13 ältere mit Fan und Warmwasser-Du/WC , Pool, Seafood-Restaurant, Frühstück inkl. ❺

Kata On Sea Bungalow ㊵, 96/6 Patak Rd., ☎ 076-330594, 081-3976537, zwischen Palmen und Büschen stehen 25 einfach eingerichtete Steinbungalows mit Terrasse, teurere mit AC und Warmwasser-Du/WC, z. T. mit Sicht über Kata. ❹–❺

S.P. Inn ㊴, 122 Moo 4, Karon, ☎ 📠 076-330722, neben dem Dino Park, 2 etwas abseits gelegene Blocks. Große Zi mit AC und Du/WC, die teils von Langzeiturlaubern bewohnt werden, TV mit Deutscher Welle. ❺

Diamond Cottage Resort & Spa ㊷, 6 Karon Rd., ☎ 076-286447, 🖳 www.diamondcottage.com, neue Anlage im modernen Thai-Design mit 57 angenehm gestalteten Zi mit Balkon und 10 Villen, relativ großer Pool, Restaurant. ❻

Kata-Karon

Auf dem Hügel zwischen Kata und Karon in günstiger Lage zwischen Zentrum und Strand stehen Unterkünfte verschiedenster Kategorie:

Kata Villa ㉞, 100 Karon Rd., ☎ 076-333030, 🖳 www.katavilla.com, kleines, preiswertes zweistöckiges Haus an einer verkehrsreichen Straße mit Garten und Pool, alle Zi mit AC, TV, Minibar und Balkon. ❺

Prayoon Bungalows ㉜, ☎ 076-396196, große, allein stehende, saubere Bungalows mit Fan in ruhiger Lage am Hang hinter dem Stadion und Andaman Seaview Hotel, auf einem weitläufigen Grundstück, freundliche Leute. ❹

Ruam Thep Inn ㉝, 53 Moo 4, Karon,

☎ 076-330281, 17 Zi mit Du/WC und Fan oder AC in einigen Bungalows und dem zweistöckigen direkt am Strand, belebtes chinesisches Seafood-Restaurant. ❺

Karon Beach Resort ㊲, 51 Karon Rd., ☎ 076-330006-7, 🖳 www.katagroup.com, Hotel direkt am Strand, das nach dem Tsunami neu gestaltet worden ist. 80 Zi in 3-stöckigem Hotelblock, Zi mit Balkon und Meerblick; Restaurant mit gutem Frühstücksbuffet; 2 Swimming Pools, günstig über Veranstalter zu buchen. ❽

Marina Cottage ㊳, 47 Karon Rd., ☎ 076-330625, 📠 330516, 🖳 www.marinaphuket.com, eine Anlage mit viel Charme und entsprechenden Preisen. Große AC-Bungalows in traditioneller Thai-Architektur auf dem Hügel in tropischer Gartenanlage. Das Essen im On the Rock Restaurant über den Felsen am Meer ist eines der besten der Insel – schöne Sonnenuntergänge! Im Sala Thai Restaurant am Pool kann man abends zu traditionellen Tänzen dinieren. Sehr umweltbewusst und auf guten Service bedachtes Management. ❽

Essen

Kata Yai

Tagsüber offerieren die Strandrestaurants nördlich vom Club Med und am Südende von Kata Yai die beste Auswahl und eine angenehme Atmosphäre.

In dem neuen **Food Center** nördlich vom Club Med ist die Atmosphäre freundlich und das Essen für die Insel überraschend preiswert und gut. Von den Strandrestaurants in Kata Yai ist **Kata Mama** zu Recht sehr beliebt. Die alteingesessene ehemalige Fischerfamilie achtet immer noch darauf, dass das Seafood frisch ist.

Pen Thai Food nebenan ist wegen seiner tollen Aussicht und dem freundlicheren Service beliebt, aber das Essen ist nicht so gut wie bei Mama. An der Straße im **Flamingo** hervorragende Holzofenpizza, Pasta und guter Kaffee, allerdings ohne Strandblick.

Mammapat, 44 Moo 2, Patak Rd., hinter dem Kata Beach Resort. Das einfache, offene Restaurant serviert preiswerte, leckere Thai- und europäische Gerichte, auf Vorbestellung auch frischen Fisch. Das entschädigt für die unattraktive

Lage an der Straße mit Blick auf die Hotelmauer. In der Einkaufsstraße vor dem Kata Poolside haben sich kleine Cafés und Restaurants angesiedelt wie das **Capannina**, ein Italiener, eine Filiale des **Buffalo Steak House**, **Chili & Pizza House** (Tex-Mex) und vorn an der Straße **Oyster**, ein Seafood-Restaurant.

Im **Mom Tri's Boathouse Wine & Grill**, 🖳 www.boathouse.net, werden zu qualitativ hochwertigen internationalen Gerichten, die von einem Spitzenkoch zubereitet werden, gute Weine serviert. Ein Hummer- oder Lammgericht kostet bis zu 1000 Baht. ⏲ tgl. 7–22.30 Uhr.

Kata Center

Hungrige werden bei einem Bummel durch die Taina Rd. höchstwahrscheinlich zu jeder Tageszeit etwas Leckeres finden:

Der **Kwong Shop**, 114/53 Taina Rd., ✆ 076-285201, lockt mit frischen Meeresfrüchten und anderen leckeren Thai-Gerichten mit chinesischem Einschlag. Relativ einfache Ausstattung, aber sehr gutes Essen und freundlicher Service. Der Besitzer sorgt für eine originelle Atmosphäre.

Im **Blue Fin Tavern** und benachbarten **Dan Kwian Pub** lassen bei guter Musik die Taucher aus der Nachbarschaft den Abend ausklingen. Man kann drinnen und draußen sitzen, gute Atmosphäre, freundlicher Service, akzeptables Essen.

Das **Kampong Kata Hill**, 112/2 Patak Rd., ✆ 076-330103, eine schöne Anlage aus Holz in einem tropischen Garten auf dem Berg, wartet nicht nur mit einer umfangreichen Speisekarte (Seafood, einheimische und europäische Gerichte ab 200 Baht), sondern auch einer schönen Aussicht über Kata auf. Der Service lässt zu wünschen übrig.

Thai Kitchen in der hinteren Taina Rd. hat gutes, sehr preiswertes Thai-Essen, das auf einheimischen Geschmack abgestimmt und sehr scharf ist sowie wesentlich teurere Gerichte auf der Touristen-Speisekarte. Sa geschlossen.

Im **Full Moon Restaurant** wird die preiswerteste Pizza des Ortes gebacken, auch spanische Gerichte sowie Zimmervermietung. ⏲ tgl. 11–23 Uhr.

Helvetia Restaurant, Taina Rd., gute Frühstückskarte, gehobenere Preise.

The Coffee Pot, 110/3 Taina Rd., Fisch und Steaks, Burger, hausgemachte Apple und Blueberry Pies und andere australische Gerichte, abends grillt der Chef australische Steaks und Lammkoteletts. Frühstück mit gutem Kaffee und Shakes.

Locanda, im Bougainvillea Terrace House, 117/1 Patak Rd., ✆ 076-330087, 🖳 www.villea.com, etwas außerhalb der Hauptstraße, hier werden stilvoll leckere europäische und einheimische Gerichte frisch vom Grill serviert. Gepflegter Weinkeller. ⏲ tgl. 8–24 Uhr.

Ratri Jazztaurant, Kata Hill, ✆ 076-333538-9, 🖳 www.ratrijazztaurant.com. Großes, modernes Restaurant am Hang mit Ausblick auf die Bucht. Austernbar, Cocktaillounge mit Live-Jazz. Thai-Gerichte mit internationalem Touch um 300 Baht. Abholservice. ⏲ tgl. 14–1 Uhr.

Im **Dino Park**, ✆ 076-330625, 🖳 www.dinopark.com, ⏲ tgl. 10–24 Uhr, lohnt das sehr gute Restaurant mit tollem Ambiente die Geldausgabe (s. S. 535). Gemischtes Seafood-BBQ 380 Baht.

(s. S. 535).

Sonstiges

Kochkurse

Im **Mom Tri's Boathouse**, ✆ 076-330015, 🖳 www.boathousephuket.com/cooking_class, wird Sa und So nach telefonischer Voranmeldung von 10–14 Uhr ein Thai-Kochkurs abgehalten, maximal 10 Teilnehmer, 2 Tage 3750 Baht p. P., ein Tag 2350 Baht (am besten den interessanteren Sonntagskurs nehmen).

Liegen und Sonnenschirme

Kosten am Strand in der Saison 200 Baht pro Tag. In Karon stehen sie allerdings nicht so dicht wie anderswo.

Motorräder

Bei Unterkünften und Reisebüros je nach Saison und Nachfrage für 150–200 Baht

Tauchen und Schnorcheln

Die meisten Tauchschulen haben ihre Basen in Kata. Auf einigen Tagestouren werden auch Schnorchler mitgenommen. Eine ABC-Ausrüstung kann für ca. 100 Baht geliehen werden.

Calypso Divers, 84 Taina Rd., Kata Beach, ✆ 076-330869, 🖳 www.calypsophuket.com.

Deutsche Tauchschule, Spezialist für Live-aboard Cruises mit 9 Booten nach Similan (4 Tage), Phi Phi (2 Tage inkl. Übernachtung), Richilieu und zu den Burma Banks (8 Tage). Nahebei eine Filiale von **Sea Bees**, 96 Taina Rd., ✆ 076-284044, 🖥 www.sea-bees.com, siehe Chalong.
Dive Asia, 24 Karon Rd., ✆ 076-330598, 📟 284033, 🖥 www.diveasia.com. Deutsche professionelle PADI 5-Sterne-Tauchschule und CDC Center, Tagestouren sowie 4- und 7-tägige Live-aboard Cruises mit eigenem Boot, auch Nitrox-Tauchen.
Marina Divers, 120/2 Moo 4, Patak Rd., Kata Beach, ✉ info@marinadivers.com, ✆ 076-330272, 📟 330998, beim Marina Cottage. Vor allem preiswerte Tagestouren, unter Thai-Leitung.
Nautilus Divers, 5/33 Kata Noi Rd., Kata Beach, ✆/📟 076-284183, 🖥 www.nautilus-phuket.com. Die Tauchschule unter Leitung des Schweizers Mike wurde nach dem Tsunami wieder aufgebaut, Tauchfahrten mit dem Speedboot, Unterwasser-Scooter, Anfängerkurse im Hausriff vor der Tür.

Nahverkehr

Die Fahrer von Samlors und Tuk Tuks verlangen bereits für kurze Strecken an den Stränden unter 1 km mindestens 100 Baht, da hilft nur laufen oder intensives Handeln.
Gecharterte Tuk Tuks nach PATONG 150 Baht und PHUKET TOWN 240 Baht (ab Kata Noi 300 Baht) und Taxis vom und zum FLUGHAFEN 650 Baht.
Inselbusse fahren bis 16.30 Uhr für 25 Baht nach PHUKET TOWN, zurück bis 18 Uhr. Sie starten etwa alle 30–60 Min. vom Club Med und halten überall an der Strandstraße an.

Karon Beach

An dem 3 km langen, breiten Sandstrand mit Dünen ist viel Platz zum Sonnenbaden, sodass die Liegen nicht ganz so dicht wie in Kata oder Patong stehen. Im Norden wird er von Felsen und einer vorgelagerten hübschen Lagune begrenzt. Hier führt die Straße über die Relax Bay zum Patong Beach. Beim Schwimmen ist vor allem während der Regenzeit Vorsicht angebracht, da ein starker Rücksog herrscht. Am südlichen und nördlichen Rand der Bucht wurden der Islandia Complex mit Supermärkten, Apartments, preiswerten Unterkünften, Restaurants, Bars, Reisebüros und Einkaufspassagen aus dem Boden gestampft. Am zentralen Strand erstrecken sich eine Hand voll Luxushotels. Am Rand der Bucht sind noch einige auf Billigreisende eingestellt, dagegen haben sich im südlichen Bereich mehrere preiswerte Anlagen etabliert. Das Preisniveau der Restaurants ist etwas überhöht.

Übernachtung

Luang Pho Chuain Rd. (auch Moo 3, Patak Rd.)

Viele preiswerte Zi werden im Karon Plaza, wo sich auch viele Bars und Restaurants befinden, vermietet. Einige sind schmuddelig oder laut, daher checken!
Bazoom Hostel ㉔, Karon Plaza, 64/76-77 Patak Rd., ✆ 076-396914, 🖥 www.bazoomhostel.com. In dem bunt angemalten 2-stöckigen sauberen Hostel werden Zi mit AC oder Fan und Doppelstockbetten im Schlafsaal für 150 Baht vermietet, bei längerem Aufenthalt Rabatt. Die preiswerteste Unterkunft an diesem Strand, wenn nicht von allen Stränden. Jerry, der Manager, spricht gut Englisch, viele koreanische Gäste. ❸
Phuket Orchid Resort ㉒, 128/4 Luang Pho Chuain Rd., 🖥 www.katagroup.com, ✆ 076-396519-22, die große Mittelklasse-Hotelanlage etwas abseits des Strandes dominiert die Straße. 525 Bungalows und komfortablere Zimmer mit Balkon in 3-stöckigen Reihenhäusern, z.T. zur lauten Straße hin. 3 Pools. ❽
Zurückversetzt in der Sackgasse Soi 1 liegen mehrere relativ preiswerte Unterkünfte:
Karon Silver Resort ㉕, 127/9 Soi 1 Luang Pho Chuain Rd., ✉ karonsilver@hotmail.com, ✆ 076-396185, 📟 396187, ruhiges familiäres Resort, 33 Zi in 2-stöckigen Häusern mit Fan oder AC, mit oder ohne Warmwasser. ❹–❺
Casa Brazil ㉕, 9 Soi 1 Luang Pho Chuain Rd., 🖥 www.phukethomestay.com, ✆ 076-396317, 081-3337745. Kleines, farbenfroh gestaltetes, freundliches Bed & Breakfast. Kleine Zi mit AC oder Fan, TV, teils mit Balkon. Internet. ❺

Kasemsuk Gh. ㉖, 28 Moo 3, Luang Pho Chuain Rd., ✆ 076-396480, preiswerte Zi, freundliche Leute. ❹

Divers Inn ㉘, 127/34 Moo 3, Soi Bangla, ✆ 076-398296, 🖳 www.diversinn.com. Von Tauchern für Taucher ausgebautes Haus mit 12 großen Zi mit AC, Du/WC, TV, Minibar und Balkon, Nutzung des Pools in der Kata Villa, Internet und Frühstück inkl. ❹

Karon View Resort ㉘, 127/21-26 Soi 1 Luang Pho Chuain Rd., ✆ 076-396272-6, ✉ 396279, saubere, etwas hellhörige Zi mit AC, Kühlschrank und TV in teils düsteren Reihenhäusern an einem kleinen Pool. Frühstück inkl. ❺

Baan Porn Tawan ㉚, 26 Moo 3, Soi Bangla, ✆ 076-398299, in 3-stöckigem Gebäude 7 Zi und 3 2-Zi-Apartments mit Fan oder AC, Warmwasser-Du/WC und Kühlschrank. Familiäre Atmosphäre. ❸–❹

Zentrum

Hier dominieren Riesen-Luxushotels. Wer billig übernachten will, findet an anderen Strandabschnitten bessere Möglichkeiten.

South Sea Resort ⑮, 36/12 Moo 1, Patak Rd., ✆ 076-396611-5, 🖳 www.phuket-southsea.com, etwa 100 Zi mit Luxuspreisen konzentrieren sich rings um den Pool des 3-Sterne-Resorts. ❽

The Old Phuket ⑲, 192/36 Karon Rd., ✆ 076-396353-6, 🖳 www.theoldphuket.com, attraktiv wirken die im sino-portugiesischen Stil gestaltete Fassade und der Eingangsbereich mit dem Coffee Shop. Da können die Zi mit ihrer üblichen Mittelklasse-Ausstattung nicht mithalten. Pool, Fitnesscenter mit Sauna und Massage, aber etwas abseits vom Meer. ❻–❼

Thavorn Palm Beach Resort ㉑, 128/10 Patak Rd., 🖳 www.thavornpalmbeach.com, ✆ 076-396090-3, riesiger, 2–4-stöckiger Hotelkomplex, 210 AC-Zi, 4 Restaurants; 5 Pools und Tennisplätze in großzügiger Gartenanlage, Kindergarten mit Pool. Ableger von einem der ältesten Hotels der Insel in Phuket Town. ❻–❼

Karon Nord

Von der Strandstraße zweigt am Kreisverkehr die Patak Rd. landeinwärts ab. In den 3-stöckigen Geschäfts- und Wohnhäusern des **Islandia Complexes** befinden sich mehrere Bars, Restaurants, Reisebüros und im Obergeschoss preiswerte Unterkünfte ab 400 Baht, deren Namen und Besitzer häufig wechseln. Zudem preiswerte, einfache Hotelblocks.

Karon Whale Resort ⑪, 538/3 Patak Rd., 🖳 www.karonwhale-resort.com, ✆ 076-398139-44, ✉ 398145, 3-stöckiges Hotel am Ende der Barstraße. Zi mit Balkon zum Pool und Blick auf die Rückwand des C.S. Resorts. ❻

Hinter der Lagune, die es auf dem Weg zum Strand zu überqueren gilt:

Golden Sand Inn ⑨, 8/6 Moo 1, Patak Rd., 🖳 www.phuket-goldensand.com, ✆ 076-396493, ✉ 396117, Bungalows mit AC, teure Hotelzimmer mit AC, Warmwasser und Minibar, gutes, nicht überteuertes Restaurant, schöner Pool, nahe am Strand. ❺–❻

Phuket Heritage ⑧, 558/6 Moo 1, Patak Rd., ✆ 076-396690-1, 🖳 www.phuketheritage.com. In 2 großen vierstöckigen Häuserblocks entlang der Straße mit Blick auf die Lagune und den Strand moderne AC-Zi mit historischen Anklängen an die Zeit der chinesischen Zinnminenarbeiter. Restaurant und Pool und Jacuzzi im 4. Stock, Spa. ❺

Phuket Ocean Resort ⑦, 9/1 Moo 1, Patak Rd., ✆ 076-396599, 🖳 www.phuketocean.com, akzeptables Mittelklassehotel der Best Western-Kette mit terrassenförmig angeordneten, hellhörigen Zi mit Balkon am Hang, schöne Sicht zum 300 m entfernten Meer, chinesisches Restaurant, 2 Pools. ❻

Lume & Yai Bungalows ⑥, ✆ 076-396382, ✉ 396 096, in einer ruhigen Nebenstraße hinter den Neubauten am Hang, Steinhäuser mit 22 Doppelzimmern, z.T. mit Küche, saubere Du/WC, Terrasse, schöne Sicht auf Meer und Berge, viele deutsche Gäste. ❹

On the Hill ③, 9/23 Moo 1, Karon, am Hang über der Bucht, ✆ 076-286469, 🖳 www.phuketdir.com/onthehill, Joe, der freundliche Manager, vermietet 9 saubere AC-Zi mit TV, VCD, WLAN, Safe und Terrasse und fantastischer Aussicht, Frühstück im Restaurant möglich. ❹

Entlang der Luang Pho Chuain Rd. haben sich einige Touristen-Restaurants etabliert, die überwiegend von Gästen des gegenüber liegenden großen Phuket Orchid Hotels besucht werden und auch mit etwas gehobenen Preisen und deutschsprachigen Speisekarten aufwarten. Im großen **Sunset Restaurant** serviert die nette Bedienung westliche und Thai-Küche.

Mamma Noi, die früher in Kata war, ist mit ihrem Selbstbedienungsrestaurant ins Karon Plaza umgezogen. Das weiß gefliese Restaurant mit Neonlicht, Plastikstühlen, einem Tresen zum Bestellen und dem Kühlschrank, aus dem sich die Gäste selbst mit Getränken versorgen, ist nicht gerade gemütlich, aber wegen der Chefin und der relativ günstigen italienischen Gerichte beliebt. Auch Thai-Essen und Frühstück.

Mani's German Bakery, 278 Patak Rd., ✆ 076-396882, hat zwar keine beeindruckenden Räumlichkeiten, aber absolut frische Brötchen, hervorragendes deutsches Frühstück mit Wurst und Käse sowie Kuchen, Würstchen und Leberkäs. ⏰ tgl. 7–14 Uhr, So bis 12.30 Uhr.

Im **Old Siam Restaurant**, 128/10 Moo 3, Patak Rd., an der Strandstraße, kann man in traditioneller Thai-Atmosphäre klassisch speisen, mit Aussichtsterrasse. Mi und So abends klassische Thai-Tänze. Gehobenes Preisniveau. Gratistransport unter ✆ 076-396090. ⏰ tgl. 12–15 und 18–23 Uhr.

Bangles, 333 Patak Rd., ✆ 076-396433, 🖥 www.phuketarcadia.hilton.com. Sehr gutes indisches Restaurant im Hilton Hotel an der Strandstraße. Moderne Innenausstattung, gehobenes Preisniveau, ⏰ Di–So 18–22 Uhr.

Baluchi, im Horizon Karon Beach, hinter dem Stadion am Ende der Stichstraße, ✆ 076-284555, ein weiteres nordindisch-moslemisches Restaurant. Tandooris, zudem mexikanische und westliche Gerichte für 200–500 Baht. ⏰ tgl. 12–23.30 Uhr.

Karon Nord

Im **Buffalo Steak House**, 35/19-22 Moo 1, Patak Rd., südlich vom Karon-Kreisverkehr, ✆ 076-333013, serviert der schwedische Chef ausgezeichnete neuseeländische oder australische Steaks und leckeren schwedischen Apfelkuchen. Man kann draußen sitzen und den Blick aufs Meer genießen. Bei Europäern trotz der hohen Preise sehr beliebt, freundlicher Service.

Filiale in Kata-Karon, gegenüber dem Dino Park. Im **Little Mermaid**, gegenüber dem Islandia Complex, wird unter dänischer Leitung überwiegend europäisch gekocht, ⏰ rund um die Uhr, die Küche schließt zwischen 3 und 6 Uhr. Im **Islandia Complex** konzentrieren sich zahlreiche Restaurants mit relativ günstigen Preisen.

Einkaufen

Südlich vom Phuket Ocean Resort wird abends ein Nachtmarkt aufgebaut.

Schneider

Für gute Kleidung sollte man 4–5 Tage Zeit mitbringen und nichts innerhalb von 24 Stunden fertigen lassen. Leser haben sich über mäßige bis schlechte Qualität beschwert, empfohlen wurde: **La Moda**, 114/11-12 Kata Center, ✆ 076-330934, nicht billig, aber gut.

Tauchen

Dive Asia, 121 Moo 4, gegenüber dem Islandia Complex, Patak Rd., Kata Beach, ✆ 076-330598, 📠 284033, 🖥 www.diveasia.com. Filiale in Kata.

Offizielle Preise für gecharterte Tuk Tuks nach PHUKET TOWN für 270 Baht, PATONG 100 Baht, CHALONG 150 Baht, NAIHARN 210 Baht, SURIN 240 Baht. Taxi zum FLUGHAFEN 650 Baht. Inselbusse bis 16.30 Uhr für 25 Baht nach PHUKET TOWN.

Relax Bay

Diese wunderschöne, kleine Bucht (auch Karon Noi genannt) mit weißem Sandstrand liegt zwischen Karon und Patong Beach, 18 km von Phuket Town. Zu erreichen ist die Relax Bay von Karon zu Fuß (40 Min.) sowie von Karon und Patong über die Straße (3 km). Der Strand wird vom Hotel beansprucht und ist nicht frei zugänglich. Von der Straße führt eine Abzweigung hinunter, an der sich kleine Restaurants und Geschäfte angesiedelt haben.

Die Relax Bay ist voll in Beschlag genommen vom **Le Meridien Phuket** ②, 8/5 Moo 1, Karon Noi Beach, ☎ 076-370100, ✆ 340479, 🖳 www. lemeridien.com. Die 7-stöckige terrassierte Anlage der Luxusklasse erstreckt sich am Hang des privaten kleinen Karon Noi Beach. Geschmackvoll eingerichtete AC-Zi, alle mit Balkon und Meerblick. 5 Restaurants, darunter ein Buffet-Restaurant mit abendlicher Kulturshow, Thai-Kochkurse. Weitläufige Pools, Kinderbecken, Fitnesscenter, viele Sportmöglichkeiten wie Tennis, Tischtennis, Squash, Bogenschießen, Windsurfen und Segeln. Tauchschule, ärztliche Versorgung. Kinderbetreuung im Club. ❽

Karon Hill Bungalows ①, 8/7 Moo 1, Sirirat Rd., an der Zufahrtsstraße zum Hotel Meridien, ☎/✆ 076-341343, gute Doppelbungalows mit AC, Du/WC, Minibar und TV, leider etwas zu nahe an der Straße. Strandzugang gewährleistet. ❹

Patong Beach

Über 3 km säumen mehrere Reihen von Sonnenschirmen und Liegen den feinen, hellen Sandstrand, dahinter eine Stadt für Touristen mit allem, was dazugehört: Shopping, Essen und – nicht zu vergessen – die nächtlichen Vergnügungen, die Patong weltberühmt gemacht haben. Hunderte von großen Hotels, schicken Resorts und einfachen Unterkünften für weniger Betuchte erstrecken sich entlang der beiden Parallelstraßen und bis weit hinein ins Hinterland. Das Angebot der Straßenstände, Supermärkte und des gewaltigen neuen Einkaufszentrums ist auf Urlauber aus aller Welt ausgerichtet, ebenso wie die Restaurants, Bars und Pubs, die vor allem am Abend von allein reisenden Männern bevölkert sind. Sie drängen sich an der mittleren Thawiwong Rd., der Sawasdirak Rd., der Soi Sunset, dem Paradise Complex und auf der etwa 300 Metern der berüchtigten Bangla Road.

Auch Ehepaare, Familien und Senioren buchen einen Patong-Urlaub. Tagsüber vergnügt man sich beim Baden, Windsurfen oder Fallschirmsegeln, fährt mit dem Jeep oder Motorrad durchs Hinterland oder zum Tauchen und Schnorcheln auf die Inseln.

Weniger Sportliche machen ein paar Schwimmzüge im ruhigen Wasser, legen sich in die Sonne, hängen an der Pool-Bar herum, lesen heimische Tageszeitungen und lassen sich massieren – ein Strand für ganz normalen Erholungsurlaub also.

Patong hat sich zu einer pulsierenden Stadt entwickelt. Überall sind Einkaufsarkaden und Stadthäuser entstanden, die an anderer Stelle bereits wieder dem Verfall preisgegeben sind, was ein Gefühl von Schnelllebigkeit hinterlässt. Am Abend drängen sich die Touristen auf den Gehsteigen. Pickups, Minibusse und Mopeds quälen sich durch die schmalen Straßen. Zuweilen scheint der Strand vor Menschen überzuquellen, dennoch wirkt er sauber, da er ständig gepflegt wird. Die Wasserqualität ist nicht immer die Beste, das Meer wirkt zu bestimmten Jahreszeiten trüb, zu anderen kann es aber strahlend blau sein. Von einem Urlaubsort am Mittelmeer unterscheidet sich Patong äußerlich kaum. Allenfalls das Preisniveau liegt noch etwas niedriger.

Die Umgebung von Patong

Die hübschen Strände **Crystal Bay Beach, Paradise Beach** und **Freedom Beach** im Südwesten von Patong werden oft mit Booten zum Schnorcheln oder Sonnenbaden angefahren. Am Paradise Beach gibt es Sonnenschirme, ein kleines Restaurant und einen Verleih von Schnorchelausrüstungen und Seekanus. Mit dem Auto oder Motorrad gelangt man auf teils steilen Straßen vorbei am gigantischen, neuen Merlin Beach Resort am Tri Trang Beach bis zum Emerald Beach. Von dort geht es auch auf einer ausgeschilderten unbefestigten Straße bis zum Paradise Beach. Zu Fuß kann man zur ersten Bucht auch bequem durch das Gelände des Coral Beach Hotels wandern.

Nördlich von Patong, hinter dem ersten Felsen, der eine schöne Sicht auf den Badeort bietet, erstreckt sich entlang der Küstenstraße die **Kalim Bay**. Der flache, von muschelbewachsenen, scharfkantigen Felsen durchsetzte Strand eignet sich nicht zum Schwimmen. Daher ist es von Vorteil, wenn die Unterkünfte mit einem Pool

Phuket und Umgebung

Ebenso wie ein Besuch der Travestieshow gehört ein Rundgang durch die Bierbars in der Soi Bangla zum Standardprogramm nahezu aller Urlauber. Etwas verunsichert über das „verruchte Treiben" und mit allen Vorurteilen über den Fleischmarkt im Kopf beginnt man in Kleingruppen den Rundgang durch das Gedränge – Ehepartner oder Freund(in) fest an der Hand. In gleichmäßigem Tempo geht es voran, mal nach links oder rechts auf die Bierbars blickend, die sich bei näherem Hinsehen als ziemlich harmlos erweisen.

Eine Überzahl an Mädchen, meist in den Zwanzigern und durchaus normal gekleidet, umlagert gelangweilt oder auch hyperaktiv den Bartresen und unterhält die hängen gebliebenen Gäste mit harmlosen Spielchen wie Jenga oder „Vier gewinnt" oder hämmert Nägel in Baumstämme. Die Getränkepreise halten sich in Grenzen, ebenso die unzüchtigen Handlungen, die in der Öffentlichkeit selbst in diesen Kreisen verpönt sind.

Auffällige Ausnahmen sind ausgerechnet die am hübschesten herausgeputzten „Mädchen", die ihre weiblichen Formen allerdings ausschließlich den Schönheitschirurgen verdanken.

In der unteren Bangla nahe dem Strand, wo die Bierbars einer Gasse fast ausschließlich von Transvestiten betrieben werden, sind schon mal nackte Brüste zu sehen. Im Allgemeinen geht es draußen recht sittsam zu.

Wer allerdings eine Tür zu den angrenzenden Gebäuden öffnet, wird meist in eine Go-Go-Bar blicken.

ausgestattet sind. Aussichtspunkte und Restaurants weiter oben an der Küstenstraße bieten zum Sonnenuntergang eine weniger überlaufene Alternative zum Laem Prom Thep.

Nach dem Tsunami waren in der Patong Bay etwa 20 % der oberflächennahen Korallen durch den hinausgeschwemmten Müll abgeschlagen oder abgebrochen worden, v. a. im Gezeitenbereich.

In der Nähe des Kathu-Wasserfalls finden sich weitere Attraktionen, die vor allem auf asiatische Touristen abzielen, wie **Phuket Water Ski Cableways**, 86/3 Moo 6, Soi Namtok Kathu, ✆ 076-202525, wo tgl. von 11–18 Uhr Wasserski-Fahrer an einem Seil über einen Baggersee gezogen werden (ab 200 Baht). Zudem die **Phuket Shooting Range**, ✆ 076-381667-8, ◷ tgl. 9–18 Uhr.

Wer den großen Nervenkitzel sucht, kann bei **Jungle Bungy Jump**, ✆ 076-321351, 🖳 www.phuketbungy.com, an der Zufahrtsstraße zum Patong Beach in der Saison tgl. von 9–18 Uhr aus 54 m Höhe, mit einem Gummiseil gesichert, in die Tiefe auf einen gefluteten Baggersee zu springen. Der erste Sprung kostet 1600 Baht, jeder weitere wird billiger.

Übernachtung

Mehrere hundert Unterkünfte bieten Zimmer an, vom einfachen Gästehaus bis zum First Class-Hotel. Ein Großteil der Gäste sind Skandinavier, zudem wird im Norden häufig Deutsch gesprochen, in der Soi San Sabai konzentrieren sich Angebote für britische Besucher und im Süden sonnen sich viele Russen und andere Osteuropäer. Auch Chinesen, Koreaner und Inder kommen zunehmend als Urlauber hierher.

Für Billigreisende gibt es wenige Plätzchen. Langzeiturlauber bevorzugen die günstigeren Apartment-Anlagen und Hotels in der hinteren Straße, der Na Nai Rd.

Gästehäuser und Kleinhotels

Sie konzentrieren sich in der zweiten Straße, der Rat Uthit Rd., die etwa 400 m im Land parallel zum Strand verläuft. In ihren Seitengassen werden in Stadthäusern über den Shops, Restaurants und Bars relativ günstig Zimmer vermietet, z. B.

- in den relativ ruhigen Geschäftshäusern östlich des Andaman Beach Suites-Hochhauses nördlich der Thawiwong Rd.,
- rings um den Paradise Complex (viele Schwulenbars),
- in der Barstraße Soi San Sabai und
- in der Soi Kebsup. Am besten schaut man sich hier um.

Außerdem von Norden nach Süden:

Odin's Gh. ㉑, 51 Rat Uthit Rd., ✆ 076-340732, ✉ 340766, ✉ odintravel@hotmail.com, in einem zweistöckigen Reihenhaus hinter dem Geschäftshaus relativ ruhige und saubere, wenn auch nicht mehr ganz frische Zi mit Fan oder AC und Warmwasser-Du/WC, z. T. mit Kühlschrank. Frühstücksrestaurant und Pool-Billard im Garten. ❸–❹

Amanta House Patong ㉓, 5/17 Hat Patong Rd., ✆ 076-290401, 290402, ✉ 290400, 🖥 www. amantahouse.com. Ein Juwel unter den Gästehäusern dieses Viertels, aber auch weit teurer als die anderen. Alle AC-Zi und die mit Küchenzeilen ausgestatteten Apartments sind im chinesischen Stil und in unterschiedlichen Farben eingerichtet. Einige mit Balkon. Zudem kostenloser Internet-Zugang. Kleiner Garten im Hinterhof sowie das Aman Grill Restaurant. Reservierung empfehlenswert, da oft voll. ❺

Jaranya Gh. ㉛, 92/1-10 Sai Nam Yen Rd., ✆ 076-341131, ✉ 342447, zentral und dennoch recht ruhig gelegener älterer Häuserblock. Zweckmäßig eingerichtete AC-Zi mit Kühlschrank und TV, Warmwasser-Du/WC. Günstige Monatsmiete. ❹

Chanathip Gh. ㊴, 53/7 Rat Uthit Rd., ✆ 076-294087, ✉ 294088, kleine Pension, saubere Zi mit Du/WC, Fan oder AC, Warmwasser und Kühlschrank, Satelliten-TV; nette Besitzer, günstige Vermietung von Jeeps und Motorrädern. ❹

Nine Ten Mansions ㊻, 237 Rat Uthit Rd., ✆ 076-345545, 🖥 phuketdir.com/ninetenmansion, Zi mit AC und Warmwasser-Du/WC, TV und Kühlschrank, zudem kleine Sauna und Internet-Zugang. ❹–❺

The Beach House ㊲, 4-8 Thawiwong Rd., 🖥 www.thebeachhousephuket.com, ✆ 076-345639, ✉ 345640. Guesthouse der gehobenen Klasse mit kleinem Restaurant in einem Neubau. Teurere, größere Zi mit Balkon und Meerblick, auch Familienzimmer, kleiner Pool. ❹–❻

Untere Mittelklasse

Die Preise schwanken stark je nach Auslastung und halbieren sich etwa in der Nebensaison von Mai bis Oktober.

P.S. 2 Bungalow ⑭, 21 Rat Uthit Rd., ✆ 076-342207-8, ✉ 290034, 🖥 www.ps2bungalow.com, einfache, saubere Doppelbungalows mit Fan oder AC, Du/WC und Kühlschrank sowie 1- und 2-stöckige Häuser. Die hinteren liegen recht ruhig um einen Garten mit Pool. Nahe der Straße ein Restaurant. ❹

Andatel ⑳, 41/9 Rat Uthit Rd., ✆ 076-290480, 🖥 www.andatelhotel.com. In 3-stöckigen Reihenhäusern mit Thai-Dächern 53 AC-Zi mit Warmwasser-Du/WC, Kühlschrank und kleinem Balkon, Restaurant und Pool. Frühstück inkl. Günstig über Veranstalter zu buchen. ❺

Deevana Patong Resort ㉑, 89/58 Rat Uthit Rd., ✆ 076-290387-90, 🖥 www.deevanaphuket. com, an der Zufahrtsstraße zum Grand Condotel. Nette, weitläufige Anlage, 53 Zi in einstöckigen Reihenhäusern rings um einen Pool, Spa, Restaurant. Über das Internet Sonderangebote. ❺

Patong Pearl Resortel ㉙, 13 Sawasdirak Rd., ✆ 076-340121, ✉ 341757, 🖥 www.patongpearl. com, helle, freundliche AC-Zi und Bungalows, gutes Essen, bis 21 Uhr Sonderangebote, freundliches Personal, Pool. ❻

Poppa Palace ㊴, 14, 16 Rat Uthit Rd., ✆ 076-345522, 🖥 www.poppapalace.com. In einem 4-stöckigen Neubau in ruhiger Lage und dennoch zentral. 64 AC-Zi im Thai-Stil mit Du/WC, TV, Internet-Zugang, Kühlschrank und Balkon. Frühstück inkl. ❺

Patong Villa ㊷, 152 Thawiwong Rd., ✆ 076-340132, 🖥 www.patongvilla.com, mitten im Barbezirk, aber relativ ruhig stehen etwas zurückversetzt von der Straße 1-stöckige Reihenbungalows und ein 2-stöckiges Terrassenhaus am Pool, mit Spa. Zugang durch Verkaufsstände mit aufdringlichen Verkäufern. ❺–❻

Capricorn's Village ㊹, 82/29 Rat Uthit Rd., ✆/✉ 076-340390, kleine, zentral gelegene, einfache Bungalowanlage, italienische Leitung. ❸

K-Hotel ㊸, 180 Rat Uthit Rd., ✆ 076-340832, 🖥 www.K-hotel.com, Bungalows hinter und neben dem beliebten, hervorragenden Wiener Gartenrestaurant, viele deutschsprachige Pauschalurlauber. In der Saison Buchungen nur über Reiseveranstalter möglich. ❺

Touch Villa ㊽, 151/4 Rat Uthit Rd., ✆ 076-344011, am Ende einer Soi mit vielen Massagesalons. 31 dicht aufeinander stehende, kleine Bungalows mit Fan oder AC, Warmwasser-Du/WC und Kühlschrank. ❸–❹

	Name	Price	Phone
①	Nerntong R.	❹–❺	076-340571
②	Malibu Island Club H.	❺	076-342321
③	Orchid Hotel & Spa	❽	076-340496
④	Sunset Beach R.	❺–❻	076-342482
⑤	The Blue Marine R.	❻–❽	076- 370400
⑥	Patong Lodge	❺	076-341020
⑦	Diamond Cliff R. & Spa	❽	076-340501
⑧	Novotel Coralia Phuket	❻	076-342777
⑧	Patong Paragon Hotel	❽	076-290555
⑨	First R.	❺	076-340980
⑨	The Mermaid R.	❺	081-8926415
⑩	Phuket Graceland	❽	076-370555
⑪	Eden Bungalow R.	❻	076-340944
⑫	Sunset Mansion	❺	076-340734
⑬	Austrian Garden	❺	076-340350
⑭	P.S. 2 Bungalow	❹	076-342207
⑮	Shamrock Park Inn	❸	076-340991
⑯	Than Thip Villa	❺–❻	076-340359
⑰	Swiss Palm B.	❻	076-342099
⑱	Beau Rivage u. a. Gh.	❹–❺	076-340725
⑲	Patong Palace (P) Hotel	❻	076-342369
⑳	Andatel Patong Phuket	❺	076-290840
㉑	Deevana Patong R.	❺	076-290387
㉑	Odin's Gh.	❸–❹	076-340732
㉒	Patong Bayshore	❺	076-341414
㉓	Amanta House Patong	❺	076-290401
㉓	Boomerang Inn u. a. Gh.	❹	076-342182
㉔	The Andam. B. Suites	❻–❼	076-341879
㉕	Pat. Grand Condotel	❺	076-341043
㉖	Club Andaman B. R.	❼–❽	076-340361
㉗	Patong Bayshore	❻	076-340602
㉘	Royal Phawadee V.	❺–❼	076-344622
㉘	White Sand Resotel	❻	076-296013
㉙	Patong Pearl Resotel	❻	076-340121
㉚	Patong City Hotel	❺	076-342150
㉛	Jaranya Gh.	❹	076-341131
㉜	Family 2 Mansion	❹	076-344139
㉜	Patong Sub Inn	❹	076-344701
㉝	Nippa Villa	❹	076-340099
㉞	Vises Patong H.	❺	076-341015
㉟	Impiana Phuket Cabana	❽	076-340138
㊱	Thara Patong B. R.	❺–❽	076-340135
㊲	Salathai R.	❻	076-296631
㊳	Azzurro Village	❺	076-341811
㊴	Tiger Inn	❹–❺	076-340959
㊴	Chanathip Gh.	❹	076-294087
㊴	KN Guesthouse	❺	076-342719
㊴	Baan Tip Top Gh.	❺	076-344152
㊴	Poppa Palace	❺	076-345522
㊵	Patong B. Bungalow	❼	076-340117
㊵	The Beach R.	❻	076-340544
㊶	Patong Bay Gar. R.	❻–❽	076-340297
㊶	Tawan Beach House	❺	076-341562
㊶	Sandy House	❺	076-344360
㊷	Patong Villa	❺–❻	076-340132
㊸	K–Hotel	❺	076-340832
㊹	Capricorn's Village	❹	076-340390
㊹	Neptuna Hotel	❺	076-340824
㊺	Safari Beach Hotel	❻–❼	076-341171
㊻	Royal Paradise H.	❻–❼	076-340666
㊼	Aloha Village	❺	076-345733
㊼	C&N Hotel	❹	076-340475
㊽	Touch Villa	❸–❹	076-344011
㊽	P.S. 1 Hotel	❺	076-340184
㊽	Villa Swiss Garden u. a.	❹	076-341120
㊾	Sand Inn	❺	076-340275
㊿	Hotel Summer Breeze	❺	076-340464
51	Andaman Resotel	❺	076-341516
52	Baan Sukhothai	❻–❼	076-341394
53	Tropica Bungalow H.	❻	076-340204
54	Patong Inn H.	❹–❺	076-340587
55	Patong Beach H.	❽	076-340301
56	Patong R.	❻–❼	076-340850
57	Banthai Beach R.	❽	076-340850
58	ADD Mansion	❹	076-294430
59	Montana Grand Phuket	❺	076-294181-3
60	Royal Palm Resotel	❺	076-292510
61	Baan Laimai	❻–❼	076-340460
62	Blue Ocean R.	❹–❻	076-345191-3
62	Tatum Mansion	❹	076-344332
63	Horizon Beach R.	❼–❽	076-292526
64	B&B Beach House	❹	076-292147
65	Sandy Beach u. a. Gh.	❹	076-344914
66	Nine Ten Mansion	❹–❺	076-345545
67	Holiday Inn R.	❻–❽	076-340608
68	Phuket Grand Tropicana	❺	076-340210-2
69	The Merlin Phuket	❽	076-340037
70	Baumanburi	❻–❽	076-345951
71	Tina House u. a. Gh.	❹	076-292103
72	Hyton Leelavadee	❻–❼	076-292091
73	Ramaburin	❹–❻	076- 345333
74	Absolute Sea Pearl B. R.	❼–❽	076-341901
75	Seagull Home	❻	076-292098
76	Hotel Villa del Mar	❹–❼	076-345698
77	Baan Boa R.	❻	076-292869
78	The Beach House	❹–❻	076-345639
79	Avantika Boutique H.	❽	076-292801
80	Seaview Hotel	❽	076-341300
81	Amari Coral Beach R.	❽	076-340106
82	Duangjit R. & Spa	❻–❽	076-340303
83	Coconut Village R.	❺–❻	076-340146

Phuket und Umgebung

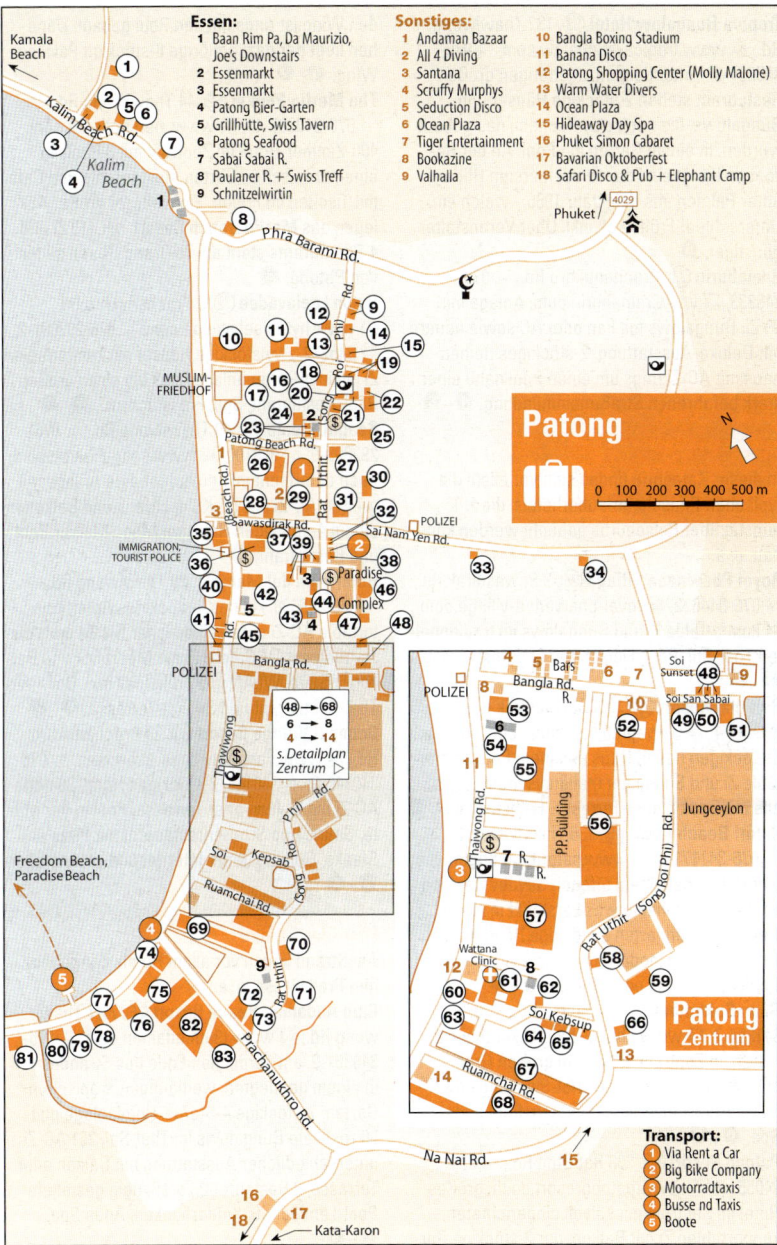

Essen:
1 Baan Rim Pa, Da Maurizio, Joe's Downstairs
2 Essenmarkt
3 Essenmarkt
4 Patong Bier-Garten
5 Grillhütte, Swiss Tavern
6 Patong Seafood
7 Sabai Sabai R.
8 Paulaner R. + Swiss Treff
9 Schnitzelwirtin

Sonstiges:
1 Andaman Bazaar
2 All 4 Diving
3 Santana
4 Scruffy Murphys
5 Seduction Disco
6 Ocean Plaza
7 Tiger Entertainment
8 Bookazine
9 Valhalla
10 Bangla Boxing Stadium
11 Banana Disco
12 Patong Shopping Center (Molly Malone)
13 Warm Water Divers
14 Ocean Plaza
15 Hideaway Day Spa
16 Phuket Simon Cabaret
17 Bavarian Oktoberfest
18 Safari Disco & Pub + Elephant Camp

Patong

0 100 200 300 400 500 m

Patong Zentrum

Transport:
1 Via Rent a Car
2 Big Bike Company
3 Motorradtaxis
4 Busse nd Taxis
5 Boote

Phuket und Umgebung

Tropica Bungalow Hotel (53), 132 Thawiwong Rd., www.tropica-bungalow.com, 076-340204-5. Hinter dem dazugehörigen großen Restaurant stehen 2-stöckige Häuser und Bungalows, die nach dem Tsunami neu gebaut wurden, in einem Garten mit Pool. An der Rezeption hängt ein Foto von den ersten Hütten unter Palmen aus dem Jahr 1986 – welch ein Unterschied! Frühstück inkl. Über Veranstalter günstiger. ❻

Ramaburin (73), Prachanukhro Rd., 076-345333, www.ramaburin.com, Anlage mit 39 Zi, Bungalows mit Fan oder AC sowie neuere mit Deluxe-Ausstattung, 2-stöckiges Reihenhaus mit AC-Zi rings um einen Pool nahe einer stark befahrenen Straßeneinmündung. ❹–❺

Obere Mittelklasse

In dieser Kategorie finden sich vor allem die typischen Pauschalurlauberhotels, die z. T. günstig über Reisebüros gebucht werden können, u. a.:

Royal Phawadee Village (28), 3 Sawasdirak Rd., 076-344622, royal-phawadee-village.com, 34 komfortable Zi und Bungalows im traditionellen Thai-Stil. Pool, Fleischerei und Restaurant. ❻–❼

Salathai Resort (37), 10/4 Sawasdirak Rd., 076-296631-4, www.phuketsalathai.com, in einem 3-stöckigen neuen Haus an einem Pool komfortable Zi und Suiten mit thailändischem Touch, alle mit Balkon oder Terrasse. Frühstück inkl. ❻

Safari Beach Hotel (45), 136 Thawiwong Rd., 076-341171-4, www.safaribeachhotel.com, hinter dem beliebten, offenen Savoey Seafood Restaurant stehen etwas versteckt in einem kleinen Tropengarten 3-stöckige Häuser an einem Pool. 45 modern gestaltete AC-Zi mit Du/WC, Terrasse oder Balkon. ❻–❼

Baan Sukhothai (52), 70 Bangla Rd., 076-341394-7, www.phuket-baansukhothai.com; mitten im Zentrum auf einem großen Grundstück schöne, luxuriöse Thai-Stil-Bungalows. Restaurants, diverse Aktivitäten, Pool und Spa. ❻–❼

Patong Resort (56), 208 Rat Uthit Rd., 076-340551-4, www.patongresort.co.th, großes Hotel im Zentrum mit stilvoll eingerichteten, komfortablen Zi mit Balkon, der 2-stöckige Garden Wing ist rings um den Pool gebaut. Daneben liegt der dazugehörige 8-stöckige Pavilion Wing. ❻–❼

The Merlin Phuket (69), 44 Thawiwong Rd., 076-340037-41, www.merlinphuket.com. 400-Zimmer-Hotel im Zentrum mit 3 Pools in einem tropischen Garten, Restaurants und Café mit Tischen im Freien. Ein weiterer großer Ableger, das **Merlin Beach Resort**, mit 415 Zi und 4 Restaurants steht am Tri-Trang Beach südlich von Patong. ❽

Hyton Leelavadee (72), 3 Prachanukhro Rd., www.hytonleelavadee.com, 076-292091-2, 345272, zweistöckige Häuser mit komfortablen Zi in einer Gartenanlage rings um einen großen Pool. Restaurant, Spa, Frühstück inkl. ❻–❼

Seagull Home (75), 40 Thawiwong Rd., 076-292098-9, 929100, www.seagullhome.com, nach dem Tsunami neu aufgebaute Anlage mit großen AC-Zi mit TV, Kühlschrank und Balkon in einem 4-stöckigen Haus am Meer. Kleiner Pool und Restaurant. ❻

Hotel Villa del Mar (76), , 30 Thawiwong Rd., 076-345698, kleines 4-stöckiges Hotel, komfortable AC-Zi unterschiedlicher Größe und Ausstattung mit TV, Safe. 8 Zi mit Meerblick und Balkon, 1 Suite, WLAN und Frühstück inkl. Open Air Thai-Restaurant und Sunset-Terrasse. ❹–❼

Coconut Village Resort (83), 20 Prachanukhro Rd., www.coconutvillageresort.com, 076-340146-9, 340144, 2-stöckiges Hotel, 80 nette AC-Zi mit Balkon oder Terrasse; Pool in der Mitte, Sauna und Straßenrestaurant mit Pizza und Steaks. Günstig übers Internet und Veranstalter. ❺–❻

First-Class-Hotels

Am Strand liegen vor allem Hotels der gehobenen Preisklasse, u. a.:

Club Andaman Beach Resort (26), 77/1 Thawiwong Rd., www.clubandaman.com, 076-340361-2, am nördlichen Ende des Strandes in einem gepflegten, weitläufigen, tropischen Garten, 7-stöckige 4-Sterne-Hotelanlage und 50 rustikale Bungalows im Thai-Stil, 251 AC-Zi unterschiedlicher Ausstattung mit Balkon oder Terrasse; 2 Restaurants, großzügig gestaltete Pool-Landschaft, Kinderbecken, Anda Spa. ❼–❽

Impiana Phuket Cabana ㉟, 41 Thawiwong Rd., ☎ 076-340138, 🖳 www.impiana.com, stilvolles, hochpreisiges Boutique-Hotel im modernen Thai-Design direkt am Strand. 70 mit dunklem Holz eingerichtete Zi mit jeglichem Komfort und Balkon. Gutes Restaurant mit Fusion Cuisine. ❽

Thara Patong Beach Resort ㊱, 170 Thawiwong Rd., ☎ 076-340135, 🖳 www.tharapatong.com, große, zentrale Anlage in Strandnähe. 173 Zi gruppieren sich um 2 Pools, zudem ein Spa mit Sauna und Kosmetiksalon, ein einheimisches, chinesisches und italienisches Restaurant. ❻–❽

Patong Beach Bungalow ㊵, 39 Thawiwong Rd., 🖳 www.patongbeachbungalow.com, ☎ 076-340117, ✆ 340213, neue Bungalows und Luxus-Zi verschiedener Größe, die teureren mit Blick aufs Meer. Restaurant, Bar, Pool mit Sauna und Spa. ❻–❽

Patong Bay Garden Resort ㊶, 33/1 Thawiwong Rd., 🖳 www.patongbaygarden.com, ☎ 076-340297, ✆ 340560, nach dem Tsunami neu aufgebautes Resort mit großem Garten am Strand, 70 komfortable Zi im Thai-Stil, teils mit Balkon, und für Familien geeignete Suiten, teurere Zi direkt am Strand. Italienisches Restaurant, Pool, Spa. ❻–❽

Duangjit Resort & Spa ㊷, 18 Prachanukhro Rd., etwas abseits vom Strand, ☎ 076-340303, 🖳 www.duangjit.com. In einem schön gestalteten Garten mit vielen Palmen 2 u-förmig um große Pools gebaute 2-stöckige Häuser, 324 komfortable AC-Zi mit Balkon oder Terrasse und 57 etwas kleinere AC-Bungalows mit Du/WC; gutes Restaurant, Spa. ❻–❽

Banthai Beach Resort ㊲, 94 Thawiwong Rd., ☎ 076-340850-4, 🖳 www.banthaiphuket.com, große Anlage mit Bungalows und Zimmern im modernen Thai-Stil, einige mit direktem Poolzugang, umgeben von einer Plaza mit vielen Läden und Ablegern internationaler Ketten. ❽

Holiday Inn Resort ㊻, 52 Thawiwong Rd., ☎ 076-340608, 🖳 www.phuket.holiday-inn.com, 4-Sterne-Resort, der alte Block wurde teils durch den Tsunami zerstört und wieder aufgebaut. Neuer Flügel mit Zi und Villen im Thai-Stil mit 3 weiteren Pools und dem Spa The Aspara. ❻–❽

Apartments

Swiss Palm Beach ⑰, 2 Chalermprakiat Rd., hinter dem moslemischen Friedhof, ☎ 076-342099, 🖳 www.swisspalmbeach.com, Hotelanlage, um einen Garten mit Pool angelegt, 33 Apartments von 90 m² mit Terrasse, 2 AC-Schlafzimmer, Bad, Küche, Essecke und Wohnraum mit TV und Video, 6 Suiten; Restaurant, 150 m vom Strand. Bei deutschsprachigen Gästen beliebtes Haus unter Schweizer Leitung. ❻

Kalim Beach

An der zum Baden kaum geeigneten felsigen Küste im Norden liegen u. a.:

Nerntong Resort ①, 60/4 Moo 5, Kalim Beach, ☎ 076-340571, ✆ 342387, ✉ pff@loxinfo.co.th, am Hang in einem üppigen tropischen Garten, sehr ruhig und abgelegen, 300 m vom Meer, 19 Häuschen mit Fan, 11 AC-Bungalows mit Warmwasser-Du/WC, TV und Kühlschrank; Argentina Steak House, Pool, Jacuzzi. Die traditionelle Kräutersauna kann auch von Nichtgästen genutzt werden. ❹–❺

Orchid Hotel & Spa ③, 320 Soi 7, Ban Kalim, 🖳 www.theorchidhotel-phuket.com, ☎ 076-340496, kleines 4-Sterne Hotel mit 25 komfortablen AC-Zi und Suiten im mediterranen Stil mit schöner Sicht in einem 4-stöckigen Haus; Coffee Shop, Pool an der Strandstraße. ❽

Novotel Phuket Resort ⑧, Kalim Beach, ☎ 076-342777, ✆ 341110, ✉ novotel@phuket.com, weitläufige Anlage am Hang, hohe Lobby im Thai-Stil, 215 nette Zi mit Balkon und Meerblick, gutes, etwas teures Thai-Restaurant, 3 schöne Pools und ein großes Freizeitangebot. Frühstück inkl. ❽

Essen

Gästehäuser und einfache Hotels servieren das übliche Ei-und-Toast-Frühstück, während teurere Resorts ein mehr oder weniger üppiges Buffet auftragen. Mittags verlassen nur wenige den Strand, und wer nicht von den fliegenden Händlern mit Sandwiches, Obst und gekühlten Getränken versorgt wird, sucht höchstens eines der strandnahen Restaurants für einen Imbiss auf. Nach Sonnenuntergang scheinen alle Touristen auf den Beinen, um ein Restaurant für den Abend zu suchen. Viele lassen sich dabei von den leckeren (aber teuren) Auslagen vor den Seafood-Restaurants an der Thawiwong Rd. anlocken.

Patong Bier-Garten, 180 Rat Uthit Rd., im K-Hotel, 🖳 www.K-hotel.com, unter Leitung von Robert Pagitsch. Gehobene Wiener Küche, gute Fischkarte, leckere Desserts und Bier vom Fass. Aufmerksamer Service, Hauptgerichte um 400 Baht, Tagesmenü 200 Baht. Im ruhigen Garten kann man angenehm sitzen. ⏰ tgl. 11–23 Uhr.

Paulaner, 66/30 Soi Kebsup, ✆ 076-340253, gediegenes AC-Restaurant mit deutschen Spezialitäten, diversen heimischen Bieren und Schnäpsen, auch Frühstück, Zimmervermietung.

Swiss Treff, 66/32 Soi Kebsup, ✆ 076-344848, 🖳 www.phuket-swisstreff.com, Bratwurst und andere Schweizer Spezialitäten, auch Zimmervermietung.

Grillhütte, 142/1 Thawiwong Rd., ✆ 076-341456, 🖳 www.grillhuette.com. Seit 1983 gibt es dieses deutsch-österreichische Restaurant unter Leitung von Ulrich Sterz, das auch Zimmer ❺ vermietet. Bier vom Fass. Nebenan die **Swiss Taverne**. Österreichisch-deutsche Küche auch bei der **Schnitzelwirtin**, Rat Uthit Rd., im Süden. Viele kleine, einfache Restaurants konzentrieren sich in der Soi Post Office (Soi Permpongpatana).

Sabai Sabai, 89/7 Thawiwong Rd., ✆ 076-340222, preiswerte Thai-Gerichte und Steaks. In der Hochsaison warten die Gäste auf der Straße auf freie Plätze. Schneller Service. Auch wenn die Werbung etwas anderes verspricht, sind Touristen hier unter sich.

Auf dem großen **Essensmarkt** in der Rat Uthit Rd. sitzen Touristen zwischen den Garküchen, in denen gebraten und gegrillt wird. Die Atmosphäre stimmt – da stört es nur wenige, dass vor allem beim Seafood kräftig abgezockt wird. Günstiger und überschaubarer ist der abendliche **Essensmarkt** etwas weiter nördlich hinter der Einmündung der Patong Beach Rd. Großes Angebot an frischem Seafood, und auch der Service stimmt.

Mae Naam im Royal Phawadee Village, 3 Sawasdirak Rd., 🖳 royal-phawadee-village.com, einheimische und moderne französische Küche. ⏰ tgl. 17–24 Uhr. Nebenan, **La Boucherie**, eine

französische Fleischerei mit Restaurant. ⏰ tgl. 12–15 und 18–24 Uhr. Steaks um 500 Baht, andere Gerichte günstiger.

The Dubai Sheeshan Restaurant, im Andamane Bazaar, vor dem Club Andaman Beach Resort, indisch-arabische Küche, auch Seafood.

Wer einen Grund zum Feiern hat oder bereit ist, für ein gutes Essen etwas mehr auszugeben, findet in Patong einige hervorragende Restaurants mit verschiedenen Küchen:

Sala Bua, im Phuket Cabana, 41 Thawiwong Rd., ✆ 076-340138, 🖳 www.impiana.com, der mehrfach prämierte Koch zaubert ausgezeichnete einheimische und internationale Gerichte. ⏰ 6.30–24 Uhr.

Im **Royal Kitchen**, 135/32 Rat Uthit Rd., ✆ 076-340666, 🖳 www.royalparadise.com, unter dem Dach des Royal Paradise Hotel, wird chinesisch gekocht, gute kantonesische Küche und Peking-Ente, fantastische Aussicht.

Baluchi, 64/39 Soi Kebsup, ✆ 076-292526, im Horizon Beach Resort, hervorragendes nordindisch-moslemisches Restaurant. Hervorragende Tandooris, zudem westliche Gerichte für 200–500 Baht. ⏰ tgl. 12–23.30 Uhr, in der Nachsaison ab 15 Uhr.

Drei Restaurants liegen auf den Felsen am Kalim Beach und bieten neben einem kulinarischen Erlebnis eine herrliche Sicht.

Baan Rim Pa, ✆ 076-340789, geschmackvoll dekoriertes Restaurant, das seit Jahrzehnten für seine stilvolle Thai-Küche, gute Weinauswahl und schöne Aussicht bekannt ist. Frühzeitige Reservierung vor allem in der Saison zu empfehlen. Gehobenes Preisniveau. Tgl. außer Mo Live-Jazz. ⏰ tgl. 12–23 Uhr.

Joe's Downstairs, nebenan, ✆ 076-344254, ist eine edle Tapas-Bar mit amerikanischem Flair, Gerichte 250–500 Baht, und im **Da Maurizio**, ✆ 076-344079, dem dritten Restaurant direkt am Meer, wird italienisch gekocht. ⏰ tgl. 12–23 Uhr.

Unterhaltung

Unterhaltung gibt es mehr, als so mancher ertragen kann. Ob Bier-, Video- oder Go-Go-Kneipen, Discos oder Bordelle. Das Angebot an Bars hat zu einem verschärften Wettbewerb geführt, der sich unangenehm bemerkbar macht.

Die weite Bucht von Patong ist bei Sonnenanbetern beliebt

Discos

Banana Disco, 94 Thawiwong Rd., ☎ 076-3403 06, die älteste Disco im Zentrum von Patong, in der es erst gegen Mitternacht richtig voll wird. Allerdings ist es recht finster und kalt. An der Bar wird am frühen Abend oft Live-Musik geboten, danach legt der DJ überwiegend House auf. Eintritt 200 Baht, 1 Drink inkl. ◷ 21–2 Uhr, der dazugehörige Pub öffnet bereits mittags.

Seduction Disco, Soi Happy, Bangla Rd., 🖳 www.seductiondiscotheque.com, die neueste und größte 2-stöckige Disco auf der Vergnügungsmeile, mit einem Super-Soundsystem. 250 Baht Eintritt. ◷ 21–4 Uhr. Mi zur Beach Party wird die Tanzfläche mit Sand gefüllt. Im **Tiger Entertainment-Komplex: Club 730**, eine weitere beliebte Disco in der Soi Bangla, 🖳 www.phuket-dir.com/tigerdisco. Hier treffen sich nach Mitternacht Touristen aus aller Welt. Aufgelegt wird ein breites Spektrum von House, Hip-Hop und die üblichen Reggae-Urlaubshits.

The Beach Discotheque, im Royal Paradise Hotel, 135/32 Rat Uthit Rd., ☎ 076-340666, 🖳 www.royalparadise.com, die größte Disco der Insel mit tollen Laser- und Lichteffekten.

Safari Disco & Fun Pub, 28 Sirirat Rd., auf einem Hügel an der Straße nach Karon: der Traum eines Romantikers wurde wahr! Alles ist aus Naturmaterialien erbaut und mit vielen Pflanzen und originellen Tonfiguren dekoriert. Live-Bands von 22–2 Uhr. ◷ tgl. 20–3 Uhr.

Pubs und Clubs

Saxophone, Andaman Bazaar, 188/2 Thawiwong Rd., ☎ 076-346167. Auch wenn er nicht mit dem Original in Bangkok mithalten kann, ist der neue Club doch ein gutes Umfeld für Auftritte von Jazz-, Blues-, Soul- und Funk-Bands, die ab 21 Uhr spielen. Die Getränkepreise sind moderat, und wer Lust hat, kann tanzen. Im selben Block: **Rock City**, macht ihm Konkurrenz.

Thru the Sea, nebenan, ☎ 076-340530, 🖳 www.thruthesea.com, eine Kombination aus Open-air-Restaurant und Club mit Live-Musik (Rock, Pop, Latin) und Disco.

Molly Malone's Irish Pub, Patong Shopping Center, 94/1 Thawiwong Rd., ☎ 076-292771, 🖳 www.mollymalonesphuket.com. Ein echt irisches Pub ohne Anmache, ◷ tgl. 10–2 Uhr.

Scruffy Murphy's Irish Pub, 5 Bangla Rd., 🖳 www.scruffymurphysphuket.com, ☎ 076-

292590. Ab 11 Uhr ist dieses zweite irische Pub geöffnet. Obwohl es im Zentrum des Barviertels liegt, wird „Mann" hier in Ruhe gelassen. Wenn interessante Sportübertragungen laufen oder abends Live-Musik spielt, kommt Stimmung auf. ⊙ tgl. 10–2 Uhr.

Bierzelt

Bavarian Okotoberfest, 204/53 Rat Uthit Rd., ℡ 076-293107, 🖳 www.bavarian-entertainment. com, am Ortsrand Richtung Kata steht laut Eigenwerbung das größte Bierzelt Asiens, in dem es zünftig hergeht und thailändische Mädels im Dirndl Maßbier, riesige kalte Platten und Schweinshaxen auftragen. Wenn freitags Elvis-Kopien zum Rock 'n' Roll aufspielen, sind die 1500 Sitzplätze gut gefüllt. Das aktuelle Programm steht im Internet, ⊙ tgl. 18–1 Uhr.

Shows

Phuket Simon Cabaret, 8 Sirirat Rd., 🖳 www. phuket-simoncabaret.com, Reservierung unter ℡ 076-342114-6, an der Straße Richtung Karon Beach. Eine professionell gestaltete Travestie-show, herrliche Bühnenbilder, gekonnte Dramaturgie, fantastische Licht- und Sound-Effekte. Vorstellungen um 19.30 und 21.30 Uhr. Tickets 600 Baht, für Einheimische und in der Nebensaison günstiger.

Bangla Boxing Stadium, Soi Bangla, Ecke Rat Uthit Rd., ℡ 089-4745374, hier treten auf einer Bühne nationale und internationale Profiboxer gegeneinander an. Auch Frauenkämpfe. Tickets je nach Sitzplatz 1300 / 1500 Baht.

Sonstiges

Autovermietungen

Am Strand und bei den Gästehäusern werden Jeeps unter 1000 Baht vermietet, die allerdings nicht ausreichend versichert und oft in schlechtem Zustand sind.
Via Rent a Car, 120/18 Rat Uthit Rd., ℡ 076-341660, ein zuverlässiger Anbieter.

Bootsfahrten

Longtail-Boote verkehren vom Pier am Südende der Bucht zum Freedom und Paradise Beach. Sie kosten etwa 400 Baht pro Std. Tagestouren

mit Booten in die Phang Nga Bay und auf die Nachbarinseln s. S. 571.

Einkaufen

Das neue Mega Shopping Center **Jungceylon**, Rat Uthit Rd., www.jungceylon.com, ist eine Sehenswürdigkeit für sich. Über den überdachten Silang Boulevard (Fast Food, Sport, Spa, Kunsthandwerk) geht es zum Port, ein freier Platz, wo eine 20 m lange chinesische Dschunke die Blicke auf sich zieht. Abends macht ihr ein Musikbrunnen Konkurrenz, die jeweiligen Show-Zeiten sind angeschrieben. Von hier geht die Zone Sino Phuket ab, die im Design historische Anklänge erkennen lässt. Zudem der Phuket Square mit dem Hauptmagneten, dem **Carrefour Hypermarkt** (🖳 www.carrefour.co.th) mit einer guten Auswahl westlicher und asiatischer Lebensmittel und Getränke, dem Robinson Department Store, 5 Kinos, Bowlingbahnen und Karaoke. Abends locken diverse Veranstaltungen auch viele Einheimische ins Center. Dahinter erstreckt sich die riesige, neue Halle des **Banzaan Fresh Market**, wo Obst und Gemüse, Fleisch und Fisch verkauft werden.

Auch die anderen **Einkaufszentren** sind gut bestückt mit Waren, die Urlauber brauchen – das Angebot reicht von Bademode über Sonnenbrillen bis zu Kosmetika, Spirituosen, westlichen Lebensmitteln, Postkarten, Zeitschriften und Medikamenten aller Art.
Eine gute Auswahl von Lebensmitteln im **Big One Supermarket** im Ocean Plaza, 31 Bangla Rd., ⊙ tgl. 12–24 Uhr, sowie in der Filiale weiter im Süden an der Thawiwong Rd.
Die Auswahl an Büchern ist sehr begrenzt. Vielleicht wird man im **Bookazine**, 18 Bangla Rd., oder im Jungceylon fündig. Je nach Saison und Nachfrage schwanken die Preise an den **Souvenirständen**, die sich in der Bangla Rd., der Thawiwong Rd. und vielen Nebenstraßen ausgebreitet haben. Es werden vor allem von gerade eingetroffenen Weißhäutigen überhöhte Preise (bis zum 3–4-fachen) gefordert, sodass es lohnt, zu vergleichen und zu handeln.

Elefantenreiten

Oberhalb der Kalim Bay, an der Straße nach Kata oder bei **Adventure Safaris**, 70/85 Rat Uthit

Phuket und Umgebung

Rd., ✆ 076-341988 und 341746, 🖥 www.phuket.
com/tours/safaris.htm. Normalerweise führt der
kurze Ausritt durch ehemalige Gummiplantagen.
Für eine einstündige Tour sind etwa 1000 Baht
zu zahlen. Viele Unternehmen sind nicht registriert und operieren illegal.

Geld

Zahlreiche Wechselstuben und Banken im
Zentrum und an der Rat Uthit Rd. wechseln tgl.
von 9.30–20 Uhr Geld und Travellers Cheques.
Spätabends sind noch die Wechselschalter in
der Bangla Rd. geöffnet. Außerdem zahlreiche
Geldautomaten.

Immigration

Thawiwong Rd. nördlich der Einmündung der
Bangla Rd., ⏲ Mo–Fr außer feiertags 10–12 und
13–15 Uhr.

Medizinische Hilfe

Das **Patong Hospital**, ✆ 076-344225, an der Sai
Nam Yen Road hat eine gute ambulante Station
und ist sehr erfahren in der Behandlung von
Verletzungen durch Motorradunfälle. Bessere
stationäre Behandlung erfährt man in den Krankenhäusern von Phuket.
Wattana Clinic, 78/8 Thawiwong Rd., ✆ 076-
340690, ⏲ tgl. 9–19 Uhr. Auch Deutsch sprechende Ärzte.

Motorräder

In einem Jahr hat es auf der Insel über 1000
registrierte Motorradunfälle mit fast 200 Toten
gegeben, also bitte vorsichtig nur mit Helm
fahren und den Führerschein mitnehmen.
Über 100 Motorräder, darunter 250cc- und
1000cc-Maschinen, vermietet **Big Bike Company** an der Thawiwong Rd., ✆ 076-345100.
100cc-Maschinen kosten ca. 200 Baht pro Tag,
125cc 300 Baht. Allerdings schwanken die Preise je nach Nachfrage erheblich.

Parken

Wer mit dem eigenen Fahrzeug unterwegs ist,
sollte unbedingt darauf achten, dass an geraden / ungeraden Tagen das Parkverbot von einer
zur anderen Straßenseite wechselt, manchmal
sogar mittags.

Post

Postamt in der Rat Uthit Rd., ⏲ 8.30–12 und 13–
16.30 Uhr, feiertags 9–12 Uhr.

Spa

The Hideaway Day Spa, 157 Soi Na Nai, ✆ 076-
340591, 🖥 www.phuket-hideaway.com, eine
Oase der Ruhe am Fuß der bewaldeten Hügel,
abseits des Trubels. Das bereits 1987 gegründete erste Spa.

Straßennamen

Die Thawiwong Rd., die am Strand entlang ver-
läuft, wird häufig auch Beach Rd. genannt. Die
Parallelstraße Rat Uthit Rd. erhielt den Zusatz
Song Roi Pee Rd., was 200-Jahr-Straße bedeutet.
Nur selten wird sie allerdings Rat Uthit Song Roi
Pee Rd. genannt. Man bevorzugt die Abkürzung
oder gar die englische Version 200 Year Rd.

Tauchen

Zahlreiche Tauchshops in Patong veranstalten
weder Kurse noch Touren, sondern buchen ihre
Kunden bei den großen Veranstaltern ein.
Santana, 49 Thawiwong Rd., ✆ 076-294220,
🖥 www.santanaphuket.com (englisch und
deutsch). Die älteste Tauchbasis auf Phuket
unter deutscher Leitung, PADI 5-Sterne IDC
Center, mit 2 Tauchbooten 3- bis 7-tägige Live-
aboard Cruises nach Similan, Surin und zu den
südlichen Inseln, Nitrox-Tauchen.
Warm Water Divers, 225 Rat Uthit Rd., ✆ 076-
294150, Filiale im Amari Coral Beach Resort,
✆ 076-293023, 🖥 www.warmwaterdivers.com.
PADI 5-Sterne, zahlreiche Filialen, aber keine
eigenen Schiffe.
All 4 Diving, 5/4 Sawasdirak Rd., ✆ 076-344611,
große Auswahl an Ausrüstung im größten Shop
der Insel, angeboten werden zudem Kurse diverser Veranstalter. Der Manager spricht Deutsch.
Eine privat betriebene **Dekompressionskammer**
neben der Zentrale von Warm Water Divers,
231/233 Rat Uthit Rd., 🖥 www.sssnetwork.com.
Eine große Kammer besitzt das Vachira Phuket
Hospital in Phuket Town.

Tourist Police

Thawiwong Rd. nördlich der Einmündung der
Bangla Rd. Notruf ✆ 1155.

Wassersport

Windsurfen für 300 Baht/Std., Hobie Cats
600 Baht/Std., Parasailing 600 Baht, Wasserski
700 Baht/15 Min., Banana Boat 300 Baht p. P.,
Tauchen (s. o.) und Longtail-Boote sowie Jet
Skis 800 Baht / 30 Min., die offiziell verbannt
sind, da sie laut und gefährlich sind – besser
meiden!

Nahverkehr

Pickups und Tuk Tuks im Ort verlangen in der
Saison 100 Baht und mehr. Motorradtaxis ab
40 Baht.
Kaum ein Tuk Tuk-Fahrer fährt noch zu den
offiziell festgelegten Preisen. Verlangt wird oft
das Doppelte und mehr. Offiziell kostet PHUKET
TOWN 210 Baht, KARON 100 Baht, KATA 150 Baht,
CHALONG 300 Baht und SURIN 150 Baht.
Busse nach PHUKET TOWN für 20 Baht starten
am Bus Stop vor dem Patong Merlin, nehmen
aber auch während ihrer Fahrt durch die Thawiwong Rd. und Phra Barami Rd. Fahrgäste auf.
Taxi zum AIRPORT 550 Baht.

Kamala

Von Patong führt eine breit ausgebaute, steile
Straße Richtung Norden und erreicht nach 5 km
Kamala. Vorbei geht es am **Nacha Beach**, der bei
hohem Wasserstand nur einen schmalen Sandstrand aufweist und dessen seichte, von Steinen
durchsetzte Bucht, die zudem von einem langen
Pier halbiert wird, bei Ebbe trocken liegt. Hier erstrecken sich den Hang hinauf die Luxusbungalows des **Thavorn Beach Village & Spa,**
⌨ www.thavornbeachvillage.com ❻–❼. Zu
den zweistöckigen Häuschen mit einer großen
Sala fährt eine Zahnradbahn hinauf. Anschließend erklimmt man auf der extrem steilen Straße einen Berg. Von oben blickt man hinab auf die
tiefe **Kamala Bay**.
   Am Südende der Bucht zweigt links eine
schmale Straße ab, die am steilen Hang des südlichen Kaps entlang führt, vorbei an mehreren
neuen Condominiums, die in den Berg hineinge-
baut werden, dem **Aquamarine Resort & Spa**,
⌨ www.aquamarineresort.com ❻, sowie der

Ruine des durch den Tsunami zerstörten Kamala
Bay Terrace Resorts.
   Weiter im Norden erstreckt sich in einer tiefen Bucht das Moslemdorf **Ban Kamala** zwischen dem Strand und der Umgehungsstraße.
Bevor am 26.12.04 die volle Wucht einer 10 m hohen Riesenwelle bis weit ins Hinterland hinein
heftige Zerstörungen anrichtete, hatte bereits
der Tourismus mit Läden, Restaurants und Liegestühlen am Dorfstrand Einzug gehalten. Nach
dem Wiederaufbau bestimmen Kleinhotels, Souvenirläden und Touristen-Restaurants das Bild
des Ortszentrums. Ein von der Phuket Japanese
Organization gespendetes **Tsunami-Denkmal** am
Strandpark nahe dem Kamala Beach Resort fordert zum Gedenken und Gebet auf. Entlang der
befestigten Promenade, die den Strand abgrenzt,
bieten Garküchen, Schneider und Masseusen
ihre Dienste an. In Kamala wohnen vor allem Familien und Paare und im Hinterland viele Langzeiturlauber. Der Ort besitzt zudem die größte
touristische Sehenswürdigkeit der Insel, **Phuket
FantaSea.**
   Am nördlichen Ende der Bucht erstreckt sich
abseits des Dorfes ein schöner Picknickplatz mit
hohen Bäumen am Strand, wo man gefahrlos
schwimmen kann. Die Straße verläuft an der
Küste entlang weiter Richtung Norden an weiteren Apartmentanlagen vorbei nach Surin. Von einem Parkplatz am Kap (Parkgebühr von 8.30–
18.30 Uhr fürs Moped 20 Baht, fürs Auto 40 Baht)
geht es zu Fuß hinab zum hübschen, aber über-
völkerten **Laem Sing Beach**. In der Saison stehen am malerischen Strand Liegestühle mit Sonnenschirmen, Essen- und Getränkestände. Das
türkisblaue Wasser ist ruhig und gut zum Baden
geeignet.

Übernachtung

Ban Kamala

Hier sind viele Resorts, private Zimmer- und Bun-
galowvermietungen nach dem Tsunami wieder
neu aufgebaut worden:
Kamala Beach Inn ⑱, 73/115 Naga Rd., ☏ 076-
385280-3, ✉ kamalabeachinn@hotmail.com. An
der Straße ins Dorf nahe dem Tempel stehen
2 Reihenhäuser mit wenig Atmosphäre. Alle Zi
mit AC, Du/WC und Kühlschrank. ❺

Phuket FantaSea – Show der Superlative

Der 35 ha große Themenpark, der 80 Mill. € verschlungen haben soll, erstreckt sich an der Umgehungsstraße von Kamala. Der gigantische Parkplatz lässt bereits seine Ausmaße erahnen. Solange es genügend Touristen gibt, die den teuren, aber lohnenden Eintritt zahlen, wird dort eine gewaltige Show geboten, die selbst Las Vegas in den Schatten stellt.

Vor der Show geht es zum Einkaufsbummel durch das **Festival Village**, ein teurer Shopping Complex in bunten, thematisch gestalteten Disneyland-Läden. Auf den Plätzen treten Artisten und Bands auf. Am Ende des „Dorfes" werden links in einem dem Königspalast nachempfundenen Gebäude, dem **Golden Kinnaree Restaurant** mit 4000 Sitzplätzen, von 18–20.30 Uhr leckere europäisch-asiatische Buffets aufgebaut. Nach dem Essen strömen die Besucher hinüber zum **Palace of the Elephants**, einem gewaltigen Gebäude im Khmer-Stil, dessen Fassade in wechselnden Farben angestrahlt wird. Sie zieren 999 steinern aussehende Elefanten, die zum Teil beweglich sind. Hinter den Eingangstoren geht es durch tropische Ruinen in den modernen Theatersaal mit 3000 Sitzplätzen – der Kontrast könnte kaum größer sein.

Um 21 Uhr beginnt das gewaltige Spektakel „Fantasy of a Kingdom" mit den Helden Rama, Hanuman und Prinz Kamala, über einem Dutzend Elefanten, Tauben, Wasserbüffeln und sogar einem Tiger. Moderne artistische Darbietungen (Bungee-Ballett) und Zauberkünstler wechseln mit traditionellem Schattenspiel (mit Lasertechnik modern verfremdet), Tänzen und Nachstellungen gigantischer Schlachten, die durch den Einsatz modernster Bühnentechnik fast real wirken. Die Texte in Thai und Englisch sind wie die Musik dem internationalen Publikum angepasst. Etwa 100 Personen stehen am Ende des eineinhalbstündigen Show auf der Bühne, und weit mehr sind zudem im Hintergrund daran beteiligt. ○ tgl. 17.30–23.30 Uhr, ⌨ www.phuket-fantasea.com, ✆ 076-385111-5, Eintritt zur lohnenden Show 1100 Baht, für Dinner und Show 1600 Baht.

Übernachtung:
1. Kamala Bay Garden Resort
2. Planet-Phuket Bungalow Resort
3. Grace Resort
4. Baan Chaba
5. Kamala Smile
6. Maphrao
7. Kamala Beach Hotel & Resort
8. Chez Sabina Gh.
9. Ice Bungalow
10. The Club
11. Print Kamala Resort
12. Kamala Dreams
13. Thai Kamala Village
14. Malinee House
15. Benjamin Resort
16. Baan Natacha
17. Papa Crab's Gh.
18. Kamala Beach Inn

Essen:
1. Kamala Coffee House
2. Rockfish Restaurant & Bar

Sonstiges:
1. Scuba Quest
2. Via Rent a Car

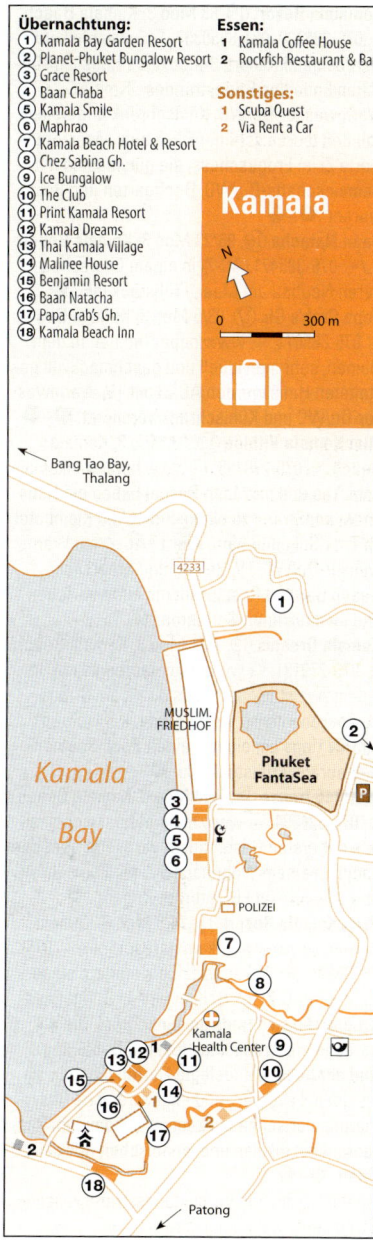

Benjamin Resort ⑮, 83 Moo 3, Kamala Beach, ☏ 076-385739, 081-8950337, 🖥 www.phuketdir.com/benjaminresort, 3-stöckiges Haus am südlichen Ende des Badestrandes. Zi mit AC, Warmwasser-Du/WC, Kühlschrank und Balkon, von den teuren schöner Blick aufs Meer, preiswerte Zi im Erdgeschoss, die günstigsten mit Gemeinschafts-Du/WC, Dachgarten und Restaurant. ❹–❺

Baan Natacha ⑯, 96/23 Moo 3, Kamala Beach, ☏/✆ 076-385471. AC-Zi in einem überschaubaren Neubau am Meer, Frühstück inkl. ❺

Papa Crab's Gh. ⑰, 93/5 Moo 3, Kamala Beach, ☏ 076-385671, 🖥 www.papacrab.net. In dem kleinen, sehr individuell und geschmackvoll gestalteten Haus werden AC-Zi mit TV, Warmwasser-Du/WC und Kühlschrank vermietet. ❸–❹

Thai Kamala Village ⑬, 93 Moo 3, Kamala Beach, ☏ 076-279795, 🖥 www.hotel-thaikamala.com. Yao und ihr Mann Pascal haben ein Haus direkt am Strand zu einem hübschen Kleinhotel im Thai-Stil umgebaut. Alle 17 AC-Zi mit Warmwasser-Du/WC, TV, Balkon und Meerblick, Beach Bar und Restaurant mit einheimischen und mediterranen Gerichten. ❺

Kamala Dreams ⑫, 74/1 Moo 3, Kamala Beach, ☏ 076-279131, 🖥 www.kamaladreams.net. In einem zweistöckigen Haus direkt am Strand 12 Apartments mit Küchenzeile, Kühlschrank und TV rings um einen kleinen Pool. Seafood-Restaurant, Frühstück inkl. ❻

Malinee House ⑭, 75/4 Moo 3, Kamala Beach, ☏ 076-324094, 🖥 www.malineehouse.com, eines der ersten Gästehäuser vermietet über dem Laden in einem Wohnhaus 5 Zi mit Fan oder AC und 3 neuere im EG, Internet-Zugang. ❹

Print Kamala Resort ⑪, 74/8 Moo 3, Kamala Beach, 🖥 www.printkamalaresort.net, ☏ 076-385396-8. Die 51 komfortablen, modern eingerichteten AC-Zi mit Balkon und 29 Bungalows gruppieren sich rings um einen Pool. Die ansprechende Architektur, lockere Bebauung und der hübsch angelegte Garten machen sie zu einem Favoriten, und man wird ohne Reservierung nur selten ein Zimmer bekommen. Restaurant mit lokalen und japanischen Spezialitäten. ❻–❼

An der nördlichen Verbindungsstraße zwischen Strand und Umgehungsstraße:

Chez Sabina Gh. ⑧, ☏ 076-279544, ✆ 279544, 6 Zi in einem Wohnhaus. ❸

Ice Bungalow ⑨, 84/1 Moo 3, Kamala Beach, ☏/✆ 076-385437, über den Läden werden einige Zi mit Fan oder AC vermietet. ❸–❹

Kamala Beach Hotel & Resort ⑦, 96/42-43 Moo 3, Kamala Beach, ☏ 076-279580-85, 🖥 www.kamalabeach.com, großes Hotel. 4-stöckige, u-förmige Blocks um 2 Pools mit Strandzugang. 240 Zi mit AC und Balkon, mit Meerblick etwas teurer, zudem Bungalows. ❻–❼

An der Umgehungsstraße

The Club ⑩, 94/12 Moo 3, Kamala Beach, 🖥 www.phuketrental.com, ☏ 076-279111, ✆ 279113, unter Leitung von Mel Newton und seiner Frau. Die älteren Zi öffnen sich zu einem Pool im Innenhof hin, z. T. 2-stöckige Maisonette-Wohnungen mit Kochecke. 3-stöckiger Anbau mit weiteren AC-Zimmern mit Balkon nach hinten und zum Pool hin. Im 1. Stock des Hauptgebäudes gemütlicher Aufenthaltsraum im Stil eines englischen Clubs mit Bar, Rooftop-Restaurant. ❺

Nördlich von Ban Kamala

Am Badestrand unter Kasuarinen stehen 2-stöckige Häuser mit AC-Zi und Bungalows von ähnlichem Standard, die überwiegend nach dem Tsunami erbaut worden sind. Von den kleinen familiären Anlagen sind empfehlenswert:

Grace Resort ③, 85/21 Moo 3, Kamala Beach, ☏ 076-385839, 089-7241335, ✆ 385476, ✉ grace_resort@yahoo.com, 3 Bungalows und Zi in einem 2-stöckigen Gebäude mit Fan im Erdgeschoss und AC im 1. Stock, alle mit Warmwasser-Du/WC. ❹–❺

Baan Chaba ⑮, 95/3 Moo 3, Kamala Beach, ☏ 076-279158, 🖥 www.baanchaba.com. Bungalows im Thai-Stil und Ferienhäuser mit 2 Zi etwas abseits vom Strand, thailändisch-belgisches Management. ❺

Kamala Smile ⑭, 98/18 Moo 3, Kamala Beach, ☏ 076-385514, 🖥 www.kamala-smile-sunrise.com, Anlage mit Bungalows unerschiedlicher Ausstattung, Restaurant und Bar unter thai-deutscher Leitung. ❺

Maphrao ⑬, 95/6 Moo 3, Kamala Beach, ☏ 076-279284, 🖥 www.maphraobeach.com. Nett ein-

Phuket und Umgebung

gerichtete AC-Zi in einem 2-stöckigen Reihenhaus mit Warmwasser-Du/WC, TV, Kühlschrank, WLAN, Bar und Restaurant. ❺

Im Hinterland
Planet-Phuket Bungalow Resort ⑰ , 99/23 Moo 3, Kamala Beach, 🖳 www.planet-phuket.com, Rainer Volz, der Besitzer, vermietet große, komfortabel eingerichtete Bungalows mit separatem Wohnzimmer und Terrasse in einem Garten mit Pool und Restaurant. Manchmal gibt es abends ein BBQ. ❺–❻
Kamala Bay Garden Resort ⑱, 100/10 Moo 3, Kamala Beach Rd., ☎ 076-325722-7, 🖳 www.kamalabaygarden.com, neueres Hotel v. a. für skandinavische Pauschalurlauber, nördlich von Kamala, 300 m vom Strand. ❺–❻

Im Ortszentrum haben sich eine ganze Reihe kleiner Restaurants auf den Geschmack der Urlauber eingestellt. Auch an der Strandpromenade sorgen kleine Restaurants mit Tischen unter Bäumen für das leibliche Wohl der Badeurlauber.
Noch hält sich das Nachtleben in Grenzen und ist beschränkt auf wenige Bars.
Kamala Coffee House, direkt am Strand, bietet Frühstück mit gutem Kaffee. Man kann drinnen oder oben auf der offenen Terrasse sitzen.
Rockfish Restaurant & Bar, 33/6 Kamala Beach Rd., ☎ 076-279732, 🖳 www.rockfishrestaurant.com, am Hang an der südlichen Bucht mit schöner Aussicht. ☻ tgl. ab 8 Uhr.

Autovermietungen
Via Rent a Car, an der Umgehungsstraße, ☎ 076-385718, 🖳 www.via-phuket.com, vermietet versicherte PKW ab 900 Baht pro Tag.

Einkaufen
Mehrere gut bestückte Minimärkte, eine Bäckerei und einen Markt findet man an der Umgehungsstraße.
Ein reichhaltiges Angebot an Souvenirs der gehobenen Preisklasse hält **Phuket FantaSea** bereit.

Geld
Der nächste Geldautomat vor den Kassen von **Phuket FantaSea** und an der Umgehungsstraße.

Tauchen
Scuba Quest, 93/13 Moo 3, Kamala Beach, ☎/☏ 076-279016, 🖳 www.scuba-quest-phuket.com. Deutsche Tauchschule, PADI- und CMAS-Kurse und Tagestouren, Nitox-Tauchen.

Wäschereien
Im nördlichen Bereich des Dorfes betreiben Moslemfamilien Wäschereien. Einige sind am Fr geschlossen.

Tuk Tuks nach PHUKET TOWN 360 Baht, PATONG 120 Baht. Inselbusse nach PHUKET TOWN über Bang Tao bis 16 Uhr für 30 Baht. Taxi zum AIRPORT 500 Baht, Phuket Town 500 Baht, Patong 300 Baht.

Surin und Pansea Beach

Der Hauptstrand wird tagsüber gern von Thai-Touristen frequentiert. Schließlich stattete bereits 1928 der König diesem Strand einen Besuch ab, worauf eine Plakette am oberen Parkplatz hinweist, denn hier befand sich der erste Golfplatz der Insel. Jenseits vom unteren Parkplatz geht es hinab zur Strandpromenade. Sie wird zum großen Teil von alten Bäumen überschattet und von einfachen Restaurants und Läden gesäumt. Ein Teil der Liegestühle, die in mehreren Reihen am Strand stehen, werden Gästen von den besseren Hotels zur Verfügung gestellt. Der Strand ist sauber, eignet sich wegen der hohen Wellen und starken Unterströmungen während des Monsuns von Mai–Oktober allerdings nicht zum Baden.

Durch die einförmige Bebauung des Hügels im Hinterland mit Villen der **Treetops Arasia**-Anlage hat die Bucht an Reiz eingebüßt. Die 115–210 m² großen Luxusvillen mit eigenem Garten und Pool, 🖳 www.treetops-arasia.com, kosten offiziell je nach Saison US$350–1000 pro Tag!

Weiter nördlich führt eine Nebenstraße nach links in Küstennähe aufs Kap, wo am schönen, völlig abgeschlossenen, 250 m langen **Pansea Beach** zwei Luxus-Hotelanlagen liegen. Weiter landeinwärts geht es weiter Richtung Norden, wo schmale Wege zu Ferienanlagen an der südlichen Bang Tao Bay verlaufen.

Übernachtung

In den Hotels wohnen viele skandinavische Familien. In Surin an der Straße zum Pansea Beach kurz hinter der Abzweigung u. a.:
Capri Beach Resort, 106/17-18 Moo 3, Choeng Talay, 🖳 phuketdir.com/capribeachresort, 📞 076-270597-8, jeweils 6 Standard-, Superior- und Deluxe-Zi in 3-stöckigem Gebäude etwas abseits der Hauptstraße mit AC, TV, Kühlschrank und Telefon, die einfachen ohne Fenster oder Blick nach hinten, die besseren mit Balkon zum Meer hin. Restaurant im Erdgeschoss. **❺–❻**
Surin Bay Inn, 106/11 Moo 3, Choeng Talay, 📞 076-271601, 🖳 www.surinbayinn.com, 12 hübsche, geschmackvoll eingerichtete AC-Zi, einige mit großem Balkon und Blick aufs Meer, teurere große Zi mit riesigem Bett, Sitzecke und Badewanne. Restaurant und Bar im EG. **❺–❻**
Benyada Lodge, 106/52 Moo 3, Choeng Thalay, 🖳 www.benyadalodge-phuket.com, 📞 076-271261-4. Vierstöckiges, im modernen Thai-Design gestaltetes Boutique-Hotel. Deluxe-Zi mit kleinem Balkon und Suiten. Pool auf dem Dach mit Bar. Frühstück inkl. **❻–❽**
Manathai, 121 Moo 3, Choeng Talay, 📞 076-270900. 🖳 www.manathai.com. Warme Farben und viel Holz sorgen in diesem Designer-Resort für eine entspannte Atmosphäre. 55 Zi auf 3 Stockwerken mit allem Komfort, Pool, Bar und elegantes Restaurant mit lokalen und westlichen Gerichten. **❽**
Twin Palms, 106/46 Moo 3, Choeng Talay, 📞 076-316500, 🖳 www.twinpalms-phuket.com. Minimalistisch-modern gestaltetes Luxushotel, das zur Charming Hotels-Kette gehört. 72 Zi von 54–61 m^2 mit offenen Bädern, Stereoanlagen, hohen Fenstern und teils direktem Pool-Zugang. Spa, Bibliothek, Internet, Bar und das Restaurant Oriental Spoon, dessen Sonntags-Brunch von 11–14.30 Uhr mit Wein großen Anklang findet. **❽**
Surin Beach Resort, 106/27 Moo 3, Surin Beach Rd., 📞 076-325000, 🖳 www.surinbeachresort.

com, große, familienfreundliche Anlage, die v. a. bei skandinavischen Familien beliebt ist. Großer Pool mit Wasserrutsche, 256 Zi mit AC, Du/WC, TV, Balkon und Kochecke, viele Aktivitäten. **❼–❽**
Surin Sweet Hotel, 107/8 Moo 3, Choeng Talay, 📞 076-270863-4, 🖨 270865, , 📧 surinhotel@hotmail.com, 32 große Zi mit AC, Du/WC, großer Terrasse. Zu dem italienischen Familienbetrieb gehört auch das hervorragende italienische Restaurant, Frühstücksbuffet inkl., abends Essen im Freien, Sa BBQ. Pool. **❺**
Ca. 500 m weiter nördlich der Abzweigung an der Hauptstraße: **Tiw & Too Gh.**, 13/11 Srisoontarn Rd., 📞 076-270240-1, 🖨 270241, in einem neueren Haus. 10 saubere Zi mit AC, TV und Kühlschrank. Den Gästen werden am Strand hauseigene Liegen bereitgestellt. **❹**
Sun Set View Inn, 13/18 Srisoontarn Rd., 📞/🖨 076-324264, in Bonbonfarben gestrichener 4-stöckiger Neubau oberhalb der Straße, eine Kopie von Tiw & Too, 15 großzügige Zi mit Du/WC, TV und Balkon. **❹**
Pen Villa, 9/1 Moo 3, Srisoontarn Rd., Choeng Talay, 15 Min. vom Strand, 📞 076-271100, 🖨 324221, geräumige Zi mit AC, Du/WC und Kühlschrank in einem L-förmigen Neubau an einem großen Pool, Frühstück inkl., freundlicher Service. **❺**
The Chedi, 118 Moo 3, Choeng Talay, 📞 076-324017-20, 🖳 www.phuket.com/chedi, schöne, an den Hang gebaute Bungalowanlage der Luxusklasse an einer kleinen Privatbucht; z. T. sind fast 200 Stufen bis zum Strand zu überwinden. 110 geräumige, mit Holzstegen und Treppen verbundene AC-Bungalows im balinesischen Stil mit einem oder zwei Schlafräumen, die je nach Saison, Lage und Größe bis über 20 000 Baht kosten. Der Blick Richtung Meer wird teilweise durch Palmen und dichte Bäume abgeschirmt. Restaurants, Pool. Die Gemeinschaftsanlagen sind architektonisch gekonnt platziert. Alle Dienstleistungen eines Luxushotels werden angeboten, u. a. auch Autovermietung. **❽**
Amanpuri Resort, 📞 076-324333, 🖳 www.amanresorts.com, ein abgeschottetes, ruhiges Refugium für den internationalen Jet-Set, 40 große, luxuriöse Pavillons und 30 Villas mit bis zu 6 Schlafzimmern (ohne TV!) im nordthailändischen Stil in einer Kokosplantage am Hang

auf dem Kap Laem Son ab US$700 pro Nacht. Herrliche Landschaftsarchitektur. Zum Angebot gehören Behandlungen im Spa, Yachtcharter, Tauchtrips und sogar Hochzeitszeremonien. Das geschmackvoll dekorierte Restaurant, die Bar und der Pool liegen 70 Stufen über dem privaten Strand. Die Küche verarbeitet nur Freiland-hühner und Bio-Gemüse. In der Nebensaison sind auch Gäste von außerhalb im Restaurant willkommen. ❽

Die kleinen Restaurants am Strand, die sich na-he der Treppe zum oberen Parkplatz konzentrie-ren, halten ein breit gefächertes Angebot bereit. **Mam's Beach Restaurant** kocht Thai-Gerichte, die **Twin Brothers** bereiten Pizza, Pasta und an-dere westliche Gerichte zu und ein **Seafood-Restaurant** am südlichen Strandabschnitt fri-schen Fisch aus den Tanks. Die Preise sind der Umgebung entsprechend höher als an vielen anderen Stränden. Man sitzt unter schattigen Bäumen oder Sonnenschirmen unter dem Hang am befestigten Strand. Die meisten Lokale schließen nach Sonnenuntergang.

Noon, vor dem Surin Beach Resort, ✆ 089-730 1863, japanische Küche, modernes Ambiente, gehobene Preise.

Silk Restaurant, im The Plaza Shopping Centre, ✆ 076-271241, 🖳 www.silkphuket.com, moder-nes Thai-Restaurant.

Das beste italienische Essen gibt es im **Surin Sweet Hotel** und das qualitativ hochwertigste und teuerste im **Twin Palms** (s. o.).

Mom Tri's Boathouse Restaurant, eine Filiale des edlen Restaurants in Kata (s. S. 538) befin-det sich in der Anlage Treetops Arasia.

Geldautomat an der Abzweigung der Moo 3, Choeng Talay.

Tuk Tuks nach PHUKET TOWN 340 Baht, Busse 20 Baht, PATONG 150 Baht, KARON 240 Baht. Taxi zum AIRPORT 450 Baht.

Bang Tao Bay

Der Ort **Bang Tao**, 24 km von Phuket Town, ist ei-ne der größten Siedlungen im Hinterland der Westküste mit einer beachtlichen sunnitischen Gemeinde. Im Ortszentrum erhebt sich die größ-te **Moschee** von Phuket mit ihrer weißen Fassa-de im maurischen Stil, ihren Türmchen und Kup-peln. Doch auch buddhistische Tempel stehen in diesem geschäftigen Ort, dessen **Markt** einen Besuch lohnt.

Nördlich des Ortes zweigt eine Straße ab zur Bang Tao Bay. Ein 5 km langer **Strand** erstreckt sich an der Küste, in deren Hinterland früher Zinn gefördert wurde. In den ehemaligen Zinnminen wurden Szenen des Films „Killing Fields" ge-dreht. Der Großinvestor Thai Wah Resorts ließ für 5 Milliarden Baht die toten Zinnminen rekulti-vieren. Auf dem Areal entstand das Laguna Phu-ket, eine wunderschöne Parklandschaft mit den fünf ersten Luxusresorts der Insel, einem 18-Loch-Golfplatz und vielen anderen touristischen Einrichtungen. Jedes wurde an eine andere Ho-telkette verpachtet. Gäste eines Hotels können die Dienstleistungen der anderen Hotels in An-spruch nehmen. Was in einem Hotel gratis ist, gilt auch für die Gäste der anderen Anlagen. Die Bucht eignet sich hervorragend für Windsurfer. Über eine kostenlose Bootslinie sind das Laguna Beach Resort, Dusit Laguna, das Sheraton und Allamanda Laguna Phuket miteinander verbun-den – auch für Nicht-Gäste lohnt sich eine Rund-fahrt.

Nach dem Tsunami hat ein Immobilienboom das einst ruhige Hinterland bis hinauf nach La-yang völlig verwandelt. Mehrere Großinvestoren haben luxuriöse Apartmentanlagen, Ferienhäu-ser und Pool-Villen für den ausländischen Markt im internationalen Ferienhaus-Stil erbaut, die ebenso an Spaniens Küste stehen könnten. Alles wirkt edel, doch es sollen sich auch einige schwarze Schafe darunter befinden. Zudem hat man sich bislang über den Ausbau der Infra-struktur nur wenige Gedanken gemacht.

Bangtao Bay, Ban Ketray Rd.: Hier hat der Tsu-nami an hundert Häusern bis weit ins Hinterland hinein schwere Zerstörungen angerichtet und einige strandnahe Bungalows dem Erdboden gleichgemacht. Die meisten Anlagen waren jedoch nur teilweise beschädigt und sind wieder aufgebaut worden. Das Preisniveau ist bis auf wenige Ausnahmen gehoben, abends gibt es nicht viel Unterhaltung.

Bangtao Beach Resort & Spa, 124/29 Moo 3, Choeng Thale, ☎ 076-270680-5, 🖥 www. bangtaobeach.com, zur Best Western-Kette gehörende Anlage, 199 große Zi und Villen. 2 große Pools in einer Gartenanlage mit direktem Strandzugang, 2 Restaurants, WLAN, Spa. ❽

Bangtao Beach Chalet, 73/3 Soi Awo Bangtao 2, ☎ 076-3258378, 🖥 www.bangtaochalet.com, ruhiges Boutique-Resort an der Zufahrtstraße. Hinter dem Restaurant in einem schmalen, gepflegten Garten mit kleinem Pool, Brunnen und vielen Orchideen 10 hübsche Bungalows im balinesischen Stil. Sie stehen etwas dicht nebeneinander in 2 gegenüber liegenden Reihen. Am Ende ein Spa. Freundliches moslemisches Management, entsprechend ist die Küche *halal*. Internet-Zugang und Frühstück inkl. ❼–❽

Bangtao Lagoon Bungalows, 73/3 Moo 3, Choeng Thale, 🖥 www.phuket-bangtaolagoon. com, ☎ 076-324260, große, auch in der Hochsaison preiswerte Anlage. Neben den älteren Bungalows mit Fan oder AC am Strand unter Kasuarinen auch neue komfortable Thai-Häuser für Familien mit AC, TV, Warmwasser-Du/WC und Kühlschrank. Restaurant, Pool. ❹–❻

Bangtao Village Resort, 72/26 Moo 3, Choeng Thale, 🖥 www.bangtaovillageresort.com, ☎ 076-270474, dicht aneinander gereihte kleine, überteuerte AC-Bungalows mit TV und kleiner Terrasse rings um einen Pool. ❼

Sunwing Resort & Spa, 72/11 Moo 3, ☎ 076-324599, 🖥 www.sunwingphuket.com. Mit hellen Holzmöbeln eingerichtete AC-Zi mit Balkon. Etwas viel Beton umgibt den Pool, Restaurant am Strand. ❽

Amora Resort, 322 Moo 2, Bangtao Bay, an der Gabelung der Straße zur Küste nach rechts. ☎ 076-324021-2, 🖥 www.phuket.com/amora, 3-stöckige Unterkunft am Strand in einer weitläufigen, schattigen Gartenanlage, 255 AC-Zi, für den Meerblick werden 1000 Baht extra verlangt; Restaurants, Strandgrill; Pool, Kin-

derbecken, Sportangebote, viele Pauschalurlauber. ❽

Die Straße zum Laguna Phuket ist gesäumt von Werbeschildern, sodass man die Welt dahinter kaum noch erkennt. Viele der Resorts sind am günstigsten über Veranstalter buchbar:

Laguna Beach Resort, ☎ 076-324352, 🖥 www. lagunabeach-resort.com, First-Class-Anlage mit großzügigen, stilvoll eingerichteten Zimmern ab US$250 zwischen Lagune und Strand. Großer, mit Steinmetzarbeiten verzierter Pool und ein breites Sportangebot, das im Preis enthalten ist. Besonders für Familien mit Kindern geeignet. ❽

Dusit Laguna Resort Hotel, ☎ 076-324320-32, 🖥 www.dusitlaguna.com, sehr schöner 3-stöckiger 5-Sterne-Luxus-Hotelkomplex mit vornehmem Interieur und friedlicher Atmosphäre, an zwei Seiten von Lagunen abgegrenzt, an einem langen, feinen Sandstrand; 225 große Zi mit Balkon, 3 Restaurants, Cocktail Lounge und Bar; viele Strandverkäufer. Während des Monsuns sorgen Rettungsschwimmer für die Sicherheit, da es starke Strömungen gibt. Aromatherapie-Behandlungen und Massagen im Angsana-Spa, Kinderbetreuung, Tennis, Wassersport, Golf, Thai-Kochkurse u. v. m. im Angebot. ❽

Sheraton Grande Laguna Beach, ☎ 076-324101-7, 🖥 www.lagunaphuket.com/hotels/sheraton, fantastische Super-Luxus-Anlage, 50 bis 150 m vom Strand auf einer von Salzwasserlagunen umgebenen Insel, riesiger, mit Brücken verbundener Gebäudekomplex, der wie eine kleine Stadt wirkt, 340 AC-Zimmer und luxuriöse Suiten, anspruchsvolle Restaurants, Disco, Live-Musik; mehrere Pools, Langstreckenschwimmbahn, Fitnesscenter; Tauchschule. ❽

Allamanda Laguna Phuket, ☎ 076-324359, 🖥 www.lagunaphuket.com/hotels/allamanda, 2- bis 3-stöckige, verwinkelte Reihenhäuser entlang der Lagune und der Straße, 300 m vom Strand, Studios und Apartments mit 1 und 2 Schlafräumen und Küche. ❽

Banyan Tree, 33 Moo 4, ☎ 076-324374, 🖥 www. lagunaphuket.com/hotels/banyan, weitläufige, prachtvolle Anlage für die Upper Class und Hochzeitsreisende, 50–200 m vom Strand um eine Lagune gebaut. 108 luxuriöse, geschmackvolle Villen im Thai-Stil mit privatem Garten, z. T.

mit eigenem Pool und Jacuzzi. Die 1994 eröffnete erste, moderne Schönheitsfarm des Landes mit stilvollem Spa und einem innovativen Therapie- und Massageangebot, das seinen Preis hat. Tennisplätze, großer Pool und umfangreiches Wassersportangebot. Im Hinterland erstreckt sich ein 18-Loch-Golfplatz. ❽

Essen

Alle Hotels im Laguna verfügen über mehrere vorzügliche Restaurants, deren Preise dem luxuriösen Ambiente entsprechen. Einige einfache Restaurants servieren direkt am Strand nördlich vom Sheraton zu weitaus niedrigeren Preisen hervorragendes Seafood. Die Speisekarten bemühen sich auf Deutsch und Englisch, die Pauschalgäste zu verführen.
Auch allen Resorts südlich des Laguna sind Restaurants angeschlossen.

Sonstiges

An der Abzweigung der Straße zum Laguna haben sich zahlreiche Geschäfte, Veranstalter und Schneider auf Gäste eingestellt, die Abwechslung suchen.

Autovermietungen
Jeeps werden bei den Strandrestaurants und an der Straße zu den Resorts ab ca. 1000 Baht pro Tag vermietet.

Geld
Bank mit Geldautomat u. a. in Bang Tao an der Hauptstraße gegenüber der Abzweigung zum Laguna.

Reiten
Phuket Laguna Riding Club, ☎ 076-324199, 🖳 www.phuket-bangtao-horseriding.com, bietet Ausritte am Strand, durch die Lagunen und Kasuarinenhaine ab 660 Baht pro Std, längere Trails 1000–1500 Baht.

Shuttlebusse
Für die Gäste der Resorts pendeln Busse (von 7–24 Uhr alle 10 Min.) und Fähren (von 7–21 Uhr alle 20 Min.) zwischen den Einrichtungen.

Tauchen
Euro Divers, ☎ 076-324352 ext. 2553, im Laguna Beach Resort, auch Live-aboard Cruises.

Nahverkehr

Tuk Tuks nach PHUKET TOWN 230 Baht, Taxi um 400 Baht, Inselbusse bis 16 Uhr für 25 Baht. Taxi zum AIRPORT 450 Baht.

Layan Beach

Zwischen Bang Tao und dem Dorf Layang scheint eine neue Feriensiedlung aus dem Boden gestampft zu werden. Zwischen den Baustellen und Neubauten mit wohlklingenden Namen grasen die letzten Wasserbüffel. Am **Layan Beach**, zu dem eine 1 km lange ausgeschilderte Stichstraße führt, stehen Sonnenschirme und Liegen, auf denen sich die Hotelgäste der nahen Resorts bräunen. Ein Strandrestaurant mit guter Thai-Küche zu annehmbaren Preisen sorgt tagsüber für das leibliche Wohl.

Nebenan befindet sich das Headquarter des **Had Sirinath National Parks**, das allerdings keine Informationen bereithält. Dafür ist auch kein Eintritt zu zahlen. Obwohl der Küstenabschnitt von der Mündung des **Klong Kala** bis nach Nai Thon mit Ausnahme weniger Siedlungsgebiete unter Naturschutz gestellt wurde, sind entlang der 8 km langen Asphaltstraße durch den schönen Wald in den vergangenen Jahren mehrere Apartmentanlagen und Luxusresorts entstanden. Auf den letzten, kurvenreichen Kilometern hinab zum Nai Thon Beach zweigen links der schmalen Straße Wege zu Luxusanlagen in kleinen Buchten ab.

Übernachtung

Layan
Die Resorts liegen 2,5 km vom Strand entfernt umgeben von bewaldeten Dünen und Mangroven im malerischen Mündungsgebiet des **Klong Kala**.
Layan Beach Resort, 62 Moo 6, ☎ 076-313412-4, 🖳 www.layanphuket.com. Neueres Resort an einem sehr steilen Hang abseits vom Strand in

einem Mangrovengebiet. Von den außen mit viel Beton und innen mit viel Bambus gestalteten 52 Zimmern Blick auf die Küste. Überdachter Warmwasserpool mit Jacuzzi, Spa mit Sauna, auch Nichtgäste können sich hier von 10–19 Uhr verwöhnen lassen. Gäste des Resorts können zum 2,5 km entfernten Layan Beach den kostenlosen Shuttle nutzen oder laufen. Viele Pauschalurlauber. ❼–❽

Bundarika Villa, 89 Moo 6, ✆ 076-317200, 🖳 www.bundarika.com, Boutique-Spa-Resort, Poolvillen und Spa ab 17 000 Baht. ❽

Auf der Landzunge

Trisara, 2,5 km vor Nai Thon, 🖳 www.trisara. com, ✆ 076-310100, auf einer Klippe oberhalb des zu einem Privatstrand erklärten Hinkuay Beach steht das zum Amanpuri gehörige Luxusresort mit Eigentumswohnungen, 24 Pool-Villen ab US$800 und 18 Suiten mit Pool, Restaurant und Spa. ❽

Andaman White Beach Resort, 28/8 Moo 4, am kleinen öffentlichen Sandstrand Naithorn Noi, 1 km vom Nai Thon Beach, ✆ 076-316300, 🖳 www.andamanwhitebeach.com, sehr schöne Anlage mit Privatstrand in einer kleinen Bucht am Hang, deren strandnahe Gebäude ebenfalls vom Tsunami beschädigt wurden. Terrassenförmig angeordnete, geschmackvoll gestaltete Luxuszimmer. Teures Restaurant. ❽

Nai Thon Beach

Noch ist es am 900 m langen, herrlichen Sandstrand Had Nai Thon, 32 km von Phuket Town, relativ ruhig. Von Norden kommend biegt man zum Nai Thon Beach in **Sakhu**, kurz vor KM 6, vom H4031 rechts auf eine Asphaltstraße (3,5 km) ab. Kurz darauf zweigt eine ausgeschilderte schmale Stichstraße rechts ab, die zu zwei riesigen Luxusresorts am südlichen Ende des Nai Yang Beach führt. Danach geht es durch moslemische Dörfer über einen kleinen Pass. Zunächst passiert man das Fischerdorf am nördlichen, von Felsen begrenzten Ende des Strandes. Am Fuß der bewaldeten Berge, die das Hinterland umrahmen, ragen Zucker- und Kokospalmen empor. Näher zum Strand hin erstrecken sich die Re-

Phuket und Umgebung

sorts und Restaurants in trocken gelegten Sumpfgebieten und jenseits der Straße die Sanddünen, die von Kasuarinen und Pandanusbäumen bewachsen sind.

An dem schönen Badestrand sind die Wellen außerhalb des Monsuns nicht allzu hoch, sodass er sich gut zum Schwimmen eignet. Schnorchelmöglichkeiten bestehen am südlichen Ende des Strandes. Im Gegensatz zu den benachbarten Stränden war dieser Küstenabschnitt kaum vom Tsunami betroffen. Die winzigen Felseninseln **Ko Waeo**, 15 Min. mit dem Boot ab Nai Thon, mit ihren Korallen und dem Wrack eines Zinnbaggers sind ein beliebtes Ziel von Tauchern, die 4 bis zu 30 m tiefe Tauchgebiete erkunden können. Die fischreichen Riffe in bis zu 15 m Tiefe sind bei guter Sicht auch zum Schnorcheln geeignet.

Übernachtung

Von Süd nach Nord:

Naithon Beach Villa, 28/5 Naithon Beach Rd., ✆ 076-205407, 089-4742140, 🖳 www.naithon. com, Helmut und Apasra Meyer vermieten 6 gepflegte, große Apartments in einem 2-stöckigen Haus mit komplett eingerichteter Küche, 1–2 Schlafzimmern, Terrasse oder Balkon mit Meerblick sowie Zi in einem Neubau. ❺–❻

Naithon Beach Resort & Restaurant, ✆ 076-205379-80, ⊛ 205381, ✉ naithon-beach-resort @yahoo.com, 14 kleine, eng aufeinander stehende, braun gestrichene Holzbungalows mit AC, Du/WC und kleiner Terrasse, auch Familienzimmer mit TV und Warmwasser-Du/WC; das Maipai Restaurant mit mittleren Preisen serviert einen hervorragenden Cappuccino. ⊙ tgl. 7–22 Uhr. Der winzige Pool mit Bar eignet sich eher zum Abkühlen als zum Schwimmen. ❹–❺

Naithon Beach House, ✆ 076-205245, 081-9949421, über einem kleinen Deli mit Internet vermietet Rachael Chea, die gutes Englisch spricht, 5 AC-Zi. ❹–❺

Phuket Naithon Resort, ✆ 076-205233, 🖳 www.phuketnaithonresort.com, 45 Zi und Apartments in unterschiedlichen Häusern entlang der Strandstraße mit Fan oder AC, zudem einige größere Zi und Mehrzimmerapartments mit Kühlschrank, Blick auf die Küste oder ins Hinterland. Restaurant mit einigen Tischen am

Strand, Thai-Gerichte 100–150 Baht, kleine Bar. Autos und Mopeds werden vermietet, relativ günstiges Spa. **❹ – ❻**

Naithon Seaview Hotel, 30 Moo 4, ✆ 076-205330-1. Kleines, wenig professionell von der dazugehörigen Bar aus gemanagtes Kleinhotel. AC-Zi mit kleiner Du/WC und Balkon, nach hinten mit Blick auf den Hotelpool günstiger als mit Meerblick. **❺ – ❻**

Naithonburi Beach Resort, 9 Moo 4, ✆ 076-318700, ▭ www.naithonburi.com. Die gepflegte, im modernen Thai-Stil gestaltete, 4-stöckige Anlage wirkt trotz der 119 Zi nicht überdimensioniert. Elegante Zi und Suiten mit Balkon. Restaurant mit einheimischer und westlicher Küche, nette Bar, großer Pool mit bequemen Liegen, Frühstücksbuffet inkl. **❼**

Essen

Shameena Restaurant & Lounge, im Zentrum, kleines Restaurant mit Thai-Küche und deutschem Frühstück. ☼ tgl. 9–11 und 18–0 Uhr.

Tienseng Restaurant, schräg gegenüber, 28/1 Moo 4, ✆ 081-5350512, das lustige, freundliche Personal serviert preiswertere, leckere Gerichte und vermietet einige Zi über dem Restaurant mit Fan oder AC. **❹**

Sonstiges

Tauchen

Aqua Divers neben dem Naithon Beach Resort, ▭ www.aquadivers.de, ✆ 076-316300, 316399, deutsche Leitung. PADI- und IDA/CMAS-Kurse, für erfahrene Taucher, Kurztrips und Mehrtagestouren. Ganzjährig geöffnet, von Okt bis April Tauchen im nahen „Hausriff" vor Ko Waeo.

Wäschereien

Wäscheservice im Dorf am nördlichen Ende des Strandes.

Nahverkehr

Öffentliche Verkehrsmittel fahren erst ab Nai Yang (Airportbus) bzw. Bang Tao (Inselbus). Taxis nach PHUKET TOWN ab 600 Baht, zum Airport ab 250 Baht, Kata / Karon 900 Baht.

Nai Yang Beach

Der schöne Badestrand im Nordwesten, 32 km von Phuket Town, nur 2 km vom Flughafen ist trotzdem relativ ruhig. Riesige, Schatten spendende Kasuarinen ragen direkt am Strand in den Himmel. Zahlreiche Liegestühle zieren den sauberen öffentlichen Strand. Da das Meer nicht tief ist und keine tückischen Strömungen aufweist, eignet sich das etwa 30 °C warme Wasser gut zum Baden, sodass sich auch weniger erfahrene Schwimmer sicher fühlen. Zum Schnorcheln ist er hingegen nicht geeignet. Während der Schulferien kommen Familien mit Kindern und später ältere Menschen, die teils mehrere Monate hier bleiben. Nach Regenfällen spült der Bach am nördlichen Ende des Strandes eisenoxydhaltiges Wasser aus den Sümpfen im Hinterland in die Bucht, sodass das Wasser eine rötliche Farbe annimmt.

Ein Teil der Bucht ist in den 90 km² großen **Had Sirinath Marine National Park** mit einbezogen worden, der einen schmalen Küstenstreifen und das Meer entlang der Nordwestküste umfasst. Als schutzwürdig gelten die Kasuarinenwälder und Mangroven ebenso wie das kleine Korallenriff ca. 1 km vor der Küste und ein 5 km langer Meeresstreifen, der allerdings kaum zu kontrollieren ist. Vor allem wurde der Park wegen der Meeresschildkröten (Leder-, Bastard- und der Echten Karettschildkröte) eingerichtet, die hier während der Trockenzeit im Dezember und Januar ihre Eier zum Ausbrüten in den Sand legen. Die Verschmutzung des Wassers, die Netze lokaler Fischer und der Trubel an den Stränden hat allerdings stark zur Dezimierung der Tiere beigetragen. Sofern Schildkröten Eier ablegen, werden diese eingesammelt und in einer Aufzuchtstation unter Aufsicht gehegt, bis die Jungen schlüpfen. Mit einem großen Volksfest werden sie zum thailändischen Neujahrsfest am 13. April ins Meer entlassen. Das Headquarter hält keinerlei Informationen bereit, Eintritt bis 15 Uhr 200 Baht.

Eine Abwechslung zum Strandleben bietet der **Nachtmarkt** an jedem Do von 18–20 Uhr neben dem Tempel, auf dem vor allem Textilien und die verschiedensten Thai-Snacks und Speisen angeboten werden.

Im Hinterland weisen Schilder auf Bungalows, Resorts, Hotels, Homestays, Houses oder Rooms for rent hin, die meist von Ausländern oder einheimischen Familien vermietet werden. Bei manchen Zimmervermietungen ist der Familienanschluss garantiert. Ein eigenes Fahrzeug ist in den meisten Fällen erforderlich. Außerdem:

Nai Yang House, 6/1 Moo 1, Sakhu, ☏ 076-327488, 🖷 205061, ✉ naiyanghouse@hotmail.com, an der Hauptstraße, 1,5 km vor dem Airport, gegenüber dem Tempel. Saubere, ordentliche Zi mit Bad/WC und Fan im Reihenhaus, 3 AC-Bungalows, ländliche Geräuschkulisse, nachts relativ ruhig, aufmerksam geleitet von einer pensionierten Lehrerin und ihrem Mann. 20 Min. zu Fuß vom Strand entfernt, Internet. ❸–❹

Garden Cottage, 53/1 Moo 1, Sakhu, 15 Min. vom Strand, ☏ 076-327293, 🖥 www.garden-cottage.org, Reservierung empfohlen. 18 Bungalows mit grünen Dächern an der Straße etwas weiter südlich, leicht an dem hohen Baum zu erkennen. Recht große und sehr saubere, nett eingerichtete Häuser mit Fan oder AC und Warmwasser in einem üppigen Garten. Auto- und Motorradvermietung. Tan und ihr Schweizer Mann Chris sorgen für eine freundliche Atmosphäre, hervorragende einheimische und europäische Küche. Hübscher Bungalow für traditionelle Thai-Massage (400 Baht pro Std.). ❹–❺

Airport Resort, 80/15 Moo 1, T. Sakhu, ☏ 04-327697, 🖥 www.phuketairportresort.com. Neues, modern eingerichtetes Kleinhotel an der Zufahrtstraße zum Strand, 16 AC-Zi mit Warmwasser-Du/WC, Kühlschrank, TV, Safe und großer Fensterfront zur Terrasse hin, kleiner Pool, Autovermietung, Frühstück inkl. ❻

Naiyang Cottage, Moo 1, Sakhu, ☏ 081-6779619, 086-7393882, ✉ naiyangcottage@yahoo.com, direkt an der Straße, 9 Zi mit Fan oder AC, Warmwasser/Du-WC, TV und Kühlschrank. Der Besitzer, Nipon Jang-Jam, spricht gut Englisch. ❹

Nai Yang Beach Resort, 65/23-24 Moo 5, ☏ 076-328300/400, 🖥 www.naiyangbeachresort.com, an der Strandstraße vor dem Indigo Pearl in einem weitläufigen Garten. Am günstigsten sind die Doppel-Bungalows mit Fan, kleiner Terrasse und Warmwasser-Du/WC im hinteren Bereich, weitere mit AC, Du/WC, Kühlschrank, Safe und Frühstück, die teuren im Thai-Stil und am kleinen Pool. Trotz der guten Lage nicht sonderlich attraktiv gestaltet, doch das freundliche Management macht das wett. ❹–❻

Kasalong, 9 Moo 5, Sakhu, ☏ 076-205208-9, 🖥 www.kasalongphuket.com. Offenheit und klare Linien bestimmen die Architektur dieses Boutique-Resorts im Hinterland. 16 modern gestaltete Komfort-Zi mit Kochecke, TV, Föhn, Safe und Balkon in Häusern rings um einen großen Pool, Restaurant, Fahrradvermietung, Shuttle zum Strand. Frühstück inkl. ❼

Wonglee House, 65/15 Moo 5, T. Sakhu, ☏ 086-2761908, 086-7456662, ganz in der Nähe, die preiswerte Alternative. Im 1. Stock teils kleine Zi mit Fan oder AC und Warmwasser-Du/WC. Terrasse mit Sitzgelegenheiten. 5 neuere Bungalows mit AC und TV sowie ein kleiner Pool. Adul Wonglee, der gutes Englisch spricht, und seine Familie wohnen im EG. ❹–❺

The Golddigger's Resort, 74/12 Surin Rd., Sakhu, ☏ 076-328424, 🖥 www.golddigger-phuket.com, 2 saubere, gepflegte Reihenhäuser beiderseits eines Pools, 10 Min. vom Strand im Dorf in ruhiger Lage. Zi. mit Fan oder AC, Warmwasser-Du/WC und TV, auch Apartments, im Restaurant gibt's gute Steaks; Fahrrad- und Motorradvermietung, unter Schweizer und australischer Leitung. ❹–❺

Eco Gh. & Minimarkt, 66 Moo 5, Sakhu, ☏ 076-205094, 081-9090501, 🖥 www.naiyang.com, an der Straße zum Indigo Pearl, hinter dem 108 Shop und der Wäscherei in einem tropischen Garten. 3 große, gepflegte AC-Zi mit Warmwasser-Du/WC, Kühlschrank und TV. Frühstück inkl. Die Eigentümerin spricht Englisch. ❹

Sea Pines B&B, Villa Liberg, 111 Moo 5, ☏ 076-328585, 081-8144883, 🖥 www.villalibergphuket.com, 12 hübsche, individuell gestaltete Zi im traditionellen Thai-Stil. 4 Zi im Reihenhaus am Pool mit getrennter Du und WC sowie einer Terrasse zum Pool hin. Im hinteren Bereich ein Thai-Haus für Familien. Die kleine Anlage mit Holzstegen am Wasser entlang wirkt sehr einladend und ist nur durch das hohe Holztor zugänglich. Die Managerin spricht gut Englisch. ❺–❻

Indigo Pearl, ☏ 076-327006, ☐ www.indigo-pearl.com. Diese Hotelanlage mit 226 komfortablen AC-Zi, Cottages und Suiten zeichnet sich durch ein eigenwilliges postmodernes Design aus, das an die Zeit der Zinnminen erinnern soll. Inmitten schwarzer Schieferböden oder Holzböden aus alten Bahnschwellen, unverputzter Betonwände und blauer Flächen und minimal bearbeiteten Holztüren setzen moderne Stahlskulpturen weitere kühle Akzente. Unterschiedlich gestaltete Zi, Villas und Suiten, 5 Restaurants, 3 Pools in weitläufigem Garten, Spa, Tennis und andere Sportmöglichkeiten, Tauchschule. ❽

Arahmas Resort & Spa, 92 Moo 3, Ban Na Tai, ☏ 076-316000, ☐ www.arahmas.com, Luxusanlage mit 107 modern eingerichteten Zi, Suiten und Villen am Hang, z. T. mit direktem Poolzugang, großer Pool mit Wasserfall, Spa, Restaurant. ❽

Essen und Unterhaltung

Die an der Strandstraße liegenden Garküchen, Seafood-Restaurants, Souvenirstände, Bars und der Batikshop wurden ebenso wie der Minimarkt und die Tauchbasis nach der Zerstörung durch den Tsunami wieder aufgebaut. Aufgrund der überwiegend älteren Gäste und Familien geht es hier geruhsam zu.

Im **No. 4 Seafood** servieren die freundliche Besitzerin und ihr Personal leckeres Seafood und andere Gerichte; die Preise sind relativ niedrig.

Octopus Restaurant, in diesem alteingesessenen offenen Restaurant gibt es frisches Seafood zu reellen Preisen. Zudem ist der Service überaus aufmerksam und freundlich.

Sandbank Restaurant, das letzte Strandrestaurant, von dem aus man den Fischern beim Ausladen des Fangs zusehen kann.

Die einheimischen und europäischen Gerichte im **Garden Cottage** sind ein Gedicht. Tischreservierung in der Saison empfehlenswert, ☏ 076-327293, ⏰ tgl. 18.30–21 Uhr.

Von den Beach Bars ragen heraus:
Sunset Bar, gute Musik und professioneller Service.
Mr. Köbi Bar verdient schon allein wegen der fantasievollen Dekoration eine Erwähnung.

Sonstiges

Internet
Schneller Zugang am Strand für 2 Baht pro Min., ⏰ tgl. 10–22 Uhr.

Jeeps und Mopeds
Sie werden an der Strandstraße vermietet. Suzuki-Jeeps ab 800 Baht pro Tag, Mopeds 250 Baht pro Tag.

Liegestühle/Massagen
Überall am Strand werden Liegestühle mit Sonnenschirmen vermietet und Strandmassagen ab 300 Baht pro Std. angeboten.

Phuket und Umgebung

Tauchen

Nautica, an der Strandstraße, 📞 076-328023, 🖥 www.nauticadivers.com, breites Angebot, von Tauchgängen im Hausriff bis zu Similan-Touren und Kursen, auch auf Deutsch.

Paradise Diving Asia, im Indigo Pearl, 📞 076-205107, 🖥 www.dive-paradise.com, deutsche Tauchschule, freundlich und hilfsbereit. Kurse, auch mit Nitrox, Tagestouren nach Similan.

Thai-Boxen

Phuket Airport Boxing Stadium, 96/42 Moo 1, 📞 076-328582-4. Kämpfe Sa um 20.30 Uhr für 1000, 1500 und 2000 Baht. Auch Unterricht.

Nahverkehr

Taxis nach PHUKET TOWN 700 Baht, PATONG 900 Baht, KATA 500 Baht, AIRPORT 100 Baht. Der Airport Bus fährt von der Bushaltestelle an der Hauptstraße (Abzweigung Golddigger's Resort) 5 Min. nach der Abfahrt am Airport in 1 Std. für 85 Baht nach Phuket Town.

Mai Khao Beach

Der längste Strand der Insel im Nordwesten, 35 km von Phuket Town, erstreckt sich bis hinauf zur Sarasin-Brücke. Der Strand ohne das Hinterland wurde in den **Had Sirinath National Park** mit einbezogen, da auch hier Meeresschildkröten ihre Eier zum Ausbrüten im heißen Sand ablegen.

Im Dorf **Mai Khao**, 1 km nördlich der Abzweigung zum Airport nach links (ausgeschildert: Wat Mai Khao), werden inmitten von Kokospalmenplantagen an der Straße zum Meer die berühmten Phuket Lobster in riesigen Tanks gezüchtet, denn der natürliche Bestand dieser heiß begehrten Delikatesse ist mittlerweile sehr stark dezimiert. Die steil abfallende Küste mit grobem, gelbem Sand wird in der Monsunzeit von hohen Wellen unterspült und abgetragen. Nach einem Sturm, der auch allen Unrat hier anspült, sieht es hier aus wie auf einer Müllkippe. Aber auch in der Trockenzeit sollte man hier wegen der starken Unterströmungen auf keinen Fall baden gehen.

Ganz im Norden, wo die zur **Sarasin-Brücke** führende Fahrspur des H402 am **Sai Keaw Beach** entlang verläuft, besuchen Einheimische am späten Nachmittag die Strandrestaurants im Schatten der Kasuarinen, um bei Whisky und Snacks den Sonnenuntergang zu genießen. Neben der alten Sarasin-Brücke führt die neue **Thepkasatree-Brücke** über den **Klong Tha Nun** und verbindet die Insel Phuket mit dem Festland. Die Küste östlich der Brücke ist von Mangroven gesäumt (der Nordosten der Insel, rechts).

Übernachtung

Nördlich von Mai Khao liegen abseits aller Touristenzentren zwei kleine Anlagen unter Kokospalmen direkt an einem ruhigen Strandabschnitt. Wegen der starken Strömungen und hohen Wellen ist das Baden hier gefährlich. Die Anlagen in der Nähe einer Shrimpfarm sind nur von Ende Nov. bis April geöffnet. In Suan Maphrao, 1,2 km südlich der Einfahrt zum Marriott Resort, am Schild „Wat Mai Khao" Richtung Süden abbiegen und nach 1 km auf der unbefestigten Straße (Schild: Maikhao Beach Bung.) 1,2 km zum Strand fahren.

Phuket Camp Ground, 📞 076-348223, 081-6764318, 🖥 www.phuketcampground.com. Nach der Zerstörung durch den Tsunami wurde der Campingplatz von einer Privatinitiative weiter landeinwärts wieder aufgebaut. Zelt, Matratze, Kissen, Decke, Stuhl und Sonnenschirm können ausgeliehen werden. Außerdem ein Doppelbungalow. Nette Atmosphäre, vor allem am Abend beim Lagerfeuer. Einfaches Restaurant. ❷ – ❸

JW Marriott und Marriott's Phuket Beach Club, ausgeschilderte Abzweigung nahe KM 38, 230 Moo 3, Mai Khao, 📞 076-338000, 📠 348348, 🖥 marriott.com, großes 5-Sterne-Luxushotel, über 265 Zi mit jeglichem Komfort, unter anderem DVD-Player, Flachbildschirm, riesige Badewanne und mehr, im Beach Club Apartments mit Küche, 2 Pools, Tennisplätze und Fitnesscenter, Spa, Einkaufszentrum, unter anderem ein großer Deli mit europäischen Lebensmitteln, 6 Restaurants und Bars – eine Welt für sich mitten im Nationalpark etwas abseits der Küste. ❽

Jenseits der Strände

Vor allem im Nordosten zeigt sich Phuket von einer völlig anderen Seite. Schmale Straßen winden sich durch Gummiplantagen, Ananasfelder, kleine Thai- und moslemische Fischerdörfer. Stichstraßen führen hinab zur Küste.

Nordosten

In **Tha Maprao**, einem kleinen Thai-Dorf, steht an einem Klong in den Mangroven ein großes Seafood-Restaurant, das frischen Fisch direkt aus dem Tank zubereitet. Auch in **Laem Sai** gibt es frisches Seafood (Mutige können das scharfe südthailändische gelbe Curry *gaeng leung* probieren), ebenso im Nachbardorf, das sich auf Fischzucht spezialisiert hat. Schade, dass der Dorfstrand völlig vermüllt ist. Die großen Teiche der Aquabetriebe prägen auch das Hinterland, wo sich das *Andaman Marine Shrimp Reserarch and Development Centre* befindet. Von den Piers in **Ban Ao Po** und **Bang Rong** starten Ausflugsboote in die Bucht von Phang Nga.

Boote

Im moslemischen Fischerdorf **Ban Ao Krung** kann man Boote für Touren auf die vorgelagerten Inseln mieten. Ein Boot für eine Tagestour, das 6–10 Personen Platz bietet, kostet ca. 3000 Baht. Von **Ban Ao Po** starten Boote der Seekanu-Veranstalter und einige Boote nach Ko Yao Noi und Ko Yao Yai.
Von der Anlegestelle östlich von **Bang Rong** starten die meisten Passagierboote nach Ko Yao Noi und Ko Yao Yai.
Busse nach PHUKET von 7–16 Uhr für 30 Baht.

Khao Phra Taeo Wildlife Park/ Gibbon Rehabilitation Project

In diesem letzten Rest tropischen Regenwaldes, 21 km nördlich von Phuket, leben auf 2228 ha zahlreiche Affen, Vögel, Makaken, Wildschweine und sogar noch einige Malaienbären.

Flying Fox

Im Wald nördlich vom Thone Sai-Wasserfall kann man abgesichert wie Kletterer an Stahlseilen über 8 Stationen auf 400 m Länge von Baum zu Baum gleiten und aus bis zu 15 m Höhe den Wald aus einer neuen Perspektive betrachten. Touren von 9–13 und 14–18 Uhr, 1600 Baht, Buchungen über Reisebüros an den Stränden oder über **Cable Jungle Adventure**, 232/17 Ban Suan Neramit, Moo 8, Sri Soonthon, Thalang, ℘ 076-527054, 081-9774904, 💻 www.phuket-canopy.com.

An den Hängen der Berge, von denen der **Khao Phara** mit 450 m am höchsten ist, entspringen mehrere Bäche, die sich in der Regenzeit zu zwei Wasserfällen formen, dem Tone Sai-Wasserfall im Westen und dem Bang Pae-Wasserfall im Osten.
Eine einfache Tour führt vom **westlichen Parkzugang** ein Stück am Tone Sai-Wasserfall entlang. Ein Pool lädt zu einem abkühlenden Bad ein. Längere Touren sollten nur mit Guide unternommen werden. Wer über die Wasserscheide zum zweiten Wasserfall wandern möchte, kann sich bei Siam Safari Nature Tours, 70/1 Chao Fa Rd., Chalong, ℘ 076-280116, 💻 www.siamsafari.com, nach einer Trekkingtour erkundigen.
Auf dem 600 m und 2 km langen **Lehrpfad** durch den Wald, der hinter dem Meeting Room beginnt und am Wasserfall endet, erhält man auf 7 bzw. 14 Stationen Informationen über verschiedene Aspekte des Regenwaldes. Endemisch ist die Palmenart *Kerriodoxa elegans* mit cremefarbigen Blüten und großen, fächerförmigen Blättern mit hellgrünen Unterseiten, die auch am Ufer des Baches oberhalb des Wasserfalls wachsen (letzte Station). Außerdem gibt es nahe am See ein kleines Restaurant und eine sehenswerte **Ausstellung** über das Ökosystem Regenwald.
Am **östlichen Parkzugang** beim Bang Pae-Wasserfall liegt am Fuß der bewaldeten Berge eine Rehabilitationsstation für Gibbons. Die 1,5 km lange Abzweigung am Elefantencamp führt zuerst durch eine Kautschukplantage. Das **Gibbon Re-**

habilitation Project wurde 1992 gegründet, um die in den Bars lebenden verhaltensgestörten Gibbons, die mit Drogen ruhig gestellt und an Alkohol und Nikotin gewöhnt wurden, zu rehabilitieren und in einen artgemäßen Lebensraum zurückzuführen. Auch Tiere, die in Privathäusern in Gefangenschaft aufwuchsen, sollen an das Leben im Dschungel gewöhnt werden, damit sie gruppenweise in sicheren Wäldern auf zwei unbewohnten Inseln und im Wald hinter dem Zentrum ausgesetzt werden können. Junge Leute aus aller Welt arbeiten hier freiwillig und ohne Bezahlung. Sie erklären am Eingang Besuchern gern die Hintergründe und Ziele des Projekts. Daneben können einige der Tiere in Käfigen betrachtet werden. Am Eingang ist ein Informationsblatt der *Wild Animal Rescue Foundation of Thailand* auch in Deutsch erhältlich. ⏰ tgl. 9–16 Uhr, ☎ 076-260492, 🖥 www.gibbonproject.org. Für die Gibbons-Station wird eine Spende erwartet. Für einzelne Gibbons können Patenschaften übernommen werden.

Der zehnminütige Weg weiter hinauf zum nicht gerade spektakulären **Bang Pae-Wasserfall** ermöglicht einen schönen Einstieg in die Vegetation des Regenwaldes. Auf wenigen hundert Metern wachsen viele typische Dschungelpflanzen.

Übernachtung

Im Nationalpark am westlichen Parkzugang stehen die Verwaltungsgebäude und Bungalows des Khao Phra Taeo-Wildschutzgebietes, die Platz für 20 Personen bieten. ⓞ

Transport

In Thalang zweigt man vom H402 nach Osten ab, folgt der Ausschilderung 3 km zum Tone Sai-Wasserfall und hält sich an der Gabelung rechts. Zum Gibbon Project fährt man am Kreisverkehr beim Denkmal der Heldinnen auf der H4027 und nach 9 km links Richtung Bang Rong. Inselbusse fahren von 8.30–16 Uhr von Phuket Town für 30 Baht nach Bang Rong, aber nicht zu den Parks, sodass man die letzten 1,5 km zum Gibbon Project laufen oder trampen muss. An beiden Parkeingängen wird von 9–15 Uhr der Nationalpark-Eintritt von noch 200 Baht ver-

langt. Auf einem Ticket bestehen vor allem, wenn man am selben Tag auch den anderen Zugang zum Park nutzten möchte. Einige Reisebüros bieten die Fahrt im Rahmen einer Tour an.

Thalang

Der H402 durch Thalang, 20 km nördlich von Phuket Town, wurde verbreitert, dafür mussten ganze Häuserzeilen weichen. Nur noch in den Nebenstraßen sind einige der alten Holzhäuser der ehemaligen Inselhauptstadt erhalten geblieben. Die Hauptstraße säumen Banken, chinesische Geschäfte, Restaurants und ein großer Markt.

Wat Phra Thong, der große Tempel des Goldenen Buddhas, liegt im Norden des Ortes, 400 m östlich des H402. Um die große Buddhastatue mit einem recht ungewöhnlichen Gesichtsausdruck, die von der Brust aufwärts aus dem Tempelboden herausschaut, ranken sich zahlreiche Legenden. Ein Junge soll beim Hüten seines Wasserbüffels die fast vollständig vergrabene Buddhastatue entdeckt haben. Kurz darauf starben beide und alle anderen, die später versucht haben sollen, sie weiter auszugraben. Die Statue, die aus reinem Gold bestehen soll, verblieb somit an der Fundstelle, und es wurde über ihr der Viharn errichtet. Viele Chinesen glauben, dass sie ursprünglich aus China stammt, und kommen vor allem während der chinesischen Neujahrsfeierlichkeiten hierher, um zu opfern und zu beten. Neben dem Tempel lohnt das Tempelmuseum einen Besuch. Es ist eine Art Heimatmuseum, voll gestopft mit Alltagsgegenständen und Devotionalien, die einen Einblick in das Leben früherer Bewohner ermöglichen.

Tha Rua

Hier, im Zentrum der Insel, 12 km nördlich von Phuket Town, steht der **Lak Muang** von Phuket und mitten im Kreisverkehr das 1966 für die Heldinnen Thao Thepkrasatri und Thao Sri Sunthorn erbaute **Denkmal**. Die Geschwister, die populär Chan und Muk genannt werden, konnten am 13.3.1785 angreifende burmesische Soldaten während der Abwesenheit ihrer eigenen Krieger mit Ausdauer und unter Aufbietung aller Kräfte in die Flucht schlagen.

Das **National Museum** östlich vom Denkmal wird selten besucht. Der Eingangsbereich neben der Kasse bietet eine Einführung in die Frühgeschichte und die Beziehungen zu den Khmer (Kambodscha), den Thai-Reichen Sukhothai und Ayutthaya sowie zu Indien.

Im ersten Raum werden die Landschaftsformen, die Geologie sowie die Grabstätten und Wohnhöhlen der ersten menschlichen Siedler dargestellt, die seit dem 7. Jh. in Takua Pa eintreffenden indischen Händler und späteren europäischen Seefahrer. Der zweite Raum beleuchtet die Geschichte der Insel seit dem 18. Jh. und damit auch die Entwicklung des Zinnbergbaus. Der folgende Raum zeigt auf anschauliche Weise das Leben der seit der 13. Jh. eingewanderten chinesischen Händler und Kulis, ihre engen Beziehungen zu Penang und die Arbeit in den Zinnminen. Auch den Moslems der Insel, den Thai und Seenomaden ist ein Raum gewidmet. Im Museumsgarten stehen Boote, die Pumpe aus einer Zinnmine und einfache Häuser der Seenomaden. ◷ tgl. 8.30–16.30 Uhr, ✆ 076-311426, Eintritt 30 Baht.

Jeden Montag wird an der Abzweigung zum Museum ein großer lokaler **Markt** abgehalten. 200 m südlich steht ein großer, schöner chinesischer Tempel.

Inseln vor Phuket

Viele Reisebüros organisieren auch Ausflüge zu den vorgelagerten kleineren Inseln und Korallenriffen zu Preisen, die günstiger sind, als wenn man die Tour auf eigene Faust unternimmt, denn die meisten Boote bieten 10–60 Passagieren Platz.

Zu den vorgelagerten Inseln im Süden gelangt man am günstigsten ab Chalong oder Rawai (siehe dort), zu den Inseln in der Phang Nga Bay ab Bang Rong und anderen Piers an der Nordostküste (s. S. 460). Vielen Inseln im Süden sind Korallenriffe vorgelagert, sodass sie sich sehr gut zum Schnorcheln und Tauchen eignen. Die Inseln in der seichten Bucht von Phang Nga können zwar nicht mit Riffen, dafür aber mit steilen Kalkfelsen im zumeist spiegelglatten Wasser locken.

Coral Island

Die Insel Ko Hay (auch Ko Hae) liegt etwa 6 km vor Rawai am Südzipfel von Phuket. Wegen ihrer einst schönen Korallen ist sie als Coral Island bekannt. Während der Saison stehen die Liegestühle in 4–5 Reihen am Strand der nördlichen Bucht, Strandrestaurants bereiten mittags Thaigerichte zu und servieren kalte Getränke. Tagsüber ankern Dutzende von Booten vor dem westlichen Teil des Sandstrandes, wo sich das Meer am besten zum Schwimmen eignet. Die Fische werden durch laute Boote, Fallschirmsegler vertrieben. Der östliche Strandabschnitt mit den Bungalows des Coral Island Resorts musste bereits mit Sandsäcken abgesichert werden. Ruhiger ist es am kleinen **Banana Beach**, der nach 10 Min. Fußweg Richtung Osten zu erreichen ist und wo man mit vielen Fischen schwimmen kann.

Übernachtung und Transport

Coral Island Resort, Buchungsbüro in Chalong an der Zufahrt zum Pier, 48/11 Chao Fa Rd., ✆ 076-281060, Resort ✆ 076-352097, 🖥 www.coralislandresort.com, das Büro vermittelt 64 abgewohnte Doppelbungalows mit AC, die in Doppelreihen um einen Pool gebaut sind. Die Anlage steht direkt links am privaten Strandabschnitt, etwas teureres Restaurant. ❺–❻ Boot ab Chalong Bay um 9.30 Uhr in 45 Min., Tagestouren 750 Baht. Longtail-Boote und Speedboote ab Chalong und Rawai.

Ko Lone

Ko Lone ist eine der größten Inseln Phukets vor der seichten Chalong Bay mit bis zu 260 m hohe Bergen. Auf drei Seiten ist sie von einer steilen Felsküste umgeben, nur im Nordosten erstreckt sich ein Strand. Hier liegt auch ein moslemisches Dorf, dessen Einwohner vom Fischen, Verkauf von Latex und Kopra leben.

Übernachtung und Transport

Baan Mai Cottage, 🖥 www.baanmai.com, ✆ 076-223095, 8 Luxus-Bungalows mit AC, Pool. ❽

Cruiser Island Resort, ℡ 076-383210-1, ⌨ www.cruiserislandresort.com, 24 AC-Bungalows am Strand, Restaurant. ❼–❽
Charterboote ab Chalong. Die Resorts haben eigene Boote.

Ko Mai Thon

Auch zu dieser Insel, 16 km vor Chalong, werden Tagesausflüge angeboten, die sich wegen der schönen Strände und Schnorchelgründe lohnen.

Übernachtung und Transport

Maiton Island Resort, ℡ 076-214954-7, ⌨ www.maitonisland.com, 75 exklusive Villas mit Pool, Sauna, Restaurants und vielen Wassersportaktivitäten. ❽
Boote können in Rawai und Chalong gechartert werden.

Ko Racha Yai und Noi

Die hügelige und felsige Insel **Ko Racha Yai** (auch Ko Raya oder Ko Raja) liegt 21 km südlich von Phuket und hat sich durch den Bau des riesigen The Racha stark verändert. Doch noch immer führen schattige Fußpfade und unbefestigte Fahrwege durch die Palmenwälder. Feiner, weißer Sand bildet die zwei größten Strände Batok und Siam Bay im Nordwesten der Insel, wo die Ausflugsboote ankern und die meisten Tagesausflügler in bereitgestellten Liegestühlen unter Sonnenschirmen (150 Baht) den Tag verbringen. Hier liegen die Bungalowanlagen und Restaurants. Von den Felsen hat man einen herrlichen Ausblick über die Küste. Das Wasser ist fast immer klar und an der **Batok Bay** innerhalb eines abgegrenzten Bereichs zum Schwimmen geeignet, Schnorcheln kann man am Rand der Bucht. Die flache Südküste eignet sich v. a. bei hohem Wellengang weniger zum Baden und Schorcheln.

In der **Siam Bay** erschweren vor allem bei Ebbe abgestorbene Korallen das Badevergnügen. Ansonsten ist der feine weiße Sandstrand mit noch wenigen Liegestühlen bestückt und ein gutes Rückzugsgebiet für Ruhesuchende. Gutes Tauchen ist an der Ostseite der Insel auf 9–22 m

Tiefe bei 10–18 m Sicht möglich, allerdings wurden die Riffe vom Tsunami geschädigt. Viele Ausflugsboote und Tauchschulen fahren täglich zur Insel. Während der Touristeninvasion am Hauptstrand Batok Bay bis gegen 15.30 Uhr sind die anderen Strände eine ruhige Alternative, sofern sich nicht eine Baustelle in der Nähe befindet. Manchmal sind Quallen eine Plage. Während des Monsuns von Mai–Okt wird die Insel kaum besucht.

Die kleinere Doppel-Insel **Ko Racha Noi** liegt 8 km südwestlich und ist nicht bewohnt. Sie besitzt nur einen winzigen Sandstrand. Besonders gut tauchen kann man vor der Nordspitze in einer Tiefe von 9–28 m bei 15–25 m Sicht. Allerdings gibt es starke Strömungen, und während des Monsuns ist die Insel ungeschützt starken Winden ausgesetzt, sodass dann keine Boote fahren.

Übernachtung und Essen

Die Preise sind durchweg etwa doppelt so hoch wie auf dem Festland und steigen bei größerem Andrang.

Batok Bay
Sie wird fast völlig von der einzigen Luxusanlage eingenommen:
The Racha ⑤, ℡ 076-355455, ⌨ www.theracha. com, große Anlage im modern-minimalistischen, zen-inspirierten Stil, 70 Villen, teils mit eigenem Pool, für die in der Saison 10 500–53 000 Baht pro Nacht verlangt werden, Frühstücksbuffet inkl. Restaurant mit *dress code* auch für Gäste von außerhalb, 2 Pools, großes Spa, Tauchbasis, Wassersportangebote und Minimarkt, Snackbar mit leckeren Pancakes und Burgern. ❽
Bungalow Raya Resort ④, ℡ 081-6765995, Buchungen unter ℡ 076-288271. Die Hütten stehen auf den Felsen am linken Ende der Bucht. 16 relativ komfortable Holzbungalows mit Fan, gefliestem Bad und großem Bett, Moskitonetz auf Anfrage. Schöne Aussicht u. a. von Bungalow 6 und 7 am Weg zum Viewpoint, einem ruhigen, kleinen Plätzchen. Strom von 18–6 Uhr. Im großen Restaurant über der Bucht essen auch viele Gruppen. Verleih von Schnorchelausrüs-

Übernachtung:
1. Jungle Bungalows
2. Raya Sea View Bungalows
3. Siam Bay Resort
4. Raya Resort
5. The Racha
6. Raya Father Resort
7. Raya Garden
8. Ban Raya

Essen:
1. Raya Paradise Bar & Restaurant
2. Bamboo Restaurant
3. Restaurant
4. Snacks, Minimarkt, Duschen
5. Pad Thai Restaurant

KO RACHA YAI

N

0   500 m

tung. Frühstück 500 Baht extra. ❹
Das Angebot und die Preise in allen Restaurants
der Insel sind in etwa gleich. In der Mitte des
Hauptstrandes befindet sich ein sehr gutes Restaurant: reiche Auswahl zum Frühstück, frischer
Fisch wird nach Wunsch zubereitet.
Bamboo Restaurant, am Nordrand der Bucht,
hat frischen Fisch zu einem vernünftigen Preis
und leckeres Frühstück.
Raya Paradise Bar & Restaurant, am anderen
Ende, ist v. a. bei Tauchern beliebt. Man kann an
Tischen drinnen im offenen Restaurant und
draußen im Sand sitzen und den schönen Ausblick auf die Bucht genießen, Thai-Gerichte um
100 Baht, auch Frühstück.

Siam Bay

Auch hier ist ein großer „Developer" dabei, eine
hochpreisige Anlage in die Bucht zu bauen.
Siam Bay Resort (Racha Yai Resort & Spa) ③,
✆ 081-0638973, 🖳 www.phuket-realestates.
com, an der östlichen Bucht, baut große AC-
Doppelbungalows mit allem Komfort, Häuser
und ein Spa. Zudem ein Restaurant und Massage-Angebote. ❻
Raya Sea View Bungalows ②, ✆ 081-3975141,
am westlichen Ende der Bucht am Hang,
8 kleine Holzhütten mit Fan und Du/WC. Kleines,
2-stöckiges Restaurant am Strand, Gerichte um
150 Baht, abends BBQ, Beach Bar. Familiäre
Atmosphäre. ❹
Jungle Bungalows ①, ✆ 089-7231455, 9 reno-

vierungsbedürftige Holzhütten, die nur halbherzig gemanagt werden. ❸
Raya Paradise Bar & Restaurant, ein luftiges, kleines Restaurant mit freundlichem Service auf den Felsen am ruhigen Ende der Siam Bay. Thai-Gerichte um 100 Baht, auch Frühstück.

Im Landesinnern

Raya Father Resort ⑥, ✆ 081-8934430, 📠 076-283110, kleine und größere Bungalows mit Fan, 24 Std. Elektrizität. Großes Restaurant. ❹
Raya Garden ⑦, nebenan, Buchungen über Racha Island Phuket, ✆ 076-383136, 📠 280958 oder das Raya Seafood Restaurant nebenan. Hübsche Einzel- und Doppel-Bungalows in einem gepflegten, schattigen Garten. Weder Rezeption noch Restaurant. ❹
Bei der Wanderung durchs Inselinnere eignet sich das **Pad Thai Restaurant** unter hohen Kokospalmen für einen Zwischenstopp. Die Familie vermietet auch Boote und offeriert Ausflüge zum Fischen.

Konkare Bay

Auf der anderen Seite der Insel in der kleinen Bucht liegt ein Resort etwas abseits an einem winzigen Strand mit guten Schnorchelmöglichkeiten. Es ist nach 20 Min. zu Fuß durch einen Palmenhain zu erreichen:
Ban Raya ⑧, Buchungen unter ✆ 076-224439, 221930, 📠 www.banraya.com, unter Kokospalmen in Reihenhäusern Zi mit Fan oder AC und Kaltwasser-Du/WC, die teils schlecht funktionieren, sowie kleinen Terrassen, nur nachts Elektrizität. Zudem teure Häuser mit 4 Zi und AC, TV und Warmwasser-Du/WC, 24 Std. Elektrizität; offenes, relativ teures Restaurant. Internet, Pool und Spa, Raya Divers, 📠 www.rayadivers.com. Abholservice ab Anlegestelle in der Batok Bay. ❺–❻

Duschen
Komfortable öffentliche Duschen und WCs neben The Racha, die kostenpflichtig, aber sehr sauber sind.

Geld
Genügend Geld mitbringen! Es gibt auf der Insel

keine Geldautomaten, und Kreditkarten akzeptiert nur The Racha.

Tauchen
Raya Divers, 1/2 Moo 5, Rawai, ✆ 081-3703376, 📠 www.rayadivers.com, die schwedische Tauchschule hat eine Basis neben The Racha. Touren ab Phuket und ab Ko Racha zum Tauchen und Schnorcheln für 1800 / 500 Baht. Günstige Tauchgänge vom Strand aus. Auch Kurse.

Transport

Von Oktober bis Mai fahren zahlreiche Boote ab Chalong gegen 9 Uhr in 1 Std., Rückfahrt zwischen 15 und 16 Uhr. Buchungen u. a. über **Raya Princess,** ✆ 076-256394, 081-5359883, oder **Island Safari**, 📠 www.islandsafaritour.com. Im Pauschalpreis von ca. 1500 Baht sind der Transfer vom Hotel, Getränke, Lunch und Schnorchelausrüstung enthalten. Nur Bootstransfer ca. 800–1000 Baht. Gäste des The Racha werden mit dem eigenen Boot abgeholt.
Phuket Island Hopper, 📠 www.phuket-island-hopper.com, Tagestouren ab Ko Siray in Verbindung mit Coral Island und Ko Khai für 3500 Baht.

Ko Rang Yai

Vor der Ostküste, 5 km von der Phuket Boat Lagoon entfernt, werden auf dieser privaten Insel unter weit kleineren **Khai Nok** Perlen gezüchtet. Die **Phuket Pearl Farm** hat ein Büro in Sapam, nördlich von Phuket Town, ✉ phuketpearl@yahoo.com, ✆ 076-238002. Über Reisebüros oder 📠 phuketdir.com/rangyaiisland können Touren für 1000–2000 Baht gebucht werden, bei denen Gelegenheit zum Baden, Windsurfen und für andere Aktivitäten geboten wird. Teurere Touren schließen den Besuch von Ko Khai Nok mit ein. Die Überfahrt ab Laem Hin Pier dauert 20 Min.

Ko Naka Noi und Ko Naka Yai

Auf der kleineren der Schwesterinseln in der Phang Nga Bay ist die **Perlenfarm Naka Noi** im

Nordosten tgl. von 9–15.30 Uhr für Besucher geöffnet, ✆ 076-212901. 2x tgl., wenn gegen Mittag die überwiegend asiatischen Reisegruppen eintreffen, wird die Perlenzucht in allen Einzelheiten demonstriert. Natürlich soll man auch Perlen und Muschelprodukte kaufen. Zudem ein Seafood-Restaurant.

Auf der größeren, privaten Nachbarinsel Naka Yai stehen einige Resorts. Der Strand an der Westküste ist flach und nicht gut. Aber an der Ostküste (30 Min. zu Fuß) liegt ein Super-Strand: 1 km lang, davon 500 m feiner Sand, Palmen, schöne Sicht auf Felsen.

Übernachtung und Transport

Auf Ko Naka Yai werden einige private Luxus-Villen vermietet.

Koh Naka Retreat, Buchungen über verschiedene Ferienhausanbieter, z. B.: Asian Sky, ⌨ www.britishacorn.com/tourism/villas.htm, oder ⌨ www.onlyyouknowwhere.co.uk.

Ende 2007 eröffnet das **Six Senses Erawan**, ⌨ www.sixsenses.com, ein Resort, das sich der Gesundheit mit ganzheitlichen Behandlungsmethoden verschrieben hat. Entsprechend spektakulär ist der 3000 km^2 große Spa-Bereich. Die anspruchsvollen Gäste werden in riesigen Pool-Villen verwöhnt. ❽

Boote können am Ao Po Pier gechartert werden. Organisierte Touren kosten in zahlreichen Reisebüros 2000–2500 Baht inkl. Transfer vom Hotel, Besichtigung der Perlenfarm und Mittagessen.

Ko Yao Yai

Die große Ko Yao Yai und die kleinere Schwesterinsel Ko Yao Noi mitten in der Phang Nga Bay sind von zahlreichen kleineren Inselchen umgeben. Auf der südlichen, größeren Ko Yao Yai gegenüber von Krabi werden in der weiten Bucht im Westen Perlen gezüchtet. Eine Straße verbindet **Ban Chong Lat**, eine kleine Siedlung mit einem großen Pier an der Ostküste in Sichtweite von Ko Yao Noi gelegen, mit den an der Westküste im Süden gelegenen Dörfern. In Ban Chong Lat legen auch einige Boote aus Phuket

und aus Ko Yao Noi an. Motorradtaxis warten auf ankommende Passagiere.

Der von Kokospalmen gesäumte, hübsche **Lo Pa Rat Beach** in der tiefen Bucht im Westen der Insel lädt zum Baden ein und ist über die Inselstraße zu erreichen. Auch die von Felsen durchsetzten Strände **Ao Sai** und **Laem Nok Ok** an der Ostküste eignen sich gut zum Schwimmen. Von einigen Buchten im Nordwesten und Nordosten bietet sich ein schöner Ausblick auf die kleinen Inseln der Phang Nga Bay.

Das Dörfchen um den **Loh Jak Pier** im Südwesten bietet mehrere Unterkünfte, Essensstände und Läden, außerdem die verlässlichsten Verbindungen nach Phuket. Mit einem gemieteten Motorrad kann man die traditionellen moslemischen Dörfer besuchen oder zu den Stränden fahren.

Übernachtung

Auf der Insel gibt es einige kleinere, einfache Unterkünfte mit Restaurant:

Tiew Son Resort, 58/4 Moo 4, im Nordosten, südlich von Chong Lat, ✆ 081-9567582, mit einem guten Restaurant und einem wunderschönen Ausblick auf die Inselwelt. ❸

Yao Yai Island Resort, Lo Pa Rat Beach, 80/3 Moo 7, ✆ 081-5356871, mit 19 Bungalows mit Fan oder AC, die derzeit größte Anlage an einem schönen Strandabschnitt. Nach Voranmeldung werden Gäste vom Pier abgeholt. ❹–❺

Halavee Resort, gleich nördlich vom Loh Jak Pier, ✆ 081-6073648, ✉ HALAWEE_R@yahoo.co.th, Holzbungalows mit kleiner Veranda, Restaurant, wenn der Koch anwesend ist. ❸

Zwei weitere Unterkünfte gibt es ebenfalls am Loh Jak Pier, das **Garden View Resort** und die **Ko Yao Beach Bungalows.** ❸

Transport

Vom Rasada-Pier in PHUKET TOWN fährt täglich um 10.30 und 14 Uhr ein Boot für 80 Baht in 1 Std. zur Insel. Zurück gegen 8 und 15 Uhr. Je nach Gezeitenstand stoppen die Fähren nach Ko Yao Noi ab BANG RONG oder AO PO PIER um 10 und 16 Uhr auch am Chong Lat-Pier, 100 Baht.

Ko Yao Noi

Das nördliche Ko Yao Noi ist die kleinere, aber bereits besser erschlossene Insel. In mehreren Dörfern leben etwa 6000 Moslems vor allem vom Fischfang, der Landwirtschaft, von Kautschuk- und Ölpalm-Pflanzungen. Der Tourismus ist auf diese Insel erst seit Mitte der 90er-Jahre vorgedrungen. Mittlerweile gibt es Elektrizität, aber weder Bierbars noch Sonnenschirme und Liegestühle. Die einstigen Erdpisten sind rund um den Süden der Insel asphaltiert worden. Neben Motorrädern können Tuk Tuks für Rundfahrten gemietet werden. Im größten Dorf **Ban Yai** im Südwesten (auch: Ban Ta Khai) befinden sich ein Pier, die Schule, Polizei und Post, ein Krankenhaus, der große Markt, ein paar kleine Restaurants und Läden, Gästehäuser, Restaurants, eine Moschee, ein 7eleven ohne Alkoholverkauf und Internet-Cafés.

Von einem weiteren Pier im Süden, **Tha Manoh**, fahren die Boote nach Ko Yao Yai und Passagierboote nach Phuket ab. Die schönsten Badestrände liegen an der Ostküste, u. a. der **Pasai Beach** im Süden hinter dem Dorf **Ban Laem Sai** und der **Long Beach** (Hat Klong Jaak) weiter nördlich. Weitere verhältnismäßig kleine, schmale Buchten mit feinem, gelblichem Sand werden von Kokospalmen, Kasuarinen und Mangroven gesäumt. Von diesen Stränden bietet sich eine schöne Sicht auf die bizarren weißen Felsformationen im türkisblauen Meer, die im warmen Licht der Nachmittagssonne besonders schön erleuchtet werden. Dahinter erstrecken sich die dschungelbedeckten Berge des Festlandes bis hinab nach Krabi.

Am Pier des Fischerdorfes **Ban Tha Khao**, das von Kautschukplantagen umgeben ist, werden Latexmatten zum Abtransport vorbereitet, während daneben Fischer ihren Fang entladen. Mit ihnen kann man zum Nachtfischen hinausfahren. Bei Ebbe ist die winzige vorgelagerte Insel **Ko Nok** zu Fuß zu erreichen. Kleine Läden sorgen für das Lebensnotwendige. Ein größeres Fischerdorf ist **Tha Tondo** an der Westküste, 4 km nördlich von Ban Yai. Viele Häuser stehen auf Stelzen im Meer. Am Pier kann man gemütlich in Restaurants sitzen und das Dorfleben beobachten.

An der Ostküste liegen mehrere Resorts. Mittlerweile sind alle an das Stromnetz angeschlossen. Von Süden nach Norden:

Lom'Lae Beach Resort ⑰, Moo 5, Pasai Beach, 4,5 km vom Markt, ✆/☎ 076-597486, ✆ 081-9580566, 089-8688642, 🖥 www.lomlae.com, von der Kanadierin Jade und ihrem Mann Radt sehr engagiert geleitet. In einem Kokospalmenhain am Rand eines Mangrovengebiets stehen 10 liebevoll dekorierte Bungalows auf Stelzen mit Terrasse und Hängematte, ebenerdig eine Bambusdusche und Thai-WC. Weitere 3 Häuser mit Küche, Du/WC und Kühlschrank, die sich vor allem für Familien eignen. Besonders schön sitzt man in den kleinen Gartenpavillons des Restaurants, das leckeres Thai-Essen, aber auch westliche Gerichte serviert. Der Strand auf der gegenüber liegenden Straßenseite ist zum Schwimmen nur bei Flut geeignet. Buchausleihe, Touren-Angebote (Schnorcheln, Kayak fahren , Klettern, Trekking) und Tauchbasis. ❹–❼

Ko Yao Bay Pavilions ⑯, ✆ 076-597441, 🖥 www.koyaobay.com. Die 3 zum Garten hin offenen, mit viel Liebe zum Detail gestalteten Luxusvillen im Thai-Stil tragen die Handschrift von George Cortez, dem Architekten des Koyao Island Resorts, der einen großen Einfluss auf den jüngeren Baustil der Insel hat und weitere Villen im Inselinneren baut. Netter Pool. Ausgezeichnetes Restaurant mit lokaler und mediterraner Küche. ❽

Ko Yao Beach Bungalows ⑭, 17 Moo 5, Pasai Beach, nahe der Flussmündung, ✆ 089-5922390. 7 saubere, kleinere und größere Bungalows mit Du/WC, Fan und Netz. Restaurant am Bach mit einfachen Thai-Gerichten. Schöner Blick aufs Meer. ❸–❹

Pasai Cottage ⑬, Pasai Beach, 80 m weiter, ✆ 076-248099, 081-9561879, gehört zum Lom' Lae. 10 Bungalows mit Terrasse, Fan, Du/WC und Moskitonetz stehen in einer Reihe mit beieinander hinter dem Restaurant, das an der Straße liegt. Backpacker-Food, Bierausschank. Kajak (500 Baht), Fahrräder (200 Baht), Motorräder und Schnorchelausrüstung. Longtail-Boote zu reellen Preisen, Kochkurse. ❹

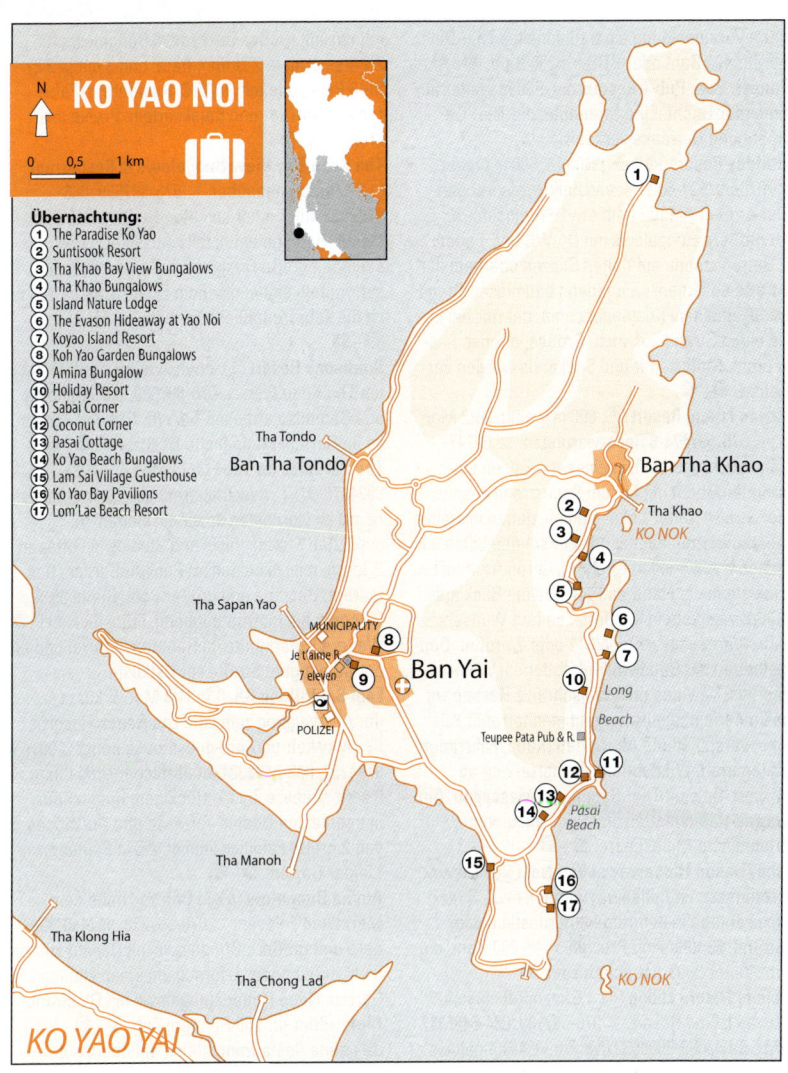

KO YAO NOI

0   0,5   1 km

Übernachtung:
1. The Paradise Ko Yao
2. Suntisook Resort
3. Tha Khao Bay View Bungalows
4. Tha Khao Bungalows
5. Island Nature Lodge
6. The Evason Hideaway at Yao Noi
7. Koyao Island Resort
8. Koh Yao Garden Bungalows
9. Amina Bungalow
10. Holiday Resort
11. Sabai Corner
12. Coconut Corner
13. Pasai Cottage
14. Ko Yao Beach Bungalows
15. Lam Sai Village Guesthouse
16. Ko Yao Bay Pavilions
17. Lom'Lae Beach Resort

Tha Tondo
Ban Tha Tondo

Ban Tha Khao

Tha Khao

KO NOK

Tha Sapan Yao

MUNICIPALITY

Je t'aime R.
7 eleven

Ban Yai

Long
Beach

POLIZEI

Teupee Pata Pub & R.

Tha Manoh

Pasai
Beach

Tha Klong Hia

KO YAO YAI

Tha Chong Lad

KO NOK

Coconut Corner (12), Pasai Beach, 500 m weiter, ☎ 076-597134, 6 Bambusbungalows mit kleiner Veranda und Du/WC. Kleines Restaurant. ❸ **Sabai Corner** (11), 150 m weiter, in der folgenden kleinen Bucht am Hang, ☎ 081-8921827, 076-597497-8, 🖥 www.sabaicornerbungalows.com,

kleine palmwedelgedeckte Hütten und Holzbungalows mit Terrassen, teilweise mit schönem Blick aufs Meer und den Long Beach. Gemeinschafts-Du/WC, Moskitonetz. Neue Bungalows mit Du/WC. Im gemütlichen Restaurant über den Klippen am Meer gibt es Pasta, guten Kaffee und nach Voranmeldung ein traditionelles Thai-Dinner für 400 Baht oder BBQ für 250 Baht. ❸–❹

Teupee Pata Pub + Restaurant, 300 m weiter am Ende der Bucht. Eine Strandbar, die Thai-Gerichte und Getränke verkauft.

Holiday Resort ⑩, Long Beach, 600 m weiter, ☎ 076-597539-43, 🖳 www.holidayresort.co.th. Der großen Anlage fehlt etwas Atmosphäre: 28 größere Bungalows mit Du/WC und 1 oder 2 Betten stehen auf hohen Stelzen oberhalb der Straße auf einem weitgehend baumlosen Grundstück an einem Küstenabschnitt, der nur bei Ebbe einen Strand aufweist. Großes, offenes Restaurant. Motorräder und Seekanus werden verliehen. ❸–❺

Koyao Island Resort ⑦, 800 m weiter, 24/2 Moo 5, ☎ 076-597474-6 Reservierungen, 📠 597477, 🖳 www.koyao.com, in einer von Felsen umrahmten Bucht mit feinem Sandstrand abseits der Straße. Unter Kokospalmen stehen in weiten Abständen zueinander 15 sehr schöne Villen mit hohen traditionellen Dächern, deren Architektur sich gut in die Natur einfügt. Alle mit Blick aufs Meer, westlichem Komfort, Fan (auf Wunsch AC), Warmwasser-Du/WC, 1 oder 2 großen Doppelbetten mit Baumwollnetz, offenem Wohnzimmer mit TV, Video und Kühlschrank. Restaurant mit guter einheimischer und mediterraner Küche, verschiedene Aktivitäten (Kanu, Fahrräder, Katamaran, Windsurfing), Abholservice ab Airport. Spa mit Thai-Sauna und Massagen. Am Strand Hängematten und Pool, entspannte, freundliche Atmosphäre. ❼–❽

The Evason Hideaway at Yao Noi ⑥, 🖳 www.sixsenses.com/hideaway-yaonoi, neue Superluxusanlage in den Hügeln nordöstlich vom Strand. 56 Villas mit Preisen ab 20 000 Baht, die ab Winter 2007 zu buchen sind. ❽

Island Nature Lodge ⑤, 1,5 km nördlich vom Koyao Island Resort, ☎ 076-597189, 084-8485112 (Mr. Bay), 089-8688639 (Mr. Tony). 4 Bungalows für Naturfreunde liegen am Ende der Bucht in einem Mangrovengebiet. Tony und Bay organisieren fachkundige Touren für Vogelfreunde. ❸–❹

Tha Khao Bungalows ④, 3 km südlich vom Fischerdorf Ban Tha Khao. Abseits von allen anderen Anlagen stehen in einer kleinen, ruhigen Bucht mit hübschem Sandstrand in einem gepflegten Garten am Wasser die stabilen Bungalows mit großer Terrasse. 4 Bungalows für 2 Pers., 2 mit je 2 Zi für 4 Pers. und 3 mit je 3 Zi für 6 Pers., alle mit Du/WC. Restaurant, Fahrrad-, Motorrad- und Kajakverleih. Preise inkl. Frühstück. ❹

Tha Khao Bay View Bungalows & Restaurant ③, schräg gegenüber, ☎ 076-597559, 086-9420812, über einer seichten Bucht an einem steilen Hang gelegen, tolle Aussicht. Verschieden große Bungalows. Restaurant mit sehr gutem einheimischem Essen. Gastgeber ist die sehr freundliche Familie von Mr. Ling. ❸–❹

Suntisook Resort ②, etwas weiter nördlich fast am Tha Khao Pier, ☎ 076-597589, 9 Bungalows aus Bambusmatten mit Du/WC, Fan und Terrasse im Garten. Freundliche Besitzerin. ❸–❹

The Paradise Ko Yao ①, 24 Moo 4, ☎ 081-8924878-9, 🖳 www.theparadise.biz, ein Luxusresort im Nordosten an einem langen, geschützten Strand. Villas und Studios mit offenen Bädern, teils mit eigenem Pool. Außerdem Restaurant, Bar, Spa und großer Pool. Bis zu 35 % Discount bei Internetbuchung, Frühstück inkl. ❽ Weitere Unterkünfte im Hauptort Ban Yai und an der befestigten Straße zur Ostküste.

Lam Sai Village Gh. ⑮, 34/8 Moo 5, kurz vor der Abzweigung zum Lom'Lae Beach Resort, 🖳 www.koh-yao-noi-guesthouse.com, ☎ 081-9784257, 089-6482234. In dörflicher Umgebung 8 sehr saubere Zi in 2-stöckigem Reihenhaus mit gefliesten Böden, Terrasse und Du/WC, davon 2 große Familienzimmer. AC in Planung. Kleiner Garten. ❹–❺

Amina Bungalow ⑨, in Ban Yai, nahe dem Markt und 7eleven, ☎ 076-597278, 597446. Kleinere und größere Bungalows mit Du/WC stehen dicht aufeinander L-förmig um einen kleinen Garten. Neue Doppelbungalows mit Glasfront. Motorräder für 250 Baht pro Tag. ❷–❸

Je t'aime Restaurant, gleich daneben, gute Thai-Gerichte, kein Alkoholausschank. Der Besitzer hat 8 Jahre in Wiesbaden gelebt und spricht gut Deutsch.

Koh Yao Garden Bungalows ⑧, im Dorf, ☎ 089-5929934. Größere Bambusmatten-Bungalows mit Eternitdach, Du/WC. Die Besitzer sprechen kein Englisch.

Sonstiges

Boote

Longtail-Boote werden für Ausflüge und Badetrips auf die benachbarten Felseninseln oder aufs Festland vermietet. Sie bieten bis zu 10 Pers. Platz und kosten z. B. ab Ban Tha Khao nach KO HONG 1500–2000 Baht, Tagestouren z. B. in die PHANG NGA BAY 1800–3000 Baht, nach AO NANG 2000–3500 Baht, PHUKET 2000 Baht. Fast alle Unterkünfte organisieren Longtail-Boote. Seekanus kosten um 600 Baht pro Tag.

Motorräder

Sie eignen sich gut, um auf eigene Faust die Insel zu erkunden. In den meisten Bungalowanlagen werden Motorräder für 250 Baht pro Tag vermietet, mit Automatik 300 Baht.

Tuk Tuks

Sie fahren von allen Piers für 50–100 Baht pro Person bzw. 250 Baht pro Std. zu den Stränden.

Transport

Zum Pier östlich von BANG RONG auf Phuket fahren Busse ab PHUKET TOWN von 7–16 Uhr für 30 Baht.

Nach KO YAO NOI in der Saison Passagierboote um 9.30, 11, 12.30, 14.30, 16 und 17 Uhr in 45 Min. für 100 Baht zur Insel, zurück um 7, 10, 15 und 16 Uhr. Je nach Gezeiten und Bedarf legt das reguläre Boot auf Ko Yao Noi in THA MANOH oder BAN YAI an. Um 10 und 16 Uhr fährt zudem ein großes Passagierschiff je nach Gezeiten ab Bang Rong oder Ao Po ebenfalls für 100 Baht. Vom MANOH PIER nach KO YAO YAI 1x tgl. in 15 Min. für 20 Baht. Vom KHAO PIER im Nordosten nach THA LEN 1x tgl. um 7.30 Uhr in 45–60 Min. für 100 Baht, von dort mit dem Minibus weiter nach KRABI für 30 Baht, zurück um 12 Uhr. Aktuelle Infos in den Bungalowanlagen.

Phang Nga Bay

Besonders schön ist eine Tour durch die Inselwelt in der Bucht von Phang Nga (s. S. 461). Die meisten Boote fahren jeden Tag gemeinsam und zur selben Zeit in einen kleinen Teil der Felsenlandschaft, meist zum sogenannten James-Bond-Felsen **Ko Tapu**, der durch den Film *Der Mann mit dem goldenen Colt* berühmt wurde (s. S. 462).

Ein unvergleichliches, aber relativ teures Erlebnis bieten Touren zu den Felsen der Phang Nga-Bucht mit Seekanus. Sie fahren vor allem nach **Ko Hong**, eine der zahlreichen bizarren Felseninseln weiter im Süden. Ihr Inneres ist ausgewaschen und bildet eine von hohen Felsen umgebene Lagune, die nur durch eine schmale Zufahrt zugänglich ist. Die steilen Wände der Kalkfelsen bedecken teils endemische Pflanzen, die in einem ungewöhnlichen klimatischen Umfeld gedeihen. Sie müssen nicht nur mit wenig Wasser, sondern auch in extremer Sonne oder in permanentem Schatten überleben. Hingegen sind die dem Gezeitenwechsel ausgesetzten Uferzonen mit Mangroven bewachsen.

Eintritt für die James-Bond-Insel und den Strand von Ko Hong 200 Baht, andere Strände und Inseln kostenlos. Bei der Buchung einer Tour darauf achten, dass der Nationalpark-Eintritt im Preis enthalten ist.

Touren und Transport

Die Tour selbst zu organisieren lohnt sich höchstens ab Ko Yao Noi oder, sofern man mit dem eigenen Fahrzeug unterwegs ist, ab Phang Nga. Dann kann man bereits am frühen Morgen losfahren und hat mit etwas Glück eine Insel für sich allein. Auch auf den Nachmittagstouren geht es etwas ruhiger zu. Je nach Komfort werden die Halbtagstouren in Phuket Town und an allen Stränden für 850–1500 Baht p.P. inkl. Mittag-/Abendessen und Hoteltransfer angeboten. Wer es sich leisten kann, segelt komfortabel mit den Dschunken June Bahtra und maximal 20 bzw. 40 Mitseglern in die Bucht von Phang Nga für ca. 3000 Baht, buchbar in Reisebüros oder bei **East West Siam** (s. S. 581).

Zudem offerieren verschiedene Veranstalter kombinierte Touren mit der Bucht von Phang Nga, Naka Pearl Island (mit Mittagessen) und einer Schnorchelinsel.

Boote für eine Rundfahrt können an den Piers im Nordosten in Ao Krung, Ao Po und Bang

Rong für ca. 3000 Baht gechartert werden (s. S. 569, Nordosten).

Wassersport

Vor allem in den großen Hotels und an den Hauptstränden wird eine große Bandbreite an Aktivitäten geboten.

Kanu fahren

Sea Canoe war der erste Veranstalter, der fantastische Seekanu-Touren in der Bucht von Phang Nga anbot. Mittlerweile operieren zahllose Seekanu-Veranstalter mit insgesamt über 200 Kanus, sodass es zu bestimmten Zeiten in der Hochsaison fast wie auf den schwimmenden Märkten zugeht. Es empfiehlt sich daher, außerhalb der Hauptsaison zu fahren oder bei einem Veranstalter zu buchen, der eigene Wege beschreitet.

Die langen Strecken werden auf einem größeren Boot zurückgelegt, das die seefesten Kanus für die Ausflüge mitführt. Gepaddelt wird um malerische Inseln herum und durch Höhlen hindurch. Höhepunkte sind Fahrten in Hongs, natürliche Lagunen, die von hohen, üppig bewachsenen Felswänden völlig umschlossen sind. Nur zu einem bestimmten Zeitpunkt zwischen Ebbe und Flut kann man für kurze Dauer mit den Kanus durch enge Höhlen in unberührte Naturwunder eindringen.

Beliebt sind die große **Ko Phanak** und die kleine **Ko Hong** nahe dem Festland nördlich von Ko Yao Noi. In jedem Kanu sitzen zwei Passagiere, die von einem Führer gepaddelt werden. Preis für einen Tagestrip mit Transfer und guter Verpflegung: ab 3000 Baht. Ohne erfahrenen Führer sind solche Kanutrips lebensgefährlich. Also nicht von Billiganbietern dazu verleiten lassen!

John Gray's Sea Canoe, 124 Soi 1, Yaowarat Rd., Phuket Town, ☐ www.johngray-seacanoe.com, ✆ 076-254505-7, der Pionier, sehr erfahren, aber etwas teurer.

Sea Canoe Thailand, 367/4 Yaowarat Rd., Phuket Town, ✆ 076-212252, ☐ www.seacanoe.net, auch mehrtägige und nachmittägliche Touren mit Dinner.

Sea Cave Canoe, 2/2 Chumphon Rd., Phuket Town, ✆ 076-234419, ☐ www.seacavecanoe.com, Di und Do Touren mit deutschsprachigen Guides.

Andaman Sea Kayak, ✆ 076-235098, ☐ www.andamanseakayak.com.

Phuket Siam Seacanoe, Chalong, ✆ 076-280678, ☐ www.seacanoe.net.

Schnorcheln

Die Unterwasserwelt der Tropen mit Maske und Schnorchel zu entdecken, gehört zu den schönsten und billigsten Urlaubsaktivitäten. Phuket bietet gute Schnorchelgebiete für Anfänger und Fortgeschrittene, vor allem an der Westküste, die allerdings unter dem Bootsverkehr und Tsunami gelitten haben. Das mit 1,5 km Länge größte Korallenriff liegt vor dem **Nai Yang Beach**, ca. 1 km vor der Küste in 10–20 m Tiefe. Weitere Riffe zum Schnorcheln: an der **Freedom und Emerald Bay**, vor den Felsen von **Laem Prom Thep**, vor **Laem Son** nördlich von Surin Beach, am nördlichen **Kata Beach** (vor Club Med) und westlich des **Nai Harn Beach** vor Ao Sane.

Besser sind die Inseln, zu denen Schnorchelausflüge angeboten werden: **Ko Kaeo** (3 km von Rawai vor der Südspitze von Phuket), **Coral Island** (vor Rawai), **Ko Mai Thon** (12 km im Südosten), **Ko Khai Nai** und **Ko Khai Nok** (im Osten vor Ko Siray, zwei Felseninseln mit schattenlosem Strand, Restaurant) und **Ko Racha** (s. S. 572). Maske, Schnorchel und Flossen werden in manchen Unterkünften und in Taucherläden für ca. 250 Baht pro Tag vermietet. Tauchschiffe nehmen häufig Schnorchler zum reduzierten Preis auf Tagestouren mit.

Tauchen

Tauchen vom Land aus ist in Phuket nur zum Eingewöhnen oder blutigen Anfängern zu empfehlen. In kurzen Bootstouren erreichbare Plätze wie **Shark Point** (Felsen mit Korallen bis in 22 m Tiefe) und das angrenzende **Anemonenriff** (mit Seeanemonen und Weichkorallen) auf halbem Weg nach Ko Phi Phi sowie **Ko Doc Mai** (steiler Felsen mit Weichkorallen) haben eine große Vielfalt an Korallenfischen zu bieten.

Noch interessanter wird es an den vorgelagerten Inseln.

Das Nonplusultra sind Live-aboard Cruises an Bord echter Tauchschiffe zu den **Similan Islands** (s. S. 464), Zielen in **Myanmar** (Burma), zum **Richelieu Rock** (manchmal Walhaie) und nach **Ko Tachai** – Tauchreviere, die auch verwöhnten Tauchern ungewöhnliche Erlebnisse bescheren.

Im Durchschnitt kostet eine Tauchreise nach Similan oder auf die Surin-Inseln inkl. Übernachtung an Bord, Vollpension, Flaschen, Gewichten und allen Tauchgängen je nach Komfort und Leistungen 5000–10 000 Baht pro Tag. Für eine Myanmar-Tour ins Mergui-Archipel ist das Visum und für Tauchgänge im Nationalpark der Eintritt extra zu bezahlen.

Allein auf Phuket gibt es über hundert Tauchbasen, von denen die 5-Sterne-Tauchzentren die Besten sind. Nur wenige habe eigene Boote, aber fast alle bieten 3-tägige PADI-Kurse zum Open Water Diver für 8000–12 500 Baht an. In vielen Tauchschulen unterrichten auch deutschsprachige Tauchlehrer.

Tagestörns zu Tauchrevieren wie dem Shark Point und Ko Racha mit zwei Tauchgängen werden je nach Ziel und Saison für 2500–3200 Baht (inkl. Fahrt, Softdrinks und Mittagessen) angeboten, bei Sonderangeboten sollte man skeptisch sein.

Schnupperkurse *(Introductory Dive Courses)* unter Aufsicht eines Tauchlehrers kosten pro Tauchgang etwa 2000 Baht. Die Ausrüstung kann separat oder als Set für ca. 600–800 Baht gemietet werden; Kamera, Tauchcomputer und Lampen kosten extra.

Tauchsaison ist in Phuket von Dezember bis Mitte Mai, Tauchtouren finden von Mitte Oktober bis Ende Mai statt. Adressen siehe Patong, Kata, Karon, Chalong, Bangtao, Nai Thon und Nai Yang.

Segeln

Die Inselwelt um Phuket hat sich zu einem weltweit beliebten Segelrevier entwickelt. Der beliebteste Ankerplatz der Insel Phuket sind der Jachthafen in der Chalong Bay und die Phuket Boat Lagoon. Über alle Ankerplätze informiert sehr detailliert ☐ www.andamanseapilot.com.

Segeltouren

Thai Marine Leisure, 20/7-8 Phuket Boat Lagoon, ✆ 076-239111, ☐ www.thaimarine.com, kürzere Kreuzfahrten zum Sonnenuntergang, Tagestouren nach Ko Phi Phi, aber auch längere Fahrten mit Segelbooten für 4–25 Personen in der Phang Nga Bay, nach Similan und Krabi.

East West Siam, 128/3 Srisuchart Village, Rama 9 Rd., an der Bypass Rd. von Phuket Town, ☐ www.east-west-siam.com, ✆ 076-376192, Zentrale in Bangkok, ✆ 02-6519101, ✆ 6519766-7. 3 1/2-Tagetour mit der umgebauten Dschunke Suwan Macha für knapp 40 000 Baht von Phuket durch die Bucht von Phang Nga nach Krabi und Ko Phi Phi. Auch Tagestouren in die Bucht von Phang Nga mit der June Bahtra 1–3.

Lazy Tours, ✆ 081-4761656, 081-8921967, ☐ www.lazytours.com. Die Dauw Talae 2, eine 25 m lange Dschunke, segelt in der Saison durch die Bucht von Phang Nga nach Ao Nang (Krabi). Die 6-tägige Kreuzfahrt kostet 788 €.

Star Flyer, ☐ www.star-clippers.de, auf den größten Segelschiffen der Welt kann man von Jan–März 7-tägige Kreuzfahrten rund um Phuket sowie einen längeren Törn bis Singapore und zurück unternehmen.

June Hong Chian Lee, ☐ www.thejunk.com, 5-tägige Tauchkreuzfahrten mit einer chinesischen Luxus-Dschunke, die bis zu 22 Personen Platz bietet. Ab US$1150.

Phuket Sail Tours, www.phuketsailtours.com, Segeltouren mit maximal 10 Passagieren in der Phang Nga Bay mit und ohne Übernachtung ab 2500 Baht pro Tag.

Mitsegelgelegenheiten

Die Besitzer einiger Jachten bieten Mitsegelgelegenheiten an. Treffpunkte sind:

Chalong, Phuket Boating Association, ✆ 076-381615, Ao Chalong Yacht Club, ✆ 076-381488.

Phuket Boat Lagoon, bei Tha Rua, 10 km nördlich von Phuket Town, ✆ 076-238948.

Yacht Haven Phuket, im abgelegenen Nordosten der Insel, ✆ 076-206704-5, Preiswerter Liegeplatz ohne weitere Infrastruktur.

Hochseefischen

Aloha Tours, Chalong Bay, ✆ 076-381215, ☐ www.phuket.com/aloha, Fischerboote zum

Preis von 2200 Baht für Mitfahrer bis 60 000 Baht für ein Boot für bis zu 15 Pers.

Regatta

Anfang Dezember findet die King's Cup Regatta statt, zu der sich Jachten aus aller Welt in der Bucht von Nai Harn und vor Ko Phi Phi einfinden.

Segelkurse

Sunsail, Phuket Boat Lagoon, 10 km nördlich von Phuket Town, ⌨ www.sunsail.com, ✆ 076-239057, von Mai–Okt So–Fr 5-tägige Kurse für Anfänger, Erfahrene und Fortgeschrittene mit Zertifikat (RYA).

Ko Phi Phi เกาะพีพี

Eine Insel, deren Bilder Südseeträume wecken. Man stelle sich zwei Kalksteinmassive vor, wild zerklüftet, mit Dschungel und Kokospalmen bewachsen. Diese werden durch eine flache Landbrücke verbunden, die auf beiden Seiten eine halbrunde, schneeweiße Sandbucht formt. Im glasklaren Wasser, das in allen Blauschattierungen schimmert, sieht man die Korallen schon vom Ufer aus. Kein Wunder, dass Ko Phi Phi (ausgesprochen: Pi Pi) total vermarktet wurde. Nach dem Kinoerfolg von *The Beach,* der 1999 hier gedreht wurde, kamen jährlich bis zu 400 000 Touristen, vor allem junge Leute, auf die Partyinsel. Wilde Bautätigkeit veränderte das Gesicht der flachen Landbrücke, viele Strandabschnitte verdreckten, das Wasser wurde knapp, das Grundwasser brackig und die Sickergruben liefen über. Schon lange vor dem verheerenden Tsunami, der auf der Insel 691 Todesopfer und fast ebenso viele Vermisste forderte, war Ko Phi Phi kein Traumziel mehr. Dennoch besitzt die Insel eine Magie, die junge Party-Freaks, Beach Boys und ehemalige Hippies ebenso anzieht wie Aussteiger und Pauschaltouristen, die mit Rucksäcken und Rollkoffern von den Booten strömen.

Ko Phi Phi besteht eigentlich aus zwei Inseln: die liebliche Ko Phi Phi Don mit den Unterkünften und die schroffe, unbewohnte Ko Phi Phi Le mit schönen Ausflugszielen. Ein Teil von Ko Phi Phi wurde 1983 in den 390 km² großen **Nopparat Thara-Ko Phi Phi Marine National Park** einbezo-

gen, dessen Headquarter am Strand von Nopparat Thara bei Krabi stationiert ist.

Ko Phi Phi Don

Vieles von dem, was der Insel schadete, riss der Tsunami mit sich fort, aber es dauerte nicht lange, bis Neues wieder aufgebaut war und die Fehler der Vergangenheit wiederholt wurden. Etwa 50 Unterkünfte gibt es allein auf der Landbrücke, und es wird dichter und höher gebaut als je zuvor. Die Inselwege, von denen jeglicher motorisierte Verkehr verbannt ist, säumen Verkaufsstände, Boutiquen, Restaurants und Reisebüros, Tauchbasen und andere touristische Einrichtungen. Eine Armada neuer Longtail- und Motorboote, finanziert von Spendern aus aller Welt, wartet am Strand auf Ausflügler. Nach dem Sunset Cocktail geht es an den Bars hoch her beim Eimertrinken, eine dröhnende Mischung aus Thai-Whisky, einem internationalen Soft- und einem lokalen Energy-Drink (Lipovitan). In den frühen Morgenstunden genießen Frühaufsteher die Ruhe, bis am Horizont die Flotte mit Tagesausflüglern erscheint. Über 2000 Passagiere finden auf ihnen Platz, viele davon haben ein Tagesausflugsprogramm gebucht und werden mittags in riesigen Restaurants verpflegt, bevor sie sich auf Liegestühlen niederlassen, die in vielen Reihen neben Restaurants und Müllkippen mit Blick Richtung Meer aufgebaut sind.

Ban Laem Trong

Rings um das ehemalige moslemische Fischerdorf Ban Laem Trong hat sich auf dem etwa 200 m breiten Streifen zwischen der malerischen südlichen Ton Sai Bay und der seichten Lo Dalam Bay (Back Bay) ein ausgedehnter Touristenort mit allen Möglichkeiten entwickelt. Die Wucht des Tsunami traf vor allem den Südwesten von Ton Sai und Nordosten von Lo Dalam, wo alles dem Erdboden gleichgemacht und nun mit einem großen Luxushotel bzw. bis zu 4-stöckigen Geschäftshäusern bebaut wurde. Rings um den Markt ist noch etwas von der alten Dorfatmosphäre zu spüren. Die **Ton Sai Bay** ist wegen der zahlreichen Korallensteine im Westen und der Boote im Zentrum nicht zum Baden geeignet. Der

Hin Khom Beach weiter im Südosten besteht aus rauen Felsen, vor denen sich bei Flut nur wenig Sandstrand zeigt. Am Ende des Strandes über die Felsen am Ufer und später am Hang entlang gelangt man in 30 Min. zu Fuß zum Long Beach.

Die seichte **Lo Dalam Bay** (auch Back Bay) auf der anderen Seite der Landbrücke sieht bei Flut wunderschön und friedlich aus. Dennoch wurde sie von der Gewalt der Riesenwelle am stärksten getroffen. Ein kleiner, schattiger **Tsunami Memorial Park** am östlichen Ende der Bucht mit Bänken an einem kleinen Teich und einem Gedenkstein bietet eine gute Möglichkeit, sich zurückzuziehen. In dem schmalen Tal, in dem viele Opfer zu beklagen waren, wurde mit Hilfe der dänischen Regierung die ehemalige Kläranlage in ein **Sumpfland-Biotop** *(Wastewater Collection and Constructed Wetland System)* umgewandelt, über das ein großes Schild informiert. Wäre da nicht ein leichter Geruch und der Seifenschaum auf dem Wasser könnte man (noch?) glauben, in einer Parkanlage zu sein. Da sich gleich dahinter die Müllverbrennungsanlage befindet, ist dies nicht der beste Platz zum Wohnen.

Aussichtspunkt

Wenn man einige Tage auf Ko Phi Phi verbringt, ist die Besteigung des Viewpoint ein absolutes Muss, denn nur aus der **Vogelperspektive** ist ein Überblick über die einmalige Form dieser wunderschönen Insel zu bekommen. Für Fotografen empfiehlt sich die Besteigung (20 Min.) am Vormittag. Der breite, mit Betonstufen versehene Weg beginnt hinter dem Dorf. Von dem Felsen reicht der Blick bis zum nördlichen Kap der Insel. Ein schmaler Fahrweg führt zu einem zweiten, kleineren Viewpoint oberhalb des Dorfes.

Long Beach

Der schöne Long Beach, auch Hat Yao, der vom Tsunami kaum betroffen war, reicht bis ans Kap Laem Poh. Der weiße, lange Sandstrand ist mit Steinen und Korallen durchsetzt. Er bietet eine tolle Sicht übers Meer nach Ko Phi Phi Le. Direkt vom relativ steil abfallenden Strand kann man zu den Schnorchelfelsen (z. B. Hin Pae, Shark Point) und zum leider etwas geschädigten Riff schwimmen, schnorcheln oder tauchen. Auch bei Ebbe ist hier, im Gegensatz zu vielen anderen Stränden, das Wasser tief genug zum Schwimmen. Unangenehm ist es nur zur Mittagszeit, wenn die Boote mit Tagesausflüglern anlegen.

Man erreicht den Long Beach zu Fuß in einer guten halben Stunde (zu später Stunde starke Taschenlampe mitnehmen) oder bis zum Abend mit einem der ständig verkehrenden Langbooten (s. Transport).

Die nördlichen Buchten

Viele kleinere, teils unbewohnte Buchten, wie die **Lo Mu Di**, sind über Fußwege oder nur mit dem Boot zu erreichen und schöne Ausflugsziele. Die kleine, ruhige **Ran Ti Bay** erreicht man von Ban Laem Trong über den Viewpoint mit schönem Blick (30 Min., 330 Stufen) und anschließend auf einem schlechten Trampelpfad, der bei Regen schwer begehbar ist, durch interessanten Dschungel (weitere 30 Min.). Hier kann man sich in kleinen Restaurants stärken und bei Flut schön schnorcheln. Bei Ebbe sind Wanderungen an der Küste entlang möglich, sofern man die Gezeiten im Auge behält. Müde Wanderer können ein Longtail-Boot chartern.

Die **Lo Ba Kao Bay** mit ihrem 450 m langen, sehr schönen, aber flach abfallenden feinen Sandstrand wird von Kokospalmen gesäumt. Am südlichen Ende der Bucht kann man gut zwischen Felsen und Korallen schnorcheln. Die einzige Unterkunft, das Pee Pee Island Village ist allerdings sehr teuer. Zwischen seinen Personalunterkünften beginnt ein Dschungelpfad. Rechts gelangt man nur bei Ebbe nach einer nicht empfehlenswerten, gefährlichen Klettertour an der Küste entlang bis Ban Laem Trong. Links geht es über eine Holzbrücke am Dorf vorbei quer über die Insel zur La Nah Bay. Nach einer halben Stunde (1,5 km) ist 300 m hinter der Abzweigung ein Abstecher rechts zu einem weiteren Viewpoint mit guter Sicht auf die La Nah Bay, Lo Ba Kao Bay und Bamboo Island möglich.

In der **La Nah Bay** türmt sich jedoch der Müll bis in die Kokosplantage hinein. Das Dorf der Seenomaden am äußeren Rand der Bucht ist z. T. über Felsen nur bei Ebbe zugänglich. Bei den ersten Hütten führt ein steiler Pfad über den Berg zur einsamen **Nui Bay** mit schneckenförmigen Felsen, schönen Korallen, Mördermuscheln und vielen Fischen.

Am **Laem Thong Beach** am nördlichen Ende der Insel liegen drei Luxusresorts. Hier ist es zwar ruhig, man bekommt aber nichts von der besonderen Schönheit der Insel mit, dafür kann man auch bei Ebbe im Meer schwimmen.

Übernachtung

Auf der Landbrücke drängen sich große Touristen-Hotels mit Zimmern im modernen Thai-Design, kleine familiäre Gästehäuser und einfache Bungalows. In der Saison 2006/07 erlebte die Insel einen Touristenansturm, sodass als Notquartiere erbaute palmblättergedeckte Bambushütten ohne Du/WC im Stil der allerersten Traveller-Unterkünfte für bis zu 1000 Baht pro Nacht vermietet wurden. Auch alle anderen Unterkünfte sind stark im Preis gestiegen. Generell empfiehlt es sich, vor dem Einchecken den Wasserdruck zu testen, nachzuschauen, wo evtl. ein Generator steht und die Abwässer versickern. Auch Unterkünfte an Müllplätzen, Bars, Restaurants und Durchgangswegen meiden. Es kann nützlich sein, die Fluchtwege zu kennen, auf die Tsunami-Warnschilder in der Gefahrenzone hinweisen.

Ton Sai Bay

Phi Phi Cabana Hotel ⑪, ✆ 075-601170, 661179, 🖳 www.phiphicabana-hotel.com. Der große Hotelkomplex mit 222 Komfort-Zi, Pool und Restaurant dominiert die westliche Bucht. In der Nähe das Kraftwerk, wo auch viel Müll verbrannt wird. ❽

Phi Phi Hotel ⑫, ✆ 075-611233, 620599, 🖳 www. phiphi-hotel.com, 4-stöckiges Mittelklassehotel ohne Flair, das den Pier überragt, 64 AC-Zi. Business Center, umbauter Pool neben dem Restaurant, kein Garten. ❺ – ❻

Phi Phi Banyan Villa ㉒, ✆ 075-611233, 081-8940624, 🖳 www.phiphi-hotel.com, Ableger des gleichnamigen Hotels. Hinter dem großen Banyan-Baum stehen in einer kleinen, üppigen Gartenanlage 2-stöckige Reihenhäuser

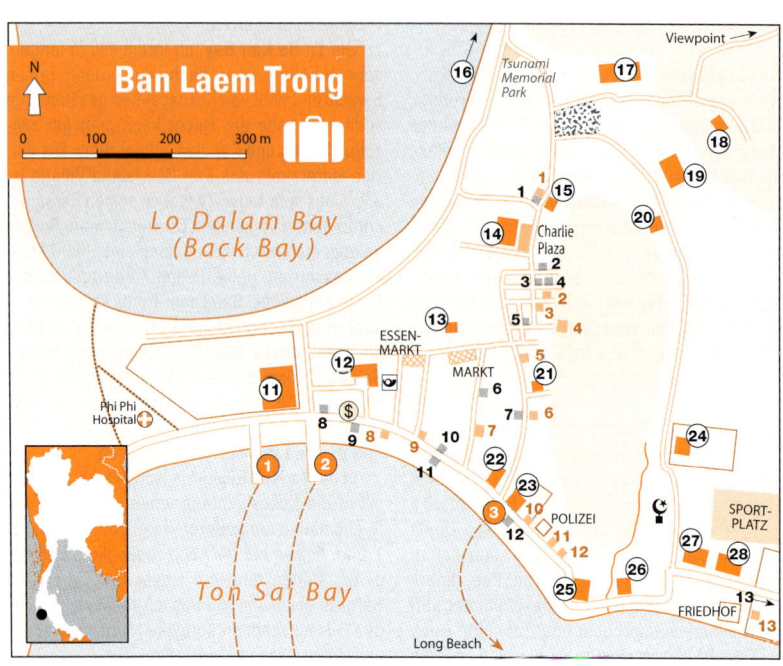

Phuket und Umgebung

Übernachtung:
1. P.P. Natural Resort
2. Zeavola
3. P.P. Erawan Palms Resort
4. Pee Pee Island Village
5. Phi Phi Relax Beach Resort
6. Ranty Garden Bungalow
7. Ran Tee Beach Resort
8. Runtee Hut
9. Toh Kor Beach Resort
10. Ao Poh Bungalows
11. Phi Phi Cabana Hotel
12. Phi Phi Hotel
13. JJ Gh.
14. Charlie Beach Resort
15. P.P. October
16. Pee Pee Viewpoint Resort
17. Phitharom PP Resort
18. Garden Home
19. Valentine
20. Chunut
21. K House
22. Phi Phi Banyan Villa
23. Chao Koh Phi Phi Lodge
24. Gipsy Village
25. Pee Pee Don Chukit Resort
26. Phi Phi Rim Lay Resort
27. Phi Phi Andaman Legacy
28. Andaman Resort
29. Phi Phi Villa Resort
30. Andaman Beach Resort
31. Bay View Resort
32. Arayaburi
33. Viking Resort
34. P.P. Lotus Resort
35. Paradise Pearl Bungalow
36. Paradise Resort
37. Long Beach Bungalows
38. The Beach Resort
39. Phi Phi Hill Resort

Essen:
1. Garlic 1992 Restaurant
2. Hibachi II
3. Madam Resto
4. Cosmic
5. Hibachi I
6. PUM Thai Restaurant
7. H.C. Andersen
8. Le Grand Bleu
9. Amico Resto
10. Patcharee French Bakery & Boulangerie
11. Pee Pee Bakery
12. Chao Koh Restaurant
13. Carpe Diem Seafood

Sonstiges:
1. Spider Monkey
2. K.E. Hang Out
3. Reggae Bar
4. Rolling Stoned Bar
5. Viking Divers
6. 007 Bar & Restaurant
7. Cat's Rock Climbing
8. Moskito Diving
9. Barakuda Dive Center
10. Carlito's
11. Apache
12. Phi Phi Climbers
13. Hippies Bar & Restaurant

Transport:
1. Longtail-Boote
2. Großer Pier
3. Longtail-Boote

KO PHI PHI DON

N

0   500   1000 m

Bamboo Island (4 km)

= Schnorchelgebiet

Laem Trong

Laem Thong Beach

La Nah Bay

Nui Bay

Lo Ba Kao Bay

Pak Nam Bay (Relax Beach)

△ 136

Ran Ti Bay

Yong Kasem Bay

Lo Dalam Bay (Back Bay)

186 △

Ban Laem Trong

s. Detailplan Ban Laem Trong

Viewpoint

kleiner Viewpoint

SPORTPL.

SCHULE

Ton Sai Bay

Hin Khom Beach

Lo Mu Di

Ao Poh

Long Beach

Wang Lang Bay

Shark Point

K O   N A I

K O N O K

Ko Phi Phi Le (3 km)

Krabi, Ko Lanta

KO YUNG (MOSQUITO ISLAND)

KO MAI PHAI (BAMBOO ISLAND)

KO PHI PHI DON

Ban Laem Trong

KO PHI PHI LE

KO BIDA NAI

KO BIDA NOK

0   5 km

AC-Zi mit Du/WC, Wasserkocher, Balkon oder Terrasse; Pool, Massage, Restaurant und Bar. ❻

Chao Koh Phi Phi Lodge ㉓, ✆ 075-620800, Anlage am östlichen Dorfrand. 20, im hinteren Bereich ruhigere Zi mit Fan oder AC, Warmwasser-Du/WC, TV und Minibar, Restaurant, Pool, Internet, Wäscheservice und Touren. Frühstück inkl. ❹–❻

Pee Pee Don Chukit Resort ㉕, ✆ 075-618126, die 40 überteuerten Bungalows mit Fan oder AC stehen sehr eng, nur wenige direkt am Ufer, alle mit Du/WC und AC, Frühstück inkl. Ruhesuchende sollten nicht nahe dem Restaurant und Leute, die Wert auf Privatsphäre legen, nicht in der ersten Reihe am belebten Fußweg wohnen. Zudem den Zustand der Bungalows in Hinblick auf Sauberkeit und Schimmel checken. Das Restaurant liegt zum Teil etwas erhöht auf Felsen und direkt am Wasser, sodass abends eine leicht kühlende Brise durchs Lokal weht, herrliche Aussicht; freundliche Bedienung. ❺–❻

Phi Phi Rim Lay Resort ㉖, ✆ 075-601104-5, 081-7286887, von der Bar in einer belebten Ecke ist es nicht weit zu einer Reihe dicht aneinander stehender AC-Bungalows für Nachtschwärmer. ❺

Lo Dalam Bay

Pee Pee Viewpoint Resort ⑯, ✆/✆ 075-622351, ✉ ppviewpoint@hotmail.com, große Anlage entlang der felsigen Küste und im Hinterland am östlichen Rand der Bucht am Hang, 45 Bungalows, von teuren Häusern im Thai-Stil mit AC, Warmwasser-Du/WC, Balkon oder Zugang zum Garten bis zu einfachen Zi mit Fan. Die einstöckigen Häuser sind ruhiger. Vom Restaurant mit großer Terrasse schöner Blick über die Bucht. Kleiner Pool, Tauchschule, Minimarkt, Internet, Wäscheservice, Touren und Tickets. Freundliche Leute. ❺–❼

Phitharom PP Resort ⑰, ✆ 075-601122, ✉ www.phiphiresortphitharom.com. Über Treppen gelangt man vom Restaurant und der Rezeption zu den Häusern am Hang. Auf 2 Stockwerken befinden sich bis zu 3 große, komfortable Zi mit Holzböden und geschmackvoller, hochwertiger Einrichtung. ❻

Im Village

In vielen Häusern werden Zimmer vermietet, z. B.: **JJ Gh.** ⑬, ✆ 081-8944304, 2-stöckiges Haus in einer ruhigen Gasse hinter dem moslemischen Essensmarkt, 19 Zi mit AC und Du/WC, TV und Kühlschrank sowie einfache Hütten im Hof. ❹

Charlie Beach Resort ⑭, ✆ 075-601166, 086-9434151, ✉ www.ppcharlie.com. Großer Komplex mit neuen, anonymen Hotel-Zi in 2–4-stöckigen Geschäftshäusern im Zentrum. ❺

P. P. October ⑮, ✉ october_PhiPhi@hotmail. com, ✆ 075-601193, kleines Gh., mit nett eingerichteten Zi mit Fan oder AC über einem Restaurant. ❹–❺

Garden Home ⑱, ✉ phiphigardenhome@ hotmail.com, ✆ 081-8943835, von viel Grün umgebene Holzbungalows mit Fan. ❹–❺

Valentine ⑲, ✆ 081-7970201, 25 solide Häuser mit Du/WC und Fan etwas abgelegen und nicht gerade schön, aber ruhig. Auch Monatsmieten. ❸

Chunut ⑳, ✆ 081-8941026, in einem Garten oberhalb des Weges Bungalows im balinesischen Stil für Naturliebhaber. ❹

K House ㉑, ✆ 075-601048-9. In einem Geschäftshaus im Zentrum AC-Zi mit Du/WC, Kühlschrank und TV. ❺

Gipsy Village ㉔, ✉ www.ppgypsyvillage.com, 150 m landeinwärts in ruhiger Lage, 25 Steinbungalows mit Du/WC und Fan, weiträumig um eine schattenlose Wiese angeordnet, sowie einfache Hütten. Wäscheservice. ❹

Hin Khom Beach

In einigen Bungalows östlich vom Dorf kann es wegen der Bars nachts recht laut werden. Die einfachen Hütten weichen zunehmend besseren Bungalows mit Du/WC. Fast jeder mögliche Platz ist bebaut.

Phi Phi Andaman Legacy ㉗, ✆ 075-601106-8, 081-1245547, ✉ www.phiphiandamanlegacy. com, 22 u-förmig angeordnete Bungalows um einen Pool. Zi mit AC, TV und Minibar sowie 18 Zi im Reihenhaus mit Fan auf einem großen Grundstück hinter dem Friedhof und der Strandstraße. ❹–❺

Andaman Resort ㉘, ✆ 075-601111, ✉ www. ppandamanresort.com. 40 kleine AC-Zi mit

Warmwasser-Du/WC und Terrasse, teurere mit TV und Kühlschrank und 5 Familienzimmer in einer neueren Bungalowreihe senkrecht zum Strand. ❺

Phi Phi Villa Resort ㉙, ✆ 075-601100-2, neuere AC-Bungalows von unterschiedlicher Größe mit Warmwasser-Du/WC, Minibar, TV und Terrasse sowie teure Familienzimmer und einige ältere Fan-Hütten. Restaurant. Große, Schatten spendende Bäume am Sandstrand, bei Flut recht malerisch mit schöner Sicht auf Phi Phi Le. Teure Zi inkl. Frühstück. ❺–❻

Andaman Beach Resort ㉚, neben der Schule, ✆ 075-601078, 🖳 www.andamanbeachresort. com, 82 u-förmig dicht aneinander gebaute, etwas dunkle, aber saubere AC-Betonbungalows mit kleiner Veranda rings um einen Pool auf einem relativ schattenlosen Gelände, dahinter preiswertere Zi in Reihenhäusern mit Du/WC und Fan, auch teure Familienzimmer. Am durch eine Mauer befestigten Strand stehen weder Bäume noch Liegen. Restaurant mit westlichem und Thai-Essen zu akzeptablen Preisen, Internet. ❹–❻

Bay View Resort ㉛, ✆ 075-621223, 🖳 www. phiphibayview.com, 25 grüne, saubere Komfort-Bungalows in einheitlicher Ausstattung am Hang mit alten Bäumen. Wer die weniger teuren weiter oben bucht, sollte gut zu Fuß sein, um den steilen Weg hinab zum Restaurant am schönen Sandstrand zu bewältigen. Freundlicher Service, Frühstücksbuffet inkl. Das Essen und die Getränke sind ebenso wie die Zimmer überteuert. Pool, Tauchschule, Tickets für die Weiterfahrt. ❺–❼

Arayaburi ㉜, gehört zum Bay View Resort, am Hang im Wald mit Meerblick 38 Luxusvillen mit AC, TV, Minibar, Safe und Balkon, kleiner Strand unterhalb der Anlage, Shuttleboot zum Village. ❼–❽

Auf dem Weg zum Long Beach

Viking Resort (Baan Thammachart) ㉝, ✆ 081-9308866, 8904966, ✉ suebtrakul@mgn.com. Am Hang über einem winzigen Strand Bungalows mit Gemeinschafts-Du/WC. Restaurant am Meer. ❹

P.P. Lotus Resort ㉞, Mapraw Beach, ✆ 089-2183332. Am Hang über einer kleinen Bucht mit Sandstrand neuere würfelförmige Häuser, mit Sonnendeck, teils mit Gemeinschafts-Du/WC, nachts Generatorstrom. ❸–❹

Long Beach

Wer dem Nachtleben nicht sehr viel abgewinnen kann und lieber etwas abseits vom Trubel wohnen möchte, ist hier genau richtig. Die hiesigen Restaurants schließen bereits um 22 Uhr.

Paradise Pearl Bungalow ㉟, ☎ 075-618050, 622100, ✉ info@phiphiislands.com, am nördlichen Ende der Bucht. In vorderer Reihe stehen vor allem AC-Bungalows, weiter hinten die mit Fan sowie einfache Bambusmatten-Hütten. Das Restaurant mit westlichen und lokalen Gerichten um 100 Baht hat den Charme einer Kantine. Verleih von Schnorchelausrüstung. Teure Bungalows inkl. Frühstück. ❹–❺

Paradise Resort ㊱, ☎ 081-9683982, 081-9683989, 🖥 www.paradiseresort.co.th. Große Anlage mit vielen unterschiedlichen Einzelbungalows für 2–4 Pers. Hübsche AC-Zi mit Kühlschrank und Warmwasser-Du/WC, geschmackvoll eingerichtete Familienzimmer im Thai-Stil und einfachere Fan-Zi im hinteren Bereich. Im netten, kleinen Restaurant mit Holzmöbeln und Terrasse am Strand gibt es einfache westliche und Thai-Gerichte um 100 Baht. Nur nahe der Massage stehen einige Liegen und Sonnenschirme, ansonsten bieten Bäume Schatten, und man hat viel Platz zum Austoben. ❺

Long Beach Bungalows ㊲, ☎ 075-612217, zum Andaman Wave Master gehörende Anlage. 70 eng aneinander stehende Bungalows mit Fan und Du/WC. Unfreundlicher Service. Riesiges Restaurant, in dem Tagesausflügler essen, Internet-Service, Massage. Sonnenschirmverleih am Strand. ❸–❹

The Beach Resort ㊳, ☎ 075-618267-8. 20 Luxusbungalows mit AC und großer Terrasse rings um einen kleinen Pool. Restaurant mit abendlichem Video-Programm. ❻

Phi Phi Hill Resort ㊴, ☎ 075-618203, 🖥 www.phiphihill.com, zu dem stark im Ausbau befindlichen Resort oberhalb des Strandes führt eine lange, steile Treppe und ein Lastenaufzug hinauf. 50 geräumige, saubere Bungalows auf Stelzen mit Du/WC, Fan (Sunrise) oder AC (Sunset), TV und Kühlschrank. Schöne Aussicht auf die Bucht von Ban Laem Trong und aufs Meer, v. a. von der Terrasse des Restaurants aus. ❸–❺

Ao Poh

An der Südspitze, 10 Min. Fußweg von The Beach Resort über den Berg:

Ao Poh Bungalows ⑩, ☎ 081-0891235, 8 einfache Bambusbungalows mit Fan und Du/WC, Generatorstrom von 18–6 Uhr, Zelte für 400 Baht. Günstiges Restaurant und Kajakverleih. ❹

Ran Ti Bay

Mit dem Boot oder in 30 Min. zu Fuß vom Viewpoint zu erreichen. Der Weg endet am südlichen Strand, der vom Hauptstrand durch Felsen getrennt ist. 3 Anlagen, 2 Restaurants und eine Bar am Hauptstrand. Zudem ein wegen Wasserproblemen geschlossenes Resort auf den Felsen und ein weiteres großes Resort am südlichen Strandabschnitt.

Ranty Garden Bungalow ⑥, ☎ 083-3889415, am nördlichen Ende der Bucht am Strand 4 solide rote Steinhäuser mit grünen Dächern mit Du/ WC und Fan, Generatorstrom in der Nacht. ❹

Ran Tee Beach Resort ⑦, ☎ 086-7463297, 086-7463961, 10 einfache Bambusbungalows am Hang von unterschiedlicher Größe und Ausstattung mit Moskitonetz, teils mit Fan (nur nachts, wenn der Generator läuft) und Du/WC, Hängematten, tagsüber einfache Gerichte im Restaurant, Buchausleihe, Bootstouren, Verleih von Schnorchelausrüstung. ❹

Runtee Hut ⑧, ☎ 086-7458274, 084-1917283, 087-2729964, (E) runteehut@journeythai.com. Überwiegend hellhörige Doppelbungalows aus Holz und Bambus mit vielen Löchern, Terrassen und alten Hängematten, Fan, Moskitonetz und Open-air-Dusche. Hinten billiger als vorn. Teils überdachtes Restaurant am Meer mit Thai-Gerichten um 100 Baht, Cocktails. ❹

Toh Kor Beach Resort ⑨, ☎ 081-7319470, 085-8847257, 081-5370528. Eine große Bandbreite unterschiedlicher Häuser, von einfachen Hütten am Hang über die Felsenküste bis zu neueren komfortablen Bungalows mit kleinen Terrassen und 2 großen Betten für Familien, Generatorstrom von 18–6 Uhr, im Restaurant große Portionen Thai-Gerichte um 100 Baht, Kajaks und Schnorchelausrüstung zu leihen, Touren und Bootstransfer zum Pier. ❹

Pak Nam Bay (Relax Beach)

Mit dem Boot oder in 45–60 Min. zu Fuß vom Viewpoint zu erreichen. Das Resort teilt sich die Bucht mit Chao-le, die in der Saison einige Hütten am Ende des Strandes bewohnen. Ansonsten kommen höchstens einige Tagesausflügler hierher.

Phi Phi Relax Beach Resort (5), ✆ 081-0830194, (E) suteejansom@yahoo.com, ganzjährig geöffnet, 16 neuere, einfache Bungalows mit Fan, Du/WC und Terrasse mit Liegen und Blick aufs Meer, auch Familienzimmer, vorn teurer als hinten, Frühstück inkl. Generatorstrom von 18–4 Uhr. Am feinen, weißen Sandstrand Beach Bar, Hängematten, Bänke und Liegen. Entspannte Atmosphäre, großes Restaurant mit Thai-Kissen, Liegeflächen und Spielen für Regentage, umfangreiche Karte mit westlichen und lokalen Gerichten um 150–200 Baht, Touren. Bootstransfer 600 Baht, für Gäste kostenloser Abholservice vom Pier. Reservierung erforderlich. ❺

Lo Ba Kao Bay

Nur mit dem Boot zu erreichen:
Pee Pee Island Village (4), ✆ 076-815014, ✆ 076-214918, 🖥 www.ppisland.com. Luxuriöses 4-Sterne-Resort, 84 ruhige Holzbungalows im Thai-Stil auf Pfählen in einem Palmenhain am Strand, je nach Größe und Saison unterschiedliche Preise. Bei Ebbe kann im Meer nicht gebadet werden, dafür gibt es einen Pool. Außerdem 3 Bars, ein Spa und Kino. Möglichkeiten zu Dschungelwanderungen, zum Segeln, Windsurfen, Schnorcheln und Fischen. PADI-Tauchkurse in Englisch, Deutsch und Französisch mit kleinen Gruppen. ❽

Laem Thong Beach

Nur mit dem Boot zu erreichen:
P.P. Natural Resort (1), ✆ 075-613010-11, 🖥 www.phiphinatural.com, 77 Zi in unterschiedlichen Bungalows mit AC, Kühlschrank, Satelliten-TV, Bad mit Warmwasser und Balkon, einfachere AC-Zi im Reihenhaus am Hang, Restaurant und Pool, Bars. ❻–❽

Zeavola (2), ✆ 075-621334, 620798, 081-6767317-8, 🖥 www.zeavola.com, das derzeit luxuriöseste Boutique Resort auf der Insel. 48 Bungalows unter Palmen, die kaum Wünsche offen lassen, ab 18 000 Baht pro Nacht. Süßwasser-Pool, Spa, Thai- und italienisches Restaurant mit hohem Preisniveau. ❽

P. P. Erawan Palms Resort (3), Moo 8, Leam Trong Beach, ✆ 076-236411, ✆ 076-236355, 🖥 www.pperawanpalms.com, 21 große, mit viel Holz geschmackvoll eingerichtete Luxusbungalows mit AC, Du/WC, Satelliten-TV, Internet-Zugang und Terrasse, Restaurant, Bar, Pool, Tauchbasis. ❼–❽

Essen

Neben Thai-Gerichten werden Pizza, Nudeln und andere westliche Favoriten zubereitet. Generell ist das Essen teurer als auf dem Festland, da alles mit dem Boot herangeschafft werden muss, und die Auswahl ist begrenzt. Mäßig sind die Mittagsbuffets in den großen Restaurants für Tagesausflügler. Beliebt und preiswert sind die mit Bananen oder vielen anderen leckeren Zutaten gefüllten Pancakes, Sandwiches und frischen Shakes von Straßenständen. Relativ teuer ist das Essen auf dem moslemischen **Essenmarkt**. Das im Preis enthaltene Frühstück im Restaurant einiger Bungalowanlagen kann man meist vergessen. In den Bäckereien ist es besser. In der **Pee Pee Bakery**, einem beliebten Frühstückslokal, gibt es neben Thai-Gerichten auch Espresso, Baguette und leckere Kuchen.

Patcharee French Bakery & Boulangerie, gegenüber, hat ein ähnliches, aber teureres Angebot.

Garlic 1992 Restaurant, kleines, preiswertes Restaurant mit freundlichem Service und leckeren westlichen sowie Thai-Gerichten. ⏱ tgl. 6.30–22.30 Uhr.

Amico Resto, nahe dem Pier, offeriert Pizza, Penne und Steaks für 150–300 Baht.

Im **Le Grand Bleu**, einem kleinen Restaurant an der Strandstraße, werden abends ab 18.30 Uhr west-östliche Menüs für 150–300 Baht zubereitet.

PUM Thai Restaurant, 🖥 www.pumthaifood chain. com, in dem überschaubaren, in Orange gehaltenen Thai-Restaurant mit offener Küche und begrenzter Karte werden auch Kochkurse von unterschiedlicher Dauer veranstaltet.

Madam Resto ist ganztags geöffnet und offeriert relativ günstiges Essen.

Cosmic, in der schmalen Gasse dahinter, ist ein beliebter Italiener.

Hibachi I und II, japanisch ausgerichtete Bäckerei mit Restaurant. Beliebt ist das abendliche *all-you-can-eat buffet* mit Seafood und Sushi, auch BBQ.

Im **H.C.Andersen** genießen v. a. skandinavische Urlauber ihre heimische Küche und Steaks.

Das **Chao Koh Restaurant** mit Bar und BBQ ist vor allem wegen seiner Lage direkt am Meer und dem frischen Seafood beliebt, aber teuer.

Carpe Diem Seafood, zweistöckiges, relativ hochpreisiges Chill-out-Restaurant am Meer mit frischem Seafood und einer Bar.

Unterhaltung

Die coolen Beach Bars und großen Music Bars im Hinterland sind abends gut besucht. Man sitzt auf Kissen am Sandstrand ebenso wie auf schweren Holzstühlen an edlen Hotelbars und genießt die große Bandbreite an Cocktails. Die romantischen Plätzchen am Strand sind zum Sonnenuntergang bei Urlaubern aller Generationen beliebt, während sich bis in die frühen Morgenstunden ein überwiegend junges Publikum in den Music Bars drängt.

Die große **Reggae Bar** am Hang lockt ab 22 Uhr mit Thai-Kickboxen. In der **Rolling Stoned Bar** wird manchmal Live-Musik geboten. In der **007 Bar & Restaurant** laufen DVDs, ein Hit ist natürlich *The Beach*.

Hippies Bar & Restaurant unter alten Bäumen am Strand, großes Restaurant und Matten auf dem Sand. Auf der Karte stehen Burger, Pizza, Pasta und Thai-Gerichte. Am Abend Tanz am Strand, zudem Veranstaltungen wie Half Moon Parties und Feuertänze.

Carlito's, an der Strandstraße nahe dem Meer, war während des großen Clean-up der Treffpunkt aller freiwilligen Helfer. Allerdings türmt sich nebenan der Müll.

Einheimische sind v. a. im **Apache** zu finden, dessen Musik die ganze Bucht beschallt.

Aktivitäten

Klettern

Mehrere Veranstalter bieten in der Saison halb-

tägige Anfängerkurse (650–1000 Baht), Tageskurse (1300–1500 Baht) und 3-tägige Fortgeschrittenenkurse (4500–5000 Baht) an den Felsen beim Ton Sai Village an. Darauf achten, dass eine Versicherung inbegriffen ist.

Phi Phi Climbers, an der Strandstaße, 🖳 www. phiphiclimbers.com.

K.E. Hang Out, ✆ 081-9581820, 🖳 www.kehangout.com.

Cat's Rock Climbing, im Village, ✆ 081-7875101, 🖳 www.catsclimbingshop.com,

und **Spider Monkey** jenseits von Charlie Plaza gelegen.

Tauchen

Zahlreiche Tauchstationen auf Phi Phi bieten Tagesausflüge ab 2200 Baht für 2 Tauchgänge an. Auch von Tauchbasen auf Phuket werden 1- bis 2-tägige Tauchausflüge nach Ko Phi Phi organisiert. PADI-Open Water-Kurse für ca. 12 000 Baht.

Barakuda Dive Center im Village, ✆/🖂 075-601006, 🖳 www.phiphibarakuda.com, PADI 5-Sterne-Center unter dänischer und englischer Leitung. Tages- und Mehrtagestouren sowie Wracktauchen. Sie haben allerdings nicht das neueste Equipment. Eine Sicherheitslücke bei Ausflügen hat vor dem Tsunami zu Unfällen geführt.

Viking Divers, ✆ 081-7193375, 🖳 www. vikingdiversthailand.com.

Moskito Diving, ✆ 075-601154, 🖳 www. moskitodiving.com, die erste 5-Sterne-Tauchschule auf Phi Phi, ist auch nach dem Tod des Gründers Heinz Oswald aktiv.

Sonstiges

Mittlerweile ist wieder alles auf der Insel zu finden, zahlreiche Geldautomaten ebenso wie eine Post und ein Supermarkt. Zudem Tauchbasen, Apotheken und drei Buchläden sowie Einkaufsarkaden mit einem breiten Angebot an Textilien und Souvenirs, das hier etwas teurer als in Bangkok ist.

Internet

Im Village und in den Unterkünften für meist 2 Baht / Min.

Longtail-Boote

Vom Village zum LONG BEACH verkehren Boote für 80 Baht p.P., nach Sonnenuntergang 100 Baht oder Charter. Die Bootsleute verlangen bis zu 800 Baht für die 10-minütige Tour. Zur RAN TI BAY 200 Baht p.P., NUI BAY 800 Baht und zur LA NAH BAY 1000 Baht pro Boot.

Massagen

Sie werden überall ab 300 Baht pro Std. angeboten.

Medizinische Versorgung

Kleines **Krankenhaus**, ✆ 086-7450557, an der östlichen Tongsai Bay.

Polizei

✆ 081-5354615, nahe der Apache Bar am Weg zum Long Beach.

Wäschereien

In allen Bungalows und im Dorf wird Wäsche für 40–100 Baht pro Kilo gewaschen, aber meist nicht gebügelt.

Transport

An- und Weiterreise

Von Krabi Town: Tgl. um 10 und 15 Uhr per Expressboot für 350 Baht einfach in 1 1/2 Std., zurück um 9 und 14 Uhr.
Vom Ao Nang Beach: Tgl. um 9 Uhr über Rai Leh für 390 Baht in 2 Std. Rückfahrt um 15.30 Uhr.
Von Ko Lanta: Von Ko Lanta: Von Okt. bis April tgl. um 8.30 und 13 Uhr ein Boot für 350 Baht p. P. in 1 1/2 Std., zurück um 11.30 und 14 Uhr.
Von Phuket: Ab Rasada Pier, gegen 8.30 Uhr mit den großen Ausflugsbooten (s. S. 525) zur Tonsai Bay für 350–600 Baht einfach. Weitere Boote um 10.30, 13.30 und 14.30 Uhr. Zurück zumeist um 14.30 Uhr, weitere Boote um 9, 9.30 und 13.30 Uhr. Meist ist der Transfer zu den südlichen Stränden von Phuket im Preis inbegriffen. Wer in den Norden muss, zahlt 100–300 Baht extra. Alle Reisebüros verkaufen Kombitickets zu zahlreichen Zielen zwischen Bangkok und Singapore. Die günstigen Angebote des Reiseveranstalters Khao Cho über Krabi nach Ko Samui lohnen nicht, da sie mit ungepflegten Bussen fahren.

Tagestouren ab Phuket

Reisebüros in Phuket bieten Tagestouren um 1400 Baht p.P. inkl. Snacks und Mittagessen an. Man wird vom Hotel zum Schiff gebracht, das gegen 8.30 Uhr am Tiensin-Pier ablegt. Nach 1 1/2– 2 Std. Fahrt ist die Hauptinsel Phi Phi Don erreicht. Dort verlassen die Passagiere, die nur den Transport gebucht haben, das Schiff. Nach einem Abstecher nach Phi Phi Le (Viking Cave und Maya Bay) steht das Mittagessen in Form eines Buffets bereit. Danach bleibt Zeit zum Schwimmen oder für eine Schnorcheltour (Ausrüstung und Boot im Preis inkl.), bevor es gegen 15 Uhr zurück geht.
Individueller gestaltet sind Tagestouren mit dem Speedboot, z. B. mit **Andaman Ranger**, ✆ 076-355974, 🖳 www.andamanranger.com, ab Boat Lagoon Marina, **Phuket Island Hopper**, 🖳 www.phuket-islandhopper.com, ab Ko Sire. Teilweise legen sie vor Khai Nui und / oder Bamboo Island einen Schnorchelstopp ein. Preise je nach Boot und Tour 1700–2800 Baht. Bei langen Strecken und Wellengang kann eine Fahrt mit dem Speedboot den Rücken stark belasten – daher am besten hinten sitzen.

Rings um Ko Phi Phi Don

Eine lohnende Schnorchel- und Sightseeing-Fahrt um **Phi Phi Don** mit dem Boot lässt sich auf eigene Faust organisieren (inkl. Schnorchelausrüstung, Mittagessen, Wasser, Früchte) oder bei einem der Reisebüros buchen. An der Ostseite der Insel gibt es Sandstrände mit mittelfeinem Sand, schön zum Baden.

Die **Bamboo Islands** sind nicht nur gut zum Schnorcheln, sie haben auch einen schönen, feinen, weißen Strand mit Schatten spendenden Kasuarinen. Man kann sie leicht umwandern. Am Nordende der **Ko Nok-Halbinsel** wächst Seefarn an den tiefen Stellen vor den steilen Felsen. An der Westseite gibt es Tropfsteinfelsen, keine Strände und keine Bademöglichkeit.

Bootsfahrten zur schroffen, südlichen Schwesterinsel **Ko Phi Phi Le** (auch: Ko Phi Phi Lay) mit interessanten Kliff-Formationen werden regelmäßig angeboten. Große Tourboote legen auch an der **Viking Cave** an. Hier werden pro

Jahr etwa 200 kg Schwalbennester von 16 Männern unter Lebensgefahr geerntet, immer 3 Monate Ernte – 3 Monate Pause. Chinesen, Hauptabnehmer der Schwalbennester, bezahlen an die Konzessionäre für ein Kilo 40 000–50 000 Baht, weil sie an die potenzfördernde und lebensverlängernde Wirkung der Nester glauben.

Die **Pi Leh-Bay** wirkt wie ein tief eingeschnittener Fjord, der Blick zurück ziert viele Postkarten. Vor dem Felsen in der südlichen **Lo Sanah-Bucht** kann man gut Gerätetauchen. An den im Süden sichtbaren **Bi-Dah Islands** gehen die Einwohner von Ko Phi Phi auf Fischfang. In den steil aufragenden Felsen wurden dazu Bambusstangen bzw. Gerüste verankert, von denen sich die Fischer abseilen können.

Die liebliche **Maya Bay** wurde weltweit bekannt, als dort Anfang 1999 der Traveller-Roman *The Beach* verfilmt wurde. Wer einen Strand wie im Film erwartet, wird enttäuscht sein. Vor allem nach heftigen Monsunstürmen im europäischen Sommer sammelt sich viel Unrat an. Wer mit einem gecharterten Longtail-Boot früh morgens anreist, kann die Bucht bis gegen 10 Uhr noch sehr idyllisch erleben. Die Wasserschlangen sind zwar giftig, aber wegen ihres kleinen Mauls relativ ungefährlich. Von der Westseite der Insel gibt es eine Unterwasserhöhle, darin leben große Fische und vor der Höhle Haie. Für den Eintritt in den Nationalpark werden an der Zufahrt zur Bucht 200 Baht verlangt.

Schnorcheln

Ko Phi Phi hat Schnorchelgebiete mit vielen Fischen, aber weitgehend zerstörten Korallen. Im Village und in einigen Unterkünften gibt es Schnorchelausrüstungen zu mieten. Die Felsengruppe **Shark Point** (Thai: Hin Phae) vor dem Long Beach kann mit Flossen in 2 Std. umrundet werden. Neben vielen Rifffischen sind am westlichsten Zipfel harmlose Schwarzspitzenhaie zu sehen, v. a. früh morgens. Schön kann man auch vor **Laem Poh** schnorcheln. Am Abhang des flachen Wassers vor dem **Hin Khom Beach** leben in geringer Wassertiefe giftige, aber harmlose Seeschlangen und in 2 m Tiefe Muränen, die man nicht anfassen oder provozieren sollte. Vorsicht vor Booten, die ins Hafenbecken fahren!

Die Schnorchelreviere vor der Ostküste besucht man am besten bei Flut. Ein flaches Riff erstreckt sich vor **Lo Mu Di** und in der **Ran Ti Bay**, wo es viele Fische gibt. Manchmal angeln hier Seenomaden. Auch südlich von den Bamboo Islands lohnt es sich zu schnorcheln.

Tauchen

Die Umgebung der Inseln bietet Tauchern ausgezeichnete Möglichkeiten, die bunte Unterwasserwelt der Korallengärten zu erkunden. Am besten eignen sich die Monate November bis Mai, wenn die Sicht zwischen 10 und 30 m beträgt. Die schönsten Tauchgebiete liegen vor **Ko Bida Nok** südlich von Ko Phi Phi Le (schöne Riffe in 18–30 m, Korallenfische, Seepferdchen, Tintenfische und Schildkröten) und vor **Ko Phi Phi Don** (mit Korallen bewachsene Steilwände). Diese Tauchgründe eignen sich hervorragend für Anfänger und Genusstaucher, die in der Saison in großen Gruppen die Riffe bevölkern.

Nur sehr erfahrene Höhlentaucher könnten sich bei ruhigem Wasser an den bizarr geformten **Unterwasserhöhlen** an den steil ins Meer abfallenden Kalkfelsen von Ko Phi Phi Le versuchen. 20 km Richtung Phuket liegt in 18–30 m Tiefe in einem Gebiet mit starker Strömung das riesige, 80 m lange **Wrack** der Fähre King Cruiser I, die 1997 auf das Riff lief und sank. Das Wrack ist bereits stark mit Entenmuscheln bewachsen und lockt zahlreiche Barrakudas, Zackenbarsche und andere Fische an.

Transport

Für eine Rundfahrt können Longtail-Boote am Pier, am Long Beach oder am Hin Khom Beach gemietet werden. Sie kosten für 2–3 Std. 1000 Baht und für einen ganzen Tag 1800 Baht, für ein komfortables Speedboot etwa das Doppelte. Schnorcheltouren und Inselrundfahrten mit Stopp in der Maya Bay werden von zahlreichen Resorts ab 2000 Baht pro Boot oder 500–700 Baht pro Person offeriert. Boote zur Bamboo Island 2000 Baht, Phi Phi Le 1200 Baht. Billige Schnorcheltouren stoppen nicht an den Stränden. Auch Tauchschulen nehmen Schnorchler mit.

Krabi, Ko Lanta und die südliche Andamanenküste

Stefan Loose Traveltipps

Rai Leh Die mutigen Kletterer an den steilen Wänden der Kalkfelsen von Rai Leh bestaunen. S. 610

Ao Nang Beach Mit einem Kanu durch die Mangroven von Krabi paddeln. S. 616

10 Umgebung Krabi Faszinierende Felstürme überragen Strände, die teils nur mit dem Boot zu erreichen sind. S. 622

11 Tarutao Die bunte Inselvielfalt des Marine National Parks eignet sich hervorragend zum Entspannen. S. 659

Ko Lipe Mit jungen Seezigeunern eine Schnorchelfahrt unternehmen. S. 662

Schon vor 25 000–35 000 Jahren bewohnten Menschen die Höhlen in der heutigen Provinz Krabi. Die **Grotte Lang Rongrien**, erst 1982 etwa 15 km nördlich der Stadt entdeckt, könnte eine der ältesten menschlichen Siedlungen in Asien gewesen sein. Noch heute werden Höhlensiedlungen gefunden, samt einfachen Steinwerkzeugen, Perlen, Ohrringen, menschlichen Knochen und sogar Höhlenzeichnungen. Am Ende der letzten Eiszeit, vor etwa 9000 Jahren, stieg der Meeresspiegel auf das heutige Niveau. Der prähistorische Krabi-Mensch siedelte sich in den Höhlen an der Hochwassermarke an und bereicherte sein Essen um Muscheln, deren Schalen noch heute zu finden sind. Vor 2000–3000 Jahren bemalten die Höhlenbewohner die Höhlenwände mit Zeichnungen von Menschen und Tieren in Ocker und Schwarz.

Ab dem 5. Jh. existierte bei Klong Thom ein See-Handelsposten, wo Kaufleute aus Indien und China, später sogar aus Europa, Waren tauschten. Bei Ausgrabungen in den 80er-Jahren wurden Siegel aus dem 5. bis 7. Jh. gefunden sowie verschiedene alte Perlen und ein Bronzespiegel aus der chinesischen Han-Dynastie. Dutzende von Funden sind im **Museum** des Wats von **Klong Thom** ausgestellt.

Mitte der 80er-Jahre kamen die ersten Globetrotter in die Provinz Krabi und entdeckten fantastische Strände mit wunderbar weißem Sand, eingerahmt von überwucherten Felsentürmen. Primitive **Bambushütten** mit Palmblattdächern boten ihnen eine gemütliche Bleibe. Unglaublich schnell sprach sich Krabi herum, unterstützt durch blumige Schilderungen in der deutschen Tourismuspresse. Geschäftstüchtige Einheimische setzten an den vier schönsten, aber relativ kurzen Stränden in Windeseile eine Hütte neben die andere, um den anschwellenden Bedarf zu decken. Von Jahr zu Jahr wurden Qualität und Ausstattung verbessert. Aus naturnahen Bungalowanlagen entwickelten sich komfortable Resorts und luxuriöse **Hotelanlagen**.

In den Prospekten vieler Pauschalreise-Veranstalter hat Krabi mit Ao Nang und Ko Lanta einen festen Platz, vor allem Skandinavier bestimmen die Szene.

Wer Einsamkeit sucht, ist in der Saison an den Stränden von Ao Nang und Rai Leh fehl am Platz. Doch weniger belebte Strände und Inseln lassen sich durchaus finden.

Es sind nicht die Badestrände allein, die so viele Urlauber nach Krabi ziehen. Die fantastische und einzigartige **Landschaft** der Provinz mit ihren Felstürmen, Höhlen, Wasserfällen, unberührtem Dschungel und Korallengärten lässt keinen Besucher kalt. Auch die moslemischen Bewohner der Küstendörfer tragen mit einem gewissen orientalischen Flair zur Attraktivität der Provinz bei. Die Strände an der südlichen Andamanenküste zwischen Trang und Satun sind vorwiegend sehr flach. Thais lieben es, bei Ebbe trockenen Fußes weit zum Meer hinauszulaufen, Muscheln zu sammeln und auszugraben. Nur wenige westliche Touristen zieht es an diese Ufer. Einige vorgelagerte Inseln locken jedoch mit traumhaften Stränden, unzerstörten Korallenriffen und naturnahen Bungalowanlagen. Das Hinterland bietet Naturfreunden vor allem schöne Wasserfälle inmitten von üppigem Regenwald.

Die beste **Reisezeit** für Krabi und die südliche Andamanenküste ist von November bis April. Von Mai bis August unterbrechen kurze Regenschauer, vor allem am Nachmittag, das sonnige Wetter. Selbst während des Höhepunkts der **Regenzeit** von September bis Anfang November kann an der Küste tagelang schönes Wetter herrschen, da die Monsunwolken meist erst einige Kilometer im Hinterland abregnen. Wegen der hohen Wellen und kräftigen Winde werden allerdings viele Bootsausflüge nicht durchgeführt und viele Inseln sind nicht erreichbar.

Krabi กระบี่

Die Provinzhauptstadt Krabi hat selbst weiter nichts zu bieten, aber ihre Bilderbuchstrände und die vorgelagerten Inseln begeistern immer mehr Urlaubshungrige aus Deutschland und vor allem Nordeuropa. Fast jeder Thailandreisende möchte zumindest für ein paar Tage die herrliche Landschaft erleben, ehe er zu weniger touristischen Zielen wie Ko Lanta weiterzieht.

Die geschäftige Kleinstadt Krabi hat 23 000 Einwohner, die sich Touristen gegenüber äußerst zuvorkommend verhalten, was vor allem im Stra-

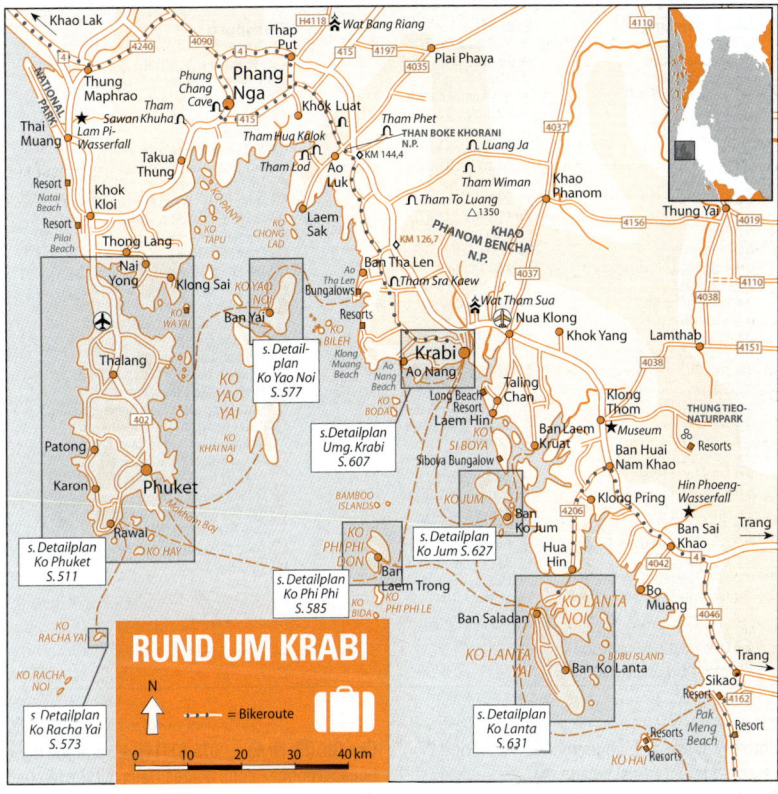

RUND UM KRABI

N

- - - - = Bikeroute

0   10   20   30   40 km

ßenverkehr auffällt. Unter emsige Städter und Dorfbewohner, die ihre Einkäufe tätigen, mischen sich entlang den vier Hauptstraßen im Zentrum Touristen und Traveller auf der Durchreise. Immer mehr ziehen nun eine billige Stadtunterkunft den teuren Resorts an den Stränden vor und fahren täglich an einen anderen Strand oder unternehmen Touren in der Umgebung. Mit dem Geldsegen aus dem Tourismus haben die Stadtväter u. a. einige Verschönerungen durchgeführt. Sie ließen zwei feste Piers und eine lange **Uferpromenade** bauen und ganze Straßenzüge in einheitlichem Stil „sanieren". So wirkt das Stadtzentrum zwar etwas charakterlos und einförmig, aber weitaus ansprechender als zuvor. Die Einheimischen halten Krabi für die teuerste Stadt Thailands, i. b. was die Preise auf dem Markt betrifft.

Wer an der Frühgeschichte der Provinz interessiert ist, kann auf dem H4 nach Klong Thom (41 km) fahren und das **Wat Klong Thom Museum** besuchen.

Übernachtung

Gästehäuser
Jedes Reisebüro vermittelt billige Zimmer in Gästehäusern (in der Saison für 100–250 Baht, Nebensaison 80–150 Baht).

Entlang der Hauptstraße, Uttarakit Rd.
Grand Tower ⑯, Nr.73/1, ☎ 075-621456,
✉ krabigrandtravel@hotmail.com; veraltetes

Übernachtung:
1. Ano Gh.
2. Theparat Lodge
3. Railay Mansion
4. Green House Hotel
5. New City H.
6. Vieng Thong H.
7. B & B Gh.
8. New H.
9. Green Tea Gh.
10. K.L. Gh.
11. Lipstic Gh.
12. Thai H.
13. Dragon Gh.
14. Hollywood Gh.
15. A.Mansion
16. Grand Tower Gh.
17. Siboya Gh.
18. K. Gh.
19. Chan-Cha-Lay Gh.
20. Judy Gh.
21. Star Gh.
22. Riverview Gh.
23. Cha Gh.
24. Area 51 Gh.
25. Café Europa
26. Krabi Loma Hotel
27. P.A.N. Gh.
28. Generation Gh.
29. Ban To Gh.
30. Baan Chao Fah Gh.
31. Bai Fern
32. Krabi River Hotel
33. Krabi City Seaview H.
34. Thara Gh.
35. P. Gh.
36. Chao Fa Valley Bungalow
37. K.R. Mansion Hotel

Essen:
1. Kao Man Kai R.
2. Muslim-R.
3. Hong Ming R.
4. Schwimmendes R.
5. Azzurra Pizzeria
6. Lisa Bakery
7. Pizzeria Viva
8. Nudel-Restaurant
9. R. Ruamchai
10. Pizzeria Firenze
11. May and Mark R.
12. Mee Lap R.
13. Relax Coffee & R.
14. Koh Thung R.
15. Baan Khun Mor Cafe
16. Cafe/Restaurant Eighty-Nine
17. Café Europa
18. Juke Box Pub R.

Sonstiges:
1. Dr. Supot
2. The Books
3. Vogue Dept. Store
4. Pakarang
5. 7eleven
6. Dr. Taweelarp
7. Krabi Resort Office
8. Zeitungsladen
9. Kaufhaus
10. Fai Book & Internet
11. Sea Kayak Krabi, King Kayak
12. Pub
13. Smoody Bar

Transport:
1. Taxistand
2. Pee Pee Marine Travel
3. Minivan→Nakhon Si Thammarat
4. Minivan→Surat Thani
5. Krabi U & I Travel
6. Thaimit Tours
7. Andaman Wave Master Office, Bus→Bangkok, Surat Thani
8. Minivan→Phuket
9. Songthaew→Talad Kao, Tiger Cave
10. Longtail-Boot→Ko Siboya
11. Longtail-Boot→Rai Leh
12. Chan Phen Tour
13. Jungle Book Tour
14. Songthaew→Ao Nang, Susan Hoi
15. Songthaew→Talad Kao, Tiger Cave Minivan→Khao Lak, Pakbara
16. Bus→Ao Luk
17. Longtail-Boot→Rai Leh
18. Bangkok Airways
19. Minivan→Ko Lanta
20. Krabi Happy Tour, Siam Smile Travel
21. Railay Group: Longtail-Boot→Phra Nang Beach
22. Longtail-Boot→Rai Leh Beach
23. Friendly Tour
24. Green Travel, P.P. Family
25. Hat Yai World Tour, Krabi Bluebay Travel, Pine Tour, Siboya Office
26. Boote→Ko Phi Phi, Ko Lanta, Ko Jum
27. Chao Koh Travel

Hotel, saubere, z. T. abgewohnte, hellhörige Zi in verschiedenen Preisklassen. ❸

Siboya Gh. ⑰, Nr.69, ✆ 075-623561, 5 einfache, billige Zi. im OG, z. T. mit Fenster zur lauten Straße, Gemeinschafts-Du/WC unten, Restaurant, Reisebüro. Gleicher Besitzer wie **Siboya Bungalows**, ❷–❹, auf Ko Siboya, Transfer zur Insel. ❶

Chan-Cha-Lay ⑲, Nr.55, ✆ 075-620952, 🖳 www. geocities.com/chan_cha_lay, große, saubere Zi mit und ohne Du/WC, alle mit Fenster, im Haupthaus überm guten Restaurant, im sehr ruhigen und schön gestalteten Innenhof oder im neuen Hinterhaus mit liebevoll eingerichteten Zi; gemütliche Sitzecken im Flur, hilfreiche Mitarbeiter, die gut Englisch sprechen, gute Infos. Wird viel gelobt, empfehlenswert. ❷–❸, AC ❸

Judy Gh. ⑳, Nr.21/8, ✆ 075-623162, große, saubere Zi im OG, unten Restaurant. ❶–❷

Cha Gh. ㉓, Nr.45, ✆ 075-611141, ✉ chaguest house@hotmail.com; langes Haus mit Garten und Bäumen, ältliche, z. T. winzige Zi mit und ohne Du/WC, einige muffeln, Restaurant, Mopedverleih, Internet, extrem hilfsbereite Leute. ❷–❸

P.A.N. Gh. ㉗, ruhige Lage im Grünen, 12 einfache, recht alte Bambusbungalows, mit und ohne Du/WC, Restaurant. ❷

Generation Gh. ㉘, Nr.53/1, ✆ 075-630272, neues, kleines Gästehaus mit 4 schön dekorierten Zi mit Fan und Gemeinschafts-Du/WC, großes Familienzimmer. Hilfsbereite Leute. ❷

Am Fluss entlang an der Kongka Rd.

Star Gh. ㉑, Nr.72, ✆ 075-630449, mitten unter den Reisebüros, 6 sehr einfache, kleine Zi über dem Minimarkt, nachts Straßenlärm. ❷

Riverview Gh. ㉒, Nr.74, hinter Jaso Holiday Tour, 6 einfache Holzbungalows in einem netten Garten. ❷

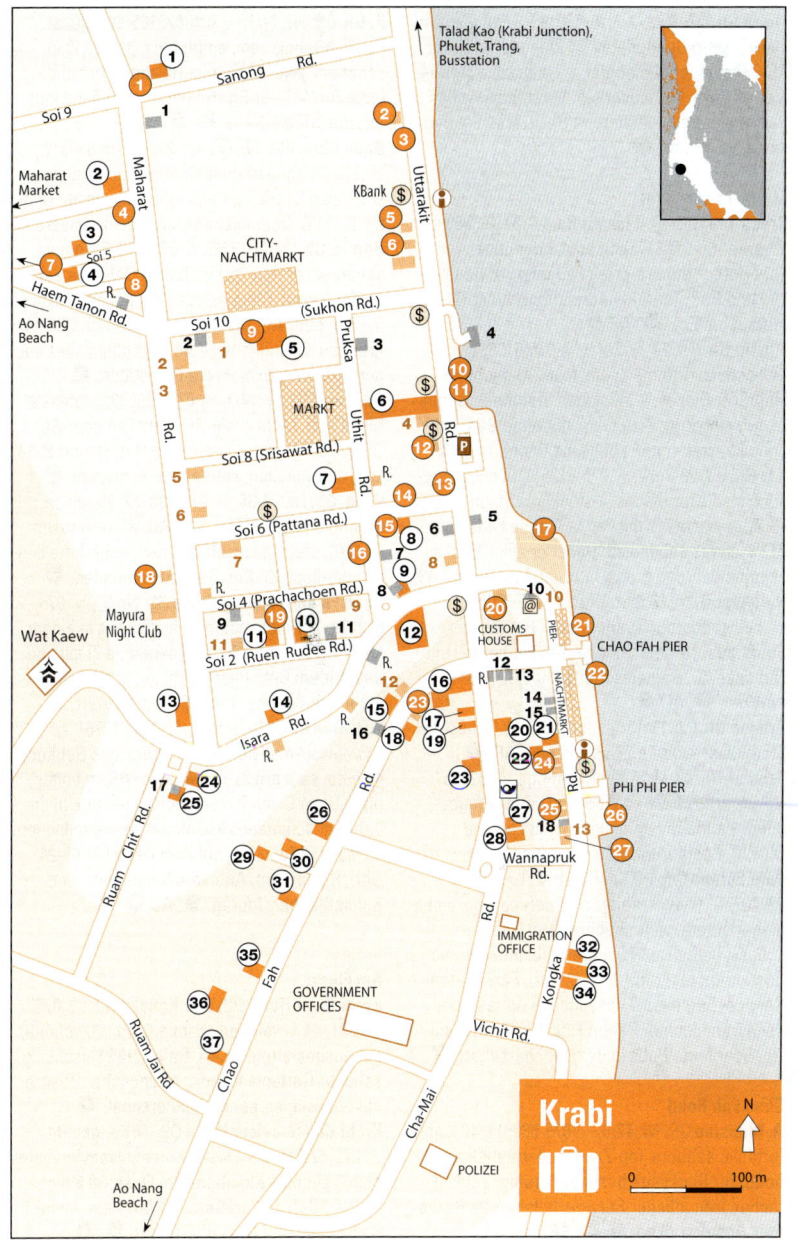

Krabi

Talad Kao (Krabi Junction),
Phuket, Trang,
Busstation

Sanong Rd.

Soi 9

Maharat
Market

Maharat

KBank

Uttarakit

CITY-
NACHTMARKT

Soi 5

Haem Tanon Rd.

Ao Nang
Beach

Soi 10

(Sukhon Rd.)

Pruksa

Rd.

MARKT

Uthit

Soi 8 (Srisawat Rd.)

Rd.

Soi 6 (Pattana Rd.)

Mayura
Night Club

Soi 4 (Prachachoen Rd.)

Soi 2 (Ruen Rudee Rd.)

Wat Kaew

CUSTOMS
HOUSE

PIER

CHAO FAH PIER

Isara

Rd.

NACHTMARKT

Rd.

PHI PHI PIER

Ruam Chit Rd.

Wannapruk
Rd.

Fah

GOVERNMENT
OFFICES

Ruam Jai Rd.

Chao

IMMIGRATION
OFFICE

Konkra

Vichit Rd.

Cha-Mai

POLIZEI

0   100 m

N

Ao Nang
Beach

Thara Gh. ㉞, 79/3, ☎ 075-630499, 3 Familienzimmer im alten Gebäudeteil, 14 kleinere, saubere AC-Zi im neuen Kleinhotel, z. T. Flussblick, preiswertes Café, Mopedverleih. Verständnisvolles Personal, nette, hilfsbereite Besitzerin. Empfehlenswert. ❸, AC ❹

Mitten in der Stadt

Green Tea Gh. ⑨, 4 Issara Rd., ☎ 075-630609, ✉ greenteathai@yahoo.com, gegenüber vom Thai Hotel, saubere Zi mit Fan oder AC (fensterlos) und Bad; Touren, Information. Nudel-Restaurant am Eck. ❷, AC ❸

Lipstic Gh. ⑪, 20-22 Soi 2, ☎ 075-612392, ✉ lipstickb@hotmail.com, in der Umgebung mehrerer Discos, 4-stöckiges Stadthaus, saubere, gut möblierte Zi mit Fan, mit/ohne Bad, mit / ohne Fenster; unten Lobby mit Restaurant. ❷

K.L. Gh. ⑩, 28 Soi 2, ☎ 075-612511, in der Umgebung mehrerer Discos, 4-stöckiges Stadthaus, 43 abgewohnte Zi mit Fan, z. T. ohne Fenster, z. T. AC, 4 etwas abgenutzte Bäder pro Flur, Rucksackaufbewahrung gratis; Internet, Motorräder. ❷

Hollywood ⑭, 26 Isara Rd., ☎ 075-620508, ✉ hollywoodtour@yahoo.com, 3-stöckiges Stadthaus, 10 kleine und große, saubere Zi mit Fan oder AC, Gemeinschafts-Du/WC, Restaurant/Bar. ❷, AC ❸

Dragon Gh. ⑬, 11-13 Maharat Rd., ☎ 075-630258, Stadthaus, saubere Zi mit Fan oder AC. ❸

Area 51 Gh. ㉔, 1/13 Soi Ruam Chit, ☎ 630257, ✉ area51krabi@i-kool.com, in lauter Umgebung, 9 einfache, günstige Zi. mit Fan und Du/WC, Restaurant, Bar, Billardtisch. ❷

Café Europa ㉕, 1/9 Soi Ruam Chit, ☎ 075-620407, ⌨ www.krabidir.com/cafeeuropa; 6 nett eingerichtete, sehr saubere Zi im Obergeschoss, heiße Du/WC außerhalb, unten gutes Restaurant und Bar (⏰ 8–22 Uhr), Fax/Telefon-Service, Satelliten-TV; heimelige Atmosphäre beim freundlichen Dänen Finn, bei Henrik und Tip. Sehr laute Pubs in der Nachbarschaft. ❸

Chao Fah Road

A. Mansion ⑮, Nr. 12/6, ☎ 075-630511, 40 komfortable, saubere Top-Zi im modernen Kleinhotel, zur Rückseite besonders ruhig, Schließfächer, freundlicher Service, hilfsbereite Rezeption. Beste Kritiken. ❸, AC ❹

K. Gh. ⑱, Nr. 71/1, ☎ 075-623166, ✉ kguest house@yahoo.com, einfache, günstige Zi in schönem, zweistöckigem Holzhaus, mit und ohne Du/WC, zur Straße ohrenbetäubend laut. Internet, Restaurant. ❷–❸

Baan Chao Fah Gh. ㉚, Nr. 22, ☎ 075-630317, ✉ chaofahguesthouse@hotmail.com, in einer schmalen Gasse, einfach möblierte, saubere Zi mit Du/WC, freundlicher Manager, preiswert. ❷

Ban To Gh. ㉙, Nr. 22/6, ☎ 075-612950, neues, sauberes, orange gestrichenes Gebäude am Ende der Gasse, ruhig gelegen, 20 gut möblierte Zi mit Fan oder AC, Du/WC, Balkon, unten Sitzgruppen, freundliche Leute. Eigentlich alles super, aber es gab mehrere Diebstähle. ❸

Bai Fern ㉛, Nr. 24/1, ☎ 075-630339, sauberes Kleinhotel, recht ruhig, 18 Zi mit Fan oder AC, Du/WC für 1 bzw. 2 Zi auf dem Flur, kleiner Balkon; unfreundlich; sehr aktive Schlepper. ❷

P. Gh. ㉟, Nr. 34-36, ☎ 075-630382, 20 ruhige, ordentliche Zi mit Fan oder AC, Warmwasser-Du/WC, preiswertes Restaurant, sehr nette Leute, vor allem Mr. Pet. Sehr zu empfehlen. ❸

Chao Fa Valley Bungalows ㊱, Nr. 50, ☎ 075-612499, 11 Holzbungalows im Grünen in einem kleinen Tal, sehr ruhige, ordentliche Zi mit Fan und drittem Bett, Restaurant mit großer Auswahl, freundliche Leute. Sehr preiswert. ❸

K.R. Mansion ㊲, Nr.52/1, ☎ 075-612761-2, ⌨ www.kr-mansion.com; 5-stöckiges Gebäude, 40 gute, saubere Zi mit Fan oder AC, mit oder ohne Du/WC, auch monatlich zu mieten. In die Jahre gekommenes Kleinhotel mit freundlichem Personal. Moon Bar auf dem Dach (⏰ 16–24 Uhr), Restaurant, Autovermietung, Internet, Schließfächer, Touren. ❷, AC ❸

Hotels
Am Fluss:

Krabi River Hotel ㉛, 73/1 Kongka Rd., ☎ 075-612321, ✉ krabiriver@hotmail.com, 20 schöne, gut ausgestattete AC-Zi, Balkon mit Flussblick, schöner Garten am Fluss; freundlicher Besitzer, gut Englisch sprechendes Personal. ❹

Krabi City Seaview Hotel ㉝, 77 Kongka Rd., ☎ 075-622885-8, ⌨ www.krabicityseaviewhotel. com; beliebtes Kleinhotel am Fluss, 30 ältliche, kleine AC-Zi und größere mit Aussicht. Im EG für Rolli geeignet. Etwas überteuert. ❸–❹

In der Stadt

Krabi Loma Hotel ㉖, 20 Chao Fah Rd., ℡ 075-611168, 🖥 www.krabi-loma.com; 38 saubere, muffige Zi mit AC, Minibar, Warmwasser-Du/WC; kleiner, wenig Vertrauen erweckender Pool, Restaurant. ❹

Thai Hotel ⑫, 7 Isara Rd., ℡ 075-611474, 📠 620564, im Stadtzentrum, abgewohnte und ordentliche Zi mit Fan oder AC, guter Coffee-shop. ❸–❹

Vieng Thong Hotel ⑥, 155 Uttarakit Rd., ℡ 075-620020-3, 📠 612525, riesiges, ältliches Hotel für Thai-Touristen, saubere AC-Zi mit Badewanne, miese Zi mit Fan. Guter Service für Behinderte. ❸, AC ❹

New City Hotel ⑤, 15/2-3 Soi 10, ℡ 075-621280-2, 🖥 www.citykrabi.com; 4-stöckiges Stadtho-tel, Aufzug, saubere, etwas verwohnte Zi mit Fan und AC, sehr gut im neuen Anbau. Für Rolli geeignet. ❹–❺

Theparat Lodge ②, 151 Maharat Rd., ℡ 075-622048, 🖥 www.thepparatlodge.com. Hotel im 4-stöckigen Stadthaus, kleine, saubere Zi mit AC oder Fan, TV und Du/WC; Restaurant, Küche ohne Glutamat, Bar, Coffee Corner, Touren. ❺

Etwas außerhalb

The Greenery Hotel ㊱, 167/2 Maharat Rd., ℡ 075-623648, 📧 krabi_greenery@hotmail.com, 400 m außerhalb an der Ausfallstraße, neues Hotel, 30 saubere Zi mit Minibar, TV, Fan oder AC, z. T. Verbindungstür, kleiner Balkon, Cof-feeshop. ❸, AC ❹

Grand Mansion Hotel ㉝, 289/1 Uttarakit Rd., ℡ 075-611371, 📠 611372, 700 m außerhalb an der Uferstraße, sehr saubere, gute Zi, die bes-ten mit Kühlschrank und TV, einige Familienzim-mer mit 3 Betten; preiswertes Essen, freundli-ches, hilfsbereites Personal. ❸

Maritime Park & Spa ㉜, 1 Tungfah Rd., ℡ 075-620028-46, 🖥 www.maritimeparkandspa.com; Luxushotel, 2,5 km außerhalb Richtung Krabi Junction, in einer ruhigen Sackgasse, aufge-lockerte Gebäudetrakte in riesigem Gelände, tolle Aussicht über einen kleinen See mit vielen Pflanzen, Fitnesscenter. ❻

Boon Siam Hotel ㊳, 27 Chao Khun Rd., ℡ 075-632511-5, 🖥 www.boonsiamhotel.com; großes Thai-Hotel mit 70 Zi, die 20 Suiten sind bestens

für Familien geeignet und nicht zu teuer; Disco, Massagesalon und Karaokebar. Mr. Thomas, der General Manager, unterhält sich gern auf Deutsch. AC ❹–❺

In Ban Talad Kao (Krabi Junction)

Kittisuk Hotel ㉚, ℡ 075-611087, 30 m neben der Kreuzung, geeignet für Passagiere, die erst spät am Busbahnhof ankommen. ❶–❷

Essen

In Krabi gibt es viele kleine Restaurants und Garküchen.

Märkte und Food Center

Viel Lob erfährt der **Nachtmarkt** am alten Pier, billige Essenstände ab 17 bis ca. 23 Uhr.

Auf dem **City-Nachtmarkt** in der Stadt bieten appetitliche Stände eine große Auswahl an leckerem Essen; eine Schau ist der Getränke-mixer im Zentrum des Marktes, der Shakes in doppelter Geschwindigkeit produziert. ☉ bis ca. 21 Uhr.

Auch auf dem **Nachtmarkt** am Vogue-Einkaufs-zentrum gibt es günstiges, hervorragendes Es-sen, mehrere Gerichte werden auf einem Teller angerichtet.

Der **Morgenmarkt** in der Soi 9, Maharat Rd., ☉ 6–11 Uhr, bietet ebenfalls bestes Essen. Im klimatisierten **Food Center** im 3. Stock des Vogue-Kaufhauses befindet sich eine Ess-ecke mit billigen, einfachen Gerichten; ☉ 9.30–19 Uhr.

Einheimische Restaurants

Das **Koh Thung** ist ein beliebtes Thai-Restaurant an der Uferstraße Kongka Rd.

Leckere chinesische Nudeln gibt es unten im **Green Tea Guesthouse**.

Empfohlen wurde uns **Born's Restaurant** in der Uttarakit Rd., es wird von zwei freundlichen Schwestern geführt. Das Essen soll sehr gut und der Laundry-Service einwandfrei sein.

Farang-Food

Im Café **Baan Khun Mor** munden die lecker belegten Ciabatta-Brötchen und andere Snacks.

Beim **Relax Coffee & Restaurant** findet man sehr netten Service und dazu noch gutes Essen einschließlich Frühstück.

Auch im Café/Restaurant **Eighty-Nine** gibt es Schmackhaftes, zudem Internet-Zugang und abends Video.

Das **May & Mark Restaurant** ist seit vielen Jahren besonders beliebt fürs Frühstück mit echtem Kaffee und guten Tees sowie verschiedenen Brot- und Käsesorten.

In der **Pizzeria Viva** spricht der Besitzer Renato gut Englisch und Deutsch. Er wartet mit leckeren thailändischen und italienischen Gerichten, reichhaltigem Frühstück, hausgemachtem Ciabatta-Brot, Joghurt und Vollmilch-Shakes auf.

Das **Cafe Europa** bereitet europäische Gerichte zu etwas gehobenen Preisen zu; dänische Leitung.

The Roof serviert importierte australische Steaks zum Preis von ca. 500 Baht. Mit dem Bratgrad nimmt man es nicht so genau. Die Atmosphäre ist super, der Service gut.

Lisa Bakery hat Vollkornbrot, Croissants, leckeres Gebäck, ⏰ 7.30–20.30 Uhr.

Unterhaltung

Mit dem **Popeye Pub**, 110 Soi Ruam Chit, hat Mr. Paul Irving ein kleines, gemütliches Pub geschaffen, mit Musik in angenehmer Lautstärke (Rock und Pop). Man verbringt den Abend meist mit netten Stammgästen, dem Besitzer und seinem Angestellten, in freundlicher, offener Travelleratmosphäre. Für Fussballinteressierte läuft abends manchmal die deutsche Bundesliga, allerdings ohne Ton, was sehr zur gemütlichen Stimmung beiträgt.

Big's Bar in der Chao Fah Rd. ist geschmackvoll eingerichtet. Mr. Big aus Bangkok mixt leckere Drinks.

Sonstiges

Autovermietungen
Jeeps gibt es für 1200 Baht bei verschiedenen Reisebüros, z. B. **Friendly Tour**.
Boote
Das Chartern eines Longtail-Bootes für eine Mangrovenfahrt kostet 350 Baht pro Std.

Bücher
Bei **Fai Books** können viele deutsche Bücher ausgeliehen, gekauft oder getauscht werden. Auch der Buchladen **Saeng Ho** lohnt den Besuch.

Feste
Das **Vegetarian Festival** (Vegetarier-Fest) wird – ähnlich wie in Phuket – in kleinerem Rahmen auch in Krabi gefeiert (20.–26. Okt 2007, weitere Termine sind dem Tourist Office ab März bekannt).
Das Stadtfest **Open Andaman Sky** mit Umzügen und Wettbewerben findet im November statt.

Geld
Mehrere Banken in der Uttarakit Rd., Wechselschalter ⏰ Mo–Fr 8.30–19 Uhr, Sa, So 8–15 Uhr in der Saison.

Immigration
Uttarakit Rd., ✆ 075-611097; Visa-Verlängerung bei freundlichem Auftreten problemlos. ⏰ Mo–Fr 8.30–12 und 13–16.30 Uhr.

Informationen
TAT Tourist Office, gegenüber der Kasikorn Bank am Fluss, brauchbare Krabi-Infos. Die Online-Informationen unter 🖥 www.krabi-tourism. com sind Jahre alt. Laufend aktualisiert wird 🖥 www.webtravelkrabi.net, Hotelbuchung: 🖥 www.krabi.sawadee.com.
Beim **Tourist Office** am Pier liegt das monatlich erscheinende *FLYER magazine* mit Infos zu Sehenswürdigkeiten, Aktivitäten, Restaurants und Transport in Krabi sowie einigen kleinen Landkarten aus, im Internet unter 🖥 www. yourkrabi.com/flyer.
„Tourist Information" nennen sich die unzähligen Reisebüros. Sie halten Informationen zu den Gästehäusern in der Umgebung bereit, außerdem Stadtpläne, Informationsblätter, Hinweise für Ausflüge und Tickets.

Internet
Viele Shops, zumeist 1 Baht/Min.–40 Baht/Std.

Kajaks
Sea Kayak Krabi, ✆ 075-630270, 🖥 www. krabidir.com/seakayakrabi; veranstaltet ein-

drucksvolle Halbtags- und Ganztagstouren zu Höhlen, Korallen, durch Mangroven und zum Canyon für 700–2100 Baht. Auch Zeit zum Schwimmen bleibt noch, Mittagessen inkl.

Karten

Für eigene Ausflüge sind die gute **Guide Map of Krabi** oder die **Tourist Map Krabi** empfehlenswert. Brauchbar ist die kostenlose Karte vom TAT Tourist Office.

Kaufhäuser

Tesco Lotus liegt an der Straße Richtung Airport, **Big C** baut an der Straße Richtung Phuket.

Kochkurse

Krabi Thai Cookery School, ✆ 075-695133, 🖳 www.thaicookeryschool.net, geleitet von der diplomierten Ernährungswissenschaftlerin und langjährigen Chefköchin Ya; 4-stündige Halbtagskurse kosten 1000 Baht, Abholung vom Hotel in Krabi oder Ao Nang.

Medizinische Hilfe

Gute Ärzte und einen **Zahnarzt** gibt es im staatlichen **Krabi Hospital**, 325 Uttarakit Rd., ✆ 075-611203, mit Songthaew 5 Baht ab Stadt. In den letzten Jahren kamen im Gebiet von Krabi keine Fälle von Malaria vor.
Als gute **Privatärzte** wurden uns genannt: **Dr. Supot**, Maharat Rd Soi 10, Allgemeinarzt, und **Dr. Taweelarp**, Maharat Rd, Frauenarzt, beide praktizieren von 7–8.30, 12–13 und 17–18 Uhr, Sa und So ganztägig.
Die meisten **Apotheken** haben von 8–21 oder 22 Uhr geöffnet.

Motorräder

Bei mehreren Gästehäusern und Reisebüros für 150–200 Baht/Tag. Erst den Zustand kontrollieren.

Post

Mit Poste Restante, Packservice, ☉ Mo–Fr 8.30–16.30, Sa, So 9–12 Uhr.

Reisebüros

Fast alle Reisebüros werden von Lesern als freundlich und kompetent gelobt. Die meisten vertreten eigene Gästehäuser und Bungalows, die sie ihren Kunden ans Herz legen. Alle vermitteln Touren, Boote zu den Inseln und, gegen 20–60 Baht Aufschlag, Bus- und Zugtickets.
Chao Koh Travel, Kongka Rd., ✆ 075-630290, besonders freundlich.
P. P.Family, Kongka Rd., ✆ 075-630165, betreiben Busse nach Surat Thani, Ko Samui, Ko Pha Ngan, Phuket und Bangkok sowie Boote nach Ko Phi Phi und Ko Lanta. Viele Leser machten hier ärgerliche Erfahrungen.
Siam Smile Travel, 4 Kongka Rd., ✆ 075-623158, ✉ siamsmile69@hotmail.com; kompetente Beratung und wertvolle Tipps auf Deutsch und Englisch durch Patrick und Thip.
Songserm, neuer Name Andaman Wave Master, ✆ 075-632423, Haem Tanon Rd., ✆ 075-630470-2, betreiben Busse nach Surat Thani, Ko Samui und Ko Pha Ngan, über die wir auch nach der Namensänderung laufend Klagen bekommen, z. B. wird häufig abends kurz vor Krabi eine Rast eingelegt, um mit windigen Argumenten überteuerte Zi zu vermitteln. Auskünfte über staatliche Busse sind fast immer falsch.
Thaimit Tours, 179 Uttarakit Rd., ✆ 075-622998, 🖳 www.krabiholiday.com; Tickets und Reservierungen aller Art; Mr. Nui ist sehr zuverlässig und kann viele Fragen beantworten.
Owart & Friends, Nähe Pier, ✆ 075-611693, Buchungsbüro für Bubu Island.

Telefon

Krabi Telecommunication Center, 346 Uttarakit Rd., 2 km außerhalb Richtung Talad Kao, ☉ 7–22 Uhr. Mit Internet-Service.

Touren

Alle Reisebüros vermitteln die gleichen Touren, die Preise variieren geringfügig, z. B.: Ko Boda Tour (4 Islands, herrlich bei gutem Wetter) für 350–400 Baht (mit Speedboot 1000 Baht), 5-Island-Tour ab ca. 480 Baht (mit Speedboot 1200 Baht), gechartertes Longtail-Boot 1500 Baht, Phang Nga Bay mit Bus und Longtail-Boot 750 Baht inkl. Tempel- und Naturparkbesuch, Phi Phi Tour 990 Baht (mit Speedboot 1600–2000 Baht). Immer sind Pickup-Service, Lunch, Früchte, Getränke und ggf. Maske, Schnorchel und Schwimmweste enthalten. Einige schwarze Schafe verlangen weitaus mehr.

Pickups

Zwischen der Stadt und TALAD KAO (= Krabi Junction) mit dem Bus Terminal verkehren von 6–21 Uhr alle 3 Min. Pickups für 10 Baht. Zum Strand AO NANG (30 Baht) fahren von 7–18 Uhr alle 15–30 Min. Pickups von der Stadt ab (von 18–22.30 Uhr 50 Baht). Dieselben Pickups fahren bis 18 Uhr zum Nopparat Thara Beach. Zum Gastropod Museum SUSAN HOI (S. 622) geht es nur von Okt bis April von 7–18 Uhr für 40 Baht. Zum WAT THAM SUA (Tiger Cave) für 20 Baht plus Motorradtaxi ca. 20–50 Baht.

Tuk-Tuk

Zum Bus Terminal 100 Baht, Tiger Cave 150 Baht, Airport 300 Baht.

Boote

Linienboote starten vom neuen, überdimensionierten Passenger Port, der an einen Flughafen erinnert. Er liegt 10 Min. außerhalb der Stadt im Seehafen. Mit einem Minibus kann man für heftige 50 Baht nach Krabi oder zum Bus Terminal fahren. Es gibt dort auch einige Reisebüros, in denen man die Weiterreise, Unterkünfte etc. buchen kann.

Longtail-Boote

Sie fahren zur PHRA NANG BAY (Okt–März sowie bei ruhiger See) und zum RAI LEH BEACH (Ost und West) für 100 Baht in 25 Min. (ab 6 Pers.). Die **Railay Group** fährt um 9, 11, 13.30, 16 und 18 Uhr für 70 Baht, zurück um 7.45, 9.30, 12, 14.30 und 16 Uhr.

Busse

Alle öffentlichen Busse fahren vom Bus Terminal **Talad Kao**, ✆ 075-611804, an der Kreuzung 4 km nördlich von Krabi (= Krabi Junction) ab, rote und weiße Pickups fahren laufend hin (s. o.). Ankommende Busse werden außerhalb der Hochsaison von Schleppern bestürmt, die den müden Neuankömmlingen ihre Bungalows aufdrängen wollen. Geschäftstüchtige Tuk Tuk-

Die gelben Songthaews fahren als Taxis (ca. 300 Baht). Um Passagiere zu ködern, ruft manch ein Fahrer auch **Rai Leh** aus, obwohl man dort nur per Boot hingelangt.

Fahrer wollen Passagiere für 300 Baht direkt zum Ao Nang-Strand fahren. **Unser Rat:** Abblitzen lassen und erst mal mit dem roten Pickup für 10 Baht nach Krabi reinfahren, dort fahren laufend öffentliche Songthaews für 20 Baht zum Strand.

Private Busse, i. b. solche aus Surat Thani, entladen ihre Passagiere an täglich wechselnden Gästehäusern in der Stadt oder halten 5 km außerhalb an einer Tankstelle, wo die Passagiere genötigt werden, eine überteuerte Unterkunft zu buchen, ehe sie mit einem Songthaew in die Stadt gebracht werden.

Die meisten Reisebüros verkaufen bevorzugt teure, miserable Busse privater Unternehmen, da sie dafür hohe Provisionen erhalten. Also Fahrscheine für die guten **öffentlichen Fernbusse** von einem kooperativen Reisebüro für einen fairen Aufschlag von 20–60 Baht besorgen lassen oder gleich selbst für 20 Baht zum Bus Terminal fahren.

Bangkok

Nach BANGKOK (817 km) mit 2. Kl. AC-Bus, AC-Bus und VIP-40 um 7.30 Uhr sowie mehrmals von 16 bis 17.30 Uhr für 461, 487, 592 und 614 Baht in 12 1/2 Std., VIP-24 Bus um 17.30 Uhr für 920 Baht in 12 Std., VIP-24 Bus von Lignite Tours um 17.50 Uhr für 850 Baht in 10 Std., Vorbuchung empfehlenswert.

Der **Khaosan-Bus**, von dem dringend abzuraten ist, fährt für 280–550 Baht, benötigt wegen unsinniger Stadtrundfahrt mit langwierigem Umsteigen in Surat Thani bis zu 20 (!) Std. und hält abwechselnd bei verschiedenen Reisebüros. Zurück fährt dieser in jeder Hinsicht gefährliche Bus ab dem Pier um 16 Uhr für 350 Baht (als VIP-32-Bus 650 Baht) und benötigt mindestens 15 Std. bis zur Khaosan Road, mit Zwischenstopps in Surat Thani.

In die Umgebung

Nach PHUKET fahren AC-Busse um 5.30 und von 6.20–17.30 Uhr alle 30 Min. für 113–155 Baht in 3–4 Std., zudem ein privater Bus um 9 Uhr für 200 bzw. 250 Baht. Nach Phuket Town, Patong, Kata und Karon fahren recht klapprige private Busse (z. T. auch Vans) um 7, 9 (nur in der Saison), 11.30 (Minibus) und 17.30 Uhr für 350 Baht in 3–3 1/2 Std., zum Phuket Airport um 13 Uhr für 300 Baht in 3 Std.; zurück nur um 8 Uhr für 300 Baht.

Nach PHANG NGA im Phuket-Bus 438 2.Kl. AC 74 Baht in 2 Std. (bis KHOK KLOI 58 Baht).

Nach TRANG non-AC-Bus 441 alle 30–60 Min. von 6.20–16 Uhr für 70 Baht, 2.Kl. AC-Bus 98 Baht, AC-Bus bis 21.30 Uhr für 129 Baht in 2 Std.

Nach AO LUK fahren LKW-Songthaews von 6–17 Uhr gegenüber von Thongfah ab, für 42 Baht in 90 Min., zur AO LUK JUNCTION mit Phuket- oder Surat Thani-Bussen für 30 Baht.

Zu anderen Orten im Süden

Nach SURAT THANI AC-Bus alle 45 Min. von 5.30–15 Uhr für 156 Baht in 2–3 Std. AC-Bus von Phantip tgl. von 5.30–16 Uhr ca. alle 2 Std. für 130 Baht (erholsam, da ohne Video). AC-Bus von P. P. Family um 11 und 16 Uhr in 3 Std. für 180 Baht. Über den AC-Bus von Songserm, umfirmiert in Andaman Wave Master, um 11, 13 und 16 Uhr für 180 Baht (die letzten beiden auch zum Bahnhof PHUNPIN) in 3 1/2 Std. wird vehement geklagt (enge Sitze, Verspätung, Zwangsessenspause, falsche Abfahrts- und Ankunftszeiten, Vermittlung überteuerter Zimmer). Doch so mancher, der in einem Reisebüro auf die tollen Bus-Fotos hereinfällt und bucht, landet letztendlich im schrottreifen Songserm-Bus.

Nach KO SAMUI mit AC-Bus und Fähre um 9 und 11 Uhr direkt für 600 Baht in 8 Std. sowie um 16 Uhr (mit Nachtboot) in 13 1/2 Std. für 470 Baht.

Nach KO PHA NGAN mit AC-Bus von P. P. Family um 11 Uhr (mit Fähre) und um 18 Uhr (mit Nachtboot) in 8 bzw. 12 Std. für 470 bzw. 600 Baht.

Nach NAKHON SI THAMMARAT von 9–14.30 Uhr mit AC-Bus für 150 Baht in 3 Std.

Nach RANONG 2.Kl. AC-Bus um 8.30, 10, 11 und 12.30 Uhr für 210 Baht; in Takua Pa (120 Baht) umsteigen nach KHAO LAK (35 Baht).

Nach HAT YAI 2.Kl. AC-Bus von 10.30–13.30 Uhr

für 180 Baht, AC-Bus stdl. von 8.30–15.20 und um 22 Uhr für 234 Baht in 4–5 Std.

Nach SATUN AC-Bus um 11 und 13 Uhr für 239 Baht in 5 Std. (der Anschluss an das Boot nach Langkawi am selben Tag ist nicht sicher, besser den ersten Minibus nehmen, s.u.).

Minivans

Sie werden auch *Air Con Van* genannt, sind klimatisiert und fahren tgl. zu festen Zeiten von verschiedenen Reisebüros oder am Straßenrand ab (in der Karte markiert), in allen Reisebüros buchbar mit Abholung vom Hotel. Sie sind zwar eng, geben aber sonst keinen Anlass zu Beschwerden.

Nach PHUKET fahren verschiedene Gesellschaften über Phang Nga (200 Baht) und Phuket Airport um 9, 11, 12, 14 und 16 Uhr für 300 Baht, 3 Std.

Nach KHAO LAK in der Saison um 11 bzw. 11.30 Uhr für 300–350 Baht, nach KHAO SOK um 11 Uhr für 400 Baht (ab Hotrock).

Nach SURAT THANI stdl. von 7.30–16.30 Uhr für 200 Baht.

Nach KO SAMUI und KO PHA NGAN um 11 und 16 Uhr, Ank. 18.30 / 6.30 Uhr bzw. 20.30 / 8.30 Uhr.

Nach NAKHON SI THAMMARAT jede Std. für 180 Baht in 3 Std. Um 7 und 11 Uhr nach TRANG für 250 Baht in 2 Std., HAT YAI für 280 Baht in 4 Std., SATUN und PAKBARA für 450 Baht in 3 bzw. 3 1/2 Std. (ab Hotrock).

Nach KO LANTA Minivan von N.C. Gh. um 11, 13 und 16 Uhr über Ban Hua Hin (inkl. 2 Fähren) zum Klong Dao Beach und zum Klong Nin Beach. Tickets für 200 Baht gibt es bei Reise-

Krabi, Ko Lanta und die südliche Andamanenküste

büros, wo man auch abgeholt wird. Alternative: Mit Songthaews bzw. Minibussen zum Pier BAN HUA HIN ab Soi 6 etwa alle 30 Min. von 10–14 Uhr für 70 Baht in 45 Min.

Nach Malaysia und Singapore: Zu allen Zielen muss man in Hat Yai umsteigen.
Nach LANGKAWI mit dem AC-Minibus + Boot über Satun um 7 Uhr für 720 Baht in 11 Std.

Taxi

Nach KO LANTA für ca. 2000 Baht.
Die **Taxifahrer** vom Flughafen tricksen gern unwissende Touristen aus, die nach **Ko Lanta** wollen, indem sie nicht wie gewünscht den neuen Fährhafen anfahren, sondern sie zu einem windigen Reisebüro bringen, wo versucht wird, ihnen nicht nur teuer einen Minibus zu vermieten, sondern auch ein Resort auf Ko Lanta zu überhöhten Preisen anzudrehen.

Eisenbahn

Fahrplan s. S. 782/783. Von BANGKOK kommt man bequem mit der Bahn nach SURAT THANI (s. S. 356) und am Morgen mit dem wartenden Bus nach Krabi. Das kombinierte *Joint Ticket* lohnt sich nicht, i.b. bei Zugverspätung. Zu den Zügen von Surat Thani nach Bangkok fahren Zubringerbusse um 11 und 16 Uhr in Krabi ab.
Alternativ von Bangkok mit dem *Express* 83 um 17.05 Uhr oder dem *Rapid* 167 um 18.20 Uhr bis TRANG (Ank. 7.15 bzw. 10.35 Uhr) und mit einem Sammeltaxi für 100 Baht nach Krabi. Auch zurück mit Zügen ab Trang, besonders in der Hochsaison einen Versuch wert. Zugfahrten mindestens 2–3 Tage vorher im Reisebüro reservieren lassen (in Ferienzeiten 10 Tage vorher).

Boote

Nach KO PHI PHI tgl. um 10 und 15 Uhr per Expressboot für 350–450 Baht einfach in 1 1/2–2 Std., zurück u. a. um 9, 13 und 14 Uhr. Den Bus nach Bangkok erreicht man über Krabi noch am selben Tag.
Nach KO LANTA von Nov bis April tgl. per Expressboot um 10.30 und 13.30 Uhr für 350 Baht in 2 Std. (das Boot hält auch vor Ko Jum). Zurück um 8 und 13 Uhr. Verbilligte kombinierte Bootstickets für Ko Phi Phi und Ko Lanta sind nur in der Saison sinnvoll.
Zum Rasada-Pier (= Ratchada Pier) in PHUKET mit dem AC-Boot *Ao Nang Princess* tgl. um 15.30 Uhr in 2 Std. für 550 Baht; zurück um 8.30 Uhr ebenfalls für 550 Baht (es ist nicht richtig, dass man nur mit einem Tour-Preis von 900–1000 Baht nach Krabi fahren kann).
Nach KO SIBOYA organisiert das Siboya Gh. den Transport, Abfahrt um 11 und 15 Uhr mit dem Songthaew nach LAEM HIN (1 Std.), 50 Baht, weiter per Longtail-Boot für 20 Baht und mit dem vorausbestellten Laster zu den Bungalows (30 Baht).

Flüge

Der Flugplatz liegt 13 km nordöstlich von Krabi. Hier gibt es das Thai Airways Office, Geldwechsel, Bankautomaten, mehrere Autovermietungen, u. a. Avis. Minibus in die Stadt 300 Baht. Taxi-Service mit festen Preisen, z. B. zur Stadt 300 Baht, nach Ao Nang 500 Baht, nach Khao Lak 2300 Baht, Ko Lanta 1800 Baht.
Ab BANGKOK (DMK und BKK) fliegt **Thai Airways**, ℡ 075-622440, je 2x tgl. in 1 1/2 Std. für 3360 bzw. 3865 Baht.
Air Asia, ℡ 075-623554, fliegt 3x tgl. von/nach BANGKOK für 499–1750 Baht plus Gebühren von ca. 700 Baht.
Orient Thai, ℡ 075-692432, fliegt 2x tgl. nach BANGKOK (DMK) für 1750 Baht.
Nok Air fliegt 2x tgl. von/nach BANGKOK (DMK) für 574–1369 Baht plus Gebühren von ca. 700 Baht. Ab CHIANG MAI fliegt Thai Airways direkt am Mo, Di, Do, Sa in 2 Std. für 4535 Baht, zurück über Bangkok.
Tiger Air, ℡ 075-691940, fliegt tgl. am Nachmittag nach SINGAPORE ab 535 Baht plus Gebühren von ca. 1125 Baht (nur bei Online-Buchung).

Krabi, Ko Lanta und die südliche Andamanenküste

Nach **Süden** empfehlen wir, die Stadt Trang weiträumig zu umfahren. Dazu nehmen Biker in Krabi das Bike mit auf das Boot (100 Baht) nach Ban Saladan auf Ko Lanta. Von Ko Lanta nimmt man die zwei Fähren von Ban Saladan nach Ban Hua Hin und radelt auf dem H4206 (27 km) weiter zum H4. Auf dem H4042 (14 km), dem H4 (8 km), dem H4046 (26 km) und dem H4162 (9 km) fährt man locker zum Pak Meng Beach. Die nächste Etappe ist unter Trang (s. S. 646) beschrieben.

Nach **Norden** können Selbstfahrer auf schönen Nebenstraßen (s. S. 622) nach Phang Nga fahren.

Rai Leh Beach

Die von fantastischen Kalksteinformationen abgeschlossene Halbinsel (auch unter Phra Nang Bay und Rai Lay Beach bekannt) ist nur mit dem Boot zu erreichen. An den beiden schönsten Stränden wurden 1986 in den Palmenhainen die ersten Bungalows gebaut – ein ehemaliger Geheimtipp unter Travellern! Durch Mund-Propaganda erhielten die wunderschönen Badestrände einen derartigen Zulauf, dass fast täglich neue Hütten aufgestellt wurden. Schließlich musste das ganze Fischerdorf einer Bungalowanlage weichen. Die alten Bambushütten werden mehr und mehr durch (teurere) Steinbungalows ersetzt. Große Dieselgeneratoren blasen Tag und Nacht ihre Abgase durch die Palmen.

Am landschaftlich einzigartigen **Phra Nang Beach** mit seinen steil aufragenden Wächterfelsen tummeln sich hunderte von Tagesausflüglern. In der tropischen Vegetation dahinter wurden private Luxushäuser gebaut. Der Verbindungsweg zwischen dem Phra Nang Beach und Rai Leh East führt dicht an den Felsen vorbei, auf halbem Weg beginnt der Aufstieg zur Phra Nang Lagoon und zum Super-Aussichtspunkt.

Neben der seichten, mit Mangroven bewachsenen Bucht **Rai Leh (East)**, die nach Süden geöffnet und gegen den Monsun geschützt ist, gibt es drei herrliche Strände mit feinem, weißem Sand: der wunderschöne **Phra Nang Beach** mit den vorgelagerten Felstürmen nach Osten, der flache, fast ideale Badestrand **Rai Leh (West)**

nach Nordwesten und die friedliche, zum Baden nicht geeignete nördliche Bucht **Ao Ton Sai**. An den vorgelagerten Inseln **Chicken Island** und **Ko Boda** locken schöne Korallenriffe und fantastische Strände, die massenhaft von Tagesausflüglern bevölkert werden.

Höhlen

Die **Phra Nang Cave** (Grotte der Prinzessin) schließt den Phra Nang Beach nach Süden ab, direkt am Meer mit den eindrucksvoll herabhängenden Stalaktiten ziert sie mittlerweile viele Touristenprospekte. In der **Diamond Cave** (Tham Phra Nang Nai) am Rai Leh East wurde ein massiver Steg bis in den letzten Winkel gebaut sowie eine Beleuchtungsanlage installiert, Eintritt 20 Baht. Eine gute Taschenlampe tut's aber auch. Man entdeckt Kalksinterterrassen, Stalaktitenvorhänge, -orgeln und -fälle und bis zu 25 m lange, schlanke Einzelstalaktiten.

Reizvoll ist auch eine Wanderung mit Kletterpartie (z. T. mit morschen Seilen gesichert) durch eine ca. 120 m lange **Höhle** am nordwestlichen Ende des Phra Nang Strandes. Das riesige Höhlenportal ist leicht zu finden. Den eigentlichen Zugang zur Höhle bildet im linken, weiter oben liegenden Eingang ein schräger Kamin, in dem als Steighilfe ein Baumstamm lehnt. Die Eingangshalle hat gewaltige Dimensionen, etwa 20 m hoch und 80 m lang. An der linken Wand verläuft nach ca. 30 m und ca. 40 m schräg nach unten jeweils ein Ausgang zum Meer. Am Ende der Halle den linken, steilen Gang nach oben nehmen (Achtung: Zeitweise war er anscheinend mit einem Felsbrocken versperrt). Ein enger Durchschlupf mit Seil weist den Weg. Danach im engeren Höhlenraum schräg aufwärts (Holztreppe und Seil). Ein letzter 3 m hoher Absatz mit dünnem Seil weist zum Ausgang am Rai Leh West Beach, wo die **Thai Wall** in ca. 30 m Höhe mit herrlicher Aussicht aufwartet. Festes Schuhwerk ist nötig, eine Stirnlampe sinnvoll. Da nur wenige Tropfsteine wachsen, wirkt die Höhle selbst nicht so spektakulär wie andere in der Umgebung. (Schilderung von Peter Mauch)

Phra Nang Lagoon

Die Phra Nang Lagoon (Sa Phra Nang) liegt inmitten eines 80–100 m tiefen Felsenkessels.

Schwindelfreie können sie über einen mit Seilhilfen versehenen Kletterpfad erreichen, der auf halber Strecke vom Verbindungsweg beim Wegweiser abgeht. Bei Flut ist die durch eine Unterwasserhöhle mit dem Meer verbundene Lagune unwirklich schön, und man kann herrlich darin schwimmen, bei Ebbe allerdings ist sie voller Schlick.

Für die Begehung der Höhle am anderen Ende braucht man eine Taschenlampe. Die Tour ist vor allem mit Sandalen und bei feuchtem Wetter für Ungeübte durchaus gefährlich. Der **Phra Nang View Point**, bei der Abzweigung auf dem Pass nach links, bietet einen überwältigenden Ausblick. Hier werden auch Kletterkurse veranstaltet.

Die Preise der Bungalowanlagen variieren je nach Auslastung stark, werden durchweg als überteuert empfunden, zumal es nur am Abend Strom gibt. In der Hauptsaison verlangen die Bungalowbesitzer heftige Mondpreise, in der Nebensaison sind dagegen ohne weiteres über 50 % Rabatt zu erzielen (schöne Bungalows für 400–500 Baht). Es werden immer mehr teure AC-Bungalows ab 1500 Baht gebaut. Nachts sind die Stromgeneratoren weit zu hören.

Phra Nang Beach

Am einst wunderschönen Strand tummeln sich neben hunderten von Badegästen auch Souvenir-, Getränke- und Imbissverkäufer. Die vielen Longtail-Boote machen das Baden gefährlich. Kein Wunder, dass der Strand immer enger wird und zusehends verdreckt. Das Restaurant und die Strand-Bar sind ebenso wie das hintere Ende des Strandes *for members only*. Zu Fuß gelangt man auf dem schmalen Verbindungsweg an der Mauer entlang zum Rai Leh East Beach. Die öffentliche Toilette liegt nach 30 m an dieser Mauer.

Hinter einem Zaun und undurchdringlichen Büschen stehen die 10 privaten Luxushäuser der **Rayavadee Premier Villas** ⑦⑧, ☎ 075-620740-3, 🖳 www.rayavadee.com. ❽

Rai Leh East Beach (auch Nam Mao Beach, Sunrise Beach oder Back Beach)

Hier liegen 6 Bungalowanlagen am ungepflegten Strand, der sich nicht zum Baden eignet, weitere 3 im Hügelland dahinter, einige mit Swimming Pool. Sie bieten einen besseren Gegenwert als die Anlagen am Rai Leh West.

Sunrise Tropical Resort ⑲, ☎ 075-622599, 🖳 www.sunrisetropical.com, 28 Luxusbungalows „Tropical Villa" mit halb offenem Bad; Pool, mäßiges Restaurant Sai Lom am Strand. ❻–❼

Ya-Ya ⑲, ☎ 075-622593, uralte, 2–4-stöckige Reihenhäuser aus Stein und Holz sowie originelle Bambus-Hochhäuser, 56 z. T. dunkle, ungepflegte Zi mit Du/WC, im 3. und 4. Stock liegen die besten Zi mit Balkon und schöner Sicht, viel Ungeziefer, üppiger Tropengarten, teures, manchmal sehr gutes Essen, vor allem von der Fischtheke; lockere Atmosphäre. Wechselhafte Preise. Stark verschmutzter Strandbereich. ❸, AC ❹

Anyavee Railay Resort ⑲, ☎ 075-695051, 🖳 www.anyavee.com, ein Best Western Resort, 62 neue, schöne AC-Bungalows mit großem Bad mit nach oben transparentem Dach; Pool. ❺–❻

Coco House ⑳, unzumutbare Bambushütten. Das Restaurant bekommt wieder gute Kritiken, nettes Personal. ❸

Diamond Cave ⑳, ☎ 075-621728, 🖳 www.diamondcave-railay.com; ruhige Anlage mit großen Steinbungalows in vielen Reihen und einem 2-stöckigen Reihenhaus; Pool, Restaurant am Strand, leckeres Barbecue, aufmerksames, flinkes Personal. ❺–❻

View Point ⑳, 🖳 www.viewpointresort66.com, ☎ 075-621686; große, völlig verbaute Komfortanlage am Ende des Mangrovenstrands in Hanglage, nett eingerichtete, aber z. T. wenig einladende 1- und 2-stöckige Steinbungalows mit Fan und AC; preiswertes Restaurant und Bierbar mit schöner Sicht über die Bucht. ❺–❼

Diamond Private Resort ㉑, ☎ 075-621729, 🖳 www.diamondprivate-railay.com; letzte Anlage am Strand, erhöht mit Blick über die Bucht, große Steinbungalows und 2-stöckige Häuser im weiten, üppig grünen Garten; Poolterrasse mit Superaussicht, Restaurant. ❺–❻

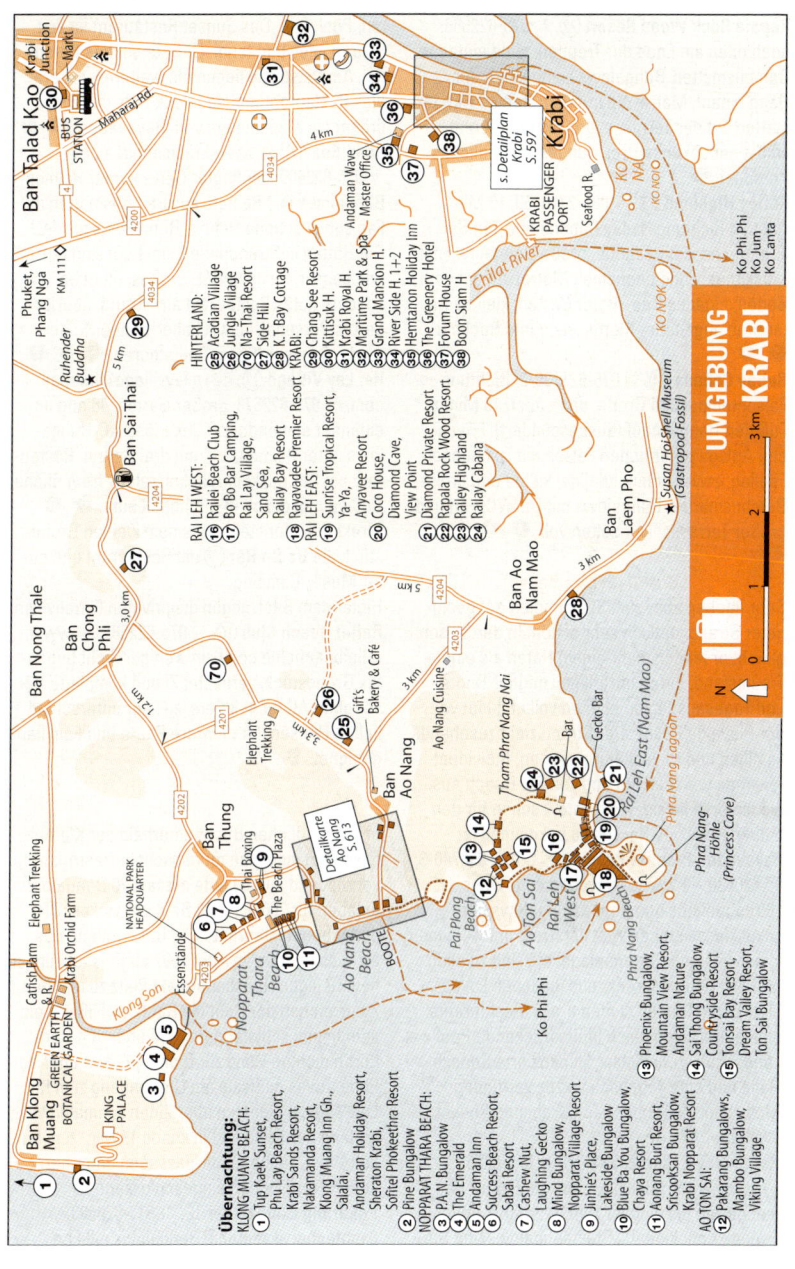

Übernachtung:

KLONG MUANG BEACH:
1. Tup Kaek Sunset, Phi Lay Beach Resort, Krabi Sands Resort, Nakamanda Resort, Klong Muang Inn Gh., Salalai, Andaman Holiday Resort, Sheraton Krabi, Sofitel Phokeethra Resort

NOPPARAT THARA BEACH:
2. Pine Bungalow
3. P.A.N. Bungalow
4. The Emerald
5. Andaman Inn
6. Success Beach Resort, Sabai Resort
7. Cashew Nut, Laughing Gecko
8. Mind Bungalow, Nopparat Village Resort
9. Jimie's Place, Lakeside Bungalow
10. Blue Ba You Bungalow, Chaya Resort
11. Aonang Buri Resort, Srisooksan Bungalow, Krabi Nopparat Resort

AO TON SAI:
12. Pakarang Bungalows, Mambo Bungalow, Viking Village
13. Phoenix Bungalow, Mountain View Resort, Andaman Nature
14. Sai Thong Bungalow, Countryside Resort
15. Tonsai Bay Resort, Dream Valley Resort, Ton Sai Bungalow

RAI LEH WEST:
16. Railei Beach Club
17. Bo Bo Bar Camping, Rai Lay Village, Sand Sea, Railay Bay Resort
18. Rayavadee Premier Resort

RAI LEH EAST:
19. Sunrise Tropical Resort, Ya-Ya,
20. Anyavee Resort, Coco House, Diamond Cave, View Point
21. Diamond Private Resort
22. Rapala Rock Wood Resort
23. Railey Highland
24. Railai Cabana

HINTERLAND:
25. Acadian Village
26. Jungle Village
27. Na-Thai Resort
27. Side Hill
28. K.T. Bay Cottage

KRABI:
29. Chang See Resort
30. Kittisuk H.
31. Krabi Royal H.
32. Maritime Park & Spa
33. Grand Mansion H.
34. River Side H. 1 + 2
35. Hemtanon Holiday Inn
36. The Greenery Hotel
37. Forum House
38. Boon Siam H.

UMGEBUNG KRABI

s. Detailplan Krabi S. 597

Detailkarte Ao Nang S. 613

N

0 · 1 · 2 · 3 km

Krabi, Ko Lanta und die südliche Andamanenküste

Rapala Rock Wood Resort ㉒, ✆ 075-622586, hoch oben am Ende der Treppen, viele einfache Bambusmatten-Bungalows ziehen sich den Hang hinauf, Matratzen auf dem Boden, Hängematten auf der Terrasse, großes Restaurant, selbst gebackenes Brot. Junges, freundliches Personal. ❸

Railey Highland ㉓, ✆ 081-2716459, 10 Min. Anstieg Richtung Railay Cabana und Ton Sai. 30 einfache, sehr schöne, große Bungalows mit Moskitonetz und bequemen Matratzen auf dem Boden, eigenes Bad, netter Garten; kleines Restaurant; gegenüber Kletterwand und Rockbar. ❸–❹

Railay Cabana ㉔, ✆ 075-621730-2, Richtung Felsentempel und Grotte, dann noch 15 Min. zu Fuß den Hang hinauf (ausgeschildert). Friedliche Anlage unter hohen Felsen mit Dschungel-Feeling, etwas schmuddelige, kleine und große Bambusmatten-Bungalows mit Du/WC, Fan und großer Terrasse. Nur selten voll. ❸–❹

Rai Leh West Beach (Sunset Beach)

Sehr flacher, aber zum Schwimmen gut geeigneter Strand, optisch sehr schön. In der Saison gleicht er jedoch mehr einem Hafen als einem Traumstand, durch unzählige Longtail-Boote und Tagesausflügler ist er so voll und laut wie der Playa de Palma. Der Strand zieht zusehends Familien und Pauschalurlauber an, Individualreisende weichen auf den Ton Sai Beach aus, wo ein erstklassiger Bungalow schon für den halben Preis von Rai Leh zu bekommen ist.

Rayavadee Premier Resort ⑱, ✆ 075-620740-3, ✆ 620630, 🖳 www.rayavadee.com. Über 100 doppelstöckige Super-Bungalows der Luxusklasse stehen weit verstreut unter Palmen in der riesigen Gartenanlage, die sich zu allen drei Stränden erstreckt und jeglichen Luxus bietet. Den Gästen stehen u. a. 3 Restaurants, eine außergewöhnlich beeindruckende Pool-Landschaft, Tennisplatz, klimatisierte Squash-Halle und eine Tauchschule zur Verfügung. Motorboot-Zubringer nach Krabi und Phuket. Weit über ❽

Railay Bay Resort & Spa ⑰, ✆ 075-622571, 🖳 www.krabi-railaybay.com, gepflegter Palmengarten bis hinüber zum Oststrand, neue 1- und 2-stöckige AC-Steinbungalows und Sui-

ten; Pool, Spa. Das Sunset Restaurant ist seit Jahren mies und teuer. Unfreundliches Personal. Am Oststrand liegen ein weiteres, miserables Restaurant und das Rock Pub, daneben dröhnt die Klimaanlage vom Rayavadee. ❻–❽

Sand Sea ⑰, 🖳 www.krabisandsea.com, ✆ 075-622609; gepflegter Garten unter Palmen, Bungalows in 3 Reihen, aus Bambusmatten mit Fan sowie schöne Deluxe-Bungalows mit AC. Die Hütten in Strandnähe beim Pool sind teurer und besser ausgestattet. Großes, nicht besonders gutes Restaurant am Strand, überfordertes Personal, kein Alkohol. Kleiner Supermarkt, Souvenir Shop, Bootstouren. ❺, AC ❼

Rai Lay Village ⑰, ✉ railayvillage@hotmail.com, ✆ 075-622578, großer Garten, 48 eng aneinander stehende, z. T. luxuriöse AC-Bungalows unter Palmen, z. T. mit drei Betten, Restaurant am Strand, kein Alkohol, relativ freundliche Bedienung; geschäftstüchtige Leute. ❻–❽ Direkt dahinter steht auf einem kleinen Grundstück die **Bo Bo Bar** ⑰ mit Restaurant und guter Musik, Camping.

Hinter dem Strand liegen die privaten Ferienvillen: **Railei Beach Club** ⑯, ✆ 075-622582, 🖳 www.raileibeachclub.com; ein weniger dicht bebautes Grundstück, vermietet Zi und komplette Häuser ohne AC für 4–8 Pers. zu sehr unterschiedlichen Preisen, für mehrere Paare und Familien geeignet. ❽

Ao Ton Sai

In der nördlichen Bucht unterhalb der Kletterfelsen hat sich eine touristische Infrastruktur für vorwiegend junge Leute mit fast 20 Bungalowanlagen für 200 bis 1500 Baht entwickelt. Die einfachen Restaurants und Bars entlang des Strands wurden im April 2007 abgerissen, um einem riesigen Hausbauprojekt Platz zu machen. Zu erreichen per Boot (40 Baht), zu Fuß auf einstündigem, schwierigem Pfad über den Berg durch dichten Wald zur Diamond Cave oder bei Ebbe etwas mühsam am Ufer entlang zum Rai Leh West, ansonsten über einen schmalen Weg entlang der Felswand in knapp 15 Min. zum Rai Leh West, kleine Kletterpassagen unter herrlichen Tropfsteinen eingeschlossen.

Pakarang Bungalows ⑫, ✆ 075-622583, 8 einfache, akzeptable Bungalows mit Fan

(Strom von 18–24 Uhr), Restaurant direkt am Strand. ❸

Mambo Bungalows ⑫, ✆ 089-6521862, 30 einfache Bambusmatten-Bungalows mit Fan (24 Std. Generatorstrom). ❸

Mountain View Resort ⑬, ✆ 075-622610, 🖳 www.citykrabi.com; 5 Min. vom Strand, ruhige, gestylte Gartenanlage, 46 ordentliche, saubere Steinbungalows mit Fan oder AC (24 Std. Generatorstrom), Restaurant, Internet-Café. Gehört zum City Hotel in Krabi. ❺

Tonsai Bay Resort ⑮, ✆ 075-622584, 80 bis 200 m vom Strand entfernt, erstklassig ausgestattete AC-Steinbungalows (24 Std. Generatorstrom), Swimming Pool, Strandrestaurant, Thai-Massage, Minimart, Internet. ❻

Dream Valley Resort ⑮, ✆ 075-622583, 73 einfache, kleine, saubere Bungalows mit Fan oder AC in einer etwas hügeligen Kokos- und Kautschukplantage, nicht direkt am Strand, sehr ruhig. ❸, AC ❹

Ton Sai Bungalow ⑮, ✆ 075-637234, 50 Bungalows mit Du/WC; Restaurant, Bar. ❹, AC ❺

Countryside Resort ⑭, kein Tel., 12 geräumige Holzbungalows mit hohen Pfählen am Hang, Fan (24 Std. Strom), Du/WC, schöne Aussicht von der Terrasse, Restaurant, 5 Min. vom Strand. Lauter Generator nebenan. ❹

Sai Thong Bungalow ⑭, nach 15 Min. Fußmarsch am Beginn des Aufstiegs, einfache Bungalows mit Du/WC in dichtem Wald. ❷

Essen und Unterhaltung

Die Restaurants am West Beach sind immer stärker belegt als jene am East Beach, aber keineswegs besser! Das Personal ist oft desinteressiert bis arrogant, der Service dauert lange. Die Besitzer sind meistens Moslems und servieren keinen Alkohol. Besser isst man am East Beach: weniger Betrieb, schneller Service, Essen gut bis sehr gut, ab 150–200 Baht für 2 Pers. (plus Getränke).

Beliebt ist der **Ya Ya Coffee Shop** von 7.30–12.30 Uhr (guter Kaffee). Sehr wechselhaft ist das Restaurant im **Coco House** (s. o.).

In Ton Sai ist das Essen nicht mehr als Durchschnitt. Hervorzuheben ist **Mom's Kitchen** mit tollem Essen in nettem Ambiente, auch das

Nachbarrestaurant **Lucky** ist zu empfehlen. Einige Pizza-Bäcker backen passable Pizzen.

In der Hauptsaison dröhnen an einigen Beach Bars die Lautsprecher so, dass in den anliegenden Bungalows nicht an Ruhe zu denken ist. Am beliebtesten ist die **Sunset Bar** von Rai Lay Bay, deren Boxen bis gegen 2 Uhr in der Nacht die Umgebung beschallen. Sehr beliebt ist die **Ya Ya Bar**. Super chillige Kneipen gibt es in Rai Leh East: **Gecko**, **Rockbar** und **Skunkbar**.

Zum Sonnenuntergang trifft man sich in der **Sunset Bar** am Rai Leh West.

Sonstiges

Am Ost- und Weststrand sowie an deren Verbindungsweg gibt es mittlerweile 3 teure Shops (Lebensmittel, Hausrat, Kleidung, Souvenirs), 2 Buchläden, einen Friseur, 3 Tauchschulen, 4 Kletterschulen, eine Batikschule, mehrere Bars und eine Wäscherei.

In Ton Sai gibt es neben vielen Coffee Huts bereits kleine Minimärkte, Tauchschulen, eine Kajak-Vermietung, Internet-Cafés und einen Geldautomaten.

Informationen

Im Web: 🖳 www.railay.com.

Kajaks

Sie werden am Rai Leh West für 250 Baht pro halber Tag vermietet.

Klettern

Rai Leh hat sich zu einem Paradies für Kletterer entwickelt. 650 Routen sind beschrieben, ständig werden neue gebohrt und gesichert. Das *Phra Nang Rock Climbers Route Guide Book* kostet 500 Baht. Bis auf einige verrostete Haken (nicht in Modetouren) kommt man ohne zusätzliche Klemmkeile, Frieds usw. gut aus. Aber es ist ratsam, ein langes Seil (60–70 m Einfachseil) mitzunehmen. Derzeit werden die Routen mit sehr teurem Titanium versehen.

Die Kletterkurse sind bei allen Schulen sehr populär.

Achtung: Es muss wegen mehrerer schwerer Unfälle darauf hingewiesen werden, dass Klet-

Rai Leh ist mit über 650 Routen Traumdestination für Kletterfreaks! Klettern outdoor mit Blick über den Ozean. Viele Kletterschulen buhlen hier um die Gunst der Touristen (derzeit ca. 10). Was Niveau und Ausrüstung anbelangt, scheinen sie sich nicht allzu sehr zu unterscheiden, auch die Preise und Angebote sind ähnlich. Wir haben einen Dreitagekurs bei Kingclimbers gemacht. Das Personal hier ist durchweg freundlich und gut ausgebildet, was nicht heißt, dass das bei anderen Anbietern anders ist. Einziges Manko: Die Kletterschuhe sind teilweise schon sehr abge-

nutzt. Ein Dreitagekurs beinhaltet: Lernen in Kleingruppen (max. 4 Personen; eher 2), Bereitstellung des Equipment, kostenloser Transport vom / zum Hotel im Bereich Krabi. Auch Lunch und Wasser sind inklusive. Am Schluss gibt's noch ein Zertifikat, eine kleine Broschüre und ein T-Shirt oder eine Hose o. Ä. Der erste Tag ist dem Toproping gewidmet, am 2. lernt man den Vorstieg (Leadclimb) und am 3. Multi-pitch-climbing. Zwischen dem 2. und 3. Tag ist ein Tag Pause, der auch wirklich nicht schadet. (Hardy Hüttemann).

tern nicht ungefährlich ist. Eine gute körperliche Verfassung und ein klarer Kopf sind Grundvoraussetzungen.

King Climbers, ☎ 075-662581, 🖳 www.railay. com; hinter dem Ya Ya Restaurant, die erfahrenste Kletterschule in Rai Leh, mit der alles begann. Kurse inkl. Ausrüstung (1/2 Tag für 800 Baht, 1 Tag für 1500 Baht, 3 Tage für 5000 Baht). Büro in Ao Nang, ☎ 075-637125. Bei Buchung übers Internet (der genaue Termin bleibt dabei flexibel und kann telefonisch vor Ort vereinbart werden) wird's billiger (4000 Baht). Bei den Kletterschulen finden Kletterer die Guides King, Ting, Tex und viele Kollegen, die Klettertouren und 1- bis 7-tägige Kurse inkl. Ausrüstung anbieten. Komplette Ausrüstung ist auch zu mieten. Die Mannschaft von King Climbers und Hard Climber hat einen Kurs in Bergrettung absolviert und verfügt über entsprechendes Gerät.

Fahrten zum Klettern auf der südlich gelegenen Insel Laoliang, wo komfortable Zelte am Strand stehen, kosten ab 8000 Baht für 3 Tage/ 2 Nächte.

Reisezeit

Die Regenzeit von Mai–Okt fällt hier meist sehr schwach aus, da die Wolken oft nur am Morgen oder Nachmittag ein paar Stunden abregnen, ansonsten ins Hinterland weiterziehen. Daher ist i.b. fürs Klettern das ganze Jahr Saison.

Tauchen

3 Tauchschulen bieten lohnenswerte Ausflüge mit 2 Tauchgängen, auch Wracktauchen. In den nahe gelegenen Tauchgebieten ist eine Sicht von 7–10 m normal, 16–18 m ist schon maximal. Manche Tauchschulen gehen mit Longtail-Booten auf Tauchtrip, was wesentlich unangenehmer ist als ein großes Boot. Nachfragen! Die Saison dauert von Nov–April.

Phra Nang Divers, ☎ 081-2284544, Shop beim Rai Lay Village, 4-tägiger PADI-Kurs zum Open Water Diver; Tauch-Safaris zu den Similan Islands und Hin Daeng / Hin Muang.

Baby Shark Divers, ☎ 075-621230, am Weg zwischen Rai Leh Ost und West, lockere 7-tägige Open Water Diver-Kurse mit 1–4 Schülern.

Krabi Divers (PADI) im View Point Resort.

Telefon

Auslandsgespräche (nach Europa für 310 Baht je 3 Min.) beim Rai Lay Village, beim Sand Sea (🕐 7–22 Uhr) und beim View Point. Wer die hiesigen Mobiltelefone anruft, sollte etwas Geduld mitbringen.

Touren

Ganztägige Bootsausflüge zu den vorgelagerten Inseln mit Schnorchelstopps (Boot für 600–800 Baht / Tag) sowie zur Phang Nga Bay werden überall angeboten.

Boot ab KRABI in 50 Min. für 70 Baht p. P.
(ab 6 Pers.) oder in der Saison ab AO NANG
in 20 Min. für 60 Baht (ab 4 Pers.). Letzte Rückfahrt um 17.30 Uhr. Danach werden die Preise
happig.
Von Okt bis März landen die Boote je nach
Wind und Wellen an allen Stränden. Am
Rai Leh East Beach landen die Boote von
April bis Sep und bei starkem Wind, dann ist
nach dem Aussteigen eine Wattwanderung
inklusive.
Nach KO PHI PHI mit der *Ao Nang Princess* tgl.
um 9.15 Uhr für 450 Baht einfach (ab Rai Leh
West), als Pauschaltour für ca. 900 Baht. Zurück
um 15.30 Uhr.
Nach PHUKET mit der *Ao Nang Princess* tgl. um
15.20 Uhr für 550 Baht. Zurück um 8.30 Uhr.
Am Ton Sai Beach ist bei Ankunft mit dem Boot
eine Wanderung mit dem Gepäck durch Schlick
und über schlüpfrige Steine zu absolvieren –
wirklich kein Spaß.

Pai Plong Beach

Rechts Felsen, links Felsen, hinten Felsen und
darin eingebettet eine niedliche Bucht mit blau-
em, klarem Meer, weißem Sandstrand, Palmen-
gürtel und Dschungel – das war der wunderschöne Pai Plong Beach.

In dieser traumhaften Bucht wollte eine Hotel-
kette ein Luxushotel bauen und dafür einen Tunnel durch die Felsen sprengen. Per Gerichtsbeschluss wurde das Projekt gestoppt, und die
Baumaschinen wurden entfernt. Der Strand hatte seinen Frieden zurück – ein herrliches Ausflugsziel für jedermann! Ein paar Jahre lang...
denn nun wird doch gebaut, das Central Krabi
Bay Resort. Es sieht nach mehr als 10 Gebäuden
mit bis zu 4 Stockwerken aus. Nur eine Palmen-
reihe durfte zwischen Häusern und Strand stehen bleiben.

Ao Nang Beach

18 km westlich von Krabi liegt der Ao Nang
Beach, der über eine gute touristische Infrastruktur verfügt. Die Stadt Ao Nang erstreckt
sich von der Häuserzeile entlang der Strandstraße mit ihren Resorts, Läden, Restaurants und
Bars bis weit ins Hinterland. Ao Nang ist heute
ein internationales Pauschalreiseziel, das den
Hauptstränden auf der Insel Phuket nur noch
wenig nachsteht – hier herrscht so richtig Mas-
sentourismus-Trubel.

An beiden Seiten und im Hinterland wird der
1300 m lange Strand von üppig bewachsenen Felsen begrenzt, die zum Nationalpark gehören. Feiner, heller Sand bildet den relativ festen Strand,
der zunehmend verdreckt. Bei Ebbe sieht er nicht
gerade einladend aus, zum Schwimmen muss
man weit hinauswaten. Sowohl Touristen als auch
Gruppen von Thais nutzen ihn zum Joggen, Sonnenbaden und Spazierengehen – den MP3-Play-
er oder Ohropax in den Ohren. Das nördliche Ende
des Strandes ist mit Felsplatten durchsetzt. Am
weniger entwickelten südlichen Ende kann man
viele Muscheln finden und auf einem Plankensteg
um das Kap herum zum Pai Plong Beach weiter-
gehen oder bei Ebbe hin waten. Während des
Monsuns muss mit starken Strömungen gerechnet werden – durchaus nicht ungefährlich.

Viel zu viele Longtail-Boote veranstalten einen Heidenlärm am Strand. Auch der Verkehr auf
der viel befahrenen Straße trägt zum hohen
Lärmpegel bei, der in dieser Touristenstadt niemals abzuebben scheint und Neuankömmlinge
schockiert.

Um Erholung vom Lärm zu finden, flüchten
viele mit einem lauten Longtail-Boot zu den vorgelagerten Inseln und Korallenriffen, wo wiederum ein Boot nach dem andern herandonnert
und dabei noch die Schnorchler gefährdet, die
ständig Ausschau nach Rasern halten müssen.
Es gibt kein Entrinnen.

Das Schönste am Ao Nang Beach ist der
herrliche Ausblick auf die pittoresken Felsen der
Ko Boda-Inselgruppe. Er macht Lust auf Ausflüge in die Karstkegellandschaft von Krabi. Dazu
muss man aber nicht unbedingt am Strand von
Ao Nang wohnen.

Krabi, Ko Lanta und die südliche Andamanenküste

In der 5-Sterne-Straße:

Blue Village	①	✆ 075-637887	❺
Krabi Emerald Gar.	②	✆ 075-637692	❻–❼
Pavil. Queen's B. H.	③	✆ 075-637611	❽
Baan Bandalay L.	④	✆ 075-695032	❺
Ao Nang Terrace	⑤	✆ 075-638091	❸–❹
Good View Hotel	⑥	✆ 075-637310	❹
Samet Garden Bungalows	⑦	✆ 075-695032	❸–❹
Krabi La Playa R.	⑧	✆ 075-637015-20	❽
Baan Pimphaka Bung.	⑨	✆ 075-637310	❹
Best West. Ao Nang Bay R. & Spa	⑩	✆ 075-695051	❻–❼
Krabi Thai Village R.	⑪	✆ 075-637710	❽
Ao Nang Thara L.	⑫	✆ 075-637088	❹
Alis Hotel & Spa	⑬	✆ 075-638000	❼
Pakasai Resort	⑭	✆ 075-637637	❼–❽

Entlang der Strandstraße:

Krabi Resort	⑮	✆ 075-637030-3	❼–❽
Beach Terrace	⑯	✆ 075-637180	❻–❽
Ban Lay Bungalow	⑰	✆ 075-637108	❹
Ao Nang Sunset R.	⑱	✆ 075-637441	❺
Best West. Ban Ao Nang	⑲	✆ 075-637072	❺–❻
Andaman Sunset R.	⑳	✆ 075-637484	❹–❺
Ao Nang Beach R.	㉑	✆ 075-637766	❹–❻
Southland House	㉒	✆ 075-637316	❹–❺
Ao Nang Sea Front Thai Resort	㉓	✆ 075-637591	❺
Aonang Prince V. R.	㉔	✆ 075-637971	❻–❼
Phra Nang Inn	㉕	✆ 075-637130-3	❻–❽
Ao Nang Villa	㉖	✆ 075-637271	❼–❽
Golden Beach R.	㉗	✆ 075-637870	❼–❽

Kleinhotels und Gästehäuser:

Phuphranang R.	㉘	✆ 075-695370	❸, AC ❹
P.K. Mansion	㉙	✆ 075-637431	❸–❹
Seaworld	㉙	✆ 075-637388	❸–❺
Ao Nang Inn	㉙	✆ 075-637607	❸
Jinda Gh.	㉙	✆ 075-637524	❸, AC ❹
Bream Gh.	㉙	✆ 075-637555	❸

An der Zufahrtsstraße:

Tipa Resort	㉚	✆ 075-637527	❻–❼
Ao Nang Palace	㉛	✆ 075-637542	❹–❺
J. Hotel	㉜	✆ 075-637878	❹
B.B. Bungalow	㉝	✆ 075-637542	❸–❺
Ao Nang Tropical R.	㉞	✆ 075-638208	neu
Amon Mansion	㉟	✆ 075-637695	❷–❹
Green Park Bung.	㊱	✆ 075-637300	❸
Ao Nang Orchid	㊲	✆ 075-637116	neu
Peace Laguna R.	㊳	✆ 075-637345-6	❺–❻
Krabi Heritage Hotel	㊴	✆ 075-695261	❺–❻
The Verandah	㊵	✆ 075-637744	❹–❺
Somkiet Buri	㊶	✆ 075-637990	❻–❼
Mountain View	㊶	✆ 075-622610	❸–❹
Nong Eed	㊸	✆ 075-637327	❸–❺
Dream Garden H.	㊹	✆ 075-637338	❹
Ao Nang Grand Inn	㊺	✆ 075-637444	❸–❺
Ao Nang Village	㊻	✆ 075-637544	❹, AC ❺
Cowboy Inn	㊼	✆ 075-637126	❹
Ao Nang Paradise R.	㊽	✆ 075-637650	❺
Dream Valley Bung.	㊾	✆ 075-622583	❸–❹
Seagull Hut	㊿	✆ 075-637456	❷–❹
Lai Thai Resort	(51)	✆ 075-637281	❺–❻
Vogue Pranang Bay R. & Spa	(52)	✆ 075-637635	❻–❼
Ao Nang Presid. H.	(53)	✆ 075-695563	❺
Sabai Mansion	(54)	✆ 075-637643	❹–❺
K.L. House	(55)	✆ 075-695537	❺
Hillside Village	(56)	✆ 075-637604	❸–❹
Phranang Pl. B & B	(57)	✆ 075-695537	❺
Aonang Ban Geo	(58)	✆ 075-638121	❹, AC ❺
Palm Hill Resort	(59)	✆ 075-637207	❺
Trop. Herb. Spa & R.	(60)	✆ 075-637867	❻
Ao Nang Mountain Paradise	(61)	✆ 075-637659	❹
Garden Home R.	(62)	✆ 075-637586	❸–❹
The Cliff Ao Nang R..	(63)	✆ 075-638117	❼
Villa Tropicale	(64)	✆ 075-637737	❺
Chaba Garden Bung.	(65)	✆ 086-7468673	❸
Friendly Bungalows	(66)	✆ 086-7402106	❹
Green View Village	(67)	✆ 075-637481	❸–❺
Green Valley	(68)	✆ 075-637021	❷
Leela Valley	(69)	✆ 075-637673	❸

Im Hinterland:

Na-Thai Resort	(70)	✆ 075-637752	❺

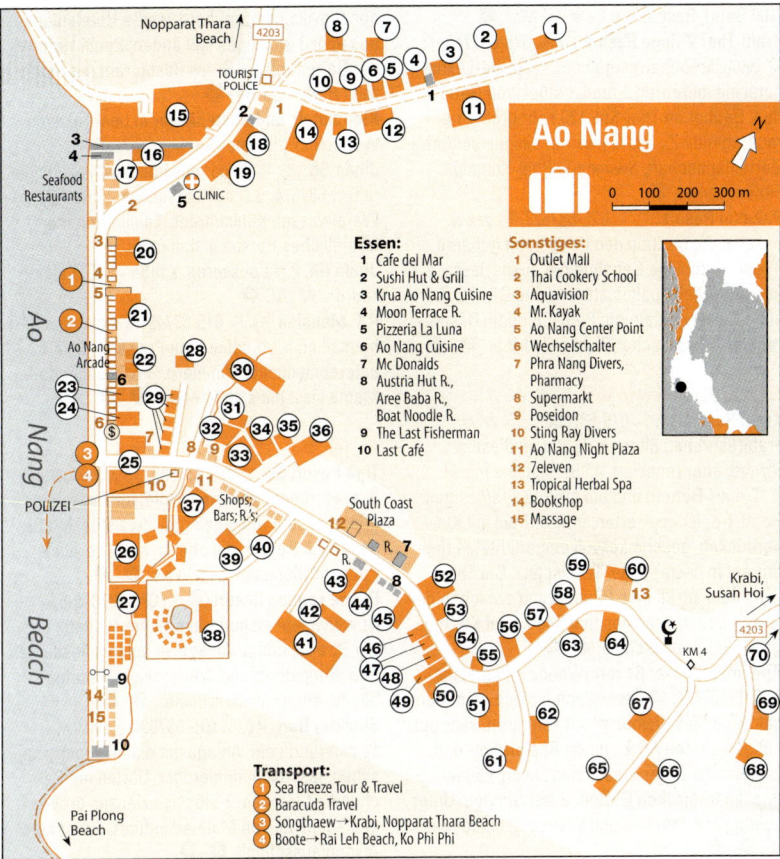

Ao Nang

0 100 200 300 m

Essen:
1 Cafe del Mar
2 Sushi Hut & Grill
3 Krua Ao Nang Cuisine
4 Moon Terrace R.
5 Pizzeria La Luna
6 Ao Nang Cuisine
7 Mc Donalds
8 Austria Hut R.,
  Aree Baba R.,
  Boat Noodle R.
9 The Last Fisherman
10 Last Café

Sonstiges:
1 Outlet Mall
2 Thai Cookery School
3 Aquavision
4 Mr. Kayak
5 Ao Nang Center Point
6 Wechselschalter
7 Phra Nang Divers,
  Pharmacy
8 Supermarkt
9 Poseidon
10 Sting Ray Divers
11 Ao Nang Night Plaza
12 7eleven
13 Tropical Herbal Spa
14 Bookshop
15 Massage

Transport:
1 Sea Breeze Tour & Travel
2 Baracuda Travel
3 Songthaew→Krabi, Nopparat Thara Beach
4 Boote→Rai Leh Beach, Ko Phi Phi

Nopparat Thara Beach 4203
TOURIST POLICE
Seafood Restaurants
CLINIC
Ao Nang Arcade
POLIZEI
Ao Nang Beach
Pai Plong Beach
Shops; Bars; R.'s;
South Coast Plaza
Krabi, Susan Hoi
KM 4
4203

Übernachtung

Alle billigeren Bungalowsiedlungen werden kontinuierlich durch Hotels ersetzt, die von Pauschalurlaubern aus aller Welt gebucht werden. Weiter vom Strand weg wurden mehrere schöne, von Familien geführte Bungalowanlagen für preisbewusste, ruhesuchende Individualreisende gebaut. In vielen Apartments werden AC-Zimmer ab 800 Baht vermietet.

In der **Hochsaison** sind alle Anlagen schnell belegt. Dann werden die Zimmerpreise stündlich der Nachfrage angepasst, bei den gleichen Leistungen. Reservierungen werden oft nicht angenommen und Anfragen nicht beantwortet. In der **Nebensaison** von Ende April bis Anfang Okt sind viele Anlagen, kleine Restaurants und Läden geschlossen, die Strandstraße wirkt manchmal verödet.

Unsere Leser empfehlen nur noch wenige Unterkünfte, die wir genauer beschreiben.

In der 5-Sterne-Straße

Baan Bandalay Lodge ④, ☎ 075-695032, 🖥 www.baanbandalay.com, AC-Zimmer, Poolbenutzung im Krabi Thai Village gegenüber

(100 Baht), Restaurant Cafe del Mar. ❺

Krabi Thai Village Resort ⑪, ☎ 075-637710, 🖥 www.krabithaivillage.com, 4-Sterne-Luxushotel mit mehreren 2- und 3-stöckigen Gebäuden, Dächer im Thai-Stil, 120 sehr große, herausragende Zi, übers Internet billiger, schöne Gartenlandschaft, Swimming Pool-Komplex, Fitnesscenter. ❽

Pakasai Resort ⑭, ☎ 075-637637, 🖥 www.pakasai.com; schön den Hang hoch gebaute 3- und 4-stöckige Gebäude der Luxusklasse, z. T. mit guter Sicht, palmblattgedeckte Dächer, herrliche Gartengestaltung; Pool über dem Restaurant mit fantastischer Sicht aufs Meer. ❼–❽

Entlang der Strandstraße

Krabi Resort ⑮, ☎ 075-637030-3, 🖥 www.krabiresort.net; ältestes Resort an diesem Strand, aber renoviert. 45 Bungalows mit AC (z. T. mit 4 Betten) und ein großes, 2-stöckiges Hotel, tropischer Garten, großer Pool mit Kinderbecken, geschmackvoll eingerichtetes Restaurant in bester Lage, Tennisplatz. Bei Ebbe kann man am kleinen Privatstrand zwischen den Felsen baden. Transfer zum Resort auf Ko Boda (s. S. 624). Tauchschule. ❼–❽

Andaman Sunset Resort (Wanna's Place) ⑳, ☎ 075-637484, 🖥 www.wannasplace.com; Bungalows sowie Kleinhotel mit sauberen, sehr gut ausgestatteten AC-Zi, hinter Restaurant- und Ladenkette. Gutes westliches Essen, kleiner Pool im tropischen Garten. Guter Service. Unter Leitung von Stephan und Wanna Scheidegger. AC ❹–❺

Ao Nang Sea Front Thai Resort ㉓, ☎ 075-637591, 🖥 www.aonang-thairesort.com; gepflegte First-Class-Anlage mit Thai-Touch, üppig grüner Garten hinter Läden und Restaurants, 22 gediegene Zi, Pool; freundlicher Service. ❼ Gästehaus mit 10 Zi nebenan. ❺

Aonang Prince Ville Resort ㉔, ☎ 075-637971, 🖥 www.aonangprinceville.com; 32 Komfortzimmer, von hinten an die Ladenzeile angebaut. Schöner Pool. ❻–❼

Phra Nang Inn ㉕, ☎ 075-637130-3, 🖥 www.prananginn.com; auf beiden Straßenseiten, renoviertes, lautes, 2-stöckiges Hotel für Pauschaltouristen. ❻–❽

Ao Nang Villa ㉖, ☎ 075-637271, 🖥 www.aonangvilla.com; saubere, weiße Hotelanlage aus acht 3-stöckigen Gebäuden; Pool in schöner Gartenanlage. Gutes Restaurant mit *Seafood Barbecue*. ❼–❽

Kleinhotels und Gästehäuser in unattraktiven Wohnblocks in einer Sackgasse, z. B.:

Jinda Gh. ㉙, ✉ jinda_guesthouse@yahoo.com, ☎ 075-637524, 9 Zi auf 4 Etagen, z. T. mit AC, Warmwasser, Kühlschrank, Familienzimmer; freundliches Personal; dahinter

Jinda Gh. 2 mit besseren, sauberen Zi. Kajak-Touren. ❸, AC ❹

P.K. Mansion ㉙, ☎ 075-637431, ✉ pkmansion@hotmail.com, verschiedene Preise in 12 sehr unterschiedlichen Zimmern. Die freundliche Mama lässt mit sich handeln. ❸–❹

An der Straße Richtung Osten

Tipa Resort ㉚, ☎ 075-637527, 🖥 www.krabitiparesort.com; sauberes Hotel für Pauschalurlauber, sehr ruhig gelegen. Zweistöckige Gebäude mit Balkon, die oberen mit Meerblick, Pool; Holzbungalows im Wald. ❻–❼

Peace Laguna Resort ㊳, ☎ 075-637345-6, 🖥 www.peacelagunaresort.com; weitab von der Straße, ruhige Anlage an einem künstlichen See, Bungalows und dreistöckiges Hotelgebäude, auch Familienzimmer. ❺–❻

Somkiet Buri ㊶, ☎ 075-637990, 🖥 www.somkietburi.com, Anlage mit einem üppig-tropischen, fast dschungelartigen Garten mit Bächen und Teichen, 2-stöckige Häuser, große, gediegene Zi. Von Malaien geführt, daher kein Alkoholausschank. ❻–❼

Lai Thai Resort ㊱, ☎ 075-637281, 🖥 www.laithai-resort.com; ca. 1,5 km vom Strand, 20 eng aufeinanderstehende First Class-Bungalows, geschmackvoll ausgestattet, um großen Swimming Pool gruppiert, unter Leitung des engagierten Besitzers Robert Reynolds und seiner freundlichen Frau. ❺–❻

Garden Home Resort ㊷, ☎ 075-637586, nette Bungalows mit Fan oder AC, Felsenblick, im Halbkreis inmitten von viel Grün angelegt. Große, geschmackvoll eingerichtete Zi, 15 Min. vom Strand entfernt. Gutes Preis-Leistungs-Verhältnis. ❸, AC ❸–❹

Ao Nang Mountain Paradise ㊶, ☎ 075-637659, 16 schöne, komfortable Steinbungalows am

Ao Nang Beach – bei Groß und Klein beliebt

Fuße der Felsen, Pool und Ruhehütten. ❹
The Cliff Ao Nang Resort ⑥⑤, ✆ 075-638117,
🖳 www.k-bi.com, sehr gekonnt auf Nostalgie
getrimmtes Boutique-Resort. ❼
Palm Hill Resort ⑤⑨, ✆ 075-637207, 15 verschiedenartige, sehr saubere Bungalows in 2 Reihen
den Hang hinauf, winziger Pool, kostenlose
Fahrräder. ❺
Tropical Herbal Spa & Resort ⑥⓪, ✆ 075-637940,
luxuriöse Villas am Hang, Spa-Anwendungen
gegen Gebühr. ❻, Suiten ❽
Green View Village ⑥⑦, ✆ 075-637481, gut aus-
gestattete, verschiedenartige Bungalows mit
Fan oder AC, um einen kleinen Teich gruppiert in
großem, schattenlosem Garten in ruhigem Sei-
tental. Großes Restaurant. ❸–❹, AC ❹–❺
Friendly Bungalows ⑥⑥, ✆ 086-7402106, ruhige
Anlage im Palmengarten unter dem Phu Khao-
Felsen, 11 solide, saubere, schön möblierte
Bungalows. Sehr freundliche Leute. ❹
Chaba Garden Bungalows ⑥⑤, ✆ 086-7468673,
schöne Anlage unter dem Felsen, 9 große Fan-
Bungalows mit Terrasse, Restaurant. Freund-
liche Leute. ❸

Im Hinterland

Na-Thai Resort ⑦⓪, ✆ 075-637752, 🖳 www.
na-thai.com; familiäre Bungalowanlage,
komfortable AC-Bungalows und 1 Familienbungalow; Restaurant mit Bar, Internet, Pool;
Mopedverleih. Engagierte Thai-deutsche Leitung. ❺

Essen und Unterhaltung

Fast alle Hotel- und Bungalowanlagen verfügen
über ein eigenes Restaurant. Entlang den Stra-
ßen gibt es eine Unmenge an Restaurants, die
sich gegenseitig das Geschäft wegnehmen.
In Strandnähe ist das Essen teurer als an der
Zufahrtsstraße. In der Nebensaison sind viele
Restaurants geschlossen.
Straßenstände mit leckeren Gerichten ab
30 Baht machen ab 16.30 Uhr auf. Einfache
Snacks bereiten die Essenstände in der Nähe
des Bus Stops. Früchte kosten am Strand
20–30 Baht.
Auf dem Weg zum Krabi Resort bieten **Seafood
Restaurants** von ihren Terrassen den schönsten

Blick auf Meer, Felsen und Fischerboote. Das Essen gehört allerdings kaum zum Besten. Ausnahme: **Krua Ao Nang Cuisine**, neuer Besitzer, aber weiterhin supergute Küche zu fairen Preisen.

Wanna's Place bietet Käseplatte mit Import-Käse, gute Thai- und internationale Küche, beste Shakes und Bier vom Fass.

Spa Restaurant serviert exzellentes, gesundes Essen und exotische Kräutertees in gediegenem Ambiente bei Meditationsmusik.

Ao Nang Cuisine, schon seit vielen Jahren an der Strandstraße, überzeugt mit einer ausufernden Speisekarte und guten Preisen, das Personal wirkt jedoch gelangweilt.

Diver's Inn, schräg gegenüber von McDonald's, gutes, seit Jahren etabliertes deutsch-thailändisches Restaurant, serviert ausdrücklich frisches Seafood auf Vorbestellung, aber kein Haifleisch. Geleitet von Jürgen Weber.

Aree Baba, nebenan, bereitet gutes, billiges Essen zu.

Im **Boat Noodle Restaurant** werden Deep fried small Fish, Phat Thai und Currys auf typische Thai-Art zubereitet.

Tanta's Restaurant gegenüber dem Phra Nang Inn, unter skandinavischer Leitung. Das umfangreiche und preiswerte Angebot der Speisekarte ist beliebt.

Full Moon House Restaurant bietet preiswertes Essen, eine ansprechende Hintergrundmusik und nette Dekoration.

The Last Fisherman, hinter der Schranke, romantische Strandbar in einer offenen Bambushütte.

The Last Café, ✆ 075-637053, am südlichen Ende des Strandes, hier sitzt man tagsüber schön und ruhig unter Bäumen, besonders beliebt fürs Frühstück. Teng serviert auch Whole Wheat Bread und eigene Kuchen. ☉ 8–20 Uhr.

Gift's Bakery & Café, ✆ 075-637193, am östlichen Ortsrand von Ban Ao Nang, 3 km vom Strand. Im zeitweise klimatisierten Café bietet Mrs. Gift selbstgebackene Kuchen, Vollkornbrot, knusprige Croissants, leckere Sandwiches sowie Kräutertees und Kaffee an; Zeitungen und Zeitschriften liegen aus.

Mit Discos und Girlie Bars lässt sich in Ao Nang nicht viel Geld machen, sie kommen und gehen.

Boote

Fast 200 Longtail-Boote warten am Strand auf Kundschaft, ein Charterboot nach Ko Hong kostet 1500 Baht, eine Halbtagstour 900 Baht; wenig Verhandlungsspielraum.

Elefantenreiten

Wird für 1 Std. (750 Baht) oder einen halben Tag (1650 Baht) angeboten. Reiten im Schatten ist ratsam. Buchung über alle Reisebüros.

Kanus

Die guten Kanuveranstalter bemühen sich, auch etwas für den Erhalt der Flora und Fauna in den Mangroven zu tun. Bei Billiganbietern mit zu niedrigen Preisen verkommt die Erlebnistour zu einer einfachen Paddeltour. An trockene Kleidung für die Rückfahrt denken.

Mr. Kayak Thailand, ✆ 075-637165, bietet Ausfahrten für Seekanus an, z. B. 1 Tag Hong Island Trip mit Schnorcheln ab 1500 Baht p. P., 1/2 Tag Canyon-Tour bei Ao Tha Len ab 1200 Baht p. P.

Krabi Sea Cave, ✆ 075-637461, veranstaltet eine eindrucksvolle Paddeltour bei den Meereshöhlen und Mangrovenwäldern nahe Ao Luk.

Kochkurse

Mr. Gift und seine Frau Jam bieten im wunderschönen **Green Earth Botanical Garden,** 7 km nördlich von Ao Nang, Kochkurse ab 2 Pers. ab 1300 Baht an. Einkaufen im Markt und Besichtigung des Kräutergartens gehören inkl. Anmeldung in Gift's Bakery & Kitchen, ✆ 075-637193.

Radtouren

Mountainbikes können bei **Barracudas Tour**, ✆ 075-637092, geliehen werden.

Fahrräder vermieten einige Gästehäuser, z. T. kostenlos.

Green Earth Mountain Bike Tours bietet 3 Tagestouren. Hier geht es nicht nur um Sport und Naturerlebnis, man soll auch etwas lernen über Ökologie, Farmtechniken, Flora und Fauna, Mangroven und Dschungel. Information und Anmeldung in Gift's Bakery & Café, ✆ 075-637193.

Krabi, Ko Lanta und die südliche Andamanenküste

Ao Nang gilt als hervorragender Ausgangspunkt für Touren und Bootstrips. Alle Reisebüros und Resorts vermitteln die gleichen Touren, die Preise variieren jedoch stark. Deshalb vergleichen und nach einem Rabatt fragen. Bei den Tagestouren ist ein einfaches Mittagessen, viel zu wenig Trinkwasser, bei den Inseltouren auch Schnorchel und Maske (besser eine eigene mitbringen) enthalten, beim Schnorcheln auf Raser achten. Mit dem Schnellboot kosten die Touren weit über 1000 Baht.

4-Island-Tour, ab 450 Baht, mit dem Longtail-Boot zum Schnorcheln nach Chicken Island (viele Fische, kaum Korallen, manchmal zu viel Plankton, Liegestühle und Sonnenschirme), Ko Boda (schöne, jedoch überlaufene Strände) und zum Phra Nang Beach.

5-Island-Tour, ab 550 Baht (Speedboot 1400–1600 Baht), Richtung Norden nach Ko Daeng (schönstes Schnorcheln, viele Anemonen und Anemonenfische), Ko Hong (herrliche Durchfahrt zur Lagune) und Ko Bileh (auch Pelay, toller Strand, aber viel Müll).

Phang Nga Bay (s. S. 461), 750–900 Baht.

Ko Phi Phi Don (s. S. 582), Bootsfahrt zur und um die Insel, ca. 720 Baht.

Schnorcheln
Am besten an den südlichen Felsen des Pai Plong Beach, es gibt einige Korallen.

Segeltouren
Die 1996 nach internationalen Sicherheitsstandards gebaute, 25 m lange Dschunke *Dauw Talae 2* von Raimund Fehrmann und Duang unternimmt von Nov bis April ab Ao Nang 6-tägige Kreuzfahrten von und nach Phuket. Sie bietet reichlich Platz für 16 Gäste (2 *Honeymoon Suites*), besitzt einen offenen Achtersalon und Liegen auf dem Sonnendeck. Weitere Infos bei **Lazy Tours** unter ☎ 081-4761656, 🖥 www.lazytours.com.

Tauchen
Etwa 15 Tauchziele sind in 20–60 Min. per Boot zu erreichen. Erfahrene Taucher können eine 50 m lange Höhle in 20 m Tiefe erkunden. Die Sicht in den Tauchgebieten wechselt je nach Wasserstand und Strömung täglich, selten übertrifft sie 12 m. Die Tauchschulen haben ganzjährig geöffnet und bieten von Mai–Sep Tagesausflüge mit dem Longtail-Boot ab 1400 Baht an. Die Adressen der Tauchschulen ändern sich häufig. Anbieter sind derzeit z. B.:

Aqua Vision, ☎/📠 075-637415, 🖥 www.aquavision.net; unter deutsch-Schweizer Leitung, Tagestouren per Speedboot, u. a. nach Hin Daeng und Hin Muang für 5300 Baht (2 Tauchgänge), Kindertauchen für Kinder von 8–9 Jahren 1900 Baht.

Coral Diving, ☎ 075-637662, 🖥 www.coral-diving.com, PADI 5 Sterne-Tauchschule, Tauch- und Schnorcheltouren, SSS-Mitglied.

Poseidon Dive Center, ☎ 075-637263, 🖥 www.poseidon-diving.com/11.html, PADI-Tauchschule mit gutem, mehrsprachigem Personal, das die Gegend seit Jahren kennt, sehr guter Service, deutsche Leitung.

Stingray Divers, 🖥 www.stingray-divers.de, ☎ 075-637493, Ausbildung in klimatisiertem Klassenzimmer, Tagesfahrten zum Shark Point, Anemonenriff und nach Phi Phi; deutsche Leitung.

Trekking
Auf eigene Faust und mit Camping ist am Honak Mountain hinter dem Klong Muang Beach möglich. Zuvor unbedingt Informationen sammeln, z. B. bei Coconut Bungalow, und besser einen Guide anheuern.

Einkaufen
Klamottenläden, Schneider, Souvenir Shops, Supermärkte (Preisunterschiede von 50 %!) und Fotoläden gibt es zuhauf, sogar einen Silber- und Edelsteinladen.

Geld
Viele Automaten und Wechselschalter, gleiche Kurse wie in Krabi, ⏱ in der Saison tgl. 10–20 Uhr.

Krabi, Ko Lanta und die südliche Andamanenküste

Informationen

Aktuelle Infos über Ao Nang unter 🖥 www.
webtravelaonang.net. Ein gutes Forum auf
Deutsch mit kompetenter Betreuung ist
🖥 www.aonang.de/forum.

Internet

An vielen Stellen für 1 Baht/Min.

Medizinische Hilfe

Ao-Nang Clinic (Ruampat Hospital), ✆ 075-
637840, im Notfall ✆ 611223, kleine Arztpraxis an
der Straße vor dem Ban Ao Nang Hotel, Ärztin
ist nachmittags in der Saison anwesend, eine
Krankenschwester ist von 9–18 Uhr anwesend
und ruft die Ärztin bei Notfällen.

Motorräder

Motorräder werden an vielen Stellen angeboten, 250 Baht für eine neue 100er Honda, 180–
200 Baht für eine alte. Hier werden auch **Autos**
für 1200 Baht vermittelt.

Saison

Beginnt pünktlich am 1. November mit laufend
steigenden Hochsaisonpreisen. In der Nebensaison ab 16. April sind einige Restaurants und
Resorts geschlossen, viele Ausflüge fallen ins
Wasser, daher nicht vorher bezahlen. Zur Reisezeit s. S. 594.

Tourist Police

Am nördlichen Ende an der Abzweigung der
Five-Star Street.

Wellness

Neben der Moschee liegt das **Tropical Herbal
Spa**, ✆ 075-637867, 🖥 www.spakrabi.com, in
einen wunderschön angelegten tropischen Gar-
ten eingebettet, mit Kräuterdampfbad, Pool,
Jacuzzi und Massagepavillons. Bei meditativer
Musik und melodischem Froschgesang kann
man wunderbar entspannen. Wer sich etwas
Besonderes gönnen will, sollte vor dem Preis
nicht zurückschrecken. Gutes Restaurant.
Massagehütten am südlichen Ende des Stran-
des, Thai-Massage ab 200 Baht, Maniküre,
Pediküre, Fußmassage, Zöpfchenflechten etc.
Auch alle anderen Masseusen, die in Häusern

oder am Strand ihre Dienste anbieten, gelten als
seriös.

Transport

Pickups

Pickups fahren ab KRABI von 7.30–18 Uhr alle
15–30 Min. für 30 Baht in ca. 30 Min., zurück
6.30–18 Uhr (über Nopparat Thara Beach, daher
50 Min.), bis zur Bus Station 40 Baht.
Gelbe Songthaews sind Taxis (Charter) und kosten mindestens 300 Baht.

Minibusse

Nach KHAO LAK (mit umsteigen) um 10.30 Uhr
für 300–350 Baht (ab P.K. Mansion).
Zum KRABI AIRPORT (30 Min.) Transfer per
Minibus 350–500 Baht.

Taxis

Nach KRABI 400 Baht, KO LANTA 2500 Baht,
PHUKET AIRPORT 2000 Baht, KHAO LAK 2000
Baht, KHAO SOK 2000 Baht, SATUN 3500 Baht.
Zum PHUKET AIRPORT wird Transfer per PKW
ab 1200 Baht angeboten (z. B. bei A.P. Travel),
Tickets für den direkten Bus ab Krabi verkauft
Barracudas Tour.

Boote

Zum PHRA NANG BEACH und zum RAI LEH
WEST verkehren in der Saison laufend an die
100 Longtail-Boote für 60 Baht (zurück bis spätestens 17.30 Uhr). Die 20-minütige, herrliche
Fahrt an den dramatischen Felsen entlang ist
laut, aber absolut zu empfehlen. Nach 19 Uhr
100 Baht, mind. 4 Pers.
Nach KO BODA für 200 Baht, nach CHICKEN
ISLAND 250 Baht, Rückkehr gegen 16.30 Uhr.
Ab dem **Nopparat Thara Pier** (Preise im Reisebüro mit Transfer ab Hotel zum Boot):
Nach KO PHI PHI fährt in der Saison tgl. um
9 Uhr ein Boot über Rai Leh für 450 Baht in
2 Std.; Rückfahrt um 15.30 Uhr.
Nach KO LANTA fährt in der Saison tgl. um
10.30 Uhr ein Boot über Rai Leh für 500 Baht in
2 1/4 Std.; Rückfahrt um 13.30 Uhr.
Zum Rasada-Pier in PHUKET mit dem AC-Boot
Ao Nang Princess tgl. um 15 Uhr in 2 Std. für
550 Baht. Buchung bei Ao Nang Travel & Tour,

075-637152, 🖥 www.aonangtravel.com. Von Phuket um 8.30 Uhr.

Flüge

Mit 4-sitzigen Wasserflugzeugen fliegt **Destination Air Shuttle**, 🖥 www.destinationair.com, 3x tgl. vom Airport Phuket nach Ao Nang, 1999 Baht p. P.

Nopparat Thara Beach

Der 4 km lange, zweigeteilte und extrem flache Strand erstreckt sich 1 km nördlich von Ao Nang. Der H4202 führt zunächst dicht am baumlosen Wattstrand entlang, 200–300 m im Landesinneren liegen einige preiswerte Bungalowanlagen. Am Ende der ersten, schlickigen Strandhälfte stehen einzelne Kasuarinen, die sich zu einem Hain verdichten. Einheimische Ausflügler picknicken unter den schattigen, hohen Nadelbäumen. Andere schlemmen in den Open-Air-Restaurants und an Essensständen, die vorwiegend Isan-Food servieren – Essen aus Nordost-Thailand. Bei Ebbe kann man trockenen Fußes zu den vorgelagerten Inseln laufen. Zahllose Seesterne, Schnecken und Einsiedlerkrebse liegen in den Prielen. Das Headquarter des Mu Ko Phi Phi National Parks ist keinen Besuch wert.

Jenseits des Klong Son Flusses liegen einige Bungalowanlagen sehr ruhig und friedlich am 2 km langen, breiten Sandstrand. Im hellen, pulvrigen Sand hausen vor allem im Oktober / November viele Sandfliegen, im Dezember / Januar weniger. Der Strand ist sehr flach und gut geeignet für Kinder, bei Ebbe ist schwimmen nur eingeschränkt möglich. Bis gegen Mittag spenden hohe Kasuarinen angenehmen Schatten, danach wird der Sand heiß, das Meer badewannenwarm. Die Sicht auf die vorgelagerten Inseln und Felsen ist traumhaft.

Vor dem Klong Son-Fluss

Aonang Buri Resort ⑪, 075-637499, 🖥 www.aonangburi.com, eng wirkende Anlage mit 70 gut ausgestatteten Zi mit Balkon und nettem Blick. Restaurant am Strand. AC ➏

Laughing Gecko ⑦, 075-695115, 081-2705028, 🖥 www.laughinggeckothailand.com; hier schlägt das Traveller-Herz höher: Eine Bungalowanlage vom alten Schlag, preiswert und gut. Die Kanadierin Patricia und Nui, der gut Deutsch spricht, mit ihren 2 kleinen Kindern verbreiten eine Atmosphäre, in der man sich einfach wohl fühlt. Alle Ausflugsmöglichkeiten Ao Nangs liegen vor der Haustür, und trotzdem ist man weg vom Trubel. Da bleibt man gern länger als geplant. Gemeinsames Abendessen (100–150 Baht). Schlafsaal, schöner, preiswerter Familienbungalow mit 2 Zi. (700 Baht). 200 m vom Meer. ➌

Chaya Resort ⑩, 🖥 www.chayaresort.com, 075-638154, Motel-ähnliche Anlage mit 10 gut ausgestatteten AC-Zi mit Blick auf den Hof. Sehr freundliches Personal. ➏

Blue Ba You Bungalow ⑩, 075-637558, an der Strandstraße, 16 Steinbungalows hinter der lauten Corner Bar. ➌, AC ➍

Cashew Nut ⑦, 075-637560, 20 preiswerte, nette Steinbungalows, einige Doppelbungalows mit Verbindungstür, Restaurant, bei einer moslemischen Familie. ➌, AC ➍

Sabai Resort ⑥, 🖥 www.sabairesort.com, 075-637791, weiße Bungalows mit blauen Dächern auf grünem Rasen, sauber, gut eingerichtet, Familienzimmer, Spielzimmer, Pool; hier hat Mauricio aus Italien seinen Traum verwirklicht. ➎, AC ➎–➏

Mind Bungalow ⑧, 075-638078, 300 m vom Strand, begrünte Anlage, 12 Bungalows aus Holz mit Fan oder AC, kleine Terrasse. Überteuert. ➎

Nopparat Village Resort ⑧, 075-695601, 25 renovierte, gut eingerichtete Einzelbungalows aus Stein mit Fan oder AC und Terrasse, netter Garten. Restaurant. ➍

Jinnie's Place ⑨, 075-695398, 🖥 www.geocities.com/jinniesaonangplace, gegenüber vom Box-Stadion, in einem exotischen Garten mit Cashew-Bäumen und vielen Vögeln, Bungalows aus Naturmaterialien, kleine Zi in authentischem Thai-Stil dekoriert, Jacuzzi im nach oben offenen

Bad, Pool mitten im Garten, freundliches Personal. Riesenbaustelle nebenan. ❹–❺

Restaurant Rakhangthong Cuisine am südlichen
Ende des Strandes wird gelobt für das aromati-
sche Essen und den guten Service.

The Egg Chaser, eine britisch-thailändische
Sportbar im Daeng Plaza, wird vor allem wegen
ihrer lustigen Besitzerin geschätzt.

Last Tsunami, bei den Essenständen vor dem
Fluss, schöne Auslage, Bassins mit lebenden
Garnelen; alles wird super zubereitet, selbst
rohe Austern auf Eis hat ein Leser ohne Probleme überlebt.

Jenseits des Klong Son-Flusses

Die 3 Bungalowanlagen liegen absolut ruhig
unter Palmen und Kasuarinen. Sie sind nur in
der Saison (Ende Okt bis April) geöffnet und
am bequemsten in Krabi bei den Reisebüros zu
buchen (z. T. mit freiem Transport).

Andaman Inn ⑤, ✆ 081-8932964, ✉ andaman_
inn@hotmail.com, sehr große, parkartige Bungalowanlage, 37 ziemlich heruntergekommene
Bungalows, z. T. ohne eigene Du/WC, im weiten
Halbkreis um das Restaurant angeordnet. Essenszwang bei nicht gerade billiger Kost, Video-
berieselung. Strom von 18–6 Uhr. Auf Fotos sieht
die Anlage traumhaft aus und wird als besonders preiswert gern von weit entfernten Reisebüros gebucht. Auch gewiefte Schlepper
bringen Touristen von überall her. Viele reisen
enttäuscht nach der ersten Nacht ab. ❷–❸

The Emerald ④, ✆ 075-623328, ✉ kumthont@
yahoo.com, weitläufige, veraltete Anlage direkt
daneben, 20 reparaturbedürftige Bungalows,
große Terrasse mit schöner Sicht, außerdem
20 einfache, heruntergekommene Bambushütten dahinter, Strandduschen, Restaurant mit gehobenen Preisen, Bar. ❹, AC ❺

P.A.N. Bungalow ③, ✆ 075-612555, letzte Anlage am Strand, große Holzbungalows mit flie-
ßend Wasser und Strom von 17–24 Uhr, sehr
nette Managerin. ❷

Transport

Boote fahren vom Pier am Fluss nach Ko Lanta,
Ko Phi Phi und Phuket (s. S. 618, Transport Ao
Nang).

Klong Muang Beach

Dieser Strand liegt ganz im Westen, ist aber
nicht an der Küste entlang, sondern nur über
Ban Nong Thale im Landesinnern zu erreichen.
Bei Ebbe ist der Strand sehr flach und mit Felsen
und Korallengestein durchsetzt, bei Flut sieht er
dagegen wunderschön aus. In der Trockenzeit
wird das Meer badewannenwarm. Am südlichen
Ende des Strandes liegt der Königspalast, deshalb ist die Straße gesperrt. Noch vor der
Schranke liegt Pine Bungalow (s. u.).

Vor der Abzweigung nach rechts verläuft die
Straße am schönen Klong Muang Beach entlang
bis zu einem Verlade-Pier, der evtl. schon aufgegeben ist. Die vorgelagerte Insel Kaw Kwang
kann bei Ebbe zu Fuß erreicht werden. Gegenüber vom Andaman Holiday Resort hat sich ein
blühendes Touristengewerbe mit Restaurants,
Läden, Schneidern und Bars entwickelt. Durch
das Sheraton wurde das Image des Strandes
aufpoliert.

Übernachtung und Essen

Pine Bungalow ②, sehr abgelegen, saubere
Steinbungalows mit und ohne Du/WC. Nur in
der Saison geöffnet. Freier Transport und Info
von Pine Tour in Krabi, ✆ 075-612192. ❶–❷

Andaman Holiday Resort ①, ✆ 075-644321-4,
🖥 www.andamanholiday.com; herrlich angelegter, tropischer Garten am Hang,
59 sehr geräumige, z. T. 2-stöckige, luxuriöse
AC-Bungalows mit 3 Betten, Kühlschrank,
großer Dusche/Badewanne/WC und z. T.
mit Dachterrasse, Hotelflügel für Pauschalurlauber; 3 Restaurants, 2 Pools. Viele Schatten
spendende Bäume am Strand. Jeep 1200 Baht.
Shuttle Bus nach Ao Nang und Krabi 3x tgl.
❼–❽

Klong Muang Inn Gh. ①, ✆ 075-495314,
🖥 www.klong-muang-inn.de; Neubau gegenüber vom Resort, geräumige AC-Zi; Restaurant
mit deutscher Küche, Ausflüge; deutschsprachige Leitung. ❺

Tup Kaek Sunset Beach Resort ①, ✆ 075-
628600, 🖥 www.tupkaeksunset.com; am Ende
der Straße, 30 nette Bungalows in einem schön
angelegten Wald. ❺–❻

Sofitel Phokeethra Resort ①, ✆ 075-627800, 🖳 www.sofitel.com, auf der Landseite der Straße. Das Restaurant wird in den höchsten Tönen gelobt. ❽

In **Kanya's Restaurant** gibt es am Dienstagabend ein tolles, preiswertes italienisches Buffet.

Ao Tha Len

35 km nordwestlich von Krabi liegt der flache Strand mit herrlicher Aussicht auf die vorgelagerten Felseninseln von Ko Hong und Ko Bileh. Er ist berühmt für die fantastischen Sonnenuntergänge.

Der Strand selbst ist bei Ebbe unschön, bei Flut ist das Wasser tief genug zum Schwimmen. Einen herrlichen Ausflug durch die Inseln vor der Küste kann man mit dem täglichen Boot nach Ban Yai auf Ko Yao Noi (s. S. 575) machen. Das Boot fährt täglich um 10, 12 und 15 Uhr südlich vom Coconut Bungalow ab (50 Baht, 60 Min.). Nebenan beginnen die Kanufahrten durch die Mangroven und den Canyon.

Zu erreichen mit dem Bus vom Krabi Morning Market oder über die Unterkünfte.

Übernachtung

Coconut Bungalow, ✆ 089-8672769, weitläu-fige, ruhige, idyllische Anlage, trotz etwas heruntergekommener Bungalows bei Kennern immer noch beliebt; gutes Essen. Vor der Anreise auf eigene Faust sollte man sich bei Sea Kayak Krabi, 40 Ruen Rudee Rd., ✆ 075-630270, erkundigen, ob es noch offen ist. Dort kann auch ein Transfer organisiert werden. Infos über Trekking am Honak Mountain. ❷ – ❸

300 m hinter dem Coconut entstehen 2 neue Resorts.

Ausflugsziele rund um Krabi

Zu einigen Attraktionen fährt man am leichtesten mit dem Motorrad, andere sind nur mit dem Boot erreichbar. Pauschalangebote gibt es in den Reisebüros.

Wat Tham Sua (Tiger Cave)

In diesem Kloster leben 134 Mönche und 133 Nonnen. In einer ausgebauten Grotte mit Buddha-Figuren, Verkaufsständen und Meditationsbildern wird vor allem der Große Meister Phra Acharn Jumnean Seelasettho verehrt. Er lehrt eine eigenwillige, aber durchaus mit dem Buddhismus in Einklang stehende **Meditation**: die Besinnung auf das Körperinnere. Der Meister selbst spricht kein Englisch, dafür einige der Mönche. Mit Spendengeldern wird die Anlage gigantisch ausgebaut, u. a. mit einem riesigen Chedi und einem chinesischen Tempel.

Etwa 100 m weiter, vor einem kleinen Wasserfall, führen 1272 unterschiedlich hohe Stufen 290 m steil hinauf zu einer neuen Buddha-Statue – nur etwas für Durchtrainierte ohne Herz- oder Kreislaufbeschwerden. Bei klarem Wetter herrliche **Aussicht** über das Land und die Inselwelt vor Krabi! Sonst erkennt man nicht viel mehr als den Steinbruch unten. Wer die beiden großen Glocken je vier Mal anschlägt, wird von den Mönchen im Tal ins Gebet einbezogen. Daran denken: Dieselben Stufen geht es wieder runter!

Die große, goldgewandete Statue der **Goddess of Mercy** (die chinesische Gottheit *Kuan Yin*) wurde von einem Chinesen aus Kuala Lumpur gestiftet.

Die Treppe daneben führt nach links zu einem Pass hoch und auf der anderen Seite hinunter in ein rundes Tal ohne Ausgang. Hier wohnen Mönche in kleinen Hütten und in Grotten unter Felsüberhängen. Ein gut begehbarer Rundweg lädt zu einem schönen, absolut empfehlenswerten Spaziergang durch einen kleinen **Wald** mit perfektem Regenwaldklima ein. Viele Langschwanz-Makaken und riesige Brettwurzelbäume sind zu sehen – die zwei größten heißen die „Tausendjährigen Bäume".

Wat Tham Sua erreicht man, wenn man 2 km östlich von der Krabi Junction (Ban Talad Kao) beim KM 106,8 vom H4 abbiegt und 2 km weiterfährt. Pickups fahren ab Krabi für 20 Baht hin.

Etwas weiter im Hinterland hat das **Phanom Mountain Bencha Resort** aufgemacht, ✆ 075-660501, 🖳 www.phanombenchamountainresort. com. Die schöne, weitläufige, naturnahe Anlage hat einen herrlichen Pool, in den Felsen eingearbeitet sind. Abholung für 200 Baht p. P. ❹

Susan Hoi (Gastropod Fossil)

Eine flache Felsbank am Ufer entlang, gebildet aus kleinen, versteinerten Schnecken, die 20–40 Mio. Jahre alt sind. Ein typisches Ausflugsziel für Thais, die nach 11 Uhr in Scharen kommen. Für die meisten Ausländer nicht besonders beeindruckend, obwohl es nur zwei weitere solche Plätze in Amerika und Japan geben soll. Zu erreichen über den H4204. Pickups fahren von Oktober bis April ab Krabi für 40 Baht, ab Ao Nang 10 Baht. Eintritt 400 Baht.

Phra Nang Cave

Die Höhle beim Phra Nang Beach ist entlang der herrlichen Küste mit dem Longtail-Boot sowohl von Krabi (70 Baht einfach) als auch vom Ao Nang Beach (50 Baht) leicht zu erreichen. Die hohe, ausgespülte Grotte reißt niemanden vom Hocker. Aber der Blick über den herrlichen Strand zu den Kalktürmen im Wasser bleibt unvergesslich. In der Saison muss man diesen fantastischen Strand allerdings mit hunderten von anderen Touristen und vielen Booten teilen, im Monsun ist er fast völlig überschwemmt (s. S. 30).

Khanab Nam Mount

Zum charakteristischen, überhängenden „Hausberg" auf der anderen Seite des Krabi River fährt ein Boot vom Chao Fah-Pier (100 Baht pro Std.) in Krabi. Im Berg soll eine sehr schöne Tropfsteinhöhle begehbar sein.

10 HIGHLIGHT

Zwischen Krabi und Phang Nga

Eine wunderschöne Strecke führt von Krabi nach Phang Nga (93 bzw. 84 km) durch eine herrliche Felsenlandschaft. Diese Art von tropischem Turm- und Kegelkarst ist sonst nur noch in Vietnam (Halong Bay) und in China (bei Guilin) so eindrucksvoll zu sehen. Von tropischen Gewächsen überwucherte Felsen, durchlöchert und überhängend, laden immer wieder zum Anhalten und Staunen ein. Diese Landschaft belohnt jeden, der sich Zeit lässt, die herrliche Natur zu ge-

Rundtour über Nebenstraßen

Wir haben eine Rundtour (110 km hin, 86 km zurück) über gute Nebenstraßen so zusammengebastelt, dass nur 2 km doppelt zu fahren sind. Die exakte *Guide Map of Krabi* hilft, sich zurechtzufinden, auch die *Tourist Map Krabi* erfüllt diesen Zweck. Wer ohne funktionierenden Kilometerzähler und ohne Karte losfährt, braucht einigen Spürsinn und etwas mehr Zeit. Zum Trost: Auch wir verfahren uns alle 2 Jahre aufs Neue, weil es jedes Mal neue Straßen gibt, die zum Abbiegen verführen. Das macht aber auch den Reiz dieser Strecke aus. Nur in der Regenzeit von Juni bis Oktober sind einige der beschriebenen Abstecher nicht ratsam. In Regenpausen kann die Landschaft jedoch noch intensiver wirken.

nießen und vielleicht auch mehrere Tage zu verweilen.

Von Krabi nach Norden

Von Krabi führt die westliche Straße H4034 zu den Stränden. Hinter dem ruhenden Buddha (KM 7,1) bleibt man auf dem H4034, der sich nun langsam nach Norden wendet. Einige Dörfer, tolle Felsen und Kautschukplantagen säumen die Straße. Beim KM 21,7 weist ein Schild nach rechts Richtung Phang Nga auf den H4033 (am KM 116,8), hier fährt man aber besser weiter auf dem H4034 nach links Richtung **Ban Nai Sa** und nach 1,3 km wieder nach rechts. Nach 2,8 km zweigt nach links eine Straße (9,4 km) zum Ao Tha Len ab. Nach weiteren 5,1 km quert eine Straße: Nach rechts geht es nach 1,6 km im Dorf Ban Thung am KM 126,7 (unbeschildert) auf den H4, der fast gerade Richtung Norden verläuft. Entdeckernaturen sollten jedoch die Straße nach links nehmen. Nach 1,5 km geht es in einer Rechtskurve nach links ab zu einem klaren Bach in einem tollen Wald.

Nach weiteren 1,5 km passiert man interessante **Holzkohlenmeiler** aus Lehmziegeln und ein unglaubliches Sägewerk. 700 m hinter der Holzbrücke hält man sich links. Auch die nächsten 6,8 km sind inzwischen asphaltiert. Im Dorf biegt man rechts ab, und trifft nach weiteren 1,6 km auf die Querstraße H4205.

Die linke Abzweigung führt in eine Sackgasse zum urigen Hafen **Ban Ba Kan** (3,4 km) an einem Gezeitenfluss mit Flößen zur Muschelzucht. Wir biegen nach rechts ab und erreichen auf dem H4205 nach weiteren 6,4 km den H4 am KM 144,4.

Zur Phet-Höhle

Beim KM 146,9 bietet sich ein Abstecher nach rechts zur Höhle Tham Phet (Petch Cave) an: 5 km Fahrweg bis zum Eingang. Wie Diamanten funkeln die Tropfsteine in dieser schönen, langen und verzweigten Höhle, die schon etwas unter den Massentouristen gelitten hat. Gute Taschenlampe erforderlich, ein Führer ist sehr empfehlenswert.

Ao Luk und Umgebung

Am KM 146,2 zweigt eine wenig befahrene Straße nach links ab. Sie ist interessant als Alternative für den Rückweg und für Fahrradfahrer. Nach 21,3 km trifft sie beim KM 16,1 auf den H415 (s. u.). Dort sind es noch 21 km bis Phang Nga, 72 km zurück bis Krabi.

Der H4 durchbricht beim KM 147 eine schöne Kette von Felsen und erreicht nach 2 km die **Ao Luk Junction** mit vielen Läden, einem Gemüsemarkt und unattraktiven Restaurants. Nach rechts zweigt der H4035 Richtung Surat Thani ab (ca. 180 km), die ersten 35 km führen durch eine schöne Landschaft mit bewachsenen Felsen, der Rest durch langweilige Ebenen. Geradeaus sind es 47 km bis Phang Nga. Von der Kreuzung fahren Motorradtaxis zum Than Boke (30 Baht) und zur Höhle Tham Phet (6 km, 50 Baht).

Than Boke Khorani National Park

Nach links auf dem H4039 kommt man nach 1,3 km zum Eingang des kleinen Than Boke Khorani National Parks (es existieren noch andere Schreibweisen), für den der Eintritt von 400 Baht in keinster Weise gerechtfertigt ist.

In einem Felsenkessel kommt aus einer Grotte ein Bach zum Vorschein, der sich vielfach verzweigt und mit schönen Kaskaden durch hohe Bäume schlängelt. Über kleine Brücken und Pfade erreicht man zwei natürliche Wasserbecken

vor der Grotte. Das Schwimmen in der Grotte wurde mittlerweile verboten. Der Reiz ist weg.

Am Wochenende ist der Park Ziel vieler Thais, die hier ein Bad nehmen. Verkaufsstände und kleine Restaurants bieten täglich Snacks und Getränke an.

Am Auslauf des Baches liegt zwischen tollen Felsen das **Hotel Waterfall Inn**, ☎ 075-681133, schöne, etwas stickige Bungalows mit Bad, Fan und einem Fenster, einfache, muffige Reihenhäuser mit AC; Restaurant. ❷–❸

300 m vor der Zufahrt zum Park liegen links direkt an der Straße die nachts sehr betriebsamen **Ao Luk Bungalows**, ❷

Tham Khao Phra und Tham Khao Raang

Wer vom Nationalpark nach links und auf dem H4039 weiter fährt, kann nach 500 m am KM 1,9 rechts abbiegen (Thai-Schild: *2 km*) und nach 1,8 km rechts die Höhle Tham Khao Phra mit einer hochverehrten, schwarzen Buddhastatue besichtigen. Der ganze Felsen ist durchlöchert wie ein gigantischer Schweizer Käse und leicht ebenerdig begehbar. Trotz elektrischer Beleuchtung (auf Anfrage) ist eine Taschenlampe empfehlenswert.

Nach weiteren 1,2 km liegt rechts nach 300 m Fußweg das Höhlensystem Tham Khao Raang (auch: Khow Rang). Durch ebenerdige Wandelgänge sind viele Grotten miteinander verbunden. Den Abschluss bildet, so weit wir entdecken konnten, eine spektakuläre Säulenhalle.

Tham Hua Kalok und Tham Lod

Der H4039 durchquert den kleinen Ort Ao Luk. Beim KM 5,5 führt rechts eine Straße Richtung „Tham Pee Hua To".

Zweigt man 1,2 km nach links ab, kommt man nach weiteren 600 m zum kleinen Hafen Bo Tho. Dort kann man ein Boot chartern (300–400 Baht) und in 15 Min. zur Höhle Tham Hua Kalok fahren.

Die Felszeichnungen in Ocker und Schwarz stellen Personen und Tiere dar, sie sollen 2000–3000 Jahre alt sein. 15 m über dem jetzigen Meeresspiegel lassen sich fossile, tertiäre Muscheln und Schneckengehäuse entdecken.

Anschließend geht es zur Tham Lod, einem Gewölbe mit schönen Stalaktiten. Günstig ist es, nicht bei Ebbe aufzubrechen, sonst kommt man kaum unter die bizarren Tropfsteine. 300 m hinter der Tham Hua Kalok liegt die 200 m lange **Dark Cave**. Halbzerfallene Stege führen nach 100 m zu einer Schlucht. Viele Stalaktiten hängen herab, einige Gardinen glitzern im Lampenlicht. Es lohnt sich auch, die Fahrt auszudehnen und zwischen den malerischen Felsen im üppigen Grün der Mangroven hindurchzuschippern.

Fährt man die 600 m zurück und nach links, geht es geradeaus durch verschiedenartige Plantagen. Biegt man nach 4 km (am Thai-Schild: *500m*) nach rechts ab, kommt man zur Klosterhöhle **Tham Soeur Noi** (auch: Tham Sua Noi). Sie liegt in einem stark durchlöcherten Felsen mit vielen grauen Tropfsteinen, Durchgängen, Mönchswohnungen und Meditationsnischen.

Am KM 9,2 des H4039 versteckt sich hinter einem natürlichen Pflanzenvorhang die kühle **Tham Khao Kluai**.

Am Ende des H4039 liegt das Fischerdorf **Laem Sak**, 17 km von der Ao Luk Junction entfernt. Für ca. 500 Baht werden hier Boote vermietet, die zur Insel **Ko Mak Noi** oder zur schönen Insel **Ko Chong Lad** hinüberfahren, die zum Than Boke National Park gehört.

Zu schönen, einsamen Stränden bei **Ko Ka Rot** findet man nur mit einem einheimischen Bootsmann, der sicher kein Englisch spricht; dabei geht es zunächst durch intakte Mangrovenwälder.

Von Ao Luk Junction nach Phang Nga

Von der Ao Luk Junction geht die Hinfahrt auf dem H4 weiter nach Norden, aber schon nach 600 m können Höhlenenthusiasten nach links abbiegen. Wo der Himmel durch das Loch im Felsen leuchtet, gibt es die **Tham Thalu Fa** zu besichtigen: außen einige Stalagmiten, innen sehr schöne Tropfsteine. Links davor hat ein nettes Hotel mit Pool aufgemacht ❸.

Nach 14 km hören die markanten Kalkfelsen auf. An der Kreuzung am KM 164,9 geht es nach rechts auf der landschaftlich uninteressanten Straße H415 Richtung Surat Thani (123 km). Am

KM 169,8 zweigt nach rechts der H4118 zum schönsten Bergtempel von Südthailand ab (10,3 km, siehe Kasten).

In **Thap Put**, am KM 170, zweigt links die Straße H415 ab, die sich für die Rückfahrt eignet (von Phang Nga kommend am KM 16,1 in einer Kurve nach rechts auf den H1002 abbiegen und 21,3 km bis zum H4 fahren). Der H415 verläuft 21,5 km in der Ebene, verkürzt die Strecke nach Phuket um 9 km und bietet einige schöne Abstecher nach rechts in üppige Reisfelder zwischen Kalkfelsen. Dies ist der südliche Zweig der „Kleinen Rundfahrt" ab Phang Nga (s. S. 460).

Ab Thap Put (neuer KM 67) geradeaus auf dem wenig befahrenen H4 (der nördliche Zweig der „Kleinen Rundfahrt" ab Phang Nga) liegt nach 9 km rechts die Einsiedelei **Wat Kiriwong**, in dem fotogene Affen hausen. Gleich danach schwingt sich die Straße in engen Kurven durch die Berge zum Pass (KM 54) hinauf, ein Leckerbissen für Motorradfahrer. In steilen Kehren geht es ins Tal hinab. Dabei eröffnen sich nur wenige Ausblicke durch die überwucherten Berge in die Ebene von Phang Nga.

Am KM 50 biegt rechts die gut ausgebaute, 47 km lange Straße H4090 ab, die durch eine wilde, gering besiedelte Berglandschaft verläuft. Nach 14,5 km zweigt am KM 35,5 des H4090 nach links die landschaftlich schöne Straße H4240 ab, die nach 15 km in Thung Maphrao am KM 39 wieder auf den H4 trifft und die Strecke nach Khao Lak um 52 km verkürzt.

Geradeaus durchschneidet der H4090 den Khao Lak-Lamru National Park (s. S. 478) und trifft 14 km südöstlich von Takua Pa am KM 135 auf den H401.

Geradeaus führt der H4 in die fantastische Kalkfelsenlandschaft von Phang Nga. Nach 6 km zweigt am KM 43,9 nach Osten ein Fahrweg durch Gummiplantagen (4,6 km) zum wenig besuchten **Sar Nang Manora Forest Park** ab. Nichts Spektakuläres, aber friedliche Picknickplätze, hübsche Wasserfälle (auf einem Plan gut dargestellt) und einige Badepools in einem kleinen Stück urigen Dschungel. Hinter dem Phang Nga-Fluss zweigt am KM 42,6 ein Sträßchen nach rechts ab.

Dort kann man nach 4 km einen gemütlichen Spaziergang von etwa 2 Stunden durch Reisfelder zu den Kaskaden des **Nam Tok Ton Phang Nga** machen.

Der Bergtempel Wat Bang Riang

Zum erst vor kurzem fertig gestellten **Wat Bang Riang** führt ein Tor nach rechts zu einem Tempel im Tal und dann auf guter Straße sehr steil den Berg hoch. Vom Parkplatz aus steigt man zwischen zwei Nagageländern zur **Phutthaban-lu-Pagode** hinauf (20 Baht). Vom Dach des Chedi belohnt eine herrliche Aussicht auf ein fruchtbares Tal, dichte Wälder und grün bewachsene Karstfelsen. Eine riesige Statue der Chinesischen Göttin Kuan Yin spiegelt sich in einem Teich, etwas weiter oben thront eine nicht weniger gewaltige Buddha-Statue auf einer Nagaschlange. Im prunkvollen, achteckigen Chedi sind im äußeren Wandelgang 60 Buddhastatuen aufgereiht. Im inneren Wandelgang beeindrucken die Wandmalereien, die das Leben Buddhas in die thailändische Landschaft integrieren und mit köstlichen Szenen aus dem dörflichen Leben ausschmücken.

Beim KM 40,5 erreicht man nach 110 km Fahrt (ohne Abstecher) die 5 km lange Provinzhauptstadt Phang Nga (s. S. 458).

Die Inseln vor Krabi

Die Provinz Krabi weist bei einer Küstenlänge von 120 km 130 Inseln auf, von Ko Hai im Süden bis Ko Chong Lad im Norden. Viele haben schöne, oft auch sehr flache Strände.

Ko Boda

Die 1 km² große Insel (auch Ko Poda oder Ko Puda), ca. 8 km vom Ao Nang Beach entfernt, besticht durch einen wunderschönen Strand auf der Ostseite und eignet sich im Norden und Westen zum Schnorcheln – für Anfänger ein Traum. Von Ao Nang und Nopparat Thara werden Tagesausflüge (4-Island-Tour) angeboten, meist in Verbindung mit Ko Hua Khwaan (Chicken Island), vor deren Ostseite sich ein ziemlich lädiertes Korallenriff erstreckt, in dem man mit tausenden von Fischen schwimmen kann.

Übernachtung

Vom Krabi Resort wurden 18 komfortable Bungalows und ein nicht sonderlich gutes, aber teures Restaurant errichtet. Zapfenstreich um 23 Uhr. Zelten kostet 100 Baht pro Tag (inkl. Badbenutzung). Idyllisch ist es immer noch auf der Rückseite der Insel, wo die Ausflugsboote nicht hinkommen. Von Mai–Okt geschlossen. ❹

Transport

Ab Ao Nang um 10 Uhr für 100 Baht, zurück gegen 16.30 Uhr.

Ko Siboya

Diese kleine Insel wird von freundlichen Moslems bewohnt, die vom Fischen und vom Anbau von Gummibäumen leben. Die Westküste wird von einem flachen Sandstrand gesäumt. Das nicht immer klare, seichte Wasser eignet sich nicht zum Schwimmen und Schnorcheln. Bei Ebbe jedoch lädt das Watt zu herrlichen Wanderungen ein, bei denen man viel Tierleben beobachten kann. Auf dieser ruhigen Insel kann man aber schöne Spaziergänge unternehmen. Ein Dorf mit Läden liegt hinter den Hügeln, zwei Fischerdörfer Richtung Norden.

Übernachtung

Siboya Bungalows, ☎ 075-230425, 🖥 www.siboyabungalows.com; am schmalen, seichten Strand an der Westküste, 24 einfache, saubere Bambusbungalows mit Du/WC und 12 große Privathäuser im gepflegten Garten; Restaurant, freundliche Atmosphäre. Keine Badestrände. ❷–❹

Racha Resort, ☎ 081-0839318, 10 einfache, saubere Bambusbungalows mit Du/WC in einem Palmenhain; Restaurant. ❸

Transport

Vom Siboya Gh. in Krabi wird Transport organisiert, Abfahrt um 11 und 15 Uhr mit dem Songthaew nach LAEM HIN (1 Std.), 50 Baht, weiter per Longtail-Boot für 20 Baht und mit dem vorausbestellten Laster zu den Bungalows (30 Baht).

Ko Jum (Ko Pu)

Die Insel Ko Jum (gesprochen Ko Dscham) wird in ihrem nördlichen Teil Ko Pu genannt. Sie liegt etwa 25 km südlich von Krabi. Im Norden ragen bewaldete Berge bis auf 422 m auf, während der Süden eher flach ist. Ko Jum wird hauptsächlich von moslemischen Fischerfamilien bewohnt, die vorwiegend in fünf Dörfern leben. Sie produzieren zudem Kautschuk und weben einen Stoff, den bekannten *Pato Ko Pu*. Überall sieht man lächelnde Gesichter. An den langen, weißen, nicht besonders schönen Strand im Süden treibt viel Müll an. Man kann dort nur bei Flut baden. Am gesamten Strand ist es ratsam, mit Badeschuhen ins Wasser zu gehen, da man scharfe Steine und Seeigel überwinden muss, bevor man Schwimmtiefe erreicht. Man kann kilometerweit wandern oder einfach ausspannen und das Meer betrachten. Naturliebhaber halten nach Affenhorden in hohen Bäumen Ausschau, aktive Naturen spielen Volleyball oder Boccia. Die Generatoren laufen meist nur von 18–22 Uhr. Von den südlichen

Anlagen erreicht man in etwa 20 Min. locker zu Fuß das Fischerdorf, wo es einige Restaurants gibt. Südwestlich vorgelagert liegt malerisch eine kleine Insel. Bei den mittleren Anlagen eignet sich der Strand besser zum Schwimmen.

Die Lubo Bay im Norden hat einen schönen, recht flachen Sandstrand. Die Bungalowanlagen liegen unter schattigen Bäumen, zumeist am Hang.

Übernachtung

Auf der ausgezeichneten Homepage 🖥 www.kohjumonline.com werden alle Bungalowanlagen feinfühlig präsentiert.

Andaman Beach

New Bungalow ⑲, ☎ 087-5678116, nahe der Südwestspitze, schöne Anlage unter hohen Kasuarinen, 14 einfache bis komfortable Bungalows mit Möbeln, Jalousiefenstern und Terrasse, einige Baumhäuser. Die billigen Hütten sind nicht dicht und werden von Ratten bevorzugt. Strom von 18–22 Uhr. Gutes Restaurant, mäßige Preise; freundliche Besitzer, eine auf der Insel ansässige chinesische Familie. Telefonische Reservierung klappt nicht, daher über das Chan-Cha-Lay Gh. in Krabi buchen: ✉ chanchaly_krabi@hotmail.com. ❷–❸

Joy Bungalows ⑱, ☎ 081-4646153, unter Kokospalmen an einem herrlichen Strand, der bei jedem Wasserstand zum Baden einlädt. Gute, entspannte Robinson-Atmosphäre, die jedoch für diesen einfachen Standard einen überzogenen Preis hat. Nicht gerade billiges Freiluftrestaurant. Nette, freundliche Leute. Reservierungen klappen. Viele Moskitos. ❸–❹

Woodland Lodge ⑰, ☎ 081-8935330, 🖥 www.woodland-koh-jum.tk; schöne, geräumige Bungalows am Strand, Restaurant mit Bar, Kochkurse, sehr beliebte Anlage, ganzjährig gut besucht, Reservierung ratsam; unter Thaienglischer Leitung. ❹

Bo Daeng Bungalows ⑯, kein Tel., 15 einfache, schöne Bambusmattenhütten ohne Du/WC unter Palmen, z. T. hoch über dem Boden in die Bäume integriert, kleines Restaurant; sehr freundliche, offene Menschen. ❷

Andaman Beach Resort ⑮, ✆ 081-6931346, ✉ andaman_kohjum@yahoo.com, 17 bessere, doppelstöckige, pastellfarbige Steinbungalows im Chalet-Stil mit einigem Komfort, sauberes Bad, z. T. mit großer Terrasse, gepflegte, nette Anlage. Großes, offenes, gutes Restaurant mit günstigen Preisen und super Fischgerichten, freundliches Personal. Hoher Erholungswert. ❸–❹

Golden Pearl Beach

Alle Anlagen liegen auf ebenem Gelände in offenen Palmenplantagen.

Koh Jum Lodge ⑭, ✆ 089-9211621, 🖥 www.kohjumlodge.com; Luxusanlage unter Palmen in einem tropischen Garten, 16 neue, hervorragend eingerichtete Holzbungalows mit Meersicht, Restaurant am steinigen Strand, kleiner Pool. Petong-Feld. Familiäre Atmosphäre. ❼–❽

Ao Si Beach

Sun Smile Bungalow ⑪, ✆ 081-5618233, 11 dicht stehende Bungalows mit Du/WC am schattenlosen Hang, gutes Restaurant nahe am Strand, freundliches Personal. ❷

Coconut Green View Bungalow ⑨, ✆ 081-9568790, 22 Bambusmattenhütten mit Du/WC im Palmenhain und am Hang, ein Familienbungalow, mittelmäßiges Restaurant, sehr freundlich. Volleyball-Platz. ❷

Ao Si Bungalows ⑧, ✆ 086-0671090, ✉ ao-si@hotmail.com, Bungalows mit Du/WC hoch oben am bewaldeten Hang, Rundum-Balkon mit tollen Ausblicken auf die Küste, Restaurant unten am Meer in die Felsen integriert. Auch bei Ebbe eignet sich das Meer gut zum Schwimmen. ❸

Ting Ray Bay: Ting Ray Bay Resort ⑦, ✆ 087-2777379, 🖥 www.tingraybayresort.com; sehr schöne Anlage am steilen Hang, 13 Bungalows mit Du/WC und bester Meersicht, tolles Restaurant mit fantastischem Essen, nette Beach Bar, sehr freundlichen, fröhliches Personal. Herrlicher, absolut ruhiger Strand. ❸–❹

Old Lamp Bungalows ⑥, ✆ 089-8768572, ✉ oldlampbungalows@yahoo.com, am Hang im dschungeligen Wald, 12 große und größere, gut ausgestattete Bungalows mit Fan, Du/WC und Terrasse, der Umgebung angepasst; atmosphärisches Restaurant am Strand, sehr gutes

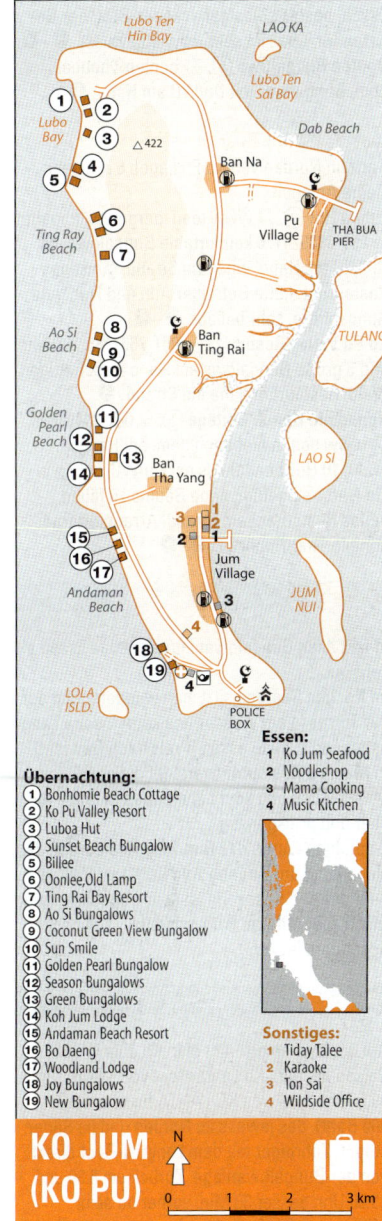

Essen:
1 Ko Jum Seafood
2 Noodleshop
3 Mama Cooking
4 Music Kitchen

Übernachtung:
① Bonhomie Beach Cottage
② Ko Pu Valley Resort
③ Luboa Hut
④ Sunset Beach Bungalow
⑤ Billee
⑥ Oonlee, Old Lamp
⑦ Ting Rai Bay Resort
⑧ Ao Si Bungalows
⑨ Coconut Green View Bungalow
⑩ Sun Smile
⑪ Golden Pearl Bungalow
⑫ Season Bungalows
⑬ Green Bungalows
⑭ Koh Jum Lodge
⑮ Andaman Beach Resort
⑯ Bo Daeng
⑰ Woodland Lodge
⑱ Joy Bungalows
⑲ New Bungalow

Sonstiges:
1 Tiday Talee
2 Karaoke
3 Ton Sai
4 Wildside Office

KO JUM (KO PU)

N

0   1   2   3 km

Essen, bestes selbstgebackenes Brot; der Besitzer, Mr. Chai, ist sehr umweltbewusst. ❸–❹
Oonlee Bungalows ⑥, ✉ oonlee@hotmail.com, Bungalows mit Du/WC am Hang. ❸

Lubo Bay (North Beach)

Ganz im Norden von Ko Pu liegen 6 z. T. sehr kleine Anlagen:
Luboa Hut ③, 🖥 www.toensberg.com/luboahut, ✆ 081-3889241, 6 komfortable Bungalows mit Du/WC am Hang, einer am Strand, günstiges Restaurant, nette Betreiber Ann und Nut, gute Atmosphäre, sehr beliebt. ❷–❸
Ko Pu Valley Resort ②, ✆ 081-7667785, 3 kleine und 5 große Bungalows am Hang im schattigen Wald, Restaurant nahe am Strand. ❸
Bonhomie Beach Cottage ①, ✆ 081-8449069, 🖥 www.bonhomiebeach.com; am Hang im Wald, 10 Holzbungalows mit Du/WC, schön in die Natur eingefügt, ohne Bäume zu fällen, neues Restaurant am Strand. Arrangiert traditionelle Thai-Hochzeit. ❸–❹

Essen

In fast allen Bungalowanlagen gilt das Essen als sehr gut.
Im **Ko Jum Seafood** sitzt man wunderschön auf der Terrasse am Wasser und kann frische Langusten und Krebse essen (Preis nach Gewicht).
In **Mama's Restaurant** versteht die gemütliche Mama jeden und kocht immer das Richtige lecker und preisgünstig.
Empfohlen wurde das **Rim Tang Restaurant**, das sich gleich am Eingang zum Dorf Jum Village befindet. Die Besitzerin ist sehr freundlich, ihre frisch zubereiteten Frühlingsrollen schmecken besonders lecker.

Transport

Am leichtesten erreicht man Ko Jum in der Saison mit dem Ko Lanta-Boot von KRABI für 300 Baht (oder von KO LANTA für ebenfalls 300 Baht), das jeweils im Norden und im Süden stoppt. Zubringer mit dem Longtail-Boot direkt von der Bungalowanlage. Zurück um 8.30 und 13.30 Uhr, besser 30 Min. vorher da sein. Mühsam, zeitaufwändig, aber spürbar billiger

ist es über BAN LAEM KRUAT von wo um 13 Uhr ein Boot zum nördlichen Dorf BAN PU (20 Baht) fährt. Von dort geht es mit einem Motorradtaxi (ca. 40 Baht) weiter. Zurück fährt das Boot um 7 Uhr. In Ban Laem Kruat ein Boot zu chartern, kostet mindestens 200–300 Baht.
Wildside, ✆ 089-5904864, vermietet Fahrräder, Mopeds und Kajaks und organisiert Touren.

Ko Hai (Ko Ngai)

Auf der südlichsten Insel der Provinz Krabi gibt es mehrere Bungalow-Anlagen mit gehobenem Preisniveau. Ko Hai ist vom Pier des Pak Meng Beach in der Provinz Trang leicht zu erreichen (s. S. 647), ab Ko Lanta ist die Fahrt sehr wacklig und nass. Das neue Speedboot von Ko Lanta nach Ko Lipe macht einen Zwischenstopp.

Ko Lanta   เกาะลันตา

Die große, hügelige Insel Ko Lanta Yai, meist nur Ko Lanta genannt, ist noch zu 67 % mit geschütztem Wald bedeckt. Der Name Lanta stammt von den Vorfahren der Seenomaden, die heute noch auf der Insel leben. In vielen Dörfern wohnen außerdem moslemische Fischer und etwa 10 % chinesische Kaufleute, insgesamt etwa 20 000 Menschen. Mit Dschungelbohnen, die auf dem Markt 1/2 Baht pro Schote, in Bangkok aber 4 Baht einbringen, verdienen sich viele Inselbewohner ihren kärglichen Lebensunterhalt. Die Südspitze von Ko Lanta wurde 1990 samt den umliegenden Gewässern und 15 Inseln in einen Nationalpark umgewandelt.

Von Ban Saladan im Norden führt eine Straße entlang der Ostseite der Insel bis zum Dorf **Ban Ko Lanta** (auch Lanta Town). Die Ostküste ist sehr flach und fürs Baden nicht geeignet, aber durchaus sehenswert. Hier liegt das Verwaltungszentrum der Insel, **Ban Ko Lanta**, auch **Lanta Town** genannt, mit dem Postamt. Für Touristen ist der kleine Ort unattraktiv.

Eine befestigte Straße zieht sich entlang der schönen, 25 km langen Westküste, an der die Bungalowanlagen liegen, bis zu den Stränden im Südwesten. Die letzten Kilometer bis an die Südspitze bleiben weiterhin Erdpiste. Der Monsun schwemmt viel Treibgut an die Strände. Vor der

Saison wird jedoch alles eingesammelt und verbrannt. Im Inneren ragen bewaldete Berge bis zu 488 m auf, durchschnitten von zwei Querstraßen. Mit Motorrädern lässt sich die Insel (mit Ausnahme der Südspitze) umrunden – für vorsichtige Fahrer sehr zu empfehlen.

Ko Lanta wurde Ende der 80er-Jahre von Travellern „entdeckt". Die verschiedenartigen Strände der Insel wurden im Laufe der Jahre von Norden nach Süden für den Tourismus erschlossen – von langen, flachen Sandstränden über raue Felsenküsten bis zu kleinen, idyllischen Buchten. Noch kommt man nur mit dem Boot oder einer kleinen Autofähre auf die Insel. Pläne für eine Brücke liegen vorerst auf Eis. Alle guten Grundstücke entlang der Küste wurden von Investoren aufgekauft und werden zunehmend mit immer teureren, klimatisierten Bungalows bestückt. In Hotelanlagen für Pauschaltouristen fehlt auch der Pool nicht.

In der **Hochsaison** von Dezember bis Februar sind normalerweise alle Zimmer belegt, und die Preise schnellen in die Höhe. Im November, März und April sind die Preise erträglich. In der **Nebensaison** von Mai bis Oktober schließen alle Tauchschulen, die nördlichen Strände werden nicht gereinigt und sind nur bedingt zum Baden geeignet. Hier werden nur wenige Bungalows und Restaurants offen gehalten. Die Strände an den südlichen Buchten liegen windgeschützt und sind auch im Monsun fast immer zum Baden geeignet. Viele Anlagen bleiben hier ganzjährig geöffnet und bieten extrem günstige Preise. Auch wenn bis Juli / August der Himmel manchmal grau ist und häufig Regenschauer herab schickt, ist doch oft auch gutes Wetter.

Die **Zimmerpreise** auf Ko Lanta schwanken gemäß Angebot und Nachfrage extrem. Wir nennen deshalb nur Durchschnittswerte der im Januar und Februar geforderten Preise, die durchaus auf das Doppelte nach oben oder die Hälfte nach unten abweichen können.

Ban Saladan

Alle Touristenboote kommen an den Piers im nördlichen Hafen Ban Saladan an. Dann herrscht ein fürchterliches Gedränge, bis jeder seinen Pickup gefunden hat. An der betonierten Uferstraße des kleinen Fischerdorfes liegen zwei Dutzend feste Holzhäuser, darunter Restaurants, mehrere Läden mit Lebensmitteln, Obst und Gemüse, sechs Tauchschulen, eine Bank und viele Reisebüros mit *Tourist Information*. Hier warten auch die Motorradtaxis und die Pickups der Bungalowanlagen. Am Sonntag und am Montagvormittag findet auf dem Marktplatz neben der Schule ein **Wochenmarkt** statt.

Übernachtung

Salatan Resort ①, ☎ 075-684111, 10 Min. von Ban Saladan am Wattstrand, 22 AC-Zi in verschiedenen Kategorien, Terrasse, Restaurant, freundlicher Manager. ❺

Sonstiges

Elefantenreiten
Es gibt zwei Camps, am Long Beach und am Klong Khong: 400 Baht/30 Min., 700 Baht/1 Std.

Geld
Siam City Bank tauscht Bargeld, Reiseschecks und gibt Baht gegen Kreditkarte und Vorlage des Reisepasses, ⊙ 8.30–16 Uhr. Ansonsten wird zu ca. 3–10 % schlechterem Kurs gewechselt als auf dem Festland.

Informationen
Immer aktuell unter ▫ www.lanta.de und ▫ www.webtravelkolanta.net. Infos und Buchungen einiger Resorts (auf Englisch) unter ▫ www.kolanta.net, www.kohlanta.com. Interessant der aktuelle persönliche Bericht unter ▫ www.kolanta.de.

Internet
Internet-Cafés in Ban Saladan an jeder Ecke und an allen Stränden.

Jeeps
Sie werden für 1200–1500 Baht vermietet.

Karten
Mehrere recht ordentliche Karten werden gratis verteilt.

Medizinische Hilfe

In Ban Saladan hat die **Lanta Doctor Clinic** auf-
gemacht. In Ban Ko Lanta gibt es das **Lanta
Hospital**, ☏ 075-697017. Bei einem Unfall die
Polizei anrufen: ☏ 075-697085.
Zeitweilig sind an manchen Stränden Sand-
fliegen eine Plage.

Motorräder

Bei Shops für 250–300 Baht/Tag, 40 Baht/Std.
Auch in den meisten Anlagen werden Motorräder vermietet. Viele sind in bedauernswertem Zustand, werden aber lustig immer wieder eingesetzt.
Will ein Paar über den Wasserfall zum Nationalpark fahren, sollte es zwei Mofas mieten, sonst
muss der Sozius über die Hügel zu Fuß gehen.

Post

Der Service ist nicht gerade zuverlässig.

Reisebüros

In den Reisebüros in Ban Saladan werden
Bootsfahrscheine verkauft und alle Arten von
Buchungen gemacht. Eisenbahnfahrscheine
verkauft das Reisebüro neben dem Krabi-Pier.
Alle Gästehäuser vermitteln ebenfalls Boots-
tickets und Touren.

Touren

Sie werden von den Bungalow-Managern und
Reisebüros angeboten. Die *3 Islands Tour* geht
um 8.30 Uhr nach Ko Phi Phi Don, Bamboo Island und Ko Phi Phi Leh, im Preis von 1600 Baht
sind Wasser, Lunch und 2 Schnorchelstopps
enthalten.
Die *4 Island Tour* beinhaltet Ko Hai, Ko Chuak,
Ko Muk und Ko Kradan und kostet 1600 Baht.
Beim Schwimmen in der Höhle bekommen manche Leute Panik. Diese Tour bekommt sehr har-
sche Kritiken, da für diesen Preis zu wenig geboten wird. – Die lohnenswerte Tagestour zum
Schnorcheln nach Ko Rok mit dem Speedboot
kostet 1600 Baht, Abholung am Hotel. 🖥 www.
lantaislandtours.com.

Wasser

Auf der Insel gibt es etwa 20 wasserführende
Bäche, von denen jedoch im April und Mai die

Tauchen ab Ko Lanta

Alle Tauchschulen arbeiten friedlich zusammen
und bieten ähnliche Touren zu ähnlichen Preisen. Unterschiedlich sind aber die Boote. Je
nach Geschmack kann man wählen zwischen
Speedbooten, klimatisierten Booten oder den
guten alten Tuckerbooten. Manche Tauchbasen operieren auch in der Monsunzeit.

Typische **Tagesfahrten** gehen zu den herrli-
chen Schnorchelinseln Ko Ha, Ko Bida und Hin
Bida.
Weltklasse sind die **Tauchplätze** bei den Felsen
Hin Daeng und Hin Muang im Süden, wo erfah-
rene Taucher häufig Walhaie, Mantas und rie-
sige Muränen sehen. Die übrige Meeresfauna
gehört ebenfalls zum Feinsten in Thailand. Für
Grotten- und Nachttauchen ist Ko Ha ideal, für
Wracktauchen die gesunkene *King Cruiser*.

Koh Lanta Diving Center (Ko Lanta Tauchschule), 🖥 www.kolantadivingcenter.com, ☏ 075-
684065; PADI-Tauchschule, 1-tägige Tour mit
2 Tauchgängen für 2800 Baht (nach Hin Daeng/
Hin Muang zzgl. 600 Baht), 2-tägige Tour mit
4 Tauchgängen 8600 Baht, schnelles 20-m-
Tauchboot, vorbildlicher Service. Seit 1993 unter der erfahrenen Leitung von Christian Mietz.
Lanta Diver, ☏ 075-684208, 🖥 www.lantadiver.
com. Schwedisches 5 Star IDC Center. Fun Dive
mit 2 Tauchgängen 2600 Baht, mit Hin Daeng/
Hin Muang 3100 Baht, 2 Tage Live-aboard mit
6 Tauchgängen 10 000 Baht.
Blue Planet Divers, ☏ 075-684165, 🖥 www.
blueplanetdivers.net, nette Leute, professionelle Betreuung, traditionelles Tuckerboot, das
viel Schatten bietet.
Lanta-Diving-Safaris, ☏ 075-684904, 🖥 www.
lanta-diving-safaris.com, Peter Gatterbauer betreibt ein Live-aboard-Schiff mit 8 AC-Kabi-
nen, das rund um Ko Lanta für 2-und 4-tägige
Safaris (8500 bzw. 15 900 Baht) unterwegs ist.

meisten austrocknen. Das Wasser reicht dann
kaum für die Einheimischen, sodass Durchfallerkrankungen stark zunehmen.

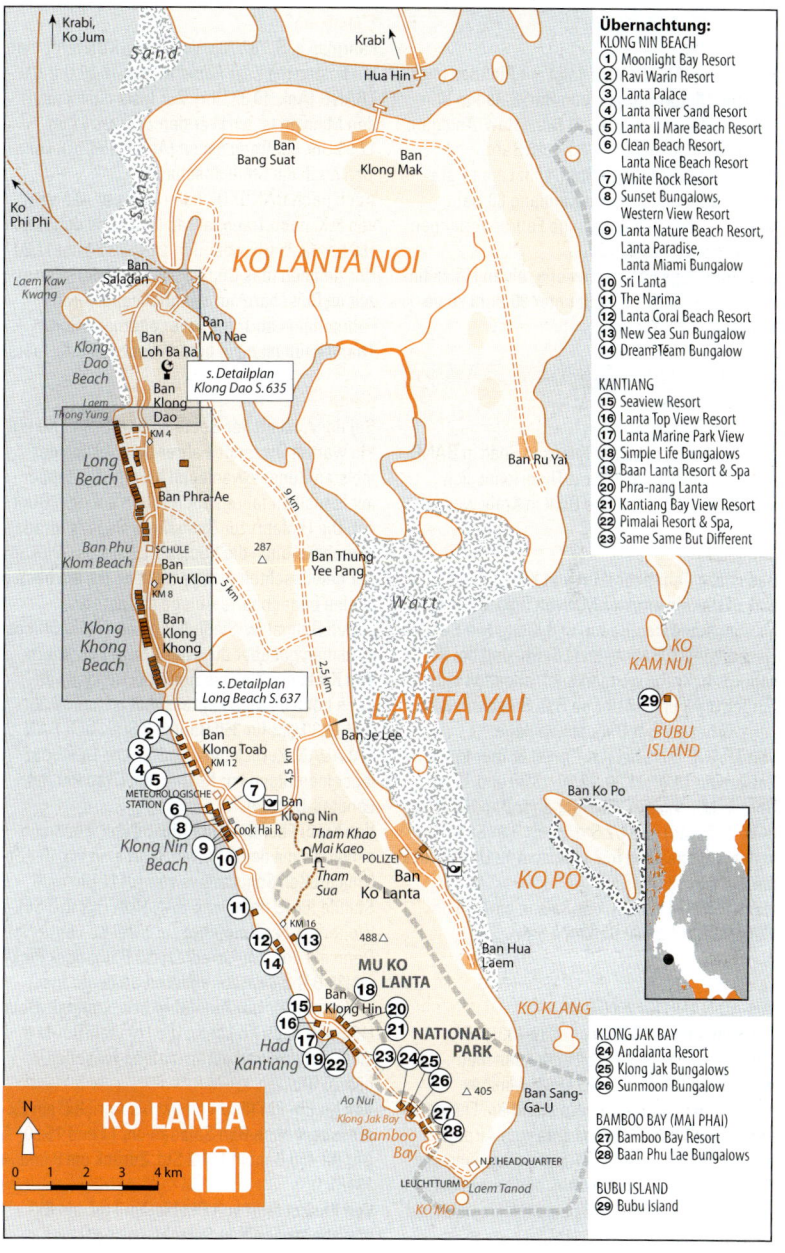

Übernachtung:

KLONG NIN BEACH
1. Moonlight Bay Resort
2. Ravi Warin Resort
3. Lanta Palace
4. Lanta River Sand Resort
5. Lanta Il Mare Beach Resort
6. Clean Beach Resort, Lanta Nice Beach Resort
7. White Rock Resort
8. Sunset Bungalows, Western View Resort
9. Lanta Nature Beach Resort, Lanta Paradise, Lanta Miami Bungalow
10. Sri Lanta
11. The Narima
12. Lanta Coral Beach Resort
13. New Sea Sun Bungalow
14. Dream Team Bungalow

KANTIANG
15. Seaview Resort
16. Lanta Top View Resort
17. Lanta Marine Park View
18. Simple Life Bungalows
19. Baan Lanta Resort & Spa
20. Phra-nang Lanta
21. Kantiang Bay View Resort
22. Pimalai Resort & Spa
23. Same Same But Different

KLONG JAK BAY
24. Andalanta Resort
25. Klong Jak Bungalows
26. Sunmoon Bungalow

BAMBOO BAY (MAI PHAI)
27. Bamboo Bay Resort
28. Baan Phu Lae Bungalows

BUBU ISLAND
29. Bubu Island

KO LANTA

N

0 1 2 3 4 km

Transport auf Ko Lanta erfolgt mit **Pickups** und privaten **Motorradtaxis**. Von Ban Saladan bringen sie Passagiere zu allen Bungalow-Anlagen: zum KAW KWANG BEACH für 20 Baht, zum KLONG DAO BEACH 20 Baht, zum Lanta Paradise 40 Baht und zum Hat Kantiang 80 Baht. Man verstaubt schnell. Einige Fahrer verlangen weit höhere Preise.

Von unterwegs ist es schwierig, einen Lift zu finden. Taxi-Service ist nicht unter 90 Baht zu bekommen.

Busse

Das Kombi-Ticket ab der Khaosan Road in BANG-KOK mit Umsteigen in Surat Thani lohnt sich nicht, da häufig das letzte Boot in Krabi weg ist.

Minibusse

Das ganze Jahr über fährt von KRABI um 11, 13 und 16 Uhr ein direkter Minivan (inkl. 2 Fähren) bis zum Klong Dao Beach und Klong Nin Beach, Tickets für 200 Baht beim N.C. Gh. und bei Reisebüros in Krabi, wo man auch abgeholt wird. Zurück um 8 und 12 Uhr ab Ban Saladan bzw. kurz vorher bei der Bungalowanlage.

Von TRANG fährt bei K.K. Travel & Tour in der Saison um 10.30, 11.30, 12.30, 13.30 und 15.30 Uhr ein Minivan für 250 Baht über Ban Hua Hin (inkl. 2 Fähren) in 2 1/2 Std. nach Ban Saladan, in der Nebensaison nur 1x tgl. um 12 Uhr. Zurück um 7, 8 und 12 Uhr.

Nach PHUKET fährt in der Saison ein Van um 9 und 14 Uhr für 500 Baht in 4 Std.

Taxis

Von AO NANG für 2500 Baht.

Bei **Emmy Travel & Tour** , ✆ 089-4691819 (Epp), 075-684390, auf Ko Lanta kann man günstig (ab 250 Baht p. P.) einen Minibus buchen, der Flugpassagiere direkt am Flughafen Krabi abholt oder von Ko Lanta zum Airport bringt. Einen Tag vorher Namen, Flugnummer und Ankunftszeit übermitteln, dann steht der Minibusfahrer in Krabi mit einem Namensschild am Flughafen.

Eisenbahn

Fahrplan s. S. 782/783. Von BANGKOK fährt man am besten mit dem *Rapid* 167 um 18.20 Uhr bis TRANG (Ank. 10.35 Uhr). Zur Insel nimmt man den Minivan (s. o.). Wer den *Express* 83 um 17.05 Uhr bis Trang nimmt (Ank. 7.15 Uhr), kann sich noch die Stadt anschauen.

Auch nach BANGKOK kann man per Minivan von K.K. nach Trang fahren (s. o.) und den *Rapid* 168 um 13.25 Uhr oder den *Express* 84 um 17.20 Uhr nehmen (das Gepäck während der Wartezeit im Reisebüro am Bahnhof deponieren). Fahrscheine ab Trang (oder alternativ Surat Thani) kauft man am besten auch bei K.K. Tours.

Boote

Bei der Ankunft der Boote von Krabi und Ko Phi Phi warten Dutzende Fahrer der Pickups der meisten Bungalowanlagen bereits. Schlepper mit Fotoalben fahren auch schon auf dem Boot mit. Die Hinfahrt zur Bungalowanlage ist gratis, manchmal auch die Rückfahrt. Falls das Pickup der gewünschten Anlage nicht da ist, am besten in eine benachbarte Anlage mitfahren.

In den Bungalow-Siedlungen und Travel Offices wird man gut über die Weiterreise informiert.

Von Krabi von Nov bis April (bei ruhiger See auch noch im Mai) **Expressboot** tgl. um 10.30 und 13.30 Uhr für 350 Baht in 2 Std. nach BAN SALADAN. Zurück um 8 und 13 Uhr. Das Boot legt einen Stopp vor Ko Jum ein (Transfer mit Longtail-Booten).

Von Krabi über Ban Hua Hin: Billiger, aber mühsamer als mit dem Minivan, fährt man von der Soi 6 mit großen Songthaews von 10–14 Uhr jede Stunde für 70 Baht nach BAN HUA HIN in 2 Std. Weiter mit der **Autofähre** zur Insel Ko Lanta Noi. Dann mit dem Motorradtaxi (50 Baht) oder Pickup (30 Baht) 8 km zur anderen Seite der Insel und nochmals per **Autofähre** bzw. **Longtail-Boot** (15 Baht) nach Ko Lanta. Die Longtail-Boote und die Autofähre verkehren laufend zwischen 7 und 20 Uhr.

Von Ko Phi Phi fährt von Okt bis April tgl. ein **Expressboot** nach Ban Saladan um 11 und 15.30 Uhr für 450 Baht in 1 1/2 Std. Zurück um 8 und 13 Uhr.

Von Phuket fährt von Okt bis April tgl. ein **Expressboot** nach Ban Saladan um 8.30 Uhr für

750 Baht in gut 4 Std. Zurück um 13.30 Uhr.
Nach Ko Lipe mit der neuen Speedbootlinie
über Ko Hai, Ko Muk und Ko Bulon tgl. um 13 Uhr
in 2 3/4 Std. für 1700 Baht, zurück ab Ko Lipe um
9 Uhr. Bei ruhigem Wasser ist dies eine tolle
Sightseeing-Fahrt. Buchung unter ✆ 074-
783643-5, 086-9651732, 081-9592094.

Selbstfahrer
Vom H4 am KM 63,7 im Dorf Ban Huai Nam Khao
nach Westen auf den H4206 abbiegen und 27 km
bis zum Pier der Fähre bei Ban Hua Hin fahren
(2 x 5 Baht p. P., 2 x 10 Baht/Motorrad, 2 x 70
Baht/Auto).

Kaw Kwang

In der Nordwestecke der Insel, 2 km westlich von
Ban Saladan, liegt die Halbinsel Kaw Kwang
(= Deer Neck).

Die nördliche Bucht besteht aus einem topf-
ebenen Mangrovenstrand, der bei Ebbe trocken
fällt. Der südliche, flache, aber schöne Badestrand geht in den langen Klong Dao Beach über.
Dazwischen liegt eine 20–400 m breite Landzunge, die im Westen von einem Felsenhügel abgeschlossen wird. Vom Kaw Kwang Beach führt ein
Treppenaufgang zu einem Aussichtspunkt, schöner Blick über die doppelte Bucht. Am kleinen
Strand hinter dem Hügel kann man bei Flut eventuell schwimmen und gut schnorcheln.

Übernachtung

Deer Neck Cabana ④, ✆ 081-2303635, schöne
Anlage am Mangrovenstrand, zwei Dutzend
saubere, preiswerte Komfort-Bungalows; gutes
Restaurant auf dem Hügel, Bar in den Mangro-
ven; Fußweg zum Klong Dao Strand ausgeschil-
dert. Zum Wohlfühlen. ❷–❸
Kaw Kwang Beach ⑤, ✆ 075-621373, am süd-
lichen Beginn des Klong Dao-Strandes, fast auf
dem Kap, unter Kokospalmen. Bungalows mit
Fan oder AC parallel zum Strand in mehreren
Reihen, für Familien 2 Zi nebeneinander,
schlechter Zimmerservice; riesiges Restaurant,
Bar am Strand, sehr flacher Strand, ideal für
Kinder. Mehrfach wurde mit Zweitschlüsseln

eingebrochen. Das ganze Jahr geöffnet. ❹–❻
(und teurer).

Klong Dao Beach

Südlich von Ban Saladan erstreckt sich der
flache, relativ feste Sandstrand Klong Dao über
etwa 2 km. Von Touristen wird er häufig Lanta
Beach genannt, was die Einheimischen aber
nicht gern hören.

Der hellgraue Sand ist z. T. übersät mit kleinen
Muscheln. Das stellenweise mit Mauern befestigte Ufer flankieren mächtige Kasuarinen. So
wirkt der Strand nicht gerade tropisch, weshalb
ihn manche Traveller nicht als schön empfinden.
Er eignet sich bei jedem Wasserstand gut zum
Schwimmen, denn schon nach 30 m erreicht man
schwimmtiefes Wasser. Auch Kinder können gefahrlos baden. Bei starkem Wind ist das Wasser
allerdings überhaupt nicht zum Baden geeignet.
Im Süden wird der Strand von scharfkantigen
Felsen und einem Kap abgeschlossen, über das
man bei Ebbe mit festen Schuhen zum nächsten
Strand klettern kann. Entlang der Hauptstraße ist
es dicht besiedelt. Zwischen den Häusern der
Einheimischen hat sich das touristische Neben-
gewerbe breit gemacht. Ab 5 Uhr morgens wird
von der Moschee hinter der Straße im südlichen
Bereich des Strandes zum Gebet gerufen.

Übernachtung

An diesem etwa 2 km langen Strand liegen
zurzeit 33 Anlagen mit Bungalows von 200–2000
Baht (Preisschwankung je nach Saison), wobei
die teureren meistens Klimaanlage haben. Auch
Komfortbungalows, die man über internationale
Reiseveranstalter buchen kann, sind hier zu finden. Die billigsten Zi liegen meistens weiter weg
vom Strand und sind in der Hauptsaison fast immer ausgebucht. Viele Gäste sprechen Deutsch.
Alle Anlagen sind über Stichstraßen von der
neu gebauten Hauptstraße aus zu erreichen.
Sie besitzen ein Restaurant mit Meersicht und
mindestens eine Strandbar. Fast alle Anlagen
vermieten Mopeds ab 250 Baht.
Cha-Da Beach Resort ⑦, ✆ 02-2754049,
🖥 www.chadabeach-lanta.com, neues Luxus-

resort. Von manchen Zi der unteren Etage der 2- bis 3-stöckigen Gebäude direkter Einstieg in einen langen Pool. ➑

Noble House Beach Resort ⑧, ✆ 075-684096, ✉ lantanoblehouse@hotmail.com, Reihenhaus, sehr gut ausgestattete, saubere Zi mit Fan oder AC, verbunden für Familien; Restaurant mit europäischer Küche, Backwaren; unter schweizer Leitung, davor schöner Sandstrand. ➍–➎

Laguna Beach Club ⑧, ✆ 075-637345, gut ausgestattete, kleine Bungalows, eine entsprechend teurere *Honeymoon Suite* mit Meerblick, gepflegter Garten, freundlicher Service, unter thai-deutscher Leitung. 10% Rabatt für Wiederkommer. ➎–➑

Lanta Summer House ⑨, ✆ 075-684099, ✉ www.lantasummer.com, 28 Bungalows mit Fan oder AC in einem schattigen Garten mit einer Orchideenecke. ➎

Sun Fun & Sea Bungalows ⑩, ✆ 075-684025, ✉ www.thailandbungalow.com; unterschiedliche Bungalows mit Fan oder AC; Barbecue-Restaurant am Strand, Sanuk Bar mit Shows, unter Thai-Schweizer Leitung. ➌–➍

Hans Bungalows ⑩, ✆ 075-684152, am KM 1,5, einfache Fan-Bungalows aus Stein oder Naturmaterialien, einige Strohhütten, Strandrestaurant. ➋–➌

Lanta Scenic Bungalow ⑫, ✆ 075-684231, 100 m vom Strand hinter Golden Bay, 23 saubere Bungalows in 2 Reihen, dazwischen der schmale Garten, Restaurant. ➌

Royal Lanta Resort ⑬, ✆ 075-684361, ✉ www.royallanta.com; Bungalows im Thai-Stil, kleines Bad. Pool, offenes Restaurant am Strand. Fitnessraum. ➏

Golden Bay Cottage ⑬, ✆ 075-684161, ✉ www.krabidir.com/goldenbaycottage; am KM 1,6 Zufahrtsweg von 500 m; am besonders flachen Strandabschnitt, 31 komplett eingerichtete Steinbungalows mit Kühlschrank in großem Garten, gut für Familien. Gutes Essen, riesige Auswahl, Bar. Motorrad- und Mountainbikevermietung. Günstig über Reiseveranstalter zu buchen. Das ganze Jahr geöffnet. AC ➍–➏

Diamond Sand Palace ⑭, ✆ 075-621135, am KM 1,7, relativ dicht aufeinanderstehende Reihenbungalows, alle mit Doppel- und Einzelbett,

gut für kleine Familien geeignet; ordentliches Restaurant. ➎

Southern Lanta Resort ⑮, ✆ 075-684175, ✉ www.southernlanta.com; 90 große, komfortable, dicht stehende Einzel- oder Doppelbungalows mit AC; familienfreundlich, Restaurant mit angemessenen Preisen, großer Swimming Pool, kleines Spa. Deutsche Pauschaltouristen. Die billigeren Bungalows sind überteuert. ➎–➐

Lanta Villa ⑯, ✆ 075-684129, ✉ www.lantavilla resort.com; am KM 1,8; dicht aufeinander gebaute Bungalows, z. T. mit AC und Verbindungstür für Familien, manche mit Meersicht, dazwischen ein riesiges Restaurant. Swimming Pool. Akzeptiert Visa- und Mastercard, Geldwechsel mit 10% Aufschlag. Viele Moskitos. Das ganze Jahr geöffnet. ➎

Lanta Island Resort ⑳, ✆ 075-684124, am KM 2; 99 verschiedenartige, renovierte Bungalows auf engem Raum, Du/WC; schön begrünt, Restaurant mit gut Englisch sprechendem Personal, Pool. Unter engagierter Leitung eines Deutschen und einer Russin, einer guten Seele. ➍

Lanta Sea House ㉑, ✆ 075-684073, ✉ www.lantaseahouseresort.com; gepflegter Garten, große Komfort-Bungalows aus Holz oder Stein, z. T. mit 3 Betten; großes, gutes Restaurant unter hohen Kasuarinen, thailändische und europäische Küche, freundliches, manchmal überfordertes Personal. Besonders beliebt und vielfach gelobt. Das ganze Jahr geöffnet. ➎–➑

Lanta Garden Home ㉖, ✆ 075-684084, ✉ www.krabidirectory.com; am KM 2,4; 14 Holz- und Steinbungalows mit Du/WC und Fan oder AC; hervorragendes Strandrestaurant mit Essenszwang, familiäre Atmosphäre, nette, moslemische Leute. ➋, AC ➎

Lanta Bee Garden ㉖, ✆ 075-684227, ✉ www.lantabeegarden.com; große, saubere Bungalows mit Fan oder AC und 2-stöckige AC-Reihenhäuser, hinten billiger, freundliches Management, nur in der Hauptsaison geöffnet. ➌–➎

Andaman Lanta Resort ㉗, ✆ 075-684200, ✉ www.andamanlanta.com; zweistöckige Hotelgebäude an der Straße, gut eingerichtete Zi mit Fan oder AC, Bungalows mit blauen Dächern, um einen großen Pool gruppiert. Strandrestaurant. Schwedische und deutsche Pau-

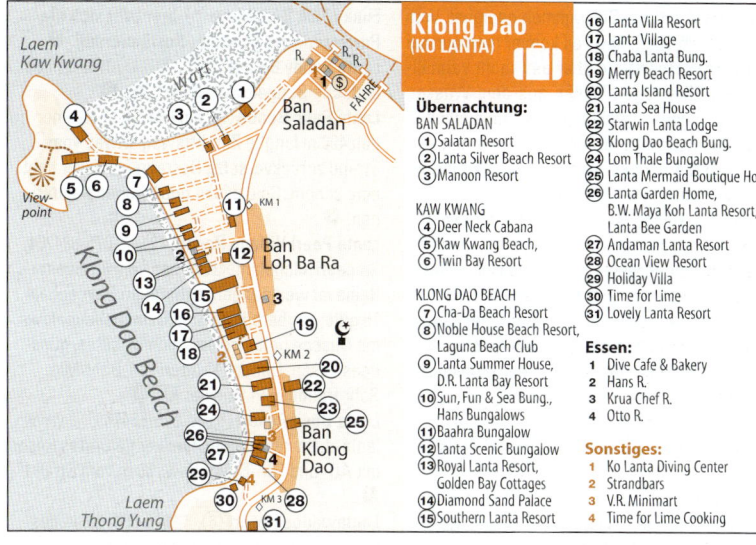

Klong Dao
(KO LANTA)

Übernachtung:

BAN SALADAN
① Salatan Resort
② Lanta Silver Beach Resort
③ Manoon Resort

KAW KWANG
④ Deer Neck Cabana
⑤ Kaw Kwang Beach,
⑥ Twin Bay Resort

KLONG DAO BEACH
⑦ Cha-Da Beach Resort
⑧ Noble House Beach Resort, Laguna Beach Club
⑨ Lanta Summer House, D.R. Lanta Bay Resort
⑩ Sun, Fun & Sea Bung., Hans Bungalows
⑪ Baahra Bungalow
⑫ Lanta Scenic Bungalow
⑬ Royal Lanta Resort, Golden Bay Cottages
⑭ Diamond Sand Palace
⑮ Southern Lanta Resort
⑯ Lanta Villa Resort
⑰ Lanta Village
⑱ Chaba Lanta Bung.
⑲ Merry Beach Resort
⑳ Lanta Island Resort
㉑ Lanta Sea House
㉒ Starwin Lanta Lodge
㉓ Klong Dao Beach Bung.
㉔ Lom Thale Bungalow
㉕ Lanta Mermaid Boutique House
㉖ Lanta Garden Home, B.W. Maya Koh Lanta Resort, Lanta Bee Garden
㉗ Andaman Lanta Resort
㉘ Ocean View Resort
㉙ Holiday Villa
㉚ Time for Lime
㉛ Lovely Lanta Resort

Essen:
1 Dive Cafe & Bakery
2 Hans R.
3 Krua Chef R.
4 Otto R.

Sonstiges:
1 Ko Lanta Diving Center
2 Strandbars
3 V.R. Minimart
4 Time for Lime Cooking

---

schaltouristen. Schwimmen wegen Felsen im Wasser nur bedingt möglich. ❺
Hier hört der Sandstrand auf, die scharfkantigen Felsen beginnen.
Ocean View Resort ㉘, ✆ 075-684089, 🖥 www.oceanviewlanta.com; 30 Zi im Hotelgebäude entlang der Straße und in geräumigen Reihen-Bungalows näher am Strand, unterschiedlich eingerichtet, mit AC oder Fan. In Familienbesitz. ❻
Holiday Villa ㉙, ✆ 075-684370, 🖥 www.holidayvillalanta.com; große, klimatisierte Suiten in Bungalows im Thai-Stil vom Hang bis zum Strand, großer Pool. Restaurant. ❻–❽
Time for Lime, ㉚ ✆ 075-684590, 🖥 www.timeforlime.net, 8 gemütliche Bungalows im friedlichen Garten, kostenloses WLAN, hervorragendes Restaurant, unter norwegischer Leitung. ❸

Essen und Unterhaltung

In der Hochsaison steigen die Essenpreise auf deutsches Niveau.
Im preiswerten, guten Restaurant des **V.R. Minimart** wird leckerer Fisch zubereitet.
Das Unterhaltungsangebot beschränkt sich auf die Strandbars, die recht früh schließen. Außerhalb der Hauptsaison sind nur wenige populär.
Billard im Laguna Beach Club hat Bier vom Fass.
Krua Chef, an der Hauptstraße gegenüber Lanta Villa Resort, reichhaltige Speisekarte, sehr gut verdauliches, leckeres Essen.

Sonstiges

Der Supermarkt **V.R. Minimart** am südlichen Ende des Strandes ist klein, aber gut sortiert, Preise wie auf dem Festland. Motorradvermietung. 🕐 in der Saison tgl. 8–20 Uhr.
Die Kochschule **Time for Lime**, ✆ 075-684590, 🖥 www.timeforlime.net, hat eine offene Küche mit Blick auf das Meer, Tages- und Abendkurse, sehr beliebt.

Long Beach

Der Long Beach (auch Phra-Ae Beach) beginnt am KM 3,5 und ist knapp 3 km lang. Er ist durch ein kleines Kap vom Klong Dao Beach getrennt. Nur der nördliche Teil bietet schönen, feinen

Sand und ist gut zum Schwimmen geeignet. Vom mittleren zum südlichen Teil kommt man nur bei niedrigem Wasserstand über den recht vermüllten Fluss. Hier ragen Felsen aus dem Wasser, Baden ist eingeschränkt möglich. Am südlichen Ende wachsen 200 m draußen im Meer ein paar kleine Korallenstöcke, in denen sich kleine Fische tummeln.

Der Long Beach ist sehr schön und ruhig. Die Bungalowanlagen stehen noch nicht ganz so dicht aufeinander, viele Unterkünfte sind einfach, aber immer mehr werden zu besseren Häuschen ausgebaut. Die Besiedelung entlang der Straße ist geringer. Mehrere einheimische Restaurants und Supermärkte haben auch in der Monsunzeit geöffnet.

Übernachtung

The Deep Forest ①, ✆ 081-0791992, Bambusbungalows mit Fan, ungepflegte Anlage, Meersicht, Restaurant. ❷–❸

Sayang Beach Resort ①, ✆ 075-684165, 🖳 www.sayangbeach.com; 35 mit Bambusmatten ausgekleidete Holzbungalows mit Fan oder AC direkt am Strand, uriges Bad. Restaurant am Strand mit Thai und indischer Küche, auch vegetarisch, aber überteuert; nette Leute, sehr beliebt. ❸

Seapearl Lanta Cottage ①, ✆ 075-684504, 17 einfache, saubere Hütten mit Du/WC im schattigen Palmenhain, Bungalows mit gehobenem Standard. Gutes Restaurant, netter, schneller Service. ❸–❹

Lanta Sand Resort & Spa ①, ✆ 075-684354, 🖳 www.lantasand.com; viel gelobte Komfortanlage im herrlichen, tropischen Garten, große Doppelbungalows mit Meersicht, 77 erstklassige, hellhörige Zi, Strandrestaurant, Pool mit vielen Liegen. Besonders bei Familien mit kleineren Kindern sehr beliebt. Ruhestörende Bar nebenan. ❽

Das familiäre Thai-Restaurant **Second Home** daneben serviert exzellenten Fisch und Seafood. Auch **Suza Hut** (rechts daneben) und **Mr. Wee** bereiten bestes Essen zu.

Somewhere Else ②, 6 sehr große Mattenbungalows am Strand im Palmenhain, gutes Restaurant, laute Ozone Bar. ❸

Funky Fish Bungalow ③, hier trifft sich die Partyszene mit schräger Kostümierung. ❷

Lanta Sandy Beach ②, ✆ 081-4770142, einige einfache Bungalows mit Fan. ❷–❸

Lanta Palm Beach ②, am KM 3,8 abzweigen auf den 400 m langen Zufahrtsweg. Etwas vom Strand zurückversetzt; Restaurant. Davor liegt eine schöne Spielwiese unter hohen Kasuarinen. ❹

Lanta Pearl Village Resort ②, ✆ 075-684204, ✉ pearlvillagelanta@hotmail.com; in zweiter Reihe im weitläufigen, schattigen Palmenhain. 15 gute, saubere Holz- und Bambusbungalows mit Dusche unter freiem Himmel, gutes, günstiges Essen, Dauer-TV, Internet 1 Baht/Min. Sehr freundliche Familie. ❷–❸

Lanta Dusit Resort ⑤, ✆ 075-684769, 🖳 www.lanta-dusit-resort.com, familiengeführtes Resort mit AC- und Fan-Bungalows, 50 m vom Strand. ❹

Lantawadee Resort ⑥, ✆ 075-684720, neues Resort mit Hängematte auf der Terrasse, offenes Bad, TV mit Deutscher Welle, freundliches Personal. ❺

Lanta Nakara ⑥, ✆ 075-422275, Holzbungalows mit Kühlschrank, in gerader Linie vom Strand zurückversetzt. ❹–❺

Lanta Long Beach Bungalows ⑥, ✆ 075-684198, 🖳 www.lantalongbeach.com, überteuerte, eng aneinander gebaute, saubere Bungalows mit Du/WC, Moskitonetz und Terrasse; vom Strand zurückversetzt, Restaurant mit schöner Sicht, teures Essen, Mopedverleih. ❹, AC ❺

Layana Resort & Spa ⑥, ✆ 075-607100, 🖳 www.layanaresort.com, sehr beliebte, kleinere, exklusive Anlage mit persönlicher Betreuung, 50 erstklassige, geräumige Bungalows, Restaurant, Pool, große Liegewiese, herzliches, fröhliches Personal. Viel gelobter, deutscher Manager. Für kleine Kinder nicht geeignet. Bestes Resort der Insel. ❽

Lanta Casuarina Resort ⑨, ✆ 075-684685, 🖳 www.lantacasuarina.com, abseits zwischen vermüllten Grundstücken gelegenes, ruhiges Resort am Strand, 51 Zi im 2-stöckigen Hotel, z. T. Meersicht, Bungalows beim Pool, einfallsloses Frühstück, freundliches Personal. Vorwiegend schwedische und finnische Gäste. Für längeren Urlaub weniger geeignet. ❻–❼

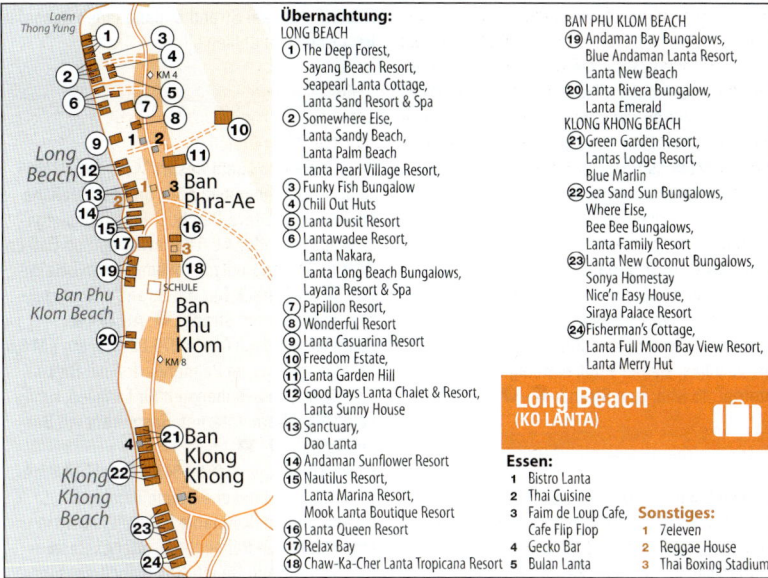

Good Days Lanta Chalet & Resort ⑫, ☎ 075-684186, ✉ info@gooddayslanta.com, gutes Hotel, Steinbungalows mit Fan und AC an einer Lagune und am Strand. Gute Lage, nettes Personal. Restaurant nicht besonders. ❹–❻

Lanta Sunny House ⑫, ☎ 075-684347, 15 Bungalows mit Fan, Moskitonetz und Du/WC. Sehr freundliche Managerin, die sehr gut Englisch spricht und bestens organisieren kann. ❸

Sanctuary ⑬, ☎ (081) 891 3055, familiengeführte Anlage mit netten Bungalows vor großer Rasenfläche am Ufer. ❹

Andaman Sunflower Resort ⑭, ☎ 081-6099503, einfache, saubere Bambusbungalows in einem schönen Garten, 100 m zum Strand, leckeres, billiges Essen; nette Besitzer, aber die Verständigung auf Englisch ist nicht leicht. In der Nähe das Reggae House. ❷–❸

Freedom Estate ⑩, ✉ freedomestate1@hotmail.com, ☎ 075-684251; 6 EZ-Apartments mit toller Aussicht hoch am Hang jenseits der Straße, 10 Min. zu Fuß zum Strand, unter Thai-Schweizer Leitung. ❺

Lanta Garden Hill ⑪, ☎ 075-684210-1, 🖥 www.lantagardenhill.com; ca. 50 sehr saubere, nette, komfortable AC-Bungalows aus Stein, in 2 Reihen am Hang jenseits der Straße, Terrasse mit toller Sicht zum Meer. Privatparkplatz; nette Besitzer, Restaurant, Swimming Pool. Super-Rabatt in der Nebensaison. ❺

Lanta Marina Resort ⑮, ☎ 081-6774522, am KM 6,2. Schöne, ruhige Anlage unter Palmen, gutes, originales, superscharfes Thai-Essen. Geleitet von Frau Nita. Der Strand ist mit Felsen durchsetzt, zum Schwimmen muss man 200 m weiter gehen. ❷–❸

Relax Bay ⑰, ☎ 075-684194, ✉ relaxbay@hotmail.com, am KM 6,2 abzweigen auf den 400 m langen, schlechten Zufahrtsweg bergauf. Weitläufige Anlage unter lichten Laubbäumen am steilen Hang, geräumige, gut ausgestattete Holzbungalows mit Du/WC, Terrasse mit Sitzmöbeln; Restaurant mit schöner Sicht; klein, persönlich, einsam, nette Leute. Direkter Zugang zum 250 m langen, separaten Strand mit feinem Sand, durchsetzt mit Korallengestein, gut zum Schwimmen. ❹–❻

Restaurants, am Strand entlang laden ausgefallene Bars zum Chillen ein.

Im **Reggae House** am südlichen Ende des Strandes wurde ein Paradies aus Treibgut errichtet. In lustigen Pavillons kann man seine Drinks zu Reggae-Musik direkt am Meer genießen und der untergehenden Sonne zublinzeln.

Chaw-Ka-Cher Tropicana ⑱, ✆ 075-637970, 🖳 www.lantatropicanaresort.com, jenseits der Straße beim KM 7 abseits gelegen, ruhiges Boutique Resort im Thai-Stil mit wenig Schatten, 23 Villas, kleiner Pool, eintönige Küche, Bar, Internet, 15 Min. zum Strand. ❺–❻

Essen und Unterhaltung

Faim de Loup - Café Francais, Frühstücks-Alternativen in Form von Croissants und Baguette. Man sitzt in Bambus-Pavillons oder auf der Caféterrasse.
Café Flip Flop, gute Thai- und internationale Küche, Internetnutzung mit Laptops im Café, abends werden neue Filme auf Englisch gezeigt, netter dänischer Betreiber.**Thai Cuisine Restaurant & Bar**, östlich der Straße. Der Chefkoch gibt persönlich Tipps. Essen sehr gut.
Bistro Lanta, gegenüber der Disco Opium, feine, preiswerte Thai-Gerichte (i.b. Curries), die Besitzer Meo und Tum verbreiten eine familiäre Atmosphäre und veranstalten individuelle Kochkurse.
Hippie Bar, neben dem Mountain Corner, jeden Abend Live-Musik.

Klong Khong Beach

Der Klong Khong Beach (auch Klong Khoang) ist ein langer, von Pandanus gesäumter, schmaler Sandstrand. Bei Ebbe schauen die Steine heraus, nur bei Flut kann man schwimmen und schön schnorcheln. Die Bungalowanlagen stehen dicht aufeinander, die meisten bieten nur geringen Komfort. Hier trifft man hauptsächlich Rucksackreisende. Zwischen der dörflichen Ansiedlung entlang der Straße liegen nur wenige

Übernachtung

Ban Phu Klom Beach
Blue Andaman Lanta Resort ⑲, ✆ 075-684565, 🖳 www.blueandaman.com, unterschiedliche kleine und größere Bambus- und Steinbungalows mit Fan oder AC, Warmwasser und Balkon, Restaurant am Pool mit tollem Seafood-Barbecue. Sound Shack Bar am Strand mit ruhiger Musik. Mauer am Strand. ❸, AC ❹–❺
Lanta New Beach ⑲, ✆ 075-684317, am KM 8,5; Steinbungalows im Palmengarten mit Balkon und Du/WC in 2 Reihen; gut für Familien, ruhig, keine Nachbarn. Internet, Restaurant mit Bar am Strand. ❸–❹
Lanta Rivera ⑳, ✆ 075-684300, 24 sehr kleine, saubere, spartanische Steinbungalows mit Du/WC und unakzeptable Holzbungalows in einem schönen Palmenhain; offenes Restaurant. Nette Bang Beach Bar, manchmal sehr laut bis 3 Uhr morgens; Strand-Volleyball. Viele Beschwerden übers Personal. ❸–❹
Lanta Emerald ⑳, ✆ 075-684294, Bambusmatten- und Steinbungalows, saubere Zi, leckeres Essen an kleinen Tischen im Sand direkt unter Kasuarinen, ruhige Atmosphäre. ❷–❸

Klong Khong Beach
Lantas Lodge Resort ㉑, ✆ 081-2284537, am KM 9; große, grasbewachsene Kokosplantage; gemauerte Bungalows mit Blechdach, Bad/WC; z. T. sind die Fenster nicht zu öffnen; offenes Restaurant. Leser meinen: lausiger Service. ❷–❸
Where Else ㉒, ✆ 081-4535599, ✉ whereelse_lanta@yahoo.com, grasbewachsener Palmenhain, 15 liebevoll gestaltete, einfache Bambus- und Holzhütten auf Pfählen mit guten Matratzen, Moskitonetz und Du/WC unter freiem Himmel; gutes, gemütliches Strandrestaurant (u. a. leckere indische Gerichte). Schöner Strand, im Meer felsig. Der freundliche Besitzer Wit spricht gut Englisch, schafft eine familiäre Atmosphäre und bemüht sich, den Aufenthalt so entspannend wie möglich zu gestalten. Sicherer Safe, Bücher, Spiele, Mopedverleih

(200 Baht/Tag). ☉ Okt–Mai (Juni–Sep Unterkunft möglich). ❸–❺

Bee Bee Bungalows ㉒, ✆ 081-5379932, schöne Anlage mit Bambushütten in einer Kokosplantage, Hippie-Ambiente, romantisches Abendessen direkt am Strand, sehr feines, günstiges Essen, leckeres Phat Thai, nette Bedienung, viele Bücher. ❷

Lanta New Coconut ㉓, ✆ 081-5377590, ✉ newcoconut@hotmail.com, saubere, geräumige Mattenbungalows mit Fan, in 2 Reihen, Betonbettkonstruktion ohne Lüftung mit unangenehmem Duft, tropischer Garten mit vielen schattigen Bäumen; Strandrestaurant und Monkey Beach Bar, die bis 3 Uhr morgens Krach macht. ❷–❸

Fisherman's Cottage ㉔, ✆ 081-4761529, 🖥 www.fishermanscottage.biz, sehr schöner Palmengarten am Sandstrand, 11 gepflegt wirkende, unterschiedliche Bungalows, offenes Restaurant mit gutem, preiswertem Essen. In der Bar/Lounge (mit DJ, der diese Bezeichnung auch verdient) kümmert sich das freundliche und interessierte Personal um einen. ❺

Lanta Merry Hut ㉔, ✉ merryhut@hotmail.com, ✆ 081-5833197, einfache, saubere Holzbungalows in netter Anlage; herzliche, familiäre Atmosphäre. ❷–❸

Essen und Unterhaltung

Bulan Lanta, hervorragendes und recht preiswertes Essen, Internet und TV. An der Hauptstraße auf der Höhe des New Coconut, östlich der Straße.

Gecko Bar, gleich neben dem Lantas Lodge Resort, geniale Bar mit bequemen Liegestühlen aus Bambus, Großleinwand für Fußballspiele. Leckere Pizza und Thai Currys, von einem Franzosen geführt.

Klong Nin Beach

Die Hauptstraße biegt in diesem Strandabschnitt quer über die Insel zur Ostküste ab. Die Westküstenstraße führt bis zur Südspitze und ist bis zum Kantiang Beach asphaltiert. Der 2,5 km lange, schöne Sandstrand ist von ein paar Felsvor-

sprüngen unterbrochen. Die Flut überspült den Strand fast völlig. Hier liegen recht gute Unterkünfte mitten im Dorf am Strand. Die Infrastruktur ist noch nicht sehr entwickelt. Auch in der Nebensaison sind die Anlagen offen. Nach Ban Saladan benötigt man mit dem Auto ca. 35 Minuten.

Vor einigen Jahren wurde die sehenswerte Höhle **Tham Khao Mai Kaeo** (Diamond Cave) bei Ban Klong Nin entdeckt (ca. 3 km vom Klong Nin Beach). Ca. 1,5 km hinter Ban Klong Nin geht es rechts ab (beschildert), dann sind es noch 20 Min. zu einer kleinen Siedlung am Fuße der Höhlen. Von dort führt ein Weg durch intakte Natur mit teilweise bis zu 50 m hohen Bäumen, z. T. auf steilen Treppen und Leitern aus Bambus, hoch zum Höhlensystem. Es sollte nur mit einem Führer aus der Siedlung aufgesucht werden, der 150 Baht p. P. für 2 Stunden bekommt und dafür auch Taschenlampen bereithält. Er hilft bei der anstrengenden, wirklich abenteuerlichen Kletterei in den drei Höhlen, die ineinander übergehen. In einem Becken kann man baden. Abwärts geht es 200 m auf wackligen Bambusleitern. Lange Hosen und feste Schuhe sind notwendig, eine zusätzliche gute Taschenlampe ist hilfreich. Der Ausflug wird an den Stränden auch als Tagestour (9–16 Uhr) für 250 Baht angeboten.

Übernachtung

Rawi Warin Resort & Spa ②, ✆ 075-607400, 🖥 www.rawiwarin.com, riesige Luxusanlage am Hang und beim Strand. Mehrere Pools, Meerwasserpool draußen im Meer. ❻

Lanta Palace ③, ✆ 075-697123, 🖥 www. lantapalace.com, 35 Komfortbungalows mit AC, Kühlschrank, Warmwasser und TV; offenes Strandrestaurant. ❺

Lanta River Sand Resort ④, ✆ 075-697296, großzügige Bungalows, z. T. völlig aus Naturmaterialien, und kleine Hütten in traumhafter Lage auf einer Halbinsel am Nordende des Strandes; sehr hilfsbereite, gebildete Besitzerin, die gut und gern auf Englisch diskutiert; hervorragendes Seafood. ❸–❹

Lanta Nice Beach Resort ⑥, ✆ 075-662662, 🖥 www.krabidir.com/lantanicebeach; kleine, günstige Stein-Bungalows mit Fan, neue AC-

Bungalows, am Strand und auf der anderen Straßenseite, etwas abseits am Beginn des Dorfes. ❸–❺

Lanta Nature Beach Resort ⑨, ✆ 075-697266, ✉ naturebeachresort@yahoo.com, am Hang gelegene, nette Anlage, Hütten jenseits der Straße und eng stehende Steinbungalows Richtung Strand mit Fan oder AC. Strandrestaurant mit Speisekarte ohne Preise, Abrechnung bei der Abreise, was zu unangenehmen Überraschungen führen kann. Jeden Abend Beach Volleyball mit Gästen und Personal, Felsen im Meer; Motorrad- und Mountainbike-Verleih. ❸–❹, AC ❹–❺

Lanta Miami Bungalow ⑨, ✆ 075-697081, ✉ www.lantamiami.com; zwischen Strand und Straße, zwar sehr sauber und gepflegt, aber zu. viele Steinbungalows (mit und ohne AC); Restaurant. ❸, AC ❹

Sri Lanta ⑩, ✆ 075-697288, ✉ www.srilanta. com; Boutique-Hotel auf beiden Seiten der Staubstraße, große, palmblattgedeckte Holzhütten am Hang. Bei Indianern und Hindus entliehene philosophische Elemente, die es erlauben, für einfache Dinge einen extrem hohen Preis zu verlangen, z. B. Frühstück im pyramidenförmigen Strandrestaurant auf Bodenmatten serviert für 275 Baht. Pool, Yoga, Meditationen, Sternebeobachtung. Das Management warnt wegen scharfkantiger Felsen vor Baden im Meer. Überfordertes Personal. ❻–❼

The Narima ⑪, ✆ 075-607700, ✉ www. narima-lanta.com; wunderschönes, abgeschiedenes Designer-Resort über der schroffen Küste unter Palmen und Dschungelbäumen, inmitten von tropischen Pflanzen und Orchideen, 32 sehr saubere, hellhörige AC-Bungalows aus Naturmaterialien in 3 Reihen, mit Fan, Minibar, Du/WC, Balkon mit Sicht auf den Sonnenuntergang; Restaurant, Snack-Bar und Pool oberhalb des felsigen Privatstrands; familiäre Atmosphäre, die Besitzerin ist sehr freundlich, das Personal weniger. Diving Center. Fahrzeug ratsam. ❺–❻

Lanta Coral Beach Resort ⑫, ✆ 075-618073, saubere Steinbungalows unter Palmen, hoch über dem Meer, tolle Sicht, sehr ruhig. Zugang zum Wasser durch spitze Felsen verwehrt, 200 m weiter ok. ❸

Dream Team Bungalow ⑭, ✆ 075-618171, ✉ www.dreamteambeachresort.com; Ao Nui Beach, am KM 16,5. 70 große, saubere Bungalows mit Fan oder AC in idyllischem, gepflegtem Garten; teures Restaurant mit schöner Sicht; Pool mit vielen Liegen, freundliches Personal; Sandstrand mit Felsen, Fußweg zu besserem Badestrand (10 Min.). ❺–❼

Seaview Resort ⑮, Bungalows mit Patio am Hang oberhalb der Straße, Familienbetrieb, Restaurant. Direkt davor Felsen, daneben eine kleine Sandbucht. ❹

Richeys Bar, gute thailändische Küche.

Bakery, im Rawi Warin Resort, guter Kaffee, leckere Teilchen und Kuchen.

Cook Hai, hervorragendes Restaurant, auch mit nordthailändischen Köstlichkeiten.

Kantiang

Die malerische, 1 km lange Bucht Had Kantiang (Betonung auf dem I), in der mehrere Fischerfamilien leben, liegt 20 km von Ban Saladan entfernt. Den breiten Sandstrand bedecken viele Muscheln. Auch bei Ebbe kann man an einigen Stellen schwimmen. Bis hierher ist die Straße asphaltiert. Die Bungalowanlagen sind während des Monsuns offen.

Lanta Marine Park View Resort ⑰, ✆ 081-3970793, hoch an einem Osthang in lichtem Wald ungepflegte Anlage unter malaiisch-moslemischer Leitung mit heruntergekommenen Bungalows, einige mit herrlichem Blick über die Bucht, andere umweht von Küchengerüchen. Restaurant mit guter Aussicht; Bar, nachts laute Musik vom Strand. ❷–❹

Kantiang Bay View ㉑, ✉ reekantiang@hotmail. com, ✆ 081-2736008, Bungalows und Restaurant am Hang mit toller Sicht, beschwerlicher Weg zu Unterkunft und Strand. ❷–❸, AC ❹–❺

Pimalai Resort & Spa ㉒, ✆ 075-607999, ✉ www.pimalai.com; riesige Luxusanlage mit zweistöckigen Chalets ab 11 500 Baht pro Nacht. Wird als überteuert kritisiert, keine 5 Sterne. **❽**

Same Same But Different ㉓, ✆ 081-7878670, preiswertes Essen im Strandrestaurant.

Klong Jak Bay

Der schöne Badestrand **Klong Jak** (KM 22) liegt traumhaft ruhig inmitten üppiger Natur. Er ist auch mit dem Pickup über einen steilen, kurvigen Weg zu erreichen. Schöne Wanderungen führen zum hübschen Wasserfall (immer am Bach entlang, 1 Std.) und über steile Hügel durch den Nationalpark (3 km) zum Leuchtturm. Schwimmen kann man bei jedem Wasserstand, sogar im Monsun, daher sind einige Anlagen ganzjährig offen. 800 m nördlich liegt der sehr schöne Strand **Ao Nui.** Alle Anlagen bieten Massage (250 Baht/ Std.) und Schnorcheltouren (550 Baht) an.

Übernachtung

Anda Lanta Resort ㉔, ✆ 075-607555, am Anfang des Strandes mit vielen Bäumen und Palmen, sehr ruhige, gepflegte Anlage, große Bungalows im modernen Thai-Stil am Strand und kleinere, schlichtere dahinter, keine Moskitonetze, kein Kühlschrank, Pool mit Liegen und Sonnenschirmen, gutes Restaurant am Strand, samstags Barbecue mit frisch gefangenem Fisch. Freundliches, hilfsbereites Personal. Kajak zu mieten. **❺ – ❻**

Klong Jak Bungalows ㉕, ✆ 081-7370980, schlichte Bambushütten und neuere, saubere Steinbungalows in rustikaler Anlage direkt am herrlichen Strand; ruhig, naturnah; entspannte familiäre Atmosphäre; leckeres Essen im stimmungsvollen Restaurant am Strand, angenehme Strandbar. Taxi nach Ban Saladan 50 Baht p. P. **❷ – ❸**

Sunmoon Bungalow ㉖, ✆ 075-629235, ✉ musasunmoon@hotmail.com, zwischen der Straße und einem kleinen Fluss, 10 heruntergekommene Bambushütten mit ebensolchem Bad, Restaurant mit Bar. Der direkte Strandzugang ist abgesperrt; sehr nette, bemühte Besitzer. **❷ – ❹**

Bamboo Bay (Mai Phai)

Diese hübsche, kleine Bucht ganz im Süden ist etwas für Einsamkeitsfanatiker und Naturfreaks.

Der **Mu Ko Lanta National Park** umfasst 134 km² Wald auf der Südspitze und 27 km² Wasserfläche mit 15 Inseln im Süden und Osten von Ko Lanta. Im Wald werden kleinere Säugetiere, Pythons, Kobras und über 100 Vogelarten geschützt. Leider sind die Parkangestellten nicht in der Lage, die Zerstörung des Waldes aufzuhalten. Auch die Korallenriffe können sie nicht ausreichend schützen. Verantwortungsbewusste Traveller könnten die Bootsleute bitten, ihre Anker nicht zwischen den Korallenstöcken, sondern gezielt im Sand abzuwerfen. Übernachten im Park ist zwar nicht verboten, wird aber wegen der fragilen Ökologie nicht gern gesehen. Der Nationalpark ist nur durch die Naturstraße bis zum Leuchtturm beim Headquarter erschlossen. Der 2 km lange Dschungelspaziergang ist lohnenswert. Am Sandstrand der Tanod Bay kann man baden. Tagestouren für 700 Baht, Flossen nicht vergessen.

Übernachtung

Bamboo Bay Resort ㉗, ✆ 075-697069, 🖳 www. bamboobay.net; gepflegte Anlage, 18 Bungalows am steilen Hang oberhalb der Straße, ausgezeichnetes Restaurant am Meer, fantastische Sicht über die Bucht, gut geschultes, Englisch sprechendes Personal, familiäre Atmosphäre; unter hervorragender Thai-dänischer Leitung. **❷ – ❹**, AC **❺**

Baan Phu Lae Bungalows ㉘, ✆ 081-2011740, 🖳 www.lanta.de/baanphulae; 9 sehr schöne Bungalows mit Du/WC, am Strand und unter Bäumen am Hang dahinter, Hängematte, Moskitonetz; nette Besitzer. Besonders empfehlen unsere Leser das leckere Essen. **❷**

Die Inseln vor Ko Lanta

Vor der Ostküste Ko Lantas liegen einige kleine Inseln. Nur auf der bewaldeten **Bubu Island** kann man übernachten. Wer Ruhe und Einsamkeit nicht scheut, ist hier richtig.

Krabi, Ko Lanta und die südliche Andamanenküste

Übernachtungsmöglichkeit im **Bubu Island** ㉙, ✆ 075-618066, in 15 Bungalows mit WC (Brackwasser) und einem Schlafsaal (80 Baht). Relativ teures Restaurant. Sehr netter Besitzer. Von Dez bis April geöffnet. Der Matsch-Strand lädt allerdings kaum zum Schwimmen ein. ❸

Zu erreichen am besten mit dem Minibus und Boot von **Owart & Friends** in Krabi, Nähe Chaofa Pier, ✆ 075-611693. Ansonsten am Hafen von Bo Muang beim Pa Saree Restaurant, ✆ 075-699044, nachfragen. Ab Trang mit **K.K. Tour**, am Bahnhof, ✆ 075-211198.

Trang ตรั

In der angenehmen, chinesisch geprägten Provinzhauptstadt mit 75 000 Einwohnern fallen viele moderne, gut bestückte Läden ins Auge. Fast 2000 Jahre lang lag Trang am Meer und war eine bedeutende Handelsstadt. Im 19. Jh. wurde sie wegen ständiger Überflutungen weiter ins Landesinnere verlegt. Heute dient sie hauptsächlich als wichtiger Umschlagplatz für den Kautschuk, der in der Umgebung in Familienbetrieben gewonnen wird. Die Stadt macht einen wohlhabenden Eindruck. Nachdem Chuan Leekpai, ein Sohn der Stadt, zum Ministerpräsidenten von Thailand gewählt worden war, entwickelten die Bewohner auch ein neues Selbstbewusstsein, und es flossen größere Zuwendungen in die Stadt.

Wer von Süden kommt, wird vom großen, überdachten **Markt** im Zentrum und vom Nachtmarkt beeindruckt sein. Einige chinesische **Tempel** sind mit interessanten Höllendarstellungen geschmückt. Von der **Buddha-Statue** hinter dem Bahnhof auf dem Hügel hat man einen herrlichen Blick über die Stadt. Ziemlich laute Dreirad-Scooter verkehren in der Stadt.

Erst in den letzten Jahren wurden die einsamen Strände der Provinz entlang der 119 km langen Küste und eine Handvoll der 47 wunderschönen Inseln touristisch erschlossen. Jede Resortinsel ist von Trang aus problemlos mit einem Kombiticket für Minibus und Boot zu erreichen. Das neue Speedboot von Ko Lanta fährt über Ko Hai, Ko Muk und Ko Bulon in nur drei Stunden nach Ko Lipe. Die Entfernungen zu den herr-

lichen Stränden der Provinz schrumpfen. Die beste Zeit für Fahrten entlang der Westküste und zu den Inseln ist von Dezember bis April. Die Wasserfälle wirken während der Regenzeit (Juni–Nov) am eindrucksvollsten.

Übernachtung

Gästehäuser
PJ Guest House ⑮, 25/12 Sathani Rd., ✆ 075-217500, beim Bahnhof, Stadthaus mit 8 kleinen, einfachen Zi, Gemeinschafts-Du/WC, Dachgarten. Tickets, Mietwagen, Touren, professionelle Beratung durch Mr. Pong. ❷
My Friend Guest House ⑯, 25/17 Sathani Rd., ✆ 075-225447, 🖳 www.myfriend-trang.com, 30 m weiter, Stadthaus mit großen, sauberen AC-Zi, TV, Warmwasser-Du/WC; Restaurant mit schönen Sitzgruppen davor, Internet. ❸

Hotels
Koh Teng (Backpackers) ⑩, 77-9 Praram 6 Rd., ✆ 075-218622, sauber, im ruhigen hinteren Gebäudeteil sehr große Zi mit Fan, einige AC-Zi, beliebte Restauranthalle; freundlicher Besitzer, für Anspruchsvolle weniger geeignet. ❷, AC ❸
Pet Hotel ⑧, einfach und billig, aber laut. ❷

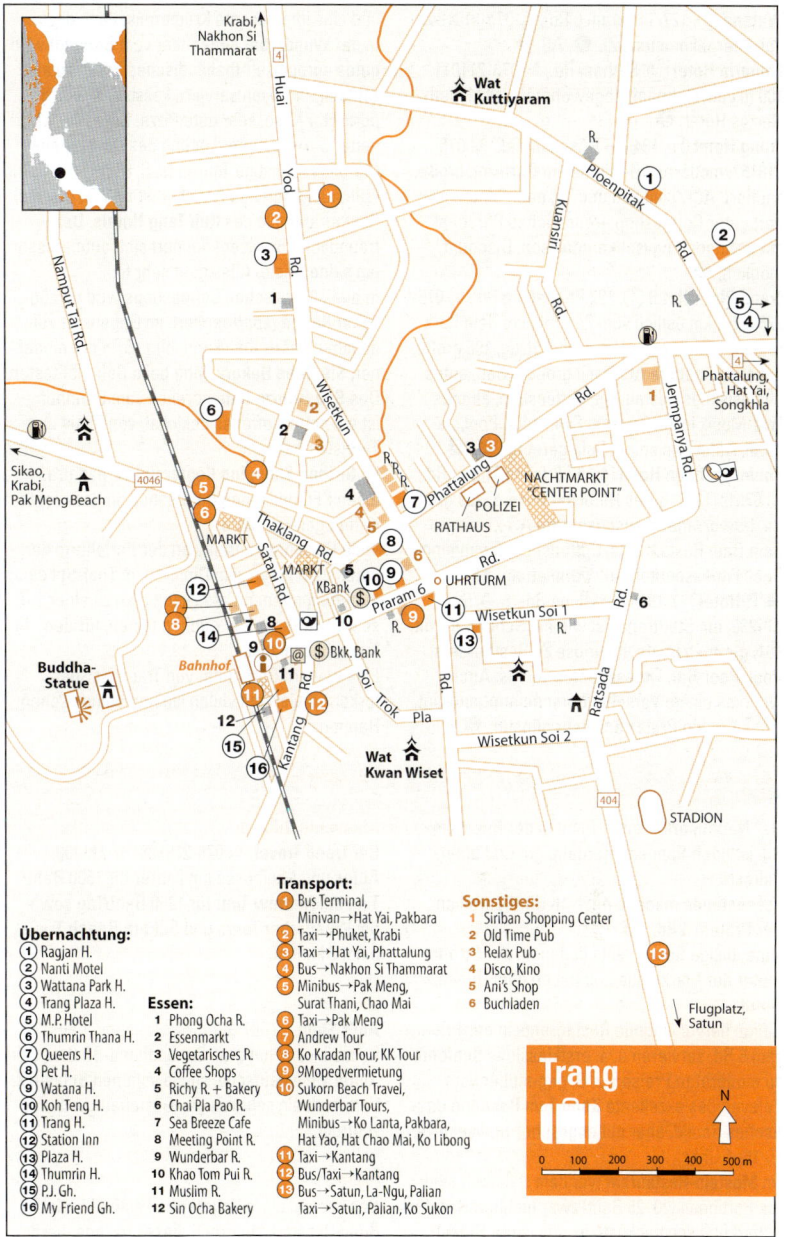

Übernachtung:
1. Ragjan H.
2. Nanti Motel
3. Wattana Park H.
4. Trang Plaza H.
5. M.P. Hotel
6. Thumrin Thana H.
7. Queens H.
8. Pet H.
9. Watana H.
10. Koh Teng H.
11. Trang H.
12. Station Inn
13. Plaza H.
14. Thumrin H.
15. P.J. Gh.
16. My Friend Gh.

Essen:
1. Phong Ocha R.
2. Essenmarkt
3. Vegetarisches R.
4. Coffee Shops
5. Richy R. + Bakery
6. Chai Pla Pao R.
7. Sea Breeze Cafe
8. Meeting Point R.
9. Wunderbar R.
10. Khao Tom Pui R.
11. Muslim R.
12. Sin Ocha Bakery

Transport:
1. Bus Terminal,
   Minivan→Hat Yai, Pakbara
2. Taxi→Phuket, Krabi
3. Taxi→Hat Yai, Phattalung
4. Bus→Nakhon Si Thammarat
5. Minibus→Pak Meng,
   Surat Thani, Chao Mai
6. Taxi→Pak Meng
7. Andrew Tour
8. Ko Kradan Tour, KK Tour
9. 9Mopedvermietung
10. Sukorn Beach Travel,
    Wunderbar Tours,
    Minibus→Ko Lanta, Pakbara,
    Hat Yao, Hat Chao Mai, Ko Libong
11. Taxi→Kantang
12. Bus/Taxi→Kantang
13. Bus→Satun, La-Ngu, Palian
    Taxi→Satun, Palian, Ko Sukon

Sonstiges:
1. Siriban Shopping Center
2. Old Time Pub
3. Relax Pub
4. Disco, Kino
5. Ani's Shop
6. Buchladen

Trang

0   100   200   300   400   500 m

N

Krabi, Ko Lanta und die südliche Andamanenküste

Watana ⑨, 127/3 Praram 6 Rd., ✆ 075-218184, heruntergekommene Zi. ❷, AC ❸

Thumrin Hotel ⑭, Sathani Rd., ✆ 075-211011, 100 m vom Bahnhof, abgewohntes voll klimatisiertes Hotel. ❸

Trang Hotel ⑪, 134/2-5 Wisetkun Rd., ✆ 075-218157, modernes Gebäude am Uhrturm, große, saubere AC-Zi mit Fan und TV, nach hinten ruhiger; guter Coffeeshop, freundliches Personal mit geringen Englischkenntnissen, Discount möglich. ❸

Trang Plaza Hotel ④, 132 Phattalung Rd., ✆ 075-226902, 1 km östlich vom Zentrum vor dem Park rechts, 14-stöckiges Hotel mit Aufzug, 196 große, gut ausgestattete AC-Zi mit großem Bad; gutes chinesisches Restaurant, Coffeeshop, abends Live-Musik in der Lounge. Swimming Pool, Jacuzzi, Autovermietung. Rolli-gerecht. ❹–❺

Thumrin Thana Hotel ⑥, 69/8 Trang Thana Rd., ✆ 075-211211, gutes Hotel mit Aufzug, 289 große, hervorragend ausgestattete AC-Zi mit großem Bad; Restaurants, Coffeeshop, Swimming Pool, Fitnesscenter, Autovermietung. ❺

M. P. Hotel ⑤, 184 Phattalung Rd., ✆ 075-214230, am Stadtrand, ist wie ein Schiff geformt; 191, gering belegte, luxuriöse Zi; Restaurants, Pool, Pool-Bar, Fitnesscenter, Tennis. Auch wenn es einige Verschleißerscheinungen zeigt, ist es für den Preis noch sehr günstig. ❹

Essen

Der **Nachtmarkt** Center Point in der Ruenrom Rd. ist nach Sonnenuntergang gut und unterhaltsam.

Essenstände machen nach 18 Uhr überall an der Praram 6 Rd. auf.

Gute, billige Restaurants liegen an der Straße hinter der Markthalle und neben dem Queens Hotel.

Einige hervorragende Restaurants in der Praram 6 Rd. servieren u. a. erstklassiges Seafood zu moderaten Preisen, z. B. gegenüber vom 7eleven das exzellente **Khao Tom Pui** ohne englisches Schild, aber mit englischer Speisekarte, ◷ 16–4 Uhr.

Im **Moslem-Restaurant** (vor dem Bahnhof) sind die Portionen (20–25 Baht) zwar nicht groß, dafür scharf und schmackhaft, es gibt saure Gurken

und eine interessante Kräutermischung dazu.

In der **Wunderbar** gegenüber vom Bahnhof wird gutes europäisch-thailändisches Essen zu akzeptablen Preisen serviert, Fassbier, Wein, importierter Käse, sehr gute Pizza. Gute Musik, netter Service, unter Leitung des Deutschen Matthias. Günstige Touren (s. S. 645). ◷ ab 9 Uhr. Frühstückstreff der Traveller ist ab 7.30 Uhr in Restauranthalle des **Koh Teng Hotels**. Der freundliche Besitzer kümmert sich aufmerksam um seine Gäste. Alles geht sehr fix.

In den chinesischen Coffeeshops wird vorzüglicher Kaffee *(kopi)* serviert, im Gegensatz zum üblichen *kafae*; man kann ihn z. B. in der modernen **Sin Ocha Bakery** nahe beim Bahnhof testen. Das **Sea Breeze Cafe** nördlich vom Bahnhof ist ein nettes, offenes Ecklokal, von Thais und Touristen besucht.

Im **Siriban Shopping Center** findet man u. a. einen KFC und einen Coffeeshop, in dem echter Kaffee gereicht wird.

Viele Gartenrestaurants an der Peripherie der Innenstadt laden zum Dinieren im Thai-Stil ein. In netten, offenen Cafés kann man zu einer Tasse Kaffee den guten Kuchen testen, für den Trang bekannt ist.

Eine weitere Spezialität von Trang ist Spanferkel, serviert mit vielen kleinen chinesischen Happen.

Sonstiges

Autovermietungen

Bei **Trang Travel**, ✆ 075-219598, 📠 211290, Autos und Minibusse mit Fahrer für 1500 Baht/Tag, bei **Andrew Tour** für 1300 Baht/Tag sowie bei **Wunderbar Tours** und **Sukorn Beach Travel** beim Bahnhof.

Bücher

Ani's Shop, ✆ 081-3974574, ✉ happy_hans1@hotmail. com, hat gute Secondhand-Bücher, darunter viele deutsche, sowie schönen Schmuck. Vermittelt ein sehr ruhiges Gästehaus im Stadtzentrum.

Feste

Das spektakuläre **Vegetarian Festival** findet im Sep / Okt statt. Während dieser 10 Tage werden

Krabi, Ko Lanta und die südliche Andamanenküste

höhere Hotelpreise verlangt. Die exakten Termine sind ab März beim TAT bekannt. Siehe auch Phuket (s. S. 520).

Informationen
Gibt es am besten bei den vielen Reisebüros beim Bahnhof. Im Internet aktuell unter 🖳 www.webtraveltrang.net.

Medizinische Hilfe
Ein Krankenhaus für Tropenkrankheiten liegt Richtung Flugplatz links. Bei Malariaverdacht wird eine Blutanalyse für 80 Baht gemacht (2 Std.).

Motorräder
Suzukis (250 Baht/Tag) werden gegenüber vom Koh Teng Hotel sowie von **Wunderbar Tours** und **Andrew Tour** (mit Automatik 350 Baht) verliehen.

Post und Telefon
Gegenüber vom Thumrin Hotel an der Praram 6 Rd. Ein **Telephone Center** für Auslandsgespräche liegt ca. 1 km weiter außerhalb an der Jermpanya Rd., ⊙ 8–16.30 Uhr.

Reisebüros
Es gibt mehrere beim Bahnhof, z. B. **Play Far Tour (Andrew Tour)**, u. a. Minibus nach Pakbara (Ko Lipe).
K.K. Travel & Tour, 📞 075-211198, u. a. Minibus nach Ko Lanta.
P.J. Tours, 📞 075-217500, im Gästehaus, Tickets und Touren in der Umgebung.
Sukorn Beach Travel, 📞/🖳 075-211457, Buchungsbüro und Transfer um 11.30 Uhr für Sukorn Beach Bungalows, unter holländischer Leitung. Ähnliches Angebot wie Wunderbar Tours.
Wunderbar Tours, ✉ wunderbar@asia.com, 🖳 www.wunderbar-trang.com, 📞/🖳 075-214563, organisiert günstige Touren für max. 4 Pers. in den Dschungel, zu nahe gelegenen Inseln und Wasserfällen, speziell auch für Taucher und Angler. Tickets, Motorräder, Autos, Limousinen-Service. Gute Landkarten. Bucht Unterkünfte in der gesamten Region per E-Mail (auch auf Deutsch). Thai-deutsche Leitung.

Straßennamen

Die fantasievolle Umsetzung der Thai-Schreibweise ins Englische führt vor allem bei Straßen zu einer Vielfalt scheinbar neuer Namen: So heißt die Wisetkun Rd. auch Wisetkoon, Visedkun, Visedkul oder Wisekun.

Tauchen
Alle Reisebüros bieten 2- bis 4-tägige Tauchtrips auf die vorgelagerten Inseln an, vor allem nach Ko Ha Yai, Ko Muk, Ko Rok, sowie zu den weltbekannten Unterwasserfelsen Hin Muang (Purple Rock) und Hin Daeng (Red Rock).

Nahverkehr

Motorradtaxis kosten in der Stadt 20 Baht, Dreiradtaxis 30 Baht.

Transport

Busse
Alle Busse starten und kommen beim Bus Terminal, 📞 075-210455, in der Huai Yod Rd. an. Nach BANGKOK (862 km) 2. Kl. AC-Bus und AC-Bus um 8 und 9.30 Uhr sowie von 16.30 bis 17.30 Uhr für 484 bzw. 623 Baht, VIP-24-Bus um 17 und 17.30 Uhr für 965 Baht in 12 Std.
Nach PHUKET AC-Bus alle 30 Min. für 257 bzw. 265 Baht in 5 Std. Sie fahren über KRABI für 129 bzw. 160 Baht in 2 1/2 Std.
Nach KHAO LAK mit dem Phuket-Bus bis Khok Kloi in 4–5 Std., umsteigen Richtung Takua Pa (50 Baht, 1 Std.).
Nach PHATTALUNG non-AC-Bus für 35 Baht in 90 Min.
Nach NAKHON SI THAMMARAT non-AC-Bus für 78 Baht, AC-Bus 112 Baht, ab dem Thumrin Thana Hotel.
Nach HAT YAI non-AC-Bus alle 30 Min. von 5.30–16.30 Uhr für 84–118 Baht.
Nach LA-NGU (für Pakbara) non-AC-Bus für 56 Baht, AC-Bus stdl. für 98 Baht in 2 Std., weiter nach SATUN non-AC-Bus für 74 Baht, AC-Bus 140 Baht. Per Motorradtaxi für 20 Baht zum Bus Stop.

Nach SURAT THANI Busse für 150 Baht (AC 170 Baht) in 4 Std.

Minibusse

Zum Strand von PAK MENG alle 30 Min. für 90 Baht (100 Baht zum Hafen und zum Resort), Taxi schräg gegenüber.

Zum Strand von HAT YAO und nach CHAO MAI jede Std. für 90 Baht.

Nach KO LANTA fährt bei K.K. Travel & Tour in der Saison um 10.30, 11.30, 12.30, 13.30 und 15.30 Uhr ein Minivan für 250 Baht über Ban Hua Hin (inkl. 2 Fähren) in 2 1/2 Std. nach Ban Saladan, in der Nebensaison nur 1x tgl. um 12 Uhr. Zurück um 7, 8 und 12 Uhr. Minibus-Charter: 1000 Baht. Nach PAKBARA mit Andrew Tour vom Bahnhof (bei Chitlada Tour) um 11 Uhr für 200 Baht. Mit Minibus und Boot nach KO BULON für 550 Baht, nach KO TARUTAO 500 Baht, nach KO LIPE 800 Baht, mit Speedboot 900 Baht, nach LANG-KAWI über den Tammalang Pier von Satun 750 Baht. Tickets bei allen Reisebüros. Nach HAT YAI vom Bus Terminal ca. alle 30 Min. bis 17.30 Uhr für 100 Baht, mit Andrew Tour für 200 Baht, weiter nach BUTTERWORTH (Malaysia) per VIP-Bus für insgesamt 450 Baht. Nach NAKHON SI THAMMARAT für 112 Baht. Nach SURAT THANI für 180 Baht in 3 Std. Nach PHUKET für 450 / 500 Baht in 6 Std.

Sammeltaxis

Die Sammeltaxi-Stände sind im Stadtplan eingetragen.

Nach KRABI für 100 Baht (1 1/2 Std.), PHATTA-LUNG 60 Baht, NAKHON SI THAMMARAT 90 Baht, HAT YAI 90 Baht, SURAT THANI 130 Baht (AC 200 Baht), SATUN 100 Baht, LA-NGU 90 Baht.

Taxi von Trang nach PAKBARA 850 Baht.

Eisenbahn

Fahrplan s. S. 782. Von BANGKOK *Express* 83 um 17.05 Uhr mit AC-Schlafwagen der 1. und 2. Klasse (ab 1419 / 823 Baht), Ankunft 7.15 Uhr, oder *Rapid* 167 um 18.20 Uhr mit Schlafwagen ohne AC, Ankunft 9.51 Uhr. Nach BANGKOK *Rapid* 168 um 13.25 Uhr, Ankunft 5.05 Uhr, oder *Express* 84 um 17.20 Uhr, Ankunft 8 Uhr (ab 503 / 325 Baht in der 2./3. Kl.).

Flüge

Der Flugplatz liegt 5 km südlich der Stadt. **Nok Air** fliegt 1x tgl. von/nach BANGKOK (DMK) für 1182–1462 Baht plus Gebühren von ca. 700 Baht. Demnächst fliegt auch **Orient Thai**.

Boote

In PAK MENG, 39 km westlich von Trang, ist der Bootsverkehr gut organisiert. Longtail-Boote zu den Inseln KO HAI kosten 500 Baht, nach KO KRADAN 600 Baht.

Biker

Wir empfehlen, die Stadt Trang wegen des starken Verkehrs weiträumig zu umfahren. Dazu kommt man von **Norden** ab Krabi über Ko Lanta zum Pak Meng Beach.

Nach **Süden** fährt man zunächst an den Stränden entlang und biegt beim KM 16 ab nach Kantang (15+3 km). Auf dem H403 geht es 4 km Richtung Trang, dann aber vor der großen Brücke am KM 90 in die Ausfahrt nach links (Schild: *Ban Thung Khai*) und unter der Brücke nach rechts durch (Schild: *Yan Tha Kao*) auf die Verbindungsstraße H4261 (12,3 km) zum H404 (KM 12). Darauf sind es 9 km nach Yan Ta Khao, wo man entweder am KM 22 auf die ländliche Straße H4125 nach Osten abbiegt und in einem großen Bogen Thung Yao erreicht (27 km) oder auf dem H404 bleibt und erst nach 20 km nach links auf den H416 abzweigt nach Thung Yao (4 km). Nun ist zunächst ein 1,5 km langer Anstieg zu einem Pass (19 km) zu bezwingen, hinter dem gleich die **Khao Ting-Höhle** kommt. Wer noch Energie hat, kann am Fuße des Passes am KM 34,9 einen Abstecher zum sehr schön im Dschungel gelegenen Wasserfall **Tan Pliu** machen (vorwiegend auf z. T. steiler Asphaltstraße, 6,7 km, Essensstände). Relativ leicht geht es weiter nach Thung Wa (ca. 14 km) und am nächsten Morgen über La-Ngu nach Pakbara (32 km). Insgesamt sind dies ca. 162 km.

Übernachten kann man in Kantang, Yan Ta Khao und im Green House Hotel (❷) kurz vor Thung Wa links.

Die Umgebung von Trang

Wasserfälle

Wer etwas für Wasserfälle übrig und ein eigenes Fahrzeug zur Verfügung hat, kann vom H4 Richtung Phattalung am KM 53 nach Süden auf die **Straße der Wasserfälle** H4264 abbiegen. Von dieser Asphaltstraße aus sind mehrere Wasserfälle zu erreichen, die von der Banthat-Bergkette im Osten herabstürzen. Zum Fotografieren eignet sich der frühe Nachmittag bis 15 Uhr am besten. Mit Tuk Tuk kostet die Fahrt ca. 300 Baht, mit Taxi ca. 500 Baht, organisiert 1000 Baht.

Am KM 1 zweigt rechts ein Sträßchen zum **Lam Chan Bird Park** ab. Hier kann man nur selten Vögel beobachten, ganzjährig aber Waschbären und Affen in elenden Gehegen bedauern.

Am KM 11,7 führt eine Straße beim Thai-Schild *3 km* zum **Sairung-Wasserfall**. In einem schönen Monsunwald mit Baumfarnen bildet er einige kleine, bei der Dorfbevölkerung sehr beliebte Badeplätze. Nichts fürs Wochenende.

Am KM 15,5 geht es 3 km auf einem Schotterweg zum **Phraisawan-Wasserfall**, der in 7 Stufen herabstürzt. Am Fuße der 2. Stufe kann man in einem großen Pool schön schwimmen. Besonders die im dichten Wald schwer erreichbaren Stufen 3 und 7 sollen sehr schön sein.

Der **Lamplog-Wasserfall** am KM 20,5 liefert die Energie für ein kleines E-Werk (2 km). Danach geht es teilweise im Flussbett weiter bis zu einem natürlichen Schwimmbecken am Fall. Vorsicht, Felsen im Wasser!

Zu zwei weiteren Wasserfällen zweigt im Dorf Sam Yaek Palian am KM 26,4 eine Straße nach links ab (Schild *10 km*). Schon unterwegs ist das breite, glitzernde Band des herabstürzenden Wassers zu sehen. Nach 9,8 km kommt der Parkplatz des **Toneteh-Wasserfalls** (auch *Tontae*) mit vielen Erfrischungsständen. Regierungs-Bungalows stehen zum Übernachten bereit. Den Fuß des Wasserfalls erreicht man auf einem leichten Pfad in 10 Minuten. Mehrere breite Wasserbänder stürzen ca. 100 m über eine schräge Felswand. In einem Strömungs-Pool kann man im Anblick von Wasserfall, Dschungelgewächsen und Baumfarnen schön schwimmen.

Der **Tonetok-Wasserfall** ist touristisch noch nicht erschlossen. Man biegt 2 km vor dem Parkplatz nach rechts ab und folgt 3,3 km dem schmalen, gut befestigten Fahrweg durch Gummiplantagen und Dschungelgärten bis ans Ende. Über 12 m stürzt er als breiter Fall nicht allzu eindrucksvoll über mehrere Rippen. Die 2. und 3. Stufe im Dschungel sind nur links am Wasserfall entlang recht schwierig zu erreichen.

Am Ende des Dorfes Ban Laem Som zweigt vom KM 17,7 des H4125 (Thai-Schild: *3,2 km, 9,0 km*) ein 9 km langer, schlechter Erdweg nach links zum **Chaopha-Wasserfall** ab. Der Fall besteht aus 25 Sinterterrassen von 5–10 m Höhe.

Die letzten drei Wasserfälle sind auch vom H404 zu erreichen, wenn man am KM 22 in Yan Ta Khao auf den H4125 nach Osten abbiegt, der nach 13 km auf den H4264 trifft.

Höhlen

Zwischen Trang und Phattalung liegt nördlich des H4 am KM 34 das Meditationszentrum (Insight Development) **Sumano Cave Temple**. Mehrere große, z. T. ausgebaute Höhlen enthalten Statuen von Buddha und Kuan Yin.

Von der Straße H4 zwischen Huai Yod und Krabi biegt 46 km von Trang entfernt eine Straße nach Norden ab. Nach 4 km links halten, dann sind nach weiteren 12 km die beiden Seen **Song Hong** im Wald erreicht; ein ruhiger, idealer Zeltplatz. Kurz vorher kann mit einem Boot das schöne Höhlensystem **Tham Thale** besichtigt werden, was die Reisebüros in Trang organisieren können.

Höhlenfreaks können sich auch nach den Höhlen **Tham Le Khao Kob** im Distrikt Huai Yod, **Tham Eso** bei Thung Song und **Tham Khao Chang Hai** im Distrikt Nayong erkundigen. Dagegen lohnt die Höhle Tham Khao Pina nicht mehr.

Strände bei Trang

Pak Meng Beach

Der Strand von Pak Meng ist in den **Chao Mai National Park** integriert. Eintritt ist nicht zu zahlen. Der 5 km lange, von hohen Kasuarinen gesäumte Sandstrand wird fast ausschließlich von Thais besucht, vor allem an Wochenenden und in den Ferien. Leider verstreuen sie unglaublich viel Müll. Ein lokales Nachtleben mit Bars hat sich entwickelt. Zum Schwimmen ist der Strand viel zu flach, er eignet sich aber gut für Wattwanderungen, Strandspaziergänge und zum Muscheln sammeln. In den einfachen Restaurants gibt es ab und an hervorragenden Fisch oder Seafood. Wer Glück hat, erlebt bei Sonnenuntergang, wie sich die grandiosen Felsen im Meer gegen den glutroten Himmel abheben. Am nördlichen Ende liegt vor der Lagune der Pier für Fischer- und Ausflugsboote und für Boote nach Ko Hai. Das südliche Ende wurde mit einer betonierten Promenade gegen das in der Regenzeit anbrandende Meer geschützt.

Anfang November findet am Tag mit niedrigster Ebbe ein Volksfest statt, bei dem Tausende von Menschen nach Tapao-Muscheln suchen.

Zwischen Sikao und dem Pak Meng Beach fällt am KM 5,3 rechts das Tor des *Raja Mangala Institute of Technology* ins Auge. Jenseits des bewachten Tores ist nach 4,2 km auf der schnurgeraden Schotterstraße durch das Institutsgelände der flache **Raja Mangala-Strand** an der Boon Kong Bay mit feinem, dunklem Sand erreicht. Nach links fährt man durch eindrucksvolle Felsen und findet nach 1 km rechts am Meer einen recht idyllischen Platz zwischen Felsen. Hier kann man schön schwimmen. Auf dem Gelände des Instituts wurde das **Trang Aquarium** eröffnet.

Auf halber Strecke zwischen Pak Meng und Trang liegt rechts der **Ang Thong-Wasserfall** mit einem netten Picknickplatz. Hier kann man auch auf Elefanten reiten.

Pak Meng Resort, 60/1 Moo 4, ✆ 075-274111, ✉ pakmengresort@hotmail.com, 🖥 www.pakmengresort.com; 2,4 km südlich der Abzweigung bei der Promenade landseitig am Strand. 24 nette Bungalows mit Fan oder AC und Du/WC im großen Garten, 2 schöne Häuser mit je 4 geschmackvoll eingerichteten AC-Zimmern am Klong; gutes Restaurant; freundliche Besitzerin. Tagesausflüge zu vorgelagerten Inseln, Motorrad 250 Baht/Tag, ein Kanu für 400 Baht/Tag. ❹

Lay Trang Resort, ✆ 075-274028, 100 m hinter dem Pier, ruhiger, kühler Garten mit Teich und Sitzgruppen unter großen Bäumen, AC-Bungalows, gepflegtes Restaurant mit gutem Essen. ❹

Von TRANG fährt jede halbe Std. ein Minibus über Pak Meng nach SIKAO für 60 Baht (bis zum Hafen oder Resort für 100 Baht).

Chang Lang Beach

Von Pak Meng geht es über die Klong Hla-Brücke zum **Chang Lang-Strand**. 300 m hinter der Brücke erhebt sich das riesige Amari-Resort mit 3-stöckigen Gebäuden. Nach 4,5 km ist am KM 6,5 das *Visitor Center* des Chao Mai National Parks (400 Baht Eintritt) erreicht. Der kilometerlange Sandstrand ist von Muscheln übersät, sehr flach und zum Schwimmen nicht geeignet, Zelten ist möglich. Die vielen hübschen, schattigen Picknickplätze sind bei jungen Thais sehr beliebt. Am südlichen Strandende gibt es einen Erfrischungskiosk, Wasser zum Abduschen und Toiletten. In der Nähe des *Headquarters* stehen Toiletten- und Duschhäuschen sowie 2 Bungalows, ❷–❹.

Chang Lang Resort, ✆ 075-291008, 100 m links der Straße, 200 m vom Strand, hübsch angelegter, ummauerter Garten. Jeder Bungalow hat 4 kleine, saubere Zi mit Fan, die aber etwas steril wirken. Die größeren sind mit guten Möbeln ausgestattet und besitzen einen Decken-Fan. Ein Haus mit 3 Zi bietet für 1600 Baht 8 Personen Platz, ist gut eingerichtet und verfügt über AC und Kühlschrank. Gutes Restaurant. ❸–❹

Chang Lang Seasand Bungalow, ✆ 075-242259, direkt an der Straße, 50 m vom Strand, 10 nicht gerade einladende Zi in 5 Doppelbungalows mit Vorraum und Du/WC. ❸

Amari Trang Beach Resort, 🖥 www.amari.com/trangbeach, ✆ 075-205888, am Strand, Luxushotel mit 138 Zi mit allen Annehmlichkeiten. ❽

Yong Ling Beach

Am KM 13 führt eine Schotterstraße nach rechts nach **Kuan Tung Ku** (1,6 km), wo Boote zur Insel Ko Muk ablegen. An der nächsten Abzweigung nach 3 km geht es nach links zum Fähranleger **Tha Sam** für die Fähre nach Kantang. Rechts beginnt die Kilometrierung der Asphaltstraße wie-

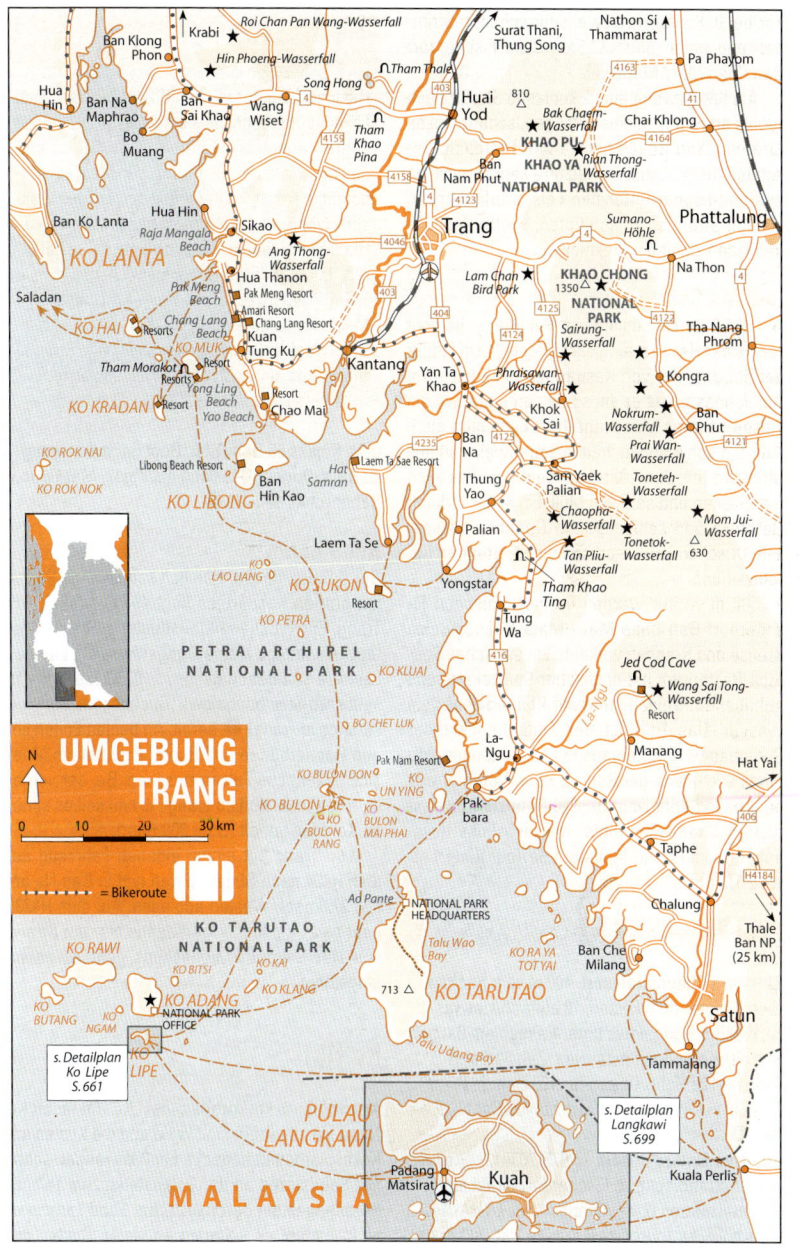

Krabi, Ko Lanta und die südliche Andamanenküste

der bei 0. Sie führt zu zwei sehr schönen Stränden und endet nach 12,5 km beim Fischerdorf Ban Chao Mai / Mata Noi.

Am KM 5 zweigt eine 2 km lange Straße nach rechts ab zu den kilometerlangen, schattenlosen Stränden San Beach und Yong Ling Beach. Besonders bei Ebbe ist der letztere sehr reizvoll, da es dann Löcher unter den Felsen erlauben, zu kleinen Stränden zu schlüpfen. Große Kasuarinen laden zu einem Picknick ein.

Hat Yao Beach

Am KM 8, 24 km südlich von Pak Meng, beginnt rechts der Hat Yao, ein sehr schöner, 4 km langer Sandstrand, der von Kasuarinen gesäumt wird. Am schönsten ist er am südlichen Ende, wo ein Felsen weit ins Meer ragt. Dort kann man auch sehr gut schwimmen, häufig sogar während des Monsuns (ca. Juni–Oktober). Leider gibt es auch Sandfliegen und sehr viel Müll. Ein Kiosk verkauft Getränke und sehr einfache Gerichte. Wasser zum Duschen kann man aus einem Brunnen heraufziehen.

500 m weiter werden im moslemischen Fischerdorf **Ban Chao Mai / Mata Noi** zeitweise Krebse und Krabben verkauft. Ein einfaches Seafood-Restaurant mit englischer Speisekarte und gehobenen Preisen steht auf Pfählen über dem Wasser. Das Dorf ist der Endhaltepunkt der Songthaews von Kantang (36 km) und eines Minibus von Trang (60 Baht, 2 Std.). Von hier aus geht es mit dem Boot für 200 Baht zur lohnenswerten **Chao Mai-Höhle**, die sich links flussaufwärts im Felsen befindet (die Tour dauert etwa 2 1/2 Std.).

Sinchai's Chaomai Resort, 400 m vom Hat Yao rechts hinter dem Felsen, 10 einfache, etwas verwohnte Bungalows unter Palmen am flachen Strand, einfaches Restaurant, Zelt 50 Baht; Fahrrad 120 Baht, Touren für 100 Baht p. P. zur Chao Mai Cave – zu 3 Inseln für 400 Baht p. P. ❶–❸

Haadyao Nature Resort, ✆ 075-203012, 🖳 www.thailandtrang.com; im Fischerdorf direkt am Pier, Holzhütten und Reihenhaus (mit YHA-Ausweis billiger); Touren zu 3 Höhlen 300–700 Baht

Die Inseln vor der flachen Küste von Trang sind kaum für den Tourismus erschlossen und geben echten Abenteurernaturen noch viel zu entdecken. Wer gar Erfahrung mit Meeres-Faltbootfahrten hat, kann zur Zeit des ruhigen Wassers während des Nordostmonsuns, also von Oktober bis Januar, eine herrliche Route befahren. Etwa 10 Tage (oder mehr) benötigt man z. B. für die Strecke Hat Yao – Ko Libong – Ko Muk – Ko Lanta – Ko Jum – Ko Siboya – Krabi. Unterwegs laden immer noch einsame Strände zum Zelten ein, auch an der Festlandküste.

p. P., Kajaks 50 Baht/Std., Boot nach Ko Libong 20 Baht. Dugong-Trekking mit Kajak, Maske und Schnorchel. ❷, AC ❸

Hat Samran

Der äußerst flache, ziemlich schlammige Strand mit großen Kasuarinen liegt 49 km südlich von Trang. Für Wochenendausflügler stehen 4 Restaurants, einige kleine Bungalows, ❷, und das Laem Ta Sae Beach Resort, ✆ 075-212947, mit 15 sauberen Steinbungalows (Buchung bei den Reisebüros in Trang) ❸ bereit. An beiden Enden liegen Fischerhütten und Boote. Draußen im Meer sind malerische Felsen zu sehen. Bei der vorgelagerten Insel **Ko Lao Liang** (15 km) soll es schöne Korallen geben (Boot 300 Baht).

Von Trang mit einem eigenen Fahrzeug auf dem H404 nach Süden fahren und in Ban Na am KM 27,8 nach Westen abbiegen. Auf dem H4235 geht es 21 km immer geradeaus bis zum Strand von Hat Samran. Mit Pickups geht es etwas langsamer.

Ko Hai   เกาะให

Auf der nur 5 km² großen Insel Ko Hai (auch Ko Ngai) sind die Hügel mit Wald und die Küsten mit Kokosplantagen bedeckt. Ein 2 km langer, schöner Sandstrand an der Ostküste ist zum Teil mit Korallengestein durchsetzt. Bei Ebbe kann man nicht baden, es schauen an vielen Stellen die

Korallenstöcke aus dem klaren Wasser heraus. Auch bei Flut muss man beim Schwimmen vorsichtig sein. Im Januar und Februar steht starker Ostwind auf den Stränden und treibt hohe Wellen heran. Als gute Zeit gilt Dezember bis Juli, Hochsaison ist von Januar bis April. Zu jeder Zeit ist die Insel zum absoluten Relaxen geeignet, denn außer einer kleinen Tauchschule gibt es nur Strand, Palmen, Wald und totale Ruhe.

Es werden Bootsausflüge zu einigen Inseln und ans Festland organisiert. Vor allem am Wochenende kann man sich Ausflüglern anschließen. Gern besuchte Ziele sind: **Ko Rok** (24 km), **Ko Muk** (8 km), **Ko Kradan** (8 km).

Übernachtung

Die Bungalowsiedlungen auf Ko Hai liegen unter Kokospalmen und haben ein Restaurant. Zelte können für 150 Baht gemietet werden. Von Nord nach Süd liegen an der Ostküste: **Chateau Hill Resort**, ✆ 075-580420, 🖳 www.chateauhillresort.com, in die Felsen integriertes Luxusresort, tolle Aussicht auf die Bucht und die drei Felseninseln. 36 geräumige, sehr schön eingerichtete AC-Doppelbungalows (mit eigenem Brunnen) und AC-Zi mit Meeresblick; Pool (mit eigener Bar) am höchsten Punkt des Resorts mit derselben traumhaften Aussicht. Sehr gutes, etwas teures Restaurant; hervorragender, sehr zuvorkommender Service. Internet, Massage. ❼–❽

Co Co Cottage Resort, ✆ 02-6730966, direkt am Sandstrand unter Palmen, schöne, angenehme Anlage, 28 Zi in Bungalows und einem Reihenhaus aus Naturmaterialien am Strand und mit Meersicht, mit Bad und Veranda, Restaurant und Bar vorn am Strand. Internet. ❺–❻

Thapwarin Resort, ✆ 075-203169, 🖳 www.thapwarin.com, direkt am Sandstrand unter Palmen, attraktiv wirkende Holzbungalows mit Fan oder AC (sehr laut) am Strand und im Garten, Restaurant und Bar vorn am Strand, Café am Lotusteich. Internet. Viele Beschwerden über das Personal. ❺–❼

Koh Hai Villa, ✆ 075-203263, 🖳 www.krabidir.com/kohngaivilla, direkt am Strand, 45 Zi in Bungalows aus Holz und Stein sowie im Reihenhaus

nahe am Strand, relativ teures Restaurant, mieser Service. ❸–❹

Fantasy Resort, ✆ 075-206923, 🖳 www.kohhai.com, gepflegte Anlage am Nachbarstrand, 38 AC-Komfortbungalows geschmackvoll eingerichtet, die vorderen mit herrlicher Strandterrasse; hervorragendes, aber teures Essen, Pool mit Bar, Internet; Tauchbasis Rainbow Divers, schöner Schnorchelplatz vor dem Resort; manchmal sind Nashornvögel auf dem Gelände zu sehen. ❻

Koh Hai Seafood Resort, ✆ 087-2714354, Zelte mit Vordächern (200 Baht), bestückt mit Matratze, Kissen und Decken, einfaches Restaurant, direkt am Strand neben Fantasy. Hier werden neue Bungalows gebaut. ❷

Koh Hai Resort, ✆ 075-206924-6, 🖳 www.kohngairesort.com, im Südosten vor Felsen an einer 200 m langen Sandbucht, großer, tropischer Garten, 52 sehr schöne Designer-Bungalows in erstklassiger Lage und 20 einfache Zi im 2-stöckigen Reihenhaus, Restaurant mit toller Sicht, Beach Bar, langer Pier. Bei Ebbe kann man trockenen Fußes zur Ostküste wandern. ❺–❽

Koh Hai Paradise, ✆ 075-203024, auf der Südwestseite der Insel an braunem, 400 m langem Sandstrand mit Felsen an beiden Enden, gut zum Baden und Schnorcheln. Weit verstreut unter Palmen liegen 16 einfache, saubere Holzbungalows mit Bad und Terrasse mit Meersicht; preiswertes Restaurant am Strand. Sehr gutes Schnorcheln an einem etwas weit vorgelagerten Riff. Der gut gelaunte Besitzer schaut am Wochenende nach dem Rechten. Auf einem Dschungelpfad quer durch die Insel nach 45 Min. erreichbar. Infos und Abfahrt am Meeting Point Restaurant in Trang um 12 Uhr, 250 Baht. ❹

Tauchen

Die von den Deutschen Brigitte und Lothar geleitete Tauchschule **Rainbow Divers**, ✆ 075-206962, 🖳 www.Rainbow-Diver.com, hat ihre Basis im Koh Hai Fantasy Resort. Die schönen, fast exklusiven Tauchplätze liegen im Umkreis von 20 Min. Bootsfahrt und sind oft auch gut zum Schnorcheln geeignet. Tagesausflüge führen je nach Bedarf in die Umgebung, u. a. zu den Super-Tauchplätzen bei Hin Daeng und Hin Muang. PADI-Kurse.

Transport

Vom Pier in PAK MENG fährt in der Saison um 10.30 Uhr ein Boot zu allen Resorts für 300 Baht p. P. (40 Min.). Zurück geht es um ca. 13 Uhr. Ein Speedboot fährt um 12.30 Uhr in 20 Min. für 450 Baht.
Ansonsten Charter für 1200 Baht/Longtail-Boot. 2x tgl. passiert die Doppeldeckerfähre von BAN SALADAN nach KO KRADAN auch Ko Hai (400 Baht).

Ko Muk เกาะมุก

Diese Insel, auch Ko Mook genannt, liegt nur wenige Kilometer vom Festland entfernt. Die Nord-, West- und Südküste fallen steil zum Meer ab. Einige kleine Buchten sind in die Felsküste eingebettet. Auf der Ostseite schiebt sich eine flache Landzunge, die Coconut Beach, ins seichte Meer. Hier liegt ein Moslem-Fischerdorf. Die Bungalowanlagen am schönen **Farang Beach** (auch Yao Beach) sind nach einer längeren Wanderung, mit Motorradtaxi oder per Boot zu erreichen. Einige können bereits in Trang gebucht werden.

Die flacheren Teile der Insel sind mit Gummi- und Kokosplantagen, die Hügel zur Hälfte mit dichtem Wald bedeckt, in dem seltene Vögel und Fliegende Hunde leben. Im Meer werden manchmal Seekühe gesichtet, die auch Dugong genannt werden (auf Thai: *Pla Payun* oder *Pla Dugong*). Hier gibt es auch besonders viele Delphine (auf Thai: *Pla Loma*).

An der Westseite von Ko Muk liegt ein kleines Naturwunder, **Tham Morakot** (Emerald Cave). Es ist nur mit dem Boot erreichbar, orange Bojen markieren den Eingang. In die 50 m lange Meereshöhle kann man bei ruhigem Wasser und dem richtigen Wasserstand, der normalerweise bei Flut erreicht ist, hineinschwimmen. Eine wasserdichte Taschenlampe ist erforderlich und eine Schwimmweste empfehlenswert. Am anderen Ende mündet der Tunnel in eine Lagune mit einem schönen Strand.

Weitere Tagesausflüge sind nach Ko Kradan und zu anderen Inseln möglich. Boote kann man im Dorf chartern, die Preise sind auszuhandeln.

Übernachtung und Essen

Ostküste

Koh Mook Resort, ☎ 075-219199, ca. 1,5 km nördlich vom Dorf; einfache Bambushütten mit und ohne Du/WC zwischen Palmen und Gummibäumen; Restaurant. Der Strand hat feinen Sand, der zum Meer steinig wird. Das Meer ist so flach, dass man bei Ebbe nicht baden kann. ➋–➌

Koh Mook Garden Resort, ☎ 075-211372, neben, Hütten und Reihenhaus, Zelt 200 Baht. ➋–➌

Koh Mook Sivalai Resort, ☎ 089-7233355, ⌨ www.kohmooksivalai.com, an der Spitze der Insel neben dem Fischerdorf, 21 nette, gut ausgestattete Villas mit toller Architektur. Bei Ebbe ist das Meer viele hundert Meter entfernt, die Abfälle der Fischereiflotte riechen dann unangenehm. ➑

Farang Beach

Der Strand kann von der Ostküste in einem 3 km langen Fußmarsch erreicht werden. Hier hat sich das touristische Zentrum der Insel etabliert, hier landen Taxiboote, es gibt Internet und eine kleine Tauchschule (bis März). Auf den 4-, 5- oder gar 6-Insel-Touren sieht man fast nichts.

Charlie, 60 Steinbungalows mit Bad, 2 Reihen einfache Bambusbungalows mit happigen Preisen, aber inkl. Frühstück; Restaurant mit verwestlichtem Essen, Strandbar; Schnorchel-, Flossen- und Kanuverleih. ➌–➍, AC ➎

Rubber Tree Bungalows, ☎ 081-2704148, hinter Charlie am Hügel, meist mit einer schönen Brise, Bungalows mit Bad. Sehr gutes Restaurant, super das Masaman Curry. Nette Besitzer. ➌

Had Farang Bungalows, ☎ 087-8844785, im Wald in einer Lichtung, Bretterverschläge in einem großen Saal mit guter Matratze und Moskitonetz, Gemeinschaftsbad; einige einzelne Bungalows; gepflegter grüner Garten am Hang, Hängematten unter Bäumen, Restaurant mit guter Küche, wenn die alte Frau kocht. Wahr-

scheinlich nur noch bis April 2008 offen. ❶–❷
Dahinter kocht in der **Mayow Thai Kitchen** ein
sehr netter Thai mit Familie leckere, preisgünstige Curries.

Mookies, hinter dem Had Farang Resort, bietet
Zelte unter Palmdächern mit Fan und Feder-
kernmatratze für 250 Baht an. Strom 24 Std. Geleitet vom netten Australier Brian und seiner
Thaifrau Sombun, die jeden Abend australi-
sches BBQ mit Seafood veranstalten. Treffpunkt
durstiger Partynaturen. ❷

Sawasdee Resort, ☎ 075-207964, 12 nette,
schattige Holzbungalows direkt am Strand,
abends grillt der fröhliche Chef persönlich. Sehr
beliebt, daher Reservierung ratsam. Kanus zu
mieten. Wahrscheinlich nur noch bis April 2008
offen. ❸–❹

Zentrum

Emerald Creek, ☎ 087-2718793, einige saubere,
gemauerte Bungalows, schön gelegen, ca.
10 Min. vom Dorf, 20 Min. zu Fuß vom Charlie
Beach. Tid, der Besitzer, kümmert sich engagiert um seine Gäste, seine Schwester kocht
gut und günstig. ❷

Transport

Am einfachsten von Trang mit dem Kombiticket
(Minibus und Boot) bis zum Farang Beach für
350 Baht, bei jedem Reisebüro.
Alternative: Vom PAK MENG BEACH zwischen
11 und 13 Uhr mit dem tgl. Longtail-Boot für
200 Baht p. P.
Das neue Speedboot von Ko Lanta (s. S. 633)
nach Ko Lipe hält auch am Farang Beach.

Ko Kradan เกาะกระดาน

Die Hälfte der flachen Insel ist mit Gummi- und
Kokosplantagen bedeckt. Der dichte Wald des
Restes gehört zum **Had Chao Mai National Park**.
Das klare Wasser erlaubt wunderschönes
Schnorcheln an intakten Korallenriffen. Der
schöne Sandstrand auf der Ostseite ist be-
sonders bei einheimischen Ausflüglern beliebt.
Bei Flut wird er allerdings sehr schmal, zum Teil
völlig überspült, bei Ebbe kann sich das Wasser

weit zurückziehen. Beim Schnorcheln sollte man
sich vor Seeigeln in Acht nehmen. An der Westseite liegt der **Sunset Beach**, ein langer, mit Felsen durchsetzter, schmaler, gelbweißer Sandstrand. Am besten ist er mit einem Guide zu finden. Hier soll sich die Amari-Gruppe eingekauft
haben.

Übernachtung

Ko Kradan Paradise Beach, am Pier, völlig ver-
schmutzte Zi in Langhäusern. Die Tourist Business Organisation of Trang bezeichnet dieses
Resort als „Schande für Trang". ❹

Paradise Lost, 🖳 www.kokradan.com, ☎ 089-
5872409; in der Mitte der Insel zwischen vielen
Obstbäumen, 20 unterschiedliche Bungalows
aus Naturmaterialien, z. T. mit Gemeinschafts-
Du/WC, guter Service, vielfältiges, leckeres Essen, aber langsam. Geleitet vom Amerikaner
Wally und seiner Frau Tong. 24 Std. Generatorstrom. 15 Min. zum Strand. ❹

Transport

Reisebüros in Trang organisieren den Transfer
für 250 Baht p. P. Mit einem Boot ab PAK MENG
oder KUAN TUNG KU für 600 Baht hin und zurück; vorbuchen in Trang.
Das einzige Fahrzeug auf der Insel ist ein Motorrad mit Beiwagen.

Ko Rok เกาะรอก

Die beiden mit Dschungel bedeckten Inseln **Ko
Rok Nok** und **Ko Rok Nai** etwa 40 km vor der
Küste gehören zum **Ko Lanta National Park**. Auf
Ko Rok Nai ist ein Außenposten des Nationalparks stationiert. Sehr interessant sind dort die
großen Bindenwarane. An extra für sie angelegten Futterplätzen kann man sie besonders leicht
beobachten. Die Inseln, bekannt für ihre schönen
Strände und Korallengärten, werden bei siche-
rem Wetter von Booten angefahren, in der Saison normalerweise täglich mit den Speedbooten
von Ban Saladan (Ko Rok Tour) für ca. 250 Baht
pro Person. In sehr guten Zelten für 2–8 Pers.
kann man für 50 Baht p. P. übernachten. Restau-

rant neben der Ranger Station mit einfachen Thai-Gerichten. Das offene Meer vor diesen Inseln hat schon viele Fischer und ihre Boote begraben. Ein Leser hat beide Inseln in jeweils 4 Std. umrundet, zur Hälfte schnorchelnd, sonst am Strand gehend.

23 km weiter westlich liegt der massive Kalksteinturm **Hin Daeng** im offenen Meer. Er ragt nur wenige Meter aus dem Wasser auf und fällt auf einer Seite senkrecht 50 m ab – ein herrliches Tauchrevier mit Sichtweiten von 15–25 m. Nach Meinung von Experten stellt der Hin Daeng einen Tauchplatz der Weltklasse dar. Nur wenige hundert Meter entfernt liegt der Unterwasserfelsen **Hin Muang**, der völlig von Weich-, Leder- und Steinkorallen überzogen ist und eine große Artenvielfalt an Fischen beherbergt. Auch Haie, Walhaie und riesige Rochen suchen die Felsen auf. Tauchausflüge zu den Inseln und Felsen werden von den Tauchschulen auf Ko Phi Phi (s. S. 590), in Ban Saladan auf Ko Lanta (s. S. 630), auf Ko Hai (s. S. 651) und auf Phuket veranstaltet (s. S. 555).

Ko Libong   เกาะลิบง

Auf der größten Insel der Provinz Trang liegen drei Dörfer mit insgesamt 5000 Einwohnern, vorwiegend Fischer und Kautschukfarmer. Hier spricht niemand Englisch. Es gibt keine Autos, nur ein paar Mopeds quälen sich über unbefestigte Pfade durch den Regenwald. Am **Juhoi Cape**, der Ostspitze, brüten ungewöhnlich viele Vögel. Im Zentrum der Insel liegt die schöne Tropfsteinhöhle **Tham Hin Pang**. Im Meer leben die seltenen Seekühe *(Pla Payun)*, auch Dugong genannt, die sich von Seegras ernähren. Sie sind geschützt und sollen wissenschaftlich untersucht werden. Die östlichen Strände sind extrem flach.

Übernachten kann man im viel gelobten Resort an der Westküste mit herrlicher Sicht auf die vorgelagerten Inseln. Der schöne, lange Sandstrand mit einigen Felsen eignet sich bei Flut gut zum Baden. Bei Ebbe schauen veraltete Korallenbänke heraus. Schwierige Pfade führen durch urigen Regenwald. Bei **Ban Lang Khao** gibt es im einzigen Laden außer Keksen und Zigaretten

nichts Interessantes. Wer auf eigene Faust die Insel besucht, sollte darauf gefasst sein, wie ein Marsmensch bestaunt zu werden. Interessant sind auch Ausflüge zu kleineren Inseln.

Übernachtung

Libong Beach Resort, ☎ 075-210013, 081-4778609, 500 m von Ban Hin Khao entfernt, sehr ruhige, gut geführte Anlage, einfache, saubere Nur-Dach-Hütten aus Naturmaterialien mit Terrasse hinter dem Bach, etwas charakterlose Doppelbungalows davor und einige bessere Chalets aus Bambusmatten (z. T. AC) unter Palmen vorn am Strand; sehr freundliche, familiäre Atmosphäre; gutes Restaurant nahe am Strand, Hängematten und Strandliegen. Schwimmen ist jederzeit möglich. Schnorchelausflüge nach Ko Kradan und Ko Muk. Schöne Sonnenuntergänge. ❸ – ❹
Libong Nature, viele Beschwerden, v. a. über die Zi. ❹ – ❺
Song Pi Nong Bungalow, ☎ 087-2762003, an einem kleinen, steinigen Strand neben einem Fischerdorf, 7 einfache Holzbungalows am Wasser. Beim Schwimmen sind Badeschuhe ratsam. Interessantes Dorfleben. ❸

Transport

Mit einem Boot von BAN CHAO MAI direkt zum Resort für 100 Baht p. P. (400 Baht pro Boot) in 30 Min.

Ko Sukon   เกาะสุกร

Vor der Küste von Palian liegt die schöne Insel Sukon (auch Ko Sukurn), auf der 2500 Fischer, Bauern und Kautschukpflanzer leben. Neben 5 Pickups fahren vor allem Mopeds auf den wenigen Kilometern befestigter Straße. Von einem der beiden 150 m hohen, mit Busch-Dschungel bewachsenen Hügel kann man nach anstrengendem Aufstieg (30 Min.) über die Insel und bis Krabi und Satun blicken. Der Strand beim Fischerdorf ist sehr flach. Im Dorf gibt es mehrere Läden, ein gutes Restaurant und zwei Gästehäuser. Hier sind die Moslems sehr freundlich. Die

Krabi, Ko Lanta und die südliche Andamanenküste

Resorts liegen 3 km entfernt nebeneinander an der ruhigen Westküste der Insel an einem 500 m langen, sauberen, grau-braunen Sandstrand mit vielen Muscheln und einigen Steinen.

Übernachtung

Im Dorf

Nach dem **Pawadee Guesthouse** oder **Jan and Cream Bungalow**, ❸, fragen.

Westküste (Lo Yai Beach)

Sukorn Beach Bungalows, ☎ 075-207707, 🖥 www.sukorn-island-trang.com; saubere Anlage unter Palmen am nicht besonders tollen, 600 m langen Strand; 12 Zi in 3 Häusern und 10 stabile Bungalows aus Holz und Bambusmatten, alle mit Fan, Du/WC und Terrasse; Strom bis 23 Uhr. Im offenen, schön mit Blumen und Pflanzen dekorierten Restaurant am Meer wird frischer Fisch serviert, auf Wunsch auch europäische Gerichte. Freundliche, hilfsbereite Besitzer (Holländer und Thai), die gut Englisch sprechen. Auch am Wochenende ruhig. Auslandsgespräche, Kanu-, Mountainbike- und Mopedverleih. ❹, AC ❺
Eine neue **Luxusanlage** mit wenigen AC-Bungalows und Pool ist im Bau.
Andaman Resort, daneben, Holzbungalows am Meer, Restaurant. ❹
Koh Sukon Resort (Sukorn Island Resort), großer, schattiger Garten mit alten Bäumen am Hang, 49 schöne, renovierte Bungalows mit Fan, Du/WC, sehr sauber; Restaurant. Ruhiger Strand, auch für Familien geeignet. Freundliche Besitzer und Leiterin. Schöner Aussichtspunkt über der Anlage. ❸–❹
Sukorn Cabana Resort, nördlich vom Lo Yai Beach, ☎ 089-7242326, 🖥 www.sukorncabana. com, unkomplizierte Anlage in einer kleinen, sehr schönen Bucht, die bei Ebbe zu Fuß erreichbar ist, 12 Holzbungalows mit Fan, alle mit Meersicht; nettes, sympathisches Personal. ❹–❺

Nordspitze

Lodalam Bay: Trang Island Resort, ☎ 081-8080144, 🖥 www.trangresort.com/en, neue Anlage unter Palmen mit komfortablen Holzbungalows. Nur als Paket zu buchen. ❺

Südküste

Hier herrscht ein extremer Gezeitenunterschied – bei Ebbe liegt ein breiter Streifen grauen Sandes mit Steinen und Korallen frei. Unter hohen Palmen stehen ein paar einfache Bungalows zwischen Wasserbüffelweiden und langem Sandstrand.

Touren

Sukorn Beach Bungalows and Tours vor Ort oder **Sukorn Beach Travel** in Trang, ☎/📠 075-211457, organisieren Schnorchel- und Ausflugstouren zu benachbarten Inseln, z. B. zum Ko Petra-Nationalpark, nach Ko Takiang und Ko Laoliang. Ko Laoliang besteht aus zwei Inseln, eine mit Fischerdorf und die zweite mit einem Zeltresort für Taucher und Kletterer. Die Zelte sind mit Fan ausgestattet und liegen an einem kleinen, weißen Sandstrand vor riesigen Kalkfelsen, 🖥 www.xsitediving.com.

Transport

Von Trang mit dem lokalen Bus für 25 Baht nach YAN TA KHAO und weiter mit dem offenen, blauen Bus für 35 Baht zum Pier LAEM TA SAE. Longtail-Boote zur Insel in 15 Min. für 250 Baht pro Boot. Taxi ab Trang und Boot ab 350 Baht p. P. In beiden Fällen weiter mit Motorradtaxi für 50 Baht p. P.
Die Sukorn Beach Bungalows organisieren von ihrem Office in Trang tgl. um 11.30 Uhr einen Transfer für 90 Baht.

Pakbara ปากบารา

Pakbara (Betonung auf der letzten Silbe), 58 km nordwestlich von Satun, ist Ausgangsbasis für die Überfahrt zu den Inseln Tarutao, Lipe und Bulon Lae. Wenn der schmutzige Strand auch nicht zum Schwimmen einlädt, so sind es vielleicht die fantastischen Ausblicke, die guten Seafood-Restaurants oder die wenigen westlichen Touristen, die so manchen ein paar Tage verweilen lassen. Ein El Dorado für Fotografen sind die tollen Sandformationen beim Abebben. Dass der Ort den Fischern auch als Rotlichtviertel dient, ist kaum zu sehen.

In diesem moslemisch geprägten Dorf sollten Shorts und Badekleidung gar nicht erst ausgepackt werden. Am betriebsamen Fischerhafen befindet sich ein Büro des Tarutao National Parks. Vom Pier fahren Longtail-Boote für 10 Baht in 15 Minuten durch schöne Kalkfelsenlandschaft zum Resort auf der vorgelagerten Insel **Ko Kebang**.

Übernachtung

Die Unterkünfte in **Pakbara** liegen am Strand und an der Straße, fast alle ohne Restaurant. Die meisten Zi haben Du/WC und Fan, aber kein Moskitonetz, obwohl es von Stechfliegen wimmelt.
Die angegebenen Entfernungen sind vom Hafen aus gemessen:
Andrew House, 50 m links, ☎ 081-8978482, einfache Zi im OG von Andrew Tour, geleitet von der Lehrerin Orawan. ❷
Best House, 300 m links, ☎ 074-783058, etwas zurückversetzt, 20 Zi mit Fan, AC, TV, Warmwasser-Du/WC in Bungalows, Doppel- und Twinbetten, Besitzer sprechen Englisch und geben sich Mühe, gutes Restaurant. Sehr sicher. ❸
Diamond Beach Bungalow, 500 m, ☎ 074-783138, 200 m von der Straße zurückversetzt, 13 nette Bungalows im Sandgarten, schöne Sicht vom Restaurant vorn am Flussstrand. ❷–❸
Krachom Sai Bungalow, 550 m, ☎ 074-783371, an der Flussmündung auf einem großen Gelände mit Kasuarinen; einfache, sehr saubere A-frame-Hütten mit Eternitdach, Mini-WC integriert. Das Personal spricht kein Englisch, ist aber sehr freundlich. ❷
Grand Villa, 600 m, ☎ 074-783499, 2-stöckige Gebäude an der Straße, beste Zi im OG, sauber und gepflegt, Personal freundlich, keine Englischkenntnisse. Seafood-Restaurant. ❸
Marina Bungalow, 800 m, verschiedenartige, hübsche Holzbungalows auf großem Gelände, direkt am Meer, an einem ruhigeren Weg parallel zur Straße. ❷

Ko Kebang

An einem schönen, mit Muscheln durchsetzten, aber zum Baden wenig geeigneten Sandstrand liegt das nette **Pak Nam Resort** (auch Bag Nam Resort), ☎ 074-781109, 20 A-frame-Hütten aus Kokosmatten unter Palmen, gute Du/WC; Restaurant. Für Naturliebhaber, Kanus zu vermieten; Gratis-Shuttledienst von Pakbara, Anruf genügt. ❷

Essen

Die nicht gerade billigen Seafood-Restaurants liegen direkt an der Straße und am Strand etwa 1–3 km vom Hafen entfernt. Am Hafen und vor dem Kino an der Hauptstraße gibt es mehrere einfache und bessere Restaurants.

Sonstiges

Informationen
In den Reisebüros, v. a. bei **Pakbara Travel** beim Pier und bei Orawan, der agilen Leiterin von **Andrew Tour**, ☎ 081-8978482. Im Internet unter ▭ www.webtravelpakbara.net.

Internet
Einige Shops entlang der Straße.

Nationalpark
Am Hafen (Eintritt 10 Baht) liegt das **Ko Tarutao National Park Office**, ☎ 074-729002-3, von dessen Pier in der Saison alle offiziellen Boote nach Ko Tarutao, Ko Adang und Ko Lipe fahren.

Reisebüros
Andrew Tour, ☎ 081-8978482, verkauft alle Tickets, betreibt einen Minibus-Service und veranstaltet Touren zu den Inseln.
Pakbara Travel, ▭ www.pakbaratravel.com, ☎ 074-783637, beim Pier, veranstaltet mehrtägige Touren auf die Inseln ab 2800 Baht.

Transport

Busse
Von TRANG mit Bus (56 Baht, AC 98 Baht, 2 Std.) nach LA-NGU (dort eine Bank), weiter mit dem Pickup nach PAKBARA (15 Baht), oder mit dem Minibus vom Busbahnhof um 15 Uhr für 200 Baht in 90 Min.
Mit Minibussen von den Reisebüros tgl. um 11 Uhr direkt nach PAKBARA für 250 Baht, auch

diverse Kombitickets für Minibus und Boot nach Ko Bulon und Ko Lipe.

Von SATUN mit dem Bus (30 Baht) oder Sammeltaxi (50 Baht) nach LA-NGU.

Von HAT YAI mit dem direkten Bus 732 alle 2 Std. von 6.15–16.15 Uhr für 65 Baht (ac 90 Baht) in 2 1/2 Std.; außerdem fährt ein weißer Minibus jede volle Std. für 120 Baht in 2 Std. vom Talad Kaset (4 km westl. des Bahnhofs, zu erreichen per Tuk Tuk für 10 Baht p. P.) bis Pakbara.

Von KRABI mit dem Minivan um 7 und 11 Uhr für 450 Baht in 3 Std.

Von PHUKET Minibus für 650 Baht über PHANG NGA (550 Baht).

Der Minibus von Andrew Tour, ✆ 081-8978482, vom Pakbara Pier nach TRANG um 13.30 Uhr in 90 Min. für 200 Baht (bis LA-NGU 20 Baht) wartet auf das Fährboot von Ko Lipe. Weitere Minibusse um 9, 11 und 15 Uhr. Alle fahren weiter nach KO LANTA und KRABI für jeweils 450 Baht.

Taxis

Zum Grenzübergang Wangprachan für 800 Baht, zum Tammalang Pier bei Satun für 600 Baht.

Boote

Die Abfahrtszeiten verzögern sich je nach Wetter, Wellengang und sonstigen Unwägbarkeiten um bis zu 30 Min., manche Boote fallen ganz aus. Boote fahren nur in der Saison von Nov bis Ende April tgl., sonst nur am Freitag.

Nach TARUTAO um 9 und 16.30 Uhr für 250 Baht, zurück um 9 und 12 Uhr.

Alle Boote nach Ko Lipe halten auch am Pier von Ko Tarutao oder bei Ko Bulon.

Nach KO BULON mit einem kaum noch seetüchtigen Boot um 11.30 und 14.30 Uhr für 300 Baht in 90 Min., zurück um 9 und 14.30 Uhr.

Von Pakbara nach Ko Lipe

Adang Sea Tour (Fährboot), hin:10.30–14, zurück: 10–13.30, Preis (einf.): 500 Baht, Preis (hin u. zurück): 900 Baht

Forra Travel (Speedboot), hin: 11–13, zurück: 9–11, Preis (einf.): 650 Baht, Preis (hin u. zurück): 1200 Baht

Tigerline (Fährboot), hin: 13–15.30, zurück: 9–11.30, Preis (einf.): 650 Baht, Preis (hin u. zurück): 1100 Baht

Lipeh Ferry (Speedboot), hin:13–14.30, zurück: 10–11.30, Preis (einf.): 650 Baht, Preis (hin u. zur.): 1200 Baht

Ferryline (Fährboot), hin: 13.30–17, zurück: 9–12.30, Preis (einf.): 500 Baht, Preis (hin u. zurück): 900 Baht.

Achtung: Der Rückfahrschein gilt nicht für alle anderen Boote!

Beim Umsteigen auf das Longtailboot kommen 50 Baht hinzu.

Selbstfahrer

Nach **Süden** Richtung Malaysia geht es auf dem H416 zur Abzweigung Chalung (39 km von Langu). Vom H406 biegt man nach einigen Kilometern beim Dorf Kwuan Don nach rechts ab auf den H4184 zum Thale Ban National Park (KM 20) und zum Grenzübergang Wangprachan (KM 22, insgesamt 86 km). Im Park kann man zelten oder in den Park-Bungalows unter der Woche normalerweise übernachten. Der nächste Ort in Malaysia ist Kaki Bukit, die nächste Stadt Kangar. Nach **Norden** siehe unter Trang (s. S. 646).

Ko Bulon Lae   เกาะบูลอนเล

Diese schöne, hügelige, kleine Insel liegt 22 km vom Festland entfernt. Sie ist Teil des 1984 zum Nationalpark erklärten **Petra-Archipels** – ein Kleinod in schöner Natur mit friedlicher Atmosphäre. Bulon Lae (gesprochen: Bulon Läh) wird auch Bulon-Leh, Mulon Lae und sogar Molone genannt. Saubere, von Muschel- und Korallenschrott durchsetzte, von Kasuarinen gesäumte Sandstrände eignen sich bestens zum Baden und Schnorcheln. Ruhesuchende jeden Alters kommen für ein paar Tage her. In Strandnähe tummeln sich viele Familien mit kleinen Kindern. Saison ist von November bis Mai. An den Sandstränden im Osten stehen Bambusmattenhütten, die an langen Wochenenden und in den Ferien von Thais frequentiert werden. Die strandfernen Anlagen sind billiger, aber weniger beliebt. Im Nordwesten leben etwa 500 *Chao Leh*, Seenomaden, in einem kleinen Dorf. Anmarsch vom Strand im Osten in ca. 20 Min. durch schönen Wald.

Zu den Inseln **Ko Bulon Don** (von Seenomaden bewohnt, unberührte Strände, Zelten möglich), **Ko Bulon Mai Phai** (Bambus-Insel, unbewohnt, zum Zelten geeignet) und **Ko Bulon Rang** werden ein- und mehrtägige Bootstouren angeboten.

Übernachtung

Pansand Resort, ☏ 081-3970802, 🖳 www.pansand-resort.com; großzügige Anlage am Hang, 50 m zum Strand; 27 verschiedenartige, saubere Bungalows für gehobenes Publikum; vorbuchen ratsam; großes, relativ teures Restaurant; Maske und Schnorchel zu mieten. Internet. Strom ab 18.30 Uhr. ❺

Bulone Resort, 🖳 www.bulone-resort.com, ☏ 081-8979084; im Nordosten direkt am Strand, saubere Anlage, einfache Hütten mit Gemeinschafts-Du/WC und neue Familienbungalows, Licht bis Mitternacht, recht gutes Restaurant, Internet, Englisch sprechendes Personal, sehr angenehm. Maske, Schnorchel und Flossen zu mieten. ❷ – ❹

School Bungalows, ☏ 089-6564183; links von der Bootsanlegestelle, 200 m zum Strand, einfache Anlage, 8 Bambusmattenhütten mit Du/WC, kein Restaurant. ❸

Bulon Hill Resort, ☏ 089-6584853, ✉ bulonhill@yahoo.com, hinter dem Bulon Resort am Hang, 6 unattraktive, überteuerte Bungalows mit Du/WC; gutes Restaurant mit schnellem Service; der hilfsbereite Chaeng spricht gut Englisch. Internet. ❸

Bulon Viewpoint Resort, ☏ 074-728005, ✉ bulon_view_satun@hotmail.com, schöne, weitläufige Anlage mit verschiedenartigen, renovierungsbedürftigen Bungalows an einem Hügel an der Nordküste (Panka Noi Bay), die billigeren mit Gemeinschaftsdusche; teilweise schöne Aussicht, am besten ist der Bungalow 8A; gutes, etwas teures Restaurant, nette Leute. 300 m weiter liegt ein schöner Strand, an dem man auch schnorcheln kann. ❸

Chaolae Food and Homestay, ☏ 086-2902519, 8 nette Bungalows am Hang im Wald, mit Du/WC, gutes Restaurant Chaolae Food. ❸

Ban Sulaida, einige schöne Bungalows im Inselinnern (Panka Noi), gutes Restaurant, guter Service, reelle Preise. ❷ – ❸

Bamboo Bungalows, Bungalows oberhalb der Panka Yai Bay beim Chao Leh-Dorf, günstiges Restaurant mit großen Portionen. ❷

Panka Bay Resort, ☏ 074-728008, im Nordwesten in der Panka Yai Bay hinter dem Dorf der Seenomaden an einer felsigen Bucht, 20 geräumige Bungalows, nicht besonders belebt. Wird von Forra Diving genutzt. ❷ – ❸

Jungle Hut, vom Dorf zur Mango Bay auf einer Gummi-Farm, 10 nette, sehr preiswerte Bungalows mit Bad, Restaurant. ❷

Zeltplatz, am Hauptstrand vor dem Bulon Resort zwischen Kasuarinen. ❶

Essen

Abends trifft man sich bei dem Einheimischen Bang Daeng oder im Laden von Djiab, einer aufgeschlossenen, schlagfertigen Chinesin.

Pin & Mooda Restaurant, Nähe Viewpoint Resort, Mr. Chui mixt beste Cocktails und spricht gut Englisch.

Orchid Shop & Restaurant, dahinter.

Eang Restaurant, in der Mango Bay, hat auch 3 Holzbungalows, ❷.

Aktivitäten

Ausflugsziele sind die Nose Cave im Nordwesten, die Bat Cave im Südwesten und die Mango Bay im Süden. Eine Nachtwanderung bei Vollmond führt zur Moonsighting Platform im Osten. Bei Landausflügen feste Schuhe tragen, um sich vor einem Vipernbiss zu schützen.

Bootstouren

Chaeng vom Bulon Hill Resort veranstaltet einen abenteuerlichen Ko Lipe-Trip (4 Tage / 3 Nächte) für 4000 Baht, Übernachtung in Zelten. Auch Bang Daeng und Mr. Nann (im Dorf fragen) machen Trips.

Schnorcheln

Schnorcheln können auch Anfänger an zwei Korallenriffen, auf denen u. a. viele farbenprächtige Weichkorallen gedeihen. Am besten ist das Riff südöstlich des Pansand Resort, u. a. sieht man Feuerfische (nicht berühren!), Muränen und kleine Riffhaie. Manchmal ist die Sicht allerdings mäßig.

Vom Pier in PAKBARA fahren Boote um 11.30 und 14.30 Uhr für 300 Baht in 90 Min. Hinzu kommen 30 Baht für das Longtail-Boot. Rückfahrt von Bulon Lae um 9 und 14.30 Uhr, je nach Wetterlage von wechselnden Stellen.
Nach KO LIPE zwischen 13.30 und 14.30 Uhr für 250 bzw. 300 Baht, hin und zurück 500 Baht.

11 HIGHLIGHT

Tarutao National Park
วนอุทยานเกาะตะรุเตา

Zum Tarutao National Park im Südwestzipfel von Thailand gehören über 1400 km^2 der glasklaren Andamanen-See und 51 Inseln, fast alle unbewohnt. Früher dienten die Inseln den Seeräubern und Schmugglern als beliebtes Versteck, heute unterhält der Nationalpark an den gefährdeten Stellen Kontrollpunkte. Tarutao bedeutet auf Malaiisch: „alt, geheimnisvoll und primitiv".

Auf echte Naturliebhaber, die gern 400 Baht Eintritt bezahlen, warten verschiedenartige Inseln mit langen, unberührten Sandstränden, von tropischem Regenwald bedeckte Berge, Mangrovensümpfe und Tropfsteinhöhlen. In dieser Inselwelt ist wirklich nichts los, und nur auf der von *Chao Leh* bewohnten Insel Ko Lipe ist ein bedeutendes Travellerzentrum für Jung und Alt entstanden.

Hauptsaison ist November bis Februar; von Mai bis Oktober sind die Unterkünfte wegen Monsun geschlossen, und der Bootsverkehr ist eingestellt. Außerhalb von Wochenenden und Ferien sind die Inseln sehr einsam.

Auf Ko Tarutao und Ko Adang gibt es einfache Hütten des Nationalparks und Zelte zu mieten. Im gesamten Nationalpark darf man gegen 10 Baht Gebühr sein Zelt aufschlagen, sollte sich aber auf viele Plagegeister einstellen. Auf den beiden Hauptinseln bekommt man genügend zu essen, aber nicht so billig und keinesfalls in der Vielfalt oder Qualität wie auf dem Festland oder auf Ko Lipe. Es ist also ratsam, eine Notverpflegung mitzunehmen.

Mittlerweile gibt es Money Changer, einen Postservice und abends Elektrizität. Trotzdem sollten sich Reisende rechtzeitig mit genügend Bargeld, Taschenlampen und Batterien eindecken. **Informationen** und Buchung von Nationalpark-Bungalows im Internet unter www.dnp.go.th/park reserve/asp/style2/default.asp?npid=7&lg=2.

Ko Tarutao

Die größte der Inseln liegt 22 km vom Festland und nur 8 km von der Langkawi-Inselgruppe in Malaysia entfernt. Der höchste Berg im Süden der Insel steigt auf 713 m an. Das National Park Headquarter ist im Nordwesten an der **Punta Bay** angesiedelt. Die Boote nach Ko Lipe halten am Pier an, aber kaum ein Ausländer steigt hier aus, weil der hohe Eintritt gar zu sehr abschreckt.

Ko Adang

Die üppig grüne Insel liegt 40 km westlich von Ko Tarutao. Steile, bis zu 700 m hohe Berge machen es schwer, das Innere zu erkunden. Steile Fußwege führen zu den Wasserfällen, an deren Pool man schön baden, aber nicht schwimmen kann. Auch für diese Insel gibt kaum jemand 400 Baht pro Tag aus. Von Ko Lipe ist sie leicht per Longtailboot zu erreichen.

Ko Lipe

Die kleine, zumeist flache Insel liegt gegenüber von Ko Adang. Wie ein schwungvoll gezeichnetes Dreieck sieht sie aus und misst an ihrer längsten Stelle ca. 3 km, an der schmälsten ca. 400 m. Am West- und Südzipfel hat sie ihre höchsten Erhebungen. Wegen ihrer weißen, feinkörnigen Sandstrände und dem glasklaren Wasser, das sich bestens zum Schnorcheln eignet, wurde sie bei Individualreisenden beliebt. Vor allem Deutsche, Italiener, Franzosen und Russen jeden Alters kommen zum Relaxen her. Seit Kurzem sieht man viele Familien mit Kleinkindern, was den kinderlieben Thais sehr gefällt. Mittlerweile gibt es auf der Insel 21 Unterkünfte mit 500 Bungalows. In der Saison 2006/2007 mussten Neuankömmlinge häufig erst eine Nacht am Strand kampieren, weil alle Bungalows voll waren.

Drei Strände haben sich touristisch entwickelt: auf der südlichen Seite der Insel der **Pat-**

taya Beach, im Osten der **Andaman Beach** (auch Sunrise Beach oder Village Beach) und im Norden der **Porn Beach** (auch Sunset Beach). Fußwege führen quer über die Insel und verbinden die Strände. Das Wegdreieck ist in einer guten Stunde abgelaufen. Wer die raue, nicht erschlossene Steinküste im Westen auslässt, kann die Insel zu Fuß leicht in 2–4 Stunden umrunden. An allen Stränden gibt es nur Generatorstrom von ca. 18–24 Uhr.

Ko Lipe wurde schon vor vielen Jahren den Chao Leh (Seenomaden) von der thailändischen Regierung geschenkt, daher gehört sie nicht zum Nationalpark (kein Eintritt). Das 500-Seelen-Dorf zieht sich am gesamten östlichen Strand entlang. Es gibt eine Schule und einige kleine Läden. Interessant ist es, den Bewohnern beim Flechten von Matten und bei den Vorbereitungsarbeiten zuzuschauen. Die Chao Leh sind sehr fähige Seefahrer, vor allem mit kleinen Booten. Traditionell leben sie von Fischfang und vom Tauchen nach Muscheln, Korallen und Schwarzen Korallen. Leider konnten auch die *Chao Leh* der Versuchung des Dynamitfischens nicht widerstehen, sodass einige Korallenriffe Spuren der Zerstörung aufweisen. Auf Ko Lipe bestreiten inzwischen viele ihren Lebensunterhalt aus den Einnahmen des Tourismusnebengewerbes. Nur zwei Bungalowanlagen gehören noch allein den *Chao Leh*, die nicht den richtigen Geschäftssinn entwickelt zu haben scheinen. Da von Juni bis Oktober keine Touristen kommen, können die *Chao Leh* in dieser Zeit zu sich selbst zurückfinden.

Übernachtung

Pattaya Beach

In einer tief geschwungenen, auf beiden Seiten von großen, runden Steinen begrenzten Bucht präsentiert sich ein schneeweißer, schattenloser, langer Sandstrand. Im klaren Wasser tummeln sich zwischen den Korallen bunte Fische, das Riff liegt etwa 500 m vor dem Strand. Bei Ebbe muss man durch scharfkantigen Korallenschrott zum Schwimmen hinauswaten. Die 8 Anlagen sind schön der Landschaft angepasst, viele Bungalows liegen im Schatten großer Laubbäume.

Pattaya Song ⑨, ✆ 086-9600418, am westlichen Ende des Strands, viele einfache Hütten mit Gemeinschaftsdusche und bessere Bungalows mit Du/WC auf dem Hügel, z. T. auf hohen Pfählen über den Felsen; die Fußwege zu den Bungalows sind schlecht ausgebaut; schöne Sicht über die Bucht; sauberes Restaurant Pattaya Seafood mit Großbildschirm und entsprechender Lautstärke, freundliches, aber überfordertes Personal, das Spaghetti besser hinbekommt als Reis; unter Leitung des Italieners Stephano und einer Chao Leh-Familie; ganztägige Bootstrips und Kajaks werden angeboten. ❸–❹, AC ❺

Daya Resort ⑩, ✆ 074-728030, 52 liebevoll eingerichtete, feste Bungalows in kräftigem Rot und Blau sowie ein kleines Steinhaus mit 3 Zi; beliebtes Restaurant, hochgelobtes abendliches Seafood Barbecue mit frischem, preiswertem Fisch in vielen Variationen, man isst an Tischen direkt am Strand. Empfehlenswerte Thai- und Fußmassage. Bootstickets. ❹
Danach liegen 3 kleine Bars am Strand.

Pink Resort ⑪, ✆ 086-9620905, 14 nette Bungalows in schattiger Anlage. ❸

Lipe Resort (auch Leepae Resort) ⑫, ✆ 074-724336, 🖥 www.liperesort.com, 75 eng stehende Bungalows, z. T mit Fan in der unschönen Flutmulde, die besseren mit Du/WC, ein großes Haus mit mehreren Zimmern und neue AC-Bungalows. Großes Restaurant, schlechter Service, willkürliche Abrechnung, jeden Tag falsche Auskünfte über Zimmerpreise und Boote, Strom von 18–6 Uhr; teures, unzuverlässiges Internet nebenan. Tauchbasis Starfish Scuba Diving, Kreditkarten werden akzeptiert. ❸–❹, AC ❹
Direkt am Strand liegen einige Bars und Restaurants.

Varin Resort ⑬, ✆ 074-728080, 081-5430505, 🖥 www.varinbeachresort.com, im Zentrum des Strandes, 4 Reihen mit 72 unterschiedlichen, sehr sauberen Bungalows mit Fan oder AC, z. T. mit 2 Betten, sowie ein Langhaus, nicht gerade freundliches Personal, großes Fisch-Restaurant am Strand. Tauchschule Ocean Pro nebenan. Fan ❸–❹, AC ❹–❺
Im Wasser ist eine sichere Schwimmzone abgesperrt.

Barracuda Bungalow ⑭, ✆ 089-6544720 (Lai), 085-0800618 (Su), 12 kleine und große Bambusmattenhütten mit Fan. ❸

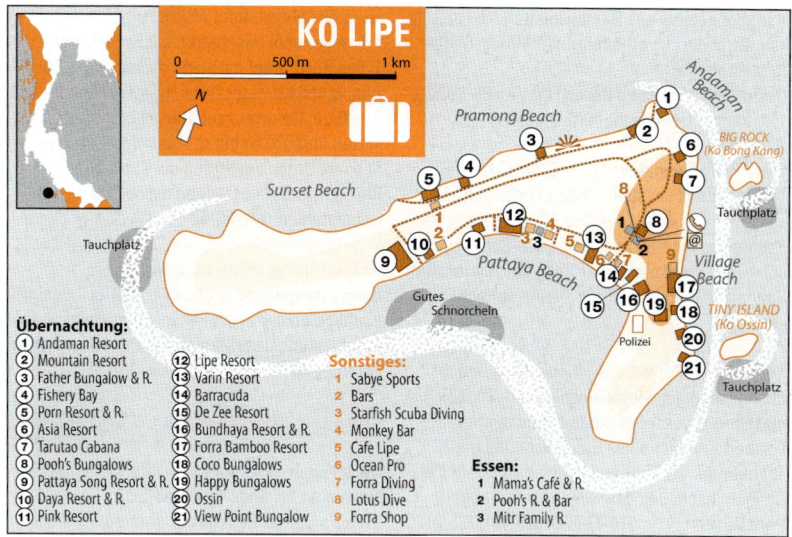

KO LIPE

0   500 m   1 km

N

Andaman Beach

Pramong Beach

BIG ROCK
(Ko Bong Kang)

Sunset Beach

Tauchplatz

Village Beach

TINY ISLAND
(Ko Ossin)

Pattaya Beach

Gutes
Schnorcheln

Tauchplatz

Polizei

Tauchplatz

Übernachtung:
1. Andaman Resort
2. Mountain Resort
3. Father Bungalow & R.
4. Fishery Bay
5. Porn Resort & R.
6. Asia Resort
7. Tarutao Cabana
8. Pooh's Bungalows
9. Pattaya Song Resort & R.
10. Daya Resort & R.
11. Pink Resort
12. Lipe Resort
13. Varin Resort
14. Barracuda
15. De Zee Resort
16. Bundhaya Resort & R.
17. Forra Bamboo Resort
18. Coco Bungalows
19. Happy Bungalows
20. Ossin
21. View Point Bungalow

Sonstiges:
1. Sabye Sports
2. Bars
3. Starfish Scuba Diving
4. Monkey Bar
5. Cafe Lipe
6. Ocean Pro
7. Forra Diving
8. Lotus Dive
9. Forra Shop

Essen:
1. Mama's Café & R.
2. Pooh's R. & Bar
3. Mitr Family R.

De Zee Resort ⑮, ✆ 086-9620905, 10 nette Hütten mit Fan in schattiger Anlage. ❸
Bundhaya Resort ⑯, ✆ 074-750248-9, 089-7863212, 🖥 www.bundhayaresort.com, am östlichen Ende des Strandes im frisch angelegten Garten, neue, große Komfortanlage, 88 gepflegte Bungalows in 4 Reihen, AC oder Fan, Familienzimmer für 4 Pers., angenehme Restaurantterrasse mit Bar am Strand, sehr gute Küche, Internet, unter professioneller Leitung. Schnorcheltrips 250 Baht, mit ABC-Ausrüstung 450 Baht. Ein freundlicher Einwanderungsbeamter versieht hier seinen Dienst. ❹–❻

Andaman Beach (Sunrise Beach)

An diesem langen Sandstrand im Osten der Insel liegt das Dorf der Chao Leh. Die Müllentsorgung erfolgt im Meer, und die Strömung treibt zeitweise den Müll wieder zurück. Auch der zeitweilige Lärm der Longtail-Boote schreckt Ruhesuchende ab. Bei Ebbe kann man im hüfthohen Wasser zum Riff waten und zwischen Tiny Island und Big Rock wunderbar schnorcheln. Von Nord nach Süd liegen 8 Bungalowanlagen am Strand.

Andaman Resort ①, ✆ 074-728017, weitläufige, gepflegte Anlage unter Palmen und Kasuarinen mit 72 neuen und älteren Bungalows, ziemlich einfach, aber mit Fan, Bad und Terrasse; recht schöner Strand mit guter Sicht auf die Inseln im Osten und nach Norden Richtung Ko Adang; das Essen hat sich enorm verbessert, der Service hinkt noch hinterher, Internet; Zelte für 100 Baht, zelten mit eigenem Zelt 20 Baht. Affen sind manchmal ein Problem. Insgesamt sehr empfehlenswert. ❸–❹
Asia Resort ⑥, ✆ 074-728117, 44 schöne Bungalows mit Fan oder AC am Dorfstrand. ❸, AC ❹
Tarutao Cabana ⑦, ✆ 074-728111, ins Dorf eingebettet, 50 verschiedene gute Bungalows mit Fan. Restaurant mit schleppendem Service, gutes Essen. ❸–❹
Forra Bamboo Resort & Dive ⑰, ✆ 089-6731121, 🖥 www.forradiving.com, 5 gute, schattenlose Bambusbungalows am Strand, 13 Familienbungalows. Hoher Rabatt für Taucher. Forra Dive Centre. ❸
Coco Bungalows ⑱, 10 einfache Bambusmattenhütten im sandigen Palmengarten. ❷
Happy Bungalows ⑲, ✆ 086-590833, 7 einfache

Hangbungalows aus Bambusmatten mit Fan, kein Lärm durch vorbeifahrende Mofas; nettes Restaurant. ❷
Ossin Resort (=Usaen Resort) ⑳, ✆ 086-590833, 15 einfache Bambusmattenbungalows am Hang. ❷
View Point Bungalow ㉑, ✆ 089-7320724, 17 Bungalows am steilen Hang hinter den Felsen, gute Aussicht, familiäre Atmosphäre, gutes Restaurant mit frischem Fisch. Der Schwiegersohn Tom, noch ein echter Chao Leh, bietet gute Schnorchel- und Inseltrips an und spricht Englisch. ❸

Porn Beach (Sunset Beach, Pramong Beach)

Ein feinsandiger Strand und direkt davor das glasklare Wasser mit Korallen und bunten Fischen zieht vor allem Ruhesuchende und Taucher an. Von hier aus hat man Blick auf die übrigen Inseln und den Sonnenuntergang.
Porn Resort ⑤, ✆ 074-728088, 089-4645765, etwas gammelig, aber sehr beliebt und immer voll, 32 saubere, luftige Matten- und Holzhütten mit Moskitonetz, Du/WC, Fan, schön schattig unter Laubbäumen an einem kleinen, schnuckeligen Strand; Restaurant im Sand, eine halbe Std. Wartezeit aufs Essen ist normal, jeden Abend BBQ mit sehr gutem Fisch; nettes, humorvolles Personal, Geldtausch zu horrendem Kurs; Strom ab 18 Uhr, Schnorchelausrüstung. Der nette Besitzer bietet auch Schnorcheltrips (400 Baht) mit eigenen Longtail-Booten nach Ko Rawi. Tauchbasis Sabye Sports Diving mit schlecht gewartetem Gerät. 10 Min. zum Pattaya Beach (nachts die Taschenlampe einstecken), 20 Min. ins Dorf. ❸, Zelte ❷
Fishery Bay ④, ✆ 074-728088, gleich nebenan, am Hang unter Bäumen stehen 10 Bambusbungalows auf Pfählen mit Du/WC, Moskitonetz und Fan. Freundliche, hilfsbereite Besitzer, die kaum Englisch sprechen. Günstiges Restaurant am Strand; Bootstouren werden organisiert. ❷ – ❸
Father Bungalow ③, einfache Bungalows ohne Du/WC am Hang. Der weiße Sandstrand ist über eine Leiter erreichbar; gutes Restaurant mit schöner Aussicht. ❶
Mountain Resort ②, ✆ 074-728131, 081-5404163, neue, wunderschöne Anlage oberhalb der Steilküste mit fantastischer Sicht von allen Bunga-

lows, 50 sehr saubere Mattenbungalows, z. T. angenehm beschattet, mit Fan oder AC. Tolles Restaurant mit super Aussicht auf Ko Adang und Ko Rawi, fröhliches Küchenpersonal; Ausflüge, Geldwechsel, Bargeld für Kreditkarten (nur 5 % Gebühr). Aussichts-Salas an den Klippen. Unten am Strand die Karma Bar zum Relaxen, mehrere Treppen mit 55 Stufen. Sehr zu empfehlen. ❸, AC ❹

Im Inselinnern (Pooh's Highway)

Pooh's Bungalows ⑧, ✆ 074-728018, ✉ pooh@poohlipe.com, 8 Zi mit Fan in einem Reihenhaus, unter Leitung des rührigen Mr. Pooh. Ganzjährig geöffnet. ❸

Essen und Unterhaltung

Die meisten Restaurants und Bars sind nur von November bis Ende April geöffnet.
Mama's Café & Restaurant, sehr gute, günstige, originale Chao Leh-Kost, empfehlenswert. Daneben die **Pancake Station**, die Pfannkuchen mit vielen Füllungen und leckere Fruchtshakes macht.
Pooh's Restaurant & Bar, 🖳 www.poohlipe.com, die TOP Bar mit sehr guten Cocktails zu vernünftigen Preisen, sehr gutes Essen, abends romantische Atmosphäre und gute Musik, Geldwechsel (Cash), Internet-, Telefon- und Ticketservice, auch ein einfaches Reihenhaus.
Monkey Bar, kleine Bar im Zentrum von Pattaya Beach, Tische etc. aus Schwemmholz, unterschiedliche Musik, der Affe heißt Jessie.
Time to Chill, coole Bar am westlichen Ende des Pattaya Beach, gemütliche Liegeflächen mit Kissen auf Stelzen, super entspannte Stimmung und tolle Musik, alles mit Kerzen und Fackeln beleuchtet.
Jack's Jungle Bar, 100 m hinterm Porn Resort, gute Musik, freundlicher Besitzer. Billard.

Aktivitäten

Angeboten werden Longtail-Boote für 800–1000 Baht oder organisierte Bootstouren für 250 Baht p. P. inkl. Essen (mind. 4 Pers.). Campingtouren werden z. B. für 2 Tage/1 Nacht

für 1000 Baht p. P. angeboten. Am meisten als Führer gelobt werden Cheng vom Daya Resort und Mr. Meat im Zentrum von Pattaya Beach, der auch Boottrips zum Fischfang durchführt (der Fang wird im Restaurant hinter seinem „Büro" schmackhaft zubereitet).
Am Pattaya Beach kann man ein Kajak mieten und damit die Insel umrunden.

Tauchen

Es gibt 6 Tauchbasen auf der Insel, die alle sehr ähnlich sind, z. B.: **Lotus Dive**, 🖥 www.lotusdive.com, bei Pooh's Restaurant, neue Ausrüstung, bietet Kurse und Tagestrips an, 2400 Baht/2 Tauchgänge.
Sabye Sports, 📞 074-734104, 🖥 www.sabye-sports.com (veraltet), beim Porn Resort, kanadische Leitung, 2000 Baht/2 Tauchgänge.
Starfish Scuba Diving, 📞 074-728089, 🖥 www.starfishscuba.com, beim Lipe Resort. Der Open-Water-Kurs (4 Tage, 8 Tauchgänge) kostet 12 000 Baht.
Alle Tauchbasen gehören PADI an.

Einkaufen

Im Dorf gibt es 7 Geschäfte (eines mit Restaurant), in denen man u. a. Früchte, Gemüse, Dosen, Zigaretten, Batterien, Alkohol, Eis und Kekse kaufen kann. Auch für Tauchausrüstung gibt es einen Laden.

Geld

Es gibt keine Bank. Tauschmöglichkeit in Pooh's Restaurant oder Porn Resort. Pooh nimmt auch Traveller Cheques oder gibt Geld auf Kreditkarte, gegen Gebühr.

Immigration

Im Bundhaya Resort nach Ankunft und vor Abfahrt des Speedboots nach Malaysia.

Informationen

Im Internet: 🖥 www.poohlipe.com, 🖥 www.kohlipethailand.com, 🖥 www.webtravelkolipe.net

In der Umgebung von Ko Lipe wurden 23 Tauchplätze in 30–90 Min. Entfernung erkundet. Die Tauchbasen fahren mit Longtail-Booten zu nahe gelegenen Spots, die Tauchtiefe liegt zwischen 8 und 12 m. Die Riffe bestehen größtenteils aus karg bewachsenen Felsformationen. Spuren des früheren Dynamitfischens sind nicht zu übersehen. Heutzutage findet man häufig Fischfallen der Seezigeuner.
Ein berühmtes Tauchgebiet ist der *Sail Rock*, 2 km westlich von Ko Lipe. Hier kann nur in der Zeit des Halbmonds getaucht werden, wenn sich die Kräfte der Gezeiten die Waage halten. Dann hat man die Chance, den riesigen, Plankton fressenden Walhai zu sehen. Viele Taucher klagen über viel Sediment und schlechte Sicht.

Internet

In Pooh's Restaurant (3 Baht/Min.), beim Lipe Resort (mit WLAN 90 Baht/20 Min.) und Andaman Resort (mit WLAN 120 Baht/30 Min.).

Medizinische Hilfe

Erste-Hilfe-Station mit ausgebildeter Krankenschwester im Dorf, Notfälle werden in 60–90 Min. aufs Festland gebracht.

Motorräder

Gibt es an mehreren Stellen zu mieten. Auch Motorradtaxis werden vereinzelt angeboten.

Saison

Hauptsaison ist von Nov bis Ende April, danach schließen die Bungalows, denn von Mai bis Okt wird der Bootsverkehr eingestellt.

Taxis

Boottaxis kosten 30 Baht, Motorradtaxis ca. 50 Baht. Es gibt keine Autos.

Telefon

In Pooh's Restaurant.

Von Ko Lipe nach Pakbara

Forra Travel (Speedboot), hin: 9–11, zurück: 11–13 Uhr, Preis (einf.): 650 Baht, (hin u. zurück): 1200 Baht

Tigerline (Fährboot), hin: 9–12.30, zurück: 13–16.30, Preis (einf.): 650 Baht, (hin u. zur.): 1100 Baht

Ferryline (Fährboot), hin: 9–12.30, zurück: 13.30–17.00, Preis (einf.): 500 Baht, (hin u. zurück): 900 Baht

Lipeh Ferry (Speedboot), hin: 10–11.30, zurück: 13–14.30, Preis (einf.): 650 Baht, (hin u. zurück): 1200 Baht

Adang Sea Tour (Fährboot), hin: 10–13.30, zurück: 10.30–14, Preis (einf.): 500 Baht, (hin u. zurück): 900 Baht

Nach SATUN zum Tammalang Pier um 9 Uhr für 550 Baht in 3 Std.

Nach KO ADANG fahren unregelmäßig Longtail-Boote von Ko Lipe (50 Baht pro Strecke).

Nach KO LANTA mit der neuen Speedbootlinie tgl. um 9 Uhr in 3 Std. für 1700 Baht, über KO BULON (30 Min., 500 Baht), KO MUK (70 Min., 1200 Baht) und KO HAI (2 Std., 1400 Baht), zurück ab Ko Lanta um 13 Uhr. Bei ruhigem Wasser ist dies eine tolle Sightseeing-Fahrt. Buchung unter ☎ 074-783643-5, 086-9651732, 081-9592094, ✉ 074-783644. Bei starken Wellen wird ersatzweise von Pakbara per Minibus über Trang gefahren.

Nach LANGKAWI / MALAYSIA fährt an jedem Mo, Mi, Fr vom Bundhaya Resort am Pattaya Beach ein Speedboot um 16 Uhr in 90 Min., zurück am nächsten Tag vom Telaga Harbour um 8.30 Uhr Malaysia-Zeit. Um die Passformalitäten in Ruhe zu erledigen, sollte man sich ab 14 Uhr auf der Terrasse des Resorts einfinden. Bei steigendem Bedarf wird der Fährdienst jeden Tag stattfinden, der Preis wird neu festgelegt (bisher 1100 Baht). Infos unter ▢ www.telegaharbour.com.

Achtung: Alle Boote fahren nur in der Saison von Anfang November bis Ende April bzw. Mitte Mai.

Die übrigen Inseln

Hin Ngam ist eine kleine Insel, deren Granitfelsen vom Meer so glatt geschliffen sind, dass sie als große, schwarze Kiesel in der Sonne glänzen. Vor diesem Kieselstrand kann man wunderschön schnorcheln. Knapp unter der Wasseroberfläche leben Unmengen von Röhrenwürmern, die ihren farbenprächtigen Fächer bei unvorsichtiger Annäherung blitzartig in die Röhre zurückziehen. Nicht weit von Ko Hin Ngam liegt im Meer der schöne Schnorchelplatz **Seven Colors** (2–8 m tief), wo Korallen in sieben Farben gedeihen.

Auf **Ko Rawi** legen manchmal Meeresschildkröten im heißen Sand ihre Eier ab, sehr gut zum Schnorcheln eignet sich die Seite zu Ko Adang.

Bei **Ko Butong** ist Schnorcheln am schönsten an der vorderen Seite zu Ko Rawi. Bei **Ko Yang** ist Schnorcheln sehr lohnenswert. **Ko Kai** liegt wie ihre Schwesterinsel **Ko Klang** auf halbem Weg zwischen Ko Adang und Ko Tarutao. Von November bis Dezember vergraben auch hier riesige Meeresschildkröten ihre Eier im Sand am Strand.

Satun

In der Hauptstadt der südlichsten Provinz an der Westküste Thailands, 995 km von Bangkok entfernt, leben 28 000 Einwohner, hauptsächlich Moslems und einige Chinesen. Diese Hafenstadt abseits der üblichen Route hat Touristen fast nichts zu bieten. So mancher benutzt sie, um mit dem Boot entlang des schönen Ufers nach Kuala Perlis oder direkt auf die Insel Langkawi in Malaysia zu schippern.

Übernachtung

Rian Thong (auch Rain Tong oder Lian Thong) ⑥, 4-6 Samanta Pradit Rd., ✆ 074-711036, Chinesenhotel gegenüber der Bootsanlegestelle in der Stadt; große, saubere Zi, am besten im 2. Stock. ❷

Udom Suk ⑤, 201 Hattagam Suksa Rd., ✆ 074-711006, in einer relativ ruhigen Nebenstraße, saubere Zi, Garten, freundliche Leute. ❷

Sinkiat Thani ④, 50 Burivanit Rd., ✆ 074-721055-8, in die Jahre gekommenes Hotel, 50 große, saubere, komfortable Zi mit Du/WC und Badewanne, AC individuell regelbar, schöne Fernsicht aus dem 7. Stock; Coffeeshop, Restaurant; freundliche Besitzer. ❹

Pinnacle Tarutao ②, 43 Satun Thane Rd., ✆ 074-711607, 🖥 www.pinnaclehotels.com, modernes, klimatisiertes Hotel, vor allem für Geschäftsleute und Touristen aus Malaysia. ❸–❹

My House ①, 111 Yontrakarnkumthorn Rd., ✆ 074-721700, Reihenhäuser im Motel-Stil, z. T. mit AC; 2,2 km nördlich des Pinnacle Hotels, 50 m von der Hauptstraße entfernt. ❸

Amm Guesthouse ⑦, 676 M.3 Sulakanukoon Rd, ✆ 081-738521, Richtung Tammalang Pier, einfache Bambushütten. Amm hat 10 Jahre in Wien gelebt und ist sehr hilfsbereit. ❷

Essen

Stilvoll isst man zu leicht gehobenen Preisen im schön dekorierten, klimatisierten **Time Restaurant** vor dem Pinnacle Tarutao Hotel an der Hauptstraße.

Bemerkenswert ist der **Nachtessenmarkt.**

Sonstiges

Immigration

Office in der Stadt, Passabfertigung am Tammalang-Pier.

Reisebüros

Satun Travel & Ferry Service, 45/16 Satun Thane Rd., ✆ 074-711453, 📠 721959, gegenüber vom Pinnacle Hotel, verkauft Tickets für die Fähre nach Langkawi und Ko Lipe. Von hier aus mit dem Taxi für 20 Baht weiter zum Hafen.

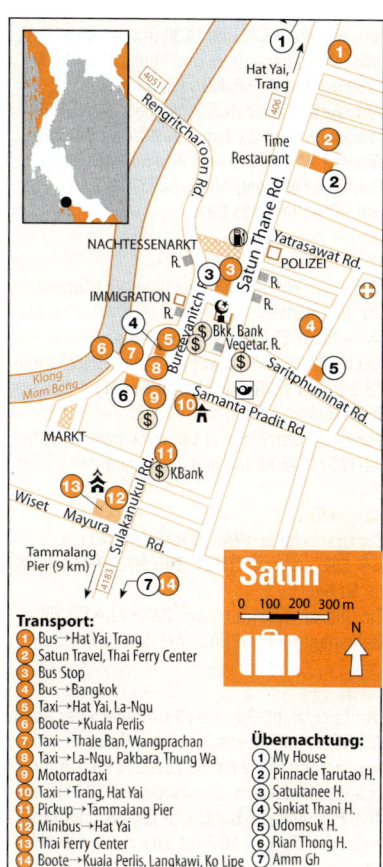

Satun

0   100 200 300 m

N

Transport:
① Bus→Hat Yai, Trang
② Satun Travel, Thai Ferry Center
③ Bus Stop
④ Bus→Bangkok
⑤ Taxi→Hat Yai, La-Ngu
⑥ Boote→Kuala Perlis
⑦ Taxi→Thale Ban, Wangprachan
⑧ Taxi→La-Ngu, Pakbara, Thung Wa
⑨ Motorradtaxi
⑩ Taxi→Trang, Hat Yai
⑪ Pickup→Tammalang Pier
⑫ Minibus→Hat Yai
⑬ Thai Ferry Center
⑭ Boote→Kuala Perlis, Langkawi, Ko Lipe

Übernachtung:
① My House
② Pinnacle Tarutao H.
③ Satultanee H.
④ Sinkiat Thani H.
⑤ Udomsuk H.
⑥ Rian Thong H.
⑦ Amm Gh

Transport

Busse

Nach BANGKOK (995 km) 2.Kl. AC-Bus um 15 und 15.30 Uhr für 557 Baht, AC-Bus um 7, 14.30 und 15 Uhr für 725 bzw. 716 Baht, VIP-24-Bus um 16 Uhr für 1110 Baht in 13 Std.

Von KRABI direkt mit AC-Bus um 11 und 13.30 Uhr für 175 Baht in 5 Std.

Von PHUKET direkt mit AC-Bus um 8.15 und 10.15 Uhr für 274 Baht in 7 Std. Zurück zur gleichen Zeit.

Von TRANG non-AC-Bus tagsüber alle 30–60 Min. für 74 Baht (ac 140 Baht). Zurück etwa

stdl. zwischen 5.30 und 14.30 Uhr mit Anschluss-möglichkeit nach Krabi und Phuket. Von 14.30–16.30 Uhr nur bis LA-NGU (30 Baht).
Von PAKBARA mit dem Pickup bis LA-NGU und von dort weiter mit dem non-AC-Bus (30 Baht).
Von HAT YAI (96 km) am Plaza non-AC-Bus alle 15 Min. für 60 Baht, AC-Bus um 7.10, 9.40, 11.55 und 15.10 Uhr für 85 Baht.

Minibusse

Nach HAT YAI um 9 Uhr für 100 Baht (Abfahrt vor dem Wat).
Nach PHUKET für 600 Baht in 9 Std.
Nach TRANG und KRABI um 11 und 16.30 Uhr in 2 1/2 bzw. 4 1/2 Std. mit **Satun Travel** für 250 bzw. 450 Baht.
Von KRABI um 7 und 11 Uhr nach Pakbara fah-ren (2 Std., 450 Baht) und umsteigen.

Sammeltaxis

Zur Grenzstation WANGPRACHAN (40 km, s. S. 692) und zum THALE BAN NATIONAL PARK für 50 Baht.
Ein Charter-Taxi fährt nach PAKBARA für 250 Baht, nach WANGPRACHAN für 500–600 Baht.

Boote

Der Tammalang-Pier liegt 9 km südlich der Stadt. Am Hafen befinden sich nur das *Customs* und *Immigration Office* für die Zoll- und Passabfer-tigung, sonst nichts. Zu erreichen in 15 Min. mit dem Pickup für 20 Baht, dem Tuk Tuk oder Mo-torradtaxi für max. 50 Baht, ab Kasikorn Bank oder besser schon ab Markt. Ca. 1 Std. vor Ab-fahrt der Langkawi-Fähre startet ein Taxi für 30 Baht bei Satun Travel.
Nach KO LIPE fährt ein Boot tgl. um 12.30 Uhr für 550 Baht in 3 Std., zurück um 9 Uhr.
Von Satun nach LANGKAWI fahren komfortable Personenfähren von Southern Ferry Services, ✆ 074-730513, ganzjährig 3–4x tgl. zwischen 9 und 17 Uhr für 270–300 Baht in 75 Min.
Von Langkawi nach SATUN starten sie zwischen 8.30 und 16.30 Uhr Malaysia-Zeit für 27–30 RM, ✆ 604-9661125.
Von / nach KUALA PERLIS fahren in der Saison ab und an große Longtail-Boote in 1 Std. für 15 RM / 150 Baht. Die Fahrt ist unangenehm heiß und schweißtreibend.

Bei hohem Wasserstand fahren die Longtail-Boote direkt von der Anlegestelle in der Stadt, neben dem Rian Thong Hotel, ab. Die Grenzfor-malitäten werden auch in diesem Fall am Tam-malang-Pier erledigt. Bei ruhiger See ist die Fahrt landschaftlich sehr reizvoll.
Achtung: Die Fährdienste nach Malaysia wech-seln fast jedes Jahr.

Selbstfahrer

Nach **Norden** geht es am besten auf dem H416 bis La-Ngu und Pakbara. Die weiteren Etappen sind entlang der Westküste unter Trang, Krabi, Phang Nga und Takua Pa beschrieben. Die Fort-setzung entlang der Ostküste bis Bangkok steht unter Surat Thani, Chumphon, Bang Saphan, Ban Krut Beach, Prachuap Khiri Khan, Khao Sam Roi Yot, Hua Hin, Cha-am und Phetchaburi.
Nach **Süden** Richtung Malaysia biegt man vom H406 nach 15 km nach rechts ab zum Thale Ban National Park und zum Grenzübergang Wang-prachan (insgesamt 40 km). Im Park kann man zelten oder in den Park-Bungalows unter der Woche normalerweise übernachten. Der nächs-te Ort in Malaysia ist Kaki Bukit, die nächste Stadt Kangar.

Thale Ban National Park

Direkt an der Grenze zu Malaysia liegt 40 km von Satun der südlichste Nationalpark Thailands. Das Park Headquarter, ✆ 074-797073, ist nur 2 km vom Grenzposten Wangprachan entfernt und etwa 75 km von Alor Setar in Malaysia. Hier kann man evtl. in den Park-Bungalows übernachten, die um einen hübschen See gruppiert und nur am Wo-chenende stark frequentiert sind, ❷–❹. Auch Zelten ist möglich. Essen gibt es auf Bestellung in der Kantine, wochentags nur bis 16.30 Uhr. Die Wanderpfade sind zeitweise nicht gewartet und manchmal unpassierbar. Infos unter ⌨ www.dnp.go.th/parkreserve/asp/style2/default.asp?npid=18 8&lg=2.
    Zum Nationalpark fahren Sammeltaxis von Satun für 50 Baht. Von Hat Yai mit dem Bus für 38 Baht bis Kwuan Don, von dort mit Motorradtaxi für 60 Baht. Zurück nach Satun mit Pickup ab ca. 10 bis 15.30 Uhr, ansonsten muss man trampen.

Die südliche Golfküste

Stefan Loose Traveltipps

Thong Yi   Die einsame Bucht südlich von Khanom erkunden. S. 668

Hin Ngam-Bucht   In einem Strandrestaurant bei Sichon einen scharfen Mangosalat mit getrocknetem Tintenfisch genießen. S. 670

Nakhon Si Thammarat   Im Wat Mahathat den zweithöchsten Stupa Thailands besichtigen. S. 672

Thale Noi   Vom Boot aus im Morgengrauen die Vögel auf dem Süßwassersee beobachten. S. 677

Umgebung Phattalung   In natürlichen Pools unter Wasserfällen im Dschungel baden. S. 678

Songkhla   Das beste Folklore-Museum Südthailands besuchen. S. 685

Die Strände und Ortschaften entlang der südlichen Golfküste werden nur selten in eine Thailandreise integriert. Ist das nicht ein besonderer Reiz für Entdeckungsfreudige und Abenteuerlustige? An Schönheit können die Strände durchaus mit anderen im Land konkurrieren. Sicher, man findet hier keine braungebrannten Bikinischönheiten oder muskelbepackten Rambo-Typen, keine Liegestühle oder Sonnenschirme. Die Szenerie wirkt eher orientalisch. Bunte Fischerboote bringen ihren Fang an Land, nackte, bronzefarbige Kinder spielen im Wasser, sittsam gekleidete Spaziergänger schlendern am Wochenende mit ihren langen, malerischen Gewändern durch den Flutsaum. Ein Ausländer, der sich hierher verirrt hat, wird scheu bestaunt. Wer an der scheinbar endlosen und von vielen Muschelschalen überzogenen Küste entlang wandert, kann Bilder in sich aufsaugen oder Motive fotografieren, die kein Touristenstrand hergibt.

Auch im Inneren hat der Landstrich einiges zu bieten. Die herrlichen Badepools an den Wasserfällen im Dschungel kann der Naturfreund unter der Woche garantiert allein genießen. Eine Bootsfahrt in den frühen Morgenstunden auf dem Binnensee Thale Noi lässt das Herz eines jeden Vogelliebhabers höher schlagen.

Kulturell Interessierte können in ganz Süd-Thailand kein besseres Museum besuchen als das Folklore-Museum in Songkhla, und wer nach Superlativen sucht, findet in der angenehmen, völlig untouristischen Stadt Nakhon Si Thammarat den zweithöchsten Stupa des Landes.

Khanom – Sichon ขนอม/สิชล

Die beiden Fischer- und Marktorte liegen 30 km auseinander am H4014 und H401 am Golf von Thailand, ca. 85 km östlich von Surat Thani. In Khanom ist mittwochs Wochenmarkt mit sehr guten, günstigen Garküchen. In den nächsten Jahren soll im Meer vor Khanom der riesige Hafen Southern Sea Port East gebaut werden. Mit zwei Stichstraßen an der Küste entlang wurden schöne Sandstrände erschlossen. Die Strände von Khanom im Norden und von Sichon sind recht abwechslungsreich – hier scheinbar endlos lang, dazwischen sichelförmig geschwungen

und von felsigen Kaps begrenzt, im Süden bei Sichon wieder endlos lang.

Der H4232 führt durch Kokosplantagen am 7 km langen Sandstrand **Nadan Beach** entlang, an dem in vielen Farmen Krabbenbrut aufgezogen wird. 7 km südlich von Khanom beginnt hinter einem Felsenhügel die schöne **Nai Plao-Bucht** mit feinem Sandstrand, im Hinterland versteckt sich ein Fischerdorf. Wer um den Hügel am Beginn der Bucht herumspaziert, kann hübsche, kleine Sandstrände zwischen schönen Felsen entdecken. Eine Betonstraße führt am Ende der Bucht 2 km weiter zum wunderschönen, doppelten Sandstrand **Thong Yi**, überragt von

dschungelbedeckten Hügeln. Malerische, große Felsen teilen den ersten Strand in mehrere Abschnitte auf, während am zweiten ein 400 m langer, einsamer Sandstrand zum Verweilen einlädt. Eine urige Snackbar ist nur selten bewirtschaftet. Im *Homestay* können nur Gruppen ab 5 Personen nach Voranmeldung nächtigen (☎ 081-9584504).

Überragt wird das Gebiet vom 814 m hohen Khao Phra. An seinen östlichen Abhängen stürzen zwei Wasserfälle herab. Leicht zugänglich ist der **Hinlad-Wasserfall** auf einem Fahrweg (1,7 km) und zu Fuß nach links hoch (200 m), hier strömt Wasser aus dem Fels heraus und bildet einen kleinen Fall. Entdeckernaturen können einen Motorradausflug zur schönen Tropfsteinhöhle **Tham Wang Thong** unternehmen (Richtung Don Sak, 6 km links der Straße H4142). Auch ein Besuch der Tempel **Suwan Ban Pot** und **Kra Dang Nga** kann lohnen.

Von Sichon erreicht man auf der Straße zum Meer die **Hin Ngam-Bucht**. Zum hinteren Strand geht sie über den Berg. In den Restaurants am breiten Sandstrand wird u. a. ein hervorragender scharfer Mangosalat mit getrocknetem Tintenfisch serviert *(yam mamuang plamuk fai)*. Der Weg führt vom hinteren Strand weiter zu einer von Palmen gesäumten Bucht (1,5 km). Der kilometerlange Fischerstrand besitzt groben Sand und viele Muscheln. Die Strandstraße passiert zahllose Krabbenbrut-Farmen und wendet sich 10 km südlich vom Piti Resort wieder nach Westen zum H401.

Übernachtung und Essen

Die 14 Anlagen sind nur am Wochenende und in den Ferien durch Thai-Touristen ausgelastet. In der übrigen Zeit kann man an den Palmenstränden echte Einsamkeit erleben (meist mit Rabatt von 20 bis 40 %).
Gute Informationen unter 🖳 www.guidetothai land.com/thailand-beaches/beach-nst.php.

Nadan Beach

Tancoo Resort, ☎ 075-528362, direkt am Strand, 12 schöne Bungalows mit Fan oder AC aus Naturmaterialien, gutes Thai-Essen, freundliches Personal, die Besitzer sprechen Englisch. ❸

Sand Terrace Resort, ☎ 075-528910, am KM 8 (500 m nördlich der Nai Plao-Straße), 20 größere, schöne AC-Bungalows am Strand. ❹
Tip Montri Resort, ☎ 075-528147, an der Abzweigung, 8 komfortable Steinbungalows mit Fan oder AC, gutes, preiswertes Restaurant. ❸ – ❹

Nai Plao Bay

Khanom Hill Resort, ☎ 081-9563101, 🖳 www. khanom.de, eine Treppe führt durch einen liebevoll gestalteten Garten hinab zu einigen im Thai-Stil erbauten, besonders hübschen Bungalows mit großer Terrasse, die etwas erhöht über der Bucht liegen. Sympathische deutsche Besitzer, sehr nette, hilfsbereite, gut Englisch sprechende Managerin. Das Restaurant von Dhum ist gut und wirkt sehr familiär. Die Strände sind zu Fuß erreichbar. Fahrräder 80 Baht, Mopeds 200 Baht. ❺ – ❻

White Beach Resort, ☎ 075-527503, Reihenhaus am Hang auf der Landseite, 2 saubere Zi mit Fan im Bungalow am Hang auf der Meerseite, Restaurant, kostenloser Transport. ❸
Supar Royal Beach, Nr. 51/4, ☎ 075-528552, ✉ suparksc@ksc.th.com, am Beginn der Bucht auf der Landseite, 6-stöckiges Hochhaus mit Lift, 66 geschmackvoll und komfortabel eingerichtete Zi mit Balkon und Meersicht sowie am Strand 19 heruntergekommene Bungalows mit AC, die manchmal sogar funktioniert; Coffeeshop, Restaurant, Pool, Internet, Auto- und Motorradvermietung. ❹ – ❺
Nai Plao Bay Resort, Nr. 51/3, ☎ 075-529039, an der schönsten Stelle des Strandes in einem weiten Palmengarten; unterschiedliche Bungalows aus Stein und Kokospalmen. Vorsicht: Gleich nach dem Sandstrand liegen im Wasser scharfkantige Steine, an denen man sich verletzen kann. ❸ – ❺
Diamond Cliff (auch: Khanab Nam Resort), Nr. 99, ☎ 075-529144, Holz-Reihenhäuser mit Terrasse am felsigen Ende der Bucht und Bambus-Bungalows; das schöne Restaurant und der originelle Swimming Pool bieten eine tolle Aussicht. ❹ – ❺
Empfohlen wurde uns das kleine Restaurant **White Beach Service** mit 4 Tischen. Das Essen ist ausgezeichnet und sehr günstig, der Besitzer spricht etwas Englisch.

Sichon

Sailom Bungalow, ☎ 075-536275, 22 Bungalows mit Fan und AC, beim Markt. ❷ – ❸

Hin Ngam Bay

Prasarnsook Villa Resort, ☎ 075-536299, an der vorderen Bucht, weitläufige Anlage unter Palmen an einem netten Sandstrand, begrenzt von Felsengärten, 30 hübsche, unterschiedliche Holz-Bambus-Bungalows mit Fan oder AC, großes Restaurant; in der Nähe befinden sich viele Seafood-Restaurants mit Liegestühlen. ❷ – ❹

Khrua Poy Resort, ☎ 075-536055, an der hinteren Bucht, ein Sandstrand mit zwei malerischen Felsen, 10 saubere Bungalows; die Mama kocht beste Thai-Gerichte zu günstigen Preisen. Nur selten kommen Ausländer hierher. ❸

Piti Resort, ☎ 075-335301, 2 km weiter südlich an der Strandstraße, Reihenhäuser mit Eigenheimen in einem Palmengarten. Die Steinbungalows im Garten sind gut ausgestattet mit Kühlschrank, TV, Du/WC und Fan oder AC, ihr Geld wert. Offenes Restaurant mit englischer Speisekarte. Kaum jemand spricht Englisch, und es ist meist sehr einsam. ❺

Transport

Von Khanom nach BANGKOK (744 km) jeweils um 17 Uhr mit dem 2.Kl. AC-Bus für 420 Baht, AC-Bus 540 Baht, VIP-24-Bus 840 Baht in 11 Std.

Von SURAT THANI, 85 km, mit AC-Minibus von 7–18 Uhr jede Std. für 70 Baht in 1 Std. oder mit AC-Bus Richtung Nakhon Si Thammarat bis KLONG LENG und von dort per Songthaew für 20 Baht bis Khanom (8 km).

Von NAKHON SI THAMMARAT von 7–18 Uhr jede Std. für 60 Baht nach Khanom, mit AC-Minivan für 85 Baht in 90 Min., nach SICHON für 60 Baht.

Von DON SAK nach Khanom (20 km) mit dem *Small Bus* für 50 Baht.

Zum NAI PLAO BEACH von 6–18 Uhr mit dem Tuk Tuk-Shuttlebus oder Pickup weiter für 30 Baht, um etwas teurer sind die Motorradtaxis.

Nakhon Si Thammarat
นครศรีธรรมราช

Kilometerlang erstreckt sich die Provinzhauptstadt (von den Einheimischen nur „Nakhon" genannt) entlang der Ostküsten-Straße, die hier 10 km im Landesinneren verläuft. Wahrscheinlich befand sich an dieser Stelle bereits im 8. Jh. die bedeutende Hafenstadt Ligor, die vielleicht Zentrum des Sri Vijaya-Reiches oder Hauptstadt eines Vasallenstaates des Königs von Palembang auf Sumatra war. Noch immer kann man Reste der alten Befestigung entdecken, deren Ursprünge bereits auf das Jahr 655 zurückgehen sollen.

Im 13. Jh. lag die Stadt noch am Meer und war ein Zentrum für Händler aus Südindien und Ceylon. Hinduistische Einflüsse sind noch immer in der Stadt zu sehen und im täglichen Leben zu spüren. Später, unter König Ramesuan (1407) und Narai (1677), wurden die Erdwälle erneuert und durch Mauern aus Ziegeln ersetzt. Nakhon dehnte sich weit über die alten Stadtgrenzen aus und hat heute 120 000 Einwohner.

Zentrum

Das neue Stadt- und Geschäftszentrum, wo sich auch die meisten Hotels und Restaurants befinden, ist leicht an den vier Fußgängerbrücken an der zentralen Kreuzung zu erkennen. Es liegt nördlich der alten Siedlung und östlich vom Bahnhof.

Wer zwischen der schönen **Moschee** und dem Kanal die Tha Chang Road Richtung Süden geht, findet rechts einige Geschäfte, die Lederartikel, Schmuck und Kunsthandwerk verkaufen, und links das Tourist Office (TAT). Berühmt ist Nakhon für seine Niello-Ware und die gestanzten Büffelhäute.

Der große **Hua It-Markt** findet täglich in der Nähe des Busbahnhofs statt. Ein weiterer großer Markt wird auf der Pak Nakhon Road im Nordosten der Stadt und ein Straßenmarkt in den schmalen Gassen gegenüber vom Bahnhof veranstaltet. In Nakhon gibt es nur wenige Touristen, es ist also nicht verwunderlich, wenn sich Einheimische auf der Straße umdrehen und die Schulkinder begeistert winken. Nur ganz wenige Einheimische sprechen Englisch.

Die südliche Golfküste

Südlich des Zentrums

Heute sind südlich des Zentrums noch Reste der Befestigungsanlagen zu sehen sowie 250 m der **Stadtmauer**, die einst 2238 m auf 456 m lang war. Zwei hinduistische Schreine, **Ho Phra Isuan** und **Ho Phra Narai**, flankieren die Hauptstraße. 500 m weiter südlich steht vor der City Hall das moderne Gebäude **Ho Phra Sihing**, ☉ Mo–Fr 9–16 Uhr, in dem die berühmte Buddha-Statue Phra Buddha Sihing aufbewahrt wird – eine jener drei Figuren, die jede für sich den Anspruch erhebt, das aus Ceylon stammende, alte Original zu sein. Die anderen beiden stehen im Nationalmuseum von Bangkok und im Wat Phra Sing von Chiang Mai.

Wat Mahathat

Der älteste, bedeutendste und sicherlich interessanteste der vielen Tempel der Stadt soll nach der Überlieferung im 8. Jh. von König Si Thanna Sokarat errichtet worden sein, nach archäologischen Funden zu schließen, stammt er aus dem 7.–12. Jh. Der mit 77 m Höhe zweitgrößte Stupa Thailands, **Phra Borommathat**, wurde während der Sri Vijaya-Herrschaft im ceylonesischen Stil errichtet, als die Ideen des Buddhismus im Land Verbreitung fanden. Seine Spitze ist vergoldet. Angeblich wird hier eine Zahnreliquie Buddhas aufbewahrt. Die Anlage wurde kürzlich restauriert.

Ein Wandelgang mit über 100 Buddhastatuen begrenzt den inneren Tempelbezirk. Weitere Buddhastatuen stehen im quadratischen Unterbau des zentralen **Stupa**, der von zahlreichen kleineren Chedis umgeben ist. Im Gebäude nördlich des Wandelgangs wird eine große, stehende Buddha-Statue von verschiedenen mystischen Wesen bewacht. Im **Tempelmuseum** ist der Klosterschatz in unglaublicher Unordnung ausgestellt. ☉ tgl. 8.30–12 und 13–16.30 Uhr, Eintritt 20 Baht. Auch das Wat-Gelände wird bereits um 16.30 Uhr geschlossen, die Mönche wohnen gegenüber im **Wat Na Phra Boromathat**.

An zahlreichen Ständen des **Handicraft Centers** im südlichen Tempelbereich werden Souvenirs und Kunstgewerbe-Artikel der Region angeboten – Messing-, Bronze- und Silberarbeiten, Schattenspiel-Figuren, Korbwaren usw., außerdem Magenfüllendes an Essenständen mit überaus freundlichen Verkäufern.

Nationalmuseum

Noch weiter im Süden liegt das große **Nationalmuseum**. Im EG sind prähistorische Funde, buddhistische und hinduistische Kunstwerke der malaiischen Halbinsel sowie alte Stein-Inschriften ausgestellt. Das OG enthält Ausstellungsstücke verschiedener Regionen: Sawankhalok-Keramik, chinesisches Porzellan, hinduistische Bronzefiguren und Schattenspielfiguren. ☉ Mi–So 9–16 Uhr, außer feiertags, Eintritt 30 Baht.

Übernachtung

Viele Hotels liegen in der Nähe des Bahnhofs. **Nakorn** ⑧, 1477/5 Yommaraj Rd., ✆ 075-356318, 42 reparaturbedürftige Zi mit Fan und Bad, starker Straßenlärm. ❷–❸

Bua Luang (auch Bue Loung) ⑨, 1487/19 Soi Luang Muang, ✆ 075-341002, 🖷 343418, große, saubere Zi mit Fan oder AC, nicht gar so laut, schöne Aussicht aus dem 3. Stock; freundliche Besitzer. ❷–❸

Thai Lee ⑩, 1130 Ratchdamnoen Rd., ✆ 075-356948, sauberes, relativ ruhiges Hotel an der Hauptstraße, riesige Zi mit Fan und Du/WC. Die Besitzer sind sehr freundlich und schaffen es, dem anonymen Kasten ein uriges Flair zu verleihen, daher ist das Hotel bei Travellern recht beliebt. ❶–❷

Thai Hotel ④, 1375 Ratchdamnoen Rd., ✆ 075-341509, 🖷 344858, 235 große, saubere Zi mit Fan oder AC, guter Service, laut. Café, Bar. Freundliches Personal. Für das Gebotene sehr preiswert. ❷–❸

Die südliche Golfküste

Thaksin ①, 1584/23 Si Praj Rd., ✆ 075-342790, 🖥 www.thaksinhotel.com, komplett renoviert, 115 sehr saubere Komfort-Zi. Restaurant, Karaoke, Internet. Gutes Preis-Leistungs-Verhältnis. ❸–❹

Nakorn Garden Inn ⑪, 1/4 Pak Nakhon Rd., ✆ 075-344831, 🖨 342926, gutes Hotel östlich des Zentrums, AC-Zi; Restaurant. ❸

Grand Park Hotel ⑫, 1204/79 Pak Nakhon Rd., ✆ 075-317666-73, 🖨 317674, hervorragendes Hotel östlich des Zentrums, toll eingerichtete Zi, freundliches Personal; sehr gutes Restaurant. ❹

The Twin Lotus ⑬, 97/8 Phathanakan Rd., ✆ 075-323777, ✉ admtwl@twinlotushotel.com, sehr gutes, sauberes Luxushotel im Süden der Stadt, 120 AC-Zi; Restaurant, Swimming Pool. ❹–❺

Essen und Unterhaltung

Hervorragendes Seafood findet sich überall zu sehr günstigen Preisen.

Im Zentrum gibt es zahlreiche Cafés und Bäckereien. In der besonders freundlichen **Ligor Home Bakery** im Bavorn Bazar bekommt man ab 7.30 Uhr bestes Frühstück und Gebäck sowie Reis- und Nudelgerichte, nebenan im **Hao Coffee** bis 17 Uhr hervorragenden lokalen und internationalen Kaffee. Typische Thai-Leckereien serviert die **Yaya Bakery** an der Yommaraj Rd. bis 20 Uhr. Sehr kühl ist es im **Sapha Cafe** an der Ratchdamnoen Rd., ◷ 10–21 Uhr. Rund um die Uhr bieten Foodstalls hervorragendes, preisgünstiges Essen, v. a. an der Yommaraj

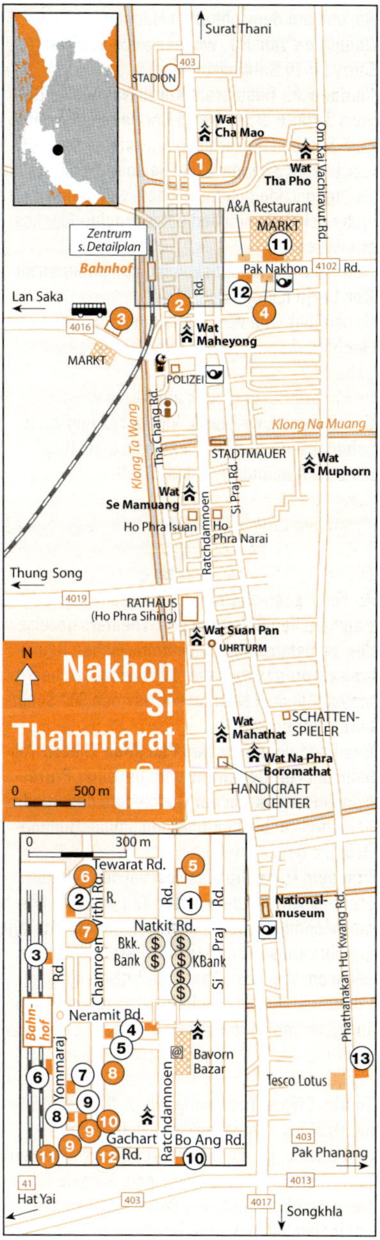

Transport:
① Minibus→Ko Samui
② Ac-Minibus→Krabi, Phuket
③ Bus Station
④ Ac-Minibus→Trang
⑤ Thai Airways
⑥ Sammeltaxis→Surat Thani, Chumphon, Ranong
⑦ Ac-Minibus→Sichon, Khanom, Surat Thani
⑧ Ac-Bus→Surat Thani
⑨ Minibus→Hat Yai (2x)
⑩ Bus→Bangkok (Sopon Tour)
⑪ Sammeltaxis
⑫ Pickup→Sichon, Karom Falls

Übernachtung:
① Thaksin H.
② New Si Thong H.
③ Phet Phai Lin H.
④ Thai H.
⑤ Siam H.
⑥ Montien H.
⑦ Udom H.
⑧ Nakorn H.
⑨ Bua Luang H.
⑩ Thai Lee H.
⑪ Nakorn Garden Inn
⑫ Grand Park H.
⑬ The Twin Lotus

Die südliche Golfküste

Rd. und auf dem lebhaften Nachtmarkt in der Chamroen Vithi Rd., wo man noch ein Thai-Curry für 10 Baht bekommt.

Im Open-Air Restaurant **Khrua Nakhon** im Bavorn Bazar werden bis 15 Uhr neben erstklassigem Seafood leckere lokale Gerichte serviert, u. a. bestes *Khanom Chin* (Reisnudeln mit vielen Beilagen in kleinen Schälchen, von denen man sich nach Belieben bedient, gekochte Eier kosten extra).

Gute Thai-Gerichte bekommt man nebenan im **Ban Lakhon** im OG.

Gegenüber vom Wat Mahathat wird abends ein **Nachtmarkt** mit grandiosem Obst-Angebot aufgebaut.

Im Bavorn Bazar gibt es auch eine westliche Grill-Bar mit Live-Musik, Videoclips und westlichem Essen, Treff der lokalen Expats (hier lebende Ausländer). ☉ bis 23 Uhr.

Sonstiges

Feste

An Feiertagen werden noch Aufführungen des traditionellen **Schattenspiel-Theaters** gezeigt, das im malaiischen und indonesischen Raum weit verbreitet war, aber im Aussterben begriffen ist. Allein in Nakhon soll es noch 300 Schattenspieler geben.

Beim 3-tägigen Fest **Hae Pha Khun That** zu Vollmond im Februar / März wird bei einer Prozession ein langes, mit der Geschichte des Buddha bemaltes Tuch mitgeführt und um die Buddha-Reliquie geschlungen.

Prapheni Duan Sip, das Festival des zehnten Monats, wird ab dem ersten Tag des abnehmenden Mondes im September / Oktober für 10 Tage gefeiert. Dieses tief religiöse Fest findet vor allem am Wat Mahathat statt: Ausstellungen, Cultural Shows (mit Schattentheater und Nora-Tanz), farbenfrohe Umzüge u. v. m.

Informationen

Tourist Office, Tha Chong Rd., ☏ 075-346515-6, ⊕ 346517, ✉ tatnakon@nrt.cscoms.com; freundliche, gut Englisch sprechende Angestellte. Termine der Feste sind einige Monate zuvor bekannt. Naturliebhaber und Trekker sollten nach dem tollen *Nature Guidebook Khao Luang*

National Park fragen. Das Büro ist auch für Trang und Phattalung zuständig.

Internet

Einige Internet-Cafés an der Ratchdamnoen Rd., der Yommaraj Rd., im Bavorn Bazar sowie in der Post für 20–40 Baht/Std.

Post

Ein Postamt liegt südlich vom neuen Zentrum in der Ratchdamnoen Rd., ☉ Mo–Fr 8.30–16.30 Uhr, Sa 9–12 Uhr; Auslandstelefon im Obergeschoss, ☉ tgl. 8–23 Uhr; weitere beim National Museum und gegenüber vom Nakorn Garden Inn.

Telefon

Auslandsgespräche auch vom **Telephone Office** hinter dem Rathaus.

Nahverkehr

Entlang der Hauptstraßen der lang gestreckten Stadt fahren **Minibusse** (Songthaew) für 10 Baht. Außerdem gibt es **Motorradtaxis** (20–70 Baht je nach Entfernung) und **Fahrrad-Rikschas** (3-stündige Sightseeing-Tour ab 100 Baht).

Transport

Busse

Die Bus Station liegt etwa 1 km südwestlich vom Bahnhof.

Nach BANGKOK (805 km) 2.Kl. AC-Bus (hier *Ordinary* genannt) von 7.30–18.30 Uhr für 420 Baht, VIP-24-Bus um 18 Uhr für 905 Baht in 11 Std., AC-Bus von 12–14 Uhr mit *Krungsiam Tour,* ☏ 075-341665, sowie um 9 Uhr und laufend von 17–18.30 Uhr für 583–680 Baht mit 4 Busgesellschaften (z. B. Sopon Tour, ☏ 075-341221).

Nach SURAT THANI non-AC-Bus ca. alle 30 Min. bis 11.30 Uhr für 55 Baht, 2.Kl. AC-Bus ca. alle 90 Min. bis 16.10 Uhr für 60 Baht.

Nach SICHON laufend für 34 Baht.

Nach KRABI AC-Bus bis 16 Uhr für 150 Baht in 3 Std.

Nach PHUKET 2.Kl. AC-Bus stdl. bis 10 Uhr für 240 Baht, AC-Bus bis 9.15 Uhr 295 Baht in 8 Std.

Nach PHATTALUNG non-AC-Bus alle 30 Min. bis 16.30 Uhr für 60 Baht.

Die südliche Golfküste

Nach HAT YAI AC-Bus stdl. bis 16 Uhr für
130 Baht.
SONGKHLA non-AC-Bus alle 30 Min. bis 15 Uhr
für 98 Baht, AC-Bus um 11.35 und 13.15 Uhr für
136 Baht.

Minivans

Die AC-Minivans fahren von verschiedenen
Stellen in der Stadt zu jeder vollen Std. ab (siehe
Stadtplan).
Nach PHUKET gegenüber vom Rathaus bis
16 Uhr für 300 Baht in 5 Std., nach KRABI von der-
selben Stelle bis 16.30 Uhr für 160 Baht in 3 Std.
Nach HAT YAI von der Gachart Rd. jede Std.
bis 18 Uhr für 130 Baht in 3 Std.
Nach TRANG von der Bo Ang Rd. bis 17 Uhr für
112 Baht in 2 Std.
Nach SURAT THANI nördlich vom Bahnhof bis
17.30 Uhr für 130 Baht in 2 Std., von derselben
Stelle nach SICHON 60 Baht, KHANOM 85 Baht.
Nach KO SAMUI mit AC-Minivan von *Sichon
Pattanakit*, ✆ 075-342400, nördlich hinter der
Brücke rechts, um 7.30, 11.30 und 13.30 Uhr für
120 Baht in 5 Std. (inkl. Fähre 220 Baht).

Eisenbahn

Fahrplan „Southern Line" s. S. 782.
Ein Zweig der südlichen Bahnlinie endet hier.
Von BANGKOK *Rapid* 173 um 17.35 Uhr (Sitzplatz
ab 498 / 323 Baht in der 2. / 3.Kl.) oder *Express*
85 um 19.30 Uhr mit AC-Schlafwagen der 1.
und 2. Kl. (ab 1408 / 818 Baht in der 1./2.Kl.),
Ank. 9.05 bzw. 9.55 Uhr.
Um 13 und 15 Uhr fahren der *Rapid* 174 und der
Express 86 Richtung BANGKOK, Ank. um 4.45
bzw. 5.35 Uhr.
Nach Süden lokaler Zug 451 um 6 Uhr über HAT
YAI (37 Baht) bis SUNGAI GOLOK (Ank. 14.45
Uhr, 70 Baht) und lokaler Zug 455 um 9.38 Uhr
bis YALA (Ank. 17.20 Uhr, 55 Baht).

Flüge

Der Flugplatz liegt 20 km nördlich der Stadt, wo
auch eine große Fallschirmjäger-Einheit stationiert ist.
Air Asia fliegt 1x tgl. von/nach BANGKOK für
399–599 Baht plus Gebühren von ca. 700 Baht.
Orient Thai, ✆ 074-240169, fliegt 1–3x tgl. nach
BANGKOK (DMK) für 1750 Baht.

Nok Air fliegt 3x tgl. von/nach BANGKOK
(DMK) für 948–1322 Baht plus Gebühren von ca.
700 Baht.

Selbstfahrer

Nach Süden geht es auf dem H408 nach Huai
Sai, dann durch die Mondlandschaft der
Shrimp-Farmen und in Strandnähe ohne Meersicht bis Songkhla (mit der Fähre übersetzen,
ca. 180 km).
Nach Norden empfehlen wir die schöne, weniger befahrene Strecke westlich um das Khao
Luang-Massiv herum. Dazu geht es auf dem
H4016 an der Bus Station vorbei nach Westen,
an den Karom-Fällen vorbei und über Chawang
auf dem H4015 nach Surat Thani.

Die Umgebung von Nakhon

Khao Luang National Park

Der 570 km^2 großen Nationalpark, bei Einheimischen als Nam Tok Karom bekannt, erstreckt
sich rings um den 1835 m hohen Khao Luang.
Durch dichten Monsunwald, vorbei an Urwal-
driesen und Baumfarnen, stürzen die **Karom-
Wasserfälle** einige hundert Meter über mehrere
Stufen bis zu 40 m tief die Felsen hinunter. Wer
den Eintritt von 400 Baht p. P. nicht scheut, kann
an sieben von den beeindruckenden 19 Fällen
entlang einen guten Pfad begehen und im natürlichen Pool unter dem 7. Fall herrlich schwimmen. Weitere Informationen: 🖳 www.dnp.go.th/
parkreserve/asp/style1/default.asp?npid=198&lg=2.

Strände

Der **Savanniwat Beach**, 20 km nördlich, ist ein
beliebter Picknickplatz der Einheimischen und
ziemlich verschmutzt. In der Nähe liegen reichlich Puff-Bungalows am Strand. Das Fischerdorf
Pak Phanang, auf dem H4013 nach 28 km erreichbar, hat etwas Besonderes zu bieten: Durch
Zufall kamen die Einwohner darauf, dass die
Schwalben, für deren Nester 40 000–50 000 Baht/
kg bezahlt werden, auch in verlassenen Gebäuden Nester bauen, wo sie leicht geerntet werden
können. Nun stehen bereits über 30 leere Gebäude allein für die Schwalben bereit, damit sie von
März bis August mit ihrem Speichel die begehr-

Die südliche Golfküste

ten Nester an die Decken bauen. Supachok Hotel, 46/2 Phanit Samphan Rd., ✆ 075-517201, mit 40 Zimmern, ❷–❸. Die Straße geht über die Brücke 4 km weiter nach Osten bis zum Sandstrand. Das Shane Resort liegt 11,2 km südlich davon, hat 5 Bungalows und etwa eine Million Moskitos, ansonsten ist es angenehm, ❷.

Auf der schmalen Landzunge kann man bis zur Landspitze **Laem Talumpuk** fahren. Wegen der unzähligen Krabbenfarmen ähnelt die Straße H408 entlang der Küste nach Songkhla einer Mondlandschaft. Das durch Zinnminen mit Arsen verseuchte Wasser zwischen Ron Phibun und Pak Phanang gefährdet nach Berichten der *Bangkok Post* die Landbevölkerung in hohem Maße. Davon sind auch die Shrimp-Farmen in der Bucht von Pak Phanang betroffen.

Phattalung

Die kleine Provinzhauptstadt mit 42 000 Einwohnern an der Bahnlinie Richtung Hat Yai liegt inmitten von Reisfeldern. Der Highway verläuft etwa 3 km außerhalb des Stadtzentrums. In den zwei großen Kalkfelsen, die sich aus der Ebene erheben, befinden sich buddhistische **Höhlentempel**, z. B. Wat Kuha Sawan im Westen der Stadt. Wahrscheinlich dienten diese Höhlen bereits während der Sri Vijaya-Periode (8.–13. Jh.) als Meditationsklöster, denn es wurden dort zahlreiche Votivtafeln aus jener Zeit gefunden. In einer Tropfsteinhöhle stehen etwa 40 Buddha-Statuen, darunter ein großer ruhender Buddha.

In Phattalung werden die traditionellen Künste gepflegt. So findet im April ein Schattenspiel-Wettbewerb statt, im Juni ein Tanzwettbewerb im dramatischen Tanz *Manohra* und im Oktober ein Trommel-Wettbewerb.

Übernachtung und Essen

Hor Far Hotel ① (auch Ho Fah), 28-30 Kuha Sawan Rd., ✆ 074-611920, saubere Zi mit Fan oder AC, freundliches Personal. ❷–❸
Thai Hotel ③, 14 Dissara-Sukharin Rd., ✆ 074-611636, große, einigermaßen saubere und ruhige Zi mit Telefon, Radio, Du/WC und Fan oder AC, hat schon bessere Tage gesehen, wird auch

stundenweise vermietet. Das Personal versteht ein wenig Englisch. ❷–❸
Dina Inn (Schild: Dee Na Inn) ②, 1/20 Saiburi Rd., ✆ 074-613026, 1,4 km westlich der Stadt links, Anlage à la Vorhanghotel, 24 Zi. ❷–❸
Lampam Resort ⑤, ✆ 074-611486, am Hat Sansuk Lampam (s. u.), 8 km östlich. 20 hübsche Bambus-Bungalows mit Bad und Fan; durchschnittliches Essen zu gehobenen Preisen, als Farang ist man eine Sensation. ❷–❸
Sehr gutes, billiges Essen gibt es auf dem Nachtmarkt. Die Restaurants am Bahnhof (teuer) und in der Pracha Bamrung Rd. sind mehr als eine Notlösung.

Sonstiges

Informationen
Phattalung Tourist Center, ✆ 074-611201, am Eingang zum Rathaus, ca. 1 km westlich. Infos über die Provinz und Verkauf von lokalem Kunsthandwerk, ☉ Mo–Fr 8–16 Uhr (selten besetzt).

Telefon
Auslandsgespräche bei der Post im Obergeschoss, ☉ 8–20 Uhr.

Transport

Busse
Nach BANGKOK (855 km) 2.Kl. AC-Bus um 16.15 und 17.30 Uhr für 505 bzw. 482 Baht, AC-Bus um 16.30 und 17 Uhr für 619 Baht in 13 Std.
Nach HAT YAI non-AC-Bus von der Bus Station alle 30 Min. bis 16 Uhr für 60 Baht in 90 Min. AC-Busse fahren gegenüber der Kasikorn Bank ab, jede Std. bis 15 Uhr für 90 Baht. Minibusse für 130 Baht in 80 Min.
Nach NAKHON jede Std. bis 16 Uhr für 60 Baht in 2 Std.
Nach SURAT THANI mit AC-Bussen 8x tgl. bis 15 Uhr für 130/167 Baht.
Nach TRANG jede Std. für 35 Baht in 90 Min.
Nach PHUKET für 135 Baht, AC-Bus 283 Baht in 7 Std.
Vom Süden Richtung Bangkok fahrende Busse halten 3 km außerhalb am H4/41.
Lokaler Transport geht am besten mit Songthaews für 10–20 Baht.

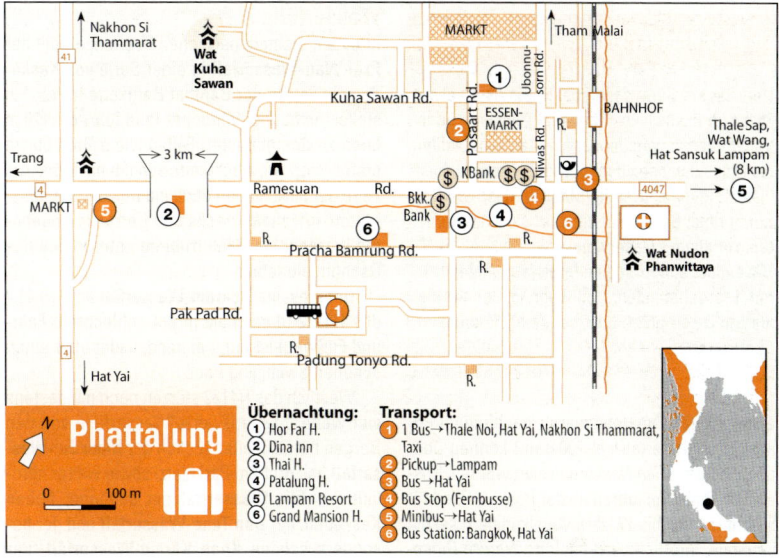

Phattalung

0 — 100 m

Übernachtung:
1. Hor Far H.
2. Dina Inn
3. Thai H.
4. Patalung H.
5. Lampam Resort
6. Grand Mansion H.

Transport:
1. 1 Bus→Thale Noi, Hat Yai, Nakhon Si Thammarat, Taxi
2. Pickup→Lampam
3. Bus→Hat Yai
4. Bus Stop (Fernbusse)
5. Minibus→Hat Yai
6. Bus Station: Bangkok, Hat Yai

Eisenbahn

Fahrplan „Southern Line" s. S.782.
Direkt von BANGKOK eignet sich nur der *Rapid* 169 mit 2.Kl. AC-Schlafwagen um 15.35 Uhr (Ank. 7.05 Uhr).
Nach BANGKOK *Rapid* 170 um 15.57 und *Rapid* 172 um 16.51 Uhr (Sitzplatz ab 508 / 327 Baht in der 2. / 3.Kl.), Ank. 7.40 und 8.10 Uhr.
Special Express um 18.52 und 19.34 Uhr (AC-Schlafwagen ab 828 Baht in der 2. Kl.), Ank. 8.30 bzw. 9.40 Uhr.
Mit dem lokalen Zug (3. Klasse) nach HAT YAI 5x tgl. für 18 Baht, SUNGAI GOLOK für 56 Baht, NAKHON SI THAMMARAT 3x tgl. für 22 Baht und SURAT THANI um 8.29 und 13.06 Uhr für 42 Baht in 5 Std.

Die Umgebung von Phattalung

Tham Malai

Nach etwa 3 km Fußmarsch an den Bahngleisen entlang Richtung Norden erreicht man das Höhlenkloster Tham Malai. Wer die Höhlen besichtigen will, braucht eine Taschenlampe. Der zentrale Chedi wird von 32 Mönchs- und Buddhafiguren in verschiedenen Körperhaltungen umrahmt. Von oben geht der Blick über die Reisfelder bis zu den Bergen im Westen und über die Kalkfelsen bis zum Meer und zum großen Binnensee Thale Sap im Osten.

Hat Sansuk Lampam

Auf der Hauptstraße nach Osten (H4047) fährt man 8 km zum **Binnensee Thale Sap** (Songthaew links vor der Eisenbahnkreuzung für 12 Baht). Am flachen, kaum knietiefen Strand Hat Sansuk Lampam machen viele Thai-Familien am Wochenende und am Abend Picknick; viele Imbissbuden.

Auf der anderen Flussseite liegt das Lampam Resort mit einem Seafood-Restaurant (gehobene Preise). An Wochenenden fährt ein Ausflugsboot zur Vogelbeobachtung auf den See. Eine Tretbootfahrt bei Sonnenuntergang durch die Seerosenfelder ist wunderschön, aber die Rückfahrt kann sich schwierig gestalten.

Thale Noi

Am besten schon vor 7 Uhr morgens mit dem Boot hinausfahren (1/2 Std., 300 Baht). 30 Über-

Der flache Süßwassersee Thale Noi, etwa 36 km nordöstlich von Phattalung, ist ein großes Vogelreservat. Von Januar bis März – nachdem die Monsunwinde abgeebbt sind – machen hier viele Zugvögel Station: Weißer Ibis, Storch, Kormorane, Graureiher und fast 200 weitere Arten, vor allem Wasservögel.

Besonders schön ist eine Bootsfahrt in den frühen Morgenstunden. Und wenn im Januar die lila Seerosen blühen, ist der Anblick kaum zu übertreffen.

nachtungsplätze im Headquarter, nachfragen! Private Unterkünfte (ab ca. 200 Baht) können über das Restaurant *Rim Nam* organisiert werden. Busse nach Thale Noi fahren ab der Posaart Road für 25 Baht (zurück bis 17 Uhr). Vogelkundlern sei die 16-seitige, informative Broschüre *Nature Guidebook Thale Noi* empfohlen, die im Tourist Office von Nakhon Si Thammarat kostenlos zu bekommen ist.

Heiße Quellen

30 km südlich von Phattalung kann man in heißem Wasser baden, das mit 52 °C aus einer Quelle am Fuße eines Kalksteinfelsens sprudelt (bekannt als *Bo Nam Ron – Nam Yen*). Auf dem Gelände eines Klosters sind Badehäuschen mit Schöpfdusche und ein Thai-Dampfbad eingerichtet. Eine Spende wird erwartet. In einem halbrunden Felsenkessel liegt ein Lotusteich mit Picknicktischen. Viele Grotten sind in den Felsen zu sehen. Von Phattalung biegt man vom H4 am KM 46,4 nach links auf den H4081 ab und fährt 6,6 km auf dem guten Sträßchen bis zum Dorf **Khao Chai Son**. Dort geht es vor der Polizei nach rechts und nach 100 m nochmals rechts, dann sind es noch 1,8 km zum Klosterhof am Fuße der Felsen. Ohne eigenes Fahrzeug am besten mit einem lokalen Hat Yai-Zug für 4 Baht nach Khao Chai Son fahren und ca. 3 km zu Fuß gehen oder ein Motorradtaxi nehmen.

Die übrigen, an der Abzweigung vom H4 ausgeschilderten *Tourist Attractions* sind keinen Abstecher wert.

Wasserfälle

In einem dichten, herrlichen Dschungel fällt der **Prai Wan-Wasserfall** in einer Serie von Kaskaden die Felsen der Banthat Bergkette herab. Ein steiler, nicht ungefährlicher Pfad führt ca. 120 m hoch zu den höchsten Fällen, viele Badeplätze bieten sich an, aber kein Swimming Pool. Am Fuße der Fälle stehen etwa ein Dutzend Bambushütten, in denen Snacks und Getränke angeboten werden. Viel Müll trübt im unteren Teil das Dschungelerlebnis.

Der einsame **Nokrum-Wasserfall** am KM 43,4 des H4122 (dann 1200 m auf schlechtem Fahr- und Fußweg) ist nur 4 m hoch, bildet aber einen schönen Swimming Pool.

Westlich des H4122 stürzen noch mindestens vier weitere sehenswerte Wasserfälle von den Bergen herab: weiter südlich der **Mom Jui-Wasserfall** (mit großem Parkplatz) sowie weiter nördlich der **Pliu-Wasserfall** mit schönen, hohen Kaskaden, der **Ban Tone-Wasserfall** und der besonders schöne **Khao Khram-Wasserfall**, der mehrere klare Swimming Pools bildet (25 km westlich von Phattalung 3 km nach Süden fahren und 3 km wandern).

Von Phattalung zum Prai Wan-Wasserfall fährt man mit einem Minibus nach Kongra (30 Baht) am H4122 oder nach Mae Khri am H4 Richtung Hat Yai. Von beiden Orten fahren Minibusse nach Ban Phut (6 bzw. 16 Baht). Die letzten 3,4 km chartert man ein Moped (40 Baht) oder geht zu Fuß. Mit dem eigenen Fahrzeug fährt man von Phattalung auf dem H4 Richtung Trang bis zum KM 26,4 und biegt dort auf den H4122 ab. Dieser führt 27 km nach Süden durch eine schöne Landschaft mit bizarren Hügeln und Reisfeldern über Ban Kongra bis zum Dorf Ban Phut. Am KM 37,3 biegt ein Schotterweg durch Gummiplantagen zum Nam Tok Prai Wan ab.

Hat Yai   หาดใหญ่

Die moderne, gesichtslose Stadt (auch Hatyai, Had Yai oder Haad Yai) mit 191 000 Einwohnern, das Verkehrs- und Wirtschaftszentrum von Süd-Thailand, liegt 933 km südlich von Bangkok.

Viele Malaysier kommen hierher, um das einzukaufen, was billiger als im eigenen Land angeboten wird, und um zu später Stunde das zu finden, was ihnen im moslemisch-puritanischen Malaysia nicht geboten wird. Im Gegensatz zu Pattaya, Phuket und Bangkok spielt sich das Nachtleben von Hat Yai weitgehend in Hotels ab. Neben den umfangreichen Angeboten des horizontalen Gewerbes gibt es zahlreiche Discos mit Live-Musik und Laser-Shows. Die **Krokodilfarm** in der Ratchyindi Rd. ist zwar kostenlos, aber recht uninteressant.

6 km Richtung Songkhla liegt der schöne **Stadtpark**, in dem man an Wochentagen gemütlich herumspazieren kann. Als Attraktion wurde eine 9,90 m hohe **Statue** der Kuan Yin aufgestellt, die in China aus 8 Stücken weißer Jade gefertigt wurde.

In Ban Hat Yai, 4 km westlich der Stadt, steht das **Wat Hat Yai Nai**. Der Viharn enthält eine riesige, 35 m lange und 15 m hohe, liegende Buddha-Statue, *Phra Phut Mahathat Mongkol* genannt, die von der Bevölkerung der Stadt und von Chinesen aus Malaysia hoch verehrt wird.

In den letzten Jahren sind neben den 130 Hotels mit über 10 000 Zimmern einige Gästehäuser entstanden, die eigentlich Kleinhotels sind. In manchen verkehren auch Prostituierte.

Gästehäuser

Cathay Gh. ㉖, 93/1 Niphat Uthit 2 Rd., ✆ 074-243815, sehr zentral, im 1. OG, renovierungsbedürftige, sehr einfache, große Zi mit Du/WC, Fan und viel Ungeziefer (Nagetiere) sowie Schlafsaal (90 Baht). Viele Infos, Snacks, gutes Frühstück, freundliches Personal. Eigentlich sein Geld nicht wert, aber ein beliebter Travellertreff. Im Erdgeschoss ein Reisebüro. ❷

Sorasilp Gh. (auch Sornsil) ③, 251/7-8 Petchkasem Rd., ✆ 074-232635, am Nachtmarkt, saubere Zi mit Du/WC und Fan oder AC, recht laut. ❷–❸

Ladda Gh. ㉔, 13-15 Thamnoon Vithi Rd., ✆ 074-220233, enge, aber gemütliche, zumeist fensterlose Zi, z. T. AC, in neuerem Gebäude beim Bahnhof, nette Leute. ❷–❸

Louise Gh. ㉕, 21-23 Thamnoon Vithi Rd., ✆ 074-220966, beliebtes Kleinhotel, spartanisch mö-

blierte, saubere Zi mit Du/ WC, z. T. AC, falls nötig nach frischer Bettwäsche fragen, freundlicher Manager; wochentags 30 % Rabatt. Bildergalerie von der Flut. ❸

New City Gh. ㊼, 8 Chaiyakul Uthit 2 Rd., ✆ 074-244738, 3 km außerhalb des Zentrums beim Bus Terminal, saubere Zi mit AC. ❷

Hotels

Die Hotels sind selten ausgelastet und man kann besonders günstige Preise erzielen, wodurch man z. T. billiger als in Gästehäusern übernachtet. Die großen Mittelklassehotels unterscheiden sich kaum voneinander.
In der **Niphat Uthit 1 Rd.** liegt z. B.:
Hok Chin Hin ⑭, Nr. 87, ✆ 074-243258, günstiges Hotel, große, gut eingerichtete Zi mit Bad, große Betten, Fan, netter Besitzer; Eingang durchs Restaurant. ❷
In der Parallelstraße **Niphat Uthit 2 Rd.**:
Kosit ㊵, Nr. 199, ✆ 074-234366, ✉ kosithotel @anet.net.th, modernes Hotel, mit Nachtclubs der gepflegteren Kategorie. ❹–❺
In der Parallelstraße **Niphat Uthit 3 Rd.**:
Hat Yai Central Hotel ㉟, Nr. 180-181, ✆ 074-230000-11, ✇ 230990, in die Jahre gekommen, dennoch preiswerte AC-Zi, schöne Sicht von den oberen Stockwerken. ❹
Sakura Grand View ㊱, Nr. 186, ✆ 074-355700-15, 18-stöckiges Hotel mit toller Aussicht, 230 sehr saubere, geräumige Zi, hilfsbereites Personal. WLAN gratis. ❹
Laemthong ⑳, 46 Thamnoon Vithi Rd., ✆ 074-352301-7, ✇ 237574, ✉ laemthonghotel@ yahoo.com, 200 m vom Bahnhof, groß, sauber und seinen Preis wert, v. a. die AC-Zi. Beliebter Traveller-Treff. ❷, AC ❸
Dusit Hotel ⑱, 25/3 Pracharom Rd., ✆ 074-232141, ✇ 236479, östlich am Fluss, ruhig, sauber, große Zi, separate Betten. Preiswert. ❷
Hat Yai Rama Hotel ㉞, 9/5 Sri Puvanart Rd., ✆ 074-262500, schlichter Kasten mit sehr sauberen, guten Zi. ❸
Sakol Hotel ㉘, 47-48 Sanehanusorn Rd., ✆ 074-355501, renoviertes Hotel mit imposantem Foyer, sehr saubere Zi, freundliches Personal. Sein Geld wert. ❹
Lee Gardens Plaza Hotel ⑬, 29 Prachathipat Rd., ✆ 074-261111-26, ⌨ www.leeplaza.com,

	Hotel	Preis	Tel.		Hotel	Preis	Tel.
①	President H.	❸–❹	349500-5	㉔	Ladda Gh.	❷–❸	220233
②	J.B. Hatyai	❺–❻	234300-18	㉕	Louise Gh.	❸	220966
③	Sorasilp Gh.	❷–❸	232635	㉖	Cathay Gh.	❷	243815
④	S.C. Heritage H.	❸	233088	㉗	Kings H.	❸	261700-7
⑤	Had Yai Inter H.	❸–❺	351500-3	㉘	Sakol H.	❹	355501-3
⑥	V.L. Hatyai H.	❹–❺	352201-9	㉙	Rado H.	❸	239202
⑦	Asian Hotel Hat Yai	❹	353400-14	㉚	B.P. Grand Tower H.	❹–❽	355655-62
⑧	The Regency H.	❹–❻	234400-9	㉛	Pacific H.	❷–❸	244062
⑨	Racha H.	❸	230952-5	㉜	New World H.	❸–❺	230100-4
⑩	Diamond Plaza H.	❹–❻	230130-41	㉝	Hat Yai Palace H.	❸–❹	357576-83
⑪	Siam City H.	❹–❻	353111-29	㉞	Merlin Hat Yai H.	❸–❹	230030-8
⑫	The Novotel Central Sukhontha H.	❻–❽	352222-36	㉟	Hat Yai Central H.	❹	230000-11
⑬	Lee Gardens Plaza	❹–❽	261111-26	㊱	Sakura Grand View	❹	355700-15
⑭	Hok Chin Hin H.	❷	243258	㊲	Sakura H.	❸–❹	235111-3
⑮	Yong Dee H.	❸	234350-7	㊳	Hat Yai Garden Home	❸–❺	234444
⑯	Grand Plaza H.	❹ ❺	234340-7	㊴	Dai-ichi H.	❸–❺	230724
⑰	Pink H.	❸–❹	230961-4	㊵	Kosit H.	❹–❺	234364-9
⑱	Dusit H.	❷	232141	㊶	Ambassador H.	❸	234411-7
⑲	River Inn	❸	231101-3	㊷	Emperor H.	❸–❹	220215-8
⑳	Laemthong H.	❷–❸	352301-7	㊸	Lee Garden H.	❹–❻	234420-9
㉑	Amaraporn Gh.	❷ ❸	231487	㊹	Mae Nam H.	❸	234800-3
㉒	Indra H.	❸–❹	245886	㊺	Hat Yai Rama H.	❸	262500
㉓	Prince H.	❷–❸	237577	㊻	The Florida H.	❹–❺	234555
				㊼	New City Gh.	❷	244738

Die südliche Golfküste

33-stöckiges Gebäude, Foyer des Luxushotels im 10. Stock, 405 erstklassige Zi mit fantastischer Sicht, Pool und Fitnesscenter im 12. Stock. Sehr gutes Preis-Leistungs-Verhältnis. ❹
The Novotel Central Sukhontha Hotel ⑫, 1 Sanehanusorn Rd., ☏ 074-352222-36, ✆ 352223, 🖳 www.centralhotelsresorts.com/csh/csh_default.asp, ✉ resncs@chr.co.th, das beste Hotel von Hat Yai, 245 schöne Zi und Suiten mit allen Annehmlichkeiten; Restaurants, Fitnesscenter. ❻–❽

Essen

Überall in der Stadt gibt es recht gute Seafood-Restaurants und Essenstände.
Am Abend finden mehrere kleine **Nachtmärkte** statt, z. B. nahe Hok Chin Hin und Park Hotel. Ein sehr großer, empfehlenswerter abendlicher **Essenmarkt** wird auf der Montri 2 Rd. beim Plaza Shopping Center aufgebaut.
Muslim-O-Cha ist ein gutes Moslem-Restaurant. Weitere konzentrieren sich um die Kreuzung Niyomrat Rd. und Niphat Uthit 1 Rd.
Im klimatisierten **Robinson's Food Court** befinden sich die internationalen Fastfood-Restaurants KFC, Burger King, Dunkin Donut, Daidomon (Buffet-Lunch und -Dinner) sowie Essenstände mit Coupon-System.
Indra Food Center, 94 Thamnoon Vithi Rd., ⏱ 24 Std. und entsprechend teuer. Am Abend werden die Schlemmer bei Haifischflossen- und Schwalbennestersuppe mit Live-Musik unterhalten.
McDonald's, **Pizza Hut**, **Swensen's** und **Sizzler** im Lee Gardens Plaza in der Prachathipat Rd.

Unterhaltung

Discos
Empfohlen zum Abtanzen wurde uns das **Hollywood**, beim Lee Gardens Plaza, ⏱ bis 2 Uhr, Eintritt 200 Baht inkl. Getränkegutschein.

Thai-Boxen
Samstags von 14–17 Uhr im **Television Stadion**.

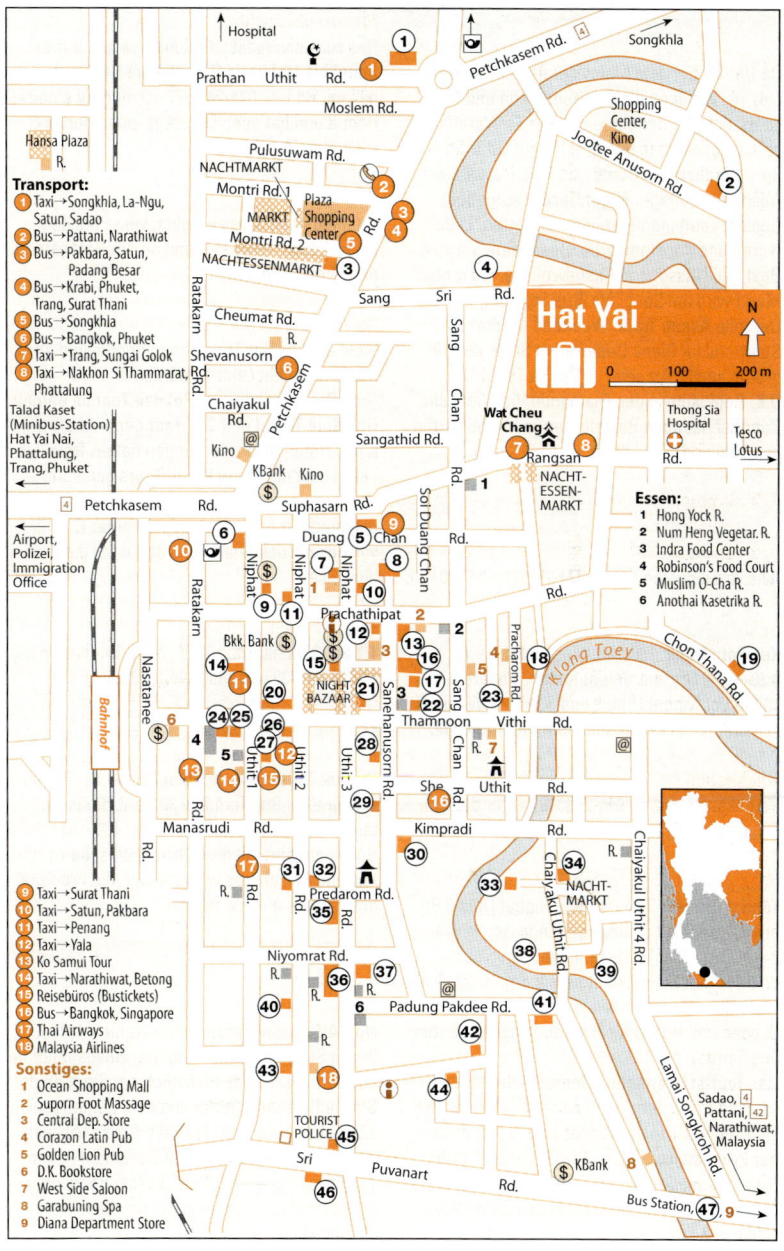

Transport:
1. Taxi→Songkhla, La-Ngu, Satun, Sadao
2. Bus→Pattani, Narathiwat
3. Bus→Pakbara, Satun, Padang Besar
4. Bus→Krabi, Phuket, Trang, Surat Thani
5. Bus→Songkhla
6. Bus→Bangkok, Phuket
7. Taxi→Trang, Sungai Golok
8. Taxi→Nakhon Si Thammarat, Phattalung

Talad Kaset (Minibus-Station)
Hat Yai Nai, Phattalung, Trang, Phuket

Airport, Polizei, Immigration Office

9. Taxi→Surat Thani
10. Taxi→Satun, Pakbara
11. Taxi→Penang
12. Taxi→Yala
13. Ko Samui Tour
14. Taxi→Narathiwat, Betong
15. Reisebüros (Bustickets)
16. Bus→Bangkok, Singapore
17. Thai Airways
18. Malaysia Airlines

Sonstiges:
1. Ocean Shopping Mall
2. Suporn Foot Massage
3. Central Dep. Store
4. Corazon Latin Pub
5. Golden Lion Pub
6. D.K. Bookstore
7. West Side Saloon
8. Garabuning Spa
9. Diana Department Store

Essen:
1. Hong Yock R.
2. Num Heng Vegetar. R.
3. Indra Food Center
4. Robinson's Food Court
5. Muslim O-Cha R.
6. Anothai Kasetrika R.

Hat Yai

0   100   200 m   N

Die südliche Golfküste

Hat Yai   **681**

Da Hat Yai für viele Malaysier das Einkaufsparadies ist, verfügen die Straßenstände und Einkaufszentren über ein reichhaltiges Warenangebot, vor allem in den drei Niphat Uthit-Straßen. Nördlich der Thamnoon Vithi Rd. wird am Abend ein quirliger **Night Bazaar** aufgebaut. Günstig kauft man Textilien, Kassetten, Lederwaren und Kunstgewerbe. Besonders gut sind Obst und Nüsse, v. a. Cashewnüsse. Ein großer Markt wird am Songkhla-Bus Stop abgehalten. Der tolle **Asean Trade Weekend Market** am Stadtrand im Diana Department Store soll der größte seiner Art sein, ◷ Do–Sa 15–21 Uhr. **D.K. Bookshop** in der Thamnoon Vithi Rd. beim Bahnhof hat auch Reiseführer und Detailkarten von Thailand, ◷ 9–20 Uhr.

Sonstiges

Autovermietungen
Avis, im Flughafen, ②, ✆ 074-250321, ◷ 8–20 Uhr.

Geld
Kasikorn Bank, 188 Petchkasem Rd., ◷ tgl. 8.30–16.30 Uhr, mit Geldautomat. Weitere Banken in der Niphat Uthit 2 und 3 Rd. mit Wechselschalter (◷ 9–19 Uhr, auch am Wochenende).

Immigration
Petchkasem Rd., ✆ 074-243019, hinter der Eisenbahnbrücke links.

Informationen
Tourist Office in der 1/1 Soi 2 Niphat Uthit 3 Rd., etwas versteckt in einer Seitengasse, ✆ 074-243747 und 238518, ✉ tathatyai @hatyai.inet. co.th, 🖳 www.songkhlatourism.org; ◷ tgl. 8.30–16.30 Uhr. Informationen über Verkehrsverbindungen und Hotels für Hat Yai, Songkhla, Satun und Tarutao.
Das **Tourist Information Center** in der Innenstadt kann bei der Suche nach Hotels behilflich sein: ein Kiosk in der Niphat Uthit 3 Rd., nahe der Prachathipat Rd., ◷ 13–17 und 18–21 Uhr. Gute Informationen (auf Englisch) im Web unter 🖳 http://phil.uk.net/hatyai/sitemap.html (Stand: 2005).

Medizinische Hilfe
Das zur Universität von Songkhla gehörende **Songkhla Nakharin Hospital** am H4 (Kanchanavanit Rd.), ✆ 074-245 677, ist modern eingerichtet und hat auch sonntags einen hervorragenden Notdienst.

Post
Hauptpostamt 300 m nördlich vom President Hotel. Ein weiteres Postamt an der Ratakarn Rd. nahe beim Bahnhof.

Reisebüros
Viele entlang der Thamnoon Vithi Rd. und an den drei Niphat Uthit-Straßen.
Gute Preise haben u. a. **Pakdee Tour** im Cathay Gh., **Gold Travel** und **D.J. Tour** gegenüber vom Kings Hotel. Üble Erfahrungen haben Traveller wiederholt mit **Chaw Wang Tours** gemacht. Wessen gekauftes Ticket nach Malaysia für ungültig erklärt oder wessen gebuchter Bus für voll besetzt deklariert wird, sollte auf die Polizei hinweisen.

Tourist Police
1/1 Soi 2 Niphat Uthit 3 Rd., beim Tourist Office, ✆ 074-246733 und 1699, Notruf 1155.

Nahverkehr

Die **Tuk Tuks** im Stadtgebiet kosten 15–20 Baht, zum großen Bus Terminal 30 Baht. **Taxis** sind teuer, kräftig handeln!
Bei einer Fahrt mit der **Fahrrad-Rikscha** zu Hotels und Reisebüros wird vielfach die Provision des Fahrers aufgeschlagen.

Transport

Busse
Non-AC-Busse fahren am Municipal Market (Plaza Shopping Center) ab. Der Busbahnhof für alle Fernbusse liegt südöstlich der Stadt an der Straße Richtung Grenze, mit dem Songthaew für 12 Baht zu erreichen. Fast alle Busse (Ausnahme: die nach Bangkok und Chumphon) halten 15 Min. später an der Petchkasem Road, gegenüber vom Plaza Shopping Center, wo man zusteigen kann.

Die südliche Golfküste

Viele AC-Busse fahren von den Reisebüros ab, bei denen das Ticket gekauft wird. Bei Buchung im Gästehaus wird man häufig dort abgeholt, eine längere Stadtrundfahrt ist inklusive. Alle Tickets für Minibusse und nach Bangkok bucht man am besten in den Reisebüros im Zentrum.

Bangkok

Nach BANGKOK (954 km) AC-Busse um 6.30 und 8 Uhr sowie alle 30 Min. von 15–20 Uhr für 535/568/731 Baht, VIP-32-Bus um 17.30 Uhr für 828 Baht, VIP-24-Bus 992 um 16, 17 und 18 Uhr für 1065 Baht in 12 Std.
Der AC-Bus ab der Khaosan Road in BANGKOK kann bis zu 22 (!!) Std. unterwegs sein.

In die Nachbarorte

Nach SONGKHLA non-AC-Bus alle 7 Min. bis 19.15 Uhr für 20 Baht in 1 Std. (z. B. ab Uhrturm).
Nach SATUN non-AC-Bus alle 15 Min. bis 17.40 Uhr für 60 Baht in 2 Std., AC-Bus um 7.10, 9.40, 11.55 und 15.10 Uhr für 85 Baht in 90 Min.
Nach PAKBARA (Tarutao National Park und Ko Bulon Lae) alle 2 Std. von 6.15 bis 17 Uhr für 65 Baht (AC 90 Baht) in 2 1/2 Std. (ab Plaza Shopping Center 15 Min. später).
Nach PADANG BESAR alle 10 Min. bis 19.20 Uhr 35 Baht (AC 50 Baht) in 100 Min.
Nach PHATTALUNG alle 15–45 Min. bis 17.15 Uhr, 60 Baht, 90 Min., AC-Bus stdl. für 90 Baht.

Zu anderen Orten im Süden

Nach PHUKET mit 2.Kl. AC-Bus um 7.30, 8.30 und 9.45 Uhr, 288 Baht in 7 Std., AC-Bus ca. jede Std. von 8–13 Uhr, 371 Baht in 6 Std., VIP-Bus um 19 Uhr, 575 Baht, über KRABI, 180 / 234 / 575 Baht.
Nach SURAT THANI mit AC-Bussen 10x tgl. von 6.10–15 Uhr für 176/227 Baht in 5 1/2 Std.
Nach KO SAMUI AC-Bus 729 um 8 und 10.40 Uhr für 355 Baht in 7 Std.
Nach NAKHON SI THAMMARAT mit AC-Bus stdl. bis 16.15 Uhr für 130 Baht in 3 Std.
Nach TRANG non-AC-Bus alle 15–45 Min. bis 16.55 Uhr für 84 bzw. 118 Baht in 3 Std.
Nach CHUMPHON non-AC-Bus um 7.15 und 10.30 Uhr für 227 Baht, AC-Bus um 8.15, 9.30 und 12 Uhr für 392 Baht in 9 Std.
Nach RANONG AC-Bus, um 7, 11 und 21 Uhr für 410 Baht in 8 Std.

Nach PATTANI non-AC-Bus alle 35 Min. bis 16.30 Uhr für 57 bzw. 70 Baht in knapp 2 Std., ebenso nach YALA für 74–112 Baht.
Nach SUNGAI GOLOK 2.Kl. AC-Bus um 13.30 Uhr für 207 Baht in 5 Std.

Richtung Malaysia / Singapore

Nach BUTTERWORTH (Penang) AC-Bus um 9, 9.30, 12, 14 und 16.30 Uhr für 250 Baht. Weiter nach KUALA LUMPUR für 500 Baht in 13 Std. Alternative ist der *Langkawi Express* ,15.50 Uhr. Billiger mit dem VIP Coach von **Ming Travel**, 131 Niphat Uthit 2 Rd., ✆ 074-237325.

Minibusse

Minibusse (Minivans) sind klimatisiert und fahren tgl. zu festen Zeiten (zumeist jede Stunde) zwischen 7 und 17 Uhr von 2 Stellen ab. Alle Minivans Richtung Norden und Westen fahren vom Talad Kaset ab (4 km westl., zu erreichen per Tuk Tuk für 10 Baht p. P.), alle Vans Richtung Osten und Süden vom Bus Terminal am H4.
Nach SONGKHLA laufend für 30 Baht von der Petchkasem Rd., Ecke Montri Rd.; bringt den Fahrgast evtl. direkt zur Unterkunft.
Nach PAKBARA jede volle Std. bis 18 Uhr für 120 Baht in 2 Std.
Nach PADANG BESAR ab 6 Uhr alle 30 Min. für 30 Baht in 60 Min.
Nach PHUKET um 9.30 Uhr für 450 / 500 Baht in 7 1/2 Std.
Nach KRABI um 9.30, 13 und 17 Uhr für 280 Baht.
Nach SURAT THANI 5x tgl. von 8.30–17 Uhr für 270 Baht in 4 1/2 Std.
Nach NAKHON SI THAMMARAT jede Std. von 7–17 Uhr für 130 Baht in 3 Std.
Nach TRANG ca. alle 30 Min. von 7.40–17.40 Uhr für 100 Baht.
Nach SUNGAI GOLOK stdl., 7–17 Uhr, 210 Baht.
Nach PENANG (Georgetown) mit Malinja Holiday Tour um 9.30, 12.30 und 15 Uhr für 350 Baht in 5 Std. Zurück um 4.30 Uhr.

Eisenbahn

Fahrplan „Southern Line" s. S. 782. Der Bahnhof liegt im Zentrum der Stadt. Am besten gleich nach der Ankunft das Ticket für die Weiterfahrt besorgen. Direkt nach Songkhla kann man am Bahnhof ein Songthaew chartern (ca. 100 Baht)

Die südliche Golfküste

Nordrichtung

Von BANGKOK tgl. 4 Züge mit Schlafwagen 2. Kl. mit AC und Fan zwischen 13 und 15.35 Uhr (Ank. 5.36–8.50 Uhr), nur der *Special Express* 35 ist voll klimatisiert. Zurück *Rapid*-Züge um 14.18 und 15.26 Uhr (ab 535 / 339 Baht in der 2. / 3.Kl.), Ank. 7.40 und 8.10 Uhr.

Special Express-Züge um 17.34 und 18.05 Uhr (1494 / 855 Baht für AC-Schlafwagen in der 1. / 2. Kl.), Ank. 8.30 bzw. 9.40 Uhr.

Südrichtung

Tgl. um 5.54 Uhr fährt der *International Express* von Hat Yai über den Grenzbahnhof Padang Besar nach BUTTERWORTH in 4 1/2 Std., einschließlich 1 Std. Aufenthalt und Zugwechsel an der Grenze, und kommt um 11.55 Uhr (Malaysia-Zeit = Thai-Zeit + 1 Std.) an.

Zurück ab Butterworth (Penang) tgl. um 13.10 Uhr (Ank. 17.34 Uhr).

Von Hat Yai fahren zwei weitere Schnellzüge um 5.36 und 7.18 Uhr nach SUNGAI GOLOK, dem Grenzort an der Ostküste für 122 Baht (3. Klasse) in 3 1/2 Std. Von Sungai Golok sind es nur wenige Kilometer nach Kota Bharu.

Zudem 5 lokale Züge (3. Klasse) zwischen 6.30 und 12.05 Uhr nach SUNGAI GOLOK (42 Baht, 3 1/2–4 1/2 Std.).

Flüge

Zum Airport, 12 km westlich der Stadt, Sammeltaxi von Thai Airways ab 7.45 Uhr genau alle 2 Std., 50 Baht; Songthaew, 36 Baht; oder Taxi, 180–240 Baht. Internationale Airport Tax 700 Baht, ansonsten 50 Baht.

Thai Airways, 190/6 Niphat Uthit 2 Rd., ✆ 074-234238, 231272, fliegt 2x tgl. von / nach BANGKOK (DMK) für 3390 Baht.

Orient Thai, ✆ 074-240169, fliegt 2x tgl. nach BANGKOK (DMK) für 1750 Baht, am Mi, Fr, So nach PHUKET für 1750 Baht.

Air Asia fliegt 6x tgl. von/nach BANGKOK für 699–1700 Baht plus Gebühren von ca. 700 Baht. Mit dem ersten Flug gelingt es noch, Ko Lipe am selben Tag zu erreichen.

Nok Air fliegt 4x tgl. von/nach BANGKOK (DMK) 995–1200 Baht plus Gebühren, ca. 700 Baht.

Malaysia Airlines, Lee Gardens Hotel, 1 Lee Pattana Rd., ✆ 074-245443, 243729.

Silk Air, 7-15 Joote Uthit 1 Rd., ✆ 074-238901, ✆ 238903, fliegt 1x tgl. nach SINGAPORE.

Tiger Airways, ⌨ www.tigerairways.com, fliegt tgl. nach SINGAPORE für ca. 3065 Baht.

Songkhla   ส ง ล า

Die beschauliche Küstenstadt am Golf von Siam und Provinzhauptstadt hat 87 000 Einwohner. Vorwiegend einheimische Besucher und Gäste aus dem Nachbarland verbringen hier ihren Urlaub. Auch Traveller, die sich entspannen wollen, sind hier besser aufgehoben als im unruhigen Hat Yai.

Nördlich der Stadt können die Schiffe durch einen schmalen Kanal den Binnensee Thale Sap erreichen, der durch eine über 80 km lange Landzunge vom Meer abgetrennt ist.

Die einstmals bedeutsame Hafenstadt hat noch etwas von der damaligen Atmosphäre bewahrt. Für die großen Schiffe ist allerdings die schmale Einfahrt nicht tief genug, so dass nur kleinere Fischerboote und die Schiffe der Marine hier ankern. Heute hat Songkhla zu Gunsten des nahe gelegenen Hat Yai seine Bedeutung als Handelsstadt eingebüßt. Dafür besitzt es wesentlich mehr touristische Reize und eine angenehme kleinstädtische Atmosphäre.

Der Süden Thailands war schon immer eine unruhige Region. Bereits 1642 ließ König Prasat Thong von Ayutthaya die im 14. Jh. gegründete Stadt mit Forts befestigen, um sie vor Aufständischen zu schützen. Doch 1642 rebellierte Songkhla selbst gegen Ayutthaya. Ein Teil der Befestigungsanlagen sind z. B. in der Laem Sai Road noch erhalten.

Zentrum

Das zentrale **Wat Matchimawat** (Wat Klang), Saiburi Road, der 400 Jahre alte, bedeutendste Tempel der Stadt, ist mit schönen Skulpturen, Wandmalereien, Steinmetz- und Stuck-Arbeiten geschmückt, mit z. T. chinesische Einflüssen.

Im nördlichen Tempelkomplex sind in einem kleinen Museum Funde aus Süd-Thailand und Votivgaben der Bevölkerung untergebracht. ⊘ Mi–So 9–12 und 13–16 Uhr, außer feiertags.

Das **National Museum** ist in einem 1878 erbauten Palast im chinesischen Stil untergebracht.

Das Wohnhaus der einflussreichen Familie Phraya Sunthranuraksa diente später als Rathaus und zuletzt als Armenhaus. Die Ausstellungsstücke aus verschiedenen historischen Epochen stammen schwerpunktmäßig aus Süd-Thailand. ⊙ Mi–So 9–16 Uhr, außer feiertags, Eintritt 30 Baht.

Auf dem **Khao Dang Kuan**, einem Hügel nördlich des Zentrums, wurden 1888 ein Stupa im ceylonesischen Stil und ein kleiner Pavillon für König Rama IV. erbaut. Wer die 200 Stufen erklimmt, wird meist mit einer schönen Aussicht belohnt. Im klimatisierten Lift dauert die Fahrt drei Minuten und kostet 30 Baht, Eingang an der Sukhum Rd. Auf dem kleineren Hügel **Khao Noi** Richtung Strand wurde ein etwas verwilderter Picknick-Park mit Pavillons angelegt. Er ist zwar leichter zu besteigen, bietet aber kaum Aussicht.

Der **Fischerhafen** liegt innerhalb der Stadt am westlichen Ufer. Auf den schmalen Stegen hinter den alten Häusern werden Körbe voller Shrimps, Fische und anderer Meerestiere entladen. Wenn der Wind ungünstig weht, verbreitet sich der Fischgeruch aus den verarbeitenden Betrieben über die ganze Stadt. Von hier aus fahren Boote nach **Ko Yor**, gesprochen Ko Ja (3 Baht, erst beim Aussteigen zahlen!). Die dreieckige Insel kann allerdings auch über die **Tinsulanonda-Brücke**, die mit einem 900 m und 800 m langen Abschnitt über die Insel Ko Yor führt, erreicht werden. Im Dorf werden die karierten Baumwollstoffe *Pa Ko Yor* gewebt, die auch an Ständen nahe der Straßenbrücke verkauft werden. Auf der *Ko Yor Cultural Route* kann man zwei alte Tempel, ein altes Gebäude und Obstplantagen besuchen, den Webern bei der Arbeit zusehen und den Aussichtspunkt auf einem Hügel erklimmen.

Der Strand

Der etwa 5 km lange, breite Samila-Strand ist zum größten Teil mit Kasuarinen bepflanzt. Für echte Südsee-Atmosphäre fehlen allerdings die Palmen. Zudem ist die Stadt recht nah und das Wasser etwas verschmutzt. Der saubere Strand ist außerhalb der Regenzeit (Oktober–Dezember) ab etwa 16 Uhr und am Wochenende gut besucht. Thai-Familien picknicken unter den Kasuarinen oder lassen sich in den offenen Restaurants den frischen Fisch und andere Meerestiere

Auf dem Hügel im Norden der Insel Ko Yor liegt das Institute for Southern Thai Studies der Sinakharinwirot-Universität. In 22 Häusern mit den drei südthailändischen Dachformen ist das **Taksin Folklore Museum** untergebracht. Es enthält Ausstellungen von Kunst und Kunstgewerbe aus Süd-Thailand: Töpferwaren, gewebte Stoffe, frühgeschichtliche Steinäxte und Perlenfunde, Bootsmodelle, Instrumente und alte Haushaltsgegenstände sowie eine gute Multimedia-Abteilung. Wer sich für Süd-Thailand, seine Geschichte, Besiedlung, Einflüsse anderer Kulturen, die Künste und Religionen interessiert, findet kaum etwas Besseres. ⊙ Mo–Fr 8.30–16.30 Uhr, Eintritt 50 Baht.

schmecken. Malaysische Wochenendausflügler sorgen für einen gewissen Touristenrummel. Wochentags wirkt die Szenerie aber sehr erholsam. Die beiden Inseln **Ko Meo** und **Ko Nu**, Katz und Maus, sehen vom Strand mit etwas Fantasie sogar wie diese Tiere aus.

Im Nordosten steht neben dem B.P. Samila Beach Hotel ein dem Vorbild in Kopenhagen nachempfundenes **Denkmal der Seejungfrau** – das Wahrzeichen der Stadt. Dahinter beginnt eine schmale, sandige Landzunge mit Seafood-Restaurants, den Ankerplätzen der Marine und einer Fähre. Entlang der Straße sind außerdem Unterhaltungsmöglichkeiten für die lokale Bevölkerung entstanden.

Die bemalten Kor-Lae-Boote beim moslemischen Fischerdorf **Kao Seng** im Süden des Strandes zieren viele Postkarten und Prospekte.

Übernachtung

Gästehäuser

Amsterdam Guest House ⑧, 15/3 Rong Muang Rd., ✆ 074-314890, gegenüber vom Museum in einer kleinen Straße mit wenig Verkehr; 7 ordentliche Zi mit Fan, Gemeinschafts-Du/WC; angenehmer Hof mit Sitzgruppen und Pflanzen, multikulturelle Travellerszene, gutes Frühstück; geleitet von der netten Holländerin Paula. ❷

Yuma Guest House 1 und 2 ⑦, 27 Rong Muang Rd., ✆ 074-311788, nahe beieinander, saubere Zi und Schlafsaal, freundliche Leute; kleines Café, Fahrräder zu vermieten. ❷

Hotels

Narai ②, 14 Chai Khao Rd., ✆ 074-311078, nördlich der Innenstadt, älteres Holzhaus, saubere, z. T. große Zi mit Fan und Gemeinschafts-Du/WC; häufig Hundegebell. ❷

Smile Inn (auch: Chokdee Inn) ⑤, 14/19 Vichainchom Rd., ✆ 074-312275, saubere Zi mit Du/WC und Fan oder AC; Restaurant. ❷–❸

Songkhla Hotel ⑥, 68-70 Vichainchom Rd., ✆ 074-313505, saubere Zi mit/ohne Du/WC, freundlich. ❷

Sooksomboon 2 ⑨, 18 Saiburi Rd., ✆ 074-311149, sehr saubere Zi mit Fan, gute AC-Zi im Neubau. ❷–❸

Queen ⑩, 20 Saiburi Rd., ✆ 074-311138, große, komfortable AC-Zi, etwas laut. ❸

Lake Inn ⑭, 301-3 Nakhon Nok Rd., ✆ 074-321441-2, etwas südlich an der Lagune, Hochhaus, gute Zi mit AC, z. T. mit Balkon und Blick auf den Hafen. ❸

Sooksomboon 1 ⑫, 40 Petchkiri Rd., ✆ 074-311049, Zi mit Bad und Fan, muffig und abgewohnt, sowie neuere AC-Zi. ❷

Green World Palace Hotel ⑮, 99 Samakkisuk Rd., ✆ 074-437900, im Süden Richtung Hat Yai; 6-stöckiges, modernes Gebäude, AC-Zi mit Bad/WC, Karaoke, Pool, Restaurant. ❸–❺

Royal Crown ③, 37 Saingam Rd., ✆ 074-312174, außerhalb Richtung Strand; 5-stöckiges, modernes Gebäude, AC-Zi mit Bad/WC. ❸–❹

Pavilion Songkhla Hotel ④, 17/1 Platha Rd., ✆ 074-311355, ✉ 323716, Luxushotel, 9 Etagen, 179 Zi mit AC, TV und Kühlschrank, Pool. Im Restaurant sind nur die Preise überdurchschnittlich. ❹–❽

B.P. Samila Beach Hotel ①, 8 Ratchdamnoen Rd., ✆ 074-440222, ✉ 440442, Strandhotel, 208 gute Zimmer, Pool, hilfsbereites Personal. ❺–❽

Haad Kaew

Richtung Norden liegt am KM 5 des H408 (6 km von Songkhla via Fähre) an 2 km langen, breiten Sandstrand sehr isoliert das **Haad Kaew Resort**, ✆ 074-331058, gepflegte Anlage, 143 AC-Bun-galows an einer kleinen Lagune; feines Restaurant, Pool (für Nicht-Gäste 50 Baht), Rabatt möglich; Taxi von der Stadt 200 Baht. ❹

Billiges Essen bis spät in die Nacht wird auf dem **Nachtmarkt** in der Vichainchom Rd. bei der Post und beim alten Bahnhof angeboten. In der Nang Ngam Rd. gibt es mehrere Chinesenlokale, z. B. das **Tae Heag Eaw**, das bei Einheimischen beliebt ist. An der Laem Son On Rd., auf der östlichen Seite der Landzunge, genießt man in Liegestühlen preisgünstig ausgezeichnetes Seafood bei bestem Service. Am Strand beim Samila Hotel gibt es ein paar teure Seafood-Restaurants und einen guten Coffeeshop. **Roy Him**, ein großes, offenes Restaurant südlich vom Krankenhaus in der Ramviti Rd. Fantastisches Seafood, das man sich von den Auslagen an der Straße zusammenstellt.

Einkaufen

In vielen Geschäften der Stadt kann man, ebenso wie in Hat Yai, aber mit mehr Ruhe, Textilien, Kassetten, Cashewnüsse, *Pa Ko Yor*-Baumwollstoffe und andere Souvenirs einkaufen.

Geld

In der Vichainchom Rd. nahe dem Markt können Touristen bei der **Bangkok Bank** und der **Kasikorn Bank** wechseln.

Konsulat von Malaysia

4 Sukhum Rd., Ecke Ratchdamnoen Rd., ✆ 074-311062.

Post

Gegenüber dem Markt in der Vichainchom Rd., ⏰ Mo–Fr 8.30–15.30 Uhr. Im Obergeschoss das **Telephone Office**, von dem aus internationale Ferngespräche möglich sind, ⏰ tgl. 8–18 Uhr.

Im Stadtgebiet fahren Tuk Tuks für 20 Baht p. P. und Rikschas ab 30 Baht für kurze Entfernungen.

Die südliche Golfküste

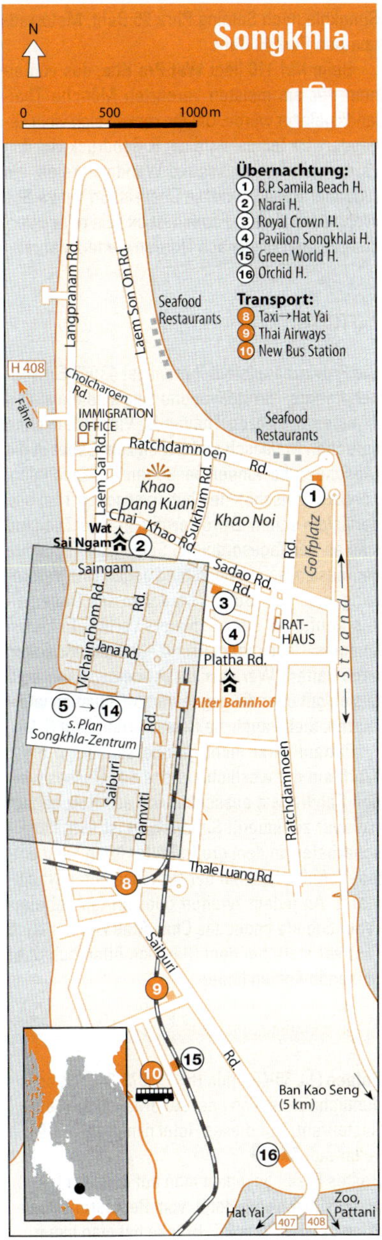

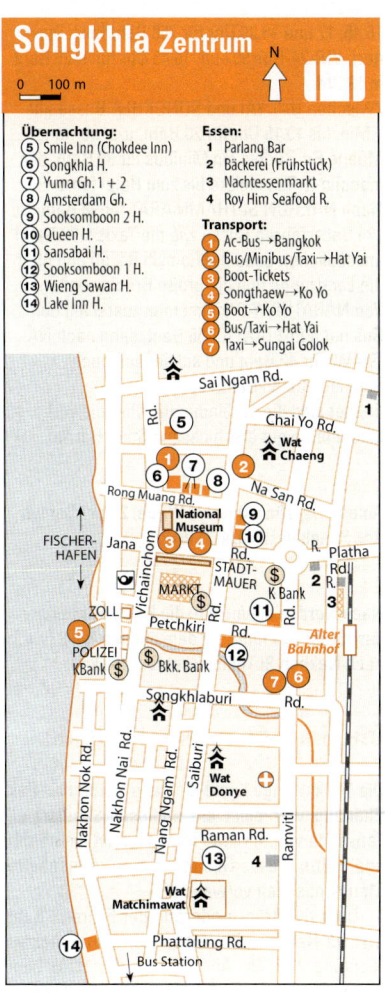

Songkhla

Übernachtung:
① B.P. Samila Beach H.
② Narai H.
③ Royal Crown H.
④ Pavilion Songkhlai H.
⑮ Green World H.
⑯ Orchid H.

Transport:
⑧ Taxi→Hat Yai
⑨ Thai Airways
⑩ New Bus Station

H 408
Fähre
Cholcharoen Rd.
Langpranam Rd.
Laem Son On Rd.
Seafood Restaurants
IMMIGRATION OFFICE
Ratchdamnoen Rd.
Laem Sai Rd.
Sukhum Rd.
Khao Dang Kuan
Khao Chai
Khao Noi
Wat Sai Ngam ②
Saingam
Sadao Rd.
Golfplatz
Seafood Restaurants
Strand Rd.
RAT-HAUS
Platha Rd.
Alter Bahnhof
⑤ →⑭ s. Plan Songkhla-Zentrum
Vichainchom Rd.
Jana Rd.
Saiburi Rd.
Ramviti
Ratchdamnoen
Thale Luang Rd.
⑧
Saiburi Rd.
⑨
⑩ ⑮
Ban Kao Seng (5 km)
⑯
Hat Yai   407 408
Zoo, Pattani

Songkhla Zentrum

Übernachtung:
⑤ Smile Inn (Chokdee Inn)
⑥ Songkhla H.
⑦ Yuma Gh. 1 + 2
⑧ Amsterdam Gh.
⑨ Sooksomboon 2 H.
⑩ Queen H.
⑪ Sansabai H.
⑫ Sooksomboon 1 H.
⑬ Wieng Sawan H.
⑭ Lake Inn H.

Essen:
1 Parlang Bar
2 Bäckerei (Frühstück)
3 Nachtessenmarkt
4 Roy Him Seafood R.

Transport:
① AC-Bus→Bangkok
② Bus/Minibus/Taxi→Hat Yai
③ Boot-Tickets
④ Songthaew→Ko Yo
⑤ Boot→Ko Yo
⑥ Bus/Taxi→Hat Yai
⑦ Taxi→Sungai Golok

Sai Ngam Rd.
Chai Yo Rd.
Wat Chaeng
⑤
⑥ ⑦ ⑧ ②
Rong Muang Rd.
Na San Rd.
⑨
National Museum
③ ④
⑩
Rd.
R.
Platha Rd.
FISCHER-HAFEN
Jana
Vichainchom Rd.
STADT-MAUER
K Bank
③
MARKT
⑪
ZOLL
Petchkiri
⑤
⑫
Alter Bahnhof
POLIZEI
KBank   Bkk. Bank
Songkhlaburi
⑦ ⑥
Saiburi
Nakhon Nok Rd.
Nakhon Nai Rd.
Nang Ngam Rd.
Wat Donye
Raman Rd.
⑬
4
Ramviti
Wat Matchimawat
⑭
Phattalung Rd.
Bus Station

Die südliche Golfküste

Transport

Busse

Die AC-Busse fahren an geraden und ungeraden Tagen von wechselnden Bus Stations ab. Zur südlichen Bus Station mit Tuk Tuk für 10 Baht. Nach BANGKOK (1004 km) mit 2.Kl. AC-Bus um 7.30, 11.30 und 14 Uhr für 563 Baht, AC-Bus um

16.45, 17 und 18.20 Uhr für 758 Baht (inkl. Dinner), VIP-24-Bus 992 um 16.45 Uhr für 1125 Baht in 13 Std.

Zwischen HAT YAI und SONGKHLA Busse alle 7 Min. bis 19.15 Uhr für 20 Baht, u. a. ab Rong Muang Rd. Zudem ein Minibus für 30 Baht, der manchmal Passagiere bis zum Hotel fährt.

Nach NAKHON SI THAMMARAT für 98 Baht (ac 136 Baht) fahren Busse wie die Taxis (130 Baht) am südlichen Ende der Ramviti Rd. ab und über die Landzunge und die große Brücke weiter.

Von NARATHIWAT kommt man zuerst mit dem Bus nach PATTANI für 56 Baht, dann nach NATHAWI für 42 Baht und schließlich nach Songkhla für 35 Baht.

Besser sind die Verbindungen über die verkehrsmäßig gut erschlossene Stadt Hat Yai.

Flüge

Ab Hat Yai. **Thai Airways Office**, 2 Soi 4 Saiburi Rd., Songkhla, ✆ 074-311012.

Biker

Nach **Norden** nimmt man die kleine Fähre über den Kanal und fährt auf dem ebenen H408 (s. u.) nach Nakhon Si Thammarat (ca. 180 km).

Die Umgebung von Songkhla

Die 140 km lange Küste Richtung Norden bis **Pak Phanang** war einst ein endloser Sandstrand. Tausende von Shrimp-Farmen haben die nördliche Hälfte dieses Gebiets in eine grauenhafte Mondlandschaft verwandelt.

Über die Brücke oder mit der Fähre (3 Baht p. P., 12 Baht pro PKW) verlässt man Songkhla Richtung Norden. Am KM 129 des H408 liegt rechts das *Sathing Phra Resort*, ✆ 081-2303956, mit sauberen Bungalows, ❸. Beim KM 125,5 (33 km von Songkhla) führt links eine Abzweigung (Schild: Wildbird Sanctuary 3) zum **Khu Khut-Vogelpark**. Zehntausende Vögel bevölkern die Inseln und den flachen See. Am Ende der Straße gibt es einen Beobachtungsturm und Boote für 200–250 Baht pro Stunde zu mieten. Am besten sind die Vögel während der kühleren Stunden am Morgen und Abend zu beobachten (beste Zeit ist von November bis Februar). Songthaew von

Songkhla nach Sathing Phra 25 Baht, Motorradtaxi zum Park 40 Baht.

Beim KM 110 liegt **Wat Pra Kho**, das von einem der am meisten verehrten Mönche Thailands geleitet wurde. Um ihn ranken sich viele Legenden. Im Tempel wird ein Fußabdruck von ihm verehrt, außerdem schöne Wandmalereien, ein ruhender Buddha und ein Chedi im Sri Vijaya-Stil. Wegen der Shrimp-Farmen ist es kein reines Vergnügen, den H408 nach Norden weiterzufahren.

Pattani   ปัตตานี

Die Provinzhauptstadt Pattani hat 43 000 Einwohner. Pattani, Narathiwat und Yala sind die malaiischsten Provinzen Thailands. Viele Menschen sprechen Malaiisch und gehen zum Gebet in die Moschee, die Kinder besuchen Koranschulen. Konflikte zwischen den buddhistischen Thai und der islamischen Bevölkerung in Süd-Thailand sind an der Tagesordnung. Schlagzeilen machte der moslemische Widerstand gegen eine Verordnung, die in der Schule Mädchen das Tragen eines Kopftuchs oder Schleiers verbot. Touristen kommen – aus gutem Grund – derzeit nur selten nach Pattani. Wer es nicht vermeiden kann, sollte sich gut über die gegenwärtige Situation informieren. Siehe auch die Reisewarnung auf S. 668.

Pattani wirkt nicht gerade sauber. In einer Werft auf der westlichen Seite des Flusses werden Schiffe fast ausschließlich aus Holz gebaut (schwer zu finden). Sehenswert ist evtl. der Fischerhafen, in dem große Kutter ihren Fang entladen. Außerdem hat der Ort einen guten Nachtmarkt. An jedem zweiten oder dritten Februar-Wochenende findet das **Chao Mae Lim Kor Nieo Festival** statt, bei dem Gläubige öffentlich über glühende Kohlen laufen.

Übernachtung und Essen

Palace ①, 38-40 Prida Rd., ✆ 073-349171, ordentliche Zi mit Fan oder AC, freundliche Leute, Restaurant. Nur dieses Hotel nimmt zurzeit Traveller auf. ❷ – ❸

Bestes Essen bekommt man auf dem Nachtmarkt südlich vom Hotel. Vom Restaurant **Chan Phen** bei der Prida Rd.-Brücke hat man einen

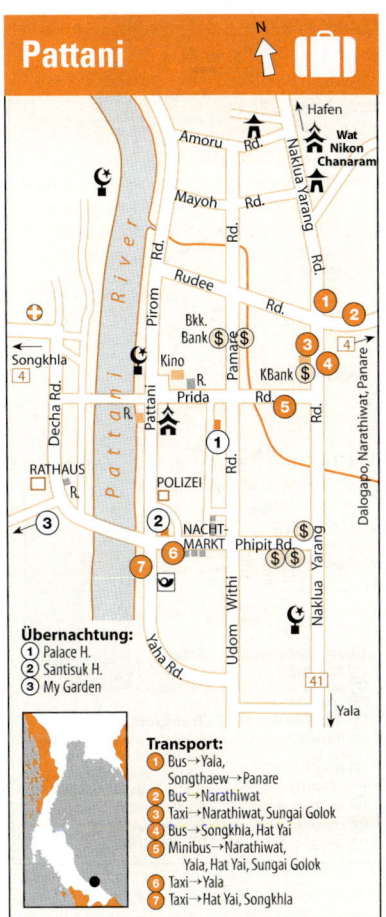

Pattani

N

↑ Hafen

Amoru Rd.

Wat Nikon Chanaram

Naklua Yarang Rd.

Mayoh Rd.

Pattani River

Rudee Rd.

Pirom Rd.

Bkk. Bank $

Panare Rd.

Songkhla 4

Kino

R. Pattani

Prida Rd.

KBank $

RATHAUS

R.

Decha Rd.

POLIZEI

NACHT-MARKT

Phipit Rd. $

$ $

Naklua Yarang

Udom Withi

Yala Rd.

Dalogapo, Narathiwat, Panare

41

↓ Yala

Übernachtung:
1 Palace H.
2 Santisuk H.
3 My Garden

Transport:
1 Bus→Yala, Songthaew→Panare
2 Bus→Narathiwat
3 Taxi→Narathiwat, Sungai Golok
4 Bus→Songkhla, Hat Yai
5 Minibus→Narathiwat, Yala, Hat Yai, Sungai Golok
6 Taxi→Yala
7 Taxi→Hat Yai, Songkhla

Non-AC-Bus ab HAT YAI alle 35 Min. bis 16.30 Uhr für 57 bzw. 70 Baht. Weitere Busse fahren von SONGKHLA über NATHAWI (35 + 42 Baht) und von NARATHIWAT 56 Baht.

Minibus
Nach NARATHIWAT für 80 Baht, YALA für 45 Baht, SONGKHLA 80 Baht und HAT YAI 85 Baht.

Eisenbahn
Der Bahnhof von Pattani liegt ca. 25 km süd-westlich in Mae Lan. Alle Yala-Züge halten hier ca. 30 Min. früher bzw. später als in Yala.

Yala ยะลา

Yala ist eine sehr saubere Stadt, überragt von der großen, modernen **Moschee**, durchzogen von breiten Straßen, umgeben von Hügelketten. Der starke, chinesische Einfluss ist unverkenn-bar. Als Folge der massiven Unruhen ist die Ein-wohnerzahl von 74 000 im Jahr 2004 auf 65 000 im Jahr 2005 zurückgegangen.

In einem großen Park steht der **Lak Muang-Schrein**, der Schrein des Schutzgeistes der Stadt, der auf brahmanische Einflüsse im Bud-dhismus zurückgeht. Zu seinen Ehren wird Ende Juni ein 6-tägiges Fest gefeiert.

Übernachtung und Essen

Im Zentrum liegen viele preiswerte Hotels mit or-dentlichen Zimmern. Billig übernachtet man in den Hotels gegenüber vom Bahnhof, es lohnt sich, für 100 Baht mehr ein gutes Hotel zu nehmen.
Thepviman ④, 31-37 Sri Bamrung Rd., ✆ 073-212400, großes Hotel, ordentliche, saubere, große Zi mit Fan oder AC; Restaurant. Geringer Verkehrslärm. ❷–❸
Yala Rama ③, 21 Sri Bamrung Rd., ✆ 073-212 815, ✉ 212563, gutes Hotel, AC-Zi mit zwei Bet-ten; nettes Personal, Restaurant, Coffeeshop. ❸
Chang Lee ⑪, 318 Sirorot Rd., ✆ 073-244597, ✉ 244599, hervorragendes Hochhaushotel, sau-bere AC-Zi mit Kühlschrank, TV und Telefon, Bad mit Warmwasser; Restaurant, Coffeeshop, Nachtclub, Pool. Freundliches Personal. Für 299 Baht unglaublich billig. ❷–❸

---

schönen Blick über die Promenade auf den Fluss, das Essen ist lecker, das Personal freund-lich, die Speisekarte sogar auf Englisch. Daneben liegt die **Sometime Bar**, die zu einem Drink einlädt.

Transport

Busse
Nach BANGKOK (1061 km) AC-Bus um 14.30 und 16 Uhr für 763 Baht in 14 Std.

In der Innenstadt gibt es sehr viele gute und einfache Restaurants. Exzellentes, preiswertes Seafood servieren z. B. das beliebte **Yalaresto** und schräg gegenüber das **Thara Seafood**, ein Gedicht ist der Fisch im Bananenblatt vom Grill. Ein Nachtessenmarkt wird in der Sirorot Rd., nördlich der Bahnlinie aufgebaut.

Transport

Busse

Nach BANGKOK (1089 km) 2.Kl. AC-Bus um 12.30 und 14.30 Uhr für 609 Baht, AC-Bus um 16.30 Uhr für 783 Baht, VIP-32-Bus um 15.30 Uhr für 914 Baht, VIP-24-Bus um 14 Uhr für 1215 Baht in 14 Std. Von HAT YAI non-AC-Bus alle 35 Min. bis 16 Uhr für 74–112 Baht in 3 Std.

Minibusse

Nach BETONG 120 Baht, SUNGAI GOLOK 100 Baht, NARATHIWAT 80 Baht, HAT YAI 90 Baht, PATTANI 50 Baht, SONGKHLA 70 Baht.

Eisenbahn

Fahrplan „Southern Line" s. S. 782.
Von BANGKOK fahren tgl. 3 Züge mit AC-Schlafwagen (ab 887 Baht in der 2. Kl.) von 13 bis 15.35 Uhr ab, Ank. 8.33–10.50 Uhr. Sitzplätze kosten 567 / 353 Baht in der 2. bzw. 3. Kl. Nach BANGKOK mit dem *Rapid* 170 um 12.10 Uhr, Ank. 7.40 Uhr, dem *Rapid* 172 um 13.18 Uhr, Ank. 8.10 Uhr, beide mit 2. und 3.Kl., und dem *Special Express* 38 um 16.06 Uhr, AC-Schlafwagen, 2. Kl., Ank. 9.40 Uhr. 6 lokale Züge (3. Kl.) von HAT YAI (23 Baht) und 5 lokale Züge von SUNGAI GOLOK (22 Baht) brauchen jeweils 1 1/2–3 Std.

Wettbewerb im Taubengesang

Anfang März findet in Yala das **Asian Barred Ground Dove Festival** statt. Etwa 1400 gestreifte Tauben gurren in ihren Käfigen auf meterhohen Stangen, bis die Teilnehmer feststehen, die am schönsten singen. Die besten Vögel haben einen Marktwert von etwa 1 Million Baht. Zur gleichen Zeit finden Kämpfe zwischen Schafen sowie Büffel- und Hahnenkämpfe statt.

Yala

0 50 100 m

NACHTESSEN-MARKT
Pattani
Bahnhof
MARKT
Prachin Rd.
K Bank
Ranong Rd.
Sri Bamrung Rd.
Nanakhorn Rd.
Sirorot Rd.
Chaijarus Rd.
Ratakit Rd.
Tesabarn 3 Rd.
Puthaphum Vithi Rd.
Bkk. Bank
Kotchasan 2 Rd.
Kotchasan 3 Rd.
Pipitpakdee
Betong, Hat Yai, Wat Kuhapimook
410

Übernachtung:
1 Yuan Tong H.
2 Aun Aun H.
3 Yala Rama H.
4 Thepviman H.
5 Hawaii H.
6 Kok Tai H.
7 Metro H.
8 Sri Yala H.
9 Yala Merry H.
10 Phan Fa H.
11 Chang Lee H.

Essen:
1 The Wild V...
2 Yalaresto

Transport:
1 Bus→Pattani, Sungai Golok
2 Taxi→Strände
3 Bus→Betong, Bangkok
4 Taxi→Hat Yai, Songkhla
5 Bus Station
6 Bus→Hat Yai
7 Thai Airways

Narathiwat   นราธิวาส

Narathiwat ist die südöstlichste Provinz Thailands, an der Grenze zu Malaysia. Die Hauptstadt Narathiwat (43 000 Ew.) war nur selten Ziel von Terroranschlägen. Auch wenn man sich hier durchaus sicher fühlen kann, sind die Mahnungen der Einheimischen ernstzunehmen. Wer im Urlaub gern um 20 Uhr ins Bett geht, ist in Narathiwat richtig. Im Norden der Stadt, jenseits der Brücke, liegt der **Narathat Park** (2 km) mit einem schönen, langen Strand, an dem sich Einheimische vor allem in Seafood-Restaurants gütlich tun.

Auf einer teilweise schönen Uferstraße gelangt man mit dem Tuk Tuk für 20 Baht zum 10 km nördlich gelegenen moslemischen Fischerdorf **Ban Thorn**, in dem die bunten Kor-Lae-Fischerboote gebaut werden. Außerdem werden hier Matten und die Fischsoße *Nam Budu* hergestellt.

Im Dorf **Yahkung** (4 km) werden farbenprächtige Batiken hergestellt.

6 km südlich der Stadt (Songthaew 10 Baht) stößt man an der Straße nach Sungai Golok auf eine Hügelkette, die zum **Khao Kong-Kloster** gehört. Auf dem höchsten Hügel ist die 25 m hohe Statue des sitzenden Buddhas Phra Buddha Taksin Ming Mongkol platziert.

Übernachtung

Baan Burong Riverside Gh. ⑤, 399 Pupaphakdi Rd., ✆ 073-511027, ✉ natini@chaiyo.com, stilvolles, altes Haus am Fluss, 2 gemütliche, saubere Zi mit Fan bzw. AC, gemeinsames Bad; Wohnzimmer mit TV; Frühstück inkl., Fahrräder und Kajaks gratis, Moped zu vermieten; sehr freundliche, Englisch sprechende Besitzerin. ❷–❸
Narathiwat Hotel ③, 341 Pupaphakdi Rd., ✆ 073-511063, Holzhaus am Fluss mit Traveller-Atmosphäre, 6 einfache Zi mit Gemeinschafts-Du/WC; nur die Zi im oberen Stock sind zu empfehlen; Veranda mit toller Sicht auf das Leben am Fluss. Unten kleines Café.
Pacific ⑥, 41/1-2 Warakham Pipit Rd., ✆ 073-511076, große, saubere Zi mit Fan oder AC und Du/WC; sehr freundliches Personal. ❸
Tanyong Hotel ①, 16/1 Sophaphisai Rd., ✆ 073-511477, ✆ 511834, 6-stöckiger Hotelkomplex, in den oberen Stockwerken sehr gute Zi mit schöner Meersicht; Disco und Karaoke Lounge; freundliches Personal. ❹
Imperial Narathiwat ⑤, 228 Phichit Bamrung Rd., ✉ narathiwat@imperialhotels.com, ⌨ www.imperialhotels.com/narathiwat, ✆ 073-515041, 8-stöckiges Luxushotel, alle Zi mit AC; Lobby Lounge, Coffeeshop und Poolbar. ❺

Essen

An fast jeder Ecke gibt es gute Curry-Gerichte. Sehr zu empfehlen sind die Essenstände an der Uferpromenade. **Mangkorn Thong Restaurant**,

Narathiwat

N

0   200   400 m

Übernachtung:
① Tanyong H.
② Yaowaraj H.
③ Narathiwat H.
④ Imperial Narathiwat H.
⑤ Baan Burong Riverside Gh.
⑥ Pacific H.

Essen:
1 Ang Mo R.
2 Mantra R.
3 Mangkorn Thong R.

Transport:
① Bus→Pattani
② Taxistand
③ Songthaew→Ban Thorn
④ Minibus→Hat Yai
⑤ Bus→Bangkok
⑥ Minibus→Pattani
⑦ Minibus→Sungai Golok, Tak Bai
⑧ Minibus→Yala

Die südliche Golfküste

Pupaphakdi Rd., am Fluss, bestes Seafood und Thai-Gerichte zu günstigen Preisen. Im dazugehörigen **Mantra Restaurant**, Pupaphakdi Rd., am Fluss, wird ausgezeichnetes Seafood serviert.

Transport

Busse

Nach BANGKOK (1200 km) 2.Kl. AC-Bus um 12.45 Uhr für 669 Baht, VIP-24-Bus um 12.30 Uhr für 1295 Baht in 14 Std. Nach PATTANI 56 Baht, YALA 70 Baht und SUNGAI GOLOK 42 Baht (ac 70 Baht). Ac-Bus ab HAT YAI 5x tgl. für 150 Baht.

Minibusse

Zu jeder vollen Std. nach PATTANI für 80 Baht in 90 Min., YALA 80 Baht, SUNGAI GOLOK 80 Baht in 1 Std., HAT YAI 150 Baht in 3 Std.

Flüge

Air Asia fliegt 1x tgl. von/nach BANGKOK für 699–1400 Baht plus Gebühren von ca. 700 Baht. Zubringer-Limousine vom Airport zur Grenze nach Sungai Golok, 140 Baht, 1 Std.

Wangprachan   วังปราจัน

Der westlichste Grenzübergang zu Land zwischen Thailand und Malaysia liegt 41 km nordöstlich von Satun im **Thale Ban National Park**. Die Fahrt von Satun mit dem Pickup auf dem H4184 kostet 40 Baht, Sammeltaxi 400–500 Baht.

Die Abfertigungsgebäude der beiden Länder liegen direkt nebeneinander, so dass man mit einem *Double-Entry*-Visum die Prozedur in einer halben Stunde schafft. Und so lange wartet das Taxi auf Anfrage. ☉ 7–18 Uhr Thai-Zeit (= 8–19 Uhr Malaysia-Zeit).

Padang Besar   ปาดังเบซา

Dies ist der Grenzübergang für den Internationalen Expresszug. Die Pässe werden in Thailand eingesammelt und mit dem Ausreisestempel versehen. Am Bahnhof müssen Reisende nur die wichtigsten Daten in das Einreiseformular eintragen, dann bekommen sie den Pass zurück.

Wer nur einen neuen Einreisestempel braucht und gleich wieder nach Thailand zurückfahren möchte, benützt besser den Grenzübergang an der Straße. Von Hat Yai reist man per Bus oder Taxi an und wird direkt an der Grenze abgesetzt. Man holt sich den Ausreisestempel und geht die etwa 10 Minuten durch ein Stück Niemandsland mit Duty-Free-Geschäften die Straße entlang bis zum Kontrollpunkt der Malaysier zu Fuß oder nutzt den Motorrad- oder Minibustransfer (20 Baht). Auch Fußgänger bekommen, wenn sie einen höheren Geldbetrag (in beliebiger Währung) vorweisen können, normalerweise immer den Stempel für Malaysia. Wer gleich wieder nach Thailand

Von Westen nach Osten sind folgende Grenzübergänge für ausländische Touristen geöffnet:

Von (Thailand)	mit	nach (Malaysia)
Ko Lipe	Boot (Nov–Apr)	Langkawi
Satun	Boot	Kuala Perlis
Satun	Boot	Langkawi
Wangprachan	Taxi	Kangar
Padang Besar	Eisenbahn / Straße	Kangar
Sadao	Autobahn	Alor Setar
Betong	Straße	Pengkalan Hulu
Sungai Golok	Straße	Rantau Panjang

Das Stefan Loose Travel Handbuch Malaysia – Singapore – Brunei sollte man sich möglichst schon vor der Reise besorgt haben.

zurückkommt, erhält problemlos einen weiteren Stempel für 4 Wochen.
Die Grenze ist ab 21 Uhr Thai-Zeit bzw. 22 Uhr Malaysia-Zeit geschlossen.

Übernachtung

Wer hier hängen bleibt, kann im **Siam Orchid Hotel**, 208-217 Moo 1 Padang Besar Rd., ✆ 074-521478, direkt an der Grenze übernachten. ❸

Transport

Busse

Busse fahren nach KANGAR für 3 RM und um 14 Uhr nach BUTTERWORTH (Penang) für 12,20 RM. Nach HAT YAI ab Thai-Seite der Grenze alle 10 Min. mit non-AC-Bus für 35 Baht, AC-Bus 50 Baht, in 100 Min. Nach BANGKOK (1020 km) AC-Bus um 15 Uhr, 734 Baht in 15 Std.

Sammeltaxis

Sie fahren vom Bahnhof nach KUALA PERLIS 36 RM, KANGAR 24 RM, ALOR SETAR 52 RM. Nach HAT YAI ab Thai-Seite der Grenze 60 Baht.

Eisenbahn

Fahrplan „Southern Line" s. S. 782.
Richtung KUALA LUMPUR mit dem *Express*

Langkawi um 17.50 Uhr, Ank. 6.45 Uhr. Der *International Express* fährt Richtung BANGKOK um 16.30 Uhr (Malaysia-Zeit) und Richtung BUTTERWORTH (Penang) um 8 Uhr (Malaysia-Zeit). Zuvor werden am Bahnhof, ☎ 074-9490231, die Grenzformalitäten erledigt.

Sadao   สะเดา

70 km südlich von Hat Yai liegt der meistgenutzte Grenzübergang, den auch alle Busse und Taxis von Hat Yai nach Penang nehmen. Normalerweise fährt man hier nach kurzem Grenzaufenthalt nur durch. Wer per Überlandtaxi von Malaysia kommt, steigt am Duty-Free-Shop in **Bukit Kayu Hitam** in ein Thai-Taxi um und fährt damit durch die Grenzübergänge. Wer hier übernachten muss, bekommt im Sadao Plaza, 14/3 Ruamsuk Rd., ☎ 074-412373, ein AC-Zi. ❷ – ❸

Betong   เบตง

Durchschnittlich 580 m hoch in den Bergen liegt die 23 000 Einwohner zählende Grenzstadt auf einem Landzipfel, der weit in malaysisches Staatsgebiet hineinragt. Von Yala führt eine landschaftlich schöne, 140 km lange Bergstrecke durch Kalksteinformationen nach Betong. Unterwegs passiert man das Banglang Reservoir. Betong ist auch das Winterquartier für Millionen von **Sibirischen Schwalben**, die ihren Kot hinterlassen. Am Nordrand der Stadt steht seit 1924 der größte **Postbriefkasten** der Welt, immer noch in Funktion.

Übernachtung

Die vielen Hotels dienen vor allem am Wochenende als Stundenhotels, was allein reisende Traveller zu spüren bekommen.
Cathay Hotel, 18 Chantharo Thai Rd., ☎ 073-230999. Ordentliche Zi mit AC mit Bad. Unten Karaoke-Bar. Freundliches Personal. ❸
Sri Betong, 2-4 Thamwithi Rd., ☎ 073-230188, ordentliche Zi mit Fan und AC, gute Zi im neueren Gebäude. ❸ – ❹
Betong Merlin, ☎ 073-230222, ✆ 231357, auf einem Hügel über der Stadt, sehr gute Zi (am

Wochenende über 1000 Baht), oben mit schöner Sicht; Restaurant, Pool, Fitnesscenter, Disco. ❹

Transport

Von YALA mit dem Bus (2x tgl.) dauert es 4 1/2 Std. (52 Baht), mit dem Sammeltaxi 3 Std. (120 Baht). Kurz hinter Betong ist der südlichste Punkt Thailands und die Grenze zum malaysischen Staat Perak erreicht. Minibus von der Stadt zur Grenze für 15 Baht, Taxi 60 Baht.
Von der Grenze zur malaysischen Stadt BALING mit dem Taxi 20 RM, per Bus 1,50 RM. Weiter mit dem Bus nach KUALA LUMPUR um 9, 11 und 21.30 Uhr für 25 RM, nach Butterworth stündlich für 5 RM, Taxi 48 RM. Keine Busse fahren von hier an die Ostküste. Direkt nach BANGKOK mit AC-Bus (1234 km) um 14 Uhr für 686 Baht in 16 Std.

Sungai Golok   สุไหงโกลก

An der Ostküste gibt es einen Grenzübergang, der für alle interessant ist, die direkt zur Ostküste von Malaysia fahren wollen. Sungai Golok (auch Sungai Kolok) ist ein uninteressanter, bereits sehr malaiischer Ort. Die vielen Hotels dienen vor allem am Wochenende als Stundenhotels für Malaysier.

Übernachtung

Asia Hotel, 4 Charoenket Rd., ☎ 073-611101, nahe am Bahnhof, laute, verwohnte Zi. ❷
Valentine Hotel, Waman Amnoey Rd., ☎ 073-611229, ruhig gelegen, sehr einfache Zi, freundliche Besitzerin. ❷, AC ❸
Thailiang Hotel, 12 Charoenket Rd., ☎ 073-611132, saubere Zi mit Du/WC und Fan oder AC, ganz oben am besten. Gutes Café im EG. Geldwechseln ist möglich. Günstig. ❷, AC ❸
Genting, 250 Asia 18 Rd., ☎ 073-613231, 235 saubere Zi, Restaurant, Internet, Pool. Freundliches Personal. ❸

Sonstiges

Geld
Alle thailändischen Banken haben Zweigstellen in der Stadt, sodass es kein Problem ist, Geld zu

Die südliche Golfküste

wechseln. Die **Kasikorn Bank**, 1/6 Warakamintr Rd., hat einen Geldautomaten.

Abends und am Wochenende öffnen Wechselstuben in der Hauptstraße nahe dem Bahnhof und direkt neben dem Fahrkartenschalter sowie gegenüber dem chinesischen Tempel und neben dem Ticket-Büro der Minibusse nach Hat Yai (kein Schild), nur Baht gegen Ringgit mit schlechteren Kursen oder umgekehrt mit gutem Kurs.

Informationen

Tourist Office, 18 Asia Rd., ✆ 073-612126, ✉ 615 230, zuständig für Narathiwat, Yala und Pattani.

Post

Neben dem Plaza Hotel.

Transport

Busse

HAT YAI mit AC-Bus alle 2 Std. von 7–15 Uhr für 207 Baht in 5 Std.; Abfahrt vor dem Valentine Hotel. Alle übrigen Busse fahren von der Bus Station ab, ✆ 612045.

BANGKOK (1227 km) 2.Kl. AC-Bus um 8 Uhr für 706 Baht, AC-Bus um 15.30 Uhr für 880 Baht, VIP-24-Bus um 11.30 Uhr für 1365 Baht in 15 Std. PHUKET AC-Bus bis 15.30 Uhr, 598 Baht in 11 Std. KRABI AC-Bus für 432 Baht in 9 Std. (Minibus 450 Baht).

NARATHIWAT non-AC-Bus bis 17 Uhr für 42 Baht (ac-Bus 70 Baht) in 1 Std.

Minibusse

Zu jeder vollen Std. nach NARATHIWAT für 80 Baht in 1 Std., YALA 100 Baht in 3 Std. (Tickets an der Charoenket Rd., die gegenüber vom Bahnhof von der Hauptstraße abzweigt). Nach HAT YAI jede Std. von 7–17 Uhr für 210 Baht in 4 Std. (Tickets schräg gegenüber vom Bahnhof an der Hauptstraße, daneben eine Wechselstube, an Wochenenden geöffnet). Nach PHUKET für 750 / 800 Baht in 10 Std.

Eisenbahn

Fahrplan „Southern Line" s. S. 782.

In Sungai Golok endet der östliche Zweig der Südlinie der Staatseisenbahn von Thailand. Von BANGKOK (1227 km) fahren der *Rapid* 171

und der *Special Express* 37. Nach BANGKOK der *Rapid* 172 um 11.30 Uhr in 20 Std., mit dem *Special Express* 38 um 14.20 Uhr ab 597 Baht (2.Kl.), 919 Baht (2.Kl. AC-Schlafwagen) und 1653 (1.Kl.). Lokale Züge von HAT YAI um 6.30, 7.44, 10.14 und 12.05 Uhr in 3 1/2 – 5 Std.

Nach HAT YAI 4 lokale Züge von 6.30 bis 14.55 Uhr.

Nach Malaysia

Vom Bahnhof mit dem Sammeltaxi (100 Baht) oder Mopedtaxi (60 Baht) auf einer belebten Straße zur Grenze (1,5 km), weiter zu Fuß, mit Motorrad oder Fahrradriksch a, problemloser Grenzübertritt nach Rantau Panjang.

Ab Rantau Panjang nach KUALA LUMPUR um 20 Uhr. Bessere Verbindungen ab KOTA BHARU, Bus Nr. 29 bis gegen 18 Uhr für 4 RM, Sammeltaxis 24 RM. Nach Pulau Perhentian über KUALA BESUT, Sammeltaxi 60 RM, 1 Std., und weiter mit Boot. Der Grenzübergang ist ab 21 Uhr Thai-Zeit bzw. 22 Uhr Malaysia-Zeit geschlossen.

Tak Bai ตากใบ

Die kleine Stadt Tak Bai liegt direkt an der Küste. Sie war lange ein angenehmer Grenzübergang per Autofähre nach Kota Bharu. Derzeit ist der Ort dafür nicht geeignet. Wer es dennoch auf sich nimmt, kann die Grenze von 6–19 Uhr passieren. Lokale Busse verkehren zwischen Taba, Tak Bai und Narathiwat.

Das Massaker von Tak Bai

Berühmt-berüchtigt wurde diese kleine Grenzstadt durch das Tak Bai-Massaker am 25. Oktober 2004, das 78 friedliche Demonstranten das Leben kostete. Der damalige Ministerpräsident Thaksin Shinawatra zeigte durch seine zynischen Bemerkungen über die moslemischen Opfer, wes Geistes Kind er ist. Kaltschnäuzig nahm er die eskalierenden Unruhen und Terrorakte in Kauf, die letztlich zu seinem Sturz führten. Es wird noch lange dauern, bis es besonnenen Politikern gelingen wird, die Wogen zu glätten.

Die südliche Golfküste

Nord-Malaysia

Stefan Loose Traveltipps

Pulau Langkawi Die Insel mit einem Moped erkunden und mit der Seilbahn auf den Gunung Mat Cilang fahren. S. 697

12 **Georgetown** Britische Kolonialherren, chinesische Kaufleute und Einwanderer aus Indien prägen die Stadt, deren Stadtzentrum man am besten per Pedes erkundet. S. 713

13 **Kota Bharu** An der geruhsamen Ostküste im Gelanggang Seni einen kleinen Einblick in die traditionelle malaiische Kultur bekommen. S. 739

Pulau Perhentian Vor den beiden Inselchen im glasklaren Wasser schnorcheln oder tauchen. S. 748

Ein Abstecher über die Grenze von Süd-Thailand nach Malaysia bietet die Möglichkeit, einen Eindruck von einem malaiisch-chinesisch-indischen Vielvölkerstaat einschließlich der Relikte aus jahrhundertelanger Handelstätigkeit und britischer Kolonialzeit zu erhalten. Wie ein Malaysia im Miniaturformat wirkt die Urlauberinsel Langkawi an der Westküste, die trotz ihrer erschlossenen Strände und intensiver Tourismus-Entwicklungsprogramme in ihrem Hinterland noch immer viel ländliche Ruhe bietet. Traveller zieht es vor allem an die Ostküste nach Pulau Perhentian, wo sich auch gute Tauchmöglichkeiten bieten. Ein Muss für alle ist die Insel Penang, nicht so sehr wegen ihrer Strände, sondern wegen der chinesisch geprägten Stadt Georgetown mit ihren historischen Bauten, dem hervorragenden Museum und der kulinarischen Genüsse. Billigreisende finden hier ebenso wie anspruchsvolle Urlauber ein breites Angebot an Unterkünften, zudem ist sie ebenso wie die malaiisch geprägte Stadt Kota Bharu an der Ostküste eine beliebte Adresse zur Beantragung des Thailand-Visums oder zur erneuten Einreise.

Grenzübergänge an der Westküste

Kaki Bukit (Wangprachan)

8 km vor Padang Besar (s. u.) zweigt von der Fernstraße 7 links die Straße nach Kaki Bukit ab. Bereits nach 1 km erreicht man den kleinen Grenzort. Ein Schild weist den Weg nach **Gua Kelam** am Fuße eines Kalksteinmassivs, 1 km jenseits des Ortes. Durch die steil aufragenden Felsen führt ein etwa 350 m langer, erleuchteter Plankenweg in das kleine, abgeschirmte **Wan Tangga-Tal**. Es wurde zu einem bei Einheimischen beliebten Picknick- und Erholungsgelände umgestaltet mit Bademöglichkeit, Duschen und WC sowie einem kleinen Tiergehege.

Die Tropfsteine und die gurgelnden Geräusche des Wassers wirken bei einer einsamen Wanderung durch diese unterirdische Welt gespenstisch. Alles nicht sehr spektakulär, aber einen Abstecher wert, Eintritt 1 RM.

Von Wangprachan auf der Thai-Seite kann man mit öffentlichen Verkehrsmitteln nach **Satun** oder **Hat Yai**.

Padang Besar

Diesen Grenzort nach Thailand, erreicht. man mit dem Bus, Taxi oder der Bahn Wer billig nach Thailand einreisen will, geht die Straße hinauf bis zum malaysischen Kontrollpunkt, holt sich die entsprechenden Stempel und geht dann 10 Minuten durch ein Stück Niemandsland mit Duty-Free-Geschäften die Straße entlang bis zum thailändischen Zollhaus. Die Grenzbeamten kontrollieren Fußgänger zwar etwas gründlicher, doch bekommt man normalerweise bei Nachweis eines höheren Geldbetrages ohne Schwierigkeiten den Stempel. Eine Alternative ist der Transfer mit einem Motorrad oder Minibus. Die **Maybank**, 1371-2 Jl. Pekan, Padang Besar, hat einen Geldautomaten. Die Money Changer im Bahnhofsgebäude und im Coffeeshop an der Bus Station haben keine guten Wechselkurse.

Bukit Kayu Hitam

Ein winziger Ort an der Autobahn an der Grenze zu Thailand. Von hier aus verkehren nur wenige Busse und Taxis Richtung Süden, sodass man diesen Grenzübergang meiden sollte, sofern man keinen durchgehenden Bus nach Hat Yai hat. Zwar kann man von Alor Setar mit einem malaysischen Überlandtaxi oder dem Bus herauf fahren, muss aber dann ab der Grenze eine längere Strecke zum thailändischen Kontrollpunkt laufen. Besser nur bis zur Autobahnausfahrt in **Changlun** fahren, wo thailändische Überlandtaxis warten. Die Grenze ist bis Mitternacht geöffnet.

Busse

Von **Padang Besar**, Jl. Masjid, und **Kaki Bukit** nach KUALA LUMPUR 2x morgens und 2x abends für 33 RM, nach BUTTERWORTH Plusliner, 🖥 www.plusliner.com, um 14 Uhr für 12,20 RM und nach KANGAR oder ALOR SETAR für 3 RM. Ab hier zahlreiche Busverbindungen. Auf der thailändischen Seite fahren non-AC- und AC-Busse sowie Minibusse nach HAT YAI alle 10 Min. bis 19.20 Uhr für 26 / 36 Baht.

Von Padang Besar nach KAKI BUKIT 12 RM, KANGAR 24 RM, ALOR SETAR 52 RM (für Ziele weiter südlich dort umsteigen), KUALA PERLIS 30 RM, KUALA KEDAH 60 RM, HAT YAI 40 RM, ab Thai-Seite der Grenze 60 Baht.

Eisenbahn

Der *International Express* sowie der *Langkawi Express* haben eine knappe Stunde Aufenthalt in Padang Besar. Während dieser Zeit werden am Bahnhof, ✆ 04-949 0231, die Grenzformalitäten erledigt. Der internationale Express über Hat Yai und Surat Thani nach Bangkok fährt um 19.15 Uhr, der nach Butterworth um 10.35 Uhr ab, der *Langkawi Express* nach Hat Yai um 9.47 Uhr für 9 RM und nach Kuala Lumpur um 16.45 Uhr (2. Klasse Sitzplatz 40 RM, Bett 48 / 53 RM, Premier Klasse 99 / 107 RM).

Pulau Langkawi

Ein Malaysia im Miniaturformat mit tropischen Wäldern, imposanten Bergrücken, schroffen Felsen, Gummiplantagen, Reisfeldern, Sandstränden und luftigen Kampungs – es fehlen nur die Ölpalmen und eine Eisenbahn. Ganz so, wie man es aus Bilderbuch-Prospekten kennt, präsentiert sich die Inselgruppe im Nordwesten Malaysias. Man mag über die touristische Entwicklung, die dieses traumhaft schöne Fleckchen Erde in den letzten Jahren stark verändert hat, denken, was man mag: Tatsache ist, dass der Langkawi-Archipel mit seinen 60 000 Einwohnern noch immer eine gute Adresse an der Westküste Malaysias darstellt, für diejenigen, die Ruhe und Erholung suchen und für kurze Zeit der Hektik lärmender Großstädte entfliehen wollen.

Orientierung

Pulau Langkawi ist die größte Insel im Archipel. Auf den anderen, kleinen Inseln gibt es weder Straßen noch nennenswerte Siedlungen. Hauptort, Sitz der Verwaltungen, Einkaufszentrum und Anlaufpunkt der Fähren ist **Kuah**. Auf gut ausgebauten Straßen erreicht man von hier aus die lang gestreckten Strände **Pantai Tengah** und **Pantai Cenang** am Südwestzipfel Langkawis.

Weiter im Westen liegen der **Pantai Kok** und **Teluk Burau**, eine Bucht, von der aus eine Seilbahn die dschungelbedeckten, steilen Berghänge hinaufführt. Edel-Resorts sind in **Datai**, der abgelegenen und windgepeitschten Nordwestecke, entstanden. Pittoresk ist die Bucht **Tanjung Rhu** im Nordosten mit einem herrlichen Ausblick auf die nahe gelegenen Inseln des thailändischen Tarutao-Nationalparks, zu denen auch Tauchtrips angeboten werden.

Reisezeit

Der meiste Regen fällt in den Monaten September bis Dezember, das Maximum im Oktober. Im regenreichen Nordwesten der Insel wurden bis zu 3900 mm Niederschlag im Jahr gemessen. Hochsaison ist dennoch zwischen Oktober und April. Während des Ramadan oder zwischen Mai und September ist auf der Insel manchmal wochenlang buchstäblich „nichts los". Lediglich während der LIMA-Show, einer Luftwaffenmesse, die in ungeraden Jahren Ende Nov / Anfang Dez stattfindet und von lauten Tief- und Showflügen begleitet wird, sind alle Hotelbetten belegt. In dieser Woche sollte die Insel gemieden werden. Wer tosendes Nachtleben, Bars und Beach Partys liebt, wird sich wahrscheinlich langweilen.

Kuah

In Kuah, dem Hauptort auf Langkawi, kommt die Fähre an, hier kauft man ein, von hier starten Rundfahrten und Bootstouren. Über 4 km erstrecken sich locker verteilte Wohnhäuser und Geschäfte beiderseits der Hauptstraße, die vor der Landaufschüttung noch entlang der Küste verlief.

In der Nähe der Jetty wurde eine Strandpromenade angelegt, die von einem überdimensionalen **Seeadler-Denkmal** überragt wird. Im **Taman Lagenda Park** auf aufgeschüttetem Land werden die Geschichte Malaysias und zahlreichen Legenden Langkawis mit großen und recht kitschigen Figuren in überdimensionierten Hallen und auf einer Videoleinwand zum Leben erweckt, ⏱ tgl. 8–19 Uhr, Eintritt 5 RM, Kinder 2,50 RM.

Weiter stadteinwärts erhebt sich die alte **Al-Hana-Moschee**. Mehrere neue Moscheen sind in den letzten Jahren hinzugekommen. Einige der neuen Wohn- und Geschäftshäuser im mediterranen Disney-Stil sind nicht unangenehm anzusehen, die Mehrzahl ist allerdings eher eine Beleidigung fürs Auge. An der Straße nach Padang Lalang entstanden zahlreiche Wohnparks, ein Sportzentrum und ein Fußballstadion. Zahlreiche Duty-free-Shops und Einkaufszentren haben sich etabliert. Das größte ist derzeit die **Langkawi Fair Shopping Mall** mit Duty-free-Supermarkt, Essensständen und Fastfood-Läden.

Übernachtung

In den letzten Jahren sind zahlreiche Hotels in Kuah hochgezogen worden, in der Regel gesichtslose Betonklötze, die die meiste Zeit des Jahres leer stehen oder von einkaufswütigen Reisegruppen aus asiatischen Staaten bevölkert werden. Die Preise sind meist happig (ab 100 RM), der Service mäßig und die Lage schlecht (laute Straße oder Karaoke-Bar). Alles in allem für den europäischen Geschmack wenig einladend. Deshalb hier nur eine kleine Auswahl bewährter Hotels in Kuah. Unsere Preiskategorien beziehen sich auf die Nebensaison.

Preiswert

Motel Sri Manis ②, 13 Jl. Penarak, ☎ 04-966 7805, einfache Zi mit Du/WC und TV in einem traditionellen Haus mit Veranda in ruhiger Lage. Auch große Familienzimmer. ❷

Mittelklasse

Beringin Beach Resort ⑥, ☎ 04-966 6966, 📠 966 7970, ca. 2 km von der Anlegestelle an einer kleinen, ruhigen, geschützten Bucht östlich von Kuah. 40 recht komfortable, kleine Chalets, für den Preis inkl. Frühstück ganz attraktiv, aber kein richtiger Badestrand. Ein Pool und ein 4-stöckiger Hotelblock sind in Planung. ❸
Eagle Bay Hotel ④, 33 Persiaran Putera, ☎ 04-966 8585, 966 7385, 📠 www.eaglebay.com.my, AC-Zi mit Balkon in einem 8-stöckigen Neubaublock nahe dem Hafen. ❸
Langkawi Seaview Hotel ⑤, 40 Jl. Penarek, ☎ 04-966 0600, 📠 966 0620, Hotelblock mit kleinem Pool, Frühstück inkl. ❹

Luxus

Bayview Hotel ③, Jl. Pandak Mayah, ☎ 04-966 1818, 📠 www.bayviewhotels.com, der 4-Sterne-Hotelblock bietet 282 komfortable Zi in absoluter Citylage, ideal für Shopping-Touren, weniger geeignet für Erholung Suchende. Fitnesscenter und Pool im 4. Stock, chinesisches Restaurant. ❼
Sheraton Perdana ⑦, ☎ 04-966 2020, 📠 www.sheraton.com/perdana, liegt nur etwa 1 km von der Anlegestelle entfernt in einem kleinen Park im Südosten. Das renovierte 5-Sterne-Resort mit 200 Zimmern bietet allen Komfort, einen großen Pool, ein balinesisches Spa und vom Restaurant einen schönen Blick auf die vorgelagerten Inseln. Im Someplace Else wird abends Live-Musik geboten. Preise schwanken stark nach Saison. Touren und Ausflüge im Angebot. ❽

Essen

Die **Essensstände** gegenüber dem Tiara Hotel servieren abends Steamboat, thailändische sowie malaiische Gerichte. Auch in den Einkaufszentren haben sich Cafés und Restaurants angesiedelt, wie das **Art Café** und **Sunday Bistro** in der Langkawi Fair Shopping Mall.
Hi Liang, Pandak Maya 6, chinesischer Coffeeshop mit verschiedenen Essensständen, darunter einer, der hervorragenden preiswerten Chicken und Pork Rice verkauft.
Watergarden, um die Ecke, wartet mit weiteren chinesischen Essensständen auf.
Arumi, Pandak Maya 4, die japanische Alternative.
Mee Cha Sari Seafood im rückwärtigen Teil des Souvenirshops am alten Fischmarkt mit Blick aufs Meer ist teuer, aber gut. Auch bei Einheimischen beliebt.
Xin An, nahe dem Tiara Hotel, eine gute Alternative für chinesisch-vegetarisches Essen.
Makanan Laut Teo, 1,9 km außerhalb, am nördlichen Ortseingang von Kuah, noch hinter dem Fußballstadion, in den Geschäftshäusern auf der rechten Seite. Es ist bei Einheimischen für seine große Auswahl an chinesischen Gerichten zu günstigen Preisen beliebt. Bei der Zusammenstellung der Menüs ist das Personal gerne behilflich. Nur abends geöffnet.

PULAU LANGKAWI

0   5   10 km

N

Nord-Malaysia

Satun
P. CHORONG
Kuala Perlis
Kuala Kedah
Penang

P. TANJUNG DENDANG

P. LAGGUN

△ 285

Teluk Apau

P. TIMON △ 372

P. TILOI

P. BUMBUN

P. Payar

Gua Cherita
△ 117

Gua Kelawar
Galeria Perdana
Barn Thai R.

Langkawi Crystaal
Ehem. Marmorfabrik △ 420

Hutan Paya Bakah Kilim

14,51 km

Kg. Penerak

Tanjung Rhu
Tanjung Rhu Resort
Four Seasons Resort

3,5 km

Taman Burung Langkawi
Golfplatz

Kisap

Sheraton Perdana
JETTY

P. TUBA

Kuah

Durian Perangin-Wasserfall

Telaga ⑳
Air Hangat

5,2 km

G. Raya △ 890

Lubok Semilang

Mekam Mahsuri
Kampung Tok Senik Resort.

Golfplatz

Maluri Stausee

CARGO-HAFEN

P. DAYANG BUNTING

△ 283

Padang Lalang

Budaya Kraf Langkawi
Teluk Ewa
Zementwerk

Pasir Hitam

Ulu Melaka

Bayas

5 km

Tenonyong

Porto Malai

Teluk Baru

P. REBAK

Ibrahim Hussein Museum

15 km

Padang Beras Terbokar

S. Perang

Atma Alam

Anak 4 km

AIRPORT

Kedawang

Underwater World

P. TEPOR

Pasir Tengkorak

Temrun-Wasserfall
Golfplatz

Taman Buaya

S. China

Telaga Tujuh 4 km

Harbour Park

Kuala Teriang

Padang Matsirat

Go-Kart-Bahn

Lubuk Lugau Lagoon Resort
Langkasuka Resort
Bon Ton R.
Pelangi Beach Resort

Pantai Cenang

The Andaman
The Datai

Gunung Mat Cinang △ 708

Seilbahn

Oriental Village

P

Teluk Burau
Mutiara Burau Bay

Tanjung Sanctuary
Berjaya Beach Resort

Rebak Marina (Resort)

Kuah   699

Barn Thai, Kampung Belanga Pechah, ☎ 04-966 6699, 9 km nördlich von Kuah Richtung Padang Lalang, zu erreichen über einen 450 m langen Plankenweg. Mitten in den Mangroven auf einer Terrasse am Fluss, der für eine kühle Brise sorgt, werden scharfe Thai-Gerichte offeriert. Nach telefonischer Anmeldung Abholservice vom Hotel. ☉ tgl. 12–14.30 und 18.30–22.30 Uhr.

Bootstouren, Segeln

Boote zu den benachbarten Inseln, wo man fischen, schnorcheln bzw. im Süßwassersee baden kann, werden regelmäßig in fast allen Hotels und Reisebüros angeboten. Ein 4-stündiger Trip zu 3 Inseln (Pulau Dayang Bunting, Pulau Singa Besar und Pulau Beras Basah) mit 10 Teilnehmern kostet um 45 RM, ein Boot zu chartern 150 RM. Ein Tagesausflug per Boot rund um die Insel Langkawi 110 RM p. P., Lunchpaket inbegriffen.

Mehrere Veranstalter bieten Segeltörns in den Gewässern um Langkawi an. Die Touren starten meist vom Royal Langkawi Yacht Club in Kuah oder von der Marina in Teluk Baru.

Crystal Yacht Holidays von Jamie und Ryoko Scott, ☎ 012-408 7866, 🖳 www.crystalyacht. com, offerieren exklusive Tagestörns von 10–16 Uhr für 250 RM p. P. Auch mehrtägige Touren

Abseilen

Wer den Dschungel einmal aus einer ganz anderen Perspektive erleben möchte, kann auf Stahlseilen enge Schluchten überwinden, sich von steilen Granitwänden und einer 30 m hohen Würgefeige abseilen sowie über tiefe Täler von Baum zu Baum schwingen. Recht abenteuerlich, aber nach einer kurzen Einführung ins Klettern auch für Anfänger ein großes, wenn auch Schweiß treibendes Vergnügen. Die *Langkawi Canopy Adventures* sind möglich durch ein ausgeklügeltes System von Plattformen, Stahlkabeln und Kletterseilen, das von Jürgen Zimmerer erbaut wurde, der auch die Touren anbietet (s. Touren).

nach Phuket, Krabi oder Ko Phi Phi in Thailand. Die 3-stündige *Sunset Cocktail Cruise* findet Mo, Mi und Fr von 17.30–20 Uhr inkl. unlimitierter Getränke statt und kostet 160 RM p. P. Di, Do und Sa kann man an einer *Dinner Cruise* von 17–20 Uhr für 200 RM teilnehmen.

Tauchen

Tauchschulen an den Stränden bieten Ausrüstung und Touren an. Allerdings ist die Sicht rings um die Hauptinsel sehr mäßig, und es gibt keine Korallenriffe. Daher fahren die Veranstalter zu den Tauchgründen bei Pulau Payar, 1 1/2 Std. mit dem Boot Richtung Süden.

Der größte Veranstalter, **Langkawi Coral**, an der Jetty, ☎ 04-966 7318, 🖳 www.langkawicoral. com, bietet den Tagestrip zu seiner Plattform vor Pulau Payar inkl. 2 Tauchgängen, Ausrüstung und Verpflegung für 280 RM an, Schnorchler zahlen 220 RM.

Lambaian Pelangi Travel & Tours, in Kuala Kedah ☎ 04-762 1931, 🖳 www.butang-islands. com, bietet eintägige Tauchtouren ab Telaga Harbour Park zu den thailändischen Inseln im Tarutao-Nationalpark Ko Lipe, Ko Adang und Ko Rawi. Für Schnorchler kosten sie inkl. Ausrüstung, Transfer und Mittagessen 380 RM, für Taucher ab 590 RM.

Weitere Veranstalter:

Pro Dive, Pantai Cenang, neben dem Lankgapuri Beach Resort, ☎ 04-955 3739.

Langkawi Saga Travel & Tours, im Kompleks Cayman in Kuah, ☎ 04-966 9140.

Touren

Jürgen Zimmerer aus Deutschland, ☎ 04-955 4744 oder 012-484 8744, ✉ juergzim@yahoo. com, 🖳 www.emmes.net/langkawi-natur, lebt seit vielen Jahren auf Langkawi und organisiert Touren abseits des Touristenrummels. So stehen auf seinem Programm Regenwaldtrekking – bei Tag und in der Nacht – am Gunung Raya oder eine Mangroven-Safari entlang der unerschlossenen Nordostküste mit Höhlenerkundung per Motorboot oder im Kayak.

Crystal Nature Tours, ☎ 04-955 6545, 012-408 7866, 🖳 www.crystalyacht.com, gute Mangroven-Trekkingtouren mit dem erfahrenen Naturführer Dev.

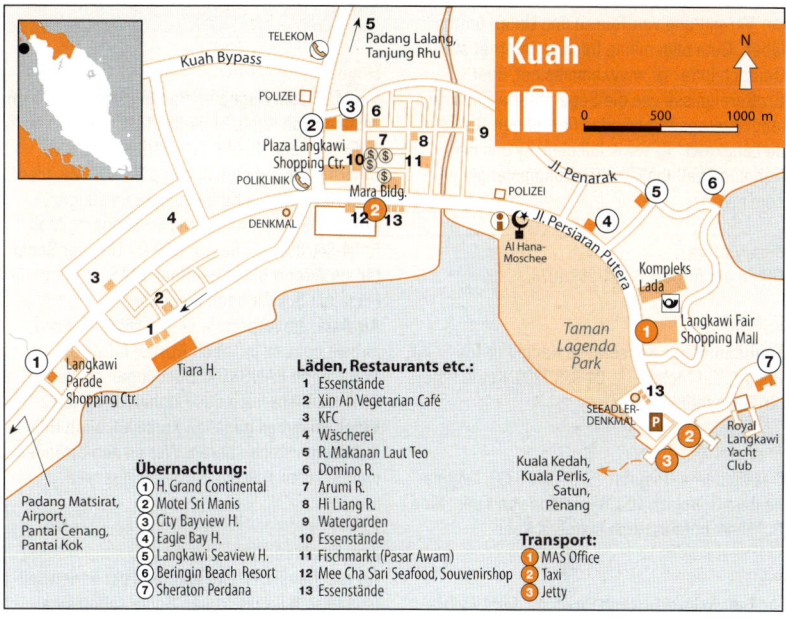

Kuah

N

0   500   1000 m

Läden, Restaurants etc.:
1 Essenstände
2 Xin An Vegetarian Café
3 KFC
4 Wäscherei
5 R. Makanan Laut Teo
6 Domino R.
7 Arumi R.
8 Hi Liang R.
9 Watergarden
10 Essenstände
11 Fischmarkt (Pasar Awam)
12 Mee Cha Sari Seafood, Souvenirshop
13 Essenstände

Übernachtung:
1 H. Grand Continental
2 Motel Sri Manis
3 City Bayview H.
4 Eagle Bay H.
5 Langkawi Seaview H.
6 Beringin Beach Resort
7 Sheraton Perdana

Transport:
1 MAS Office
2 Taxi
3 Jetty

Autovermietungen

Mietwagen organisieren Reisebüros und viele Hotels für 50–100 RM pro Tag, in der Hochsaison bis 120 RM.
Kasina Rent A Car, ☎ 04-955 3355, ⌨ www.kasina.com.my. Filialen im Sun Mall, im Datai und im Sheraton.

Einkaufen

Der ehemalige Fischerort wird mit Geschäften und Einkaufszentren voll gebaut. Die größten Einkaufszentren sind die **Langkawi Fair Shopping Mall** mit einem großen Supermarkt, **Plaza Langkawi** und das **Langkawi Parade Shopping Centre** am Ortsausgang. Die meisten zollfreien Waren, wie Textilien, Geschirr, Küchengeräte und Elektronik, werden in den Geschäften in Kuah von Einheimischen gekauft. Für Touristen interessant sind Alkohol (auch ein großes Weinangebot), Zigaretten, Kunstgewerbe und (belgische wie Schweizer) Schokolade. Günstige Duty-free-Waren im Obergeschoss des Fährgebäudes.

Geld

Filialen der **Maybank**, **Public Bank** und **RHB Bank** nahe dem neuen Fischmarkt mit Geldautomaten. ⏱ der Schalter Mo–Fr 9.30–16, Sa bis 11.30 Uhr, obwohl die Behörden Do und Fr schließen. Einige Geldautomaten sind zwischen 24 und 6 Uhr nicht zugänglich.
Zwei **Money Changer** mit guten Kursen neben dem MARA-Building und im 1. OG der **Langkawi Fair Shopping Mall**. An der Fähranlegestelle mäßige Kurse.

Informationen

Tourism Malaysia Information Center neben der Großen Moschee in Kuah, ☎ 04-966 7789, ✉ mtpblgk@tourism.gov.my. ⏱ tgl. 9–17 Uhr. Ein weiteres Informationsbüro im Flughafengebäude, ⏱ tgl. 9–18 Uhr.
Im Fährterminal entpuppen sich die Informationsbüros allesamt als Reiseagenturen, die von

der Vermittlung von Touren und Unterkünften leben. Gute allgemeine Infos im Internet auf Deutsch unter 🖳 www.emmes.net, über Großereignisse wie die Segelregatta 🖳 www.langkawiregatta.com, das Radrennen „Le Tour de Langkawi" 🖳 www.ltdl.com.my und den Ironman Triathlon 🖳 www.ironmanlangkawi.com.my.

Immigration

Office am Airport, ✆ 04-959 1076.

Konsulate

Thailändisches Konsulat im Kampung Tok Senik Resort, Ulu Melaka, ✆ 04-955 7260. Keine reguläre Visaabteilung.

Medizinische Hilfe

Das moderne **Hospital**, ✆ 04-966 3333, liegt nahe dem Golfplatz, 10 km westlich von Kuah. Eine Poliklinik befindet sich mitten in Kuah.

Polizei

Verkehrspolizei in Kuah Richtung Jetty, ✆ 04-966 6222, Notruf ✆ 999.

Post

Hinter dem Kompleks LADA, Block 1, zwischen dem Pier und Kuah, ✆ 04-966 7271. ⊙ Sa–Do 8–17, Fr geschlossen.

Da die Autos auf der Insel steuerfrei sind, verkehren zahlreiche PKW- und Minibus-**Taxis**. Sie warten vor allem am Fährterminal und im Zentrum Kuahs. Preisbeispiele von der Jetty, ✆ 04-966 8286, 966 5249: Taxi / Minibus nach Kuah 5 / 8 RM, Pantai Cenang, Pantai Tengah 20 / 30 RM, Tanjung Rhu 25 / 38 RM, Burau Bay 28 / 42, Datai 50 / 75 RM, für 3 Std. 70 / 90 RM, jede weitere 20 / 25 RM. Spät abends werden überhöhte Preise verlangt, daher besser für den Rückweg ein Taxi zum Festpreis vorbestellen.
Am Flughafen bezahlt man am Taxi-Ticket-Counter, ✆ 04-955 1800, den Fahrpreis im Voraus, z. B. zum PANTAI CENANG 16 / 24 RM, TANJUNG RHU 25 / 38 RM, PANTAI KOK 20 / 30 RM und nach KUAH 24 / 36 RM.

Flüge

Mit MAS vom Flughafen Padang Matsirat, 20 km westlich von Kuah, ✆ 04-955 1311, nonstop bis zu 6x tgl. nach KUALA LUMPUR für 205 RM, SINGAPORE 3–4x tgl. nonstop 305 RM. Zu allen anderen Zielen in Kuala Lumpur umsteigen.
MAS, im EG der Langkawi Fair Shopping Mall, ✆ 04-966 8611, ⊙ Sa–Do 8.30–17 Uhr, der Schalter am Airport bleibt geöffnet. MAS ist Agent für Flüge mit Silk Air nach Singapore.
Air Asia, am Airport, ✆ 04-955 5668, 🖳 www.airasia.com, 4x tgl. nach KUALA LUMPUR, 1x tgl. nach BANGKOK. Buchungen im Netz.
Im Ankunftsbereich des Flughafens bieten 2 **Wechselstuben** günstige Kurse an, auch Geldautomaten stehen bereit. Wer an den Stränden wohnt, sollte sich mit Bargeld eindecken.

Fähren

Zum Festland

An Wochenenden und während der Ferien sollte man sich für die frühen Boote schon einen Tag im Voraus ein Ticket besorgen.
Langkawi Ferry Services, ✆ 04-966 5889, 🖳 www.langkawi-ferry.com. Fähren verkehren nach KUALA KEDAH (günstig Richtung Süden) von 8–19 Uhr alle 30–60 Min. für 18 RM in 1 1/2 Std. und nach KUALA PERLIS (günstig Richtung Norden) ab 8.30 Uhr für 15 RM in 45–60 Min. Auf die letzte Fähre sollte man sich allerdings nicht verlassen, da sie manchmal ausfällt.

Nach Penang

Fähren ab Kuah um 14.30 (über **Pulau Payar**) und 17.30 Uhr und ab PENANG um 8.30 und 8.45 Uhr (über **Pulau Payar**) in 2 1/2 Std. für 45 RM einfach, 85 RM hin und zurück. Das Rückfahrtsticket ist nur für die jeweils gebuchte Fähre gültig. Am Sungai Merbok bei Sungai Petani, nördlich von Penang, ist ein weiterer Terminal für Fähren nach Langkawi im Bau.

Nach Thailand

3x tgl. um 9.45, 13.30 und 17 Uhr nach SATUN in 1 1/2 Std. für 27 RM. Zurück 3x zwischen 10 und 17 Uhr (Malaysia-Zeit = Thai-Zeit plus 1 Std.). Reisebüros auf Langkawi verkaufen Tickets für

die Überfahrt plus Minibusse für den Transfer nach HAT YAI für ca. 70 RM, KRABI 110 RM, PHUKET 120 RM und SURAT THANI 110 RM inkl. Hoteltransfer. Die Grenzformalitäten werden vor dem Einchecken am Hafen erledigt.
Zwischen Nov und Mai verkehren auch direkte Fähren nach KO LIPE ab Telaga Harbour Park.

Pantai Tengah, Pantai Cenang

Am Südwestzipfel der Insel, ca. 20 km von Kuah entfernt, erstrecken sich die beliebtesten Strände. Von Kuah nimmt man die Hauptstraße am Hospital vorbei über Kedawang und Temoyong oder die ausgebaute Straße vor dem Golfplatz nach Süden, am Cargo-Hafen vorbei Richtung Temoyong. Kurz vor dem Ort links Richtung Pantai Tengah / Cenang abbiegen.

Etwa 2 km westlich von Temoyong erstrecken sich kilometerlang über mehrere Buchten von Kokospalmen gesäumte weiße Sandstrände. Der Ausbau des Flughafens nördlich der Strände und die Anlage einer Marina für Kreuzfahrtschiffe und Jachten an der **Teluk Baru** an der Südspitze hat die Ruhe an den Stränden nicht merklich beeinträchtigt. Allerdings haben sich durch den Bau des Wellenbrechers vor dem Flughafen die Strömungsverhältnisse derart geändert, dass am südlichen **Pantai Cenang** der Strand zunehmend abgespült wird und das Ufer mit Sandsäcken und Steinen befestigt werden musste. Im Norden erstreckt sich dafür ein weiter, sanft abfallender, heller Sandstrand. Am nördlichen **Pantai Tengah** ist der Sand etwas gelblicher und fällt steiler zum Meer hin ab, so dass bei Flut nur ein schmaler Strandstreifen übrig bleibt. Etwas breiter ist der Strand vor den Luxushotels im Süden.

Zahlreiche Bungalowanlagen, Chalets und Luxushotels offerieren eine breite Bandbreite an Unterkünften. Nur Billigquartiere für Traveller, früher einzige Übernachtungsmöglichkeit am Pantai Cenang, sind fast vollständig verschwunden. Das unmittelbare Hinterland ist sehr ländlich geblieben – inmitten von Reisfeldern stehen kleine Holzhäuser auf Stelzen im Schatten von Kokospalmen, während die Berge von Dschungel bedeckt sind, der teilweise fast bis zur Straße reicht.

Empfehlenswert ist ein Besuch von **Underwater World**, ein modernes Aquarium, das auf sehr attraktive Art die Meeresfauna präsentiert. Nicht nur die einheimische Tier- und Pflanzenwelt ist vertreten. Auch dem südafrikanischen Regenwald und der Welt der Pinguine ist eine neue Abteilung gewidmet. Zudem sind seltene Anemonen, Weichtiere und andere Meeresbewohner zu sehen. Durch das größte Becken (Fassungsvermögen 600 000 Liter) führt ein 15 m langer Gang. So ist man umringt von Meeresschildkröten, Haien und anderen Fischen, die von einem Taucher um 15 Uhr gefüttert werden. Am Ende des Rundgangs gelangt man zu einem Souvenirshop, der recht attraktive Mitbringsel zu günstigen Preisen verkauft. Zusätzlich bietet an Regentagen das 3-D-Kino mit Filmen zum Thema „Unterwasserwelt" Abwechslung vom Strandalltag. ⏰ tgl. 10–18 Uhr, Fütterungszeiten: Pinguine tgl. um 10.30 und 15.30 Uhr, Robben um 11 und 15 Uhr. Eintritt 38 RM, Kinder 28 RM, ✆ 04-955 6100.

Ein weiteres lohnenswertes Ausflugsziel ist das **Bon Ton** an der Straße vom Pantai Cenang zum Airport, ein Restaurant, das weit mehr bietet als gute Nonya-Küche. Das liebevoll eingerichtete Haupthaus im Stil einer balinesischen Versammlungshalle beherbergt neben dem luftigen Restaurant mit hervorragenden (nicht billigen) Spezialitäten einen Shop mit geschmackvollem Kunsthandwerk aus dem südostasiatischen Raum. Im weitläufigen Garten wurden von der australischen Besitzerin mehrere alte Langkawi-Häuser errichtet, restauriert und zu komfortablen Wohn- und Aufenthaltsräumen mit Du/WC, Fan, AC und Kühlschrank umgebaut. Für Gäste ist ein kleiner Pool vorhanden.

Übernachtung

An diesen Stränden werden einige Unterkünfte, vor allem Reihenhäuser und große AC-Familienzimmer abseits des Strandes, vornehmlich von einheimischen Touristen gebucht, während Ausländer die Bungalowanlagen bevorzugen.

Pantai Cenang
Preiswert
Gecko Guesthouse ⑦, 150 m vom Strand, ✆ 019-4283801, ✉ rebeccafiott@hotmail.com,

von der Engländerin Rebecca geleitete, ruhig
gelegene, saubere Anlage. Kleine, einzeln stehende Holzbungalows und Reihenhäuser, Zi mit
Fan und Gemeinschafts-Du/WC oder AC und
Du/WC, größere Familien-Zi und Schlafsaalbetten zu 10 RM. Kein Essen. Buch- und Motorrad-
ausleihe, Videos und Wäscheservice. ❷–❸
Grand Beach Motel ⑤, ✆ 04-955 1457, 📠 955
3846, in Holz-Chalets 23 Zi mit Fan, Du/WC und
kleiner Terrasse, einige teure Familienchalets
mit AC und TV, Motorradverleih, Restaurant an
der Straße. ❷–❸
MZ Motel ⑧, ✆ 04-955 6492, 2-stöckiges
Reihenhaus an der Straße. ❷
Cenang Rest House ⑨, ✆ 04-955 9928, in einem Reihenhaus Zi mit AC, Du/WC. Restaurant,
am Strand Viva Watersports, Bootsverleih und
Wassersportangebote. ❷
Sandy Beach Resort ⑬, ✆ 04-955 1308,
📠 955 1762, Chalets mit AC, Du/WC und Meerblick sowie Hotelzimmer und solide Bungalows
mit AC und Warmwasser-Du/WC, aber muffigen
Teppichen, jenseits der Straße. Das Restaurant
ist wenig berauschend. ❸
AB Motel ⑮, ✆ 04-955 1300, 📠 955 1466,
✉ abmotel@hotmail.com. Die freundlichen,
hilfsbereiten Besitzer vermieten Chalets in einer
weitläufigen Anlage, 60 Zi mit Fan oder AC direkt am Strand. Jenseits der Straße neues Haus
mit AC-Zimmern. Restaurant mit sehr gutem
Frühstück, ⊙ 8–17 Uhr. Auto- und Motorradverleih, Internet-Café. ❸

Mittelklasse
Beach Garden Resort ④, ✆ 04-955 1363, 📠 955
1221, 🖥 www.beachgardenresort.com, unter
Leitung der beiden Frankfurter Madeleine und
Wolfgang. Saubere, komfortable Zi mit AC, Safe,
Warmwasser-Du/WC, Kühlschrank und Terrasse, Liegestühle am Strand, kleiner Pool, Massagen. Im beliebten Strandrestaurant sehr leckere
deutsche und einheimische Gerichte und ein
reichhaltiges Frühstück bis 13 Uhr, das im Zimmerpreis inbegriffen ist. Bibliothek für Gäste mit
deutschen und englischen Büchern. ❺
Malibest Resort ⑫, ✆ 04-955 8222, 📠 955 2822,
✉ malibestlgk@yahoo.com.my, eine der ersten
und schönsten Anlagen im malaiischen Stil.
83 Zi von unterschiedlicher Ausstattung mit

Du/WC und Fan oder AC auf einem weitläufigen
Grundstück am Meer. Gepflegte, geräumige
Doppelbungalows aus Holz oder Stein, Holz-
häuser auf Pfählen mit Terrasse und Ausblick
aufs Meer sowie komfortable Baumhäuser.
Großes indisches Restaurant. ❹–❻
Langkapuri Beach Resort ⑳, ✆ 04-955 3453,
📠 955 1959, Chalets für 2–4 Pers. mit AC, TV,
Minibar, Warmwasser-Du/WC, am besten sind
die teureren Zi mit Meerblick. Motorradverleih,
Massage, Internet. Nebenan eine Tauchschule
und Touren-Angebote. Der schattige, ruhige
Strand wird regelmäßig gereinigt. ❸–❹

Luxus
Pelangi Beach Resort ②, ✆ 04-952 8888,
📠 952 8899, 🖥 www.pelangibeachresort.com,
nimmt fast den ganzen nördlichen Strand ein.
Die 5-Sterne-Anlage mit 350 Zimmern wurde
rings um den großen Swimming Pool weitgehend im malaiischen Stil erbaut – ein Luxushotel
mit allem Komfort für Pauschalurlauber. Die Zi
sind großzügig und geschmackvoll eingerichtet.
Vielfältiges Sportangebot, von Tennis und Squash bis zu Tauchausflügen und Dschungeltouren. Wer hier wohnen möchte, sollte über einen
Veranstalter oder ein Reisebüro buchen, da die
walk in rates stark überhöht sind. ❽
Casa del Mar ③, ✆ 04-955 2388, 📠 955 2228,
🖥 www.casadelmar-langkawi.com. Modern im
mediterranen Stil gestaltete kleine Anlage mit
24 Zi für eine individuellen Luxusurlaub. Allerdings rechtfertigen die kleinen Zi nicht unbedingt den hohen Preis, dafür lockt eine schöne
Gartenanlage am Strand und ein ausgezeichnetes Restaurant. Guter Service. ❽
Bon Ton Resort ①, ✆ 04-955 6787, 🖥 www.
bontonresort.com.my. 7 über hundert Jahre alte,
stilvoll eingerichtete malaiische Holzhäuser auf
Stelzen können komplett gemietet werden. Alle
sind mit Fan, AC und Du/WC ausgestattet. Kleiner Pool im Garten. Naarelle, die australische
Besitzerin, hat sich hier ihren Traum verwirklicht.
Ein Paradies für Hunde- und Katzenliebhaber. ❽

Pantai Tengah und Teluk Baru
Preiswert
Green Hill Beach Resort ㉒, ✆/📠 04-955 1935,
012-493 9935, Holzbungalows und Reihenhäuser

Übernachtung:
1. Bon Ton Resort
2. Pelangi Beach Resort
3. Casa del Mar
4. Beach Garden Resort
5. Grand Beach Motel
6. Cenang Beach Resort
7. Gecko Gh.
8. MZ Motel
9. Cenang Resthouse
10. Shirin Gh.
11. Melati Tanjong Motel
12. Malibest Resort
13. Sandy Beach Resort
14. Amzar Motel
15. AB Motel
16. Best Star Resort
17. Nadias Inn
18. Langkawi Boutique Resort
19. Lagenda Permai Chalet
20. Langkapuri Beach Resort
21. Delta Motel
22. Green Hill Beach Resort
23. Tanjung Malie Beach Motel
24. Sugary Sand Motel
25. Sunset Beach Resort
26. Aseania Resort
27. Pondok Keladi
28. Charlie´s Motel
29. Tropical Resort
30. The Frangipani Langkawi Reso
31. Langkawi Holiday Villa
32. The Lanai
33. Awana Porto Malai

Pantai Cenang
Pantai Tengah

N

0   500   1000 m

Läden, Restaurants etc.:
1. Shida Laundry
2. Rasa R.
3. Reggae Bar
4. Cabana Watersports
5. Champor Champor R., Ros Tea, Irish Pub, Palm View Seafood R.
6. Auto- und Motorrad-vermietung, Minimarkt, Wäscherei
7. Red Tomato
8. Red Tomato Beach Café, Little Lylia's Chillout Café, Alia R.
9. Oasis on the Beach
10. Tong Seng R.
11. Lighthouse
12. Boom Boom Corner
13. Sun Mall
14. Matahari Malay R., Alun Alun Spa
15. Sunsutra + Sunba
16. Fat Mum Seafood R.
17. Sheela's R.
18. Tang Lung Seafood
19. The Shop
20. The Boat R.
21. Briyani House
22. Cactus R.

---

mit Fan oder teurere Familienzimmer mit AC und TV am nördlichen Ende des Pantai Tengah an den Felsen. Sehr einfaches Restaurant. Fahrzeugvermietung. ❷

Tanjung Malie Beach Motel ㉓, ✆ 04-955 1891, ✆ 955 6914, renovierungsbedürftige Chalets mit Fan oder AC und Familienzimmer mit AC und TV, alle mit Du/WC. Die besten Zi am schmalen, steil abfallenden Strand, kein Alkohol. ❷–❸

Sugary Sand Motel ㉔, ✆ 04-955 3473, hinter dem Malie. Nahe dem Strand mehrere Bungalows mit zwei großen Betten, AC, TV, Du/WC für 2–4 Personen. Etwas preiswertere in der hinteren Reihe. ❸

Mittelklasse

Sunset Beach Resort ㉕, ✆/✆ 04-955 1751, ⌨ sungroup-langkawi.com, auf einem schmalen Grundstück von der Straßeneinmündung bis hinab zum Restaurant am Strand. Beiderseits der liebevoll gestalteten Gartenanlage Häuser mit balinesischem Touch. 28 geschmackvoll ausgestattete AC-Zi mit Warmwasser-Du/WC, TV und Kühlschrank. Ihr einziger Nachteil ist die fehlende oder kleine Terrasse. Dafür entschädigt das große, runde Sunset-Strandrestaurant, wo von 8–11 Uhr Frühstück serviert wird. ❹–❺

The Frangipani Langkawi Resort ㉚, ✆ 04-952 0000, ⌨ www.frangipanilangkawi.com, schönes

3-Sterne-Resort mit 100 komfortablen, sauberen Zimmern in doppelstöckigen Häusern mit Balkon sowie einigen Chalets und großem Pool, freundliche Atmosphäre, gepflegter Strand. Auch über deutsche Reiseveranstalter buchbar. Die bei Touristen wie Einheimischen beliebte Disco ist der Treffpunkt für Nachtschwärmer (🕐 ab 22 Uhr). ❺

Awana Porto Malai ㉝, 📞 04-955 5111, 📠 955 5222, 🖥 www.awana. com.my. Hotelanlage im mediterranen Stil am Porto Malai, der Marina. Zi mit Balkon und Blick über die Bucht mit den Jachten haben ihren Reiz. Auf der Promenade kann man den Abend ausklingen lassen. ❹

Luxus

Langkawi Holiday Villa ㉛, 📞 04-955 1701, 📠 955 1504, 🖥 www.holidayvilla.com.my, 4-Sterne-Urlauberhotel, das auch über Veranstalter zu buchen ist. 3-stöckige, große Anlage mit 258 Zimmern mit moderner AC, Safe, Minibar, Kabel-TV sowie Balkon mit mehr oder weniger Meerblick. 4 Restaurants und Disco. 2 Pools und ein Frauen vorbehaltenes Hallenbad. Zudem ein Fitnesscenter und Tennisplätze. ❼

The Lanai ㉜, 📞 04-955 2262, 📠 955 8459, 🖥 www.lanaibeach.com.my, Anlage am Ende der Bucht, doppelstöckige Hotelblocks um einen großen Pool, 104 geschmackvoll eingerichtete Zi für gehobene Ansprüche. 8 teure, schöne Villen mit Suiten. ❺+❽

Essen und Unterhaltung

Beach Garden Resort, ein angenehmes Restaurant, teils überdacht, teils unter Palmen direkt am Strand, serviert vom Küchenchef aus Österreich zubereitete leckere westliche und einheimische Gerichte. Am Abend wechselnde Tageskarte. Große Auswahl an Weinen, Cocktails und anderen Alkoholika.

Cafe de Padi, im Reismuseum, sauberes Restaurant mit leckerem Essen.

Champor Champor, in individueller und angenehm ruhiger Atmosphäre serviert ein junges Team bei Kerzenschein Gerichte nach dem Motto East Meets West, Roti Canai Tortilla oder Seafood Spaghetti. Nicht ganz billig und recht kleine Portionen.

Pantai Cenang

Bon Ton, Auskunft, Reservierungen und Transport unter 📞 04-955 3643, etwas abgelegen nördlich des Pantai Cenang, 🕐 tgl. 11–23 Uhr. Das Restaurant wartet mit leckeren Nonya-Gerichten und einer umfangreichen Weinkarte auf. Mittags werden Snacks serviert, nachmittags Tapas und abends von 19–23 Uhr west-östliche Gerichte. Empfehlenswerte Fischgerichte ab 50 RM oder die Nonya-Platte für 75 RM mit malaiischen und chinesischen Spezialitäten. Gute Kuchen mit Eiscreme (10–15 RM). Besonders am Abend bei Kerzenschein ein Genuss für die Sinne.

Gleich daneben drei weitere Lokale:

Ros Tea, einfaches Thai-Lokal, hier kocht die Chefin selbst abgemilderte Thai-Gerichte zu günstigen Preisen.

Irish Pub, nebenan, hier lockt zu späterer Stunde das günstige Bier Gäste an.

Palm View Seafood Restaurant, chinesisches, nicht gerade billiges Restaurant mit Tischen zum drinnen und draußen Sitzen.

Red Tomato Garden Cafe & Pizzeria, 📞 04-955 9118, serviert eine bunte Mischung aus malaysischen und westlichen Gerichten. Gartenrestaurant mit Chill-out-Musik in modernem Design. Tanja organisiert die Küche und bereitet ein leckeres Frühstück mit fantastischen Brötchen zu. Abends Pizza und diverse Nudelgerichte, Steaks oder Geschnetzeltes. Empfehlenswerte Lassi-Shakes. 🕐 tgl. 9–15 und 18.30–22.30 Uhr.

Oasis on the Beach, im großen, luftigen Restaurant gibt es Currys, mexikanische, westliche und einheimische Gerichte. Ein Billardtisch, Tische und Stühle am Strand und der ausgezeichnete Kaffee tragen zu einer entspannten Atmosphäre bei und machen das Restaurant zu einem Favoriten.

Red Tomato Beach Cafe, im luftigen Strandcafé mit einigen Tischen unter Sonnenschirmen und Palmen gibt es leckeren italienischen Kaffee, Lassi und Säfte. Große Frühstückskarte, mittags und abends Salate und Pasta. 🕐 tgl. 9–19 Uhr.

Little Lylia's Chillout Cafe, nebenan, eine ähnliche Alternative.

Pantai Tengah

Lighthouse, in dem modernen Gebäude direkt am Meer werden an eingedeckten Tischen Fleisch- und Fischgerichte westlichem Geschmack entsprechend zubereitet.

Tong Seng Restaurant, offenes Restaurant mit preiswerten chinesischen und thailändischen Gerichten, v. a. Seafood und Steamboat.

Boom Boom Corner, pakistanische Küche in einem einfachen, offenen Restaurant.

Matahari Malay Restaurant, 🖳 sungroup-langkawi.com, edles Restaurant der Sun-Gruppe mit traditionellen Gerichten in gepflegter, angenehmer Atmosphäre. Asiatische Kochkunst in höchster Vollendung, die auch eine längere Anreise lohnt.

Fat Mum Seafood Restaurant, ein freundlicher Familienbetrieb, der sehr schmackhaftes Essen zubereitet. Spezialität: Noodles on fire und Hummer. Moderate Preise. Wenn viel los ist, muss man Zeit mitbringen, denn hier kocht Fat Mum noch selbst, und das kann dauern.

Sunsutra, Nouveau Restaurant, ✆ 04-953 1800, 🖳 sungroup-langkawi.com, schickes, modern in Silber und Grau gestaltetes offenes Restaurant. Auch die Toiletten sind sehenswert. Relativ kleine Karte mit innovativer, westlicher und Fusion-Küche, aufmerksamer, freundlicher Service. Nebenan die schicke, klimatisierte Long Bar und das rustikale, gemütliche Pub **Sunba**. Weiter vorn nahe der Abzweigung das **Sun Cafe**, das vom selben Architekten und Besitzer minimalistisch mit Schwarz-weiß-Fotos gestaltet wurde. Man kann auch draußen sitzen.

Sheela's, ✆ 04-955 2308, offenes Restaurant in einem weitläufigen, gepflegten Garten, das von Sheila und ihrem deutschen Mann Willi gemanagt wird. Neben malaiischen Gerichten (empfehlenswert ist Saté) und Seafood finden sich auf der Karte auch europäische Gerichte und täglich wechselnde Spezialitäten, Bierausschank. Gute Stimmung, prima Service! ⊙ tgl. außer Mo ab 18 Uhr.

Sonstiges

Einkaufen

Mehrere Minimärkte (z. B. **The Shop** gegenüber der Holiday Villa) an den Stränden offerieren alles, was ein Touristenherz höher schlagen lässt: Souvenirs, Snacks und Getränke ebenso wie Bücher, Filmentwicklung, Verleih von Schnorchelausrüstung, Fahrrad- und Motorradvermietung sowie Internetzugang.

Geld

Am Pantai Cenang gibt es weder Banken noch Geldautomaten, aber viele Wechselstuben, z. T. auch bei den Mopedverleihern und in den Resorts (jedoch nicht die besten Kurse). Die nächsten Bankschalter und Geldautomaten befinden sich am Flughafen.

Internet

Zugang zum Web bieten **The Shop** gegenüber dem Holiday Villa und das **SBR Internet** im D'Kedai neben dem Sandy Beach Resort.

Motorräder

Für Inselrundfahrten nahezu von jeder Bungalowanlage für 25–30 RM am Tag zu mieten. Für mehrere Tage kann man zumeist einen Rabatt aushandeln.

Wäschereien

Mehrere Dobis am Pantai Cenang waschen wesentlich günstiger als in den Hotels, z. B. **Shida Laundry** hinter dem Rasa Restaurant (Fr geschlossen), eine weitere nahe Malibest und an der Straße nach Temonyong.

Transport

Etliche **Taxis** fahren die Straße am Strand entlang. Ganz sicher findet man immer einige vor dem Pelangi Beach Resort. Auch die Restaurants bestellen gegen einen Aufpreis von 2–10 RM einen Wagen. Taxi / Minibus nach KUAH JETTY für 20 / 30 RM, AIRPORT 16 / 24 RM, ORIENTAL VILLAGE (Seilbahn) 22 / 33 RM.

Pantai Kok und Teluk Burau

Über Kuala Teriang führt eine kurvenreiche Straße durch dichten Dschungel vorbei am Sheraton Langkawi und der Tanjung Sanctuary zum Pantai Kok, einem einst idyllischen Plätzchen, das komplett umgestaltet wurde. Die künstliche Lagune mit dem **Harbour Park,** 🖳 www.telagaharbourpark.com, wird von einer palmenbestandenen Halbinsel geschützt, auf der ein Leuchtturm steht. Zu seinen Füßen erstreckt sich eine kleine Bucht mit einem öffentlichen Badestrand. Dahinter verläuft zwischen Straße und Küste eine 600 m lange Strandpromenade, die Restaurants, Läden, eine Tankstelle, die Maybank (mit Geldautomat) und den Jachthafen miteinander verbindet – eine am Reißbrett entworfene Urlaubslandschaft, die kaum noch etwas mit der ursprünglichen Bucht gemein hat.

Nach weiteren 2,5 km endet die Straße an der Teluk Burau, einem kleinen felsendurchsetzten Strand mit feinem Sand. An der Abzweigung zum Berjaya Beach Resort erstreckt sich das **Oriental Village**, geplant als Einkaufsparadies für asiatische Touristen. ⊙ tgl. 10–22 Uhr, 📞 04-959 1606. Drei Restaurants mit unterschiedlichen Küchen und das Oriental Inn ergänzen das Angebot. Im Hotel sind in der **Galeri Ana and the King** Kostüme und Kulissen des auf der Insel gedrehten Films ausgestellt. ⊙ tgl. 10–18 Uhr, Eintritt 5 RM.

Im Village startet die von Schweizern erbaute **Seilbahn** – mit 950 m Kabellänge die längste der Welt – hinauf in die dschungelbedeckten Berge. Die 18-minütige Fahrt auf den 709 m hohen Gipfel des Gunung Mat Cincang mit Zwischenstation auf 650 m Höhe lohnt wegen der tollen Ausblicke über die Insel von den Brücken und Aussichtsdecks der aufregenden Stahlkonstruktion die Ausgabe von 25 RM hin und zurück. Wer Lust hat, kann in 20 Minuten von der Bergstation zur Zwischenstation hinabwandern. Weitere 2,5 km sind es nach Telaga Tujuh. Auf der relativ kurzen Strecke schwebt man über mehrere Vegetationszonen und dichten Bergwald hinweg, der die zerklüfteten, bis zu 500 Mill. Jahre alten Kalkberge bedeckt. Die Seilbahn ist Fr–So von 10–19, Mo–Do 10–18 Uhr in Betrieb. Mehrmals im Jahr wird sie jedoch für mehrtägige Wartungsarbeiten stillgelegt.

Einen Kilometer weiter nördlich endet die Straße an einem Parkplatz, dem Beginn des Wanderwegs zu den „sieben Brunnen" und dem Wasserfall **Telaga Tujuh**. Das letzte Stück durch den Wald muss man über Stufen zu Fuß zurück-

legen, denn da geht es steil bergauf. Nach einigen Minuten Fußmarsch zweigt links ein Weg zum Wasserfall ab. Dort treffen sich am Abend und an Wochenenden Einheimische zum Baden und Picknicken. Steigt man auf dem Hauptweg die Betontreppen, insgesamt 638 Stufen, weiter bergauf, gelangt man 480 m über dem Parkplatz zu den Pools vor dem steil abfallenden Wasserfall. Ein erfrischendes Bad bei herrlicher Aussicht in einem der sieben natürlichen Becken belohnt die Anstrengung, allerdings wird das Vergnügen manchmal von Algen getrübt.

Vorsicht: Hinter der Absperrung wird es flussabwärts gefährlich steil! Wer den Weg noch weiter bergauf geht, findet am rechten der beiden Bäche eine zweite schöne Bademöglichkeit. Flussaufwärts im Dschungel kann man auf zwei markierten Trails spazierengehen, ohne dass die Gefahr besteht, sich zu verlaufen. Nach lang anhaltenden Trockenperioden verkümmert der Wasserfall zu einem Rinnsal. Nach heftigen Regenfällen wird er dagegen zu einem erfrischenden Erlebnis.

Übernachtung und Essen

Am Telaga Harbour Park sind eine Menge angenehmer Restaurants entstanden, z. B. **Tapas** (Kleinigkeiten und Paulaner Weizenbier), **Floating Market** (Gutes und Günstiges aus aller Welt), **Cuba Libre Bar** (abends mit brasilianischer Live-Musik zur Gitarre), **USSR Restaurant** (mit russischer Speisekarte und Gästen) usw. **Sheraton Langkawi**, 📞 04-955 1901, 📠 955 1913, 🖳 www.sheraton.com/langkawi, dieses komfortable, gepflegte 231-Zi-Resort weist alle Annehmlichkeiten auf, verfügt aber nur über einen winzigen Strand. ❼

Tanjung Sanctuary, 📞 04-955 2977, 📠 955 3978, 🖳 www.tanjungsanctuary.com.my, abseits der Hauptstraße auf einer Landzunge mit einem kleinen Strand stehen auf einem ruhigen Waldgrundstück die soliden Doppelbungalows. Die 32 großzügigen Suiten sind außerhalb der Saison bereits für unter 200 RM zu bekommen. Einige teurere stehen direkt am Strand. Auf der Landzunge ein Pool und das luftige Restaurant auf einem Felsen über dem Meer mit wunderschöner Aussicht. ❼–❽

Mutiara Burau Bay, ☎ 04-959 1061, 💻 www.
mutiara-buraubay.com, großes Resort auf einer
Landzunge, 150 Zi in klimatisierten Bungalows,
hier geht es leger zu. **❼**

Berjaya Langkawi Beach Resort, ☎ 04-959
1888, 📠 959 1886, 💻 www.berjayaresorts.com,
weitläufige, große 5-Sterne-Anlage im „Edel-
Kampung-Stil". 430 Chalets und Suiten am Hang
oder auf Stelzen in der Bucht. 7 Restaurants, ein
japanisches Spa und alles, was man von einem
Deluxe-Resort erwarten kann einschließlich
eines Eselhofs für Kinder. **❽**

Am Ortsausgang von **Kuala Teriang** an der
Straße nach Pantai Kok gibt es mehrere Open-
air-Seafood-Restaurants.

Transport

Taxi / Minibusse von den Hotels kosten nach
KUAH JETTY 28 / 42 RM, AIRPORT 20 / 30 RM,
PANTAI CENANG 22 / 33 RM, DATAI 35 / 52 RM.

Datai

Von der Straße zum Pantai Kok zweigt nach Norden eine gute, wenig befahrene Stecke ab. Bereits nach 4 km führt eine neue Straße nach links
am Fuße der dschungelbedeckten Berge entlang
nach Datai (43 km ab Kuah) im äußersten Nordwesten Langkawis.

Im schwer zugänglichen Nordwesten wurden
zwei exklusive Deluxe-Strandresorts und ein
Golfplatz errichtet. Die Privatstrände beider Anlagen sind einfach traumhaft gelegen. Das Wasser ist kristallklar, wenn nicht gerade einer der
häufigen Regenschauer über dieses paradiesi-
sche Fleckchen Erde niederprasselt. Die beiden
Resorts wurden innerhalb des Naturschutzge-
bietes angelegt und haben daher besondere Na-
turschutz-Auflagen zu erfüllen, weshalb der tropische Regenwald rings um die Resorts intensiv
gepflegt und geschützt wird.

Das Andaman bietet geführte Wanderungen
unterschiedlicher Schwierigkeitsgrade an, die
einen interessanten Einblick in dieses vielfältige
Ökosystem ermöglichen. Infos bei Mr. Dave im
Resort.

Übernachtung

The Datai, ☎ 04-959 2500, 📠 959 2600, 💻 www.
ghmhotels.com, sehr beliebt bei Golfern und
First-Class-Touristen aufgrund der diskreten Abgeschiedenheit. 54 Luxuszimmer und 40 Villen.
Das balinesische Spa des Hotels gilt als eines
der besten des Landes. **❽**

Andaman Resort, ☎ 04-959 1088, 📠 959 1168,
💻 www.theandaman.com, in den 187 Zimmern
des 5-Sterne-Resorts finden Familien abseits
des Trubels die nötige Entspannung, und es
geht etwas lockerer zu. Große Pool-Landschaft,
mehrere Restaurants und ein breites Freizeitangebot. Das Resort-Management ist für sein umweltbewusstes Engagement bekannt, und es
lohnt sich, die Angebote (Dschungelwanderungen, Bibliothek mit interessanter Literatur,
Schmetterlingsgarten und mehr) zu studieren. **❽**

Transport

Taxi / Minibus nach KUAH JETTY für 50 / 75 RM,
AIRPORT 50 / 75 RM, PANTAI CENANG 48 /
62 RM.

Inselrundfahrt

Nur am Strand herumzuhängen, kann auf Dauer
eintönig werden, sodass fast jeder irgendwann
zu einer Inselumrundung aufbricht. Die Rundfahrt
von mindestens 70 km ist durchaus an einem Tag
zu absolvieren. Wer sich etwas Zeit nimmt, kann
aber auch zwei oder drei schöne Touren daraus
machen. Langkawi ist auch ein beliebtes Ziel einheimischer Touristen, und vielen Attraktionen, die
auf diese Zielgruppe ausgerichtet sind, können
europäische Urlauber kaum etwas abgewinnen.

Im Zentrum der Insel

Makam Mahsuri (Mahsuris Grab) liegt 10 km von
Kuah entfernt. Hinter dem Hospital nimmt man,
von Kuah kommend, die kleinere Straße nach
rechts. Über einen ausgeschilderten Weg erreicht man die Pilgerstätte vieler malaysischer
Besucher. Am Grab der moslemischen Prinzessin mit dem typischen, flachen, geschwungenen
Grabstein ist der verhängnisvolle Fluch nachzu-

lesen, der lange über der Insel lag (s. Kasten S. 710). Zudem wird die Geschichte von Mahsuri dargestellt. Um das Grab ist ein riesiger Rummel aufgebaut worden. Händler verkaufen traditionelle malaiische Medizin, die üblichen Souvenirs und Snacks. Außerdem wurde ein traditionelles Kampung-Haus, der **Rumah Kedah**, aufgebaut, den man tgl. von 8–18.30 Uhr besichtigen kann. Eintritt 3 RM.

Lubok Semilang, ein Erholungspark an einem Bach hinter Ulu Melaka am Fuß des Gunung Raya mit einigen Picknickplätzen und Dschungelwegen, wird am Wochenende gern von Einheimischen besucht.

Weiter nördlich führt eine 13 km lange, manchmal gesperrte Stichstraße Richtung Osten durch einen Wald mit einigen schönen Würgefeigen auf den 890 m hohen **Gunung Raya** hinauf. Am Beginn der Zufahrt wird an einem Kontrollposten 50 sen Maut für PKW verlangt. Mopeds sind mautfrei. Entlang der Strecke zum Gipfel sind mit etwas Glück Affen und Nashornvögel in den Baumwipfeln zu beobachten. Auf dem Gipfel wurde der Dschungel gerodet und ein Kongresszentrum errichtet. Es ist ebenso wie das Café die meiste Zeit des Jahres geschlossen und der Aussichtsturm nicht zugänglich. Vom Gipfelbereich aus hat man eine tolle Aussicht über Langkawi und die zahlreichen Inseln des Archipels.

An der Nordküste

Padang Lalang besteht eigentlich nur aus dem Kreisverkehr, einer Moschee, einer Polizeistation und ein paar Häusern. Nach Westen geht es 1 km zum von Souvenirständen umringten **Pasir Hitam**, einem etwa 150 m langen Streifen schwarzen Sandstrandes, dessen Farbe natürlich ist und nicht von der nahe gelegenen Zementfabrik stammt, die mit deutscher Hilfe ausgebaut wurde. Allerdings ist der Strand vor allem in der Saison total verdreckt und zugemüllt.

Lohnend ist ein Stopp im **Kompleks Budaya Kraf Langkawi**, 2,5 km vom Kreisverkehr, ✆ 04-959 1913, 🖳 www.kraftangan.gov.my, ◷ 10–18 Uhr, Eintritt frei. In mehreren großen Ausstellungs- und Verkaufsräumen wird die komplette Palette malaiischen Kunsthandwerks, vom Tonväschen für 10 RM bis zum Songket-Stoff mit eingeflochtenen Goldfäden für 1000 RM, präsen-

Die Legende der Prinzessin Mahsuri

Die Prinzessin war die Frau eines reichen Geschäftsmannes in Ulu Melaka und ihre Schönheit war sprichwörtlich. Sterben musste sie, weil man ihr eine Affäre mit einem malaiischen Reisenden anhängte. Zu Unrecht, wie sich bei ihrer Hinrichtung herausstellte, denn das Blut, das aus ihrem Körper strömte, war weiß wie Schnee. Sieben Generationen hindurch, so der Fluch der sterbenden Prinzessin, solle Langkawi auf keinen grünen Zweig mehr kommen, und tatsächlich folgte eine Periode der Missernten, Pleiten und Überfälle durch die benachbarten Thais. Inzwischen sind die sieben Generationen längst vorüber, und langsam erwachen die meisten Inseln des Langkawi-Archipels mit ihren bizarren Kalk- und Marmorfelsen aus ihrem nahezu unberührten Dornröschenschlaf.

tiert. Auch wer nichts kaufen will, sollte sich dieses Fest der Farben und Formen nicht entgehen lassen. Täglich Vorführungen, z. B. Songket-Weben, und Videoshows. Zwei kleine Museen, in denen lebensgroße Figuren die Legenden und Hochzeitsbräuche darstellen, sind in die Anlage integriert. Eine kleine Kantine verkauft Erfrischungen.

Ganz im Norden erstreckt sich der breite, weiße Sandstrand von **Tanjung Rhu**. Die Bucht ist eine der schönsten der ganzen Insel. Den größten Strandabschnitt haben zwei Luxusresorts in Beschlag genommen. Am öffentlich zugänglichen Strand am Ende der Bucht stehen unter Kasuarinen etliche Souvenirbuden und einfache Restaurants.

Bei Ebbe laden die weiten, frei liegenden Sandbänke vor Tanjung Rhu zum Spazierengehen und Muschelnsammeln ein. Beim Baden ist wegen gefährlicher Unterströmungen Vorsicht geboten, denn es ist hier schon zu mehreren tödlichen Badeunfällen gekommen. Abends kommen bei Flut oft hohe Wellen auf. Am Strand kann man bei Flut ein Boot zur Höhle **Gua Cherita** mieten und über eine Bambusleiter in die Kalksteinhöhle klettern.

Am Strand von Langkawi

Im Osten der Insel

Vom Kreisverkehr in Padang Lalang geht es auf der Hauptstraße wieder zurück nach Kuah (18 km), vorbei an den heißen Quellen **Telaga Ayer Hangat**, die in drei runden Becken eingefasst und mit Souvenirshops zum Ayer Hangat Cultural Village aufgemotzt wurden. Auf einem Wandfries ist die Geschichte des Ortes dargestellt. Ansonsten wirkt alles ziemlich verwaist, solange keine Reisegruppen eintreffen, die abends zum Essen im angrenzenden Restaurant malaiische Tanz- und Folklore-Shows vorgeführt bekommen. ⏲ tgl. 10–18 Uhr, ✆ 04-959 1357.

Nach 3,5 km zweigt rechts eine 1,9 km lange Straße ab, die zum Teil durch Kautschukplantagen führt und am Fuß der Berge an einem Parkplatz endet. Hier werden einfache Snacks und Getränke verkauft und Fußmassagen angeboten. Ein Fußpfad verläuft jenseits des Baches durch eine Durianplantage und dichten Dschungel zum **Durian Perangin-Wasserfall** hinauf. Am Ende des anstrengenden Weges führt ein schmaler Pfad durch das Dickicht. Mehrere schattige, natürliche Pools laden inmitten üppiger tropischer Vegetation zum Baden und der Wasserfall selbst zu einer kühlen Dusche ein. Der steile Weg kann nach Regenfällen sehr schlüpfrig werden, also aufpassen!

Im 100 km² großen Mangroven-Schutzgebiet **Hutan Paya Bakau Kilim**, kann man etwa 300 m von der Hauptstraße entfernt von einem Plankenweg aus das Leben in den Mangroven beobachten oder an einer eineinhalbstündigen Bootstour für 200 RM pro Boot für bis zu 6 Pers. teilnehmen.

Dabei werden Seeadler gefüttert, eine Kalksteinhöhle, Köhlerei und Fischfarm besucht. Die beste Zeit ist nachmittags ab 17 Uhr. Infos unter ☎ 04-966 7186. Die Touren können auch über Jürgen Zimmerer (s. S. 700) gebucht werden.

Eine weitere Attraktion für Urlauber ist der **Taman Burung Langkawi** (Langkawi Bird Paradise), ein Vogelpark mit 150 Vogelarten in Kampung Belanga Pecah, Air Hangat, ☎ 04-966 5855, ⊙ tgl. 9–18 Uhr, Eintritt 15 RM.

Kurz vor der Marmorfabrik lohnt ein Stopp in der **Glasbläserei Langkawii Crystaal**, ⊙ Mo–Fr 9–18 Uhr, ☎ 04-966 1555, Eintritt frei. Hier kann man Kunstglasbläsern bei der Arbeit über die Schultern schauen. Es werden kostenlose Fabrikbesichtigungen angeboten. Im dazugehörigen großen Verkaufsraum glitzern verführerisch die gläsernen Kunstwerke. Alles sehr edel und teuer, aber sehenswert.

Die Marmorfabrik am alten **Marmorsteinbruch,** aus der alle besseren Hotels der Insel ihre Fußbodenfliesen bezogen haben, ist mittlerweile geschlossen, und es wird auf den Inseln kein Marmor mehr abgebaut.

Entlang zahlreicher Neubauviertel und vorbei am neuen Fußballstadium Langkawis erreicht man schließlich Kuah.

Die Fährhäfen für Pulau Langkawi auf dem Festland

Kuala Perlis

Am Hafen dieses kleinen Fischerdorfs gibt es mehrere Seafood-Restaurants und einen kleinen **Markt,** auf dem man frisches Obst erstehen kann. Dienstags findet abends ein Nachtmarkt statt. In den Geschäften an der Fähranlegestelle kann Geld gewechselt werden. Wer die letzte Fähre nach Langkawi verpasst hat, wird in Kuala Perlis übernachten müssen. Das **Seaview Hotel**, gegenüber der Fähranlegestelle, ☎ 04-985 2171, ist ein älteres, renoviertes, weiß gestrichenes 3-stöckiges Haus. Es hat saubere Zi mit AC, TV und Du/WC. Frühstück inkl. ❸

Vom Busterminal nahe der Fähranlegestelle verkehren etwa stdl. Busse nach BUTTERWORTH für 10 RM und an die Ostküste nach KOTA BHARU

für 30 RM. Vom Ort aus fahren Nahverkehrsbusse nach KANGAR für 1 RM. Zur Grenze mit Überlandtaxis nach PADANG BESAR 28 RM, ARAU oder ALOR SETAR 30 RM. Die kurze Strecke nach KANGAR 10 RM, BUTTERWORTH 100 RM.

Der Abfertigungsterminal für Fähren liegt 1 km östlich des Zentrums Richtung Meer. Nach KUAH (Langkawi) legen alle 30–60 Min. zwischen 8 und 18 Uhr Fähren ab, sie kosten 15 RM. Die genauen Abfahrtzeiten sind variabel.

Die klimatisierten Speedboote mit nummerierten Sitzen von **Langkawi Ferry Services**, ☎ 04-985 2690, 🖥 www.langkawi-ferry.com, sind komfortabel und benötigen etwa 45–60 Min. An Wochenenden und während der Ferien sollte man sich rechtzeitig ein Ticket besorgen, da vor allem frühe Boote häufig ausgebucht sind.

Kuala Kedah

Der Hafen an der Mündung des Kedah-Flusses war schon vor mehr als tausend Jahren von Bedeutung für den Handel mit Indien. 2,5 km von der Fähre entfernt erhebt sich am jenseitigen Ufer an der Mündung des Sungai Kedah ein kleiner **Leuchtturm** aus dem 19. Jh. Dahinter liegen das Eingangstor und die Grundmauern eines alten **Forts**, 1780–82 unter dem 20. Sultan von Kedah von indischen Arbeitern erbaut.

Rings um die Fähranlegestelle herrscht ein reges Treiben, und überall im Ort werden freie Flächen als Parkplätze für 7–15 RM pro Nacht je nach Entfernung vom Terminal vermietet. Bereits an der Anlegestelle werden Mietwagen, Unterkünfte und Touren auf Langkawi vermittelt.

Wartende können sich an der Anlegestelle stärken, z. B. im **Hai Ting Restaurant** links der Fähranlegestelle, unter anderem mit scharfer *Tom Yam* und sehr würzig-fischiger Laksa-Nudelsuppe.

Der Bus 772 fährt permanent die 12 km nach ALOR SETAR für 1,50 RM, nach KUALA LUMPUR um 12.30, 21.30 und 21.45 Uhr für 30 RM. Tickets am Counter neben dem Fährterminal. Überlandtaxis warten an der Anlegestelle auf eintreffende Passagiere. Im AC-Taxi nach ALOR SETAR 15 RM, zur Thai-Grenze nach BUKIT KAYU HITAM oder CHANGLUN 48 RM, PADANG BESAR 55 RM, BUTTERWORTH 70 RM.

Die zu **Langkawi Ferry Services**, ☎ 04-762 4524, 🖥 www.langkawi-ferry.com, zusammengeschlossenen Fähren verkehren für 18 RM zwischen 8 und 18 Uhr alle 30–60 Min. in 1 1/2 Std. zur Insel. Nur während der Ferien und an Feiertagen kann es Engpässe geben.

Satun

Wer eine ungewöhnliche Route nach Satun in Thailand ausprobieren will und Geduld mitbringt, nimmt eines der großen Longtail-Boote mit Plane nahe dem Immigration Office. Sie fahren ab, sobald 10 Passagiere eingefunden haben. Die Überfahrt dauert eine Stunde und kostet 10 RM bzw. 100 Baht. Es kann recht heiß werden. Ankunft ist am Tammalang-Pier, von dort aus geht es nach den Einreiseformalitäten mit dem Pickup weiter nach Satun (3 km), wo Busse und Überlandtaxis nach Hat Yai bzw. Trang weiterfahren. Wer aus Thailand kommt, erhält an der Anlegestelle am Fischereihafen in Kuala Perlis den Einreisestempel.

Nicht vergessen, da es sonst Probleme bei der Ausreise gibt! Notfalls kann man am Fischereihafen fragen, S. 666.

Penang

Seit Jahren steht die Insel Penang ganz oben auf den Listen der Reiseveranstalter, und das, obwohl sie nicht einmal zu den atemberaubendsten Landstrichen Malaysias gehört. Gewiss – eine schöne Insel mit waldigen Bergrücken, grünen Plantagen, verschlafenen Dörfchen und reizvollen Buchten, aber für einen Badeurlaub gibt es schönere Strände, zumal die Wasserqualität wegen der Häfen und Industrieanlagen auf der Festlandseite nicht die beste ist. Dennoch: Penang ist ein „Muss", aber nicht der Strände wegen. Wer nach Penang fährt, sollte sich für die Stadt begeistern können.

Die korrekte malaiische Bezeichnung für die Insel ist Pulau Pinang, die Stadt heißt nach wie vor **Georgetown**, und „Penang" ist ihr alter, aber immer noch gängiger Name, der zudem für die Insel und den Staat verwendet wird. Das historische Zentrum erstreckt sich auf dem dem Festland zugewandten Zipfel der Insel. Von den 1,47 Mill. Einwohnern der Provinz leben 700 000 auf der Insel, überwiegend im Stadtgebiet von

Georgetown und in den angrenzenden Vororten sowie in den Industriegebieten entlang der Ostküste Richtung Flughafen, während das Inselinnere und die Westküste noch sehr ländlich sind. Eine Mehrheit von 45 % sind Chinesen, 40 % sind Malaien und 10 % Inder, der Rest Araber, Europäer und andere.

Im Südosten, dort wo die imposante, 13,5 km lange Penang Bridge Georgetown mit dem Festland verbindet, haben sich Industrie und Gewerbe ausgebreitet. Die größten Hafenanlagen findet man allerdings in Butterworth, jenseits der Brücke. Die Strandgebiete im Norden sind zur Wohngegend einer besser verdienenden Mittelschicht avanciert. In **Batu Ferringhi** und **Teluk Bahang**, wo die Küste am schönsten ist, wurde ein Touristenzentrum mit großen Hotelanlagen geschaffen.

Der Bergrücken, der sich von Norden nach Süden über das Inselinnere zieht, ist nach wie vor mit Dschungel bedeckt. In den Niederungen auf der Westseite liegen kleine Dörfer zwischen Reisfeldern, Kokoshainen und Obstplantagen. An der Küste im Süden liegen ein paar Fischerdörfer, zum Baden aber laden die Strände hier nicht ein.

12 HIGHLIGHT

Georgetown

„Perle des Orients" steht auf dem Hochglanzprospekt aus dem Tourist Office. Da mag jeder seine eigene Vorstellung haben, einmalig ist Penang aber mit Sicherheit. Einmalig sind nicht die Strände von Batu Ferringhi oder die Betelnusspalmen, die der Insel ihren Namen gaben, sondern Georgetown, das alte koloniale Zentrum. Wenige Großstädte Südostasiens haben sich diese Atmosphäre bewahrt.

Noch immer leben Moslems, Christen, Hindus und Buddhisten Tür an Tür, brennen Chinesen abends Räucherstäbchen in den Ahnentempeln ab, während ein paar Straßen weiter der Muezzin zum Gebet ruft. Hier stehen sie noch, die kolonialen herrschaftlichen Paläste der englischen Machthaber, die Kirchen, Gerichts- und Verwaltungsgebäude und die protzigen Vorstadtvillen in ihren schattigen Gärten. In den notorisch verstopften Straßen von Chinatown herrscht ein Gewimmel von Verkehrsmitteln aller Art, drängen sich Fahrradrikschas zwischen Marktständen hindurch, wird in offenen Garküchen gebrutzelt und gekocht, was das Herz begehrt.

Zu Beginn des 19. Jhs. schrieb der englische Gouverneur Sir George Leith über Penang:

„Es gibt wohl kaum in irgendeinem Gebiet der Welt einen so kleinen Ort, in dem viele verschiedene Menschen unterschiedlichster Nationalität leben und in dem eine solche Vielzahl verschiedenster Sprachen gesprochen wird."

Zu dieser Zeit war es gerade ein Vierteljahrhundert her, dass die Engländer dem Sultan von Kedah die fast unbewohnte Insel als Gegenleistung für Protektion und militärischen Schutz abgenommen und den Union Jack aufgezogen hatten. Ihr Interesse war, wie immer, vorrangig geschäftlicher Natur, nämlich einen Stützpunkt für die Schiffe der East India Company zu schaffen. Diese segelten während des ungünstigen Südwestmonsuns selbst auf der Reise von Kalkutta nach Madras auf einem Umweg über Aceh, der Nordspitze Sumatras. In Malacca saßen die Holländer, Singapore gab es auf der Landkarte Südostasiens noch nicht.

„Georgetown", wie es Gründungsvater Francis Light 1786 zu Ehren George IV., des damaligen Prince of Wales, nannte, entwickelte sich, von Light durch großzügige Landvergabe und Zollfreiheit nach Kräften gefördert, schnell zu einem bedeutenden Hafen, nicht zuletzt wegen der nahe gelegenen Zinnminen. Um 1800 zählte man bereits 10 000 Einwohner, 1803 umfasste die Stadtfläche schon das Gebiet zwischen der heutigen Jl. Penang und der Lebuh Pantai bis hinunter zur Flussmündung. Chinesische Zinnbarone und Plantagenbesitzer, die im Hafen ihre Waren umschlugen, siedelten in den Außenbezirken, vor allem in den noch heute vornehmen Villengegenden im Norden. Mit der Gründung Singapores 1819 verlagerte sich allerdings der Handelsschwerpunkt.

Penang war nie Schauplatz kriegerischer Auseinandersetzungen oder rasanter Umwälzun-

Eine sehr gute Einführung sind Spaziergänge auf den beiden **Heritage Trails** zu bekannten und weniger bekannten Sehenswürdigkeiten der Innenstadt. An jedem Gebäude informiert eine Tafel ausführlich über das Gebäude und weist den Weg zum folgenden Highlight. **Trail 1** verläuft u. a. zum Fort Cornwallis, City Hall und Khoo Kongsi sowie zu der weniger bekannten Villa von Sun Yat Sen oder dem Haus des wohlhabenden Händlers Syed Al-Attas aus Aceh. Zum **Trail 2** gehören das Museum, der christliche Friedhof und das Cheong Fatt Tze Mansion ebenso wie das Haus der Goldschmiede- oder Schreinerzunft *(Goldsmiths' & Carpenters' Guild).* Der etwa zweistündige **Traditional Trades Trail** führt zu aussterbenden Zünften. Interessant sind ein Blick in die kleine Kaffeerösterei in einem alten Geschäftshaus, ein Besuch bei Mr. Lee, der Räucherstäbchen per Hand herstellt, bei Aunty Sim, eine der letzten Handleserinnen, oder Mr. Oo, dem Holzschuhschnitzer. Auch wenn einige kein Englisch sprechen, halten sie zumindest eine englischsprachige, informative Broschüre bereit.

Wer auf dem **Traditional Food Trail** unterwegs ist, kann lokale Spezialitäten, wie Nonya-Frühlingsrollen, chinesische Crêpes und Törtchen oder indisches Sherbet kosten, eine Bäckerei und einen Markt besuchen.

Die entsprechenden Broschüren und weitere Informationen erteilt der *Penang Heritage Trust,* Lebuh Gereja, ☎ 04-264 2631, 🖳 www.pht.org.my. Er offeriert auch drei informative Stadtspaziergänge für jeweils 60 RM p. P. ab 9 Uhr durch Little India und das Pinang Peranakan Mansion, zu den religiösen Stätten entlang der Street of Harmony und durch den Khoo Kongsi oder auf dem Heritage Trail und durch das Cheong Fatt Tze Mansion. Individuelle, sehr gute Heritage-Touren werden von Joann Khaw durchgeführt, ☎ 016-4406823, ✉ jsk_27@hotmail.com.

gen. Hier ist trotz quirliger Geschäftigkeit die Vergangenheit noch immer lebendig. Zwar versuchte das KOMTAR Building der modernen Beton-

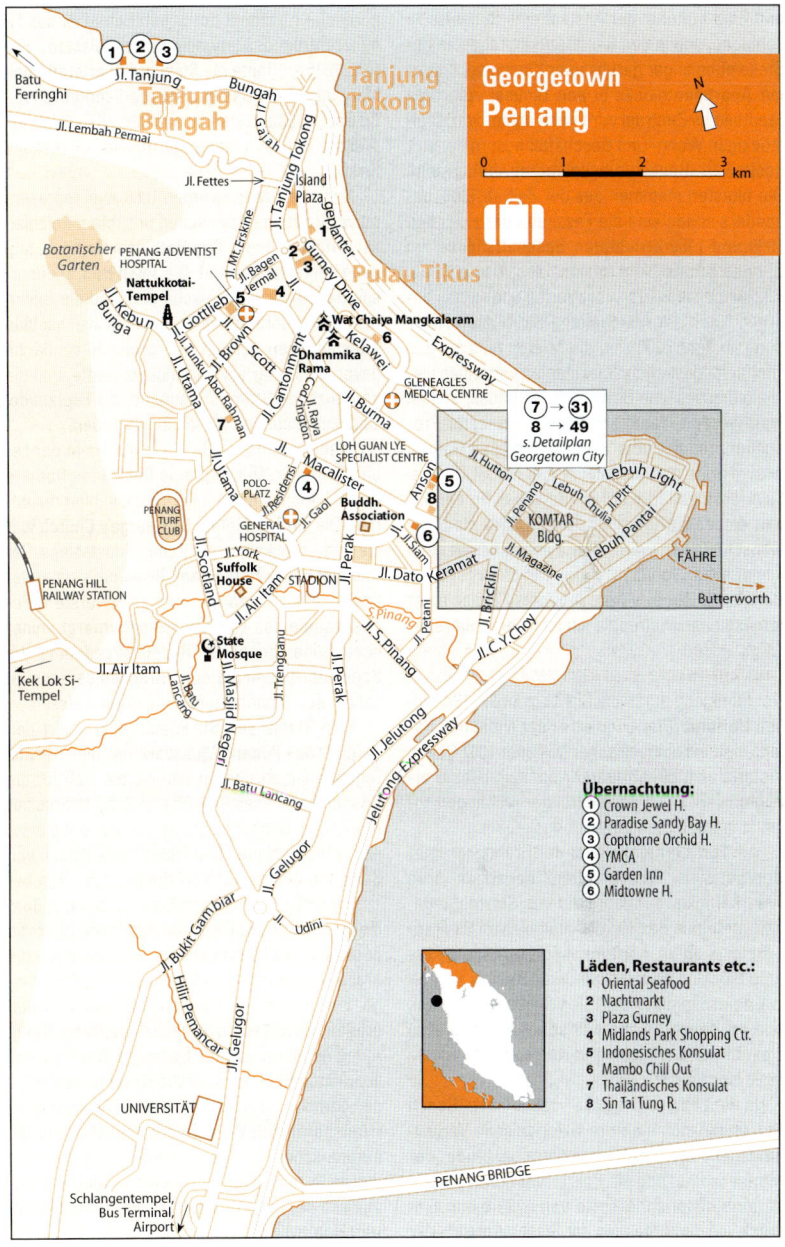

Georgetown Penang

N

0   1   2   3 km

Batu Ferringhi

Jl. Tanjung

Bungah

Tanjung Bungah

Tanjung Tokong

Jl. Lembah Permai

Jl. Fettes

Island Plaza

Jl. Ir Gajah

Jl. Tanjung Tokong

Gepänter

Gurney Drive

Pulau Tikus

Botanischer Garten

PENANG ADVENTIST HOSPITAL

Nattukkotai-Tempel

Jl. Mt. Erskine

Jl. Bagen Jermal

Jl. Kebun Bunga

Gottlieb

Jl. Brown

Scott

Jl. Tunku Abd Rahman

Cantonment

Codrington

Jl. Raya Codrington

Wat Chaiye Mangkalaram

Kelawei

Dhammika Rama

Jl. Burma

Expressway

GLENEAGLES MEDICAL CENTRE

⑦ → ㉛
⑧ → ㊾
s. Detailplan Georgetown City

Jl. Utama

7

POLO-PLATZ

Macalister

Jl. Residensi

Jl. Gaol

4

Jl. Perak

LOH GUAN LYE SPECIALIST CENTRE

Buddh. Association

Jl. Siam

Anson

Jl. Hutton

Lebuh Light

Jl. Penang

Lebuh Chulia

Jl. Pitt

5

8

KOMTAR Bldg.

Lebuh Pantai

Lebuh Light

6

Jl. Magazine

FÄHRE

Butterworth

PENANG TURF CLUB

GENERAL HOSPITAL

PENANG HILL RAILWAY STATION

Suffolk House

Jl. Scotland

Jl. York

STADION

Jl. Air Itam

Jl. Dato Keramat

Jl. Bricklin

Jl. C.Y. Choy

Kek Lok Si-Tempel

State Mosque

Jl. Air Itam

Jl. Batu Lancang

Jl. Masjid Negeri

Jl. Trengganu

Jl. Perak

S Pinang

Jl. S Pinang

Petani

Jl. Jelutong

Jl. Batu Lancang

Jelutong Expressway

Jl. Gelugor

Jl. Bukit Gambier

Jl. Gelugor

Udini

Hilir Permancar

Jl. Gelugor

UNIVERSITÄT

Schlangentempel, Bus Terminal, Airport ▶

PENANG BRIDGE

Übernachtung:
① Crown Jewel H.
② Paradise Sandy Bay H.
③ Copthorne Orchid H.
④ YMCA
⑤ Garden Inn
⑥ Midtowne H.

Läden, Restaurants etc.:
1 Oriental Seafood
2 Nachtmarkt
3 Plaza Gurney
4 Midlands Park Shopping Ctr.
5 Indonesisches Konsulat
6 Mambo Chill Out
7 Thailändisches Konsulat
8 Sin Tai Tung R.

Nord-Malaysia

und Glas-Kultur in der Altstadt eine Schneise zu schlagen, und in den Randbezirken ragen an der Stelle ehemaliger geruhsamer Kampungs uniforme Apartmentblocks in den Himmel, aber das Stadtbild im Zentrum wird noch immer von zweistöckigen Wohn- und Geschäftshäusern der chinesischen Bevölkerungsmehrheit beherrscht. Die ältesten stammen aus der Zeit ab 1800, besonders schön sind die Fassaden der zwischen 1890 und 1960 errichteten Geschäftshäuser im Stil des Straits-Eklektizismus und Art nouveau. Allerdings sind diese vom Verfall und Abriss bedroht. Nach der Abschaffung der Mietpreisbindung im Jahr 2000 sind die Mieten teils um das Fünffache gestiegen. Spekulanten vertreiben viele alteingesessene Bewohner, die Häuser stehen leer, werden illegal zur Schwalbennester-Produktion genutzt oder luxussaniert. Seit Jahren wird geprüft, ob Georgetown zum UNESCO-Weltkulturerbe erklärt werden kann, was für den Erhalt dieser einzigartigen Atmosphäre mehr als wünschenswert wäre, denn Penang besitzt noch immer etwas von dem, was wir in Singapore und Hongkong längst vermissen: den Zauber einer fernöstlichen Metropole mit allen ihren Reizen.

Das koloniale Viertel

Nord-Malaysia

Der Rundgang durch die City beginnt am 18 m hohen **Uhrturm** *(Clock Tower)* in der Nähe des Hafens, den ein einheimischer Millionär 1897 Queen Victoria zum 60-jährigen Krönungsjubiläum errichten ließ. Es ist das Viertel der prächtigen kolonialen Bank- und Verwaltungsgebäude.

Am **Fort Cornwallis** war der Gründungsvater Georgetowns 1786 an Land gegangen. Ihre Wehrhaftigkeit brauchte die von Strafgefangenen zu Beginn des 19. Jhs. anstelle von Sir Francis Lights altem, hölzernem Fort errichtete Festung glücklicherweise nie unter Beweis zu stellen, denn eigentlich sind die Wälle viel zu niedrig, und die ganze Anlage war schon immer viel zu klein für eine wirksame Verteidigung. ☉ tgl. 9–18.30 Uhr, Eintritt 3 RM.

In der Lebuh Light, Ecke Lebuh Pantai (Beach St.), finden sich mehrere viktorianische Verwaltungsgebäude, so das Immigration Office, der Mariner's Club und die Polizei, vor deren Gebäude eine historische Karte von 1798 einen Eindruck von den Anfängen der Stadt vermittelt. Der

nördliche Abschnitt der Lebuh Pantai ist das Finanzzentrum der lebendigen Handelsstadt. Bereits 1875 eröffnete die **Standard Chartered Bank** hier eine Filiale. Das heutige repräsentative weiße Bankgebäude stammt aus den 1930er-Jahren. Weitere Banken und Handelshäuser säumen die Straße.

Nahe dem Meer wurden 1903 zwei repräsentative Gebäude im typischen britischen Kolonialstil errichtet. In der **City Hall**, dem Rathaus, tagt noch heute der Stadtrat. Die **Town Hall**, in der ursprünglich der europäische Club und die Bibliothek untergebracht waren, wird für wechselnde Ausstellungen genutzt. Die große Rasenfläche davor, die früher als Fußballplatz diente, und die angrenzende Strandpromenade, die **Esplanade**, sind umgebaut und verschönert worden.

Weitere britische Gebäude stehen in der Lebuh Farquhar: Der **Supreme Court** (das Oberste Gericht, Mahkamah Tinggi) wird komplett restauriert. Die 1817 errichtete **St. George's Church** war die erste anglikanische Kirche Südostasiens. Das **Convent of the Holy Infant Jesus** mit dem angeschlossenen Kindergarten war die erste Mädchenschule des Landes und beherbergt immer noch eine begehrte Bildungsinstitution. Im Schulhof ist noch der erste Brunnen der Insel zu sehen, den Captain Light hatte graben lassen.

Eine **Statue von Sir Francis Light** ziert den Vorplatz des **Penang Museums**, das eine hervorragende Fundgrube für alle ist, die sich für die Geschichte dieses Vielvölkerstaates interessieren. In dem Gebäude befand sich früher die erste englischsprachige staatliche Schule östlich von Suez, die bereits 1816 eröffnet wurde. Nun berichtet eine sensibel gestaltete Ausstellung über die bunte Völkervielfalt auf der Insel, über die burmesischen Plantagenarbeiter ebenso wie die arabischen Händler und siamesischen Flüchtlinge. Ein großer Teil der Räumlichkeiten ist den größten Bevölkerungsgruppen gewidmet, ihrem Alltag und ihren Festen. Der erste Stock ermöglicht einen Rückblick auf die Geschichte einzelner Straßen, Berufszweige und Technologien (Transportmittel, Wasserversorgung). Auch die europäischen Einflüsse werden abgehandelt, und im letzten Raum sind einige schöne alte Stiche von der Insel zu sehen. ☉ tgl. außer Fr 9–17 Uhr, Eintritt 1 RM.

Das prächtige, strahlend blau gestrichene Anwesen, das etwas zurückversetzt in der 14 Lebuh Leith steht, ist das **Cheong Fatt Tze Mansion**, eine chinesische Familienresidenz aus der zweiten Hälfte des 19. Jhs. Man nimmt an, dass es außerhalb Chinas nur in Manila und Jakarta zwei ähnliche Gebäude gibt. Es war nur eines von mehreren Wohn- und Geschäftshäusern des Kaufmanns und chinesischen Vizekonsuls Cheong Fatt Tze, der Handel mit Java, Sumatra, Hongkong und China betrieb und als „one of China's last Mandarins and first Capitalists" bezeichnet wurde. Da beim Bau des zweistöckigen Hauses die so bedeutsamen Feng Shui-Prinzipien in geradezu idealer Weise umgesetzt werden konnten, soll es sein bevorzugtes Domizil gewesen sein, und so wuchsen hier auch seine acht Kinder auf. Traditionelle chinesische Gestaltungselemente wie *cut-and-paste*-Mosaiken und die Anordnung der 38 Zimmer um einen Innenhof wurden in einzigartiger Weise mit europäischen Stilelementen wie den gotischen Fensterbögen oder Jugendstil-Glasarbeiten kombiniert. 1994 begannen umfangreiche Restaurierungsarbeiten, für die eigens Handwerker aus China herangezogen wurden, die längst vergessene Techniken beherrschen. Seit 1998 steht das Cheong Fatt Tze Mansion Besuchern im Rahmen der einstündigen, höchst informativen Führung offen, ⏲ Mo–Fr 11 und 15, Sa, So/feiertags um 11 Uhr, 10 RM; ✆ 04-262 5289. Auf der Penang Road geht es in Richtung Meer hinab. Hinter der Gabelung an der rechten Straßenseite taucht das herausgeputzte **Eastern & Oriental Hotel** (kurz E&O) auf, das vollständig im historischen Stil der 1920er-Jahre restauriert wurde.

Das Zentrum

Chinesische Geschäftshäuser säumen die Straßen im Zentrum, dennoch leben hier sowohl Hindus als auch Moslems, und in wenigen Metern Entfernung stehen religiöse Stätten aller großen Weltreligionen. Die Jl. Masjid Kapitan Keling, die ehemalige Lebuh Pitt, verläuft mitten durch den historischen Kernbereich. Hier entstand schon 1801 der **Goddess of Mercy-Tempel** (Kuan Yin), erkennbar an dem Dach mit den Feuer speienden Drachen. Er ist der älteste und wohl auch der belebteste chinesische Tempel. Den ganzen Tag über, vor allem am 1. und 15. Tag des chinesischen Kalenders, kann man das rege Tempelleben beobachten. ⏲ tgl. 9–18 Uhr.

Nur wenige Schritte entfernt, jenseits der Straße, steht der farbenprächtige hinduistische **Sri Mariamman-Tempel** aus dem Jahr 1833, dessen charakteristischer Eingangsturm mit zahlreichen Götterstatuen, der Gopuram, in der Lebuh Queen liegt. Besonders verehrt wird die mit Gold und Edelsteinen dekorierte Statue von Subramaniam, die alljährlich während des Thaipusam-Festes in einer Prozession durch die Straßen der Stadt zum Nattukkotai Chettiar-Tempel nahe dem Botanischen Garten gefahren wird. ⏲ tgl. 8–12 und 16–21 Uhr.

In der gleichen Straße versammeln sich die indischen Moslems in der **Kapitan Keling-Moschee** zum Gebet. Schon zu Beginn des letzten 19. Jahrhunderts begann man mit dem Bau, der von einem Kaufmann aus Südindien finanziert wurde. Gegen eine Spende werden Besucher durch das restaurierte Gebäude geführt. Frauen dürfen die Moschee betreten, sofern sie ihre Beine und Schultern bedeckt halten. ⏲ tgl. 9–17.30 Uhr.

Beiderseits der **Lebuh Pasar**, der zentralen Einkaufsstraße, zeigt Penang sein indisches Gesicht. Rhythmische Musik ertönt aus den Geschäften und in der Luft mischt sich der Duft von Currys und Räucherstäbchen. Von Waren überquellende Läden verkaufen indische Videos, bunte Stoffe, Goldschmuck und Haushaltswaren. In winziger Verkaufsbuden sitzen die Verkäufer im Schneidersitz in Reichweite von Getränkedosen, Süßigkeiten, Zeitungen, Zigaretten (die auch stückweise verkauft werden), Obst, Seife und Betelnüssen.

Eines der schönsten Bauwerke Penangs, der **Khoo Kongsi**, liegt etwas versteckt zwischen Jl. Masjid Kapitan Keling und Lebuh Pantai. Auf dem Weg hierher kommt man an schönen, restaurierten Häuserzeilen vorbei. Mit dem Bau des Versammlungshauses des Khoo-Clans wurde 1894 begonnen, und erst acht Jahre später war es fertiggestellt. Die Drachenberg-Halle (Leong San Tong) fiel so opulent aus, dass man zeitweilig befürchtete, der Kaiser von China könne sich ob solcher Pracht kompromittiert fühlen. Allein die Figurenarrangements auf dem Dach zu studieren kann lange dauern. Das modern gestalte-te Museum im Erdgeschoss bietet einen Einblick in die Geschichte der chinesischen Einwanderer, in ihre Tradition der Ahnenverehrung und vermittelt zugleich einen guten Eindruck von der Macht des Khoo-Clans. Das gegenüber liegende Gebäude ist für Theateraufführungen gedacht. ☉ tgl. 9–17 Uhr, Eintritt 5 RM.

Weitere schöne alte Chinesenhäuser stehen auch an der Lebuh Kimberley, nordwestlich von hier, z. B. die Nr. 39. In der Jl. Buckingham, unterhalb der Jl. Carnavon, sind einige Häuserzeilen luxussaniert worden.

Damit wären die Sehenswürdigkeiten im Zentrum auch schon „abgehakt", und wer sich nur für diese interessiert, kann getrost weiterfahren. Das eigentliche Penang-Erlebnis, die Atmosphäre in den geschäftigen Straßen und Gassen, entfaltet sich vor allem gegen Abend.

Rings um den Botanischen Garten

Etwa 1 km vor dem Botanischen Garten, an der Jl. Kebun Bunga (Jl. Waterfall), Ecke Jl. Gottlieb, liegt der **Nattukkotai-Tempel**, der größte und berühmteste Hindutempel der Insel. Hier wird das Thaipusam-Fest im Februar besonders prächtig gefeiert.

Bus 93 fährt nur bis zum indonesischen Konsulat. Von dort aus sind es 25 Min. zu Fuß vorbei am Nattukkotai-Tempel bis zum **Botanischen Garten**. Er liegt in einem Tal und ist umgeben von dschungelbedeckten Hügeln. Der beliebte Ausflugsort der indischen und malaiischen Bevölkerung ist vor allem am Wochenende belebt. Die meisten Pflanzen blühen im März und April. Einige der etwa 4000 Javaneraffen aus den nahen Wäldern haben sich daran gewöhnt, von Passanten mit Erdnüssen gefüttert zu werden. Das hat dazu geführt, dass sich die Affen zur Plage entwickelt haben, Besucher angreifen, die Pflanzen beschädigen und auf der Suche nach etwas Essbarem Müllbehälter durchwühlen und den Inhalt verstreuen. Zum Schutz der Passanten und Gewächse ist das Füttern der Tiere verboten. Für Tropenneulinge ist das kleine Areal Primärdschungel im vorderen, östlichen Teil des Parks interessant. ☉ tgl. 5–20 Uhr; Eintritt frei.

Am Moon Gate, 300 m vor dem Eingang zum Botanischen Garten, beginnt der 7 km lange as-phaltierte **Pfad zum Penang Hill** (Bukit Bendera) hinauf. Der Aufstieg dauert etwa 1 1/2 Std. bis zu einem *Tea Kiosk*, wo der Wanderweg auf den zweiten, insgesamt 5 km langen Jeep Track trifft, der direkt vom Botanischen Garten hinaufführt. Weiter geht es dann auf dem Jeep Track vorbei an den Bungalows Grace Dieu und Edgecumbe und dahinter einen Pfad und steile Treppen geradeaus hinauf zur Bergstation.

Air Itam

Der Minibus 21 und weiß-rote Transit Link-Busse 101 und 130 fahren für 1 RM ab Jetty über die Lebuh Chulia und am KOMTAR Bldg. vorbei in den Vorort Air Itam.

An der Jl. Air Itam, Ecke Green Lane, erhebt sich die moderne **State Mosque**, die Moschee des Staates Penang, die 1980 fertig gestellt wurde. Vor allem zum Freitagsgebet und an hohen islamischen Feiertagen finden sich hier viele Gläubige ein. Bis zu 5000 Menschen haben im Inneren Platz, 57 m hoch ist das Minarett. Wer die Moschee besichtigen will, braucht allerdings – neben ordentlicher Kleidung – die Genehmigung vom *State Religious Department* in der Lebuh Pantai.

Die Busse halten am **Pasar Air Itam**, wo man vormittags über den Markt bummeln und sich mit einer Laksa stärken kann. Die beste Assam Laksa gibt es am Stand an der Abzweigung der Straße zum Tempel unter dem Hinweisschild.

Kek Lok Si-Tempel

Von der Endstation der Busse nach Air Itam führt ein Fußweg hinauf zum Kek Lok Si-Tempel, der weithin sichtbar die Ansiedlung überragt. Der schmale, überdachte Weg ist etwa 500 m lang, ziemlich steil und nahtlos von Souvenirständen mit aufdringlichen Händlern gesäumt. Beim Aufstieg kann man gefälschte Gucci-Taschen und Parfüms, malaiische Batik, billig produzierte chinesische Masken, indischen Schmuck, Stickereien, Schnitzereien, Spielzeug, Snacks, usw. erstehen (handeln!). Es ist allerdings möglich, sich den Aufstieg durch den schmalen, stickigen Gang zu ersparen und die längere, steile Straße rechts vom Tor entlangzugehen, die an einem Parkhaus endet, das in den Tempelkomplex integriert ist. Ein Devotionalien-Supermarkt unter dem Haupttempel bietet u. a. eine Riesenauswahl herrlich kitschiger dickbäuchiger Buddhafiguren in allen Größenordnungen. Der Verkaufserlös dient der Instandhaltung der Tempelanlage. ⏰ tgl. 9–18 Uhr, Eintritt.

Penang Hill (Bukit Bendera)

Schon allein die fünf bis sechs Grad Temperaturunterschied rechtfertigen den erfrischenden Ausflug auf den 830 m hohen Penang Hill, eigentlich ein Hochland mit mehreren Gipfeln. Die herrliche Aussicht auf Georgetown, die Insel Penang, und bei gutem Wetter auch auf die Berge von Kedah und Perak tun ein Übriges.

Schon 1923 wurde die **Penang Hill Railway** in Betrieb genommen. 25 Minuten braucht eine der beiden Bergbahnen bis zu der auf 735 m gelegenen oberen Station. Schon während der Fahrt kann man deutlich den Wechsel in der Vegetation wahrnehmen.

Pfade und Treppen führen dann weiter zum Penang Hill hinauf zum **Bellevue Hotel**. Das ehemalige Landhaus eines englischen Kolonialbeamten stand früher zwischen Erdbeerfeldern, die schon Sir Francis Light hatte anlegen lassen und die der Gegend um die Bergstation den Namen **Strawberry Hill** gaben. Hier befinden sich Souvenirstände, Foodstalls, eine Polizeistation, ein Postamt und ein *Tea Kiosk* inmitten eines Blumengartens.

Zwischen dem Postamt und der Polizeistation beginnt ein **Fußweg zum Botanischen Garten** hinab. Für den 5 km langen Abstieg durch den Dschungel benötigt man 2 Std.

Daneben führen weitere Wanderwege, z. B. über die Summit Rd. an den Ferienhäusern vorbei zum **Tiger Hill** (5 km). Von der Endstation der Busse nach Air Itam entweder 10 Min. ab dem Kreisverkehr laufen oder mit dem Transit Link-Bus 8 bis zur unteren Bahnstation *(Lower Station)* fahren. Die Bergbahn verkehrt halbstündlich zwischen 6.30 Uhr und 21.15 Uhr. Sa und So fährt die letzte Bahn zurück um 23.45 Uhr. Während der Ferien können sich lange Schlangen bilden. Ein Rückfahrtticket kostet 4 RM. Es lohnt sich, nach Sonnenuntergang das nächtliche Panorama zu betrachten.

Interessant ist der 220 m lange **Canopy Walk**, den man von der Bahnbergstation nach 2 km

(30 Min. zu Fuß oder für 2 Ringit mit dem Geländewagen hin- und zurück) erreicht. ⏰ tgl. 8.30–17.30 Uhr, Eintritt frei. Ein neuer Dschungelpfad vom Penang Hill führt über den Western Hill (Jeep Track, 4,7 km) zum **Telok Bahang Recreation Park** und zum **Muzium Perhutanan** (Forest Trail, 6,6 km). Insgesamt braucht man ca. 6 Stunden für den kompletten Weg.

Georgetown ist eine Stadt mit reichlich Hotels in allen Preislagen. Der Ansturm auf die billigen Traveller-Quartiere ist allerdings besonders in den Sommermonaten enorm. Wer spät abends ankommt, kann Schwierigkeiten haben, noch ein Zimmer in der gewünschten Kategorie zu bekommen.

Gästehäuser und Traveller-Hotels

In keinem anderen Ort sind die Grenzen zwischen Gästehäusern und Billighotels so durchlässig – viele Chinesenhotels in der Lebuh Chulia, die sich völlig auf den Traveller-Markt spezialisiert haben, unterscheiden sich kaum von Gästehäusern, sodass wir sie hier ebenfalls listen. Traveller-Unterkünfte konzentrieren sich in der Lebuh Chulia (Chulia Street) und ihren Seitenstraßen. Hier hat sich auch die Gastronomie auf Traveller eingestellt. Bei den meisten liegen die Preise fürs DZ um 30 RM.

D'Budget Hostel ㉙, 9 Lebuh Gereja, ✆/☏ 04-263 4794, nahe Fährhafen, einfaches Hotel, Schlafsaal für 7 RM, Zi mit Fan oder AC mit und ohne Du/WC. Aufenthaltsraum mit TV. Hübsche Dachterrasse mit Blick auf Georgetown. Internet, Wäscheservice. ❶

Golden Plaza Hostel ㉚, 32 Lebuh Ah Quee, ✆ 04-263 2388, 🖥 www.penangnet.com/gplaza, Schlafsaal 8 RM, Zi mit Fan oder AC, mit und ohne Fenster, alle mit Gemeinschafts-Du/WC, z. T. mit Balkon. Sauber und freundlich. Schließfächer, Wäscheservice, Ticketreservierungen und jede Menge Infos. ❷

Love Lane Inn ㉒, 54 Love Lane, ✆ 016-419 8409, ✉ ocean008@hotmail.com, einfache Zi mit Fan oder AC und Gemeinschafts-Du/WC sowie Schlafsaalbetten für 8 RM. Morgens ein kostenloser Tee / Kaffee, Ticketverkauf. ❷

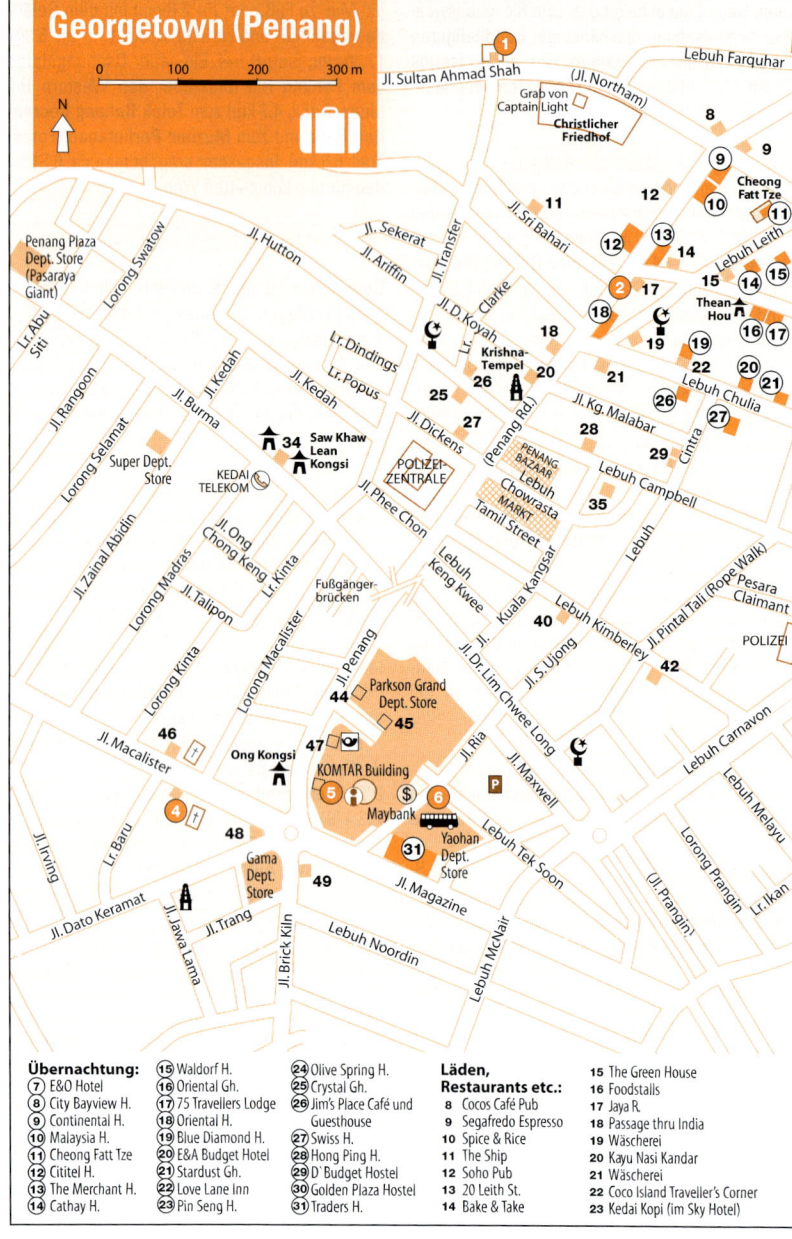

Georgetown (Penang)

0   100   200   300 m

N

Nord-Malaysia

Übernachtung:
- ⑦ E&O Hotel
- ⑧ City Bayview H.
- ⑨ Continental H.
- ⑩ Malaysia H.
- ⑪ Cheong Fatt Tze
- ⑫ Cititel H.
- ⑬ The Merchant H.
- ⑭ Cathay H.
- ⑮ Waldorf H.
- ⑯ Oriental Gh.
- ⑰ 75 Travellers Lodge
- ⑱ Oriental H.
- ⑲ Blue Diamond H.
- ⑳ E&A Budget Hotel
- ㉑ Stardust Gh.
- ㉒ Love Lane Inn
- ㉓ Pin Seng H.
- ㉔ Olive Spring H.
- ㉕ Crystal Gh.
- ㉖ Jim's Place Café und Guesthouse
- ㉗ Swiss H.
- ㉘ Hong Ping H.
- ㉙ D' Budget Hostel
- ㉚ Golden Plaza Hostel
- ㉛ Traders H.

Läden, Restaurants etc.:
- ⑧ Cocos Café Pub
- ⑨ Segafredo Espresso
- ⑩ Spice & Rice
- ⑪ The Ship
- ⑫ Soho Pub
- ⑬ 20 Leith St.
- ⑭ Bake & Take
- ⑮ The Green House
- ⑯ Foodstalls
- ⑰ Jaya R.
- ⑱ Passage thru India
- ⑲ Wäscherei
- ⑳ Kayu Nasi Kandar
- ㉑ Wäscherei
- ㉒ Coco Island Traveller's Corner
- ㉓ Kedai Kopi (im Sky Hotel)

E&O Hotel 7

8 L. Leith

Gat. Lebuh Leith

Art College 13

Convent of the Holy Infant Jesus 10

Green Hall

Jl. Tun Syed Sheh Barakbah

ESPLANADE

City Hall

Penang Library

Town Hall

Jl. Padang Kota

Sri Muniswaran-Tempel

Fort Cornwallis

Jl. T. S. S. Barakbah

PPC BLDG.

3

Lebuh Light 16

St. Xavier's Convent

Lebuh Farquhar

Supreme Court

Lr. Argus

Lebuh Muntri

Love Lane

Penang Museum

Lorong Stewart

St. George's Church

Hainanese Mariners' Lodge

Goddess Of Mercy-tempel

(Lebuh Pitt)

Lebuh Bishop

United Overseas Bank

Lebuh Union

Maybank

POLIZEI

Uhrturm 24

Std. Chartered Bank

Bank Bumiputra

22

23 23

Lorong Chulia

Lr. Muda

Nin Yong-Tempel

Lebuh King

Lebuh Queen

Lebuh China

Lebuh Penang

Heritage Trust

Lebuh Gereja

HSBC

Lebuh Downing

30 32 24

31 33 25

36 28

Lorong Pasar

37

38

Lebuh Carnavon

Lebuh Pantai

Pinang Peranakan Mansion

29

39

GPO

Kapitan Keling-Moschee 41

Jl. Buckingham

Jl. Masjid Kapitan Keling

Sri Mariamman-Tempel

Lebuh Pasar

Gat. Lebuh Gereja

Gat. Lebuh China

FISCH-MARKT

Jl. Kg. Kaka

Jl. Kg. Kolam

30

Nagore Durgha-Moschee

Yap Kongsi

Penang Islamic Museum

Lebuh Armenian

Lebuh Ah Quee

43

Yeoh Kongsi

Gat. Lebuh Pasar

Pengkalan Weld

Mesjid Melayu

Lr. Lumut

Lr. Carna-von

Lebuh Aceh

Khoo Kongsi

Lebuh Pantai

Gat. L. Victoria

Gat. Lebuh Chulia

Lr. Toh Aka

Lebuh

Armenian

Gat. L. Aceh

7

8

9

Butterworth

Gat. L. Melayu

Pengkalan Weld

Clan-Siedlung

Nord-Malaysia

E&A Budget Hotel ⑳, das einstige Eng Aun Hotel, 380 Lebuh Chulia, ✆ 04-262 1311, hinter einem großen Vorhof, ruhig gelegenes, renoviertes, altes Chinesen-Hotel. Zi mit Fan oder AC, auch Familienzimmer. ❷

Jim's Place Café und Gh. ㉖, 433 Lebuh Chulia, ✆/✆ 04-264 2960, 🖥 jimsplacepenang.tripod. com, kleines Haus, das von Jim Tachinamurthy gemanagt wird, der im beliebten Backpacker-Café seinen Gästen bei allen Reisefragen hilft. Zi mit Fan oder AC, Internet, Wäscheservice, Thai-Visa und Ticketbeschaffung. ❶–❷

75 Travellers Lodge ⑰, 75 Lebuh Muntri, ✆ 04-262 3378, ✆ 263 3378, sehr gute, saubere Zi mit Fenster und Waschbecken, Schlafsaal mit 10 Betten 7 RM, Zi mit Gemeinschafts-Du/WC, teils mit Warmwasser, einige Zi mit kleiner Du/WC oder AC, im Obergeschoss ein teilweise überdachter Balkon, Wäscheservice, Thai-Visa-Service. Tickets für Minibusse und Busse. Mr. Loo und sein Personal sind sehr freundlich und hilfsbereit. ❶–❷

Stardust Gh. ㉑, 370 D Lebuh Chulia, ✆ 04-263 5723, nettes, familiäres und sehr sauberes Haus, 4 Zi mit Fan und unter dem Dach 2 mit AC, 3 Gemeinschafts-Du/WC, z. T. mit Warmwasser. Im Erdgeschoss kleines Café. ❶–❷

Olive Spring Hotel, ㉔, 302 Chulia St, ✆ 04-261 4641, 19 sehr saubere, einfache Zi mit Fan, Waschbecken und Gemeinschafts-Du/WC. Familiäre Atmosphäre. Im EG ein kleines Traveller-Restaurant, ☉ Mo–Sa 8–24 Uhr. ❶

Mittelklasse

Die meisten Mittelklasse-Hotels konzentrieren sich am nördlichen Ende der **Jl. Penang.** Auf Anfrage wird von fast allen auf die offiziellen Zimmerpreise ein hoher Rabatt gewährt.

Cathay Hotel ⑭, 15 Lebuh Leith, ✆ 04-262 6271, ✆ 263 9300, schräg gegenüber dem Cheong Fatt Tze Mansion. Altes Chinesenhotel, große Zi mit Du/WC und AC oder Fan, manche etwas düster, die besten nach vorn. Hinten im Haus befindet sich ein Coffeeshop mit Massagesalon und leicht bekleideten Mädchen. ❷–❸

The Merchant Hotel ⑬, 55 Jl. Penang, ✆ 04-263 2828, ✆ 262 5511, komfortables Business-Hotel, 86 Zi mit TV, AC, Du/WC und Kühlschrank im 5.–11. Stock, Rezeption im EG, Frühstück inkl. ❸

Oriental Hotel ⑱, 105 Jl. Penang, Ecke Lebuh Leith, ✆ 04-263 4211, 🖥 www.oriental.com.my. Schon etwas abgewohntes 11-stöckiges Hotel, Zi mit AC, Du/WC, TV und Kühlschrank. Am besten sind die oberen Stockwerke (wegen der Aussicht), sofern man sich mit dem langsamen Lift arrangieren kann. Gutes Preis-Leistungs-Verhältnis, im UG das hervorragende indische Kashmir Restaurant. ❸–❹

Malaysia Hotel ⑩, 7 Jl. Penang, ✆ 04-263 3311, ✆ 263 1621, 🖥 www.hotelmalaysia. com.my. Renoviertes, sauberes Hotel. Zi mit Du/WC, Satelliten-TV und Wasserkocher. Allerdings wurde die alte, zentrale AC-Anlage nicht ausgetauscht. ❸

Luxus

Komfort kann man nicht nur am Strand von Batu Ferringhi (s. S. 734) – zu entsprechenden Preisen – genießen. Allerdings lohnt es sich, die Strandhotels zu checken, da die Resorts große Pools haben und außerhalb der Saison mit hohen Preisnachlässen locken, sodass ein komfortables Zi sehr günstig zu bekommen ist. Bei folgenden Hotels nennen wir nicht die meist überhöhten *published rates,* sondern die im Internet oder vor Ort angebotenen Preise.

Eastern & Oriental Hotel ⑦, 10 Lebuh Farquhar, ✆ 04-222 2000, ✆ 261 6333, 🖥 www.e-o-hotel. com, das sanierte 5-Sterne-plus-Kolonialhotel verbirgt hinter seiner Fassade 100 komfortable Suiten in 5 unterschiedlichen Kategorien. Vom Wohnraum mit Satelliten-TV, Bar und Wasserkocher teils Blick aufs Meer, separater Schlafraum und riesiges Bad im alten Stil. ❽

Cheong Fatt Tze Mansion ⑪, 14 Lebuh Leith, 🖥 www.cheongfatttzemansion.com (s. S. 717), ✆ 04-262 0006, ✆ 262 5289, ein weiteres Kleinod aus der Kolonialzeit. Nach Voranmeldung kann man eines der 16 stilvoll eingerichteten, großen Zi in den beiden Seitenflügeln bewohnen, die mit Liebe zum Detail individuell mit alten Möbeln und modernen Bädern eingerichtet wurden. Im ruhigen Innenhof kann man frühstücken und auch ansonsten gemütlich sitzen. Wer möchte, kann es sich erst einmal während einer der 2x tgl. stattfindenden Führungen ansehen. ❻

City Bayview Hotel ⑧, 25 Lebuh Farquhar, ✆ 04-263 3161, ✆ 263 4124, 🖥 www.penanghotels.com/citybayview/. 4-Sterne-Hotel mit 320, sauberen und mit allem Komfort ausgestatteten Zimmern, einige mit Blick aufs Meer. Pool, vom Turm-Café genießt man eine schöne Aussicht auf die Stadt. Im Haus eine beliebte Disco. ❺

Ein Penang-Besuch lässt sich zu einer wunderbaren kulinarischen Reise ausgestalten, denn hier sind einige der besten Küchen Asiens auf engem Raum versammelt. Wer da noch auf seinem nivellierten internationalen Traveller-Essen besteht, ist selbst schuld. Malaiisch, indonesisch, chinesisch, Nonya, nord- und südindisch, Thai, japanisch und natürlich auch europäisch lässt es sich allabendlich vorzüglich speisen, auch ohne die Reisekasse zu strapazieren.

Essenstände

Sie servieren oft erstaunlich gute Mahlzeiten, z. B. tagsüber an der Lebuh King gegenüber dem Rathaus. Gut besucht sind abends die Lebuh Carnavon und Lebuh Cintra zwischen Lebuh Chulia und Lebuh Campbell, wo sich neben den kleinen chinesischen Restaurants auf dem Bürgersteig weitere Essenstände drängen.

Kedai Kopi, Lorong Pasar, Ecke Jl. Masjid Kapitan Keling, der unscheinbare Laden mit vegetarischen Gerichten ist der älteste der Stadt. Beliebt sind zudem:

Kedai Kopi Kimberley, Lebuh Kimberley zwischen Jl. Kuala Kangsar und Jl. Sungai Ujong.

Nachtmarkt am Gurney Drive nahe dem Kreis-

Laksa

Eine Spezialität, die auf der Insel kreiert worden sein soll, ist *Laksa*, eine im ganzen Land berühmte würzige, säuerlich-scharfe Nudelsuppe auf Fischbasis mit dicken Nudeln und zahlreichen weiteren Zutaten – köstlich! *Laksa* und malaiisches *Sate* gibt's an vielen Essenständen, vor allem in Coffeeshops und auf den Nachtmärkten, die häufig ihren Standort wechseln.

Nasi Kandar

Das Gericht besteht aus einer Portion Reis, der zusammen mit Gemüse- und Fleisch-Currys sowie anderen Zutaten vom Bananenblatt mit den Fingern gegessen wird. Ursprünglich war es ein Gericht indischer Moslems, das Straßenhändler anboten, die es in großen Bastkörben an langen Bambusstäben durch die Straßen trugen.

verkehr am Ende der Jl. Bagan Jermal, etwas außerhalb des Zentrums (Bus 93 oder 202 ab KOMTAR Bldg., Haltestelle hinter McDonald's und Pizza Hut), ist bei Touristen beliebt. Durch seine Lage nahe dem Meer ist es hier abends angenehm kühl, auch wenn der Markt durch die Landaufschüttung an Attraktivität eingebüßt hat. Die meisten Stände, die sowohl malaiisches als auch chinesisches Essen sowie frisch gepresste Säfte und Bier servieren, öffnen kurz vor Sonnenuntergang.

EE Beng Vegetarian Food Centre, 20 Jl. Dickens, gegenüber der Polizei, hier kommen Vegetarier auf ihre Kosten. Es ist nur bis 16 Uhr geöffnet und So geschlossen, da es überwiegend von der arbeitenden Bevölkerung zum Frühstücken und Mittagessen besucht wird.

Der **Kedai Kopi im Sky Hotel**, Leboh Chulia, ist am frühen Abend wegen seiner echt chinesischen Küche bei Einheimischen sehr beliebt, v. a. der Stand von Wai Kee.

Der **Nasi Kandar-Stand** neben der Kapitan Keling-Moschee ist seit Generationen bei Nachtarbeitern und Nachtschwärmern beliebt und unübertroffen gut, ⏰ tgl. ab 2.30 Uhr. Gegen Mittag sind die besten Gerichte ausverkauft, sodass es sich lohnt, früh aufzustehen.

Halal

Kassim, 2-1 Jl. Brick Kiln, nahe KOMTAR Bldg., ist für seinen vorzüglichen Nasi Kandar bekannt und hat zudem die ganze Nacht geöffnet.

Kayu Nasi Kandar, 216 Jl. Penang, neben dem Krishna-Tempel. Großes, sauberes Restaurant mit Selbstbedienung und guter Auswahl preiswerter Gerichte, das rund um die Uhr geöffnet hat.

Chinesisch

Kein Wunder, dass ein so chinesisch geprägter Ort wie Penang über unzählige chinesische Restaurants verfügt. Einige haben keine Speisekarte, und man muss sich ein wenig durchfragen.

Sin Tai Tung, 130 Jl. Macalister, Ecke Lorong Selamat, hinter dem UMNO-Hochhaus ist ein echter Tipp. In dem offenen, einfachen Restaurant wird fantastisches, frisches Essen zu günstigen Preisen zubereitet. Unbedingt den süßsauren Garupa und die knusprigen Hähnchen probieren, auch leckere vegetarische Gerichte.

Kheng Ah Café, Lebuh Carnavon, nahe Lebuh Chulia, bereitet leckere chinesische Wok-Gerichte und andere Spezialitäten zu und ist vor allem bei Einheimischen beliebt. ◷ Mi–Mo 12–14.30 und 17.30–20.30 Uhr.

Goh Huat Seng, 59 A Jl. Kimberley, nahe Jl. Pintal Tali. Gutes China-Restaurant, nicht ganz billig.

Nonya

Eine fantastische Mischung aus malaiischer und chinesischer Küche haben die in Südostasien lebenden Chinesinnen, die Nonya, entwickelt. Bekannt sind die Frühlingsrollen *Popiah*, weniger bekannt die mit Gemüse gefüllten winzigen Teighütchen *Top Hats*, die es nur selten gibt.

Sweet Cuisine Corner, Jl. Perak, Perak Plaza, ✆ 04-227 2269, für die wechselnden Tagesgerichte, die auf einer Tafel am Eingang angeschrieben sind, lohnt der Weg. Leckere Hausmacher-Nonya-Küche in einem unspektakulären, sauberen Restaurant. Zum Essen den Muskatnuss-Saft probieren.

Seafood

Der hohe Fischpreis aufgrund der leer gefischten einheimischen Gewässer verdirbt vielen Chinesen nicht den Appetit an Seafood. Allerdings muss man bereit sein, weit mehr als an der Ostküste zu bezahlen, z. B. für große Prawns und Lobster 80–100 RM pro Kilo, ein Fisch mittlerer Größe um 40 RM. Vorsicht, auf Speisekarten und Auslagen werden immer Preise für 100 g angegeben. Da es schon viele Missverständnisse gegeben hat, sollte man sich nach der Bestellung den Preis für das ausgewählte Seafood nennen lassen.

Oriental Seafood, 42 Gurney Drive, ein großes Freiluftrestaurant, Becken mit lebenden Fischen und anderen Meerestieren, die auf verschiedene Art zubereitet werden.

Dieses ist eine Filiale des Oriental Café in der 62 Jl. Macalister, nahe KOMTAR Bldg., im Vorhof dieses alten Hauses haben sich mehrere Essensstände angesiedelt, darunter ein etabliertes Seafood-Restaurant, das leckere Gerichte und frische Fische sowie Meeresfrüchte zubereitet, ◷ tgl. 18–24 Uhr.

Eden, 15 Jl. Hutton, in einer Seitenstraße der Jl. Penang, ✆ 04-263 9262. Exzellente Seafood-Spezialitäten, aber auch gute Steaks und andere Gerichte in dem seit 1964 etablierten Restaurant. ◷ tgl. 12–15 und 18–22.30 Uhr. Ausreichend Geld bzw. Kreditkarte einstecken!

Starview Restoran, 66 Burmah Rd., großes chinesisches Seafood-Restaurant neben dem Tempel. ◷ tgl. 12–14.30 und 18.30–22.30 Uhr.

Indisch

Indische Restaurants sind vor allem rund um die Lebuh Pasar und Lebuh Penang zu finden.

Kashmir, im Untergeschoss des Oriental Hotel, 105 Jl. Penang. Freunde nordindischer Currys kommen hier auf ihre Kosten. Kein billiges Restaurant, aber es ist immer gut besucht und lohnt sich. ◷ tgl. 12–15 und 19–23 Uhr.

Passage thru India, 132-134 Jl. Penang, neben dem Kino, ✆ 04-262 0263, größeres, farbenfroh dekoriertes nordindisches Restaurant mit etwas höheren Preisen und sehr gutem Essen – ein Erlebnis für die Sinne. AC nur im Erdgeschoss. ◷ 11–15 und 18.30–23 Uhr. Filiale in 5 M/L Jl. Tanjung Tokong, ✆ 04-899 9715.

Tandoori House, 34-36 Jl. Hutton, ✆ 04-261 9105, gehobenes nordindisches Restaurant mit gleichnamigen Spezialitäten. ◷ tgl. 11.30–15 und 18.30–22.30 Uhr.

Spice & Rice, 1 Green Hall, ✆ 04-261 8585, ▭ www.spicerice.com.my, schickes indisches Restaurant in einem restaurierten historischen Gebäude, das einst die Vereinigung der Textilhändler beherbergte. Nord- und südindische Spezialitäten sowie eine große vegetarische Auswahl um 10 RM, Tandoori- und Fleischgerichte um 15 RM, Dosai, Idli sowie Käsekuchen und Schwarzwälder Kirschtorte! ◷ tgl. 12–1 Uhr.

Hameediyah, 164 A Lebuh Campbell, liegt in einer Seitenstraße der Jl. Penang. Im offenen EG und klimatisierten 1. Stock serviert man Murtabak und Currys.

Krishna Vilas, Lebuh Pasar, sauberes, preiswertes Banana-Leaf-Restaurant. Morgens von 6–11 und von 16.30–22 Uhr auch frische Dosai und Puri, mittags nur Currys für 3–6 RM.

Jaya Restaurant, 99A Jl. Penang, rund um die Uhr geöffnetes indisch-malaiisches Banana-Leaf-Restaurant im offenen EG und 1. Stock. Beliebt bei Taxifahrern.

Cravan Restaurant, Jl. Macalister, Ecke Jl. Dato Keramat, sehr einfach, manche schwören auf den *Byriani Rice*, der hier serviert wird.

Westlich

Im **Coco Island Traveller's Corner**, Lebuh Chulia, vor dem Blue Diamond Hotel, treffen sich abends Traveller, um *Sate, Fried Rice* und andere Gerichte zu essen oder einen Drink zu nehmen. Man kann bei asiatischer oder westlicher Musik drinnen und draußen sitzen.

Rainforest Cafe, 302 Lebuh Chulia, Restaurant mit einer Speisekarte nach westlichem Geschmack. Sehr gutes, selbst gebackenes Brot und Kaffee. ☉ tgl. außer So 8–24 Uhr.

In einigen Traveller-Cafés werden abends Filme gezeigt. Das Essensangebot ist auf den westlichen Geschmack zugeschnitten und preiswert.

Betelnut, 317 Lebuh Chulia, ☉ tgl. 17–2 Uhr,

The Ship, Jl. Sri Bahari, serviert bis spät abends Steaks und andere westliche Gerichte, im 1. Stock spielt ab 21 Uhr die Band.

Salsas, modern gestaltetes Restaurant im Continental Hotel, 5 Jl. Penang. V. a. Einheimische, die die moderne europäische Küche kennen lernen wollen, bestellen die Menüs (Vorspeise, Hauptgericht und Dessert) zum Festpreis von unter 25 RM mittags und über 30 RM abends mit einem Glas Wein.

Cafés

Bake & Take, am westlichen Ende der Lebuh Muntri, süße, weiche Brötchen und andere Backwaren frisch aus dem Ofen, Torten und Kuchen (empfehlenswert: Marble Cheese Cake), auch Kaffee, Selbstbedienung, einige Tische unter den Arkaden. Nur tagsüber geöffnet.

Segafredo Espresso, Jl. Penang, nahe E&O Hotel, in dem schicken, kleinen Café gibt es kräftigen Espresso wie in Italien.

Starbucks, eine Filiale der amerikanischen Kette, im KOMTAR Building.

Unterhaltung

Traveller-Treffs

Wer den Abend nicht nur bei einem guten Essen verbringen möchte, dem bietet Georgetown mehr als jede andere Stadt Malaysias (KL einmal ausgenommen) ein breites Unterhaltungsangebot. Die Schauplätze können sich, wie überall, schnell ändern.

Die Traveller-Szene sitzt abends in den Kneipen rund um die Lebuh Chulia (wo sonst?). Hier geht es sehr „westlich" zu.

Pubs und Bars

20 Leith St, Trend-Bistro mit Bar im EG der restaurierten Häuserzeile gegenüber dem Cheong Fatt Tze Mansion. Der lange Bar-Raum und die dahinter liegenden Räume sind mit Antiquitäten, Fotos und alten Stichen geschmückt. Wenn gute chinesische Bands spielen, geht es hoch her. Dann halten auch die gehobenen Getränkepreise nicht davon ab, mal richtig auf die Pauke zu hauen. Ausländer bevorzugen es allerdings, wegen der frostig kalt eingestellten AC auf den rustikalen Bänken im Vorhof draußen zu sitzen.

Soho Pub, im Peking Hotel, 50 Jl. Penang, gepflegte Kneipe, in der ab 12 Uhr ein halbes Dutzend Biersorten vom Fass ausgeschenkt werden. Wenn auf den vielen Bildschirmen wichtige Sportereignisse live übertragen werden, ist der Laden brechend voll. Als Stärkung serviert man englisches Pub Food wie Hamburger und Pies. Happy Hour von 17–21.30 Uhr.

Wer Lust hat, einmal in einer der traditionellen **Bars** abzustürzen:

Cocos Café Pub, Jl. Penang, nahe E&O Hotel, vor allem die große Terrasse ist abends ein beliebter Treffpunkt einheimischer Schickeria.

Discos

Die besten Veranstaltungsorte findet man in den großen Hotels. Nur am Wochenende sind ca. 20 RM Eintritt zu entrichten.

Rock World, 1 Drury Lane, ☏ 04-261 3168, große Disco im Zentrum abseits der Lebuh Campbell in einem ehemaligen Kino, überwiegend China-Pop und Treffpunkt der Drogenszene, ⏲ ab 22 Uhr.

Mambo Chill Out, im The Gurney Hotel, 18 Gurney Drive. Auf 3 Stockwerken finden Gäste jeder Altersgruppe das Passende. Die Musik ist eine Mischung aus Pop, Rock und House mit Schwerpunkt auf den 1980er-Jahren. Tgl. außer So Live-Musik. ⏲ tgl. 21–3 Uhr.

Glo, im City Bayview Hotel, 25 Lebuh Farquhar, v. a. am Wochenende brechend voll. Live-Musik und Disco, die v. a. junges Publikum begeistert.

Shik, in Pulau Tikus, eher jüngeres Publikum, spielt Rave, Trance und House.

Bed, in Pulau Tikus, mit Soft House, spricht ein eher älteres Publikum an.

Einkaufen

Bei einem Bummel durch die Straßen lässt sich die faszinierende Vielfalt an Geschäften und Werkstätten erkunden. Das Angebot ist merklich größer als in anderen Orten Malaysias.

Chinatown

In den übervollen, kleinen offenen Läden entlang der Lebuh Kimberley, Lebuh Chulia, Lebuh Campbell und ihrer Seitenstraßen lässt es sich wunderbar stöbern, vor allem natürlich bei den Antiquitätenhändlern (Rope Walk, 100 Lebuh Chintra), aber z. B. auch in Läden für Tempelzubehör (Lebuh Kimberley, Rope Walk). Eine interessante traditionelle chinesische Apotheke befindet sich an der Lebuh Pantai zwischen Gat Lebuh Chulia und Gat Lebuh Pasar.

Indisches Viertel

Die zentralen Straßen sind zur Fußgängerzone umgestaltet worden. Rings um die Lorong Pasar und Lebuh Penang gibt es Kassetten und Räucherstäbchen, Kupfer- und Weißblechwaren. Bunte Sari-Stoffe und exotische Gewürze stapeln sich in engen Läden.

KOMTAR (Kompleks Tun Abdul Razak)

Das 65-stöckige „Wahrzeichen" am südlichen Ende der Jl. Penang beherbergt in den unteren

Stockwerken eine Reihe von Geschäften und Dienstleistungsunternehmen. Mit dem KOMTAR Bldg. konkurrieren die nahe gelegenen, teils moderneren Kaufhäuser **Parkson Grand** und **Yaohan Department Store**.

Einkaufszentren

Auch in Penang hat die Shopping-Centre-Kultur Einzug gehalten. Zunehmend verlagern sich die Einkaufsaktivitäten von der Straße in die großen Einkaufszentren. Vor allem in der Jl. Penang stehen viele Läden leer.

Penang Plaza, Jl. Burma, Ecke Jl. Larut, mit dem Pasaraya Giant-Supermarkt. Größere Einkaufszentren in Pulau Tikus.

Midlands Park Shopping Centre, am westlichen Ende der Jl. Burma, blaue Hin-Busse 93, mit mehreren Internet-Cafés, dem 1-Stop Supermarket und dem Berjaya Hotel.

Island Plaza, Jl. Tanjung Tokong, noch etwas weiter draußen, mit allen Bussen Richtung Tanjung Bungah zu erreichen, Filialen vieler internationaler Ketten, Cafés und Restaurants.

Plaza Gurney, zwischen Jl. Kelawai und Gurney Drive, großer Block, in dem viele Expats einkaufen gehen. Neben vielen kleinen Geschäften, u. a. ein MPH Bookshop, auch ein Parkson Grand.

Märkte

Ein kleiner **Fischmarkt** in der Leboh Carnavon wird schon bald verschwinden. Vor allem Lebensmittel und Textilien werden auf dem **Chowrasta-Markt**, Penang Rd., verkauft.

Bücher

Das Angebot ist relativ begrenzt. In der Lebuh Chulia und Jl. Macalister handeln mehrere kleine Buchläden mit Secondhand-Büchern, z. B. **Saleemul Enterprise**, 440-B Lebuh Chulia. Einige bieten auch Internet-Zugang an.

H.S. Sam Book Store, 473 Chulia St, hat sein Second-Hand-Sortiment an Büchern besonders sorgfältig sortiert, verkauft zudem Textilien und Tickets, organisiert Motorräder, Autos und Visa für Thailand, zudem Gepäckaufbewahrung und Internet-Zugang. ◷ Mo–Sa 9.30–20, So und feiertags 10–13 und 18–20 Uhr.

Ein großer **MPH Bookshop** im Plaza Gurney.

Sonstiges

Autovermietungen

Es lohnt sich, die Preise zu vergleichen und dabei nach Sondertarifen zu fragen. Bei allen Firmen sind Rabatte möglich. Für eine Inselrundfahrt lohnt es sich, zu dritt oder viert einen Wagen zu mieten und die Kosten zu teilen, sofern man es sich zutraut, ein Auto durch das Getümmel der Stadt zu steuern. An Sonn- und Feiertagen sind nur die Büros am Airport geöffnet, und in den Stadtbüros können höchstens reservierte Autos abgeholt werden.

Große Firmen bieten für eine Malaysia-Tour *one-way-rental* an, d. h. man kann den Wagen beispielsweise in Kuala Lumpur oder Johor Bharu wieder abgeben.

Avis, am Airport, ✆ 04-264 3963, 🖳 www.avis.com.my.

Hawk, S1-3 Ferringhi Mutiara Arcade, 2 Jl. Sungai Emas, Batu Ferringhi, ✆ 04-881 3886, 🖳 www.hawkrentacar.com.

Hertz, 38/7 Lebuh Farquhar, ✆ 04-263 5914, 🖳 www.hertz.com.

Kasina, 32 Jl. Kelawei, ✆ 04-228 2641, am Airport, ✆ 04-644 7893, 🖳 www.kasina.com.my.

Mayflower Car Rental, am Airport ✆ 04-641 1191, 🖳 www.mayflowercarrental.com.my.

National, 1 Weld Quay, ✆ 04-262 9404, am Airport ✆ 04-643 4205, 🖳 www.nationalcar.com.

Feste

Vor allem die chinesischen Feste werden in Penang prunkvoll gefeiert, z. B. im Januar / Februar nach hektischen Vorbereitungstagen das 15-tägige **Neujahrsfest** mit Tempelbesuchen, gutem Essen, Böllern und Löwentänzen.

Außerdem begeht man in den großen Tempeln der Stadt spezielle **Tempelfeste** zu Ehren der jeweiligen Namensgeber.

Auch während des indischen **Thaipusam-Festes** lohnt im Januar / Februar ein Besuch in Penang. Während des ganzen Monats Dezember läuft ein buntes Programm. Der Höhepunkt der **Pesta Pulau Pinang** z. B. sind die Drachenbootrennen am Gurney Drive in Pulau Tikus. Wer abends durch die Straßen geht, kann häufig Zaungast prächtiger Familien- oder Tempel-feste werden, bei denen auch chinesische Oper, Puppenspiele, Tänze und Musik die Gäste unterhalten. Die *Penang Tourist Newspaper* und *Penang Travel News* enthalten die aktuellen Termine.

Geld

Die meisten Banken residieren im alten Verwaltungsviertel um das Hauptpostamt, z. B.: **Standard Chartered Bank** und **HSBC** in der Lebuh Pantai, **United Overseas Bank**, Lebuh Bishop, **Maybank** in der Lebuh Union und Lebuh Light. Alle mit Geldautomaten. ◷ Mo–Fr 10–15, Sa 9.30–11.30 Uhr.

American Express-Vertretung: **Mayflower Acme Tours Sdn. Bhd.**, Tan Chung Bldg., 274 Lebuh Victoria, ✆ 04-262 3724, ◷ Mo–Fr 8.30–17.30, Sa 8.30–13 Uhr. Traveller's Cheques werden von Banken und Money Changern gewechselt.

Geldwechsler, meist Inder, findet man z. B. im Bankenviertel südlich des Uhrturms, in der Lebuh Chulia, im KOMTAR Bldg. und in der Jl. Masjid Kapitan Keling. Im Gegensatz zu den Banken haben sie fast immer geöffnet und wechseln auch Bargeld. Die ganze Nacht über geöffnet hat der Money Changer rechts neben dem Cititel Hotel, Jl. Penang.

Immigration

29 Lebuh Pantai, ✆ 04-261 5122, ◷ Mo–Do 8–13 und 14–17, Fr 8–12.15 und 14.45–17 Uhr.

Informationen

In einer Stadt wie Penang könnten die Informationen und der Service der teils privat betriebenen Informationszentralen wesentlich besser sein. Informativ ist die monatlich erscheinende *Penang Tourist Newspaper*.

Tourism Malaysia, Jl. Tun Syed Sheh Barakbah, beim Fort Cornwallis neben dem Uhrturm, ✆ 04-262 0026, vergibt kostenlose Pläne und Broschüren, überwiegend Infos von anderen malaysischen Staaten. ⏰ Mo–Fr 8–17 Uhr. Filiale am Airport, ✆ 04-643 0501, ⏰ tgl. 9–17 Uhr.

Internet

Die meisten Gästehäuser, viele Cafés und einige Shops bieten Internet-Zugang ab 2 RM pro Std. zumeist in ruhigen, klimatisierten Räumen.

Konsulate

Royal Thai Consulate, 1 Jl. Tungku Abdul Rahman, ✆ 04-226 9484, im Nordwesten. ⏰ Mo–Fr 9–12 Uhr. Wer länger als 1 Monat bleiben will, braucht ein Touristenvisum, das für 2 Monate ca. 200 RM kostet. Es müssen 2 Passfotos vorgelegt werden, die Bearbeitung dauert in der Regel einen Tag. Mit Bus 93 bis Jl. Gottlieb.

Indonesian Consulate, 467 Jl. Burmah, ✆ 04-227 4686, ebenfalls im Nordwesten der Stadt. ⏰ Mo–Fr 9–12 und 14–15 Uhr. Für eine Einreise über Medan benötigen Deutsche und Schweizer kein Visum, da Medan ein Visa-on-arrival-Ort ist. Sonst: 2 Passfotos, mindestens US$200 zum Vorweisen und ein *Return*-Ticket. Die Ausstellung des Visums dauert 1–2 Tage. Zu erreichen mit blauem Hin-Bus 93 vom KOMTAR Bldg.

Deutsches Honorarkonsulat, c/o OE Design Sdn. Bhd., Bayan Lepas Free Industrial Zone 3, ✆ 04-641 5707, 🖷 641 5716.

Kriminalität

Nicht nur Drogen bergen Gefahren. Es kommt gerade in Penang häufig zu Betrügereien mit Falschgeld, Traveller werden beim Kartenspiel abgezockt oder beim Einkaufen übervorteilt. Gegenüber freundlichen Fremden, die sich gleich als Freunde anbieten, ist ein gesundes Maß an Misstrauen angebracht.

Medizinische Hilfe

Polizei und Ambulanz ✆ 999, Feuerwehr ✆ 994, Notruf ✆ 991.

General Hospital, Jl. Residensi (Jl. Western, am Poloplatz westlich des Zentrums), ✆ 04-229

3333. Im Notfall wird man hierhin gebracht. Außerdem eine Reihe privater Kliniken, in denen die Behandlung wesentlich teurer ist und die Räumlichkeiten (nicht unbedingt die medizinische Behandlung) einen höheren Standard haben. Sie haben auch ambulante Sprechstunden Mo–Fr 8/9–17 und Sa 8/9–13 Uhr:

Gleneagles Medical Centre, 1 Jl. Pangkor, ✆ 04-227 6111, 🖥 www.gleneagles-penang.com, sehr gutes privates Krankenhaus.

Penang Adventist Hospital, 465 Jl. Burmah, ✆ 04-226 1133, 🖥 www.adventisthospital.com. my, liegt nahe am indonesischen Konsulat (s. links),

Loh Guan Lye Specialists Centre, 19-21 Jl. Logan, ✆ 04-226 6911, 🖥 www.lohguanlye.com.

Polizei

Die **Tourist Police**, ✆ 04-222 1522, ist bei Problemen die erste Anlaufstelle. In Penang werden besonders häufig Handtaschen von vorbeifahrenden Motorrädern aus gestohlen. Auch allzu aufdringlichen Passanten auf der Lebuh Chulia sollte man mit einer gesunden Portion Misstrauen begegnen.

Post

Pejabat Pos Besar (Hauptpostamt) in der Lebuh Downing, ✆ 04-261 9222, liegt nahe am Fort Cornwallis. ⏰ Mo–Fr 8.30–18, jeden 2.–4. Sa 8–16 Uhr. Auch im EG des KOMTAR Bldg. ein Postamt.

Wäschereien

In fast allen Gästehäusern kann Wäsche abgegeben werden. Zudem gibt es mehrere Wäschereien in der Lebuh Chulia und eine um die Ecke in der Lebuh Leith noch vor der Moschee.

Nahverkehr

In der Innenstadt lässt sich alles gut zu Fuß erledigen. Inselbusse oder Taxis wird man nur für Fahrten in die Vororte oder zu weiter entfernten Zielen der Insel benötigen.

Shuttlebusse

Ein kostenloser Shuttlebus fährt relativ selten von der Fähre zum KOMTAR Bldg., zur Jl. Penang und zurück Mo–Fr 7–19 und Sa 7–14 Uhr. Man kann an 10 Haltestellen zusteigen.

Stadt- und Inselbusse

Seit der Privatisierung der Busse sind einige für Touristen wichtige Linien eingestellt worden. So fahren keine Busse zum Botanischen Garten sowie zwischen Teluk Bahang und Balik Pulau, weshalb die Inselrundfahrt nicht mehr mit öffentlichen Verkehrsmitteln möglich ist.

Intrakota-Minibusse fahren innerhalb des Stadtgebietes zu dem jeweiligen Ziel, das an der Frontscheibe angeschrieben ist. Sie halten an den üblichen Bushaltestellen.

Weitere **Busgesellschaften** halten an der Jetty am Fährterminal und am KOMTAR Bldg. Beim Einsteigen Kleingeld bereithalten.

Nach Batu Ferringhi und Teluk Bahang: blauer Hin-Bus 93 und weiß-roter Transit Link AC-Bus 202 (Gurney Drive-Haltestelle hinter McDonald's und Pizza Hut) für 1,70 RM, AC-Busse 2 RM. Express Bus Terminal in Sungai Nibong: Shuttlebus ab KOMTAR etwa alle 30 Min. für 2 RM, Bus 25 bis kurz vor Mitternacht.

Kek Lok Si-Tempel: weiß-roter Transit Link-Bus 101, Bus 85 und 130 nach Air Itam für 1 RM. Schlangentempel: Penang Yellow Bus 66 Richtung Balik Pulau für 2 RM.

Taxis

Obwohl viele Wagen ein Taxameter eingebaut haben, „funktioniert" dieses in der Regel nicht. Fahrpreis vorher klären, eine Fahrt innerhalb des Zentrums sollte nicht mehr als 8–10 RM kosten. Zwischen Mitternacht und 6 Uhr morgens wird ein Nachtzuschlag von 50 % berechnet. Vom Flugplatz aus fahren Coupon-Taxis in die Stadt für 28 RM, zum Flughafen kosten sie ab Fähre 30 RM, ab City 35 RM und ab Express Bus Terminal 25 RM. Von der City nach Batu Ferringhi sollte die Fahrt 30 RM kosten und nach Air Itam oder zum Botanischen Garten 15 RM. Für eine Inselrundfahrt werden 120 RM verlangt oder ab 3 Std. 30 RM pro Std. Telefonisch sind Taxis unter ✆ 04-261 7098, 262 9842, 890 9918, 642 5961 oder 643 0161 zu bekommen.

Trishaws

Etwa 400 Fahrradrikschas sind im Citybereich ein beliebtes Transportmittel – man sitzt vor dem Fahrer und hat freie Sicht auf die Straße. Viele stehen vor dem Oriental Hotel. Preise aushandeln, denn der erste Preis ist meistens überhöht! Das Minimum ist 10 RM für eine kurze Fahrt.

Fähren

Seit die 13,5 km lange Brücke die Insel mit dem Festland verbindet (Gebühr für einen PKW vom Festland zur Insel 7 RM), ist es am Fährhafen ruhiger geworden. Die großen Auto- und Personenfähren zwischen Penang und Butterworth verkehren zwischen 6 und 24 Uhr (etwa alle 20 Min.). Die Fähre von Penang nach Butterworth ist kostenlos, die umgekehrte Fahrt kostet 60 sen, die man an der automatischen Sperre passend bereithalten sollte. Autos kosten 7 RM. Die Anlegestelle ist am Weld Quay (Pengkalan Weld). Fernbusse, Überlandtaxis und Züge fahren an der Anlegestelle in Butterworth ab.

Transport

Dreh- und Angelpunkt für den Schienenverkehr ist **Butterworth** auf dem Festland. Dort liegen Fähranleger, Bahnhof, Bus Station und Taxistand nebeneinander. Viele Busse fahren auch ab dem neuen Express Bus Terminal in Sungai Nibong, einige wenige noch vom KOMTAR Bldg.

Busse
Ab Penang

Vom alten Busbahnhof beim KOMTAR Bldg., ✆ 04-261 2427, verkehren überwiegend Inselbusse. Ein Shuttlebus fährt von hier bis gegen Mitternacht etwa alle 30 Min. für 2 RM zum neuen **Express Bus Terminal** in Sungai Nibong (Terminal Bas Ekspres Sungai Nibong). Zudem die Busse Nr. 25. Tickets ab Penang verkaufen Reisebüros und Gästehäuser mit teils erheblichem Aufschlag sowie die Gesellschaften selbst. Einige haben ihre Büros neben dem Busbahnhof am KOMTAR Bldg., z. B. **Konsortium Bas Ekspres**, ✆ 04-261 7766, **Transnasional**, ✆ 04-261 2427, 🖥 www.nadi.com.my, **P&O Express**, ✆ 04-656 3313. Passagiere können auch kurz vor der Brücke aufs Festland zusteigen. VIP- und Super-VIP-Busse mit 24 Sitzen sowie Busse privater Gesellschaften sind teils teurer als die Transnasional-Busse nach:

JOHOR BHARU um 8.15, 9.30, 11.30, 20, 21.30 und 22 Uhr für 50 RM in 10 Std.

KOTA BHARU um 9 und 21 Uhr, 28 RM, in 8–9 Std.

KUALA LUMPUR ständig von 5.15–24 Uhr in 6 Std. für 27 RM, Super VIP von *Nice* ab Garden Inn, Anson Rd., ✆ 04-227 7370, 6x tgl. für 45 RM; Executive Class von *Transnasional* um 9.30 und 17.30 Uhr für 53 RM;

SINGAPORE um 9 und 22 Uhr für 55 RM in 10 Std.

Ab Butterworth

Es lohnt, für Ziele im Norden zuerst mit der Fähre Butterworth anzusteuern. Der Busbahnhof liegt nördlich der Fähranlegestelle, Tickets werden unter der Autobahnbrücke verkauft. Auch viele private Gesellschaften fahren von hier. Preisbeispiele für Transnasional / Nice:

ALOR SETAR Bus 770 ständig für 7,50 RM in 2 Std.

KANGAR und KUALA PERLIS stdl. von 8–19 Uhr für 10 RM in 3 Std.

KOTA BHARU um 10 und 22 Uhr für 25 / 30 RM in 8 Std. KUALA LUMPUR für 24 / 25 RM in 6 Std.

Minibusse nach Thailand

Minibusse mit und ohne Lizenz werden von vielen Gästehäusern und Reisebüros vermittelt. Meist geht es sehr früh am Morgen los, viele fahren auch nachts. Passagiere der Minibusse sollten besonders bei der Fahrt von Thailand nach Malaysia darauf achten, dass ihnen keine Drogen ins Gepäck geschmuggelt werden. Beim Grenzübergang wird manchmal von der Immigration ein kleiner Obulus verlangt, der gezahlt werden sollte. Keinesfalls sollte man Geschichten Glauben schenken, dass man schon vor der Einreise nach Thailand / Malaysia einen größeren Betrag in Baht / Ringgit eintauschen muss, denn mit dem Umtausch zu ungünstigen Kursen haben einige Angestellte einen lukrativen Nebenverdienst aufgetan.

Von Penang geht es gegen 5 und 8.30 Uhr zuerst in 4–5 Std. nach HAT YAI, 22–25 RM (von Batu Ferringhi werden für „bequemere", lizenzierte Busse 53–66 RM verlangt), wo man in andere, teils billigere Busse umgeladen wird. Dabei kann es zu einem längeren Aufenthalt kommen, wenn einer der Zulieferbusse noch nicht eingetroffen ist. Wer sichergehen will, bucht nur bis Hat Yai

und steigt dort am Busbahnhof in einen der großen staatlichen Thai-Busse um, die sehr zuverlässig und bequem sind. Kein durchgehendes Ticket auf die Inseln Ko Samui und Ko Pha Ngan kaufen, da dann mit langen Wartezeiten auf das Nachtboot zu rechnen ist. Ebenfalls nicht zu empfehlen ist die lange Fahrt bis Bangkok.

Überlandtaxis

Ab Penang fahren auch einige der normalen Taxis als Überlandtaxis, ✆ 04-331 6917. Sie stehen u. a. am KOMTAR und vor dem Malaysia Hotel sowie am Express Bus Terminal in Sungai Nibong. Man bucht sie am besten einen Tag im Voraus bei den Fahrern oder über die Unterkunft. In Butterworth stehen Überlandtaxis nördlich der Fähranlegestelle. Sie sind nicht nur für Ziele im Norden Malaysias günstiger, da sie nicht den Umweg über die Brücke oder die Fähre nehmen müssen. Preise von Taxistation zu Taxistation für AC-Taxi ab Butterworth (ab Penang + 10–20 RM, abends ebenfalls mehr).

Nach Süden

KUALA LUMPUR 320 RM.

Nach Norden

ALOR SETAR 80 RM, KANGAR 130 RM und PADANG BESAR 160 RM, KUALA KEDAH 90 RM, KUALA PERLIS 130 RM, HAT YAI 180 RM.

Nach Osten

KOTA BHARU 350 RM in 6 Std.

Eisenbahn

Züge fahren ab Butterworth Railway Station, am Ferry Terminal, ✆ 04-331 2796, 323 7962. Preisangaben beziehen sich auf die 2. Klasse AC. Tickets in Georgetown, **Railway Booking Office**, Pengkalan Weld, an der Fähre, ✆ 04-261 0290. So lange die Bauarbeiten andauern, ist der Zugverkehr nach KL eingeschränkt. Tgl. um 21.30 Uhr mit dem Langkawi Express nach KUALA LUMPUR (10 Std., 34 RM). Dort umsteigen nach SINGAPORE (60 RM).

Ab Butterworth fährt um 5.50 Uhr der *Langkawi Express* über Alor Setar (2 Std.), ARAU (für Langkawi, 3 Std.) und PADANG BESAR (4 Std.) nach

HAT YAI (5 Std.). Tickets für die Thailand-Strecke sind an der Grenze günstiger. Vorsicht! Von Penang nach Butterworth verkehrt die erste Fähre erst um 6 Uhr, zu spät für den Langkawi Express. Das Taxi muss über die Brücke fahren, was inkl. Nachtzuschlag 70 RM kosten kann.

Zudem um 13.15 Uhr der *International Express* (Preis für oberes / unteres Bett) über HAT YAI (18.18 Uhr Thai-Zeit, 65 / 73 RM) und SURAT THANI (22.01 Uhr, Fähre nach Ko Samui, 76 / 84 RM) nach BANGKOK (8.30 Uhr, 95 / 103 RM). Zurück ab Bangkok um 14.45 Uhr, Ankunft in Butterworth am folgenden Tag um 13.45 Uhr.

Flüge

Der Penang International Airport, ✆ 04-643 0811, liegt 20 km südlich von Georgetown, 39 km von Batu Ferringhi entfernt. Coupon-Taxi nach Georgetown 38 RM und Batu Ferringhi 50 RM. Die Bank im Airport ⏰ tgl. 7–23 Uhr, außerdem ein Tourist Office und Büros diverser Autovermieter, aber keine Gepäckaufbewahrung.
MAS, Menara KWSP, 38 Jl. Sultan Ahmad Shah, ✆ 04-217 6321, 🖥 www.malaysiaairlines.com.my, ⏰ Mo–Sa 8.30–17.30 Uhr, am Airport ✆ 04-643 0811. MAS verkehrt nach KUALA LUMPUR nonstop etwa stdl. für 175 RM. Alle weiteren Flüge über Kuala Lumpur (KLIA).
Air Asia, KOMTAR Bldg., ✆ 04-644 9701, 🖥 www.airasia.com, fliegt 3x tgl. nach KUALA LUMPUR, Buchung übers Internet um 90 RM.
Firefly, Menara KWSP, 38 Jalan Sultan Ahmad Shah, ✆ 03-78454543, 🖥 www.fireflyz.com.my, fliegt tgl. von Penang nach KOTA BHARU und LANGKAWI. Internet-Buchungen sehr attraktiv.

Internationale Flüge nach SINGAPORE 7x tgl. (MAS, SIA), BANGKOK 1x tgl. (MAS), 2x tgl. Air Asia), PHUKET 1x tgl. (Firefly) und 1x tgl. KO SAMUI (Firefly).
Singapore Airlines, Wisma Penang Garden, 42 Jl. Sultan Ahmad Shah, 🖥 www.singapore air.com, ✆ 04-226 3201.
Thai Airways, Wisma Central, 41 Jl. Macalister, ✆ 04-226 7000, 🖥 www.thaiair.com.

Schiffe

Eine gute Möglichkeit, relativ preiswert nach Langkawi zu kommen. Die Büros im PPC Building, 1 King Edward Place, neben dem Uhrturm gegenüber vom Fort Cornwallis, z. B. **Langkawi Ferry Service (LFS)**, 8 Lebuh Penang, ✆ 04-264 3088, 🖥 www.langkawi-ferry.com, verkaufen Tickets für folgende Fähren:
Nach LANGKAWI um 8.30 und 8.45 Uhr (über Pulau Payar), zurück um 14.30 Uhr (über Pulau Payar) und 17.30 Uhr für 45 RM, 85 RM hin und zurück.

Der Norden der Insel Penang

Jahrelang war die Nordküste von Penang das Reiseziel für alle, die bei einem Badeurlaub unter tropischen Palmen auf ein komfortables Hotel nicht verzichten wollten. Da es hier – im Gegensatz zur Ostküste – auch während der Wintermonate kaum regnete und durch die Nähe zur Stadt und zum Flughafen eine gute Infrastruktur gewährleistet war, entstanden in Batu Ferringhi bereits in den 1960er-Jahren Strandhotels für Touristen aus dem Ausland. Doch die starke Verschmutzung der Straße von Malacca macht auch vor dieser Küste nicht Halt, ganz im Gegenteil. Durch die expandierende Stadt Georgetown und die neuen Industriebetriebe im Süden hat sich die Wasserqualität verschlechtert, was je nach den Stömungs- und Windverhältnissen mehr oder weniger offensichtlich wird. Die Strandhotels gibt es noch immer, nur konzentriert sich das Leben hier rings um die Swimming Pools, die in einigen Hotels der oberen Preisklasse traumhafte Dimensionen haben. Schilder am Strand warnen vor gefährlichen Quallen.

Man verlässt Georgetown Richtung Norden auf der Jl. Burmah (blauer Bus) oder auf der Jl. Sultan Ahmad Shah, der späteren Jl. Kelawei und Jl. Tanjung Tokong durch den Vorort **Tanjung Tokong**, wo sich neue Apartmenthochhäuser erheben und in der Jl. Fettes ein großer Markt stattfindet. Parallel zur Küste geht es nach **Tanjung Bungah**, an dessen Stränden einige internationale Hotels stehen, und auf einer kurvenreichen Straße weiter nach Batu Ferringhi, dem Touristenzentrum von Pulau Pinang.

Nord-Malaysia

Batu Ferringhi

Der kilometerlange Küstenstreifen mit seinen Sandstränden und Badebuchten wird im Interesse des internationalen Publikums sauber gehalten – zumindest reinigt man täglich den Sand. Leider kann man dem Meerwasser seine tropisch-blaue Farbe nicht zurückgeben. Vor allem im Winter sieht es hier aber durchaus idyllisch aus. Große internationale Hotels bestimmen das Bild, dazwischen liegen auch wie vor Privathäuser. Selbst der kleine Ortskern mit der Moschee ist noch auffindbar. Restaurants und Boutiquen säumen die Straße, die Atmosphäre ist friedlich und unaufdringlich, und so mancher Tourist, der an den Tischen im Freien seinen Kaffee schlürft, macht einen ausgesprochen entspannten Eindruck.

Von dem markanten Felsen, der 3,3 km vor Teluk Bahang, nördlich des Strandes, aus dem Meer emporragt, erhielt Batu Ferringhi, übersetzt „der portugiesische Stein", seinen Namen.

Während der weiteren Fahrt entdeckt man in den kleinen Buchten abgelegene Sandstrände, die z. T. über Fußpfade zu erreichen sind, wie der **Lone Crag Beach**, 800 m westlich des Ortes.

Teluk Bahang

Der nächste Ort, Teluk Bahang, wird überwiegend von Malabar-Fischern bewohnt. Am Ortseingang errichtete man das Top-Hotel Penang Mutiara – grauweiß, kühl, vornehm und ein Fremdkörper neben den windschiefen Kampung-Häusern.

Das **Pinang Cultural Centre**, 1 km vor Teluk Bahang, ist ein touristischer Anziehungspunkt vor allem für Reisegruppen. Im Theater-Restaurant im Stil malaiischer Paläste, das verschwenderisch mit Holzschnitzereien geschmückt ist, werden abends für bis zu 500 Gäste von einer hervorragenden Tanzgruppe malaiische Tänze zu einem traditionellen Buffet aufgeführt. Zudem wurden auf dem Gelände ein altes Melaka-Holzhaus und Iban-Langhaus sowie Modelle anderer typischer Hausformen errichtet. ⏰ tgl. 9.30–12 und 18–22.30 Uhr.

Sind genügend Besucher da, werden Tänze und die Herstellung von Drachen, Batiken und ein Kreiselwettbewerb vorgeführt und erläutert. Die Cultural Tour am Vormittag kostet 40 RM, das ganze Programm inkl. Show von 18–22.30 Uhr 110

RM, 🖥 www.geovision. com.my/pcc. Voranmeldung unter 📞 04-885 1175. Die Busse halten vor dem Centre an der Straße.

Der Strand nahe dem Ort ist zum Baden ungeeignet. An einem weit ins Meer hinausragenden Steg am Ende der Straße liegen einige Fischerboote.

Mit gemieteten Booten kann man für 60 RM zum Monkey Beach und zurück oder zu anderen Stränden rings um Mukah Head fahren.

Butterfly Farm

Vom Kreisverkehr etwa 1 km in Richtung Balik Pulau liegt die Butterfly Farm, ein großes Freigehege, in dem 120 Schmetterlingsarten frei umherfliegen – eine seltene Gelegenheit, die farbenprächtigsten Exemplare einmal aus der Nähe zu fotografieren. Außerdem beeindruckt eine ansehnliche Sammlung seltener Insektenarten, lebender Skorpione, Spinnen, Eidechsen, Frösche und anderer Kleintiere sowie eine interessante kleine Kunstausstellung. 📞 04-885 1253, 🖥 www.butterfly-insect.com, ⏰ Mo–Fr 9–17.30 Uhr, Sa, So und feiertags bis 18 Uhr, Show um 10 und 15 Uhr, Eintritt 15 RM, Kinder 7,25 RM, Fotoerlaubnis 1 RM, Videoerlaubnis 5 RM. Zudem kann man eine **Orchideenfarm** besuchen, 1 RM.

Teluk Bahang Forest Park (Taman Rimba)

Rings um das **Forstmuseum** (Muzium Perhutanan) wurden etwa 100 ha Wald zum Naturschutzgebiet erklärt, weil hier sehr viele Arten einheimischer Bäume wachsen. Eine Ausstellung im großen Pavillon informiert über Baumarten und zudem relativ unkritisch über die malaysische Holzwirtschaft. Besucher können im Park in den kleinen Pools eines Baches baden und auf markierten Wegen oberhalb des Baches wandern. Der 880 m lange **Monkey Cup Trail** eignet sich für einen netten Spaziergang, während der 3 km lange, 3–4-stündige **Charcoal Kiln-Rundweg** oder gar der 4,3 km lange, 4–5-stündige **Ridge Top Trail** wegen einiger steiler Strecken eine gute Kondition erfordert. Museum ⏰ tgl. außer Mo und Fr 9–17 Uhr, Fr 9–12 und 14.45–17 Uhr, 1 RM, 📞 04-885 1280.

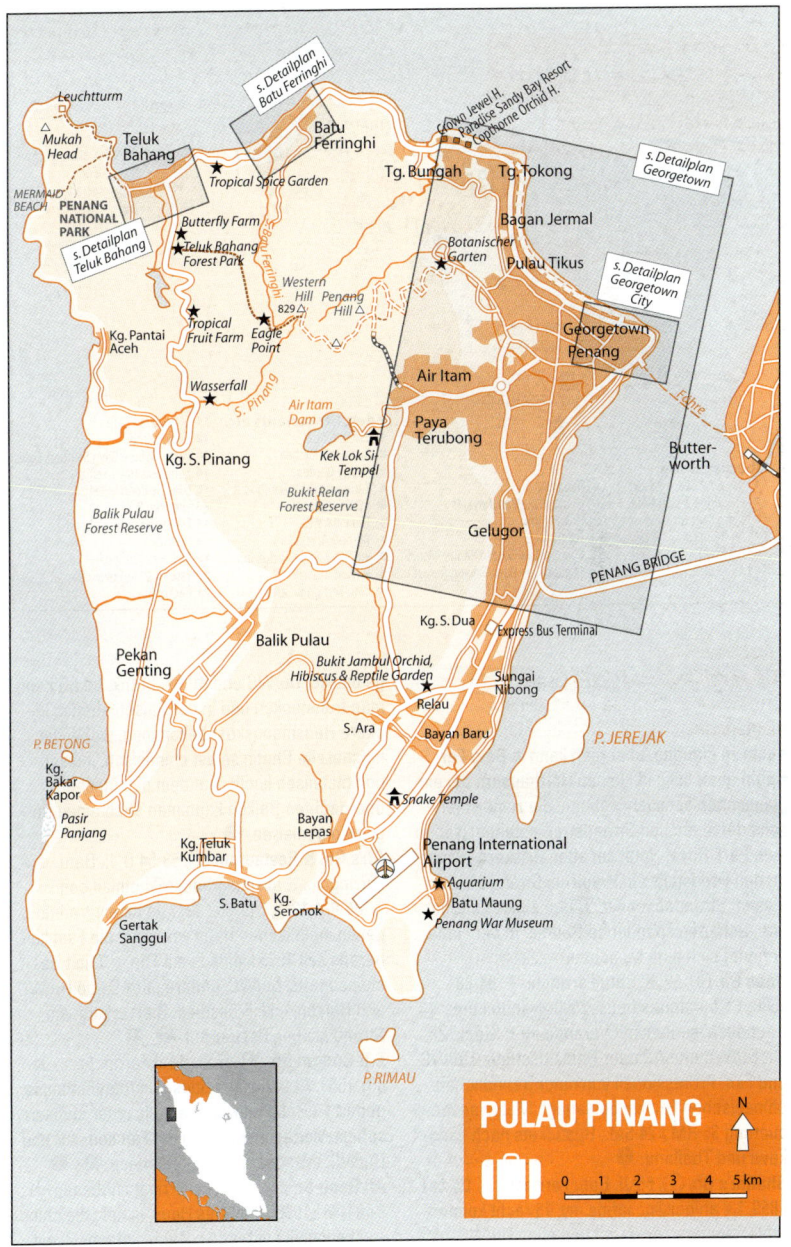

Leuchtturm
△ Mukah Head
Teluk Bahang
Batu Ferringhi
s. Detailplan Batu Ferringhi
Crown Jewel H.
Paradise Sandy Bay Resort
Copthorne Orchid H.
Tg. Bungah
Tg. Tokong
s. Detailplan Georgetown
Tropical Spice Garden
MERMAID BEACH
PENANG NATIONAL PARK
s. Detailplan Teluk Bahang
Butterfly Farm
Teluk Bahang Forest Park
Bagan Jermal
Botanischer Garten
Pulau Tikus
Western Hill
Penang Hill
829 △
s. Detailplan Georgetown City
Georgetown Penang
Kg. Pantai Aceh
Tropical Fruit Farm
Eagle Point
Air Itam
Wasserfall
S. Pinang
Air Itam Dam
Paya Terubong
Butter-worth
Kg. S. Pinang
Kek Lok Si Tempel
Bukit Relan Forest Reserve
Gelugor
Balik Pulau Forest Reserve
PENANG BRIDGE
Kg. S. Dua
Express Bus Terminal
Pekan Genting
Balik Pulau
Bukit Jambul Orchid, Hibiscus & Reptile Garden
Sungai Nibong
P. BETONG
Relau
S. Ara
Bayan Baru
P. JEREJAK
Kg. Bakar Kapor
Pasir Panjang
Kg. Teluk Kumbar
Bayan Lepas
Snake Temple
S. Batu
Kg. Seronok
Penang International Airport
Gertak Sanggul
Aquarium
Batu Maung
Penang War Museum
P. RIMAU

PULAU PINANG

N

0 1 2 3 4 5 km

Nord-Malaysia

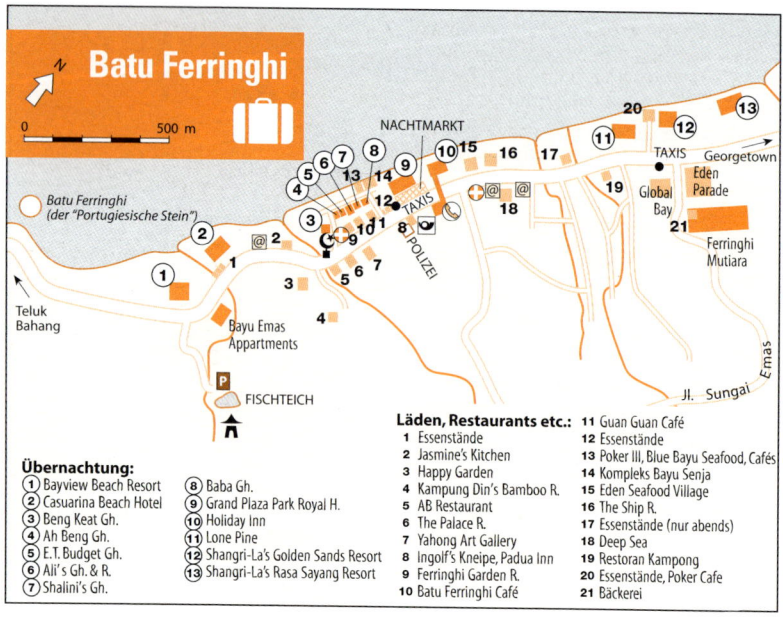

Batu Ferringhi

0   500 m

NACHTMARKT

20   13

11   12

TAXIS Georgetown

Batu Ferringhi
(der "Portugiesische Stein")

Eden
Parade

19   Global
Bay

21 Ferringhi
Mutiara

Teluk
Bahang

Jl. Sungai Emas

Bayu Emas
Appartments

P FISCHTEICH

Läden, Restaurants etc.:
1 Essenstände
2 Jasmine's Kitchen
3 Happy Garden
4 Kampung Din's Bamboo R.
5 AB Restaurant
6 The Palace R.
7 Yahong Art Gallery
8 Ingolf's Kneipe, Padua Inn
9 Ferringhi Garden R.
10 Batu Ferringhi Café

11 Guan Guan Café
12 Essenstände
13 Poker III, Blue Bayu Seafood, Cafés
14 Kompleks Bayu Senja
15 Eden Seafood Village
16 The Ship R.
17 Essenstände (nur abends)
18 Deep Sea
19 Restoran Kampong
20 Essenstände, Poker Cafe
21 Bäckerei

Übernachtung:
① Bayview Beach Resort
② Casuarina Beach Hotel
③ Beng Keat Gh.
④ Ah Beng Gh.
⑤ E.T. Budget Gh.
⑥ Ali's Gh. & R.
⑦ Shalini's Gh.

⑧ Baba Gh.
⑨ Grand Plaza Park Royal H.
⑩ Holiday Inn
⑪ Lone Pine
⑫ Shangri-La's Golden Sands Resort
⑬ Shangri-La's Rasa Sayang Resort

Übernachtung

Gästehäuser

Kaum zu glauben, aber man kann in **Batu Ferringhi** auch billig in kleinen Holzhäusern bei einheimischen Familien wohnen, die zumeist jenseits der schmalen Strandstraße stehen. Neben
dem Park Royal Hotel am alten Ortskern zweigt
an den Foodstalls ein Weg zum Strand ab. An
diesem Strandabschnitt stehen einige schöne
alte, Schatten spendende Bäume. In der Nähe
befindet sich eine Moschee.

Baba Gh. ⑧, 52 Jl. Batu Ferringhi, ✆ 04-881
1686, ✉ babaguesthouse2000@yahoo.com,
freundlich, sauber, mit Veranda im 1. Stock. Zi
mit Du/WC und AC oder Gemeinschafts-Du/WC
und Fan. Professionell von einer freundlichen
chinesischen Familie gemanagt. Motorradvermietung 35 RM / 24 Std., Bustickets nach Langkawi und Thailand. ❷

Shalini's Gh. ⑦, 56 Jl. Batu Ferringhi, ✆ 04-881
1859, ✉ ahlooi@pc.jaring.my, 15 recht komfortable, saubere Fan-Zi mit und ohne Du/WC, eini-

ge mit AC, Du/WC und Kühlschrank. Im EG kann
man frühstücken und in der Saison abends leckere Hausmannskost bekommen, wobei die
hilfsbereite Chefin selbst chinesisch, indisch
und malaiisch kocht. Auf dem gemütlichen,
überdachten Balkon kann man auch einen Re-
gentag genießen. ❷

Ali's Gh. & Restaurant ⑥, 53-54 B Jl. Batu
Ferringhi, ✉ alisguesthouse@hotmail.com,
✆ 04-881 1316, 012-552 3977, in einem traditionellen malaiischen Haus vermietet die Familie
bereits seit 1975 kleine Zi mit Fan, z. T. mit Ge-
meinschafts-Du/WC, andere mit AC und Du/WC
und Balkon, inkl. Frühstück. Bierverkauf, am
Strand kleines Restaurant. ❷–❸

E.T. Budget Gh. ⑤, 47 Jl. Batu Ferringhi, ✆ 04-
881 1553, 🖥 www.geocities.com/etguesthouse,
gehört zu Baba und ist ebenfalls unter chinesischem Management, 15 Zi mit Fan oder AC und
Du/WC, Wäsche- und Ticketservice. ❶–❷

Ah Beng Gh. ④, Jl. Batu Ferringhi nebenan,
✆ 04-881 1036, sauberes Haus, in dem die chinesische Familie unter dem Dach einfache Zi mit

Fan und Gemeinschaftsbalkon sowie im Nebengebäude 13 Zimmer mit AC und Warmwasser-Du/WC, TV und Kühlschrank vermietet. ❶–❸
Beng Keat Gh. ③, 67A Jl. Batu Ferringhi, ☎ 04-881 1987, in dem kleinen, ruhigen Sträßchen, das zur Hauptstraße zurückführt. In dem einstöckigen Gebäude sind die Zi direkt von außen zugänglich und bieten daher etwas mehr Privatsphäre. Alle Zi mit Du/WC und Fan oder AC, einige mit TV, auch Familienzimmer, Küchen- und Kühlschrankbenutzung, freundlicher Service. ❷

In Teluk Bahang
Rama Gh. ⑮, ☎ 04-885 1179, an der kleinen Straße Richtung Meer vermietet die indische Familie in ihrem einfachen Holzhaus Schlafsaalbetten für 10 RM und ein paar einfache Zi mit Fan. ❶
Fisherman's Village Guesthouse ⑭, Lorong Nelayan 3, ☎ 04-885 2936, 012-483 9263, etwas abseits vom Meer mitten im Dorf bei einer malaiischen Familie. Saubere Zi im Nebenhaus mit Fan und im Erdgeschoss ein Zi mit AC und Du/WC. In ländlicher Umgebung sehr ruhig gelegen und gut zum Relaxen. Essen am Strand oder auf dem großen Essensmarkt an der Hauptstraße. ❶–❷
Mrs. Loh's ⑰, ☎ 04-885 1227, in einem kleinen Haus mit Garten, Hunden, Katzen und leider auch Mücken, einfache Zi und Schlafsaalbetten für 8 RM mit Gemeinschafts-Du/WC für Anspruchslose. Bei längerem Aufenthalt Rabatt. ❶

Mittelklasse
In dieser Kategorie finden sich keine interessanten Angebote.
Südlich der Eden Parade stehen zahlreiche Ferienhäuser und Apartments in Condos zum Verkauf, die teilweise auch günstig an Langzeit-Urlauber vermietet werden. Auf Anzeigen in der lokalen Presse achten.
Padua Inn, Jl. Batu Ferringhi, über Ingolf's Kneipe, ☎ 04-881 2801, 016-489 9169. ❸

Luxus
Die meisten Zimmer in den großen Hotels sind von Pauschalurlaubern belegt. Außerhalb der Ferienzeiten bekommt man überall Rabatt, so-

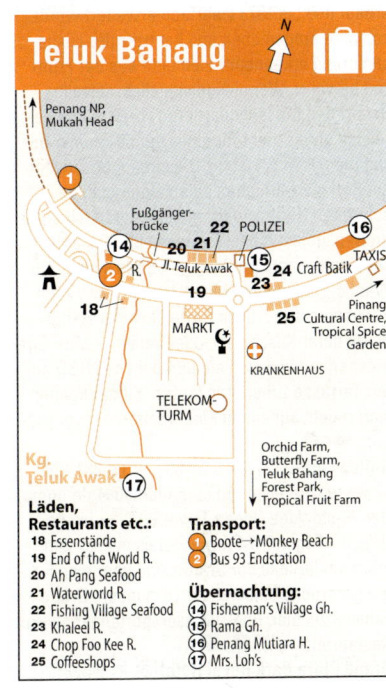

Teluk Bahang

N

Penang NP,
Mukah Head

Fußgänger-brücke
Fußgängerbrücke · 22 POLIZEI
14 · 20 21 · 15 · 16
R · Jl. Teluk Awak · 24 Craft Batik
2 · 23 · TAXIS
18 · 19
MARKT · 25 Pinang Cultural Centre, Tropical Spice Garden
KRANKENHAUS
TELEKOM-TURM
Orchid Farm, Butterfly Farm, Teluk Bahang Forest Park, Tropical Fruit Farm
Kg. Teluk Awak · 17

Läden, Restaurants etc.:
18 Essensstände
19 End of the World R.
20 Ah Pang Seafood
21 Waterworld R.
22 Fishing Village Seafood
23 Khaleel R.
24 Chop Foo Kee R.
25 Coffeeshops

Transport:
❶ Boote→Monkey Beach
❷ Bus 93 Endstation

Übernachtung:
⑭ Fisherman's Village Gh.
⑮ Rama Gh.
⑯ Penang Mutiara H.
⑰ Mrs. Loh's

dass einige Hotels dann um 300 RM inklusive großem Frühstücksbuffet kosten. Auch über Veranstalter sind sie günstig zu buchen. Bereits 4 km vor Batu Ferringhi liegt
Shangri-La's Rasa Sayang Resort & Spa ⑬, 🖳 www.shangri-la.com, ☎ 04-881 1811, 📠 04-881 1984. Das älteste 5-Sterne-Resort am Ende der Bucht wurde bis Ende 2006 komplett renoviert. Großzügige Anlage, Luxuszimmer mit Bädern auf dem Balkon, inkl. Frühstück, Champagner, Butler-Service und mehr. Im großen Garten ein hübscher Pool und ein Spa in 11 Villen sowie im Yoga-Studio. ❽
Shangri-La's Golden Sands Resort ⑫, ☎ 04-881 1911, 📠 04-881 1880, 🖳 www.shangri-la.com. 4-Sterne-Hotel mit 395 Zimmern. Große Gartenanlage mit mehreren schön gestalteten Pools. ❽
Lone Pine ⑪, 97 Batu Ferringhi, ☎ 04-881 1511-2, 📠 04-881 1282, 🖳 www.lonepinehotel.com, 1999 wurde dieses älteste Strandhotel, das 1948

erbaut und bis 1973 mehrfach erweitert wurde, komplett aufgemöbelt und hat trotz der Luxussanierung erkennbare Elemente aus der Frühzeit bewahrt. Wer ein individuelles, stilvolles Resort den Massenquartieren vorzieht und bereit ist, etwas mehr für eines der 50 Zimmer auszugeben, ist hier richtig. Die einfachen Zimmer am Parkplatz erhielten einen eigenen abgeschirmten Garten, während die teuren mit einer großen, gemütlichen Terrasse mit Blick aufs Meer und einem großzügigen Badezimmer mit Wanne, Dusche und Mandi locken. Man kann im ruhigen, friedvollen Garten in einer Hängematte unter Kasuarinen oder bei einer Massage entspannen und sich ein persönliches BBQ auf der Terrasse zubereiten lassen. Kinder können sich zudem auf einem Kinderbauernhof vergnügen. ❺–❽

Holiday Inn ⑩, ☎ 04-881 1601, ✆ 04-881 1389, 🖥 www.ichotelsgroup.com/h/d/hi/394/de/home. Der 26-stöckige Ocean Tower und der kleine Beach Wing des 4-Sterne-Hotels mit 362 Zimmern beiderseits der Straße sind über eine Fußgängerbrücke miteinander verbunden. Große Familienzimmer, Pool, Wassersportangebot, Bar, Restaurants usw. ❺–❼

Grand Plaza Park Royal Hotel ⑨, ☎ 04-881 1133, ✆ 04-881 2233, 🖥 www.parkroyalhotels.com, nebenan, ein weiteres 4-Sterne-Hotel für gehobene Ansprüche. ❽

Casuarina Beach Hotel ②, ☎ 04-881 1711, ✆ 04-881 2155, kleineres 4-stöckiges 3-Sterne-Hotel am Ortsausgang mit einem hübschen Garten. 180 Zi mit Balkon und Blick aufs Meer, italienisches Restaurant, relativ kleiner Pool. Tgl. wechselndes Angebot an Aktivitäten. ❼

Essen

In Batu Ferringhi

Die Hotel-Restaurants bieten internationale Küche in allen Schattierungen, aber auch zu entsprechenden Preisen. Viele Hotelgäste möchten abends mal was anderes sehen und wandern die Hauptstraße entlang, an der diverse **Seafood-Restaurants** auf Kundschaft warten. **Essenstände** im Zentrum sowie zwischen dem Bayview und Casuarina Beach Hotel. Zudem findet abends von 18–22/24 Uhr an der Straße

westlich vom Holiday Inn ein **Nachtmarkt** statt. Billiger als in den internationalen Hotels ist ein Drink an den Beach Bars und Essenständen, z. B. vor den Gästehäusern oder hinter dem Parkplatz am öffentlichen Strandzugang. Tagsüber sitzt man schön im **Kompleks Bayu Senja** direkt am Meer, wo an Essenständen Seafood, chinesisches und indisches Essen sowie Pizza angeboten werden.

Nasi Kandar, Poker III und **Blue Bayu Seafood**, neben dem Kompleks Bayu Senja direkt am Strand. Hier kann man gemütlich auf einer Terrasse am Meer sitzen und westliche sowie lokale Gerichte oder ein kühles Bier genießen, besonders schön bei Sonnenuntergang.

Jasmine's Kitchen, am westlichen Ortseingang, bietet chinesisches, malaiisches und indisches Essen bei freundlichem Service. Leckere indische Currys. Während der Zubereitung kann man zusehen. ⏱ nur abends.

Happy Garden, man sitzt ganz nett im kleinen Gartenrestaurant mit großem Frühstücksangebot, internationalen, leckeren Gerichten, die relativ preiswert sind, und vielen Säften. ⏱ tgl. 9–14.30 und 18–22.30 Uhr.

Kampung Din's Bamboo Restaurant, 200 m den Weg in das Dorf hinein. Sehr familiär, einfache malaiische Gerichte. Nur am Abend geöffnet. Außerdem wird traditionelle Massage angeboten.

AB Restaurant, gegenüber der Moschee, ist ein günstiges, kleines Restaurant u. a. mit westlichen, chinesischen und indischen Banana-Leaf-Gerichten, auch Wein.

Im Zentrum von Batu Ferringhi:

The Palace Restaurant, großes, zur Straße hin offenes nordindisches Tandoori-Restaurant. Auch westliche Gerichte. ⏱ nur abends.

Batu Ferringhi Café, ein weiteres einfacheres Restaurant mit relativ preiswerten Gerichten für Touristen.

Guan Guan Café, Restaurant-Café, nicht ganz so fein wie die benachbarten Hotels, ganz angenehm zum Sitzen, guter Garnelensalat, Di geschlossen.

Im westlichen Teil des Ortes reihen sich entlang der Hauptstraße:
Ingolf's Kneipe, ☎ 04-881 4609, ✉ ingolfsossna @hotmail.com, deutscher Treffpunkt in Batu

Überall in Malaysia kann indische, malaiische und chinesische Küche probiert werden

Ferringhi, nettes, kleines Restaurant mit deutschem Essen und Bier, auch Zimmervermietung.
Eden Seafood Village, großes Restaurant. Vielfältige Auswahl, gute Qualität und entsprechende Preise.
Deep Sea, 190A Batu Ferringhi, ein preiswerteres, einfaches chinesisches Restaurant, etwas weiter ortseinwärts, hier kann man drinnen und draußen sitzen.
Restoran Kampong hat weniger Auswahl als die anderen Restaurants, lockt dafür aber mit günstiger, authentischer malaiischer Küche.

In Teluk Bahang

Billige Foodstalls und Coffeeshops an der Bushaltestelle zwischen dem Mutiara und Kreisverkehr sowie an der Abzweigung hinter der Brücke. Manchmal verirren sich Touristen aus der Hotelanlage nach Teluk Bahang und freuen sich über die ursprüngliche Atmosphäre.
End of the World Restaurant, das Seafood-Restaurant ist vom Ende der Bucht (vorläufig) in die Nähe des Kreisverkehrs umgezogen.
Fishing Village Seafood, einfaches Seafood-Restaurant an der Strandstraße nahe dem Kreisverkehr, das nur abends geöffnet hat.

Ah Pang Seafood, nebenan, hier bereiten zwei Geschwister günstige chinesische Gerichte zu, vor allem Seafood. Außerdem das **Waterworld Restaurant**.
Kurz vor dem Kreisverkehr:
Khaleel, einfaches, offenes, rund um die Uhr geöffnetes Restaurant, Nasi Kandar und die üblichen Banana Pancakes, aber auch Pfannkuchen mit Eiscreme und Honig.
Chop Foo Kee, chinesisches Restaurant, in dem auch Seafood zubereitet wird.

Sonstiges

In Batu Ferringhi ist alles auf Touristen eingestellt. Entsprechend finden sich hier ein **Postamt**, **Wechselstuben**, eine **Wäscherei** und **Polizei** sowie die Einkaufszentren **Eden Parade** und **Global Bay** (dahinter der bislang einzige Geldautomat in Batu Ferringhi).

Auto- und Motorradvermietungen

Motor-, Fahrräder, Autos und Boote werden an mehreren Stellen vermietet. Gute Motorräder bei **Speed Link Photo**, zwischen Lone Pine und Holiday Inn, neben Restaurant Popular Ferringhi.

Einkaufen

Zahlreiche Geschäfte verkaufen Strand-Textilien und Souvenirs zu überhöhten Preisen. **Yahong Art Gallery**, 58 D Jl. Batu Ferringhi, hier verkauft der international bekannte Künstler Chuah Thean Teng seine Batikbilder und denen, die sie sich nicht leisten können, Kunstdrucke, Antiquitäten und andere Souvenirs. ⏲ tgl. 9.30–18.30 Uhr.

Wassersport

Angeboten werden Windsurfen, Kanufahren, Wasserski, Fallschirmsegeln sowie Bootstouren entlang der Küste. Die Preise schwanken je nach Saison und Hotel.

Transport

Inselbusse

Der blaue Hin-Bus 93 und der AC-Bus 202 fahren für 1,70 RM bzw. 2 RM alle 30 Min. bis gegen Mitternacht vom KOMTAR Bldg. in GEORGETOWN über die Jl. Burmah, Tanjung Tokong, Tanjung Bungah und Batu Ferringhi nach Teluk Bahang.

Taxis

Sie warten u. a. vor dem Park Royal, ☎ 04-881 4093, und Rasa Sayang, ☎ 04-881 3430. Einige Hotels verlangen bei der Bestellung von Taxis eine Kommission. Taxi von Batu Ferringhi zum AIRPORT 60 RM, zur FÄHRE 30 RM, ins STADT-ZENTRUM 30 RM, PENANG HILL 35 RM, TELUK BAHANG: bis Mutiara 10 RM, weiter 15 RM, ab 3 Std. 25 RM pro Std. Taxifahrer nutzen die Situation, dass nach Mitternacht kein Bus mehr fährt, schamlos aus und verlangen überhöhte Preise. Daher für späte Heimfahrten Taxis vorbuchen und mit einem Aufschlag von 50 % rechnen.

Der Süden der Insel Penang

Der Penang Yellow Bus 66 fährt auf der großen Ausfallstraße Richtung Flughafen, vorbei an zahlreichen Industriebetrieben und der Einmündung der **Penang Bridge**, mit 13,5 km die längste Brücke Südostasiens. Sie wurde 1985 nach über drei Jahren Bauzeit fertig gestellt und kostete über 850 Mill. RM. Unter dem 225 m hohen mittleren

Teilstück können auch große Ozeantanker hindurchfahren.

Die gelben Busse halten auch am **Schlangentempel** gegenüber dem Osram-Gebäude. Er wurde 1850 erbaut und Chor Soo Kong gewidmet, dem man magische Heilkräfte zuspricht und als dessen Jünger die Schlangen angesehen werden. Giftige Vipern *(Wagler's Pit Viper)* liegen betäubt von Weihrauch und Räucherstäbchen schlaff auf zwei kleinen Sträuchern im Haupttempel herum. Speziell für Touristen zog man einigen die Zähne und stellte sie zum Fotografieren in einem Nebenraum ab (2 große Fotos für stolze 30 RM). Ansonsten ist der Tempel recht uninteressant, und der Rummel um ihn herum steht in keinem Verhältnis zu dem, was er bietet. Eintritt 1 RM, zudem wird eine „Spende" *(donation)* für den Erhalt des Tempels von ca. 10 RM erwartet. ⏲ tgl. 7–19 Uhr.

Die Ostküste

Von der West- zur Ostküste

Der gut ausgebaute Highway 77 führt von Sungai Petani nach Osten, Richtung thailändische Grenze. Eine andere, ebenfalls gut ausgebaute Strecke verläuft von Butterworth über Kulim und Melau und trifft bei Kuala Ketil auf diese Überlandstraße. Reisfelder und Kampung, so weit das Auge reicht – eine ländliche, friedliche Region. Von Baling hinauf nach Pengkalan Hulu wurde der Highway durch die Berge ausgebaut. Über einen auch für Ausländer geöffneten Grenzübergang führt eine Straße über Betong nach Yala. Von einer Überlandreise in die unruhigen Südprovinzen Thailands muss derzeit allerdings abgeraten werden.

Von Pengkalan Hulu geht es weiter nach Gerik, dem größten und wichtigsten Ort des Grenzgebietes im Landesinneren mit einem Markt, zahlreichen Geschäften und den letzten Tankstellen vor dem Highway. Die Temperaturen hier oben sind spürbar niedriger als an der Küste.

5 km nördlich von Gerik zweigt der East-West-Highway (auf Malaiisch: Lebuhraya Timur–Barat) nach Kota Bharu ab. Vor dem Bau der Straße fuhr man von Penang nach Kota Bharu einen riesigen

Umweg über Kuala Lumpur und Kuantan – insgesamt eine Strecke von über 1000 km, die sich mit der Verbindungsstraße auf 363 km reduzierte.

45 km östlich von Gerik hat der gewaltige **Tasik Temengor**, ein Stausee, weite Dschungelgebiete überflutet. Die Wälder beiderseits der Straße sind der Lebensraum von Großsäugetieren wie Elefanten oder Banteng. Es kann durchaus geschehen, dass eine Elefantenherde am frühen Morgen oder in der Dämmerung die Straße kreuzt, die ihre alten Pfade durchschneidet. Leider wird auch hier selektiver Holzeinschlag betrieben, die zahlreichen Sattelschlepper, schwer mit Bäumen beladen, sprechen eine beredte Sprache.

13 HIGHLIGHT

Kota Bharu

Die Hauptstadt von Kelantan lag vor 200 Jahren direkt am Meer und ist mit der Versandung des Flussmündung nach und nach 12 km ins Landesinnere „gerückt". Eigentlich war Kota Bharu immer ein unbedeutendes Nest. Bis 1909 stand Kelantan unter der Herrschaft der Thais, wurde dann britisches Schutzgebiet und kam so als Bundesstaat zum heutigen Malaysia. Noch heute sprechen die 1,2 Millionen Bewohner dieses Staates einen Dialekt, der in anderen Regionen kaum verstanden wird. Kein nennenswerter Kautschuk-Boom, kein rasanter Warenumschlag, kein hektischer Zinn-Rausch sucht das grenznahe Städtchen heim, und trotz seiner mittlerweile 280 000 Einwohner ist es ein nicht allzu aufregender Ort geblieben. Für die erste und bisher einzige Schlagzeile in der Weltpresse sorgten die Japaner, die am 8. Dezember 1941 exakt um 4.55 Uhr am Pantai Dasar mit ihren Truppen an Land gingen und so den 2. Weltkrieg nach Südostasien trugen. Auf dem Landweg rückten sie von hier aus, zum Teil auf eilig konfiszierten Fahrrädern, in weniger als sieben Wochen bis nach Singapore vor. 95 Min. später fielen am selben Tag die ersten Bomben auf Pearl Harbor.

Auf den ersten Blick bietet das Stadtbild wenig Reize, dennoch darf Kota Bharu als das Zentrum der malaiischen Kultur gelten und besitzt einige schöne alte Gebäude. Veranstaltungen wie Wettkämpfe im Drachensteigen oder Vogelsing-Wettbewerbe finden regelmäßig statt, auch Werkstätten und Geschäfte für malaiisches Kunsthandwerk sind zahlreich. Ein Besuch im Tourist Office hilft beim Auf- und Herausfinden.

Das Zentrum

Am Padang Merdeka (Unabhängigkeitsplatz) stehen die wichtigen Bauten. So auch die unübersehbare **Istana Balai Besar**, der Sultanspalast von 1844. Heute ist die Residenz des Sultans Mohammed II. unzugänglich und wird nur noch für repräsentative Zwecke, z. B. königliche Hochzeiten, genutzt. Fotografierverbot!

Die kleinere **Istana Jahar** (Royal Custom Museum) hat man hingegen in ein Museum umgewandelt. Das 1887 errichtete Bauwerk ist ein großartiges Beispiel für die Holzbaukunst Kelantans. ◷ tgl. außer Fr 8.30–16.45 Uhr, Eintritt 2 RM, für die Waffensammlung 1 RM extra.

Das blaue Gebäude hinter der Istana Jahar ist das **Royal Museum**, in dem Gegenstände aus dem Besitz der Sultansfamilie ausgestellt sind. ◷ tgl. außer Fr 8.30–16.45 Uhr, Eintritt 2 RM.

Nördlich des Sultanspalastes hat man, stilecht aus dunklem Holz, ein Handicraft Center und Textilmuseum, das **Kampung Kraftangan**, errichtet. In dem Museum sind Landestrachten und traditionelle Textilien ausgestellt, und es gibt eine Auswahl dessen zu sehen und zu kaufen, was die malaiische Volkskunst hervorgebracht hat. ◷ tgl. außer Fr 9.30–16.45 Uhr.

Mit dem Bau der **Großen Moschee** wurde 1916 begonnen. Seither hat sie für die Islamisierung der Region eine wichtige Rolle gespielt. Erst vor kurzem wurden ihre Minarette mit prunkvollen neuen Messingkuppeln versehen. Die örtliche Koranschule besitzt nach wie vor landesweite Bedeutung. Ein Besuch ist Nicht-Moslems leider verwehrt.

Gleich daneben befindet sich das älteste steinerne Gebäude Kelantans aus dem Jahr 1912, die ehemalige Hongkong & Shanghai Bank. Heute ist hier das **World War II Museum** untergebracht, das sich unter anderem mit der japanischen Invasion, der Rolle Thailands und dem malaiisch-britischen Widerstand beschäftigt. ◷ tgl. außer Fr 8.30–16.45 Uhr, Eintritt 2 RM.

Nord-Malaysia

Batik und Songket – Stoffe für Träume

Batik ist ein Handwerk, das die Malaien besonders kunstvoll beherrschen. Durch mehrere Färbe- und Stempelvorgänge zaubert man auf Tücher mit Hilfe des aufgetragenen Wachses raffinierte Muster, wobei sie verschiedene heiße Bäder durchlaufen und am Schluss zum Trocknen auf langen Wäscheleinen aufgehängt werden. Leider ist die Kelantan-Batik kaum noch gefragt, sodass sich die meisten Fabriken in den 90er-Jahren auf die Produktion bunt bemalter Reyon- oder Seidenstoffe umgestellt haben. Auf dem Central Market wird immer noch eine große Auswahl von Kelantan-Sarongs, Decken und Kleidung aus Baumwolle angeboten. Die mit Goldfäden durchwirkten, handgewebten Songket-Stoffe werden auf Handwebstühlen gefertigt und nur zu festlichen Anlässen getragen. Sie können ebenfalls in den meisten Batikläden erworben werden.

Gleich daneben informiert das **Islam Museum** über die Geschichte des Islam an der Ostküste. ⏰ tgl. außer Fr 8.30–16.45 Uhr, Eintritt 2 RM. Die Straße endet am Kelantan-Fluss, an dessen Ufer ein paar Hausboote liegen.

Von der Istana Balai Besar erreicht man über die Jl. Hulu Kota den großen Markt, den **Pasar Besar** (nicht mit der Markthalle weiter südlich zu verwechseln). Von außen eher ein unansehnlicher Betonklotz, ist das Innere des mehrstöckigen Gebäudes ein Ereignis für Augen, Nase und Ohren, vor allem das untere Geschoss, wo die Gemüse- und Obsthändlerinnen ihr reichhaltiges Angebot ausgebreitet haben. Im 1. Stock gibt es eine Menge Essenstände, in den oberen Stockwerken, wo Textilien und Haushaltswaren verkauft werden, findet man ein preiswertes und umfangreiches Angebot an Batikstoffen. Der Blick hinunter in den mit gelblichem Glas überdachten zentralen Teil bietet ein farbenprächtiges Bild und ist ein beliebtes Fotomotiv. Die Markthalle ist tgl. von 8–18 Uhr geöffnet.

Zwischen Pasar Besar und der Istana Balai Besar wurde eine kleine Fußgängerzone mit Essenständen und Bänken angelegt.

Südlich vom Zentrum

Das **Kelantan State Museum** ist in den ehemaligen kolonialen Verwaltungsgebäuden zwischen dem Tourist Office und den Government Offices am großen Kreisverkehr untergebracht. Neben archäologischen Ausstellungsstücken enthält es Beispiele des malaiischen Kunsthandwerks wie Drachen, Musikinstrumente, Kreisel, Silberarbeiten und Gegenstände des alltäglichen Gebrauchs. Angeschlossen ist eine zeitgenössische Kunstgalerie. ⏰ tgl. außer Fr 8.30–16.45 Uhr, Eintritt 2 RM.

Das Kulturzentrum **Gelanggang Seni** (Zufahrt von der Jl. Mahmood) lohnt einen Besuch, wenn traditionelle malaiische Kulturveranstaltungen stattfinden. Geboten werden u. a. *Rebana Ubi* (rhythmische Musik auf Riesentrommeln), *Wau* (Drachensteigen), *Gasing Uri* (Kreiselspiel), *Silat* (eine traditionelle Art Selbstverteidigung, die bestimmten Regeln und Ritualen folgt), *Wayang Kulit* (Schattenspiel), traditionelle Tänze und Musik. Das aktuelle Programm ist im Tourist Office erhältlich. Die Aufführungen finden zwischen Februar und Oktober mit Ausnahme des Ramadan-Monats jeden Mo von 15.30–17.30 Uhr und Mi und Sa zusätzlich von 21–23 Uhr statt. Die besten Darbietungen sind samstags zu sehen, wenn traditionelle Tänze aufgeführt werden. Eintritt frei. Einmal jährlich organisiert das Tourist Office auch mehrtägige Drachenwettkämpfe und Wettbewerbe in anderen traditionellen Sportarten.

Übernachtung

Gästehäuser

In der Stadt gibt es an die 70 Gästehäuser, die um die Gunst der Rucksackreisenden buhlen und sich dabei alle nur erdenklichen Sonderleistungen ausgedacht haben: Frühstück oder Kaffee und Tee gratis, Willkommensdrink, kostenlose Abholung vom Busbahnhof, Internet-Zugang usw., von den niedrigen Preisen ganz zu schweigen. Das Schlafsaalbett kostet in der Regel 8–10 RM pro Nacht, einfache DZ sind schon für 15–25 RM, jene mit Du/WC ab 30 RM zu haben. Viele Gästehäuser organisieren den Transfer nach Pulau Perhentian, reservieren Zimmer auf den Inseln und bewahren überflüssiges Ge-

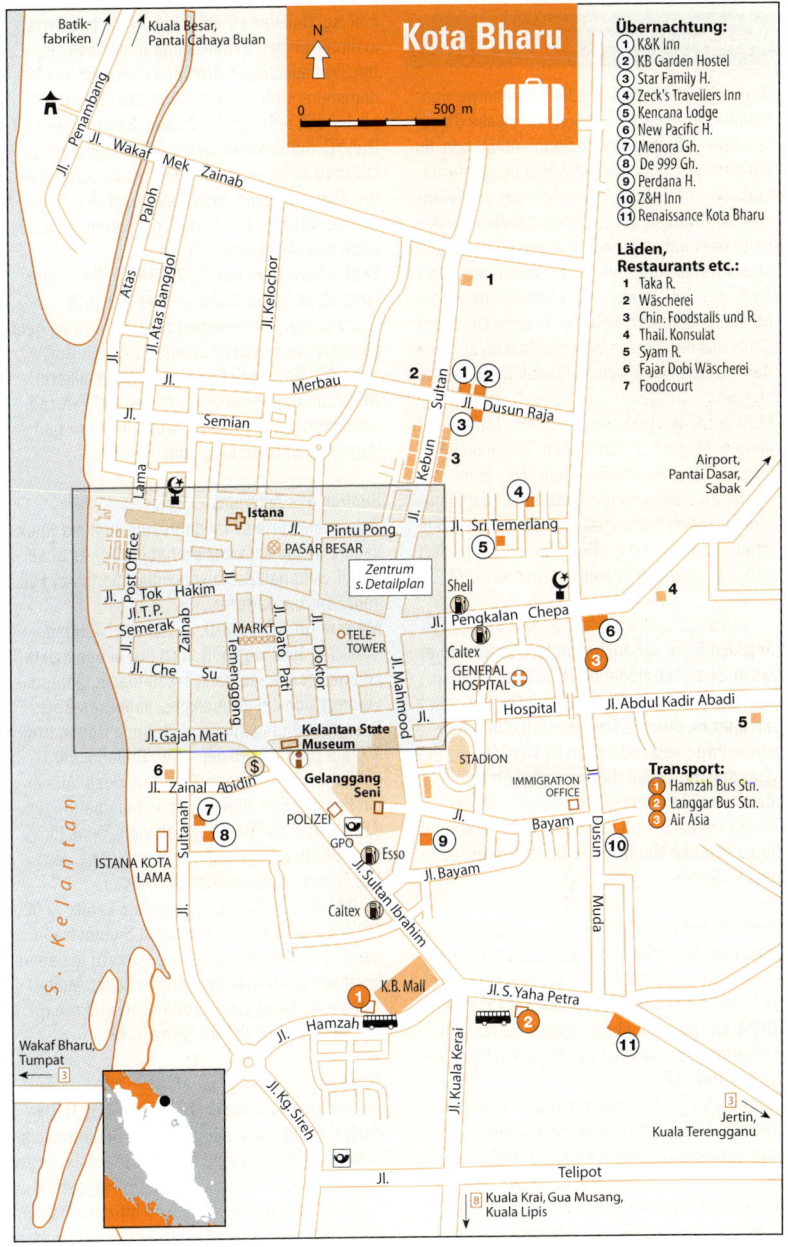

Kota Bharu

N

0   500 m

Zentrum
s. Detailplan

Übernachtung:
1. K&K Inn
2. KB Garden Hostel
3. Star Family H.
4. Zeck's Travellers Inn
5. Kencana Lodge
6. New Pacific H.
7. Menora Gh.
8. De 999 Gh.
9. Perdana H.
10. Z&H Inn
11. Renaissance Kota Bharu

Läden,
Restaurants etc.:
1. Taka R.
2. Wäscherei
3. Chin. Foodstalls und R.
4. Thail. Konsulat
5. Syam R.
6. Fajar Dobi Wäscherei
7. Foodcourt

Transport:
1. Hamzah Bus Stn.
2. Langgar Bus Stn.
3. Air Asia

Batik-
fabriken

Kuala Besar,
Pantai Cahaya Bulan

Jl. Penambang

Jl. Wakaf Mek Zainab

Atas Paloh

Jl. Atas Banggol

Jl. Kelochor

Merbau

Jl. Sultan

Jl. Dusun Raja

Kebun

Semian

Lama

Jl. Post Office

Istana

Jl. Pintu Pong

PASAR BESAR

Tok Hakim

Jl. T.P. Semerak

Zainab

MARKT

Jl. Dato Pati

Jl. Doktor

TELE-
TOWER

Jl. Mahmood

Jl. Che Su

Temenggong

Jl. Sri Temerlang

Shell

Pengkalan Chepa

Caltex

GENERAL
HOSPITAL

Hospital

Jl. Abdul Kadir Abadi

Airport,
Pantai Dasar,
Sabak

Jl. Gajah Mati

Kelantan State
Museum

STADION

Gelanggang
Seni

Jl. Zainal Abidin

Sultanah

POLIZEI

GPO Esso

Jl.

Bayam

IMMIGRATION
OFFICE

Dusun

Muda

ISTANA KOTA
LAMA

Jl. Sultan Ibrahim

Jl. Bayam

Caltex

K.B. Mall

Jl. Hamzah

Jl. S. Yaha Petra

Jl. Kuala Kerai

Jl. Kg. Sireh

S. Kelantan

Wakaf Bharu,
Tumpat
3

Telipot

Jl.

3 Jertin,
Kuala Terengganu

8 Kuala Krai, Gua Musang,
Kuala Lipis

Drachen und Kreisel sind für Malaien weniger Kinderspielzeuge als vielmehr kunstvolle Objekte uralter regionaler Tradition. Alljährlich im Frühjahr werden beispielsweise beim internationalen *Kite Festival* die schönsten und wendigsten **Drachen** gekürt. Dabei spielen Schönheit, Handhabung und Steiggeschwindigkeit ebenso eine Rolle wie das vibrierende Summen, das die Drachen im Wind verursachen. Mittlerweile treffen sich zum Festival Drachen-Clubs aus der ganzen Welt und lassen auf dem Padang die unglaublichsten Gebilde in die Lüfte steigen.

Malaiische **Kreisel** sind meist aus Metall und etwa tellergroß. Einen Kreisel mit einem Seil anzutreiben, ihn dabei noch mit einer Art „Schaufel" aufzufangen und dann zum minutenlangen Weiterrotieren wieder abzusetzen, ist eine Übung, die großes Geschick erfordert und entsprechend feierlich vorgeführt wird.

päck kostenlos auf. Insbesondere unter den etwas außerhalb gelegenen Häusern trifft man auf atmosphärische Kleinode mit Garten oder Dachgarten, deren Betreiber sich alle Mühe geben, ihren ausländischen Gästen den Aufenthalt so angenehm wie möglich zu gestalten. Allerdings gibt es in den billigen Gästehäusern häufig Probleme mit Bettwanzen, die so manche Nacht zum Alptraum werden lassen können.

Nördlich des Zentrums

Lonesome Travellers Lodge ⑭, Jl. Dato Perdana 3, ✆ 017-613 2823. Im 2. Stock gelegen, relativ neu und sauber. Schlafsaal mit 4 Betten 10 RM, EZ teilweise ohne Fenster, DZ mit Fan. Frühstück kostenlos, TV-Zi, kleine Küche, etwas verschlafen. ❶

Cerana Gh. ⑮, Jl. Dato Perdana, ✆ 019-943 3599, ✉ ewan_76@hotmail.com, neues, komplett gefliestes und sauberes kleines Hostel mit TV-Zi und kostenlosem Frühstück. ❷

Ideal Travellers' House ⑫, 3954-F Jl. Kebun Sultan, ✆ 09-741 2958, ✉ idealinn@yahoo.

com.sg. Beliebtes 2-stöckiges Haus mit Garten in einer ruhigen Seitenstraße hinter dem Juita Inn. Freundliches, hilfreiches chinesisches Management. Unterschiedlich große und relativ saubere Zi teils mit Holzböden, Balkon, Fan und Du/WC. Schlafsaalbetten 7 RM. Möglichkeit, Wäsche zu waschen und Frühstück zuzubereiten. Bier erhältlich. Internetverbindung. Angenehme Atmosphäre, leider von Bettwanzen nicht komplett verschont. ❶

Zeck's Travellers Inn ④, 7088-G Jl. Sri Cemerlang, ab Jl. Kebun Sultan, ✆ 09-743 1613, ✉ ztraveller_inn@hotmail.com. Sehr ruhig gelegenes Haus, jeweils 2 Zi teilen sich ein Du/WC, auch AC. Bett im Schlafsaal 7 RM. Familiäre Atmosphäre. Internet-Anschluss und Fahrradvermietung. Gegenüber finden am Fr morgen Vogelsingwettbewerbe statt. ❶–❷

Südlich des Zentrums

Zwei preiswerte Unterkünfte, die sich auf Rucksackreisende spezialisiert haben, liegen abseits der Jl. Sultanah Zainab maximal 15 Min. zu Fuß vom Zentrum entfernt.

Menora Gh. ⑦, 3338-D, Jl. Sultanah Zainab, ✆ 09-748 1669, von außen ist nur ein unspektakulärer Treppenaufgang erkennbar, im Innern verbirgt sich ein geräumiges, sauberes Gästehaus über 2 Etagen mit gepflegtem Dachgarten. 2 Zi auf Dachgarten mit vielen Blumen und schönem Blick auf den Kelantan-Fluss. Alle Zi mit Fenster, Fan oder AC, Schlafsaalbetten für 6 RM. Chua, der Besitzer, hält viele Tipps für Kota Bharu bereit. In der großen Küche wird das Frühstück zubereitet. ❶–❷

De 999 Gh. ⑧, 5438-E Lorong Kota Lama, ✆ 09-748 1955, am Ende einer kleinen Seitenstraße der Jl. Sultanah Zainab. Bei Japanern beliebtes Holzhaus im Grünen mit luftiger, heller Atmosphäre. Äußerst sauber, preiswert und ruhig. Kostenloser Tee. Fahrradverleih. ❶

Zentrum

Die Gästehäuser in der Gegend um die **Jl. Padang Garong**, nahe des zentralen Busbahnhofs, haben sich vorwiegend auf die Bedürfnisse von jungen, billig reisenden Travellern eingestellt. Sauberkeit und Hygiene lassen oft zu wünschen übrig. Bettwanzen sind in vielen Gästehäusern

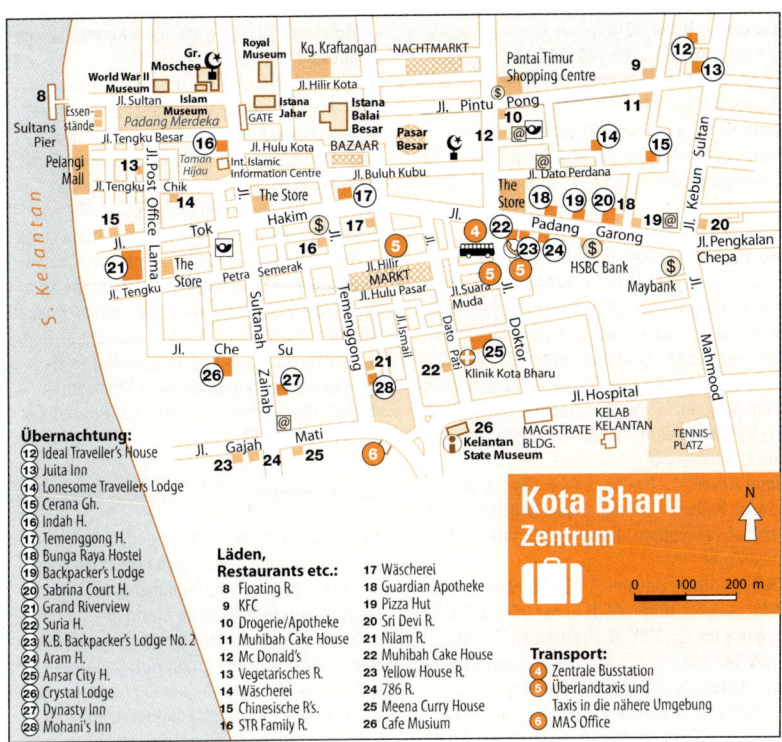

Übernachtung:
(12) Ideal Traveller's House
(13) Juita Inn
(14) Lonesome Travellers Lodge
(15) Cerana Gh.
(16) Indah H.
(17) Temenggong H.
(18) Bunga Raya Hostel
(19) Backpacker's Lodge
(20) Sabrina Court H.
(21) Grand Riverview
(22) Suria H.
(23) K.B. Backpacker's Lodge No. 2
(24) Aram H.
(25) Ansar City H.
(26) Crystal Lodge
(27) Dynasty Inn
(28) Mohani's Inn

**Läden,
Restaurants etc.:**
8 Floating R.
9 KFC
10 Drogerie/Apotheke
11 Muhibah Cake House
12 Mc Donald's
13 Vegetarisches R.
14 Wäscherei
15 Chinesische R's.
16 STR Family R.

17 Wäscherei
18 Guardian Apotheke
19 Pizza Hut
20 Sri Devi R.
21 Nilam R.
22 Muhibah Cake House
23 Yellow House R.
24 786 R.
25 Meena Curry House
26 Cafe Musium

Kota Bharu
Zentrum

0   100   200 m

Transport:
(2) Zentrale Busstation
(5) Überlandtaxis und
    Taxis in die nähere Umgebung
(6) MAS Office

die Regel. Einige haben ein Gemeinschaftszimmer mit TV, Video und Internet-Zugang.
Backpacker's Lodge (19), 2981-F, Jl. Padang Garong, gegenüber der HSBC Bank, ✆ 019-922 9595, ✉ backpackers_lodge@yahoo.com, im 2. Stock. Zi verschiedener Größe, Schlafsaalbetten 10 RM. Wäscheservice und Internet-Zugang. Sehr ungepflegt und recht unangenehme Atmosphäre. ❶ – ❷
KB Backpacker's Lodge No. 2 (23), 1872-D, Jalan Padang Garong. ✉ backpackerslodge2@yahoo.co.uk, ✆ 09-748 8841. Dunkle, nicht sehr saubere Zi mit Fan, Schlafsaalbetten 8 RM, Warmwasserduschen, Internet-Zugang, Dachgarten mit Bar. Recht ruhig. ❶–❷
Bunga Raya (18), Jl. Padang Garong, neben der Backpacker's Lodge. ✆ 09-748 9866. Neues, relativ sauberes Hostel. Zi mit Fan, Gemeinschafts-

Du/WC. Es stehen ständig Toast, Tee, Kaffee und Marmelade zur Selbstverpflegung bereit. Die Betreiber sind sehr nett und hilfreich. ❷

Preiswerte Hotels
Diese Hotels bieten, im Gegensatz zu den Gästehäusern, meist klimatisierte Zi mit Du/WC. Allerdings ist es häufig recht laut und auch die Sauberkeit lässt zu wünschen übrig.
An der **Jl. Dusun Raja** gibt es einige zweckmäßige Unterkünfte mit Zi um 35–50 RM mit Warmwasser-Du/WC, TV und AC, die allerdings überwiegend von Geschäftsleuten frequentiert werden:
KB Garden Hostel (2), 754 Jl. Dusun Raja, ✆ 09-748 5696, ✉ 748 1976, 21 saubere Zi mit AC, Du/WC. Preiswert. ❷

Star Family Hotel, 4210 Q-T Jl. Dusun Raja, ab Jl. Kebun Sultan, ✆ 09-748 6115, 📠 7482970, etwas abseits der Hauptstraße. Kleine Zi, manche mit Balkon. ❷

Indah Hotel ⑯, Jl. Tengku Besar, ✆ 09-748 5081, 📠 748 2788, vernünftige Zi mit TV, AC und Warmwasser-Du/WC. ❷

Mittelklasse

In diesen Hotels kann man den Zimmerpreis meist auf 80–100 RM herunterhandeln. Noch billiger sind Zi ohne Fenster. An die Sauberkeit müssen manchmal Abstriche gemacht werden.

Kencana Lodge ⑤, etwas außerhalb in der 316-24 Jl. Sri Cemerlang, ✆ 09-747 7222, 📠 744 0181, ruhig gelegen, kleine akzeptable Zi mit Du/WC, AC, TV und Telefon, chinesisches Restaurant und Foodcourt. ❷

Hotel Azam ㉔, 50 m neben der Central Bus Station, Jl. Padang Garong, ✆ 09-747 8800, 📠 747 7780, etwas muffige, sonst vernünftige, recht neue Zi. ❸

Z&H Inn ⑩, Jl. Bayam, ✆ 09-748 6977, 📠 748 7977, neueres Hotel mit 31 Zi mit AC, TV, Tel. ❸

Dynasty Inn ㉗, 2865-D Jl. Sultanah Zainab, ✆ 09-747 3000, 📠 747 3111, 📧 dynasty@tm.net.my. Modernes, mittelgroßes Hotel mit geschmackvollen Zi. Beim frühstücken auf der gepflegten Dachterrasse im 6. Stock kann man den schönen Blick auf den Fluss genießen. Chinesisches Restaurant im EG. ❹

Crystal Lodge ㉖, 124 Jl. Che Su, ✆ 09-747 0888, 📠 747 0088, 🖥 www.crystallodge.com.my, westlich des Zentrums, kleine Zi mit AC, Bad, Telefon und TV, Frühstück inklusive. Restaurant auf der Dachterrasse mit Blick auf den Fluss. ❸

Luxus

Die „offiziellen" Zimmerpreise in dieser Klasse müssen meistens nicht bezahlt werden, Rabatte sind möglich.

Renaissance ⑪, Jl. Sultan Yahya Petra, ✆ 09-746 2233, 🖥 www.marriott.com. Recht neues, erstklassiges Luxus-Hotel internationalen Standards der Marriott-Hotelkette. Hier trifft sich die Prominenz, und hier nächtigt das Bordpersonal der MAS. ❻

Perdana Hotel ⑨, Jl. Mahmood, ✆ 09-748 5000, 🖥 www.hotelperdana.com.my. Großes 4-Ster-ne-Hotel mit 178 Zi, die mit allem Komfort ausgestattet sind. Swimming Pool. ❺

New Pacific Hotel ⑥, Jl. Pengkalan Chepa, ✆ 09-745 6555, 🖥 www.newpacifichotel.com. my, ein unübersehbarer violett-grüner Hotelklotz, der hält, was er verspricht. Schöne Zi mit Marmorbädern und toller Aussicht auf die Innenstadt. Indoor-Pool und Jacuzzi. ❺

Grand Riverview Hotel ㉑, Jl. Post Office Lama, ✆ 09-743 9988, 📠 743 8383, 📧 grvh@tm.net.my. Elegantes First-Class-Hotel am Ufer des Kelantan-Flusses, das unter einem Mangel an Kapital und Gästen leidet. Schön eingerichtete Zi, Sonnenterrasse am Ufer und ein stilvoller Frühstückssaal. Bis dato sind einige Stockwerke ungenutzt geblieben, und auch der Pool ist seit Jahren im Bau. ❺

Im **Foodcourt** in der Jl. Mahmood, Ecke Jl. Bayam kann man bereits zum Frühstück eine Reissuppe bekommen. Tagsüber sind zudem zahlreiche Essenstände im Markt geöffnet. Kleine Freiluft-Restaurants mit malaiischen Spezialitäten und besonders guten *Roti Canai* befinden sich an der Jl. Sultanah Zainab gegenüber der Großen Moschee. Auch Fastfood-Liebhaber kommen bei zwei **McDonald's** nördlich vom Nachtmarkt und im Einkaufszentrum **The Store**, Jl. Sultanah Zainab, Ecke Jl. Tok Hakim, auf ihre Kosten. Im anderen The Store, auf der Dato Perdana, ein **A&W**. Außerdem noch ein **Pizza Hut** an der Jl. Padang Garong.

In den beiden Filialen der Bäckerei **Muhibah**, Jl. Dato Pati und Jl. Pintu Pong, kann man sich aus einem Sortiment von Keksen, Salzgebäck und Kuchen das Gewünschte aussuchen und an Tischen in Ruhe mit einer Tasse Kaffee oder Tee genießen. In der Filiale in der Jl. Pintu Pong gibt es auch ein gutes vegetarisches Restaurant.

Restaurants sind im Zentrum nicht so dicht gesät, wie man zunächst meinen möchte.

Mehrere **chinesische Restaurants** an der Jl. Tok Hakim neben dem Grand Riverview Hotel. Hier wird an Nicht-Moslems auch Bier ausgeschenkt. Die meisten chinesischen Essenstände und Restaurants findet man an der oberen Jl. Kebun Sultan. An zahlreichen Ständen wird in

Nachtmarkt

Der **Nachtmarkt**, der vor Einbruch der Dunkelheit nördlich vom Pasar Besar aufgebaut wird, hält viele kulinarische Köstlichkeiten bereit. Von Sonnenuntergang bis Mitternacht wird hier an zahllosen Ständen gebrutzelt und gekocht, und es herrscht ein buntes Treiben, das man sich nicht entgehen lassen sollte. Die ausgewählten Gerichte kann man an bereitgestellten Tischen verzehren. Das Angebot ist groß und reicht von Murtabak über Currys und andere Gerichte bis zu bunten Kuchen, Obst und Getränken (kein Alkohol). Probieren sollte man definitiv das gegrillte Hühnchen *Ayam Percik* mit einer sehr leckeren Erdnusssoße. Traditionell wird mit der rechten Hand gegessen, daher stehen auf vielen Tischen Krüge mit Wasser zum Händewaschen. Löffel und Gabeln sind an einigen Ständen vorhanden. Während der Gebetszeit in der nahe gelegenen Moschee schließen die Händler gegen 19.30 Uhr ihre Stände, und auch die Gäste werden von der Religionspolizei für die Zeit des Gebets zum Verlassen des Platzes aufgefordert. Das verschafft den angrenzenden (offenen) Geschäften guten Umsatz.

riesigen Woks gebraten und aus gigantischen Töpfen brodelnder Brühe schmackhafte Suppe zubereitet. Interessante Atmosphäre.

STR Family Restaurant, Jl. Temenggong, ein gutes chinesisches Restaurant mit einer weiteren Filiale gegenüber der Hamzah Bus Station.

Sri Devi Restaurant, Jl. Kebun Sultan, bietet preiswertes und gutes indisches Essen an.

Meena Curry House, ein hervorragendes authentisches indisches Banana Leaf-Restaurant befindet sich an der Jl. Gajah Mati, nahe Jl. Sultanah Zainab, im südwestlichen Zentrum. Curry mit Gemüse und Hühnchen oder Lamm für 7 RM. Sehr freundlicher, aufmerksamer und hilfsbereiter Besitzer.

Nilam Restaurant neben Mohani's Inn, Jl. Temenggong, serviert große Portionen malaiischer Gerichte – guter Fisch, auch frisch gepresste Fruchtsäfte.

786 Restaurant und westlich davon das **Yellow House** an der südwestlichen Ecke der Kreuzung Jl. Gajah Mati / Jl. Sultanah Zainab sind recht beliebte vegetarische Restaurants.

Einkaufen

Einen guten Überblick über das **Kunsthandwerk** der Malaien vermittelt das **Kampung Kraftangan** am Sultanspalast. Neben dem Museum offeriert eine Hand voll Geschäfte Kunsthandwerk aus der Region. Die überhöhten Touristen-Preise sind verhandelbar.

In der Jl. Sultanah Zainab, kurz hinter der Jl. Zainal Abidin, verkaufen einige Läden Kelantan-**Silber** – vor allem Filigranarbeiten –, allerdings nicht billig.

Große Supermärkte und Einkaufszentren im Zentrum, z. B. in der westlichen Jl. Tok Hakim. Nahe der Hamzah Bus Station die riesige **K.B. Mall** mit großem Supermarkt, **A&W**, **KFC** und **Pizza Hut**.

Sonstiges

Autovermietungen

Avis, im Perdana Hotel, Jl. Mahmood, ☎ 09-748 4457.

Hawk Rent a Car, Kota Bharu Airport, ☎ 09-773 3824, ✉ 773 4013, 🖥 www.hawkrentacar.com, ⏰ Sa–Mi 8–17.30, Do 8–13 Uhr, Fr geschlossen.

Geld

Wechselschalter der **Maybank** am Pantai Timur Shopping Centre, Ecke Jl. Doktor, ⏰ tgl. 11–19 Uhr, ☎ 09-743 2615, ✉ 743 2617. Es werden Reiseschecks für 10 RM pro Transaktion getauscht. Wer nach Perhentian fährt, sollte sich mit ausreichend Bargeld eindecken.

Geldautomaten, die Euroscheckkarten mit Maestro-Symbol akzeptieren, findet man u. a. bei der **Maybank, MBF Finance**, 1121 Jl. Padang Garong, der **HSBC Bank**, Jl. Padang Garong, und der **Southern Bank**, 3764-5 Jl. Temenggong.

Immigration

Bei der Einreise aus Thailand gibt es ein 3-Monats-Visum an der Grenze. Wer verlängern will: **Immigration Office**, Wisma Persekutuan,

2. Stock, Jl. Bayam. ☎ 09-748 2126, ⏲ Do 8–12.45 und Sa–Mi 8–16 Uhr. Filiale gegenüber dem Tourist Information Centre über dem MAS Office.

Informationen

Das **Tourist Information Centre** am oberen Ende der Jl. Sultan Ibrahim, ☎ 09-748 5534, ✉ 748 6652, ist sehr hilfreich und hält ein reichhaltiges Angebot an Informationsmaterial bereit, das einen guten Überblick über Veranstaltungen, Touren, Ausflüge, Verkehrsverbindungen usw. vermittelt. Auch Kunsthandwerk aus der Region wird hier angeboten. Keine Zimmervermittlung. ⏲ So–Mi 8–13 und 14–16.45, Do 8–13 und 14–16.30 Uhr.

International Islamic Information Centre im Taman Hijau, Jl. Sultanah Zainab, ☎ 09-747 9376, ✉ mohgana@tm.net.my, Informationen und Beratung rund um Fragen zum Islam für Angehörige aller Religionen. ⏲ 10–18 Uhr, Fr geschlossen.

Internet

Mehrere Internet-Cafés im Stadtzentrum. Meistens werden 2–3 RM pro Std. verlangt.

Konsulate

Thai Consulate, 4426 Jl. Pengkalan Chepa, ☎ 09-744 0867, ist wichtig für alle, die noch kein Visum für die Einreise nach Thailand haben und dort länger als 30 Tage bleiben wollen. Drei Passfotos und 33 RM sind mitzubringen. ⏲ So–Do 9–12 und 14–15.30 Uhr. Grenzübergänge nach Thailand sind Rantau Panjang (Sungai Golok) und Kg. Pengkalan Kubor (Tak Bai).

Medizinische Hilfe

Klinik Liew, neben dem Mcnora Gh., der Arzt spricht Englisch. **Klinik Kota Bharu**, ☎ 09-748 5764, in der Jl. Dato Pati. **Kota Bharu Hospital**, ☎ 09-748 5533, ist hygienisch, groß und gut.

Polizei

Die **Tourist Police** ist unter ☎ 09-740 5513 von Sa–Do 8–16 Uhr zu erreichen. Ansonsten die Polizei in der Jl. Bayam, ☎ 09-748 5522, kontaktieren. Insgesamt ist Kota Bharu allerdings eine sichere Stadt, sodass die Hilfe der Polizei nur selten benötigt wird.

Post

Jl. Sultan Ibrahim und östlich vom Pasar Besar, dem großen Marktgebäude, ⏲ tgl. außer Fr 9–18 Uhr.

Touren und Kochkurse

Mr. Roselan vom Tourist Office bietet diverse Tages- und Halbtagstouren in die nähere Umgebung an, z. B. *River Cruises* auf dem Kelantan-Fluss mit Besuch in einem Fischerdorf und einem Kunsthandwerksbetrieb für *Wayang Kulit* von 10–13 Uhr ohne Mittagessen für 80 RM oder von 10–17 Uhr für 145 RM inkl. Mittagessen. Malaiisch kochen lernt man ebenfalls bei Roselan mit viel Vergnügen von 17.30–20.30 Uhr für 70 RM ab 2 Teilnehmern – Essen selbstverständlich inbegriffen.

Wäschereien

Eine kleine Wäscherei liegt versteckt in der Gasse hinter dem vegetarischen Restaurant, Jl. Tengku Chik, weitere sind in den Stadtplänen eingezeichnet.

Nahverkehr

Taxis

Taxistand vor dem Pasar Besar und in der Jl. Doktor. Ein Wagen kostet bei mind. 3 Std. Mietdauer 20 RM pro Std. bzw. 30 RM mit AC, zum Bahnhof Wakaf Bharu 15 RM bzw. 20 RM am frühen Morgen und zum Flughafen ab Hotel 20 RM; ab Taxistand 18 RM. Für kurze Strecken den Preis jeweils aushandeln. Die illegalen, überteuerten Taxis sollte man meiden. Echte Taxis haben immer ein Schild auf dem Dach.

Trishaws

Nur noch wenige Fahrradrikschas quälen sich durch den dichten Autoverkehr. Sie warten vor allem westlich vom Pasar Besar auf die mit Waren bepackten Händlerinnen.

Transport

Busse

Busse in die Umgebung ab der zentralen Bus Station in der Jl. Hilir im 30-Min.-Takt. Sie kosten je nach Entfernung zumeist 1–4 RM. Abends starten hier auch die Fernbusse von Transnasional. Nach Tumpat und Wakaf Bharu Nr. 19 und 27. Zum Airport Nr. 8 und 9.
Zur Grenze nach Rantau Panjang mit Bus Nr. 29 für 4 RM.
Nach Pengkalan Kubor (Tak Bai) Nr. 43 für 2 RM. Zur Pulau Perhentian zuerst nach Pasir Putih für 4 RM mit Bus Nr. 3 und weiter nach Kuala Besut für 2 RM mit Bus Nr. 96.

Fernbusse

An der **zentralen Bus Station** erhält man an den Schaltern Nr. 1 und 2 gegenüber dem Sendeturm detaillierte Auskünfte über die wichtigsten Verbindungen: Johor Bharu mit *Transnasional* um 20 Uhr für 45 RM, KUALA LUMPUR um 9, 20 und 21 Uhr für 31 RM, BUTTERWORTH / PENANG um 9 und 21.30 Uhr für 28 RM und nach GERIK für 17 RM, nach ALOR SETAR um 9 und 21.30 Uhr für 27 RM.
Von der **Langgar Bus Station**, Jl. Sultan Yaha Petra, fahren die Transnasional-Busse ab. KUALA LUMPUR um 8.30, 9, 21 und 21.30 Uhr für 31 RM, SINGAPORE mit dem Business-Bus um 20 Uhr in 10–12 Std. über Johor Bharu für 58 RM, BUTTERWORTH / PENANG um 9, 21.30 und 22 Uhr für 28 RM, KUALA PERLIS (Langkawi) um 8 und 21.30 Uhr für 30 RM.
Von der **Hamzah Bus Station**, Jl. Hamzah, fahren private Busgesellschaften. BUTTERWORTH / PENANG um 10 und 22 Uhr für 27 RM in 8 1/2 Std., Alor Setar um 22 Uhr für 27 RM, KANGAR um 22 Uhr für 30 RM und KUALA LUMPUR um 8, 9 und 21 Uhr für 31 RM.

Überlandtaxis

Überlandtaxis fahren südlich des Sendeturms in der Jl. Doktor, in der Jl. Suara Muda sowie in der Jl. Hilir Pasar nördlich vom Markt ab. Informationen und Reservierungen unter ☎ 09-748 1386. Preise gelten jeweils ohne AC für bis zu 4 Pers.: Rantau Panjang 24 RM, Kuala Besut 32 RM (viele Taxifahrer versuchen Gäste nach Tok Bali zu fahren, was man nicht akzeptieren sollte), KUALA LUMPUR 320 RM, GERIK 160 RM, Butterworth 250 RM, PENANG 320 RM, ALOR SETAR 300 RM.

Eisenbahn

Die Bahnlinie verläuft jenseits des Flusses, der nächste Bahnhof befindet sich in Wakaf Bharu, ca. 3 km westlich des Zentrums. Zu erreichen mit Bus Nr. 19 oder 27 für 1 RM von der zentralen Bus Station. Endstation der Linie in den Nordosten ist Tumpat, ☎ 09-7257232, 17 km weiter nordwestlich. Aktuelle Fahrpläne sind im Tourist Office oder am Bahnhof von Wakaf Bharu, ☎ 09-7196986, ⊙ tgl. 8–18 Uhr, sowie unter 💻 www.ktmb.com.my, erhältlich. Taxi ab Kota Bharu 15 RM. Plätze im *Ekspres* frühzeitig reservieren. Die angegebenen Preise gelten für Economy / 2. Klasse. In den Nachtzügen sind zusätzlich für eine Liege oben 7,50 RM und unten 10 RM zu zahlen. Sie können nur für längere Strecken ab Gemas gebucht werden. Taxis von Wakaf Bharu nach Kuala Besut kosten 35–40 RM. Der Nachtzug *Ekspres Wau* verkehrt tgl. um 18.46 Uhr ab Wakaf Bharu über Gua Musang (22 Uhr) für 12 / 15 RM, KUALA LIPIS (23.34 Uhr) für 16 / 19 RM, JERANTUT (0.36 Uhr) für 18 / 22 RM und gemas (3.53 Uhr) für 24 / 30 RM nach KUALA LUMPUR für 36 / 46 RM, wo er um 7.25 Uhr ankommt. Zurück ab Kuala Lumpur tgl. um 20.30 Uhr, Ankunft in Wakaf Bharu um 10.04 Uhr. Dieser Zug verfügt zudem über komfortable Kabinen (2 Plus), für die etwa der doppelte Preis eines 2.-Klasse-Tickets verlangt wird, für den Schlafplatz unten noch 5 RM extra. Nach SINGAPORE nur mit dem Nachtzug *Ekspres Timuran* um 20.31 Uhr von Wakaf Bharu über GEMAS (8 1/2 Std.) nach JOHOR BHARU (11 1/2 Std., 47 / 52 RM) und Singapore um 11 Uhr für 49 / 54 RM. Zurück ab Singapore um 18.15 Uhr, Ankunft in Wakaf Bharu um 8.42 Uhr.

Flüge

Der **Sultan Ismail Petra Airport** liegt 8 km östlich der Stadt. Ein Taxi kostet 26 RM direkt vom Flughafen und 15 RM von außerhalb des Geländes. Coupon-Taxi nach KUALA BESUT 46 RM.

MAS-Office im Erdgeschoss des Kompleks Yakin an der Jl. Gajah Mati, ✆ 09-748 3477. Bis zu 5x tgl. MAS-Flüge nach KUALA LUMPUR 158 RM (Nachtflug 111 RM), von dort weitere Verbindungen. **Air Asia** fliegt ebenfalls 4x tgl. zum LCC-Terminal in Kuala Lumpur zu günstigeren Preisen, Buchungen über 🖳 www.air asia.com. Das Reisebüro **Teraju**, Jl. Bayam, verkauft Tickets. **Firefly** fliegt 2x tgl. nach PENANG. Buchungen unter 🖳 www.fireflyz.com.

Im Grenzgebiet

Wer nicht sofort nach Thailand weiter muss, kann noch einige hübsche Abstecher diesseits der Grenze unternehmen: **Pasir Mas**, jenseits des Kelantan-Flusses, lohnt wegen seines schönen Marktes einen Besuch. Kurz hinter dem Ort zweigt von der Hauptstraße Nr. 3 Richtung Rantau Panjang eine Nebenstraße rechts nach Repek ab. Nach 1,6 km dem Hinweisschild folgend gelangt man noch vor der Bahnlinie links nach 1 km zum **Wat Uttamaram**, einem besonders schönen, mit bunten, fantasievollen Figuren versehenen Thai-Tempel in friedlicher Umgebung. Die Asphaltstraße führt weiter zum Wat Phothivihan.

Nördlich des Ortszentrums von **Rantau Panjang** führt die Straße direkt zu dem großen Grenzübergang für Autos. Da weder malaysische Taxis noch Busse hinüber fahren, überquert man die Grenze zu Fuß. 200 m rechts vor der Grenze warten an einem Platz mit einigen Restaurants malaysische Überlandtaxis auf Passagiere aus Thailand, hier halten auch die Überlandbusse. Angenehmer vertreibt man sich die Wartezeit jedoch unten im Ort.

Im kleinen Grenzort **Pengkalan Kubor** verkehren Personenfähren über den Grenzfluss für 1 RM / 10 Baht p. P. tgl. 6–19 Uhr nach **Tak Bai** in Thailand.

Unterhalb des neuen Grenzübergangs, im Zentrum von Rantau Panjang, gibt es ein Postamt und mehrere Restaurants sowie eine zentrale Bus Station. Die Grenze ist zwischen 22 und 5 Uhr geschlossen.

Geld

Wer ein paar Thai-Baht oder Ringgit vorsorglich in Rantau Panjang beim Money Changer wechseln möchte – gute Kurse im **Fuji Fotoshop**. Malaysische Ringgit gibt es bei der **Maybank** im Zentrum, Lot P.T. 192, die auch über einen Geldautomaten verfügt.

Wer am Freitag **von Thailand nach Malaysia** kommt und keinen Geldautomaten nutzen kann, sollte in Rantau Panjang einige Banknoten in Ringgit eintauschen.

Transport

In Malaysia

Ab Rantau Panjang verkehren tgl. Überlandbusse nach KUALA LUMPUR um 20 Uhr für 26 RM. Bessere Verbindungen bestehen ab Kota Bharu. Nach KOTA BHARU mit Bus Nr. 29 bis gegen 18 Uhr für 4 RM über PASIR MAS (2 RM). Sammeltaxis kosten nach KOTA BHARU 24 RM, nach KUALA BESUT 75 RM.

In Thailand

Vor der Fahrt mit dem Zug oder dem Bus von Sungai Golok in andere Orte Thailands sollte man sich über die aktuelle Sicherheitslage informieren.

Nach HAT YAI fahren jede Std. von 7–17 Uhr **Minibusse** für 210 Baht in 4 Std. (Tickets schräg gegenüber vom Bahnhof an der Hauptstraße, daneben eine Wechselstube, an Wochenenden geöffnet).

Alle übrigen **Busse** fahren von der Bus Station ab.

Zugverbindungen siehe Kota Bharu.

Von **Tak Bai** fahren Busse für 18 Baht und Überlandtaxis nach NARATHIWAT (s. S. 690). Grenze ⏱ tgl. 6–19 Uhr.

Pulau Perhentian

Zwei dschungelbewachsene Felsrücken heben sich etwa 25 km vor der Küste von Kuala Besut aus dem Meer, hier und da gesäumt von kleinen Stränden, manche völlig einsam, manche mit kleinen Hütten unter Kokospalmen – ganz so, wie man sich ein tropisches Traum-Szenario vorstellt. An vielen Stellen ist das Wasser kristallklar, beim Schnorcheln und Tauchen entdeckt man noch stattliche Korallen, selbst Schildkröten gehen manchmal nachts an Land. Ansonsten gibt es nur Sonne, Wind, das schrille Zirpen der Zikaden vom Dschungel her und das ein oder andere Boot, das auf dem Wasser seine Kreise zieht. Noch geht es auf den beiden Inseln **Perhentian Kecil** und **Perhentian Besar** relativ beschaulich zu. Kein großes Nachtleben, keine Disco, keine Bierkneipen, tagsüber manchmal nicht einmal Strom.

Als die erste Auflage dieses Buches erschien, war Pulau Perhentian noch ein weißer Fleck auf der touristischen Landkarte. Ein zweites Tioman scheint bevorzustehen, denn das Interesse an Perhentian hat merklich zugenommen. An Feiertagen, verlängerten Wochenenden und in der Hauptsaison im Juli / August gibt es oft nicht genügend Unterkünfte – kein Wunder, dass Bungalowsiedlungen wie Pilze aus dem Boden geschossen sind und mit zunehmend besserer Ausstattung aufwarten. Die knappen natürlichen Wasservorräte verhinderten allerdings die weitere Ansiedlung von touristischen Einrichtungen. Eigentlich möchte man den beiden reizvollen Inselchen nicht noch mehr Touristen wünschen.

Perhentian Besar

Wie der Name schon sagt, die größere und, wenn man so will, „erschlossenere" der beiden Inseln. Am **Teluk Pauh**, dort wo das Island Resort steht, gibt es den schönsten Strand mit feinem, weißem Sand und Wasser so klar wie in einem Swimming Pool. Südlich davon erstreckt sich ein langer, von Korallenschrott durchsetzter Strandstreifen, der an einigen Stellen durch Felspartien unterbrochen ist. An diesem geschützten Hauptstrand, der sich entlang der Meerenge zwischen den beiden Inseln erstreckt, ist das Wasser

Regenzeit

Die meisten Unterkünfte sind während der Regenzeit von November bis Januar geschlossen. Dann sollten Gäste keine kulinarische Vielfalt erwarten und darauf eingestellt sein, auch mal einen Tag auf das Boot zu warten, da die Verbindungen unregelmäßig sind.
Eine empfehlenswerte, allerdings nicht immer aktuelle Website mit sämtlichen Unterkünften auf den beiden Inseln ist ⌨ www.paradise.com.my.

meist ruhig und von einer türkisgrünen Farbe. Hier befinden sich die meisten besser ausgestatteten Bungalowsiedlungen und es ist am meisten los. Viele Boote, die Touristen vom Festland auf die große Insel bringen, laufen zunächst die Anlagen im Süden und Osten an, bevor sie ihren Weg zum nördlichen Abschnitt des Hauptstrandes fortsetzen.

Ein ausgeschilderter **Dschungelpfad** führt von der Bucht südlich des staatlichen Guest House über den Bergrücken auf die andere Seite zur Flora Bay. Er beginnt südlich der zweiten Jetty hinter dem Café. Nach 25 m knickt er vor dem Haus, das von der *Tropical Forest Research Unit* genutzt wird, rechts in das Grasland ab. Nach ca. 50 m geht es von der Hinterseite der verfallenen Hütte den Berg hinauf. Der Pfad ist nicht so leicht zu finden und etwas zugewachsen. Er endet am Everfresh Beach Resort. Der Abstieg auf der anderen Seite ist relativ steil, aber es ist ein schöner, insgesamt etwa halbstündiger Weg durch die Natur mit vielen laut zirpenden Grillen. Unterwegs können mit etwas Glück große Bindenwarane, Eichhörnchen, elegante Gleitflieger und träge Lemuren beobachtet werden.

Teluk Dalam (Flora Bay), auf der anderen Seite, ist eine weit geschwungene Bucht mit einem schönen, weißen Strand und Schatten spendenden Kasuarinen, allerdings ist das Wasser hier zum Schwimmen bei Ebbe zu flach, und die Korallen sind weitgehend zerstört.

Wer von hier den Weg zum Perhentian Island Resort finden will, wendet sich am Flora Bay Resort 2 landeinwärts und am Wasserwerk vorbei. Die ersten 15 Min. folgt man der Schneise von der Wasseraufbereitungsanlage den Berg hinauf und biegt dann rechts auf einen unmarkierten Fußpfad ab, der am Tennisplatz des Perhentian Island Resorts endet. Man gelangt nach insgesamt etwa 30 Min. durch den Dschungel zum Island Resort. Am Island Resort wurde zudem ein schöner halbstündiger **Dschungel-Rundweg** und ein weiterer, schwierigerer **Wanderweg**, der an die 2 Stunden dauert, angelegt. Die anderen Strände rund um Perhentian Besar sind (noch) unbewohnt und nur mit dem Boot zu erreichen. Viele haben hervorragende Schnorchel-Ecken.

Perhentian Kecil

Hier gibt es den einzigen Ort, **Kampung Pasir Hantu**, bestehend aus einer Ansammlung von Holzhäusern, viel Müll, einem neuen Pier, der kaum genutzt wird, einer Polizeistation, einer Krankenstation mit nicht allzu qualifiziertem Personal und der Moschee. Über einen schmalen Fußweg (20 Min.) gelangt man vom südlichen Dorfrand an der steilen Küste entlang nach **Pasir Petani**, einem kleinen, von Kokospalmen gesäumten, gelblichen Sandstrand mit zwei Bungalowanlagen. Ab hier verläuft ein Dschungelpfad entlang der Westküste von einem Strand zum nächsten. Die hier einsam liegenden Unterkünfte sind jedoch, insbesondere mit Gepäck, am besten mit dem Boot zu erreichen.

Einige Kilometer nördlich vom Dorf befindet sich der **Pasir Panjang** (Long Beach), der längste und schönste Sandstrand der Insel. Er bietet wenig Schatten, und die ersten Sonnenschirme sind bereits aufgetaucht. Die bemerkenswerte Dichte von Unterkünften am südlichen Strandende lässt sich mit der Beliebtheit begründen, die der Long Beach bei vorwiegend jungen Travellern genießt. Es herrscht eine entspannte Atmosphäre.

Hier kann während der Regenzeit das Baden aufgrund nicht kalkulierbarer Strömungen sehr gefährlich sein und viele Unterkünfte sind geschlossen. Das ganze Jahr über kommt es vor, dass der Strand bei hohem Wellengang von den Fährbooten nicht angesteuert werden kann. Dann muss man den Weg über einen gut ausgetretenen Pfad (auch mit Gepäck kein Problem) von **Teluk Aur** (Coral Bay) hierher in 15 Min. laufen. Oft kreuzen große Bindenwarane den Pfad.

In der Bucht ankern viele Boote und man kann gut tauchen, aber der Strand ist nicht ganz so attraktiv wie auf der Ostseite. Auch hier wurden größere Anlagen erbaut, wodurch Wasserprobleme auftreten. Im Vergleich zum Long Beach ist Coral Bay geruhsamer, malaiischer und zum Entspannen geeigneter.

Am nördlichen Ende der Insel liegt **Teluk Kerma**, ebenfalls eine sehr einsame Bucht. Das Wasser ist hier seichter, aber die Schnorchelmöglichkeiten sind prima. Ansonsten sind nur noch eine der vielen Buchten im Osten und einige wenige im Süden bewohnt. Alle anderen sind einsam – noch jedenfalls.

Während der **Hauptsaison** von Juli bis August und in den malaysischen Schulferien kann es schwierig werden, günstige Unterkünfte auf den Inseln zu finden. Deshalb unbedingt vorab reservieren! In der Regenzeit hingegen sinken die Preise erheblich. Die Büros am Hafen haben Fotos und andere Informationen über die Anlagen. Sämtliche Unterkünfte betreiben Generatoren, die am Tage vielleicht noch unbemerkt bleiben, da sie manchmal nur abends laufen. Es zahlt sich bei der Wahl des Chalets aus, wenn man den Standort des Generators kennt! Klimaanlagen und Warmwasser sind auf den Inseln der reine Luxus.

Perhentian Besar, Westküste
Von Norden nach Süden
Perhentian Island Resort ⑲, ✆ 09-697 7562, 697 7619, 03-2144 8530 (Kuala Lumpur), ✆ 697 7199, 03-2143 4984 (Kuala Lumpur), 🖥 www.perhentianresort.com.my, günstig über deutsche Veranstalter buchbar, die größte Anlage auf Perhentian mit einem eigenen feinen Sandstrand. 106 Zi in gepflegten Chalets zwischen Strand und Dschungel. Sie wirken nicht überdimensioniert. Schattiger Tennisplatz, Pool in beschaulicher Grünanlage und Restaurant, über das wir widersprüchliche Kommentare erhielten. Richtig komfortabel sind die Suiten am Meer mit großer Badewanne und Warmwasser, das über Solarzellen beheizt wird. American Express, Visa- und Mastercard werden akzep-

Nord-Malaysia

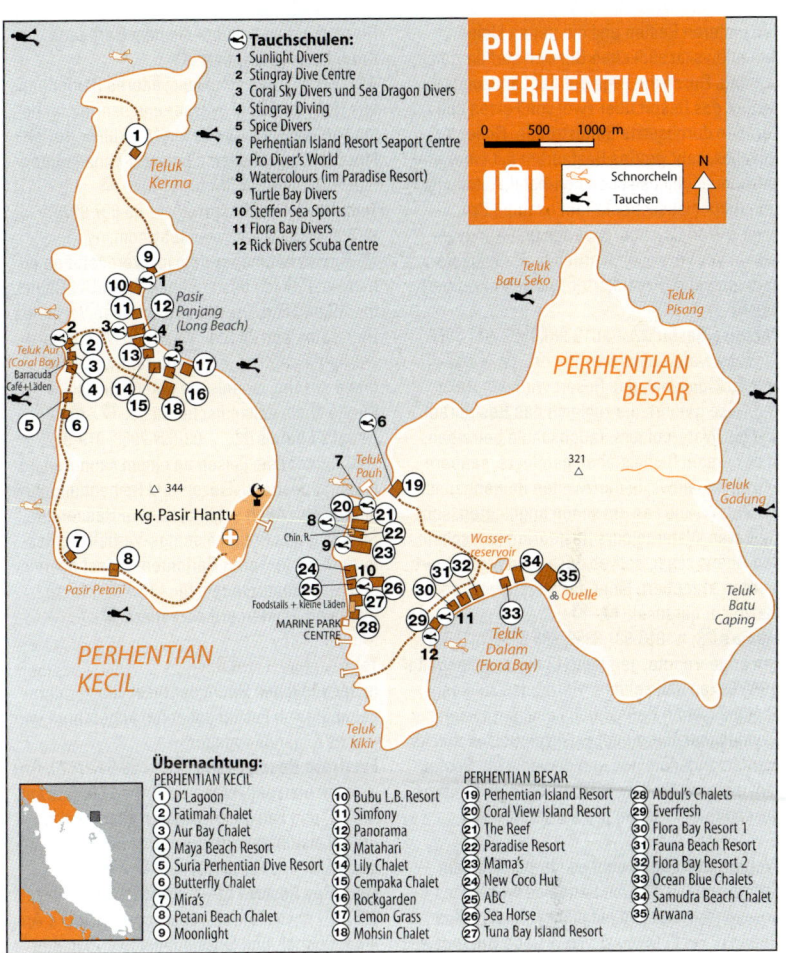

Tauchschulen:

1 Sunlight Divers
2 Stingray Dive Centre
3 Coral Sky Divers und Sea Dragon Divers
4 Stingray Diving
5 Spice Divers
6 Perhentian Island Resort Seaport Centre
7 Pro Diver's World
8 Watercolours (im Paradise Resort)
9 Turtle Bay Divers
10 Steffen Sea Sports
11 Flora Bay Divers
12 Rick Divers Scuba Centre

PULAU PERHENTIAN

0   500   1000 m

N

Schnorcheln
Tauchen

Teluk Kerma

Teluk Batu Seko

Teluk Pisang

PERHENTIAN BESAR

Teluk Gadung

Pasir Panjang (Long Beach)

Teluk Aur (Coral Bay)
Barracuda Café + Läden

Teluk Pauh

321

Teluk Batu Caping

△ 344

Kg. Pasir Hantu

Chin. R.

Wasser-reservoir

Quelle

Pasir Petani

Foodstalls + kleine Läden

MARINE PARK CENTRE

Teluk Dalam (Flora Bay)

PERHENTIAN KECIL

Teluk Kikir

Übernachtung:

PERHENTIAN KECIL
1 D'Lagoon
2 Fatimah Chalet
3 Aur Bay Chalet
4 Maya Beach Resort
5 Suria Perhentian Dive Resort
6 Butterfly Chalet
7 Mira's
8 Petani Beach Chalet
9 Moonlight
10 Bubu L.B. Resort
11 Simfony
12 Panorama
13 Matahari
14 Lily Chalet
15 Cempaka Chalet
16 Rockgarden
17 Lemon Grass
18 Mohsin Chalet

PERHENTIAN BESAR
19 Perhentian Island Resort
20 Coral View Island Resort
21 The Reef
22 Paradise Resort
23 Mama's
24 New Coco Hut
25 ABC
26 Sea Horse
27 Tuna Bay Island Resort
28 Abdul's Chalets
29 Everfresh
30 Flora Bay Resort 1
31 Fauna Beach Resort
32 Flora Bay Resort 2
33 Ocean Blue Chalets
34 Samudra Beach Chalet
35 Arwana

tiert. Das Resort organisiert für 15 RM p. P. geführte Wanderungen. Neben dem Tennisplatz beginnen der Dschungelpfad in Richtung Flora Bay und der schwierigere 2-stündige Rundweg. Im Seasports Centre können neben anderen Wassersportarten auch Tauch- und Schnorcheltrips organisiert werden. **6**

Coral View Island Resort ⑳, ☏ 019-903 0943, ✆ 903 0200. Reservierungen in Kuala Besut: ☏ 09-697 4276, ✆ 690 2600. Schon von weitem

an den blauen Dächern zu erkennen; eine große Anlage mit schönen, aber leider überteuerten Chalets mit Veranden, Du/WC, Fan oder AC. Da die Häuser qualitativ sehr unterschiedlich sind, sollten sie nicht unbesehen gebucht werden: Eine Hand voll liegt in direkter Nachbarschaft des auch tagsüber laufenden Generators in Richtung *The Reef* und an einem Abwasserrinnsal, andere preiswerte Fan-Hütten sind in einen Steilhang gebaut. Die Chalets in den hinteren Reihen und die neuen kleinen Bungalows im südlichen Bereich stehen ziemlich eng. Durch die Lage auf der Landzunge verfügt das Resort über zwei von Felsen und Korallen durchsetzte Sandstrände. Beliebtes, stilvolles, sehr großes Restaurant mit einer abgetrennten chinesischen non-halal-Abteilung, kein Alkoholausschank. Tauchschule Pro Diver's World, Schnorcheltrips und Kanuverleih. In der Vorsaison werden großzügige Rabatte gewährt. Kreditkarten werden akzeptiert. ❹–❻

Paradise Resort ㉒, ℡ 019-981 1852, 911 3852, 🖳 www.watercoloursworld.com, ✉ water colours@gmx.net, das Resort wird von Anke und Mike geführt, die zugleich das Restaurant und die Watercolours-Tauchschule betreiben. In der ersten Reihe stehen gepflegte, saubere Einzelbungalows, in der zweiten Reihenhäuser mit Du/WC und Fan. Im schön angelegten, sehr sauberen Watercolours Restaurant herrscht jeden Abend reger Betrieb. Visa- und Mastercard werden akzeptiert. Einer der angenehmsten Plätze auf der Insel! ❷–❸

Mama's ㉓, ℡ 019-981 3359, 985 3359, in 3 Reihen angeordnete, gepflegte Chalets, gekachelte Du/WC, Fan und schöner Holzboden zu einem angemessenen Preis. Auch Familienzimmer. Freundlicher, hilfreicher Besitzer. Reiseschecks werden angenommen und gewechselt. Restaurant mit abendlichem BBQ. Unbedingt die dazu passende Kokossoße probieren! ❷–❸

Weiter nach Süden geht es nur bei Ebbe am Strand entlang (nur mit Sandalen wegen des Korallenschrotts und möglichst ohne großes Gepäck). Ein Fußweg zur New Coco Hut (das alte Cozy Chalet ist geschlossen und zerfällt) beginnt hinter Mama's und führt über den Felsen durch den Dschungel zumeist an der Pipeline entlang. Bequemer geht es mit dem Boot.

New Coco Hut ㉔, ℡ 09-697 7988, 019-910 5019, 🖳 www.cocohuttravel.com, chinesisches Management. Schöne Chalets mit Meerblick, in der hinteren Reihe A-frame-Hütten mit WC und sauberen Gemeinschafts-Du/WC. Die Langhauszimmer liegen teilweise direkt neben dem lauten Generator. Alle Zi mit AC, aber etwas überteuert. Großes, beliebtes Restaurant mit

Bierverkauf und allabendlichem Barbecue. Kreditkarten akzeptiert. ❹

ABC Gh. ㉕, zweistöckiges, älteres Reihenhaus aus Holz, direkt am Wasser und sehr einfache Zi mit Fan und Du/WC, alle mit Meerblick, vor allem von Langzeitgästen belegt. Schnelle Internet-Verbindung, 4 RM für 10 Min. ❶

Tuna Bay Island Resort ㉗, ℡ 09-697 9779, ✆ 690 4863, 🖳 www.tunabay.com.my, ✉ survivor@tunabay.com.my, vermietet an einem mit Palmen bestandenen Strand 44 Chalets mit AC und Fan, Du/WC und schönen Veranden. Generator läuft 24 Std., Visa- und Mastercard werden akzeptiert. Im Restaurant westliche, thailändische, japanische und chinesische Küche. Viele holländische Gäste. ❺–❻

Abdul's Chalets ㉘, ℡ 09-697 7058, 019-912 7303, hinter dem Felsen an einem sauberen, ruhigen Sandstrand, Einzel- und Reihenbungalows mit Du/WC. Auch schöne, neuere Häuser am Strand, gutes Preis-Leistungs-Verhältnis. Restaurant mit leckeren Gerichten. Wäscheservice und Moskitonetzverleih für 4 RM pro Nacht. Visa- und Mastercard akzeptiert. ❷

Teluk Dalam (Flora Bay)

In der südlichen Bucht der Insel, die nur unregelmäßig von Festlandsbooten angefahren wird, gibt es folgende Anlagen:

Everfresh Beach Resort ㉙, ℡ 09-697 7620. Anlage mit blau gedeckten, sauberen Chalets mit Du/WC und Fan und A-frame-Hütten. Gutes Preis-Leistungs-Verhältnis. Restaurant, günstiges Barbecue für 15 RM p. P. ❶–❷

Flora Bay Resort 1 ㉚, ℡ 09-697 7266, ✆ 697 7267, 🖳 www.florabayresort.com, saubere Anlage. Duppel- und Einzelbungalows, Zi in doppelstöckigen Langhäusern mit jeweils 2 Veranden (eine mit Dschungelblick!), alle mit Du/WC und Fan, sehr geräumig, Suiten mit AC. Tägliche Zimmerreinigung, Internet-Zugang, Restaurant, kein Alkohol. Visa- und Mastercard werden akzeptiert. Freundlicher Service und gutes Preis-Leistungs-Verhältnis. ❷–❹

Fauna Beach Chalet ㉛, ℡ 09-697 7607, 019-966 8623, ✆ 697 7507, größere Holzbungalows mit Du/WC und Fan, teure Zi mit AC. 24 Std. Stromversorgung. Großes Restaurant. Mittags und abends günstiges *set lunch / dinner*. ❷–❹

Pulau Perhentian Besar, die größere der beiden dschungelbewachsenen Inseln

Flora Bay Resort 2 ㉜, die zweite Anlage, weitere Details siehe S. 753. ❷–❹

Ocean Blue Chalets ㉝, ✆ 012-634 6012, 🖥 www.dive.to/oceanblue, 10 saubere Bungalows mit Du/WC. Eigene Tauchschule, Ermäßigungen für Taucher, Zi für Tauchschüler gratis. ❶–❷

Arwana Resort ㉟, ✆ 09-752 1741, ✆ 785 9596, 🖥 www.arwanaperhentian.com.my, riesige, neue 4-Sterne-Anlage mit 180 Zi. Alle Zi mit AC, TV, Warmwasser-Du/WC. Gutes Restaurant, großer Swimming Pool. Auch Schlafsaalbetten für 25 RM p. P. ❹–❺

Perhentian Kecil, Norden und Westküste

Hier kann man wirklich seine Ruhe haben, und das trifft auf alle Strände zu. Einige wenige Unterkünfte bieten noch sehr billige, einfache Hütten mit Moskitonetzen, ohne Du/WC und Fan an. Es überwiegen jedoch die teureren Anlagen mit Du/WC, in denen meist nicht nur nachts, meist etwas abseits installiert, Generatoren laufen.

D'Lagoon ①, ✆ 09-697 7549, 019-985 7089, einsam an der Teluk Kerma gelegen, 2 A-frame-Hütten mit Fan und Gemeinschafts-Du/WC, 14 Standard-Bungalows mit Fan und Du/WC. Außerdem Zi im Langhaus und Schlafsaal-

betten für 10 RM. Sehr sauber. Schöne Sonnenaufgänge, gut zum Schnorcheln. Baumhaus, Restaurant mit Alkoholausschank. ❶–❷

Fatimah Chalet ②, ✆ 019-923 2730, 10 saubere Holzbungalows mit Fan, Du/WC und Netz. Schlafsaalbetten für 15 RM. Kleines Café, Amelia Shop nebenan wechselt Bargeld zu schlechten Kursen, Boots- und Schnorchelausflüge. ❷

Von hier aus geht es auf einem leichten Weg in 10 Min. **zum Long Beach**.

Maya Beach Resort ④, ✆ 019-924 1644, ✉ mayabeachresort@yahoo.com. Recht neue, weitläufige Anlage, 2 Doppelbungalows mit Veranda und Meerblick und 12 zurückversetzte Zi in Reihenhäusern. Alle mit Fan und Du/WC. Kleine Teeküche mit Bänken und Tischen am Strand. ❷–❸

Suria Perhentian Dive Resort ⑤, ✆ 09-697 7960, 🖥 www.suriaresorts.com, ✉ sales@ suriaresorts.com. Insgesamt 52 Zi mit AC und Du/WC, einige auch mit Fan. Strom- und Wasserprobleme, dadurch eingeschränkte Versorgung. Eng aneinander stehende Doppelbungalows am Ende der Bucht, teilweise am Meer, aber auch auf Felsen, fehlende Fußwege, malaiisch gemanagt. Visa- und Mastercard akzeptiert. Tauchzentrum. ❹–❺

Butterfly Chalet ⑥, ✆ 013-956 3082, alle Zi mit Du/WC, Strom 18–6 Uhr, etwas ungepflegt, aber recht günstig. ❷

Die folgenden Unterkünfte können jeweils nur über felsige Küstenabschnitte am besten mit dem Boot erreicht werden:

Mira's ⑦, ✆ 019-967 2349, in einsamer Lage an einem kleinen eigenen Strand, nur per Boot zu erreichen. Billige Hütten im Robinson-Crusoe-Stil in verschiedenen Größen mit Elektrizität von 18–23 Uhr, mit und ohne Du/WC. Verleih von Schnorchelausrüstung und Kanus. Abends essen Gäste im Kreise der Familie. Es gibt ausgesprochen leckeres Essen und üppige Portionen. ❶–❷

Petani Beach Chalets ⑧, ✆ 019-313 3887, sympathische, kleine Anlage, wo man in aller Ruhe unter sich ist. Luftige, geräumige Holzhäuser mit Moskitonetzen, Du/WC und Fan in traditioneller Bauweise, Restaurant, ein Boot für Ausflüge steht zur Verfügung. Telefonische Anmeldung wird empfohlen. ❸

Perhentian Kecil, Long Beach

Die Umwelt leidet, besonders am Long Beach, erheblich unter der wachsenden Zahl von Bungalows und Touristen auf der Insel. Die Ziehbrunnen trocknen zeitweise fast völlig aus, sodass man nur noch feuchten Sand herausbefördert. Die Abwässer aus den Küchen fließen oft ungeklärt ins Meer.

Moonlight ⑨, ✆ 019-985 8222, 24 einfache Hütten am Hang mit und ohne Du/WC, teilweise etwas düster, viele Moskitos und 3 teurere geräumige Holzhäuser. Restaurant im Schatten eines alten Baums, abends Barbecue. Familiäre Atmosphäre. Eigenes Schloss verwenden und abgegebene Wertsachen quittieren lassen. ❷–❹

Simfony ⑪, ✆ 012-778 0976, eine große Ansammlung von sehr einfachen A-frame-Hütten mit Gemeinschafts-Du/WC, Schließfächer vorhanden. Betreibt schnelle Boote nach Tok Bali, s. S. 756. ❶–❷

Panorama ⑫, ✆ 09-697 7542, etwas zurückversetzt auf weitläufigem, schön gestaltetem Gelände am Hang, unterschiedliche Hütten z. T. mit Attap-Dächern mit und ohne Du/WC, Moskitonetz, Fan, teuerste Zi mit AC. Video, Batikkurse, Souvenirshop, Tischtennis, 2 Billardtische,

Internet 5 RM/15 Min. Insgesamt 23 Bungalows. Restaurant. ❶–❹

Matahari ⑬, ✆ 019-987 5002, weitläufige, bei Travellern beliebte Anlage, A-Frame-Hütten und Chalets mit Netz, Hängematte und Du/WC, günstiger sind die Zi im Langhaus mit Gemeinschafts-Du/WC. Kundendienst wird hier großgeschrieben: Video, Büchertausch, Schließfächer, Wäscheservice, Restaurant. ❷–❸

Cempaka Chalet ⑮, ✆ 017-912 0522, auf einer kleinen Wiese A-frame-Hütten mit Moskitonetz und Gemeinschafts-Du/WC, daneben neuere Bungalows mit Du/WC. Preiswert. Tauchschule Spice Divers. ❷

Rockgarden ⑯, ✆ 013-937 2538, besteht aus sehr einfachen und billigen A-frame-Hütten auf dem Felsen oberhalb des Strandes mit Moskitonetz und Veranda. Das Wasser für die Gemeinschafts-Duschen kommt aus dem Brunnen. ❶

Lemon Grass ⑰, ✆ 012-956 2393. 16 sehr eng beieinander stehende Bungalows mit Moskitonetzen. ❷

Mohsin Chalet ⑱, ✆ 019-913 2525, 🖷 019-910 3597, ✉ mohsinchalets@yahoo.com. Gepflegte Anlage am Hang, Doppelbungalows aus Bambusgeflecht mit sehr schönem Ausblick, 24 saubere Zi mit Du/WC und Fan, 1 Zi mit AC und 1 Schlafsaal für 25 RM p. P. Reservierung empfohlen. Wäscheservice. Vom Restaurant aus lässt sich bei einem frisch gepressten Saft die gesamte Bucht überblicken. Tgl. gutes Buffet. ❷–❹

Essen

Die Küche der einfachen Unterkünfte ist meist wenig abwechslungsreich und auf den Traveller-Einheitsgeschmack ausgerichtet, also *fried rice*, Omelette, etc. Viele der etwas besseren Anlagen veranstalten abends regelmäßig ein Barbecue, bei dem Fischliebhaber auf ihre Kosten kommen.

Alkohol ist meistens nur in Anlagen unter chinesischer Leitung erhältlich oder wird, am Long Beach, heimlich am Strand verkauft.

Perhentian Besar

Das große Restaurant des **Coral View** mit Sitzplätzen am Meer und unter freiem Himmel und einer großen Speisekarte erfreut sich großer

Beliebtheit, ist aber relativ teuer. Es wird kein Alkohol ausgeschenkt.

Daneben ein **chinesisches Restaurant** direkt am Strand mit den niedrigsten Bierpreisen der Insel. Im freundlichen Restaurant von **Watercolours** wird jeden Abend gegrillt. Außerdem gibt es Tagesgerichte: Hähnchen, Lamm, Steak sowie Tintenfisch und Garnelen. Die thailändischen, malaiischen und europäischen Gerichte sind ein Genuss für Gaumen und Auge. Reservierung empfehlenswert. Bei Kerzenlicht kann man sein Essen am Strand unter freiem Himmel genießen. Bier und Wein sind ebenfalls erhältlich. Im **New Coco Huts** kann man gut chinesisch essen. Außerdem sind die Pfannkuchen zu empfehlen. Abends wird gegrillt, und man trifft sich bei etwas lautem Fernseher zum Bier.

Im **Abdul's** wird lecker gekocht, zudem stimmt das Preis-Leistungs-Verhältnis, nur der immerzu laufende Fernseher stört das Ambiente.

Perhentian Kecil

Hier haben sich viele Touristen den Magen verdorben, weil sie unbehandeltes Wasser getrunken haben. Wer einmal festgestellt hat, dass hier alle Abwässer ungeklärt im Sand versickern, wird verstehen, dass es keine Alternative zu den teuren Trinkwasserflaschen gibt.

Am Coral Bay gibt es im **Barracuda Café** preiswerte und gute einheimische Küche und Baguettes.

Amin's Cafe südlich vom Maya Beach Resort ist ein beliebtes, einfaches Strandcafé, das ganztags geöffnet ist. Große Auswahl an Pancakes, Omelettes, Sandwiches und Shakes.

Das **Palm Tree Café** (zwischen Panorama und Sinfoni) ist ein zweistöckiges, schön gestaltetes, unten offenes, großes Strandrestaurant mit Musik und Essen nach westlichem Geschmack. Direkt am Strand vor dem Matahari befinden sich ein paar nebeneinander liegende Restaurants.

Sonstiges

Bücher

Eine kleine Bibliothek, viele Infos und Batikkurse beim Panorama und Matahari am Long Beach und beim Paradise auf Perhentian Besar.

Geld

Kreditkarten werden von fast allen Tauchveranstaltern, einigen Hotels und den großen Resorts akzeptiert. Die Möglichkeiten, zu schlechten Kursen bei einzelnen Anlagen oder in Shops Reiseschecks und Bargeld zu wechseln, sind begrenzt. Daher sollte man sich auf dem Festland unbedingt mit ausreichend RM eindecken. Die nächste **Maybank** mit Geldautomat befindet sich in Jerteh, an der Hauptstraße, nahe Bus Terminal.

Internet

Im **ABC** und im **The Reef** gibt es eine schnelle Internet-Verbindung für 4 RM / 10 Min. Im Shop des ABC auf Perhentian Besar kann man für 20 RM Fotos auf CD brennen.

Medizinische Hilfe

In Notfällen sollte man lieber nicht die Krankenstation im Dorf aufsuchen, sondern nach einem Arzt unter den anderen Touristen fahnden bzw. aufs Festland fahren. V.a. Taucher sollten sich daher umsichtig verhalten. Beim Schwimmen am Long Beach ist bei hohen Wellen wegen starker Unterströmungen Vorsicht geboten.

Tauchen und Schnorcheln

Sicher eines der schönsten Vergnügen auf Perhentian. Mehr als ein Dutzend Tauchschulen kämpfen um Kunden. Interessante Tauchgebiete erstrecken sich rings um die beiden Inseln, teilweise direkt an den Felsenküsten, an einem Schiffswrack aus den 1970er-Jahren in 24 m Tiefe, an weiter entfernt liegenden Riffen oder auch auf offener See. Dort liegt z. B. in 5–20 m Tiefe der gut erreichbare, im Jahr 2000 gesunkene, 50 m lange Zucker-Frachter. In den meisten Tauchschulen ist Englisch Unterrichtssprache, oft gibt es auch deutschsprachige Tauchlehrer. Die inselnahen Riffe sind durch die früher praktizierte Dynamit-Fischerei etwas in Mitleidenschaft gezogen worden. Schildkröten und Riffhaie sind allerdings noch regelmäßig zu sehen.

Auf Perhentian Besar

Flora Bay Divers, ✆ 09-697 7266, 012-981 9166, ✉ 697 7267, 🖳 www.florabaydivers.com, in der Teluk Dalam ist die einzige 5-Sterne-*IDC*-Tauchschule auf den beiden Inseln. Sie verfügt über 6 Tauchboote und gutes Gerät, bietet u. a. auch Nitrox-Tauchen an, bei dem aufgrund des niedrigen Sauerstoffgehalts der Luft mehr Tauchgänge möglich sind.

Watercolours Dive Centre, im Paradise Resort, ☎ 019-911 3852, 019-981 1852, 🖷 747 9852, 🖳 www.watercoloursworld.com, ✉ watercolours@gmx.net, wird von der deutschen Tauchlehrerin Anke und ihrem Partner Mike geleitet. Freundliche Atmosphäre, gute Organisation. Die Touren zu vielen interessanten Revieren werden professionell geführt. Padi-Kurse und Tauchgänge nur in Gruppen mit max. 4 Pers., engagierte Instruktoren. Preise (auch als Anhaltspunkt für andere Tauchschulen): 2 Tauchgänge 150–160 RM, 10 Tauchgänge 650 RM, 2 Tauchgänge auf Pulau Redang inkl. Verpflegung 320 RM, Nachttauchen 245 RM, PADI-Kurs 850 RM, Bootstour zum Schnorcheln inkl. Ausrüstung 30 RM.

Turtle Bay Divers, am südlichen Ende des Hauptstrands bei *Mama's*, ☎ 019-910 6647, 019-333 6647, 🖳 www.turtlebaydivers.com, unter europäischer Leitung.

Auf Perhentian Kecil am Long Beach

Eine Filiale der **Turtle Bay Divers** vor dem Panorama, ☎ 019-913 6647, **Spice Divers**, beim Chempaka, **Coral Sky Divers** neben dem Matahari. Im Vergleich zur Westküste sind die Preise sehr moderat und das Taucherlebnis ist meist besser. Die maximale Tauchtiefe beträgt 30 m. Alle Schulen verfügen über adäquate Ausrüstung. Es werden sowohl eintägige Schnupperkurse (Tauchgänge in Begleitung, Vermittlung der wichtigsten Grundlagen), Tageskurse, als auch komplette Tauchlehrgänge mit internationalen Zertifikaten (4-tägige Kurse für ca. 850 RM) angeboten. Mit Tauchschein und Erfahrung sind diverse Tauchtrips möglich (2 Tauchgänge an verschiedenen Stellen ab 140 RM pro Tag inkl. kompletter Ausrüstung, mit eigener Ausrüstung gibt es Rabatt). Auch Fortgeschrittenen- und Rettungskurse werden angeboten. Generell sind alle Tauchschulen von Ende Okt bis Anfang Feb geschlossen; Tauchgänge im Februar, März und Okt sind auch bei stürmischem Wetter in einigen Gebieten möglich. Von April bis Sep ist die beste Saison. Schnorchelausrüstung und aufblasbare Kanus

werden von mehreren Bungalowanlagen und Tauchläden vermietet. Da sich die Preise stark unterscheiden, lohnt es sich, zu vergleichen.

Taxiboote

Von einem Strand zum anderen kommt man am bequemsten mit kleinen Booten mit Außenbordmotor, die über die Bungalowsiedlungen gebucht werden können. So kostet ein Taxiboot vom *Paradise* zum Dorf 5 RM p. P., zum Long Beach (Pasir Panjang) 10 RM, zur Flora Bay (Teluk Dalam) 10 RM, Coral Bay (Teluk Aur) 15 RM, D'Lagoon (Teluk Kerma) 15 RM, Mira Beach 12 RM und zu Abdul's 4 RM. Für Schnorcheltouren sind je nach Entfernung und Dauer 15–35 RM p. P. bei mind. 4 Teilnehmern zu zahlen.

Transport

Kuala Besut

Die Boote fahren auf Wunsch alle Bungalowanlagen auf den Inseln an. Das letzte Stück bis zum Strand legt man in einem Taxiboot für 2 RM zurück. Boote ab Kuala Besut fahren je nach Bedarf zwischen 8.30 und 16/17.30 Uhr, wobei die späten Schnellboote die Inseln noch im Hellen erreichen. Von Perhentian nach KUALA BESUT werden die Abfahrtszeiten um 8, 12 und 16 Uhr eingehalten. Die Boote holen ihre Passagiere an mehreren Stellen ab, weshalb man tags zuvor an der Rezeption Bescheid geben sollte. Die einfache Fahrt im langsamen Boot kostet 20 RM und dauert 1 1/ 2–2 Std., Schnellboote für 30 RM brauchen 30–45 Min.

Tok Bali

Eine Alternative sind die Fährboote zur Anlegestelle Tok Bali ca. 10 km nördlich von Kuala Besut. **Simfony**, ☎ 09-785 9189, 013-743 2691, 019-921 4809, betreibt einen eigenen Pier und fährt mit Schnellbooten in 30–45 Min. für 60 RM und mit langsamen Booten in 1 1/2 Std. für 40 RM hin und zurück. In Perhentian legen sie um 8, 12 und 16 Uhr ab.

Thailand

Taxi ab Kuala Besut nach RANTAU PANJANG 75 RM, Taxi (Minibus) nach NARATHIWAT 140 Baht (60 Baht).

Nord-Malaysia

Anhang

Kleines Wörterbuch

Wenigstens ein paar Worte auf Thai sprechen zu können und das Bemühen zu zeigen, noch mehr lernen zu wollen – dies weckt spontane Sympathie und Neugier in den meisten Thais. Eine Mini-Konversation von 4 oder 5 Sätzen mit dem Abschluss, nur ganz wenig Thai zu sprechen (put thai dai nitnoi *khrap / kha), wird immer wieder die sprichwörtliche Freundlichkeit der Thais hervorzaubern.

Selbst mit einem Wörterbuch hat man große Schwierigkeiten, die Worte richtig auszusprechen. Neben den Tonhöhen, die Anfänger nie richtig treffen, muss man sich mit 44 unterschiedlichen Konsonanten und 32 Vokalen herumschlagen, die es zum großen Teil in unserer Sprache nicht gibt. Der folgende Grundwortschatz kann hierbei nur eine kleine Hilfestellung sein. Wer die Zahlen bis 1000 in Thai beherrscht, wird einen guten Eindruck machen – vor allem bei Taxifahrern und beim Handeln. Am besten lässt man sich die Wörter von einem Thai vorsprechen und versucht, sie nachzusingen. Ein Trost für alle, die es dennoch wagen – die Grammatik ist recht einfach zu lernen, da es nur wenige Regeln und keine Ausnahmen von diesen Regeln gibt. Tonhöhen haben wir nicht angegeben. Die Aussprache-Umschrift der ausgewählten Worte basiert weitgehend auf dem Deutschen.

*Sogar ein nicht korrekt konstruierter Satz erhält durch das Anhängen der obligatorischen Endung „khrap" (von Männern gesprochen) bzw. „kha" (von Frauen gesprochen) einen höflichen Klang.

Das Allerwichtigste

Willkommen! (Begrüßung)	sawadie khrap / kha	สวัสดีครับ/ค่ะ
Wie geht es?	sabai die mai?	สบายดีไหม
Mir geht es gut	sabai die	สบายดี
tschüs	laa gon	ลาก่อน
Auf Wiedersehen	pop gan mai	แล้วพบกันใหม่
Woher kommst du?	töh mah dschak tienai?	เธอมาจากไหน
Darf ich fotografieren?	tai ruhpdai mai?	ถ่ายรูปได้ไหม
Sprichst du Thai?	phuht thai daai mai?	เธอพูดไทยได้ไหม
Ich spreche ein wenig Thai	phuht thai nitnoi	ฉันพูดไทยได้นิดหน่อย
Verstehen Sie?	kao dschai mai?	คุณเข้าใจไหม
Ich verstehe (nicht)	pom (mai) kaodschai	ฉันไม่เข้าใจ
Bitte sprechen Sie langsam!	prott put cha cha	โปรดพูดช้าๆ
Das macht nichts!	mai pen rai	ไม่เป็นไร
danke (Männer/Frauen)	kop khun khrap	ขอบคุณครับ/ค่ะ
bitte (fordernd)	prott	โปรด
bitte (einladend)	tschuhn	เชิญ
Achtung!	rawang	ระวัง
Es tut mir Leid	pom sia chai	ฉันเสียใจ
Entschuldigung	kao tott	ขอโทษ
Wie heißt du?	dschüarai	เธอชื่ออะไร
Ich heiße...	dschüa	ฉันชื่อ.....
Wie alt bist du?	ahju tao-rai	เธออายุเท่าไหร
Wo wohnst du?	ju tienai	เธออยู่ที่ไหน
Was machst du?	tham arai	ทำอะไร

Viel Glück!	dschok die	โชคดี
verrückt	bababobo	บ๊าๆบอๆ
gut, clever	gäng	เก่ง
Junge	dek phudschai	เด็กผู้ชาย
Mädchen	dek phujing	เด็กผู้หญิง
Kind	dek	เด็ก
müssen	tong	ต้อง
können	dai	ได้
brauchen	dongka	ต้องการ
haben	mih…	มี
Freund	püan	เพื่อน
westl. Ausländer	farang	ฝรั่ง

Fragen

wann	möerai	เมื่อไหร่
warum	tammai	ทำไม
was	arai	อะไร
wer, wen, wem	krei	ใคร
wie	jangrai	อย่างไร
wie viel(e)	tao-rai	เท่าไหร่
wo, wohin, woher	tienai	ที่ไหน

Antworten

ja	dschai	ใช่
nein	mai, plao	ไม่/ปล่าว
nicht	mai	ไม่
gut	die	ดี
sehr gut	die mak	ดีมาก
nicht gut	mai die	ไม่ดี
sehr	mahk mahk	มากๆ
vielleicht	bangti	บางที
ein bisschen	nitnoi	นิดหน่อย

Personen

ich (weiblich)	ditchan / tchan	ดิฉัน/ฉัน
ich (männlich)	pom / kra pom	ผม/กระผม
du, sie, ihr	töh / khun / puak töh	เธอ/คุณ/พวกเธอ
er, sie, es	khao	เขา
wir	rao	เรา
du, Sie bzw. Herr…	khun	คุณ

Orientierung und Transport

geradeaus	trong pai	ตรง ไป
(nach) links	(liao) sai	(เลี้ยว) ซ้าย
(nach) rechts	(liao) khwa	(เลี้ยว) ขวา
Stopp!	jut	หยุด
Welche Straße ist das?	thanon nih arai?	ถนนนี้ชื่ออะไร
Welche Stadt ist das?	müang nih arai?	เมือง นี้ชื่ออะไร
Wohin gehst du?	pai nai?	เธอจะไปไหน
Ich gehe nach…	pai…	ฉันจะไป....
Nein, ich will nicht gehen	pom mai pai	ฉันไม่ไป
Ich gehe schwimmen	pai wainahm	ฉันไปว่ายน้ำ
Bus	rot meh	รถเมล์
Busbahnhof	sathani rot meh	สถานีรถเมล์/บขส.
Eisenbahn	rot fai	รถไฟ
Bahnhof	sathani rot fai	สถานีรถไฟ
Flugzeug	krüang bin	เครื่อง บิน
Flugplatz	sahnam bin	สนามบิน
Boot	rüha	เรือ
Hafen	tah rüha	ท่าเรือ
Taxi	teksi	แท็กซี่
Auto	rot jon	รถยนต์
Motorrad	mohtöhsai	มอร์เตอร์ไซด์
Fahrrad	dschakrajahn	รถจักรยาน
mieten	tschau	เช่า
Benzin	bensin	เบนซิน
Normalbenzin	tammadah	ธรรมดา
Super	supähr	ซุปเปอร์

Umwelt

Stadt	müang	เมือง
Großstadt	nakhon / müang yai	นคร/เมือง ใหญ่
Dorf	bahn	หมู่บ้าน
Berg	doi	ภูเขา/เขา
Fluss	mä nahm	แม่น้ำ
Insel	ko	เกาะ
Strand	haht	ชายหาด/หาด
Bucht	ao	อ่าว
Wasserfall	nahm tok	น้ำตก
Höhle	tam	ถ้ำ
Straße	thanom	ถนน
Gasse	soi	ซอย

Übernachten

Hotel	rong rähm	โรงแรม
Wo ist das Hotel?	rong rähm ju tienai?	โรงแรมอยู่ที่ไหน
Zimmer	hong	ห้อง
Bett	tiang	เตียง
Schlüssel	gun tschä	กุญแจ
Moskito	jung	ยุง
Moskitonetz	mung	มุ้ง
Badezimmer	hong nahm	ห้อง น้ำ
Toilette	hong suam	ห้อง น้ำส้วม
Wo ist die Toilette?	hong nahm ju tienai	ห้อง น้ำอยู่ที่ไหน
müde	nguang noh	ง่วง นอน
allein	kon dijo	คนเดียว

Essen und Trinken s.S. 37

Einkaufen

kaufen	süh	ซื้อ
verkaufen	khai	ขาย
Wie viel möchten Sie?	khun tong kahn tao-rai?	คุณต้อง การเท่าไร
Wie viel kostet es?	raka tao-rai?	ราคาเท่าไร
Wie viel Baht?	kih baht?	กี่บาท
Ich nehme nichts	mai aau	ไม่เอา
teuer	päng	แพง
zu teuer	päng pai	แพง ไป
billig	mai päng	ไม่แพง
Es gibt…	mie…	มี
Es gibt nicht	mai mie	ไม่มี
Tasche	gapao	กระเป๋า
Toilettenpapier	gadad schamla	กระดาษชำระ
Seife	sabu	สะบู่
Shampoo	ja sa pom	ยาสระผม
Handtuch	pa set dua	ผ้าเช็ดตัว
Moskito-Coils	ja gan jung	ยากันยุง
Streichhölzer	mai kit fai	ไม้ขีดไฟ
Kerze	tian kai	เทียนไข
Batterie	tahn fai sai	ถ่านไฟฉาย
Briefmarke	satäm	แสตมป์
Schreibpapier	gadad kien djod mai	กระดาษเขียนจดหมาย

Gesundheit

krank	mai sabai	ไม่สบาย
gesund	sabai	สบาย
Medizin	jah	ยา
Fieber	kai	ไข้
Durchfall	tong döhn	ท้อง เดิน/ท้อง ร่วง
Erbrechen	adschian	อาเจียร
Krankenhaus	rong payabahn	โรง พยาบาล
wehtun	dschep	เจ็บ

Zeit

Welche Zeit?	kih mong	กี่โมง
Morgen	tschao	เช้า
Mittag	tiang	เที่ยง
Abend	jen	เย็น
Nacht	klang khühn	กลาง คืน
heute	wan-nie	วันนี้
morgen	prung-nie	พรุ่ง นี้
gestern	müa wan-nie	เมื่อวานนี้
Minute	natie	นาที
Stunde	tschua mohng	ชั่วโมง
Tag	wan	วัน
Woche	sapda / noeng athit	อาทิตย์
Monat	düan	เดือน
Jahr	bi	ปี
jetzt	däo-nie	เดี๋ยวนี้
später	tie-lang	ทีหลัง
noch nicht	yang	ยัง
schon / fertig	läou	แล้ว

Zahlen

1	nöng	๑		20	jie sip	๒๐
2	sohng	๒		21	jie sip et	๒๑
3	sahm	๓		25	jie sip hah	๒๕
4	sie	๔		30	sahm sip	๓๐
5	hah	๕		40	sie sip	๔๐
6	hock	๖		100	nöng roy	๑๐๐
7	dschät	๗		200	sohng roy	๒๐๐
8	bet	๘		1000	nöng pan	๑๐๐๐
9	gao	๙		10 000	nöng müün	๑๐๐๐๐

10	sip	๑๐	100 000	nöng sähn	๑๐๐๐๐๐
11	sip et	๑๑	1 000 000	nöng laan	๑๐๐๐๐๐๐
12	sip sohng	๑๒			

Wichtige Reiseziele in Thai-Schrift

Lopburi	ลพบุรี
Mae Hong Son	แม่ฮ่อง สอน
Mae Sa Valley	แม่สาวัลเล่ย์
Mae Sai	แม่สาย
Mae Salong	แม่สลอง
Mae Sariang	แม่สะเรียง
Mae Sot	แม่สอด
Mukdahan	มุกดาหาร
Nakhon Pathom	นครปฐม
Nakhon Phanom	นครพนม
Nakhon Sawan	นครสวรรค์
Nakhon Si Thammarat	นครศรีธรรมราช
Nan	น่าน
Narathiwat	นราธิวาส
Nathon	หน้าทอน
Nong Khai	หนองคาย
Padang Besar	ปาดัง เบซา
Pai	ปาย
Pak Chong	ปากช่อง
Pakbara	ปากบารา
Pattani	ปัตตานี
Pattaya	พัทยา
Pha Taem	ผาแต้ม
Phang Nga	พังงา
Phattalung	พัทลุง
Phayao	พะเยา
Phetchaburi	เพชรบุรี
Phichit	พิจิตร
Phimai	พิมาย
Phitsanulok	พิษณุโลก
Phrae	แพร่
Phu Kradung National Park	ภูกระดึง
Phuket	ภูเก็ต
Prachuap Khiri Khan	ประจวบคีรีขันธ์
Prasat Khao Phra Viharn	ปราสาทเขาพระวิหาร
Prasat Phanom Rung	ปราสาทพนมรุ้ง
Ramkhamhaeng National Park	วนอุทยานรามคำแหง
Ranong	ระนอง
Ratchaburi	ราชบุรี
Rayong	ระยอง

Sadao	สะเดา
Sakon Nakhon	สกลนคร
Samphran	สามพราน
Samut Prakan	สมุทรปราการ
Satun	สตูล
Sawankhalok	สวรรคโลก
Si Racha	ศรีราชา
Si Satchanalai	ศรีสัชนาลัย
Similan Islands	หมู่เกาะสิมิลัน
Songkhla	สงขลา
Soppong	สบป่อง
Sukhothai	สุโขทัย
Sungai Golok	สุไหงโกลก
Surat Thani	สุราษฎร์ธานี
Surin	สุรินทร์
Surin Islands	หมู่เกาะสุรินทร์
Tak	ตาก
Tak Bai	ตากใบ
Taksin Maharat National Park	วนอุทยานตากสินมหาราช
Takua Pa	ตะกั่วป่า
Tarutao National Park	วนอุทยานเกาะตะรุเตา
Tha Li	ท่าลี่
That Phanom	ธาตุพนม
Thaton	ท่าตอน
Thong Sala	ท้องศาลา
Trang	ตรัง
Trat	ตราด
Ubon Ratchathani	อุบลราชธานี
Udon Thani	อุดรธานี
Umphang	อุ้มผาง
Uttaradit	อุตรดิตถ์
Wangprachan	วังปราจัน
Wat Khao Sukim	วัดเขาสุกิม
Wat Phailom	วัดไผ่ล้อม
Wat Suan Moke	วัดสวนโมกข์
Yala	ยะลา
Yasothon	ยโสธร

Anhang

Reisemedizin zum Nachschlagen

Aids

Noch immer gibt es Männer, die während ihres Urlaubs vom Freiheitsdrang beseelt beim Verkehr mit Prostituierten auf das Kondom verzichten, ja sogar darauf bestehen, es „ohne" machen zu wollen! Mittlerweile sind über 750 000 Menschen oder 1,2 % der Gesamtbevölkerung Thailands mit dem HIV-Virus infiziert. Jährlich sterben über 60 000 Menschen an Aids. Stichproben in verschiedenen Städten Thailands ergaben, dass bis zu 90 % aller Prostituierten HIV positiv waren.

Die überwiegende Mehrheit der thailändischen Männer macht ihre ersten sexuellen Erfahrungen mit Prostituierten. Deshalb wurde von der Regierung ein *National Aids Comittee* eingesetzt und die *100 %-Condom Campaign* propagiert, die Prostituierte verpflichtet, Kondome zu benutzen. Es bleibt fraglich, wie weit sie das ihren alkoholisierten Kunden klarmachen können. Unvorsichtigkeit ist schon schlimm genug, aber wer auch noch an „Sauberkeitsbescheinigungen" oder -beteuerungen glaubt, ist naiv.

Allergien

Wer stark allergisch reagiert, sollte sich auch in Thailand vor einigen potenziellen Allergenen besonders in Acht nehmen: Meerestiere, Fischsoße (in jedem Essen enthalten), Geschmacksverstärker Glutamat (MSG), Quallen, verunreinigtes Meerwasser, Chlor im Swimming Pool oder Duschwasser, Massageöle, Räucherspiralen gegen Mücken, Duftstoffe der Aromatherapie, Luftverschmutzung …

Denguefieber

Diese Viruskrankheit kann überall epidemieartig auftreten, am ehesten während der Regenzeit. In den letzten Jahren wurden jährlich über 20 000 Fälle gemeldet, von denen 0,1 % tödlich verliefen.

Dengue wird durch die Aedes aegypti-Mücke übertragen, die an ihren schwarz-weiß gebänderten Beinen zu erkennen ist. Sie sticht während des ganzen Tages. Nach der Inkubationszeit von bis zu einer Woche kommt es zu plötzlichen Fieberanfällen, Kopf- und Muskelschmerzen. Nach 3–5 Tagen kann sich ein Hautausschlag über den ganzen Körper verbreiten. Bei Stufe 1 klingen nach 1–2 Wochen die Krankheitssymptome ab.

Ein zweiter Anfall (Stufe 2) kann zu Komplikationen (inneren und äußeren Blutungen) führen. Wie bei der Malaria ist ein Moskitonetz und der Schutz vor Mückenstichen der beste Weg der Vorsorge. Es gibt keine Impfung oder spezielle Behandlung. Schmerztabletten, Fieber senkende Mittel und kalte Wadenwickel lindern die Symptome. Keinesfalls sollten ASS, Aspirin oder ein anderes acetylsalicylsäurehaltiges Medikament genommen werden, da diese einen lebensgefährlichen hämorrhagischen Verlauf herausfordern.

Ein einfacher Test kann Denguefieber verifizieren: 5 Minuten den Oberarm abbinden, öffnen und in der Armbeuge nachsehen – falls rote Flecken erscheinen, ist es zu 90 % Denguefieber.

Diabetes

Wer zuckerkrank ist, kann durchaus nach Thailand reisen. Insbesondere Bangkok, Pattaya, Phuket und Ko Samui sind darauf eingestellt, und die ärztliche Versorgung ist gut. Erfahrungen haben gezeigt, dass der Zuckerspiegel nach dem Urlaub sogar niedriger sein kann.

In Phuket können sich Zuckerkranke z. B. im Phuket International Hospital als Insulinspritzer anmelden und im Notfall dort Insulin bekommen. Kühleis ist auch in abgelegenen Gebieten erhältlich.

Durchfallerkrankungen

Auch Asien-Reisende plagen manchmal Durchfälle (Diarrhöe), die durch Infektionen hervorgerufen werden. Verdorbene Lebensmittel, nicht kontinuierlich gekühlte Meeresfrüchte, zu kurz gegartes Rindfleisch, ungeschältes oder schon länger aufgeschnittenes Obst, Salate, kalte Getränke oder schlecht gekühlte Eiscreme sind häufig die Verursacher. Da auch Mikroorganismen im Wasser durchschlagende Wirkung zeigen können, sollte man nur abgefülltes Wasser trinken (auf den versiegelten Verschluss achten). Wer ganz sicher gehen will, verzichtet zudem auf zerstoßenes Stangeneis. Die zylinderförmigen Eiswürfel gelten dagegen als unbedenklich.

Eine Elektrolyt-Lösung (*Elotrans* bzw. für Kinder *Oralpädon*), die verlorene Flüssigkeit und Salze ergänzt, reicht bei den meist harmlosen Durchfällen aus. Man kann sich selbst eine Lösung herstellen aus 4 gehäuften Teelöffeln Zucker oder Honig, 1/2 Teelöffel Salz und 1 l Orangensaft oder abgekochtem Wasser. Zur Not, z. B. vor langen Fahrten, kann auf *Imodium*, das die Darmtätigkeit ruhig legt, zurückgegriffen werden (aber nur in geringen Dosen, da die Ausscheidung von Krankheitserregern verzögert wird!). Wer Durchfälle mit Kräutertees lindern möchte, sollte sich einen Vorrat mitnehmen. Zudem hilft eine Bananen- oder Reis-und-Tee-Diät und Cola in Maßen, denn es enthält Zucker, Spurenelemente, Elektrolyte und ersetzt das verlorene Wasser. Generell sollte man viel trinken und die Zufuhr von Salz nicht vergessen. Bei länger anhaltenden Erkrankungen empfiehlt es sich, einen Arzt aufzusuchen – es könnte auch eine bakterielle oder eine **Amöben-Ruhr** (Dysenterie) sein.

Gelbsucht

Die schwere Lebererkrankung **Hepatitis B** wird vor allem durch sexuellen Körperkontakt und durch Blut (ungenügend sterilisierte Nadeln bei Bluttransfusionen, Tätowierung, Piercen, Akupunktur) übertragen. Eine rechtzeitige vorbeugende Impfung, z. B. mit *Gen H-B-Vax*, ist sehr zu empfehlen.

Die **Hepatitis A** wird durch infiziertes Wasser und Lebensmittel oral übertragen. Vor einer Ansteckung schützt der Impfstoff *Havrix* (auch als Kombi-Impfung *Twinrix* für Hepatitis A und B erhältlich). Während in Thailand die meisten Menschen nach einer harmlosen Hepatitis A-Infektion im Kindesalter gegen diese Krankheit immun

sind, trifft dieses nur auf ein Drittel aller Europäer zu. Ob die Impfung notwendig ist, zeigt ein Antikörpertest.

Hepatitis C und **D** werden auf demselben Weg übertragen wie Hepatitis B und können ebenfalls zu gefährlichen Langzeitschäden führen.

Geschlechtskrankheiten (Veneral Diseases)

Gonorrhöe und die gefährlichere **Syphilis** sind in Asien weit verbreitete Infektionskrankheiten, vor allem bei Prostituierten. Bei den ersten Anzeichen einer Erkrankung (Ausfluss / Geschwüre) unbedingt ein Krankenhaus zum Anlegen einer Kultur und zur Blutentnahme aufsuchen.

Hauterkrankungen

Bereits vom Schwitzen kann man sich unangenehm juckende Hautpilze holen. Gegen zu starkes Schwitzen hilft Körperpuder, *Ice Powder*, das angenehm kühlt und in Apotheken oder Supermärkten in Thailand erhältlich ist.

Für andere Erkrankungen sind häufig Kopf-, Kleider-, Filzläuse, Flöhe, Milben oder Wanzen verantwortlich.

Beim Elefantentrekking ist davon abzuraten, direkt auf den Tieren zu sitzen. Weniger gut gepflegte Tiere sind von einer *Milbenart* befallen, die ihre Eier in nackten Beinen ablegt, was zu eitrigen Entzündungen führen kann.

Hitzepickel kann man mit *Prickly Heat Powder* behandeln. Gegen Kopfläuse hilft *Organoderm*, oder, falls man wieder in Deutschland ist, *Goldgeist forte*.

Siehe auch Sonnenbrand.

Japanische Encephalitis (Hirnhautentzündung)

Sie wird sehr selten durch Moskitos in Agrarregionen übertragen. Eine Vorbeugung empfiehlt sich nur bei einem langen Aufenthalt in Reisanbaugebieten mit Schweinezucht. In Thailand ist ein Impfstoff erhältlich.

Kinderlähmung

Selbst in Europa treten immer noch Epidemien auf. Wer während der letzten zehn Jahre die Impfungen versäumt hat, sollte sich vom Hausarzt den Impfstoff verschreiben lassen.

Malaria

Thailand gilt laut WHO zwar als C-Land, dennoch besteht für Touristen, die sich auf eingefahrenen Routen bewegen, ein sehr geringes Risiko. Bangkok und der Süden werden als weitgehend malariafrei bezeichnet. In Grenzgebieten zu Kambodscha und Myanmar in den Provinzen Trat und Tak kommt die *Malaria tropica* vor, die unbehandelt zum Tode führen kann. Von den Touristenorten gelten Ko Chang (Trat) und Ko Chang (Ranong) als malariagefährdet.

Die Mücke *Anopheles*, die den Malariaerreger *Plasmodium falciparum* übertragen kann, sticht nachts zwischen Beginn der Dämmerung und Sonnenaufgang. Die beste **Vorbeugung** gegen Malaria besteht darin, möglichst nicht gestochen zu werden: Am Abend schützen helle Kleidung wie lange Hosen, langärmlige Hemden, engmaschige Socken (einige Reisende schwören dagegen nach Sonnenuntergang auf dunkle Kleidung) und ein Mücken abweisendes Mittel, das auf die Haut aufgetragen wird und die Geschmacksnerven stechender Insekten lähmt (auf Thai: *jah tah gan juung*). Einige Apotheken bieten sanfte Mittel an, die auf Zitronella- und Nelkenöl basieren, z. B. *Zedan*. Auch *Autan Family* ist besser als die auf DEET basierenden Mittel. In Thailand wird das teure, wenig effektive *Jaico* sowie das preiswerte, ziemlich giftige *Sketolene* verkauft.

Einige Tropenerfahrene schwören auf die Einnahme von Vitamin B in hohen Dosen, bei anderen ist es wirkungslos. Bewährt hat sich der Wirkstoff Permethrin, mit dem Kleidung und Moskitonetz eingesprüht werden. Er geht eine Verbindung mit dem Gewebe ein, ohne zu ölen, und bleibt wochenlang wirksam. In Deutschland ist er z. B. in den Handelsmarken *Nobite*, 🖥 www.nobite.com, und *TYRA-X*, 🖥 www.tyrax.de, enthalten.

Ist der Schlafraum nicht mückensicher (lückenlose Mückengitter an Fenstern und Türen), sollte man unter einem Moskitonetz schlafen. Am sichersten ist ein eigenes, mit Permethrin behandeltes Netz. Löcher verschließt man am besten mit Klebeband. Bei niedrigen Temperaturen in klimatisierten Räumen sind die Mücken zwar weniger aktiv, aber keineswegs ungefährlich. Notfalls verringern das Risiko auch *coils*, grüne Räucherspiralen, die wie Räucherstäbchen abbrennen und für ca. 8 Stunden die Luft verpesten. Oft werden sie abends in offenen Restaurants unter die Tische gestellt, um die herumschwirrenden Moskitos zu vertreiben. Mückenschwärme im Badezimmer wird man am besten mit einem Insektenspray los.

Tropeninstitute raten zumeist von **chemischer Prophylaxe** bei Thailand-Reisen ab, sofern man sich nicht lange in hohen Risikogebieten aufhält, und empfehlen mechanischen Schutz. Auch die Einnahme von *Resochin* in Verbindung mit *Paludrine* wird nicht mehr angeraten, denn immer mehr Erreger der *Malaria tropica* sind gegen diese Präparate resistent. Resochin allein gilt jedoch weiterhin als wirksam gegen die Erreger anderer, nicht tödlicher Formen von Malaria.

Bei Reisen in Gebiete mit hohem Malariarisiko ohne ärztliche Versorgung wird zumeist *Malarone* (Wirkstoff Atovaquon/Proguanil) oder *Riamet* (Artmether/Lamefantrin) als Standby-Therapie empfohlen. Malerone sollte als Prophylaxe maximal vier Wochen eingenommen werden, sie ist wirksam und gut verträglich. Da es die Parasiten bereits in der Leber angreift, ist die Einnahmedauer relativ kurz: täglich eine Tablette ein bis zwei Tage vor, während und sieben Tage nach dem Aufenthalt im Malariagebiet. *Lariam* ist wegen seiner z. T. schwerwiegenden Nebenwirkungen (im Beipackzettel stehen Hinweise auf Depressionen und Suizid) umstritten.

In Deutschland gibt es den **Malaria-Schnelltest** *MalaQuick*, mit dem Reisende im Notfall anhand eines Blutstropfens in acht Minuten selbst feststellen können, ob ihre Symptome durch den Malariaerreger *Plasmodium falciparum* ausgelöst wurden (in Apotheken erhältlich).

Wer nach der Rückkehr an einer nicht geklärten fieberhaften Erkrankung leidet, auch wenn es sich nur um leichtes Fieber und Kopfschmerzen handelt und erst Monate später auftritt, sollte dem Arzt unbedingt über den Tropenaufenthalt berichten und auf einem Bluttest bestehen. Die ersten Symptome einer Malaria können denen eines banalen grippalen Infektes ähneln und werden daher häufig verkannt, was schon nach wenigen Tagen das Leben bedrohen kann.

Schlangen- und Skorpionbisse, giftige Meerestiere

Die weit verbreitete Angst steht in keinem Verhältnis zur realen Gefahr, denn Giftschlangen greifen nur dann an, wenn sie attackiert werden (🖥 www.siam-info.de/german/schlangen_giftig. html). Gefährlich ist evtl. die Zeit nach Sonnenuntergang, vor allem bei Regen. Einige Schlangen töten durch ein Blutgift, in diesem Fall benötigt man sofort ein Serum, andere töten durch ein Nervengift, dann ist außerdem eine künstliche Beatmung wichtig. Das Provinzkrankenhaus, in das der Betroffene schnellstens gelangen sollte, muss zudem sofort informiert werden, damit ein Arzt und das Serum beim Eintreffen bereit stehen.

Skorpionbisse sind nicht tödlich. Kräutertabletten und Ruhigstellen des Körperteils lindern den Schmerz, Wasserkontakt meiden. Normalerweise lassen die anfangs starken Schmerzen nach 1–2 Tagen nach.

Durchaus real ist die Gefahr, mit nesselnden und giftigen Meerestieren in Kontakt zu kommen. Zwei Arten von Fischen können gefährlich werden, die man schwer vom Meeresboden unterscheiden kann: **Stachelrochen**, deren Gift fürchterliche Schmerzen verursacht, und **Steinfische**, die sehr giftige Rückenstacheln besitzen.

Beim Schnorcheln führt die Berührung von **Feuerkorallen** zu stark brennenden Hautreizungen, während giftige Muränen, Rotfeuerfische und Seeschlangen kaum gefährlich werden.

Seeigel sind zwar nicht giftig, ein eingetretener Stachel ist aber sehr schmerzhaft und verursacht lang eiternde Wunden.

Wie überall auf der Welt breiten sich vermehrt **Quallen** aus, sodass Badende immer häufiger an ihren giftigen Tentakeln streifen. Gehen die schmerzhaften Bläschen nach der Behand-

lung mit hochprozentigem Essig, Cortisonspray oder säurehaltigem Pflanzenbrei nicht innerhalb einer Stunde zurück, muss ein Arzt aufgesucht werden. Menschen, die unter einer Allergie leiden, sind besonders gefährdet. Informationen unter 🖥 www.siam-info.de/german/meerestiere. html.

Sonnenbrand und Hitzschlag

Wer anfällig ist, bekommt in den Tropen selbst im Schatten und bei bedecktem Himmel in den ersten Tagen ganz schnell einen Sonnenbrand. Viele Reisende treffen nur am Strand Vorkehrungen gegen Sonnenbrand und Hitzschlag, doch dies ist auch bei Touren durchs Hinterland notwendig. Besonders für hellhäutige Kinder empfiehlt es sich, regelmäßig Sonnenschutzmittel mit höchstem Lichtschutzfaktor auf die Haut aufzutragen, Hut und Sonnenbrille zu tragen und tagsüber viel zu trinken.

Erschöpfungszustände bei Hitze äußern sich durch Kopfschmerzen, Übelkeit, Benommenheit und erhöhte Temperatur. Um die Symptome zu lindern, sollte man unbedingt schattige Bereiche aufsuchen und genügend Wasser zu sich nehmen. Erbrechen und Orientierungslosigkeit können auf einen Hitzschlag hinweisen, der potenziell lebensbedrohlich ist – deshalb muss man sich sofort in medizinische Behandlung begeben.

Thrombose

Bei längeren Flugreisen verringert sich durch den Bewegungsmangel der Blutfluss vor allem in den Beinen, wodurch es zur Bildung von Blutgerinnseln kommen kann, die, wenn sich sich von der Gefäßwand lösen und durch den Körper wandern, eine akute Gefahr darstellen (z. B. Lungenembolie). Gefährdet sind vor allem Personen mit Venenerkrankungen oder Übergewicht, aber auch Schwangere, Raucher oder Frauen, die die Pille nehmen. Das Risiko verhindern Bewegung, viel trinken (aber keinen Alkohol) und notfalls Stütz- oder Kompressionsstrümpfe.

Anhang

Berlin	Spandauer Damm 130, Haus 10, 14050, ☎ 030-301166, ⌨ www.charite.de/tropenmedizin
Dresden	Friedrichstr. 39, 01067, ☎ 0351-4803800
Düsseldorf	Moorenstr. 5, 40225, ☎ 0211-8117031
Hamburg	Bernhard-Nocht-Str. 74, 20359, ☎ 040-428180, ⌨ www.bni.uni-hamburg.de, ⌨ www.gesundes-reisen.de
Heidelberg	Im Neuenheimer Feld 324, 69120, ☎ 06221-562905, ⌨ www.tropenmedizin-heidelberg.de
Leipzig	Delitzscher Str. 141, Haus 12, 04129, ☎ 0341-9092619
München	Leopoldstr. 5, 80802, ☎ 089-218013500, ⌨ www.fit-for-travel.de
Rostock	Ernst-Heydemann-Str. 6, 18057, ☎ 0381-4947511, ⌨ tropen.med.uni-rostock.de
Tübingen	Keplerstr. 15, 72074, ☎ 07071-2982365, ⌨ www.medizin.uni-tuebingen.de/tropenmedizin

Tollwut

Thailand hat eine sehr hohe Todesrate an Tollwut. Wo streunende oder auch verendete Hunde zu sehen sind, ist Vorsicht geboten. Wer von einem Hund, einer Katze oder einem Affen gekratzt oder gebissen wird, muss sich sofort impfen lassen, da eine Infektion sonst tödlich endet.

In Krankenhäusern in Bangkok und Phuket gibt es den teuren *HDC*-Impfstoff *(Human Diploid Cell)*. Eine vorbeugende Impfung ist sehr teuer und nur bei längerem Aufenthalt sinnvoll.

Typhus / Paratyphus

Typische Symptome: über 7 Tage hohes Fieber einhergehend mit einem eher langsamen Puls und Benommenheit. Empfehlenswert ist die gut verträgliche Schluckimpfung mit *Typhoral L* für alle Reisende. Drei Jahre lang schützt eine Injektion des neuen Typhus-Impfstoffs *Typhim VI*, ehe er wieder aufgefrischt werden muss.

Unfälle

Die meisten Unfälle passieren Touristen beim Motorradfahren (s. S. ###). Um nicht von lautlos herabfallenden Kokosnüssen und Palmwedeln getroffen zu werden, sollte man sich vor allem nach Regenfällen von hohen Palmen in ungepflegten Palmenhainen fern halten.

Das **Bangkok Hospital**, Notruf ☎ 02310-3456,

mit *Network Hospitals* in allen Provinzen, verfügt über einen Flugrettungs-Notdienst. Es stehen Hubschrauber und Flugzeuge mit ausgebildetem Rettungspersonal zur Verfügung. In Bangkok gibt es *Motorlance* – ein Motorrad, das einen Notarzt schnell zum Unfallort bringt.

Vogelgrippe

Seit 2004 haben sich in Zentral-Thailand mehrfach Menschen mit dem gefährlichen Vogelgrippevirus H5N1 infiziert und es kam vereinzelt zu Todesfällen. Die Infektionsherde waren lokal begrenzt und wurden schnell isoliert, sodass die Gefahr für Reisende bislang äußerst gering war. Da das Virus bei Erhitzen auf 70 °C abgetötet wird, können gekochte und gebratene Geflügelgerichte und Eier bedenkenlos gegessen werden. Zu meiden sind dagegen rohes Fleisch oder Ei sowie der Kontakt zu lebenden wie toten Tieren und Geflügelprodukten.

Wurmerkrankungen

Winzige oder größere Exemplare, die überall lauern können, setzen sich an den verschiedensten Körperstellen bzw. -organen fest und sind oft erst Wochen nach der Rückkehr festzustellen. Die meisten sind harmlos und durch eine einmalige Wurmkur zu vernichten, andere sind gefährlich, z. B. Hakenwürmer. Sie bahnen sich den Weg durch die Fußsohlen, deshalb sollte man

Anhang

Zum Ankreuzen ☒

Basisausstattung
- [ ] Verbandzeug[+] (Heftpflaster, Leukoplast, Blasenpflaster *Compeed*, Mullbinden, elastische Binde, sterile Kompressen, Verbandpäckchen, Dreiecktuch, Schere, Pinzette)
- [ ] sterile Einmalspritzen und -kanülen in verschiedenen Größen
- [ ] Fieberthermometer
- [ ] Kondome [+]
- [ ] Lärmstopp [+]
- [ ] Beipackzettel

Malaria-Prophylaxe (s. S. 769)
- [ ] evtl. Standby-Therapie
- [ ] Mückenschutz

Schmerzen und Fieber
- [ ] keine acetylsalicylsäurehaltigen Mittel (Benuron, Dolormin)
- [ ] gegen krampfartige Schmerzen (Buscopan)
- [ ] gegen bakterielle Infektionen (Antibiotika* in Absprache mit dem Arzt)

Magen- und Darmerkrankungen
- [ ] gegen Durchfall, v. a. vor längeren Fahrten (Imodium akut, in Thailand: Lomotil[+])
- [ ] zur Rückführung von Mineralien (Elotrans / Elektrolyt-Drinks[+])
- [ ] gegen Verstopfung (Dulcolax Dragees, Laxoberal Tropfen)
- [ ] gegen Sodbrennen (Talcid, Riopan)

Erkrankungen der Haut
- [ ] Desinfektionsmittel+ (Betaisodona Lösung, Hansamed Spray, Kodan Tinktur)
- [ ] bei infektionsgefährdeten Wunden (Tyrosur Gel, Nebacetin Salbe RP)
- [ ] bei juckenden Insektenstichen oder Allergien (Soventol Gel, Azaron Stift, Fenistil Tropfen, Teldane Tabletten)

- [ ] bei starkem Juckreiz oder stärkerer Entzündung (Soventol Hydrocortison Creme, Ebenol Creme)
- [ ] gegen Hitzebläschen und Schwitzen (Prickly Heat Powder[+])
- [ ] gegen Bläschenbildung nach Quallenkontakt (Cortison- und antibiotikahaltige Salbe)
- [ ] Wund- & Heilsalbe (Bepanthen)
- [ ] bei Pilzinfektionen (Fungizid ratio, Canesten)
- [ ] bei Bindehautentzündungen (Augentropfen: Berberil, Yxin)

Erkältungskrankheiten
- [ ] Nasenspray (Olynth, Nasivin)
- [ ] bei Halsschmerzen[+] (Dorithricin, Dolo Dobendan)
- [ ] Hustenstiller+ (Silomat)
- [ ] zum Schleim lösen (Acc akut, Mucosolvan, Gelomyrtol)

Kreislauf
- [ ] Kreislauf anregend[+] (Korodin, Effortil)

Reisekrankheit
- [ ] Superpep Kaugummis, Vomex

Sonnenschutz mit UVA- und UVB-Filter
- [ ] Ladival Milch bzw. Gel, Ilrido ultra Milch
- [ ] Sonnenschutzstift für die Lippen[+]
- [ ] Bei Sonnenallergie: Calamine[+]

Bitte bei den Medikamenten Gegenanzeigen und Wechselwirkungen beachten und sich vom Arzt oder Apotheker beraten lassen.

(rezeptpflichtig in Deutschland,*
[+] günstig in Thailand erhältlich)

auf feuchten Böden unbedingt Sandalen tragen. Wenn man über längere Zeiträume auch nur leichte Durchfälle hat, ist es empfehlenswert, den Stuhl auf Würmer untersuchen zu lassen.

Wundinfektionen

Unter unhygienischen Bedingungen können sich schon aufgekratzte Moskitostiche zu Infektionen auswachsen, wenn sie unbehandelt bleiben. Wichtig ist es, dass jede noch so kleine Wunde sauber gehalten, desinfiziert und evtl. mit Pflaster geschützt wird. Antibiotika-Salben unterstützen den Heilprozess. Als hilfreich hat sich die entzündungshemmende Tinktur Calmine-D erwiesen, die in jedem Dorfladen erhältlich ist.

Wundstarrkrampf

Wundstarrkrampf-Erreger findet man überall auf der Erde. Verletzungen kann man nie ausschließen. Wer noch keine Tetanusimpfung hatte, sollte sich zwei Impfungen im 4-Wochen-Abstand geben lassen, die nach einem Jahr aufgefrischt werden müssen. Danach genügt eine Impfung alle 10 Jahre. Am besten ist der Tetanus-Diphterie-(Td)-Impfstoff für Personen über 5 Jahre, um gleichzeitig einen Schutz vor Diphtherie zu erhalten.

Reiseapotheke

Von allen regelmäßig benötigten Medikamenten sollte man einen ausreichenden Vorrat mitnehmen. Nicht zu empfehlen sind Zäpfchen oder andere hitzeempfindliche Medikamente. In den Apotheken Thailands oder bei Boots gibt es die mit (+) gekennzeichneten Präparate billiger und ohne Rezept. Es sind jedoch schon gefälschte Medikamente in Thailand aufgetaucht.

Wer in einem Krankenhaus oder einer Privatklinik behandelt wird, erhält die Medikamente dort passend abgezählt. Preisgünstiger als in Europa sind zudem Impfungen (auf Einwegspritze bestehen).

Bücher

Nur wenige deutschsprachige Autoren beschäftigen sich mit Thailand. Der größte Teil der hier angegebenen Literatur ist in Englisch geschrieben. In Thailand werden viele dieser Bücher in den größeren Buchhandlungen verkauft. In Deutschland sind viele der englischsprachigen Titel über das Internet verfügbar. Vergriffene Titel können bei 🖳 www.amazon.de oder www.zvab.com (aus dem Ausland hohe Versandkosten) gebraucht bestellt werden. Wer historische Reprints über Thailand sucht, wird zumeist bei White Lotus Press in Bangkok, 🖳 www.thailine.com/lotus/, fündig. Der VVB Laufersweiler Verlag, 🖳 vvb-laufersweiler.de, hat viele in Thailand (auch auf Thai) erschienene Titel im Programm. Die **Schriftreihe der Deutsch-Thailändischen Gesellschaft**, 🖳 www.dtg-bonn.de, publiziert auch zu Themen, die über die Tagesereignisse hinaus von fachspezifischem Interesse sind. Eine weitere Quelle, die zudem nichts kostet, ist die Bibliothek des Goethe-Instituts in Bangkok (s. S. ###).

Länderkunde

Thailand ohne Tempel. Lebensfragen eines Tropenlandes (Donner, Wolf; Frankfurt 1993). Die ökologischen und sozialen Probleme Thailands werden fundiert dargestellt und mit vielen Fakten begründet – dennoch gut lesbar. Empfehlenswertes Buch für alle, die einen Blick hinter die Sonnenseiten des Landes werfen möchten.
Thailand (Donner, Wolf; München 1996). Kompetent geschriebene, informative Abhandlung über den Naturraum, die Geschichte, Kultur, Wirtschaft und Gesellschaft des Landes. Erschienen in der Serie Beck'sche Reihe – Länder.
Im Land des weißen Elefanten. Die Beziehungen zwischen Deutschland und Thailand von den Anfängen bis 1962 (Stoffers, Andreas; Bonn 1995). Ein Überblick über das wechselvolle Verhältnis beider Länder, politische Ränkespiele und wirtschaftliche Beziehungen, leider etwas langatmig.
Sympathie Magazine des Studienkreises für Tourismus 🖳 www.sympathiemagazin.de, gibt es u. a. zu Thailand und auch zum Buddhismus.

Geschichte, Politik, Religion und Soziales

Thailand – a Short History (Wyatt, David; New Haven 2003). Ausgezeichnete Einführung in die Geschichte von der Vorzeit bis heute.
A History of Thailand (Baker, Chris, Phongpaichit, Pasuk; Cambridge 2005). Die erste neue Geschichte Thailands seit vielen Jahren.
Thai Culture in Transition (Klausner, William J.; Bangkok 2002) Ausgezeichnete kritische Einführung in die sich wandelnden sozialen Strukturen des modernen Thailands und Mentalität der Menschen.
Thaksin: The Business of Politics in Thailand (Phongpaichit, Pasuk, Baker, Chris; Bangkok 2005). Die erste kritische Auseinandersetzung mit dem reichsten Mann Thailands, seiner Biografie und seinem politischen Einfluss auf das Land.
Wandlung durch Meditation (Jane Hamilton-Merritt; Berlin 1990). Für alle, die sich ausführlich mit Buddhismus und dem Leben in einem thailändischen Kloster beschäftigen wollen.
Die Nacht der Krokodile. Kinderprostitution in Bangkok (Botte, Marie-France; Mari, Jean-Paul; München 1996). In dem aufschlussreichen Sachbuch fasst die engagierte Autorin, eine belgische Sozialarbeiterin, ein heißes Eisen an. Sie weiß, wovon sie schreibt, denn ihrem Engagement ist es vor allem zu verdanken, dass die missbrauchten Kinder nicht länger totgeschwiegen werden.
Das siamesische Lächeln. Literatur und Revolte in Thailand (Kothmann, Hella; Karlsruhe 1994). Gedichte und Informationen über Politik und Zeitgeschichte.
Reis aus Silberschalen (Ekert-Rotholz, Alice; Hoffmann und Campe, Hamburg 1985). Ein unterhaltsamer Einstieg in die Denk- und Handelsweise von Südostasiaten. (Vergriffen)
Frauen in Thailand (Kothmann, Hella, Hrsg.; München 1991). Eine Sammlung von Erzählungen thailändischer Autorinnen. (Vergriffen)

Kunst und Kultur

Thai Village Life – Culture and Transition in the Northeast (Phongphit, Seri; Bangkok 1990). Eine halbwissenschaftliche Studie über Kultur, Rituale, Zeremonien, Fähigkeiten und Fertigkeiten im Nordosten.

Thai Culture, New Series (Hrsg.: The Fine Arts Department, Bangkok). Diese Reihe zu verschiedenen kulturellen Themen umfasst 25 farbige Broschüren, die leider nur selten in Museen verkauft werden.

Thai-Ramayana (Übersetzung der Fassung von König Rama I. durch M.L. Manich Jumsai, deutsch, englisch). Es gibt verschiedene Fassungen dieses Epos', das im gesamten süd- und südostasiatischen Raum bekannt ist. In die Thai-Version sind zahlreiche Märchen und Sagen Thailands eingearbeitet worden. Eine umfangreiche deutsche Übersetzung der indischen Ramayana-Version ist bei Diederichs, Köln 2004, erschienen. Eine besonders schöne englische Nacherzählung mit Bezug auf die Artus-Legende und Abbildungen von den Wandmalereien im Wat Phra Keo hat J.C. Shaw 1988 bei D.K. in Bangkok veröffentlicht.

Die Kunst traditioneller Thai Massage (Asokananda – Harald Brust; Gießen 2002). Die Techniken der Ganzkörpermassage, mit Fotos und Zeichnungen.

Natur

Vögel in Thailand. Birds of Thailand (Robson, Craig; Gießen 2003). Ein Vogelbestimmungsbuch mit 128 Bildtafeln und 950 Verbreitungskarten (englisch).

Orchideen in Thailand. A Field Guide to the Wild Orchids of Thailand (Vaddhanaphuti, Nantiya; Gießen 1999). Beschreibung von 90 Orchideen mit Fotos (englisch).

A Field Guide to the Flowering Plants of Thailand (McMakin, Patrick D.; Bangkok 1988). Beschreibung von 502 Blütenpflanzen mit Fotos.

Marine Animals of Thailand (Majchacheep, Surin; Bangkok 1989). Wissenschaftliche Beschreibung und Nachschlagewerk über 371 Meerestiere, jeweils mit Foto.

Fischführer Indischer Ozean. Rotes Meer bis Thailand (Debelius, Helmut; Berlin-Velten 2001). Ein deutschsprachiges Fischbestimmungsbuch für Taucher und andere Interessierte.

Der unersetzbare Dschungel (Reichholf, Josef H.; BLV München, 1991). Verständlich geschrieben, auch für Neulinge in der Regenwald-Problematik geeignet.

Historische Beschreibungen

Viele historische Titel sind als Reprints bei White Lotus Press in Bangkok erschienen, 🖥 www.thailine.com/lotus/.

The Kingdom and the People of Siam (Bowring, Sir John; New York 1969). Zweibändiges, umfangreiches Werk, 1855 von einem englischen Diplomaten verfasst, der das Land bereiste. Reprint.

Siam on the Meinam from the Gulf to Ayuthia (Sommerville, Maxwell; London 1897; Reprint Bangkok 1985). Reiseaufzeichnungen eines US-amerikanischen Professors, der Bangkok und den Menam Chao Phraya über Ayutthaya bis Zentral-Thailand bereiste.

A Narrative of a Residence in Siam (Neale, Frederick Arthur; London 1852; Reprint Bangkok 1986). Bericht eines Briten von seiner Reise nach Siam und seine Beobachtungen über die Kultur, Traditionen und das Rechtssystem des Königreichs.

1688 Revolution in Siam (Hutchinson, E.W.; Bangkok 1990). Memoiren von Pater de Bèze, einem Jesuitenpriester. Er beschreibt die ersten europäischen Versuche, das Königreich zu durchdringen.

Letters from Thailand (Botan; Seattle 2002). Die Geschichte eines Einwanderers aus China in den späten 40er-Jahren des 20. Jhs. Empfehlenswert.

Matahari. Stimmungsbilder aus dem Malayisch-Siamesischen Dschungel (Morgenthaler, Hans; Zürich 1987). Ein Schweizer Abenteurer sucht 1917–1920 in Siam nach Bodenschätzen.

Reisebeschreibungen und Erfahrungsberichte

Tsunami. Geschichte eines Weltbebens (Schnibben, Cordt, München 2005) Das spannende Sachbuch berichtet berührend vom Schicksal der Betroffenen und informiert sachlich über die Ursachen des Tsunami.

Phi Phi Island. Ein Bericht (Haslinger, Josef; Frankfurt 2007). Der Autor, Schriftsteller und Professor für literarische Ästhetik, überlebte mit seiner Familie den Tsunami auf Ko Phi Phi.

Tsunami, meine Schicksalswelle (Arnold, Toni; Frankfurt 2006). Erinnerungen eines Betroffenen an den Tsunami am Strand von Patong auf Phuket.

... und wissend lächelte der Buddha. Pop gan mai, auf Wiedersehen Thailand (Colberg, Heinz; Iffezheim 2006, Benefiz-Ausgabe unter www. colberg-thailand.de) Fast vierzig Jahre war das Ehepaar Colberg in Asien als Backpacker unterwegs, vor allem bei ethnischen Minderheiten.

Geschichten aus Thailand (Ruffert, Günther; Taufkirchen 2002). Amüsante Erfahrungsberichte und Anekdoten aus dem thailändischen Alltag. Vom gleichen Autor erschien **Farang in Thailand**. Weitere Anekdoten aus dem thailändischen Alltag.

In Thailand leben. Geschichten und Artikel über das Leben in Thailand (Labudda, Gad; 2006). Erheiternde, nachdenklich und mitunter ein bisschen traurig stimmende Geschichten über Einwanderer.

Sightseeing (Lapcharoensap, Rattawut; Köln 2006) Sieben facettenreiche Erzählungen über ein Thailand jenseits der Sandstrände, von dem 28-jährigen Autor humorvoll und präzise, tiefgründig und mit thailändischer Leichtigkeit beschrieben.

Frei ist nur der Blick zum Himmel. Sieben Jahre Haft in Thailand (Gregory, Sandra u. a., Bergisch-Gladbach 2004). Eigentlich wollte sich Sandra mit dem Heroin nur den Rückflug nach London finanzieren, doch sie wird am Flugplatz geschnappt – ein fesselnder Tatsachenbericht.

Rough Boys. Drei Jahre Ewigkeit im Drogen-Knast von Bangkok (Vyskocil, Helmuth L.; München 1984). Ein Erlebnisbericht aus thailändischen Gefängnissen. (Vergriffen)

Der Preis der Leichtigkeit. Eine Reise durch Thailand, Kambodscha und Vietnam (Altmann, Andreas; München 2006) Der junge Schweizer macht sich auf den Weg nach Südostasien, um dem Geheimnis der Leichtigkeit auf die Spur zu kommen. Er versteht es, unterhaltsam zu erzählen: von den Menschen, denen er auf seiner Reise begegnet, von den Schicksalen, in die er Einblick erhält, von den Abgründen in ihm selbst.

The Beach (Der Strand) (Garland, Alex; Goldmann München 2001). Der britische Autor beschreibt in seinem viel beachteten Erstlingswerk die Traveller-Szene in der Khaosan Road und auf Ko Samui, ihr Leben und ihre Träume. Verfilmt auf Ko Phi Phi Le und im Khao Yai-Nationalpark mit Leonardo di Caprio in der Hauptrolle.

Der Jadereiter (Englisch: *Bangkok 8*) und **Bangkok Tattoo** (Burdett, John; München 2003, 2007). Deftige, mit viel Insider-Wissen gespickte, spannende Krimis, in denen der buddhistische Polizist Sonchai im Drogen- und Rotlichtmilieu von Bangkok ermittelt.

Haus der Geister (Moore, Christopher G., Zürich 2000). Ein Thriller von dem in Thailand lebenden und dort bereits viel beachteten englischsprachigen Schriftsteller um einen Privatdedektiv, Drogen und das große Geld. Auch der im Bangkoker Nachtclub-Milieu spielende Roman **Nana Plaza** wurde 2001 übersetzt. Wer Gefallen an dem teils recht deftigen Stil gefunden hat, kann weitere Titel des Autors in Englisch lesen, die in Thailand erhältlich sind. Einen Eindruck vom Autor vermittelt ⌨ www.cgmoore.com.

Anna und der König. Der Roman zum Film (Hand, Elizabeth; München 2000). Neuauflage des Schinkens rechtzeitig zum Erscheinen des Films mit Jodie Foster, der in Thailand wegen Majestätsbeleidigung verboten ist und in Malaysia gedreht werden musste. Die fantasievolle Geschichte der englischen Gouvernante am Hof von König Mongkut.

Das Erbe der Schwestern (Eastgate James, Caron; Knaur, München 2005). Die junge neuseeländische Autorin beleuchtet in ihrem unterhaltsamen Familienroman das Schicksal einer englisch-siamesischen Familie in Thailand über drei Generationen, das eng mit der Geschichte des Landes verwoben ist – eine nette Urlaubslektüre.

Muschelprinz und Duftende Blüte (Manesse Verlag, Stuttgart 1997). Volkstümliche Liebesgeschichten aus Thailand, die ihren Ursprung in der Region Chiang Mai haben.

Siamesische Hunde (Blettenberg, Detlef; Bielefeld 2003). Als Landeskenner hat der deutsche Entwicklungshelfer diesen spannenden Thriller mit vielen Fakten über das Leben in Thailand ge-

Anhang

spickt. Der Handlung liegen die geheimdienstlichen Aktivitäten von Jim Thompson zugrunde. Vom selben Autor ist außerdem der Roman **Farang** (2004) erschienen, der mit dem Deutschen Krimi-Preis ausgezeichnet wurde.

Das Goldriff / Teufelskreis Bangkok (Saul, John R.; München 2002). Sammelband. Interessant ist der im korrupten Milieu von Bangkok spielende Roman. (Vergriffen)

Die Brücke am Kwai (Boulle, Pierre; rororo Taschenbuch, 1958). Der verfilmte Klassiker über das Leben im Kriegsgefangenenlager und den Bau der Brücke über den River Kwai während des 2. Weltkriegs. (Vergriffen)

Joys Geheimnis (Anschel, Louis, Berlin 2000). Nach einem Mord im Berliner Rotlichtmilieu führen die Ermittlungen Kriminalhauptkommissar Ludger Bruske auch nach Thailand, wo er einem Mädchenhändler auf die Schliche kommt. (Vergriffen)

Kingdom of Make-Believe (Barrett, Dave; Village East Books, 1999). Nach dem Ende des Vietnamkriegs ereilt den amerikanischen Journalisten in der Midlife-Krise ein Hilferuf aus Bangkok, wo er schon bald in eine Liebesgeschichte mit einer einheimischen Mutter und ihrer Tochter sowie einen ungeklärten Todesfall verstrickt wird. (Vergriffen)

The Pirates of Tarutao (Adirex, Paul; Bangkok 1994). Historischer Roman über das Schicksal der Gefangenen auf der südthailändischen Insel Tarutao im 2. Weltkrieg. Interessant geschrieben, gut zu lesen. (Vergriffen)

Bildbände

Thailand sehen & erleben (Modrow, Jörg; Müssig, Jochen; München 2005). Ein kompakter Bildband, in dem es auch Spaß macht, einfach nur zu schmökern.

The Arts of Thailand (Van Beek, Steve & Invernizzi, Luca; Hong Kong 1999). Der großformatige Bildband mit fantastischen Bildern ist nur noch antiquarisch erhältlich.

Very Thai. Everyday Popular Culture (Cornwel-Smith, Philip, Bangkok 2004). Bildband über die farbenfrohe Alltagskultur der Thai von einem Landeskenner zusammengetragen.

The Thai House. History and Evolution (Chaichongrak, Ruenthai u. a., Bangkok 2003). Einer von mehreren Bildbänden, die die einmalige Architektur der aus Holz und Bambus erbauten traditionellen Wohnhäuser ästhetisch ansprechend präsentiert.

Thai Style (Invernizzi, Luca Tettoni u. a., Bangkok 2001) Dieser hervorragend fotografierte Bildband stellt herausragende Beispiele der Thai-Architektur, von der traditionellen Formgebung bis zum westlich beeinflussten Tropenhaus dar.

Classic Thai. Design. Interiors. Architecture. (Invernizzi, Luca Tettoni u. a., North Clarendon 2007) Der hervorragende Fotograf beeindruckt auch in diesem Band mit seinen Bildern zu Themen wie dem klassischen Thai-Haus, religiöser Architektur und Thai-Kunsthandwerk und Design.

Kulturführer

Kulturschock Thailand (Krack, Rainer; Bielefeld 2004). Informationen über Kultur und Gesellschaft der Thais.

Land & Leute Thailand (Bolik, Rainer; Jantawat-Bolik, Siriporn; München 1995). In alphabetischer Reihenfolge wird in dem gut lesbaren Band der Polyglott-Reihe Hintergrundwissen über das Alltagsleben und die Kultur Thailands vermittelt.

Reisegast in Thailand (Aarau, Alice; Cooper, Robert & Nanthapa; Dormagen 2001). Amüsant und locker geschrieben ist dieses Buch eine Hilfestellung, um die Verhaltensweisen der Thais zu verstehen und sich als Ausländer entsprechend zu verhalten. Titel der englischen Originalversion: **Culture Shock! Thailand.**

Thai Ways und **More Thai Ways** (Segaller, Denis; Washington 2006). Der seit Jahrzehnten in Thailand lebende Dokumentarfilmer schreibt humorvoll und doch respektvoll über Sitten und Lebensweisen der Thai.

Mäi pen räi. Tausend Tage Thailand (Fuhrer, Thomas, Hamburg 2006). Bericht eines Reiseleiters über seine Erfahrungen und Begegnungen mit Einheimischen.

Sprachführer und Wörterbücher

In Bangkoks Buchläden und in der Khaosan Road wird ein breites, preiswertes Sortiment an Sprach- und Wörterbüchern verkauft. Auch vor der Reise sind viele über ⌨ vvb-laufersweiler.de zu beziehen. Außerdem gibt es:

Thai Phrasebook (Evans, Bruce; Melbourne 2004). Sehr gute englische Sprachführer mit gewöhnungsbedürftiger Lautschrift und Thai-Schrift. Sie ermöglichen auch in ländlichen Gebieten eine (Lese- und Zeige-)Konversation und fordern die Gesprächspartner dazu heraus, Sprachlehrer zu spielen. Erschienen bei Lonely Planet.

Thai, Rough Guides Phrasebook, (Lexus, London 2006) inklusive eines kleinen Audio-Files zum Runterladen auf den iPod.

Thai, Wort für Wort. Kauderwelsch (Lutterjohann, Martin; Bielefeld 2007). Das Buch gibt es auch auf CD-ROM mit Aussprachetrainer.

Phuut Thai. (Möller, Hans, Suriyanja, Wasana; Düsseldorf 2007) Deutsch-Thailändisches Wörterbuch mit deutscher Sprachausgabe, Textverarbeitung und Vokabeltrainer sowie Erläuterungen zur thailändischen Sprache. CD-ROM mit 13 000 Begriffen, einem elektronischen Wörterbuch und thailändischer Tastaturunterstützung für den PC, mehr Infos: ⌨ www.phuutthai.com.

Kochbücher

Die Poesie der thailändischen Küche (Heymann-Sukphan, Wanphen; Aarau 1999). Großformatiges bebildertes Kochbuch, das Appetit macht.

Lust auf Thai-Snacks (München 2001). Taschenbuch, in dem Kleinigkeiten aus der Thai-Küche präsentiert werden.

Thai Food (Thompson, David, München 2002). Eine Liebeserklärung an die Küche Siams vom australischen Koch David Thompson, einem glühenden Verehrer der thailändischen Kochkunst.

Thailand. Kochen und genießen mit Originalrezepten (München 2004). Die Kochbuchautorin Margit Proebst hat zusammen mit Dara Spirgatis 90 Originalrezepte zusammengetragen.

Thai Street Food. Thailändische Garküche und ihre besten Rezepte (Bhumichitr, Vatcharin, Weil der Stadt 2003). Eine kulinarische Reise durch die Garküchen Thailands. Gerichte für den Anfänger sowie Anregungen für jeden, der sich bereits in der asiatischen Küche auskennt, mit Zutaten, die auch in einer deutschen Kleinstadt zu bekommen sind.

Reiseführer

Eine große Zahl von Reiseführern beschäftigt sich mit Thailand. Aus dem Angebot haben wir einige ausgewählt, die dieses Buch ergänzen können.

Richtig Reisen Thailand (Loose, Renate; Ostfildern 2007). Hintergrundinformationen über das buddhistische Land. Außerdem zahlreiche Fotos und Routentipps über die wichtigsten Reiseziele in Thailand.

Polyglott APA Guide Thailand (Rutherford, Scott u. a.; München 2003). Ein Reiseführer mit schönen Bildern und ausführlichen Routenbeschreibungen in Deutsch und Englisch. Wenig praktische Tipps!

Thailand (Nelles Guides; München 2004). Ein handlicher, bunter Reiseführer, der Wert auf gute Karten legt, wobei der Text etwas zu kurz kommt.

Thailand. Kunst- und Reiseführer mit Landkarte (Clarac, A.; Stuttgart, 1979). Der umfangreichste Kunst- und Reiseführer selbst für Touren in abgelegene Regionen, allerdings nur für Selbstfahrer; praktische Preisangaben und Hinweise auf öffentliche Verkehrsmittel fehlen, keine Neuauflage.

Thailand per Rad (Thomes, Matthias; Kettler Verlag 1991). Veralteter Radführer mit 90 Teilstrecken, Kartenskizzen und Hintergrundwissen, nur noch antiquarisch erhältlich.

National Parks and other Wild Places of Thailand (Elliott, Stephen; Cubitt, Gerald; Australien 2002). Ausführliche Beschreibung aller Nationalparks, fantastische Fotos, viele praktische Tipps. Aufgrund des Formats als praktischer Wanderführer wenig geeignet.

Bangkok Inside Out (Ziv, Daniel, Sharett, Guy, ⌨ www.asiascapes.com, 2004) Die überaus ironische Betrachtungsweise der Hauptstadt ist in Thailand nicht richtig verstanden worden, weshalb das Buch verboten wurde. Die amüsante

Lektüre ist dennoch auf dem Chatuchak-Wochenendmarkt und im Internet zu bekommen.
Tauchreiseführer Thailand (Mietz, Christian; Augsburg 1995). Allgemeine Informationen über Thailand, Streifzug durch die Natur und das Leben im Meer, allgemein gehaltener Führer zu 13 Tauchregionen mit Karten, konkrete Tipps zu Anreise, Unterkunft und Tauchschulen, exzellente Fotos.
Tauchreiseführer Thailand. Von den Similans bis Krabi (Schneider, Frank; Stuttgart 2007) Aktueller Tauchführer aus der Kosmos-Reihe.
Kosmos NaturReiseführer Thailand (Kath, Andrea; Braun-Lüllemann, Jörg; Braun-Lüllemann, Annette; Stuttgart 2001). Auf 286 Seiten wird der Naturraum Thailands ausführlich dargestellt und mit farbigen Fotos und Karten illustriert.

Landkarten und Pläne

… über Thailand

Thailand Highway Map 1 : 1 100 000 (Roads Association of Thailand, Hrsg.; PN Map Center, Bangkok). Der zurzeit umfangreichste Straßenatlas Thailands in Thai und Englisch, brauchbar für Haupt- und Nebenrouten. Viele Stadtpläne. Leider ist der Ortsindex nur in Thai. Erscheint jährlich neu.
Berndtson Map Thailand 1 : 1 500 000 (Borch Publications; Fürstenfeldbruck). Brauchbare Straßenkarte mit Sehenswürdigkeiten, 9 Stadtpläne und Detailkarten, Orts- und Straßenindex. Eine gute Ergänzung zum Handbuch.
Nelles Map Thailand 1 : 1 500 000 (Nelles Verlag, München). Sehenswürdigkeiten sind markiert, Grundlage ist eine topografische Karte mit angenehmem Maßstab. 9 Stadtpläne und Detailkarten.

thinknet Bilingual Map Of … (ThinkNet Co.; Bangkok). Hervorragend recherchierte Serie von Atlanten und Karten (auch digital) über Thailand und einzelne Regionen. Zweisprachig (Englisch / Thai) sind u. a. Karten zum Norden, Nordosten, Zentrum, Süden, zur Ostküste, eine Walk Map of Bangkok und Walk Map of Ayutthaya sowie diverse Mini Maps und digitale Karten erschienen.
🖥 www.thinknet.co.th.

… über Bangkok

Latest Tour's Guide to Bangkok & Thailand. Brauchbarer Bangkok-Stadtplan mit eingezeichneten Busrouten, den es in vielen Gästehäusern und Buchläden in Bangkok zu kaufen gibt.
Bangkok & Vicinity A to Z Atlas (PN Map Center, Bangkok). 120-seitiger Stadtatlas, sehr detailliert und präzise, aber nur mit Thai-Straßenindex.
Berndtson City Streets 1 : 14 000, Innenstadtplan sowie Karte des Großraums bis zum Airport im Maßstab 1 : 85 000, mit Hotel-, öffentlichem Gebäude- und Straßenindex.
Nelles Map Bangkok 1 : 15 000 (Nelles Verlag, München). Mit einem Plan des Großraumes im Maßstab 1 : 75 000, mit Sehenswürdigkeiten, Hotels u. a.
Map of Bangkok (Chandler, Nancy). Grafisch hübsch gestaltete, handgezeichnete Karten von den interessantesten Märkten und Einkaufsvierteln mit eingezeichneten Geschäften, Restaurants, Sehenswürdigkeiten.

… über den Süden

Berndtson Phuket Road Map 1 : 80 000, umfasst das Gebiet bis Krabi, mit Detailplänen von den Stränden, Phuket Town, Krabi und Ko Phi Phi. Exakt recherchierte Karte.

Danksagung der Autoren

Ursula Spraul-Doring und Richard Doring danken allen Freunden in Thailand, die sie mit Informationen versorgt und unterwegs geholfen haben, vor allem Michael Spjuth von Ko Tao, Jörg Gundlach und Gerlinde Bankemper von Lamai, Thomas Krey aus Phetchaburi, Max Arcangeloni in Chumphon, Matthias Kunz in Trang, Mr. Pooh auf Ko Lipe, Horst Müller auf Ko Chang, Yodying Sudhidhanakul auf Ko Mak. Für exzellente Zusatzrecherche danken wir ganz besonders Monika Schneebeli aus Ko Pha Ngan, Monika Koppold aus München, Gerald Hoffstedt und Gary aus Bremen. Für tolle Fotos bedanken wir uns bei Heinz Albers in Essen, Sandra Wischnewski aus Berlin, Manfred Clintjens aus Eschweiler.

Renate und Stefan Loose danken Yodying Sudhidhanakul aus Ko Mak, Peep Fagrajang mit ihren Töchtern Plu, Pla und Paeng aus Bang Yai, Chris und Tan aus Phuket, Apple und Noi aus Kanchanaburi, Armin Herrman aus Sanghklaburi, Captain Daeng aus Umphang, Uwe Löwel aus Mae Sai sowie den Mitarbeitern von TAT in Phitsanulok, Kanchanaburi, Lopburi und Phuket. Unser besonderer Dank für die Recherche von Pattaya an Volker Klinkmüller aus Chonburi.

Zudem bedanken wir uns ganz herzlich bei folgenden Leserbriefschreibern:
Heinz Albers, Steffen Amling, Peter Bargmann, Katja Barth, Helmut Bäumler, Klaus Bieg, Margit Bielka, Matthias Blättler, Gerd Brohasga, Dietlind u. Michael Bruns, Marco Buchwald, Detlef Burghammer, N. Burzig, Eva-Maria Dapper, Sylvia Deuse, Winfried Draeger, Mathias Erbek, Saman Ghorbani, Brigitte und Frank Giebner, Claudia Glogger, Marcel und Yvonne Glück, Pia Guggumos, Erich Hamberger, Lamduan Hauber, Stephan Hausl, Franziska Heck, Johannes Hepner, Karin Herbst, Roland Holl, Thomas Huwyler, Sara Jenzer, Lisa u. Wolfram Kempf, Sarah Kleefufl, Sören Klotz, Nicole Konrad, Sonja Kristof, Markus Lederer, Friederike Lenssen, Simone Lorbacher, Sylvia und Matthias Mayer, Christian Möschel, M. Müller, Dirk Nilles, Gaby Oligmüller, Heinz Peter, Anette Pfeiffer, Florian Plavec, Sandra Prandi, Otto Reichartinger, Jens Reimer, Simone Rosenkranz-Miess, Birgit Nagel, Dietrich Scheiter, Helmut Schneider, Jonas Schnyder, Sylvia Schönberg, Peter Schulte, Peter Schwendter, Peter Speck, Michael Straussberger, Tanja Stief, Martin Süß, Gabriele Troeger, Michael Völker, Martin Vogler, Sylvia Wawrowski, T. Wendlinger, Werner Wibbeke, Patricia Wollny, Dani u. Gabriela Zurbrügg sowie Sabine O. & Jochen H., Jasmin & Raphael, Nid & Theddy, Tina L. & Uwe P.

Notizen

Bahnfahrplan Richtung Süden

Zug + Nr.	EXP SP DRC 43	DRC 261	RAP 171	EXP SP 35	EXP SP 37	RAP 169	EXP 83	RAP 173	RAP 167	EXP 85	EXP SP DRC39+41	ORD257 259	ORD
Klasse	**2**	**3**	**2-3**	**1-2**	**1-2-3**	**2-3**	**1-2-3**	**2-3**	**2-3**	**1-2-3**	**2**	**3**	**3**
Bangkok	08.05	09.20	13.00	14.45	15.10	15.35	17.05	17.35	18.20	19.30	22.50		
Thonburi												07.45	13.35
N. Pathom	09.17	10.37	14.42	16.04	16.39	17.17	18.29	19.09	19.51	20.54	00.03	08.53	14.36
Kanchanaburi												10.24	16.19
Nam Tok												12.20	18.30
Ratchaburi	09.55	11.29	15.25	16.43	17.28	18.18	19.13	20.03	20.36	21.40	00.42		
Phetchaburi	10.28	12.06	16.07		18.14	19.12		20.45	21.13	22.24	01.14		
Hua Hin	11.11	13.00	17.10	18.11	19.08	20.11	20.43	21.37	22.02	23.19	02.04		
Prachuap K.K.	12.08		18.25	20.27	21.37	22.27	22.56	23.17	01.01		03.29		
Ban Krut	12.47										04.10		
Chumphon	14.19		21.01	21.47	23.22	00.35	01.20	02.19	02.56	03.44	05.42		
Lang Suan	15.08		22.12		01.53	01.38		03.28	03.59	04.52	06.48		
Surat Thani	16.30		00.09	00.46	03.44	03.02	04.02	05.09	05.38	06.27	08.11		
Thung Song			02.15	02.37		05.11	06.13		08.31	08.06	09.46		
Trang							07.55		10.20				
Nakhon Si Thammarat								10.35		09.35			
Hat Yai			05.36	06.18	07.18	09.07					12.27		
Yala			08.42		09.25	11.20					14.25		
Sungai Golok			10.45		11.25								
Padang Besar				07.55									
Butterworth				11.55									

Zug + Nr.	RAP 174	EXP 168	EXP SP DRC 42+44 170	RAP 86	RAP 84	EXP 172	RAP 36	EXP SP 38	EXP SP 262	DRC DRC 40	EXP SP 260	ORD 258	ORD
Klasse	**2-3**	**1-2-3**	**2**	**2-3**	**2-3**	**1-2-3**	**2-3**	**1-2-3**	**1-2**	**3**	**2**	**3**	**3**
Butterworth								13.10					
Padang Besar							11.30	16.30					
Sungai Golok									14.20				
Yala			14.40		12.10		13.18		16.06				
Hat Yai			16.16		14.18		15.26	17.34	18.05				
Nakhon Si T.	13.00		.	15.00									
Trang	.	13.25	.			17.20							
Thung Song	14.20	15.10	18.49	16.16	17.49	19.02	19.16	20.27	21.19				
Surat Thani	16.46	17.42	20.25	18.22	19.45	20.47	21.07	22.04	23.00		10.40		
Lang Suan	18.18	19.21	21.33	19.44	21.13	.	22.39	.	.		11.52		
Chumphon	19.24	20.32	22.31	20.44	22.20	23.24	23.53	00.37	01.36		12.46		
Ban Krut	21.21	.	00.04		.	.	.	.	.		14.24		
Prachuap K.K.	22.30	00.41	01.34		.	02.49	.	04.17	.		15.04		
Hua Hin	00.13	00.49		01.19	02.58	03.38	04.07	4.35	05.34	14.10	16.01		
Phetchaburi	01.17	01.52	02.30	02.13	03.58	.	05.04	.	.	15.02	16.44		
Rachaburi	02.09	02.38	03.06	02.57	04.47	05.22	05.48	06.05	07.13	15.47	17.32		
Nam Tok												05.20	12.50
Kanchanaburi												07.19	14.44
N. Pathom	03.04	03.30	03.48	03.59	05.43	06.15	06.34	06.48	08.05	16.59	18.15	08.50	16.23
Thonburi												10.00	17.35
Bangkok	04.45	05.05	05.15	05.35	07.40	08.00	08.10	08.30	09.40	18.45	19.35		

Anhang

Index

Anhang

785

Anhang

Trails of Asia

Journey through lost kingdoms and
hidden history of Southeast Asia
and let Asian Trails be your guide!

Anhang

789

Anhang

Anhang

Anhang

Bildnachweis

Umschlag: Titel und Klappenfotos: Renate Loose

Rainbow Blub Club Divers: S. 30 und 667
Manfred Clintjens: S. 14 (4 unten)
Stephan Frink / gettyimages: S. 16
Richard Doring: S. 13 (unten), 17, 79, 363, 457, 593, 615 und 757
Frank Heuer / laif: S. 18 (unten)
Renate Loose: S. 8, 9 (3), 10 (2), 11 (2), 12, 13 (oben), 14 (oben), 15, 19 (unten), 20 (2), 21, 32, 33, 44, 55, 83, 89, 103, 135, 145, 150, 163, 183, 209, 261, 269, 283, 311, 315, 381, 407, 509, 527, 535, 553, 587, 624, 695, 711, 737 und 753
Paul Trummer / laif: S. 18/19 oben

Impressum

Thailand Der Süden
Stefan Loose Travel Handbücher
7., vollständig überarbeitete Auflage **2008**
© DuMont Reiseverlag, Ostfildern

Die in diesem Buch enthaltenen Angaben wurden von den Autoren nach bestem Wissen erstellt und vom Lektorat im Verlag mit großer Sorgfalt auf ihre Richtigkeit überprüft. Trotzdem sind, wie der Verlag nach dem Produkthaftungsrecht betonen muss, inhaltliche und sachliche Fehler nicht vollständig auszuschließen. Deshalb erfolgen alle Angaben ohne Garantie des Verlags oder der Autoren. Der Verlag und die Autoren übernehmen keinerlei Verantwortung und Haftung für inhaltliche und sachliche Fehler. Alle Landkarten und Stadtpläne in diesem Buch sind von den Autoren erstellt worden und werden ständig überarbeitet.

Gesamtredaktion und -herstellung
Bintang Buchservice GmbH
Zossener Str. 55/2, 10961 Berlin
www.bintang-berlin.de

Karten: Anja Krapat, Klaus Schindler
Redaktion: Jessika Zollickhofer
Grafisches Konzept: Groschwitz, Hamburg
Layout und Herstellung: Gritta Deutschmann, Britta Dieterle

Printed in China

Kartenverzeichnis

Legende

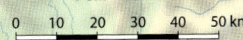

1 : 1.800.000

1 cm = 18 km

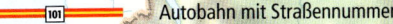

Autobahn mit Straßennummer	Flughafen, international
Schnellstraße	Flughafen, national
Fernverkehrsstraße	Grenzübergang
Hauptstraße	Sehenswürdigkeit
Nebenstraße	Tempel
Hauptstraße, unbefestigt	Archäologische Stätte
Nebenstraße, unbefestigt	Museum
Fahrweg, Piste	Wasserfall
Fußweg, Pfad	Höhle
Eisenbahn	Aussichtspunkt
Bebaute Fläche	Bergbau
Nationalpark, Naturpark	Empfehlenswerter Badestrand
Marine Nationalpark	Sporttauchen
Gewässer	Gute Schnorchelmöglichkeit
Berggipfel	Hochseefischen
Höhenpunkt	Seitenverweis

Doi Tung
▲
1420 m

1462 m

S. 800

MYANMAR
(BURMA)

Taninthasyi
(Tenasserim)

Bilauktaung Range

Andamanen-
see

Setse
Thanbyuzayat
Natchaung
Kasat
Danon
Sakangyi
Winkana
Peinnedaw
Kawdwaut
Taminseik
Kanin-kamaw
Lamaing
Taungbyin
Nyigarok
Mezali
Phadaw
Sonmarha
YE (YAI)
Yethanok
Yindein
Kumai
Tayoktauk
Debyu
Meiktulagale
Natkyizin
Paungsan Taung
Taungzun
Yapu
Migyaunglaung
Eindayaza
Kaleinaung
Kanbauk
Kyauksat
Pachaung
Zadi
Tokkyachaung
Heinze I.
Paungchon Taung
Dauklauk
Kalonta
Nabule
Hermyingi
Yebyu
Maungmagan
Thabawseik
Pagaye
Nyaungzin
DAWEI (TAVOY)
Launglon
Taungzin
Peinnedaw
Pawut
Thayetchaung
Thagyat Daw
Pyinbyugyi
Zalut
Yange
Kadwe
Pe
Aw
Dawei (Tavoy) Point
Zinchaung
Palauk

Klong Mai
Umphang
Nu Pho
Ti Lo Su
Tha Sai
Kui Lor Thor 1085 m
Palatha
Pueng Kueng
Zepala
E-Karaja
Kha Ngae Ki
Ti Lo Le
Yu Nai
Mae Chan Tha
Kyondaw
Payathonzu
Three Pagodas Pass
Ban Chedi
Sangklaburi
Wang Kha
Sukho
Khao Laem
Khao Tukala Pokana 1010 m
Khao Laem Reservoir
Daichong Thong
Thi Kai
National Park
Khao Laem Dam
Thong Pha Phum
Taling Daeng
Hot Springs
Huay Khamin
Pilok
Prang Kasi
Daowadung
Sai Yok National Park
Lin Tin
Si Sawat
Sai Yok
Hellfire Pass
Lawa
Khao Phang
Nam Tok
Bong Ti
Sai Yok
Wang Po-Viadukt
Bong Ti Pass
Muang Sing
Chorakhe Phuak
Dan Makham Tia
Muang Takua Pit Thong
Chima
Munsali Taung 1158 m
Muang Ton Mamuang
Suan Phung
Min-ngaw
Kunzon Taung 928 m
Aungthawara

Srinagarind
Srinagarind Reservoir
National Park
Erawan National Park
Tham Than Lot National Park
Phu National
Phra That
Tha Kradan
River Kwai Bridge
Kanchanaburi
Ban Kao

Kao Yai 1554 m
Esa
Hin Lat 1530 m
Sai Poe

Mae W National
Khao Mokochu 1960 m
Taling Sung
Mae Wong Reservoir
Mae Wong
Klong Pho Reservoir
Thap Salao Reservoir

S. 802

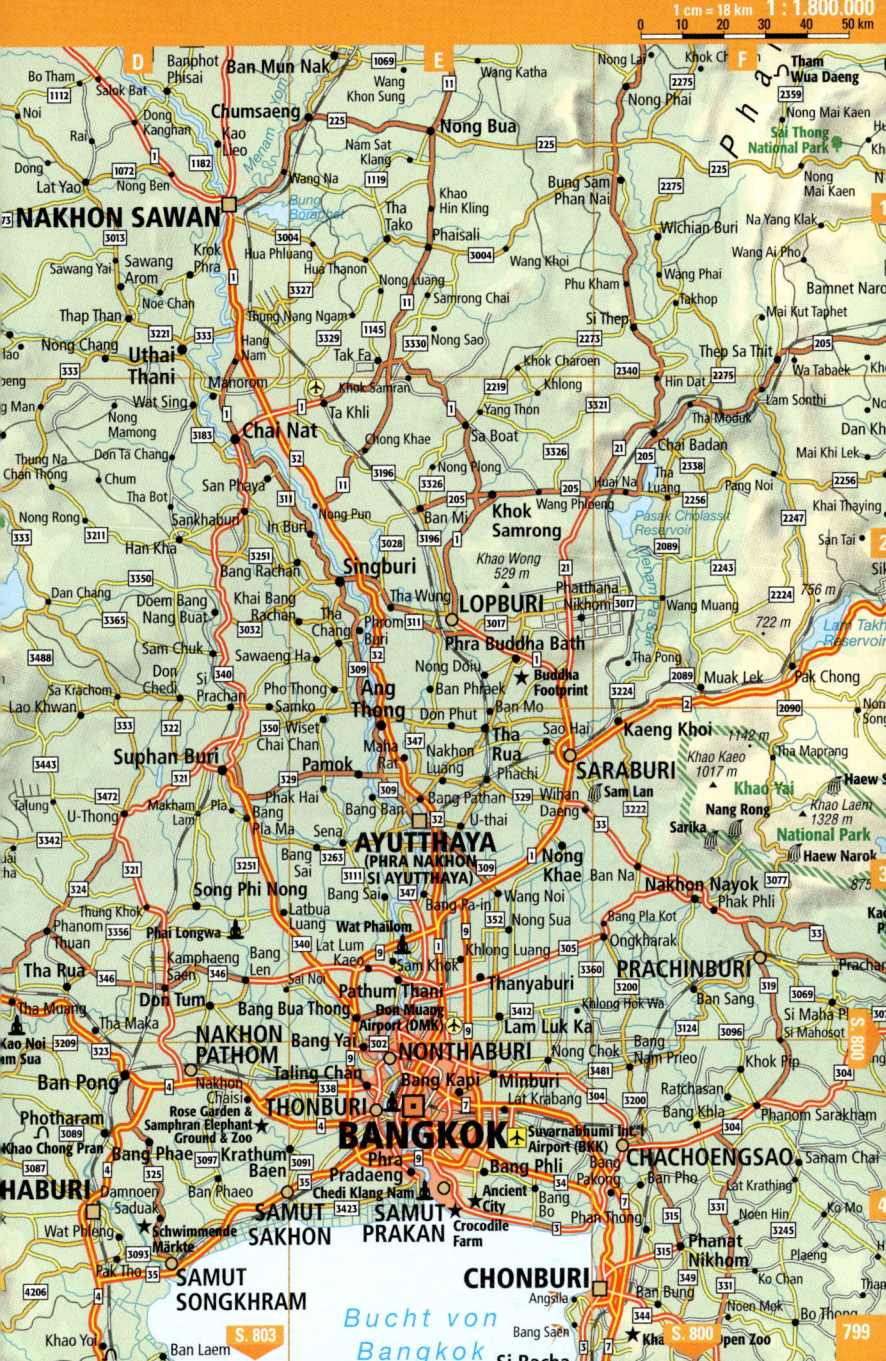

Bucht von Bangkok

Golf von

Thailand

AYUTTHAYA
(PHRA NAKHON
SI AYUTTHAYA)
Bang Sai
Wat Phailom
at Lum Kaeo
Pathum Thani
Don Muang
Airport (DMK)
NONTHABURI
Bang Kapi
BANGKOK
Phra
Pradaeng
Chedi Klang Nam
SAMUT PRAKAN
Crocodile Farm
Ancient City
Suvarnabhumi Int.
Airport (BKK)
Bang Phli
Bang Pakong
CHONBURI
Angsila
Bang Saen
Si Racha
Ko Sichang
Ao Udom
Bang Lamung
Naklua
Pattaya
Ko Phai
Ko Rin
Jomtien
Nooch Nong Village
Ao Bang Sare
Ko Lan
Ko Kham
Tao Than
Sattahip
U-Tapao
Ko Samaesan
Ko Chuang

Nong Khae
Ban Na
Nakhon Nayok
Phak Phli
Ongkharak
Bang Pla Kot
Wang Noi
Nong Sua
Khlong Luang
Thanyaburi
Lam Luk Ka
Nong Chok
Minburi
Lat Krabang
Bang Bo
Phan Thong
Ban Pho
Lat Krathing
Phanat Nikhom
Ban Bung
Khong Data
Bo Win
Map Lang
Pluak Daeng
Chak Ngaeo
Ban Chang
Map Ta Put
Nam Tok
Phrak Khlong
Ban Phe
Ko Thalu
Kon Ao
Na Dan
Ko Samet
Khao Laem Ya - Ko Samet Marine National Park

Sarika
National Park
Haew Narok
Kaen Hin Phoeng
Thap Lan
National Pa
Phu Sam Ngam
Khao Yai
Pang Sida National Park
Huai Nam Yen
PRACHINBURI
Prachantakham
Ban Sang
Si Maha Phot
Si Mahosot
Kabin Buri
Khlong Phak Khom
Khao Yai Khlong
Phon
Wang Thalu
Khao Duan
Nong Talat
Nong Hin
Sa Kaeo
Watthana Nakhon
Phanom Sarakham
CHACHOENGSAO
Ratchasan
Bang Khla
Khok Pip
Sanam Chai
Hin Rae
Mai Sai Thong
Noen Hin
Ko Mo
Huai Khrop
Thammarat Nai
Plaeng
Ko Chan
Noen Mok
Bo Thong
Lum Bo Rae
Khao Khieo Open Zoo
Nong Yai
Tha Chom
Bung Sam Ngam
Khao Chamao National Park
Khao Chamao
Wang Chang
Khlong
Kha
Tham Lakhon
Pluak Daeng
Khao Loi
Klaeng
Klong Thurian
Sai Rang
Pak Nam
RAYONG
Ban Khai
Ban Khai
Taphong
Chak Manao
Khung Wiman
Tha Mai
CHANTABURI
Laem Sing
Ko Proet
Bang Kradan
Laem Ngo

Wang Nam Yen
Wang Mai
Wang Sombun
Khao Daeng
Khao Soi Dao National Park
Sol Dao
Khao Sai Dao Nua
Khao Kitcha National Par
Pong Nam Ron
Khao Sukim
Wang Saem
Makham
Khao Srabab National Park
Phliu
Klong
Tha Chot

Ko Chang
Hat Sai Kao
Klong Son
Klong Prao
Bang Bao
Ko Chang Marine National Park
Ko Khlum

S. 799
S. 803

800

A B C

S. 798
(Tavoy) Point

Andamanen-
see

1

Kao... ei
Pe
Aw
Zinchaung
Palauk
Kanti
Mali Kyun
(Tavoy I.)

Paine I.

Palaw

Myinmoletkat Taung
2074 m

Min-ngaw

Aungthawara

1289 m

1173 m

Migyaungthaik

Kyaukpya

Mun... aung
58 m
Mamuang
Suan Phung 30

Kunzen Taung
928 m Kha

Khao Ya
1050 m

1143 m

Kaeng

Badu Taung
997 m **Krachan**

Panoen

1513 m

National

Khao Sam Yi
871 m

Kabosa I.

Investigator Passage

Taninthari
(Tenasserim) Kyun

Maingyi Kyun

Blundell I.

Elphinstone I.

St. Charles Metcalfe I.

Daung Kyun
(Ross I.)

Bailey I.

Prinser
(Sargent) I. 366 m

Lloyds I.

Kunthi Kyun
(Hayes I.)

Great Western
Torres I.

Thamihla I.

Kadan Kyun

Kangyi

Kyataw

Mayanchaung

Kapa

Kala
Kyun

Ma-aing
Kyun

Grants I.

Tatagyi I.

Mergui I.

Tapo
Kawsaing
Tamok
Lutlut
Tonbyawggi

Ti-ywa
Kyauk-pyu

**MYEIK
(MERGUI)**

Taubye

Kywegu

Tagu

Tatmu

Pawut

705 m

Kawmpayin

Dewata Taung
720 m

Banpyi
569 m

Kha

Kha

12

M Y A N M A R

2

Nerchus Passage

Pyinzabu Kyun
(Bentinck I.)

538 m

Letsok-aw
Kyun

Saganthit Kyun
(Sellor I.)

Parker I.

Sabi I.
326 m

Money I.

Julian I.

Tucker I.

Auckland
Bay

**Kanmaw
Kyun**
(Ketthayin I.)

357 m

Medaw

Whale
Bay

Pawe-gyi
Kyun

(B U R M A)

736 m

**Tanintharyi
(Tenasserim)**

Kyaukmigyaung

Yndo

Theinkun

Tongpru

Manoron

Awebindat

Manoron

Taungkup

Lenya

810

810

Ki

Ht

**Nam Tok
Na**

543 m

832 m

T

875 m

3

Nyiahma Ngarbaw I.

Maria I.

Pearl I.

472 m

Owen I.

**Lanbi Kyun
(Sullivan I.)**

Clara I. 534 m

High I.

Kau-ye
Kyun

Karathuri

Sir Robert
Campbell I.

465 m

Pisandaung-Saung

Ale-Man
Kyun

Bokpyin

Hangapuro

816 m

Khao Htongdon
668 m

Nanka Hprao

Ke Taung

758 m 745 m

692 m

Ta Hong

Namkyo

Khao Thwe
892 m

483 m

Sam Yaek Huai Sak

**Kapoh
National
Park**

Mai Sombun

Ko Yai
Chim
W

3253

Map

4

Khlong

S. 804
... Taung

1 cm = 18 km   1 : 1.800.000

0   10   20   30   40   50 km

en Beach

S. 803

1

Ko Nang Yuan
Ko Tao
Mae Hat
Sai Ri Beach

G o l f   v o n

 g Thong
**Marine
National
Park**
Ko Mae Koh
o Wua Talap
Ko
Sam Sao

Ko Pha Ngan
Ko Wae Yai
Chalok Lam
•627 m
Thong Sala   Tai
Hat Rin Beach

T h a i l a n d

**Big Buddha
Beach**
Choeng Mon Beach
Bo Phut
Ko Samui
342 m.
Ko Phaluai
Nathon
635 m
Ko Samui Int.'l Airport
Taling Ngam
Chaweng Beach
Ko
Nok Ta Phao
Hua Thanon
Lamai Beach
Chong Samui
Ko Tan

2

Donsak
Khao Noi
Phot
4142
Bang Khu
-anchanadit
401
4014
Khanom
Krut
Nai Plao Beach
Thong Yi
-chool
4232
143
Khao Phra
Sichon
4215
Khao Yai
4105
Tepha
ai Romyen
tional Park
Ton Liang
Huai
Haeng
Nam Cha
Khlong Hin
an
401
**Krung
Ching**
4186
Khlong Lung
Na Reng
4140
Tha Sala
Khao Luang
Saphan Rang
4189
1835 m
Na Thap
Phipun
4016
Phrom
Khiri
4
4012
Phrom Lok
Ao
Nakhon
4194 **National Park**
4103
NAKHON SI THAMMARAT
Karom
Chawang
Lan Saka
Sala Mi Chai
Pak Phanang
Chang
Klang
4015
4013
Thung Wat
4238
Ko Thang
41
403
408
Na Bon
4094
Nong
Pu Kan
**Ron
Phibun**
Chian
Yai
Ban Pak Phraek
g Song
4110
Khot Thammarat
4013
4116
Chang
Phru Prap
41 Thung
4151
Bo Lo
Bang Khoei
Kapang
Lan
Hua
Khai
Hua Sai
4151
Cha-uat
403
Laem
Pak Khlong
Mai Siap
4150
408
Nang
Khao Pu
Nong Pru
Talat Nang
Long
Hua Sai
Sala Luang
ai Yot
Khao Ya
Pa Phayom
Thale Noi Bird Sa
Tham
Siban
Khuan
Khanun
Ranot
Wat Pra Kho

S. 807

3

4

805

**Menam Pak
Phanang**

**Thale
Noi**

A B C

Andamanen-

see

S. 804

S. 807

MALAYSIA

Kedah

Ko Phuket
PHUKET
Phuket Int'l Airport
Sirinath Marine Nat. Park
Khao Phra Taeo Nat. Park
Thale Phuket
Hat Nopparat Thara Marine National Park
Ko Phi Phi
Ko Phi Phi National Park
Ko Phi Phi Le
Ko Racha Yai
Ko Racha Noi
Laem Prom Thep
Rawai
Kata
Karon
Patong
Kathu
Thalang
Ko Yao Yai
Ko Yao Noi
Ao Nang
Krabi
Krabi Int'l Airport
Phang Nga
Ao Phang Nga Marine National Park
Khao Phanom Bencha National Park
Tham Phet
Khoke Khorani National Park
Thung Song
Huai Yot
TRANG
Kantang
Ko Lanta
Ko Lanta Noi
Ko Lanta Marine National Park
Had Chao Mai National Park
Pak Meng Beach
Hat Yao Beach
Hat Samran Beach
Ao Phra-ae Beach
Ban Ko Lanta
Ko Muk
Ko Kradan
Ko Rok Nai
Ko Rok Nok
Ko Ta Li Bong
Ko Liang
Ko Sukon
Thung Wa
Ko Petra
Ko Petra Marine National Park
Ko Bulon
La-Ngu
Pakbara
Ko Tarutao
Tarutao Marine National Park
Ko Rawi
Ko Adang
Ko Lipe
Satun
Tammalang
Langkawi Sound
Pulau Langkawi
Underwater World
Kuah
Pulau Singa Besar
Pulau Dayang Bunting
Straße von Malacca

ALOR SETAR
Jitra
Kuala Kedah
Kuala Kangkong
Sungai Petani
GEORGE TOWN
BUTTERWORTH
Pulau Penang
Betong
Tasik Kenering
Gerik

s. Inset S. 806

MYANMAR
(BURMA)

Uttaradit

Udon Thani

Sukhothai

Phitsanulok

Mae Sot

Khon Kaen

Roi Et

798 / 799

Nakhon Sawan

Ubon
Ratchathani

Lopburi

Nam Tok

Ayutthaya

Nakhon Ratchasima
(Korat)

Kanchanaburi

Bangkok

802 / 803

Ratchaburi

Chonburi

800 / 801

KAMBODSCHA

Phetchaburi

Pattaya

Cha-am

Chantaburi

Hua Hin

Ko Samet

Trat

Ko Chang

Prachuap
Khiri Khan

Ko Kut

Golf von

804 / 805

Chumphon

Thailand

Ranong

Ko Tao

Ko Pha Ngan

VIETNAM

Ko Surin

Ko Samui

Takua Pa

Surat Thani

Khao Lak

Ko Similan

Phang-Nga

Krabi

Nakhon Si
Thammarat

Phuket

Ko Lanta

Andamanen-

Songhkla

see

Hat Yai

Pattani

Ko Tarutao

Satun

Pulau Langkawi

Narathiwat

807

Kota
Bharu

806 / 807

Alor Setar

MALAYSIA

George-
town

806

Pulau
Perhentian

Pulau Penang